Bíblia Judaica Completa

o *Tanakh* [AT] e a *B'rit Hadashah* [NT]

Tradução do original para o inglês

DAVID H. STERN

Bíblia Judaica Completa

o *Tanakh* [AT] e a *B'rit Hadashah* [NT]

"Pois de Tziyon procederá a *Torah*,
a Palavra de *ADONAI* de Yerushalayim"
— *Yesha'yahu* (Isaías) 2.3

Tradução do inglês para o português

Rogério Portella
Celso Eronides Fernandes

Vida

Editora Vida
Rua Conde de Sarzedas, 246, Liberdade
CEP 01512-070, São Paulo, SP
Tel.: 0 xx 11 2618 7000
atendimento@editoravida.com.br
www.editoravida.com.br

Diretor-executivo
Sérgio Henrique de Lima

Editor Geral
Sônia Freire Lula Almeida

Editor-assistente
Gisele Romão da Cruz Santiago

Revisão técnica e exegética
Rogério Portella

Tradução
Rogério Portella
Celso Eronides Fernandes

Equipe Editorial
Noemí Soares Ferreira (revisão de tradução)
Andrea Filatro (revisão de tradução)
Josemar de Souza Pinto (revisão final de estilo e provas)
Marcelo Smargiasse (revisão final de estilo e provas)

Diagramação e Projeto Gráfico
Claudia Fatel Lino

Arte de Capa
Arte Peniel / Mauricio Diaz

Título do original: *Complete Jewish Bible*
Edição publicada com permissão de
Messianic Jewish Publishers
(Clarksville, MD, 21029)

■

■

Esta obra está em conformidade com o Acordo Ortográfico da Língua Portuguesa, assinado em 1990, em vigor desde janeiro de 2009.

1. edição: ago. 2010

1ª reimp.: abr. 2011 — *6ª reimp.*: nov. 2015
2ª reimp.: set. 2011 — *7ª reimp.*: mar. 2017
3ª reimp.: ago. 2012 — *8ª reimp.*: dez. 2017
4ª reimp.: jan. 2014 — *9ª reimp.*: nov. 2018
5ª reimp.: jan. 2015 — *10ª reimp.*: jan. 2020

Dados Internacionais de Catalogação na Publicação (CIP)
(Câmara Brasileira do Livro, SP, Brasil)

Bíblia Judaica Completa: o Tanakh [AT] e a B'rit Hadashah [NT] / tradução do original para o inglês David H. Stern; tradução do inglês para o português Rogério Portella, Celso Eronides Fernandes. — São Paulo: Editora Vida, 2010.

Título original: *Complete Jewish Bible.*
ISBN 978-85-383-0138-7

1. Bíblia. A. T. 2. Bíblia. N. T. I. Stern, David H.

09-11062 — CDD-222.1077

Índices para catálogo sistemático:

1. Bíblia : Antigo Testamento : Bíblia Judaica 222.1077
2. Bíblia : Novo Testamento : Ponto de vista judaico 222.1077

Impresso na China / Printed in China

ברוך אתה יהוה אלהינו מלך העולם אשר נותן תורת־אמת ובשורת־ישועה לעמו ישראל ולכל העמים על־ידי בנו ישוע המשיח אדוננו.

[*Barukh atah Adonai eloheinu, melekh ha'olam asher noten torat-emet uv'sorat-yeshu'ah le'amo Yisra'el ul'khol ha'amim al-y'dei b'no Yeshua Hamashiach adonenu.*]

Bendito sejas, *Adonai*, nosso Deus, Rei do Universo, que dás a *Torah* da verdade e as boas-novas da salvação a seu povo Yisra'el e a todos os povos mediante seu Filho Yeshua, o Messias, nosso Senhor.

Sumário

LIVROS DO *TANAKH*

Alistados segundo a ordem cristã do Antigo Testamento

LIVROS DA BÍBLIA

Alistados em ordem alfabética

(Incluindo-se as designações judias e cristãs dos nomes dos livros)

Introdução

Por que esta Bíblia é diferente das outras? Por ser a única versão em português de estilo e apresentação completamente judaicos, abrangendo o *Tanakh* ("Antigo Testamento") e a *B'rit Hadashah* (Nova Aliança, "Novo Testamento"). Até mesmo seu título — *Bíblia Judaica Completa* — constitui um desafio para judeus e cristãos perceberem que a Bíblia é integralmente judaica — tanto a *B'rit Hadashah* quanto o *Tanakh*. Os judeus são instigados a considerar que o *Tanakh* sem a *B'rit Hadashah* é uma Bíblia incompleta. Os cristãos são despertados para o fato de terem se unido ao povo judeu por meio da fé no Messias judeu, Yeshua (Jesus) — e pelo fato de o cristianismo ser entendido corretamente apenas sob a perspectiva judaica, o antissemitismo é condenado de modo absoluto e definitivo. Em suma, a *Bíblia Judaica Completa* restaura a unidade judaica da Bíblia. E, pela primeira vez, as informações necessárias para a leitura da *Torah* e dos Profetas encontram-se completamente integradas ao uso similar da *B'rit Hadashah*.

1. A origem da *Bíblia Judaica Completa*

Algumas informações a respeito da trajetória da *Bíblia Judaica Completa* darão ao leitor alguns lampejos de sua existência. As introduções bíblicas são geralmente mais formais, evitando-se o uso do pronome pessoal da primeira pessoa no singular, dada a seriedade que a Escritura parece invocar — uma introdução formal reforça a autoridade da própria Bíblia. Além do mais, a Escritura é a Palavra de Deus para a humanidade, a única forma de comunicação verbal fidedigna outorgada por Deus a nós. Ela é merecedora de aceitação, fé e confiança; trata-se do manual divino no tocante às questões de fé e prática.[1] Em decorrência disso, o autor da introdução à *Bíblia Judaica Completa* assume necessariamente uma grave responsabilidade — nela, a informalidade e a atenção pessoal parecem deslocadas.

No entanto, existe outra faceta: justamente pelo fato de a Bíblia lidar com tópicos tão sérios quanto pecado, juízo, vontade de Deus, arrependimento e perdão, bem como a importância da vida e da história de Yeshua,

[1] Para uma breve explicação e defesa dessas afirmações, consulte a seção 6 a seguir.

o Messias (a quem os cristãos chamam Jesus Cristo), os leitores das traduções tendem ao esquecimento da existência de uma reação humana bastante específica, que não procede dos tempos bíblicos, que possibilita e barra a compreensão das Escrituras: o tradutor. O estilo que escolhi para a Introdução, especialmente das seções 1 e 2, procede do meu profundo desejo de explicar bem o papel do tradutor desta versão bíblica e das demais. Na sequência, lidarei com o conteúdo da própria Bíblia (seções 3 e 4), com as características específicas da *Bíblia Judaica Completa* (seções 9 a 14) e sobre como obter o melhor proveito desta versão (seções 15 a 17). Contudo, apresentarei aqui a trajetória do tradutor.

Sou judeu; fui criado na religião judaica por pais judeus. Apenas aos 37 anos de idade passei a crer no Messias judeu, Yeshua. Por ser judeu messiânico (um judeu que reverencia Yeshua como o Messias), percebi que o maior cisma é o existente entre a igreja e o povo judeu. Passei a considerar essa percepção, e o que fazer para resolvê-la, como a vontade de Deus para minha vida — essa seria minha contribuição para o *tikkun-ha'olam* (restauração do mundo). Apesar de meu doutorado ser na área da economia, voltei aos bancos escolares para aprender mais a respeito do cristianismo (no Fuller Theological Seminary) e do judaísmo (na Universtity of Judaism).

Mais preparado, comecei a escrever, em 1977, um comentário judaico messiânico sobre o Novo Testamento; desejava produzir um único livro que lidasse com todas as "questões judaicas" que percebia no Novo Testamento — perguntas que os judeus fazem a respeito de Yeshua, do Novo Testamento, e cristianismo; questões dos cristãos a respeito do judaísmo e das raízes judaicas de sua fé; e perguntas que nós, judeus messiânicos, temos sobre nossa identidade e papel à luz de dois mil anos de separação e conflito entre a igreja e os judeus. No entanto, percebi, de imediato, que boa parte do que estava escrevendo consistia em discordâncias com o tradutor da versão bíblica inglesa que eu usava, de modo geral encontradas assim: "Nossa versão inglesa diz: "tal e tal", mas o texto significa de fato: "assim e assim". Por isso, ocorreu-me a ideia de preparar minha tradução do Novo Testamento a partir do texto grego original; evidentemente, eu deveria possuir uma versão com a qual concordasse, podendo, assim, concentrar-me de forma total no ponto em análise. Fiz um teste e fiquei muito contente com o resultado. Assim nasceu o *Novo Testamento Judaico* (*NTJ*), publicado em 1989.

Passei os três anos seguintes finalizando o *Comentário Judaico do Novo Testamento*. Enquanto isso, o *NTJ* foi muito bem recebido pelos judeus messiânicos e pelos cristãos abertos a experimentar o caráter judaico de sua fé. A tradução da Bíblia pode não ser reconhecida como uma profissão encantadora, mas angariei alguns admiradores. Eles afirmaram seu apreço pela reintrodução da judaicidade no Novo Testamento e pelo estilo "informal, porém respeitoso" de escrever, e perguntavam-me com certa regularidade: "Quando o Antigo Testamento ficará pronto?". Eles desejavam possuir um único volume que contivesse a Bíblia toda e que pudesse ser levado às reuniões congregacionais em lugar de levar o *Novo Testamento Judaico* e mais outro volume contendo o *Tanakh*.

Deixei essa questão de lado por mais três anos, antes de, finalmente, dedicar-me ao que parecia inevitável: comecei a trabalhar no projeto. Esse atraso foi ocasionado pela falta de incentivo. Ao traduzir o *Novo Testamento Judaico*, senti o desejo forte e específico de mostrar a todos, judeus e cristãos, que o Novo Testamento é integralmente um livro judeu. Não senti, porém, a mesma motivação em relação ao Antigo Testamento — todos sabem tratar-se de um livro judeu —, o que haveria para provar? Além disso, já na casa dos 60 anos, não era meu desejo passar muitos anos mais realizando uma tradução do texto hebraico original. Ainda que eu viva em Israel e fale hebraico desde 1979, sei, pela observação de meus filhos, que meu nível de domínio da língua era aproximadamente igual ao de um falante nativo de hebraico do ensino médio. Por isso, com certeza, eu não possuía nenhuma habilidade especial em relação ao hebraico bíblico que justificasse minha tentativa de traduzir o *Tanakh*.

Por isso, dediquei-me a uma tarefa mais simples. Inicialmente, pensei em adquirir os direitos de alguma tradução moderna do *Tanakh* de estilo compatível com o estilo usado por mim no *NTJ*. Eu não conseguia imaginar como o detentor dos direitos de qualquer versão inglesa do *Tanakh* me daria permissão para reuni-la ao Novo Testamento, em um único volume, com o título que lhe pretendia dar; por isso, passei a procurar por prováveis candidatos entre as versões cristãs. Minha primeira opção foi rechaçada pelos detentores dos direitos autorais, mas o número dois da lista aceitou a proposta. No entanto, quando estava pronto para seguir em frente, percebi que, se o projeto recebesse o título de *Bíblia **Judaica** Completa*, eu não poderia usar nenhuma versão cristã do Antigo Testamento, pois os cristãos modificaram o texto massorético (o texto hebraico do *Tanakh* aceito pelo judaísmo) com as informações obtidas da *Septuaginta* e de outras versões antigas.[2] A alegria deu lugar à tristeza. Ocorreu-me, de repente, que os direitos autorais da antiga versão do *Tanakh* da Jewish Publication Society (JPS), talvez a mais conhecida e mais usada tradução judaica do mundo anglófono, havia passado recentemente para domínio público — sua publicação datava de 1917, e os direitos expiram após setenta e cinco anos. No entanto, apesar de ter sido publicada em 1917, por vários motivos sociológicos, ela soava como se tivesse sido escrita em 1617! Ela reverberava a linguagem da tradução do rei Tiago (*King James Version*) e era totalmente incompatível com o inglês moderno que usei no *NTJ*.

Escaneei o texto da JPS com o objetivo de modernizar sua linguagem por meio de comandos simples de "busca e troca" do programa de edição de texto. Desejava, por meio da digitação de umas poucas teclas, ter cada ocorrência de "tu" transformada em "você", "Abraão" em "Avraham" e "Isaque" em "Yitz'chak". O andamento do projeto não se mostrou tão simples assim. Não só as palavras, mas também as estruturas das frases eram arcaicas. Quanto mais eu interagia com o texto da JPS, maior tornava-se minha insatisfação. O projeto assemelhava-se à tentativa de reformar um carro velho com muitos amassamentos. Consertam-se os três primeiros, e surgem o quarto, o quinto e o sexto. Faça os primeiros reparos e os amassamentos de número sete, oito, nove e dez chamam sua atenção. Por fim, pode-se desamassar as maiores marcas, mas fica-se com um carro com milhares de pequenas marcas, por isso a aparência não é agradável.

Assim, decidi parafrasear, no inglês moderno, todo o texto do *Tanakh* da JPS, redigitando-o, para decidir como expressar cada palavra, expressão e verso. Apesar de ser um grande projeto, considerei-o menos rigoroso que uma tradução. E esta versão do *Tanakh* veio à existência desse modo.

Entretanto, questionei em vários pontos a versão da JPS. Nesses casos, eu mesmo traduzi o hebraico do texto massorético. Utilizei também outras versões inglesas para me ajudarem com certas expressões no inglês moderno. Todos os tradutores bíblicos procedem dessa forma — mesmo as pessoas que compuseram a versão do rei Tiago (*King James Version*), ao reconhecerem o débito para com seus predecessores com o famoso subtítulo: "e diligentemente comparada e revista de acordo com as traduções

[2] V. seção 8.

anteriores". Por isso, o *Tanakh* encontrado neste volume está posicionado entre a tradução e a paráfrase; ele é parcialmente as duas coisas; recuso-me a defini-lo como pertencente a qualquer uma dessas classes; em vez disso, chamo-o somente de "versão". Já os livros da Nova Aliança foram traduzidos por mim do original grego.

2. Traduções e tradutores

Acaso existe algo semelhante à "melhor" tradução da Bíblia? Sobre a questão do processo de tradução e/ou paráfrase, desejo fazer algumas observações de caráter geral, destacando as que dizem respeito a traduções. Em primeiro lugar, é comum a crença na existência de algo semelhante à "melhor" tradução de um texto de uma língua para outra. Eu questiono essa afirmação. As línguas possuem vocábulos, sintaxes, estruturas frasais, semântica e culturas diferentes, a partir de onde elas surgem e evoluem, além de muitas outras diferenças; portanto, a tradução não pode ser um processo simples e automático. Além disso, os leitores são diferentes. Alguns preferem o estilo simples e o vocabulário modesto, ao passo que outros reagem melhor ao estilo mais elegante ou complexo, com o vocabulário mais amplo. Mesmo o conceito de precisão depende do leitor — o que os acadêmicos podem considerar uma tradução precisa pode ser falha na comunicação acurada aos leitores menos instruídos. Caso os tradutores não consigam identificar o público-alvo, não serão eles os responsáveis pela falha na comunicação? É claro que existem, segundo padrões razoáveis, traduções piores, e outras são consideradas melhores. No entanto, dada a diversidade dos leitores, nenhuma versão pode ser considerada "a melhor".

Traduções e propósitos. Portanto, deve-se perguntar: "Qual o propósito de determinada tradução? Ela alcança esse propósito?". Em inglês, a *King James Version* possui linguagem de beleza incomparável; além disso, a língua inglesa não seria o que é hoje sem ela. Hoje, porém, nem todas as pessoas são capazes de extrair sentido de suas expressões arcaicas e, com o progresso dos estudos históricos, arqueológicos e linguísticos, alguns acadêmicos creem que algumas de suas traduções são imprecisas. A mais nova versão do *Tanakh* da JPS, de 1985, é particularmente útil para destacar expressões em que o original hebraico não é muito claro (no entanto, não apresento essas informações em meu trabalho). A *Today's English Version* (também conhecida por "Good News Bible"), produzida pelas Sociedades Bíblicas Unidas, usa um vocabulário limitado para que os falantes do inglês como segunda língua possam compreendê-la. A *New English Bible* soa como a obra dos grandes escritores ingleses — Shakespeare, Milton —, o que a torna ideal para ser lida em igrejas anglicanas. A tradução recente da *Torah*, feita por Everett Fox,[3] é única pela manutenção do estilo e da estrutura do pensamento hebraico, bem como da cultura dos tempos bíblicos. *The Living Bible*, originariamente preparada por Ken Taylor para seus filhos adolescentes, possui, pelo menos para os jovens americanos, energia e presença incomparáveis. Provavelmente, nenhuma dessas versões poderia servir, ao mesmo tempo, a todos esses propósitos. A beleza da Palavra de Deus encontra-se no fato de poder ser traduzida de formas diversas para servir a esses propósitos e a outros mais sem obscurecer-lhe o propósito original — mostrar às pessoas a verdade a respeito de Deus, de si mesmas, dos relacionamentos e do significado da vida, e instigar as pessoas à resposta adequada e necessária.

Propósitos desta versão bíblica. Por isso, passo a declarar a meus leitores os propósitos da *Bíblia Judaica Completa (BJC)*.

1. Meu primeiro propósito é, como afirmei, restaurar a judaicidade unificada da Bíblia; de modo especial, mostrar que os livros da Nova Aliança são totalmente judeus.

2. O segundo propósito da *Bíblia Judaica Completa* é apresentar a Palavra de Deus — o *Tanakh* e a *B'rit Hadashah* juntos — em português moderno e agradável. Desejo que esta Bíblia seja acessível e de fácil leitura, e que flua com facilidade da página para a mente e o coração, livre ao máximo das diferenças entre o ambiente original da Bíblia e do tempo presente.

3. O terceiro propósito é possibilitar o uso da *BJC* em sinagogas messiânicas, onde a *B'rit Hadashah* possa ser lida nos serviços religiosos com a *Torah* e os Profetas. (A *BJC* pode ser usada também para o acompanhamento das leituras em sinagogas não messiânicas.)

4. Por fim, apresento a meus admiradores o que eles me pediam há muito — um único volume contendo minha versão da Bíblia toda.

[3] **The Five Books of Moses:** A New English Translation with Commentary and Notes. [S.l.]: Shocken Books, 1995. [N. do T.]

Com tudo o que já afirmei, surgem três questões relativas à filosofia da tradução que precisam ser respondidas: 1) Equivalência formal *versus* dinâmica ("traduções literais" *versus* "paráfrases"); 2) O grau em que a interpretação do texto dada pelo tradutor deve interferir na tradução; e 3) As vantagens e desvantagens de uma versão produzida por um único indivíduo em contraste com a produzida por uma equipe de tradução.

"Traduções literais" *versus* "paráfrases". Existe uma escala de medição das traduções. Em um lado da escala, estão as traduções "literais", que reproduzem na língua receptora (português) as formas gramaticais da língua-fonte (hebraico, aramaico e grego); os tradutores as denominam "traduções de equivalência formal". As versões *Almeida Revista e Atualizada* (*ARA*), *Almeida Revista e Corrigida* (*ARC*), *Almeida Edição Contemporânea* (*AEC*), *Edição Corrigida e Revisada Fiel* (*Fiel*) e *Almeida Século 21* (*A21*) da tradução multissecular de João Ferreira de Almeida e a *Traducção Brazileira* são exemplos delas. Versões interlineares, que apresentam o texto grego palavra por palavra, são traduções literais por excelência, como o *Novo Testamento Interlinear* (tanto da Sociedade Bíblica do Brasil quanto da Editora Cultura Cristã). No outro extremo da escala, encontram-se as "traduções de equivalência dinâmica", que objetivam reproduzir na língua receptora o significado compreendido pelos leitores originais sem, entretanto, transpor as formas gramaticais da língua-fonte. Estas são popularmente denominadas "paráfrases", ainda que o termo deva ser reservado para documentos nos quais a língua-fonte e a língua-receptora são as mesmas. A *Nova Tradução na Linguagem de Hoje*, a *Bíblia Viva*, a *Versão Fácil de Ler* e *Cartas para Hoje* são exemplos desse tipo de tradução. A *Nova Versão Internacional* (*NVI*), *A Torá Viva* e *Torá — A Lei de Moisés* encontram-se em algum ponto entre os dois extremos.

Nessa escala, a *Bíblia Judaica Completa* localiza-se mais próxima do extremo da equivalência dinâmica. Em pontos específicos, relacionados à sua judaicidade, ela assim procede de forma militante. Por exemplo, a expressão grega *hypo nomon* (lit., "sob lei") é geralmente vertida "sob a Lei". Entretanto, pelo fato de essa tradução ter sido usada para amparar a teologia cristã anti-*Torah*, o *Novo Testamento Judaico* e também a *Bíblia Judaica Completa* explicam o significado dessas duas palavras gregas mediante 11 palavras na língua portuguesa: "em sujeição ao sistema resultante da perversão da *Torah* em legalismo".[4]

4 V. mais sobre este tópico na seção 8 a seguir.

O tradutor e suas interpretações. Esse exemplo suscita a questão: o tradutor deve "injetar suas opiniões" na própria tradução? Respondo de forma afirmativa e cautelosa, dada sua inevitabilidade, ainda que o tradutor deseje "manter-se neutro", ao meramente canalizar ideias da língua-fonte para a língua receptora sem influenciar o resultado, iludindo a si mesmo e a seus leitores. Necessariamente, toda tomada de decisão sobre a versão de qualquer palavra ou expressão de outra língua em português exprime a opinião do tradutor. O tradutor ideologicamente comprometido com a não intrusão de suas opiniões assim procede a despeito de si mesmo, todavia sem assumir a responsabilidade pelo ato.

Portanto, o tradutor deve decidir (opinião pessoal) o significado do vocábulo, ou da expressão, e como vertê-lo da maneira mais clara possível. Por exemplo, no caso de *hypo nomon*,[5] precisamente pelo fato de significados equivocados terem sido usados no passado, considero responsabilidade pessoal verter o que creio ser o significado correto e único da expressão da forma mais inequívoca. Mesmo quando uma expressão soa vaga, passível de mais de uma interpretação, o tradutor não deve transferir a ambiguidade para o português, mas decidir-se a favor de *uma* das possíveis interpretações e mantê-la. Nas edições que fornecem leituras alternativas, as ambiguidades podem ser discutidas em notas marginais. Esta edição age um pouco dessa forma, mas bem pouco; esse não é um de nossos principais propósitos. O comentário é o local correto para lidar de modo mais pleno com essas questões e esse é um de meus propósitos expressos no *Jewish New Testament Commentary*.

Contudo, tal abordagem pode sofrer abusos. Por isso, deve-se destacar que o fato de as opiniões pessoais do tradutor serem, necessariamente, refletidas na tradução não significa anuência com a extrapolação de seu papel para arrebanhar, ilegitimamente, seus leitores para a adoção de um posicionamento sectário.

Por ser esta a minha filosofia e regra de conduta no trabalho, informo, de antemão, aos leitores que desejarem verificar se uma palavra ou frase significa o que lhe atribui a *BJC*, que procurem outras versões, usem concordâncias e demais auxílios bíblicos e que se dirijam aos originais em hebraico, aramaico e grego. Esperar que a *BJC* verta com perfeição cada

[5] Discutido anteriormente e na seção 6.

palavra e expressão da Bíblia é pedir muito mais que aquilo que qualquer tradução pode fazer.

Apenas um tradutor *versus* a equipe de tradução. Algumas pessoas perguntaram se não seria melhor que uma equipe de tradução produzisse o *Novo Testamento Judaico*, e é claro que a mesma pergunta pode ser feita com referência ao *Tanakh* da *BJC*. Minha resposta toma por base os recursos humanos e financeiros disponíveis. Com certeza, as melhores traduções bíblicas foram produzidas por equipes de tradução, incluindo a *King James Version*, a *Revised Standard Version*, a *New International Version*, as duas versões da *JPS* e muitas outras. Segundo a tradição, mesmo a primeira tradução do *Tanakh* para o grego, chamada *Septuaginta*, foi produzida por um grupo de setenta pessoas (daí seu nome latino, que significa "setenta"), no terceiro século a.e.c.[6] A equipe possibilita a revisão para tornar exequível o debate de textos difíceis e o controle do estilo; ao passo que um único tradutor pode surgir com um produto mais coeso (desde que ele se lembre, é claro, da forma em que traduziu passagens similares). Com franqueza, admito que a equipe teria realizado um trabalho mais apurado; entretanto, fiz o melhor que pude. Espero que os leitores não se desapontem.[7]

3. A Bíblia

A mensagem central da Bíblia. Ao falar sobre Deus, Yisra'el, o povo, e o Messias, Yeshua, o tema recorrente da Bíblia é a necessidade de salvação do ser humano e da provisão divina nesse sentido. O propósito da vida e o significado da História é que Deus libertará a humanidade da miséria do pecado e restaurará as condições favoráveis para que indivíduos e nações se relacionem corretamente com ele. Moralidade e felicidade estão inseparavelmente ligadas à salvação.

O *Tanakh*. De acordo com o *Tanakh*,[8] Deus criou os seres humanos à sua imagem para que tivessem comunhão íntima, amorosa e obediente

6 A abreviatura "a.e.c." significa "antes da era comum"; "e.c." significa "era comum". A literatura judaica moderna usa essas abreviaturas em lugar de "a.C." e "d.C.".

7 Mais informações a respeito dos textos das línguas originais usados na *BJC* podem ser encontradas na seção 8.

8 A palavra *Tanakh* é um acrônimo composto das iniciais das três principais divisões da Bíblia hebraica: *Torah* (a "Lei", Pentateuco), *Nevi'im* (Profetas) e *K'tuvim* (Escritos).

com ele.[9] Entretanto, a humanidade se rebelou, escolheu o próprio caminho em lugar do apontado por Deus[10] — e ainda age assim.[11] O nome dessa rebelião é pecado, e a penalidade pelo pecado é a morte[12] — não somente a cessação da vida física, mas a separação eterna de Deus.[13] Contudo, Deus, misericordioso e justo, deseja salvar os seres humanos do que eles receberam e mereceram. Com este fim, Deus escolheu uma pessoa, Avraham, e por meio dele deu início a um povo, os judeus, comissionando-os a "ser uma bênção" e "uma luz para as nações".[14] Por intermédio de Mosheh, ele outorgou a *Torah* (lit. "ensino" ou "instrução", apesar de ser muitas vezes traduzida por "lei"), tornando conhecidos seus padrões de justiça. Mediante juízes, reis e profetas, Deus encorajou, disciplinou e prometeu a seu povo que a salvação final viria até ele e a outros povos por meio do "Ungido" (hebraico *mashiach*, português *messias*, que possui o mesmo significado do grego *christos*).

A *B'rit Hadashah* e Yeshua. Na continuação dessa crônica, os livros da Nova Aliança proclamam que o Messias de Yisra'el, profetizado no *Tanakh*, é Yeshua, uma pessoa histórica e real que, como outras, nasceu, viveu e morreu. Entretanto, diferentemente das demais, ele não teve pai humano e nasceu de uma virgem chamada Miryam (Maria). Também, de modo diverso das outras pessoas, ele não morreu porque sua vida simplesmente chegou ao fim ou por causa de pecados pessoais (ele nunca pecou), mas com o objetivo de salvar-nos de nossos pecados. Além disso, ele ressuscitou dos mortos, encontra-se vivo agora "à destra de Deus",[15] e virá pela segunda vez para governar como o Rei de Yisra'el e trazer paz ao mundo todo. Ao explicar a característica exclusiva de sua qualificação para ser o sacrifício final pelos pecados, a *B'rit Hadashah* o denomina Filho do Homem e Filho de Deus. A primeira expressão, retirada do *Tanakh*,[16] significa que ele é o homem ideal e perfeito, sem pecado, "um cordeiro

[9] *B'reshit* [Gn] 1.26—2.25

[10] *B'reshit* [Gn] 3.1-19

[11] *M'lakhim Alef* [1Rs] 8.46; *Kohelet* [Ec] 7.20; Romanos 3.23

[12] *B'reshit* [Gn] 2.17; 5.5; Romanos 6.23

[13] *B'reshit* [Gn] 3.22-24; *Yesha'yahu* [Is] 59.1,2

[14] *B'reshit* [Gn] 12.1-3; *Yesha'yahu* [Is] 49.6

[15] *Tehillim* [Sl] 110.1; Atos 7.56 e por toda a carta endereçada aos Judeus messiânicos [Hb].

[16] *Dani'el* [Dn] 7.13

sem culpa".[17] Pelo fato de não ter a obrigação de entregar a própria vida por causa de seus pecados, ele é "O cordeiro de Deus. Aquele que tira o pecado do mundo!".[18] A segunda expressão, aludida no *Tanakh*,[19] significa que "nele habita, corporalmente, a plenitude do que Deus é",[20] de forma que somente ele é capaz de expressar o amor divino pela humanidade.[21]

A comunidade messiânica. A *B'rit Hadashah* também descreve os acontecimentos formativos entre os primeiros seguidores judeus e gentios de Yeshua e explica como essa nova comunidade messiânica ou "igreja" se relaciona com o povo judeu. Diferentemente de muitas variantes da teologia cristã, a *B'rit Hadashah* não afirma que a comunidade messiânica substituiu os judeus como povo de Deus. Tampouco diz que a comunidade messiânica coexiste com os judeus na condição de segundo povo eterno de Deus, com destino e promessa separados. Ao contrário, o relacionamento é mais complexo: os gentios foram enxertados como "ramos de oliveira selvagem" na "oliveira cultivada" dos judeus, da qual alguns ramos "foram cortados", mas que, um dia, serão "enxertados novamente", para que, no fim, "todo o Yisra'el seja salvo".[22] Portanto, os judeus não são, como muitos cristãos pensam, e muitos judeus temem, um povo aniquilado mediante a "absorção pela igreja". Ao contrário, como *Yirmeyahu* (Jeremias) declara — na mesma passagem do anúncio de que Deus estabelecerá uma Nova Aliança com a casa de Yisra'el e com a casa de Y'hudah —, os judeus permanecerão para sempre como povo de Deus, enquanto houver sol, lua e estrelas para iluminar a terra.[23] No entanto, os judeus se tornarão um povo que honra o Messias em quem puseram a esperança e esperaram por tanto tempo: Yeshua. Sobre essa base haverá a restauração da unidade entre a comunidade messiânica e o povo judeu e o grande cisma terá sido desfeito.

Alcance desse conceito. O conceito bíblico de salvação é individual e coletivo, de forma que o *Tanakh* e a *B'rit Hadashah* versam sobre uma grande gama de atividades humanas — vida familiar, luta de classes, preocupações

17 *Sh'mot* [Êx] 12.5; *Vayikra* [Lv] 1—6; *1Kefa* [1Pe] 1.19

18 *Yochanan* [Jo] 1.29,36

19 *Yesha'yahu* [Is] 9.5-7; *Z'kharyah* [Zc] 12.10; *Tehillim* [Sl] 2.7; *Mishlei* [Pv] 30.4

20 *Mattityahu* [Mt] 1.18-23; Colossenses 2.9

21 *Yochanan* [Jo] 3.16

22 Romanos 11.16-26

23 *Yirmeyahu* [Jr] 31.30-36 (31-37)

sociais, comércio, agricultura, meio ambiente, identidade nacional, governo, justiça, arrependimento, perdão, relacionamentos interpessoais, identidade pessoal, questões de gênero, adoração, oração, saúde física, bem-estar emocional, vida espiritual, morte, pós-morte e juízo final. Em todas essas áreas, a Bíblia nos informa que a resposta correta às iniciativas divinas trará salvação a todas as áreas de nossa vida — individual, social, comunal, nacional e universalmente.

Alianças (ou Testamentos): a antiga e a nova. Os cristãos chamam o *Tanakh* de Antigo Testamento e a *B'rit Hadashah*, de Novo Testamento. No entanto, o vocábulo português "Testamento" reflete uma tensão entre o hebraico, língua do *Tanakh*, e o grego, idioma da *B'rit Hadashah*. A palavra hebraica *b'rit* significa "aliança, contrato". O vocábulo grego equivalente a *aliança* ou *b'rit* é *diatheke*. Entretanto, *diatheke* também pode significar "testamento", no sentido de "vontade".[24] A expressão hebraica *b'rit hadashah* pode ser traduzida apenas por "nova aliança", mas as palavras gregas equivalentes também podem ser vertidas como "novo testamento" —, e, geralmente, o são. Por isso, apesar de *Yirmeyahu* predizer um novo "contrato" básico entre Deus e o povo judeu, não uma "vontade" — uma aliança, não um testamento — o termo "Novo Testamento" tornou--se a terminologia padrão que obscurece o significado da língua hebraica original, "nova aliança". Por essa razão, nesta Introdução, escrevo de modo geral a respeito do *Tanakh*, em lugar de Antigo Testamento, e sobre a *B'rit Hadashah* ou "livros da Nova Aliança", em lugar de Novo Testamento.

Além disso, a "nova" aliança implica a "antiga", nesse caso a aliança mosaica estabelecida por Deus com o povo judeu no monte Sinai.[25] A *B'rit Hadashah* explicita esse fato na carta aos Judeus messiânicos (Hebreus) 8.6-13: nesse contexto, "antiga" não significa "ruim", mas simplesmente "anterior". Pelo fato de os livros que constituem o *Tanakh*, dos quais a aliança mosaica é o centro, relatarem fatos acontecidos entre 1500 e 300 a.e.c., aproximadamente, os cristãos chamam-nos Antigo Testamento, a fim de distingui-los dos escritos do século I da era comum, que constituem o Novo Testamento.

Dois "Testamentos", uma Bíblia. Não obstante, as duas partes da Bíblia, o *Tanakh* e a *B'rit Hadashah*, formam uma única Bíblia. Essas duas partes

24 Judeus messiânicos [Hb] 9.16,17 (o texto grego faz um jogo com o sentido duplo).

25 *Sh'mot* [Êx] 19—24

tratam de material paralelo de forma complementar. A História teve princípio com a criação do céu e da terra e com o paraíso perfeito do Éden nos dois capítulos iniciais do *Tanakh*, e finda com o paraíso perfeito de "um novo céu e uma nova terra"[26] nos dois últimos capítulos da *B'rit Hadashah*. Dando continuidade à história da salvação apresentada no *Tanakh* com base nas alianças estabelecidas com Noach (Noé), Avraham (Abraão), Mosheh (Moisés) e David (Davi), a *B'rit Hadashah* apresenta-se como portadora da "nova aliança" prometida por Deus no *Tanakh* e que seria estabelecida "com a casa de Yisra'el e com a casa de Y'hudah (Judá)"[27] e apresenta Yeshua como o cumprimento dos sistemas de reis, profetas, *kohanim* (sacerdotes) e sacrifícios descritos nele, e como a suma e substância da *Torah*. Dessa forma, o Novo Testamento à parte do Antigo é herético, e o Antigo Testamento sem o Novo está incompleto — dois Testamentos, uma Bíblia.

A *Bíblia Judaica Completa* comprova a unidade da Bíblia. A *Bíblia Judaica Completa* comprova essa unidade mediante a eliminação de toda a separação entre o *Tanakh* e a *B'rit Hadashah*. A maior parte das traduções cristãs insere uma página especial com título para separar o Antigo Testamento do Novo, e até mesmo uma nova contagem de páginas, de modo que o livro de *Mattityahu* (Mateus) tenha início na página número 1 do Novo Testamento. A *Bíblia Judaica Completa* divide o texto integral das Escrituras em sete seções: *Torah*, Profetas, Escritos, Evangelhos, Atos dos emissários, Cartas e Revelação. A paginação é contínua. Não há necessidade de reunir os primeiros três quartos da Bíblia sob a designação de "Antigo Testamento" e o quarto final sob o nome de "Novo Testamento". Ao contrário, a Bíblia é apresentada como um todo inseparável, a Palavra de Deus unificada, uma Bíblia Judaica Completa para toda a humanidade.

4. O conteúdo da Bíblia

Das sete seções da Bíblia, três fazem parte do *Tanakh* e as outras quatro da *B'rit Hadashah*.

A *Torah*. Os primeiros cinco livros da Bíblia constituem o Pentateuco, os cinco livros de Mosheh (Moisés), tradicionalmente atribuídos ao próprio Mosheh; alguns estudiosos acreditam que outros escritores modificaram

[26] Yesha'yahu [Is] 65.17; Revelação [Ap] 21.1

[27] *Yirmeyahu* [Jr] 31.30-34

os escritos de Moisés, ou mesmo que compuseram esses livros. *B'reshit* (Gênesis) contém as narrativas da criação, a história do Dilúvio e a dispersão pré-histórica das nações. Em Gênesis 12, inicia-se a história do povo judeu, primeiramente com os patriarcas Avraham (Abraão), Yitz'chak (Isaque) e Ya'akov (Jacó), e por fim com a história de Yosef (José), no Egito. *Sh'mot* (Êxodo) narra o resgate do povo judeu da escravidão por Mosheh, as dez pragas, o êxodo do Egito através do Yam Suf (mar Vermelho) para o deserto do Sinai, o aparecimento de Deus sobre o monte Sinai, a outorga das Dez Palavras e de outras regras. Deus instrui Moisés sobre como construir o tabernáculo, processo interrompido pela apostasia do povo mediante a criação do bezerro de ouro. Mais tarde, o tabernáculo é construído e dedicado, e estabelece-se o sistema dos *kohanim* (sacerdotes). *Vayikra* (Levítico) registra as instruções concernentes ao sistema de sacrifícios e a outros aspectos da vida. *B'midbar* (Números) descreve a jornada do povo através do deserto, durante quarenta anos, e sua rebeldia, enquanto Deus prepara um povo para si mesmo. Em *D'varim* (Deuteronômio), Mosheh apresenta as leis adicionais no contexto da revisão dos quarenta anos anteriores de história. Ele indica Y'hoshua (Josué) como sucessor e conclui com um poema de admoestação e de bênçãos para as 12 tribos. A *Torah* chega ao fim com a morte de Mosheh, em algum ponto entre os séculos XV e XIII a.e.c. (os estudiosos discordam acerca da data exata).

Os Profetas. Os Profetas são divididos, de forma geral, em Profetas Anteriores (*Nevi'im Rishonim*) e Profetas Posteriores (*Nevi'im Acharonim*). O primeiro grupo consiste nos quatro livros de *Y'hoshua* (Josué), *Shof'tim* (Juízes), *Sh'mu'el Alef* e *Bet* (1 e 2Samuel) e *M'lakhim Alef* e *Bet* (1 e 2Reis). O livro de *Y'hoshua* narra os acontecimentos relativos ao povo de Israel sob o comando de *Y'hoshua* quando da entrada na terra de Israel, sua conquista e divisão entre as 12 tribos. *Shof'tim* descreve os vários séculos que se seguiram sob um mandato de diversos "juízes", como Gid'on (Gideão) e Shimshon (Sansão). O último desses juízes, *Sh'mu'el* (Samuel), tem o nome atrelado a 1 e 2Samuel, que descrevem o governo dos dois primeiros reis, Sha'ul (Saul) e David (Davi). Na sequência, 1 e 2Reis narram o restante da história da monarquia, começando logo após o ano 1000 a.e.c., com Shlomoh (Salomão); segue com a divisão do território governado por ele entre o Reino do Norte, Yisra'el (Israel) e o Reino do Sul, Y'hudah (Judá); seguem-se as histórias dos profetas Eliyahu (Elias) e Elisha (Eliseu) e uma série de reis até a destruição do Reino do Norte, em 732 a.e.c., por Ashur (Assíria), e a conquista babilônica de Y'hudah, no ano 586 a.e.c.

Os Profetas Posteriores também consistem em quatro livros — cada um deles contendo um dos três "profetas maiores", *Yesha'yahu* (Isaías), *Yirmeyahu* (Jeremias) e *Yechezk'el* (Ezequiel), e um livro contendo os escritos dos *Shneim-'Asar* (os Doze), também conhecidos por "profetas menores". Esses livros contêm advertências dadas ao povo de Yisra'el além de conselhos éticos. Muitas vezes, por meio desses profetas, Deus pede a Israel que se mantenha fiel a ele, abandone os falsos deuses e os objetivos equivocados. Por meio deles, em diversas circunstâncias, Deus promete recompensar a obediência e punir a desobediência. Demonstra-se, com constância, a união do amor e da santidade de Deus. Ainda que os Profetas façam predições de tempos em tempos, sua principal característica é falar em nome de Deus em lugar de predizer acontecimentos, mediante o anúncio ousado da Palavra de Deus a pessoas nem sempre dispostas a ouvi-la.

Os Escritos. Os Escritos incluem uma ampla variedade de formas. *Tehillim* (Salmos) consiste em 150 poemas ou canções que expressam os anseios e as verdades mais profundos. *Mishlei* (Provérbios) encontra-se na categoria de "literatura sapiencial", em que a sabedoria é encapsulada em expressões vigorosas, como o faz *Kohelet* (Eclesiastes). O livro de *Iyov* (Jó) lida com a questão da ocorrência de acontecimentos ruins para pessoas boas; sua poesia é insuperável em qualquer língua. O hebraico usado é o mais difícil do *Tanakh* pelo uso de muitas palavras que não são utilizadas em nenhum outro escrito. As cinco *Megillot* (Rolos) são livros curtos; cada "*megillah* completa" é lida em um feriado particular do ano judaico — *Shir-HaShirim* (Cântico dos Cânticos, também chamado Cantares de Salomão nas Bíblias cristãs) em *Pesach* (Páscoa); *Rut* (Rute) em *Shavu'ot* (Pentecoste), por ser o festival da colheita; *Eikhah* (Lamentações) no *Nove de Av*, dia de jejum pela recordação da destruição dos dois templos; *Kohelet* (Eclesiastes) em *Sh'mini 'Atzeret*, a festa que antecipa o inverno, imediatamente após *Sukkot* (Tabernáculos); e *Ester*, em *Purim*, pois o livro descreve a história dessa data. *Dani'el* (Daniel) e *'Ezrah-Nechemyah* (Esdras-Neemias) descrevem a vida durante e após o exílio babilônico, ao passo que *Divrei HaYamim Alef* e *Bet* (1 e 2Crônicas) revisam, do ponto de vista sacerdotal, a história detalhada em *Sh'mu'el* (Samuel) e *M'lakhim* (Reis). O início de *'Ezrah* e o final de 2Crônicas comprovam que *'Ezrah* é a sequência de Crônicas.

Os Evangelhos. Os 27 livros da *B'rit Hadashah* foram escritos no século I da era comum, por pelo menos oito autores.[28] Desses, os quatro primeiros apresentam quatro pontos de vista sobre a vida e o propósito de Yeshua concernentes à "história da salvação" (o relato do envolvimento divino na história humana com propósitos de salvação). O primeiro e o quarto Evangelhos são atribuídos a dois dos 12 *talmidim* (discípulos) de Yeshua, Mattityahu (Mateus) e Yochanan (João). O segundo é atribuído a Marcos, que acompanhou outro dos *talmidim* de Yeshua, Kefa (Pedro). O autor do terceiro Evangelho foi Lucas, colaborador de Sha'ul (Saulo/ Paulo).

A palavra portuguesa evangelho significa *boas notícias*. Portanto, em um sentido muito especial, não existem quatro Evangelhos, mas apenas um, ou seja, as boas notícias sobre quem Jesus é e o que ele fez. Todavia, cada Evangelho apresenta essas boas notícias à sua maneira, da mesma forma que quatro testemunhas honestas de algum acontecimento darão versões próprias sobre o ocorrido. Pode-se dizer que Mattityahu pensava nos leitores judeus, ao passo que Lucas, aparentemente, escreveu para os gentios.[29] A versão de Marcos é breve e repleta de detalhes sobre as personagens. Yochanan jamais perde de vista a origem celestial de Yeshua, apresentando-o claramente não apenas como Filho do Homem, mas como Filho de Deus.

Os três primeiros documentos são conhecidos por Evangelhos sinópticos (a palavra "sinóptico" significa "com o mesmo ponto de vista"), porque muitos acontecimentos são reportados em dois ou três deles, geralmente com linguagem similar ou, até mesmo, idêntica. Estudiosos têm tentado explicar as diferenças e as similaridades dos Sinópticos, afirmando que um escritor teria copiado do outro, ou, de forma mais sofisticada, que dois ou os três tiveram acesso direto ou indireto a algum tipo de fonte oral ou escrita.

Os Atos dos emissários. Lucas também é o autor de "Atos dos emissários", que poderia ser chamado "Lucas, parte 2" (v. os versículos de abertura de Lucas e Atos). Esse livro, protagonizado por Kefa e Sha'ul, emissários ("apóstolos") de Yeshua, descreve a história desde o início da comunidade

[28] O material a seguir sobre a historicidade dos acontecimentos relatados na *B'rit Hadashah* e da autoria e datação deles baseia-se na erudição conservadora do Novo Testamento. Consulte o debate sobre tradição e erudição, mais adiante, na seção 5.

[29] Sua ênfase na universalidade da salvação e no endereçamento da carta a Teófilo (gr. "o que ama a Deus") sugere que estivesse escrevendo ao público mais amplo possível.

messiânica (isto é, a igreja) (c. 30-65 e.c.), na fase inicial, em Yerushalayim, onde crer em Yeshua era um assunto estritamente judaico, e, na fase seguinte, quando o evangelho espalhou-se por "Y'hudah, Shomron e até os confins da terra",[30] isto é, Roma, a antítese pagã de Yerushalayim. Um dos principais propósitos do livro de Atos é provar que os gentios podem se tornar messiânicos sem a conversão ao judaísmo. É irônico que a opinião popular atual requeira a aplicação reversa do livro de Atos para demonstrar que os judeus podem tornar-se messiânicos sem a "conversão" ao que se tornou conhecido por uma religião diferente, o cristianismo.

As Cartas de Sha'ul. O restante da *B'rit Hadashah*, com exceção do último livro, consiste em cartas. As primeiras 13 são de Sha'ul, o "emissário aos gentios".[31] Cinco delas foram endereçadas a comunidades messiânicas situadas na Grécia — Corinto (duas cartas), Filipos e Tessalônica (a Salônica moderna, duas cartas); duas, a comunidades na Turquia — Galácia e Éfeso; e duas, a comunidades estabelecidas por outras pessoas — Colossos (nas proximidades de Éfeso) e Roma. Essas nove cartas tratam de assuntos referentes ao comportamento e à crença das várias comunidades messiânicas. Das quatro restantes, conhecidas por cartas pastorais, três foram escritas para seus auxiliares — Timóteo (duas cartas) e Tito —, e uma para um amigo chamado Filemom, que lhe pede para receber de volta, como irmão liberto, um escravo que havia fugido.

Em seguida, vem a "Carta a um grupo de judeus messiânicos", também conhecida por "Hebreus". Apesar de sua autoria ter sido atribuída a Sha'ul, Apolo, Priscila e Áquila, não se sabe ao certo quem a escreveu. Enviada para leitores judeus messiânicos, ela relaciona a nova dispensação trazida por Yeshua com temas do *Tanakh*. Em seguida, uma carta de Ya'akov (Tiago), irmão de Yeshua e líder da comunidade messiânica de Yerushalayim; duas cartas de Kefa (Pedro); três de Yochanan (João); uma de Y'hudah (Judas), outro irmão de Yeshua. Coletivamente, são denominadas Cartas Gerais e seu tema principal são assuntos de fé e prática.

Revelação. O último livro da *B'rit Hadashah* é "A revelação de Yeshua, o Messias, a Yochanan", que contém descrições das visões apresentadas pelo Messias ressurreto e glorificado ao emissário Yochanan (João) (ou, segundo

30 Atos 1.8

31 Romanos 11.13; Gálatas 2.7-9

outros, a outro Yochanan). Também conhecido por Apocalipse, por descrever acontecimentos "apocalípticos", desastres e intervenções divinas no fim dos tempos, relacionados ao juízo final da humanidade. Contém mais de 500 citações do *Tanakh* e alusões a ele, e, mais que qualquer outro livro do Novo Testamento, relembra as visões encontradas nos escritos de Yesha'yahu (Isaías), Yechezk'el (Ezequiel), Z'kharyah (Zacarias) e Dani'el (Daniel). Algumas pessoas opinam que sua mensagem é aplicável a eventos futuros, outros a consideram a descrição de uma era iniciada há dois mil anos, e ainda outras creem que sua referência primária diz respeito a acontecimentos do século I e.c. Sua linguagem figurada dá margem a abordagens interpretativas bastante distintas e a qualquer combinação delas.

5. Outras características da Bíblia

Datação. Tradicionalmente, a *Torah* procede dos séculos XV a XIII a.e.c., dependendo de quando Mosheh viveu. Os Profetas Anteriores procedem, ainda segundo a tradição, dos séculos XIV a X a.e.c., os Profetas Posteriores, dos séculos IX a IV a.e.c., e os Escritos, dos séculos X a III a.e.c.

Os primeiros livros da *B'rit Hadashah*, como as cartas de Sha'ul aos Gálatas, Tessalonicenses e Coríntios (e provavelmente a carta de Ya'akov) foram escritos por volta do ano 50 e.c., cerca de vinte anos após a morte e a ressurreição de Yeshua. As outras cartas de Sha'ul são datadas entre os anos 50 e 60, os Evangelhos e Atos receberam sua forma final entre 65 e 85, e as outras Cartas Gerais e Revelação, entre os anos 65 e 100. Alguns estudiosos creem que certos livros do Novo Testamento receberam sua forma final somente no princípio do século II.

O cânon. Os estudiosos afirmam que o cânon da *Torah* recebeu a forma atual antes dos dias de 'Ezrah (Esdras) (c. 445 a.e.c.), e os Profetas e os Escritos, posteriormente. Todavia, a revisão final do cânon foi realizada pelo Concílio de Yavneh (Jâmnia), convocado por volta do ano 90 desta era pelo rabino Yochanan Ben-Zakkai como resposta à destruição do templo pelos romanos, vinte anos antes. Vários livros hoje incluídos no *Tanakh* foram questionados — Daniel e Ezequiel, por suas visões e experiências assombrosas; Ester, pelo fato de Deus não ser mencionado; Cântico dos Cânticos, pela característica sexual inequívoca; e Eclesiastes, pela cosmovisão depressiva (com exceção dos dois últimos versículos, que o redimem). Eclesiástico (não se trata de Eclesiastes) foi rejeitado pelos rabinos de Yavneh, mas encontra-se nos Apócrifos (uma coleção de 15 antigos livros judaicos que incluem Tobias, Judite, 1 e 2Macabeus e Sabedoria de Salomão. As versões bíblicas católicas romanas e anglicanas incluem os Apócrifos). Dezesseis outros livros antigos são chamados coletivamente Pseudepígrafos. Existem versões portuguesas dos Apócrifos[32] e dos Pseudepígrafos.[33]

Além dos documentos que agora formam o Novo Testamento, existem outras versões escritas das boas-novas, outras histórias de acontecimentos na comunidade messiânica dos primeiros tempos, outras discussões sobre doutrina e prática e outros apocalipses.[34] A própria comunidade messiânica dos anos iniciais exerceu o discernimento espiritual necessário para decidir que livros reproduziam verdadeiramente a mensagem de Deus para a humanidade e quais deles eram criações inferiores, talvez de valor histórico ou espiritual, mas não inspirados por Deus. Citações dos livros da *B'rit Hadashah* também são encontradas no livro não canônico *Didaquê: ensino dos doze apóstolos* (80-100 e.c.), apesar de a primeira lista dos livros da *B'rit Hadashah* ter sido compilada pelo herético Marcião, por volta do ano 150 e.c. Essa consequência do erro certamente estimulou o desenvolvimento do cânon ortodoxo, como aparece no *Fragmento Muratório*, no fim do século II. Todavia, a mais antiga enumeração dos exatos 27 livros que constituem a *B'rit Hadashah* atual, sem adições ou omissões, é a *39.ª carta pascal*, de Atanásio (367 e.c.). Ainda que a lista seja tardia, os livros foram usados nas congregações messiânicas a partir da data de sua composição, da mesma forma que os livros do *Tanakh* integraram o judaísmo séculos antes de o cânon ter sido determinado com a devida autoridade no Concílio de Yavneh.

Tradição e erudição. O material introdutório encontrado anteriormente reflete o pensamento da corrente principal da erudição conservadora a respeito do Novo Testamento e confirma a maior parte dos conceitos tradicionais sobre esses assuntos. Entretanto, há mais de dois séculos a

32 V., e.g., **A Bíblia de Jerusalém** (2. ed. São Paulo: Paulus, 2002), edição católica romana, e **A Tradução Ecumênica da Bíblia** (tb. conhecida por **A Bíblia TEB**) (São Paulo: Loyola, 1995), com recomendação do presidente da CNBB e do bispo primaz da Igreja Episcopal Anglicana do Brasil. [N. do T.]

33 V. **Apócrifos e pseudepígrafos da Bíblia**. São Paulo: Fonte Editorial, 2005. [N. do T.]

34 V. Hennecke, Edgar. **New Testament Apocrypha**. Philadelphia: The Westminster Press, 1965.

autoria de todos os livros tem sido questionada, bem como a datação e a historicidade da maior parte dos acontecimentos.

O debate continua, apesar de os fatos lhe imporem certos limites: por exemplo, existem manuscritos de porções do Novo Testamento que datam da primeira metade do século II, desqualificando as sugestões mais tardias de que o Novo Testamento tivesse sido escrito duzentos, trezentos ou quatrocentos anos depois de Yeshua. Também algumas críticas baseiam-se em pressuposições aparentemente objetivas, mas que são, na realidade, de caráter religioso e opostas às afirmações da Bíblia, a fim de determinar conclusões negativas *a priori* — e.g., uma cosmovisão "científica" ou incrédula na possibilidade de milagres, como a travessia do Yam Suf (mar Vermelho),[35] ou a descrença na habilidade dos escritores antigos de distinguir elementos reais e imaginários; ou, ainda, a tese não comprovada de que as comunidades messiânicas originárias alteraram os relatos a fim de encaixá-los no molde desejado.

Apesar de algumas questões não resolvidas, vários estudiosos respeitados creem que os autores tradicionalmente apontados são os escritores reais e que as datas mais antigas são as corretas, e, mais importante ainda: no caso da *B'rit Hadashah*, Yeshua realmente viveu, "morreu por nossos pecados [...] e [...] ressuscitou ao terceiro dia, de acordo com o que diz o *Tanakh*".[36]

6. Por que a Bíblia é a Palavra de Deus

Escrevi no primeiro parágrafo da seção 1: "a Escritura é a Palavra de Deus para a humanidade, a única forma de comunicação verbal fidedigna outorgada por Deus a nós. Ela é merecedora de aceitação, fé e confiança; trata-se do manual divino no tocante às questões de fé e prática". Devo aos leitores que não se sentem convencidos a respeito do que eu disse, uma explicação dos motivos pelos quais creio que, por trás dos diversos autores da Bíblia, seu verdadeiro Autor é Deus; além disso, mostrei também que diferença essa crença faz.

Os teólogos designam esse tópico de "inspiração divina das Escrituras", no qual a palavra "inspiração" significa literalmente "soprar em". Dessa forma, ao considerarem Deus o Autor da Bíblia, em última instância eles

35 *Sh'mot* [Êx] 14 e 15

36 1Coríntios 15.3,4

não querem dizer com isso que Deus ditou todas as palavras, de modo que os "autores" humanos fossem apenas secretários; ao contrário, os autores expressam de modo geral o que Deus soprou neles por meio da personalidade de cada um deles, mediante suas palavras. O conceito alternativo é que a Bíblia pode conter pensamentos maravilhosos, sentimentos da moral mais elevada, histórias lindas e literatura belíssima, todos "inspirados" no sentido comum, humano, obras "dignas da genialidade", mas não se trata de comunicação direta da parte de Deus, falando-nos a respeito de si mesmo, a respeito de nós e sobre como se deve viver.

Há três razões para considerarmos a Bíblia inspirada por Deus, soprada por Deus: sua alegação, aparência e comprovação.

A Bíblia alega ser a Palavra de Deus. Reiteradamente, surge a expressão "*Adonai* diz", ou a expressão retumbante das versões bíblicas mais antigas: "Assim diz o Senhor". Essas palavras são encontradas na Bíblia cerca de 2.500 vezes, escritas por diversos autores no período de mais de mil anos. Por si só, essa afirmação não prova nada — qualquer um pode escrever "Deus diz". No entanto, essa afirmação não é feita com muita frequência; por isso, quando ela é feita — e quando muitas pessoas creem nela —, deve-se investigar sua veracidade.

A Bíblia aparenta ser a Palavra de Deus. A diversidade dos assuntos tratados, a sabedoria, a honestidade que deixa transparecer, o entendimento da condição humana, as expressões de alegria, tristeza, ira e outras emoções, o modo de lidar com a história e a política são características que preconizam um ser, uma pessoa digna de ser chamada e honrada como Deus, aquele que amou e criou a mim, a você e ao Universo. Alguns leitores, talvez, encontrem porções de textos de aparência menos divina ou mesmo contrários à maneira que imaginariam que Deus falasse. Minha sugestão para esses leitores é a alteração de seu conceito a respeito de Deus. Apenas na Bíblia encontra-se a descrição detentora de autoridade a respeito do Deus da Bíblia: quem ele é e como ele "deve" ser. É ali que se devem procurar pelos paradoxos sem resolução — e também é nesse lugar onde se torna claro que algumas antinomias (elementos contraditórios resistentes à conciliação) não serão plenamente resolvidas, pelo menos não neste mundo (dois exemplos: livre-arbítrio e predestinação, e o problema de Jó — o motivo de coisas ruins acontecerem a pessoas boas).

A Bíblia comprova ser a Palavra de Deus. Apesar de nem todas as declarações bíblicas poderem ser cientificamente comprovadas, algumas delas encaixam-se nesse padrão. Estudos de caráter histórico e arqueológico têm apresentado evidências de que lugares, acontecimentos e costumes registrados na Bíblia são reais. Desde a minha mudança para o Estado de Israel, em 1979, os jornais registraram a descoberta em Tel Dan, no norte do país, da primeira testemunha independente da existência do rei Davi — um óstraco de seu período com a inscrição de seu nome (é claro que ele prova apenas a existência desse nome, não do rei). Outra descoberta foi uma das romãs que pendiam do manto do *kohen gadol* (sumo sacerdote),[37] e a terceira descoberta foi a de um sinete do século VI a.e.c., no qual se lê o tetragrama — sua evidência mais antiga. Essas descobertas não comprovam a existência de Deus, mas demonstram a confiabilidade dos escritores e sugerem que suas afirmações impossíveis de verificação também podem ser fidedignas.

Razões da diferença existente em crer que Deus "escreveu a Bíblia". A princípio, não dou à ciência a última palavra na determinação do que é a verdade, pois não penso que a fé deva ser relegada à categoria de conhecimento inferior à ciência. As bases filosóficas do mundo ocidental concentram-se em duas cidades: Atenas e Jerusalém. Os gregos desenvolveram a filosofia de forma racional, mas amplamente deficiente pela separação entre coração e mente. Muitos males psicológicos e espirituais procedem dessa separação (pode-se chamá-la, também, de separação entre corpo e alma). Os judeus mantiveram coração e mente, corpo e alma, juntos, e a Bíblia apresenta esse conceito unitário da natureza humana. A mente possui sua forma de conhecer, como também o faz o coração, e nenhum dos dois deve ser ignorado. Caso mente e coração estejam ligados, existirá a possibilidade de que a Bíblia alegue, aparente e comprove ser algo que instigue o coração a responder com fé. Se alguém crê que Deus se comunica por meio da Bíblia, essa pessoa estará mais propensa a levar a sério suas promessas, ameaças, sugestões e mandamentos; e, em decorrência disso, afirmo, que ela terá uma vida melhor em nível pessoal e também no relacionamento com as pessoas que encontrar.

[37] *Sh'mot* [Êx] 28.33

7. O *Tanakh* judeu *versus* o Antigo Testamento cristão

O título desta seção da *Introdução* pode causar perplexidade em alguns leitores, especialmente após as afirmações feitas na seção 5, pois é comum pensar que o Antigo Testamento cristão e o *Tanakh* judeu são idênticos. Na realidade, existem diferenças importantes. E, com o objetivo de entender melhor a *Bíblia Judaica Completa*, elas precisarão ser analisadas agora.

Ordem diferente na disposição dos livros. A diferença mais evidente, perceptível pela simples verificação do sumário, é que os livros do *Tanakh* são apresentados em ordem diferente da seguida pelos livros do Antigo Testamento (AT), como qualquer cristão descobrirá com presteza se procurar pelo livro de Malaquias no final do *Tanakh*. O acrônimo *TaNaKh* nos faz lembrar que a Bíblia hebraica divide-se em três partes: *Torah* (Lei, Ensino), *Nevi'im* (Profetas) e *K'tuvim* (Escritos). No entanto, os cristãos dividem o AT em quatro partes: Pentateuco, Livros Históricos, Livros Poéticos e Profetas. Tanto o AT quanto o *Tanakh* dispõem em primeiro lugar dos cinco livros de Moisés, quer o designem *Torah* quer Pentateuco. A seção dos Profetas do *Tanakh* divide-se em Profetas Anteriores e Profetas Posteriores. Os Profetas Anteriores correspondem aos Livros Históricos do AT, com exceção de Rute, 1 e 2Crônicas, Esdras, Neemias e Ester; estes são agrupados com os Escritos. Os Profetas Posteriores equivalem aos "profetas" do AT, com exceção de Lamentações e Daniel que a Bíblia hebraica põe entre os Escritos. A seção dos "Escritos" do *Tanakh* é bem mais extensa que a do AT, pois inclui oito livros localizados em outras partes do AT. Por fim, no *Tanakh*, os Profetas Posteriores surgem imediatamente após os Profetas Anteriores, mas, no AT, os Profetas vêm por último.

Por que existem essas diferenças? Porque o AT cristão segue a ordem dos livros encontrada nos manuscritos mais antigos da *Septuaginta*, a tradução do *Tanakh* para o grego, realizada pelos judeus de língua grega, de Alexandria, Egito, dois ou três séculos antes do nascimento de Yeshua, ao passo que a sequência do *Tanakh* foi estabelecida na Terra de Israel nos dias de Esdras. Esta é a sequência conhecida por Yeshua, evidenciada pela referência de Lucas 24.44: "[...] a *Torah* de Mosheh, nos Profetas e nos Salmos" (por "Salmos", entenda-se a seção dos Escritos iniciada no *Tanakh* pelo livro de Salmos, não por Jó, como no AT).

Números diferentes na contagem dos livros. A segunda diferença é que a contagem dos livros do *Tanakh* perfaz 24 livros, ao passo que a contagem cristã enumera 39 livros no AT. Isso se dá, porque o *Tanakh* considera cada um dos seguintes livros como um único livro: 1 e 2Samuel, 1 e 2Reis, os doze Profetas menores (designados desse modo por serem curtos seus escritos — Oseias, Joel, Amós, Obadias, Jonas, Miqueias, Naum, Habacuque, Sofonias, Ageu, Zacarias e Malaquias), Esdras—Neemias, e 1 e 2Crônicas. Dessa forma, estes 20 livros do AT são contados como cinco, no *Tanakh*.

Nomes diferentes para os livros. A terceira diferença está nos nomes. Muitos dos livros do *Tanakh* são designados apenas pelas primeiras palavras de seus textos. O *Tanakh* dá o nome de *B'reshit* ("No princípio") ao livro que, no AT, é chamado de Gênesis; Êxodo (o livro que narra o êxodo judaico do Egito) é chamado *Sh'mot* ("Nomes"), no *Tanakh*, pois assim principia o livro: "Estes são os nomes [...]". Levítico (acerca do sacerdócio dos levitas) é designado *Vayikra* ("E ele chamou"), segundo as palavras iniciais: "E ele [Deus] chamou Mosheh [...]". Lamentações é chamado *Eikhah* ("Quão"), pois lê-se no texto: "Quão solitária jaz a cidade [...]".

O leitor que procurar mais esclarecimentos sobre esses três pontos de diferenças deve consultar com cuidado os sumários. O principal deles alista os livros da Bíblia pela nomenclatura comum em hebraico e em português, na ordem seguida pelas versões judaicas da Bíblia e pela *Bíblia Judaica Completa*; a segunda lista apresenta os livros do *Tanakh*, segundo a nomenclatura em português comum ao Antigo Testamento/*Septuaginta* (disposição mais conhecida pelos cristãos); a terceira lista apresenta todos os livros da Bíblia com todas as suas designações, em ordem alfabética.

Por que escolhi a ordem e os nomes judaicos da *BJC*? Para destacar a unidade judaica do *Tanakh* e da *B'rit Hadashah* — não apenas a "unidade" reconhecida pelos cristãos, mas a "unidade judaica" — o fato de o *Tanakh* e a *B'rit Hadashah* serem completamente judaicos. Quando se disseca o *Tanakh*, reorganizando e renomeando suas partes, também sua judaicidade é removida. Esta é, então, mais uma forma de a *BJC* relembrar os cristãos de que sua fé é judaica.

Ao mesmo tempo, ao apresentar a judaicidade do *Tanakh* e da *B'rit Hadashah*, tanto quanto possível em língua portuguesa, em um único volume, apresento o caráter judaico da *B'rit Hadashah* de maneira destacada para o povo judeu que absorveu o falso conceito de que o Novo Testamento é a

Bíblia cristã e, portanto, não diz respeito aos judeus. Esse é o motivo de eu ter escrito o *Jewish New Testament Commentary* [Comentário Judaico do Novo Testamento] — para lidar com diversas ressalvas a respeito de Yeshua, do Novo Testamento e do cristianismo transformadas em uma parte quase inseparável da cultura e do pensamento judeus, e demonstrar sua fundamentação em equívocos, de modo que o povo judeu possa ouvir o que Deus lhes diz no *Tanakh* e na *B'rit Hadashah* — na *Bíblia Judaica Completa.*

Numeração diferente de capítulos e versículos. A quarta diferença está na numeração de capítulos e versículos. No *Tanakh*, a numeração judaica e cristã difere em algumas passagens. Minha regra geral é: quando diferentes, incluo ambas (em primeiro lugar, a numeração encontrada na Bíblia hebraica, com os números divergentes, entre parênteses, na sequência). Assim, a referência: Salmos 69.9(8) significa que o versículo 9 do salmo 69 da Bíblia hebraica é designado versículo 8 em outras versões bíblicas. De forma similar, Joel 3.1-5(2.28-32) é a consequência de a Bíblia hebraica manter o capítulo 3 separado dos últimos cinco versículos do capítulo 2 do Antigo Testamento cristão. Alguns salmos possuem títulos, como o salmo 21: "Para o líder. Um salmo de David". A Bíblia hebraica, de forma geral, atribui aos títulos o primeiro versículo, ao passo que o Antigo Testamento cristão não procede desta forma na numeração dos versículos. Nesse caso, a *BJC* consigna à numeração "cristã" o número zero: Salmos 21.1(0).

Finais diferentes para quatro livros. O pequeno detalhe que resume a abordagem judaica característica da vida encontra-se no caso de quatro livros do *Tanakh*, que terminam com um versículo que soa de forma negativa. É um costume acentuar o caráter positivo mediante a impressão do penúltimo versículo pela segunda vez no final do livro. A *BJC* procede dessa forma, usando colchetes e uma fonte menor.

Textos básicos diferentes. A última diferença é que o *Tanakh* consiste no "Texto Massorético" da Bíblia hebraica (preservado pela tradição), ao passo que o "Antigo Testamento" cristão deriva-se de estudos acadêmicos e de outros textos antigos da Bíblia para chegar, como se presume, ao texto hebraico mais acurado. Os detalhes serão apresentados a seguir, na seção 8.

Mais semelhantes que diferentes. A despeito dessas diferenças, o Antigo Testamento cristão é muito mais parecido com o *Tanakh* que dessemelhante dele; por essa razão, continuarei a usar nesta *Introdução* os termos "*Tanakh*" e "Antigo Testamento" de modo relativamente intercambiável.

8. Textos das línguas originais que formam a base da *Bíblia Judaica Completa*

O texto hebraico-aramaico usado no *Tanakh*. Com exceção dos manuscritos do mar Morto, 2 mil anos mais velhos, os manuscritos em hebraico e aramaico do *Tanakh* existentes são dos séculos IX a XI da e.c. O *Tanakh* foi escrito originariamente apenas com consoantes, e os rolos da *Torah* lidos hoje nas sinagogas contêm apenas consoantes.

Entre os séculos VI e IX, um grupo de escribas, chamados massoretas (do vocábulo hebraico *masoret*, "tradição"), desenvolveram um sistema de notação para o registro das vogais usadas de forma tradicional na leitura do texto consonantal do *Tanakh*. Sem elas, as consoantes da maior parte das palavras hebraicas poderiam ser pronunciadas de diversas maneiras com significados diferentes. Por exemplo, se a língua portuguesa fosse escrita apenas com consoantes, qual seria a pronúncia de "pt"? As duas consoantes poderiam significar "pata", "patê", "pato", "patuá", "peté", "peto", "pita", "pite", "piti", "pito", "pitu", "pote", "poti", "poto", "potó", "putauá" (dentre outras palavras possíveis), e algumas dessas palavras seriam reconhecidas pelo contexto de sua inserção. No entanto, quando a língua hebraica caiu em desuso, houve a necessidade de esclarecer a pronúncia exata dos vocábulos nos respectivos contextos. Por isso, os massoretas criaram um sistema de vocalização; e todas as edições impressas do *Tanakh* fazem uso dele. Além disso, ensina-se hebraico fazendo uso desse sistema de vocalização; apesar de os israelenses da atualidade serem capazes de ler os jornais sem nenhuma sinalização vocálica, o imigrante recém-chegado aprende a pronunciar a língua hebraica com a ajuda desse sistema. E as vogais também são usadas em edições impressas de poesia hebraica e em livros de oração judaicos.

Além do sistema de vocalização, os massoretas criaram também outro sistema de marcação incluído nas edições impressas do *Tanakh*: são as "notas de cantilena". Elas são usadas quando a *Torah* é lida na sinagoga (com suas melodias peculiares); no entanto, seu uso mais importante é esclarecer as palavras do texto que seguem juntas. Por exemplo, uma passagem muito conhecida por cristãos e judeus, pelo uso que o Novo Testamento faz da passagem, é *Yesha'yahu* [Is] 40.3: "Uma voz clama: 'Abram um caminho através do deserto para *Adonai* [o Senhor]' ". No entanto, lê-se em *Mattityahu* [Mt] 3.3 (e em muitas outras versões) algo semelhante a: "Uma voz clama no deserto: 'Abram um caminho para *Adonai*' ". As notas de cantilena mostram que a expressão "no deserto" diz respeito ao "caminho", não à "voz".

Os massoretas modificaram o texto escrito (*k'tiv*) de algumas passagens, de modo que a leitura em voz alta (*kere*) feita nas sinagogas hoje difere nesses pontos do que se encontra no rolo da *Torah*. Um exemplo é Salmos 100.3. A *Almeida Fiel* (da SBTB), seguidora de *k'tiv*, verte: "Sabei que o Senhor *é* Deus; foi ele que nos fez, e não nós a nós mesmos [...]". Contudo, outras versões, judaicas e cristãs, seguem o *kere*; desse modo, a *BJC* verte: "[...] ele nos criou; somos dele". Se a palavra hebraica *lo*, de *lo anachnu*, for escrita com as letras *lamed* e *alef* (לא), ela significa "não nós"; porém, se for escrita com *lamed* e *vav* (לו), o significado é alterado para "[somos] dele". Os massoretas concluíram evidentemente que o autor havia escrito "dele", e que algum escriba copiou a palavra de maneira equivocada.

Do ponto de vista religioso dos judeus, as alterações massoréticas (compreendidas pelo *kere*) são as únicas alterações permitidas no texto consonantal escrito (o *k'tiv*). No entanto, os eruditos cristãos e judeus não ortodoxos não se sentem compelidos por essa restrição. Desse modo, aplicam os critérios acadêmicos histórico-linguísticos ao texto massorético para determinar sua confiabilidade. Além disso, fazem inferências de leituras alternativas ao texto hebraico, à vocalização e pontuação com base em versões antigas como a *Septuaginta* (em grego). Eis um exemplo bem conhecido de como pode ser significativa essa atividade.

Lê-se nas versões judaicas de Salmos 22.17: "[...] como um leão [junto] às minhas mãos e aos meus pés", enquanto o versículo 16, correspondente das versões cristãs, diz: "[...] Eles transpassaram as minhas mãos e os meus pés". Se essa passagem profetiza a respeito da crucificação de Yeshua, como creem os judeus messiânicos e cristãos, a profecia encontra-se mais explícita nas versões cristãs, pelo fato de a *B'rit Hadashah* registrar que Yeshua teve mãos e pés pregados a uma estaca de execução (como a *BJC* designa a cruz), sem dizer nada a respeito de leões junto aos membros dele. Como podem surgir dois significados diferentes com base no mesmo texto? Não se trata do mesmo texto; eles são diferentes. O texto massorético contém a expressão hebraica *k'ari* (כארי, "como um leão"), ao passo que as versões cristãs fazem uso da *Septuaginta*, e nela as palavras gregas dão a entender que o texto hebraico possuía a palavra *karu* (כרו, "eles transpassaram"). As diferenças — a presença da letra *alef* (א) no hebraico massorético, e da letra *yud* (י), no lugar de *vav* (ו) — são explicadas com facilidade como erros de escribas (de uma parte ou da outra). Nesse caso, como em quase todos os outros, a *BJC* adere ao texto massorético, mas uma nota de rodapé apresenta a leitura alternativa e remete a este parágrafo da *Introdução*. Existem centenas de diferenças desse tipo, ainda que poucas sejam importantes para o entendimento messiânico da Bíblia. De forma geral, não indiquei a existência dessas diferenças, pois isso se encontra fora do escopo do meu propósito ao preparar a *Bíblia Judaica Completa*.

Os eruditos também podem usar outras versões antigas — a *Vulgata*, de Jerônimo, em latim, (430 a.e.c.), a versão siríaca do *Targum*, de Yonatan, além de outras do século V e.c. ou anteriores. Essas apresentam mais leituras variantes e fazem acréscimos às possibilidades e aumentam a confusão. Não raro, eles encontram justificativas históricas, arqueológicas, literárias, teológicas e lógicas para fazer emendas ao texto — isto é, corrigi-lo para que se assemelhe ao que consideram constituir as palavras originais. Pode até ser que os eruditos se aproximem mais do original hebraico que o texto massorético. Entretanto, minha escolha ao verter o *Tanakh* judaico compele-me a usar o texto massorético; muito raramente eu me desvio dele.

O grego da *B'rit Hadashah*. Enquanto o *Tanakh* foi escrito majoritariamente em hebraico (algumas passagens de *'Ezra-Nechemyah* [Esdras e Neemias] *e Dani'el* [Daniel] foram escritas em uma língua semítica aparentada, o aramaico), a maior parte dos antigos manuscritos do Novo Testamento foram escritos em grego — não na linguagem clássica de Homero e Platão, mas em *coiné* (grego comum), a língua franca dos assuntos do cotidiano do Mediterrâneo oriental e do Oriente Médio no século I.

Contudo, existem boas razões para afirmar que vários livros do Novo Testamento foram originariamente escritos em hebraico ou aramaico, ou derivados de composições dessas línguas; essa hipótese é levantada por diversos eruditos a respeito dos quatro Evangelhos, Atos, Apocalipse e de várias cartas gerais. Sha'ul [Paulo], que escreveu suas cartas em grego, usou sua linha de raciocínio evidentemente judaica, ou hebraica, ao escrever. De fato, algumas expressões dos manuscritos do Novo Testamento não fazem sentido, a menos que se alcance o significado hebraico subjacente às palavras gregas.

Eis um exemplo (dentre vários):[38] Yeshua diz literalmente no Sermão do Monte:[39] "Se o seu olho for mau, o seu corpo será tenebroso".[40] Que é um olho mau? O desconhecedor da ambientação judaica poderia pensar que Yeshua mencionava algum tipo de encantamento. Todavia, em hebraico, possuir um *'ayin ra'ah* ("olho mau") significa ser avarento; e ter um *'ayin tovah* ("olho bom") implica ser generoso. Yeshua simplesmente incentivou a generosidade em vez da avareza. E este entendimento encaixa-se com perfeição nos versículos do contexto: "Onde está sua riqueza, ali também estará seu coração. [...] Não se pode ser escravo de Deus e do dinheiro".[41]

O texto grego usado na *B'rit Hadashah*. Existem mais de 5 mil manuscritos antigos (totais ou parciais) do Novo Testamento, muito mais do que qualquer outro documento da Antiguidade. Por causa de erros de escribas e de outros fatores, eles não concordam entre si em todos os pontos. A crítica textual, que objetiva determinar a leitura correta do texto com base em fontes imperfeitas, está muito além da competência da maior parte dos tradutores da Bíblia, e eu me incluo entre eles. Felizmente existem edições críticas do texto grego do Novo Testamento, nas quais especialistas têm pesquisado, comparado e julgado a exatidão de diferentes leituras textuais encontradas nos manuscritos. Minha tradução da *B'rit Hadashah* baseia-se, primariamente, em *The Greek New Testament*, das Sociedades Bíblicas Unidas;[42] um grande número de versões inglesas e hebraicas, além de comentários, foram consultados como referência.

9. Poesia na *Bíblia Judaica Completa*

Frequência e caráter da poesia bíblica. Cerca de 30% do *Tanakh* foi escrito sob a forma de poesia, principalmente os Profetas Posteriores e os Escritos. É comum esse dado surpreender as pessoas, pois muitas edições da Bíblia ocultam a poesia mediante um tipo de diagramação que esconde

[38] V. David Bivin e Roy Blizzard Jr., **Understanding the Difficult Words of Jesus**, Austin, Texas: Center for Judaic-Christian Studies, 1984). V. tb. o **Jewish New Testament Commentary**, 4. ed., Jewish New Testament Publications, Inc., 1996, e a seção 11, mais adiante.

[39] Mateus 5—7

[40] Mateus 6.23

[41] Mateus 6.21,24

[42] 3. ed. (New York: American Bible Society, 1975).

sua aparência de poesia. Pelo fato de muito da força, da dramaticidade e das nuances da mensagem comunicada serem inseparáveis do formato poético usado pelos autores, uma de minhas prioridades é possibilitar aos leitores a percepção e a sensação da poesia na Bíblia. (À parte do *Tanakh*, a *B'rit Hadashah* contém, no máximo, entre 1% e 2% de poesia; a maior parte dela advém do livro de Apocalipse.)

É esta a razão de eu ter escolhido diagramar a *BJC* em uma única coluna (em lugar de duas colunas) — possibilitar que cada linha da poesia tenha seu espaço. Se as linhas poéticas precisarem de duas linhas de diagramação, a atenção do leitor é atraída para a linha do término da poesia, deixando-o com menos energia para escandir a linha e encontrar o ritmo subjacente. Sei que para alguns o formato em coluna única dificulta a leitura da prosa, pois os olhos devem seguir uma linha maior da página. No entanto, decidi-me a favor de facilitar ao máximo a difícil tarefa de ler poesia.

Ajudas para ler poesia bíblica. Em hebraico, a chave da poesia bíblica não é primariamente o ritmo, mas o paralelismo. A poesia é dividida em estrofes de duas linhas. De maneira geral, a segunda linha realiza uma de três funções: expressa a mesma ideia da primeira, apresenta um conceito contrastante ou faz acréscimo(s) ao pensamento da primeira linha. A tabela a seguir exemplifica os três usos.

Versículo	Tipo de paralelismo	O texto
Tehillim [Sl] 38.22(21)	Pensamento	Não me abandones, ADONAI!
	Mesmo pensamento	Meu Deus, não te distancies de mim!
Mishlei [Pv] 2.21	Pensamento	Pois os retos viverão na terra,
	Mesmo pensamento	os puros de coração ali permanecerão;
	(segunda exposição)	os puros de coração ali permanecerão;
	(terceira exposição)	os puros de coração ali permanecerão;
Mishlei [Pv] 10.2	Pensamento	Nada de bom vem da riqueza desonesta,
	Pensamento contrastante	mas a retidão livra da morte.
Yesha'yahu [Is] 54.10	Pensamento	Pois as montanhas podem mudar, e os montes podem ser retirados,
	Pensamento contrastante	mas a minha graça jamais se apartará de você.

Mishlei [Pv] 23.29	Pensamento	Quem fica magoado sem uma boa razão?
	Acréscimo ao pensamento	Quem tem olhos avermelhados?
Iyov [Jó] 13.5	Pensamento	Queria que o justo ficasse quieto;
	Acréscimo ao pensamento	para você, isso seria sabedoria!
Mal'akhi [Ml] 2.10	Pensamento nº 1	Não temos todos o mesmo pai?
	Mesmo pensamento	Deus não nos criou a todos?
	Pensamento nº 2	Então, por que somos infiéis uns aos outros,
	Acréscimo ao pensamento nº 2	profanando a aliança de nossos antepassados?

Finalmente, apesar de a consciência do ritmo da poesia melhorar sua leitura, não se deve permitir que ele a degenere em som monótono que sobrepuja o sentido do texto.

10. O nome de Deus na *Bíblia Judaica Completa*

O problema fundamental: o nome pessoal de Deus nunca é pronunciado. Quando Mosheh voltou-se no deserto de Midyan para ver o arbusto que queimava sem ser consumido, Deus revelou-se a ele e lhe disse seu nome. Em hebraico, esse nome consiste em quatro letras *Yud-Heh-Vav-Heh* (ה-ו-ה-י) e é, portanto, designado tetragrama (escrito que contém quatro letras). A Bíblia esclarece que esse nome não era usado de forma casual. O terceiro mandamento proíbe o uso do nome de Deus em vão,[43] e a pessoa que o usasse em uma maldição deveria ser executado de acordo com o ensino divino explícito.[44] Já nos dias de Yeshua, ninguém pronunciava o nome de Deus, com exceção do *kohen hagadol* (sumo sacerdote) quando entrava no Lugar Especialmente Sagrado do templo para realizar a expiação dos pecados de Yisra'el, no *Yom Kippur*. Essa regra era tão severa que os massoretas, ao escreverem as vogais na *Torah*, usavam as vogais de outra palavra para a pronúncia do tetragrama. Já nessa época, usava-se a palavra *Adonai*, uma designação divina frequente da Bíblia com o significado de "meu Senhor", no lugar do nome, todas as vezes que se lia a *Torah*; por isso, os massoretas colocaram as vogais de *Adonai* sob as consoantes *Yud-Heh-Vav-Heh*. Até hoje, quando a *Torah* é lida na

43 *Sh'mot* [Êx] 20.7; *D'varim* [Dt] 5.11

44 *Vayikra* [Lv] 24.10-23

sinagoga, "*Adonai*" substitui o nome. Em português, o nome "Jeová" é a representação das consoantes (Y-H-V-H) acrescidas das vogais de "*Adonai*" — uma forma híbrida sem base histórica. A maior parte das versões em português substitui o nome por SENHOR (como se encontra representado aqui, com versal/versalete). A *BJC* usa mais de 6 mil vezes a palavra hebraica *ADONAI* (com versal/versalete, em itálico) para representar o tetragrama.

Outros problemas. No entanto, permanecem algumas dificuldades. A primeira diz respeito às passagens bíblicas hebraicas nas quais se lê: "*Adonai Yud-Heh-Vav-Heh*". Para evitar a leitura em dobro de "*Adonai*", a prática judaica nesses casos é dizer: "*Adonai ELOHIM*", e a *BJC* procede dessa forma em 270 passagens. O vocábulo "*Elohim*" significa "Deus" e é traduzido dessa maneira nas demais ocorrências na *BJC*, como acontece em outras versões bíblicas.

A segunda dificuldade é a existência de três passagens nas quais, em minha opinião, faz-se necessário apresentar o nome sob a forma mais próxima possível do original — *Sh'mot* [Êx] 3.13-17; 6.2,3; e 34.6,7. Nessas passagens, a *BJC* apresenta o tetragrama *Yud-Heh-Vav-Heh*. De outro modo, a força da comunicação desse nome perderia muito de seu impacto.

A terceira dificuldade é a prática religiosa judaica, especialmente dos ultraortodoxos, que descartam até mesmo o uso de "*Adonai*" e "*Elohim*" em ambientes não religiosos. Em seu lugar, usam eufemismos como "*HaShem*" (o Nome), "*Ado-shem*" (a combinação de "*Adonai*" com "*HaShem*") e "*Elokim*" (pronúncia equivocada intencional de "*Elohim*"); caso o tetragrama seja lido em voz alta, ele é soletrado "*Yud-Keh-Vav-Keh*". Até considerei o uso de "*Ha-Shem*", mas decidi-me, mais tarde, contra ele pelo fato de a *BJC* ser um texto religioso para justificar a escolha. Ao mesmo tempo, não usei "Iahweh" ou "Javé", como outras versões, pelo fato de, inicialmente, os judeus não pronunciarem o nome divino sob nenhuma hipótese; não se sabe com certeza, também, se essas são boas representações da pronúncia do nome divino; além disso, elas soariam estranho ao extremo aos ouvidos da maioria dos judeus — que não têm o costume de ouvi-las em nenhum contexto. Evitei o uso de "o SENHOR", pelo simples fato de os falantes da língua portuguesa estarem tão acostumados com ele em suas versões da Bíblia que o julgo incapaz de evocar o temor e a reverência devidos a Deus. No entanto, não me sentirei ofendido se as pessoas usarem qualquer substituto para o nome diferente do que se encontra na *BJC*.

O tetragrama na *B'rit Hadashah*. Por fim, o problema do nome divino toma uma dimensão de incerteza na *B'rit Hadashah*. Ali a palavra grega *kyrios* é muitas vezes ambígua. Ela pode significar "senhor", "dono" (como em "senhor feudal"), "Senhor" (com ares divinos), e "*Yud-Heh-Vav-Heh*". Por sempre verter *kyrios* por "Senhor", a maior parte das traduções acaba passando por cima das ocorrências nas quais significa "*Yud-Heh-Vav-Heh*". A *BJC* e o *Novo Testamento Judaico* não procedem assim; e, de acordo com o princípio estabelecido na seção 2, de que os tradutores devem decidir o verdadeiro significado de uma palavra e vertê-lo da forma mais clara possível, em lugar de transportar conceitos vagos de uma língua para outra, o vocábulo "*Adonai*" é usado na *B'rit Hadashah* todas as vezes que eu, o tradutor, creio que "*kyrios*" seja a representação grega do tetragrama.

Em diversas passagens, essa abordagem destaca um assunto teológico fundamental que separa o judaísmo tradicional do messiânico, ou seja, o conceito de o vocábulo *Adonai* incluir Yeshua, o Messias, e/ou o Espírito Santo. Filipenses 2.10,11 revela estar chegando o dia em que "[...] todo joelho se dobrará [...] e toda língua reconhecerá que Yeshua, o Messias, é *Adonai*". Pelo fato de esta passagem citar *Yesha'yahu* [Is] 45.23, em que o profeta afirma explicitamente que todo joelho se dobrará perante *Adonai*, *kyrios* aqui é traduzido por "*Adonai*". Em 2Coríntios 3.16-18, Sha'ul alude a *Sh'mot* [Êx] 34.34, ao escrever: "[...] sempre que alguém se volta para *Adonai*, o véu é retirado", e então afirma explicitamente que " '*Adonai*', neste texto, significa o Espírito", e usa a expressão: "[...] *Adonai*, o Espírito".

11. A judaicidade do Novo Testamento

Tendo tratado o suficiente das diferenças entre o *Tanakh* da *BJC* e do Antigo Testamento conhecido dos cristãos, voltamos agora nossa atenção para as diferenças entre a *B'rit Hadashah* da *BJC* e das outras traduções do Novo Testamento. Por já existirem, literalmente, dezenas de versões do Novo Testamento em língua portuguesa, quando o *Novo Testamento Judaico* foi lançado, levantou-se o questionamento sobre a razão por que se estava disponibilizando mais uma versão. O motivo é que minha versão foi a primeira a expressar plenamente a judaicidade original e essencial do Novo Testamento; todas as outras versões do Novo Testamento em língua portuguesa apresentam sua mensagem em uma estrutura linguística, cultural e teológica gentílico-cristã.[45]

E o que há de errado nisso? Nada. Ainda que o evangelho seja de origem judaica, ele não existe só para os judeus, mas também para os gentios. O próprio Novo Testamento deixa isso muito claro;[46] portanto, é apropriado que sua mensagem seja comunicada aos gentios para lhes impor o mínimo possível de outra bagagem cultural.[47] E esta abordagem tem sido bem-sucedida: milhões de gentios depositaram sua confiança no Deus de Avraham, Yitz'chak e Ya'akov, e no Messias judeu, Yeshua.[48]

O Novo Testamento é um livro judaico. Entretanto, chegou o tempo de restaurar a judaicidade do Novo Testamento. Pois o Novo Testamento é, de fato, um livro judaico — escrito por judeus, que trata majoritariamente de judeus e que tem, por público-alvo, judeus e gentios. É correto adaptar um livro judeu para a melhor apreciação dos gentios, mas não ao preço de suprimir sua judaicidade inerente. O *Novo Testamento Judaico* evidencia suas características judaicas já no título, da mesma forma que o nome da organização evangelística "Judeus por Jesus" une duas ideias consideradas incompatíveis e completamente dissociadas por algumas pessoas.

Entretanto, essa separação não pode existir. A figura central do Novo Testamento — Yeshua, o Messias — era um judeu nascido de judeus em Beit-Lechem, que cresceu entre os judeus em Natzeret, ministrou aos judeus

[45] Em língua inglesa, porém, o autor alista algumas versões que tentaram manter características judaicas em vários níveis: **The Book of Life**, de Sid Roth (Nashville: Thomas Nelson, 1982) e **The Living Bible:** Messianic Edition, de David Bronstein Jr. (Wheaton, Ill: Tyndale, 1984); as duas são adaptações de versões já existentes em inglês, feitas por judeus messiânicos. **The Original New Testament** (San Francisco: Harper & Row, 1985) é a revisão feita por Hugh Schonfield de sua tradução anterior: **The Authentic New Testament** (1955). Em sua juventude, Schonfield (1901-1988) aceitara Yeshua como o Messias, porém mais tarde o renegou. A versão chamada **God's New Covenant:** A New Testament Translation (Grand Rapids: Eerdmans, 1989) foi produzida pelo judeu messiânico Heinz W. Cassirer (1903-1979).

[46] Romanos 1.16; 3.29,30; 10.12.

[47] V. 1Coríntios 9.19-23.

[48] Estas são as formas hebraicas dos nomes de Abraão, Isaque, Jacó e Jesus. Breves definições dos nomes semitas e dos termos usados nesta *Introdução* são explicados no *Glossário com explicações de pronúncia*, no fim deste livro.

na Galil, morreu e ressuscitou na capital judaica, Yerushalayim — tudo isso em *Eretz-Yisra'el*, a terra dada por Deus ao povo judeu. Além disso, Yeshua ainda é judeu, porque está vivo, e em nenhum lugar a Escritura afirma ou sugere que ele tenha cessado de ser judeu. Seus 12 seguidores mais íntimos eram judeus. Durante anos, todos os seus *talmidim* (discípulos) eram judeus, alcançando o número de "dezenas de milhares" só em Yerushalayim.[49] O Novo Testamento foi escrito inteiramente por judeus (ao que tudo indica, Lucas era um prosélito do judaísmo); e sua mensagem é dirigida "especialmente ao judeu, mas também ao não judeu".[50] Os judeus levaram o evangelho aos gentios; não foi o inverso. Sha'ul ("também conhecido por Paulo"),[51] o principal emissário aos não judeus, foi, durante toda a sua vida, um judeu praticante, como evidencia o livro de Atos.[52] De fato, a principal questão no início da comunidade messiânica (ou seja, a "igreja") não era se um judeu poderia crer em Yeshua, mas se um não judeu poderia se tornar cristão sem se converter ao judaísmo.[53] A expiação vicária do Messias tem sua rai z no sistema sacrificial judaico.[54] A ceia do Senhor origina-se da festa judaica de *Pesach* (Páscoa). A imersão ("batismo") é uma prática judaica. A própria Nova Aliança foi prometida pelo profeta judeu *Yirmeyahu* (Jeremias).[55] O próprio conceito do Messias é exclusivamente judaico, e o Messias judeu ensinou: "[...] a salvação vem dos judeus".[56] A bem da verdade, como o nome *Bíblia Judaica Completa* sugere, a *B'rit Hadashah* completa o *Tanakh*, de forma que, sem o Antigo Testamento, a existência do Novo Testamento é tão possível quanto o segundo pavimento

49 Atos 21.20

50 Romanos 1.16

51 Esta expressão encontra-se em Atos 13.9. Alguns supõem que, nesse ponto, Deus tenha alterado seu nome de Sha'ul para Paulo, como sinal de que ele "tenha deixado de ser judeu, tornando-se cristão". Nada poderia estar mais longe da verdade. Da mesma forma que muitos judeus da Diáspora (daquele tempo e dos nossos dias), ele possuía dois nomes — um para ser usado no país em que vivia, e o outro, o nome hebraico, era outorgado no momento da circuncisão.

52 V. Atos 16.3; 17.2; 18.18; 20.16; 21.23-27; 23.7; 25.8; 28.17.

53 V. Atos 15.1-29 e toda a carta aos Gálatas.

54 V. esp. *Vayikra* [Lv] 17.11 e comparar com Judeus messiânicos [Hb] 9.22.

55 *Yirmeyahu* [Jr] 31.30-34

56 *Yochanan* [Jo] 4.22

de uma casa existir sem o primeiro; e o Antigo Testamento existir sem o Novo Testamento é como uma casa não ter teto.

Além do mais, muito do que está escrito na *B'rit Hadashah* é incompreensível à parte do contexto judaico. Apresentei um exemplo na seção 8 (anterior a esta), no parágrafo acerca do grego da *B'rit Hadashah*, e aqui está outro: em *Mattityahu* [Mt] 1.21, um anjo de Adonai diz a Yosef (José) que Miryam, prometida em casamento a ele, daria à luz um filho: "[...] e você lhe dará o nome de Yeshua, porque ele salvará seu povo dos pecados dele". Em nossa língua, esse "porque" nada explica; por que não lhe dar o nome de "Jorge, porque ele salvará seu povo dos pecados dele"? Da mesma forma, em grego, o nome *Iēsous* não tem ligação com *sotēr*, palavra relacionada a "salvar". O "porque" tem sentido apenas em hebraico e aramaico. O nome hebraico *Yeshua* (ישוע) é a forma masculina do vocábulo *yeshu'ah* (ישועה — salvação), baseada na mesma raiz (*yud-shin-'ayin* — י-ש-ע) de *yoshi'a* (יושיע), que significa "ele salvará".

Contudo, a melhor demonstração do caráter judaico do Novo Testamento é também a prova mais convincente de sua veracidade, ou seja, o número de profecias do *Tanakh* — todas muitos séculos mais velhas que os acontecimentos registrados no Novo Testamento — cumpridas na pessoa de Yeshua de Natzeret. A probabilidade de que qualquer pessoa pudesse se encaixar em dezenas de condições proféticas por mero acaso é infinitesimal. Nenhum candidato farsante ao messiado, como Shim'on Bar-Kokhva,[57] Shabtai Tzvi,[58] ou, mais recentemente, o falecido líder do movimento hassídico *Chabad*, Menachem Schneerson,[59] entre os judeus ultraortodoxos, cumpriu mais que umas poucas profecias. Yeshua cumpriu todas as profecias referentes à sua primeira vinda; a seção 14, mais adiante, alista 54. As restantes serão cumpridas quando ele retornar em glória.

Dessa forma, o *Novo Testamento Judaico* considera normal pensar no Novo Testamento como um livro judaico.

Há três áreas adicionais nas quais o *Novo Testamento Judaico* e a *Bíblia Judaica Completa* podem ajudar em relação a *tikkun-ha'olam* ("conserto do mundo"): o antissemitismo cristão, a recusa judaica de receber o evangelho e a separação entre a igreja e o povo judeu.

57 Morto em 135 e.c.

58 1626-1676 e.c.

59 Menachem Mendel Schneerson nasceu em Mykolaiv (antiga Nikolayev, Ucrânia), em 5 de abril de 1902, e faleceu em Nova York (EUA), em 12 de junho de 1994. [N. do T.]

O antissemitismo cristão. Inicialmente, um círculo vicioso de antissemitismo cristão alimenta-se do Novo Testamento. O Novo Testamento não contém nenhuma forma de antissemitismo, mas, desde os primeiros dias da igreja, os promotores desse conceito têm distorcido suas páginas para justificar-se e se infiltrar na teologia cristã. Alguns tradutores do Novo Testamento, mesmo desligados do antissemitismo, absorveram a teologia antissemita e produziram traduções antijudaicas. Os leitores dessas traduções acabaram assumindo posturas antissemitas e hostis ao judaísmo. Alguns desses leitores tornaram-se teólogos que refinaram e desenvolveram o caráter antissemita da teologia cristã (mesmo sem ter consciência desse sentimento); ainda outros se tornaram ativistas do antissemitismo e perseguiram os judeus, pensando agradar a Deus quando procediam assim. Esse círculo vicioso precisa ser quebrado. O *Novo Testamento Judaico*, ao remover erros teológicos antissemitas multisseculares e destacar positivamente sua judaicidade, tem contribuído para isso; e agora, a *Bíblia Judaica Completa* continua nesse intento.

A desconfiança judaica em relação ao evangelho. Em segundo lugar, apesar da existência de muitos judeus messiânicos (entre 100 e 500 mil) nos países de língua inglesa (e, possivelmente, o dobro em outros países do mundo — os números variam muito por causa de alguns pontos incertos: quem pode ser considerado judeu e messiânico), é óbvio que a maior parte do povo judeu (entre 13 e 17 milhões de pessoas) não aceita Yeshua como o Messias. Ainda que as razões possam incluir a perseguição cristã aos judeus, as cosmovisões seculares que cedem pouco espaço para Deus ou um messias e, como se dá entre os não judeus, a recusa de se arrepender dos pecados, o motivo principal é o sentimento judaico de que o evangelho lhes é irrelevante. Esse sentimento origina-se parcialmente da própria apresentação do cristianismo, além da alienação induzida pela maior parte das versões do Novo Testamento. A ornamentação cultural cristã dos gentios e suas justificativas teológicas antijudaicas levaram muitos judeus a pensar que o Novo Testamento era um livro não judeu sobre uma divindade dos gentios. O Jesus apresentado por eles diz pouco a respeito da vida judaica. Torna-se difícil para o judeu experimentar Yeshua, o Messias, como ele realmente é — amigo de cada coração judeu. Ainda que o *Novo Testamento Judaico* e a *Bíblia Judaica Completa* não consigam eliminar todas as barreiras entre os judeus e a confiança no Messias, eles removem alguns obstáculos linguísticos, culturais e teológicos. O judeu que ler o *NTJ* ou a *BJC* poderá perceber com clareza que Yeshua é, de fato, o Messias prometido pelo *Tanakh* ao povo judeu; que a *B'rit Hadashah* destina-se tanto aos judeus quanto aos gentios; e que a mensagem integral da Bíblia, os dois Testamentos juntos, é verdadeira, importante e digna de aceitação, a chave para a salvação judaica pessoal e coletiva.

A separação entre a comunidade messiânica e o povo judeu. Em último lugar, séculos de rejeição judaica de Yeshua e de rejeição cristã em relação aos judeus produziram a situação em que nos encontramos: cristianismo é cristianismo, e judaísmo é judaísmo, e os dois jamais se encontrarão. Além disso, muitos judeus e cristãos estão satisfeitos com essa situação. A maioria dos judeus aceita o falso pressuposto de que receber Yeshua como Messias implica deixar de ser judeu; portanto, caso os judeus o fizessem em um número expressivo, esse ato equivaleria à sua aniquilação como povo e — como afirmou o filósofo Emil Fackenheim — a conceder a Hitler a vitória póstuma.[60] Entretanto, não se deve pensar desse modo, pois não é da vontade de Deus que o judeu crente em Yeshua deixe de ser judeu; e também não é desejo divino a existência separada de dois povos de Deus — judeus e cristãos. Contudo, apenas nas últimas duas ou três décadas, com o surgimento do judaísmo messiânico e da aceitação desse movimento por segmentos significativos da igreja, ocorreu o desenvolvimento de uma estrutura institucional eficaz para a preservação da identidade do povo judeu pelo movimento messiânico. Os cristãos gentios que reconhecem sua *união* a Yisra'el, não sua *substituição*, e os judeus messiânicos plenamente identificados com o povo judeu e o Messias judeu, Yeshua, trabalham agora em conjunto para curar a separação ocorrida entre a igreja e o povo judeu. A *Bíblia Judaica Completa* e o *Novo Testamento Judaico* tornam possível o grande esforço de exibir judeus e gentios de forma semelhante na unidade judaica do *Tanakh* e da *B'rit Hadashah.*

12. Como a *Bíblia Judaica Completa* expressa a judaicidade da *B'rit Hadashah*

Três formas de apresentar a judaicidade da *B'rit Hadashah*. Esta tradução propõe-se a alcançar o objetivo de destacar as características judaicas da

[60] Emil Ludwig Fackenheim (1916-2003) nasceu em Halle (Alemanha). Fugitivo do campo de concentração de Sachsenhausen, tornou-se posteriormente professor de Filosofia da Universidade de Toronto (Canadá) e rabino ligado ao judaísmo reformista. Tornou-se famoso pela proposta da inserção do mandamento 614 no arranjo tradicional da *Torah*: "Não conceder a vitória póstuma a Hitler", mediante a apostasia do Deus de Israel. [N. do T.]

B'rit Hadashah, apresentando-as de três formas (às vezes, sobrepostas): cosmética (ou superficial), cultural e religiosa, e teologicamente.

- **Cosmeticamente.** As alterações cosméticas são as mais frequentes e óbvias. Os nomes Jesus, João, Tiago e Pedro são substituídos invariavelmente por Yeshua, Yochanan, Ya'akov e Kefa. Os termos *imersão*, *emissário*, *estaca de execução* e *comunidade messiânica* (ou *congregação*) substituem *batismo*, *apóstolo*, *cruz* e *igreja*. Termos semíticos pertencentes ao "judeu-português" (v. a seguir) substituem certas palavras da língua portuguesa — por exemplo: *talmid*, em lugar de *discípulo*, e *fazer tzedakah*, em vez de *fazer caridade*. Muitas dessas alterações substituem a "linguagem eclesiástica" (que estimula respostas automáticas nos cristãos) pela terminologia neutra que encoraja o leitor a pensar. Ainda que algumas dessas mudanças sejam superficiais, sua simples existência causa no leitor a impressão de que a *B'rit Hadashah* é de fato um livro judaico e do caráter verdadeiro e genuíno desse efeito (em nada superficial).

- **Cultural e religiosamente.** As mudanças culturais e religiosas fortalecem a percepção do leitor dos contextos judaico, cultural ou religioso dos acontecimentos registrados na *B'rit Hadashah*. Um exemplo é Mattityahu 9.20: uma mulher que desejava ser curada toca não somente "na orla da veste", ou "na borda do seu manto", mas nas *tzitzit* de Yeshua, as franjas rituais que a *Torah* instrui os homens judeus a usar nos quatro cantos de suas roupas como lembrete da obediência a todas as *mitzvot* (mandamentos) de Deus.[61] Encontra-se outro exemplo em Atos 20.7, ocasião do encontro de Sha'ul com os crentes de Éfeso no (literalmente) "primeiro da semana", comumente vertido por "primeiro dia da semana" — provavelmente não na noite de domingo, mas refletindo a forma judaica, bíblica, de organizar o calendário, no *motza'ei-shabbat* (isto é, a "saída do sábado"), na noite do sábado.

- **Teologicamente.** As mudanças teológicas são as mais pungentes, pelo fato de o Novo Testamento já ter sido traduzido e estar permeado de teologias gentílico-cristãs que desconsideram os judeus como povo de Deus, a validade da *Torah* e a unicidade divina. Um exemplo dessas alterações é o texto de Judeus messiânicos [Hebreus] 8.6, em que o vocábulo grego *nenomothetētai* não significa apenas que a Nova Aliança "foi promulgada" com base em melhores promessas, mas no fato de que essas promessas "foram dadas como *Torah*". Outra passagem é Romanos 10.4, em que a palavra *telos* não significa que o Messias tenha dado fim à Lei, mas que ele é "o objetivo estabelecido pela *Torah*". As implicações teológicas dessas e de algumas outras interpretações encontradas no Novo Testamento da *Bíblia Judaica Completa* serão analisadas na seção 13, mais adiante.

61 *B'midbar* [Nm] 15.37-41

"**Judeu-português**". Além do uso sistemático de nomes semitas para pessoas e lugares na terra de Israel e na circunvizinhança, o Novo Testamento da *Bíblia Judaica Completa* faz uso do "judeu-português" — que pode ser definido como o conjunto de palavras hebraicas e aramaicas incorporadas pelos judeus de língua portuguesa ao vocabulário do dia a dia.[62] Embora sua concepção tenha por objetivo destacar a judaicidade do Novo Testamento, alguns leitores poderão considerar esse aspecto da tradução não familiar ou anacrônico e, portanto, cansativo e dissonante; ou ainda podem abrir exceções para seus vocábulos prediletos — por exemplo: *shalom*, em lugar de "paz", *talmid*, em vez de "discípulo", ou pelo fato de eu não usar sempre *Mashiach*, em lugar de "Messias". Essa reação é esperada por mim pelo fato de o "judeu-português" não ser um conceito específico, e de todos os judeus que falam português poderem criar sua versão com base nele. Alguns deles nem mesmo têm consciência desse padrão. Outros estão familiarizados com algumas expressões, mas ignoram outras. Os conhecedores das expressões podem considerá-las incompatíveis com a Bíblia, ao passo que outros podem deparar com muitos termos desconhecidos ao longo do livro. Todavia, pelo fato de a expressão "judeu-português" ser muito ampla e compreender muitos usos, peço que se use de tolerância para com os termos incluídos da *BJC*.

Na *Bíblia Judaica Completa*, porém, evidencia-se maior quantidade de termos hebraicos e de termos "judeu-portugueses" na *B'rit Hadashah* que no *Tanakh*, pois, como afirmei anteriormente, não se faz necessário destacar a judaicidade do *Tanakh*. Todos os nomes do *Tanakh* são apresentados sob a forma hebraica original — mais de 3 mil deles —, e isso pode ser muito complicado para alguns leitores. Mesmo assim, não parece ser muito mais difícil pronunciar "Achazyah", em vez de "Acazias", ou "Ya'akov", em lugar de "Jacó"; além de parecer mais autêntico indicar aos leitores a forma hebraica real do que sua pronúncia aportuguesada. Como forma de ajuda, incluí na seção 16 (a seguir) um guia de pronúncia da língua hebraica. No final do livro, existe o *Glossário com explicações de pronúncia*, que traz as definições dos termos, além da demonstração da pronúncia.

62 O autor, David H. Stern, optou na versão original deste NT pela introdução de 11 vocábulos de origem iídiche, que aparecem, em média, uma única vez no texto. Eles foram suprimidos pelo tradutor desta edição em português por não fazerem parte do vocabulário cotidiano dos judeus de língua portuguesa, além de não fazerem sentido para a maioria dos descendentes de judeus que não mais entendem a língua de seus avós e bisavós oriundos da Europa Oriental. [N. do T.]

Jewish New Testament Commentary. Na seção 1, mencionei que o *Jewish New Testament Commentary* foi preparado por mim como complemento do *Novo Testamento Judaico.* Trata-se de um comentário versículo por versículo, que pode ser usado com a *B'rit Hadashah* da *BJC*, no qual traduções controversas são defendidas e também se provê material adicional do cenário da *B'rit Hadashah* de interesse para judeus e cristãos. Passagens problemáticas (do ponto de vista judaico) são tratadas, como Mattityahu 27.25 ("[...] O sangue dele esteja sobre nós e sobre nossos filhos!") e os comentários de Yochanan, em seu Evangelho, sobre "os judeus" (nesta tradução, muitas vezes vertidos por "os habitantes de Y'hudah"). Da mesma forma, os pontos atuais de embate entre judeus e cristãos são discutidos em lugares apropriados — por exemplo, a questão de a evangelização de judeus ser, em princípio, anética é tratada no contexto de 2Coríntios 4.2 ("[...] recusamo-nos a usar métodos vergonhosos e sorrateiros, empregando fraude ou distorção da mensagem de Deus"). A seção 13 (mais adiante) lida de forma breve com alguns tópicos desse gênero, apresentando uma amostra do que os leitores podem esperar de suas páginas.

13. Razões para determinadas preferências na *B'rit Hadashah*

Algumas leituras da *B'rit Hadashah* da *BJC* diferem das encontradas na maior parte das versões do Novo Testamento e possuem implicações teológicas significativas. Ainda que não haja espaço na *BJC* para defender todas as leituras controversas e esboçar suas implicações teológicas, o material a seguir deve demonstrar a existência de sua defesa e constituir uma prévia da argumentação mais completa encontrada no *Jewish New Testament Commentary.* Grande parte desse material é apresentado sob a forma de tópicos no *Manifesto judeu messiânico,*[63] ou de sua condensação, *Restoring the Jewishness of the Gospel* [Restaurando a judaicidade do evangelho].[64]

Yeshua completou ou cumpriu a *Torah*? O vocábulo grego comum *plerosai* significa "encher, suprir, ocupar, completar". Em *Mattityahu* 5.17, a maior parte das traduções verte-o por "cumprir". As implicações teológicas geralmente apresentadas são que Yeshua cumpriu de tal modo todas as

[63] Rio de Janeiro: Edições Louva-a-Deus, 1989.

[64] Jerusalem, Israel: Jewish New Testament Publications, 1988.

profecias do *Tanakh* a respeito dos judeus que todas já foram realizadas; e que ele satisfez a *Torah* de maneira perfeita, para que ninguém mais precise obedecê-la hoje. Entretanto, essas conclusões não são consequências lógicas e, de fato, contradizem a declaração de Yeshua de *não* ter vindo para abolir (ou destruir) a *Torah*. Contudo, de caráter fundamental para a tradução é a questão de o verbo *plerosai* neste versículo poder ser traduzido por "cumprir". O ponto de vista deste tradutor[65] é que Yeshua veio para *completar* a *Torah* e os pronunciamentos éticos dos Profetas, *suprindo* seu *significado completo*, para que todos possam saber tudo o que a obediência acarreta. Por esse motivo, a *B'rit Hadashah* da *BJC* diz que Yeshua veio "não abolir, mas completar". De fato, esse é o assunto de todo o Sermão do Monte;[66] e *Mattityahu* 5.17, entendido dessa forma, consiste na principal declaração. É interessante que esse entendimento concorda com a tradição judaica, segundo a qual, quando o Messias vier, ele explicará passagens obscuras da *Torah* e, de fato, a alterará.

"Ligar" e "desligar": quem detém a autoridade para determinar a *halakhah*? Em *Mattityahu* 18.18, as palavras gregas geralmente traduzidas por "ligar" e "desligar" são vertidas aqui por "proibir" e "permitir". Essa preferência reflete a aplicação feita pelos judeus (do século I e.c.) desses conceitos a seus líderes, aos quais concediam autoridade divina para decidir as práticas seguidas pela comunidade, isto é, o poder de determinar a *halakhah* ("lei judaica", ainda que esse significado provenha de um período posterior). Nos versículos 18 a 20, o Messias transfere esse poder dos rabinos para os seus *talmidim* (discípulos). Essa autoridade não foi assumida instantaneamente,[67] nem adotada mais tarde quando deveria ter acontecido. Contudo, o fato de judeus messiânicos e gentios terem feito, daí em diante, pouco uso dessa autoridade ampla, concedida por Yeshua, não a invalida. Além disso, esse entendimento confere aos versículos 19 e 20 um significado diferente do sustentado pela maioria dos cristãos. Os textos significam que dois ou três líderes messiânicos congregacionais são suficientes para determinar a prática correta (*halakhah* messiânica). A aplicação cristã tradicional é que onde se encontrarem dois ou três crentes

65 V. David H. Stern, **Manifesto judeu messiânico** e **Restoring the Jewishness of the Gospel**.

66 *Mattityahu* [Mt] 5—7

67 V. *Mattityahu* [Mt] 23.2.

orando juntos, Deus os ouve. Mesmo sendo verdadeira essa afirmação, ela não constitui o ponto aqui.

O Messias deu término à *Torah* ou ele é o objetivo dela? Em Romanos 10.4, a *Nova Versão Internacional* apresenta um exemplo típico das demais traduções: "Porque o fim da Lei é Cristo, para a justificação de todo o que crê". Entretanto, o vocábulo grego *telos*, presente na palavra "teleologia", em português, geralmente significa "objetivo, propósito, meta", não "término, fim". O Messias não trouxe o fim da *Torah*; ao contrário, como verte a *B'rit Hadashah* da *BJC*: "Porque o objetivo estabelecido pela *Torah* é o Messias, que oferece justiça a todo que deposita sua confiança". Esse é o ponto estabelecido por Sha'ul em Romanos 9.30—10.13. Por esse motivo, a palavra grega *de*, no início de Romanos 10.6, é vertida por "além disso", em lugar da conjunção adversativa "mas"; pois esta poderia implicar a existência de duas vias para a justiça — mediante obras (i.e., obedecer à *Torah* à parte da fé, v. 5) e mediante fé (v. 6-10). Contudo, o ponto de Sha'ul nessa passagem, e em todo o livro de Romanos, é que nunca houve para judeus e para gentios mais de um caminho para a justiça, ou seja, confiar em Deus; portanto, a *Torah* está estabelecida na confiança em Deus e, do princípio ao fim, requer-se fé.[68]

O Novo Testamento foi dado como *Torah*. Em Judeus messiânicos [Hebreus] 8.6, a maior parte das traduções revela que a Nova Aliança foi "instituída, baseada" em melhores promessas. Esta seria uma tradução adequada, se o assunto fosse a legislação ateniense ou os decretos romanos. Entretanto, o vocábulo grego usado aqui — *nenomothetētai* — é um composto de *nomos*, que pode significar "lei", de forma geral; mas no livro de Judeus messiânicos significa, de forma específica, "*Torah*", e *tithēmi*, uma palavra comum com o significado de "pôr" ou "colocar". A única outra ocorrência de *nenomothetētai* no Novo Testamento dá-se em 7.11, passagem sobre a qual há concordância sobre a outorga da *Torah* no monte Sinai, bem como as palavras correlatas *nomothesia* (Romanos 9.4) e *nomothetēs* (*Ya'akov* [Tg] 4.12).

[68] Romanos 1.16,17. Para mais informação sobre o assunto, v. Daniel P. Fuller, **Gospel and Law:** Contrast or Continuum? (Grand Rapids, Michigan: Eerdmans, 1980), além do cap. 5 do **Manifesto judeu messiânico**, mencionado anteriormente.

Por isso, a *B'rit Hadashah* da *BJC* diz que a Nova Aliança "foi dada como *Torah* com base em melhores promessas". Isso não apenas fortalece a alegação da relevância da *Torah*, mas também torna a Nova Aliança outorgada por Yeshua na *Torah* no mesmo sentido em que a aliança no Sinai foi concedida por Mosheh.

"Obras da Lei" e "debaixo da Lei": a *Torah* é legalista? As expressões gregas *erga nomou* e *hypo nomon* foram criadas por Sha'ul e usadas por ele em três cartas — Romanos, Gálatas e 1Coríntios; cada uma delas aparece dez vezes no Novo Testamento. Elas são geralmente traduzidas, respectivamente, por "obras da Lei" e "debaixo da Lei". A inferência produzida por elas no leitor é que a *Torah* é má, e que se pautar segundo os moldes da obediência à *Torah* é algo mau. A *B'rit Hadashah* da *BJC*, seguindo o comentário de Cranfield,[69] interpreta essas expressões não como referências à própria *Torah*, mas à sua perversão legalista realizada por homens. Portanto, *erga nomou* é vertido por "guarda legalista dos mandamentos da *Torah*", e *hypo nomon*, por "em sujeição ao sistema resultante da perversão da *Torah* em legalismo". O leitor pode, então, inferir corretamente que, de acordo com o ensino de Sha'ul no Novo Testamento, o legalismo — quer judeu, quer cristão, quer outro — é mau, mas viver de acordo com a *Torah* de Deus é bom.

A terra de Israel na Nova Aliança. A expressão grega *hē gē*, é geralmente traduzida por "a terra"; mas em 18 passagens no Novo Testamento ela se refere à terra de Israel. Duas são explícitas: *Mattityahu* 2.20,21 denomina a Terra Santa "*Eretz-Yisra'el* (a terra de Israel)". Quatro são citações do *Tanakh: Mattityahu* [Mt] 5.5 (*Tehillim* [Sl] 37.11), *Mattityahu* [Mt] 24.30 e Revelação [Ap] 1.7 (*Z'kharyah* [Zc] 12.10-14), e Efésios 6.3 (*D'varim* [Dt] 5.17). Cinco são baseadas no *Tanakh*: Lucas 4.25 e *Ya'akov* [Tg] 5.17,18 (*M'lakhim Alef* [1Rs] 17.1; 18.1,41-45), Judeus messiânicos [Hb] 11.9 (*B'reshit* [Gn] 12; 13; 15; 20; 23) e Revelação [Ap] 20.9 (*Yechezk'el* [Ez] 38; 39). As oito restantes são inferidas pelo contexto: *Mattityahu* [Mt] 5:13; 10.34; 27.45; Marcos 15.33; Lucas 12.51; 21.23; 23.44; e Revelação [Ap] 11.10. Na época em que muitos teólogos cristãos subscrevem a "teologia da substituição" (segundo a qual a igreja substituiu os judeus como povo de Deus) na tentativa de provar que a terra de Israel não é

[69] Cranfield, C. E. B. **International Critical Commentary:** The Epistle to the Romans. Edinburgh: T. & T. Clark, 1979. p. 853.

mais prometida por Deus ao povo judeu, é importante considerar que a terra de Israel, física, desempenha um papel significativo no Novo Testamento em relação à apresentação do plano divino para os judeus, em particular, e para a humanidade em geral, no passado, no presente e no futuro.

14. Profecias do *Tanakh* cumpridas por Yeshua, o Messias

Conforme a menção na seção 11, a evidência mais convincente da identidade de Yeshua como Messias de Yisra'el diz respeito ao número de profecias do *Tanakh* cumpridas por ele em sua primeira vinda. Segue-se uma lista parcial dessas profecias messiânicas, com a localização, no Novo Testamento, de seu cumprimento por Yeshua.

O espaço não permite demonstrar como cada profecia deve ser entendida referindo-se a Yeshua, o Messias. Diversos livros apresentam o assunto em detalhes, mencionando outras profecias do *Tanakh* que apontam para Yeshua.[70]

Além das profecias, existem incidentes no *Tanakh* que funcionam como figuras futuras, ou "tipos", de Yeshua. O que se conhece no judaísmo por *akedah* ["amarração"], o quase sacrifício de Yitz'chak realizado por Avraham, é explicitamente denominado um tipo de Yeshua, o Messias, em Judeus messiânicos [Hb] 11.17-19. A vida de Yosef oferece outro exemplo: seus irmãos tentaram matá-lo; entretanto, posteriormente, ele os salvou da morte, ainda que, a princípio, não o tenham reconhecido. Isso não significa que *B'reshit* [Gn] 22 contenha a "profecia" de que Yeshua seria ressuscitado dentre os mortos, ou que *B'reshit* [Gn] 37—45 prediga a rejeição inicial do Salvador pelo povo judeu como nação. Ao contrário, a passagem demonstra que o plano divino de salvação descortinado na história possui uma unidade determinada por Deus, desde o princípio até a consumação, em Yeshua, o Messias. De fato, o próprio Yeshua explicou-o dessa forma a dois de seus *talmidim*.[71]

70 V. o apêndice VII de **The Life and Times of Jesus the Messiah**, 2. ed. (New York: Anson D. F. Randolph Company, 1884), escrito pelo judeu messiânico Alfred Edersheim, no qual uma lista de 456 passagens do *Tanakh* é aplicada ao Messias por antigos escritos rabínicos, apoiadas por 558 citações de seus escritos. V. tb. Barton Payne, **Enciclopedy of Biblical Prophecy** (New York: Harper & Row, 1973).

71 Lucas 24.25-27

PROFECIA O Messias deve	FONTE No *Tanakh*	CUMPRIMENTO na *B'rit Hadashah*
Ser a "semente da mulher" que "esmagaria" a "cabeça" da serpente.	*B'reshit* [Gn] 3.15	Gálatas 4.4; 1*Yochanan* [1Jo] 3.8
Ser a "semente de Avraham".	*B'reshit* [Gn] 12.3	*Mattityahu* [Mt] 1.1; Atos 3.25; Gálatas 3.16
Ser a "semente de Yitz'chak".	*B'reshit* [Gn] 17.19; 21.12	*Mattityahu* [Mt] 1.2; Lucas 3.34; Judeus messiânicos [Hb] 11.17-19
Ser a "semente de Ya'akov" e a "estrela de Ya'akov" que "terá domínio".	*B'reshit* [Gn] 28.14; *B'midbar* [Nm] 24.17,19	*Mattityahu* [Mt] 1.2; Lucas 3.34; Revelação [Ap] 22.16
Descender de Y'hudah.	*B'reshit* [Gn] 49.10	*Mattityahu* [Mt] 1.2,3; Lucas 3.33; Judeus messiânicos [Hb] 7.14
Descender de David e herdar seu trono.	*Sh'mu'el Bet* [2Sm] 7.12,13; *Yesha'yahu* [Is] 9.6(7); 11.1-5; *Yirmeyahu* [Jr] 23.5	*Mattityahu* [Mt] 1.1,6; Atos 11.23; Romanos 1.4
Existir eternamente.	*Mikhah* [Mq] 5.1(2)	*Yochanan* [Jo] 1.1,14; 8.58; Efésios 1.3,4; Colossenses 1.15-19; Revelação[Ap] 1.18
Ser o Filho de Deus.	*Tehillim* [Sl] 2.7; *Mishlei* [Pv] 30.4	*Mattityahu* [Mt] 3.17; Lucas 1.32
Ter o nome divino, *Yud-Heh-Vav-Heh*, aplicado a si mesmo.	*Yesha'yahu* [Is] 9.5,6(6,7); *Yirmeyahu* [Jr] 23.5,6	Romanos 10.9; Filipenses 2.9-11
Vir em um tempo específico, ou seja, 69 x 7 anos (483 anos), após a reconstrução do muro de Yerushalayim.	*Dani'el* [Dn] 9.24-26	*Mattityahu* [Mt] 2.1,16,19; Lucas 3.1,23
Nascer de uma virgem.[72]	*Yesha'yahu* [Is] 7.14	*Mattityahu* [Mt] 1.18—2.1; Lucas 1.26-35

[72] A palavra hebraica *'almah*, em *Yesha'yahu* [Is] 7.14, significa "jovem", e no *Tanakh* possui sempre o significado de "jovem de reputação ilibada", razão pela qual os tradutores judeus da *Septuaginta*, a versão grega do *Tanakh*, preparada duzentos anos antes do nascimento de Yeshua, verteram essa palavra pela equivalente grega *parthenos* ("virgem"). Esta é a palavra usada em *Mattityahu* [Mt] 1.23.

PROFECIA O Messias deve	FONTE No *Tanakh*	CUMPRIMENTO na *B'rit Hadashah*
Nascer em Beit-Lechem, em Y'hudah.	*Mikhah* [Mq] 5.1(2)	*Mattityahu* [Mt] 2.1; Lucas 2.4-7
Ser adorado por pessoas importantes.	*Tehillim* [Sl] 72.10,11	*Mattityahu* [Mt] 2.1-11
Ser precedido por um arauto.	*Yesha'yahu* [Is] 40.3-5; *Mal'akhi* [Ml] 3.1	*Mattityahu* [Mt] 3.1-3; Lucas 1.17; 3.2-6
Ser ungido com o Espírito de Deus.	*Yesha'yahu* [Is] 11.2; 61.1; *Tehillim* [Sl] 45.8(7)	*Mattityahu* [Mt] 3.16; *Yochanan* [Jo] 3.34; Atos 10:38
Ser um profeta como Mosheh.	*D'varim* [Dt] 18.15,18	Atos 3.20-22
Possuir o ministério de animar os quebrantados, proclamar liberdade aos cativos e anunciar o ano aceitável do Senhor.	*Yesha'yahu* [Is] 61.1,2	Lucas 4.18,19
Possuir um ministério de cura.	*Yesha'yahu* [Is] 35.5,6; 42.18	*Mattityahu* [Mt] 11.5; por todos os Evangelhos
Ministrar na Galil.	*Yesha'yahu* [Is] 8.23—9.1(9.1,2)	*Mattityahu* [Mt] 4.12-16
Ser gentil e compassivo.	*Yesha'yahu* [Is] 40.11; 42.3	*Mattityahu* [Mt] 12.15,20; Judeus messiânicos [Hb] 4.15
Ser humilde e discreto.	*Yesha'yahu* [Is] 42.2	*Mattityahu* [Mt] 12.15,16,19
Ser impecável e não enganar.	*Yesha'yahu* [Is] 53.9	*1Kefa* [1Pe] 2.22
Suportar a culpa de outras pessoas.	*Yesha'yahu* [Is] 53.12; *Tehillim* [Sl] 69.10	Romanos 15.3
Ser sacerdote.	*Tehillim* [Sl] 110.4	Judeus messiânicos [Hb] 5.5,6; 6.20; 7.15-17
Entrar publicamente em Yerushalayim, montado em um jumento.	*Z'kharyah* [Zc] 9.9	*Mattityahu* [Mt] 21.1-11; Marcos 11.1-11
Entrar no templo e demonstrar autoridade.	*Hagai* [Ag] 2.7-9; *Mal'akhi* [Ml] 3.1	*Mattityahu* [Mt] 21.12—24.1; Lucas 2.27-38,45-50; *Yochanan* [Jo] 2.13-22

PROFECIA O Messias deve	FONTE No *Tanakh*	CUMPRIMENTO na *B'rit Hadashah*
Ser odiado sem motivo.	*Yesha'yahu* [Is] 49.7; *Tehillim* [Sl] 69.5(4)	*Yochanan* [Jo] 15.24,25
Ser indesejado e rejeitado pelo próprio povo.	*Yesha'yahu* [Is] 53.2; 63.3,5; *Tehillim* [Sl] 69.9(8)	Marcos 6.3; Lucas 9.58; *Yochanan* [Jo] 1.11; 7.3-5
Ser rejeitado pela liderança judaica.	*Tehillim* [Sl] 118.22	*Mattityahu* [Mt] 21.42; *Yochanan* [Jo] 7.48
Ser vítima de um complô perpetrado conjuntamente por judeus e gentios.	*Tehillim* [Sl] 2.1,2	Atos 4.27
Ser traído por um amigo.	*Tehillim* [Sl] 41.10(9); 55.13-15(12-14)	*Mattityahu* [Mt] 26.21-25, 47-50; *Yochanan* [Jo] 13.18-21; Atos 1.16-18
Ser vendido por 30 moedas de prata.	*Z'kharyah* [Zc] 11.12	*Mattityahu* [Mt] 26.15
Ser vendido pelo preço equivalente ao campo de um oleiro.	*Z'kharyah* [Zc] 11.13	*Mattityahu* [Mt] 27.7
Ser abandonado por seus *talmidim.*	*Z'kharyah* [Zc] 13.7	*Mattityahu* [Mt] 26.31,56
Ter a face espancada.	*Mikhah* [Mq] 4.14(5.1)	*Mattityahu* [Mt] 27.30
Receber cusparadas.	*Yesha'yahu* [Is] 50.6	*Mattityahu* [Mt] 26.67; 27.30
Ser alvo de zombarias.	*Tehillim* [Sl] 22.8,9(7,8)	*Mattityahu* [Mt] 26.67,68; 27.31,39-44
Ser espancado.	*Yesha'yahu* [Is] 50.6	*Mattityahu* [Mt] 26.67; 27.26,30
Ser executado por crucificação, tendo os pés e as mãos traspassados.[73]	*Tehillim* [Sl] 22.17(16); *Z'kharyah* [Zc] 12.10	*Mattityahu* [Mt] 27.35; Lucas 24.39; *Yochanan* [Jo] 19.18,34-37; 20.20-28; Revelação[Ap] 1.7
Sentir sede durante a execução.	*Tehillim* [Sl] 22.16(15)	*Yochanan* [Jo] 19.28

[73] A *Septuaginta* (v. n. 72) verte: "Traspassaram minhas mãos e meus pés", ao interpretar a palavra *karu* (כרו) com base em seu texto-fonte. O texto massorético hebraico, aceito como padrão pelo judaísmo tradicional, apresenta a expressão *k'ari* (כארי), assim entendida: "*como um leão*, minhas mãos e meus pés". V. seção 8, sexto parágrafo.

PROFECIA O Messias deve	FONTE No *Tanakh*	CUMPRIMENTO na *B'rit Hadashah*
Receber vinagre para saciar a sede.	*Tehillim* [Sl] 69.22(21)	*Mattityahu* [Mt] 27.34
Ser executado sem ter nenhum osso quebrado.	*Sh'mot* [Êx] 14.26; *Tehillim* [Sl] 34.21(20)	*Yochanan* [Jo] 19.33-36
Ser considerado transgressor.	*Yesha'yahu* [Is] 53.12	*Mattityahu* [Mt] 27.3; Lucas 23.32
Ser "cortado, mas não por si mesmo!", 69 x 7 anos após a reconstrução do muro de Yerushalayim.	*Dani'el* [Dn] 9.24-26	Romanos 5.16; *1Kefa* [1Pe] 3.18
Ser a pessoa cuja morte faria a expiação dos pecados da humanidade.	*Yesha'yahu* [Is] 53.5-7,12	Marcos 10.45; *Yochanan* [Jo] 1.29; 3.16; Atos 8.30-35
Ser sepultado com os ricos após a morte.	*Yesha'yahu* [Is] 53.9	*Mattityahu* [Mt] 27.57-60
Levantar-se dentre os mortos.	*Yesha'yahu* [Is] 53.9,10; *Tehillim* [Sl] 2.7; 16.10	*Mattityahu* [Mt] 28.1-20; Atos 2.23-36; 13.33-37; 1Coríntios 11.4-6
Ascender à mão direita de Deus.	*Tehillim* [Sl] 16.11; 68.19(18); 110.1	Lucas 24.51; Atos 1.9-11; 7.55; Judeus messiânicos [Hb] 1.3
Exercer seu ofício sacerdotal no céu.	*Z'kharyah* [Zc] 6.13	Romanos 8.34; Judeus messiânicos [Hb] 7.25—8.2
Ser a pedra principal da comunidade messiânica de Deus.	*Yesha'yahu* [Is] 28.16; *Tehillim* [Sl] 118.22,23	*Mattityahu* [Mt] 21.42; Efésios 2.20; *1Kefa* [1Pe] 2.5-7
Ser visto posteriormente, tanto por gentios quanto por judeus.	*Yesha'yahu* [Is] 11.10; 42.1	Atos 10.45; 13.46-48
Ser aceito pelos gentios.	*Yesha'yahu* [Is] 11.10; 42.1-4; 49.1-12	*Mattityahu* [Mt] 12.21; Romanos 9.30; 10.20; 11.11; 15.10
Ser o Rei.	*Tehillim* [Sl] 2.6	*Yochanan* [Jo] 18.33,37
Que Israel o veja traspassado.	*Z'kharyah* [Zc] 12.10; *Tehillim* [Sl] 22.17(16)	Lucas 24.39; *Yochanan* [Jo] 19.34-37; Revelação [Ap] 1.7

15. Uso sinagogal da *Bíblia Judaica Completa*

Leitura da *Torah*, dos Profetas e da *B'rit Hadashah* na sinagoga. Todas as manhãs de sábado, nas sinagogas de todo o mundo, os rolos da *Torah* são cerimonialmente retirados da arca, carregados pelos corredores para serem tocados com reverências pelas pessoas congregadas (um costume que simboliza a devoção à Palavra de Deus), e, então, colocados sobre a *bimah* (púlpito). Sete pessoas são chamadas para recitar as bênçãos anteriores e posteriores à leitura do texto sagrado da *Torah*, em hebraico, feitas por esses indivíduos ou por leitores mais experientes que eles. A prática da leitura pública da *Torah* vem desde os dias de 'Ezrah (Esdras),[74] se não for dos dias do rei Y'hoshafat (Josafá)[75] ou do rei Yoshiyahu (Josias);[76] prática atestada também pela *B'rit Hadashah*.[77] A porção (*parashah*) lida a cada semana (entre um e seis capítulos) não é escolhida a esmo; ela integra uma sequência estabelecida de antemão, ligada ao calendário judaico. Leem-se 54 *parashot* subsequentes, começando por *B'reshit* (Gênesis) 1, no feriado do outono de *Simchat-Torah* (Alegria da *Torah*), e terminando em *D'varim* (Deuteronômio) 34, na festa de *Simchat-Torah* do ano seguinte, no momento em que, com grande alegria, o outro rolo da *Torah* é aberto e lê-se novamente *B'reshit* 1.

Além disso, a leitura da Bíblia não termina com a porção da *Torah*. Depois dela, lê-se uma seção dos Profetas relacionada ao texto; ela é chamada *haftarah* (conclusão), por completar a leitura prescrita para a sinagoga. A *B'rit Hadashah* relata que Yeshua foi convidado para ler a *haftarah*, em Natzeret (Nazaré), na semana em que o texto procedia do livro de *Yesha'yahu* (Isaías), e ele a aplicou com ousadia a si mesmo.[78] Muito tempo atrás, era feita também a leitura da seção dos Escritos, mas esse costume desapareceu.

Ser chamado à *bimah* para a leitura da *Torah* é uma honra. A palavra hebraica para esse convite é *'aliyah* ("subida"); esse mesmo vocábulo é usado hoje para designar a "imigração para Israel" (pois o regresso de um judeu à terra outorgada a seu povo por Deus é uma "elevação" espiritual).

[74] *Nechemyah* [Ne] 8.1

[75] *Divrei-HaYamim Bet* [2Cr] 17.9

[76] *Melakhim Bet* [2Rs] 22.8—23.3

[77] Atos 13.14,15

[78] Lucas 4.16-30

A primeira *'aliyah* é dada a um *kohen* (sacerdote), caso haja algum deles presente; a segunda *'aliyah* é dada a um *levi* (levita), e as demais a qualquer judeu. O *'oleh* (pessoa chamada para uma *'aliyah*) recita uma bênção, põe-se junto à *bimah*, enquanto ela ou o *ba'al-koreh* (o mestre leitor, pronuncia-se báal-corê) lê o pergaminho; a seguir, recita as bênçãos após a leitura, permanece em pé ali durante a *'aliyah* seguinte, cumprimenta todos os que estão próximos e volta para o seu lugar. No judaísmo ortodoxo, apenas homens recebem *'aliyot*; no judaísmo conservador e liberal, chamam-se homens e mulheres.

Como a *BJC* provê as informações necessárias à leitura pública da Bíblia na sinagoga, a cada *shabbat*. Excetuando-se as datas do calendário judaico, a *BJC* contém todas as informações necessárias para a organização ou o seguimento das leituras da *Torah* e dos Profetas para o uso na sinagoga. Além disso, apresento sugestões de leituras da *B'rit Hadashah* relacionadas à *parashah* de cada semana. Eu as escolhi pelo fato de elas citarem o texto da *parashah*, de lhe fazerem alusão ou lidarem com o mesmo assunto. Pelo fato de o judaísmo messiânico encontrar-se no estágio inicial e não contar com a "prescrição de leituras", sugeri mais material que o estritamente necessário. As congregações podem escolher a que julgarem de tamanho mais apropriado ou substituírem-na por outra passagem que considerarem mais adequada.

No início de cada *parashah*, a *BJC* apresenta seu nome e as passagens bíblicas abrangidas por ela. Como os próprios livros do *Tanakh*, cada *parashah* recebe o nome de acordo com suas primeiras palavras (acompanhadas da tradução em português). Ao final de cada *parashah*, apresentam-se as leituras indicadas para a *haftarah* e a *B'rit Hadashah*.

Em cada porção da *Torah* existe a indicação não abreviada, com caracteres em negrito e itálico, dos números "***dois***" a "***sete***", para indicar o início de cada uma das *'aliyot* (a primeira *'aliyah* principia no início da *parashah*). Perto do final da sétima *'aliyah*, encontra-se a palavra "***Maftir***"; o leitor da *haftarah* dá início à leitura dos versículos finais da porção da *Torah* e, em seguida, lê a porção dos Profetas, de uma edição impressa da Bíblia.

As leituras prescritas diferem um pouco entre as comunidades de judeus asquenazes (europeus) e sefardis (do Oriente Médio e do norte da África); quando necessário, as letras ***A*** (de asquenaze) e ***S*** (de sefardi) indicam as diferenças.

O calendário judaico também desempenha seu papel. Ele é lunissolar: os meses são lunares, mas o ano é solar. Pelo fato de o mês lunar contar com 29 ou 30 dias, 12 meses alunares perfazem 354 dias. Para evitar que o ano se movimente por entre as estações (como ocorre com o calendário islâmico), existe um sistema de anos irregulares; no entanto, o ano irregular não recebe a adição de apenas um dia, mas sim de um mês completo. Isso ocorre sete vezes a cada conjunto de dezenove anos — ou seja, a cada dois ou três anos, acrescenta-se o "segundo mês de *adar*" no início da primavera. Assim, nos anos irregulares, há quatro ou cinco *shabbatot* a mais; então, nos anos irregulares, leem-se todas as 54 *parashot* separadamente, mas nos anos regulares, com apenas 50 *shabbatot*, algumas delas são lidas em conjunto. Os ajustes necessários são indicados, quando preciso, pelas siglas ***AR*** (para o ano regular) e ***AI*** (para o ano irregular).

Adaptações messiânicas. No final das *parashot* 2, 48 e 49, incluí uma "adaptação messiânica" para a leitura prescrita da *haftarah*. Por motivos inconclusivos (algumas pessoas especulam sobre a forma de ser evitada uma passagem do *Tanakh* que profetiza com mais clareza sobre Yeshua, o Messias), os rabinos da Antiguidade não selecionaram a passagem de *Yesha'yahu* [Is] 52.13—53.12, como leitura da *haftarah*. As passagens que a antecedem e sucedem estão incluídas, mas não essa. Posso afirmar que essa escolha expressa, com segurança, a vontade e o discernimento espiritual da comunidade judaica messiânica em prol da não exclusão dessa passagem das *haftarot* lidas na sinagoga.

Leituras para os feriados judaicos. Existem também leituras da *Torah* e da *haftarah* indicadas para todos os feriados bíblicos e para alguns feriados judaicos e dias de jejum. Elas se encontram alistadas na parte final deste livro (Leituras bíblicas para festas e jejuns), também com a sugestão de leituras da *B'rit Hadashah* e com algumas "adaptações messiânicas" de duas *haftarot*. Sugeri, além disso, que a leitura da *Torah* para o *Yom Kippur* inclua *Vayikra* [Lv] 17 (por causa do versículo 11), e que a *haftarah* para *Tish'ah B'Av* acrescente *Z'kharyah* [Zc] 12.

O número de *'aliyot* é diferente nos feriados. Na manhã do *Yom Kippur*, fazem-se seis *'aliyot* (caso a data não caia no *shabbat*; se acontecer isso, serão sete). Em *Rosh-HaShanah* e nas três festas (*Sukkot*, *Pesach* e *Shavu'ot*), apenas cinco. Em *Rosh-Hodesh* (lua nova, início do mês) e *Hol-HaMo'ed* (dias intermediários entre as festas de *Sukkot* e *Pesach*) são quatro *'aliyot*. Na tarde do *Yom Kippur*, são apenas duas e o *maftir*.

Bênçãos que antecedem e sucedem a leitura da *B'rit Hadashah*. As bênçãos relativas à leitura da *Torah* e da *haftarah* podem ser encontradas em qualquer *siddur* (livro judaico de oração). Faço, a seguir, a sugestão de uma oração para antes da leitura da *B'rit Hadashah*, e de outra, para depois de sua conclusão.

Antes da leitura:

> *Barukh atah* Adonai *Eloheinu melekh-ha'olam, asher natan lanu et Yeshua binkha k'meshichenu goalenu moshi'enu kapporatenu va'adonenu, ve'et sifrei b'rit hechadashah le'amenu ulekhol ha'amim. Barukh atah* Adonai *noten yeshu'ah b'Yeshua HaMashiach.*
>
> Bendito sejas, *Adonai*, nosso Deus, Rei do Universo, que nos deste Yeshua, teu Filho, como nosso Messias, nosso redentor, nosso Salvador, nossa expiação e nosso Senhor, e [que deste] os livros da Nova Aliança ao nosso povo e a todos os povos. Bendito sejas, *Adonai*, que concedes salvação em Yeshua, o Messias.

Depois da leitura:

> *Barukh atah* Adonai *Eloheinu melekh-ha'olam, asher natan et d'varkha hatanakh vab'rit hechadashah lekhol b'nei-adam. Barukh atah* Adonai *mevi et hago'el Yeshua lema'an sh'mo b'ahavah.*
>
> Bendito sejas, *Adonai*, nosso Deus, Rei do Universo, que deste tua Palavra: o *Tanakh* e a Nova Aliança a todos os seres humanos. Bendito sejas, *Adonai*, que trouxeste o redentor, Yeshua, em amor, por causa do teu nome.

16. Como pronunciar nomes e expressões hebraicos

Na parte final deste livro, encontra-se o "Glossário com explicações de pronúncia"; ele ensina a pronunciar e acentuar nomes e termos hebraicos, apresenta as formas comuns em português e a tradução dos vocábulos. A página inicial sumariza o sistema de transliteração usado do hebraico para o português.

Na parte final, há também o "Glossário invertido" de alguns nomes e termos mais comuns em português; com ele, o leitor aprenderá que, nas versões bíblicas de nosso idioma, a pessoa chamada Isaque é conhecida por Yitz'chak, na *BJC*; que Maria é chamada Miryam; e que o verbo "crucificar" é vertido por "executar em uma estaca (como criminoso)".

Algumas pessoas que fizeram uso do *Novo Testamento Judaico* reclamaram por não se sentirem à vontade ao ter de lidar com seu nível de conhecimento de hebraico. Portanto, nesta seção, farei o que puder para ajudar os leitores a pronunciar a língua hebraica de forma correta. Ainda que alguns a achem tediosa, outros apreciarão a atenção que dou ao assunto. Esse é o tipo de assunto ao qual se pode retornar sempre que necessário.

A transliteração usada por mim nos nomes e termos equivale à pronúncia atual dos israelenses. Existe outra forma, mais acadêmica, de transliterar, mas não a utilizei pelo grande número de sinais que as pessoas considerariam estranhos, servindo apenas para aumentar a confusão. Segue a explicação do sistema que adotei:

Vogais. As vogais são pronunciadas como se escrevem:

Vogal	Pronúncia	Exemplo em hebraico
a	como em "c**a**sa" (sempre **á**, nunca **â**, ou **ã**)	Adam (á-**dám**)
ai	como em "**pai**" (sempre **ái**)	Hagai (Rá-**gái**) El Shaddai (êl-chad-**dái**)
e	como em "vê" (sempre **ê**, nunca **é**)	Hesed (**Rê**-ssêd) Peretz (**Pê**-retz)
ei	como em "dir**ei**to" (sempre **ei**)	Ein-Gedi ('ein-**guê**-di) Beit-Lechem (bêit-**lê**-rrêm)
i	como em "pia"	Shitim (chi-**tim**)
o	como em "b**o**lo" (sempre **ô**, nunca **ó**)	Gat-Rimmon (gát-ri-**môn**) Dor (**dôr**)
u	como em "**u**va"	Hizkiyahu (Riz-qui-iá-**rru**) Beit-Tzur (bêit-tz**u**r)

Faço uso do apóstrofo de duas maneiras: para representar a vogal *sh'va* (:) e a consoante *alef* (א — confira o parágrafo seguinte). O *sh'va* é a vogal "e" pronunciada sem tônica. Assim, o nome hebraico G'rar é pronunciado guerár (quase grar). Y'hudah deve ser pronunciado ierrudá (ainda que alguns o pronunciem como iudá).

Consoantes. As consoantes precisam de um pouco mais de atenção:

' Como afirmei, o apóstrofo representa a letra hebraica *alef* (א) e o som vocálico *sh'va* (:). O *alef* é contado como consoante; contudo, é mais bem descrito como uma pausa entre dois sons. No nome "Pa'ran", o *alef* separa as sílabas (pá-*pausa*-**rán**), não as une. No nome "Eli'el", também aplica-se a pausa (ê-li--pausa-êl; e não se diz elhel). O mesmo vale para "Natan'el": pronuncia-se ná-tán-pausa-êl, não nátánêl).

Para facilitar a leitura, deixei de marcar com o apóstrofo todas as palavras iniciadas pelo *alef*. Um apóstrofo ao contrário (') é usado para destacar todas as palavras que contêm a letra hebraica *'ayin* (ע) (no começo ou no meio da palavra).

' O apóstrofo ao contrário representa a consoante *'ayin* (ע) (pronunciada 'á-yin). Trata-se de uma parada da glote, um som sem equivalente na língua portuguesa ou nas línguas europeias modernas. O som é produzido no fundo da garganta. Em português, ele é representado algumas vezes pela consoante "g" como em "Faixa de Gaza" ou "Gomorra"; contudo, trata-se de uma representação equivocada. Os falantes de árabe conseguem reproduzi-lo com facilidade, mas os ocidentais, não. No entanto, caso não consiga pronunciá--lo, proceda como no caso do *alef* e dê uma pausa. A bem da verdade, muitos israelenses não fazem nada melhor que isso.

h, ch representam as letras *heh* (ה) e *het* (ח). A letra *heh* sempre é representada por "h" (ela é o equivalente à pronúncia dessa letra na língua inglesa como em house, horse, home). No final de qualquer palavra, o "h" torna-se mudo. A palavra *halleluyah* contém as duas pronúncias do *heh*. Já o *het* pode causar um pouco de dificuldade. Seu som é gutural, como o "ch" alemão de Ba**ch** ou o "j" castelhano de **J**uan, mais forte que o "rr" de ca**rr**o ou o "r" inicial de "**r**ato". No início da palavra, o *het* é transliterado como um simples "h", ao passo que, no meio ou no final de qualquer palavra, sua transliteração passa para "ch", como em *Beit-Lechem* (a pronúncia correta é bêit-**lê**rrem). Na *BJC*, portanto, o *heh* e o *het* inicial recebem a mesma transliteração, ainda que os sons sejam distintos.

kh representa a letra *khaf* (כ). Sua pronúncia é idêntica à de *het* (como o "ch" alemão de Bach ou o "j" castelhano de Juan).

k representa duas consoantes hebraicas: *kaf* (כּ) e *kuf* (ק). O som é sempre o de casa, queijo, quilo, cômoda, cubo.

g representa a letra *gimel* (ג). Sua pronúncia não é idêntica à de "j", mas sempre semelhante a **ga**to, **gue**pardo, **gui**a, **go**sto, **gu**ru. (O próprio nome da letra é pronunciado **guí**-mêl.)

v, b a letra "v" representa tanto o *vav* (ו) quanto o *vet* (ב), ao passo que "b" representa o *bet* (בּ).

p, f a letra "p" representa a consoante *peh* (פ), e "f" representa o *feh* (פ).

z, tz a letra "z" representa a letra *zayin* (ז); e "tz" equivale ao som do "zz" da palavra italiana pizza, e representa a consoante hebraica *tzadeh* (צ).

r representa o *resh* (ר), pronunciado no Estado de Israel de forma muito semelhante ao "r" francês. Em português, a pronúncia aproximada é o som de "rr", como em **arr**anque, **re**cheio, **ri**sada, bai**rro**, **rua**.[79]

s representa as letras *samekh* (ס) e *sin* (שׂ); o som de ambas sempre é idêntico ao "s" em "**sa**pato", 'pê**sse**go", "**sí**laba", "**asso**prar", "**su**bir". (Ele jamais deve ser pronunciado como o "s" intervocálico — que possui o som igual ao de "z".)

sh as duas letras juntas representam a consoante *shin* (שׁ), que tem o som de "ch" ou "x" das palavras "**xa**rope", "**chei**ro", **xí**cara", "**xo**dó" e "**chu**chu".

t representa as letras *tet* (ט) e *tav* (ת).

Acentuação. A maior parte das palavras hebraicas usadas neste livro é oxítona (o acento recai sobre a última sílaba). No entanto, todos os casos encontram-se no "Glossário com explicações de pronúncia".

17. Como usar a *Bíblia Judaica Completa*

Nesta seção, explicarei certas convenções adotadas na *BJC* e descreverei alguns auxílios para o leitor.

Nomes e termos semitas. Os termos hebraicos e aramaicos (incluindo os nomes divinos) são apresentados em letras em *itálico* (*bat-kol, El 'Elyon*); no entanto, nomes pessoais e de lugares (de origem semita) não recebem esse destaque (Shlomoh, Ashdod). Por isso, lê-se tanto Levi (a pessoa com esse nome) quanto *levi* (levita, descendente de Levi).

Notas textuais. Nesta edição da *BJC*, a discussão de questões textuais é mínima. Cerca de 20 passagens da *B'rit Hadashah* consideradas inautênticas pela maioria dos estudiosos (nenhuma delas com o tamanho maior que o de dois versículos) estão ausentes do texto e foram colocadas no rodapé das páginas. Três passagens — *Mattityahu* [Mt] 6.13*b*, Marcos 16.9-20 e *Yochanan* [Jo] 7.53—8.11 — foram incluídas no texto, mas receberam uma sucinta nota de rodapé com a explicação do problema textual.

[79] No entanto, o *resh* é pronunciado pelos judeus fora de Israel como o "r" das palavras "arara", "careta", "berilo", "caro" e "urubu" (tanto por asquenazes quanto por sefardis). [N. do T.]

No *Tanakh*, há menos questões dessa natureza. Esta edição quase não apresenta variantes textuais ou leituras alternativas.

Interpolações do tradutor. Em pouquíssimas passagens, existem interpolações explicativas inseridas pelo tradutor, apresentadas entre colchetes, para significar a ausência de termos correspondentes no original (por exemplo, *Mattityahu* [Mt] 1.21, 6.23). Explicações de caráter semelhantes encontradas no texto original aparecem, geralmente, entre parênteses (por exemplo, *Mattityahu* [Mt] 1.23). Certas palavras ou expressões do texto grego original são representadas por traduções "expandidas",[80] mas, por motivos filosóficos,[81] elas não são destacadas do resto da tradução. Existem passagens na *BJC*, especialmente no *Tanakh*, traduzidas de forma tão livre que algumas pessoas são de opinião de que elas deveriam ser apresentadas entre colchetes. É claro que em assuntos como esses as opiniões são diversificadas; em todo caso, o leitor já está informado.

Outras características. A seguir, um resumo dos vários tipos de ajuda encontrados na parte final do livro:

Três tabelas de livros da Bíblia (p. 7-11). No início do livro, no sumário, constam três tabelas para ajudar leitores com origens diversas a encontrar os livros da Bíblia com mais rapidez. A primeira apresenta os livros do *Tanakh*, de acordo com a disposição judaica encontrada nas bíblias hebraicas, nas traduções judaicas e na própria *BJC*. A segunda lista dispõe dos livros de acordo com o arranjo apresentado na *Septuaginta* e em quase todas as traduções cristãs. A terceira alista todos os livros da Bíblia em ordem alfabética, tanto em português como em hebraico.

Glossário com explicação de pronúncia (p. 1541-1600). Na parte final do livro, existem cinco recursos de ajuda. O primeiro é um glossário de termos e nomes hebraicos e aramaicos usados na *BJC*. A primeira página resume as regras da pronúncia hebraica (a seção 16, anterior a esta seção, trata dela de forma mais detalhada). As definições e explicações variam em tamanho, de uma linha a um parágrafo. Mais informações são oferecidas a respeito dos nomes e dos termos da *B'rit Hadashah* que os encontrados apenas no *Tanakh*; isso acontece pelo fato de essas entradas já fazerem

[80] V., p. ex., a discussão de *hypo nomon* e *erga nomou*, nas seções 2 e 13.

[81] V. seção 2.

parte do *Novo Testamento Judaico*. Decidi, no entanto, que acrescentar entradas similares para os nomes e os termos do *Tanakh* tornaria o glossário exageradamente grande.

Glossário invertido (p. 1601-1607). Leitores acostumados com a Bíblia em outras versões podem desejar saber como a *BJC* faz a substituição de nomes e termos conhecidos. No Glossário invertido, podem-se procurar termos como "apóstolo" e nomes como "João" e encontrar seus equivalentes na *BJC* ("emissário" e "*Yochanan*").

Índice das passagens do *Tanakh* citadas na *B'rit* Hadashah (p. 1608-1615). A fim de destacar a ligação entre a *B'rit Hadashah* e o *Tanakh* (sua base), os versículos do *Tanakh* citados na *B'rit Hadashah* são impressos em **negrito**, e suas fontes são apresentadas em notas de rodapé. Quando as versões cristãs (e algumas judaicas) apresentam numeração diferente, elas são fornecidas logo em seguida, entre parênteses: *Yo'el* [Jl] 3.1-5(2.28-32), *Tehillim* [Sl] 69.9(8).

O índice de passagens do *Tanakh* citadas na *B'rit Hadashah* alista os 484 versículos do *Tanakh* citados na *B'rit Hadashah* e mostra todos os versículos da *B'rit Hadashah* que citam versículos do *Tanakh*.

Leituras bíblicas para festas e jejuns (p. 1616-1618). Como foi explicado na seção 15, essa tabela abrange as leituras da *Torah*, dos Profetas e da *B'rit Hadashah* para as festas judaicas e os jejuns do ano todo do calendário judaico.

Mapas e índices dos mapas (p. 1619-1630). As narrativas bíblicas estão ligadas a pontos geográficos específicos, mas encontra-se além do escopo da *BJC* prover informações geográficas mais amplas. Confira na página 1616 os detalhes dos cinco mapas e dos dois índices.

18. Agradecimentos

Minha mulher, Martha, foi de inestimável valor na preparação desta versão. Além de seu encorajamento e sacrifício pessoal (em amplo sentido), ela conferiu comigo o segundo manuscrito do *Tanakh*, palavra por palavra, enquanto eu o lia em voz alta na tela do computador. Dez anos antes, ela havia procedido de forma semelhante ao ler o *Novo Testamento Judaico* comigo. Ela é, verdadeiramente, uma *eshet-chayil* ("mulher capaz", *Mishlei* [Pv] 31.10-31) e uma *'ezer k'negdi* ("companhia adequada para ajudar-me", *B'reshit* [Gn] 2.18).

Barry e Steffi Rubin são nossos amigos há mais de vinte anos. Barry, diretor da Lederer/Messianic Jewish Communications, também gerencia a Jewish New Testament Publications. Steffi, uma artista de gosto refinado, digitou integralmente o texto da *Bíblia Judaica Completa.*

Paul Ellingworth, consultor de tradução das Sociedades Bíblicas Unidas, passou três semanas comigo, revisando a primeira versão do *Novo Testamento Judaico.* Seus conselhos melhoraram minha tradução e lhe sou grato por isso.

Muitas outras pessoas contribuíram de diversas maneiras para o aprimoramento desta versão; a elas, eu também agradeço.

Por fim, dou graças a Deus, o Deus de Avraham, Yitzchak e Ya'akov, e a seu Messias, Yeshua, Salvador e Senhor meu e do povo judeu. *Barukh atah* ADONAI *eloheinu, melekh ha' olam, shehecheyanu v'kimanu v'higianu lazman hazeh*! ("Bendito sejas, *ADONAI*, nosso Deus, Rei do Universo, que nos mantiveste vivos, preservaste-nos e nos fizeste chegar a este momento!".)

Que Deus abençoe vocês ricamente à medida que lerem sua Palavra nesta versão.

DAVID H. STERN

Jerusalém, Israel

Pesach 5758 (Páscoa, abril de 1998)

בראשית
B'reshit
[Gênesis]

Parashah 1: *B'reshit* (No princípio) 1.1—6.8

1 1 No princípio, Deus criou os céus e a terra. 2 A terra era informe e vazia, havia
trevas sobre a face da profundeza, e o Espírito de Deus pairou sobre a super-
fície da água. 3 Então, Deus disse: "Haja luz"; e houve luz. 4 Deus viu que a luz era
boa, e Deus separou a luz das trevas. 5 Deus chamou à luz Dia, e às trevas chamou
Noite. Assim, houve tarde e manhã, um dia.

6 Deus disse: "Haja um domo no meio da água; que ele separe água de água".
7 Deus fez o domo e separou a água acima do domo da água debaixo do domo; isso
foi o que aconteceu, 8 e Deus chamou ao domo Céu. Assim, houve tarde e manhã,
o segundo dia.

9 Deus disse: "Que a água debaixo do céu seja reunida em um lugar, e que a terra
seca apareça", e assim aconteceu. 10 Deus chamou à terra seca Terra, e à reunião de
água ele chamou Mares, e Deus viu que isso era bom.

11 Deus disse: "Que a terra produza relva, plantas que produzam sementes e
árvores frutíferas, cada uma produzindo o próprio tipo de fruto com sementes,
sobre a terra"; e assim aconteceu. 12 A terra produziu relva, plantas — cada uma
produzindo o próprio tipo de semente —, e árvores que produzem o próprio tipo
de fruto com sementes; e Deus viu que isso era bom. 13 Assim, houve tarde e ma-
nhã, o terceiro dia.

(A: Segundo) 14 Deus disse: "Haja luzes no domo do céu para separar o dia da
noite; que eles sirvam de sinais para estações, dias e anos; 15 e que eles sejam luzes
no domo do céu para dar luz à terra"; e assim aconteceu. 16 Deus fez as duas gran-
des luzes — a luz maior para governar o dia e a luz menor para governar a noite
— e as estrelas. 17 Deus as colocou no domo do céu para darem luz à terra, 18 para
governarem o dia e a noite, e para separarem a luz das trevas; e Deus viu que isso
era bom. 19 Assim, houve tarde e manhã, o quarto dia.

20 Deus disse: "Que a água se enxameie com enxames de criaturas vivas e que
os pássaros voem acima da terra no amplo domo do céu". 21 Deus criou as grandes
criaturas marinhas e todo ser vivo que rasteja, de forma que a água se enxameou
com todos os seus tipos e com todos os tipos de aves aladas; e Deus viu que isso
era bom. 22 Então, Deus os abençoou, dizendo: "Sejam férteis, multipliquem-se, en-
cham a água dos mares, e que as aves se multipliquem sobre a terra". 23 Assim,
houve tarde e manhã, o quinto dia.

(A: Terceiro) 24 Deus disse: "Que a terra produza todo tipo de criaturas vivas
— todas as espécies de gado, animais rastejantes e animais selvagens"; e assim
aconteceu. 25 Deus fez todas as espécies de animais selvagens, todas as espécies
de gado e todas as espécies de animais que rastejam sobre o solo; e Deus viu que
isso era bom.

26 Então, Deus disse: "Façamos a humanidade à nossa imagem, à nossa seme-
lhança; e que eles governem sobre os peixes no mar, as aves no ar, os animais, e
sobre toda a terra, e sobre todas as criaturas rastejantes que se arrastam sobre a
terra".

27 Portanto, Deus criou a humanidade à sua imagem;
à imagem de Deus ele os criou:
criou-os macho e fêmea.

28 Deus os abençoou e lhes disse: "Sejam férteis, multipliquem-se, encham a
terra e a dominem. Governem sobre os peixes no mar, as aves no ar e todas as
criaturas vivas que rastejam sobre a terra". 29 Então, Deus disse: "Vejam: Em toda a
terra eu dou a vocês como alimento toda planta que produz sementes e todo tipo
de fruto com sementes. 30 E a todo animal selvagem, ave do ar e criatura que rasteja
sobre a terra, em que há uma alma viva, eu dou como alimento todas as espécies de
plantas". E assim aconteceu. 31 Deus viu tudo que ele fez, e isso de fato era muito
bom. Assim, houve tarde e manhã, o sexto dia.

2 1 Assim, os céus e a terra foram terminados, com tudo o que há neles. 2 No sé-
timo dia, Deus terminou a obra que ele fez; portanto, ele descansou no sétimo
dia de toda a obra que realizou. 3 Deus abençoou o sétimo dia e o separou como
santo; porque, nesse dia, Deus descansou de toda a obra que criou, para que ela
pudesse produzir por si mesma.

(A: Quarto; S: Segundo) 4 Eis a história dos céus e da terra quando foram cria-
dos. No dia em que *Adonai*, Deus, fez terra e céu, 5 ainda não havia arbusto silvestre
sobre a terra, e nenhuma planta silvestre havia brotado; porque *Adonai*, Deus, não
fez chover sobre a terra, e não havia ninguém para cultivar o solo. 6 Em vez disso,
uma névoa subia da terra e regava toda a superfície do solo.

7 Então *Adonai*, Deus, formou uma pessoa [heb. *adam*] do pó do solo [heb.
adamah] e soprou em suas narinas o sopro de vida, para que ele se tornasse um
ser vivo. 8 *Adonai*, Deus, plantou um jardim na direção leste, no 'Eden, e ali ele pôs
a pessoa que formou. 9 Do solo, *Adonai*, Deus, fez crescer toda árvore de aparência
agradável e boa para alimento, incluindo a árvore da vida no meio do jardim e a
árvore do conhecimento do bem e do mal.

10 Um rio saía do 'Eden para irrigar o jardim, e de lá ele se dividia em quatro
riachos. 11 O nome do primeiro é Pishon; ele circunda toda a terra de Havilah, onde
há ouro. 12 O ouro dessa terra é bom; encontram-se ali também resinas aromáticas
e pedras de ônix. 13 O nome do segundo rio é Gichon; ele rodeia toda a terra de
Kush. 14 O nome do terceiro rio é Tigre; ele é o que flui na direção leste de Ashur.
O quarto rio é o Eufrates.

15 *Adonai*, Deus, pegou a pessoa e a pôs no jardim do 'Eden para cultivá-lo e cuidar
dele. 16 *Adonai*, Deus, deu à pessoa esta ordem: "Você pode comer à vontade de toda
árvore no jardim, 17 com exceção da árvore do conhecimento do bem e do mal. Não
coma dela, porque no dia em que comer dela, com certeza você morrerá".

18 *Adonai*, Deus, disse: "Não é bom que a pessoa fique só. Eu farei para ele uma
companhia adequada para ajudá-lo". 19 Então, do solo, *Adonai*, Deus, formou todo
animal selvagem e toda ave que voa no ar, e levou-os à pessoa para ver como ele
os chamaria. Qualquer nome que a pessoa desse a cada criatura viva, esse seria

seu nome. **(S: Terceiro)** 20 Portanto, a pessoa deu nome a todo o gado, às aves no
ar e a todo animal selvagem. Para Adam, no entanto, não se achou companhia
adequada para ajudá-lo.
21 Então, Deus fez um sono profundo cair sobre a pessoa; e enquanto ele dor-
mia, Deus tirou uma de suas costelas e fechou com carne o local de onde a tirou.
22 Da costela que *Adonai*, Deus, tirou da pessoa, criou uma pessoa do sexo feminino;
e a levou à pessoa do sexo masculino. 23 A pessoa do sexo masculino disse: "Até
que enfim! Esta é osso dos meus ossos e carne da minha carne. Ela deve se chamar
Mulher [heb. *ishah*], porque foi tirada do Homem [heb. *ish*]". 24 Essa é a razão de o
homem deixar pai e mãe e se unir à sua mulher, e eles se tornarão uma carne.
25 Os dois estavam nus, o homem e sua mulher, e não se envergonhavam.

3 1 Ora, a serpente era mais astuciosa que qualquer animal selvagem feito por
Adonai, Deus. Ela disse à mulher: "Deus realmente disse: 'Você não deve comer
de nenhuma árvore do jardim?' ". 2 A mulher respondeu à serpente: "Nós pode-
mos comer dos frutos das árvores do jardim, 3 mas acerca do fruto da árvore no
meio do jardim Deus disse: 'Você não deve comer dele nem tocá-lo, ou morrerá' ".
4 A serpente disse à mulher: "Não é verdade que vocês morrerão; 5 Deus sabe que,
no dia em que comerem dela, seus olhos serão abertos, e vocês serão como Deus,
conhecedores do bem e do mal". 6 Ao ver a mulher que a árvore era boa para ali-
mento, de aparência agradável e desejável para dar conhecimento, pegou um de
seus frutos e comeu. Também deu a seu marido, que estava com ela, e ele comeu.
7 Então os olhos de ambos foram abertos, e eles perceberam que estavam nus. Por
isso, costuraram folhas de figueira para fazerem tangas para si.
8 Eles ouviram a voz de *Adonai*, Deus, andando no jardim no momento da brisa
da tarde, por isso o homem e sua mulher se esconderam da presença de *Adonai*,
Deus, entre as árvores do jardim. 9 *Adonai*, Deus, chamou o homem: "Onde você
está?". 10 Ele respondeu: "Ouvi tua voz no jardim e fiquei com medo, porque eu
estava nu, por isso me escondi". 11 Ele disse: "Quem disse que vocês estavam nus?
Você comeu da árvore da qual ordenei a você não comer?". 12 O homem respondeu:
"A mulher que deste para viver comigo, ela me deu do fruto da árvore, e eu comi".
13 *Adonai*, Deus, disse à mulher: "O que você fez?". A mulher respondeu: "A serpen-
te me enganou, por isso comi".
14 *Adonai*, Deus, disse à serpente: "Porque fez isso, você é mais amaldiçoada que
todo o gado e os animais selvagens. Rastejará sobre seu ventre e comerá pó en-
quanto viver. 15 Porei animosidade entre você e a mulher, e entre seu descendente e
o descendente dela; ele ferirá sua cabeça, e você lhe ferirá o calcanhar".
16 À mulher, ele disse: "Aumentarei muito sua dor no parto. Você dará à luz
filhos com dor. Seu desejo será para seu marido, mas ele a dominará".
17 A Adam, ele disse: "Por ouvir o que sua mulher disse e comer da árvore
acerca da qual ordenei 'você não deve comer dela', o solo é amaldiçoado por sua
conta; você trabalhará duro para comer dele enquanto viver. 18 Ele produzirá
para você espinhos e cardos, e você comerá as plantas do campo. 19 Comerá pão
com o suor de sua testa até voltar ao solo — porque foi tirado dele: você é pó,
e ao pó voltará".
20 O homem chamou a mulher de Havah [vida], por ser a mãe de todos os
seres vivos.

21 *Adonai*, Deus, fez roupas de pele para Adam e a mulher e os vestiu.
(A: Quinto; S: Quarto) 22 *Adonai*, Deus, disse: "Vejam: o homem tornou-se
como um de nós, conhecedor do bem e do mal. Por isso, evitarei que ele estenda
a mão e pegue também da árvore da vida, coma e viva para sempre". 23 Então
Adonai, Deus, o enviou para fora do jardim do 'Eden, para cultivar o solo de onde
foi tirado. 24 Por isso, ele expulsou o homem, e pôs a oeste do jardim do 'Eden os
k'ruvim e uma espada flamejante, que girava em todas as direções, para guardar
o caminho da árvore da vida.

4 1 O homem se relacionou sexualmente com Havah, sua mulher; ela engravi-
dou, deu à luz Kayin [aquisição] e disse: "Adquiri um homem da parte de
Adonai". 2 Ela deu à luz também Hevel, irmão desse. Hevel cuidava de ovelhas, ao
passo que Kayin trabalhava o solo. 3 Com o passar do tempo, Kayin trouxe uma
oferta a *Adonai* com os produtos do solo; 4 e Hevel trouxe também os primogê-
nitos de suas ovelhas, incluindo sua gordura. *Adonai* aceitou Hevel e sua oferta,
5 mas não aceitou Kayin e sua oferta. Kayin ficou muito irado, e sua face expressou
tristeza. 6 *Adonai* disse a Kayin: "Por que você está irado? Por que tão abatido? 7 Se
você fizer o que é bom, não deverá erguer a cabeça? E se não fizer o que é bom, o
pecado espreita junto à porta — ele o deseja, mas você pode dominá-lo". 8 Kayin
conversou com Hevel, seu irmão; então, certa vez, quando eles estavam no cam-
po, Kayin atacou Hevel, seu irmão, e o matou.
9 *Adonai* disse a Kayin: "Onde está Hevel, seu irmão?". E ele respondeu: "Não sei;
sou o guardião de meu irmão?". 10 Ele disse: "O que você fez? A voz do sangue de
seu irmão clama a mim do solo! 11 Agora, você é maldito desde o solo, que abriu
a boca para receber o sangue de seu irmão de suas mãos. 12 Quando arar o solo,
ele não dará mais a você sua força. Você será um fugitivo e vagueará pela terra".
13 Kayin disse a *Adonai*: "Minha punição é maior do que posso suportar. 14 Tu me
banes hoje da terra e da tua presença. Serei um fugitivo errante pela terra, e quem
me achar me matará". 15 *Adonai* lhe respondeu: "Portanto, quem matar Kayin re-
ceberá vingança séptupla", e *Adonai* pôs um sinal em Kayin, para que ninguém que
o encontrasse viesse a matá-lo. 16 Então, Kayin saiu da presença de *Adonai* e viveu
na terra de Nod [vagueação], a leste do 'Eden.
17 Kayin teve relação sexual com sua mulher; ela engravidou e deu à luz Ha-
nokh. Kayin construiu uma cidade e deu à cidade o nome de seu filho, Hanokh.
18 A Hanokh, nasceu 'Irad. 'Irad foi o pai de Mechuya'el, Mechuya'el foi o pai de
Metusha'el, e Metusha'el foi o pai de Lemekh.
(S: Quinto) 19 Lemekh escolheu para si duas mulheres; o nome de uma era
'Adah, e o nome da outra era Tzilah. 20 'Adah deu à luz Yaval; ele foi o ancestral de
todos os que vivem em tendas e possuem gado. 21 O nome de seu irmão era Yuval;
e ele foi o ancestral de todos os que tocam lira e flauta. 22 Tzilah deu à luz Tuval-
-Kayin, o forjador de todos os tipos de ferramentas feitas de bronze e ferro; a irmã
de Tuval-Kayin era Na'amah.
23 Lemekh disse às suas mulheres:

"Adah e Tzilah, ouçam-me;
mulheres de Lemekh, escutem o que digo:
matei um homem porque me feriu,
um jovem porque me machucou.

24 Se Kayin será vingado sete vezes,
então Lemekh o será setenta e sete vezes!".

25 Adam teve outra vez relação sexual com sua mulher, e ela deu à luz um filho a
quem chamou Shet [concedido], "Pois Deus me concedeu outra semente no lugar de
Hevel, porque Kayin o matou". 26 Também a Shet nasceu um filho, a quem cha-
mou Enosh. Foi esse o momento em que as pessoas começaram a invocar o
nome de *Adonai*.

5 **(Sexto)** 1 Eis a genealogia de Adam. No dia em que Deus criou o homem, ele
o fez à semelhança de Deus; 2 criou-o macho e fêmea; abençoou-os e os cha-
mou de Adam [humanidade, homem] no dia em que eles foram criados. 3 Depois
de viver cento e trinta anos, Adam gerou um filho semelhante a si mesmo e o
chamou de Shet. 4 Depois do nascimento de Shet, Adam viveu outros oitocentos
anos e teve filhos e filhas. 5 Ao todo, Adam viveu novecentos e trinta anos; então,
morreu.
6 Shet viveu cento e cinco anos e gerou Enosh. 7 Depois do nascimento de
Enosh, Shet viveu outros oitocentos e sete anos e teve filhos e filhas. 8 Ao todo,
Shet viveu novecentos e doze anos; então, morreu.
9 Enosh viveu noventa anos e gerou Kenan. 10 Depois do nascimento de Kenan,
Enosh viveu outros oitocentos e quinze anos e teve filhos e filhas. 11 Ao todo,
Enosh viveu novecentos e cinco anos; então, morreu.
12 Kenan viveu setenta anos e gerou Mahalal'el. 13 Depois do nascimento de
Mahalal'el, Kenan viveu outros oitocentos e quarenta anos e teve filhos e filhas.
14 Ao todo, Kenan viveu novecentos e dez anos; então, morreu.
15 Mahalal'el viveu sessenta e cinco anos e gerou Yered. 16 Depois do nascimento
de Yered, Mahalal'el viveu outros oitocentos e trinta anos e teve filhos e filhas. 17 Ao
todo, Mahalal'el viveu oitocentos e noventa e cinco anos; então, morreu.
18 Yered viveu cento e sessenta e dois anos e gerou Hanokh. 19 Depois do nas-
cimento de Hanokh, Yered viveu oitocentos anos e teve filhos e filhas. 20 Ao todo,
Yered viveu novecentos e sessenta e dois anos; então, morreu.
21 Hanokh viveu sessenta e cinco anos e gerou Metushelach. 22 Depois do nasci-
mento de Metushelach, Hanokh andou com Deus durante trezentos anos e teve fi-
lhos e filhas. 23 Ao todo, Hanokh viveu trezentos e sessenta e cinco anos. 24 Hanokh
andou com Deus e, então, não estava mais ali, porque Deus o tomou.
(Sétimo) 25 Metushelach viveu cento e oitenta e sete anos e gerou Lemekh.
26 Depois do nascimento de Lemekh, Metushelach viveu setecentos e oitenta e
dois anos e teve filhos e filhas. 27 Ao todo, Metushelach viveu novecentos e ses-
senta e nove anos; então, morreu.
28 Lemekh viveu cento e oitenta e dois anos e gerou um filho, 29 a quem chamou
Noach [descansado]; pois disse: "Este nos consolará de nosso trabalho, do serviço
pesado que realizamos com nossas mãos [para retirar] do solo amaldiçoado por
Adonai". 30 Depois do nascimento de Noach, Lemekh viveu quinhentos e noventa e
cinco anos e teve filhos e filhas. 31 Ao todo, Lemekh viveu setecentos e setenta e sete
anos; então, morreu.
32 Noach tinha quinhentos anos; e Noach foi o pai de Shem, Ham e Yefet.

6 1 Com o passar do tempo, quando homens começaram a se multiplicar sobre a
terra, e filhas lhes nasceram, 2 os filhos de Deus viram que as filhas dos homens

eram atraentes; e tomaram mulheres para si, todas as que escolheram. 3 *Adonai* dis-
se: "Meu Espírito não viverá nos seres humanos para sempre, pois eles também são
carne; portanto, sua existência alcançará cento e vinte anos". 4 Os n'filim estavam
sobre a terra naqueles dias, e também depois, quando os filhos de Deus se relacio-
naram sexualmente com as filhas de homens, e elas lhes geraram filhos; estes eram
os heróis antigos, homens de renome.

(*Maftir*) 5 *Adonai* viu que o povo sobre a terra era muito ímpio, que todas as
imaginações do coração deles pendiam sempre só para o mal. 6 *Adonai* arrependeu-
-se de ter feito a humanidade sobre a terra; isso afligiu seu coração. 7 *Adonai* disse:
"Eliminarei de toda a terra a humanidade que criei; e não apenas os seres humanos,
mas os animais, seres rastejantes e aves no ar; pois me arrependo de tê-los feito".
8 Noach, porém, encontrou graça aos olhos de *Adonai*.

***Haftarah B'reshit*: *Yesha'yahu* [Is] 42.5—43.10 (A); 42.5-21 (S).**

Sugestão de leitura da *B'rit Hadashah* para a *Parashah B'reshit*: *Mattityahu* [Mt] 1.1-17; 19.3-9; Marcos 10.1-12; Lucas 3.23-28; *Yochanan* [Jo] 1.1-18; 1Coríntios 6.15-20; 15.35-58; Romanos 5.12-21; Efésios 5.21-32; Colossenses 1.14-17; 1Timóteo 2.11-15; Judeus messiânicos [Hb] 1.1-3; 3.7—4.11; 11.1-7; *2Kefa* [2Pe] 3.3-14; Revelação [Ap] 21.1-5; 22.1-5.

Parashah 2: *Noach* (Noé) 6.9—11.32

9 Eis a história de Noach. Em sua geração, Noach era um homem justo e since-
ro; Noach andou com Deus. 10 Noach foi o pai de três filhos, Shem, Ham e Yefet.
11 A terra estava corrompida diante de Deus, repleta de violência. 12 Deus viu a
terra, e, sim, ela estava corrompida; pois todos os seres vivos haviam corrompido
seus caminhos sobre a terra.

13 Deus disse a Noach: "O fim de todos os seres vivos se aproximou de mim, pois
a terra se encheu deles com violência. Eu os destruirei com a terra. 14 Faça uma arca
de madeira de *gofer*; construa a arca com compartimentos e cubra-a com piche por
dentro e por fora. 15 Eis como você deve construí-la: o comprimento da arca deve
ser de cerca de 137 metros, 23 metros de largura e 14 metros de altura. 16 Faça uma
abertura de cerca de 45 centímetros abaixo do teto para a luz do sol [entrar] na
arca. Coloque uma porta a seu lado; e construa-a com três pavimentos: o inferior,
o segundo e o terceiro.

17 "Então, eu mesmo trarei as águas do Dilúvio sobre a terra para destruir de sob
o céu todo ser vivo que respira; tudo [o que há] sobre a terra será destruído. 18 Eu,
porém, estabelecerei minha aliança com você; entre na arca: você, seus filhos, sua
mulher e a mulher de cada um de seus filhos com você.

19 "De todos os [seres] vivos, de todas as espécies de seres vivos, traga dois
para dentro da arca, para mantê-los vivos com você — um macho e uma fêmea.
20 De todas as espécies de aves, gado e animais rastejantes sobre o solo, dois virão
a você, para serem mantidos vivos. 21 Leve também de todos os tipos de alimentos
comestíveis e recolha-os para si mesmo; esse deve ser o alimento para você e para
eles". 22 Isso é o que fez Noach; ele cumpriu tudo que Deus lhe ordenou fazer.

7 **(Segundo)** 1 *Adonai* disse a Noach: "Entre na arca, você e toda a sua casa; pois eu observei que nesta geração só você é justo diante de mim. 2 De todos os animais puros, você deve levar sete pares, e dos animais impuros, um par; 3 também das aves no ar leve sete pares — a fim de preservar-lhes a espécie em toda a terra. 4 Pois mais sete dias e farei chover sobre a terra quarenta dias e quarenta noites; eliminarei todas as criaturas vivas que criei da face da terra". 5 Noach cumpriu tudo que Deus lhe ordenou fazer.

6 Noach tinha 600 anos quando a água inundou a terra. 7 Noach entrou na arca com seus filhos, sua mulher e a mulher de cada um de seus filhos, por causa das águas do Dilúvio. 8 Dos animais puros, dos animais impuros, dos pássaros e de tudo que se arrasta sobre o solo, 9 pares — um macho e uma fêmea — entraram na arca de Noach, como Deus ordenou a Noach.

10 Depois de sete dias, a água inundou a terra. 11 No décimo sétimo dia do segundo mês do ano 600 da vida de Noach, todas as fontes da profundeza foram rompidas, e as janelas do céu foram abertas. 12 Choveu sobre a terra quarenta dias e quarenta noites.

13 Naquele mesmo dia, Noach entrou na arca com Shem, Ham e Yefet — os filhos de Noach —, com sua mulher e as três mulheres de seus filhos [que os acompanhavam], 14 eles, e todos os animais de todas as espécies, o gado de todas as espécies, todos os animais que rastejam sobre o solo de todas as espécies, e todas as aves de todas as espécies — todas as espécies de criaturas aladas. 15 Eles entraram com Noach na arca, pares de todas as espécies de criaturas vivas que respiram. 16 Entraram um macho e uma fêmea de todas as espécies de seres vivos, como Deus ordenou-lhe; e *Adonai* o fechou dentro.

(Terceiro) 17 O Dilúvio durou quarenta dias sobre a terra; a água subiu, e a arca flutuou, e foi elevada sobre a terra. 18 A água transbordou sobre a terra e tornou-se profunda, até a arca começar a flutuar sobre a superfície da água. 19 A água sobrepujou a terra com poder; a totalidade das montanhas altas debaixo do céu foi coberta; 20 a água cobriu as montanhas em mais de 7 metros. 21 Todos os seres vivos que se moviam sobre a terra pereceram — aves, gado, outros animais, insetos, e todo ser humano, 22 todos em cujas narinas estava o sopro do espírito de vida; tudo que havia sobre a terra seca morreu. 23 Ele eliminou todo ser vivo da superfície do solo — não só seres humanos, mas também o gado, os animais rastejantes e as aves no ar. Eles foram eliminados da terra; apenas Noach foi deixado, com as pessoas que estavam com ele na arca. 24 A água manteve-se sobre a terra por cento e cinquenta dias.

8 1 Deus lembrou-se de Noach, de todo ser vivo e de todo o gado [que estava] com ele na arca; então, Deus fez um vento passar sobre a terra, e a água começou a baixar. 2 Também as fontes da profundeza e as janelas do céu foram cerradas, a chuva do céu foi restringida, 3 e a água deixou de cobrir a terra por completo. Depois de cento e cinquenta dias, a água baixou. 4 No décimo sétimo dia do sétimo mês, a arca parou sobre as montanhas de Ararat. 5 A água continuou baixando até o décimo mês; no primeiro dia do décimo mês, os cumes das montanhas foram vistos.

6 Depois de quarenta dias, Noach abriu a janela da arca que ele construiu; 7 e soltou um corvo, que voou de um lado para o outro até a água ter secado sobre a terra. 8 Então ele soltou uma pomba, para saber se a água já baixara da superfície

do solo. 9 No entanto, a pomba não encontrou nenhum lugar para descansar os pés; assim, ela voltou para ele na arca, porque a água ainda cobria toda a terra. Ele estendeu a mão, pegou-a e a levou para a arca. 10 Esperou outros sete dias e soltou outra vez a pomba da arca. 11 A pomba regressou para ele à tarde, e em seu bico estava um ramo de oliveira recém-colhido; assim, Noach soube que a água já tinha baixado da terra. 12 Esperou outros sete dias e soltou a pomba, mas ela não voltou mais para ele.

13 No primeiro dia do primeiro mês do ano 601, a água secou completamente da superfície da terra; por isso, Noach removeu a tampa da arca e olhou: sim, a superfície do solo estava seca. 14 No vigésimo sétimo dia do segundo mês, a terra estava seca.

(Quarto) 15 Deus disse a Noach: 16 "Saia da arca, você, sua mulher, seus filhos e a mulher de cada um de seus filhos [que está] com você. 17 Traga com você todos os seres vivos que estão em sua companhia — aves, gado e todo animal rastejante sobre a terra — para que eles possam enxamear-se sobre a terra, serem férteis e se multiplicarem sobre a terra". 18 Assim, Noach saiu com seus filhos, sua mulher e a mulher de cada um de seus filhos; 19 todos os animais, seres rastejantes e aves — tudo que se move sobre a terra, de acordo com suas famílias, saiu da arca.

20 Noach construiu um altar para *Adonai*. Ele pegou dentre todos os animais e aves puras, e apresentou uma oferta queimada sobre o altar. 21 *Adonai* sentiu o aroma doce, e *Adonai* disse em seu coração: "Nunca mais amaldiçoarei o solo por causa da humanidade, pois as imaginações do coração das pessoas são más desde a sua juventude; tampouco destruirei novamente todos os seres vivos, como fiz. 22 Enquanto a terra existir, semeadura e colheita, frio e calor, verão e inverno, e dia e noite não cessarão".

9 1 Deus abençoou Noach e seus filhos e lhes disse: "Sejam férteis, multipliquem-se e encham a terra. 2 Medo e temor de vocês estarão em todo animal selvagem, pássaro do ar, criatura que habita no solo, e peixe do mar; eles foram entregues a vocês. 3 Todo ser que se move e tem vida servirá de alimento para vocês; como dei anteriormente a vocês as ervas, agora dou tudo a vocês — 4 apenas carne com sua vida, que é o sangue, não devem comer. 5 Com certeza pedirei contas do sangue de sua vida: eu o exigirei de todo animal e ser humano. Exigirei a prestação de contas de todo ser humano pela vida de seu irmão. 6 Quem derrama sangue humano, por um ser humano terá o próprio sangue derramado; pois Deus fez os seres humanos à sua imagem. 7 E vocês, sejam férteis, multipliquem-se, enxameiem-se sobre a terra e multipliquem-se sobre ela".

(Quinto) 8 Deus falou com Noach e [com] seus filhos [que estavam] com ele; ele disse: 9 "Quanto a mim — a partir de agora, estabeleço minha aliança com vocês, com seus descendentes depois de vocês, 10 e com toda criatura viva que está com vocês — as aves, o gado e todo animal selvagem [que está] com vocês, todos os que estão saindo da arca, todo animal sobre a terra. 11 Estabelecerei minha aliança com vocês de que nunca mais destruirei todos os seres vivos por meio das águas de um dilúvio, e nunca mais haverá dilúvio para destruir a terra". 12 Deus acrescentou: "Eis o sinal da aliança que faço entre mim e vocês e toda criatura viva [que está] com vocês, por todas as gerações vindouras: 13 Ponho meu arco na nuvem — ele permanecerá ali como sinal da aliança entre mim e a terra. 14 Sempre que eu trouxer

nuvens sobre a terra, e o arco for visto na nuvem, 15 eu me lembrarei da minha
aliança existente entre mim e vocês e toda criatura viva de toda espécie; e a água
nunca mais se transformará em um dilúvio para destruir todos os seres vivos.
16 O arco estará na nuvem para que, ao olhar para ele, eu me lembre da aliança eter-
na entre Deus e toda criatura viva de toda espécie sobre a terra".

17 Deus disse a Noach: "Este é o sinal da aliança que estabeleci entre mim e toda
criatura viva sobre a terra".

(Sexto) 18 Os filhos de Noach que saíram da arca foram Shem, Ham e Yefet. Ham
é o pai de Kena'an. 19 Estes três foram os filhos de Noach, e toda a terra foi povoada
por eles.

20 Noach, um agricultor, foi o primeiro a plantar uma vinha. 21 Ele bebeu tanto
do vinho que se embriagou e deitou-se descoberto em sua tenda. 22 Ham, o pai de
Kena'an, viu seu pai exposto à vergonha, saiu e o disse aos dois irmãos. 23 Shem e
Yefet pegaram uma capa, puseram-na sobre os ombros de ambos, e, andando de
costas, entraram e cobriram o pai nu. Suas faces estavam viradas, para não verem
o pai deitado ali, exposto à vergonha.

24 Quando Noach despertou do vinho, soube o que seu filho mais novo lhe fez.
25 Ele disse: "Maldito seja Kena'an; ele será um servo dos servos de seus irmãos". 26 En-
tão, ele disse: "Bendito seja *Adonai*, o Deus de Shem; Kena'an será seu servo. 27 Que
Deus aumente Yefet; ele viverá nas tendas de Shem, mas Kena'an será seu servo".

28 Depois do Dilúvio, Noach viveu trezentos e cinquenta anos. 29 Ao todo, Noach
viveu novecentos e cinquenta anos; então, morreu.

10 1 Eis a genealogia dos filhos de Noach — Shem, Ham e Yefet; nasceram-lhes
filhos após o Dilúvio.

2 Os filhos de Yefet foram Gomer, Magog, Madai, Yavan, Tuval, Meshekh e
Tiras. 3 Os filhos de Gomer foram Ashkenaz, Rifat e Togarmah. 4 Os filhos de Yavan
foram Elishah, Tarshish, Kittim e Dodanim. 5 A partir deles, as ilhas das nações fo-
ram divididas em terras, cada uma de acordo com sua língua, de acordo com suas
famílias, em suas nações.

6 Os filhos de Ham foram Kush, Mitzrayim, Put e Kena'an. 7 Os filhos de Kush foram
S'va, Havilah, Savta, Ra'mah e Savt'kha. Os filhos de Ra'mah foram Sh'va e D'dan.

8 Kush foi o pai de Nimrod, o primeiro governante poderoso da terra. 9 Ele foi
um caçador poderoso perante *Adonai* — por essa razão, as pessoas dizem: "Seme-
lhante a Nimrod, o caçador poderoso perante *Adonai*". 10 Seu reino começou por
Bavel, Erekh, Akkad e Kalneh, na terra de Shin'ar. 11 Ashur saiu dessa terra e cons-
truiu Ninveh, a cidade de Rechovot, Kelach, 12 e Resen entre Ninveh e Kelach — essa
é a grande cidade.

13 Mitzrayim foi o pai dos ludim, 'anamim, l'havim, naftuchim, 14 patrusim,
kasluchim (de quem procederam os p'lishtim) e kaftorim.

15 Kena'an foi o pai de Tzidon, seu primogênito, Het, 16 o y'vusi, o emori, o girgashi,
17 o hivi, o 'arki, o sini, 18 o arvadi, o tz'mari e o hamati. Posteriormente, as famílias do
kena'ani foram dispersas. 19 A fronteira do kena'ani iniciava-se em Tzidon (quan-
do se vai na direção de G'rar) até 'Azah; (quando se vai na direção de S'dom), 'Amorah,
Admah e Tzvoyim, até Lesha.

20 Estes foram os descendentes de Ham, de acordo com suas famílias e línguas,
em suas terras e em suas nações.

21 Também nasceram filhos a Shem, ancestral de todos os descendentes de 'Ever
e irmão mais velho de Yefet. 22 Os filhos de Shem foram 'Elam, Ashur, Arpakhshad,
Lud e Aram. 23 Os filhos de Aram foram 'Utz, Hul, Geter e Mash. 24 Arpakhshad foi o
pai de Shelach, e Shelach foi o pai de 'Ever. 25 'Ever tornou-se pai de dois filhos. Um
recebeu o nome de Peleg [divisão], pois durante sua vida a terra foi dividida. Seu
irmão chamava-se Yoktan. 26 Yoktan foi o pai de Almodad, Shelef, Hatzar-Mavet,
Yerach, 27 Hadoram, Uzal, Diklah, 28 'Oval, Avima'el, Sheva, 29 Ofir, Havilah e Yovav
— todos estes foram os filhos de Yoktan. 30 Seu território estendia-se desde Mesha,
quando se vai na direção de S'far, até a montanha a leste.

31 Estes foram os descendentes de Shem, de acordo com suas famílias e línguas,
em suas terras e em suas nações.

32 Estas foram as famílias dos filhos de Noach, de acordo com suas gerações,
em suas nações. A partir delas, as nações da terra foram divididas após o Dilúvio.

11 **(S: Sétimo)** 1 Toda a terra usava a mesma língua, as mesmas palavras.
2 Aconteceu que, ao viajarem do leste, eles encontraram uma planície na
terra de Shin'ar e viveram ali. 3 Disseram uns aos outros: "Venham, façamos tijolos
e preparemo-los no fogo". Assim, eles usaram tijolos no lugar de pedras para a
construção e barro no lugar de argamassa. 4 Então, eles disseram: "Venham, vamos
construir para nós uma cidade com uma torre cujo cume alcance o céu, para fazer-
mos um nome para nós e não sermos espalhados por toda a terra".

5 *Adonai* desceu para ver a cidade e a torre que as pessoas estavam construindo.
6 *Adonai* disse: "As pessoas estão unidas, todas possuem uma única língua, e veja o
que elas estão começando a fazer! Nessa altura, nada lhes será impossível realizar!
7 Venham, desçamos e confundamos sua língua, para que não entendam o que o
outro fala". 8 Por isso, a partir dali, *Adonai* espalhou-os por sobre toda a terra, e eles
pararam de construir a cidade. 9 Por essa razão, ela foi chamada Bavel [confusão]
— porque ali *Adonai* confundiu a língua de toda a terra, e dali *Adonai* espalhou-os
por sobre toda a terra.

10 Eis a genealogia de Shem. Shem tinha 100 anos de idade quando gerou
Arpakhshad, dois anos após o Dilúvio. 11 Depois do nascimento de Arpakhshad,
Shem viveu outros quinhentos anos e teve filhos e filhas.

12 Arpakhshad viveu trinta e cinco anos e gerou Shelach. 13 Depois do nascimento
de Shelach, Arpakhshad viveu outros quatrocentos e três anos e teve filhos e filhas.

14 Shelach viveu trinta anos e gerou 'Ever. 15 Depois do nascimento de 'Ever,
Shelach viveu outros quatrocentos e três anos e teve filhos e filhas.

16 'Ever viveu trinta e quatro anos e gerou Peleg. 17 Depois do nascimento de
Peleg, 'Ever viveu outros quatrocentos e trinta anos e teve filhos e filhas.

18 Peleg viveu trinta anos e gerou Re'u. 19 Depois do nascimento de Re'u, Peleg
viveu outros duzentos e nove anos e teve filhos e filhas.

20 Re'u viveu trinta e dois anos e gerou S'rug. 21 Depois do nascimento de S'rug,
Re'u viveu outros duzentos e sete anos e teve filhos e filhas.

22 S'rug viveu trinta anos e gerou Nachor. 23 Depois do nascimento de Nachor,
S'rug viveu outros duzentos anos e teve filhos e filhas.

24 Nachor viveu vinte e nove anos e gerou Terach. 25 Depois do nascimento de
Terach, Nachor viveu outros cento e dezenove anos e teve filhos e filhas.

26 Terach viveu setenta anos e gerou Avram, Nachor e Haran. 27 Eis a genealogia
de Terach. Terach foi o pai de Avram, Nachor e Haran; e Haran foi o pai de Lot.
28 Haran morreu antes de seu pai Terach, na terra onde nasceu, em Ur dos kasdim.
(*Maftir*) 29 Então Avram e Nachor tomaram mulheres para si. O nome da mulher
de Avram era Sarai, e o nome da mulher de Nachor era Milkah, a filha de Haran.
Ele foi o pai de Milkah e de Yiskah. 30 Sarai era estéril — não possuía nenhum filho.
31 Terach pegou seu filho Avram, Lot, filho do filho de Haran, e Sarai sua nora,
mulher de Avram, seu filho; e partiram de Ur dos kasdim dirigindo-se à terra de
Kena'an. No entanto, quando eles chegaram a Haran, permaneceram ali. 32 Terach
viveu duzentos e cinco anos e morreu em Haran.

***Haftarah Noach*: *Yesha'yahu* [Is] 54.1—55.5 (A); 54.1-10 (S). [Adaptação messiânica: inicia-se a leitura em 52.13.]**

Sugestão de leitura da *B'rit Hadashah* para a *Parashah Noach*: *Mattityahu* [Mt] 24.36-44; Lucas 17.26-37; Atos 2.1-16; *1Kefa* [1Pe] 3.18-22; *2Kefa* [2Pe] 2.5.

Parashah 3: *Lekh l'kha* (Saia) 12.1—17.27

12 1 E *Adonai* disse a Avram: "Saia de seu país, afaste-se de seus parentes e da
casa de seu pai, e vá à terra que eu mostrarei a você. 2 Farei de você uma
grande nação, eu o abençoarei, engrandecerei seu nome; e você será uma bênção.
3 Abençoarei quem o abençoar; amaldiçoarei quem o amaldiçoar; e por seu intermé-
dio todas as famílias da terra serão abençoadas".

4 Então, Avram partiu, como *Adonai* lhe disse. E Lot foi com ele. Avram tinha
75 anos quando saiu de Haran. 5 Avram levou sua mulher Sarai, Lot, filho de seu
irmão, e todos os bens acumulados, bem como as pessoas que havia comprado
em Haran; então, partiram para a terra de Kena'an e entraram na terra de Kena'an.

6 Avram atravessou a terra até chegar ao lugar chamado Sh'khem, junto ao
carvalho de Moreh. O kena'ani habitava na terra. 7 *Adonai* apareceu a Avram e dis-
se: "Darei esta terra a seus descendentes". Então, ele construiu um altar a *Adonai*
que lhe aparecera.

8 Ele deixou o lugar, dirigiu-se à colina a leste de Beit-El e armou a tenda. Com
Beit-El a oeste e 'Ai a leste, construiu ali um altar e invocou o nome de *Adonai*.
9 Então, Avram seguiu viagem, continuando em direção ao Negev. 10 Ali, entretanto,
havia fome na terra, por isso Avram desceu ao Egito e permaneceu ali, pois a fome
era severa na terra.

11 Quando se aproximou do Egito e estava a ponto de entrar no país, ele disse
a Sarai, sua mulher: "Preste atenção: Sei que você é uma mulher de boa aparência;
12 por isso, quando os egípcios virem você, dirão: 'Esta é a mulher dele', e me matarão,
mas deixarão você com vida. 13 Por favor, diga que é minha irmã, para que nada de
mal aconteça a mim, por sua causa, e, por consideração a você, mantenham-me vivo".

(Segundo) 14 Quando Avram entrou no Egito, os egípcios repararam que a mulher
era muito bonita. 15 Os príncipes do faraó viram-na e a elogiaram para o faraó, por
isso a mulher foi levada à casa do faraó. 16 Ele tratou bem Avram por causa dela,
dando-lhe ovelhas, gado, jumentos e jumentas, escravos e escravas, e camelos.

17 Contudo, *Adonai* infligiu graves pragas ao faraó e à sua casa por causa de Sarai,
mulher de Avram. 18 O faraó chamou Avram e disse: "Por que você agiu contra mim?
Por que não me disse que ela era sua mulher? 19 Por que disse: 'Ela é minha irmã'?
Foi por isso que eu a tomei para ser minha mulher. Então, eis sua mulher! Pegue-a
e vá embora!". 20 Assim, o faraó deu ordens a seus homens a respeito dele, e eles o
mandaram de volta a seu caminho com sua mulher e tudo que lhe pertencia.

13 1 Avram subiu do Egito — ele, sua mulher e tudo que possuía, e Lot [estava]
com ele — para o Negev. 2 Avram tornou-se rico, com muito gado, prata e
ouro. 3 Tão logo deu sequência às viagens desde o Negev, chegou a Beit-El, o lugar
em que sua tenda tinha estado no início, entre Beit-El e 'Ai, 4 onde ele construiu o
primeiro altar; e ali Avram invocou o nome de *Adonai*.

(Terceiro) 5 Lot, que viajava com Avram, também possuía rebanhos, gado e ten-
das. 6 Mas a terra não conseguiria sustentar a convivência dos dois, pois seus bens
eram muitos para permanecerem juntos. 7 Além disso, surgiu uma discussão entre os
pastores de Avram e os pastores de Lot. O kena'ani e o p'rizi ainda viviam na terra.
8 Avram disse a Lot: "Que não haja, por favor, discussão entre mim e você, ou entre
meus pastores e os seus, pois nós somos parentes. 9 Não está a terra toda à sua vista?
Por favor, separe-se de mim — se você for para a esquerda, irei para a direita; se você
for para a direita, eu me dirigirei para a esquerda". 10 Lot levantou os olhos e viu que
toda a planície do Yarden era bem irrigada, antes de *Adonai* destruir S'dom e 'Amorah
— [era] semelhante ao jardim de *Adonai*, como a terra do Egito em direção a Tzo'ar.
11 Por isso, Lot escolheu para si toda a planície do Yarden e viajou na direção leste;
assim, eles separaram-se um do outro. 12 Avram viveu na terra de Kena'an; e Lot viveu
nas cidades da planície, montando a tenda perto de S'dom. 13 Entretanto, os homens
de S'dom eram maus, cometiam pecados graves contra *Adonai*.

14 *Adonai* disse a Avram, depois de Lot ter se afastado dele: "Olhe à volta de onde
você se encontra na direção norte, sul, leste e oeste. 15 Toda a terra que você vê,
eu darei a você e a seus descendentes para sempre, 16 farei seus descendentes tão
numerosos quanto as partículas de pó sobre a terra — caso alguém possa contar as
partículas de pó sobre a terra, então seus descendentes poderão ser enumerados.
17 Levante-se e percorra o comprimento e a largura da terra, pois eu a darei a você".
18 Avram mudou sua tenda e passou a viver entre os carvalhos de Mamre, que se
encontram em Hevron. Ali ele construiu um altar para *Adonai*.

14 **(Quarto)** 1 Quando Amrafel era rei de Shin'ar, Aryokh, rei de Elasar,
K'dorla'omer, rei de 'Elam, e Tid'al, rei de Goyim, 2 eles lutaram em conjunto
contra Bera, rei de S'dom, e contra Birsha, rei de 'Amorah, Shin'av, rei de Admah,
Shem'ever, rei de Tzvoyim, e o rei de Bela (isto é, Tzo'ar). 3 Estes últimos reis uni-
ram forças no vale de Siddim, onde se encontra o mar Morto. 4 Eles serviram a
K'dorla'omer por doze anos, mas no ano de número 13 eles se rebelaram.

5 No décimo quarto ano, K'dorla'omer e os reis [que estavam] com ele vieram
e derrotaram os refa'im em 'Asht'rot-Karnayim, os zuzim, em Ham, os eimim,
em Shaveh-Kiryatayim 6 e o hori, em Se'ir, sua montanha, por todo o caminho até
Eil-Pa'ran, junto ao deserto. 7 A seguir, voltaram, chegaram a 'Ein-Mishpat (isto é,
Kadesh), e derrotaram toda a região do 'amaleki, e também o emori, que vivia em
Hatzatzon-Tamar. 8 Então, os reis de S'dom, 'Amorah, Admah, Tzvoyim e Bela

(isto é, Tzo'ar) saíram e prepararam-se para a batalha no vale de Siddim 9 contra
K'dorla'omer, rei de 'Elam, Tid'al, rei de Goyim, Amrafel, rei de Admah, e Aryokh,
rei de Elasar, quatro reis contra cinco.

10 E o vale de Siddim estava repleto de barreiros; e quando os reis de S'dom e
'Amorah fugiram, alguns [homens] caíram ali, enquanto os demais fugiram para
as colinas. 11 Os vencedores pegaram todos os bens de S'dom e 'Amorah e todo
o suprimento de comida; então, foram embora. 12 No entanto, eles levaram Lot,
filho do irmão de Avram, e seus bens; pois ele morava em S'dom. 13 Alguém que
conseguiu escapar foi e contou a Avram, o hebreu, que vivia junto aos carva-
lhos de Mamre, o emori, irmão de Eshkol e irmão de 'Aner; todos eles aliados de
Avram. 14 Quando Avram ouviu que seu sobrinho foi levado cativo, ele liderou
seus homens treinados, que nasceram em sua casa — 318 deles —, e seguiu em
perseguição até Dan. 15 Durante a noite, ele e seus servos dividiram as forças con-
tra eles, e os atacaram e perseguiram por todo o caminho até Hovah, a norte de
Dammesek. 16 Ele recuperou todos os bens e trouxe de volta seu sobrinho Lot com
seus bens, além de mulheres e outras pessoas. 17 Depois da volta de ter matado
K'dorla'omer e os reis [que estavam] com ele, o rei de S'dom saiu ao encontro dele
no vale de Shaveh, também conhecido por vale do Rei.

18 Malki-Tzedek, rei de Shalem, trouxe-lhe pão e vinho. Ele era *kohen* de *El 'Elyon*
[Deus altíssimo], 19 e ele o abençoou com estas palavras:

"Bendito seja Avram por *El 'Elyon*,
criador do céu e da terra.
20 e bendito seja *El 'Elyon*,
que lhe entregou seus inimigos".

Avram deu-lhe um décimo de tudo.

(Quinto) 21 O rei de S'dom disse a Avram: "Dê-me as pessoas e fique com os
bens para você". 22 Entretanto, Avram respondeu ao rei de S'dom: "Levanto minha
mão em juramento a *Adonai*, *El 'Elyon*, criador do céu e terra: 23 eu não pegarei nem
mesmo um fio ou uma correia de sandália de nada do que é seu para que você não
diga: 'Eu tornei Avram rico'. 24 Pegarei apenas o equivalente ao que minhas tropas
comeram e a parte do espólio pertencente aos homens que vieram comigo — 'Aner,
Eshkol e Mamre; que eles fiquem com o que lhes pertence".

15 1 Algum tempo depois, a palavra de *Adonai* veio a Avram em uma visão:
"Não tema, Avram. Sou seu protetor; sua recompensa será muito grande".
2 Avram respondeu: "*Adonai*, Deus, que bem me trarão teus presentes se eu conti-
nuo sem descendentes; e Eli'ezer de Dammesek herdar minhas posses? 3 Tu não
me deste um filho", Avram continuou, "por isso, alguém nascido em minha casa
será meu herdeiro". 4 Mas veio a ele a palavra de *Adonai*: "Este homem não será
seu herdeiro. Não, seu herdeiro será um filho gerado pelo seu corpo". 5 Então ele o
levou para fora e disse: "Olhe para o céu e conte as estrelas — se você puder! Seus
descendentes serão igualmente incontáveis!". 6 Ele acreditou em *Adonai*, e isso lhe
foi creditado como justiça.

(Sexto) 7 Então ele lhe disse: "Sou *Adonai*, que tirou você de Ur-kasdim para dar a
você esta terra como posse". 8 Ele respondeu: "*Adonai*, Deus, como posso saber que
eu a possuirei?". 9 Ele lhe respondeu: "Traga-me uma vaca de 3 anos, uma cabra de

3 anos, um carneiro de 3 anos, uma pomba e um pombinho". 10 Ele lhe trouxe tudo isso, cortou os animais em dois e colocou as partes uma em frente à outra; contudo, ele não cortou as aves ao meio. 11 Aves de rapina voaram por sobre as carcaças, mas Avram as espantou.

12 Quando o sol estava para se pôr, um sono profundo caiu sobre Avram; horror e trevas espessas lhe sobrevieram. 13 *Adonai* disse a Avram: "Saiba disto com certeza: seus descendentes serão estrangeiros em uma terra que não lhes pertence. Eles se tornarão escravos e oprimidos ali durante quatrocentos anos. 14 Eu, porém, julgarei também a nação que os escravizou. Posteriormente, eles sairão de lá com muitas posses. 15 Quanto a você, se unirá a seus ancestrais em paz e será sepultado em idade avançada. 16 Apenas na quarta geração seus descendentes voltarão para cá, pois apenas nesse momento o emori estará pronto para receber a punição".

17 Depois do pôr do sol, quando havia trevas espessas, apareceram um braseiro fumegante e uma tocha chamejante, e passaram entre as partes dos animais. 18 Nesse dia, *Adonai* estabeleceu uma aliança com Avram: "Dei esta terra a seus descendentes — desde o *vádi* do Egito até o grande rio, o rio Eufrates — 19 as terras do keni, do k'nizi, do kadmoni, 20 do hitti, do p'rizi, dos refa'im, 21 do emori, do kena'ani, do girgashi e do y'vusi".

16 1 Sarai, mulher de Avram, não lhe dera nenhum filho. Entretanto, ela possuía uma escrava egípcia chamada Hagar; 2 então, Sarai disse a Avram: "Ouça-me: *Adonai* não me permitiu gerar filhos; portanto, vá e durma com minha escrava. Talvez eu consiga ter filhos por meio dela". Avram ouviu o que Sarai disse.

3 Depois de Avram ter vivido por dez anos na terra de Kena'an, Sarai, mulher de Avram, pegou Hagar, a egípcia, sua escrava, e deu-a a Avram, seu marido, para ser sua mulher. 4 Avram manteve relações sexuais com Hagar, e ela engravidou. No entanto, ao perceber-se grávida, ela olhou para sua senhora com desprezo. 5 Sarai disse a Avram: "Este ultraje, feito a mim, é culpa sua! É verdade que dei minha escrava para dormir com você; contudo, ao perceber que estava grávida, ela começou a olhar para mim com desprezo. Que *Adonai* decida quem tem razão — eu ou você!" 6 No entanto, Avram respondeu a Sarai: "Veja: ela é sua escrava. Trate-a como parecer melhor a você". Então Sarai tratou-a com tanta rispidez que ela fugiu para longe.

7 O anjo de *Adonai* encontrou-a junto a uma fonte no deserto, a fonte da estrada de Shur, 8 e disse: "Hagar, escrava de Sarai! De onde você vem e aonde vai?". Ela respondeu: "Estou fugindo de Sarai, minha senhora". 9 O anjo de *Adonai* disse a ela: "Volte para sua senhora e submeta-se à autoridade dela". 10 O anjo de *Adonai* disse a ela: "Aumentarei muito seus descendentes; eles serão tantos que não se poderá contá-los". 11 O anjo de *Adonai* disse a ela: "Veja: você está grávida e dará à luz um filho. Você deverá dar-lhe o nome de Yishma'el [Deus presta atenção], pois *Adonai* prestou atenção à sua miséria. 12 Ele será um homem semelhante a um jumento selvagem, sua mão [será] contra todos, e a mão de todos [será] contra ele, [e] viverá em animosidade contra todos os seus parentes".

13 Então, ela denominou *Adonai* que conversou com ela El Ro'i [Deus de visão], pois disse: "Eu realmente vi O que me vê [e permaneci viva]?". 14 Esse é o motivo de o poço ter sido chamado Be'er-Lachai-Ro'i [poço daquele que vive e vê]; ele se encontra entre Kadesh e Bered.

15 Hagar deu à luz um filho para Avram, e Avram deu o nome de Yishma'el ao filho gerado por Hagar. 16 Avram tinha 86 anos de idade quando Hagar teve Yishma'el.

17 1 Quando Avram tinha 99 anos, *Adonai* apareceu a ele e lhe disse: "Sou *El
Shaddai* [Deus todo-poderoso]. Ande na minha presença e tenha o coração
puro. 2 Estabelecerei minha aliança entre mim e você e aumentarei muito seu nú-
mero". 3 Avram prostrou-se com o rosto em terra, e Deus continuou falando com
ele: 4 "Quanto a mim, esta é minha aliança com você: Você será o pai de várias na-
ções. 5 Seu nome não mais será Avram [pai exaltado], seu nome será Avraham [pai
de muitos], pois eu fiz de você o pai de várias nações. 6 Eu o tornarei muito fértil;
farei nações de você, reis descenderão de você.

(Sétimo) 7 "Estabeleço minha aliança entre mim e você e com seus descendentes
depois de você, geração após geração, como uma aliança eterna, para ser seu Deus
e o Deus de seus descendentes depois de você. 8 Eu darei a você e a seus descen-
dentes, depois de você, a terra em que agora são estrangeiros — a terra de Kena'an
— como posse permanente; e serei o Deus deles".

9 Deus disse a Avraham: "Quanto a você, guarde minha aliança, você e seus
descendentes depois de você, geração após geração. 10 Esta é a minha aliança, que
vocês devem guardar, entre mim e vocês, com seus descendentes depois de você:
todo homem entre vocês deve ser circuncidado. 11 Vocês devem ser circuncidados
na carne de seu prepúcio; este será o sinal da aliança entre mim e vocês. 12 Gera-
ção após geração, todo bebê do sexo masculino entre vocês com 8 dias de vida
deve ser circuncidado, incluindo escravos nascidos em sua casa e os comprados
do estrangeiro, que não descendem de vocês. 13 O escravo nascido em sua casa e o
adquirido com seu dinheiro devem ser circuncidados; assim, minha aliança estará
em sua carne como uma aliança eterna. 14 Todo homem não circuncidado, que não
deixar circuncidar a carne de seu prepúcio — esse será eliminado de seu povo, pois
quebrou minha aliança".

15 Deus disse a Avraham: "Quanto a Sarai, sua mulher, você não deve chamá-la
Sarai [zombaria]; seu nome deve ser Sarah [princesa]. 16 Eu a abençoarei; além disso,
darei a você um filho [nascido] dela. Eu a abençoarei muito: ela será mãe de nações;
reis de povos procederão dela". 17 Nesse momento, Avraham prostrou-se com o
rosto em terra e riu — pois pensou consigo: "Um filho será gerado por um homem
de 100 anos de idade? Sarah dará à luz com 90 anos?". 18 Avraham disse a Deus:
"Que Yishma'el possa viver em tua presença!". 19 Deus respondeu: "Não, Sarah sua
mulher, dará à luz um filho para você, e você deverá chamá-lo Yitz'chak [riso]. Es-
tabelecerei minha aliança com ele como uma aliança eterna para seus descendentes
depois dele. 20 Quanto a Yishma'el, eu o ouvi. Abençoei-o e o tornarei fértil, e lhe
darei muitos descendentes. Ele será o pai de 12 príncipes, e farei dele uma grande
nação. 21 Eu, porém, estabelecerei minha aliança com Yitz'chak, a quem Sarah dará
à luz neste período no ano que vem". 22 Com isso, Deus terminou a conversa com
Avraham e subiu de diante dele.

23 Avraham pegou Yishma'el, seu filho, todos os escravos nascidos em sua casa
e todos os adquiridos com seu dinheiro, todos os homens da casa de Avraham, e
circuncidou-lhes a carne do prepúcio no mesmo dia, como Deus lhe dissera.

(*Maftir*) 24 Avraham tinha 99 anos quando teve a carne do prepúcio circuncidada,
25 e Yishma'el, seu filho, 13 anos, quando foi circuncidado na carne do prepúcio.
26 Avraham e Yishma'el, seu filho, foram circuncidados no mesmo dia; 27 e todos os
homens de sua casa, tanto os escravos nascidos em sua casa quanto os adquiridos
com dinheiro de estrangeiros, foram circuncidados com ele.

***Haftarah Lekh l'kha*: *Yesha'yahu* [Is] 40.27—41.16.**

Sugestão de leitura da *B'rit Hadashah* para a *Parashah Lekh l'kha*: Atos 7.1-8; Romanos 3.19—5.6; Gálatas 3.15-18; 5.1-6; Colossenses 2.11-15; Judeus messiânicos [Hb] 7.1-19; 11.8-12.

Parashah 4: *Vayera* (E apareceu) 18.1—22.24

18 1 E *Adonai* apareceu a Avraham junto aos carvalhos de Mamre enquanto ele estava sentado à entrada da tenda no calor do dia. 2 Ele ergueu os olhos e observou, e ali, diante dele, encontravam-se três homens. Ao vê-los, correu da porta da tenda para encontrá-los, prostrou-se com o rosto em terra, 3 e disse: "Meu senhor, se encontrei graça em seus olhos, por favor, não deixe seu servo. 4 Por favor, permita-me enviar a você um pouco de água, para que lavem os pés; então, descansem à sombra da árvore, 5 e trarei a vocês um pouco de pão. Pelo fato de terem chegado até este servo, refresquem-se antes de continuar". "Muito bem", eles responderam, "faça o que você disse".

6 Avraham correu até a tenda de Sarah e disse: "Rápido, três medidas da melhor farinha! Amasse-a e faça bolos". 7 Avraham correu até o gado, pegou um bezerro bom e tenro e entregou-o ao servo, que se apressou para prepará-lo. 8 Então, ele pegou coalhada, leite e o bezerro que preparou, e colocou-os diante dos homens; e ele permaneceu em pé, perto deles, junto a uma árvore enquanto eles comiam. 9 Eles lhe disseram: "Onde está Sarah, sua mulher?". Ele disse: "Ali, na tenda". 10 Ele disse: "Com certeza retornarei até você por volta deste tempo, no ano que vem, e Sarah, sua mulher, terá um filho". Sarah o ouviu da entrada da tenda, atrás dele. 11 Avraham e Sarah eram idosos, de idade avançada; Sarah não tinha mais idade para engravidar. 12 Por isso, Sarah riu consigo, ao pensar: "Sou velha, e meu senhor é idoso; terei prazer outra vez?". 13 *Adonai* disse a Avraham: "Por que Sarah riu e perguntou: 'Realmente darei à luz um filho sendo tão velha?'. 14 Existe algo difícil demais para *Adonai*? No tempo estabelecido, neste período do ano que vem, retornarei até você, e Sarah terá um filho". **(Segundo)** 15 Sarah negou-o, dizendo: "Eu não ri", pois estava com medo. Ele disse: "Não é assim — você riu".

16 Os homens partiram dali e olharam na direção de S'dom, e Avraham foi com eles para vê-los em seu caminho. 17 *Adonai* disse: "Devo ocultar de Avraham o que estou para fazer, 18 visto que Avraham se tornará, com certeza, uma nação grande e forte e todas as nações da terra serão abençoadas por meio dele? 19 Pois eu me revelei a ele, para que ordene a seus filhos e à sua casa, depois dele, que guardem o caminho de *Adonai* e façam o que é certo e justo, para que *Adonai* faça acontecer a Avraham o que ele lhe prometeu".

20 *Adonai* disse: "O clamor contra S'dom e 'Amorah é tão grande e seu pecado tão sério 21 que descerei agora e verei se seus atos condizem com o clamor que chegou até mim; caso contrário, eu o saberei". 22 Os homens partiram dali e seguiram em direção a S'dom, mas Avraham permaneceu na presença de *Adonai*. 23 Avraham aproximou-se e disse: "Tu realmente destruirás o justo com o ímpio? 24 Talvez haja 50 justos na cidade; destruirás completamente o local e não o perdoarás por causa dos 50 justos que se encontram ali? 25 Longe de ti fazeres isso — matares os justos com os ímpios, de modo que justos e ímpios sejam tratados de forma

idêntica! Longe de ti! Não deve o juiz de toda a terra fazer o que é justo?". 26 *Adonai* disse: "Caso eu encontre em S'dom cinquenta justos, perdoarei todo o lugar por causa deles".

27 Avraham respondeu: "Ouve-me: eu, apenas pó e cinzas, assumo a responsabilidade de falar com *Adonai*. 28 E se faltarem cinco para os cinquenta justos?". Ele disse: "Não a destruirei, caso eu encontre ali 45 justos".

29 Ele lhe disse outra vez: "E se forem encontrados ali apenas 40?". Ele disse: "Por causa dos 40, não o farei".

30 Ele disse: "Espero que *Adonai* não se ire se eu falar. E se 30 forem encontrados ali?". Ele disse: "Não o farei, se encontrar ali 30".

31 Ele disse: "Ouça-me: assumo a responsabilidade de falar com *Adonai*. E se 20 se encontrarem ali?". Ele disse: "Por causa dos 20, não a destruirei".

32 Ele disse: "Espero que *Adonai* não se ire se eu falar apenas mais uma vez. E se 10 justos se encontrarem ali?". Ele disse: "Por causa dos 10, não a destruirei". 33 *Adonai* continuou seu caminho assim que terminou de falar com Avraham, e Avraham voltou para seu lugar.

19 **(Terceiro)** 1 Os dois anjos chegaram a S'dom naquela tarde, quando Lot estava sentado junto ao portão de S'dom. Lot viu-os, levantou-se para cumprimentá-los e prostrou-se com o rosto em terra. 2 Ele disse: "Ouvi-me: meus senhores, por favor, entrai na casa de vosso servo. Passai a noite, lavai vossos pés, levantai-vos cedo e segui vosso caminho"."Não", eles responderam: "ficaremos na praça". 3 No entanto, ele insistiu muito; por isso, eles foram para a casa dele; e ele lhes preparou uma refeição, cozinhando *matzah* para o jantar, e eles comeram.

4 Antes, porém, de eles conseguirem chegar à cama, os homens da cidade cercaram a casa — jovens e velhos, todos os homens de todas as partes de S'dom. 5 Chamaram Lot e lhe disseram: "Onde estão os homens que vieram para passar a noite com você? Traga-os para fora! Nós desejamos nos relacionar sexualmente com eles!". 6 Lot saiu-lhes ao encontro e parou junto à porta, fechando-a atrás de si, 7 e disse: "Por favor, meus irmãos, não façam uma coisa tão ímpia. 8 Vejam, tenho duas filhas virgens. Por favor, deixem que eu as leve para vocês, e façam com elas o que parecer bem a vocês; mas não façam nada com esses homens, pois são convidados em minha casa". 9 "Afaste-se", responderam. "Este homem veio morar aqui e agora decidiu tornar-se juiz. Nós faremos mais mal a você que a eles!". Então, eles cercaram Lot, a fim de se aproximarem o suficiente para derrubar a porta. 10 Mas os homens que estavam dentro da casa estenderam as mãos, levaram Lot para dentro da casa e trancaram a porta. 11 A seguir, feriram de cegueira os homens [que estavam] junto à porta da casa, pequenos e grandes, para não encontrarem a porta.

12 Os homens disseram a Lot: "Você tem qualquer outra pessoa aqui? Seja lá quem for — genro, filhos, filhas —, tire deste lugar, 13 pois nós iremos destruí-lo. *Adonai* tomou conhecimento do grande clamor contra eles, e *Adonai* enviou-nos para destruir a cidade". 14 Lot saiu e conversou com seus genros — casados com suas filhas — e lhes disse: "Levantem-se e deixem este lugar, pois *Adonai* destruirá a cidade". No entanto seus genros não o levaram a sério.

15 Quando chegou a manhã, os anjos disseram a Lot para apressar-se: "Levante-se", eles disseram, "pegue sua mulher e suas duas filhas que estão aqui; de outra forma, vocês serão eliminados pela punição [que atingirá] a cidade". 16 Todavia, ele

se atrasou, de modo que os homens o pegaram pela mão, bem como a mão de sua mulher e as mãos de suas duas filhas — *Adonai* foi misericordioso para com ele — e os deixaram fora da cidade. 17 Quando eles os tiraram dali, ele disse: "Fuja, por sua vida! Não olhe para trás e não pare em nenhum ponto da planície; em vez disso, fuja para as colinas! De outro modo, vocês serão atingidos". 18 Disse-lhes Lot: "Por favor, não, meu senhor! 19 Ouve: teu servo já encontrou graça em teus olhos, e tu demonstraste grande misericórdia ao salvar-me a vida. Eu, porém, não posso fugir para as colinas, pois temo que a catástrofe me alcance, e eu morra. 20 Olha, existe uma cidade nas redondezas para a qual posso fugir; trata-se de uma cidade pequena. Por favor, deixa-me fugir para lá — não é pequena? — e desse modo permanecerei vivo".

(Quarto) 21 Ele respondeu: "Está bem, concordo com o que você me pediu. Não destruirei a cidade mencionada por você. 22 Apresse-se e fuja para esse lugar, pois nada posso fazer até você chegar ali". Por essa razão, a cidade foi chamada Tzo'ar [pequena].

23 Quando Lot chegou a Tzo'ar, o sol acabara de nascer sobre a terra. 24 Então, *Adonai* fez cair enxofre e fogo sobre S'dom e 'Amorah da parte de *Adonai*, desde o céu. 25 Ele destruiu as cidades, a planície inteira, todos os habitantes das cidades e tudo que crescia no solo. 26 Sua mulher, porém, olhou para trás, e tornou-se uma coluna de sal.

27 Avraham levantou-se bem cedo, dirigiu-se ao local onde esteve diante de *Adonai*, 28 e olhou em direção a S'dom e 'Amorah, observando a planície inteira. Ali, diante dele, a fumaça subia da terra como a fumaça de uma fornalha! 29 Mas, quando Deus destruiu as cidades da planície, ele se lembrou de Avraham e mandou Lot para fora, para longe da destruição, quando ele subverteu as cidades em que Lot vivia.

30 Lot subiu de Tzo'ar e viveu nas colinas com suas duas filhas, pois temia permanecer em Tzo'ar. Ele e suas duas filhas viviam em uma caverna. 31 A primogênita disse para a mais nova: "Nosso pai está velho, e não há nenhum homem na terra para agir conosco da forma comum no mundo. 32 Venha, vamos dar vinho a nosso pai; então, dormiremos com ele e, dessa forma, daremos descendentes a nosso pai".

33 Então, elas embebedaram o pai com vinho naquela noite, e a mais velha dormiu com o pai; ele não soube quando ela se deitou ou quando se levantou. 34 No dia seguinte, a mais velha disse à mais nova: "Ouça: dormi ontem à noite com meu pai. Vamos embebedá-lo outra vez esta noite, e você dormirá com ele, e dessa forma daremos descendentes a nosso pai". 35 Elas embebedaram o pai com vinho também nessa noite, e a mais nova levantou-se e dormiu com ele, e ele não soube quando ela se deitou ou quando se levantou. 36 Assim, as duas filhas de Lot engravidaram do pai.

37 A mais velha deu à luz um filho e chamou-o Mo'av; ele é o ancestral de Mo'av até o dia de hoje. 38 A mais nova também deu à luz um filho, e chamou-o Ben-'Ammi; ele é o ancestral do povo de 'Amon até o dia de hoje.

20 1 Avraham viajou dali em direção ao Negev e viveu entre Kadesh e Shur. Enquanto vivia como estrangeiro em G'rar, 2 Avraham dizia a respeito de Sarah, sua mulher: "Ela é minha irmã"; por isso, Avimelekh, rei de G'rar enviou [gente] e levou Sarah. 3 Deus, no entanto, apareceu a Avimelekh em um sonho, certa noite, e lhe disse: "Você está à beira da morte por causa da mulher que pegou, pois ela já é mulher de outro". 4 E Avimelekh não havia tocado nela; por isso,

ele disse: "Senhor, matarás uma nação justa? 5 Não foi ele mesmo que me disse:
'Ela é minha irmã'? E até ela afirmou: 'Ele é meu irmão'. Quando agi assim, meu
coração estava puro e minhas mãos inocentes". 6 Disse-lhe Deus no sonho: "Sim,
eu sei que, ao fazê-lo, seu coração era puro; eu evitei que você pecasse contra
mim. Esse é o motivo de eu não ter deixado você tocar nela. 7 Portanto, devolva
agora a mulher desse homem. Ele é um profeta e orará por você, para que viva.
Se, porém, não a devolver, saiba que, com certeza, você morrerá — você e todos
os seus".

8 Avimelekh levantou-se bem cedo, chamou todos os seus servos e contou-
-lhes tudo isso; e os homens ficaram com muito medo. 9 Então, Avimelekh chamou
Avraham e lhe disse: "Por que você fez isso conosco? Em que pequei contra você
para fazê-lo trazer contra mim e contra meu reino um pecado tão grande? Você fez
comigo o que não se deve fazer". 10 Avimelekh continuou, perguntando a Avraham:
"O que eu fiz a você para agir desse jeito comigo?". 11 Avraham respondeu: "Agi
assim por ter pensado: 'É provável que ninguém tema a Deus neste lugar, por isso
eles me matarão para ficar com minha mulher'. 12 Entretanto, ela é mesmo minha
irmã — filha de meu pai, mas não filha de minha mãe; por isso, casei-me com ela.
13 Quando Deus me fez sair da casa de meu pai, disse a ela: 'Faça-me este favor:
aonde formos, diga a meu respeito: "Ele é meu irmão" ' ".

14 Avimelekh pegou ovelhas, gado, escravos e escravas e deu-os a Avraham;
e devolveu-lhe Sarah, sua mulher. 15 Então, Avimelekh disse: "Veja: minha terra
está diante de você; viva onde você quiser". 16 Ele disse a Sarah: "Ouça: dei a seu ir-
mão mil moedas de prata. Isso diminuirá as suspeitas de todos os que estão com
você. Você está isenta diante de todos". 17 Avraham orou a Deus, e Deus curou
Avimelekh, sua mulher e suas escravas, para que elas pudessem engravidar,
18 pois *Adonai* tinha tornado inférteis todas as mulheres da casa de Avimelekh
por causa de Sarah, mulher de Avraham.

21 1 *Adonai* lembrou-se de Sarah como tinha dito, e *Adonai* fez por Sarah o que
lhe prometeu. 2 Sarah engravidou e deu à luz um filho, em idade avançada,
para Avraham, no tempo exato que Deus lhe dissera. 3 Avraham chamou o filho
gerado por Sarah Yitz'chak. 4 Avraham circuncidou Yitz'chak, seu filho, aos 8 dias
de vida, como Deus lhe ordenara fazer.

(Quinto) 5 Avraham estava com 100 anos quando seu filho Yitz'chak [riso] nas-
ceu. 6 Sarah disse: "Deus deu-me motivo para rir; agora quem ouvir a respeito disso
rirá comigo". 7 E ela disse: "Quem teria dito a Avraham que Sarah amamentaria um
filho? Entretanto, dei-lhe um filho mesmo com sua idade avançada!".

8 O filho cresceu e foi desmamado, e Avraham ofereceu um grande banquete no
dia em que Yitz'chak foi desmamado. 9 Sarah, porém, viu o filho de Hagar, a egípcia,
a quem Hagar dera à luz para Avraham, zombando de Yitz'chak; 10 então, Sarah disse
a Avraham: "Livre-se dessa escrava e de seu filho! Não permitirei que o filho dela seja
seu herdeiro com meu filho Yitz'chak!".

11 Avraham ficou muito triste por causa dessa questão que envolvia seu filho.
12 Deus, no entanto, disse a Avraham: "Não se entristeça por causa do menino e
de sua escrava. Ouça tudo o que Sarah diz a você, pois seus descendentes serão
contados a partir de Yitz'chak. 13 Eu, porém, também farei uma nação do filho da
escrava, porque ele descende de você".

14 Avraham levantou-se bem cedo, pegou pão e o odre de água e deu-os a Hagar,
colocando-os sobre o ombro dela, e o filho; então, mandou-a embora. Depois de
partir, ela perambulou pelo deserto perto de Be'er-Sheva. 15 Quando a água do odre
acabou, ela deixou o filho debaixo de um arbusto, 16 seguiu mais um pouco e sen-
tou-se, olhando para o outro lado, distante cerca de um disparo de uma arco; por-
que dizia ela: "Não suportarei observar meu filho morrer". Assim, ela se assentou
ali, olhando para o outro caminho, chorando e lamentando. 17 Deus ouviu a voz do
menino, e o anjo de Deus a chamou desde o céu e lhe disse: "Que há de errado com
você, Hagar? Não tema, pois Deus ouviu a voz do menino na situação presente.
18 Levante-se, erga o menino e segure-o com firmeza em sua mão, pois farei dele
uma grande nação". 19 Então, Deus abriu-lhe os olhos, e ela viu uma fonte de água.
Então, ela foi, encheu a pele com água e deu a água para o menino beber.

20 Deus estava com o menino, e ele cresceu. Ele viveu no deserto e tornou-se
arqueiro. 21 Ele viveu no deserto de Pa'ran, e sua mãe escolheu uma mulher da terra
do Egito para ele.

(Sexto) 22 Nesse tempo, Avimelekh e Pikhol, o comandante do exército, conver-
saram com Avraham. Eles disseram: "Deus está com você em tudo o que faz. 23 Por-
tanto, jure para mim, por Deus, neste lugar, que você jamais agirá com falsidade
comigo ou com meu filho ou neto, mas de acordo com a bondade com que eu tratei
você; desse modo, você tratará de mim na terra em que vive como estrangeiro.
24 Avraham disse: "Juro".

25 E Avraham reclamou com Avimelekh a respeito de um poço do qual os
servos de Avimelekh apoderaram-se. 26 Avimelekh respondeu: "Eu não sei quem
fez isso. Você não me disse nada, e apenas hoje ouvi sobre isso". 27 Avraham pe-
gou [algumas] ovelhas e [algumas cabeças de] gado e deu-as a Avimelekh, e os
dois estabeleceram uma aliança. 28 Avraham separou sete cordeiras do rebanho.
29 Avimelekh perguntou a Avraham: "Qual é o significado das sete cordeiras que
você separou?". 30 Ele respondeu: "Você deve aceitar as sete cordeiras de minha
parte como testemunho de que eu cavei este poço". 31 Esse é o motivo de esse local
ter se chamado Be'er-Sheva [poço das sete, poço do juramento] — porque os dois
fizeram um juramento ali. 32 Quando eles estabeleceram uma aliança em Be'er-
-Sheva, Avimelekh partiu com Pikhol, o comandante do exército, e [eles] voltaram
para a terra dos p'lishtim. 33 Avraham plantou uma tamargueira em Be'er-Sheva e
ali invocou o nome de *Adonai*, o Deus eterno. 34 Avraham viveu por um longo perí-
odo como estrangeiro na terra dos p'lishtim.

22

(Sétimo) 1 Depois de todas essas coisas, Deus testou Avraham. Ele lhe disse:
"Avraham!", e ele respondeu: "Aqui estou". 2 Ele disse: "Pegue seu filho, seu
único filho, a quem você ama, Yitz'chak; e vá à terra de Moriyah. Ali você deverá
apresentá-lo como oferta queimada sobre a montanha que eu indicarei a você".

3 Avraham levantou-se bem cedo, selou seu jumento e levou dois de seus jovens
com ele, além de Yitz'chak, seu filho. Ele cortou a madeira para a oferta queimada,
partiu e foi em direção ao lugar que Deus tinha dito. 4 No terceiro dia, Avraham
ergueu os olhos e viu o lugar a distância. 5 Avraham disse aos jovens: "Permane-
çam aqui com o jumento. Eu e o menino iremos até lá, adoraremos e voltaremos
até vocês". 6 Avraham pegou a madeira para a oferta queimada e colocou-a sobre
Yitz'chak, seu filho. Então, ele tomou em sua mão o fogo e a faca, e os dois pros-
seguiram juntos.

7 Yitz'chak disse a Avraham, seu pai: "Meu pai?". Ele respondeu: "Aqui estou,
meu filho". Ele disse: "Vejo o fogo e a madeira, mas onde está o cordeiro para a
oferta queimada?". 8 Avraham respondeu: "Deus proverá para si mesmo o cordeiro
para a oferta queimada, meu filho"; e os dois seguiram juntos.

9 Chegaram ao local que Deus lhe tinha dito; e Avraham construiu o altar ali,
arrumou a madeira, amarrou Yitz'chak, seu filho, e deitou-o sobre o altar, em cima
da madeira. 10 Então, Avraham estendeu a mão e pegou a faca para matar seu filho.

11 No entanto, o anjo de *Adonai* chamou-o desde o céu: "Avraham? Avraham!".
Ele respondeu: "Aqui estou". 12 Ele disse: "Não estenda a mão sobre o menino! Não
lhe faça nada! Pois agora eu sei que você é um homem que teme a Deus, porque não
me negou seu filho, seu único filho". 13 Avraham ergueu os olhos e viu, e ali, atrás
dele, estava um carneiro preso pelos chifres nos arbustos. Avraham foi e pegou o
carneiro e o ofereceu como oferta queimada em lugar de seu filho. 14 Avraham cha-
mou ao lugar *Adonai* Yir'eh [*Adonai* vê, *Adonai* proverá] — como se disse nesse dia:
"Na montanha, *Adonai* é visto".

15 O anjo de *Adonai* chamou Avraham pela segunda vez desde o céu. 16 Ele disse:
"Jurei por mim mesmo — diz *Adonai* — que, pelo fato de você ter feito isso, pois
você não me negou seu filho, seu único filho, 17 com toda a certeza eu o abençoarei;
e também multiplicarei seus descendentes como as estrelas do céu ou os grãos de
areia do litoral. Seus descendentes possuirão as cidades de seus inimigos 18 e, por
meio de seus descendentes, todas as nações da terra serão abençoadas — pois você
obedeceu à minha ordem".

19 Assim, Avraham voltou até os jovens. Eles se levantaram e partiram juntos
para Be'er-Sheva, e Avraham estabeleceu-se em Be'er-Sheva.

(*Maftir*) 20 Mais tarde, Avraham foi avisado: "Milkah também deu à luz filhos,
para seu irmão Nachor — 21 'Utz, o primogênito, Buz, seu irmão, K'mu'el, o pai de
Aram, 22 Kesed, Hazo, Pildash, Yidlaf e B'tu'el. 23 B'tu'el foi o pai de Rivkah. Milkah
deu à luz oito filhos para Nachor, irmão de Avraham. 24 Sua concubina, chamada
Re'umah, também gerou filhos: Tevach, Gacham, Tachash e Ma'akhah.

***Haftarah Vayera*: *M'lakhim Bet* [2Rs] 4.1-37 (A); 4.1-23 (S).**

Sugestão de leitura da *B'rit Hadashah* para a *Parashah Vayera*: Lucas 17.26-37; Romanos 9.6-9; Gálatas 4.21-31; Judeus messiânicos [Hb] 6.13-20; 11.13-19; *Ya'akov* [Tg] 2.14-24; *2Kefa* [2Pe] 2.4-10.

Parashah 5: *Hayyei-Sarah* (A vida de Sarah) 23.1—25.18

23 1 Sarah viveu até os 127 anos; esses foram os anos da vida de Sarah. 2 Ela
morreu em Kiryat-Arba, [cidade] também conhecida por Hevron, na terra
de Kena'an; e Avraham foi lamentar por causa de Sarah e chorar por ela. 3 Então,
ele se levantou do [lugar onde estava] sua morta e disse aos filhos de Het: 4 "Sou
estrangeiro entre vocês; permitam-me adquirir um local para sepultar entre vocês,
para eu poder sepultar minha mulher morta". 5 Os filhos de Het responderam a
Avraham: 6 "Ouça-nos, meu senhor. Você é um príncipe de Deus entre nós, por isso,
escolha qualquer de nossos túmulos para sepultar a morta — nenhum de nós se
recusará a dar a você um túmulo para o sepultamento de sua morta".

7 Avraham se levantou, curvou-se diante do povo da terra, os filhos de Het, 8 e
lhes disse: "Se for seu desejo ajudar a sepultar minha morta, então, me ouçam: Peçam
a 'Efron, o filho de Tzochar, 9 para dar-me a caverna de Makhpelah, que ele possui, a
que se encontra na parte final de seu campo. Que ele a venda para mim, pelo preço
integral, na presença de vocês; então, possuirei um local próprio para sepultar".

10 'Efron, o hitti, estava sentado entre os filhos de Het e deu a Avraham sua
resposta na presença dos filhos de Het — que pertenciam ao conselho da cidade:
11 "Não, meu senhor, ouça-me: eu dou a você o campo, com a caverna — dou-o a
você. Na presença do meu povo, eu o dou a você". 12 Avraham curvou-se diante
do povo da terra 13 e disse a 'Efron para todos ouvirem: "Por favor, seja bondoso
comigo e ouça-me. Eu pagarei o preço do campo; aceite-o de mim, e sepultarei mi-
nha morta ali". 14 'Efron, porém, respondeu a Avraham: 15 "Meu senhor, ouça-me.
Um lote de terra que vale 400 *shekalim* de prata — o que isso significa entre mim
e você? Apenas sepulte ali sua morta". 16 Avraham entendeu o que 'Efron disse:
por isso, ele pesou para 'Efron a quantia de dinheiro especificada na presença dos
filhos de Het, 400 *shekalim* de prata corrente entre os mercadores [4,5 quilos].

(Segundo) 17 Assim, o campo de 'Efron em Makhpelah, que se encontra junto a
Mamre — o campo, a caverna e todas as árvores dentro dele e à sua volta — foram
transferidos 18 para Avraham, como sua propriedade, na presença dos filhos de Het
que pertenciam ao conselho da cidade.

19 Então, Avraham sepultou Sarah, sua mulher, na caverna do campo de Makhpelah,
junto a Mamre, [local] também conhecido por Hevron, na terra de Kena'an. 20 O campo
e a caverna foram comprados por Avraham dos filhos de Het, como um local para
sepultamento de sua propriedade.

24 1 A essa altura, Avraham era idoso, de idade avançada; e *Adonai* abençoou
Avraham em tudo. 2 Avraham disse ao servo que lhe servia há mais tempo,
que estava incumbido de tudo o que ele possuía: "Ponha a mão sob minha coxa;
3 pois desejo que você jure por *Adonai*, Deus do céu e Deus da terra, que não esco-
lherá uma mulher para meu filho dentre as mulheres do kena'ani, entre os quais
vivo; 4 mas vá à minha terra natal, a meus parentes, e escolha uma mulher para
meu filho Yitz'chak". 5 O servo respondeu: "E se nenhuma mulher desejar seguir-me
até esta terra? Devo, então, levar seu filho de volta à terra de sua procedência?".
6 Disse-lhe Avraham: "Cuide para não levar meu filho para lá. 7 *Adonai*, o Deus do
céu — que me tirou da casa de meu pai e da terra em que nasci, que conversou
comigo e jurou-me: 'Darei esta terra a seus descendentes' — ele enviará o anjo à
sua frente; e você deve trazer de lá a mulher para meu filho. 8 Mas, se a mulher
não estiver disposta a seguir você, então você estará liberado da obrigação pela
qual jurou. Apenas não leve meu filho para lá". 9 O servo pôs a mão sob a coxa de
Avraham, seu senhor, e lhe fez o juramento acerca da incumbência.

(Terceiro) 10 Então, o servo levou dez dos camelos de seu senhor e todos os tipos
de presentes da parte de seu senhor, levantou-se e partiu para Aram-Naharayim,
a cidade de Nachor. 11 À tarde, quando as mulheres saíram para buscar água, ele fez
os camelos ajoelharem-se fora da cidade, junto ao poço. 12 Ele disse: "*Adonai*, Deus
de meu senhor Avraham, por favor, permite-me ser bem-sucedido hoje; e mostra
tua graça a meu senhor Avraham. 13 Aqui estou, junto à fonte, para onde as filhas
dos habitantes locais saem para buscar água. 14 Direi a uma das jovens: 'Por favor,

desça seu jarro, para que eu possa beber'. Se ela responder: 'Sim, beba; e eu tam-
bém darei água a seus camelos', então, que seja ela a que tu desejas para teu servo
Yitz'chak. Desse modo, saberei que demonstraste graça a meu senhor".

15 Antes que ele terminasse de falar, Rivkah, a filha de B'tu'el, filho de Milkah,
a mulher de Nachor, irmão de Avraham, chegou com seu jarro sobre o ombro.
16 A jovem era muito bonita, uma virgem, pois jamais mantivera relações sexuais
com nenhum homem. Ela desceu à fonte, encheu o jarro e subiu. 17 O servo correu ao
encontro dela e disse: "Por favor, dê-me um gole de água de seu jarro para beber".
18 "Beba, meu senhor", ela respondeu; e de imediato baixou o jarro até o braço e
o deixou beber. 19 Quando ela acabou de lhe dar de beber, disse: "Também tirarei
água para seus camelos até que tenham bebido o suficiente". 20 Ela esvaziou ra-
pidamente o jarro na gamela e, então, correu outra vez ao poço para tirar água, e
continuou tirando água para todos os camelos dele. 21 O homem observou-a em
silêncio, esperando para saber se *Adonai* tornara sua viagem bem-sucedida ou
não. 22 Quando os camelos pararam de beber, o homem pegou um anel de ouro
para usar no nariz, com o peso de cerca de 6 gramas e duas pulseiras de ouro, com
o peso de cerca de 90 gramas 23 e perguntou: "De quem você é filha? Diga-me,
por favor. Existe algum espaço na casa de seu pai para nós passarmos a noite?".
24 Ela respondeu: "Sou filha de B'tu'el, o filho que Milkah gerou para Nachor", 25 e
acrescentou: "Temos muita palha e forragem, e espaço para passarem a noite".
26 O homem curvou a cabeça e prostrou-se diante de *Adonai*. **(Quarto)** 27 Então,
ele disse: "Bendito seja *Adonai*, Deus de meu senhor, Avraham, que tem mantido
seu amor leal por meu senhor; pois *Adonai* guiou-me à casa dos parentes de meu
senhor". 28 A jovem correu e contou à casa de sua mãe o que acontecera.

29-30 Rivkah tinha um irmão chamado Lavan. Quando ele viu o anel para usar no
nariz, as pulseiras nos braços de sua irmã e, além disso, quando ouviu sua irmã,
Rivkah, contar o que o homem lhe dissera, correu até a fonte e encontrou o homem
em pé ali com os camelos. 31 "Entre", ele disse, "você que foi abençoado por *Adonai*!
Por que está em pé aí fora quando preparei lugar na casa e um local para os came-
los?". 32 Então, o homem entrou, e, enquanto os camelos eram descarregados e lhes
eram dadas palha e forragem, trouxeram-lhe água para lavar os pés e os pés dos
homens [que estavam] com ele.

33 No entanto, quando a refeição foi servida diante dele, ele disse: "Não co-
merei até dizer o que preciso". Lavan disse: "Diga". 34 Ele disse: "Sou servo de
Avraham. 35 *Adonai* abençoou muitíssimo o meu senhor, de modo que ele se tor-
nou muito rico. Ele lhe deu rebanhos, prata e ouro, escravos e escravas, camelos e
jumentos. 36 Sarah, a mulher de meu senhor, deu a ele um filho quando era idosa,
e ele lhe deu tudo o que possui. 37 Meu senhor fez-me jurar, dizendo: 'Você não
deve escolher uma mulher para meu filho dentre as mulheres do kena'ani, entre
quem eu vivo; 38 em vez disso, vá à casa de meu pai, aos meus parentes, e escolha
uma mulher para meu filho'. 39 Eu disse a meu senhor: 'E se nenhuma mulher
desejar seguir-me?'. 40 Avraham respondeu-me: '*Adonai*, em cuja presença vivo,
enviará seu anjo com você para tornar sua viagem bem-sucedida; e você deverá
escolher uma mulher para meu filho dentre meus parentes na casa de meu pai;
41 isso livrará você de sua obrigação feita sob juramento. Contudo, se você chegar
aos meus parentes, e eles se recusarem a dá-la a você, também isso livrará você
do juramento feito a mim'.

[42] Por isso, hoje, eu cheguei à fonte e disse: '*Adonai*, Deus de meu senhor Avraham, se tu tornares minha viagem bem-sucedida em seu propósito, [43] então, aqui estou, em pé junto à fonte. Direi a uma das jovens que vier tirar água: "Dê-me um gole de água de seu jarro". [44] Se ela responder: "Sim, beba; e darei água também a seus camelos", então, que seja ela a mulher que tu desejas para o filho de meu senhor'. [45] E antes mesmo de eu terminar de falar em meu coração, Rivkah chegou ali, com seu jarro ao ombro; ela desceu à fonte e tirou água. Quando eu lhe disse: 'Por favor, deixe-me beber', [46] ela, de imediato, abaixou o jarro do ombro e disse: 'Beba, e darei de beber também a seus camelos'. Portanto, eu bebi, e ela deu água também para os camelos.

[47] "Eu lhe perguntei: 'De quem você é filha?', e ela respondeu: 'Sou filha de B'tu'el, filho de Nachor, a quem Milkah gerou'. Então, coloquei-lhe o anel no nariz e as pulseiras nos braços, [48] curvei a cabeça, prostrei-me diante de *Adonai* e bendisse *Adonai*, Deus de meu senhor Avraham, por ter-me guiado no caminho correto para obter a filha [neta] do irmão de meu senhor para seu filho.

[49] "Por isso, agora, se vocês intentam demonstrar graça e verdade para com meu senhor, digam-me. Caso contrário, digam-me, para eu me dirigir a outro lugar".

[50] Lavan e B'tu'el responderam: "Pelo fato de isso proceder de *Adonai*, não podemos dizer a você nada para o bem nem para o mal. [51] Rivkah está aqui, diante de você; pegue-a e vá. Que ela seja a mulher do filho de seu senhor, como *Adonai* disse". [52] Quando o servo de Avraham ouviu o que disseram, prostrou-se com o rosto em terra diante de *Adonai*. **(Quinto)** [53] Então, o servo tirou joias de prata e de ouro, e também roupas, e deu-as a Rivkah. Ele também deu presentes valiosos a seu irmão e à sua mãe. [54] Então, ele e seus homens comeram, beberam e passaram ali a noite.

Pela manhã, eles se levantaram; e ele disse: "Mandem-me de volta a meu senhor". [55] O irmão e a mãe de Rivkah disseram: "Que a jovem permaneça conosco mais uns dias, uns dez, pelo menos. Depois disso, ela irá". [56] Ele lhes respondeu: "Não me atrasem, pois *Adonai* tornou minha viagem bem-sucedida; deixem-me voltar a meu senhor". [57] Eles disseram: "Chamaremos a jovem e veremos o que ela diz". [58] Eles chamaram Rivkah e lhe perguntaram: "Você irá com este homem?". E ela respondeu: "Irei".

[59] Então, eles enviaram Rivkah, sua irmã, com sua serva, com o servo de Avraham e seus homens. [60] Eles abençoaram Rivkah com estas palavras: "Nossa irmã, que você seja a mãe de milhões, e que seus descendentes possuam as cidades de quem os odiar". [61] Então, Rivkah e suas acompanhantes montaram nos camelos e seguiram o homem. Assim, o servo levou Rivkah e continuou seu caminho.

[62] Enquanto isso, Yitz'chak, certa tarde, depois de chegar da estrada de Be'er-Lachai-Ro'i — ele vivia no Negev —, [63] saiu para andar no campo; e quando levantou os olhos, viu camelos se aproximando. [64] Rivkah também levantou os olhos e, ao ver Yitz'chak, desmontou com rapidez do camelo. [65] Ela disse ao servo: "Quem é esse homem que anda no campo em nossa direção". Quando o servo respondeu: "É meu senhor", ela pegou o véu e cobriu-se. [66] O servo contou a Yitz'chak tudo o que fez. [67] Então, Yitz'chak levou-a à tenda de Sarah, sua mãe, e Rivkah tornou-se sua mulher, e ele a amou. Assim, Yitz'chak foi consolado pela perda de sua mãe.

25 **(Sexto)** [1] Avraham tomou outra mulher, chamada K'turah. [2] Ela deu à luz para ele Zimran, Yokshan, Medan, Midyan, Yishbak e Shuach. [3] Yokshan foi

o pai de Sh'va e D'dan. Os filhos de D'dan foram os ashurim, l'tushim e l'umim.
4 Os filhos de Midyan foram 'Eifah, 'Efer, Hanokh, Avida e Elda'ah. Todos eles foram
descendentes de K'turah.

5 Avraham deu todos os seus bens a Yitz'chak. 6 Mas, aos filhos de suas con-
cubinas, ele deu concessões enquanto estava vivo e enviou-os a leste, à terra de
Kedem, longe de Yitz'chak, seu filho.

7 Avraham viveu durante cento e setenta e cinco anos. 8 Então, Avraham exalou o
último suspiro, morrendo com idade avançada, um homem idoso que viveu muitos
anos; e ele foi reunido a seu povo. 9 Yitz'chak e Yishma'el, seus filhos, sepultaram-
-no na caverna de Makhpelah, no campo de 'Efron, o filho de Tzochar, o hitti, junto
a Mamre, 10 o campo que Avraham adquiriu dos filhos de Het. Avraham foi sepul-
tado ali com Sarah, sua mulher.

11 Depois da morte de Avraham, Deus abençoou Yitz'chak, seu filho, e Yitz'chak
viveu perto de Be'er-Lachai-Ro'i.

(Sétimo) 12 Eis a genealogia de Yishma'el, filho de Avraham, gerado por Hagar, a
egípcia, para Avraham. 13 Estes são os nomes dos filhos de Yishma'el, alistados de
acordo com a ordem de seu nascimento. O primogênito de Yishma'el foi N'vayot,
seguido por Kedar, Adbe'el, Mivsam, 14 Mishma, Dumah, Massa, 15 Hadad, Teima,
Y'tur, Nafish e Kedmah. **(*Maftir*)** 16 Estes são os filhos de Yishma'el, e estes são seus
nomes, de acordo com seus assentamentos e campos, 12 líderes tribais.

17 E Yishma'el viveu durante cento e trinta e sete anos. Então, ele exalou o últi-
mo suspiro, morreu e foi reunido a seu povo.

18 Os filhos de Yishma'el viveram entre Havilah e Shur, perto do Egito (quando
se vai em direção a Ashur); ele se estabeleceu perto de todos os seus parentes.

***Haftarah Hayyei-Sarah*: *M'lakhim Alef* [1Rs] 1.1-31.**

Sugestão de leitura da *B'rit Hadashah* para a *Parashah Hayyei-Sarah*: *Mattityahu* [Mt] 8.19-22; 27.3-10; Lucas 9.57-62.

Parashah 6: *Tol'dot* (História) 25.19—28.9

19 Eis a história de Yitz'chak, filho de Avraham. Avraham foi o pai de Yitz'chak.
20 Yitz'chak tinha 40 anos de idade quando tomou Rivkah, a filha de B'tu'el, o arami,
de Paddan-Aram, e irmã de Lavan, o arami, para ser sua mulher. 21 Yitz'chak orou
a Adonai a favor de sua mulher, pois ela não tinha filhos. Adonai ouviu-lhe a oração,
e Rivkah engravidou. 22 Os filhos lutaram tanto dentro dela que ela disse: "Se isso
continuar dessa forma, por que continuar a viver?". Por isso, ela foi perguntar a
Adonai, 23 que lhe respondeu: "Existem duas nações em seu ventre. Desde o nasci-
mento, eles serão dois povos rivais. Um deles será mais forte que o outro, e o mais
velho servirá ao mais novo".

24 Quando o tempo do parto chegou, havia gêmeos em seu ventre. 25 O primei-
ro a sair era vermelho e todo recoberto de pelos, como um casaco; por isso, ele
foi chamado 'Esav [completamente formado, isto é, já tendo pelos]. 26 Então, seu
irmão surgiu, com a mão agarrada ao calcanhar de 'Esav, por isso ele foi chamado
Ya'akov [ele segura pelo calcanhar; ele suplanta]. Yitz'chak tinha 60 anos quando
ela deu à luz os dois.

27 Os meninos cresceram, e 'Esav tornou-se um caçador habilidoso, um homem que vive no campo; ao passo que Ya'akov era um homem pacato que vivia em tendas. 28 Yitz'chak preferia 'Esav, pois ele gostava de caçar; Rivkah preferia Ya'akov.

29 Certo dia, quando Ya'akov preparou um cozido, 'Esav chegou do campo, exausto, 30 e disse a Ya'akov: "Por favor, deixe-me devorar um pouco dessa coisa avermelhada — dessa coisa avermelhada! Estou exausto!". (Esse é o motivo de ele ter sido chamado Edom [vermelho].) 31 Ya'akov respondeu: "Venda-me, primeiro, seu direito de primogenitura". 32 "Veja, estou a ponto de morrer!", disse 'Esav. "De que adianta meu direito de primogenitura?". 33 Ya'akov disse: "Primeiro, jure!". Então, ele jurou, vendendo assim seu direito de primogenitura a Ya'akov. 34 Então, Ya'akov deu-lhe pão e cozido de lentilha; ele comeu e bebeu, levantou-se e continuou seu caminho. Assim, 'Esav demonstrou o pouco valor que sentia pelo direito de primogenitura.

26 1 Sobreveio uma fome à terra, não como a primeira fome, ocorrida quando Avraham estava vivo. Yitz'chak foi a G'rar, dirigiu-se a Avimelekh, rei dos p'lishtim. 2 *Adonai* apareceu-lhe e disse: "Não desça ao Egito, mas viva onde eu indicar a você. 3 Permaneça nesta terra, e eu estarei com você e o abençoarei, pois darei estas terras a você e a seus descendentes. Cumprirei o juramento feito a Avraham, seu pai — 4 tornarei seus descendentes tão numerosos quanto as estrelas do céu, darei todas estas terras a seus descendentes, e por meio de seus descendentes todas as nações da terra serão abençoadas. 5 Tudo isso porque Avraham atentou para o que eu disse e realizou o que lhe ordenei fazer — ele seguiu minhas *mitzvot*, meus regulamentos e meus ensinos".

(Segundo) 6 Por isso, Yitz'chak estabeleceu-se em G'rar. 7 Os homens do lugar perguntaram-lhe a respeito de sua mulher, e, por medo, ele disse: "Ela é minha irmã". Ele pensou: "Se disser que ela é minha mulher, eles poderão matar-me a fim de tomar Rivkah. Além disso, ela é uma mulher bonita". 8 Certo dia, porém, depois de ter vivido ali por um longo tempo, Avimelekh, rei dos p'lishtim, estava observando de sua janela quando viu Yitz'chak acariciando Rivkah, sua mulher. 9 Avimelekh chamou Yitz'chak e disse: "Então, ela é sua mulher! Como você disse: 'Ela é minha irmã?' ". Yitz'chak respondeu: "Agi assim por ter pensado: 'posso ser morto por causa dela' ". 10 Avimelekh disse: "Por que você fez isso conosco? Alguém dentre o povo poderia ter, facilmente, dormido com sua mulher, e você teria trazido culpa sobre nós!". 11 Então, Avimelekh advertiu todo o povo: "Quem tocar nesse homem ou em sua mulher com certeza será morto".

12 Yitz'chak plantou na terra e colheu naquele ano cem vezes mais do que semeou. *Adonai* abençoou-o.

(Terceiro) 13 O homem enriqueceu e prosperou muito, até tornar-se riquíssimo. 14 Ele possuía rebanhos, gado e uma grande casa; e os p'lishtim o invejavam. 15 E os p'lishtim fecharam todos os poços que os servos de seu pai cavaram durante a vida de Avraham e os encheram de sujeira. 16 Avimelekh disse a Yitz'chak: "Você deve se afastar de nós, pois se tornou muito mais poderoso do que somos". 17 Por isso, Yitz'chak partiu, acampou no *vádi* de G'rar e viveu ali. 18 Yitz'chak abriu outra vez os poços cavados durante os dias de Avraham, seu pai, os que os p'lishtim fecharam após a morte de Avraham, e chamou-os pelos nomes que seu pai lhes deu. 19 Os servos de Yitz'chak cavaram no *vádi* e descobriram uma fonte de água.

20 Contudo, os pastores de G'rar discutiram com os pastores de Yitz'chak, afir-
mando: "Essa água é nossa!". Por isso, ele chamou o poço 'Esek [discussão], pois
eles discutiram com ele. 21 Eles cavaram outro poço, e houve discussão por causa
desse também. Assim, ele o chamou Sitnah [inimizade]. 22 Ele partiu dali e cavou
outro poço, e não houve discussão por causa dele. Então, ele o chamou Rechovot
[amplos espaços abertos] e disse: "Agora *Adonai* preparou-nos um espaço, e sere-
mos produtivos na terra".

(Quarto) 23 Dali, Yitz'chak subiu a Be'er-Sheva. 24 *Adonai* apareceu-lhe na mes-
ma noite e disse: "Eu sou o Deus de Avraham, seu pai. Não tema, pois estou com
você; eu o abençoarei e aumentarei seus descendentes por causa de meu servo
Avraham". 25 Ali ele construiu um altar e invocou o nome de *Adonai*. Naquele lugar,
ele armou uma tenda, e os servos de Yitz'chak cavaram um poço.

26 Então, Avimelekh foi de G'rar ao encontro dele, com seu amigo Achuzat
e o comandante de seu exército, Pikhol. 27 Disse-lhes Yitz'chak: "Por que vocês
vieram até mim, apesar de não serem amistosos comigo e me terem mandado
embora?". 28 Eles responderam: "Vimos claramente que *Adonai* está com você; por
isso, dizemos: 'Haja um juramento entre nós: façamos um pacto entre nós e você
29 de que você não nos prejudicará, como nós não o ofendemos; ao contrário,
apenas o bem fizemos a você e o enviamos em seu caminho em paz, pois você é
o abençoado de *Adonai*' ".

(Quinto) 30 Yitz'chak preparou um banquete para eles; comeram e beberam. 31 Na
manhã seguinte, eles se levantaram cedo e fizeram o juramento um ao outro. Então,
Yitz'chak enviou-os em seu caminho, e eles partiram em paz. 32 No mesmo dia, os
servos de Yitz'chak chegaram e lhe disseram a respeito do poço que haviam cavado:
"Encontramos água". 33 Por isso, ele o chamou Shiv'ah [juramento; sete], daí o nome
da cidade ser Be'er-Sheva [poço das sete, poço do juramento] até o dia de hoje.

34 Quando 'Esav tinha 40 anos, ele tomou por mulher Y'hudit, a filha de Be'eri, o
hitti, e Basmat, a filha de Elon, o hitti. 35 Mas elas se tornaram um motivo de amar-
gura de espírito para Yitz'chak e Rivkah.

27 1 Com o passar do tempo, depois de Yitz'chak ter envelhecido e seus olhos
turvarem-se, de modo que ele não conseguia enxergar, chamou 'Esav, o filho
mais velho, e lhe disse: "Meu filho?". E ele respondeu: "Aqui estou". 2 "Olhe, estou
velho e não sei quando vou morrer. 3 Por isso, por favor, pegue seus instrumentos
de caça — sua aljava com flechas e arco; saia ao campo, e consiga-me um pouco de
caça. 4 Prepare-a bem saborosa, do jeito que eu gosto; e traga-me para eu comer.
Então eu o abençoarei [como primogênito], antes de morrer".

5 Rivkah estava ouvindo quando Yitz'chak conversou com seu filho 'Esav. Por
isso, assim que 'Esav saiu para o campo a fim de encontrar alguma caça e trazê-
-la, 6 ela disse a seu filho Ya'akov: "Preste atenção! Ouvi seu pai dizer a 'Esav, seu
irmão: 7 'Traga-me alguma caça e prepare-a bem saborosa, para eu comê-la. Então
darei a você minha bênção na presença de *Adonai*, antes de morrer'. 8 Agora, preste
atenção a mim, meu filho, e faça o que eu disser a você. 9 Vá ao rebanho e traga-
-me dois cabritos. Eu os prepararei bem saborosos para seu pai, do jeito que ele
gosta, 10 e você os levará para ele comer, a fim de que ele dê sua bênção a você
antes de morrer". 11 Ya'akov respondeu a Rivkah, sua mãe: "'Esav é peludo, mas
minha pele é lisa. 12 Imagine se meu pai tocar em mim — ele saberá da minha tenta-

tiva de enganá-lo, e eu trarei uma maldição sobre mim mesmo, não uma bênção!".
13 Todavia, sua mãe disse: "Que sua maldição recaia sobre mim. Apenas por agora,
ouça--me e vá pegar os cabritos!". 14 Então ele foi, pegou-os e os trouxe à sua mãe;
ela os preparou bem saborosos, do jeito que o pai gostava. 15 A seguir, Rivkah levou
as melhores roupas de 'Esav, seu filho mais velho, que estavam em casa com ela, e
vestiu-as em Ya'akov, o filho mais novo; 16 e ela colocou peles de cabritos sobre as
mãos dele e nas partes lisas do pescoço. 17 Então ela entregou o alimento saboroso
e o pão que preparara para seu filho Ya'akov.

18 Ele foi até o pai e disse: "Meu pai?". Ele respondeu: "Aqui estou; quem é
você, meu filho?". 19 Ya'akov disse ao pai: "Sou 'Esav, seu primogênito. Fiz o que você
me pediu. Levante-se agora, sente-se, coma a caça, e então me dê sua bênção".
20 Yitz'chak disse ao filho: "Como você a encontrou tão rápido, meu filho?". Ele
respondeu: "*Adonai*, nosso Deus, fez a coisa ocorrer assim". 21 Yitz'chak disse a
Ya'akov: "Venha cá, perto de mim, para que eu toque em você, meu filho, e saiba se
você é de fato meu filho 'Esav ou não". 22 Ya'akov aproximou-se de Yitz'chak, seu
pai, que tocou nele e disse: "A voz é a voz de Ya'akov, mas as mãos são as mãos
de 'Esav". 23 Contudo, ele não percebeu; pois as mãos eram peludas como as mãos de
'Esav; por isso, ele lhe deu sua bênção. 24 Ele perguntou: "Você é realmente meu
filho 'Esav?". Ele respondeu: "Sou". 25 Ele disse: "Traga-a para mim, e comerei a caça
de meu filho, a fim de que lhe dê minha bênção". Assim, levou a caça até ele, e ele
comeu; também lhe trouxe vinho, e ele bebeu. 26 Então seu pai, Yitz'chak, lhe disse:
"Aproxime-se agora e beije-me, meu filho". 27 Ele se aproximou e o beijou. Yitz'chak
sentiu o cheiro das roupas dele e abençoou Ya'akov com estas palavras: "Meu
filho cheira como o campo que *Adonai* abençoou. **(Sexto)** 28 Portanto, que Deus dê a
você o orvalho do céu, a riqueza da terra, grãos e vinho em profusão. 29 Que povos o
sirvam e nações se curvem diante de você. Que você se torne senhor de seus parentes,
que os descendentes de sua mãe curvem-se diante de você. Seja amaldiçoado
todo que o amaldiçoar, e abençoado quem o abençoar!".

30 No entanto, assim que Yitz'chak terminou de dar a bênção a Ya'akov, e
Ya'akov mal acabara de sair da presença de seu pai, 'Esav, seu irmão, chegou da
caçada. 31 Também ele preparou uma refeição saborosa, levou-a ao pai e lhe disse:
"Pai, levante-se e coma a caça de seu filho, para que você me dê sua bênção".
32 Yitz'chak, seu pai, disse-lhe: "Quem é você?". Ele respondeu: "Sou seu filho, seu
primogênito, 'Esav". 33 Yitz'chak começou a tremer de forma descontrolada e disse:
"Então quem pegou a caça e a trouxe até mim? Eu a comi antes de você chegar e dei
minha bênção a ele. Esta é a verdade, e a bênção permanece como está". 34 Quando
'Esav ouviu as palavras de seu pai, irrompeu em um lamento em alta voz e muito
amargo. "Pai, abençoe-me também", ele implorou. 35 Ele respondeu: "Seu irmão chegou
com uma artimanha e tomou sua bênção". 36 'Esav disse: "Seu nome, Ya'akov [ele
suplanta], realmente lhe cai bem — porque ele me suplantou duas vezes: ele tomou
meu direito de primogenitura e aqui, neste momento, tirou minha bênção!". Então
ele perguntou: "Você não guardou uma bênção para mim?". 37 Yitz'chak respondeu a
'Esav: "Veja: fiz dele seu senhor e dei-lhe todos os seus parentes como servos, além
de grãos e vinho para sustentá-lo. Que mais existe para eu fazer por você, meu
filho?". 38 'Esav disse ao pai: "Você só tem uma bênção, meu pai? Pai, abençoe-me
também!". 'Esav chorou muito alto, 39 e Yitz'chak, seu pai, respondeu-lhe: "Aqui
está: Sua casa será da riqueza da terra e do orvalho do céu acima. 40 Você viverá

pela espada e servirá seu irmão. Porém, quando você se desprender, arrancará o jugo de seu pescoço".

41 'Esav odiou seu irmão por causa da bênção que o pai lhe deu. 'Esav disse consigo mesmo: "O tempo para lamentar meu pai virá em breve, e então matarei meu irmão Ya'akov". 42 Entretanto, as palavras de 'Esav, seu filho mais velho, foram ditas a Rivkah. Ela enviou Ya'akov, o filho mais novo, para longe e lhe disse: "Ouça: seu irmão 'Esav está se consolando com a ideia de matar você. 43 Portanto, meu filho, ouça-me: levante-se e fuja; fique com Lavan, meu irmão, em Haran. 44 Permaneça com ele por um período, até que a ira de seu irmão diminua. 45 A ira de seu irmão acabará, e ele se esquecerá do que você lhe fez. Então eu mandarei alguém até você e o trarei de volta de lá. Por que eu deveria perder os dois no mesmo dia?".

46 Rivkah disse a Yitz'chak: "Estou enjoada das mulheres do hitti! Se Ya'akov casar-se com uma das mulheres do hitti, como as que vivem aqui, minha vida não valerá a pena".

28 1 Por isso, Yitz'chak chamou Ya'akov e, depois de abençoá-lo, ordenou: "Você não deve escolher uma mulher dentre as mulheres do hitti. 2 Vá agora à casa de B'tu'el, pai de sua mãe, e escolha ali uma mulher dentre as filhas de Lavan, irmão de sua mãe. 3 Que *El Shaddai* o abençoe, torne você fértil e aumente seus descendentes, até que se tornem uma assembleia de povos. 4 E que ele dê a você a bênção concedida a Avraham, a você e a seus descendentes [que estarão] com você, para que tome posse da terra pela qual viaja, a terra que Deus deu a Avraham".

(Sétimo) 5 Assim, Yitz'chak mandou Ya'akov embora; e ele foi para Paddan--Aram, até Lavan, filho de B'tu'el, o arami, irmão de Rivkah, mãe de Ya'akov e 'Esav. 6 E 'Esav viu que Yitz'chak abençoou Ya'akov e mandou-o embora para Paddan--Aram para escolher uma mulher de lá, e que, ao abençoá-lo, ordenou-lhe: "Você não deve escolher nenhuma mulher kena'ani como sua mulher", **(*Maftir*)** 7 e Ya'akov deu ouvidos a seus pais e dirigiu-se a Paddan-Aram. 8 'Esav também viu que as mulheres do kena'ani não agradavam a Yitz'chak, seu pai. 9 Por isso, 'Esav foi ao encontro de Yishma'el e tomou, além das mulheres que já possuía, Machalat — filha de Yishma'el, filho de Avraham, e irmã de N'vayot — para ser sua mulher.

***Haftarah Tol'dot*: *Mal'akhi* [Ml] 1.1—2.7.**

Sugestão de leitura da *B'rit Hadashah* para a *Parashah Tol'dot*: Romanos 9.6-16; Judeus messiânicos [Hb] 11.20; 12.14-17.

Parashah 7: *Vayetze* (E saiu) 28.10—32.3

10 E Ya'akov saiu de Be'er-Sheva e partiu na direção de Haran. 11 Ele chegou a uma planície e passou a noite ali, pois o sol se pusera. Ele pegou uma pedra do lugar, colocou-a sob a cabeça e deitou-se para dormir. 12 Sonhou que ali, diante dele, havia uma escada apoiada no solo e seu topo alcançava o céu, e os anjos de *Adonai* subiam e desciam por meio dela. 13 Então, repentinamente, *Adonai* estava em pé, perto dele; e ele disse: "Sou *Adonai*, o Deus de Avraham, seu pai [avô], e o Deus de Yitz'chak. Darei a você e a seus descendentes a terra sobre a qual você está. 14 Seus descendentes serão tão numerosos quanto os grãos de poeira da terra. Você se

expandirá para o oeste e para o leste, para o norte e para o sul. Por meio de você e de seus descendentes, todas as famílias da terra serão abençoadas. 15 Veja, estou com você. Eu o guardarei aonde for e trarei você de volta a esta terra, pois não o deixarei até cumprir tudo que prometi a você".

16 Ya'akov despertou do sono e disse: "Verdadeiramente, *Adonai* está neste lugar — e eu não sabia!". 17 Então sentiu muito medo e disse: "Este lugar é temível! Deve ser a casa de Deus! Este é o portão do céu!". 18 Ya'akov levantou-se cedo, pegou a pedra que colocou sob sua cabeça, estabeleceu-a como coluna, derramou azeite sobre ela 19 e chamou o lugar de Beit-El [casa de Deus]; no entanto, a cidade era originariamente chamada Luz.

20 Ya'akov fez um voto: "Se Deus for comigo e me guardar na estrada pela qual viajo, der-me pão para comer e roupas para vestir, 21 para que eu volte para a casa de meu pai em paz, então *Adonai* será meu Deus; 22 e esta pedra, que estabeleci por coluna, será a casa de Deus; e de tudo que me deres, eu devolverei a ti, com fidelidade, um décimo".

29 **(Segundo)** 1 Continuando a jornada, Ya'akov chegou à terra do povo do leste. 2 Quando olhou, viu um poço em um campo; e havia três rebanhos de ovelhas deitados ali, perto dele, pois eles davam água às ovelhas daquele poço. A pedra sobre a boca do poço era grande, 3 e só quando todos os rebanhos estavam juntos eles rolavam a pedra da abertura do poço e davam água às ovelhas. Então colocavam a pedra de volta ao lugar, sobre a abertura do poço.

4 Disse-lhes Ya'akov: "Meus irmãos, de onde são vocês?". Eles responderam: "Somos de Haran". 5 Ele lhes perguntou: "Acaso conhecem Lavan, o filho [neto] de Nachor?". Eles disseram: "Sim, conhecemos". 6 Ele lhes perguntou: "Tudo vai bem com ele?". "Sim", eles responderam, "e eis que vem sua filha Rachel com as ovelhas". 7 Ele disse: "Vejam: há muita luz solar; não é o momento de levar os animais para casa; por isso, deem água às ovelhas; a seguir, ponham-nas para pastar". 8 Eles responderam: "Nós não podemos, não até que todos os rebanhos tenham sido reunidos e a pedra seja rolada de sobre a abertura do poço. Nesse momento, damos água às ovelhas".

9 Enquanto ele lhes falava, Rachel chegou com as ovelhas de seu pai, pois cuidava delas. 10 Quando Ya'akov viu Rachel, a filha de Lavan, irmão de sua mãe, e as ovelhas de Lavan, irmão de sua mãe, Ya'akov subiu e rolou a pedra para fora da abertura do poço e deu água ao rebanho de Lavan, irmão de sua mãe. 11 Ya'akov beijou Rachel e chorou em alta voz. 12 Ya'akov disse a Rachel que ele era parente de seu pai e filho de Rivkah; e ela correu e contou ao pai. 13 Quando Lavan ouviu as notícias de Ya'akov, filho de sua irmã, correu ao encontro dele, abraçou-o, beijou-o e o levou para sua casa. Ya'akov contou a Lavan todo o ocorrido. 14 Disse-lhe Lavan: "Você é, de fato, minha carne e sangue".

Depois de Ya'akov ter permanecido na casa dele durante um mês inteiro, 15 Lavan lhe disse: "Por que você deveria trabalhar para mim a troco de nada, só porque é meu parente? Diga-me quanto eu devo pagar a você". 16 Lavan tinha duas filhas; o nome da mais velha era Le'ah, e o nome da mais nova era Rachel. 17 Os olhos de Le'ah eram fracos; Rachel, porém, tinha boa aparência, com belos traços.

(Terceiro) 18 Ya'akov apaixonou-se por Rachel e disse: "Trabalharei para você durante sete anos em troca de Rachel, sua filha mais nova". 19 Lavan respondeu: "É melhor dá-la a você que a qualquer outro; permaneça comigo". 20 Então Ya'akov

trabalhou durante sete anos por Rachel, e isso lhe pareceu apenas uns poucos dias
para ele, pois estava muito apaixonado por ela.
21 Ya'akov disse a Lavan: "Dê-me minha mulher, pois o tempo foi cumprido,
para que eu passe a viver com ela". 22 Lavan reuniu todos os homens do lugar e
deu um banquete. 23 À tarde, ele levou Le'ah, sua filha, e a trouxe a Ya'akov, e ele
dormiu com ela. 24 Lavan também deu sua escrava Zilpah à sua filha Le'ah, como
sua escrava.
25 Pela manhã, Ya'akov viu que estava com Le'ah e disse a Lavan: "Que coisa
é essa que você fez comigo? Acaso não trabalhei para você por causa de Rachel?
Por que você me enganou?". 26 Lavan respondeu: "Em nossa região, não é assim
que se faz — dar a filha mais nova antes da primogênita. 27 Termine a semana de
casamento com esta, e nós daremos também a você a outra em troca do trabalho
que realizará para mim nos próximos sete anos". 28 Ya'akov concordou com isso,
terminou a semana, e Lavan deu-lhe sua filha Rachel por mulher. 29 Lavan também
deu à sua filha Rachel a escrava Bilhah. 30 Por isso, não só Ya'akov deitou-se com
Rachel, como também ele amou mais Rachel que Le'ah. Então ele serviu a Lavan
outros sete anos.
31 *Adonai* viu que Le'ah era desprezada, por isso ele a tornou fértil, enquanto
Rachel permanecia estéril. 32 Le'ah engravidou e deu à luz um filho, a quem ela
chamou Re'uven [Vejam: um filho!], pois ela disse: "Isso ocorreu porque *Adonai* viu
quão humilhada eu fui, mas agora meu marido me amará". 33 Ela engravidou outra
vez, deu à luz um filho e disse: "Isso aconteceu porque *Adonai* ouviu que eu não
sou amada; portanto, ele me deu também seu filho". Por isso, ela lhe deu o nome
de Shim'on [audição]. 34 Outra vez, ela engravidou e teve um filho, e disse: "Desta
vez, meu marido será unido a mim, pois eu dei à luz três filhos para ele". Portanto,
ela lhe deu o nome de Levi [união]. 35 Ela engravidou ainda outra vez, teve um filho
e disse: "Desta vez, louvarei a *Adonai*"; portanto, ela o chamou de Y'hudah [louvor].
Então ela parou de ter filhos.

30 1 Quando Rachel percebeu que não podia gerar filhos para Ya'akov, inve-
jou sua irmã e disse a Ya'akov: "Dê-me filhos, ou morrerei!". 2 Isso deixou
Ya'akov furioso com Rachel; ele respondeu: "Acaso ocupo o lugar de Deus? É ele
quem nega a você os filhos". 3 Ela disse: "Eis minha serva Bilhah. Vá, durma com
ela, e que ela lhe dê um filho que será colocado entre meus joelhos, para que, por
meio dela, eu também crie uma família". 4 Então ela lhe deu Bilhah, sua escrava, por
mulher, e Ya'akov dormiu com ela. 5 Bilhah engravidou e deu um filho a Ya'akov.
6 Rachel disse: "Deus julgou-me e decidiu-se a meu favor; sim, ele ouviu-me e me
deu um filho". Assim, ela o chamou Dan [ele julgou].
7 Bilhah, a escrava de Rachel, engravidou pela segunda vez e deu a Ya'akov o
segundo filho. 8 Rachel disse: "Lutei muito contra minha irmã e venci", e lhe deu
o nome de Naftali [minha luta].
9 Quando Le'ah percebeu que parara de ter filhos, tomou Zilpah, sua escrava,
e deu-a a Ya'akov para ser sua mulher. 10 Zilpah, a escrava de Le'ah, deu um filho
a Ya'akov; 11 e Le'ah disse: "Tornei-me afortunada", e deu-lhe o nome de Gad
[afortunado].
12 Zilpah, a escrava de Le'ah, deu a Ya'akov o segundo filho; 13 e Le'ah disse: "Quão
feliz estou! As mulheres dirão que estou feliz", e lhe deu o nome de Asher [feliz].

(Quarto) 14 Na estação da colheita de trigo, Re'uven saiu e encontrou mandrágoras no campo e trouxe-as a Le'ah, sua mãe. Rachel disse a Le'ah: "Por favor, dê-me um pouco das mandrágoras de seu filho [para que eu me torne fértil]". 15 Ela respondeu: "Não basta a você ter tirado meu marido? Deseja tirar de mim também as mandrágoras de meu filho?". Rachel disse: "Muito bem; em troca das mandrágoras de seu filho, durma com ele esta noite". 16 À tarde, quando Ya'akov chegou do campo, Le'ah saiu-lhe ao encontro e disse: "Você deve dormir comigo, pois eu o aluguei com as mandrágoras de meu filho". Assim, Ya'akov dormiu com ela naquela noite. 17 Deus ouviu Le'ah, e ela engravidou e deu o quinto filho a Ya'akov. 18 Le'ah disse: "Deus concedeu-me meu arrendamento, pois dei minha escrava a meu marido". Portanto, ela lhe deu o nome de Yissakhar [aluguel, recompensa].

19 Le'ah engravidou outra vez e deu o sexto filho a Ya'akov. 20 Le'ah disse: "Deus me concedeu um presente maravilhoso. Agora, finalmente, meu marido viverá comigo, pois eu lhe dei seis filhos". E ela lhe deu o nome de Z'vulun [convivência].

21 Depois disso, ela deu à luz uma filha e lhe deu o nome de Dinah [controvérsia sobre direitos]. 22 Então Deus atentou em Rachel, ouviu sua oração e tornou-a fértil. 23 Ela engravidou, deu à luz um filho e disse: "Deus removeu a minha desgraça". 24 Ela lhe deu o nome de Yosef [que ele acrescente], dizendo: "Que *Adonai* me dê outro filho".

25 Depois de Rachel ter dado à luz Yosef, Ya'akov disse a Lavan: "Deixe-me ir, para que eu volte a meu lugar, à minha terra. 26 Permita-me levar minhas mulheres, pelas quais servi a você, e meus filhos; e partirei. Você sabe muito bem da fidelidade com que eu o servi". 27 Lavan respondeu-lhe: "Se você tem alguma consideração por mim, por favor, ouça: tenho observado os sinais de que *Adonai* abençoou-me apenas por sua causa. **(Quinto)** 28 Diga-me quanto você quer de salário", ele disse, "e eu pagarei". 29 Ya'akov respondeu: "Você sabe quanto fui fiel a você e quanto o seu gado prosperou sob meus cuidados. 30 As poucas cabeças que você possuía antes de eu chegar aumentaram bastante; *Adonai* o abençoou em tudo o que fiz. Entretanto, quando farei provisões para minha própria casa?". 31 Lavan disse: "Que devo dar a você?". "Nada", respondeu Ya'akov, "apenas faça isto por mim: pastorearei seu rebanho mais uma vez e cuidarei dele. 32 Também me dirigirei ao rebanho e escolherei todas as ovelhas pintadas, malhadas ou marrons, e todas as cabras pintadas ou malhadas; estas e as crias delas serão o meu salário. 33 E farei da minha integridade um testemunho de mim no futuro: quando você vier inspecionar os animais que constituem meu salário, toda cabra que não for pintada ou malhada e toda ovelha que não for marrom será contada como roubada por mim". 34 Lavan respondeu: "Que seja como você disse".

35 Nesse dia, Lavan removeu os bodes listrados ou malhados e todas as cabras pintadas ou malhadas, todos os brancos, e todas as ovelhas marrons, e os entregou a seus filhos; 36 e pôs três dias de distância entre ele e Ya'akov. Ya'akov cuidou do restante dos rebanhos de Lavan.

37 Ya'akov pegou ramos frescos de álamo, amendoeira e plátano e fez neles listras brancas ao tirar-lhes a casca. 38 Então colocou as varinhas descascadas na posição vertical em frente às gamelas de água, para que os animais as vissem quando chegassem para beber. E, pelo fato de se reproduzirem quando chegavam para beber, 39 os animais se reproduziam diante das varinhas e geravam crias listradas, pintadas e malhadas. 40 Ya'akov separou os cordeiros e colocou os animais junto

dos listrados e os marrons com o rebanho de Lavan. Ele também manteve o pró-
prio gado separado e não deixou que ele se misturasse com o rebanho de Lavan.
41 Sempre que os animais mais fortes entravam no período de reprodução, Ya'akov
preparava as varinhas junto das gamelas de água para que os animais as vissem
e concebessem diante delas; 42 mas ele não preparava as varinhas para os animais
mais fracos. Assim, os mais fracos eram os de Lavan, e os mais fortes eram os de
Ya'akov. 43 Desse modo, o homem ficou muito rico e possuía grandes rebanhos,
além de escravos e escravas, camelos e jumentos.

31 1 Então ele ouviu o que os filhos de Lavan diziam: "Ya'akov tirou tudo que
nosso pai já teve. Ele enriqueceu muito, tirando o que pertencia a nosso
pai". 2 E também percebeu que Lavan olhava para ele de modo diferente. 3 *Adonai*
disse a Ya'akov: "Volte à terra de seus ancestrais, para seus parentes; eu estarei
com você". 4 Então Ya'akov mandou chamar Rachel e Le'ah e as fez vir ao campo
onde estava seu rebanho. 5 E disse a elas: "Pelo modo que seu pai olha para mim,
percebo que ele sente algo diferente a meu respeito; no entanto, o Deus de meu pai
está comigo. 6 Vocês sabem que eu servi a seu pai com toda a minha força, 7 e que
ele fez pouco caso de mim e alterou meu salário dez vezes; Deus, porém, não lhe
permitiu prejudicar-me. 8 Se ele dissesse: 'Os pintados serão o seu salário', então
todos os animais geravam filhotes pintados; e se ele dissesse: 'Os listrados serão o
seu pagamento', então todos os animais geravam filhotes listrados. 9 Dessa forma,
Deus tirou os animais de seu pai e os deu a mim. 10 Certa vez, quando os animais
estavam procriando, tive um sonho: levantei os olhos e ali, diante de mim, estavam
os bodes que procriaram com as fêmeas; eles eram listrados, pintados e malhados.
11 Então, no sonho, o anjo de Deus me disse: 'Ya'akov!', e respondi: 'Aqui estou'. 12 Ele
continuou: 'Erga os olhos agora e veja: todos os bodes que estão procriando com
as fêmeas são listrados, pintados e malhados, pois vejo tudo que Lavan fez com
você. 13 Sou o Deus de Beit-El, onde você ungiu a coluna com óleo, onde você fez um
voto a mim. Levante-se, agora, saia desta terra e volte para a terra onde você nasceu' ".
14 Rachel e Le'ah responderam-lhe: "Nós não temos mais nenhuma herança dos
bens de nosso pai; 15 e ele nos considera estrangeiras, pois ele nos vendeu; além
disso, ele consumiu tudo que recebeu em troca de nós. 16 Mesmo assim, a riqueza
que Deus tirou de nosso pai tornou-se nossa e de nossos filhos; por isso, o que
Deus ordenou a você fazer, faça".

(Sexto) 17 Então Ya'akov levantou-se, colocou seus filhos e mulheres montados
sobre camelos, 18 e levou todo o seu gado, bem como todas as riquezas acumu-
ladas — o gado que já possuía e o adquirido em Paddan-Aram —, a fim de ir até
Yitz'chak, seu pai, na terra de Kena'an.

19 Tendo Lavan saído para tosquiar as ovelhas, Rachel furtou os ídolos da casa
que pertenciam a seu pai, 20 e Ya'akov sobrepujou Lavan, o arami, em astúcia, por
não lhe dizer sobre a intenção de debandar. 21 Assim, ele fugiu com tudo que pos-
suía: partiu, atravessou o rio [Eufrates] e seguiu na direção da região montanhosa
de Gil'ad. 22 Só no terceiro dia, disseram a Lavan que Ya'akov havia fugido.

23 Lavan levou consigo seus parentes e passou os sete dias seguintes perse-
guindo Ya'akov, alcançando-o na região montanhosa de Gil'ad. 24 Deus, no entanto,
dirigiu-se a Lavan, o arameu, em um sonho nessa noite e lhe disse: "Cuidado com o
que você disser de bem ou de mal a Ya'akov!".

25 Quando Lavan conversou com Ya'akov, este estava acampado na região mon-
tanhosa; por isso, Lavan e seus parentes acamparam na região montanhosa de
Gil'ad. 26 Lavan disse a Ya'akov: "O que você deseja ao enganar-me e levar embora
minhas filhas como se elas fossem escravas levadas durante a guerra? 27 Por que
você fugiu em segredo e enganou-me sem me dizer nada? Eu o teria enviado com
alegria, com cânticos e com música de pandeiros e liras. 28 Você nem me permitiu
dar um beijo de despedida em meus filhos e filhas! Que coisa estúpida! 29 Tenho o
poder de fazer mal a você, mas o Deus de seu pai falou comigo na noite passada e
disse: 'Cuidado com o que você disser de bem ou de mal a Ya'akov!'. 30 Contudo, já
que você queria partir, por sentir muita saudade da casa de seu pai, por que rou-
bou meus deuses?". 31 Ya'akov respondeu a Lavan: "Tive medo e pensei: 'E se você
levar suas filhas de mim por meio da força?'. 32 Contudo, se você encontrar seus
deuses com alguém, essa pessoa não ficará viva. Portanto, com seus parentes como
testemunhas, se você encontrar algo que tenho e que pertença a você, pegue-o de
volta". Ya'akov não sabia que Rachel os havia roubado. 33 Lavan entrou na tenda
de Ya'akov e, a seguir, na tenda de Le'ah e nas tendas de suas duas escravas, mas
ele não os encontrou. Saiu da tenda de Le'ah e entrou na tenda de Rachel. 34 Rachel
estava com os deuses da casa, colocou-os no selim do camelo e sentou-se sobre
eles. Lavan examinou a tenda toda, mas não os encontrou. 35 Ela disse ao pai: "Por
favor, não se ire por eu não me levantar em sua presença, estou nos dias do meu
período". Então ele procurou, mas não conseguiu achar os deuses da sua casa.

36 Então Ya'akov irou-se e começou a discutir com Lavan. "Que fiz eu de erra-
do?", ele perguntou. "O que eu fiz para você me perseguir assim? 37 Você mexeu
em todas as minhas coisas, mas achou os deuses de sua casa? Coloque-os aqui,
diante de meus parentes e dos seus, para que eles julguem entre nós dois! 38 Estive
com você nesses vinte anos! Suas ovelhas e cabras não abortaram as crias, e eu não
comi os machos de seus rebanhos. 39 Se um animal do rebanho fosse devorado por
um animal selvagem, eu tinha de trazer a carcaça para você e arcar com o prejuízo.
Você exigia que eu o compensasse por todo animal roubado de dia ou de noite.
40 Eis o que acontecia comigo: durante o dia, a sede me consumia, e, à noite, o frio
— o sono fugia dos meus olhos. 41 Nesses vinte anos de permanência em sua casa,
eu o servi durante catorze anos por suas duas filhas e seis anos pelo rebanho; e
você alterou meu salário dez vezes! 42 Se o Deus de meu pai, o Deus de Avraham,
aquele a quem Yitz'chak teme, não estivesse do meu lado, com certeza você já me
teria mandado embora sem nada! Deus viu quão angustiado fiquei e quão duro eu
trabalhei, e na noite passada ele me julgou favoravelmente".

(Sétimo) 43 Lavan respondeu a Ya'akov: "As filhas são minhas, os filhos são
meus, os rebanhos são meus, e tudo o que você vê é meu! Mas o que eu posso fazer
hoje com essas minhas filhas ou com os filhos que elas geraram? 44 Por isso, agora,
venha; façamos uma aliança, eu e você; e que ela permaneça como um testemunho
entre mim e você". 45 Ya'akov pegou uma pedra e colocou-a em posição vertical,
como uma coluna. 46 Então Ya'akov disse a seus parentes: "Juntem algumas pedras";
e eles pegaram pedras, fizeram com elas uma pilha e uma refeição ali, junto à pilha
de pedras. 47 Lavan chamou-a Y'gar-Sahaduta ["pilha do testemunho", em aramai-
co], ao passo que Ya'akov chamou-a Gal-'Ed ["pilha do testemunho", em hebraico].
48 Lavan disse: "Esta pilha testemunha entre mim e você hoje". Esse é o motivo de ser
chamada Gal-'Ed 49 e também HaMitzpah [a torre de vigia], pois ele disse: "Que ADONAI

vigie entre mim e você quando nós nos separarmos um do outro. 50 Se você causar sofrimento às minhas filhas, ou se você tomar mulheres além de minhas filhas, então, mesmo que ninguém esteja conosco, ainda assim Deus é testemunha entre mim e você". 51 Lavan também disse a Ya'akov: "Eis esta pilha, e eis esta coluna, que levantei entre mim e você. 52 Que esta pilha seja uma testemunha, e que a coluna seja uma testemunha de que não ultrapassarei esta pilha na sua direção, nem você ultrapassará a pilha e a coluna na minha direção, para fazer-me o mal. 53 Que o Deus de Avraham e também o deus de Nachor, o deus de seu pai, julgue entre nós". Ya'akov, porém, jurou por aquele que seu pai Yitz'chak temia. 54 Ya'akov ofereceu um sacrifício sobre a montanha e convidou os parentes para a refeição. Eles se alimentaram e passaram a noite toda sobre a montanha.

32 (*Maftir*) 1 De manhã, bem cedo, Lavan levantou-se, beijou seus filhos e filhas, e abençoou-os. Então Lavan partiu e voltou para sua casa. 2 Ya'akov continuou seu caminho, e os anjos de Deus o encontraram. 3 Quando Ya'akov viu-os, disse: "Este é o acampamento de Deus", e chamou àquele lugar Machanayim [dois acampamentos].

***Haftarah Vayetze*: *Hoshe'a* [Os] 12.13(12)—14.10(9) (A); 11.7—12.12 (S).**

Sugestão de leitura da *B'rit Hadashah* para a *Parashah Vayetze*: *Yochanan* [Jo] 1.43-51.

Parashah 8: *Vayishlach* (E enviou) 32.4(3)—36.43

4 E Ya'akov enviou mensageiros à sua frente ao encontro de 'Esav, seu irmão, em direção à terra de Se'ir, à região de Edom, 5 com essas instruções: "Eis o que vocês devem dizer a 'Esav, meu senhor: 'Seu servo Ya'akov diz: "Tenho vivido com Lavan e permaneci com ele até agora. 6 Possuo gado, jumentos e rebanhos, servos e servas. Envio estas notícias a meu senhor, com o objetivo de obter o seu favor" ' ". 7 Os mensageiros voltaram a Ya'akov, dizendo: "Fomos ao encontro de 'Esav, seu irmão, e ele vem a seu encontro; com ele estão 400 homens".

8 Ya'akov sentiu muito medo e angústia. Ele dividiu as pessoas, os rebanhos, o gado e os camelos [que estavam] com ele em dois grupos, 9 dizendo: "Se 'Esav vier a um grupo e o atacar, pelo menos o grupo poupado escapará". 10 Então Ya'akov disse: "Deus de meu pai, Avraham, e Deus de meu pai, Yitz'chak, Adonai, que me disse: 'Volte para a sua terra, para seus parentes, e eu farei bem a você': 11 não sou digno de todo o amor e fidelidade que demonstraste para com teu servo, pois atravessei o Yarden apenas com meu cajado. No entanto, tornei-me agora dois grupos. 12 Por favor, salva-me de meu irmão 'Esav! Tenho medo dele, temo que ele se aproxime e me ataque, sem se apiedar das mães ou dos filhos. 13 Tu disseste: 'Com certeza eu farei o bem a você e tornarei seus descendentes tão numerosos quanto os grãos de areia do mar — tantos que não podem ser contados' ". 14 Ele permaneceu ali naquela noite; então escolheu dentre seus bens o seguinte presente para 'Esav, seu irmão:

(Segundo) 15 200 cabras e 20 bodes, 200 ovelhas e 20 carneiros, 16 30 camelas de leite e suas crias, 40 vacas e 10 bois, 20 jumentas e 10 crias. 17 Ele os entregou aos servos, cada manada em separado, e disse aos servos: "Passem à minha frente, e mantenham um espaço entre uma manada e a outra. 18 E instruiu o servo da frente [o primeiro]: "Quando 'Esav, meu irmão, o encontrar e perguntar a você: 'De quem vocês são servos? Aonde vão? E de quem são esses animais?', 19 então você lhe dirá: 'Eles pertencem a seu servo Ya'akov, e eles são um presente que ele enviou a meu senhor 'Esav; o próprio Ya'akov vem logo atrás de nós' ". 20 Ele também instruiu o segundo servo, e o terceiro, e todos os que seguiam as manadas: "Quando vocês encontrarem 'Esav, devem lhe falar da mesma forma, 21 e acrescentarão: 'E ali, atrás de nós, está seu servo Ya'akov' ". Pois ele disse: "Em primeiro lugar, eu o acalmarei com o presente que segue à minha frente; então, depois disso, eu mesmo o verei — e talvez ele seja amistoso em relação a mim". 22 Por isso, o presente seguiu à frente dele, e ele passou a noite no campo.

23 Ele se levantou naquela noite, pegou suas duas mulheres, as duas escravas, e seus 11 filhos, e atravessou o Yabok. 24 Ele os pegou e mandou cruzarem o riacho, a seguir mandou que atravessassem seus bens; 25 e Ya'akov foi deixado só. Então um homem lutou com ele até o amanhecer. 26 Quando percebeu que não derrotaria Ya'akov, golpeou a ligação do quadril de Ya'akov, para que seu quadril se deslocasse enquanto lutava com ele. 27 O homem disse: "Deixe-me partir, pois vai amanhecer". Ya'akov, porém, respondeu: "Não o deixarei ir, a menos que me abençoe". 28 O homem perguntou: "Como é seu nome?". E ele respondeu: "Ya'akov". 29 Então o homem disse: "De agora em diante, você não será mais chamado Ya'akov, mas Yisra'el, pois mostrou sua força contra Deus e os homens e prevaleceu". 30 Ya'akov perguntou-lhe: "Por favor, diga-me seu nome". Ele, porém, respondeu: "Por que você pergunta pelo meu nome?". E o abençoou ali.

31 Ya'akov chamou o lugar de P'ni-El [face de Deus]: "Pois vi Deus face a face, e minha vida foi poupada".

(Terceiro) 32 Quando o sol nasceu sobre ele, atravessou P'ni-El, mancando à altura do quadril. 33 Esse é o motivo, até o dia de hoje, pelo qual o povo de Yisra'el não come o músculo da coxa que passa pela ligação do quadril — pois o homem golpeou o quadril de Ya'akov junto à ligadura.

33 1 Ya'akov ergueu os olhos e observou; e ali estava 'Esav, a caminho, e com ele quatrocentos homens. Por isso, Ya'akov dividiu os filhos entre Le'ah, Rachel e as duas escravas, 2 colocando em primeiro lugar as escravas e seus filhos, Le'ah e seus filhos, em segundo, e Rachel e Yosef, por último. 3 Então ele mesmo passou adiante e prostrou-se com o rosto em terra sete vezes antes de aproximar-se do irmão. 4 'Esav correu para encontrá-lo, abraçou-o, lançou-lhe os braços à volta do pescoço e beijou-o; e eles choraram.

5 'Esav olhou; ao ver as mulheres e os filhos, perguntou: "Quem são estes [que estão] com vocês?". Ya'akov respondeu: "Os filhos que Deus, graciosamente, concedeu a seu servo".

(Quarto) 6 Então as escravas aproximaram-se com seus filhos, e eles se prostraram. 7 Também Le'ah e seus filhos aproximaram-se e prostraram-se. Por último, vieram Yosef e Rachel, e eles se prostraram. 8 'Esav perguntou: "Qual o significado dessa enorme quantidade de animais que eu encontrei?". E ele respondeu: "O objetivo era alcançar o favor de meu senhor". 9 'Esav respondeu: "Possuo o suficiente; meu irmão, guarde seus bens para você". 10 Ya'akov disse: "Não, por favor! Se alcancei seu favor, então aceite meu presente. Ver sua face foi como olhar para a face de Deus, agora que você me recebeu. 11 Por isso, por favor, aceite o presente que eu trouxe para você, pois Deus tratou-me com generosidade e possuo o suficiente". Assim, ele insistiu, até o outro aceitar.

12 'Esav disse: "Vamos prosseguir. Eu irei primeiro". 13 Disse-lhe Ya'akov: "Meu senhor sabe que meus filhos são pequenos, e as ovelhas e o gado que dão leite aos filhotes são uma preocupação para mim, pois, se forem obrigados a andar muito em um dia, todos os rebanhos morrerão. 14 Em vez disso, por favor, que meu senhor siga à frente de seu servo. Eu viajarei mais devagar, à velocidade do gado que segue à minha frente e no compasso de meus filhos, até que chegue a meu senhor em Se'ir". 15 'Esav respondeu: "Então deixarei com você algumas pessoas que me acompanham". Mas Ya'akov disse: "Não é necessário que meu senhor seja tão bondoso para mim". 16 Por isso, 'Esav partiu nesse dia e voltou para Se'ir. 17 Ya'akov seguiu até Sukkot, onde construiu uma casa e fez abrigos para seu gado. Esse é o motivo do lugar ser chamado Sukkot [abrigos].

18 Viajando de Paddan-Aram, Ya'akov chegou com segurança à cidade de Sh'khem, em Kena'an, e acampou perto da cidade. 19 Ele comprou dos filhos de Hamor, pai de Sh'khem, um pedaço da terra por 100 moedas de prata, onde armou a tenda. 20 Construiu ali um altar, que ele chamou El-Elohei-Yisra'el [Deus, o Deus de Yisra'el].

34 **(Quinto)** 1 Certa vez, Dinah, a filha de Le'ah, que ela deu a Ya'akov, saiu para visitar umas jovens da localidade; 2 Sh'khem, o filho de Hamor, o hivi, o governante local, viu-a, agarrou-a, estuprou-a e a humilhou. 3 No entanto, ele se sentiu fortemente atraído por Dinah, a filha de Ya'akov; apaixonou-se pela garota e tentou ganhar-lhe a afeição. 4 Sh'khem conversou com Hamor, seu pai, e disse: "Consiga essa garota para mim; desejo que ela seja minha mulher".

5 Quando Ya'akov ouviu que ele havia desonrado Dinah, sua filha, seus filhos estavam com o gado no campo; por isso, Ya'akov conteve-se até eles chegarem. 6 Hamor, o pai de Sh'khem, saiu ao encontro de Ya'akov para falar com ele 7 quando os filhos de Ya'akov vinham do campo. Ao ouvirem sobre o ocorrido, os homens entristeceram-se e ficaram irados, sentindo-se ultrajados pelo que esse homem fizera contra Yisra'el, ao estuprar a filha de Ya'akov, algo que não se faz. 8 No entanto, Hamor lhes disse: "O coração de meu filho Sh'khem está ligado ao de sua filha. Por favor, permita que ela se torne mulher dele; 9 e que nossos filhos casem-se entre si: dê-nos suas filhas, e fiquem com nossas filhas. 10 Vocês viverão conosco, e a terra estará à sua disposição — vivam, negociem e adquiram propriedades aqui".

11 Então Sh'khem disse ao pai e aos irmãos dela: "Aceitem-me, apenas, e farei o que vocês me disserem. 12 Peçam o maior dote que parecer bem a vocês, e eu pagarei qualquer quantia que pedirem. Deixem-me casar com ela". 13 Os filhos de Ya'akov responderam a Sh'khem e a Hamor, seu pai, com dolo, pois ele havia desonrado Dinah, sua irmã. 14 Eles lhes disseram: "Não podemos permitir, porque seria uma desgraça dar nossa irmã a alguém que não foi circuncidado. 15 Apenas sob esta condição consentiremos com o que você pede: torne-se semelhante a nós mediante a circuncisão de todos os seus homens. 16 Então nós daremos a vocês nossas filhas, tomaremos suas filhas para nós, viveremos com vocês e nos tornaremos um só povo. 17 Contudo, se não fizerem como nós dizemos a vocês, e não

se circuncidarem, levaremos nossa filha e iremos embora". 18 O que eles disseram
pareceu justo a Hamor e a Sh'khem, o filho de Hamor, 19 e o jovem não demorou
em fazer o que lhe foi pedido, apesar de ser o membro mais respeitado da família
de seu pai, pois ele desejava muito a filha de Ya'akov.

20 Hamor e Sh'khem, seu filho, chegaram à entrada de sua cidade e conversaram
com os homens mais importantes: 21 "Esse povo é pacífico em relação a nós; por-
tanto, deixem-nos viver na terra e realizar negócios nela; pois, como vocês podem
ver, a terra é grande o suficiente para eles. Tomemos suas filhas por mulheres e va-
mos dar-lhes nossas filhas. 22 No entanto, esse povo consentirá em viver conosco e
tornar-se um único povo, sob esta condição: que todos os homens existentes entre
nós sejam circuncidados, como eles mesmos o são. 23 Por acaso o gado, os bens e
todos os animais deles não serão nossos? Consintamos apenas em fazer o que nos
pedem, e eles viverão conosco". 24 Todos os que saíam pelo portão da cidade ou-
viram [as palavras] de Hamor e Sh'khem, seu filho; assim, todos os homens foram
circuncidados, todos os que saíam pelo portão da cidade.

25 No terceiro dia após a circuncisão, quando eles ainda sentiam dores, dois dos
filhos de Ya'akov, Shim'on e Levi, irmãos de Dinah, pegaram as espadas, desceram
imprudentemente sobre cidade e mataram todos os homens. 26 Mataram Hamor e
Sh'khem, seu filho, com as espadas, tiraram Dinah da casa de Sh'khem, e foram
embora. 27 Então os filhos de Ya'akov vieram ao corpo de quem havia sido morto
e saquearam a cidade em represália pela desonra de sua irmã. 28 Eles levaram os
rebanhos, o gado, os jumentos e tudo mais, quer estivesse na cidade, quer no cam-
po, 29 assenhorearam-se de tudo o que possuíam. Levaram como prisioneiros seus
filhos e mulheres, e eles pilharam o que havia nas casas.

30 No entanto, Ya'akov disse a Shim'on e Levi: "Vocês causaram-me um grande
problema ao me tornarem mal-afamado na opinião dos habitantes locais, o kena'ani
e o p'rizi. Pelo fato de eu não contar com muitas pessoas, eles se unirão contra mim
e me atacarão; eu serei destruído, eu e minha casa". 31 Eles responderam: "Nós de-
veríamos deixar nossa irmã ser tratada como uma prostituta?".

35 1 Deus disse a Ya'akov: "Levante-se, suba a Beit-El e viva ali, e faça lá um
altar para o Deus que apareceu a você quando fugia de 'Esav, seu irmão".
2 Então Ya'akov disse à sua casa e a todos os outros [que estavam] com ele: "Li-
vrem-se dos deuses estrangeiros que estão com vocês, purifiquem-se e vistam ou-
tras roupas. 3 Nós vamos nos mudar e subir para Beit-El. Ali construirei um altar
ao Deus que me respondeu quando estava muito angustiado e permaneceu comi-
go aonde fui". 4 Eles deram a Ya'akov todos os deuses estrangeiros que possuíam
e os brincos que estavam usando, e Ya'akov enterrou-os sob o pistache próximo
de Sh'khem. 5 Enquanto eles viajavam, um terror da parte de Deus caiu sobre as
cidades ao redor, para que nenhum deles perseguisse os filhos de Ya'akov.

6 Ya'akov e todas as pessoas [que estavam] com ele chegaram a Luz (isto é, Beit-
-El) na terra de Kena'an. 7 Ele construiu ali um altar e chamou o lugar de El-Beit-El
[Deus de Beit-El], porque ali Deus lhe foi revelado, quando fugia de seu irmão.

8 Então D'vorah, serva de Rivkah, morreu. Ela foi sepultada em Beit-El, sob o
carvalho, que recebeu o nome de Alon-Bakhut [carvalho do lamento].

9 Depois da chegada de Ya'akov de Paddan-Aram, Deus apareceu-lhe outra vez e o
abençoou. 10 Disse-lhe Deus: "Seu nome é Ya'akov, mas você não será mais chamado

Ya'akov; seu nome será Yisra'el". Assim, ele lhe deu o nome de Yisra'el. 11 Disse-lhe Deus ainda: "Eu sou *El Shaddai.* Seja fértil e multiplique-se. Uma nação, de fato, um grupo de nações, procederá de você; reis serão seus descendentes. **(A: Sexto)** 12 Além disso, a terra que eu dei a Avraham e Yitz'chak darei a você e a seus descendentes que virão depois de você". 13 Então Deus subiu de diante dele, de onde falara com ele. **(S: Sexto)** 14 Ya'akov levantou uma coluna no lugar onde [Deus] falou com ele, um pilar de pedra. Então ele derramou uma oferta de bebida sobre ele e verteu óleo sobre ele. 15 Ya'akov chamou o lugar onde Deus falou com ele de Beit-El.

16 Então eles partiram de Beit-El, e, enquanto ainda estavam a certa distância de Efrat, Rachel entrou em trabalho de parto e sentia muitas dificuldades. 17 Enquanto ela sofria com as dores do parto, a parteira lhe disse: "Não se preocupe, este também é um filho para você". 18 Todavia, ela morreu no parto. Enquanto morria, deu ao filho o nome de Ben-Oni [filho do meu pesar], mas seu pai o chamou Binyamin [filho da minha mão direita, filho do sul]. 19 Assim, Rachel morreu, e foi sepultada no caminho para Efrat (isto é, Beit-Lechem). 20 Ya'akov colocou uma coluna em sua sepultura; ela é a pedra da sepultura de Rachel até o dia de hoje.

21 Yisra'el continuou suas viagens e armou a tenda do outro lado de Migdal-'Eder. 22 Enquanto Yisra'el estava vivendo nessa terra, Re'uven deitou-se com Bilhah, concubina de seu pai, e Yisra'el ouviu [falar] a respeito.

Ya'akov foi pai de 12 filhos. 23 Os filhos de Le'ah foram Re'uven, o primogênito de Ya'akov, Shim'on, Levi, Y'hudah, Yissakhar e Z'vulun. 24 Os filhos de Rachel foram Yosef e Binyamin. 25 Os filhos de Bilhah, escrava de Rachel, foram Dan e Naftali. 26 E os filhos de Zilpah, escrava de Le'ah, foram Gad e Asher. Estes foram os filhos de Ya'akov, nascidos dele em Paddan-Aram.

27 Ya'akov chegou à casa de Yitz'chak, seu pai, em Mamre, perto de Kiryat-Arba (também conhecido por Hevron), onde Avraham e Yitz'chak viveram como estrangeiros. 28 Yitz'chak viveu até os 180 anos de idade. 29 Então ele exalou o último suspiro, morreu e foi reunido a seu povo, um homem idoso [que viveu] muitos anos; e seus filhos 'Esav e Ya'akov o sepultaram.

36 1 Essa é a genealogia de 'Esav (isto é, Edom). 2 'Esav escolheu mulheres do kena'ani para [serem] suas esposas: 'Adah, a filha de Eilon, o hitti; Oholivamah, a filha de 'Anah, a filha de Tziv'on, o hivi; 3 e Basmat, a filha de Yishma'el, irmã de N'vayot. 4 'Adah gerou Elifaz, e Basmat gerou Re'u'el para 'Esav, 5 e Oholivamah gerou Ye'ush, Ya'lam e Korach. Estes foram os filhos de 'Esav, nascidos dele na terra de Kena'an.

6 'Esav pegou suas mulheres, seus filhos e filhas, e as outras pessoas de sua casa, seu gado e os outros animais, e tudo o mais que possuía, que ele adquiriu na terra de Kena'an, e partiu para uma terra distante de seu irmão Ya'akov, 7 pois suas posses eram muitas para viverem juntos, e a região rural pela qual viajavam não comportava tanto gado. 8 Por isso, 'Esav viveu na região montanhosa de Se'ir. ('Esav é Edom.)

9 Esta é a genealogia de 'Esav, o pai de Edom, na região montanhosa de Se'ir. 10 Os nomes dos filhos de 'Esav eram Elifaz, filho de 'Adah, mulher de 'Esav, e Re'u'el, o filho de Basmat, mulher de 'Esav.

11 Os filhos de Elifaz foram Teman, Omar, Tzefo, Ga'tam e K'naz. 12 Timnah foi a concubina de Elifaz, filho de 'Esav, e ela gerou 'Amalek para Elifaz. Esses foram os descendentes de 'Adah, mulher de 'Esav.

13 Os filhos de Re'u'el foram Nachat, Zerach, Shammah e Mizah. Esses foram os filhos de Basmat, mulher de 'Esav.

14 Estes foram os filhos de Oholivamah, a filha de 'Anah, a filha de Tziv'on, mulher de 'Esav: ela gerou Ye'ush, Ya'lam e Korach para 'Esav.

15 Os filhos de Elifaz, o primogênito de 'Esav, foram os líderes dos filhos de 'Esav, e os líderes de Teman, Omar, Tzefo, K'naz, 16 Korach, Ga'tam e 'Amalek. Esses foram os líderes que descenderam de Elifaz, em Edom, e de 'Adah.

17 Os filhos de Re'u'el, filho de 'Esav, foram os líderes de Nachat, Zerach, Shammah e Mizah. Esses foram os líderes que descenderam de Re'u'el, na terra de Edom, e de Basmat, mulher de 'Esav.

18 Os filhos de Oholivamah, mulher de 'Esav, foram os líderes de Ye'ush, Ya'lam e Korach. Esses foram os líderes que descenderam de Oholivamah, a filha de 'Anah, mulher de 'Esav.

19 Esses foram os descendentes de 'Esav (isto é, Edom), e esses foram seus líderes.

(Sétimo) 20 Estes foram os descendentes de Se'ir, o hori, os habitantes locais: Lotan, Shoval, Tziv'on, 'Anah, 21 Dishon, Etzer e Dishan. Eles foram os líderes que descenderam do hori, o povo de Se'ir na terra de Edom. 22 Os filhos de Lotan foram Hori e Hemam; a irmã de Lotan foi Timnah. 23 O filhos de Shoval foram 'Alvan, Manachat, 'Eival, Sh'fo e Onam. 24 Os filhos de Tziv'on foram Ayah e 'Anah. Esse é o 'Anah que encontrou as fontes de águas termais no deserto enquanto pastoreava os jumentos de Tziv'on, seu pai. 25 Os filhos de 'Anah foram Dishon e Oholivamah, a filha de 'Anah. 26 Os filhos de Dishon foram Hemdan, Eshban, Yitran e K'ran. 27 Os filhos de Etzer foram Bilhan, Za'avan e 'Akan. 28 Os filhos de Dishan foram 'Utz e Aran. 29 Estes foram os líderes que descenderam do hori: os líderes de Lotan, Shoval, Tziv'on, 'Anah, 30 Dishon, Etzer e Dishan. Eles foram os líderes que descenderam do hori, segundo seus clãs, em Se'ir.

31 Seguem os reis que reinaram na terra de Edom antes de qualquer rei ter regido sobre o povo de Yisra'el. 32 Bela, o filho de B'or, reinou em Edom; o nome de sua cidade foi Dinhavah. 33 Quando Bela morreu, Yovav, o filho de Zerach, de Botzrah, reinou em seu lugar. 34 Quando Yovav morreu, Husham, da terra do temani, reinou em seu lugar. 35 Quando Husham morreu, Hadad, o filho de B'dad, que matou Midyan no campo de Mo'av, reinou em seu lugar; o nome de sua cidade era 'Avit. 36 Quando Hadad morreu, Samlah, de Masrekah, reinou em seu lugar. 37 Quando Samlah morreu, Sha'ul, de Rechovot-junto-ao-rio, reinou em seu lugar. 38 Quando Sha'ul morreu, Ba'al-Chanan, o filho de 'Akhbor, reinou em seu lugar. 39 Quando Ba'al-Chanan morreu, Hadar reinou em seu lugar; o nome de sua cidade era Pa'u; e o nome de sua mulher era M'heitav'el, a filha de Matred, a filha de Mei-Zahav.

(*Maftir*) 40 Esses são os nomes dos líderes que descenderam de 'Esav, de acordo com seus clãs, locais e nomes: os líderes de Timna, 'Alvah, Y'tet, 41 Oholivamah, Elah, Pinon, 42 Kenaz, Teman, Mivtzar, 43 Magdi'el e 'Iram. Esses foram os líderes de Edom de acordo com seus assentamentos na terra que possuíam. Esse é 'Esav, o pai de Edom.

***Haftarah Vayishlach*: *Hoshe'a* [Os] 11.7—12.12 (A); *'Ovadyah* [Ob] 1-21 (S).**

Sugestão de leitura da *B'rit Hadashah* para a *Parashah Vayishlach*: 1Coríntios 5.1-13; Revelação [Ap] 7.1-12.

Parashah 9: *Vayeshev* (E continuou a viver) 37.1—40.23

37 1 E Ya'akov continuou a viver na terra em que seu pai habitou como estran-
geiro, a terra de Kena'an.
2 Eis a história de Ya'akov. Quando Yosef estava com 17 anos, ele costumava
pastorear o rebanho com seus irmãos, apesar de ainda ser bastante jovem. Certa
vez, quando estava com os filhos de Bilhah e os filhos de Zilpah, mulheres de seu
pai, ele levou uma notícia ruim a respeito deles a seu pai. 3 E Yisra'el amava Yosef
mais que aos outros filhos, pois ele era o filho de sua velhice; e fez para ele uma tú-
nica de mangas compridas. 4 Quando seus irmãos perceberam que seu pai o amava
mais que a todos os seus irmãos, começaram a odiá-lo e chegaram a ponto de nem
conseguir conversar com ele de forma civilizada.
5 Yosef teve um sonho e contou-o a seus irmãos, e isso fez com que eles o odias-
sem mais. 6 Ele lhes disse: "Ouçam enquanto conto a vocês a respeito de meu sonho.
7 Nós estávamos amarrando feixes de trigo no campo, quando, de repente, meu feixe
levantou-se sozinho e ficou em pé; então seus feixes aproximaram-se, reuniram-se
em torno do meu e prostraram-se diante dele". 8 Seus irmãos retrucaram: "Sim, com
certeza você será nosso rei. Você fará o grande trabalho de mandar em nós!". E eles
passaram a odiá-lo ainda mais por seus sonhos e pelo que ele lhes disse.
9 Ele teve outro sonho, e contou-o a seus irmãos: "Ouçam: tive outro sonho, e ha-
via nele o sol, a lua e 11 estrelas que se prostravam diante de mim". 10 Ele o contou
também a seu pai, bem como a seus irmãos; no entanto, seu pai o repreendeu: "Que
significa esse sonho que você teve? Você realmente espera que eu, sua mãe e seus ir-
mãos venhamos e nos prostremos diante de você com o rosto em terra?". 11 Seus irmãos
estavam com inveja dele, mas o pai continuou pensando sobre o assunto.
(Segundo) 12 Depois disso, quando seus irmãos haviam levado as ovelhas de
seu pai ao pasto em Sh'khem, 13 Yisra'el perguntou a Yosef: "Seus irmãos não estão
pastoreando as ovelhas em Sh'khem? Venha, vou enviar você a eles". Ele respon-
deu: "Aqui estou". 14 Disse-lhe Yisra'el: "Vá agora, veja se tudo está bem com seus
irmãos e com as ovelhas, e venha fazer-me um relato". Assim, ele o enviou do vale
de Hevron, e ele seguiu até Sh'khem, 15 onde um homem o encontrou andando pela
região rural. O homem lhe perguntou: "O que você está procurando?". 16 "Estou
procurando meus irmãos", ele respondeu. "Diga-me, por favor, onde eles estão
pastoreando as ovelhas?". 17 O homem disse: "Eles foram embora daqui; eu os ouvi
dizendo: 'Vamos a Dotan' ". Yosef foi atrás de seus irmãos e encontrou-os em Dotan.
18 Eles o enxergaram a distância e, antes de Yosef chegar onde eles estavam, já
haviam elaborado um plano para matá-lo. 19 Disseram entre si: "Vejam: o sonhador
está chegando! 20 Venham, vamos matá-lo e jogá-lo em uma dessas cisternas de
água daqui. Então diremos que um animal selvagem o devorou. Veremos então o
que será de seus sonhos!". 21 No entanto, quando Re'uven ouviu isso, ele o salvou
de ser morto por eles. Ele disse: "Nós não devemos tirar-lhe a vida. 22 Não derra-
mem sangue", Re'uven acrescentou. "Lancem-no em uma das cisternas da floresta,
mas não levantem as mãos contra ele". Ele tinha a intenção de tirá-lo de lá mais
tarde e levá-lo de volta a seu pai.
(Terceiro) 23 Por isso, quando Yosef chegou até onde estavam seus irmãos, eles
lhe tiraram a túnica, a túnica de mangas compridas que vestia, 24 e o jogaram em
uma cisterna (a cisterna estava vazia; não havia água nela). 25 Então eles se sentaram

para comer sua refeição; mas, assim que levantaram os olhos, viram diante deles
uma caravana de yishma'elim procedente de Gil'ad. Seus camelos [estavam] carre-
gados com resina aromática, bálsamo curativo e ópio; estavam a caminho do Egito.
26 Y'hudah disse a seus irmãos: "Que vantagem teremos se matarmos nosso irmão
e lhe cobrirmos o sangue? 27 Venham, vamos vendê-lo aos yishma'elim em vez de
matá-lo com nossas mãos. Afinal, ele é nosso irmão, nossa carne". Seus irmãos
consentiram. 28 Desse modo, quando os midyanim, mercadores, passaram por ali,
eles tiraram Yosef da cisterna e o venderam por cerca de 500 gramas de *shekalim*
de prata aos yishma'elim, que levaram Yosef para o Egito.

29 Re'uven voltou à cisterna e, ao ver que Yosef não estava nela, rasgou suas
roupas em [sinal de] luto. 30 Ele voltou até onde estavam seus irmãos e disse: "O
menino não está lá! Aonde irei agora?".

31 Eles pegaram a capa de Yosef, mataram um bode e mergulharam a túnica no
sangue. 32 Então enviaram a túnica de mangas compridas e fizeram-na chegar a seu
pai, dizendo: "Encontramos isto. Você a reconhece como a túnica de seu filho ou
não?". 33 Ele a reconheceu e gritou: "É a túnica de meu filho! Algum animal selvagem
fez Yosef em pedaços e o devorou!". 34 Ya'akov rasgou suas roupas, vestiu pano de
saco em torno da cintura e lamentou seu filho por muitos dias. 35 Apesar de todos
os seus filhos e filhas tentarem consolá-lo, ele recusou todo o consolo, dizendo:
"Não, descerei à sepultura, a meu filho, lamentando". E seu pai chorou por ele.

36 No Egito, os midyanim venderam Yosef a Potifar, um dos oficiais do faraó,
um capitão da guarda.

38 **(Quarto)** 1 Nesse tempo, Y'hudah deixou seus irmãos e se estabeleceu perto
de um homem chamado Hirah, um 'adulami. 2 Ali Y'hudah viu uma das filhas
de certo kena'ani chamado Shua, e ele a tomou e dormiu com ela. 3 Ela engravidou e
deu à luz um filho, a quem ele chamou 'Er. 4 Ela engravidou outra vez e deu à luz um
filho, e ela lhe deu o nome de Onan. 5 Então ela engravidou outra vez e teve um filho
ao qual chamou Shelah; ele estava em K'ziv quando ela deu à luz o menino.

6 Y'hudah tomou uma mulher para 'Er, seu primogênito, e seu nome era Tamar.
7 Contudo, 'Er, o primogênito de Y'hudah, era mau aos olhos de *Adonai*, por isso
Adonai matou-o. 8 Y'hudah disse a Onan: "Vá e durma com a mulher de seu irmão
— cumpra o dever de marido (de seu irmão) para com ela e preserve a linhagem
de descendência de seu irmão". 9 Entretanto, Onan sabia que o filho não seria
considerado seu; por isso, sempre que ele mantinha relações sexuais com a
mulher de seu irmão, ele derramava o sêmen sobre o solo, para não dar um
descendente a seu irmão. 10 O que ele fez foi mau aos olhos de *Adonai*, por isso
ele também o matou.

11 Então Y'hudah disse a Tamar, sua nora: "Fique viúva na casa de seu pai até
que meu filho Shelah cresça"; pois ele pensou: "Não quero que ele também morra,
como seus irmãos". Por isso, Tamar seguiu adiante e viveu em casa com seu pai.
12 Certo tempo depois, a filha de Shua, a mulher de Y'hudah, morreu. Depois de
ter sido consolado, Y'hudah subiu ao encontro de seus tosquiadores de ovelhas
em Timnah, ele e seu amigo Hirah, o 'adulami. 13 Tamar foi avisada: "Seu sogro su-
biu a Timnah para tosquiar suas ovelhas". 14 Por isso, ela tirou as roupas de viúva,
cobriu completamente o rosto com um véu e sentou-se à entrada de 'Einayim, que
está no caminho para Timnah. Ela percebeu que Shelah havia crescido, mas ela ainda

não lhe fora dada como mulher. 15 Quando Y'hudah a viu, pensou que fosse uma prostituta, pois ela estava com o rosto coberto. 16 Ele se aproximou de onde ela estava sentada e disse, sem perceber que ela era sua nora: "Venha, deixe-me dormir com você". Ela respondeu: "Que receberei para você dormir comigo?". 17 Y'hudah respondeu: "Eu mandarei a você uma cria do rebanho de cabras". Ela disse: "Você me dará também alguma garantia até enviar-me o prometido?" 18 Ele respondeu: "Que darei a você como garantia?". Ela disse: "Seu sinete com a corda e o cajado que você tem em sua mão". Então ele os entregou e dormiu com ela; e ela engravidou dele. 19 Ela levantou-se e foi embora, retirou o véu e colocou as roupas de viúva.

20 Y'hudah enviou a cria por meio de seu amigo 'Adulami, para receber de volta da mulher o que havia deixado como garantia, mas não conseguiu encontrá-la. 21 Ele perguntou às pessoas que se encontravam perto de onde ela estava: "Onde está a prostituta que estava na estrada para 'Einayim?". No entanto, eles responderam: "Não há nenhuma prostituta ali". 22 Por isso, ele voltou para Y'hudah e disse: "Não consegui encontrá-la; além disso, as pessoas daquele lugar disseram: 'Não há nenhuma prostituta aqui' ". 23 Y'hudah disse: "Está bem, que ela fique com meus pertences, para que nós não sejamos envergonhados em público. Eu enviei a cria, mas você não conseguiu encontrá-la".

24 Cerca de três meses depois, Y'hudah foi avisado: "Tamar, sua nora, agiu como uma prostituta; além disso, ela está grávida como resultado de sua prostituição". Y'hudah disse: "Levem-na para fora e queimem-na viva!". 25 Quando ela foi levada para fora, enviou esta mensagem a seu sogro: "Estou grávida do homem a quem pertencem estes objetos. Declare, eu imploro a você, de quem eles são — o sinete, as cordas e o cajado". 26 Então Y'hudah reconheceu que lhe pertenciam. E disse: "Ela é mais justa que eu, pois não permiti que ela se tornasse mulher de meu filho Shelah". E nunca mais dormiu com ela outra vez.

27 Quando ela entrou em trabalho de parto, tornou-se evidente que teria gêmeos. 28 Enquanto dava à luz, um deles estendeu a mão; e a parteira tirou-lhe a mão e amarrou um fio escarlate nele, dizendo: "Este chegou primeiro". 29 A seguir, ele encolheu a mão, e seu irmão chegou; então ela disse: "Como você conseguiu sair em primeiro lugar?". Por isso, ele foi chamado Peretz [o que rompe]. 30 Então saiu seu irmão, com o fio escarlate na mão, e ele recebeu o nome de Zerach [escarlate].

39 **(Quinto)** 1 Yosef foi levado ao Egito, e Potifar, um oficial do faraó, capitão da guarda, um egípcio, comprou-o dos yishma'elim que o haviam levado até ali. 2 *Adonai* estava com Yosef, e ele tornou-se bem-sucedido enquanto esteve na casa de seu senhor egípcio. 3 Seu senhor percebeu que *Adonai* estava com ele, e que *Adonai* fazia prosperar tudo o que ele fizesse. 4 Yosef agradou-lhe com seus serviços, e seu senhor apontou-o como administrador de sua casa; ele confiou todos os seus bens a Yosef. 5 A partir do momento em que ele o designou administrador de sua casa e de todos os seus bens, *Adonai* abençoou a casa do egípcio por causa de Yosef; a bênção de *Adonai* estava sobre tudo que ele possuía, na casa ou no campo. 6 Portanto, ele deixou todos os seus bens aos cuidados de Yosef; e, por ser seu senhor, não dava atenção a esses assuntos, apenas com o alimento que comia.

Além disso, Yosef tinha um bom porte e era bonito. **(Sexto)** 7 Com o passar do tempo, um dia a mulher de seu senhor pôs os olhos em Yosef e disse: "Durma comigo!". 8 Mas ele se recusou, dizendo à mulher de seu senhor: "Veja: por ser meu

senhor, ele não sabe o que ocorre em sua casa. Pôs todos os seus bens sob meus
cuidados. 9 Nesta casa, sou igual a ele; ele não me negou nada, com exceção de
você, pois você é sua mulher. Então como poderia eu fazer uma coisa ímpia des-
sas e pecar contra Deus?”. 10 No entanto, ela continuou a pressioná-lo, dia após
dia. Mesmo assim, ele não deu ouvidos a ela; Yosef recusou-se a dormir com ela
e até mesmo a estar com ela. 11 Contudo, certo dia, quando ele se dirigiu à casa
para fazer seu trabalho, e nenhum dos homens que vivia na casa estava ali, 12 ela o
agarrou pela túnica e disse: “Durma comigo!”. Mas ele fugiu, deixando sua túnica em
sua mão, e conseguiu sair de lá. 13 Quando ela viu que ele havia deixado a túnica
em sua mão e escapou, 14 ela chamou os homens da casa e lhes disse: “Olhem! Meu
marido trouxe um hebreu que nos fez de tolos. Ele se aproximou de mim e desejava
dormir comigo, mas eu gritei com todas as forças. 15 Quando ele me ouviu gritar
desse jeito, largou a túnica comigo e correu para longe”. 16 Ela colocou a túnica de
lado até seu marido voltar para casa. 17 Então ela disse: “Esse escravo hebreu que
você nos trouxe tentou enganar-me. 18 Quando eu gritei, ele largou a túnica comigo
e correu para fora”. 19 Quando o senhor ouviu o que sua mulher disse ao mostrar-
-lhe: “Eis o que seu escravo fez comigo”, ele ficou furioso. 20 O senhor de Yosef
pegou-o e o pôs na prisão, no local onde eram mantidos os prisioneiros do rei; e
ele ficou preso ali.

21 No entanto, *Adonai* estava com Yosef, mostrando-lhe sua graça e obtendo
favor para ele aos olhos do encarregado da prisão. 22 O encarregado da prisão fez
de Yosef o supervisor de todos os prisioneiros; ele foi encarregado de tudo que os
presos faziam ali. 23 O encarregado da prisão não verificava nada do que Yosef rea-
lizava, pois *Adonai* estava com ele; e tudo que ele realizava, *Adonai* fazia prosperar.

40 **(Sétimo)** 1 Algum tempo depois, aconteceu que o copeiro e o padeiro do rei
do Egito ofenderam seu senhor, o rei do Egito. 2 O faraó irou-se com esses
dois oficiais, o copeiro-chefe e o padeiro-chefe. 3 Então ele os pôs sob custódia na
casa do capitão da guarda, na prisão, no mesmo lugar onde Yosef era mantido.
4 O capitão da guarda encarregou Yosef de cuidar deles, e ele se tornou o assis-
tente deles enquanto permaneciam presos.

5 Uma noite, os dois, o copeiro e o padeiro do rei do Egito, que estavam presos,
tiveram sonhos, cada sonho com um significado próprio. 6 Yosef foi ao encontro
deles pela manhã e observou que pareciam tristes. 7 Ele perguntou aos oficiais do
faraó, que estavam ali com ele na prisão, na casa de seu senhor: “Por que vocês
parecem estar tão tristes hoje?”. 8 Eles lhe disseram: “Cada um de nós teve um
sonho, e não há ninguém por perto que possa interpretá-los”. Disse-lhes Yosef: “As
interpretações não pertencem a Deus? Contem-nos a mim, por favor”.

9 Então o copeiro-chefe contou a Yosef seu sonho: “Em meu sonho, na minha
frente havia uma vinha, 10 e a vinha possuía três ramos. Os ramos produziram bo-
tões e, de repente, começaram a florescer, até que, por fim, apareceram cachos de
uvas maduras. 11 O copo do faraó estava em minha mão, então eu colhi as uvas e
as espremi no copo do faraó, e entreguei o copo ao faraó”. 12 Disse-lhe Yosef: “Eis
a interpretação: os três ramos significam três dias. 13 Dentro de três dias, o faraó
levantará a cabeça e restaurará você a seu posto: você servirá o copo ao faraó en-
quanto for seu copeiro. 14 Contudo, lembre-se de mim quando tudo isso acontecer;
e seja bondoso comigo, por favor; e mencione-me ao faraó, para que ele me liberte

desta prisão. 15 Pois a verdade é que fui sequestrado na terra dos hebreus, e não fiz
nada de errado que justifique o fato de eu ter sido colocado neste lugar".
16 Quando o padeiro-chefe viu que a interpretação era favorável, disse a Yosef:
"Também eu tive um sonho: havia três cestas de pães brancos sobre minha cabeça.
17 Na cesta de cima, estavam todos os tipos de iguarias preparadas no forno para
o faraó, mas os pássaros as comeram da cesta que estava sobre minha cabeça".
18 Yosef respondeu: "Eis a interpretação: as três cestas são três dias. 19 Dentro de
três dias, o faraó arrancará sua cabeça do seu corpo — ele o pendurará em uma
árvore, e os pássaros comerão sua carne".
(*Maftir*) 20 No terceiro dia, que era o dia do aniversário do faraó, ele deu uma fes-
ta para todos os seus oficiais, e ele levantou a cabeça para o copeiro-chefe e para o
padeiro-chefe entre os oficiais. 21 Ele restaurou o copeiro-chefe à sua posição, para
que ele outra vez servisse o copo ao faraó. 22 Mas mandou enforcar o padeiro-chefe,
como Yosef havia interpretado [os sonhos] para eles. 23 Mesmo assim, o copeiro-
-chefe não se lembrou de Yosef antes, esqueceu-se dele.

***Haftarah Vayeshev*: *'Amos* [Am] 2.6—3.8.**

Sugestão de leitura da *B'rit Hadashah* para a *Parashah Vayeshev*: Atos 7.9-16 (de forma específica, os v. 9 e 10).

Parashah 10: *Mikketz* (Ao fim) 41.1—44.17

41 1 Ao fim de dois anos, o faraó teve um sonho: ele estava em pé ao lado do
rio Nilo; 2 e subiram do rio sete vacas, lustrosas e gordas; e elas começaram
a pastar por entre a relva do pântano. 3 Depois delas, subiram do rio outras sete
vacas, feias e muito magras; e elas estavam junto das outras vacas, na margem
do rio. 4 Então as vacas feias e muito magras devoraram as sete vacas lustrosas
e gordas. Nesse momento, o faraó despertou. 5 Mais tarde, ele voltou a dormir e
sonhou pela segunda vez: sete espigas de grãos, cheias e maduras, cresciam de um
único talo. 6 Depois delas, sete espigas, miúdas e castigadas pelo vento oriental,
brotaram. 7 E as espigas miúdas engoliram as sete espigas cheias e maduras. Então
o faraó despertou e se deu conta de que era um sonho.
8 Pela manhã, ele estava tão transtornado que chamou todos os magos do Egito
e todos os seus sábios. O faraó contou-lhes os sonhos, mas nenhum deles foi capaz
de dar-lhe a interpretação. 9 Então o copeiro-chefe disse ao faraó: "Hoje me lembro
de algo em que estou em falta: 10 O faraó ficou irado com seus oficiais e colocou-me
na prisão da casa do capitão da guarda, a mim e ao padeiro-chefe. 11 Certa noite,
eu e ele tivemos sonhos, e o sonho de cada um de nós possuía um significado es-
pecífico. 12 Estava conosco um jovem, um hebreu, um servo do capitão da guarda;
e nós lhe contamos nossos sonhos, e ele deu a interpretação para cada um de nós
separadamente. 13 E aconteceu exatamente como ele havia interpretado — eu fui
restaurado a meu ofício, e [o outro] foi enforcado".
14 Então o faraó chamou Yosef, e eles o trouxeram rapidamente da prisão. Ele
fez a barba, trocou de roupa e apresentou-se ao faraó.
(A: Segundo) 15 O faraó disse a Yosef: "Tive um sonho, e ninguém é capaz de
interpretá-lo; no entanto, ouvi falar a seu respeito que você é capaz de interpretar os

sonhos das pessoas". 16 Yosef respondeu ao faraó: "Não sou eu. Deus concederá ao faraó uma resposta que deixará sua mente em paz". **(S: Segundo)** 17 O faraó disse a Yosef: "Em meu sonho, eu estava em pé à margem do rio; 18 e subiram do rio sete vacas lustrosas e gordas; e elas começaram a pastar a relva do pântano. 19 Depois disso, subiram do rio mais sete vacas, feias e muito magras — eu nunca vi vacas tão feias em toda a terra do Egito! 20 Então as vacas magras e feias devoraram as primeiras sete vacas gordas. 21 No entanto, depois de devorá-las, ninguém podia dizer que elas as haviam comido, pois continuavam feias como antes. Nesse momento, eu acordei. 22 Entretanto, sonhei outra vez e vi sete espigas de grãos, cheias e maduras, crescendo de um único talo. 23 Depois disso, brotaram sete espigas miúdas, castigadas pelo vento oriental. 24 E as espigas miúdas engoliram as sete espigas maduras. Contei isso aos magos, mas nenhum deles pôde explicá-los para mim".

25 Yosef disse ao faraó: "Os sonhos do faraó são os mesmos: Deus avisou ao faraó o que ele irá fazer. 26 As sete vacas boas são sete anos, e as sete espigas de grãos bons são sete anos — os sonhos são os mesmos. 27 Da mesma forma, as sete vacas magras e feias que subiram depois delas são sete anos, e também as sete espigas vazias, castigadas pelo vento oriental — esses serão sete anos de fome. 28 Eis o que digo ao faraó: Deus mostrou ao faraó o que ele irá fazer. 29 Eis o significado: haverá sete anos de fartura em toda a terra do Egito; 30 mas depois disso haverá sete anos de fome; e o Egito se esquecerá de toda a fartura. A fome consumirá a terra, 31 e a fartura não será conhecida na terra por causa da fome que se seguirá, pois isso será muito terrível. 32 Por que o sonho do faraó foi repetido duas vezes? Porque a questão já foi fixada por Deus, e Deus o fará acontecer em breve.

33 "Portanto, o faraó deve procurar por um homem discreto e sábio para tomar conta da terra do Egito. 34 O faraó deve fazê-lo, e ele deverá apontar supervisores sobre a terra para receber uma taxa de 20% sobre a produção da terra do Egito durante os sete anos de fartura. 35 Eles deverão juntar todos os alimentos produzidos nos bons anos que virão e colocar à parte grãos sob a supervisão do faraó para servir de alimento para as cidades, e eles deverão estocá-lo. 36 Esse será o suprimento de comida durante os sete anos de fome que virão sobre a terra do Egito, para que a terra não pereça como resultado da fome".

37 A proposta pareceu boa ao faraó e a todos os seus oficiais. 38 O faraó disse a seus oficiais: "Como poderemos encontrar alguém semelhante a ele? O Espírito de Deus habita nele!".

(Terceiro) 39 Então o faraó disse a Yosef: "Pelo fato de Deus ter mostrado a você tudo isso — não há ninguém com tanto discernimento e sabedoria quanto você —, 40 você terá o comando da minha casa; todo o meu povo será governado pelo que você disser. Só quando eu reger do meu trono, serei maior que você". 41 O faraó disse a Yosef: "Eis que eu o ponho no comando de toda a terra do Egito". 42 O faraó tirou o anel do sinete de sua mão e colocou-o na mão de Yosef, mandou vesti-lo de linho fino com uma corrente de ouro à volta de seu pescoço 43 e o fez montar em sua segunda melhor carruagem; e eles diziam antes de ele chegar: "Curvem-se!". Assim, ele foi colocado no comando de toda a terra do Egito. 44 O faraó disse a Yosef: "Eu, o faraó, decreto que sem sua aprovação ninguém deverá levantar a mão ou o pé em toda a terra do Egito". 45 O faraó passou a chamar Yosef com o nome de Tzafnat-Pa'neach, e deu-lhe como mulher Osnat, a filha de Poti-Fera, sacerdote de On. Então Yosef viajou por toda a terra do Egito.

46 Yosef tinha 30 anos de idade quando apresentou-se ao faraó, rei do Egito; então
ele saiu da presença do faraó e viajou por toda a terra do Egito. 47 Durante os sete
anos de fartura, a terra forneceu uma grande quantidade de produtos. 48 Ele juntou
todo o alimento desses sete anos na terra do Egito e estocou-o nas cidades — o ali-
mento crescido no campo, fora de cada cidade, foi guardado nessa cidade. 49 Yosef
guardou grãos em muita quantidade, como a areia da praia, em tão grande quantidade
que eles pararam de contar, porque já ultrapassava todas as medidas.

50 Yosef teve dois filhos antes que os anos da fome chegassem, nascidos de
Osnat, a filha de Poti-Fera, sacerdote de On. 51 Yosef chamou seu primogênito
de M'nasheh [causa de esquecimento], "Porque Deus fez-me esquecer de todas as
dificuldades que sofri nas mãos de minha família". 52 Ao segundo, ele deu o nome
de Efrayim [fruto], "Pois Deus tornou-me fértil na terra de meu infortúnio".

(Quarto) 53 Os sete anos de fartura na terra do Egito chegaram ao fim, 54 e os
sete anos de fome tiveram início, como Yosef tinha dito. Houve fome em todas as
terras, mas em toda a terra do Egito havia alimento. 55 Quando a terra do Egito co-
meçou a sentir fome, as pessoas clamaram ao faraó por alimento, e o faraó disse a
todos os egípcios: "Dirijam-se a Yosef, e façam o que ele ordenar a vocês". 56 A fome
estava sobre toda a terra, mas então Yosef abriu os depósitos e vendeu alimentos
aos egípcios, pois a fome era severa na terra do Egito. 57 Além disso, pessoas de
todos os países chegavam ao Egito, a Yosef, para comprar grãos, pois a fome era
severa em toda a terra.

42 1 E Ya'akov viu que havia grãos no Egito; por isso, Ya'akov disse a seus filhos:
"Por que vocês estão olhando uns para os outros? 2 Prestem atenção", ele disse,
"ouvi que existem grãos no Egito. Desçam para lá e comprem dali alguns para nós,
para permanecermos vivos, e não morramos!". 3 Assim, os dez irmãos de Yosef desce-
ram para comprar grãos do Egito, 4 com exceção de Binyamin, irmão de Yosef. Ya'akov
não o enviou com seus irmãos porque temia que algo lhe acontecesse.

5 Os filhos de Yisra'el chegaram para fazer compras com muitas outras pessoas,
pois a fome estendeu-se à terra de Kena'an. 6 Yosef era o governador da terra; era
ele quem fazia as vendas a todos os povos da terra. Quando os irmãos de Yosef
chegaram e prostraram-se diante dele com o rosto em terra, 7 Yosef viu seus irmãos
e os reconheceu, mas ele os tratou como se fossem estrangeiros e falou-lhes com
aspereza. Perguntou-lhes: "De onde são vocês?". Eles responderam: "Da terra de
Kena'an; [viemos] comprar alimentos". 8 Assim, Yosef reconheceu seus irmãos, mas
eles não o reconheceram.

9 Lembrando-se dos sonhos que tivera a respeito deles, Yosef lhes disse: "Vo-
cês são espiões! Vocês vieram descobrir as fraquezas de nosso país!". 10 "Não, meu
senhor", eles responderam. "Seus servos vieram comprar alimentos. 11 Somos to-
dos os filhos de um mesmo homem, somos pessoas honestas; seus servos não são
espiões." 12 "Não", Yosef lhes disse, "vocês vieram espionar as fraquezas de nosso
país". 13 Eles disseram: "Nós, seus servos, somos 12 irmãos, filhos de um homem na
terra de Kena'an; o mais jovem permaneceu com nosso pai, e outro já se foi". 14 "Como
eu disse", replicou Yosef, "vocês são espiões! 15 Eis como vocês podem provar que
não estão mentindo: como vive o faraó, não sairão daqui até que seu irmão mais novo
venha para cá. 16 Enviem um de vocês, e que ele traga seu irmão. Enquanto isso, vocês
serão mantidos sob custódia. Isso provará se há qualquer verdade no que dizem.

De outro modo, como vive o faraó, com certeza vocês são espiões". 17 Então ele pôs
todos na prisão por três dias.

18 No terceiro dia, Yosef lhes disse: "Façam o que eu disse a vocês, e permane-
cerão vivos, pois temo a Deus. **(Quinto)** 19 Se vocês são homens honestos, que um
de seus irmãos permaneça encarcerado na prisão em que vocês são mantidos, en-
quanto vão e levam os grãos para suavizar a fome em suas casas. 20 Tragam, porém,
seu irmão mais novo para mim. Desse modo, suas afirmações serão comprovadas,
e vocês não morrerão".

E eles procederam dessa forma. 21 Disseram uns aos outros: "Na verdade, so-
mos culpados do que aconteceu com nosso irmão. Ele estava angustiado e pleiteou
conosco; nós o vimos, mas não o ouvimos. Essa é a razão de essa angústia nos ter
sobrevindo agora". 22 Re'uven respondeu-lhes: "Eu não disse a vocês 'Não façam nada
de errado com o menino'?. Mas vocês não fizeram caso disso. Agora vem o resultado
de seu sangue!". 23 Eles não tinham ideia de que Yosef os entendia, pois havia um
intérprete presente para fazer a tradução. 24 Yosef saiu da presença deles e chorou; a
seguir, voltou e falou com eles. Então pegou Shim'on dentre eles e o pôs na prisão, à
vista de todos. 25 A seguir, ordenou que os recipientes deles fossem cheios de grãos,
e que o dinheiro de cada homem fosse colocado de volta na bagagem de cada um
deles, e que lhes fossem dadas provisões para a jornada. Quando tudo isso lhes foi
feito, 26 eles carregaram os grãos sobre os jumentos e partiram.

27 Entretanto, no campo, naquela noite, quando um deles abriu sua bagagem
para dar forragem ao jumento, esse reparou que seu dinheiro estava ali, dentro da
bagagem. 28 Ele disse a seus irmãos: "Meu dinheiro foi-me devolvido — ali está ele,
bem na minha bagagem!". Nesse ponto, o coração deles desfaleceu; eles se viraram
um para o outro, tremendo, e disseram: "Que é isso que Deus fez conosco?".

29 Eles voltaram a Ya'akov, seu pai, na terra de Kena'an e lhe disseram tudo o
que acontecera. 30 "O homem, o senhor da terra, falou de forma dura conosco. Ele
nos tomou por espiões em seu país. 31 Nós lhe dissemos: 'Somos homens honestos
e não somos espiões; 32 somos 12 irmãos, filhos de nosso pai; um já se foi, e o mais
novo está com nosso pai na terra de Kena'an'. 33 No entanto, o homem, o senhor
da terra, disse-nos: 'Eis como eu saberei se vocês são homens íntegros: deixem um
de seus irmãos comigo, peguem grãos para aliviar a fome em seu lar e sigam seu
caminho; 34 contudo, tragam seu irmão mais novo para mim. Assim, saberei que
vocês não são espiões, mas homens corretos; então devolverei a vocês seu irmão;
e farão negócios na terra'".

35 A seguir, quando eles desfizeram suas bagagens, a sacola de dinheiro de cada
um deles estava ali em meio à bagagem; e, quando eles e seu pai viram as sacolas
de dinheiro, temeram. 36 Disse-lhes Ya'akov, o pai: "Vocês me privaram de meus
filhos! Yosef já se foi, Shim'on já se foi, e agora vocês querem levar Binyamin — que
tudo isso recaia sobre mim!". 37 Re'uven disse ao pai: "Se eu não o trouxer de volta
para você, mate meus dois filhos! Ponha-o sob meus cuidados; eu o trarei de volta a
você". 38 No entanto, ele respondeu: "Meu filho não descerá com vocês. Seu irmão
está morto, e apenas ele sobrou. Se alguma coisa acontecer com ele enquanto viajar
com vocês, vocês farão meus cabelos grisalhos descerem ao *sh'ol* com pesar".

43 1 No entanto, a fome estava severa na terra; 2 por isso, quando terminaram
de comer os grãos trazidos do Egito, seu pai lhes disse: "Saiam outra vez,
comprem para nós um pouco de alimento". 3 Y'hudah lhe respondeu: "O homem

advertiu-nos expressamente: 'Vocês não verão meu rosto, a menos que seu irmão esteja com vocês'. 4 Se você enviar nosso irmão conosco, desceremos e compraremos alimento para você; 5 mas, se você não o mandar, não desceremos, pois o homem nos disse: 'Vocês não verão meu rosto, a menos que seu irmão esteja com vocês' ". 6 Yisra'el replicou: "Por que vocês trazem tal problema ao dizerem ao homem que tinham outro irmão?". 7 Eles responderam: "O homem ficou fazendo perguntas a nosso respeito e a respeito de nossos parentes. Ele perguntou: 'Seu pai ainda vive?', 'Vocês têm outro irmão?', e nós respondemos de acordo com o significado literal de suas perguntas. Como saberíamos que ele diria: 'Tragam-me seu irmão'?".

8 Y'hudah disse a Yisra'el, seu pai: "Envie o menino comigo; e nós faremos os preparativos e partiremos para permanecermos vivos e não morrermos, nem nós nem você, nem nossos filhos pequenos. 9 Eu garantirei, pessoalmente, a segurança dele; você pode pedir contas de mim. Se eu falhar em trazê-lo a você, e não apresentá-lo a seus olhos, que eu carregue a culpa para sempre. 10 E, se não fosse por nosso atraso aqui, já estaríamos por lá agora".

11 Yisra'el, seu pai, respondeu-lhes: "Se for assim, façam o seguinte: Peguem seus recipientes, encham-nos com os melhores produtos da terra e levem um presente ao homem — bálsamo curativo, um pouco de mel, resina aromática, ópio, sementes de pistache e amêndoas. 12 Levem consigo o dobro da quantia de dinheiro; e devolvam o dinheiro que foi devolvido a vocês em suas bagagens — isso pode ter sido um lapso. 13 Sim, e levem também seu irmão; e aprontem-se; e saiam outra vez ao encontro daquele homem. 14 Que *El Shaddai* conceda seu favor a vocês aos olhos do homem, para que ele solte seu outro irmão, bem como Binyamin. Quanto a mim, se devo perder meus filhos, eu os perderei". 15 Os homens pegaram o presente, e levaram consigo o dobro de dinheiro, e Binyamin; então eles prepararam-se, desceram ao Egito e apresentaram-se a Yosef.

(Sexto) 16 Quando Yosef viu Binyamin com eles, disse ao administrador de sua casa: "Leve os homens para dentro da casa, mate animais e prepare a carne. Esses homens comerão comigo ao meio-dia". 17 O homem fez como Yosef ordenou e levou-os à casa de Yosef.

18 Ao serem recebidos na casa de Yosef, os homens ficaram com medo. Eles disseram: "Isso é por causa do dinheiro colocado de volta em nossas bagagens da primeira vez em que fomos trazidos aqui — ele pode usar isso como desculpa para atacar-nos, fazer-nos escravos e apreender também nossos jumentos". 19 Por isso, eles se aproximaram do administrador da casa de Yosef e falaram-lhe à entrada da casa: 20 "Por favor, meu senhor, na verdade, da primeira vez que descemos para comprar alimentos, 21 quando chegamos ao campo, abrimos nossas bagagens, e ali, nas bagagens, estava o dinheiro de cada homem, a quantia toda. Nós o trouxemos de volta conosco; 22 além disso, trouxemos também outra quantia de dinheiro para comprar alimentos. Nós não temos nenhuma ideia de quem colocou nosso dinheiro nas bagagens". 23 "Parem de se preocupar", ele respondeu. "Não temam. Nosso Deus e o Deus de seu pai colocou um tesouro em suas bagagens. Quanto a seu dinheiro — fui eu um dos que o recebeu." Então ele lhes trouxe Shim'on.

24 O homem levou-os à casa de Yosef e deu-lhes água, e eles lavaram os pés, e providenciou-se forragem para os jumentos. 25 Então eles prepararam o presente para a chegada de Yosef ao meio-dia, pois ouviram que fariam a refeição ali. 26 Quando Yosef chegou a casa, eles foram até lá e lhe deram o presente que

haviam trazido consigo; a seguir, prostraram-se diante dele com o rosto em terra.
27 Ele quis saber como estavam e perguntou-lhes: "Seu pai está bem, o homem
idoso a respeito de quem falaram? Ele ainda vive?". 28 Eles responderam: "Seu
servo, nosso pai, está bem, sim, ele ainda vive", enquanto se curvavam, em sinal
de respeito. 29 Ele levantou os olhos e viu Binyamin, seu irmão, filho de sua mãe,
e disse: "Este é seu irmão mais novo, de quem vocês me falaram?", e acrescentou:
"Que Deus seja bom para você, meu filho".

(Sétimo) 30 Então Yosef apressou-se, pois seus sentimentos em relação a seu
irmão eram muito intensos e teve vontade de chorar; ele entrou no quarto de
dormir e chorou ali. 31 A seguir, lavou o rosto e retornou. Conseguiu controlar-se
e ordenou que a refeição fosse servida. 32 Eles o serviram à parte, e os irmãos, à
parte, e os egípcios, à parte — egípcios não comem com os hebreus, pois lhe são
abomináveis. 33 Então eles estavam assentados de frente para ele, o primogênito
no lugar de honra, o mais novo em último lugar; e os homens expressavam seu
assombro uns para os outros. 34 A cada um, foi servida uma porção, que estava à
frente deles, mas a porção de Binyamin era cinco vezes maior que a de qualquer
deles. Assim, eles beberam e se alegraram com ele.

44 1 Então ele ordenou ao administrador de sua casa: "Encha as bagagens dos
homens com alimento, tanto quanto puderem carregar, e ponha o dinheiro
de cada homem em sua bagagem. 2 E ponha meu copo, o de prata, na bagagem do
mais novo, com o dinheiro dos grãos". Ele fez o que Yosef lhe disse para fazer.

3 Com o amanhecer, os homens foram mandados embora com seus jumentos;
4 mas, antes de estarem longe da cidade, Yosef disse ao administrador: "Apresse-
-se, vá atrás dos homens; e, quando você os alcançar, diga-lhes: 'Por que vocês paga-
ram o bem com o mal? 5 Não é este o copo em que bebe meu senhor, aquele que ele
usa para fazer adivinhações? O que vocês fizeram é mau!' ". 6 Então ele os alcançou
e lhes disse essas palavras. 7 Eles responderam: "Por que meu senhor fala dessa ma-
neira? Deus não permita que um de nós tenha feito uma coisa dessas! 8 Trouxemos
de volta, da terra de Kena'an, o dinheiro que encontramos em nossas bagagens.
Como roubaríamos prata ou ouro da casa de seu senhor? 9 Qualquer um de nós
que seja encontrado com o copo deve ser morto — e os demais serão escravos de
meu senhor!". 10 Ele replicou: "Está bem; que seja como vocês disseram: quem for
encontrado com [ele] será meu escravo. Mas os outros estarão livres". 11 Então cada
um pôs a bagagem sobre o chão e a abriu. 12 Ele fez a busca, começando pelo mais
velho até chegar ao mais novo; e o copo foi encontrado na bagagem pertencente a
Binyamin. 13 Por causa disso, eles rasgaram as roupas em sinal de pesar. Então cada
um dos homens carregou seu jumento e voltou à cidade.

(A: *Maftir*) 14 Y'hudah e seus irmãos chegaram à casa de Yosef. Ele ainda estava
ali, e eles se prostraram diante dele com o rosto em terra. **(S: *Maftir*)** 15 Disse-lhes
Yosef: "Como vocês fizeram uma coisa dessas? Vocês sabem que um homem como
eu pode saber a verdade por meio da adivinhação?". 16 Y'hudah disse: "Não há nada
que possamos dizer a meu senhor! O que diremos? Não há forma de nos justificar!
Deus revelou a culpa de seus servos; por isso, somos aqui escravos de meu senhor
— nós e também aquele em cuja posse o copo foi encontrado". 17 Ele, porém, res-
pondeu: "Deus não me permita agir dessa forma. O homem em cuja posse o copo
foi achado será meu escravo; quanto a vocês, vão em paz a seu pai".

***Haftarah Mikketz*: *M'lakhim Alef* [1Rs] 3.15—4.1.**

Sugestão de leitura da *B'rit Hadashah* para a *Parashah Mikketz*: Atos 7.9-16 (de forma específica, os v. 11 e 12); 1Coríntios 2.1-5.

Parashah 11: *Vayigash* (E aproximou-se) 44.18—47.27

18 E Y'hudah aproximou-se de Yosef e disse: "Por favor, meu senhor! Permite--
-me dizer-te algo em particular; e não te ires com teu servo, pois tu és como o
próprio faraó. 19 Meu senhor perguntou a teus servos: 'Vocês têm pai ou irmão?'.
20 Nós respondemos a meu senhor: 'Temos um pai, um homem idoso, e um filho de
sua velhice, um pequeno, cujo irmão está morto; pois dos filhos de sua mãe apenas
ele restou; e seu pai o ama'. 21 No entanto, tu disseste a teus servos: 'Tragam-no
para mim, para que eu possa vê-lo'. 22 Nós respondemos a meu senhor: 'O menino
não pode afastar-se de seu pai; se ele se afastar de seu pai, seu pai morrerá'. 23 Tu
disseste a teus servos: 'Vocês não verão meu rosto outra vez, a menos que seu
irmão esteja com vocês'. 24 Nós subimos a meu pai, teu servo, e lhe dissemos o
que meu senhor falou; 25 quando, porém, nosso pai disse: 'Saiam outra vez e com-
prem algum alimento para nós', 26 respondemos: 'Não poderemos descer. Apenas
se nosso irmão mais novo estiver conosco, desceremos, pois não podemos ver o
rosto do homem, a menos que nosso irmão mais novo esteja conosco'. 27 Então
meu pai, teu servo, disse-nos: 'Vocês sabem que minha mulher deu-me dois fi-
lhos: 28 um foi tirado de mim, e eu disse: "Com certeza, ele foi feito em pedaços",
e não o vi mais. 29 Entretanto, se vocês tirarem este de mim também, e algo lhe
acontecer, farão meus cabelos grisalhos descerem ao *sh'ol* com pesar'. 30 Portanto,
se eu for agora a meu pai, teu servo, e o menino não estiver conosco — vendo
como seu coração está ligado ao coração do menino — **(Segundo)** 31 quando ele
vir que o menino não está conosco, certamente morrerá; e teus servos farão os
cabelos grisalhos de teu servo, nosso pai, descerem ao *sh'ol* com pesar. 32 Pois teu
servo garantiu, pessoalmente, a segurança dele; eu disse: 'Se eu falhar em trazê-lo
de volta a ti, então serei culpado diante de meu pai para sempre'. 33 Portanto, eu
te imploro: permite que teu servo permaneça como escravo de meu senhor no
lugar do menino, e que o menino suba com seus irmãos. 34 Pois como subirei a
meu pai se o menino não estiver comigo? Eu não conseguirei suportar a imagem
de meu pai tomado pela angústia".

45 1 Por fim, Yosef não conseguia mais controlar seus sentimentos diante de
quem estava à sua frente e gritou: "Tirem todos de perto de mim!". Por isso,
ninguém mais estava com ele quando Yosef revelou a seus irmãos quem ele era. 2 Ele
chorou em voz alta, e os egípcios o ouviram, e a casa do faraó o ouviu. 3 Yosef disse
a seus irmãos: "Eu sou Yosef! É verdade que meu pai ainda vive?". Seus irmãos não
lhe conseguiam dizer nada, pois estavam muito estarrecidos ao vê-lo. 4 Yosef disse
a seus irmãos: "Por favor, aproximem-se". E eles se aproximaram. Ele disse: "Sou
Yosef, seu irmão, aquele que vocês venderam ao Egito. 5 No entanto, não se entriste-
çam porque me venderam à escravidão aqui, nem se enfureçam entre si, pois Deus
enviou-me à frente de vocês para preservar a vida. 6 Uma fome está sobre a terra
nos dois últimos anos, e durante outros cinco anos não haverá plantio nem colheita.

7 Deus enviou-me à frente de vocês para garantir seus descendentes sobre a terra e salvar a vida de vocês com uma grande libertação. **(Terceiro)** 8 Assim, não foram vocês que me enviaram para cá, e sim Deus; e ele fez de mim um pai para o faraó, senhor de toda a sua casa e regente de toda a terra do Egito. 9 Apressem-se, subam a meu pai e digam-lhe: 'Eis o que seu filho Yosef diz: "Deus tornou-me senhor de todo o Egito! Desce a meu encontro, não demores! 10 Tu viverás na terra de Goshen e ficarás perto de mim — tu, teus filhos, teus netos, rebanhos, tudo que possuis. 11 Ali eu farei provisões para ti, para que não sejas atingido pela pobreza, tu, tua casa e todos os teus bens; pois cinco anos de fome ainda estão por vir" '. 12 Vejam com os seus olhos, e os olhos de meu irmão Binyamin, é a minha boca que fala a vocês. 13 Digam a meu pai quanto sou honrado no Egito e tudo o que viram, e tragam depressa meu pai para cá". 14 Então, ele abraçou Binyamin, seu irmão, e chorou, e Binyamin chorou, 15 e ele beijou todos os seus irmãos e chorou com eles. Depois disso, seus irmãos conversaram com ele.

16 O relato [desses acontecimentos] chegou à casa do faraó: "Os irmãos de Yosef chegaram"; e o faraó e seus servos ficaram felizes. 17 O faraó disse a Yosef: "Diga a seus irmãos: 'Eis o que vocês devem fazer. Preparem seus animais, vão à terra de Kena'an, 18 peguem seu pai e suas famílias, e voltem para mim. Eu lhes darei uma boa propriedade no Egito, e vocês comerão a gordura da terra.

(Quarto) 19 " 'Além disso — e isso é uma ordem —, façam o seguinte: levem carroças da terra do Egito e tragam seus filhos pequenos e suas mulheres, e tragam seu pai, e venham. 20 Não se preocupem com suas posses, pois todas as coisas boas da terra do Egito são de vocês' ". 21 Os filhos de Yisra'el agiram dessa forma; e Yosef deu-lhes carroças, como o faraó ordenou, e deu-lhes provisões para a jornada. 22 Cada um deles recebeu um conjunto de roupas novas; mas a Binyamin ele deu 3,5 quilos de prata e cinco conjuntos de roupas novas. 23 Da mesma forma, ao pai, ele enviou dez jumentos carregados com os bens mais finos produzidos no Egito, bem como dez jumentas carregadas de grãos, pães e alimentos para seu pai comer na viagem de volta. 24 Assim, ele enviou seus irmãos pelo caminho, e eles partiram; ele lhes disse: "Não discutam entre si enquanto estiverem em viagem!".

25 Desse modo, eles subiram do Egito, entraram na terra de Kena'an e chegaram a Ya'akov, seu pai. 26 Eles lhe disseram: "Yosef ainda está vivo! Ele é o regente de toda a terra do Egito!". Ele ficou estarrecido com as notícias; não conseguia crer nelas. 27 Por isso, eles lhe contaram tudo o que Yosef disse; mas apenas ao ver as carroças enviadas por Yosef para levá-lo, o espírito de Ya'akov, seu pai, começou a reviver. **(Quinto)** 28 Yisra'el disse: "Chega! Meu filho Yosef ainda está vivo! Devo ir vê-lo antes de morrer".

46 1 Yisra'el levou consigo tudo o que possuía na jornada. Ele chegou a Be'er-Sheva e ofereceu sacrifícios ao Deus de seu pai, Yitz'chak. 2 À noite, em uma visão, Deus chamou Yisra'el: "Ya'akov, Ya'akov!". Ele respondeu: "Aqui estou". 3 Ele disse: "Eu sou Deus, o Deus de seu pai. Não tenha medo de descer ao Egito. Ali eu farei de você uma grande nação. 4 Não só descerei com você ao Egito, mas também o trarei de volta para cá outra vez, depois de Yosef fechar os seus olhos".

5 Por isso, Ya'akov deixou Be'er-Sheva; os filhos de Yisra'el levaram Ya'akov, seu pai, os filhos pequenos e as mulheres nas carroças enviadas pelo faraó para trazê-los. 6 Eles pegaram o gado e suas posses adquiridas na terra de Kena'an e chegaram

ao Egito, Ya'akov e todos os seus descendentes com ele — 7 seus filhos, netos, fi-
lhas, netas e todos os seus descendentes que trouxe consigo ao Egito.

8 Estes são os nomes dos filhos de Yisra'el que entraram no Egito, Ya'akov e
seus filhos: Re'uven, o primogênito de Ya'akov; 9 e os filhos de Re'uven — Hanokh,
Pallu, Hetzron e Karmi.

10 Os filhos de Shim'on: Y'mu'el, Yamin, Ohad, Yakhin, Tzochar e Sha'ul, o filho
da mulher kena'ani.

11 Os filhos de Levi: Gershon, K'hat e M'rari.

12 Os filhos de Y'hudah: 'Er, Onan, Shelah, Peretz e Zerach; no entanto, 'Er e
Onan morreram na terra de Kena'an. Os filhos de Peretz foram Hetzron e Hamul.

13 Os filhos de Yissakhar: Tola, Puvah, Yov e Shimron.

14 Os filhos de Z'vulun: Sered, Elon e Yachle'el.

15 Esses foram os filhos que Le'ah deu a Ya'akov em Paddan-Aram, com sua filha
Dinah. Em suma, seus filhos e filhas chegavam ao número de 33 pessoas.

16 Os filhos de Gad: Tzifyon, Haggi, Shuni, Etzbon, 'Eri, Arodi e Ar'eli.

17 Os filhos de Asher: Yimnah, Yishvah, Yishvi, B'ri'ah, e sua irmã, Serach. Os filhos
de B'ri'ah foram Hever e Malki'el.

18 Esses foram os filhos de Zilpah, que Lavan deu a Le'ah, sua filha; ela os deu a
Ya'akov — 16 pessoas.

19 Os filhos de Rachel, mulher de Ya'akov: Yosef e Binyamin.

20 Nasceram a Yosef, na terra do Egito, M'nasheh e Efrayim, gerados por Osnat,
a filha de Poti-Fera, sacerdote de On.

21 Os filhos de Binyamin: Bela, Bekher, Ashbel, Gera, Na'aman, Echi, Rosh, Mupim,
Hupim e Ard.

22 Esses foram os filhos que Rachel deu a Ya'akov — 14 pessoas.

23 O filho de Dan: Hushim.

24 Os filhos de Naftali: Yachtze'el, Guni, Yetzer e Shillem.

25 Esses foram os filhos de Bilhah, quem Lavan deu a Rachel sua filha; ela os deu
a Ya'akov — 7 pessoas.

26 Todo o povo pertencente a Ya'akov que entrou no Egito, seus descendentes
diretos (sem contar as mulheres dos filhos de Ya'akov), totalizam 66. 27 Os filhos
de Yosef, nascidos no Egito, eram dois. Assim, todos os membros da família de
Ya'akov que entraram no Egito somavam 70 [pessoas].

(Sexto) 28 Ya'akov enviou Y'hudah à sua frente ao encontro de Yosef, para que
este pudesse guiá-lo na estrada para Goshen; assim, eles chegaram à terra de
Goshen. 29 Yosef preparou sua carruagem e subiu até Goshen para encontrar-se
com Yisra'el, seu pai. Ele se apresentou a Yisra'el, abraçou-o e chorou apoiado em
seu pescoço por um longo tempo. 30 Então Yisra'el disse a Yosef: "Agora posso
morrer, pois vi seu rosto e sei que você ainda está vivo".

31 Yosef disse a seus irmãos e à família de seu pai: "Vou conversar com o faraó.
Eu lhe direi: 'Meus irmãos e a família de meu pai, que estavam na terra de Kena'an,
vieram ver-me. 32 Os homens são pastores e cuidam de gado; eles trouxeram seus
rebanhos e todos os seus bens'. 33 Quando o faraó os chamar e perguntar a vocês:
'Qual é sua ocupação?', 34 digam-lhe: 'Seus servos cuidam de gado desde nossa
juventude até agora, nós e nossos ancestrais'. Isso assegurará que vocês vivam na
terra de Goshen — pois os egípcios odeiam pastores [de ovelhas]".

47 1 Então Yosef disse ao faraó: "Meu pai e meus irmãos vieram da terra de Kena'an com seus rebanhos, gado e todos os seus bens; neste momento, eles estão na terra de Goshen". 2 E levou cinco de seus irmãos e apresentou-os ao faraó. 3 O faraó disse aos irmãos dele: "Qual é sua ocupação?". Eles responderam ao faraó: "Seus servos são pastores, nós e nossos ancestrais", 4 e acrescentaram: "Vimos para cá, pois na terra de Kena'an não há lugar para alimentar os rebanhos de seus servos; a fome é muito severa ali. Portanto, por favor, permita que seus servos vivam na terra de Goshen". 5 O faraó disse a Yosef: "Seu pai e seus irmãos vieram a seu encontro, 6 e a terra do Egito jaz diante de vocês. Coloque seu pai e seus irmãos na melhor propriedade da região — que eles vivam na terra de Goshen. Além disso, se você souber que algum deles é particularmente competente, faça-o cuidar de meu gado".

7 Yosef, então, trouxe Ya'akov, seu pai, e apresentou-o ao faraó, e Ya'akov abençoou o faraó. 8 O faraó perguntou a Ya'akov: "Qual a sua idade?". 9 E Ya'akov respondeu: "O tempo de minha permanência sobre a terra é de cento e trinta anos; eles têm sido poucos e difíceis, menos que os anos vividos por meus ancestrais". 10 Então Ya'akov abençoou o faraó e saiu de sua presença.

(Sétimo) 11 Yosef encontrou um lugar para seu pai e irmãos e deu-lhes uma propriedade na terra do Egito, na melhor região do país, na terra de Ra'amses, como o faraó havia ordenado. 12 Yosef proveu alimentos para seu pai, seus irmãos e toda a casa de seu pai, cuidando integralmente até dos mais novos.

13 Não havia alimento em nenhuma parte, pois a fome era muito severa, por isso o Egito e Kena'an ficaram fracos por causa da fome. 14 Yosef juntou todo o dinheiro que havia no Egito e em Kena'an em troca dos grãos, e colocou o dinheiro no tesouro do faraó. 15 Quando todo o dinheiro do Egito foi gasto, e também o de Kena'an, todos os egípcios aproximaram-se de Yosef e disseram: "Dê-nos algo para comer, apesar de não possuirmos nenhum dinheiro; por que deveríamos morrer diante de seus olhos?". 16 Yosef respondeu: "Deem-me seu gado. Se não possuem dinheiro, darei a vocês alimentos em troca do gado". 17 Assim, eles trouxeram a Yosef o gado; e Yosef deu-lhes alimentos em troca de cavalos, rebanhos, gado e jumentos — durante todo aquele ano, ele lhes proveu de alimentos em troca de todo o gado.

18 Quando o ano terminou, eles se aproximaram de Yosef outra vez e lhe disseram: "Nós não esconderemos de meu senhor que todo o nosso dinheiro se foi, e os rebanhos de gado pertencem a meu senhor. Não nos sobrou nada, como meu senhor pode observar, apenas nosso corpo e nossa terra. 19 Por que deveríamos morrer diante de seus olhos, nós e nossa terra? Compre-nos e compre também nossa terra em troca de alimentos, e nós e nossa terra nos tornaremos escravos do faraó. Contudo, dê-nos também sementes para plantarmos, para que permaneçamos vivos e não morramos, e para que a terra não se torne estéril". 20 Desse modo, Yosef adquiriu toda a terra no Egito para o faraó, pois um a um os egípcios venderam seus campos, pois a fome caiu sobre eles com severidade. E a terra tornou-se propriedade do faraó. 21 Quanto ao povo, ele foi reduzido à servidão de cidade em cidade, de uma extremidade do território do Egito à outra. 22 Apenas as terras dos sacerdotes ele não comprou, pois os sacerdotes recebiam provisões do faraó e comiam do que o faraó lhes concedia; portanto, eles não lhe venderam a terra.

23 Então Yosef disse a todo o povo: "A partir de hoje, eu os comprei, vocês e suas terras, para o faraó. Eis sementes para vocês semearem a terra. 24 Quando o tempo da colheita chegar, vocês deverão dar 20% dela ao faraó; 80% será de vocês, para a

manutenção de sementes nos campos, bem como para a sua alimentação, de suas
casas e de seus filhos pequenos".
(***Maftir***) 25 Eles responderam: "Tu nos salvaste a vida! Por isso, se for do teu
agrado, nós seremos escravos do faraó". 26 Yosef transformou isso em lei na terra
do Egito, válida até o dia de hoje: o faraó deve receber 20%. Apenas as propriedades
pertencentes aos sacerdotes não se tornaram do faraó.
27 Yisra'el viveu na terra do Egito durante dezessete anos. Eles adquiriram bens
nela e foram férteis, e seu número cresceu muito.

***Haftarah Vayigash*: *Yechezk'el* [Ez] 37.15-28.**

Sugestão de leitura da *B'rit Hadashah* para a *Parashah Vayigash*: Atos 7.9-16 (de forma específica, os v. 13 a 15); Lucas 6.9-16.

Parashah 12: *Vayechi* (E viveu) 47.28—50.26

28 E Ya'akov viveu dezessete anos na terra do Egito; assim, Ya'akov viveu até os
147 anos de idade. 29 Chegou o momento em que se aproximava a morte de Yisra'el;
por isso, ele chamou por Yosef, seu filho, e lhe disse: "Se você me ama de verdade,
por favor, ponha a mão sob minha coxa e jure que, em consideração a mim, não me
sepultará no Egito. 30 Em vez disso, quando eu dormir com meus pais, você deverá
levar-me para fora do Egito e sepultar-me onde eles estão sepultados". Ele respon-
deu: "Farei como você disse". 31 Ele pediu: "Faça o juramento", e ele jurou. Então
Yisra'el curvou-se até a cabeceira de sua cama.

48 1 Pouco tempo depois, alguém contou a Yosef que seu pai estava doente. Ele
levou consigo seus dois filhos, M'nasheh e Efrayim. 2 Ya'akov foi avisado:
"Yosef, seu filho, está a caminho". Yisra'el reuniu suas forças e sentou-se na cama.
3 Ya'akov disse a Yosef: "*El Shaddai* apareceu a mim em Luz, na terra de Kena'an, e
abençoou-me, 4 dizendo: 'Eu o tornarei muito fértil e numeroso. Farei de você um
grupo de povos; e darei esta terra a seus descendentes para que a possuam para
sempre'. 5 E seus dois filhos, nascidos na terra do Egito, antes de minha chegada
aqui, são meus; Efrayim e M'nasheh serão meus tanto quanto Re'uven e Shim'on. 6
Os filhos nascidos de você depois deles serão seus, mas, com vistas à herança, eles
serão contados com seus irmãos mais velhos.
7 "Quanto a mim, quando cheguei de Paddan, Rachel morreu repentinamente,
enquanto viajávamos pela terra de Kena'an, enquanto ainda estávamos distantes
de Efrat; por isso, eu a sepultei ali, no caminho para Efrat (também conhecido por
Beit-Lechem)".
8 Então Yisra'el reparou nos filhos de Yosef e perguntou: "Quem são estes?".
9 Yosef respondeu a seu pai: "Eles são meus filhos, que Deus me deu neste lugar".
Ya'akov respondeu: "Desejo que você os traga até mim, para que eu possa aben-
çoá--los". **(Segundo)** 10 E os olhos de Yisra'el estavam turvos por causa da idade, por
isso não conseguia enxergar. Yosef colocou seus filhos perto dele, e ele os beijou
e os abraçou. 11 Yisra'el disse a Yosef: "Jamais esperei vê-lo outra vez, mas Deus
permitiu-me ver também os seus filhos!". 12 Yosef tirou-os de entre as suas pernas
e prostrou-se com o rosto em terra. 13 Então Yosef tomou os dois, Efrayim pela mão

direita em direção à mão esquerda de Yisra'el e M'nasheh pela mão esquerda na
direção da mão direita de Yisra'el, e aproximou-os dele. 14 No entanto, Yisra'el tirou
a mão direita e colocou-a sobre a cabeça do mais novo, Efrayim, e colocou a mão
esquerda sobre a cabeça de M'nasheh — ele cruzou as mãos de forma intencional,
apesar de M'nasheh ser o primogênito. 15 A seguir, ele abençoou Yosef: "O Deus
em cuja presença meus pais Avraham e Yitz'chak viveram, o Deus que tem sido o
meu pastor durante toda a minha vida até o dia de hoje, 16 o anjo que me salvou de
todo o mal, abençoe estes meninos. Que eles se lembrem de quem eu sou e do que
represento, e da mesma forma de meus pais Avraham e Yitz'chak, quem eles foram
e o que representaram. E que eles cresçam como grandes multidões sobre a terra".

(Terceiro) 17 Ao ver Yosef que seu pai punha a mão direita sobre a cabeça de
Efrayim, isso o desagradou, e ele ergueu a mão do pai para tirá-la de sobre a cabe-
ça de Efrayim e colocá-la sobre a cabeça de M'nasheh. 18 Yosef disse ao pai: "Não
faça assim, meu pai; pois este é o primogênito. Ponha a mão direita sobre a cabeça
dele". 19 No entanto, seu pai recusou-se e disse: "Sei disso, meu filho, eu sei. Ele
também se tornará um povo e será grande; mesmo assim, seu irmão mais novo será
maior que ele, e seus descendentes se transformarão em muitas nações". 20 Então
acrescentou-lhes esta bênção nesse dia: "Yisra'el falará a respeito de vocês em suas
bênçãos, quando disserem: 'Que Deus os faça semelhantes a Efrayim e M'nasheh' ".
Assim, ele colocou Efrayim à frente de M'nasheh.

21 Yisra'el disse a Yosef: "Veja que estou à beira da morte, mas Deus estará com
vocês e os levará de volta à terra de seus ancestrais. 22 Além disso, dou a você um
sh'khem [talho, beira, parte, cidade de Sh'khem] a mais que seus irmãos; eu o cap-
turei do emori com minha espada e arco".

49 **(Quarto)** 1 Então Ya'akov chamou os filhos e lhes disse:
"Reúnam-se, e direi
o que acontecerá com vocês no *acharit-hayamim.*
2 Agrupem-se e ouçam, filhos de Ya'akov;
prestem atenção a Yisra'el, seu pai.

3 "Re'uven, você é meu primogênito,
minha força, as primícias de minha virilidade.
4 Apesar de ser superior em vigor e poder,
você é instável como água, por isso sua superioridade terminará,
pois você subiu à cama de seu pai
e a maculou — ele subiu à cama de minha concubina!

5 "Shim'on e Levi são irmãos,
ligados por armas de violência.
6 Que eu não entre em seu conselho,
que minha honra não esteja ligada a seu povo;
pois em sua ira eles mataram homens
e por capricho mutilaram gado.
7 Amaldiçoada seja sua ira, pois ela foi violenta;
sua fúria, pois foi cruel.
Eu os dividirei em Ya'akov
e os espalharei em Yisra'el.

8 "Y'hudah, seus irmãos o reconhecerão,
sua mão estará sobre o pescoço de seus inimigos,
os filhos de seu pai se curvarão diante de você.
9 Y'hudah é um filhote de leão;
meu filho, você está sobre a presa.
Ele arma a tocaia e se estica como um leão;
como uma leoa, quem ousará provocá-lo?
10 O cetro não sairá de Y'hudah,
tampouco o bastão do governante dentre suas pernas,
até que venha aquele a quem [obediência] pertence;[a]
e os povos serão obedientes a ele.
11 Amarrará seu jumento à vinha,
a cria de seu jumento será amarrada à vide,
ele lava as roupas com vinho,
suas capas no sangue de uvas.
12 Seus olhos serão mais escuros que o vinho,
seus dentes mais brancos que o leite.

13 "Z'vulun viverá no litoral,
com navios ancorando em toda a costa
e junto à fronteira de Tzidon.

14 "Yissakhar é um jumento forte,
deitado nos abrigos das ovelhas.
15 Ao perceber quão boa é a vida
e quão agradável o campo,
ele apresentará as costas à carga
e se submeterá ao trabalho forçado.
16 "Dan julgará seu povo
como uma das tribos de Yisra'el.
17 Dan será uma víbora junto à estrada,
uma víbora no caminho
que morde o calcanhar dos cavalos
para que os montadores caiam de costas.
18 Esperarei pela libertação provida por ti, ADONAI.

(Quinto) 19 "Gad [tropa] — uma tropa o atacará,
mas ele atacará a tropa no calcanhar.
20 "O alimento de Asher é rico —
ele proverá alimento digno de um rei.
21 "Naftali é uma gazela liberta
que dá à luz belas corças.[b]

[a] Ou: até que Shiloh venha.

[b] Ou: que pronuncia lindas palavras.

22 "Yosef é uma planta fértil,
uma planta frutífera na primavera,
com ramos que sobem pelas paredes.
23 Os arqueiros o atacaram com ferocidade,
disparando contra ele e pressionando-o muito;
24 mas seu arco permaneceu firme;
seus braços foram feitos ágeis
pelas mãos do Poderoso de Ya'akov,
dali, do Pastor, a Pedra de Yisra'el,
25 pelo Deus de seu pai, que os auxiliará,
por *El Shaddai*, que os abençoará
com bênçãos do céu acima,
com bênçãos das profundezas, que jazem abaixo,
com bênçãos dos seios e do ventre.
26 As bênçãos de seu pai são mais poderosas
que as bênçãos de meus pais,
estendem-se às mais distantes das colinas eternas;
elas estarão sobre a cabeça de Yosef,
sobre o semblante do príncipe entre seus irmãos.

(Sexto) 27 "Binyamin é um lobo voraz,
pela manhã devora a presa,
à tarde ainda divide o espólio".

28 Essas são as 12 tribos de Yisra'el, e essa foi a forma usada por seu pai para falar
a elas e abençoá-las, dando uma bênção individual a cada uma.
29 Então ele lhes deu a seguinte incumbência: "Estou para ser reunido a meu
povo. Sepultem-me com meus ancestrais na caverna do campo de 'Efron, o hitti, 30 a
caverna do campo de Makhpelah, junto a Mamre, na terra de Kena'an, que Avraham
comprou com o campo de 'Efron, o hitti, como local de sepultamento pertencente
a ele — 31 ali eles sepultaram Avraham e sua mulher, Sarah, ali eles sepultaram
Yitz'chak e sua mulher Rivkah, e ali eu sepultei Le'ah — 32 o campo e a caverna que
há nele, que foram adquiridos dos filhos de Het".
33 Quando Ya'akov terminou de incumbir seus filhos, encolheu os pés na cama,
deu o último suspiro, e foi reunido a seu povo.

50 1 Yosef lançou-se sobre a face de seu pai, chorou sobre ele e o beijou. 2 En-
tão Yosef ordenou aos médicos que lhe serviam para embalsamarem seu
pai. Portanto, os médicos embalsamaram Yisra'el. 3 Quarenta dias foram gastos
com o processo, o período normal para embalsamar. Então os egípcios choraram
por ele setenta dias.
4 Quando o período de luto terminou, Yosef dirigiu-se à casa do faraó: "Quero
pedir um favor. Digam ao faraó: 5 'Meu pai fez-me jurar. Ele disse: "Morrerei em bre-
ve. Você deverá sepultar-me em minha sepultura, a que cavei para mim na terra de
Kena'an". Portanto, eu lhe imploro: permita-me subir e sepultar meu pai; após isso
retornarei' ". 6 O faraó respondeu: "Suba e sepulte seu pai, como ele o fez jurar".
7 Por isso, Yosef subiu para sepultar seu pai. Foram com ele todos os servos
do faraó, os líderes de sua casa e os líderes da terra do Egito, 8 com toda a casa de

Yosef, seus irmãos e a casa de seu pai; apenas os filhos pequenos, seus rebanhos e gado foram deixados na terra de Goshen. 9 Além disso, subiram para lá com ele charretes e cavaleiros — uma caravana muito grande.

10 Quando chegaram à eira de Atad, além do Yarden, eles começaram a lamentar em alta voz e, de forma muito sentida, choraram pelo pai sete dias. 11 Quando os habitantes locais, kena'ani, viram o lamento na eira de Atad, disseram: "Com que amargura estão chorando os egípcios!". Esse é o motivo de o lugar ter recebido o nome de Avel-Mitzrayim [lamento do Egito], ali, além do Yarden.

12 Seus filhos fizeram o que lhes ordenou que fizessem — 13 eles o levaram à terra de Kena'an e o sepultaram na caverna do campo de Makhpelah, que Avraham comprou, com o campo, como local de sepultamento de sua propriedade, de 'Efron, o hitti, junto a Mamre.

14 Então, depois de sepultar o pai, Yosef voltou ao Egito, ele, seus irmãos e todos os que tinham subido com ele para o sepultamento do pai.

15 Constatando a morte de seu pai, os irmãos de Yosef disseram: "Talvez Yosef nos odeie e deseje vingar-se de nós por todo o sofrimento que lhe causamos". 16 Então enviaram uma mensagem a Yosef, que dizia: "Seu pai ordenou o seguinte antes de morrer: 17 'Digam a Yosef: "Eu imploro a você, por favor, que perdoe a maldade e a impiedade de seus irmãos quando prejudicaram você" '. Por isso, nós te imploramos que perdoes a maldade dos servos do Deus de teu pai". Yosef chorou quando eles lhe falaram; 18 e seus irmãos aproximaram-se, prostraram-se diante dele e disseram: "Veja: somos seus escravos". 19 No entanto, Yosef lhes disse: "Não temam! Acaso estou no lugar de Deus? 20 Vocês desejaram prejudicar-me, mas Deus planejou-o para o bem — para que isso resultasse no que se vê hoje — a salvação da vida de muitas pessoas. **(Sétimo)** 21 Portanto, não temam — eu farei provisões para vocês e para seus filhos pequenos". Desse modo, ele os confortou, falando-lhes com gentileza.

22 Yosef continuou a viver no Egito, ele e a casa de seu pai. Yosef viveu cento e dez anos. **(*Maftir*)** 23 Yosef chegou a ver os bisnetos de Efrayim, e os filhos de Makhir, filho de M'nasheh, nasceram sobre os joelhos de Yosef.

24 Yosef disse a seus irmãos: "Estou à beira da morte. Entretanto, Deus se lembrará de vocês com certeza e os levará desta terra para a terra a respeito da qual jurou a Avraham, Yitz'chak e Ya'akov". 25 Então Yosef fez os filhos de Yisra'el lhe jurarem: "Com certeza, Deus se lembrará de vocês, por isso levem meus ossos daqui". 26 Assim, Yosef morreu com a idade de 110 anos, foi embalsamado e colocado em um caixão no Egito.

***Haftarah Vayechi*: *M'lakhim Alef* [1Rs] 2.1-12.**

Sugestão de leitura da *B'rit Hadashah* para a *Parashah Vayechi*: Atos 7.9-16 (de forma específica, os v. 15 e 16); Judeus messiânicos [Hb] 11.21,22; *1Kefa* [1Pe] 1.3-9; 2.11-17.

Hazak, hazak, v'nit'chazek!

(Seja forte, seja forte, e sejamos fortalecidos!)

שמות

Sh'mot

[Êxodo]

Parashah 13: *Sh'mot* (Nomes) 1.1—6.1

1 1 Estes são os nomes dos filhos de Yisra'el que entraram no Egito com Ya'akov; cada homem veio com sua casa: 2 Re'uven, Shim'on, Levi, Y'hudah, 3 Yissakhar, Z'vulun, Binyamin, 4 Dan, Naftali, Gad e Asher. 5 Ao todo, havia setenta descendentes de Ya'akov; Yosef já estava no Egito.

6 Yosef morreu, bem como todos os seus irmãos e toda a sua geração. 7 Os descendentes de Yisra'el foram férteis, aumentaram muito em número, multiplicaram-se e cresceram poderosamente; a terra encheu-se deles.

8 Então subiu um novo rei no Egito. Ele não sabia nada a respeito de Yosef, 9 e disse a seu povo: "Vejam, os descendentes de Yisra'el tornaram-se um povo muito numeroso e poderoso para nós. 10 Venham, usemos de sabedoria para lidar com eles. De outro modo, eles continuarão a multiplicar-se; e, em caso de guerra, eles podem aliar-se a nossos inimigos, lutar contra nós e deixar a terra de uma vez".

11 Por isso, impuseram-lhes capatazes para oprimi-los com trabalhos forçados, e eles construíram para o faraó as cidades-armazéns de Pitom e Ra'amses. 12 Contudo, quanto mais os egípcios os oprimiam, mais eles se multiplicavam e cresciam, até que os egípcios ficaram com medo do povo de Yisra'el 13 e os fizeram trabalhar sem descanso, 14 tornando-lhes a vida amarga com o trabalho árduo — procurar argila, fazer tijolos, todos os tipos de trabalho do campo; e em todo esse trabalho duro não foram misericordiosos com eles.

15 Além disso, o rei do Egito disse às parteiras hebreias, das quais uma se chamava Shifrah e a outra Pu'ah: 16 "Quando vocês atenderem as mulheres hebreias e as virem dando à luz", ele disse, "se for menino, matem-no; mas, se for menina, deixem-na viver". 17 Entretanto, as parteiras eram mulheres tementes a Deus, por isso não fizeram o que lhes ordenara o rei do Egito e deixaram os meninos vivos. **(Segundo)** 18 O rei do Egito chamou as parteiras e lhes perguntou: "Por que vocês procederam dessa forma e deixaram os meninos vivos?". 19 As parteiras responderam ao faraó: "Porque as mulheres hebreias não são como as mulheres egípcias — elas entram em trabalho de parto e dão à luz antes de a parteira chegar". 20 Portanto, Deus foi propício às parteiras, e o povo continuou a multiplicar-se e a crescer com muita força. 21 Na verdade, pelo fato de as parteiras temerem a Deus, ele fez delas fundadoras de famílias. 22 Então faraó deu a seguinte ordem a todo o seu povo: "Todo menino recém-nascido deve ser jogado no rio; mas deixem vivas todas as meninas".

2 1 Um homem da família de Levi tomou por mulher uma descendente de Levi. 2 Quando ela engravidou e teve um filho, ao ver que se tratava de um filho vistoso, escondeu-o durante três meses. 3 Não podendo mais acobertá-lo, pegou uma cesta de papiro, cobriu-a com argila e alcatrão, deitou nela o filho e colocou-a entre os juncos da margem do rio. 4 Sua irmã ficou a certa distância para ver o que lhe aconteceria.

5 A filha do faraó desceu ao rio para banhar-se, enquanto suas acompanhantes andavam pela margem do rio. Observando a cesta entre os juncos, ela mandou a escrava pegá-la. 6 Abriu-a e olhou em seu interior, e ali, diante dela, estava um bebê do sexo masculino chorando! Movida de compaixão, ela disse: "Este deve ser um dos filhos dos hebreus". 7 Nesse momento, a irmã [do menino] disse à filha do faraó: "Você deseja que eu vá procurar uma das mulheres hebreias para amamentar o bebê para você?". 8 A filha do faraó respondeu: "Sim, vá". Por isso, a garota foi e chamou a própria mãe do bebê. 9 A filha do faraó lhe disse: "Leve este menino embora e amamente-o por mim, e eu pagarei a você por isso". Em seguida, a mulher pegou o filho e o amamentou. 10 Quando o filho cresceu um pouco, ela o levou para a filha do faraó, que começou a criá-lo como próprio filho. Ela lhe deu o nome de Mosheh [tirado], dizendo: "Porque eu o tirei da água".

(Terceiro) 11 Um dia, quando Mosheh já se havia tornado homem, saiu para visitar seus parentes, e os observou realizando trabalhos forçados. Viu um egípcio bater em um hebreu, um de seus parentes. 12 Ele olhou para um lado e para o outro; e, ao perceber que não havia ninguém por perto, matou o egípcio e escondeu seu corpo na areia. 13 No dia seguinte, ele saiu e viu dois homens hebreus brigando. Ele disse ao que estava errado: "Por que você está batendo em seu companheiro?". 14 Ele retrucou: "Quem o designou nosso dirigente e juiz? Você quer matar-me da forma que matou o egípcio?". Mosheh ficou com medo. "Claro", ele pensou, "o assunto é de conhecimento geral". 15 Quando o faraó ouviu isso, tentou mandar executar Mosheh. Contudo, Mosheh fugiu do faraó para viver na terra de Midyan.

Um dia, enquanto ele estava sentado junto a um poço, 16 as sete filhas do sacerdote de Midyan chegaram para tirar água. Elas encheram as gamelas para dar água às ovelhas de seu pai, 17 quando uns pastores chegaram e tentaram mandá-las embora. No entanto, Mosheh levantou-se e defendeu-as; então elas deram água às suas ovelhas. 18 Quando chegaram a Re'u'el, seu pai [à propriedade dele], ele disse: "Como vocês voltaram tão cedo hoje?". 19 Elas responderam: "Um egípcio livrou-nos dos pastores; e fez mais que isso: tirou água [do poço] e a deu às ovelhas". 20 Ele perguntou às filhas: "Onde ele está? Por que vocês deixaram o homem lá? Convidem-no para vir comer alguma coisa".

21 Mosheh alegrou-se com a permanência com o homem, e ele deu a Mosheh sua filha Tzipporah em casamento. 22 Ela deu à luz um filho, e ele lhe pôs o nome de Gershom [estrangeiro ali], pois ele disse: "Sou estrangeiro em uma terra estranha".

23 Depois de muitos anos, o rei do Egito morreu; no entanto, o povo de Yisra'el ainda gemia sob o jugo da escravidão, e eles clamaram, e seu clamor por salvação da escravidão chegou a Deus. 24 Deus ouviu-lhes o lamento e lembrou-se de sua aliança com Avraham, Yitz'chak e Ya'akov. 25 Deus viu o povo de Yisra'el e os reconheceu.

3 **(Quarto)** 1 E Mosheh tomava conta das ovelhas de Yitro, seu sogro, o sacerdote de Midyan. Ao conduzir o rebanho a uma parte distante do deserto, chegou à montanha de Deus, ao Horev. 2 O anjo de *Adonai* lhe apareceu em um fogo chamejante do meio de um arbusto. Ele olhou e viu que, apesar de o arbusto arder com

o fogo, ele não era destruído pelo calor. 3 Mosheh disse: "Vou aproximar-me e con-
templar essa visão incrível e descobrir o motivo de o arbusto não ser destruído pelo
calor". 4 Quando *Adonai* viu que ele se aproximou para observar, Deus chamou-o
do meio do arbusto: "Mosheh! Mosheh!". Ele respondeu: "Aqui estou". 5 Ele disse:
"Não chegue mais perto! Tire as sandálias de seus pés, pois o lugar onde você
está é um lugar sagrado. 6 Eu sou o Deus de seus pais", ele continuou, "o Deus de
Avraham, o Deus de Yitz'chak e o Deus de Ya'akov". Mosheh cobriu o rosto, pois
teve medo de olhar para Deus. 7 *Adonai* disse: "Vi como meu povo é oprimido no
Egito e ouvi seu clamor por libertação de seus capatazes, pois lhes conheço a dor.
8 Desci para salvá-los dos egípcios e tirá-los desse país e levá-los a uma terra boa e
ampla, uma terra onde sobejam leite e mel, o local [onde se encontram] o kena'ani,
o hitti, o emori, o p'rizi, o hivi e o y'vusi. 9 Sim, o clamor do povo de Yisra'el chegou
até mim, e eu vi a violência com a qual os egípcios os oprimem. 10 Portanto, venha
agora; e eu o enviarei ao faraó para que você guie meu povo, os descendentes de
Yisra'el, para fora do Egito".

11 Mosheh disse a Deus: "Quem sou eu para dirigir-me ao faraó e levar o povo de
Yisra'el para fora do Egito?". 12 Ele respondeu: "Tenha certeza de que estarei com
você. O sinal de que eu o enviei será este: quando você tiver levado o povo para fora
do Egito, vocês adorarão a Deus nesta montanha".

13 Mosheh disse a Deus: "Quando eu aparecer diante do povo de Yisra'el e lhes
disser: 'O Deus de seus ancestrais enviou-me a vocês'; e eles me perguntarem: 'Qual
é o nome dele?', o que eu lhes direi?". 14 Deus disse a Mosheh: "*Ehyeh Asher Ehyeh*
[Eu Sou/Serei o que Sou/Serei]", e acrescentou: "Eis o que você deve dizer ao povo de
Yisra'el: '*Ehyeh* [Eu sou ou Eu serei] enviou-me a vocês' ". 15 Além disso, Deus disse
a Mosheh: "Diga isto ao povo de Yisra'el: '*Yud-Heh-Vav-Heh* [*Adonai*], o Deus de seus
pais, o Deus de Avraham, o Deus de Yitz'chak e o Deus de Ya'akov, enviou-me a
vocês'. Este é o meu nome para sempre; desejo ser lembrado dessa forma, geração
após geração. **(Quinto)** 16 Vá, reúna os líderes de Yisra'el e diga-lhes: '*Adonai*, o Deus
de seus pais, o Deus de Avraham, Yitz'chak e Ya'akov, apareceu-me e disse: "Tenho
prestado muita atenção em vocês e vi o que fazem a vocês no Egito; 17 e eu disse que
os tiraria da miséria do Egito e os levaria à terra do kena'ani, do hitti, do emori, do
p'rizi, do hivi e do y'vusi, à terra em que sobejam leite e mel" '. 18 Eles darão atenção
ao que você disser. Então irão você e os líderes de Yisra'el à presença do rei do Egito;
e você lhe dirá: '*Adonai*, o Deus dos hebreus, encontrou-se conosco. Agora, por favor,
permita-nos fazer uma jornada de três dias ao deserto; para que nós façamos sacri-
fícios a *Adonai*, nosso Deus'. 19 Sei que o rei do Egito não os deixará sair, a menos que
ele seja forçado a isso. 20 Eu, porém, estenderei minha mão e atingirei o Egito com
todas as minhas maravilhas que realizarei ali. Depois disso, ele permitirá a partida.
21 Além disso, tornarei os egípcios tão benevolentes para com este povo que, ao par-
tirem, não sairão de mãos vazias. 22 Ao contrário, todas as mulheres pedirão joias
de prata e de ouro e roupas às suas vizinhas e aos hóspedes, com as quais vocês
vestirão seus filhos e filhas. Desse modo, vocês pilharão os egípcios".

4 1 Mosheh respondeu: "Tenho certeza, porém, de que eles não crerão em mim e
não ouvirão o que digo, pois afirmarão: '*Adonai* não apareceu a você' ". 2 *Adonai* lhe
respondeu: "O que é isso em sua mão?". E ele disse: "Uma vara". 3 *Adonai* ordenou:
"Lance-a ao solo!", e ele a lançou ao solo. Ela se transformou em uma serpente,

e Mosheh afastou-se dela. 4 Em seguida, *Adonai* disse a Mosheh: "Estenda a mão e pegue-a pela cauda". Ele a pegou com a mão e segurou-a, e ela se transformou em uma vara em sua mão. 5 "Isso é para que eles creiam que *Adonai*, o Deus de seus pais, o Deus de Avraham, o Deus de Yitz'chak e o Deus de Ya'akov, apareceu a você!".

6 Além disso, *Adonai* lhe disse: "Coloque, agora, a mão dentro de seu casaco". Ele colocou a mão no casaco e, quando a tirou, ela estava leprosa, tão branca quanto a neve. 7 Deus disse a Mosheh: "Coloque a mão outra vez no casaco". Ele colocou a mão de volta no casaco, e, quando a tirou, ela estava tão saudável quanto o resto de seu corpo. 8 "Se eles não crerem em você ou não derem atenção à evidência do primeiro sinal, serão convencidos pelo segundo. 9 No entanto, se eles não se persuadirem nem mesmo por esses dois sinais e ainda não ouvirem o que você diz, pegue um pouco de água do rio e derrame sobre o solo. A água que você pegar do rio se transformará em sangue sobre a terra seca".

10 Mosheh disse a *Adonai:* "Oh, *Adonai*, sou péssimo orador. Sempre fui assim e não estou melhor agora, mesmo depois de teres falado com teu servo! Minhas palavras saem vagarosamente, minha língua move-se com lentidão". 11 *Adonai* lhe respondeu: "Quem dá a boca a uma pessoa? Quem faz o indivíduo mudo ou surdo, com boa visão ou cego? Não sou eu, *Adonai*? 12 Portanto, vá; e eu estarei com sua boca e ensinarei a você o que dizer".

13 Ele, porém, respondeu: "Por favor, Senhor, manda outra pessoa — qualquer outra que tu desejares!". 14 Por causa disso, a ira de *Adonai* se acendeu contra Mosheh; ele disse: "Você não tem um irmão, Aharon, o *levi*? Sei que ele é um bom orador. De fato, agora ele está aqui, vindo a seu encontro; e ele ficará muito feliz por vê-lo. 15 Você falará com ele e porá minhas palavras em sua boca; e eu estarei com sua boca e com a dele, ensinando a vocês dois o que fazer. 16 Assim, ele será seu porta-voz em relação ao povo; sim, ele será a sua boca; e você será como Deus para ele. 17 Tome agora essa vara em sua mão, pois precisará dela para realizar os sinais".

(Sexto) 18 Mosheh foi embora, voltou para Yitro, seu sogro, e lhe disse: "Imploro a você que me deixe voltar para meus parentes no Egito, para ver se eles ainda estão vivos". Yitro disse a Mosheh: "Vá em paz". 19 *Adonai* disse a Mosheh, em Midyan: "Volte ao Egito, pois todos os homens que desejavam matá-lo já morreram". 20 Então, Mosheh pegou sua mulher e seus filhos, montou-os em um jumento e partiu em direção ao Egito. Mosheh levou em sua mão a vara de Deus. 21 *Adonai* disse a Mosheh: "Quando você chegar ao Egito, certifique-se de realizar diante do faraó todas as maravilhas que eu dei a você condições de fazer. Mesmo assim, endurecerei o coração dele, e ele se recusará a deixar o povo ir. 22 Então você dirá ao faraó: '*Adonai* diz: "Yisra'el é meu primogênito. 23 Eu disse a você para deixar meu filho adorar-me, mas você recusou-se a deixá-lo partir. Por isso, matarei seu primogênito!" ' ".

24 *Adonai* encontrou-se com Mosheh em uma hospedaria, junto ao caminho, e o teria matado, 25 se Tzipporah não tivesse pegado uma pedra afiada e cortado o prepúcio de seu filho. Ela o lançou aos pés dele, dizendo: "Você é para mim um noivo sanguinário!". 26 Então Deus deixou Mosheh passar. Ela acrescentou: "Um noivo sanguinário por causa da circuncisão!".

27 *Adonai* disse a Aharon: "Vá ao deserto para encontrar-se com Mosheh". Ele foi, encontrou-o na montanha de Deus e o beijou. 28 Mosheh disse-lhe tudo o que *Adonai* falara ao enviá-lo, incluindo todos os sinais que ele lhe ordenara realizar. 29 Mosheh e Aharon foram e reuniram-se com todos os líderes do povo de Yisra'el.

30 Aharon disse tudo o que *Adonai* falara para Mosheh, que realizara a seguir os sinais para serem vistos pelo povo. 31 O povo creu; quando eles ouviram que *Adonai* se lembrou do povo de Yisra'el e viu quanto eles eram oprimidos, curvaram a cabeça e o adoraram.

5 **(Sétimo)** 1 Depois disso, Mosheh e Aharon chegaram e disseram ao faraó: "Eis o que *Adonai*, o Deus de Yisra'el, diz: 'Deixe meu povo ir, para que eles celebrem uma festa no deserto em minha honra' ". 2 No entanto, o faraó respondeu: "Quem é *Adonai*, para que eu lhe obedeça quando ele diz para deixar Yisra'el partir? Não conheço *Adonai* e também não permitirei a partida de Yisra'el".

3 Eles disseram: "O Deus dos hebreus encontrou-se conosco. Por favor, deixe-nos ir ao deserto em uma jornada de três dias, para que ofereçamos sacrifícios a *Adonai*, nosso Deus. De outro modo, ele pode nos atingir com uma praga ou com a espada". 4 O rei do Egito respondeu-lhes: "Mosheh e Aharon, o que vocês querem com o fato de afastar as pessoas de suas obrigações? Voltem ao trabalho! 5 Vejam", o faraó acrescentou, "a população da terra cresceu, entretanto vocês estão tentando fazê-las parar de trabalhar!".

6 Naquele mesmo dia, o faraó ordenou aos capatazes e aos feitores: 7 "Vocês não fornecerão mais a palha para a preparação de tijolos, como ocorria anteriormente. Que eles mesmos recolham a palha. 8 No entanto, vocês exigirão que eles produzam a mesma quantidade de tijolos de antes, não a reduzam, pois eles estão com tempo ocioso. Esse é o motivo de pedirem: 'Deixe-nos oferecer sacrifícios a nosso Deus'. 9 Deem a essas pessoas trabalhos mais pesados. Isso as manterá bastante ocupadas para não prestarem atenção a discursos repletos de mentiras".

10 Os capatazes do povo saíram, bem como os feitores, e disseram ao povo: "Eis o que o faraó diz: 'Não darei mais a palha a vocês. 11 Vocês mesmos devem ir e juntar palha onde conseguirem encontrá-la. No entanto, sua produção não deve diminuir' ". 12 Assim, o povo foi disperso por toda a terra do Egito com o objetivo de coletar a palha que sobrava no campo após a colheita. 13 Os capatazes mantiveram a pressão sobre eles: "Continuem trabalhando! Cumpram a cota diária, do mesmo jeito que cumpriam quando recebiam a palha". 14 Os feitores do povo de Yisra'el, apontados pelos capatazes do faraó para os supervisionarem, foram açoitados e perguntaram: "Por que vocês não cumpriram a cota de tijolos de ontem e de hoje, como faziam antes?".

15 Então os feitores do povo de Yisra'el reclamaram ao faraó: "Por que você trata seus servos desse jeito? 16 Palha nenhuma é concedida a seus servos; no entanto, eles continuam nos dizendo para fazermos tijolos. E agora seus servos são açoitados, mas a falha recai sobre o seu povo". 17 "Preguiçosos!", ele retrucou. "Vocês são preguiçosos! Essa é a razão de me dizerem: 'Vamos fazer sacrifícios a *Adonai*'. 18 Agora voltem e retomem o trabalho! Nenhuma palha será entregue a vocês; além disso, terão de entregar a mesma quantidade de tijolos". 19 Quando disseram: "Vocês não devem reduzir a produção diária de tijolos", os feitores do povo de Yisra'el puderam perceber que estavam em uma situação muito complicada.

20 Quando saíram da presença do faraó, eles encontraram Mosheh e Aharon na estrada; 21 e lhes disseram: "Que *Adonai* olhe para vocês e os julgue de acordo, pois vocês nos tornaram odiosos à vista do faraó e de seus servos, e colocaram uma espada nas mãos deles para nos matarem!". ***(Maftir)*** 22 Mosheh voltou-se para *Adonai*

e disse: "*Adonai*, por que tu trataste teu povo de forma tão terrível? De que valeu
enviar-me? 23 Pois, desde que me aproximei do faraó para falar-lhe em teu nome,
ele tem lidado de modo terrível com este povo! E tu ainda não resgataste teu povo!".

6 1 *Adonai* disse a Mosheh: "Agora você verá o que eu farei com o faraó. Por causa de
uma mão poderosa, ele os enviará; por causa da força, ele os expulsará da terra!".

***Haftarah Sh'mot*: *Yesha'yahu* [Is] 27.6—28.13; 29.22,23 (A); *Yirmeyahu* [Jr] 1.1—2.3 (S).**

Sugestão de leitura da *B'rit Hadashah* para a *Parashah Sh'mot*: *Mattityahu* [Mt] 22.23-33,41-46; Marcos 12.18-27,35-37; Lucas 20.27-44; Atos 3.12-15; 5.27-32; 7.17-36; 22.12-16; 24.14-16; Judeus messiânicos [Hb] 11.23-26.

Parashah 14: *Va'era* (E apareci) 6.2—9.35

2 Deus falou com Mosheh, dizendo-lhe: "Eu sou *Adonai*. 3 Apareci a Avraham,
Yitz'chak e Ya'akov como *El Shaddai*, apesar de não me ter feito conhecer a eles por
meio de meu nome, *Yud-Heh-Vav-Heh* [*Adonai*]. 4 Também estabeleci com eles minha
aliança para dar-lhes a terra de Kena'an, uma terra em que eles peregrinaram e
viveram como estrangeiros. 5 Além disso, ouvi o gemido do povo de Yisra'el, o qual
os egípcios mantêm em escravidão; e lembrei-me da minha aliança.

6 "Portanto, diga ao povo de Yisra'el: 'Eu sou *Adonai*. Libertarei vocês dos tra-
balhos forçados [impostos] pelos egípcios, eu os resgatarei da opressão deles e os
redimirei com o braço estendido e grandes juízos. 7 Eu os receberei como meu povo
e serei o seu Deus. Assim, saberão que eu sou *Adonai*, o Deus de vocês, que os li-
bertou dos trabalhos forçados [impostos] pelos egípcios. 8 Eu os levarei à terra que
jurei dar a Avraham, Yitz'chak e Ya'akov — eu a darei a vocês como sua herança.
Eu sou *Adonai*' ".

9 Mosheh disse isso ao povo de Yisra'el. Eles, porém, não lhe deram ouvidos,
pois estavam muito desanimados, e a escravidão era bastante cruel.

10 *Adonai* disse a Mosheh: 11 "Vá e diga ao faraó, rei do Egito, para deixar o povo
de Yisra'el sair de sua terra". 12 Mosheh disse a *Adonai*: "Olha, o povo de Yisra'el
não me tem ouvido, por isso como o faraó ouvirá a mim, sendo eu um orador tão
medíocre?". 13 *Adonai*, porém, falou a Mosheh e Aharon e deu-lhes ordens concer-
nentes ao povo de Yisra'el e a faraó, rei do Egito, para tirarem o povo de Yisra'el
da terra do Egito.

(Segundo) 14 Estes foram os cabeças de suas famílias: os filhos de Re'uven, o
primogênito de Yisra'el, foram Hanokh, Pallu, Hetzron e Karmi. Essas foram as
famílias de Re'uven.

15 Os filhos de Shim'on foram Y'mu'el, Yamin, Ohad, Yakhin, Tzochar e Sha'ul,
o filho da mulher kena'ani. Essas foram as famílias de Shim'on.

16 Estes são os nomes dos filhos de Levi com seus descendentes: Gershon, K'hat
e M'rari. Levi viveu até os 137 anos de idade. 17 Os filhos de Gershon foram Livni e
Shim'i, com suas famílias. 18 Os filhos de K'hat foram 'Amram, Yitz'har, Hevron

e 'Uzi'el. K'hat viveu até os 133 anos. 19 Os filhos de M'rari foram Machli e Mushi.
Essas foram as famílias de Levi com seus descendentes.

20 'Amram casou-se com Yokheved, irmã de seu pai, e ela deu à luz Aharon
e Mosheh. 'Amram viveu até os 137 anos. 21 Os filhos de Yitz'har foram Korach,
Nefeg e Zikhri. 22 Os filhos de 'Uzi'el foram Misha'el, Eltzafan e Sitri. 23 Aharon
casou-se com Elisheva, filha de 'Amminadav e irmã de Nachshon, e ela deu à
luz Nadav, Avihu, El'azar e Itamar. 24 Os filhos de Korach foram Asir, Elkanah e
Avi'asaf. Essas foram as famílias korchi. 25 El'azar, o filho de Aharon, casou-se
com uma das filhas de Puti'el, e ela deu à luz Pinchas. Esses foram os cabeças das
famílias de Levi, família por família.

26 Estes são o Aharon e Mosheh aos quais *Adonai* disse: "Tirem o povo de Yisra'el
da terra do Egito, divisão por divisão", 27 e os que disseram ao faraó, rei do Egito,
para deixar o povo de Yisra'el sair do Egito. Esses são os mesmos Mosheh e Aharon.

28 No dia em que *Adonai* falou a Mosheh na terra do Egito, **(Terceiro)** 29 ele disse:
"Sou *Adonai*. Diga ao faraó, rei do Egito, tudo o que eu lhe disse".

30 Mosheh respondeu a *Adonai*: "Veja, sou um orador medíocre, por isso o faraó
não me ouvirá".

7 1 Entretanto, *Adonai* disse a Mosheh: "Eu o coloquei no lugar de Deus para o faraó,
e Aharon, seu irmão, será o seu profeta. 2 Você dirá tudo o que eu ordenar a
você, e Aharon, seu irmão, deve falar ao faraó e dizer-lhe que deixe o povo de
Yisra'el sair de sua terra. 3 Eu, porém, endurecerei o coração dele. Apesar de eu au-
mentar meus sinais e minhas maravilhas na terra do Egito, 4 o faraó não os ouvirá.
Então porei minha mão sobre o Egito e trarei meus exércitos, meu povo, os filhos
de Yisra'el, da terra do Egito com grandes atos de juízo. 5 Quando estender minha
mão sobre o Egito e tirar o povo de Yisra'el do meio deles, os egípcios saberão que
eu sou *Adonai*".

6 Mosheh e Aharon realizaram exatamente o que *Adonai* lhes ordenara fazer.
7 Mosheh tinha 80 anos de idade, e Aharon, 83, quando falaram com o faraó.

(Quarto) 8 *Adonai* disse a Mosheh e Aharon: 9 "Quando o faraó disser a vocês:
'Realizem um milagre', fale a Aharon para pegar sua vara e lançá-la diante do faraó,
para que ela se transforme em uma serpente". 10 Mosheh e Aharon apresentaram-
-se ao faraó e agiram como *Adonai* lhes ordenara — Aharon lançou a vara diante do
faraó e de seus servos, e ela se transformou em uma serpente. 11 Contudo, por sua
vez, o faraó chamou os sábios e feiticeiros; e também eles, os magos do Egito, fizeram
o mesmo, valendo-se de suas artes secretas. 12 Cada um lançou sua vara, e elas
se tornaram serpentes. No entanto, a vara de Aharon engoliu as deles. 13 Mesmo
assim, o faraó teve o coração endurecido; e ele não lhes deu ouvidos, como *Adonai*
dissera que aconteceria.

14 *Adonai* disse a Mosheh: "O faraó é teimoso. Ele se recusa a deixar o povo
partir. 15 Vá ao faraó de manhã quando ele vai à água. Fique na margem do rio
para confrontá-lo, tenha em sua mão o cajado que foi transformado em serpente
16 e diga-lhe: '*Adonai*, o Deus dos hebreus, enviou-me até você para dizer: "Deixe
meu povo ir, para que eles me adorem no deserto". No entanto, até o momento,
você não me tem dado ouvidos; 17 por isso, *Adonai* diz: "Isso fará você saber que eu
sou *Adonai*": pegarei o cajado da minha mão e ferirei a água do rio, e ela será trans-
formada em sangue. 18 O peixe do rio morrerá, o rio cheirará mal e os egípcios não
desejarão beber a água do rio' ".

19 *Adonai* disse a Mosheh: "Diga a Aharon: 'Pegue sua vara, estenda a mão sobre as águas do Egito, sobre seus rios, canais, tanques e todos os seus reservatórios, para que eles se transformem em sangue. Haverá sangue em toda a terra do Egito, mesmo nos recipientes de madeira e jarros de pedra' ". 20 Mosheh e Aharon fizeram exatamente o que *Adonai* ordenara. Ele ergueu o cajado e, aos olhos do faraó e de seus servos, feriu a água do rio; e toda a água do rio foi transformada em sangue. 21 O peixe do rio morreu, e o rio passou a cheirar tão mal que os egípcios não podiam beber de sua água. Houve sangue em toda a terra do Egito.

22 Entretanto, os magos do Egito realizaram o mesmo com suas artes secretas, de modo que o faraó teve o coração endurecido e não lhes deu ouvidos, como *Adonai* tinha dito que ocorreria. 23 O faraó virou-se e retornou ao palácio, sem levar nada do ocorrido ao coração. 24 Todos os egípcios cavaram à volta do rio à procura de água para beber, pois não podiam beber da água do rio.

25 Sete dias depois de *Adonai* ter golpeado o rio, 26(8.1) *Adonai* disse a Mosheh: "Vá ao faraó e diga-lhe: 'Eis o que *Adonai* diz: "Deixe meu povo ir, para que eles me adorem. 27(8.2) Se você se recusar a deixá-los ir, ferirei todo o seu território com rãs. 28(8.3) O rio enxameará com rãs. Elas subirão, entrarão em seu palácio e seu quarto de dormir, sobre sua cama. Elas entrarão nas casas de seus servos e de seu povo e em seus fornos e amassadeiras. 29(8.4) As rãs subirão sobre você, sobre todo o seu povo e seus servos" ' ".

8 1(5) *Adonai* disse a Mosheh: "Diga a Aharon: 'Estenda a mão com sua vara sobre os rios, canais e tanques; e faça as rãs subirem à terra do Egito' ". 2(6) Aharon estendeu a mão sobre as águas do Egito, e as rãs subiram e cobriram a terra do Egito. 3(7) No entanto, os magos fizeram o mesmo com suas artes secretas e trouxeram rãs à terra do Egito.

4(8) O faraó chamou Mosheh e Aharon e disse: "Intercedam a *Adonai* para a remoção das rãs de sobre mim e de sobre meu povo, e eu deixarei o povo ir e oferecer sacrifícios a *Adonai*". 5(9) Mosheh disse ao faraó: "Não apenas isso; você poderá ter a honra de determinar o momento em que orarei por você, por seus servos e pelo povo para que se vejam livres das rãs, vocês mesmos e suas casas, e elas permanecerão somente no rio". 6(10) Ele respondeu: "Amanhã". Mosheh disse: "Que seja como você disse; e que, por meio disso, aprenda que *Adonai*, nosso Deus, não possui rival. **(Quinto)** 7(11) As rãs deixarão você e suas casas, também se afastarão de seus servos e de seu povo, permanecendo apenas no rio". 8(12) Mosheh e Aharon saíram da presença do faraó, e Mosheh clamou a *Adonai* por causa das rãs que ele levou ao faraó. 9(13) *Adonai* fez como Mosheh lhe tinha pedido — as rãs morreram nas casas, nos pátios e campos; 10(14) eles as juntaram em montes até que a terra começou a cheirar mal. 11(15) No entanto, quando o faraó percebeu que lhe foi concedido certo alívio, endureceu o próprio coração e não lhes deu ouvidos, como *Adonai* afirmara que aconteceria.

12(16) *Adonai* disse a Mosheh: "Fale a Aharon: 'Estenda a vara e fira o pó do solo; ele se transformará em piolhos por toda a terra do Egito' ". 13(17) Eles o fizeram — Aharon estendeu a mão com a vara e feriu o pó do solo, e surgiram piolhos nas pessoas e nos animais; todo o pó do solo transformou-se em piolhos em toda a terra do Egito. 14(18) Os magos tentaram reproduzir os piolhos com suas artes secretas, mas não foram capazes. Havia piolhos nas pessoas e nos animais.

15(19) Então os magos disseram ao faraó: "Este é o dedo de Deus". Entretanto, o faraó
teve o coração endurecido, para que não lhes desse ouvidos, como *Adonai* dissera
que ocorreria.
16(20) *Adonai* disse a Mosheh: "Levante-se bem cedo, ponha-se diante do faraó
quando ele sair da água e diga-lhe: 'Eis o que *Adonai* diz: "Deixe meu povo ir, para
que me adore. 17(21) De outro modo, se você não deixar meu povo ir, enviarei enxa-
mes de insetos sobre você, seus servos e seu povo, e [eles entrarão] em suas casas.
As casas dos egípcios estarão repletas de enxames de insetos, e da mesma forma
o solo em que pisam. 18(22) Eu, porém, separarei a terra de Goshen, onde meu povo
vive — nenhum enxame de insetos entrará ali — para que você perceba que eu sou
Adonai, bem ali na terra. **(Sexto)** 19(23) Sim, eu farei distinção entre o meu povo e o
seu povo, e este sinal acontecerá amanhã" ' ". 20(24) *Adonai* procedeu dessa forma:
enxames terríveis de insetos entraram no palácio do faraó e nas casas de todos os
seus servos — os insetos causaram destruição em toda a terra do Egito.
21(25) O faraó chamou Mosheh e Aharon e disse: "Vão e façam sacrifícios a seu
Deus aqui na terra". 22(26) Contudo, Mosheh respondeu: "Seria impróprio proce-
dermos desse modo, pois os animais que sacrificamos a *Adonai*, nosso Deus, são
abominação para os egípcios. Não nos apedrejariam os egípcios até a morte se
diante de seus olhos sacrificássemos o que eles consideram uma abominação?
23(27) Não, percorreremos a jornada de três dias no deserto e sacrificaremos a *Adonai*,
nosso Deus, como ele nos ordenou fazer". 24(28) O faraó disse: "Permitirei sua par-
tida, para que façam sacrifícios a *Adonai*, seu Deus, no deserto. Apenas não se
afastem muito. Intercedam em meu favor". 25(29) Mosheh disse: "Está bem, ao sair
de sua presença, intercederei a *Adonai* para que amanhã os enxames de insetos
saiam de perto do faraó, de seus servos e de seu povo. Certifique-se apenas de
que o faraó pare de brincar com as pessoas mediante o impedimento de que vão
oferecer sacrifícios a *Adonai*".
26(30) Mosheh deixou o faraó e intercedeu junto a *Adonai*, 27(31) e *Adonai* realizou
o que Mosheh lhe pedira: removeu os enxames de insetos de sobre o faraó, seus
servos e seu povo — não restou nenhum deles. 28(32) No entanto, também dessa vez,
o faraó tornou-se teimoso e não permitiu a ida do povo.

9 1 Depois *Adonai* disse a Mosheh: "Vá ao faraó e diga-lhe: 'Eis o que *Adonai*, o Deus
dos hebreus, diz: "Deixe meu povo ir para que me adore. 2 Se você se recusar a
deixá-los partir e persistir em os reter, 3 a mão de *Adonai* estará sobre seu gado no
campo — sobre cavalos, jumentos, camelos, gado e rebanhos — e os fará sofrer de
uma doença devastadora. 4 No entanto, *Adonai* fará distinção entre o gado do Egito
e o de Yisra'el — nada pertencente ao povo de Yisra'el morrerá" ' ". 5 *Adonai* deter-
minou o tempo exato ao dizer: "Amanhã *Adonai* realizará isso na terra". 6 No dia
seguinte, *Adonai* fez isso — todo o gado do Egito morreu; mas nenhum dos animais
pertencentes ao povo de Yisra'el morreu. 7 O faraó investigou o ocorrido e desco-
briu que nenhum animal do povo de Yisra'el morrera. Mesmo assim, o coração do
faraó permaneceu teimoso, e ele não permitiu a saída do povo.
8 *Adonai* disse a Mosheh e Aharon: "Peguem um punhado de cinzas de um forno,
e que Mosheh lance-as ao ar diante dos olhos do faraó. 9 Elas serão transformadas
em um pó fino por toda a terra do Egito e se tornarão em feridas infectadas nos
homens e nos animais de todo o Egito". 10 Assim, eles pegaram cinzas de um forno,

colocaram-se diante do faraó e lançaram-nas ao ar; e elas se transformaram em feridas infectadas nos homens e animais. 11 Os magos não foram capazes de permanecer na presença de Mosheh por causa das feridas que lhes sobrevieram como aos demais egípcios. 12 *Adonai*, porém, endureceu o coração do faraó, para que ele não lhes desse ouvidos — como *Adonai* dissera a Mosheh.

13 *Adonai* disse a Mosheh: "Levante-se bem cedo, ponha-se diante do faraó e diga-lhe: 'Eis o que *Adonai* diz: "Deixe meu povo ir, para que ele me adore. 14 Pois desta vez infligirei minhas pragas a você, a seus oficiais e a seu povo, para que percebam que eu sou ímpar em toda a terra. 15 Eu já deveria ter estendido minha mão e ferido vocês e seu povo com pragas tão severas que já teriam sido eliminados da terra. 16 No entanto, é por essa razão que eu o mantive vivo — para mostrar-lhe meu poder e para que meu nome ressoe por toda a terra. **(Sétimo)** 17 Pelo fato de você se pôr ainda contra meu povo e não o deixar sair, 18 amanhã, por volta desta hora, eu enviarei uma tempestade de granizo tão forte que o Egito nunca passou por nada semelhante a ela desde a sua fundação até agora. 19 Portanto, mande recolher todo o seu gado e tudo mais que você tiver no campo, e apresse-se em fazê-lo. Pois o granizo cairá sobre todo ser humano e animal deixado no campo que não foi levado para casa, e eles morrerão" ' ".

20 Quem, dentre os servos do faraó, temeu a declaração de *Adonai* fez os escravos e o gado encontrarem abrigo nas casas; 21 mas os que não tiveram consideração pelo que *Adonai* dissera, deixaram os escravos e o gado no campo.

22 *Adonai* disse a Mosheh: "Estenda a mão na direção do céu, para que haja granizo em toda a terra do Egito, e que ele caia sobre as pessoas, os animais e sobre tudo o que cresce no campo, por toda a terra do Egito". 23 Mosheh estendeu a vara na direção do céu, e *Adonai* enviou o trovão e o granizo, e o fogo desceu à terra. *Adonai* fez cair granizo sobre a terra do Egito — 24 o granizo desceu, e com ele o fogo reluziu; isso foi terrível, pior que qualquer tempestade de granizo [já ocorrida] em todo o Egito desde que [a terra] tornou-se uma nação. 25 O granizo atingiu tudo [que estava] no campo, pessoas e animais, em toda a terra do Egito; e o granizo destruiu toda planta que crescia no campo e derrubou toda árvore dali. 26 No entanto, na terra de Goshen, onde o povo de Yisra'el estava, não houve granizo.

27 O faraó chamou Mosheh e Aharon e lhes disse: "Desta vez, eu pequei: *Adonai* está completamente certo; eu e meu povo estamos errados. 28 Intercedam a *Adonai* — nós não suportamos mais esse terrível trovão e granizo; e eu os deixarei ir, vocês não permanecerão aqui muito mais". 29 Mosheh lhe disse: "Assim que eu sair da cidade, estenderei minhas mãos a *Adonai;* o trovão terminará, e não haverá mais granizo — para que você possa saber que a terra pertence a *Adonai.* 30 No entanto, você e seus servos, sei que vocês ainda não temem a *Adonai*, Deus". 31 O linho e a cevada foram arruinados, pois a cevada estava madura e o linho em botão. 32 Mesmo assim, o trigo e trigo-sarraceno não foram destruídos, pois eles cresceram mais tarde. **(*Maftir*)** 33 Mosheh saiu da cidade, afastando-se do faraó, e estendeu as mãos a *Adonai.* O trovão e o granizo acabaram, e a chuva parou de cair sobre a terra. 34 Quando o faraó viu que a chuva, o granizo e o trovão tinham parado, ele passou a pecar ainda mais ao endurecer o próprio coração, ele e seus servos. 35 O faraó teve o coração endurecido, e não deixou o povo de Yisra'el ir, como *Adonai* dissera por meio de Mosheh.

***Haftarah Va'era*: *Yechezk'el* [Ez] 28.25—29.21.**

Sugestão de leitura da *B'rit Hadashah* para a *Parashah Va'era*: Romanos 9.14-17; 2Coríntios 6.14—7.1.

Parashah 15: *Bo* (Vá) 10.1—13.16

10 1 ADONAI disse a Mosheh: "Vá ao faraó, pois endureci o coração dele e o de seus servos, para eu demonstrar esses meus sinais entre eles, 2 e para que você conte a seu filho e neto a respeito das minhas ações no Egito e dos meus sinais realizados entre eles, e para todos saberem que eu sou ADONAI". 3 Mosheh e Aharon dirigiram-se ao faraó e lhe disseram: "Eis o que ADONAI, Deus dos hebreus, diz: 'Por quanto tempo mais você se recusará a se submeter a mim? Deixe meu povo ir, para que me adore. 4 De outra forma, caso você se recuse a deixar meu povo sair, amanhã eu trarei gafanhotos a seu território. 5 Ninguém será capaz de enxergar o solo, pois ele será coberto completamente pelos gafanhotos. Eles comerão tudo o que tiver escapado do granizo, incluindo toda árvore que houver no campo. 6 Além disso, encherão suas casas e as de seus servos e as de todos os egípcios. Isso nunca foi visto por seus pais ou pelos pais de seus pais desde o dia em que nasceram até hoje' ". Então ele se virou e foi embora.

7 Os servos do faraó disseram-lhe: "Por mais quanto tempo esse homem será uma ameaça para nós? Deixe o povo ir e adorar ADONAI, o Deus deles. Você ainda não entendeu que o Egito está sendo destruído?". 8 Em seguida, Mosheh e Aharon foram trazidos ao faraó outra vez, e ele lhes disse: "Vão, adorem ADONAI, seu Deus. Mas quem irá exatamente?". 9 Mosheh respondeu: "Iremos com nossos jovens e idosos, nossos filhos e filhas; iremos com nossos rebanhos e gado, pois nós precisamos celebrar uma festa a ADONAI". 10 O faraó lhes disse: "ADONAI com certeza estará com vocês, caso eu os deixe partir com seus filhos! É claro que vocês não estão planejando algo bom. 11 Nada feito. Apenas os homens poderão ir e adorar ADONAI. É isso o que desejam, não é?". E eles foram expulsos da presença do faraó.

(Segundo) 12 ADONAI disse a Mosheh: "Estenda a mão sobre a terra do Egito, para que os gafanhotos invadam a terra e comam toda planta deixada pelo granizo". 13 Mosheh estendeu a mão com sua vara sobre a terra do Egito, e ADONAI fez um vento oriental soprar sobre a terra durante todo o dia e toda a noite; e pela manhã o vento oriental trouxe os gafanhotos. 14 Os gafanhotos subiram por toda a terra do Egito e estabeleceram-se em todo o território do Egito. Essa foi a invasão mais severa que já houve ou que jamais haverá outra vez. 15 Eles cobriram o solo de forma completa, de modo que ele parecia escuro. Comeram toda planta que crescia no solo e todo fruto das árvores deixado pelo granizo. Nada verde subsistiu, nenhuma árvore e nenhuma planta no campo, em toda a terra do Egito.

16 O faraó apressou-se a convocar Mosheh e Aharon e disse: "Pequei contra ADONAI, seu Deus, e contra vocês. 17 Agora, por favor, perdoem meu pecado só mais esta vez e intercedam a ADONAI, seu Deus, para que ele retire para longe de mim esta praga mortal". 18 Eles saíram [da presença] do faraó e intercederam junto a ADONAI. 19 ADONAI reverteu o vento e o fez soprar com força do ocidente. Ele levantou os gafanhotos e os levou para o mar de Suf; nenhum gafanhoto permaneceu sobre o solo egípcio. 20 ADONAI, no entanto, endureceu o coração do faraó, e ele não deixou o povo de Yisra'el sair.

21 *Adonai* disse a Mosheh: "Estenda a mão na direção do céu, e haverá trevas sobre a terra do Egito, trevas tão espessas que podem ser tocadas". 22 Mosheh estendeu a mão na direção do céu, e houve trevas espessas em toda a terra do Egito durante três dias. 23 As pessoas não conseguiam enxergar umas às outras, e ninguém se dirigiu a nenhum lugar por três dias. Todavia, todo o povo de Yisra'el possuía luz nas casas.

(Terceiro) 24 O faraó chamou Mosheh e disse: "Vão, adorem *Adonai;* deixem apenas seus rebanhos e gado; seus filhos podem ir com vocês". 25 Mosheh respondeu: "Perceba também que precisamos possuir o que sacrificar e apresentar como oferta queimada, para que ofereçamos sacrifícios a *Adonai*, nosso Deus. 26 Nosso gado também irá conosco — nem mesmo um casco será deixado para trás, pois precisamos escolher alguns deles para adorar *Adonai*, nosso Deus, e não sabemos de quais deles necessitaremos para adorar *Adonai* até chegarmos lá". 27 No entanto, *Adonai* endureceu o coração do faraó, e ele não lhes permitiu partir. 28 O faraó lhes disse: "Saiam da minha frente! É melhor que vocês não vejam meu rosto outra vez, pois, no dia em que o virem de novo, morrerão!". 29 Mosheh respondeu: "Você disse bem: não verei mais seu rosto".

11 1 *Adonai* disse a Mosheh: "Trarei mais uma praga sobre o faraó e o Egito, e depois dela ele permitirá sua saída daqui. Quando ele permitir que saiam, os expulsará completamente! 2 Fale agora ao povo que todo homem deve pedir a seu vizinho e toda mulher a sua vizinha joias de ouro e de prata". 3 *Adonai* tornou os egípcios bem-dispostos para com o povo. Além disso, Mosheh era considerado pelos servos do faraó e pela população um grande homem na terra do Egito.

(Quarto) 4 Mosheh falou: "Eis o que *Adonai* diz: 'Por volta da meia-noite, eu passarei pelo Egito, 5 e todos os primogênitos da terra do Egito morrerão, desde o primogênito do faraó, sentado no trono, até o primogênito da escrava, que trabalha no moinho, e todos os primogênitos do gado. 6 Haverá uma lamentação horrenda em toda a terra do Egito — nunca houve nada semelhante a isso e jamais haverá outra vez. 7 No entanto, não se ouvirá nem mesmo o rosnado de um cão contra o que pertence ao povo de Yisra'el, nem contra as pessoas nem contra os animais. Desse modo, vocês perceberão que *Adonai* faz distinção entre os egípcios e Yisra'el. 8 Todos os seus servos descerão ao meu encontro, prostrando-se diante de mim e dirão: "Você e todas as pessoas que o seguem saiam!", e depois disso eu sairei!' ". E ele saiu da presença do faraó muito irado. 9 *Adonai* disse a Mosheh: "O faraó não dará ouvidos a você, para que eu mostre mais uma de minhas maravilhas na terra do Egito". 10 Mosheh e Aharon realizaram todas essas maravilhas diante do faraó, mas *Adonai* endureceu-lhe o coração, e ele não deixou o povo de Yisra'el sair de sua terra.

12 1 *Adonai* falou a Mosheh e Aharon na terra do Egito; ele disse: 2 "Vocês devem iniciar seu calendário por este mês; ele será o primeiro mês do ano para vocês. 3 Falem a toda a assembleia de Yisra'el e digam: 'No décimo dia deste mês, cada homem deve pegar um carneiro ou um cordeiro para sua família, um por casa — 4 exceto se a casa for muito pequena para um carneiro inteiro ou um cordeiro; neste caso, ele e seu vizinho mais próximo devem compartilhá-lo, dividindo-o de acordo com o número de pessoas que o comerão. 5 O animal deve ser sem defeito, um macho de 1 ano, e pode-se escolher um carneiro ou um cabrito.

6 " 'Vocês devem guardá-lo até o décimo quarto dia do mês, e, então, toda a assembleia da comunidade de Yisra'el o matará ao escurecer. 7 Vocês devem pegar parte do sangue e espalhá-lo nos dois umbrais da porta e na viga superior à entrada da casa em que o comerem. 8 Nessa noite, eles devem comer a carne, assada no fogo; deverão comê-la com *matzah* e *maror*. 9 Não a comam crua ou cozida, mas assada no fogo, com a cabeça, as partes inferiores das pernas e os órgãos internos. 10 Que não sobre nada até a manhã; se sobrar algum pedaço, queimem-no por completo.

11 " 'Eis como vocês devem comê-lo: com os cintos apertados, os sapatos nos pés e a vara na mão; vocês devem comê-lo às pressas. Esta é a *Pesach* [Páscoa] de *Adonai*. 12 Pois, nessa noite, eu passarei pela terra do Egito e matarei todos os primogênitos dos homens da terra e também de todos os animais do Egito; executarei meu juízo contra todos os deuses do Egito; eu sou *Adonai*. 13 O sangue servirá de sinal para marcar as casas em que vocês se encontram; quando vir o sangue, passarei por sobre [heb. *pasach*] vocês — quando eu ferir a terra do Egito, o golpe mortal não os ferirá.

14 " 'Este será um dia para vocês se lembrarem e o celebrarem como uma festa a *Adonai*; de geração em geração, devem celebrá-lo como um regulamento perpétuo.

15 " 'Durante sete dias, vocês devem comer *matzah* — no primeiro dia, removam o fermento de suas casas, pois quem comer *hametz* [pão fermentado] desde o primeiro até o sétimo dia deverá ser eliminado de Yisra'el. 16 No primeiro e no sétimo dias, vocês deverão realizar uma assembleia particular para Deus. Durante esses dias, não se deve realizar nenhum tipo de serviço, exceto o necessário para a preparação do alimento; vocês podem fazer apenas isso. 17 Vocês devem guardar a festa da *matzah*, pois nesse mesmo dia eu trouxe suas divisões da terra do Egito. Portanto, devem guardar esse dia, de geração em geração, como um regulamento perpétuo. 18 Do entardecer do décimo quarto dia do primeiro mês até o entardecer do vigésimo primeiro dia, vocês devem comer *matzah*. 19 Nesses sete dias, não se deve encontrar nenhum fermento em suas casas. Quem comer [qualquer] alimento com *hametz* deve ser eliminado da comunidade de Yisra'el — não importa se a pessoa for estrangeira ou natural da terra. 20 Não comam nada que contenha *hametz*. Onde quer que vivam, comam *matzah*' ".

(Quinto) 21 Então Mosheh chamou todos os líderes de Yisra'el e disse: "Selecionem e separem cordeiros para suas famílias, e matem o cordeiro de *Pesach*. 22 Peguem um ramo de folhas de hissopo, mergulhem-no no sangue que está na bacia e espalhem-no nos dois umbrais da porta e na viga superior. Então nenhum de vocês deverá sair da porta de sua casa até a manhã, 23 pois *Adonai* passará para matar os egípcios; no entanto, quando ele vir o sangue na viga superior e nos dois umbrais, *Adonai* passará adiante da porta e não permitirá que o Executor entre em suas casas e mate vocês. 24 Guardem isso como lei, vocês e seus descendentes, para sempre.

25 "Quando chegarem à terra que *Adonai* dará a vocês, como ele prometeu, devem celebrar esta cerimônia. 26 Quando seus filhos perguntarem: 'O que significa esta cerimônia?', 27 digam: 'Este é o sacrifício de *Pesach* [Páscoa] de *Adonai*, pois [*Adonai*] passou pelas casas do povo de Yisra'el no Egito, quando ele matou os egípcios, mas poupou nossas casas' ". O povo de Yisra'el curvou a cabeça e adorou. 28 Então o povo de Yisra'el foi e realizou o que *Adonai* ordenara a Mosheh e Aharon — isso é o que fizeram.

(Sexto) 29 À meia-noite, *Adonai* matou todos os primogênitos da terra do Egito, desde o primogênito do faraó, que se senta no trono, até o primogênito do prisioneiro que jaz na prisão, e todos os primogênitos do gado. 30 À noite, o faraó levantou-se, bem como todos os seus servos e todos os egípcios; e houve uma lamentação horrenda no Egito, pois não havia uma única casa em que não houvesse um morto. 31 Ele chamou Mosheh e Aharon à noite e disse: "Levantem-se e deixem meu povo, vocês e o povo de Yisra'el; e vão, sirvam *Adonai* como disseram. 32 Levem seus rebanhos e seu gado, como disseram, e saiam daqui! Todavia, abençoem-me". 33 Os egípcios apressaram-se para mandar embora o povo de sua terra, pois eles disseram: "De outro modo, todos nós morreremos também".

34 O povo pegou a massa antes de sua fermentação e embrulhou as amassadeiras com suas roupas, pondo-as sobre os ombros. 35 O povo de Yisra'el fez o que Mosheh disse — eles pediram aos egípcios joias de prata e de ouro e roupas; 36 e *Adonai* fez os egípcios tão bem-dispostos para com o povo, que eles lhe deram tudo o que pediam. Desse modo, eles despojaram os egípcios.

37 O povo de Yisra'el viajou de Ra'amses a Sukkot, cerca de 600 mil homens a pé, sem contar os filhos. 38 Uma multidão misturada também subiu com eles, bem como animais em grande número: rebanhos e gado. 39 Eles assaram porções de *matzah* da massa trazida do Egito, pois não estava fermentada, pois foram expulsos do Egito sem tempo para preparar suprimentos para si.

40 O povo de Yisra'el viveu no Egito durante quatrocentos e trinta anos. 41 No fim dos quatrocentos e trinta anos, naquele dia, todas as divisões de *Adonai* deixaram a terra do Egito. 42 Essa foi a noite que *Adonai* manteve vigília para tirá-los da terra do Egito, e essa mesma noite deve permanecer como a noite em que *Adonai* manteve a vigília por todo o povo de Yisra'el em todas as suas gerações.

43 *Adonai* disse a Mosheh e Aharon: "Este é o regulamento acerca do cordeiro de *Pesach*: nenhum estrangeiro deve comê-lo. 44 No entanto, se alguém possui um escravo comprado com dinheiro, quando vocês o circuncidarem, ele poderá comer. 45 Nem um viajante nem um servo contratado poderão comê-lo. 46 Ele deve ser comido em uma casa. Vocês não devem levar nenhuma parte da carne para o lado de fora da casa, e não quebrem nenhum de seus ossos. 47 Toda a comunidade de Yisra'el deve guardar este regulamento. 48 Se um estrangeiro que estiver com vocês desejar guardar a [festa de] *Pesach* de *Adonai*, todos os seus homens deverão circuncidar-se. Assim, poderá tomar parte e guardá-la; ele será considerado um natural da terra. No entanto, nenhum incircunciso deve comê-lo. 49 O mesmo ensino aplica-se de maneira idêntica ao natural e ao estrangeiro que vive entre vocês".

50 Todo o povo de Yisra'el fez o que *Adonai* ordenara a Mosheh e Aharon. 51 No mesmo dia, *Adonai* trouxe o povo de Yisra'el da terra do Egito segundo suas divisões.

13 **(Sétimo)** 1 *Adonai* disse a Mosheh: 2 "Separe para mim todos os primogênitos. Tudo o que sai em primeiro lugar do ventre dentre o povo de Yisra'el e dentre os animais pertence a mim". 3 Mosheh disse ao povo: "Lembrem-se deste dia em que vocês saíram do Egito, a casa da escravidão, pois *Adonai*, pelo poder de sua mão, tirou-os desse lugar. Não comam *hametz*. 4 Vocês estão partindo hoje, no mês de *aviv*. 5 Quando *Adonai* os trouxer à terra do kena'ani, do hitti, do emori, do hivi e do y'vusi, a qual jurou a seus ancestrais que daria a vocês, a terra em que sobejam leite e mel, vocês devem celebrar esta cerimônia neste mês. 6 Durante sete dias, vocês devem comer *matzah*, e o sétimo dia deve ser uma festa para ADONAI. 7 Deve--se comer *matzah* durante sete dias; nem *hametz* nem nada que fermente deve ser encontrado com vocês em todo o seu território. 8 Nesse dia, você dirá a seu filho: 'Isso é por causa do que ADONAI fez por mim quando eu saí do Egito'.

9 "Além disso, isso servirá a você de sinal sobre sua mão e de recordação entre seus olhos, para que a *Torah* de ADONAI esteja em seus lábios; pois com mão forte ADONAI tirou-o do Egito. 10 Portanto, você deve guardar este regulamento no tempo apropriado, ano após ano. 11 Quando ADONAI o trouxer à terra do kena'ani, como ele jurou a você e a seus antepassados, e entregá-la a você, 12 separe para ADONAI todos os primogênitos que saem do ventre. Todo primogênito dentre os animais pertence a ADONAI. 13 Você deve resgatar todo primogênito da jumenta com um cordeiro; no entanto, se escolher não resgatá-lo, deverá quebrar-lhe o pescoço. Com relação aos primogênitos dos seres humanos, você deve resgatar todo primogênito. **(*Maftir*)** 14 Quando, em um tempo futuro, seu filho lhe perguntar: 'Que é isso?', diga-lhe: 'Com mão forte ADONAI nos tirou do Egito, da casa da escravidão. 15 Quando faraó não estava disposto a nos deixar partir, ADONAI matou todos os primogênitos da terra do Egito, dos homens e dos animais. Esse é o motivo de eu sacrificar a ADONAI todo primogênito que sai do ventre dentre os animais, mas o meu filho primogênito, eu resgato'. 16 Isso servirá de sinal sobre sua mão e sua fronte, com uma faixa em torno de sua testa, de que ADONAI nos tirou do Egito com mão forte".

***Haftarah Bo: Yirmeyahu* [Jr] 46.13-28.**

Sugestão de leitura da *B'rit Hadashah* para a *Parashah Bo:* Lucas 2.22-24; *Yochanan* [Jo] 19.31-37; Atos 13.16,17; Revelação [Ap] 8.6—9.12; 16.1-21.

Parashah 16: *B'shallach* (Depois de ter deixado) 13.17—17.16

17 Depois de o faraó ter deixado o povo partir, Deus não os guiou pela estrada principal que atravessa a terra dos p'lishtim, por causa de sua proximidade — Deus pensou que, ao ver a guerra, o povo poderia mudar de ideia e voltar ao Egito. 18 Em vez disso, Deus guiou o povo por uma rota indireta, através do deserto junto ao mar de Suf. O povo de Yisra'el subiu com armamento completo da terra do Egito.

19 Mosheh levou consigo os ossos de Yosef, pois Yosef fez o povo de Yisra'el jurar-lhe, ao dizer: "Com certeza, Deus se lembrará de vocês, por isso levem meus ossos daqui".

20 Eles partiram de Sukkot e acamparam em Etam, à entrada do deserto. 21 ADONAI ia à frente deles em uma coluna de nuvem, durante o dia, e os guiava no caminho, e à noite, em uma coluna de fogo para dar-lhes luz; assim, eles podiam viajar de dia e de noite. 22 Nem a coluna de nuvem, durante o dia, nem a coluna de fogo, durante a noite, saíam da frente do povo.

14 1 ADONAI disse a Mosheh: 2 "Fale ao povo de Yisra'el que dê a volta e acampe diante de Pi-Hachirot, entre Migdol e o mar, diante de Ba'al-Tz'fon; no campo em frente a ele, junto ao mar. 3 O faraó dirá que o povo de Yisra'el está vagueando sem rumo pela região, que o deserto os cercou por todos os lados. 4 Eu endurecerei a tal ponto o coração do faraó que ele os perseguirá; assim, darei glória a mim mesmo à custa do faraó e todo o seu exército, e os egípcios saberão, finalmente, que eu sou *Adonai*". O povo fez o que lhe foi ordenado.

5 Quando se disse ao rei do Egito que o povo havia fugido, o faraó e seus servos mudaram o coração em relação ao povo. Eles disseram: "Que fizemos nós, permitindo que [os filhos de] Yisra'el deixassem de ser nossos escravos?". 6 A seguir, ele preparou suas carruagens e levou consigo seu povo — 7 cerca de 600 carruagens da melhor qualidade, bem como todas as outras carruagens no Egito, além de seus comandantes. 8 *Adonai* endureceu o coração do faraó, e ele perseguiu o povo de Yisra'el, pois eles saíram com ousadia. **(Segundo)** 9 Os egípcios seguiram-nos, todos os cavalos e todas as carruagens do faraó, com toda a sua cavalaria e todo o seu exército, e os alcançaram enquanto estavam acampados junto ao mar, em Pi-Hachirot, diante de Ba'al-Tz'fon. 10 À medida que o faraó aproximava-se, o povo de Yisra'el levantou os olhos e viu os egípcios bem ali, vindo atrás deles. O povo de Yisra'el clamou a *Adonai* com muito medo 11 e disse a Mosheh: "Você nos trouxe para morrermos no deserto, porque não havia túmulos suficientes no Egito? Por que você fez isso conosco, tirando-nos do Egito? 12 Não dissemos a você, no Egito, para deixar-nos em paz? Permaneceríamos escravos dos egípcios [...]. Seria melhor para nós continuarmos escravos dos egípcios que morrer no deserto!". 13 Mosheh respondeu ao povo: "Não sejam tão medrosos! Fiquem calmos, e vocês verão como *Adonai* os salvará. Ele fará isso hoje — hoje vocês viram os egípcios, mas nunca mais os verão outra vez! 14 *Adonai* lutará por vocês. Acalmem-se!".

(A: Terceiro) 15 *Adonai* perguntou a Mosheh: "Por que vocês clamam a mim? Fale ao povo de Yisra'el que siga em frente! 16 Levante a vara, estenda a mão para o mar e divida-o em dois. O povo de Yisra'el avançará em direção ao mar sobre chão seco. 17 Quanto a mim, endurecerei o coração dos egípcios; eles marcharão atrás de vocês; assim, darei glória a mim mesmo à custa do faraó e de todo o seu exército, todas as suas carruagens e toda a sua cavalaria. 18 Então os egípcios saberão que eu sou *Adonai*, quando tiver dado glória para mim mesmo à custa do faraó, de suas carruagens e de sua cavalaria".

19 A seguir, o anjo de Deus, que ia à frente do acampamento de Yisra'el, moveu-se e colocou-se atrás deles; e a coluna de nuvem saiu da frente deles e postou-se atrás deles. 20 Ela parou entre o acampamento do Egito e o acampamento de Yisra'el — havia nuvem e trevas aqui, e luz noturna ali; para que um não se aproximasse do outro por toda a noite.

21 Mosheh estendeu a mão para o mar, e *Adonai* fez o mar retroceder por causa de um forte vento oriental [que soprou] a noite toda. Ele fez o mar tornar-se chão seco, e sua água foi dividida. 22 Então o povo de Yisra'el partiu em direção ao mar sobre o chão seco, com a água formando duas paredes: [uma] à sua direita e [a outra] à sua esquerda.

23 Os egípcios continuaram a perseguição, seguindo-os em direção ao mar — todos os cavalos do faraó, todas as carruagens e toda a cavalaria. 24 Um pouco antes do amanhecer, *Adonai* observou o exército egípcio de dentro da coluna de fogo e de nuvem e o fez entrar em pânico. 25 Ele provocou a quebra das rodas das carruagens deles [dos egípcios], para que se movessem com muita dificuldade. Os egípcios disseram: "*Adonai* está lutando a favor de Yisra'el contra os egípcios! Vamos nos afastar deles!".

(A: Quarto; S: Terceiro) 26 *Adonai* disse a Mosheh: "Estenda sua mão para o mar, e
a água voltará e cobrirá os egípcios com suas carruagens e sua cavalaria". 27 Mosheh
estendeu a mão para o mar, e, ao amanhecer, o mar voltou à profundidade anterior.
Os egípcios tentaram fugir, mas *Adonai* varreu-os em direção ao mar. 28 A água voltou
e cobriu todas as carruagens e toda a cavalaria do exército do faraó que o seguiram
para o mar — nenhum deles sobreviveu. 29 No entanto, o povo de Yisra'el caminhou
sobre o chão seco do mar, e a água formou paredes à direita e à esquerda dele.

30 Nesse dia, *Adonai* salvou Yisra'el dos egípcios; Yisra'el viu os egípcios mortos na
costa. 31 Quando Yisra'el viu o ato poderoso que *Adonai* realizara contra os egípcios,
o povo temeu *Adonai*, e eles creram em *Adonai* e em Mosheh, seu servo.

15 1 Então Mosheh e o povo de Yisra'el cantaram esta canção a *Adonai*:

"Cantarei a *Adonai*, pois ele é muito exaltado:
ele jogou no mar o cavalo e seu montador.
2 *Yah* é minha força e canção,
e tornou-se minha salvação.
Este é meu Deus; eu o glorificarei;
o Deus de meu pai: eu o exaltarei.
3 *Adonai* é um guerreiro;
Adonai é o seu nome.

4 Ele lançou no mar
as carruagens do faraó e seu exército.
A elite de seus comandantes
foi afogada no mar de Suf.
5 As águas profundas os cobriram;
eles afundaram até as profundezas como pedras.

6 Tua mão direita, *Adonai*, é muitíssimo poderosa;
tua mão direita, *Adonai*, esmaga o inimigo.
7 Por tua grande majestade, derrubas teus inimigos;
Envias tua ira para consumi-los como palha.
8 Com um sopro de tuas narinas, as águas empilharam-se —
as águas pararam como paredes,
as profundezas do mar tornaram-se chão firme.
9 O inimigo disse: 'Eu perseguirei e alcançarei,
dividirei o despojo e me fartarei deles.
Eu sacarei minha espada; minha mão os destruirá'.
10 Tu sopraste com teu vento, o mar os cobriu,
eles afundaram como chumbo nas águas poderosas.

11 Quem é como tu, *Adonai*, entre os poderosos?
Quem é como tu, sublime em santidade,
temível em louvores, realizador de maravilhas?
12 Estendeste tua mão direita:
a terra os engoliu.
13 Em teu amor, guiaste o povo que resgataste;
em teu poder, tu os guiaste à tua habitação sagrada.

14 Os povos ouviram e tremeram;
a angústia apodera-se de quem vive em P'leshet;
15 então os chefes de Edom intimidaram-se;
[um] tremor apoderou-se dos cabeças de Mo'av;
todos os habitantes de Kena'an derreteram-se.

16 Terror e medo caíram sobre eles;
pelo poder de teu braço, eles se calam como pedras
até que teu povo passe, *Adonai*,
até que o povo que adquiriste passe.
17 Tu os trarás e os plantarás
sobre a montanha que é tua herança,
o lugar, *Adonai*, que tu fizeste tua habitação,
o santuário, *Adonai*, estabelecido por tuas mãos.

18 *Adonai* reinará para sempre.

19 Pois os cavalos do faraó seguiram adiante com as carruagens dele
e com sua cavalaria para dentro do mar,
e *Adonai* trouxe de volta as águas do mar, sobre eles,
enquanto o povo de Yisra'el caminhava sobre o chão seco
no meio do mar!".

20 Também Miryam, a profetisa, irmã de Aharon, pegou um pandeiro; e todas as
mulheres saíram atrás dela com pandeiros, dançando, 21 enquanto Miryam cantava
para elas:

"Cantem a *Adonai*, pois ele é muito exaltado!
Ele lançou no mar o cavalo e seu montador!".

22 Mosheh guiou Yisra'el para fora do mar de Suf. Eles saíram em direção ao deserto
de Shur, mas, depois de viajarem durante três dias no deserto, não encontraram
água. 23 Chegaram a Marah, mas não podiam beber a água de lá, pois era amarga.
Esse é o motivo de a chamarem Marah [amargor]. 24 O povo queixou-se de Mosheh e
perguntou: "O que beberemos?". 25 Mosheh clamou a *Adonai*; e *Adonai* mostrou-lhe
um pedaço de madeira, que, ao ser lançado na água, tornou-a de sabor agradável.
Ali *Adonai* estabeleceu para eles leis e regras de vida, e ali ele os testou. 26 Ele disse:
"Se vocês ouvirem com atenção a voz de *Adonai*, seu Deus, e fizerem o que ele considera certo, prestarem atenção às suas *mitzvot* e guardarem suas leis, eu não os atingirei com nenhuma das doenças [com as quais] afligi os egípcios; pois eu sou *Adonai*, [aquele] que cura vocês".

(A: Quinto; S: Quarto) 27 Eles chegaram a Eilim, onde havia 12 fontes e 70 pal-
meiras, e acamparam ali junto à água.

16 1 Eles partiram de Eilim, e toda a comunidade do povo de Yisra'el chegou
ao deserto de Sin, entre Eilim e Sinai, no décimo quinto dia do segundo mês
após a saída da terra do Egito. 2 Ali, no deserto, toda a comunidade do povo de
Yisra'el queixou-se de Mosheh e Aharon. 3 O povo de Yisra'el lhes disse: "Desejaría-
mos que *Adonai* tivesse usado a própria mão para matar-nos no Egito! Ali nos assen-
távamos à volta de panelas com carne cozida e dispúnhamos de alimento conforme

desejássemos. No entanto, vocês nos tiraram de lá e nos trouxeram a este deserto para fazer toda a assembleia morrer de fome!".

4 *Adonai* disse a Mosheh: "Eis que farei chover pão do céu para vocês. O povo deve sair e juntar todos os dias uma porção diária. Assim, eu os testarei: eles guardarão minha *Torah* ou não. 5 No sexto dia, quando eles prepararem o que tiverem trazido, haverá duas vezes a porção recolhida nos outros dias". 6 Mosheh e Aharon disseram a todo o povo de Yisra'el: "Nesta tarde, vocês saberão que *Adonai* tirou-os do Egito; 7 e, pela manhã, verão a glória de *Adonai*, pois ele ouviu seus murmúrios contra *Adonai* — o que somos nós para que vocês murmurem contra nós?". 8 Mosheh acrescentou: "O que eu disse a vocês acontecerá quando *Adonai* der a vocês carne para comer nesta tarde e os fartar de pão amanhã de manhã. *Adonai* ouviu suas reclamações e seus murmúrios contra ele — o que somos nós? Seus murmúrios não são contra nós, mas contra *Adonai*".

9 Mosheh disse a Aharon: "Fale a toda a comunidade de Yisra'el: 'Aproximem-se da presença de *Adonai*, pois ele ouviu seus murmúrios' ". 10 Quando Aharon falava com toda a comunidade do povo de Yisra'el, eles olharam em direção ao deserto, e ali, diante deles, apareceu a glória de *Adonai* em uma nuvem; **(A: Sexto; S: Quinto)** 11 e *Adonai* disse a Mosheh: 12 "Ouvi os murmúrios do povo de Yisra'el. Diga-lhes: 'Ao escurecer, vocês comerão carne, e, pela manhã, serão fartos de pão. Então saberão que eu sou *Adonai*, o Deus de vocês' ".

13 Nessa tarde, surgiram codornas e cobriram o acampamento; enquanto pela manhã havia uma camada de orvalho por todo o acampamento. 14 Quando o orvalho evaporou, havia sobre a superfície do deserto uma substância fina e flocosa, semelhante a uma camada de gelo sobre o solo. 15 Quando o povo de Yisra'el a viu, eles se perguntaram: "*Man hu*? [Que é isto?]", pois não sabiam o que era. Mosheh lhes respondeu: "Este é o pão que *Adonai* deu a vocês para comer. 16 Eis o que *Adonai* ordena: cada homem deve juntá-lo de acordo com seu apetite — deve-se pegar 1 *'omer* [1,89 litro] por pessoa existente em sua tenda". 17 O povo de Yisra'el agiu desse modo. Alguns recolheram mais, outros menos; 18 no entanto, quando eles colocavam [o que haviam recolhido] no medidor de *'omer*, quem juntou mais não possuía em excesso, e quem recolheu menos não passou necessidade. Mesmo assim, cada pessoa recolheu de acordo com seu apetite.

19 Mosheh lhes disse: "Ninguém deve deixar dele até a manhã". 20 Eles, porém, não prestaram atenção em Mosheh, e alguns mantiveram as sobras até a manhã. Surgiram bichos, e [a substância] apodreceu; isso tornou Mosheh muito irritado com eles. 21 Por isso, eles o juntavam todas as manhãs, cada pessoa de acordo com seu apetite; porém, quando a temperatura do sol aumentava, ele derretia.

22 No sexto dia, eles juntaram duas vezes a quantidade de pão, dois *'omrim* por pessoa; e todos os líderes da comunidade aproximaram-se e relataram [o ocorrido] a Mosheh. 23 Ele lhes falou: "Isto é o que *Adonai* disse: 'Amanhã é um *shabbat* sagrado para *Adonai*. Assem o que desejarem assar; cozinhem o que desejarem cozinhar; e o que quer que sobre, ponham de lado e guardem para a manhã' ". 24 Eles o puseram de lado até a manhã, como Mosheh ordenou; e não apodreceu nem criou bichos. 25 Mosheh disse: "Hoje comam isso; porque hoje é um *shabbat* para *Adonai* — hoje vocês não o acharão no acampamento. 26 Juntem-no [durante] seis dias, mas o sétimo dia é o *shabbat* — nesse dia, não haverá nada". 27 Contudo, no sétimo dia, algumas pessoas saíram para recolher e não encontraram nada.

28 Adonai disse a Mosheh: "Até quando vocês se recusarão a guardar minhas *mitzvot* e meus ensinos? 29 Vejam: Adonai deu a vocês o *shabbat*. Esse é o motivo de ele prover pão para dois dias no sexto dia. Cada um de vocês [deve] permanecer onde se encontra; ninguém deve sair de seu lugar no sétimo dia". **(S: Sexto)** 30 Por isso, o povo descansou no sétimo dia. 31 O povo chamou o alimento de *man*. Ele era branco como a semente de coentro, e seu sabor era semelhante a bolos de mel. 32 Mosheh disse: "Eis o que Adonai ordenou: 'Que 1,89 litro de *man* seja guardado por todas as suas gerações, para que elas vejam o pão com que eu os alimentei no deserto quando os trouxe do Egito' ". 33 Mosheh disse a Aharon: "Pegue um jarro, coloque nele 1,89 litro de *man*, e mantenha-o à parte, diante de Adonai, e seja guardado por todas as suas gerações". 34 Como Adonai havia ordenado a Mosheh, Aharon o separou, diante do testemunho para ser guardado. 35 O povo de Yisra'el comeu *man* durante quarenta anos, até chegarem a uma terra habitada. Eles comeram o *man* até chegarem às fronteiras da terra de Kena'an. 36 (1 *'omer* é o décimo de 1 *eifah* [uma unidade de medida para secos].)

17 **(Sétimo)** 1 Toda a comunidade do povo de Yisra'el partiu do deserto de Sin, viajando em estágios, como Adonai ordenava, e acampou em Refidim; entretanto, não havia água para o povo beber. 2 O povo discutiu com Mosheh, exigindo: "Dê-nos água para beber!". Mosheh, porém, respondeu: "Por que vocês estão brigando comigo? Por que estão pondo Adonai à prova?". 3 Entretanto, o povo estava sedento e queixou-se com Mosheh: "Por que você nos trouxe do Egito? Para matar--nos, matar nossos filhos e nosso gado de sede?".

4 Mosheh clamou a Adonai: "Que eu faço com esse povo? Eles estão a ponto de me apedrejar!". 5 Adonai respondeu a Mosheh: "Vá à frente do povo e leve com você os líderes de Yisra'el. Tenha a vara em sua mão, aquela que você usou para ferir o rio; e vá. 6 Eu estarei à sua frente, sobre a rocha, lá no Horev. Você deve bater na rocha, e sairá água dela, para que o povo possa beber". Mosheh o fez aos olhos dos líderes de Yisra'el. 7 O lugar foi chamado Massah [provação] e M'rivah [discussão] por causa da discussão do povo de Yisra'el e pelo fato de eles terem colocado Adonai à prova com a pergunta: "Adonai está conosco ou não?".

8 Então, 'Amalek chegou e lutou contra Yisra'el em Refidim. 9 Mosheh disse a Y'hoshua: "Escolha homens para nós, saiam e lutem contra 'Amalek. Amanhã eu ficarei em pé, no cume da colina, com a vara de Deus em minha mão". 10 Y'hoshua fez como Mosheh lhe disse e lutou contra 'Amalek. Então Mosheh, Aharon e Hur subiram ao cume da colina. 11 Quando Mosheh levantou a mão, Yisra'el prevaleceu; no entanto, quando ele a abaixou, 'Amalek prevaleceu. 12 E as mãos de Mosheh ficaram muito pesadas; assim, eles pegaram uma pedra e a colocaram debaixo dele; ele se sentou sobre ela. Aharon e Hur mantiveram as mãos dele erguidas, um de cada lado, para que suas mãos fossem mantidas dessa forma até o pôr do sol. 13 Assim, Y'hoshua derrotou 'Amalek, passando-lhe o povo à espada.

(*Maftir*) 14 Adonai disse a Mosheh: "Escreva isto em um livro para servir de registro e diga-o a Y'hoshua: Eu apagarei por completo qualquer lembrança de 'Amalek de debaixo do céu". 15 Mosheh erigiu um altar, chamou-o Adonai Nissi [Adonai é minha bandeira/meu milagre] 16 e disse: "Pelo fato de sua mão ter estado contra o trono de *Yah*, Adonai lutará contra 'Amalek geração após geração".

***Haftarah B'shallach*: *Shof'tim* [Jz] 4.4—5.31 (A); 5.1-31 (S).**

Sugestão de leitura da *B'rit Hadashah* para a *Parashah B'shallach*: Lucas 2.22-24; *Yochanan* [Jo] 6.25-35; 19.31-37; 1Coríntios 10.1-13; 2Coríntios 8.1-15; Revelação [Ap] 15.1-4.

Parashah 17: *Yitro* (Jetro) 18.1—20.23(26)

18 1 E Yitro, o sacerdote de Midyan, sogro de Mosheh, ouviu acerca de tudo o
que Deus tinha feito por Mosheh e por Yisra'el, seu povo: como *Adonai* trou-
xe Yisra'el do Egito. 2 Depois de Mosheh ter mandado embora sua mulher Tzipporah
e os dois filhos dela, Yitro, sogro de Mosheh, levou-os de volta. 3 O nome de um fi-
lho era Gershom [um estrangeiro ali], pois Mosheh disse: "Tenho sido um estrangei-
ro em uma terra distante". 4 O nome do outro era Eli'ezer [meu Deus ajuda], "pois
o Deus de meu pai ajudou-me ao me salvar da espada do faraó". 5 Yitro, sogro de
Mosheh, trouxe os filhos e a mulher de Mosheh até ele no deserto onde ele estava
acampado, junto à montanha de Deus. 6 Ele mandou um recado para Mosheh: "Eu,
Yitro, seu sogro, estou chegando com sua mulher e os dois filhos dela".

7 Mosheh saiu ao encontro de seu sogro, prostrou-se e o beijou. Depois de per-
guntarem como estavam, entraram na tenda. 8 Mosheh contou a seu sogro tudo o
que *Adonai* fizera ao faraó e aos egípcios por causa de Yisra'el, todas as dificulda-
des sofridas por eles enquanto viajavam e como *Adonai* os salvara. 9 Yitro alegrou-
-se por todo o bem realizado por *Adonai* a favor de Yisra'el ao resgatá-los dos
egípcios. 10 Yitro disse: "Bendito seja *Adonai*, que o salvou dos egípcios e do faraó,
que salvou seu povo da mão pesada dos egípcios. 11 Agora eu sei que *Adonai* é maior
que todos os outros deuses, pois ele salvou os que eram tratados com tanta arro-
gância". 12 Yitro, sogro de Mosheh, trouxe uma oferta queimada e sacrifícios para
Deus, e Aharon aproximou-se com todos os líderes de Yisra'el para participarem da
refeição diante de Deus com o sogro de Mosheh.

(Segundo) 13 No dia seguinte, Mosheh assentou-se para resolver as disputas do
povo. O povo permanecia à volta de Mosheh da manhã até o anoitecer. 14 Quando o
sogro de Mosheh viu o que ele fazia com o povo, disse: "Que você está fazendo com
o povo? Por que se assenta sozinho, com todas as pessoas à sua volta, da manhã
até o anoitecer?". 15 Mosheh respondeu a seu sogro: "Isso acontece porque as
pessoas procuram-me para receber a direção da parte de Deus. 16 Sempre que eles
disputam acerca de algo, a questão chega até mim; eu julgo entre uma pessoa e
outra e explico-lhes as leis e os ensinos de Deus". 17 O sogro de Mosheh lhe disse:
"O que você está fazendo não é bom. 18 Com toda a certeza, se desgastará — e
não apenas você, mas também as pessoas que se encontram aqui com você. É
muita coisa para você — não é possível a você fazer isso sozinho. 19 Por isso, ouça
agora o que tenho a dizer. Darei a você alguns conselhos, e Deus será com você.
Você será o representante do povo diante de Deus e deverá levar-lhe os casos do
povo. 20 Também é seu dever transmitir ao povo as leis e os ensinos de Deus, e
mostrar-lhes como viver e que trabalho devem empreender. 21 No entanto, você
deve escolher dentre o povo homens competentes, tementes a Deus, honestos e
incorruptíveis e constituí-los líderes, encarregados de 1.000, de 100, de 50 e de
10 pessoas. 22 A norma será que eles decidam as disputas no meio do povo. A você,

deverão ser trazidos apenas os casos mais difíceis; as questões comuns deverão ser decididas por eles mesmos. Desse modo, eles facilitarão o desempenho de suas tarefas e partilharão a carga com você. 23 Caso você proceda desse modo — e Deus o está dirigindo para fazê-lo —, será capaz de suportar; e todas essas pessoas alcançarão seu destino em paz".

(Terceiro) 24 Mosheh ouviu o conselho de seu sogro e fez tudo como ele disse. 25 Mosheh escolheu homens competentes de todo o Yisra'el e fez deles líderes do povo, encarregados de 1.000, de 100, de 50 e de 10 pessoas. 26 Normalmente, eles decidiam as disputas do povo — os casos difíceis eram levados a Mosheh, mas toda questão mais simples era decidida por eles. 27 A seguir, Mosheh deixou seu sogro partir, e ele voltou para sua terra.

19 **(Quarto)** 1 No terceiro mês depois de o povo de Yisra'el ter saído da terra do Egito, nesse mesmo dia, eles chegaram ao deserto do Sinai. 2 Depois da partida de Refidim e da chegada ao deserto do Sinai, eles acamparam no deserto; ali, diante da montanha, Yisra'el acampou.

3 Mosheh subiu até Deus, e *Adonai* chamou-o da montanha: "Eis o que você deve dizer à casa de Ya'akov, o [que] falará ao povo de Yisra'el: 4 'Vocês viram o que fiz aos egípcios, e como os carreguei sobre asas de águias e os trouxe a mim. 5 Se vocês prestarem muita atenção ao que eu disser e guardarem minha aliança, serão o meu tesouro dentre todos os povos, pois toda a terra é minha; 6 e vocês me serão um reino de *kohanim*, uma nação separada'. Estas são as palavras que você deve falar ao povo de Yisra'el".

(Quinto) 7 Mosheh chegou, chamou os líderes do povo e falou-lhes todas as palavras que *Adonai* lhe ordenara dizer. 8 O povo todo respondeu em conjunto: "Tudo o que *Adonai* disse nós faremos". Mosheh relatou as palavras do povo a *Adonai*. 9 *Adonai* disse a Mosheh: "Virei a você em uma nuvem espessa, para que o povo possa ouvir-me quando eu falar a você, e para que também confiem em você para sempre". Mosheh contou a *Adonai* o que o povo disse; 10 por isso, *Adonai* falou a Mosheh: "Dirija-se ao povo; separe-o para mim hoje e amanhã, fazendo que lavem suas roupas; 11 e prepare-o para o terceiro dia. Pois no terceiro dia, *Adonai* descerá sobre o monte Sinai ante os olhos de todo o povo. 12 Você estabelecerá limites para o povo em toda a área; e diga: 'Cuidem de não subir a montanha nem de tocar em sua base; quem tocar na montanha com certeza será executado. 13 Mão nenhuma deve tocar nela; pois [quem o fizer] deverá ser apedrejado ou morto por flechas; não se permitirá que nenhum animal nem seres humanos vivam'. Quando o *shofar* soar, eles poderão subir a montanha".

(S: Sexto) 14 Mosheh desceu da montanha [para estar] com o povo e o separou para Deus, e eles lavaram suas roupas. 15 Ele disse ao povo: "Preparem-se para o terceiro dia; não se aproximem de nenhuma mulher".

16 Na manhã do terceiro dia, houve trovões, relâmpagos e uma nuvem espessa sobre a montanha. Ouviu-se um som tão alto do toque do *shofar* que as pessoas [que estavam] no acampamento tremeram. 17 Mosheh levou o povo para fora do acampamento ao encontro de Deus; as pessoas pararam perto da base da montanha. 18 O monte Sinai foi envolto pela fumaça, pois *Adonai* desceu sobre ele com fogo — a fumaça subia como a fumaça de uma fornalha, e toda a montanha tremia com violência. 19 À medida que o som do *shofar* ficava mais alto, Mosheh falava, e Deus lhe respondia por uma voz.

(A: Sexto; S: Sétimo) 20 *Adonai* desceu sobre o monte Sinai, no cume da monta-
nha; então *Adonai* chamou Mosheh ao cume da montanha; e Mosheh subiu. 21 *Adonai*
disse a Mosheh: "Desça e advirta o povo de não forçar o caminho ao encontro de
Adonai para vê-lo; se eles o fizerem, muitos perecerão. 22 Mesmo os *kohanim*, aos
quais se permite a aproximação de *Adonai*, devem manter-se sagrados; de outro
modo, *Adonai* pode voltar-se contra eles". 23 Mosheh disse a *Adonai*: "O povo não
pode subir ao monte Sinai, porque tu nos ordenaste o estabelecimento de limites
em torno da montanha e sua separação". 24 *Adonai*, porém, lhe respondeu: "Vá,
desça! A seguir, volte com Aharon. Contudo, não permita que os *kohanim* e o povo
forcem o caminho para se aproximarem de *Adonai*, ou ele se voltará contra eles".
25 Então Mosheh desceu até o povo e disse-lhes [isto].

20

1 Então Deus disse todas estas palavras:

א 2 "Eu sou *Adonai*, seu Deus, que o tirou da terra do Egito, da casa da es-
cravidão.

ב 3 "Não tenha outros deuses além de mim. 4 Não faça para você nenhuma
imagem esculpida ou qualquer tipo de representação do que há em cima
no céu, nem sobre a terra ou na água embaixo da linha da costa. 5 Você
não se deve curvar a elas nem lhes servir, pois eu, *Adonai*, seu Deus, sou
um Deus zeloso; castigo os filhos pelos pecados dos pais até a terceira e
a quarta geração de quem me odeia, 6 mas demonstro graça até a milési-
ma geração de quem me ama e obedece às minhas *mitzvot*.

ג 7 "Você não deve usar de forma leviana o nome de *Adonai*, seu Deus, pois
Adonai não deixará impune quem usar seu nome de forma leviana.

ד 8 "Lembre-se do dia, [do] *shabbat*, para separá-lo para Deus. 9 Você tem
seis dias para trabalhar e realizar todas as suas tarefas, 10 mas o sétimo
dia é um *shabbat* para *Adonai*, seu Deus. Não realize nele nenhum tipo
de trabalho — nem você, nem seu filho, nem sua filha, nem seu escravo,
nem sua escrava, nem seu gado, nem o estrangeiro que está com você
dentro dos portões de sua propriedade. 11 Pois em seis dias, *Adonai* fez
o céu e a terra, o mar e tudo [o que] neles [existe]; mas no sétimo dia
descansou. Esse é o motivo de *Adonai* ter abençoado o dia, [o] *shabbat*,
e [de] tê-lo separado para si.

ה 12 "Honre seu pai e sua mãe, para que viva muito na terra que *Adonai*, seu
Deus, dá a você.

ו 13 "Não mate.

ז (14) "Não cometa adultério.

ח (15) "Não furte.

ט (16) "Não dê falso testemunho contra o seu próximo.

י 14(17) "Não cobice a casa de seu próximo; não cobice a mulher de seu pró-
ximo, nem seu escravo, nem sua escrava, nem seu boi, nem seu jumento
ou qualquer coisa pertencente ao seu próximo".

(**A: Sétimo**) 15(18) Todo o povo presenciou os trovões, os relâmpagos, o som do
shofar e a montanha enfumaçada. Quando o povo viu [tudo] isso, tremeu. Perma-
necendo a distância, 16(19) disseram a Mosheh: "Fale você conosco, e nós ouviremos.
Não deixe, porém, Deus falar conosco, ou morreremos". 17(20) Mosheh respondeu ao
povo: "Não temam, pois Deus veio apenas para testá-los e fazer que vocês o temam,
para que não pequem". 18(21) Por isso, o povo permaneceu a distância, e Mosheh
aproximou-se das trevas espessas onde Deus estava.

(**A: *Maftir***) 19(22) ADONAI disse a Mosheh: "Eis o que você deve dizer ao povo de
Yisra'el: 'Vocês mesmos viram que eu falei a vocês desde o céu. 20(23) Vocês não
devem fazer comigo deuses de prata, tampouco façam deuses de ouro para si.
(**S: *Maftir***) 21(24) Para mim, façam apenas um altar de terra; sobre ele, vocês ofe-
recerão suas ofertas queimadas, ofertas de paz, ovelhas, cabras e gado. Em todo
lugar em que eu fizer meu nome ser mencionado, virei até vocês e os abençoarei.
22(25) Se vocês fizerem para mim um altar de pedra, não o construam com pedras
lavradas, pois, se vocês usarem qualquer ferramenta nele, o profanarão. 23(26) Do
mesmo modo, não façam degraus para subirem ao meu altar para que vocês não
sejam descobertos com falta de decência' ".

***Haftarah Yitro*: *Yesha'yahu* [Is] 6.1—7.6; 9.5(6)—6(7) (A); 6.1-13 (S).**

Sugestão de leitura da *B'rit Hadashah* para a *Parashah Yitro*: *Mattityahu* [Mt] 5.21-30; 15.1-11; 19.16-30; Marcos 7.5-15; 10.17-31; Lucas 18.18-30; Atos 6.1-7; Romanos 2.17-29; 7.7-12; 13.8-10; Efésios 6.1-3; 1Timóteo 3.1-14; 2Timóteo 2.2; Tito 1.5-9; Judeus messiânicos [Hb] 12.18-29; *Ya'akov* [Tg] 2.8-13; *1Kefa* [1Pe] 2.9,10.

Parashah 18: *Mishpatim* (Regras) 21.1—24.18

21 1 "Estas são as regras que você lhes deve apresentar:
2 "Se você adquirir um escravo hebreu, ele deve trabalhar durante seis anos;
mas, no sétimo [ano], ele será libertado sem pagar nada. 3 Se ele veio solteiro, de-
verá sair solteiro; se veio casado, sua mulher deverá acompanhá-lo quando ele
sair. 4 No entanto, caso seu senhor lhe tenha dado uma mulher, e ela tiver dado à
luz filhos ou filhas, então a mulher e os filhos pertencerão ao senhor, e ele sairá
sozinho. 5 Mesmo assim, se o escravo declarar: 'Amo meu senhor, minha mulher e
meus filhos, por isso não desejo ser libertado', 6 o senhor deverá levá-lo diante de
Deus e, ali, junto à porta ou ao batente, seu senhor deverá furar-lhe a orelha com
um furador; e o homem será escravo dele por toda a vida.

7 "Se um homem vender sua filha como escrava, ela não será libertada como os
escravos. 8 Se seu senhor se casar com ela, mas decidir posteriormente que ela não
lhe agrada mais, ele deverá permitir que ela seja resgatada. Não lhe é permitido
vendê-la a um povo estrangeiro, pois ele a tratou de modo injusto. 9 Se ele a tiver
dado em casamento ao filho, deverá tratá-la como filha. 10 Se ele se casar com outra
mulher, não deverá reduzir a quantidade de alimento dela, nem diminuir-lhe [a quan-
tidade de] roupas ou [a frequência aos] direitos conjugais. 11 Se ele não lhe conceder
esses três direitos, ela deverá ser libertada sem ter de pagar nada.

12 "Quem atacar uma pessoa e causar-lhe a morte deve ser executado. 13 Se não foi premeditado, mas um ato de Deus, então eu lhe designarei um lugar para onde ele poderá fugir. 14 No entanto, se alguém matar deliberadamente uma pessoa após planejar o ato, você deverá tirá-lo até mesmo do meu altar e executá-lo.

15 "Quem atacar seu pai ou sua mãe deverá ser executado.

16 "Quem sequestrar alguém deverá ser executado, independentemente do fato de a pessoa já ter sido vendida ou de ainda permanecer em sua posse.

17 "Quem amaldiçoar seu pai ou sua mãe deverá ser executado.

18 "Se duas pessoas lutarem, e uma delas acertar a outra com uma pedra ou com o punho, e a parte ferida não morrer, mas for confinada à sua cama, 19 caso ela se recupere o suficiente para voltar a andar, mesmo que com uma bengala, o atacante será absolvido de [qualquer] responsabilidade, mas deverá compensá-la por sua perda de tempo e assumir a responsabilidade por seu tratamento até que a recuperação seja completa.

(Segundo) 20 "Se uma pessoa bater com severidade em seu escravo ou em sua escrava com um pau e o escravo [ou a escrava] morrer, essa pessoa deverá ser punida; 21 a menos que o escravo [ou a escrava] viva por um dia ou dois; nesse caso, a pessoa [que bateu] não deverá ser punida, pois o escravo é sua propriedade.

22 "Se pessoas estiverem brigando, e uma delas ferir uma mulher grávida de modo tão severo que seu filho ainda não nascido morra, ainda que não haja outro dano, deverá ser penalizada. Ela deverá pagar a quantia a ser fixada pelo marido dessa mulher e confirmada por juízes. 23 No entanto, se algum outro dano for causado, vocês darão vida por vida, 24 olho por olho, dente por dente, mão por mão, pé por pé, 25 queimadura por queimadura, ferida por ferida e contusão por contusão.

26 "Se uma pessoa golpear o olho de seu escravo, ou de sua escrava, e cegá-lo, essa pessoa deverá deixar o escravo [ou a escrava] partir livre como compensação pelo olho. 27 Se essa pessoa bater em seu escravo, ou em sua escrava, e arrancar-lhe um dente, deverá deixar o escravo [ou a escrava] partir livre como compensação pelo dente.

28 "Se um boi matar a chifradas um homem ou uma mulher, deve ser apedrejado, e sua carne não será comida, e o dono do boi será absolvido de [qualquer] responsabilidade. 29 Entretanto, se o boi já costumava chifrar, e o dono tiver sido advertido, mas não o houver prendido, de modo que ele acabe por matar um homem ou uma mulher, o boi deverá ser apedrejado, e seu dono deverá ser executado. 30 Contudo, um resgate poderá ser exigido dele, e a pena de morte será comutada caso ele pague a quantia imposta. 31 Se o boi chifrar um filho ou uma filha, aplica--se a mesma regra. 32 Se o boi chifrar um escravo ou uma escrava, seu dono deve dar ao senhor [do escravo ou da escrava] 340 gramas de prata; e o boi deverá ser apedrejado até a morte.

33 "Se alguém remover a cobertura de uma cisterna ou cavar uma cisterna e não cobri-la, e um boi ou um jumento cair nela, 34 o dono da cisterna deverá indenizar o proprietário do animal, e o animal será dele.

35 "Se o boi de uma pessoa ferir mortalmente o boi de outra pessoa, essas duas pessoas devem vender o boi vivo, dividir o valor da venda, dividindo também o animal morto. 36 No entanto, caso se saiba que o boi já costumava chifrar, mas o dono não o confinou, ele deve pagar pelo boi, e o animal morto será dele.

37(22.1) "Se alguém roubar um boi ou uma ovelha e matá-los ou vendê-los, deverá pagar cinco bois pelo boi e quatro ovelhas pela ovelha.

22 1(2) “Se um ladrão for pego enquanto arrombava uma casa e for ferido e mor-
rer, não se trata de assassinato, 2(3) a menos que isso ocorra após o nascer
do sol — nesse caso, trata-se de assassinato. O ladrão deve restituir [o que roubou];
caso ele não possua nada, deverá ser vendido para indenizar o roubo. 3(4) Se o que
ele roubou for encontrado vivo em sua posse, ele deve pagar em dobro, não impor-
tando se for um boi, um jumento ou uma ovelha.

(Terceiro) 4(5) “Se uma pessoa fizer o campo, ou a vinha, de alguém ser totalmente
consumido, ou permitir que seu animal consuma todo o pasto de outro indivíduo, ela
deve fazer a restituição com os melhores produtos de seu campo e vinha.

5(6) “Se um fogo for iniciado e espalhar-se pelos espinheiros, destruindo pilhas de
grãos, grãos não colhidos ou no campo, a pessoa que o acendeu fará a restituição.

6(7) “Se uma pessoa confiar a seu próximo dinheiro ou bens, e eles forem rou-
bados da casa da pessoa a quem foram confiados, se o ladrão for encontrado, deverá
pagar em dobro. 7(8) No entanto, se o ladrão não for encontrado, a pessoa a quem
foram confiados deverá afirmar diante de Deus que não se apropriou dos bens.
8(9) Em todo caso de disputa sobre a propriedade, de um boi, jumento, ovelha, roupa,
ou de qualquer bem perdido, quando uma pessoa diz: ‘Isto é meu’, as duas partes
devem comparecer diante de Deus, e a parte que Deus condenar deverá pagar à
outra em dobro.

9(10) “Se uma pessoa confiar a seu próximo o cuidado de um jumento, boi, ovelha
ou qualquer animal, e esse morrer, ferido ou levado sem que ninguém veja, 10(11) o
juramento de inocência do próximo diante de *Adonai* resolverá a questão entre eles
— o dono deve aceitá-lo sem que o próximo lhe faça a restituição. 11(12) No entanto,
se [o animal] tiver sido roubado do próximo, ele deve indenizar o dono. 12(13) Caso
[esse animal] tenha sido despedaçado por um animal, o próximo deverá apresentá-
-lo como evidência, e não dará indenização pelo bem perdido.

13(14) “Se alguém tomar emprestado algum [animal] de seu próximo, e esse for fe-
rido ou morrer quando o dono não estiver presente, a pessoa pagará a restituição.
14(15) Se o dono estiver presente, ela não fará a restituição. Se o dono o tiver alugado,
a perda será coberta pelo preço do aluguel.

15(16) “Se um homem seduzir uma virgem que não está prometida em casamento
e dormir com ela, ele deverá pagar pelo dote, e ela será sua mulher. 16(17) Entretanto,
caso o pai [da virgem] se recuse a dá-la ao homem, ele deverá pagar a soma equiva-
lente ao dote das virgens.

17(18) “Você não deve permitir que uma feiticeira viva.

18(19) “Quem mantiver relações sexuais com um animal deverá ser executado.

19(20) “Quem oferecer sacrifício a qualquer outro deus, além de *Adonai*, deve ser
completamente destruído.

20(21) “Você não deve enganar nem oprimir o estrangeiro que vive entre vocês,
pois vocês foram estrangeiros na terra do Egito.

21(22) “Você não deve tratar mal a viúva nem o órfão. 22(23) Se você os tratar mal,
do modo que for, e eles clamarem a mim, com certeza eu lhes ouvirei o clamor.
23(24) Minha ira se acenderá, e eu o matarei à espada — suas mulheres serão viúvas
e seus filhos [ficarão] sem o pai.

24(25) “Se você emprestar dinheiro a algum pobre dentre o meu povo, não deverá
lidar com ele como o faria o credor; e você não deve cobrar-lhe juros. 25(26) Se você
tomar o casaco de seu próximo como garantia, deverá restituí-lo até o pôr do sol,
26(27) pois se trata de sua única roupa — ele precisa dela para cobrir o corpo; o que
mais ele possui com que cobrir-se? Além disso, se ele clamar a mim, eu ouvirei,
pois sou compassivo.

(Quarto) 27(28) "Você não deve amaldiçoar Deus, e não deve amaldiçoar um líder
de seu povo.
28(29) "Você não deve adiar a oferta de sua colheita de grãos, azeite de oliva ou vinho.
"Dê-me o primogênito de seus filhos. 29(30) Faça o mesmo com seus bois e suas
ovelhas — a cria deve permanecer com a mãe por sete dias, e no oitavo dia você a
dará a mim.
30(31) "Vocês devem ser meu povo especialmente separado. Portanto, não co-
mam carne despedaçada por animais selvagens do campo; em vez disso, lancem--
-na aos cães.

23 1 "Você não deve repetir falsos boatos; não dê as mãos aos ímpios apresen-
tando um testemunho perjuro. 2 Não siga a multidão quando ela faz o que é
errado; não deixe que a opinião popular o impeça de testemunhar sobre uma causa,
se o efeito for a perversão da justiça. 3 Além disso, não favoreça a causa de alguém
apenas pelo fato de a pessoa ser pobre.
4 "Se você deparar com o boi ou jumento perdido de seu inimigo, deve devol-
ver--lhe [o animal]. 5 Caso veja o jumento pertencente a alguém que o odeia jazendo
sob uma carga muito pesada, não passe de largo; ajude-o a livrar-se dela.
(Quinto) 6 "Não negue justiça a ninguém pelo fato de a pessoa ser pobre. 7 Man-
tenha-se longe da fraude, e não cause a morte do inocente e do justo, pois eu não
justificarei o ímpio. 8 Não receba suborno, pois o suborno cega quem tem visão
clara e subverte a causa do justo.
9 "Não oprima o estrangeiro, pois vocês sabem como o estrangeiro se sente:
vocês foram estrangeiros na terra do Egito.
10 "Semeie sua terra e faça a colheita durante seis anos. 11 No entanto, no séti-
mo ano, deixe-a descansar e sem cultivá-la, para que os pobres dentre seu povo
possam comer; e o que eles deixarem seja comido pelos animais do campo. Faça o
mesmo com sua vinha e seu olival.
12 "Trabalhe durante seis dias, mas descanse no sétimo dia, para que seu boi e
jumento possam descansar, e o filho de sua escrava e o estrangeiro revigorem-se.
13 "Preste atenção a tudo o que disse a você; não invoque os nomes de outros
deuses nem permita que eles passem por seus lábios.
14 "Faça-me uma festa três vezes ao ano. 15 Guarde a festa da *matzah*: durante
sete dias, como eu ordenei a você, coma *matzah* no tempo determinado do mês
de *aviv*, pois, nesse mês, vocês deixaram o Egito. Ninguém deve aparecer diante de
mim de mãos vazias. 16 A seguir, a festa da colheita, as primícias de seu trabalho
árduo no campo; e, por último, a festa da colheita, no fim do ano, quando vocês co-
lherem dos campos o resultado de seu trabalho árduo. 17 Três vezes por ano, todos
os seus homens comparecerão diante do Senhor, *Adonai*.
18 "Não ofereça o sangue de meu sacrifício com pão fermentado; tampouco a
gordura de minha festa deverá permanecer a noite toda até a manhã.
19 "Traga as melhores primícias de sua terra à casa de *Adonai*, seu Deus.
"Não cozinhe um animal novo no leite de sua mãe.
(Sexto) 20 "Envio um anjo à sua frente para guardá-lo no caminho e levá-lo ao lu-
gar que preparei. 21 Preste atenção a ele, ouça o que ele disser e não se rebele contra
ele, pois ele não perdoará nenhum erro de sua parte, porque meu nome encontra--
-se nele. 22 No entanto, se ouvir o que ele disser, e fizer tudo o que eu digo a você,

serei inimigo de seus inimigos e adversário de seus adversários. 23 Quando meu anjo seguir à sua frente e o levar ao emori, ao hitti, ao p'rizi, ao kena'ani, ao hivi e ao y'vusi, darei cabo deles. 24 Não adore os seus deuses, não lhes sirva nem siga as suas práticas; em vez disso, destrua-os por completo e despedace suas colunas.

25 "Sirva *Adonai*, seu Deus, e ele abençoará o seu alimento e a sua água. Removerei as doenças de seu meio. **(Sétimo)** 26 Em sua terra, as mulheres não abortarão nem serão estéreis, e você viverá a plenitude de sua vida. 27 Enviarei meu terror à sua frente, causando confusão em todos os povos de quem você se aproximar; e farei todos os seus inimigos lhe darem as costas. 28 Mandarei vespões à sua frente para expulsar o hivi, o kena'ani e o hitti. 29 Eu não os expulsarei de sua vista em apenas um ano — isso poderia tornar a terra desolada, e os animais selvagens seriam demasiados para você. 30 Expulsá-los-ei de sua frente de modo gradual, até que seu número tenha crescido e você possa tomar posse da terra. 31 Estabelecerei seus limites desde o mar de Suf até o mar dos p'lishtim, e desde o deserto até o rio [Eufrates], pois eu entregarei os habitantes da terra em sua mão, e você os expulsará de sua frente. 32 Não faça aliança com eles nem com seus deuses. 33 Eles não devem viver em sua terra; de outro modo, o farão pecar contra mim, seduzindo-o a servir seus deuses".

24 1 [*Adonai*] disse a Mosheh: "Subam a *Adonai* — você, Aharon, Nadav, Avihu e setenta dos líderes de Yisra'el. Prostrem-se a distância, 2 enquanto Mosheh se aproxima sozinho de *Adonai* — os outros não deverão se aproximar, e o povo não o deverá acompanhar". 3 Mosheh foi e contou ao povo tudo o que *Adonai* dissera, incluindo todas as regras. O povo respondeu com uma só voz: "Obedeceremos cada palavra dita por *Adonai*".

4 Mosheh escreveu todas as palavras de *Adonai*. Levantou-se de manhã cedo, construiu um altar na base da montanha e levantou 12 grandes pedras para representarem as 12 tribos de Yisra'el. 5 Ele enviou os jovens do povo de Yisra'el para apresentarem ofertas queimadas e sacrificarem bois, como ofertas de paz a *Adonai*. 6 Mosheh pegou metade do sangue e o colocou em bacias; a outra parte do sangue, ele aspergiu na direção do altar. 7 Então ele pegou o livro da aliança e o leu de forma que todo o povo ouvisse, e eles responderam: "Tudo o que *Adonai* falou, faremos e obedeceremos". 8 Mosheh pegou o sangue, aspergiu-o sobre o povo e disse: "Este é o sangue da aliança que *Adonai* fez com vocês, de acordo com todas estas palavras".

9 Mosheh, Aharon, Nadav, Avihu e setenta dos líderes subiram; 10 e eles viram o Deus de Yisra'el. Sob seus pés, estava algo semelhante a um pavimento de pedra de safira, tão brilhante quanto o próprio céu. 11 Ele não estendeu a mão contra esses notáveis de Yisra'el; ao contrário, eles viram Deus, mesmo enquanto comiam e bebiam.

12 *Adonai* disse a Mosheh: "Suba até mim na montanha e permaneça lá. Eu darei a você as tábuas de pedra com a *Torah* e as *mitzvot* que escrevi nelas, para que você possa ensiná-las". 13 Mosheh levantou-se, [e] também Y'hoshua, seu ajudante; e Mosheh subiu à montanha de Deus. 14 Ele disse aos líderes: "Permaneçam aqui para nós, até nosso retorno. Eis que Aharon e Hur estão com vocês; quem tiver algum problema, deve dirigir-se a eles". **(S: *Maftir*)** 15 Mosheh subiu à montanha, e a nuvem cobriu-a. **(A: *Maftir*)** 16 A glória de *Adonai* permaneceu sobre o monte Sinai, e uma nuvem cobriu-o durante seis dias. No sétimo dia, ele chamou Mosheh desde a nuvem. 17 A glória de *Adonai* parecia ao povo de Yisra'el como um fogo assolador no cume da montanha. 18 Mosheh entrou na nuvem e subiu à montanha; ele permaneceu na montanha quarenta dias e quarenta noites.

Haftarah Mishpatim: *Yirmeyahu* [Jr] 34.8-22; 33.25,26.

Sugestão de leitura da *B'rit Hadashah* para a *Parashah Mishpatim*: *Mattityahu* [Mt] 5.38-42; 15.1-20; Marcos 7.1-23; Atos 23.1-11; Judeus messiânicos [Hb] 9.15-22; 10.28-39.

Parashah 19: *T'rumah* (Coleta) 25.1—27.19

25 1 Adonai disse a Mosheh: 2 “Fale ao povo de Yisra'el que façam uma coleta
para mim — aceitem a contribuição de quem quiser colaborar de coração.
3 A contribuição que receberão deles consistirá em ouro, prata e bronze; 4 tecido
azul, púrpura e escarlate; linho fino, pelos de cabra, 5 peles tingidas de carneiros e
couro fino; madeira de acácia; 6 azeite para a luz, especiarias para o óleo da unção
e para o incenso aromático; 7 pedras de ônix e outras pedras para o encaixe, para o
colete ritual e o peitoral.

8 “Eles devem erigir para mim um santuário, para que eu viva entre eles. 9 Erijam-
-no de acordo com tudo o que eu mostrar a você — o modelo do tabernáculo e de
seus utensílios. Eis como você deve erigi-lo.

10 “Eles devem fazer uma arca de madeira de acácia, de 1,14 metro de compri-
mento, 68,5 centímetros de largura e 68,5 centímetros de altura. 11 Revista-a com
ouro puro — revista-a pelo lado de dentro e de fora — e coloque uma moldura de
ouro em torno de sua parte mais alta. 12 Molde quatro argolas de ouro para ela e
prenda-as nos quatro pés, duas argolas de cada lado. 13 Faça varas de madeira de
acácia e revista-as com ouro. 14 Coloque as varas nas argolas nos lados da arca;
use-as para carregar a arca. 15 As varas devem permanecer nas argolas da arca; não
devem ser removidas delas. 16 Devem colocar no interior da arca o testemunho que
eu darei a vocês.

(Segundo) 17 “Faça uma cobertura de ouro puro para a arca; ela deve ter 1,14
metro de comprimento e 68,5 centímetros de altura. 18 Faça dois *k'ruvim* de ouro.
Faça-os de obra de forja para as duas extremidades da cobertura da arca. 19 Faça
um *keruv* para uma extremidade e um *keruv* para a outra; faça os *k'ruvim* de uma
única peça com a cobertura da arca nas duas extremidades. 20 Os *k'ruvim* devem
ter as asas estendidas para cima, para cobrirem a arca, e suas faces estarão uma
em frente à outra, ambas olhando em direção à cobertura da arca. 21 Coloque a
cobertura sobre a arca.

“Coloque no interior da arca o testemunho que darei a você. 22 Eu me encon-
trarei ali com você. Falarei com você de cima da cobertura da arca, entre os dois
k'ruvim que se encontram sobre a arca do testemunho, a respeito de todas as or-
dens que eu der a você para [transmitir] ao povo de Yisra'el.

23 “Faça uma mesa de madeira de acácia com 91,5 centímetros de comprimento,
45 centímetros de largura e 70 centímetros de altura. 24 Revista-a com ouro puro
e coloque uma moldura de ouro em torno de sua parte mais alta. 25 Faça ao redor
dela uma borda de uma mão de largura e coloque a moldura de ouro em redor da
borda. 26 Faça quatro argolas de ouro para ela e prenda as argolas nos quatro can-
tos, perto dos quatro pés. 27 As argolas para susterem as varas utilizadas para
carregar a mesa devem ser colocadas perto da borda. 28 Faça as varas de madeira
de acácia, revista-as com ouro e use-as para carregar a mesa.

29 “Faça pratos, panelas, tigelas e jarros de ouro puro. 30 Coloque sobre a mesa, na minha presença, sempre, o pão da presença.

(S: Terceiro) 31 “Faça uma *menorah* de ouro puro. Ela deve ser uma obra de forja; sua base, haste, seus cálices, argola de folhas e pétalas externas devem ser feitos de uma única peça. 32 Seis braços devem estender-se a partir de seus lados, três braços de um lado da *menorah* e três do outro. 33 Em cada braço devem ser colocados três cálices com o formato semelhante a botões de amêndoas, cada um com uma argola de folhas e pétalas externas; da mesma forma, do lado oposto do braço, três cálices com o formato semelhante ao de botões de amêndoas, cada um com uma argola de folhas e pétalas externas; de forma similar, os seis braços devem estender-se da *menorah*. 34 Na haste central da *menorah*, devem ser colocados quatro cálices com o formato semelhante ao de botões de amêndoas, cada um com sua argola de folhas e pétalas externas. 35 Cada par de braços deve se unir à haste central por uma argola de folhas externas de uma peça com o par de braços — os seis braços devem ser assim. 36 As argolas de folhas externas e os braços devem ser [feitos] de uma única peça com a haste. Assim, a *menorah* toda deve ser [feita de] uma única peça de obra de forja, de ouro puro.

37 “Faça sete lâmpadas para a *menorah* e arme-as de modo que lancem luz ao espaço diante delas. 38 Suas tenazes e bandejas devem ser de ouro puro. 39 A *menorah* e seus utensílios devem ser feitos de 30 quilos de ouro puro. 40 Tenha o cuidado de fazê-los de acordo com o modelo mostrado a você na montanha.

26 **(A: Terceiro)** 1 “Faça o tabernáculo com dez cortinas de linho fino torcido e com tecido azul, púrpura e escarlate. Faça-as com bordados de *k’ruvim*, preparados por um artesão experiente. 2 Cada uma deve ter 12,8 metros de comprimento e 1,83 metro de largura; todas as cortinas devem ter o mesmo tamanho. 3 Cinco cortinas serão unidas umas às outras, e as outras cinco cortinas também. 4 Faça laços de fios azuis na orla da cortina de fora do primeiro conjunto e o mesmo na orla da cortina de fora do segundo conjunto. 5 Faça 50 laços nessa cortina e 50 laços na orla da cortina do segundo conjunto; os laços deverão opor-se uns aos outros. 6 Faça 50 prendedores de ouro e prenda as cortinas com os prendedores, para que o tabernáculo forme uma unidade.

7 “Faça cortinas de pelos de cabra para servirem de tenda para o tabernáculo; faça 11 cortinas. 8 Cada cortina deve ter 13,72 metros de comprimento e 1,83 metro de largura — as 11 cortinas devem possuir o mesmo tamanho. 9 Una cinco cortinas em um grupo e seis cortinas em outro grupo, e dobre a sexta cortina na frente da tenda. 10 Faça 50 laços na orla da cortina de fora do primeiro conjunto e 50 laços na orla da cortina de fora do segundo conjunto. 11 Faça 50 prendedores de bronze, coloque-os nos laços e una a tenda, para formar uma unidade. 12 Quanto à sobra das cortinas que formam a tenda, a meia cortina remanescente deve ser pendurada na parte de trás do tabernáculo, 13 e os 46 centímetros encontrados de cada lado, remanescentes do comprimento das cortinas que formam a tenda, devem ser pendurados sobre o tabernáculo para cobrir-lhe os lados.

14 “Faça uma cobertura para a tenda de peles curtidas de carneiro e uma cobertura externa de couro fino.

(Quarto) 15 “Faça tábuas verticais para o tabernáculo de madeira de acácia. 16 Cada tábua deve ter 4,57 metros de comprimento e 70 centímetros de largura.

17 Devem ser feitas duas saliências em cada tábua, e as tábuas devem ser interliga-
das. Eis como você deve fazer todas as tábuas do tabernáculo.
18 "Faça as tábuas do tabernáculo do seguinte modo: 20 tábuas para o lado sul, de
frente para o sul. 19 Faça 40 encaixes de prata sob as vinte tábuas, dois encaixes sob
cada tábua para suas duas saliências e dois encaixes sob outra tábua para suas duas
saliências. 20 "Para o outro lado do tabernáculo, para o lado norte, faça 20 tábuas 21 e
seus 40 encaixes de prata, dois encaixes sob uma tábua e dois sob outra. 22 "Faça seis
tábuas para a parte de trás do tabernáculo, no lado oeste. 23 Faça duas tábuas para
os cantos do tabernáculo, na parte de trás; 24 elas devem ser duplas desde o fundo
até o alto, mas unidas em uma única argola. Faça o mesmo com as duas; elas devem
formar os dois cantos. 25 Assim, haverá oito tábuas com seus encaixes de prata, 16
encaixes, dois encaixes sob uma tábua e dois sob a outra.
26 "Faça barras transversais de madeira de acácia, cinco para as tábuas de um
lado do tabernáculo, 27 cinco barras transversais para as tábuas do outro lado do
tabernáculo, e cinco barras transversais para as tábuas da parte de trás do ta-
bernáculo, do lado oeste. 28 A barra transversal do meio passará entre as tábuas,
estendendo-se de uma extremidade à outra. 29 Revista as tábuas com ouro, faça-
-lhes argolas de ouro através das quais passem as barras transversais e revista as
barras transversais com ouro.
30 "Construa o tabernáculo de acordo com o modelo que foi mostrado a você
sobre a montanha.
(Quinto) 31 "Faça uma cortina de tecido azul, púrpura e escarlate, de linho fino
torcido. Faça-a com bordados de *k'ruvim*, trabalhados por um artesão experiente.
32 Pendure-a com ganchos de ouro sobre quatro colunas de madeira de acácia, re-
vestidas de ouro e presas a quatro encaixes de prata. 33 Pendure a cortina abaixo
dos prendedores. Então traga a arca do testemunho para dentro da cortina; ela
lhe servirá de divisor entre o Lugar Sagrado e o Lugar Especialmente Sagrado.
34 Coloque a cobertura da arca sobre a arca do testemunho no Lugar Especialmente
Sagrado.
35 "Coloque a mesa do lado de fora da cortina e uma *menorah* em frente à mesa,
do lado do tabernáculo, na direção sul; coloque a mesa no lado norte.
36 "Faça uma cortina de tecido azul, púrpura e escarlate, de linho fino torcido,
para a entrada da tenda; ela deve ser colorida, obra de um tecelão. 37 Faça cinco
colunas de madeira de acácia para a cortina; revista-as com ouro; e molde para elas
cinco encaixes de bronze.

27 **(Sexto)** 1 "Faça o altar de madeira de acácia com 2,28 metros de comprimen-
to e 2,28 metros de largura — ele deve ser quadrado e [ter] 1,37 metro de
altura. 2 Faça chifres nos quatro cantos; os chifres devem constituir uma única peça
com ele; e o revista com bronze.
3 "Faça vasilhas para a remoção de cinzas, pás, bacias, ganchos para carne e
braseiros; todos os utensílios devem ser feitos de bronze. 4 Faça uma grelha de
bronze, semelhante a uma rede; e faça quatro argolas de bronze nos quatro cantos
da grelha. 5 Coloque-a sob a borda do altar, para que chegue até o meio do altar.
6 Faça varas de madeira de acácia para o altar e revista-as com bronze. 7 Suas varas
devem ser colocadas nas argolas; as varas devem estar nos dois lados do altar para
transportá-lo. 8 O altar deve ser oco e feito de tábuas. Que sejam feitos como foram
mostrados a você sobre a montanha.

(Sétimo) 9 “Eis como você fará o pátio do tabernáculo. No lado sul, de frente para o sul, devem-se colocar no pátio tapeçarias feitas com linho fino torcido de 45,72 metros, 10 seguras por 20 colunas em 20 encaixes de bronze; os ganchos estarão sobre as colunas, e as argolas para prender devem ser de prata. 11 Da mesma forma, na direção norte deve haver tapeçarias de 45,72 metros de comprimento, presas a 20 colunas em 20 encaixes de bronze, com ganchos de prata e argolas para as colunas. 12 Ao longo da largura do pátio na direção oeste, devem ser [colocadas] tapeçarias de 22,86 metros de comprimento, presas a 10 colunas em 10 encaixes. 13 A largura do pátio no lado leste, na direção do leste, será de 22,86 metros. 14 As tapeçarias de um lado [do portão] terão 6,85 metros de comprimento, presas a três colunas em três encaixes; 15 do outro lado, serão colocadas tapeçarias de 6,85 metros de comprimento sobre três colunas em três encaixes.

16 “No portão do pátio, haverá uma cortina com 9,14 metros de comprimento, feita de tecido azul, púrpura e escarlate, de linho fino torcido. Ela deve ser colorida, obra de um tecelão. Ela deve estar sobre quatro colunas em quatro encaixes. **(*Maftir*)** 17 Todas as colunas de todo o caminho em torno do pátio devem ter faixas de prata, e os encaixes serão de bronze. 18 O comprimento do pátio deve ser de 45,72 metros e a largura, 22,86 metros, com a altura de 2,28 metros. As tapeçarias e a cortina devem ser de linho fino torcido, e os encaixes devem ser de bronze.

19 “Todo o equipamento necessário a todas as espécies de serviço do tabernáculo, bem como as estacas do tabernáculo e do pátio, devem ser de bronze.

***Haftarah T'rumah*: *M'lakhim Alef* [1Rs] 5.26—6.13.**
Sugestão de leitura da *B'rit Hadashah* para a *Parashah T'rumah*: Judeus messiânicos [Hb] 8.1-6; 9.23,24; 10.1.

Parashah 20: *Tetzaveh* (Ordene) 27.20—30.10

20 “Ordene ao povo de Yisra'el que traga a você azeite puro de azeitonas prensadas para a luz, e mantenha a lâmpada continuamente queimando. 21 Aharon e seus filhos devem colocá-la na tenda do encontro, do lado de fora da cortina, diante do testemunho, e mantê-la acesa desde a tarde até a manhã perante ADONAI. Este deve ser um regulamento permanente em todas as gerações do povo de Yisra'el.

28 1 “Chame seu irmão Aharon e seus filhos dentre o povo de Yisra'el, para que eles me sirvam como *kohanim* — Aharon e seus filhos Nadav, Avihu, El'azar e Itamar. 2 Faça para seu irmão, Aharon, roupas separadas para servir a Deus, que expressem dignidade e esplendor. 3 Fale com todos os artífices, a quem concedi o espírito de sabedoria, e que eles façam as roupas de Aharon para separá-lo para mim, a fim de que ele me sirva no ofício de *kohen*.

4 “São estas as roupas que eles devem preparar: um peitoral, um colete ritual, um manto, uma túnica xadrez, um turbante e um cinto. Farão roupas sagradas para seu irmão Aharon e para os filhos dele, para que ele me sirva no ofício de *kohen*. 5 Usem ouro, tecido azul, púrpura e escarlate e linho fino.

6 “Façam o colete ritual de ouro, de tecido azul, púrpura e escarlate e de linho fino torcido, trabalhado por um artesão experiente. 7 Fixas às pontas da frente e de trás, devem estar duas ombreiras que podem ser unidas. 8 O cinto decorado deve

ser da mesma arte e materiais — ouro; tecido azul, púrpura e escarlate; e linho fino
torcido. 9 Pegue duas pedras de ônix e grave nelas os nomes dos filhos de Yisra'el
— 10 seis nomes em uma pedra e os seis nomes restantes na outra, segundo a or-
dem de nascimento. 11 Um gravador deve gravar os nomes dos filhos de Yisra'el nas
duas pedras, da mesma forma que se grava um selo. Monte as pedras em encaixes
de ouro 12 e coloque as duas pedras nas ombreiras do colete como pedras memo-
riais dos filhos de Yisra'el. Aharon deve levar-lhes os nomes diante de *Adonai*, sobre
os ombros, como uma recordação.

(Segundo) 13 "Faça encaixes de ouro 14 e duas correntes de ouro puro, trançadas
como cordas; prenda as correntes semelhantes a tranças nos encaixes.

15 "Faça um peitoral do juízo. Que ele seja trabalhado por um artesão experiente;
faça-o como o trabalho do colete ritual — de ouro; tecido azul, púrpura e escarlate;
e de linho fino torcido. 16 Quando dobrado ao meio, ele deve ser quadrado — me-
dindo um palmo por um palmo. 17 Ponha nele encaixes de pedras, quatro fileiras de
pedras: a primeira fileira deve conter uma cornalina, um topázio e uma esmeralda;
18 a segunda fileira, um feldspato verde, uma safira e um diamante; 19 a terceira filei-
ra, um zircão alaranjado, uma ágata e uma ametista; 20 e a quarta fileira, um berilo,
um ônix e um jaspe. As pedras devem ser fixadas em encaixes de ouro. 21 As pedras
corresponderão aos nomes dos 12 filhos de Yisra'el; elas devem ser gravadas com os
nomes deles como se grava um selo, para representarem as 12 tribos.

22 "Faça, no peitoral, duas correntes de ouro puro trançadas como cordas.
23 Faça também duas argolas de ouro para o peitoral e coloque as argolas de ouro
nas duas extremidades do peitoral. 24 Coloque as duas correntes de ouro trança-
das nas duas argolas das duas extremidades do peitoral; 25 prenda as outras duas
extremidades das correntes trançadas na frente das ombreiras do colete ritual.
26 Faça duas argolas de ouro e coloque-as nas duas extremidades do peitoral, junto
à orla, do lado de dentro do colete. 27 Faça também duas argolas de ouro e prenda-as,
por baixo, na parte da frente das ombreiras do colete, perto da costura, acima do
cinto decorado do colete. 28 Prenda o peitoral, pelas argolas, às argolas do colete
com um cordão azul, para que ele esteja acima do cinto decorado do colete, e para
que o peitoral não se separe do colete. 29 Aharon carregará os nomes dos filhos de
Yisra'el sobre o peitoral do juízo, acima do coração, quando ele entrar no Lugar
Sagrado, como uma recordação contínua diante de *Adonai*. 30 Coloque o *urim* e o
tumim no peitoral do juízo; eles estarão sobre o coração de Aharon quando ele se
dirigir à presença de *Adonai*. Assim, Aharon sempre terá os meios para tomar de-
cisões pelo povo de Yisra'el em seu coração quando estiver na presença de *Adonai*.

(Terceiro) 31 "Faça o manto do colete ritual inteiramente em azul. 32 Ele deve
possuir uma abertura no meio para a cabeça. Em torno da abertura, deve haver uma
orla costurada como uma gola de um casaco de malha, para não rasgar. 33 Sobre a
orla inferior, faça romãs de [tecido] azul, púrpura e escarlate; e coloque-as ao longo
de toda a orla, entremeadas com sinos de ouro — 34 sino de ouro, romã, sino de
ouro, romã, em toda a volta da orla do manto. 35 Aharon deverá vesti-lo quando
ministrar, e seu som será ouvido sempre que ele entrar no Lugar Sagrado, diante
de *Adonai*, e quando ele sair [de lá], para que não morra.

36 "Faça um ornamento de ouro puro e grave sobre ele um selo: 'Separado
para *Adonai*'. 37 Prenda-o ao turbante com o cordão azul, na parte da frente do
turbante, 38 sobre a testa de Aharon. Pois Aharon carrega a culpa dos muitos

erros cometidos pelo povo de Yisra'el na consagração de suas ofertas sagradas;
esse ornamento deverá estar sempre sobre sua testa, para que as ofertas [feitas]
a *Adonai* sejam aceitas por ele.
39 "Teça uma túnica xadrez de linho fino, faça um turbante de linho fino, e
faça um cinto — obra de um tecelão, em cores. 40 Da mesma forma, faça túnicas,
cintos e adornos de cabeça para os filhos de Aharon, que expressem dignidade
e esplendor. 41 Vista-os em seu irmão Aharon e em seus filhos. A seguir, unja-os,
empossse-os e consagre-os, para serem capazes de me servir no ofício de *kohen*.
42 Faça para eles, também, calções de linho, da cintura à coxa, para cobrir-lhes a
carne nua. 43 Aharon e seus filhos deverão usá-los quando entrarem na tenda do
encontro e quando se aproximarem do altar para ministrar no Lugar Sagrado, a
fim de que não incorram em culpa e morram. Este deve ser um regulamento per-
pétuo, para ele e para seus descendentes.

29 **(Quarto)** 1 "Eis o que você deve fazer para consagrá-los para ministrarem
a mim no ofício de *kohen*. Pegue um novilho e dois carneiros sem defeito,
2 também *matzah*, bolos de *matzah* amassados com azeite de oliva, e bolachas de
matzah untadas com azeite — tudo preparado com farinha de trigo fina. 3 Coloque-os
em uma cesta e apresente-os na cesta, com o novilho e os dois carneiros.
4 "Leve Aharon e seus filhos à entrada da tenda do encontro e lave-os com água.
5 Pegue as roupas e vista-as em Aharon: a túnica, o manto do colete ritual, o próprio
colete e o peitoral. Prenda o colete com o cinto. 6 Coloque o turbante na cabeça dele
e fixe o ornamento sagrado ao turbante. 7 Então pegue o óleo da unção e o unja,
derramando-o sobre sua cabeça. 8 Traga seus filhos; vista-os com túnicas; 9 ponha
cintos à volta deles, Aharon e seus filhos; e coloque neles adornos de cabeça. O ofí-
cio de *kohen* pertence-lhes como regulamento permanente. Assim, você consagrará
Aharon e seus filhos.
10 "Traga o novilho à frente da tenda do encontro. Aharon e seus filhos deverão
colocar as mãos sobre a cabeça do novilho, 11 e você deverá matar o novilho na
presença de *Adonai*, à entrada da tenda do encontro. 12 Pegue um pouco do sangue
do novilho e coloque-o com o dedo sobre os chifres do altar; derrame o resto do
sangue junto à base do altar. 13 Pegue toda a gordura que cobre os órgãos internos,
a cobertura do fígado e os dois rins com sua gordura e queime-os sobre o altar.
14 No entanto, a carne do novilho, a pele e o excremento deverão ser consumidos
pelo fogo fora do acampamento; trata-se de uma oferta pelo pecado.
15 "Pegue um carneiro: Aharon e seus filhos deverão colocar as mãos sobre a
cabeça do carneiro; 16 e você deverá matar o carneiro, pegar seu sangue e borrifá-
-lo sobre os dois lados do altar. 17 Esquarteje o carneiro, lave os órgãos internos e
as partes inferiores das patas e coloque-os com os quartos e a cabeça. 18 Queime
o carneiro inteiro sobre o altar. Trata-se de uma oferta queimada para *Adonai*, um
aroma agradável, uma oferta preparada pelo fogo para *Adonai*.
(Quinto) 19 "Pegue o outro carneiro: Aharon e seus filhos devem impor-lhe as
mãos, 20 e você deve matar o carneiro, pegar um pouco de seu sangue e aplicá-lo ao
lóbulo da orelha direita de Aharon, e ao lóbulo da orelha direita de todos os seus
filhos, aos polegares da mão e do pé direitos. Pegue o resto do sangue e borrife-o
em todos os lados do altar. 21 Depois disso, pegue um pouco do sangue que está
sobre o altar e um pouco do óleo da unção e faça aspersão com eles sobre Aharon,

suas roupas e sobre seus filhos e as roupas deles, [que estão] com ele; para que ele e suas roupas sejam consagrados, e com ele seus filhos e as roupas deles. 22 Pegue, também, a gordura do carneiro, a gordura da cauda, a gordura que cobre os órgãos internos, os dois rins, a cobertura de gordura [que há] sobre eles e a coxa direita — pois trata-se do carneiro da consagração — 23 com um pedaço de pão, um bolo de pão azeitado e uma bolacha da cesta de *matzah*, que está diante de *Adonai*, 24 e coloque tudo isso nas mãos de Aharon e de seus filhos. Eles devem movimentá-los como uma oferta de movimento na presença de *Adonai*. 25 Então pegue tudo de volta, e queime no altar, sobre a oferta queimada, para ser um aroma agradável diante de *Adonai*; esta é uma oferta feita a *Adonai* pelo fogo.

26 "Pegue o peito do carneiro para a consagração de Aharon e movimente-o como uma oferta de movimento na presença de *Adonai*; ela será a sua parte. 27 Consagre o peito da oferta de movimento e a coxa de toda oferta movimentada e elevada, quer do carneiro da consagração, quer de qualquer outra [oferta] designada para Aharon ou seus filhos; 28 isso pertence a Aharon e a seus filhos como parte perpetuamente devida pelo povo de Yisra'el — será uma contribuição do povo de Yisra'el, de suas ofertas de paz, sua contribuição para *Adonai*.

29 "As roupas sagradas de Aharon serão usadas por seus filhos depois dele; eles serão ungidos e consagrados com elas. 30 O filho que se tornar *kohen* em seu lugar, que vier à tenda do encontro para servir no Lugar Sagrado, deverá usá-las durante sete dias. 31 Pegue o carneiro da consagração e cozinhe sua carne em um lugar sagrado. 32 Aharon e seus filhos comerão a carne do carneiro e o pão da cesta à entrada da tenda do encontro. 33 Devem comer das coisas com as quais a expiação foi realizada por eles, para empossá-los e consagrá-los; nenhuma outra pessoa pode comer esse alimento, pois ele é sagrado. 34 Se sobrar algo da carne da consagração ou do pão até a manhã, queime; não deverá ser comido, pois é sagrado. 35 Cumpra todas essas ordens que dei a você a respeito de Aharon e seus filhos. Você deverá gastar sete dias na consagração deles.

36 "A cada dia, ofereça um novilho, como oferta pelo pecado, além das outras ofertas para expiação; apresente uma oferta pelo pecado sobre o altar como sua expiação por ele; a seguir, unja-o para consagrá-lo. 37 Faça expiação durante sete dias sobre o altar e consagre-o; assim, o altar será especialmente sagrado, e o que tocar no altar se tornará sagrado.

(Sexto) 38 "Isto é o que você deve oferecer sobre o altar: dois cordeiros de 1 ano, de forma contínua, todos os dias. 39 Ofereça um cordeiro pela manhã e o outro cordeiro ao escurecer. 40 Com um cordeiro, ofereça dois quartos de farinha triturada bem fina, amassada com um quarto de azeite de azeitonas prensadas, com um quarto de vinho, como oferta de bebida. 41 Ofereça o outro cordeiro ao escurecer; faça-o como você fez pela manhã: oferta de grãos e de bebida — ele será um aroma agradável, uma oferta feita a *Adonai* pelo fogo. 42 Esta será a oferta queimada regular por todas as suas gerações à entrada da tenda do encontro na presença de *Adonai*. Ali eu me encontrarei com vocês para falar a vocês. 43 Ali eu me encontrarei com o povo de Yisra'el; e o lugar será consagrado pela minha glória. 44 Consagrarei a tenda do encontro e o altar; da mesma forma, consagrarei Aharon e seus filhos para me servirem no ofício de *kohen*. 45 Então viverei com o povo de Yisra'el e lhes serei Deus: 46 eles saberão que eu sou *Adonai*, seu Deus, que os trouxe da terra do Egito a fim de viver com eles. Eu sou *Adonai*, seu Deus."

30 **(Sétimo)** 1 "Você deve fazer um altar para a queima de incenso; faça-o de madeira de acácia. 2 Ele deve ser quadrado, com 45,72 centímetros de lado e 91 centímetros de altura; seus chifres devem ser feitos de uma única peça com ele. 3 Revista-o com ouro puro — a parte superior, as laterais e os chifres; e ponha à volta dele uma moldura de ouro. 4 Faça para ele duas argolas de ouro debaixo da moldura nos dois cantos de ambos os lados; por elas passarão as varas de transporte. 5 Faça as varas de madeira de acácia e revista-as com ouro.

6 "Coloque-o diante da cortina, junto à arca do testemunho, diante da cobertura da arca que está sobre o testemunho, onde eu me encontrarei com vocês. 7 Aharon queimará sobre ele incenso fragrante como um aroma agradável a cada manhã; deverá queimá-lo quando preparar as lâmpadas. **(*Maftir*)** 8 Aharon também deverá queimá-lo quando acender as lâmpadas ao escurecer; esta é a queima regular de incenso diante de *Adonai* por todas as suas gerações. 9 Não ofereça sobre ele incenso não autorizado, nem a oferta queimada nem a oferta de grãos; e não derrame a oferta de bebida sobre ele. 10 Aharon deve fazer a expiação sobre os chifres uma vez ao ano — ele fará a expiação por si mesmo com o sangue da oferta pelo pecado de expiação, uma vez ao ano, por todas as suas gerações; esse altar é especialmente sagrado para *Adonai*".

***Haftarah Tetzaveh*: *Yechezk'el* [Ez] 43.10-27.**

Sugestão de leitura da *B'rit Hadashah* para a *Parashah Tetzaveh*: Filipenses 4.10-20.

Parashah 21: *Ki tissa* (Quando realizar) 30.11—34.35

11 *Adonai* disse a Mosheh: 12 "Quando você realizar um censo do povo de Yisra'el e registrá-lo, cada pessoa, ao registrar-se, deverá pagar um resgate pela própria vida a *Adonai*, para evitar o surto de uma praga entre eles durante o período do censo. 13 Toda pessoa sujeita ao censo deve pagar, como oferta a *Adonai*, metade de um *shekel* [5,6 gramas de prata] — de acordo com o padrão de *shekel* do santuário (um *shekel* é igual a 20 *gerot*). 14 Todos com mais de 20 anos de idade, sujeitos ao censo, devem apresentar essa oferta a *Adonai* — 15 o rico não deve contribuir com mais nem o pobre com menos de meio *shekel* quando apresentar a oferta a *Adonai* para expiar pela vida de vocês. 16 Receba o dinheiro pela expiação do povo de Yisra'el e empregue-o no serviço da tenda do encontro, para que seja uma recordação do povo de Yisra'el diante de *Adonai*, para expiar-lhes a vida".

17 *Adonai* disse a Mosheh: 18 "Faça uma bacia de bronze, com a base de bronze, para a lavagem. Coloque-a entre a tenda do encontro e o altar, e ponha água nela. 19 Aharon e seus filhos lavarão as mãos e os pés ali, 20 quando entrarem na tenda do encontro — eles devem lavar-se com água para não morrerem. Também, quando se aproximarem do altar para ministrar pelo fogo uma oferta a *Adonai*, 21 eles devem lavar as mãos e os pés, para não morrerem. Esta deve ser uma lei perpétua para eles em todas as gerações".

22 *Adonai* disse a Mosheh: 23 Pegue as melhores especiarias — 500 *shekalim* de mirra [55 quilos], metade dessa quantia (250 *shekalim*) de canela aromática [28 quilos], 250 *shekalim* de cana aromática, 24 500 *shekalim* de cássia (use o padrão do santuário), e 3,7 litros de azeite de oliva — 25 e faça com eles o sagrado óleo da unção; misture-o e perfume-o como o faria um fabricante de perfumes experiente; ele será

o sagrado óleo da unção. 26 Use-o para ungir a tenda do encontro, a arca do testemunho, 27 a mesa e todos os seus utensílios, a *menorah* e todos os seus utensílios, o altar do incenso, 28 o altar das ofertas queimadas e todos os seus utensílios, e a bacia com a sua base. 29 Vocês devem consagrá-los — eles serão especialmente sagrados, e tudo o que tocar neles será sagrado. 30 Então unja Aharon e seus filhos — consagre-os a meu serviço no ofício de *kohen*.

31 "Fale ao povo de Yisra'el: 'Este deve ser um óleo sagrado de unção para mim em todas as suas gerações. 32 Ele não deverá ser usado para ungir o corpo de nenhuma pessoa; e vocês não devem fazer nada semelhante a ele, com a mesma composição de ingredientes — ele é sagrado, e vocês devem tratá-lo como sagrado. 33 Quem fizer algo semelhante a ele ou usá-lo de alguma forma não autorizada deverá ser eliminado do povo' ".

34 Adonai disse a Mosheh: "Pegue essências de plantas aromáticas — resina de bálsamo, raiz de ônica doce e resina de gálbano amargo — essas especiarias e o incenso, todos em quantidades iguais; 35 e faça incenso, misturado e perfumado, como produto de um fabricante de perfumes experiente, salgado, puro e sagrado. 36 Moa bem fino um pouco dele e coloque-o diante do testemunho, na tenda do encontro em que eu me encontrarei com você; ele deve ser considerado especialmente sagrado. 37 Não façam para vocês, para uso particular, nenhum tipo de incenso semelhante a ele, com os mesmos ingredientes na composição — tratem-no como consagrado para Adonai. 38 Quem fizer algo semelhante a ele e usá-lo como perfume deverá ser eliminado do povo".

31 1 Adonai disse a Mosheh: 2 "Separei B'tzal'el, o filho de Uri, neto de Hur, da tribo de Y'hudah. 3 Eu o enchi com o Espírito de Deus — com sabedoria, entendimento e conhecimento de todas as espécies de talentos artísticos. 4 Ele é um mestre de projeto em ouro, prata, bronze, 5 no corte de pedras preciosas de encaixe, entalhamento e todas as outras artes.

6 "Apontei também Oholi'av, o filho de Achisamakh, da tribo de Dan, como seu ajudante. Além disso, dotei todos os artífices de sabedoria, para fazerem tudo o que ordenei a você — 7 a tenda do encontro, a arca do testemunho, a cobertura da arca (sobre ela), todos os utensílios da tenda, 8 a mesa e seus utensílios, a *menorah* pura e todos os seus utensílios, o altar do incenso, 9 o altar das ofertas queimadas e todos os seus utensílios, a bacia e sua base, 10 as roupas para o ofício, as roupas sagradas de Aharon, o *kohen*, e as roupas de seus filhos, para que eles sirvam no ofício de *kohen*, 11 o óleo da unção e o incenso de ervas aromáticas para o Lugar Sagrado. Eles devem fazer tudo como eu ordenei a você".

12 Adonai disse a Mosheh: 13 "Fale ao povo de Yisra'el: 'Guardem meus *shabbatot*; pois este é um sinal entre mim e vocês por todas as suas gerações; para que saibam que eu sou Adonai, que os separo para mim. 14 Portanto, guardem meu *shabbat*, pois ele foi separado para vocês. Quem o tratar como algo comum deve ser executado, pois quem realizar algum tipo de trabalho nele deverá ser eliminado do povo. 15 Realizem seu trabalho em seis dias, mas o sétimo dia é *shabbat*, para descanso absoluto, separado para Adonai. Quem realizar qualquer trabalho no dia do *shabbat* será executado. 16 O povo de Yisra'el deverá guardar e observar o *shabbat* em todas as gerações como aliança perpétua. 17 Ele é um sinal entre mim e o povo de Yisra'el para sempre, pois em seis dias Adonai fez céu e terra, mas no sétimo dia parou de trabalhar e descansou' ".

(Segundo) 18 Quando terminou de falar com Mosheh, no monte Sinai, Adonai deu a ele as duas tábuas do testemunho, tábuas de pedra inscritas pelo dedo de Deus.

32 1 Quando o povo viu que Mosheh demorava a descer da montanha, reuniu-se
em torno de Aharon e lhe disse: "Mexa-se; faça para nós deuses que andem
à nossa frente, pois esse Mosheh, o homem que nos trouxe da terra do Egito, não
sabemos o que aconteceu com ele". 2 Aharon lhes disse: "Que suas mulheres, seus
filhos e suas filhas retirem seus brincos de ouro e os tragam a mim". 3 O povo tirou
os brincos de ouro e os trouxe a Aharon. 4 Ele recebeu o que lhe deram, derreteu-o e
deu-lhe a forma de um bezerro. Eles disseram: "Yisra'el! Eis o seu Deus, que os trouxe
da terra do Egito!". 5 Ao ver isso, Aharon construiu um altar diante dele e anunciou:
"Amanhã será um [dia de] festa para *Adonai*". 6 Na manhã seguinte, bem cedo, eles se
levantaram e apresentaram uma oferta queimada e ofertas de paz. Mais tarde, o povo
assentou-se para comer e beber; depois, eles se entregaram à folia.

7 *Adonai* disse a Mosheh: "Desça, rápido! O seu povo, que você trouxe da terra
do Egito, corrompeu-se! 8 Deixaram de lado muito rapidamente o caminho que
lhes ordenei seguir. Eles moldaram uma estátua de metal de um bezerro, adora-
ram-na, sacrificaram-lhe e disseram: 'Yisra'el, eis o seu Deus, que os trouxe da
terra do Egito!' ". 9 *Adonai* continuou falando com Mosheh: "Tenho observado esse
povo; você pode perceber como eles são teimosos. 10 Agora, deixe-me só, para que
minha ira se acenda contra eles, e eu lhes dê um fim! Em lugar deles, farei uma
grande nação de você".

11 Mosheh intercedeu a *Adonai*, seu Deus. Ele disse: "*Adonai*, por que deve tua ira
acender-se contra o teu povo, a quem tiraste da terra do Egito com grande poder e
mão forte? 12 Por que deixar os egípcios dizerem: 'Ele os tirou daqui com más inten-
ções, para matá-los nas colinas e eliminá-los da face da terra?'. Volta-te da tua ira
ardente! Compadece-te! Não tragas tamanho desastre sobre teu povo! 13 Lembra--te
de Avraham, Yitz'chak e Yisra'el, teus servos, aos quais juraste por ti mesmo. Tu
lhes prometeste: 'Farei seus descendentes tão numerosos quanto as estrelas do
céu; e darei toda esta terra sobre a qual tenho falado a seus descendentes, e eles
a possuirão para sempre' ". 14 Então *Adonai* mudou de ideia a respeito do desastre
que planejou trazer [sobre] seu povo.

15 Mosheh virou-se e desceu da montanha com as duas tábuas do testemunho
na mão, tábuas inscritas dos dois lados, na frente e no verso. 16 As tábuas eram
obra de Deus; e a escrita foi feita pelo próprio Deus, gravada nas tábuas. 17 Quando
Y'hoshua ouviu a gritaria do povo, disse a Mosheh: "Soa como se houvesse guerra
no acampamento!". 18 Ele respondeu: "Não se trata de clamor de vitória nem de
lamento pela derrota; ouço o som do povo cantando".

19 No momento, porém, em que Mosheh aproximou-se do acampamento, quan-
do viu o bezerro e as danças, ele ficou irado. Jogou as tábuas que ele estava tra-
zendo e despedaçou-as junto à base da montanha. 20 Agarrou o bezerro que eles
fizeram, derreteu-o no fogo e moeu-o até virar pó, espalhando-o na água. Então ele
fez o povo de Yisra'el bebê-la.

21 Mosheh disse a Aharon: "O que este povo fez a você para que o liderasse nesse
pecado terrível?". 22 Aharon respondeu: "Não se ire, meu senhor. Você sabe como é
este povo, eles estão determinados a fazer o mal. 23 Assim me disseram: 'Faça-nos
deuses que sigam à nossa frente, pois esse Mosheh, o homem que nos trouxe da ter-
ra do Egito, não sabemos o que aconteceu com ele'. 24 Eu lhes respondi: 'Quem tiver
ouro, tire-o'. Eles o deram a mim. Eu o lancei no fogo, e saiu este bezerro!".

25 Quando Mosheh viu que o povo havia perdido o controle — pois Aharon lhes
permitiu sair do controle, para a zombaria de seus inimigos, 26 Mosheh parou à
entrada do acampamento e gritou: "Quem for por *Adonai*, venha até mim!". Todos
os descendentes de Levi agruparam-se em torno dele. 27 Ele lhes disse: "Eis o que
Adonai, o Deus de Yisra'el, diz: 'Cada um de vocês ponha a espada a seu lado; suba e

desça o acampamento, de um portão ao outro; todo homem deve matar seu paren-
te, o próprio amigo e vizinho!". 28 Os filhos de Levi fizeram o que Mosheh disse, e
nesse dia 3 mil [homens] do povo morreram. 29 Mosheh disse: "Consagrem-se hoje
para *Adonai*, pois cada um de vocês está contra o próprio filho e contra seu parente,
a fim de trazerem hoje uma bênção sobre si mesmos".
30 No dia seguinte, Mosheh disse ao povo: "Vocês cometeram um pecado terrível.
Agora eu subirei a *Adonai*; talvez eu consiga expiar seu pecado". 31 Mosheh voltou a
Adonai e disse: "Por favor, este povo cometeu um pecado terrível — fizeram para si
um deus de ouro. 32 Ah, se tu lhes perdoasses o pecado! No entanto, se não o dese-
jares, então, imploro-te, risca-me de teu livro que escreveste!". 33 *Adonai* respondeu a
Mosheh: "Os que pecaram contra mim são os que eu riscarei de meu livro. 34 Vá, ago-
ra, e leve o povo ao lugar que eu disse a você; meu anjo irá à sua frente. Mesmo assim,
virá o tempo da punição; e, então, eu os punirei por seu pecado". 35 *Adonai* feriu o
povo com uma praga porque eles fizeram o bezerro — aquele que Aharon moldou.

33 1 *Adonai* disse a Mosheh: "Saia você e o povo que você trouxe da terra do
Egito; siga adiante, na direção da terra que jurei a Avraham, Yitz'chak e
Ya'akov: 'Eu a darei a seus descendentes'. 2 Enviarei um anjo à sua frente; e expul-
sarei o kena'ani, o emori, o hitti, o p'rizi, o hivi e o y'vusi. 3 Vocês se dirigirão a
uma terra em que sobejam leite e mel; no entanto, eu mesmo não irei com vocês,
pois são um povo teimoso, a tal ponto que eu os poderia destruir pelo caminho".
4 Quando o povo ouviu essas más notícias, começou a lamentar; e não usaram mais
seus ornamentos. 5 *Adonai* disse a Mosheh: "Fale ao povo de Yisra'el: 'Vocês são um
povo teimoso! Se eu subisse com vocês por apenas um instante, os exterminaria!
Agora, tirem seus ornamentos; então decidirei o que fazer com vocês' ". 6 Por isso,
do monte Horev em diante, o povo de Yisra'el tirou seus ornamentos.
7 Mosheh pegava a tenda e a armava fora do acampamento, bem longe dele.
Ele a chamou de tenda do encontro. Quem desejasse consultar *Adonai* saía à ten-
da do encontro, fora do acampamento. 8 Sempre que Mosheh ia à tenda, todo o
povo se levantava e permanecia em pé, cada homem à porta de sua tenda, e ob-
servava Mosheh até ele chegar à tenda. 9 Quando Mosheh entrava na tenda, uma
coluna de nuvem descia sobre a tenda e parava à sua entrada; e *Adonai* falava com
Mosheh. 10 Quando todo o povo viu a coluna de nuvem parada à entrada da tenda,
eles se levantaram e se prostraram, cada homem à porta de sua tenda. 11 *Adonai*
falava com Mosheh face a face, como um homem fala com seu amigo. Em seguida,
ele voltava ao acampamento, mas o jovem que era seu ajudante, Y'hoshua, o filho
de Nun, não saía de dentro da tenda.
(Terceiro) 12 Mosheh disse a *Adonai*: "Vê, tu me disseste: 'Faça essas pessoas se
moverem!'. No entanto, tu não me fizeste saber a quem enviarás comigo. Mesmo
assim, tu disseste: 'Eu o conheço pelo nome', e também: 'Você encontrou favor em
meus olhos'. 13 Agora, por favor, se eu realmente encontrei favor em teus olhos, mos-
tra-me teus caminhos; para que eu te entenda e continue encontrando favor em teus
olhos. Além disso, continua considerando esta nação teu povo". 14 *Adonai* respondeu:
"Tranquilize-se, pois minha presença irá com vocês". 15 Mosheh respondeu: "Se tua
presença não estiver conosco, não nos faças partir daqui. 16 Pois de que outra forma
se saberá que encontrei favor em teus olhos, eu e teu povo, senão indo tu conosco?
Isso é o que nos distingue, a mim e a teu povo, de todos os outros povos da terra".
(Quarto) 17 *Adonai* disse a Mosheh: "Também farei o que me pediu, pois você
encontrou favor em meus olhos, e eu o conheço pelo nome". 18 Mosheh, no entan-
to, disse: "Imploro-te que me mostres a tua glória!". 19 Ele respondeu: "Farei toda a

minha bondade passar diante de você e, em sua presença, pronunciarei o nome de *Adonai*. Além disso, usarei de favor com quem eu quiser e mostrarei misericórdia a quem eu desejar. 20 Entretanto, meu rosto", ele continuou, "você não pode ver, pois um ser humano não pode olhar para mim e permanecer com vida". 21 "Eis", ele disse, "um lugar próximo de mim; fique sobre uma rocha. 22 Quando a minha glória passar por ali, eu o colocarei em uma fenda da rocha e o cobrirei com minha mão, até que eu tenha passado. 23 Então removerei minha mão, e você verá minhas costas; meu rosto, porém, não deve ser visto".

34 **(Quinto)** 1 *Adonai* disse a Mosheh: "Corte duas tábuas de pedra, semelhantes às primeiras; eu inscreverei nelas as palavras que estavam nas primeiras tábuas, quebradas por você. 2 Esteja pronto pela manhã; você deverá subir ao monte Sinai e apresentar-se a mim no cume da montanha. 3 Ninguém deve subir com você, e ninguém deve ser visto em nenhum ponto da montanha; não permita que nem os rebanhos nem o gado pastem diante desta montanha". 4 Mosheh cortou as duas tábuas de pedra como as primeiras. Então levantou-se bem cedo, subiu ao monte Sinai com as duas tábuas de pedra nas mãos, como *Adonai* lhe ordenara.

5 *Adonai* desceu em uma nuvem, colocou-se perto dele e ali pronunciou o nome de *Adonai*. 6 *Adonai* passou diante dele e anunciou: "*YUD-HEH-VAV-HEH*! *Yud-Heh--Vav-Heh* [*Adonai*] é Deus misericordioso e compassivo, lento para irar-se, rico em graça e verdade; 7 ele mostra graça à milésima geração, perdoa as ofensas, os crimes e os pecados; entretanto, não isenta a culpa, e faz os efeitos negativos das ofensas dos pais serem experimentados pelos filhos e pelos netos deles, até pela terceira e quarta gerações". 8 De imediato, Mosheh curvou a cabeça até o solo, prostrou-se 9 e disse: "Se eu encontrei favor em teus olhos, *Adonai*, então, por favor, que *Adonai* vá conosco, apesar de eles serem um povo teimoso; e perdoa nossas ofensas e pecados, e toma-nos como tua posse".

(Sexto) 10 Ele disse: "Eis que estou fazendo uma aliança; farei diante de seu povo maravilhas tais que nunca foram realizadas sobre a terra ou em nenhuma nação. Todo o povo à sua volta verá a obra de *Adonai*. O que vou fazer por intermédio de vocês será assombroso! 11 Observe o que ordeno a você fazer hoje. Eis que expulsarei à frente de você o emori, o kena'ani, o hitti, o p'rizi, o hivi e o y'vusi. 12 Tome o cuidado de não estabelecer nenhuma aliança com o povo que vive na terra para onde você vai, para que eles não se tornem uma armadilha dentro de suas fronteiras. 13 Em vez disso, deve demolir seus altares, esmagar suas colunas e cortar seus postes sagrados, 14 pois você não deve se curvar a nenhum outro deus; pois *Adonai* — cujo nome é Zeloso — é um Deus zeloso. 15 Não faça nenhuma aliança com o povo que vive na terra. Ele fará você se desviar ao seguir seus deuses e oferecer-lhes sacrifícios. Eles o convidarão para unir-se a eles quando comerem seus sacrifícios, 16 e você tomará entre as filhas deles mulheres para seus filhos. As filhas deles se prostituirão com os deuses deles e farão seus filhos agirem da mesma forma!

17 "Não molde para si deuses de metal.

18 "Guarde a festa da *matzah*, comendo a *matzah*, como eu ordenei a você: durante sete dias no mês de *aviv*, pois foi no mês de *aviv* que você saiu do Egito.

19 "Todo o primeiro a sair do ventre é meu. De todo o seu gado, separe para mim o macho, o primogênito do gado e do rebanho. 20 Você deve resgatar o primogênito de um jumento com um cordeiro; se você não resgatá-lo, quebre-lhe o pescoço. Resgate todo primogênito de seus filhos. Ninguém deve aparecer diante de mim de mãos vazias.

21 "Trabalhe durante seis dias, mas no sétimo dia você deve descansar — des-
canse, mesmo no tempo de arar e na época da colheita.
22 "Guarde a festa de *Shavu'ot* com a produção dos primeiros frutos da colheita
de trigo, e a festa da colheita na virada do ano. 23 Três vezes ao ano, todos os seus
homens devem comparecer diante do Senhor, *Adonai*, o Deus de Yisra'el. 24 Pois eu
expulsarei as nações à sua frente e expandirei seu território, e ninguém cobiçará
sua terra quando subir para apresentar-se diante de *Adonai*, seu Deus, três vezes ao
ano. 25 Não ofereça o sangue do meu sacrifício com pão fermentado, e o sacrifício
da festa de *Pesach* não deve ser deixado até a manhã. 26 Leve as melhores primícias
de sua terra à casa de *Adonai*, seu Deus.
"Não cozinhe o cabrito no leite de sua mãe".
(Sétimo) 27 *Adonai* disse a Mosheh: "Registre estas palavras, porque elas são os
termos da aliança que eu estabeleci com você e com Yisra'el". 28 Mosheh esteve ali
com *Adonai* quarenta dias e quarenta noites, tempo em que ele não comeu alimentos
nem bebeu água. [*Adonai*] escreveu sobre as tábuas as palavras da aliança, os Dez
Mandamentos.
29 Quando Mosheh desceu do monte Sinai com as duas tábuas do testemunho na
mão, ele não percebeu que a pele de sua face emanava raios de luz como resultado
de sua conversa com *Adonai*. 30 Quando Aharon e o povo de Yisra'el viram Mosheh, a
pele de sua face estava brilhando; e eles sentiram medo de se aproximar dele. 31 No
entanto, Mosheh os chamou; então Aharon e todos os líderes da comunidade aproxi-
maram--se dele, e Mosheh falou com eles. 32 Mais tarde, todo o povo de Yisra'el apro-
ximou-se; e ele lhes transmitiu todas as ordens que *Adonai* lhe dissera no monte Sinai.
(*Maftir*) 33 Assim que Mosheh terminou de falar com eles, cobriu a face com um
véu. 34 Quando ele ia diante de *Adonai* para falar-lhe, retirava o véu até sair; quando
saía, falava ao povo de Yisra'el o que lhe fora ordenado. 35 Entretanto, assim que o
povo de Yisra'el via a face de Mosheh — que a pele da face de Mosheh brilhava —,
ele colocava o véu de volta sobre sua face até ir outra vez para falar com *Adonai*.

***Haftarah Ki tissa*: *M'lakhim Alef* [1Rs] 18.1-39 (A); 18.20-39 (S).**

Sugestão de leitura da *B'rit Hadashah* para a *Parashah Ki tissa*:
Lucas 11.14-20; Atos 7.35—8.1; 1Coríntios 10.1-13; 2Coríntios 3.1-18.

Parashah 22: *Vayak'hel* (Ele reuniu) 35.1—38.20

[Nos anos regulares, lê-se com a *Parashah* 23; nos anos irregulares, lê-se separadamente.]

35 1 Mosheh reuniu toda a comunidade do povo de Yisra'el e lhes disse: "Isto
é o que *Adonai* ordenou fazer. 2 Todo o trabalho deve ser feito em seis dias,
mas o sétimo dia deverá ser para vocês um dia sagrado, um *shabbat* de descanso
absoluto em honra de *Adonai*. Quem realizar qualquer trabalho nesse dia será exe-
cutado. 3 No *shabbat*, não acendam fogo em seus lares".
4 Mosheh disse a toda a comunidade do povo de Yisra'el: "Eis o que *Adonai* or-
denou: 5 'Façam entre vocês uma coleta para *Adonai* — quem tiver o coração disposto
deve trazer uma oferta para *Adonai*: ouro, prata e bronze; 6 tecido azul, púrpura e es-
carlate; linho fino, pelos de cabra, 7 peles tingidas de carneiros e couro fino; madeira
de acácia; 8 azeite para iluminar, especiarias para o óleo da unção e para o incenso
aromático; 9 pedras de ônix e pedras de encaixe para o colete ritual e o peitoral.
10 " 'Que venham, então, todos os artífices entre vocês e façam tudo o que *Adonai*
ordenou: 11 o tabernáculo com sua tenda, a cobertura, os prendedores, as tábuas, as

barras transversais, as colunas e os encaixes; 12 a arca com as varas, a cobertura da
arca e a cortina para proteger; 13 a mesa com as varas, todos os seus utensílios e os
pães da proposição; 14 a *menorah* para iluminar, com seus utensílios e lâmpadas, e
o óleo para iluminar; 15 o altar do incenso com as varas; o óleo da unção; o incenso
aromático; a cortina para a entrada do tabernáculo; 16 o altar das ofertas queima-
das, com suas varas e todos os utensílios; a bacia com sua base; 17 as tapeçarias
do pátio, com suas colunas e encaixes; a cortina do portão do pátio; 18 as estacas do
tabernáculo; as estacas do pátio, com suas cordas; 19 as roupas para o ofício, para
servir no Lugar Sagrado; e as roupas sagradas de Aharon, o *kohen*, e as roupas de
seus filhos, para que possam servir no ofício de *kohen*'."

20 Em seguida, toda a comunidade do povo de Yisra'el saiu da presença de
Mosheh; **(AB: Segundo)** 21 e aqueles, com o coração comovido e com espírito dispos-
to, trouxeram uma oferta a *Adonai* para a obra na tenda do encontro, para o serviço
nela e para as roupas sagradas. 22 Tanto homens quanto mulheres contribuíram, to-
dos os que tinham o coração disposto; trouxeram anéis para usar no nariz, brincos,
selos em forma de anéis, cintos, todos os tipos de joias de ouro — todos trouxeram
uma oferta de ouro a *Adonai*. 23 E todo que possuía fios de cor azul, púrpura e escarla-
te; linho fino; peles tingidas de carneiros ou couro fino trouxe-os. 24 E quem possuía
prata ou bronze trouxe sua oferta a *Adonai*, e quem possuía madeira de acácia ade-
quada para a obra também a trouxe. 25 Todas as mulheres hábeis em fiar começaram
a trabalhar e trouxeram seus produtos: fios de cor azul, púrpura, escarlate e linho
fino. 26 Da mesma forma, as mulheres com o coração comovido dispuseram de sua
habilidade para fiar os pelos de cabra. 27 Os líderes trouxeram as pedras de ônix e as
pedras de encaixe para o colete ritual e o peitoral; 28 as especiarias; e o azeite para
iluminar, para o óleo da unção e para o incenso aromático. 29 Assim, todo homem e
toda mulher do povo de Yisra'el, com o coração impelido, contribuíram de alguma
forma para a obra que *Adonai* ordenara por intermédio de Mosheh e trouxeram a
Adonai uma oferta voluntária.

(AR: Segundo; AB: Terceiro) 30 Mosheh disse ao povo de Yisra'el: "Vejam, *Adonai*
escolheu B'tzal'el, o filho de Uri, neto de Hur, da tribo de Y'hudah. 31 Ele está
repleto do Espírito de Deus — com sabedoria, entendimento e conhecimento con-
cernentes a todas as espécies de talentos artísticos. 32 Ele é um mestre de projetos
em ouro, prata, bronze, 33 corte de pedras preciosas de encaixe, entalhamento e
todas as outras artes. 34 *Adonai* também dotou Oholi'av, o filho de Achisamakh, da
tribo de Dan, com a habilidade de ensinar outras pessoas. 35 Eles receberam todas as
habilidades necessárias para todos os tipos de trabalho, quer sejam feitos por um
artesão, quer por um projetista, quer por um bordador que use fios de cor azul,
púrpura e escarlate, linho fino, quer por um tecelão — eles têm habilidades para
todas as espécies de obra e projeto.

36 1 "B'tzal'el e Oholi'av, com todos os artífices — a quem *Adonai* concedeu a
sabedoria e habilidade necessárias para realizar a obra do santuário — de-
vem agir exatamente de acordo com tudo o que *Adonai* ordenou".

2 Mosheh chamou B'tzal'el, Oholi'av e todos os artífices a quem *Adonai* conce-
dera sabedoria, os quais tiveram o coração atraído e vieram tomar parte na obra.
3 Eles receberam de Mosheh toda a oferta trazida pelo povo de Yisra'el para a obra
da edificação do santuário. Mesmo assim, eles continuavam trazendo ofertas vo-
luntárias a cada manhã, 4 até que todos os artífices que trabalhavam na edificação
do santuário deixaram o local de trabalho 5 para dizerem a Mosheh: "O povo tem
trazido mais que o necessário para a realização da obra que *Adonai* ordenou fazer".
6 Então Mosheh deu uma ordem, repetida em todo o acampamento: "Os homens e

as mulheres não devem apresentar mais ofertas para o santuário". Desse modo, o
povo foi impedido de fazer contribuições adicionais, 7 pois o que já possuíam era
muito mais que o suficiente para completar toda a obra!

(AB: Quarto) 8 Todos os homens habilidosos que trabalhavam lá edificaram o
tabernáculo, usando dez cortinas de linho fino torcido e de tecido azul, púrpura
e escarlate. Foram feitos também *k'ruvim* trabalhados por um artesão experiente.
9 Cada cortina tinha 12,80 metros de comprimento e 1,82 metro de largura; todas
tinham o mesmo tamanho. 10 As cinco cortinas eram unidas umas às outras, e as
outras cinco cortinas também foram unidas umas às outras. 11 Fizeram-se laços
de [fios] azuis na orla da cortina de fora do primeiro conjunto e o mesmo foi feito
na orla da cortina de fora do segundo conjunto. 12 Havia 50 laços em uma corti-
na e 50 laços na orla da cortina do segundo conjunto; os laços contrapunham-se.
13 Fizeram-se 50 prendedores de ouro e uniram as cortinas umas às outras com os
prendedores, para que o tabernáculo formasse uma só unidade.

14 Fizeram-se cortinas de pelos de cabra para serem usadas como uma tenda para
cobrir o tabernáculo: 11 cortinas. 15 Cada cortina media 13,71 metros de compri-
mento e 1,82 metro de largura; as 11 cortinas tinham o mesmo tamanho. 16 Cinco
cortinas foram unidas em um conjunto, e as outras seis, em outro. 17 Fizeram-se
50 laços na orla da cortina de fora do primeiro conjunto e 50 laços na cortina de fora
do segundo conjunto. 18 Foram feitos 50 prendedores de bronze para unir a tenda,
para que ela fosse uma só unidade.

19 Fizeram a cobertura da tenda de peles curtidas de carneiro e uma cobertura
externa de couro fino.

(AB: Quinto) 20 Fizeram-se tábuas verticais de madeira de acácia para o taber-
náculo. 21 Cada tábua media 4,57 metros de comprimento e 68 centímetros de
largura. 22 Havia duas saliências em cada tábua, e as tábuas eram unidas umas
às outras. Dessa forma, fizeram todas as tábuas para o tabernáculo. 23 As tábuas
para o tabernáculo foram feitas do seguinte modo: 20 tábuas para o lado sul, de
frente para o sul. 24 Havia 40 encaixes de prata sob as 20 tábuas, dois encaixes sob
cada tábua — para as suas saliências — e dois encaixes sob a outra tábua — para
as suas saliências. 25 Para o outro lado do tabernáculo, o norte, foram feitas 20 tá-
buas 26 com 40 encaixes de prata, dois encaixes sob uma tábua e dois sob outra
tábua. 27 Para a parte de trás do tabernáculo, em direção oeste, fizeram-se seis
tábuas. 28 Para os cantos do tabernáculo, na parte de trás, duas tábuas, 29 duplas
desde o fundo até o alto, mas unidas em uma única argola. O mesmo foi feito com
as duas; elas formaram dois cantos. 30 Assim, havia oito tábuas com seus encaixes
de prata, 16 encaixes, dois encaixes sob cada tábua.

31 Foram feitas barras transversais de madeira de acácia, cinco para as tábuas de
um lado do tabernáculo, 32 cinco barras transversais para as tábuas do outro lado do
tabernáculo, e cinco barras transversais para as tábuas da parte de trás do taberná-
culo, do lado oeste. 33 E foi feita a barra transversal do meio que se estendia de uma
extremidade das tábuas à outra, por mais da metade do caminho. 34 As tábuas foram
revestidas de ouro, fizeram-se argolas de ouro através das quais poderiam passar as
barras transversais, e as barras transversais foram revestidas de ouro.

35 Confeccionou-se uma cortina de tecido azul, púrpura e escarlate e linho fino
torcido. Foram trabalhados nela *k'ruvim* por um artesão experiente. 36 Foram feitas
para ela quatro colunas de madeira de acácia, revestidas com ouro, e ganchos de
ouro; e moldaram para elas quatro encaixes de prata.

37 Para a entrada da tenda, foi feita uma cortina de tecido azul, púrpura, escar-
late e linho fino torcido, em cores, obra de um tecelão; 38 com suas cinco colunas e

seus ganchos. Seus capitéis e suas argolas fixas foram revestidos de ouro, ao passo que os cinco encaixes eram de bronze.

37 1 B'tzal'el fez a arca de madeira de acácia com 1,14 metro de comprimento, 70 centímetros de largura e 70 centímetros de altura. 2 Ele a revestiu com ouro puro pelo lado de dentro e pelo lado de fora, e colocou uma moldura de ouro ao redor dela. 3 Moldou para ela quatro argolas de ouro para seus quatro pés, duas argolas de cada lado. 4 Fez varas de madeira de acácia e revestiu-as de ouro. 5 Colocou as varas de transporte da arca nas argolas laterais da arca.

6 Fez a cobertura da arca de ouro puro com 1,14 metro de comprimento e 70 centímetros de largura. 7 Fez dois *k'ruvim* de ouro, obra de forja, para as duas extremidades da cobertura da arca — 8 um *keruv* para uma extremidade e um *keruv* para a outra extremidade; os *k'ruvim* foram feitos de uma só peça com a cobertura da arca, nas duas extremidades. 9 Os *k'ruvim* tinham as asas estendidas para a frente, para que suas asas cobrissem a arca; suas faces estavam voltadas uma para a outra, na direção da cobertura da arca.

10 Ele fez a mesa de madeira de acácia com 90 centímetros de comprimento, 45 centímetros de largura e 45 centímetros de altura. 11 Revestiu-a de ouro puro e colocou uma moldura de ouro à volta dela, na parte superior. 12 Fez, à volta dela, uma borda de um palmo de largura e colocou a moldura de ouro em torno da borda. 13 Moldou para ela quatro argolas de ouro e prendeu as argolas aos quatro cantos, perto de seus quatro pés. 14 As argolas para suster as varas de transporte da mesa foram colocadas perto da borda. 15 Fez as varas de transporte para a mesa de madeira de acácia e revestiu-as de ouro. 16 Fez os utensílios para serem postos sobre a mesa — pratos, panelas, tigelas e jarros — de ouro puro.

(AR: Terceiro; AB: Sexto) 17 Ele fez a *menorah* de ouro puro, obra de forja; a base, a haste, os cálices, as argolas de folhas externas e as flores formavam uma só unidade. 18 Seis braços estendiam-se para os lados, três braços da *menorah* de um lado e três do outro. 19 Em cada braço, havia três cálices com o formato semelhante a botões de amêndoa e uma argola de folhas e pétalas externas; da mesma forma, no braço do outro lado havia três cálices com o formato semelhante a botões de amêndoas e uma argola de folhas e pétalas externas e, de forma idêntica, os seis braços estendiam-se a partir da *menorah*. 20 Na haste central da *menorah*, havia quatro cálices com o formato semelhante a botões de amêndoas, cada um com sua argola de folhas e pétalas externas. 21 Onde cada par de braços se unia à haste central, havia uma argola de folhas externas que formava uma única peça com o par de braços — e assim era com os seis braços. 22 Suas argolas de folhas externas e seus braços formavam uma única peça com a haste. Assim, toda a *menorah* formava uma peça de obra de forja, feita de ouro puro. 23 Ele fez suas sete lâmpadas, as tenazes e as bandejas de ouro puro. 24 A *menorah* e seus utensílios foram feitos com 30 quilos de ouro puro.

25 Fez o altar quadrado de madeira de acácia para a queima de incenso com 45 centímetros de cada lado e 90 centímetros de altura; seus chifres formavam uma só unidade. 26 Revestiu-o de ouro puro — a parte superior, os lados e os chifres; e colocou à volta dele uma moldura de ouro. 27 Fez-lhe duas argolas de ouro, abaixo da moldura, junto às extremidades dos dois lados, para suster as varas de transporte. 28 Fez as varas de madeira de acácia e revestiu-as de ouro.

29 Preparou o óleo sagrado da unção e o incenso puro com substâncias de plantas aromáticas, como faria um especialista na fabricação de perfumes.

38 **(AR: Quarto; AB: Sétimo)** 1 Ele fez o altar das ofertas queimadas de madeira
de acácia: 2,29 metros de comprimento e 2,29 metros de largura — um qua-
drado — e 1,37 metro de altura. 2 Fez chifres para os quatro cantos: eles formavam
uma única peça com o altar, o qual foi revestido de bronze.
3 Fez também todos os utensílios do altar — vasilhas, pás, bacias, ganchos para
carne e braseiros — de bronze. 4 Fez para o altar uma grelha de bronze, semelhante
a uma rede, sob sua borda, que alcançava a metade do altar. 5 Moldou quatro argo-
las para as quatro extremidades da grelha de bronze para suster as varas. 6 Fez as
varas de madeira de acácia e revestiu-as de bronze. 7 Colocou as varas de transpor-
te nas argolas das laterais do altar; e fez o altar com tábuas: ele era oco.
8 Fez a bacia de bronze e a base de bronze com os espelhos das mulheres que
serviam à entrada da tenda do encontro.
9 Fez o pátio. No lado sul, de frente para o sul, as tapeçarias para o pátio eram
feitas de linho fino torcido, com 45,72 metros de comprimento, 10 sustentadas por
20 colunas em 20 encaixes de bronze; os ganchos estavam sobre as colunas, e as
argolas de fixação eram feitas de prata. 11 No lado norte, [as tapeçarias] tinham
45,72 metros de comprimento, pendiam de 20 colunas em 20 encaixes de bronze,
com os ganchos sobre as colunas e suas argolas de prata. 12 No lado oeste, havia
tapeçarias com 22,86 metros de comprimento, que pendiam de dez colunas em
dez encaixes, com os ganchos sobre as colunas e suas argolas de prata. 13 No lado
leste, havia tapeçarias com 22,86 metros de comprimento. 14 As tapeçarias de um
lado [do portão] mediam 6,85 metros de comprimento, pendiam de três colunas
em três encaixes; 15 o mesmo ocorria do outro lado — de cada lado [do portão],
havia tapeçarias que mediam 6,85 metros de comprimento sobre três colunas em
três encaixes. 16 Todas as tapeçarias do pátio, por todo o caminho, eram feitas de
linho fino torcido; 17 os encaixes das colunas eram de bronze; os ganchos sobre as
colunas e suas argolas eram de prata; os capitéis das colunas eram revestidos de
prata; e todas as colunas do pátio tinham faixas de prata.
(AB: *Maftir*) 18 A cortina do portão para o pátio era uma obra de tecelão, de
tecido azul, púrpura, escarlate e linho fino torcido. Seu comprimento era de 9,14
metros e sua altura, de 2,28 metros, como as tapeçarias do pátio. 19 Ela contava
com quatro colunas em quatro encaixes de bronze, com ganchos de prata, capitéis
revestidos de prata e prendedores de prata. 20 As estacas do tabernáculo e do pátio
ao redor eram de bronze.

***Haftarah Vayak'hel*: *M'lakhim Alef* [1Rs] 7.40-50 (A); 7.13-26 (S).**

Sugestão de leitura da *B'rit Hadashah* para a *Parashah Vayak'hel*: 2Coríntios 9.1-15; Judeus messiânicos [Hb] 9.1-14; Revelação [Ap] 11.1-13].

Parashah 23: *P'kudei* (Registros) 38.21—40.38

[Nos anos regulares, lê-se com a *Parasha* 22; nos anos irregulares, lê-se separadamente.]

21 Estas são as contas do tabernáculo — o tabernáculo do testemunho — re-
gistradas, como Mosheh ordenou, pelos *l'vi'im*, sob a direção de Itamar, o filho de
Aharon, o *kohen*.
22 B'tzal'el, o filho de Uri, neto de Hur, da tribo de Y'hudah, realizou tudo o que
Adonai ordenara a Mosheh. 23 Auxiliando-o, estava Oholi'av, o filho de Achisamakh,
da tribo de Dan, que era gravador, projetista e tecelão [que trabalhava] em tecido
azul, púrpura, escarlate e linho fino.

24 Todo o ouro usado para preparar os utensílios necessários para a obra do san-
tuário, o ouro da oferta, pesou 29 talentos e 730 *shekalim* [875 quilos], usando-se o
shekel do santuário.
25 A prata dada pela comunidade pesou 100 talentos e 1.775 *shekalim* [3.016 qui-
los], usando-se o *shekel* do santuário. 26 Isso equivale a uma *beka* por pessoa, isto é,
meio *shekel* [5,5 gramas], usando-se o *shekel* do santuário, por pessoa com 20 anos
de idade ou mais, contadas no censo: 603.550 homens. 27 Os 100 talentos de prata
foram usados para moldar os encaixes do santuário e os encaixes da cortina — uma
centena de encaixes feitos com 100 talentos, 1 talento [30 quilos] por encaixe. 28 Os
1.775 *shekalim* [22,5 quilos] foram usados para fazer ganchos para as colunas,
para revestir seus capitéis e fazer prendedores para eles.
29 A oferta de bronze chegou a 2.122 quilos. 30 Ela foi usada para fazer os encai-
xes da entrada da tenda do encontro, o altar de bronze, a grelha de bronze, todos
os utensílios do altar, 31 os encaixes do pátio ao redor, os encaixes do portão do
pátio, todas as estacas do tabernáculo e todas as estacas do pátio ao redor.

39 1 Foram confeccionadas as roupas para o ofício, a fim de servirem no Lugar
Sagrado, com fios de cor azul, púrpura e escarlate; e confeccionaram-se as
roupas sagradas para Aharon, como Adonai ordenara a Mosheh. **(AR: Quinto; AB:
Segundo)** 2 Ele fez o colete ritual de ouro, de tecido azul, púrpura e escarlate, e de
linho fino torcido. 3 O ouro foi batido em lâminas finas e cortado em fios a fim
de ser trabalhado em tecido azul, púrpura e escarlate, e o linho fino, manufatura-
do pelo artesão experiente. 4 Fizeram-se ombreiras para ele, que se uniam pelas
extremidades. 5 O cinto decorado sobre a roupa, usado para prendê-la, empregava
a mesma arte e [os mesmos] materiais: ouro, tecido azul, púrpura e escarlate, e
linho fino torcido — como Adonai ordenara a Mosheh. 6 Foram trabalhadas pedras
de ônix, encaixadas em peças de ouro, e nelas foram gravados os nomes dos
filhos de Yisra’el, do mesmo modo que se fazem gravações em selos. 7 Foram
colocadas sobre as ombreiras da roupa para serem pedras memoriais dos filhos
de Yisra’el, como Adonai ordenara a Mosheh.
8 O peitoral foi feito; obra de um artesão experiente, realizado de modo seme-
lhante à obra do colete ritual: de ouro, tecido azul, púrpura e escarlate, e de linho
fino torcido. 9 Quando dobrado ao meio, o peitoral era quadrado — dobrado, sua
medida era de um palmo por um palmo. 10 Nele foram colocadas quatro fileiras
de pedras: na primeira fileira, encontravam-se uma cornalina, um topázio e uma
esmeralda; 11 na segunda fileira, um feldspato verde, uma safira e um diamante;
12 na terceira fileira, um zircão alaranjado, uma ágata e uma ametista; 13 na quarta
fileira, um berilo, um ônix e um jaspe. Elas foram encaixadas em peças de ouro.
14 As pedras correspondiam aos nomes dos 12 filhos de Yisra’el; elas foram grava-
das com os nomes deles, como um selo seria gravado; cada nome representando
uma das 12 tribos.
15 Foram colocadas no peitoral duas correntes de ouro puro, trançadas como
cordas. 16 Fizeram também para o peitoral dois encaixes de ouro e duas argolas de
ouro, e colocaram as duas argolas nas extremidades do peitoral. 17 Colocaram as
duas correntes de ouro trançadas nas duas argolas nas extremidades do peitoral
18 e prenderam as outras duas extremidades das correntes trançadas na parte da
frente das ombreiras do colete ritual. 19 Fizeram também duas argolas de ouro e as
colocaram nas duas extremidades do peitoral, na sua borda, do lado virado para a
roupa. 20 Fizeram também duas argolas de ouro e as fixaram na parte da frente das
ombreiras da roupa, por baixo, perto do ponto de junção, acima do cinto decorado.

21 Prenderam o peitoral pelas argolas às argolas da roupa com um cordão azul,
para que ele ficasse sobre o cinto decorado da roupa, e para que o peitoral não se
separasse da roupa — como *Adonai* ordenara a Mosheh.

(AR: Sexto; AB: Terceiro) 22 Confeccionou-se o manto do colete ritual, intei-
ramente [de tecido] azul, 23 com uma abertura no meio, como a de um casaco de
malha, e com uma orla em torno da abertura, para que não rasgasse. 24 Na orla in-
ferior, foram feitas romãs de [tecido] azul, púrpura e escarlate, e de linho tecido;
25 prepararam-se sinos de ouro puro, e os sinos foram colocados entre as romãs
por toda a volta da orla da túnica — entre as romãs, 26 isto é, um sino, uma romã, um
sino, uma romã, por toda a volta da orla da túnica para o serviço — como *Adonai*
ordenara a Mosheh.

27 Foram confeccionadas túnicas de linho fino torcido para Aharon e seus filhos,
28 o turbante de linho fino, os esplêndidos adornos de cabeça de linho fino, os cal-
ções de linho, 29 e o cinto de linho fino torcido e de tecido azul, púrpura e escarlate,
obra de um tecelão — como *Adonai* ordenara a Mosheh.

30 Foi feito o ornamento de ouro puro para o turbante sagrado; inscritas nele,
estavam as palavras: "Separado para *Adonai*", como a gravação em um selo; 31 e
foi-lhe atado um cordão azul para prendê-lo à frente do turbante — como *Adonai*
ordenara a Mosheh.

32 Assim, toda a obra do tabernáculo, a tenda do encontro, foi terminada: o povo
de Yisra'el realizou todas as coisas exatamente como *Adonai* ordenara a Mosheh.

(AB: Quarto) 33 Em seguida, trouxeram o tabernáculo a Mosheh — a tenda e
todos os seus utensílios, os ganchos, as tábuas, as barras transversais, as colunas
e os encaixes; 34 a cobertura de peles curtidas de carneiro, a cobertura de couro
fino e a cortina para proteger; 35 a arca do testemunho, suas varas e a cobertura
da arca; 36 a mesa, todos os seus utensílios e os pães da proposição; 37 a *menorah*
pura, suas lâmpadas e seu arranjo para exposição, seus acessórios e o óleo para
iluminar; 38 o altar de ouro; o óleo da unção; o incenso aromático; a cortina da
entrada da tenda; 39 o altar de bronze com a grelha de bronze, as varas e todos
os seus utensílios; a bacia com a base; 40 as tapeçarias do pátio, com suas colunas
e encaixes; a cortina da entrada do pátio, com suas cordas e estacas; todos os
utensílios para o serviço no tabernáculo, a tenda do encontro; 41 as roupas para o
ofício, para servir no Lugar Sagrado; as roupas sagradas de Aharon, o *kohen*; e as
roupas para seus filhos servirem no ofício de *kohen*.

42 O povo de Yisra'el realizou todo o trabalho como *Adonai* ordenara a Mosheh.
43 Mosheh viu todo o trabalho, e — ei-lo ali! — eles o fizeram! Exatamente como
Adonai ordenara, eles o fizeram. E Mosheh os abençoou.

40 **(AR: Sétimo; AB: Quinto)** 1 *Adonai* disse a Mosheh: 2 "No primeiro dia do pri-
meiro mês, você deverá armar o tabernáculo, a tenda do encontro. 3 Coloque
nele a arca do testemunho e oculte a arca com a cortina. 4 Traga a mesa, e arrume-a.
Traga a *menorah* e acenda suas lâmpadas. 5 Coloque o altar de ouro para o incenso
diante da arca do testemunho e pendure a cortina à entrada do tabernáculo. 6 Co-
loque o altar das ofertas queimadas diante da entrada do tabernáculo, a tenda do
encontro. 7 Posicione a bacia entre a tenda do encontro e o altar, e despeje água
nela. 8 Estabeleça o pátio ao redor e coloque a cortina da entrada do pátio.

9 "Pegue o óleo da unção e unja o tabernáculo e tudo [o que há] nele — consagre-o
com todos os seus acessórios; assim, ele será sagrado. 10 Unja o altar das ofertas
queimadas com todos os seus utensílios — consagre o altar; assim, ele será espe-
cialmente sagrado. 11 Unja a bacia e sua base, e consagre-a.

12 "Traga, então, Aharon e seus filhos para a entrada da tenda do encontro e
lave-os com água. 13 Vista as roupas sagradas em Aharon, unja-o e consagre-o, para
que ele possa servir-me no ofício de *kohen.* 14 Traga seus filhos, vista-os com as tú-
nicas 15 e unja-os como você lhes ungiu o pai, para que me possam servir no ofício
de *kohen.* A unção deles denotará que o ofício de *kohen* lhes pertencerá por todas
as suas gerações".

16 Mosheh fez tudo de acordo com o que Adonai ordenara.

(AB: Sexto) 17 No primeiro dia do primeiro mês do segundo ano, o tabernáculo
foi armado. 18 Mosheh erigiu o tabernáculo, colocou os encaixes nos devidos luga-
res, armou as tábuas, colocou nelas barras transversais e ergueu as colunas. 19 Ele
estendeu a tenda por cima do tabernáculo e colocou a cobertura da tenda acima
dela, como Adonai ordenara. 20 Pegou o testemunho e o colocou no interior da arca,
ajustou as varas nela, e colocou a cobertura no lugar, sobre a arca. 21 Em seguida,
levou a arca ao tabernáculo, colocou uma cortina para a proteger e ocultou a arca
do testemunho, como Adonai lhe tinha ordenado.

22 Ele colocou a mesa na tenda do encontro no lado norte do tabernáculo, fora da
cortina. 23 Arrumou o pão diante de Adonai, como Adonai lhe tinha ordenado.

24 Colocou a *menorah* na tenda do encontro diante da mesa, no lado sul do
tabernáculo. 25 A seguir, acendeu as lâmpadas diante de Adonai, como Adonai lhe
tinha ordenado.

26 Colocou o altar de ouro na tenda do encontro diante da cortina 27 e queimou
sobre ele o incenso produzido com ervas aromáticas, como Adonai lhe ordenara.

(AB: Sétimo) 28 Pendurou a cortina à entrada do tabernáculo. 29 O altar das ofertas
queimadas foi posto à entrada do tabernáculo — a tenda do encontro —, e ofereceu
sobre ele a oferta queimada e a oferta de grãos, como Adonai lhe tinha ordenado.

30 Colocou a bacia entre a tenda do encontro e o altar, e verteu água nela para as
lavagens, 31 para que Mosheh e Aharon e seus filhos pudessem lavar as mãos e os pés
ali — 32 para que os lavassem na entrada da tenda do encontro e ao se aproximarem
do altar, como Adonai ordenara a Mosheh.

33 Por fim, construiu o pátio em torno do tabernáculo e do altar e colocou a
cortina da entrada do pátio.

(*Maftir*) 34 Então a nuvem cobriu a tenda do encontro, e a glória de Adonai en-
cheu o tabernáculo. 35 Mosheh era incapaz de entrar na tenda do encontro, pois a
nuvem permanecia sobre ela, e a glória de Adonai preenchia o tabernáculo. 36 Quando
a nuvem era retirada de cima do tabernáculo, o povo de Yisra'el prosseguia com
a viagem. 37 No entanto, se a nuvem não fosse removida, eles não continuavam a
viagem até o dia em que ela fosse removida. 38 Pois a nuvem de Adonai estava sobre
o tabernáculo durante o dia, e havia fogo [na nuvem] à noite, para que toda a casa
de Yisra'el pudesse vê-la em suas viagens.

***Haftarah P'kudei*: *M'lakhim Alef* [1Rs] 7.51—8.21 (A); 7.40-50 (S).**

Sugestão de leitura da *B'rit Hadashah* para a *Parashah P'kudei*: Revelação [Ap] 15.5-8.

Hazak, hazak, v'nit'chazek!

(Seja forte, seja forte, e sejamos fortalecidos!)

ויקרא

Vayikra

[Levítico]

Parashah 24: *Vayikra* (E chamou) 1.1—5.26(6.7)

1 1 E *Adonai* chamou Mosheh e falou-lhe desde a tenda do encontro. Ele disse:
2 “Fale ao povo de Yisra’el e diga-lhe: ‘Quando algum de vocês trouxer uma
oferta a *Adonai*, o animal ofertado deverá ser do gado ou do rebanho. 3 Caso sua
oferta seja uma oferta queimada de gado, ofereça um macho sem defeito. Traga-o
à entrada da tenda do encontro, para ser aceito por *Adonai*. 4 [O ofertante] porá a
mão sobre a cabeça da oferta queimada, e ela será aceita em seu favor, para fazer
expiação por ele. 5 [Ele] matará o novilho diante de *Adonai*; e os filhos de Aharon,
os *kohanim*, oferecerão o sangue. Eles borrifarão o sangue à volta do altar que está
à entrada da tenda do encontro. 6 Tirarão o couro da oferta queimada e a cortarão
em pedaços. 7 Os descendentes de Aharon, o *kohen*, acenderão o fogo sobre o altar
e arrumarão a madeira sobre o fogo. 8 Os filhos de Aharon, os *kohanim*, arrumarão
os pedaços, a cabeça e a gordura sobre a madeira que está sobre o fogo do altar.
9 As entranhas e partes inferiores das patas serão lavadas com água, e o *kohen*
queimará totalmente sobre o altar, como oferta queimada; trata-se de uma oferta
feita pelo fogo, um aroma fragrante para *Adonai*.

10 “ ‘Caso sua oferta seja do rebanho, quer de carneiros quer de cabritos, para
a oferta queimada, ofereça um macho sem defeito. 11 Mate-o do lado norte do
altar, diante de *Adonai*; e os filhos de Aharon, os *kohanim*, borrifarão o sangue à
volta do altar. 12 Corte-o em pedaços, e o *kohen* os arrumará com a cabeça e a gor-
dura sobre a madeira que está sobre o fogo do altar. 13 Ele lavará as entranhas e
as partes inferiores das patas com água; e o *kohen* oferecerá tudo isso e queimará
sobre o altar, como oferta queimada; trata-se de uma oferta feita pelo fogo, um
aroma fragrante para *Adonai*.

(Segundo) 14 “ ‘Caso sua oferta a *Adonai* seja uma oferta queimada de pássaros, ofe-
reça um pombo ou um pombinho. 15 O *kohen* o levará ao altar, destroncará a cabeça e
o queimará sobre o altar; seu sangue deverá escorrer pela lateral do altar. 16 Removerá
o papo e as penas do pescoço e os descartará na pilha de cinzas a leste do altar. 17 Ele o
manterá aberto com uma asa de cada lado, mas sem parti-lo ao meio. O *kohen* o quei-
mará sobre o altar, sobre a madeira que está sobre o fogo, como uma oferta queimada;
trata-se de uma oferta feita pelo fogo, um aroma fragrante para *Adonai*.

2 1 “ ‘Quando alguém trouxer uma oferta de grãos para *Adonai*, deverá fazê-la de
farinha pura; derramará azeite de oliva sobre ela e colocará sobre ela incenso.
2 Ele a levará aos filhos de Aharon, os *kohanim*. O *kohen* pegará dela um punhado
de farinha pura, com o azeite de oliva e todo o incenso, e fará essa porção memorial
queimar sobre o altar, como oferta feita pelo fogo, um aroma fragrante para *Adonai*.
3 O restante da oferta de grãos, porém, pertence a Aharon e a seus filhos; é uma
parte especialmente sagrada das ofertas a *Adonai* feitas pelo fogo.

4 “ ‘Quando vocês levarem uma oferta de grãos assados no forno, ela consistirá
em bolos não fermentados, feitos de farinha pura amassada com azeite de oliva ou
matzah untada com azeite de oliva. 5 Caso sua oferta seja uma oferta de grãos co-
zidos em uma chapa, ela consistirá em farinha pura, sem fermento, amassada com
azeite de oliva; 6 você deverá dividi-la em pedaços e derramar sobre ela azeite de
oliva — trata-se de uma oferta de grãos. **(Terceiro)** 7 Caso sua oferta seja uma oferta
de grãos cozidos em uma panela, ela consistirá em farinha pura com azeite de oliva.
8 “ ‘Traga a oferta de grãos preparada dessa forma a *Adonai;* ela será apresentada
ao *kohen*, e ele a levará ao altar. 9 O *kohen* retirará a porção memorial da oferta de
grãos e a queimará sobre o altar, como oferta feita pelo fogo, um aroma fragrante
para *Adonai*. 10 O restante da oferta de grãos, entretanto, pertence a Aharon e seus
filhos; é uma parte especialmente sagrada das ofertas a *Adonai* feitas pelo fogo.
11 “ ‘Nenhuma oferta de grãos que vocês levarem a *Adonai* deverá ser feita com
fermento, pois vocês não devem queimar fermento ou mel, como oferta feita pelo
fogo para *Adonai*. 12 Podem levá-los a *Adonai*, como oferta de primícias, mas não
serão trazidos ao altar para fazer deles um aroma fragrante. 13 Tempere toda a sua
oferta de grãos com sal — não omita de sua oferta de grãos o sal da aliança com
nosso Deus; ofereça, porém, o sal com todas as suas ofertas.
14 “ ‘Caso você leve uma oferta de grãos de primícias a *Adonai*, traga como
oferta de grãos de suas primícias o miolo de grãos de espigas verdes, seco ao
fogo. 15 Verta azeite de oliva sobre ele e coloque acima dele incenso; trata-se de
uma oferta de grãos. 16 O *kohen* fará dela uma porção memorial, os grãos moídos
e o azeite de oliva, com todo o incenso, para queimar; trata-se de uma oferta feita
pelo fogo para *Adonai*.

3 **(Quarto)** 1 “ ‘Caso sua oferta seja um sacrifício de ofertas de paz, então, quando
você oferecer a *Adonai* um animal do gado, não importará se é macho ou fêmea
— deverá ser sem defeito. 2 Porá a mão sobre a cabeça da oferta e a matará à entrada
da tenda do encontro; e os filhos de Aharon, os *kohanim*, borrifarão o sangue à volta
do altar. 3 Apresentarão o sacrifício das ofertas de paz, como oferta feita pelo fogo
a *Adonai;* ela consistirá na capa de gordura dos órgãos internos, na gordura acima
dos órgãos internos, 4 nos rins, na gordura acima deles perto dos flancos, e na capa
do fígado, que retirará com os rins. 5 Os filhos de Aharon os queimarão sobre o
altar, acima da oferta queimada que está sobre a madeira, no fogo; trata-se de uma
oferta feita pelo fogo, um aroma fragrante para *Adonai*.
6 “ ‘Caso sua oferta seja um sacrifício de ofertas de paz, do rebanho, a *Adonai*,
então, quando o oferecer, não importará se é macho ou fêmea — deverá ser sem
defeito. 7 Se trouxer um cordeiro como oferta, deverá ser apresentado diante de
Adonai. 8 Ele porá a mão sobre a cabeça da oferta e a matará à entrada da tenda do
encontro, e os filhos de Aharon borrifarão seu sangue à volta do altar. 9 Dos sacri-
fícios feitos como ofertas de paz, apresentarão a *Adonai* uma oferta feita pelo fogo;
ela consistirá em sua gordura, na cauda gorda inteira, que será retirada de perto
da parte inferior da espinha dorsal, na capa de gordura dos órgãos internos, em
toda a gordura acima dos órgãos internos, 10 nos rins, na gordura sobre eles, perto
dos flancos, e na cobertura do fígado, que será retirada com os rins. 11 O *kohen* a
queimará sobre o altar; é alimento, uma oferta feita pelo fogo para *Adonai*.
12 “ ‘Caso sua oferta seja uma cabra, apresente-a diante de *Adonai*. 13 Ponha a
mão sobre sua cabeça e mate-a diante da tenda do encontro, e os filhos de Aharon
borrifarão seu sangue à volta do altar. 14 Da sua oferta, ele apresentará uma oferta
feita pelo fogo para *Adonai;* ela consistirá na capa de gordura dos órgãos internos,

em toda a gordura acima dos órgãos internos, 15 nos rins, na gordura sobre eles, perto dos flancos, e na cobertura do fígado, que será retirada com os rins. 16 O *kohen* a queimará sobre o altar; é alimento, uma oferta feita pelo fogo para constituir um aroma fragrante; toda a gordura pertence a Adonai. 17 Este deve ser um regulamento permanente por todas as suas gerações, onde quer que vocês vivam: não comam gordura nem sangue' ".

4 **(Quinto)** 1 Adonai disse a Mosheh: 2 "Fale ao povo de Yisra'el: 'Se alguém pecar por engano contra qualquer uma das *mitzvot* de Adonai concernentes ao que não deve ser feito; se alguém transgredir qualquer uma delas, 3 então, se o *kohen* ungido tiver pecado, trazendo assim culpa sobre o povo, ele oferecerá a Adonai o novilho sem defeito, como oferta pelo pecado, por causa do pecado cometido. 4 Levará o novilho à entrada da tenda do encontro, diante de Adonai, porá a mão sobre a cabeça dele e o matará na presença de Adonai. 5 O *kohen* ungido pegará um pouco do sangue do novilho e o levará à tenda do encontro. 6 O *kohen* mergulhará o dedo no sangue e aspergirá um pouco do sangue sete vezes na presença de Adonai, diante da cortina do santuário. 7 O *kohen* porá um pouco do sangue sobre os chifres do altar do incenso aromático diante de Adonai ali na tenda do encontro. Ele derramará todo o sangue remanescente do novilho junto à base do altar das ofertas queimadas, que está à entrada da tenda do encontro. 8 Removerá toda a gordura do novilho como oferta pelo pecado — a capa de gordura dos órgãos internos, toda a gordura acima dos órgãos internos, 9 os rins, a gordura acima deles perto dos flancos, e a cobertura do fígado, que ele retirará com os rins 10 — da mesma forma que ela é retirada de um boi sacrificado como uma oferta de paz; e o *kohen* queimará essas partes sobre o altar de ofertas queimadas. 11 No entanto, o couro do novilho e toda a sua carne — a cabeça, as partes inferiores das patas, os órgãos internos e o esterco, — 12 em outras palavras, o novilho todo, serão levados para fora do acampamento, para um lugar limpo, onde serão lançadas as cinzas. Ali, ele os queimará sobre madeira com fogo; ali, no lugar em que as cinzas forem lançadas, eles serão queimados.

13 " 'Caso toda a comunidade de Yisra'el cometa, por engano, um erro, e a assembleia desconheça o assunto, e cometa algo contra qualquer das *mitzvot* de Adonai concernentes ao que não se deve fazer, ela é culpada. 14 Quando o pecado cometido tornar-se conhecido, a assembleia oferecerá um novilho como oferta pelo pecado, e o levará diante da tenda do encontro. 15 Os líderes da comunidade porão as mãos sobre a cabeça do novilho e o matarão na presença de Adonai. 16 O *kohen* ungido levará um pouco do sangue do novilho à tenda do encontro. 17 O *kohen* mergulhará o dedo no sangue e o aspergirá sete vezes na presença de Adonai diante da cortina. 18 Ele porá um pouco do sangue sobre os chifres do altar diante de Adonai, ali na tenda do encontro. Todo o sangue remanescente será vertido junto à base do altar das ofertas queimadas, que se localiza à entrada da tenda do encontro. 19 Ele deve remover toda a gordura [do animal] e fazê-la subir como fumaça sobre o altar. 20 Isto é o que fará com o novilho — ele fará com o novilho o mesmo que faz com a oferta pelo pecado. Assim, o *kohen* realizará a expiação por eles, e serão perdoados. 21 Ele levará o novilho para fora do acampamento e o queimará como o fez com o primeiro novilho; trata-se de uma oferta pelo pecado da assembleia.

22 " 'Quando um líder pecar e, inadvertidamente, cometer um ato contra qualquer das *mitzvot* de Adonai concernentes ao que não se deve fazer, será culpado. 23 Se ele se conscientizar do pecado cometido, levará como oferta um bode sem defeito, 24 porá a mão sobre a cabeça dele e o matará no lugar onde se apresenta a oferta queimada na presença de Adonai; trata-se de uma oferta pelo pecado.

25 O *kohen* pegará um pouco do sangue da oferta pelo pecado com o dedo e o porá
sobre os chifres do altar de ofertas queimadas. O sangue remanescente verterá
à base do altar das ofertas queimadas. 26 Queimará toda a gordura sobre o altar,
como a gordura do sacrifício de ofertas de paz; assim, o *kohen* fará expiação por
ele em relação a seu pecado, e ele será perdoado.

(Sexto) 27 “ ‘Se um indivíduo do povo cometer um pecado de forma inadvertida,
realizando algo contrário a qualquer das *mitzvot* de *Adonai* concernentes ao que ele
deve fazer, é culpado. 28 Se o pecado que ele cometeu chegar a seu conhecimento,
apresentará como oferta uma cabra sem defeito pelo pecado cometido, 29 porá as
mãos sobre a cabeça da oferta pelo pecado e sacrificará a oferta pelo pecado no
lugar das ofertas queimadas. 30 O *kohen* pegará um pouco do sangue com o dedo e
o porá sobre os chifres do altar de ofertas queimadas. Todo o sangue será vertido à
base do altar. 31 Toda a gordura será removida, como se remove a gordura do sacri-
fício de ofertas de paz; e o *kohen* queimará sobre o altar como um aroma fragrante
para *Adonai*. Assim, o *kohen* fará expiação por ele, e ele será perdoado.

32 “ ‘Se trouxer uma ovelha como oferta pelo pecado, deverá ser uma fêmea sem
defeito; 33 porá a mão sobre a cabeça da oferta pelo pecado e a matará, como oferta
pelo pecado, no lugar onde se apresentam as ofertas queimadas. 34 O *kohen* pegará
um pouco do sangue da oferta pelo pecado com o dedo e o porá sobre os chifres
do altar de ofertas queimadas. Verterá todo o sangue remanescente à base do altar.
35 Removerá toda a gordura, como se remove a gordura de um cordeiro do sacrifício
pelas ofertas de paz; e o *kohen* queimará sobre o altar, em cima das ofertas a *Adonai*
por meio do fogo. Assim, o *kohen* realizará a expiação por si mesmo, considerando-
-se os pecados cometidos por ele, e será perdoado.

5 1 “ ‘Se uma pessoa — uma testemunha — sob juramento, pecar pela recusa em
dizer o que viu ou ouviu sobre o assunto, deverá suportar as consequências.
2 Se uma pessoa tocar algo impuro, quer a carcaça de um animal selvagem e impu-
ro, quer a de um animal doméstico ou um réptil, é culpada, ainda que não tenha
consciência de sua impureza. 3 Se uma pessoa tocar em alguma impureza humana,
sem levar em consideração a fonte da impureza e sem ter consciência disso, quan-
do o souber, será culpada. 4 Se alguém permitir que saia de sua boca um juramen-
to para fazer o mal ou o bem e não se lembrar com clareza do juramento feito,
quando dele se lembrar, será culpado. 5 A pessoa culpada de qualquer uma dessas
coisas deverá confessar aquilo em que pecou 6 e levará sua oferta da culpa pelo
pecado cometido a *Adonai*; uma fêmea do rebanho, ou uma ovelha ou uma cabra,
como oferta pelo pecado; e o *kohen* fará expiação por ele em relação a seu pecado.

7 “ ‘Se não puder pagar pela ovelha, levará como oferta da culpa pelo pecado
cometido duas pombas ou dois pombinhos a *Adonai* — um(a), como oferta pelo
pecado, e o(a) outro(a), como oferta queimada. 8 Serão levados ao *kohen*, que
oferecerá o(a) primeiro(a) como oferta pelo pecado. Destroncará o pescoço, mas
não arrancará a cabeça, 9 aspergirá um pouco do sangue da oferta pelo pecado na
lateral do altar e deixará escorrer o restante do sangue à base do altar; trata-se de
uma oferta pelo pecado. 10 Ele preparará o(a) segundo(a) como oferta queimada
da forma prescrita. Assim, o *kohen* fará expiação por ele pelo pecado cometido, e
o pecador será perdoado.

(Sétimo) 11 “ ‘No entanto, se os bens da pessoa forem insuficientes até para com-
prar duas pombas ou dois pombinhos, levará, então, como oferta pelo pecado co-
metido, 276 gramas de farinha pura; não deverá verter azeite de oliva ou colocar
incenso sobre ela, pois se trata de uma oferta pelo pecado. 12 Levará ao *kohen*, e o

kohen pegará um punhado dela como porção memorial e a queimará sobre o altar em cima das ofertas apresentadas a *Adonai* pelo fogo; trata-se de uma oferta pelo pecado. 13 Assim, o *kohen* fará expiação por ela pelo pecado cometido em relação a qualquer dessas coisas, e a pessoa será perdoada. O resto pertencerá aos *kohanim*, como [acontece] com a oferta de grãos' ".

14 *Adonai* disse a Mosheh: 15 "Se alguém agir de modo impróprio e pecar de forma inadvertida em relação aos objetos sagrados de *Adonai*, levará do rebanho a *Adonai*, como oferta pela culpa, um carneiro sem defeito ou o equivalente em *shekalim* de prata (usando-se o *shekel* do santuário como padrão), de acordo com a avaliação do valor feita por você; esta é a oferta pela culpa. 16 Além disso, deverá restituir qualquer equívoco em relação aos objetos sagrados; ademais, acrescerá a ele um quinto e o dará ao *kohen*. então o *kohen* fará expiação com o carneiro da oferta pela culpa, e ele será perdoado.

17 "Se alguém pecar ao fazer algo contrário a qualquer das *mitzvot* de *Adonai* concernentes ao que não se deve fazer, é culpado, mesmo que não tivesse a intenção, e suportará as consequências de seu erro. 18 Ele levará do rebanho um carneiro sem defeito, ou o equivalente de acordo com a avaliação do valor feita por você, ao *kohen*, como oferta pela culpa; o *kohen* fará expiação pelo erro cometido, ainda que a pessoa não tivesse consciência dele; e ele será perdoado. 19 Esta é a oferta pela culpa — com certeza, essa pessoa é culpada diante de *Adonai*".

20(6.1) *Adonai* disse a Mosheh: 21(6.2) "Se alguém pecar e agir de forma perversa contra *Adonai* ao lidar falsamente com seu vizinho em relação a um depósito ou penhor que lhe foi confiado, mediante roubo ou extorsão, 22(6.3) ou por agir de modo falso por causa de um objeto encontrado, ou por jurar algo com falsidade — se a pessoa cometer qualquer destes pecados, 23(6.4) pecando e sendo culpada, devolverá o que tiver roubado ou obtido por extorsão, ou o que tiver recebido como penhor, ou o objeto perdido que ela encontrou, **(*Maftir*)** 24(6.5) ou qualquer coisa pela qual tenha jurado em falso. Restaurará plenamente e acrescerá um quinto; devolverá [o objeto] ao proprietário no dia em que apresentar sua oferta pela culpa. 25(6.6) Levará a *Adonai*, como oferta pela culpa, um carneiro sem defeito, do rebanho, ou o equivalente de acordo com a avaliação do valor feita por você ao *kohen*; trata-se de uma oferta pela culpa. 26(6.7) Assim, o *kohen* fará expiação pela pessoa diante de *Adonai*, e ela será perdoada de qualquer coisa de que tenha sido culpada".

***Haftarah Vayikra*: *Yesha'yahu* [Is] 43.21—44.23.**

Sugestão de leitura da *B'rit Hadashah* para a *Parashah Vayikra*: Romanos 8.1-13; Judeus messiânicos [Hb] 10.1-14; 13.10-16.

Parashah 25: *Tzav* (Dê esta ordem) 6.1(8)—8.36

6 1(8) *Adonai* disse a Mosheh: 2(9) "Dê esta ordem a Aharon e seus filhos: 'Esta é a lei da oferta queimada [heb. *'olah*]: ela é a que sobe [heb. *'olah*] da lenha sobre o altar durante toda a noite, até a manhã; desse modo, o fogo do altar será mantido aceso. 3(10) Quando o fogo tiver consumido a oferta queimada sobre o altar, o *kohen* vestirá as roupas de linho e se cobrirá com os calções de linho, e removerá as cinzas e as colocará ao lado do altar. 4(11) A seguir, tirará essas roupas e vestirá outras, antes de levar as cinzas para fora do acampamento, para um lugar limpo. 5(12) Desse modo, o fogo sobre o altar será mantido aceso: ele não deve ser apagado. Toda manhã, o *kohen* porá fogo na madeira sobre ele, arrumará a oferta queimada e queimará a gordura das ofertas de paz. 6(13) O fogo será mantido aceso continuamente sobre o altar: ele não deve ser apagado.

7(14) " 'Esta é a lei da oferta de grãos: os filhos de Aharon deverão oferecê-lo na presença de *Adonai* diante do altar. 8(15) Pegará um punhado de farinha pura da oferta de grãos, um pouco de azeite de oliva e todo o incenso que está sobre a oferta de grãos; e fará essa porção memorial queimar sobre o altar como um aroma fragrante para *Adonai*. 9(16) Aharon e seus filhos deverão comer o restante dela; ela deverá ser consumida sem fermento em um lugar sagrado — eles deverão comê-la no pátio da tenda do encontro. 10(17) Ela não deve ser assada com fermento. Eu a concedi a eles como porção de minhas ofertas feitas pelo fogo; como a oferta pelo pecado e a oferta pela culpa, ela é especialmente sagrada. 11(18) Todo descendente de Aharon do sexo masculino deverá comer dela; por todas as gerações, para sempre, esta é a parte deles das ofertas a *Adonai* feitas pelo fogo. O que tocar nessas ofertas se tornará sagrado' ".

(Segundo) 12(19) *Adonai* disse a Mosheh: 13(20) "Esta é uma oferta para *Adonai* que Aharon e seus filhos deverão oferecer no dia em que ele for ungido: 2 litros de farinha pura, metade pela manhã e a outra parte à tarde, como oferta de grãos. 14(21) Ela deverá ser bem amassada com azeite de oliva e frita em uma chapa; depois disso, deve ser levada, partida em pedaços e apresentada como uma oferta de grãos — um aroma fragrante para *Adonai*. 15(22) Dentre os descendentes de Aharon, o *kohen* ungido que ocupar o lugar dele a oferecerá; trata-se de uma obrigação perpétua. Ela deve ser queimada integralmente para *Adonai*; 16(23) toda oferta de grãos do *kohen* será completamente queimada — ela não deverá ser consumida".

17(24) *Adonai* disse a Mosheh: 18(25) "Fale a Aharon e a seus filhos: 'Esta é a lei da oferta pelo pecado: a oferta pelo pecado deverá ser morta diante de *Adonai* no lugar em que a oferta queimada for morta; ela é especialmente sagrada. 19(26) O *kohen* que a oferecer pelo pecado comerá dela — ela será comida em um lugar sagrado, no pátio da tenda do encontro. 20(27) Tudo que tocar em sua carne será sagrado; se qualquer quantidade de sangue respingar sobre qualquer parte de sua roupa, lave-a em um lugar sagrado. 21(28) A panela de barro em que foi cozida será quebrada; se foi cozida em uma panela de bronze, ela será esfregada e enxaguada. 22(29) Qualquer homem da família dos *kohanim* poderá comer da oferta pelo pecado; ela é especialmente sagrada. 23(30) No entanto, nenhuma oferta pelo pecado, que teve parte de seu sangue levado à tenda do encontro para fazer expiação no Lugar Sagrado, será comida; deve-se queimá-la de forma completa.

7 1 " 'Esta é a lei da oferta pela culpa: ela é especialmente sagrada. 2 Deve-se matar a oferta pela culpa no lugar onde for sacrificada a oferta queimada, e seu sangue será borrifado à volta do altar. 3 Deve-se oferecer toda a gordura — a cauda gorda, a capa de gordura dos órgãos internos, 4 os rins, a gordura acima deles perto dos flancos, e a cobertura do fígado, que será retirada com os rins. 5 O *kohen* as queimará sobre o altar, como oferta feita pelo fogo a *Adonai*; trata-se de uma oferta pela culpa. 6 Todo indivíduo do sexo masculino da família dos *kohanim* poderá comer dela; ela será consumida em um lugar sagrado — é especialmente sagrada. 7 A oferta pela culpa é como a oferta pelo pecado; a mesma lei as governa — ela pertence ao *kohen* que a usar para realizar a expiação.

8 " 'O *kohen* que apresentar a oferta queimada de alguém possuirá o couro da oferta queimada que apresentar.

9 " 'Toda oferta de grãos assados no forno, cozidos em uma panela ou fritos em uma chapa pertencerá ao *kohen* que a apresentar. 10 No entanto, toda oferta de

grãos amassados com azeite de oliva ou secos pertencerá igualmente a todos os filhos de Aharon.

(Terceiro) 11 " 'Esta é a lei do sacrifício das ofertas de paz apresentadas a *Adonai:* 12 Se uma pessoa a apresentar por agradecimento, deverá oferecer com o sacrifício de agradecimento de bolos não fermentados misturados com azeite de oliva, *matzah* untada com azeite de oliva e bolos fritos, feitos de farinha pura misturada com azeite de oliva. 13 Oferecerá como agradecimento bolos de pão fermentado com o sacrifício de ofertas de paz. 14 Apresentará a *Adonai* todas as espécies de oferta; ela pertencerá ao *kohen* que borrifa o sangue das ofertas de paz contra o altar. 15 A carne do sacrifício das ofertas de paz por agradecimento será comida no dia da oferta; nada dela sobrará até a manhã. 16 No entanto, se o sacrifício ligado à oferta for ocasionado por um voto ou uma oferta voluntária, será comido no dia do oferecimento do sacrifício: e o que sobrar poderá ser comido no dia seguinte. 17 Contudo, o que restar da carne do sacrifício ao terceiro dia será queimado por completo. 18 Se qualquer quantidade da carne do sacrifício das ofertas de paz for comida no terceiro dia, o sacrifício não será aceito; tampouco creditado à pessoa que o ofereceu; ao contrário, ele se tornará algo repugnante, e quem o comer suportará as consequências de seu erro. 19 A carne que tocar em algo impuro não será comida, mas queimada por completo. Quanto à carne, quem estiver puro poderá comê-la; 20 mas a pessoa no estado de impureza que comer qualquer carne do sacrifício de ofertas de paz feito a *Adonai* será eliminada de seu povo. 21 Quem tocar em algo impuro — seja a impureza de uma pessoa, seja a de um animal impuro seja qualquer outra impureza repugnante — e, a seguir, comer a carne do sacrifício de ofertas de paz a *Adonai*, será eliminado de seu povo' ".

22 *Adonai* disse a Mosheh: 23 "Fale ao povo de Yisra'el: 'Vocês não comam a gordura de bois, carneiros ou cabras. 24 A gordura de animais que morrem sozinhos ou são mortos por animais selvagens poderá ser usada para qualquer outro propósito, mas, de forma nenhuma, vocês a comerão. 25 Pois quem comer a gordura de animais da espécie usada na apresentação de uma oferta feita pelo fogo para *Adonai* será eliminado de seu povo. 26 Não comam nenhum tipo de sangue — quer de aves quer de animais — em seus lares. 27 Quem comer sangue será eliminado de seu povo' ".

28 *Adonai* disse a Mosheh: 29 "Fale ao povo de Yisra'el: 'A pessoa que apresentar seu sacrifício de ofertas de paz a *Adonai* levará parte de seu sacrifício de ofertas de paz, como oferta a *Adonai*. 30 Levará com as próprias mãos as ofertas a *Adonai* feitas pelo fogo — levará o peito com sua gordura. O peito será movido como uma oferta movida perante *Adonai*. 31 O *kohen* queimará a gordura sobre o altar, mas o peito pertencerá a Aharon e seus descendentes. 32 Vocês darão a coxa direita de seus sacrifícios de ofertas de paz, como contribuição ao *kohen*. 33 O descendente de Aharon que oferecer o sangue das ofertas de paz receberá a coxa direita como sua parte, 34 pois eu tirei o peito movido e a coxa ofertada dos sacrifícios de ofertas de paz do povo de Yisra'el e os dei, para sempre, a Aharon, o *kohen*, e a seus descendentes, como sua parte do povo de Yisra'el' ".

35 No dia em que Aharon e seus filhos foram apresentados para servirem a *Adonai* no ofício de *kohen*, esta porção foi posta de lado para ele e seus descendentes, dentre as ofertas a *Adonai*, feitas pelo fogo. 36 No dia em que eles foram ungidos, *Adonai* ordenou que isso lhes fosse dado pelo povo de Yisra'el. Esta é para sempre, em todas as gerações, a parte que lhes cabe.

37 Esta é a lei da oferta queimada, da oferta de grãos, da oferta pelo pecado, da oferta pela culpa, da oferta de consagração e do sacrifício de ofertas de paz, 38 ordenada por *Adonai* a Mosheh no monte Sinai, no dia em que ordenou ao povo de Yisra'el a apresentação de suas ofertas a *Adonai*, no deserto do Sinai.

8 **(Quarto)** 1 Adonai disse a Mosheh: 2 "Pegue Aharon e seus filhos com ele, as rou-
pas, o óleo da unção, o novilho da oferta pelo pecado, os dois carneiros e a cesta
de *matzah*; 3 e reúna toda a comunidade à entrada da tenda do encontro". 4 Mosheh
fez como Adonai lhe ordenara, e a comunidade foi reunida à entrada da tenda do
encontro. 5 Mosheh disse à comunidade: "Isto é o que Adonai ordenou fazer".

6 Mosheh trouxe Aharon e seus filhos, lavou-os com água, 7 pôs a túnica em
Aharon, amarrou o cinto à volta dele, cobriu-o com a túnica, pôs o colete ritual
sobre ele, amarrou à sua volta o cinto decorado e fixou com ele o colete. 8 Pôs nele
o peitoral e, sobre o peitoral, o *urim* e *tumim*. 9 Arrumou-lhe o turbante sobre a
cabeça e fixou à frente do turbante a placa de ouro, o ornamento sagrado, como
Adonai ordenara a Mosheh.

10 Então Mosheh pegou o óleo da unção e ungiu o tabernáculo e tudo o que
havia nele, consagrando-os. 11 Ele aspergiu sete vezes um pouco do óleo sobre o
altar, ungindo o altar com todos os seus utensílios e a bacia com sua base, para
consagrá-los. 12 Verteu um pouco do óleo da unção sobre a cabeça de Aharon e o
ungiu, consagrando-o. 13 Mosheh trouxe os filhos de Aharon, vestiu neles as túni-
cas, amarrou-lhes cintos e pôs adornos de cabeça sobre eles, como Adonai ordenara
a Mosheh.

(Quinto) 14 Em seguida, foi trazido o novilho da oferta pelo pecado, e Aharon
e seus filhos puseram as mãos sobre a cabeça do novilho da oferta pelo pecado.
15 Depois de matarem o animal, Mosheh pegou o sangue e o pôs com o dedo sobre
os chifres do altar, purificando, desse modo, o altar. O sangue remanescente, ele
derramou à base do altar e o consagrou, para fazer expiação por ele. 16 Mosheh pe-
gou toda a gordura de sobre os órgãos internos, a cobertura do fígado, os rins e sua
gordura, e os queimou sobre o altar. 17 No entanto, o novilho, seu couro, sua carne
e esterco foram levados para fora do acampamento e queimados por completo,
como Adonai ordenara a Mosheh.

18 A seguir, foi apresentado o carneiro para a oferta queimada. Aharon e seus
filhos puseram as mãos sobre a cabeça do carneiro; 19 e, depois de matá-lo, Mosheh
borrifou o sangue em todos os lados do altar. 20 Quando o carneiro foi cortado em
pedaços, Mosheh queimou a cabeça, os pedaços e a gordura. 21 Quando os órgãos
internos e as partes inferiores das patas foram lavados com água, Mosheh queimou
o carneiro inteiro sobre o altar; era uma oferta queimada de aroma fragrante, uma
oferta feita pelo fogo para Adonai — como Adonai ordenara a Mosheh.

(Sexto) 22 O outro carneiro foi apresentado, o carneiro da consagração; Aharon
e seus filhos puseram as mãos sobre a cabeça do carneiro. 23 Depois de matá-
-lo, Mosheh pegou um pouco do sangue e o pôs no lóbulo da orelha direita de
Aharon, no polegar de sua mão direita e no polegar de seu pé direito. 24 A seguir, os
filhos de Aharon foram trazidos, e Mosheh pôs um pouco do sangue no lóbulo da
orelha direita de cada um deles, sobre o polegar da mão e do pé direitos de cada um
deles; então Mosheh borrifou o sangue em todos os lados do altar. 25 Ele pegou a
gordura, a cauda gorda, toda a capa de gordura dos órgãos internos, a cobertura do
fígado, os rins com sua gordura, e a coxa direita. 26 Da cesta de *matzah*, que estava
diante de Adonai, pegou uma unidade de *matzah*, um bolo de pão azeitado e uma
bolacha e os pôs sobre a gordura e sobre a coxa direita. 27 Pôs tudo isso nas mãos
de Aharon e nas mãos de seus filhos e as moveu como uma oferta movida perante
Adonai. 28 Mosheh os tirou das mãos deles e queimou tudo sobre o altar, em cima
da oferta queimada; tratava-se de uma oferta de consagração de aroma fragrante;
uma oferta feita pelo fogo a Adonai. 29 Mosheh pegou o peito e o moveu como uma
oferta movida perante Adonai; era a porção do carneiro da consagração de Mosheh
— como Adonai lhe ordenara.

(Sétimo) 30 Mosheh pegou um pouco do óleo da unção e um pouco do sangue
que estava sobre o altar e aspergiu-os em Aharon e em sua roupa, e nos filhos dele
e em suas roupas, e consagrou Aharon e sua roupa com seus filhos e suas roupas.
31 Mosheh disse a Aharon e seus filhos: "Cozinhem a carne à porta da tenda do
encontro; e comam-na ali com o pão que está na cesta da consagração, como eu
ordenei quando disse que Aharon e seus filhos a comeriam. 32 Tudo o que sobrar
da carne e do pão será queimado por completo. **(*Maftir*)** 33 Não saiam da entrada da
tenda do encontro por sete dias, até que os dias de sua consagração tenham pas-
sado; pois Adonai os consagrará por sete dias. 34 Ele ordenou que se fizesse tudo o
que aconteceu hoje, a fim de fazer expiação por vocês. 35 Permaneçam à entrada da
tenda do encontro dia e noite, por sete dias, obedecendo assim às ordens de Adonai,
para que não morram. Pois isso é o que me foi ordenado". 36 Aharon e seus filhos
fizeram tudo o que Adonai lhes ordenara por intermédio de Mosheh.

***Haftarah Tzav*: *Yirmeyahu* [Jr] 7.21—8.3; 9.22(23)-23(24).**

**Sugestão de leitura da *B'rit Hadashah* para a *Parashah Tzav*:
Marcos 12.28-34; Romanos 12.1,2; 1Coríntios 10.14-23.**

Parashah 26: *Sh'mini* (Oitavo) 9.1—11.47

9 1 No oitavo dia, Mosheh chamou Aharon, seus filhos e os líderes de Yisra'el, 2 e
disse a Aharon: "Pegue um bezerro, como oferta pelo pecado, e um carneiro para
a oferta queimada, ambos sem defeito, e ofereça-os diante de Adonai. 3 Fale ao povo
de Yisra'el: 'Peguem um bode, como oferta pelo pecado, um bezerro e um cordeiro,
de 1 ano de vida e sem defeito, como oferta queimada, 4 e um boi e um carneiro,
como ofertas de paz, e sacrifique-os diante de Adonai; [faça] também uma oferta de
grãos amassados com azeite de oliva — porque hoje Adonai aparecerá a vocês' ".
5 Eles trouxeram o que Mosheh lhes ordenara diante da tenda do encontro, e toda a
comunidade aproximou-se e permaneceu de pé diante de Adonai.

6 Mosheh disse: "Isto é o que Adonai ordenou que façam, para que a glória de
Adonai apareça a vocês". 7 Mosheh disse a Aharon: "Aproxime-se do altar, apresente
sua oferta pelo pecado e a oferta queimada, e faça expiação por si mesmo e pelo
povo. Em seguida, apresente a oferta do povo e faça expiação por ele, como Adonai
ordenou". 8 Por isso, Aharon aproximou-se do altar e matou o bezerro da oferta pelo
próprio pecado. 9 Os filhos de Aharon lhe apresentaram o sangue; ele mergulhou o
dedo no sangue e o pôs sobre os chifres do altar; depois verteu o sangue à base do
altar. 10 Ele, porém, fez queimar sobre o altar a gordura, os rins e a cobertura do fíga-
do da oferta pelo pecado, como Adonai ordenara a Mosheh. 11 A carne e a pele foram
queimadas por completo fora do acampamento.

12 Em seguida, ele matou [o animal para] a oferta queimada; os filhos de Aharon
trouxeram-lhe o sangue, e ele o borrifou à volta do altar. 13 Trouxeram-lhe a oferta
queimada em pedaços e a cabeça; e ele os queimou sobre o altar. 14 Lavou os órgãos
internos e as partes inferiores das patas e os queimou em cima da oferta queimada
sobre o altar.

15 Em seguida, a oferta do povo foi apresentada. Ele pegou o bode da oferta pelo
pecado a favor do povo, matou-o e o ofereceu pelo pecado, do mesmo modo que a
oferta anterior pelo pecado. 16 A oferta queimada foi apresentada, e ele a ofereceu
da maneira prescrita. **(Segundo)** 17 A oferta de grãos foi apresentada; ele pegou um

punhado dela e o queimou sobre o altar, além da oferta queimada de manhã. 18 Ele matou o boi, o carneiro — sacrifício do povo como ofertas de paz; os filhos de Aharon lhe trouxeram o sangue, que ele borrifou à volta do altar, 19 e a gordura do boi e do carneiro — a cauda gorda, a gordura que cobre os órgãos internos, os rins e a cobertura do fígado. 20 Eles colocaram a gordura sobre os peitos, e ele queimou a gordura sobre o altar. 21 Os peitos e a coxa direita foram movidos por Aharon como uma oferta movida perante *Adonai*, como Mosheh lhe tinha ordenado.

22 Aharon levantou as mãos em direção ao povo, abençoou-o e desceu, depois de apresentar a oferta pelo pecado, a oferta queimada e as ofertas de paz. 23 Mosheh e Aharon entraram na tenda do encontro, saíram e abençoaram o povo. Então a glória de *Adonai* apareceu a todo o povo! **(Terceiro)** 24 Saiu um fogo da presença de *Adonai* e consumiu a oferta queimada e a gordura sobre o altar. Quando todo o povo viu isso, gritou e prostou-se com o rosto em terra.

10 1 No entanto, Nadav e Avihu, filhos de Aharon, pegando cada um seu incensário, acenderam-lhe o fogo, colocaram incenso nele e ofereceram um fogo não autorizado diante de *Adonai*, algo que ele não lhes ordenara fazer. 2 Por causa disso, saiu um fogo da presença de *Adonai* e os consumiu, para que morressem na presença de *Adonai*. 3 Mosheh disse a Aharon: "Isto é o que *Adonai* disse:

'Eu serei consagrado por meio de quem está perto de mim,
e serei glorificado na presença de todo o povo' ".

Aharon ficou em silêncio.

4 Mosheh chamou Misha'el e Eltzafan, filhos de 'Uzi'el, tio de Aharon, e lhes disse: "Venham aqui, e levem seus primos da frente do santuário a um lugar fora do acampamento". 5 Eles se aproximaram e os levaram com suas túnicas para fora do acampamento, como Mosheh lhes ordenara.

6 Então Mosheh falou a Aharon e a seus filhos El'azar e Itamar: "Não desgrenhem o cabelo nem rasguem suas roupas em sinal de luto, para que não morram e para que *Adonai* não se ire com toda a comunidade. Em vez disso, que seus parentes — toda a casa de Yisra'el — pranteiem, por causa da destruição trazida por *Adonai* com este fogo. 7 Além disso, não saiam da entrada da tenda do encontro, ou vocês morrerão, pois o óleo da unção de *Adonai* está sobre vocês".

8 *Adonai* disse a Aharon: 9 "Não bebam vinho ou outras bebidas inebriantes, nem você nem seus filhos, quando entrarem na tenda do encontro, para que não morram. Este será um regulamento permanente por todas as suas gerações, 10 para que façam distinção entre o sagrado e o comum, e entre o impuro e o puro; 11 e para ensinarem ao povo de Yisra'el todas as leis ditas por *Adonai* por meio de Mosheh".

(Quarto) 12 Mosheh disse a Aharon e a El'azar e Itamar, os filhos remanescentes: "Peguem uma oferta de grãos do que restou das ofertas a *Adonai* feitas pelo fogo e comam-na sem fermento perto do altar, pois ela é especialmente sagrada. 13 Comam-na em um lugar sagrado, pois ela é a sua parte, e a de seus filhos, das ofertas a *Adonai* feitas pelo fogo; pois assim me foi ordenado. 14 O peito e a coxa movidos foram dados a vocês como sua parte, e a de seus filhos, dos sacrifícios das ofertas de paz apresentadas pelo povo de Yisra'el. 15 Eles trarão a coxa e o peito movidos, com as ofertas de gordura feitas pelo fogo, e os moverão como oferta movida perante *Adonai*; isso pertencerá a você e a seus descendentes como parte perpétua, como *Adonai* ordenou".

(Quinto) [16] Mosheh procurou saber, cuidadosamente, o que acontecera com o bode da oferta pelo pecado, e descobriu que ele havia sido queimado. Ele se irou com El'azar e Itamar, os filhos remanescentes de Aharon, e perguntou: [17] "Por que vocês não comeram a oferta pelo pecado na área do santuário, por ser ela especialmente sagrada? Ele a deu a vocês para retirar a culpa da comunidade, para fazer expiação por eles diante de *Adonai*. [18] Vejam: seu sangue não foi trazido ao santuário! Vocês deveriam tê-lo comido lá no santuário, como eu ordenei". [19] Aharon respondeu a Mosheh: "Ainda que eles apresentassem hoje a oferta pelo pecado e a oferta queimada, algo assim teria ocorrido a mim! Se hoje eu comesse a oferta pelo pecado, isso teria agradado a *Adonai*?". [20] Ao ouvir esta resposta, Mosheh ficou satisfeito.

11 **(Sexto)** [1] *Adonai* disse a Mosheh e Aharon: [2] "Falem ao povo de Yisra'el: 'Estas são as criaturas vivas que vocês podem comer dentre todos os animais da terra: [3] qualquer um que tenha o casco fendido, totalmente dividido e rumine — esses animais serão consumidos. [4-6] No entanto, não comam os que apenas ruminam ou que possuem só o casco fendido. Por exemplo: o camelo, o coelho e a lebre são impuros para vocês, pois eles ruminam, mas não têm o casco fendido; [7] ao passo que o porco é impuro para vocês pois, apesar de ter o casco separado e totalmente dividido, não rumina. [8] Não comam a carne deles nem toquem em suas carcaças; eles são impuros para vocês.

[9] " 'De tudo o que vive na água, comam o seguinte: tudo o que está na água e possui barbatanas e escamas, quer em mares quer em rios — pode ser comido. [10] No entanto, tudo o que existe em mares e rios sem barbatanas e escamas, e todas as pequenas criaturas aquáticas e as criaturas que vivem na água, isso é detestável. [11] Sim, esses serão detestáveis a vocês — não comam suas carnes e abominem suas carcaças. [12] Tudo o que, na água, não possui barbatanas e escamas é detestável a vocês.

[13] " 'As seguintes criaturas do ar serão detestáveis a vocês — não as comam; são algo detestável: a águia, o abutre, a águia-pescadora, [14] o gavião, os diversos tipos de bútios, [15] os diversos tipos de corvos, [16] o avestruz, a coruja-das-torres, a gaivota, os diversos tipos de falcões, [17] a coruja pequena, o biguá, a coruja grande, [18] a coruja chifruda, o pelicano, a coruja-de-igreja, [19] a cegonha, os diversos tipos de garças, a poupa e o morcego.

[20] " 'Todas as criaturas aladas que enxameiam, que andam sobre as quatro patas, são algo detestável a vocês; [21] com a exceção de todas as criaturas aladas que enxameiam e andam sobre as quatro patas, comam as que têm patas articuladas acima dos pés, possibilitando-lhes saltar sobre o solo. [22] Comam, especificamente, os diversos tipos de locustas, gafanhotos, gafanhotos chifrudos e grilos. [23] Todas as outras criaturas aladas que enxameiam, de quatro patas, são algo detestável a vocês. [24] " 'Por meio deles, vocês se tornarão impuros: quem tocar na carcaça deles será impuro até a tarde, [25] e quem carregar qualquer pedaço de sua carcaça lavará suas roupas e será impuro até a tarde; [26] todo animal com o casco separado, mas não totalmente dividido, ou que não rumina, é impuro para vocês; quem tocar neles se tornará impuro. [27] Tudo o que anda sobre suas patas, dentre todos os animais que andam sobre as quatro patas, é impuro para vocês; quem tocar em sua carcaça será impuro até a tarde; [28] e quem carregar sua carcaça lavará as roupas e será impuro até a tarde — estas são impurezas para vocês.

[29] " 'Os seres a seguir, dentre as pequenas criaturas que enxameiam sobre o solo, são impuros para vocês: a doninha, o rato, os diversos tipos de lagartos, [30] a lagartixa, o crocodilo da terra, o lagarto pequeno, o lagarto da areia e o camaleão. [31] Eles são

criaturas rastejantes impuras; quem tocar neles, quando mortos, será impuro até a
tarde. 32 Qualquer coisa que cair sobre um deles, mesmo estando mortos, se tornará
impura — utensílios de madeira, tecido, couro, pano de saco — qualquer utensílio
usado no trabalho deverá ser posto em água, e será impuro até a tarde; então será
puro. **(Sétimo)** 33 Se um deles cair em uma panela de barro, tudo o que estiver nela
se tornará impuro, e a panela será quebrada. 34 Qualquer alimento de consumo per-
mitido que for tocado pela água dessa panela se tornará impuro, e qualquer líquido
de ingestão permitida, encontrado nessa panela, se tornará impuro. 35 Tudo aquilo
sobre o que cair qualquer pedaço da carcaça deles se tornará impuro: seja o forno
seja o fogão, quebrem-no em pedaços — eles são impuros e serão impuros para
vocês; 36 contudo, uma fonte ou cisterna para coletar água permanecerá pura. No
entanto, quem tocar em suas carcaças se tornará impuro. 37 Se qualquer pedaço
de sua carcaça cair sobre qualquer tipo de semente a ser plantada, ela será pura;
38 mas, se água for vertida sobre a semente e um pedaço da carcaça cair sobre ela,
ela será impura para vocês.

39 " 'Se morrer um animal de um tipo que vocês tem permissão de comer, quem
tocar em sua carcaça será impuro até a tarde. 40 A pessoa que comer a carne da
carcaça ou carregar a carcaça lavará suas roupas; estará impura até a tarde.

41 " 'Toda criatura que enxameia sobre o solo é algo detestável, não será comida
— 42 tudo o que se move sobre o estômago, anda sobre as quatro patas, ou possui
muitas patas — todas as criaturas que enxameiam sobre o solo, não as comam,
pois são algo detestável. 43 Vocês não se devem tornar detestáveis por causa de
nenhuma dessas criaturas que enxameiam e rastejam; não se tornem impuros com
elas, não se maculem com elas. 44 Pois eu sou *Adonai*, o Deus de vocês; portanto,
consagrem-se e sejam santos, pois eu sou santo; e não se maculem com nenhum
tipo de criatura que enxameia e se move junto ao solo. **(*Maftir*)** 45 Pois eu sou
Adonai, que os trouxe da terra do Egito para ser seu Deus. Portanto, sejam santos,
pois eu sou santo.

46 " 'Esta é, então, a lei concernente aos animais, às criaturas voadoras, a todas as
criaturas vivas que se movem na água, e a todas as criaturas que enxameiam sobre o
solo. 47 Seu propósito é fazer a distinção entre o impuro e o puro, e entre as criaturas
que podem ser comidas e as que não podem' ".

***Haftarah Sh'mini*: *Sh'mu'el Bet* [2Sm] 6.1-7 (A); 6.1-19 (S).**

Sugestão de leitura da *B'rit Hadashah* para a *Parashah Sh'mini*: Marcos 7.1-23; Atos 5.1-11; 10.1-35; 2Coríntios 6.14—7.1; Gálatas 2.11-16; *1Kefa* (1Pe) 1.14-16.

Parashah 27: Tazria (Conceber) 12.1—13.59

[Nos anos regulares, lê-se este texto com a *Parashah* 28; nos anos irregulares, ele é lido separadamente.]

12 1 *Adonai* disse a Mosheh: 2 "Fale ao povo de Yisra'el: 'Se uma mulher conceber
e der à luz um menino, será impura por sete dias com a mesma impureza de
niddah — quando ela se encontra no período menstrual. 3 No oitavo dia, o prepúcio
do bebê será circuncidado. 4 Ela esperará mais trinta e três dias para ser purificada
do sangue; não deve tocar em nenhum objeto sagrado ou dirigir-se ao santuário até
que o período de purificação tenha terminado. 5 Se ela, porém, der à luz uma menina,

será impura por duas semanas, como no período de *niddah*; e esperará outros ses-
senta e seis dias para ser purificada do sangue.
6 “ ‘Quando os dias de purificação tiverem terminado, por causa de um filho
ou de uma filha, ela levará ao *kohen*, à entrada da tenda do encontro, um cordeiro
de até 1 ano para a oferta queimada e um pombinho ou pombo para a oferta pelo
pecado. 7 Ele os oferecerá diante de Adonai e fará expiação por ela; assim, ela será
purificada da emissão de sangue. Esta é a lei para a mulher que dá à luz um menino
ou uma menina. 8 Se ela não puder pagar pelo cordeiro, pegará duas pombas ou
dois pombinhos, um(a) para a oferta queimada e o(a) outro(a) para a oferta pelo
pecado; o *kohen* fará expiação por ela, e ela será pura’ ”.

13 1 Adonai disse a Mosheh e Aharon: 2 “Se alguém desenvolver sobre a pele um
inchaço, casca de ferida ou mancha brilhante que poderia transformar-se
em *tzara‘at*, deverá ser levado a Aharon, o *kohen*, ou a um de seus filhos *kohanim*.
3 O *kohen* examinará a ferida em sua pele; se o pelo na ferida tiver embranquecido,
e a ferida aparentar mais profundidade que a pele, trata-se de *tzara‘at;* depois do
exame, o *kohen* o declarará impuro. 4 Se a mancha brilhante em sua pele for branca,
mas não aparentar mais profundidade que a pele, e o pelo não tiver embranquecido,
o *kohen* o isolará por sete dias. 5 No sétimo dia, o *kohen* o examinará outra vez e, se
a ferida se mantiver com a aparência anterior e não tiver aumentado sobre a pele, o
kohen o isolará por mais sete dias. **(AB: Segundo)** 6 No sétimo dia, o *kohen* o exami-
nará outra vez e, se a ferida tiver encolhido, sem se estender sobre a pele, o *kohen*
o declarará puro — trata-se apenas de uma casca de ferida; por isso, ele lavará suas
roupas e será puro. 7 No entanto, se a casca de ferida se espalhar sobre a pele, de-
pois do exame do *kohen* e de ter sido declarado puro, ele se deixará examinar outra
vez pelo *kohen*. 8 O *kohen* o examinará e, se vir que a casca se espalhou por sua pele,
o *kohen* o declarará impuro; trata-se de *tzara‘at*.
9 “Se a pessoa tiver *tzara‘at*, será levada ao *kohen*. 10 O *kohen* a examinará e, se per-
ceber a existência de um inchaço branco na pele, que embranqueceu o pelo e carne viva
no inchaço, 11 então trata-se de *tzara‘at* crônica na pele, e o *kohen* a declarará impura;
não a isolará, pois já se sabe que está impura. 12 Se a *tzara‘at* espalhar-se sobre toda a
pele, de modo que, tanto quanto o *kohen* enxerga, a pessoa com *tzara‘at* possui feridas
em todas as partes do corpo, da cabeça aos pés, 13 então o *kohen* a examinará e, se vir
que a *tzara‘at* lhe cobriu o corpo todo, declarará a pureza da pessoa com as feridas —
pois elas embranqueceram, e ela está pura. 14 No entanto, se algum dia nela aparecer
carne viva, será impura. 15 O *kohen* examinará a carne viva e a declarará impura; a carne
viva é impura; trata-se de *tzara‘at*. 16 Entretanto, se a carne viva embranquecer outra
vez, a pessoa deverá dirigir-se ao *kohen*. 17 O *kohen* a examinará e, se perceber que as
feridas embranqueceram, o *kohen* declarará pura a pessoa com as feridas; ela é pura.
(AB: Terceiro) 18 “Se a pessoa tiver sobre a pele um abscesso que desaparecer
19 de forma tal que, em lugar do abscesso, haja um inchaço branco ou uma man-
cha brilhante avermelhada, deverá mostrá-lo ao *kohen*. 20 O *kohen* o examinará;
se perceber que está mais aprofundado que a pele, e o pelo tiver embranquecido, o
kohen a declarará impura — a doença de *tzara‘at* surgiu no abscesso. 21 Todavia, se
o *kohen* a examinar e não vir nenhum pelo branco, e não for mais profundo que a pele,
e tiver encolhido, o *kohen* a isolará por sete dias. 22 Se ele se tiver espalhado sobre a pele,
o *kohen* a declarará impura; trata-se da doença. 23 No entanto, se a mancha brilhante
permanecer onde se encontrava e não se espalhar, trata-se da cicatriz do abscesso; e o
kohen a declarará pura.

(AR: Segundo; AB: Quarto) 24 "Ou se alguém tiver sobre a pele uma queimadura causada pelo fogo; e a carne atingida pela queimadura tornar-se uma mancha brilhante, avermelhada ou branca, 25 o *kohen* a examinará; se vir que o pelo da mancha embranqueceu e aparenta mais profundidade que a pele ao redor dela, trata-se de *tzara'at*; ela surgiu na queimadura, e o *kohen* declarará a pessoa impura; trata-se de uma ferida da *tzara'at*. 26 Entretanto, se o *kohen* a examinar e não vir nenhum pelo branco na mancha brilhante, e não estiver mais aprofundada que a pele ao redor, e parecer estar encolhendo, o *kohen* a isolará por sete dias. 27 No sétimo dia, o *kohen* a examinará; se ela tiver se espalhado sobre a pele, o *kohen* a declarará impura; trata-se da ferida de *tzara'at*. 28 No entanto, se a mancha brilhante permaneceu onde estava e não aumentou sobre a pele, e parecer estar encolhendo, trata-se de um inchaço devido à queimadura; e o *kohen* a declarará pura; pois se trata apenas de uma cicatriz da queimadura.

(AB: Quinto) 29 "Se um homem ou mulher tiver uma ferida na cabeça ou um homem na barba, 30 o *kohen* examinará a ferida; se ele vir que ela aparenta ser mais profunda que a pele ao redor, com um pelo fino e amarelo nela, o *kohen* declarará a pessoa impura; trata-se de uma área com crosta, *tzara'at* na cabeça ou barba. 31 Se o *kohen* examinar a área atingida pela crosta e perceber que ela não aparenta mais profundidade que a pele ao redor, sem nenhum fio preto nela, então o *kohen* isolará por sete dias a pessoa com a área atingida pela crosta. 32 No sétimo dia, o *kohen* examinará a ferida e, se vir que a área com crosta não se espalhou, e que ela não possui nenhum pelo amarelo, e que a área da crosta não é mais profunda que a área ao redor, 33 a pessoa será raspada, com exceção da área da crosta, e o *kohen* a isolará por mais sete dias. 34 No sétimo dia, o *kohen* examinará a área com a crosta; se vir que a área com a crosta não se espalhou sobre a pele e não parecer mais profunda que a pele ao redor, o *kohen* declarará a pessoa pura; lavará suas roupas e será pura. 35 No entanto, se a área da crosta aumentar após a purificação, 36 o *kohen* a examinará; se ele vir que a área da crosta aumentou sobre a pele, o *kohen* não deve procurar o pelo amarelo; a pessoa está impura. 37 Todavia, se a aparência da área da crosta não se alterar, e crescer nela um pelo preto, a área da crosta estará curada; a pessoa será pura; e o *kohen* a declarará pura.

(AR: Terceiro; AB: Sexto) 38 "Se um homem ou mulher tiver manchas brilhantes na pele, manchas brancas brilhantes, 39 o *kohen* examinará a pessoa. Se ele vir que as manchas brilhantes sobre a pele são brancas, mas sem brilho, trata-se apenas de uma erupção surgida sobre a pele; ela será pura.

40 "Se o cabelo de um homem cair do couro cabeludo, ele é calvo; mas está puro. 41 Se o cabelo tiver caído da parte da frente da cabeça, ele possui antecalva; mas está puro. 42 Se, no entanto, sobre a calva do couro cabeludo ou da testa houver uma ferida avermelhada, trata-se do surgimento de *tzara'at* sobre a calva do couro cabeludo ou da testa. 43 Então o *kohen* o examinará; se ele perceber a existência de um inchaço avermelhado sobre qualquer uma das regiões calvas, assemelhado à *tzara'at* no restante do corpo, 44 esse homem está com *tzara'at*; é impuro; o *kohen* o declarará impuro; a ferida está em sua cabeça.

45 "Quem tem feridas de *tzara'at* vestirá roupas rasgadas e deixará o cabelo desgrenhado, cobrirá o lábio superior e gritará: 'Impuro, impuro!'. 46 Enquanto ele tiver as feridas, será impuro; por ser impuro, viverá em isolamento; morará fora do acampamento.

47 "Quando a *tzara'at* infectar uma peça de roupa, de lã ou de linho, 48 fios ou peças de linho, lã ou couro, ou um objeto feito de couro; 49 e a mancha da roupa, do couro, dos fios, dos tecidos ou objeto de couro for esverdeada ou avermelhada, trata-se de contaminação de *tzara'at* e será mostrada ao *kohen*. 50 O *kohen* examinará a mancha e isolará o utensílio contaminado por sete dias. 51 No sétimo dia, ele

examinará a mancha; se a mancha tiver aumentado sobre a roupa, os fios, o tecido
ou o couro, qualquer objeto, a contaminação é *tzara'at* contagiosa; a roupa é im-
pura. 52 Ele queimará a roupa, os fios, os tecidos de lã ou linho, ou qualquer objeto
de couro em que aparecer a contaminação, pois se trata de *tzara'at* contagiosa; o
objeto será queimado por completo. 53 Entretanto, se, no momento em que o *kohen*
fizer o exame, perceber que a contaminação não se estendeu sobre a roupa, os fios,
o tecido ou objeto de couro, 54 o *kohen* ordenará a lavagem e o isolamento do uten-
sílio com a contaminação por mais sete dias. **(AR: Quarto; AB: Sétimo)** 55 O *kohen*
o examinará após a lavagem da mancha e, se vir que a mancha não mudou de cor,
ainda que a mancha não tenha aumentado, é impura; ele a queimará por completo
— está estragada, quer a mancha esteja do lado de fora, quer do lado de dentro.
56 Se o *kohen* a examinar e vir que a mancha diminuiu após a lavagem, arrancará a
mancha da roupa, do couro, dos fios ou tecidos. **(AB: *Maftir*)** 57 Se ela aparecer ou-
tra vez na roupa, nos fios, tecidos ou no objeto de couro, é contagiosa; ele queimará
por completo o utensílio que tinha a mancha. 58 Contudo, se a contaminação tiver
sumido da roupa, dos fios, tecidos ou do objeto de couro que foi lavado, lave-a,
então, pela segunda vez, e será pura. 59 Esta é a lei concernente às contaminações
por *tzara'at* em roupa de lã ou linho, em fios, tecidos ou qualquer objeto de couro
— quando declará-lo puro e quando declará-lo impuro".

***Haftarah Tazria*: *M'lakhim Bet* [2Rs] 4.42—5.19.**

Sugestão de leitura da *B'rit Hadashah* para a *Parashah Tazria*: *Mattityahu* [Mt] 8.1-4; 11.2-6; Marcos 1.40-45; Lucas 2.22-24; 5.12-16; 7.18-23.

Parashah 28: *M'tzora* (Afligida com *tzara'at*) 14.1—15.33

**[Nos anos regulares, lê-se este texto com a *Parashah* 27;
nos anos irregulares, ele é lido separadamente.]**

14 1 *Adonai* disse a Mosheh: 2 "Esta será a lei concernente à pessoa afligida com
tzara'at no dia de sua purificação. Ela será levada ao *kohen*, 3 e o *kohen* sairá
do acampamento e a examinará ali. Se ele vir que as feridas da pessoa afligida com
tzara'at foram curadas, 4 ordenará que dois pássaros vivos e puros sejam pegos
para a purificação da pessoa, além da madeira de cedro, do tecido escarlate e das
folhas de hissopo. 5 O *kohen* ordenará a morte de um dos pássaros em uma panela
de barro sobre água corrente. 6 Quanto ao pássaro vivo, ele o pegará com a madei-
ra de cedro, o tecido escarlate e o hissopo e os mergulhará, bem como o pássaro
vivo, no sangue do pássaro morto sobre a água corrente, 7 e aspergirá sete vezes
a pessoa a ser purificada da *tzara'at*. Em seguida, libertará o pássaro vivo em um
campo aberto. 8 A pessoa que será purificada lavará suas roupas, raspará todos
os pelos e se banhará na água. Então ela será pura; depois disso, poderá entrar no
acampamento, mas ficará fora da tenda por sete dias. 9 No sétimo dia, raspará todo
o cabelo da cabeça, também a barba e as sobrancelhas — raspará todos os pelos;
lavará as roupas e banhará o corpo em água, e será pura.

10 "No oitavo dia, pegará dois cordeiros sem defeito, uma ovelha de 1 ano sem
defeito e 7 litros de farinha pura para a oferta de grãos, amassada com azeite de
oliva, e um terço de 1 litro de azeite de oliva. 11 O *kohen* que realiza a purificação
apresentará a pessoa a ser purificada com esses itens diante de *Adonai*, à entrada

da tenda do encontro. 12 O *kohen* pegará um dos cordeiros e o oferecerá como oferta pela culpa com os dois terços de litro de azeite de oliva; depois, os moverá como oferta movida perante *Adonai*. **(AB: Segundo)** 13 Ele matará o cordeiro no lugar do santuário apontado para sacrificar a oferta pelos pecados e as ofertas queimadas, porque a oferta pela culpa pertence ao *kohen*, bem como a oferta pelo pecado; ela é especialmente sagrada. 14 O *kohen* pegará um pouco do sangue da oferta pela culpa e o porá no lóbulo da orelha direita da pessoa a ser purificada, no polegar da mão direita e no polegar do pé direito. 15 Em seguida, o *kohen* pegará um pouco dos dois terços de litro de azeite de oliva e o derramará na palma de sua mão esquerda, 16 mergulhará o dedo direito no azeite que está na mão esquerda e aspergirá o azeite com o dedo sete vezes diante de *Adonai*. 17 A seguir, o *kohen* porá um pouco do azeite que sobrou em sua mão no lóbulo da orelha direita da pessoa a ser purificada, no polegar de sua mão direita, no polegar de seu pé direito e no sangue da oferta pela culpa. 18 Por fim, o *kohen* porá o restante do azeite em sua mão sobre a cabeça da pessoa a ser purificada; e o *kohen* fará expiação por ela diante de *Adonai*. 19 O *kohen* apresentará a oferta pelo pecado e fará expiação pela pessoa a ser purificada por causa de sua impureza; depois disso, matará a oferta queimada. 20 O *kohen* apresentará a oferta queimada e a oferta de grãos sobre o altar; assim, o *kohen* fará expiação por ela; e ela será pura.

(AR: Quinto; B: Terceiro) 21 "Se for pobre, e não tiver condições de apresentar outra coisa, pegará um cordeiro, como oferta movida pela culpa, para fazer expiação por ele; 276 gramas de farinha pura amassada com azeite de oliva para a oferta de grãos; um terço de litro de azeite de oliva; 22 e duas pombas ou dois pombinhos, segundo o que puder pagar, um(a) para a oferta pelo pecado e o(a) outro(a) para a oferta queimada. 23 No oitavo dia, ele os trará ao *kohen* para sua purificação, à entrada da tenda do encontro diante de *Adonai*. 24 O *kohen* pegará o cordeiro da oferta pela culpa e um terço de litro de azeite de oliva e os moverá como oferta movida perante *Adonai*. 25 Ele matará o cordeiro da oferta pela culpa, e pegará um pouco do sangue da oferta pela culpa e o porá no lóbulo da orelha direita da pessoa a ser purificada, no polegar de sua mão direita e no polegar de seu pé direito. 26 O *kohen* pegará um pouco do azeite de oliva e o derramará na palma da própria mão esquerda, 27 e aspergirá sete vezes com sua mão direita um pouco do azeite que está em sua mão esquerda diante de *Adonai*. 28 O *kohen* porá um pouco do azeite em sua mão no lóbulo da orelha direita da pessoa a ser purificada, no polegar de sua mão direita, e no polegar do seu pé direito — no mesmo lugar do sangue da oferta pela culpa. 29 Por fim, o *kohen* porá o restante do azeite de sua mão sobre a cabeça da pessoa a ser purificada, para fazer expiação por ela diante de *Adonai*. 30 Ele oferecerá uma das pombas ou pombinhos, de acordo com a possibilidade da pessoa, 31 tudo o que seus meios lhe permitirem — um(a) como oferta pelo pecado e o(a) outro(a) como oferta queimada — com a oferta de grãos; assim, o *kohen* fará expiação diante de *Adonai* pela pessoa a ser purificada. 32 Esta é a lei para a pessoa com feridas de *tzara'at*, caso não possa pagar pelos elementos comuns de sua purificação".

(AR: Sexto; B: Quarto) 33 *Adonai* disse a Mosheh e Aharon: 34 "Quando tiverem entrado na terra de Kena'an, que dou a vocês como propriedade, eu porei uma contaminação de *tzara'at* em uma casa da terra que vocês possuírem, 35 e o dono da casa virá e dirá ao *kohen*: 'Parece-me que há uma contaminação na casa'. 36 O *kohen* ordenará o esvaziamento da casa antes de continuar inspecionando a contaminação, para que todos os objetos da casa não se tornem impuros; depois disso, o *kohen* entrará e inspecionará a casa. 37 Ele examinará a contaminação; e, se perceber que a contaminação está nas paredes da casa, com depressões esverdeadas ou aver-

melhadas aparentemente mais profundas que a superfície da parede, 38 ele sairá da
casa pela porta e selará a casa por sete dias. 39 O *kohen* virá outra vez no sétimo dia
e examinará a casa; se vir que a contaminação estendeu-se pelas paredes, 40 ordenará
a retirada das pedras infectadas e as lançará em algum lugar impuro fora da cidade.
41 Em seguida, mandará raspar o interior da casa por inteiro, e o reboco raspado
será descartado fora da cidade, em um lugar impuro. 42 Por fim, outras pedras serão
assentadas no lugar das primeiras pedras e outro reboco será usado para revestir
a casa. 43 Se a contaminação voltar e surgir na casa após a remoção das pedras e da
raspagem e do revestimento da casa, 44 o *kohen* entrará nela e a examinará. Se vir
que a contaminação estendeu-se pela casa, trata-se de *tzara'at* contagiosa na casa;
ela é impura. 45 A casa será demolida, e as pedras, o madeiramento e o reboco serão
retirados da cidade, levados a um lugar impuro. 46 Além disso, quem entrar na casa
enquanto ela estiver selada será impuro até a tarde. 47 Quem se deitar ou comer na
casa deverá lavar suas roupas. 48 Se o *kohen* entrar, examinar e vir que a contamina-
ção não se estendeu pela casa desde o revestimento, declarará a casa pura, pois a
contaminação está curada.

49 "Para purificar a casa, ele pegará dois pássaros, madeira de cedro, tecido
escarlate e folhas de hissopo. 50 Matará um dos pássaros em uma panela de barro
sobre água corrente. 51 Pegará a madeira de cedro, o hissopo, o tecido escarlate e
o pássaro vivo e os mergulhará no sangue do pássaro morto sobre água corrente,
e aspergirá a casa sete vezes. 52 Ele purificará a casa com o sangue do pássaro, a
água corrente, o pássaro vivo, a madeira de cedro, o hissopo e o tecido escarlate.
53 Contudo, soltará o pássaro vivo fora da cidade em um campo aberto; assim, fará
expiação pela casa, e ela será pura.

(AB: Quinto) 54 "Esta é a lei para todos os tipos de feridas de *tzara'at*, para a
área com crosta, 55 para a *tzara'at* na roupa, na casa, 56 em um inchaço, em uma
casca de ferida e em uma mancha brilhante, 57 a fim de determinar sua pureza e
impureza. Esta é a lei concernente à *tzara'at*".

15 1 Adonai disse a Mosheh e Aharon: 2 "Digam ao povo de Yisra'el: 'Quando
qualquer homem tiver um fluxo do seu corpo, o fluxo é impuro. 3 O fluxo é
impuro, não importa se ele continua ou tenha cessado; trata-se ainda de impureza.
4 Toda cama em que a pessoa com fluxo se deitar é impura, e tudo o que puser so-
bre ela é impuro. 5 Quem tocar na cama lavará suas roupas e se banhará em água;
estará impuro até a tarde. 6 Quem se sentar sobre qualquer coisa em que se sentou
a pessoa com o fluxo lavará suas roupas e se banhará em água; estará impuro até a
tarde. 7 Quem tocar no corpo da pessoa com o fluxo lavará suas roupas e se banha-
rá em água; estará impuro até a tarde. 8 Se a pessoa com o fluxo cuspir em quem
está puro, este lavará suas roupas e se banhará em água; estará impuro até a tarde.
9 Todo selim sobre o qual a pessoa com o fluxo montar será impuro. 10 Quem tocar
em qualquer coisa que esteve debaixo dela será impuro até a tarde; quem carregar
essas coisas lavará suas roupas e se banhará em água; estará impuro até a tarde.
11 Se a pessoa com o fluxo não lavar as mãos em água antes de tocar em alguém,
essa pessoa lavará suas roupas e se banhará em água; estará impura até a tarde.
12 Se a pessoa com o fluxo tocar em uma panela de barro, ela será quebrada; se
tocar em uma vasilha de madeira, ela será lavada com água.

13 " 'Quando a pessoa com o fluxo conseguir se livrar dele, contará sete dias
para sua purificação. Em seguida, lavará as roupas e banhará o corpo em água
corrente; depois disso, será pura. 14 No oitavo dia, pegará para si duas pombas
ou dois pombinhos, virá à presença de Adonai, à entrada da tenda do encontro, e

os(as) dará ao *kohen*. 15 O *kohen* os(as) oferecerá, um(a) como oferta pelo pecado e o(a) outro(a) como oferta queimada; assim, o *kohen* fará expiação pela pessoa, diante de ADONAI, por causa do fluxo.

(AR: Sétimo; AB: Sexto) 16 " 'Se um homem tiver um fluxo seminal, banhará o corpo todo em água; estará impuro até a tarde. 17 Qualquer roupa ou couro em que houver sêmen será lavada com água; é impura até a tarde. 18 Se um homem for para a cama com uma mulher e mantiver relações sexuais, os dois deverão lavar-se em água; serão impuros até a tarde.

19 " 'Se uma mulher tiver um fluxo, e o fluxo do seu corpo for de sangue, ela permanecerá no estado de *niddah* por sete dias. Quem tocar nela será impuro até a tarde. 20 Tudo em que ela deitar ou se sentar no estado de *niddah* será impuro. 21 Quem tocar na cama dela lavará as roupas e se banhará em água; estará impuro até a tarde. 22 Quem tocar em qualquer coisa em que ela se sentou lavará as roupas e se banhará em água; estará impuro até a tarde. 23 Quer esteja sobre a cama quer sobre algo em que ela se sentar, ao tocar nela, estará impuro até a tarde. 24 Se um homem for para a cama com ela, e seu fluxo menstrual tocar nele, ele estará impuro por sete dias; e toda cama em que ele se deitar será impura.

25 " 'Se uma mulher tiver um fluxo de sangue por muitos dias, fora de seu período menstrual, ou se o fluxo durar além do normal para o seu período, em todo o tempo em que houver o fluxo impuro, ela estará como se estivesse no estado de *niddah* — é impura. 26 Toda cama em que ela se deitar enquanto tiver o fluxo será para ela como a cama que usou durante seu período de *niddah*; e tudo em que ela se sentar será impuro, com impureza semelhante à do seu período de *niddah*. 27 Quem tocar nisso será impuro; lavará as roupas e se banhará em água; estará impuro até a tarde.

28 " 'Se ela já tiver passado pelo período de seu fluxo, contará sete dias; depois disso, será pura. **(AB: Sétimo)** 29 No oitavo dia, pegará duas pombas ou dois pombinhos e os(as) levará ao *kohen*, à entrada da tenda do encontro. 30 O *kohen* apresentará um(a) como oferta pelo pecado e o(a) outro(a) como oferta queimada; assim, o *kohen* fará expiação por ela, diante de ADONAI, por causa do fluxo impuro.

(*Maftir*) 31 " 'Desse modo, vocês separarão o povo de Yisra'el de sua impureza, para que não morram no estado de impureza pela contaminação do meu tabernáculo que está ali com eles.

32 " 'Esta é a lei para a pessoa com fluxo: para o homem com fluxo seminal, que o torna impuro; 33 para a mulher em *niddah*, durante o seu período menstrual; para a pessoa, homem ou mulher, com algum tipo de fluxo; e para o homem que mantém relações sexuais com a mulher que está impura' ".

***Haftarah M'tzora*: *M'lakhim Bet* [2Rs] 7.3-20.**

Sugestão de leitura da *B'rit Hadashah* para a *Parashah M'tzora*: *Mattityahu* [Mt] 9.20-26; Marcos 5.24*b*-34; Lucas 8.42*b*-48; Judeus messiânicos [Hb] 13.4.

Parashah 29: *Acharei mot* (Depois da morte) 16.1—18.30

[Nos anos regulares, lê-se este texto com a *Parashah* 30; nos anos irregulares, ele é lido separadamente.]

16 1 ADONAI falou com Mosheh depois da morte dos dois filhos de Aharon, quando tentaram apresentar um sacrifício na presença de ADONAI e morreram. 2 ADONAI disse a Mosheh: "Fale a seu irmão Aharon que não venha a qualquer momento ao

Lugar Sagrado, além da cortina, diante da cobertura da arca, que jaz acima dela, para
que não morra; pois eu apareci na nuvem sobre a cobertura da arca.

3 "Eis como Aharon entrará no Lugar Sagrado: com um novilho, como oferta
pelo pecado, e um carneiro, como oferta queimada. 4 Ele vestirá a túnica sagrada
de linho, com os calções de linho sobre sua carne, com o cinto de linho preso à sua
volta, e usando o turbante de linho — essas são as roupas sagradas. Ele banhará o
corpo em água e as vestirá.

5 "Ele pegará da comunidade do povo de Yisra'el dois bodes, para a oferta pelo
pecado, e um carneiro, para a oferta queimada. 6 Aharon apresentará o novilho para
a oferta pelo pecado por si mesmo e fará expiação por si e por sua casa. 7 Pegará os
dois bodes e os porá diante de *Adonai*, à entrada da tenda do encontro. 8 A seguir,
Aharon lançará sortes pelos dois bodes, um para *Adonai* e o outro para 'Az'azel.
9 Aharon apresentará o bode cuja sorte caiu para *Adonai* e o oferecerá como ofer-
ta pelo pecado. 10 O bode cuja sorte caiu para 'Az'azel, porém, será apresentado
vivo para *Adonai* e será usado para fazer expiação, e será enviado ao deserto, para
'Az'azel.

11 "Aharon apresentará o novilho da oferta pelo pecado por si mesmo; fará ex-
piação por si e por sua casa; matará o novilho da oferta pelo pecado por si mesmo.
12 Pegará um incensário cheio de brasas do altar, na presença de *Adonai*, e, com as
mãos cheias de incenso aromático, o levará para dentro da cortina. 13 Colocará o in-
censo sobre o fogo diante de *Adonai*, para que a nuvem do incenso cubra a cobertura
da arca acima do testemunho, para que ele não morra. 14 Pegará um pouco do sangue
do novilho e o aspergirá com o dedo sobre a cobertura da arca na direção leste; e,
diante da cobertura da arca, aspergirá um pouco do sangue com o dedo sete vezes.

15 "Em seguida, matará o bode da oferta pelo pecado a favor do povo, levará
seu sangue para dentro da cortina e fará com seu sangue como fez com o sangue
do novilho, aspergindo-o sobre e diante da cobertura da arca. 16 Ele fará expiação
pelo Lugar Sagrado, por causa das impurezas do povo de Yisra'el e por causa de
suas transgressões — todos os seus pecados; e fará o mesmo pela tenda do encon-
tro que está ali com eles, bem no meio de suas impurezas. 17 Ninguém se apresen-
tará na tenda do encontro desde o momento em que ele entrar no Lugar Sagrado
para fazer expiação até quando sair, depois de ter feito expiação por si mesmo, por
sua casa e por toda a comunidade de Yisra'el. **(AB: Segundo)** 18 Depois disso, irá
ao altar que está diante de *Adonai* e fará expiação por ele; pegará um pouco do
sangue do novilho e um pouco do sangue do bode e o porá em todos os chifres
do altar. 19 Aspergirá com o dedo um pouco do sangue sobre ele sete vezes, assim
o purificará e o separará das impurezas do povo de Yisra'el.

20 "Quando tiver terminado a expiação pelo Lugar Sagrado, pela tenda do en-
contro e pelo altar, apresentará o bode vivo. 21 Aharon porá as duas mãos sobre a
cabeça do bode vivo e confessará sobre ele todas as transgressões, crimes e pecados
do povo de Yisra'el; ele os porá sobre a cabeça do bode e depois o levará ao deserto
com um homem designado para esse propósito. 22 O bode levará embora todas as
transgressões deles para um lugar isolado, e esse homem deixará o bode no deserto.

23 "Aharon voltará à tenda do encontro, onde removerá as roupas de linho,
vestidas para entrar no Lugar Sagrado, e as deixará ali. 24 A seguir, banhará o corpo
em água, em um lugar sagrado, vestirá suas outras roupas, sairá e apresentará sua
oferta queimada e a oferta queimada do povo, fazendo, assim, expiação por si mes-
mo e pelo povo. **(AR: Segundo; AB: Terceiro)** 25 Ele queimará a gordura da oferta
pelo pecado sobre o altar.

26 "O homem que tiver levado o bode para 'Az'azel lavará suas roupas e banhará seu corpo em água; depois disso, poderá voltar ao acampamento.

27 "O novilho e o bode da oferta pelo pecado, cujo sangue foi levado para realizar a expiação no Lugar Sagrado, serão levados para fora do acampamento; ali, seu couro, sua carne e seu esterco serão queimados por completo. 28 A pessoa que os queimar lavará suas roupas e banhará seu corpo em água; depois disso, poderá voltar ao acampamento.

29 "Isto será um regulamento permanente para vocês: no décimo dia do sétimo mês, tanto o natural quanto o estrangeiro que vive entre vocês deverão se humilhar e não realizarão nenhum tipo de trabalho. 30 Pois nesse dia façam expiação para que se purifiquem; serão puros de todos os seus pecados, diante de *Adonai*. 31 Será um *shabbat* de descanso absoluto para vocês; humilhem-se.

"Este é um regulamento permanente. 32 O *kohen* ungido e consagrado para ser *kohen* em lugar de seu pai realizará a expiação; vestirá as roupas de linho, as roupas sagradas; 33 fará expiação pelo Lugar Especialmente Sagrado, pela tenda do encontro e pelo altar; e fará expiação pelos *kohanim* e por todo o povo da comunidade. 34 Este é um regulamento permanente para vocês: façam expiação por todos os pecados do povo de Yisra'el uma vez ao ano". Mosheh fez como *Adonai* lhe ordenara.

17 **(AB: Quarto)** 1 *Adonai* disse a Mosheh: 2 "Fale a Aharon, a seus filhos e a todo o povo de Yisra'el. Diga-lhes que *Adonai* assim ordena: 3 'Quando alguém da comunidade de Yisra'el matar um boi, um cordeiro ou uma cabra dentro ou fora do acampamento 4 sem levá-lo à entrada da tenda do encontro para apresentá-lo como oferta a *Adonai* diante do tabernáculo de *Adonai*, será culpado de sangue — pois verteu sangue, e essa pessoa será eliminada do seu povo. 5 A razão para isso é que o povo de Yisra'el trará seus sacrifícios realizados no campo — serão levados a *Adonai*, à entrada da tenda do encontro, ao *kohen*, e realizarão ali seu sacrifício, como ofertas de paz a *Adonai*. 6 O *kohen* borrifará o sangue contra o altar de *Adonai*, à entrada da tenda do encontro, e queimará a gordura como um aroma agradável a *Adonai*. 7 Eles não oferecerão mais sacrifícios aos demônios em forma de bode, com os quais se prostituem. Este é um regulamento permanente para eles em todas as gerações'.

(AR: Terceiro; AB: Quinto) 8 "Diga-lhes também: 'Quando alguém da comunidade de Yisra'el ou um dos estrangeiros que vivem com vocês apresentar uma oferta queimada, ou sacrifício, 9 sem levá-la à entrada da tenda do encontro para sacrificá-la a *Adonai*, essa pessoa será eliminada do povo. 10 Quando alguém da comunidade de Yisra'el ou um dos estrangeiros que vivem com vocês comer qualquer tipo de sangue, eu me porei contra a pessoa que comer sangue e a eliminarei do povo. 11 Pois a vida da criatura está no sangue, e eu o concedi a vocês sobre o altar, para fazerem expiação para si mesmos; pois esse é o sangue que realiza a expiação pela vida'. 12 Esse é o motivo de eu ter dito ao povo de Yisra'el: 'Nenhum de vocês deve comer sangue, tampouco nenhum estrangeiro que vive com vocês deve comê-lo'.

13 "Quando alguém da comunidade de Yisra'el ou um dos estrangeiros que vivem com vocês caçar um animal ou um pássaro que pode ser comido, verterá seu sangue e o cobrirá com terra. 14 Pois a vida de toda criatura — seu sangue está na sua vida. Portanto, eu disse ao povo de Yisra'el: 'Não comam o sangue de nenhuma criatura, pois a vida de toda criatura é seu sangue. Quem o comer será eliminado'.

15 "Quem comer um animal que morreu naturalmente ou que foi dilacerado por animais selvagens, seja natural, seja estrangeiro, lavará suas roupas e se banhará em água; estará impuro até a tarde; então será puro. 16 No entanto, se ele não lavar as roupas ou não banhar o corpo, suportará as consequências do seu erro".

18 1 *Adonai* disse a Mosheh: 2 "Fale ao povo de Yisra'el; diga-lhes: 'Eu sou
Adonai, o Deus de vocês. 3 Não participem das atividades encontradas na
terra do Egito, onde vocês viviam; e não participem das atividades encontradas
na terra de Kena'an, para onde eu os estou levando; tampouco vivam pelas leis
deles. 4 Obedeçam minhas regras e leis e vivam de acordo com elas; eu sou *Adonai*,
o Deus de vocês. 5 Guardem minhas leis e regras; se alguém as cumprir, terá vida
por intermédio delas; eu sou *Adonai*.

(AB: Sexto) 6 " 'Nenhum de vocês se aproximará de um parente próximo para
se relacionar sexualmente; eu sou *Adonai*. 7 Não se relacione sexualmente com
seu pai e não se relacione sexualmente com sua mãe. Ela é sua mãe — não se
relacione sexualmente com ela. 8 Não se relacione sexualmente com a mulher de
seu pai; esta é prerrogativa de seu pai. 9 Não se relacione sexualmente com sua
irmã — filha de seu pai ou de sua mãe —, nascida em casa ou em outro lugar.
Não se relacione sexualmente com ela. 10 Não se relacione sexualmente com a
filha de seu filho ou com a filha de sua filha. Não se relacione sexualmente com
elas, pois sua desonra sexual recairá sobre você. 11 Não se relacione sexualmente
com a filha da mulher de seu pai, gerada por seu pai, pois ela é sua irmã; não se
relacione sexualmente com ela. 12 Não se relacione sexualmente com a irmã de seu
pai, pois ela é parenta próxima de seu pai. 13 Não se relacione sexualmente com a
irmã de sua mãe, pois ela é parenta próxima de sua mãe. 14 Não desgrace o irmão
de seu pai ao se relacionar sexualmente com sua mulher, pois ela é sua tia. 15 Não
se relacione sexualmente com sua nora, pois ela é a mulher de seu filho. Não se
relacione sexualmente com ela. 16 Não se relacione sexualmente com a mulher de
seu irmão, pois esta é prerrogativa de seu irmão.

17 " 'Não se relacione sexualmente com uma mulher e sua filha, nem se relacione
sexualmente com a filha de seu filho ou com a filha de sua filha; eles são parentes
próximos dela; seria uma vergonha. 18 Não leve uma mulher a se tornar rival de
sua irmã, não se relacione sexualmente com ela enquanto sua irmã viver. 19 Não se
aproxime de uma mulher para se relacionar sexualmente com ela quando estiver
impura, no seu período de *niddah*. 20 Não se relacione sexualmente com a mulher
de seu próximo, tornando-se, assim, impuro com ela.

21 " 'Não permita que nenhum de seus filhos seja sacrificado a Molekh, profa-
nando desse modo o nome de seu Deus; eu sou *Adonai*.

(AR: Quarto; AB: Sétimo) 22 " 'Não se relacione sexualmente com um homem
como se fosse mulher; isso é uma abominação.

23 " 'Não se relacione sexualmente com nenhum tipo de animal, tornando-se,
assim, impuro com ele; e nenhuma mulher se relacione sexualmente com um ani-
mal; isso é uma perversão.

24 " 'Não se torne impuro com nenhuma dessas coisas, pois todas as nações que
eu expulso de diante de vocês maculam-se com elas. 25 A terra tornou-se impura,
e esse é o motivo da minha punição — a própria terra vomitará seus habitantes.
26 Contudo, guardem minhas leis e regras e não pratiquem nenhum desses atos
repugnantes, nem o natural nem o estrangeiro que vive com vocês; **(AB: *Maftir*)**
27 pois o povo da terra cometeu todas essas abominações, e a terra está maculada.
28 Se vocês tornarem a terra impura, ela também os vomitará, como vomita a nação
que esteve ali antes de vocês. 29 Pois quem praticar algum desses atos repugnantes
será eliminado de seu povo. 30 Portanto, guardem minha ordem e não sigam ne-
nhum desses costumes abomináveis praticados antes de vocês e, assim, se conta-
minem com eles. Eu sou *Adonai*, o Deus de vocês' ".

***Haftarah Acharei mot*: *Yechezk'el* [Ez] 22.1-19 (A); 22.1-16 (S).**

Sugestão de leitura da *B'rit Hadashah* para a *Parashah Acharei mot*: Romanos 3.19-28; 9.30—10.13; 1Coríntios 5.1-13 com 2Coríntios 2.1-11; Gálatas 3.10-14; Judeus messiânicos [Hb] 7.23—10.25.

Parashah 30: *K'doshim* (Povo santo) 19.1—20.27

[Nos anos regulares, lê-se este texto com a *Parashah* 29; nos anos irregulares, ele é lido separadamente.]

19 1 *Adonai* disse a Mosheh: 2 “Fale a toda a comunidade de Yisra'el; diga-lhes:
‘Sejam santos, pois eu, *Adonai*, o Deus de vocês, sou santo.
3 “ ‘Cada um de vocês reverenciará seu pai e sua mãe; e vocês guardarão meus
shabbatot; eu sou *Adonai*, o Deus de vocês.
4 “ ‘Não se voltem para os ídolos e não moldem deuses de metal para si; eu sou
Adonai, o Deus de vocês.
5 “ ‘Quando oferecerem um sacrifício de ofertas de paz a *Adonai*, ofereçam-no de
forma que seja aceito. 6 Ele será comido no mesmo dia em que vocês o oferecerem
e no dia seguinte; no entanto, se algo sobrar até o terceiro dia, será queimado por
completo. 7 Se alguma parte dele for comido no terceiro dia, será algo repugnante e
não será aceito; 8 além disso, quem o comer suportará as consequências da profa-
nação de algo sagrado para *Adonai* — essa pessoa será eliminada do povo.
9 “ ‘Quando ceifarem os grãos maduros produzidos em sua terra, não ceifem
por completo os cantos de seu campo e não peguem as espigas deixadas pelos cei-
feiros. 10 Da mesma forma, não peguem as uvas deixadas na vinha ou caídas sobre
o solo após a colheita; deixem-nas para o pobre e o estrangeiro; eu sou *Adonai*, o
Deus de vocês.
11 “ ‘Não roubem, nem enganem ou mintam uns aos outros. 12 Não jurem em
falso por meu nome, isso seria uma profanação do nome do seu Deus; eu sou
Adonai. 13 Não oprimam nem roubem seu vizinho; de modo específico: não rete-
nham o pagamento de um trabalhador contratado até a manhã [do dia] seguinte.
14 “ ‘Não amaldiçoem o surdo nem coloquem obstáculos no caminho do cego;
em vez disso, temam ao Deus de vocês; eu sou *Adonai*.
(AR: Quinto; AB: Segundo) 15 “ ‘Não sejam injustos ao julgar — não demons-
trem parcialidade pelo pobre, tampouco usem de deferência para com o poderoso:
julguem seu vizinho com justiça.
16 “ ‘Não espalhem calúnias no meio do seu povo; não sejam neutros quando a
vida de seu vizinho estiver em risco; eu sou *Adonai*.
17 “ ‘Não odeiem seu irmão no seu coração, e repreendam seu vizinho com
franqueza, para não incorrerem em pecado por causa dele. 18 Não se vinguem, nem
guardem rancor de ninguém do seu povo; ao contrário, amem seu vizinho como a
si mesmos; eu sou *Adonai*.
19 “ ‘Observem meus regulamentos.
“ ‘Não deixem seu gado cruzar com um gado de outra espécie, não semeiem seu
campo com dois tipos diferentes de grãos; e não vistam roupas de tecidos feitos
com dois tipos diferentes de fios.
20 “ ‘Se um homem se relacionar sexualmente com uma mulher escrava que não
foi resgatada nem recebeu liberdade, comprometida com outro homem, haverá uma
investigação. Eles não serão executados, pois ela não era livre. 21 Como reparação, ele

levará um carneiro, como oferta pela própria culpa à entrada da tenda do encontro. 22 O *kohen* fará expiação por ele, diante de ADONAI, com o carneiro da oferta pela culpa, por causa do pecado cometido, e ele será perdoado do pecado cometido.

23 " 'Quando vocês entrarem na terra e plantarem vários tipos de árvores frutíferas, deverão considerar-lhes o fruto como algo proibido por três anos; eles serão proibidos, não os comam. 24 No quarto ano, todo o seu fruto será consagrado ao louvor de ADONAI. 25 No quinto, porém, poderão comer seu fruto, para que produzam ainda mais para vocês; eu sou ADONAI, o Deus de vocês.

26 " 'Não comam nada com sangue. Não pratiquem a adivinhação nem a predição do futuro. 27 Não deem forma arredondada a seu cabelo sobre as têmporas nem danifiquem as pontas da barba. 28 Não arranquem pedaços de sua carne quando alguém morrer nem se tatuem; eu sou ADONAI.

29 " 'Não degradem sua filha, fazendo-a prostituta, para que a terra não caia na prostituição e não se encha de vergonha.

30 " 'Guardem meus *shabbatot* e reverenciem meu santuário; eu sou ADONAI.

31 " 'Não se voltem para os médiuns de espíritos ou para os feiticeiros; não os procurem para se macularem com eles; eu sou ADONAI, o Deus de vocês.

32 " 'Levantem-se na presença da pessoa com cabelos grisalhos, mostrem respeito pelos idosos; temam ao seu Deus; eu sou ADONAI.

(AR: Sexto; AB: Quarto) 33 " 'Se um estrangeiro permanecer com vocês em sua terra, não o maltratem. 34 Em vez disso, tratem o estrangeiro que está com vocês como alguém nascido na terra — amem-no como a si mesmos, pois vocês foram estrangeiros na terra do Egito; eu sou ADONAI, o Deus de vocês.

35 " 'Não sejam desonestos quando aferirem o comprimento, o peso ou a capacidade. 36 Ao contrário, usem balanças honestas, pesos honestos, medidas de secos honestas e medidas de líquidos honestas; eu sou ADONAI, o Deus de vocês, que os tirou da terra do Egito. 37 Guardem todos os meus regulamentos e regras, e os cumpram; eu sou ADONAI' ".

20 **(AB: Quinto)** 1 ADONAI disse a Mosheh: 2 "Fale ao povo de Yisra'el: 'Se alguém do povo de Yisra'el, ou dos estrangeiros que vivem em Yisra'el, sacrificar um de seus filhos a Molekh, será condenado à morte; o povo da terra deverá apedrejá-lo até a morte. 3 Eu me porei também contra ele e o eliminarei de seu povo, pois sacrificou o filho a Molekh, contaminando meu santuário e profanando meu nome santo. 4 Se o povo da terra ignorar o fato de esse homem sacrificar o filho a Molekh e não executá-lo, 5 eu me porei contra ele, sua família e contra quem o seguir, fornicando com Molekh, e o eliminarei de seu povo.

6 " 'Eu me porei contra quem se voltar para médiuns de espíritos e feiticeiros, fornicando com eles, e o eliminarei de seu povo. 7 Portanto, consagrem-se — vocês devem ser santos, pois eu sou ADONAI, o Deus de vocês. **(AR: Sétimo; AB: Sexto)** 8 Guardem meus regulamentos e a eles obedeçam; eu sou ADONAI, que os separa para serem santos.

9 " 'A pessoa que amaldiçoar seu pai ou sua mãe será executada; por ter amaldiçoado seu pai ou sua mãe, seu sangue está sobre ele.

10 " 'Se um homem adulterar com a mulher de outro homem, isto é, com a mulher de um conterrâneo, tanto o adúltero quanto a adúltera serão executados. 11 O homem que se relacionar sexualmente com a mulher de seu pai terá desgraçado seu pai na questão sexual, e os dois serão executados; seu sangue está sobre eles. 12 Se um homem se relacionar sexualmente com sua nora, os dois serão executados; eles cometeram uma perversão, e seu sangue está sobre eles. 13 Se um homem se

relacionar sexualmente com um homem como se fosse mulher, os dois cometeram uma abominação; serão executados; seu sangue está sobre eles. 14 Se um homem se casar com uma mulher e com a mãe dela, é depravação; serão executados no fogo, ele e elas, para não haver depravação entre vocês. 15 Se um homem se relacionar sexualmente com um animal, será executado, e o animal será morto. 16 Se uma mulher se relacionar sexualmente com um animal, matem a mulher e o animal; seu sangue seja sobre eles. 17 Se um homem pegar sua irmã, filha de seu pai ou filha de sua mãe, e se relacionar sexualmente com ela, e ela consentir, trata-se de algo vergonhoso; serão eliminados em público — ele se relacionou sexualmente com sua irmã, e suportará as consequências de seu erro. 18 Se um homem se deitar com uma mulher em seu período menstrual e tiver relação sexual com ela, ele expôs a fonte do sangue dela, e ela terá exposto a fonte do próprio sangue; os dois serão eliminados de seu povo. 19 Não se relacionem sexualmente com a irmã de sua mãe ou a irmã de seu pai; a pessoa que o fizer, terá se relacionado sexualmente com um parente próximo; eles suportarão as consequências de seu erro. 20 Se um homem se relacionar sexualmente com a mulher de seu tio, ele terá desgraçado seu tio na questão sexual; ele suportará as consequências de seu pecado e morrerá sem filhos. 21 Se um homem tomar a mulher de seu irmão, é impureza; ele terá desgraçado seu irmão na questão sexual; eles ficarão sem filhos.

22 " 'Guardem todos os meus regulamentos e regras e ajam de acordo com eles, para que a terra para a qual eu os estou levando não os vomite. **(AB: Sétimo)** 23 Não vivam pelos regulamentos da nação que expulso de diante de vocês; pois eles fizeram todas essas coisas que eu detesto. 24 Contudo, eu lhes disse: "Vocês herdarão a terra deles; eu a darei a vocês como propriedade, a terra em que sobejam leite e mel". Eu sou *Adonai*, o Deus de vocês, que os separou dos outros povos. **(*Maftir*)** 25 Portanto, distingam animais puros de impuros e aves puras de impuras; não se tornem detestáveis por um animal, ave ou réptil que separei para vocês considerarem impuros. 26 Em vez disso, sejam santos para mim, pois eu, *Adonai*, sou santo; e os separei dos outros povos para pertencerem a mim.

27 " 'O homem ou a mulher que for médium de espíritos ou feiticeiro será executado; apedrejem-no até a morte; que seu sangue seja sobre ele' ".

***Haftarah K'doshim: 'Amos* [Am] 9.7-15 (A); *Yechezk'el* [Ez] 20.2-20 (S).**

Sugestão de leitura da *B'rit Hadashah* para a *Parashah K'doshim*: *Mattityahu* [Mt] 5.33-37; 5.43-48; 15.1-11; 19.16-30; 22.33-40; Marcos 7.1-23; 12.28-34; Lucas 10.25-39; Romanos 13.8-10; Gálatas 5.13-26; *Ya'akov* [Tg] 2.1-9; *1Kefa* [1Pe] 1.13-21.

Parashah 31: *Emor* (Fale) 21.1—24.23

21 1 *Adonai* disse a Mosheh: "Fale aos *kohanim*, os filhos de Aharon; diga-lhes: 'Nenhum *kohen* se tornará impuro por nenhum membro de seu povo que morrer, 2 com exceção de seus parentes mais próximos — mãe, pai, filho, filha e irmão; 3 ele poderá também tornar-se impuro pela irmã virgem que nunca se casou e, portanto, era dependente dele. 4 Ele não se tornará impuro por ser um líder do povo; proceder desse modo o profanaria. 5 Os *kohanim* não farão calvas na cabeça, não danificarão a ponta da barba nem cortarão pedaços de sua carne. 6 Em lugar disso, devem ser santos para seu Deus e não profanar-lhe o nome. Pois eles são os que apresentam a *Adonai* as ofertas feitas pelo fogo, o pão do seu Deus; portanto, devem ser santos.

7 “ ‘O *kohen* não se casará com uma prostituta, nem com a que foi desonrada nem com a divorciada, pois é santo para seu Deus. 8 Em vez disso, separem-no por ser santo, pois ele ofereceu o pão do nosso Deus; ele será santo para vocês, pois eu, *Adonai*, que os torno santos, sou santo. 9 A filha do *kohen* que profanar a si mesma, prostituindo-se, profana seu pai; ela será executada no fogo.

10 “ ‘O *kohen* mais elevado entre seus irmãos, que teve o óleo da unção derramado sobre a cabeça e foi consagrado para vestir as roupas, não deixará de arrumar o cabelo, nem rasgará as roupas; 11 não se dirigirá a um local em que se encontre um corpo sem vida e não se tornará impuro, ainda que seu pai ou sua mãe tenha morrido. 12 Ele não sairá do santuário nem profanará o santuário de seu Deus, pois a consagração do óleo da unção de seu Deus está sobre ele; eu sou *Adonai*.

13 “ ‘Ele se casará com uma virgem. 14 Não se casará com uma viúva, uma divorciada, uma mulher profanada ou prostituta. No entanto, ele se casará com uma virgem do próprio povo 15 e, assim, não desqualificará seus descendentes dentre o povo, pois eu sou *Adonai*, que o santifica’ ”.

(Segundo) 16 *Adonai* disse a Mosheh: 17 “Fale a Aharon: ‘Nenhum de seus descendentes com um defeito físico poderá aproximar-se para oferecer o pão do seu Deus. 18 Nenhum homem com algum defeito poderá se aproximar: nenhum cego, aleijado, desfigurado ou com o braço ou a perna compridos demais, 19 com o pé quebrado ou o braço quebrado, 20 corcunda, anão, com catarata nos olhos, com feridas infeccionadas ou vertendo líquido, ou com os testículos danificados — 21 nenhum descendente de Aharon, o *kohen*, que possuir esses defeitos poderá aproximar-se para apresentar as ofertas a *Adonai* feitas pelo fogo; ele possui um defeito e não deve se aproximar para oferecer o pão do seu Deus. 22 No entanto, deve comer o pão de seu Deus, tanto o especialmente sagrado quanto o sagrado; 23 mas não deve ultrapassar a cortina ou se aproximar do altar, por possuir um defeito — para não profanar meus lugares sagrados, pois eu sou *Adonai*, que torna vocês santos’ ”.

24 Mosheh disse essas coisas a Aharon, a seus filhos e a todo o povo de Yisra’el.

22 1 *Adonai* disse a Mosheh: 2 “Fale a Aharon e a seus filhos que se apartem das ofertas sagradas do povo de Yisra’el, separadas para mim, para que não profanem meu santo nome; eu sou *Adonai*. 3 Diga-lhes: ‘Todos os seus descendentes, em todas as suas gerações, que estiverem impuros ao se aproximar das ofertas sagradas, consagradas a *Adonai* pelo povo de Yisra’el, serão eliminados da minha presença; eu sou *Adonai*.

4 “ ‘Todo descendente de Aharon com *tzara‘at* ou fluxo não deve comer as ofertas sagradas até estar puro. O que tocar em uma pessoa que se tornou impura por causa de um cadáver, ou teve fluxo seminal, 5 ou tocar em um réptil ou inseto que o torne impuro, ou em um homem impuro por qualquer razão e puder transmitir sua impureza — 6 o *kohen* que tocar em qualquer dessas coisas será impuro até a tarde e não deverá comer as ofertas sagradas, a menos que banhe seu corpo em água. 7 Depois do pôr do sol, ele será puro; e depois disso, poderá comer as ofertas sagradas — são o seu alimento. 8 Contudo, ele não comerá nada morto naturalmente ou dilacerado por animais selvagens e, assim, tornar-se-á impuro; eu sou *Adonai*. 9 Os *kohanim* devem guardar esta minha determinação; de outro modo, se eles a profanarem, suportarão as consequências de seu pecado por agirem desse modo e morrerão nele; eu sou *Adonai*, que os torna santos.

10 “ ‘Apenas o *kohen* poderá comer ofertas sagradas; o arrendatário ou o empregado do *kohen* não comerá nada do que é sagrado. 11 Se, porém, o *kohen* adquirir

um escravo, pago com dinheiro ou nascido em sua casa, esse poderá partilhar do seu alimento. [12] Se a filha do *kohen* casar-se com um homem que não é *kohen*, ela não receberá o alimento separado das ofertas sagradas. [13] Se, no entanto, a filha do *kohen* for viúva ou divorciada e não tiver filhos, e for enviada de volta à casa de seu pai, exatamente como ocorria quando era jovem, poderá comer do alimento de seu pai; mas o não *kohen* não comerá dele. [14] Se uma pessoa comer o alimento consagrado por engano, acrescentará um quinto e devolverá o alimento consagrado ao *kohen*. [15] Não profanem as ofertas sagradas do povo de Yisra'el, separadas para *Adonai*, [16] incorrendo, desse modo, em culpa que requer uma oferta pela culpa, ao comerem as ofertas sagradas deles; pois eu sou *Adonai*, que os santifica' ".

(Terceiro) [17] *Adonai* disse a Mosheh: [18] "Fale a Aharon, a seus filhos e a todo o povo de Yisra'el; diga-lhes: 'Quando alguém, membro da casa de Yisra'el ou estrangeiro que vive em Yisra'el, trouxer sua oferta, quer em conexão com um voto, quer como oferta voluntária, e trouxer a *Adonai*, como oferta queimada, [19] a fim de ser aceita, levará um macho sem defeito do gado, dos cordeiros ou dos bodes. [20] Não leve nada com defeito, pois a oferta não será aceita. [21] Quem trouxer um sacrifício de ofertas de paz a *Adonai* — para cumprir um voto, ou como oferta voluntária —, seja do gado, seja do rebanho, o apresentará puro e sem defeito, a fim de ser aceito. [22] Se for cego, ferido, mutilado, com crescimento anormal ou feridas infeccionadas ou vertendo líquido, não o ofereçam a *Adonai* nem façam dele uma oferta pelo fogo sobre o altar a *Adonai*. [23] Se um novilho ou cordeiro possuir uma pata mais comprida ou mais curta que as demais, vocês poderão oferecê-lo como oferta voluntária; mas não será aceito para o cumprimento de um voto. [24] O animal com os órgãos genitais machucados, esmagados, rasgados ou cortados não será oferecido a *Adonai*. Não façam essas coisas em sua terra, [25] e não recebam nenhum deles do estrangeiro para o oferecerem como pão para o Deus de vocês, pois a deformidade é um defeito — eles não serão aceitos de sua parte' ".

[26] *Adonai* disse a Mosheh: [27] "Quando nascer um novilho, uma ovelha ou uma cabra, permanecerá com a mãe por sete dias; do oitavo dia em diante, será aceito como oferta feita pelo fogo a *Adonai*. [28] Entretanto, nenhuma vaca ou ovelha será morta com sua prole no mesmo dia.

[29] "Quando oferecerem um sacrifício de agradecimento a *Adonai*, façam-no de modo que seja aceito. [30] Ele deve ser comido no mesmo dia de seu oferecimento; não deixem nada dele até a manhã; eu sou *Adonai*.

[31] "Guardem minhas *mitzvot* e obedeçam a elas; eu sou *Adonai*. [32] Não profanem meu nome santo; ao contrário, considerem-no santo em meio ao povo de Yisra'el; eu sou *Adonai*, que os torna santos, [33] e que os trouxe da terra do Egito para ser seu Deus; eu sou *Adonai*".

23 [1] **(Quarto)** *Adonai* disse a Mosheh: [2] "Fale ao povo de Yisra'el: 'Os tempos designados por *Adonai*, que vocês devem anunciar como convocação sagrada, são os meus tempos designados.

[3] " 'Trabalhem durante seis dias; mas o sétimo dia é um *shabbat* de descanso absoluto, uma convocação sagrada; não realizem nenhum tipo de trabalho; é um *shabbat* para *Adonai*, mesmo em seus lares.

[4] " 'Estes são os tempos designados por *Adonai*, as convocações sagradas que devem anunciar nos tempos designados.

[5] " 'No primeiro mês, no décimo quarto dia do mês, entre o pôr do sol e as trevas completas, é *Pesach* para *Adonai*. [6] No décimo quinto dia do mesmo mês, é a festa da *matzah*; comam *matzah* por sete dias. [7] No primeiro dia, façam uma

convocação sagrada; não realizem nenhum tipo de trabalho comum. 8 Levem a Adonai uma oferta feita pelo fogo por sete dias. No sétimo dia, haverá uma convocação sagrada; não realizem nenhum tipo de trabalho comum' ".

9 Adonai disse a Mosheh: 10 "Fale ao povo de Yisra'el: 'Depois de entrarem na terra que eu dou a vocês e colherem os grãos maduros, tragam um feixe de primícias da colheita ao *kohen.* 11 Ele moverá o feixe diante de Adonai, para que vocês sejam aceitos; o *kohen* o moverá no dia seguinte ao *shabbat.* 12 No dia em que moverem o feixe, ofereçam um cordeiro sem defeito, de 1 ano, como oferta queimada a Adonai. 13 A oferta de grãos será de 4 litros de farinha pura amassada com azeite de oliva, uma oferta feita pelo fogo para Adonai como aroma fragrante; a oferta de bebida será de vinho, 1 litro. 14 Não comam pão, grão seco ou grão verde até o dia em que levarem uma oferta para seu Deus; este é um regulamento permanente por todas as suas gerações, não importa onde vocês vivam.

15 " 'Desde o dia seguinte ao dia de descanso — isto é, desde o dia em que levarem o feixe para ser movido — contem sete semanas completas, 16 até o dia seguinte à sétima semana; contem cinquenta dias; e então apresentem uma nova oferta de grãos a Adonai. 17 Levem pão de seus lares para o movimento — dois pães feitos com 4 litros de farinha pura, assados com fermento — como primícias para Adonai. 18 Com os pães, apresentem sete cordeiros de 1 ano sem defeito, um novilho e dois carneiros; esses constituirão a oferta queimada para Adonai, com seus grãos e ofertas de bebida, uma oferta feita pelo fogo, como um aroma fragrante para Adonai. 19 Ofereçam um bode, como oferta pelo pecado, e dois cordeiros de 1 ano, como sacrifício de ofertas de paz. 20 O *kohen* o moverá com o pão das primícias como oferta movida perante Adonai, com os dois cordeiros; esses serão sagrados a Adonai para o *kohen.* 21 No mesmo dia, façam uma convocação sagrada; não realizem nenhum tipo de trabalho comum; este é um regulamento permanente por todas as suas gerações, não importa onde vocês vivam.

22 " 'Quando colherem os grãos maduros produzidos por sua terra, não colham todos os cantos do campo e juntem as espigas de grãos deixadas pelos ceifeiros; deixem-nas para o pobre e o estrangeiro; eu sou Adonai, o Deus de vocês' ".

(Quinto) 23 Adonai disse a Mosheh: 24 "Fale ao povo de Yisra'el: 'No sétimo mês, o primeiro dia do mês deve ser para vocês um dia de descanso absoluto, para que se recordem, uma convocação sagrada anunciada com som do *shofar.* 25 Não realizem nenhum tipo de trabalho comum e levem a Adonai uma oferta feita pelo fogo ' ".

26 Adonai disse a Mosheh: 27 "O décimo dia desse sétimo mês é o *Yom-Kippur*; realizem uma convocação sagrada; humilhem-se e tragam a Adonai uma oferta feita pelo fogo. 28 Não realizem nenhum tipo de trabalho nesse dia, pois é o *Yom-Kippur*, para fazer expiação por vocês diante de Adonai, seu Deus. 29 Quem não se humilhar nesse dia será eliminado do povo; 30 e eu destruirei dentre seu povo quem realizar algum tipo de trabalho nesse dia. 31 Não realizem nenhum tipo de trabalho; este é um regulamento permanente por todas as suas gerações, não importa onde vocês vivam. 32 Ele será para vocês um *shabbat* de descanso absoluto, e vocês se humilhem; descansem no seu *shabbat* da tarde do nono dia do mês até a tarde seguinte".

(Sexto) 33 Adonai disse a Mosheh: 34 "Fale ao povo de Yisra'el: 'No décimo quinto dia desse sétimo mês, é a festa de *Sukkot* [com a duração] de sete dias para Adonai. 35 No primeiro dia, haverá convocação sagrada; não realizem nenhum tipo de trabalho comum. 36 Durante sete dias, tragam a Adonai uma oferta feita pelo fogo; no oitavo dia, façam uma convocação sagrada e levem a Adonai uma oferta feita pelo fogo; este é um dia de assembleia pública; não realizem nenhum tipo de trabalho comum.

37 " 'Esses são os tempos designados por Adonai que vocês devem anunciar
como convocações sagradas e nos quais levarão uma oferta feita pelo fogo para
Adonai — uma oferta queimada, uma oferta de grãos, um sacrifício e ofertas de be-
bida, cada uma em seu dia —, 38 além dos *shabbatot* de Adonai, e de seus presentes,
todos os seus votos e todas as suas ofertas voluntárias dados a Adonai.

39 " 'No entanto, no décimo quinto dia do sétimo mês, quando tiverem juntado
o produto da terra, guardem a festa de Adonai por sete dias; o primeiro dia será
de descanso absoluto, e o oitavo dia será de descanso absoluto. 40 No primeiro
dia, peguem frutos selecionados, ramos de palmeiras, galhos espessos e salgueiros
dos rios, e celebrem na presença de Adonai, seu Deus, por sete dias. 41 Guardem-na
como uma festa para Adonai, sete dias ao ano; este é um regulamento permanente,
geração após geração; guardem-no no sétimo mês. 42 Vivam em *sukkot* por sete
dias; todo natural da terra de Yisra'el viverá em uma *sukkah*, 43 para que, geração
após geração, vocês saibam que eu fiz o povo de Yisra'el viver em *sukkot* quando
os tirei da terra do Egito; eu sou Adonai, o Deus de vocês' ".

44 Assim, Mosheh anunciou ao povo de Yisra'el os tempos designados por Adonai.

24 **(Sétimo)** 1 Adonai disse a Mosheh: 2 "Ordene ao povo de Yisra'el que leve azeite
puro de azeitonas prensadas para iluminar, mantendo as lâmpadas sempre
queimando. 3 Aharon as manterá acesas sempre, do lado de fora da cortina do tes-
temunho na tenda do encontro, da tarde até a manhã, para iluminar na presença
de Adonai; este será um regulamento permanente por todas as suas gerações. 4 Ele
sempre manterá em ordem as lâmpadas da *menorah* de ouro puro, diante de Adonai.

5 "Pegue farinha pura e use-a para assar 12 pães, 4 litros por pão. 6 Arrume-os
em duas fileiras, seis em cada fileira, sobre a mesa pura diante de Adonai. 7 Coloque
incenso sobre cada fileira para ser uma oferta feita pelo fogo para Adonai em lugar
do pão e como uma recordação dele. 8 Com regularidade, todo *shabbat*, arrumem-
-nos na presença de Adonai; eles procedem do povo de Yisra'el, como uma aliança
para sempre. 9 Pertencem a Aharon e seus filhos; e eles os comerão em um lugar
sagrado, pois lhes pertencem, das ofertas a Adonai feitas pelo fogo, especialmente
sagradas. Esta é uma lei permanente".

10 Houve um homem, filho de uma mulher de Yisra'el e de pai egípcio. Ele saiu
do meio do povo de Yisra'el; e este filho de uma mulher de Yisra'el brigou no campo
com um homem de Yisra'el. 11 E, durante a briga, o filho de uma mulher de Yisra'el
amaldiçoou o Nome [Yud-Heh-Vav-Heh]. Por isso, foi levado a Mosheh. (O nome de
sua mãe era Shlomit, a filha de Dibri, da tribo de Dan.) 12 Puseram-no sob guarda até
Adonai lhes dizer o que fazer. 13 Adonai disse a Mosheh: 14 "Levem o homem que amal-
diçoou para fora do acampamento. Todos os que o ouviram colocarão as mãos sobre
a cabeça dele, e toda a comunidade o apedrejará. 15 Fale ao povo de Yisra'el: 'Quem
amaldiçoar seu Deus suportará as consequências do seu pecado; 16 e quem blasfemar
o nome de Adonai será executado; toda a comunidade deverá apedrejá-lo. O estran-
geiro, bem como o natural da terra, serão executados se blasfemarem o Nome.

17 " 'Quem atacar outra pessoa e a matar será executado. 18 Quem atacar um
animal e o matar fará a restituição, vida por vida. 19 Se alguém ferir seu vizinho, o
que ele fez será feito a ele — 20 fratura por fratura, olho por olho, dente por dente
—, os ferimentos infligidos à outra pessoa lhe serão feitos. **(*Maftir*)** 21 Quem matar
um animal fará a restituição, mas quem matar outra pessoa será executado. 22 Apli-
quem o mesmo padrão de juízo ao estrangeiro e ao natural da terra, porque eu sou
Adonai, o Deus de vocês' ".

23 Depois disso, Mosheh falou ao povo de Yisra'el, e eles pegaram o homem que
havia amaldiçoado, levaram-no para fora do acampamento e o apedrejaram até a
morte. Assim, o povo de Yisra'el fez como *Adonai* ordenara a Mosheh.

***Haftarah Emor*: *Yechezk'el* [Ez] 44.15-31.**

Sugestão de leitura da *B'rit Hadashah* para a *Parashah Emor*: *Mattityahu* [Mt] 5.38-42; Gálatas 3.26-29 [com relação às festas, veja as leituras da *Parashah* 41].

Parashah 32: *B'har* (No monte) 25.1—26.2

[Nos anos regulares, lê-se este texto com a *Parashah* 33; nos anos irregulares, ele é lido separadamente.]

25 1 *Adonai* falou a Mosheh no monte Sinai; ele disse: 2 "Fale ao povo de Yisra'el:
'Quando entrarem na terra que eu dou a vocês, a terra deverá guardar um
descanso de *shabbat* para *Adonai*. 3 Semeiem o campo durante seis anos; durante seis
anos, podem suas vinhas e juntem sua produção. 4 No sétimo ano, porém, haverá um
descanso de *shabbat* absoluto na terra, um *shabbat* para *Adonai*; não semeiem o cam-
po nem podem as vinhas. 5 Não colham o que cresce sozinho das sementes deixadas
por vocês na colheita anterior e não recolham as uvas da vinha não podada; será 1
ano de descanso absoluto para a terra. 6 No entanto, o que a terra produzir durante
o ano de *shabbat* será alimento para todos vocês — você, seu servo, sua serva, seu
empregado, para quem vive perto de você, 7 seu gado e os animais selvagens da sua
terra; tudo o que a terra produzir será usado como alimento.

8 " 'Contem sete *shabbatot* de anos, sete vezes sete anos, isto é, quarenta e
nove anos. 9 Então no décimo dia do sétimo mês, no *Yom-Kippur*, soem o toque do
shofar; soem o *shofar* em toda a sua terra; 10 e consagrem o 50º ano, anunciando
a liberdade por toda a terra a todos os seus habitantes. Será o *yovel* para vocês;
cada um volte para a terra de sua propriedade, à sua família. 11 Esse 50º ano será
um *yovel* para vocês; nesse ano, não semeiem, nem colham o que cresce sozinho,
nem juntem as uvas de vinhas podadas; 12 trata-se do *yovel*. Ele será sagrado para
vocês; tudo o que os campos produzirem alimentará a todos. 13 No ano de *yovel*,
cada um de vocês voltará à terra que lhe pertence.

(AB: Segundo) 14 " 'Se vocês venderem alguma coisa para seu vizinho ou com-
prarem algum coisa dele, não explorem um ao outro. 15 Em vez disso, levem em
conta o número de anos depois do *yovel*, quando comprarem a terra do seu vizi-
nho, e ele venderá a vocês de acordo com o número de anos restantes para a colhei-
ta. 16 Se o número de anos remanescentes for grande, vocês aumentarão o preço; se
restarem poucos anos, o abaixarão, pois o número de colheitas restantes é o que
está à venda. 17 Assim, vocês não tirarão vantagem um do outro, mas temerão o seu
Deus, pois eu sou *Adonai*, o Deus de vocês.

18 " 'Em vez disso, guardem meus regulamentos e minhas regras e ajam de acor-
do com eles. Se vocês fizerem isso, viverão com segurança na terra. 19 Ela dará seu
produto, e vocês comerão até se saciarem e viverão ali com segurança.

20 " 'Se perguntarem: "Se não nos é permitido semear nem colher o que a terra
produz, o que comeremos no sétimo ano?", 21 enviarei minha bênção sobre vocês
no sexto ano, para que a terra produza pelos três anos. 22 Semeiem no oitavo ano, e
comerão do produto antigo, estocado, até o nono ano; isto é, até vir a produção do
oitavo, comam o alimento antigo, estocado.

23 “ ‘Não vendam a terra em caráter definitivo, pois a terra é minha — vocês são apenas estrangeiros e moradores temporários. 24 Portanto, quando venderem sua propriedade, incluam o direito de ela ser resgatada. 25 Isto é, se um de vocês empobrecer e vender parte da propriedade, seu parente mais próximo pode vir e comprar o que seu parente vendeu. 26 Se o vendedor não tiver ninguém para fazer o resgate da terra, mas enriquecer o suficiente para resgatá-la, 27 calculará o número de anos desde a venda da terra, ressarcirá o excedente ao comprador, e ela voltará a ser sua propriedade. 28 Se ele não possuir meios suficientes para comprá-la de volta, a propriedade vendida permanecerá nas mãos do comprador até o ano de *yovel*; no *yovel*, o comprador sairá dela, e o vendedor voltará para sua propriedade.

(AR: Terceiro; AB: Quinto) 29 “ ‘Se alguém vender uma habitação em uma cidade cercada por um muro, terá 1 ano após a data da venda para resgatá-la. Por 1 ano inteiro, ele terá o direito de resgatá-la, 30 mas, se não fizer o resgate da habitação na cidade cercada por um muro dentro desse ano, o título passará, em caráter definitivo, ao comprador em todas as suas gerações; ela não será devolvida no *yovel*. 31 Entretanto, casas em povoados não cercados por muros serão tratadas como os campos da região rural — elas podem ser resgatadas [antes do *yovel*] e devolvidas no *yovel*.

32 “ ‘Com respeito às cidades dos *l'vi'im* e as casas das cidades de sua posse, os *l'vi'im* deverão receber o direito permanente de resgate. 33 Se alguém comprar uma casa de um dos *l'vi'im*, a casa que ele tiver vendido na cidade onde se encontra a propriedade lhe será devolvida no *yovel*, pois as casas das cidades dos *l'vi'im* são propriedades da tribo do povo de Yisra'el. 34 Os campos em torno de suas cidades não poderão ser vendidos, pois constituem sua propriedade permanente.

35 “ ‘Se um membro de seu povo empobrecer, e não puder sustentar-se, vocês deverão ajudá-lo como o fariam com o estrangeiro ou com o habitante temporário, a fim de que ele continue vivendo com vocês. 36 Não cobrem juros dele nem lucrem com ele, mas temam ao seu Deus, para que seu irmão continue vivendo com vocês. 37 Não cobrem juros deles quando emprestarem dinheiro nem lucrem com ele quando lhe venderem alimento. 38 Eu sou ADONAI, o Deus de vocês, que os tirou da terra do Egito a fim de dar a vocês terra de Kena'an e ser o seu Deus.

(AR: Quarto; AB: Sexto) 39 “ ‘Se um membro de seu povo empobrecer a ponto de vender-se a algum de vocês, não o façam realizar a obra do escravo. 40 Em vez disso, tratem-no como empregado ou arrendatário; ele trabalhará para quem o tiver comprado até o ano do *yovel*. 41 Então ele o deixará, e também seus filhos com ele, e voltará para sua família e recuperará a posse de sua antiga terra. 42 Pois eles são meus escravos, a quem eu tirei da terra do Egito; portanto, não devem ser vendidos como escravos. 43 Não os tratem com aspereza; temam ao seu Deus.

44 “ ‘Com respeito aos homens e às mulheres que vocês tiverem por escravos: comprem escravos e escravas das nações vizinhas. 45 Comprem também filhos de estrangeiros que vivem com vocês e membros das famílias deles nascidos em sua terra; eles pertencerão a vocês. 46 Vocês poderão também legá-los a seus filhos; desses grupos, vocês poderão comprar escravos para sempre. Entretanto, no que concerne a seus irmãos, o povo de Yisra'el, não tratem um ao outro de modo rude.

(AB: Sétimo) 47 “ ‘Se um estrangeiro que vive com vocês enriquecer, e um membro de seu povo tiver empobrecido e vender-se ao estrangeiro que vive com vocês ou a um membro da família do estrangeiro, 48 ele poderá ser resgatado após se ter vendido. Um de seus irmãos poderá resgatá-lo; 49 ou seu tio ou o filho de seu tio o resgatará; ou qualquer parente próximo poderá resgatá-lo; ou, se ele enriquecer, poderá resgatar a si mesmo. 50 Ele calculará, com a pessoa que o comprou, o tempo

desde o ano em que ele se vendeu até o ano do *yovel*; e a quantia a ser paga estará
de acordo com o número de anos e de acordo com o salário de um empregado.
51 Se faltarem muitos anos, ele fará o ressarcimento de seu resgate de acordo com a
quantia de quanto se pagou por ele. 52 Se faltarem poucos anos até o ano do *yovel*,
ele fará o cálculo de acordo com esses anos e ressarcirá o valor do seu resgate.
53 Será como um trabalhador contratado anualmente. Cuidem de que ele não seja
tratado com rudeza.

54 " 'Se ele não for redimido por nenhum desses procedimentos, mesmo assim
será libertado no ano do *yovel* — ele e seus filhos. **(AB: *Maftir*)** 55 Pois, para mim,
o povo de Yisra'el é escravo; eles são meus escravos, trazidos por mim da terra do
Egito; eu sou Adonai, o Deus de vocês.

26 1 " 'Não façam ídolos para si, não erijam estátua esculpida ou coluna, não
coloquem nenhuma pedra esculpida em nenhum ponto de sua terra com o
objetivo de prostrar-se diante dela. Eu sou Adonai, o Deus de vocês.
2 " 'Guardem meus *shabbatot* e reverenciem meu santuário; eu sou Adonai.

***Haftarah B'har*: *Yirmeyahu* [Jr] 32.6-27.**

Sugestão de leitura da *B'rit Hadashah* para a *Parashah B'har*: Lucas 4.16-21; 1Coríntios 7.21-24; Gálatas 6.7-10.

Parashah 33: *B'chukkotai* (Conforme meus regulamentos) 26.3—27.34

[Nos anos regulares, lê-se este texto com a *Parashah* 32; nos anos irregulares, ele é lido separadamente.]

3 " 'Se viverem de acordo com meus regulamentos, observarem e obedecerem
às minhas *mitzvot*, 4 darei a vocês a chuva necessária na estação, a terra dará seu
produto, e as árvores no campo frutificarão. 5 Sua debulha se estenderá até a co-
lheita da uva, e a colheita da uva se estenderá até o tempo da semeadura. Comerão
quanto quiserem e viverão com segurança em sua terra.

(AB: Segundo) 6 " 'Darei *shalom* à terra — vocês se deitarão para dormir sem
medo de ninguém. Livrarei a terra de animais selvagens. A espada não passará por
sua terra. 7 Perseguirão seus inimigos, e eles cairão diante de sua espada. 8 Cinco de
vocês perseguirão uma centena, e uma centena perseguirá 10 mil — seus inimigos
cairão diante de sua espada.

9 Eu me voltarei para vocês, e os tornarei férteis, aumentarei seu número e
manterei minha aliança com vocês. **(AR: Quinto; AB: Terceiro)** 10 Todos comerão
o que desejam da colheita do ano anterior e jogarão fora o que sobrar dela para
dar espaço à nova. 11 Estabelecerei meu tabernáculo entre vocês e não os rejeitarei;
12 andarei entre vocês e serei seu Deus; vocês serão meu povo. 13 Eu sou Adonai, o
Deus de vocês, que os tirou da terra do Egito, para que não fossem escravos deles.
Eu quebrei as barras de seu jugo, para que andem de cabeça erguida.

14 " 'No entanto, se não me ouvirem e não obedecerem a todas essas *mitzvot*,
15 se vocês abominarem meus regulamentos e rejeitarem minhas regras, a fim de
não obedecerem a todas as minhas *mitzvot*, e cancelarem minha aliança, 16 eu, de
minha parte, farei isto a vocês: trarei terror a vocês — doença devastadora, febre
crônica para turvar a visão de vocês e exaurirei sua força. Semearão sem sucesso,
pois seus inimigos comerão as espigas. 17 Virarei meu rosto contra vocês — seus

inimigos os derrotarão, quem odiar vocês haverá de persegui-los, e vocês fugirão
mesmo quando ninguém os estiver perseguindo.

18 " 'Se essas coisas não os fizerem ouvir-me, eu os disciplinarei sete vezes mais
por seus pecados. 19 Quebrarei o orgulho do seu poder. Tornarei seu céu como o
ferro, seu solo como o bronze — 20 vocês gastarão sua força em vão, pois a terra
não produzirá, nem as árvores do campo frutificarão.

21 " 'Sim, se vocês me contrariarem e não me ouvirem, aumentarei sete vezes
suas calamidades, de acordo com seus pecados. 22 Enviarei animais selvagens entre
vocês; eles os privarão de seus filhos, destruirão seu gado e reduzirão seu número,
até que suas estradas fiquem vazias.

23 " 'Se, a despeito de tudo isso, vocês recusarem minha correção e permane-
cerem contra mim, 24 também eu me oporei a vocês; e eu, sim eu, os ferirei sete
vezes mais por seus pecados. 25 Trarei a espada contra vocês, a qual executará a
vingança da aliança. Vocês serão comprimidos em suas cidades, enviarei doenças,
e vocês serão entregues ao poder do inimigo. 26 Cortarei seu suprimento de pão, e
dez mulheres assarão o pão em um forno e o repartirão por peso, e vocês come-
rão, mas não se satisfarão.

27 " 'E se, mesmo assim, vocês ainda não me ouvirem, mas permanecerem con-
tra mim, 28 eu me oporei a vocês com fúria e também os castigarei mais outras
sete vezes por seus pecados. 29 Vocês comerão a carne de seus filhos e filhas.
30 Destruirei seus lugares altos, cortarei seus pilares para a adoração do sol e
lançarei suas carcaças sobre os restos de seus ídolos; eu os detestarei. 31 De-
vastarei suas cidades e desolarei seus santuários, para não aspirar seus aromas
fragrantes. 32 Desolarei a terra, para que seus inimigos que vivem nela fiquem
estarrecidos com isso. 33 Eu os dispersarei entre as nações e trarei a espada para
persegui-los; sua terra será uma desolação e suas cidades, um deserto. 34 Então
por fim, a terra terá cumprido seus *shabbatot*. Enquanto permanecer desolada e
vocês estiverem nas terras de seus inimigos, a terra descansará e será restituída de
seus *shabbatot*. 35 Sim, enquanto permanecer desolada, descansará — o descanso
que ela não teve durante seus *shabbatot*, quando vocês viviam ali. 36 Quanto aos
que restarem de vocês, os que foram deixados, encherei seu coração de ansiedade
nas terras de seus inimigos. O som de uma folha agitada os deixará com medo,
para que fujam como quem foge da espada e caiam sem que ninguém os persiga.
37 Sim, mesmo com ninguém a persegui-los, eles tropeçarão uns nos outros como
quem foge da espada — vocês não conseguirão resistir aos inimigos. 38 E perece-
rão entre as nações; a terra de seus inimigos os devorará.

39 Os que permanecerem enfraquecerão nas terras de seus inimigos por causa
da culpa de seus erros e por causa dos erros de seus antepassados. 40 Eles con-
fessarão seus erros e os erros de seus antepassados, cometidos por eles em sua
rebelião contra mim; eles admitirão que estavam contra mim. 41 Nesse tempo, eu
serei contra eles, levando-os às terras de seus inimigos. No entanto, se o seu co-
ração incircunciso se humilhar, e eles estiverem livres da punição de seus erros,
42 eu me lembrarei da minha aliança com Ya'akov, e também da minha aliança com
Yitz'chak e de minha aliança com Avraham; e me lembrarei da terra. 43 Pois a terra
ficará abandonada sem eles e pagará seus *shabbatot* enquanto permanecer desola-
da sem eles; e eles terão sofrido a consequência de seus erros, por terem rejeitado
minhas regras e detestado meus regulamentos. 44 Contudo, a despeito de tudo
isso, não os rejeitarei quando estiverem nas terras de seus inimigos, tampouco
os abominarei a ponto de destruí-los por completo e, dessa forma, quebrar minha
aliança com eles, pois eu sou ADONAI, seu Deus. 45 Em vez disso, por causa deles, eu

me lembrarei da aliança com seus antepassados que tirei da terra do Egito — com as nações observando — para que eu fosse seu Deus; eu sou *Adonai*' ".

46 Estas são as leis, as regras e os ensinos que o próprio *Adonai* entregou ao povo de Yisra'el, no monte Sinai, por intermédio de Mosheh.

27 **(AR: Sexto; AB: Quarto)** 1 *Adonai* disse a Mosheh: 2 "Fale ao povo de Yisra'el: 'Se alguém fizer um voto a *Adonai* para lhe dar o montante equivalente ao preço de um ser humano, 3 o valor que vocês devem consignar ao homem entre os 20 e os 60 anos será de 50 *shekalim* de prata [567 gramas], tendo o *shekel* do santuário por padrão, 4 e à mulher, 30 *shekalim.* 5 Se a pessoa tiver entre 5 e 20 anos, consigne o valor de 20 *shekalim* pela pessoa do sexo masculino e 10 pela pessoa do sexo feminino; 6 caso se trate de uma criança com mais de um mês de vida até 5 anos de idade, 5 pelo menino e 3 pela menina; 7 se a pessoa tiver passado dos 60 anos, 15 por homem e 10, por mulher. 8 Se a pessoa for pobre demais para ser avaliada, coloquem-na diante do *kohen,* que lhe consignará um valor de acordo com os meios da pessoa que fez o voto.

9 " 'Se o voto for o valor de uma espécie de animal usada pelo povo para levar uma oferta a *Adonai*, tudo o que a pessoa der desses animais a *Adonai* será sagrado. 10 Não poderá ser trocado ou substituído um animal bom por um ruim, ou vice-versa; caso a substituição seja feita, tanto o animal original quanto o animal substituto serão sagrados. 11 Se o animal for impuro, do tipo que não pode ser usado como oferta a *Adonai*, ele será colocado diante do *kohen*; 12 e o *kohen* deverá estabelecer um preço por ele, levando em conta suas características positivas e negativas; o valor estabelecido pelo *kohen* prevalecerá. 13 No entanto, se a pessoa que faz o voto desejar resgatar o animal, deverá acrescentar um quinto à avaliação.

14 " 'Quando uma pessoa consagrar sua casa para ser sagrada a *Adonai*, o *kohen* deverá estabelecer o valor por ela, levando em conta suas características positivas e negativas; o valor estabelecido pelo *kohen* prevalecerá. 15 Se o consagrante desejar resgatar a casa, deverá acrescentar um quinto ao valor estabelecido por ela; e ele a terá de volta.

(AR: Sétimo; AB: Quinto) 16 " 'Se uma pessoa consagrar a *Adonai* parte de um campo pertencente à sua tribo, sua avaliação será de acordo com sua produção — 176 litros de cevada serão avaliados em 50 *shekalim* de prata [567 gramas]. 17 Se a pessoa consagrar o campo durante o ano de *yovel*, esta avaliação prevalecerá. 18 Se, no entanto, ela consagrar o campo depois do *yovel*, o *kohen* deverá calcular o preço de acordo com os anos restantes até o próximo *yovel*, com a redução correspondente à sua avaliação. 19 Se o consagrante do campo desejar resgatá-lo, deverá acrescentar um quinto à sua avaliação, e o campo será posto de lado e lhe será devolvido. 20 Se o vendedor não desejar resgatar o campo, ou se [o tesoureiro dos *kohanim*] já tiver vendido o campo para outra pessoa, ele não poderá mais ser remido. 21 No entanto, quando o comprador sair do campo no *yovel*, ele será sagrado para *Adonai*, como o campo consagrado incondicionalmente; ele pertence aos *kohanim*.

(AB: Sexto) 22 " 'Se consagrar a *Adonai* um campo comprado por ele, um campo que não faz parte da propriedade de sua tribo, 23 o *kohen* o avaliará de acordo com os anos remanescentes até o ano do *yovel*; e o homem pagará esse valor no mesmo dia, pois ele é sagrado para *Adonai*. 24 No ano do *yovel*, o campo será devolvido à pessoa de quem foi comprado, isto é, à pessoa a cuja tribo ele pertencia.

25 " 'Todas as suas avaliações serão feitas de acordo com o *shekel* do santuário [12 gramas], 20 *gerot* pelo *shekel*.

26 “ ‘Entretanto, o primogênito dos animais, por já ter nascido primogênito de *Adonai*, não poderá ser consagrado — nem o boi nem a ovelha —, pois já pertence a *Adonai*. 27 No entanto, caso se trate de um animal impuro, ele poderá ser resgatado pelo preço que lhe foi dado, acrescido de um quinto; ou, se ele não o resgatar, será vendido pelo preço de sua avaliação. 28 Entretanto, nada do que foi consagrado incondicionalmente a *Adonai*, de todas as posses de uma pessoa — pessoas, animais ou campos — será vendido ou resgatado; pois todas as coisas consagradas incondicionalmente são especialmente sagradas para *Adonai*. **(AB: Sétimo)** 29 Nenhuma pessoa sentenciada à morte e, desse modo, consagrada incondicionalmente, poderá ser resgatada; ela deverá ser executada.

30 “ ‘Toda décima parte da terra — de plantas, sementes ou frutos — pertence a *Adonai*; é sagrada para *Adonai*. 31 Se alguém desejar resgatar qualquer porção da décima parte, deverá acrescentar-lhe um quinto.

(*Maftir*) 32 “ ‘Toda décima parte do gado ou do rebanho, de tudo o que passa sob cajado do pastor, a décima parte será sagrada para *Adonai*. 33 O dono não deve perguntar se o animal é bom ou ruim e não poderá substituí-lo; se ele o trocar, tanto o substituído quanto o substituto serão sagrados; ele não será resgatado’ ”.

34 Estas são as *mitzvot* que *Adonai* entregou ao povo de Yisra’el por meio de Mosheh, no monte Sinai.

***Haftarah B’chukkotai*: *Yirmeyahu* [Jr] 16.19—17.14.**

Sugestão de leitura da *B’rit Hadashah* para a *Parashah B’chukkotai*: *Yochanan* [Jo] 14.15-21; 15.10-12; *1Yochanan* [1Jo].

Hazak, hazak, v’nit’chazek!

(Seja forte, seja forte, e sejamos fortalecidos!)

במדבר

B'midbar

[Números]

Parashah 34: *B'midbar* (No deserto) 1.1—4.20

1 1 ADONAI falou a Mosheh no deserto do Sinai, na tenda do encontro, no primeiro
dia do segundo mês do segundo ano após a saída da terra do Egito. Ele disse:
2 "Faça o censo de toda a assembleia do povo de Yisra'el, segundo os clãs e as fa-
mílias. Registre os nomes de todos os homens 3 com mais de 20 anos sujeitos ao
serviço militar em Yisra'el. Você e Aharon enumerarão grupo a grupo.
4 Leve com vocês, de cada tribo, o cabeça do clã. 5 Estes são os homens que irão
com vocês:

De Re'uven, Elitzur, o filho de Sh'de'ur;
6 De Shim'on, Shlumi'el, o filho de Tzurishaddai;
7 De Y'hudah, Nachshon, o filho de 'Amminadav;
8 De Yissakhar, N'tan'el, o filho de Tzu'ar;
9 De Z'vulun, Eli'av, o filho de Helon.
10 Dos filhos de Yosef:
De Efrayim, Elishama, o filho de 'Ammihud;
De M'nasheh, Gamli'el, o filho de P'dahtzur.
11 De Binyamin, Avidan, o filho de Gid'oni;
12 De Dan, Achi'ezer, o filho de 'Ammishaddai;
13 De Asher, Pag'i'el, o filho de 'Okhran;
14 De Gad, Elyasaf, o filho de De'u'el;
15 De Naftali, Achira, o filho de 'Enan".

16 Estes foram os chamados da assembleia, os chefes dos clãs de seus pais e cabe-
ças de milhares em Yisra'el. 17 Mosheh e Aharon reuniram esses homens que lhes
tinham sido designados nominalmente; 18 e, no primeiro dia do segundo mês, eles
convocaram toda a assembleia para declarar suas genealogias de acordo com suas
famílias e clãs, e registrar os nomes de todos os [homens] de 20 anos ou mais, bem
como seus números totais. 19 Mosheh contou-os no deserto do Sinai, como ADONAI
lhe ordenara.

(Segundo) 20 Os homens de 20 anos ou mais, sujeitos ao serviço militar, foram
registrados de acordo com seu nome, família e clã, começando pelos descendentes
de Re'uven, o primogênito de Yisra'el. Estes são os totais:

21	Descendentes de Re'uven	46.500
22-23	Descendentes de Shim'on	59.300
24-25	Descendentes de Gad	45.650
26-27	Descendentes de Y'hudah	74.600
28-29	Descendentes de Yissakhar	54.400

30-31	Descendentes de Z'vulun	57.400
32-33	Descendentes de Efrayim	40.500
34-35	Descendentes de M'nasheh	32.200
36-37	Descendentes de Binyamin	35.400
38-39	Descendentes de Dan	62.700
40-41	Descendentes de Asher	41.500
42-43	Descendentes de Naftali	53.400

44 Mosheh, Aharon e os 12 líderes de Yisra'el, um de cada clã, 45 contaram o povo
de Yisra'el de acordo com seus clãs, os de 20 anos ou mais, candidatos ao serviço
militar em Yisra'el; 46 e a soma total chegou a 603.550.
47 Os *l'vi'im*, porém, de acordo com o clã paterno, não foram contados no censo,
48 pois *Adonai* disse a Mosheh: 49 "Não inclua o clã de Levi quando fizer o censo do
povo de Yisra'el. 50 Em vez disso, encarregue os *l'vi'im* de cuidar do tabernáculo
do testemunho, de seus utensílios e tudo o que lhe diz respeito. Eles devem trans-
portar o tabernáculo e todo o seu equipamento, servir nele e acampar à sua volta.
51 Quando o tabernáculo seguir adiante, os *l'vi'im* deverão desmontá-lo e armá-lo
no novo lugar; qualquer outra pessoa que tentar realizar essa tarefa será executada.
52 O restante de Yisra'el deverá acampar, grupo por grupo, cada homem com seu
estandarte. 53 No entanto, os *l'vi'im* devem acampar à volta do tabernáculo do teste-
munho, para que a ira não recaia sobre a assembleia do povo de Yisra'el. Os *l'vi'im*
serão encarregados do tabernáculo do testemunho".
54 Isso é o que o povo de Yisra'el realizou — eles fizeram tudo o que *Adonai*
ordenara a Mosheh.

2 **(Terceiro)** 1 *Adonai* disse a Mosheh e Aharon: 2 "O povo de Yisra'el deverá acam-
par de acordo com seus clãs, cada homem com seu estandarte, sob o símbolo
do clã; eles acamparão à volta da tenda do encontro, mas a certa distância dela.
3-9 "Os acampados a leste, em direção ao nascer do sol, estarão sob o estandarte
do acampamento de Y'hudah; eles acamparão de acordo com grupos; as tribos e os
líderes serão os seguintes:

Tribo	Chefe	Número
Y'hudah	Nachshon, o filho de 'Amminadav	74.600
Yissakhar	N'tan'el, o filho de Tzu'ar	54.400
Z'vulun	Eli'av, o filho de Helon	57.400
Total		186.400

"Este grupo sairá em primeiro lugar.
10-16 "Os acampados ao sul estarão sob o estandarte do acampamento de Re'uven;
eles acamparão de acordo com grupos; as tribos e os líderes serão os seguintes:

Tribo	Chefe	Número
Re'uven	Elitzur, o filho de Sh'de'ur	46.500
Shim'on	Shlumi'el, o filho de Tzurishaddai	59.300
Gad	Elyasaf, o filho de Re'u'el	45.650
Total		151.450

"Este grupo sairá em segundo lugar.
[17] "Em seguida, a tenda do encontro, com o acampamento dos *l'vi'im*, sairá, com
os outros acampamentos adiante e atrás. Eles irão segundo a ordem da coordenação
dos acampamentos — cada homem seguirá em sua posição, sob seu estandarte.
[18-24] "Os acampados a oeste estarão sob o estandarte do acampamento de Efrayim;
eles acamparão de acordo com grupos; as tribos e os líderes serão os seguintes:

Tribo	Chefe	Número
Efrayim	Elishama, o filho de 'Ammihud	40.500
M'nasheh	Gamli'el, o filho de P'dahtzur	32.200
Binyamin	Avidan, o filho de Gid'oni	35.400
Total		108.100

"Este grupo sairá em terceiro lugar.
[25-31] "Os acampados ao norte estarão sob o estandarte do acampamento de Dan;
eles acamparão de acordo com grupos; as tribos e os líderes serão os seguintes:

Tribo	Chefe	Número
Dan	Achi'ezer, o filho de 'Ammishaddai	62.700
Asher	Pag'i'el, o filho de 'Okhran	41.500
Naftali	Achira, o filho de 'Enan	53.400
Total		157.600

"Este grupo sairá com seus estandartes em último lugar".
[32] Esses são os enumerados dentre o povo de Yisra'el segundo os clãs; o número
total registrado nos acampamentos, grupo a grupo, era de 603.550. [33] No entanto, como
ADONAI ordenara a Mosheh, os *l'vi'im* não foram contados com o restante de Yisra'el.
[34] O povo de Yisra'el fez tudo o que ADONAI ordenara a Mosheh: acampavam sob seus
estandartes e saíam de acordo com suas famílias e clãs.

3 **(Quarto)** [1] Estes são os descendentes de Aharon e Mosheh no dia em que ADONAI
falou com Mosheh no monte Sinai. [2] Os nomes dos filhos de Aharon são: Nadav,
o primogênito, Avihu, El'azar e Itamar. [3] Estes são os nomes dos filhos de Aharon,
o *kohen*, aos quais ungiu e ordenou como *kohanim*. [4] No entanto, Nadav e Avihu
morreram na presença de ADONAI, quando ofereceram fogo não autorizado diante
de ADONAI, no deserto do Sinai, e eles não tinham filhos; El'azar e Itamar serviram
como *kohanim* na presença de Aharon, seu pai.
[5] ADONAI disse a Mosheh: [6] "Chame a tribo de Levi e nomeie-a para auxiliar
Aharon, o *kohen*. [7] Eles devem desempenhar suas obrigações e as obrigações de toda
a comunidade diante da tenda do encontro, realizando o serviço do tabernáculo. [8]
Serão encarregados de todos os utensílios da tenda do encontro e realizarão todas
as obrigações do povo de Yisra'el ligadas ao serviço do tabernáculo. [9] Dedique os
l'vi'im a Aharon e a seus filhos; sua única responsabilidade para com o povo de
Yisra'el é servi-lo. [10] Entregue a Aharon e a seus filhos as obrigações dos *kohanim*;
qualquer outra pessoa que tentar realizá-las será executada".
[11] ADONAI disse a Mosheh: [12] "Eu tomei os *l'vi'im* dentre o povo de Yisra'el em
lugar de todo primogênito macho, o primeiro que sai do ventre dentre o povo de

Yisra'el; os *l'vi'im* serão meus. 13 Todos os primogênitos machos pertencem a mim, pois, no dia em que matei todos os primogênitos da terra do Egito, separei para mim todos os primogênitos de Yisra'el, tanto de seres humanos quanto de animais. Eles são meus; eu sou *Adonai*".

(Quinto) 14 *Adonai* disse a Mosheh, no deserto do Sinai: 15 "Faça o censo da tribo de Levi de acordo com seus clãs e famílias. Conte todo macho com um mês de vida ou mais". 16 Mosheh contou-os como *Adonai* lhe disse, do modo que lhe foi ordenado. 17 Os nomes dos filhos de Levi eram Gershon, K'hat e M'rari. 18 Os nomes dos filhos de Gershon eram Livni e Shim'i; eles geraram seus clãs; 19 da mesma forma, os filhos de K'hat — 'Amram, Yitz'har, Hevron e 'Uzi'el — 20 e os filhos de M'rari — Machli e Mushi. Esses geraram os clãs dos *l'vi'im*.

21 Gershon foi o pai dos clãs de Livni e Shim'i; estes foram os clãs de Gershon. 22 Deles, contaram-se 7.500 machos com 1 mês de vida ou mais. 23 Os clãs de Gershon estavam acampados atrás do tabernáculo, na direção oeste. 24 Elyasaf, o filho de La'el, era o chefe dos clãs de Gershon. 25 Além da tenda do encontro, os descendentes de Gershon estavam encarregados do seguinte: do próprio tabernáculo, das coberturas externa e interna, da cortina da entrada da tenda do encontro, 26 das cortinas em torno do pátio, da cortina da entrada do pátio em volta do tabernáculo e do altar, de todos os seus artefatos, das cordas desses itens e de sua manutenção.

27 K'hat foi o pai dos clãs de 'Amram, Yitz'har, Hevron e 'Uzi'el; estes foram os clãs de K'hat. 28 Deles, contaram-se 8.600 machos com 1 mês de vida ou mais; eles foram encarregados do Lugar Sagrado. 29 Os clãs de K'hat estavam acampados perto do tabernáculo, na direção sul. 30 Elitzafan, o filho de 'Uzi'el, era o chefe dos clãs de K'hat. 31 Eles eram responsáveis pela arca, mesa, *menorah*, pelos altares, utensílios usados pelos *kohanim* quando servem no Lugar Sagrado, pela cortina e por todas as coisas relacionadas com sua manutenção. 32 El'azar, o filho de Aharon, o *kohen*, era o primeiro entre os chefes dos *l'vi'im* e supervisionava os encarregados do Lugar Sagrado.

33 M'rari foi o pai dos clãs de Machli e Mushi; estes foram os clãs de M'rari. 34 Deles, contaram-se 6.200 machos com 1 mês de vida ou mais. 35 Tzuri'el, o filho de Avichayil, era o chefe dos clãs de M'rari. Eles estavam acampados perto do tabernáculo, na direção norte. 36 Aos clãs de M'rari, foi atribuída a responsabilidade pelas armações do tabernáculo, com suas barras transversais, colunas, encaixes e peças, e a sua manutenção; 37 também as colunas do pátio ao redor, com seus encaixes, prendedores e cordas.

38 Os acampados diante do tabernáculo, a leste, diante da tenda do encontro em direção ao nascer do sol, eram Mosheh, Aharon e seus filhos, encarregados do Lugar Sagrado. Eles tinham a responsabilidade de cuidar dos interesses do povo de Yisra'el, e qualquer outra pessoa que tentasse realizar essa tarefa seria executada.

39 O número total de *l'vi'im* contados por Mosheh e Aharon, de acordo com seus clãs, todos os machos com 1 mês de vida ou mais, era de 22. mil.

(Sexto) 40 *Adonai* disse a Mosheh: "Registre todos os primogênitos do povo de Yisra'el com 1 mês de vida ou mais e determine quantos são. 41 Leve os *l'vi'im* para mim, *Adonai*, em lugar de todo primogênito dentre o povo de Yisra'el, e o gado dos *l'vi'im* em lugar do primogênito do gado pertencente ao povo de Yisra'el". 42 Mosheh contou-os, como *Adonai* lhe ordenara, todos os primogênitos dentre o povo de Yisra'el. 43 O número total de primogênitos registrados, com 1 mês de vida ou mais, e contados, foi de 22.273.

44 *Adonai* disse a Mosheh: 45 "Leve os *l'vi'im* em lugar de todos os primogênitos dentre o povo de Yisra'el, e o gado dos *l'vi'im* em lugar do gado deles; os *l'vi'im* pertencem a mim, *Adonai*. 46 Pelo fato de haver, em Yisra'el, 273 primogênitos

machos mais que o número de *l'vi'im*, com o objetivo de resgatá-los, 47 pegue cinco *shekalim* [60 gramas] para cada um deles (use o *shekel* do santuário, equivalente a 20 *gerot*). 48 Dê a Aharon e seus filhos o dinheiro do resgate pelas pessoas excedentes do povo". 49 Mosheh pegou o dinheiro do resgate daqueles que excederam o número de *l'vi'im*; 50 a quantia recebida pelos primogênitos do povo de Yisra'el alcançou 1.365 *shekalim*, usando-se o *shekel* do santuário. 51 Mosheh deu o dinheiro do resgate a Aharon e seus filhos, de acordo com o que ADONAI dissera: da forma ordenada por ADONAI a Mosheh.

4 **(Sétimo)** 1 ADONAI disse a Mosheh e Aharon: 2 "Façam o censo dos descendentes de K'hat, que estão entre os descendentes de Levi, de acordo com seus clãs e famílias, 3 todos entre os 30 e os 50 anos de idade; eles integrarão os grupos que trabalharão na tenda do encontro.

4 "Assim, os descendentes de K'hat servirão na tenda do encontro e lidarão com os objetos especialmente sagrados: 5 quando chegar a hora de desmontar o acampamento, Aharon entrará com seus filhos, desmontará a cortina que serve de anteparo e cobrirá com ela a arca do testemunho. 6 Sobre ela, colocarão uma cobertura de couro fino e, em cima desta, estenderão um pano inteiramente azul. Em seguida, eles inserirão as varas de transporte. 7 Estenderão sobre a mesa do pão da proposição um pano azul e colocarão sobre ele os pratos, os recipientes de incenso, as tigelas das ofertas e os jarros. O pão contínuo permanecerá sobre a mesa. 8 Sobre essas coisas, eles estenderão um pano escarlate, e o cobrirão com uma cobertura de couro fino, e inserirão as varas. 9 Usarão um pano azul e cobrirão a *menorah* da iluminação, suas lâmpadas, tenazes, bandejas e os jarros usados para colocar o azeite. 10 Ela e todos os seus acessórios serão envolvidos por couro fino, e a *merorah* será colocada em um suporte. 11 Estenderão um pano azul sobre o altar de ouro, ocultando-o com uma cobertura de couro fino e inserindo nele as varas de transporte. 12 Levarão todos os utensílios usados no serviço do santuário e os porão em um pano azul, cobrindo-os com couro fino e colocando-os sobre um suporte. 13 Depois da remoção das cinzas de gordura do altar, eles estenderão sobre este um pano púrpura 14 e colocarão sobre ele todos os utensílios necessários ao serviço no altar — os braseiros, os ganchos para carne, as pás, as bacias e outros utensílios do altar. Depois, estenderão sobre ele uma cobertura de couro fino e inserirão as varas de transporte. 15 Quando Aharon e seus filhos terminarem de cobrir os móveis sagrados e todos os utensílios sagrados, e o acampamento estiver para seguir adiante, os descendentes de K'hat virão para transportá-los. No entanto, não tocarão nos objetos sagrados, para não morrerem. Essas coisas são de responsabilidade dos descendentes de K'hat na tenda do encontro.

16 "El'azar, o filho de Aharon, o *kohen*, será responsável pelo óleo para iluminar, pelo incenso aromático, pela oferta contínua de grãos e pelo óleo da unção. Ele será encarregado do tabernáculo todo e tudo o que há nele, incluindo o santuário e seus utensílios".

(Maftir) 17 ADONAI disse a Mosheh e Aharon: 18 "Não eliminem o clã de K'hat dentre os *l'vi'im*; 19 em vez disso, façam o seguinte por eles, para que vivam e não morram: quando eles se aproximarem dos objetos especialmente sagrados, Aharon e seus filhos entrarão com eles — e consignarão cada um sua tarefa; 20 mesmo assim, os descendentes de K'hat não entrarão lá para observar os objetos sagrados cobertos; se o fizerem, morrerão".

***Haftarah B'midbar*: *Hoshe'a* [Os] 2.1-22.**

Sugestão de leitura da *B'rit Hadashah* para a *Parashah B'midbar*: Lucas 2.1-7; 1Coríntios 12.12-31.

Parashah 35: *Naso* (Faça) 4.21—7.89

21 Adonai disse a Mosheh: 22 "Faça também o censo dos descendentes de Gershon, de acordo com seus clãs e famílias; 23 conte todos entre os 30 e os 50 anos, todos os que entrarem nos grupos para realizar a obra de servir na tenda do encontro.

24 As famílias de Gershon serão responsáveis pelo serviço e transporte de cargas. 25 Elas transportarão as cortinas do tabernáculo, a tenda do encontro, sua cobertura, a cobertura de couro fino acima dela, a cortina da entrada da tenda do encontro, 26 as tapeçarias do pátio, e a cortina da entrada do pátio junto ao tabernáculo e à volta do altar, com as cordas e todos os utensílios necessários para seu serviço; eles devem realizar o trabalho ligado a essas coisas. 27 Aharon e seus filhos supervisionarão toda a obra de transporte de cargas e os serviços do clã de Gershon, e designarão quem transportará o quê. 28 Esta é a forma pela qual as famílias de Gershon servirão na tenda do encontro. Elas estarão sob a direção de Itamar, o filho de Aharon, o *kohen*.

29 "Quanto aos descendentes de M'rari, faça o censo de acordo com seus clãs e famílias 30 de todos entre os 30 e os 50 anos, todos os que estarão nos grupos realizando a obra de servir na tenda do encontro.

31 "O serviço pela tenda do encontro será transportar armações, barras transversais, colunas e encaixes do tabernáculo; 32 também as colunas do pátio externo, com seus encaixes, estacas, cordas e outros acessórios, e tudo o que diz respeito a seu serviço. Designem nominalmente cargas particulares a pessoas específicas. 33 Assim, servirão as famílias de M'rari na tenda do encontro, dirigidas por Itamar, o filho de Aharon, o *kohen*".

(S: Segundo) 34 Mosheh, Aharon e os líderes da comunidade fizeram o censo dos descendentes de K'hat de acordo com seus clãs e famílias, 35 todos os indivíduos entre 30 e 50 anos que integravam os grupos de serviço da tenda do encontro. 36 Registrados de acordo com suas famílias, foram contados 2.750. 37 Esses foram inscritos dentre as famílias de K'hat, todos os servidores da tenda do encontro, enumerados por Mosheh e Aharon, de acordo com a ordem dada por Adonai, por intermédio de Mosheh.

(A: Segundo) 38 O censo dos descendentes de Gershon, de acordo com seus clãs e famílias — 39 todos os indivíduos entre 30 e 50 anos que integravam os grupos de serviço da tenda do encontro —, 40 alcançou o número de 2.630, registrados de acordo com seus clãs e famílias. 41 Esses foram inscritos das famílias dos descendentes de Gershon, todos os servidores da tenda do encontro, enumerados por Mosheh e Aharon, de acordo com a ordem dada por Adonai.

42 O censo das famílias dos descendentes de M'rari, de acordo com seus clãs e famílias — 43 todos os indivíduos entre 30 e 50 anos que integravam os grupos de serviço da tenda do encontro —, 44 alcançou o número de 3.200, registrados de acordo com suas famílias. 45 Esses foram inscritos das famílias dos descendentes de M'rari, enumerados por Mosheh e Aharon, de acordo com a ordem dada por Adonai, por intermédio de Mosheh.

46 O censo dos *l'vi'im*, enumerados por Mosheh, Aharon e os líderes de Yisra'el, de acordo com seus clãs e famílias — 47 todos os indivíduos entre 30 e 50 anos

que integravam o grupo que trabalhava com o transporte de cargas da tenda do encontro —, 48 alcançou o total de 8.580 pessoas.

49 De acordo com a ordem de *Adonai*, eles foram designados por Mosheh, cada um para um serviço ou tarefa específico. Eles também foram contados, como *Adonai* ordenara a Mosheh.

5 **(Terceiro)** 1 *Adonai* disse a Mosheh: 2 "Ordene ao povo de Yisra'el que expulse do acampamento toda pessoa com *tzara'at*, com um fluxo ou que estiver impura por ter tocado em um cadáver. 3 Mandem para fora o homem e a mulher; coloquem-nos para fora do acampamento, para que não maculem o acampamento onde vivo entre vocês". 4 O povo de Yisra'el colocou-os para fora do acampamento — fez o que *Adonai* dissera a Mosheh.

5 *Adonai* disse a Mosheh: 6 "Fale ao povo de Yisra'el: 'Quando um homem ou uma mulher cometer algum tipo de pecado contra outra pessoa e, assim, faltar com a palavra em relação a *Adonai*, incorrerá em culpa. 7 Confessará o pecado cometido e fará restituição plena pela culpa, acrescida de 20%, dando-a à vítima de seu pecado. 8 No entanto, se a pessoa não tiver parentes para receber a restituição pela culpa, o que se der em restituição pela culpa pertencerá a *Adonai*, isto é, ao *kohen* — além do carneiro de expiação, pelo qual a expiação é feita a seu favor.

9 " 'Toda contribuição do povo de Yisra'el consagrada e apresentada ao *kohen* pertencerá a ele. 10 Nada do que alguém consagrar lhe pertencerá [para distribuir entre os *kohanim*], mas o que a pessoa der ao *kohen* pertencerá a ele' ".

(A: Quarto) 11 *Adonai* disse a Mosheh: 12 "Fale ao povo de Yisra'el: 'Se a mulher de um homem se desviar e lhe for infiel; 13 isto é, se outro homem for para a cama com ela sem o conhecimento do marido, tornando-se ela impura em segredo, e não houver testemunha contra ela, e ela não for flagrada no ato; 14 se um espírito de ciúme vier sobre o marido, e ele zelar pela mulher, e ela se tiver tornado impura — ou, também, caso o espírito de ciúme lhe sobrevenha, e ele sinta ciúme de sua mulher, e ela não se tiver tornado impura —, 15 ele levará sua mulher ao *kohen*, com uma oferta por ela — 2 litros de farinha de cevada sobre os quais não derramará azeite de oliva nem colocará incenso, pois trata-se de uma oferta de grãos por ciúme, uma oferta de grãos para recordar, para trazer a culpa à mente. 16 O *kohen* a levará à frente e a colocará diante de *Adonai*. 17 O *kohen* verterá água sagrada em uma panela de barro, e pegará um pouco do pó do chão do tabernáculo e o colocará na água. 18 O *kohen* posicionará a mulher diante de *Adonai*, soltará o cabelo da mulher e colocará a oferta de grãos para recordar em suas mãos, uma oferta de grãos por ciúme; enquanto o *kohen* mantém em sua mão a água de amargura e maldição. 19 O *kohen* a fará jurar, dizendo a ela: "Se nenhum homem foi para a cama com você, se você não se desviou, tornando-se impura enquanto estava sob a autoridade de seu marido, fique livre desta água de amargura e maldição. 20 No entanto, se você tiver se desviado enquanto estava sob a autoridade de seu marido e se tornado impura, se outro homem além de seu marido tiver ido para a cama com você[...]". 21 Em seguida, o *kohen* fará a mulher formular um juramento que inclui uma maldição; o *kohen* dirá à mulher: "[...] que *Adonai* faça de você um objeto de maldição e condenação no meio do seu povo, fazendo suas partes íntimas atrofiarem e seu abdome inchar! 22 Que esta água causadora de maldição entre em suas partes internas e faça seu abdome inchar e suas partes íntimas atrofiarem!", e a mulher responderá: "*Amen, amen*!". 23 O *kohen* escreverá essas maldições em um pergaminho, as lavará na água de amargura 24 e fará a mulher beber a água de amargura e maldição — a água da maldição entrará nela e se tornará amarga. 25 Em seguida, o *kohen* removerá a oferta de grãos por ciúme da mão da mulher, moverá a oferta de grãos diante de Adonai e a levará ao altar. 26 O *kohen* pegará um punhado da oferta de grãos como sua porção memorial e o queimará sobre o altar; depois disso, ele fará a mulher beber a água. 27 Quando ele a tiver feito beber a água, se ela for impura e tiver sido infiel ao marido, a água causadora da maldição entrará nela e a tornará amarga, para que seu abdome inche e suas partes íntimas atrofiem; e a mulher se tornará um objeto de maldição no meio do povo. 28 No entanto, se a mulher não for impura, ela será inocentada e terá filhos. 29 Esta é a lei do ciúme: quando uma a mulher sob a autoridade do marido se desviar e se tornar impura, 30 ou o espírito de ciúme sobrevier ao marido e ele se enciumar de sua mulher, ele levará a mulher diante de Adonai, e o *kohen* lidará com ela de acordo com a totalidade desta lei. 31 O marido estará livre da culpa, e a mulher suportará as consequências de sua culpa' ".

6 1 Adonai disse a Mosheh: 2 "Fale ao povo de Yisra'el: 'Quando um homem ou uma mulher fizer um tipo especial de voto, o voto de um *nazir*, consagrando--se a Adonai, 3 deve abster-se de vinho e de outras bebidas inebriantes; não beberá vinagre de nenhuma procedência nem beberá suco de uva, e não comerá uvas ou passas. 4 Enquanto permanecer *nazir*, não comerá nada derivado da vinha, nem cascas de uvas ou suas sementes.

5 " 'Em todo o período do voto de *nazir*, não raspará a cabeça. Até o fim do tempo ao qual tiver se consagrado a Adonai, ele será sagrado; deixará o cabelo da cabeça crescer.

6 " 'Em todo o período de sua consagração a Adonai, ele não se aproximará de um cadáver. 7 Não se tornará impuro pelo seu pai, mãe, irmão ou irmã, quando esses morrerem, pois a consagração a Deus está sobre a cabeça. 8 Por todo o período de *nazir*, ele é sagrado para Adonai.

9 " 'Se alguém próximo dele morrer de repente, contaminando sua cabeça consagrada, ele raspará a cabeça no dia de sua purificação; ele se raspará no sétimo dia. 10 No oitavo dia, ele levará duas pombas ou dois pombinhos ao *kohen*, à entrada da tenda do encontro. 11 O *kohen* preparará um(a) como oferta pelo pecado e o(a) outro(a) como oferta queimada e assim fará expiação por ele, visto que pecou por causa do morto. Naquele mesmo dia, ele reconsagrará sua cabeça; 12 consagrará a Adonai a totalidade do período em que for *nazir*, ao trazer um cordeiro de 1 ano, como oferta pela culpa. Os dias anteriores não serão contados, pois sua consagração foi maculada.

13 " 'Esta é a lei do *nazir* quando seu período de consagração terminar: ele será levado à entrada da tenda do encontro, 14 onde apresentará sua oferta a Adonai — um cordeiro de 1 ano, sem defeito, como oferta queimada, uma ovelha de 1 ano, sem defeito, como oferta pelo pecado, um carneiro, sem defeito, como oferta de paz, 15 uma cesta de *matzah*, pães de farinha pura amassada com azeite de oliva, bolachas sem fermento untadas com azeite de oliva, a oferta de grãos e a oferta de bebida. 16 O *kohen* os levará diante de Adonai, oferecerá a oferta pelo pecado, a oferta queimada, 17 e o carneiro como sacrifício de ofertas de paz a Adonai, com a cesta de *matzah*. O *kohen* também apresentará uma oferta de grãos e uma oferta de bebida com a oferta de paz. 18 O *nazir* raspará a cabeça consagrada à entrada da tenda do encontro, pegará o cabelo cortado de sua cabeça consagrada e o colocará no fogo sob o sacrifício da oferta de paz. 19 Quando o carneiro estiver cozido, o *kohen* pegará a espádua, uma unidade de *matzah* da cesta e uma bolacha sem fermento, e as colocará na mão do *nazir*, depois de ele ter raspado a cabeça consagrada. 20 O *kohen* as

moverá como oferta movida diante de *Adonai;* isso será posto de lado para o *kohen,*
com o peito da oferta movida e a coxa. Depois disso, o *nazir* poderá beber vinho.
21 " 'Esta é a lei para o *nazir* que fizer um voto e para sua oferta a *Adonai*, pelo
fato de ser *nazir* — além de qualquer outra coisa para as quais possua os meios suficientes. Com referência ao voto que fizer, deverá agir de acordo com a lei do *nazir*' ".
22 *Adonai* disse a Mosheh: 23 "Fale a Aharon e seus filhos, e diga-lhes que vocês
devem abençoar o povo de Yisra'el dizendo-lhes:

24 *'Y'varekh'kha Adonai v'yishmerekha.*
[Que *Adonai* o abençoe e guarde.]
25 *Ya'er Adonai panav eleikha vichunekka.*
[Que *Adonai* faça sua face brilhar sobre você e mostre a você seu favor.]
26 *Yissa Adonai panav eleikha v'yasem l'kha shalom'.*
[Que *Adonai* levante sua face na sua direção e dê paz a você.]

27 "Desse modo, eles devem aplicar meu nome ao povo de Yisra'el, para que eu os
abençoe".

7 **(A: Quinto; S: Quarto)** 1 No dia em que Mosheh terminou de arrumar o tabernáculo, ele o ungiu e o consagrou, assim como todos os seus utensílios e o altar com seus utensílios. Depois de ungi-los e consagrá-los, 2 os líderes de Yisra'el,
cabeças dos clãs de seus pais, fizeram uma oferta. Estes eram os líderes das tribos
encarregados dos enumerados no censo. 3 Eles levaram sua oferta diante de *Adonai:*
seis carroças cobertas e 12 bois — uma carroça por dois líderes e um boi por pessoa — e a apresentaram diante do tabernáculo.
4 *Adonai* disse a Mosheh: 5 "Receba a oferta deles; use-a no serviço na tenda do
encontro. Entregue-a aos *l'vi'im,* a cada um de acordo com as necessidades de suas
obrigações". 6 Mosheh pegou as carroças e os bois e os deu aos *l'vi'im.* 7 Ele deu duas
carroças e quatro bois aos descendentes de Gershon, de acordo com as necessidades
de suas obrigações. 8 Deu quatro carroças e oito bois aos descendentes de M'rari,
de acordo com as necessidades de suas obrigações, dirigidos por Itamar, o filho de
Aharon, o *kohen.* 9 Entretanto, aos descendentes de K'hat ele não deu nada, pois suas
obrigações envolviam os utensílios sagrados, que eles carregavam nos ombros.
10 Os líderes levaram uma oferta para a dedicação do altar no dia de sua unção.
Os líderes levaram a oferta diante do altar, 11 e *Adonai* disse a Mosheh: "Eles devem
apresentar suas ofertas para a dedicação do altar, cada líder em um dia próprio".
(S: Quinto) 12 Nachshon, o filho de 'Amminadav, da tribo de Y'hudah, apresentou sua oferta no primeiro dia. 13 Ele ofereceu um prato de prata com o peso de 130
shekalim [1,5 quilo] e uma bacia de prata de 70 *shekalim* (usando-se o *shekel* do
santuário) [800 gramas], ambos repletos de farinha pura amassada com azeite de
oliva, para a oferta de grãos; 14 um recipiente de ouro de 10 *shekalim* [113 gramas],
cheio de incenso; 15 um novilho, um carneiro, um cordeiro de 1 ano, como oferta
queimada; 16 um bode, como oferta pelo pecado; 17 e, para o sacrifício de ofertas de
paz, dois bois, cinco carneiros, cinco bodes e cinco cordeiros de 1 ano. Essa foi a
oferta de Nachshon, o filho de 'Amminadav.
18 No segundo dia, N'tan'el, o filho de Tzu'ar, líder de Yissakhar, apresentou sua
oferta. 19 Ele ofereceu um prato de prata com o peso de 130 *shekalim* [1,5 quilo]
e uma bacia de prata de 70 *shekalim* (usando-se o *shekel* do santuário) [800 gramas], ambos repletos de farinha pura amassada com azeite de oliva, para a oferta
de grãos; 20 um recipiente de ouro de 10 *shekalim* [113 gramas], cheio de incenso;

21 um novilho, um carneiro, um cordeiro de 1 ano, como oferta queimada; 22 um
bode, como oferta pelo pecado; 23 e, para o sacrifício de ofertas de paz, dois bois,
cinco carneiros, cinco bodes e cinco cordeiros de 1 ano. Essa foi a oferta de N'tan'el,
o filho de Tzu'ar.

24 No terceiro dia, Eli'av, o filho de Helon, líder de Z'vulun, apresentou sua oferta.
25 Ele ofereceu um prato de prata com o peso de 130 *shekalim* [1,5 quilo] e uma ba-
cia de prata de 70 *shekalim* (usando-se o *shekel* do santuário) [800 gramas], ambos
repletos de farinha pura amassada com azeite de oliva, para a oferta de grãos; 26 um
recipiente de ouro de 10 *shekalim* [113 gramas], cheio de incenso; 27 um novilho, um
carneiro, um cordeiro de 1 ano, como oferta queimada; 28 um bode, como oferta pelo
pecado; 29 e, para o sacrifício de ofertas de paz, dois bois, cinco carneiros, cinco bo-
des e cinco cordeiros de 1 ano. Essa foi a oferta de Eli'av, o filho de Helon.

30 No quarto dia, foi Elitzur, o filho de Sh'de'ur, líder dos descendentes de
Re'uven. 31 Ele ofereceu um prato de prata com o peso de 130 *shekalim* [1,5 quilo]
e uma bacia de prata de 70 *shekalim* (usando-se o *shekel* do santuário) [800 gra-
mas], ambos repletos de farinha pura amassada com azeite de oliva, para a oferta
de grãos; 32 um recipiente de ouro de 10 *shekalim* [113 gramas], cheio de incenso;
33 um novilho, um carneiro, um cordeiro de 1 ano, como oferta queimada; 34 um
bode, como oferta pelo pecado; 35 e, para o sacrifício de ofertas de paz, dois bois,
cinco carneiros, cinco bodes e cinco cordeiros de 1 ano. Essa foi a oferta de Elitzur,
o filho de Sh'de'ur.

36 No quinto dia, foi Shlumi'el, o filho de Tzurishaddai, líder dos descenden-
tes de Shim'on. 37 Ele ofereceu um prato de prata com o peso de 130 *shekalim*
[1,5 quilo] e uma bacia de prata de 70 *shekalim* (usando-se o *shekel* do santuário)
[800 gramas], ambos repletos de farinha pura amassada com azeite de oliva, para
a oferta de grãos; 38 um recipiente de ouro de 10 *shekalim* [113 gramas], cheio de
incenso; 39 um novilho, um carneiro, um cordeiro de 1 ano, como oferta queimada;
40 um bode, como oferta pelo pecado; 41 e, para o sacrifício de ofertas de paz, dois
bois, cinco carneiros, cinco bodes e cinco cordeiros de 1 ano. Essa foi a oferta de
Shlumi'el, o filho de Tzurishaddai.

(Sexto) 42 No sexto dia, foi Elyasaf, o filho de De'u'el, líder dos descendentes
de Gad. 43 Ele ofereceu um prato de prata com o peso de 130 *shekalim* [1,5 quilo]
e uma bacia de prata de 70 *shekalim* (usando-se o *shekel* do santuário) [800 gra-
mas], ambos repletos de farinha pura amassada com azeite de oliva, para a oferta
de grãos; 44 um recipiente de ouro de 10 *shekalim* [113 gramas], cheio de incenso;
45 um novilho, um carneiro, um cordeiro de 1 ano, como oferta queimada; 46 um
bode, como oferta pelo pecado; 47 e, para o sacrifício de ofertas de paz, dois bois,
cinco carneiros, cinco bodes e cinco cordeiros de 1 ano. Essa foi a oferta de Elyasaf,
o filho de De'u'el.

48 No sétimo dia, foi Elishama, o filho de 'Ammihud, líder dos descendentes
de Efrayim. 49 Ele ofereceu um prato de prata com o peso de 130 *shekalim* [1,5
quilo] e uma bacia de prata de 70 *shekalim* (usando-se o *shekel* do santuário)
[800 gramas], ambos repletos de farinha pura amassada com azeite de oliva, para
a oferta de grãos; 50 um recipiente de ouro de 10 *shekalim* [113 gramas], cheio de
incenso; 51 um novilho, um carneiro, um cordeiro de 1 ano, como oferta queimada;
52 um bode, como oferta pelo pecado; 53 e, para o sacrifício de ofertas de paz, dois
bois, cinco carneiros, cinco bodes e cinco cordeiros de 1 ano. Essa foi a oferta de
Elishama, o filho de 'Ammihud.

54 No oitavo dia, foi Gamli'el, o filho de P'dahtzur, líder dos descendentes de
M'nasheh. 55 Ele ofereceu um prato de prata com o peso de 130 *shekalim* [1,5 quilo]

e um bacia de prata de 70 *shekalim* (usando-se o *shekel* do santuário) [800 gramas], os dois estavam cheios de farinha pura amassada com azeite de oliva, para a oferta de grãos; 56 um recipiente de ouro de 10 *shekalim* [113 gramas], cheio de incenso; 57 um novilho, um carneiro, um cordeiro de 1 ano, como oferta queimada; 58 um bode, como oferta pelo pecado; 59 e, para o sacrifício de ofertas de paz, dois bois, cinco carneiros, cinco bodes e cinco cordeiros de 1 ano. Essa foi a oferta de Gamli'el, o filho de P'dahtzur.

60 No nono dia, foi Avidan, o filho de Gid'oni, líder dos descendentes de Binyamin. 61 Ele ofereceu um prato de prata com o peso de 130 *shekalim* [1,5 quilo] e uma bacia de prata de 70 *shekalim* (usando-se o *shekel* do santuário) [800 gramas], ambos repletos de farinha pura amassada com azeite de oliva, para a oferta de grãos; 62 um recipiente de ouro de 10 *shekalim* [113 gramas], cheio de incenso; 63 um novilho, um carneiro, um cordeiro de 1 ano, como oferta queimada; 64 um bode, como oferta pelo pecado; 65 e, para o sacrifício de ofertas de paz, dois bois, cinco carneiros, cinco bodes e cinco cordeiros de 1 ano. Essa foi a oferta de Avidan, o filho de Gid'oni.

66 No décimo dia, foi Achi'ezer, o filho de 'Ammishaddai, líder dos descendentes de Dan. 67 Ele ofereceu um prato de prata com o peso de 130 *shekalim* [1,5 quilo] e uma bacia de prata de 70 *shekalim* (usando-se o *shekel* do santuário) [800 gramas], ambos repletos de farinha pura amassada com azeite de oliva, para a oferta de grãos; 68 um recipiente de ouro de 10 *shekalim* [113 gramas], cheio de incenso; 69 um novilho, um carneiro, um cordeiro de 1 ano, como oferta queimada, 70 um bode, como oferta pelo pecado; 71 e, para o sacrifício de ofertas de paz, dois bois, cinco carneiros, cinco bodes e cinco cordeiros de 1 ano. Essa foi a oferta de Achi'ezer, o filho de 'Ammishaddai.

(Sétimo) 72 No décimo primeiro dia, foi Pag'i'el, o filho de 'Okhran, líder dos descendentes de Asher. 73 Ele ofereceu um prato de prata com o peso de 130 *shekalim* [1,5 quilo] e uma bacia de prata de 70 *shekalim* (usando-se o *shekel* do santuário) [800 gramas], ambos repletos de farinha pura amassada com azeite de oliva, para a oferta de grãos; 74 um recipiente de ouro de 10 *shekalim* [113 gramas], cheio de incenso; 75 um novilho, um carneiro, um cordeiro de 1 ano, como oferta queimada; 76 um bode, como oferta pelo pecado; 77 e, para o sacrifício de ofertas de paz, dois bois, cinco carneiros, cinco bodes e cinco cordeiros de 1 ano. Essa foi a oferta de Pag'i'el, o filho de 'Okhran.

78 No décimo segundo dia, foi Achira, o filho de 'Enan, líder dos descendentes de Naftali. 79 Ele ofereceu um prato de prata com o peso de 130 *shekalim* [1,5 quilo] e uma bacia de prata de 70 *shekalim* (usando-se o *shekel* do santuário) [800 gramas], ambos repletos de farinha pura amassada com azeite de oliva, para a oferta de grãos; 80 um recipiente de ouro de 10 *shekalim* [113 gramas], cheio de incenso; 81 um novilho, um carneiro, um cordeiro de 1 ano, como oferta queimada; 82 um bode, como oferta pelo pecado; 83 e, para o sacrifício de ofertas de paz, dois bois, cinco carneiros, cinco bodes e cinco cordeiros de 1 ano. Essa foi a oferta de Achira, o filho de 'Enan.

84 Essa foi a oferta para a dedicação do altar, apresentada pelos líderes de Yisra'el, no dia de sua unção: 12 pratos de prata, 12 bacias de prata e 12 panelas de ouro. 85 Cada prato de prata pesava 130 *shekalim* [1,5 quilo] e cada bacia, 70 *shekalim* [800 gramas]; todos os vasos de prata pesavam 2.400 *shekalim* (usando-se o *shekel* do santuário) [mais de 27 quilos]. 86 Cada uma das 12 panelas de ouro, cheia de incenso, pesava 10 *shekalim* (usando-se o *shekel* do santuário) [113 gramas]; todo o ouro das panelas pesava 120 *shekalim* [1.350 quilos].

(***Maftir***) 87 O gado para a oferta queimada consistiu em 12 bois, 12 carneiros e12 cordeiros de 1 ano, com sua oferta de grãos. Havia 12 bodes como oferta pelo pecado. 88 O gado para o sacrifício de ofertas de paz consistiu em 24 bois, 60 carneiros, 60 bodes e 60 cordeiros de 1 ano. Esta foi a oferta para a dedicação do altar, após sua unção.

89 Quando Mosheh entrava na tenda do encontro a fim de falar com *Adonai*, ele ouvia a voz que lhe falava de cima da cobertura da arca, sobre a arca do testemunho, por entre os dois *k'ruvim*; ele falava com ele.

***Haftarah Naso*: *Shof'tim* [Jz] 13.2—25.**

Sugestão de leitura da *B'rit Hadashah* para a *Parashah Naso*: *Yochanan* [Jo] 7.53—8.11; Atos 21.17-32.

Parashah 36: *B'ha'alotkha* (Quando você acender) 8.1—12.16

8 1 *Adonai* disse a Mosheh: 2 "Fale a Aharon: 'Quando você acender as lâmpadas, as sete lâmpadas devem projetar a luz para a frente, diante da *menorah*' ". 3 Aharon assim fez: acendeu as lâmpadas para lançarem luz diante da *menorah*, como *Adonai* ordenara a Mosheh. 4 Eis como a *menorah* foi feita: de ouro batido desde a base às flores, obra de forja, segundo o padrão mostrado por *Adonai* a Mosheh. Assim ele fez a *menorah*.

5 *Adonai* disse a Mosheh: 6 "Separe os *l'vi'im* dentre o povo de Yisra'el e purifique-os. 7 Assim você os purificará: faça a aspersão com a água da purificação sobre eles, faça-os raspar todo o corpo com uma lâmina, lavar suas roupas e se limpar. 8 Em seguida, eles pegarão um novilho com a oferta de grãos, que será farinha pura amassada com azeite de oliva, enquanto você pega outro novilho para a oferta pelo pecado. 9 Você apresentará os *l'vi'im* diante da tenda do encontro e reunirá toda a comunidade do povo de Yisra'el. 10 Apresente os *l'vi'im* diante de *Adonai*, e o povo de Yisra'el porá as mãos sobre os *l'vi'im*, 11 e Aharon oferecerá os *l'vi'im* diante de *Adonai*, como oferta movida do povo de Yisra'el, para que realizem o serviço de *Adonai*. 12 Os *l'vi'im* porão as mãos sobre a cabeça dos novilhos; você oferecerá um deles como oferta pelo pecado, e o outro como oferta queimada a *Adonai*, para fazer expiação pelos *l'vi'im*. 13 Ponha os *l'vi'im* diante de Aharon e seus filhos, e ofereça-os como uma oferta movida a *Adonai*. 14 Desse modo, você separará os *l'vi'im* do povo de Yisra'el; os *l'vi'im* pertencem a mim.

(Segundo) 15 "Depois disso, os *l'vi'im* entrarão e realizarão o serviço da tenda do encontro. Você os purificará e os oferecerá como uma oferta movida, 16 pois eles foram dados a mim integralmente dentre o povo de Yisra'el; eu os tomei para mim em lugar de todos os que saem em primeiro lugar do ventre, isto é, os primogênitos do povo de Yisra'el. 17 Pois todo primogênito do povo de Yisra'el é meu, de seres humanos e animais; no dia em que feri todos os primogênitos da terra do Egito, eu os separei para mim. 18 No entanto, tomei os *l'vi'im* no lugar dos primogênitos do povo de Yisra'el, 19 e dei os *l'vi'im* a Aharon e seus filhos, dentre o povo de Yisra'el, para realizarem o serviço do povo de Yisra'el na tenda do encontro e fazerem expiação pelo povo de Yisra'el, para que nenhuma praga caia sobre o povo de Yisra'el, em consequência de sua aproximação do santuário".

20 Isso é o que Mosheh, Aharon e toda a comunidade do povo de Yisra'el fizeram com os *l'vi'im*. O povo de Yisra'el agiu de acordo com tudo o que *Adonai* ordenara a Mosheh, em relação aos *l'vi'im*. 21 Os *l'vi'im* purificaram-se e lavaram suas roupas.

Em seguida, Aharon ofereceu-os como uma oferta sagrada diante de Adonai e fez expiação por eles, com o objetivo de purificá-los. 22 Depois disso, os *l'vi'im* chegaram para realizar seu serviço à tenda do encontro, diante de Aharon e seus filhos; eles agiram de acordo com as ordens de Adonai a Mosheh a respeito dos *l'vi'im.*

23 Adonai disse a Mosheh: 24 "Eis as instruções concernentes aos *l'vi'im*: quando eles chegarem à idade de 25 anos, devem começar a realizar suas obrigações no serviço da tenda do encontro; 25 e, quando alcançarem os 50 anos, cessarão suas atividades nesse serviço e não servirão mais a mim. 26 Eles assistirão seus irmãos que realizam suas obrigações na tenda do encontro, mas eles mesmos não farão nenhum trabalho. Isso é o que você fará com os *l'vi'im*, no que tange às suas obrigações".

9 **(Terceiro)** 1 Adonai falou a Mosheh, no deserto do Sinai, no primeiro mês do segundo ano após a saída da terra do Egito; ele disse: 2 "Que o povo de Yisra'el observe *Pesach* no tempo designado. 3 No décimo quarto dia deste mês, ao escurecer, observem-na — no tempo designado. Guardem-na de acordo com todos os seus regulamentos e regras". 4 Mosheh disse ao povo de Yisra'el para celebrar *Pesach.* 5 Assim, eles observaram *Pesach* ao escurecer, no décimo quarto dia do mês no deserto do Sinai; o povo de Yisra'el agiu de acordo com tudo o que Adonai ordenara a Mosheh.

6 Algumas pessoas, porém, haviam-se tornado impuras, por terem tocado num cadáver; por isso, não guardaram *Pesach* nesse dia. Assim, nesse dia, elas chegaram diante de Mosheh e Aharon 7 e lhes disseram: "Nós estamos impuros por termos tocado no cadáver de uma pessoa; por que não podemos trazer uma oferta a Adonai no tempo designado para o povo de Yisra'el?". 8 Mosheh respondeu-lhes: "Esperem, para que eu ouça o que Adonai ordenará a respeito de vocês". 9 Adonai disse a Mosheh: 10 "Fale ao povo de Yisra'el: 'Se algum de vocês, agora ou nas gerações futuras, estiver impuro por causa de um cadáver, ou se alguém estiver em viagem ao exterior, mesmo assim deverá observar *Pesach.* 11 No entanto, a guardará no segundo mês, no décimo quarto dia, ao escurecer. Eles a comerão com *matzah* e *maror*, 12 não deixarão nada até a manhã e não quebrarão nenhum de seus ossos — devem observá-la de acordo com todos os regulamentos de *Pesach.* 13 No entanto, a pessoa que estiver pura, não se encontrar em viagem e, mesmo assim, não observar *Pesach* será eliminada do povo; pois não trouxe a oferta a Adonai no tempo designado; essa pessoa suportará as consequências de seu pecado. 14 Se um estrangeiro estiver com vocês e desejar guardar *Pesach* para Adonai, procederá de acordo com os regulamentos e as regras de *Pesach* — vocês devem manter a mesma lei para o estrangeiro e para o natural da terra' ".

(Quarto) 15 No dia em que o tabernáculo foi erigido, uma nuvem o cobriu, isto é, a tenda do testemunho; e à tarde, sobre o tabernáculo, apareceu algo semelhante a um fogo, que permaneceu até a manhã. 16 Assim, a nuvem sempre o cobria e, à noite, ela se assemelhava ao fogo. 17 Sempre que a nuvem era retirada de sobre a tenda, o povo de Yisra'el prosseguia viagem; e eles acampavam onde quer que a nuvem parasse. 18 À ordem de Adonai, o povo de Yisra'el viajava; à ordem de Adonai, eles acampavam; e, enquanto a nuvem permanecia sobre o tabernáculo, eles ficavam no acampamento. 19 Mesmo quando a nuvem permanecia sobre o tabernáculo por um longo tempo, o povo de Yisra'el fazia o que Adonai lhe incumbisse e não saía de lá. 20 Às vezes, a nuvem permanecia mais tempo sobre o tabernáculo; de acordo com a ordem de Adonai, eles permaneciam acampados; e, de acordo com a ordem de Adonai, partiam. 21 Às vezes, a nuvem permanecia apenas da tarde à

manhã, para que, ao ser a nuvem retirada pela manhã, eles viajassem. Ou mesmo
que ela continuasse de dia e de noite, quando a nuvem era retirada, eles partiam.
22 Quer ela permanecesse dois dias, quer 1 mês quer 1 ano sobre o tabernáculo, o
povo de Yisra'el continuava no acampamento e não se movia; mas, assim que ela era
removida, partiam em viagem. 23 À ordem de Adonai, acampavam; e, de acordo com
a ordem de Adonai, prosseguiam — eles faziam o que Adonai lhes ordenava fazer por
intermédio de Mosheh.

10 1 Adonai disse a Mosheh: 2 "Faça duas trombetas; fabrique-as com prata ba-
tida. Use-as para convocar a comunidade e para fazer soar o aviso para
desmontar o acampamento e seguir em frente. 3 Quando elas soarem, toda a comu-
nidade deverá reunir-se diante de você, à entrada da tenda do encontro. 4 Se apenas
uma for tocada, só os líderes, os cabeças dos clãs de Yisra'el, deverão reunir-se
diante de você.

5 "Quando você fizer soar o alarme, os acampamentos a leste começarão a viagem.
6 Quando soar o segundo alarme, os acampamentos ao sul sairão; eles farão soar
alarmes para anunciar a viagem. 7 Entretanto, quando a comunidade for reunida,
vocês devem tocá-las, mas sem fazer soar o alarme. 8 Os filhos de Aharon, os *koha-
nim*, deverão tocar as trombetas; este será um regulamento permanente para vocês,
por todas as suas gerações.

9 "Quando saírem à guerra em sua terra contra um adversário que os oprimir, façam
soar o alarme com as trombetas; isso os fará ser lembrados diante de Adonai, seu Deus,
e serão salvos de seus inimigos.

10 "Também nos dias de alegria, nos tempos designados a vocês e no *Rosh-Hodesh*,
toquem as trombetas sobre suas ofertas queimadas e sobre seus sacrifícios de ofertas
de paz; eles serão seu lembrete diante do seu Deus. Eu sou Adonai, o Deus de vocês".

(Quinto) 11 No vigésimo dia do segundo mês do segundo ano, a nuvem foi
retirada de sobre o tabernáculo do testemunho; 12 e o povo de Yisra'el moveu-se
em estágios desde o deserto do Sinai. A nuvem parou sobre o deserto de Pa'ran.

13 Assim, deram início à primeira jornada, de acordo com a ordem de Adonai,
por intermédio de Mosheh. 14 À frente, seguia o estandarte do acampamento dos
descendentes de Y'hudah, cujos grupos seguiam à frente; o grupo estava a cargo
de Nachshon, o filho de 'Amminadav. 15 O grupo da tribo dos descendentes de
Yissakhar estava a cargo de N'tan'el, o filho de Tzu'ar. 16 O grupo dos descen-
dentes de Z'vulun estava a cargo de Eli'av, o filho de Helon. 17 O tabernáculo foi
desmontado; e os descendentes de Gershon e os descendentes de M'rari partiram,
carregando o tabernáculo.

18 Em seguida, o estandarte do acampamento de Re'uven seguiu adiante, de acor-
do com seus grupos; esses grupos estavam a cargo de Elitzur, o filho de Sh'de'ur.
19 O grupo da tribo dos descendentes de Shim'on estava a cargo de Shlumi'el, o
filho de Tzurishaddai. 20 O grupo dos descendentes de Gad estava a cargo de
Elyasaf, o filho de De'u'el. 21 Em seguida, os descendentes de K'hat partiram,
carregando o santuário, para que o tabernáculo fosse montado [no acampamento
seguinte] antes de eles chegarem.

22 O estandarte do acampamento dos descendentes de Efrayim seguiu adiante, de
acordo com seus grupos; seu grupo estava a cargo de Elishama, o filho de 'Ammihud.
23 O grupo da tribo dos descendentes de M'nasheh estava a cargo de Gamli'el, o filho
de P'dahtzur. 24 O grupo dos descendentes de Binyamin estava a cargo de Avidan, o
filho de Gid'oni.

25 O estandarte do acampamento dos descendentes de Dan, que formava a
retaguarda de todos os acampamentos, seguiu adiante, de acordo com seus gru-
pos; esse grupo estava a cargo de Achi'ezer, o filho de 'Ammishaddai. 26 O grupo
da tribo dos descendentes de Asher estava a cargo de Pag'i'el, o filho de 'Okhran.
27 O grupo dos descendentes de Naftali estava a cargo de Achira, o filho de 'Enan.
28 Desse modo, o povo de Yisra'el viajava em grupos; assim eles se moviam
para diante.
(S: Sexto) 29 Mosheh disse a Hovav, o filho de Re'u'el, o midyani, sogro de Mosheh:
"Estamos de partida para o lugar sobre o qual *Adonai* disse: 'Eu o darei a vocês'.
Venha conosco, e nós o trataremos bem, pois *Adonai* prometeu coisas boas para
Yisra'el". 30 No entanto, ele respondeu: "Não irei; voltarei para minha terra e para
meus parentes". 31 Mosheh continuou: "Por favor, não nos deixe, pois você sabe que
temos de acampar no deserto, e você pode ser nossos olhos. 32 Se você for conosco,
qualquer bem que *Adonai* fizer por nós, faremos o mesmo por você".
33 Assim, partiram da montanha de *Adonai* e viajaram durante três dias. À frente
deles, na jornada de três dias, ia a arca da aliança de *Adonai*, à procura de um novo
lugar para parar. 34 A nuvem de *Adonai* estava sobre eles durante o dia, quando saíam
do acampamento. **(A: Sexto)** 35 Quando a arca se movia para a frente, Mosheh dizia:

"Levanta-te, *Adonai*! Que teus inimigos sejam dispersos!
Que quem te odeia fuja de diante de ti!".

36 Quando ela parava, ele dizia:

"Volta-te, *Adonai*, para os muitos, muitos
milhares de Yisra'el!".

11 1 O povo, porém, começou a reclamar de suas dificuldades para *Adonai*.
Quando ele os ouviu, sua ira acendeu-se, e irrompeu contra eles o fogo de
Adonai e consumiu os arredores do acampamento. 2 Então o povo clamou a Mosheh,
Mosheh orou a *Adonai*, e o fogo extinguiu-se. 3 Esse lugar foi chamado Tav'erah
[queima], pois o fogo de *Adonai* irrompeu contra eles.
4 Em seguida, a multidão mista que estava com eles tornou-se muito desejosa de
ter uma vida mais fácil; enquanto o povo de Yisra'el, por sua vez, também voltou
a choramingar e disse: "Ah, se tivéssemos carne para comer! 5 Lembramo-nos dos
peixes que comíamos no Egito — de graça! — e os pepinos, os melões, os alhos-
-porós, as cebolas, o alho! 6 Entretanto, agora estamos definhando, não dispomos
de nada para olhar, a não ser o *man*".
7 O *man*, a propósito, assemelhava-se à semente de coentro e era branca como
resina de goma. 8 O povo saía à volta para colhê-lo e o triturava em moinhos ou o
amassava com o pilão. Depois, eles o coziam em vasilhas e faziam com ele pães
com o sabor semelhante ao de bolos assados com azeite de oliva. 9 Quando o orva-
lho caía sobre o acampamento, durante a noite, o *man* chegava com ele.
10 Mosheh ouviu o povo chorar, família após família, à entrada da sua tenda; a
ira de *Adonai* irrompeu com violência; e Mosheh também se sentiu irritado. 11 Mo-
sheh perguntou a *Adonai*: "Por que tratas teu servo tão mal? Por que não encontro
favor à tua vista, para que coloques a carga de todo este povo sobre mim? 12 Eu con-
cebi este povo? Fui-lhe pai, para que me digas: 'Carregue-o em seus braços, como a
ama carrega o bebê, até a terra que juraste aos ancestrais deles?'. 13 Onde consegui-
rei carne para dar a todo este povo? — pois eles continuam me importunando com
seu choro e com suas palavras: 'Dá-nos carne para comer!'. 14 Não consigo carregar
todo este povo por mim mesmo — é demais para mim! 15 Se tu me tratas desse

modo, então mata-me agora! — por favor, se tu tens misericórdia de mim! — e não me deixes ser tão infeliz!".

16 *Adonai* disse a Mosheh: "Leve até mim 70 dos líderes de Yisra'el, pessoas reconhecidas por você como líderes do povo e oficiais deles. Leve-os à tenda do encontro e faça que se assentem ali com você. 17 Descerei e falarei com vocês ali, e pegarei um pouco do Espírito que está sobre você e o porei sobre eles. Assim, eles carregarão a carga do povo com você, para que não a carregue sozinho.

18 "Diga ao povo: 'Consagrem-se para amanhã, e vocês comerão carne; pois clamaram aos ouvidos de *Adonai*: "Ah, se tivéssemos carne para comer! Tínhamos uma vida boa no Egito!". Está bem, *Adonai* dará carne a vocês, e a comerão. 19 Não a comerão apenas por um dia, ou dois dias, ou cinco, ou dez, ou vinte dias, 20 mas durante um mês inteiro — até que ela saia pelo nariz de vocês e passem a odiá-la — pois rejeitaram *Adonai*, que está aqui com vocês, e o angustiaram com seu choro e a pergunta: "Por que saímos do Egito?" '.".

21 No entanto, Mosheh disse: "Aqui estou com 600 mil homens, e tu dizes: 'Eu lhes darei carne para comerem durante um mês inteiro?'. 22 Se rebanhos e gado inteiros fossem mortos para eles, seria o suficiente? Se todos os peixes do mar fossem pescados para eles, isso bastaria?". 23 *Adonai* respondeu a Mosheh: "O braço de *Adonai* encolheu? Agora vocês verão se o que eu disse acontecerá ou não!".

24 Mosheh saiu e disse ao povo o que *Adonai* dissera. Em seguida, reuniu 70 dos líderes do povo e colocou-os à volta da tenda. 25 *Adonai* desceu em uma nuvem, falou a Moisés, pegou um pouco do Espírito que estava sobre ele e o pôs sobre os 70 líderes. Quando o Espírito veio sobre eles e permaneceu ali, eles profetizaram — naquele momento, mas nunca mais.

26 Havia dois homens que estavam no acampamento, um se chamava Eldad e o outro, Medad, e o Espírito lhes sobreveio e permaneceu sobre eles. Eles estavam entre os alistados para se dirigirem à tenda, mas não o fizeram, e profetizaram no acampamento. 27 Um jovem correu e disse a Mosheh: "Eldad e Medad estão profetizando no acampamento!". 28 Y'hoshua, o filho de Nun, que desde a juventude era ajudante de Mosheh, respondeu: "Mosheh, meu senhor, faça-os parar!". 29 Entretanto, Mosheh respondeu: "Você é tão zeloso para me proteger? Meu desejo é que todo o povo de *Adonai* fosse constituído de profetas! Desejaria que *Adonai* colocasse seu Espírito sobre todos eles!".

(Sétimo) 30 Mosheh e os líderes de Yisra'el voltaram ao acampamento, 31 e *Adonai* enviou um vento que trouxe codornas do mar e as fez cair perto do acampamento, a cerca de um dia de viagem de cada lado do acampamento e à sua volta, cobrindo o solo com uma camada de 91 centímetros. 32 O povo todo se levantou nesse dia e passou a noite toda e todo o dia seguinte juntando as codornas — a pessoa que recolheu menos juntou dez montões; então eles as estenderam por toda a volta do acampamento. 33 No entanto, enquanto a carne ainda estava em sua boca, antes de a mastigarem, a ira de *Adonai* acendeu-se contra o povo, e *Adonai* o feriu com uma praga terrível. 34 Por essa razão, esse lugar foi chamado Kivrot-HaTa'avah [túmulos da cobiça], pois eles sepultaram ali o povo que era tão ganancioso.

35 De Kivrot-HaTa'avah, o povo viajou para Hatzerot, e eles ficaram em Hatzerot.

12 1 Miryam e Aharon começaram a criticar Mosheh por causa da mulher etíope com quem ele se casara. 2 Eles disseram: "Será verdade que *Adonai* tem falado só por meio de Mosheh? Ele não tem falado também por meio de nós?". *Adonai* ouviu-os. 3 O homem Mosheh era muito humilde, mais que qualquer outro na terra.

4 Pouco depois, *Adonai* disse a Mosheh, Aharon e Miryam: "Vão, vocês três, à tenda
do encontro". E os três foram.

5 *Adonai* desceu em uma coluna de nuvem e permaneceu à entrada da tenda. Ele
chamou Aharon e Miryam, e os dois se aproximaram. 6 Ele disse: "Escutem o que
digo: quando há um profeta entre vocês, eu, *Adonai*, torno-me conhecido por ele em
uma visão, falo com ele em um sonho. 7 No entanto, não é dessa maneira com meu
servo Mosheh. Ele é o único fiel em toda a minha casa. 8 Com ele, falo face a face, e
de forma clara, não por meio de enigmas; ele vê a imagem de *Adonai*! Por que vocês
não têm medo de criticar meu servo Mosheh?". 9 A ira de *Adonai* acendeu-se contra
eles, e ele foi embora.

10 Contudo, quando a nuvem foi removida de cima da tenda, Miryam teve
tzara'at, tão branca quanto a neve. Aharon olhou para Miryam, e ela estava tão
branca quanto a neve. 11 Aharon disse a Mosheh: "Ó meu senhor, por favor, não nos
castigue por esse pecado que cometemos de forma tão tola. 12 Por favor, não a deixe
como um natimorto, com o corpo meio destruído quando sai do útero da mãe!".
13 Mosheh clamou a *Adonai*: "Ó Deus, imploro-te, por favor, cura-a!". **(*Maftir*)** 14 *Adonai*
respondeu a Mosheh: "Se o pai dela lhe tivesse cuspido no rosto, ela não se teria
escondido de vergonha por sete dias? Que ela seja expulsa do acampamento por
sete dias; depois disso, ela poderá ser trazida de volta". 15 Miryam foi expulsa do
acampamento por sete dias, e o povo não partiu dali enquanto ela não foi trazida
de volta. 16 Mais tarde, o povo saiu de Hatzerot e acampou no deserto de Pa'ran.

***Haftarah B'ha'alotkha*: *Z'kharyah* [Zc] 2.14—4.7.**

Sugestão de leitura da *B'rit Hadashah* para a *Parashah B'ha'alotkha*: *Yochanan* [Jo] 19.31-37; Judeus messiânicos [Hb] 3.1-6.

Parashah 37: *Shlach l'kha* (Envie para você) 13.1—15.41

13 1 *Adonai* Deus disse a Mosheh: 2 "Envie alguns homens para fazer o reco-
nhecimento da terra de Kena'an, que dou ao povo de Yisra'el. De cada tribo
ancestral, envie alguém que seja líder da tribo. 3 Mosheh enviou-os do deserto de
Pa'ran, como *Adonai* lhe tinha ordenado; todos eles eram homens da liderança den-
tre o povo de Yisra'el. 4 Seus nomes eram:

da tribo de Re'uven, Shamua, o filho de Zakur;
5 da tribo de Shim'on, Shafat, o filho de Hori;
6 da tribo de Y'hudah, Kalev, o filho de Y'funeh;
7 da tribo de Yissakhar, Yig'al, o filho de Yosef;
8 da tribo de Efrayim, Hoshe'a, o filho de Nun;
9 da tribo de Binyamin, Palti, o filho de Rafu;
10 da tribo de Z'vulun, Gadi'el, o filho de Sodi;
11 da tribo de Yosef, isto é, da tribo de M'nasheh, Gadi, o filho de Susi;
12 da tribo de Dan, 'Ammi'el, o filho de G'malli;
13 da tribo de Asher, S'tur, o filho de Mikha'el;
14 da tribo de Naftali, Nachbi, o filho de Vofsi; e
15 da tribo de Gad, Ge'u'el, o filho de Makhi.

16 Estes são os nomes dos homens enviados por Mosheh para fazer o reconheci-
mento da terra. Mosheh deu a Hoshe'a, o filho de Nun, o nome Y'hoshua.

17 Mosheh enviou-os para fazer o reconhecimento da terra de Kena'an, instruin-
do-os: "Subam ao Negev e sigam para as colinas, 18 e vejam como é essa terra. Repa-
rem também no povo que vive ali, se eles são fortes ou fracos, poucos ou muitos;
19 e em que tipo de terra eles vivem, se é boa ou ruim; e em que tipo de cidades eles
moram, abertas ou fortificadas. 20 Vejam também se a terra é fértil ou improduti-
va, ou se nela há mata ou não. Por fim, sejam audazes o suficiente para trazerem
algumas das frutas da terra".

Quando eles saíram, era a estação da colheita das primeiras uvas. **(Segundo)**
21 Eles subiram e fizeram o reconhecimento da terra do deserto de Tzin a Rechov,
junto da entrada de Hamat. 22 Eles subiram ao Negev e chegaram a Hevron; Achi-
man, Sheshai e Talmai, os 'anakim, viviam ali. (Hevron fora construída sete anos
antes de Tzo'an, no Egito.) 23 Eles chegaram ao vale de Eshkol; e ali cortaram um ga-
lho com um cacho de uvas, que carregaram por meio de uma vara entre dois deles;
também pegaram romãs e figos. 24 Esse lugar foi chamado vale de Eshkol [cacho],
por causa do cacho que o povo de Yisra'el cortou ali.

25 Quarenta dias depois, eles voltaram de fazer o reconhecimento da terra 26 e se
dirigiram a Mosheh, Aharon e a toda a comunidade de Yisra'el em Kadesh, no deserto
de Pa'ran, onde fizeram o relato a eles e a toda a comunidade e lhes mostraram o
fruto da terra. 27 Isto foi o que eles lhes contaram: "Entramos na terra à qual você nos
enviou, e, de fato, ela goteja leite e mel — aqui está o seu fruto! 28 Entretanto, o povo
que vive na terra é feroz, e as cidades são fortificadas e muito grandes. Além disso,
vimos ali os 'anakim. 29 'Amalek vive na área do Negev; o hitti, o y'vusi e o emori vi-
vem nas colinas; e o kena'ani vive junto ao mar e ao lado do Yarden".

30 Kalev silenciou o povo à volta de Mosheh e disse: "Devemos subir de imediato
e tomar posse dela; não há dúvida de que podemos conquistá-la". 31 No entanto, os
homens que foram com ele disseram: "Não podemos atacar esse povo, porque eles
são mais fortes que nós"; 32 e eles espalharam um relato negativo a respeito da terra
de que haviam feito o reconhecimento para o povo de Yisra'el, dizendo: "A terra
pela qual passamos a fim de espioná-la é uma terra que devora seus habitantes.
Todas as pessoas que vimos lá são gigantes! 33 Vimos os n'filim, os descendentes de
'Anak, procedente dos n'filim; nós nos sentíamos como gafanhotos, comparados a
eles; e tínhamos também essa aparência para eles!".

14 1 Nesse momento, todo o povo de Yisra'el gritou desesperado, e chorou du-
rante toda a noite. 2 Além disso, todo o povo de Yisra'el começou a mur-
murar contra Mosheh e Aharon; toda a comunidade lhes disse: "Desejaríamos ter
morrido na terra do Egito ou morrido aqui no deserto! 3 Por que *Adonai* está nos
levando a essa terra, onde morreremos à espada? Nossas mulheres e filhos peque-
nos serão levados como despojo! Não nos seria melhor voltar ao Egito?". 4 E eles
diziam uns aos outros: "Vamos escolher um líder e voltar ao Egito!".

5 Mosheh e Aharon prostaram com o rosto em terra diante de todo o povo de
Yisra'el. 6 Y'hoshua, o filho de Nun, e Kalev, o filho de Y'funeh, do destacamento
que havia feito o reconhecimento da terra, rasgaram suas roupas 7 e disseram a
toda a comunidade de Yisra'el: "A terra pela qual passamos a fim de espioná-la é
realmente muito boa! **(Terceiro)** 8 Se *Adonai* se agradar de nós, ele nos levará àquela
terra e a dará a nós — a terra que goteja leite e mel. 9 Apenas não se rebelem contra
Adonai. E não temam o povo que vive na terra — nós os derrotaremos! A defesa
deles foi tirada, e *Adonai* está conosco! Não tenham medo deles!".

10 Quando, porém, toda a comunidade dizia que eles deveriam ser apedrejados
até a morte, a glória de *Adonai* apareceu na tenda do encontro para todo o povo de

Yisra'el. 11 *Adonai* disse a Mosheh: "Por quanto tempo mais esse povo vai me tratar com desprezo? Por quanto tempo ainda não crerão em mim, considerando-se especialmente todos os sinais que realizei entre eles? 12 Vou feri-los com uma doença, destruí-los, e farei de você uma nação maior e mais forte que eles!".

13 Entretanto, Mosheh respondeu a *Adonai*: "Quando os egípcios ouvirem a respeito disso — [e ouvirão] porque foi dentre eles que tu, por tua força, trouxeste este povo — 14 eles falarão ao povo que vive nesta terra. Eles ouviram que tu, *Adonai*, estás com este povo; que tu, *Adonai*, és visto face a face; que tua nuvem permanece sobre eles; que tu vais adiante deles na coluna de nuvem, de dia, e na coluna de fogo, à noite. 15 Se tu exterminares este povo com um único golpe, as nações que ouviram acerca de teu conceito dirão 16 que a razão para *Adonai* ter matado este povo no deserto é a incapacidade de conduzi-los à terra que lhes jurou dar. 17 E agora, por favor, que o poder de *Adonai* seja tão grande como no momento em que disseste: 18 '*Adonai* é vagaroso para irar-se, rico em graça, perdoador de ofensas e crimes; entretanto, não isenta de culpa, mas faz os efeitos negativos das ofensas dos pais serem experimentados até pela terceira e quarta gerações'. 19 Por favor! Perdoa a ofensa deste povo de acordo com a grandeza da tua graça, como tu tens suportado este povo do Egito até agora".

20 *Adonai* respondeu: "Eu perdoo, como você pediu. 21 Entretanto, tão certo quanto eu vivo, e que toda a terra está cheia da glória de *Adonai*, 22 ninguém que viu minha glória e os sinais que fiz no Egito e no deserto, e mesmo assim me tentou por dez vezes e não ouviu a minha voz, 23 verá a terra que jurei a seus ancestrais! Ninguém que me tratou com desprezo a verá. 24 No entanto, meu servo Kalev, por ter um Espírito diferente dentro dele, e por ter sempre me seguido — a ele eu farei entrar na terra em que entrou, e ela pertencerá a seus descendentes.

25 "Agora, pelo fato de o 'amaleki e o kena'ani viverem no vale, voltem amanhã e entrem no deserto, em direção ao mar de Suf".

(Quarto) 26 *Adonai* disse a Mosheh e Aharon: 27 "Quanto tempo mais terei de suportar esta comunidade maligna que não para de reclamar contra mim? Ouvi as queixas do povo de Yisra'el, que eles não param de fazer contra mim. 28 Diga-lhes o seguinte: 'Tão certo quanto eu vivo, *Adonai* jura, e tão certo quanto vocês falaram aos meus ouvidos, eu farei isto a vocês: 29 as carcaças de vocês cairão no deserto! Todos os que foram incluídos no censo, com mais de 20 anos, que reclamaram de mim, 30 com certeza, não entrarão na terra acerca da qual levantei a mão para jurar que viveriam nela — com exceção de Kalev, o filho de Y'funeh, e Y'hoshua, o filho de Nun. 31 No entanto, seus filhos, dos quais disseram que seriam levados como despojo — eu farei entrar na terra. Eles conhecerão a terra que vocês rejeitaram. 32 Quanto a vocês, porém, suas carcaças cairão neste deserto, 33 e seus filhos vagarão neste deserto por quarenta anos, suportando a consequências de suas prostituições, até que o deserto devore suas carcaças. 34 Vocês suportarão as consequências de suas ofensas, na proporção de 1 ano por dia gasto no reconhecimento da terra — quarenta dias, quarentas anos. Assim, vocês saberão o que significa opor-se a mim! 35 Eu, *Adonai*, falei. Com certeza, farei isso com toda a comunidade maligna que se reuniu contra mim — eles serão destruídos no deserto e morrerão ali' ".

36 Os homens que Mosheh tinha enviado para fazer o reconhecimento da terra e que, ao retornarem, fizeram toda a comunidade reclamar contra ele, por lhes terem apresentado um relato desfavorável a respeito da terra — 37 esses homens que apresentaram o relato desfavorável a respeito da terra morreram por causa de uma praga na presença de *Adonai*. 38 Dos homens que foram fazer o reconhecimento da terra, somente Y'hoshua, o filho de Nun, e Kalev, o filho de Y'funeh, permaneceram com vida.

39 Quando Mosheh contou essas coisas a todo o povo de Yisra'el, o povo sentiu remorso. 40 No dia seguinte, eles se levantaram cedo, subiram ao cume da montanha e disseram: "Aqui estamos, e pecamos, mas agora subiremos ao lugar prometido por *Adonai*". 41 Mosheh respondeu: "Por que vocês se opõem ao que *Adonai* disse? Vocês não serão bem-sucedidos! 42 Não subam para lá, pois *Adonai* não está com vocês. Se o fizerem, seus inimigos os derrotarão. 43 Os 'amalekim e os kena'anim estão ali, à sua frente, e eles os matarão à espada. O motivo para isso é que vocês deixaram de seguir *Adonai*, por isso *Adonai* não estará com vocês".

44 No entanto, eles eram presunçosos e partiram em direção às partes altas da região montanhosa, ainda que a arca da aliança de *Adonai* e Mosheh permanecessem no acampamento. 45 Então os 'amalekim e os kena'anim que moravam naquela região montanhosa desceram, atacaram-nos e os derrotaram por todo o caminho até Hormah.

15 1 *Adonai* disse a Mosheh: 2 "Fale ao povo de Yisra'el: 'Quando tiverem entrado na terra em que viverão, a terra que dou a vocês, 3 e desejarem fazer uma oferta pelo fogo a *Adonai* — uma oferta queimada, ou sacrifício para cumprir um voto especial, ou uma oferta voluntária, ou uma das ofertas referentes aos tempos designados, para extrair um aroma fragrante para *Adonai* —, quer ela proceda do rebanho quer do gado, 4 a pessoa que trouxer a oferta deve presentear *Adonai* com uma oferta de grãos, consistindo em 276 gramas de farinha pura amassada com 1 litro de azeite de oliva, 5 e 1 litro de vinho para a oferta de bebida. Isso é o que vocês devem preparar com a oferta queimada ou junto com cada cordeiro sacrificado.

6 " 'Preparem 3,8 litros de farinha pura amassada com 1 litro de azeite de oliva para cada carneiro; 7 para a oferta de bebida, apresentem 1 litro de vinho, como aroma fragrante para *Adonai*.

(Quinto) 8 " 'Quando vocês prepararem um novilho, como oferta queimada, como sacrifício para cumprir um voto especial ou ofertas de paz para *Adonai*, 9 apresentem com o novilho uma oferta de grãos de 5,7 litros de farinha pura amassada com 2 litros de azeite de oliva. 10 Para a oferta de bebida, apresentem 2 litros de vinho, por uma oferta feita pelo fogo, um aroma fragrante para *Adonai*.

11 " 'Procedam dessa maneira em relação a todo novilho, carneiro ou cordeiro. 12 Qualquer que seja o número de animais que prepararem, façam isso para cada um.

13 " 'Todo natural da terra procederá assim quando apresentar uma oferta feita pelo fogo, como aroma fragrante para *Adonai*. 14 Se um estrangeiro permanecer com vocês — ou quem quer que esteja com vocês, por todas as gerações — e desejar levar uma oferta feita pelo fogo, como aroma fragrante para *Adonai*, fará o mesmo que vocês. 15 Pois esta comunidade terá a mesma lei para vocês e para o estrangeiro que vive com vocês. Este é um regulamento permanente por todas as suas gerações; o estrangeiro será tratado da mesma forma diante de *Adonai* e de vocês. 16 A mesma *Torah* e o mesmo padrão de juízo serão aplicados a vocês e ao estrangeiro que vive com vocês' ".

(Sexto) 17 *Adonai* disse a Mosheh: 18 "Fale ao povo de Yisra'el: 'Quando vocês entrarem na terra para onde os estou levando, 19 e comerem pão produzido na terra, devem pôr de lado uma porção, como oferta para *Adonai*. 20 Ponham de lado da primeira massa um bolo, como oferta; ponham-no de lado como separariam a porção de grãos da eira. 21 Da sua primeira massa, deem a *Adonai* uma porção, como oferta em todas as suas gerações.

22 " 'Se, por engano, vocês falharem em guardar todas estas *mitzvot* que *Adonai* anunciou a Mosheh, 23 sim, tudo o que *Adonai* ordenou que fizessem por intermédio

de Mosheh, desde o dia em que *Adonai* ordenou passando por todas as suas gerações, 24 caso tenha sido cometido um erro pela comunidade, sem que fosse do conhecimento dela, toda a comunidade oferecerá um novilho para a oferta queimada, como aroma fragrante para *Adonai*, com os grãos e ofertas de bebida, de acordo com a regra, e um bode, como oferta pelo pecado. 25 O *kohen* fará expiação por toda a comunidade do povo de Yisra'el; e eles serão perdoados, pois se tratou de um engano; e eles trarão sua oferta, uma oferta feita pelo fogo, a *Adonai*, e a oferta pelo pecado diante de *Adonai* por seu engano. 26 Toda a comunidade do povo de Yisra'el será perdoada e, da mesma forma, o estrangeiro que permanecer com eles, pois o engano foi cometido pelo povo todo.

(Sétimo) 27 " 'Se uma pessoa pecar por engano, oferecerá uma cabra de 1 ano, como oferta pelo pecado. 28 O *kohen* fará expiação diante de *Adonai* pela pessoa que cometer um engano ao pecar de forma involuntária. Será feita a expiação por ele, e ele será perdoado — 29 não importa se ele é natural de Yisra'el ou um estrangeiro que vive com o povo de Yisra'el. Vocês devem ter uma lei para quem faz algo errado por engano.

30 " 'No entanto, a pessoa que fizer algo de errado de forma intencional, quer natural da terra, quer estrangeiro, blasfema contra *Adonai*. E será eliminado do povo, 31 pois demonstrou seu desprezo pela palavra de *Adonai* e desobedeceu ao seu mandamento; essa pessoa será eliminada por completo; sua ofensa permanecerá com ela' ".

32 Enquanto o povo de Yisra'el estava no deserto, eles encontraram um homem que juntava lenha no *shabbat*. 33 Quem o encontrou juntando lenha levou-o a Mosheh, Aharon e a toda a congregação. 34 Eles o mantiveram sob custódia, pois não se decidira o que fazer com ele. 35 Então *Adonai* disse a Mosheh: "Esse homem deve ser executado; toda a comunidade deverá apedrejá-lo até a morte, fora do acampamento". 36 Assim, toda a comunidade o levou para fora do acampamento e lançou pedras nele até que morresse, como *Adonai* ordenara a Mosheh.

(*Maftir*) 37 *Adonai* disse a Mosheh: 38 "Fale ao povo de Yisra'el; instrua-os a fazer, em todas as gerações, *tzitziyot* nos cantos de suas roupas, e a colocarem com a *tzitzit* de cada canto um fio azul. 39 A *tzitzit* servirá para vocês olharem para ela e se lembrarem de toda as *mitzvot* de *Adonai* e obedecerem a elas, para que não sejam desviados pelo próprio coração e pelos olhos, sendo levados a se prostituir. 40 Que ela os ajude a se lembrarem de todas as minhas *mitzvot, a* obdecerem a elas e serem santos para seu Deus. 41 Eu sou *Adonai*, o Deus de vocês, que os tirou da terra do Egito com o objetivo de ser o seu Deus. Eu sou *Adonai*, o Deus de vocês".

***Haftarah Shlach l'kha*: *Y'hoshua* [Js] 2.1-24.**

Sugestão de leitura da *B'rit Hadashah* para a *Parashah Shlach l'kha*: Judeus messiânicos [Hb] 3.7-19.

Parashah 38: *Korach* (Coré) 16.1—18.32

16 1 Korach, o filho de Yitz'har, neto de K'hat, bisneto de Levi, junto com Datan e Aviram, os filhos de Eli'av, e On, o filho de Pelet, descendentes de Re'uven, reuniram homens e 2 se rebelaram contra Mosheh. Aliaram-se a eles 250 homens de Yisra'el, líderes da comunidade, membros importantes do conselho, homens de bom conceito. 3 Eles se reuniram contra Mosheh e Aharon e disseram-lhes: "Vocês se valorizam em demasia! Afinal, toda a comunidade é sagrada, todas as pessoas, e *Adonai* está entre eles. Por que, então, vocês se elevam acima da assembleia de *Adonai*?".

4 Quando Mosheh ouviu isso, prostrou-se com o rosto em terra. 5 Ele disse a Korach e a todo o grupo: "Amanhã cedo, *Adonai* mostrará quem é dele e quem é a pessoa santa que ele permitirá que se aproxime dele. Sim, ele fará que a pessoa escolhida se aproxime dele. 6 Korach e todo o seu grupo, façam isto: amanhã, peguem incensários, 7 acendam o fogo e ponham incenso neles diante de *Adonai*. O escolhido por *Adonai* será o santo! São vocês, filhos de Levi, que se valorizam em demasia!".

8 Mosheh disse a Korach: "Ouçam aqui, filhos de Levi! 9 É insignificante para vocês que o Deus de Yisra'el os tenha separado da comunidade de Yisra'el para se aproximarem dele, realizarem o trabalho no tabernáculo de *Adonai* e permanecerem diante da comunidade, servindo-a? 10 Ele aproximou você e todos os seus irmãos, os filhos de Levi, para perto, com você. Agora você também deseja o ofício de *kohen*! 11 É por isso que você e seu grupo se uniram contra *Adonai*! Afinal, o que é Aharon para que vocês se queixem dele?".

12 Em seguida, Mosheh mandou chamar Datan e Aviram, os filhos de Eli'av. Eles, porém, responderam: "Nós não subiremos! 13 É algo sem importância ter-nos tirado da terra em que sobejam leite e mel para nos matar no deserto, a tal ponto que você se arroga o papel de ditador sobre nós? **(Segundo)** 14 Você não nos trouxe a todos para uma terra em que sobejam leite e mel, e também não nos deu a posse de campos e vinhas. Você acha que pode arrancar os olhos desses homens e cegá-los? Nós não subiremos!".

15 Mosheh ficou muito irado e disse a *Adonai*: "Não aceites a oferta de grãos deles! Nunca tirei um jumento deles, não fiz nada de errado para nenhum deles". 16 Mosheh disse a Korach: "Você e seu grupo estejam lá, amanhã, diante de *Adonai* — você, eles e Aharon. 17 Cada um de vocês acenda o fogo do seu incensário e ponha nele incenso; cada um de vocês deverá levar diante de *Adonai* o incensário, 250 braseiros — você também, e Aharon — cada um com seu incensário".

18 Cada homem acendeu o fogo de seu incensário, colocou incenso e permaneceu à entrada da tenda do encontro com Mosheh e Aharon. 19 Korach reuniu todo o grupo que estava contra eles à entrada da tenda do encontro. A glória de *Adonai* apareceu a toda a assembleia.

(Terceiro) 20 *Adonai* disse a Mosheh e Aharon: 21 "Separem-se desta assembleia; eu vou destruí-los imediatamente!". 22 Eles se prostraram com o rosto em terra e disseram: "Oh Deus, Deus dos espíritos de toda a humanidade, se uma pessoa pecar, te irarás contra toda a assembleia?". 23 *Adonai* respondeu a Mosheh: 24 "Diga à assembleia que se afaste das casas de Korach, Datan e Aviram". 25 Mosheh levantou-se e foi até Datan e Aviram, e os líderes de Yisra'el o seguiram. 26 Ali ele disse à assembleia: "Deixem as tendas desses homens ímpios! Não toquem em nada que lhes pertença, ou vocês poderão ser engolidos por todos os seus pecados". 27 Assim, eles se afastaram das tendas em que Korach, Datan e Aviram viviam.

Depois disso, Datan e Aviram saíram e permaneceram à entrada de suas tendas com suas mulheres, filhos e crianças. 28 Mosheh disse: "Eis como vocês saberão que *Adonai* me enviou para fazer todas essas coisas e que eu não as fiz com base em minha ambição: 29 se estes homens morrerem de morte natural como as outras pessoas, compartilhando apenas o destino comum a toda a humanidade, *Adonai* não me terá enviado. 30 No entanto, se *Adonai* fizer algo novo — se o solo se abrir e os engolir com tudo o que possuem, e eles descerem vivos ao *sh'ol* — vocês entenderão que estes homens demonstraram desprezo por *Adonai*".

31 No momento em que ele terminou de falar, o solo abaixo deles se dividiu
— 32 a terra abriu a boca e os engoliu com suas casas, todo o povo que se aliara a
Korach e tudo o que eles possuíam. 33 Assim, eles desceram vivos ao *sh'ol*, com
tudo o que possuíam, a terra fechou-se sobre eles e sua existência na comunidade
chegou ao fim. 34 Todo o Yisra'el, que estava à volta deles, fugiu quando os ouviu
gritar, exclamando: "Pode ser que a terra também nos engula!". 35 Então saiu fogo
da parte de *Adonai* e destruiu os 250 homens que ofereceram o incenso.

17 1(16.36) *Adonai* disse a Mosheh: 2(16.37) "Diga a El'azar, o filho de Aharon, o *kohen*,
que retire os braseiros do fogo, e espalhe as brasas acesas a distância, pois
elas se tornaram sagradas. 3(16.38) Os braseiros dos homens cujo pecado lhes custou
a vida, pois eles se tornaram sagrados — foram também apresentados diante de
Adonai. Portanto, transforme-os em chapas batidas para cobrir o altar. Isso será um
sinal para o povo de Yisra'el".

4(16.39) El'azar, o *kohen*, pegou os braseiros de bronze que os homens queimados
até a morte haviam oferecido e mandou fazer com eles uma cobertura para o altar,
5(16.40) para fazer o povo de Yisra'el lembrar-se de que qualquer pessoa comum,
que não descende de Aharon, não deve se aproximar de *Adonai* e queimar incenso
diante dele, se quiser evitar o destino de Korach e de seu grupo — como lhe disse
Adonai, por intermédio de Mosheh.

6(16.41) Todavia, no dia seguinte, toda a comunidade do povo de Yisra'el reclamou
contra Mosheh e Aharon: "Vocês mataram o povo de *Adonai*!". 7(16.42) E, pelo fato de
a comunidade estar se reunindo contra Mosheh e Aharon, eles olharam em direção
à tenda do encontro e viram a nuvem cobrindo-a, e a glória de *Adonai*. 8(16.43) Mosheh
e Aharon foram para a frente da tenda do encontro.

(Quarto) 9(16.44) *Adonai* disse a Mosheh: 10(16.45) Afaste-se dessa assembleia, e eu a des-
truirei de uma vez!". Eles, no entanto, prostraram-se com o rosto em terra. 11(16.46) Mo-
sheh disse a Aharon: "Pegue seu incensário, acenda o fogo do altar, ponha incenso
sobre ele, e apresse-se com ele ao encontro da assembleia para fazer expiação por eles,
pois a ira já saiu de *Adonai*, e a praga já começou!". 12(16.47) Aharon pegou o incensário,
como disse Mosheh, e correu para o meio da assembleia. Ali, a praga já havia começa-
do em meio ao povo, mas ele adicionou o incenso e fez expiação pelo povo. 13(16.48) Ele
se postou entre os mortos e os vivos, e a praga cessou. 14(16.49) O número dos que mor-
reram por causa da praga chegou a 14.700 — além dos mortos no incidente de Korach.
15 (16.50) Aharon voltou a Mosheh, à entrada da tenda do encontro, e a praga cessou.

(Quinto) 16(1) *Adonai* disse a Mosheh: 17(2) "Fale ao povo de Yisra'el e recolha deles
varas, uma por tribo ancestral, de cada líder da tribo — 12 varas. Escreva o nome de
cada homem em sua vara; 18(3) e escreva o nome de Aharon no cajado de Levi, pois
cada líder de tribo deverá possuir uma vara. 19(4) Coloque-as na tenda do encontro,
diante do testemunho, onde eu me encontro com você. 20(5) A vara do homem que
estou para escolher brotará — desse modo, darei fim às reclamações do povo de
Yisra'el contra vocês".

21(6) Mosheh falou ao povo de Yisra'el, e todos os líderes lhe deram suas varas,
uma por líder, de acordo com as tribos de seus ancestrais, 12 varas. A vara de
Aharon estava entre as varas deles. 22(7) Mosheh colocou as varas diante de *Adonai*,
na tenda do testemunho. 23(8) No dia seguinte, Mosheh foi à tenda do testemunho, e
viu ali que a vara de Aharon, da casa de Levi, havia brotado — mas dela não haviam
brotado apenas flores, mas também amêndoas maduras. 24(9) Mosheh levou todas
as varas de diante de *Adonai* para todo o povo de Yisra'el, e eles observaram, e cada
homem pegou sua vara de volta.

(Sexto) 25(10) *Adonai* disse a Mosheh: "Ponha a vara de Aharon de volta ao seu lugar, diante do testemunho. Ela deve ser mantida ali como sinal para os rebeldes, a fim de que parem de murmurar contra mim e não morram". 26(11) Mosheh fez dessa forma; ele realizou o que *Adonai* lhe tinha ordenado. 27(12) O povo de Yisra'el, porém, disse a Mosheh: "Oh não, somos homens mortos, perdidos! Estamos todos perdidos! 28(13) Sempre que alguém se aproxima do tabernáculo de *Adonai*, morre! Todos nós pereceremos?".

18 1 *Adonai* disse a Aharon: "Você, seus filhos e a linhagem familiar de seu pai serão responsáveis por tudo o que der errado no santuário. Você e seus filhos [que estão] com você serão responsáveis por tudo de errado que ocorrer em seu serviço de *kohanim*. 2 No entanto, devem trazer seus parentes, a tribo de Levi, para trabalhar com vocês e ajudá-los — você e seus filhos com você — quando estiverem ali, diante da tenda do encontro. 3 Eles devem manter-se à sua disposição e realizar todos os tipos de tarefas relacionadas à tenda; apenas não devem se aproximar dos móveis sagrados ou do altar, para que nem eles nem vocês morram. 4 Eles trabalharão com vocês em suas obrigações relacionadas à tenda do encontro, qualquer que seja o serviço; entretanto, nenhuma pessoa não autorizada deverá se aproximar de vocês. 5 Vocês tomarão conta de todos os objetos sagrados e do altar, para que não haja mais ira contra o povo de Yisra'el. 6 Eu mesmo separei os seus parentes, os *l'vi'im*, dentre o povo de Yisra'el; eles foram dados a vocês como um presente da parte de *Adonai*, para que possam realizar o serviço na tenda do encontro. 7 Você e seus filhos exercerão suas prerrogativas e obrigações como *kohanim* em relação a tudo o que diz respeito ao altar e ao que há no interior da cortina. Eu incumbo vocês do serviço requerido dos *kohanim*; qualquer pessoa não autorizada que tentar realizá-lo será executada".

8 *Adonai* disse a Aharon: "Eu mesmo o pus a cargo das contribuições oferecidas a mim. Todas as coisas consagradas pelo povo de Yisra'el, eu tenho dado e posto de lado para você e seus filhos; esta é uma lei perpétua. 9 Eis o que pertencerá a você de todos os objetos especialmente sagrados retirados do fogo: toda oferta que apresentarem — isto é, toda oferta de grãos, oferta pelo pecado e oferta pela culpa da parte deles que me entregarem — será especialmente sagrada para você e seus filhos. 10 Você deverá comê-la em um lugar especialmente sagrado; todos do sexo masculino poderão comê-la; ela será separada para você.

11 "Também de vocês é a contribuição do povo de Yisra'el oferecida sob forma de ofertas movidas. Eu as dei a você, a seus filhos e filhas; esta é uma lei perpétua. Todos os membros de sua família que estiverem puros poderão comê-la. 12 Eu dei também a você a primeira porção do que eles dão a *Adonai*: o melhor do azeite de oliva, do vinho e do trigo. 13 Os primeiros frutos maduros de tudo o que existir na terra deles, e que levarem a *Adonai*, deverá pertencer a você; todo membro de sua família que estiver puro poderá comer dele.

14 "Em Yisra'el, tudo o que for consagrado, incondicionalmente, será seu.

15 "Todo que sai do ventre em primeiro lugar, de todos os seres vivos que se oferecem a *Adonai*, quer seres humanos quer animais, pertencerá a você. Contudo, você deverá resgatar o primogênito do ser humano e o primogênito de um animal impuro. 16 A soma a ser paga pelo resgate de qualquer pessoa com 1 mês de idade ou mais deve ser de cinco *shekalim* de prata [60 gramas], segundo sua avaliação, usando o *shekel* do santuário (isso equivale a 20 *gerot*). 17 O primogênito do boi, o do carneiro ou o do bode, porém, não deverão ser resgatados: eles são sagrados — você deve borrifar o sangue deles contra o altar e fazer sua gordura queimar,

como oferta feita pelo fogo, aroma fragrante para *Adonai*. 18 A carne será sua, como o peito que é movido e a coxa direita — eles serão seus. 19 Todas as contribuições de objetos sagrados que o povo de Yisra'el oferecer a *Adonai*, dou a você, a seus filhos e filhas; esta é uma lei perpétua, uma aliança de sal eterna diante de *Adonai* para você e seus descendentes".

20 *Adonai* disse a Aharon: "Não tenha nenhuma herança ou porção na terra deles; eu sou sua porção e herança em meio ao povo de Yisra'el.

(Sétimo) 21 "Dei aos descendentes de Levi todo o décimo da produção recolhida em Yisra'el. Esta é a herança deles, o pagamento pelo serviço realizado na tenda do encontro. 22 De agora em diante, o povo de Yisra'el não deverá aproximar-se da tenda do encontro, para que não sofra as consequências de seu pecado e morra. 23 Somente os *l'vi'im* devem realizar o serviço na tenda do encontro, e eles serão responsáveis por tudo o que fizerem errado. Este deve ser um regulamento permanente por todas as suas gerações. Eles não terão herança em meio ao povo de Yisra'el, 24 pois eu dei como herança aos *l'vi'im* a décima parte da produção que o povo de Yisra'el separar como oferta para *Adonai*. Esse é o motivo de eu lhes ter dito que não devem ter herança em meio ao povo de Yisra'el".

25 *Adonai* disse a Mosheh: 26 "Fale aos *l'vi'im*: 'Quando vocês receberem a décima parte da produção que dei a vocês como herança do povo de Yisra'el, separem dela uma oferta para *Adonai*: um décimo da décima parte. 27 A oferta separada por vocês será considerada como se fossem grãos da eira e suco de uva do tanque do vinho. 28 Desse modo, vocês separarão uma oferta para *Adonai* de todas as décimas partes que receberem do povo de Yisra'el, e, dessas décimas partes, devem dar a Aharon, o *kohen*, a oferta posta de lado para *Adonai*. 29 De tudo o que lhes for dado, ponham de lado tudo o que é devido a *Adonai* — a melhor parte, a porção sagrada'.

(*Maftir*) 30 "Portanto, você lhes dirá: 'Quando vocês separarem a melhor parte, ela será atribuída aos *l'vi'im*, como se fossem grãos de eira e suco de uva do tanque do vinho. 31 Vocês e suas casas poderão comê-la em qualquer lugar, pois se trata do pagamento devido ao serviço prestado na tenda do encontro. 32 Além disso, pelo fato de terem posto de lado a melhor parte, não cometerão pecado por causa dela; pois não devem profanar as coisas santas do povo de Yisra'el, ou morrerão' ".

***Haftarah Korach*: *Sh'mu'el Alef* [1Sm] 11.14—12.22.**

Sugestão de leitura da *B'rit Hadashah* para a *Parashah Korach*: 2Timóteo 2.8-21; *Y'hudah* [Jd] 1-25.

Parashah 39: *Hukkat* (Regulamento) 19.1—22.1

[Nos anos regulares, lê-se este texto com a *Parashah* 40; nos anos irregulares, ele é lido separadamente.]

19 1 *Adonai* disse a Mosheh e Aharon: 2 "Este é o regulamento da *Torah*, ordenado por *Adonai*. Fale ao povo de Yisra'el que leve a você uma novilha vermelha sem imperfeição ou defeito e em que nunca tenha sido colocado jugo. 3 Deem-na a El'azar, o *kohen*; ela será levada para fora do acampamento e morta diante dele. 4 El'azar, o *kohen*, pegará um pouco do sangue com o dedo e aspergirá sete vezes esse sangue na direção da frente da tenda do encontro. 5 A novilha será queimada até transformar-se em cinzas diante de seus olhos — sua pele, carne, sangue e esterco serão queimados até se tornarem cinzas. 6 O *kohen* pegará madeira de cedro, hissopo e tecido escarlate e os lançará junto da novilha enquanto ela estiver queimando. 7 Em seguida, o *kohen* lavará suas roupas e a si mesmo em água e, depois disso, poderá entrar novamente no acampamento; no entanto, o *kohen* permanecerá impuro até a tarde. 8 A pessoa que queimar a novilha lavará suas roupas e a si mesma em água, e permanecerá impura até a tarde. 9 Um homem que estiver puro recolherá as cinzas da novilha e as guardará fora do acampamento em um lugar limpo. Elas devem ser guardadas para a comunidade do povo de Yisra'el preparar a água para a purificação do pecado. 10 Quem recolher as cinzas da novilha lavará suas roupas e ficará impuro até a tarde. Este será um regulamento permanente para o povo de Yisra'el e para o estrangeiro que estiver com ele.

11 "Quem tocar em um cadáver, não importa de quem seja o corpo, ficará impuro por sete dias. 12 Ele deverá purificar-se com [essas cinzas] no terceiro e no sétimo dias; assim, ficará puro. No entanto, se ele não se purificar no terceiro e no sétimo dias, não ficará puro. 13 Quem tocar em um cadáver, não importa de quem seja o corpo, e não se purificar, macula o tabernáculo de *Adonai*. Será eliminado de Yisra'el, pois a água da purificação não foi aspergida sobre ele. Estará impuro; sua impureza permanece sobre ele.

14 "Esta é a lei: quando a pessoa morrer na tenda, quem entrar na tenda e tudo o que há na tenda serão impuros por sete dias. 15 Todo recipiente aberto, sem a tampa bem fechada, é impuro. 16 Quem estiver no campo e tocar em um cadáver, de alguém morto por arma ou morto naturalmente, ou no osso de uma pessoa, ou em uma sepultura, será impuro por sete dias.

17 "Deve-se pegar um pouco das cinzas do animal queimado como purificação do pecado para as pessoas impuras e adicionar um pouco de água fresca às cinzas em um recipiente. **(AB: Segundo)** 18 Uma pessoa pura pegará um ramo de folhas de hissopo, o mergulhará na água e o aspergirá sobre a tenda, sobre todos os recipientes, sobre o povo que estiver ali, e sobre a pessoa que tocou em um osso ou em uma pessoa assassinada ou que morreu de forma natural, ou em um túmulo. 19 A pessoa pura aspergirá a impura no terceiro e no sétimo dias. No sétimo dia, ela a purificará; a pessoa purificada lavará suas roupas e a si mesma em água; e será pura à tarde. 20 A pessoa que permanecer impura e não se purificar será eliminada da comunidade, pois maculou o santuário de *Adonai*. A água da purificação não foi aspergida sobre ela; ela está impura. 21 Este será um regulamento permanente para eles. A pessoa que aspergiu a água da purificação deverá lavar suas roupas. Quem tocar na água da purificação estará impuro até a tarde. 22 Qualquer coisa tocada pela pessoa impura será impura, e quem tocar nessa pessoa estará impura até a tarde".

20 1 O povo de Yisra'el, toda a comunidade, entrou no deserto de Tzin no primeiro mês e permaneceu em Kadesh. Miryam morreu ali, e foi sepultada nesse lugar.

2 Pelo fato de a comunidade não ter água, eles se reuniram contra Mosheh e Aharon. 3 O povo discutiu com Mosheh e disse: "Nós preferíamos ter morrido quando nossos irmãos morreram diante de *Adonai*. 4 Por que você trouxe a comunidade de *Adonai* a este deserto? Para morrermos aqui, nós e nosso gado? 5 Por que vocês nos fizeram deixar o Egito? Para trazer-nos a este lugar terrível sem sementes, figos, vinhas, romãs, sem água para beber?". 6 Mosheh e Aharon deixaram a assembleia, foram à entrada da tenda do encontro e prostraram-se com o rosto em terra; e a glória de *Adonai* apareceu-lhes.

(AR: Segundo; AB: Terceiro) 7 *Adonai* disse a Mosheh: 8 "Pegue o cajado, reúna a comunidade, você e Aharon, seu irmão; e, diante dela, diga à rocha que produza água. Vocês lhes trarão água da rocha e assim farão a comunidade e seu gado beber".

9 Mosheh pegou o cajado de diante de Adonai, como ele lhe ordenara. 10 Depois de Mosheh e Aharon terem reunido a comunidade diante da rocha, ele lhes disse: “Ouçam aqui, rebeldes! Devemos levar a vocês água desta pedra?”. 11 Mosheh levantou a mão e bateu duas vezes com a vara na rocha. Água fluiu em profusão, e a comunidade e o gado beberam.

12 No entanto, Adonai disse a Mosheh e Aharon: “Por vocês não terem confiado em mim, fazendo que eu fosse considerado santo pelo povo de Yisra'el, não levarão esta comunidade à terra que dei a vocês”. 13 Esta é a fonte de M'rivah [fonte da discussão], onde o povo de Yisra'el discutiu com Adonai, e ele se fez considerar santo por eles.

(AB: Quarto) 14 Mosheh enviou mensageiros de Kadesh ao rei de Edom: “Isto é o que seu irmão Yisra'el diz: Você sabe todas as dificuldades pelas quais passamos — 15 nossos ancestrais desceram ao Egito, nós vivemos no Egito por um longo tempo, e os egípcios nos trataram muito mal e a nossos ancestrais. 16 No entanto, quando clamamos a Adonai, ele nos ouviu, enviou um anjo e nos tirou do Egito. Agora, estamos em Kadesh, a cidade à entrada de seu território. 17 Por favor, permita-nos passar por sua terra. Nós não atravessaremos campos ou vinhas, nem beberemos a água dos poços. Seguiremos pela estrada real, a principal, e não nos desviaremos nem para a direita nem para a esquerda, até deixarmos seu território”.

18 Todavia, Edom respondeu: “Vocês não devem atravessar minha terra; se o fizerem, sairei contra vocês com a espada”. 19 O povo de Yisra'el respondeu: “Nós nos manteremos na estrada principal; se bebermos a água, nós ou nosso gado, pagaremos por ela. Apenas nos permita passar por ela a pé — isso não é nada”. 20 Ele, porém, disse: “Vocês não devem atravessá-la”; e Edom saiu contra eles com muitas pessoas e muita força. 21 Assim, Edom recusou-se a permitir a passagem de Yisra'el por seu território; portanto, Yisra'el foi embora.

(AR: Terceiro; B: Quinto) 22 Eles seguiram viagem de Kadesh; e o povo de Yisra'el, toda a comunidade, chegou ao monte Hor. 23 No monte Hor, junto à fronteira da terra de Edom, Adonai disse a Mosheh e Aharon: 24 “Aharon será reunido em breve a seu povo, pois ele não entrará na terra que dei ao povo de Yisra'el, visto que vocês se rebelaram contra o que eu disse a vocês junto à fonte de M'rivah. 25 Pegue Aharon e El‘azar, seu filho, leve-os ao cume do monte Hor, 26 retire as roupas de Aharon e ponha-as sobre El‘azar, seu filho. Aharon será reunido a seu povo — ele morrerá ali”.

27 Mosheh fez como Adonai lhe ordenara. Eles subiram ao monte Hor, diante dos olhos de toda a comunidade. 28 Mosheh removeu as roupas de Aharon e as pôs sobre El‘azar, seu filho, e Aharon morreu ali no cume da montanha. Em seguida, Mosheh e El‘azar desceram da montanha. 29 Quando toda a comunidade viu que Aharon estava morto, eles choraram por Aharon durante trinta dias, toda a casa de Yisra'el.

21 1 Então o rei de ‘Arad, um kena‘ani que vivia no Negev, ouviu que Yisra'el aproximava-se pelo caminho de Atarim. Por isso, ele atacou Yisra'el e levou algumas pessoas cativas. 2 Yisra'el fez um voto a Adonai: “Se tu me entregares esse povo, destruirei as cidades deles de forma completa”. 3 Adonai ouviu Yisra'el e lhe entregou os kena‘anim, de modo que a destruição deles e de suas cidades foi completa; e passaram a designar o lugar Hormah [destruição completa].

4 Em seguida, eles partiram do monte Hor, pela estrada que segue em direção ao mar de Suf, a fim de circundar a terra de Edom; mas o povo ficou irritado por causa do desvio. 5 O povo falou contra Deus e contra Mosheh: “Por que tu nos fizeste sair do Egito? Para morrermos no deserto? Não há alimento de verdade, não há água, e estamos cansados dessas coisas miseráveis que comemos!”.

(AB: Sexto) 6 Em resposta, *Adonai* enviou serpentes venenosas no meio do povo; elas morderam o povo, e muitas pessoas de Yisra'el morreram. 7 O povo aproximou-se de Mosheh e disse: "Pecamos, falando mal de *Adonai* e de você. Ore a *Adonai* para que ele nos livre dessas serpentes". Mosheh orou pelo povo, 8 e *Adonai* respondeu a Mosheh: "Faça uma serpente venenosa e coloque-a sobre um poste. Quando uma pessoa mordida olhar para ela, viverá". 9 Mosheh fez uma serpente de bronze e colocou-a no poste; se uma serpente mordesse alguém, quando essa pessoa olhasse na direção da serpente de bronze, permaneceria viva.

10 O povo de Yisra'el partiu dali e acampou em Ovot. 11 De Ovot, eles viajaram e acamparam em 'Iyei-Ha'Avarim, no deserto defronte de Mo'av, a leste. 12 Dali, eles partiram e acamparam no *vádi* de Zered. 13 Partiram dali e acamparam do outro lado do Arnon, no deserto; esse rio procede do território do emori; o Arnon é a fronteira entre Mo'av e o emori. 14 Esse é o motivo de se dizer no Livro das Guerras de *Adonai*: "[...] Vahev em Sufah, os *vádis* de Arnon, 15 e o declive dos *vádi*s que chegam a alcançar a região de 'Ar, que fica próxima ao território de Mo'av".

16 Dali, eles seguiram até Be'er [poço] — que é o poço a respeito do qual *Adonai* disse a Mosheh: "Reúna o povo, e eu darei água a ele". 17 Então Yisra'el cantou esta canção:

"Mine água, ó poço!
Cantem ao poço
18 cavado por príncipes,
cavado pelos líderes do povo
com o cetro,
com suas varas!".

Do deserto, eles foram a Mattanah, 19 de Mattanah, a Nachali'el, de Nachali'el, a Bamot, 20 e de Bamot, ao vale da planície de Mo'av, ao início da cordilheira de Pisgah, de onde se vê o deserto.

(AR: Quarto; AB: Sétimo) 21 Yisra'el enviou mensageiros a Sichon, rei do emori, com esta mensagem: 22 "Deixe-me passar por sua terra. Nós não nos desviaremos para campos ou vinhas, nem beberemos água dos poços. Seguiremos pela estrada real, a principal, até deixarmos seu território". 23 No entanto, Sichon não permitiu a passagem de Yisra'el por seu território. Em vez disso, Sichon reuniu todo o seu povo e foi ao deserto para lutar contra Yisra'el. Ao alcançar Yachatz, lutou contra Yisra'el. 24 Yisra'el o derrotou pela força de seus braços e assumiu o controle de sua terra do Arnon ao rio Yabok, mas apenas até chegar ao povo de 'Amon, pois o território do povo de 'Amon era bem defendido. 25 Yisra'el capturou todas essas cidades — Yisra'el viveu em todas as cidades do emori, em Heshbon e em todas as cidades vizinhas. 26 Heshbon era a cidade de Sichon, o rei do emori, que lutou contra o rei anterior de Mo'av e conquistou toda a terra dele até o Arnon. 27 Esse é o motivo de os contadores de histórias dizerem:

"Venham a Heshbon! Que ela seja reconstruída!
Que a cidade de Sichon seja restaurada!

28 "Pois irrompeu fogo de Heshbon,
uma chama da cidade de Sichon.
Ela consumiu 'Ar de Mo'av,
os senhores dos lugares altos de Arnon.

29 "Ai de você, Mo'av!
Vocês estão destruídos, povo de K'mosh!

Ele fará seus filhos fugitivos e suas filhas, cativas
de Sichon, rei do emori.
30 "Nós os derrubamos; Heshbon está destruída,
Todo o caminho a Divon.
Nós os destruímos até Nofach,
que se estende até Meidva".

31 Assim, Yisra'el viveu na terra do emori.
32 Mosheh enviou homens para fazer o reconhecimento de Ya'zer; eles captura-
ram as cidades e expulsaram o emori que estava ali
33 Eles retornaram e subiram pela estrada até Bashan; e 'Og, o rei de Bashan,
marchou contra eles, ele com todo o seu povo, para lutar em Edre'i. **(AB: *Maftir*)**
34 *Adonai* disse a Mosheh: "Não tenha medo dele, pois eu o entreguei a você com
todo o povo e sua terra. Trate-o como você tratou Sichon, rei do emori, que vivia
em Heshbon". 35 Assim, eles o derrotaram, com seus filhos e todo o povo, até não
haver mais ninguém vivo; a seguir, assumiram o controle da terra.

22 1 O povo de Yisra'el seguiu viagem e acampou nas planícies de Mo'av, além
do rio Yarden, em frente a Yericho.

***Haftarah Hukkat*: *Shof'tim* [Jz] 11.1-33.**

Sugestão de leitura da *B'rit Hadashah* para a *Parashah Hukkat*: *Yochanan* [Jo] 3.9-21; 4.3-30; 12.27-50.

Parashah 40: *Balak* 22.2—25.9

[Nos anos regulares, lê-se este texto com a *Parashah* 40; nos anos irregulares, ele é lido separadamente.]

2 Balak, o filho de Tzippor, viu tudo o que Yisra'el fez ao emori. 3 Mo'av temia
muito o povo, pois eram muitos. Mo'av encheu-se de medo por causa do povo de
Yisra'el. 4 Por isso, ele disse aos líderes de Midyan: "Essa horda engolirá tudo o que
estiver à nossa volta, como um boi devora a relva no campo".
Balak, o filho de Tzippor, era o rei de Mo'av nesse tempo. 5 Ele enviou mensagei-
ros a Bil'am, o filho de B'or, em P'tor, junto ao rio [Eufrates] sua terra natal, para di-
zer-lhe: "Ouça, um povo saiu do Egito, espalhou-se por toda a terra e estabeleceu-se
perto de mim. 6 Por favor, venha e amaldiçoe esse povo para mim, pois ele é mais for-
te que eu. Talvez assim eu seja capaz de derrotá-lo e expulsá-lo da terra, pois sei que
aquele que você abençoa é, de fato, abençoado, e aquele que você amaldiçoa torna-se
amaldiçoado". 7 Os líderes de Mo'av e Midyan partiram, levando consigo a remunera-
ção pelo encantamento; aproximaram-se de Bil'am e lhe falaram as palavras de Balak.
8 Ele lhes disse: "Permaneçam aqui esta noite, e trarei a vocês como resposta tudo o
que *Adonai* me disser". Assim, os príncipes de Mo'av ficaram com Bil'am.

9 Deus aproximou-se de Bil'am e disse: "Quem são estes homens que estão com
você?". 10 Bil'am disse a Deus: "Balak, o filho de Tzippor, rei de Mo'av, enviou-me
esta mensagem: 11 'O povo que saiu do Egito espalhou-se sobre a terra; agora, venha
e amaldiçoe-os para mim; assim, talvez eu seja capaz de lutar contra eles e expulsá-
-los' ". 12 Deus respondeu a Bil'am: "Você não deve ir com eles; não deve amaldiçoar
o povo, pois ele é abençoado".

(AR: Quinto; AB: Segundo) 13 Bil'am levantou-se pela manhã e disse aos prínci-
pes de Balak: "Voltem para sua terra, pois *Adonai* recusa-se a me conceder permis-
são para ir com vocês". 14 Os príncipes de Mo'av levantaram-se, voltaram a Balak e
disseram: "Bil'am recusa-se a vir conosco".

15 Balak enviou príncipes outra vez, em quantidade maior e de maior *status* que os
do primeiro grupo. 16 Eles foram a Bil'am e lhe disseram: "Eis o que Balak, o filho de
Tzippor, diz: 'Por favor não deixe que algo o impeça de vir a mim. 17 Eu o recompensa-
rei muito bem e farei tudo o que você me disser. Assim, por favor, venha e amaldiçoe
este povo para mim' ". 18 Bil'am respondeu aos servos de Balak: "Ainda que Balak me
dê seu palácio repleto de prata e ouro, não posso ir além da palavra de *Adonai*, meu
Deus, para fazer qualquer coisa, seja ela grande, seja pequena. 19 Por favor, que tam-
bém vocês permaneçam aqui esta noite para eu poder descobrir o que mais *Adonai*
me dirá". 20 Deus aproximou-se de Bil'am durante a noite e lhe disse: "Se os homens
vieram chamá-lo, levante-se e vá com eles, mas faça apenas o que eu disser".

(AB: Terceiro) 21 Bil'am levantou-se pela manhã, selou sua jumenta e seguiu
com os príncipes de Mo'av. 22 No entanto, a ira de Deus se acendeu por ele ter ido,
e o anjo de *Adonai* ficou parado no caminho para lhe barrar a passagem. Ele estava
montado sobre sua jumenta, e seus dois servos iam com ele. 23 A jumenta viu o anjo
de *Adonai* parado na estrada, com uma espada na mão; por isso, ela saiu da estra-
da para o campo; e Bil'am teve de bater na jumenta para fazê-la voltar à estrada.
24 O anjo de *Adonai* parou no ponto mais estreito da estrada, que passava por en-
tre vinhas e havia muros de pedra em ambos os lados. 25 A jumenta viu o anjo de
Adonai e encostou contra o muro, apertando o pé de Bil'am. Por isso, ele bateu nela
outra vez. 26 O anjo de *Adonai* moveu-se para a frente e parou em um lugar tão
apertado, que não havia espaço para virar para a direita nem para a esquerda. 27 A
jumenta viu o anjo de *Adonai* outra vez e deitou-se sob Bil'am; isso o deixou tão
irado que ele bateu na jumenta com sua vara. 28 *Adonai*, porém, tornou a jumenta
capaz de falar, e ela disse a Bil'am: "O que fiz a você para me bater três vezes?".
29 Bil'am disse à jumenta: "Bati por você me ter feito passar por tolo! Gostaria de ter
minha espada na mão; eu a mataria neste lugar!". 30 A jumenta disse a Bil'am: "Sou
a sua jumenta, não sou? Você montou sobre mim a vida toda, não foi? Eu já o tratei
assim antes?". "Não", ele admitiu. 31 Então *Adonai* abriu os olhos de Bil'am, para que
ele visse o anjo de *Adonai* parado no caminho, com a espada na mão. Ele curvou a
cabeça e prostrou-se com o rosto em terra. 32 O anjo de *Adonai* lhe disse: "Por que
você bateu na sua jumenta três vezes? Vim aqui para lhe barrar o caminho, pois
você está se apressando para ir contra mim. 33 A jumenta me viu e virou para o lado
essas três vezes; na verdade, se ela não tivesse se desviado de mim, eu já o teria
matado, mas a deixaria viva!". 34 Bil'am disse ao anjo de *Adonai*: "Pequei. Não sabia
que você estava parado na estrada para impedir a minha passagem. Portanto, se o
que eu estou fazendo desagrada a você, voltarei". 35 No entanto, o anjo de *Adonai*
disse a Bil'am: "Não; vá com os homens, mas diga apenas o que eu mandar falar".
Assim, Bil'am continuou com os príncipes de Balak.

36 Quando Balak ouviu que Bil'am estava a caminho, saiu ao encontro dele na
cidade de Mo'av, junto à fronteira de Arnon, o lugar mais afastado do território.
37 Balak disse a Bil'am: "Mandei chamá-lo mais de uma vez! Por que você não veio
até mim? Pensa que não posso pagar a você o suficiente?". 38 Bil'am respondeu a
Balak: "Veja: vim a você, mas não possuo poder pessoal para falar nada. Direi a
palavra que Deus puser na minha boca".

(AR: Sexto; AB: Quarto) 39 Bil'am foi com Balak. Quando chegaram a Kiryat-Hutzot,
40 Balak sacrificou gado e ovelhas; a seguir, enviou-os a Bil'am e aos príncipes com
ele. 41 Pela manhã, Balak pegou Bil'am e o levou aos lugares altos de Ba'al; dali, ele
pôde ver uma porção do povo.

23 [1] Bil'am disse a Balak: "Construa aqui sete altares para mim e prepare aqui
para mim sete bois e sete carneiros". [2] Balak fez como Bil'am disse; e Balak
e Bil'am ofereceram um novilho e um carneiro sobre cada altar. [3] Bil'am disse a
Balak "Permaneça com sua oferta queimada enquanto eu me afasto; talvez *Adonai*
venha ao meu encontro; e direi a você tudo o que ele me mostrar". Ele se afastou
até chegar a uma colina. [4] Deus encontrou-se com Bil'am, que lhe disse: "Preparei
os sete altares e ofereci um novilho e um carneiro sobre cada altar". [5] *Adonai* pôs
uma palavra na boca de Bil'am e disse: "Volte até Balak e diga a ele o que eu falar".
[6] Ele voltou, e ali, diante da oferta queimada, estavam Balak e todos os príncipes de
Mo'av; [7] e ele fez seu pronunciamento:

"Balak, o rei de Mo'av,
trouxe-me de Aram, das colinas orientais, dizendo:
'Venha, amaldiçoe Ya'akov para mim;
venha e censure Yisra'el'.

8 "Como posso amaldiçoar
a quem Deus não amaldiçoou?
Como posso censurar
a quem *Adonai* não censurou?

9 "Do cume das rochas, eu os vejo;
das colinas, eu os contemplo;
sim, um povo que viverá sozinho
e não se considerará uma das nações.

10 "Quem contou o pó de Ya'akov
ou enumerou as cinzas de Yisra'el?
Que eu morra como morre o justo!
Que meu fim seja como o deles!".

[11] Balak disse a Bil'am: "Que é isso que você me fez?! Eu o trouxe aqui para amal-
diçoar meus inimigos; e, aqui, você os abençoa?". [12] Ele respondeu: "Não devo eu
cuidar de dizer o que *Adonai* põe em minha boca?".
(AB: Quinto) [13] Balak lhe disse: "Está bem, venha comigo a outro lugar onde
você poderá vê-los. Verá apenas alguns deles, não todos; mas poderá amaldiçoá-
-los para mim dali". [14] Ele o levou pelo campo de Tzofim ao cume da cordilheira de
Pisgah, construiu sete altares e ofereceu um novilho e um carneiro sobre cada altar.
[15] Bil'am disse a Balak: "Permaneça aqui com sua oferta queimada, enquanto vou
até ali para um encontro". [16] *Adonai* encontrou-se com Bil'am, pôs uma palavra em
sua boca e disse: "Volte para Balak, e fale o que eu disser". [17] Ele se aproximou de
Balak e da oferta queimada, com todos os príncipes de Mo'av. Balak perguntou-lhe:
"O que *Adonai* disse?". [18] Então Bil'am fez este pronunciamento:

"Levante-se, Balak, e ouça!
Volte os ouvidos para mim, filho de Tzippor!

19 "Deus não é um ser humano para mentir
ou um mortal para mudar de ideia.
Quando ele diz uma coisa, a faz;
quando faz uma promessa, ele a cumpre.
20 Veja: fui ordenado a abençoar;
quando ele abençoa, não posso reverter a bênção.

21 “Ninguém viu culpa em Ya‘akov
ou percebeu perversidade em Yisra’el;
Adonai, o Deus deles, está com eles
e foi aclamado rei entre eles.

22 “Deus, que os tirou do Egito,
dá-lhes a força de um boi selvagem;
23 de modo que ninguém pode lançar um feitiço contra Ya‘akov,
nem mágica nenhuma funcionará contra Yisra’el.
E pode-se dizer, agora, a respeito de Ya‘akov e Yisra’el:
‘Que coisas Deus tem feito!’.

24 “Eis que um povo se levanta como uma leoa;
como um leão, ele se ergue —
ele não se deitará até ter comido a presa
e bebido o sangue do que foi morto”.

25 Balak disse a Bil‘am: “É evidente que você não os amaldiçoará. Contudo, pelo
menos, não os abençoe!”. 26 Entretanto, Bil‘am respondeu a Balak: “Eu não o adverti
de que faria tudo o que *Adonai* dissesse?”.

(AR: Sétimo; AB: Sexto) 27 Balak disse a Bil‘am: “Venha; eu o levarei a outro lu-
gar; talvez seja do agrado de Deus que você os amaldiçoe para mim daquele lugar”.
28 Balak levou Bil‘am ao cume de P’or, de onde se vê o deserto. 29 Bil‘am disse a Ba-
lak: “Construa para mim sete altares aqui e prepare para mim sete novilhos e sete
carneiros”. 30 Balak fez como Bil‘am lhe disse e ofereceu um novilho e um carneiro
sobre cada altar.

24 1 Quando Bil‘am viu que a *Adonai* agradou abençoar Yisra’el, ele não fez,
como das outras vezes, uso de adivinhação, mas olhou em direção ao deserto.
2 Bil‘am ergueu os olhos e viu Yisra’el acampado tribo por tribo. Então o Espírito de
Deus veio sobre ele, 3 e ele fez este pronunciamento:

“Estas são as palavras de Bil‘am, filho de B’or,
as palavras do homem cujos olhos foram abertos;
4 as palavras de quem ouve Deus falar, que vê o que *Shaddai* vê,
que caiu, mas mantém os olhos abertos:

5 “Quão amáveis são tuas tendas, Ya‘akov,
seus acampamentos, Yisra’el!
6 Eles se estendem como vales, como jardins à margem do rio,
como aloés polpudos plantados por *Adonai*,
como cedros junto à água.

7 “Água fluirá de seus ramos,
sua semente terá fartura de água.
Seu rei será mais alto que Agag,
e seu reino, mais exaltado.
8 Deus, que os tirou do Egito,
dá-lhes a força de um boi selvagem.
Ele devorará as nações que se opuserem a vocês,
quebrará os seus ossos; ele as ferirá com suas flechas.

9 “Quando eles se deitam, agacham-se como o leão,
ou como a leoa — quem ousa despertá-los?
Bendito seja quem os abençoar!
Amaldiçoarei quem os amaldiçoar!”

10 Balak irou-se muito contra Bil‘am. Ele bateu as duas mãos e disse a Bil‘am: “Eu
o chamei para amaldiçoar meus inimigos. Aqui, entretanto, você não fez outra
coisa além de abençoá-los — três vezes! 11 É melhor, agora, que você fuja para sua
casa! Eu planejei recompensá-lo muito bem, mas *Adonai* o privou do pagamento”.
12 Bil‘am respondeu a Balak: “Eu não disse aos mensageiros que você me enviou
13 que, mesmo que Balak me desse seu palácio cheio de prata e ouro, eu não po-
deria ir além da palavra de *Adonai*, nem para o bem nem para o mal? O que *Adonai*
dissesse seria também o que eu diria? 14 No entanto, agora que estou regressando
a meu povo, venha, e eu direi a você neste momento, o que esse povo fará com seu
povo no *acharit-hayamim.* 15 Então ele fez este pronunciamento:

“Estas são as palavras de Bil‘am, filho de B'or;
o pronunciamento do homem cujos olhos foram abertos;
16 as palavras de quem ouve as palavras de Deus;
aquele que sabe o que *‘Elyon* sabe,
que vê o que *Shaddai* vê,
que caiu, mas mantém os olhos abertos:

17 “Eu o vejo, mas não agora;
eu o vejo, mas não em breve —
uma estrela aparecerá de Ya‘akov,
um cetro se levantará de Yisra'el,
para esmagar os cantos de Mo'av
e destruir todos os descendentes de Shet.
18 Seus inimigos serão seus bens —
Edom e Se‘ir, suas posses.
Yisra'el o fará com valentia,
19 de Ya‘akov virá aquele que há de reinar,
e ele destruirá o que sobrar da cidade”.

20 Ele viu ‘Amalek e fez este pronunciamento:

“Amalek era o primeiro entre as nações,
mas a destruição será seu fim”.

21 Ele viu o keini e fez este pronunciamento:

“Apesar de sua habitação ser firme,
de seu ninho estar sobre uma rocha,
22 Kayin será assolado
enquanto estiver preso a Ashur”.

23 Por fim, ele fez este pronunciamento:

“Oh, não! Quem viverá quando Deus fizer isso?
24 No entanto, navios chegarão à costa de Kittim
para subjugar Ashur e subjugar ‘Ever,
mas também eles serão destruídos”.

25 Em seguida, Bil‘am levantou-se, foi embora e voltou para sua casa; e também
Balak seguiu seu caminho.

25 1 Yisra'el permaneceu em Shitim, e lá o povo começou a se prostituir com as mulheres de Mo'av. 2 Essas mulheres convidavam o povo para os sacrifícios feitos a seus deuses, quando o povo comia e se prostrava diante desses deuses. 3 Por causa de Yisra'el se ter unido dessa forma a Ba'al-P'or, a ira de *Adonai* acendeu-se contra Yisra'el.

4 *Adonai* disse a Mosheh: "Pegue todos os chefes do povo e enforque-os voltados para o sol, diante de *Adonai*, para que a fúria ardente de *Adonai* seja desviada de Yisra'el". 5 Mosheh disse aos juízes de Yisra'el: "Cada um de vocês deve executar os membros de sua tribo que se uniram a Ba'al-P'or".

6 Naquele momento, um homem de Yisra'el aproximou-se, trazendo à sua família uma mulher de Midyan — aos olhos de Mosheh e de toda a comunidade de Yisra'el, pelo fato de estarem chorando à entrada da tenda do encontro. 7 Quando Pinchas, o filho de El'azar, neto de Aharon, o *kohen*, viu isso, ele se levantou do meio da multidão, tomou uma lança em sua mão, 8 e seguiu atrás do homem de Yisra'el até o interior de sua tenda, onde atravessou os dois com a lança — o homem de Yisra'el e a mulher — na altura do estômago. Foi assim que cessou a praga no meio do povo de Yisra'el; 9 mesmo assim, 24 mil morreram da praga.

***Haftarah Balak*: *Mikhah* [Mq] 5.6—6.8.**

Sugestão de leitura da *B'rit Hadashah* para a *Parashah Balak*: *2Kefa* [2Pe] 2.1-22; *Y'hudah* [Jd] 11; Revelação [Ap] 2.14,15.

Parashah 41: *Pinchas* (Fineias) 25.10—30.1(29.40)

10 *Adonai* disse a Mosheh: 11 "Pinchas, o filho de El'azar, neto de Aharon, o *kohen*, desviou minha ira de sobre o povo de Yisra'el por ser tão zeloso quanto eu sou, para que eu não os destruísse com meu zelo. 12 Portanto, diga: 'Eu lhe dou minha aliança de *shalom*, 13 fazendo uma aliança com ele e seus descendentes, depois dele, de que o ofício de *kohen* será deles para sempre'. Isso porque ele foi zeloso da causa de seu Deus e fez expiação pelo povo de Yisra'el".

14 O nome do homem de Yisra'el que foi morto, executado com a mulher de Midyan, era Zimri, o filho de Salu, líder de um dos clãs da tribo de Shim'on. 15 O nome da mulher de Midyan que foi morta era Kozbi, a filha de Tzur, chefe de um dos clãs de Midyan.

16 *Adonai* disse a Mosheh: 17 "Tratem os midyanim como inimigos e os ataquem, 18 pois eles os trataram como inimigos por meio do truque usado para enganá-los no incidente de P'or e no caso de sua irmã, Kozbi, a filha do líder de Midyan, a mulher morta no dia da praga no incidente de P'or". 19(26.1) Depois da praga,

26 1 *Adonai* disse a Mosheh e a El'azar, o filho de Aharon, o *kohen*: 2 "Faça o censo de toda a assembleia do povo de Yisra'el, de 20 anos ou mais, de acordo com os clãs de seus ancestrais, sujeitos ao serviço militar em Yisra'el". 3 Mosheh e El'azar, o *kohen*, falaram com eles nas planícies de Mo'av, junto ao Yarden, diante de Yericho, explicando: 4 "Aqueles que têm 20 anos ou mais, que saíram da terra do Egito, como *Adonai* ordenou a Mosheh e ao povo de Yisra'el".

(Segundo) 5 [Os resultados do censo começam por] Re'uven, o primogênito de Yisra'el. Os descendentes de Re'uven foram: de Hanokh, a família do hanokhi; de Pallu, a família do pallu'i; 6 de Hetzron, a família do hetzroni; e de Karmi, a família do karmi. 7 Esses foram os descendentes do re'uveni; deles, contaram-se 43.730 homens.

8 Os filhos de Pallu: Eli'av; 9 e os filhos de Eli'av: N'mu'el, Datan e Aviram. Estes
são os mesmos Datan e Aviram, homens de reputação na comunidade, que se re-
belaram contra Mosheh e Aharon no grupo de Korach, quando eles se rebelaram
contra *Adonai;* 10 e a terra abriu a boca e os tragou juntamente com Korach, quando
esse grupo morreu, e o fogo consumiu 250 homens, e eles se tornaram um sinal de
advertência. 11 (Entretanto, os filhos de Korach não morreram.)

12 Os descendentes de Shim'on, segundo suas famílias, foram: de N'mu'el, a
família do n'mu'eli; de Yamin, a família do yamini; de Yakhin, a família do yakhini;
13 de Zerach, a família do zarchi; e de Sha'ul, a família do sha'uli. 14 Esses foram os
descendentes do shim'oni: 22.200 homens.

15 Os descendentes de Gad, segundo suas famílias, foram: de Tz'fon, a família
do tz'foni; de Haggi, a família do haggi; de Shuni, a família do shuni; 16 de Ozni, a
família do ozni; de 'Eri, a família do 'eri; 17 de Arod, a família do arodi; e de Ar'eli, a
família do ar'eli. 18 Esses foram os descendentes dos filhos de Gad, de acordo com
os que foram contados dentre eles: 40.500.

19 Os filhos de Y'hudah: primeiro, 'Er e Onan; mas 'Er e Onan morreram na terra
de Kena'an. 20 Os filhos de Y'hudah que geraram descendentes foram: de Shelah, a
família do shelani; de Peretz, a família do partzi; e de Zerach, a família do zarchi. 21
Os filhos de Peretz foram: de Hetzron, a família do hetzroni; e de Hamul, a família
do hamuli. 22 Esses foram os descendentes de Y'hudah, de acordo com os que fo-
ram contados dentre eles: 76.500.

23 Os descendentes de Yissakhar, segundo suas famílias, foram: de Tola, a família
do tola'i; de Puvah, a família do puni; 24 de Yashuv, a família do yashuvi; e de Shimron,
a família do shimroni. 25 Esses foram os descendentes de Yissakhar, de acordo com
os que foram contados dentre eles: 64.300.

26 Os descendentes de Z'vulun, segundo suas famílias, foram: de Sered, a família
do sardi; de Elon, a família do eloni; e de Yachle'el, a família do yachle'eli. 27 Esses
foram os descendentes do z'vuloni, de acordo com os que foram contados dentre
eles: 60.500.

28 Os filhos de Yosef, segundo suas famílias, foram M'nasheh e Efrayim. 29 Os
descendentes de M'nasheh foram: de Makhir, a família do makhiri. Makhir foi o pai
de Gil'ad; de Gil'ad, a família do gil'adi. 30 Esses foram os descendentes de Gil'ad:
de I'ezer, a família do i'ezri; de Helek, a família do helki; 31 de Asri'el, a família do
asri'eli; de Sh'khem, a família do shikhmi; 32 de Sh'mida, a família do sh'mida'i; e de
Hefer, a família do hefri. 33 Tz'lof'chad, o filho de Hefer, não teve filhos, apenas filhas;
os nomes das filhas de Tz'lof'chad eram: Machlah, No'ah, Hoglah, Milkah e Tirtzah.
34 Esses foram os descendentes de M'nasheh; deles, contaram-se 52.700 homens.

35 Estes são os descendentes de Efrayim, segundo suas famílias: de Shutelach,
a família do shutalchi; de Bekher, a família do bakhri; e de Tachan, a família do
tachani. 36 Estes são os descendentes de Shutelach: de 'Eran, a família do 'erani.
37 Estas foram as famílias dos descendentes de Efrayim, de acordo com os homens
registrados: 32.500. Esses foram os descendentes de Yosef, segundo suas famílias.

38 Os descendentes de Binyamin, segundo suas famílias, foram: de Bela, a famí-
lia do bal'i; de Ashbel, a família do ashbeli; de Achiram, a família do achirami;
39 de Sh'fufam, a família do shufami; e de Hufam, a família do hufami. 40 Os filhos
de Bela foram: Ard e Na'aman; [de Ard,] a família do ardi; e de Na'aman, a família do
na'ami. 41 Esses foram os descendentes de Binyamin, segundo suas famílias; deles,
contaram-se 45.600 homens.

42 Os descendentes de Dan, segundo suas famílias, foram: de Shucham, a família
do shuchami. Esses são os descendentes de Dan, segundo suas famílias. 43 Todas as
famílias do shuchami, de acordo com os homens registrados, foram 64.400.

44 Os descendentes de Asher, segundo suas famílias: de Yimnah, a família do yimnah; de Yishvi, a família do yishvi; e de B'ri'ah, a família do b'ri'i. 45 Dos descendentes de B'ri'ah: de Hever, a família do hevri; e de Malki'el, a família do malki'eli. 46 O nome da filha de Asher era Serach. 47 Estas foram as famílias dos descendentes de Asher, de acordo com os homens registrados: 53.400.

48 Os descendentes de Naftali, segundo suas famílias: de Yachtze'el, as famílias do yachtze'eli; de Guni, a família do guni; 49 de Yetzer, a família do yitzri; e de Shillem, a família do shillemi. 50 Esses são os descendentes de Naftali, de acordo com suas famílias; todos os registrados foram 45.400.

51 Assim, os registrados do povo de Yisra'el somaram 601.730 homens.

(Terceiro) 52 *Adonai* disse a Mosheh: 53 "A terra será dividida entre eles como um bem a ser herdado, de acordo com o número de nomes. 54 Para as famílias com um número maior de pessoas, você deve dar uma herança maior; para aquelas que têm um número menor de pessoas, você deve dar uma herança menor — a herança de cada família será concedida de acordo com o número registrado. 55 Entretanto, a terra será dividida por sorteio. Eles herdarão de acordo com os nomes das tribos de seus ancestrais, 56 mas a herança será dividida por sorte, entre as famílias com um número maior e um número menor de pessoas".

57 Os contados entre os descendentes de Levi, segundo suas famílias, foram: de Gershon, a família do gershuni, de K'hat, a família do k'hati; e de M'rari, a família do m'rari. 58 Estas são as famílias de Levi: a família do livni, a família do hevroni, a família do machli, a família do mushi e a família do korchi. K'hat foi o pai de 'Amram. 59 O nome da mulher de 'Amram era Yokheved, a filha de Levi, gerada por Levi, no Egito; ela deu à luz Aharon, Mosheh e sua irmã, Miryam, para 'Amram. 60 A Aharon, nasceram Nadav, Avihu, El'azar e Itamar; 61 mas Nadav e Avihu morreram ao oferecer fogo não autorizado diante de *Adonai*. 62 Os indivíduos do sexo masculino, com 1 mês de vida ou mais, contados de Levi, somaram 23 mil. Eles não foram incluídos no censo do povo de Yisra'el, pois nenhuma terra lhes foi dada por herança em meio ao povo de Yisra'el.

63 São esses os contados por Mosheh e El'azar, o *kohen*, que fizeram o censo do povo de Yisra'el nas planícies de Mo'av, junto ao Yarden, diante de Yericho. 64 No entanto, não havia nenhum homem entre eles que também tivesse sido incluído no censo de Mosheh e Aharon, o *kohen*, quando eles enumeraram o povo de Yisra'el no deserto do Sinai; 65 pois *Adonai* disse deles: "Com certeza, eles morrerão no deserto". Por isso, nenhum deles sobreviveu, exceto Kalev, o filho de Y'funeh, e Y'hoshua, o filho de Nun.

27 1 Aproximaram-se as filhas de Tz'lof'chad, o filho de Hefer, neto de Gil'ad, bisneto de Machir, trineto de M'nasheh, das famílias de M'nasheh, o filho de Yosef. Estes foram os nomes de suas filhas: Machlah, No'ah, Hoglah, Milkah e Tirtzah. 2 Elas se postaram diante de Mosheh, El'azar, o *kohen*, os líderes e toda a comunidade à entrada da tenda do encontro e disseram: 3 "Nosso pai morreu no deserto. Ele não fez parte do grupo reunido para rebelar-se contra *Adonai* no grupo de Korach; no entanto, ele morreu em seu pecado e não gerou filhos. 4 Por que deveria o nome de nosso pai ser eliminado de sua família, apenas por não ter gerado um filho? Dá-nos a posse de uma propriedade com os irmãos de nosso pai". 5 Mosheh apresentou a causa delas a *Adonai*.

(Quarto) 6 *Adonai* respondeu a Mosheh: 7 "As filhas de Tz'lof'chad estão certas no que afirmam. Você lhes dará a posse de uma propriedade a ser herdada com os irmãos de seu pai; que elas recebam o que seu pai lhes teria deixado como herança.

8 Além disso, diga ao povo de Yisra'el: 'Se um homem morrer e não tiver um filho,
sua herança passará à filha. 9 Se não tiver filha, a herança será dada a seus irmãos.
10 Se ele não tiver irmãos, a herança será dada aos irmãos de seu pai. 11 Se seu pai
não tiver irmãos, a herança será dada ao parente da família mais próximo, e ele a
receberá. Este será o padrão usado pelo povo de Yisra'el para julgar, como *Adonai*
ordenou a Mosheh' ".

12 *Adonai* disse a Mosheh: "Suba esta montanha na cordilheira de 'Avarim e ob-
serve a terra que eu dei ao povo de Yisra'el. 13 Depois de vê-la, você também será
unido a seu povo, como Aharon, seu irmão, foi unido, 14 pois, no deserto de Tzin,
quando a comunidade discutia comigo, vocês se rebelaram contra minha ordem de
manter minha santidade na questão da água, quando eles estavam observando".
(Isso ocorreu na fonte de M'rivat-Kadesh, no deserto de Tzin.)

15 Mosheh disse a *Adonai:* 16 "Que *Adonai*, Deus do espírito de todos os seres
humanos, aponte um homem para liderar a comunidade, 17 para ir e vir à frente
deles, para guiá-los e conduzi-los, para que a comunidade de *Adonai* não fique
como ovelhas sem pastor".

18 *Adonai* disse a Mosheh: "Tome Y'hoshua, o filho de Nun, um homem espiritual,
e imponha sua mão sobre ele. 19 Ponha-o diante de El'azar, o *kohen*, e de toda a
comunidade, e comissione-o à vista deles. 20 Delegue a ele um pouco de sua autori-
dade, para que toda a comunidade de Yisra'el lhe obedeça. 21 Ele deve apresentar-
-se a El'azar, o *kohen*, que deverá descobrir por meio do *urim* a vontade de *Adonai*
para as decisões de Y'hoshua. E, de acordo com a palavra, eles sairão e, de acordo
com a palavra, retornarão, ele e todo o povo de Yisra'el que estiver com ele, toda
a comunidade".

22 Mosheh fez como *Adonai* lhe tinha ordenado. Tomou Y'hoshua, pôs diante de
El'azar, o *kohen*, e de toda a comunidade, 23 impôs suas mãos sobre ele, e comissio-
nou-o, como *Adonai* disse por intermédio de Mosheh.

28 **(Quinto)** 1 *Adonai* disse a Mosheh: 2 "Dê uma ordem ao povo de Yisra'el.
Diga-lhes: 'Vocês devem ter o cuidado de me oferecer, no tempo apropriado,
o alimento para as ofertas feitas pelo fogo, provendo um aroma fragrante para
mim'. 3 Diga-lhes: 'Esta é a oferta feita pelo fogo que vocês devem levar a *Adonai:*
diariamente, dois cordeiros de 1 ano e sem defeito, como oferta queimada regular.
4 Ofereçam um cordeiro pela manhã e o outro cordeiro ao anoitecer, 5 com 276
gramas de farinha pura, como oferta de grãos, amassada com 1 litro de azeite
de olivas prensadas. 6 Esta é a oferta queimada regular, a mesma que foi oferecida
no monte Sinai como um aroma fragrante, uma oferta feita pelo fogo para *Adonai.*
7 A oferta de bebida consistirá em um quarto de *hin* por cordeiro; vocês deverão
verter a oferta de bebidas inebriantes a *Adonai*, no Lugar Sagrado. 8 O outro cordeiro
será apresentado ao escurecer; apresentem-no com o mesmo tipo de oferta de
grãos e oferta de bebida, como pela manhã; trata-se de uma oferta feita pelo fogo,
com um aroma fragrante para *Adonai.*

9 " 'No *shabbat*, ofereçam dois cordeiros de 1 ano e sem defeito, com 3,8 litros
de farinha pura, como oferta de grãos, amassada com azeite de oliva e a oferta de
bebida. 10 Esta é a oferta queimada para todo *shabbat*, além da oferta queimada
regular e da oferta de bebida.

11 " 'Em cada *Rosh-Hodesh* de vocês, apresentem uma oferta queimada a *Adonai*,
consistindo em dois novilhos, um carneiro e sete cordeiros de 1 ano e sem defeito;
12 com 6 litros de farinha pura amassada com azeite de oliva, como oferta de grãos

por carneiro; 13 e 276 gramas de farinha pura amassada com azeite de oliva, como oferta de grãos por cordeiro. Esta será a oferta queimada de aroma fragrante, uma oferta feita pelo fogo para *Adonai.* 14 Suas ofertas de bebida serão 2 litros de vinho por novilho, 1 litro por carneiro e 1 litro por cordeiro. Esta é a oferta queimada para todo *Rosh-Hodesh* todos os meses do ano. 15 Um bode será também oferecido como oferta pelo pecado a *Adonai*, além da oferta queimada regular e da oferta de bebida.

(Sexto) 16 " 'No primeiro mês, no décimo quarto dia do mês, é *Pesach* de *Adonai.* 17 A festa será no décimo quinto dia do mês. Deve-se comer *matzah* por sete dias. 18 O primeiro dia será uma convocação sagrada; não realizem nenhum tipo de trabalho comum, 19 mas apresentem uma oferta feita pelo fogo, uma oferta queimada, a *Adonai*, consistindo em dois novilhos, um carneiro e sete cordeiros de 1 ano (eles serão sem defeito para vocês) 20 com a oferta de grãos, a farinha pura amassada com azeite de oliva. Ofereçam 6 litros por novilho, 4 litros por carneiro 21 e 2 litros para cada um dos sete cordeiros; 22 também um bode, como oferta pelo pecado, para fazer expiação por vocês. 23 Vocês oferecerão isso além da oferta queimada da manhã, que é a oferta queimada regular. 24 Dessa maneira, vocês oferecerão todos os dias, por sete dias, o alimento da oferta feita pelo fogo, apresentando um aroma fragrante a *Adonai;* ela será oferecida além da oferta queimada regular e da oferta de bebida. 25 No sétimo dia, vocês terão uma convocação sagrada; não realizem nenhum tipo de trabalho comum.

26 " 'No dia das primícias, quando levarem a nova oferta de grãos a *Adonai* em sua festa de *Shavu'ot*, vocês devem ter uma convocação sagrada; não realizem nenhum tipo de trabalho comum, 27 mas apresentem a oferta queimada como um aroma fragrante para *Adonai*, consistindo em dois novilhos, um carneiro, sete cordeiros de 1 ano, 28 e a oferta de grãos — farinha pura amassada com azeite de oliva, 6 litros por novilho, 4 litros por carneiro 29 e 2 litros para cada um dos sete cordeiros — ,30 além de um bode, para fazer expiação por vocês. 31 Ofereçam, além disso, a oferta queimada regular e a oferta de grãos (eles serão sem defeito para vocês), com suas ofertas de bebida.

29 1 " 'No sétimo mês, no primeiro dia do mês, vocês devem ter uma convocação sagrada; não realizem nenhum tipo de trabalho comum; para vocês, este é o dia do sopro do *shofar.* 2 Preparem a oferta queimada para oferecer um aroma fragrante a *Adonai* — um novilho, um carneiro e sete cordeiros de 1 ano e sem defeito — 3 com a oferta de grãos, consistindo em farinha pura amassada com azeite de oliva — 6 litros por novilho, 4 litros por carneiro 4 e 2 litros para cada um dos sete cordeiros — 5 também um bode, como oferta pelo pecado, para fazer expiação por vocês. 6 Isso será oferecido além da oferta queimada por *Rosh-Hodesh* com a oferta de grãos, a oferta queimada regular com sua oferta de grãos, e suas ofertas de bebida, de acordo com sua regra; este será um aroma fragrante, uma oferta feita pelo fogo para *Adonai.*

7 " 'No décimo dia do sétimo mês, vocês devem fazer uma convocação sagrada. Humilhem-se e não realizem nenhum tipo de trabalho. 8 Vocês devem apresentar uma oferta queimada a *Adonai*, como um aroma fragrante: um novilho, um carneiro e sete cordeiros de 1 ano (eles serão sem defeito para vocês), 9 com a oferta de grãos, farinha pura amassada com azeite de oliva, 6 litros por novilho, 4 litros por carneiro, 10 e 2 litros para cada um dos sete cordeiros; 11 também um bode, como oferta pelo pecado; além da oferta pelo pecado para a expiação e da oferta queimada regular com a oferta de grãos, e suas ofertas de bebida.

(Sétimo) 12 " 'No décimo quinto dia do sétimo mês, vocês devem ter uma con-
vocação sagrada. Não realizem nenhum tipo de trabalho comum e, durante sete
dias, guardem a festa para *Adonai*. 13 Apresentem uma oferta queimada, uma oferta
feita pelo fogo, com um aroma fragrante para *Adonai*. Ela consistirá em 13 novilhos,
dois carneiros, 14 cordeiros de 1 ano (eles serão sem defeito), 14 com a oferta de
grãos — farinha pura amassada com azeite de oliva, 6 litros para cada um dos 13
novilhos, 4 litros para cada um dos dois carneiros, 15 e 2 litros para cada um dos 14
cordeiros; 16 também um bode, como oferta pelo pecado; além da oferta queimada
regular com as ofertas de grãos e bebida.

17 " 'No segundo dia, vocês apresentarão 12 novilhos, dois carneiros, 14 cordei-
ros de 1 ano, sem defeito, 18 com as ofertas de grãos e de bebida para bois, carneiros
e cordeiros, de acordo com seu número, segundo a regra; 19 também um bode,
como oferta pelo pecado; além da oferta queimada regular, da oferta de grãos e
das ofertas de bebida.

20 " 'No terceiro dia, 11 novilhos, dois carneiros, 14 cordeiros de 1 ano, sem
defeito, 21 com as ofertas de grãos e de bebida pelos bois, carneiros e cordeiros,
de acordo com seu número, segundo a regra; 22 também um bode, como oferta
pelo pecado; além da oferta queimada regular, da oferta de grãos e das ofertas
de bebida.

23 " ' No quarto dia, dez novilhos, dois carneiros, 14 cordeiros de 1 ano, sem
defeito, 24 com as ofertas de grãos e de bebida para bois, carneiros e cordeiros,
de acordo com seu número, segundo a regra; 25 também um bode, como oferta
pelo pecado; além da oferta queimada regular, da oferta de grãos e das ofertas
de bebida.

26 " 'No quinto dia, nove novilhos, dois carneiros, 14 cordeiros de 1 ano, sem defeito,
27 com as ofertas de grãos e de bebida para bois, carneiros e cordeiros, de acordo com
seu número, segundo a regra; 28 também um bode, como oferta pelo pecado; além da
oferta queimada regular, da oferta de grãos e das ofertas de bebida.

29 " 'No sexto dia, oito novilhos, dois carneiros, 14 cordeiros de 1 ano, sem defeito,
30 com as ofertas de grãos e de bebida pelos bois, carneiros e cordeiros, de acordo
com seu número, segundo a regra; 31 também um bode, como oferta pelo pecado;
além da oferta queimada regular, da oferta de grãos e das ofertas de bebida.

32 " 'No sétimo dia, sete novilhos, dois carneiros, 14 cordeiros de 1 ano, sem
defeito, 33 com as ofertas de grãos e de bebida para bois, carneiros e cordeiros, de
acordo com seu número, segundo a regra; 34 também um bode, como oferta pelo
pecado; além da oferta queimada regular com a oferta de grãos e ofertas de bebida.

(*Maftir*) 35 " 'No oitavo dia, vocês farão uma assembleia festiva: não façam ne-
nhum tipo de trabalho comum. 36 Apresentem uma oferta queimada, uma oferta
feita pelo fogo, de aroma fragrante para *Adonai* — um novilho, um carneiro, sete
cordeiros de 1 ano, sem defeito, 37 com as ofertas de grãos e de bebida para cada
novilho, carneiro e cordeiro, de acordo com seu número, segundo a regra; 38 tam-
bém um bode, como oferta pelo pecado; além da oferta queimada regular, da oferta
de grãos e das ofertas de bebida.

39 " 'Vocês os oferecerão a *Adonai* nos tempos designados para vocês, além de
seus votos e ofertas voluntárias — sejam ofertas queimadas, ofertas de grãos, ofer-
tas de bebida ou ofertas de paz' ".

30 1(29.40) Mosheh disse ao povo de Yisra'el tudo o que *Adonai* lhe ordenara.

Haftarah Pinchas: M'lakhim Alef **[1Rs] 18.46—19.21.**
Sugestão de leitura da *B'rit Hadashah* para a *Parashah Pinchas*: *Mattityahu* [Mt] 26.1-30; Marcos 14.1-26; Lucas 22.1-20; *Yochanan* [Jo] 2.13-22; 7.1-13,37-39; 11.55—12.2; 13.1; 18.28,39; 19.14; At 2.1-21; 12.3,4; 20.5,6,16; 27.9-11; 1Coríntios 5.6-8; 16.8; Judeus messiânicos [Hb] 11.28.

Parashah 42: *Mattot* (Tribos) 30.2(1)—32.42.

[Nos anos regulares, lê-se este texto com a *Parashah* 43; nos anos irregulares, ele é lido separadamente.]

2(1) Então Mosheh falou aos líderes das tribos do povo de Yisra'el. Ele disse: "Eis
o que *Adonai* ordenou: 3(2) quando um homem fizer um voto a *Adonai* ou obrigar-se
formalmente por meio de um juramento, ele não deve descumprir sua palavra; ao
contrário, deve realizar tudo o que prometeu fazer.
4(3) "Quando uma mulher fizer um voto a *Adonai*, obrigando-se formalmente,
enquanto for menor e viver na casa de seu pai, 5(4) caso seu pai ouça que ela fez
um voto ou que se comprometeu com algo e mantiver sua paz, todos os votos dela
permanecerão válidos — toda obrigação à qual ela se submeteu permanecerá. 6(5) No
entanto, se, no dia em que seu pai ouvir sobre o voto, ele expressar sua desaprova-
ção, nenhum de seus votos ou obrigações será válido; e *Adonai* a perdoará, pois seu
pai expressou sua desaprovação.
7(6) "Se, tendo feito votos ou se comprometido irrefletidamente a fazer algo, ela se
casar, 8(7) e seu marido souber a respeito dos votos e mantiver a paz com ela no dia em
que souber disso, os votos e as obrigações dela permanecerão válidos. 9(8) Se, porém,
o marido expressar sua desaprovação no dia em que ouvir a respeito disso, ele invali-
dará o voto dela e a obrigação à qual ela se havia comprometido; e *Adonai* a perdoará.
10(9) "O voto de uma viúva, entretanto, ou de uma divorciada, incluindo todas as
suas obrigações, continuará válido.
11(10) "Se uma mulher tiver feito um voto na casa de seu marido ou tiver feito
algum juramento 12(11) e seu marido ouvir sobre isso e mantiver a paz com ela e não
expressar desaprovação, todos os votos e as obrigações dela permanecerão. 13(12) No
entanto, caso o marido os anule no dia em que ouvir a respeito deles, tudo o que
ela disse — votos ou obrigações — não subsistirá; seu marido os anulou; e *Adonai*
a perdoará. 14(13) O marido poderá manter todos os votos e obrigações ou poderá
anulá-los. 15(14) No entanto, caso o marido mantenha a paz com ela, dia após dia, ele
confirmará todos os votos e obrigações dela; ele os deverá manter, pois susteve a
paz com ela no dia em que ouviu a respeito deles. 16(15) Se os anular depois de ter
ouvido sobre eles, ele suportará a culpa decorrente disso".
17(16) Essas são as leis ordenadas por *Adonai* a Mosheh entre um homem e sua
mulher, e entre um pai e sua filha, se ela for menor e viver na casa do pai.

31 **(AB: Segundo)** 1 *Adonai* disse a Mosheh: 2 "Pelo bem do povo de Yisra'el,
vingue-se dos midyanim. Depois disso, você será unido a seu povo".
3 Mosheh disse ao povo: "Preparem homens para a guerra. Eles devem ir e lutar
contra Midyan, com o objetivo de completar a vingança de *Adonai* sobre Midyan.
4 Vocês devem enviar à guerra 1.000 homens de cada uma das tribos de Yisra'el".

5 Por isso, dos milhares de pessoas de Yisra'el, 1.000 homens armados de cada tribo, 12 mil no total, foram reunidos para a guerra. 6 Mosheh enviou-os, 1.000 de cada tribo, à guerra; ele os enviou, e também a Pinchas, o filho de El'azar, o *kohen*, à guerra, com os utensílios sagrados e as trombetas, sob seus cuidados, para fazer soar o alarme.

7 Eles lutaram contra Midyan, como *Adonai* ordenara a Mosheh, e mataram todos os homens. 8 Mataram os reis de Midyan com os demais — Evi, Rekem, Tzur, Hur e Reva — os cinco reis de Midyan. Mataram também Bil'am, o filho de B'or, à espada. 9 O povo de Yisra'el levou as mulheres de Midyan e seus filhos como escravos, e eles pegaram como despojo todo o gado, os rebanhos e outros bens. 10 Incendiaram todas as cidades deles, nas regiões onde viviam e todos os acampamentos. 11 Eles pegaram todo o despojo, todo o povo e os animais capturados, 12 e trouxeram os cativos, o despojo e espólio a Mosheh, El'azar, o *kohen*, e à comunidade de Yisra'el no acampamento nas planícies de Mo'av, junto ao Yarden, diante de Yericho.

(AR: Segundo; AB: Terceiro) 13 Mosheh, El'azar, o *kohen*, e todos os líderes da comunidade foram ao encontro deles fora do acampamento. 14 No entanto, Mosheh estava irado com os oficiais do exército, os comandantes de milhares e os comandantes de centenas, que vinham do campo de batalha. 15 Mosheh perguntou-lhes: "Vocês deixaram as mulheres viver? 16 Por quê? Elas são as causadoras da rebeldia do povo de Yisra'el — de acordo com o conselho de Bil'am —, faltando com a palavra a *Adonai* no ocorrido em P'or, com o surgimento da praga entre a comunidade de *Adonai*! 17 E agora, matem todos os meninos, entre as crianças, e toda mulher que já se relacionou sexualmente com um homem. 18 Contudo, fiquem com as jovens que não se relacionaram sexualmente. 19 Armem suas tendas fora do acampamento, por sete dias. Quem tiver matado uma pessoa ou tocado em um cadáver deverá purificar-se no terceiro e no sétimo dias — tanto vocês como os cativos. 20 Purifiquem também toda a roupa de pele ou de pelos de cabra e todos os objetos de madeira".

21 El'azar, o *kohen*, disse aos soldados que estavam na frente de batalha: "Este é o regulamento da *Torah*, que *Adonai* ordenou a Mosheh. 22 Ainda que o ouro, a prata, o bronze, o ferro, o latão e o couro 23 tenham resistido ao fogo, para que todos esses materiais sejam purificados, façam-nos passar pelo fogo; mesmo assim, eles também devem ser purificados com a água da purificação. Tudo o que não resiste ao fogo vocês devem fazer passar pela água. 24 No sétimo dia, lavem suas roupas, e serão puros; depois disso, poderão entrar no acampamento".

(AB: Quarto) 25 *Adonai* disse a Mosheh: 26 "Tomem todo o despojo, pessoas e animais, você, El'azar, o *kohen*, e os líderes dos clãs da comunidade; 27 e dividam o despojo em duas partes: metade para os soldados experientes que saíram à batalha, e metade para o restante da comunidade. 28 Da porção dos soldados que saíram à guerra, recolham uma taxa para *Adonai*, que deve consistir na proporção de um por 500, de pessoas, do gado, dos jumentos e das ovelhas; 29 vocês tomarão isso da metade deles e entregarão a El'azar, o *kohen*, como uma porção separada para *Adonai*. 30 Da metade que for para o povo de Yisra'el, tomem a proporção de um por 50, dentre as pessoas, o gado, os jumentos e as ovelhas, isto é, de todo o gado; e entreguem-no aos *l'vi'im* que cuidam do tabernáculo de *Adonai*". 31 Mosheh e El'azar, o *kohen*, fizeram como *Adonai* tinha ordenado a Mosheh.

32 O despojo, além da porção dos soldados, chegou a 675 mil ovelhas, 33 72 mil cabeças de gado, 34 61 mil jumentos, 35 e 32 mil mulheres que nunca haviam dormido com um homem.

36 Metade disso foi a porção dos soldados que saíram à guerra — 337.500 ovelhas, 37 das quais o tributo de *Adonai* foi de 675; 38 36 mil cabeças de gado, das quais o tributo de *Adonai* somou 72; 39 30.500 jumentos, dos quais o tributo de *Adonai* foi de 61; 40 e 16 mil pessoas, das quais o tributo de *Adonai* foi de 32. 41 Mosheh entregou o tributo separado para *Adonai* a El'azar, o *kohen*, como *Adonai* ordenara a Mosheh.

(AB: Quinto) 42 A metade recebida pelo povo de Yisra'el, que Mosheh separou dos homens que saíram à guerra, 43 consistia em 337.500 ovelhas, 44 36 mil cabeças de gado, 45 30.500 jumentos 46 e 16 mil pessoas — 47 da metade do povo de Yisra'el, Mosheh pegou um em cada 50, das pessoas e dos animais, e entregou-os aos *l'vi'im* que cuidam do tabernáculo de Adonai, como Adonai ordenara a Mosheh.

48 Os oficiais encarregados dos milhares de guerreiros, os comandantes de 1.000 e os comandantes de 100 aproximaram-se de Mosheh 49 e lhe disseram: "Seus servos contaram todos os soldados sob nosso comando, e nenhum deles se perdeu. 50 Nós trouxemos uma oferta para Adonai, o que cada homem obteve sob a forma de joias de ouro — armilas, pulseiras, selos em forma de anéis, brincos e cintos — para fazer expiação por nós mesmos diante de Adonai".

51 Mosheh e El'azar, o *kohen*, aceitaram deles o ouro, todas as joias. 52 Todo o ouro dessa oferta dos comandantes de 1.000 e dos comandantes de 100, separada para Adonai, pesava mais de 190 quilos. 53 Pois os soldados pegaram o despojo, cada homem para si mesmo. 54 Mosheh e El'azar, o *kohen*, pegaram o ouro dos comandantes de 1.000 e de 100 e o trouxeram à tenda do encontro, como recordação para o povo de Yisra'el diante de Adonai.

32 **(AR: Terceiro; AB: Sexto)** 1 Os descendentes de Re'uven e os descendentes de Gad possuíam grande quantidade de gado. Quando viram que a terra de Ya'zer e a terra de Gil'ad eram boas para o gado, 2 os descendentes de Gad e de Re'uven aproximaram-se e falaram com Mosheh, El'azar, o *kohen*, e os líderes da comunidade. Eles disseram: 3 "Atarot, Divon, Ya'zer, Nimrah, Heshbon, El'aleh, S'vam, N'vo e Be'on, 4 a região que Adonai conquistou diante da comunidade de Yisra'el, são terra para gado; e seus servos possuem gado. 5 Se vocês nos considerarem dignos do seu favor", eles continuaram: "que essa terra seja dada a seus servos como sua propriedade, e não teremos de atravessar o Yarden".

6 Mosheh respondeu aos descendentes de Gad e Re'uven: "Seus irmãos devem ir à guerra enquanto vocês permanecem aqui? 7 Além disso, por que tentam desencorajar o povo de Yisra'el de atravessar a terra que Adonai lhes deu? 8 Isso é o que seus pais fizeram quando eu os enviei de Kadesh-Barnea para ver a terra. 9 Pois, ao subirem ao vale de Eshkol e verem a terra, eles desencorajaram o povo de Yisra'el, para que não entrassem na terra que lhes tinha sido dada por Adonai. 10 A ira de Adonai foi acesa nesse dia; e ele jurou: 11 'Nenhum membro do povo, de mais de 20 anos, saído do Egito, verá a terra que jurei a Avraham, Yitz'chak e Ya'akov, pois eles não me seguiram sem reservas — 12 exceto Kalev, o filho de Y'funeh, o k'nizi, e Y'hoshua, o filho de Nun, pois estes seguiram Adonai de todo o coração'. 13 Assim se acendeu a ira de Adonai contra Yisra'el, pelo que os fez vagar aqui e ali no deserto por quarenta anos, até que toda a geração que praticou o mal aos olhos de Adonai morresse. 14 E vocês, outra geração de pecadores, ultrapassaram o lugar de seus pais e aumentaram a ira ardente de Adonai para com Yisra'el! 15 Caso vocês se desviem dele, ele os deixará no deserto outra vez e, assim, vocês causarão a destruição de todas essas pessoas!".

16 Eles, porém, aproximaram-se e disseram: "Construiremos aqui currais para nosso gado e cidades para nossos filhos pequenos, 17 mas nós mesmos nos armaremos e estaremos prontos para a ação, para marcharmos à frente do povo de Yisra'el, até os termos trazido a seu lugar. Nossos filhos pequenos permanecerão nas cidades fortificadas aqui por causa do povo que vive agora na terra. 18 Entretanto, não voltaremos ao lar até que todo homem de Yisra'el tenha tomado posse de sua terra por herança. 19 Nós não teremos herança com eles do outro lado do Yarden, na direção oeste, pois já recebemos nossa herança neste lado do Yarden, a leste".

(AR: Quarto; AB: Sétimo) [20] Mosheh lhes disse: "Se vocês fizerem isso — se vocês
se armarem e seguirem diante de *Adonai* para a guerra, [21] e se cada um de seus
soldados atravessar o Yarden diante de *Adonai*, até que ele tenha expulsado seus
inimigos de sua frente, [22] e se a terra for conquistada diante de *Adonai*, e somente
depois disso vocês voltarem —, estarão desobrigados diante de *Adonai* e diante de
Yisra'el, e esta terra será propriedade de vocês diante de *Adonai*. [23] No entanto, se
vocês não fizerem isso, terão pecado contra *Adonai*, e entenderão que seu pecado
os encontrará. [24] Construam cidades para seus filhos pequenos e currais para suas
ovelhas; e façam o que prometeram fazer".

[25] Os descendentes de Gad e os descendentes de Re'uven disseram a Mosheh:
"Seus servos farão como meu senhor ordena. [26] Nossos filhos pequenos, nossas
mulheres, nossos rebanhos e todo o nosso gado permanecerão nas cidades de
Gil'ad, [27] mas seus servos atravessarão, todos os homens armados para a guerra,
diante de *Adonai* para batalhar, como meu senhor diz".

[28] Em seguida, Mosheh deu ordens concernentes a eles a El'azar, o *kohen*, a
Y'hoshua, o filho de Nun, e aos líderes dos clãs das tribos do povo de Yisra'el.
[29] Mosheh lhes disse: "Se os descendentes de Gad e de Re'uven atravessarem o
Yarden com vocês, com todos os homens armados para a batalha, diante de *Adonai*;
e se a terra for conquistada diante de vocês, deem a eles a terra de Gil'ad como
propriedade. [30] Se, no entanto, eles não atravessarem armados com vocês, terão a
posse da terra com vocês em Kena'an".

[31] Os descendentes de Gad e de Re'uven responderam: "Faremos como *Adonai*
disse a seus servos. [32] Atravessaremos em direção à terra de Kena'an armados
diante de *Adonai*, e a terra que possuirmos por herança será deste lado do Yarden".

[33] Mosheh deu aos descendentes de Gad e de Re'uven, e também à meia tribo de
M'nasheh, o filho de Yosef, o reino de Sichon, rei do emori, e o reino de 'Og, rei de
Bashan — a terra e as cidades em suas fronteiras, com as cidades vizinhas.

[34] Os descendentes de Gad construíram Divon, 'Atarot, 'Aro'er, [35] 'Atrot-Shofan,
Ya'zer, Yogbehah, [36] Beit-Nimrah e Beit-Haran — cidades fortificadas; e também
currais para as ovelhas.

[37] Os descendentes de Re'uven construíram Heshbon, El'aleh, Kiryatayim,
[38] N'vo, Ba'al-M'on (esses nomes foram alterados) e Sivmah; eles renomearam as
cidades que construíram.

(AB: *Maftir*) [39] Os descendentes de Machir, o filho de M'nasheh, foram a Gil'ad e
a conquistaram, desalojando o emori que vivia ali. [40] Mosheh deu Gil'ad a Machir, o
filho de M'nasheh, e ele viveu nela. [41] Ya'ir, o filho de M'nasheh, foi e capturou seus
povoados, e chamou-os Havot-Ya'ir [povoados de Ya'ir]. [42] Novach foi e capturou
K'nat com seus povoados, e chamou-a Novach, como o nome dele.

***Haftarah Mattot*: *Yirmeyahu* [Jr] 1.1—2.3.**

Sugestão de leitura da *B'rit Hadashah* para a *Parashah Mattot*: *Mattityahu* [Mt] 5.33-37.

Parashah 43: Masa'ei (Estágios) 33.1—36.13

[Nos anos regulares, lê-se este texto com a *Parashah* 42; nos anos irregulares, ele é lido separadamente.]

33 [1] Estes são os estágios da jornada do povo de Yisra'el quando deixou a terra
do Egito dividido em grupos sob a liderança de Mosheh e Aharon. [2] Mosheh

registrou cada um dos estágios da jornada por ordem de *Adonai;* eis os pontos de
partida de cada estágio:
3 Eles começaram a jornada de Ram'ses, no primeiro mês. No décimo quinto dia
do primeiro mês, na manhã depois de *Pesach*, o povo de Yisra'el partiu com orgu-
lho à vista de todos os egípcios, 4 enquanto os egípcios sepultavam os que tinham
sido mortos por *Adonai*, todos os primogênitos; *Adonai* também executou juízo so-
bre seus deuses. 5 O povo de Yisra'el partiu de Ram'ses e acampou em *Sukkot*.
6 Eles partiram de *Sukkot* e acamparam em Etam, à beira do deserto. 7 Partiram
de Etam e voltaram para Pi-Hachirot, diante de Ba'al-Tz'fon, e acamparam diante
de Migdol. 8 Partiram de P'nei-Hachirot, atravessaram o mar em direção ao deserto,
prosseguiram em uma jornada de três dias em direção ao deserto de Etam e
acamparam em Marah. 9 Partiram de Marah e chegaram a Eilim; em Eilim havia 12
fontes e 70 palmeiras, por isso acamparam ali. 10 Partiram de Eilim e acamparam
junto ao mar de Suf.
(AB: Segundo) 11 Partiram do mar de Suf e acamparam no deserto de Sin. 12 Parti-
ram do deserto de Sin e acamparam em Dofkah. 13 Partiram de Dofkah e acamparam
em Alush. 14 Partiram de Alush e acamparam em Refidim, onde não havia água para
o povo beber. 15 Partiram de Refidim e acamparam no deserto do Sinai. 16 Partiram do
deserto do Sinai e acamparam em Kivrot-HaTa'avah. 17 Partiram de Kivrot-HaTa'avah
e acamparam em Hatzerot. 18 Partiram de Hatzerot e acamparam em Ritmah. 19 Parti-
ram de Ritmah e acamparam em Rimmon-Peretz. 20 Partiram de Rimmon-Peretz
e acamparam em Livnah. 21 Partiram de Livnah e acamparam em Rissah. 22 Partiram
de Rissah e acamparam em K'helah. 23 Partiram de K'helah e acamparam no monte
Shefer. 24 Partiram do monte Shefer e acamparam em Haradah. 25 Partiram de Haradah
e acamparam em Mak'helot. 26 Partiram de Mak'helot e acamparam em Tachat.
27 Partiram de Tachat e acamparam em Terach. 28 Partiram de Terach e acampa-
ram em Mitkah. 29 Partiram de Mitkah e acamparam em HaShmonah. 30 Partiram de
HaShmonah e acamparam em Moserot. 31 Partiram de Moserot e acamparam em B'nei-
-Ya'akan. 32 Partiram de B'nei-Ya'akan e acamparam em Hor-HaGidgad. 33 Partiram de
Hor-HaGidgad e acamparam em Yotvatah. 34 Partiram de Yotvatah e acamparam
em Avronah. 35 Partiram de Avronah e acamparam em 'Etzyon-Gever. 36 Saíram de
'Etzyon-Gever e acamparam no deserto de Tzin, isto é, Kadesh.
37 Saíram de Kadesh e acamparam no monte Hor, junto à fronteira da terra
de Edom. 38 Segundo a ordem de *Adonai*, Aharon, o *kohen*, subiu ao monte Hor,
e morreu ali no primeiro dia do quinto mês do 40º ano após a saída do povo de
Yisra'el da terra do Egito. 39 Aharon tinha 123 anos quando morreu no monte Hor.
40 O rei de 'Arad , o kena'ani que vivia no Negev, na terra de Kena'an, ouviu que o
povo de Yisra'el estava a caminho; 41 por isso, partiram do monte Hor e acampa-
ram em Tzalmonah.
42 Partiram de Tzalmonah e acamparam em Punon. 43 Partiram de Punon e
acamparam em Ovot. 44 Partiram de Ovot e acamparam em 'Iyei-Ha'Avarim, na
fronteira de Mo'av. 45 Partiram de 'Iyim e acamparam em Divon-Gad. 46 Partiram de
Divon-Gad e acamparam em 'Almon-Divlatayim. 47 Partiram de Almon-Divlatayim
e acamparam na cordilheira de 'Avarim, diante de N'vo. 48 Partiram da cordilhei-
ra de 'Avarim e acamparam nas planícies de Mo'av, junto ao Yarden, diante de
Yericho. 49 O campo junto ao Yarden estendia-se de Beit-HaYeshimot até Avel-
-HaShitim, nas planícies de Mo'av.
(AR: Quinto; AB: Terceiro) 50 *Adonai* falou a Mosheh, nas planícies de Mo'av,
junto ao Yarden, diante de Yericho. Ele disse: 51 "Fale ao povo de Yisra'el: 'Quando
vocês atravessarem o Yarden, entrando na terra de Kena'an, 52 devem expulsar de
diante de vocês todos os povos que viverem na terra. Destruam todas as figuras
de pedras desses povos, destruam todas as estátuas de metal e acabem com todos

os lugares altos. 53 Expulsem os habitantes da terra e vivam nela, pois eu dei a terra
a vocês como propriedade. 54 Vocês herdarão a terra mediante sorteio, de acordo
com suas famílias. Deem mais terras para as famílias maiores e menos terra para
as famílias menores. Sobre quem a sorte cair, essa propriedade lhe caberá. Vocês
herdarão a terra de acordo com as tribos de seus ancestrais. 55 No entanto, se não
expulsarem os habitantes da terra de diante de vocês, aqueles que tiveram a per-
manência garantida por vocês serão como farpas em seus olhos e espinhos em seus
lados — eles serão uma perturbação na terra em que vocês viverem. 56 E, nesse caso,
farei com vocês o que pretendia fazer com eles".

34 1 *Adonai* disse a Mosheh 2 para dar esta ordem ao povo de Yisra'el: "Quando
vocês entrarem na terra de Kena'an, ela se tornará sua terra para ser passada
adiante como uma herança — a terra de Kena'an definida pelas seguintes fronteiras:
3 "A porção do sul se estenderá do deserto de Tzin, perto da fronteira de Edom.
A extremidade oriental da fronteira do sul está no fim do mar Morto. 4 Dali, a fron-
teira retorna, vai ao sul da subida de 'Akrabbim e continua até Tzin. Dali, segue
para o sul de Kadesh-Barnea, até Hatzar-Adar, e até 'Atzmon. 5 A fronteira segue de
'Atzmon ao *vádi* do Egito, e ao longo dele até o Mar.
6 "A fronteira do oeste será o mar Grande.
7 "A fronteira do norte será a seguinte: do mar Grande, marquem uma linha ao
monte Hor, 8 e, do monte Hor, marquem uma linha até a entrada de Hamat. A fron-
teira segue até Tz'dad. 9 Dali, a fronteira segue a Zifron e, por fim, a Hatzar-'Einan;
esta é a fronteira do norte.
10 "A fronteira do leste será marcada por uma linha de Hatzar-'Einan a Sh'fam.
11 A fronteira vai desde Sh'fam a Rivlah, do lado leste de 'Ayin; daí, até alcançar o
declive leste de lago Kinneret. 12 Dali, continua descendo o rio Yarden até o ponto
de confluência para o mar Morto. Estas serão as fronteiras de sua terra".
13 Mosheh deu esta ordem ao povo de Yisra'el: "Esta é a terra em que vocês rece-
berão as heranças por sorteio, ordenado por *Adonai*, para dar às nove tribos e meia.
14 A tribo dos descendentes de Re'uven já recebeu sua terra por herança, de acordo
com seus clãs; assim também os descendentes de Gad e a meia tribo de M'nasheh.
15 Essas duas tribos e meia receberam sua herança deste lado do Yarden, diante de
Yericho e na direção leste, em direção ao nascer do sol".
(AR: Sexto; AB: Quarto) 16 *Adonai* disse a Mosheh: 17 "Estes são os nomes dos
homens que tomarão posse da terra por vocês: El'azar, o *kohen*, e Y'hoshua, o
filho de Nun. 18 Indique também um líder de cada tribo para tomar posse da terra.
19 Os nomes desses homens são:

da tribo de Y'hudah, Kalev, o filho de Y'funeh;
20 da tribo dos descendentes de Shim'on, Sh'mu'el, o filho de 'Ammihud;
21 da tribo de Binyamin, Elidad, o filho de Kislon;
22 da tribo dos descendentes de Dan, um líder, Buki, o filho de Yogli;
23 dos descendentes de Yosef:
da tribo dos descendentes de M'nasheh, um líder, Hani'el, o filho de Efod;
24 da tribo dos descendentes de Efrayim, um líder, K'mu'el, o filho de Shiftan;
25 da tribo dos descendentes de Z'vulun, um líder, Elitzafan, o filho de Parnakh;
26 da tribo dos descendentes de Yissakhar, um líder, Palti'el, o filho de 'Azan;
27 da tribo dos descendentes de Asher, um líder, Achihud, o filho de Shlomi;
28 da tribo dos descendentes de Naftali, um líder, P'dah'el, o filho de 'Ammihud".

29 Esses foram os homens a quem *Adonai* ordenou que dividissem a herança com o
povo de Yisra'el na terra de Kena'an.

35 **(AB: Quinto)** 1 Nas planícies de Mo'av, junto ao Yarden, diante de Yericho, *Adonai* disse a Mosheh: 2 "Ordene ao povo de Yisra'el que deem aos *l'vi'im* cidades em que eles vivam da herança que receberão e que deem também aos *l'vi'im* parte da terra vazia à volta das cidades. 3 Eles devem receber as cidades para viverem nelas, ao passo que a terra vazia será para seu gado, para o plantio e para todos os seus animais. 4 A terra vazia à volta das cidades que darão aos *l'vi'im* deverá se estender por uma linha de 457 metros do muro da cidade para fora. 5 Meçam 914 metros, fora do muro da cidade, para o leste, o sul, o oeste e o norte, tendo a cidade no centro. O espaço entre os 457 metros e os 914 metros constituirá a terra vazia à volta das cidades. 6 As cidades que vocês devem dar aos *l'vi'im* serão as seis cidades de refúgio, para as quais permitirão a fuga da pessoa que matar alguém; e outras 42 cidades adicionais. 7 Assim, vocês darão aos *l'vi'im* 48 cidades, com a terra vazia à sua volta. 8 Com respeito às cidades que vocês derem dentre as posses do povo de Yisra'el, tomem muitas de quem tem muitas, e poucas de quem tem poucas — cada tribo contribuirá com as cidades dos *l'vi'im* de acordo com o tamanho de sua herança".

(AR: Sétimo; AB: Sexto) 9 *Adonai* disse a Mosheh: 10 "Fale ao povo de Yisra'el: 'Quando vocês atravessarem o Yarden, em direção à terra de Kena'an, 11 designem cidades para serem cidades de refúgio — para as quais alguém que tenha matado uma pessoa por engano possa fugir. 12 Essas cidades serão refúgios do parente mais próximo da pessoa morta, que, de outra forma, poderia se vingar da morte de seu parente, matando o assassino, antes de ele enfrentar o julgamento diante de toda a comunidade. 13 Com relação às cidades a serem dadas, haverá seis cidades de refúgio. 14 Deem três cidades a leste do Yarden e três cidades na terra de Kena'an; elas serão cidades de refúgio. 15 Essas seis cidades servirão como refúgio para o povo de Yisra'el, bem como para o estrangeiro e o estrangeiro residente; quem matar uma pessoa por engano poderá fugir para lá.

16 " 'Entretanto, se o agressor ferir uma pessoa com um objeto de ferro e lhe causar a morte, trata-se de um assassino; o assassino deve ser executado. 17 Ou se o agressor bater em alguém com uma pedra suficientemente grande para matar a pessoa, e ela morrer, ele é um assassino; o assassino deve ser executado. 18 Ou se bater em alguém com um utensílio de madeira capaz de matar, e a pessoa morrer, ele é um assassino; o assassino deve ser executado. 19 O parente mais próximo, o vingador, executará o assassino — quando o encontrar, deverá executá-lo. 20 Da mesma forma, se ele empurrar alguém com ódio, ou jogar intencionalmente alguma coisa contra uma pessoa, causando-lhe a morte, 21 ou, ainda, se lhe bater com a mão em sinal de hostilidade, para que morra, quem feriu deve ser executado; é um assassino. E o parente mais próximo, o vingador, executará o assassino — quando o encontrar, deverá executá-lo.

22 " 'Suponha, entretanto, que ele o tenha empurrado de repente, sem hostilidade; ou que tenha arremessado algo sem a intenção de acertar; 23 ou, sem ver a pessoa, sendo sua inimiga ou procurando feri-la, ele lance uma pedra suficientemente grande para causar sua morte, e a pessoa morra. 24 Dessa forma, a comunidade julgará entre o que feriu e o vingador, de acordo com essas regras; 25 e a comunidade protegerá o assassino do vingador, o parente mais próximo. A comunidade o fará voltar a uma cidade de refúgio em que ele se refugiará, e viverá ali até a morte do *kohen hagadol*, ungido com azeite sagrado. 26 No entanto, se o assassino ultrapassar os limites da cidade de refúgio para a qual fugiu, 27 e o parente mais próximo, o vingador, o encontrar do lado de fora dos limites da cidade de refúgio, e o vingador matar o assassino, não será culpado do seu sangue, 28 pois ele deveria permanecer na cidade de refúgio até a morte do *kohen hagadol*. No entanto, após a morte do *kohen hagadol*, o assassino poderá voltar à terra de sua propriedade. 29 Estas coisas constituirão a base do juízo por todas as gerações de vocês, onde quer que vivam.

30 " 'Se alguém matar uma pessoa, o assassino será executado conforme o testemunho de testemunhas; mas o testemunho de apenas uma testemunha não será suficiente para causar a execução de ninguém. 31 Além disso, não aceitem resgate em lugar da vida de um assassino condenado à morte; ele deve ser executado. 32 Da mesma forma, não aceitem resgate por quem fugiu para uma cidade de refúgio — o resgate que lhe permitiria voltar à sua terra antes da morte do *kohen.* 33 Desse modo, vocês não macularão a terra em que estão vivendo, pois o sangue contamina a terra e, nesta terra, nenhum resgate será feito pelo sangue vertido, exceto o sangue de quem o verteu. 34 Não, vocês não devem macular a terra em que vivem e em que eu vivo, pois eu, *Adonai,* vivo no meio do povo de Yisra'el' ".

36 **(AB: Sétimo)** 1 Os líderes dos clãs de uma família dos descendentes de Gil'ad, o filho de Machir, neto de M'nasheh, das famílias dos descendentes de Yosef, aproximaram-se e se dirigiram a Mosheh e aos líderes, os cabeças dos clãs do povo de Yisra'el. 2 Eles disseram: "*Adonai* ordenou que meu senhor fizesse o sorteio da terra que seria herdada pelo povo de Yisra'el, e meu senhor recebeu ordens de *Adonai* para dar a herança de nosso parente Tz'lof'chad às suas filhas. 3 No entanto, se elas se casarem com alguém pertencente a outra tribo do povo de Yisra'el, sua herança será removida da herança de nossos ancestrais e será acrescentada à herança da tribo à qual pertencerem; assim, ela será retirada da soma total de nossa herança. 4 E, quando o *yovel* do povo de Yisra'el chegar, a herança delas será acrescentada à terra possuída pela tribo a que pertencerem no momento, e será retirada da herança pertencente à tribo de nossos ancestrais".

5 Mosheh deu a seguinte ordem ao povo de Yisra'el, de acordo com a palavra de *Adonai:* "A tribo dos descendentes de Yosef está certa no que diz. 6 Eis o que *Adonai* ordenou com referência às filhas de Tz'lof'chad: 'Que elas se casem com quem acharem melhor, mas elas devem se casar apenas com homens da família da tribo de seu pai. 7 Desse modo, nenhuma herança do povo de Yisra'el passará de uma tribo para outra, pois cada tribo do povo de Yisra'el deverá manter a terra como herança pertencente à tribo de seu pai. 8 Toda mulher que possuir herança em qualquer tribo do povo de Yisra'el deverá se casar com alguém da família da tribo de seu pai, para que todo o povo de Yisra'el permaneça com a posse da herança de seus ancestrais. 9 Assim, nenhuma herança passará de uma tribo para outra, pois cada uma das tribos do povo de Yisra'el manterá com ela a sua herança".

(*Maftir*) 10 As filhas de Tz'lof'chad fizeram como *Adonai* ordenou a Mosheh. 11 Machlah, Tirtzah, Hoglah, Milkah e No'ah — todas elas — casaram-se com os filhos dos irmãos de seu pai. 12 Elas se casaram com membros das famílias dos descendentes de M'nasheh, o filho de Yosef, e sua herança permaneceu na tribo da família de seu pai. 13 Essas são as *mitzvot* e regras outorgadas por *Adonai,* por intermédio de Mosheh, ao povo de Yisra'el nas planícies de Mo'av, junto ao Yarden, diante de Yericho.

***Haftarah Masa'ei*: *Yirmeyahu* [Jr] 2.4-28; 3.4 (A); 2.4-28; 4.1,2 (S).**

Sugestão de leitura da *B'rit Hadashah* para a *Parashah Masa'ei*: *Ya'akov* [Tg] 4.1-12.

Hazak, hazak, v'nit'chazek!

(Seja forte, seja forte, e sejamos fortalecidos!)

דברים

D'varim

[Deuteronômio]

Parashah 44: *D'varim* (Palavras) 1.1—3.22

1 1 Estas são as palavras faladas por *Adonai* a todo o Yisra'el, no lado mais dis-
tante do rio Yarden, no deserto, em 'Aravah, diante de Suf, entre Pa'ran e Tofel,
Lavan, Hatzerot e Di-Zahav. 2 São onze dias de jornada de Horev a Kadesh-Barnea
através do caminho do monte Se'ir.

3 No primeiro dia do décimo primeiro mês do quadragésimo ano, Mosheh falou
ao povo de Yisra'el, repassando tudo o que *Adonai* ordenou que lhes falasse. 4 Isso
ocorreu após a vitória sobre Sichon, rei do emori, que vivia em Heshbon, e 'Og, rei
de Bashan, que vivia em 'Ashtarot, em Edre'i. 5 Ali, além do Yarden, na terra de
Mo'av, Mosheh assumiu a responsabilidade de expor esta *Torah* e disse:

6 "*Adonai* falou-nos em Horev. Ele disse: 'Há muito tempo, vocês têm vivido
junto a esta montanha. 7 Voltem, movam-se e avancem para a região montanhosa
do emori e para todos os lugares próximos dali: no 'Aravah, a região montanhosa,
Sh'felah, Negev e à beira do mar — a terra do kena'ani, e o L'vanon, até o grande rio,
o rio Eufrates. 8 Tenho posto a terra diante de vocês! Entrem nela e tomem posse
da terra que *Adonai* jurou dar a seus antepassados Avraham, Yitz'chak e Ya'akov, e
seus descendentes depois deles'.

9 "Nesse tempo, eu disse a vocês: 'Vocês são uma carga muito pesada para eu
carregar sozinho. 10 *Adonai*, o Deus de vocês, multiplicou-os de tal maneira que hoje
vocês são tão numerosos quanto as estrelas no céu. 11 Que *Adonai*, o Deus de seus
antepassados, aumente seu número mil vezes e os abençoe, como prometeu a
vocês! **(Segundo)** 12 No entanto, vocês são difíceis de suportar, são desagradáveis e
briguentos! Como poderia eu aguentá-los sozinho? 13 Escolham para si, de cada uma
de suas tribos, homens sábios, sensatos e inteligentes; e farei deles seus cabeças'.

14 "Vocês me responderam: 'O que disseste seria algo bom para fazermos'. 15 Por
isso, convoquei os chefes de suas tribos, homens sábios e inteligentes, e fiz deles
cabeças sobre vocês — líderes encarregados de 1.000, de 100, de 50 e de 10 pes-
soas, e oficiais, tribo por tribo. 16 Nesse tempo, comissionei seus juízes: 'Ouçam
os casos surgidos entre seus irmãos; e julguem com retidão entre um homem e
seu irmão, e o estrangeiro que está com ele. 17 Quando julgarem, vocês não devem
demonstrar favoritismo; deem atenção igual ao pequeno e ao grande. Não importa
a apresentação pessoal; não temam ninguém, pois a decisão é de Deus. Se o caso
for muito difícil para vocês, tragam-no a mim, e eu o ouvirei'. 18 Nesse tempo, tam-
bém dei a vocês ordens concernentes a tudo o que deveriam fazer.

19 "Então deixamos o Horev e passamos pelo deserto vasto e temível que vocês
viram a caminho da região montanhosa do emori, como *Adonai*, nosso Deus, nos
ordenou; e chegamos a Kadesh-Barnea. 20 Ali, eu disse: 'Vocês chegaram à região
montanhosa do emori, que *Adonai*, nosso Deus, nos dá. 21 Vejam: *Adonai*, seu Deus,
pôs a terra diante de vocês. Subam, tomem posse, como *Adonai*, o Deus de seus
antepassados, disse a vocês. Não temam, não se assustem'.

(Terceiro) 22 "Vocês se aproximaram de mim, cada um, e disseram: 'Vamos en-
viar homens à nossa frente para explorar a terra por nós e nos trazer uma palavra
sobre a rota a ser usada para subirmos até lá e nos revelar como são as cidades que
encontraremos'. 23 A ideia pareceu-me boa; então peguei 12 de seus homens, um
de cada tribo; 24 e eles partiram, subiram as colinas, chegaram ao vale de Eshkol e
fizeram o reconhecimento. 25 Tomaram alguns produtos da terra e os trouxeram
até nós; eles também nos trouxeram uma palavra: 'A terra que *Adonai*, nosso Deus,
nos dá é boa'.

26 "No entanto, vocês não subiram. Em vez disso, rebelaram-se contra a ordem
de *Adonai*, nosso Deus; 27 e em suas tendas vocês reclamaram: 'Pelo fato de *Adonai*
nos odiar, ele nos tirou da terra do Egito, apenas para entregar-nos ao emori para
sermos destruídos. 28 Que tipo de lugar é esse para onde nos dirigimos? Nossos
irmãos fizeram que a nossa coragem se extinguisse, quando nos disseram: "O povo
é maior e mais alto que nós; as cidades são grandes e fortificadas até o céu; e, por
fim, vimos ali os 'anakim" '.

29 "Eu respondi a vocês: 'Não sejam medrosos, não os temam. 30 *Adonai*, nosso
Deus, que vai à frente de vocês, lutará a seu favor, da maneira com que ele realizou
todas essas coisas por vocês no Egito, diante de seus olhos 31 e, da mesma forma,
no deserto, onde vocês viram como *Adonai*, o Deus de vocês, os carregou, como um
homem leva o filho, por todo o caminho percorrido, até chegarem ao lugar em que
se encontram agora. 32 Contudo, nesse ponto, vocês não confiaram em *Adonai*, seu
Deus, 33 ainda que ele tenha ido à frente de vocês, procurando por lugares para
armarem suas tendas, mostrando a vocês o caminho a seguir, por meio do fogo, à
noite, e da nuvem, durante o dia'.

34 "*Adonai* ouviu o que diziam, irou-se e jurou: 35 'Nenhuma dessas pessoas,
de toda esta geração maligna, verá a boa terra que jurei dar a seus antepassados,
36 exceto Kalev, o filho de Y'funeh — ele a verá; darei a ele e a seus descendentes a
terra sobre a qual andou, pois ele seguiu *Adonai* em tudo'.

37 "Além disso, *Adonai* irou-se comigo por causa de vocês e disse: 'Você também
não entrará ali. 38 Y'hoshua, o filho de Nun, seu ajudante, ele entrará lá. Por isso,
encoraje-o, pois ele fará Yisra'el tomar posse da terra. **(Quarto)** 39 Além do mais,
seus filhos pequenos, que vocês disseram que seriam levados como despojo, e
seus filhos que não sabem diferenciar ainda o bem do mal — eles entrarão lá; eu
darei a terra a eles, e eles tomarão posse dela. 40 Quanto a vocês, deem meia-volta
e dirijam-se ao deserto pela estrada do mar de Suf'.

41 "Então vocês me responderam: 'Pecamos contra *Adonai*. Nós subiremos e lu-
taremos, de acordo com tudo o que *Adonai*, nosso Deus, nos ordenou'. E todos os
seus homens prenderam os armamentos aos braços, considerando mais fácil subir
para a região montanhosa. 42 Entretanto, *Adonai* me falou: 'Diga-lhes: "Não subam
e não lutem, pois não estarei ali com vocês; se vocês o fizerem, seus inimigos os
derrotarão" '. 43 Então assim declarei a vocês, mas vocês não ouviram. Em vez disso,
rebelaram-se contra a ordem de *Adonai*, pegaram em armas e subiram para a região
montanhosa. 44 E o emori, que vivia nessa região montanhosa, saiu contra vocês
como abelhas, derrotou-os em Se'ir e os perseguiu por todo o caminho de volta até
Hormah. 45 Vocês voltaram e choraram diante de *Adonai*, mas *Adonai* não ouviu o
que disseram nem deu a vocês nenhuma atenção. 46 Esse é o motivo de terem per-
manecido em Kadesh por tanto tempo.

2 1 "Então voltamos e começamos a viagem para o deserto pelo caminho do mar
de Suf, como *Adonai* me dissera; e nós rodeamos o monte Se'ir por um longo

tempo. **(Quinto)** 2 Por fim, Adonai me disse: 3 'Vocês já andaram o suficiente em torno dessa montanha! Dirijam-se para o norte, 4 e entregue esta ordem ao povo: "Vocês terão de atravessar o território de seus parentes, os descendentes de 'Esav, que vivem em Se'ir. Eles terão medo de vocês; então sejam muito cautelosos 5 e não entrem em disputas com eles, pois eu não darei a vocês nenhum pedaço da terra deles, não, nem mesmo o lugar para pisar um pé, visto que dei o monte Se'ir a 'Esav como sua possessão. 6 Paguem por todo o alimento que comerem e pela água que beberem, 7 pois Adonai, seu Deus, os tem abençoado em tudo que suas mãos produzem. Ele sabe que vocês têm atravessado todo esse vasto deserto; nesses quarenta anos, Adonai, seu Deus, esteve com vocês, e nada faltou a vocês'.

8 "Então passamos por nossos parentes, os descendentes de 'Esav, que viviam em Se'ir, saímos do caminho de 'Aravah de Eilat e 'Etzyon-Gever, voltamos e passamos pela estrada que atravessa o deserto de Mo'av. 9 Adonai me disse: 'Não sejam hostis para com Mo'av nem lutem com eles, pois eu não darei a vocês nenhum pedaço da terra deles como propriedade, porque já entreguei a região de 'Ar aos descendentes de Lot como seu território' ". 10 (Os emim viviam ali, um povo grande e numeroso, tão alto quanto os 'anakim. 11 Eles são também considerados refa'im, como o são os 'anakim, mas os mo'avim os chamam emim. 12 Em Se'ir, viviam os horim, mas os descendentes de 'Esav os expulsaram e destruíram, estabelecendo--se no lugar deles. Yisra'el procedeu da mesma forma ao chegar e tomar posse da terra que lhe foi dada por Adonai.) 13 " 'Continuem seguindo e atravessem o *vádi* Zered!'.

"Assim atravessamos o *vádi* Zered. 14 O tempo entre a saída de Kadesh-Barnea e a travessia do *vádi* Zered foi de trinta e oito anos — até que toda a geração de homens capazes de usar armas foi eliminada do acampamento, como Adonai tinha jurado que aconteceria. 15 Além disso, a mão de Adonai estava contra eles para erradicá-los totalmente do campo. 16 Quando todos os homens capazes de portar armas morreram e não mais integravam o povo, 17 Adonai me disse: 18 'Hoje vocês atravessarão a fronteira de Mo'av, em 'Ar. 19 Quando se aproximarem dos descendentes de 'Amon, não os incomodem nem lutem contra eles, pois eu não darei a vocês nenhum pedaço da terra do povo de 'Amon como propriedade, pois a tenho dado aos descendentes de Lot, como seu território' ".

20 (Essa também é considerada uma terra dos refa'im: os refa'im, chamados zamzumim pelo emori, viviam ali. 21 Eles eram um povo grande, numeroso, tão alto quanto os 'anakim, mas Adonai os destruiu à medida que o povo de 'Amon avançou e se estabeleceu no lugar deles — 22 da mesma forma que destruiu os horim, quando os descendentes de 'Esav avançaram em direção a Se'ir e se estabeleceram no lugar deles — onde vivem até o dia de hoje. 23 Aconteceu o mesmo com os 'avim, que viviam em povoados distantes até 'Azah — os kaftorim, provenientes de Kaftor, os destruíram e se estabeleceram no lugar deles.)

24 " 'Levantem-se, movam-se e atravessem o vale de Arnon! Eis que pus em suas mãos Sichon, o emori, rei de Heshbon, e sua terra; comecem a conquista, iniciem a batalha! 25 Hoje começarei a incutir pavor e medo de vocês em todos os povos debaixo do céu, para que a simples menção de seu nome os faça estremecer e tremer diante de vocês'.

26 "Enviei mensageiros do deserto de Kdemot, a Sichon, rei de Heshbon, com uma mensagem de paz: 27 'Deixe-me passar por sua terra. Eu me manterei apenas na estrada, não me voltarei nem para a direita nem para a esquerda. 28 Vendam-me alimentos para comer e água para beber. Desejo apenas atravessar sua terra. 29 Faça comigo como fez o povo de 'Esav que vive em Se'ir, e os mo'avim que vivem em 'Ar, até que eu atravesse o Yarden em direção à terra que Adonai, nosso Deus, nos dá'.

30 "No entanto, Sichon, rei de Heshbon, não nos deixou passar por seu território, pois *Adonai*, seu Deus, endureceu-lhe o espírito e o tornou obstinado, para que ele o entregasse a vocês, como hoje se vê. **(Sexto)** 31 *Adonai* me disse: 'Veja, comecei a entregar a você Sichon e seu território; comece a tomar posse de sua terra'. 32 Então Sichon saiu contra nós, ele e todo o seu povo, para lutar em Yahatz; 33 e *Adonai*, nosso Deus, o entregou a nós, para que o derrotássemos, a seus filhos e a todo o seu povo. 34 Nesse tempo, conquistamos todas as suas cidades e destruímos por completo todas as cidades — homens, mulheres, filhos pequenos —, nenhum deles foi poupado. 35 Como despojo, tomamos apenas o gado, além do espólio das cidades conquistadas. 36 Desde 'Aro'er, na orla do vale de Arnon, e desde a cidade no vale, por todo o caminho para Gil'ad, não houve cidade tão fortificada que não pudéssemos conquistar — *Adonai*, nosso Deus, nos entregou todas elas. 37 A única terra da qual vocês não se aproximaram foi a dos descendentes de 'Amon — a região à volta do rio Yabok, as cidades nas colinas e os demais lugares dos quais fomos proibidos de nos aproximar por *Adonai*, nosso Deus.

3 1 "Então voltamos e subimos pela estrada para Bashan, e 'Og, o rei de Bashan, saiu contra nós com todo o seu povo para lutar em Edre'i. 2 *Adonai* me disse: 'Não o tema, pois eu o entreguei, todo o seu povo e seu território, a você; faça a ele o que fez a Sichon, rei do emori, que vivia em Heshbon'. 3 Então *Adonai*, nosso Deus, também nos entregou 'Og, o rei de Bashan, com todo o seu povo, e nós o ferimos até que não sobrasse ninguém. 4 Nesse tempo, conquistamos todas as cidades deles; não sobrou nenhuma sem ser conquistada. Havia 60 cidades, toda a região de Argov, o reino de 'Og, em Bashan; 5 todas as cidades eram fortificadas, com muros altos, portões e trancas — além de grande número de cidades sem muros. 6 Nós as destruímos por completo, como fizemos com Sichon, rei de Heshbon, aniquilando todas as cidades — homens, mulheres e crianças. 7 No entanto, tomamos todo o gado, com o espólio das cidades, como despojo.

8 "Nesse tempo, conquistamos o território de dois reis do emori, a leste do Yarden, entre o vale de Arnon e o monte Hermon" — 9 o Hermon, chamado Siryon pelos tzidonim e S'nir pelo emori —, 10 "todas as cidades da planície, toda a região de Gil'ad e Bashan, chegando a Salkhah e Edre'i, cidades do reino de 'Og em Bashan". 11 'Og, rei de Bashan, era o último sobrevivente dos refa'im. Sua cama era feita de ferro; ela ainda se encontra em Rabbah, com o povo de 'Amon. Seu comprimento era de 9 côvados [4 metros], e de 4 côvados [1,8 metro] sua largura, usando-se o côvado padrão.

12 "Dessa terra de que tinha tomado posse, dei a terra ao re'uveni e ao gadi o território que se estende de 'Aro'er, ao longo do vale de Arnon com metade da região montanhosa de Gil'ad, incluindo suas cidades. 13 O restante de Gil'ad e toda a região de Bashan, o reino de 'Og, dei à meia tribo de M'nasheh".

Toda a região de Argov com toda a região de Bashan formam o que é chamado terra dos refa'im. 14 Ya'ir, o filho de M'nasheh, pegou toda a região de Argov, que se estende da fronteira com o g'shuri e o ma'akhati; e deu seu nome a toda a área, incluindo Bashan — seu nome permanece Havot-Ya'ir até o dia de hoje.

(Sétimo) 15 "Dei Gil'ad a Machir; 16 e ao re'uveni e ao gadi, dei o território de Gil'ad até o vale de Arnon, com o meio do vale por fronteira, até o rio Yabok, que é a fronteira com o povo de 'Amon; 17 também o 'Aravah, sendo o Yarden sua fronteira, do Kinneret ao mar de 'Aravah, o mar Morto, ao pé dos declives de Pisgah, a leste.

18 "Nesse tempo, dei a vocês esta ordem: '*Adonai*, o Deus de vocês, deu a vocês esta terra como propriedade. Todos vocês, capazes de lutar, devem atravessá-la,

armados, à frente de seus irmãos, o povo de Yisra'el. 19 Suas mulheres, seus filhos pequenos e seu gado — sei que vocês possuem muito gado — permanecerão nas cidades que dei a vocês, **(*Maftir*)** 20 até que *Adonai* conceda descanso a seus irmãos, como tem concedido a vocês; e também eles tomem posse da terra que *Adonai*, o Deus de vocês, está dando a eles na direção oeste do Yarden. Depois disso, vocês voltarão, cada um para a propriedade que eu lhe tenho dado'.

21 "Também nesse tempo, dei esta ordem a Y'hoshua: 'Seus olhos viram tudo o que *Adonai*, o Deus de vocês, fez a esses dois reis. *Adonai* fará o mesmo com todos os reinos que vocês encontrarem quando passarem para o outro lado. 22 Não tenham medo deles, pois *Adonai*, o Deus de vocês, lutará em seu favor'.

***Haftarah D'varim*: *Yesha'yahu* [Is] 1.1-27.**

Sugestão de leitura da *B'rit Hadashah* para a *Parashah D'varim*: *Yochanan* [Jo] 15.1-11; Judeus messiânicos [Hb] 3.7—4.11.

Parashah 45: *Va'etchanan* (Supliquei) 3.23—7.11

23 "E supliquei a *Adonai*: 24 '*Adonai Elohim*, tu já começaste a revelar tua grandeza a teu servo, e tua mão forte — pois que outro deus existe no céu ou sobre a terra capaz de realizar as obras e os atos poderosos que tu fazes? 25 Por favor, permite-me atravessar e ver a boa terra, do outro lado do Yarden, essa bela região montanhosa e o L'vanon'! 26 No entanto, *Adonai* irou-se contra mim por causa de vocês, e ele não me ouviu. *Adonai* me disse: 'Chega! Não me diga mais nada a respeito deste assunto! 27 Suba ao cume de Pisgah e olhe para o oeste, norte, sul e leste. Observe bem, mas você não atravessará este Yarden. 28 Todavia, comissione Y'hoshua, encoraje-o e fortaleça-o, pois ele guiará este povo na travessia e o fará herdar a terra que você verá'. 29 Então permanecemos no vale diante de Beit-P'or.

4 1 "Agora, Yisra'el, ouça as leis e regras que eu ensino, a fim de que vocês as sigam, para que vivam; então entrarão e tomarão posse da terra que *Adonai*, o Deus de seus pais, dá a vocês. 2 A fim de obedecer às *mitzvot* de *Adonai*, o seu Deus, que estou dando a vocês, não acrescentem nada ao que digo, e nada subtraiam delas. 3 Vocês viram com os próprios olhos o que *Adonai* fez a Ba'al-P'or: *Adonai* destruiu dentre vocês todos os homens que seguiram Ba'al-P'or; 4 mas vocês, que se apegaram a *Adonai*, o Deus de vocês, estão vivos hoje, cada um de vocês. **(Segundo)** 5 Vejam: ensinei a vocês as leis e regras, como *Adonai*, meu Deus, me ordenou, para que possam se comportar de acordo com elas na terra em que entrarão com o objetivo de tomar posse dela. 6 Portanto, guardem-nas e sigam-nas; então todos os povos os considerarão possuidores de sabedoria e entendimento. Quando eles ouvirem sobre todas essas leis, dirão: 'Esta grande nação é, com certeza, um povo sábio e detentor de conhecimento'. 7 Pois que grande nação existe com um Deus tão próximo como *Adonai*, nosso Deus, está, sempre que chamamos por ele? 8 Que grande nação existe que detenha leis e regras como as de toda esta *Torah* que ponho diante de vocês hoje? 9 Apenas tenham cuidado, e cuidem de viver de modo diligente, para que não se esqueçam do que viram com os próprios olhos, para que essas coisas não se desvaneçam do coração de vocês. Ao contrário, façam-nas conhecidas a seus filhos e netos — 10 o dia em que vocês estiveram diante de

Adonai, o Deus de vocês, em Horev, quando Adonai me disse: 'Reúna o povo para
mim, e eu os farei escutar minhas palavras, para que aprendam a se maravilhar
comigo enquanto viverem sobre a terra, e para que ensinem a seus filhos'. 11 Vocês
se aproximaram e permaneceram ao pé da montanha; e a montanha ardia com fogo
até o coração do céu, com trevas, nuvens e névoa espessa. 12 Então Adonai falou com
vocês do fogo! Vocês ouviram o som das palavras, mas não viram nenhuma forma;
apenas ouviram uma voz. 13 Ele anunciou a vocês sua aliança, à qual ordenou que
obedecessem, as Dez Palavras; e ele as escreveu em duas tábuas de pedra. 14 Nesse
tempo, Adonai ordenou que eu ensinasse a vocês leis e regras, para que vivam por
elas na terra em que entram a fim de tomar posse dela.

15 "Portanto, cuidem de si mesmos! Vocês não viram nenhum tipo de forma no
dia em que Adonai falou a vocês do fogo em Horev. 16 Não se corrompam e façam
para vocês mesmos uma imagem esculpida com a forma de qualquer figura — a
representação de um ser humano, do sexo masculino ou feminino, 17 ou a repre-
sentação de um animal da terra, de um pássaro que voa no ar, 18 de qualquer coisa
que rasteja sobre o solo, ou de um peixe da água, abaixo da linha da costa. 19 Pela
mesma razão, não olhem para o céu, para o sol, lua, estrelas e tudo que há no céu,
para adorá-los e prestar-lhes culto; Adonai, o Deus de vocês, os distribuiu a todos
os povos debaixo do céu. 20 Não, Adonai retirou vocês e os trouxe da fornalha de
fundição, do Egito, para ser um povo de herança para ele, como vocês são hoje.

21 "No entanto, Adonai irou-se contra mim por causa de vocês e jurou que eu não
atravessaria o Yarden e não entraria na boa terra que Adonai, o seu Deus, dá a vocês
como herança. 22 Em vez disso, eu morrerei nesta terra e não atravessarei o Yarden;
mesmo assim, vocês o atravessarão e tomarão posse dessa boa terra. 23 Tenham
cuidado de não se esquecer da aliança que Adonai, o seu Deus, estabeleceu com
vocês; não façam para si nenhuma imagem esculpida, a representação de qualquer
coisa que foi proibida a vocês por Adonai, seu Deus. 24 Pois Adonai, o Deus de vocês,
é um fogo consumidor, um Deus zeloso.

25 "Quando vocês tiverem gerado filhos e netos, e vivido bastante tempo na
terra, e se tiverem corrompido e feito uma imagem esculpida, a representação de
alguma coisa, realizando assim o mal aos olhos de Adonai, o Deus de vocês, provo-
cando-o, 26 chamarei o céu e a terra para testemunhar contra vocês, hoje, que vocês
desaparecerão rapidamente da terra em que vão entrar, atravessando o Yarden,
para tomar posse. Vocês não prolongarão seus dias ali; serão destruídos por com-
pleto. 27 Adonai os espalhará por entre os povos; e entre as nações às quais Adonai
os conduzir, um pequeno número de vocês será deixado. 28 Lá servirão aos deuses
produzidos por mãos humanas, feitos de madeira e pedra, incapazes de ver, ouvir,
comer ou cheirar. 29 Entretanto, vocês procurarão Adonai, o seu Deus; e o encon-
trarão, se o procurarem com todo o coração e com o todo o ser. 30 Em seu sofri-
mento, quando todas essas coisas sobrevierem a vocês, no *acharit-hayamim*, vocês
voltarão para Adonai, seu Deus, e ouvirão o que ele disser, 31 pois Adonai, o Deus de
vocês, é um Deus misericordioso. Ele não faltará com vocês, nem os destruirá, nem
se esquecerá da aliança que jurou a seus antepassados.

32 "Na verdade, inquiram sobre o passado, antes de vocês nascerem: desde o dia
em que Deus criou seres humanos sobre a terra, de uma extremidade do céu à outra,
já houve outra coisa tão maravilhosa quanto esta? Alguém já ouviu algo semelhan-
te a isto? 33 Existe algum outro povo que já tenha ouvido a voz de Deus falando do
fogo, como vocês ouviram, e tenha permanecido vivo? 34 Ou Deus decidiu tomar
para si mesmo uma nação do interior de outra nação, mediante provas, sinais,

maravilhas, guerra, mão poderosa, braço estendido e grandes terrores — como tudo que *Adonai*, o seu Deus, fez a vocês no Egito diante dos seus olhos? 35 Isso foi mostrado a vocês para que saibam que *Adonai* é Deus, e não há outro além dele. 36 Do céu, ele fez ouvir sua voz, para instruí-los; e sobre a terra ele os fez ver seu grande fogo; e vocês ouviram suas palavras saindo do fogo. 37 Pois ele amou seus antepassados, escolheu seus descendentes depois que os trouxe do Egito com sua presença e grande poder, 38 com o objetivo de expulsar de diante de vocês nações maiores e mais fortes que vocês, para levá-los e dar a vocês sua terra por herança, como hoje se pode ver; 39 saibam hoje, e guardem no coração, que *Adonai* é Deus em cima no céu e embaixo na terra — não há outro. 40 Portanto, guardem as leis e as *mitzvot* que dou a vocês hoje, para que tudo vá bem com vocês e com seus filhos, depois de vocês, e para que prolonguem seus dias sobre a terra que *Adonai*, o seu Deus, dá a vocês para sempre".

(A: Terceiro) 41 Então Mosheh separou três cidades do lado leste do Yarden, em direção ao nascer do sol, 42 para onde um assassino poderia dirigir-se, isto é, aquele que matasse uma pessoa por engano, de quem ele não sentisse ódio; esse poderia fugir para uma dessas cidades e viver ali. 43 As cidades eram Betzer, no deserto, no planalto, para o re'uveni; Ramot, em Gil'ad, para o gadi; e Golan, em Bashan, para o m'nashi.

44 Esta é a *Torah* que Mosheh colocou diante do povo de Yisra'el — 45 estas são as instruções, leis e regras apresentadas por Mosheh ao povo de Yisra'el após a saída do Egito — 46 além do rio Yarden, no vale diante de Beit-P'or, na terra do rei Sichon, o emori, que vivia em Heshbon, a quem Mosheh e o povo de Yisra'el derrotaram quando saíram do Egito; 47 e eles tomaram posse de sua terra e da terra de 'Og, rei de Bashan, os dois reis do emori, que se encontravam além do Yarden, em direção ao nascer do sol; 48 de 'Aro'er, na orla do vale de Arnon ao monte Si'on", isto é, monte Hermon, 49 "com todo o 'Aravah, além do Yarden, na direção oeste, ao longo do caminho até o mar Morto, ao pé dos declives de Pisgah.

5 **(A: Quarto; S: Terceiro)** 1 Então Mosheh chamou todo o Yisra'el e lhes disse: "Ouça, Yisra'el, as leis e regras que anuncio aos seus ouvidos hoje, para que as aprendam e cuidem de cumpri-las. 2 *Adonai*, nosso Deus, fez uma aliança conosco em Horev. 3 *Adonai* não estabeleceu essa aliança com nossos pais, mas conosco — com todos nós que hoje estamos vivos aqui. 4 *Adonai* falou com vocês face a face do fogo sobre a montanha. 5 Nesse tempo, eu permaneci entre *Adonai* e vocês, com o objetivo de falar a vocês o que *Adonai* estava dizendo, pois, por causa do fogo, vocês sentiram medo e não subiram à montanha. Ele disse:

א 6 " 'Eu sou *Adonai*, o seu Deus, que o tirou da terra do Egito, onde você viveu como escravo.

ב 7 " 'Não tenha nenhum outro deus diante de mim. 8 Não faça para você nenhuma imagem esculpida, nenhum tipo de representação de nada do que há no céu, em cima, sobre a terra, embaixo, ou na água, debaixo da terra — 9 não se curve diante dela nem lhe preste culto, pois eu, *Adonai*, seu Deus, sou um Deus zeloso, que pune os filhos pelos pecados dos pais, também a terceira e a quarta gerações de quem me odeia, 10 mas demonstro graça até a milésima geração de quem me ama e obedece às minhas *mitzvot*.

ג 11 " 'Não use erradamente o nome de *Adonai*, seu Deus, pois *Adonai* não deixará impune quem empregar mal o seu nome.

ד 12 " 'Guarde o dia de *shabbat*, para torná-lo sagrado, como ADONAI, seu Deus,
ordenou a você. 13 Você tem seis dias para trabalhar e realizar todo o seu ser-
viço, 14 mas o sétimo dia é o *shabbat* para ADONAI, seu Deus. Nele, não realize
nenhum tipo de trabalho — nem você, nem seu filho ou sua filha, nem seu
escravo ou escrava, nem seu boi, jumento ou outro animal, nem o estrangeiro
que estiver com você, dentro dos portões de sua propriedade — para que seu
escravo e sua escrava possam descansar do mesmo modo que você. 15 Lembre-
-se de que você foi escravo na terra do Egito, e ADONAI, seu Deus, o tirou dali
com mão forte e braço estendido. Portanto, ADONAI, seu Deus, ordenou a você
que guarde o dia do *shabbat*.

ה 16 " 'Honre seu pai e sua mãe, como ADONAI, seu Deus, ordenou a você para que
viva muitos anos e todas as coisas corram bem para você na terra que ADONAI,
seu Deus dá a você.

ו 17 " 'Não cometa assassínio.

ז (18) " 'Não cometa adultério.

ח (19) " 'Não furte.

ט (20) " 'Não dê falso testemunho contra o seu próximo.

י 18(21) " 'Não cobice a mulher do seu próximo, nem sua casa, seu campo, seu es-
cravo ou sua escrava, nem seu boi, seu jumento ou qualquer coisa que pertença
ao seu próximo'.

(A: Quinto; S: Quarto) 19(22) "Estas palavras ADONAI falou a todos vocês reunidos
junto à montanha, a partir do fogo, da nuvem e da névoa espessa, em alta voz; e,
a seguir, cessou. Contudo, ele as escreveu em duas tábuas de pedra, que me fo-
ram entregues. 20(23) Quando vocês ouviram a voz saindo das trevas, enquanto a
montanha ardia com fogo, vieram a mim todos os cabeças das tribos e os líderes,
21(24) e disseram: 'Eis que ADONAI, nosso Deus, nos mostrou sua glória e a sua grandeza!
Ouvimos sua voz vindo do fogo e vimos, hoje, que Deus fala com os seres humanos,
e eles permanecem vivos. 22(25) No entanto, por que continuaríamos arriscando-nos
a morrer? Esse grande fogo nos consumirá! Se ouvirmos outra vez a voz de ADONAI,
nosso Deus, morreremos. 23(26) Pois existe alguém, de toda a humanidade, que tenha
ouvido a voz do Deus vivo falar do fogo, como nós fizemos, e tenha continuado vivo?
24(27) Aproxime-se, e ouça tudo o que ADONAI, nosso Deus, disser. Então você nos dirá
tudo o que ADONAI, nosso Deus, diz a vocês; nós ouviremos e obedeceremos'.

25(28) "ADONAI ouviu o que vocês estavam dizendo quando falaram comigo e me
disse: 'Ouvi o que esse povo disse quando falaram, e tudo o que disseram é bom.
26(29) Oh, como eu queria que o coração deles permanecesse desse jeito para sempre,
que eles me temessem e obedecessem a todas as minhas *mitzvot*, para que tudo
corresse bem para eles, bem como para os seus filhos, para sempre. 27(30) Vá, diga ao
povo que volte para suas tendas. 28(31) Todavia, fique aqui comigo, e eu direi a você
todas as *mitzvot*, leis e regras que você deverá ensinar, para que me obedeçam na
terra que dou a vocês para possuir'.

29(32) "Portanto, sejam cuidadosos e façam o que ADONAI, o seu Deus, ordenou a
vocês; não se desviem, nem para a direita nem para a esquerda. 30(33) Sigam tudo o
que ADONAI, o seu Deus, ordenou a vocês, para que vivam, tudo vá bem com vocês e
vivam muito tempo na terra que passam a possuir.

6 1 "Estas são as *mitzvot*, as leis e as regras que *Adonai*, nosso Deus, mandou que
eu ensinasse a vocês para que as cumpram na terra que estão atravessando para
dela tomar posse, 2 para que temam a *Adonai*, nosso Deus, e guardem todas as suas
regras e *mitzvot* que eu estou entregando — vocês, seus filhos, seus netos — enquan-
to viverem, para terem vida longa. 3 Por isso, ouça, Yisra'el, e cuide de obedecer, para
que tudo vá bem com você, e para que você cresça muito, como *Adonai*, o Deus de
seus antepassados, prometeu dar a você uma terra em que sobejam leite e mel.

(A: Sexto; S: Quinto) 4 "*Sh'ma, Yisra'el! Adonai Eloheinu, Adonai echad* [Ouça,
Yisra'el! *Adonai*, nosso Deus, *Adonai* é um]; 5 e ame *Adonai*, seu Deus, com todo o seu
coração, com todo o seu ser e com toda a sua capacidade. 6 Estas palavras, que orde-
no a você hoje, estarão no seu coração; 7 ensine-as com cuidado a seus filhos. Fale a
respeito delas ao sentar-se em casa, ao viajar pela estrada, ao deitar-se e ao levantar-se.
8 Ate-as à sua mão, como sinal, ponha-as na parte frontal da cabeça, à volta da sua
testa, 9 e escreva-as nos batentes das portas de sua casa e em seus portões.

(S: Sexto) 10 "Quando *Adonai*, seu Deus, os trouxe a esta terra que ele jurou a
Avraham, Yitz'chak e Ya'akov, seus antepassados, dar a vocês — cidades grandes
e prósperas, que não foram construídas por vocês; 11 casas cheias de todo tipo de
bens, que vocês não encheram; cisternas com água, que vocês não cavaram; vi-
nhas e oliveiras, que vocês não plantaram —, e vocês tiverem comido e se fartado,
12 então cuidem de não se esquecer de *Adonai*, que os tirou da terra do Egito, onde
vocês viveram como escravos. 13 Temam a *Adonai*, seu Deus, sirvam-no e jurem só
pelo seu nome. 14 Não sigam outros deuses, escolhidos dentre os deuses dos povos
à sua volta, 15 pois *Adonai*, seu Deus, que está aqui com vocês, é um Deus zeloso.
Se vocês fizerem isso, a ira de *Adonai*, seu Deus, se acenderá contra vocês e ele os
exterminará da face da terra. 16 Não ponham *Adonai*, seu Deus, à prova, como vocês
fizeram em Massah [teste]. 17 Guardem com diligência as *mitzvot* de *Adonai*, o seu
Deus, e as instruções e leis que ele deu a vocês. 18 Façam o que é certo e bom aos
olhos de *Adonai*, para que tudo vá bem com vocês e entrem e possuam a boa terra
jurada por *Adonai* a seus antepassados 19 e expulsem todos os seus inimigos que
estão à sua frente, como *Adonai* disse.

20 "Um dia, quando seus filhos perguntarem: 'O que significam essas instruções,
leis e regras entregues a vocês por *Adonai*, nosso Deus?', 21 vocês dirão a eles:
'Nós fomos escravos de faraó no Egito, e *Adonai* nos tirou do Egito com mão forte.
22 *Adonai* realizou sinais e maravilhas grandiosos e terríveis contra o Egito, contra o
faraó e toda a sua casa, diante dos nossos olhos. 23 Ele nos tirou dali com o objetivo
de nos levar para a terra que jurou a nossos antepassados nos daria. 24 *Adonai* orde-
nou que guardássemos todas essas leis, o temor a *Adonai*, nosso Deus, sempre para
o nosso bem, para que ele nos guardasse com vida, como nos encontramos hoje.
25 A obediência cuidadosa de todas essas *mitzvot* diante de *Adonai*, nosso Deus,
como ele nos ordenou fazer, será a nossa justiça' ".

7 **(Sétimo)** 1 "*Adonai*, seu Deus, os estabelecerá na terra em que vocês entraram
a fim de tomar posse dela e expulsará muitas nações de diante de vocês — o
hitti, o girgashi, o emori, o kena'ani, o p'rizi, o hivi e o y'vusi, sete nações maiores e
mais fortes que vocês. 2 Quando ele fizer isso, quando *Adonai*, seu Deus, as entregar
a vocês, e vocês as derrotarem, destruam-nas por completo! Não façam nenhuma
aliança com elas. Não demonstrem misericórdia. 3 Não se casem com gente desses
povos — não deem suas filhas aos filhos deles e não aceitem uma filha das filhas
deles para seu filho, 4 pois eles demoverão seus filhos de me seguirem e servirão

a outros deuses. Se isso acontecer, a ira de *Adonai* se acenderá contra vocês, e ele os destruirá com rapidez. 5 Não, tratem-nos da seguinte maneira: derrubem seus altares, despedacem suas colunas, cortem seus postes sagrados e queimem, por completo, suas imagens esculpidas. 6 Pois vocês são um povo separado para *Adonai*, seu Deus. *Adonai*, seu Deus, os escolheu dentre todos os povos da face da terra para ser seu tesouro exclusivo. 7 *Adonai* não pôs o coração sobre vocês nem os escolheu por serem mais numerosos que qualquer outro povo — ao contrário, vocês eram o menor dentre os povos. 8 Em vez disso, pelo fato de *Adonai* os ter amado, e por ter desejado guardar o juramento feito a seus antepassados, *Adonai* os tirou com mão forte e os redimiu da vida de escravidão sob a mão do faraó, rei do Egito. **(*Maftir*)** 9 Por isso, vocês podem saber que *Adonai*, seu Deus, é Deus de fato, o Deus fiel, que guarda sua aliança e estende graça a quem o ama e guarda suas *mitzvot*, até mil gerações. 10 No entanto, ele retribui a quem o odeia e os destrói. Ele não será vagaroso ao lidar com quem o odeia; ele retribuirá pessoalmente. 11 Portanto, guardem as *mitzvot*, leis e regras que eu dou a vocês hoje, e tratem de cumpri-las.

***Haftarah Va'etchanan*: *Yesha'yahu* [Is] 40.1-26.**

Sugestão de leitura da *B'rit Hadashah* para a *Parashah Va'etchanan*: *Mattityahu* [Mt] 4.1-11; 22.33-40; Marcos 12.28-34; Lucas 4.1-13; 10.25-37; Atos 13.13-43; Romanos 3.27-31; 1Timóteo 2.4-6; *Ya'akov* [Tg] 2.14-26; e todas as leituras indicadas para a *Parashah* 17.

Parashah 46: *'Ekev* (Continuarem) 7.12—11.25

12 "Pelo fato de vocês ouvirem essas regras, e continuarem a cumpri-las, *Adonai*, seu Deus, manterá com vocês a aliança e misericórdia juradas por ele a seus antepassados. 13 Ele os amará, abençoará e aumentará seu número; também abençoará o fruto do seu corpo e o fruto do seu solo — trigo, vinho, azeite de oliva e animais — na terra que ele jurou dar a vocês. 14 Vocês serão mais abençoados que todos os outros povos; não haverá homens nem mulheres estéreis entre vocês, e o mesmo ocorrerá com seus animais. 15 *Adonai* removerá toda enfermidade de vocês — ele não os afligirá com nenhuma das terríveis doenças com que castigou o Egito, como vocês bem sabem; em vez disso, ele as enviará a quem os odeia. 16 Destruam todos os povos que *Adonai*, seu Deus, entregar a vocês — não demonstrem piedade, e não sirvam aos deuses deles, pois isso seria uma armadilha para vocês. 17 Pode ser que vocês pensem: 'Estas nações são mais numerosas que nós; como as expulsaremos?' 18 Contudo, não tenham medo delas; lembrem-se do que *Adonai*, seu Deus, fez ao faraó e a todo o Egito — 19 as grandes provas que vocês mesmos viram, e os sinais, as maravilhas, a mão forte e o braço estendido pelos quais *Adonai*, seu Deus, os tirou. *Adonai* fará o mesmo a todos os povos temidos por vocês. 20 Além disso, *Adonai*, seu Deus, enviará o vespão entre eles — até os esquecidos e os que se esconderam perecerão diante de vocês. 21 Não sintam medo deles, pois *Adonai*, seu Deus, está aí com vocês, o Deus grande e temível. 22 *Adonai*, seu Deus, expulsará essas nações de diante de vocês, pouco a pouco; vocês não poderão eliminá-las de uma só vez, ou os animais selvagens virão em grande número até vocês. 23 Mesmo assim, *Adonai*, seu Deus, as entregará a vocês, enviando sobre elas um desastre após outro, até sua destruição. 24 Ele entregará a vocês os reis deles, e vocês eliminarão seu nome de sob

o céu; nenhum deles será capaz de resistir até que vocês os destruam. 25 Queimem
por completo as estátuas esculpidas de seus deuses. Não cobicem a prata ou o ouro
que há nelas; não os tomem para si; caso contrário, vocês serão enganados por elas,
pois isso é abominável a Adonai, seu Deus. 26 Não levem para sua casa nada que seja
abominável, ou vocês partilharão da maldição que está sobre isso; abomine-o por
completo, abomine-o de forma total, pois está separado para a destruição.

8 1 "Obedeçam a todas as *mitzvot* que eu entrego a vocês hoje, para que vivam,
aumentem em número, entrem e tomem posse da terra que Adonai jurou a seus
antepassados. 2 Lembrem-se de todo o caminho pelo qual Adonai os guiou nesses
quarenta anos no deserto, humilhando-os e testando-os, com o objetivo de saber
o que estava em seu coração — se vocês obedeceriam às suas *mitzvot* ou não. 3 Ele
os humilhou, permitindo que vocês se tornassem famintos, e então os alimentou
com o *man* — desconhecido por vocês e por seus antepassados —, para fazê-los en-
tender que nem só de pão viverá o homem, mas de tudo o que procede da boca de
Adonai. 4 Durante esses quarenta anos, suas roupas não envelheceram, e seus pés
não incharam. 5 Pensem detidamente sobre isso: Adonai os estava disciplinando,
como o homem disciplina seu filho. 6 Portanto, obedeçam às *mitzvot* de Adonai, seu
Deus, vivam como ele os direciona e temam a ele, 7 pois Adonai, seu Deus, os está
conduzindo a uma boa terra, uma terra com riachos, fontes e água que brota das
profundezas em vales e encostas. 8 É uma terra de trigo e cevada, vinhas, figueiras
e romãs; terra de azeite de oliva e mel; 9 a terra onde vocês comerão alimentos em
profusão e nada faltará a vocês; a terra onde as pedras contêm ferro e as colinas
podem ser exploradas para a obtenção de cobre. 10 Por isso, comam, sintam-se sa-
tisfeitos e bendigam a Adonai, seu Deus, pela boa terra que ele deu a vocês.

(Segundo) 11 "Não se esqueçam de Adonai, seu Deus, deixando de obedecer às
suas *mitzvot*, às regras e aos regulamentos que hoje entrego. 12 De outro modo,
depois de vocês terem comido e estarem satisfeitos, após construírem boas casas
e nelas viverem, 13 e aumentarem o gado, os rebanhos, a prata, o ouro e tudo mais
que possuem, 14 se tornarão orgulhosos e se esquecerão de Adonai, seu Deus — que
os tirou da terra do Egito, onde viviam como escravos; 15 que os guiou através do
deserto vasto e temível, com serpentes venenosas, escorpiões e seca, com o solo
ressecado; que tirou água da pedra para vocês; 16 que os alimentou no deserto com
o *man*, algo desconhecido por seus antepassados; enquanto ele os humilhava e
testava com o objetivo de, ao final, fazer o bem a vocês— 17 e pensarão em seu coração:
'Meu poder e a força da minha mão me deram esta riqueza'. 18 Não, lembrem-se
de Adonai, seu Deus, pois ele é quem dá a vocês força para obter riquezas, com o
objetivo de confirmar sua aliança, feita a seus antepassados, como acontece até o dia
de hoje. 19 Se vocês se esquecerem de Adonai, seu Deus, seguirem outros deuses,
lhes servirem e os adorarem, eu os advirto de antemão que, com certeza, perecerão.
20 Perecerão, como as nações que Adonai fará perecer diante de vocês, pois não de-
ram atenção à voz de Adonai, seu Deus".

9 1 "Ouça, Yisra'el! Você atravessará o Yarden hoje e entrará na terra para desa-
lojar nações maiores e mais fortes que você, cidades grandes e fortificadas até
o céu; 2 um povo grande e alto, os 'anakim, a respeito de quem você conhece e de
quem ouviu dizer: 'Quem pode resistir aos descendentes de 'Anak?'. 3 Portanto,
entenda hoje que Adonai, seu Deus, atravessará o rio à sua frente, como um fogo
devorador; ele os destruirá e os subjugará diante de você. Assim você os expulsará
e os fará perecer com rapidez, como Adonai disse a você.

(Terceiro) 4 "Não pense de si mesmo, depois de seu Deus os ter expulsado à sua frente: '*Adonai* me trouxe para tomar posse desta terra por causa da minha justiça'. Não, isso aconteceu pelo fato de essas nações terem sido tão ímpias que *Adonai* as expulsará diante de você. 5 Não é por causa da sua justiça, ou porque seu coração é tão bom, que você entrará na terra para tomar posse dela; *Adonai*, seu Deus, entrega-as a você para punir a impiedade dessas nações e também para confirmar a palavra jurada por *Adonai* a seus antepassados, Avraham, Yitz'chak e Ya'akov. 6 Portanto, entenda que não é por causa da sua justiça que *Adonai*, seu Deus, dá esta boa terra a vocês para possuir.

"Vocês são um povo teimoso! 7 Lembrem-se, não se esqueçam, de como vocês deixaram *Adonai*, seu Deus, irado no deserto. Desde o dia em que saíram do Egito até chegar em paz a este momento, vocês foram rebeldes contra *Adonai*. 8 Em Horev, vocês também fizeram que *Adonai* se irritasse — *Adonai* irou-se o suficiente para os destruir! 9 Eu subi a montanha para receber as tábuas de pedra, as tábuas nas quais estava escrita a aliança que *Adonai* fez com vocês. Permaneci na montanha por quarenta dias e quarenta noites, sem comer alimentos nem beber água. 10 Então *Adonai* me deu duas tábuas de pedra inscritas pelo dedo de Deus; nelas estavam escritas todas as palavras ditas a vocês por *Adonai*, de dentro do fogo, sobre a montanha, no dia da assembleia. 11 Sim, depois de quarenta dias e quarenta noites, *Adonai* me deu as duas tábuas de pedra, as tábuas da aliança. 12 Então *Adonai* me disse: 'Levante-se e desça rápido daqui, pois seu povo, a quem você guiou do Egito, corrompeu-se. Eles se desviaram com muita velocidade do caminho que lhes ordenei seguir! Fizeram para si mesmos uma imagem de metal!'. 13 Além disso, *Adonai* me disse: 'Tenho visto este povo; e que povo teimoso! 14 Deixe-me sozinho para que eu dê cabo deles e lhes apague o nome de debaixo do céu! E farei de você uma nação maior e mais forte que eles'. 15 E desci da montanha. A montanha ardia em fogo, e as duas tábuas da aliança estavam em minhas mãos. 16 Olhei, e eis que vocês haviam pecado contra *Adonai*, seu Deus! Vocês tinham feito um bezerro de metal, desviaram-se com rapidez do caminho que *Adonai* ordenara a vocês seguir. 17 Tomei as duas tábuas, lancei-as com as duas mãos e as quebrei diante dos seus olhos. 18 Então me prostrei diante de *Adonai*, como fiz da primeira vez, por quarenta dias e quarenta noites, período em que não comi nenhuma comida nem bebi água, por causa do pecado cometido por vocês ao fazerem o mal à vista de *Adonai*, provocando-o. 19 Eu temia pela ira de *Adonai* em relação a vocês; via como estava furioso, e que talvez os destruísse. No entanto, *Adonai* me ouviu também dessa vez. 20 Além disso, *Adonai* estava muito irado com Aharon e o teria destruído, mas orei também por Aharon. 21 Peguei o pecado de vocês, o bezerro que fizeram, e o queimei, quebrei em pedaços, e moí tudo até se tornar tão fino quanto o pó; então lancei esse pó no riacho que descia da montanha.

22 "Em Tav'erah, outra vez, Massah e Kivrot-HaTa'avah, vocês tornaram a provocar a ira de *Adonai*; 23 e, quando *Adonai* os enviou de Kadesh-Barnea, dizendo: 'Subam e tomem posse da terra que dei a vocês', vocês se rebelaram contra a ordem de *Adonai*, o Deus de vocês — vocês não confiaram nele nem fizeram o que ele disse. 24 Sua rebeldia contra *Adonai* teve início no dia em que eu os conheci!

25 "Assim, eu me prostrei diante de *Adonai* durante quarenta dias e quarenta noites; e permaneci prostrado ali; pois *Adonai* disse que os destruiria. 26 Orei a *Adonai*; eu lhe disse: '*Adonai Elohim*! Não destruas o teu povo, tua herança! Tu o resgataste por tua grandeza, tiraste-o do Egito com mão forte! 27 Lembra-te de teus servos Avraham, Yitz'chak e Ya'akov! Não te fixes na teimosia deste povo, ou em

sua impiedade ou em seu pecado. 28 De outro modo, a terra da qual tu nos tiraste
dirá: "Adonai não foi capaz de conduzi-los à terra que prometeu a vocês, e foi por
tê-los odiado que ele os tirou para matá-los no deserto". 29 No entanto, eles são teu
povo, tua herança, a quem trouxeste com teu grande poder e teu braço estendido'.

10 **(Quarto)** 1 "Nesse tempo, Adonai me disse: 'Corte duas tábuas de pedra como
as primeiras, suba ao meu encontro sobre a montanha e faça uma arca de
madeira. 2 Eu inscreverei nessas tábuas as palavras que estavam nas primeiras, que
foram quebradas por você; e coloque essas tábuas na arca'. 3 Então fiz uma arca de
madeira de acácia e cortei duas tábuas de pedra como as primeiras; subi a monta-
nha com as duas tábuas na minha mão. 4 Ele pôs nas tábuas as mesmas inscrições
das anteriores, as Dez Palavras que Adonai anunciou a vocês desde o fogo sobre a
montanha, no dia da assembleia; e Adonai entregou-as a mim. 5 Eu voltei, desci a
montanha e pus as tábuas na arca que tinha construído; e elas permaneceram ali,
como Adonai me ordenara.

6 "O povo de Yisra'el viajou dos poços de B'nei-Ya'akan a Moserah, onde Aharon
morreu e foi sepultado; e El'azar, seu filho, assumiu o seu lugar, servindo no ofício
de *kohen*. 7 Dali, eles viajaram até Gudgod, e de Gudgod a Yotvatah, uma região de
riachos. 8 Nesse tempo, Adonai separou a tribo de Levi para carregar a arca da aliança
de Adonai e para permanecer diante de Adonai para servi-lo e abençoar em seu nome,
como eles fazem até hoje. 9 É por isso que os *levi'im* não compartilham da herança
com seus irmãos; Adonai é sua herança, como Adonai, o Deus deles, lhes disse.

10 "Permaneci sobre a montanha quarenta dias e quarenta noites, como antes;
e Adonai me ouviu também daquela vez — Adonai não os destruirá. 11 Então Adonai
me disse: 'Levante-se e siga seu caminho à frente do povo, para que eles entrem e
tomem posse da terra que jurei dar a seus antepassados'.

(Quinto) 12 "Por isso, agora, Yisra'el, tudo que Adonai, seu Deus, pede a vocês é
que temam a Adonai, seu Deus, sigam-lhe os caminhos, amem-no e sirvam a Adonai,
seu Deus, com todo o seu coração e todo o seu ser; 13 obedeçam, para o seu bem,
às *mitzvot* e aos regulamentos de Adonai que eu dou hoje a vocês. 14 Vejam: o
céu, o céu além do céu, a terra e tudo que há neles pertencem a Adonai, seu Deus.
15 Adonai se afeiçoou a seus antepassados e os amou e escolheu os descendentes
deles — vocês — dentre todos os povos, como ele faz ainda hoje. 16 Portanto, circun-
cidem o prepúcio do seu coração; e não sejam mais teimosos! 17 Pois Adonai, o
Deus de vocês, é Deus dos deuses e Senhor de senhores, o Deus grande, poderoso
e assombroso, que não favorece ninguém e não aceita subornos. 18 Ele assegura a
justiça ao órfão e à viúva; ama o estrangeiro, dando-lhe alimento e roupa. 19 Portan-
to, vocês devem amar o estrangeiro, pois foram estrangeiros na terra do Egito.
20 Vocês devem temer a Adonai, seu Deus, servir-lhe, apegar-se a ele e jurar em seu
nome. 21 Ele é seu louvor, e o seu Deus, que fez por vocês essas coisas grandes e
assombrosas, que viram com os próprios olhos. 22 Seus antepassados desceram
ao Egito apenas com 70 pessoas, mas, agora, Adonai, seu Deus, fez que vocês se
tornassem tão numerosos quanto as estrelas do céu!

11 1 "Portanto, amem Adonai, seu Deus, e sempre obedeçam às suas ordens, aos
seus regulamentos, às suas regras e às suas *mitzvot*. 2 Hoje eu me dirijo a
vocês — não a seus filhos, que não experimentaram a disciplina de Adonai, o Deus
de vocês, sua grandeza, sua mão forte, seu braço estendido, 3 seus sinais e suas
ações realizadas no Egito, a faraó, o rei do Egito, e a todo o seu país. 4 Eles não

passaram pela experiência [de ver] o que ele fez com o exército do Egito, cavalos
e carruagens — como *Adonai* os encobriu com a água do mar de Suf enquanto eles
os perseguiam, e foram destruídos, até o dia de hoje. 5 Eles não experimentaram
o que ele fez a vocês no deserto até chegarem a este lugar; 6 ou o que ele fez com
Datan e Aviram, os filhos de Eli'av, o descendente de Re'uven — como a terra abriu
a boca e os engoliu, com suas famílias, suas tendas e todo o ser vivo de seu grupo,
diante de todo o Yisra'el. 7 No entanto, vocês viram com os próprios olhos todos
esses grandes atos de *Adonai*. 8 Portanto, guardem cada *mitzvah* que eu entrego
hoje a vocês; para que sejam fortes o suficiente para entrarem na terra que estão
atravessando para conquistar e dela tomar posse; 9 e para que vivam muitos anos
na terra que *Adonai* jurou dar a seus antepassados e aos descendentes deles, a terra
em que sobejam leite e mel.

(Sexto) 10 "Pois a terra em que vocês estão entrando para tomar posse dela não é
como a terra do Egito. Lá vocês lançavam a semente e precisavam usar os pés para
operar o sistema de irrigação, como em uma horta. 11 No entanto, a terra que vocês
estão atravessando para tomar posse é uma terra de colinas e vales, que absorve
água quando a chuva cai do céu. 12 É a terra cuidada por *Adonai*, seu Deus. Os olhos
de *Adonai*, seu Deus, estão sempre sobre ela, do começo ao fim do ano.

13 "Portanto, se ouvirem com cuidado as minhas *mitzvot* que entrego hoje a vocês,
amando *Adonai*, o Deus de vocês, e servindo-o com todo o coração e todo o ser,
14 então [diz *Adonai*:] 'Darei à terra de vocês chuva nas estações certas, incluindo
as primeiras chuvas do outono e as chuvas tardias da primavera, para que vocês
juntem o trigo, vinho novo e azeite de oliva, 15 e darei a seus campos relva para o
gado; como resultado, vocês comerão até ficarem satisfeitos'. 16 No entanto, sejam
cuidadosos para não se deixar seduzir, para que não se desviem, sirvam outros
deuses e os adorem. 17 Se o fizerem, a ira de *Adonai* se acenderá contra vocês. Ele
fechará o céu, para que não chova. O solo não produzirá nada, e vocês desapare-
cerão rapidamente da boa terra que *Adonai* dá a vocês. 18 Portanto, guardem essas
minhas palavras com o seu coração e com todo o ser; atem-nas à mão como sinal;
ponham-nas em uma faixa à volta da testa; 19 ensinem-nas com cuidado a seus
filhos, falando a respeito delas quando se sentam em casa, quando andam pela
estrada, quando se deitam e quando se levantam; 20 e escrevam-nas nos batentes
das portas da sua casa e nos seus portões — 21 para que vocês e seus filhos vivam
muitos anos na terra que *Adonai* jurou dar a seus antepassados enquanto existisse
o céu sobre a terra.

(Sétimo e *Maftir*) 22 "Pois se cuidarem de obedecer a todas essas *mitzvot* que
dou a vocês, e cumpri-las, amando *Adonai*, o Deus de vocês, e seguindo todos os
seus caminhos e se apegando a ele, 23 então *Adonai* expulsará todas as nações que
estão diante de vocês; e vocês despojarão nações maiores e mais fortes que a sua.
24 Todo lugar onde pisar a sola do seu pé será de vocês; seu território se estenderá
do deserto ao L'vanon, e do rio, o rio Eufrates, ao mar ocidental. 25 Ninguém será
capaz de resistir a vocês; *Adonai*, o Deus de vocês, colocará temor e medo em toda
a terra que pisarem, como ele disse a vocês.

***Haftarah 'Ekev*: *Yesha'yahu* [Is] 49.14—51.3.**

Sugestão de leitura da *B'rit Hadashah* para a *Parashah 'Ekev*: *Mattityahu* [Mt] 4.1-11; Lucas 4.1-13; *Ya 'akov* [Tg] 5.7-11.

Parashah 47: *Re'eh* (Vejam) 11.26—16.17

26 "Vejam: hoje coloco diante de vocês a bênção e a maldição — 27 a bênção, se de-
rem ouvidos às *mitzvot* de Adonai, seu Deus, que entrego hoje a vocês; 28 e a maldição,
se vocês não ouvirem às *mitzvot* de Adonai, seu Deus, e se desviarem do caminho que
ordeno hoje, e seguirem outros deuses desconhecidos por vocês.
29 "Quando Adonai, seu Deus, os trouxer à terra em que vocês estão entrando
a fim de tomar posse dela, coloquem uma bênção sobre o monte G'rizim e uma
maldição sobre o monte 'Eival. 30 Ambos estão a oeste do Yarden, na direção do pôr
do sol, na terra do kena'ani, que vive em 'Aravah, diante de Gilgal, próximo dos pis-
taches de Moreh. 31 Vocês devem atravessar o Yarden para entrar e tomar posse da
terra que Adonai, seu Deus, dá a vocês; tomem posse dela e vivam nela. 32 E cuidem
de seguir todas as leis e regras que ponho hoje diante de vocês.

12 1 "Aqui estão as leis e regras que vocês devem guardar e obedecer na terra
que Adonai, o Deus de seus antepassados, deu a vocês como propriedade en-
quanto viverem sobre a face da terra. 2 Destruam todos os lugares onde as nações
desalojadas por vocês serviram seus deuses, quer no alto das montanhas, quer nas
colinas, quer sob alguma árvore frondosa. 3 Quebrem os altares, façam as colunas
em pedaços, queimem os postes sagrados por completo e eliminem as imagens
esculpidas de seus deuses. Exterminem o nome deles desse lugar.
4 "Vocês, porém, não devem tratar Adonai, seu Deus, desse modo. 5 Em vez disso,
vão ao lugar em que Adonai, seu Deus, puser seu nome. Ele o escolherá dentre todas
as suas tribos; e vocês procurarão por esse lugar, onde ele habitará, e se dirigirão
para lá. 6 Levem suas ofertas queimadas, seus sacrifícios, seus décimos [postos de
lado para Adonai], as ofertas que derem, as ofertas prometidas, as ofertas volun-
tárias, e o primogênito do gado e das ovelhas. 7 Vocês e sua casa comerão ali, na
presença de Adonai, seu Deus, e se alegrarão por tudo o que fizerem, pois Adonai, seu
Deus, os abençoou. 8 Não façam nada da maneira que fazemos aqui hoje, onde cada
um faz o que lhe parece melhor; 9 vocês ainda não chegaram ao descanso e à heran-
ça que Adonai, seu Deus, está dando a vocês. 10 No entanto, quando atravessarem o
Yarden e viverem na terra que Adonai, seu Deus, está dando a vocês por herança, ele
dará descanso de todos os inimigos à sua volta, para que vocês vivam em segurança;
(Segundo) 11 então levarão tudo o que ordeno a vocês ao lugar que Adonai, seu Deus,
escolher para fazer habitar seu nome — ofertas queimadas, sacrifícios, décimos, a
oferta de sua mão, e todos os melhores bens que dedicarem a Adonai; 12 e vocês se
alegrarão na presença de Adonai, seu Deus — vocês, seus filhos e filhas, escravos e
escravas e o *levi* que está com vocês, visto que ele tem parte na herança com vocês.
13 "Tenham o cuidado de não apresentar as ofertas queimadas em qualquer
lugar que virem; 14 façam isso no lugar escolhido por Adonai do território de uma
tribo; lá vocês apresentarão suas ofertas queimadas e tudo que ordenei a vocês fazer.
15 Entretanto, vocês podem matar animais e comer a carne deles onde quer que
vivam e sempre que desejarem, de acordo com a medida que Adonai, seu Deus, os tiver
abençoado. O impuro e o puro podem comer dela, como se fosse carne de gazela ou
de veado. 16 No entanto, não comam sangue; derramem-no ao solo, como água.
17 "Não comam em sua propriedade a décima parte dos grãos, do vinho novo ou
do azeite de oliva [separado para Adonai], ou o primogênito do gado ou das ovelhas,
ou qualquer oferta prometida, ou oferta voluntária, ou a oferta de sua mão. 18 Não,
comam-nos na presença de Adonai, seu Deus, no lugar escolhido por Adonai, seu

Deus — vocês, seus filhos, suas filhas, seus escravos e suas escravas, e o *levi*, seu
hóspede; e alegrem-se diante de ADONAI, seu Deus, em tudo que fizerem. 19 Enquan-
to vocês viverem em sua propriedade, cuidem para não abandonar o *levi*.
20 "Quando ADONAI, seu Deus, expandir seu território, como prometeu e vocês
disserem: 'Desejo comer carne', simplesmente pelo desejo de comer carne, poderão
comê-la quanto desejarem. 21 Se o lugar que ADONAI, seu Deus, escolher para pôr seu
nome for distante demais de vocês, matem animais do rebanho bovino ou caprino,
dado por ADONAI, e comam em sua propriedade, tanto quanto desejarem. 22 Comam
essa carne como fariam com uma gazela ou um veado; o impuro e o puro podem
comer dela. 23 Cuidem apenas de não comer o sangue, pois o sangue é a vida, e vo-
cês não devem comer a vida com a carne. 24 Não o comam, mas derramem-no sobre
o solo, como água. 25 Não o comam, para que tudo vá bem com vocês e com seus
filhos, depois de vocês, pois vocês estarão fazendo o que ADONAI considera correto.
26 Vocês devem pegar apenas o que foi posto de lado para Deus — o que vocês
têm, e os votos que prometeram cumprir, e ir ao lugar escolhido por ADONAI. 27 Lá
apresentarão suas ofertas queimadas, a carne e o sangue, sobre o altar de ADONAI,
seu Deus. O sangue dos sacrifícios será vertido sobre o altar de ADONAI, seu Deus, e
vocês comerão a carne. 28 Obedeçam e prestem atenção a tudo o que ordeno a vocês
fazer, para que as coisas corram bem com vocês e com seus descendentes, depois
de vocês, para sempre, como vocês fazem o que ADONAI considera bom e correto.
(Terceiro) 29 "Quando ADONAI, seu Deus, eliminar de diante de vocês as nações
em que entram com o objetivo de desalojá-las, e, quando as tiverem expulsado
e estiverem vivendo na terra delas, 30 tomem cuidado, depois de elas terem sido
destruídas à sua vista, para não serem enganados ao segui-las; não inquiram pelos
deuses delas, perguntando: 'Como essas nações serviam a seus deuses? Farei o
mesmo'. 31 Vocês não devem fazê-lo para ADONAI, seu Deus! Elas realizavam para
seus deuses todas as abominações odiadas por ADONAI. Até queimaram seus filhos
e suas filhas no fogo para seus deuses.

13 1(12.32) "Cuidem de fazer tudo que ordeno a vocês. Não acrescentem nada
nem retirem nada.
2(1) "Se um profeta ou uma pessoa que recebe mensagens enquanto sonha se
levantar entre vocês e mostrar a vocês um sinal ou maravilha, 3(2) e o sinal ou
a maravilha acontecer como ele predisse, e ele afirmar: 'Vamos seguir outros
deuses que vocês não conheceram; vamos lhes servir', 4(3) não ouçam o que esse
profeta ou sonhador diz. Pois ADONAI, seu Deus, os está testando, com o objetivo
de descobrir se vocês realmente amam ADONAI, seu Deus, de todo o coração e ser.
5(4) Sigam ADONAI, seu Deus, temam-no, obedeçam às suas *mitzvot*, ouçam o que
ele diz, sirvam-lhe e apeguem-se a ele; 6(5) e esse profeta ou sonhador será execu-
tado por ter incitado a rebelião contra ADONAI, seu Deus — que os tirou da terra
do Egito e os resgatou da vida de escravidão —, com o objetivo de afastá-los do
caminho que vocês devem seguir, segundo a ordem de ADONAI, seu Deus. Esse é o
modo pelo qual devem livrar sua comunidade desse mal.
7(6) "Caso seu irmão, o filho de sua mãe, ou seu filho, ou sua filha, ou a mulher
que você ama, ou seu amigo (que você aprecia tanto quanto a si mesmo), tentar
instigá-lo em segredo a ir e servir outros deuses que você não conhecia, nem seus
antepassados conheceram — 8(7) deuses dos povos à sua volta, próximos ou dis-
tantes de você, em qualquer lugar do mundo —, 9(8) não consinta e não ouça o que
ele diz. Não tenha piedade dele nem o poupe; tampouco o esconda. 10(9) Em vez

disso, mate-o! Sua mão deve ser a primeira a se opor a ele e matá-lo e, em seguida,
as mãos de todo o povo. 11(10) Apedreje-o até a morte, pois ele tentou desviar você
de *Adonai*, seu Deus, que o tirou da terra do Egito, da vida de escravidão. 12(11) Então
todo o Yisra'el ouvirá a respeito disso e temerá, para que deixem de realizar, entre
si, impiedade tão grande quanto essa. 13(12) "Se ouvirem dizer, em uma das cidades
que *Adonai*, seu Deus, dá a vocês para viver, 14(13) que algumas pessoas desonestas
surgiram em seu meio e têm desviado os habitantes da cidade deles, dizendo:
'Venham e sirvamos a outros deuses que vocês não conheciam', 15(14) investiguem o
assunto, perguntando e pesquisando com atenção. Se o rumor for verdadeiro, caso
se confirme que essas coisas detestáveis acontecem entre vocês, 16(15) matem os ha-
bitantes dessa cidade à espada, destruindo-a por completo à espada, com tudo que
há nela, incluindo o gado. 17(16) Juntem o despojo em um lugar aberto e queimem
totalmente a cidade com seus despojos para *Adonai*, seu Deus; ela permanecerá
como um *tel* para sempre e não será reconstruída — 18(17) nada do que foi consagra-
do à destruição deve permanecer em suas mãos. Então *Adonai* se afastará de sua ira
ardente e terá misericórdia e compaixão de vocês e aumentará o seu número, como
jurou a seus antepassados — 19(18) contanto que vocês ouçam o que *Adonai* diz e
obedeçam a todas as suas *mitzvot* que entrego hoje a vocês, fazendo, desse modo,
o que *Adonai*, seu Deus, considera correto.

14 **(Quarto)** 1 "Vocês são o povo de *Adonai*, seu Deus. Não se firam nem cortem
o cabelo da testa em sinal de luto pelos mortos, 2 pois vocês são um povo
consagrado a *Adonai*, seu Deus. *Adonai*, seu Deus, os escolheu para serem seu tesou-
ro particular dentre todos os povos da face da terra.

3 "Não comam nada repugnante. 4 Os animais que vocês podem comer são: o
boi, a ovelha, o bode, 5 o veado, a gazela, o cabrito montês, o íbex, o antílope, o órix
e a ovelha montesa. 6 Todo animal com o casco fendido, totalmente dividido, e que
também rumine — esse tipo de animal — poderá ser comido. 7 No entanto, não co-
mam os que apenas ruminam ou possuem o casco dividido. Por exemplo: o camelo,
a lebre e o coelho são impuros para vocês, por ruminarem sem ter o casco fendido;
8 ao passo que o porco é impuro para vocês, apesar de ter o casco fendido, pois não
rumina. Não comam a carne deles nem toquem em suas carcaças.

9 "De tudo o que vive na água, vocês podem comer os seguintes animais: na
água, tudo que possui barbatanas e escamas poderá ser comido. 10 No entanto,
todos os animais desprovidos de barbatanas e escamas não devem ser consumi-
dos; eles são impuros.

11 "Comam todos as aves puras, 12 mas estes vocês não devem comer: águias,
abutres, águias-pescadoras, 13 gaviões, todo tipo de bútio, 14 todo tipo de corvo,
15 avestruzes, corujas-das-torres, gaivotas, todo tipo de falcão, 16 corujas peque-
nas, corujas grandes, corujas chifrudas, 17 pelicanos, corujas-de-igreja, biguás,
18 cegonhas, todo tipo de garça, poupas e morcegos.

19 "Todas as criaturas aladas que enxameiam são impuras para vocês; elas não
devem ser comidas; 20 no entanto, vocês podem comer todas as criaturas voado-
ras puras.

21 "Não comam nenhum animal que morreu naturalmente; contudo, podem dá-
-lo ao estrangeiro residente com vocês, para que ele o coma, ou vendê-lo a pessoas
de outras nações, pois vocês são um povo consagrado a *Adonai*, seu Deus.

"Não cozinhem um animal de pouca idade no leite de sua mãe.

(Quinto) 22 "Todo ano, tomem um décimo de todos os produtos crescidos no campo 23 e o comam na presença de *Adonai*, seu Deus. No lugar que ele escolher para fazer seu nome residir, comam a décima parte dos grãos, do vinho novo e do azeite de oliva, o primogênito do gado e do rebanho, para aprenderem a temer *Adonai*, seu Deus, sempre. 24 No entanto, se a distância for grande demais para vocês e forem incapazes de fazer o transporte, pois o lugar escolhido por *Adonai* para depositar seu nome é muito distante de vocês, então, quando *Adonai*, seu Deus, os fizer prosperar, 25 convertam o décimo dos produtos em dinheiro, levem o dinheiro com vocês, dirijam-se ao lugar escolhido por *Adonai*, seu Deus, 26 e troquem o dinheiro pelo que desejarem — boi, ovelha, vinho, outras bebidas inebriantes, ou qualquer outra coisa que quiserem — e comam ali, na presença de *Adonai*, seu Deus, e alegrem-se, vocês e sua casa.

27 "No entanto, não negligenciem o *levi* que está com vocês, pois ele não tem parte ou herança como a sua. 28 A cada três anos, levem a décima parte de sua produção do ano e reservem-na em suas cidades. 29 Então o *levi*, por não ter parte ou herança como a de vocês, com o estrangeiro, o órfão e a viúva que vivem em suas cidades, virá, comerá e ficará satisfeito — para que *Adonai*, seu Deus, os abençoe em tudo que suas mãos produzirem.

15 **(Sexto)** 1 "Ao fim de sete anos, vocês farão a *sh'mittah*. 2 Eis como a *sh'mittah* deverá ser realizada: todo credor abrirá mão do que tiver emprestado ao membro da comunidade — ele não deverá forçar o vizinho ou o parente a compensá-lo, pois foi anunciado o tempo da remissão da parte de *Adonai*. 3 Vocês poderão exigir a compensação do débito de um estrangeiro, mas deixem de reivindicar tudo que seu irmão deve. 4 Assim, não haverá necessitados entre vocês, pois *Adonai*, com certeza, os abençoará na terra que *Adonai*, seu Deus, dá a vocês como herança para a possuir — 5 caso ouçam com cuidado o que *Adonai*, seu Deus, diz, cuidem de obedecer a todas essas *mitzvot* que entrego hoje a vocês. 6 Sim, *Adonai*, seu Deus, os abençoará como prometeu a vocês — vocês emprestarão dinheiro a muitas nações sem ter de pedir emprestado e dominarão muitas nações sem serem dominados.

7 "Se alguém entre vocês estiver necessitado — um de seus irmãos —, em qualquer uma das cidades da terra que *Adonai*, seu Deus, dá a vocês, não endureçam o coração nem fechem a mão sem contribuir para o irmão necessitado. 8 Não, abram a mão para ele e lhe emprestem o suficiente para suprir suas necessidades e capacitá-lo para obter o que deseja. 9 Evitem que seu coração se distraia com um pensamento mesquinho por causa da aproximação do sétimo ano, o ano de *sh'mittah*, e vocês se tornem avarentos para com o irmão necessitado e não lhe deem nada, pois ele poderá clamar a *Adonai* contra vocês, e isso se tornará seu pecado. 10 Em vez disso, deem-lhe o necessário e não o façam de má vontade. Se procederem assim, *Adonai*, seu Deus, os abençoará em todo o seu trabalho, em tudo que vocês realizarem — 11 pois sempre haverá gente pobre na terra. Por esse motivo, eu entrego esta ordem a vocês: 'Abram a mão para o irmão pobre e necessitado em sua terra'.

12 "Caso seu parente hebreu — homem ou mulher — seja vendido a vocês, ele os servirá por seis anos, mas, no sétimo ano, deverão libertá-lo. 13 Além disso, quando o libertarem, não o deixem ir embora de mãos vazias; 14 supram-no com generosidade do seu rebanho, da sua eira e do seu lagar; deem-lhe das bênçãos recebidas de *Adonai*, seu Deus. 15 Lembrem-se de que vocês foram escravos na terra do Egito, e *Adonai*, seu Deus, os resgatou; por essa razão, dou esta ordem hoje a vocês. 16 No entanto, se um deles disser a vocês: 'Não desejo deixá-lo', porque ele ama vocês e

sua casa, e porque a vida com vocês é boa, 17 peguem um furador e furem a orelha dele contra a porta; e ele será seu escravo para sempre. Façam o mesmo com sua escrava. 18 Não se ressintam quando tiverem de libertar um desses escravos, pois durante seus seis anos de serviço ele foi merecedor do dobro do valor de um trabalhador contratado. Então *Adonai*, seu Deus, os abençoará no que fizerem.

(Sétimo) 19 "Ponham de lado para *Adonai*, seu Deus, todo primogênito do gado e do rebanho; não realizem nenhum trabalho com o primogênito do gado nem tosquiem o primogênito do rebanho. 20 Todos os anos, vocês e sua casa deverão comê-lo na presença de *Adonai*, seu Deus, no lugar que *Adonai* escolher. 21 No entanto, se ele possuir um defeito, for aleijado ou cego, ou tiver algum tipo de imperfeição, não o sacrifiquem a *Adonai*, seu Deus; 22 em vez disso, comam-no em sua propriedade; comam tanto o impuro quanto o puro, como a gazela ou o veado. 23 Só não comam seu sangue; vertam-no sobre o solo, como água.

16 1 "Observem o mês de *aviv* e celebrem *Pesach* para *Adonai*, seu Deus, pois no mês de *aviv*, à noite, *Adonai*, seu Deus, os tirou do Egito. 2 Apresentem a oferta de *Pesach* do rebanho e do gado a *Adonai*, seu Deus, no lugar escolhido por *Adonai* para fazer seu nome habitar. 3 Não comam *hametz* com ele; durante sete dias, comam *matzah*, o pão da aflição, pois vocês saíram com pressa da terra do Egito. Enquanto viverem, lembrem-se assim do dia em que saíram da terra do Egito. 4 Nenhum fermento será visto com vocês em parte alguma de seu território, por sete dias. Tampouco a carne do seu sacrifício, no primeiro dia à tarde, deverá permanecer ali a noite toda até a manhã. 5 Não sacrifiquem a oferta de *Pesach* em nenhuma das cidades que *Adonai*, seu Deus, dá a vocês; 6 mas no lugar escolhido por *Adonai*, seu Deus, para fazer seu nome habitar — sacrifiquem nele a oferta de *Pesach*, à tarde, quando o sol se puser, no dia do ano exato em que vocês saíram do Egito. 7 Assem-na e comam-na no lugar escolhido por *Adonai*, seu Deus; pela manhã, voltem à sua tenda. 8 Comam *matzah* durante seis dias; no sétimo dia, haverá uma assembleia festiva para *Adonai*, seu Deus; não realizem nenhum tipo de trabalho. 9 "Contem sete semanas; comecem a contar as sete semanas a partir do momento que usarem a foice nos grãos maduros. 10 Guardem a festa de *Shavu'ot* [semanas] para *Adonai*, seu Deus, com uma oferta voluntária, dada de acordo com a proporção que *Adonai*, seu Deus, os tiver feito prosperar. 11 Alegrem-se na presença de *Adonai*, seu Deus — vocês, seus filhos e filhas, seus escravos e escravas, os *l'vi'im* que vivem em suas cidades, e os estrangeiros, os órfãos e as viúvas que vivem entre vocês —, no lugar escolhido por *Adonai*, seu Deus, para fazer habitar seu nome. 12 Lembrem-se de que vocês foram escravos no Egito; por isso, guardem essas leis e cumpram-nas.

(*Maftir*) 13 "Observem a festa de *Sukkot* durante sete dias, depois de terem juntado o produto de sua eira e do lagar. 14 Alegrem-se em sua festa — vocês, seus filhos e filhas, seus escravos e escravas, os *l'vi'im*, e os estrangeiros, os órfãos e as viúvas que vivem entre vocês. 15 Observem a festa de *Adonai*, seu Deus, no lugar escolhido por *Adonai*, seu Deus, pois *Adonai*, seu Deus, os abençoará em todas as suas colheitas e em todo o seu trabalho, por isso vocês terão muita alegria!

16 "Três vezes ao ano, todos os seus homens deverão aparecer diante de *Adonai*, seu Deus, no lugar que ele escolher — na festa de *matzah*, na festa de *Shavu'ot* e na festa de *Sukkot*. Que eles não apareçam diante de *Adonai* com as mãos vazias; 17 todo homem deverá contribuir com o que puder, de acordo com a bênção que lhe foi dada por *Adonai*, seu Deus.

***Haftarah Re'eh*: *Yesha'yahu* [Is] 54.11—55.5.**

Sugestão de leitura da *B'rit Hadashah* para a *Parashah Re'eh*: 1Coríntios 5.9-13; *1Yochanan* [1Jo] 4.1-6.

Parashah 48: *Shof'tim* (Juízes) 16.18—21.9

18 Designem juízes e oficiais para todos os seus portões [nas cidades] que *Adonai*, seu Deus, dá a vocês, tribo por tribo; eles devem julgar o povo com justiça. 19 Não distorçam a justiça nem demonstrem favoritismo; não aceitem suborno, pois um presente cega os olhos do sábio e torce as palavras da pessoa mais correta. 20 Procurem a justiça, apenas a justiça, para que vivam e herdem a terra que *Adonai*, seu Deus, dá a vocês.

21 "Não plantem nenhum tipo de árvore como um [tipo de] poste sagrado ao lado do altar de *Adonai*, seu Deus, que vocês construirão. 22 Da mesma forma, não erijam nenhuma coluna; *Adonai*, seu Deus, odeia isso.

17 1 "Não sacrifiquem a *Adonai*, seu Deus, um boi ou uma ovelha que possua algum defeito ou imperfeição; isso seria uma abominação para *Adonai*, seu Deus.

2 "Se for encontrado entre vocês, dentro de seus portões [de qualquer cidade] dados por *Adonai*, seu Deus, um homem ou uma mulher que faça o que *Adonai*, seu Deus, considera iníquo — a transgressão de sua aliança — 3 mediante o ato de servir e adorar outros deuses, o sol, a lua, ou qualquer coisa existente no céu — algo que tenho proibido —, 4 e isso, for contado a vocês, ou se vocês o tiverem ouvido, investiguem o assunto com atenção. Se for verdade, caso se confirme que essa coisa detestável foi feita em Yisra'el, 5 levem o homem ou a mulher que tiver cometido essa impiedade aos portões da cidade e apedrejem esse homem ou essa mulher até a morte. 6 A sentença de morte será aplicada apenas se houver o testemunho de duas ou três pessoas; ninguém será sentenciado à morte pelo testemunho de uma pessoa apenas. 7 As testemunhas serão as primeiras pessoas a apedrejarem aquela pessoa até a morte; depois disso, todo o povo deverá participar do apedrejamento. Assim, vocês darão fim a essa impiedade em seu meio.

8 "Caso surja, junto ao portão da cidade, um caso de difícil julgamento, concernente a derramamento de sangue, de uma ação civil, ofensa pessoal ou qualquer outra questão controversa, levantem-se, vão ao lugar escolhido por *Adonai*, 9 e apresentem-se aos *kohanim*, que são *l'vi'im*, e ao juiz encarregado naquele momento. Consultem a opinião deles, e eles chegarão ao veredicto para vocês. 10 Então ajam de acordo com o que disserem a vocês no lugar escolhido por *Adonai;* cuidem do assunto segundo todas as instruções deles. 11 De acordo com a *Torah* que eles ensinaram a vocês, cumpram o veredicto anunciado sem se desviar para a direita ou para a esquerda da decisão deles. 12 A pessoa rebelde demais para prestar atenção ao *kohen* — designado para o serviço de *Adonai*, seu Deus —, ou ao juiz, deverá morrer. Exterminem tamanha impiedade de Yisra'el. 13 Todo o povo ouvirá a respeito disso e terá medo de continuar a agir com rebeldia.

(Segundo) 14 "Quando entrarem na terra que *Adonai*, seu Deus, dá a vocês, e tomarem posse dela e viverem ali, e disserem: 'Desejamos ser governados por um rei, como todas as outras nações à nossa volta', 15 designem como rei aquele que *Adonai*, seu Deus, escolher. O rei que escolherem deverá ser um de seus parentes

— é proibido escolher um estrangeiro, alguém que não seja parente de vocês. 16 Entretanto, ele não deverá adquirir muitos cavalos para si, nem fazer o povo voltar ao Egito para obter mais cavalos, visto que Adonai disse a vocês para não voltarem por aquele caminho outra vez. 17 Da mesma forma, ele não deve ter muitas mulheres, para que seu coração não se desvie; e não deve possuir quantidades excessivas de prata e ouro.

18 "Quando ocupar o trono de seu reino, ele deverá fazer para si mesmo uma cópia desta *Torah*, em um pergaminho, a partir da [cópia] usada pelos *kohanim* e *l'vi'im*. 19 Essa cópia deverá permanecer com ele, e ele a lerá todos os dias de sua vida para aprender a temer Adonai, seu Deus, e a guardar todas as palavras desta *Torah* e estas leis e cumpri-las; 20 para que não pense ser melhor que seus parentes, e para que não se desvie para a direita nem para a esquerda da *mitzvah*. Desse modo, ele prolongará seu reinado e o de seus filhos em Yisra'el.

18 **(Terceiro)** 1 "Os *kohanim*, que são *l'vi'im*, e também toda a tribo de Levi, não devem ter parte nem herança com Yisra'el. Em vez disso, o sustento deles virá do alimento oferecido pelo fogo a Adonai e de tudo mais que lhes pertencer. 2 Eles não terão herança com seus irmãos, pois Adonai é a herança deles — como ele lhes disse.

3 "Os *kohanim* terão direito a receber do povo, de quem apresentar um sacrifício, do boi ou da ovelha, a espádua, as mandíbulas e o estômago. 4 Também lhes serão dadas as primícias de seu trigo, do vinho novo e do azeite de oliva, e as primícias da lã de suas ovelhas. 5 Pois Adonai, seu Deus, os escolheu de todas as tribos para estarem presentes e servirem no nome de Adonai, eles e seus filhos para sempre.

(Quarto) 6 "Se um *levi*, que vive em uma das cidades em Yisra'el, dirigir-se, bastante motivado, ao lugar que Adonai escolher, 7 servirá ali no nome de Adonai, seu Deus, como seus parentes, os *l'vi'im*, que estão na presença de Adonai e lhe servem. 8 Esse *levi* receberá a mesma porção dos demais, além do que receber pela venda da propriedade herdada dos seus antepassados.

9 "Quando entrarem na terra que Adonai, seu Deus, dá a vocês, não aprendam a seguir as práticas abomináveis dessas nações. 10 Não se devem encontrar em seu meio quem faça o filho ou a filha passar pelo fogo, nem prognosticador, adivinho, pressagiador, feiticeiro, 11 encantador, consultor de espíritos ou necromante. 12 Pois quem faz essas coisas é detestável a Adonai e, por causa dessas abominações, Adonai, seu Deus, os expulsa de diante de vocês. 13 Sejam sinceros com Adonai, seu Deus. **(Quinto)** 14 Pois essas nações, as quais vocês estão a ponto de desalojar, ouvem adivinhos e prognosticadores; mas Adonai, seu Deus, não permite a vocês fazer isso.

15 "Adonai levantará, dentre seus parentes, um profeta semelhante a mim. Prestem atenção a ele, 16 pois, quando estavam reunidos no Horev, vocês pediram a Adonai, seu Deus: 'Não nos deixes ouvir mais a voz de Adonai, nosso Deus, nem nos permitas ver esse grande fogo outra vez; se fizer isso, nós morreremos!'. 17 Nessa ocasião, Adonai me disse: 'Eles estão certos no que dizem. 18 Levantarei para eles um profeta semelhante a você dentre os parentes deles. Porei minhas palavras em sua boca, e ele dirá tudo o que lhe ordenar. 19 Quem não ouvir minhas palavras, que ele falará em meu nome, prestará contas de si mesmo a mim.

20 " 'No entanto, se o profeta falar de forma presunçosa uma palavra em meu nome — que eu não lhe ordenei dizer —, ou se ele falar em nome de outros deuses, então esse profeta deverá morrer'. 21 Talvez vocês se perguntem: 'Como saberemos se uma palavra não foi falada por Adonai?'. 22 Quando o profeta falar em nome de Adonai, e a predição não se realizar — isto é, a palavra não se cumprir —, então essa palavra não terá sido dita por Adonai. O profeta a terá proferido de forma presunçosa; não o temam.

19 1 "Quando Adonai, seu Deus, eliminar as nações cuja terra Adonai, seu Deus, está dando a vocês, e vocês tomarem posse dela e se estabelecerem nas cidades e casas, 2 separem três cidades na terra que Adonai, seu Deus, dá a vocês para possuir. 3 Dividam o território de sua terra, que Adonai, seu Deus, dará a vocês como herança, em três partes; e preparem as estradas, para que alguém que mate uma pessoa consiga fugir para essas cidades. 4 Quem matou uma pessoa poderá fugir para lá e viver ali se, por engano, tiver matado um membro da comunidade, de quem não tinha nenhum ressentimento anterior. 5 Por exemplo: se um homem for à floresta com seu vizinho para cortar lenha e der um golpe com o machado para derrubar uma árvore, e a cabeça do machado escapar do cabo, acertando o vizinho e o matar, ele deve fugir para uma dessas cidades e ali viver. 6 De outro modo, o parente vingador mais próximo, no calor de sua ira, poderia persegui-lo e alcançá-lo — porque a distância [da cidade de refúgio] é longa — e golpeá-lo mortalmente, — ainda que ele não merecesse morrer, visto que não tinha ódio no passado. 7 Esse é o motivo de eu ordenar a vocês que ponham de lado três cidades.

8 "Se Adonai, seu Deus, expandir o seu território, como jurou fazer a seus antepassados, e toda a terra prometida a seus antepassados — 9 contanto que observem e guardem todas estas *mitzvot* que dou hoje a vocês, amando Adonai, seu Deus, e sempre seguindo seus caminhos —, então vocês deverão acrescentar outras três cidades, além das três [primeiras]; 10 para que não se derrame sangue inocente na terra que Adonai, seu Deus, der a vocês por herança, evitando, assim, que a culpa de sangue recaia sobre vocês.

11 "Entretanto, se alguém odiar um membro da comunidade, ficar esperando por ele, atacá-lo, aplicar-lhe um golpe mortal, e então fugir para uma dessas cidades, 12 os líderes da própria cidade dele deverão levá-lo de volta dali e entregá-lo ao parente vingador mais próximo, para que ele seja executado. 13 Não tenham piedade dele. Ao contrário, deem fim ao derramamento de sangue inocente em Yisra'el. Então tudo irá bem com vocês.

(Sexto) 14 "Não movam as marcas de seu vizinho, de onde elas foram postas muito tempo atrás, na herança que em breve será de vocês na terra que Adonai, seu Deus, dá a vocês para que tomem posse.

15 "Uma testemunha apenas não será o suficiente para incriminar uma pessoa por qualquer transgressão ou pecado de qualquer tipo; a questão será resolvida se houver apenas duas ou três testemunhas que se pronunciem contra o acusado.

16 "Se uma testemunha se apresentar e der um falso testemunho contra alguém, 17 então as pessoas envolvidas na controvérsia deverão apresentar-se diante de Adonai, dos *kohanim* e dos juízes que servirem naquele tempo. 18 Os juízes investigarão com cuidado. Se descobrirem que a testemunha mente e dá falso testemunho contra seu irmão, 19 que façam com ela o que ela intencionava fazer a seu irmão. Desse modo, darão fim a esse tipo de impiedade entre vocês. 20 Aqueles que permanecerem ouvirão a respeito, terão medo e não cometerão mais essa maldade entre vocês. 21 Não tenham piedade: vida por vida, olho por olho, dente por dente, mão por mão, pé por pé.

20 1 "Quando vocês saírem para combater seus inimigos e virem cavalos, carruagens e um exército maior que o seu, não tenham medo deles, pois Adonai, seu Deus, que os tirou da terra do Egito, está com vocês. 2 Quando entrarem em uma batalha, o *kohen* deverá postar-se à frente e dirigir-se ao povo. 3 Ele deverá dizer: 'Ouça, Yisra'el! Vocês estão para entrar em batalha contra seus inimigos.

Não se desanimem nem temam; não se alarmem nem sejam amedrontados por
eles, 4 pois *Adonai*, seu Deus, vai com vocês lutar a seu favor contra seus inimigos
e dará a vitória a vocês'.
5 "Então os oficiais falarão com os soldados. Eles dirão: 'Há algum homem aqui
que tenha construído uma casa nova, mas que ainda não a tenha dedicado? Volte
para sua casa agora; pode ser que morra lutando, e outro homem, então, dedique
sua casa.
6 " 'Há aqui algum homem que tenha plantado uma vinha sem ter usufruído seu
fruto? Volte para sua casa; pode ser que ele morra lutando, e outro homem usufrua
seu fruto.
7 " 'Há aqui algum homem comprometido com uma mulher, mas que ainda não
se tenha casado com ela? Volte para sua casa; pode ser que ele morra lutando, e
outro homem se case com ela'.
8 "Os oficiais acrescentarão ao que tiverem dito aos soldados: Há aqui algum ho-
mem que tenha medo ou que se sinta acovardado? Volte para sua casa; pode ser que
seu temor corrompa seus companheiros'. 9 Quando os oficiais tiverem terminado de
falar com os soldados, comandantes serão designados para liderar o exército.
(Sétimo) 10 "Quando vocês avançarem sobre uma cidade para atacá-la, apre-
sentem em primeiro lugar os termos para a paz. 11 Se os termos para a paz forem
aceitos, e os portões forem abertos para vocês, então a todo o povo daquele lugar
serão impostos trabalhos forçados, e eles trabalharão para vocês. 12 Entretanto, se
a oferta de paz com vocês for recusada, e eles preferirem guerrear contra vocês,
cerquem a cidade. 13 Quando *Adonai*, seu Deus, entregá-la a vocês, matem todos os
homens à espada. 14 Entretanto, tomem como despojo as mulheres, as crianças, o
gado e tudo o que há na cidade — todo o seu espólio. Sim, alimentem-se do espólio
de seus inimigos, que *Adonai*, seu Deus, deu a vocês. 15 Isso é o que se deve fazer em
todas as cidades muito distantes de vocês, que não são as cidades dessas nações.
16 "Quanto às cidades dos povos que *Adonai*, seu Deus, dá a vocês como herança,
não permitam que nada que respire viva. 17 Em vez disso, destruam por completo o
hitti, o emori, o kena'ani, o p'rizi, o hivi e o y'vusi, como *Adonai*, seu Deus, ordenou
a vocês; 18 para que eles não ensinem vocês a seguir suas práticas abomináveis, rea-
lizadas para seus deuses, ocasionando assim seu pecado contra *Adonai*, seu Deus.
19 "Quando estiverem em guerra contra uma cidade com o objetivo de conquistá-
-la, e ela for cercada por muito tempo, não destruam suas árvores, derrubando-as
com o machado. Comam seu fruto e não as derrubem. Afinal, as árvores do campo
são seres humanos para serem cercadas também? 20 Entretanto, se souberem que
certas árvores não produzem alimentos, derrubem-nas e cortem-nas com o objetivo
de construir mais cercas em torno da cidade em guerra com vocês, até que ela caia.

21 1 "Se na terra que *Adonai*, seu Deus, dá a vocês para tomar posse, uma pessoa
assassinada for encontrada no campo, e o assassino for desconhecido, 2 os
líderes e juízes dessa terra sairão e medirão a distância entre o corpo do morto e as
cidades vizinhas. 3 Após a determinação da cidade mais próxima, os líderes dessa ci-
dade deverão tomar uma novilha que nunca tenha sido posta para trabalhar ou sobre
a qual jamais se pôs o jugo. 4 Os líderes dessa cidade deverão levar a novilha ao *vádi*
com um riacho permanente, a um lugar que nunca tenha sido arado nem semeado, e,
ali no *vádi*, devem quebrar o pescoço da novilha. 5 Então os *kohanim*, que são *l'vi'im*,
devem aproximar-se, pois *Adonai*, seu Deus, os escolheu para servi-lo e abençoar em
nome de *Adonai*; eles decidirão o resultado de cada disputa e questão que envolva

violência. 6 Todos os líderes da cidade mais próxima da vítima do assassinato deverão lavar as mãos sobre a novilha com o pescoço quebrado no *vádi.* **(*Maftir*)** 7 Então eles deverão falar e dizer: 'Este sangue não foi derramado por nossas mãos, tampouco vimos quem o fez. 8 *Adonai*, perdoa o teu povo, Yisra'el, a quem redimiste; não permitas que sangue inocente seja derramado entre teu povo, Yisra'el'. E eles serão perdoados desse derramamento de sangue. 9 Assim, fazendo o que *Adonai* considera certo, vocês banirão de seu meio o derramamento de sangue inocente.

***Haftarah Shof'tim*: *Yesha'yahu* [Is] 51.12—52.12. [Adaptação messiânica: conclusão da leitura em 53.12.]**

Sugestão de leitura da *B'rit Hadashah* para a *Parashah Shof'tim*: *Mattityahu* [Mt] 5.38-42; 18.15-20; Atos 3.13-26 ; 7.35-53; 1Coríntios 5.9-13; 1Timóteo 5.17-22; Judeus messiânicos [Hb] 10.28-31.

Parashah 49: *Ki tetze* (Quando você sair) 21.10—25.19

10 "Quando saírem à guerra contra seus inimigos, e *Adonai*, seu Deus, os entregar a vocês, e fizer deles prisioneiros, 11 quando um de vocês vir uma mulher que lhe agrade entre os prisioneiros, e se sentir atraído por ela e desejar que seja sua mulher, 12 leve-a para sua casa, onde ela rapará a cabeça, cortará as unhas 13 e retirará as roupas de prisioneira. Ela permanecerá em sua casa, chorando pelo pai e pela mãe durante um mês inteiro; depois disso, esse homem poderá manter relações sexuais com ela e ser seu marido, e ela será sua mulher. 14 No caso de perder o interesse por ela, ele a deixará partir, se ela quiser, mas não poderá vendê-la nem tratá-la como uma escrava, pois ele a humilhou.

15 "Se um homem tiver duas mulheres — uma, amada, e outra, não amada —, e as duas mulheres lhe gerarem filhos, e se o primogênito for o filho da mulher não amada, 16 quando chegar o momento do repasse da herança para os filhos, ele não poderá dar a herança devida ao primogênito da mulher não amada — que é de fato o primogênito — ao filho da mulher amada. 17 Não, ele deve reconhecer como primogênito o filho da mulher não amada, ao lhe dar a porção dupla de todas as suas posses, pois ele é as primícias de sua virilidade, e o direito do primogênito lhe pertence.

18 "Se um homem tiver um filho teimoso e rebelde que não obedeça às palavras de seu pai ou de sua mãe, e se, mesmo depois de receber a disciplina deles, ele se recusar a ouvi-los, 19 então seu pai e sua mãe devem tomá-lo e levá-lo aos líderes da cidade, junto ao portão do lugar, 20 e dizer aos líderes da cidade: 'Este nosso filho é teimoso e rebelde; não presta atenção ao que lhe dizemos, vive de modo devasso e se embriaga'. 21 Então todos os homens da cidade devem apedrejá-lo até a morte. Assim, vocês estarão dando fim a tamanha maldade em seu meio, e todo o Yisra'el ouvirá a respeito disso e temerá.

(Segundo) 22 "Se alguém tiver cometido um crime capital merecedor de execução, pendurem-no em uma árvore, 23 mas seu corpo não deverá permanecer a noite toda na árvore; sepultem-no no mesmo dia, pois a pessoa pendurada foi amaldiçoada por Deus — para que vocês não maculem a terra que *Adonai*, seu Deus, dá a vocês como herança.

22 1 "Se você vir que o boi ou a ovelha de seu irmão desviou-se, não finja que nada percebeu; leve o animal de volta para seu irmão. 2 Se seu irmão não estiver por perto, ou você não souber quem é o dono, leve o animal para sua casa; e ele permanecerá com você até que seu irmão pergunte a você por ele; então você lhe devolverá o animal. 3 Faça o mesmo com o jumento, o casaco ou qualquer coisa perdida que pertença a seu irmão. Se encontrar alguma coisa perdida, não o ignore.

4 "Se vir o jumento ou o boi de seu irmão caído na estrada, não finja que não o viu; ajude-o a levantar-se outra vez.

5 "A mulher não deve vestir roupas de homem, e o homem não deve usar roupas de mulher, pois quem faz essas coisas é detestável a *Adonai*, seu Deus.

6 "Se, enquanto estiver andando, vir um ninho de pássaros em uma árvore ou no solo com os passarinhos e os ovos, e a mãe estiver sobre os filhotes ou sobre os ovos, não tome a mãe com os filhotes. 7 Deixe que a mãe fuja, mas você pode ficar com os filhotes, para que tudo vá bem com você e sua vida seja prolongada.

(Terceiro) 8 "Quando construir uma casa nova, faça uma proteção em volta do terraço; de outro modo, alguém poderá cair dali, e você será responsável por sua morte.

9 "Não semeie dois tipos de sementes entre as fileiras de sua vinha; se fizer isso, a colheita de ambas as sementes estará contaminada. 10 Não are com um boi e um jumento juntos. 11 Não use roupas feitas com dois tipos de fios, lã e linho juntos.

12 "Faça para si mesmo cordões trançados nos quatro cantos da roupa que usar.

13 "Se um homem casar-se com uma mulher, mantiver relações sexuais com ela e, depois disso, por deixar de gostar dela, 14 fizer falsas acusações contra ela e difamar o caráter da mulher, dizendo: 'Eu me casei com esta mulher, mas quando me relacionei sexualmente com ela não encontrei evidências de sua virgindade', 15 o pai e a mãe da mulher devem apresentar a evidência da virgindade dela aos líderes da cidade junto ao portão. 16 O pai da mulher dirá aos líderes: 'Permiti o casamento de minha filha com este homem, mas ele a odeia, 17 e por isso apresentou acusações falsas ao dizer que não encontrou evidências da virgindade dela; contudo, eis a evidência da virgindade de minha filha' — (18) e eles colocarão a roupa diante dos líderes da cidade. 18(19) Os líderes da cidade deverão tomar o homem, puni-lo 19 e multá-lo em cerca de 1 quilo de *shekalim* de prata, que será dado ao pai da jovem, por ter o homem difamado uma virgem de Yisra'el. Ela permanecerá mulher dele, e ele não poderá se divorciar dela enquanto viver.

20 "No entanto, se a acusação for apoiada pela falta de evidências de virgindade da jovem, 21 ela deverá ser levada à porta da casa de seu pai, e os homens da cidade a apedrejarão até a morte, pois ela cometeu um ato vergonhoso em Yisra'el, ao se comportar como uma prostituta, enquanto vivia na casa do pai. Desse modo, vocês darão fim a tamanha maldade em seu meio.

22 "Se um homem for encontrado dormindo com uma mulher casada, os dois deverão morrer — o homem que foi para a cama com a mulher e também a mulher. Desse modo, vocês eliminarão tamanha impiedade de Yisra'el.

23 "Se uma jovem, virgem, tornar-se noiva de um homem, e outro homem a atacar na cidade e mantiver relações sexuais com ela, 24 levem os dois ao portão da cidade e apedrejem-nos até a morte — a jovem, por não ter gritado por socorro na cidade, e o homem, por ter humilhado a mulher de seu vizinho. Desse modo, vocês darão fim a tamanha impiedade em seu meio.

25 "No entanto, se o homem atacar a jovem noiva no campo, e o homem a agarrar e mantiver relações sexuais com ela, apenas o homem que manteve relações sexuais com ela deverá morrer. 26 Não façam nada à jovem, pois ela nada fez digno de morte. A situação é semelhante ao caso do homem que ataca seu vizinho e o mata, 27 pois ele a atacou no campo, e a jovem noiva gritou, mas não havia ninguém para salvá-la.

28 "Se um homem atacar uma jovem que seja virgem, mas que não esteja noiva, e a agarrar e mantiver relações sexuais com ela, e eles forem pegos no ato, 29 o homem que manteve relações sexuais com ela deverá dar ao pai da noiva 567 gra-

mas de *shekalim* de prata, e ela se tornará mulher dele, pois ele a humilhou; ele não
poderá se divorciar dela enquanto viver.

23 1(22.30) "Um homem não deve tomar por mulher a mulher de seu pai, violando
assim os direitos de seu pai.
2(1) "Um homem que tenha as partes íntimas esmagadas ou defeituosas não po-
derá entrar na assembleia de ADONAI.
3(2) "Um *mamzer* não poderá entrar na assembleia de ADONAI, tampouco seus
descendentes até a décima geração poderão entrar na assembleia de ADONAI.
4(3) "Nenhum 'amoni ou mo'avi poderá entrar na assembleia de ADONAI, tam-
pouco quaisquer de seus descendentes até a décima geração poderão entrar na
assembleia de ADONAI, 5(4) pois eles não supriram vocês de alimento e água quando
estavam no caminho, após a saída do Egito, e pelo fato de terem contratado Bil'am,
o filho de B'or, de P'tor, em Aram-Naharayim, para amaldiçoá-los. 6(5) No entanto,
ADONAI, seu Deus, não ouviu Bil'am; ao contrário, ADONAI, seu Deus, transformou a
maldição em bênção para vocês, pois ADONAI, seu Deus, os amou. 7(6) Portanto, nunca
procurem a paz com eles ou seu bem-estar enquanto viverem.
(Quarto) 8(7) "No entanto, não abominem o edomi, pois ele é seu irmão; e não
abominem o egípcio, pois vocês viveram como estrangeiros na terra dele. 9(8) A ter-
ceira geração dos filhos deles poderá entrar na assembleia de ADONAI.
10(9) "Quando estiverem no acampamento, em guerra contra seus inimigos, não
façam nenhuma coisa ruim. 11(10) Se houver entre vocês um homem impuro por cau-
sa da ejaculação noturna, ele sairá do acampamento; não entrará nele. 12(11) Quando
a tarde chegar, ele se banhará em água e, depois do pôr do sol, poderá entrar no
acampamento. 13(12) Mantenham também uma área fora do acampamento para ser
usada como lugar onde se façam as dejeções. 14(13) Incluam uma pá em seu equipa-
mento e, quando vocês fizerem suas necessidades fisiológicas, cavem em primeiro
lugar um buraco e depois cubram o excremento. 15(14) Pois ADONAI, seu Deus, anda
pelo seu acampamento para resgatá-los da mão de seus inimigos. Portanto, seu
acampamento deve ser um lugar sagrado. [ADONAI] não deverá ver nada indecente
em seu meio; caso contrário, ele se afastará de vocês.
16(15) "Se um escravo escapar de seu senhor e se refugiar junto a vocês, não o
devolvam a seu senhor. 17(16) Permitam-lhe permanecer com vocês, no lugar que
achar melhor entre seus assentamentos; não o tratem mal.
18(17) "Nenhuma mulher de Yisra'el deve participar de prostituição ritual, e
nenhum homem de Yisra'el deve participar de prostituição ritual homossexual.
19(18) Nada obtido por meio de prostituição heterossexual ou homossexual será
levado à casa de ADONAI, seu Deus, para cumprir um voto, pois essas duas coisas
são detestáveis a ADONAI, seu Deus.
20(19) "Não cobrem juros do seu irmão; não importa se o empréstimo for de dinhei-
ro, alimento ou qualquer outra coisa da qual se pode obter ganho. 21(20) Cobrem juros
do estrangeiro, mas não cobrem juros do seu irmão, para que ADONAI, seu Deus, faça
que vocês prosperem em tudo o que desejarem fazer na terra em que estão entrando
a fim de tomar posse.
22(21) "Quando fizerem um voto a ADONAI, seu Deus, não demorem a cumpri-lo,
pois ADONAI, seu Deus, com certeza o exigirá de vocês, e sua falha ao cumpri-lo será
considerada pecado. 23(22) Se vocês não fizerem nenhum voto, isso não é pecado;
24(23) no entanto, se um voto passar por seus lábios, tratem de cumprir-lo de acordo
com o que disseram voluntariamente a ADONAI, seu Deus, aquilo que prometeram com
palavras audíveis.

(Quinto) 25(24) "Quando entrarem na vinha de um vizinho, comam uvas suficientes para satisfazer seu apetite; mas não guardem nenhuma quantidade delas em sua cesta. 26(25) Quando entrarem na plantação de grãos de um vizinho, colham as espigas com a mão; não usem a foice na plantação de seu vizinho.

24 1 "Se um homem tomar uma mulher e com ela consumar o casamento, e depois passar a não se agradar mais dela, por ela lhe ter feito alguma coisa ofensiva, ele escreverá para ela um certificado de divórcio, dará a ela [o certificado] e a mandará embora de sua casa. 2 Ela deixará a casa, irá embora e poderá se tornar mulher de outro homem. 3 No entanto, se o segundo marido não a quiser mais e lhe escrever um *get*, e o entregar a ela, ele a mandará de volta para a casa dela. Ou se o segundo marido, com quem se casou, morrer, 4 o primeiro marido, que a mandou embora, não poderá recebê-la outra vez como sua mulher, pois ela está maculada. Isso seria detestável para *Adonai*, e vocês não devem deixar que esse tipo de pecado aconteça na terra que *Adonai*, seu Deus, dá a vocês como herança.

(Sexto) 5 "Se um homem tiver se casado recentemente com uma mulher, ele não deve se sujeitar ao serviço militar; será liberado de outras obrigações e permanecerá em casa por 1 ano para fazer sua nova mulher feliz.

6 "Ninguém deverá tomar um moinho ou uma pedra de moagem como garantia de empréstimo, pois isso equivaleria a tomar como garantia o meio de sustento do devedor.

7 "Se um homem raptar qualquer um de seus irmãos, membros da comunidade de Yisra'el, e fizer dele um escravo ou vendê-lo, esse sequestrador deverá morrer; desse modo, vocês darão fim a esse tipo de impiedade em seu meio.

8 "Quando houver um surto de *tzara'at*, observem e façam exatamente o que os *kohanim*, que são *l'vi'im*, ensinarem a vocês. Procedam como eu ordenei a vocês. 9 Lembrem-se do que *Adonai*, seu Deus, fez com Miryam no caminho após a saída do Egito.

10 "Quando emprestarem alguma coisa a seu vizinho, não entrem na casa dele para retirar a garantia. 11 Permaneçam do lado de fora, e quem tomou o empréstimo levará a garantia para fora, até vocês. 12 Se ele for pobre, vocês não devem dormir enquanto mantiverem o que ele deu a vocês como garantia; 13 em vez disso, devolvam o item dado como garantia ao pôr do sol; então ele dormirá, vestindo a roupa e o abençoará. Isso será um ato correto de sua parte na presença de *Adonai*, seu Deus.

(Sétimo) 14 "Não explorem o trabalhador contratado, pobre e necessitado, seja ele um de seus irmãos, seja estrangeiro que vive em sua terra, em sua cidade. 15 Paguem-lhe o valor da diária antes do pôr do sol, pois ele é pobre e espera ser pago. De outro modo, ele clamará contra vocês a *Adonai*, e seu ato será considerado pecado.

16 "Os pais não serão executados em lugar dos filhos, tampouco os filhos serão executados em lugar dos pais; cada pessoa será executada pelo próprio pecado.

17 "Não privem o estrangeiro ou o órfão da justiça devida e não recebam as roupas da viúva como garantia de um empréstimo. 18 Em vez disso, lembrem-se de que foram escravos no Egito; e *Adonai*, seu Deus, os resgatou dali. Por isso, eu ordeno a vocês fazer isso hoje.

19 "Quando fizerem a colheita de grãos em seu campo e se esquecerem de um feixe de grãos ali, não voltem para pegá-lo; ele permanecerá ali para o estrangeiro, o órfão e a viúva, para que *Adonai*, seu Deus, os abençoe em todo o trabalho que fizerem. 20 Quando sacudirem sua oliveira, não voltem aos ramos outra vez; as azeitonas deixadas serão do estrangeiro, do órfão e da viúva. 21 Quando colherem as uvas de sua vinha, não voltem para recolher as uvas pela segunda vez; o que for deixado será do estrangeiro, do órfão e da viúva. 22 Lembrem-se de que foram escravos na terra do Egito. Essa é a razão de eu ordenar isso a vocês.

25 1 “Se pessoas discordarem e procurarem a solução no tribunal, e os juízes
decidirem a favor do justo e condenarem o ímpio; 2 e, se o ímpio merecer o
açoite, o juiz deverá fazê-lo deitar-se e ele será açoitado em sua presença. O número de golpes será proporcional à ofensa; 3 no entanto, o número máximo é de 40
chibatadas. Ele não deve exceder a isso; se ultrapassar esse limite e ele for golpeado
mais vezes, seu irmão será humilhado diante de seus olhos.
4 “Não amordacem o boi quando pisa os grãos.
5 “Se irmãos viverem juntos, e um deles morrer sem filhos, a viúva não deve
se casar com ninguém que não tenha laço de sangue com o morto; o irmão de seu
marido deverá unir-se a ela e cumprir a obrigação do cunhado, casando-se com
ela. 6 O primeiro filho que ela gerar dará sucessão ao nome do irmão morto, para
que seu nome não seja eliminado de Yisra'el. 7 Se o homem não quiser se casar
com a viúva de seu irmão, a viúva de seu irmão deverá subir ao portão, aos líderes,
e dizer: ‘Meu cunhado se recusa a suscitar um nome em Yisra'el para seu irmão;
ele não cumprirá a obrigação de irmão de um marido para comigo’. 8 Os líderes da
cidade o chamarão e conversarão com ele. Se, na presença deles, ele continuar
dizendo: ‘Não quero me casar com ela’, 9 a viúva de seu irmão se aproximará dele
na presença dos líderes, tirará a sandália de seu pé, cuspirá em seu rosto e dirá:
‘Isto é o que se faz ao homem que se recusa a suscitar descendência a seu irmão’.
10 Desse momento em diante, sua família será conhecida em Yisra'el como ‘a família do homem que teve a sandália retirada’.
11 “Se homens estiverem lutando entre si, e a mulher de um deles for ajudar o
marido a se livrar do atacante, agarrando as partes íntimas do atacante com a mão,
12 cortem-lhe a mão; não demonstrem piedade.
13 “Não tenham em sua bolsa dois conjuntos de pesos, um pesado e o outro leve.
14 Não tenham em casa dois conjuntos de medidas, um grande e o outro pequeno.
15 Tenham pesos corretos e justos, e medidas corretas e justas para prolongar seus
dias na terra que ADONAI, seu Deus, dá a vocês. 16 Pois todo o que pratica essas coisas, quem negocia de forma desonesta, é detestável a ADONAI, seu Deus.
(*Maftir*) 17 “Lembrem-se do que ‘Amalek fez a vocês no caminho quando vocês
saíam do Egito; 18 ele os encontrou no caminho, atacou quem estava na retaguarda,
aqueles que estavam exaustos e dispersos, quando vocês estavam cansados e
fatigados. Ele não temeu a Deus. 19 Portanto, quando ADONAI, seu Deus, der a vocês
descanso de todos os inimigos à sua volta, na terra que ADONAI, seu Deus, dá a
vocês por herança para tomar posse, apaguem toda a memória de ‘Amalek de
debaixo do céu. Não se esqueçam!

***Haftarah Ki tetze*: *Yesha'yahu* [Is] 54.1-10 [Adaptação messiânica: início da leitura em 52.13.]**

Sugestão de leitura da *B'rit Hadashah* para a *Parashah Ki tetze*: *Mattityahu* [Mt] 5.31,32; 19.3-12; 22.23-32; Marcos 10.2-12; 12.18-27; Lucas 20.27-38; 1Coríntios 9.4-18; Gálatas 3.9-14; 1Timóteo 5.17,18.

Parashah 50: *Ki tavo* (Quando vier) 26.1—29.8(9)

26 1 “Quando chegarem à terra que ADONAI, seu Deus, dá a vocês por herança,
tomem posse dela e se estabeleçam ali; 2 levem as primícias de todas as
colheitas produzidas pelo solo — que vocês tirarão da terra que ADONAI, seu Deus,

dá a vocês —, ponham-nas em uma cesta e vão ao lugar escolhido por Adonai, seu Deus, como habitação para seu nome. 3 Nesse momento, aproximem-se do *kohen* oficiante e digam: 'Hoje declaro a Adonai, seu Deus: cheguei à terra que Adonai jurou a nossos antepassados que nos daria'. 4 O *kohen* tomará a cesta da sua mão e a colocará diante do altar de Adonai, seu Deus.

5 "Então digam na presença de Adonai, seu Deus: 'Meu antepassado era um nômade de Aram. Ele desceu ao Egito em número pequeno e ali permaneceu. Tornou-se uma nação grande, forte e populosa. 6 No entanto, os egípcios nos trataram mal; oprimiram-nos e nos impuseram uma dura escravidão. 7 Portanto, clamamos a Adonai, o Deus de nossos antepassados. Adonai nos ouviu e viu nossa miséria, fadiga e opressão; 8 e Adonai nos tirou do Egito com mão forte e braço estendido, com grande terror, e com sinais e maravilhas. 9 Ele nos trouxe a este lugar e nos deu esta terra, a terra em que sobejam leite e mel. 10 Portanto, como você vê, eu trouxe as primícias da terra que Adonai me tem dado'. Ponham a cesta diante de Adonai, seu Deus, prostrem-se diante de Adonai, seu Deus, 11 e alegrem-se com todo o bem que Adonai, seu Deus, deu a vocês e à sua casa, ao *levi* e ao estrangeiro que vive com vocês.

(Segundo) 12 "Depois de separar um décimo das colheitas produzidas no terceiro ano, o ano da separação da décima parte, e de entregá-la ao *levi*, ao estrangeiro, ao órfão e à viúva, para que possam ter alimento suficiente e se satisfazerem enquanto permanecem com vocês, 13 digam, na presença de Adonai, seu Deus: 'Tirei de minha casa as coisas separadas para Deus e as dei ao *levi*, ao estrangeiro, ao órfão e à viúva, de acordo com todas as *mitzvot* que me deste. Não desobedeci a nenhuma de tuas *mitzvot*, nem me esqueci delas. 14 Não comi nenhum desses alimentos enquanto estive de luto, nem coloquei nada à parte enquanto estive impuro, tampouco dei nenhuma parte deles para os mortos. Ouvi o que Adonai, meu Deus, disse, e fiz tudo que me ordenaste fazer. 15 Olha de tua santa habitação, do céu; e abençoa Yisra'el, teu povo, e a terra que nos deste, como juraste a nossos antepassados, a terra em que sobejam leite e mel'.

(Terceiro) 16 "Hoje Adonai, seu Deus, ordena a vocês que obedeçam a estas leis e regras. Portanto, guardem-nas e obedeçam a elas com todo o coração e todo o ser. 17 Hoje vocês declaram que Adonai é seu Deus e que seguirão os caminhos dele, guardarão suas leis, *mitzvot* e regras; e farão o que ele disser. 18 Por sua vez, Adonai declara hoje que vocês são o único tesouro dele, como prometeu a vocês; guardem todas as *mitzvot* dele 19 e ele os estabelecerá acima de todas as nações que ele criou, com louvor, renome e glória e, como ele disse, vocês serão um povo santo para Adonai, seu Deus".

27 **(Quarto)** 1 Então Mosheh e todos os líderes de Yisra'el deram ordens ao povo. Eles disseram: "Guardem todas as *mitzvot* que dou hoje. 2 Quando atravessarem o Yarden, em direção à terra que Adonai, seu Deus, dá a vocês, levantem duas pedras grandes, cubram-nas com cal 3 e, depois da travessia, nelas escrevam esta *Torah*, cada palavra — para poderem entrar na terra que Adonai, seu Deus, dá a vocês; terra em que sobejam leite e mel, como Adonai, o Deus de seus antepassados, prometeu a vocês. 4 Quando tiverem atravessado o Yarden, levantem essas pedras, como eu ordeno hoje a vocês, no monte 'Eival e cubram-nas com cal. 5 Erijam um altar para Adonai, seu Deus, um altar feito de pedras. Não usem nelas nenhum instrumento de ferro; 6 construam o altar de Adonai, seu Deus, com pedras brutas, e apresentem nele ofertas queimadas a Adonai, seu Deus. 7 Apresentem também ofertas de paz, comam-nas ali e alegrem-se na presença de Adonai, seu Deus. 8 Escrevam nas pedras todas as palavras desta *Torah*, de forma legível".

9 Em seguida, Mosheh e os *kohanim,* que são *l'vi'im,* falaram a todo o Yisra'el. Eles
disseram: "Permaneça em silêncio e ouça, Yisra'el! Hoje você se tornou o povo de
Adonai, seu Deus. 10 Portanto, ouça o que *Adonai,* seu Deus, diz e obedeça às suas *mitzvot*
e às leis que dou a você hoje".

(Quinto) 11 Naquele mesmo dia, Mosheh comissionou o povo do seguinte modo:
12 "Estes são os que devem permanecer sobre o monte G'rizim e abençoar o povo depois
de ter atravessado o Yarden: Shim'on, Levi, Y'hudah, Yissakhar, Yosef e Binyamin; 13 e
estes devem permanecer sobre o monte 'Eival para amaldiçoar: Re'uven, Gad, Asher,
Z'vulun, Dan e Naftali. 14 Os *l'vi'im,* falando em voz alta, farão o anúncio a todo homem
de Yisra'el:

15 " 'Maldito o que fizer uma imagem entalhada ou de metal, algo que *Adonai* detesta,
o trabalho manual de um artífice, e a colocar em um lugar escondido!'. Todo o povo
deverá responder, dizendo: '*Amen*!'.

16 " 'Maldito o que desonrar seu pai ou sua mãe.' Todo o povo dirá: '*Amen*!'.

17 " 'Maldito o que mover as marcas de limite do vizinho.' Todo o povo dirá: '*Amen*!'.

18 " 'Maldito o que desviar o cego de seu caminho.' Todo o povo dirá: '*Amen*!'.

19 " 'Maldito o que interferir no direito do estrangeiro, do órfão ou da viúva.' Todo o
povo dirá: '*Amen*!'.

20 " 'Maldito o que mantiver relações sexuais com a mulher de seu pai, pois violou os
direitos de seu pai.' Todo o povo dirá: '*Amen*!'.

21 " 'Maldito o que mantiver relações sexuais com qualquer tipo de animal.' Todo o
povo dirá: '*Amen*!'.

22 " 'Maldito o que mantiver relações sexuais com sua irmã, sem importar se ela é
filha de seu pai ou de sua mãe.' Todo o povo dirá: '*Amen*!'.

23 " 'Maldito o que mantiver relações sexuais com sua sogra.' Todo o povo dirá:
'*Amen*!'.

24 " 'Maldito o que atacar em segredo um membro da comunidade.' Todo o povo dirá:
'*Amen*!'.

25 " 'Maldito o que aceitar suborno para matar uma pessoa inocente.' Todo o povo
dirá: '*Amen*!'.

26 " 'Maldito o que não confirmar as palavras desta *Torah,* deixando de pô-las em
prática.' Todo o povo dirá: '*Amen*!'.

28 1 "Se ouvirem com atenção o que diz *Adonai,* seu Deus, guardarem e obedecerem a
todas as suas *mitzvot* que entrego a vocês hoje, *Adonai,* seu Deus, os estabelecerá
acima de todas as nações da terra; 2 e todas as bênçãos a seguir serão suas em profusão
— se vocês fizerem o que *Adonai,* seu Deus, diz:

3 "Vocês serão abençoados na cidade e serão abençoados no campo.

4 "O fruto do seu ventre, o fruto de sua terra e o fruto de seu gado serão abençoados
— as crias de seu gado e rebanhos.

5 "Sua cesta de grãos e amassadeira serão abençoadas.

6 "Vocês serão abençoados quando saírem e quando entrarem.

(Sexto) 7 "*Adonai* fará os inimigos que os atacarem ser derrotados em sua frente; eles
avançarão sobre vocês em um caminho e fugirão de diante de vocês por sete caminhos.

8 "*Adonai* ordenará que a bênção esteja com vocês em seus celeiros e em tudo o que
realizarem; ele os abençoará na terra que *Adonai,* seu Deus, dá a vocês.

9 "*Adonai* os estabelecerá como um povo separado para si, como ele jurou a vocês
— se guardarem as *mitzvot* de *Adonai,* seu Deus, e seguirem os caminhos dele. 10 Então
todos os povos da terra verão que o nome de *Adonai* e sua presença estão com vocês,
para que eles o temam.

11 "Adonai dará a vocês muita fartura de coisas boas — do fruto do seu ventre, do fru-
to de seu gado e do fruto de sua terra, na terra que Adonai jurou a seus antepassados que
lhes daria. 12 Adonai abrirá para vocês seu bom tesouro, o céu, para dar à sua terra chuva
nas estações certas e para abençoar todas as suas realizações. Emprestem a muitas na-
ções e não tomem emprestado. 13 Adonai fará de vocês a cabeça e não a cauda; e sempre
ficarão por cima, nunca por baixo — se ouvirem, guardarem e obedecerem às *mitzvot* de
Adonai, seu Deus, 14 e não se voltarem contra as palavras que ordeno hoje, nem para a
direita nem para a esquerda, nem seguirem outros deuses e os servirem.

15 "No entanto, se vocês se recusarem a prestar atenção ao que diz Adonai, seu Deus, e
não guardarem e obedecerem a todas as suas *mitzvot* e aos regulamentos que dou hoje,
estas maldições cairão sobre vocês em profusão:

16 "Vocês serão amaldiçoados na cidade e no campo.

17 "Sua cesta de grãos e a amassadeira serão amaldiçoadas.

18 "O fruto do seu ventre, o fruto de sua terra e as crias de seu gado e rebanhos serão
amaldiçoados.

19 " Vocês serão amaldiçoados quando entrarem e quando saírem.

20 "Adonai enviará sobre vocês maldições, desastres e frustração em tudo o que fize-
rem, até sua repentina destruição e perecimento, por causa de suas ações más por me
terem abandonado.

21 "Adonai trará sobre vocês a praga que permanecerá até que ele os tenha extermi-
nado da terra em que estão entrando a fim de tomar posse dela. 22 Adonai os ferirá com
doenças devastadoras, febre, inflamação, calor intenso, aridez, ventanias e bolor; eles os
perseguirão até que vocês pereçam.

23 "O céu sobre sua cabeça será como o bronze, e a terra debaixo de vocês, como o
ferro. 24 Adonai transformará a chuva necessária à sua terra em pó, e o pó cairá sobre
vocês desde o céu até sua destruição.

25 "Adonai, seu Deus, causará sua derrota diante de seus inimigos; vocês avançarão
sobre eles por um caminho e fugirão deles por sete. Serão objeto de horror para todos
os reinos da terra. 26 Suas carcaças se transformarão em alimento para todos os pássaros
e os animais selvagens, e não haverá quem os espante.

27 Adonai os ferirá com erupções da pele como as surgidas entre os egípcios, tumores,
lesões na pele e coceiras, todas incuráveis. 28 Adonai os ferirá com insanidade, cegueira
e confusão total. 29 Vocês tatearão ao meio-dia como o cego tateia no escuro, incapaz de
encontrar o caminho.

"A opressão e o roubo serão contínuos, e ninguém os salvará. 30 Vocês se
tornarão noivos de uma mulher, mas outro homem se casará com ela. Construirão uma
casa, mas não viverão nela. Plantarão uma vinha, mas não provarão seu fruto. 31 Seu boi
será morto diante de seus olhos, mas vocês não comerão sua carne. Seu jumento será le-
vado à força enquanto vocês observam e não será devolvido a vocês. Suas ovelhas serão
dadas a seus inimigos, e não haverá ninguém para ajudar vocês. 32 Seus filhos e filhas
serão entregues a outro povo; vocês esperarão por eles com amor o dia todo, mas não
os verão; e vocês não poderão fazer nada a respeito disso. 33 A nação desconhecida por
vocês comerá o fruto de sua terra e trabalho. Sim, vocês serão oprimidos e esmagados
de forma contínua, 34 até enlouquecerem pelo que seus olhos veem. 35 Adonai os ferirá
nos joelhos e nas pernas com bolhas dolorosas e incuráveis; elas se estenderão
desde a sola do seu pé ao alto da sua cabeça. 36 Adonai trará a vocês e a seu rei, es-
colhido por vocês mesmos, a nação desconhecida de vocês e dos seus antepassados;
e ali vocês servirão a outros deuses feitos de madeira e pedra. 37 Vocês serão tão
devastados que se tornarão um provérbio e uma causa de riso entre todos os povos
aos quais Adonai os levar.

38 "Vocês lançarão muitas sementes ao campo, mas colherão pouco, porque os ga-
fanhotos as destruirão. 39 Plantarão vinhas e as cultivarão, mas não beberão o vinho
nem colherão as uvas, pois os bichos as comerão. 40 Terão oliveiras em todo o seu
território, mas não se ungirão com azeite, pois suas oliveiras cairão antes de estarem
prontas. 41 Gerarão filhos e filhas, mas eles não pertencerão a vocês, pois irão para
o cativeiro. 42 Os insetos herdarão todas as suas árvores e o produto de sua terra.

43 "O estrangeiro que vive em seu meio crescerá muito, enquanto vocês diminui-
rão de forma contínua. 44 Ele emprestará a vocês, mas vocês não emprestarão a ele;
ele será a cabeça; vocês, a cauda.

45 "Todas essas maldições sobrevirão a vocês, os perseguirão e sobrepujarão até
destruí-los, pois vocês não prestaram atenção ao que *Adonai*, seu Deus, disse; não
observaram as *mitzvot* e os regulamentos que ele deu a vocês. 46 Essas maldições
sobrevirão a vocês e a seus descendentes, como sinal e maravilha para sempre.
47 Por não servirem a *Adonai*, seu Deus, com alegria e felicidade no coração quando
possuíam tudo, quando tinham prosperidade, 48 *Adonai* enviará seu inimigo contra
vocês, e vocês o servirão quando estiverem famintos, sedentos, maltrapilhos e neces-
sitados; ele colocará um jugo de ferro em seu pescoço até os destruir. 49 Sim, *Adonai*
trará contra vocês uma nação de longe que os varrerá de sobre a face da terra como
um abutre, uma nação cuja língua vocês não entendem, 50 uma nação de aparência
ameaçadora, cujo povo não respeita idoso e tampouco tem piedade dos jovens.
51 Eles devorarão as crias de seu gado e os produtos de seu solo, até sua destruição.
Eles os deixarão sem grãos, vinho, azeite de oliva, ou crias do gado e das ovelhas
— até que vocês pereçam. 52 Cercarão suas cidades até que seus muros altos e forti-
ficados, em que vocês confiam, caiam pela terra dada a vocês por *Adonai*, seu Deus.
53 Pela severidade do cerco e do sofrimento infligido pelos inimigos, vocês comerão
o fruto do seu ventre, a carne de seus filhos e filhas, dados por *Adonai*, seu Deus.
54 Mesmo o homem mais gentil e sensível em seu meio não terá piedade de seu
irmão, da mulher amada ou dos filhos sobreviventes, 55 a ponto de se recusar a par-
tilhar com eles a carne de seus filhos, pois, se o fizer, será deixado sem nada — por
causa da severidade do cerco e do sofrimento infligido a vocês por seus inimigos
em todas as suas cidades. 56 A mulher mais delicada e sensível em seu meio, que
jamais tocou o solo com a planta do seu pé, será tão invejada pelo marido amado, e
pelo filho e filha, 57 que comerá em segredo a placenta que sair dela e os filhos que
der à luz — tão desesperada de fome ela ficará por causa da severidade do cerco e
do sofrimento infligido pelos inimigos em suas cidades.

58 "Se vocês não guardarem nem obedecerem a todas as palavras desta *Torah*,
escritas neste livro, para temerem o nome glorioso e assombroso de *Adonai*, seu
Deus, 59 *Adonai* destruirá vocês e seus descendentes com pragas extraordinárias e
doenças severas e contínuas. 60 Ele trará sobre vocês todas as temidas doenças dos
egípcios, e elas os atingirão. 61 Não só isso; *Adonai* trará a vocês todas as doenças e
pragas que não se encontram escritas em todo o livro da *Torah* — até sua destruição.
62 Vocês serão numericamente poucos, ainda que antes tenham sido tão numerosos
quanto as estrelas no céu — pois não prestaram atenção à voz de *Adonai*, seu Deus.

63 "Acontecerá que, do mesmo modo que *Adonai* sentia alegria em fazer o bem
a vocês e aumentar seu número, também *Adonai* se alegrará em fazer vocês pere-
cerem e serem destruídos e arrancados da terra em que estão entrando a fim de
tomar posse dela. 64 *Adonai* os espalhará por entre todos os povos, de uma extre-
midade da terra à outra, e lá vocês servirão a outros deuses, feitos de madeira e
pedra, os quais nem vocês nem seus antepassados conheceram. 65 Não encontrarão
descanso entre essas nações, e não haverá repouso para a sola de seu pé; em vez
disso, *Adonai* trará angústia de coração a vocês, escurecimento dos olhos e apatia

de espírito. 66 Sua vida estará suspensa na dúvida diante de vocês; terão medo noite e dia e não terão segurança de continuar vivos. 67 Pela manhã, vocês dirão: 'Oh, como eu queria que fosse a tarde!', e à tarde dirão: 'Oh, como eu queria que fosse manhã!' — por causa do temor que dominará seu coração e das visões que seus olhos terão. 68 Por fim, *Adonai* os levará de volta ao Egito, em navio, o lugar do qual eu disse a vocês: 'Vocês nunca o verão outra vez'; e, ali, vocês tentarão se vender como escravos a seus inimigos, mas ninguém os comprará".

69(29.1) Estas são as palavras da aliança que *Adonai* ordenou a Mosheh estabelecer para o povo de Yisra'el na terra de Mo'av, além da aliança feita com eles em Horev.

29 **(Sétimo)** 1(2) Então Mosheh chamou todo o Yisra'el e lhe disse: "Vocês viram tudo o que *Adonai* fez ao faraó diante de seus olhos na terra do Egito, e de todos os seus servos e de toda a sua terra; 2(3) as grandes provas que vocês viram com os próprios olhos, e os sinais e as grandes maravilhas. 3(4) Mesmo assim, até o dia de hoje, *Adonai* não deu a vocês um coração para entender, olhos para ver ou ouvidos para ouvir! 4(5) Eu os guiei durante quarenta anos no deserto. Nem as roupas do corpo de vocês nem os sapatos de seus pés se gastaram. 5(6) Vocês não comeram pão, não beberam vinho nem outras bebidas inebriantes para que soubessem que 'eu sou *Adonai*, o Deus de vocês'. **(*Maftir*)** 6(7) Quando vocês chegaram a este lugar, Sichon, o rei de Heshbon, e 'Og, o rei de Bashan, avançaram contra nós em batalha, e nós os derrotamos, 7(8) tomamos a terra deles e a demos como herança ao re'uveni, ao gadi e ao m'nashi. 8(9) Portanto, guardem as palavras desta aliança e obedeçam-nas para que vocês prosperem em tudo.

***Haftarah Ki tavo: Yesha'yahu* [Is] 60.1-22.**

Sugestão de leitura da *B'rit Hadashah* para a *Parashah Ki tavo: Mattityahu* [Mt] 13.1-23; Lucas 21.1-4; Atos 28.17-31; Romanos 11.1-15.

Parashah 51: *Nitzavim* (Encontram-se) 29.9(10)—30.20

[Nos anos regulares, lê-se este texto com a *Parashah* 52; nos anos bissextos, ele é lido separadamente.]

9(10) "Hoje se encontram aqui, todos vocês, diante de *Adonai*, seu Deus — seus cabeças, suas tribos, seus líderes e seus oficiais — todos os homens de Yisra'el, 10(11) com seus filhos pequenos, suas mulheres e os estrangeiros que estão com vocês no acampamento, os cortadores de lenha e os carregadores de água. 11(12) O propósito disto é que façam uma aliança com *Adonai*, seu Deus, e ao juramento que *Adonai*, seu Deus, faz com vocês hoje, **(AB: Segundo)** 12(13) para que ele os estabeleça hoje como um povo e seja seu Deus — como ele disse a vocês e como jurou a seus antepassados, a Avraham, Yitz'chak e Ya'akov.

13(14) "No entanto, não é somente com vocês que faço esta aliança e este juramento. 14(15) Eu os faço com os que estão aqui conosco hoje, diante de *Adonai*, seu Deus, e também com os que não estão aqui hoje, **(AB: Terceiro)** 15(16) para saberem que vivemos na terra do Egito e passamos pelas nações que vocês atravessaram; 16(17) e viram suas coisas detestáveis e seus ídolos de madeira, pedra, prata e ouro, que havia entre elas. 17(18) Portanto, que não haja em seu meio homem, mulher, família ou tribo, cujo coração se afaste hoje de *Adonai*, seu Deus, e sirva aos deuses dessas

nações. Que não haja em seu meio pessoas que carreguem uma raiz desse tipo de
veneno e amargura. 18(19) Se existir essa pessoa, quando ela ouvir as palavras des-
ta maldição, que ela se abençoe secretamente, dizendo a si mesma: 'Estarei bem,
ainda que continue com teimosia e realize tudo que sinto ser meu dever realizar;
de modo que, apesar de me sentir "seco" [pecador], eu seja acrescido do "regado"
[justo]'. 19(20) No entanto, *Adonai* não o perdoará. Em vez disso, a ira e o ciúme de
Adonai serão acesos contra essa pessoa. Todas as maldições escritas neste livro
serão lançadas sobre ela. *Adonai* riscará seu nome de debaixo do céu. 20(21) *Adonai* o
separará de todas as tribos de Yisra'el para experimentar o que é ruim em todas as
maldições da aliança escritas neste livro da *Torah*.

21(22) "Quando a próxima geração — seus filhos, seus sucessores — e o estrangeiro
que chegar de uma terra distante virem as pragas desta terra e as doenças com que
Adonai a fez adoecer, 22(23) e que a terra toda se transformou em enxofre ardente e sal,
a ponto de não ser semeada nem produzir colheitas ou relva — como a destruição de
S'dom, 'Amorah, Admah e Tzvoyim, subvertidas por *Adonai* em sua fúria —, 23(24) todas
as nações perguntarão: 'Por que *Adonai* fez isso a esta terra? Qual é o significado de
tamanha demonstração de fúria?'. 24(25) As pessoas responderão: 'Isso ocorreu pelo
fato de eles terem abandonado a aliança de *Adonai*, o Deus de seus pais, estabele-
cida com eles quando os tirou da terra do Egito. 25(26) Eles serviram a outros deuses,
prostraram-se diante deles, deuses que não conheciam e que ele não lhes havia
consignado. 26(27) Por esta razão, a ira de *Adonai* acendeu-se contra esta terra, e ele
trouxe sobre ela todas as maldições escritas neste livro; 27(28) e *Adonai*, em ira, fúria e
indignação, os arrancou da terra e os lançou em outra terra — como aconteceu hoje'.

28(29) "As coisas ocultas pertencem a *Adonai*, seu Deus. Contudo, as coisas revela-
das pertencem a nós e a nossos filhos para sempre, para podermos guardar todas
as palavras desta *Torah*.

30 **(AR: Segundo; AB: Quarto)** 1 "Quando chegar o tempo em que todas essas
coisas sobrevierem a vocês — a bênção e a maldição que eu apresentei a
vocês; e vocês estiverem entre as nações às quais *Adonai*, o Deus de vocês, os tiver
conduzido, então, por fim, começarão a pensar sobre o que sucedeu a vocês; 2 e vo-
cês voltarão para *Adonai*, seu Deus, e prestarão atenção ao que ele disser: isso será
exatamente igual ao que eu ordeno a vocês fazer hoje — vocês e seus filhos, com
todo o coração e todo o ser. 3 Nesse momento, *Adonai*, o Deus de vocês, os tirará
do exílio e demonstrará misericórdia a vocês; ele voltará e os reunirá de todos os
povos para os quais *Adonai*, seu Deus, os tiver espalhado. 4 Se um dos seus estiver
espalhado pela extremidade mais distante do céu, *Adonai*, o Deus de vocês, o reu-
nirá dali mesmo; ele irá até lá e o trará de volta. 5 *Adonai*, seu Deus, o trará de volta
à terra possuída por seus ancestrais, e vocês a possuirão; ele os fará prosperar ali,
e vocês se tornarão mais numerosos que seus antepassados. 6 Então *Adonai*, seu
Deus, circuncidará seu coração e o coração de seus filhos, para que vocês amem
Adonai, seu Deus, com todo o coração e todo o ser, e assim vivam. **(AR: Terceiro;
AB: Quinto)** 7 *Adonai*, seu Deus, colocará todas essas maldições sobre seus inimigos,
e também sobre os que os odiaram e perseguiram; 8 vocês voltarão e prestarão
atenção ao que *Adonai* disser e obedecerão a todas as suas *mitzvot* que eu dou hoje
a vocês. 9 Então *Adonai*, seu Deus, dará a vocês mais que o suficiente em tudo o que
resolverem fazer — o fruto do seu corpo, o fruto do seu gado e o fruto da sua terra,
tudo isso prosperará, pois *Adonai* se alegrará outra vez em fazer o bem a vocês,
como ele se alegrou com seus antepassados.

10 “Entretanto, tudo isso acontecerá caso vocês prestem atenção ao que *Adonai*,
seu Deus, disser, para que vocês obedeçam às suas *mitzvot* e aos regulamentos
escritos neste livro da *Torah*, se vocês se voltarem para *Adonai*, seu Deus, com
todo o coração e todo o ser. **(AB: Sexto)** 11 Pois esta *mitzvah* que hoje entrego a
vocês não é muito difícil, não está fora do seu alcance. 12 Ela não está no céu, para
que vocês precisem perguntar: ‘Quem subirá ao céu por nós, a trará até nós e nos
fará ouvi-la, para que lhe possamos obedecer?’. 13 Da mesma forma, ela não está
no além-mar, para que vocês precisem perguntar: ‘Quem atravessará o mar por
nós, a trará até nós e nos fará ouvi-la, para que lhe possamos obedecer?’. 14 Ao
contrário, a palavra está bem perto de vocês — em sua boca e em seu coração;
portanto, vocês podem praticá-la!

(AR: Quarto; AB: Sétimo) 15 “Vejam: eu apresento a vocês hoje, por um lado, a
vida e o bem; e, por outro lado, a morte e o mal — 16 eu ordeno hoje a vocês que
amem *Adonai*, seu Deus, sigam seus caminhos e obedeçam às suas *mitzvot*, aos
regulamentos e às regras; pois, se vocês fizerem isso, viverão e aumentarão em
número, e *Adonai*, seu Deus, os abençoará na terra em que estão entrando, a fim de
tomar posse dela. 17 No entanto, caso seu coração se desvie, e vocês se recusem a
ouvir, se afastem e se prostrem diante de outros deuses e lhes sirvam, **(AB: *Maftir*)**
18 eu anuncio a vocês hoje que, com certeza, perecerão; vocês não viverão muito
tempo na terra em que entrarão para tomar posse, atravessando o Yarden.

19 “Convoco céu e terra para testemunharem contra vocês hoje, que eu apresen-
tei a vocês a vida e a morte, a bênção e a maldição. Portanto, escolham a vida, para
que vivam, vocês e seus descendentes, 20 amando a *Adonai*, seu Deus, prestando
atenção ao que ele diz e apegando-se a ele — pois esse é o propósito da sua vida!
Disso depende quanto tempo vocês viverão na terra que *Adonai* jurou dar a seus
antepassados Avraham, Yitz'chak e Ya‘akov”.

***Haftarah Nitzavim*: *Yesha‘yahu* [Is] 61.10—63.9.**

**Sugestão de leitura da *B'rit Hadashah* para a *Parashah Nitzavim*:
Romanos 9.30—10.13; Judeus messiânicos [Hb] 12.14-15.**

Parashah 52: *Vayelekh* (Ele foi) 31.1-30

**[Nos anos regulares, lê-se este texto com a *Parashah* 51;
nos anos irregulares, ele é lido separadamente.]**

31 1 E Mosheh foi e disse as seguintes palavras a todo o Yisra'el: 2 “Completei
hoje 120 anos de idade. Não ficarei por aqui muito tempo mais; além disso,
Adonai falou-me: ‘Você não atravessará este Yarden’. 3 *Adonai*, o Deus de vocês —
ele atravessará à sua frente. Ele destruirá essas nações diante de vocês, e vocês
tomarão posse delas. Y'hoshua atravessará à sua frente, como disse *Adonai*. **(AB:
Segundo)** 4 *Adonai* fará com eles o que fez com Sichon e ‘Og, os reis do emori, e
com sua terra — ele os destruiu. 5 *Adonai* os derrotará à sua frente, e vocês deverão
fazer com eles o que ordenei a vocês. 6 Sejam fortes e ousados, não temam nem
se amedrontem por causa deles, pois *Adonai*, seu Deus, irá com vocês. Ele não os
decepcionará nem os abandonará”.

(AR: Quinto; AB: Terceiro) 7 A seguir, Mosheh chamou Y'hoshua e, aos olhos de
todo o Yisra'el, lhe disse: “Seja forte e ousado, pois você irá com este povo à terra
que *Adonai* jurou dar a seus antepassados. Você fará que eles a herdem. 8 Contudo,

Adonai é quem irá à sua frente. Ele estará com você. Não o decepcionará nem o
abandonará, por isso não tema nem esmoreça".
9 Depois disso, Mosheh escreveu esta *Torah* e a entregou aos *kohanim*, os descen-
dentes de Levi, que a levaram à arca com a aliança de Adonai, e a todos os líderes de
Yisra'el. **(AB: Quarto)** 10 Mosheh lhes deu estas ordens: "Ao fim de sete anos, durante
a festa de *Sukkot*, no ano de *sh'mittah*, 11 quando todo o Yisra'el estiver na presen-
ça de Adonai, no lugar que ele escolher, leiam esta *Torah*, na presença de todo o
Yisra'el, para que a ouçam. 12 Reúnam o povo: os homens, as mulheres, os pequeninos
e os estrangeiros que vivem em suas cidades — para que ouçam, aprendam, temam
Adonai, o Deus de vocês, e cuidem de obedecer a todas as palavras desta *Torah*; 13 e
para que seus filhos, que não o conhecem, ouçam e aprendam a temer Adonai, seu Deus,
enquanto viverem na terra que possuirão ao atravessar o Yarden".
(AR: Sexto; AB: Quinto) 14 Adonai disse a Mosheh: "Está chegando a hora de sua
morte. Chame Y'hoshua, e apresentem-se à tenda do encontro, para que eu o comis-
sione". Mosheh e Y'hoshua foram e apresentaram-se à tenda do encontro. 15 Adonai
apareceu na tenda, na coluna de nuvem; a coluna de nuvem parou acima da entrada da
tenda. 16 Adonai disse a Mosheh: "Em breve, você dormirá com seus antepassados. Este
povo, porém, se levantará e se oferecerá como prostitutas aos deuses estrangeiros da
terra para onde estão seguindo. Quando estiverem com esses deuses, eles me abando-
narão e romperão a aliança que estabeleci com eles. 17 Então minha ira se acenderá, e eu
os abandonarei; esconderei deles meu rosto. Eles serão devorados, e muitas calamidades
e dificuldades lhes sobrevirão. Então perguntarão: 'Será que essas calamidades nos
sobrevieram porque nosso Deus não está aqui conosco?'. 18 Eu, porém, esconderei deles
meu rosto por todo o malfeito quando eles se voltaram para outros deuses.
19 "Portanto, escreva esta canção para vocês e ensine-a ao povo de Yisra'el. Apren-
dam-na de cor, para que esta canção possa ser para mim uma testemunha contra o
povo de Yisra'el. **(AR: Sétimo; AB: Sexto)** 20 Pois quando eu os trouxer à terra que jurei
a seus antepassados, [onde] fluem leite e mel, e eles tiverem comido, engordado e se
voltado para outros deuses, servindo-os e desprezando-me, e quebrarem minha aliança,
21 após muitas calamidades e dificuldades terem sobrevindo a eles, esta canção teste-
munhará diante deles como uma testemunha, porque seus descendentes ainda a reci-
tarão e não terão se esquecido dela. Pois sei como eles pensam neste momento, antes
mesmo de eu os ter conduzido à terra sobre a qual jurei". 22 Então Mosheh escreveu esta
canção naquele mesmo dia e a ensinou ao povo de Yisra'el.
23 Adonai também comissionou Y'hoshua, o filho de Nun, com estas palavras: "Seja
forte e encha-se de coragem, pois você trará o povo de Yisra'el à terra que jurei a ele; e
eu estarei com você".
24 Mosheh continuou o registro das palavras desta *Torah* em um livro até terminar
[a tarefa]. Quando concluiu, 25 Mosheh deu estas ordens aos *l'vi'im* que carregavam a
arca com a aliança de Adonai: 26 "Peguem este livro da *Torah* e o coloquem ao lado da
arca da aliança de Adonai, o Deus de vocês, para que ele sirva ali de testemunha contra
vocês. 27 Pois sei como vocês são rebeldes e teimosos! Mesmo enquanto eu estou vivo,
na companhia de vocês hoje, vocês se rebelaram contra Adonai; quanto mais farão após
minha morte? **(*Maftir*)** 28 Reúnam para mim todos os líderes de suas tribos e seus ofi-
ciais, para que eu possa dizer estas coisas para todos ouvirem, chamando céu e terra
para testemunharem contra eles — 29 pois sei que, após minha morte, vocês se tornarão
muito corrompidos e voltarão as costas ao caminho que ordenei a vocês, e que a des-
graça os alcançará no *acharit-hayamim*, pois vocês farão o que Adonai considera mau e
o provocarão com seus atos".
30 Então Mosheh falou aos ouvidos de toda a assembleia de Yisra'el as palavras desta
canção, do princípio ao fim:

***Haftarah Vayelekh*: *Hoshe'a* [Os] 14.2(1)-10(9); *Mikhah* [Mq] 7.18-20; *Yo'el* [Jl] 2.15-27.**

Sugestão de leitura da *B'rit Hadashah* para a *Parashah Vayelekh*: Judeus messiânicos [Hb] 13.5-8.

Parashah 53: *Ha'azinu* (Ouçam) 32.1-52

32 1 "Ouçam, ó céus, quando falo!
Escute, terra, as palavras da minha boca!
2 Que meu ensino caia como a chuva.
Que meu discurso se condense como o orvalho,
como chuva ligeira sobre as folhas da relva
ou como aguaceiros sobre as plantas em crescimento.

3 "Pois eu proclamarei o nome de *Adonai*.
Venham, declarem a grandeza de nosso Deus!
4 A Rocha! Sua obra é perfeita,
pois todos os seus caminhos são justos.
O Deus digno de confiança que não erra,
ele é justo e reto.

5 "Ele não é corrupto; o defeito está em seus filhos,
uma geração desleal e pervertida.
6 Vocês, [membros de] um povo tolo, tão carente de sabedoria,
é desse modo que compensam *Adonai*?
Ele é seu pai, que os criou para ser dele!
Foi ele quem os formou e preparou!

(Segundo) 7 "Lembrem-se de como foram os dias antigos;
pensem sobre os anos de todas as eras.
Perguntem a seu pai — ele dirá a vocês;
e também o farão seus líderes — eles darão a vocês as informações.

8 "Quando *'Elyon* concedeu a cada nação sua herança,
ao dividir a raça humana,
ele distribuiu as fronteiras aos povos
de acordo com a população de Yisra'el;
9 no entanto, a porção de *Adonai* era seu povo,
Ya'akov tornou-se sua herança.

10 "Ele estabeleceu seu povo na região desértica,
em um deserto uivante e desgastado.
Ele o protegeu e cuidou dele,
guardou-o como a pupila de seus olhos,
11 como uma águia desperta sua ninhada,
esvoaça sobre os filhotes,
estica as asas,
toma-os e os carrega enquanto voa.

12 "Apenas ADONAI guiou seu povo;
nenhum deus estrangeiro estava com ele.
(Terceiro) 13 Ele os fez montar nos altos da terra.
Eles comeram o produto dos campos.
Ele o fez tomar mel das rochas
e azeite de oliva dos rochedos,
14 coalhada das vacas e leite das ovelhas,
com gordura de cordeiro, carneiros de Bashan e cabras,
com a mais fina farinha de trigo;
e vocês beberam o vinho espumante do sangue de uvas.

15 "Mas Yeshurun engordou e chutou
(você engordou, engrossou, ficou obeso!).
Abandonou a Deus, seu Criador;
ele desprezou a Rocha, sua salvação.
16 Eles o incitaram ao ciúme com deuses estrangeiros,
provocaram-no com abominações.
17 Sacrificaram a demônios, a não deuses,
a deuses que nunca conheceram,
novos deuses surgidos há pouco,
aos quais seus antepassados não temeram.
18 Vocês ignoraram a Rocha que os gerou,
esqueceram-se de Deus, de quem os fez nascer.

(Quarto) 19 "ADONAI viu e encheu-se de desprezo
pela provocação de seus filhos e filhas.
20 Ele disse: 'Esconderei deles meu rosto
e verei o que será deles,
pois são uma geração perversa,
filhos indignos de confiança.

21 Eles incitaram meu ciúme com um não deus
e provocaram-me com suas vaidades;
eu incitarei o ciúme deles com um não povo
e os provocarei com uma nação vil.

22 " 'Pois minha ira foi acesa.
Ela queima até as profundezas do *sh'ol*,
devorando a terra e suas colheitas,
incendiando as raízes das colinas.
23 Enviarei desastres sobre eles
e usarei todos os meus arcos contra eles.

24 " 'Fatigados pela fome, serão
consumidos pela febre e pela derrota amarga;
eu lhes enviarei as presas de animais selvagens
e o veneno de répteis que rastejam sobre o pó.
25 Do lado de fora, a espada deixará pais sem filhos;
do lado de dentro, há pânico,
com a morte tanto de moços quanto de moças,
crianças e anciãos de barba grisalha.

26 “ ‘Considerei o extermínio deles,
apagando-lhes a memória dentre a raça humana;
27 mas temi a insolência do inimigo,
temi que seus adversários pensassem de modo equivocado:
“Nós mesmos o fizemos;
Adonai nada teve que ver com isso”.

28 “ ‘Eles são uma nação desprovida de bom senso,
falta-lhes discernimento.
(Quinto) 29 Se fossem sábios, descobririam seu destino
e o entenderiam.
30 Pois como pode um indivíduo caçar 1.000 pessoas
e dois homens porem 10 mil em fuga,
a menos que a Rocha os tenha vendido a seus inimigos,
a menos que *Adonai* os tenha entregado?
31 Pois nossos inimigos não possuem rocha como a nossa Rocha —
até eles podem perceber isso!

32 “ ‘Ao contrário, sua vinha procede da vinha de S'dom,
dos campos de ‘Amorah —
suas uvas são venenosas,
os cachos são amargos;
33 seu vinho é veneno de serpente,
o veneno cruel das víboras.

34 “ ‘Isso não estava oculto em mim,
selado em meus depósitos?
35 A vingança e a retribuição são minhas
para quando o pé deles escorregar;
pois se aproxima o dia da calamidade,
sua destruição se apressa sobre eles’.

36 “Sim, *Adonai* julgará seu povo,
terá dó de seus servos,
quando vir que a força deles se esgotou,
que nenhum será poupado, escravo ou livre.
37 Então ele perguntará: ‘Onde estão seus deuses,
a rocha em quem confiaram?
38 Quem comeu a gordura de seus sacrifícios
e bebeu o vinho de suas ofertas de bebida?
Que ele se levante e os ajude,
que ele os proteja!
39 Vejam agora que eu, sim, eu sou;
e não há deus além de mim.
Eu mato e faço viver;
eu firo e curo;
ninguém é capaz de livrar alguém da minha mão!

(Sexto) 40 “ ‘Elevo a mão ao céu e juro:
“Tão certo quanto vivo para sempre,
41 se eu afiar minha espada flamejante
e exercer juízo com minha mão,

vingar-me-ei dos meus inimigos,
retribuirei a quem me odeia.
42 Embebedarei meus arcos no sangue,
minha espada devorará carne —
o sangue dos mortos e dos cativos,
carne da cabeça cabeluda do inimigo" '.
43 "Cantem, nações, a respeito de seu povo!
Pois ele vingará o sangue de seus servos.
Trará vingança contra seus adversários
e fará expiação pela terra de seu povo".

(Sétimo) 44 Mosheh chegou e anunciou todas as palavras desta canção aos ouvidos do povo e de Hoshe'a, o filho de Nun.

45 Quando ele terminou de falar todas essas palavras a todo o Yisra'el, 46 disse-lhes: "Levem ao coração todas as palavras de meu testemunho contra vocês hoje, para que as usem quando incumbirem seus filhos de serem cuidadosos e obedientes a todas as palavras desta *Torah.* 47 Pois esta não é uma questão trivial para vocês; ao contrário, ela é a sua vida! Por causa dela, vocês viverão muitos anos na terra que possuirão quando atravessarem o Yarden".

(*Maftir*) 48 Naquele mesmo dia, *Adonai* disse a Mosheh: 49 "Suba à cordilheira de 'Avarim, ao monte N'vo, na terra de Mo'av, diante de Yericho, e observe a terra de Kena'an, que dou ao povo de Yisra'el como propriedade. 50 Você vai morrer na montanha à qual subirá, e será unido a seu povo, como Aharon, seu irmão, morreu no monte Hor e foi reunido a seu povo. 51 A razão disso é que vocês dois faltaram com a palavra comigo naquele lugar diante do povo de Yisra'el, junto à fonte de M'rivat-Kadesh, no deserto de Tzin; você não conseguiu representar minha santidade ali em meio ao povo de Yisra'el. 52 Por isso, você verá a terra a distância, mas não entrará na terra que dou ao povo de Yisra'el".

***Haftarah Ha'azinu*: *Sh'mu'el Bet* [2Sm] 22.1-51.**

Sugestão de leitura da *B'rit Hadashah* para a *Parashah Ha'azinu*: Romanos 10.14-21; 12.14-21; Judeus messiânicos [Hb] 12.28-39.

Parashah 54: *V'zot HaBrakhah* (E esta é a bênção) 33.1—34.12

33 1 E esta é a bênção que Mosheh, o homem de Deus, pronunciou a respeito do povo de Yisra'el antes de sua morte:

2 "*Adonai* chegou do Sinai;
de Se'ir ele raiou sobre seu povo,
brilhou desde o monte Pa'ran;
e com ele estavam miríades de santos;
à sua mão direita,
havia uma lei flamejante para eles.
3 Em verdade, ele ama as pessoas —
todos os seus santos estão em sua mão;
sentados a seus pés,
recebem dele a instrução,
4 a *Torah* que Mosheh ordenou-nos
como herança da comunidade de Ya'akov.

5 Então um rei surgiu em Yeshurun
quando os líderes do povo foram reunidos,
todas as tribos de Yisra'el [estavam] juntas.
6 "Que Re'uven viva e não morra,
apesar de seus números serem pequenos".

7 Ele disse a respeito de Y'hudah:

"Ouve, *Adonai*, o clamor de Y'hudah!
Traze-o para teu povo,
permite que as mãos deles os defendam;
mas tu, auxilia-o contra os inimigos dele".

(Segundo) 8 De Levi, ele disse:

"Que seu *tumim* e *urim*
sejam com o piedoso,
a quem vocês testaram em Massah,
com quem vocês lutaram junto à fonte de M'rivah.
9 Ele disse de seu pai e mãe: 'Não os conheci';
ele não reconheceu seus irmãos ou filhos.
Ele observou tua palavra,
e guardou tua aliança.
10 Eles ensinarão tuas regras a Ya'akov,
a Yisra'el, tua *Torah*.
Eles apresentarão incenso diante de ti
e ofertas queimadas integralmente sobre teu altar.
11 *Adonai*, abençoa seus bens,
aceita o trabalho dele
e esmaga o quadril e o fêmur de seus inimigos;
que quem o odeia não se levante mais".

12 Sobre Binyamin, ele disse:

"O amado de *Adonai* viverá com segurança.
Ele o protege dia após dia.
Ele vive entre seus ombros".

13 Ele disse a respeito de Yosef:

"Que *Adonai* abençoe sua terra
com o melhor do céu, com o orvalho,
e com o que procede de baixo, das profundezas,
14 com o melhor que o sol faz crescer,
com o melhor que cresce todo mês,
15 com o melhor das montanhas da antiguidade,
com o melhor das colinas eternas,
16 com o melhor da terra e de tudo que a preenche,
e com o favor daquele que vive no arbusto [flamejante].
Que a bênção desça sobre a cabeça de Yosef,
sobre o alto da cabeça do príncipe entre seus irmãos.
17 Seu boi primogênito — a glória é dele;
seus chifres são os do boi selvagem;
com eles, ele chifrará os povos,

todos eles, até os confins da terra.
Essas são as miríades de Efrayim;
esses são os milhares de M'nasheh".

18 Ele disse de Z'vulun:

"Alegre-se, Z'vulun, enquanto prossegue,
e você, Yissakhar, em suas tendas.
19 Eles chamarão povos à montanha
e ali oferecerão sacrifícios justos,
pois eles tirarão a plenitude dos mares
e os tesouros ocultos da areia".

20 Ele disse a respeito de Gad:

"Bendito é quem torna Gad tão grande;
ele jaz ali como um leão, despedaçando o braço e o couro cabeludo.
21 Ele escolheu o melhor para si mesmo
quando a porção principesca foi concedida.
Quando os líderes do povo chegaram,
ele cumpriu a justiça de *Adonai*
e suas regras concernentes a Yisra'el".

22 Ele disse a respeito de Dan:

"Dan é um filhote de leão
que salta de Bashan".

23 De Naftali, ele disse:

"Você, Naftali, satisfeito com o favor
e a bênção plena de *Adonai*,
tome posse do mar e do sul".

24 Ele disse sobre Asher:

"Que Asher seja o mais abençoado dos filhos,
que ele seja o favorito dentre seus irmãos
e banhe os pés em azeite.
25 Que seus ferrolhos sejam de ferro e bronze,
e sua força perdure enquanto ele viver.

26 "Yeshurun, não há ninguém semelhante a Deus,
cavalgando pelos céus para ajudá-lo,
montado nas nuvens de sua majestade.
(Sétimo) 27 O Deus da antiguidade é uma habitação,
com braços eternos por baixo.
Ele expeliu o inimigo diante de você
e disse a você: 'Destrua!'.
28 Por isso, Yisra'el vive em segurança;
a fonte de Ya'akov está sozinha
na terra de grãos e do vinho novo,
onde os céus gotejam com orvalho.
29 Feliz é você, Yisra'el!
"Quem se assemelha a você, povo salvo por *Adonai*,

seu defensor e auxílio
e sua espada de triunfo?
Seus inimigos se agacharão diante de você,
mas você os derrubará de seus lugares altos".

34 **(Sétimo)** 1 Mosheh subiu das planícies de Mo'av ao monte N'vo, ao cume do Pisgah, diante de Yericho. Ali *Adonai* lhe mostrou toda a terra — de Gil'ad a Dan, 2 toda a região de Naftali, a terra de Efrayim e M'nasheh, a terra de Y'hudah, todo o caminho até o mar, 3 o Negev e o 'Aravah, incluindo o vale onde está Yericho, a cidade das tamareiras, chegando até Tzo'ar. 4 *Adonai* lhe disse: "Esta é a terra que jurei a Avraham, Yitz'chak e Ya'akov: 'Eu a darei a seus descendentes'. Permiti a você contemplá-la com seus olhos, mas você não entrará nela".

5 Portanto, Mosheh, o servo de *Adonai*, morreu ali na terra de Mo'av, como *Adonai* disse. 6 Ele foi sepultado no vale diante de Beit-P'or, na terra de Mo'av, mas, até o dia de hoje, ninguém sabe o local de seu túmulo. 7 Mosheh tinha 120 anos de idade ao morrer; ele enxergava muito bem e ainda possuía vigor. 8 O povo de Yisra'el pranteou Mosheh nas planícies de Mo'av por trinta dias; depois disso, os dias de choro e pranto por Mosheh terminaram.

9 Y'hoshua, o filho de Nun, estava cheio do Espírito de sabedoria, pois Mosheh impôs as mãos sobre ele, e o povo de Yisra'el tinha consideração por ele e realizou o que *Adonai* ordenou a Mosheh.

10 A partir desse momento, não se levantou em Yisra'el nenhum profeta semelhante a Mosheh, a quem *Adonai* conheceu face a face. 11 Que sinais e maravilhas *Adonai* lhe enviou para realizar na terra do Egito sobre o faraó, todos os seus servos e toda a sua terra! 12 Que poder havia em sua mão! Que grande terror ele evocou aos olhos de todo o Yisra'el!

***Haftarah V'zot HaBrakhah*: *Y'hoshua* [Js] 1.1-18 (A); 1.1-9 (S).**

Sugestão de leitura da *B'rit Hadashah* para a *Parashah V'zot Ha-Brakhah*: *Mattityahu* [Mt] 17.1-9; Marcos 9.2-10; Lucas 9.28-36; *Y'hudah* [Jd] 3,4,8-10.

Hazak, hazak, v'nit'chazek!

(Seja forte, seja forte, e sejamos fortalecidos!)

יהושע
Y'hoshua
[Josué]

1 1 Após a morte de Mosheh, servo de *Adonai*, *Adonai* disse a Y'hoshua, filho de Nun,
assistente de Mosheh: 2 "Mosheh, meu servo, é morto. Portanto, agora, levante-se
e atravesse o Yarden, para a terra que estou dando ao povo de Yisra'el. 3 Estou dando
a vocês todo lugar que pisar a planta de seus pés, como prometi a Mosheh. 4 Toda
a terra desde o deserto do L'vanon até o grande rio, o rio Eufrates — toda a terra
do hitti — até o mar Grande, a oeste, será território de vocês. 5 Ninguém conseguirá
resistir a vocês enquanto viverem. Assim como eu estava com Mosheh, estarei com
vocês. Eu jamais falharei com vocês nem os abandonarei.
6 "Seja forte e corajoso, pois você conduzirá este povo para herdar a terra que
prometi a seus pais lhes daria. 7 Somente seja forte e muito corajoso e tenha cui-
dado de seguir toda a *Torah*, a qual Mosheh, meu servo, ordenou que você seguisse.
Não se desvie dela nem para a direita nem para a esquerda; assim, você será bem-
-sucedido aonde quer que vá. 8 Sim, mantenha o livro da *Torah* em seus lábios e
medite nele dia e noite, assim você agirá de acordo com tudo o que está escrito
nele. Desse modo, seus caminhos prosperarão, e você será bem-sucedido. 9 Não fui
eu que ordenei a você 'Seja forte e corajoso'? Então não se apavore nem desanime,
porque *Adonai*, seu Deus, é com você aonde quer que vá".
10 Y'hoshua instruiu os oficiais do povo 11 a ir ao acampamento e ordenar ao
povo: "Preparem as provisões, porque em três dias vocês cruzarão o Yarden para
entrar e tomar posse da terra que *Adonai*, seu Deus, está dando a vocês".
12 Às tribos de Re'uven, Gad e à metade da tribo de M'nasheh, Y'oshua disse:
13 "Lembrem-se do que Mosheh, o servo de *Adonai*, ordenou a vocês: '*Adonai*, seu
Deus, deixou que vocês descansassem e dará a vocês esta terra'. 14 Suas esposas,
seus filhos e seus rebanhos ficarão na terra que Mosheh deu a vocês, a leste do
Yarden; mas vocês deverão prosseguir adiante de seus irmãos, armados como um
batalhão de guerra, para ajudá-los, 15 até que *Adonai* permita que seus irmãos des-
cansem, assim como ele permitiu a vocês; e eles também tomarão posse da terra
que *Adonai*, seu Deus, está dando a eles. Depois disso, vocês retornarão à terra que
é de vocês e a possuirão; a terra que Mosheh, o servo de *Adonai*, deu a vocês, a leste
do Jordão, na direção do nascer do sol".
16 Eles responderam a Y'hoshua: "Nós faremos tudo conforme nos tem ordena-
do e iremos aonde nos enviar. 17 Da mesma forma que atentamos para tudo quanto
Mosheh nos disse, atentaremos para você. Apenas seja *Adonai* com você, da mesma
forma que foi com Mosheh. 18 Se alguém se rebelar contra sua ordem e não atentar
para o que você disser em cada detalhe de sua ordem, seja condenado à morte.
Apenas seja forte e corajoso!".

2 1 Y'hoshua, filho de Nun, enviou secretamente dois espiões de Shitim com
estas instruções: "Vão, espiem a terra e Yericho". Eles foram e chegaram à
casa de uma prostituta chamada Rachav, onde passaram a noite. 2 O rei de Yericho

foi avisado sobre isso — "Esta noite, alguns homens de Yisra'el vieram aqui para
espionar a terra."
3 O rei de Yericho enviou uma mensagem a Rachav: "Mande embora os homens
que vieram até você e estão em sua casa, pois eles vieram para espionar toda a terra".
4 Contudo, depois de ter escondido os dois homens, a mulher respondeu: "Sim, de
fato os homens estiveram aqui, mas eu não sabia de onde tinham vindo. 5 Os homens
partiram por volta do horário que o portão era fechado, quando era noite. Para onde
foram, eu não sei; mas, se vocês correrem atrás deles rapidamente, os alcançarão".
6 Na verdade, ela os tinha levado para o telhado, escondendo-os embaixo de alguns
feixes de linho que havia encontrado ali. 7 Os homens os perseguiram ao longo de
todo o caminho dos vaus até o Yarden; e, tão logo os perseguidores partiram, o
portão foi fechado.
8 Os dois homens ainda não tinham se deitado quando ela retornou ao telhado
9 e lhes falou: "Eu sei que *Adonai* deu a vocês esta terra. O temor de vocês nos tem
abatido a todos nós; todos nesta terra estão amedrontados por causa de vocês.
10 Nós ouvimos como *Adonai* secou as águas do mar de Suf diante de vocês, quando
deixaram o Egito; e o que vocês fizeram com os dois reis do emori, do outro lado do
Yarden, Sichon e 'Og, e que vocês os destruíram completamente. 11 Tão logo ouvi-
mos isso, nosso coração desanimou. Por causa de vocês, todos estão em estado de
depressão. Por causa de *Adonai*, o seu Deus — ele é Deus acima, no céu, e embaixo,
na terra. 12 Então por favor, jurem-me, por *Adonai*, que, uma vez que eu fui bondosa
para com vocês, também serão bondosos para com a família de meus pais. Deem-
-me alguma evidência de sua boa-fé, 13 de que vocês pouparão a vida de meu pai,
de minha mãe, de meus irmãos e irmãs, e tudo quanto for deles, de maneira que
não sejamos mortos". 14 Os homens lhe garantiram: "Nossa vida certamente vale
tanto quanto a de vocês, desde que não traiam a nossa missão. Dessa maneira,
quando *Adonai* nos der a terra, nós os trataremos de forma bondosa e de boa-fé".
15 Então ela os fez descer por uma corda pela janela, uma vez que sua casa
fazia parte do muro da cidade; na verdade, era construída sobre ele. 16 Ela lhes
disse: "Sigam em direção às montanhas; assim, os perseguidores não colocarão
as mãos em vocês, e escondam-se ali por três dias, até que os perseguidores te-
nham retornado. Depois disso, vocês poderão prosseguir em seu caminho". 17 Os
homens disseram a Rachav: "Nós não seremos considerados culpados de violação
do juramento que você nos fez jurar, 18 se, quando entrarmos na terra, você não
tiver amarrado este pedaço de corda escarlate na janela pela qual nos fez descer;
ajunte todos na sua casa — seu pai, mãe, irmãos e toda a casa de seus pais.
19 Se alguém sair das portas de sua casa para a rua, será responsável por seu san-
gue, caso alguém lance mão sobre ele. 20 Entretanto, se você disser uma palavra
acerca do que empreendemos, estaremos livres do juramento que nos fez jurar".
21 "Segundo suas palavras, que assim seja", disse ela e os despediu. Quando eles
se foram, ela atou a corda escarlate à janela.
22 Eles partiram e chegaram às montanhas. Ali ficaram por três dias, até que os
perseguidores tivessem retornado. Os perseguidores procuraram por eles por todo
o caminho, mas não os acharam 23 Então os dois homens retornaram. Descendo das
montanhas, eles cruzaram o rio e voltaram a Y'hoshua, o filho de Nun, e relataram
a ele todas as coisas que lhes tinham acontecido. 24 E disseram a Y'hoshua: "Verda-
deiramente, *Adonai* nos tem dado toda a terra. Todos na terra estão atemorizados
com a nossa chegada".

3 1 Y'hoshua levantou-se bem cedo, e eles deixaram Shitim e vieram ao Yarden, ele
e todo o povo de Yisra'el; eles acamparam ali antes de cruzarem o rio. 2 Depois de

três dias, os oficiais circularam por entre o acampamento 3 e deram esta ordem
ao povo: "Quando vocês virem a arca da aliança de *Adonai*, seu Deus, e os
kohanin, os quais são *l'vi'im*, carregando-a, devem abandonar suas posições e segui-la.
4 Entretanto, mantenham a distância de cerca de 900 metros entre vocês e ela —
não se aproximem mais que isso — então vocês entenderão qual o caminho a se-
guir, pois nunca foram por este caminho antes".
5 Y'hoshua disse ao povo: "Consagrem a si mesmos, pois amanhã *Adonai* está
para fazer maravilhas no meio de vocês". 6 Então Y'hoshua disse aos *kohanim*:
"Tomem a arca da aliança e prossigam adiante do povo". Eles tomaram a arca da
aliança e foram adiante do povo.
7 *Adonai* disse a Y'hoshua: "A partir de hoje, eu o tornarei grande aos olhos de
todo o Yisra'el, de maneira que todos saberão que, da mesma forma que estive com
Mosheh, eu serei com você. 8 Agora você deve comandar os *kohanim* para carregar a
arca da aliança, dando-lhes a seguinte ordem: "Quando vocês chegarem às margens
do rio Yarden, ali devem parar".
9 Y'hoshua disse ao povo de Yisra'el: "Venham aqui e atentem para as palavras
de *Adonai*, seu Deus". 10 Então disse Y'hoshua: "É assim que vocês saberão que o
Deus vivo está aqui com vocês e que, sem falhar, ele retirará de diante de vocês o
kena'ani, o hitti, o hivi, o p'rizi, o girgashi, o emori e o y'vusi; 11 a arca da aliança do
Senhor de toda a terra irá adiante de vocês, cruzando o Yarden. 12 Agora escolham
entre vocês 12 homens das tribos de Yisra'el, um homem de cada tribo. 13 Assim
que os *kohanim*, carregando a arca de *Adonai*, o Senhor de toda a terra, puserem a
planta de seus pés nas águas do Yarden, as águas do Yarden serão cortadas e se
amontoarão como que em uma represa".
14 O povo, então saiu de suas tendas para atravessar o Yarden, com os *kohanim*
carregando a arca da aliança adiante do povo. 15 Quando os que carregavam a
arca estavam diante do Yarden, e os *kohanim* carregando a arca tocaram as águas
(pois, durante a época da colheita, o Yarden transbordava em suas margens), 16 a
correnteza da parte de cima parou de correr, formando uma enorme barragem, e
alcançou uma grande distância, chegando a Adam, a cidade próxima de Tzartan;
dessa maneira, as águas que corriam em direção ao mar de 'Aravah, o mar Morto,
foram completamente escoadas, e o povo atravessou o rio, próximo a Yericho. 17 Os
kohanim, carregando a arca da aliança de *Adonai*, pararam firmes no solo seco, no
meio do Yarden, enquanto todo o Yisra'el cruzou o rio em solo seco, até que toda
a nação, finalmente atravessou o Yarden.

4 1 Depois de toda a nação ter finalmente cruzado o Yarden, *Adonai* disse a
Y'hoshua: 2 "Escolha dentre o povo 12 homens, um homem de cada tribo; 3 e dê
a eles esta ordem: 'Tomem 12 pedras do leito do Yarden, de onde os *kohanim* estão
parados, tragam-nas com vocês e coloquem-nas no local onde acamparão esta noite".
4 Y'hoshua chamou os 12 homens que ele havia escolhido do povo de Yisra'el, um
homem de cada tribo, 5 e lhes disse "Passem adiante da arca de *Adonai*, seu Deus,
pelo leito do Yarden. Cada um de vocês tomará uma pedra em seu ombro, confor-
me o número de tribos do povo de Yisra'el. 6 Elas servirão como sinal para vocês.
No futuro, quando seus filhos perguntarem 'o que significam estas pedras?', 7 vocês
responderão que significam que a água do Yarden foi dividida diante da arca da
aliança de *Adonai*, quando cruzamos o rio; a água foi cortada; e estas pedras servirão
de memorial perpétuo para o povo de Yisra'el".
8 O povo de Yisra'el fez o que Y'hoshua tinha ordenado. Retiraram 12 pedras do
leito do Yarden, como *Adonai* tinha dito a Y'hoshua, correspondendo ao número das

tribos do povo de Yisra'el, carregando-as com eles para o local onde iriam acampar,
e ali eles as assentaram. 9 Y'hoshua também assentou 12 pedras no rio Yarden, no
lugar em que os pés dos *kohanim* que carregaram a arca da aliança haviam pisado.
Elas estão ali até os dias de hoje. 10 Os *kohanim* que carregaram a arca esperaram
no leito do rio até que Y'hoshua tivesse terminado de dizer ao povo todas as coisas
que *Adonai* lhe tinha ordenado falar, confirmando todas as coisas que Mosheh or-
denara a Y'hoshua; então o povo se apressou em atravessar o rio. 11 Quando todo
o povo havia passado, a arca de *Adonai* e os *kohanim* passaram diante de todo o
povo. 12 Os descendentes de Re'uven, os descendentes de Gad e metade da tribo de
M'nasheh partiram, armados, adiante do povo de Yisra'el, conforme Mosheh lhes
havia dito, 13 cerca de 40 mil soldados armados, preparados para a batalha, cruza-
ram o rio na presença de *Adonai*, rumo às planícies de Yericho.

14 Naquele dia, *Adonai* tornou Y'hoshua grande diante de todo o Yisra'el. Eles
prestaram reverência a ele, assim como haviam reverenciado a Mosheh durante
toda a sua vida.

15 *Adonai* disse a Y'hoshua: 16 "Ordene aos *kohanim* que carregam a arca do
testemunho que saiam do Yarden". 17 Assim, Y'hoshua ordenou aos *kohanim*:
"Venham para fora do Yarden!". 18 Os *kohanim* que carregavam a arca da aliança
de *Adonai* saíram do leito do Yarden, e, assim que a planta de seus pés tocou o
chão seco, as águas do Yarden retornaram ao seu curso e o rio transbordou para
as margens, como era antes.

19 O povo subiu o Yarden ao décimo dia, no primeiro mês, e acamparam em
Gilgal, na fronteira leste de Yericho. 20 Y'hoshua empilhou em Gilgal as 12 pedras
que eles haviam retirado do Yarden. 21 Então eles disseram ao povo de Yisra'el: "No
futuro, quando seus filhos perguntarem a vocês o que estas pedras significam,
22 vocês lhes devem explicar, dizendo o seguinte: 'Yisra'el atravessou o Yarden em
terra seca'. 23 Pois *Adonai*, seu Deus, segurou as águas do Yarden aos olhos de vocês,
até que tivessem atravessado, assim como *Adonai*, seu Deus, havia feito no mar de
Suf, o qual ele abriu diante de nós, até que o tivéssemos atravessado todo. 24 Por
isso, todos os povos da terra puderam saber que a mão de *Adonai* é forte, e vocês
podem temer *Adonai*, seu Deus, para sempre".

5 1 Quando todos os reis do emori, a oeste do Yarden, e todos os reis do kena'ani,
perto do mar, ouviram como *Adonai* tinha feito parar o rio Yarden diante do
povo de Yisra'el até que eles o tivessem atravessado, seu coração ficou estarrecido,
e eles caíram em depressão por causa do povo de Yisra'el.

2 Foi então que *Adonai* disse a Y'hoshua: "Faça para você facas de pedra, e cir-
cuncide o povo de Yisra'el novamente, pela segunda vez. 3 Assim, Y'hoshua fez
para si facas de pedra e circuncidou o povo de Yisra'el em Giv'at-Ha'Aralot (o mon-
te dos prepúcios). 4 Y'hoshua tratou de fazer essa circuncisão porque todos os do
sexo masculino que haviam deixado o Egito, todos os homens de guerra, haviam
morrido no deserto, ao longo do caminho, após terem deixado o Egito. 5 Todos
os que haviam saído do Egito tinham sido circuncidados, mas todos aqueles que
haviam nascido no deserto, conforme prosseguiam o caminho ao saírem do Egito,
não tinham sido circuncidados; 6 pois o povo de Yisra'el caminhara quarenta
anos no deserto até que toda a nação, ou seja, os guerreiros que haviam deixado o
Egito, morreu, pois eles não atentaram para o que *Adonai* havia falado. *Adonai* jurou
que não deixaria que eles vissem a terra, a qual *Adonai* havia prometido dar a seus
antepassados. 7 Assim, ele levantou seus filhos para tomar seus lugares, e foi a
estes que Y'hoshua circuncidou, pois estavam incircuncisos, por não terem sido
circuncidados no caminho.

8 Quando toda a nação tinha sido circuncidada, todos, sem exceção, eles permaneceram onde estavam acampados até que todos estivessem curados. 9 *Adonai* disse a Y'hoshua: "Hoje eu retiro de vocês a humilhação sofrida no Egito". Por esse motivo, aquele local é chamado de Gilgal [arrancar] desde então. 10 O povo de Yisra'el acampou em Gilgal e observou *Pesach* no décimo quarto dia do mês, ali nas planícies de Yericho. 11 No dia após *Pesach*, eles comeram do que a terra produzia: *matza* e cereais torrados no mesmo dia. 12 No dia seguinte, após terem comido os alimentos produzidos na terra, o *man* acabou. Daquele momento em diante, o povo de Yisra'el nunca mais teve o *man*; em vez disso, naquele ano, eles comeram do que a terra de Kena'an produzia.

13 Um dia, quando Y'hoshua estava perto de Yericho, ele levantou seus olhos e viu que à sua frente havia um homem com uma espada desembainhada em sua mão. Y'hoshua foi diante dele e perguntou: "O senhor está do nosso lado ou do lado de nossos inimigos?". 14 "Não", respondeu ele, "eu sou o comandante do exército de *Adonai;* acabei de chegar". Y'hoshua prostrou-se com o rosto em terra, adorou-o e lhe perguntou: "O que o senhor tem para dizer a este servo?". 15 O comandante do exército de *Adonai* respondeu a Y'hoshua: "Tire as sandálias de seus pés, pois o lugar onde você está é santo". E Y'hoshua obedeceu.

6 1 Yericho tinha posto barricadas em seus portões por causa do povo de Yisra'el — ninguém saía, e ninguém entrava. 2 *Adonai* disse a Y'hoshua: "Eu já entreguei Yericho a você, incluindo seu rei e seus guerreiros. 3 Você deve rodear a cidade com todos os seus soldados e marchar em volta dela uma vez. Faça isso por seis dias. 4 Sete *kohanim* devem trazer sete *shofarot* diante da arca. No sétimo dia, vocês devem marchar em volta da cidade sete vezes, e os *kohanim* devem tocar os *shofarot*. 5 Eles devem tocar o *shofar* com toda a força. Ao ouvir o som do *shofar*, todo o povo deve gritar tão alto quanto puder, e as muralhas da cidade cairão. Então o povo deve entrar na cidade, cada um direto de onde estiver".

6 Y'hoshua, o filho de Nun, chamou os *kohanim* e ordenou-lhes: "Peguem a arca da aliança, e sete *kohanim* levem sete *shofarot* diante da arca de *Adonai*". 7 Ao povo, ele disse: "Caminhem em redor da cidade, e que o exército marche adiante da arca de *Adonai*". 8 Quando Y'hoshua tinha acabado de falar ao povo, os sete *kohanim*, carregando sete *shofarot* diante de *Adonai*, marcharam em frente e tocaram os *shofarot*, sendo seguidos pela arca da aliança de *Adonai*. 9 Os guerreiros foram adiante dos *kohanim* que tocavam os *shofarot*, enquanto, na retaguarda, ia a arca, com incessantes toques dos *shofarot*. 10 Y'hoshua deu esta ordem ao povo: "Não gritem, nem deixem que sua voz seja ouvida, não deixem que uma única palavra saia de sua boca até o dia em que eu disser a vocês para gritar; então vocês gritarão".

11 A arca de *Adonai* rodeou a cidade, dando a volta nela por uma vez; e, então eles voltaram ao acampamento e permaneceram ali acampados. 12 Na manhã seguinte, Y'hoshua levantou-se bem cedo, e os *kohanim* tomaram a arca de *Adonai*. 13 Os sete *kohanim*, levando consigo sete *shofarot*, seguiam na frente de onde ia a arca de *Adonai*, tocavam seus *shofarot* continuamente, com os guerreiros marchando adiante deles. Na retaguarda, seguia a arca de *Adonai;* enquanto os *shofarot* eram tocados incessantemente. 14 No segundo dia, eles deram a volta em torno da cidade uma vez e retornaram ao acampamento. 15 No sétimo dia, eles acordaram cedo, com o nascer do sol, e rodearam a cidade, pelo mesmo caminho, por sete vezes. Aquele foi o único dia em que eles rodearam a cidade sete vezes. 16 Na sétima vez, quando os *kohanim* tocaram os *shofarot*, Y'hoshua disse ao povo: "Gritem!

Pois *Adonai* está dando a vocês esta cidade! 17 Entretanto, a cidade com tudo o que
estiver nela deve ser deixada de lado para *Adonai*, pois será destruída completa-
mente; apenas Rachav, a prostituta, deve ser poupada, ela e todos os que estiverem
com ela em casa, pois escondeu os mensageiros que enviamos. 18 Assim, vocês se
mantenham limpos de tudo quanto for deixado para ser destruído. E quem trouxer
maldição em si mesmo, por pegar qualquer coisa separada para ser destruída, trará
maldição sobre todo o povo de Yisra'el e causará uma grande desgraça ali. 19 Todo
o ouro e prata e todos os outros utensílios de bronze e ferro devem ser separados
para *Adonai* e adicionados ao tesouro de *Adonai*".

20 Desse modo, o povo gritou, ao som dos *shofarot* tocando. Quando o povo
ouviu o som dos *shofarot*, deixou escapar um grande grito, e as muralhas desmoro-
naram, de maneira que o povo entrou na cidade, cada um do lugar de onde estava, e
conquistaram a cidade. 21 Eles destruíram completamente tudo na cidade, à espada
— homens e mulheres, jovens e velhos, gado, ovelhas e jumentos.

22 Y'hoshua disse aos dois homens, os quais haviam espionado a terra. "Vão à
casa da prostituta e tragam-na para fora com tudo o que ela tiver, conforme vocês
juraram a ela". 23 Os dois jovens espiões entraram e trouxeram Rachav com seu
pai, sua mãe, seus irmãos e tudo o que ela possuía; eles trouxeram todos os seus
parentes e os mantiveram seguros no acampamento de Yisra'el.

24 Então eles incendiaram a cidade até que tudo virasse cinzas, exceto a prata, o
ouro e os utensílios de bronze e de ferro, os quais colocaram junto com os tesou-
ros na casa de *Adonai*. 25 No entanto, Y'hoshua poupou Rachav, a prostituta, toda a
sua família e tudo quanto ela possuía; e ela habitou em Yisra'el desde então até os
dias de hoje; pois ela escondeu os mensageiros que Y'hoshua tinha enviado para
espionar Yericho. 26 Y'hoshua, então, levou o povo a fazer este voto: "Maldito seja
diante de *Adonai* qualquer um que levantar ou reconstruir a cidade de Yericho: ele
assentará suas fundações com a perda de seu filho mais velho e assentará os seus
portões com a perda de seu filho mais novo". 27 Dessa maneira, *Adonai* estava com
Y'hoshua, e o povo ouviu acerca dele em todos os lugares.

7 1 O povo de Yisra'el apoderou-se de forma imprópria de bens que eram para ser des-
truídos; 'Akhan, filho de Karmi, filho de Zavdi, filho de Zerach, da tribo de Y'hudah,
apossou-se de algumas coisas reservadas para a destruição. Em consequência, a ira de
Adonai se acendeu contra o povo de Yisra'el.

2 Y'hoshua enviou homens de Yericho a 'Ai, que fica perto de Beit-Aven, a leste
de Beit-El, dizendo a eles que subissem a espionar a terra. Desse modo, os homens
que subiram a 'Ai, para espioná-la, 3 retornaram a Y'hoshua e lhe disseram: "Não é
preciso que todo o exército ataque a cidade; envie 2 ou 3 mil homens para atacar
'Ai. Não há necessidade de fazer que todos subam até lá, pois há poucos deles ali".
4 Assim, cerca de 3 mil homens foram para lá, mas eles foram expulsos pelos ho-
mens de 'Ai. 5 Os homens de 'Ai mataram cerca de 36 deles e os perseguiram desde
seus portões, ao longo de todo o caminho para Sh'varim, atacando-os na descida.
O coração do povo derreteu-se e tornou-se como água.

6 Y'hoshua rasgou suas roupas e prostou-se com o rosto em terra, diante da arca
de *Adonai*, até o final do dia; ele e os líderes de Yisra'el cobriram de terra a sua
cabeça. 7 Y'hoshua disse: "Oh, *Adonai* Elohim! Por que nos trouxeste o sofrimento
de fazer este povo cruzar o Yarden, uma vez que nos entregarias para perecer nas
mãos do emori e sermos destruídos? Nós estaríamos satisfeitos vivendo do outro
lado do Yarden! 8 Oh, *Adonai*! O que poderia eu dizer, depois de Yisra'el haver voltado

e ter sido derrotado diante de seus inimigos? 9 Pois quando o kena'ani e os outros
povos moradores da terra ouvirem acerca disso vão nos cercar e nos consumir da
face da terra. O que o Senhor fará, então, para salvar a honra do seu grande nome?".
10 *Adonai* disse a Y'hoshua: "Levante-se! Por que você está com o rosto em ter-
ra? 11 Yisra'el pecou. Sim, eles violaram o meu mandamento, o qual eu lhes tinha
ordenado. Tomaram daquilo que era para ser separado e destruído. Eles roubaram
isso, mentiram sobre isso e colocaram isso entre as próprias coisas. 12 É por isso
que o povo de Yisra'el não pode vencer seus inimigos. Eles têm fugido de seus
inimigos por estarem debaixo de maldição. Eu não serei mais com vocês, a não ser
que destruam as coisas que eram para ser destruídas. 13 Então levante-se, consa-
gre o povo e diga: 'Purifiquem-se em preparação para amanhã, pois eis aqui o que
Adonai, rei de Yisra'el, diz: "Yisra'el, vocês trazem escondidas coisas que devem ser
destruídas; por isso, não serão capazes de prevalecer diante de seus inimigos, até
que removam dentre vocês as coisas que deveriam ter sido destruídas". 14 Todavia,
amanhã vocês devem sair, uma tribo de cada vez. A tribo que *Adonai* escolher deve
permanecer, uma casa de cada vez; e a casa que *Adonai* escolher deve permanecer,
uma pessoa de cada vez. 15 Aquele que for pego com as coisas separadas para se-
rem destruídas em seu poder deve ser queimado até virar cinzas, ele e tudo quanto
possuir, pois violou o mandamento de *Adonai* e cometeu um fato vergonhoso em
Yisra'el' ".

16 Então Y'hoshua acordou bem cedo e chamou todo o Yisra'el para fora, uma
tribo por vez; e a tribo de Y'hudah foi a escolhida. 17 Ele separou as famílias de
Y'hudah e tomou a família de Zarchi. 18 A família de Zarchi passou adiante com
seus líderes, e Zavdi foi o escolhido. Ele teve a sua família escolhida, passando uma
pessoa por vez; e 'Akhan, o filho de Karmi, filho de Zavdi, filho de Zerach, da tribo
de Y'hudah, foi o escolhido.

19 Y'hoshua disse a 'Akhan: "Meu filho, prometa a *Adonai*, o Deus de Yisra'el, que
você falará a verdade e confessará a ele. Diga-me, agora, o que foi que você fez? Não
esconda nada de mim". 20 'Akhan respondeu a Yhoshua: "É verdade; tenho pecado
contra *Adonai*, o Deus de Yisra'el. Aqui está exatamente o que eu fiz. 21 Quando eu
vi ali, juntamente com os despojos, uma linda capa de Shin'ar, 2,4 quilos de prata e
uma barra de ouro de 600 gramas, realmente os cobicei e deles me apossei. Vocês
vão encontrá-los escondidos no chão, dentro de minha tenda, e a prata está enter-
rada". 22 Y'hoshua enviou mensageiros que correram até a tenda de 'Akhan. Tudo
estava lá, escondido em sua tenda, incluindo a prata enterrada. 23 Eles pegaram as
coisas de dentro da tenda e as trouxeram a Y'hoshua e a todo o povo de Yisra'el, e
as colocaram diante de *Adonai*.

24 Y'hoshua, junto com todo o Yisra'el, levou 'Akhan, o filho de Zerach, para o
vale de Akhor, com a prata, a capa, a barra de ouro, seus filhos, suas filhas, seu
rebanho, suas mulas, suas ovelhas, sua tenda, e tudo quanto ele tinha. 25 Y'hoshua
lhe falou: "Por que você trouxe tantos problemas sobre nós? Hoje *Adonai* trará pro-
blema sobre você!". Então todo o Yisra'el o apedrejou até a morte; eles os queima-
ram até se tornarem cinzas e os apedrejaram. 26 Sobre eles foi empilhada uma
grande quantidade de pedras, a qual está lá até os dias de hoje. Finalmente, *Adonai*
se voltou de sua grande ira; e é por isso que o lugar é chamado de vale de Akhor
[problema] até os dias de hoje.

8 1 *Adonai* disse a Y'hoshua: "Não se atemorize nem se desespere! Leve todos os que
podem lutar com você, prepare-se e suba até 'Ai, pois estou dando em suas mãos
o rei de 'Ai e seu povo, sua cidade e sua terra. 2 Faça com 'Ai e seu povo o mesmo que

fizeram a Yericho e seus reis; mas desta vez peguem o despojo e o rebanho como
posse para vocês, e queimem a cidade começando pela parte dos fundos".
3 Assim, Y'hoshua preparou-se para ir até 'Ai com todos os que podiam lutar.
Y'hoshua escolheu 30 mil homens, os mais corajosos das tropas, e os enviou à
noite. 4 Ele os instruiu: "Vocês devem fazer uma emboscada para queimar a cida-
de. Fiquem próximo à cidade, e todos vocês estejam preparados. 5 Eu e todas as
tropas comigo nos aproximaremos da cidade; e, quando eles vierem para nos
atacar, assim como fizeram antes, fugiremos deles. 6 Eles nos perseguirão até que
os tenhamos levado para bem distante da cidade, pois dirão: 'Eles estão fugindo
de nós, como fizeram antes'; então fugiremos deles. 7 Então, vocês sairão de sua
emboscada e tomarão posse da cidade, porque *Adonai*, seu Deus, a entregará em
suas mãos. 8 Quando vocês tiverem conquistado a cidade, a incendiarão; façam de
acordo com as palavras de *Adonai*. Elas são uma ordem para vocês".
9 Y'hoshua os despediu, e eles foram preparar a emboscada, estando entre Beit-El
e 'Ai, a oeste de 'Ai, enquanto Y'hoshua ficou acampado com o povo naquela noite.
10 Y'hoshua acordou bem cedo, passou em revista os homens e partiu para 'Ai, à
frente de todo o povo, ele e os líderes de Yisra'el. 11 Todas as tropas foram mar-
chando com ele; mais adiante, chegaram à cidade e acamparam na banda norte de
'Ai, ficando o vale entre eles e 'Ai. 12 Y'hoshua separou cerca de 5 mil homens e os
preparou para a emboscada entre Beit-El e 'Ai. 13 Então o povo tomou posição, com
todo o exército ao norte da cidade, enquanto, na retaguarda, a oeste da cidade, estava
a emboscada. Y'hoshua permaneceu no vale durante toda aquela noite.
14 Quando o rei de 'Ai viu isso, os homens da cidade se apressaram e, logo pela
manhã, saíram para o combate contra Yisra'el; ele e todo o seu povo se encontraram
frente ao 'Aravah. O rei, porém, não sabia que logo atrás da cidade, uma emboscada
tinha sido preparada contra ele. 15 Y'hoshua e todo o Yisra'el fizeram como se tives-
sem sido derrotados diante deles e correram na estrada em direção ao deserto. 16 To-
dos em 'Ai se reuniram para persegui-los; então eles perseguiram Y'hoshua e saíram
da cidade. 17 Não havia um homem em 'Ai ou em Beit-El que não tivesse partido em
perseguição a Yisra'el; e eles saíram, deixando aberta toda a cidade.
18 Então *Adonai* disse a Y'hoshua: "Estenda a lança que tem em sua mão na di-
reção de 'Ai, pois hoje eu a entregarei a você". Y'hoshua apontou a lança que tinha
em sua mão na direção da cidade. 19 Os homens da emboscada partiram rapida-
mente de seus lugares no momento em que ele esticou seu braço; eles correram,
entraram na cidade, tomaram-na e apressaram-se para nela atear fogo. 20 Quando
os homens de 'Ai olharam para trás, viram que na cidade já havia fumaça que
subia ao céu; e eles não podiam mais fugir por este ou por aquele caminho, visto
que o povo de Yisra'el, que estava fugindo em direção ao deserto, voltara para
persegui-los. 21 Quando Y'hoshua e todo o Yisra'el viram que a emboscada havia
conquistado toda a cidade, e que a fumaça da cidade já estava subindo, retor-
naram e atacaram os homens de 'Ai, 22 enquanto os outros vieram da cidade em
direção a eles também; de maneira que eles estavam cercados por Yisra'el, com
alguns de um lado e outros do outro lado. Eles os atacaram, de maneira que não
restou nem escapou nenhum deles. 23 Os homens de Yisra'el, porém, capturaram
os reis de 'Ai vivos e os trouxeram a Y'hoshua.
24 Quando Yisra'el acabou de matar todos os habitantes de 'Ai que estavam
no campo e no deserto, onde Yisra'el os havia perseguido e foram derrotados,
consumidos pela espada, então todo o Yisra'el retornou para a cidade de 'Ai e
matou todos à espada. 25 Naquele dia, caíram em 'Ai 12 mil homens e mulheres.
26 Y'hoshua, pois, não descansou sua mão, a qual ele usou para manejar a lança,

até que tivesse destruído todos os habitantes de 'Ai. 27 Apenas o rebanho e os
despojos daquela cidade foram tomados como possessão por Yisra'el, conforme
a ordem que Adonai havia dado a Y'hoshua. 28 Desse modo, Y'hoshua queimou a
cidade de 'Ai e transformou-a em *tel* para sempre, de maneira que até os dias de
hoje ela se mantém em ruínas. 29 Ele enforcou o rei de 'Ai em uma árvore, deixan-
do-o ali até o fim do dia. Ao pôr do sol, Y'hoshua deu ordem para que o tirassem
dali; então eles retiraram o seu cadáver da árvore, jogando-o na entrada do portão
da cidade e empilhando sobre ele grande quantidade de pedras, a qual está lá até os
dias de hoje. 30 Então Y'hoshua construiu um altar para Adonai, o Deus de Yisra'el,
no monte 'Eival, 31 conforme Mosheh, o servo de Adonai, havia ordenado ao povo de
Yisra'el fazer (isso está escrito no livro da *Torah* de Mosheh), um altar de pedras
inteiras, que nunca tivessem sido talhadas com ferramenta de ferro. Com isso,
eles ofereceram holocaustos a Adonai e sacrificaram ofertas pacíficas. 32 Na pre-
sença do povo de Yisra'el, Y'hoshua gravou ali nas pedras uma cópia da *Torah* de
Mosheh. 33 Então todo o Yisra'el, incluindo seus líderes, oficiais e juízes, permane-
ceu de ambos os lados da arca da aliança de Adonai, diante dos *kohanim*, que eram
l'vi'im, e que haviam carregado a arca da aliança de Adonai. Os estrangeiros estavam
lá ao lado dos cidadãos. Metade do povo estava em pé, diante do monte G'rizim,
e metade diante do monte 'Eival, conforme Mosheh, o servo de Adonai, ordenara
que eles fizessem, para que o povo de Yisra'el fosse abençoado. 34 Depois disso,
ele leu todas as palavras da *Torah*, as bênçãos e as maldições, de acordo com
todas as coisas escritas no livro da *Torah*. 35 Não houve sequer uma palavra de
tudo o que Mosheh tinha falado que Y'hoshua não houvesse lido antes de todo o
Yisra'el se juntar, incluindo as mulheres, as crianças e os estrangeiros que viviam
com eles.

9 1 Quando todos os reis do lado oeste do Yarden, nas montanhas, na Sh'felah
e toda a parte costeira do mar Grande, que faz fronteira com o L'vanon — o
hitti, o emori, o kena'ani, o p'rizi, o hivi, e o y'vusi — ouviram o que havia ocorri-
do, 2 fizeram uma aliança para lutar juntos contra Y'hoshua e Yisra'el. 3 Quando
os habitantes de Giv'ah ouviram o que Y'hoshua tinha feito a Yericho e 'Ai, 4 eles
elaboraram um plano para enganá-lo. Disfarçaram-se como se tivessem chegado de
uma longa viagem, carregando seus jumentos com sacos velhos e odres rachados e
remendados. 5 Calçaram seus pés com sandálias velhas e remendadas e se vestiram
com roupas usadas; e não tinham nada mais que pedaços de pão seco como provisão.
6 Eles foram até Y'hoshua, no campo de Gilgal, e disseram a ele e aos homens de
Yisra'el: "Nós viemos de um país bem distante; agora, pois, façam um pacto co-
nosco". 7 Os homens de Yisra'el disseram: "Como podemos saber que vocês não
moram aqui perto de nós? Se são daqui, não queremos fazer um pacto com vocês".
8 Eles, porém, responderam a Y'hoshua: "Nós somos seus servos". Y'hoshua per-
guntou: "Quem são vocês e de onde vêm?" 9 Eles responderam: "Seus servos vieram
de um país bem distante por causa da reputação de Adonai, seu Deus. Nós ouvimos
falar sobre ele — tudo que ele realizou no Egito, 10 e todas as coisas que fez aos dois
reis do emori além do Yarden; a Sichon, rei de Heshbon, e a 'Og, rei de Bashan, de
'Asht'rot. 11 Então nossos líderes e todo o povo que mora em nosso país nos disse-
ram: 'Preparem provisões para vocês para uma jornada, vão conhecê-los, e digam
a eles: "Somos servos de vocês, e agora façam uma aliança conosco" '. 12 Aqui está
o pão que tomamos para nossa provisão. Ele ainda estava quente quando pegamos
para trazer conosco de nossas casas no dia em que partimos. Agora repare nisso,

está seco e se tornando em farelo! 13 E estes odres de vinho eram novos quando os enchemos, mas, olhe agora, estão rasgados. Da mesma forma, estas nossas roupas e nossos sapatos estão bem usados por causa da longa jornada".

14 Os homens de Yisra'el provaram da comida deles, mas não buscaram os conselhos de *Adonai*. 15 Então Y'hoshua estabeleceu a paz com eles e fez uma aliança com eles para poupar sua vida, e os líderes oficiais da comunidade pactuaram com eles. 16 Entretanto, três dias depois, após terem feito o pacto com eles, o povo de Yisra'el ouviu que eles eram seus vizinhos e que moravam próximo a eles.

17 O povo de Yisra'el viajou e, ao terceiro dia, chegou às cidades em que eles moravam. As cidades eram Giv'on, K'firah, Be'erot e Kiryat-Ye'arim. 18 O povo de Yisra'el não os atacou, pelo fato de os líderes da comunidade terem feito uma aliança com eles perante *Adonai*, o Deus de Yisra'el; mas toda a comunidade reclamou contra os líderes. 19 Os líderes, porém, responderam a toda a comunidade: "Nós fizemos uma aliança com eles perante *Adonai*, o Deus de Yisra'el, portanto não podemos tocar neles. 20 Eis o que faremos para eles: nós os deixaremos vivos, para que a ira de Deus não seja sobre nós, por causa do juramento que fizemos com eles. 21 Sim, deixaremos que eles vivam", os líderes continuaram, "mas deixem que eles cortem a madeira e peguem a água para toda a comunidade". Isso foi o que os líderes disseram.

22 Y'hoshua também disse o seguinte a eles: "Por que vocês nos enganaram, dizendo 'nós viemos de um lugar bem distante', quando, na realidade, moravam bem próximo a nós? 23 Agora, vocês têm uma maldição sobre vocês. Vocês serão escravos para sempre, suprindo o povo, cortando madeira e pegando água para a casa de meu Deus". 24 Eles responderam a Y'hoshua: "Foi porque ouvimos que *Adonai*, seu Deus, tinha ordenado que seu servo Mosheh desse a vocês toda a terra e destruísse todos os habitantes da terra com quem se defrontassem. Então ficamos amedrontados por nossa vida, por isso fizemos isso. 25 Agora, como vocês podem ver, estamos em suas mãos; façam, portanto, aquilo que bem parecer a você". 26 Y'hoshua fez exatamente isto: poupou-os da ira do povo de Yisra'el, de maneira que eles não os mataram. 27 No entanto, ele os fez cortar madeira e pegar água para a comunidade e o altar de *Adonai* naquele mesmo dia, e eles cuidam desses serviços até os dias de hoje.

10 1 Quando Adoni-Tzedek, rei de Yerushalayim, ouviu como Y'hoshua tinha tomado e destruído a cidade de 'Ai — ele tinha feito a 'Ai e a seu rei o mesmo que fizera a Y'ericho e a seu rei — e como os habitantes de Giv'on tinham feito paz com Yisra'el e estavam vivendo no meio deles, 2 seu povo ficou grandemente alarmado; pois Giv'on era tão grande quanto as cidades reais, maior que 'Ai, e todos os seus homens eram valentes. 3 Assim, Adoni-Tzedek, rei de Yerushalayim, mandou a seguinte mensagem para Hoham, rei de Hevron; Pir'am, rei de Yarmut; Yafia, rei de Lakhish; e D'vir, rei de 'Eglon: 4 "Venham e me ajudem, e atacaremos Giv'on, pois eles fizeram aliança com Y'hoshua e o povo de Yisra'el". 5 Assim, os cinco reis do emori — os reis de Yerushalayim, Hevron, Yarmut, Lakhish e 'Eglon — ajuntaram-se, foram com seus exércitos e sitiaram Giv'on, fazendo guerra contra essa cidade. 6 O povo de Giv'on enviou uma mensagem a Y'hoshua, em seu acampamento em Gilgal, dizendo: "Não ignore seus servos! Venha a nós rapidamente e nos salve. Ajude-nos, pois todos os reis do emori que moram nas montanhas ajuntaram-se para nos derrotar". 7 Y'hoshua saiu de Gilgal, ele e todos os soldados com ele, incluindo todos os mais valentes. 8 *Adonai* disse a Y'hoshua: "Não tenha medo deles, pois eu os entregarei em suas mãos. Nenhum desses homens conseguirá resistir a você".

9 Tendo levado toda a noite em marcha para sair de Gilgal, Y'hoshua os atacou,
tomando-os de surpresa. 10 *Adonai* os lançou em confusão diante de Yisra'el e os
derrotou em grande matança em Giv'on, perseguindo-os ao longo da estrada que
sai de Beit-Horon, alcançando-os em 'Azekah e todo o caminho para Makkedah.
11 Enquanto eles fugiam de Yisra'el na estrada que parte de Beit-Horon, *Adonai*
atirou sobre eles grandes pedras de granizo por todo o caminho, e eles morreram;
o número dos que morreram por causa da chuva de granizo foi maior do que o
daqueles que pereceram pela espada de Yisra'el.

12 Então no dia em que *Adonai* entregou o emori ao povo de Yisra'el, Y'hoshua
falou com *Adonai;* na presença de Yisra'el, ele disse:

> "Sol, pare sobre Giv'on!
> Lua, você também, pare sobre o vale de Ayalon!".
> 13 Assim, o sol parou, e a lua não apareceu,
> até que Yisra'el tivesse exterminado todos os inimigos.

Isto está escrito no livro de Yashar. O sol ficou parado no céu e não se pôs por qua-
se todo o dia. 14 Nunca houve um dia como aquele, nem antes, nem depois, quando
Adonai ouviu a voz de um homem; isso aconteceu porque *Adonai* estava lutando a
favor de Yisra'el.

15 Y'hoshua retornou com todo o Yisra'el para o acampamento de Gilgal.
16 Aqueles cinco reis, porém, haviam fugido e se escondido na caverna de
Makkedah, 17 e relataram a Y'hoshua que os cinco reis tinham sido descobertos es-
condidos na caverna de Makkedah. 18 Y'hoshua disse: Façam rolar grandes pedras
para a entrada da caverna e coloquem guardas ali para vigiá-los. 19 Todavia, vocês
não esperem, mas continuem perseguindo seus inimigos e ataquem pela reta-
guarda. Não permitam que eles voltem às suas cidades, pois *Adonai* os entregará a
vocês". 20 Após Y'hoshua e o povo de Yisra'el terem matado todos, em uma grande
matança, até que todos fossem destruídos e os remanescentes tivessem conseguido
entrar nas fortalezas, 21 todo o povo retornou seguro a Y'hoshua, no acampamento
em Makkedah, e ninguém dizia nenhuma palavra contra o povo de Yisra'el.

22 Então Y'hoshua disse: "Abram a entrada da caverna e tragam aqueles cinco
reis para fora, em minha presença. 23 Eles fizeram isso; trouxeram os cinco reis até
Y'hoshua — os reis de Yerushalayim, Hevron, Yarmut, Lakhish e 'Egon. 24 Depois
de terem trazido os cinco reis até Y'hoshua, ele reuniu todos os homens de Yisra'el
e disse aos comandantes dos soldados que haviam ido com ele: "Venham até aqui
e ponham os seus pés no pescoço destes reis". Eles vieram e colocaram os pés no
pescoço deles. 25 Y'hoshua lhes disse: "Não estejam aflitos nem confusos, mas se-
jam fortes e corajosos, pois isto é o que *Adonai* fará com todos os inimigos contra
quem vocês lutarem". 26 Assim, Y'hoshua os sufocou até a morte e os pendurou em
cinco árvores, onde permaneceram pendurados até o anoitecer. 27 Ao pôr do sol,
Y'hoshua deu a ordem e eles os abaixaram das árvores, e os jogaram na caverna
onde eles estavam escondidos, e lá eles permanecem até os dias de hoje.

28 Naquele dia, Y'hoshua conquistou Makkedah, derrotando seus reis pela espa-
da. Ele os destruiu completamente, junto com todos ali — ele não poupou ninguém
e fez ao rei de Makkedah o mesmo que tinha feito com o rei de Yericho.

29 Y'hoshua entrou em Makkedah, e todo o Yisra'el com ele, até Livnah, e ele
lutou contra Livnah. 30 *Adonai* também a entregou, e seus reis, a Yisra'el. Ele a der-
rotou pela espada, com todos que ali estavam — ele não poupou ninguém e fez ao
rei o mesmo que tinha feito com o rei de Yericho.

31 Y'hoshua foi de Livnah para Lakhish, e todo o Yisra'el foi com ele; ele a cer-
cou e atacou. 32 *Adonai* entregou Lakhish a Yisra'el; ele a conquistou no segundo dia.
Derrotou-a pela espada, e a todos ali, exatamente como havia feito com Livnah.
33 No entanto, Horam, rei de Gezer, veio para ajudar Lakhish; então Y'hoshua
atacou-o e a seu povo, até que não sobrasse mais ninguém.
34 Y'hoshua partiu de Lakhish, e todo o Yisra'el com ele, para 'Eglon; e ele cer-
cou-a e atacou-a. 35 Eles a conquistaram naquele mesmo dia. Derrubaram-na pela
espada, destruindo todos ali completamente, da mesma forma que haviam feito
com Lakhish.
36 Y'hoshua partiu de 'Eglon, e todo o Yisra'el com ele; seguiram para Hevron
e lutaram contra ela. 37 Eles a conquistaram, derrubando-a pela espada, incluindo
seus reis, suas aldeias e todos ali; não pouparam ninguém, exatamente como ha-
viam feito a 'Eglon; eles a destruíram completamente, junto com todos ali.
38 Y'hoshua retornou, e todo o Yisra'el com ele, para D'vir e lutou contra eles.
39 Eles a conquistaram, com seus reis e todas as suas aldeias, derrubando-os pela
espada e destruindo todos ali; não pouparam ninguém. Fizeram com D'vir e com
seus reis o que haviam feito com Hevron e Livnah e seus reis.
40 Assim, Y'hoshua conquistou toda a terra — as montanhas, o Negev, a Sh'felah
e as colinas — e todos seus reis; ele não poupou ninguém, antes, destruiu comple-
tamente tudo que tivesse fôlego, como *Adonai*, o Deus de Yisra'el, tinha ordenado.
41 Y'hoshua atacou-os desde Kadesh-Barnea até 'Azah, e toda a terra de Goshen, e
de lá até Giv'on. 42 Y'hoshua conquistou todos esses reis e suas terras ao mesmo
tempo, porque *Adonai*, o Deus de Yisra'el, lutou por Yisra'el. 43 Então Y'hoshua re-
tornou, e todo o Yisra'el com ele, para o acampamento em Gilgal.

11 1 Quando Yavin, rei de Hatzor, ouviu sobre isso, informou a Yovav, rei de
Madon; ao rei de Shimron; ao rei de Akhshaf; 2 aos reis do norte, nas monta-
nhas, no 'Aravah, ao sul de Kinn'rot, na Sh'felah e nas regiões de Dor, a oeste; 3 ao
kena'ani, de leste a oeste; ao emori, ao hitti, ao p'rizi e y'vusi, nas montanhas; e ao
hivi, ao pé do Hermon, na terra de Mitzpah. 4 Então se prepararam, com todos os
seus exércitos, muita gente, em número como a areia do mar, com muitos cavalos e
carruagens. 5 Todos esses reis reuniram-se e acamparam junto às águas de Merom,
para lutar contra Yisra'el.
6 *Adonai* disse a Y'hoshua: "Não tenha medo deles, pois amanhã, a esta mesma
hora, eu derrotarei todos eles, e serão todos mortos, diante de Yisra'el. Você
deve cortar os tendões dos cavalos deles e queimar as suas carruagens". 7 Então
Y'hoshua veio até eles, repentinamente, com todos os seus soldados, e os atacou
perto das águas do Merom. 8 *Adonai* os entregou a Yisra'el — eles os atacaram
e os perseguiram até o Grande Tzidon, Misrefot-Mayim e parte oeste do vale de
Mitzpah; eles os atacaram até que não restasse nenhum deles. 9 Y'hoshua fez a
eles conforme *Adonai* ordenou — cortou os tendões dos cavalos e queimou suas
carruagens. 10 Então Y'hoshua retornou e conquistou Hatzor, matando seu rei pela
espada, pois, nos tempos passados, Hatzor tinha sido capital de todos esses reinos.
11 Eles mataram todos à espada, destruindo-os completamente; nada que tivesse fô-
lego foi poupado, e ele queimou Hatzor até as cinzas. 12 Y'hoshua conquistou todas
as cidades daqueles reis, bem como os próprios reis; ele os derrotou à espada e os
destruiu completamente, assim como Mosheh, o servo de *Adonai*, tinha ordenado.
13 Entretanto, as cidades construídas nas colinas, Yisra'el não queimou nenhuma,
exceto Hatzor, que o próprio Y'hoshua queimou. 14 O povo de Yisra'el tomou posse
de todos os despojos dessas cidades e de todo o rebanho. Contudo, o restante eles

mataram à espada até que todos fossem exterminados — não pouparam ninguém
que tivesse fôlego. 15 Mosheh tinha dado ordens a Y'hoshua, assim como *Adonai*
dera ordens a Mosheh, seu servo, e Y'hoshua fez tudo de acordo com essas ordens
— ele fez todas as coisas que *Adonai* tinha ordenado a Mosheh.

16 Assim, Y'hoshua tomou toda aquela terra, as montanhas, o Negev, toda a ter-
ra de Goshen, a Sh'felah, a 'Aravah e as montanhas de Yisra'el e Sh'felah, 17 desde as
montanhas que vão em direção ao Se'ir e Ba'al-Gad, no vale do L'vanon, no sopé do
monte Hermon; e ele conquistou todos os seus reis, aprisionou-os e matou todos.
18 Y'hoshua guerreou contra aqueles reis durante longo tempo. 19 Nenhuma cidade
fez a paz com Yisra'el, exceto o hivi, que vivia em Giv'on. Eles conquistaram tudo
nos combates. 20 Pois foi o próprio *Adonai* quem endureceu o coração deles para
que viessem lutar contra Yisra'el, de maneira que fossem completamente destruí-
dos, e exterminados sem misericórdia, como *Adonai* tinha ordenado a Mosheh.

21 Naquele tempo, Y'hoshua veio e exterminou os 'anakim da terra — de
Hevron, D'vir, 'Anav e de todos os montes de Y'hudad e Yisra'el; Y'hoshua os des-
truiu completamente, bem como as suas cidades. 22 Nenhum dos 'anakim foi dei-
xado vivo na terra do povo de Yisra'el — somente em 'Azah, Gat e Ashdod é que
alguns sobreviveram. 23 Y'hoshua tomou toda a terra, obedecendo a tudo quanto
Adonai tinha ordenado a Mosheh e a Yisra'el, de acordo com sua divisão em tribos.
Então a terra descansou da guerra.

12 1 Estes são os reis da terra a quem o povo de Yisra'el derrotou e da terra de
quem se apossaram, a leste do Yarden, desde o vale de Arnon até o monte
Hermon e toda a banda leste do 'Aravah:

2 Sichon, rei do emori, que morava em Heshbon e que reinou sobre o território
que incluía o 'Aro'er, às margens do vale de Arnon; o meio do vale; metade do Gil'ad
até o rio Yabok, o qual tem fronteiras com o povo de 'Amon; 3 o 'Aravah até a ban-
da leste do lago Kinneret, e até o mar do 'Aravah, o mar Morto, na banda leste, ao
longo do caminho de Beit-Yeshimot, e ao sul, até as encostas de Pisgah.

4 Havia também o território de 'Og, rei de Bashan, que pertencia ao restante
dos refa'im. Ele morou em 'Asht'rot e em Edre'i, 5 e governava o monte Hermon,
Salkhah, toda a Bashan, na fronteira com o G'shuri e o Ma'akhah, e metade de
Gil'ad, até a fronteira com Sichon, rei de Heshbon.

6 Mosheh, o servo de *Adonai*, com todo o povo de Yisra'el, os derrotou; e Mosheh,
o servo de *Adonai*, deu essa parte, como possessão, aos re'uveni e à meia tribo de
M'nasheh.

7-8 São estes os reis da terra a quem Y'hoshua, com o povo de Yisra'el, combateu
na parte oeste do Yarden, entre Ba'al-Gad, no vale do L'vanon, e toda a montanha
que sobe na direção de Se'ir. Y'hoshua deu esta terra, habitada pelo hitti, pelo
emori, pelo kena'ani, pelo p'rizi, pelo hivi e pelo y'vusi, como possessão às tribos
de Yisra'el, de acordo com sua divisão, nas montanhas, na Sh'felah, no 'Aravah, nas
encostas da montanha do deserto de Negev:

9 o rei de Yericho,
o rei de 'Ai, de Beit-El,
10 o rei de Yerushalayim,
o rei de Hevron,
11 o rei de Yarmut,
o rei de Lakhish,

12 o rei de 'Eglon,
o rei de Gezer,
13 o rei de D'vir,
o rei de Geder,
14 o rei de Hormah,
o rei de 'Arad,
15 o rei de Livnah,
o rei de 'Adulam,
16 o rei de Makkedah,
o rei de Beit-El,
17 o rei de Tapuach,
o rei de Hefer,
18 o rei de Afek,
o rei de Sharon,
19 o rei de Madon,
o rei de Hatzor,
20 o rei de Shinrom-M'ron,
o rei de Akhshaf,
21 o rei de Ta'anakh,
o rei de Megiddo,
22 o rei de Kedesh,
o rei de Yokne'am em Karmel,
23 o rei de Dor na região de Dor,
o rei de Goyim no Gilgal, e
24 o rei de Tirtzah,

perfazendo o total de 31 reis.

13 1Agora, Y'hoshua estava idoso; os anos lhe tinham feito desaparecer o vigor.
Adonai lhe disse: "Você agora está velho, os anos dissiparam seu vigor; no
entanto, ainda existe grande parte da terra para ser possuída.
2 "Esta é a terra que ainda resta: toda a região dos p'lishtim e do g'shuri,
3 a região de Shichor, que faz fronteira com o Egito, até a fronteira de 'Ekron (na
parte norte, que é considerada pertencente ao kena'ani) — território dos líderes
p'lishtim em 'Azah, Ashdod, Ashkelon, Gat e 'Ekron; e ainda 'Avim 4 ao sul; toda a
terra do kena'ani; Me'arah, a qual pertence aos tzidonim, tão longe quanto Afek e a
fronteira com o emori; 5 a terra do givli; e todo o leste do L'vanon, desde Ba'al-Gad,
no pé do monte Hermon, até a entrada de Hamat.
6 "Todos os habitantes das montanhas entre o L'vanon e Misrefot-Mayim, todos
os tzidonim, eu mesmo vou expulsá-los da presença do povo de Yisra'el. Tudo o
que você deve fazer é distribuir a terra a Yisra'el como herança, conforme ordenei
a você. 7 Então agora, divida essa terra como herança entre as nove tribos e a meia
tribo de M'nasheh".
8 Com a meia tribo de M'nasheh, o re'uveni e toda a Gadi receberam sua heran-
ça, a qual Mosheh lhes tinha dado, além da parte leste do Yarden, como Mosheh, o
servo de *Adonai*, lhes havia ordenado — 9 desde 'Aro'er, na borda do vale de Arnon,
a cidade no meio do vale, todo o platô entre Meidva e Divon, 10 e todas as cidades
do rei de Sichon e do emori, que governava em Heshbon, à fronteira com o povo de
'Amon; 11 e Gil'ad, território do g'shuri e do ma'akhati, todo o monte Hermon, toda

a Bashan até Salkhah — 12 isto é, todo o reino de 'Og em Bashan, que governava em
'Asht'rot e Edre'i. 'Og era um dos que tinham vivido em Refa'im, a quem Mosheh
derrotou e expulsou. 13 Entretanto, o povo de Yisra'el não havia expulsado nem o
g'shuri nem o ma'akhati, e, como consequência, tanto G'shur como Ma'akhat vivem
entre eles até os dias de hoje.

14 Apenas à tribo de Levi, Mosheh não deu nenhuma herança; porque as ofertas
queimadas para *Adonai*, o Deus de Yisra'el, já eram a sua herança; como [*Adonai*]
havia falado a Mosheh.

15 Mosheh deu a terra à tribo dos descendentes de Re'uven, segundo seus clãs.
16 Seu território incluía 'Aro'er, na beira do vale de Arnon, a cidade no meio do
vale e todo o platô próximo a Meidva, 17 Heshbon e todas as suas aldeias no pla-
tô, Divon, Bamot-Ba'al, Beit-Ba'al-M'on, 18 Yahatz, K'demot, Mefa'at, 19 Kiryatayim,
Sivmah, Tzerer-Shachar, no topo do vale, 20 Beit-P'or, na encosta de Pisgah, Beit
-HaYeshimot, 21 todas as cidades do platô — todos os reinos de Sichon, que era o
rei do emori, o qual governava em Heshbon. Mosheh derrotou-os com os chefes de
Midyan, ao longo de Evi, Rekem, Tzur, Hur e Reva, o príncipe de Sichon que vivia na
terra. 22 Além destes, o povo de Yisra'el matou outros à espada e também derrotou
Bil'am, o filho de B'or, que praticava adivinhação. 23 O Yarden tornou-se a frontei-
ra para os descendentes de Re'uven. Essa foi a herança para os descendentes de
Re'uven, todos os clãs, cidades e aldeias.

24 Mosheh dera terra à tribo de Gad, aos descendentes de Gad, segundo seus
clãs. 25 Seu território incluía Ya'zer, todas as cidades de Gil'ad, metade da terra
do povo de 'Amon até 'Aro'er, fronteira com Rabbah. 26 Estendia-se desde Hesh-
bon até Ramot-Mitzpeh e B'tonim, e desde Machanayim até as fronteiras de Lidvir;
27 enquanto no vale, incluía Beit-Haram, Beit-Nimrah, Sukkot e Tzafon — que resu-
miam todo o restante do reino de Sichon, em Heshbon. Abrangia a parte do Yarden
que vai até o lago Kinneret em toda a sua borda, estendendo seu território para o
lado leste. 28 Esta foi a herança dos descendentes de Gad, segundo seus clãs, suas
cidades e aldeias.

29 Mosheh dera uma herança à meia tribo de M'nasheh, ou seja, metade dos des-
cendentes da tribo de M'nasheh, segundo seus clãs. 30 Seu território incluía Macha-
nayim e toda a Bashan — isto é, todo o reino de 'Og, rei de Bashan, todas as aldeias
de Ya'ir, em Bashan, 60 cidades; 31 metade de Gil'ad, 'Asht'rot e Edre'i, as cidades
do reinado de 'Og, em Bashan. Esse foi o território dado à metade dos descenden-
tes de Makhir, o filho de M'nasheh, que compreendia metade dos descendentes de
Makhir, segundo seus clãs.

32 Estas são as heranças que Mosheh distribuiu nas planícies de Mo'av, além do
Yarden e Yericho, no lado leste. 33 À tribo de Levi, porém, Mosheh não deu nenhuma
herança; *Adonai*, o Deus de Yisra'el, é sua herança, conforme ele lhes havia dito.

14 1 Estas são as heranças que o povo de Yisra'el tomou na terra de Kena'an,
que El'azar, o *kohen*, Y'hoshua, o filho de Nun, e os líderes dos antepassados
de todas as tribos do povo de Yisra'el distribuíram entre eles. 2 Por sorteio, a he-
rança foi decidida, conforme *Adonai* ordenou, por meio de Mosheh, às nove tribos e
meia. 3 Mosheh já tinha dado a herança a duas tribos e meia, além do Yarden; entre
os *l'vi'im*, porém, não foi repartida nenhuma herança. 4 Os descendentes de Yosef
constituíram duas tribos: M'nasheh e Efrayim; e eles não deram nenhuma parte
aos *l'vi'im*, exceto as cidades onde viver, com uma grande quantidade de terras ao
redor, com pastagens para seus rebanhos. 5 Como *Adonai* havia ordenado a Mosheh,
assim o povo de Yisra'el dividiu a terra.

6 Os descendentes de Y'hudah foram até Y'hoshua, em Gilgal, e Kalev, filho do
k'nizi Y'funeh, lhe disse: "Você bem sabe o que *Adonai* disse a Mosheh, servo de Deus,
sobre mim e você, em Kadesh-Barnea. 7 Eu tinha 40 anos quando Mosheh, o servo de
Adonai, enviou-me de Kadesh-Barnea para espionar a terra, e trouxe de volta para ele
um relatório verdadeiro. 8 Meus irmãos, os que foram junto comigo, desencorajaram
o povo, mas eu segui *Adonai*, meu Deus, completamente. 9 Naquele dia, Mosheh jurou:
'Certamente que a terra onde seus pés estão será de vocês e de seus descendentes para
sempre, pois você seguiu *Adonai*, meu Deus, completamente. 10 Agora, preste atenção:
Adonai me manteve vivo esses quarenta e cinco anos, como disse que faria, desde quan-
do *Adonai* disse a Mosheh, enquanto Yisra'el caminhava pelo deserto. Hoje tenho 85
anos, 11 mas ainda estou tão forte quanto no dia em que Mosheh me enviou — estou
tão forte agora quanto antes, seja para a guerra seja para ir aqui ou ali. 12Por essa razão,
dê-me este monte sobre que *Adonai* me falou naquele dia; pois naquele dia você ouviu
que os 'anakim viviam ali com cidades grandes e fortificadas; talvez *Adonai* seja comigo,
e eu os expulse de lá, como *Adonai* prometeu".

13 Y'hoshua abençoou Kalev, o filho de Y'funeh, e lhe deu Hevron como heran-
ça. 14 Assim, Hevron veio a ser a herança de Kalev, o filho de Y'funeh, o k'nizi, como
é até os dias de hoje, porque ele seguiu completamente *Adonai*, o Deus de Yisra'el.
15 (Hevron foi chamada anteriormente de Kiryat-Arba; este Arba foi o maior homem
entre os 'anakim.) Desde então a terra descansou da guerra.

15 1 O território escolhido para a tribo dos descendentes de Y'udah, segundo as
famílias, estendia-se pela fronteira de Edom até o deserto de Tzin, abaixo do
Negev, no extremo sul. 2 A fronteira ao sul iniciava-se na costa extrema ao sul do mar
Morto 3 e prosseguia até o sul da subida do Escorpião, chegando a Tzin e, daí ,até o sul
de Kadesh-Barnea. Depois passava por Hetzron, chegando até Adar, e voltava em dire-
ção a Karka. 4 Dali, continuava em direção a 'Atzmon e prosseguia até o *vádi* do Egito,
com a fronteira terminando no mar; esta era a sua fronteira ao sul.

5 A fronteira oriental era o mar Morto até a foz do Yarden.

A fronteira ao norte começava na costa do mar, no fim do Yarden; 6 então a fron-
teira seguia até Beit-Hoglah e passava ao norte de Beit-'Aravah; próximo à fronteira,
até a pedra de Bohan, o filho de Re'uven; 7 então a fronteira subia até D'vir, do vale de
Akhor, e dali seguia para o norte, em direção de Gilgal (ou seja, cruzava de Ma'alei-
-Adumim, que fica ao lado sul do *vádi*); próximo à fronteira, passava pelas águas do
'Ein-Shemesh e seguia para 'Ein-Rogel. 8 Dali, a fronteira seguia para o vale de Ben-
-Hinnom, para o lado sul de Y'vusi (que é Yerushalayim), e a fronteira continuava su-
bindo até o topo da montanha a oeste do vale de Hinnom (que é também o lado norte
do vale de Refa'im). 9 Do topo dessa montanha, a fronteira prosseguia até a fonte de
Neftoach e continuava até as cidades do monte 'Efron; prosseguia para Ba'alah (que é
Kiryat-Ye'arim). 10 A fronteira seguia do oeste de Ba'al até o monte Se'ir, passando pela
encosta do monte Ye'arim (também chamado de K'salon) ao norte, e descia até Beit-
-Shemesh e passava por Timnah. 11 Perto da fronteira, prosseguia ao lado do 'Ekron,
na parte norte, e finalmente chegava a Shikron, passando pelo monte Ba'alah, prosse-
guindo até o Yavne'el, com a fronteira para o mar.

12 Da banda oeste, o mar Grande era a sua fronteira. Estas eram as fronteiras do
território dos descendentes de Y'udah, segundo seus clãs.

13 A Kalev, o filho de Y'funeh, ele deu a porção com os descendentes de Y'udah,
como *Adonai* tinha ordenado a Y'hoshua, chamada de Kiryat-Arba (Arba era o pai de
'Anak) também conhecido como Hevron.14 Kalev expulsou de Hevron três descenden-

tes de 'Anak — Sheshai, Achiman e Talmai, filhos de 'Anak. 15 Dali, ele foi combater os
habitantes de D'vir (D'vir foi anteriormente chamado de Kiryat-Sefer). 16 Kalev disse: "A
quem quer que ataque Kiryat-Sefer e a destrua, eu darei minha filha 'Akhsah, como es-
posa". 17 'Otni'el, o filho de K'naz, irmão de Kalev, conquistou Kiryat-Sefer. Então Kalev
lhe deu sua filha, 'Akhsah, como esposa. 18 Depois de se tornar sua esposa, 'Akhsah
persuadiu 'Otni'el a pedir um campo para seu pai. Quando ela desceu de seu jumento,
Kalev lhe perguntou: "O que você quer?". 19 Ela lhe disse: "Dê-me uma bênção: já que o
senhor me deu a terra no Negev, dê-me também fontes de água". Então Kalev lhe deu as
fontes superiores e as fontes inferiores.

20 Estas são as heranças da tribo dos descendentes de Y'udah, segundo seus clãs.
21 Estas eram as cidades da outra parte de Y'udah, em direção à fronteira com Edom,
no sul:

Kavtze'el 'Eder, Yagur, 22 Kinah, Dimonah, 'Ad'adah, 23 Kedesh, Hatzor, Yitnan,
24 Zif, Telem, Be'alot, 25 Hatzor, Hadatah, K'riot, Hetzron (que é Hatzor), 26 Amam, Sh'ma,
Moladah, 27 Hatzar-Gadah, Heshmon, Beit-Pelet, 28 Hatzar-Shu'al, Be'er-Sheva, Bizyot-
-Yah, 29 Ba'alah, 'Iyim, 'Etzem, 30 El-Tolad, K'sil, Hormah, 31 Ziklag, Madmanah, Sansanah,
32 L'va'ot, Shilchim, 'Ayin e Rimmon — ao todo, 29 cidades com suas aldeias.

33 Na Sh'felah: Eshta'ol, Tzor'ah, Ashnah, 34 Zanoach, 'Ein-Ganim, Tapuach, 'Enam,
35 Yarmut, 'Adulam, Sokhoh, 'Azekah, 36 Sh'arim, 'Aditayim, G'derah e G'derotayim — 14
cidades com suas aldeias. 37 Tz'nan, Hadashah, Migdal-Gad, 38 Dil'an, Mitzpeh, Yokte'el,
39 Lakhish, Bozkat, 'Eglon, 40 Kabon, Lachmas, Kitlish, 41 G'derot, Beit-Dagon, Na'amah e
Makkedah — 16 cidades com suas aldeias. 42 Livnah, 'Eter, 'Ashan, 43 Yiftach, Ashnah,
N'tziv, 44 Ke'ilah, Akhziv e Mareshah — nove cidades com suas aldeias. 45 'Ekron, com
todas as suas cidades e aldeias — 46 de 'Ekron, até o mar; todas as cidades nas proximi-
dades de Ashdod, com suas aldeias; 47 Ashdod, com suas cidades e aldeias; 'Azah, com
suas cidades e aldeias, até o *vádi* do Egito, tendo o mar Grande como fronteira.

48 Nas montanhas: Shamir, Yatir, Sokhoh, 49 Danah, Kiryat-Sanna (que é D'vir),
50 'Anav, Esht'moh, 'Anim, 51 Goshen, Holon e Giloh — 11 cidades com suas aldeias.
52 Arav, Dumah, Esh'an, 53 Yanum, Beit-Tapuach, Afekah, 54 Humtah, Kiryat-Arba (que
é Hevron) e Tzi'or — nove cidades com suas aldeias. 55 Ma'on, Karmel, Zif, Yutah,
56 Yizre'el, Yokde'am, Zanoach, 57 Kayin, Giv'ah e Timnah — dez cidades com suas al-
deias. 58 Halchul, Beit-Tzur, G'dor, 59 Ma'arat, Beit-'Anot, Elt'kon — seis cidades com suas
aldeias. 60 Kiryat-Ba'al (que é Kiryat-Ye'arim) e Rabbah — duas cidades com suas aldeias.

61 No deserto: Beit-'Aravah, Middin, S'khakhah, 62 Nivshan, 'Ir-Hamelach e 'Ein-Gedi
— seis cidades com suas aldeias.

63 Os descendentes de Y'hudah não conseguiram expulsar os y'vusi, que habitavam
em Yerushalayim; de maneira que o y'vusi vive com os descendentes de Y'hudah em
Yerushalayim até os dias de hoje.

16 1 A fronteira do território escolhido para ser a parte dos descendentes de Yosef
começava do Yarden e ia para o lado de Yericho, até as águas de Yericho, na
parte leste, e prosseguia de Yericho em meio às montanhas e o deserto de Beit-El;
2 de Beit-El, ia a Luz, passando pela fronteira com Arki até 'Atarot, 3 descendo pelo lado
oeste à fronteira com Yafleti, alcançando a divisa com a parte baixa de Beit-Horon, se-
guindo para Gezer e terminando no mar. 4 Assim, os descendentes de Yosef, M'nasheh
e Efrayim, tiveram a sua herança.

5 A fronteira dos descendentes de Efrayim, segundo suas famílias, foi como
segue: a parte leste da fronteira iniciava-se em 'Atrot-Adar e ia até a parte alta de
Beit-Horon; 6 estendia-se para a parte oeste, tendo Mikhm'tat ao norte, próximo

aos limites da parte leste de Ta'anat-Shiloh, e, passando por ela, prosseguia para
o leste de Yanochah; 7 descia de Yanochah até 'Atarot, até Na'arah, estendendo-se
para Yericho, e terminava no Yarden. 8 De Tapuach, a fronteira seguia para a parte
oeste do *vádi* Kanah e seguia até o mar. Esta era a herança da tribo dos descen-
dentes de Efrayim, segundo suas famílias, 9 e com as cidades separadas para os
descendentes de Efrayim, dentro do território para ser herança dos descendentes
de M'nasheh, todas as cidades com suas aldeias. 10 Eles, porém, não expulsaram
o povo kena'ani, habitantes de Gezar, de maneira que o povo kena'ani vive junto
com os efrayim até os dias de hoje.

17 1 Este foi o território escolhido por herança para a tribo de M'nasheh, pois
ele era o primeiro filho de Yosef. Assim como Makhir foi o primeiro filho
de M'nasheh, o pai de Gil'ad, porque ele foi um guerreiro, ele conquistou Gil'ad
e Bashan. 2 Assim, também foram dadas terras para os outros descendentes de
M'nasheh, segundo suas famílias — aos descendentes de Avi'ezer, Helek, Asri'el,
Sh'khem, Hefer e Sh'mida; estes eram os descendentes homens de M'nasheh, se-
gundo suas famílias.

3 Tz'lof'chad, porém, o filho de Hefer, neto de Gil'ad, bisneto de Makhir, trineto
de M'nasheh, não teve nenhum filho, apenas filhas. Estes são os nomes de suas
filhas: Machlah, No'ah, Hoglah, Milkah e Tirtzah. 4 Elas foram ao *kohen* El'azar, a
Y'hoshua, filho de Nun, e aos líderes, e disseram: "*Adonai* ordenou a Mosheh que
nos desse uma herança juntamente com nossos parentes". Assim, para manter
a ordem de *Adonai*, ele deu a elas uma herança entre os irmãos de seu pai. 5 Dez
partes foram adicionadas a M'nasheh, além da terra de Gil'ad e Bahsan, além do
Yarden, 6 porque as filhas de M'nasheh tinham uma herança em conjunto com
seus descendentes; mas a terra de Gil'ad foi dada ao restante dos descendentes
de M'nasheh. 7 A fronteira de M'nasheh ia desde Asher até Mikhm'tat, que cruza
Sh'khem, indo adiante para a direita, próximo ao povo de 'Ein-Tapuach. 8 A terra de
Tapuach pertencia a M'nasheh, mas a Tapuach na fronteira de M'nasheh pertencia
aos descendentes de Efrayim. 9 A fronteira descia até o *vádi* Kanah, ao sul do *vádi*,
junto às cidades pertencentes a Efrayim (entre as cidades de M'nasheh); a frontei-
ra com M'nasheh era ao norte do *vádi* e terminava no mar. O lado sul pertencia
a Efrayim, o norte de M'nasheh, e o mar era seu limite; estendia-se até Asher, ao
norte, e a Yissakhar, a leste.

11 Em Asher e Yissakhar, M'nasheh tinha Beit-Sh'am e suas aldeias; Yivle'am
e suas aldeias; e os habitantes de Dor e suas aldeias, de 'Ein-Dor e suas aldeias,
de Ta'anakh e suas aldeias, e de Megiddo e suas aldeias — três distritos, no total.
12 No entanto, os descendentes de M'nasheh não puderam expulsar os habitantes
daquelas cidades; o kena'ani preferiu permanecer na terra. 13 Depois que o povo
de Yisra'el tornou-se poderoso, ele fez o kena'ani trabalhar pesado, mas jamais o
expulsou completamente.

14 Então os descendentes de Yosef falaram a Y'hoshua; eles disseram: "Por que
você nos deu apenas uma parte da herança? Afinal, somos um povo muito grande,
uma vez que *Adonai* nos tem abençoado". 15 Y'hoshua lhes respondeu: "Se vocês são
um povo tão grande, subam até as montanhas e abram espaço para vocês ali, no
território do p'rizi e dos refa'im — uma vez que as montanhas de Efrayim não ser-
vem de espaço suficiente para vocês". 16 Os descendentes de Yosef replicaram: "As
montanhas não serão suficientes para nós; além disso, todo o kena'ani que vive nos
vales tem carruagens de ferro — tanto o de Beit-Sh'an e suas aldeias quanto o do

vale de Yizre'el". 17 Então Y'hoshua disse à casa de Yosef, a Efrayim e a M'nasheh:
"Vocês são um povo grande com muito poder; não terão apenas uma porção, 18 mas
também os montes com vegetação serão de vocês. Ainda que sejam arborizados,
vocês os limparão, e a terra aberta resultante será de vocês. Vocês expulsarão o
kena'ani, ainda que ele tenha carruagens de ferro e seja forte".

18 1 Toda a comunidade do povo de Yisra'el reuniu-se em assembleia em Shiloh
e ali armou a tenda do encontro, depois de a terra ter sido dominada por
eles. 2 Restavam ainda sete tribos que não tinham recebido sua herança. 3 Y'hoshua
disse ao povo de Yisra'el: "Quanto tempo vocês ainda vão levar para tomar posse
da terra que *Adonai*, o Deus de seus antepassados, deu a vocês?". 4 Escolham três
homens de cada tribo; eu os enviarei e eles vão examinar a terra e fazer um gráfico
que descreva a herança das tribos; então eles devem retornar a mim. 5 Eles dividirão
a terra em sete partes, Y'hudah permanecerá ao sul, em seu território, e a casa de
Yosef terá seu território ao norte. 6 Vocês devem mapear a terra em sete partes e
trazer as descrições para mim; então eu farei um sorteio para vocês, aqui, na presença de *Adonai*, nosso Deus. 7 Os *l'vi'im*, porém, não terão nenhuma parte de tudo
isso, pois o ofício do *kohen*, dedicado a *Adonai*, já é sua herança; Gad, Re'uven e a
meia tribo de M'nasheh já receberam sua herança além do Yarden, na parte leste, a
qual Mosheh, o servo de *Adonai*, lhes deu".

8 Então os homens se prepararam e foram. Y'hoshua lhes deu a seguinte missão, conforme eles partiram para mapear a terra: "Vão; percorram toda a terra e
descrevam-na; depois retornem, e eu vou sortear para vocês aqui, diante de *Adonai*,
em Shiloh". 9 Os homens foram e percorreram toda a terra, verificando cada cidade,
dividindo-a em sete regiões e escrevendo os resultados em um rolo. Eles retornaram a Y'hoshua, no acampamento de Shiloh, 10 diante de *Adonai*, e ali Y'hoshua
dividiu a terra com o povo de Yisra'el, segundo suas regiões.

11 A sorte caiu para a tribo dos descendentes de Binyamin, de acordo com suas
famílias. A fronteira do território escolhido por sorteio estava entre os descendentes de Y'hudah e os descendentes de Yosef.

12 Ao norte, sua fronteira iniciava-se no Yarden, subia pela parte norte de
Yericho, continuava por entre as montanhas da parte oeste e chegava ao deserto
de Beit-Aven. 13. Dali, a fronteira prosseguia, passando por Luz, na parte sul (que é
Beit-El); então a fronteira descia até 'Atrot-Adar, pelas montanhas ao sul, na parte
baixa de Beit-Horon.

14 A fronteira foi delineada como que vindo da parte oeste para o sul, na parte
montanhosa, diante de Beit-Horon, no sul; e se encerrou em Kiryat-Ba'al (que é
Kiryat-Ye'arim), cidade pertencente aos descendentes de Y'hudah; este era o lado
ocidental.

15 No sul, a fronteira se estendia pela parte oeste, na parte mais distante de
Kiryat-Ye'arim, indo na direção da fonte de Neftoach. 16 Daí, a fronteira descia
até o pé das montanhas diante do vale de Ben-Hinnon, ao norte do vale de Refa'im,
até o sul do território do y'vusi, e continuava descendo em direção de 'Ein-Rogel,
17 onde fazia uma curva para o norte. Então prosseguia até 'Ein-Shemesh, continuando até G'lilot, adiante de Ma'alei-Adumim, e descia até a pedra de Bohan, o filho
de Re'uven. 18 Passava beirando o 'Aravah, na direção norte, e descia para o 'Aravah.
19 Então a fronteira passava ao lado de Beit-Hoglah, rumando para o norte, fazendo
divisa com o mar Morto, no extremo sul do Yarden; esta era a fronteira sul.

20 O Yarden era a sua fronteira no lado leste.

Esta foi a herança dos descendentes de Binyamin, definidas por todas essas
fronteiras, e segundo suas famílias.
21 As cidades das tribos dos descendentes de Binyamin, segundo suas famí-
lias, foram as seguintes: Yericho, Beit-Hoglah, 'Emek-K'tzitz, 22 Beit-'Aravah,
Tz'marayim, Beit-El, 23 'Avim, Parah, 'Ofrah, 24 K'far-Ha'arnonah, 'Ofni e Geva — 12
cidades com suas aldeias. 25 Giv'on, Ramah, Be'erot, 26 Mitzpah, K'firah, Motzah,
27 Rekem, Yirpe'el, Tar'alah, 28 Tzela, Elef, Y'vusi (que é Yerushalayim), Giv'at e Kiryat
— 14 cidades com suas aldeias.
Esta foi a herança dos descendentes de Binyamin, segundo suas famílias.

19 1 Da segunda vez, a sorte caiu em Shim'on, para a tribo dos descenden-
tes de Shim'on, segundo suas famílias. Sua herança foi dentro do território
dos descendentes de Y'hudah. 2 Como herança, eles tiveram Be'er-Sheva, Sheva,
Moladah, 3 Hatzar-Shu'al, Balah, 'Etzem, 4 El-Tolad, B'tul, Hormah, 5 Ziklag, Beit-
-Markavot, Hatzar-Susah, 6 Beit-L'va'ot e Sharuchen — 13 cidades com suas aldeias;
7 'Ayin, Rimmon, 'Eter e 'Ashan — quatro cidades com suas aldeias; 8 e todas as
aldeias que rodeavam estas cidades, chegando até Ba'alat-Be'er, Ramah do Negev.
Esta é a herança da tribo dos descendentes de Shim'on, segundo suas famílias.
9 A herança dos descendentes de Shim'on foi tirada dos descendentes de Y'hudah,
pois a porção dada aos descendentes de Y'hudah era muito grande para eles, então
os descendentes de Shim'on receberam a herança da parte do território dos des-
cendentes de Y'hudah.
10 Na terceira vez, a sorte caiu para os descendentes de Z'vulun, segundo suas
famílias. A fronteira de sua herança começava em Sarid. 11 Dali, subia pela parte
oeste de Mar'alah, estendendo-se até Dabeshet, e chegava ao *vádi* de Yokne'am.
12 Ainda de Sarid, fazia uma curva em direção ao nascente, no leste, na fronteira de
Kislot-Tavor, seguindo para Dovrat e subindo até Yafia. 13 De lá, continuava para
o lado leste, para Gat-Hefer, próximo a 'Et-Katzin, e prosseguia para Rimmon até
alcançar Ne'ah. 14 Então a fronteira se curvava para o norte, em direção a Hanaton,
terminando no vale de Yiftach'el. 15 Também Katat, Nahalal, Shimron, Yid'alah e
Beit-Lechem —12 cidades com suas aldeias. 16 Esta é a herança dos descendentes de
Z'vulun, de acordo com suas famílias; todas estas cidades com suas aldeias.
17 O quarto sorteio saiu para Yissakhar, para os descendentes de Yissakhar,
segundo suas famílias. 18 Seu território incluía o território de Yizre'el, K'sulot, Shu-
nem, 19 Hafarayim, Shi'on, Anacharat, 20 Rabit, Kishyon, Evetz, 21 Remet, 'Ein-Ganim,
'Ein-Hadah e Beit-Patzetz. 22 Seu território estendia-se até Tavor, Shachatzimah e
Beit-Shemesh; e seu território finalizava-se no Yarden — 16 cidades no total com
suas aldeias. 23 Esta é a herança da tribo dos descendentes de Yissakhar, segundo
suas famílias, as cidades, com suas aldeias.
24 O quinto sorteio saiu para a tribo dos descendentes de Asher, segundo suas
famílias. 25 Seu território incluía Helkat, Hali, Beten, Akhshaf, 26 Alamelekh, 'Am'ad
e Mish'al. Estendia-se até Karmel e Shichor-Livnat, a oeste. 27 A fronteira fazia uma
curva para o leste, em Beit-Dagon, alcançando Z'vulun e o vale de Yiftach'el, ao
norte, então Beit-'Emek e Ne'i'el, e prosseguia até Kavul, à esquerda, 28 passava por
'Evron, Rechov, Hamon, Kanah e pela grande Tzidon. 29 A fronteira virava na dire-
ção de Ramah e a cidade fortificada de Tzor; próximo à divisa, tornava para Hosah;
e, por fim, chegava ao mar de Hevel e ia até Akhziv. 30 Incluía também 'Umah, Afek
e Rechov — 20 cidades com suas aldeias. 31 Esta é a herança da tribo dos descen-
dentes de Asher, segundo as suas famílias; todas estas cidades com suas aldeias.

32 O sexto sorteio saiu para os descendentes de Naftali, segundo suas famílias.
33 Suas fronteiras iam desde Helef e desde o carvalho de Tza'ananim, incluindo
Adami-Nekev e Yavne'el, seguia para Lakum e se encerrava no Yarden. 34 No lado
oeste, a fronteira fazia uma curva para Aznot-Tavor e dali ia até Hukok, alcan-
çando Z'vulun, ao sul, Asher, a oeste, e Y'hudah, no Yarden, indo para o leste.
35 As cidades fortificadas eram Tzidim, Tzer, Hamat, Rakat, Kinneret, 36 Adamah,
Ramah, Hatzor, 37 Kedesh, Edre'i, 'Ein-Hatzor, 38 Yir'on, Migdal-El, Horem, Beit-'Anat
e Beit-Shemesh — 19 cidades com suas aldeias. 39 Esta foi a herança da tribo dos
descendentes de Naftali, segundo suas famílias; todas estas cidades e suas aldeias.
40 O sétimo sorteio saiu para a tribo dos descendentes de Dan, segundo suas
famílias. 41 O território de sua herança incluía Tzor'ah, Eshta'ol, 'Ir-Shemesh,
42 Sha'alabin, Ayalon, Yitlah, 43 Eilon, Timnah, 'Ekron, 44 Elt'keh, Gib'ton, Ba'alat,
45 Y'hud, B'nei-Brak, Gat-Rimmon, 46 os ribeiros de Yarkon e Rakon, incluindo a
divisa com Yafo. 47 O território dos descendentes de Dan era muito pequeno para
eles, então os descendentes de Dan subiram e foram lutar contra Leshem, con-
quistando-a e derrotando-a ao fio da espada; tomaram, então, posse e habitaram
ali, chamando ao lugar Leshem de "Dan", por causa do nome de seu antepassado.
48 Esta é a herança da tribo dos descendentes de Dan, de acordo com suas famí-
lias, estas cidades com suas aldeias.
49 Quando eles terminaram a distribuição de terras para a herança, segundo
suas divisas, o povo de Yisra'el entregou uma parte do território como heran-
ça a Y'hoshua, o filho de Nun. 50 De acordo com a ordem de Adonai, eles deram
a Y'hoshua a cidade que ele havia escolhido, Timnat-Serach, nas montanhas de
Efrayim; então ele reconstruiu a cidade e passou a viver nela.
51 Estas são as heranças que El'azar, o *kohen*, Y'hoshua, o filho de Nun, e os
líderes dos clãs das tribos do povo de Yisra'el distribuíram, por meio de sorteio,
em Shiloh, na presença de Adonai, à entrada da tenda do encontro. E assim eles
terminaram a divisão das terras.

20 1 Disse Adonai a Y'hoshua: 2 "Diga ao povo de Yisra'el: 'Escolha as cidades de
refúgio como falei a vocês por intermédio de Mosheh; 3 de maneira que se al-
guém matar outra pessoa por acidente, ou inconscientemente, possa se refugiar ali;
elas servirão como refúgio para vocês escaparem do vingador da vítima. 4 O homicida
deve se refugiar em uma dessas cidades, chegar ao portão da cidade e relatar seu
caso para os líderes da cidade. Então eles o trarão para dentro da cidade com eles e
lhe darão um local, de maneira que ele viva entre eles. 5 Caso o vingador da vítima o
persiga, eles não o entregarão para o perseguidor, pois ele matou seu companheiro
de comunidade de maneira acidental, sem premeditação. 6 Ele passará a viver na ci-
dade até que seja julgado pelo tribunal da cidade, e até que morra o *kohen hagadol*
que esteja no ofício naquele momento. Quando chegar este momento, o assassino
pode retornar para sua cidade e sua casa, para a cidade de onde ele fugiu' ".
7 Assim, eles separaram Kedesh, na Galil, nas montanhas de Naftali; Sh'khem,
nas montanhas de Efrayim; e Kiryat-Arba (que é Hevron), nas montanhas de
Y'hudah. 8 Além do Yarden, a leste de Yericho, eles escolheram Betzer, no deserto,
no platô, ao lado da tribo de Re'uven; Ramot, em Gil'ad, ao lado da tribo de Gad; e
Golan, em Bashan, ao lado da tribo de M'nasheh.
9 Estas foram as cidades escolhidas para todo o povo de Yisra'el e os estrangei-
ros que moravam entre eles, de maneira que qualquer que matasse outra pessoa
acidentalmente pudesse fugir para lá e proteger-se do vingador, esperando o julga-
mento da comunidade.

21 1 Os chefes dos clãs dos *l'vi'im* aproximaram-se de El'azar, o *kohen,* de
Y'hoshua, o filho de Nun, e dos líderes dos clãs das tribos do povo de
Yisra'el. 2 Isso ocorreu em Shiloh, na terra de Kena'an; foi ali que eles falaram ao
povo, dizendo: "*Adonai* ordenou, por intermédio de Mosheh, que nós recebamos
cidades para habitar, com pastagens ao derredor para nosso rebanho". 3 Então além
de sua herança, o povo de Yisra'el deu aos *l'vi'im* as seguintes cidades com pastos
abertos:

4 O sorteio saiu primeiro para as famílias do k'hati. Os descendentes de Aharon,
o *kohen,* os quais eram *l'vi'im,* receberam 13 cidades das tribos de Y'hudah, Shim'on
e Binyamin. 5 O restante dos descendentes de K'hat recebeu, por sorteio, dez cidades
das famílias das tribos de Efrayim e Dan e da meia tribo de M'nasheh. 6 Os des-
cendentes de Gershon receberam por sorteio 13 cidades das famílias das tribos de
Yissakhar, Asher, Naftali e da meia tribo de M'nasheh, em Bashan. 7 Os descendentes
de M'rari, segundo suas famílias, receberam 12 cidades das tribos de Re'uven, Gad e
Z'vulun. 8 O povo de Yisra'el deu, por sorteio, para os *l'vi'im* essas cidades com pas-
tagens ao redor, conforme *Adonai* tinha ordenado por intermédio de Mosheh.

9 Eles deram cidades, nomeadas em sequência, e retiradas das tribos dos des-
cendentes de Y'hudah e dos descendentes de Shim'on. 10 Eles eram dos descen-
dentes de Aharon, das famílias do k'hati, que eram dos descendentes de Levi; pois
para eles caiu o primeiro sorteio. 11 Eles lhes deram: Kiryat-Arba — este Arba foi o
patriarca de 'Anak (que é Hevron) —, nas montanhas de Y'hudah, com pastagens
ao redor; 12 mas os campos e as aldeias da cidade, eles deram a Kalev, o filho de
Y'funeh, como possessão. 13 Aos descendentes de Aharon, o *kohen,* eles deram:
Hevron, com suas pastagens ao redor, cidade de refúgio para os homicidas; Livnah,
com suas pastagens ao redor; 14 Yatir, com suas pastagens ao redor; Esht'moa,
com suas pastagens ao redor; 15 Holon, com suas pastagens ao redor; D'vir, com
suas pastagens ao redor; 16 'Ayin, com suas pastagens ao redor; Yutah, com suas
pastagens ao redor; e Beit-Shemesh, com suas pastagens ao redor; foram nove as
cidades dadas por estas duas tribos. 17 Da tribo de Binyamin, foram dadas: Giv'on,
com suas pastagens ao redor; Geva, com suas pastagens ao redor; 18 'Anatot, com
suas pastagens ao redor; e 'Almon, com suas pastagens ao redor — quatro cidades.
19 Todas as cidades dos descendentes de Aharon, os *kohanim,* somavam 13, com
todos os seus arredores.

20 As famílias dos descendentes de K'hat, que eram *l'vi'im,* isto é, o restante
dos descendentes de K'hat, receberam as cidades por sorteio. Da tribo de Efrayim,
21 eles lhes deram: Sh'khem, com suas pastagens ao redor, nas montanhas de
Efrayim, a cidade de refúgio para os homicidas; Gezer, com suas pastagens ao re-
dor; 22 Kivtzayim, com suas pastagens ao redor e Beit-Horon, com suas pastagens
ao redor, somando quatro cidades. 23 Da tribo de Dan: Elt'ke, com suas pastagens
ao redor, Gib'ton, com suas pastagens ao redor; 24 Ayalon, com suas pastagens
ao redor, e Gat-Rimmon, com suas pastagens ao redor — quatro cidades no total.
25 Da meia tribo de M'nasheh: Ta'nakh, com suas pastagens ao redor, e Gat-Rimmon,
com suas pastagens ao redor — duas cidades. 26 Todas as cidades das famílias dos
descendentes de K'hat somavam dez, com todas as suas pastagens ao redor.

27 Os descendentes de Gershon, da família dos *l'vi'im,* receberam da meia tribo de
M'nasheh: Golan, em Bashan, com suas pastagens ao redor, a cidade de refúgio para
os homicidas; e B'esht'rah, com suas pastagens ao redor — duas cidades. 28 Da tribo
de Yissakhar: Kishyon, com suas pastagens ao redor; Dovrat, com suas pastagens
ao redor; 29 Yarmut, com suas pastagens ao redor e 'Ein-Ganim, com suas pastagens
ao redor; — quatro cidades. 30 Da tribo de Asher: Mishal, com suas pastagens ao

redor; 'Avdon, com suas pastagens ao redor; 31 Helkat, com suas pastagens ao re-
dor e Rechov, com suas pastagens ao redor — quatro cidades. 32 Da tribo de Naftali:
Kedesh, na Galil, com suas pastagens ao redor, a cidade de refúgio para os homici-
das; Hammot-Dor, com suas pastagens ao redor; e Kartan, com suas pastagens ao
redor — três cidades. 33 Todas as cidades de Gershuni, segundo suas famílias, foram
13, com suas pastagens ao redor.

34 As famílias dos descendentes de M'rari, o restante dos *l'vi'im,* receberam da
tribo de Z'vulun: Yokne'am, com suas pastagens ao redor; Kartah, com suas pasta-
gens ao redo; 35 Dimnah, com suas pastagens ao redor; e Nahalal, com suas pastagens
ao redor; — quarto cidades. {(36) Da tribo de Re'uven: Betzer, com suas pastagens ao
redor; Yachtzah, com suas pastagens ao redor, (37) K'demot, com suas pastagens ao
redor, Mefa'at, com suas pastagens ao redor — quatro cidades.}* 36(38) Da tribo de Gad:
Ramot, em Gil'ad, com suas pastagens ao redor, a cidade de refúgio para o homicida;
Machanayim, com suas pastagens ao redor; 37(39) Heshbon, com suas pastagens ao re-
dor; e Ya'zer, com suas pastagens ao redor — quatro cidades no total. 38(40) Todas estas
cidades foram dadas aos descendentes de M'rari, segundo suas famílias, o restante das
famílias dos *l'vi 'im*; o sorteio totalizou 20 cidades.

39(41) Todas as cidades dos *l'vi'im* — 48 cidades, com todas as suas pastagens ao redor
— devem constar como parte da terra possuída pelo povo de Yisra'el. 40(42) Estas cidades,
cada qual com suas pastagens ao redor, devem ser parte de todas as outras cidades.

41(43) Então *Adonai* deu a Yisra'el toda a terra que havia prometido aos seus an-
tepassados daria; eles tomaram posse de tudo e se estabeleceram ali. 42(44) *Adonai*
lhes permitiu o descanso por todas as cercanias, de acordo com tudo quanto havia
prometido aos seus antepassados. Nenhum homem de seus inimigos pôde resistir
contra eles; *Adonai* derrotou todos os seus inimigos. 43(45) Nenhuma das coisas boas
que *Adonai* havia falado para a casa de Yisra'el caiu por terra; tudo se concretizou.

22 1 Y'hoshua chamou o re'uveni, o gadi e a meia tribo de M'nasheh 2 e lhes disse:
"Vocês fizeram tudo quanto Mosheh, o servo de *Adonai,* ordenou que fizessem
e mantiveram todas as ordens que eu dei a vocês. 3 Todo esse tempo vocês não aban-
donaram seus irmãos; antes, têm obedecido às ordens, conforme *Adonai,* seu Deus,
havia ordenado. 4 Agora, *Adonai,* nosso Deus, deu descanso a seus irmãos, como ti-
nha prometido. Assim, vocês também retornem a suas tendas, na terra que passaram
a possuir, a qual Mosheh, o servo de *Adonai,* deu a vocês, do outro lado do Yarden.
5 Entretanto, tomem bastante cuidado para obedecer a *mitzvah* e a *Torah* que Mo-
sheh, o servo de *Adonai,* entregou a vocês — que amem *Adonai,* seu Deus, sigam todos
os seus caminhos, observem suas *mitzvot,* amem ao Senhor e o sirvam com todo o
seu coração e alma". 6 Então Y'hoshua os abençoou e os despediu, e eles foram para
suas tendas. 7 (Para a meia tribo de M'nasheh, Mosheh dera uma herança em Bashan;
mas, para a outra metade, Y'hoshua deu uma parte entre os israelitas que viviam do
lado oeste do Yarden.) Quando Y'hoshua enviou todos para suas tendas e os aben-
çoou, 8 ele lhes disse: "Retornem para suas tendas com todas as riquezas, todo o
rebanho, com a prata, o ouro, o bronze, o ferro, e com grande quantidade de roupas;
compartilhem os despojos de seus inimigos com seus irmãos".

9 Então os descendentes de Re'uven, os descendentes de Gad e a meia tribo
de M'nasheh retornaram; eles deixaram o povo de Yisra'el em Shiloh, na terra de

* Estes versículos não aparecem nos textos massoréticos, mas são usualmente nele incluídos, acompanhados por nota, explicando que são retirados de descrições paralelas: 2Crônicas 6.63,64.

Kena'an, para ir à terra de Gil'ad, para a terra em que moravam, a qual já haviam
possuído — de acordo com a ordem de *Adonai*, por intermédio de Mosheh. 10 Quando
os descendentes de Re'uven, os descendentes de Gad e a meia tribo de M'nasheh
chegaram às cercanias de Kena'an, perto do Yarden, eles construíram um altar ali,
próximo ao Yarden, um altar bastante expressivo, bem grande. 11 O povo de Yisra'el
ouviu sobre isso e disse: "Olhem! Os descendentes de Re'uven, os descendentes de
Gad e a meia tribo de M'nasheh construíram um altar perto da fronteira com a terra
de Kena'an, na área próxima ao Yarden, no lado que pertencia ao povo de Yisra'el".

12 Quando o povo de Yisra'el ouviu isso, toda a comunidade de Yisra'el ajuntou-
-se em Shiloh para combater contra eles. 13 O povo de Yisra'el enviou Pinchas, o
filho de El'azar, o *kohen*, para a terra de Gil'ad, para os descendentes de Re'uven,
os descendentes de Gad e a meia tribo de M'nasheh. 14 Com ele, foram dez líderes,
um líder de cada clã, de cada tribo de Yisra'el; cada um era chefe do clã, posto
sobre milhares de Yisra'el. 15 Eles vieram até os descendentes de Re'uven, os des-
cendentes de Gad e a meia tribo de M'nasheh, na terra de Gil'ad, e falaram com eles,
dizendo: 16 "Eis o que toda a comunidade de *Adonai* está dizendo: 'Que significa
esta infidelidade que vocês estão cometendo contra o Deus de Yisra'el, desviando-
-se hoje de seguir *Adonai*, construindo para si um altar e, assim, rebelando-se hoje
contra *Adonai*? 17 Já não foi suficiente para nós o pecado em que incorremos em
P'or? Será que já não nos purificamos daquele pecado? Já caiu sobre toda a nossa
comunidade uma praga de *Adonai*. 18 É por isso que nos temos desviado de seguir
Adonai? Caso vocês se revoltem contra *Adonai* hoje, amanhã ele se mostrará irado
contra toda a comunidade de Yisra'el. 19 Se a terra de que vocês estão tomando
posse está contaminada, cruzem de volta o rio e tomem posse de uma parte da
terra entre nós, que pertence a *Adonai*, onde fica o tabernáculo de *Adonai*, mas não
se rebelem contra *Adonai* e não se rebelem contra nós, construindo para si outro
altar além daquele dedicado a *Adonai*, nosso Deus. 20 Não caiu a ira de Deus sobre
toda a comunidade de Yisra'el quando Achan, o filho de Zerach, cometeu pecado
ao esconder coisas que eram separadas para a destruição? Não foi ele o único que
morreu por seus crimes' ".

21 Então os descendentes de Re'uven, os descendentes de Gad e a meia tribo de
M'nasheh responderam aos líderes de milhares de Yisra'el, dizendo: 22 "O Deus to-
do-poderoso é *Adonai*! Ele sabe, e Yisra'el saberá — se nós agimos em rebelião ou
infidelidade contra *Adonai*, não nos poupem hoje! 23 Nós não construímos um altar
a fim de nos desviarmos de seguir *Adonai* ou para oferecer ali holocaustos, cereais
ou sacrifícios como ofertas pacíficas. Se tivemos essa intenção, deixem que o pró-
prio *Adonai* nos peça conta disso. 24 Antes, fizemos isso pensando no futuro, por-
que imaginamos o seguinte: 'Talvez, no futuro, seus descendentes possam dizer
aos nossos descendentes: "Vocês não têm nada com *Adonai*, o Deus de Yisra'el, 25
pois *Adonai* fez do Yarden a fronteira entre vocês e nós, os descendentes de Re'uven
e Gad, então vocês não têm nenhuma herança para com *Adonai*" '."Dessa forma,
seus descendentes poderiam fazer nossos descendentes deixar de temer *Adonai*.
26 Então, nós dissemos: 'Deixem-nos preparar e construir um altar, não para ofere-
cer holocaustos e coisas sacrificadas, 27 mas para que seja testemunha entre vocês
e nós, e entre nossa geração e a que vier depois de nós; então talvez possamos
cultuar *Adonai*, em sua presença, com ofertas queimadas e sacrifícios de paz — de
maneira que, no futuro, os seus descendentes não digam aos nossos descenden-
tes: "Vocês não têm nenhuma herança em *Adonai*' ". 28 É por essa razão que disse-
mos: 'Quando eles acusarem a nossa futura geração desta forma, diremos: "Olhe!
Aqui está uma réplica do altar de *Adonai*, o qual nossos antepassados fizeram,
não para holocaustos ou sacrifícios, mas para testemunhar entre nós e vocês" '.

29 Que longe de nós esteja nos rebelarmos contra *Adonai* e nos desviarmos, hoje,
de seguir *Adonai*, construindo um altar para holocaustos, oferendas de cereais ou
qualquer outro tipo de sacrifícios de animais, em vez de um altar para *Adonai*,
nosso Deus, o qual está diante de seu tabernáculo".
30 Quando Pinchas, o *kohen*, e os líderes da comunidade, os chefes dos mi-
lhares de Yisra'el, os quais estavam com eles, ouviram o que os descendentes de
Re'uven, os descendentes de Gad e os descendentes de M'nasheh disseram, eles se
deram por satisfeitos. 31 Pinchas, o filho El'azar, o *kohen*, disse aos descendentes
de Re'uven, aos descendentes de Gad e aos descendentes de M'nasheh: "Hoje nós
sabemos que *Adonai* está aqui conosco, pois vocês não cometeram um ato de rebe-
lião contra *Adonai*. Portanto, vocês salvaram o povo de Yisra'el da ira de *Adonai*".
32 Então Pinchas, o filho de El'azar, o *kohen*, e os líderes, deixaram os descenden-
tes de Re'uven e Gad, da terra de Gil'ad, retornando à terra de Kena'an e ao povo
de Yisra'el, trazendo as palavras de volta a eles. 33 O que eles disseram deixou o
povo de Yisra'el satisfeito. O povo de Yisra'el louvou a Deus e não falaram mais
em guerrear contra os descendentes de Re'uven e Gad ou destruir a terra onde eles
moravam. 34 Os descendentes de Re'uven e os descendentes de Gad chamaram o
altar de "*Ed* [um testemunho]" entre nós de que *Adonai* é Deus.

23 1 Muito tempo depois, quando *Adonai* tinha dado a Yisra'el descanso de
seus inimigos ao redor, e Y'hoshua já era velho, com a idade bem avançada,
2 Y'hoshua convocou todo o Yisra'el — seus líderes, chefes, juízes e oficiais — e lhes
disse: "Eu estou velho, com idade bem avançada. 3 Vocês viram tudo quanto *Adonai*,
seu Deus, fez com todas essas nações por sua causa, pois este é *Adonai*, seu Deus,
o qual luta por vocês. 4 Aqui, eu reparti a terra como herança, de acordo com suas
tribos, entre o Yarden e o mar Grande, na parte oeste; isso inclui a terra das nações
que eu derrotei como nações que restaram. 5 *Adonai*, seu Deus, foi quem os expulsou
de diante de vocês e os colocou para fora do alcance de sua visão, de maneira que
vocês vão possuir sua terra, conforme *Adonai*, seu Deus, havia prometido a vocês.
6 "Todavia, sejam firmes em obedecer e guardar todas as coisas que estão escri-
tas no livro da *Torah* de Mosheh e não se desviem dele nem para a direita nem para
a esquerda. 7 Então não serão como as outras nações que ainda restam entre vocês.
Nem ao menos mencionem o nome dos seus deuses; afastem-se do povo que jura,
que serve ou que adora a eles; 8 mas inclinem-se perante *Adonai*, seu Deus, confor-
me estão fazendo no dia de hoje. 9 É por isso que *Adonai* expulsou nações podero-
sas e grandes de diante de vocês, e isso explica por que ninguém prevaleceu diante
de vocês até os dias de hoje; 10 porque apenas um de vocês derrotou mil — isso foi
porque *Adonai*, seu Deus, lutou em seu lugar, conforme havia prometido a vocês.
11 "Todavia, tomem muito cuidado em amar *Adonai*, seu Deus. 12 De outra ma-
neira, se tornarem atrás e se misturarem com os povos das outras nações que res-
taram na terra, no meio de vocês, e se juntarem em casamento com eles e tiverem
filhos com eles, e eles, com vocês, 13 saibam que certamente *Adonai*, seu Deus, dei-
xará de expulsar essas nações da presença de vocês. Em vez disso, eles se tornarão
armadilhas e laços para vocês, chicotes nas costas e espinhos nos olhos, até que
vocês desapareçam desta boa terra, a qual *Adonai*, seu Deus, tem dado a vocês.
14 "Hoje estou indo a caminho de todos os da terra. Todavia, considerem, de
todo o seu coração e de todo o seu ser, que nenhuma das coisas boas que *Adonai*,
seu Deus, disse, deixou de acontecer; todas elas se concretizaram, nenhuma sequer
veio a falhar. 15 Entretanto, assim como todas as coisas boas que *Adonai*, seu Deus,

prometeu que viria sobre vocês, da mesma forma *Adonai* poderá trazer todas as coisas ruins, até que ele os destrua da terra que deu a vocês. 16 Quando vocês violarem a aliança de *Adonai*, seu Deus, à qual ele ordenou que vocês obedecessem, e servirem e adorarem a outros deuses, a ira de *Adonai* se acenderá sobre vocês, e vocês desaparecerão rapidamente da terra que ele tem dado a vocês!".

24 1 Então Y'hoshua ajuntou todas as tribos de Yisra'el em Sh'khem; ele convocou os líderes, os chefes e oficiais de Yisra'el; e eles se apresentaram diante de Deus. 2 Y'hoshua disse a todo o povo: "Isto é o que *Adonai*, o Deus de Yisra'el, diz: 'Na antiguidade, os seus antepassados moraram no outro lado do rio [Eufrates] — Terach, o pai de Avraham e Nachor — e eles serviam a outros deuses. 3 Eu tomei o seu antepassado Avraham de além do rio e o levei em meio a toda a terra de Kena'an, multiplicando sua descendência, dando a ele Yitz'chak. 4 A Yitz'chak, eu dei Ya'akov e 'Esav. A 'Esav, eu dei o monte Seir como possessão, mas Ya'akov e seus filhos desceram para o Egito. 5 Eu enviei Mosheh e Aharon, lancei pragas no Egito, de acordo com o que havia falado no meio deles, e, após tudo isso, retirei vocês de lá. 6 Sim, eu trouxe seus pais do Egito: vocês chegaram até o mar, e os egípcios perseguiram seus antepassados com carruagens e cavaleiros até o mar de Suf. 7 Quando, porém, eles clamaram por *Adonai*, ele colocou uma escuridão entre vocês e os egípcios, derrotou os egípcios com o mar e afogou todos. Seus olhos viram o que fiz com o Egito, e vocês viveram no deserto por um longo tempo. 8 Eu trouxe vocês para a terra do emori, que vivia além do Yarden; ele lutou contra vocês, mas eu o derrotei para vocês. 9 Balak, o filho de Tzippor, rei de Mo'av, levantou-se e lutou contra Yisra'el. Ele mandou buscar Bil'am, o filho de B'or, para amaldiçoar vocês. 10 Entretanto, eu me recusei a ouvir Bil'am e, na verdade, ele abençoou vocês. Dessa forma, eu os salvei dele. 11 Depois disso, vocês atravessaram o Yarden e chegaram a Yericho. Os homens de Yericho lutaram contra vocês — o emori, o p'rizi, o kena'ani, o hitti, o girgashi, o hivi e o y'vusi — e eu derrotei todos eles para vocês. 12 Eu lhes causei pânico e expulsei da sua presença os dois reis do emori — não foi pela espada de vocês nem pelo seu arco que tiveram a vitória. 13 Depois, eu dei a terra onde não haviam cultivado e cidades que não tinham construído, e vocês viveram ali. Vocês comem frutos de vinhas e oliveiras que não plantaram'.

14 "Todavia, temam a *Adonai*, e sirvam-no em verdade e sinceridade. Lancem fora os deuses de além do rio [Eufrates] e do Egito a que seus antepassados serviram, e sirvam a *Adonai*. 15 Se parece mal a vocês servir a *Adonai*, então escolham hoje a quem servirão! Servirão aos deuses a quem seus antepassados serviram dalém do rio? Ou talvez os deuses do emori, de quem vocês tomaram a terra em que estão vivendo? Quanto a mim e minha casa, nós serviremos a *Adonai*!".

16 O povo respondeu: "Longe de nós abandonar *Adonai* para servir a outros deuses; 17 porque foi *Adonai*, nosso Deus, quem nos trouxe e a nossos pais da terra do Egito, de uma vida de escravidão e realizou todas aquelas grandes coisas diante de seus olhos, e preservou-nos a todos ao longo do caminho pelo qual passamos e em meio a todos os povos com quem cruzamos; 18 e foi *Adonai* quem nos livrou de todos os povos, até mesmo do emori, morador desta terra. Portanto, doravante, serviremos a *Adonai*, pois ele é nosso Deus".

19 Y'hoshua disse ao povo: "Vocês não podem servir a *Adonai* porque ele é Deus santo, um Deus zeloso, que não perdoará seus crimes e pecados. 20 Se vocês abandonarem *Adonai* e servirem aos deuses estrangeiros, ele se levantará contra vocês, causando sua desgraça e destruição, mesmo após ter feito tudo de bom para vocês".

21 O povo, porém, respondeu a Y'hoshua: "Não; serviremos a *Adonai*".

22 Y'hoshua disse ao povo: "Vocês são testemunhas contra si mesmos de que escolheram *Adonai* para servir".

Eles responderam: "Nós somos testemunhas".

23 "Agora", disse Yhoshua, "deitem fora os deuses estrangeiros que estão no meio de vocês e tornem o seu coração para *Adonai*, o Deus de Yisra'el".

24 O povo respondeu a Y'hoshua: "Nós serviremos a *Adonai*, nosso Deus; nós prestaremos atenção ao que ele diz".

25 Então naquele dia, Y'hoshua fez uma aliança com o povo, estabelecendo para eles leis e decretos ali em Sh'khem. 26 Y'hoshua escreveu essas palavras no livro da *Torah* de Deus. Então ele pegou uma grande pedra e a colocou ali perto do carvalho, ao lado do santuário de *Adonai*. 27 Y'hoshua disse a todo o povo: "Vejam, esta pedra será por testemunha contra nós, pois ela ouviu todas as palavras de *Adonai*, as quais ele nos disse; contudo, ela será testemunha contra vocês, se abandonarem seu Deus". 28 Então Y'hoshua despediu o povo, cada um para sua herança.

29 Depois disso, Y'hoshua, o filho de Nun, o servo de *Adonai*, morreu; ele tinha 110 anos. 30 Eles o sepultaram em sua propriedade, em Timnat-Serach, nas montanhas de Efrayim, ao norte do monte Ga'ash.

31 Yisra'el serviu a *Adonai* durante todo o tempo de vida de Y'hoshua, e durante o tempo de vida de todos os líderes depois de Y'hoshua, os quais tinham conhecimento de todos os feitos que *Adonai* tinha realizado em favor de Yisra'el.

32 Os ossos de Yosef, que o povo de Yisra'el tinha trazido do Egito, eles os enterraram em Sh'khem, em um túmulo que Ya'akov tinha comprado aos filhos de Hamor, o pai de Sh'khem, por 100 peças de prata, e que veio a se tornar possessão dos descendentes de Yosef.

33 Finalmente, El'azar, o filho de Aharon, morreu; e eles o enterraram na montanha que pertencia a Pinchas, seu filho, e que lhe tinha sido dada nas montanhas de Efrayim.

שופטים

Shof'tim

[Juízes]

1 1 Depois da morte de Y'hoshua, o povo de Israel consultou *Adonai*: "Quem
será o primeiro a subir por nós para lutar contra o kena'ani?". 2 *Adonai* res-
pondeu: "Y'hudah subirá; eu entreguei a terra a ele". 3 Disse Y'hudah a seu irmão,
Shim'on: "Venha comigo ao território designado para mim para que lutemos contra
o kena'ani; e, da mesma forma, eu irei com você ao seu território". Então Shim'on
foi com seu irmão. 4 E subiu Y'hudah, e *Adonai* entregou o kena'ani e o p'rizi em
suas mãos; dos habitantes de Bezek, eles mataram 10 mil homens. 5 Em Bezek, eles
encontraram Adoni-Bezek e lutaram contra ele. Eles mataram o kena'ani e o p'rizi,
6 mas Adoni-Bezek fugiu. Eles o perseguiram, capturando-o e cortando os polegares
de suas mãos e dos seus pés. 7 Adoni-Bezek disse: "Setenta reis, com os polegares
de suas mãos e de seus pés cortados, juntavam migalhas embaixo da minha mesa;
Deus me pagou de acordo com o que fiz". Eles o trouxeram a Yerushalayim, e ali
ele morreu.

8 Então o povo de Y'hudah lutou contra Yerushalayim, conquistando-a. Mataram
seus habitantes à espada e deixaram a cidade em chamas. 9 Depois disso, o povo de
Y'hudah desceu a lutar contra o kena'ani que vivia na região montanhosa, no Negev
e Sh'felah. 10 Y'hudah também atacou o kena'ani que vivia em Hevron (que antes era
chamada Kiryat-Arba), e tomou Sheshai, Achiman e Talmai.

11 Dali, eles atacaram os habitantes de D'vir (anteriormente, D'vir era chamada
Kiryat-Sefer). 12 Kalev disse: "A qualquer que atacar Kiryat-Sefer e conquistá-la, eu
darei minha filha 'Akhsah como esposa". 13 'Otni'el, o filho de K'naz, irmão mais
novo de Kalev, conquistou Kiryat-Sefer; então Kalev lhe deu 'Akhsah, sua filha,
como esposa. 14 Depois de se tornar sua esposa, ela persuadiu 'Otni'el a pedir a seu
pai que lhes desse um campo; então ela desceu do jumento, e Kalev perguntou-lhe:
"O que você quer?". 15 Ela lhe respondeu: "Dê-me um presente: já que o senhor me
deu propriedades no Negev, dê-me também as fontes de água". Então Kalev lhe deu
as fontes superiores e as fontes inferiores.

16 Em seguida, os descendentes do sogro de Mosheh, o keni, saíram da Cidade
das Palmeiras com o povo de Y'hudah, em direção ao deserto de Y'hudah, ao sul de
'Arad; eles vieram e se estabeleceram no meio do povo daquela região.

17 Y'hudah foi com Shim'on, seu irmão; eles dominaram o kena'ani que habi-
tavam em Tz'fat e o destruíram completamente. O nome da cidade era Hormah.
18 Y'hudah também tomou 'Azah, com seu território, Ashkelon, com seu território,
e 'Ekron, com seu território. 19 *Adonai* estava com Y'hudah, e eles tomaram posse da
região montanhosa, embora não tenham conseguido expulsar os habitantes do vale
porque eles tinham carruagens de ferro.

20 Eles deram Hevron a Kalev, tal como Mosheh tinha ordenado, expulsando de
lá os três filhos de 'Anak.

21 Os homens de Binyamin não expulsaram o y'vusi que habitava em
Yerushalayim; pelo contrário, o y'vusi continuou a viver com o povo de Binyamin
em Yerushalayim, até os dias de hoje.

22 Da mesma forma, a casa de Yosef atacou Beit-El; e *Adonai* estava com eles. 23 A casa de Yosef enviou espiões a Beit-El (anteriormente, a cidade era chamada Luz). 24 Os espiões viram um homem que saía da cidade e lhe pediram: "Por favor, mostre-nos a forma de entrar na cidade, e nós o trataremos com misericórdia". 25 Então o homem lhes mostrou o acesso à cidade, e eles a dominaram ao fio da espada. Ao homem, porém, e a toda a sua família, eles deixaram ir livremente. 26 Ele foi ao território do hitti e edificou uma cidade, chamando-a Luz, que é o nome dela até os dias de hoje.

27 M'nasheh não expulsou os habitantes de Beit-Sh'an e suas aldeias, nem de Ta'anakh e suas aldeias, nem de Dor e suas aldeias, nem de Yivle'am e suas aldeias, nem de Megiddo e suas aldeias; é por isso que o kena'ani conseguiu permanecer naquele território. 28 Com o tempo, tendo Yisra'el se tornado mais forte, impôs trabalhos forçados ao kena'ani, de modo que a nação falhou, não o expulsando completamente.

29 Efrayim não expulsou o kena'ani que vivia em Gezer; assim, o kena'ani continuou a viver com eles em Gezer.

30 Z'vulun não expulsou os habitantes de Kitron, nem os de Nahalol; assim, o kena'ani continuou a viver entre ele, embora a eles tenham sido impostos trabalhos forçados.

31 Asher não expulsou os habitantes de 'Akko, nem os de Tzidon, nem os de Achlav, nem os de Akhziv, nem os de Helbah, nem os de Afek, nem os de Rechov; 32 de forma que o asheri vive entre o kena'ani que habitava na terra de que não expulso por ele.

33 Naftali não expulsou os habitantes de Beit-Shemesh, nem de Beit-'Anat, de modo que continuou a habitar entre o kena'ani que vivia na terra; contudo, os habitantes de Beit-Shemesh e Beit-'Anat foram forçados a trabalhar para ele.

34 O emori obrigou o povo de Dan a subir as montanhas e não o deixou descer ao vale. 35 O emori tinha decidido viver nas montanhas de Heres, em Ayalon e em Sha'alvim; contudo, quando a casa de Yosef tornou-se mais poderosa, ela os sujeitou a trabalhos forçados. 36 Assim, o território do emori começava na subida do Escorpião e continuava desde a Rocha para cima.

2 1 O anjo de *Adonai* subiu de Gilgal a Bokhim e disse: "Eu trouxe vocês do Egito e os guiei à terra que tinha prometido a seus pais, a quem eu disse: 'Jamais quebrarei minha aliança com vocês. 2 Vocês, porém, não farão nenhuma aliança com os habitantes desta terra; antes, derrubarão os seus altares'. Vocês, porém, não prestaram atenção àquilo que eu falei. O que é isso que fizeram? 3 Foi por causa dessas coisas que eu disse: 'Eu não os expulsarei de diante de vocês; em vez disso, eles estarão em seus flancos, e os deuses deles se tornarão um laço para vocês' ". 4 Quando o anjo de *Adonai* falou essas palavras a todo o povo de Yisra'el, eles começaram a chorar e a gemer até o limite de suas vozes. 5 Então eles chamaram àquele lugar Bokhim [choro] e ali sacrificaram a *Adonai*.

6 Tendo Y'hoshua despedido o povo, Yisra'el foi, cada um, para a propriedade que lhe tinha sido designada, a fim de tomar posse da terra. 7 O povo serviu a *Adonai* ao longo de toda a vida de Y'hoshua, e ao longo de toda a vida dos anciãos que sobreviveram depois de Y'hoshua e que tinham visto todas as grandes obras de *Adonai*, as quais ele tinha feito por Yisra'el. 8 Quando Y'hoshua, o filho de Nun, o servo de *Adonai*, morreu, ele tinha 110 anos de idade. 9 Foi sepultado próximo à fronteira de sua propriedade em Timnat-Heres, nas montanhas de Efrayim, ao norte do monte Ga'ash.

10 Quando, enfim, toda aquela geração tinha se juntado aos seus antepassados, levantou-se outra geração que não conhecia Adonai, nem as obras que ele tinha feito em favor de Yisra'el. 11 Então o povo de Yisra'el fez o que era mau aos olhos de Adonai e serviu aos *ba'alim.* 12 Eles abandonaram Adonai, o Deus de seus pais, que os tinha trazido da terra do Egito, e seguiram outros deuses, escolhidos entre os deuses dos povos que habitavam ao redor deles, e os adoraram. Isso fez que Adonai ficasse irado. 13 Eles abandonaram Adonai e serviram a Ba'al e aos *'asht'rot.* 14 A ira de Adonai se acendeu contra Yisra'el, e ele os entregou aos saqueadores e aos inimigos que estavam ao redor deles, que os saquearam, de modo que eles não puderam mais resistir aos seus inimigos. 15 Sempre que eles se lançavam a um ataque, o poder de Adonai era contra eles, de modo que as coisas convergiam para o mal deles, exatamente como Adonai tinha dito que aconteceria e lhes tinha jurado. Eles estavam em terrível angústia.

16 Adonai levantou juízes que os resgataram do poder daqueles que os saqueavam, 17 mas eles não deram ouvidos aos seus juízes; antes, prostituíram-se com outros deuses e os cultuaram. Rapidamente eles se desviaram do caminho no qual seus antepassados tinham caminhado, o caminho da obediência às *mitzvot* de Adonai — neste ponto, eles falharam. 18 Quando Adonai levantava juízes para eles, Adonai estava com o juiz e os libertava das mãos de seus inimigos durante todo o tempo de vida do juiz, porque Adonai se comovia e tinha piedade, diante de seus gemidos sob a opressão daqueles que os esmagavam. 19 Entretanto, após a morte do juiz, eles recaíam em um comportamento pior do que o de seus antepassados, seguindo outros deuses, para servi-los e cultuá-los, não abandonando nenhuma de suas práticas e buscando os caminhos da desobediência. 20 Por isso, a ira de Adonai se acendeu contra Yisra'el, e ele disse: "Porquanto esta nação violou a aliança que fiz com seus antepassados e não deu ouvidos ao que eu digo, 21 eu não expulsarei de diante deles, no futuro, nenhuma das nações que Y'hoshua deixou quando morreu. 22 Será dessa forma que provarei a Yisra'el, para ver se eles se manterão ou não no caminho de Adonai, vivendo de acordo com ele, como seus antepassados fizeram". 23 Então Adonai permitiu que aquelas nações permanecessem onde estavam, sem expulsá-las de imediato, nem entregá-las nas mãos de Y'hoshua.

3 1 Estas são as nações que Adonai permitiu continuarem na terra, para que pusessem à prova todo o povo de Yisra'el que não conheceu nenhuma guerra com Kena'an. 2 O propósito de Adonai era tão somente treinar na guerra essas gerações de Yisra'el, que nada sabiam sobre esses conflitos. 3 Estas nações consistiam em cinco chefes dos p'lishtim, todo o kena'ani, o tzidoni e o hivi que viviam nas montanhas do L'vanon, entre o monte Ba'al-Hermon e a entrada de Hamat. 4 Eles permaneceram ali para ver se Yisra'el daria atenção às *mitzvot* de Adonai, às quais, por meio de Mosheh, ele tinha ordenado que seus antepassados obedecessem. 5 Então o povo de Yisra'el viveu entre o kena'ani, o hitti, o emori, o p'rizi, o hivi e o y'vusi, 6 tomando suas filhas como esposas, dando as próprias filhas aos filhos deles e servindo aos seus deuses.

7 Assim, o povo de Yisra'el fez o que era mau aos olhos de Adonai, esquecendo Adonai, seu Deus, e servindo aos *ba'alim* e às *asherim.* 8 Consequentemente, a ira de Adonai se acendeu contra Yisra'el, e ele o entregou nas mãos de Kushan-Rish'atayim, rei da Aram-Naharayim; e o povo de Yisra'el serviu a Kushan-Rish'atayim durante oito anos. 9 Quando o povo de Yisra'el clamou a Adonai, Adonai levantou um salvador para o povo de Yisra'el e este os resgatou: 'Otni'el, o filho do irmão mais novo de Kalev, K'naz. 10 O Espírito de Adonai veio sobre 'Otni'el, e ele julgou Yisra'el. Então ele saiu

para a guerra, e Adonai lhe entregou Kushan-Rish'atayim, rei de Aram, em suas mãos,
de modo que seu poder prevaleceu contra Kushan-Rish'atayim. 11 Assim, a terra teve
descanso por quarenta anos, até que 'Otni'el, o filho de K'naz, morreu.

12 O povo de Yisra'el, porém, fez, novamente, o que era mau aos olhos de Adonai;
então Adonai fortaleceu a 'Eglon, o rei de Mo'av, contra Yisra'el, já que eles tinham
feito o que era mau aos olhos de Adonai. 13 Junto com o povo de 'Amon e de 'Amalek,
'Eglon partiu e derrotou Yisra'el, apossando-se da Cidade das Palmeiras; 14 e o povo
de Yisra'el serviu a 'Eglon, o rei de Mo'av, durante dezoito anos.

15 Quando o povo de Yisra'el clamou a Adonai, Adonai levantou para eles um li-
bertador — Ehud, homem canhoto, filho de Gera, da tribo de Binyamin. O povo de
Yisra'el o escolheu para levar seu tributo a 'Eglon, o rei de Mo'av. 16 Ehud fez para si
uma espada de dois gumes, de 45 centímetros de comprimento, e atou-a à sua coxa
direita, sob suas roupas. 17 Então ele apresentou o tributo a 'Eglon, rei de Mo'av, que
era um homem muito gordo. 18 Depois de apresentar o tributo, Ehud despediu as
pessoas que o tinham trazido até ali. 19 No entanto, ele mesmo, voltou de onde se
encontravam as imagens de escultura ao pé de Gilgal, e disse: "Ó rei, tenho uma men-
sagem secreta para ti". O rei pediu silêncio e todos os seus auxiliares se retiraram.
20 Ehud veio a ele; ele estava sentado sozinho, no retiro de seu aposento superior
onde se refrescava. Ehud lhe disse: "Eu tenho uma mensagem de Deus para ti".
Enquanto o rei se levantava de seu assento, 21 Ehud estendeu sua mão esquerda, to-
mou a espada de sua coxa direita e apunhalou o ventre do rei. 22 O cabo também
penetrou após a lâmina, e a gordura se fechou em torno da lâmina, pois ele não
puxou a espada para fora de seu ventre; então Ehud retirou-se pelo pórtico. 23 Assim,
Ehud chegou à varanda, fechou as portas do aposento superior atrás de si e trancou-as.
24 Depois de Ehud ter saído, os servos do rei chegaram. Vendo que as portas do apo-
sento superior estavam trancadas, eles disseram: "Ele deve estar aliviando o ventre
na parte privativa do aposento de verão". 25 Eles esperaram, até que se aborreceram;
mas o rei não abria a porta do aposento superior. Então eles tomaram da chave e
abriram a porta; e ali, diante deles, estava o seu chefe, morto no chão.

26 Enquanto eles se demoravam, Ehud escapou — ele passou para além das ima-
gens de escultura e chegou são e salvo a Se'era. 27 Quando chegou às montanhas
de Efrayim, começou a tocar o sinal de alerta com o *shofar* e o povo de Yisra'el
desceu da região montanhosa com ele; ele mesmo tomou a liderança e seguia à
frente. 28 Ele ordenou: "Sigam-me, porque Adonai entregou seu inimigo, Mo'av, em
suas mãos". Eles desceram após Ehud e tomaram o vale de Yaren, oposto a Mo'av,
e não deixaram que ninguém atravessasse o rio. 29 Nessa ocasião, derrotaram cerca
de 10 mil homens de Mo'av, todos robustos, soldados experientes; nenhum deles
escapou. 30 Assim, naquele dia, Mo'av foi subjugado pelo poder de Yisra'el, e a terra
permaneceu em paz durante oitenta anos.

31 Depois de Ehud, surgiu Shamgar, o filho de 'Anat, que matou 600 p'lishtim
com uma aguilhoada de boi; ele também libertou Yisra'el.

4 1 Depois da morte de Ehud, o povo de Yisra'el voltou a fazer o que era mau
aos olhos de Adonai. 2 Por isso, Adonai entregou-os nas mãos de Yavin, rei de
Kena'an. Ele governava na cidade de Ator; o nome do comandante de seu exército
era Sisra, que vivia em Haroshet-HaGoyim. 3 O povo de Yisra'el clamou a Adonai,
porque Yavin tinha 900 carruagens de ferro e por vinte anos oprimiu cruelmente
o povo de Yisra'el.

4 Naquele tempo, D'vorah, mulher e profetiza, esposa de Lapidot, era juíza em
Yisra'el. 5 Ela costumava sentar-se sob a Palmeira de D'vorah, entre Ramah e Beit-
-El, nas montanhas de Efrayim; e o povo de Yisra'el vinha a ela para ser julgado.
6 D'vorah enviou Barak, o filho de Avino'am, de Kedesh, em Naftali, e lhe disse:
"*Adonai* deu a você a seguinte ordem: 'Vá, marche até o monte Tavor, e tome com
você 10 mil homens dentre o povo de Naftali e Z'vulun. 7 Eu provocarei Sisra, o
comandante dos exércitos de Yavin, para encontrar-se com você no rio Kishon com
tropas e carros; e eu os entregarei em suas mãos' ".

8 Barak respondeu a D'vorah: "Se você for comigo, eu irei; mas, se não for comi-
go, não irei". 9 Ela replicou: "Sim, eu irei com você de boa vontade; mas, a sua forma
de agir não trará a nenhuma honra, pois *Adonai* entregará Sisra nas mãos de uma
mulher". Então D'vorah levantou-se e foi com Barak a Kedesh. 10 Barak convocou
Z'vulun e Naftali para virem a Kedesh. Dez mil homens o seguiram, e D'vorah foi
com eles.

11 Ora, Hever, o Keini, tinha se separado do resto de Kayin, os descendentes
de Hovav, o sogro de Mosheh; ele tinha armado sua tenda próximo ao carvalho
em Tza'ananim, que fica próximo a Kedesh. 12 Sisra foi informado de que Barak, o
filho de Avino'am, tinha ido ao monte Tavor. 13 Então Sisra reuniu suas carruagens,
todas as 900 carruagens de ferro e todas as tropas que tinha com ele, de Haroshet-
-HaGoyim até o rio Kishon.

14 Então D'vorah disse a Barak: "Vá! Este é o dia em que *Adonai* entregará Sisra
em suas mãos! *Adonai* vai adiante de você!". Barak desceu do monte Tavor seguido
por 10 mil homens; 15 e *Adonai* derrotou Sisra, todos os seus carros e todo o seu
exército que ficaram em pânico diante da espada de Barak; então Sisra desceu de
sua carruagem e fugiu a pé. 16 Barak, porém, perseguiu as carruagens e o exército
por todo o caminho até Haroshet-HaGoyim. Todo o exército de Sisra foi morto à
espada; não restou nenhum homem.

17 Sisra, porém, correu a pé até a tenda de Ya'el, esposa de Hever, o Keini, porque
havia paz entre Yavin, o rei de Hatzor, e a família de Hever, o Keini. 18 Ya'el saiu para
se encontrar com Sisra e lhe disse: "Entre, meu senhor; fique aqui comigo. Não tenha
medo". Então ele foi com ela à sua tenda e ela o cobriu com uma manta. 19 Ele disse
a ela: "Estou com sede. Por favor, dê-me, um pouco de água para beber". Ela abriu
um odre feito com pele de cabrito e que continha leite, deu de beber a ele um pouco
do leite e cobriu-o novamente. 20 Ele disse a ela: "Fique na entrada da tenda; e, se
qualquer pessoa perguntar se há alguém aqui, diga 'Não' ". 21 Quando, porém, Sisra
estava dormindo profundamente, Ya'el, a esposa de Hever, tomou em suas mãos
uma estaca da tenda e um martelo, esgueirou-se silenciosamente até Sisra e cravou a
estaca da tenda em sua têmpora, diretamente até o chão; assim ele morreu antes de
despertar. 22 Então perseguindo Barak a Sisra, Ya'el saiu-lhe ao encontro e lhe disse:
"Venha, eu mostrarei a você o homem que está procurando". Ele foi até a tenda de
Ya'el; e ali estava Sisra, morto, com a estaca da tenda atravessada em sua têmpora.

23 Assim, naquele dia, Deus derrotou Yavin, o rei de Kena'an, na presença do
povo de Yisra'el. 24 A mão do povo de Yisra'el voltou-se de forma cada vez mais
dura contra Yavin, rei de Kena'an, até que eles tivessem destruído completamente
Yavin, rei de Kena'an.

5 1 Naquele dia, D'vorah e Barak, o filho de Avino'am, cantaram esta canção:

2 "Quando os chefes de Yisra'el se consagram,
e o povo é voluntário,
todos devem louvar a *Adonai*.

3 Ouçam, reis, ouçam, príncipes,
eu cantarei a *Adonai*!
Eu cantarei louvores a *Adonai*, o Deus de Yisra'el.
4 Ó *Adonai*, quando saíste de Se'ir,
quando marchaste desde os campos de Edom,
a terra estremeceu, e o céu se agitou;
sim, as nuvens se derramaram em torrentes.
5 As montanhas se derreteram na presença de *Adonai*,
no Sinai, diante de *Adonai*, o Deus de Yisra'el.

6 "Nos dias de Shamgar, o filho de 'Anat,
nos dias de Ya'el, as principais estradas estavam desertas;
os viajantes andavam por caminhos secretos.
7 Os governantes se quedaram em Yisra'el, eles se quedaram,
até que você, D'vorah, se levantou,
se levantou como mãe em Yisra'el.

8 "Eles escolheram novos deuses quando a guerra estava em seus portões.
Havia um escudo ou lança que fosse visto
entre os 40 mil homens de Yisra'el?
9 Meu coração vai com os chefes de Yisra'el
e com aqueles dentre o povo que são voluntários.
Todos vocês, bendigam *Adonai*.

10 "Vocês que cavalgam jumentos brancos,
que se assentam em tapetes confortáveis,
e vocês que caminham pela estrada,
falem sobre isso!
11 Mais alto do que o som dos arqueiros nos bebedouros
irão eles soar enquanto recitam
as justas obras de *Adonai*,
os justos feitos de seus governantes em Yisra'el.
"Então o povo de *Adonai* desceu em marcha aos portões.

12 "Desperte, desperte, D'vorah!
Desperte, desperte, irrompa em canções!
Levante-se, Barak! Conduza seus prisioneiros,
filho de Avino'am!

13 "Então o restante dos nobres desceu em marcha;
o povo de *Adonai* desceu a mim, em marcha, como guerreiros.
14 De Efrayim, vieram os que são da raiz de 'Amalek.
Atrás dele, estava Binyamin com seus povos.
De Makhir, desceram os comandantes em marcha,
e, de Z'vulun, aqueles que detinham a posição de chefes.
15 Os príncipes de Yissakhar foram com D'vorah,
Yissakhar, juntamente com Barak;
avançaram apressadamente, atrás dele, no vale.
Entre as divisões de Re'uven,
eles tomaram grandes decisões em seu coração.
16 Mas por que você permanece no curral das ovelhas,
a ouvir a flauta do pastor tocando para o rebanho?

Entre as divisões de Re'uven,
houve grande inquietação.
17 Gil'ad habita além do Yarden.
Dan — por que ele permanece próximo aos navios?
Asher se estabeleceu na orla do mar,
permanecendo próximo às suas baías.
18 O povo de Z'vulun arriscou sua vida,
assim como Naftali, nas alturas abertas.
19 "Vieram os reis; eles lutaram.
Sim, os reis de Kena'an lutaram
em Ta'anakh, junto às águas do Megiddo;
mas eles não tomaram o espólio de prata.
20 Eles lutaram desde os céus, estrelas em suas órbitas;
sim, eles lutaram contra Sisra.
21 O rio Kishon os varreu,
o antigo rio, o rio Kishon.
Ó minha alma, continue marchando com força!
22 Então os cavalos escoicearam o chão,
os poderosos corcéis galopando a toda velocidade.

23 " 'Amaldiçoe Meroz!', disse o anjo de *Adonai*.
'Amaldiçoe com amargo castigo o povo que ali habita,
por não ter vindo ajudar *Adonai*,
ajudar *Adonai* contra os guerreiros poderosos.'

24 "Ya'el será bendita, mais do que todas as mulheres.
A esposa de Hever, o Keini,
será bendita, mais do que qualquer mulher das tendas.
25 Ele pediu água, e ela lhe deu leite;
em uma tigela elegante, ela lhe trouxe coalho.
26 Então ela tomou a estaca da tenda em sua mão esquerda
e um martelo de trabalhador em sua mão direita;
com o martelo, ela golpeou Sisra, perfurando seu crânio,
sim, ela despedaçou e esmagou sua têmpora.
27 Ele se prostrou aos pés dela, caiu e permaneceu assim;
ele se prostrou diante dos pés dela, ele caiu —
no lugar onde se prostrou, ali ele caiu morto.

28 "A mãe de Sisra olha pela janela;
observando atentamente através da treliça, ela se admira:
'Por que sua carruagem demora tanto a chegar?
Por que seus cavalos são tão lentos em retornar?'
29 As mais sábias de suas damas respondem a ela,
e ela o repete consigo mesma:
30 'É claro! Eles estão juntando e dividindo o espólio —
uma moça, duas moças para cada guerreiro,
para Sisra roupas tingidas como despojo,
o saque de coloridos mantos bordados,
dois entalhes bordados para o pescoço de cada soldado'.

31 "Que pereçam assim todos os teus inimigos, ADONAI!
Mas que aqueles que te amam sejam como o sol,
avançando em sua glória!".

Então a terra teve descanso durante quarenta anos.

6 1 No entanto, o povo de Yisra'el fez o que era mau aos olhos de ADONAI; então
ADONAI o entregou a Midyan por sete anos. 2 Midyan exerceu severamente seu
poder contra Yisra'el, e, por causa de Midyan, o povo de Yisra'el escondeu-se nas
montanhas, nas cavernas e em outros lugares seguros. 3 Certa vez, após o tempo da
semeadura, Midyan, com 'Amalek e outros povos do leste, atacou Yisra'el. 4 Esses
povos estabeleceram um acampamento próximo a eles e destruíram o produto do
campo em todo o caminho até 'Azah; eles não deixaram nada para a sobrevivência
do povo, nem das ovelhas, nem dos bois, nem dos jumentos. 5 Isso porque eles
vieram com seu gado e suas tendas, vieram como um enxame, como gafanhotos;
tanto eles quanto seus camelos eram, em número, além da conta, e vieram à terra
para destruí-la. 6 Yisra'el ficou muito desalentado por causa de Midyan, e o povo de
Yisra'el clamou a ADONAI.

7 Quando o povo de Yisra'el clamou a ADONAI por causa de Midyan, 8 ADONAI
enviou um profeta que lhes disse: "ADONAI, o Deus de Yisra'el, diz: 'Eu os trouxe do
Egito, de uma vida de escravidão. 9 Eu libertei-os do poder dos egípcios e do poder
de todos os seus opressores. Eu os expulsei da presença de vocês e dei a vocês a
terra deles. 10 E eu disse a vocês: "Eu sou ADONAI, o seu Deus; vocês não devem temer
os deuses do emori em cuja terra estão habitando". Vocês, porém, não prestaram
atenção àquilo que eu disse!' ".

11 Então o anjo de ADONAI veio e sentou-se embaixo de uma árvore de pistache,
em 'Ofrah, que pertencia a Yo'ash, o avi'ezri. Seu filho, Gid'on, estava debulhando o
trigo em uma prensa de uvas, para escondê-lo de Midyan. 12 O anjo de ADONAI apare-
ceu a ele e lhe disse: "Você, valente herói! ADONAI está com você!". 13 "Desculpe-me,
senhor", respondeu Gid'on, "mas, se ADONAI está conosco, então por que nos está
acontecendo tudo isso? Onde estão os milagres sobre os quais nossos antepassados
nos contaram quando disseram: 'Não nos trouxe ADONAI do Egito?'. Pois agora ADONAI
nos abandonou e nos entregou nas mãos de Midyan". 14 ADONAI voltou-se para ele e
disse: "Vá com a sua força e salve Yisra'el das mãos de Midyan. Não o enviei eu?".
15 Gid'on, porém, lhe respondeu: "Perdoe-me, meu Senhor, mas o que sou eu para
salvar Yisra'el? Pois minha família é a mais insignificante de M'nasheh, e eu sou o
membro mais jovem da casa de meu pai!". 16 ADONAI lhe disse: "Porque eu estarei com
você, derrotará Midyan tão facilmente como se eles fossem apenas um homem".
17 Gid'on replicou: "Se realmente o Senhor me estiver favorecendo, não se importaria
de me dar um sinal de que é realmente o Senhor que está falando comigo? 18 Por fa-
vor, não me deixe até que eu vá e retorne com uma oferta e a apresente ao Senhor".
Ele respondeu: "Eu esperarei até que você volte".

19 Gid'on foi para casa, cozinhou um cabrito novo e fez *matzot* com um efa de
farinha. Colocou a carne em uma cesta e o caldo em um pote, trouxe-os ao anjo
sob a árvore de pistache e os apresentou a ele. 20 O anjo de Deus disse a Gid'on:
"Tome a carne e os *matzot*, coloque-os sobre esta pedra e derrame o caldo". E
Gid'on assim o fez. 21 Então o anjo de ADONAI estendeu a vara que tinha em suas
mãos, tocou a comida e os *matzot*, e a rocha acendeu-se em um fogo que queimou
a comida e os *matzot*. Então diante de seus olhos, o anjo de ADONAI desapareceu.

22 Gid'on concluiu que aquele era o anjo de *Adonai* e disse: "Oh, não! Meu Se-
nhor! *Adonai*! Eu vi o anjo de *Adonai* face a face!". 23 *Adonai*, porém, o tranquilizou:
"*Shalom*. Não tenha medo, você não morrerá!". 24 Então Gid'on construiu ali um al-
tar a *Adonai* e chamou-o "*Adonai*-*Shalom*"; até hoje, esse altar permanece em 'Ofrah
dos avi'ezri.

25 Naquela mesma noite, *Adonai* disse a Gid'on: "Separe o novilho do rebanho de
seu pai e também o outro novilho, o de 7 anos. Destrua o altar de Ba'al que pertence
a seu pai, corte o poste sagrado que está junto a ele 26 e construa um altar adequa-
do a *Adonai*, o seu Deus, no topo desta elevação. Então tome o segundo novilho e
o ofereça como oferta queimada, utilizando a madeira do poste sagrado que você
cortou". 27 Gid'on tomou dez de seus servos e fez o que *Adonai* lhe tinha ordenado.
Com medo dos homens da família de seu pai e dos homens da cidade, fez tudo
isso à noite, não durante o dia. 28 Quando os homens da cidade subiram na ma-
nhã seguinte, o altar de Ba'al estava destruído, o poste sagrado estava cortado e
o segundo novilho estava queimado como oferta sobre o altar recém-construído.
29 Eles perguntaram uns aos outros: "Quem poderia ter feito isso?". E, após inves-
tigarem, concluíram que Gid'on, o filho de Yo'ash, tinha feito aquilo. 30 "Traga seu
filho", os homens da cidade ordenaram a Yo'ash, "porque ele deve morrer, já que
destruiu o altar de Ba'al e cortou o poste sagrado próximo a ele!". 31 Yo'ash, porém,
disse àqueles que se aglomeravam ao redor dele: "Vocês estão defendendo Ba'al,
não estão? Será trabalho de vocês salvá-lo? Qualquer que defender Ba'al será morto
antes do amanhecer! Se ele é deus, deixem que ele se defenda a si mesmo! Afinal de
contas, alguém destruiu seu altar!". 32 Assim, naquele dia foi dado a Gid'on o nome
de Yeruba'al [deixe que Ba'al se defenda], porque eles disseram: "Deixe que Ba'al
dispute com ele, uma vez que ele destruiu seu altar".

33 Enquanto isso, Midyan, 'Amalek e outros povos do leste reuniram seus exérci-
tos, cruzaram o Yarden e acamparam no vale de Yizre'el. 34 Mas o Espírito de *Adonai*
apoderou-se de Gid'on. Ele tocou o alerta no *shofar*, e Avi'ezer o seguiu. 35 Ele enviou
mensageiros por toda a M'nasheh, e eles também se juntaram a ele. Enviou ainda
mensageiros a Asher, Z'vulun e Naftali, e eles vieram para se juntar a ele.

36 Gid'on disse a Deus: "Se tu irás salvar Yisra'el por meu intermédio, como dis-
seste que farias, 37 então que seja assim: colocarei um velo de lã sobre o chão batido;
se houver orvalho somente sobre o velo, enquanto todo o solo permanecer seco,
ficarei convencido de que tu salvarás Yisra'el por meu intermédio, como disseste
que farias". 38 E isso aconteceu! Ele se levantou de manhã bem cedo, torceu a lã, e o
orvalho que dela saiu encheu uma botija de água. 39 Entretanto, Gid'on disse a Deus:
"Não te ires comigo porque eu te peço ainda mais uma coisa; por favor, deixa-me
fazer mais um teste: desta vez, que fique seco apenas o novelo, com orvalho em
todo o solo". 40 E foi isso o que Deus fez naquela noite — apenas o velo permaneceu
seco, mesmo havendo orvalho em todo o solo.

7 1 Então Yeruba'al, que é Gid'on, e todo o povo com ele, levantou-se de ma-
drugada e acampou em 'Ein-Harod; o acampamento de Midyan ficava ao norte
dele, próximo a Giv'at-Moreh, no vale. 2 *Adonai* disse a Gid'on: "Há pessoas demais
com você para que eu entregue Midyan a eles, porque não quero que Yisra'el se
vanglorie contra mim, dizendo: 'Nós salvamos a nós mesmos por nossa força'.
3 Portanto, proclame ao povo: 'Qualquer que esteja ansioso ou com medo deve vol-
tar para casa, enquanto nós permaneceremos aqui no monte Gil'ad' ". Vinte e dois
mil retornaram, mas 10 mil permaneceram.

4 *Adonai* disse a Gid'on: "Ainda há muita gente. Faça que eles desçam até a água,
e ali eu os selecionarei para você. Se eu disser de algum deles: 'Este é seu', ele irá
com você; e se eu disser: 'Este não é seu', ele não irá com você". 5 Então ele trouxe o
povo até as águas, e *Adonai* disse a Gid'on: "Coloque de um lado todos os que lam-
berem a água com sua língua, à maneira de um cão, e coloque de outro lado todos
os que ficarem de joelhos para beber". 6 Trezentos lamberam a água, levando a mão
à boca; todo o restante dos homens ajoelhou-se para beber a água. 7 *Adonai* disse a
Gid'on: "Eu usarei os 300 homens que lamberam a água para salvá-lo; eu entregarei
Midyan em suas mãos. Que os outros voltem para casa". 8 Então eles pegaram as
provisões e os *shofarot* do povo; assim, ele despediu todos os homens de Yisra'el,
cada um para a sua tenda, mas os 300 ele manteve com ele.

O acampamento de Midyan ficava no vale, abaixo dele. 9 Naquela noite, *Adonai*
disse a Gid'on: "Levante-se e ataque o acampamento, porque eu o entreguei a você.
10 Se, no entanto, você está temeroso em atacar, desça com seu servo Purah; 11 e,
depois de ouvir o que eles estão dizendo, você terá coragem para atacar o acam-
pamento". Assim, ele desceu, com seu servo Purah, até os postos avançados do
acampamento. 12 Enquanto isso, Midyan, 'Amalek e todos os outros do leste tinham
se estabelecido no vale como uma nuvem de gafanhotos; seus camelos também
eram extremamente numerosos, como a areia da praia. 13 Gid'on chegou ali no mo-
mento exato em que um homem estava contando a seu companheiro o sonho que
tivera: "Ainda há pouco, eu sonhei que um pão de cevada caiu no acampamento de
Midyan, veio até a tenda e bateu nela com tanta força que a derrubou, deixando-a
caída". 14 Seu companheiro respondeu: "Isso só pode ser a espada de Gid'on, filho
de Yo'ash, o homem de Yisra'el. Deus entregou Midyan e todo o seu exército em
suas mãos".

15 Quando Gid'on ouviu o sonho e sua interpretação, caiu de joelhos em ado-
ração. Então retornou ao acampamento de Yisra'el e disse: "Levantem! *Adonai*
entregou o exército de Midyan a vocês". 16 Ele dividiu os 300 homens em três com-
panhias. Pôs os *shofarot* nas mãos de todos eles e jarros vazios com tochas dentro
deles. 17 Então disse a eles: "Olhem para mim e façam o que eu faço. Quando eu
chegar à extremidade do acampamento, façam aquilo que eu fizer. 18 Quando eu e
todos os que estiverem comigo soprarem o *shofar,* vocês soprarão seus *shofarot* ao
redor de todo o acampamento, e gritarão: "Por *Adonai* e por Gid'on!".

19 Gid'on e os cem homens que estavam com ele chegaram à extremidade do
acampamento um pouco antes da meia-noite, logo após a mudança da guarda. Eles
sopraram seus *shofarot* e despedaçaram os jarros que tinham em suas mãos. 20 To-
das as três companhias sopraram os *shofarot,* quebraram os jarros e seguraram as
tochas na mão esquerda, mantendo a mão direita livre para segurar os *shofarot* que
eles sopravam; e gritaram: "A espada por *Adonai* e por Gid'on!". 21 Então como cada
homem mantinha sua posição em torno do acampamento, todo o acampamento foi
tomado de pânico, com todos gritando e tentando escapar. 22 Os homens de Gid'on
sopraram seus 300 *shofarot,* e *Adonai* fez que cada um no acampamento atacasse
seu companheiro; e o inimigo fugiu para além de Beit-Sheetah, próximo a Tz'rerah,
tão distante quanto a fronteira de Avel-M'cholah, próxima a Tabat. 23 Então homens
de Yisra'el foram convocados de Naftali, Asher e de ambas as regiões de M'nasheh,
e eles perseguiram Midyan. 24 Gid'on enviou mensageiros por todas as montanhas
de Efrayim, com a mensagem: "Desçam e ataquem Midyan; e cerquem os rios até
Beit-Barah e também o Yarden, antes que eles cheguem a eles". Então todos os
homens de Efrayim vieram juntos e tomaram os rios até Beit-Barah, e também o
Yarden. 25 Capturaram também dois chefes de Midyan, 'Orev e Ze'ev. Eles mataram

'Orev na rocha de 'Orev, e mataram Ze'ev na vinha de Ze'ev; Então enquanto eles perseguiam Midyan, trouxeram a cabeça de Orev e a cabeça de Ze'ev a Gid'on, que tinha passado para o outro lado do Yarden.

8 1 Entretanto, os homens de Efrayim reclamaram a Gid'on: "Por que você não nos chamou quando foi lutar contra Midyan? Por que você nos tratou dessa forma?". Eles foram duros em sua crítica. 2 Gid'on lhes respondeu: "Como o que eu fiz pode ser comparado ao que vocês fizeram? Não são as uvas que Efrayim deixa em suas vinhas melhores do que as das fazendas de Avi'ezer? 3 Deus entregou a vocês os chefes de Midyan, 'Orev e Ze'ev. O que eu poderia fazer que se comparasse ao que vocês fizeram?". Dizendo isso, ele acalmou a ira deles contra Gid'on.

4 Até então, Gid'on e seus 300 homens tinham vindo ao Yarden e o tinham cruzado. Eles estavam exaustos, mas ainda continuavam a perseguir o inimigo. 5 Em Sukkot, ele pediu ao povo: "Por favor, deem um pouco de pão aos homens que me seguem porque eles estão exaustos, e eu estou perseguindo Zevach e Tzalmuna, os reis de Midyan". 6 Os líderes de Sukkot, porém, disseram: "Você ainda não capturou Zevach e Tzalmuna. Então por que deveríamos dar pão ao seu exército?". 7 Gid'on respondeu: "Se esta é a resposta de vocês, então depois que *Adonai* entregar Zevach e Tzalmuna em minhas mãos, eu rasgarei a carne de vocês com os espinhos e cardos do deserto!".

8 Dali, ele subiu para P'nu'el e fez o mesmo pedido, e o povo de P'nu'el deu a mesma resposta que o povo de Sukkot. 9 Então ele respondeu ao povo de P'nu'el da mesma forma: "Quando eu retornar são e salvo, derrubarei esta torre".

10 Enquanto isso, Zevach e Tzalmuna estavam em Karkor, com seu exército, cerca de 15 mil homens, todos os que tinham sobrado do exército inteiro do povo do leste, já que 120 mil soldados que portavam armas tinham caído. 11 Gid'on subiu, usando a rota dos nômades, a leste de Novach e Yogbehah, e golpeou o exército quando eles pensavam que estavam a salvo. 12 Zevach e Tzalmuna fugiram, mas Gid'on os perseguiu. Assim, ele capturou os dois reis de Midyan, Zevach e Tzalmuna, e todo o seu exército, que estava em pânico, foi destruído. 13 Quando Gid'on, o filho de Yo'ash, retornou da batalha, pelo caminho da passagem de Heres, 14 ele capturou um jovem de Sukkot e interrogou-o sobre os chefes e líderes de Sukkot; o jovem escreveu para ele os nomes de 77 deles. 15 Então ele veio até o povo de Sukkot e disse: "Vocês me insultaram quando disseram: 'Você ainda não capturou Zevach e Tzalmuna, então por que deveríamos dar pão aos seus homens cansados?'. Pois bem, aqui estão Zevach e Tzalmuna!". 16 Então ele tomou os líderes da cidade, pegou espinhos e cardos do deserto e os usou para ensinar uma lição ao povo de Sukkot! 17 Ele também derrubou a torre de P'nu'el e matou os homens da cidade.

18 Então ele disse a Zevach e Tzalmuna: "Falem-me sobre os homens que vocês mataram no Tavor". Eles responderam: "Eles se pareciam com você, pareciam-se com filhos de reis". 19 Gid'on respondeu: "Eles eram meus irmãos, filhos de minha mãe. Tão certo como vive *Adonai*, eu juro que, se vocês os tivessem poupado, eu não os mataria". 20 Então ele ordenou ao seu filho mais moço, Yeter: "Vá e mate-os!". O jovem, porém, não desembainhou sua espada; sendo ainda um menino, ele estava com medo. 21 Então Zevach e Tzalmuna disseram: "Faça isso você. Mate-nos você mesmo. Que o homem crescido faça aquilo que compete à força do homem crescido". Então Gid'on foi e matou Zevach e Tzalmuna; assim, ele tomou os ornamentos que estavam ao redor do pescoço de seus camelos.

22 Os homens de Yisra'el disseram a Gid'on: "Governe sobre nós, você, seu filho e seu neto, porque você nos salvou do poder de Midyan". 23 Gid'on respondeu: "Nem eu nem meu filho governaremos sobre vocês; ADONAI governará sobre vocês". 24 E acrescentou: "Entretanto, eu tenho este pedido para fazer a vocês: cada um de vocês me dê os brincos que tomaram dos despojos". Isso porque os soldados inimigos tinham brincos de argolas douradas, como todas as tribos descendentes de Yishma'el. 25 Eles replicaram: "Nós estamos felizes em entregá-los a você". Eles estenderam uma capa, e cada homem lançou os brincos que tinha tomado dos despojos. 26 Os brincos de ouro que ele pediu que lhe fossem entregues pesavam mais de 20 quilos e meio; e isso não incluía os adornos, os pingentes e as roupas púrpuras usadas pelos reis de Midyan, nem as cadeias que cingiam o pescoço de seus camelos. 27 Além dessas coisas, Gid'on fez uma veste ritual, que ele colocou em sua cidade, 'Ofrah. No entanto, todo o Yisra'el fez dela um ídolo, e assim ela se tornou um laço para Gid'on e sua família.

28 Foi dessa forma que Midyan foi derrotado por Yisra'el e deixou de ser uma ameaça. A terra teve descanso por quarenta anos, durante todo o tempo de vida de Gid'on; 29 Yeruba'al, o filho de Yo'ash, voltou para sua casa e se estabeleceu ali.

30 Gid'on tornou-se pai de 70 filhos, porque ele tinha muitas esposas. 31 Tinha também uma concubina em Sh'khem, e ela também lhe deu um filho, a quem chamou Avimelekh. 32 Gid'on, o filho de Yo'ash, morreu em idade muito avançada, e foi sepultado na tumba de seu pai, Yo'ash, em 'Ofrah de Avi'ezri.

33 Todavia, assim que Gid'on morreu, o povo de Yisra'el desviou-se novamente, indo após os *ba'alim* e fazendo de Ba'al-B'rit seu deus. 34 Eles esqueceram ADONAI, seu Deus, que os tinha salvado do poder de todos os seus inimigos por todos os lados; 35 e eles não mostraram bondade para com a família de Yeruba'al, que é Gid'on, para recompensá-los por todo o bem que ele tinha feito por Yisra'el.

9 1 Avimelekh, o filho de Yeruba'al, foi para Sh'khem, aos irmãos de sua mãe, e falou com eles e com todo o clã de seu avô materno. Ele disse: 2 "Por favor, perguntem a todos os homens de Sh'khem se o melhor para eles é que todos os 70 filhos de Yeruba'al governem sobre eles ou que apenas uma pessoa governe sobre eles. E lembrem-se de que eu sou seu parente de sangue' ". 3 Os irmãos de sua mãe falaram a todos os homens de Sh'khem e disseram todas essas coisas sobre Avimelekh; assim, eles seguiram seus sentimentos e apoiaram Avimelekh, dizendo a si mesmos: "Afinal de contas, ele é nosso irmão". 4 Eles também lhe deram 70 peças de prata do templo de Ba'al-B'rit, e ele as usou para pagar vadios e assassinos que se tornaram seus seguidores. 5 Ele voltou para a casa de seu pai em 'Ofrah e matou seus irmãos, os filhos de Yeruba'al, todos os 70, sobre uma rocha, exceto Yotam, o filho mais novo de Yeruba'al, a quem deixou que vivesse porque tinha se escondido.

6 Todos os homens de Sh'khem e toda Beit-Millo juntaram-se e vieram ao carvalho, próximo ao poste de culto em Sh'khem, e fizeram de Avimelekh rei. 7 Quando contaram essas coisas a Yotam, ele subiu ao topo do monte G'rizim, de onde gritou: "Ouçam-me, vocês, líderes de Sh'khem; assim Deus ouvirá vocês! 8 Certa vez, as árvores saíram a escolher um rei para que as governasse. Elas disseram à oliveira: 'Governe sobre nós!'. 9 A oliveira, porém, respondeu: "Por acaso eu abandonaria o meu óleo, usado para honrar a Deus e à humanidade, apenas para dominar sobre as árvores?". 10 Então as árvores disseram à figueira: 'Venha você e governe sobre nós!'. 11 Entretanto, a figueira respondeu: "Por acaso eu abandonaria minha doçura e meu bom fruto apenas para dominar sobre as árvores?". 12 Então as árvores

disseram à videira: 'Venha você e governe sobre nós!'. 13 A videira, no entanto, res-
pondeu: "Por acaso eu abandonaria meu vinho, que dá alegria a Deus e aos homens,
apenas para dominar sobre as árvores?". 14 Finalmente, todas as árvores disseram
ao espinheiro: 'Venha você e governe sobre nós!'. 15 O espinheiro respondeu: "Se
realmente fizerem de mim rei sobre vocês, então venham e tomem abrigo à minha
sombra. Senão, que o fogo saia do espinheiro e consuma os cedros do L'vanon!".

16 "Este é o ponto. Vocês foram honestos e francos ao fazer de Avimelekh rei?
Vocês foram justos com Yeruba'al e com seus parentes e os trataram como eles me-
recem? 17 Meu pai lutou pelo interesse de vocês, arriscando a vida e resgatando-os
do poder de Midyan; 18 e agora vocês estão se rebelando contra a casa de meu pai.
Vocês mataram seus 70 filhos em uma pedra e fizeram de Avimelekh, o filho de sua
jovem escrava, rei sobre os homens de Sh'khem, apenas porque ele é o seu irmão.
19 Digam: se vocês estão tratando Yeruba'al e sua família de forma justa e honesta,
então podem se juntar a Avimelekh, e ele se pode juntar a vocês! 20 Se, no entanto,
vocês não estão fazendo isso, que venha fogo da parte de Avimelekh e queime os
homens de Sh'khem e de Beit-Millo; e que o fogo venha dos homens de Sh'khem e
de Beit-Millo e queime Avimelekh!". 21 Então Yotam fugiu, tomando seu caminho
para Be'er, e ali viveu com medo de Avimelekh, seu irmão.

22 Avimelekh foi chefe sobre Yisra'el por três anos. 23 Entretanto, Deus enviou
um espírito de discórdia entre Avimelekh e os homens de Sh'khem, de forma que
os homens de Sh'khem trataram traiçoeiramente contra Avimelekh. 24 Essas coisas
aconteceram para que o crime contra os 70 filhos de Yeruba'al pudesse ser vingado
e a responsabilidade por sua morte sangrenta fosse colocada sobre Avimelekh, seu
irmão, que os assassinou, e sobre os homens de Sh'khem, que o ajudaram a matar
seus irmãos. 25 Então os homens de Sh'khem enviaram homens para o emboscar no
alto das montanhas. Eles assaltavam todos os que passavam por eles, e Avimelekh
foi informado a respeito disso.

26 Ga'al, o filho de um escravo, veio com seus irmãos e se dirigiu a Sh'khem, e os
homens de Sh'khem puseram nele a sua confiança. 27 Eles foram ao campo, juntaram
suas uvas e as prensaram, obtendo delas o suco. Então eles prepararam um banque-
te e foram à casa de seu deus para comer e beber, e ali eles insultaram Avimelekh.
28 Ga'al, o filho do escravo, disse: "Quem é Avimelekh? Pensem no contraste com
Sh'khem! Por que deveríamos servir a Avimelekh? Não é ele o filho de Yeruba'al? Não
é Z'vul seu oficial? Os homens de Hamor servem ao pai de Sh'khem! Por que deveria-
mos servir a Avimelekh? 29 Se eu estivesse na liderança deste povo, eu o libertaria das
mãos de Avimelekh!". Então dirigindo estas palavras a Avimelekh, ele disse: "Venha
e lute! Eu não me importo que você multiplique seu exército!".

30 Quando Z'vul, o governador da cidade, ouviu as palavras de Ga'al, o filho do
escravo, ele ficou enfurecido. 31 Enviou mensageiros a Avimelekh, em Tormah, com
a seguinte mensagem: "Ga'al, o filho do escravo, e seus irmãos vieram a Sh'khem
e estão incitando a cidade contra você. 32 Você e seus homens devem vir imediata-
mente, durante a noite, e ficar em espera no campo. 33 De manhã, levante-se cedo,
tão logo o sol nasça e ataque a cidade. Quando Ga'al e os homens que estão com
ele saírem para lutar contra você, faça o que puder contra eles".

34 Avimelekh e todos os homens que estavam com ele vieram de noite e ficaram
à espreita, em quatro grupos, contra Sh'khem. 35 Ga'al, o filho do escravo, veio e
se posicionou à frente do portão de entrada da cidade. Então Avimelekh e seus
homens saíram de sua emboscada. 36 Quando Ga'al viu os homens, ele disse a Z'vul:
"Olhe, há homens vindo do alto das montanhas". Z'vul respondeu: "Você está ven-
do sombras das montanhas como se fossem homens". 37 Ga'al disse novamente:

"Veja, há homens descendo das principais colinas da região, e um grupo está vindo pelo caminho do carvalho dos Adivinhadores". 38 Então Z'vul lhe perguntou: "Onde está, agora, aquilo que você declarou? Você disse: 'Quem é Avimelekh? Por que deveríamos servi-lo?'. Não são estas as tropas que você desprezou? Vá e lute contra eles!". 39 Então Ga'al foi, liderando os homens de Sh'khem, e lutou contra Avimelekh. 40 Avimelekh, porém, o perseguiu, e Ga'al fugiu; muitos caíram feridos, espalhados ao longo de todo o caminho até o portão da cidade.

41 Então Avimelekh passou a viver em Arumah, e Z'vul expulsou Ga'al e seus irmãos, de modo que eles não puderam mais viver em Sh'khem. 42 No entanto, já no dia seguinte, o povo de Sh'khem saiu ao campo, e Avimelekh foi informado disso. 43 Ele convocou seus homens, dividiu-os em três grupos e posicionou-se no campo, à espera. Quando viu o povo saindo da cidade, ele saiu de seu esconderijo e o matou. 44 Avimelekh e seu grupo avançaram apressadamente e ocuparam o portão da cidade, enquanto os outros dois grupos atacavam todos aqueles que estavam no campo e os matavam. 45 Avimelekh lutou contra a cidade durante todo aquele dia; capturou-a, matou seus habitantes, destruiu seus edifícios e jogou sal em suas terras.

46 Quando todos os homens da fortaleza em Sh'khem ouviram essas coisas, refugiaram-se no forte do templo de El-B'rit. 47 Avimelekh foi informado de que todos os homens da fortaleza de Sh'khem se tinham juntado; 48 então ele levou todos os seus homens ao monte Tzalmon, onde tomou um machado em suas mãos, cortou o ramo de uma árvore e colocou-o em seus ombros. Então ele disse àqueles que estavam com ele: "Depressa! Façam exatamente o que vocês estão me vendo fazer!". 49 Todos eles fizeram o mesmo, cada homem cortou um galho; e eles seguiram Avimelekh. Eles colocaram os galhos contra o forte, neles acenderam fogo e queimaram o forte; assim, todo o povo da fortaleza de Sh'khem morreu, cerca de mil homens e mulheres.

50 Então Avimelekh foi a Tevetz, acampou ali e conquistou Tevetz. 51 Havia, porém, uma torre fortificada dentro da cidade, e todos os homens e mulheres buscaram refúgio nela; todos os da cidade. Eles se fecharam dentro dela e foram para o telhado da torre. 52 Quando Avimelekh aproximou-se da torre e atacou-a, no momento em que se aproximou da porta da torre com a intenção de queimá-la, 53 uma mulher jogou uma pedra superior de moinho sobre a cabeça de Avimelekh, quebrando seu crânio. 54 Rapidamente, ele clamou ao moço que segurava seu escudo: "Saque sua espada e mate-me para que o povo não diga que uma mulher me matou". Então seu escudeiro atravessou-o com a espada, e ele morreu. 55 Quando os homens de Yisra'el viram que Avimelekh estava morto, voltaram para suas casas.

56 Esta foi a maneira com que Deus fez que Avimelekh pagasse pelo mal que ele fizera a seu pai, matando seus 70 irmãos. 57 Deus também fez que os homens de Sh'khem pagassem por todos os males que tinham feito; sobre eles caiu a maldição de Yotam, o filho de Yeruba'al.

10 1 Depois de Avimelekh, levantou-se Tola, o filho de Pu'ah, o filho de Dodo, da tribo de Yissakhar, para libertar Yisra'el. Ele vivia em Shamir, nas montanhas de Efrayim. 2 Julgou Yisra'el durante vinte e três anos, e quando morreu foi sepultado em Shamir.

3 Depois dele, levantou-se Ya'ir, de Gil'ad. Ele julgou Yisra'el durante vinte e dois anos. 4 Ya'ir tinha 30 filhos que montavam 30 jumentos jovens. Eles possuíam 30 cidades que estão no território de Gil'ad e são chamadas de Havot-Ya'ir até o dia de hoje. 5 Quando morreu, Ya'ir foi sepultado em Kamon.

6 Novamente, o povo de Yisra'el fez o que era mau aos olhos de *Adonai* — eles
serviram aos *ba'alim*, a *'Ashtarot*, aos deuses de Aram, aos deuses de Tzidon, aos
deuses de Mo'av, aos deuses do povo de Amon e aos deuses dos p'lishtim. Eles
abandonaram *Adonai* e não o serviram; 7 então a ira de *Adonai* acendeu-se contra
Yisra'el, e ele os entregou nas mãos dos p'lishtim e do povo de 'Amon. 8 Por oito
anos, a partir daquele ano, eles oprimiram e perseguiram todo o povo de Yisra'el
que vivia além do Yarden, no território do emori, em Gil'ad. 9 O povo de 'Amon
também cruzou o Yarden para combater Y'hudah, Binyamin e a casa de Efrayim;
assim, Yisra'el foi grandemente afligido.

10 Então o povo de Yisra'el clamou a *Adonai*: "Nós pecamos contra ti, abando-
nando nosso Deus e servindo aos *ba'alim*". 11 *Adonai* disse ao povo de Yisra'el: "Eu
não salvei vocês dos egípcios, do emori, do povo de 'Amom e dos p'lishtim? 12 Da
mesma forma, quando o povo de Tzidon, 'Amalek e Ma'on os oprimiam, vocês cla-
maram a mim, e eu os resgatei do poder deles. 13 Agora, vocês me abandonaram e
serviram a outros deuses; por isso, não os livrarei mais. 14 Vão e clamem aos deuses
que vocês escolheram; que eles os salvem quando estiverem em aflição!". 15 O povo
de Yisra'el disse a *Adonai*: "Nós pecamos! Trata-nos do modo que melhor parecer a
ti, mas, por favor, salva-nos hoje!". 16 Eles se desfizeram de seus deuses estrangei-
ros e serviram a *Adonai*, e ele se sentiu perturbado pela desgraça de Yisra'el.

17 Então o povo de 'Amom ajuntou-se e estabeleceu um acampamento em Gil'ad,
enquanto o povo de Yisra'el reunia-se em assembleia no acampamento de Mitzpah.
18 O povo e os chefes de Gil'ad disseram uns aos outros: "Quem liderar a batalha
contra o exército de 'Amom será o cabeça de todos os que vivem em Gil'ad".

11 1 Yiftach, um valente soldado de Gil'ad, era filho de uma prostituta. Seu
pai, Gil'ad, 2 tinha outros filhos com sua esposa, e, quando os filhos de sua
esposa cresceram, eles expulsaram Yiftach e lhe disseram: "Você não terá herança
de nosso pai porque é filho de outra mulher". 3 Então Yiftach fugiu de seus irmãos
e viveu no território de Tov, onde juntou um bando de desordeiros que saía em
incursões após ele.

4 Algum tempo depois, o povo de 'Amon fez guerra contra Yisra'el. 5 Quando
o exército de 'Amon atacou Yisra'el, os líderes de Gil'ad vieram até Yiftach e o
trouxeram do território de Tov 6 e lhe disseram: "Venha e seja nosso chefe, assim
poderemos lutar contra o exército de 'Amon". 7 Yiftach respondeu aos líderes de
Gil'ad: "Vocês não me odiaram tanto que me forçaram a sair da casa de meu pai?
Por que vêm a mim agora quando estão em dificuldades?". 8 Os líderes de Gil'ad
responderam: "Este é o motivo pelo qual nós voltamos a você neste momento: se
você nos liderar na guerra contra o povo de 'Amon, será o cabeça sobre todos os
que vivem em Gil'ad,". 9 Yiftach lhes respondeu: "Se vocês me levarem de volta para
casa para combater o exército de 'Amon, e se *Adonai* derrotá-lo diante de mim, eu
serei o cabeça de vocês". 10 Os líderes de Gil'ad disseram a Yiftach: "*Adonai* é teste-
munha de que nós prometemos fazer o que você disse". 11 Então Yiftach foi com os
líderes de Gil'ad e o povo fez dele o cabeça e chefe sobre eles. Yiftach repetiu todas
aquelas condições em Mitzpah, na presença de *Adonai*.

12 Yiftach enviou mensageiros ao rei do povo de 'Amon com a seguinte pergunta:
"Qual é o problema de vocês conosco? Por que estão invadindo a nossa terra?".
13 O rei de 'Amon respondeu aos mensageiros de Yiftach: "Porque Yisra'el tomou a
minha terra quando veio do Egito. Ele tomou todas as terras, desde o Arnon até o
Yabok e o Yarden. Agora, devolvam-nas pacificamente". 14 Outra vez, Yiftach enviou

mensageiros ao rei do povo de 'Amon 15 com esta resposta: "Eis o que Yiftach tem a dizer: 'Yisra'el não capturou nem as terras de Mo'av nem as terras do povo de 'Amon. 16 Pelo contrário, quando Yisra'el veio do Egito, caminhando através do deserto até o mar Vermelho e chegou a Kadesh, 17 enviou mensageiros ao rei de Edom, dizendo-lhe: "Por favor, deixe-nos passar por suas terras". Contudo, o rei de Edom não lhes permitiu. Ele enviou o mesmo pedido ao rei de Mo'av, mas ele também não o permitiu, de modo que Yisra'el ficou em Kadesh. 18 Então eles caminharam através do deserto, rodeando as terras de Edom e as terras de Mo'av, passando pela fronteira leste do território de Mo'av, e montaram acampamento no outro lado do Arnon; mas eles não cruzaram a fronteira na direção de Mo'av, pois o Arnon estava no limite de Mo'av. 19 Yisra'el enviou mensageiros a Sichon, rei do emori e rei de Heshbon, com esta mensagem: "Por favor, deixe-nos passar por suas terras até o nosso lugar". 20 Entretanto, Sichon não acreditou que Yisra'el apenas passaria por suas terras, de modo que ele juntou todo o seu povo, montou acampamento em Yahatz e lutou contra Yisra'el. 21 O Deus de Yisra'el entregou Sichon e todo o seu povo nas mãos de Yisra'el, e eles os mataram. Assim, Yisra'el possuiu todas as terras do emori e ali habitou. 22 Eles obtiveram a possessão de todas as terras do emori, do Arnon até o Yabok, e do deserto até o Yarden. 23 Então agora que *Adonai*, o Deus de Yisra'el, expulsou o emori de diante do povo de Yisra'el, pensa você que irá nos expulsar? 24 Você deveria apenas manter as terras que o seu deus, K'mosh, deu a você, enquanto nós, de nossa parte, tomaremos posse daquilo que *Adonai*, nosso Deus, nos deu das terras que pertenceram a outros antes de nós. 25 Realmente, você é melhor do que Balak, o filho de Tzippor, rei de Mo'av? Escolheu ele disputar contra Yisra'el ou lutar contra nós? 26 Yisra'el viveu em Heshbon e em suas aldeias, em 'Aro'er e suas aldeias, e em todas as cidades às margens do Arnon, por trezentos anos. Por que você não as tomou de volta durante esse tempo? 27 Não, eu não fiz nada contra você. Você está errando ao guerrear contra mim. Que *Adonai*, o Juiz, julgue hoje entre o povo de Yisra'el e o povo de 'Amon' ". 28 Todavia, o rei do povo de 'Amon não deu atenção à mensagem de Yiftach.

29 Então o Espírito de *Adonai* veio sobre Yiftach; e ele passou por Gil'ad e M'nasheh, por Mitzpeh de Gil'ad, e dali avançou contra o povo de 'Amon. 30 Yiftach fez um voto a *Adonai*: "Se entregares o povo de 'Amon em minhas mãos, 31 então aquele que sair da porta da minha casa para encontrar-se comigo, quando eu retornar em paz do povo de 'Amon, pertencerá a *Adonai*; eu o sacrificarei como oferta queimada". 32 Yiftach avançou para lutar contra o povo de 'Amon, e *Adonai* o entregou em suas mãos. 33 Ele os matou de 'Aro'er até a chegada de Minnit, 20 cidades, todo o caminho até Avel-K'ramim; foi um massacre. Assim, o povo de 'Amon foi derrotado diante do povo de Yisra'el.

34 Como Yiftach estivesse retornando a sua casa em Mitzpah, sua filha saiu dançando ao seu encontro com tamborins. Ela era sua única filha; ele não tinha nenhum outro filho ou filha. 35 Quando a viu, ele rasgou suas roupas e disse: "Oh, não, minha filha! Você quebrou meu coração! Por que deveria você ser a causa dessa dor para mim? Eu fiz um voto a *Adonai* e não posso voltar atrás em minha palavra". 36 Ela lhe respondeu: "Pai, o senhor fez um voto a *Adonai*; então o que quer que o senhor tenha prometido, faça comigo; porque *Adonai* tomou vingança sobre seus inimigos, o povo de 'Amon". 37 Então ela disse ao seu pai: "Faça apenas uma coisa por mim — deixe-me estar só por dois meses. Eu irei pelas montanhas com minhas amigas e lamentarei porque morrerei sem ter casado". 38 "Você pode ir", ele respondeu. E ele a enviou por dois meses. Ela partiu, ela e suas amigas, e lamentaram pelas montanhas o fato de que ela morreria sem ter casado. 39 Depois de dois meses, ela retornou para seu pai, e ele fez com ela o que tinha votado; ela

permaneceu virgem. Por isso, tornou-se uma lei em Yisra'el 40 que, a cada ano, as
mulheres de Yisra'el lamentassem, durante quatro dias, a filha de Yiftach de Gil'ad.

12 1 Os homens de Efrayim se juntaram, dirigiram-se a Tzafon e perguntaram
a Yiftach: "Por que você não nos chamou para ir com você quando foi lutar
contra o povo de 'Amon? Nós estamos prontos para queimar sua casa com você
dentro dela!". 2 Yiftach respondeu: "Quando meu povo e eu estávamos em séria dis-
puta com o povo de 'Amon, eu os chamei, mas vocês não me libertaram do poder
deles. 3 Quando eu vi que não me libertariam, pus minha vida em risco e avancei
para atacar o povo de 'Amon, e *ADONAI* os pôs sob meu poder. Assim, por que vocês
vêm hoje para lutar comigo?". 4 Yiftach reuniu todos os homens de Gil'ad e lutou
contra Efrayim, e os homens de Gil'ad derrotaram Efrayim, porque estes tinham
dito: "Vocês, homens de Gil'ad, que vivem em Efrayim e em M'nasheh, desertaram
de Efrayim!". 5 Os homens de Gil'ad tomaram as passagens do Yarden que levavam
a Efrayim, e toda vez que alguém de Efrayim tentava escapar, dizendo "Deixe-me
passar", os homens de Gil'ad lhe perguntavam: "Você é de Efrayim?". Se a resposta
fosse "Não", 6 eles pediam que a pessoa proferisse a palavra "*Shibbolet*". Se ele
dissesse "*Sibbolet*", porque não conseguia pronunciar corretamente a palavra, eles
o tomavam e o matavam no lugar da passagem do Yarden; naquela ocasião, 42 mil
homens de Efrayim foram mortos.

7 Yiftach julgou Yisra'el por seis anos. Então Yiftach de Gil'ad morreu, e foi se-
pultado em uma das cidades de Gil'ad.

8 Depois dele, Ibtzan, de Beit-Lechem, julgou Yisra'el. 9 Ele tinha 30 filhos e 30
filhas, a quem enviou ao estrangeiro; ele trouxe 30 mulheres do estrangeiro para
que se casassem com seus filhos. Ele julgou Yisra'el por sete anos. 10 Então Ibtzan
morreu, e foi sepultado em Beit-Lechem.

11 Depois dele, Elon, de Z'vulun, julgou Yisra'el; ele julgou Yisra'el por dez anos.
12 Então Elon, de Z'vulun, morreu e foi sepultado em Ayalon, na terra de Z'vulun.

13 Depois dele, Avdon, o filho de Hillel, de Pir'aton, julgou Yisra'el. 14 Ele tinha
40 filhos e 30 netos, os quais montavam em 70 jumentos jovens. Ele julgou Yisra'el
por oito anos. 15 Então Avdon, o filho de Hillel, de Pir'aton, morreu, e foi sepultado
em Pir'aton, na terra de Efrayim, nas montanhas de 'Amalek.

13 1 O povo de Yisra'el voltou a fazer o que era mau aos olhos de *ADONAI*, e
ADONAI os entregou aos p'lishtim, por quarenta anos.

2 Havia um homem de Tzor'ah, da família de Dan, cujo nome era Manoach; sua
esposa era estéril, não tinha filhos. 3 O anjo de *ADONAI* apareceu à mulher e lhe disse:
"Ouça! Você é estéril, não teve filho, mas conceberá e terá um filho. 4 Entretanto,
tenha cuidado de não beber vinho e nenhuma bebida embriagante, e não coma nada
que seja impuro. 5 Porque certamente você conceberá e terá um filho. Não passará
navalha na cabeça de seu filho, porque a criança será um *nazir* para Deus, desde o
ventre. Além disso, ele começará a resgatar Yisra'el do poder dos p'lishtim".

6 A mulher contou tudo ao seu marido; ela disse: "Um homem de Deus veio a
mim; seu rosto era amedrontador como o de um anjo de Deus. Eu não perguntei a ele
de onde vinha, nem ele me disse o seu nome. 7 Ele me falou: 'Ouça! Você conceberá e
terá um filho; portanto, não beba vinho e nenhuma bebida embriagante, e não coma
nada que seja impuro, porque a criança será um *nazir* de Deus, desde o ventre até o
dia em que ela morrer' ".

[8] Então Manoach orou a *Adonai*: "Por favor, *Adonai*, que o homem de Deus que tu
enviaste venha outra vez a nós e nos ensine o que devemos fazer pela criança que
nascerá". [9] Deus atendeu ao pedido de Manoach, e o anjo de Deus veio novamente à
mulher, enquanto ela estava sentada no campo, mas seu marido, Manoach, não estava
com ela. [10] A mulher correu apressadamente para contar ao seu marido: "Eis aqui! O ho-
mem que veio a mim no outro dia voltou!". [11] Manoach levantou-se, seguiu a esposa, foi
até o homem, e lhe disse: "Você é o homem que falou à minha mulher?". Ele respondeu:
"Eu sou". [12] Manoach perguntou: "Então quando acontecerem as coisas que você disse,
que orientações podemos ter para a criação da criança? O que devemos fazer por ela?".
[13] O anjo de *Adonai* disse a Manoach: "Sua mulher deve tomar cuidado de cumprir tudo
o que eu lhe disse. [14] Ela não deverá comer nada que venha da videira, não deverá beber
vinho e nenhuma bebida embriagante, e não deverá comer nada que seja impuro. Ela
deverá fazer tudo o que eu ordenei".

[15] Manoach disse ao anjo de *Adonai*: "Por favor, fique conosco um pouco mais, para
que possamos cozinhar um cabrito novo para você". [16] O anjo de *Adonai* respondeu a
Manoach: "Mesmo que eu fique, não comerei sua comida; e, se você preparar uma oferta
queimada, deve oferecê-la a *Adonai*". Porque Manoach não sabia que ele era o anjo de
Adonai. [17] Manoach disse ao anjo de *Adonai*: "Diga-nos o seu nome para que, quando suas
palavras se cumprirem, nós possamos prestar honra a você". [18] O anjo de *Adonai* replicou:
"Por que você está perguntando meu nome? Ele é maravilhoso". [19] Manoach tomou o ca-
brito e a oferta de grãos e ofereceu-os sobre uma pedra a *Adonai*. Então enquanto Manoach
e sua esposa estavam olhando, o anjo fez algo maravilhoso — [20] quando a chama do altar
subiu em direção ao céu, o anjo de *Adonai* subiu na chama. Quando Manoach e sua espo-
sa viram isso, eles caíram com o rosto em terra. [21] O anjo de *Adonai*, porém, não apareceu
novamente a Manoach ou à sua esposa. Então Manoach concluiu que aquele era o anjo de
Adonai. [22] Manoach disse à esposa: "Certamente nós morreremos, porque nós vimos a
Deus!". [23] Todavia, sua esposa lhe disse: "Se *Adonai* nos quisesse matar, ele não teria
aceitado a oferta queimada e a oferta de grãos que lhe oferecemos, não nos teria mos-
trado todas essas coisas nem nos teria dito tudo o que agora nos revelou".

[24] A mulher deu à luz um filho e o chamou Shimshon. A criança cresceu, e *Adonai* a
abençoou. [25] O Espírito de *Adonai* começou a se mover sobre ele quando ele estava no
campo de Dan, entre Tzor'ah e Eshta'ol.

14 [1] Shimshon desceu a Timnah, e em Timnah ele viu uma mulher que era dos
p'lishtim. [2] Ele voltou e disse a seu pai e à sua mãe: "Em Timnah, eu vi uma mulher
dos p'lishtim. Agora, consigam essa mulher para mim, para que seja minha esposa".
[3] Seu pai e sua mãe replicaram: "Não há aqui nenhuma mulher das filhas de seus paren-
tes ou no meio de todo o meu povo? Deve você ir aos incircuncisos p'lishtim para en-
contrar uma esposa?". Shimshon disse ao seu pai: "Consiga-a para mim. Eu gosto dela".
[4] Seus pais não sabiam que tudo aquilo vinha de *Adonai*, que buscava razões para com-
bater contra os p'lishtim. (Naquele tempo, os p'lishtim estavam governando Yisra'el.)

[5] Shimshon desceu com seu pai e sua mãe a Timnah. Quando eles se aproximavam
das vinhas de Timnah, um leão forte rugiu para ele. [6] O Espírito de *Adonai* veio podero-
samente sobre Shimshon e, de mãos vazias, ele rasgou o leão em pedaços tão facilmente
como se o animal fosse um cabrito novo. Ele, porém, não contou para seu pai ou para
sua mãe o que tinha feito. [7] Então desceu, falou com a mulher e viu que ainda gostava
dela.

[8] Algum tempo depois, quando retornou para casar-se com ela, ele se virou para
ver a carcaça do leão e notou que, agora, havia um enxame de abelhas e também

mel no corpo do leão. 9 Ele raspou o mel com as mãos e seguiu adiante, comendo,
enquanto caminhava; quando chegou junto de seus pais, lhes deu um pouco do mel
e eles também comeram. Entretanto, ele não lhes contou que tinha raspado o mel do
corpo do leão.

10 Seu pai desceu até a casa da mulher e, ali, Shimshon deu um banquete, o que
era costume dos jovens. 11 Quando os p'lishtim o viram, trouxeram 30 companhei-
ros para estar com ele. 12 Shimshon lhes disse: "Deixem-me propor a vocês um
enigma. Se vocês o solucionarem dentro dos sete dias do banquete e me derem a
resposta, eu lhes darei 30 camisas de linho e 30 mudas de boas roupas. 13 Se, no
entanto, vocês não o solucionarem, vocês me darão 30 camisas de linho e 30 mudas
de boas roupas". Eles responderam: "Diga-nos o enigma; nós queremos ouvi-lo".
14 Então Shimshon lhes disse:

> "Do que come saiu comida;
> do que é forte saiu doçura".

Três dias se passaram, e eles não conseguiram decifrar o enigma. 15 No sétimo
dia, eles disseram à esposa de Shimshon: "Convença seu marido a nos contar qual
é a solução do enigma. De outra forma, queimaremos a casa de seu pai e você com
ela. Vocês dois nos chamaram aqui para nos empobrecer, não é verdade?". 16 A
esposa de Shimshon veio a ele com lágrimas e disse: "Você não me ama, você me
odeia! Você propôs um enigma a meu povo e não me deu a resposta". Shimshon
replicou à esposa: "Veja, nem mesmo a meu pai ou à minha mãe eu dei a resposta!
Eu a contaria a você?". 17 Ela, porém, permaneceu chorando por todos os sete dias
do banquete; Então no sétimo dia, porque ela continuava a pressioná-lo, ele lhe
contou a solução; e ela a passou para o seu povo. 18 Então antes do pôr do sol do
sétimo dia, os homens da cidade disseram a Shimshon:

> "O que é mais doce que o mel?
> O que é mais forte que um leão?".

Shimshon respondeu:

> "Se vocês não tivessem arado com minha novilha,
> não teriam solucionado o meu enigma".

19 Então o Espírito de *Adonai* veio poderosamente sobre ele. Ele desceu a Ashkelon,
matou 30 de seus homens, tomou suas boas roupas e deu-as aos homens que ti-
nham "decifrado" o enigma. Como ele estava fervendo de ira, foi direto para a casa
de seu pai, 20 e sua esposa foi dada ao seu acompanhante que tinha sido seu melhor
amigo na festa.

15 1 No entanto, depois de algum tempo, durante a estação da colheita do trigo,
Shimshon foi ver sua esposa. Ele trouxe para ela um cabrito jovem e disse
ao pai dela: "Eu quero estar com minha esposa no quarto dela". O pai, porém, não
o permitiu. 2 Ele disse a Shimshon: "Na verdade, eu pensei que você a odiava com-
pletamente, então a dei ao seu acompanhante. Contudo, a irmã mais nova dela —
não é ainda mais bonita? Por que você não a toma no lugar da irmã?". 3 Shimshon
lhes disse: "Desta vez, eu estou inocente para com os p'lishtim! Eu lhes farei algo
terrível!". 4 Assim, Shimshon foi e apanhou 300 raposas. Tomou tochas, amarrou as
raposas pela cauda em pares e colocou uma tocha no laço em cada par de caudas.
5 Acendeu fogo nas tochas e soltou as raposas nos campos de trigo dos p'lishtim.

Desse modo, ele queimou a plantação de trigo juntamente com o grão que esperava para ser colhido, bem como os pomares de oliveiras. 6 Os p'lishtim perguntaram: "Quem fez isso?". Eles responderam: "Shimshon, o genro do homem de Timnah, porque ele tomou a esposa de Shimshon e a deu ao seu acompanhante". Então os p'lishtim vieram e queimaram tanto a mulher quanto o pai dela, fazendo-os morrer. 7 Shimshon lhes disse: "Certamente eu me vingarei de vocês, por fazerem uma coisa dessas; eu não sossegarei enquanto não tiver feito isso". 8 Enfurecido, ele começou a matá-los indiscriminadamente; foi um massacre. Então ele desceu e ficou na caverna da rocha de 'Eitam.

9 Os p'lishtim subiram, montaram acampamento em Y'hudah e atacaram Lechi. 10 Os homens de Y'hudah perguntaram: "Por que vocês estão nos atacando?". Eles responderam: "Queremos prender Shimshon, para fazer com ele a mesma coisa que ele fez conosco". 11 Então 3 mil homens de Y'hudah subiram à caverna da rocha de Eitam e disseram a Shimshon: "Você não sabe que os p'lishtim são nossos dominadores? Por que está fazendo isso conosco?". Ele respondeu: "Eu apenas os tratei da forma que me trataram". 12 Eles lhe disseram: "Nós descemos para prender você e entregá-lo aos p'lishtim". Shimshon replicou: "Jurem-me que vocês mesmos não cairão sobre mim". 13 Eles lhe afirmaram: "Não, mas nós o amarraremos e o entregaremos a eles. Nós, porém, prometemos não matá-lo". Então eles o amarraram com duas cordas novas e o trouxeram da pedra. 14 Quando ele chegou a Lechi, os p'lishtim vieram correndo e gritando para ele; e o Espírito de *Adonai* veio sobre ele poderosamente. As cordas de seus braços se tornaram tão fracas quanto o linho queimado e caíram de seus braços. 15 Ele encontrou uma queixada de jumento fresco, tomou-a em sua mão e com ela derrubou mil homens. 16 Shimshon disse:

"Com a queixada de um jumento, deixei montões empilhados em montões!
Com a queixada de um jumento, matei mil homens!"

17 Depois que ele terminou de falar, jogou fora a queixada de jumento, e aquele lugar veio a se chamar Ramat-Lechi [outeiro da queixada].

18 Então ele sentiu muita sede e clamou a *Adonai*, dizendo: "Tu realizaste este grande livramento por meio do teu servo. Agora, porém, eu morro de sede e caio nas mãos dos incircuncisos?". 19 Então Deus fez uma fenda na cratera que há em Lechi, e a água saiu dela. Quando ele tinha bebido, seu espírito retornou, e ele reviveu. É por isso que o lugar é chamado de 'Ein-HaKorei [a fonte daquele que clamou], e está em Lechi até os dias de hoje. 20 Shimshon julgou Yisra'el por vinte anos, no tempo que os p'lishtim dominavam Yisra'el.

16 1 Shimshon foi a 'Azah, onde viu uma prostituta e entrou para passar a noite com ela. 2 O povo de 'Azah soube que Shimshon tinha chegado; então cercou o lugar onde ele estava e preparou uma emboscada para ele durante a noite, no portão da cidade. O plano era nada fazer à noite e esperar até a manhã para matá-lo. 3 Todavia, Shimshon ficou deitado até a meia-noite; então levantou-se, agarrou os portões da cidade, bem como os dois batentes, puxou-os com a tranca e tudo o mais, levantando-os sobre seus ombros, e carregou-os até o alto da montanha que fica defronte do Hevron.

4 Depois disso, ele se apaixonou por uma mulher que vivia no vale de Sorek, cujo nome era D'lilah. 5 Os chefes dos p'lishtim vieram a ela e disseram: "Convença-o a contar a você de onde vem a grande força dele e como nós podemos sobrepujá-la, de modo que possamos amarrá-lo e subjugá-lo. Se você fizer isso, cada um de nós

dará a você 1.100 peças de prata". 6 D'lilah disse a Shimshon: "Por favor, conte-me
o que é que o faz ser tão forte e como alguém poderia amarrar e subjugar você".
7 Shimshon respondeu: "Se me amarrarem com sete tiras de couro frescas, que nun-
ca tenham sido secadas, eu me tornarei tão fraco quanto qualquer outro homem".
8 Os chefes dos p'lishtim trouxeram para D'lilah sete tiras de couro frescas que
nunca tinham sido secadas, e ela o amarrou com elas. 9 Havia pessoas esperando no
interior do quarto. Então ela lhe disse: "Shimshon! Os p'lishtim vieram sobre você!".
Ele, porém, rompeu as tiras de couro tão facilmente quanto um pedaço de palha se
quebra quando pega fogo, e a fonte de sua força permaneceu desconhecida.

10 D'lilah disse a Shimshon: "Você está zombando de mim, falando mentiras.
Venha agora e conte-me o que se deve fazer para amarrar você". 11 "Tudo o que se
deve fazer", ele respondeu, "é amarrar-me com cordas novas que nunca tenham
sido usadas. Assim, eu me tornarei fraco e serei como qualquer outro". 12 Então
D'lilah tomou cordas novas, amarrou-o e lhe disse: "Shimshon! Os p'lishtim vieram
sobre você!". (As pessoas estavam à espera dentro do quarto.) Ele, porém, quebrou
as cordas de seus braços como um fio.

13 D'lilah disse a Shimshon: "Até agora, você tem zombado de mim e me falado
mentiras. Conte-me o que se deve fazer para amarrar você". Ele respondeu: "Se
você tecer as sete tranças da minha cabeça em um pano em um tear". 14 Então ela
atou um pano ao tear com uma lançadeira e teceu os cabelos dele no pano; então
lhe disse: "Shimshon! Os p'lishtim vieram sobre você!". Ele se levantou de seu sono
e puxou a lançadeira do tear e o tecido entretecido. 15 Ela lhe disse: "Como pode
dizer que me ama quando seu coração não está comigo? Três vezes você zombou
de mim e não me contou a fonte de sua grande força".

16 Todos os dias, ela continuou importunando-o e pressionando-o, até que
ela o aborreceu, deixando-o a ponto de morrer, 17 de modo que, finalmente,
Shimshon contou tudo a D'lilah. Ele lhe disse: "Navalha nenhuma jamais tocou em
minha cabeça, porque eu sou um *nazir* de Deus desde que nasci. Se alguém me
raspar, então minha força me abandonará e eu serei como qualquer outro homem".
18 Quando D'lilah viu que ele, realmente, tinha confiado nela, enviou uma convoca-
ção aos chefes dos p'lishtim com a mensagem: "Venham esta última vez, porque ele
finalmente me contou a verdade". Os chefes dos p'lishtim foram a ela e trouxeram
o dinheiro com eles. 19 Ela o tinha feito dormir em seu colo e chamou um homem
para raspar suas sete tranças de cabelos. Então ela começou a atormentá-lo, mas
sua força tinha ido embora. 20 Ela lhe disse: "Shimshon! Os p'lishtim vieram sobre
você!". Ele despertou de seu sono e disse: "Eu me libertarei agora, da mesma forma
que me libertei antes". Entretanto, ele não sabia que Adonai se tinha apartado dele.
21 Então os p'lishtim o agarraram, arrancaram seus olhos e o levaram para 'Azah. Ali
eles o amarraram com duas cadeias de bronze e o puseram para trabalhar, moen-
do grãos no moinho da prisão. 22 No entanto, depois de o cabelo sobre sua cabeça
ter sido cortado, ele começou a crescer novamente.

23 Os chefes dos p'lishtim reuniram-se para oferecer um grande sacrifício ao seu
deus, Dagon. Enquanto celebravam, eles cantavam:

"Nosso deus nos entregou nosso inimigo, Shimshon".

24 Ao vê-lo, o povo louvava o seu deus:

"Nosso deus nos entregou
nosso inimigo, que destruía nossa terra
e matava muitos de nós".

25 Cheios de alegria, eles disseram: "Chamem Shimshon para que nos divirta". Então eles chamaram Shimshon para fora da prisão, e ele os divertia. Quando eles o colocaram entre as colunas, 26 Shimshon disse ao garoto que o segurava pela mão: "Deixe-me sentir as colunas que suportam o edifício, de modo que eu possa me apoiar nelas". 27 O edifício estava cheio de homens e mulheres; e todos os chefes dos p'lishtim estavam ali; além deles, havia cerca de 3 mil homens e mulheres na galeria, assistindo, enquanto Shimshon os divertia. 28 Shimshon clamou a ADONAI: "*Adonai* ELOHIM, apenas desta vez, por favor, lembra-te de mim e, por favor, dá-me força para que eu possa me vingar dos p'lishtim, pelo menos, pelos meus dois olhos". 29 Shimshon segurou-se bem nas duas colunas do meio que suportavam o edifício e se apoiou nelas, em uma com sua mão direita e na outra com sua mão esquerda. 30 Então clamando "Que eu morra com os p'lishtim!", ele as empurrou com todo o seu poder, e o edifício desmoronou sobre os chefes e sobre todo o povo dentro dele. Assim, Shimshon matou mais em sua morte do que tinha matado durante sua vida.

31 Seus irmãos e toda a família de seu pai foram, tomaram-no e o trouxeram; e o sepultaram entre Tzor'ah e Eshta'ol, no túmulo de seu pai, Manoach. Ele havia julgado Yisra'el durante vinte anos.

17 1 Havia um homem das montanhas de Efrayim chamado Mikhay'hu. 2 Ele disse à sua mãe: "Sabe aquelas 1.100 peças de prata que foram tiradas de você — pelas quais você pronunciou uma maldição e me falou a respeito? Pois bem, o dinheiro está comigo. Eu o peguei". Sua mãe lhe disse: "Que ADONAI o abençoe, meu filho". 3 Quando ele devolveu as 1.100 peças de prata para sua mãe, ela declarou: "Solenemente, eu dedico este dinheiro a ADONAI, para que meu filho faça uma imagem esculpida e a revista de prata. Portanto, agora eu o estou devolvendo a você". 4 Ele, porém, devolveu o dinheiro à sua mãe, e ela tomou 200 peças de prata e deu-as ao ourives, que fez uma imagem esculpida, revestida de prata, a qual foi colocada na casa de Mikhay'hu. 5 Esse homem, Mikhah, possuía uma casa de Deus; então ele fez uma veste ritual e deuses domésticos e consagrou um de seus filhos, o qual se tornou seu *kohen.* 6 Naquele tempo, não havia rei em Yisra'el; um homem simplesmente fazia o que pensava estar certo.

7 Havia um jovem de Beit-Lechem, em Y'hudah, da família de Y'hudah, que era um *levi.* Ele habitava 8 em Beit-Lechem, mas deixou aquela cidade para encontrar outro lugar para viver; e veio para as regiões de Efrayim, onde acabou tomando o caminho da casa de Mikhah. 9 Mikhah lhe perguntou: "De onde você está vindo?". Ele respondeu: "Eu sou um *levi* de Beit-Lechem, em Y'hudah, e estou procurando um lugar para viver". 10 Mikhah respondeu: "Fique comigo, e seja um pai e um *kohen* para mim; eu darei a você 10 peças de prata por ano, além de roupa e comida". Então o *levi* foi 11 e concordou em ficar com aquele homem; o jovem tornou-se como um de seus filhos. 12 Depois que Mikhah consagrou o *levi,* o jovem tornou-se seu *kohen* e ficou ali na casa de Mikhah. 13 Mikhah declarou: "Agora sei que ADONAI me tratará bem, porque tenho um *levi* por *kohen.*

18 1 Naquele tempo, não havia rei em Yisra'el, e acontecia também que a tribo de Dan estava procurando um lugar para requerer propriedade e estabelecer-se, já que a eles ainda não tinha sido dada terra nenhuma entre as tribos de Yisra'el. 2 O povo de Dan enviou cinco líderes de Tzor'ah e Eshta'ol, que representavam todas as suas tribos, para espiar e explorar a terra. Eles os instruíram: "Vão e explorem a terra". Eles vieram até as montanhas de Efrayim, à casa de Mikhah, e ficaram ali. 3 Enquanto eles estavam na casa de Mikhah, reconheceram a voz do jovem, o *levi*, e, aproximando-se dele, disseram: "Quem o trouxe para cá? O que você está fazendo neste lugar? O que há para você aqui?". 4 Ele respondeu: "Eis o acordo que Mikhah fez comigo: ele me paga um salário, e eu o sirvo como *kohen*". 5 Eles lhe disseram: "Por favor, pergunte a Deus se nossa jornada será bem-sucedida". 6 O *kohen* respondeu: "Não se preocupem; *Adonai* está com vocês nessa jornada".

7 Os cinco homens partiram, vieram a Layish e viram o povo que ali vivia em segurança, de acordo com os costumes dos tzidonim, sossegados e seguros, já que ninguém na região estava exercendo autoridade que pudesse envergonhá-los em qualquer sentido; além disso, eles estavam longe dos tzidonim e não tinham acordos com outros povos. 8 Quando retornaram aos seus parentes em Tzor'ah e Eshta'ol, estes lhes perguntaram o que tinham para relatar. 9 Eles responderam: "Vamos atacá-los. Nós vimos a terra, e ela é excelente. Não demorem; comecem a agir! Vão e tomem a terra! 10 Quando forem, vocês chegarão a um povo que se sente seguro. Há bastante terra, o lugar não tem falta de nada, mas tem tudo o que há na terra; e Deus a tem dado a vocês".

11 Então 600 homens da tribo de Dan equiparam-se para a guerra, saindo de Tzor'ah e Eshta'ol. 12 Eles subiram e acamparam em Kiryat-Ye'arim, em Y'hudah, motivo de aquele lugar ser chamado de Machaneh-Dan [o campo de Dan] até os dias de hoje (na realidade, está atrás de Kiryat-Ye'arim). 13 Dali, eles passaram para as montanhas de Efrayim e vieram à casa de Mikhah. 14 Os homens que tinham ido para espiar a terra de Layish então disseram aos seus camaradas: "Vocês estão informados de que nesses edifícios existe uma veste ritual, deuses domésticos e uma imagem esculpida revestida de prata? Decidam o que vocês devem fazer". 15 Eles mudaram a rota e foram à casa do jovem *levita*, que é a casa de Mikhah, e lhe perguntaram como ele estava passando. 16 Os 600 soldados de Dan ficaram no portão, 17 enquanto os cinco que tinham espiado a terra entraram e tomaram o ídolo coberto de prata, a veste e os deuses domésticos. O *kohen* tinha ficado com os 600 soldados próximo ao portão. 18 No entanto, enquanto eles iam à casa de Mikhah e pegavam a imagem coberta de prata, a veste e os deuses domésticos, o *kohen* lhes perguntou: "O que vocês estão fazendo?". 19 Eles responderam: "Fique quieto, mantenha sua boca fechada e venha conosco. Seja um pai e um *kohen* para nós. O que é melhor? Ser um *kohen* na casa de um homem ou ser um *kohen* para toda uma tribo e uma família em Yisra'el?". 20 Isso fez o *kohen* sentir-se muito bem; então ele pegou a veste ritual, os deuses domésticos e a imagem e foi com o povo. 21 Eles se voltaram e partiram, indo adiante deles com seus filhos, seu gado e seus pertences.

22 Quando eles estavam a uma boa distância da casa de Mikhah, os homens que viviam nas casas próximas à dele se juntaram [com ele], alcançaram os homens de Dan 23 e começaram a gritar para eles. Os homens de Dan viraram-se e disseram a Mikhah: "O que está errado com vocês que tenham reunido essa multidão?". 24 Ele respondeu: "Vocês roubaram o meu deus, que eu fiz, e partiram com o *kohen*! O que mais eu poderia fazer? Como vocês podem me perguntar 'O que está errado com vocês?' ". 25 Os homens de Dan responderam: "Vocês fariam melhor se não dissessem nada mais para nós, porque alguns de nós podem ficar irados e atacá-los. Vocês poderiam perder sua vida, assim como poderia acontecer com os outros da família de vocês". 26 Então os homens de Dan seguiram seu caminho; e, quando Mikhah viu que eles eram muito fortes para ele, voltou atrás e retornou para sua casa. 27 Assim, os homens de Dan tomaram as coisas que Mikhah tinha feito, bem como seu *kohen*.

Eles vieram a Layish, a um povo quieto e confiante. Eles atacaram e mataram o povo, e queimaram a cidade. 28 Ninguém veio resgatá-los porque a cidade ficava longe de Tzidon, e eles não tinham acordos com outros povos. A cidade ficava no vale próximo a Beit-Rechov.

Então o povo de Dan reconstruiu a cidade e se estabeleceu ali. 29 Eles chamaram a cidade de Dan, como o nome de seu antepassado, Dan, que nasceu a Yisra'el, embora em outro tempo a cidade tenha sido chamada de Layish. 30 O povo de Dan ficou com a imagem para eles mesmos. Y'honatan, o filho de Gershom, o filho de M'nasheh, e seus filhos foram *kohanim* para a tribo do povo de Dan até o dia em que foi exilada da terra. 31 Assim, eles erigiram para si mesmos o ídolo feito por Mikhah, e ali ele permaneceu ainda que a casa de Deus estivesse em Shiloh.

19 1 Naqueles dias, quando não havia rei em Yisra'el, certo *levi* vivia em uma região afastada das montanhas de Efrayim; ele tomou uma mulher de Beit-Lechem, em Y'hudah, para ser sua concubina. 2 Ela, porém, era infiel a ele, e ele a despediu para a casa da família dela em Beit-Lechem, em Y'hudah, onde ficou por algum tempo, por quatro meses. 3 Seu marido foi até ela e a persuadiu a retornar; ele tinha com ele o seu servo e um par de jumentos. Ela os trouxe até a casa de seu pai e, quando este os viu, ficou feliz em conhecê-los. 4 Seu sogro, o pai da moça, os manteve ali; então ele permaneceu com eles por três dias; comeram, beberam e ficaram ali. 5 No quarto dia, eles se levantaram pela manhã, bem cedo, e o homem preparou-se para partir. O pai da moça, entretanto, disse ao genro: "Você se sentirá melhor se comer um pouco antes de partir". 6 Assim, os dois se sentaram, comeram e beberam juntos. Então o pai da moça disse ao homem: "Por favor, fique mais uma noite e divirta-se". 7 O homem levantou-se para partir, mas seu sogro o pressionou; então novamente ele ficou ali. 8 Na manhã do quinto dia, ele se levantou cedo para partir, mas o pai da moça perguntou: "Por que você não come alguma coisa e parte esta tarde?". Então os dois homens comeram. 9 Quando o homem levantou-se para partir com sua concubina e seu servo, seu sogro, o pai da moça, lhe disse: "Veja, é quase noite. Por favor, passe a noite aqui — como você vê, está ficando tarde. Fique, alegre-se e amanhã siga bem cedo o seu caminho para casa". 10 O homem, porém, não permaneceu ali aquela noite; então ele foi e partiu com sua concubina e seus dois jumentos selados; e chegaram a Y'vus, também conhecida como Yerushalayim.

11 A noite estava próxima quando chegaram a Y'vus; e o servo perguntou ao seu senhor: "Por que não vamos a esta cidade de Y'vus e ficamos ali?". 12 Contudo, seu amo lhe respondeu: "Não devemos ir a uma cidade de estrangeiros que não pertença ao povo de Yisra'el. Iremos adiante, até Giv'ah". 13 Ele disse ao seu servo: "Vamos e chegaremos a uma daquelas cidades; ficaremos em Giv'ah ou Ramah". 14 Então eles foram e continuaram a viagem, até que o sol se pôs quando estavam próximos a Giv'ah, que pertence a Binyamin. 15 Eles entraram em Giv'ah para ficar ali. Foram e se sentaram na praça da cidade, já que ninguém tinha oferecido sua casa para que eles passassem a noite.

16 Naquele momento, ao cair da noite, um velho vinha de seu trabalho no campo. Ele era das montanhas de Efrayim e vivia em Giv'ah, embora os residentes da cidade fossem de Binyamin. 17 O velho olhou, viu os viajantes na praça da cidade e perguntou: "Para onde vocês vão e de onde vêm?". 18 O homem respondeu: "Nós estamos de passagem, de Beit-Lechem, em Y'hudah, até a parte afastada das montanhas de Efrayim. É de lá que eu sou. Eu fui a Beit-Lechem, em Y'hudah, e agora estou indo para a casa de Adonai; no entanto, ninguém aqui permitiu que eu passasse a noite em sua casa. 19 Nós temos palha e comida para nossos jumentos, e também pão e vinho para mim, para minha concubina e para o jovem que está aqui com seus servos; nós não precisamos de nada mais". 20 O velho lhe disse: "Você é bem-vindo para ficar comigo. Eu cuidarei

para que nada falte a você; apenas não passe a noite na praça". 21 Assim, ele os
levou para sua casa e deu comida aos seus jumentos. Então eles lavaram os pés,
comeram e beberam.
22 Eles estavam à vontade quando, de repente, alguns homens vadios da cidade
começaram a bater na porta. "Traga para fora o homem que entrou em sua casa
com você!", exigiam eles do velho que era dono da casa. "Nós queremos ter relações
sexuais com ele!". 23 O homem, dono da casa, saiu e disse àqueles homens: "Não,
meus irmãos, por favor, não façam uma coisa tão errada quanto essa. Vejam, ele
é somente um convidado em minha casa; não façam uma coisa tão degradante.
24 Aqui está minha filha, que é virgem, e a concubina dele. Eu as trarei para fora.
Maltratem-nas, façam o que quiserem com elas, mas não façam coisa tão degradan-
te a este homem". 25 Os homens, todavia, não o ouviram; então o homem tomou a
concubina de seu hóspede e a trouxe para eles. Eles a estupraram e abusaram dela
durante toda a noite; somente ao amanhecer, a deixaram ir. 26 Ao romper do dia, a
mulher veio e caiu à porta da casa do homem onde seu marido estava, e, quando
começou a clarear, ela ainda estava lá. 27 Quando seu marido levantou-se, abriu a
porta da casa e saiu para seguir seu caminho, ele viu a mulher caída ali, com suas
mãos estendidas para a porta. 28 Ele disse à mulher: "Levante-se! Vamos embora!".
Entretanto, não houve resposta. Então ele colocou o corpo dela sobre o jumento
e começou sua viagem para casa. 29 Quando chegou a casa, ele pegou uma faca,
tomou o corpo de sua concubina, cortou-o em 12 pedaços e enviou-os a todas as
regiões de Yisra'el. 30 Todos os que viram aquilo disseram: "Desde o dia em que o
povo de Yisra'el veio do Egito até hoje, nunca se viu ou aconteceu tal coisa. O que
faremos acerca disso? Conversem sobre isso e decidam".

20 1 Todo o povo de Yisra'el veio, desde Dan até Be'er-sheva, incluindo Gil'ad; a
comunidade reuniu-se em Mitzpah, com um só propósito diante de *Adonai*.
2 Os líderes de todas as tribos de Yisra'el apresentaram-se à assembleia do
povo de Deus, 400 mil soldados em pé, armados com sua espada. 3 E o povo de
Binyamin ouviu que o povo de Yisra'el tinha subido a Mitzpah. O povo de Yisra'el
disse: "Conte-nos como esse crime foi cometido". 4 O *levi*, marido da mulher assas-
sinada, respondeu: "Eu vim a Giv'ah, que pertence a Binyamin, eu e minha concu-
bina, para passar a noite; 5 e os homens de Giv'ah atacaram-me e cercaram a casa
onde eu estava passando a noite. Eles queriam me matar, mas, em vez disso, violen-
taram minha concubina até a morte. 6 Eu tomei o corpo dela, cortei-o em pedaços e
os enviei por todas as terras que pertencem a Yisra'el; porque eles cometeram um
crime chocantemente obsceno e degradante em Yisra'el. 7 Vejam, todos vocês são
o povo de Yisra'el. Discutam o que se deve fazer e tomem conselho aqui e agora".
8 Todo o povo se levantou em concordância e disse: "Nenhum de nós voltará
para a família, para a tenda ou para casa. 9 O que faremos agora a Giv'ah é isto: di-
vidiremos, por sorteio, toda a tribo de Yisra'el em grupos; 10 tomaremos 10 homens
de cada grupo de 100, de todas as tribos de Yisra'el; e 100, de 1.000, e 1.000, de 10
mil, para que juntem alimento para os outros. Quando eles chegarem a Giv'ah, em
Binyamin, eles vingarão o crime que foi cometido". 11 Assim, todos os homens de
Yisra'el, juntos, em absoluta concordância, reuniram-se para atacar a cidade.
12 As tribos de Yisra'el enviaram homens por toda a tribo de Binyamin, com esta
mensagem: "O que dizem vocês desse crime cometido por alguns do seu povo?
13 Entregue-nos de uma vez esses vadios que estão em Giv'ah, para que possamos
executá-los e livrar Yisra'el deste mal". O povo de Binyamin, porém, recusou obedecer

à ordem de seus parentes, o povo de Yisra’el. 14 Em vez disso, o povo de Binyamin
juntou-se de suas cidades e foi a Giv‘ah para lutar contra o povo de Yisra’el. 15 Na-
quele tempo, havia 26 mil homens de Binyamin armados com espadas, fora os ha-
bitantes de Giv‘ah, que contavam 700 homens especialmente escolhidos. 16 Todos
esses 700 especialmente escolhidos eram canhotos, e cada um deles podia atirar
uma pedra com uma funda em um fio de cabelo e não errar.

17 O exército de Yisra’el, fora Binyamin, contava 400 mil homens com espadas;
todos eles eram soldados experientes. 18 O exército de Yisra’el começou indo até
Beit-El, onde perguntaram a Deus: “Quem será o primeiro a atacar o exército de
Binyamin?”. Adonai disse: “Y’hudah será o primeiro”. 19 Assim, o exército de Yisra’el
subiu pela manhã e montou seu acampamento próximo a Giv‘ah. 20 Então o exér-
cito de Yisra’el avançou para atacar Binyamin e estabeleceu sua linha de batalha
em frente a Giv‘ah. 21 O exército de Binyamin, entretanto, saiu de Giv‘ah e matou o
exército de Yisra’el; naquele dia, 22 mil homens caíram. 22 O povo, os homens de
Yisra’el, restaurou seu moral e novamente se posicionou para a batalha no local
onde ficara no primeiro dia. 23 Então o exército de Yisra’el subiu e chorou diante
de Adonai até o anoitecer. Eles perguntaram a Adonai: “Devemos atacar novamente
nossos parentes, o povo de Binyamin?”. Adonai respondeu: “Ataquem-nos”.

24 No segundo dia, o exército de Yisra’el atacou o exército de Binyamin. 25 To-
davia, Binyamin saiu contra eles de Giv‘ah no segundo dia e matou o exército de
Yisra’el; 18 mil homens armados com espadas caíram. 26 Então todo o exército de
Yisra’el, todo o povo, foi a Beit-El e, chorando, sentou-se ali, na presença de Adonai.
Aquele dia, eles jejuaram até o anoitecer, ofereceram ofertas queimadas e ofertas
pacíficas a Adonai, 27 e perguntaram a Adonai o que deveriam fazer. Naquele tempo,
a arca da aliança de Deus estava ali; 28 e Pinchas, o filho de El‘azar, filho de Aharon,
estava diante dela. Eles perguntaram: “Devemos, ainda, batalhar contra nossos pa-
rentes, o povo de Binyamin, ou devemos parar?”. Adonai respondeu: “Ataquem-nos,
porque amanhã eu os entregarei a vocês”.

29 Yisra’el escondeu alguns homens ao redor de Giv‘ah, 30 e, ao terceiro dia,
Yisra’el atacou o exército de Binyamin e tomou posição contra Giv‘ah, da mesma
forma que tinham feito das outras vezes. 31 Novamente, o exército de Binyamin saiu
contra o povo. Atraídos para longe da cidade, eles começaram a atacar e matar al-
guns do povo, assim como tinham feito de outras vezes — eles mataram cerca de
30 homens de Yisra’el, no campo e nas estradas, uma das quais vai para Beit-El e
outra, para Giv‘ah. 32 O exército de Binyamin disse: “Eles estão derrotados, assim
como aconteceu antes”. Entretanto, o exército de Yisra’el respondeu: “Vamos correr
e atraí-los para longe da cidade, para as estradas”. 33 Todos os homens de Yisra’el
deixaram seus lugares e tomaram posição de batalha em Ba’al-Tamar, enquanto os
outros homens de Yisra’el saíam de seus lugares escondidos em Ma’areh-Geva. 34 Dez
mil homens escolhidos de todo o Yisra’el vieram para atacar Giv‘ah, e o combate foi
intenso. O exército de Binyamin, no entanto, não sabia que estava para ser derrotado.
35 Porque Adonai derrotou Binyamin na presença de Yisra’el; naquele dia, o exército
de Yisra’el destruiu 25.100 homens de Binyamin, todos eles armados de espadas;
36 e o povo de Binyamin compreendeu que eles estavam derrotados.

Confiando naqueles que tinham sido colocados em posição para emboscar
Binyamin, os homens de Yisra’el despertaram confiança nos homens de Binyamin.
37 Então os homens que estavam em posição de espera apressaram-se para Giv‘ah,
desembainharam sua espada e destruíram a cidade. 38 O exército de Yisra’el e os
que estavam na emboscada tinham planejado que, como sinal, eles fariam subir
da cidade uma enorme nuvem de fumaça 39 e os homens de Yisra’el retornariam.

Quando isso aconteceu, Binyamin começou a atacar. Eles mataram cerca de 30
homens de Yisra'el e disseram: "Claramente nós os estamos derrotando outra vez,
como na primeira batalha". 40 Contudo, quando o sinal de fumaça começou a subir
da cidade, os homens de Binyamin olharam para trás e viram toda a cidade subin-
do ao céu numa fumaça. 41 Então tendo os homens de Yisra'el mudado de direção,
os homens de Binyamin foram tomados pelo pavor. Quando viram que a desgraça
tinha vindo sobre eles, 42 deram as costas aos homens de Yisra'el e seguiram pelo
caminho do deserto. A batalha, porém, os seguiu, e aqueles que vinham da cidade
os destruíam por trás. 43 Eles cercaram os homens de Binyamin, perseguiram-nos e
os pisotearam em frente a Giv'ah no lado leste. 44 Dezoito mil homens de Binyamin
caíram, todos eles soldados experientes. 45 Eles voltaram e fugiram pelo deserto,
para a rocha de Rimmon; e 5 mil deles foram mortos nas estradas. Eles os seguiram
até Gid'om e mataram outros 2 mil. 46 Assim, o total de Binyamin que caiu naquele
dia foi de 25 mil soldados experientes que portavam a espada. 47 Seiscentos deles,
porém, voltaram atrás e fugiram pelo deserto até a rocha de Rimmon, e ali viveram
por quatro meses. 48 Os homens de Yisra'el voltaram-se contra o povo de Binyamin
e mataram à espada toda a cidade, todo o gado e tudo o que eles encontraram.
Além disso, incendiaram todas as cidades com que depararam.

21 1 Os homens de Yisra'el tinham jurado em Mitzpah que nenhum deles deixa-
ria sua filha se casar com um homem de Binyamin. 2 O povo veio a Beit-El e
ficou ali diante de Deus até o anoitecer, chorando e lamentando. 3 Eles exclamaram:
"*Adonai,* por que sobreveio isso a Yisra'el? Por que deveria estar hoje em Yisra'el
uma tribo perdida?". 4 No dia seguinte, o povo levantou-se cedo, edificou um altar
e ofereceu ofertas queimadas e ofertas pacíficas. 5 O povo de Yisra'el perguntou:
"Quem entre as tribos de Yisra'el não veio à assembleia diante de *Adonai?*". Porque
eles tinham feito um grande juramento de levar à morte qualquer que não viesse a
Adonai em Mitzpah. 6 O povo de Yisra'el lamentou por Binyamin, seu irmão, e disse:
"Hoje uma tribo foi cortada de Yisra'el. 7 Como conseguiremos esposa para os que
permaneceram vivos, já que juramos por *Adonai* que não deixaríamos nossas filhas
se casarem com eles?".

8 Então eles perguntaram quem das tribos de Yisra'el não tinha subido a *Adonai*
em Mitzpah e descobriram que, de Yavesh-Gil'ad, ninguém tinha subido ao campo
onde a assembleia estava; 9 desde quando o povo foi contado, nenhum dos habitan-
tes de Yavesh-Gil'ad foi ali encontrado. 10 Então a assembleia enviou 12 mil guerrei-
ros para lá e ordenou-lhes: "Vão e coloquem o povo que vive em Yavesh-Gil'ad para
morrer pela espada, incluindo mulheres e crianças. 11 Destruam completamente
todos os homens e todas as mulheres que fizeram sexo com um homem". 12 Entre
os habitantes de Yavesh-Gil'ad, eles encontraram 400 jovens virgens que ainda não
tinham conhecido um homem, deitando-se com ele, e eles as trouxeram ao acam-
pamento em Shiloh, que fica na terra de Kena'an.

13 Então toda a assembleia enviou uma mensagem, proclamando paz ao povo de
Binyamin, que estava na rocha de Rimmon. 14 Assim, naquele tempo, Binyamin re-
tornou, e o povo de Yisra'el lhes entregou as mulheres que eles tinham conservado
com vida das mulheres de Yavesh-Gil'ad. Elas, porém, não foram suficientes para
eles. 15 O povo ainda se lamentava por Binyamin, porque *Adonai* tinha feito uma
divisão entre as tribos de Yisra'el.

16 Os líderes da assembleia perguntaram: "O que faremos por aqueles que ainda
não têm esposa, considerando que todas as mulheres de Binyamin foram mortas?".

17 Eles disseram: "Precisa haver um modo de ajudar os sobreviventes a preservar
a herança de Binyamin, de forma que uma tribo não seja eliminada de Yisra'el.
18 Nós, entretanto, não lhes podemos dar nossas filhas como esposa". Pois o povo
de Yisra'el tinha jurado: "Maldito seja qualquer um que dê uma esposa a Binyamin".

19 Então eles disseram: "Vejam, cada ano há uma festa em honra a *Adonai*, em
Shiloh, ao norte de Beit-El, no lado leste da estrada que vai de Beit-El a Sh'khem, ao
sul de Levonah." 20 Eles ordenaram aos homens de Binyamin: "Vão, escondam-se
nas vinhas 21 e fiquem vigiando. Se as moças de Shiloh saírem para fazer suas dan-
ças, então saiam das vinhas, e cada um de vocês pegue para si uma esposa dentre
as moças de Shiloh, e vão para a terra de Binyamin. 22 Quando os pais delas ou
seus irmãos vierem reclamar, diremos a eles: 'Dê-lhes como favor pessoal para nós,
porque não tomamos esposa para cada um deles na batalha. Vocês não as deram
a eles; isso seria a única coisa que os faria culpados de quebrar seu juramento' ".
23 Então os homens de Binyamin fizeram isso — eles tomaram para si esposas den-
tre as moças que estavam dançando; tantas quantas necessitavam. Eles as levaram,
voltaram à terra de sua herança, reconstruíram as cidades e viveram nelas. 24 O
povo de Yisra'el, então, partiu daquele lugar; cada homem retornou para sua tribo
e família, e cada homem foi dali para a terra que tinha herdado.

25 Naquele tempo, não havia rei em Yisra'el; um homem fazia, simplesmente,
aquilo que pensava ser correto.

שמואל א'

Sh'mu'el Alef

[1 Samuel]

1 1 Havia um homem de Ramatayim-Tzofim, nas montanhas de Efrayim, cujo nome era Elkanah, o filho de Yerocham, neto de Elihu, bisneto de Tochu, o filho de Tzuf, de Efrat. 2 Ele tinha duas esposas. Uma chamava-se Hannah, e a outra, P'ninah. P'ninah tinha filhos, mas Hannah não tinha filhos. 3 Esse homem subia de sua cidade a cada ano para adorar e sacrificar a *Adonai-Tz'vaot* em Shiloh. Os dois filhos de 'Eli, Hofni e Pinchas, eram *kohanim* de *Adonai* ali.

4 Um dia, enquanto Elkanah estava sacrificando, ele deu a porção do sacrifício para a sua esposa P'ninah e porções a cada um de seus filhos e filhas; 5 contudo, a Hannah ele deu uma porção dupla, porque ele amava Hannah, ainda que *Adonai* a tivesse privado de ter filhos. 6 Sua rival escarneceu dela e a fez sentir-se mal, porque *Adonai* a tinha privado de ter filhos. 7 Ele fazia o mesmo todos os anos; cada vez que ele subia à casa de *Adonai*, ela escarnecia tanto dela que Hannah chorava e não comia. 8 Seu marido, Elkanah, disse a ela: "Hannah, por que você está chorando e por que não está comendo? Por que se sente tão triste? Eu não sou melhor para você do que dez filhos?". 9 Então Hannah subiu depois que eles tinham terminado de comer e beber em Shiloh. 'Eli, o *kohen*, estava sentado em seu assento próximo ao pilar da porta da casa de *Adonai*. 10 Em profunda depressão, ela orava a *Adonai* e chorava. 11 Então ela fez um voto; ela disse: "*Adonai-Tz'vaot*, se tu atentares para quão humilhada está a tua serva, e se te lembrares de mim e não te esqueceres da tua serva, mas deres à tua serva um filho homem, então eu o darei a *Adonai* por todo o tempo que ele viver; e lâmina nenhuma jamais virá sobre sua cabeça". 12 Ela orou por longo tempo diante de *Adonai*; e, como procedesse assim, 'Eli observava sua boca. 13 Hannah falava em seu coração — seus lábios se moviam, mas a voz não podia ser ouvida —, por isso 'Eli pensou que ela estava embriagada. 14 'Eli disse a Hannah: "Por quanto tempo você vai continuar bêbada? Pare de beber o seu vinho!". 15 Hannah, entretanto, respondeu: "Não, meu senhor, eu sou uma mulher muito infeliz. Não bebi nem vinho nem outra bebida forte; antes, estou derramando minha alma diante de *Adonai*. 16 Não penses que tua serva é uma mulher desprezível; porque eu falei do profundo da minha angústia e da minha ansiedade". 17 Então 'Eli respondeu: "Vá em paz. Que o Deus de Yisra'el conceda o que você pediu a ele". 18 Ela respondeu: "Que a tua serva encontre favor em tua presença". A mulher seguiu o seu caminho, e comeu, e sua face já não era triste. 19 Eles se levantaram de manhã, adoraram diante de *Adonai*, retornaram e voltaram a sua casa em Ramah.

Elkanah teve relações sexuais com sua esposa, e *Adonai* lembrou-se dela. 20 Ela concebeu e, no tempo determinado, deu à luz um filho, a quem chamou Sh'mu'el, "porque eu pedi por ele a *Adonai*".*

* "Sh'mu'el" é derivado de *shem El*, "nome de Deus", mas soa como *sha'ul me'el*, "pedido a Deus".

21 O marido, Elkanah, subiu com toda a sua família para oferecer o sacrifício anual
a *Adonai* e cumprir seu voto. 22 Hannah, porém, não subiu e explicou ao seu marido:
"Não até que a criança tenha sido desmamada. Então eu a levarei para que possa
comparecer diante de *Adonai* e ali viver para sempre". 23 O marido dela, Elkanah, res-
pondeu: "Faça o que parece bem a você; fique aqui até que o tenha desmamado. Que
Adonai apenas confirme o que ele disse". Então a mulher ficou para trás e cuidou da
criança até que a desmamou. 24 Depois de desmamá-la, ela a tomou consigo, junta-
mente com três novilhos, uma medida de farinha e um odre de vinho, e os trouxe à
casa de *Adonai*, em Shiloh, ainda que fosse apenas uma criança. 25 Depois que os no-
vilhos tinham sido sacrificados, a criança foi trazida a 'Eli; 26 e ela disse: "Meu senhor,
tão certamente como o senhor vive, meu senhor, eu sou a mulher que estava aqui,
próxima ao senhor, orando a *Adonai*. 27 Eu orava por esta criança, e *Adonai* atendeu ao
pedido que fiz a ele. 28 Portanto, eu também o dei a *Adonai* — por todo o tempo que
ele viver, ele está entregue a *Adonai*". E ela se prostrou ali diante de *Adonai*.

2 1 Então Hannah orou; ela disse:

"Meu coração exulta em *Adonai*!
Minha dignidade foi restaurada por *Adonai*!
Eu posso me alegrar sobre meus inimigos,
por causa da minha alegria em ter ele me salvado.

2 "Ninguém é santo como *Adonai*,
porque não há ninguém que se compare contigo,
não há rocha como o nosso Deus.

3 "Parem com suas ostentações arrogantes!
Não deixem que a arrogância venha de sua boca!
Porque *Adonai* é o Deus do conhecimento,
e ele julga as ações.
4 Os arcos dos fortes são quebrados,
enquanto os fracos são armados com força.
5 Os bem alimentados vendem-se por pão,
enquanto aqueles que estavam famintos não têm mais fome.
A mulher estéril gerou sete,
enquanto a mãe de muitos enfraquece.

6 "*Adonai* mata e dá vida;
ele faz descer à cova, e ele levanta de lá.
7 *Adonai* torna pobre, e torna rico;
ele humilha e exalta.
8 Ele levanta o pobre do pó,
levanta os necessitados do monte de lixo;
ele lhes dá lugar com os líderes
e lhes designa assentos de honra.

"Pois os fundamentos da terra pertencem a *Adonai*;
sobre eles ele colocou o mundo.
9 Ele guardará os passos dos que lhe são fiéis,
mas os ímpios serão silenciados em trevas.
Porque não é pela força que uma pessoa prevalece —

10 os que lutam com *Adonai* serão quebrados;
ele trovejará contra eles no céu —
Adonai julgará as extremidades da terra.
Ele fortalecerá o seu rei
e aumentará o poder do seu ungido."

11 Elkanah foi para sua casa em Ramah, enquanto a criança começou a ministrar a
Adonai sob a direção de 'Eli, o *kohen*.
12 Os filhos de 'Eli eram ímpios; não tinham consideração por *Adonai*. 13 A regra
que estes *kohanim* seguiam no tratamento com o povo era esta: quando alguém
oferecia um sacrifício, e, enquanto a carne estava cozinhando, o servo do *kohen*
vinha com um garfo de três dentes em sua mão. 14 Ele enfiava o garfo na panela,
na caldeira, no caldeirão ou no pote; e o *kohen* tomava para si o que quer que o
garfo pegasse. Era assim que eles tratavam todo o povo de Yisra'el que vinha a
Shiloh. 15 O servo dos *kohen*, na verdade, vinham antes que a gordura estivesse
queimando e diziam a quem estava oferecendo sacrifício: "Dê ao *kohen* carne que
ele possa assar; porque ele não quer sua carne assada, mas crua". 16 Se o homem
respondesse: "Deixe-me primeiramente queimar a gordura, e depois pegue o que
quiser", ele dizia: "Não; entregue-me a carne agora, ou a tomarei à força". 17 O
pecado desses jovens era muito sério aos olhos de *Adonai*, porque eles tratavam
as ofertas feitas a *Adonai* com desprezo.
18 Sh'mu'el, porém, ministrava na presença de *Adonai*, usando a veste ritual de
linho, ainda que ele fosse apenas uma criança. 19 A cada ano, sua mãe fazia para
ele uma pequena túnica e a trazia quando vinha com seu marido para oferecer
o sacrifício anual. 20 'Eli abençoava Elkanah e sua esposa, e dizia: "Que *Adonai*
dê a você filhos de sua mulher por causa do menino que entregaram a *Adonai*";
então eles iam para casa. 21 *Adonai* atentou para Hannah, e ela concebeu e deu à
luz a mais três filhos e duas filhas. Enquanto isso, o menino Sh'mu'el crescia na
presença de *Adonai*. 22 Quando 'Eli estava muito velho, ele ouviu acerca das coisas
que seus filhos estavam fazendo a todo o Yisra'el, e que eles estavam mantendo
relações sexuais com as mulheres que serviam na porta da tenda do encontro.
23 Ele perguntou a eles: "Por que vocês estão fazendo essas coisas? Eu estou ou-
vindo más notícias sobre vocês da parte do povo. 24 Não, meus filhos, eu não ouço
o povo de *Adonai* declarar uma só boa notícia! 25 Se uma pessoa comete pecado
contra outra pessoa, os juízes podem mediar entre elas. No entanto, se uma pes-
soa comete pecado contra *Adonai*, quem irá interceder por ela?". Eles, porém, não
deram ouvidos ao que seu pai disse, porque *Adonai* tinha decidido matá-los.
26 A criança Sh'mu'el continuava crescendo e alcançando favor, tanto de *Adonai*
quanto do povo.
27 Um homem de Deus veio a 'Eli e lhe disse: "Eis o que *Adonai* diz: "Não me
revelei ao clã de seus ancestrais enquanto eles estavam no Egito, servindo como
escravos na casa do faraó? 28 Não o escolhi entre todas as tribos de Yisra'el para
ser meu *kohen*, subir ao meu altar, queimar incenso e usar a veste ritual em minha
presença? Não designei aos seus ancestrais todas as ofertas do povo de Yisra'el fei-
tas pelo fogo? 29 Por que você está demonstrando esse desrespeito para com meus
sacrifícios e ofertas, os quais eu ordenei que fossem feitos na minha morada? Por
que você demonstra mais honra aos seus filhos do que a mim, ficando gordo com
as partes mais escolhidas de todas as ofertas de Yisra'el, meu povo?".
30 "Portanto, *Adonai*, o Deus de Yisra'el, diz: 'Eu tinha dito antes que sua família e
a família do seu pai andariam na minha presença para sempre'. Agora, porém, *Adonai*

diz: 'Esqueça! Eu respeito aqueles que me respeitam, mas aqueles que me desprezam
encontrarão desprezo. 31 Está chegando o dia quando eu quebrarei a sua força e a for-
ça da família de seu pai, para que ninguém em sua família viva até idade avançada.
32 No tempo em que Yisra'el estiver prosperando, você verá um rival em minha habi-
tação; e jamais alguém em sua família viverá até idade avançada. 33 Todavia, eu não
cortarei do meu altar todos os homens de sua família porque isso faria seus olhos
escurecerem, e você desanimaria. Entretanto, todos os seus descendentes morrerão
jovens. 34 O sinal para você de que sucederá desta forma será o que acontecerá a seus
dois filhos, Hofni e Pinchas — ambos morrerão no mesmo dia. 35 Eu levantarei para
mim mesmo um *kohen* fiel que fará o que eu quero e o que eu planejo. Eu farei sua
família ser fiel, e ele servirá na presença do meu ungido para sempre. 36 Todos os que
sobrarem de sua família virão, se prostrarão diante dele por uma moeda de prata ou
um pedaço de pão e dirão: "Por favor, dê-me algum trabalho de *kohen*, para que eu
possa ter um pedaço de pão para comer" ' ".

3 1 O menino Sh'mu'el continuava ministrando a *Adonai* sob a direção de 'Eli.
Naqueles dias, *Adonai* raramente falava, e as visões eram poucas. 2 Certa vez,
naquele período, 'Eli tinha ido para a cama — seus olhos tinham começado a se
escurecer, de modo que era difícil para ele enxergar. 3 A lâmpada de Deus ainda não
se tinha apagado; e Sh'mu'el tinha se deitado para dormir no santuário de *Adonai*,
onde estava a arca de Deus.

4 *Adonai* chamou: "Sh'mu'el!", e ele respondeu: "Aqui estou eu". 5 Então ele cor-
reu até 'Eli e disse: "Aqui estou eu; o senhor me chamou?". 'Eli, porém, lhe falou:
"Eu não chamei você; volte e deite-se". Então ele foi e se deitou. 6 *Adonai* chamou
uma segunda vez: "Sh'mu'el!". Sh'mu'el levantou-se e foi até 'Eli e disse: "Aqui estou
eu; o senhor me chamou". Ele respondeu: "Eu não o chamei, meu filho, deite-se no-
vamente". 7 Ora, Sh'mu'el ainda não conhecia *Adonai*; a palavra de *Adonai* ainda não
tinha sido revelada a ele. 8 *Adonai* chamou novamente, pela terceira vez: "Sh'mu'el!".
Ele se levantou, foi até 'Eli e disse: "Aqui estou eu; o senhor me chamou". Afinal, 'Eli
compreendeu que *Adonai* estava chamando a criança. 9 Então 'Eli disse a Sh'mu'el:
"Vá e deite-se. Se você for chamado novamente, diga: 'Fala, *Adonai*, teu servo está
ouvindo' ". Sh'mu'el foi e se deitou em seu lugar.

10 *Adonai* veio e ficou ali, então falou como das outras vezes: "Sh'mu'el!
Sh'mu'el!". Então Sh'mu'el disse: "Fala, teu servo está ouvindo". 11 *Adonai* disse a
Sh'mu'el: "Veja! Eu farei algo em Yisra'el que fará tinir ambos os ouvidos de qual-
quer um que ouvir sobre isso. 12 Nesse dia, farei contra a casa de 'Eli todas as coisas
que eu disse com respeito à família dele, do início até o fim. 13 Porque eu disse a
ele que executarei o julgamento contra sua família para sempre, por causa da sua
impiedade em não repreender seus filhos, embora ele soubesse que eles estavam
trazendo maldição sobre si mesmos. 14 Portanto, eu jurei à família de 'Eli que a
impiedade da família de 'Eli nunca será expiada por nenhum sacrifício ou oferta".

15 Sh'mu'el ficou ali até a manhã; depois disso, ele abriu as portas da casa de
Adonai. Entretanto, Sh'mu'el estava com medo de contar a 'Eli a visão que tivera.
16 'Eli chamou Sh'mu'el: "Sh'mu'el, meu filho!". Ele respondeu: "Aqui estou eu".
17 'Eli disse: "O que ele disse a você? Por favor, não o esconda de mim; que Deus
faça o que quer que tenha dito, e faça ainda pior se você esconder de mim qualquer
coisa que ele tenha dito a você". 18 Sh'mu'el disse a 'Eli todas as palavras e nada
escondeu. 'Eli respondeu: "Ele é *Adonai*; que ele faça o que lhe parece bem".

19 Sh'mu'el continuava a crescer. *Adonai* estava com ele e não deixou nenhu-
ma de suas palavras caírem por terra. 20 Todo o Yisra'el, de Dan até Be'er-Sheva,

reconhecia que Sh'mu'el tinha sido confirmado como profeta de *Adonai*. 21 *Adonai*
continuou aparecendo em Shiloh, porque *Adonai* se revelava a Sh'mu'el em Shiloh
pela palavra de *Adonai*.

4 1 Então a palavra de Sh'mu'el veio a todo o Yisra'el.
Yisra'el saiu para lutar contra os p'lishtim e montou acampamento em Even-
-'Ezer, enquanto os p'lishtim acamparam em Afek. 2 Os p'lishtim colocaram-se em
formação de batalha contra Yisra'el. A batalha foi feroz e Yisra'el estava sendo aba-
tido pelos p'lishtim — eles mataram cerca de 4 mil soldados na batalha. 3 Quando o
exército retornava do campo, os líderes de Yisra'el perguntaram: "Por que *Adonai* nos
derrotou hoje, diante dos p'lishtim? Vamos trazer a arca da aliança de *Adonai* de Shiloh
até nós, para que ele venha entre nós e nos salve de nossos inimigos". 4 Algumas
pessoas foram enviadas a Shiloh e trouxeram de lá a arca da aliança de *Adonai*-
-*Tz'vaot*, que está presente entre os *k'ruvim*. Os dois filhos de 'Eli, Hofni e Pinchas,
foram até lá com a arca da aliança de Deus.
5 Quando a arca da aliança de *Adonai* entrou no acampamento, todo o Yisra'el
deu um grito tão forte que ressoou pela terra. 6 Ao ouvir o grito, os p'lishtim per-
guntaram: "O que significa este grande grito no acampamento dos hebreus?". Então
eles compreenderam que a arca de *Adonai* tinha chegado ao acampamento, 7 e os
p'lishtim ficaram com medo. Eles disseram: "Deus entrou no acampamento! Nós es-
tamos perdidos! Uma coisa como esta nunca aconteceu antes, no passado. 8 Nós
estamos perdidos! Quem nos livrará do poder desses deuses poderosos? Estes são
os deuses que destruíram completamente os egípcios no deserto. 9 Sejam fortes; e
comportem-se como homens, ó p'lishtim; para que vocês não se tornem escravos
dos hebreus, como eles o foram de vocês. Comportem-se como homens e lutem!".
10 Os p'lishtim lutaram, Yisra'el foi derrotado, e cada homem fugiu para sua
tenda. Foi uma terrível matança — 30 mil dos soldados de Yisra'el caíram. 11 Além
disso, a arca de Deus foi capturada; e os dois filhos de 'Eli, Hofni e Pinchas, mor-
reram. 12 Um dos soldados, um homem de Binyamin, correu e veio a Shiloh no mes-
mo dia, com suas roupas rasgadas e com terra em sua cabeça [como sinal de luto].
13 Quando ele chegou, 'Eli estava sentado em sua cadeira próximo à estrada, vi-
giando, porque estava trêmulo de ansiedade pela arca de Deus. Quando o homem
entrou na cidade e contou as novidades, toda a cidade começou a chorar. 14 Ao
ouvir os lamentos, 'Eli perguntou: "O que significa essa gritaria?". O homem veio
rapidamente a 'Eli e lhe contou. 15 'Eli tinha 98 anos de idade, e seu olhar era fixo
porque estava cego. 16 O homem disse a 'Eli: "Eu sou o soldado que veio; eu esca-
pei hoje da batalha". Ele perguntou: "Como foram as coisas, meu filho?". 17 Aquele
que tinha vindo com as novidades respondeu: "Yisra'el fugiu dos p'lishtim, e foi
uma terrível matança no meio do povo. Seus dois filhos, Hofni e Pinchas, também
estão mortos; e a arca de Deus foi capturada". 18 Assim que ele mencionou o que
tinha acontecido com a arca de Deus, 'Eli caiu da cadeira para trás, próximo ao
portão, quebrou o pescoço e morreu, porque ele era velho e pesado. Ele tinha
julgado Yisra'el durante quarenta anos.
19 Sua nora, a mulher de Pinchas, estava grávida, e o tempo de ela dar à luz es-
tava próximo. Quando ela ouviu as notícias de que a arca de Deus tinha sido captu-
rada e que seu sogro e marido estavam mortos, entrou em trabalho de parto e deu
à luz encurvada. 20 Enquanto ela estava morrendo, a mulher que estava junto a ela
lhe disse: "Não tenha medo, porque você deu à luz um filho". Ela, porém, não res-
pondeu nem mostrou nenhum sinal de atenção. 21 Ela chamou a criança I-Khavod

[sem glória], dizendo: "A glória partiu de Yisra'el"; porque a arca de Deus tinha sido capturada e por causa de seu sogro e marido. 22 Ela disse: "A glória de Yisra'el se foi para o exílio, porque a arca de Deus foi capturada".

5 1 Os p'lishtim tinham capturado a arca de Deus e a trouxeram de Even-'Ezer a Ashdod. 2 Então os p'lishtim tomaram a arca de Deus e a trouxeram ao templo de Dagon, colocando-a próximo a Dagon. 3 Todavia, na manhã do dia seguinte, quando o povo de Ashdod se levantou, lá estava Dagon, caído com sua face no chão diante da arca de *Adonai*. Eles pegaram Dagon e o colocaram novamente em seu lugar; 4 mas, na manhã do dia seguinte, quando eles se levantaram, Dagon estava novamente caído, com sua face no chão, diante da arca de *Adonai;* desta vez, a cabeça de Dagon e ambas as mãos estavam ali, cortadas sobre o umbral; tudo o que restava de Dagon era o seu dorso. 5 É por isso que, até o dia de hoje, os sacerdotes de Dagon e todos os que entram em seu templo jamais caminham sobre o umbral de Dagon, em Ashdod.

6 *Adonai* começou a oprimir o povo de Ashdod; ele os devastou, afligindo Ashdod e seus arredores com tumores. 7 Quando o povo de Ashdod entendeu o que estava acontecendo, eles disseram: "A arca do Deus de Yisra'el não pode permanecer conosco porque ele está nos oprimindo e ao nosso deus, Dagon". 8 Eles convocaram todos os líderes dos p'lishtim e perguntaram: "O que faremos com a arca do Deus de Yisra'el?". Eles responderam: "A arca do Deus de Yisra'el deve ser levada para Gat".

Então eles levaram a arca do Deus de Yisra'el para Gat. 9 No entanto, depois que ela chegou ali, *Adonai* oprimiu aquela cidade, provocando terrível pânico. Ele afligiu o povo da cidade, jovens e velhos, da mesma forma; tumores rebentaram neles.

10 Em seguida, eles enviaram a arca de Deus a 'Ekron; mas, quando a arca de Deus chegou a 'Ekron, os 'ekronim gritaram: "Agora eles trouxeram a arca do Deus de Yisra'el até nós para nos matar, a nós e ao nosso povo!". 11 Então eles convocaram todos os líderes dos p'lishtim e disseram: "Mandem a arca do Deus de Yisra'el embora! Que ela volte ao seu lugar, de modo que não nos mate, a nós e ao nosso povo!" — porque a morte e o pânico permeavam toda a cidade; a opressão de Deus era muito pesada naquele lugar. 12 As pessoas que não morriam eram atacadas por tumores; e os clamores da cidade por socorro chegavam até os céus.

6 1 A arca de *Adonai* ficou no território dos p'lishtim por sete meses. 2 Os p'lishtim reuniram os sacerdotes e os adivinhos e lhes perguntaram: "O que nós faremos com a arca de *Adonai?* Digam-nos como enviá-la de volta ao seu lugar". 3 Eles disseram: "Se vocês enviarem a arca do Deus de Yisra'el, não a devolvam vazia, mas façam-na retornar com algum tipo de oferta pela culpa. Então vocês serão curados, e aprenderão por que ele não cessou de afligi-los". 4 Eles perguntaram: "Que tipo de oferta pela culpa devemos enviar com ela?", e eles responderam: "Cinco tumores de ouro e cinco ratos de ouro, porque este é o número de líderes que os p'lishtim têm; vocês e todos os seus líderes tiveram a mesma doença. 5 Façam imagens dos tumores de vocês e dos ratos que infestam sua terra, e mostrem respeito ao Deus de Yisra'el. Talvez ele cesse de oprimir vocês, seus deuses e sua terra. 6 Por que serem obstinados como os egípcios e o faraó? Quando ele fez suas obras entre eles, não deixaram o povo ir? — e eles foram. 7 Agora, vocês mesmos, tomem e preparem um carro novo e duas vacas de leite que nunca estiveram sob jugo. Aparelhem as vacas ao carro, mas devolvam os bezerros ao curral. 8 Peguem a arca de *Adonai* e coloquem-na no carro. Em uma caixa, perto dela, coloquem os objetos que vocês estão devolvendo a eles, como oferta pela culpa. Deixem que o carro vá por si

mesmo, 9 mas fiquem observando para ver se ele sobe pela estrada para Beit-
-Shemesh, em seu território. Se for, o Senhor é responsável por esta grande tragé-
dia; se não for, nós saberemos que a opressão que caiu sobre nós não veio dele,
mas o que nos aconteceu foi apenas uma casualidade".
10 Os homens fizeram isso. Tomaram duas vacas de leite, aparelharam-nas ao
carro e confinaram seus bezerros no curral. 11 Colocaram a arca no carro, junto à
caixa que continha os ratos de ouro e as imagens de tumores. 12 As vacas segui-
ram pelo caminho a Beit-Shemesh e tomaram aquela rota, mugindo à medida que
avançavam, sem se voltar nem para a direita, nem para a esquerda. Os líderes dos
p'lishtim as seguiram até tão longe quanto a fronteira de Beit-Shemesh.
13 O povo de Beit-Shemesh estava colhendo seu trigo no vale quando olharam
e viram a arca. Eles ficaram muito felizes ao vê-la! 14 O carro entrou no campo de
Y'hoshua, o Beit-Shimshi, e parou ali junto a uma grande rocha. Eles cortaram a
madeira do carro e ofereceram as vacas em oferta queimada a *Adonai*. 15 Os *l'vi'im*
removeram a arca de *Adonai* e a caixa que estava com ela, que continha os objetos
de ouro, e as colocaram sobre a rocha. Naquele mesmo dia, os homens de Beit-
-Shemesh ofereceram ofertas queimadas e sacrifícios a *Adonai*. 16 Ao ver isso, os
cinco líderes dos p'lishtim retornaram naquele mesmo dia a 'Ekron.
17 Os tumores de ouro que os p'lishtim enviaram como oferta a *Adonai* pela cul-
pa eram um para cada cidade, Ashdod, 'Azah, Ashkelon, Gat e 'Ekron; 18 e os ratos
de ouro também correspondiam ao número de todas as cidades dos p'lishtim que
pertenciam aos cinco líderes — cidades fortificadas e vilas no campo. [A rocha] é
uma testemunha até o dia de hoje do grande luto [que resultou de] colocar a arca
de *Adonai* ali, no campo de Y'hoshua, o Beit-Shimshi; 19 pois [*Adonai*] feriu o povo de
Beit-Shemesh por olhar para a arca de *Adonai*. Ele matou 50.070 do povo; o povo
lamentou porque *Adonai* os tinha ferido com tão terrível matança. 20 O povo de
Beit--Shemesh perguntou: "Quem pode estar diante de *Adonai*, este Deus santo? A
quem nós podemos enviar a arca para afastá-la de nós?".
21 Eles enviaram mensageiros ao povo que vivia em Kiryat-Ye'arim com esta
mensagem: "Os p'lishtim devolveram a arca de *Adonai*. Desçam até aqui e levem-na
com vocês".

7 1 Então os homens de Kiryat-Ye'arim vieram e trouxeram de volta a arca de
Adonai. Eles a colocaram na casa de Avinadav, na montanha, e consagraram seu
filho, El'azar, para guardar a arca de *Adonai*. 2 Decorreu um longo tempo desde o
dia em que a arca chegou a Kiryat-Ye'arim: vinte anos; e todo o povo de Yisra'el
suspirava por *Adonai*.
3 Sh'mu'el dirigiu-se a todo o povo de Yisra'el; ele disse: "Se vocês estão tor-
nando para *Adonai* com todo o seu coração, acabem com os deuses estrangeiros
e os '*ashtarot* que têm com vocês, e voltem seu coração para *Adonai*. Se vocês
servirem somente a ele, ele os livrará do poder dos p'lishtim". 4 Então o povo de
Yisra'el baniu os *ba'alim* e os '*ashtarot* e serviu apenas a *Adonai*.
5 Sh'mu'el disse: "Congregue todo o Yisra'el em Mitzpah, e eu orarei por vocês
a *Adonai*". 6 Eles se ajuntaram em Mitzpah, pegaram água e a derramaram diante
de *Adonai*, jejuaram aquele dia e ali disseram: "Temos pecado contra *Adonai*".
Sh'mu'el começou a servir como juiz sobre o povo de Yisra'el em Mitzpah.
7 Quando os p'lishtim ouviram que o povo de Yisra'el tinha se reunido em
Mitzpah, os líderes dos p'lishtim marcharam contra Yisra'el; e, quando o povo de
Yisra'el ouviu isso, ficou com medo dos p'lishtim. 8 O povo de Yisra'el disse a
Sh'mu'el: "Não pare de clamar a *Adonai* por nós, para que nos salve do poder dos

p'lishtim". 9 Sh'mu'el tomou um cordeirinho e o ofereceu inteiro, como oferta quei-
mada a *Adonai*. Então Sh'mu'el clamou a *Adonai* por Yisra'el, e *Adonai* lhe respondeu.
10 Enquanto Sh'mu'el estava apresentando a oferta queimada, os p'lishtim avança-
vam para atacar Yisra'el. Desta vez, porém, *Adonai* trovejou violentamente sobre
os p'lishtim, lançando-os em tal confusão que eles ficaram paralisados diante de
Yisra'el. 11 Os homens de Yisra'el partiram de Mitzpah, perseguindo os p'lishtim
e atacando-os por todo o caminho até Beit-Kar.

12 Sh'mu'el tomou uma pedra, colocou-a entre Mitzpah e Shen, e deu-lhe o nome
de Even-'Ezer [pedra de ajuda], e explicou: " *Adonai* nos ajudou até agora". 13 Assim,
os p'lishtim foram humilhados, de modo que não mais entraram no território de
Yisra'el; e a mão de *Adonai* esteve contra os p'lishtim durante todo o tempo que
Sh'mu'el viveu. 14 As cidades entre 'Ekron e Gat que os p'lishtim tinham capturado
de Yisra'el foram restauradas a Yisra'el, e Yisra'el recuperou todo esse território do
poder dos p'lishtim. E houve também paz entre Yisra'el e o emori.

15 Sh'mu'el continuou no ofício de juiz de Yisra'el durante todo o tempo que
viveu. 16 Ano após ano, ele viajava em um circuito que incluía Beit-El, Gilgal e
Mitzpah; e, nesses lugares, ele servia como juiz sobre todo o Yisra'el. 17 Então ele
retornava a Ramah, porque era onde estava sua casa, e julgava Yisra'el também
dali. Ali ele construiu um altar a *Adonai*.

8 1 Quando Sh'mu'el envelheceu, ele nomeou seus filhos como juízes sobre
Yisra'el. 2 Seu filho mais velho chamava-se Yo'el, e seu segundo filho chamava-
-se Aviyah; eles foram juízes em Be'er-Sheva. 3 Entretanto, seus filhos não seguiram
seus caminhos; eles se voltaram para as riquezas, de modo que aceitavam subornos
para perverter a justiça. 4 Todos os líderes de Yisra'el se juntaram, aproximaram-se
de Sh'mu'el em Ramah 5 e lhe disseram: "Vê, tu estás velho, e teus filhos não estão
seguindo teus caminhos. Agora faze um rei para nós que nos julgue, como todas as
nações". 6 Sh'mu'el não se agradou de ouvi-los dizer: "Dá-nos um rei para que nos
julgue"; então ele orou a *Adonai*. 7 *Adonai* disse a Sh'mu'el: "Ouça o povo em tudo
o que eles dizem a você; porque não é a você que eles estão rejeitando; eles estão
rejeitando a mim; não me querem como rei sobre eles. 8 Eles estão fazendo a você
exatamente o que estão fazendo a mim, desde o dia em que eu os trouxe do Egito
até o dia de hoje, abandonando-me e servindo a outros deuses. 9 Faça o que eles
dizem, mas entregue a eles um aviso solene, contando-lhes que tipos de decisões
tomará o rei deles".

10 Sh'mu'el relatou ao povo que lhe pedia um rei todas as coisas que *Adonai* lhe
dissera. 11 Ele disse: "Eis os tipos de decisões que o seu rei tomará: ele tomará os fi-
lhos de vocês e os designará para cuidar de suas carruagens, para serem seus cava-
leiros e seus guardas, correndo à frente de suas carruagens. 12 Ele os nomeará para
servi-lo como oficiais no comando de mil ou de 50, para arar seus campos, juntar
sua colheita e fazer suas armas e equipamentos para suas carruagens. 13 Ele tomará
suas filhas para serem suas perfumistas, cozinheiras e padeiras. 14 Ele expropriará
seus campos, vinhas e olivais — o melhor deles! — e os entregará aos seus servos.
15 Ele tomará a taxa de 10% de suas colheitas e vinhas e a dará aos seus oficiais e
servos. 16 Ele tomará seus servos, homens e mulheres, seus melhores jovens e seus
jumentos e os fará trabalhar para ele. 17 Ele tomará a taxa de 10% de seus reba-
nhos, e vocês se tornarão seus servos. 18 Quando essas coisas acontecerem, vocês
chorarão por causa do seu rei, o qual vocês mesmos escolheram. Contudo, quando
acontecerem essas coisas, *Adonai* não responderá a vocês!".

19 Entretanto, o povo se recusou a ouvir o que Sh'mu'el lhes falou, e disse: "Não!
Nós queremos um rei sobre nós, 20 para que possamos ser como todas as nações,
com o nosso rei para nos julgar, liderar-nos e lutar nossas batalhas". 21 Sh'mu'el
ouviu tudo o que o povo disse e repetiu para que *Adonai* o ouvisse. 22 *Adonai* disse a
Sh'mu'el: "Faça o que eles pedem e estabeleça um rei para eles". Então Sh'mu'el falou
aos homens de Yisra'el: "Cada um de vocês retorne para sua cidade".

9 1 Havia um homem de Binyamin chamado Kish, o filho de Avi'el, neto de Tz'ror,
bisneto de B'khorat e trineto de Afiach, filho de um homem de Binyamin. Ele
era um homem de posses e também valente. 2 Ele tinha um filho chamado Sha'ul
que era jovem e de boa aparência; em todo o povo de Yisra'el, não havia ninguém
de melhor aparência que ele; não havia ninguém em Yisra'el que fosse mais alto do
que ele, a partir da cabeça e dos ombros.
3 Certa vez, as jumentas que pertenciam a Kish, o pai de Sha'ul, perderam-se. Kish
disse a seu filho Sha'ul: "Por favor, tome um dos servos com você, vá e procure pelas
jumentas". 4 Ele foi pelas montanhas de Efrayim e pelo território de Shalishah, mas
não as encontrou. Foram pelo território de Sha'alim, mas elas não estavam ali. Foram
pelo território de Binyamin, mas também não as encontraram ali. 5 Chegando ao
território de Tzuf, Sha'ul disse ao servo que estava com ele: "Vamos voltar; de outra
forma, meu pai parará de pensar nas jumentas e começará a se preocupar conosco".
6 Seu servo respondeu: "Aqui, nesta cidade, há um homem de Deus, um homem que
é altamente respeitado, e tudo o que ele diz prova ser verdade. Vamos a ele; talvez
ele possa nos dizer algo sobre o caminho que devemos tomar". 7 Disse Sha'ul ao seu
servo: "Se formos ao homem, o que podemos levar para ele? Comemos todo o pão
de nossa bagagem, e não há nada que possamos dar ao homem de Deus — o que
levaremos?". 8 O servo respondeu novamente a Sha'ul: "Veja, eu tenho aqui em minha
mão um quarto de siclo de prata [um décimo de 1 onça]. Eu o darei ao homem de
Deus para que nos mostre o caminho a seguir". 9 (Antigamente, em Yisra'el, quando
alguém ia consultar Deus, ele dizia: "Venha, vamos ao vidente"; porque a pessoa
hoje chamada de profeta era usualmente chamada de vidente.) 10 "Disse bem", Sha'ul
respondeu ao seu servo. "Vamos lá."
Eles foram à cidade onde o homem de Deus estava. 11 Subindo a colina para a
cidade, eles encontraram algumas jovens que estavam indo para retirar água e per-
guntaram a elas: "O vidente está aqui?". 12 As jovens lhes responderam: "Ele está aqui;
está bem ali, adiante de vocês. Apressem-se agora, ele veio à cidade hoje exatamente
porque o povo está sacrificando no lugar alto. 13 Tão logo entrem na cidade, vocês o
encontrarão antes que ele suba ao lugar alto para comer; porque o povo não come
até que ele venha e abençoe o sacrifício. Depois disso, os convidados comerão. Então
corram, porque agora vocês o encontrarão".
14 Eles subiram à cidade; e, enquanto entravam na cidade, Sh'mu'el vinha na
direção deles, encaminhando-se para o lugar alto. 15 No dia anterior ao da chegada
de Sha'ul, *Adonai* fez uma revelação a Sh'mu'el: 16 "Amanhã, por volta desta hora,
eu enviarei a você um homem do território de Binyamin. Você deve ungi-lo como
príncipe sobre meu povo, Yisra'el. Ele salvará o meu povo do poder dos p'lishtim,
porque eu vi a situação do meu povo, e seu choro de angústia chegou a mim".
17 Quando Sh'mu'el viu Sha'ul, *Adonai* disse a Sh'mu'el: "Eis aí o homem sobre quem
eu falei com você, aquele que governará meu povo".
18 Sha'ul aproximou-se de Sh'mu'el no portão e disse: "Por favor, diga-me onde
está o vidente". 19 Sh'mu'el respondeu a Sha'ul: "Eu sou o vidente. Venha e suba

comigo ao lugar alto, porque você vai comer comigo hoje. De manhã, você partirá; e eu direi tudo o que está no seu coração. 20 Quanto às suas jumentas que você perdeu três dias atrás, não se preocupe com elas; elas já foram encontradas. Agora, quem é o desejado por todo o Yisra'el? Não é você, e toda a casa de seu pai?". 21 Sha'ul replicou: "Eu sou apenas um homem de Binyamin, a menor tribo de Yisra'el; e minha família é a menos importante de todas as famílias da tribo de Binyamin! Por que estás dizendo isso para mim?".

22 Sh'mu'el tomou Sha'ul e seu servo, trouxe-os ao aposento e os fez assentar no lugar reservado para os mais importantes convidados, que eram cerca de 30 pessoas. 23 Sh'mu'el instruiu o cozinheiro: "Sirva a porção que eu dei a você, que pedi que colocasse à parte". 24 O cozinheiro tomou a coxa e a carne que estava junto a ela e as serviu a Sha'ul. Sh'mu'el disse: "Eis o que está reservado! Coloque-o diante de você e coma — isso foi guardado especialmente para você até o tempo determinado; porque eu disse: 'Eu convidei o povo' ". Sha'ul comeu com Sh'mu'el naquele dia. 25 Quando desceram do lugar alto da cidade, Sh'mu'el conversou com Sha'ul no terraço.

26 Eles se levantaram cedo. Próximo ao romper do dia, Sh'mu'el chamou Sha'ul no terraço: "Levante-se, para que eu possa enviá-lo em seu caminho". Sha'ul levantou-se, e ambos — ele e Sh'mu'el — saíram. 27 Enquanto estavam descendo para a saída da cidade, Sh'mu'el disse a Sha'ul: "Diga ao servo que vá na frente; você, porém, fique aqui por enquanto, porque eu quero que ouça o que Deus disse". Então o servo foi adiante deles.

10 1 Em seguida, Sh'mu'el tomou o frasco de óleo que ele tinha preparado e o derramou sobre a cabeça de Sha'ul. Ele o beijou e disse: "Adonai ungiu você como príncipe sobre sua herança. 2 Depois que você me deixar hoje, encontrará dois homens próximos ao túmulo de Raquel, no território de Binyamin, em Tzeltzah. Eles lhe dirão que as jumentas que você estava procurando foram encontradas, que seu pai parou de se preocupar com elas e está ansioso em relação a você, perguntando-se: 'O que faço quanto a meu filho?' ". 3 Dali, vá adiante e chegará ao carvalho do Tavor. Três homens se encontrarão com você ali, no caminho deles para Deus, em Beit-El. Um deles estará carregando três crianças; o outro, três pedaços de pão; e um terceiro, uma vasilha feita de couro com vinho. 4 Eles o cumprimentarão e darão a você dois pedaços de pão, que você aceitará. 5 Depois disso, você irá a Giv'ah de Deus, onde os p'lishtim estão destacados. Chegando naquela cidade, encontrará um grupo de profetas descendo do lugar alto, precedidos por alaúdes, tamborins, flautas e liras; e você profetizará. 6 Então o Espírito de Adonai cairá sobre você; você profetizará com eles e se tornará um homem diferente! 7 Quando você vir estes sinais se cumprirem, faça somente aquilo que achar que deve fazer, porque Deus está com você. 8 Vá adiante de mim até Gilgal, e descerei para lá para encontrar-me com você, para oferecer ofertas queimadas e apresentar sacrifícios como ofertas pacíficas. Espere ali sete dias, até que eu venha a você e diga o que deve fazer".

9 Tão logo Sha'ul virou as costas para deixar Sh'mu'el, Deus lhe deu outro coração; e todos aqueles sinais se cumpriram naquele dia. 10 Quando eles chegaram à montanha e ali, diante dele, estava o grupo de profetas, o Espírito de Deus caiu sobre ele, e Sha'ul profetizou no meio deles. 11 Quando aqueles que anteriormente o conheciam o viram profetizando entre os profetas, perguntaram uns aos outros: "O que está acontecendo com o filho de Kish? Sha'ul também é um profeta?".

12 Alguém na multidão respondeu: "Devem os pais dos profetas ser especiais?". Foi
assim que surgiu o ditado "Sha'ul também é um profeta?".

13 Quando tinha acabado de profetizar, ele chegou ao lugar alto. 14 O tio de
Sha'ul perguntou a ele e ao seu servo: "Onde vocês foram?". Ele respondeu: "Procu-
rar pelas jumentas. Quando vimos que elas não tinham sido encontradas, fomos a
Sh'mu'el". 15 "Diga-me, por favor", falou o tio de Sha'ul, "o que Sh'mu'el lhe disse".
16 Sha'ul respondeu ao seu tio: "Ele me disse que as jumentas já tinham sido en-
contradas". Sha'ul, entretanto, não disse nada sobre a questão de ter sido feito rei.

17 Sh'mu'el convocou o povo para *Adonai* em Mitzpah. 18 Ele disse ao povo de
Yisra'el: "Eis o que *Adonai*, o Deus de Yisra'el, diz: 'Eu trouxe Yisra'el do Egito.
Eu libertei vocês do poder dos egípcios e do poder de todos os reinos que os
oprimiam. 19 Entretanto, hoje vocês rejeitaram o seu Deus, a ele mesmo que salva
vocês de todos os seus desastres e angústias. Vocês disseram a ele: 'Não! Põe um
rei sobre nós!'. Então, agora, apresentem-se diante de *Adonai* divididos por tribos
e famílias". 20 Então Sh'mu'el fez que avançassem, e a tribo de Binyamin foi a es-
colhida. 21 Ele fez a tribo de Binyamin avançar por famílias, e a família de Matri
foi escolhida, e Sha'ul, o filho de Kish, foi escolhido. No entanto, quando eles o
procuraram, não pôde ser encontrado. 22 Eles perguntaram a *Adonai*: "O homem
está aqui?". *Adonai* respondeu: "Ele está; está escondido no meio do equipamento".
23 Eles se apressaram e o trouxeram dali; e, quando ficou no meio do povo, ele era
cabeça e ombro mais alto do que qualquer outro ao redor. 24 Sh'mu'el disse a todo
o povo: "Vocês veem o homem que *Adonai* escolheu, que não há ninguém como ele
no meio do povo?". Então todo o povo gritou: "Longa vida ao rei!".

25 Sh'mu'el expôs ao povo os regulamentos que deveriam ser obedecidos no rei-
no e, então, escreveu-os em um rolo e o colocou diante de *Adonai*. Depois disso, ele
despediu o povo, cada um para a própria casa. 26 Sha'ul também foi para casa em
Giv'ah, acompanhado dos guerreiros cujo coração Deus tinha tocado. 27 Na verdade,
houve alguns vadios que disseram: "Como pode este homem nos salvar?". Eles não
lhe demonstraram respeito e não lhe trouxeram presentes, mas ele ficou em paz.

11 1 Então Nachash, o 'amoni, veio e acampou para lutar contra Yavesh-Gil'ad.
Todos os homens de Yavesh disseram a Nachash: "Se vocês fizerem um
acordo conosco, nós seremos seus servos". 2 Nachash, o 'amoni, respondeu: Farei
isso com a condição de que o olho direito de todos vocês seja vazado e, assim, tra-
ga desgraça sobre todo o Yisra'el. 3 Os líderes de Yavesh responderam a Nachash:
"Dê-nos sete dias para que enviemos mensageiros pelo território de Yisra'el; então,
se ninguém nos libertar, nos renderemos a vocês".

4 Os mensageiros vieram a Giv'ah, onde vivia Sha'ul, e disseram essas palavras
aos ouvidos do povo; e todo o povo chorou e se lamentou. 5 Enquanto aconteciam
essas coisas, Sha'ul chegou, vindo do campo atrás do gado. Sha'ul perguntou: "O
que está errado com o povo que o faz chorar dessa maneira?". Eles lhe contaram o
que os homens de Yavesh tinham dito. 6 O Espírito de Deus caiu sobre Sha'ul quan-
do ele ouviu essas coisas; ardendo em fúria e irado, 7 ele agarrou uma parelha de
bois, cortou-os em pedaços e enviou-os pelo território de Yisra'el, com mensageiros
dizendo: "Isto é o que será feito ao boi de qualquer um que não vier e seguir Sha'ul
e Sh'mu'el!". O medo de *Adonai* caiu sobre o povo, e eles vieram de coração unido.
8 Sha'ul passou-os em revista em Bezek; lá havia 300 mil do povo de Yisra'el; os
homens de Y'hudah eram em número de 30 mil. 9 Eles disseram aos mensageiros
que tinham vindo: "Digam aos homens de Yavesh-Gil'ad: 'Amanhã, na hora em que

o sol estiver quente, vocês serão libertados' ". Os mensageiros retornaram e con-
taram essas coisas aos homens de Yavesh; eles ficaram exultantes. 10 Os homens
de Yavesh disseram [a Nachash]: "Amanhã nós nos renderemos a vocês, e vocês
podem fazer conosco o que quiserem".
11 No dia seguinte, Sha'ul dividiu o povo em três companhias. Eles entraram no
acampamento dos 'amoni durante a vigília da manhã e mantiveram o ataque até o
calor do dia, até que aqueles que restaram ficaram tão espalhados que nem dois
deles foram deixados juntos. 12 O povo disse a Sh'mu'el: "Quem são os homens que
perguntaram: 'Deve Sha'ul governar sobre nós?'. Entrega-os a nós para que os le-
vemos à morte". 13 Sha'ul, porém, respondeu: "Ninguém morrerá hoje, porque hoje
Adonai libertou Yisra'el".
14 Então Sh'mu'el disse ao povo: "Vamos a Gilgal e inauguremos ali o reinado.
15 Assim, todo o povo foi a Gilgal; e ali em Gilgal, diante de *Adonai,* eles fizeram de
Sha'ul rei. Ali, eles apresentaram sacrifícios e ofertas pacíficas diante de *Adonai,* e
ali Sha'ul e todo o povo de Yisra'el celebraram com grande alegria.

12 1 Sh'mu'el disse a todo o Yisra'el: "Eis que eu fiz tudo o que vocês me pe-
diram para fazer — eu pus um rei sobre vocês. 2 Há um rei caminhando
adiante de vocês; eu estou velho e com os cabelos acinzentados. Meus filhos estão
com vocês, e eu fui o cabeça de vocês desde que era um menino até hoje. 3 Então
aqui estou eu; agora é o momento de testemunhar contra mim diante de *Adonai* e
diante do seu rei ungido. Alguém de vocês acha que eu tomei o seu boi ou jumento,
defraudei ou oprimi vocês, ou aceitei suborno ou perverti a justiça? Digam-me, e eu
restituirei a vocês". 4 Eles responderam: "Tu não nos defraldaste nem nos oprimiste
e não aceitaste nada de ninguém". 5 Ele disse: "*Adonai* é testemunha contra vocês, e
seu rei ungido é testemunha contra vocês hoje, de que não encontraram nada em
minhas mãos?". Eles responderam: "Ele é testemunha".
6 Sh'mu'el disse ao povo: "Foi *Adonai* que escolheu Mosheh e Aharon e quem
trouxe seus ancestrais da terra do Egito. 7 Agora, fiquem aqui; porque eu vou entrar
em julgamento com vocês diante de *Adonai,* com respeito a todos os atos justos de
Adonai que ele fez por vocês e por seus ancestrais.
8 "Depois que Ya'akov entrou no Egito, os ancestrais de vocês clamaram a *Adonai,*
e *Adonai* enviou Mosheh e Aharon, os quais trouxeram seus ancestrais do Egito, e
lhes deu vida aqui neste lugar. 9 Eles, contudo, esqueceram *Adonai,* o Deus deles;
então ele os entregou a Sisra, comandante do exército de Hatzor, e aos p'lishtim,
e ao rei de Mo'av; e eles lutaram contra eles. 10 Contudo, eles clamaram a *Adonai* e
disseram: 'Nós pecamos, abandonando *Adonai* e servindo aos *ba'alim* e aos *'ashtarot*.
Agora, porém, se tu nos resgatares do poder dos nossos inimigos, serviremos
somente a ti'. 11 Então *Adonai* enviou Yeruba'al, B'dan, Yiftach e Sh'mu'el e resgatou
vocês do poder de seus inimigos por todos os lados, e vocês viveram com segurança.
12 Quando vocês viram que Nachash, o rei do povo de 'Amon, os estava atacando,
disseram-me: 'Não, nós queremos um rei que governe sobre nós' — conquanto
Adonai, seu Deus, fosse o seu rei. 13 Agora, aqui está o rei que vocês escolheram,
aquele que vocês pediram. Vejam, *Adonai* pôs um rei sobre vocês. 14 Se vocês te-
merem *Adonai,* o servirem, obedecerem ao que ele diz e não se rebelarem contra
as ordens de *Adonai* — se tanto vocês quanto o rei que os governa permanecerem
seguindo a *Adonai,* o Deus de vocês —, [então as coisas irão bem para vocês]. 15 Se,
porém, vocês se recusarem a obedecer ao que *Adonai* diz e se rebelarem contra as
ordens de *Adonai, Adonai* oprimirá tanto vocês quanto os seus líderes.

16 "Agora, portanto, fiquem aqui, e vejam o grande feito que *Adonai* fará diante
dos seus olhos. 17 Agora é o tempo da colheita do trigo, não é? Eu vou invocar *Adonai*
para que ele envie o trovão e a chuva. Então vocês entenderão e verão como foi mau,
aos olhos de *Adonai*, o que fizeram, pedindo um rei". 18 Sh'mu'el invocou *Adonai*, e
Adonai enviou trovão e chuva naquele dia. Então todo o povo ficou com muito medo
de *Adonai* e de Sh'mu'el. 19 Todo o povo disse a Sh'mu'el: "Ora a *Adonai*, teu Deus,
por teus servos, para que não morramos; porque a todos os nossos outros pecados
acrescentamos ainda esse mal, pedindo por um rei sobre nós". 20 Sh'mu'el respondeu
ao povo: "Não tenham medo. Realmente vocês fizeram todo esse mal; agora, porém,
não voltem atrás, deixando de seguir *Adonai*; mas sirvam *Adonai* de todo o coração de
vocês. 21 Não se desviem para o lado; porque, então, iriam atrás de coisas sem provei-
to, que não podem nem ajudar, nem resgatar; são fúteis. 22 Por causa de sua grande
reputação, *Adonai* não abandonará seu povo, porque agradou a *Adonai* fazer de vocês
um povo para si mesmo. 23 E longe de mim esteja pecar contra *Adonai*, deixando de
orar por vocês! Antes, eu continuarei instruindo-os no bom e reto caminho. 24 Tão
somente, temam *Adonai* e sirvam-no fielmente de todo o coração; pensem em quão
grandes coisas ele fez por vocês! 25 Se vocês, porém, insistirem em fazer coisas más,
serão destruídos — tanto vocês quanto o seu rei!".

13 1 Sha'ul tinha — anos de idade* quando começou seu reinado; e governou
Yisra'el por dois anos, 2 quando escolheu 3 mil homens de Yisra'el. Dois mil
deles ficaram com Sha'ul em Mikhmas e nas montanhas de Beit-El, e mil ficaram
com Y'honatan em Giv'ah-Binyamin. E ele despediu o restante do povo para suas
respectivas tendas.

3 Y'honatan assassinou os líderes dos p'lishtim, em Geva. Os p'lishtim ouviram
falar sobre isso; então Sha'ul fez soar a trombeta por toda a terra, dizendo: "Que
os hebreus ouçam!". 4 Todo o Yisra'el ouviu que Sha'ul tinha assassinado os líderes
dos p'lishtim, e isso fez que Yisra'el se tornasse um mau cheiro nas narinas dos
p'lishtim. O povo reuniu-se diante de Sha'ul, em Gilgal, 5 enquanto os p'lishtim se
congregaram para fazer guerra contra Yisra'el — 30 mil carruagens, 6 mil cavalei-
ros, e um exército tão numeroso quanto os grãos de areia da praia. Eles subiram e
montaram acampamento em Mikhmas, leste de Beit-Aven. 6 Os homens de Yisra'el
viram que suas escolhas eram limitadas e que o povo se sentia tão duramente pres-
sionado que se escondia em cavernas, moitas, torres de vigia e cisternas 7 enquanto
alguns outros hebreus cruzavam o Yarden para o território de Gad e Gil'ad. Sha'ul,
porém, ainda estava em Gilgal, para onde todo o povo foi ansioso para segui-lo.
8 Ele esperou sete dias, como Sh'mu'el lhe tinha instruído; mas Sh'mu'el não vinha
a Gilgal; então o exército começou a se dispersar. 9 Sha'ul disse: "Traga-me a oferta
queimada e as ofertas pacíficas", e ele ofereceu a oferta queimada. 10 Assim que ele
terminou de sacrificar a oferta queimada, lá estava Sh'mu'el — ele tinha vindo, e
Sha'ul foi encontrar-se com ele e cumprimentá-lo.

11 Sh'mu'el disse: "O que você fez?". Sha'ul respondeu: "Eu vi que o exército es-
tava se dispersando e que tu não vinhas no tempo determinado e que os p'lishtim
tinham se reunido em Mikhmas. 12 Eu disse: 'Agora os p'lishtim cairão sobre mim
em Gilgal, e eu não pedi o favor de *Adonai*'; então me senti obrigado a oferecer a
oferta queimada". 13 Sh'mu'el disse a Sha'ul: "Você agiu como um tolo. Não obser-
vou o *mitzvah* de *Adonai*, que ele deu a você. Se o tivesse feito, *Adonai* estabeleceria
o seu reinado sobre Yisra'el para sempre. 14 Agora, porém, o seu reinado não será

* No texto hebraico, falta o número.

estabelecido. *Adonai* buscou para si um homem segundo o seu coração, e *Adonai* o
escolheu para ser príncipe sobre seu povo, porque você não observou as coisas que
Adonai ordenou que fizesse". 15 Depois disso, Sh'mu'el deixou Gilgal e foi a Giv'ah--
-Binyamin.

Sha'ul contou quantos ainda estavam ali com ele, cerca de 600 soldados. 16 Sha'ul,
Y'honatan, seu filho, e os soldados que estavam com ele estabeleceram quartéis em
Giv'ah-Binyamin, enquanto os p'lishtim permaneceram no acampamento em Mikhmas.
17 Depois disso, patrulhas invasoras começaram a vir do acampamento dos p'lishtim,
três delas: um grupo deu a volta pelo caminho que leva a 'Ofrah, no território de
Shu'al; 18 outro grupo tomou a estrada para Beit-Horon; e outra companhia tomou a
estrada para o deserto pelo território de onde se avista o *vádi* Tzvo'im.

19 Naquela época, não havia nenhum ferreiro que pudesse ser encontrado em toda
a terra de Yisra'el, porque os p'lishtim tinham dito: "Nós não queremos os hebreus
fazendo espadas ou lanças para si". 20 Assim, sempre que alguém do povo de Yisra'el
queria afiar sua enxada, arado, machado ou foice, tinha de descer até os p'lishtim,
21 onde os preços exorbitantes eram dois terços de um siclo para afiar uma foice ou
arado e um terço de um siclo para afiar um machado ou uma aguilhada. 22 Por isso,
quando chegou a hora da batalha, ninguém do exército de Sha'ul e Y'honatan estava
equipado com espada ou lança, embora Sha'ul e Y'honatan, seu filho, o estivessem.

23 Um destacamento dos p'lishtim tinha avançado para a passagem de Mikhmas.

14 1 Um dia, Y'honatan, o filho de Sha'ul, disse ao jovem que levava sua arma-
dura: "Venha, vamos atravessar até o destacamento dos p'lishtim, no outro
lado". Ele, porém, não contou isso ao seu pai. 2 Sha'ul estava esperando na extremi-
dade mais afastada de Giv'ah sob a romeira em Migron; com ele, estavam cerca de
600 soldados. 3 Achiyah, o filho de Achituv, irmão de I-Khavod, filho de Pinchas, e
neto de 'Eli, o *kohen* de *Adonai* em Shiloh, estava carregando a veste ritual. Ninguém
sabia que Y'honatan tinha ido.

4 Entre as passagens pelas quais Y'honatan estava tentando cruzar até o desta-
camento dos p'lishtim, havia uma pedra íngreme de um lado e outra pedra íngreme
do outro lado; o nome de uma era Botzetz, e o da outra, Seneh. 5 Uma erguia-se
para o norte, na direção de Mikhmas, e a outra, para o sul, na direção de Geva.
6 Y'honatan disse ao seu escudeiro: "Venha, vamos cruzar até o destacamento desse
povo incircunciso. Talvez *Adonai* faça algo por nós, já que pode libertar com muitas
ou com poucas pessoas". 7 Seu escudeiro respondeu: "Faze tudo o que achas que
deve fazer; eu estou contigo para o que quer que decidas". 8 Y'honatan disse: "Nós
avançaremos até aqueles soldados e deixaremos que saibam que estamos aqui. 9 Se
eles disserem: 'Esperem até que cheguemos a vocês', ficaremos onde estamos e não
iremos até eles. 10 Se, porém, disserem: 'Venham até nós', nós iremos; e este será o
sinal de que *Adonai* nos deu a vitória sobre eles".

11 Então ambos se deixaram ver pelo destacamento dos p'lishtim; e os p'lishtim
disseram: "Vejam, alguns hebreus estão saindo dos buracos onde se esconde-
ram!". 12 Os homens do destacamento dos p'lishtim disseram a Y'honatan e ao
seu escudeiro: "Venham até nós; queremos mostrar algo a vocês". Y'honatan falou
ao seu escudeiro: "Venha atrás de mim, porque *Adonai* os entregou a Yisra'el".
13 Y'honatan subiu, usando suas mãos, bem como seus pés, com o escudeiro atrás
dele. Os p'lishtim caíram diante de Y'honatan, e seu escudeiro o seguia, matando-os.
14 Essa primeira matança de cerca de 20 homens foi executada por Y'honatan e seu
escudeiro, numa pequena extensão de terra, no espaço de metade da área que uma
parelha de bois pode lavrar em um dia [cerca de 183 metros].

15 Havia pânico no acampamento e no campo, entre todos os p'lishtim; da mesma forma, o destacamento e as patrulhas de invasão entraram em pânico. Além disso, houve um terremoto; desse modo, cresceu o pânico causado por Deus. 16 Os homens de Sha'ul que estavam em vigia em Giv'ah-Binyamin podiam ver o acampamento inimigo disperso e correndo em todas as direções. 17 Sha'ul ordenou às forças que estavam com ele que conferissem a lista e vissem quem estava faltando. Eles conferiram a lista e descobriram que Y'honatan e seu escudeiro não estavam presentes. 18 Sha'ul disse a Achiyah: "Traga a arca de Deus aqui"; porque naquele tempo a arca de Deus estava com o povo de Yisra'el. 19 Entretanto, enquanto Sha'ul estava falando com o *kohen*, o alvoroço no acampamento dos p'lishtim continuou e crescia cada vez mais. Sha'ul disse ao *kohen*: "Abaixe sua mão". 20 Sha'ul e toda a força que estava com ele reuniram-se e avançaram para a batalha, mas encontraram todos os p'lishtim lutando uns contra os outros em completa confusão. 21 Os hebreus das regiões rurais que estavam ao redor e que antes tinham estado com os p'lishtim e ido com eles para o acampamento, desertaram e foram para Yisra'el com Sha'ul e Y'honatan. 22 Da mesma forma, ao ouvir que os p'lishtim estavam fugindo, todos os homens de Yisra'el que tinham se escondido nas montanhas de Efrayim os perseguiram na batalha. 23 Então *Adonai* salvou Yisra'el naquele dia, e a batalha estendeu-se para tão longe quanto Beit-Aven.

24 Os soldados de Yisra'el tinham sido levados à exaustão naquele dia; mas Sha'ul publicou este aviso para o povo: "Maldito seja qualquer um que comer antes do anoitecer, antes de eu ter terminado de tomar vingança sobre meus inimigos". Então ninguém do povo provou nenhum alimento. 25 Aconteceu que o povo veio à floresta onde havia um favo de mel no chão. 26 Quando o povo chegou à floresta, eles viram o favo de mel, com o mel se derramando; mas ninguém colocou a mão na boca porque o povo temia o juramento. 27 Y'honatan, porém, não tinha ouvido seu pai fazer o juramento diante do povo e mergulhou no favo de mel a extremidade da vara que tinha em sua mão, levando-a à boca; depois disso, seus olhos brilharam. 28 Vendo isso, no entanto, alguém do povo disse em advertência: "Seu pai conjurou estritamente o povo com o juramento: 'Maldito seja qualquer um que comer antes do anoitecer'; isso, mesmo que o povo estivesse desfalecendo de fome". 29 Y'honatan respondeu: "Meu pai trouxe confusão à terra. Veja como meus olhos têm brilho só porque eu provei um pouco deste mel. 30 Quanto maior poderia ter sido a matança dos p'lishtim hoje, se o povo tivesse comido livremente do espólio que eles encontraram com seus inimigos!".

31 Naquele dia, eles atacaram os p'lishtim de Mikhmas até Ayalon; contudo, o povo estava muito exausto. 32 Então o povo correu até o espólio, agarrando ovelhas, vacas e bezerros, matando-os sobre o chão e comendo a carne com o sangue. 33 Foi dito a Sha'ul: "Veja como o povo está pecando contra *Adonai*, comendo com o sangue". Ele disse: "Vocês não estão sendo fiéis! Rolem uma grande pedra para mim imediatamente! 34 Agora", disse Sha'ul, "vão para o meio do povo e lhe diga: 'Cada um de vocês deve trazer sua vaca e sua ovelha e matá-la aqui. Então poderão comer. Não pequem contra *Adonai* comendo com o sangue". Naquela noite, cada um trouxe seu animal com ele e o matou ali. 35 Sha'ul erigiu um altar a *Adonai*; este foi o primeiro altar que ele erigiu a *Adonai*.

36 Sha'ul disse: "Vamos atrás dos p'lishtim de noite. Vamos saqueá-los até o alvorecer; não deixaremos nenhum deles vivo". Eles responderam: "Faça o que parecer bem a você". O *kohen*, porém, disse: "Vamos nos aproximar de Deus aqui". 37 Sha'ul consultou Deus: "Devo avançar em perseguição aos p'lishtim? Tu os entregarás a Yisra'el?". Naquele dia, porém, o Senhor não respondeu.

38 Sha'ul disse: "Venham aqui todos vocês, os cabeças do povo. Pensem com cui-
dado: quem cometeu este pecado hoje? 39 Porque, como vive *Adonai*, o libertador
de Yisra'el, mesmo que seja provado ter sido Y'honatan, meu filho, ele deve ser
levado à morte". Ninguém do povo lhe respondeu. 40 Então Sha'ul disse a todo
o Yisra'el: "Fiquem vocês de um lado, e eu ficarei com Y'honatan, meu filho, do
outro lado". O povo respondeu a Sha'ul: "Faça o que parecer bem a você". 41 Sha'ul
perguntou a *Adonai*, o Deus de Yisra'el: "Quem está certo?". Y'honatan e Sha'ul fo-
ram escolhidos por sorte, e o povo ficou livre. 42 Sha'ul disse: "Lance a sorte entre
mim e Y'honatan, meu filho". Y'honatan foi o escolhido. 43 Então Sha'ul pediu
a Y'honatan: "Conte-me o que você fez". Y'honatan lhe contou: "Sim, eu provei
um pouco de mel com a ponta da vara que estava na minha mão. Eu estou aqui.
Estou pronto para morrer". 44 Sha'ul disse: "Que Deus faça o mesmo a mim, e ain-
da mais, se você não for levado à morte, Y'honatan!". 45 O povo, porém, inquiriu
de Sha'ul: "Deve Y'honatan morrer, ele que realizou este grande livramento em
Yisra'el? Que isso não aconteça! Como vive *Adonai*, nenhum cabelo de sua cabeça
cairá no chão; porque ele trabalhou com Deus hoje!". Nesse dia, o povo resgatou
Y'honatan, de modo que ele não morreu. 46 Assim, Sha'ul parou de perseguir os
p'lishtim, e os p'lishtim retornaram ao seu território.

47 Em seguida, Sha'ul assumiu o governo de Yisra'el. Ele lutou contra todos os
seus inimigos de todos os lados — contra Mo'av, contra o povo de 'Amon, contra
Edom, contra os reis de Tzovah e contra os p'lishtim. Independentemente do ca-
minho que ele tomasse, ele os derrotava. 48 Ele demonstrou sua força, atacando
'Amalek, e salvou Yisra'el do poder daqueles que o estavam saqueando.

49 Os filhos de Sha'ul foram Y'honatan, Yishvi e Malkishua, enquanto os nomes
de suas duas filhas eram estes: o nome da mais velha, Merav, e o da mais jovem,
Mikhal. 50 A esposa de Sha'ul chamava-se Achino'am, filha de Achima'atz; o coman-
dante de seu exército era chamado Avner, filho de Ner, tio de Sha'ul. 51 Kish era
o pai de Sha'ul, e Ner, o pai de Avner, e Ner era filho de Avi'el.

52 Durante todo o tempo em que Sha'ul viveu, houve acirrada guerra contra os
p'lishtim. Sempre que Sha'ul via algum homem forte ou corajoso, ele o recrutava
para o seu serviço.

15 1 Sh'mu'el disse a Sha'ul: "*Adonai* me enviou para ungir você como rei sobre
seu povo, sobre Yisra'el. Agora, ouça o que *Adonai* tem para dizer. 2 Isto é o
que *Adonai-Tzva'ot* diz: 'Eu me lembro do que 'Amalek fez a Yisra'el, como ele lutou
contra Yisra'el quando ele estava vindo do Egito. 3 Agora vá e ataque o 'amaleki,
e o destrua completamente, destrua tudo o que ele tem. Não o poupe, mas mate
homens, mulheres, crianças e bebês, vacas e ovelhas, camelos e jumentos' ".

4 Sha'ul fez congregar o povo e o passou em revista em T'la'im — 200 mil
soldados em pé, com outros 10 mil homens de Y'hudah. 5 Sha'ul chegou à cidade
de 'Amalek e ficou à espera no vale. 6 Ele disse ao keni: "Vão embora, retirem-se,
deixem suas casas lá com o 'amaleki. De outra forma, eu poderei destruir vocês jun-
tamente com eles; vocês foram bondosos para com todo o povo de Yisra'el quando
veio do Egito". Então o keni saiu do meio do 'amaleki. 7 Sha'ul atacou 'Amalek, co-
meçando em Havilah e continuando por Shur, na fronteira do Egito. 8 Ele capturou
Agag, o rei de 'Amalek, vivo; destruiu completamente o povo, matando-o à espada.
9 Entretanto, Sha'ul e o povo pouparam Agag, juntamente com o melhor das ove-
lhas e do gado, e até mesmo o que era de segunda qualidade, como também cordeiros
e tudo o que era bom — eles não estavam inclinados a destruir essas coisas. Toda-
via, tudo o que era desprezível ou fraco eles destruíram completamente.

10 Então a palavra de *Adonai* veio a Sh'mu'el: 11 "Arrependo-me de ter posto Sha'ul
como rei, porque ele deixou de me seguir e não obedeceu às minhas ordens". Isso
deixou Sh'mu'el muito triste, e ele chorou durante toda a noite. 12 Sh'mu'el levantou-
-se de manhã bem cedo para encontrar-se com Sha'ul; no entanto, foi dito a Sh'mu'el:
"Sha'ul veio ao Karmel para ali construir um monumento a si mesmo; agora, porém,
ele partiu e está em seu caminho para Gilgal". 13 Sh'mu'el foi a Sha'ul; Sha'ul lhe
disse: "Que *Adonai* te abençoe! Eu fiz o que *Adonai* ordenou". 14 Sh'mu'el, porém,
respondeu: "Se é assim, por que ouço o balido de ovelhas e mugido de gado?".
15 Sha'ul respondeu: "Eles os trouxeram do 'amaleki, porque o povo poupou o me-
lhor das ovelhas e do gado para sacrificar a *Adonai*, seu Deus. Nós, porém, des-
truímos completamente o restante". 16 Então Sh'mu'el disse a Sha'ul: "Pare! Eu vou
dizer a você o que *Adonai* me disse na noite passada". Respondeu Sha'ul: "Fala".
17 Sh'mu'el, então, falou: "Você pode ser pequeno aos seus olhos, mas é o cabeça
das tribos de Yisra'el — *Adonai* o ungiu como rei sobre Yisra'el! 18 Agora, *Adonai*
enviou você em uma missão e lhe disse: 'Vá e destrua completamente o 'amaleki,
aqueles pecadores; continue guerreando contra ele até que tenha sido exterminado'.
19 Por que você pegou o espólio em vez de dar atenção àquilo que *Adonai* disse?
Aos olhos de *Adonai*, você fez o que era mau". 20 Sha'ul disse a Sh'mu'el: "Eu dei
atenção ao que *Adonai* disse e levei a cabo a missão para a qual *Adonai* me enviou.
Eu trouxe Agag, o rei de 'Amalek, e destruí completamente 'Amalek. 21 O povo, po-
rém, tomou algo do espólio, o melhor das ovelhas e do gado, e o deixou à parte da
destruição para sacrificá-lo a *Adonai*, seu Deus, em Gilgal". 22 Sh'mu'el falou:

"*Adonai* tem tanto prazer
em ofertas queimadas e sacrifícios
quanto em obedecer ao que *Adonai* diz?
Certamente o obedecer é melhor do que o sacrifício,
e atender às ordens, melhor do que gordura de carneiros.

23 "Porque a rebelião é como o pecado da feitiçaria,
e a teimosia é como o crime de idolatria.
E, como você rejeitou a palavra de *Adonai*,
ele também rejeitou você como rei".

24 Sha'ul disse a Sh'mu'el: "Eu pequei. Violei a ordem de *Adonai* e também suas
palavras porque eu estava com medo do povo e dei ouvidos ao que eles diziam.
25 Agora, por favor, perdoa meu pecado; e volta comigo para que eu possa adorar
Adonai". 26 Sh'mu'el, porém, disse a Sha'ul: "Não voltarei com você, porque você
rejeitou a palavra de *Adonai*, e *Adonai* o rejeitou como rei sobre Yisra'el". 27 Quando
Sh'mu'el virou-se para partir, Sha'ul agarrou-se à barra de sua túnica, e a túnica
rasgou-se. 28 Sh'mu'el disse a Sha'ul: "*Adonai* rasgou de você, neste dia, o reino de
Yisra'el, e o deu a um compatriota seu que é melhor do que você. 29 Além disso,
o Eterno de Yisra'el não mentirá nem mudará seu propósito, porque ele não é um
simples ser humano sujeito à mudança de mente". 30 Então Sha'ul disse: "Eu pequei;
mas, a despeito disso, por favor, honra-me diante dos líderes de meu povo e diante
de Yisra'el, voltando comigo para que eu possa adorar *Adonai*, teu Deus". 31 Então
Sh'mu'el seguiu Sha'ul de volta, e Sha'ul adorou *Adonai*.

32 Então Sh'mu'el falou: "Traga-me Agag, o rei de 'Amalek". Agag veio a ele em
cadeias e disse: "Sem dúvida, minha morte será amarga". 33 Sh'mu'el, então, disse:

"Assim como sua espada deixou mulheres sem filhos,
também sua mãe será deixada entre as mulheres sem filhos".

Então Sh'mu'el cortou Agag em pedaços diante de *Adonai*, em Gilgal.

34 Sh'mu'el retornou para Ramah, e Sha'ul foi para sua casa, em Giv'ah-Sha'ul.
35 Sh'mu'el nunca mais voltou a ver Sha'ul até o dia em que morreu. No entanto, Sh'mu'el
lamentou sobre Sha'ul, e *Adonai* lamentou ter feito de Sha'ul rei sobre Yisra'el.

16 1 *Adonai* disse a Sh'mu'el: "Por quanto tempo ainda você se lamentará por
Sha'ul, tendo eu o rejeitado como rei sobre Yisra'el? Encha um chifre com
óleo e vá; eu o enviarei a Yishai, o beit-lachmi, porque eu escolhi para mim mesmo
um rei dentre seus filhos". 2 Sh'mu'el respondeu: "Como eu posso ir? Se Sha'ul
ouvir isso, ele me matará". *Adonai* disse: "Leve uma vaca com você e diga: 'Eu vim
sacrificar a *Adonai*'. 3 Convoque Yishai para o sacrifício. Eu direi a você o que fazer,
e você ungirá para mim a pessoa que eu indicar".
4 Sh'mu'el fez o que *Adonai* dissera e partiu para Beit-Lechem. Os líderes da ci-
dade vieram tremendo para encontrar-se com ele e perguntaram: "Vens em paz?".
5 Ele respondeu: "Em paz. Eu vim para sacrificar a *Adonai*. Consagrem-se e venham
comigo para o sacrifício". Em seguida, ele consagrou Yishai e seus filhos e os reuniu
para o sacrifício. 6 Quando eles chegaram, Sh'mu'el olhou para Eli'av e disse: "Este
deve ser o ungido de *Adonai*, aqui diante dele". 7 Entretanto, *Adonai* disse a Sh'mu'el:
"Não atente para sua aparência ou para sua altura, porque eu o rejeitei. *Adonai* não
vê como o homem vê — os homens olham para a aparência externa, mas *Adonai*
olha para o coração". 8 Então Yishai chamou Avinadav e o apresentou a Sh'mu'el;
mas ele disse: "*Adonai* também não escolheu este". 9 Yishai apresentou Shammah;
novamente Sh'mu'el disse: "*Adonai* também não escolheu este". 10 Yishai apresen-
tou sete de seus filhos a Sh'mu'el; mas Sh'mu'el disse a Yishai: "*Adonai* não escolheu
estes. 11 Aqui estão todos os seus filhos?", perguntou Sh'mu'el a Yishai. Ele respon-
deu: "Há ainda o mais moço; ele está lá fora, cuidando das ovelhas". Sh'mu'el disse
a Yishai: "Envie alguém e traga-o de volta, porque nós não sentaremos para comer
até que ele chegue aqui". 12 Ele enviou alguém e o trouxe para dentro. O moço tinha
as maçãs do rosto rosadas, os cabelos ruivos e os olhos brilhantes; era um rapaz de
boa aparência. *Adonai* disse: "Levante-se e unja-o; é ele". 13 Sh'mu'el tomou o chifre
de óleo e ungiu-o ali, na presença de seus irmãos. Daquele dia em diante, o Espírito
de *Adonai* caiu sobre David com poder. Então Sh'mu'el saiu e foi para Ramah.
14 Agora o Espírito de *Adonai* tinha deixado Sha'ul; no lugar dele, um espírito mau,
da parte de *Adonai*, apossava-se dele, de repente. 15 Os servos de Sha'ul lhe disseram:
"O senhor notou que há um espírito mau da parte de Deus que, repentinamente, vem
sobre o senhor? 16 Que o nosso senhor dê ordens a seus servos que estão aqui para
que procurem um homem que saiba tocar a lira. Se o espírito da parte de Deus o
dominar, ele tocará; e isso fará que se sinta melhor". 17 Sha'ul disse aos seus servos:
"Encontrem um homem que saiba tocar bem e traga-o até aqui". 18 Um dos jovens
respondeu: "Eu vi um dos filhos de Yishai, o beit-lachmi, que sabe como tocar. Ele
é um soldado valente, pode lutar, escolhe cuidadosamente suas palavras e tem
boa aparência. Além disso, *Adonai* é com ele". 19 Então Sha'ul enviou mensageiros a
Yishai, dizendo: "Envie até aqui David, seu filho, o jovem que está com as ovelhas".
20 Yishai tomou um jumento, carregou-o com pão, uma vasilha de couro cheia de
vinho e um cabrito, e enviou-os com David, seu filho, a Sha'ul. 21 David veio a Sha'ul e
apresentou-se a ele. Sha'ul teve uma grande simpatia por ele e fez dele seu escudeiro.
22 Sha'ul enviou uma mensagem a Yishai: "Por favor, deixe que David fique a meu ser-
viço, porque eu me agrado dele". 23 Aconteceu que, toda vez que o espírito [mau] da
parte de Deus vinha sobre Sha'ul, David pegava a lira e a tocava, e Sha'ul encontrava
alívio e se sentia melhor, pois o espírito mau o deixava.

17 1 Os p'lishtim reuniram suas tropas para a guerra, congregando-as em
Sokhoh, em Y'hudah, e montando acampamento entre Sokhoh e 'Azekah,
em Efes-Damim. 2 Sha'ul e os homens de Yisra'el se reuniram, e acamparam no vale
de Elah e prepararam sua linha de batalha no lado oposto ao dos p'lishtim. 3 Os
p'lishtim ocuparam a posição sobre uma colina, e Yisra'el, em outra colina, tendo
um vale entre eles.

4 Saiu do acampamento dos p'lishtim um guerreiro chamado Golyat, de Gat,
que tinha 2,9 metros de altura. 5 Ele usava um capacete de bronze em sua cabeça
e uma armadura de bronze chapeado que pesava 60 quilos. 6 Usava caneleiras
de bronze que protegiam suas pernas e uma lança de bronze entre seus ombros.
7 O cabo de sua lança era tão grande quanto a lançadeira de um tecelão, e a ponta
de ferro pesava 7,2 quilos. Seu escudeiro ia adiante dele. 8 Ele parou e gritou para
os exércitos de Yisra'el: "Por que vocês saíram e se armaram para a linha de bata-
lha? Eu sou um p'lishti, e vocês são servos de Sha'ul. Escolham, então, um homem,
e que ele desça até aqui. 9 Se ele puder lutar e me matar, nós seremos escravos de
vocês; mas, se eu o derrotar e o matar, vocês serão nossos escravos e nos servirão".
10 O p'lishti acrescentou: "Eu desafio os exércitos de Yisra'el neste dia — enviem-
-me um homem, e eu lutarei com ele!". 11 Quando Sha'ul e todo o Yisra'el ouviram
aquelas palavras do p'lishti, tremeram e ficaram apavorados.

12 David era filho de Yishai, o efrati de Beit-Lechem de Y'hudah. Este tinha oito
filhos; no tempo do reinado de Sha'ul, Yishai já era idoso — os anos tinham cobra-
do seu pedágio. 13 Seus três filhos mais velhos tinham ido com Sha'ul para a bata-
lha; os nomes de seus três filhos que foram para a batalha eram Eli'av, o mais velho;
depois dele, Avinadav; e o terceiro, Shammah. 14 David era o mais moço; os três
mais velhos seguiram Sha'ul. 15 David ia ao acampamento de Sha'ul e voltava de lá,
para pastorear as ovelhas de seu pai, em Beit-Lechem. 16 Enquanto isso, a cada ma-
nhã, o p'lishti aproximava-se com seu desafio; e isso aconteceu por quarenta dias.

17 Yishai disse a David, seu filho: "Por favor, leve para os seus irmãos 20 litros des-
te grão tostado e estes dez pães; vá correndo e leve-os para os seus irmãos no acam-
pamento. 18 Leve também estes dez queijos para os seus oficiais de campo. Verifique
se os seus irmãos estão bem e traga alguma notícia deles. 19 Sha'ul e seus irmãos, com
todo o exército de Yisra'el, estão no vale de Elah, lutando contra os p'lishtim".

20 David levantou de manhã bem cedo, deixou as ovelhas com o ajudante, tomou
sua bagagem e partiu, como Yishai tinha ordenado que ele fizesse. Ele chegou à
barricada do acampamento no momento em que as tropas estavam saindo para
seus postos de batalha e gritando o alarido de guerra. 21 Yisra'el e os p'lishtim
tinham posicionado suas linhas de batalha frente a frente. 22 David deixou o que
trouxera a cargo do guarda do equipamento, correu até a linha de batalha, onde
estavam seus irmãos, e perguntou se eles estavam bem. 23 Enquanto ele estava
falando com eles, chegou Golyat, o guerreiro p'lishti de Gat, que vinha das fileiras
dos p'lishtim, repetindo as palavras que dissera antes; e David ouviu o que ele dizia.
24 Quando os soldados de Yisra'el viram o homem, correram dele apavorados. 25 Os
soldados de Yisra'el disseram [uns aos outros]: "Vocês viram aquele homem que aca-
bou de surgir? Ele veio para desafiar Yisra'el. A qualquer que o matar, o rei dará uma
grande recompensa; dará também sua filha e isentará a família de seu pai de todo
o serviço e de todas as taxas em Yisra'el". 26 David disse aos homens que estavam
junto dele: "Que recompensa será dada ao homem que matar esse p'lishti e remover
esta desgraça de Yisra'el? Quem é, de qualquer maneira, esse incircunciso p'lishti
para desafiar os exércitos do Deus vivo?". 27 As pessoas responderam a David com
as palavras que já tinham sido ditas e acrescentaram: "Isso é o que será feito para o

homem que o matar". 28 Eli'av, o irmão mais velho de David, ouviu quando este falou
com os homens, e isso fez que Eli'av se aborrecesse com o irmão. Ele perguntou: Por
que você veio até aqui? Com quem você deixou aquelas poucas ovelhas no deserto?
Eu sei quanto você é convencido e quanto é mau o seu coração! Você veio até aqui
apenas para assistir à batalha". 29 David respondeu: "O que eu fiz agora? Fiz apenas
uma pergunta!". 30 Ele se voltou de seu irmão para algumas outras pessoas e lhes fez
a mesma pergunta, e o povo lhe deu a mesma resposta.

31 As palavras de David foram ouvidas e narradas a Sha'ul, que o desafiou.
32 David disse a Sha'ul: "O coração de ninguém deveria desfalecer por causa dele; o
seu servo irá e lutará contra esse p'lishti". 33 Sha'ul disse a David: "Você não pode
ir à luta contra esse p'lishti — é apenas um menino, e ele tem sido um guerreiro
desde a sua juventude!". 34 David respondeu a Sha'ul: "Seu servo acostumou-se a
guardar as ovelhas de seu pai. Quando um leão ou um urso vinha e arrebanhava
uma ovelha do rebanho, 35 eu ia atrás dele, golpeava-o e tomava a ovelha de sua
boca; e, se o animal se voltasse para mim, eu o agarrava pela queixada, acertava-o e
o matava. 36 Seu servo derrotou tanto leões quanto ursos, e este incircunciso p'lishti
será como um deles, porque ele desafiou o exército do Deus vivo". 37 David conti-
nuou: "*Adonai*, que me resgatou da pata do leão e da pata do urso, me resgatará da
pata deste p'lishti!". Sha'ul disse a David: "Vá; que *Adonai* esteja com você".

38 Sha'ul vestiu David com a própria armadura — ele colocou o capacete de
bronze sobre sua cabeça e lhe deu a armadura para vestir. 39 David afivelou sua
espada em sua armadura e tentou caminhar, mas ele não estava acostumado com
aquele equipamento, então disse a Sha'ul: "Eu não consigo me mover, usando essas
coisas, porque não estou acostumado a usá-las". Então tirou a armadura, 40 tomou
seu cajado em sua mão, pegou cinco pedras lisas do leito de um rio e colocou-as em
sua bolsa de pastor de ovelhas, em sua algibeira. Em seguida, com uma funda
em sua mão, ele se aproximou do p'lishti. 41 O p'lishti, com seu escudeiro à frente
dele, foi se aproximando cada vez mais de David. 42 O p'lishti olhou para David
de cima a baixo e nada sentiu, exceto desprezo por aquilo que viu — um menino
com as maçãs do rosto rosadas, cabelos ruivos e boa aparência. 43 O p'lishti disse
a David: "Sou um cão? Por que você vem a mim com pedaços de pau?". E o p'lishti
amaldiçoou David por seu deus. 44 Então o p'lishti disse a David: "Venha até aqui,
para que eu possa dar sua carne aos pássaros do céu e aos animais selvagens".
45 David respondeu: "Você está vindo a mim com espada, lança e dardos. No entanto,
eu vou a você em nome de *Adonai-Tzva'ot*, o Deus dos exércitos de Yisra'el, a quem
você desafiou. 46 Hoje *Adonai* entregará você a mim. Eu o atacarei, cortarei a sua
cabeça e darei as carcaças do exército dos p'lishtim aos pássaros do céu e aos animais
da terra. Então toda a terra saberá que há um Deus em Yisra'el, 47 e todos os que es-
tão reunidos aqui saberão que *Adonai* não salva por espada ou por lança. Porque esta
batalha é de *Adonai*, e ele entregará vocês em nossas mãos". 48 Enquanto o p'lishti se
levantava, aproximava-se e vinha encontrar-se com David, David se apressou e correu
na direção do exército para se encontrar com o p'lishti. 49 David colocou sua mão na
bolsa, pegou uma pedra e a lançou com sua funda. Ela golpeou o p'lishti em sua testa
e se enterrou em sua testa, de modo que ele caiu com o rosto no chão. 50 Assim, David
derrotou o p'lishti com uma funda e uma pedra, golpeou o p'lishti e o matou sem
espada em sua mão. 51 David correu, pôs os pés sobre o p'lishti, tomou sua espada,
puxou-a de sua bainha e acabou de matá-lo, cortando-lhe a cabeça com ela.

Quando os p'lishtim viram que seu herói estava morto, fugiram. 52 Os homens
de Yisra'el e de Y'hudah avançaram, gritando, e perseguiram os p'lishtim por todo
o caminho até Gat e os portões de 'Ekron. Os p'lishtim feridos caíram ao longo

de toda a estrada que vai de Sha'arayim a Gat e 'Ekron. 53 Depois de perseguir os
p'lishtim, o exército de Yisra'el retornou e saqueou seu acampamento.
54 David tomou a cabeça do p'lishti e a trouxe a Yerushalayim, porém colocou a
armadura do p'lishti em sua tenda.
55 Quando Sha'ul viu David sair para lutar contra o p'lishti, ele perguntou a Avner,
o comandante do exército: "Avner, de quem este menino é filho?". "Pela tua vida, ó
rei", Avner respondeu, "eu não sei". 56 O rei replicou: "Descubra de quem este menino
é filho". 57 Quando David retornou de matar o p'lishti, Avner tomou-o e o trouxe a
Sha'ul com a cabeça do p'lishti em sua mão. 58 Sha'ul perguntou-lhe: "Jovem, de quem
você é filho?". David respondeu: "Eu sou o filho de teu servo, Yishai, o beit-lachmi".

18 1 Algum tempo depois de David ter falado com Sha'ul, nasceu uma grande
amizade entre Y'honatan e David, de modo que Y'honatan o amava como a
si mesmo. 2 Naquele dia, Sha'ul tomou David para o seu serviço e não mais o deixou
ir para a sua casa, para a casa de seu pai. 3 Y'honatan fez uma aliança com David,
porque o amou como amava a si mesmo. 4 Y'honatan tirou o manto que estava
usando e deu-o a David, como também sua armadura, incluindo sua espada, seu
arco e seu cinturão. 5 David saía e, para onde quer que Sha'ul o enviasse, ele era
bem-sucedido. Sha'ul pôs David no comando de homens de guerra; isso agradou ao
povo, bem como aos servos de Sha'ul.
6 Como David e os outros estavam retornando da matança do p'lishti, as mu-
lheres saíram de todas as cidades de Yisra'el para encontrar-se com o rei Sha'ul,
cantando e dançando alegremente, com tamborins e instrumentos de três cordas.
7 Em seu regozijo, as mulheres cantavam:

"Sha'ul matou milhares,
mas David, dezenas de milhares".

8 Sha'ul ficou muito irado, pois essa canção o desagradava. Ele disse: "Elas atribuem
a David o crédito por dezenas de milhares, mas a mim dão crédito apenas por
milhares. Agora, tudo o que falta a ele é o reino!". 9 Daquele dia em diante, Sha'ul
olhou para David com desconfiança.
10 No dia seguinte, um espírito maligno veio poderosamente, da parte de Deus,
sobre Sha'ul, de modo que ele entrou em transe em sua casa. David estava lá, to-
cando sua lira, como fizera em outras ocasiões. Desta vez, Sha'ul tinha sua lança
na mão; 11 então ele jogou a lança, pensando: "Eu prenderei David na parede!".
Entretanto, David esquivou-se do caminho duas vezes. 12 Sha'ul ficou com medo de
David, porque *Adonai* o tinha abandonado e estava com David. 13 Por isso, Sha'ul o
manteve a distância, fazendo-o comandante sobre mil; suas idas e vindas vieram
ao conhecimento público. 14 David alcançou grande sucesso em todos os seus ca-
minhos; *Adonai* estava com ele. 15 Quando Sha'ul viu como David era bem-sucedido,
ficou com medo dele. 16 Todo o Yisra'el e todo o Y'hudah, porém, amavam David,
porque eles sabiam tudo sobre todas as suas batalhas.
17 Sha'ul disse a David: "Aqui está minha filha mais velha, Merav. Eu a darei
a você como esposa; continue apenas demonstrando-me sua coragem e lutando
as batalhas de *Adonai*". Sha'ul pensava: "Eu não ousarei tocar nele, então que os
p'lishtim o façam". 18 A resposta de David a Sha'ul foi: "Quem sou eu, que me torne
o genro do rei? Que tipo de vida eu tenho e que distinção tem a família de meu
pai em Yisra'el?". 19 No entanto, quando chegou o tempo para que Merav, a filha
de Sha'ul, fosse dada a David, ela foi dada a Adri'el, o mecholati, como sua esposa.

20 Mikhal, porém, filha de Sha'ul, apaixonou-se por David. Quando contaram isso a
Sha'ul, ele muito se agradou da notícia. 21 Sha'ul disse: "Eu a darei a ele, de modo
que ela venha a ludibriá-lo e os p'lishtim possam acabar com ele". Então Sha'ul
disse a David: "Hoje você se tornará meu genro, ainda que da segunda [filha]".
22 Sha'ul ordenou aos seus servos que tivessem uma conversa particular com
David e dissessem: "Veja, o rei se agradou de você, e todos os servos dele gostam
de você; então torne-se genro do rei". 23 Os servos de Sha'ul disseram essas coisas
a David; David, porém, replicou: "Vocês pensam que ser genro do rei é algo que
deva ser tratado de forma tão casual, dado que eu sou um homem pobre e sem
posição social?". 24 Os servos de Sha'ul narraram-lhe a forma com que David tinha
respondido. 25 Sha'ul disse: "Aqui está o que vocês devem dizer a David: 'O rei não
quer nenhum tipo de dote; ele quer cem prepúcios dos p'lishtim, de forma que ele
possa obter vingança sobre seus inimigos' ". Porque Sha'ul esperava que David fos-
se morto pelos p'lishtim. 26 Quando os servos disseram essas palavras a David, foi
do agrado de David tornar-se genro do rei. Mesmo antes do tempo [estipulado para
o seu casamento], 27 David levantou-se, e saíram, ele e seus soldados, e mataram
200 homens dos p'lishtim. Ele trouxe seus prepúcios e os deu ao rei; de modo que
se tornou o genro do rei. Então Sha'ul deu Mikhal, sua filha, como esposa a David.

28 Sha'ul viu e compreendeu que *Adonai* estava com David, e que Mikhal, filha de
Sha'ul, o amava. 29 Isso fez que Sha'ul tivesse mais medo de David, de forma que
Sha'ul tornou-se inimigo de David pelo resto de sua vida.

30 Os líderes dos p'lishtim atacavam; mas, onde quer que eles atacassem, David
era mais bem-sucedido do que qualquer um dos servos de Sha'ul; assim, David
adquiriu grande fama.

19 1 Sha'ul contou a Y'honatan, seu filho, e a todos os seus servos, sobre o seu
desejo de ver David morto. Entretanto, como Y'honatan se havia afeiçoado
muito a David, 2 ele lhe disse: "Meu pai, Sha'ul, está procurando uma oportuni-
dade para matá-lo. Portanto, você deve ter muito cuidado amanhã de manhã.
Procure um bom lugar para se esconder. 3 Eu irei para o campo onde você estiver
escondido e ficarei próximo ao meu pai. Falarei com ele sobre você; e, se eu des-
cobrir alguma coisa, contarei a você".

4 Y'honatan falou bem de David a Sha'ul, seu pai, e disse a ele: "O rei não deveria
pecar contra seu servo David, porque ele não pecou contra o rei. Pelo contrário, seu
trabalho pelo senhor tem sido, de fato, muito bom. 5 Ele pôs a vida em suas mãos
ao atacar os p'lishtim, e *Adonai* entregou a Yisra'el uma grande vitória. O senhor
mesmo o viu e se alegrou com isso. Então por que o senhor quer pecar contra o san-
gue inocente, matando David sem nenhuma razão?". 6 Sha'ul atendeu ao conselho
de Y'honatan e jurou: "Como vive *Adonai*, ele não será levado à morte". 7 Y'honatan
chamou David e contou a ele todas essas coisas. Então Y'honatan trouxe David a
Sha'ul para continuar a dar assistência ao rei, como fazia antes.

8 Houve guerra novamente, e David foi lutar contra os p'lishtim. Ele os atingiu,
com grande matança, e eles fugiram de diante dele. 9 Depois disso, um espírito
mau da parte de *Adonai* veio sobre Sha'ul, enquanto ele estava sentado em sua
casa com a lança em sua mão. David estava tocando sua lira, 10 quando Sha'ul
tentou prendê-lo à parede com a lança. Ele, porém, esquivou-se dela e saiu do
caminho de Sha'ul, de modo que a lança encravou na parede. David fugiu e, então,
naquela noite, ele escapou.

11 Sha'ul, porém, enviou mensageiros à casa de David, instruindo-os a que ficas-
sem ali, de vigia, e o matassem pela manhã. Mikhal, a esposa de David, lhe disse:

"Se você não salvar sua vida esta noite, amanhã estará morto". 12 Mikhal fez que
David descesse por uma janela; e ele partiu em fuga. 13 Mikhal tomou o ídolo da
casa, colocou-o sobre a cama, colocou uma colcha de pelos de cabra na cabeceira e o
cobriu com um pedaço de pano. 14 Quando Sha'ul enviou mensageiros para capturar
David, ela disse: "Ele está enfermo". 15 Sha'ul enviou mensageiros para verem David
com a ordem: "Tragam-no a mim, até mesmo com a cama, para que eu possa matá-
-lo". 16 Quando, entretanto, os mensageiros entraram, ali, diante deles, estava o ídolo
na cama, com a colcha de pelos de cabra na cabeceira. 17 Sha'ul perguntou a Mikhal:
"Por que você me enganou dessa forma e deixou que meu inimigo escapasse?". Mi-
khal respondeu a Sha'ul: "Ele me ameaçou: 'Deixe-me ir, ou eu matarei você' ".

18 Depois que fugiu, David veio a Sh'mu'el, em Ramah, e lhe contou todas as coi-
sas que Sha'ul tinha feito a ele. David e Sh'mu'el partiram e ficaram no dormitório
dos profetas. 19 A notícia de que David tinha sido visto no dormitório dos profetas
em Ramah chegou até Sha'ul. 20 Sha'ul enviou mensageiros para capturar David. Con-
tudo, quando eles viram o grupo de profetas profetizando, dirigidos por Sh'mu'el,
o Espírito de Deus caiu sobre os mensageiros de Sha'ul; e eles também começaram
a profetizar. 21 Quando Sha'ul ficou sabendo disso, enviou outros mensageiros; mas
eles também começaram a profetizar. Sha'ul enviou mensageiros uma terceira vez;
e eles também profetizaram. 22 Então ele mesmo foi a Ramah. Quando chegou à
grande cisterna em Sekhu, perguntou: "Onde estão Sh'mu'el e David?". Alguém res-
pondeu: "Eles estão no dormitório dos profetas em Ramah". 23 Enquanto ele estava
no caminho para o dormitório dos profetas em Ramah, o Espírito de Deus caiu sobre
ele também; e ele foi avante, profetizando, até que chegou ao dormitório dos profe-
tas em Ramah. 24 Ele também se despiu de suas roupas, profetizando na presença de
Sh'mu'el, e ficou ali desnudo todo aquele dia e toda aquela noite. É por causa disso
que se usa a expressão: "Sha'ul também é um profeta?".

20 1 David fugiu do dormitório dos profetas em Ramah, voltou para Y'honatan
e perguntou: "O que eu fiz? Onde eu errei? Que pecado cometi que fizesse
seu pai querer tomar a minha vida?". 2 Y'honatan respondeu: "Que isso não suceda!
Você não será morto! Veja, meu pai não faz coisa nenhuma, importante ou não,
sem primeiro falar comigo; então por que ele esconderia isso de mim? Isso não
acontecerá!". 3 Em resposta, David jurou: "Seu pai sabe muito bem que você fez de
mim seu amigo. Por causa disso, ele dirá: 'Y'honatan não deve saber disso, ou ele
ficará triste'. Tão certo como *Adonai* vive, e tão certo como você vive, há apenas
um passo entre mim e a morte". 4 Y'honatan disse a David: "Qualquer coisa que
você queira que eu faça para você, eu farei". 5 David respondeu a Y'honatan: "Veja.
Amanhã é *Rosh-Hodesh*, e eu devo jantar com o rei. Em vez disso, deixe-me ir e me
esconder no campo até a noite do terceiro dia. 6 Se seu pai sentir minha falta, diga:
'David implorou-me para deixá-lo ir rapidamente a Beit-Lechem, sua cidade; porque
lá é feito o sacrifício anual por toda a sua família'. 7 Se ele disser: 'Está bem', seu servo
ficará bem. Se, no entanto, ele se mostrar irado, você saberá que ele planejou algo
ruim. 8 Portanto, mostre bondade para com seu servo, porque você ligou seu servo
a si mesmo, por aliança, diante de *Adonai*. Se, porém, eu fiz algo errado, mate-me
você mesmo! Por que me levar até seu pai?". 9 Y'honatan replicou: "Que isso não
suceda! Se ao menos eu desconfiasse que meu pai tinha definitivamente decidido
causar a você algum dano, não contaria isso a você?". 10 David, então, perguntou a
Y'honatan: "Quem me avisará no caso de seu pai dar a você uma resposta rude?".
11 Y'honatan disse a David: "Venha, vamos ao campo".

Eles foram, os dois, ao campo. 12 Y'honatan declarou a Davi: "*Adonai*, o Deus de Yisra'el [é testemunha]: amanhã, depois que eu tiver sondado meu pai, por volta desta hora, ou então ao terceiro dia, se as coisas parecerem boas para David, eu enviarei alguém e farei que você saiba. 13 Se, porém, meu pai intentar causar a você algum dano, que *Adonai* faça tanto e ainda mais a mim se eu não fizer que você saiba e envie notícias a você, de modo que possa ir em paz. E que *Adonai* esteja com você como costumava estar com meu pai. 14 Entretanto, você deve mostrar a bondade de *Adonai* para comigo, não apenas enquanto estou vivo, para que eu não morra, 15 mas também, depois que *Adonai* tiver eliminado todos os inimigos de David da face da terra, você deve continuar demonstrando bondade à minha família para sempre". 16 Assim, Y'honatan fez um pacto com a família de David e acrescentou: "Que *Adonai* vingue os inimigos de David!". 17 Y'honatan fez David jurar novamente, por causa do amor que tinha por ele — ele o amava como amava a si mesmo. 18 Y'honatan lhe disse: "Amanhã é *Rosh-Hodesh*, e sentirão falta de você, porque o seu assento estará vazio. 19 Ao terceiro dia, esconda-se bem no mesmo lugar em que você se escondeu antes; fique perto da pedra da Partida. 20 Eu atirarei três flechas para um mesmo lado, como se eu estivesse atirando em um alvo. 21 Enviarei o meu moço para recuperá-las. Se eu disser ao moço: 'Elas estão aqui deste seu lado, pegue-as', então venha — isso significará que tudo está em paz para você; como vive *Adonai*, não há nada de errado. 22 Se, porém, eu disser ao moço: 'As flechas estão ali, para além de você', então vá embora porque *Adonai* o está conduzindo para longe. 23 Quanto ao que discutimos anteriormente, *Adonai* está entre você e mim para sempre".

24 Então David escondeu-se no campo. Quando chegou o *Rosh-Hodesh*, o rei assentou-se para comer seu alimento. 25 Ele se assentou em seu lugar de costume, próximo à parede. Y'honatan ficou em pé, e Avner sentou-se próximo a Sha'ul, mas o lugar de David estava vazio. 26 Naquele dia, porém, Sha'ul não disse nada, porque ele pensava: "Alguma coisa aconteceu a ele, ele está impuro. Sim, deve ser isso; ele não está limpo". 27 No dia seguinte ao *Rosh-Hodesh*, o segundo dia, o lugar de David estava vazio; então Sha'ul disse a Y'honatan, seu filho: "Por que o filho de Yishai não veio à refeição, nem ontem, nem hoje?". 28 Y'honatan respondeu a Sha'ul: "David implorou-me que o deixasse ir a Beit-Lechem. 29 Ele me disse: 'Por favor, deixe-me ir, porque nossa família fará um sacrifício na cidade, e meu irmão exige que eu vá. Então agora, se você me vê de maneira favorável, por favor, deixe-me ir e ver meus irmãos'. É por isso que ele não veio à mesa do rei". 30 Por causa disso, Sha'ul se encheu de ira contra Y'honatan e disse: "Seu trapaceiro rebelde! Então eu não sei que você fez do filho de Yishai seu melhor amigo? Você não se importa que esteja envergonhando a si mesmo e desonrando sua mãe, não é mesmo? 31 Porque enquanto o filho de Yishai viver nesta terra, nem você, nem seu reino estarão seguros. Agora envie alguém e traga-o até aqui para mim — ele merece morrer". 32 Y'honatan respondeu a Sha'ul, seu pai: "Por que deveria ele ser levado à morte? O que ele fez?". 33 Sha'ul, porém, atirou sua lança nele, com o objetivo de matá-lo; Y'honatan não podia mais duvidar de que seu pai estava determinado a levar David à morte. 34 Y'honatan levantou-se da mesa furioso e não comeu a refeição do segundo dia do mês, tanto por estar aflito por David quanto porque seu pai o tinha envergonhado.

35 Na manhã seguinte, Y'honatan foi ao campo, à hora que ele tinha acertado com David, levando com ele um moço. 36 Ele falou ao moço: "Corra agora e encontre as flechas que eu vou atirar". Enquanto o moço corria, ele atirou uma flecha adiante dele. 37 Quando o moço chegou ao lugar onde estava a flecha que Y'honatan tinha atirado, Y'honatan gritou para o moço: "A flecha não está além de você?". 38 Y'honatan continuou gritando para o moço: "Depressa! Rápido! Não está exatamente aí!". O moço de Y'honatan juntou as flechas e retornou ao seu senhor, 39 mas o moço não entendeu

coisa nenhuma sobre aquele assunto — apenas Y'honatan e David entenderam.
40 Y'honatan deu suas armas ao moço e lhe disse: "Vá, leve-as para a cidade".
41 Assim que o moço partiu, David se levantou do lugar ao sul da pedra, caiu
com a face em terra e prostrou-se três vezes; eles se beijaram, lamentaram um para
o outro, e David chorou ainda mais do que Y'honatan. 42 Y'honatan disse a David:
"Vá em paz; porque juramos, nós dois, em nome de *Adonai*, que *Adonai* estará entre
mim e você, e entre os meus e os seus descendentes para sempre".

21 1(20.42b) Então David levantou-se e foi embora, e Y'honatan voltou para a
cidade.
2(1) David foi ver Achimelekh, o *kohen*, em Nov. Achimelekh veio, tremendo, en-
contrar-se com David e lhe perguntou: "Por que você está sozinho? Por que não há
ninguém com você?". 3(2) David disse a Achimelekh, o *kohen*: "O rei enviou-me em
uma missão e me pediu que não deixasse ninguém saber o propósito ou o que ele
ordenou que fosse feito. Eu combinei um lugar onde os guardas devem encontrar-
-se comigo. 4(3) Agora, o que você tem na mão? Dê-me cinco pães, ou o que quer
que você tenha". 5(4) O *kohen* respondeu a David: "Eu não tenho nenhum pão nor-
mal; no entanto, há o pão consagrado — mas os guardas só poderão comê-lo se
estiverem abstêmios de mulheres". 6(5) David respondeu ao *kohen*: "É claro que as
mulheres têm permanecido longe de nós, assim como nas campanhas anteriores.
Sempre que eu saio em campanha, a tropa está limpa, mesmo em uma viagem
normal. Muito mais hoje, quando eles colocarão algo consagrado em sua baga-
gem!". 7(6) Então o *kohen* deu a David o pão consagrado, porque não havia outro
tipo de pão além do pão da proposição que tinha sido retirado de diante de *Adonai*
para ser trocado por pão fresco no dia em que o pão velho fosse removido.
8(7) Aconteceu que um dos servos de Sha'ul estava ali naquele dia, ocupado dian-
te de *Adonai*. Seu nome era Do'eg, o edomi, o chefe dos pastores das ovelhas de
Sha'ul. 9(8) David disse a Achimelekh: "Será que não tem aqui com você uma lança ou
uma espada? Eu não trouxe nem minha espada, nem minhas outras armas, porque
a missão do rei era urgente". 10(9) O *kohen* disse: "A espada de Golyat, o p'lishti que
você matou no vale de Elah, está ali adiante, diante da veste ritual, envolvida em
um pano. Se você a quiser, pegue-a; ela é a única arma aqui". David disse: "Não há
nada melhor; dê-me essa espada".
11 (10) No mesmo dia, David fugiu de Sha'ul e foi a Akhish, rei de Gat. 12(11) Os
servos de Akhish lhe disseram: "Não é este David, o rei da terra? Não estavam eles
dançando e cantando uns para os outros:

> 'Sha'ul matou milhares,
> mas David, dezenas de milhares'?".

13(12) David levou muito a sério esses comentários e ficou com muito medo de
Akhish, o rei de Gat. 14(13) Então, como o estivessem vigiando, ele mudou seu com-
portamento e, quando estavam próximos a ele, fingia estar louco, arranhando os
portões da cidade e babando em sua barba. 15(14) Akhish disse aos seus servos: "Se
vocês veem que o homem é um *meshugga*, por que o trouxeram até aqui? 16(15) Será
que me estão faltando *meshugga'im*? É por isso que vocês trouxeram este homem
para endoidecer na minha frente? Será que eu devo ter isto na minha casa?".

22 1 David partiu dali e buscou refúgio na caverna de 'Adulam. Quando seus
irmãos e o restante da sua família souberam disso, foram até lá para estar
com ele. 2 Então todas as pessoas que estavam em dificuldade, tinham dívidas ou

estavam descontentes começaram a se juntar ao redor de David, e ele se tornou seu
líder; havia cerca de 400 homens com ele.

3 David foi dali para Mitzpah de Mo'av e disse ao rei de Mo'av: "Por favor, deixa
que meu pai e minha mãe venham e fiquem contigo até que eu saiba o que Deus
fará comigo". 4 Ele os apresentou ao rei de Mo'av, e eles viveram com ele durante
todo o tempo em que David permaneceu em sua fortaleza. 5 Entretanto, o profeta
Gad disse a David: "Não fique na fortaleza. Saia daí e vá para a terra de Y'hudah".
David foi, então, para a floresta de Heret.

6 Sha'ul ouviu que David e os homens que estavam com ele tinham sido lo-
calizados. Sha'ul estava sentado em Giv'ah, na colina, sob a tamargueira, com sua
lança na mão e todos os seus servos ao seu redor. 7 Sha'ul disse aos seus servos que
estavam ao seu redor: "Ouçam, vocês, homens de Binyamin! O filho de Yishai dará
a qualquer um de vocês campos e vinhas? Ele fará de vocês comandantes de 1.000
e comandantes de 100? 8 Foi por esse motivo que vocês conspiraram contra mim, já
que nenhum de vocês me avisou quando meu filho fez aliança com o filho de Yishai?
Nenhum de vocês se preocupa comigo! De outra forma, me teriam falado que meu
filho tinha incitado meu servo a se tornar meu inimigo, como ele o é agora".

9 Entretanto, Do'eg, o edomi, que tinha sido posto no cargo de servo de Sha'ul,
respondeu: "Eu vi o filho de Yishai vir a Nov, a Achimelekh, o filho de Achituv. 10 Ele
consultou Adonai para ele, deu-lhe comida e a espada de Golyat, o p'lishti". 11 Assim,
o rei mandou chamar Achimelekh, o *kohen*, o filho de Achituv, juntamente com toda
a família de seu pai, os *kohanim*, em Nov; e todos eles foram até o rei. 12 Sha'ul disse:
"Ouça aqui você, filho de Achituv!". Ele respondeu: "Aqui estou eu, meu senhor".
13 Sha'ul lhe perguntou: "Por que você conspirou contra mim, você e o filho de Yishai?
Dando pão a ele e uma espada, e consultando Deus por ele, você o ajudou a se rebelar
contra mim e se tornar meu inimigo, como ele o é agora!". 14 Achimelekh respondeu
ao rei: "Há alguém entre os teus servos mais digno de confiança do que David? Ele
é o genro do rei, encarrega-se de tuas ordens, tua família o honra. 15 Não é de hoje
que comecei a consultar Deus por ele. Certamente que não! O rei não deveria me
acusar ou à minha família de coisa nenhuma! O teu servo nada sabe acerca do que
está acontecendo!". 16 O rei, entretanto, disse: "Você deve morrer; você e toda a família
do seu pai". 17 Então disse aos guardas que estavam ao redor dele: "Aproximem-se e
matem os *kohanim* de *Adonai*, porque eles apoiaram David e porque sabiam que ele
estava fugindo e não me contaram". Os servos do rei, porém, recusaram-se a levantar
a mão contra os *kohanim* de *Adonai*. 18 Então o rei disse a Do'eg: "Vá você e mate os
kohanim". Do'eg, o edomi, aproximou-se e matou os *kohanim*; naquele dia, ele matou
85 pessoas que usavam vestes rituais de linho. 19 Ele também atacou Nov, a cidade
dos *kohanim*, com a espada; passou pela espada tanto homens quanto mulheres,
crianças e bebês, gado, jumentos e ovelhas.

20 Um dos filhos de Achimelekh, o filho de Achituv, chamado Avyatar, escapou e
foi se juntar a David. 21 Avyatar contou a David que Sha'ul tinha matado os *kohanim*
de *Adonai*. 22 David disse a Avyatar: "Eu sabia disso! Naquele dia, quando Do'eg, o edo-
mi, estava ali, eu sabia que ele contaria a Sha'ul. Eu causei a morte de todas as pes-
soas da família do seu pai. 23 Permaneça comigo; não tenha medo; porque aquele que
está procurando a minha vida, procura a sua também. Você estará a salvo comigo".

23 1 Disseram a David: "Os p'lishtim estão invadindo Ke'ilah e saqueando as
eiras". 2 David consultou *Adonai* e perguntou: "Devo atacar esses p'lishtim?".
Adonai respondeu a David: "Vá, e ataque os p'lishtim, e salve Ke'ilah". 3 Os soldados

de David lhe disseram: "Olhe, nós já estamos com medo aqui em Y'hudah. Quanto mais, então, se formos a Ke'ilah para lutar com os exércitos p'lishtim". 4 David consultou *Adonai* novamente, e *Adonai* lhe respondeu: "Prepare-se e desça até Ke'ilah, pois eu darei a vocês os p'lishtim em suas mãos". 5 David e seus homens foram até Ke'ilah e lutaram contra os p'lishtim. Eles derrotaram os p'lishtim, causando grande morticínio entre eles e apoderando-se de seus rebanhos. Assim, David salvou os habitantes de Ke'ilah.

6 Quando Avyatar, o filho de Achimelekh, correu até David, em Ke'ilah, trouxe com ele as vestimentas sacerdotais. 7 Ao ser informado de que David tinha ido a Ke'ilah, Sha'ul disse: "Deus está pondo David em minhas mãos. Ele mesmo está se pondo em uma armadilha ao entrar em uma cidade com portões e ferrolhos". 8 Então reuniu todo o seu exército para lutar, descendo até Ke'ilah a fim de cercar David e seus homens. 9 David sabia que Sha'ul estava conspirando algo contra ele, então disse a Avyatar, o *kohen*: "Traga as vestes sacerdotais aqui". 10 E David orou: "*Adonai*, Deus de Yisra'el, teus servos certamente ouviram que Sha'ul intenciona vir até Ke'ilah e destruir a cidade, apenas para me capturar. 11 Os homens de Ke'ilah me entregarão a ele? Sha'ul virá mesmo, como teu servo ouviu? *Adonai*, Deus de Yisra'el, por favor, responde a teu servo". *Adonai* lhe respondeu: "Ele virá". 12 Então David perguntou: "Os homens de Ke'ilah me entregarão juntamente com meus soldados a Sha'ul?". *Adonai* respondeu: "Eles o entregarão". 13 Então David e os seus soldados, que agora estavam em torno de 600, levantaram-se, deixaram Ke'ilah e foram até onde conseguiram chegar. Alguém disse a Sha'ul que David tinha escapado de Ke'ilah, então ele reuniu a expedição. 14 David permaneceu no deserto, nos lugares seguros, ficando nas montanhas do deserto de Zif. Sha'ul continuou tentando matá-lo, mas Deus não o entregava em suas mãos.

15 David notou que Sha'ul tinha organizado outra expedição a fim de acabar com sua vida. David estava agora em Horesh, no deserto de Zif. 16 Então Y'honatan, o filho de Sha'ul, foi fazer uma visita a David. 17 Ele disse a David: "Não tenha medo, pois os exércitos de meu pai não o encontrarão; você será rei em Yisra'el, e eu serei o segundo após você. Sha'ul, meu pai, também sabe disso". 18 Ambos fizeram um pacto na presença de *Adonai*, após o que David permaneceu em Horesh, e Y'honatan voltou para sua casa.

19 O povo de Zif foi até Sha'ul em Giv'ah e disse ao rei: "David está se escondendo em nossa região, nas partes seguras de Horesh, na montanha de Hakhilah, ao sul de Yeshimon. 20 Agora, ó rei, uma vez que quer tanto ir, vá. Nossa parte será entregá-lo a você". 21 Sha'ul respondeu: "Que *Adonai* possa abençoar vocês por me terem demonstrado solidariedade! 22 Por favor, vão e tenham ainda mais certeza quanto ao local exato onde ele está, e sobre quem o viu ali, pois eu fui avisado de que ele é muito astuto. 23 Atentem bem e descubram todos os seus esconderijos, e retornem quando tiverem certeza. Então eu irei com vocês. E, se ele realmente estiver naquele território, eu o buscarei até que o descubra em meio a milhares de Y'hudah".

24 Eles partiram para Zif na frente de Sha'ul. David e seus homens, entretanto, tinham fugido para o deserto de Ma'on, no 'Aravah, ao sul de Yeshimon. 25 Sha'ul e seus homens foram procurar por ele. David foi avisado, e veio para a região rochosa, permanecendo no deserto de Ma'on. Quando Sha'ul ouviu isso, ele foi até o deserto de Ma'on, atrás de David. 26 Sha'ul ia por um lado da montanha, enquanto David e seus soldados iam pelo outro lado. David apressava-se para fugir de Sha'ul e seus soldados, que tentavam cercar David e aqueles que estavam com ele, a fim de capturá-los. 27 Um mensageiro veio até Sha'ul, dizendo: "Venha rápido, pois

os p'lishtim estão invadindo o país. [28] Sha'ul parou de perseguir David e foi lutar contra os p'lishtim. Por essa razão, aquele lugar passou a ser chamado de Sela--Hamachlekot [rocha das divisões].

24 [1(23.29)] Dali, David foi morar nas partes seguras de 'Ein-Gedi. [2(1)] Quando Sha'ul retornou da perseguição aos p'lishtim, foi avisado de que David estava no deserto de 'Ein-Gedi. [3(2)] Sha'ul tomou 3 mil homens escolhidos de todo o Yisra'el e partiu à procura de David e seus homens, nas rochas onde as cabras monteses viviam. [4(3)] Próximo a uns currais de ovelhas, no meio do caminho, havia uma caverna, e Sha'ul entrou ali para fazer suas necessidades. Acontece que David e seus soldados estavam sentados no fundo da caverna; [5(4)] e seus soldados lhe disseram: "Veja! Este é o dia sobre o qual *Adonai* lhe disse 'Eu colocarei seu inimigo diante de você' ". Então David foi com bastante cuidado, sem ser visto, e cortou um pedaço do manto de Sha'ul. [6(5)] Contudo, após ter feito isso, sentiu remorso por ter cortado as roupas de Sha'ul. [7(6)] Ele disse a seus soldados: "*Adonai* proíbe que eu pratique o mal contra meu senhor, ou que levante a mão contra ele, um ungido de *Adonai*, porque, apesar de tudo, ele é um ungido de *Adonai*. [8(7)] Ao falar isso, David deteve seus soldados, impedindo-os de fazer qualquer coisa a Sha'ul. Sha'ul levantou-se, deixou a caverna e foi embora.

[9(8)] Então David levantou-se, saiu da caverna e gritou para Sha'ul: "Meu senhor, meu rei". Quando Sha'ul olhou para trás, David curvou-se com o rosto em terra e se prostrou. [10(9)] David disse a Sha'ul: "Por que o rei dá ouvidos ao povo que diz 'David está tentando prejudicá-lo por aí'? [11(10)] Hoje, aqui, podes ver com os próprios olhos que *Adonai* te pôs em meu poder na caverna. Alguns de meus soldados me disseram que eu deveria matar-te, mas poupei o rei, dizendo: 'Eu não vou levantar a mão contra meu senhor, pois ele é um ungido de *Adonai*. [12(11)] Além disso, meu pai, olha! Aqui em minhas mãos podes ver um pedaço de tua capa. Pelo fato de eu ter apenas cortado um pedaço de tua capa e não ter te matado, podes concluir que não tenho nenhum plano de me rebelar ou prejudicar-te, e que eu não tenho pecado contra ti — ainda que meu senhor busque oportunidade para tirar-me a vida. [13(12)] Que *Adonai* julgue entre ti e mim, e que *Adonai* vingue os males que meu senhor me tem causado; mas eu não levantarei a mão contra meu senhor. [14(13)] Como diz um velho ditado, 'Do perverso só procede perversidade', mas eu não levantarei a mão contra meu senhor. [15(14)] Contra quem o rei de Yisra'el veio em campanha? A quem o rei está perseguindo? A um cachorro morto! A uma simples pulga! [16(15)] *Adonai* seja juiz e decida entre o rei e mim. Que ele tome o meu lado e me livre do teu poder".

[17(16)] Depois de David terminar seu discurso para Sha'ul, Sha'ul disse: "Esta é a voz de meu filho David? Então ele chorou e gritou [18(17)] e disse a David: "Você é mais correto do que eu, pois me tem tratado bem, enquanto eu o tenho tratado mal. [19(18)] Hoje você deixou bem claro que quer o meu bem; pois, quando *Adonai* entregou minha sorte em suas mãos, você não me matou. [20(19)] Que homem se encontra com seu inimigo e o deixa ir sem machucá-lo?! Que *Adonai* o recompense por tudo o que você fez para mim hoje. [21(20)] Agora estou certo de que, de fato, você será rei, e que o reinado de Yisra'el será estabelecido em suas mãos. [22(21)] Então jure por *Adonai* que você não matará meus descendentes após eu morrer, nem fará que meu nome desapareça da família de meus pais". [23(22)] David jurou a Sha'ul, e este se foi para sua casa, mas David e seus soldados voltaram para a fortaleza.

25 1 Sh'mu'el morreu, e todo o Yisra'el se reuniu em luto e o sepultaram em sua
casa, em Ramah.
Então David foi para o deserto de Pa'ran. 2 Em Ma'on, havia um homem que tinha
uma propriedade em Karmel. Ele era muito rico; possuía 3 mil ovelhas e milhares
de cabritos; ele tosquiava suas ovelhas em Karmel. 3 O homem se chamava Naval, e
sua esposa se chamava Avigayil. A mulher era inteligente e atraente, mas o homem
era rude e mau em suas ações; ele pertencia à família de Kalev. 4 No deserto, David
ouviu que Naval estava tosquiando suas ovelhas. 5 David enviou dez homens com as
seguintes ordens: "Vão até Naval, em Karmel, e levem saudações por mim. 6 Digam:
'Vida longa e *shalom* a você, *shalom* a toda a sua casa e *shalom* a tudo quanto for
seu! 7 Ouvi que você está tosquiando suas ovelhas. Seus pastores estiveram conosco
[durante um tempo], e nós não fizemos nenhum mal a eles, e eles não viram sumir
nada durante o tempo em que estiveram em Karmel. 8 Pergunte a eles, e eles mesmos
vão dizer a você. Todavia, receba meus homens com favor, já que estamos em dias
festivos. Por favor, dê aquilo que você puder para seus servos e seu filho David' ".

9 Depois que os homens de David chegaram, disseram todas essas coisas a Naval,
em nome de David. Quando eles terminaram, 10 Naval respondeu aos servos de
David: "Quem é David? Quem é o filho de Yishai? Muitos servos, hoje, vivem fugin-
do de seus senhores. 11 Tenho agora de pegar meu pão, minha água e minha carne,
das ovelhas que eu tosquiei, e dar tudo isso para homens que vêm sabe-se lá de
onde?". 12 Então os homens de David voltaram-se e disseram tudo o que Naval havia
dito. 13 David disse a seus homens: "Preparem suas espadas, todos vocês". Cada um
deles, bem como David, preparou sua espada. Então foram após David cerca de 400
homens, enquanto 200 ficaram cuidando dos equipamentos.

14 No entanto, um dos homens de Naval avisou Avigayil, sua esposa: "David en-
viou mensageiros do deserto até nosso amo, saudando-o, e ele os insultou, 15 ainda
que os homens tenham sido bons para nós — eles não nos causaram nenhum mal,
e nada sumiu durante todo o tempo que passamos com eles no campo. 16 Eles nos
serviram de parede de proteção, dia e noite, o tempo todo que estivemos com eles,
cuidando das ovelhas. 17 Agora, então, decida o que a senhora vai fazer, pois uma
clara maldição está sobre nosso amo e toda a sua família, mas ele é tão mau que
ninguém consegue conversar com ele".

18 Avigayil não perdeu tempo; tomou 200 pães, 2 vasilhas de vinho, 5 ovelhas
preparadas, 6 medidas de grão torrado, 100 bolos de uvas passas e 200 bolos de
figo, com isso carregou os jumentos, 19 e disse a seus servos: "Vão na minha frente;
eu seguirei logo depois de vocês". Ela, porém, não contou nada a Naval, seu mari-
do.20 Enquanto Avigayil, montada em seu jumento, passava escondida pela mon-
tanha, David e seus soldados desciam em sua direção; então ela os encontrou.
21 David tinha dito: "Foi um desperdício ter guardado todo o bem daquele homem
no deserto, a fim de que nada viesse a se perder. Ele me pagou o bem com o mal".
22 Então ele jurou: "Que Deus faça o mesmo e muito mais a todos os inimigos de
David, caso eu deixe vivo um do sexo masculino sequer ou qualquer coisa que
pertença a Naval".

23 Quando Avigayil viu David, apressou-se em descer do jumento, ajoelhou-se
em frente a David e curvou-se até o chão. 24 Tendo caído a seus pés, ela disse: "Tudo
isso é culpa minha, meu senhor, tudo minha culpa! Por favor, deixa que tua serva
fale em teu ouvido, e ouve o que tua serva tem para dizer. 25 Por favor, meu senhor
não deveria dar nenhuma atenção a esse servo indigno, chamado Naval, pois ele
é justamente como o significado de seu nome — *Naval* significa 'insensato', e sua
insensatez tem estado com ele. Quanto a mim, tua serva, não vi os homens que

enviaste. 26 Todavia, meu senhor, como vive *Adonai* e como vive meu senhor, como
Adonai te impediu de derramar sangue para te vingares com as próprias mãos —
que todos os teus inimigos e qualquer um que busca teu mal sejam castigados
como [tão insensato] Naval. 27 Enquanto isso, deixa que estes presentes, os quais
tua serva trouxe a meu senhor, sejam dados aos homens que estão a serviço de
meu senhor. 28 E, por favor, perdoa a ofensa que teu servo causou a ti, pois *Adonai*
certamente estabelecerá o reinado de meu senhor, pois meu senhor luta pelos
interesses de *Adonai*, e não é possível encontrar nada de mau ao longo de toda a
tua vida. 29 Ainda que alguém venha em tua procura atrás de tua vida, tua vida
será protegida por *Adonai*, teu Deus. Entretanto, a vida de teus inimigos ele atirará
para longe como se fosse atirada de um estilingue. 30 Assim, quando *Adonai* tiver
feito tudo de bom para meu senhor, tudo quanto ele tem dito sobre meu senhor,
e te fizer reinar sobre Yisra'el, 31 o que aconteceu aqui não será obstáculo para
meu senhor, nem será causa de remorso para meu senhor, nem terá o meu senhor
derramado sangue sem necessidade, nem terá o meu senhor feito vingança com
as próprias mãos. Finalmente, quando *Adonai* tiver realizado todo o bem com meu
senhor, então lembra-te de tua serva".

32 David disse a Avigayil: "Louvado seja *Adonai*, o Deus de Yisra'el, que a enviou
hoje para se encontrar comigo; 33 e abençoada seja a prudência que você teve em
vir encontrar-se comigo hoje; e abençoada seja você, pois me livrou de derramar
sangue e fazer vingança com minhas mãos. 34 Pois, juro por *Adonai*, o Deus vivo de
Yisra'el, o qual me impediu de acabar com todos vocês, que, se você não tivesse vin-
do se encontrar comigo, nem mesmo um homem teria sobrevivido até a manhã, por
causa de Naval. 35 Então David recebeu o que Avigayil havia trazido para ele e lhe
disse: "Vá em paz para sua casa. Eu ouvi o que você disse e atendi ao seu pedido".

36 Avigayil veio a Naval; ele estava em casa, fazendo um banquete, como se fosse
um rei. Estava todo alegre, pois achava-se bêbado. Então ela não lhe disse nada até
a manhã seguinte. 37 Pela manhã, quando ele estava sóbrio e sua esposa lhe disse o
que havia acontecido, ele sofreu um derrame e ficou paralisado, como uma pedra.
38 Após dez dias, *Adonai* fez que Naval sofresse um abalo e morresse.

39 Quando David ouviu que Naval havia morrido, ele disse: "Bendito seja
Adonai, que tomou meu lugar no caso do insulto de Naval, evitando que eu fizesse
algo ruim; em vez disso, fez que o mal de Naval retornasse à sua cabeça". Então
David enviou uma mensagem, dizendo que desejava fazer de Avigayil sua esposa.
40 Quando os servos de David encontraram Avigayil em Karmel, eles lhe disseram:
"David nos enviou a você, a fim de que a levemos até ele para ser sua esposa".
41 Ela se levantou, prostrou-se com o rosto em terra e disse: "Sua serva está aqui
para obedecer a vocês, para lavar os pés dos servos de meu senhor". 42 Avigayil,
então, apressou-se e, dispondo-se, preparou um jumento, com cinco de suas servas
que a seguiram; então ela seguiu os mensageiros de David e tornou-se sua esposa.
43 David também tomou Achino'am de Yizre'el; e ambas se tornaram suas esposas.

44 Sha'ul, porém, tinha dado Mikhal, sua filha e esposa de David, a Palti, o filho
de Layish, que veio de Gallim.

26 1 O povo de Zif foi até Sha'ul, em Giv'ah, e disse: "David está escondido na
montanha de Hakhilah, defronte de Yeshimon". 2 Então Sha'ul preparou-se
e foi até o deserto de Zif com 3 mil soldados escolhidos de Yisra'el, a procurar por
David no deserto de Zif. 3 Sha'ul acampou na montanha de Hakhilah, defronte de
Yeshimon, perto da estrada. David estava no deserto e viu que Sha'ul estava vindo

pelo deserto atrás dele. 4 Então enviou espias e se certificou de que era realmente Sha'ul que estava vindo.

5 David preparou-se e foi onde Sha'ul tinha acampado. Ele viu onde Sha'ul e Avner, o filho de Ner, comandante de seu exército, estavam dormindo. Sha'ul estava deitado dentro da barricada que a tropa fazia em volta dele. 6 David perguntou a Achimelekh, o hitti, e a Avishai, o filho de Tz'ruyah, irmão de Yo'av: "Quem irá comigo ao acampamento de Sha'ul?". Avishai respondeu: "Eu irei com você". 7 De noite, David e Avishai foram até onde estavam os soldados. Sha'ul estava deitado ali, dormindo no meio da barricada. Sua lança estava fincada na terra, próximo à sua cabeça; Avner e as tropas dormiam à volta de Sha'ul. 8 Avishai disse a David: "Deus está entregando a você seu inimigo hoje; então, agora, por favor, deixe-me encravá-lo no chão com apenas um golpe de lança. Eu não precisarei de um segundo golpe. 9 Entretanto, David respondeu: "Não o destrua. Ninguém pode levantar a mão contra um ungido de *Adonai*, sem que se torne culpado". 10 E continuou: "Como vive *Adonai*, é *Adonai* que o golpeará, ou chegará o dia de sua morte, ou ele cairá em batalha e será varrido da história. 11 *Adonai* proíbe que eu levante minha mão contra um ungido de *Adonai*. Agora, porém, tomaremos sua lança de perto de sua cabeça, e a cabaça de água, e vamos sair daqui". 12 Então David pegou a lança e a cabaça de água de perto da cabeça de Sha'ul e se retirou. Ninguém viu ou soube algo sobre isso, e ninguém acordou, pois estavam todos dormindo um pesado e profundo sono, no qual *Adonai* fez que eles caíssem.

13 David passou para o outro lado e escalou até o topo da colina, deixando um espaço considerável entre eles. 14 Então gritou pelas tropas e por Avner, o filho de Ner: "Avner! Você não me vai responder?". Avner respondeu: "Quem é você que grita para o rei?". 15 David disse a Avner: "Você não é um valente! Quem em Yisra'el se compara a você? 16 Por que não se manteve em vigília pelo seu senhor e rei? Alguém foi aí para matar o rei, seu senhor. Não é bom isso que você fez. Como vive *Adonai*, você merece morrer, pois não tomou conta de seu senhor, um ungido de *Adonai*. E agora veja lá onde está a lança do rei e a cabaça de água que estava próxima à sua cabeça".

17 Sha'ul reconheceu a voz de David e disse: "Esta é a sua voz, meu filho David?". David respondeu: "Esta é minha voz, meu senhor, rei". 18 E continuou: "Por que meu senhor está perseguindo teu servo? O que foi que eu fiz? Que mal tenho eu planejado? 19 Por favor, agora, que o senhor rei ouça o que teu servo diz. Se é *Adonai* quem tem jogado o senhor contra mim, que ele receba uma oferta; mas se são homens, então eu os amaldiçoo perante *Adonai*, pois, como as coisas estão no momento, eles me afastaram, de maneira que não tenho mais parte na herança de *Adonai* — eles disseram: 'Vá, sirva a outros deuses'. 20 Agora, não permitas que meu sangue caia no chão, fora da presença de *Adonai*, pois o rei de Yisra'el saiu em busca de uma pulga, como se estivesse em caça a uma perdiz nas montanhas".

21 Então Sha'ul disse: "Eu pequei. Volte David, meu filho. Eu não vou mais prejudicar você, pois você hoje poupou minha vida, considerando-a preciosa. Sim, eu me tenho comportado como um tolo. Eu estava todo errado". 22 David respondeu: "Aqui está a lança do rei. Mande um de teus homens pegá-la de volta. 23 *Adonai* dará a cada um a recompensa de sua retidão e fidelidade. *Adonai* te entregou em meu poder hoje, mas eu jamais levantaria a mão contra um ungido de *Adonai*. 24 Vê, assim como eu valorizei tua vida hoje, que também a minha vida possa ter grande valor para *Adonai*. Possa eu ser liberado de todo tipo de problema". 25 Sha'ul respondeu a David: "Abençoado seja você, meu filho David! Não há dúvida de que você conseguirá realizar tudo quanto empreender". Então David seguiu seu caminho, e Sha'ul retornou para o seu lugar.

27 1 David, entretanto, pensou: "Um dia, Sha'ul vai me matar. O melhor que te-
nho a fazer é escapar para o território dos p'lishtim. Assim, Sha'ul desistirá
de me procurar aqui ou ali no território de Yisra'el; desse modo é que eu, finalmen-
te, ficarei livre dele". 2 David partiu com seus 600 soldados e foi até Akhish, o filho
de Ma'okh, rei de Gat. 3 David morou com Akhish, ele e seus soldados, cada um
com sua família — incluindo David com suas duas esposas, Achino'am, de Yizre'el,
e Avigayil, de Karmel, a viúva de Naval. 4 Sha'ul foi avisado de que David tinha es-
capado para Gat; então, parou de persegui-lo.
5 David disse a Akhish: "Se te simpatizas comigo, deixa-me morar em uma das
cidades do campo. Por que iria eu morar na cidade real contigo?". 6 Naquele mesmo
dia, Akhish deu-lhe Ziklag; e é por isso que até hoje Ziklag pertence aos reis de
Y'hudah.
7 Depois de David morar na cidade dos p'lishtim, no interior, durante um ano
e quatro meses, 8 ele e seus soldados iniciaram ataques contra o g'shuri, o gizri e
o 'amaleki (desde os tempos antigos, esses povos estavam morando na terra em
direção de Shur, que fica no caminho para o Egito). 9 David atacava essa região, não
deixando nenhum homem ou mulher vivo, mas pegando as ovelhas, o rebanho, os
jumentos, camelos e roupas. Depois, ele retornava para Akhish. 10 Quando Akhish
perguntava: "A quem você atacou hoje?", David respondia: "Ao Negev de Y'hudah",
ou "Ao Negev de Yerachme'eli", ou "Ao Negev do keni". 11 A razão pela qual David
não poupava nenhum homem ou mulher para trazer até Gat era que ele pensava:
"Nós não queremos que nos delatem, dizendo: 'David fez isso, ou David fez aquilo' ".
Era assim que David vivia durante o tempo que morou no campo, na região dos
p'lishtim. 12 E Akhish acreditava nele; ele disse: "David fez que seu povo, Yisra'el, o
odiasse amargamente; ele será meu servo para sempre".

28 1 No devido tempo, os p'lishtim reuniram seus exércitos a fim de lutar con-
tra Yisra'el. Akhish disse a David: "Você sabe, certamente, que você e seus
soldados vão se juntar a mim e meu exército na batalha". 2 David respondeu a
Akhish: "Vejo que já sabes o que o teu servo fará". Akhish respondeu: "Por causa
desta resposta, vou fazê-lo meu guarda-costas para o resto da vida".
3 Agora Sh'mu'el estava morto; todo o Yisra'el ficou de luto, e o sepultaram em
sua cidade, em Ramah. Sha'ul havia expulsado os adivinhos que consultavam o
futuro com os mortos ou com espíritos demoníacos.
4 Os p'lishtim reuniram-se e acamparam em Shunem; enquanto isso, Sha'ul reu-
niu todo o Yisra'el e acamparam em Gilboa. 5 Quando Sha'ul viu o exército dos
p'lishtim, ele tremeu — isso lhe causou pânico no coração. 6 Quando, porém, ele
consultou *Adonai*, *Adonai* não lhe respondeu — nem por sonhos, nem pelo *urim*,
nem pelos profetas.
7 Então Sha'ul disse aos seus servos: "Procurem uma mulher que preveja o fu-
turo, comunicando-se com os mortos; eu quero me consultar com ela". Seus servos
lhe responderam: "Sim, há uma mulher em 'Ein-Dor, que revela o futuro, por se
comunicar com os mortos". 8 Então Sha'ul disfarçou-se, vestindo roupas diferentes
e foi à noite, com dois homens, à casa da mulher e lhe disse: "Diga-me o futuro, por
favor. Traga-me dos mortos a pessoa de quem eu der a você o nome". 9 A mulher
respondeu: "Você sabe o que Sha'ul fez, como ele expulsou todos os médiuns que
se comunicam com os mortos ou com espíritos demoníacos. Por que você está ten-
tando fazer uma armadilha para mim, causando minha morte?". 10 "Sha'ul, entre-
tanto, jurou a ela por *Adonai*, dizendo: "Como vive *Adonai*, você não será punida por

fazer tal coisa". 11 Então a mulher perguntou: "Quem deveria eu trazer para você?".
Ele respondeu: "Traga Sh'mu'el". 12 Quando a mulher viu Sh'mu'el, ela deu um grito.
Então ela perguntou a Sha'ul: "Por que me enganaste? Tu és o próprio Sha'ul!". 13 O
rei respondeu: "Não tenha medo. Diga-me apenas o que você vê". A mulher disse
a Sha'ul: "Eu vejo uma figura com a aparência de um deus, saindo da terra". 14 Ele
perguntou à mulher: "Qual é a aparência dele?". Ela respondeu: "A aparência de
um homem velho; ele está usando uma capa". Sha'ul percebeu que se tratava de
Sh'mu'el; então ele se ajoelhou e prostrou-se com o rosto em terra.

15 Sh'mu'el perguntou a Sha'ul: "Por que você me perturba, trazendo-me aqui?".
Sha'ul respondeu: "Estou muito ansioso; os p'lishtim estão preparando guerra con-
tra mim; e Deus me deixou e não me responde mais, nem pelos profetas nem por
sonhos. Por isso eu te chamei, para que me faças saber o que fazer". 16 Sh'mu'el
respondeu: "Por que pergunta a mim, se até *Adonai* abandonou você e tornou-se
seu inimigo? 17 *Adonai* fez o que já havia mostrado por meu intermédio — *Adonai*
rasgou o reino de suas mãos e o deu a seu conhecido, David, 18 porque você não
obedeceu a *Adonai*, nem executou sua ira contra o povo de Amalek. Por isso, *Adonai*
está fazendo isso a você. 19 *Adonai* está dando Yisra'el, bem como você, nas mãos
dos p'lishtim e, amanhã, você e seus filhos estarão aqui comigo. *Adonai* vai entregar
o exército de Yisra'el ao poder dos p'lishtim".

20 Imediatamente, Sha'ul caiu estendido no chão e ficou terrivelmente amedronta-
do por causa do que Sh'mu'el disse. Ele não teve mais forças, pois não havia comido
nada por todo aquele dia e aquela noite. 21 A mulher aproximou-se de Sha'ul, viu que
ele estava profundamente perturbado, e lhe disse: "Olha, tua serva te obedeceu naqui-
lo que pediste. Eu arrisquei minha vida e fiz o que me requisitaste. 22 Agora, por favor,
ouve o que tua serva diz: deixa-me colocar um pouco de comida, de maneira que
tenhas alguma força para seguir teu caminho". 23 Sha'ul, porém, recusou-se e disse:
"Não quero comer". Então os servos, juntamente com a mulher, insistiram, e ele aca-
bou atendendo ao seu pedido. Sha'ul levantou-se do chão e assentou-se na cama. 24 A
mulher tinha um bezerro gordo em casa; apressou-se em prepará-lo; então ela pegou
farinha, misturou e assou pão sem fermento. 25 Ela serviu isso a Sha'ul e seus servos,
e eles comeram. Depois disso, eles se levantaram e se foram naquela mesma noite.

29 1 Os p'lishtim reuniram todas as tropas em Afek, enquanto os soldados de
Yisra'el acamparam perto do ribeiro de Yizre'el. 2 Os líderes dos p'lishtim
desfilaram com suas centenas e milhares; David e seus soldados estavam na reta-
guarda com Akhish. 3 Os chefes dos p'lishtim perguntaram: "O que estes hebreus
estão fazendo aqui?". Akhish respondeu aos chefes dos p'lishtim: "Este é David,
que foi servo de Sha'ul, rei de Yisra'el. Por mais de um ano, ele tem estado comigo,
e, desde que desertou até agora, não encontrei nele nenhum erro". 4 Os chefes dos
p'lishtim, porém, iraram-se e disseram a Akhish: "Mande de volta esse homem para
o lugar que você lhe deu. Não permita que ele vá à batalha conosco, pois no campo
ele poderá se tornar nosso inimigo. Que melhor forma teria ele de se reconciliar
com seu senhor do que pegando as cabeças de nossos guerreiros? 5 Este é David!
Eles costumavam dançar e cantar, dizendo:

'Sha'ul matou milhares,
mas David, dezenas de milhares!' ".

6 Akhish aproximou-se de David e disse: "Juro por *Adonai* que você tem sido leal,
e eu mesmo ficaria contente em ter você comigo no campo de batalha; pois não

descobri nada de errado em você desde o dia em que chegou até agora. Entretanto, os chefes não confiam em você. 7 Então agora volte e vá em paz, de maneira que não pareça que há má intenção para os chefes dos p'lishtim". 8 David perguntou a Akhish: "O que foi que fiz? O que descobriste neste servo durante o tempo que morei contigo que me desqualifique para ir ao campo de batalha lutar contra os inimigos de meu senhor, o rei?". 9 Akhish respondeu a David: "Eu sei que você é muito bom, e para mim você é como um anjo de Deus; todavia, os chefes dos p'lishtim disseram: 'Ele não deve ir conosco para o campo de batalha'. 10 Então, que acorde logo cedo com os servos de seu senhor; e tão logo amanheça o dia, deve partir". 11 Assim, David e seus soldados voltaram para a terra dos p'lishtim; enquanto os p'lishtim continuaram seu caminho rumo a Yizre'el.

30 1 Três dias depois, quando David e seus soldados chegaram a Ziklag, eles perceberam que o 'amaleki tinha invadido o Negev e Ziklag. Ele havia saqueado e queimado Ziklag; 2 e tinha feito cativos as mulheres e todos os que lá estavam, os grandes e os pequenos. Não tinha matado ninguém, mas levou todos com ele quando foi embora. 3 Quando David e seus soldados chegaram à cidade, ela estava queimada, com suas viúvas, filhos e filhas levados cativos. 4 Então David e o povo choraram estridentemente até que não tivessem mais força para gritar. 5 As duas esposas de David foram feitas cativas — Achino'am, de Yizre'el, e Avigayil, de Karmel, a que tinha sido esposa de Naval. 6 David estava em sérios problemas: o povo estava falando em apedrejá-lo até a morte, porque o povo estava desesperado por se ver sem seus filhos e filhas. David prostrou-se na presença de *Adonai*, seu Deus. 7 E David disse a Avyatar, o *kohen*, filho de Achimelekh: "Por favor, traga as vestes rituais aqui para mim". Avyatar trouxe as vestes a David. 8 Então David consultou *Adonai*. Ele perguntou: "Devo ir em perseguição a estes invasores? Eu os alcançarei?". E *Adonai* respondeu: "Saia em perseguição porque você os alcançará e recuperará todos e todas as coisas". 9 David foi, ele e 600 soldados com ele. Vieram até *vádi* B'sor, onde 200 deles ficaram porque estavam exaustos e não conseguiam atravessar. 10 David, então, continuou a perseguição com 400 homens.

11 Eles encontraram um egípcio no campo e o trouxeram a David. Deram a ele pão e água para beber; 12 deram-lhe também um bolo de figos secos e dois pedaços de bolos de passas. Após ter comido, ele se reanimou, pois não tinha comido nada nem bebido água por três dias e três noites. 13 David, então, lhe perguntou: "A quem você pertence e de onde vem?". Ele respondeu: "Eu sou um rapaz egípcio, escravo de um 'amaleki. Meu senhor me abandonou há três dias porque fiquei doente. 14 Nós atacamos o Negev do k'reti, o Negev de Y'hudah e o Negev de Kalev; e queimamos Ziklag. 15 David perguntou a ele: "Você pode me guiar até o bando de invasores?". Ele respondeu: "Se jurares a mim, perante Deus, que não me matarás nem me entregarás de volta ao meu senhor, eu te levarei até o bando de invasores". 16 Ele os levou, e lá estavam eles, todos esparramados pelo chão, comendo e bebendo e celebrando a quantidade de despojo que haviam retirado do território dos p'lishtim e do território de Y'hudah. 17 David os atacou desde o amanhecer até a manhã do dia seguinte. Nenhum deles escapou, exceto 400 jovens que montaram seus camelos e fugiram. 18 David recuperou tudo quanto o 'amaleki tinha levado; recuperou também suas duas esposas. 19 Eles não perderam nada, nada que fosse grande ou pequeno — nem filhos, nem filhas, nenhum dos bens ou nada que houvesse sido levado — David trouxe tudo de volta. 20 Trouxe todo o rebanho do 'amaleki, pondo-o à frente dos outros rebanhos, anunciando: "Este é o despojo de David".

21 David veio ao lugar onde os 200 homens tinham ficado, por estarem exaus-
tos e não o poderem seguir, e a quem haviam permitido que permanecessem em
vádi B'sor. Eles saíram para se encontrar com David e com o povo que estava
com ele. Quando David aproximou-se, ele os saudou. 22 Alguns dos homens que
tinham ido com David, porém, eram homens maus, inescrupulosos; e disseram:
"Eles não foram conosco; então não lhes devemos dar nada do que recuperamos.
Cada homem deve pegar sua esposa e filhos e retornar". 23 Então David falou:
"Não, meus irmãos. Não vamos fazer isso com os bens que *Adonai* nos tem dado.
Ele nos protegeu e entregou em nossas mãos os salteadores que nos atacaram.
24 Ninguém há de concordar com o que vocês estão dizendo. Não! A parte de quem
ficou será a mesma dos que foram e lutaram conosco — eles vão compartilhar o
mesmo". 25 Dessa forma, desde aquele dia até os dias de hoje isso ficou estabele-
cido como regra em Yisra'el.

26 Quando David veio até Ziklag, ele enviou alguns despojos aos líderes de
Y'hudah, os quais eram seus amigos, com uma nota: "Aqui está um presente para
você, tirado dos despojos dos inimigos de *Adonai*". 27 Ele enviou presentes aos se-
guintes líderes:

os de Beit-El,
os de Ramot,
os de Yatir,
28 os de 'Aro'er,
os de Sifmot,
os de Esht'moa,
29 os de Rakhal,
os de Yerachme'eli,
os das cidades do keni,
30 os de Hormah,
os de Kor-'Ashan,
os de 'Atakh,
31 os de Hevron,

e a todos os lugares por onde David e seus soldados haviam passado.

31 1 Agora os p'lishtim apressaram-se em atacar Yisra'el. Os soldados de
Yisra'el fugiram dos p'lishtim, abandonando seus mortos no monte Gilboa.
2 Os p'lishtim perseguiram e cercaram Sha'ul e seus filhos; e os p'lishtim mataram
Y'honatan, Avinadav e Malkishua, filhos de Sha'ul. 3 A batalha contra Sha'ul foi
feroz; então os arqueiros o cercaram e o feriram, de maneira que ele entrou em
agonia. 4 Então Sha'ul disse ao seu escudeiro: "Tire a sua espada e mate-me com
ela. De outra maneira, esses homens incircuncisos chegarão, caçoarão de mim e
me matarão". Seu escudeiro, porém, recusou-se a fazer aquilo, pois estava muito
amedrontado. Então Sha'ul pegou sua espada e lançou-se sobre ela. 5 Quando o
escudeiro viu que Sha'ul estava morto, ele também se lançou sobre sua espada
e morreu com ele. 6 Assim, Sha'ul, seus três filhos, seu escudeiro e todos os seus
soldados morreram naquele dia.

7 Quando os soldados de Yisra'el, que estavam no outro lado do vale, e aqueles
que estavam no outro lado do Yarden, viram que os homens de Yisra'el tinham
fugido e que Sha'ul e seus filhos estavam mortos, eles abandonaram as cidades e
fugiram; então os p'lishtim vieram e passaram a viver naquelas cidades.

[8] No dia seguinte, quando os p'lishtim vieram para recolher os despojos dos
mortos, encontraram Sha'ul e seus três filhos mortos no monte Gilboa. [9] Eles cor-
taram suas cabeças, retiraram suas armaduras e as enviaram por todo o território
dos p'lishtim a fim de dar a notícia nos templos de seus ídolos e ao povo. [10] Então
eles colocaram suas armaduras no templo de *'ashtarot* e pregaram seu corpo nas
muralhas de Beit-Sh'an.

[11] Quando o povo que morava em Yavesh-Gil'ad ouviu o que os p'lishtim tinham
feito a Sha'ul, [12] todos os seus guerreiros se prepararam e viajaram toda a noite.
Retiraram o corpo de Sha'ul e os corpos de seus filhos da muralha de Beit-Sh'an,
retornaram a Yavesh e queimaram os corpos ali. [13] Então eles pegaram seus ossos
e os enterraram sob uma tamargueira, em Yavesh, e jejuaram durante sete dias.

שמואל ב'

Sh'mu'el Bet

[2Samuel]

1 [1] Sha'ul tinha morrido, e David havia permanecido dois dias em Ziklag após o
retorno da matança do 'amaleki. [2] No terceiro dia, veio um homem do acampa-
mento de Sha'ul com as roupas rasgadas e terra em sua cabeça. Ele se aproximou
de David, caiu ao chão e curvou-se. [3] David lhe perguntou: "De onde você vem?". "Eu
escapei do acampamento de Yisra'el", respondeu ele. [4] "Diga-me, por favor, como fo-
ram as coisas", disse-lhe David. "O povo fugiu da batalha", ele respondeu, "e muitos
deles estão feridos ou mortos. Sha'ul e Y'honatan, seu filho, também estão mortos".
[5] David perguntou ao jovem que tinha contado essas coisas a ele: "Como você sabe
que Sha'ul e Y'honatan, seu filho, estão mortos?". [6] O jovem que estava falando com
ele respondeu: "Aconteceu que eu estava no monte Gilboa quando vi Sha'ul inclinado
sobre sua lança. As carruagens e a cavalaria estavam fechando o cerco sobre eles.
[7] Ele olhou para além, me viu e chamou-me. Eu respondi: 'Eis-me aqui'. [8] Ele me per-
guntou: 'Quem é você?'. E eu respondi: 'Eu sou um 'amaleki'. [9] Ele me disse: 'Eu estou
em agonia e vou morrer, mas ainda estou vivo. Então, por favor, chegue perto de mim
e mate-me'. [10] Então eu me aproximei dele e o matei, pois eu estava certo de que ele
estava tão gravemente ferido que não sobreviveria. Eu tomei a coroa que estava em
sua cabeça e o bracelete em seu braço e os trouxe até aqui para meu senhor".

[11] David tomou suas roupas e as rasgou, e da mesma forma o fizeram todos
os homens que estavam com ele. [12] Eles prantearam e choraram, e jejuaram até o
anoitecer, por Sha'ul, por Y'honatan, seu filho, pelo povo de *Adonai* e pela casa de
Yisra'el; pois eles tinham caído pela espada.

[13] David perguntou ao jovem que tinha falado com ele: "De onde você é?". Ele
respondeu: "Eu sou filho de um [residente] estrangeiro, um ' 'amaleki'. [14] David lhe
perguntou: "Como você não teve medo de levantar a sua mão para destruir o ungi-
do de *Adonai?*". [15] David chamou um de seus jovens e disse: "Vá até ele e o mate". O
homem o golpeou, e ele morreu. [16] David lhe disse: "Seja o seu sangue sobre a sua
cabeça. Sua boca o condenou quando você disse: "Eu matei o ungido de *Adonai*".

[17] Então David recitou este lamento sobre Sha'ul e sobre Y'honatan, seu filho,
[18] com ordens para que ensinassem ao povo de Y'hudah [e não o menosprezassem],
o Lamento do Arco (o lamento foi escrito no livro de Yashar):

19 "Sua glória, Yisra'el,
está morta sobre seus lugares altos!
Como caíram os heróis!
20 Não falem sobre isso em Gat;
não o proclamem nas ruas de Ashkelon;
então as filhas dos p'lishtim não se regozijarão,
as filhas dos incircuncisos não se alegrarão.

21 "Montanhas de Gilboa — que nunca mais haja sobre vocês
nem orvalho, nem chuva, nem campos com boas colheitas;
pois ali os escudos dos heróis foram desonrados,
o escudo de Sha'ul não mais foi polido com óleo.

22 "Do sangue dos mortos, da carne dos heróis,
o arco de Y'honatan não se retirou
nem a espada de Sha'ul retornou sem estar satisfeita.
23 Sha'ul e Y'honatan, amados e afáveis enquanto vivos,
não foram separados, mesmo na morte;
eles foram mais diligentes que águias, mais fortes que leões.

24 "Filhas de Yisra'el, lamentem sobre Sha'ul!
Ele as vestia luxuosamente com escarlate
e colocava joias de ouro em suas roupas.

25 "Como caíram os heróis no calor da batalha,
Y'honatan morreu em seus lugares altos!
26 Eu lamento por você, meu irmão Y'honatan,
você significou tanto para mim!
Seu amor por mim era mais profundo
que o amor das mulheres.
27 Como caíram os heróis
e pereceram as armas de guerra!".

2 1 Depois disso, David consultou *Adonai*. Ele perguntou: "Eu deveria subir para
alguma das cidades de Y'hudah?". *Adonai* lhe disse: "Suba". David perguntou:
"Para onde deverei subir?". Ele respondeu: "Para Hevron". 2 Então David subiu para
lá com suas duas esposas, Achino'am de Yizre'el e Avigayil, a viúva de Naval, do
Karmel. 3 David trouxe os homens com ele, cada um deles com sua família; e eles
viveram na cidade de Hevron.
4 Então os homens de Y'hudah vieram e ungiram ali David como rei sobre a casa
de Y'hudah. Eles informaram a David que quem havia sepultado Sha'ul tinham sido
os homens de Yavesh-Gil'ad. 5 Assim, David enviou mensageiros aos homens de
Yavesh-Gil'ad com esta mensagem: "Que vocês sejam abençoados por *Adonai*, por-
que demonstraram bondade para com Sha'ul, o senhor de vocês, e o sepultaram.
6 Agora, que *Adonai* mostre bondade e verdade para com vocês; e eu também mos-
trarei favor a vocês por terem feito isso. 7 Sejam fortes e valentes. Sha'ul, o senhor
de vocês, está morto, mas a casa de Y'hudah me ungiu rei sobre ela".
8 Avner, o filho de Ner, comandante do exército de Sha'ul, tinha tomado Ish-
-Boshet, o filho de Sha'ul, trazendo-o a Machanayim, 9 fazendo-o rei sobre Gil'ad,
sobre os ashurim, sobre Yizre'el, Efrayim, Binyamin, e sobre todo o Yisra'el. 10 Ish-
-Boshet, o filho de Sha'ul, tinha 40 anos quando começou a reinar sobre Yisra'el, e
reinou dois anos. Entretanto, a casa de Y'hudah seguiu David. 11 David foi rei em
Hevron, sobre a casa de Y'hudah, por sete anos e seis meses.
12 Avner, o filho de Ner, e os servos de Ish-Boshet, o filho de Sha'ul, foram de
Machanayim a Giv'on; 13 enquanto Yo'av, o filho de Tz'ruyah, e os servos de David
também foram; e eles se encontraram próximo ao açude em Giv'on. Um grupo
assentou-se de um lado do açude, e o outro, do outro lado. 14 Avner disse a Yo'av:
"Se isso for bom para vocês, que nossos jovens se levantem e lutem entre si, en-
quanto nós assistimos". Yo'av disse: "Que seja assim". 15 Então eles se levantaram
e se emparelharam, 12 de Binyamin e de Ish-Boshet, o filho de Sha'ul, e 12 dos
servos de David. 16 Cada um deles agarrou seu parceiro pela cabeça e o atravessou
em seu lado com a espada, de modo que caíram juntos. Por essa razão, aquele
lugar foi chamado Helkat-Hatzurim [campo das lâminas]; ele fica em Giv'on. 17 A
batalha naquele dia foi muito violenta; Avner e os homens de Yisra'el foram der-
rotados pelos servos de David.

18 Os três filhos de Tz'ruyah estavam ali, Yo'av, Avishai e 'Asah'el. 'Asah'el era
ligeiro de pés, como uma gazela em campo aberto. 19 'Asah'el perseguiu Avner,
indo diretamente até ele, sem mudar de direção, nem para a direita nem para
a esquerda. 20 Avner olhou para trás e perguntou: "É você, 'Asah'el?". "Sim, sou
eu", 'Asah'el respondeu. 21 Avner lhe disse: "Desvie-se para a sua direita ou para
a sua esquerda, pegue um dos moços e tome sua armadura". 'Asah'el, porém, não
se voltou para o lado, mas continuou a segui-lo. 22 Avner disse outra vez a 'Asah'el:
"Volte-se para o lado e pare de me seguir! Por que eu deveria matar você? Se o fi-
zesse, como poderia eu olhar nos olhos do seu irmão Yo'av?". 23 Ele, entretanto, ainda
se recusou a voltar-se para o lado; então Avner o apunhalou no abdômen com a
parte de trás da lança, de forma que a lança o atravessou. Ele caiu e morreu naquele
lugar. Todos os que chegavam ao lugar onde 'Asah'el estava morto paravam ali.

24 Yo'av e Avishai continuaram a perseguir Avner; o sol estava se pondo quando
eles chegaram ao outeiro de Amah, em frente a Giach, junto à estrada do deserto
de Giv'on. 25 O povo de Binyamin ajuntou-se como uma falange diante de Avner e
permaneceu no alto do outeiro. 26 Então Avner clamou a Yo'av: "Deve a espada de-
vorar para sempre? Você não percebe que, no final, isso apenas produzirá amargu-
ra? Quanto tempo levará, então, para que você diga ao povo que pare de perseguir
seus irmãos?". 27 Yo'av respondeu: "Como vive Deus, se você não tivesse dito essas
coisas, sem dúvida nenhuma o povo continuaria perseguindo seus irmãos durante
toda a noite". 28 Então Yo'av fez soar o *shofar*, e, com isso, o povo se deteve. Eles
pararam de perseguir Yisra'el e de lutar.

29 Avner e seus homens seguiram pelo 'Aravah durante toda aquela noite; eles
cruzaram o Yarden, seguiram por todo o Bitron e chegaram a Machanayim. 30 Yo'av
retornou da perseguição a Avner. Quando ele trouxe as tropas e organizou-as para
a revista, 19 dos servos de David tinham desaparecido, incluindo 'Asah'el. 31 Os
servos de David, porém, tinham matado 360 dos homens de Avner que eram de
Binyamin. 32 Eles tomaram 'Asah'el e o sepultaram no túmulo de seu pai em Beit-
-Lechem. Então Yo'av e seus homens marcharam toda a noite, de modo que alcança-
ram Hevron ao amanhecer.

3 1 A guerra entre a casa de Sha'ul e a casa de David continuava, mas David tornava-
-se mais forte, enquanto a casa de Sha'ul enfraquecia.
2 Em Hevron, nasceram filhos a David. Seu filho mais velho foi Amnon, cuja mãe
era Achino'am de Yizre'el; 3 seu segundo filho foi Kil'av, cuja mãe era Avigayil, a
viúva de Naval, do Karmel; o terceiro filho foi Avshalom, cuja mãe era Ma'akhah,
a filha de Talmai, rei de G'shur; 4 o quarto filho foi Adoniyah, o filho de Haggit; o
quinto, Sh'fatyah, filho de Avital; 5 e o sexto, Yitre'am, cuja mãe foi 'Eglah, esposa
de David. Todos esses nasceram a David, em Hevron.
6 Durante a guerra entre a casa de Sha'ul e a casa de David, Avner fortaleceu
sua posição na casa de Sha'ul. 7 Sha'ul tinha tido uma concubina chamada Ritzpah,
filha de Ayah; e [Ish-Boshet] desafiou Avner: "Por que você dorme com a concubina
de meu pai?". 8 Essas palavras de Ish-Boshet enfureceram Avner: "O que sou eu",
ele gritou, "[para que você me trate com tanto desprezo]? Uma cabeça de cachorro
em Y'hudah? Até este momento, eu tenho mostrado apenas bondade para com a
casa de Sha'ul, seu pai, e para com os seus irmãos e amigos; e não o entreguei a
David. Você, por outro lado, escolhe hoje entrar em contenda comigo por causa
dessa mulher! 9 Que Deus traga terríveis maldições sobre Avner e coisas piores se
eu não realizar o que *Adonai* jurou a David — 10 retirar o reino da casa de Sha'ul
e estabelecer o trono de David sobre Yisra'el e Y'hudah, de Dan até Be'er-Sheva!".
11 Ish-Boshet não pôde responder palavra nenhuma a Avner, porque tinha medo dele.

12 Avner, imediatamente, enviou mensageiros a David com esta mensagem: "Quem controlará a terra? Se te tornares meu aliado, eu usarei meu poder para tornar a ti todo o Yisra'el". 13 David enviou esta resposta: "Muito bem, eu serei seu aliado — com uma condição: você não virá à minha presença, a menos que traga com você Mikhal, a filha de Sha'ul". 14 David enviou mensageiros para dizer a Ish--Boshet, o filho de Sha'ul: "Devolva-me minha esposa, Mikhal. Eu me tornei noivo dela por cem prepúcios dos p'lishtim". 15 Ish-Boshet deu ordens e a tomou de seu marido, Palti'el, filho de Layish. 16 Palti'el foi com ela, chorando enquanto ela ia, e a seguiu até Bachurim. Todavia, quando Avner disse a ele: "Volte", ele voltou.

17 Então Avner conferenciou com os líderes de Yisra'el. Ele disse: "No passado, vocês queriam que David fosse rei sobre vocês. 18 Então façam isso agora. Porque *Adonai* disse de David: 'Por meio de meu servo David, libertarei o meu povo, Yisra'el, do poder dos p'lishtim e do poder de todos os seus inimigos' ". 19 Avner também falou com o povo de Binyamin.

Depois disso, Avner foi a Hevron e relatou a David todas as coisas que tinham sido acordadas, tanto por Yisra'el quanto pela casa de Binyamin. 20 Quando Avner veio a David em Hevron, trouxe com ele 20 homens. David organizou um banquete para Avner e seus homens. 21 Avner disse a David: "Deixa que eu me levante e vá reunir todo o Yisra'el para meu senhor, o rei, de forma que eles façam aliança contigo. Então estarás pronto para governar sobre tudo o que o teu coração desejar". David enviou Avner e deu a ele um salvo-conduto.

22 Enquanto isso, os homens de David, juntamente com Yo'av, retornavam de uma incursão, trazendo uma grande pilhagem com eles. Avner, porém, não estava com David em Hevron, porque este o tinha enviado com o salvo-conduto. 23 Quando Yo'av e todo o seu exército chegaram, foi dito a Yo'av: "Avner, o filho de Ner, veio ao rei, mas este o enviou, e ele partiu com um salvo-conduto". 24 Yo'av foi ao rei e disse: "O que fizeste? Avner veio a ti, e tu o deixaste partir, e agora ele se foi! Por quê? 25 Tu sabes que Avner, o filho de Ner, veio apenas para enganar-te, para saber que campanhas tens planejado e descobrir tudo o que estás fazendo!".

26 Depois de deixar David, Yo'av enviou mensageiros a Avner, e eles o trouxeram de volta da cisterna em Sirah, sem que David o soubesse. 27 Tendo Avner retornado a Hevron, Yo'av chamou-o de lado, para o espaço entre o outeiro e os portões interiores, como se quisesse falar com ele particularmente; e ali ele o golpeou no ventre, de forma que ele morreu — desse modo, Yo'av vingou a morte de 'Asah'el, seu irmão.

28 Algum tempo depois, quando David ouviu sobre essas coisas, ele disse: "Eu e meu reino estamos inocentes para sempre da morte de Avner, o filho de Ner. 29 Que a culpa caia sobre a cabeça de Yo'av e de toda a família de seu pai. Que a família de Yo'av tenha sempre alguém com hemorragia ou *tzara'at*, ou que precise andar de muleta, ou que morra pela espada, ou a quem falte comida". 30 Assim, Yo'av e Avishai, seu irmão, mataram Avner, porque ele tinha matado 'Asah'el, o irmão deles, durante a batalha em Giv'on. 31 David, porém, disse a Yo'av e a todos os que estavam com ele: "Rasguem suas roupas, coloquem roupas de saco e lamentem por Avner". O próprio rei David caminhava em frente ao corpo enquanto ele estava sendo carregado. 32 Eles sepultaram Avner em Hevron; o rei lamentou em voz alta no túmulo de Avner, e todo o povo lamentou. 33 O rei cantou este lamento sobre Avner:

"Deveria Avner ter morrido como um assassino?
34 Suas mãos não foram amarradas, seus pés não foram acorrentados;
você caiu como aquele que cai nas mãos de criminosos".

Então todo o povo lamentou ainda mais sobre ele.

35 Todo o povo veio a David e tentou fazê-lo comer algum pão enquanto ainda
era dia; David, porém, jurou: "Que Deus traga terríveis maldições sobre mim, e coi-
sas ainda piores, se eu provar pão ou qualquer outra coisa até que o sol se ponha".
36 Todo o povo reparou nisso e se agradou disso; tudo o que o rei fazia agradava
ao povo. 37 Naquele dia, então, todo o povo e todo o Yisra'el entenderam que o rei
não havia participado da morte de Avner, o filho de Ner. 38 O rei disse aos seus ser-
vos: "Vocês compreendem que um líder, um grande homem, caiu hoje em Yisra'el.
39 Ainda que eu tenha sido ungido como rei, sinto-me fraco hoje; e esses homens,
os filhos de Tz'ruyah, são brutais demais para mim. Que *Adonai* pague o crime na
medida que o crime merece!".

4 1 Quando Ish-Boshet, o filho de Sha'ul, ouviu que Avner tinha morrido em
Hevron, sua coragem faltou; e todo o Yisra'el ficou alarmado. 2 O filho de Sha'ul
tinha dois homens que eram os capitães dos grupos de ataque; um chamava-se
Ba'anah, e o outro, Rekhav, filhos de Rimmon, o Be'eroti, do povo de Binyamin (por-
que Be'erot é contado como parte de Binyamin, 3 ainda que os be'erotim tenham
fugido para Gittayim e vivido como estrangeiros naquele lugar até o dia de hoje).
4 Y'honatan, o filho de Sha'ul, tinha um filho, e ele era manco de ambas as pernas.
Ele tinha 5 anos de idade quando as notícias sobre Sha'ul e Y'honatan chegaram
de Yizre'el. Sua ama o recolheu e fugiu; mas, enquanto ela se apressava para fugir,
ele caiu e ficou manco. Seu nome era M'fivoshet. 5 Os filhos de Rimmon, o be'eroti,
Rekhav e Ba'anah, partiram, e chegaram durante o calor do dia à casa de Ish-Boshet,
no momento em que ele estava no repouso da tarde. 6 Eles foram diretamente para
a casa, como se estivessem indo buscar trigo, e o apunhalaram no ventre; então
Rekhav e Ba'anah, seu irmão, escaparam. 7 Eles entraram na casa enquanto ele
estava em sua cama, em seu quarto, apunhalaram-no e o mataram; depois, o deca-
pitaram, tomaram sua cabeça e fugiram por toda a noite pela estrada que atravessa
o 'Aravah. 8 Eles trouxeram a cabeça de Ish-Boshet a David, em Hevron, e disseram
ao rei: "Aqui está a cabeça de Ish-Boshet, o filho de Sha'ul, teu inimigo, aquele que
procurava tirar a sua vida. Hoje *Adonai* tomou vingança sobre Sha'ul e sobre seu
filho por causa do meu senhor, o rei".
9 David, porém, respondeu a Rekhav e a Ba'anah, seu irmão, os filhos de Rimmon,
o be'eroti: "Como vive *Adonai*, o qual me livrou de toda espécie de dificuldade,
10 quando alguém me contou: 'Eis aqui, Sha'ul está morto', pensando que me tra-
zia boas notícias, eu não o recompensei por aquilo que me contou, mas o agarrei
e o matei em Ziklag. 11 Muito mais agora, quando criminosos mataram um homem
inocente em sua casa, na própria cama, não deveria eu considerá-los responsáveis
por sua morte e livrar a terra de vocês?". 12 David, então, deu ordens aos seus ho-
mens, e eles os mataram, cortando suas mãos e seus pés, e pendurando-os próxi-
mo ao açude de Hevron. Contudo, tomaram a cabeça de Ish-Boshet e a sepultaram
no túmulo de Avner, em Hevron.

5 1 Então todas as tribos de Yisra'el vieram a David, em Hevron, e disseram: "Nós
somos carne de tua carne e ossos de teus ossos. 2 No passado, quando Sha'ul
era rei sobre nós, eras tu que lideravas as campanhas militares de Yisra'el; e *Adonai* te
disse: "Você pastoreará meu povo, Yisra'el, e será o chefe sobre Yisra'el' ". 3 Então
todos os líderes de Yisra'el vieram ao rei, em Hevron, e o rei David fez uma aliança
com eles em Hevron, na presença de *Adonai*. Eles ungiram David como rei sobre
Yisra'el. 4 David tinha 30 anos de idade quando começou a reinar, e reinou durante

quarenta anos. 5 Em Hevron, ele governou sobre Y'hudah sete anos e seis meses; em
Yerushalayim, ele governou trinta e três anos sobre todo o Yisra'el e Y'hudah.
6 O rei e seus homens foram a Yerushalayim para atacar o y'vusi, os habitantes
daquela região. Eles insultaram David: "Você não entrará aqui! Até mesmo um cego
ou um manco poderia se desviar de você!" — em outras palavras, eles estavam
pensando: "David nunca entrará aqui". 7 Entretanto, David capturou a fortaleza
de Tziyon, também conhecida [hoje] como a Cidade de David. 8 O que David disse
naquele dia foi: "Para atacar o y'vusi, vocês devem subir [a partir da fonte externa
da cidade] através do túnel de água. Vocês poderão eliminar aqueles [assim chama-
dos] 'mancos e cegos' " (a quem David menospreza — daí a expressão: "os 'cegos e
mancos' que se guardem de entrar na casa").

9 David viveu na fortaleza e a chamou Cidade de David. Então David construiu
a cidade em torno dela, começando pelo Millo [muralha de terra] e trabalhando
dentro dele. 10 David tornou-se cada vez maior porque *Adonai*, o Deus dos Exércitos,
estava com ele. 11 Hiram, rei de Tzor, enviou mensageiros a David com troncos de
cedro, e com eles estavam carpinteiros e pedreiros; e eles construíram um palácio
para David. 12 David, então, soube que *Adonai* o tinha estabelecido como rei sobre
Yisra'el e engrandecido seu poder real a favor do seu povo.

13 David tomou para si mais concubinas e esposas em Yerushalayim depois de
vir de Hevron, de forma que ainda mais filhos e filhas nasceram a David. 14 Estes
são os nomes daqueles que nasceram a ele em Yerushalayim: Shamua, Shovav,
Natan, Shlomoh, 15 Yivchar, Elishua, Nefeg, Yafia, 16 Elishama, Elyada e Elifelet.

17 Quando os p'lishtim ouviram que David tinha sido ungido rei sobre Yisra'el,
todos os p'lishtim subiram à procura de David. Ao saber disso, David desceu para
a fortaleza. 18 Os p'lishtim vieram e se espalharam pelo vale de Refa'im. 19 David
consultou *Adonai*, perguntando: "Devo atacar os p'lishtim? Tu os entregarás a
mim?". *Adonai* respondeu a David: "Ataque; eu certamente entregarei os p'lishtim
a você". 20 Então David foi a Ba'al-P'ratzim e os derrotou ali. Ele disse: "*Adonai*
destruiu por meu intermédio e por mim os meus inimigos, como um rio destrói
por suas enchentes". É por isso que ele chamou o lugar de Ba'al-P'ratzim [Senhor
da destruição]. 21 Os p'lishtim tinham deixado ali os seus ídolos, e David e seus
homens os levaram embora.

22 Os p'lishtim subiram novamente e se espalharam pelo vale de Refa'im.
23 Quando David consultou *Adonai*, ele disse: "Não ataquem! Deem a volta por trás
deles e ataquem-nos em frente das árvores de bálsamo. 24 Quando vocês ouvirem
o som da marcha no alto das árvores de bálsamo, avancem; porque, então, *Adonai*
estará indo adiante de vocês para derrotar o exército dos p'lishtim". 25 David fez
exatamente o que *Adonai* tinha ordenado que ele fizesse, e atacou os p'lishtim des-
de Geva, por todo o caminho até Gezer.

6

1 Novamente David convocou todas as tropas escolhidas de Yisra'el: 30 mil
homens. 2 Tomando todo o exército que tinha com ele, David partiu para
Ba'alei-Y'hudah para trazer de lá a arca de Deus, na qual se invoca o Nome, o nome
de *Adonai-Tzva'ot* entronizado entre os *k'ruvim*. 3 Eles colocaram a arca de Deus
em um carro novo e a trouxeram da casa de Avinadav, na colina, estando 'Uzah e
Achyo, os filhos de Avinadav, na condução do carro novo. 4 Eles o levaram da casa
de Avinadav, na colina, com a arca de Deus; Achyo caminhava na frente da arca.
5 David e toda a casa de Yisra'el celebravam na presença de *Adonai* com todo tipo
de instrumentos musicais feitos de madeira de cipreste, incluindo liras, alaúdes,
tamborins, chocalhos e címbalos.

6 Quando eles chegaram à eira de Nakhon, os bois tropeçaram, e 'Uzah estendeu
sua mão para firmar a arca de Deus. 7 Todavia, a ira de *Adonai* acendeu-se contra
'Uzah, e Deus o feriu naquele mesmo lugar por sua ofensa, de forma que ele mor-
reu ali, próximo à arca de Deus. 8 David ficou transtornado, vendo que 'Uzah havia
sido destruído por *Adonai;* desde então, aquele lugar foi chamado Peretz-'Uzah
[destruição de 'Uzah]. 9 Naquele dia, David sentiu medo de *Adonai;* ele perguntou:
"Como poderá a arca de *Adonai* vir a mim?". 10 Assim, David não pôde trazer a arca
de *Adonai* à Cidade de David; em vez disso, ele a levou para a casa de 'Oved-Edom,
o gitti. 11 A arca de *Adonai* ficou na casa de 'Oved-Edom, o gitti, por três meses; e
Adonai abençoou 'Oved-Edom e toda a sua família.

12 E disseram ao rei David: "*Adonai* abençoou a casa de 'Oved-Edom e todos os
que a ela pertencem, graças à arca de Deus". David foi e, alegremente, trouxe a arca
de Deus da casa de 'Oved-Edom à Cidade de David. 13 Quando aqueles que carre-
gavam a arca de *Adonai* tinham avançado apenas seis passos, ele sacrificou um boi
e uma ovelha gorda. 14 Em seguida, David dançou e girou de forma desenfreada
diante de *Adonai,* vestindo as vestes rituais de linho. 15 Então David e toda a casa de
Yisra'el trouxeram a arca de *Adonai* com gritos e som de *shofar.* 16 Enquanto a arca
de *Adonai* entrava na Cidade de David, Mikhal, a filha de Sha'ul, olhando da janela,
viu o rei David saltando e girando diante de *Adonai;* e ela o desprezou.

17 Eles trouxeram a arca de *Adonai* e a colocaram em seu lugar, dentro da tenda
que David tinha preparado para ela. David ofereceu ofertas queimadas e ofertas
pacíficas diante de *Adonai.* 18 Quando David tinha acabado de oferecer as ofertas
queimadas e as ofertas pacíficas, ele abençoou o povo em nome de *Adonai-Tzva'ot.*
19 Então ele distribuiu a todo o povo de Yisra'el, a todos os que estavam ali, tanto
homens quanto mulheres, um pão, uma porção de carne e um bolo de passas, e,
depois disso, todo o povo partiu para suas casas.

20 Quando David voltava para abençoar sua casa, Mikhal, a filha de Sha'ul, saiu
para encontrar-se com ele e lhe disse: "Que honra o rei de Yisra'el ganhou para si
mesmo hoje, expondo-se diante das escravas de seus servos como qualquer exi-
bicionista vulgar!". 21 David respondeu a Mikhal: "Na presença de *Adonai* — que
escolheu a mim antes que a seu pai, e antes que a qualquer um em sua família, para
fazer de mim o chefe sobre Yisra'el, o povo de *Adonai* —, eu celebrarei na presença
de *Adonai.* 22 Eu me farei ainda mais desprezível do que isso, e me humilharei aos
meus olhos, mas aquelas escravas que você mencionou me honrarão!". 23 Mikhal, a
filha de Sha'ul, permaneceu sem filhos até o dia em que morreu.

7 1 Depois que o rei viveu por algum tempo em seu palácio e que *Adonai* lhe deu
descanso de todos os inimigos ao seu redor, 2 o rei disse a Natan, o profeta: "Eis
aqui, eu vivo em um palácio de madeira de cedro, porém a arca de Deus permanece
em uma tenda!". 3 Natan disse ao rei: "Vai e faze tudo o que está no teu coração,
porque *Adonai* é contigo".

4 Naquela mesma noite, porém, a palavra de *Adonai* veio a Natan: 5 "Vá e diga ao
meu servo David que isto é o que *Adonai* diz: 'Você vai construir uma casa para que eu
viva nela? 6 Desde o dia em que eu trouxe o povo de Yisra'el do Egito até hoje, nunca
morei em uma casa; antes, viajei em uma tenda e em um tabernáculo. 7 Por todos os
lugares em que eu viajei com o povo de Yisra'el, já falei uma palavra a qualquer das
tribos de Yisra'el, a quem ordenei que pastoreasse meu povo, Yisra'el, pedindo: "Por
que vocês não constroem para mim uma casa de madeira de cedro?" '.

8 "Portanto, diga ao meu servo David que isto é o que *Adonai-Tzva'ot* diz: 'Eu tirei
você do pastoreio, de seguir as ovelhas, para fazer de você chefe sobre meu povo,

sobre Yisra'el. 9 Eu estive com você em todos os lugares para onde você foi; destruí todos os seus inimigos à sua frente; e estou fazendo que sua fama seja grande, como a fama dos grandes povos da terra. 10 Eu escolherei um lugar para meu povo, Yisra'el; eu o plantarei, de forma que ele possa viver em seu lugar, sem ser perturbado nunca mais. Os ímpios não mais o oprimirão, como eles fizeram no início, 11 como fizeram desde o tempo em que nomeei juízes para estar sobre meu povo, Yisra'el; em vez disso, eu darei a você descanso de todos os seus inimigos.

" 'Além disso, *Adonai* diz que fará uma casa para você. 12 Quando seus dias chegarem ao fim e você dormir com seus antepassados, eu estabelecerei um de seus descendentes para que o suceda, alguém de sua carne e de seu sangue; e eu estabelecerei o seu governo. 13 Ele construirá uma casa para o meu nome, e eu estabelecerei seu trono real para sempre. 14 Eu serei o pai dele, e ele será um filho para mim. Se ele fizer alguma coisa errada, eu o punirei com a vara e com açoites, exatamente como qualquer um é punido; 15 entretanto, minha graça não o deixará, como deixou Sha'ul, a quem removi de diante de você. 16 Assim, a sua casa e o seu reino estarão seguros para sempre diante de você; seu trono será estabelecido para sempre' ". 17 Natan disse a David todas estas palavras e descreveu esta visão inteira.

18 Depois disso, David entrou, sentou-se diante de *Adonai* e disse: "Quem sou eu, *Adonai Elohim*; e o que é minha família, para me trazeres para tão longe? 19 Agora, de acordo com a tua visão, *Adonai Elohim*, mesmo isto era ainda uma coisa muito pequena; então tu ainda disseste que a dinastia do teu servo continuará até um futuro distante. Isto é [certamente] uma lição para o homem, *Adonai Elohim* — 20 o que mais David pode dizer-te? Porque tu conheces o teu servo intimamente, *Adonai Elohim*. 21 É por causa da tua palavra e de acordo com o teu coração que tu tens feito toda esta grandeza e a tens revelado ao teu servo. 22 Portanto, tu és grande, *Adonai*, Deus; pois não existe nenhum outro como tu, e não existe Deus além de ti — tudo o que eu ouvi confirma isto. 23 Quem pode ser comparado ao teu povo, com Yisra'el? Que outra nação na terra foi estabelecida por Deus para libertá-la e fazer dela um povo para si mesmo? Tu te fizeste famoso ao fazeres por tua terra coisas que, até mesmo para ti, são grandes e terríveis, por causa do teu povo, a quem tu libertaste para ti mesmo, do Egito e das outras nações, e de seus deuses. 24 Tu estabeleceste o teu povo para ti mesmo como teu povo para sempre; e tu, *Adonai*, te tornaste o seu Deus. 25 Agora, pois, ó Deus, estabelece para sempre a tua palavra, a palavra que falaste ao teu servo e à sua casa; faze o que prometeste. 26 Que o teu nome seja engrandecido para sempre, de forma que se diga: '*Adonai*--*Tzva'ot* é Deus sobre Yisra'el, e a dinastia de seu servo David será estabelecida em sua presença'. 27 Tu, *Adonai-Tzva'ot*, Deus de Yisra'el, revelaste ao teu servo: 'Eu construirei para você uma casa'. É por isso que o teu servo tem a coragem de fazer esta oração a ti. 28 Agora, *Adonai Elohim*, somente tu és Deus; tuas palavras são verdade; e tu entregaste esta maravilhosa promessa ao teu servo. 29 Então que seja do teu agrado abençoar a família do teu servo e, assim, fazer que ela se mantenha para sempre em tua presença. Porque tu, *Adonai Elohim*, o prometeste. Que a família do teu servo seja abençoada para sempre por tua bênção".

8 1 Algum tempo depois, David atacou os p'lishtim e os subjugou; David tomou Meteg-Amah das mãos dos p'lishtim. 2 Ele também derrotou Mo'av; fazendo-os deitar no chão, ele os mediu com uma corda de medir; para cada duas medidas a serem levadas à morte, ele designava uma medida para ser mantida com vida. O povo de Mo'av ficou sujeito a David e lhe pagou tributos.

3 Em seu caminho para estabelecer seu domínio tão distante quando o rio Eufrates, David também derrotou Hadad'ezer, o filho de Rechov, rei de Tzovah. 4 David capturou 1.700 cavaleiros e 20 mil soldados de infantaria. Ele pôs à parte cavalos suficientes para 100 carruagens e dispensou o restante deles. 5 Quando o povo de Aram, de Dammesek, veio em ajuda a Hadad'ezer, o rei de Tzovah, David matou 22 mil homens de Aram. 6 E David estabeleceu guarnições em meio ao povo de Aram, em Dammesek; Aram ficou sujeito a David e lhe pagou tributo. *Adonai* dava vitória a David, aonde quer que ele fosse. 7 David tomou os escudos de ouro que os servos de Hadad'ezer estavam usando e os trouxe a Yerushalayim. 8 De Betach e Berotai, cidades de Hadad'ezer, o rei David tomou uma grande quantidade de bronze.

9 Quando To'i, rei de Hamat, ouviu que David tinha derrotado todo o exército de Hadad'ezer, 10 To'i enviou Yoram, seu filho, ao rei David, para encontrar-se com ele e congratulá-lo pela vitória sobre Hadad'ezer, porque Hadad'ezer estivera em guerra com To'i. Yoram trouxe com ele artigos de prata, artigos de ouro e artigos de bronze, 11 os quais o rei David consagrou a *Adonai*, juntamente com a prata e o ouro que ele dedicara de todas as nações que havia conquistado — 12 Aram, Mo'av, o povo de 'Amon, os p'lishtim, 'Amalek, e o espólio tomado de Hadad'ezer, filho de Rechov, rei de Tzovah. 13 David adquiriu muita fama quando retornou da matança dos 18 mil homens de Aram, no vale do Sal. 14 David posicionou guarnições em Edom; ele estabeleceu guarnições ao longo de todo o Edom, e todo o povo de Edom ficou sujeito a ele. *Adonai* dava vitória a David por onde quer que ele fosse.

15 David governou sobre todo o Yisra'el; David administrou a lei e a justiça para todo o seu povo. 16 Yo'av, o filho de Tz'ruyah, era o comandante de seu exército; Y'hoshafat, o filho de Achilud, era o conselheiro-chefe; 17 Tzadok, o filho de Achituv, e Achimelekh, o filho de Evyatar, eram os *kohanim*; S'rayah era o secretário; 18 B'nayahu, o filho de Y'hoyada, era o encarregado do k'reti e do p'leti [que serviam como guarda-costas do rei]; e os filhos de David eram *kohanim*.

9 1 David perguntou: "Há ainda alguém vivo da família de Sha'ul, a quem, por causa de Y'honatan, eu mostre bondade?". 2 A família de Sha'ul tivera um servo chamado Tziva, e ele tinha se juntado a David. O rei perguntou a ele: "Você é Tziva?", e ele respondeu: "Ao teu serviço". 3 O rei lhe disse: "Há alguém ainda vivo da família de Sha'ul, a quem eu possa mostrar a graça de Deus?". Tziva disse ao rei: "Ainda há o filho de Y'honatan, que tem as pernas mancas". 4 O rei indagou a Tziva: "Onde ele está?". Tziva respondeu: "Ele está na casa de Makhir, o filho de 'Ammi'el, em Lo-D'var". 5 O rei David deu ordens e tomou-o da casa de Makhir, o filho de 'Ammi'el, em Lo-D'var. 6 M'fivoshet, o filho de Y'honatan, filho de Sha'ul, veio a David e prostrou-se com o rosto em terra. David lhe disse: "M'fivoshet!", e ele respondeu: "Aqui está o teu servo!". 7 David lhe disse: "Não tenha medo, porque estou determinado a ser bondoso com você, por causa de Y'honatan, seu pai. Eu restaurarei a você toda a terra de Sha'ul, seu avô, e você comerá sempre à minha mesa". 8 M'fivoshet prostrou-se e disse: "O que é o teu servo, para que dês tanta atenção a um cão morto como eu?". 9 O rei chamou Tziva, o servo de Sha'ul, e lhe disse: "Eu tenho dado todas as coisas que Sha'ul e sua família possuíam ao neto do seu senhor. 10 Você deve trabalhar a terra para ele, você, seus filhos e seus escravos. Recolha a colheita, de forma que o neto de seu senhor tenha comida para alimentar sua família; entretanto, M'fivoshet, o neto de seu senhor, sempre comerá à minha mesa". Tziva tinha 15 filhos e 20 escravos. 11 Tziva disse ao rei: "Teu servo fará tudo o que meu senhor, o rei, ordenou". Assim, M'fivoshet ficou comendo à mesa de David, como se fosse um dos descendentes do rei". 12 M'fivoshet tinha um filho

jovem, cujo nome era Mikha. Todos os que viviam na casa de Tziva tornaram-se
servos de M'fivoshet. 13 No entanto, M'fivoshet viveu em Yerushalayim; ele sempre
comeu à mesa do rei, e era manco de ambas as pernas.

10 1 Algum tempo depois, quando morreu o rei do povo de 'Amon, seu filho,
Hanun, tornou-se rei em seu lugar. 2 David disse: "Eu mostrarei graça a
Hanun, o filho de Nachash, como também a mim seu pai mostrou graça". Então
David enviou seus servos para lhe passar uma mensagem de conforto, acerca da
morte de seu pai.

Os servos de David entraram no território do povo de 'Amon; 3 contudo, os líde-
res do povo de 'Amon disseram a Hanun, seu senhor: "Realmente pensas que David
está honrando teu pai quando te envia pessoas para confortar-te? Não tem David, na
verdade, te enviado seus servos com o propósito de olhar a cidade, inspecioná-la e
subvertê-la?". 4 Então Hanun tomou os servos de David, rapou a metade de sua barba,
cortou suas roupas na metade da altura, em suas nádegas, e os mandou embora. 5 Ao
ouvir como eles tinham sido tratados, David enviou uma delegação para encontrar-se
com eles, porque os homens tinham sido profundamente humilhados. O rei disse:
"Permaneçam em Yericho até que sua barba tenha crescido e então voltem".

6 Conscientes de que tinham provocado completamente o ódio de David, o povo
de 'Amon contratou 20 mil soldados de infantaria, dos aramim, de Beit-Rechov e
de Tzovah, mil homens do rei de Ma'akhah, e 12 mil soldados de Tov. 7 Quando
David ouviu isso, ele enviou Yo'av com todo o seu exército de soldados treinados.

8 O exército de 'Amon veio e avançou para a formação de batalha na entrada
do portão da cidade; os homens de Aram, de Tzovah e de Rechov, e os homens
de Tov e de Ma'akhah, foram por si mesmos ao campo aberto. 9 Quando Yo'av viu
que ele teria de lutar em duas frentes, na frente e atrás, ele escolheu as melhores
tropas de Yisra'el para se posicionar contra Aram; 10 e, quanto ao restante do
exército, ele colocou sob o comando de Avishai, seu irmão, para lançar-se contra
o exército de 'Amon. 11 Ele disse: "Se Aram for forte demais para mim, você me
ajudará; no entanto, se o exército de 'Amon for forte demais para você, eu irei e o
ajudarei. 12 Tenha coragem e seja forte por causa do nosso povo e das cidades do
nosso Deus. Que *Adonai* faça o que lhe parecer bem".

13 Então Yo'av e o povo que estava com ele foram para a batalha contra os
aramim, e estes fugiram de diante deles. 14 Quando o povo de 'Amon viu que os
aramim tinham fugido, da mesma forma, eles fugiram de diante de Avishai e se
retiraram para a cidade. Yo'av retornou do povo de 'Amon e foi para Yerushalayim.

15 Quando os aramim viram que Yisra'el tinha obtido vantagem sobre eles,
juntaram-se. 16 Hadad'ezer deu ordens e trouxe o povo de Aram que vivia além
do rio [Eufrates]. Eles vieram a Heilam, com Shovakh, o comandante do exército
de Hadad'ezer, como seu chefe. 17 Isso foi relatado a David; então ele juntou todo
o Yisra'el, cruzou o Yarden e veio a Heilam. Aram posicionou-se contra David e
lutou com ele. 18 Entretanto, Aram fugiu de diante de Yisra'el; David matou 700
condutores de carruagens e 40 mil cavaleiros de Aram, e feriu Shovakh, o coman-
dante do exército deles, de modo que ele morreu ali. 19 Quando todos os vassalos
do rei Hadad'ezer viram que tinham sido derrotados por Yisra'el, declararam paz
com Yisra'el e tornaram-se seus servos. Então Aram ficou com medo de socorrer
o povo de 'Amon outra vez.

11 1 Na primavera, no tempo em que os reis vão para a guerra, David despa-
chou Yo'av, seus servos que estavam com ele e todo o Yisra'el. Eles saquea-
ram o povo de 'Amon e montaram o cerco em Rabbah. David, porém, ficou em

Yerushalayim. 2 Certo dia, depois do cochilo da tarde, David levantou-se de sua cama
e foi caminhar no terraço do palácio do rei. Do terraço, ele viu uma mulher muito
bonita tomando banho. 3 David procurou saber quem era aquela mulher, e foi dito a
ele que ela era Bat-Sheva, a filha de Eli'am, a esposa de Uriyah, o hitti. 4 David enviou
mensageiros para que a trouxessem, e ela veio a ele, e ele foi para a cama com ela
(porque ela já tinha sido purificada de sua impureza). Depois ela voltou para a sua
casa. 5 A mulher concebeu; e ela enviou esta mensagem a David: "Estou grávida".

6 David enviou esta ordem a Yo'av: "Envie-me Uriyah, o hitti". Yo'av enviou
Uriyah a David. 7 Quando Uriyah chegou a ele, David lhe perguntou como Yo'av
estava passando, como o povo estava se sentindo e como estava indo a guerra.
8 David disse a Uriyah: "Desça até sua casa e lave seus pés". Uriyah deixou o palácio
do rei acompanhado da comida que lhe foi dada como presente da parte do rei.
9 Uriyah, porém, dormiu à porta do palácio do rei com todos os servos de seu se-
nhor e não desceu até sua casa. 10 Quando contaram a David: "Uriyah não desceu
a sua casa", David disse a Uriyah: "Você não acabou de chegar de uma jornada?
Por que não desceu até sua casa?". 11 Uriyah respondeu a David: "A arca, Yisra'el
e Y'hudah estão em tendas; meu senhor, Yo'av, e os servos de meu senhor estão
acampados no campo. Deveria eu ir a minha casa para comer e beber, e ir para a
cama com minha esposa? Tão certo como tu vives, não farei uma coisa dessas!".
12 David disse a Uriyah: "Fique aqui hoje também; amanhã eu o deixarei partir".
Então Uriyah ficou em Yerushalayim durante aquele dia e no dia seguinte. 13 David
o convocou, comeu e bebeu com ele, e o embebedou. Ao anoitecer, porém, ele saiu
e ficou em sua cama com os servos de seu senhor, e não desceu até sua casa.

14 Ao amanhecer, David escreveu uma carta a Yo'av e a enviou com Uriyah. 15 Na
carta, ele escreveu: "Ponha Uriyah na linha de frente da batalha mais feroz; então
retire-se para trás dele, de modo que ele seja ferido e morra". 16 Assim, enquanto
Yo'av mantinha a cidade sob cerco, ele designou Uriyah para o lugar onde ele sabia
que estavam os defensores mais consistentes. 17 Os homens da cidade saíram e lu-
taram com Yo'av; certo número de pessoas caiu, incluindo alguns servos de David.
Entre os mortos, estava Uriyah, o hitti.

18 Yo'av enviou uma mensagem a David, reportando todas as novidades concer-
nentes à guerra, 19 e ele instruiu o mensageiro: "Quando você terminar de contar ao
rei todas as notícias sobre a guerra, 20 talvez ele fique irado e pergunte a você: 'Por
que vocês chegaram tão próximos da cidade para lutar? Não sabiam que eles pode-
riam atirar de cima dos muros? 21 Vocês não se lembram de que Avimelekh, o filho
de Yerubeshet, foi ferido por uma mulher que, de cima do muro, atirou nele uma
pedra de moinho, de modo que ele morreu em Tevetz? Por que vocês chegaram
tão perto do muro?'. Se ele disser isto, diga-lhe: 'Teu servo, Uriyah, também está
morto' ". 22 O mensageiro partiu e, quando chegou, contou a David tudo o que Yo'av
lhe tinha ordenado dizer. 23 O mensageiro disse a David: "Os homens nos estavam
sobrepujando e vieram até nós, no campo aberto. Entretanto, nós os perseguimos
por todo o caminho até a entrada dos portões da cidade. 24 Os arqueiros atiraram
nos seus servos do muro; alguns dos servos do rei estão mortos; teu servo, Uriyah,
o hitti, também está morto". 25 David disse ao mensageiro: "Diga a Yo'av: 'Não deixe
que esta questão o aflija — a espada devora tanto um lado quanto o outro. Intensi-
fique sua batalha contra a cidade e conquiste-a' ".

26 Quando a esposa de Uriyah ouviu que Uriyah, seu marido, estava morto, ela
guardou luto por seu marido. 27 Quando o luto terminou, David deu ordens para
que ela fosse trazida da casa dela ao palácio, ela se tornou sua esposa e teve um
filho dele.

Adonai, porém, viu que o que David tinha feito era mau.

12 1 *Adonai* enviou Natan a David. Ele veio e lhe disse: “Em certa cidade, havia
dois homens: um era rico, e o outro era pobre. 2 O rico tinha muitos reba-
nhos e manadas; 3 mas o pobre não tinha nada, exceto uma pequena ovelha, que ele
tinha comprado e criado. Ela tinha crescido com ele e com seus filhos; ela comia de
seu prato, bebia de seu copo, deitava em seu peito — era como uma filha para ele.
4 Um dia, um viajante visitou o homem rico, e este, em vez de escolher um animal
de seu rebanho ou manada, tomou a ovelha do homem pobre e a cozinhou para o
homem que tinha vindo a ele”.

5 David explodiu com ira contra aquele homem e disse a Natan: “Como vive
Adonai, o homem que fez isso merece morrer! 6 Porque, fazendo uma coisa como
esta, ele deve pagar quatro vezes o valor da ovelha — e também porque ele não
teve piedade”.

7 Natan disse a David: “Tu és esse homem”.

“Eis o que *Adonai*, o Deus de Yisra'el, diz: ‘Eu o ungi rei sobre Yisra'el, eu o resga-
tei do poder de Sha'ul. 8 Dei a você a casa de seu senhor e as esposas de seu senhor
para abraçar. Dei a você a casa de Yisra'el e a casa de Y'hudah. E, se isso tivesse sido
pouco, eu ainda teria dado mais a você' ”.

9 “ ‘Então, por que você demonstrou desprezo pela palavra de *Adonai* e fez o que
eu vejo que é mau? Você assassinou Uriyah, o hitti, com a espada e tomou sua esposa
para ser sua mulher; você o levou à morte pela espada do povo de ‘Amon. 10 Agora,
portanto, a espada nunca mais deixará sua casa — porque você mostrou desprezo
por mim e tomou a mulher de Uriyah, o hitti, para ser sua esposa'. 11 Eis o que *Adonai*
diz: ‘Eu gerarei o mal contra você dentro da sua família. Tomarei suas esposas e as
darei ao seu vizinho diante de seus olhos; ele irá para a cama com suas esposas, e
todos saberão disso. 12 Pois você agiu secretamente, mas eu farei essas coisas em
plena luz do dia, diante de todo o Yisra'el' ”.

13 David disse a Natan: “Eu pequei contra *Adonai*”.

Natan disse a David: “*Adonai* também perdoou o teu pecado. Tu não morrerás.
14 Todavia, por causa desse ato pelo qual blasfemaste grandemente contra *Adonai*, a
criança que nascer de ti deve morrer”. 15 Então Natan retornou a sua casa.

Adonai feriu a criança que a esposa de Uriyah tinha dado a David, e ela ficou mui-
to doente. 16 David orou a Deus a favor da criança; David jejuou, veio e ficou toda
a noite deitado no chão. 17 Os oficiais do palácio levantaram-se e aproximaram-se
dele, tentando levantá-lo do chão, mas ele se recusou e não comeu a comida com
eles. 18 No sétimo dia, a criança morreu. Os servos de David ficaram com medo de
contar a ele que a criança estava morta, porque diziam: “Enquanto a criança ainda
estava viva, nós lhe falávamos, e ele não nos ouvia; se lhe contarmos agora que a
criança está morta, ele pode fazer algum mal a si mesmo”. 19 Quando, porém, David
viu seus servos cochichando uns com os outros, suspeitou que a criança estivesse
morta. David perguntou aos seus servos: “A criança está morta?”, e eles responde-
ram: “Ela está morta”.

20 Em seguida, David levantou-se do chão, lavou-se, ungiu-se e trocou suas rou-
pas. Ele foi à casa de *Adonai* e adorou; então ele foi ao seu palácio. Quando pediu por
comida, eles o serviram, e ele comeu. 21 Seus servos lhe perguntaram: “O que estás
fazendo? Jejuaste e lamentaste pela criança enquanto ela estava viva; agora, porém,
que a criança está morta, tu te levantas e comes comida!”. 22 Ele respondeu: “Enquan-
to a criança estava viva, eu jejuei e lamentei, porque pensava: ‘Talvez *Adonai* mostre
sua graça a mim e deixe que a criança viva'. 23 Agora, porém, que ela está morta,
por que deveria jejuar? Eu poderia trazê-la de volta? Eu irei a ela, mas ela não mais
retornará a mim”.

24 David confortou sua esposa, Bat-Sheva, veio a ela e foi para a cama com ela;
ela deu à luz um filho e o chamou Shlomoh. *Adonai* o amou 25 e ordenou, por inter-
médio de Natan, o profeta, que ele fosse chamado Y'didyah [amado por Deus], por
causa de *Adonai*.

26 Yo'av lutou contra Rabbah, do povo de 'Amon, e tomou a cidade real. 27 Yo'av
enviou pessoas a David com esta mensagem: "Lutei contra Rabbah e capturei seu
suprimento de água. 28 Portanto, convoca o restante do povo; monta o cerco à cida-
de e conquista-a. De outra forma, eu conquistarei a cidade; e a fama será minha!".
29 David convocou todo o povo, foi a Rabbah, lutou contra ela e a capturou. 30 Ele
tirou a coroa da cabeça de Malkam; ela pesava cerca de 30 quilos, com seu ouro e
suas pedras preciosas, e foi posta na cabeça de David. Ele levou grande quantidade
de espólio da cidade. 31 Além disso, ele expulsou o povo que estava nela e o pôs
para trabalhar com serras, picaretas e machados de ferro, e também o trouxe para
que trabalhasse na fábrica de tijolos. Isso foi o que ele fez a todas as cidades do
povo de 'Amon. Então David e todo o povo retornaram a Yerushalayim.

13 1 Avshalom, o filho de David, tinha uma bela irmã chamada Tamar. Depois
de algum tempo, Amnon, outro filho de David, apaixonou-se por ela. 2 Amnon
tornou-se tão obsessivo por sua irmã Tamar que ficou doente, porque ela era vir-
gem, e Amnon pensava ser impossível aproximar-se dela. 3 Entretanto, Amnon tinha
um amigo chamado Yonadav, o filho de Shim'ah, irmão de David; e Yonadav era um
companheiro muito astuto. 4 Ele perguntou a Amnon: "Por que, filho do rei, cada
dia mais você está emagrecendo? Por que não me conta?". Amnon lhe respondeu:
"Eu estou apaixonado por Tamar, irmã de meu irmão Avshalom". 5 Yonadav disse
a Amnon: "Fique deitado em sua cama e finja que está doente. Quando seu pai
vier para vê-lo, diga-lhe: 'Por favor, deixa que minha irmã Tamar venha e me dê
comida para comer, e que ela prepare a comida onde eu possa ver. Eu comerei o
que ela me servir' ". 6 Amnon ficou deitado e fingiu que estava doente. Quando
o rei veio para vê-lo, Amnon disse ao rei: "Por favor, deixe que minha irmã Tamar
venha e faça para mim um par de bolos, aqui onde eu possa ver, e eu comerei o que
ela me servir". 7 David enviou esta instrução a Tamar, no palácio: "Vá agora à casa
do seu irmão Amnon e prepare para ele alguma comida". 8 Tamar foi à casa de seu
irmão Amnon; ele estava deitado. Ela pegou massa, misturou-a, fez bolos enquanto
ele assistia, e cozinhou os bolos. 9 Ela pegou a panela e virou-a na frente dele, mas
ele recusou-se a comer. Amnon disse: "Saiam todos da minha presença"; e todos
saíram. 10 Amnon disse a Tamar: "Traga a comida até o quarto, para que eu possa
ter você me servindo. Tamar tomou os bolos que tinha feito e trouxe até o quarto,
a Amnon, seu irmão. 11 Quando, porém, ela os trouxe para perto, de forma que ele
pudesse comer, ele a agarrou e disse a ela: "Venha para a cama comigo, minha irmã".
12 "Não, meu irmão", ela respondeu, "não me force! Não se fazem coisas como esta
em Yisra'el; não se comporte de forma tão louca. 13 Para onde eu iria com uma ver-
gonha dessas? E quanto a você? Você seria considerado um dos brutos vulgares de
Yisra'el. Portanto, agora, por favor! Fale com o rei, porque ele não me negará a você".
14 Ele, porém, não a ouviu; e, como ele era mais forte que ela, subjugou-a e a estuprou.
15 Entretanto, ele foi tomado de uma completa repulsa por ela — seu aborrecimento
por ela era ainda maior que o amor que anteriormente ele tinha por ela. Amnon dis-
se a Tamar: "Levante-se e saia daqui!". 16 "Não", ela objetou, "pois expulsar-me desta
maneira seria pior do que aquilo que você já me fez!". Ele, no entanto, não a ouviu;
17 ele chamou seu servo pessoal e disse: "Livre-se desta mulher para mim! Jogue-a

fora, e tranque a porta após ela!". 18 Tamar estava usando uma túnica de mangas longas (era assim que eles costumavam vestir as filhas do rei que eram virgens). Seu servo a levou para fora e fechou a porta após ela. 19 Tamar colocou cinza sobre sua cabeça, rasgou a túnica de mangas longas que estava usando, colocou as mãos sobre sua cabeça e se foi, chorando em voz alta enquanto caminhava.

20 Avshalom, seu irmão, lhe perguntou: "Amnon, seu irmão, esteve com você? Agora, porém, minha irmã, fique quieta; porque ele é seu irmão. Não se deixe dominar pela angústia". Contudo, Tamar ficou desolada na casa de seu irmão Avshalom.

21 Quando o rei David ouviu acerca dessas coisas, ficou muito irado. 22 Avshalom recusou-se a dirigir qualquer palavra a Amnon, fosse ela boa ou má; porque Avshalom odiou Amnon por haver ele estuprado sua irmã Tamar.

23 Dois anos depois, quando os tosquiadores de ovelhas de Avshalom estavam em Ba'al-Hatzor, próximo a Efrayim, Avshalom fez um convite a todos os filhos do rei. 24 Avshalom foi ao rei e disse-lhe: "Teu servo tem tosquiadores de ovelhas; por favor, que o rei e seus servos venham para junto de teu servo". 25 O rei respondeu a Avshalom: "Não, meu filho, não iremos todos — nós não queremos ser um fardo para você". Avshalom o pressionou, mas ele não foi; contudo, deu a Avshalom sua bênção. 26 Então Avshalom disse: "Se não vais, então, por favor, que meu irmão Amnon vá conosco". O rei lhe respondeu: "Por que deveria ele ir com você?". 27 Avshalom, porém, continuou a pressionar o rei; então ele deixou que Amnon e todos os filhos do rei fossem com ele.

28 Avshalom deu ordens aos seus servos: "Prestem muita atenção: quando Amnon estiver com o espírito alto por beber vinho, e eu disser a vocês: 'Matem Amnon', golpeiem-no. Não tenham medo — eu estou ordenando a vocês que o façam —, mas tenham coragem, e sejam decididos". 29 Os servos de Avshalom fizeram a Amnon o que Avshalom tinha ordenado. Com isso, todos os filhos do rei saltaram, montaram em suas mulas e fugiram.

30 Enquanto eles estavam a caminho, as notícias que chegaram até David foram de que Avshalom tinha matado todos os filhos do rei, e nenhum deles tinha sobrado com vida. 31 O rei levantou-se, rasgou suas roupas e deitou no chão, enquanto todos os seus servos permaneciam ali, com suas roupas também rasgadas. 32 E Yonadav, o filho de Shim'ah, irmão de David, falou; ele disse: "Meu senhor, não deverias pensar que eles mataram todos os jovens, os filhos do rei. Apenas Amnon está morto; porque Avshalom tinha intenção de fazer isso mesmo desde o dia em que ele estuprou sua irmã Tamar. 33 Então meu senhor, o rei, não deveria levar isso tão seriamente, como se todos os filhos do rei estivessem mortos; apenas Amnon está morto".

34 Avshalom, porém, fugiu. Um jovem que estava de guarda olhou e viu muitas pessoas vindo pela estrada, por detrás dele, pela ladeira. 35 Yonadav disse ao rei: "Eis aí, os filhos do rei chegaram; é exatamente como teu servo tinha falado". 36 No momento em que ele acabava de falar, os filhos do rei chegaram, choraram e lamentaram; e da mesma forma o rei, com todos os seus servos, chorou com grande dor. 37 Avshalom fugiu e foi para Talmai, o filho de 'Ammihud, rei de G'shur. David guardou luto por seu filho todos os dias. 38 Assim, Avshalom fugiu, foi a G'shur e ficou ali por três anos. 39 No entanto, como o rei David se sentisse consolado pela morte de seu filho Amnon, ele foi tomado por um imenso desejo de ver Avshalom.

14 1 Yo'av, o filho de Tz'ruyah, percebeu que o rei tinha saudades de Avshalom. 2 Enviou, então, alguns homens a T'koa, trouxe de lá uma mulher astuta e disse a ela: "Por favor, finja que você está de luto. Vista roupas de luto e não use óleo; dê apenas a impressão de ser uma mulher que tem guardado luto por um morto há muito tempo. 3 Vá ao rei e fale com ele desta forma" — e Yo'av mostrou a ela o que deveria dizer ao rei. 4 Quando a mulher de T'koa falou com o rei, ela caiu com seu rosto em terra, prostrou-se e disse: "Rei, socorro!". 5 O rei perguntou à mulher: "Qual é seu problema?". Ela respondeu: "Eu sou uma viúva. Depois que meu marido morreu, 6 meus dois filhos estavam no campo; e eles começaram a lutar um contra o outro. Não havia ninguém que os separasse, e um deles feriu o outro e o matou. 7 Agora, toda a família está contra mim, sua serva; eles estão dizendo: 'Entregue o que feriu seu irmão, para que nós o levemos à morte, por tê-lo matado'. Eles querem destruir também o herdeiro e, assim, extinguir minha última centelha; e meu marido não terá nem nome nem sobrevivente em nenhum lugar da terra".

8 O rei disse à mulher: "Volte para casa; eu mesmo decidirei o que fazer sobre seu caso". 9 A mulher de T'koa disse ao rei: "Meu senhor, rei, deixa que a culpa caia sobre mim e a família de meu pai; o rei e seu trono fiquem sem culpa". 10 O rei respondeu: "Se alguém disser alguma coisa a você, traga-o a mim; e ele não a aborrecerá nunca mais". 11 "Por favor", ela disse, "que o rei jure por *Adonai*, seu Deus, que o vingador do sangue não causará mais destruição. Assim, eles não destruirão meu filho". O rei lhe disse: "Como vive *Adonai*, nenhum cabelo da cabeça do seu filho cairá por terra".

12 Disse ainda a mulher ao rei: "Por favor, permite que a tua serva diga mais uma coisa ao meu senhor, o rei". "Prossiga", respondeu o rei. 13 A mulher continuou: "Por que motivo, então, fez o rei vir contra o povo de Deus uma situação exatamente como esta? Ao dizer o que disse, o rei, incrimina-se praticamente a si mesmo — em que o rei não traz de volta o filho banido. 14 Pois todos nós haveremos de morrer um dia; nós seremos como a água derramada no chão que não pode ser recolhida novamente; e Deus não faz exceção de ninguém. O rei deveria pensar em alguma forma de guardar o filho banido de ser eternamente um desterrado. 15 Agora, a razão pela qual eu vim falar sobre esse assunto ao meu senhor, o rei, é que o povo me obrigou; então tua serva disse: 'Eu falarei agora ao rei; talvez o rei faça o que sua serva está pedindo. 16 Pois o rei ouvirá e livrará sua serva das mãos daqueles que me querem eliminar e também ao meu filho da nossa parte da herança de Deus'. 17 Então tua serva diz: 'Por favor, que meu senhor, o rei, diga algo que me dará alívio; pois meu senhor, o rei, é como um anjo de Deus para discernir o bem e o mal — e que *Adonai*, o teu Deus, esteja contigo' ". 18 O rei, então, respondeu à mulher: "Vou fazer a você uma pergunta, e, por favor, não esconda nada de mim". A mulher disse: "Que meu senhor, o rei, fale agora". 19 O rei perguntou: "Foi Yo'av que pôs você nisso?". A mulher respondeu: "Como tu vives, meu senhor, o rei, quando meu senhor, o rei, fala, ninguém pode fugir do assunto, virando-se para a direita ou para a esquerda. Sim, foi o teu servo, Yo'av, que me pôs nisso, e ele pôs na minha boca cada palavra que ouviste tua serva dizer. 20 Teu servo, Yo'av, fez isso para trazer alguma mudança à situação. No entanto, meu senhor é sábio, ele tem a sabedoria de um anjo de Deus quando compreende todas as coisas que acontecem na terra".

21 O rei disse a Yo'av: "Muito bem, eu atenderei a este pedido. Vá e traga de volta o jovem Avshalom". 22 Yo'av caiu com o rosto em terra, prostrou-se e bendisse o rei; Yo'av disse: "Hoje o teu servo reconhece que tem ganhado o teu favor, meu senhor, o rei, porque o rei fez o que o seu servo pediu". 23 Yo'av levantou-se, foi para G'shur e trouxe Avshalom a Yerushalayim. 24 Contudo, o rei falou: "Que ele volte para a sua casa, mas que não venha à minha presença". Avshalom retornou a sua casa e não compareceu diante do rei.

25 Naquele tempo, em todo o Yisra'el não havia ninguém mais elogiado por sua beleza do que Avshalom — não havia defeito nele, desde a sola de seu pé até o alto

de sua cabeça. 26 Ele cortava seu cabelo apenas uma vez ao ano, no final do ano; e a
única razão pela qual ele o cortava era que seu cabelo tornava-se pesado demais. O
cabelo de sua cabeça pesava 2,4 quilos (usando o peso real). 27 Nasceram a Avshalom
três filhos e uma filha, cujo nome foi Tamar; ela era uma bela mulher.

28 Avshalom viveu dois anos em Yerushalayim, sem ser recebido pelo rei.
29 Avshalom chamou Yo'av, planejando enviá-lo ao rei; mas ele se recusou a ir. Ele
o chamou uma segunda vez, mas ele ainda não veio. 30 Então ele disse aos seus
servos: "Vejam, o campo de Yo'av é próximo ao meu, e lá ele tem cevada; vão e
ateiem fogo no seu campo". Os servos de Avshalom queimaram o campo com fogo.
31 Então Yo'av levantou-se e foi a Avshalom, na casa dele, e perguntou-lhe: "Por que
seus servos atearam fogo em meu campo?". 32 Avshalom respondeu a Yo'av: "Veja,
eu enviei uma mensagem a você para que viesse até aqui, de forma que eu pudesse
enviá-lo ao rei para perguntar a ele: 'Por que eu vim de G'shur? Teria sido melhor
para mim se eu tivesse ficado lá. Então, agora, que eu compareça diante do rei, e,
se eu for culpado de alguma coisa, ele poderá matar-me' ".

33 Yo'av foi ao rei e falou com ele; e, quando o rei chamou Avshalom, este foi ao
rei e prostrou-se com o rosto em terra, diante do rei. Então o rei beijou Avshalom.

15 1 Algum tempo depois, Avshalom preparou para si uma carruagem e cavalos,
com 50 homens que corriam adiante dele. 2 Ele se levantava de manhã e ficava
na estrada que levava aos portões da cidade; e, se alguém tinha um caso que devesse
ser levado ao rei para julgamento, Avshalom chamava-o a si e perguntava: "De que
cidade é você?", e ele respondia: "Teu servo é de tal e tal tribo de Yisra'el". 3 Avshalom
dizia: "Olhe, sua causa é boa e justa, porém o rei não delegou ninguém para ouvir sua
causa". 4 E Avshalom continuava: "Agora, se eu me tornasse juiz na terra, qualquer um
com uma petição ou outra causa viria a mim, e eu cuidaria para que ele obtivesse jus-
tiça!". 5 Além disso, sempre que algum homem se aproximava para prostrar-se diante
dele, ele estendia sua mão, tomava-o e o beijava. 6 Esta era a forma de Avshalom se
comportar para com qualquer um em Yisra'el que viesse ao rei para julgamento; des-
se modo, Avshalom conquistou o coração do povo de Yisra'el.

7 Ao final de quatro anos, Avshalom disse ao rei: "Por favor, deixa-me ir a Hevron e
cumprir o voto que fiz a *Adonai*. 8 Teu servo fez um voto enquanto estava em G'shur,
em Aram. Se *Adonai* me trouxesse de volta a Yerushalayim, eu serviria a *Adonai*". 9 O rei
disse a Avshalom: "Vá em paz". Então ele partiu e foi a Hevron.

10 Entretanto, Avshalom enviou espiões por todas as tribos de Yisra'el para
dizerem: "No momento em que vocês ouvirem o som do *shofar*, comecem a pro-
clamar: 'Avshalom é rei em Hevron' ". 11 Com Avshalom, foram 200 homens de
Yerushalayim, que tinham sido convidados; eles foram inocentemente, nada sa-
bendo acerca do esquema. 12 Avshalom mandou chamar Achitofel, o giloni, con-
selheiro de David, para que ele viesse de sua cidade, Giloh, e estivesse com ele
enquanto oferecia os sacrifícios. A conspiração ganhava força, porque o número
de pessoas favoráveis a Avshalom continuava aumentando.

13 Um mensageiro veio a David, dizendo: "Os homens de Yisra'el aliaram-se a
Avshalom". 14 David disse a todos os seus servos que estavam com ele em Yerushalayim:
"Levantem-se! Nós devemos fugir! De outra forma, nenhum de nós escapará de
Avshalom. Apressem-se e partam; ou ele logo nos alcançará, nos atacará e matará
a cidade pela espada". 15 Os servos do rei disseram ao rei: "Estamos aqui, teus
servos estão prontos para fazer qualquer coisa que nosso senhor, o rei, decidir".
16 O rei partiu, e toda a sua casa com ele. O rei deixou dez mulheres que eram suas

concubinas para cuidar do palácio. [17] O rei partiu com todo o povo após ele; contu-
do, eles pararam na última casa [18] para que todos os seus servos passassem diante
dele em revista; todo o k'reti, o p'leti e todos os gittim (600 homens que o tinham
acompanhado desde Gat) passaram em revista diante do rei.
[19] O rei disse a Ittai, o gitti: "Você também? Por que está indo conosco? Volte e
fique com o seu rei, já que você é tanto um estrangeiro quanto um exilado de seu
lugar. [20] Você chegou apenas ontem; deveria eu pedir a você para vagar conosco?
Não há nenhuma revelação sobre o lugar para onde eu possa ir. Volte e leve seus
parentes com você. Graça e verdade sejam com você". [21] Ittai, porém, respondeu
ao rei: "Como vive *Adonai*, e como vive meu senhor, o rei, para onde quer que for o
meu senhor, o rei, seja para morrer, seja para viver, seu servo também estará ali".
[22] "Vá, passe adiante", disse David a Ittai; e Ittai, o gitti, avançou, acompanhado de
seus homens e dos poucos que estavam com ele.
[23] Toda a terra chorava e lamentava, como também todo o povo restante. Quando
o rei cruzou o *vádi* Kidron, todo o povo o cruzou também, seguindo pelo caminho
do deserto. [24] Tzadok também foi, acompanhado por todos os *l'vi'im* que levavam a
arca da aliança de Deus. Eles posicionaram a arca de Deus, porém Evyatar subiu até
que todo o povo tivesse acabado de deixar a cidade. [25] O rei disse a Tzadok: "Leve a
arca de Deus de volta para a cidade. Se eu encontrar favor aos olhos de *Adonai*, ele
me trará de volta e me mostrará tanto a arca quanto o lugar onde ela permanece.
[26] Todavia, se ele disser: 'Eu estou descontente com você', então — aqui estou eu;
que ele faça a mim o que lhe parece bem". [27] O rei então disse a Tzadok, o *kohen*:
"Você vê? Voltem para a cidade em paz, e seus dois filhos com vocês — Achima'atz,
seu filho, e Y'honatan, o filho de Evyatar. [28] Eu esperarei nas planícies do deserto
até que uma mensagem com novas informações venha de sua parte". [29] Tzadok e
Evyatar levaram a arca de Deus de volta para Yerushalayim e a colocaram ali.
[30] David continuou avançando pela estrada até o monte das Oliveiras, chorando
enquanto prosseguia, descalço e com a cabeça coberta; e todo o povo que estava
com ele tinha a cabeça coberta, e chorava enquanto avançava. [31] Um deles disse a
David: "Achitofel está com Avshalom entre os conspiradores". David disse: "Por
favor, *Adonai!* Faze que o conselho de Achitofel transforme-se em loucura!".
[32] Quando David chegou ao alto da subida, onde costumeiramente adorava-se a
Deus, Hushai, o arki, veio para encontrar-se com ele, tendo sua túnica rasgada e terra
em sua cabeça. [33] David lhe disse: "Se você for comigo, também se tornará um fardo
para mim. [34] Entretanto, se você voltar para a cidade e disser a Avshalom: 'Rei, eu
serei teu servo; como fui servo de teu pai no passado, serei agora o teu servo' — en-
tão estará apto para frustrar o conselho de Achitofel para mim. [35] Você tem Tzadok
e Evyatar, os *kohanim* que estão lá com você. O que quer que você ouça na casa do
rei, conte a Tzadok e a Evyatar, os *kohanim*. [36] Seus dois filhos, Achima'atz, o filho de
Tzadok, e Y'honatan, o filho de Evyatar, estão lá com eles; mande me informar, por
meio deles, de tudo o que você ouvir". [37] Então Hushai, amigo de David, veio à cidade;
e Avshalom estava próximo de entrar em Yerushalayim.

16 [1] Quando David tinha avançado um pouco além do cume, Tziva, o servo de
M'fivoshet, foi encontrar-se com ele com um par de jumentos selados, e so-
bre eles 200 pães, 100 cachos de passas, 100 peças de frutas de verão e um odre de
vinho feito de couro. [2] O rei disse a Tziva: "O que você pretende com isso?". Tziva
respondeu: "Os jumentos são para que a família do rei monte neles; os pães e os
frutos de verão são para alimento dos seus homens; e o vinho é para dar de beber

àqueles que estão desfalecendo no deserto". 3 O rei perguntou: "Onde está o neto
de seu senhor?". Tziva respondeu ao rei: "Ele está em Yerushalayim, porque disse:
'Hoje a casa de Yisra'el irá restaurar o reino de meu pai a mim' ". 4 O rei disse a Tziva:
"Tudo o que pertence a M'fivoshet agora é seu". Tziva respondeu: "Eu me curvo
diante de ti; que eu encontre favor aos teus olhos, meu senhor, rei".

5 Quando o rei David chegou a Bachurim, veio de lá um homem, amigo da fa-
mília de Sha'ul, chamado Shim'i, o filho de Gera; ele saiu, pronunciando maldições
6 e atirando pedras em David e em todos os servos do rei David, mesmo que todas
as pessoas, incluindo os seus guarda-costas, o estivessem cercando pela direita e
pela esquerda. 7 Quando Shim'i amaldiçoava, ele dizia: "Saia daqui! Saia daqui, seu
assassino, bandido! 8 *Adonai* tem devolvido a você todo o sangue da casa de Sha'ul.
Você usurpou seu reinado, mas *Adonai* entregou o reino a Avshalom, seu filho.
Agora o mal alcançou você, porque é um homem de sangue!".

9 Avishai, o filho de Tz'ruyah, perguntou ao rei: "Por que permitir que este cão
morto amaldiçoe meu senhor, o rei? Deixa que eu vá e corte sua cabeça!". 10 O rei
respondeu: "Há alguma coisa em comum entre mim e vocês, filhos de Tz'ruyah?
Deixe que ele amaldiçoe. Se *Adonai* disse a ele: 'Amaldiçoe David', quem tem o direi-
to de perguntar: 'Por que ele está fazendo isso?' ". 11 Então David disse a Avishai e a
todos os seus servos: "Olhem, meu filho, aquele que veio do meu corpo, procura
a minha vida. Então muito mais agora este binyamini! Deixe-o só; e que ele amaldi-
çoe se *Adonai* o mandou fazer isso. 12 Talvez *Adonai* veja como eu o estou tratando
e me recompense com bens em vez de essas maldições". 13 Então David e seus sol-
dados seguiram seu caminho, enquanto na ladeira oposta Shim'i o acompanhava
amaldiçoando, jogando pedras e arremessando poeira enquanto ele prosseguia.
14 O rei e todo o povo que estava com ele chegaram exaustos, e ali descansaram.

15 Enquanto isso, Avshalom e todo o povo, os homens de Yisra'el, vieram
a Yerushalayim; Achitofel estava com ele. 16 Hushai, o arki, amigo de David, veio
a Avshalom e lhe disse: "Longa vida ao rei! Longa vida ao rei!". 17 Avshalon per-
guntou a Hushai: "É assim que você mostra bondade para com o seu amigo? Por
que não ficou com seu amigo?". 18 Hushai respondeu: "Não, mas a quem *Adonai* e
este povo e todos os homens de Yisra'el escolherem, dele eu serei; e com ele eu
ficarei. 19 Além disso, a quem eu deveria servir? Não deveria eu servir na presença
de seu filho? Assim como eu servi na presença do teu pai, do mesmo modo estarei
na tua presença".

20 Avshalom disse a Achitofel: "Dê o seu conselho sobre o que eu deveria fazer".
21 Achitofel respondeu a Avshalom: "Vai e dorme com as concubinas de teu pai,
aquelas que ficaram para tomar conta do palácio. Todo o Yisra'el ouvirá que teu
pai te menospreza totalmente, e isso fortalecerá a posição de todos aqueles que
estão do teu lado".

22 Então eles montaram uma tenda para Avshalom no terraço do palácio; e
Avshalom entrou para dormir com as concubinas de seu pai, à vista de todo o
Yisra'el. 23 Naqueles dias, um conselho dado por Achitofel era considerado tão
superior, como se alguém estivesse recorrendo à palavra de Deus; assim era consi-
derado o conselho de Achitofel, tanto por David quanto por Avshalom.

17 1 Achitofel disse a Avshalom: "Deixa-me agora escolher 12 mil homens,
e eu perseguirei David esta noite. 2 Eu cairei sobre ele inesperadamente,
enquanto ainda está cansado e sem forças. Eu o amedrontarei, todo o povo que
está com ele fugirá, e atacarei somente o rei. 3 Então trarei de volta a ti todo o
povo; e, quando todos eles tiverem retornado, com exceção daquele que tu estás

procurando, todo o povo estará em paz". 4 O que ele disse a agradou Avshalom e
a todos os líderes de Yisra'el.
5 Avshalom disse: "Agora, chame também Hushai, o arki, e que se dê igual aten-
ção ao que ele tem para dizer". 6 Quando Hushai compareceu diante de Avshalom,
Avshalom lhe disse: "Achitofel falou assim e assim. Devemos fazer o que ele diz?
Se não devemos aceitar seu conselho, diga-nos". 7 Hushai disse a Avshalom: "O
conselho que Achitofel deu neste momento não é bom. 8 Tu sabes", continuou
Hushai, "que teu pai e os homens que estão com ele são poderosos, e que eles são
duros como uma ursa selvagem privada de seus filhotes. Além disso, teu pai é um
militar, e ele não se acampa com o restante do povo — 9 exatamente agora, ele está
escondido em uma cova ou em algum outro lugar. Assim, o que acontecerá será
o seguinte: quando eles começarem seu ataque, e qualquer um que o ouça disser:
'Está acontecendo uma matança entre os seguidores de Avshalom', 10 então, mesmo
o mais forte entre eles, alguém cuja coragem é como a coragem de um leão, desfa-
lecerá completamente! Pois todo o Yisra'el sabe que teu pai é um homem poderoso,
e que aqueles que estão com ele são homens poderosos. 11 Antes, eu te aconselho
a convocares todo o Yisra'el para vir a ti, de Dan até Be'er-Sheva, em número tão
grande como os grãos de areia da praia; e assim tu vais para a batalha, pessoal-
mente. 12 Desse modo, nós iremos sobre ele onde quer que esteja, e cairemos sobre
ele como o orvalho cai sobre o chão, sobre ele e todos os homens que estão com
ele; não deixaremos ninguém com vida. 13 Se ele se retirar para uma cidade, todo o
Yisra'el trará cordas para aquela cidade, e nós a arrastaremos para o leito do rio até
que não reste nem mesmo uma pedra". 14 Avshalom e todos os homens de Yisra'el
disseram: "O conselho de Hushai, o arki, é melhor do que o conselho de Achitofel"
— pois *Adonai* havia determinado frustrar o bom conselho de Achitofel, de forma
que *Adonai* pudesse trazer o desastre sobre Avshalom.
15 Depois disso, Hushai disse a Tzadok e a Evyatar, os *kohanim*: "Achitofel deu tal
e tal conselho a Avshalom e aos líderes de Yisra'el, mas eu aconselhei assim e assim.
16 Agora, portanto, enviem rapidamente alguns homens que falem a David: "Não
passe a noite nas planícies do deserto; mas, de qualquer maneira, saia daí! De outra
forma, o rei e todo o povo com ele serão exterminados".17 Y'honatan e Achima'atz
estavam em 'Ein-Rogel; uma mulher serva ia e contava a eles, e eles, por sua vez, iam
e contavam ao rei David — porque eles não podiam ser vistos entrando na cidade.
18 Todavia, um menino os viu e contou a Avshalom; então eles escaparam rapida-
mente e vieram à casa de um homem em Bachurim que tinha uma cisterna em seu
quintal; e eles desceram a ela. 19 E a esposa do dono da casa estendeu uma coberta
sobre a boca da cisterna e espalhou grãos secos sobre ela, de forma que nada podia
ser visto. 20 Os servos de Avshalom vieram à mulher na casa e perguntaram: "Onde
estão Achima'atz e Y'honatan?". A mulher lhes respondeu: "Eles cruzaram o ribeiro".
Depois de procurar e não os encontrar, eles retornaram a Yerushalayim.
21 Depois que eles partiram, os dois saíram da cisterna, foram ao rei David e
disseram: "Levanta-te e cruza o rio, porque Achitofel deu tal e tal conselho contra
ti". 22 David e todo o povo que estava com ele se levantaram e cruzaram o Yarden;
por volta do amanhecer, todos eles tinham cruzado o Yarden. 23 Quando Achitofel
viu que seu conselho não estava sendo seguido, selou seu jumento, saiu e foi para
sua casa, em sua cidade. Depois que pôs sua casa em ordem, ele se enforcou; ele
morreu e foi sepultado no túmulo de seu pai.
24 David já tinha chegado a Machanayim quando Avshalom e todos os homens
de Yisra'el cruzavam o Yarden. 25 Avshalom tinha posto 'Amasa no comando do
exército, no lugar de Yo'av. 'Amasa era filho de um homem cujo nome era Yitra,
o yisra'eli, o qual tinha mantido relações sexuais com Avigal, a filha de Nachash,

irmã de Tz'ruyah e mãe de Yo'av. 26 Yisra'el e Avshalom montaram acampamento
no território de Gil'ad.
27 Depois que David chegou a Machanayim, Shovi, o filho de Nachash, de Rabbah,
do povo de 'Amon, Machir, o filho de 'Ammi'el, de Lo-D'var, e Barzillai, o gil'adi,
de Roglim, 28 trouxeram camas, bacias, potes de barro, trigo, cevada, farinha,
grãos tostados, feijão, lentilhas, grãos moídos, 29 mel, leite coalhado, ovelhas e
queijo feito de leite de vaca para David e o povo que estava com ele, a fim de que
comessem; porque eles diziam: "Estas pessoas estão famintas, cansadas e com
sede por causa do deserto".

18 1 David realizou um censo do povo que estava com ele e nomeou sobre eles
comandantes de 1.000 e de 100. 2 Ele despachou o povo, um terço dele sob o
comando de Yo'av, um terço sob o comando de Avishai, o filho de Tz'ruyah, irmão
de Yo'av, e um terço sob o comando de Ittai, o gitti; e o rei disse ao povo: "Eu também irei com vocês, pessoalmente". 3 O povo, porém, respondeu: "Não vás; porque,
se nós fugirmos, eles não se importarão conosco. Ainda que a metade de nós morra,
eles não se importarão conosco. Tu, porém, és valioso como 10 mil de nós; então é
melhor agora que fiques na cidade e estejas pronto para o caso de precisarmos de
tua ajuda". 4 O rei lhes respondeu: "Farei o que vocês acharem melhor". Assim, o rei
permaneceu ao lado do portão, enquanto todo o povo saía em grupos de centenas e
de milhares. 5 O rei deu ordens a Yo'av, Avishai e Ittai: "Por minha causa, tratem com
gentileza o jovem Avshalom". Todo o povo estava ouvindo quando o rei deu esta
ordem com referência a Avshalom a todos os comandantes.
6 Assim, o povo foi ao campo contra Yisra'el; a batalha aconteceu na floresta de
Efrayim. 7 O povo de Yisra'el foi derrotado pelos servos de David; naquele dia, houve
uma terrível matança de 20 mil homens. 8 Isso porque a batalha estava espalhada por
todo o campo; naquele dia, a floresta devorou mais pessoas do que a espada.
9 Aconteceu de Avshalom encontrar alguns dos servos de David. Avshalom estava cavalgando sua mula, e, como a mula passasse por baixo dos grossos galhos de
um grande terebinto, sua cabeça ficou presa no terebinto, de forma que ele ficou
suspenso entre a terra e o céu, enquanto a mula seguiu em frente. 10 Alguém o viu e
contou a Yo'av: "Eu vi Avshalom suspenso em um terebinto". 11 Yo'av perguntou ao
homem que lhe tinha contado isso: "Você o viu; por que não o derrubou ao chão
naquele momento e ali mesmo? Eu teria dado a você 10 peças de prata, além de um
cinto". 12 O homem respondeu a Yo'av: "Mesmo que fosse para ganhar 1.000 peças
de prata, ainda assim eu não levantaria minha mão contra o filho do rei! Além
disso, nós ouvimos que o rei ordenou a ti, a Avishai e a Ittai: 'Cuidem para que
ninguém toque no jovem Avshalom'. 13 Ou, se eu tivesse fingido que não sabia, o
rei acabaria descobrindo, de uma forma ou de outra; e tu não terias intercedido por
mim". 14 Yo'av respondeu: "Eu não posso perder tempo argumentando com você!".
Ele tomou três flechas em sua mão e atravessou com elas o coração de Avshalon,
enquanto ele ainda estava vivo, suspenso no terebinto. 15 Então os dez escudeiros
de Yo'av cercaram Avshalom, golpearam-no e o mataram.
16 Yo'av fez soar o *shofar*, e o povo retornou da perseguição a Yisra'el, pois
Yo'av estava reagrupando as tropas. 17 Eles tomaram Avshalom, lançaram-no em
uma grande cova na floresta e amontoaram muitas pedras sobre ele. Todo o Yisra'el
fugiu, cada um para sua tenda. 18 Enquanto estava vivo, Avshalom tinha tomado e
levantado para si mesmo uma coluna que fica no vale do Rei; porque ele dissera:
"Eu não tenho um filho para preservar a memória do meu nome". E ele deu à coluna
o próprio nome, e ela é chamada Monumento de Avshalom até o dia de hoje.

19 Achima'atz, o filho de Tzadok, disse: "Deixa-me correr agora e trazer notícias ao rei sobre como *Adonai* julgou a seu favor, libertando-o de seus inimigos". 20 Yo'av lhe disse: "Não será você aquele que levará as notícias hoje; você poderá levá-las outro dia; hoje, porém, você não levará notícias, porque o filho do rei está morto". 21 Então Yo'av disse ao etíope: "Vá, diga ao rei o que você viu". O etíope curvou-se diante de Yo'av e correu. 22 Achima'atz, o filho de Tzadok, porém, disse novamente a Yo'av: "Seja como for, por favor, deixa-me também correr após o etíope". Yo'av respondeu: "Por que você quer correr, meu filho? Você não receberá nenhuma recompensa por levar as notícias". 23 "Eu não me importo — aconteça o que acontecer, eu quero ir". Então Yo'av disse a Achima'atz: "Corra". Assim, Achima'atz correu pelo caminho da planície do deserto e correu mais do que o etíope.

24 David estava sentado entre os dois portões. Um vigia subiu para o terraço do portão acima do muro, levantou os olhos, olhou, e viu ao longe um homem que vinha correndo sozinho. 25 O vigia clamou e contou ao rei. O rei disse: "Se ele está só, tem boas notícias para contar". Enquanto ele corria e se aproximava, 26 o vigia viu outro homem correndo e chamou o guarda do portão: "Há outro homem correndo sozinho". "Ele também deve ter boas notícias", exclamou o rei. 27 O vigia disse: "O primeiro corredor parece ser Achima'atz, o filho de Tzadok". "Ele é um homem bom", disse o rei. "Ele vem com boas notícias."

28 Achima'atz chamou o rei: "*Shalom*", prostrando-se diante do rei com o rosto em terra, e falou: "Bendito seja *Adonai*, teu Deus, que te entregou os homens que se rebelaram contra meu senhor, o rei". 29 O rei perguntou: "Vai tudo bem com o jovem Avshalom?". Achima'atz respondeu: "Quando Yo'av enviou o servo do rei e a mim, teu servo, vi uma grande comoção; mas não sei o que aconteceu". 30 "Vá e fique ali", disse o rei. Então Achima'az foi e ficou esperando ali. 31 Logo depois, chegou o etíope, e o etíope disse: "Há boas notícias para meu senhor, o rei, porque *Adonai* julgou a teu favor e te livrou de todos aqueles que se rebelaram contra ti". 32 O rei perguntou ao etíope: "Vai tudo bem com o jovem Avshalom?". O etíope respondeu: "Que aos inimigos de meu senhor, o rei, e a todos os que se rebelarem contra ti, tentando prejudicar-te, aconteça o que aconteceu com aquele jovem".

19 1(18.33) Tremendo, o rei subiu para o quarto sobre o portão, lamentando e chorando: "Ah, meu filho Avshalom! Meu filho! Meu filho Avshalom! Antes eu tivesse morrido em vez de você! Ah, Avshalom, meu filho, meu filho!".

2(1) Falaram a Yo'av: "O rei está chorando e se lamentando por Avshalom". 3(2) Assim, a vitória naquele dia foi transformada em luto para todo o povo, pois o povo ouviu dizer que o rei estava angustiado por seu filho; 4(3) o povo entrou na cidade furtivamente naquele dia, como fazem as pessoas envergonhadas que fogem do campo de batalha. 5(4) Enquanto isso, o rei cobria seu rosto e chorava em alta voz: "Ah, meu filho, Avshalom! Ah, Avshalom, meu filho, meu filho!".

6(5) Yo'av entrou no lugar onde estava o rei e disse: "Hoje fizeste que todos os teus servos se sentissem envergonhados. Eles salvaram tua vida e a vida de teus filhos, filhas, esposas e concubinas. 7(6) Tu, porém, amas aquele que te odeia e odeias aqueles que te amam. Hoje disseste que os príncipes e os servos não significam nada para ti — pois hoje eu posso ver que te teria sido muito mais prazeroso se Avshalom tivesse vivido e nós tivéssemos morrido! 8(7) Agora, levanta-te, sai e fala de coração para coração com os teus servos. Porque eu juro por *Adonai* que, se não saíres, nenhum homem ficará aqui contigo esta noite — e que isso será pior para ti do que todos os infortúnios que tens sofrido, desde a tua juventude até agora".

9(8) Então o rei saiu e sentou-se nos muros da cidade; e, quando foi dito ao povo:
"Agora o rei está sentado no portão", todos vieram para diante do rei.
Enquanto isso, Yisra'el fugia, cada homem para sua tenda; 10(9) e por todas as
tribos de Yisra'el havia dissensão no meio do povo. Eles diziam: "O rei nos libertou
do poder de nossos inimigos, e ele nos salvou do poder dos p'lishtim; agora, po-
rém, ele fugiu da terra para escapar de Avshalom. 11(10) Contudo, Avshalom, a quem
nós ungimos para que nos governasse, foi morto na batalha. Então, agora, por que
ninguém sugere que se traga o rei de volta?".
12(11) O rei David enviou esta mensagem a Tzadok e Evyatar, os *kohanim*: "Per-
guntem aos líderes de Y'hudah: 'Por que vocês são os últimos a devolver o rei ao
seu palácio? O rei já ouviu que todo o Yisra'el quer o retorno dele ao seu palácio.
13(12) Vocês são meus parentes, minha carne e meus ossos; então por que são os úl-
timos a trazer de volta o rei?'. 14(13) Digam também a 'Amasa: 'Você é minha carne e
meus ossos. Que Deus traga terríveis maldições sobre mim e coisas ainda piores se,
de agora em diante, você não for, para sempre, o comandante do meu exército no
lugar de Yo'av' ". 15(14) Assim, ele mudou o coração de todos os homens de Y'hudah,
como se eles fossem um só homem, e eles enviaram uma mensagem ao rei: "Volta,
tu e todos os teus servos!".
16(15) O rei iniciou sua viagem de volta e chegou ao Yarden, enquanto Y'hudah
veio a Gilgal para encontrar com o rei e trazer o rei do Yarden. 17(16) Shim'i, o filho de
Gera, o binyamini de Bachurim, apressou-se e foi com os homens de Y'hudah para
encontrar-se com o rei David. 18(17) Havia mil homens de Binyamin com ele, também
Tziva, o servo da casa de Sha'ul, com seus 15 filhos e 20 servos; e eles se apressaram
pelo Yarden, na direção do rei, 19(18) para atravessar a casa do rei e ficar à disposição
dele para qualquer coisa que desejasse. Shim'i, o filho de Gera, caiu diante do rei
no momento em que este estava pronto para cruzar o Yarden 20(19) e disse-lhe: "Que
meu senhor não me considere culpado de crime. Que não te lembres do erro que o
teu servo cometeu no dia que meu senhor, o rei, partia de Yerushalayim. Que o rei
não guarde isso no coração! 21(20) Porque o teu servo sabe que pecou. Portanto, vê —
eu sou o primeiro de toda a casa de Yosef a vir neste dia e a descer para encontrar
meu senhor, o rei".
22(21) Então Avishai, o filho de Tz'ruyah, disse: "Não deveria Shim'i ser levado à
morte por isso? Afinal, ele amaldiçoou o soberano ungido de *Adonai*!". 23(22) No en-
tanto, David respondeu: "O que tenho eu em comum com vocês, filhos de Tz'ruyah?
Por que se tornaram meus adversários neste dia? Deveria alguém em Yisra'el ser
levado à morte hoje? Não sei eu que hoje sou o rei sobre Yisra'el?". 24(23) E o rei disse
a Shim'i, fazendo um juramento: "Você não será levado à morte".
25(24) M'fivoshet, o filho de Sha'ul, veio encontrar-se com o rei. Ele não havia
cuidado de suas pernas, aparado sua barba, nem lavado suas roupas desde o dia
em que o rei tinha partido até o dia em que ele voltou para casa em paz. 26(25) Quan-
do ele veio a Yerushalayim para encontrar-se com o rei, este lhe perguntou: "Por
que você não foi comigo, M'fivoshet?". 27(26) Ele respondeu: "Meu senhor, rei, meu
servo me enganou. Eu, o teu servo, tinha dito: 'Selarei um jumento para mim, para
cavalgar, e irei ter com o rei', já que o teu servo é manco. 28(27) Ele, porém, caluniou
contra mim, o teu servo, para meu senhor, o rei. Meu senhor, o rei, é como um anjo
de Deus; faze o que te parece bem. 29(28) Pois toda a casa de meu pai merecia morrer
na terra de meu senhor, o rei; entretanto, tu puseste o teu servo com aqueles que
comem à tua mesa. Eu não mereço mais nada; por que deveria vir mais uma vez ao
rei, chorando?". 30(29) Disse-lhe, então, o rei: "Por que falar novamente sobre este seu
assunto? Eu digo a você: você e Tziva devem dividir a terra". 31(30) M'fivoshet disse

ao rei: "Na verdade, deixa que ele fique com tudo; para mim, é suficiente que meu senhor, o rei, tenha vindo para casa em paz".

32(31) Barzillai, o gil'adi, tinha vindo de Roglim e passado pelo Yarden para estar com o rei e ajudá-lo a atravessar o Yarden. 33(32) Barzillai era um homem muito velho, de 80 anos de idade; ele tinha provido às necessidades do rei quando este ficara em Machanayim, pois era um homem rico. 34(33) Disse o rei a Barzillai: "Venha atravessar comigo, e eu proverei às suas necessidades em Yerushalayim". 35(34) Barzillai respondeu ao rei: "Quanto ainda eu viveria para que subisse com o rei a Yerushalayim? 36(35) Eu tenho agora 80 anos de idade. Poderia eu discernir entre o bem e o mal? Poderia o teu servo até mesmo saborear o que come ou bebe? Poderia eu ouvir novamente a voz dos homens e das mulheres cantando? Por que deveria o teu servo ser um fardo para o meu senhor, o rei? 37(36) Teu servo quer apenas cruzar o Yarden com o rei; por que deveria o rei recompensá-lo de forma tão generosa? 38(37) Por favor, deixa apenas que o teu servo volte, e morra em minha cidade, próximo à cova de meu pai e de minha mãe. Aqui, porém, está o teu servo, Khimham; que ele atravesse com meu senhor, o rei; e faça a ele o que te parecer bem". 39(38) O rei respondeu: "Khimham atravessará comigo, e eu farei a ele o que parecer bem a você. Qualquer coisa que você me pedir, farei". 40(39) Então todo o povo atravessou o Yarden; e o rei atravessou também. O rei beijou Barzillai e o abençoou; e ele retornou a sua casa. 41(40) O rei atravessou e foi a Gilgal, e Khimham atravessou com ele. Todo o povo de Y'hudah atravessou com o rei, bem como metade do povo de Yisra'el.

42(41) Depois disso, todos os homens de Yisra'el vieram ao rei e lhe perguntaram: "Por que nossos parentes, os homens de Y'hudah, te roubaram, e trouxeram o rei e sua família através do Yarden, e todos os homens de David com ele?". 43(42) Todos os homens de Y'hudah responderam aos homens de Yisra'el: "Porque o rei é nosso parente próximo. Por que vocês estão tão irados com isso? Nós comemos alguma coisa da despensa do rei? Algum presente nos foi dado?".

44(43) Os homens de Yisra'el responderam aos homens de Y'hudah: "Dez partes temos no rei; temos mais direito em David do que vocês. Então por que vocês nos menosprezam? Não fomos nós os primeiros a sugerir que se trouxesse nosso rei de volta?". Entretanto, os homens de Y'hudah falaram mais asperamente do que os homens de Yisra'el.

20 1 Aconteceu de estar ali um desordeiro, cujo nome era Sheva, o filho de Bikhri, um binyamini. Ele fez soar o *shofar* e disse: "Nós não temos parte em David, nem herança no filho de Yishai; então, Yisra'el, todos os homens para suas tendas!". 2 Todos os homens de Yisra'el deixaram de seguir David e foram após Sheva, o filho de Bikhri. Entretanto, os homens de Y'hudah apegaram-se ao seu rei, desde o Yarden até Yerushalayim.

3 Quando David chegou ao palácio, em Yerushalayim, o rei tomou as dez mulheres que eram suas concubinas, as quais tinham ficado para cuidar do palácio, e as pôs sob guarda. Ele proveu às suas necessidades, mas nunca mais dormiu com elas. Elas permaneceram em confinamento até o dia de sua morte, vivendo como viúvas, mesmo tendo seu marido ainda vivo.

4 O rei disse a 'Amasa: "Convoque os homens de Y'hudah para que venham a mim dentro de três dias; e você também fique aqui". 5 'Amasa convocou os homens de Y'hudah, mas demorou fazendo isso mais do que o tempo que lhe fora dado. 6 David disse a Avishai: "Sheva, o filho de Bikhri, vem a nós para nos trazer mais prejuízo do que Avshalom. Tome os chefes de seus servos e o persiga, de forma

que ele não tome as cidades fortificadas e nos escape". 7 Com ele, foram os ho-
mens de Yo'av, o k'reti, o p'leti e todos os soldados experientes; eles partiram de
Yerushalayim em perseguição a Sheva, o filho de Bikhri.
8 Ao chegarem à grande pedra em Giv'on, 'Amasa veio encontrar-se com eles.
Yo'av estava usando suas roupas de batalha, sobre as quais ele usava um cinto com
uma espada encoberta; contudo, enquanto ele avançava, ela caiu. 9 Yo'av perguntou
a 'Amasa: "Você vai bem, meu irmão?". Então, com sua mão direita, Yo'av segurou
'Amasa pela barba, para beijá-lo. 10 'Amasa não notou que Yo'av tinha a espada em
sua mão, de modo que Yo'av o apunhalou no ventre. Suas entranhas se derrama-
ram no chão, e ele morreu antes de ser apunhalado uma segunda vez.
Yo'av e Avishai, seu irmão, continuaram a perseguição a Sheva, o filho de Bikhri.
11 Um dos jovens que estavam próximos a Yo'av disse: "Quem quer que esteja ao
lado de Yo'av, está por David — que siga Yo'av". 12 'Amasa permaneceu mergulha-
do em seu sangue no meio da estrada, de modo que todas as tropas que vinham
paravam ali. Quando um homem viu que todo o povo ainda estava parado, ele ar-
rastou 'Amasa para fora da estrada, para o campo, e estendeu um manto sobre ele.
13 Depois que ele foi removido da estrada, todas as tropas foram após Yo'av, a fim
de perseguir Sheva, o filho de Bikhri.
14 Sheva atravessou todas as tribos de Yisra'el, até Avel e Beit-Ma'akhah, e todos
os berim; eles se reuniram e o seguiram. 15 As tropas de Yo'av vieram e o puseram
sob cerco em Avel de Beit-Ma'akhah — eles colocaram uma rampa contra o muro
da cidade; e todo o povo que estava com Yo'av bateu contra o muro até levá-lo abai-
xo. 16 Então uma sábia mulher da cidade gritou: "Ouçam! Ouçam! Por favor, falem
a Yo'av que venha até aqui para que eu possa falar com ele". 17 Ele se aproximou
dela, e a mulher perguntou: "Tu és Yo'av?". Ele respondeu: "Eu sou". E ela lhe disse:
"Ouve o que a tua serva tem para dizer". Ele respondeu: "Eu estou ouvindo". 18 En-
tão ela falou: "Nos dias antigos, usava-se dizer: 'Eles procurarão conselho em Avel';
e isso encerrava a discussão. 19 Nós estamos entre aqueles que são pacíficos e fiéis
em Yisra'el. Por que estás destruindo uma cidade e uma mãe em Yisra'el? Por que
engolir a herança de *Adonai*?". 20 Yo'av respondeu: "Que isso não suceda! Que não
suceda que eu engula ou destrua qualquer coisa! 21 Isto não é o que parece. Antes,
um homem das montanhas de Efrayim, Sheva, o filho de Bikhri, levantou sua mão
contra o rei, contra David. Tão somente o entreguem a mim, e eu deixarei a cidade".
A mulher disse a Yo'av: "Tudo bem, a cabeça dele será lançada para ti, de sobre o
muro". 22 Então a mulher foi a todo o povo com seu sábio plano. Eles cortaram a
cabeça de Sheva, o filho de Bikhri, e a lançaram para Yo'av. Ele fez soar o *shofar*,
e eles deixaram a cidade, indo cada homem para sua tenda; enquanto isso, Yo'av
retornou ao rei em Yerushalayim.
23 Mais uma vez, Yo'av tornou-se o comandante sobre todo o exército de
Yisra'el, enquanto B'nayah, o filho de Y'hoyada, foi feito chefe do k'reti e do
p'leti; 24 Adoram era chefe do trabalho forçado; Y'hoshafat, o filho de Achilud, era
o secretário de Estado; 25 Sh'va era o registrador; Tzadok e Evyatar eram *kohanim*;
26 e 'Ira, o ya'iri, era o *kohen* de David.

21 1 No tempo de David, houve uma fome que durou três anos; e David con-
sultou *Adonai*. *Adonai* lhe disse: "É por causa de Sha'ul e de sua casa man-
chada de sangue, porque ele levou à morte o povo de Giv'on". 2 O rei convocou os
giv'onim e lhes disse — estes giv'onim não faziam parte do povo de Yisra'el, mas
do remanescente do emori. O povo de Yisra'el tinha feito um juramento com
eles, porém Sha'ul, por causa do seu zelo pelo povo de Yisra'el e de Y'hudah, tinha

buscado exterminá-los — 3 David disse aos giv'onim: "O que eu poderia fazer por vocês? Como poderia compensá-los, de modo que vocês estejam em condições de abençoar a herança de *Adonai*?". 4 Os giv'onim lhe responderam: "Nossa disputa com Sha'ul não pode ser resolvida com prata ou ouro; e nós não temos o direito de levar quem quer que seja de Yisra'el à morte". David lhes perguntou: "Então o que eu poderia fazer por vocês?". 5 Eles responderam ao rei: "O homem que nos arruinou, que conspirou contra nós de modo que deixássemos de existir em qualquer lugar do território de Yisra'el — 6 que sete de seus descendentes homens sejam entregues a nós, e nós os levaremos à morte por enforcamento diante de *Adonai*, em Giv'ah de Sha'ul, a quem *Adonai* escolheu". O rei afirmou: "Eu os entregarei a vocês". 7 Todavia, o rei poupou M'fivoshet, o filho de Y'honatan, filho de Sha'ul, por causa do voto feito diante de *Adonai*, entre David e Y'honatan, o filho de Sha'ul. 8 O rei tomou os dois filhos de Ritzpah, a filha de Ayah, os quais ela dera a Sha'ul, Armoni e M'fivoshet; e os cinco filhos de Mikhal, filha de Sha'ul, os quais ela dera a Adri'el, o filho de Barzillai, o mecholati; 9 e os entregou aos giv'onim, que os enforcaram na colina, diante de *Adonai*. Todos os sete filhos morreram; eles foram levados à morte durante os primeiros dias da estação da colheita, no início da colheita da cevada. 10 Ritzpah, a filha de Ayah, tomou panos de saco, estendeu-os para si em uma escarpa e ficou ali desde o início da colheita até o derramamento das águas do céu sobre os corpos, e não permitiu que as aves pousassem neles durante o dia e que os animais selvagens se aproximassem deles durante a noite.

11 Contaram a David o que Ritzpah, a filha de Ayah, a concubina de Sha'ul, tinha feito. 12 David foi e tomou os ossos de Sha'ul e os ossos de Y'honatan, seu filho, dos homens de Yavesh-Gil'ad, os quais os tinham roubado da praça aberta de Beit-Sh'an, onde os p'lishtim os tinham pendurado, na época em que os p'lishtim tinham matado Sha'ul, em Gilboa; 13 e ele trouxe de lá os ossos de Sha'ul e os ossos de Y'honatan, seu filho. Eles também juntaram os ossos de todos os que tinham sido pendurados. 14 E eles sepultaram os ossos de Sha'ul e de Y'honatan, seu filho, no território de Binyamin, em Tzela, no túmulo de Kish, seu pai; eles fizeram tudo o que o rei ordenou. Somente depois disso, Deus passou a mostrar misericórdia para com a terra.

15 Mais uma vez, os p'lishtim guerrearam contra Yisra'el. David desceu com os seus servos e lutou contra os p'lishtim, porém David começou a se mostrar cansado. 16 Yishbi-B'nov, um dos filhos do gigante, disse que mataria David; sua lança pesava mais de 3 quilos, e ele usava sua armadura nova. 17 No entanto, Avishai, o filho de Tz'ruya, veio em socorro de David, golpeando o p'lishti e matando-o. David fez, então, um juramento a Avishai: "Você nunca mais deverá sair conosco para a batalha, para que não se extinga a lâmpada de Yisra'el". 18 Algum tempo depois disso, houve uma nova guerra contra os p'lishtim, em Gov. Sibkhai, o hushati, matou Saf, um dos filhos do gigante. 19 Houve outra guerra contra os p'lishtim em Gov; e Elchanan, o filho de Ya'arei-Orgim, o beit-lachmi, matou Golyat, o gitti, o qual tinha uma lança cujo cabo era como a lança de um tecelão. 20 Houve guerra novamente em Gat, onde apareceu um guerreiro com seis dedos em cada mão e seis dedos em cada pé — 24, ao todo —, e ele também era um dos filhos do gigante. 21 Quando ele zombou de Yisra'el, Y'honatan, o filho de Shim'ah, irmão de David, o matou. 22 Esses quatro eram os filhos do gigante em Gat; eles caíram pelas mãos de David e de seus servos.

22 1 David entoou esta canção a *Adonai*, no dia em que *Adonai* o libertou do poder de todos os seus inimigos e do poder de Sha'ul. 2 Ele disse:

"*Adonai* é minha Rocha, minha fortaleza e libertador,
3 o Deus que é minha Rocha, em quem eu encontro abrigo,
meu escudo, o poder que me salva,
minha fortaleza e meu refúgio.
Meu salvador, tu me salvaste da violência.
4 Eu chamo por *Adonai*, que é digno de louvor;
e sou salvo dos meus inimigos.

5 "Pois as ondas da morte se aproximaram de mim,
a inundação de B'liya'al me aterrorizou,
6 os laços do *sh'ol* me envolveram,
as armadilhas da morte estão diante de mim.
7 Em minha angústia, clamei a *Adonai*,
sim, eu clamei ao meu Deus.
De seu templo, ele ouviu a minha voz,
e o meu choro entrou em seus ouvidos.

8 "A terra tremeu e se agitou,
os alicerces do céu estremeceram.
Eles ficaram abalados porque ele estava irado.
9 A fumaça subiu de suas narinas;
e de sua boca, fogo devorador
com carvões acesos saindo dela.
10 Ele abaixou o céu e desceu
com espessas nuvens sob seus pés.
11 Ele montou em um *keruv* e voou,
e foi visto nas asas do vento.
12 Ele fez das trevas o seu abrigo em torno de si,
espessas nuvens nos céus, densas como a água.
13 Da claridade diante dele,
carvões em brasa flamejaram.

14 "*Adonai* trovejou dos céus,
Ha'Elyon soou sua voz.
15 Ele lançou setas e os dispersou;
com relâmpagos, ele os derrotou.
16 Os canais do mar apareceram,
as fundações do mundo ficaram expostas
diante da repreensão de *Adonai*,
diante da rajada de sopro das suas narinas.
17 "Ele estendeu a mão das alturas e me tocou
e empurrou-me para fora da água profunda;
18 ele me resgatou do inimigo poderoso,
daqueles que me odiavam, porque eles eram mais fortes do que eu.
19 Eles vieram contra mim no meu dia de calamidade,
mas *Adonai* foi o meu apoio.

20 "Ele me trouxe a um lugar aberto;
ele me resgatou, porque teve prazer em mim.
21 *Adonai* me recompensou por minha retidão,
ele me recompensou porque minhas mãos estavam limpas.

22 "Pois eu tenho guardado os caminhos de *Adonai,*
eu não tenho cometido o mal de abandonar o meu Deus;
23 porque todos os seus mandamentos estavam diante de mim,
e não me afastei de seus decretos.
24 Eu fui puro de coração para com ele
e me guardei do meu pecado.

25 "Por isso, *Adonai* me recompensou pela minha retidão,
de acordo com a minha pureza segundo sua visão.
26 Para com o misericordioso, tu és misericordioso;
para com o defensor da pureza, tu és puro;
27 para com o honesto, tu és honesto;
mas, para com o perverso, tu te mostras astuto.
28 Ao povo aflito, tu salvas;
mas, quando os teus olhos estão sobre os arrogantes, tu os humilhas.

29 "Porque tu, *Adonai,* és a minha lâmpada;
Adonai ilumina a minha escuridão.
30 Contigo eu posso cavalgar de encontro a toda uma tropa de homens,
com meu Deus eu posso saltar um muro.

31 "Quanto a *Adonai,* seu caminho é perfeito,
a palavra de *Adonai* foi provada pelo fogo;
ele protege todos os que se refugiam nele.
32 Pois quem é Deus, senão *Adonai,*
e quem é Rocha, senão o nosso Deus?

33 "Deus é minha força e minha proteção;
ele torna reto o meu caminho.
34 Ele me torna ágil e veloz como um cervo
e me habilita a estar em meus lugares altos.
35 Ele treina as minhas mãos para a guerra,
até que meus braços possam vergar um arco de bronze.
36 Tu me dás o teu escudo, que é salvação;
tua resposta me faz grande.
37 Tu alargas os passos que eu posso dar,
já que meus tornozelos não se viram.

38 "Eu persegui meus inimigos e os exterminei,
e não voltei atrás até que eles foram destruídos.
39 Eu os destruí, os esmaguei; eles não puderam se levantar;
eles caíram sob meus pés.

40 "Porque tu me cingiste com força para a batalha
e curvaste os meus adversários abaixo de mim.
41 Tu fizeste os meus inimigos virarem as costas na luta,
e assim eu pude destruir aqueles que me odiavam.

42 "Eles procuraram, mas não havia ninguém para ajudá-los,
procuraram até mesmo por *Adonai,* mas ele não respondeu.
43 Eu os pulverizei como pó no chão,
bati neles e os amassei como lama nas ruas.

44 "Tu também me livraste das disputas do meu povo.
Tu me reservaste para ser o cabeça das nações;
um povo que eu não conhecia agora me serve.
45 Estrangeiros vêm bajular-me;
no momento em que me ouvem, eles me obedecem.
46 Estrangeiros se acovardam enquanto cambaleiam em suas fortalezas.

47 "*Adonai* vive! Bendita seja a minha Rocha!
Exaltado seja Deus, a Rocha da minha salvação,
48 o Deus que me dá a vingança
e faz que os povos se submetam a mim.
49 Ele me livra dos meus inimigos.
Tu, Senhor, me elevas sobre todos os que se rebelam contra mim,
tu me livras do homem violento.

50 "Então eu dou graças a ti, *Adonai*, entre as nações;
eu canto louvores ao nome do Senhor.
51 Ele é a torre de salvação para o seu rei;
ele mostra graça para com o seu ungido,
a David e ao seu descendente para sempre".

23 1 Estas são as últimas palavras de David:

"Este é o discurso de David, o filho de Yishai,
o discurso do homem que foi exaltado,
o homem que foi ungido pelo Deus de Ya'akov,
o doce cantor de Yisra'el.

2 "O Espírito de *Adonai* falou por meu intermédio,
sua palavra estava na minha língua.
3 O Deus de Yisra'el falou;
a Rocha de Yisra'el me disse:
'Quem governa deve ser levantado sobre o povo,
governando no temor de Deus;
4 como a luz da manhã no amanhecer
de um dia sem nuvens
que faz a relva sobre a terra
brilhar depois da chuva.

5 "Pois a minha casa está firme com Deus —
ele fez uma aliança perpétua comigo.
Está definido e plenamente assegurado
que ele levará a todo o desenvolvimento
toda a minha salvação e todo o meu desejo.

6 "Mas os ímpios são como espinheiros
que são jogados de lado, cada um deles.
Eles não podem ser tomados pela mão de ninguém.
7 Para tocá-los, usa-se um forcado ou o cabo de uma lança,
e, ainda assim, só para queimá-los no lugar onde estão".

8 A seguir, os nomes dos heróis guerreiros de David:

Yoshev-Bashevet, o tach'kmoni, chefe dos três, também conhecido como 'Adino, o 'etzni; ele é aquele que veio contra 800 homens, os quais ele matou em um único encontro.

9 Depois dele, veio El'azar, o filho de Dodo, filho de Achochi, um dos três guerreiros que estavam com David quando eles colocaram sua vida em risco contra os p'lishtim, que estavam reunidos para a batalha, enquanto os homens de Yisra'el tinham fugido. 10 Ele permaneceu firme e atacou os p'lishtim até que sua mão sofreu uma contração muscular, de forma que ele não conseguia largar sua espada. *Adonai* concedeu uma grande vitória naquele dia; mas o povo não retornou até que ele tivesse terminado, e voltou apenas para saquear os corpos dos mortos.

11 Depois dele, veio Shammah, o filho de Age, o harari. Os p'lishtim tinham se reunido em Lechi, onde havia uma plantação de lentilhas; e o povo fugiu dos p'lishtim. 12 Ele, porém, permaneceu no meio da plantação e a defendeu, matando os p'lishtim; e *Adonai* lhe concedeu uma grande vitória.

13 Durante a estação da colheita, os três, dos 30 líderes, desceram e vieram a David na caverna de 'Adulam, quando a companhia dos p'lishtim tinha montado acampamento no vale de Refa'im. 14 Naquele tempo, David estava na fortaleza, e a guarnição dos p'lishtim estava em Beit-Lechem. 15 David teve um forte desejo e disse: "Quem me dera alguém me pudesse dar de beber da água da fonte que está próximo ao portão de Beit-Lechem!". 16 Os três principais guerreiros avançaram através do exército dos p'lishtim, tiraram água da fonte que ficava próximo ao portão de Beit-Lechem, e a trouxeram a David. Ele, porém, não a quis beber. Em vez disso, ele a derramou como oferta a *Adonai* 17 e disse: "*Adonai!* Não aconteça que eu faça uma coisa como esta! Beberia eu o sangue dos homens que foram e arriscaram sua vida?". E ele não se permitiu beber da água. Estas são as coisas que os três principais guerreiros fizeram. 18 Avishai, o irmão de Yo'av, o filho de Tz'ruyah, era o chefe desses três. Ele levantou sua lança contra 300 homens e os matou; assim, ganhou fama entre os três. 19 Ele conquistou a maior honra entre os três e, portanto, foi feito o líder deles; mas, ele não alcançou o *status* dos três primeiros.

20 B'nayah, o filho de Y'hoyada, filho de um homem valente de Kavtze'el, era um homem de muitas façanhas. Ele derrubou dois homens valentes de Mo'av. Num dia de neve, ele desceu a uma cova e matou um leão. 21 Eis como ele matou um egípcio, um homem de aparência amedrontadora: o egípcio tinha uma lança em sua mão, e ele foi ao egípcio com apenas uma vara; ele tomou a lança da mão do egípcio e o matou com a própria lança. 22 Estas são as coisas que fez B'nayah, o filho de Y'hoyada, pelas quais ele mereceu nome entre os três principais guerreiros.23 Ele tinha mais honra do que os 30, mas não alcançou o *status* dos três primeiros. David o pôs no comando de sua guarda pessoal.

24 'Asah'el, o irmão de Yo'av foi um dos 30,
Elchanan, o filho de Dodo, de Beit-Lechem,
25 Shammah, o harodi,
Elika, o harodi,
26 Heletz, o palti,
'Ira, filho de 'Ikesh, de T'koa,
27 Avi'ezer, de 'Anatot,
M'vunai, o hushati,
28 Tzalmon, o achochi,
Mahrai, o n'tofati,
29 Helev, o filho de Ba'anah, o n'tofati,
Ittai, o filho de Rivai, de Giv'ah, do povo de Binyamin,

30 B'nayahu, de Pir'aton,
Hiddai, do *vádi* de Ga'ash,
31 Avi-'Alvon, o 'arvati,
'Azmavet, o barchumi,
32 Elyachba, o sha'alvoni, dos filhos de Yashen,
Y'honatan,
33 Shammah, o harari,
Achi'am, o filho de Sharar, o arari,
34 Elifelet, o filho de Achasbai, o filho de Ma'akhati.
Eli'am, o filho de Achitofel, de Giloh,
35 Hetzrai, do Karmel,
Pa'arai, o arbi,
36 Yig'al, o filho de Natan, de Tzovah,
Bani, o gadi,
37 Tzelek, o 'amoni,
Nachrai, o be'eroti, escudeiro de Yo'av, o filho de Tz'ruyah,
38 'Ira, o yitri,
Garev, o yitri, e
39 Uriyah, o hitti —

37, ao todo.

24 1 A ira de *Adonai* se acendeu contra Yisra'el, e ele incitou David a agir con-
tra eles, dizendo: "Vá, faça o censo de Yisra'el e de Y'hudah". 2 O rei disse
a Yo'av, o comandante do exército, que estava com ele: "Vá de forma sistemática
por todas as tribos de Yisra'el, de Dan até Be'er-Sheva, e faça o censo da população
para que eu possa saber quantas pessoas são". 3 Yo'av disse ao rei: "Que *Adonai*, teu
Deus, multiplique o povo por cem, não importando quantos eles sejam e que os
olhos do meu senhor vejam isso. Todavia, por que o meu senhor, o rei, tem prazer
em fazer isso?". 4 A palavra do rei, porém, prevaleceu contra Yo'av e os oficiais do
exército. Yo'av e os oficiais do exército partiram da presença do rei para realizar o
censo do povo de Yisra'el.

5 Eles cruzaram o Yarden e montaram acampamento em 'Aro'er, ao sul da ci-
dade, no *vádi* de Gad; foram a Ya'zer; 6 vieram a Gil'ad e continuaram pela terra
de Tachtim--Hodshi. Chegaram a Dan-Ya'an, foram para as cercanias de Tzidon 7 e
vieram até a fortaleza de Tzor. Continuaram pelas cidades do hivi e do kena'ani, e
terminaram no sul de Y'hudah, em Be'er-Sheva. 8 Quando terminaram de percorrer
toda a terra, eles voltaram para Yerushalayim; o censo levou nove meses e vinte dias.
9 Yo'av relatou o resultado do censo ao rei: havia em Yisra'el 800 mil homens valen-
tes que podiam segurar uma espada, enquanto os homens de Y'hudah eram 500 mil.

10 Depois que havia feito o censo, porém, a consciência de David pesou. David
disse a *Adonai*: "Eu pequei grandemente no que fiz. Agora, porém, *Adonai*, por favor,
perdoa o pecado do teu servo, porque eu cometi uma grande loucura". 11 Quando,
pela manhã, David levantou-se, esta palavra de *Adonai* veio ao profeta Gad, o vi-
dente de David: 12 "Vá e diga a David que isto é o que *Adonai* diz: 'Eu estou dando
a você três opções de punição. Escolha uma delas, e eu a executarei contra você' ".
13 Gad veio a David e lhe falou; ele disse: "Você quer sete anos de fome na terra? Ou
quer fugir de diante dos seus inimigos por três meses, enquanto eles o perseguem?
Ou quer três dias de praga em sua terra? Pense sobre isso e diga-me o que devo
responder àquele que me enviou".

14 David disse a Gad: "Isso é muito difícil para mim. Que caiamos na mão de
Adonai, porque suas misericórdias são grandes, em lugar de cair na mão do homem".
15 Então *Adonai* enviou uma praga sobre Yisra'el, desde aquela manhã até
o final do tempo especificado; 70 mil do povo morreram entre Dan e Be'er-Sheva.
16 Quando, porém, o anjo estendeu sua mão para Yerushalayim a fim de destruí-la, *Adonai* arrependeu-se por causar tanta angústia e disse ao anjo que estava destruindo o povo: "Chega! Recolha agora a sua mão". O anjo de *Adonai* estava na eira de Aravnah, o y'vusi.

17 Quando viu o anjo ferindo o povo, David falou a *Adonai*; ele disse: "Eis aqui, fui eu que pequei. Fiz o que era errado. Essas ovelhas, porém, o que elas fizeram? Por favor! Que sua mão seja contra mim e contra a família do meu pai!".
18 Gad veio a David
naquele dia e lhe disse: "Vá, levante um altar a *Adonai* na eira de Aravnah, o y'vusi".
19 David foi e fez o que Gad lhe ordenara.
20 Aravnah olhou e viu o rei e seus servos
vindo em sua direção. Aravnah foi e prostrou-se diante do rei com seu rosto em terra.
21 Então Aravnah perguntou: "Por que meu senhor, o rei, veio ao seu servo?". David
respondeu: "Para comprar sua eira, para que eu construa um altar a *Adonai*, de modo
que a praga seja tirada do povo".
22 Aravnah disse a David: "Que meu senhor, o rei,
tome e ofereça qualquer coisa que lhe parecer por bem. Aqui estão os bois para a oferta queimada; tu podes usar os debulhadores e os jugos do gado como madeira
para o fogo.
23 Tudo isso, ó rei, Aravnah dá ao rei". Então Aravnah disse ao rei: "Que
Adonai, o teu Deus, te aceite".

24 Entretanto, o rei disse a Aravnah: "Não; eu insisto em comprá-la de você por um preço. Eu me recuso a oferecer a *Adonai*, meu Deus, ofertas queimadas que não me custem nada". Então David comprou a eira e os bois por 50 peças de prata.
25 David construiu ali um altar a *Adonai* e ofereceu ofertas queimadas e ofertas pacíficas. Depois disso, *Adonai* teve piedade da terra e retirou a praga de Yisra'el.

מלכים א'

M'lakhim Alef

[1Reis]

1 1 O rei David envelheceu, e os anos lhe tiraram o vigor; ele não conseguia se aquecer, nem mesmo quando o cobriam com cobertores. 2 Seus servos lhe disseram: "Deixa que encontremos uma jovem virgem para meu senhor, o rei. Ela poderia assistir o rei e servir de companhia para ele; poderia deitar-se próxima ao rei, de maneira que meu senhor, o rei, ficaria mais aquecido". 3 Depois de procurar em todo o território de Yisra'el por uma bela jovem, eles encontraram Avishag, a shunamit, e a trouxeram ao rei. 4 A moça era muito bonita e tornou-se companhia para o rei. Ela cuidava dele, mas o rei não teve relações sexuais com ela.

5 Adoniyah, o filho de Haggit, passou a declarar-se rei; para isso, preparou carruagens e cavaleiros, com 50 homens para marcharem adiante dele. 6 (Seu pai jamais o tinha confrontado ao longo de toda a sua vida, questionando-o: "Por que você se comporta dessa maneira?". Além disso, ele era um homem muito bonito; havia nascido depois de Avshalom.) 7 Ele fez um acordo com Yo'av, o filho de Tz'ruyah, e Evyatar, o *kohen*; e ambos ajudaram Adoniyah. 8 No entanto, Tzadok, o *kohen*, B'nayah, o filho de Y'hoyada, Natan, o profeta, Shim'i, Re'i e a guarda de elite de David não deram apoio a Adoniyah.

9 Certo dia, Adoniyah sacrificou ovelhas, bois e novilhos gordos na pedra de Zochelet, em 'Ein-Rogel. Ele reuniu todos os seus irmãos, filhos do rei, e todos os homens de Y'hudah, servos do rei, 10 mas não chamou Natan, o profeta, nem B'nayah, nem a guarda de elite, nem Shlomoh, seu irmão.

11 Natan foi a Bat-Sheva, a mãe de Shlomoh, e disse: "Você não ouviu que Adonyiah, o filho de Haggit, tem-se declarado rei sem o consentimento de David, nosso senhor? 12 Agora, venha, por favor, e deixe-me dar a você um conselho, de maneira que você possa salvar tanto sua vida quanto a de seu filho, Shlomoh. 13 Vá e apresente-se ao rei David, e diga-lhe: 'Meu senhor, rei, tu não juraste à tua serva, dizendo: "Seu filho, Shlomoh, será o próximo rei depois de mim; ele se assentará no meu trono"? Por que, então, Adoniyah é o rei?'.14 Nesse momento, enquanto você ainda estiver falando com o rei, eu também entrarei e confirmarei o que você estiver dizendo".

15 Bat-Sheva apresentou-se ao rei, em sua sala. (O rei estava bem velho; Avishag, a shunamit, estava servindo o rei.) 16 Bat-Sheva ajoelhou-se, prostrando-se diante do rei. Ele perguntou: "O que você quer?". 17 Ela respondeu: "Meu senhor, tu juraste à tua serva por *Adonai*, teu Deus: 'Seu filho, Shlomoh, será o rei depois de mim; ele se assentará no meu trono'. 18 Agora, porém, aqui está Adoniyah reinando como rei, e tu, meu rei, não sabes nada sobre isso. 19 Ele tem sacrificado bois, novilhos gordos e ovelhas em grande número; e tem reunido todos os filhos do rei, Evyatar, o sacerdote, e Yo'av, o comandante do exército; mas ele não chamou Shlomoh, teu servo. 20 Saiba também, meu senhor e rei, que os olhos de todo o Yisra'el estão sobre ti, todos estão esperando que lhes digas quem deve assentar-se no trono de meu senhor, o rei. 21 Caso isso não aconteça, quando meu senhor, o rei, dormir com seus antepassados, eu e meu filho, Shlomoh, seremos considerados criminosos".

22 Nesse momento, enquanto ela ainda estava falando com o rei, Natan, o profeta chegou. 23 Eles anunciaram ao rei: "Natan, o profeta, está aqui". Depois de entrar na presença do rei, ele se prostrou diante dele com o rosto em terra. 24 Natan disse: "Meu senhor, rei, tu disseste 'Adoniyah será rei depois de mim, ele se assentará no meu trono'? 25 Pois ele matou bois, novilhos gordos e ovelhas em grande número; e reuniu todos os filhos do rei, os comandantes das tropas e Evyatar, o *kohen*; agora mesmo, eles estão comendo e bebendo em sua presença e proclamando: 'Vida longa a Adoniyah, o rei!'. 26 Contudo, ele não chamou teu servo, nem Tzadok, o *kohen*, nem B'nayah, o filho de Y'hoyada, nem teu servo Shlomoh. 27 Isso foi autorizado por meu senhor, o rei, sem que dissesses a este teu servo quem se assentaria no trono de meu senhor, o rei?".

28 O rei David respondeu, dizendo: "Tragam Bat-Sheva até aqui". Ela entrou na presença do rei e ficou diante dele. 29 Então o rei fez um voto: "Assim como vive *Adonai*, que me tem livrado de toda a adversidade, 30 eu juro a você, pelo Deus de Yisra'el: 'Seu filho, Shlomoh, será rei depois de mim; ele se assentará em meu trono, em meu lugar, e eu farei isso hoje' ". 31 Bat-Sheva ajoelhou-se com o rosto em terra, prostrou--se diante do rei, e disse: "Que o meu senhor, o rei David, viva para sempre".

32 O rei David disse: "Tragam Tzadok, o *kohen*, Natan, o profeta, e B'nayah, o filho de Y'hoyada". Eles chegaram à presença do rei. 33 O rei, então, lhes disse: "Levem com vocês os servos de seu senhor, montem Shlomoh, meu filho, em meu jumento e levem-no até Gichon. 34 Ali, Tzadok, o *kohen*, e Natan, o profeta, devem ungi-lo como rei sobre Yisra'el. Façam soar o *shofar* e digam: 'Vida longa para o rei Shlomoh!'. 35 Depois disso, escoltem-no de volta; ele deve vir e se assentar em meu trono; pois ele tomará o lugar como rei. Eu o escolhi para reinar sobre Yisra'el e Y'hudah". 36 B'nayah respondeu ao rei, dizendo: "Amém! Que *Adonai*, o Deus de meu senhor e rei, confirme isto. 37 Assim como *Adonai* tem sido com meu senhor, o rei, que seja com Shlomoh, e faça seu trono ainda maior do que o trono de meu senhor, o rei David".

38 Então Tzadok, o *kohen*, Natan, o profeta, e B'nayah, o filho de Y'hoyada, e o k'reti e o p'leti foram, enquanto Shlomoh desfilava no jumento que pertencia ao rei David, e trouxeram-no até Gichon. 39 Tzadok, o *kohen*, tomou o chifre de óleo de oliva da tenda e ungiu Shlomoh. Eles fizeram tocar o *shofar*, e todo o povo gritava "Vida longa ao rei Shlomoh!". 40 Todo o povo o escoltou de volta, tocando flautas e festejando grandemente, de maneira que a terra tremia com o barulho.

41 Adoniyah e todos os seus convidados ouviram isto enquanto estavam terminando o banquete; mas foi Yo'av que, ao ouvir o toque do *shofar*, perguntou: "O que significa este barulho, este alvoroço na cidade?". 42 Enquanto ele ainda estava falando, entrou Yonatan, o filho de Evyatar, o *kohen*. E Adoniyah disse: "Entre! Você é a pessoa certa, pois deve estar trazendo boas notícias!". 43 Yonatan respondeu a Adoniyah: "A verdade é que nosso senhor, o rei David, coroou Shlomoh como rei. 44 Além disso, o rei enviou com ele Tzadok, o *kohen*, Natan, o profeta, B'nayah, o filho de Y'hoyada, o k'reti e o p'leti; eles o fizeram desfilar em Gichon, sobre o jumento que pertence ao rei, 45 e Tzadok, o *kohen*, e Natan, o profeta, o ungiram rei em Gichon. Eles o escoltaram de volta, regozijando, e por isso a cidade está neste alvoroço que vocês estão ouvindo. 46 Além disso, Shlomoh está agora assentado no trono do reino. 47 Mais que isso, os servos do rei vieram e abençoaram nosso senhor, o rei David, com estas palavras: 'Que Deus faça o nome de Shlomoh ainda maior que teu nome e teu trono' ". Depois disso, o rei foi se deitar na cama. 48 Finalmente, o rei disse: "Louvado seja *Adonai*, o Deus de Yisra'el, que me deu a oportunidade de ver, com os meus olhos, aquele que se assentou no meu trono".

49 Depois de tudo isso, os convidados de Adoniyah ficaram temerosos; eles se levantaram, e cada um foi embora, tomando o seu caminho. 50 O próprio Adoniyah ficou com medo do rei Shlomoh; ele se levantou e foi agarrar-se às pontas do altar. 51 Avisaram Shlomoh: "Adonyiah está com medo do rei Shlomoh; ele se agarrou às pontas do altar e está dizendo: 'Que o rei Shlomoh primeiro jure a mim que não me executará' ". 52 Shlomoh, então, falou: "Se ele demonstrar que é um homem de valor, nenhum fio de sua cabeça cairá. Se, porém, for descoberto que ele está causando problema, morrerá". 53 Assim, o rei Shlomoh enviou alguns soldados, os quais retiraram Adonyiah do altar. Ele veio e prostrou-se perante o rei Shlomoh; e Shlomoh lhe disse: "Vá para casa".

2 1 Quando David sentiu que se aproximava o dia de sua morte, deu as seguintes instruções a Shlomoh, seu filho: 2 "Estou prestes a seguir o caminho de toda a terra. Seja forte e mostre-se como homem. 3 Observe os mandamentos de Adonai, seu Deus, ande em seus caminhos e guarde suas leis, as *mitzvot*, seus mandamentos e instruções, de acordo com o que foi escrito na *Torah* de Mosheh; assim, você será bem-sucedido em tudo quanto fizer e por onde for. 4 Se você fizer isso, Adonai cumprirá o que me prometeu quando disse: 'Se teus filhos atentarem para o modo com que eles viverem, conduzindo a si mesmos diante de mim com honestidade do fundo de seu coração e alma, jamais ficarás sem descendente no trono de Yisra'el' ".

5 "Além disso, você está a par do que Yo'av, o filho de Tz'ruyah, me fez, ou seja, o que ele fez aos dois comandantes do exército de Yisra'el: Avner, o filho de Ner, e 'Amasa, o filho de Yeter — ele os matou, derramando sangue de guerra, em tempos de paz, manchando com sangue de guerra o seu cinto em torno de sua cintura e as sandálias de seus pés. 6 Portanto, aja segundo a sabedoria que você tem; não deixe que suas cãs desçam em paz à sepultura.

7 "Mas seja bondoso com os filhos de Barzillai, o gil'adi. Inclua-os entre aqueles que comerão à sua mesa, pois eles vieram e ficaram comigo quando eu estava fugindo de Avshalom, seu irmão.

8 "Finalmente, está com você Shim'i, o filho de Gera, o binyamini, de Bachurim. Ele lançou sobre mim uma terrível maldição quando eu estava a caminho de Machanayim; mas ele veio se encontrar comigo no Yarden; então eu prometi, por Adonai, que jamais o mataria pela espada. 9 Agora, entretanto, você não pode deixá-lo impune. Você é um homem sábio, e saberá o que deve fazer a ele, para que suas cãs não desçam à sepultura antes que seu sangue seja derramado".

10 Então David dormiu com seus antepassados, e foi sepultado na Cidade de David. 11 David reinou em Yisra'el quarenta anos; sete anos, em Hevron, e trinta e três anos, em Yerushalayim.

12 Shlomoh assentou-se no trono de David, seu pai e seu reinado tornou-se forte e estável. 13 Quando Adoniyah, o filho de Haggit, veio a Bat-Sheva, a mãe de Shlomoh, ela perguntou: "Você está vindo como um amigo?". Adoniyah respondeu: "Sim, eu venho como amigo". 14 E continuou: "Tenho algo para dizer a você". Bat-Sheva disse: "Prossiga". 15 E ele falou: "Você bem sabe que o reino deveria ser meu, e que todo o Yisra'el esperava por mim para ser o seu rei. Não há problema; as coisas deram voltas, e o reino acabou nas mãos de meu irmão, pois Adonai o entregou a ele. 16 Agora, porém, peço a você um favor e espero que ele não me seja negado". "Prossiga", disse ela. 17 Ele, então, prosseguiu falando: "Por favor, fale a Shlomoh, o rei, pois ele não negará a você— peça-lhe que me dê Avishag, a shunamit, como esposa". 18 Bat-Sheva disse: "Tudo bem; vou falar com o rei em seu favor".

19 Bat-Sheva foi ao rei Shlomoh para falar com ele em favor de Adoniah; o
rei levantou-se e curvou-se diante dela. Assentou-se em seu trono e determinou
que Bat-Sheva se assentasse no trono à sua direita, preparado para a mãe do rei.
20 Ela lhe disse: "Quero pedir a você um pequeno favor; e que ele não me seja nega-
do". O rei lhe disse: "Peça, mãe, eu não o negarei". 21 Bat-Sheva prosseguiu: "Deixe
que Avishag, a shunamit, seja dada como esposa a Adoniyah, seu irmão". 22 O rei
Shlomoh respondeu à sua mãe: "Por que está pedindo Avishag, a shunamit, para
Adoniyah? Peça também o reino para ele! Pois ele é meu irmão mais velho. Sim,
peça para ele, para Evyatar, o *kohen*, e para Yo'av, o filho de Tz'ruyah". 23 Então o
rei Shlomoh jurou por *Adonai*: "Que Deus me faça coisas terríveis e horrendas, se
Adoniyah não condenou a si mesmo à morte após essa petição. 24 Agora, portanto,
assim como vive *Adonai*, que me coroou rei, pondo-me no trono de David, meu pai,
e estabeleceu uma dinastia para mim, conforme ele havia prometido, Adonyiah,
com toda a certeza, será morto ainda hoje". 25 O rei Shlomoh comissionou B'nayah,
o filho de Y'hoyada, e este atacou Adonyiah, e ele morreu.

26 A Evyatar, o *kohen*, o rei disse: "Quanto a você, vá para 'Anatot, para suas
terras. Você merece morrer, mas eu não o matarei por enquanto; você carregou a
arca de *Adonai Elohim* diante de David, meu pai, e sofreu juntamente com meu pai
todas as coisas". 27 Shlomoh forçou Evyatar a deixar a função de *kohen* de *Adonai*,
cumprindo assim tudo o que *Adonai* havia falado em Shiloh sobre a família de Eli.

28 Quando a notícia chegou a Yo'av, ele fugiu para a tenda de *Adonai* e agarrou-se
às pontas do altar, pois Yo'av tinha apoiado Adonyah, ainda que não tivesse apoiado
Avshalom. 29 O rei Shlomoh foi avisado: "Yo'av fugiu para a tenda de *Adonai*, ele está
no altar". Shlomoh enviou B'nayah, o filho de Y'hoyada, com a ordem: "Vá e mate-o".
30 B'nayah entrou na tenda de *Adonai* e disse: "O rei mandou dizer: 'Saia!' ". Yo'av
respondeu: "Não, eu prefiro morrer aqui". B'nayah trouxe a mensagem de volta ao
rei: "Isto é o que Yo'av me disse". 31 O rei , então, lhe ordenou: "Faça o que ele disse
— mate-o ali e enterre-o. Assim, você estará retirando de mim e da família de meu
pai o sangue que Yo'av derramou sem razão nenhuma. 32 *Adonai* trará o sangue sobre
a própria cabeça de Yo'av, pois ele matou dois homens retos e melhores do que ele
— ele os matou com a espada sem o consentimento de meu pai, David: Avner, o filho
de Ner, comandante das tropas de Yisra'el, e 'Amasa, o filho de Yeter, comandante
das tropas de Y'hudah. 33 Desse modo, o sangue deles retornará à cabeça de Yo'av e
à de seus descendentes para sempre; mas, quanto a David e seus descendentes, sua
família e seu trono, que estejam com a paz de *Adonai* para sempre". 34 Então B'nayah,
o filho de Y'hoyada, foi e matou-o ali mesmo; ele foi sepultado em sua casa, no
deserto. 35 O rei nomeou B'nayah, o filho de Y'hoyada, como responsável pelo exército,
no lugar de Yo'av, e substituiu Evyatar por Tzadok, o *kohen*.

36 O rei chamou Shim'i e disse a ele: "Construa uma casa para você em Yerushalayim
e viva ali; não saia para além dos muros da cidade. 37 Saiba que, de fato, no dia
em que você cruzar o *vádi* Kidron, certamente morrerá; seu sangue será sobre
a própria cabeça". 38 Shim'i respondeu ao rei, dizendo: "O que disseste é bom; e,
conforme meu senhor, o rei, disse, teu servo fará". Shim'i morou em Yerushalayim
um longo tempo.

39 Depois de três anos, porém, dois dos escravos de Shim'i fugiram e foram para
Akhish, o filho de Ma'akhah, rei de Gat. Disseram a Shim'i: "Seus escravos estão em
Gat". 40 Shim'i preparou-se, selou seu jumento e foi a Akhish, em Gat, para procurar
seus escravos; e retornou, trazendo seus escravos de Gat.

41 Shlomoh foi avisado de que Shim'i tinha saído de Yerushalayim até Gat. 42 O rei
chamou Shim'i e lhe disse: "Eu não o fiz jurar por *Adonai*, e não prometi que no dia

em que você deixasse a cidade e fosse a qualquer outro lugar, certamente morreria?
E você me respondeu: 'O que estás dizendo é bom; eu compreendi tudo'. [43] Por que,
então, você não manteve o juramento de Adonai e a *mitzvah* e obedeceu à ordem
que eu dei a você?". [44] Além disso, o rei falou a Shim'i: "Você sabe em seu coração
todas as coisas terríveis que fez a David, meu pai; todavia, Adonai trará de volta sua
maldade sobre a sua cabeça. [45] Entretanto, o rei Shlomoh será abençoado, e o trono
de David será estabelecido diante de Adonai para todo o sempre". [46] Então o rei deu
ordem a B'nayah, o filho de Y'hoyada, e ele foi e golpeou Shim'i, de modo que ele
morreu. Então o reino foi estabelecido nas mãos de Shlomoh.

3 [1] Shlomoh fez aliança com o faraó, rei do Egito, casando-se com a filha dele.
Shlomoh trouxe-a para a Cidade de David [onde ela morou], até que ele tivesse ter-
minado de construir seu palácio, a casa de Adonai e o muro em torno de Yerushalayim.
[2] O povo, entretanto, ainda sacrificava nos lugares altos porque não havia um tem-
plo construído para o nome de Adonai. [3] Shlomoh amava Adonai e vivia segundo
suas leis que lhe tinham sido dadas por David, seu pai; todavia, ele fazia sacrifícios
e oferendas nos lugares altos.
[4] Certo dia, o rei foi até Giv'on para sacrificar ali, pois aquele era o lugar mais
alto. Ali, no altar, ele ofereceu mil ofertas queimadas. [5] Em Giv'on, Adonai apareceu
a Shlomoh, em um sonho, durante a noite; ele lhe disse: "Diga-me o que eu pode-
ria dar a você". [6] Shlomoh respondeu: "Tens mostrado muita graça ao teu servo
David, meu pai, pois ele viveu de forma reta e honesta diante de ti, tendo um gran-
de coração. Tu mantiveste para com ele grande graça, dando-lhe um filho que o
substituiu no trono, como está acontecendo hoje. [7] Agora, pois, Adonai, meu Deus,
tu tens posto teu servo como rei no lugar de David, meu pai; mas eu ainda sou uma
criança — eu não sei como liderar! [8] Além disso, teu servo pertence ao povo que
escolheste, um grande povo, tão numeroso que não pode ser contado. [9] Todavia,
dá ao teu servo um coração entendido, a ponto de estar apto para ministrar justiça
diante do teu povo, de maneira que eu possa discernir entre o bem e o mal — pois
quem pode julgar este teu grande povo?".
[10] O que Shlomoh disse, fazendo esse pedido, agradou Adonai. [11] Deus disse a
Shlomoh: "Porque você fez esse pedido, em lugar de pedir vida longa ou riquezas,
ou a morte de seus inimigos, pedindo para você entendimento a fim de discernir
justiça, [12] farei o que me pediu. Eu darei a você um coração sábio e entendido, de
maneira que não terá existido ninguém como você, nem haverá outro como você.
[13] Eu darei a você, também, tudo o que não pediu: riquezas e honras maiores do que
as que têm os outros reis que vivem em sua época. [14] E mais ainda: se você viver de
acordo com os meus caminhos, obedecendo às minhas leis e às *mitzvot*, tal qual seu
pai David, eu darei a você vida longa".
[15] Shlomoh acordou e percebeu que tudo havia sido um sonho. Ele foi a Yerushalayim,
permaneceu diante da arca da aliança de Adonai e sacrificou holocaustos, apresentou
ofertas pacíficas, e fez também um banquete para todos os seus servos.
[16] Depois disso, vieram até o rei duas prostitutas. Depois de se terem apresen-
tado a ele, [17] uma das mulheres disse: "Meu senhor, eu e esta mulher morávamos na
mesma casa, e, quando ela ainda estava lá, eu dei à luz um bebê. [18] Depois de três
dias, esta mulher também deu à luz. Nós estávamos ali juntas. Na casa, não havia
mais ninguém conosco; apenas nós duas. [19] Durante a noite, o bebê desta mulher
morreu, pois ela rolou por cima dele. [20] Ela acordou no meio da noite e retirou meu
filho de mim, enquanto tua serva estava dormindo, e o colocou em seus braços;
e tomou seu filho morto, colocando-o em meus braços. [21] Quando acordei, pela

manhã, para alimentar meu filho no meu peito, lá estava ele, morto. Entretanto,
pouco mais tarde, ao amanhecer, olhando com mais cuidado, vi que, de maneira
nenhuma, aquele era meu filho — não era aquele a quem eu dera à luz". 22 A outra
mulher falou: "Não! O vivo é meu filho, e o morto é o seu filho". A primeira replicou:
"Não! O morto é o seu filho, e o vivo é o meu filho". Era assim que as duas mulheres
falavam na presença do rei.

23 O rei, então, lhes disse: "Esta mulher diz: 'O vivo é meu filho; e o morto, o seu
filho'; enquanto a outra diz: 'Não, o morto é o seu filho, e o vivo, o meu'. 24 Tragam-
-me uma espada", ordenou o rei. Eles trouxeram uma espada e a entregaram ao rei.
25 O rei falou: "Cortem a criança viva em duas; deem metade para uma e metade
para a outra". 26 Nesse momento, a mãe da criança viva, movida por um sentimento
muito forte de compaixão pelo filho, suplicou ao rei: "Ah, meu senhor, dá a ela a
criança viva; tu não precisas matá-la" A outra, entretanto, disse: "Não será nem
meu nem teu, divida-a ao meio". 27 Então o rei respondeu: "Entreguem o bebê vivo
à primeira mulher; não o matem, porque esta é sua mãe". 28 Todo o Yisra'el ouviu a
decisão do rei e passou a tê-lo em grande estima, pois viu que a sabedoria de Deus
estava com ele, habilitando-o para governar com justiça na medida certa.

4 1 O rei Shlomoh tornou-se rei sobre todo o Yisra'el, 2 e estes eram os seus prin-
cipais assessores:

'Azaryah, o filho de Tzadok, o *kohen*;
3 Elichoref e Achiyah, os filhos de Shisha, secretários;
Y'hoshafat, o filho de Achilud, secretário de Estado;
4 B'nayah, o filho de Y'hoyada, comandante do exército;
Tzadok e Evyatar, *kohanim*;
5 'Azaryah, o filho de Natan, chefe administrador;
Zavud, o filho de Natan, o conselheiro de confiança do rei;
6 Achishar, encarregado do palácio;
Adoniram, o filho de 'Avda, encarregado das obras.

7 Shlomoh tinha 12 oficiais sobre todo o Yisra'el, os quais eram encarregados de
prover a comida e o suprimento para o rei e toda a sua família; cada um deles era
encarregado de prover suprimento para um mês do ano. 8 Eram eles:

O filho de Hur, nas montanhas de Efrayim;
9 o filho de Deker, em Makatz, Sha'albim, Beit-Shemesh e Eilon-Beit-Hanan;
10 o filho de Hesed, em Arubot; ele também era encarregado sobre Sokhoh e todo o território de Hefer;
11 o filho de Avinadav, em toda a área de Dor; ele tinha Tafat, a filha de Shlomoh, como esposa;
12 Ba'ana, o filho de Achilud, em Ta'anakh, Megiddo, e toda a Beit-Sh'an, próxima de Tzartan, abaixo de Yizre'el, desde Beit-Sh'an a Avel-M'cholah, indo além de Yokme'am.
13 o filho de Gever, em Ramot-Gil'ad; ele era encarregado das aldeias de Ya'ir, o filho de M'nasheh, em Gil'ad; era encarregado também da região de Argov, em Bashan, 60 grandes cidades com muros e portas de bronze;
14 Achinadav, o filho de 'Iddo, em Machanayim;
15 Achima'atz, em Naftali; ele também tinha uma filha de Shlomoh como esposa, Basmat;
16 Ba'ana, o filho de Hushai, em Asher e Alot;

17 Y'hoshafat, o filho de Paruach, em Yissakhar;
18 Shim'i, o filho de Ela, em Binyamin; e
19 Gever, o filho de Uri, na terra de Gil'ad, o país de Sichon, rei do emori, e
'Og, rei de Bashan.
Sobre todos estes, havia um administrador na terra.
20 Y'hudah e Yisra'el eram, então, tão numerosos quanto grãos de areia; eles
comiam, bebiam e eram bem alegres.

5 1(4.21) Shlomoh reinou sobre todos os reinos, desde o rio [Eufrates] até a
terra dos p'lishtim, chegando até a fronteira do Egito; eles pagavam tribu-
to e serviram a Shlomoh durante toda a sua vida. 2(4.22) As provisões diárias de
Shlomoh consistiam em 5.286 litros de farinha pura, 10.924 litros de farinha comum,
3(4.23) 10 bois engordados em cocheira, 20 bois de pastagens e 100 ovelhas, além
de gazelas, corças e aves escolhidas.
4(4.24) Ele governava toda a área do rio Eufrates, desde Tifsach até 'Azah. Ele es-
tava acima de todos os reis deste lado do rio e tinha paz com toda a vizinhança,
em todos os lados. 5(4.25) Desde Dan até Be'er-Sheva, Y'hudah e Yisra'el viviam segu-
ros, todo homem sob sua vinha ou sua figueira, durante todo o tempo de vida de
Shlomoh. 6(4.26) Shlomoh tinha também 40 mil estrebarias para os cavalos usados em
suas carruagens e 12 mil cavaleiros.
7(4.27) Os oficiais [mencionados no capítulo anterior] supriam o rei Shlomoh, e
qualquer outra pessoa que o rei quisesse prover de alimento e outros materiais.
Cada um era responsável pelo suprimento de um mês; eles viram que, desse modo,
nada faltava. 8(4.28) Certificavam-se também de haver cevada e palha suficiente, onde
era necessário, para os cavalos e animais de trabalho; cada um fornecia a sua cota.
9(4.29) Deus deu a Shlomoh uma sabedoria e um conhecimento excepcionais,
bem como um coração tão grande quanto a areia do mar. 10(4.30) A sabedoria de
Shlomoh superava a sabedoria do povo do oriente e toda a sabedoria do Egito.
11(4.31) Ele era mais sábio que Eitan, o ezrachi, e mais sábio que Heiman, Kalkol e
Darda, os filhos de Machol; de maneira que sua fama espalhou-se por todas as
nações. 12(4.32) Ele compôs 3 mil provérbios e 1.005 canções. 13(4.33) Ele podia discutir
sobre árvores, desde os cedros do L'vanon até o hissopo que cresce nos muros;
ele podia discutir sobre animais, aves, répteis e peixes. 14(4.34) Pessoas de todas as
nações vinham ouvir da sabedoria de Shlomoh, incluindo reis de toda a terra, que
tinham ouvido de sua sabedoria.
15(1) Hiram, rei de Tzor, enviou seus servos a Shlomoh, pois ele havia ouvido
falar que eles o tinham ungido em lugar de seu pai, e Hiram sempre fora amigo de
David. 16(2) Shlomoh enviou esta mensagem a Hiram: 17(3) "Tu sabes que David, meu
pai, não pôde construir uma casa para o nome de *Adonai*, seu Deus, por causa das
guerras que o atormentavam por todos os lados, até que *Adonai* pôs todos os seus
inimigos sob a sola de seus pés. 18 (4) Agora, porém, *Adonai*, meu Deus, me tem dado
o descanso de todos os lados; não tenho nenhum adversário, não tenho enfrentado
nenhuma calamidade. 19 (5) Portanto, agora, eu pretendo construir uma casa para o
nome de *Adonai*, meu Deus, e realizar o que *Adonai* disse a meu pai: 'Seu filho, a
quem colocarei no seu trono, no seu lugar, será aquele que construirá uma casa
para o meu nome'. 20(6) Portanto, peço-te que ordenes a teu povo que corte cedros
do L'vanon para mim. Meus servos ajudarão aos teus servos. Eu pagarei a teus ser-
vos conforme o que me disseres; pois sabes que nós não temos ninguém entre a
minha gente que saiba cortar árvores como os tzidonim".

21(7) Quando Hiram ouviu a mensagem de Shlomoh, ficou muito feliz e disse:
"Louvado seja *Adonai*, hoje, o qual deu a David um filho tão sábio para reinar
sobre este povo tão grande". 22(8) Então Hiram enviou a Shlomoh esta mensagem:
"Eu ouvi a mensagem que me enviaste e farei tudo o que desejas com referência
aos cedros e aos pinheiros. 23(9) Meus servos os trarão para cá, do L'vanon, pelo
mar. Eu os tornarei em jangadas, para irem pelo mar até o lugar que determinares; eu os levarei até lá, e tu os receberás. Assim, hás de me recompensar,
fornecendo alimento para a minha casa".

24(10) Então Hiram deu a Shlomoh todos os cedros e os pinhos que ele quis; 25(11) e
Shlomoh deu a Hiram 4,4 milhões de litros de trigo, como alimento para sua casa,
e 4.400 litros de azeite de oliva — isto é o que Shlomoh deu a Hiram a cada ano.
26(12) *Adonai* deu a Shlomoh sabedoria, como lhe tinha prometido; e houve paz entre
Hiram e Shlomoh, e eles dois fizeram uma aliança.

27(13) O rei Shlomoh arregimentou 30 mil homens de todo o Yisra'el para os trabalhos pesados. 28(14) Ele os enviou ao L'vanon em grupos de 10 mil por mês; eles
trabalhavam um mês no L'vanon e ficavam dois meses em casa. Adoniram era o
encarregado dos trabalhos pesados.

29(15) Shlomoh tinha 70 mil homens carregando cargas, e outros 80 mil cortadores de pedra nas montanhas, 30(16) sem contar os 3.300 supervisores de Shlomoh,
os quais eram encarregados dos trabalhadores. 31(17) O rei deu ordens para que eles
extraíssem grandes pedras, pedras de boa qualidade, para deitar a fundação da
casa com pedras lavradas. 32(18) Os construtores de Shlomoh e os construtores de
Hiram, juntamente com os homens de G'val, trabalhavam as pedras e preparavam
a madeira e pedras para a construção da casa.

6 1 Quatrocentos e oitenta anos depois que o povo de Yisra'el deixou a terra
do Egito, no quarto ano do reinado de Shlomoh sobre Yisra'el, no mês de
ziv, que é o segundo mês, ele iniciou a construção da casa de *Adonai*. 2 A casa que
o rei Shlomoh construiu para *Adonai* tinha 27 metros de comprimento, 9 metros
de largura e 13 metros de altura. 3 O pórtico da frente tinha a mesma largura da
casa: 9 metros de largura, de maneira que seus 4,5 metros de extensão avançavam à frente da casa. 4 As janelas que ele fez para a casa eram largas do lado de
dentro e estreitas do lado de fora. 5 Junto às paredes da casa, ele construiu salas
anexas em toda a volta do edifício, incluindo o templo e o santuário. 6 O andar
inferior tinha 2,25 metros de largura; o andar intermediário tinha 2,75 metros
de largura; e o terceiro andar tinha 3,15 metros de largura. Ele fez saliências de
apoio do lado de fora das paredes da casa, de maneira que as vigas das salas não
apareciam nas paredes da casa. 7 Durante a construção da casa, as pedras das
pedreiras foram de tal maneira preparadas que nem o martelo, nem a talhadeira,
nem qualquer outra ferramenta de ferro foi ouvida na casa enquanto esta estava
sendo construída.

8 A entrada para o piso inferior era no lado sul da casa; uma escada em espiral subia para o piso intermediário e prosseguia para o terceiro piso. 9 Shlomoh construiu
a casa e, depois de tê-la finalizado, fez o forro com tábuas sobre vigas de cedro 10 As
salas anexas foram construídas à volta da casa; cada uma delas tinha 2,25 metros de
altura, e elas estavam ligadas à casa por vigas de cedro.

11 Então veio esta palavra de *Adonai* a Shlomoh: 12 "Quanto a esta casa que
estás construindo, se viveres de acordo com os meus mandamentos, seguindo as
minhas leis e observando todas as *mitzvot*, e viveres segundo elas, eu cumprirei

em ti a promessa que fiz a David, teu pai. 13 Habitarei nesta casa, no meio do povo
de Yisra'el, e não abandonarei meu povo, Yisra'el".
14 Então Shlomoh terminou a construção da casa. 15 Ele forrou as paredes de
dentro da casa com madeira de cedro; desde o assoalho da casa até a estrutura
do teto, ele cobriu com madeira, e o assoalho, ele cobriu com tábuas de pinho.
16 Shlomoh separou 9 metros na parte de trás da casa, que ele dividiu com cedro,
do chão ao teto, e reservou esta parte da casa para servir como santuário, o Lugar
Especialmente Sagrado. 17 O restante da casa, ou seja, o átrio principal, media 18
metros de comprimento. 18 O cedro que cobria a casa era moldado com figuras
entalhadas e flores abertas; tudo era de cedro, nenhuma parte de rocha era visível.
19 Na parte interior da casa, ele fez o santuário, e a arca da aliança de *Adonai* foi ali
colocada. 20 O santuário tinha 9 metros de comprimento, de largura e de altura, e
era todo revestido de ouro puro. Na frente dele, foi feito um altar, que Shlomoh
cobriu com puro cedro. 21. Ele revestiu o interior da casa de ouro puro e colocou
correntes de ouro na frente do santuário, que também era todo revestido de ouro.
22 Toda a casa foi revestida de ouro até que ficasse totalmente coberta. Shlomoh
também cobriu de ouro todo o altar que ficava no santuário.

23 Dentro do santuário, ele colocou dois *k'ruvim* feitos de madeira de oliveira;
cada um tinha 4,5 metros de altura. 24 Cada uma das asas dos *k'ruvim* era de 2,25
metros; a distância entre a extremidade de uma asa à extremidade da outra era de
4,5 metros. 25 As asas de um *keruv*, abertas, tinham a mesma forma das asas abertas
do outro *keruv*; os *k'ruvim* tinham a mesma aparência e medida. 26 A altura de um
keruv era de 4,5 metros, e era a mesma a altura do outro *keruv*. 27 Shlomoh colocou
os *k'ruvim* no interior da casa. As asas dos *k'ruvim* eram abertas, de maneira que
uma das asas de um *keruv* encontrava-se com uma das asas do outro *keruv*; uma das
asas de um *keruv* tocava uma das paredes, e uma das asas do outro *keruv* tocava
outra parede; e uma das asas de cada *keruv* encostava-se em uma das asas do outro
keruv no centro da sala. 28 Shlomoh revestiu os *k'ruvim* de ouro. 29 Ao longo de toda
a parede do santuário, tanto do lado de dentro quanto do lado de fora, ele esculpiu
figuras de *k'ruvim*, palmeiras e flores abertas. 30 Revestiu o piso da casa de ouro,
tanto por dentro do santuário quanto por fora dele.

31 Para a entrada do santuário, ele fez portas de oliveira com batentes dos cin-
co lados. 32 Nas duas portas de oliveira, ele esculpiu figuras de *k'ruvim*, palmeiras
e flores abertas. Ele revestiu as portas de ouro, fazendo baixo-relevo de *k'ruvim* e
palmeiras. 33 Para a entrada da casa, ele fez também pilares de oliveiras, colocan-
do uma porta retangular entre eles, 34 e duas portas de cedro; as duas folhas de
cada porta eram dobradiças, assim como o eram as folhas da outra porta. 35 Então
ele esculpiu *k'ruvim*, palmeiras e flores abertas, revestindo-os de ouro chapado.
36 Ele construiu o pátio da casa com três camadas de pedra lavrada e uma camada
de vigas de cedro.

37 A fundação da casa de *Adonai* foi feita no quarto ano, no mês de *ziv*. 38 No
décimo primeiro ano, no mês de *bul*, o qual é o oitavo mês, todas as etapas da casa
foram completadas, assim como haviam sido designadas. Com isso, Shlomoh de-
morou sete anos para construir a casa de *Adonai*.

7 1 Shlomoh construiu um palácio para ele, e demorou treze anos para terminá-lo.
2 Ele construiu também o Palácio da Floresta do L'vanon, com 45,5 metros de
comprimento, 22,5 metros de largura e 13,5 metros de altura, com quatro camadas
de vigas de cedro nos pilares. 3 O forro, feito em cedro, era apoiado sobre 45 vi-
gas, em fileira de 15 cada uma, as quais eram sustentadas por pilares. 4 Havia três

fileiras de janelas abertas, localizadas de maneira que as janelas ficavam de três em três, uma de frente para a outra. 5 Todas as portas e esquadrias eram retangulares e ficavam uma de frente para a outra, em três fileiras.

6 Shlomoh fez um pórtico de colunas de 22,5 metros de comprimento e 13,5 metros de largura. Em frente, havia outro pórtico de colunas e uma cobertura.

7 Ele fez a Sala do Trono, o lugar onde ele julgaria, ou seja, a Sala de Julgamento; ela era revestida de cedro desde o chão até o teto.

8 Seus quartos particulares, na outra ala, ficavam logo atrás da sala, e foram planejados de maneira semelhante. Shlomoh fez também um palácio como esse para a filha do faraó, com quem Shlomoh tinha se casado.

9 Toda a construção foi feita de blocos de pedras bem caros, cortados na medida e tendo o acabamento feito com lixa em sua superfície interna e externa. 10 O alicerce foi feito com pedras bem grandes, medindo entre 3 metros e 64,5 metros cada uma. 11 Na parte de cima, havia pedras mais caras, cortadas na medida, e vigas de cedro. 12 Em volta do grande pátio, havia três corredores de pedras trabalhadas e um corredor de vigas de cedro, como no pátio interior da casa de Adonai e no pórtico.

13 O rei Shlomoh mandou chamar Hiram e o trouxe de Tzor. 14 Ele era o filho de uma viúva, da tribo de Naftali, mas seu pai era de Tzor, um bronzista repleto de sabedoria, entendimento e habilidade para lidar com todos os tipos de trabalho em bronze. Ele foi até o rei Shlomoh e realizou todo o trabalho em bronze. 15 Fez duas colunas de bronze, cada uma com 9,6 metros de altura e 6,4 metros de circunferência. 16 Fez dois capitéis de bronze fundido, para colocar no topo das colunas; cada capitel tinha 2,66 metros de altura; 17 ele fez ainda redes entrelaçadas e grinaldas encadeadas, sete para cada capitel. 18 Quando fez as colunas, confeccionou duas fileiras de romãs para colocar no topo de cada coluna em torno da rede que cobria o capitel. 19 Os capitéis das colunas do pórtico possuíam a forma de lírios e tinham 2,13 metros de altura. 20 Quanto aos capitéis sobre as duas colunas, havia 200 romãs enfileiradas, em torno de cada capitel perto do friso, junto à rede. 21 Ele erigiu as colunas no pórtico do templo; ao construir a coluna da direita, deu-lhe o nome de "Yakhin"; e, ao construir a coluna da esquerda, chamou-lhe "Bo'az". 22 O topo das colunas possuía a forma de lírios; assim foi terminado o trabalho das colunas.

23 Shlomoh fez um tanque de metal fundido, a que chamou de "Mar"; esse tanque era circular, medindo 4,5 metros de diâmetro, 2,25 de altura e 13,5 metros de circunferência. 24 Por baixo da borda, havia duas fileiras com 300 cabaços que rodeavam o tanque em duas fileiras; foram fundidas em relevo, numa só peça com o tanque. 25 O tanque ficava sobre 12 touros: três voltados para o norte, 3 voltados para o oeste, 3 voltados para o sul e 3 voltados para o leste; todos os touros tinham as patas traseiras voltadas para o centro. O Mar repousava sobre eles. 26 A espessura das paredes do tanque era de quatro dedos. Sua borda era como a borda de um copo, como uma flor de lírio; e sua capacidade era de 40 mil litros.

27 Ele fez dez troles de bronze, cada um media 1,8 metro de comprimento, 1,8 metro de largura e 1,3 metro de altura. 28 Eles eram projetados como painéis encaixados nas armações laterais, 29 nos painéis e nas armações laterais havia figuras de leões, touros e *k'ruvim*. Nas armações, acima e abaixo dos leões e dos touros, havia enfeites de espirais em relevo. 30 Cada trole tinha quatro rodas de bronze e eixos de bronze, e em cada canto havia apoio, o qual ficava embaixo da bacia, tendo enfeites em relevo próximo a cada um. 31 A abertura

do apoio em que a bacia ficava inserida tinha 45 centímetros de altura; o apoio era
redondo, parecido com um pedestal, e era de 18 centímetros de diâmetro. No apoio,
havia entalhes, e por fora ele era quadrado, não redondo. 32 As quatro rodas ficavam
embaixo dos painéis, e os eixos eram ligados ao trole; cada roda tinha 67 centí-
metros de diâmetro. 33 As rodas tinham sido moldadas como as de carruagens;
seus eixos, bordas, raios e cubos eram todos de bronze. 34 Havia quatro suportes
em cada um dos quatro cantos de cada trole; os suportes eram ligados ao trole.
35 Em cima do trole havia um suporte circular de 22 centímetros, e os suportes e
os painéis eram ligados ao trole. 36 Os suportes e os painéis eram enfeitados com
figuras de *k'ruvim*, leões e palmeiras, isto segundo o espaço disponível em cada
um, com enfeites em espiral. 37 Segundo esse modelo, ele fez os dez troles, todos
eles feitos de um único molde, de maneira que todos tinham o mesmo tamanho e
a mesma forma.

38 Ele fez dez bacias de ouro; cada bacia tinha a capacidade de 830 litros e tinha
1,8 metro de diâmetro; havia uma bacia para cada um dos dez troles. 39 Ele colocou
cinco dos troles do lado direito da casa, e cinco, do lado esquerdo. O Mar, ele colo-
cou no lado direito da casa, na direção sudeste.

40 Hiram fez as vasilhas para as cinzas, as pás e as bacias para aspersão. Com isso,
Hiram completou todo o trabalho realizado para o rei Shlomoh na casa de *Adonai*
— 41 as duas colunas, os dois frisos dos capitéis no topo das colunas, as duas redes
que cobriam os dois frisos dos capitéis no topo das colunas, 42 e 400 romãs para
as duas redes, duas fileiras de romãs para cada rede, para cobrir os dois frisos dos
capitéis no topo das colunas, 43 os dez troles, as dez bacias sobre os troles, 44 o Mar,
os 12 bois sob o Mar, 45 as vasilhas para as cinzas, as pás e as bacias de aspersão.
Todos esses utensílios feitos por Hiram para o rei Shlomoh, na casa de *Adonai*, eram
de bronze polido. 46 O rei mandou que se fundisse tudo na planície do Yarden, no
solo argiloso, entre Sukkot e Tzartan. 47 Shlomoh não pesou nenhum desses objetos,
pois havia muitos deles; portanto, o peso total do bronze não pôde ser determinado.

48 Shlomoh fez todos os objetos que estavam dentro da casa de *Adonai*: o altar
de ouro; a mesa de ouro, sobre a qual ficavam os pães da proposição de Deus; 49 as
m'norot de ouro puro — cinco à direita e cinco à esquerda, em frente do santuário;
as flores, as lâmpadas e as tenazes de ouro; 50 os cálices, os cortadores de pavio, as
bacias, os incensários e as vasilhas de ouro puro; as dobradiças de ouro, tanto para
as portas de dentro da casa, ou seja, Lugar Especialmente Sagrado, quanto para as
portas da casa de *Adonai*, ou seja, o átrio principal.

51 Assim, todo o trabalho que o rei Shlomoh fez na casa de *Adonai* foi termi-
nado. Depois disso, Shlomoh trouxe para a casa todas as coisas que David, seu
pai, havia dedicado — a prata, o ouro e os utensílios — e os colocou no tesouro
da casa de *Adonai*.

8 1 Depois disso, Shlomoh reuniu em Yerushalayim todos os líderes de Yisra'el,
todos os chefes das tribos e os chefes dos clãs do povo de Yisra'el, para que
trouxessem a arca da aliança de *Adonai*, da Cidade de David, também conhecida
como Tzyion. 2 Todos os homens de Yisra'el reuniram-se perante o rei Shlomoh,
durante a festa, no mês de *etanim*, o sétimo mês. 3 Todos os líderes de Yisra'el
vieram. Os *kohanim* tomaram a arca 4 e trouxeram a arca de *Adonai* para a tenda
do encontro, bem como todos os utensílios santos que estavam na tenda; foram os
kohanim e os *l'vi'im* que trouxeram tudo. 5 O rei Shlomoh e toda a comunidade de
Yisra'el que se juntara a ele diante da arca foram e sacrificaram tantas ovelhas e
bois que nem se podia contar ou registrar.

6 Os *kohanim* trouxeram a arca da aliança de *Adonai* para o seu lugar, dentro do santuário da casa, para o Lugar Especialmente Sagrado, debaixo das asas dos *k'ruvim.* 7 Os *k'ruvim* tinham suas asas abertas sobre a arca, cobrindo a arca e as varas utilizadas para o transporte da arca. 8 As varas eram tão longas que as suas pontas podiam ser vistas do Lugar Sagrado, em frente do santuário, mas não podiam ser vistas do lado de fora; elas estão ali até os dias de hoje. 9 Não havia nada dentro da arca, exceto as duas tábuas que Mosheh recebeu no Horev, quando *Adonai* fez o pacto com o povo de Yisra'el na época em que ainda estavam morando na terra do Egito.

10 Quando os *kohanim* saíram do Lugar Sagrado, uma nuvem encheu a casa de *Adonai,* 11 de maneira que, por causa da nuvem, os *kohanim* não conseguiram desempenhar seu serviço; pois a glória de *Adonai* encheu a casa de *Adonai.*

12 E Shlomoh exclamou: "*Adonai* disse que habitaria em uma nuvem densa e negra. 13 Eu, porém, construí para ti uma casa magnífica, um lugar onde possas habitar para sempre".

14 Então o rei olhou em volta e abençoou toda a comunidade de Yisra'el. Toda a comunidade de Yisra'el estava em pé, 15 como ele havia dito: "Louvado seja *Adonai,* o Deus de Yisra'el, o qual falou a meu pai David com os próprios lábios e cumpriu sua promessa com as próprias mãos. Ele disse: 16 'Desde o dia em que trouxe meu povo do Egito, não escolhi nenhuma cidade de nenhuma das tribos de Yisra'el, para construir um templo, mas escolhi David para governar o meu povo, Yisra'el'. 17 Agora, estava no coração de David, meu pai, o desejo de construir um templo para o nome de *Adonai,* o Deus de Yisra'el; 18 mas *Adonai* disse a David, meu pai: 'Mesmo que esteja no seu coração construir uma casa para o meu nome, e mesmo você tendo feito bem aquilo que havia no seu coração, 19 não construirá a casa. Ou melhor, você vai gerar um filho, e este é quem vai construir uma casa para o meu nome'. 20 *Adonai* cumpriu estas palavras; pois eu sucedi meu pai e me sentei no trono de Yisra'el, assim como *Adonai* prometeu; eu construí a casa para o nome de *Adonai,* o Deus de Yisra'el. 21 E, dentro dela, eu providenciei um local para a arca contendo a aliança de *Adonai,* a qual ele fez com nossos antepassados quando os trouxe para fora da terra do Egito".

22 Então Shlomoh pôs-se diante do altar de *Adonai,* na presença de toda a comunidade de Yisra'el, levantando as mãos em direção aos céus, 23 e disse: "*Adonai,* Deus de Yisra'el, não há Deus como tu, acima dos céus ou abaixo, na terra. Tu mantiveste tua aliança com teus servos e lhes mostraste graça, provendo para que vivessem de todo o coração em tua presença. 24 Tu mantiveste a promessa feita ao teu servo David, meu pai, a qual tu entregaste com os próprios lábios e cumpriste com a tua mão; e ela está se cumprindo hoje. 25 Portanto, doravante, *Adonai,* Deus de Yisra'el, mantém o que prometeste a teu servo, David, meu pai, quando lhe disseste: 'Nunca faltará homem em tua presença para se assentar no trono de Yisra'el. Isso, se apenas teus filhos forem cuidadosos em relação ao que fizerem, de maneira que, como tens feito, possam eles viver em minha presença'. 26 Agora, pois, Deus de Yisra'el, por favor, deixa que tuas palavras, as quais confirmaste a teu servo David, meu pai, sejam cumpridas.

27 "Mas pode Deus, por acaso, morar na terra? O próprio céu, ainda o céu dos céus, não te podem conter. Quanto menos ainda este templo que eu construí! 28 Ainda assim, *Adonai,* meu Deus, atenta para a oração de teu servo e para o seu pedido de misericórdia; ouve o clamor e a oração que teu servo faz diante de ti, hoje, 29 e que os teus olhos estejam abertos em direção a esta casa, dia e noite — em direção a este lugar, sobre o qual disseste: 'Meu nome estará ali' — para atentar para as orações que teu servo fará em direção a este lugar. 30 Sim, atenta para o clamor

de teu servo e também para o clamor do teu povo, Yisra'el, quando eles orarem
em direção a este lugar. Ouve no céu onde habitas; e, quando ouvires, perdoa-nos!
31 "Se alguém pecar contra um irmão, membro da comunidade, e fizer um jura-
mento, e, tendo vindo jurar diante do teu altar, nesta casa, 32 ouve, dos céus, atua e
julga teus servos, condenando o culpado, de maneira que recaia sobre sua cabeça
a consequência da sua conduta, e poupa aquele que estiver correto, fazendo-lhe a
justiça de que ele é merecedor.
33 "Quando o povo de Yisra'el pecar contra ti, e, como consequência, for derrota-
do pelos inimigos, se eles se voltarem para ti, reconhecendo o teu nome, orando e
suplicando a ti nesta casa, 34 ouve no céu, perdoando o pecado de teu povo, Yisra'el,
e traze-os de volta à terra que deste a seus antepassados.
35 "Quando eles pecarem contra ti e, em consequência, o céu se fechar de manei-
ra que não chova, por teres trazido a lei sobre eles, então se eles orarem em direção
a este lugar, reconhecendo o teu nome, e abandonarem os seus pecados, 36 ouve
no céu, perdoa o pecado de teus servos e do teu povo, Yisra'el — uma vez que te
mantiveres ensinando-lhes o bom caminho pelo qual eles devem viver —, envia a
chuva sobre tua terra, a qual tens dado ao teu povo como herança.
37 "Se houver fome na terra, ou praga, ou tempestade, ou fungos, gafanhotos ou
vermes; ou caso seus inimigos venham para cercar a terra, em qualquer uma das
cidades, independentemente da espécie de praga ou doença que ali esteja; 38 assim,
se uma súplica ou qualquer oração entre todo o povo de Yisra'el for feita por al-
guém do povo que saiba o que está contaminando a própria consciência, e alguém
estender suas mãos em direção a este templo, 39 ouve no céu onde vives, perdoa
e atua. Uma vez que sabes o que está em cada coração, dá a cada um segundo o
que merece por sua conduta (porque tu, e apenas tu, conheces todos os corações),
40 e, assim, eles te temerão durante todo o tempo que morarem na terra que deste
a nossos antepassados.
41 'Também o estrangeiro, o qual não pertence ao povo de Yisra'el, quando ele
vier de um país distante, por causa do teu grande nome 42 (pois eles ouvirão de
teu grande nome, de tua mão poderosa e de teus braços estendidos), quando
ele vier e orar em direção a este templo, 43 ouve no céu onde habitas e atua de
acordo com tudo quanto o estrangeiro te estiver pedindo, de maneira que todos
os povos da terra conhecerão o teu nome e temerão a ti, assim como faz o teu
povo, Yisra'el, e assim eles saberão que este templo que eu construí sustenta o
teu nome.
44 "Quando o teu povo sair para guerrear contra seus inimigos, não importa
para que lado tu o envies, e eles orarem a *Adonai* em direção da cidade que esco-
lheste e em direção da casa que construí para o teu nome, 45 ouve no céu a sua
oração, o seu clamor, e defende a sua causa.
46 "Se eles pecarem contra ti — pois não há ninguém que não peque —, e te
irares contra eles e os entregares aos seus inimigos, de maneira que sejam levados
cativos para a terra dos seus inimigos, seja para bem distante, seja para um lugar
próximo; 47 se eles caírem em si na terra para onde foram levados como escravos, e
se voltarem para ti, e te fizerem suas petições, na terra para onde foram levados ca-
tivos, dizendo: 'Nós pecamos, agimos mal e nos comportamos de maneira rebelde';
48 se na terra de seus inimigos, que os levaram cativos, eles se voltarem para ti, com
todo o seu coração e toda a sua alma, e orarem a ti na direção da terra que deste a
seus antepassados, na direção da cidade que escolheste e na direção da casa que
construí em honra ao teu nome, 49 então, do céu onde habitas, ouve a sua oração e
o seu clamor, defende a sua causa, 50 e perdoa o teu povo, que pecou contra ti —

perdoa a transgressão que eles cometeram contra ti e mostra compaixão por eles
aos olhos de seus inimigos, de maneira que eles demonstrem compaixão para com
o povo de Yisra'el. 51 Eles são teu povo, tua herança, a quem trouxeste do Egito,
tirando-os da fornalha de fundição.

52 "Que os teus olhos estejam abertos para o clamor e para a petição do teu
povo, Yisra'el, de maneira que ouças, de onde quer que eles clamarem por ti. 53 Pois
fizeste distinção entre eles e todos os povos da terra, por fazeres deles a tua heran-
ça, assim como disseste por meio de Mosheh, teu servo, quando trouxeste nossos
antepassados do Egito, *Adonai Elohim*".

54 Quando Shlomoh terminou de fazer esta oração e petição a *Adonai*, ele se levan-
tou de diante do altar de *Adonai*, onde se havia ajoelhado com suas mãos estendidas
em direção ao céu, 55 ficou em pé e levantou sua voz a fim de abençoar toda a comu-
nidade de Yisra'el. Ele disse: 56 "Louvado seja *Adonai*, que tem dado descanso a seu
povo, Yisra'el, segundo toda palavra que falou. Nenhuma palavra faltou de sua bon-
dosa promessa, a qual ele fez a Mosheh, seu servo. 57 Que *Adonai*, nosso Deus, seja
conosco, assim como foi com nossos antepassados. Que ele nunca nos abandone
58 e, dessa forma, incline nosso coração para ele a fim de vivermos de acordo com
seus caminhos e observarmos suas *mitzvot*, leis e ordenanças que ele mandou que
nossos pais obedecessem. 59 Que estas minhas palavras, as quais eu usei em minha
petição diante de *Adonai*, cheguem à presença de *Adonai*, nosso Deus, dia e noite, para
que ele defenda a causa deste servo e a causa do povo de Yisra'el, dia após dia.
60 Assim, todo o povo da terra conhecerá que *Adonai* é Deus e que não há nenhum outro.
61 E nós, estejamos com todo o nosso coração em *Adonai*, nosso Deus, vivendo segun-
do suas leis e observando suas *mitzvot*, como vocês estão fazendo hoje".

62 Então o rei, juntamente com todo o Yisra'el, ofereceu sacrifícios diante de *Adonai*.
63 Como sacrifícios de paz, os quais Shlomoh ofereceu para *Adonai*, ele ofereceu 22
mil bois e 120 mil ovelhas. Então o rei e todo o Yisra'el consagraram a casa de *Adonai*.

64 No mesmo dia, o rei consagrou a parte central do pátio diante da casa de
Adonai, porque ele tinha de oferecer ali as ofertas queimadas, os cereais e a gordu-
ra das ofertas pacíficas, pois o altar de bronze diante de *Adonai* era muito peque-
no para receber as ofertas queimadas, os cereais e a gordura das ofertas pacíficas.
65 Dessa forma, Shlomoh celebrou a festa naquele momento. Todo o Yisra'el, uma
grande aglomeração [que tinha vindo de todos os lugares] desde a entrada de
Hamat até o *vádi* do Egito, celebrou com ele, diante de *Adonai*, nosso Deus, por sete
dias e mais sete dias — catorze dias ao todo.

66 No oitavo dia, Shlomoh dispensou o povo. Eles abençoaram o rei e retorna-
ram às suas tendas, cheios de regozijo e felizes de coração por toda a bondade que
Adonai havia demonstrado para com David, seu servo, e para com Yisra'el, seu povo.

9 1 Depois de Shlomoh terminar a construção da casa de *Adonai*, do palácio real
e de todas as outras coisas que ele quis construir para ele, 2 *Adonai* apareceu
uma segunda vez a Shlomoh, da mesma forma que havia aparecido a ele em Giv'on.
3 *Adonai* disse a Shlomoh: "Ouvi a oração e a súplica que você fez diante de mim;
estou consagrando este templo que você construiu e pondo nele o meu nome para
todo o sempre; meus olhos e meu coração estarão para sempre ali. 4 Se você viver na
minha presença, como fez David, seu pai, em pureza de coração e em retidão, fazen-
do tudo quanto ordenei que você fizesse, e observando minhas leis e mandamentos,
5 eu estabelecerei o trono de seu reinado sobre todo o Yisra'el para sempre, como
jurei a David, seu pai, quando disse: 'Você jamais sentirá falta de um sucessor no

trono de Yisra'el'. [6] Se, porém, você deixar de me seguir, você ou seus filhos, e não
observarem minhas *mitzvot* e ordenanças que eu estabeleci diante de você, e servir
a outros deuses, adorando a eles, [7] eu cortarei Yisra'el da terra que lhe dei, e este
templo, que eu consagrei com o meu nome, farei sumir da minha vista; e Yisra'el
servirá de exemplo a ser evitado e um motivo de zombaria no meio de todos os po-
vos. [8] Esta casa, agora tão exaltada — todo que passar ficará surpreendido ao vê-la e
perguntará: 'Por que *Adonai* fez isso com esta terra e com este templo?'. [9] A resposta,
entretanto, será: 'Isso aconteceu porque eles abandonaram *Adonai*, seu Deus, que
libertou seus antepassados da terra do Egito e se apegaram a outros deuses, adoran-
do e servindo a eles; por isso, *Adonai* trouxe todas essas calamidades sobre eles' ".

[10] Ao final de vinte anos, tempo que Shlomoh levou para fazer as duas cons-
truções, a casa de *Adonai* e o palácio real, [11] o rei Shlomoh deu a Hiram 20 cidades
na terra da Galil (lembrando que Hiram, o rei de Tzor, havia suprido Shlomoh com
madeira de cedro e pinho, e com todo o ouro que Shlomoh quis). [12] Então Hiram veio
de Tzor para ver as cidades que Shlomoh lhe tinha dado, mas não ficou satisfeito
com elas. [13] Assim, perguntou a Shlomoh: "Que tipo de cidades são essas que você
me deu, meu irmão?". Então elas foram chamadas de terra de Kabul [boa para nada]
até os dias de hoje. [14] (Hiram tinha dado ao rei 4.200 quilos de ouro.)

[15] O rei Shlomoh impôs trabalhos forçados na construção da casa de *Adonai*, do
seu palácio, o Millo, os muros de Yerushalayim, e as cidades de Hatzor, Megiddo e
Gezer. [16] O faraó, rei do Egito, tinha subido até Gezer, queimado tudo por ali e ma-
tado o kena'ani que morava na cidade; então ele a deu como presente de casamento
para sua filha, mulher de Shlomoh. [17] Shlomoh reconstruiu Gezer; ele também cons-
truiu a Baixa Beit-Horon, [18] Ba'alat e Tadmor, no deserto, no interior do país, [19] além
de várias outras cidades que ele usava para depósito de suprimento, as cidades para
as suas carruagens, as cidades para seus cavaleiros, e outros edifícios que Shlomoh
tinha construído para ele em Yerushalayim, no L'vanon e ao longo de toda a nação
em que ele reinou. [20] Todo o povo que ainda restava do emori, do hitti, do p'rizi, do
hivi e do y'vusi, que não era parte do povo de Yisra'el, [21] ou seja, seus descendentes,
que restou depois deles na terra, a quem o povo de Yisra'el não conseguiu destruir
completamente, Shlomoh recrutou para os trabalhos forçados; e é assim até os dias
de hoje. [22] Shlomoh, porém, não impôs a ninguém do povo de Yisra'el os trabalhos
forçados; em vez disso, eles eram soldados, serviçais, administradores, comandan-
tes e oficiais encarregados de suas carruagens e cavaleiros. [23] Havia 550 chefes
oficiais nas obras de Shlomoh, encarregados dos trabalhos.

[24] A filha do faraó veio da Cidade de David para sua casa, a qual Shlomoh tinha
construído para ela. Só depois disso, ele construiu o Millo.

[25] Três vezes por ano, Shlomoh oferecia ofertas queimadas e ofertas pacíficas
no altar que ele tinha construído para *Adonai*, oferecendo também incenso no altar
diante de *Adonai*. E, assim, ele terminou a casa.

[26] O rei Shlomoh construiu uma esquadra de navios em 'Etzyon-Gever, perto
de Elot, na costa do mar de Suf, na terra de Edom. [27] Hiram enviou alguns de seus
servos, marinheiros experientes que conheciam o mar, para servir com os servos
de Shlomoh. [28] Eles foram até Ofir e, dali, trouxeram ouro, 14.700 quilos, para o rei
Shlomoh.

10 [1] Quando a rainha de Sh'va ouviu o que estava sendo dito acerca de Shlomoh,
por causa do nome de *Adonai*, ela veio para testá-lo em questões difíceis.
[2] Chegou a Yerushalayim acompanhada por uma grande caravana, incluindo ca-
melos que traziam especiarias, ouro em grande quantidade e pedras preciosas.

Quando foi diante de Shlomoh, ela falou com ele sobre tudo o que havia em seu coração. 3 Shlomoh respondeu a todas as perguntas; nenhuma foi tão difícil para o rei que ele não pudesse responder. 4 Depois de a rainha de Sh'va ter visto toda a sabedoria de Shlomoh, o palácio que ele construíra, 5 a comida sobre sua mesa, a maneira com que seus oficiais se sentavam, a maneira com que seus empregados o serviam, como eles estavam vestidos, seus servos pessoais e as ofertas queimadas que ele havia oferecido na casa de *Adonai*, tudo isso a deixou sem fôlego. 6 Ela disse ao rei: "O que ouvi em meu país sobre teus feitos e tua sabedoria é verdade, 7 mas não pude crer nos relatos até que vim e vi por mim mesma. Na verdade, não me contaram sequer metade de tudo — tua sabedoria e prosperidade vão além daquilo que me disseram. 8 Como teu povo e teus empregados devem ser felizes! Eles estão sempre te servindo e podem ouvir de tua sabedoria. 9 Louvado seja *Adonai*, teu Deus, que tem tido prazer em ti, pondo-te no trono de Yisra'el. Por causa do amor eterno de *Adonai* por Yisra'el, ele fez de ti rei, para administrar julgamento e justiça de maneira correta". 10 Ela deu ao rei 4.200 quilos de ouro, uma grande quantidade de especiarias e pedras preciosas; nunca mais foram trazidas tantas especiarias quanto as que a rainha de Sh'va trouxe para o rei Shlomoh.

11 Os navios de Hiram, que haviam trazido ouro de Ofir, agora trouxeram de Ofir uma grande quantidade de madeira de sândalo e pedras preciosas. 12 O rei usou a madeira de sândalo para fazer as colunas para a casa de *Adonai* e para o palácio real, e também liras e harpas para os músicos. Nunca mais foi importada e nunca mais se viu tanta madeira de sândalo.

13 O rei Shlomoh deu à rainha de Sh'va tudo o que ela desejou e pediu, além dos presentes que ele lhe deu por iniciativa própria. Depois disso, ela retornou ao seu país, ela e seus servos.

14 O peso do ouro que Shlomoh recebia anualmente era de 23.300 quilos, 15 além do que era proveniente das taxas dos comerciantes, dos impostos comuns e da coleta feita por todos os reis dos povos vizinhos e pelos governadores distritais. 16 O rei Shlomoh fez 200 escudos grandes de ouro batido; 3,6 quilos de ouro foi o que ele usou para fazer cada escudo. 17 Ele fez outros 300 escudos de ouro batido, com 1,8 quilo em cada, e colocou-os no Palácio da Floresta do L'vanon.

18 O rei fez também um grande trono de marfim e revestiu-o de ouro puro. 19 O trono tinha seis degraus, um encosto alto e arredondado, apoio para os braços nos dois lados do assento, dois leões em cada lado, 20 e 12 outros leões, sendo um em cada lado dos seis degraus. Nada parecido jamais havia sido feito em nenhum reino.

21 Todos os cálices do rei Shlomoh eram de ouro; e todos os utensílios do Palácio da Floresta do L'vanon eram de puro ouro; nada era feito em prata, pois, nos tempos de Shlomoh, a prata não tinha nenhum valor. 22 O rei tinha uma grande esquadra de navios de "Tarshish", em conjunto com os navios de Hiram. Uma vez a cada três anos, os navios de "Tarshish" vinham trazer para o rei ouro, prata, marfim, macacos e pavões.

23 O rei Shlomoh sobrepujou todos os reis da terra, tanto em sabedoria como em riquezas. 24 Pessoas de todo o mundo buscavam ter uma audiência com Shlomoh, a fim de ouvir de sua sabedoria, a qual Deus havia posto em seu coração. 25 Cada um trazia seu presente — artigos de prata, artigos de ouro, roupas, armaduras, especiarias, cavalos e mulas; e isso continuava ano após ano. 26 Shlomoh acumulou carruagens e cavaleiros; ele tinha 1.400 carruagens e 12 mil cavaleiros; ele os distribuiu pelas cidades onde estavam as carruagens e para servir ao rei em Yerushalayim. 27 O rei fez que a prata se tornasse tão comum em Yerushalayim

como as pedras, e fez o cedro tão abundante como os sicômoros da Sh'felah. 28 Os cavalos de Shlomoh foram trazidos do Egito e de Keveh; foram comprados dos vendedores em Keveh pelos negociantes do rei, por preço módico. 29 Uma carruagem do Egito custava 7,2 quilos de prata, e um cavalo, 1,8 quilo; todos os reis do Hittim e os reis de Aram compravam-nos por esse preço dos agentes de Shlomoh.

11 1 O rei Shlomoh amou muitas mulheres estrangeiras, além da filha do faraó. Eram mulheres mo'avi, 'amoni, edomi, tzidoni e hitti — 2 nações sobre as quais *Adonai* havia advertido o povo de Yisra'el: "Vocês não se devem misturar com elas, ou elas com vocês, pois elas desviarão o seu coração para seguir os seus deuses". Shlomoh, porém, estava profundamente preso a elas por causa do seu amor por elas. 3 Ele tinha 700 esposas, todas princesas, e 300 concubinas; e suas esposas fizeram que seu coração se desviasse. 4 Pois, quando Shlomoh tornou-se velho, suas esposas fizeram seu coração se desviar para seguir outros deuses; seu coração não era mais totalmente dedicado a *Adonai*, seu Deus, como foi o de David, seu pai. 5 Shlomoh seguiu 'Ashtoret, a deusa do tzidoni, e Milkom, a abominação do 'amoni. 6 Assim, Shlomoh fez o que era mau aos olhos de *Adonai*, e não seguiu a *Adonai* como fez David, seu pai. 7 Shlomoh construiu um altar a K'mosh, a abominação do povo de Mo'av, no monte diante de Yerushalayim, e outro altar para Molekh, a abominação do povo de 'Amon. 8 Isso foi o que ele fez por causa de todas as suas esposas estrangeiras, as quais ofertaram e sacrificaram aos seus deuses. 9 Então *Adonai* irou-se contra Shlomoh, porque o coração dele se havia desviado de *Adonai*, o Deus de Yisra'el, que aparecera a ele por duas vezes, 10 e lhe dera ordens com referência a esse assunto, a fim de que ele jamais seguisse outros deuses. No entanto, ele não obedeceu às ordens de *Adonai*.

11 Então *Adonai* disse a Shlomoh: "Uma vez que é isso que está em sua mente, e você não guardou meus mandamentos e minhas ordenanças, aos quais determinei que você obedecesse, retirarei o reino de você e o darei a seu servo. 12 Entretanto, por causa de David, seu pai, não farei isso enquanto você estiver vivo; eu o retirarei de seu filho. 13 Ainda assim, não retirarei todo o reino; entregarei uma tribo a seu filho, por causa de David, meu servo, e por causa de Yerushalayim, a qual eu tenho escolhido".

14 *Adonai* levantou um adversário contra Shlomoh: Hadad, o edomi, da linhagem real de Edom. 15 Anteriormente, David tinha estado em Edom, com Yo'av, o comandante do exército; tinham ido ali a fim de sepultar alguns mortos, e exterminaram todos os homens de Edom 16 (Yo'av e todo o Yisra'el ficaram lá por seis meses, até que ele tivesse eliminado todos os homens de Edom). 17 Hadad havia fugido, e com ele um número de edomi, servos de seu pai; foram para o Egito. Naquela época, Hadad era apenas um pequeno garoto. 18 Dessa forma, eles passaram por Midyan e chegaram a Pa'ran, arregimentaram com eles homens de Pa'ran, e foram para o Egito, diante do faraó, rei do Egito. Este deu moradia a Hadad, cuidou para que ele tivesse comida e deu a ele terras. 19 Hadad tornou-se um grande favorito do faraó, de maneira que este lhe deu a irmã de sua esposa em casamento, ou seja, a irmã de Tachp'neis, a rainha. 20 A irmã de Tachp'neis teve um filho, G'nuvat, filho de Hadad, e Tachp'neis trouxe-o para a casa do faraó. Assim, G'nuvat foi criado na casa do faraó, entre os próprios filhos do faraó. 21 Quando Hadad, no Egito, ouviu que David havia dormido com seus antepassados, e Yo'av, o comandante do exército, estava morto, Hadad disse ao faraó: "Deixe-me retornar a meu país". 22 O faraó lhe perguntou: "O que lhe tem faltado, estando você comigo, que o faz querer ir para o seu país justamente agora?". "Nada em particular", ele respondeu, "mas deixa-me ir mesmo assim".

23 Deus levantou outro adversário contra Shlomoh: Rezon, o filho de Elyada, que havia fugido de seu senhor, Hadad'ezer, rei de Tzovah, 24 quando David matou os homens de Tzovah. Rezon arregimentou homens e tornou-se o líder de um bando de saqueadores; eles foram para Dammesek e se estabeleceram ali, e ele se tornou o rei de Dammesek. 25 Ele se tornou adversário de Shlomoh, enquanto este viveu, causando dificuldades que se somaram às causadas por Hadad. Ele odiava Yisra'el e reinava em Aram.

26 Yarov'am, filho de N'vat, um efrati de Tz'redah, cuja mãe se chamava Tz'ru'ah, uma serva de Shlomoh, também se rebelou contra o rei. 27 A razão de ele ter se rebelado contra o rei foi que Shlomoh estava construindo o Millo, e fechou uma brecha [nos muros] na Cidade de David, seu pai. 28 Yarov'am era forte, homem de grande porte; e Shlomoh, vendo quanto o jovem era sério, o pôs como supervisor sobre todos os trabalhos que estavam sendo feitos pela tribo de Yosef. 29 Nessa ocasião, tendo Yarov'am ido a Yerushalayim, o profeta Achiyah, de Shiloh, o avistou enquanto viajava. Achiyah estava usando uma capa nova, e eles dois estavam sozinhos no campo. 30 Achiyah tomou a capa nova que estava usando e rasgou-a em 12 pedaços. 31 E disse a Yarov'am: "Tome dez pedaços para você, pois eis o que *Adonai*, o Deus de Yisra'el, diz: 'Vou tirar o reino das mãos de Shlomoh e entregarei a você dez tribos. 32 No entanto, vou manter uma tribo por causa de meu servo David e por causa de Yerushalayim, a cidade que eu escolhi de todas as tribos de Yisra'el. 33 Farei isso porque eles me abandonaram e adoraram a 'Ashtoret, a deusa de Tzidoni, K'mosh, o deus de Mo'av, e Milkon, o deus do povo de 'Amon. Eles não viveram de acordo com meus estatutos, de maneira que fizessem o que é certo aos meus olhos e obedecessem às minhas leis e ordenanças, como fez David, seu pai. 34 Todavia, não retirarei o reino inteiro de Shlomoh; mas eu o farei príncipe durante o tempo que viver, por causa de David, meu servo, a quem escolhi, pois ele obedecia às minhas *mitzvot* e às minhas ordenanças. 35 Entretanto, vou retirar o reino das mãos de seu filho e entregarei dez tribos a você. 36 Para seu filho, entregarei uma tribo, de maneira que David, meu servo, sempre terá uma luz acesa diante de mim em Yerushalayim, a cidade que escolhi para mim, como lugar para pôr o meu nome. 37 Quanto a você, eu o tomarei, e você reinará sobre tudo quanto quiser; você será rei sobre Yisra'el. 38 Se você atentar para tudo quanto eu ordenar, se viver de acordo com meus caminhos e fizer o que é certo aos meus olhos, de maneira que observe minhas ordenanças e as *mitzvot*, assim como David, meu servo fez, eu serei com você e edificarei uma dinastia para você, como fiz a David; e entregarei Yisra'el a você. 39 Por causa disso [ofensa], trarei tribulação aos descendentes de David, mas não para sempre". 40 Por isso, Shlomoh tentou matar Yarov'am, mas Yarov'am protegeu-se, fugindo para o Egito, para Shishak, rei do Egito, e ficou ali até que Shlomoh morresse.

41 Outras atividades de Shlomoh, tudo quanto ele executou e sua sabedoria estão documentados nas crônicas de Shlomoh. 42 O tempo que Shlomoh reinou em Yerushalayim sobre todo o Yisra'el foi de quarenta anos. 43 Então Shlomoh dormiu com seus antepassados, e foi sepultado na Cidade de David, seu pai, e Rechav'am, seu filho, tornou-se rei em seu lugar.

12 1 Rechav'am foi para Sh'khem, para onde todo o Yisra'el havia ido a fim de proclamá-lo rei. 2 Quando Yarov'am, o filho de N'vat, ouviu isso — ele ainda estava no Egito, para onde tinha fugido de Shlomoh; de maneira que Yorav'am estava morando no Egito, 3 mas eles o buscaram e se juntaram a ele — Yarov'am e toda a comunidade de Yisra'el vieram e disseram a Rechav'am: 4 "Teu pai pôs um

fardo muito pesado sobre nós. Se abrandares o trabalho que tivemos de prestar a
teu pai e diminuíres essa carga pesada que ele colocou sobre nós, te serviremos".
5 Rechav'am respondeu: "Deixem-me sozinho por três dias, e então retornem a
mim". Então o povo assim o fez.

6 O rei Rechav'am consultou os anciãos, que haviam trabalhado para Shlomoh,
seu pai, durante toda a sua vida, e perguntou: "Que conselho vocês me dão sobre
como responder a este povo?". 7 Eles lhe disseram: "Se hoje começares a servir a
este povo, se te tornares seu servo, se lhe fores responsivo e lhe mostrares consi-
deração, eles serão teus servos para sempre". 8 Rechav'am, porém, não atendeu ao
conselho que os anciãos lhe deram; em vez disso, consultou os jovens que tinham
crescido junto com ele, e que eram agora seus conselheiros, 9 e perguntou: "Que
conselho vocês me dão para que eu responda a eles? Eles me disseram: 'Alivia
a carga que teu pai colocou sobre nós'?". 10 Os jovens com quem ele tinha sido
criado lhe responderam: "A este povo que te disse: 'Teu pai impôs sobre nós um
fardo pesado; torna-o mais leve para nós', responde: "Meu dedo mínimo é mais
grosso que a cintura de meu pai! 11 Sim, meu pai pôs sobre vocês uma carga pesa-
da; eu vou fazer que ela pese mais ainda. Meu pai os controlou com chicotadas;
eu os controlarei com escorpiões!' ".

12 Assim, ao terceiro dia, Yarov'am e todo o povo vieram a Rechav'am, confor-
me o rei havia pedido ao dizer: "Venham a mim novamente após três dias"; 13 e o
rei respondeu ao povo duramente. Abandonando o conselho que os anciãos lhe
haviam dado, 14 ele respondeu ao povo de acordo com o conselho dos jovens e lhe
disse: "Meu pai pôs sobre vocês uma carga pesada; eu vou fazer que ela pese mais
ainda. Meu pai os controlou com chicotadas; eu os controlarei com escorpiões!".
15 Assim, o rei não atentou para o povo; e isso veio da parte de *Adonai*, para que ele
cumprisse a palavra que *Adonai* havia dito por intermédio de Achiyah, em Shiloh, a
Yarov'am, o filho de N'vat.

16 Quando todo o Yisra'el viu que o rei não atentou para eles, o povo respondeu
ao rei:

"Por acaso, temos alguma parte com David?
Não temos nenhuma herança no filho de Yishai!
Vá para suas tendas, Yisra'el!
Cuide de sua casa, David!".

E, assim, o povo de Yisra'el foi para suas tendas.

17 E Rechav'am continuou a reinar sobre o povo de Yisra'el que morava nas
cidades de Y'hudah. 18 O rei Rechav'am, então, enviou Adoram, o qual estava en-
carregado dos trabalhos forçados; mas todo o Yisra'el o apedrejou até a morte.
O rei Rechav'am conseguiu montar em sua carruagem e fugir para Yerushalayim.
19 Yisra'el entrou em rebelião contra a dinastia de David até os dias de hoje.

20 Tendo ouvido que Yarov'am tinha retornado, todo o Yisra'el juntou-se a ele e
o proclamou rei sobre Yisra'el. Ninguém seguiu a dinastia de David, exceto a tribo
de Y'hudah.

21 Quando Rechav'am chegou a Yerushalayim, reuniu toda a casa de Y'hudah e a
tribo de Binyamin, 180 mil soldados escolhidos, para lutar contra a casa de Yisra'el
e trazer o reinado de volta a Rechav'am, o filho de Shlomoh. 22 No entanto, veio a
Sh'ma'yah, o homem de Deus, esta palavra de Deus: 23 "Fale a Rechav'am, o filho de
Shlomoh, rei de Y'hudah, a toda a casa de Y'hudah e Binyamin e a todo o restante
do povo; diga-lhes 24 que isto é o que *Adonai* diz: 'Vocês não devem subir para lutar
contra seus irmãos, o povo de Yisra'el! Todos devem retornar a sua casa, pois eu

é que estou fazendo com que isso aconteça' ". Eles deram ouvidos às palavras de
Adonai e retornaram, como *Adonai* tinha mandado que fizessem.

25 Depois disso, Yorav'am construiu Sh'khem nas montanhas de Efrayim e passou
a viver ali. Depois saiu e edificou P'nu'el. 26 Todavia, Yarov'am disse em seu coração:
"Agora o reinado retornará à casa de David. 27 Se esse povo continuar a oferecer
sacrifícios na casa de *Adonai*, em Yerushalayim, seu coração se tornará para seu se-
nhor, Rechav'am, rei de Y'hudah, e eles me matarão e se voltarão para Rechav'am, rei
de Y'hudah". 28 Depois de buscar conselho, o rei fez dois touros de ouro e disse ao
povo: "Vocês têm subido a Yerushalayim, que é muito longe! Aqui estão seus deuses,
Yisra'el, que os trouxeram para fora da terra do Egito". 29 Ele colocou um touro em
Beit-El e outro, em Dan, 30 e a adoração tornou-se um pecado, pois o povo adorava um
touro [em Beit-El] e ao longo de todo o caminho até Dan [onde adorava o outro touro].
31 Yarov'am também estabeleceu templos em lugares altos e designou *kohanim* den-
tre o povo, ainda que estes não fossem descendentes de Levi.

32 Yarov'am instituiu uma festa no oitavo mês, no décimo quinto dia do mês,
semelhante à festa que acontecia em Y'hudah; ele subia ao altar em Beit-El para
sacrificar aos touros que ele havia feito; e estabeleceu em Beit-El os *kohanim*
que havia designado para o sumo sacerdócio. 33 Ele subiu até o altar que tinha
preparado em Beit-El no décimo quinto dia do oitavo mês, no mês que ele tinha
escolhido por si mesmo, e instituiu uma festa para o povo de Yisra'el; ele foi até
o altar para queimar incenso.

13 1 Quando Yarov'am estava junto ao altar para queimar incenso, um homem
de Deus veio de Y'hudah, direto para Beit-El, com uma palavra de *Adonai*.
2 E pela palavra de *Adonai* ele clamou contra o altar: "Altar, altar, eis o que diz
Adonai: 'Um filho nascerá na casa de David; seu nome será Yoshiyahu. Ele sacri-
ficará os *kohanim* dos altares idólatras que sobre você queimam incenso! Eles
queimarão ossos humanos sobre você!' ". 3 Naquele mesmo dia, ele também
enviou um sinal: "Este é o sinal com que *Adonai* declara:

" 'O altar será partido em pedaços;
as cinzas que estão sobre ele se espalharão' ".

4 O rei ouviu o que o homem de Deus disse e como denunciou o altar de Beit-El.
Yarov'am retirou suas mãos do altar e disse: "Prendam-no!". Entretanto, a mão com
que ele havia apontado contra o homem de Deus ficou de tal maneira paralisada
que ele não pôde mais fazê-la voltar ao normal. 5 Além disso, o altar partiu-se ao
meio, e as cinzas se espalharam, conforme o homem de Deus havia dito que acon-
teceria, cumprindo-se, assim, a palavra de *Adonai*. 6 O rei, então, replicou ao homem
de Deus: "Peça a *Adonai*, seu Deus", disse ele, "e interceda por mim para que minha
mão me seja restaurada". O homem de Deus orou a *Adonai*, e a mão do rei foi res-
taurada, e tornou-se como era antes. 7 O rei disse ao homem de Deus: "Venha para
casa comigo e descanse um pouco, e eu darei uma recompensa a você". 8 Contudo,
o homem de Deus respondeu ao rei: "Ainda que você me dê metade de sua casa, eu
não aceitarei a sua hospitalidade, nem comerei ou beberei neste lugar. 9 Pois esta
é a ordem que recebi por meio da palavra de *Adonai*: 'Não coma nem beba água, e
não retorne pelo mesmo caminho pelo qual você for' ". 10 Assim, ele foi por outro
caminho e não retornou pelo caminho pelo qual tinha ido até Beit-El.

11 Em Beit-El, morava um profeta, já idoso, e um de seus filhos veio e lhe con-
tou todas as coisas que o homem de Deus havia feito naquele dia naquela cidade.

Eles disseram também a seu pai o que o homem de Deus tinha dito ao rei. 12 O pai lhes perguntou: "Qual o caminho por onde ele seguiu?". Os filhos tinham visto por que estrada o homem de Deus havia seguido. 13 O profeta, então, disse a seus filhos: "Selem o jumento para mim". Eles prepararam o jumento para ele; e, cavalgando, 14 ele foi à procura do homem de Deus. Ele o encontrou assentado embaixo de um carvalho e lhe perguntou: "É você o homem de Deus que veio de Y'hudah?". Ele respondeu: "Sou eu". 15 Disse o profeta: "Venha comigo até minha casa e coma alguma coisa". 16 O homem de Deus respondeu: "Não posso voltar com você e partilhar de sua hospitalidade; não comerei nem beberei água com você neste lugar, 17 pois me foi dito pela palavra de *Adonai*: 'Você não deve comer nem beber água ali; e você não voltará pelo mesmo caminho por que foi' ". 18 O profeta, então, replicou: "Também eu sou profeta, como você, e um anjo me falou pela palavra de *Adonai* e disse: 'Traga-o de volta com você para sua casa, de maneira que ele possa comer e beber água' ". Ele, porém, estava mentindo. 19 E o homem de Deus retornou e comeu e bebeu água em sua casa. 20 Enquanto estavam sentados à mesa, a palavra de *Adonai* veio ao profeta, aquele que havia trazido o homem de volta, 21 e ele bradou para o homem de Deus, o qual tinha vindo de Y'hudah: "Assim diz *Adonai*: 'Uma vez que você se rebelou contra a palavra de Deus e não obedeceu à *mitzvah* que *Adonai*, seu Deus, lhe deu, 22 antes voltou, comeu e bebeu água, seu corpo não será sepultado no túmulo de seus antepassados' ". 23 Depois de o homem de Deus ter comido e bebido, o profeta idoso preparou o jumento para ele e o levou de volta. 24 Todavia, depois de o profeta ter partido de volta, um leão veio ao encontro do homem de Deus na estrada e o matou. Seu corpo ficou estendido ali mesmo, na estrada, com o jumento e o leão perto dele. 25 Ao longo do tempo, algumas pessoas que passavam por ali viram o corpo estendido, e o leão e o jumento sentados próximo ao corpo; foram e falaram acerca disso na cidade onde o profeta idoso morava.

26 Quando o profeta, o que havia trazido o homem de volta da estrada, ouviu sobre o que tinha acontecido, ele disse: "Ele era um homem de Deus que se rebelou contra a palavra de *Adonai*; por isso, *Adonai* o entregou ao leão, para que fosse rasgado em pedaços e morto, a fim de que se cumprisse a palavra que *Adonai* lhe havia dito". 27 E disse a seus filhos: "Selem o jumento para mim"; e eles o selaram. 28 Ele foi e achou o corpo do homem de Deus estendido na estrada, tendo o jumento e o leão ao lado do corpo; o leão não tinha comido o cadáver nem atacado o jumento. 29 O profeta tomou o corpo do homem de Deus, deitou-o sobre o jumento e o trouxe de volta para a cidade onde ele vivia, para lamentar e enterrá-lo ali. 30 Ele enterrou o corpo em sua sepultura, e eles prantearam sua morte: "Ah! Meu irmão!". 31 Depois de sepultá-lo, o profeta idoso disse a seus filhos: "Quando eu morrer, coloquem-me na mesma sepultura em que está o homem de Deus; deixem meus ossos perto dos ossos dele, 32 pois a mensagem que ele declarou pela palavra de *Adonai* contra o altar em Beit-El e contra todos os templos nos lugares altos próximos às cidades de Shomron certamente se cumprirá".

33 Depois disso, Yarov'am não abandonou seus maus caminhos, mas continuou a designar dentre todo o povo *os kohanim* para os altares idólatras; consagrou qualquer um que ele quis, para ser *kohen* nesses altares. 34 Isso trouxe pecado para a casa de Yarov'am, levando-a à queda e à sua eliminação da face da terra.

14 1 Nesse tempo, Aviyah, o filho de Yarov'am adoeceu. 2 Yarov'am disse à sua esposa: "Por favor, use um disfarce, para que você não seja reconhecida como a esposa de Yarov'am, e vá a Shiloh. Achyiah, o profeta, está lá, o mesmo que

disse que eu seria rei sobre este povo. 3 Leve com você dez pães, alguns bolos e um
pote de mel e vá até ele. Ele falará a você o que acontecerá ao menino".
4 A esposa de Yarov'am fez isso; ela se preparou, foi até Shiloh e chegou à casa
de Achyiah. Achyiah não podia ver, pois seus olhos estavam fracos por causa de
sua idade. 5 *Adonai* tinha avisado Achyiah: "A esposa de Yarov'am está vindo visitar
você, para perguntar sobre seu filho, que está doente. Você deve dizer a ela isso e
isso; além do mais, ela vai fingir ser outra mulher".
6 Quando Achyiah ouviu os passos da esposa de Yarov'am chegando à porta,
ele disse: "Entre, esposa de Yarov'am! Por que você está fingindo ser outra pessoa?
Tenho más notícias para você. 7 Vá e fale a Yarov'am que isto é o que *Adonai* está
dizendo: 'Eu o destaquei no meio do povo, fiz de você um príncipe sobre meu
povo, Yisra'el, 8 retirei o reino da dinastia de David e o entreguei a você. Apesar
disso, você não agiu como meu servo David, que obedeceu às minhas *mitzvot* e me
seguiu com todo o seu coração, fazendo tudo o que eu lhe tinha ordenado. 9 Ao
contrário, você cometeu mais pecados do que os outros que foram antes de você!
Você fez deuses para si mesmo e imagens de metal e provocou a minha ira; você
virou as costas para mim! 10 Portanto, agora trarei um desastre sobre a casa de
Yarov'am. Matarei todos os homens da linhagem de Yarov'am, sejam escravos ou
homens livres de Yisra'el; varrerei a casa de Yarov'am da mesma forma com que
alguém varre o esterco, até que tudo tenha acabado. 11 Se alguém da linhagem de
Yarov'am morrer na cidade, os cães virão e o comerão; se morrer no campo, os
urubus o comerão. Porque *Adonai* disse isso'. 12 Então levante-se e vá para casa;
quando você puser os pés na cidade, o menino morrerá. 13 Todo o Yisra'el vai cho-
rar por ele, e eles o sepultarão; ele é o único da linhagem de Yarov'am que descerá
à sepultura, porque, da linhagem de Yarov'am, só ele tem em si algo de bom diante
de *Adonai*, o Deus de Yisra'el. 14 Além disso, *Adonai* levantará um rei de seu agrado
sobre Yisra'el, o qual no tempo determinado exterminará a casa de Yorav'am.
Todavia, o que fará Deus agora? 15 *Adonai* vai abater Yisra'el até que este estremeça
como o junco balançando na água; ele expulsará Yisra'el da terra, a qual deu aos
seus antepassados, e espalhará o povo para além do rio [Eufrates], porque eles
fizeram altares sagrados para si mesmos, trazendo, dessa forma, a ira de *Adonai*.
16 Este se apartará de Yisra'el por causa dos pecados de Yarov'am, os quais ele mes-
mo cometeu, com os quais tornou Yisra'el tão pecador quanto ele".
17 A esposa de Yarov'am levantou-se, deixou o recinto e voltou para Tirtzah. No
momento em que ela chegou a casa, o menino morreu. 18 Todo o Yisra'el enterrou
o menino e chorou por ele, mantendo, assim, a palavra de *Adonai*, falada por inter-
médio do seu servo Achiyah, o profeta.
19 Quanto a outros atos de Yarov'am, como ele lutou e como reinou, estão docu-
mentados nas crônicas dos reis de Yisra'el. 20 O reinado de Yarov'am foi de vinte e
dois anos; então ele dormiu com seus antepassados, e Nadav, seu filho, tornou-se
rei em seu lugar.
21 Rechav'am, o filho de Shlomoh, estava reinando em Y'hudah. Rechav'am
tinha 41 anos quando começou a reinar, e ele reinou durante dezessete anos
em Yerushalayim, a cidade que *Adonai* tinha escolhido dentre todas as tribos de
Yisra'el para que pudesse dar testemunho do seu nome. O nome de sua mãe era
Na'amah, a 'amonit.
22 Y'hudah fez o que para *Adonai* era pecado; eles provocaram a sua ira em razão
de seus pecados, que foram piores que os de seus antepassados, 23 pois construíram
altares, colunas sagradas e postes sagrados em todos os lugares altos e debaixo de
toda árvore frondosa. 24 Nesses lugares, havia também o culto com prostituição,

envolvendo homens e mulheres, que faziam todas as coisas abomináveis praticadas
por outras nações e que *Adonai* tinha expulsado do meio do povo de Yisra'el.
25 No quinto ano do rei Rechav'am, Shishak, o rei do Egito, atacou Yerushalayim.
26 Ele levou os tesouros da casa de *Adonai* e os tesouros do palácio real — ele
levou tudo, incluindo todos os escudos de ouro que Shlomoh havia feito. 27 Para
substituí-los, o rei Rechav'am fez escudos de bronze, que ele deu aos comandantes
do contingente da guarda do portão do palácio real. 28 Sempre que o rei ia à casa
de *Adonai*, a guarda usava esses escudos; depois os fazia retornar à sala da guarda.
29 Os outros atos de Rechav'am, todos os seus feitos, estão documentados nas
crônicas dos reis de Y'hudah. 30 Entretanto, houve uma batalha contínua entre
Rechav'am e Yarov'am. 31 Rechav'am dormiu com seus antepassados, e com eles foi
sepultado na Cidade de David; o nome de sua mãe era Na'amah, a 'amonit. Então
Aviyam, seu filho, tornou-se rei em seu lugar.

15 1 Foi no décimo oitavo ano do rei Yarov'am, filho de N'vat, que Aviyam
tornou-se rei em Y'hudah. 2 Ele reinou durante três anos em Yerushalayim; o
nome de sua mãe era Ma'akhah, filha de Avishalom. 3 Ele cometeu todos os pecados
que seu pai tinha cometido antes dele; não foi reto de coração para com *Adonai*,
como seu pai, David, tinha sido. 4 Todavia, por causa de David, *Adonai*, seu Deus,
lhe deu uma lâmpada acesa em Yerushalayim, estabelecendo seu filho após ele e
tornando Yerushalayim mais segura. 5 Porque David fez o que era reto aos olhos
de *Adonai*, ele não se desviou de nada que o Senhor lhe tinha ordenado que fizesse,
durante todo o tempo em que viveu, exceto no caso de Uriyah, o hitti.
6 Houve guerra entre Rechav'am e Yarov'am durante todo o tempo em que viveu.
7 Os outros feitos de Aviyam e todas as suas realizações estão documenta-
dos nas crônicas dos reis de Y'hudah. E houve guerra entre Aviyam e Yarov'am.
8 Aviyam dormiu com seus antepassados, e foi sepultado na Cidade de David. Então
Asa, seu filho, tornou-se rei em seu lugar.
9 Foi no vigésimo ano de Yarov'am, rei de Yisra'el, que Asa iniciou seu reinado
sobre Y'hudah. 10 Ele reinou quarenta e um anos em Yerushalayim; o nome de sua
avó era Ma'akhah, a filha de Avishalom. 11 Asa fez o que era reto aos olhos de
Adonai, como David, seu antepassado, havia feito. 12 Ele acabou com o culto de prosti-
tuição do país e derrubou todos os ídolos que seus antepassados haviam feito. 13 Ele
também depôs Ma'akhah da posição de rainha-mãe, porque ela havia construído
uma estátua abominável como uma *asherah*. Asa destruiu a imagem e queimou-a
no *vádi* Kidron. 14 Os altares, porém, não foram removidos. Todavia, Asa teve o
coração voltado para *Adonai* durante toda a sua vida. 15 Ele trouxe para a casa de
Adonai tudo o que seu pai havia consagrado e todas as coisas que ele mesmo havia
consagrado — prata, ouro e os utensílios.
16 Houve guerra entre Asa e Ba'sha, rei de Yisra'el, durante todo o tempo em
que viveram.
17 Ba'sha atacou Y'hudah e fortificou Ramah, a fim de impedir que qualquer um
saísse ou entrasse no território de Asa, rei de Y'hudah. 18 Então Asa tomou toda a
prata e ouro que tinham ficado do tesouro da casa de *Adonai* e do tesouro do palácio
real; e, confiando-os a seus servos, enviou-os a Ben-Hadad, o filho de Tavrimmon,
filho de Hezyon, rei de Aram, o qual morava em Dammesek, com a seguinte mensa-
gem: 19 "Existe uma aliança entre mim e ti, a qual já existia entre meu pai e teu pai.
Agora, estou te enviando um presente de prata e ouro; vai e quebra tua aliança com
Ba'sha, rei de Yisra'el, de maneira que ele me deixe em paz". 20 Ben-Hadad fez confor-
me o rei Asa pediu — enviou os comandantes de seu exército contra as cidades de

Yisra'el, atacando 'Iyon, Dan, Avel-Beit-Ma'akhah, todo o Kinn'rot e toda a terra de
Naftali. 21 Assim que Ba'sha ouviu isso, parou a construção de Ramah e permane-
ceu em Tirtzah. 22 O rei Asa, então, fez uma proclamação requerendo que todos os
homens de Y'hudah, sem exceção, viessem e retirassem as pedras e a madeira que
Ba'sha tinha usado para fortificar Ramah. Com elas, o rei Asa fortificou Geva, em
Binyamim, e também Mitzpah.

23 Os outros feitos de Asa, todo o seu poder, tudo quanto ele realizou e as cida-
des que fortificou estão documentados nas crônicas dos reis de Y'hudah. Em sua
velhice, entretanto, ele sofreu de uma doença nas pernas. 24 Asa dormiu com seus
antepassados, e foi sepultado com eles na Cidade de David, seu antepassado. Então
Y'hoshafat, seu filho, tornou-se rei em seu lugar.

25 Foi no segundo ano de Asa, rei de Y'hudah, que Nadav, o filho de Yarov'am tornou-
-se rei sobre Yisra'el, e reinou dois anos. 26 Ele fez o que era mau aos olhos de *Adonai,*
seguindo o exemplo de seu pai, e os pecados com os quais ele fez Yisra'el pecar.

27 Ba'sha, o filho de Achiyah, dos descendentes de Yissakhar, conspirou contra
ele; e Ba'sha o atacou em Gib'ton, que pertencia aos p'lishtim; pois, no tempo de
Nadav, todo o Yisra'el sitiava Gib'ton. 28 Foi no terceiro ano de Asa, rei de Y'hudah,
que Ba'sha matou Nadav e se tornou rei em seu lugar.

29 Assim que ele se tornou rei, matou toda a casa de Yarov'am, destruindo toda
alma que vivia, não deixando nenhum sobrevivente. Isso aconteceu para que fosse
cumprido o que *Adonai* havia dito por meio de seu servo Achiyah, de Shiloh; 30 esse
foi o castigo para os pecados que Yarov'am tinha cometido, por meio dos quais
ele fez todo o Yisra'el pecar, provocando assim a ira de *Adonai,* o Deus de Yisra'el.

31 Outros atos de Nadav e todos os seus feitos estão documentados nas crôni-
cas dos reis de Yisra'el. 32 Houve guerra entre Asa e Ba'sha, rei de Yisra'el, durante
todo o tempo em que eles viveram.

33 Foi no terceiro ano de Asa, rei de Y'hudah, que Ba'sha, filho de Achiyah,
começou a reinar sobre todo o Yisra'el, em Tirtzah, e seu reinado foi de vinte e
quatro anos. 34 Ele fez o que era mau aos olhos de *Adonai,* seguindo o exemplo de
Yarov'am, cometendo pecados por meio dos quais ele fez Yisra'el pecar.

16 1 A palavra de *Adonai* veio a Yehu, o filho de Hanani, contra Ba'sha: 2 "Eu o
levantei do pó e o tornei soberano sobre o meu povo, Yisra'el. Entretanto,
você viveu no mesmo caminho que Yarov'am e levou meu povo, Yisra'el, a pecar,
de maneira que o seu pecado provocou-me a ira. 3 Portanto, eu removerei Ba'sha
e sua casa completamente; farei com a sua casa o mesmo que fiz com a casa de
Yarov'am, o filho de N'vat. 4 Se alguém da linhagem de Ba'sha morrer na cidade, os
cachorros o comerão; se morrer no campo, os urubus o comerão".

5 Os outros atos de Ba'sha, seus feitos e seu poder estão documentados nas
crônicas dos reis de Yisra'el. 6 Ba'sha dormiu com seus ancestrais, e Elah, seu filho,
tornou-se rei em seu lugar. 7 Por intermédio do profeta Yehu, o filho de Hanani, a
palavra de *Adonai* foi proclamada contra Ba'sha e sua casa, pois ele fez muita mal-
dade perante os olhos de *Adonai,* provocando a ira dele por causa das suas ações,
tornando-se como a casa de Yarov'am, e por causa do assassinato que ele havia
cometido [Nadav].

8 Foi no vigésimo sexto ano de Asa, rei de Y'hudah, que Elah, o filho de Ba'sha,
tornou-se rei sobre Yisra'el, em Tirzah, e reinou dois anos. 9 Seu servo, Zimri,
comandante de metade das carruagens, conspirou contra ele. Finalmente, certo dia,
quando Elah estava em Tirtzah, embriagando-se na casa de Artza, administrador do

palácio em Tirtzah, 10 Zimri entrou, atacou-o e o matou. Isso ocorreu no vigésimo
sétimo ano de Asa, o rei de Y'hudah; então Zimri tomou o lugar de Elah como rei.
11 No início de seu reinado, assim que ele se assentou no trono, matou toda a
casa de Ba'sha; não deixou viva nenhuma pessoa do sexo masculino, nem dos seus
parentes nem dos seus amigos. 12 Zimri eliminou toda a casa de Ba'sha, fazendo
cumprir assim a palavra de *Adonai*, declarada contra Ba'sha por meio do profeta
Yehu. Essa palavra tinha sido dita 13 por causa de todos os pecados de Ba'sha e os
pecados de Elah, seu filho, os quais eles cometeram e levaram Yisra'el a cometer
também, provocando a ira de *Adonai*, o Deus de Yisra'el, contra seus ídolos inúteis.
14 Os outros atos de Elah e todos os seus feitos estão documentados nas crônicas
dos reis de Yisra'el.

15 No vigésimo sétimo ano de Asa, rei de Y'hudah, Zimri reinou sete dias em Tirtzah.
Naquele tempo, o exército estava perto de Gib'ton, que pertencia aos p'lishtim.
16 As tropas que estavam no campo ouviram dizer que Zimri tinha conspirado
contra o rei e o tinha matado; então, naquele mesmo dia, ali no campo, todo o
Yisra'el fez de 'Omri, o comandante do exército, rei sobre Yisra'el. 17 Então 'Omri
e todo o Yisra'el com ele saíram de Gib'ton e sitiaram Tirtzah. 18 Quando Zimri viu
que a cidade tinha sido capturada, foi para a cidadela do palácio real e incendiou
todo o palácio, estando ele dentro dele, de maneira que morreu. 19 Isso tudo acon-
teceu por causa dos pecados que ele cometera ao fazer o que era mau aos olhos
de *Adonai*, vivendo da mesma forma que Yarov'am tinha vivido, pecando e levando
Yisra'el a pecar. 20 Os outros atos de Zimri e sua conspiração estão documentados
nas crônicas dos reis de Yisra'el.

21 Nessa época, o povo de Yisra'el estava dividido em duas facções. Metade do
povo seguia Tivni, o filho de Ginat, fazendo dele seu rei, enquanto a outra metade
seguia 'Omri. 22 Entretanto, a facção que apoiava 'Omri venceu a de Tivni, o filho
de Ginat; assim, Tivni e 'Omri tornaram-se reis.

23 Foi no vigésimo primeiro ano de Asa, rei de Y'hudah, que 'Omri iniciou seu
reinado sobre Yisra'el, e reinou doze anos, seis deles em Tirtzah. 24 'Omri com-
prou o monte Shomron de Shemer, por 70 quilos de prata. Nessa montanha, ele
construiu a cidade, à qual deu nome de Shomrom, por causa de Shemer, o antigo
dono da montanha.

25 'Omri fez o que era mau aos olhos de *Adonai*, ultrapassando em maldade
todos os seus antecessores, 26 pois viveu toda a sua vida do mesmo modo que
Yarov'am, o filho de N'vat, cometendo diversos pecados e levando Yisra'el a pe-
car, com seus ídolos desprezíveis, provocando, assim, a ira de *Adonai*, o Deus de
Yisra'el. 27 Os outros atos de 'Omri, o poder que ele demonstrou, estão registrados
nas crônicas dos reis de Yisra'el. 28 Então 'Omri dormiu com seus ancestrais, e foi
sepultado em Shomron; e Ach'av, seu filho, tornou-se rei em seu lugar.

29 No trigésimo oitavo ano de Asa, rei de Y'hudah, Ach'av, o filho de 'Omri,
tornou-se rei sobre Yisra'el; Ach'av, o filho de 'Omri, reinou sobre Yisra'el, em
Shomron, durante vinte e dois anos.

30 Ach'av, o filho de 'Omri, fez o que era mau aos olhos de *Adonai*, ultrapassan-
do todos os seus antecessores [em maldade]. 31 Como se isso não tivesse importân-
cia para ele, cometeu os pecados que Yarov'am, o filho de N'vat, havia cometido;
além disso, tomou como esposa Izevel, a filha de Etba'al, rei dos tzidonim, e foi e
serviu a Ba'al, e o adorou. 32 Ele ergueu um altar para Ba'al na casa de Ba'al, o qual
tinha construído em Shomron. 33 Ach'av também construiu um *asherah*; de fato,
Ach'av provocou a ira de *Adonai*, o Deus de Yisra'el, muito mais do que todos os

outros reis de Yisra'el que foram antes dele. 34 Foi durante o seu reinado que Hi'el,
de Beit-El, reconstruiu Yericho. Ele deitou as fundações à custa de seu filho mais
velho, Aviram, e erigiu seus portões à custa de seu filho mais novo, S'guv. Tudo
isso ocorreu para que se cumprisse a palavra de *Adonai*, falada por intermédio de
Y'hoshua, o filho de Nun.

17 1 Eliyahu, de Tishbe, um habitante de Gil'ad, disse para Ach'av: "Assim como
vive *Adonai*, Deus de Yisra'el, diante de quem eu me prostro, não haverá nem
chuva nem orvalho nos anos que se seguirão, a não ser por minha palavra". 2 Então
a palavra de *Adonai* veio a ele: 3 "Saia daqui, vá para o leste e esconda-se no *vádi*
K'rit, próximo ao Yarden. 4 Você deve beber do riacho, e eu darei ordem aos cor-
vos para o alimentarem ali". 5 Assim, Eliyahu foi e fez de acordo com a palavra de
Adonai — ele foi e passou a viver no *vádi* K'rit, próximo ao Yarden. 6 Os corvos
traziam pão e comida, de manhã, e pão e comida, à tarde; e ele bebia do riacho.
7 Depois de certo tempo, o riacho secou, porque não havia chuva na terra.
8 Então esta palavra de *Adonai* veio a Eliyahu: 9 "Levante-se; vá a Tzarfat, uma
aldeia em Tzidon, e fique ali. Eu ordenei a uma viúva dali que cuide de você". 10 Ele
se preparou e foi para Tzarfat. Chegando ao portão da cidade, viu uma viúva reco-
lhendo alguns gravetos. Ele a chamou e pediu: "Por favor, traga-me um pouco d'água
em um recipiente para que eu beba". 11 Enquanto ela estava indo buscar a água, ele
gritou para ela: "Por favor, traga-me também um pedaço de pão em sua mão". 12 Ela
respondeu: "Como vive *Adonai*, teu Deus, não tenho nada para cozinhar, apenas um
punhado de farinha em uma vasilha e um pouco de óleo na botija. Estou aqui colhen-
do alguns gravetos, de modo que possa cozinhar algo para mim e para meu filho.
Depois de termos comido isso, vamos morrer".
13 Eliyahu disse à viúva: "Não tenha medo. Vá e faça o que você está dizendo;
mas primeiro use um pouco do que tem, faça um pequeno pão e traga-o para mim.
Depois, faça comida para você e seu filho. 14 Porque isso é o que *Adonai*, o Deus de
Yisra'el, diz: 'A farinha da vasilha não acabará, nem o óleo da botija faltará, até que
Adonai mande chuva sobre a terra' ". 15 Ela foi e fez de acordo com o que Eliyahu
tinha dito; e ela, ele e sua família tiveram comida para comer por um longo período.
16 A vasilha de farinha não se esgotou, nem o óleo faltou à botija, cumprindo a pala-
vra de *Adonai*, falada por intermédio de Eliyahu.
17 Pouco tempo depois, o filho da mulher, na casa de quem Eliyahu estava, ficou
doente; sua doença foi piorando seriamente até que ele parou de respirar. 18 A mulher
disse a Eliyahu: "O que tens contra mim, homem de Deus? Vieste a mim apenas para
me fazer lembrar quanto sou pecadora, matando meu filho?". 19 "Dê-me seu filho",
ele disse à mulher. Tomando o menino do colo da mãe, ele o levou para o quarto de
cima, onde ele estava hospedado, e deitou-o em sua cama. 20 Eliyahu clamou a *Adonai*:
"*Adonai*, meu Deus! Tu trouxeste também essa miséria a essa viúva, com quem estou
hospedado, matando seu filho?". 21 Ele se deitou sobre a criança três vezes e clamou a
Adonai: "*Adonai*, meu Deus, por favor, permite que a alma desta criança retorne a ela".
22 *Adonai* ouviu o clamor de Eliyahu, a alma da criança retornou a ela, e ela reviveu.
23 Eliyahu tomou o menino, trouxe-o para a parte de baixo da casa e o entregou de volta
à sua mãe; e Eliyahu disse: "Veja, seu filho está vivo". 24 A mulher disse a Eliyahu: "Ago-
ra sei que és um homem de Deus e que a palavra de *Adonai* que tu pregas é verdade".

18 1 Passou-se um longo tempo. No terceiro ano, a palavra de *Adonai* veio a
Eliyahu: "Vá, apresente-se a Ach'av, e eu derramarei chuva sobre a terra".

2 Quando Eliyahu foi e se apresentou a Ach'av, a fome em Shomron era devastadora.
3 Ach'av chamou 'Ovadyah, que estava encarregado do palácio. 'Ovadyah temia muito
a *Adonai*; 4 por exemplo, quando Izevel estava exterminando os profetas de *Adonai*,
'Ovadyah reuniu cem profetas e os escondeu em duas cavernas, 50 em cada uma, e
supria-os com comida e água. 5 Ach'av disse a 'Ovadiah: "Vá por toda a terra, verifique
todos os riachos e rios; talvez descubramos pastos em algum lugar, de maneira que
possamos manter os cavalos e as mulas vivos e não percamos todos os animais". 6 Para
isso, eles dividiram o território que iriam percorrer; Ach'av foi por um lado, e 'Ovadyah
foi por outro.

7 'Ovadyah estava na estrada quando de repente Eliyahu o encontrou; ele se
ajoelhou diante do profeta e disse: "És tu mesmo, meu senhor Eliyahu?". 8 O pro-
feta respondeu: "Sim, sou eu; vá e diga a seu senhor que Eliyahu está aqui".
9 'Ovadiah replicou: "Em que tenho pecado, para que entregues este teu servo nas mãos
de Ach'av para que ele me mate? 10 Assim como *Adonai*, teu Deus, vive, não há nenhuma
nação ou reino em que meu senhor não tenha mandado procurar por ti, e em cada reino
ou nação onde eles disseram: 'Ele não está aqui', meu senhor os fez jurar que não te
tinham encontrado. 11 Agora tu me dizes: 'Vá e diga a seu senhor que Eliyahu está aqui'.
12 Assim que eu partir, o Espírito de *Adonai* te levará para algum lugar que eu desconhe-
ço, de maneira que, quando eu retornar e disser a Ach'av, e ele não te conseguir encon-
trar, ele me matará. No entanto, eu, este teu servo, tenho adorado *Adonai* desde a minha
juventude. 13 Não ouviste acerca do que fiz quando Izevel matou os profetas de *Adonai*?
Como eu escondi cem dos profetas de *Adonai* em cavernas e os supri com comida e
água? 14 Agora tu dizes: 'Vá e diga a seu senhor que Eliyahu está aqui'. Ele me matará!".
15 Disse Eliyahu: "Como vive *Adonai*, a quem eu sirvo, hoje eu me apresentarei a ele".

16 Então 'Ovadiah foi, encontrou Ach'av e narrou-lhe o que ocorrera; e Ach'av foi para
se encontrar com Eliyahu. 17 Quando Ach'av viu Eliyahu, lhe disse: "É você mesmo, per-
turbador de Yisra'el?". 18 Ele respondeu: "Eu não tenho perturbado Yisra'el; você, sim,
tem feito isso; você e a casa de seu pai, por abandonar as *mitzvot* e seguir os *ba'alim*.
19 Agora ordene a todo o Yisra'el que se reuna diante do monte Karmel, juntamen-
te com os 450 profetas de Ba'al e os 400 profetas de *asherah* que comem à mesa
de Izevel".

20 Ach'av enviou a palavra a todo o povo de Yisra'el e reuniu todos os profetas
no monte Karmel. 21 Eliyahu pôs-se diante do povo e disse: "Por quanto tempo vocês
ficarão pulando para a frente e para trás, entre duas posições? Se *Adonai* é Deus,
sigam-no; mas, se Ba'al é Deus, sigam-no!". O povo não lhe respondeu nenhuma
palavra. 22 Então Eliyahu disse ao povo: "Eu, apenas eu, sou o único profeta de *Adonai*,
o que resta, enquanto os profetas de Ba'al são em número de 450. 23 Deem-nos dois
novilhos, e eles podem escolher qual dos novilhos querem para eles. Deixem que
o cortem em pedaços e o coloquem sobre a lenha, mas não ateiem fogo sobre ele.
Eu prepararei o outro novilho, o colocarei sobre a lenha e não lançarei fogo sobre
ele. 24 Então vocês clamarão ao nome de seu deus, e eu clamarei pelo nome de
Adonai; e o Deus que responder com fogo, que ele seja Deus!". Todo o povo respon-
deu: "Boa ideia! Nós concordamos!".

25 Eliyahu disse aos profetas de Ba'al: "Escolham um novilho para vocês e pre-
parem-no primeiro, pois há muitos de vocês. Depois, clamem ao nome de seu deus,
mas não ateiem fogo". 26 Eles tomaram o novilho que lhes foi dado, prepararam-
-no e começaram a clamar pelo nome de Ba'al, desde a manhã até metade do dia
— "Ba'al! Responde-nos!". Entretanto, nenhuma voz era ouvida; e ninguém respon-
dia, conforme eles ficavam pulando em volta do altar que tinham feito. 27 Por volta
do meio-dia, Eliyahu começou a ridicularizá-los: "Gritem mais alto! Afinal, ele é

deus, não é? Talvez ele esteja meditando, ou esteja ocupado, ou de viagem, ou talvez esteja dormindo, e vocês precisam acordá-lo". 28 Os profetas de Ba'al gritavam mais e mais alto e batiam neles mesmos com espadas e facas, como era costume, até que o sangue se esvaísse. 29 Já era tarde, e eles foram e continuaram profetizando, em transe, até o momento das oferendas da tarde. Nenhuma voz, porém, veio até eles; ninguém respondeu, ninguém deu nenhuma atenção.

30 Então Eliyahu disse a todos: "Venham comigo". Todos foram com ele, e ele preparou o altar de *Adonai*, o qual tinha sido destruído. 31 Eliyahu tomou 12 pedras, representando o número das tribos dos filhos de Ya'akov, a quem a palavra de *Adonai* tinha vindo, dizendo: "Seu nome será Yisra'el". 32 Com as pedras, ele construiu um altar no nome de *Adonai*. Cavou uma valeta, ao redor do altar, larga o bastante para nela serem colocadas duas medidas de sementes. 33 Preparou a lenha, cortou o novilho e colocou-o sobre ela. 34 E disse: "Encham quatro jarros com água e despejem sobre a oferta queimada e a lenha". Eles obedeceram. "Façam novamente", ele disse; e eles fizeram novamente. "Façam uma terceira vez", ele disse; e eles fizeram pela terceira vez. 35 A água escorreu em torno do altar e encheu toda a valeta. 36 Quando era tempo da oferenda da tarde, Eliyahu, o profeta, aproximou-se e disse: "*Adonai*, Deus de Avraham, Yitz'chak e Yisra'el, que hoje fique bem claro que tu és Deus em Yisra'el, e que eu sou teu servo, e que fiz tudo isso pela tua palavra. 37 Ouve-me, *Adonai*, ouve-me, de maneira que este povo possa saber que tu, *Adonai*, és Deus e que estás fazendo o coração deles voltar-se para ti".

38 Então o fogo de *Adonai* desceu e consumiu a oferta queimada, a lenha, as pedras e o solo; e secou a água da valeta. 39 Quando todo o povo viu isso, eles caíram com o rosto em terra e disseram: "*Adonai* é Deus! *Adonai* é Deus!". 40 Eliyahu disse a eles: "Prendam os profetas de Ba'al! Não deixem que nenhum deles escape". Eles os perseguiram, e Eliyahu os trouxe para o *vádi* Kishon e ali os matou.

41 Então Eliyahu disse a Ach'av: "Levante-se, coma e beba, pois ouço o barulho de uma chuva forte". 42 Ach'av foi comer e beber, enquanto Eliyahu se foi para o alto do Karmel. Ele se ajoelhou com o rosto entre os joelhos. 43 "Agora", disse ele ao seu servo, "suba e olhe em direção ao mar". Ele foi, olhou e disse: "Não há nada lá". Sete vezes Eliyahu lhe disse: "Vá novamente". 44 Na sétima vez, o servo falou: "Agora há uma nuvem vindo do mar, mas não é maior que a mão de um homem". Eliyahu disse: "Vá e fale a Ach'av: 'Prepare a carrugem, e vá embora da montanha antes que a chuva o impeça". 45 Pouco depois, o céu escureceu com nuvens e ventos, e uma chuva pesada começou a cair, enquanto Ach'av, em sua carruagem, seguia para Yizre'el. 46 A mão de *Adonai* estava sobre Eliyahu, e ele, prendendo sua capa, correu à frente de Ach'av até a entrada de Yizre'el.

19 1 Ach'av disse a Izevel tudo o que Eliyahu tinha feito e como matara todos os profetas à espada. 2 Izevel enviou um mensageiro para dizer a Eliyahu: "Que os deuses façam coisas terríveis comigo, e das piores, se amanhã, por volta deste mesmo horário, eu não tiver retirado sua vida, assim como você retirou a deles". 3 Vendo isso, Eliyahu levantou-se e fugiu, para salvar a sua vida.

Quando chegou a Be'er-Sheva, em Y'hudah, Eliyahu deixou seu servo ali, 4 mas ele prosseguiu por mais um dia para dentro do deserto, até que chegou ao pé de uma árvore de zimbro. Ele se sentou ali, debaixo da árvore, e orou, pedindo a própria morte. "Basta!", disse ele. "Agora, *Adonai*, retira a minha vida. Eu não sou melhor do que meus antepassados". 5 Então ele se deitou debaixo da árvore de zimbro e dormiu. De repente, um anjo o tocou e lhe disse: "Acorde e coma". 6 Ele olhou, e ali, próximo à sua cabeça, estava um bolo, feito em pedras quentes, e um jarro de água.

Ele comeu e bebeu; então deitou-se novamente, uma segunda vez. 7 O anjo voltou e disse: "Acorde, coma e beba, ou a jornada vai ser demais para você". 8 Ele acordou, comeu e bebeu e, pelo vigor da alimentação, viajou quarenta dias e quarenta noites, até que chegou ao Horev, a montanha de Deus.

9 Ali ele foi para uma caverna e passou a noite. Então a palavra de *Adonai* veio a ele: "O que você está fazendo aqui, Eliyahu?". 10 Ele respondeu: "Tenho sido muito zeloso por *Adonai*, o Deus dos exércitos, pois o povo de Yisra'el tem abandonado teus mandamentos, quebrado os teus altares e matado teus profetas à espada. Agora eu sou o único que resta, e eles estão me perseguindo, para me matar também". 11 A voz, então, lhe disse: "Vá e permaneça na montanha diante de *Adonai*, e, nesse momento, *Adonai* vai passar". Um vento veemente rasgou a montanha ao meio e esmigalhou as rochas diante de *Adonai*; mas *Adonai* não estava no vento. Depois do vento, veio um terremoto, mas *Adonai* não estava no terremoto. 12 Depois do terremoto, veio um fogo, mas *Adonai* não estava no fogo. E, depois do fogo, veio uma quietude, seguida por uma voz. 13 Quando Eliyahu ouviu isso, cobriu sua face com a capa, caminhou e parou na entrada da caverna. Então uma voz veio a ele e perguntou: "O que você está fazendo aqui, Eliyahu?". 14 Ele respondeu: "Tenho sido bastante zeloso por *Adonai*, o Deus dos exércitos, pois o povo de Yisra'el tem abandonado teus mandamentos, quebrado teus altares e matado teus profetas à espada. Agora eu sou o único que resta, e eles estão me perseguindo, para me matar também".

15 *Adonai* disse a Eliyahu: "Volte pelo deserto de Dammesek. Quando chegar lá, unja Haza'el para ser rei sobre Aram. 16 Unja também Yehu, o filho de Nimshi, para ser rei sobre Yisra'el, e unja Elisha, o filho de Shafat de Avel-M'cholah, para ser profeta depois de você. 17 Yehu matará quem escapar da espada de Haza'el, e Elisha matará quem escapar da espada de Yehu. 18 No entanto, separarei 7 mil em Yisra'el, todo joelho que não se tem dobrado diante de Ba'al, e todo lábio que não o tem beijado".

19 Então Eliyahu se foi e encontrou Elisha, o filho de Shafat. Ele estava arando com 12 parelhas de bois; ele mesmo estava conduzindo a décima segunda parelha. Eliyahu foi diante dele e atirou sobre ele a sua capa. 20 Ele deixou o arado, correu após Eliyahu e disse: "Por favor, deixa-me dar o beijo de despedida em meu pai e minha mãe, e então eu o seguirei". Eliyahu respondeu: "Vá, mas retorne por causa daquilo que fiz a você". 21 Elisha parou de segui-lo. Então ele tomou os bois, sacrificou-os, assou a carne na madeira da parelha de bois e deu a carne aos pobres, para que dela eles comessem. Então ele se levantou, foi após Eliyahu e se tornou seu servo.

20 1 Então Ben-Hadad, rei de Aram, preparou todo o seu exército; com ele estavam 32 reis, além dos cavalos e carruagens. Ele foi para Shomron e cercou a cidade. 2 Enviou mensageiros para Ach'av, rei de Yisra'el, 3 para que eles lhe dissessem: "Aqui está a mensagem de Ben-Hadad: 'Sua prata e seu ouro são meus, também suas esposas e seus melhores filhos são meus' ". 4 O rei de Yisra'el respondeu: "Que seja como tu dizes, ó rei, meu senhor; eu sou teu, bem como tudo quanto tenho".

5 Os mensageiros retornaram e disseram: "Aqui está a resposta de Ben-Hadad: 'Eu enviei mensageiros a você para tomar a prata, o ouro, as esposas e as crianças para mim. 6 No entanto, estou enviando meus servos amanhã, por volta deste horário. Eles saquearão a sua casa e as casas dos seus servos, e tudo quanto virem e gostarem, trarão' ". 7 O rei de Yisra'el convocou todos os líderes da terra e disse: "Por favor, vejam isso! Estão vendo como esse homem está tentando causar problema? Primeiro, ele pediu minhas esposas, filhos, prata e ouro, e eu não lhe neguei nada". 8 Todos os líderes e todas as pessoas disseram ao rei: "Não dê ouvidos e não

concorde". 9 O rei disse aos mensageiros de Ben-Hadad: "Diga a meu senhor, o rei,
que eu farei tudo quanto ele pediu da primeira vez, mas isso eu não posso fazer".
Os mensageiros deixaram o local e trouxeram de volta a palavra ao rei.
10 Ben-Hadad fez retornar esta mensagem para Ach'av: "Que os deuses me façam
coisas horrendas se em Shomron restar pó bastante para dar um punhado a cada
um dos meus homens". 11 O rei de Yisra'el respondeu: "Diga a ele: 'Ele é quem está
vestindo a armadura; portanto, não deveria se vangloriar como se já a estivesse
retirando!' ". 12 Aconteceu que Ben-Hadad recebeu essa mensagem quando estava
bebendo, ele e seus reis, no acampamento no cerco. Ele ordenou a seus servos:
"Tomem suas posições de batalha!". Então eles se aprontaram para atacar a cidade.
13 Naquele momento, um profeta aproximou-se de Ach'av, rei de Yisra'el e dis-
se: "Eis o que *Adonai* diz: 'Você está vendo este grande exército? Vou dar a você a
vitória sobre ele hoje. Então você saberá que eu sou *Adonai!*' ". 14 Ach'av perguntou:
"Quem irá combatê-los?". O profeta respondeu: "Eis o que *Adonai* diz: 'Os jovens
soldados que servem aos líderes das províncias' ". Ach'av perguntou: "Quem deve
começar a batalha?", e o profeta respondeu: "Você". 15 Ele convocou os jovens sol-
dados dos líderes das províncias; havia 232. Depois disso, ele somou todo o povo
de Yisra'el; havia 7 mil.
16 Eles partiram ao meio-dia. Ben-Hadad e os 32 reis que eram seus aliados
estavam se embriagando em suas tendas. 17 Os jovens soldados dos líderes das
províncias foram os primeiros. Ben-Hadad enviou alguns para obter informação, e
eles disseram: "Homens saíram de Shomron". 18 Ele disse: "Tenham eles vindo para
paz ou para guerra, tragam-nos vivos". 19 Então os jovens soldados dos líderes das
províncias partiram da cidade, seguidos pelo exército, 20 e cada um matou seu
inimigo. Os aramim fugiram, e Yisra'el os perseguiu. Ben-Hadad, rei de Aram, esca-
pou em seu cavalo com alguns de sua cavalaria. 21 O rei de Yisra'el foi e atacou os
cavalos e as carruagens, causando a derrota maciça de Aram.
22 Depois de tudo isso, o profeta foi até o rei de Yisra'el e lhe disse: "Vá, reúna
suas forças e pense cuidadosamente no que fazer, pois no próximo ano, nesta
mesma época, o rei de Aram atacará novamente". 23 Enquanto isso, os servos do rei
de Aram lhe disseram: "O Deus deles é um Deus das montanhas, por isso foram
tão mais fortes que nós. Se nós lutarmos com eles nas partes baixas, certamente
seremos mais fortes que eles. 24 Faze também isto: retira todos os reis dos seus co-
mandos e ponha oficiais profissionais em seus lugares. 25 Então recruta um exército
tão grande quanto o que tu perdeste, cavalo por cavalo e carruagem por carruagem.
Nós os atacaremos nas planícies e, certamente, seremos mais fortes que eles". Ele
concordou e fez conforme lhe disseram.
26 Na mesma época, no ano seguinte, Ben-Hadad reuniu as tropas de Aram e foi
para Afek, a fim de atacar Yisra'el. 27 O exército de Yisra'el, já preparado, mobiliza-
do e suprido, saiu para lutar contra os aramim. Yisra'el acampou no lado oposto,
parecendo dois rebanhos de cabras, enquanto o exército de Aram preenchia toda
a terra.
28 Nesse momento, um homem de Deus aproximou-se e disse ao rei de Yisra'el:
"Eis o que *Adonai* diz: 'Pelo fato de Aram ter dito que *Adonai* é um Deus das monta-
nhas, mas não dos vales, eu vou entregar esse exército inteiro em suas mãos' ". 29 Eles
se mantiveram acampados frente a frente, por sete dias. No sétimo dia, iniciou-se
a batalha, e o povo de Yisra'el matou 100 mil soldados de Aram em um único dia.
30 O restante fugiu para Afek, para dentro da cidade, e as muralhas caíram sobre os
27 mil que sobraram. Ben-Hadad fugiu para dentro da cidade e se refugiou em uma
sala. 31 Seus servos lhe disseram: "Nós ouvimos que os reis da casa de Yisra'el são

misericordiosos. Se concordares, vamos vestir sacos em torno de nossa cintura, pôr
cordas ao redor de nossa cabeça e nos entregar ao rei de Yisra'el. Talvez ele poupe
a tua vida". 32 Eles vestiram sacos em volta da cintura, puseram cordas ao redor
da cabeça, foram até o rei de Yisra'el e disseram: "Teu servo, Ben-Hadad, diz: 'Por
favor, poupa minha vida' ", e o rei de Yisra'el respondeu: "Ele ainda está vivo? Ele
é meu irmão". 33 Os homens entenderam isso como indicação de uma promessa e,
o confirmaram, dizendo: "Sim, Ben-Hadad é teu irmão". Então Ach'av disse: "Ve-
nham e tragam Ben-Hadad até aqui". Ben-Hadad saiu e se apresentou diante dele,
e Ach'av o pôs em sua carruagem. 34 Ben-Hadad disse a Ach'av: "Eu vou retornar às
cidades que meu pai tomou de teu pai. E tu podes também estabelecer comércio em
Dammesek, conforme meu pai fez em Shomron". "Se fizer um documento escrito
de tudo isso, eu o libertarei", disse Ach'av. Então ele fez um pacto com Ben-Hadad
e o libertou.

35 Por ordem de *Adonai*, um dos discípulos dos profetas disse ao outro: "Bata em
mim!". No entanto, o homem recusou-se a bater no outro. 36 O primeiro discípulo
disse ao outro: "Porque você se recusou a ouvir a voz de *Adonai*, no momento em
que partir, um leão o matará". Assim, no momento em que ele se foi, um leão o avis-
tou e o matou. 37 O profeta foi até outro homem e disse: "Bata em mim!". O homem
o atingiu e o feriu. 38 O profeta se foi e esperou pelo rei na estrada, disfarçado com
uma faixa de pano sobre os olhos. 39 Enquanto o rei estava passando, ele o chamou
e disse: "Teu servo estava a caminho para o combate quando alguém veio até mim,
trouxe um homem até mim e disse: 'Guarde este homem! Se ele escapar, você paga-
rá pela vida dele com a sua vida, ou pagará 35 quilos de prata'. 40 Todavia, enquanto
teu servo estava ocupado com uma e outra coisa, ele desapareceu". O rei de Yisra'el
disse ao homem: "Então esta é a sua sentença; você já a pronunciou sobre si mesmo".
41 Rapidamente, ele removeu a faixa de seus olhos, e o rei de Yisra'el o reconhe-
ceu como um de seus profetas. 42 Então ele disse ao rei: "Aqui está o que *Adonai*
diz: 'Pelo fato de você ter deixado escapar o homem que eu tinha mandado que
matasse, pagará com sua vida pela vida dele, e com o seu povo pelo povo dele' ".
43 O rei de Yisra'el retornou para casa, em Shomron, depressivo e abatido.

21 1 Pouco tempo depois, um incidente ocorreu envolvendo Navot, o yizre'eli.
Ele tinha uma vinha em Yizre'el, bem próximo ao palácio de Ach'av, rei de
Shomron. 2 Ach'av falou a Navot: "Dê-me sua vinha, de maneira que eu possa tê-la
como minha horta, pois ela fica bem perto do meu palácio. Em troca, darei a você
uma vinha melhor ou, se preferir, o valor correspondente em dinheiro". 3 Navot,
entretanto, respondeu a Ach'av: "*Adonai* ordena que eu não te dê a herança de meus
antepassados". 4 Ach'av foi para casa ressentido e indignado pelo que Navot, o
yizre'eli, lhe havia dito: "Eu não te vou dar a herança de meus antepassados". Ele se
deitou em sua cama, virou seu rosto para o lado e recusou-se a comer. 5 Izevel, sua
esposa, veio e lhe perguntou: "Por que você está aborrecido? Por que não come?".
6 Ele respondeu: "Porque falei a Navot, o yizre'eli, dizendo-lhe: 'Venda-me sua vinha
por dinheiro ou, se preferir, darei a você outra vinha em troca desta'. Navot, porém,
respondeu: 'Não te darei minha vinha' ". 7 "Você é o rei de Yisra'el ou não é?", per-
guntou Izevel a Ach'av. "Levante-se, coma alguma coisa e anime-se, pois vou dar a
você a vinha de Navot, o yizre'eli".

8 Izevel escreveu cartas em nome de Ach'av, selou-as com o selo do rei e enviou-
-as aos líderes e nobres da cidade onde Navot morava. 9 Nas cartas, ela escreveu:
"Proclamem um jejum e ponham Navot sentado em lugar de honra no meio do
povo. 10 Diante dele, ponham dois homens de mau caráter, e deixe-os acusar Navot

publicamente de ter amaldiçoado Deus e o rei. Depois, levem-no para fora e ape-
drejem-no até a morte".
11 Os líderes e nobres da cidade em que Navot morava fizeram o que Izevel tinha
escrito nas cartas que lhes enviara. 12 Eles proclamaram um jejum e deram a Navot
o assento de honra no meio do povo. 13 Os dois homens de mau caráter vieram e
sentaram-se diante de Navot, e ambos passaram a acusar Navot publicamente, di-
zendo: "Navot amaldiçoou Deus e o rei". Então eles o levaram para fora da cidade
e o apedrejaram até a morte; 14 depois enviaram uma mensagem a Izevel, dizendo:
"Navot foi apedrejado até a morte".
15 Quando Izevel ouviu que Navot tinha sido apedrejado até a morte, ela disse
a Ach'av: "Levante-se e tome posse da vinha que Navot, o yizre'eli, recusou-se a
vender a você, porque ele não vive mais; está morto". 16 Quando Ach'av ouviu que
Navot estava morto, preparou-se para ir à vinha de Navot, o yizre'eli, a fim de tomar
posse dela.
17 Todavia, a palavra de *Adonai* veio a Eliyahu, em Tishbe: 18 "Levante-se e vá
encontrar-se com Ach'av, rei de Yisra'el, que mora em Shomron. Agora mesmo, ele
está na vinha de Navot; foi lá para tomar posse dela. 19 Você lhe dirá que é isto o que
Adonai diz: 'Você cometeu assassinato e agora está roubando a propriedade da víti-
ma'. E acrescente: 'Eis o que *Adonai* lhe diz: "Exatamente no lugar onde os cachorros
lamberam o sangue de Navot, vão lamber o seu sangue — sim, o seu sangue!" ' ".
20 Ach'av disse a Eliyahu: "Meu inimigo! Você me encontrou!". Eliyahu respondeu:
"Sim, eu o encontrei, porque você se vendeu, fazendo o que é mau aos olhos de
Adonai. 21 'Eis aqui' [diz *Adonai*], trarei desgraça sobre você! Eu o varrerei completa-
mente. Arrancarei de Ach'av todos os do sexo masculino, seja escravo, seja livre, em
Yisra'el. 22 Farei à sua casa o que fiz à casa de Yarov'am, o filho de N'vat, e o que fiz
à casa de Ba'sha, o filho de Achiyah, pois você provocou a minha ira e levou Yisra'el
a pecar'. 23 *Adonai* também diz isto acerca de Izevel: 'Os cachorros vão comer Izevel
pelas cercanias dos muros de Yizre'el. 24 Se alguém da linhagem de Ach'av morrer na
cidade, os cachorros o comerão; se morrer no campo, os urubus o comerão' ".
25 Verdadeiramente, não existiu ninguém como Ach'av. Pressionado por sua es-
posa, Izevel, vendeu-se para fazer o que era mau aos olhos de *Adonai*. 26 Seu modo
de agir, seguindo os ídolos, foi abominável; ele fez tudo quanto o emori tinha feito,
o qual *Adonai* havia expulsado da presença do povo de Yisra'el.
27 Ao ouvir essas palavras, Ach'av rasgou suas roupas, vestiu-se com panos de
saco e jejuou. Passou a dormir em panos de saco e a agir com humildade. 28 Então a
palavra de *Adonai* veio a Eliyahu, de Tishbe: 29 "Está vendo como Ach'av se tem humi-
lhado diante de mim? Uma vez que ele se humilhou, eu não farei mal a ele durante
toda a sua vida; mas durante a vida de seus filhos trarei o mal sobre sua casa".

22 1 Durante três anos, não houve guerra entre Aram e Yisra'el. 2 No terceiro
ano, porém, Y'hoshafat, rei de Y'hudah, veio ao rei de Yisra'el. 3 O rei de
Yisra'el disse a seus servos: "Vocês sabiam que Ramot-Gil'ad nos pertence, e nada
estamos fazendo para recuperar essa terra do rei de Aram?". 4 Ele perguntou a
Y'hoshafat: "Irias comigo para atacar Ramot-Gil'ad?". Y'hoshafat respondeu ao rei
de Yisra'el: "Eu estarei contigo a qualquer custo; considera minhas tropas e cavalos
como se fossem teus". 5 Contudo, continuou Y'hoshafat a falar ao rei de Yisra'el:
"Entretanto, primeiro, deveríamos buscar a palavra de *Adonai*".
6 Então o rei de Yisra'el reuniu-se com os profetas, cerca de 400 homens, e in-
dagou: "Devo atacar Ramot-Gil'ad?", perguntou, "Ou não devo ir?". Eles responde-
ram: "Ataca! *Adonai* a entregará nas mãos do rei". 7 Y'hoshafat, porém, respondeu:

"Apesar disso, não há nenhum outro profeta de *Adonai* aqui por quem possamos
consultá-lo?". 8 O rei de Yisra'el disse a Y'hoshafat: "Sim, há outro homem por quem
podemos consultar *Adonai*, Mikhay'hu, o filho de Yimlah; mas eu o odeio, pois ele
nunca profetiza coisas boas a meu respeito, somente coisas ruins". Y'hoshafat re-
plicou: "O rei não deveria falar assim".

9 Então o rei de Yisra'el chamou um oficial e lhe disse: "Rápido! Tragam-me
Mikhay'hu, o filho de Yimlah". 10 O rei de Yisra'el e o rei Y'hoshafat estavam sen-
tados juntos, cada um em seu trono, vestindo suas vestes reais, em uma eira,
na entrada do portão de Shomron; e todos os profetas estavam ali, profetizando na
presença deles. 11 Tzidkiyah, o filho de Kena'anah, tinha feito alguns chifres de ferro,
e declarou: "É isto o que *Adonai* diz: 'Com estes chifres, vocês destruirão Aram' ".
12 Todos os profetas profetizaram o mesmo: "Vão e ataquem Ramot-Gil'ad. Vocês
serão vitoriosos, pois *Adonai* a entregará nas mãos do rei".

13 O mensageiro que tinha ido chamar Mikhay'hu lhe disse: "Eis que os profetas
são unânimes quando predizem o sucesso do rei. Por favor, deixe que suas palavras
sejam como a deles; que ela seja favorável". 14 Entretanto, Mikhay'hu respondeu:
14 "Assim como vive *Adonai*, seja lá o que *Adonai* me disser, é o que direi".

15 Quando ele chegou diante do rei, o rei lhe perguntou: "Mikhay'hu, devemos
atacar Ramot-Gil'ad ou esperar?". Ele respondeu: "Vai e terás sucesso, pois *Adonai*
entregará a cidade nas mãos do rei". 16 O rei observou: "Quantas vezes tenho
de adverti-lo de não me falar outra coisa senão a verdade em nome de *Adonai*?".
17 Mikhay'hu respondeu: "Eu vi Yisra'el todo devastado sobre as montanhas, como
ovelhas sem pastor; e *Adonai* diz: 'Estes homens não têm líder; deixe que cada um vá
para casa em paz' ". 18 O rei de Yisra'el disse a Y'hoshafat: "Eu não te disse que ele
não profetiza nada de bom sobre mim, apenas coisas ruins?".

19 Mikhay'hu continuou: "Todavia, ouça a palavra de *Adonai*. Eu vi *Adonai* sen-
tado em seu trono, rodeado de todo o seu exército celestial à sua direita e à sua
esquerda. 20 *Adonai* perguntou: 'Quem enganará Ach'av para atacar Ramot-Gil'ad e
ali morrer?'. Um dos que o rodeavam disse: 'Faça isto'; outro disse: 'Faça aquilo'.
21 Então um espírito foi, apresentou-se diante de *Adonai* e disse: 'Eu irei'. 22 *Adonai*
perguntou: 'Como?'. E ele respondeu: 'Eu irei e serei um espírito enganador nos
lábios de todos os profetas do rei'. Disse *Adonai*: 'Você será bem-sucedido quando
o enganar. Vá e faça isso'. 23 Então, naquela hora, *Adonai* pôs um espírito de engano
nos lábios de todos os seus profetas; *Adonai* já tinha decretado a sua desgraça".

24 Então Tzidkiyah, o filho de Kena'anah, aproximou-se, deu um tapa no rosto
de Mikhay'hu e perguntou: "E como o Espírito de *Adonai* saiu de mim para falar a
você?". 25 Mikhay'hu respondeu: "Você descobrirá no dia em que fugir para dentro
de um quarto, tentando se esconder".

26 O rei de Yisra'el disse: "Enviem Mikhay'hu de volta a Amon, o governador da
cidade, e a Yo'ash, o filho do rei. 27 Digam o seguinte: 'O rei manda pôr esse homem
na prisão e alimentá-lo apenas com pão e água, e que não seja em grande quantida-
de, até que eu retorne em paz' ". 28 Mikhay'hu disse: "Se, na realidade, você retornar
totalmente em paz, *Adonai* não terá falado por meu intermédio". E então adicionou:
"Vocês me ouviram bem, todos vocês?".

29 Então o rei de Yisra'el e Y'hoshafat, rei de Y'hudah, foram a Ramot-Gil'ad.
30 E o rei de Yisra'el disse a Y'hoshafat: "Eu entrarei disfarçado na batalha, mas tu
deves usar as tuas vestes reais". 31 Então o rei de Yisra'el disfarçou-se e foi para a
batalha. O rei de Aram tinha ordenado o seguinte aos 32 comandantes das carrua-
gens: "Não ataquem ninguém, seja de alta, seja de baixa posição; ataquem apenas o
rei de Yisra'el". 32 Então, quando os comandantes das carruagens viram Y'hoshafat,

eles disseram: "Aquele deve ser o rei de Yisra'el", e foram para atacá-lo. Entretanto,
Y'hoshafat deu um grito, 33 de maneira que os comandantes perceberam que ele
não era o rei de Yisra'el, e pararam de persegui-lo. 34 No entanto, um soldado lançou
uma flecha ao acaso, e ela atingiu o rei de Yisra'el entre a parte de baixo da arma-
dura e a parte do peito. Então o rei disse ao condutor de sua carruagem: "Volte,
tire-me do combate; estou desmaiando por causa deste ferimento". 35 A batalha
foi horrenda naquele dia; e, sustendo-se em pé em sua carruagem, o rei teve de
enfrentar os aramim, até que morreu, naquela tarde, tendo o sangue jorrado de
seu ferimento sobre o assoalho de sua carruagem. 36 Por volta do pôr do sol, um
grito foi ouvido espalhando-se pelo meio do campo de batalha: 'Cada homem para
a sua cidade! Cada homem para a sua terra!'. 37 Assim, o rei morreu, e foi trazido
a Shomron, e eles o sepultaram em Shomron. 38 Eles lavaram a carruagem em um
açude em Shomron, onde as prostitutas se banhavam, e os cachorros lamberam seu
sangue, cumprindo assim a palavra que *Adonai* havia declarado.

39 Os outros feitos do reinado de Ach'av, todas as suas realizações, o palácio de
marfim que ele construiu e todas as cidades que ele edificou estão documentados
nas crônicas dos reis de Yisra'el. 40 Então Ach'av dormiu com seus antepassados, e
Achazyah, seu filho, tornou-se rei em seu lugar.

41 Y'hoshafat, o filho de Asa, tornou-se rei sobre Y'hudah, no quarto ano do
reinado de Ach'av sobre Yisra'el. 42 Y'hoshafat tinha 35 anos quando começou a
reinar, e reinou durante vinte e cinco anos em Yerushalayim. Sua mãe chamava-se
'Azuvah, a filha de Shilchi.

43 Ele viveu como Asa, seu pai, e não se desviou desse caminho, fazendo o que
era bom aos olhos de *Adonai,* 44(43b) conquanto os altares sagrados não tivessem sido
derrubados, e o povo ainda sacrificasse e apresentasse ofertas sobre eles.

45(44) Y'hoshafat fez as pazes com o rei de Yisra'el.

46(45) Os outros feitos de Y'hoshafat, todo o poder que ele demonstrou e sua
atuação na guerra estão documentados nas crônicas dos reis de Y'hudah.

47(46) Ele livrou o país dos prostitutos cultuais masculinos e femininos, remanes-
centes dos tempos de seu pai, Asa.

48(47) Na época, não havia nenhum rei em Edom, mas um governador foi nomea-
-do rei.

49(48) Y'hoshafat construiu grandes navios de "Tarshish", para ir até Ofir bus-
car ouro, mas eles não fizeram a viagem, pois naufragaram em 'Etzyon-Gever.
50(49) Achazyah, o filho de Ach'av, sugeriu a Y'hoshafat, que seus homens navegas-
sem com os homens de Y'hoshafat, mas Y'hoshafat não concordou com isso.

51(50) Então Y'hoshafat dormiu com seus antepassados, e foi sepultado com eles
na Cidade de David. E Y'horam, seu filho, tornou-se rei em seu lugar.

52(51) Achazyah, o filho de Ach'av, tornou-se rei sobre Yisra'el, em Shomron, no
décimo sétimo ano de Y'hoshafat como rei de Y'hudah, e ele reinou dois anos sobre
Yisra'el.

53(52) Achazyah fez o que era mau aos olhos de *Adonai,* vivendo da mesma forma
que seu pai, sua mãe e Yarov'am, o filho de N'vat, conduzindo Yisra'el ao pecado.
54(53) Ele também serviu a Ba'al e o adorou; e, assim, provocou a ira de *Adonai,* Deus
de Yisra'el, repetindo todas as coisas que seu pai havia feito.

מלכים ב'

M'lakhim Bet

[2Reis]

1 1 Depois da morte de Ach'av, Mo'av rebelou-se contra Yisra'el.
2 Quando Achazyah caiu da janela treliçada de seu quarto mais alto em Shomron
e ficou ferido, enviou mensageiros, dizendo-lhes: "Vão, consultem Ba'al-Z'vuv, o deus
de 'Ekron, e perguntem se eu me recuperarei deste ferimento". 3 Entretanto, um
anjo de *Adonai* disse a Eliyahu, o tishbe: "Levante-se, vá encontrar os mensageiros
do rei de Shomron e pergunte-lhes: 'Não existe Deus em Yisra'el, para que vocês
estejam indo consultar Ba'al-Z'vuv, o deus de 'Ekron? 4 Por isso, assim diz *Adonai:*
"Você jamais se levantará da cama em que está deitado; certamente morrerá" ' ".
Então Eliyahu partiu. 5 Os mensageiros retornaram a Achazyah, e ele lhes perguntou:
"Por que vocês voltaram?". 6 Eles lhe responderam: "Um homem veio até nós. Ele nos
disse para retornarmos ao rei que nos enviara e lhe disséssemos: 'Eis o que *Adonai*
diz: "Não existe Deus em Yisra'el para que vocês estejam indo consultar Ba'al-Z'vuv,
o deus de 'Ekron? Por isso, você jamais se levantará da cama em que está deitado;
certamente morrerá" ' ". 7 O rei lhes perguntou: "Como era o homem que encontrou
vocês e falou essas coisas?". 8 "Ele era um homem peludo", eles lhe responderam, "e
trazia um cinto de couro em torno de sua cintura". Ele disse: "Era Eliyahu, o tishbe".
9 Então o rei enviou um comandante de 50 a Eliyahu, junto com seus 50 homens.
Eliyahu estava sentado no topo de uma colina. O comandante subiu a ele e lhe disse:
"Homem de Deus, o rei diz para que tu venhas conosco". 10 Eliyahu respondeu ao
comandante de 50: "Se eu sou, de fato, um homem de Deus, que desça fogo do céu e
queime você e os seus 50 homens". E desceu fogo do céu e queimou o comandante
e os seus 50 homens. 11 O rei enviou outro comandante de 50, juntamente com seus
50 homens. Ele disse a Eliyahu: "Homem de Deus, o rei diz: 'Vem conosco imedia-
tamente!' ". 12 Eliyahu lhes respondeu: "Se eu sou, de fato, um homem de Deus, que
desça fogo do céu e queime você e os seus 50 homens". E veio fogo do céu e quei-
mou o comandante e seus 50 homens. 13 O rei enviou um terceiro comandante de
50, com seus 50 homens. O terceiro comandante de 50 subiu a colina, aproximou-se
de Eliyahu e caiu de joelhos diante dele. Ele pleiteou com ele: "Homem de Deus, por
favor! Mostra alguma consideração por minha vida e pela vida destes teus 50 servos!
14 Eu sei que o fogo desceu do céu e queimou os outros dois comandantes com seus
50 homens, mas, agora, mostra alguma consideração pela minha vida". 15 O anjo de
Adonai disse a Eliyahu: "Desça com ele; não tenha medo dele". Então ele se levantou,
desceu com ele e foi até o rei.

16 Eliyahu disse ao rei: "Eis o que *Adonai* diz: 'Você enviou mensageiros para con-
sultar Ba'al-Z'vuv, o deus de 'Ekron. Isso aconteceu porque não há Deus em Yisra'el a
quem você possa consultar? Por isso, você jamais deixará a cama em que está deita-
do; certamente morrerá' ". 17 Então ele morreu em cumprimento à palavra de *Adonai,*
falada por meio de Eliyahu.

Y'horam começou a reinar no lugar de Achazyah, no segundo ano de Y'horam,
o filho de Y'hoshafat, rei de Y'hudah, porque ele não tinha filhos. 18 Outros atos de
Achazyah estão registrados nas crônicas dos reis de Yisra'el.

2 1 Chegou o tempo de *Adonai* levar Eliyahu para o céu em um redemoinho. Eliyahu
e Elisha estavam em seu caminho, partindo de Gilgal, 2 quando Eliyahu disse a
Elisha: "Por favor, espere aqui, porque *Adonai* enviou-me por todo o caminho até
Beit-El". Contudo, Elisha falou: "Como vive *Adonai*, e como tu vives, eu não te aban-
donarei". Então eles desceram até Beit-El. 3 Os discípulos dos profetas de Beit-El
vieram a Elisha e lhe perguntaram: "Você sabe que hoje *Adonai* tirará seu senhor de
você?". "Sim, eu sei", respondeu ele; "não digam mais nada".

4 Então Eliyahu lhe disse: "Elisha, por favor, espere aqui, porque *Adonai* en-
viou-me a Yericho". Ele respondeu: "Como vive *Adonai*, e como tu vives, eu não te
abandonarei". Então eles vieram a Yericho. 5 Os discípulos dos profetas de Yericho
aproximaram-se de Elisha e lhe disseram: "Você sabe que hoje *Adonai* tirará seu
senhor de você?". "Sim, eu sei", ele respondeu; "não digam mais nada".

6 Eliyahu disse a ele: "Por favor, espere aqui, porque *Adonai* enviou-me ao Yarden".
Elisha respondeu: "Como vive *Adonai* e como tu vives, eu não te abandonarei".
Então os dois desceram. 7 Cinquenta dos discípulos dos profetas vieram e os ob-
servavam de certa distância, enquanto eles permaneciam próximo ao Yarden.
8 Eliyahu tomou seu manto, enrolou-o e golpeou a água com ele, e a água dividiu-se
para a direita e para a esquerda. Então os dois atravessaram em terra seca. 9 Depois
que eles tinham atravessado, Eliyahu disse a Elisha: "Diga-me, o que posso fazer por
você antes que eu seja tirado de você". Elisha respondeu: "Por favor! Que uma porção
dobrada do teu espírito seja sobre mim!". 10 Ele replicou: "Você está pedindo uma
coisa difícil. Entretanto, se me vir quando eu estiver sendo tirado de você, terá o que
pediu; do contrário, não o conseguirá".

11 Subitamente, enquanto eles estavam caminhando e conversando, apareceu ali
uma carruagem incandescente com cavalos de fogo; a carruagem os separou um do
outro, e Eliyahu subiu ao céu em um redemoinho. 12 Elisha viu isso e chorou: "Meu
pai! Meu pai! As carruagens e os cavaleiros de Yisra'el!". Então Eliyahu desapareceu
de sua vista. Tomando suas vestes, ele as rasgou ao meio. 13 Depois tomou o manto
de Eliyahu, que tinha caído dele. Parando sobre a margem do Yarden, 14 ele tomou
o manto que tinha caído de Eliyahu, golpeou a água e disse: "Onde está *Adonai*, o
Deus de Eliyahu?". Quando ele bateu na água, porém, ela se dividiu para a direita e
para a esquerda; então Elisha atravessou.

15 Quando os discípulos dos profetas de Yericho o viram a distância, eles disse-
ram: "O espírito de Eliyahu repousou sobre Elisha". Avançando para encontrar-se
com ele, eles se prostraram ao chão diante dele 16 e lhe disseram: "Aqui, agora,
teus servos têm 50 homens fortes. Por favor, deixa que nós os enviemos à procura
de teu senhor, porque é possível que o Espírito de *Adonai* o tenha tomado daqui
e o tenha colocado em alguma montanha ou em algum vale". Elisha respondeu:
"Não os enviem". 17 Eles, porém, continuaram a pressioná-lo até que, finalmente,
constrangido, ele permitiu que os enviassem. Então eles enviaram os 50 homens.
Estes procuraram Eliyahu durante três dias, mas não o encontraram. 18 Quando
retornaram a Elisha, no lugar onde ele estava esperando em Yericho, ele lhes disse:
"Eu falei que não fossem, não falei?".

19 Os homens da cidade disseram a Elisha: "Como podes ver, esta é uma cidade
agradável para se viver; contudo a água é ruim, de modo que a terra é improdutiva".
20 "Tragam-me um jarro novo", disse ele, "e nele coloquem sal". Eles lhe trouxeram
o jarro. 21 Ele foi até a fonte de água, jogou sal ali e disse: "Isto é o que *Adonai* diz:
'Eu curei esta água; ela não causará mais morte ou improdutividade' ". 22 A água foi
curada e permanece curada até o dia de hoje, em cumprimento à palavra de Elisha.

23 Elisha partiu em direção a Beit-El. Enquanto ele estava em seu caminho pela es-
trada, alguns meninos vieram da cidade e começaram a zombar dele: "Suba, careca!

Suba, careca!". 24 Ele olhou para a frente, viu os meninos e lançou uma maldição sobre eles em nome de *Adonai*. Depois disso, duas ursas vieram da floresta e despedaçaram 42 dos meninos.

25 Elisha foi dali para o monte Karmel e então retornou a Shomron.

3 1 Y'horam, o filho de Ach'av, começou seu reinado sobre Yisra'el em Shomron durante o décimo oitavo ano de Y'hoshafat, rei de Y'hudah, e reinou doze anos. 2 Ele fez o que era mau aos olhos de *Adonai*, mas não tanto quanto seu pai e sua mãe, porque ele derrubou a coluna de Ba'al, que seu pai havia feito. 3 Contudo, ele insistiu em cometer os pecados de Yarov'am, o filho de N'vat, com os quais tinha levado Yisra'el a pecar, e nunca se apartou desses pecados.

4 Mesha, rei de Mo'av, tinha uma criação de ovelhas, e ele costumava enviar ao rei de Yisra'el, como tributo, a lã de 100 mil cordeiros e de 100 mil carneiros. 5 Depois que Ach'av morreu, porém, o rei de Mo'av rebelou-se contra o rei de Yisra'el. 6 Y'horam partiu de Shomron e reuniu todo o Yisra'el. 7 Ele também foi e enviou esta palavra a Y'hoshafat, rei de Y'hudah: "O rei de Mo'av rebelou-se contra mim. Tu te juntarás a mim no ataque a Mo'av?". Y'hoshafat respondeu: "Eu me juntarei a ti no ataque — eu estarei contigo por todo o caminho; pensa em meu povo e em meus cavalos como se fossem teus. 8 Que rota devo tomar?", ele acrescentou. "A estrada através do deserto de Edom", respondeu Y'horam.

9 Então o rei de Yisra'el partiu, juntamente com o rei de Y'hudah e o rei de Edom. Depois de uma jornada de sete dias, acabara a água, tanto para os homens quanto para os animais que os seguiam. 10 "Isso é terrível!", exclamou o rei de Yisra'el. "Será que *Adonai* chamou estes três reis apenas para entregá-los a Mo'av?". 11 Y'hoshafat, porém, perguntou: "Não há aqui um profeta de *Adonai* por intermédio de quem possamos consultar *Adonai*?". Um dos servos do rei de Yisra'el respondeu: "Elisha, o filho de Shafat, está aqui, aquele que costumava derramar água nas mãos de Eliyahu". 12 Y'hoshafat disse: "A palavra de *Adonai* está com ele". Então o rei de Yisra'el, Y'hoshafat e o rei de Edom desceram para consultá-lo.

13 Elisha perguntou ao rei de Yisra'el: "O que você e eu temos em comum? Vá consultar os profetas de seu pai e os profetas de sua mãe!". Todavia, o rei de Yisra'el lhe respondeu: "Não, porque *Adonai* chamou estes três reis para entregá-los a Mo'av". 14 Elisha, então, falou: "Como vive *Adonai-Tzva'ot*, diante de quem eu estou, se eu não respeitasse o fato de que Y'hoshafat, rei de Y'hudah, está aqui, não olharia para você, nem mesmo daria atenção a você. 15 Agora, porém, tragam-me um músico". Enquanto o músico tocava, a mão de *Adonai* caiu sobre Elisha 16 e ele disse: "*Adonai* diz que cavem até que este vale esteja cheio de cisternas. 17 Pois aqui está o que *Adonai* diz: 'Vocês não verão vento nem chuva. No entanto, o vale ficará cheio de água, e vocês beberão dela — vocês, seu gado e seus outros animais'. 18 Isso é pouco aos olhos de *Adonai*. Ele também entregará Mo'av em suas mãos. 19 Vocês conquistarão todas as cidades fortificadas e todas as cidades importantes, cortarão todas as boas árvores, taparão todos os poços e arruinarão todos os bons campos com pedras". 20 Na manhã seguinte, por volta da hora do sacrifício, desceu água da direção de Edom, e o campo ficou alagado.

21 Quando os mo'avim ficaram sabendo que os reis tinham vindo para atacá-los, todos os homens foram convocados, desde o mais jovem, capaz de usar armas, até o mais velho, e tomaram posição na fronteira. 22 Eles se levantaram bem cedo, de manhã, quando o sol estava brilhando sobre a água. Quando viram a água a distância, parecendo tão vermelha quanto o sangue, 23 os mo'avim disseram: "Aquilo é sangue!

Os reis devem ter se desentendido, e seus soldados mataram uns aos outros. Mo'av, ao saque!".

24 Quando eles chegaram ao acampamento de Yisra'el, Yisra'el lançou o ataque, de modo que os mo'avim fugiram de diante deles. Entretanto, eles avançaram sobre Mo'av e o feriram. 25 Eles tornaram as cidades em ruínas. Cada homem atirou sua pedra sobre todos os bons campos, cobrindo-os. Eles taparam todos os poços. Cortaram todas as boas árvores. Finalmente, tudo o que restou foi Kir-Hareset diante de seu muro de pedra, mas os homens, armados de atiradeiras, a cercaram e a atacaram. 26 Quando o rei de Mo'av viu que a luta era demais para ele, reuniu 700 homens armados de espadas e tentou forçar a passagem até o rei de Edom, mas não conseguiu. 27 Então ele tomou seu filho mais velho, que devia sucedê-lo como rei, e ofereceu-o como oferta queimada sobre o muro. Isso suscitou uma ira tão grande em Yisra'el que eles partiram dali e voltaram para sua terra.

4 1 A esposa de um dos discípulos dos profetas queixou-se com Elisha: "Teu servo, meu marido, morreu", ela disse, "e tu sabes que ele temia *Adonai*. Agora um credor veio tomar meus dois filhos como seus escravos". 2 Elisha perguntou a ela: "O que eu poderia fazer por você? Diga-me, o que tem em casa?". Ela respondeu: "Tua serva não tem nada em casa além de uma vasilha de óleo". 3 Então ele disse: "Vá e tome emprestadas vasilhas de todos os seus vizinhos, vasilhas vazias, e que não sejam poucas! 4 Então entre, feche a porta com você e seus filhos dentro e derrame o óleo em todas essas vasilhas; e, à medida que elas forem se enchendo, coloque-as de lado". 5 Então ela o deixou e fechou a porta atrás de si e de seus filhos. Eles traziam para ela as vasilhas, enquanto ela as enchia. 6 Quando as vasilhas estavam cheias, ela disse ao seu filho: "Traga-me outra vasilha", mas ele respondeu: "Não há outra vasilha". Então o óleo parou de fluir. 7 Ela veio e contou ao homem de Deus, e ele disse: "Vá, venda o óleo e pague sua dívida; então você e seus filhos poderão viver do que sobrar".

8 Certo dia, Elisha foi a Shunem, e uma mulher rica que vivia ali o constrangeu a ficar e comer uma refeição. Depois disso, sempre que ele passava por ali, parava para uma refeição. 9 Ela disse a seu marido: "Eu posso ver que este é um santo homem de Deus, que sempre para em nossa cidade. 10 Por favor, vamos construir um pequeno quarto no terraço para ele. Nós colocaremos ali uma cama e uma mesa, uma cadeira e uma lamparina. Então, sempre que ele vier nos visitar, poderá ficar ali".

11 Um dia, Elisha veio em visita àquele lugar e subiu ao quarto superior para se deitar. 12 Ele disse a Geichazi, seu servo: "Chame a shunamit". Ele a chamou, e, quando ela chegou, 13 Elisha disse a Geichazi: "Diga isto a ela: 'Você nos mostrou tanta hospitalidade! O que posso fazer para demonstrar a você minha gratidão? Quer que eu diga alguma coisa ao rei por você? Ou ao comandante do exército?". Ela respondeu: "Eu estou feliz vivendo como vivo, entre meu povo". 14 Ele perguntou: "O que então se pode fazer por ela?". Geichazi respondeu: "Há uma coisa — ela não tem um filho; e o marido dela é velho. 15 Elisha disse: "Chame-a". Depois que Geichazi a chamou, ela ficou parada à porta. 16 Elisha disse a ela: "No próximo ano, por volta desta época, você estará segurando um filho". "Não, meu senhor", ela respondeu. "Homem de Deus, não mintas para a tua serva!". 17 A mulher, porém, concebeu e deu à luz um filho, no ano seguinte, por volta daquela época, exatamente como Elisha tinha dito a ela.

18 Quando o menino já estava suficientemente crescido, ele saiu com seu pai, que estava junto com os ceifeiros. 19 De repente, ele gritou para o pai: "Minha cabeça!

Minha cabeça está doendo!". O pai disse ao seu servo: "Leve-o de volta à sua mãe".
20 Quando o servo o tomou e o trouxe à sua mãe, ele ficou no colo dela até o meio-
-dia; então ele morreu. 21 Ela se levantou e deitou-o na cama do homem de Deus,
fechou a porta e saiu. 22 Ela chamou seu marido e disse: "Por favor, envie-me com
um dos servos e um jumento. Eu preciso chegar ao homem de Deus tão rápido
quanto puder; voltarei logo". 23 Ele perguntou: "Por que você está indo a ele hoje?
Não é *Rosh-Hodesh* e não é *shabbat*". Ela disse: "Está tudo bem". 24 Então ela selou o
jumento e ordenou ao servo: "Cavalgue tão rápido quanto você puder; não diminua
a velocidade, a menos que eu diga para fazer isso".

25 Ela partiu e veio ao homem de Deus, no monte Karmel. Quando o homem de
Deus a viu a distância, ele disse a Geichazi, seu servo: "Olhe, lá vem a shunamit.
26 Corra agora para encontrar-se com ela e pergunte-lhe: "Está tudo bem com você?
Com seu marido? Com a criança?". Ela respondeu: "Está tudo bem". 27 Quando, po-
rém, ela chegou ao homem de Deus, na colina, abraçou-se aos pés dele. Geichazi veio
para tirá-la dali, mas o homem de Deus lhe disse: "Deixe-a em paz. Ela está em gran-
de angústia, mas *Adonai* escondeu de mim o que está acontecendo, ele não me reve-
lou". 28 Então ela lhe disse: "Eu pedi ao meu senhor um filho? Eu não disse que não
me enganasses?". 29 Então Elisha disse a Geichazi: "Prepare-se para agir, tome meu
cajado em suas mãos e mantenha-se em seu caminho. Se você encontrar alguém, não
o cumprimente; se alguém cumprimentar você, não responda; e ponha meu cajado
no rosto da criança". 30 A mãe da criança disse: "Como vive *Adonai*, e como tu vives,
eu não te deixarei". Ele se levantou e a seguiu. 31 Geichazi foi à frente deles e pôs o
cajado no rosto da criança. Entretanto, não houve nenhum som, nem sinal de vida.
Então ele voltou a Elisha e contou a ele: "A criança não se levanta".

32 Quando Elisha chegou à casa, lá estava a criança, morta e deitada na cama. 33 Ele
entrou, fechou a porta, ficando só ele e o menino no quarto, e orou a *Adonai*. 34 Então
ele subiu na cama e ficou sobre a criança, colocando boca sobre boca, olhos sobre
olhos e mãos sobre mãos. Como ele se estendesse sobre o menino, a carne da criança
começou a aquecer. 35 Então ele desceu, caminhou por algum tempo pela casa, voltou
para cima e estendeu-se sobre a criança novamente. A criança espirrou sete vezes e,
então, abriu os olhos. 36 Elisha chamou Geichazi e disse: "Chame a shunamit". Ele a
chamou; e, quando ela veio, ele disse: "Pegue seu filho". 37 Ela entrou, prostrou-se a
seus pés e curvou-se até o chão. Então tomou seu filho e saiu.

38 Elisha voltou a Gilgal. Naquele tempo, houve fome na terra. Os discípulos
dos profetas estavam sentados diante dele, e ele disse ao seu servo: "Coloque uma
grande panela no fogo e cozinhe uma sopa para os profetas". 39 Um deles foi ao
campo para juntar vegetais e encontrou uma videira silvestre, da qual ele encheu a
frente de seu manto com frutos silvestres. Ao retornar, ele os cortou e os colocou
na panela; eles não sabiam que fruto era aquele. 40 Então eles despejaram a sopa
para que os homens comessem; contudo, ao prová-la, eles gritaram: "Homem de
Deus! Há morte nesta panela!". E eles não puderam comê-la. 41 Elisha, porém, falou:
"Tragam-me farinha". Ele lançou a farinha na panela e disse: "Sirvam-na para que
todos comam". Desta vez, não havia nada prejudicial na panela.

42 Um homem veio de Ba'al-Shalishah, trazendo para o homem de Deus 20 pães
feitos com as primícias da cevada e também espigas de grãos em sua bolsa. Elisha
disse: "Dê isso ao povo para que ele coma". 43 Seu servo perguntou: "Como eu servi-
rei isso a cem homens?". Ele respondeu: "Dê ao povo para que coma, porque *Adonai*
diz que eles comerão e ainda haverá sobra". 44 Então ele os serviu, o povo comeu e
ainda sobrou, como *Adonai* havia dito.

5 1 Na'aman, comandante do exército do rei de Aram, era altamente respeitado e
estimado por seu senhor, porque, por meio dele, *Adonai* tinha trazido vitória a
Aram. Embora ele fosse um bravo guerreiro, sofria de *tzara'at.* 2 Em uma de suas
incursões ao território de Yisra'el, Aram levou cativa uma menina que se tornou
serva da esposa de Na'aman. 3 Ela disse à sua senhora: "Eu gostaria que meu senhor
fosse ao profeta em Shomron! Ele poderia curar sua *tzara'at*". 4 Na'aman foi e falou
ao seu senhor: "A menina da terra de Yisra'el disse isso e isso". 5 O rei de Aram
disse: "Vá agora, e eu enviarei uma carta ao rei de Yisra'el".

Ele partiu, levando consigo 350 quilos de prata, 72 quilos de ouro e dez mudas
de roupas finas. 6 Ele trouxe para o rei de Yisra'el a carta, que dizia: "Quando esta
carta chegar a ti, verás que eu te estou enviando meu servo Na'aman para que
possas curá-lo de sua *tzara'at*". 7 Quando o rei de Yisra'el terminou de ler a carta,
rasgou suas vestes. "Sou eu Deus, capaz de matar ou dar vida", ele perguntou, "para
que ele me envie um homem a quem eu cure da *tzara'at*? Vocês podem ver que ele
está apenas procurando uma desculpa para se desentender comigo". 8 Quando, po-
rém, Elisha, o homem de Deus, ouviu que o rei de Yisra'el tinha rasgado suas vestes,
enviou uma mensagem ao rei: "Por que rasgaste tuas vestes? Tão somente envie-o a
mim, e ele saberá que há um profeta em Yisra'el".

9 Então Na'aman veio com seus cavalos e suas carruagens e parou à porta da
casa de Elisha. 10 Elisha enviou um mensageiro a ele para lhe dizer: "Vá e banhe-
-se sete vezes no Yarden. Sua pele se tornará como era antes, e você ficará limpo".
11 Entretanto, Na 'aman irritou-se e partiu, dizendo: "O que é isso! Eu pensei que
ele, por certo, viria pessoalmente, ficaria em pé e clamaria o nome de *Adonai,* seu
Deus, moveria sua mão sobre o lugar doente e assim curaria a pessoa com *tzara'at.*
12 Não são Amanah e Parpar, os rios de Dammesek, melhores do que todas as águas
de Yisra'el? Por que deveria eu me banhar nessas águas e ficar limpo?". Então ele se
voltou e partiu furioso. 13 Seus servos, porém, se aproximaram dele e lhe disseram:
"Meu pai! Se o profeta te tivesse pedido que fizesses algo realmente difícil, não o
terias feito? Então, não faz mais sentido fazer o que ele diz, quando é tão somente
'banhar-se e ficar limpo'?". 14 Assim, ele desceu e imergiu sete vezes no Yarden,
como o homem de Deus lhe tinha dito que fizesse; e sua pele foi restaurada e
tornou-se como a pele de uma criança, e ele ficou limpo.

15 Então Na'aman, com toda a sua comitiva, retornou ao homem de Deus, pa-
rou diante dele e disse: "Bem, eu aprendi que não há Deus em toda a terra, exceto
em Yisra'el; portanto, por favor, aceita um presente de teu servo". 16 Elisha, po-
rém, respondeu: "Como vive *Adonai,* diante de quem eu estou, eu não o aceitarei".
E, mesmo com a insistência de Na'aman para que aceitasse o presente, ele recusou.
17 Então Na'aman disse: "Se não o aceitas, então, por favor, deixa que seja dado a
teu servo tanta terra quanto duas mulas carregadas; porque de hoje em diante teu
servo não oferecerá oferta queimada nem sacrifícios a outro deus, senão a *Adonai.*
18 Com exceção disso, que *Adonai* perdoe teu servo por isto: quando meu senhor
entrar no templo de Rimmon para ali adorar, e se apoiar em minha mão, eu tenho
de me curvar no templo de Rimmon — quando eu me curvar, que *Adonai* perdoe teu
servo por isso". 19 Elisha disse a ele: "Vá em paz".

Na'aman estava apenas a pouca distancia dele, 20 quando Geichazi, o servo de
Elisha, o homem de Deus, disse a si mesmo: "Ora, meu senhor facilitou demais
as coisas para aquele arami, Na'aman, não aceitando dele o que trouxe. Como
vive *Adonai,* eu correrei atrás dele e pegarei pelo menos alguma coisa". 21 Então
Geichazi apressou-se após Na'aman. Quando Na'aman viu alguém correndo atrás
dele, desceu de sua carruagem para encontrar-se com ele e perguntou: "Está tudo
bem?". 22 "Sim", ele respondeu. "Meu senhor enviou-me com esta mensagem: 'Dois

jovens chegaram a mim, ainda há pouco, discípulos de profetas das montanhas de Efrayim. Poderias ser suficientemente bondoso para dar a eles 35 quilos de prata e duas mudas de roupas?". 23 "É claro que sim; tome 70 quilos!", disse Na'aman, insistindo com ele. Ele amarrou os 70 quilos de prata em duas sacolas e deu-as, com duas mudas de roupas, a dois dos seus servos, que as carregaram à frente de Geichazi. 24 Ao chegar à colina, ele tomou as duas sacolas dos servos e guardou-as em casa. Então deixou que os homens partissem, e eles se foram. 25 Depois disso, entrou e ficou diante de seu senhor. Elisha perguntou: "Onde você esteve Geichazi?". "Teu servo não foi a lugar nenhum", ele respondeu. 26 Elisha lhe disse: "Não estava o meu coração com você quando o homem desceu de sua carruagem para encontrar-se com você? É este o tempo de receber prata e roupas — e olivais, e vinhas, e ovelhas e bois, e escravos e escravas? 27 Portanto, a *tzara'at* de Na'aman se pegará a você e aos seus descendentes para sempre". Ele deixou a presença de Elisha com *tzara'at*, tão branco como a neve.

6 1 Os discípulos dos profetas disseram a Elisha: "Como podes ver, o lugar onde nós vivemos para estar perto de ti é muito pequeno para nós. 2 Por favor, permite que vamos ao Yarden; cada um de nós pegará um tronco, e ali construiremos um lugar para morarmos". Ele respondeu: "Podem ir". 3 Entretanto, um deles disse: "Por favor, não virás com os teus servos?". Ele respondeu: "Tudo bem, eu irei". 4 E ele foi com eles. Quando eles chegaram ao Yarden, cortaram árvores; 5 contudo, enquanto um deles estava derrubando o tronco de uma árvore, a cabeça do seu machado caiu na água. "Oh, não!", ele clamou. "Meu senhor, o machado era emprestado!". 6 O homem de Deus perguntou: "Onde ele caiu?". Ele lhe mostrou o lugar. Então Elisha cortou um galho, atirou-o ali, e a cabeça de ferro do machado flutuou até a superfície. 7 "Tire-a daí", ele disse. Então ele estendeu sua mão e o pegou.

8 O rei de Aram guerreou contra Yisra'el; e, consultando os seus servos, ele disse: "Eu montarei meu acampamento para emboscada em tal e tal lugar". 9 O homem de Deus enviou esta mensagem ao rei de Yisra'el: "Tenha cuidado e não passe em tal e tal lugar, porque Aram atacará ali". 10 Então o rei de Yisra'el enviou homens ao lugar que o homem de Deus lhe havia indicado e sobre o qual o tinha advertido e, quanto a esse lugar, ele tomou precauções especiais. Isso aconteceu mais de uma ou duas vezes, 11 e desagradou grandemente ao rei de Aram. Este chamou seus servos e lhes disse: Digam-me, qual de vocês está me traindo a favor do rei de Yisra'el?". 12 Um deles respondeu: "Não é isso, meu senhor, rei. Antes, Elisha, o profeta que está em Yisra'el, é que revela ao rei de Yisra'el as palavras que tu dizes às escondidas em teu quarto!". 13 Ele disse: "Vão e vejam onde ele está para que eu possa trazê-lo aqui". Eles lhe disseram: "Ele está em Dotan".

14 Então ele enviou para lá cavalos, carruagens e um grande exército; eles vieram à noite e cercaram a cidade. 15 O servo do homem de Deus levantou-se de madrugada; ao sair, ele viu um exército com cavalos e carruagens cercando a cidade. Seu servo disse a ele: "Oh, meu senhor, isto é terrível! O que faremos?". 16 Ele respondeu: "Não tenha medo — aqueles que estão conosco são mais numerosos do que aqueles que estão com eles!". 17 Elisha orou: "*Adonai*, peço-te que abras os seus olhos para que ele possa ver". *Adonai* abriu os olhos do jovem, e ele viu: ali, diante dele, por toda a volta de Elisha, as montanhas estavam cobertas de cavalos e carruagens de fogo. 18 Quando eles vieram a ele, Elisha orou a *Adonai*: "Por favor, fere esse povo com cegueira". E *Adonai* os cegou, como Elisha pedira. 19 Em seguida, Elisha disse a eles: "Vocês perderam o caminho e este não é o caminho certo para a cidade. Sigam-me, e eu os levarei ao homem que vocês estão procurando". Então ele os levou a Shomron. 20 Ao chegar a Shomron, Elisha disse: "*Adonai*, abre os olhos

desses homens para que possam ver". ADONAI lhes abriu os olhos, e eles viram: ali estavam eles, no meio de Shomron.

21 Quando o rei de Yisra'el os viu, perguntou a Elisha: "Meu pai, eu devo atacá-los? Eu devo atacá-los?". 22 Elisha respondeu: "Não os ataque! Tu deverias atacar somente os prisioneiros que capturou com a própria espada e o próprio arco, não é mesmo? Dá-lhes comida e água para beber e deixa-os retornar ao seu senhor". 23 O rei de Yisra'el preparou um banquete para eles; e depois que eles tinham comido e bebido, enviou-os de volta e eles retornaram ao seu senhor. Depois disso, não houve mais tropas invasoras entrando na terra de Yisra'el da parte de Aram.

24 Algum tempo depois, porém, Ben-Hadad, rei de Aram, reuniu seu exército, subiu e montou cerco em Shomron. 25 Nesse tempo, havia uma grande fome em Shomron; e eles mantiveram o cerco até que uma cabeça de jumento chegasse a valer 80 peças de prata e uma caneca de esterco de pomba chegasse a valer cinco peças de prata. 26 Enquanto o rei de Yisra'el estava passando próximo ao muro, uma mulher gritou para ele: "Socorro, meu senhor, o rei!". 27 Ele disse: "Se ADONAI não socorrer você, como pode esperar que eu a socorra? Não há nenhum grão e não há nenhum vinho". 28 E o rei lhe perguntou: "O que a está perturbando?". Ela respondeu: "Esta mulher me disse: 'Dê-me seu filho para que o comamos hoje; e amanhã nós comeremos o meu filho'. 29 Então nós cozinhamos meu filho e o comemos. No dia seguinte, eu disse a ela: 'Dê o seu filho para que possamos comê-lo'; mas ela escondeu o filho". 30 Quando o rei ouviu o que a mulher disse, ele rasgou suas vestes. Naquele momento, o rei estava passando sobre os muros; e, quando o povo olhou, eles o viram com pano de saco sobre sua pele. 31 Então ele disse: "Que Deus faça coisas terríveis a mim, e coisas ainda piores, se a cabeça de Elisha, o filho de Shafat, estiver em seu corpo até o final deste dia". 32 Elisha estava sentado em sua casa, e os líderes estavam sentados ali com ele. O rei enviou um mensageiro adiante dele, mas, antes que ele chegasse, Elisha disse aos líderes: "Vocês veem como este filho de um assassino enviou alguém para tirar minha cabeça? Olhem, quando o mensageiro chegar, fechem a porta e mantenham-na fechada contra ele. Vocês podem ouvir os passos do seu senhor que vem logo atrás dele!". 33 Enquanto ele ainda estava falando, o mensageiro chegou com esta mensagem da parte do rei: "Esta desgraça vem de ADONAI. Por que deveria ainda ter esperança em ADONAI?".

7 1 Elisha respondeu: "Ouça a palavra de ADONAI. Eis o que ADONAI diz: 'Amanhã, por volta desta hora, uma medida de farinha fina será vendida por apenas uma peça de prata, e duas medidas de cevada por uma peça de prata [no mercado] no portão de Shomron' ". 2 O servo no braço de quem o rei se apoiava respondeu ao homem de Deus: "Isso não poderia acontecer, mesmo que ADONAI fizesse janelas no céu!". Elisha contestou: "Muito bem, você mesmo verá essas coisas com os próprios olhos, mas você não comerá nada disso!".

3 Havia quatro homens com *tzara'at* no portão de entrada da cidade e eles perguntaram uns aos outros: "Por que deveríamos nos sentar aqui até morrermos? 4 Se dissermos: 'Entraremos na cidade', então, como a cidade tem sido consumida pela fome, nós morreremos ali. Se ficarmos sentados aqui, também morreremos. Então vamos nos render ao exército de Aram; se eles pouparem nossa vida, viveremos; e se eles matarem, nós apenas morreremos". 5 Durante o crepúsculo, eles foram ao acampamento de Aram. Entretanto, quando chegaram aos arredores do acampamento de Aram, não viram ninguém, 6 porque ADONAI tinha provocado o exército de Aram para ouvir o som de carruagens e cavalos que soou como um enorme exército; e eles disseram uns aos outros: "O rei de Yisra'el deve ter contratado os reis dos hittim e os reis dos egípcios para nos atacar". 7 Eles saltaram

e fugiram no crepúsculo, abandonando suas tendas, cavalos, jumentos e todo o
acampamento exatamente como estava, e correram para salvar sua vida. 8 Quando
esses homens com *tzara'at* chegaram aos arredores do acampamento, eles en-
traram em uma das tendas, comeram e beberam; então pegaram prata, ouro e
roupas e saíram para esconder tudo. Em seguida, eles retornaram e entraram em
outra tenda, tomaram outras coisas ali e saíram para escondê-las também. 9 Final-
mente, eles disseram uns aos outros: "O que estamos fazendo é errado. Em um
tempo de boas-novas como este, não deveríamos guardá-las para nós mesmos. Se
esperarmos até o amanhecer, receberemos apenas castigo; então vamos; vamos e
contemos à casa do rei". 10 Eles foram, chamaram as sentinelas da cidade e lhes
contaram as novidades: "Nós fomos ao acampamento de Aram, e não havia nin-
guém lá, nenhuma voz humana — somente os cavalos e jumentos amarrados, e as
tendas foram deixadas no lugar". 11 As sentinelas chamaram e contaram à casa do
rei, dentro do palácio. 12 Então o rei levantou-se de noite; ele disse aos seus servos:
"Vou contar a vocês o que Aram nos fez. Eles sabem que nós estamos passando
fome, então foram ao campo e se esconderam ali, dizendo: 'Quando eles saírem
da cidade, os tomaremos vivos; assim conseguiremos entrar na cidade' ". 13 Um
de seus servos replicou: "Eu sugiro que se deixem alguns homens tomar cinco dos
cavalos que restam na cidade — eles são como tudo o mais que resta em Yisra'el,
como tudo o mais em Yisra'el, eles estão praticamente acabados —, e nós os envia-
remos para espiar". 14 Então eles tomaram duas carruagens com cavalos, e o rei os
enviou ao exército de Aram, dizendo: "Vão e vejam". 15 Eles foram atrás deles por
todo o caminho até o Yarden, e, em todo o percurso, encontraram roupas e outros
artigos espalhados, que, em sua pressa, Aram tinha lançado fora. Os mensageiros
retornaram e contaram ao rei. 16 Então o povo foi e saqueou o acampamento de
Aram. Assim, uma medida de farinha era vendida por apenas uma peça de prata e
duas medidas de cevada eram vendidas por uma peça de prata, em cumprimento
ao que *Adonai* tinha falado.

17 O rei pôs como encarregado do portão o servo no braço de quem ele se
apoiava, e o povo o pisoteou no portão, de modo que ele morreu, como o homem
de Deus tinha dito que aconteceria, ao falar quando o rei veio a ele. 18 O homem
de Deus tinha dito ao rei: "Amanhã, por volta desta hora, duas medidas de cevada
serão vendidas por apenas uma peça de prata, e uma medida de farinha fina, por
uma peça de prata [no mercado] no portão de Shomron". 19 O servo respondera ao
homem de Deus: "Isso não aconteceria nem mesmo se *Adonai* fizesse janelas no
céu!", e Elisha lhe tinha dito: "Muito bem, você mesmo verá essas coisas com os
próprios olhos, mas não comerá nada!". 20 Foi exatamente isso que aconteceu a ele,
porque o povo o pisoteou no portão, de forma que ele morreu.

8 1 Elisha dissera à mulher cujo filho ele tinha restaurado a vida: "Saia, você e
sua família, e fique onde puder, porque *Adonai* chamou a fome, e ela perma-
necerá na terra por sete anos". 2 A mulher agiu imediatamente e partiu com sua
família, ficando na terra dos p'lishtim por sete anos. 3 Ao final dos sete anos, a
mulher retornou da terra dos p'lishtim e procurou ter uma audiência com o rei
para reivindicar sua casa e sua terra. 4 O rei estava conversando com Geichazi,
o servo do homem de Deus. "Diga-me", ele disse, "todas as grandes coisas que
Elisha tem feito". 5 Exatamente no momento em que ele estava contando ao rei como
Elisha havia restaurado uma pessoa morta à vida, a mulher, cujo filho ele tinha ressusci-
tado, chegou à presença do rei, apresentando a sua petição para readquirir a sua casa e

a sua terra. Geichazi disse: "Meu senhor, rei, esta é a mulher, e este é o filho dela, aquele
a quem Elisha ressuscitou". 6 Ao ser questionada pelo rei, a mulher confirmou tudo. Com
isso, o rei apontou um oficial especial e ordenou: "Devolva tudo o que pertence a ela,
incluindo a renda que seus campos produziram desde o dia que ela partiu até agora".
7 Elisha foi a Dammesek. Ben-Hadad, o rei de Aram, estava doente; e disseram a ele:
"O homem de Deus veio aqui". 8 O rei disse a Haza'el: "Tome com você um presente, vá
e encontre o homem de Deus e consulte *Adonai* por intermédio dele; pergunte se eu me
recuperarei desta doença". 9 Haza'el foi encontrar-se com ele, levando um presente que
incluía todas as coisas boas que havia em Dammesek: 40 camelos carregados. Ele veio,
pôs-se diante dele e disse: "Teu filho, Ben-Hadad, rei de Aram, enviou-me a ti, para per-
guntar: 'Eu me recuperarei desta doença?' ". 10 Elisha respondeu: "Vá e diga a ele: 'Cer-
tamente tu te recuperarás' — embora *Adonai* me tenha mostrado que ele certamente
morrerá". 11 Então o homem de Deus fixou seu olhar nele por um tempo tão longo que
Haza'el ficou constrangido; finalmente, Elisha começou a chorar. 12 Haza'el perguntou:
"Por que meu senhor está chorando?". Ele respondeu: "Porque eu sei os desastres que
trarás sobre o povo de Yisra'el — queimarás suas fortalezas com fogo, matarás seus
jovens à espada, despedaçarás os seus pequeninos e rasgarás suas mulheres grávidas".
13 Haza'el disse: "Mas o que é o teu servo? Nada além de um cão! Como eu poderia fa-
zer uma coisa de tal magnitude?". Elisha respondeu: "*Adonai* mostrou-me que serás rei
sobre Aram".

14 Então ele deixou Elisha e retornou ao seu senhor, o qual lhe perguntou: "O que
Elisha disse a você?". "Ele disse que tu certamente te recuperarás". 15 No dia seguinte,
ele tomou uma manta, imergiu-a na água e estendeu-a sobre a face do rei de modo que
ele morreu, e Haza'el tomou seu lugar como rei.

16 Isso aconteceu enquanto Yoram, o filho de Ach'av, rei de Yisra'el, estava no quinto
ano de seu reinado, e Y'horam, o filho de Y'hoshafat, começava a reinar sobre Y'hudah.
17 Ele tinha 32 anos de idade quando começou a reinar, e reinou oito anos em Yerusha-
layim. 18 Ele viveu seguindo o exemplo dos reis de Yisra'el, como fez a casa de Ach'av,
porque ele se casou com a filha de Ach'av; ele fez o que era mau aos olhos de *Adonai*".
19 No entanto, *Adonai* não quis destruir Y'hudah, por causa de seu servo David, pois ele
tinha prometido dar a ele e aos seus filhos uma lâmpada que queimaria para sempre.

20 Durante seu reinado, Edom revoltou-se contra Y'hudah e proclamou o próprio
rei. 21 Em resposta, Yoram avançou para Tza'ir com todas as suas carruagens. À noite,
ele e todos os comandantes das suas carruagens saíram e atacaram Edom que o tinha
cercado; então o povo fugiu para as suas tendas. 22 Contudo, desde aquele dia, Edom
permaneceu livre do domínio de Y'hudah. Livnah revoltou-se nesse mesmo tempo.
23 Outros atos de Yoram e todas as suas realizações estão registrados nas crônicas dos
reis de Y'hudah. 24 Yoram dormiu com seus antepassados, e foi sepultado com seus
antepassados na Cidade de David, e Achazyah, seu filho, tomou seu lugar como rei.

25 Foi no décimo segundo ano de Yoram, o filho de Ach'av, rei de Yisra'el, que
Achazyah, o filho de Y'horam, rei de Y'hudah, começou seu reinado. 26 Achazyah
tinha 22 anos de idade quando começou a reinar, e reinou um ano em Yerushalayim.
O nome de sua mãe era 'Atalyahu, a filha de 'Omri, rei de Yisra'el. 27 Ele viveu segun-
do o exemplo da casa de Ach'av; fez o que era mau aos olhos de *Adonai,* como tinha
acontecido com a casa de Ach'av, pois ele era genro na casa de Ach'av.

28 Achazyah aliou-se a Yoram, o filho de Ach'av, para guerrear contra Haza'el, rei de
Aram, em Ramot-Gil'ad, e os aramim feriram Yoram. 29 O rei Yoram retornou a Yizre'el
para ser curado dos ferimentos que os aramim lhe tinham infligido em Ramah enquan-
to lutava contra Haza'el, rei de Aram. Achazyah, o filho de Y'horam, rei de Y'hudah,
desceu para visitar Yoram, o filho de Ach'av, em Yizre'el, porque ele não estava sentin-
do bem.

9 1 Elisha, o profeta, convocou um dos discípulos dos profetas e lhe disse:
"Prepare-se para viajar; tome em suas mãos este frasco de óleo e vá a Ramot-
-Gil'ad. 2 Quando chegar lá, procure por Yehu, o filho de Y'hoshafat, o filho de
Nimshi. Entre, faça-o afastar-se de seus acompanhantes e leve-o a um quarto.
3 Então tome o frasco de óleo, derrame-o em sua cabeça e diga: 'Isto é o que *Adonai*
diz: "Eu o estou ungindo rei sobre Yisra'el" '. Em seguida, abra a porta e saia dali o
mais rápido que puder".

4 Então o jovem profeta partiu para Ramot-Gil'ad. 5 Quando chegou, ele encontrou
os oficiais do exército sentados ali. Ele disse: "Eu tenho uma mensagem para você,
comandante". Yehu perguntou: "Para qual de nós?". "Para você, comandante", ele
disse. 6 Yehu levantou-se e entrou na casa. Então o profeta derramou o óleo sobre
a cabeça dele e lhe disse: "Isto é o que *Adonai*, o Deus de Yisra'el, diz: 'Eu o estou
ungindo rei sobre o meu povo, sobre Yisra'el. 7 Você atacará a casa de Ach'av, seu
senhor, para que eu possa me vingar do sangue dos meus servos, os profetas, e de
todos os servos de *Adonai*, sangue derramado por Izevel. 8 Toda a casa de Ach'av
perecerá; eu cortarei todo homem de Ach'av, seja escravo, seja livre em Yisra'el.
9 Eu farei a casa de Ach'av como a casa de Yarov'am, o filho de N'vat, e como a casa
de Ba'sha, o filho de Achiyah. 10 Além disso, os cães comerão Izevel em um terreno
de Yizre'el, e não haverá ninguém para enterrá-la' ". Então ele abriu a porta e fugiu.

11 Yehu retornou aos servos de seu senhor, e um deles lhe disse: "Está tudo
bem? Por que esse *meshugga* veio a você?". Ele respondeu a eles: "Vocês conhe-
cem esses tipos e sabem como eles murmuram". 12 Eles disseram: "Você está
sendo evasivo. Vamos lá, conte-nos a verdade". Então ele disse: "Foi isto exata-
mente o que ele disse a mim e como ele o disse: 'Eis o que *Adonai* diz: "Eu o estou
ungindo rei sobre Yisra'el' ". 13 Ao ouvirem isso, cada um deles, imediatamente,
depositou seu manto sob os pés de Yehu, no alto dos degraus. Então eles tocaram
o *shofar* e proclamaram: "Yehu é rei!".

14 Yehu, o filho de Y'hoshafat, filho de Nimshi, armou uma conspiração contra
Yoram. (Nesse tempo, Yoram estava protegendo Ramot-Gil'ad, ele e todo o Yisra'el,
por causa de Haza'el, rei de Aram; 15 contudo, Yoram tinha retornado a Yizre'el
para se recuperar dos ferimentos que Aram lhe tinha infligido quando lutou contra
Haza'el, rei de Aram.) "Se vocês concordam", disse Yehu, "então que não se permita
a ninguém deixar a cidade e levar as notícias a Yizre'el". 16 Yehu subiu em sua carrua-
-gem e foi a Yizre'el, porque Yoram estava acamado ali. Achazyah, rei de Y'hudah,
tinha vindo visitar Yoram.

17 A sentinela que estava na torre em Yizre'el viu as tropas de Yehu se aproxi-
mando e disse: "Eu vejo algumas tropas chegando". Yoram disse: "Mande que um
cavaleiro vá, encontre-se com ele e pergunte: 'Você vem em paz?' ". 18 O cavaleiro
foi encontrar-se com ele e disse: "O rei pergunta se você está vindo em paz". Yehu
respondeu: "Paz? Que história é essa de paz? Dê a volta e fique atrás de mim!".
19 A sentinela relatou: "O mensageiro chegou até eles, mas não está voltando".
Então o rei enviou um segundo homem a cavalo, que, chegando a ele, disse: "O rei
pergunta se você está vindo em paz". Yehu respondeu: "Paz? Que história é essa
de paz? Dê a volta e fique atrás de mim". 20 A sentinela relatou: "Ele chegou a eles,
mas não está voltando. Além disso, a maneira de dirigir parece a de Yehu, filho
[do filho de] Nimshi — ele dirige como um maníaco!". 21 "Arreiem a minha carrua-
gem!", ordenou Yoram. Eles a arrearam. Então Yoram, rei de Yisra'el, e Achazyah,
rei de Y'hudah, cada um em sua carruagem, foram encontrar-se com Yehu. Eles o
encontraram no campo de Navot, o yizre'eli.

22 Quando Yoram viu Yehu, ele disse: "Você está vindo em paz, Yehu?". Ele res-
pondeu: "Paz? Com sua mãe, Izevel, mantendo todos os seus cultos de prostituição

e bruxaria? Que problema!". 23 Yoram deu meia-volta e fugiu, gritando: "Traição,
Achazyah!". 24 Yehu esticou seu arco com toda a sua força e feriu Yoram nas costas, entre os ombros; a flecha atravessou o seu coração, e ele caiu morto em sua
carruagem. 25 "Pegue-o ", disse Yehu a Bidkar, seu servo, "e jogue-o no campo de Navot, o yizre'eli; pois lembre-se de como, quando você e eu estávamos cavalgando juntos depois de Ach'av, seu pai, *Adonai* pronunciou esta sentença contra ele:
26 '*Adonai* diz: "Ontem eu vi o sangue de Navot e o sangue de seus filhos". *Adonai* também diz: "Eu o castigarei nesse campo" '. Portanto, pegue-o e jogue-o no campo, para que se cumpra o que *Adonai* disse".

27 Quando Achazyah, o rei de Y'hudah, viu isso, ele fugiu pelo caminho que passa por Beit-HaGan. Yehu perseguiu-o e ordenou: "Acertem-no também em sua carruagem!". [Então eles o acertaram] na ladeira de Gur, próximo a Yivle'am. Ele fugiu para
Megiddo, mas morreu ali. 28 Seus servos o levaram em uma carruagem a Yerushalayim e o sepultaram em sua tumba com seus antepassados, na Cidade de David.

29 Foi no décimo primeiro ano de Yoram, o filho de Ach'av, que Achazyah tinha começado a reinar em Y'hudah.

30 Quando Yehu chegou a Yizre'el, e Izevel o soube, ela maquiou os olhos, arrumou o cabelo e olhou pela janela. 31 Como Yehu viesse pelo portão da cidade,
ela perguntou: "Você está aqui em paz, Zimri, você, assassino do seu senhor?".
32 Olhando para a janela, ele disse: "Quem está do meu lado? Quem?". Dois ou três
oficiais olharam para a direção dele. 33 Ele disse: "Atirem-na para baixo!". Então eles a jogaram. Um pouco do sangue dela espirrou no muro e nos cavalos, e ela
foi pisoteada. 34 Ele entrou, comeu e bebeu, e então disse: "Tratem dessa mulher
amaldiçoada — sepultem-na, porque ela é uma filha de rei". 35 Eles foram para sepultá-la, mas não encontraram mais nada dela, exceto o crânio, os pés e as mãos.
36 Então eles voltaram e contaram isso a Yehu. Ele disse: "Foi isso que *Adonai* falou por meio de seu servo Eliyahu, de Tishbe: 'No campo de Yizre'el, os cães comerão
a carne de Izevel; 37 o cadáver de Izevel no campo de Yizre'el será como esterco na terra, ninguém a reconhecerá como Izevel' ".

10 1 Havia em Shomron 70 descendentes de Ach'av. Yehu escreveu cartas e enviou-as a Shomron, aos governadores de Yizre'el, aos líderes e a todos
os guardas dos filhos de Ach'av. As cartas diziam: 2 "Estão com vocês os filhos
do seu senhor e, também, carruagens e cavalos, bem como cidades fortificadas e
armas. Assim que esta carta chegar a vocês, 3 escolham o melhor e o mais capaz dos filhos do seu senhor, ponham-no no trono do seu pai e lutem pela dinastia do
seu senhor". 4 Eles tiveram um ataque de pânico e disseram: "Se os outros dois reis
não puderam resistir a ele, como poderemos resistir?" 5 Então o administrador do palácio, o governador da cidade, os líderes e os tutores enviaram esta mensagem a Yehu: "Nós somos teus servos. Faremos tudo quanto pedires; não constituiremos ninguém como rei. Faze o que achares melhor".

6 Ele lhes escreveu uma segunda carta, que dizia: "Se vocês estão do meu lado, e se estão dispostos a obedecer às minhas ordens, tragam as cabeças dos filhos de seu senhor a mim, em Yizre'el, amanhã, por volta desta hora". Os 70 filhos do
rei estavam com as autoridades que os tinham criado. 7 Quando a carta chegou a eles, eles tomaram os filhos do rei, mataram todos os 70, puseram suas cabeças
em cestos e as enviaram a Yehu, em Yizre'el. 8 Um mensageiro veio e lhe disse:
"Eles trouxeram as cabeças dos filhos do rei". Yehu ordenou: "Façam com elas dois montões no portão da cidade até o amanhecer". 9 Quando amanheceu, ele saiu,
posicionou-se diante do povo e declarou: "Vocês não são responsáveis [pela morte

desses homens]. Sim, eu conspirei contra o meu senhor e o matei. Todavia, quem
matou todos estes? 10 Entendam, então, que nada caiu por terra da palavra de
Adonai, que *Adonai* tenha pronunciado contra a dinastia de Ach'av; porque *Adonai*
cumpriu o que disse por intermédio do seu servo, Eliyahu". 11 Então Yehu matou
todos os que restaram da casa de Ach'av em Yizre'el, todos os seus chefes, seus
amigos mais próximos e seus *kohanim*, até que não ficasse nenhum deles com vida.
12 Então ele foi para Shomron.

No caminho, ele passou por um abrigo em que os pastores faziam tosquia
13 onde encontrou parentes de Achazyah, rei de Y'hudah. "Quem são vocês?", ele
perguntou. "Nós somos parentes de Achazyah", eles responderam, "e estamos indo
prestar nosso respeito às famílias do rei e da rainha-mãe". 14 "Peguem-nos vivos",
ordenou Yehu. Eles os pegaram vivos, os 42 homens, mataram-nos e os lançaram
no poço do abrigo para tosquia; ele não poupou nenhum deles.

15 Aconteceu que, ao partir dali, Y'honadav, o filho de Rekhav, vinha na direção
dele. Yehu o cumprimentou e lhe perguntou: "Seu coração é sincero para comigo,
como o meu coração é para com você?". "Sim", respondeu Y'honadav. "Se é assim,
dê-me sua mão". Ele lhe deu sua mão, e Yehu o fez subir à carruagem. 16 E ele
disse: "Venha comigo e veja como eu sou zeloso por *Adonai*". Então ele o levou em
sua carruagem.

17 Ao chegar a Shomron, Yehu levou à morte todos os que eram de Ach'av em
Shomron, até que ele o tivesse destruído, em cumprimento à palavra que *Adonai*
dissera a Eliyahu.

18 Em seguida, Yehu reuniu todo o povo e lhe disse: "Ach'av serviu pouco a
Ba'al, mas eu, Yehu, o servirei com zelo completo. 19 Portanto, convoquem todos os
profetas de Ba'al para virem a mim, todos os seus adoradores e todos os seus sacer-
dotes. Nenhum deles deve faltar, porque eu oferecerei um grande sacrifício a Ba'al;
qualquer um que faltar não continuará vivo". Yehu, porém, estava preparando uma
armadilha, a fim de destruir os adoradores de Ba'al. 20 Yehu disse: "Proclamem uma
assembleia solene para Ba'al", e eles fizeram isso. 21 Yehu enviou mensageiros por
todo o Yisra'el, e todos os adoradores de Ba'al vieram, de forma que nenhum ho-
mem restou que não tivesse vindo. Eles entraram no templo de Ba'al, e o templo de
Ba'al ficou lotado de um lado a outro. 22 Ao homem encarregado das vestimentas,
ele disse: "Traga túnicas para todos os adoradores de Ba'al"; e ele trouxe as túnicas
para eles. 23 Yehu e Y'honadav, o filho de Rekhav, entraram na casa de Ba'al e disse-
ram aos adoradores de Ba'al: "Vejam que nenhum dos servos de *Adonai* esteja aqui
com vocês, somente os adoradores de Ba'al". 24 Então eles entraram para oferecer
os sacrifícios e as ofertas queimadas.

Yehu, porém, tinha escolhido 80 homens para ficar do lado de fora. Ele disse:
"Se algum dos homens que eu estou pondo em suas mãos escapar, será a vida de
vocês pela dele". 25 Assim que ele terminou de oferecer a oferta queimada, Yehu
disse aos guardas e aos oficiais: "Entrem e matem-nos; não deixem que nenhum
deles saia". Assim, eles os mataram à espada; e, depois que os guardas haviam
lançado os corpos deles para fora, eles foram para o santuário interior do tem-
plo de Ba'al, 26 levaram para fora as colunas do templo de Ba'al e as queimaram.
27 Finalmente, eles quebraram os pilares de Ba'al e demoliram o templo de Ba'al,
transformando-o em uma latrina, sendo dessa forma usada até o dia de hoje.
28 Assim, Yehu livrou Yisra'el de Ba'al.

29 Entretanto, Yehu não se apartou dos pecados de Yarov'am, o filho de N'vat,
com os quais ele levou Yisra'el a pecar, os bezerros de ouro que estão em Beit-El
e em Dan.

30 Adonai disse a Yehu: "Porque você fez bem em realizar o que é correto aos
meus olhos, e fez à casa de Ach'av tudo o que estava em meu coração, seus des-
cendentes, até a quarta geração, se assentarão sobre o trono de Yisra'el". 31 Yehu,
porém, não se esforçou por viver de todo o coração de acordo com a *Torah* de
Adonai, o Deus de Yisra'el, e não se desviou dos pecados de Yarov'am, com os quais
ele levou Yisra'el a pecar.

32 Foi durante esse período que Adonai começou a desmembrar Yisra'el. Haza'el
atacou-os por todo o território de Yisra'el 33 a leste do Yarden — toda a terra de
Gil'ad, o gadi, o re'uveni e o m'nashi, desde 'Aro'er, próximo ao rio Arnon, incluindo
Gil'ad e Bashan.

34 Outros atos de Yehu, todas as suas realizações e todo o seu poder estão regis-
trados nas crônicas dos reis de Yisra'el. 35 Yehu dormiu com seus antepassados, e
foi sepultado em Shomron. Então Y'ho'achaz, seu filho, tornou-se rei em seu lugar.
36 Yehu governou Yisra'el em Shomron por vinte e oito anos.

11 1 Quando 'Atalyah, a mãe de Achazyah, viu que seu filho estava morto, ela se
propôs a destruir toda a família real. 2 Y'hosheva, a filha do rei Yoram, irmã
de Achazyah, tomou Yo'ash, o filho de Achazyah, e o tirou dentre os príncipes que
estavam sendo mortos. Ela o tomou e à sua ama, os pôs em um quarto e os escondeu
de 'Atalyah, de modo que Yo'ash não morreu. 3 Ele permaneceu escondido com sua
ama na casa de Adonai por seis anos; durante esse tempo, 'Atalyah governou a terra.
4 No sétimo ano, Y'hoyada convocou os capitães de pelotão de cem homens, tanto os
do kari quanto os da guarda. Ele os trouxe à casa de Adonai, fez com eles um acordo
e os fez jurar na casa de Adonai. Então ele lhes mostrou o filho do rei 5 e instruiu-os:
"Eis o que vocês devem fazer: dentre vocês que vêm ao dever do *shabbat*, um terço
[normalmente] deve guardar o palácio real, 6 um terço deve ficar no portão de Sur, e
um terço no portão atrás dos guardas. [O primeiro terço] deve continuar guardando o
palácio e servindo como uma barreira, 7 enquanto os outros dois grupos de vocês que
vêm ao dever do *shabbat* guardarão a casa de Adonai, onde está o rei. 8 Vocês devem
cercar o rei, cada homem com suas armas em mãos. Qualquer que penetrar as fileiras
deverá ser morto. Fiquem com o rei sempre que ele sair ou entrar".

9 Os capitães de cem fizeram exatamente como Y'hoyada, o *kohen*, ordenou.
Cada um deles tomou seus homens, aqueles que vinham para o dever do *shabbat*
e aqueles que saíam do dever do *shabbat*, e vieram a Y'hoyada, o *kohen*. 10 O *kohen*
entregou aos capitães de cem as lanças e os escudos que tinham pertencido ao rei
David e que estavam guardados na casa de Adonai. 11 Os guardas, então, tomaram
posição, cada homem com suas armas em mãos, desde o lado direito da casa até o
lado esquerdo da casa, ao lado do altar, junto [ao exterior da] casa e em volta do rei.
12 Então Y'hoyada trouxe o filho do rei para fora, coroou-o, deu-lhe [uma cópia do]
testemunho e o constituiu rei; eles o ungiram, bateram palmas e gritaram: "Longa
vida ao rei!".

13 Quando 'Atalyah ouviu o grito dos guardas e do povo, ela entrou na casa de
Adonai onde estava o povo, 14 olhou e viu o rei ali, em pé, na plataforma, em posição
de governo, com os líderes e as trombetas próximos ao rei. Todo o povo da terra es-
tava celebrando e soprando as trombetas. Ao ver isso, 'Atalyah rasgou suas roupas e
clamou: "Traição! Traição!". 15 Y'hoyada, o *kohen*, ordenou aos capitães de cem e aos
oficiais do exército: "Levem-na para fora, passando pelas fileiras [de guardas]; con-
tudo a qualquer que a seguir, matem-no à espada". Isso porque o *kohen* tinha dito:
"Ela não deve ser levada à morte na casa de Adonai". 16 Então eles a tomaram à força
e a levaram para a entrada dos cavalos do palácio real, e ali ela foi levada à morte.

17 Y'hoyada fez uma aliança entre *Adonai,* o rei e o povo, de que eles seriam o povo de *Adonai,* e [uma aliança] entre o rei e o povo. 18 Depois disso, todo o povo da terra foi para a casa de Ba'al e a derrubou; eles esmagaram completamente seus altares e imagens e mataram Mattan, o sacerdote de Ba'al, perante os altares.

Em seguida, o *kohen* designou oficiais sobre a casa de *Adonai.* 19 Tomou os capitães de cem, o kari, os guardas e todo o povo da terra; e eles trouxeram o rei da casa de *Adonai,* indo pelo caminho do portão dos guardas até o palácio real. Ali ele se sentou no trono dos reis. 20 Todo o povo da terra celebrou, e, enfim, a cidade se acalmou. Foi assim que eles mataram 'Atalyah com a espada no palácio real.

12 1(11.21) Y'ho'ash tinha 7 anos de idade quando começou a reinar. 2(1) Foi no sétimo ano de Yehu que Y'ho'ash começou a reinar, e reinou quarenta anos em Yerushalayim. O nome de sua mãe era Tzivyah, de Be'er-Sheva. 3(2) Y'ho'ash fez o que era reto aos olhos de *Adonai* durante todo o tempo em que viveu Y'hoyada, o *kohen,* que o instruía. 4(3) Entretanto, os altos não foram removidos; o povo ainda sacrificava e apresentava ofertas nos altos.

5(4) Y'ho'ash disse aos *kohanim*: "Todas as ofertas trazidas à casa de *Adonai* com propósitos sagrados — a taxa de metade de um siclo, as taxas sobre o número de pessoas na casa de um homem, e todas as ofertas que qualquer um traga voluntariamente à casa de *Adonai* — 6(5) serão recebidas pelos *kohanim* de quem quer que faça pessoalmente contribuições a eles; e eles devem usar essas ofertas para reparar as partes danificadas da casa sempre que algum dano for encontrado. 7(6) Entretanto, aos vinte e três anos de reinado do rei Y'ho'ash, os *kohanim* ainda não tinham reparado os lugares danificados da casa. 8(7) Então o rei Y'ho'ash convocou Y'hoyada, o *kohen,* e os outros *kohanim* e lhes disse: "Por que vocês ainda não repararam os lugares danificados da casa? Por isso, não receberão mais o dinheiro daqueles que contribuem pessoalmente para vocês; deverão entregá-lo para ser usado no reparo dos danos da casa". 9(8) Os *kohanim* concordaram em não receber dinheiro do povo, e não foram mais os responsáveis pelos reparos dos danos da casa.

10(9) Y'hoyada, o *kohen,* tomou uma caixa, fez um buraco em sua tampa e colocou-a próximo ao altar, do lado direito de quem entra na casa de *Adonai;* e os *kohanim* encarregados da entrada depositavam nela todo o dinheiro trazido à casa de *Adonai.* 11(10) Quando eles viam que havia uma grande quantidade de dinheiro na caixa, o secretário do rei e o *kohen hagadol* vinham, contavam o dinheiro encontrado na casa de *Adonai* e o colocavam em sacolas. 12(11) Depois, eles pesavam o dinheiro e o davam àqueles que supervisionavam o trabalho na casa de *Adonai,* os quais o usavam para pagar os carpinteiros e os construtores que faziam o trabalho na casa de *Adonai,* 13(12) os pedreiros, os cortadores de pedra, a madeira, a pedra lavrada e tudo o mais que era necessário para o reparo dos lugares danificados na casa de *Adonai.* 14(13) Nenhum dinheiro trazido à casa de *Adonai* era usado para fazer taças de prata, cortadores de pavio, bacias, trombetas ou outros artigos de ouro ou prata para a casa de *Adonai;* 15(14) porque eles davam o dinheiro àqueles que faziam o trabalho, restringindo, desse modo, seu uso ao reparo dos danos da casa de *Adonai.* 16(15) Além do mais, eles não pediam contas dos supervisores que davam o dinheiro para pagar os trabalhadores, porque estes agiam honestamente. 17(16) O dinheiro das ofertas pela culpa e das ofertas pelo pecado, porém, não era levado à casa de *Adonai;* era dado diretamente aos *kohanim.*

18(17) Haza'el, rei de Aram, subiu e lutou contra Gat; e, depois de capturá-lo, Haza'el decidiu atacar Yerushalayim. 19(18) Y'ho'ash, rei de Y'hudah, tomou todos os artigos consagrados que Y'hoshafat, Y'horam e Achazyah, seus antepassados, reis de Y'hudah, tinham dedicado, bem como os próprios artigos consagrados, e todo o ouro encontrado nos tesouros da casa de *Adonai* e no palácio real, e os enviou a Haza'el, rei de Aram, que, então, retirou-se de Yerushalayim.

20(19) Outros atos de Yo'ash e todas as suas realizações estão relatados nas crônicas dos reis de Y'hudah.

21(20) Então seus servos se juntaram, formaram uma conspiração e assassinaram Yo'ash, em Beit-Millo, na estrada para Sila. 22(21) Seus servos, Yozakhar, o filho de Shim'at, e Y'hozavad, o filho de Shomer, o feriram, e ele morreu. Eles o sepultaram com seus antepassados na Cidade de David, e Amatzyah, seu filho, tomou seu lugar como rei.

13 1 Foi no vigésimo terceiro ano de Yo'ash, o filho de Achazyah, rei de Y'hudah, que Y'ho'achaz, o filho de Yehu, começou a reinar sobre Yisra'el em Shomron; ele reinou dezessete anos. 2 Ele fez o que era mau aos olhos de *Adonai;* seguiu os pecados de Yarov'am, o filho de N'vat, que fez Yisra'el pecar, e nunca cessou de cometer esses pecados. 3 A ira de *Adonai* acendeu-se contra Yisra'el, e ele os entregou nas mãos de Haza'el, rei de Aram, e a Ben-Hadad, o filho de Haza'el. 4 Y'ho'achaz, porém, buscou o favor de *Adonai* e *Adonai* o ouviu, porque ele viu a opressão que o rei de Aram estava infligindo a Yisra'el. 5 *Adonai* deu um salvador a Yisra'el, que o libertou do poder de Aram, de forma que o povo de Yisra'el pôde viver em suas tendas, como vivera antes. 6 A despeito disso, em vez de se voltar dos pecados da casa de Yarov'am, que fez Yisra'el pecar, eles continuaram a viver em seu caminho pecaminoso. Além disso, a *asherah* ainda estava em Shomron. 7 O rei de Aram destruiu o exército de Y'ho'achaz, fazendo com eles o que se faz com uma espiga cujos grãos foram debulhados, exceto por 50 cavaleiros, 10 carruagens e 10 mil soldados de infantaria.

8 Outros atos de Y'ho'achaz, todas as suas realizações e seu poder estão relatados nas crônicas dos reis de Yisra'el. 9 Y'ho'achaz dormiu com seus antepassados, e foi sepultado em Shomron. Então Yo'ash, seu filho, tomou seu lugar como rei.

10 Foi no trigésimo sétimo ano de Yo'ash, rei de Y'hudah, que Yo'ash, o filho de Y'ho'achaz, começou a reinar sobre Yisra'el em Shomron; ele reinou dezesseis anos. 11 Ele fez o que era mau aos olhos de *Adonai* e não se desviou de todos os pecados de Yarov'am, o filho de N'vat, que fez Yisra'el pecar; pelo contrário, viveu no mesmo caminho pecaminoso.

12 Outros atos de Yo'ash, todas as suas realizações e seu poder ao lutar contra Amatzyah, rei de Y'hudah, estão relatados nas crônicas dos reis de Yisra'el. 13 Yo'ash dormiu com seus antepassados, e Yarov'am ocupou seu trono. Yo'ash foi sepultado em Shomron com os reis de Yisra'el.

14 Elisha estava agora enfermo, com a doença da qual eventualmente ele morreria. Yo'ash, o rei de Yisra'el, veio visitá-lo e lamentou sobre ele; ele disse: "Meu pai! Meu pai! As carruagens e os cavaleiros de Yisra'el!". 15 Elisha lhe disse: "Traga um arco e flechas", e ele trouxe para ele um arco e flechas. 16 Ele disse ao rei de Yisra'el: "Coloque sua mão sobre o arco", e ele colocou a mão sobre o arco. Então Elisha deitou suas mãos sobre as mãos do rei 17 e disse: "Abra a janela que dá para o leste". Ele a abriu. Elisha disse "Atire"; e ele atirou. Ele disse: "A flecha da vitória de *Adonai*, a flecha da vitória contra Aram! Você derrotará Aram completamente em Afek!". 18 Ele disse ainda: "Pegue as flechas", e ele as pegou. Ele disse ao rei de Yisra'el: "Acerte o chão". Ele acertou três vezes e, então, parou. 19 O homem de Deus ficou irado com ele; ele disse: "Você deveria ter acertado cinco ou seis vezes; então teria derrotado Aram completamente. Agora, você derrotará Aram apenas três vezes".

20 Elisha morreu, e o sepultaram em uma caverna. Ora, as tropas invasoras de
Mo'av costumavam fazer incursões anuais na terra, no início do ano. 21 Certa vez,
aconteceu que, como eles estivessem sepultando um homem, viram uma tropa
invasora; então eles lançaram o corpo do homem na caverna onde Elisha estava
sepultado; e, no momento em que o homem tocou os ossos de Elisha, ele reviveu
e ficou em pé.

22 Haza'el, rei de Aram, oprimiu Yisra'el durante toda a vida de Y'ho'achaz;
23 contudo, *Adonai* foi gracioso, teve piedade dele e olhou para ele com favor por
causa de sua aliança com Avraham, Yitz'chak e Ya'akov. Ele não se dispôs a destruí-
-lo e, até o dia de hoje, não o baniu de sua presença. 24 Haza'el, rei de Aram, mor-
reu, e Ben-Hadad, seu filho, tomou seu lugar como rei. 25 Então Y'ho'ash, o filho
de Y'ho'achaz, capturou de Ben-Hadad, o filho de Haza'el, as cidades que ele tinha
capturado na guerra contra Y'ho'achaz, seu pai. Três vezes Yo'ash o derrotou, re-
cuperando, assim, as cidades de Yisra'el.

14 1 Foi no segundo ano de Yo'ash, filho de Y'ho'achaz, rei de Yisra'el, que
Amatzyah, o filho de Yo'ash, rei de Y'hudah, começou a reinar. 2 Ele ti-
nha 25 anos de idade quando começou a reinar, e reinou vinte e nove anos em
Yerushalayim. O nome de sua mãe era Y'ho'adan, de Yerushalayim. 3 Ele fez o que
era reto aos olhos de *Adonai*, embora não como David, seu antepassado; ele viveu
pelo mesmo caminho de seu pai, Yo'ash. 4 Entretanto, os altos não foram removi-
dos; o povo ainda sacrificava e fazia ofertas nos altos.

5 Assim que ele conseguiu estabelecer o reino sob seu controle, levou à morte os
servos dele que tinham assassinado o rei, seu pai. 6 Contudo, ele não levou à morte
os filhos dos assassinos, por causa do que está escrito no manuscrito da *Torah* de
Mosheh, segundo ordenou *Adonai*, quando disse: "Os pais não serão executados por
causa dos filhos, nem os filhos serão executados por causa dos pais; cada pessoa
será executada por causa do próprio pecado".

7 Ele matou 10 mil homens de Edom no vale do Sal e capturou Sela nessa guerra,
mudando o nome dela para Yokte'el, nome pelo qual é conhecida até o dia de hoje.
8 Então Amatzyah enviou mensageiros a Y'ho'ash, o filho de Y'ho'achaz, filho de
Yehu, rei de Yisra'el, com este desafio: "Venha, vamos nos confrontar". 9 Y'ho'ash,
o rei de Yisra'el, enviou esta resposta a Amatzyah, rei de Y'hudah: "Certa vez, no
L'vanon, o espinheiro enviou uma mensagem ao cedro: 'Dê sua filha ao meu filho
em casamento'. Um animal, porém, passou pelo espinheiro e o esmagou. 10 É bem
verdade que você derrotou Edom e agora se tornou ambicioso. Aproveite a glória,
mas permaneça em casa! Por que provocar a calamidade, para a sua ruína, sua
e também de Y'hudah?". 11 Amatzyah, porém, não ouviu. Então Y'ho'ash, rei de
Yisra'el, subiu; e ele e Amatzyah, rei de Y'hudah, confrontaram-se em Beit-Shemesh,
que pertence a Y'hudah. 12 Y'hudah foi derrotado por Yisra'el, e cada homem fugiu
para sua tenda. 13 Y'ho'ash, rei de Yisra'el, tomou Amatzyah, rei de Y'hudah, o filho
de Y'ho'ash, o filho de Achazyah, como prisioneiro em Beit-Shemesh. Depois, ele
foi a Yerushalayim e demoliu o muro de Yerushalayim, entre o portão de Efrayim e
o portão da Esquina, uma seção de 180 metros de comprimento. 14 Ele tomou todo
o ouro e prata, e todos os artigos que pôde encontrar na casa de *Adonai* e nos tesou-
ros do palácio real, e também os reféns; então ele retornou a Shomron.

15 Outros atos de Y'ho'ash, o que ele fez, seu poder e como ele lutou contra
Amatzyah, rei de Y'hudah, estão registrados nas crônicas dos reis de Yisra'el.
16 Y'ho'ash dormiu com seus antepassados, e foi sepultado em Shomron com os
reis de Yisra'el. Então Yarov'am tomou seu lugar como rei.

[17] Amatzyah, o filho de Yo'ash, rei de Y'hudah, viveu ainda quinze anos de-
pois da morte de Y'ho'ash, filho de Y'ho'achaz, rei de Yisra'el. [18] Outros atos de
Amatzyah estão registrados nas crônicas dos reis de Y'hudah.

[19] Amatzyah fugiu para Lakhish por causa de uma conspiração formada contra
ele em Yerushalayim; contudo, eles o seguiram a Lakhish e o mataram ali. [20] Eles
trouxeram seu corpo de volta sobre cavalos, e ele foi sepultado em Yerushalayim,
com seus antepassados, na Cidade de David. [21] Todo o povo de Y'hudah tomou
'Azaryah, com a idade de 16 anos, e o fez rei no lugar de seu pai, Amatzyah.

[22] 'Azaryah recuperou Eilat para Y'hudah e a reconstruiu, depois que o rei
[Amatzyahu] dormiu com seus antepassados.

[23] Foi no décimo quinto ano de Amatzyah, o filho de Yo'ash, rei de Y'hudah,
que Yarov'am, o filho de Yo'ash, rei de Yisra'el, começou a reinar em Shomron; e ele
reinou quarenta e um anos. [24] Ele fez o que era mau aos olhos de *Adonai;* ele não se
desviou de todos os pecados de Yarov'am, o filho de N'vat, que fez Yisra'el pecar.

[25] Ele reconquistou o território de Yisra'el entre a entrada de Hamat e o mar do
'Aravah, em cumprimento à palavra de *Adonai,* o Deus de Yisra'el, que falou por meio
de seu servo Yonah, o filho de Amitai, o profeta de Gat-Hefer. [26] Isso porque *Adonai*
viu quão amargamente Yisra'el tinha sofrido, tanto escravos quanto livres, e que
ninguém vinha socorrer Yisra'el. [27] *Adonai* não ameaçou apagar o nome de Yisra'el de
debaixo do céu, mas salvá-lo por meio de Yarov'am, o filho de Yo'ash.

[28] Outros atos de Yarov'am, todas as suas realizações, todo o seu poder, como
ele conduziu a guerra e como reconquistou Dammesek e Hamat para Y'hudah, em
Yisra'el, estão relatados nas crônicas dos reis de Yisra'el. [29] Yarov'am dormiu com
seus antepassados, os reis de Yisra'el, e Z'kharyah tomou seu lugar como rei.

15 [1] Foi no vigésimo sétimo ano de Yarov'am, rei de Yisra'el, que 'Azaryah, o
filho de Amatzyah, rei de Y'hudah, começou a reinar. [2] Ele tinha 16 anos de
idade quando começou a reinar, e reinou cinquenta e dois anos em Yerushalayim.
O nome de sua mãe era Y'kholyahu, de Yerushalayim. [3] Ele fez o que era reto ao
olhos de *Adonai,* seguindo o exemplo de seu pai, Amatzyah, em tudo o que ele tinha
feito. [4]Entretanto, os altos não foram removidos; o povo ainda sacrificava e fazia
ofertas nos altos.

[5] *Adonai* feriu o rei, de modo que ele teve *tzara'at* até o dia de sua morte, obri-
gando-o a viver em uma casa separada, enquanto Yotam, o filho do rei, conduzia a
casa do rei e era regente sobre o povo da terra.

[6] Outros atos de 'Azaryah e todas as suas realizações estão registrados nas crô-
nicas dos reis de Y'hudah. [7] Então 'Azaryah dormiu com seus antepassados, os reis
de Yisra'el, e o sepultaram com seus antepassados na Cidade de David. E Yotam,
seu filho, tomou seu lugar como rei.

[8] Foi no trigésimo oitavo ano de 'Azaryah, rei de Y'hudah, que Z'kharyah, o
filho de Yarov'am, começou a reinar sobre Yisra'el, em Shomron; ele reinou seis
meses. [9] Ele fez o que era mau aos olhos de *Adonai,* como seus antepassados ti-
nham feito; ele não se desviou de todos os pecados de Yarov'am, o filho de N'vat,
que fez Yisra'el pecar.

[10] Shalum, o filho de Yavesh, armou uma conspiração contra ele. Ele o feriu na
presença do povo e o matou; então ele tomou seu lugar como rei.

[11] Outros atos de Z'kharyah estão registrados nas crônicas dos reis de Yisra'el.
[12] A palavra de *Adonai,* que ele tinha falado a Yehu, tinha sido: "Seus descendentes,
até a quarta geração, se assentarão no trono de Yisra'el". E foi exatamente isso o
que aconteceu.

13 Shalum, o filho de Yavesh, começou a reinar no trigésimo nono ano de
'Uziyah, rei de Y'hudah; ele reinou em Shomron apenas um mês. 14 Menachem, o
filho de Gadi, subiu de Tirtzah, veio a Shomron, feriu Shalum, o filho de Yavesh, em
Shomron, e o matou. Então ele tomou seu lugar como rei.

15 Outros atos de Shalum e a conspiração que ele armou estão registrados nas
crônicas dos reis de Yisra'el.

16 De Tirtzah, Menachem atacou Tifsach, todo o povo que havia nela e seus ter-
ritórios, porque eles não tinham aberto suas portas para ele. Ele saqueou a cidade
e rasgou ao meio todas as mulheres grávidas que lá havia.

17 Foi no trigésimo nono ano de 'Azaryah, rei de Y'hudah, que Menachem, o filho
de Gadi, começou a reinar sobre Yisra'el; ele reinou dez anos em Shomron. 18 Ele fez
o que era mau aos olhos de *Adonai*; ao longo de toda a sua vida, não se desviou dos
pecados de Yarov'am, o filho de N'vat, que fez Yisra'el pecar.

19 Pul, o rei de Ashur, invadiu a terra. Menachem deu a Pul 33 toneladas de prata
para que ele confirmasse a posição de Menachem no reino. 20 Ele fez isso, cobrando
taxas dos ricos de Yisra'el; de cada um deles, exigiu 600 gramas de prata para dar
ao rei de Ashur. Assim, o rei de Ashur voltou atrás e deixou a terra.

21 Outros atos de Menachem e todas as suas realizações estão registrados
nas crônicas dos reis de Yisra'el. 22 Menachem dormiu com seus antepassados, e
P'kachyah, seu filho, tomou seu lugar como rei.

23 Foi no quinquagésimo ano de 'Azaryah, rei de Y'hudah, que P'kachyah, o
filho de Menachem, começou a reinar sobre Yisra'el, em Shomron; ele reinou dois
anos. 24 Ele fez o que era mau aos olhos de *Adonai*; não se desviou dos pecados de
Yarov'am, o filho de N'vat, que fez Yisra'el pecar.

25 Pekach, o filho de Remalyahu, um de seus comandantes, conspirou contra ele.
Com Argov, Aryeh e 50 homens de Gil'ad, ele o assassinou na fortaleza do palácio
em Shomron. Depois de matá-lo, ele tomou seu lugar como rei.

26 Outros atos de P'kachyah e todas as suas realizações estão registrados nas
crônicas dos reis de Yisra'el.

27 Foi no quinquagésimo segundo ano de 'Azaryah, rei de Y'hudah, que Pekach,
o filho de Remalyah, começou a reinar sobre Yisra'el, em Shomron; seu reinado
durou vinte anos. 28 Ele fez o que era mau aos olhos de *Adonai*; não se desviou dos
pecados de Yarov'am, o filho de N'vat, que fez Yisra'el pecar.

29 Durante o tempo de Pekach, rei de Yisra'el, Tiglat-Pil'eser, rei de Ashur, veio
e conquistou 'Iyon, Avel-Beit-Ma'akhah, Yanoach, Kedesh, Hatzor, Gil'ad, e Galil —
toda a terra de Naftali — e levou-os cativos a Ashur.

30 Hoshea, o filho de Elah, conspirou contra Pekach, o filho de Remalyah, feriu-o e
o matou, tomando seu lugar como rei, no vigésimo ano de Yotam, o filho de 'Uziyah.

31 Outros atos de Pekach e todas as suas realizações estão registrados nas crô-
nicas dos reis de Yisra'el.

32 Foi no segundo ano de Pekach, o filho de Remalyah, rei de Yisra'el, que Yotam,
o filho de 'Uziyah, rei de Y'hudah, começou a reinar. 33 Ele tinha 25 anos de idade
quando começou a reinar, e reinou dezesseis anos em Yerushalayim. O nome de
sua mãe era Yerusha, a filha de Tzadok. 34 Ele fez o que era reto aos olhos de *Adonai*,
seguindo o exemplo de seu pai, 'Uziyah, em tudo o que ele tinha feito. 35 Entretanto,
os altos não foram retirados, e o povo ainda sacrificava e fazia ofertas nos altos.

Ele construiu o portão superior da casa de *Adonai*.

36 Outros atos de Yotam e todas as suas realizações estão registrados nas crô-
nicas dos reis de Y'hudah.

37 Foi durante esse período que *Adonai* começou a enviar contra Y'hudah o rei de
Aram e Pekach, Retzin, o filho de Remalyah.

38 Yotam dormiu com seus antepassados, e foi sepultado com seus antepas-
sados na Cidade de David, seu antepassado. Então Achaz, seu filho, tomou seu
lugar como rei.

16 1 Foi no décimo sétimo ano de Pekach, o filho de Remalyah, que Achaz, o
filho de Yotam, rei de Y'hudah, começou a reinar. 2 Achaz tinha 20 anos
de idade quando começou a reinar, e reinou dezesseis anos em Yerushalayim.
Contudo, ele não fez o que era reto aos olhos de *Adonai,* seu Deus, como tinha
feito David, seu antepassado. 3 Antes, ele viveu à maneira dos reis de Yisra'el; fez
até mesmo seu filho passar pelo fogo [como sacrifício], guardando as abomináveis
práticas dos pagãos, os quais *Adonai* tinha lançado para fora do caminho do povo
de Yisra'el. 4 Ele também sacrificou e ofereceu ofertas nos altos, nos outeiros e
embaixo de toda árvore verde.
5 Então Retzin, rei de Aram, e Pekach, filho de Remalyah, rei de Yisra'el, vie-
ram para lutar contra Yerushalayim. Eles cercaram Achaz, mas não conseguiram
sobrepujá-lo. 6 Foi nesse tempo que Retzin, rei de Aram, reconquistou Eilat para
Aram e expulsou os judeus de Eilat; depois disso, o povo de Edom veio a Eilat
para morar ali, onde eles moram até o dia de hoje. 7 Então Achaz enviou men-
sageiros a Tiglat-Pil'eser, rei de Ashur, com esta mensagem: "Eu sou teu servo e
teu filho. Sobe e salva-me do rei de Aram e do rei de Yisra'el, os quais estão me
atacando". 8 Achaz tomou a prata e o ouro que estavam na casa de *Adonai* e nos
tesouros do palácio real e os enviou como um presente ao rei de Ashur. 9 O rei de
Ashur o atendeu — o rei de Ashur atacou Dammesek e conquistou-a; levou cativo
o seu o povo a Kir e matou Retzin.
10 Quando o rei Achaz foi a Dammesek para encontrar-se com Tiglat-Pil'eser,
rei de Ashur, e viu o altar que estava em Dammesek, ele enviou um desenho e um
modelo do altar a Uriyah, o *kohen,* com detalhes de sua construção e decoração.
11 Então Uriyah, o *kohen,* construiu um altar exatamente igual ao desenho que o
rei Achaz tinha enviado de Dammesek; Uriyah, o *kohen,* concluiu o altar por volta
do tempo em que o rei Achaz retornou de Dammesek. 12 Quando o rei chegou de
Dammesek, ele viu o altar, e o rei aproximou-se do altar e fez ofertas sobre ele. 13 Ele
fez suas ofertas queimadas e suas ofertas de grãos, derramou sua oferta de bebidas
e espargiu o sangue de suas ofertas pacíficas sobre o altar. 14 O altar de bronze, que
estava diante de *Adonai,* ele trouxe de diante da casa, de entre o seu altar e a casa de
Adonai, e o colocou do lado norte de seu altar. 15 Então o rei Achaz instruiu Uriyah,
o *kohen,* da seguinte forma: "Daqui em diante, será no altar grande que você deverá
oferecer a oferta queimada da manhã, a oferta noturna de grãos, as ofertas queima-
das do rei e também suas ofertas de grãos juntamente com as ofertas queimadas de
todo o povo da terra, suas ofertas de grãos e suas ofertas de bebidas; e você deverá
espargir todo o sangue das ofertas queimadas contra ele e todo o sangue do sacri-
fício. Quanto ao altar de bronze, eu cuidarei dele". 16 Uriyah, o *kohen,* agiu de acordo
com tudo o que o rei Achaz ordenara. 17 O rei Achaz removeu os painéis dos troles
e tomou as bacias deles; ele tirou o touro de bronze que dava suporte ao Mar e o
colocou sobre uma base de pedra; 18 e, por causa do rei de Ashur, ele removeu da
casa de *Adonai* a cobertura usada no *shabbat,* que tinha sido construída para a casa
de *Adonai* e a entrada do rei do lado de fora da casa de *Adonai.*
19 Outros atos de Achaz e todas as suas realizações estão registrados nas crôni-
cas dos reis de Y'hudah. 20 Achaz dormiu com seus antepassados, e foi sepultado
com seus antepassados na Cidade de David. Então Hizkiyahu, seu filho, tomou seu
lugar como rei.

17 1 Foi no décimo segundo ano de Achaz, rei de Y'hudah, que Hoshea, o filho
de Elah, começou a reinar sobre Yisra'el, em Shomron; ele reinou nove anos.
2 Ele fez o que era mau aos olhos de *Adonai,* embora não fosse tão mau quanto os
reis de Yisra'el que o precederam.

3 Shalman'eser, rei de Ashur, avançou contra Hoshea, e Hoshea tornou-se seu
servo e lhe pagava tributos. 4 O rei de Ashur, porém, descobriu que Hoshea estava
conspirando [contra ele] — ele tinha enviado mensageiros ao então rei do Egito
e não havia pagado seu tributo ao rei de Ashur, como tinha feito anteriormente
a cada ano. Por isso, o rei de Ashur o aprisionou, pondo-o em cadeias. 5 Então o
rei de Ashur invadiu toda a terra, avançou sobre Shomron e a colocou sob cerco
por três anos. 6 No nono ano de Hoshea, o rei de Ashur tomou Shomron. Ele levou
Yisra'el cativo a Ashur, recolocando-o em Halach, em Havor, no rio Gozan e nas
cidades dos medos.

7 Estas coisas aconteceram porque o povo de Yisra'el tinha pecado contra *Adonai,*
seu Deus, que o tinha trazido da terra do Egito, do domínio do faraó, o rei do
Egito. Ele temeu outros deuses 8 e viveu de acordo com os costumes das nações
que *Adonai* tinha expulsado de diante do povo de Yisra'el, e segundo os costumes
dos reis de Yisra'el. 9 O povo de Yisra'el, fez, secretamente, coisas que não eram
retas, segundo *Adonai,* seu Deus. Eles construíram para si altos em todos os lu-
gares em que viveram, desde a torre de vigia até a cidade fortificada. 10 Ergueram
para si colunas e postes sagrados em toda colina e embaixo de toda árvore verde.
11 Então fizeram ofertas em todos os altos, como o fizeram as nações que *Adonai*
tinha expulsado de diante deles, praticaram coisas ímpias para provocar a ira de
Adonai; 12 além disso, serviram aos ídolos, coisa que *Adonai* tinha dito expressa-
mente que não fizessem. 13 *Adonai* tinha advertido com antecedência Yisra'el e
Y'hudah, por intermédio de todos os profetas e videntes: "Desviem-se de seus
maus caminhos e obedeçam às minhas *mitzvot* e aos meus mandamentos, de
acordo com toda a *Torah* que eu ordenei que os seus antepassados guardassem,
a qual enviei a vocês por meio de meus servos, os profetas". 14 Entretanto, eles se
recusaram a ouvir e se fizeram teimosos como seus antepassados, os quais não
puseram sua confiança em *Adonai,* seu Deus. 15 Assim, eles rejeitaram as leis de
Adonai; a sua aliança, que ele tinha feito com seus antepassados, e os avisos sole-
nes que lhes tinha dado. Em vez disso, foram atrás de coisas inúteis, tornando-se
eles mesmos inúteis, imitando as nações ao redor deles, que *Adonai* tinha ordena-
do que não imitassem. 16 Eles abandonaram todas as *mitzvot* de *Adonai,* seu Deus.
Fizeram para si mesmos imagens de metal fundido, dois bezerros. Fizeram uma
asherah. Adoraram todo o exército do céu. Serviram a Ba'al. 17 Eles passaram seus
filhos e filhas pelo fogo [como sacrifício]. Usaram adivinhação e feitiços mágicos.
E eles se deram a fazer o que era mau aos olhos de *Adonai,* provocando-o à ira,
18 de forma que *Adonai,* agora muito irado com Yisra'el, removeu-os de sua vista.
Nada restou, exceto a tribo de Y'hudah. 19 (Todavia, nem Y'hudah obedeceu às
mitzvot de *Adonai,* seu Deus; antes, viveu de acordo com os costumes de Yisra'el.)

20 Sim, *Adonai* chegou a menosprezar todos os descendentes de Yisra'el. Ele
lhes causou dificuldades e os entregou aos saqueadores, até que, finalmente, os
lançou fora de sua presença. 21 Ele rasgou Yisra'el da casa de David. Eles fizeram
de Yarov'am, o filho de N'vat, rei; e Yarov'am afastou Yisra'el de seguir *Adonai* e fez
que eles cometessem um grande pecado. 22 O povo de Yisra'el seguiu o exemplo
de Yarov'am em todos os pecados que ele tinha cometido e não se desviou deles
23 até que *Adonai* removeu Yisra'el de sua presença, como por meio de todos os seus

servos, os profetas, ele disse que faria. Assim, Yisra'el foi levado cativo de sua terra a Ashur e ali permanece até o dia de hoje.

[24] O rei de Ashur trouxe o povo de Bavel, Kutah, 'Ava, Hamat e S'farvayim e o estabeleceu nas cidades de Shomron, no lugar do povo de Yisra'el; eles tomaram as propriedades de Shomron e viveram em suas cidades. [25] No início, quando vieram para viver ali, não temiam *Adonai*. Por isso, *Adonai* enviou leões entre eles, que mataram alguns deles. [26] Então eles disseram ao rei de Ashur: "As nações que levaste e estabeleceste nas cidades de Shomron não conhecem os preceitos para se prestar culto ao Deus da terra. Por isso, ele enviou leões entre eles, e estão lá, matando-os; isso acontece porque eles não conhecem os preceitos para se prestar culto ao Deus da terra". [27] Em resposta, o rei de Ashur deu esta ordem: "Levem de volta um dos *kohanim* que vocês trouxeram de lá. Façam-no ir e viver ali, e que ele ensine a vocês os preceitos para se prestar culto ao Deus da terra". [28] Então um dos *kohanim* que eles tinham levado cativo de Shomron veio e viveu em Beit-El, e ele ensinou ao povo a forma com que eles deviam temer *Adonai*.

[29] Entretanto, cada nação fez deuses para si mesma e os colocou nos templos e nos altos que os shomronim tinham construído, cada nação na cidade onde vivia. [30] Assim, os povos de Bavel fizeram Sukkot-B'not, os de Kutah fizeram Nergal, os de Hamat fizeram Ashima, [31] os 'avim fizeram Nivchaz e Tartak, e os s'farvim queimaram seus filhos no fogo como sacrifício a Adramelekh e 'Anamelekh, deuses de S'farvayim. [32] Assim, eles temiam *Adonai*, enquanto, ao mesmo tempo, escolhiam para si sacerdotes dentre eles para presidir nos altos e sacrificar para eles nos templos nos altos. [33] Eles tanto temiam *Adonai* quanto serviam a seus deuses, de acordo com o costume das nações dentre as quais tinham sido tirados. [34] Até o dia de hoje, eles continuam a seguir o costume [pagão] deles. Eles não temem *Adonai*. Não seguem as ordenanças, os mandamentos, a *Torah* ou a *mitzvah* que *Adonai* ordenou aos descendentes de Ya'akov, a quem ele deu o nome de Yisra'el, [35] com os quais *Adonai* fez uma aliança e ordenou a eles: "Não temam outros deuses nem se curvem diante deles, nem os sirvam nem sacrifiquem a eles. [36] Pelo contrário, vocês temerão *Adonai*, que os trouxe da terra do Egito com grande poder e braço estendido. Cultuem a ele e sacrifiquem a ele. [37] Vocês deverão observar para sempre as ordenanças, os decretos, a *Torah* e a *mitzvah* que ele escreveu para vocês. Vocês não temerão outros deuses, [38] nem esquecerão a aliança que fiz com vocês. Não, vocês não devem temer outros deuses, [39] mas devem temer *Adonai*, seu Deus; então ele resgatará vocês do poder de todos os seus inimigos". [40] No entanto, eles não ouviram, mas seguiram suas antigas práticas [pagãs]. [41] Assim, essas nações misturavam o temor a *Adonai* com o serviço aos seus ídolos esculpidos; da mesma forma o fizeram seus filhos; e até o dia de hoje seus descendentes fazem a mesma coisa que os seus antepassados fizeram.

18 [1] Foi no terceiro ano de Hoshea, o filho de Elah, rei de Yisra'el, que Hizkiyahu, o filho de Achaz, rei de Y'hudah, começou a reinar. [2] Ele tinha 25 anos de idade quando começou a reinar, e reinou vinte e nove anos em Yerushalayim. O nome de sua mãe era Avi, a filha de Z'kharyah. [3] Ele fez o que era reto aos olhos de *Adonai*, seguindo o exemplo de David, seu antepassado, em tudo o que ele fez. [4] Ele removeu os altos, quebrou as colunas, derrubou a *asherah* e quebrou em pedaços a serpente de bronze que Mosheh tinha feito, porque, naqueles dias, o povo de Yisra'el estava fazendo ofertas a ela, a quem chamavam N'chushtan.*

* O hebraico *nachash* significa "serpente", e *n'choshet* significa "bronze".

5 Ele pôs sua confiança em *Adonai,* o Deus de Yisra'el; depois dele, não houve outro como ele entre todos os reis de Y'hudah, nem houve entre aqueles que foram antes dele. 6 Pois ele se apegou a *Adonai* e não se desviou de segui-lo, mas obedeceu às suas *mitzvot,* que *Adonai* deu a Mosheh. 7 Assim, *Adonai* era com ele. Onde quer que ele fosse ou batalhasse, era bem-sucedido. Ele se rebelou contra o rei de Ashur e se recusou a servi-lo. 8 Ele obrigou os p'lishtim a voltarem para 'Azah e os derrotou no território deles, desde a torre de vigia até a cidade fortificada.

9 Foi no quarto ano do rei Hizkiyahu, o sétimo ano de Hoshea, filho de Elah, rei de Yisra'el, que Shalman'eser, rei de Ashur, avançou contra Shomron e a sitiou. 10 Ao final de três anos, ele a conquistou — isto é, Shomron foi conquistada no sexto ano de Hizkiyahu, o nono ano de Hoshea, rei de Yisra'el. 11 O rei de Ashur levou Yisra'el em cativeiro para Ashur e o estabeleceu em Halach, em Havor, no rio Gozan, e nas cidades dos medos. 12 Isso aconteceu porque eles não atenderam à voz de *Adonai,* seu Deus, mas violaram sua aliança, todas as coisas que Mosheh, o servo de *Adonai,* tinha ordenado que fizessem; eles não a ouviram, nem a praticaram.

13 No décimo quarto ano do rei Hizkiyahu, Sancheriv, rei de Ashur, avançou contra todas as cidades fortificadas de Y'hudah e as conquistou. 14 Hizkiyahu, rei de Y'hudah, enviou mensageiros ao rei de Ashur, em Lakhish: "Eu errei. Se fores embora, pagarei qualquer penalidade que impuseres a mim". O rei de Ashur impôs sobre Hizkiyahu a penalidade de 10 toneladas e meia de prata e 1.050 quilos de ouro. 15 Hizkiyahu deu a ele toda a prata que pôde ser encontrada na casa de *Adonai* e nos tesouros do palácio real. 16 Foi nesse tempo que Hizkiyahu tirou o ouro das portas do santuário de *Adonai* e dos batentes, os quais o próprio Hizkiyahu, rei de Y'hudah, tinha revestido, e o deu ao rei de Ashur.

17 De Lakhish, o rei de Ashur enviou Tartan, Rav-Saris e Rav-Shakeh ao rei Hizkiyahu, em Yerushalayim, com um grande exército. Eles avançaram e vieram a Yerushalayim. Ao chegarem, tomaram posição próximo ao aqueduto do açude superior, que fica próximo à estrada que vai para o campo dos Lavandeiros. 18 Eles convocaram o rei, mas os que atenderam ao chamado foram Elyakim, o filho de Hilkiyahu, a cargo de quem estava a administração do palácio, Shevnah, o secretário geral, e Yo'ach, o filho de Asaf, o ministro do estrangeiro. 19 Rav-Shakeh dirigiu-se a eles: "Digam a Hizkiyahu: 'Eis o que o grande rei, o rei de Ashur, diz: "O que o torna tão confiante? 20 Pensa que meras palavras faladas constituem força em uma batalha? Em quem, portanto, você está confiando quando se rebela contra mim dessa forma? 21 Agora, veja! Confiar no Egito é como usar um galho como apoio — quando se apoia nele, ele perfura a sua mão. Assim é o faraó do Egito para todos aqueles que põem sua confiança nele. 22 Se, porém, me disser: 'Nós confiamos em *Adonai,* nosso Deus', então não é esse Deus aquele cujos altos e santuários Hizkiyahu removeu, dizendo a Y'hudah e a Yerushalayim: 'Vocês devem adorar diante deste altar em Yerushalayim?'. 23 Muito bem, então faça uma aposta com o meu senhor, o rei de Ashur: Darei a você 2 mil cavalos se puder encontrar cavaleiros suficientes para eles. 24 Como, então, pode você repudiar até mesmo um dos mais baixos oficiais do exército do meu senhor? Está confiando no Egito para obter carruagens e cavaleiros! 25 Pensa que eu subi a este lugar para destruir você sem a aprovação de *Adonai? Adonai* me disse: 'Ataque esta terra e destrua-a!' " ' ".

26 Elyakim, o filho de Hilkiyahu, Shevnah e Yo'ach disseram a Rav-Shakeh: "Por favor, fala aos teus servos em aramaico, já que podemos entender; não fales conosco em hebraico enquanto as pessoas do muro estão escutando". 27 Rav-Shakeh, porém, lhes respondeu: "Será que o meu senhor me enviou para entregar minha

mensagem somente ao seu senhor e a vocês? Não me enviou ele para me dirigir aos homens que estão sentados sobre o muro, os quais, como vocês, comerão as próprias fezes e beberão a própria urina?". 28 Então Rav-Shakeh levantou-se e, falando em voz alta, em hebraico, disse: "Ouçam o que o grande rei, o rei de Ashur, diz! 29 Isto é o que o rei diz: 'Não deixem que Hizkiyahu engane vocês, porque ele não está preparado para salvá-los do poder do rei de Ashur. 30 E não deixem que Hizkiyahu os faça confiarem em ADONAI, dizendo: "ADONAI certamente nos salvará; esta cidade não será dada ao rei de Ashur". 31 Não ouçam Hizkiyahu'. Pois isto é o que o rei de Ashur diz: 'Façam paz comigo, rendam-se a mim. Então cada um de vocês poderá comer de sua vinha e de sua figueira, e beber a água de sua cisterna, 32 até que eu venha e leve vocês embora, para uma terra como a sua terra, uma terra de grãos e de vinho, uma terra de pão e de vinhas, uma terra de oliveiras e mel; de forma que vocês poderão viver, não morrer. Então não ouçam Hizkiyahu; ele está apenas iludindo vocês quando diz: "ADONAI nos salvará". 33 Algum deus de alguma nação já salvou sua terra do poder do rei de Ashur? 34 Onde estão os deuses de Hamat e de Arpad? Onde estão os deuses de S'farvayim, Hena e 'Ivah? Eles salvaram Shomron de meu poder? 35 Onde está o deus de qualquer nação que tenha salvado sua nação do meu poder, de forma que ADONAI pudesse ser capaz de salvar Yerushalayim do meu poder?' ". 36 O povo, entretanto, permaneceu imóvel e não lhe respondeu nenhuma palavra, pois a ordem que o rei tinha dado era: "Não lhe respondam".

37 Então Elyakim, o filho de Hilkiyah, que tinha a seu encargo a administração do palácio, Shevnah, o secretário geral, e Yo'ach, o filho de Asaf, o ministro do estrangeiro, foram a Hizkiyahu com suas roupas rasgadas e relataram a ele o que Rav-Shakeh havia dito.

19 1 Ao ouvir aquilo, o rei Hizkiyahu rasgou suas roupas, cobriu-se com roupas de saco e entrou na casa de ADONAI. 2 Ele enviou Elyakim, que tinha a seu encargo a administração do palácio, Shevnah, o secretário geral e os *kohanim* principais, cobertos com pano de saco, a Yesha'yahu, o profeta, o filho de Amotz. 3 Eles lhe disseram: "Eis o que Hizkiyahu diz: 'Hoje é um dia de angústia, castigo e desgraça. Crianças estão prontas para nascer, mas não há força para trazê-las à luz. 4 Talvez ADONAI, o teu Deus, ouça as palavras de Rav-Shakeh, a quem o seu senhor, o rei de Ashur, enviou para insultar o Deus vivo, e que seja reprovada a mensagem que ADONAI, teu Deus, ouviu. Então ora por aqueles que ainda restam' ".

5 Quando os servos do rei Hizkiyahu vieram a Yesha'yahu, 6 ele lhes disse: "Digam ao seu senhor que isto é o que ADONAI diz: 'Não tenha medo das palavras que você ouviu dos servos do rei de Ashur, usadas para me insultar. 7 Eu colocarei nele um espírito que o fará ouvir um rumor, e ele retornará à sua terra; então eu provocarei a morte dele à espada em sua terra".

8 Rav-Shakeh retornou e, tendo ouvido que o rei de Ashur tinha permanecido em Lakhish, encontrou-o guerreando contra Livnah. 9 Então ao ouvir dizer que Tirhakah, rei da Ethiopia, estava a caminho para lutar contra ele, o rei de Ashur enviou mensageiros a Hizkiyahu, dizendo: 10 "Eis o que vocês devem dizer a Hizkiyahu, rei de Y'hudah: 'Não deixe que o seu Deus, em quem confia, o engane, dizendo: "Yerushalayim não será entregue ao poder do rei de Ashur". 11 Você já ouviu o que os reis de Ashur fizeram a todas as terras — eles as destruíram completamente. Então como haveria de se livrar? 12 Os deuses das nações as têm livrado? Não, meus antepassados as destruíram — Gozan, Haran, Retzef e o povo do 'Eden,

que estavam em Tel'asar. 13 Onde está o rei de Hamat? o rei de Arpad? o rei da ci-
dade de S'farvayim, de Hena e 'Ivah?' ".

14 Hizkiyahu tomou a carta das mãos dos mensageiros e a leu. Então subiu à
casa de Adonai e estendeu-a perante Adonai. 15 Hizkiyahu fez, na presença de Adonai,
a seguinte oração: "Adonai, Deus de Yisra'el, que habitas sobre os *k'ruvim*! Tu so-
mente és o Deus de todos os reinos da terra. Tu fizeste o céu e a terra. 16 Volta
teus ouvidos, Adonai, e ouve! Abre teus olhos, Adonai, e vê! Ouve as palavras que
Sancheriv enviou para insultar o Deus vivo. 17 É verdade, Adonai, que os reis de Ashur
têm feito das nações e de suas terras um deserto 18 e têm lançado os deuses deles
no fogo. Porque eles não eram deuses, simplesmente eram o produto das mãos de
homens, madeira e pedra; é por isso que eles puderam destruí-los. 19 Agora, pois,
Adonai, nosso Deus, por favor, salva-nos do seu poder — para que todos os reinos da
terra saibam que tu és Adonai, Deus — somente tu".

20 Então Yesha'yahu, o filho de Amotz, enviou esta mensagem a Hizkiyahu:
"Adonai, o Deus de Yisra'el, diz: 'Você orou a mim contra Sancheriv, rei de Ashur, e
eu o ouvi'. 21 Esta é a resposta de Adonai a respeito dele:

'A virgem, filha de Tziyon,
o despreza; ela ri de você com desdém.
A filha de Yerushalayim
meneia a cabeça para você.
22 De quem você zombou e a quem insultou?
Contra quem você levantou a voz
e, arrogantemente, levantou os olhos?
Contra o Santo de Yisra'el!

23 " 'Por meio de seus mensageiros, você zombou de Adonai.
Você disse: "Com minhas muitas carruagens,
subi às alturas das montanhas,
mesmo nos lugares mais distantes do L'vanon.
Derrubei seus altos cedros
e seus melhores ciprestes.
Alcancei suas regiões mais remotas
e suas melhores florestas.
24 Cavei [poços] em terras estrangeiras,
e bebi sua água.
As solas dos pés [de] meus [soldados]
secaram todos os rios do Egito".

25 " 'Não ouviu? Muito tempo atrás, eu fiz isso;
desde a antiguidade, eu o tinha planejado;
e agora eu o estou fazendo acontecer:
você está transformando cidades fortificadas
em montões de ruínas,
26 enquanto seus habitantes, sem forças,
estão desanimados e envergonhados,
fracos como a relva, frágeis como plantas,
como relva nos telhados
ou como o grão queimado pelo vento leste.

27 " 'Eu, porém, sei quando você se assenta, quando sai,
quando entra — e quando se ira contra mim.

28 E, porque você se irou contra mim,
por causa do seu orgulho que chegou até os meus ouvidos,
vou pôr meu gancho no seu nariz
e a minha rédea em seus lábios;
e eu farei que você volte
pelo mesmo caminho que veio.

29 " 'Este será o sinal para você: este ano, vocês comerão o grão que cresce por si
mesmo; no segundo ano, comerão o que brotar daquilo; mas, no terceiro ano, se-
meiem, colham, plantem vinhas e comam o seu fruto.

30 " 'Entretanto, o restante
da casa de Y'hudah que conseguiu escapar
criará raízes para baixo
e colherá frutos por cima;
31 porque um remanescente sairá de Yerushalayim,
aqueles que escaparem sairão do monte Tziyon.
O zelo de ADONAI-*Tzva'ot*
fará isto'.

32 "Portanto, isto é o que *ADONAI* diz acerca do rei de Ashur:

'Ele não virá a esta cidade,
nem mesmo nela atirará nenhuma flecha;
ele não a confrontará com o escudo
erguerá rampas contra ela.
33 Pelo caminho que ele veio, retornará;
ele não virá a esta cidade',

diz *ADONAI*. 34 'Porque eu defenderei esta cidade e a salvarei, tanto por causa de mim
mesmo quanto por causa de meu servo David' ".
35 Naquela noite, o anjo de *ADONAI* saiu e feriu 185 mil homens no acampamento
de Ashur. Na manhã do dia seguinte, lá estavam eles, todos eles, cadáveres — mortos.
36 Então Sancheriv, rei de Ashur, partiu e retornou à sua habitação em Ninveh.
37 Certo dia, enquanto ele estava adorando no templo de Nisrokh, seu deus,
[seus filhos] Adramelekh e Shar'etzer o feriram com a espada e fugiram para o ter-
ritório de Ararat. Então seu filho Esar-Hadon tomou seu lugar como rei.

20 1 Naqueles dias, Hizkiyahu ficou doente a ponto de morrer. Yesha'yahu, o
profeta, o filho de Amotz, veio a ele e lhe disse: "Eis aqui o que *ADONAI* diz:
'Ponha sua casa em ordem, porque você morrerá; não viverá' ". 2 Hizkiyahu virou o
rosto para a parede e orou a *ADONAI*: 3 "Eu te suplico, *ADONAI*, que te lembres agora
de como vivi diante de ti em verdade e com todo o meu coração, e como fiz o que
era bom aos teus olhos". E ele chorou lágrimas amargas.
4 Antes que Yesha'yahu tivesse deixado o centro da cidade, a palavra de *ADONAI*
veio a ele: 5 "Volte e diga a Hizkiyahu, o príncipe do meu povo, que isto é o que
ADONAI, o Deus de David, seu antepassado, diz: 'Eu ouvi as suas orações e vi as suas
lágrimas, e vou curá-lo. Ao terceiro dia, deve subir à casa de *ADONAI*. 6 Acrescenta-
rei quinze anos à sua vida. Também o livrarei e a esta cidade do poder do rei de
Ashur; defenderei esta cidade por minha causa e por causa de meu servo David' ".

7 Então Yesha'yahu disse: "Prepare uma pasta de figo". Eles a trouxeram e a puse-
ram na inflamação, de modo que ela começou a sarar.
8 Hizkiyahu disse a Yesha'yahu:"Qual será o sinal de que *Adonai* me curará e
de que eu conseguirei ir à casa de *Adonai* ao terceiro dia?". 9 Yesha'yahu respon-
deu: "Aqui está o sinal para você, da parte de *Adonai,* que *Adonai* fará o que ele
disse: você quer que a sombra [do relógio de sol] adiante dez graus ou atrase dez
graus?". 10 Hizkiyahu respondeu: "É fácil que a sombra vá dez graus adiante. Não!
Faze que a sombra volte dez graus". 11 Yesha'yahu clamou a *Adonai,* e ele fez que a
sombra do relógio de sol de Achaz retornasse dez graus, depois de já ter passado
daquele horário.
12 B'rodakh-Bal'adan, o filho de Bal'adan, rei de Bavel, ouviu que Hizkiyahu es-
tava doente, então enviou uma carta e um presente para ele. 13 Hizkiyahu atentou
[para a mensagem] e mostrou-lhes a casa onde mantinha o tesouro, incluindo a
prata, o ouro, especiarias e os óleos preciosos; também o lugar onde ele mantinha
sua armadura e tudo mais em seu tesouro — não houve nada em seu palácio ou em
todo o seu domínio que Hizkiyahu não tivesse mostrado a eles. 14 Então Yesha'yahu,
o profeta, veio ao rei Hizkiyahu e lhe perguntou: "O que aqueles homens disseram?
De onde eles vêm?". Hizkiyahu respondeu: "Eles vêm de um país distante, Bavel".
15 Yesha'yahu perguntou: "O que eles viram em seu palácio?". "Eles viram tudo em
meu palácio", respondeu Hizkiyahu. "Não há uma única coisa em meu tesouro que
eu não lhes tenha mostrado". 16 Yesha'yahu disse a Hizkiyahu: "Ouça o que *Adonai*
diz: 17 'Chegará o dia quando todas as coisas em seu palácio, bem como todas as
coisas que seus antepassados acumularam até o dia de hoje, serão carregadas para
Bavel. Nada será deixado, diz *Adonai.* 18 Eles levarão alguns de seus descendentes,
seus filhos, e estes serão feitos eunucos, servindo no palácio do rei de Bavel' ".
19 Hizkiyahu disse a Yesha'yahu: "A palavra de *Adonai* que acabaste de me falar é
boa". E ele pensou: "Pois não é isso que acontecerá; paz e segurança continuarão
pelo menos durante o meu tempo de vida?"
20 Outros atos de Hizkiyahu, seus feitos e como ele construiu um reservatório e
um aqueduto para trazer água para a cidade estão documentados nas crônicas dos
reis de Y'hudah. 21 Então Hizkiyahu dormiu com seus antepassados, e M'nasheh,
seu filho, tomou o seu lugar.

21 1 M'nasheh estava com 12 anos quando começou a reinar, e reinou cinquenta
e cinco anos em Yerushalayim. O nome de sua mãe era Heftzibah. 2 Ele fez
o que era mau aos olhos de *Adonai,* seguindo práticas abomináveis das nações que
Adonai havia expulsado de diante do povo de Yisra'el. 3 Pois ele reconstruiu os altos
que Hizkiyahu, seu pai, havia destruído; ergueu altares a Ba'al e fez uma *asherah,*
assim como Ach'av, rei de Yisra'el; prostrou-se diante de todo o exército dos céus
e o serviu. 4 Ele construiu altares na casa de *Adonai,* apesar de *Adonai* ter dito: "Em
Yerushalayim, eu estabelecerei meu nome". 5 Ele construiu altares para todo o exér-
cito dos céus, nas duas entradas da casa de *Adonai.* 6 Pôs o próprio filho no fogo
[como sacrifício]. Praticou feitiçaria e advinhação, e recorreu a médiuns e a pessoas
que consultavam espíritos como guias. Ele fez muito do que é abominável aos olhos
de *Adonai,* provocando, assim, a sua ira. 7 Colocou a imagem de escultura de *asherah*
dentro do templo, apesar do que *Adonai* havia dito a David e Shlomoh, seu filho:
"Nesta casa e em Yerushalayim, a qual escolhi dentre todas as tribos de Yisra'el,
porei meu nome para sempre. 8 Também nunca mais farei que os pés de Yisra'el
estejam fora da terra que dei a seus antepassados — se eles apenas obedecerem a
cada ordem que lhes tenho dado e viverem de acordo com toda a *Torah* que meu

servo Mosheh ordenou que obedecessem". 9 Eles, no entanto, não deram atenção;
e M'nasheh os levou a fazer coisas ainda piores do que as nações que *Adonai* tinha
destruído diante do povo de Yisra'el.

10 *Adonai* entregou a seguinte mensagem por meio de seus servos, os profetas:
11 "Porque M'nasheh, rei de Y'hudah, fez todas essas coisas abomináveis; porque
ele fez coisas mais perversas que aquilo que fez o emori, que estava ali antes
dele; e também por causa dos ídolos que ele fez, conduzindo Y'hudah ao pecado,
12 eis o que *Adonai*, o Deus de Yisra'el, diz: 'Trarei tamanha calamidade sobre
Yerushalayim e Y'hudah, que os ouvidos de qualquer um que ouvir vão tinir.
13 Eu medirei Yerushalayim com o mesmo fio de medida que usei para Shomron
e o mesmo prumo que usei para a casa de Ach'av. Limparei Yerushalayim como
se limpa um prato, limpando-o de um lado e virando-o de ponta-cabeça. 14 Aban-
donarei o restante de minha herança, entregando-os ao poder de seus inimigos
— eles se tornarão presa e despojo para todos os inimigos, 15 porque fizeram o
que é mau aos meus olhos e provocaram a minha ira desde o dia em que seus
antepassados vieram do Egito até o dia de hoje' ".

16 Além disso, M'nasheh derramou muito sangue inocente, de maneira que ele
inundou Yerushalayim desde uma ponta à outra — afora o seu pecado que condu-
ziu também Y'hudah ao pecado, fazendo o que é mau aos olhos de *Adonai*.

17 Outros atos de M'nasheh, todas as suas realizações e o pecado que ele co-
meteu estão documentados nas crônicas dos reis de Y'hudah. 18 Então M'nasheh
dormiu com seus antepassados, e foi sepultado no jardim de sua casa, o jardim de
'Uza, e Amon, seu filho, tomou seu lugar como rei.

19 Amon tinha 22 anos quando começou a reinar, e reinou dois anos em
Yerushalayim. O nome de sua mãe era Meshulemet, a filha de Harutz, de Yotvah.
20 Ele fez o que era mau aos olhos de *Adonai*, assim como M'nasheh, seu pai, havia
feito. 21 Ele seguiu inteiramente a forma de vida de seu pai, servindo aos ídolos a
que seu pai havia servido, adorando-os. 22 Ele abandonou *Adonai*, o Deus de seus
antepassados, e não viveu nos caminhos de *Adonai*.

23 Os servos de Amon conspiraram contra ele e o mataram em seu palácio.
24 O povo da terra, porém, levou à morte todos aqueles que haviam participado da
conspiração contra o rei Amon. Então o povo da terra coroou Yoshiyahu, seu filho,
constituindo-o rei em seu lugar.

25 Os outros atos de Amon e todas as suas realizações estão documentados nas
crônicas dos reis de Y'hudah. 26 Amon foi sepultado em seu túmulo, no jardim de
Uza, e Yoshiyahu, seu filho, ocupou seu lugar como rei.

22 1 Yoshiyahu tinha 8 anos quando começou a reinar, e ele reinou trinta e um
anos em Yerushalayim. O nome de sua mãe era Y'didah, a filha de 'Adayah,
de Botzkat. 2 Ele fez o que era reto aos olhos de *Adonai*, vivendo sinceramente nos
caminhos de David, seu antepassado, não se desviando nem para a direita, nem
para a esquerda.

3 No décimo oitavo ano do rei Yoshiyahu, o rei enviou o secretário Shafan, o
filho de Atzalyahu, o filho de Meshulam, à casa de *Adonai*, dando-lhe as seguintes
instruções: 4 "Vá até Hilkiyahu, o *kohen hagadol*, e mande-o ajuntar todo o dinhei-
ro que foi trazido para a casa de *Adonai*, o qual tem sido coletado do povo pelos
guardas da porta. 5 Então repasse-o aos supervisores da obra de reforma da casa de
Adonai; eles, por sua vez, devem pagar aos trabalhadores na casa de *Adonai*, a fim de
consertar os danos do edifício — 6 os carpinteiros, os construtores e os pedreiros —
e para pagar a madeira e as pedras trabalhadas para fazer os reparos no edifício".

7 Entretanto, eles não precisarão prestar contas do dinheiro dado pelos supervisores,
pois estão agindo honestamente.
8 Hilkiyahu, o *kohen hagadol*, disse a Shafan, o secretário: "Eu descobri os rolos
da *Torah* na casa de *Adonai*". Hilkiyah deu o rolo a Shafan, que o leu. 9 Então Shafan,
o secretário, voltou ao rei e deu a ele este relatório: "Teus servos juntaram o dinheiro
recolhido no templo e o entregaram aos supervisores da obra na casa de *Adonai*".
10 Shafan, o secretário, também disse ao rei: "Hilkiyahu, o *kohen hagadol*, deu-me
um rolo". Então Shafan o leu em voz alta diante do rei. 11 Depois de o rei ter ouvido
o que estava escrito no rolo da *Torah*, ele rasgou suas roupas. 12 Então o rei deu a
seguinte ordem a Hilkiyah, o *kohen*, a Achikam, o filho de Shafan, a 'Akhbor, o filho
de Mikhayah, a Shafan, o secretário, e a 'Asayah, o servo do rei: 13 "Vão e consultem
Adonai por mim, pelo povo e por todo o Y'hudah, acerca do que está escrito neste
rolo que foi descoberto. Pois *Adonai* deve estar irado conosco, uma vez que nossos
antepassados não atentaram para as palavras escritas neste rolo e não fizeram tudo
quanto está ali escrito e nos diz respeito". 14 Então Hilkiyahu, o *kohen*, Achikam,
'Akhbor, Shafan e 'Asayah foram até Huldah, a profetisa, esposa de Shalum, o filho
de Tikvah, o filho de Harchas, mantenedor do guarda-roupa do templo — ela mo-
rava na parte reformada de Yerushalayim — e falaram a ela. 15 Ela lhes respondeu:
"*Adonai*, o Deus de Yisra'el, diz para falar ao homem que os enviou a mim 16 que
Adonai diz o seguinte: 'Eu trarei calamidade sobre este lugar e seus habiantes, cada
palavra deste rolo que o rei de Y'hudah leu vai se concretizar, 17 pois eles me aban-
donaram e ofertaram a outros deuses, a fim de me provocar com tudo o que fazem.
Assim, minha ira arderá contra este lugar e não será apagada'. 18 E vocês devem falar
ao rei de Y'hudah, que os mandou consultar *Adonai*, que *Adonai*, o Deus de Yisra'el,
também diz o seguinte: 'Em se tratando destas palavras que acabou de ouvir, 19 por-
que seu coração se enterneceu, e se humilhou diante de *Adonai* quando ouviu o que
eu disse contra este lugar e seus habitantes — que eles seriam motivo de desolação
e maldição —, e rasgou suas vestes e clamou diante de mim, eu o ouvi, diz *Adonai*.
20 Assim, eu o reunirei com os seus antepassados, e irá para a sepultura em paz, e
seus olhos não verão nenhuma das calamidades que trarei sobre este lugar' ". Assim,
eles trouxeram estas palavras ao rei.

23 1 Então o rei convocou todos os líderes de Y'hudah e de Yerushalayim, e eles
se reuniram com ele. 2 O rei subiu à casa de *Adonai* com todos os homens
de Y'hudah, todos os moradores de Yerushalayim, os *kohanim*, os profetas e todo
o povo, dos mais simples aos mais importantes, e leu aos seus ouvidos tudo o que
estava escrito no rolo do pacto que tinha sido descoberto na casa de *Adonai*. 3 O rei
postou-se na plataforma e fez um pacto na presença de *Adonai* para viver seguindo
Adonai, observando suas *mitzvot*, suas instruções e suas ordens de todo o coração e
com todo o seu ser, confirmando assim as palavras da aliança escritas naquele rolo.
Todo o povo levantou-se, e todos prometeram cumprir a aliança.
4 Então o rei ordenou a Hilkiyahu, o *kohen hagadol*, aos *kohanim* da segunda
ordem e aos guardas do portão que removessem do santuário de *Adonai* todos os
utensílios que tinham sido feitos para Ba'al, para *asherah* e para todo o exército
celeste; e ele queimou tudo aquilo fora de Yerushalayim, no campo de Kidron, e
enviou as cinzas para Beit-El.
5 Destituiu os sacerdotes idólatras que os reis de Y'hudah tinham ordenado para
fazer oferendas nos altos das cidades de Y'hudah e nas cercanias de Yerushalayim;
ele também destituiu aqueles que faziam oferendas a Ba'al, ao sol, à lua, às conste-
lações e a todo o exército celeste.

6 Retirou a *asherah* da casa de Adonai para o *vádi* Kidron, fora de Yerushalayim,
e a queimou ali no *vádi* Kidron, até que virasse cinzas, jogando-as sobre túmulos
de um cemitério de pessoas comuns.

7 Acabou com as acomodações dos prostitutos cultuais que estavam na casa de
Adonai, onde as mulheres também faziam ornamentos para *asherah*.

8 Destituiu os *kohanim* das cidades de Y'hudah; desde Geva até Be'er-Sheva, der-
ribou os altos em que os *kohanim* faziam oferendas. Também destruiu os altares
dos portões que ficavam próximos ao portão de Y'hoshua, governador da cidade,
à esquerda de quem entra na cidade. 9 Embora os *kohanim* que trabalhavam nos
altares profanos não viessem perante o altar de Adonai em Yerushalayim, eles com-
partilhavam *matzah* com os outros sacerdotes, seus colegas.

10 Ele destruiu o fogo de Tofet no vale de Ben-Hinnom, de maneira que ninguém
mais queimasse seu filho ou filha [como sacrifício] a Molekh.

11 Confiscou os cavalos que os reis de Y'hudah tinham consagrado ao sol, na
entrada da casa de Adonai, próximo à sala do oficial N'tan-Melekh, na entrada da
casa, e queimou as carruagens do sol.

12 O rei destruiu os altares no terraço, em cima da sala de Achaz, os quais tinham
sido feitos pelos reis de Y'hudah, e os altares que M'nasheh tinha feito nos dois
átrios na casa de Adonai. Ele os quebrou em pedaços e jogou os cacos no *vádi* Kidron.

13 O rei destruiu os altos que estavam defronte de Yerushalayim, ao sul do mon-
te da Destruição, o qual Shlomoh, o rei de Yisra'el, tinha construído para 'Ashtoret,
a abominação dos tzidonim, para K'mosh, a abominação de Mo'av, e para Milkom,
a abominação do povo de 'Amon. 14 Ele destruiu os monumentos de pedra, cortou
os altos sagrados e encheu o local com ossadas humanas.

15 Destruiu o altar que estava em Beit-El e o alto feito por Yarov'am, o filho de
N'vat, o qual levou Yisra'el a pecar. Sim, ele destruiu aquele altar e o alto; queimou
o alto, reduzindo-o a pó, e queimou a *asherah* até que virasse cinzas. 16 Quando
Yoshiyahu olhou ao seu redor, viu alguns sepulcros que estavam ali no monte; en-
tão ele mandou que tirassem os ossos dos sepulcros e os queimou sobre o altar,
profanando-os, fazendo cumprir-se assim a palavra de Adonai que o homem de Deus
tinha proclamado, predizendo que essas coisas aconteceriam. 17 Então ele perguntou:
"Este monumento aqui, este que estou vendo, que é isso?". Os homens da cidade
lhe responderam: "É o túmulo do homem de Deus que veio de Y'hudah e predisse
justamente o que acabaste de fazer com o altar de Beit-El". 18 Ele replicou: "Deixe-o
permanecer; ninguém deve retirar seus ossos". Então eles não tocaram em seus os-
sos, deixando-os permanecer com os ossos do profeta que tinha vindo de Shomron.

19 Yoshiyahu também removeu todos os santuários dos altos na cidade de
Shomron, que tinham sido feitos pelos reis de Yisra'el a fim de provocar [Adonai]
à ira, e fez com eles o mesmo que fez em Beit-El. 20 Ordenou que matassem todos
os sacerdotes dos altos daqueles santuários e então queimou os ossos deles. Final-
mente, ele retornou a Yerushalayim.

21 O rei deu a seguinte ordem ao povo: "Observem a *Pesach* de Adonai, seu Deus,
como está escrito neste rolo da aliança". 22 Pois *Pesach* não tinha sido mais observa-
da desde os tempos em que os juízes comandavam Yisra'el — nem durante os dias
de nenhum dos reis de Yisra'el ou dos reis de Y'hudah. 23 Mas, no décimo oitavo ano
do rei Yoshiyahu, *Pesach* foi observada a Adonai em Yerushalayim.

24 Yoshiyahu expulsou os médiuns e as pessoas que consultavam espíritos,
bem como os ídolos da família, e os ídolos e todas as coisas abomináveis que se
viam em qualquer parte de Y'hudah e Yerushalayim. Ele fez isso a fim de estabe-
lecer as palavras da *Torah*, escritas no rolo que Hilkiyahu, o *kohen*, tinha achado
na casa de Adonai.

25 Antes dele, não houve rei igual a ele, porque ele voltou-se para *Adonai* com
todo o seu coração, com todo o seu ser e com toda a sua força, de acordo com
toda a *Torah* de Mosheh; e não houve rei semelhante a ele que se tenha levantado
depois dele. 26 Todavia, *Adonai* não voltou atrás em seu tremendo furor e horrenda
ira que queimava contra Y'hudah, por todas as coisas que M'nasheh tinha feito para
provocá-lo. 27 *Adonai* disse: "Assim como eu removi Yisra'el da minha presença,
também removerei Y'hudah e rejeitarei esta cidade, a qual escolhi, Yerushalayim, e
o templo do qual eu disse: 'Meu nome permanecerá nele' ".

28 Os outros atos de Yoshiyahu e todas as suas realizações estão documentados
nas crônicas dos reis de Y'hudah.

29 Durante sua época, o faraó N'khoh, rei do Egito, subiu em direção ao rio
Eufrates para atacar o rei de Ashur. O rei Yoshiyahu subiu a encontrá-lo para
combatê-lo, mas, em Megiddo, o faraó lutou com Yoshiyahu e o matou. 30 Seus
servos levaram seu corpo de Megiddo a Yerushalayim, em uma carruagem, e o se-
pultaram em seu túmulo. O povo da terra tomou Y'ho'achaz, o filho de Yoshiyahu,
ungiram-no e fizeram dele rei no lugar de seu pai.

31 Y'ho'achaz tinha 23 anos quando começou a reinar, e reinou durante três
meses em Yerushalayim. O nome de sua mãe era Hamutal, a filha de Yirmeyahu,
de Livnah. 32 Ele fez o que era mau perante os olhos de *Adonai*, segundo tudo o
que seus antepassados haviam feito. 33 O faraó N'khoh o aprisionou em Rivlah, na
terra de Hamat, de maneira que ele não pôde reinar em Yerushalayim. Ele também
impôs a Yerushalayim um tributo de 3 toneladas e meia de prata e 35 quilos de
ouro. 34 Então o faraó N'khoh pôs Elyakim, o filho de Yoshiyahu, como rei no lu-
gar de Yoshiyahu, seu pai, e trocou seu nome para Y'hoyakim. Ele também levou
Y'ho'achaz para o Egito, onde ele morreu. 35 Y'hoyakim enviava a prata e o ouro ao
faraó; mas, para pagar a quantia que o faraó exigia, teve de passar a cobrar uma
taxa sobre a terra. Ele cobrou ao povo da terra, a cada um de acordo com suas pos-
ses, a fim de pagar a prata e o ouro ao faraó N'khoh.

36 Y'hoyakim estava com 25 anos quando começou a reinar, e reinou onze anos
em Yerushalayim. O nome de sua mãe era Z'vudah, a filha de P'dayah, de Rumah.
37 Ele fez o que era mau perante os olhos de *Adonai*, segundo tudo quanto seus
antepassados tinham feito.

24 1 Foi nos dias de Y'hoyakim que N'vukhadnetzar, rei de Bavel, invadiu.
Y'hoyakim tornou-se seu servo por três anos, mas revoltou-se contra ele e
se rebelou. 2 *Adonai* enviou contra ele tropas de Kasdim, Aram, Mo'av e o povo de
'Amon; ele enviou todos eles contra Y'hudah para destruí-la, cumprindo assim a pa-
lavra de *Adonai*, a qual ele havia falado por meio de seus servos, os profetas. 3 Sim, foi
por ordem de *Adonai* que isso tudo aconteceu a Y'hudah, a fim de remover todos eles
da sua presença, por causa dos pecados de M'nasheh e tudo quanto ele havia feito,
4 como também por causa de todo o sangue inocente que ele havia derramado — pois
ele havia afogado Yerushalayim com sangue inocente, e *Adonai* não o quis perdoar.

5 Outros atos de Y'hoyakim e todos os seus feitos estão registrados nas crô-
nicas dos reis de Y'hudah. 6 Então Y'hoyakim dormiu com seus antepassados, e
Y'hoyakhin, seu filho, tomou o seu lugar como rei.

7 O rei do Egito não deixou a sua terra nunca mais, pois o rei de Bavel tinha
conquistado todo o território do rei do Egito, entre o *vádi* do Egito e o rio Eufrates.

8 Y'hoyakhin tinha 18 anos de idade quando começou a reinar, e reinou em
Yerushalayim três meses. O nome de sua mãe era N'chushta, a filha de Elnatan, de
Yerushalayim. 9 Ele fez o que era mau perante os olhos de *Adonai*, seguindo tudo o
que seu pai tinha feito.

10 Aconteceu que os oficiais de N'vukhadnetzar, rei de Bavel, marcharam para Yerushalayim e estabeleceram um cerco na cidade 11 N'vukhadnetzar, rei de Bavel, veio, ele mesmo, à cidade enquanto esta estava cercada; 12 e Y'hoyakhin, rei de Y'hudah, foi ao encontro do rei de Bavel — ele, sua mãe, seus servos, seus príncipes e oficiais; e o rei de Bavel o aprisionou no oitavo ano de seu reinado. 13 Ele também levou dali todos os tesouros da casa de *Adonai* e os tesouros do palácio real. Ele deixou em pedaços todos os utensílios de ouro, os quais o rei Shlomoh havia feito para a casa de *Adonai*, cumprindo assim o que *Adonai* havia predito.

14 Ele levou toda a Yerushalayim para o cativeiro — todos os príncipes, todos os soldados mais valentes — 10 mil cativos; também todos os artesãos e ferreiros. Ninguém foi deixado, senão o povo mais pobre da terra.

15 Y'hoyakhim, ele levou para Bavel; e fez o mesmo com a mãe do rei, com as esposas do rei, seus oficiais e os principais dos líderes da terra, levando-os de Yerushalayim para o cativeiro em Bavel. 16 Todos os homens fortes — 7 mil deles, bem como mil artesãos e ferreiros, todos eles fortes e treinados para a guerra — o rei de Bavel os trouxe cativos a Bavel.

17 O rei de Bavel fez de Matanyah, tio paterno de Y'hoyakhin, rei no lugar de Y'hoyakhin, e trocou o seu nome para Tzidkiyahu. 18 Tzidkiyahu tinha 21 anos quando começou a reinar, e reinou durante onze anos em Yerushalayim. O nome de sua mãe era Hamutal, a filha de Yirmeyahu, de Livnah. 19 Ele fez o que era mau aos olhos de *Adonai*, seguindo o exemplo de tudo quanto Y'hoyakim tinha feito. 20 Foi por causa da ira de *Adonai* que aconteceram todas essas coisas a Yerushalayim e Y'hudah, até que ele tivesse lançado todos para fora de sua presença.

Tzidkiyahu rebelou-se contra o rei de Bavel.

25 1 Então, no nono ano de seu reinado, no décimo mês, no décimo dia do mês, N'vukhadnetzar, rei de Bavel, marchou contra Yerushalayim com todo o seu exército. Ele acampou diante da cidade e a sitiou e construiu rampas de ataque por todos os lados. 2 A cidade permaneceu sob o cerco até o décimo primeiro ano do reinado de Tzidkiyahu.

3 No nono dia do [quarto] mês, quando a fome na cidade estava insuportável, por não haver comida para o povo da terra, 4 eles invadiram a cidade. Todos os soldados [fugiram] pela noite, por meio do portão entre os dois muros, próximo ao jardim do rei. Porque os kasdim estavam rodeando a cidade, o rei fugiu pelo caminho do 'Aravah. 5 O exército dos kasdim, porém, foi em perseguição do rei e alcançou na planície, perto de Yericho; todas as tropas o abandonaram. 6 Então eles prenderam o rei e o levaram ao rei de Bavel, em Rivlah, onde pronunciaram sentença contra ele. 7 Mataram seus filhos diante de seus olhos. Então furaram os olhos de Tzidkiyahu, prenderam-no em correntes e o levaram para Bavel.

8 No quinto mês, no sétimo dia do mês, que era também o décimo nono ano do rei N'vukhadnetzar, rei de Bavel, N'vuzar'adan, o comandante da guarda, e um oficial do rei de Bavel, entraram em Yerushalayim. 9 Ele queimou a casa de *Adonai*, o palácio real e todas as casas em Yerushalayim — queimou todos os edifícios importantes até que caíssem ao chão. 10 Todo o exército dos kasdim, que estava com o comandante da guarda, derrubou os muros de Yerushalayim por todos os lados. 11 N'vuzar'adam, o comandante da guarda, deportou o restante da população da cidade, os desertores que tinham sido derrotados pelo rei de Bavel e o restante do povo comum. 12 O comandante da guarda, porém, deixou algumas das pessoas pobres da terra para trabalhar nas vinhas e plantações. 13 Os kasdim destruíram as colunas de bronze da casa de *Adonai*, também os troles e o mar de bronze que

se encontravam na casa de *Adonai,* e trouxeram o bronze para Bavel. 14 Ele também levou as panelas, as pás, os cortadores de pavio, as vasilhas, e todos os artigos de bronze que tinham sido usados para a adoração. 15 O comandante da guarda tomou os incensários e as bacias de aspersão, tudo quanto era feito de ouro e tudo quanto era feito de prata. 16 O bronze que ficava nas duas colunas, o Mar e os suportes, tudo quanto Shlomoh tinha feito para a casa de *Adonai;* foi mais do que se poderia calcular. 17 A altura de uma das colunas era de 9,6 metros; sobre cada uma delas, havia um capitel de bronze de 1,5 metro, com redes e romãs ao redor do capitel, todo de bronze; a segunda coluna era similar, também com a rede.

18 O comandante da guarda levou [prisioneiro] S'rayah, o *kohen hagadol,* Z'khariah, *kohen* da segunda ordem, e três guardas da porta. 19 Da cidade, ele levou um oficial encarregado dos soldados, cinco associados do rei, que tinham sido achados na cidade, o secretário do comandante do exército, encarregado do alistamento militar, e 60 pessoas comuns encontradas na cidade. 20 N'vuzar'adan, o comandante da guarda, prendeu todos e os trouxe ao rei de Bavel, em Rivlah. 21 Ali em Rivlah, na terra de Hamat, o rei de Bavel mandou matar todos. Então Y'hudah foi levado em cativeiro para fora da sua terra.

22 Depois de ter partido, N'vukhadnetzar, rei da Babilônia, nomeou G'dalyahu, o filho de Achikam, o filho de Shafan, para governar sobre o povo remanescente na terra de Y'hudah. 23 Quando todos os oficiais do exército e seus homens ouviram que o rei de Bavel tinha nomeado G'dalyahu governador, eles foram a G'dalyahu, em Mitzpah — Yishma'el, o filho de N'tanyah, Yochanan, o filho de Kareach, S'rayah, o filho de Tanchumet, o n'tofati, e Ya'azanyahu, o filho de Ma'akhati — eles e seus homens. 24 Fazendo um juramento, G'dalyahu disse a eles: "Não temam os servos dos kasdim. Apenas vivam na terra e sirvam ao rei de Bavel, e tudo ficará bem. 25 No sétimo mês, porém, Yishma'el, o filho de N'tanyah, o filho de Elishama, de sangue real, veio com dez homens e assassinou G'dalyah, os judeus e os kasdim que estavam com ele em Mitzpah. 26 Ao tomar conhecimento disso, todo o povo, tanto grandes como pequenos, bem como os oficiais do exército, prepararam-se e partiram para o Egito, pois temiam os kasdim.

27 No trigésimo sétimo ano do cativeiro de Y'hoyakhin, rei de Y'hudah, no décimo segundo mês, no vigésimo sétimo dia do mês, Eveel-M'rodakh iniciou seu reinado como rei de Bavel; e no seu primeiro ano ele deu a sentença de Y'hoyakhin, rei de Y'hudah, e o libertou da prisão. 28 Ele o tratou com bondade e lhe deu um trono maior que o dos outros reis que estavam com ele em Bavel. 29 Assim, Y'hoyakhin não precisou mais usar roupas de prisioneiro; além disso, ele recebeu uma provisão de alimento durante todo o tempo de vida; 30 e lhe foi garantida uma pensão diária para que o rei gastasse em suas outras necessidades pelo tempo que vivesse.

ישעיהו
Yesha'yahu
[Isaías]

1 [1] Esta é a visão recebida por Yesha'yahu, o filho de Amotz, concernente a
Y'hudah e Yerushalayim, nos dias de 'Uziyahu, Yotam, Achaz e Y'chizkiyahu,
reis de Y'hudah:

2 "Ouça, céu! Ouça, terra!
Porque *Adonai* está falando.

"Suscitei e criei filhos,
mas eles se rebelaram contra mim.
3 O boi conhece seu dono,
e o jumento, o estábulo de seu senhor,
mas Yisra'el não conhece,
meu povo não pondera.

4 "Ó nação pecadora,
povo carregado de iniquidade,
descendentes de malfeitores,
filhos imorais!
Eles abandonaram *Adonai*,
rejeitaram o Santo de Yisra'el,
voltaram-lhe as costas!

5 "Pelo fato de persistirem em rebelar-se,
em que ponto deverei atingi-los?
A cabeça toda está doente,
e todo o coração, enfermo.
6 Da sola do pé até a cabeça,
não há nada saudável,
somente feridas, machucados e chagas
que não foram cobertos, nem tratados,
nem suavizados com óleo.

7 "Sua terra está desolada,
e suas cidades estão queimadas até o chão;
estrangeiros devoram sua terra na presença de vocês
tão desolada como se tivesse sido subvertida por inundações.

8 A filha de Tziyon foi deixada como uma cabana na vinha,
como um abrigo no campo de pepinos,
como uma cidade sob cerco".

9 Se *Adonai-Tzva'ot* não tivesse deixado um pouco de nós,
um pequeno remanescente,
nós nos teríamos tornado como S'dom,
assemelhados a 'Amorah.

10 Ouçam o que ADONAI diz,
governantes de S'dom!
Ouça a *Torah* de Deus,
povo de 'Amorah!

11 "Por que são oferecidos a mim
todos aqueles sacrifícios?", pergunta ADONAI.
"Estou farto de ofertas queimadas de carneiros
e da gordura de animais engordados!
Não me agrado do sangue
de touros, cordeiros e bodes!
12 Sim, vocês comparecem à minha presença;
mas quem pediu que
pisoteassem meus pátios?
13 Parem de trazer ofertas de grãos inúteis!
Elas são como incenso repugnante para mim!
Rosh-Hodesh, *shabbat*, convocações solenes —
não suporto a perversidade das suas assembleias!
14 Tudo em mim odeia seus *Rosh-Hodesh*
e seus festivais;
eles são um fardo para mim —
estou cansado de suportá-los!

15 "Quando estenderem as mãos,
esconderei meus olhos de vocês;
não importa quanto orem,
não serão ouvidos,
pois suas mãos estão cobertas de sangue.

16 "Lavem-se!
Afastem seu mau procedimento da minha vista!
Parem de fazer o mal,
17 aprendam a fazer o bem!
Procurem a justiça, aliviem os oprimidos,
defendam os órfãos, pleiteiem pela viúva.

18 "Venham, então", diz ADONAI,
"conversemos sobre isso.
Ainda que seus pecados sejam como o escarlate,
eles se tornarão brancos como a neve;
ainda que sejam vermelhos como o carmesim,
eles se tornarão como lã.
19 Se vocês estiverem dispostos e forem obedientes,
comerão o melhor da terra;
20 no entanto, se vocês se recusarem e se rebelarem,
serão devorados pela espada",
pois a boca de ADONAI falou.

21 A cidade fiel se tornou prostituta!
Ela estava, uma vez, cheia de justiça,
a retidão hospedava-se nela;
mas, agora, apenas assassinos!

22 Sua prata não é mais pura,
seu vinho está misturado com água.
23 Seus líderes são rebeldes, amigos de ladrões.
Todos amam o suborno e desejam presentes.
Eles não fazem justiça aos órfãos,
a queixa da viúva não lhes chama a atenção.

24 "Portanto", diz o Senhor, *Adonai-Tzva'ot*,
o Poderoso de Yisra'el,
"eu me livrarei de meus adversários
e me vingarei de meus inimigos.
25 Mas também voltarei minha mão contra você!
Limparei sua impureza como se limpa com potassa
e removerei todas as suas impurezas.
26 Restaurarei seus juízes como o fiz anteriormente,
e seus conselheiros, como no início.
Depois disso, você será chamada
Cidade da Retidão, Cidade Fiel.
27 Tziyon será salva pela justiça,
e quem está nela, pela retidão.

28 "Os rebeldes e os pecadores serão juntamente quebrados,
e quem abandonou *Adonai* será consumido.
29 Vocês terão vergonha dos carvalhos sagrados que desejaram,
corarão nos jardins que escolheram,
30 pois serão como o carvalho cuja folha enfraquece,
como o jardim sem água.
31 O forte será como estopa,
e os fabricantes [de ídolos], como faísca;
ambos queimarão,
e ninguém os livrará".

2 1 Esta é a palavra que Yesha'yahu, o filho de Amotz, recebeu a respeito de
Y'hudah e de Yerushalayim:

2 No *acharit-hayamim,*
a montanha da casa de *Adonai*
será estabelecida como a montanha mais importante.
Receberá consideração mais alta que as outras colinas,
e todos os *goyim* acorrerão para lá.
3 Muitos povos irão e dirão:
"Venham, subamos à montanha de *Adonai,*
à casa do Deus de Ya'akov!
4 Ele nos ensinará seus caminhos,
e andaremos nas suas veredas".
Pois de Tziyon procederá a *Torah*,
e a palavra de *Adonai,* de Yerushalayim.
Ele julgará entre as nações
e arbitrará para muitos povos.
Então eles transformarão suas espadas em lâminas de arado,
e suas lanças, em foices;

nações não levantarão espadas contra as outras
e não mais aprenderão a guerra.

5 Descendentes de Ya'akov, venham!
Vivamos na luz de *Adonai*.
6 Pois abandonaste teu povo,
a casa de Ya'akov.
Eis que eles estão abastecidos de coisas do leste,
cheios de feiticeiros, como os p'lishtim;
até os filhos de estrangeiros
são suficientes para eles!
7 A terra deles está cheia de prata e de ouro;
seu tesouro é infinito.
A terra deles está cheia de cavalos;
suas carruagens são numerosas.
8 A terra deles está cheia de ídolos;
cada um adora o trabalho de suas mãos,
o que os próprios dedos fizeram.
9 A pessoa se curva, o homem se abaixa —
não os perdoes!

10 Venham à rocha, escondam-se no pó
para escapar do terror de *Adonai*
e da glória de sua majestade.
11 Os olhares orgulhosos do homem serão humilhados;
a arrogância humana será dobrada;
e, quando esse dia chegar,
somente *Adonai* será exaltado.

12 Sim, *Adonai-Tzva'ot* tem um dia guardado
para todos os orgulhosos e soberbos,
para todos os altivos, para humilhá-los;
13 para todos os cedros do L'vanon, altos e elevados;
para todos os carvalhos de Bashan;
14 para todas as altas montanhas;
para todas as colinas elevadas;
15 para toda torre alta,
para todo muro fortificado;
16 para todos os navios de "Tarshish",
para todo vaso luxuoso.
17 O orgulho do homem será dobrado,
a arrogância humana será humilhada,
e, quando esse dia chegar,
somente *Adonai* será exaltado.
18 Os ídolos serão completamente abolidos.
19 Pessoas entrarão nas fendas das rochas
e nos buracos do chão
para escapar do terror de *Adonai*
e de sua gloriosa majestade,
quando ele sair para sacudir a terra.

20 Naquele dia, um homem pegará
seus ídolos de prata e de ouro,

feitos por ele para si mesmo, para adorá-los,
e os lançará fora, às toupeiras e aos morcegos!
21 Então eles entrarão nas fendas das rochas
e nas fendas dos penhascos
para escapar do terror de *Adonai*
e de sua majestade gloriosa,
quando ele sair para sacudir a terra.

22 Parem de confiar no homem,
em suas narinas há um sopro simples —
afinal, ele não possui muito valor,
não é verdade?

3 1 Vejam! O Senhor, *Adonai-Tzva'ot*,
removerá de Yerushalayim e de Y'hudah
todo tipo de sustento —
todas as reservas de comida e água;
2 heróis e guerreiros, juízes e profetas,
adivinhos e líderes,
3 capitães de 50,
homens de distinção e conselheiros,
mágicos hábeis e encantadores experientes.
4 Porei crianças em posições de autoridade;
a inconstância os governará.
5 As pessoas se oprimirão —
cada um afligirá seus amigos, todos entristecerão os vizinhos.
O jovem será insolente para com os mais velhos,
o insignificante se comportará de forma arrogante para com o respeitado.
6 O homem lançará mão de seu irmão
na casa de seu pai e dirá:
"Você tem um casaco, então reine sobre nós!
Tome conta desta ruína!".
7 Contudo, naquele dia, ele protestará:
"Não possuo remédio,
falta comida e roupa para minha casa;
não me encarregue do povo!".

8 Pois Yerushalayim está em ruínas,
e Y'hudah caiu;
suas palavras e seus atos desafiaram *Adonai*,
provocações declaradas contra sua glória.
9 Seu próprio aspecto testemunha contra eles!
Eles alardeiam seu pecado, como S'dom;
nem tentam escondê-lo —
tanto pior para eles! —
trazem o mal sobre si mesmos.
10 Digam que tudo ficará bem para os justos,
que eles provarão o fruto de suas ações;
11 no entanto, ai do ímpio, nada lhe irá bem;
pois o que ele fez será feito a ele.

12 Meu povo — crianças o oprimem,
e mulheres governam sobre ele.
Meu povo! Seus guias o desviam
e obliteram as veredas em que você deveria seguir.
13 *Adonai* levanta-se para acusar,
põe-se em pé para julgar os povos.
14 *Adonai* apresenta a acusação
contra os líderes e oficiais do seu povo:
"Vocês devoram a vinha;
em suas casas está o saque tomado do pobre.
15 O que vocês pretendem ao esmagar meu povo
e moer o rosto do pobre?",
diz *Adonai Elohim-Tzva'ot*.

16 Além disso, *Adonai* afirma:
"Pelo fato de as mulheres de Tziyon serem tão arrogantes,
pois balançam a cabeça ao vento,
lançam olhares sedutores,
movem-se com passos curtos
e retinem seus enfeites de tornozelo —
17 *Adonai* arrancará a coroa da cabeça
das mulheres de Tziyon e as castigará com feridas;
Adonai exporá suas partes íntimas".

18 Naquele dia, *Adonai* tirará seu vestuário fino — seus enfeites de tornozelo,
medalhões e crescentes, 19 pingentes, braceletes e véus, 20 suas tiaras, pulseiras,
faixas, perfumes, frascos, amuletos, 21 anéis e joias de nariz; 22 seus finos vesti-
dos, mantas, mantilhas, bolsas, 23 espelhos, roupas de baixo de linho, turbantes
e capas. 24 Então,

em lugar do perfume, haverá fedor;
em lugar do cinto, uma corda;
em lugar do cabelo arrumado, calva;
em lugar da túnica cara, saia de pano de saco;
e uma marca de escravo em lugar da beleza.

25 Seus homens cairão à espada,
e seus guerreiros, na batalha.
26 Seus portões lamentarão e guardarão luto;
devastada, ela se sentará no chão.

4 1 Naquele dia, sete mulheres agarrarão um homem e dirão:

"Supriremos nossa comida
e usaremos nossas roupas.
Permita-nos, apenas, ser chamadas pelo seu nome;
retire nossa desgraça".

2 Naquele dia, a planta de *Adonai* será bela e gloriosa; e o fruto da terra será o
orgulho e o esplendor dos sobreviventes de Yisra'el. 3 Os deixados em Tziyon e o
remanescente de Yerushalayim serão chamados santos, e todos [os habitantes] de
Yerushalayim, inscritos para a vida.

4 Quando *Adonai* eliminar a sujeira das mulheres de Tziyon e limpar Yerushalayim
do sangue derramado nela com julgamento de fogo 5 ADONAI criará sobre todo o
monte Tziyon e sobre quem se reúne ali uma nuvem de fumaça durante o dia e um
fogo chamejante para iluminar a noite; pois a Glória estará sobre todas as coisas
como uma *hupah.* 6 A *sukkah* dará sombra durante o dia para proteger do calor; ela
também proverá refúgio e cobertura contra a tempestade e a chuva.

5 1 Quero cantar uma canção para quem amo,
uma canção sobre meu amado e sua vinha.
Meu amado possuía uma vinha
em uma colina muito fértil.
2 Retirou dela as pedras e a limpou,
plantou nela as vinhas mais escolhidas,
construiu uma torre de vigia em seu meio,
e entalhou na pedra uma prensa de uvas.
Esperava que ela produzisse uvas boas,
mas ela produziu apenas uvas bravas e azedas.

3 "Agora, habitantes de Yerushalayim e povo de Y'hudah,
julguem entre mim e minha vinha.
4 O que mais eu poderia fazer por minha vinha
que já não tenha feito nela?
Então por que, quando eu esperava uvas boas,
ela produziu uvas bravas e azedas?

5 "Agora, venham. Eu direi
o que farei com minha vinha:
Removerei sua cerca,
e [suas uvas] serão comidas;
quebrarei seu cercado,
e [suas vinhas] serão pisoteadas.
6 Eu a desolarei;
ela não será podada nem cavada,
mas será coberta de ervas daninhas e espinhos.
Também ordenarei às nuvens
que não deixem a chuva cair sobre ela".

7 Eis que a vinha de ADONAI-*Tzva'ot*
é a casa de Yisra'el,
e os homens de Y'hudah
são a planta em que ele se deleita.
Então ele esperou justiça,
mas vejam — derramamento de sangue! —
e retidão, mas ouçam —
gritos de aflição!

8 Ai dos que acrescentam casa a casa
e anexam campo a campo,
até não haver lugar para ninguém mais,
e vocês vivem em esplendor, sozinhos em sua terra.
9 ADONAI-*Tzva'ot* disse aos meus ouvidos:
"Muitas casas serão arruinadas,
grandes e magníficas casas ficarão vazias;

10 pois a vinha de 10 acres produzirá
apenas 19 litros de vinho,
e as sementes de 176 litros de grãos
renderão apenas meio alqueire".

11 Ai dos que se levantam de manhã
para buscar bebida forte;
que ficam em pé até tarde da noite,
até que o vinho os inflame.
12 Eles têm alaúdes e liras, tamborins e flautas,
e vinho em suas festas;
mas não dão atenção às obras de *Adonai*
e nunca veem o que as mãos dele fizeram.
13 Por tal falta de conhecimento,
meu povo vai para o exílio;
é por isso também que seus homens respeitados estão famintos
e suas multidões estão secas de sede.
14 Portanto, o *sh'ol* alargou-se
e abriu sem limites suas mandíbulas —
e descerão a ele os nobres e as multidões,
com seu barulho e festas.
15 As multidões são encurvadas, os nobres são humilhados —
o olhar altivo é rebaixado.
16 Contudo, *Adonai-Tzva'ot* é exaltado por meio da justiça,
Deus, o Santo, é consagrado por meio da retidão.
17 Então ovelhas poderão se alimentar
como se estivessem no próprio pasto,
e os andarilhos comerão
dos campos destruídos dos bem alimentados.

18 Ai dos que começam puxando
a transgressão com uma corda,
mas terminam por arrastar o pecado
como por uma corda de carruagem.
19 Eles dizem: "Queremos que Deus apresse sua obra,
para que ela rapidamente se cumpra e possamos vê-la!
Queremos que o plano do Santo de Yisra'el
se torne realidade neste momento, para termos certeza dele!".

20 Ai dos que chamam ao mal, bem,
e ao bem, mal;
que transformam as trevas em luz,
e a luz, em trevas;
que transformam o amargo em doce,
e o doce, em amargo!

21 Ai dos que se veem como sábios,
achando-se como inteligentes.

22 Ai dos que são heróis em beber vinho,
homens cujo poder consiste em misturar bebidas fortes,
23 que absolvem o culpado por subornos,
mas negam a justiça ao justo!

24 Portanto, como o fogo consome o restolho,
e a palha é consumida pela chama,
assim sua raiz apodrecerá,
e suas flores serão espalhadas como pó;
por rejeitarem a *Torah*
de *Adonai-Tzva'ot*,
eles desprezaram a palavra
do Santo de Yisra'el.

25 Por isso, a ira de *Adonai* acendeu-se contra o povo;
esse é o motivo para ter estendido a mão contra eles e os ferir
[tão duramente que] os montes tremeram,
e cadáveres jazerem como lixo nas ruas.

Mesmo depois de tudo isso, sua ira permanece,
sua mão erguida ainda ameaça.

26 Ele dará um sinal para as nações distantes,
assoviará para elas, para que venham
das extremidades da terra
e cheguem aqui rapidamente! —
27 nenhuma delas se cansa ou tropeça,
nenhuma delas dorme ou cochila,
nenhuma tem o cinto frouxo,
nenhuma tem a correia da sandália quebrada.
28 Suas flechas são afiadas,
todos os seus arcos são fortes,
os cascos dos cavalos são como pedra,
e as rodas [das carruagens], como redemoinhos.
29 Elas rugirão como leões —
sim, rugirão como leões jovens;
rosnam e agarram a presa
e a levam sem que ninguém as liberte.
30 Naquele dia, rosnarão para eles,
como o mar quando ruge —
e, quando alguém olhar para a terra,
verá uma escuridão cerrada;
a luz está dissipada
na obscuridade.

6 1 No ano da morte do rei 'Uziyahu, eu vi *Adonai* sentado sobre um trono alto e
elevado! A orla de seu manto preenchia o templo. 2 *S'rafim* estavam sobre ele,
cada um com seis asas — duas para cobrir a face, duas para cobrir os pés e duas
para voar. 3 Eles clamavam uns aos outros:

"Mais santo que a maior santidade
é *Adonai-Tzva'ot*!
A terra inteira está repleta
da sua glória!".

4 Os batentes da porta tremeram ao som de seu grito, e a casa ficou repleta de
fumaça. 5 Então eu disse:

"Ai de mim! [Também] estou condenado! —
pois eu, um homem de lábios impuros,
vivendo no meio de um povo de lábios impuros,
vi com meus olhos
o rei, *Adonai-Tzva'ot*!"

6 Um dos *s'rafim* voou até mim com um carvão em brasa na mão, retirado do altar
com uma tenaz. 7 Ele tocou minha boca com a brasa e disse:

"Eis que isto tocou seus lábios.
Sua iniquidade foi embora,
seu pecado foi expiado".

8 Então ouvi a voz de *Adonai,* dizendo:

"A quem enviarei?
Quem irá por nós?".

Respondi: "Estou aqui; envia-me!". 9 Ele disse: "Vá e diga a este povo:

'Sim, vocês ouvem, mas não entendem.
Com certeza veem, mas não chegam ao ponto principal!'.

10 "Faça o coração deste povo ficar [lento como um] gordo,
ensurdeça-lhes os ouvidos e feche os olhos deles.
De outra forma, eles enxergariam com os olhos,
escutariam com os ouvidos,
entenderiam com o coração,
poderiam se arrepender e seriam curados!".

11 Eu perguntei: "Até quando *Adonai?*", e ele respondeu:

"Até que as cidades se tornem ruínas desabitadas,
casas sem presença humana,
e a terra seja completamente devastada;
12 até que *Adonai* leve o povo para longe,
e a terra torne-se uma vasta desolação.
13 Se restar mesmo um décimo [do povo],
ele será devorado novamente.

"Mas, como o pistache ou o carvalho,
dos quais o tronco permanece vivo
depois da queda dos galhos,
a semente santa será seu tronco".

7 1 Nos dias de Achaz, o filho de Yotam, filho de 'Uziyahu, rei de Y'hudah, Retzin,
o rei de Aram e Pekach, o filho de Remalyah, rei de Yisra'el, avançaram sobre
Yerushalayim para atacar a cidade, mas não conseguiram conquistá-la. 2 Foi dito à
casa de David que Aram e Efrayim se aliaram. O coração de Achaz começou a tre-
mer, como o coração do povo, como as árvores da floresta balançam com o vento.
3 Então *Adonai* disse a Yesha'yahu: "Vá agora encontrar-se com Achaz, você e
seu filho Sh'ar Yashuv, no final do aqueduto do tanque superior, na estrada para o
campo do Lavandeiro, 4 e diga-lhe: 'Cuide de manter a calma, não tenha medo; não se
desmoralize por esses dois carvões apagados e pela ira ardente de Retzin, e de Aram,

e do filho de Remalyah; [5] nem pelo fato de Aram, Efrayim e o filho de Remalyah te-
rem conspirado contra você, pensando: [6] "Invadiremos Y'hudah, vamos rasgá-la em
partes, dividi-la entre nós mesmos e nomear o filho de Tav'el seu rei" ' ".

7 " 'Isto é o que *Adonai* *Elohim* diz:
"Isso não ocorrerá, não acontecerá.
8 Pois a cabeça de Aram é Dammesek,
e a cabeça de Dammesek, Retzin.
Em sessenta e cinco anos Efrayim será quebrada
e deixará de ser um povo.
9 A cabeça de Efrayim é Shomron,
e a cabeça de Shomron é o filho de Remalyah.
Sem a fé resoluta,
você não será firmemente estabelecido" ' ".

10 *Adonai* falou novamente a Achaz; ele disse: [11] "Peça a *Adonai*, seu Deus, que dê a você
um sinal. Peça-o de qualquer lugar, das profundezas do *sh'ol* até as alturas acima".
12 Achaz, porém, respondeu: "Não quero pedir, não quero pôr *Adonai* à prova".

13 Então [o profeta] disse:

"Ouça aqui, casa de David!
Cansar a paciência das pessoas
é coisa pequena para você
para desejar cansar também a paciência
do meu Deus?
14 Portanto, o próprio *Adonai*
dará a vocês um sinal:
a jovem* engravidará,
dará à luz um filho e o chamará 'Immanu El [Deus está conosco].
15 Quando ele tiver conhecimento suficiente
para recusar o mal e escolher o bem,
ele comerá
leite coalhado e mel [selvagem].
16 Sim, antes de a criança saber o suficiente
para recusar o mal e escolher o bem,
a terra dos dois reis diante dos quais você treme de medo
será abandonada.
17 *Adonai* trará o rei de Ashur
sobre você, seu povo e sobre a casa de seu pai.
Esses dias serão piores que qualquer outro que você já conheceu
desde que Efrayim se separou de Y'hudah".
18 Sim, quando esse dia chegar,
Adonai assoviará para as moscas
das fontes distantes do Nilo, no Egito,
e para as abelhas da terra de Ashur.
19 Elas virão e se estabelecerão, todas,
nos *vádis* encharcados e nas fendas das rochas
e em todos os espinheiros e cisternas.

* Ou: "a virgem". V. introdução, seção 14, nota 72.

20 Quando esse dia chegar, *Adonai* raspará —
com uma navalha contratada além do rio [Eufrates],
que está com o rei de Ashur —
a cabeça e os pelos entre as pernas,
além de raspar a barba.

21 Quando esse dia chegar, um homem criará
uma novilha e duas ovelhas.
22 Elas produzirão de sobejo?
Não, ele comerá leite coalhado.
Na verdade, todos o que restarem na terra
comerão leite coalhado e mel [selvagem].

23 Quando esse dia chegar,
em todo lugar em que havia mil videiras,
com o valor de mil peças de prata,
haverá apenas ervas daninhas e espinheiros.
24 Alguém irá até lá [para caçar] com arco e flecha,
pois toda a terra será ervas daninhas e espinheiros.
25 Você não visitará as colinas uma vez trabalhadas com a enxada,
com medo das ervas daninhas e dos espinheiros;
o lugar será bom apenas para o pastoreio do gado
e para ser pisado por ovelhas.

8 1 ADONAI me disse: "Pegue uma tábua grande e escreva nela em letras fáceis
de ler: *'Maher shalal, hash baz* [O espólio se apressa, a presa corre veloz]' ".
2 Eu o fiz, tendo Uriyah, o *kohen*, e Z'kharyahu, o filho de Y'verekhyahu, como
testemunhas confiáveis. 3 Então mantive relações sexuais com minha esposa; ela
engravidou e deu à luz um filho; e ADONAI disse-me: "Dê-lhe o nome de Maher Shalal
Hash Baz; 4 pois, antes que a criança saiba chamar '*Ima*!' e '*Abba*!', as riquezas de
Dammesek e o espólio de Shomron serão levados e oferecidos ao rei de Ashur".
5 ADONAI continuou falando e disse-me mais:

6 "Pelo fato de este povo ter rejeitado
as águas que fluem mansamente de Shilo'ach,
e ter buscado alegria em Retzin e no filho de Remalyah,
7 agora *Adonai* trará contra eles
o poderoso fluxo das águas do rio [Eufrates] —
que é o rei de Ashur e seu poder.
Ele se elevará sobre todos os seus canais
e transbordará em todos os seus aterros.
8 Varrerá Y'hudah,
inundando todas as coisas e seguindo adiante.
Alcançará o pescoço,
e com as asas abertas
preencherá toda a extensão da terra".

Deus está conosco! [heb. *'immanu El*]
9 Vocês podem fazer um alvoroço, povos,
mas serão despedaçados.
Ouçam, todos vocês, nas terras distantes:

armem-se, mas serão despedaçados;
sim, armem-se,
mas serão despedaçados;
10 inventem um plano, mas ele resultará em nada;
digam qualquer coisa que queiram, mas isso não acontecerá;
porque Deus está conosco [heb. *'immanu El*].

11 Pois isto é o que ADONAI me disse, falando com mão forte, alertando-me de que
não viva do modo como vive esse povo:

12 "Não considerem aliança o que este povo chama aliança
e não temam o que eles temem, nem o reverenciem;
13 mas *ADONAI-Tzva'ot*, consagrem-no!
Que ele seja o objeto do temor e da reverência de vocês!
14 Ele está ali para ser um santuário.
Mas para as duas casas de Yisra'el
ele será uma pedra de tropeço,
uma rocha que lhes obstrui o caminho;
uma armadilha e um engano
para os habitantes de Yerushalayim.
15 Muitos deles tropeçarão e cairão,
serão quebrados, pisados e capturados.

16 "Embrulhe esse documento e restrinja seu ensinamento a quem instruí".

17 Esperarei por ADONAI
que esconde sua face
da casa de Ya'akov;
olharei para ele.
18 Enquanto isso, eu e os filhos
que ADONAI me deu
nos tornaremos sinais e maravilhas
de *ADONAI-Tzva'ot*
(que habita no monte Tziyon)
para Yisra'el.

19 Então, quando eles pedirem a vocês para consultar
os murmuradores, médiuns gritadores e adivinhos,
[deverão responder]:
"Não deveria o povo procurar seu Deus?
Devem os vivos procurar os mortos
20 para o ensino ou a instrução?".
Pois eles, realmente, darão a vocês
essa sugestão ignorante.

21 Aflitos e famintos,
vaguearão pela terra;
e, por causa de sua fome, ficarão irados
e amaldiçoarão seu rei e Deus.
Mas, se olharem para cima [para Deus]
22 ou [para baixo] para a terra,
verão apenas confusão e trevas,
escuridão angustiante e trevas penetrantes.

23(9.1) No entanto, não haverá mais escuridão ali
para quem agora está em angústia.
No passado, a terra de Z'vulun
e a terra de Naftali receberam menos consideração;
mas no futuro ele honrará o caminho do lago,
além do Yarden, a Galil-dos-*goyim*.

9

1(2) O povo que vivia em trevas
viu uma grande luz;
para quem vivia na terra que jaz
na sombra da morte, a luz surgiu.
2(3) Tu engrandeceste a nação
e aumentaste sua alegria;
ela se regozija em tua presença
como se estivesse se regozijando no tempo da colheita,
como se regozijam os homens
quando dividem o espólio.
3(4) Pois o jugo que pesava sobre eles,
a canga que estava sobre seus ombros,
e o cabresto que os conduzia
tu os quebraste como no dia [da derrota] de Midyan.
4(5) Pois todas as botas de marcha dos soldados
e todos os mantos revolvidos em sangue
estão destinados à queima,
serão combustível para o fogo.

5(6) Pois uma criança nasceu para nós,
um filho nos foi dado;
o domínio repousará sobre seus ombros,
e a ele será dado o nome
Pele-Yo'etz El Gibbor
Avi-'Ad Sar-*Shalom*
[Maravilha de Conselheiro, Deus Poderoso,
Pai da Eternidade, Príncipe da Paz],
6(7) de modo que estenda o domínio
e perpetue a paz
do trono e do reino de David,
para mantê-lo e sustentá-lo
por meio da justiça e da retidão
desde agora e para sempre.
O zelo de *Adonai-Tzva'ot*
o realizará.

7(8) *Adonai* enviou uma palavra a Ya'akov,
e ela caiu sobre Yisra'el.
8(9) Todo o povo a conhece,
Efrayim e os habitantes de Shomron.
No entanto, eles dizem com orgulho,
e com arrogância no coração:
9(10) "Os tijolos caíram,
mas nós os reconstruiremos com pedras cortadas;
as figueiras bravas foram cortadas,
mas as substituiremos por cedros".

10(11) Então *Adonai* suscitou os inimigos de Retzin contra ele
e incitou contra eles os inimigos —
11(12) Aram do leste, os p'lishtim do oeste;
e eles devoraram Yisra'el com a boca aberta.

Mesmo depois de tudo isso, sua ira permanece,
sua mão estendida ainda ameaça.

12(13) Contudo, o povo não se volta para quem o fere,
não procura por *Adonai-Tzva'ot*.
13(14) Portanto, *Adonai* cortará
a cabeça e a cauda de Yisra'el,
a [alta] folhagem da palma e a [pequena] cana em um único dia.
14(15) O ancião e o honrado são a cabeça,
e os profetas que ensinam mentiras são a cauda.
15(16) Pois os líderes deste povo o desencaminham,
e os guiados são destruídos por eles.
16(17) Portanto, *Adonai* não se alegra com seus jovens
e não sente compaixão de seus órfãos e viúvas;
pois todos são ímpios e praticam o mal,
todas as bocas pronunciam loucuras.

Mesmo depois de tudo isso, sua ira permanece,
sua mão estendida ainda ameaça.

17(18) Pois a impiedade queima como fogo,
devora ervas daninhas e espinhos;
incendeia a floresta com chamas devastadoras,
com nuvens de fumaça subindo em redemoinhos.
18(19) A ira de *Adonai-Tzva'ot*
queima a terra;
o povo também é combustível para o fogo —
ninguém poupa nem mesmo o irmão.
19(20) O que está à direita devora, mas permanece com fome,
o que está à esquerda come, mas não se farta.
Todos devoram a carne do próprio braço —
20(21) M'nasheh devora Efrayim;
e Efrayim, M'nasheh;
juntos, eles se opõem a Y'hudah.

Mesmo depois de tudo isso, sua ira permanece,
seu braço estendido ainda ameaça.

10 1 Ai dos que ordenam decretos injustos
e escrevem leis opressivas
2 para privar o empobrecido da justiça
e roubar os pobres do meu povo de seus direitos,
saqueiam viúvas e tomam os órfãos por presas!
3 O que vocês farão no dia do castigo,
quando a calamidade vier de longe?
A quem vocês correrão para obter socorro?
Onde deixarão suas riquezas,

4 ou como não se encolher entre os prisioneiros
ou cair entre os mortos?

Mesmo depois de tudo isso, sua ira permanece,
seu braço estendido ainda ameaça.

5 "Ó Ashur, a vara que expressa a minha ira!
O bastão em suas mãos é minha fúria!
6 Eu o envio contra uma nação hipócrita,
ordenando-lhe que marche contra o povo que me encolerizou,
para tomar o espólio e o saque
e pisar neles como lama na rua.
7 Não é isso o que Ashur pretende,
não é isso o que ele pensa;
antes, ele pretende destruir,
eliminar nação após nação.
8 Pois [o rei deles] diz:
'Não são reis todos os meus comandantes?
9 Não é Kalno [Sofrida] como Kark'mish
Hamat como Arpad, e Shomron, como Dammesek?
10 Como minha mão, alcançou os reinos dos não deuses,
com mais imagens que em Yerushalayim e Shomron;
11 não faria eu, da mesma forma, a Yerushalayim e aos não deuses dela
o que fiz a Shomron e aos seus ídolos?' ".

12 Portanto, quando *Adonai* tiver feito tudo o que ele pretende fazer ao monte
Tziyon e a Yerushalayim: "Punirei o rei de Ashur pela ostentação que veio de seu
coração orgulhoso e pela zombaria de seu olhar arrogante. 13 Pois ele diz:

" 'Com meu braço forte fiz isso,
e com minha sabedoria, pois sou muito inteligente!
Eliminei as fronteiras entre os povos,
saqueei suas reservas para o futuro;
como um homem poderoso, subjuguei seus habitantes.
14 Minha mão encontrou as riquezas dos povos como um ninho;
e, como se recolhe ovos abandonados,
recolhi toda a terra!
Ninguém bateu asas,
nenhum bico se abriu ou emitiu qualquer som!' ".

15 Deveria o machado glorificar-se
por quem o usa para golpear?
Deveria a serra engrandecer-se
por quem a utiliza?
Isso seria como se uma vara pudesse agitar
a mão que a levanta,
ou como se o bastão de madeira pudesse levantar
o [homem] não feito de madeira.
16 Portanto, o Senhor, *Adonai-Tzva'ot*,
enviará magreza aos bem alimentados;
e, em lugar de sua glória,
será aceso um fogo que queimará sem parar.

17 A luz de Yisra'el se tornará um fogo,
e seu Santo, uma chama,
queimando e devorando
seus espinhos e ervas daninhas em um único dia.
18 Da glória de sua floresta
e de sua terra fértil,
ele consumirá o corpo e a alma,
como um inválido definha.
19 Tão poucas árvores da floresta restarão
que uma criança poderia contá-las.

20 Naquele dia, o remanescente de Yisra'el,
aqueles da casa de Ya'akov que escaparam,
não mais confiará
no homem que os feriu,
mas confiará em *Adonai*, o Santo de Yisra'el.
21 Um remanescente retornará,
o remanescente de Ya'akov,
ao Deus poderoso.
22 Pois, embora o seu povo, Yisra'el,
seja como a areia do mar,
apenas o remanescente dele retornará.
Destruição está decretada, inundação com justiça.
23 *Adonai Elohim-Tzva'ot*
trará essa destruição decretada
sobre toda a terra.

24 Portanto, *Adonai Elohim-Tzva'ot* diz:

"Meu povo que vive em Tziyon,
não tenha medo de Ashur,
mesmo quando ele o ferir com uma vara
e levantar seu bastão contra você,
como fez no Egito.
25 Pois em pouco tempo minha fúria acabará;
e minha ira irá destruí-los".

26 *Adonai-Tzva'ot* brandirá o chicote contra eles, como fez quando feriu Midyan na
rocha de 'Orev; como seu cajado quando estava sobre o mar, ele o levantará, como
o fez no Egito.

27 Naquele dia, seu fardo cairá de seus ombros,
e seu jugo, de seu pescoço;
o jugo será destruído,
pela sua prosperidade.

28 Ele foi a 'Ayat
e passou por Migron.
Guardou seus suprimentos em Mikhmas.
29 Eles cruzaram a passagem,
e então se alojaram em Geva.
Ramah treme,
Giv'at-Sha'ul fugiu.

30 Chore, grite, Bat-Gallim!
Ouça, Layish! Pobre 'Anatot!
31 Madmenah está em fuga,
o povo de Gevim se esconde.
32 Nesse mesmo dia, ele parará em Nov;
e sacudirá o punho
contra a montanha da filha de Tziyon,
contra a colina de Yerushalayim.
33 Vejam como *Adonai Elohim-Tzva'ot*
apara os ramos com violência terrível!
Os mais altos são cortados,
os imponentes são derrubados.
34 Ele cortará a floresta com um machado,
e o L'vanon, em seu esplendor, cai.

11 1 No entanto, um ramo emergirá do tronco de Yishai,
um broto crescerá de suas raízes.
2 O Espírito de *Adonai* repousará sobre ele,
o Espírito de sabedoria e entendimento,
o Espírito de conselho e poder,
o Espírito do conhecimento e temor de *Adonai* —
3 ele será inspirado pelo temor de *Adonai*.
Ele não julgará pelo que seus olhos veem
nem decidirá pelo que seus ouvidos ouvem,
4 mas julgará o empobrecido com justiça;
decidirá de modo imparcial pelos humildes da terra.
Ele ferirá a terra com a vara de sua boca
e matará os ímpios com o sopro de seus lábios.
5 A justiça será o cinto em sua cintura,
a fidelidade, a faixa em torno de seus lábios.

6 O lobo viverá com o cordeiro;
o leopardo se deitará com a criança;
o bezerro, o leão jovem e o cordeiro cevado viverão juntos,
com uma pequena criança a guiá-los.
7 A vaca e o urso comerão juntos,
seus jovens se deitarão juntos,
e o leão comerá palha como o boi.
8 Uma criança brincará na buraco da cobra,
uma criança porá sua mão no ninho da víbora.
9 Eles não ferirão nem destruirão
em lugar algum na minha montanha sagrada,
pois a terra será cheia
do conhecimento de *Adonai*,
como as águas cobrem o mar.

10 Naquele dia, a raiz de Yishai
será como uma bandeira para os povos —
os *goyim* a procurarão,
e o lugar onde ela descansa será glorioso.
11 Naquele dia, *Adonai* levantará a mão
novamente, pela segunda vez,

para reivindicar o remanescente de seu povo
de Ashur, do Egito, de Patros,
da Etiópia, de 'Eilam, Shin'ar,
Hamat e das regiões costeiras do mar.
12 Ele içará uma bandeira para os *goyim*,
reunirá os dispersos de Yisra'el,
e juntará os espalhados de Y'hudah
dos quatro cantos da terra.
13 O ciúme de Efrayim cessará —
os molestadores de Y'hudah serão cortados.
Efrayim não terá mais inveja de Y'hudah,
e Y'hudah não provocará mais Efrayim.
14 Eles descerão sobre os flancos dos p'lishtim a oeste.
saquearão juntos o povo do leste —
porão as mãos sobre Edom e Mo'av,
e o povo de 'Amon lhes obedecerá.
15 *Adonai* secará o golfo
do mar do Egito.
Ele agitará a mão sobre o rio [Eufrates]
para trazer um vento ardente,
dividindo-o em sete riachos
e permitindo às pessoas atravessá-lo em seco.
16 Haverá uma estrada para o remanescente de seu povo
que permaneceu em Ashur,
como houve para Yisra'el
quando saiu da terra do Egito.

12 1 Naquele dia, você dirá:

"Agradeço-te, *Adonai*,
pois, embora tenhas te irado comigo,
tua ira, agora, afastou-se;
e tu me confortas.

2 "Vejam! Deus é minha salvação.
Estou confiante e não tenho medo;
Pois *Yah Adonai* é minha força e minha canção,
e tornou-se minha salvação!".

3 Então vocês tirarão água
das fontes da salvação com alegria.
Naquele dia, dirão:
4 "Deem graças a *Adonai*. Invoquem seu nome!
Façam seus atos conhecidos entre os povos,
declarem quão exaltado é o nome dele.
5 Cantem a *Adonai*, pois ele triunfou —
o anúncio disso se faz em toda a terra.
6 Gritem e cantem de alegria,
vocês que vivem em Tziyon;
porque o Santo de Yisra'el
está com vocês em sua grandeza!".

13 1 Esta é a profecia sobre Bavel, que Yesha'yahu, o filho de Amotz, recebeu:
2 Icem uma bandeira em uma montanha bem alta,
gritem-lhes [aos invasores];
acenem para eles, para que entrem pelo portão dos Nobres.
3 "Ordenei a meus santos,
convoquei meus heróis, dispostos e corajosos,
para que executem minha ira".
4 Ouçam! Um tumulto sobre as montanhas —
que soa como uma grande multidão!
Ouçam! A gritaria dos reinos
das nações juntando-se!
ADONAI-Tzva'ot reúne
um exército para a guerra.
5 Eles vêm de uma terra distante,
de além do horizonte.
É *ADONAI*, com as armas de sua ira;
para desolar toda a terra.
6 Uivem! Pois o Dia de *ADONAI* está próximo,
a destruição procede de *Shaddai*.
7 Por isso, todo braço ficará dormente,
e a coragem de todos se dissolverá.
8 Eles serão atingidos pelo pânico,
tomados de dor e agonia,
contorcendo-se como uma mulher no parto,
olhando apavorados uns para o outro, com os rostos em chamas.
9 Eis que vem o Dia de *ADONAI*,
cheio de crueldade, ira e fúria ardente,
para desolar a terra
e destruir os pecadores nela.
10 Pois as estrelas, as constelações do céu,
não mais darão sua luz;
o sol escurecerá quando se levantar;
e a lua não brilhará mais.

11 "Eu castigarei o mundo por seu mal,
e os ímpios, por sua iniquidade.
Porei fim à arrogância do orgulhoso
e humilharei a insolência dos tiranos.
12 Tornarei os humanos mais raros que o ouro,
mais escassos que o puro ouro de Ofir.
13 Por isso, farei os céus tremerem,
e a terra será chacoalhada de seu lugar
diante da ira de *ADONAI-Tzva'ot*
no dia da sua ira feroz.
14 Então, como gazela perseguida,
como ovelhas que não têm quem as recolha,
cada um voltará para o próprio povo;
cada um fugirá para sua terra.
15 Quem for encontrado, será transpassado;
quem for capturado, cairá à espada;

16 os bebês serão despedaçados diante de seus olhos,
suas casas, saqueadas, e suas esposas, violentadas.
17 Moverei contra eles os medos,
que não são tentados pela prata,
nem comprados com ouro.
18 Seus arcos farão os jovens em pedaços,
não terão piedade do fruto do ventre,
os olhos deles não pouparão as crianças".

19 Deste modo, Bavel, a joia dos reinos,
o orgulho e a glória dos kasdim,
será como S'dom e 'Amorah
quando foram subvertidas por Deus.
20 Ela nunca mais será habitada
nem povoada pelas gerações.
Os árabes não armarão tendas ali
nem os pastores trarão seus rebanhos.
21 Os gatos selvagens viverão lá,
suas casas serão cheias de corujas,
avestruzes viverão ali
e lá dançarão cabras selvagens.
22 Chacais uivarão em seus palácios,
e cães selvagens, em seus templos de delícias.
O tempo dela está próximo,
seu dia não demorará.

14 [1] Pois *Adonai* terá compaixão de Ya'akov — uma vez mais, ele escolherá Yisra'el
e o reorganizará em sua terra, onde estrangeiros se juntarão a eles, aliando-se
à casa de Ya'akov. [2] Os povos o tomarão e o acompanharão à sua terra natal, e a casa
de Yisra'el os possuirá na terra de *Adonai* como escravos e escravas. Eles farão de
seus captores cativos e regerão seus opressores. [3] Então quando *Adonai* der a vocês o
descanso dos seus sofrimentos, das tribulações e do trabalho duro que foi imposto
[4] a vocês, vocês irão cantar esta canção insultuosa contra o rei de Bavel:

"Finalmente o opressor foi silenciado,
sua arrogância acabou!
5 *Adonai* quebrou o bastão do ímpio,
o cetro dos governantes,
6 que furiosamente derrubava os povos
com golpes incessantes,
e derrotava as nações com fúria,
com perseguição implacável.
7 Toda a terra descansa e está em silêncio.
Eles irrompem em canções.
8 Os ciprestes se alegram por vocês,
com os cedros do L'vanon —
'Agora que você foi derrubado,
ninguém nos virá derrubar'.

9 "O *sh'ol* abaixo está agitado
para recebê-lo quando chegar.

Ele desperta por você os espíritos dos mortos,
dos que foram líderes na terra;
ele faz todos os reis das nações
se levantarem de seus tronos.
10 Todos o encontrarão com estas palavras:
'Agora que está tão fraco quanto nós,
você se tornou como nós!
11 Seu orgulho foi derrubado até o *sh'ol*
com a música de suas liras,
debaixo de você há um colchão de larvas,
e sobre você, uma coberta de vermes'.

12 "Como você caiu dos céus,
estrela da manhã, filho da alvorada?
Como você foi derrubado ao chão,
conquistador das nações?
13 Você pensava consigo mesmo: 'Escalarei os céus,
elevarei meu trono acima das estrelas de Deus.
Eu me sentarei no monte da Assembleia
ao longe, no norte.
14 Subirei além dos cumes das nuvens
e me tornarei como o Altíssimo'.

15 "Em vez disso, você será levado ao *sh'ol*,
à mais completa profundeza da cova.
16 Os que o virem olharão fixamente,
refletindo no que foi feito de você:
'É este o homem que agitava a terra,
que fazia tremerem os reinos,
17 que tornava o mundo um deserto,
que destruía suas cidades,
que não deixou livres os prisioneiros?'.

18 "Todos os outros reis das nações, todos eles,
jazem em glória, cada um em sua sepultura.
19 Mas você está descartado, insepulto,
como um galho abominável,
vestido como os mortos transpassados pela espada,
caídos nas pedras dentro das covas,
como um cadáver a ser pisoteado.
20 Você não se juntará àqueles reis na sepultura,
por ter destruído a própria terra,
por ter trazido a morte a seu povo.
Os descendentes dos malfeitores serão completamente esquecidos.
21 Preparem-se para matar os filhos dele
pela iniquidade de seus pais;
de modo que não se levantem para possuir a terra
e cubram o mundo com suas cidades".

22 "Eu me levantarei contra eles",
diz *Adonai-Tzva'ot*.

"Eliminarei de Bavel o nome e os sobreviventes,
a prole e os descendentes", diz *Adonai*.
23 "Farei dela um abrigo para o ouriço,
um pântano desolado,
eu a varrerei com a vassoura da destruição",
diz *Adonai-Tzva'ot*.

24 *Adonai-Tzva'ot* jurou:
"Exatamente como pensei, assim acontecerá,
como planejei, assim será.
25 Derrotarei Ashur em minha terra,
pisarei nela em minhas montanhas.
Então seu jugo cairá deles;
seu fardo será removido dos ombros deles".

26 Esse é o programa planejado para toda a terra,
essa é a mão estendida sobre todas as nações.
27 *Adonai-Tzva'ot* tomou sua decisão.
Quem o pode deter?
Ele estendeu a mão.
Quem a fará recuar?

28 No ano em que o rei Achaz morreu, veio esta profecia:

29 Não se regozije, P'leshet, nenhum de vocês,
pois a vara que os feria está quebrada;
da raiz da cobra, virá uma víbora,
e sua prole será uma serpente voadora feroz.
30 Enquanto os primogênitos dos pobres pastam
e os necessitados se deitam em segurança,
matarei sua raiz com a fome
e eliminarei o restante de vocês.
31 Uive, portão! Chore, cidade!
Derreta-se, P'leshet; todos vocês!
Pois uma fumaça vem do norte,
e suas fileiras não se desgarram.
32 E o que se responderá
aos mensageiros da nação?
Adonai estabeleceu Tziyon,
e ali os pobres dentre seu povo encontrarão refúgio.

15 1 Esta é uma profecia sobre Mo'av:

À noite, 'Ar é saqueada, Mo'av é arruinada.
À noite, Kir é saqueada, Mo'av é arruinada.
2 Ele subiu ao templo,
a Dibon e aos lugares altos, para lamentar.
Em N'vo e Meidva, Mo'av uiva;
todas as cabeças estão rapadas, e todas as barbas, cortadas.
3 Nas ruas, eles vestem panos de saco;
nos telhados e nas praças,
todos uivam e lamentam em profusão.

4 Heshbon e El'aleh choram,
são ouvidos até em Yachatz.
As melhores tropas de Mo'av choram em voz alta,
enquanto sua coragem se esvai.
5 Meu coração chora por Mo'av!
Seus fugitivos fogem para Tzo'ar,
uma novilha de 3 anos.
Eles sobem a ladeira de Luchit,
lamentando enquanto avançam;
em seu caminho para Horonayim,
choram completamente desencorajados.
6 As águas de Nimrim estão desoladas,
a grama está seca, a novidade falha,
não resta nada verde.
7 Portanto, eles levam suas riquezas,
tudo o que colocaram à parte,
pelo *vádi* dos Salgueiros.
8 Pois o choro se estende
pelo território de Mo'av —
seu uivo alcançou Eglayim,
seu uivo chegou a Be'er-Elim.
9 Pois as águas de Dimon estão repletas de sangue;
contudo, possuo coisas piores guardadas para Dimon —
um leão para os que escaparem de Mo'av
e para os que permanecerem na terra.

16 1 Enviem cordeiros ao governante da terra
desde os rochedos através do deserto
até a montanha da filha de Tziyon.
2 As filhas de Mo'av nos vaus do Arnon
são como pássaros agitados tirados do ninho.
3 "Dê [-nos] um conselho! Decidam [ajudar]!
Façam sua sombra [sobre nós]
como uma noite ao meio-dia.
Escondam o [nosso] desterro! Não traiam [nossos] fugitivos!
4 Deixem nossos desterrados viverem com vocês!
Protejam Mo'av dos ataques de ladrões!".

Quando termina a extorsão, cessa o espólio
e os que pisoteiam a terra são destruídos,
5 o trono será estabelecido pela graça,
e nele, na tenda de David,
um juiz honesto se sentará,
procurando a justiça e buscando a retidão.

6 Temos ouvido sobre o orgulho de Mo'av,
quão arrogante ele é;
sobre sua arrogância orgulhosa,
sua insolência e bravata.
7 Portanto, Mo'av pranteará por Mo'av —
todos prantearão!

Vocês suspirarão, feridos pela aflição,
pelos bolos de passas de Kir-Hareset.
8 Pois as plantações de grãos de Heshbon estão murchas,
também as vinhas de Sibmah,
das quais as uvas vermelhas conquistavam os governantes das nações —
já que elas chegavam até Ya'zer
e adentravam pelo deserto;
seus ramos espalhados cruzavam até o mar.
9 Portanto, lamentarei pelas vinhas de Sibmah,
como lamentarei por Ya'zer;
eu os regarei com minhas lágrimas,
Heshbon e El'aleh;
pois os gritos da batalha estão caindo
sobre seus frutos e sua colheita de verão;
10 a alegria e o júbilo são removidos
dos campos frutíferos.
Não há festança em suas vinhas,
não há grito de alegria,
não há caminhar sobre uvas nas prensas de vinho —
silenciei a alegria da vindima.
11 Por isso que meu coração pulsa
como a lira por Mo'av,
e tudo em mim,
por Kir-Heres.
12 Mesmo quando Mo'av parecer cansado
de adorar nos lugares altos
e entrar em seus santuários para orar,
eles não terão realizado nada.

13 Esta é a palavra que *Adonai* falou contra Mo'av no passado. 14 Mas agora *Adonai*
diz: "Dentro de três anos [nem um dia a mais], como se um trabalhador contratado
estivesse controlando o tempo, a glória de Mo'av será levada ao desprezo, a despei-
to de sua grande população; e os sobreviventes serão poucos e fracos".

17 1 Esta é a profecia sobre Dammesek:

"Em breve, Dammesek deixará de ser uma cidade;
e se transformará em um montão de ruínas.
2 As cidades de 'Aro'er serão abandonadas,
dadas a rebanhos que descansarão sem serem perturbados.
3 Efrayim não terá defesa,
Dammesek deixará de governar,
e os sobreviventes de Aram compartilharão o destino
dos melhores filhos de Yisra'el",

diz *Adonai-Tzva'ot*.

4 "Quando esse dia chegar, a glória de Ya'akov diminuirá,
e seu corpo gordo emagrecerá,
5 como no período em que os ceifadores colhem os grãos
cortando as espigas com o braço;

sim, como no momento em que respigam o grão
no vale de Refa'im.
6 Contudo, espigas serão deixadas,
como no tempo em que se bate na oliveira —
duas ou três olivas no topo mais alto,
quatro ou cinco nos galhos frutíferos",

diz *Adonai*, o Deus de Yisra'el.

7 Naquele dia, uma pessoa prestará atenção ao Criador
e voltará os olhos para o Santo de Yisra'el;
8 ela não dará atenção aos altares
feitos com as próprias mãos;
não se voltará para a obra de seus dedos —
os postes sagrados e as pedras para o culto ao sol.
9 Quando esse dia chegar, suas cidades fortificadas,
abandonadas pelos outros enquanto Yisra'el avançava,
serão como bosques e florestas abandonados,
ficarão desolados.
10 Pois vocês se esqueceram do Deus que os salvou,
falharam em se lembrar da Rocha da sua força;
por isso, plantaram jardins de estilo pagão
e levaram as videiras recolhidas para o deus estrangeiro.
11 Ainda que vocês as façam crescer no dia em que as plantarem,
bem como as flores novas pela manhã,
a colheita desaparecerá no dia em que chegar a doença,
o dia da dor incurável.

12 Oh, a gritaria de terror dos muitos povos,
rugindo como o bramido dos mares,
e a pressa das nações,
correndo e se agitando como águas muito impetuosas!
13 Sim, as nações bramirão como o oceano poderoso,
mas ele as repreenderá, e elas fugirão,
carregadas como palha pelo vento da montanha,
como redemoinho quando avança a tempestade.
14 Quando a noite cai, vocês podem ver o terror;
antes do amanhecer, cessam de existir.
Esta é a porção dos que nos saquearam,
o destino dos que nos depredaram.

18 1 Ai da terra dos ventos sussurrantes
além dos rios da Etiópia;
2 eles enviam embaixadores pelo mar,
pelas águas, em barcos de cana de papiro!
Vão, mensageiros diligentes, a uma nação alta e bronzeada,
a um povo temido por quem está longe e perto,
a uma nação forte e conquistadora
cuja terra é dividida por rios!

3 Todos vocês, habitantes do mundo,
que vivem sobre a terra,

quando a bandeira for içada nas montanhas, olhem!
Quando o *shofar* for soprado, ouçam!
4 Pois *ADONAI* me disse o seguinte:
"Olharei do meu lugar e não farei nada,
como o calor reluzente do sol,
como a nuvem de orvalho no calor da colheita.
5 Pois, antes da colheita, quando a floração está no fim,
e o broto se torna uva madura,
ele cortará os ramos com a faca de poda,
apará os galhos e os lançará fora.
6 Todos serão deixados para os abutres nas montanhas
e para os animais selvagens nos campos;
os abutres os comerão no verão,
e os animais selvagens, no inverno.
7 Naquele tempo, será trazido o tributo
a *ADONAI-Tzva'ot*
de uma nação alta e bronzeada,
de um povo temido pelos que estão longe e perto,
de uma nação forte e conquistadora,
cuja terra é dividida por rios,
ao lugar onde o nome de *ADONAI-Tzva'ot*
vive, o monte Tziyon.

19 1 Esta é a profecia sobre o Egito:
Vejam! *ADONAI* está cavalgando sobre uma nuvem veloz,
a caminho do Egito.
Diante dele, os ídolos do Egito tremem,
a coragem dos egípcios se esvai dentro deles.

2 "Incitarei o Egito contra o Egito,
irmão lutará contra irmão,
amigo contra amigo, cidade contra cidade,
reino contra reino.
3 A coragem do Egito vazará de seu interior,
reduzirei seu conselho à confusão.
Eles consultarão ídolos e médiuns,
fantasmas e espíritos.
4 Entregarei os egípcios a um senhor cruel.
Um rei severo os governará",

diz o Senhor, *ADONAI-Tzva'ot*.

5 A água vazará do mar,
o rio será drenado.
6 Os rios ficarão enlameados,
os canais do Nilo do Egito encolherão e secarão,
as canas e os juncos murcharão.
7 As plantas aquáticas nos bancos do Nilo
e tudo o que foi semeado próximo a ele
secarão, serão soprados pelo vento e não existirão mais.

8 Os pescadores também lamentarão,
todos os que lançam anzóis no Nilo prantearão,
os que estendem redes sobre as águas desfalecerão.
9 Os que trabalham com o linho ficarão desesperados
com os tecelões de algodão branco;
10 os fiandeiros serão esmagados,
os trabalhadores contratados serão abatidos.

11 Os príncipes de Tzo'an são tolos rematados,
os conselheiros mais sábios do faraó dão conselhos estúpidos.
Como vocês podem dizer ao faraó:
"Sou sábio, descendo dos reis da antiguidade"?
12 Onde estão os seus sábios?
Que eles digam, para que todos possam saber
o que *Adonai-Tzva'ot* planejou contra o Egito!
13 Os príncipes de Tzo'an foram enganados,
os príncipes de Nof foram ludibriados,
os chefes dos clãs egípcios os desencaminharam.
14 *Adonai* confundiu-lhes a mente
com um espírito distorcedor do juízo,
para que fizessem o Egito cambalear em tudo o que realizasse,
como um bêbado cambaleando em seu vômito.
15 Ninguém no Egito
saberá o que fazer —
nem a cabeça, nem a cauda,
nem a [alta] folhagem da palmeira, nem a cana [baixa].

16 Naquele dia, o Egito será como a mulher que treme de medo, pois *Adonai-Tzva'ot*
agitará seu pulso diante dele. 17 Apenas a menção da terra de Y'hudah aos egípcios
os deixará em pânico; eles ficarão com medo por causa do que *Adonai-Tzva'ot* pla-
nejou para eles.

18 Naquele dia, cinco cidades da terra do Egito falarão a língua de Kena'an e
jurarão lealdade a *Adonai-Tzva'ot*; uma delas será chamada Cidade da Destruição.*

19 Naquele dia, haverá um altar dedicado a *Adonai* no meio da terra do Egito, bem
como uma coluna para *Adonai* em sua fronteira. 20 Isso será sinal e testemunho para
Adonai-Tzva'ot na terra do Egito; quando clamarem a *Adonai* por socorro, por causa
dos opressores, ele lhes enviará um salvador para defendê-los e resgatá-los.

21 *Adonai* se fará conhecido ao Egito;
naquele dia, os egípcios conhecerão *Adonai*.
Eles o adorarão com sacrifícios e ofertas;
farão votos a *Adonai* e os cumprirão.
22 Contudo, *Adonai* ferirá o Egito, o ferirá e curará
para que voltem para *Adonai*.
Ele ouvirá suas orações
e os curará.

23 Naquele dia, haverá uma estrada
do Egito até Ashur.

* Heb. *'ir haheres*, parodiando *'ir hacheres*, "Cidade do Sol", i.e., Heliópolis.

Ashur virá ao Egito, e o Egito irá a Ashur,
e o Egito adorará com Ashur.
24 Naquele dia, Yisra'el será o terceiro elemento,
com o Egito e Ashur, uma bênção na terra;
25 pois *Adonai-Tzva'ot* o abençoou:
"Bendito seja o Egito, meu povo,
e Ashur, a obra das minhas mãos,
e Yisra'el, minha herança".

20 1 No ano em que Sargon, o rei de Ashur, enviou seu comandante em chefe para
atacar Ashdod, ele a capturou. 2 Nesse tempo, *Adonai* disse por intermédio de
Yesha'yahu, o filho de Amotz: "Vá e desamarre o pano de saco da cintura e tire as
sandálias dos pés". Então ele o fez, passando a andar sem roupas e descalço.
3 Com o tempo, *Adonai* disse:

"Como meu servo Yesha'yahu
está andando sem roupas e descalço
há três anos, em sinal e agouro
contra o Egito e a Etiópia,
4 assim o rei de Ashur levará
os cativos do Egito e os exilados da Etiópia,
jovens e velhos, sem roupas e descalços,
com as nádegas expostas para a vergonha do Egito.
5 Eles ficarão desanimados e envergonhados
por causa da Etiópia, sua esperança, e do Egito, seu orgulho.
6 Naquele dia, o povo que vive
ao longo desta costa dirá:
'Olhem o que aconteceu ao povo
a quem recorremos por socorro,
esperando que nos resgatassem
do rei de Ashur!
Como escaparemos agora?' ".

21 1 Profecia sobre o deserto litorâneo:
Como vendavais soprando sobre o Negev,
ele vem do deserto, de uma terra espantosa.
2 Uma visão medonha foi mostrada a mim:
o traidor trai, e o saqueador saqueia.
Avance, 'Eilam! Monte cerco, Madai!
Eu acabarei com todo gemido.
3 Por isso, minhas entranhas estão tomadas de dor;
fui tomado pelo pânico, como uma mulher no parto;
transtornado pelo que ouço,
horrorizado pelo que vejo.
4 Minha mente gira, tremores me assaltam.
O crepúsculo pelo qual esperava me aterroriza.
5 Eles põem a mesa, acendem as lâmpadas,
comem e bebem —
"Vão príncipes! Lubrifiquem os escudos!".

6 Pois isto é o que *Adonai* me falou:
"Vá, posicione um vigia para relatar o que vê!
7 Se ele vir a cavalaria, cavaleiros em pares,
homens montados em jumentos, homens montados em camelos,
deverá ficar em alerta, em alerta total!".
8 Ele gritou como um leão: "Meu senhor,
permaneço na torre de vigia o dia todo, fico em meu posto a noite inteira".
9 Então quando eles apareceram — a cavalaria,
os cavaleiros em pares —, ele disse estas palavras:
"Caiu! Bavel caiu!
Todas as imagens esculpidas de seus deuses
despedaçaram-se no chão".
10 Meu povo, que tem sido pisado,
grãos pisoteados na minha eira,
eu direi a vocês o que ouvi
de Adonai-*Tzva'ot*, o Deus de Yisra'el.

11 Profecia sobre Dumah:

Alguém me chama de Se'ir:
"Vigia, quanto tempo ainda durará a noite?
Vigia, quanto tempo ainda durará a noite?".
12 O vigia respondeu:
"A manhã está chegando, mas também a noite.
Se você quiser perguntar, pergunte! Volte novamente!".

13 Profecia sobre a Arábia:

Suas caravanas de D'danim acamparão
no oásis do deserto da Arábia.
14 Tragam água para o sedento, vocês que vivem em Teima,
recebam os fugitivos com alimento,
15 pois fogem da espada, da espada desembainhada,
do arco dobrado e da pressão da batalha.

16 Isto é o que *Adonai* me disse: "Dentro de um ano [nem um dia a mais], como se o trabalhador contratado mantivesse o controle do tempo, a glória de Kedar chegará ao fim. 17 Poucos dos arqueiros valentes de Kedar serão poupados". Adonai, o Deus de Yisra'el, falou.

22 1 Profecia sobre o vale da Visão:

Diga-me o que está errado com você,
que você tenha subido aos telhados?
2 Você, cidade cheia de barulho, confusão
e tumultuosa excitação,
seus mortos não caíram pela espada,
nem morreram na batalha.
3 Todos os seus líderes, a uma, fugiram,
e foram capturados sem usarem o arco;
todos os seus foram capturados,
mesmo tendo fugido para longe.

4 Por isso, eu disse: "Não olhem para mim,
deixem-me só para eu lamentar com amargura,
não me tentem confortar
a respeito da destruição do meu povo".
5 Pois este é um dia de pânico,
tropel e confusão
da parte de *Adonai Elohim-Tzva'ot*,
no vale da Visão.
Com os muros caindo,
eles clamam por socorro às montanhas.
6 'Eilam pega as aljavas,
com a cavalaria e os cavaleiros,
e Kir descobre os escudos.
7 Seus vales mais escolhidos
são aniquilados pelas carruagens,
e a cavalaria toma as posições próximas ao portão;
8 então a proteção de Y'hudah é retirada.

Naquele dia, vocês procuraram pela armadura
na Casa da Floresta.
9 Viram quantas brechas havia
na Cidade de David,
retiraram água do poço inferior,
10 examinaram as casas de Yerushalayim,
derrubando algumas para fortalecer o muro.
11 Vocês também construíram um reservatório entre os dois muros
para as águas do Poço Antigo;
no entanto, não olharam para Quem fez essas coisas;
não tiveram respeito para com Quem as formou muito tempo atrás.

12 Naquele dia, *Adonai Elohim-Tzva'ot*
os chamou para lamentarem e chorarem,
para raparem a cabeça e usarem pano de saco;
13 todavia, em vez disso, vê-se alegria e celebração,
na matança de bois, no abate de ovelhas,
no ato de comer carne e beber vinho —
"Comamos e bebamos agora,
pois amanhã estaremos mortos!".

14 Então *Adonai-Tzva'ot* revelou-se a meus ouvidos: "Vocês não expiarão essa iniquidade até morrerem". Isto é o que *Adonai Elohim-Tzva'ot* diz.

15 Assim diz *Adonai Elohim-Tzva'ot*: "Vá e encontre o mordomo, Shevna, administrador do palácio, e pergunte a ele:

16 'O que você tem aqui,
e quem deu a você o direito
de preparar para si mesmo um túmulo aqui?
Por que você adquiriu um túmulo tão destacado?
Por que prepara um lugar de descanso
para si mesmo na rocha?' ".

17 Homem forte, olhe! *Adonai* está a ponto
de o lançar fora! Ele o arrebatará,

18 enrolará e atirará por aí
como uma bola em campo aberto.
Ali você morrerá com suas carruagens extravagantes,
você, a desgraça do palácio do seu senhor!

19 "Eu o removerei do seu cargo,
o arrancarei do posto.
20 Quando esse dia chegar, convocarei
meu servo Elyakim, o filho de Hilkiyahu.
21 Eu o vestirei com o seu manto,
o cingirei com a faixa de seu ofício,
e o investirei de autoridade.
Ele será um pai para o povo
que vive em Yerushalayim
e para a casa de Y'hudah.
22 Porei a chave da casa de David
sobre seus ombros;
ninguém fechará o que ele abrir;
ninguém abrirá o que ele fechar.

23 "Eu o fixarei no lugar como um pino, para que ele se torne um assento de honra
para seu clã. 24 Porão sobre ele todo o peso do clã — a descendência e a prole —,
além de todos os utensílios de menor capacidade, dos jarros aos copos. 25 Quando
esse dia chegar, o pino fixado com firmeza em seu lugar cederá; ele será cortado e
cairá, e a carga que estava sobre ele se desprenderá". Pois *Adonai* o disse.

23 1 Profecia sobre Tzor:

Navios de "Tarshish", uivem,
pois os portos estão destruídos!
Ao voltar de Kittim,
descobrem que não podem entrar ali.
2 Moradores da costa, silêncio;
vocês foram enriquecidos
pelos mercadores de Tzidon que cruzam o mar.
3 Pelas grandes águas, os grãos de Shichor,
a colheita do Nilo, traziam lucro.
Era o mercado das nações.
4 Envergonhe-se, Tzidon, pois o mar fala;
a fortaleza do mar diz:
"Jamais tive dores de parto nem gerei filhos,
não criei meninos nem meninas".
5 Quando a notícia chegar ao Egito,
eles ficarão angustiados pelo destino de Tzor.

6 Avancem para Tarshish!
Habitantes da costa, uivem!
7 É esta a cidade tumultuada,
cujos pés, muito tempo atrás, na antiguidade,
a levavam para descobrir colônias distantes?
8 Quem planejou isso contra Tzor,
a cidade que uma vez distribuiu coroas,

cujos mercadores são príncipes e os
comerciantes são honrados em toda a terra?
9 *Adonai-Tzva'ot* planejou isso
para quebrar o orgulho de todos os arrogantes,
para humilhar os honrados
em todos os lugares da terra.
10 Povo de Tarshish!
Nada os restringe agora.
Percorram livremente sua terra
e o rio Nilo.

11 Ele estendeu a mão contra o mar,
sacudiu os reinos;
Adonai ordenou que as fortalezas de Kena'an
sejam destruídas.
12 Ele disse: "Não exulte mais,
virgem oprimida, filha de Tzidon.
Levante-se e cruze o Kittim;
mesmo lá, você não encontrará descanso".

13 Olhe para a terra dos kasdim!
Este era o povo que não existia
quando Ashur o destinou às criaturas do deserto.
Eles levantaram as torres de cerco
e derrubaram-lhes os palácios;
foi transformado em ruínas.
14 Navios de "Tarshish", uivem,
pois suas fortalezas estão destruídas.

15 Quando esse dia chegar, Tzor será esquecida por setenta anos, o tempo de vida de um rei. Depois de setenta anos, seu destino será o mesmo que o da prostituta desta canção:

16 "Pegue a lira, caminhe pela cidade,
prostituta pobre e esquecida!
Toque suavemente, cante todas as suas canções
para que se lembrem de você".

17 Depois de passarem setenta anos, *Adonai* se lembrará de Tzor. Ela receberá novamente seu pagamento e se prostituirá com todos os reinos da face da terra. 18 Contudo, seu comércio e lucro serão dedicados a *Adonai*: eles não serão guardados nem acumulados, pois serão destinados aos que vivem na presença de *Adonai*, de forma que possam alimentar-se do seu abastecimento e vestir roupas finas.

24 1 Vejam! *Adonai* arrasa
e destrói a terra,
revira a superfície
e dispersa seus habitantes —
2 o *kohen* e o cidadão, o escravo e o senhor,
a empregada e a dona de casa, o comprador e o vendedor,
o que empresta e o que pede emprestado, o credor e o devedor.

3 A terra será completamente devastada,
saqueada por completo,
pois *Adonai* falou esta palavra.
4 A terra enfraquece e murcha,
o mundo esmorece e definha,
os exaltados da terra adoecem.
5 A terra está contaminada pelos habitantes,
pois eles transgrediram os ensinamentos,
alteraram a lei
e quebraram a aliança perpétua.
6 Portanto, uma maldição devora a terra,
e seus habitantes são castigados pela própria culpa.
Por isso, os que vivem nela estão desolados,
e o povo que resta é pouco.
7 O vinho novo falha, as vinhas murcham,
todos os farristas suspiram,
8 o som feliz dos tamborins silencia,
os gritos dos festeiros são silenciados,
a alegria da lira acaba.
9 Eles não cantam mais enquanto bebem vinho,
bebidas fortes têm sabor amargo para quem as sorve.
10 A cidade do caos está despedaçada,
toda casa está fechada; ninguém pode entrar.
11 Nas ruas, chora-se pelo vinho;
toda a alegria desfalece, falta ânimo na terra.
12 Na cidade, apenas desolação;
os portões estão danificados e não têm conserto.

13 Por toda a terra, entre os povos,
será como o dia em que se sacode a oliveira,
como no momento em que se respigam as uvas, ao fim da colheita.
14 Eles levantam a voz, cantando de alegria,
gritando do oeste em honra a *Adonai*.
15 Também no leste, em honra a *Adonai*;
nas regiões costeiras, em honra ao nome de *Adonai*, o Deus de Yisra'el.
16 Das partes mais distantes da terra,
nós os ouvimos cantar:
"Glória ao Justo!".

Contudo, eu digo, estou desolado,
estou desolado!
Ai de mim! Os traidores traem!
Oh, como os traidores traem repetidamente!
17 Terror, cova e armadilha estão entre vocês
que vivem sobre a terra.
18 Quem fugir ao som do terror,
cairá na cova.
Quem sair da cova,
será apanhado pela armadilha.
Pois as janelas superiores foram abertas,
e os fundamentos da terra tremem.

19 As fendas e rachaduras da terra se abrem,
a terra se faz em pedaços,
treme e se agita.
20 A terra cambaleia como o bêbado,
balança para trás e para frente a como o abrigo dos vigias;
o peso de sua transgressão é forte sobre ela;
cairá e não se levantará outra vez.
21 Quando esse dia chegar, *Adonai* castigará
os exércitos dos altos céus acima,
e os reis da terra, aqui na terra.
22 Eles se reunirão como prisioneiros no calabouço
e serão trancados na prisão como punição por muitos anos.
23 Então a lua ficará confusa, e o sol, envergonhado,
pois *Adonai-Tzva'ot* governará no monte Tziyon
e em Yerushalayim,
com sua glória manifesta aos governantes de seu povo.

25 1 *Adonai*, tu és meu Deus.
Eu te exalto, louvo teu nome,
pois fazes maravilhas,
[cumpres] os antigos planos com fidelidade e verdade.

2 Pois fazes da cidade um montão de pedras,
transformas a cidade fortificada em entulho,
tornas a fortaleza dos estrangeiros
uma cidade que jamais será reconstruída.
3 Portanto, povos poderosos te glorificam,
a cidade das nações cruéis te teme.
4 Pois tu tens sido refúgio para o pobre,
refúgio para o necessitado em angústia,
abrigo contra a tempestade,
sombra contra o calor —
pois o sopro dos cruéis
foi como a tempestade que poderia destruir um muro.
5 Como o calor do deserto, subjugas
o tumulto dos estrangeiros;
como o calor subjugado pela sombra da nuvem,
a canção dos cruéis morrerá.

6 Nesse monte, *Adonai-Tzva'ot*
fará para todos os povos
uma festa com comida farta e vinhos magníficos,
comida farta, deliciosa e magnífica, vinhos elegantes.
7 Nessa montanha, ele destruirá
o véu que cobre a face de todos os povos,
o véu que está sobre todas as nações.
8 Ele engolirá a morte para sempre.
Adonai Elohim enxugará
as lágrimas de toda face
e removerá de toda a terra
a desgraça enfrentada por seu povo.
Pois *Adonai* falou.

9 Naquele dia, eles dirão,
"Vejam! Este é o nosso Deus!
Esperamos por ele para que nos salve.
Este é *Adonai;* pusemos nele nossa esperança.
Estamos repletos de alegria, felizes, pois ele nos salvou!".
10 Porque nessa montanha
a mão de *Adonai* descansará.

Mo'av, porém, será pisoteada no lugar em que está,
como palha socada em um monte de adubo.
11 Eles estenderão as mãos em Mo'av,
como o nadador usa as mãos para boiar na água,
mas seu orgulho será humilhado e rebaixado,
não importa quão ágeis sejam as batidas de suas mãos.
12 Ele nivelará os muros altos e fortificados,
derrubará ao chão, deixará no pó.

26 1 Naquele dia, essa canção será cantada
na terra de Y'hudah:
"Temos uma cidade forte!
Deus construiu muros e parapeitos para nossa segurança.
2 Abram os portões! Deixe que entre a nação justa,
a nação que guarda a fé!
3 "A pessoa cujo desejo está em ti,
tu a preservas em perfeita paz,
pois confia em ti.
4 Confiem em *Adonai* para sempre,
pois em *Yah Adonai*
está a Rocha Eterna".

5 Ele humilhou os que estavam em lugares altos,
nivelou a cidade altiva,
nivelou-a ao chão,
derrubando-a no pó.
6 Ela está pisoteada pelos pés do pobre,
pelos passos do necessitado.

7 O caminho do justo é plano;
o Justo torna suave a senda para os retos.
8 Seguindo o caminho dos teus juízos,
depositamos nossa esperança em ti.
O desejo de toda a nossa alma
é lembrar de ti e do teu nome.
9 À noite, minha alma te deseja,
meu espírito te procura ao amanhecer;
quando teus juízos estão sobre a terra,
os povos do mundo aprendem o que é a retidão.
10 Ainda que se trate o ímpio com compaixão,
ele, todavia, não aprenderá a retidão.
Na terra da retidão, ele agirá da forma errada
e não perceberá a majestade de *Adonai.*

11 *Adonai*, levantaste tua mão;
contudo, eles não a veem.
Mas, com vergonha contemplarão teu zelo pelo povo.
Sim, o fogo destruirá teus inimigos.
12 *Adonai*, tu nos concederás paz,
pois tudo o que temos feito, tu fizeste por nós.
13 *Adonai*, nosso Deus, outros senhores
além de ti têm governado sobre nós,
mas invocaremos apenas a ti
pelo nome.
14 Os mortos não viverão outra vez,
os espíritos não ressurgirão;
pois tu os castigaste e destruíste,
eliminando-lhes toda a memória.
15 Engrandeceste a nação, *Adonai*,
engrandeceste a nação;
e assim tu te glorificaste;
estendeste todas as fronteiras desta terra.
16 *Adonai*, quando estavam em tribulação,
eles olharam para ti.
Quando tu os castigaste,
pronunciaram uma oração silenciosa.
17 Como a mulher grávida perto de dar à luz
chora e se contorce nas dores de parto,
assim estivemos em tua presença, *Adonai* —
18 engravidamos e sentimos dores de parto.
No entanto, demos à luz o vento,
pois não trouxemos salvação à terra,
e os que habitam no mundo não passaram a viver.
19 Teus mortos viverão, os cadáveres ressuscitarão;
despertem e cantem vocês que habitam no pó;
pois teu orvalho é como o orvalho da manhã,
e a terra trará os espíritos à vida.

20 Venha, povo meu, entre em seus quartos
e feche a portas atrás de você.
Esconda-se por um pouco
até passar a ira.
21 Vejam! *Adonai* sai de seu lugar
para castigar os que estão sobre a terra por seu pecado.
Então a terra revelará o sangue derramado nela
e não ocultará mais seus mortos.

27 1 Naquele dia, *Adonai*,
com sua espada grande, forte e implacável,
punirá o Livyatan, a serpente voadora,
e o Livyatan, a serpente tortuosa;
ele matará o monstro marinho.

2 Naquele dia, a vinha aprazível —
cantem a respeito dela!

3 "Eu, *Adonai*, a protejo.
Eu a rego incessantemente.
Para que nenhum dano lhe sobrevenha,
eu a guardo dia e noite.
4 Não tenho ira em mim.
Se ela produzir ervas daninhas e espinhos para mim,
então, como na guerra, eu a pisotearei.
e a queimarei de uma vez,
5 a não ser que se apodere da minha força,
a fim de se reconciliar comigo,
sim, para se reconciliar comigo.

6 Está chegando o tempo em que Ya'akov lançará raízes;
Yisra'el brotará e florescerá,
e encherá toda a terra com uma colheita.
7 [*Adonai*] não ferirá Yisra'el,
como fez a quem feriu Yisra'el;
ele não os matará,
como o fez aos outros.
8 A controvérsia está plenamente resolvida
pelo envio deles [para o exílio].
Ele os remove com uma rajada de vento
no dia em que soprar do leste.
9 Então a iniquidade de Ya'akov será expiada desse modo,
e a remoção do pecado produz o seguinte resultado:
esmigalha todas as pedras do altar como giz —
os postes sagrados e as colunas solares não ficarão mais em pé.
10 Pois a cidade fortificada está só,
abandonada e esvaziada como o deserto.
Bezerros pastam e se deitam ali,
devorando os ramos.
11 Quando a colheita seca, é quebrada;
mulheres veem e ateiam fogo nela.
Pois este é um povo sem entendimento.
Portanto, quem os fez não terá piedade deles,
seu formador não lhes mostrará misericórdia.

12 Naquele dia, *Adonai* debulhará os grãos
entre o rio Eufrates e o *vádi* do Egito;
e vocês serão congregados, um por um,
povo de Yisra'el!

13 Naquele dia, um grande *shofar* soará.
Os que estiverem perdidos na terra de Ashur virão,
e também os dispersos pela terra do Egito,
e adorarão *Adonai*
na montanha sagrada, em Yerushalayim.

28 1 Ai da coroa orgulhosa dos bêbados de Efrayim,
da flor desvanecente de seu orgulhoso esplendor,
localizada na cabeça do vale sobejante,
propriedade do povo dominado pelo vinho!

2 *Adonai* conta com alguém forte e poderoso.
Ele vem como a chuva de granizo, a tempestade destruidora,
como a inundação, apressando-se, subjugando;
com a mão, os atira ao chão.
3 A coroa orgulhosa dos bêbados de Efrayim
é pisoteada;
4 e a flor é desvanecente de seu orgulhoso esplendor,
localizada na cabeça do vale sobejante,
assemelha-se ao primeiro figo maduro do verão —
quem o vê, pega-o e come.
5 Naquele dia, ADONAI-*Tzva'ot*
será uma coroa gloriosa,
um diadema brilhante
para o remanescente de seu povo.
6 Ele também será um espírito de justiça
para todos os que julgam,
e uma fonte de força para os que
repelem os ataques inimigos no portão.

7 No entanto, há outros cambaleando por causa do vinho,
titubeando por causa da bebida forte;
o *kohen* e o profeta cambaleiam por causa da bebida forte,
estão confusos por causa do vinho.
Desencaminhados pela bebida forte,
erram nas visões e tropeçam quando julgam.
8 Todas as mesas estão cobertas de vômito e fezes,
não há lugar limpo.
9 É possível ensinar alguma coisa a alguém?
É possível que ninguém entenda a mensagem?
Deve-se ensinar apenas crianças recém-desmamadas,
bebês tirados do seio,
10 para que [se usem versos infantis]? —
Tzav la-tzav, tzav la-tzav,
kav la-kav, kav la-kav
z'eir sham, z'eir sham
[Preceito por preceito, preceito por preceito,
linha a linha, linha a linha,
um pouco aqui, um pouco ali].
11 Assim, com lábios gaguejantes, com sotaque estrangeiro,
[ADONAI] falará a seu povo.
12 Certa vez, ele falou a este povo: "É tempo de descansar,
o exausto pode descansar, vocês podem relaxar agora" —
mas eles não ouviram.
13 Então, agora, a palavra de ADONAI para eles é:
"Preceito por preceito, preceito por preceito,
linha a linha, linha a linha,
um pouco aqui, um pouco ali",
para que, ao caminhar, caiam para trás,
quebrem-se, sejam apanhados e capturados!
14 Então, zombadores, ouçam a palavra de ADONAI,
vocês, compositores de insultos para seu povo em Yerushalayim:

15 Já que disseram: "Fizemos aliança com a morte,
temos um contrato com o *sh'ol*.
Quando a inundação colérica passar,
não nos tocará.

Pois fizemos da mentira nosso refúgio
e nos escondemos em falsidades" —

16 portanto, eis o que *Adonai Elohim* diz:

"Vejam, coloco em Tziyon
uma pedra aprovada, uma pedra de esquina preciosa,
uma pedra fundamental firme;
quem confiar, não correrá para cá e para lá.
17 Farei justiça ao fio do prumo
e retidão ao prumo;
o granizo eliminará o refúgio dos mentirosos,
a água inundará os esconderijos,
18 sua aliança com a morte será anulada,
e o contrato com o *sh'ol* não subsistirá.
Quando a inundação colérica passar,
vocês serão pisados por ela.
19 Todas as vezes que passar, ela os levará,
pois passará a cada manhã,
dia após dia, noite após noite;
entender a mensagem será completo terror".

20 Pois, [como se diz,]
"A cama é curta demais para uma pessoa se alongar,
e o cobertor estreito demais [para protegê-la do frio]
mesmo que se encolha".
21 Pois *Adonai* se levantará, como no monte P'ratzim,
e atacará com fúria, como no vale de Giv'on;
ele pode realizar esse feito, esse feito estranho,
e cumprir essa tarefa, essa tarefa estranha.
22 Portanto, agora, parem com sua zombaria,
ou seus laços serão mais apertados;
pois ouvi de *Adonai Elohim-Tzva'ot*
que a destruição foi decretada para toda a terra.

23 Prestem atenção e ouçam minha voz;
prestem atenção e ouçam o que digo:
24 O semeador ara para sempre?
Jamais deixa de revolver e rastelar a terra?
25 Não. Quando acaba de nivelá-la,
espalha as sementes do endro, semeia o cominho,
dispõe o trigo em fileiras, a cevada no lugar próprio,
e os pés de trigo-mouro em volta das cercas;
26 porque Deus lhe ensinou a proceder assim,
deu-lhe essa instrução.
27 O endro não deve ser debulhado com a marreta,
nem a roda do carro deve passar sobre o cominho;

em vez disso, o endro deve ser batido com uma vara,
e o cominho, com um malho.
28 Quando se esmaga o grão para fazer pão,
não se bate nele para sempre;
guia-se o cavalo e a roda do carro sobre ele,
mas não se esmiúça até o pó.
29 Isso também procede de *Adonai-Tzva'ot* —
seu conselho é maravilhoso, sua sabedoria é grande.

29 1 Ai de Ari'el [fornalha do altar de Deus, leão de Deus] —
Ari'el, a cidade em que David acampou!
Celebrem as festas por mais alguns anos,
2 então trarei tribulações a Ari'el.
Haverá luto e gemido,
quando ela se tornar, de fato, um *ari'el* para mim.
3 Acamparei ao seu redor, a sitiarei com torres
e montarei cercas contra você.
4 Prostrada, falará do chão;
suas palavras serão sufocadas pelo pó;
sua voz soará como um espírito no chão,
suas palavras serão como gritos no pó.

5 Contudo, seus muitos inimigos se tornarão como pó fino,
e a horda dos tiranos, como palha ao vento,
e isso acontecerá repentinamente.
6 Você será visitada por *Adonai-Tzva'ot*
com trovões, terremotos e altos sons,
vendavais, temporais, tempestades de fogo.

7 Então todas as nações que lutam contra Ari'el,
todas as que estão em guerra contra ela,
os parapeitos à sua volta, o povo que a aflige
hão de se esvair como um sonho, como uma visão noturna.
8 Será como o homem faminto que sonha com comida,
mas, ao despertar, permanece com o estômago vazio;
ou como o homem sedento que sonha com água,
mas, ao despertar, continua seco e exausto —
será assim em relação à horda de todas as nações
que lutam contra o monte Tziyon.

9 Se vocês se fizerem de estúpidos, ficarão estúpidos!
Se vocês se cegarem, ficarão cegos.
Vocês estão bêbados, mas não de vinho;
cambaleiam, mas não por causa de bebida forte.
10 Pois *Adonai* derramou sobre vocês um espírito de letargia;
fechou os seus olhos (isto é, os profetas)
e cobriu a cabeça de vocês (ou seja, os videntes).
11 Para vocês, toda essa visão profética
tornou-se como a mensagem de um rolo selado.
Quando alguém o entrega a uma pessoa que o pode ler e lhe diz:
"Por favor, leia isto", ele responde: "Não posso, pois está selado".

12 Se o rolo for dado a alguém que não sabe ler
com o pedido: "Por favor, leia isto", ele dirá: "Não sei ler".

13 Então *Adonai* disse:

"Uma vez que essas pessoas se aproximam de mim com palavras vazias,
e a honra que me conferem não é verdadeira;
pois, de fato, mantêm o coração longe de mim,
e o 'temor de mim' é apenas uma *mitzvah* de origem humana —
14 portanto, continuarei atordoando essas pessoas
com coisas espantosas e maravilhosas,
até que a 'sabedoria' dos 'sábios' se desvaneça,
e o 'discernimento' de seus 'entendidos' seja ocultado".

15 Ai dos que cavam profundamente
para esconder seus planos de *Adonai!*
Eles trabalham na escuridão e dizem para si mesmos:
"Ninguém nos vê, ninguém nos conhece".
16 Como vocês transtornam todas as coisas! —
Não é o oleiro melhor do que o barro?
Algo criado diz do criador:
"Ele não me fez"?
O produto diz do produtor:
"Ele não tem discernimento"?

17 Mais um pouco, e o L'vanon
será transformado em um campo frutífero,
e o campo frutífero será considerado uma floresta.
18 Naquele dia, o surdo
ouvirá as palavras do livro,
e na escuridão e nas trevas
os olhos do cego verão.
19 O humilde se alegrará novamente em *Adonai,*
e o pobre exultará no Santo de Yisra'el,
20 pois o tirano não é nada, o zombador estará acabado,
e todas as pessoas prontas para fazer o mal, cortadas —
21 aqueles cujas palavras tornam o homem pecador,
os que colocam armadilhas para o defensor junto ao portão da cidade,
e os que, de modo infundado, negam a justiça
a quem tem direito.

22 Portanto, eis as palavras de *Adonai,* que redimiu Avraham, no que concerne à casa de Ya'akov:

"Ya'akov não mais será envergonhado,
sua face não empalidecerá mais.
23 Quando seus descendentes virem a obra de minhas mãos
entre eles, consagrarão o meu nome.
Sim, consagrarão o Santo de Ya'akov
e temerão o Deus de Yisra'el.
24 As pessoas com o espírito arredio entenderão,
e os que murmuram aprenderão a lição.

30

1 "Ai dos filhos rebeldes", diz *Adonai*.
"Eles fazem planos, mas não são os meu planos;
fazem alianças, mas não do meu Espírito,
para acumular pecado sobre pecado.
2 Descem ao Egito, mas não me consultam,
procuram refúgio na proteção do faraó,
procuram abrigo à sombra do Egito.
3 No entanto, a proteção do faraó lhes trará vergonha,
o abrigo à sombra do Egito levará à desgraça.
4 Embora seus príncipes estejam em Tzo'an,
e seus enviados tenham chegado até Hannes,
5 todos eles estão desapontados
com o povo que não os socorre,
que não dá assistência nem vantagens,
somente desapontamento e desgraça".

6 Profecia sobre os animais do Negev:

Em uma terra de tribulação e angústia,
de leoas e de leões rugidores,
de víboras e serpentes voadoras venenosas,
eles levam suas riquezas nas costas dos jumentos,
e seus tesouros, nas corcovas de camelos,
a um povo que não os socorrerá.
7 Pois o socorro do Egito é inútil, inofensivo;
eu o chamo "arrogância que nada faz".
8 Agora vá, escreva-o em um tabuinha,
escreva para eles em um rolo,
para que, no dia final, ele seja
uma testemunha eterna.
9 Pois este é um povo rebelde;
são filhos mentirosos,
filhos que se recusam a ouvir
a *Torah* de *Adonai*.
10 Eles dizem aos videntes: "Não vejam!",
e aos que têm visões: "Não nos contem
a realidade transmitida por meio de suas visões;
em vez disso, adulem-nos, criem ilusões!
11 Saiam do caminho! Deixem a vereda!
Livrem-nos do Santo de Yisra'el!".

12 Portanto, eis o que diz o Santo de Yisra'el:

"Visto que vocês rejeitam esta palavra,
confiam na extorsão e se apegam ao engano,
13 este pecado se tornará para vocês
uma rachadura crescente no alto de um muro,
dando sinais de que cairá;
então, de repente, de uma vez, ele se quebra".

14 Ele o quebrará como um vaso de barro,
partindo-o bruscamente em pedaços

tão miúdos para não restar nem mesmo um caco
para tirar fogo do fogareiro,
ou recolher água da cisterna.
15 Pois isto é o que *Adonai Elohim*,
o Santo de Yisra'el, diz:
"Retorno e descanso é o que salvará vocês;
quietude e confiança os tornarão fortes —
mas vocês não querem nada disso!
16 'Não!', vocês dizem: 'Fugiremos a cavalo!'.
Portanto, vocês certamente fugirão.
E: 'Cavalgaremos em cavalos velozes!'.
Então seus perseguidores serão velozes.
17 Mil fugirão por causa da ameaça de uma pessoa,
todos vocês fugirão por causa da ameaça de cinco,
até que fiquem isolados,
como o mastro no cume de uma montanha,
como a bandeira sobre a colina".

18 Contudo, *Adonai* espera para mostrar a vocês seu favor.
Ele terá piedade de vocês desde o alto,
pois é um Deus de justiça.
Felizes são todos os que esperam por ele!
19 Povo de Tziyon, que vive em Yerushalayim,
vocês não lamentarão mais.
Ao som do seu choro, ele mostrará a vocês sua graça;
ao ouvi-lo, ele responderá a vocês.
20 Ainda que *Adonai* dê a vocês apenas pão e água,
em pouca quantidade,
seu mestre não se esconderá mais,
e vocês o verão com os próprios olhos.
21 Com os ouvidos, captarão a palavra que vem detrás de vocês:
"Este é o caminho; fiquem nele,
quer sigam para a direita quer para a esquerda".
22 Vocês considerarão impuros os ídolos cobertos de prata
e as imagens de metal banhadas de ouro;
vocês os jogarão fora, como panos de menstruação;
dirão a eles: "Saiam daqui!".

23 Então ele dará a vocês chuva para a semente
que costumam semear em sua terra;
e o alimento que vem do solo
será rico e sobejante.
Quando esse dia chegar, seu gado
pastará em campos espaçosos.
24 Os bois e os jumentos que trabalham a terra
comerão uma mistura saborosa,
separada para eles, sem refugo,
estendida no chão pelo forcado e pela pá.
25 Em toda montanha e colina elevada,
haverá ribeiros e riachos fluindo

no dia da grande matança,
quando as torres caírem.
26 Além disso, a luz da lua será
tão brilhante quanto a luz do sol;
e a luz do sol será sete vezes mais forte,
como a luz de sete dias [em um],
no dia em que *Adonai* atar as feridas de seu povo
e curar o ferimento causado pelo golpe.

27 Eis que o nome de *Adonai* vem de longe,
sua ira ardente, em uma fumaça espessa e crescente.
Seus lábios estão cheios de fúria até a borda,
sua língua é um fogo consumidor.
28 Seu sopro é como uma torrente apressada
que se eleva até o pescoço,
para peneirar as nações com a peneira da destruição,
e colocar uma rédea nos lábios dos povos para os desencaminhar.
29 A canção de vocês será como a cantada
à noite, quando se guarda a festa sagrada,
e seu coração está feliz,
como o que caminha ao som da flauta,
para a montanha de *Adonai*,
para a Rocha de Yisra'el.
30 *Adonai* fará ouvir sua voz gloriosa
e revelará seu braço descendente
com a fúria de sua ira em tempestade de fogo,
com aguaceiros, temporais e pedras de granizo.
31 Pois a voz de *Adonai* aterrorizará Ashur,
e com seu cetro os abaterá.
32 Cada golpe da vara de castigo
que *Adonai* impuser a ele
será para os tamborins e as liras,
quando ele brande o braço contra eles na batalha.
33 Pois a cova de fogo de Tofet está pronta há muito tempo,
preparada para o rei, alargada e aprofundada,
com bastante madeira e ardendo em fogo;
como um ribeiro de enxofre, o sopro de *Adonai* acende a chama.

31 1 Ai dos que descem ao Egito
esperando ajuda — confiando em cavalos,
confiando em carruagens, porque ele tem muitos,
e na força da cavalaria dele —
mas não olham para o Santo de Yisra'el,
nem consultam *Adonai*.
2 Mas ele também é sábio, e pode trazer o desastre,
e ele não volta atrás em suas palavras;
ele se levantará contra a casa dos malfeitores
e contra o socorro dos que cometem o erro.
3 Mas os egípcios são homens, não Deus,
e seus cavalos carne, não espírito.

Então, quando *Adonai* estender sua mão,
aquele que ajuda tropeçará,
e aquele que é ajudado cairá;
ambos perecerão juntos.
4 Eis, pois, o que *Adonai* me diz:
"Como o leão ou o filhote de leão rosna para a presa
e não se amedronta com os gritos
das hordas de pastores que se unem contra ele —
suas vozes não o perturbam —,
assim, da mesma forma, *Adonai-Tzva'ot* descerá
para lutar no monte Tziyon, em sua colina.
5 *Adonai-Tzva'ot* protegerá Yerushalayim
como pássaros pairando.
Protegendo-a, ele a resgatará;
poupando-a, ele a salvará.
6 Povo de Yisra'el! Voltem para
quem vocês são tão desleais!
7 Pois naquele dia, todos abandonarão
os ídolos de prata e os ídolos de ouro
que vocês fizeram para si mesmos
com suas mãos pecaminosas.
8 Então Ashur cairá à espada, não a dos mortais;
a espada o devorará, não a dos humanos;
ele fugirá de diante da espada,
e seus jovens serão postos em trabalhos forçados.
9 Sua rocha cairá, tomada pelo terror,
e seus oficiais em pânico desertarão da bandeira".
Assim diz *Adonai*, cujo fogo está em Tziyon,
cujo forno está em Yerushalayim.

32 1 Está chegando o rei que reinará com justiça
e os príncipes que governarão de forma reta.
2 O homem será como o abrigo do vento,
como proteção da tempestade,
como ribeiros de água no solo árido,
como a escarpa da rocha que faz sombra para a terra sedenta.
3 Os olhos dos que procuram não serão fechados,
os ouvidos dos que ouvem prestarão atenção.
4 A mente dos impetuosos aprenderá a considerar com cuidado,
a língua dos gagos falará pronta e claramente.

5 O homem vil não mais será chamado generoso,
nem se chamará nobre ao miserável;
6 pois o vil falará vilezas,
seu coração planeja o mal, para que ele proceda com impiedade,
espalhando erros a respeito de *Adonai*,
enquanto faz o faminto morrer de fome
e priva o sedento da água.
7 A vileza do homem vil é abominável —
ele inventa invenções ímpias

para arruinar o pobre e o necessitado com mentiras,
mesmo quando a causa é justa.
8 O homem generoso, porém, inventa coisas generosas,
e sua generosidade o sustentará.

9 Vocês, mulheres tão complacentes, ouçam-me!
Mulheres muito confiantes, prestem atenção às minhas palavras!
10 Em mais um ano e poucos dias,
vocês, mulheres muito confiantes, estremecerão,
pois a vindima falhará,
a colheita não virá.
11 Tremam, mulheres complacentes!
Estremeçam, mulheres muito confiantes!
Desnudem-se, usem pano de saco como cobertura.
12 Batam no peito pela manhã
por causa dos campos prazerosos e das vinhas frutíferas,
13 pela terra do meu povo que produz espinhos e ervas daninhas
para todos os lares felizes na alegre cidade.
14 Pois o palácio será abandonado,
a cidade abarrotada, deserta,
'Ofel e as fortalezas serão terra devastada para sempre,
deleite de jumentos selvagens e pasto de rebanhos —
15 até que o Espírito seja derramado sobre nós do alto,
e o deserto se transforme em um campo fértil,
e o campo fértil seja considerado uma floresta.
16 Então a justiça habitará no deserto,
e a retidão viverá no campo fértil.
17 O efeito da retidão será a paz;
o resultado da retidão, confiança silenciosa para sempre.
18 Meu povo viverá em um lugar pacífico,
em vizinhanças seguras e habitações tranquilas.
19 As florestas certamente serão derrubadas,
a cidade, com certeza, ficará no chão.
20 Felizes são os semeadores perto de ribeiros,
que deixam os jumentos vagar à vontade.

33 1 Ai do destruidor, você será destruído!
Ai do traidor, você será traído!
Quando parar de destruir, você será destruído;
quando se cansar de trair, será traído.

2 *Adonai,* mostra-nos misericórdia;
esperamos por ti.
Sê o braço deles a cada manhã,
e nossa salvação no tempo da dificuldade.
3 Ao som do tumulto, os povos se dispersam;
quando tu te exaltas, as nações são espalhadas.
4 O espólio de vocês está recolhido como se tivesse sido comido
pelo devorador;
correm para ele como um enxame de gafanhotos.

5 *Adonai* é exaltado, pois habita nas alturas;
ele encheu Tziyon com justiça e retidão.
6 Ele será a estabilidade de nossos tempos,
sobejamento de salvação, sabedoria e conhecimento,
e temor de *Adonai,* que é seu tesouro.

7 Ouçam seus bravos clamando por socorro!
Os enviados da paz lamentam com amargura.
8 As estradas estão desertas, não há viajantes.
Ele quebrou a aliança, menosprezou as cidades;
não tem consideração pela vida humana.
9 A terra está de luto e murcha.
L'vanon seca de vergonha.
Sharon tornou-se como 'Aravah.
Bashan e Karmel foram sacudidos e estão nus.

10 "Eu me levantarei agora", diz *Adonai.*
"Eu me exaltarei e me elevarei agora.
11 Vocês concebem a palha e dão à luz o restolho,
seu sopro é um fogo que os devora.
12 Os povos estarão como se tivessem sido queimados na cal,
como espinhos cortados para serem queimados no fogo.
13 Vocês que vivem longe, ouçam o que fiz!
Vocês que estão próximos, conheçam minha força!".

14 Os pecadores de Tziyon estão amedrontados;
o tremor apoderou-se dos ímpios.
"Quem de nós pode viver com o fogo devorador?
Quem de nós pode viver com o abrasamento eterno?".
15 Quem vive de forma correta e fala com franqueza,
quem despreza as riquezas da extorsão,
quem sacode as mãos livres de suborno,
quem fecha os ouvidos à menção do derramamento de sangue
e tapa os olhos para não ver o mal.
16 Essa pessoa viverá nas alturas,
seu refúgio é a fortaleza entre as escarpas,
seu alimento e sua água são supridos com constância.

17 Seus olhos verão o rei em sua beleza,
olharão para a terra que se estende a distância.
18 Sua mente meditará sobre o terror:
"Onde está o homem que fazia a contagem?
Onde está o homem que fazia a pesagem?
Onde está o homem que numerava as torres?".
19 Você não verá o povo intransigente,
o povo de língua obscura,
de fala gaguejante que não se consegue entender.

20 Olhe para Tziyon, a cidade de nossas festas;
seus olhos verão em Yerushalayim uma residência segura,
uma tenda que não será removida,
suas hastes nunca serão retiradas,
e as cordas não serão cortadas.

21 Mas ali, em seu esplendor, *Adonai* estará conosco,
em um lugar de rios e ribeiros largos.
Contudo, nenhum barco a remo chegará ali,
nem navios majestosos passarão por lá.
22 Pois *Adonai* é nosso juiz, *Adonai* é nosso legislador,
Adonai é nosso rei. Ele nos salvará.
23 Pois suas cordas estão penduradas a esmo,
não amarram o mastro nem estendem a vela.
Assim, o saque a ser compartilhado é tão grande
que mesmo o manco toma parte no espólio.
24 Nenhum habitante dirá: "Estou doente";
o povo que vive ali terá os pecados esquecidos.

34 1 Aproximem-se, nações, e ouçam!
Prestem atenção, povos!
Que a terra e tudo que há nela ouçam;
o mundo e todos os seus produtos.
2 Pois *Adonai* está irado com todas as nações,
furioso com todos os seus exércitos;
ele as destruiu completamente,
entregou-as à matança.
3 Seus mortos serão lançados para fora,
o fedor subirá dos cadáveres,
as montanhas ficarão encharcadas com o sangue deles.
4 Toda as hostes do céu se decomporão,
os próprios céus serão enrolados como um pergaminho;
todo o seu arranjo se desfará
como uma folha seca de uva que cai da videira
ou um figo murcho da figueira.

5 "Pois minha espada bebeu no céu até se satisfazer;
agora ela desce até Edom, para julgar
o povo que condenei à destruição".
6 Há uma espada pertencente a *Adonai*,
Ela está cheia de sangue, cheia de gordura,
cheia de sangue de cordeiros e bodes,
cheia da gordura dos rins de carneiros.
Pois *Adonai* tem um sacrifício em Botzrah,
uma grande matança na terra de Edom.
7 Os bois selvagens cairão com eles,
e os novilhos, com os fortes, com os adultos.
Sua terra ficará inebriada de sangue,
e o pó ficará oleoso com a gordura.
8 Pois *Adonai* tem um dia de vingança,
um ano de retribuição pela luta contra Tziyon.
9 Seus ribeiros serão transformados em betume,
a poeira, em enxofre, e a terra, em betume fervente
10 que não se extinguirá de noite ou de dia;
sua fumaça subirá eternamente.
Em todas as gerações, ela ficará desolada;
ninguém, nunca mais, a atravessará.

11 O mocho-orelhudo e o falcão a possuirão,
a coruja-das-torres e o corvo viverão ali;
ele estenderá sobre ela o fio do prumo da confusão
e o fio do prumo da vaidade.
12 De nobres, nenhum deles será chamado para ser rei,
e todos os príncipes serão nada.
13 Espinhos cobrirão seus palácios,
urtigas e cardos, as fortalezas;
será um covil de chacais,
um cercado de avestruzes.
14 Gatos selvagens e hienas se encontrarão ali;
e bodes selvagens balirão uns para os outros;
Lilit [o monstro noturno] espreitará ali
e encontrará um lugar de descanso.
15 Ali a coruja se aninhará, botará ovos,
chocará e juntará os filhotes em sua sombra.
Ali os abutres se reunirão,
cada um com sua fêmea.
16 Consultem o livro de *Adonai* e leiam nele:
nenhum desses animais faltará,
nenhum ficará sem o par.
Pois de sua boca procedeu a ordem,
e com seu Espírito os reuniu.
17 Ele lhes distribui o território,
sua mão mediu a parte de cada um.
Eles a possuirão para sempre
e viverão ali por todas as gerações.

35 1 O deserto e a terra seca se alegrarão;
'Aravah se regozijará e florescerá como o lírio.
2 Irromperá em flores,
se regozijará com alegria e cânticos;
receberá a glória de L'vanon,
o esplendor de Karmel e Sharon.
Eles verão a glória de *Adonai*,
o esplendor de nosso Deus.

3 Fortaleçam os braços desfalecidos
e firmem os joelhos cambaleantes.
4 Digam ao medroso: "Seja forte e não tenha medo!
Eis aí seu Deus; ele virá com vingança,
com a retribuição divina, e o salvará".

5 Então os olhos do cego serão abertos,
e os ouvidos do surdo serão destapados;
6 então o manco saltará como o cervo,
e a língua do mudo cantará.
Pois no deserto irromperão fontes,
ribeiros de água em 'Aravah;
7 a miragem de areia se tornará um açude,
e o solo sedento, fontes de água.

Os abrigos onde os chacais se deitam se tornarão
um pântano cheio de canas e papiros.

8 Haverá uma estrada lá, um caminho,
chamado o Caminho da Santidade.
O impuro não passará por ele,
mas será para quem ele guiar —
os tolos não andarão por ele.
9 Nem o leão nem outro animal predador
estarão ali, passando por ele.
Estes não serão encontrados ali,
mas os remidos irão para lá.
10 Os resgatados por *Adonai* retornarão
e virão com canções a Tziyon,
sobre sua cabeça haverá alegria perpétua.
Eles adquirirão alegria e felicidade,
ao passo que a tristeza e o suspiro fugirão.

36 1 No décimo quarto ano do rei Hizkiyahu, Sancheriv, rei de Ashur, avançou
contra todas as cidades fortificadas de Y'hudah e capturou-as. 2 De Lakhish,
o rei de Ashur enviou Rav-Shakeh a Hizkiyahu em Yerushalayim com um grande
exército. Ele se posicionou próximo ao aqueduto do Açude Superior, perto da estra-
da que vai para o campo do Lavandeiro. 3 Elyakim, o filho de Hilkiyahu, o encarrega-
do do palácio, Shevnah, o secretário-geral, e Yo'ach, o filho de Asaf, o ministro dos
assuntos estrangeiros, foram encontrar-se com ele.
4 Rav-Shakeh dirigiu-se a eles: "Digam a Hizkiyahu: 'Eis o que o grande rei, o rei
de Ashur, diz: "O que o torna tão confiante? 5 Isto é: meras palavras constituem a
estratégia e força da batalha? Em quem, portanto, você confia ao se rebelar contra
mim dessa forma? 6 Veja! Confiar no Egito equivale a usar um galho quebrado como
apoio — quando você se apoia nele, ele perfura sua mão. Assim é o faraó do Egito
para todos os que depositam a confiança nele. 7 Contudo, se você me disser: 'Nós
confiamos em *Adonai*, nosso Deus,' não é esse o Deus que teve os lugares altos e
altares removidos por Hizkiyahu, que disse a Y'hudah e a Yerushalayim: 'Vocês
devem adorar diante deste altar'? 8 Muito bem, faça uma aposta com meu senhor, o
rei de Ashur: Eu darei a você 2 mil cavalos se puder encontrar cavaleiros suficientes
para eles. 9 Como, então, você pode repelir um dos oficiais de menor patente do
exército do meu senhor? Você confia no Egito para obter carruagens e cavaleiros!
10 Pensa que subi a esta terra para destruí-lo sem a aprovação de *Adonai*? *Adonai*
disse-me: 'Suba contra esta terra e a destrua!" ' ".
11 Elyakim, Shevnah e Yo'ach disseram a Rav-Shakeh: "Por favor, fala a teus
servos em aramaico, já que podemos entender; não fales conosco em hebraico
enquanto as pessoas sobre o muro escutam". 12 Rav-Shakeh, porém, respondeu:
"Então meu senhor enviou-me para entregar minha mensagem somente a seu
senhor e a vocês? Não me enviou ele para me dirigir aos homens sentados sobre o
muro, os quais, como vocês, comerão as próprias fezes e beberão a própria urina?".
13 Então Rav-Shakeh se levantou e, falando em voz alta, em hebraico, disse: "Ouçam
o que o grande rei, o rei de Ashur, diz! 14 Isto é o que o rei diz: 'Não deixem que
Hizkiyahu os engane, pois ele não está preparado para salvá-los'. 15 E não deixem
que Hizkiyahu faça vocês confiarem em *Adonai*, dizendo: 'Com certeza, *Adonai*
nos salvará; esta cidade não será dada ao rei de Ashur'. 16 Não ouçam Hizkiyahu.

Pois isto é o que o rei diz: 'Façam paz comigo, rendam-se a mim; então cada um de vocês poderá comer de sua vinha e figueira, e beberá a água da própria cisterna, 17 até que eu venha e os leve embora, a uma terra como a sua terra, uma terra de grãos e de vinho, de pão e de vinhas. 18 Cuidado com Hizkiyahu; ele os ilude quando diz: "*Adonai* nos salvará". Deus de alguma nação já salvou sua terra do poder do rei de Ashur? 19 Onde estão os deuses de Hamat e de Arpad? Onde estão os deuses de S'farvayim? Eles salvaram Shomron de meu poder? 20 Onde está o deus de qualquer dessas nações que a tenha salvado do meu poder, de forma que *Adonai* fosse capaz de salvar Yerushalayim do meu poder?". 21 No entanto, eles permaneceram imóveis e não responderam a ele nem uma palavra; pois a ordem do rei tinha sido: "Não respondam a ele".

22 Então Elyakim, o filho de Hilkiyah, o encarregado da administração do palácio, Shevnah, o secretário-geral, e Yo'ach, o filho de Asaf, o ministro do estrangeiro, foram a Hizkiyahu com as roupas rasgadas e lhe relataram o que Rav-Shakeh fezera.

37 1 Ao ouvi-lo, o rei Hizkiyahu rasgou as roupas, cobriu-se com roupas de saco e entrou na casa de *Adonai*. 2 Enviou Elyakim, o encarregado da administração do palácio, Shevnah, o secretário-geral e os principais *kohanim*, cobertos com pano de saco, a Yesha'yahu, o profeta, o filho de Amotz. 3 Eles lhe falaram: "Eis o que Hizkiyahu diz: 'Hoje é um dia de tempestade, castigo e desgraça. Crianças estão prontas para nascer, mas não há força para trazê-las à luz. 4 Que *Adonai*, seu Deus, ouça as palavras de Rav-Shakeh, a quem seu senhor, o rei de Ashur, enviou para insultar o Deus vivo, e que seja reprovada a mensagem ouvida por *Adonai*, seu Deus. Então ore pelos que ainda restam' ".

5 Quando os servos do rei Hizkiyahu vieram a Yesha'yahu, 6 ele lhes falou: "Digam a seu senhor que *Adonai* diz isto: 'Não tenham medo das palavras ouvidas dos servos do rei de Ashur, usadas para me insultar. 7 Colocarei nele um espírito que lhe fará ouvir um rumor, e ele retornará à sua terra; então provocarei a morte dele pela espada em sua terra' ".

8 Rav-Shakeh retornou e, tendo ouvido que o rei de Ashur permaneceu em Lakhish, encontrou-o guerreando contra Livnah. 9 Então, ao ouvir dizer que Tirhakah, rei da Etiópia, estava a caminho para lutar contra ele, o rei de Ashur enviou mensageiros a Hizkiyahu, depois de lhes ordenar: 10 "Eis o que vocês devem dizer a Hizkiyahu, rei de Y'hudah: 'Não deixe que o seu Deus, em quem você confia, o engane, dizendo: "Yerushalayim não será entregue ao poder do rei de Ashur". 11 Vocês já ouviram o que os reis de Ashur fizeram a todas as terras — eles as destruíram completamente. Então, como você seria liberto? 12 Os deuses das nações as libertaram? Não, meus ancestrais destruíram-nas — Gozan, Haran, Retzef e o povo de 'Eden que estavam em Tel'asar. 13 Onde está o rei de Hamat? O rei de Arpad? O da cidade de S'farvayim, de Hena e 'Ivah?' ". 14 Hizkiyahu tomou a carta das mãos dos mensageiros e a leu. Então Hizkiyahu subiu à casa de *Adonai* e a estendeu perante *Adonai*. 15 Esta é a oração que Hizkiyahu fez a *Adonai*: 16 "*Adonai-Tzva'ot*, Deus de Yisra'el, que habitas sobre os *k'ruvim*! Somente tu és o Deus de todos os reinos da terra. Tu fizeste céu e terra. 17 Volta teus ouvidos, *Adonai*, e ouve! Abre teus olhos, *Adonai*, e vê! Ouve todas as palavras que Sancheriv enviou para insultar o Deus vivo. 18 É verdade que os reis de Ashur fizeram das nações e de suas terras, um deserto 19 e lançaram os deuses deles no fogo. Pois não eram deuses, simplesmente o produto das mãos de pessoas, madeira e pedra; por isso, podiam destruí-los. 20 Agora, portanto, *Adonai*, nosso Deus, por favor, salva-nos do poder dele — para que todos os reinos da terra saibam que tu és *Adonai* — tu, somente".

[21] Então Yesha'yahu, o filho de Amotz, enviou esta mensagem a Hizkiyahu:
"*Adonai*, o Deus de Yisra'el, diz: 'Você orou a mim contra Sancheriv, rei de Ashur'.
[22] Esta é a resposta de *Adonai* concernente a ele:

" 'A filha virgem de Tziyon
o despreza; ela ri de você com desprezo.
A filha de Yerushalayim
meneia a cabeça para você.
[23] De quem você zombou e insultou?
Contra quem você levantou a voz
e ergueu os olhos com arrogância?
Contra o Santo de Yisra'el!

[24] " 'Por meio dos seus servos, você zombou de *Adonai*,
dizendo: "Com minhas muitas carruagens,
subi às alturas das montanhas,
mesmo nos lugares mais distantes do L'vanon.
Derrubei seus altos cedros
e seus melhores ciprestes.
Alcancei as alturas mais remotas
e as melhores florestas.
[25] Cavei [poços] e bebi água.
As solas dos pés de meus [soldados]
secaram todos os rios do Egito".
[26] " 'Você não ouviu? Há muito tempo o fiz;
na antiguidade o produzi;
e agora faço acontecer:
você transforma cidades fortificadas
em montões de ruínas,
[27] enquanto os habitantes delas, sem forças,
estão desanimados e envergonhados,
fracos como a relva, frágeis como plantas,
como relva nos telhados
ou como o grão ressecado pelo vento leste.

[28] " 'Mas eu sei quando você se assenta, quando sai,
quando entra — e quando se ira contra mim.
[29] E, por ter se irado contra mim,
por causa do seu orgulho que chegou até meus ouvidos,
vou pôr meu gancho no seu nariz
e minha rédea em seus lábios;
e o farei voltar
pelo mesmo caminho em que veio.

[30] " 'Este será o sinal: este ano, vocês comerão o grão que cresce por si mesmo; no
segundo ano, comerão o que brotar dele; mas, no terceiro ano, vocês semearão,
colherão, plantarão vinhas e comerão o seu fruto.

[31] " 'Entretanto, o remanescente
da casa de Y'hudah que escapar
fixará raízes para baixo
e colherá frutos em cima;

32 pois o remanescente sairá de Yerushalayim,
os que escaparem sairão do monte Tziyon.
O zelo de *Adonai-Tzva'ot*
o realizará'.

33 "Portanto, isto é o que *Adonai* diz a respeito do rei de Ashur:

" 'Ele não virá a esta cidade,
nem atirará uma flecha nela;
ele não a confrontará com o escudo
ou erguerá rampas contra ela.
34 " 'Pelo caminho em que veio, retornará;
ele não virá a esta cidade',

diz *Adonai*. 35 'Pois eu defenderei esta cidade e a salvarei, tanto por minha causa
quanto por causa de meu servo David' ".
36 Então o anjo de *Adonai* saiu e feriu 185 mil homens no acampamento de
Ashur. Na manhã do dia seguinte, estavam todos mortos — cadáveres. 37 Então
Sancheriv, rei de Ashur, partiu e voltou a viver em Ninveh.
38 Um dia, enquanto adorava no templo de Nisrokh, o deus dele, seus filhos
Adramelekh e Shar'etzer o feriram à espada e fugiram para a terra de Ararat. Então
seu filho Esar-Hadon sucedeu-lhe como rei.

38 1 Por volta desse tempo, Hizkiyahu adoeceu, a ponto de quase morrer.
Yesha'yahu, o profeta, o filho de Amotz, veio a ele e lhe falou: "Eis o que
Adonai diz: 'Ponha sua casa em ordem, pois você morrerá' ". 2 Hizkiyahu virou o ros-
to para a parede e orou a *Adonai*: 3 "Peço-te, *Adonai*, que te lembres agora de como
tenho vivido diante de ti com verdade e de todo o meu coração, e como tenho feito
o que te pareces bom". E verteu lágrimas amargas.
4 Então a palavra de *Adonai* veio a Yesha'yahu: 5 "Vá e diga a Hizkiyahu que isto
é o que *Adonai*, o Deus de David, seu ancestral, diz: 'Ouvi sua oração e vi suas lágri-
mas; portanto, acrescentarei quinze anos à sua vida. 6 Também salvarei esta cidade
do poder do rei de Ashur; defenderei a cidade. 7 O sinal, da parte de *Adonai*, de que
Adonai fará o que diz é 8 fazer a sombra do relógio de sol, que começou a descer
no relógio de sol de Achaz, retroceder dez intervalos' ". Então o sol retrocedeu dez
intervalos da distância já percorrida.
9 Depois de Hizkiyahu, rei de Y'hudah, ter ficado doente e se recuperado, ele
escreveu o seguinte:

10 "Certa vez, eu disse: 'No apogeu da vida,
passo pelas portas do *sh'ol*.
Sou privado de viver
a plena medida da minha existência'.
11 "Eu disse: 'Nunca mais verei *Yah*,
Yah na terra dos viventes;
nunca mais contemplarei os seres humanos
ou estarei com quem vive neste mundo.
12 Minha casa é desarraigada e arrancada
de mim, como a tenda de um pastor.
Como um tecedor, enrolei minha vida;
ele me corta do tear.
Entre o dia e a noite, poderias dar cabo de mim.

13 Tento ser forte como um leão até a manhã,
mas a doença ainda quebra todos os meus ossos —
Entre o dia e a noite, poderias dar cabo de mim.
14 Emito sons trepidantes como a andorinha,
gemo em voz alta como uma pomba.
Meus olhos estão cansados de olhar para cima.
Adonai, estou subjugado; preserva minha vida!'.

15 "O que posso dizer?
Ele falou comigo e agiu!
Seguirei com humildade todos os anos,
lembrando quão amargo fui.
16 *Adonai,* os povos vivem por essas coisas;
e todas elas são a vida do meu espírito.
Tu restauras minha saúde e me dás vida —
17 ainda que, em lugar de paz, eu sinta muita amargura.
Tu desejaste minha vida e a preservaste
da cova da inexistência;
pois lançaste todos os meus pecados para trás de ti.

18 "O *sh'ol* não te pode agradecer, a morte não te pode louvar;
os que descem à cova não podem esperar pela tua verdade.
19 Os vivos, os vivos podem te agradecer,
como o faço hoje;
pais farão conhecidas aos filhos
tua fidelidade.
20 *Adonai* está pronto para me salvar;
por isso, farei nossos instrumentos de corda soar
todos os dias da nossa vida
na casa de *Adonai*".

21 Então Yesha'yahu disse: "Peguem um emplasto de figos e o apliquem na inflama-
ção, e ele se recuperará". 22 Hizkiyahu pediu: "Que sinal haverá de que serei capaz
de subir à casa de *Adonai?*".

39 1 M'rodakh-Bal'adan, o filho de Bal'adan, rei de Bavel, ouviu que Hizkiyahu
ficou doente e se recuperou. Então enviou uma carta e um presente para
ele. 2 Hizkiyahu ficou muito satisfeito com os presentes e mostrou aos mensa-
geiros o prédio todo em que mantinha os tesouros, incluindo a prata, o ouro, as
especiarias e os óleos preciosos; mostrou também o prédio em que mantinha as
armas e todo o seu tesouro — não houve nada no palácio ou em todo o domínio
que Hizkiyahu não lhes mostrasse. 3 Então Yesha'yahu, o profeta, veio ao rei
Hizkiyahu e lhe perguntou: "O que esses homens disseram? De onde vieram?".
Hizkiyahu respondeu: 'Eles vieram a mim de um país distante, Bavel". 4 Yesha'yahu
perguntou: "O que eles viram em seu palácio?". "Eles viram tudo em meu palácio",
disse Hizkiyahu. "Não houve nem uma coisa entre meus tesouros que não lhes
tenha mostrado". 5 Yesha'yahu disse a Hizkiyahu: "Ouça o que *Adonai-Tzva'ot* diz:
6 'Chegará o dia em que tudo o que está no seu palácio, bem como tudo o que seus
ancestrais acumularam até hoje, será levado para Bavel. Nada será deixado', diz
Adonai. 7 'Eles levarão alguns dos seus descendentes, sua prole; e estes se torna-
rão eunucos a serviço do palácio do rei de Bavel". 8 Hizkiyahu disse a Yesha'yahu:

"A palavra de *Adonai* que você acaba de dizer é boa", pois ele pensava: "Ao menos durante minha vida continuará a haver paz e verdade".

40 1 "Consolem e continuem consolando meu povo", diz o seu Deus.
2 "Digam ao coração de Yerushalayim; proclamem a ela
que já está completo seu tempo de serviço;
sua culpa foi paga,
ela já recebeu da mão de *Adonai*
o dobro por todos os seus pecados".

3 Uma voz clama:

"Abram uma estrada no deserto para *Adonai!*
Nivelem uma via em 'Aravah para nosso Deus!
4 Que todos os vales sejam aterrados,
e todas as montanhas e colinas sejam rebaixadas,
que os lugares acidentados sejam aplanados,
e as escarpas se tornem planas.
5 Então a glória de *Adonai* será revelada;
toda a humanidade, em conjunto, a verá,
pois a boca de *Adonai* se pronunciou.

6 Uma voz diz: "Proclamem!".
E respondo: "Que devo proclamar?".
"Toda a humanidade é apenas como a relva,
toda a sua glória, como as flores do campo:
7 a relva seca, e a flor murcha,
quando o vento de *Adonai* sopra sobre elas.
Certamente as pessoas são como a relva!
8 A relva seca, e a flor murcha;
mas a palavra do nosso Deus durará para sempre".

9 Você, que traz boas-novas a Tziyon,
vá para uma montanha bem alta;
você, que traz boas-novas a Yerushalayim,
clame com toda a força de sua voz!
Não tema em gritar bem alto!
Fale às cidades de Y'hudah:
"Aqui está seu Deus!".
10 Eis que vem *Adonai Elohim* com poder,
e seu braço regerá por ele.
Veja! Sua recompensa está com ele,
e seu prêmio está diante dele.
11 Ele é como o pastor que alimenta o rebanho,
junta seus cordeiros com o braço,
trazendo-os junto ao peito,
e conduz com gentileza a ovelha mãe".

12 Quem já contou a água do mar,
mediu o céu com uma régua,
calculou o peso do pó da terra,
pesou as montanhas em balanças, ou as colinas, em seus pratos?
13 Quem mediu o Espírito de *Adonai?*
Quem é seu conselheiro, seu instrutor?

14 A quem ele consulta para obter entendimento?
Quem lhe ensina a julgar,
e lhe informa o que precisa saber,
ou lhe mostra como discernir?

15 As nações são como uma gota em um balde,
grãos de areia em balanças.
As regiões costeiras são tão minúsculas como grãos de areia.
16 O L'vanon não seria suficiente para preencher,
nem seus animais seriam o bastante como ofertas queimadas.
17 Diante dele, todas as nações são como nada.
Ele as considera como menos que nada.

18 Com quem, então, vocês comparariam Deus?
Com que padrão vocês o avaliariam?
19 Com uma imagem feita pelo artesão,
que o ourives cobre de ouro,
e para a qual modela correntes de prata?
20 Um homem pobre demais para apresentar uma oferta
escolhe um pedaço de madeira que não apodrecerá,
então procura um artesão de qualidade
para preparar uma imagem que não tombará.

21 Vocês não sabem? Já não ouviram?
Não foram avisados desde o princípio?
Não entendem como a terra foi feita?
22 Ele, o que senta acima do círculo da terra —
para quem seus habitantes parecem gafanhotos —
estende os céus como uma cortina,
esparrama-os como uma tenda para morar.
23 Ele reduz os príncipes a nada,
os regentes da terra, ao vazio.
24 Mal são plantados, mal são semeados,
mal lançam as raízes no solo,
quando sopra sobre eles, eles secam,
e o vento os leva embora como palha.
25 "Com quem, então, vocês me compararão?
Com quem me pareço?", pergunta o Santíssimo.

26 Voltem os olhos para os céus!
Vejam quem criou estas coisas!
Ele traz seus exércitos em sequência,
chama cada um pelo nome.
Por meio de seu grande poder e de sua força absurda,
nenhum deles se perde.

27 Por que você reclama, Ya'akov',
por que você diz, Yisra'el:
"Meu caminho está escondido de *Adonai*,
meus direitos são ignorados por meu Deus"?
28 Você não ouviu, não sabe
que o Deus eterno, *Adonai*,

o Criador dos confins da terra,
não se cansa nem se esgota?
Seu entendimento não pode ser sondado.
29 Ele revigora os exaustos,
dá força aos fracos.
30 Os jovens podem se enfraquecer ou cansar,
até o mais capacitado pode tropeçar e cair;
31 mas os que esperam em *Adonai* renovarão as forças',
voarão alto como que com asas de águia;
quando correrem, não se exaurirão,
e quando andarem, não se cansarão.

41

1 "Regiões costeiras, mantenham o silêncio diante de mim!
Que os povos reabasteçam suas forças!
Que se aproximem, e então falem.
Que nos aproximemos para o julgamento".
2 Quem suscitou o justo do oriente
e o chamou para estar a seu serviço?
Ele lhe entrega nações;
sua espada os reduz a pó,
seu arco dispersa como palha.
3 Ele os persegue, passando ileso,
quase sem tocar o caminho com os pés.
4 De quem é tal obra? Quem criou tudo isso?
Ele que chamou as gerações desde o início:
"Eu sou *Adonai*, o primeiro,
sou o mesmo com os últimos".
5 As regiões costeiras viram isso e temeram.
Os confins da terra tremeram.
Eles se aproximaram, e agora chegaram.

6 Todos ajudam os companheiros de trabalho,
todos dizem a seus irmãos: "Sejam fortes!".
7 Os marceneiros encorajam os ourives,
e os polidores encorajam os marteladores;
ele diz sobre a soldagem: "Sim, está boa",
e então coloca um prego [no ídolo] para mantê-lo parado.

8 "Mas você, Yisra'el, meu servo,
Ya'akov, a quem escolhi,
descendente de Avraham, meu amigo,
9 eu o trouxe dos confins da terra,
juntei-o dos lugares mais distantes
e disse: 'Você é meu servo' —
eu o escolhi, não o rejeitei.
10 Não tenha medo, pois estou com você;
não se desanime, pois sou seu Deus.
Eu darei a você força e socorro,
e o protegerei com minha destra vitoriosa.
11 Todos os que estão irados com você
serão desonrados, postos à vergonha;

os que lutam contra você
serão destruídos, reduzidos a nada.
12 Você procurará por eles, mas não encontrará
os que contendem com você;
sim, os que fazem guerra a você
serão reduzidos a nada.
13 Pois eu, *Adonai*, seu Deus,
digo a você, enquanto seguro sua mão direita:
'Não tema, eu o ajudarei.
14 Não tenha medo, Ya'akov, ó verme,
ó homens de Yisra'el'.
Eu os socorrerei", diz *Adonai*.
"Seu redentor é o Santo de Yisra'el".

15 "Farei de você um debulhador,
novo, com lâminas e dentes pontiagudos,
para debulhar as montanhas e pulverizá-las,
e transformar colinas em farelo.
16 Quando os peneirar, o vento os levará,
e um redemoinho os espalhará.
Então você se alegrará em *Adonai*,
você se gloriará no Santo de Yisra'el.

17 "O pobre e o necessitado procuram por água em vão;
a língua deles está seca de sede.
Eu, *Adonai*, lhes responderei.
Eu, o Deus de Yisra'el, não os deixarei.
18 Abrirei rios nas colinas estéreis
e poços em vales amplos.
Tornarei o deserto em um lago,
e o terreno seco, em fontes de água.
19 Encherei o deserto com cedros,
acácias, murtas e oliveiras.
Em 'Aravah, plantarei ciprestes
com olmos e lárices.
20 Então o povo verá e saberá,
observará em conjunto e entenderá
que as mãos de *Adonai* fizeram tudo isso,
que o Santo de Yisra'el o criou.

21 "Apresentem seu caso", diz *Adonai*.
"Produzam seus argumentos", diz o rei de Ya'akov.

22 Tragam os ídolos,
peçam-lhes que nos predigam o futuro,
que nos contem sobre acontecimentos passados,
para que reflitamos sobre eles
e entendamos suas consequências.
Ou que nos digam acerca dos acontecimentos futuros,
23 declarem o que ocorrerá no futuro,
para que possamos saber que são deuses.

Ao menos, façam algo bom ou mau —
para ficarmos aterrados, tomados de pavor.
24 No entanto, vocês não o podem fazer, pois são menos que nada.
Quem os escolher é uma abominação!

25 "Despertei alguém do norte.
Ele procedeu do sol nascente;
chamará meu nome.
Ele pisará os governantes como se fossem barro,
como o oleiro trabalha o barro".

26 Quem disse isso antes, para que o soubéssemos,
ou o predisse, para que pudéssemos dizer: "Ele está certo"?
De fato, ninguém disse isso, ninguém o predisse —
o fato é que ninguém ouve o que você diz.
27 Eu sou o primeiro a declarar isso em Tziyon,
para enviar a Yerushalayim um mensageiro com boas-novas.
28 Mas, quando eu olho em volta, não há ninguém —
ninguém é capaz de dar um conselho;
quem pode dar uma resposta quando pergunto?
29 Olhe para todos eles! O que fazem é nada.
Seus ídolos não passam de vento e desperdício.

42 1 "Eis aqui meu servo, a quem sustento,
meu escolhido, em quem tenho prazer.
Pus meu Espírito nele;
ele trará justiça aos *goyim*.
2 Não chorará nem gritará;
ninguém lhe ouvirá a voz nas ruas.
3 Ele não quebrará o caniço quebrado
nem apagará o pavio ardente;
produzirá a justiça consoante a verdade.
4 Não será enfraquecido nem esmagado
até que estabeleça a justiça na terra,
e as regiões costeiras esperem por sua *Torah*".

5 Assim diz Deus, *Adonai,*
que criou os céus e os espalhou,
que estendeu a terra e tudo o que cresce nela,
que dá o fôlego às pessoas existentes nela,
e espírito, aos que andam sobre ela.
6 "Eu, *Adonai,* o chamei com justiça,
o segurei pela mão,
o modelei e fiz de você uma aliança para o povo,
para ser a luz dos *goyim*,
7 a fim de que possa abrir olhos cegos,
libertar os prisioneiros do confinamento,
os que vivem em trevas no calabouço.
8 Eu sou *Adonai,* este é meu nome.
Não concedo minha glória a mais ninguém,
nem meu louvor, a nenhum ídolo.

9 Vejam como as predições antigas se tornam verdadeiras;
e agora declaro coisas novas —
antes que brotem, falo a vocês a respeito delas".

10 Cantem a *Adonai* uma nova canção!
Deixem seu louvor ser cantado desde os confins da terra
pelos que navegam no mar e por tudo que nele existe,
pelas regiões litorâneas e pelos que vivem ali.
11 Que o deserto e suas cidades levantem a voz,
as vilas em que vive Kedar;
que os habitantes de Sela gritem de alegria;
que gritem do cume das montanhas!
12 Que deem glória a *Adonai*
e proclamem seu louvor nas regiões litorâneas.
13 *Adonai* sairá como um soldado,
como um soldado inflamado pela fúria da batalha;
ele gritará, sim, ele dá seu grito de guerra
enquanto triunfa sobre os inimigos.

14 "Mantive minha paz por um longo período,
mantive-me silente, contive-me.
Agora gritarei como a mulher no parto,
gritando e gemendo ofegante.
15 Devastarei montanhas e colinas,
secarei toda a vegetação,
transformarei rios em regiões costeiras
e secarei lagos.
16 Conduzirei os cegos por ruas que não conhecem,
por ruas desconhecidas, eu os guiarei;
transformarei trevas em luz diante deles
e endireitarei os caminhos tortuosos.
Estas são coisas que farei sem falhar.
17 Os que confiam nos ídolos,
e dizem a estátuas: 'Vocês são nossos deuses',
serão expulsos em vergonha total.
18 Ouçam, surdos! Olhem, cegos —
para que vejam!
19 Quem é tão cego quanto meu servo,
ou tão surdo quanto o mensageiro que enviei?
Quem é tão cego quanto o que recompensei,
tão cego quanto o servo de *Adonai*?".

20 Você enxerga bastante, mas não presta atenção;
abre os ouvidos, mas não escuta.
21 *Adonai* estava contente pela retidão demonstrada por você,
para tornar a *Torah* grande e gloriosa.
22 Mas este é um povo saqueado e roubado,
todo encolhido em buracos e sequestrado em prisões.
Eles estão lá para serem saqueados, sem ninguém para os salvar;
servem de despojo, e ninguém diz: "Levem-nos de volta!".
23 Quem de vocês o ouvirá?
Quem escutará e dará atenção nos dias vindouros?

24 Quem entregou Ya'akov para ser despojado,
e Yisra'el, aos saqueadores?
Não foi *Adonai*, contra quem temos pecado,
em cujos caminhos eles se recusaram a andar,
desobedecendo à sua *Torah*?
25 Por isso, derramou sobre eles sua ira ardente,
bem como a fúria da batalha,
que os envolveu em chamas, mas nem assim aprenderam;
ela os consumiu, contudo eles não o levaram em consideração.

43 1 Mas, agora, eis o que *Adonai* diz,
o seu criador, Ya'akov,
o seu formador, Yisra'el:
"Não tenha medo, pois eu o redimi;
eu o chamo pelo nome, você é meu.
2 Quando passar pela água, eu estarei com você;
quando passar pelos rios, eles não o cobrirão;
quando passar pelo fogo, você não será chamuscado —
a chama não o queimará.
3 Pois eu sou *Adonai*, seu Deus,
o Santo de Yisra'el, seu Salvador —
eu dei o Egito como resgate por você,
a Etiópia e S'va por você.
4 Pois eu o considero valoroso e honrado,
e porque o amo.
Por você darei povos,
nações em troca da sua vida.
5 Não tenha medo, pois estou com você.
Trarei seus descendentes do leste,
e os reunirei do oeste.
6 Direi ao norte: 'Liberte-os!',
e ao sul: 'Não os retenha!'.
Trarei meus filhos de longe,
e minhas filhas desde os confins da terra,
7 todos os que levam meu nome,
a quem criei para minha glória —
eu os criei, sim, eu os formei".

8 Traga adiante o povo que tem olhos, mas é cego,
o surdo que possui ouvidos.
9 Todas as nações são reunidas,
e os povos, agrupados.
Quem, dentre eles, pode anunciar
e revelar o que aconteceu no passado?
Que eles tragam suas testemunhas para se justificarem,
para que outros, ao ouvi-los, possam dizer: "Isso é verdade".
10 "Vocês são minhas testemunhas", diz *Adonai*,
"e meu servo a quem escolhi,
para que saibam e confiem em mim

e entendam que eu o sou —
nenhum deus foi produzido antes de mim,
nem existirá outro depois de mim.
11 Eu, sim, sou *Adonai*;
além de mim, não há libertador.
12 Eu declarei, salvei e anunciei —
nenhum deus estranho entre vocês.
Portanto, vocês são minhas testemunhas",
diz *Adonai*. "Eu sou Deus.
13 Desde o princípio dos dias, eu o sou.
Ninguém pode libertar alguém de minha mão.
Quando eu ajo, quem pode reverter?".

14 Aqui está o que *Adonai*, seu redentor,
o Santo de Yisra'el, diz:
"Por sua causa enviei [um exército] a Bavel
e derrotei os kasdim em fuga, todos eles;
suas canções de triunfo são agora lamentos.
15 Eu sou *Adonai*, seu Santo,
o Criador de Yisra'el, seu rei".

16 Eis o que diz *Adonai*,
o que fez o caminho pelo mar,
uma passagem por entre as águas turvas;
17 que derrotou carruagem, cavalo
e o exército em sua força —
eles foram derrubados, jamais se levantarão outra vez,
exterminados e apagados como um pavio:
18 "Parem de viver dos acontecimentos passados
e de cismar com o passado;
19 faço algo novo;
isso está surgindo — vocês não o percebem?
Estou preparando uma estrada no deserto,
rios em terras áridas.
20 Os animais selvagens me honrarão,
os chacais e os avestruzes,
por eu ter posto água no deserto,
rios em terras áridas,
para meu povo escolhido beber,
21 o povo que formei para mim,
a fim de que proclamassem meu louvor.
22 Mas você não me invocou, Ya'akov,
pois você se cansou de mim, Yisra'el.
23 Você não me tem trazido ovelhas como ofertas queimadas,
nem me honrado com seus sacrifícios.
Não fui pesado a você ao requerer ofertas de grãos
nem o cansei, exigindo incenso.
24 Você não tem gasto dinheiro para comprar cana para mim
nem me sacia com a gordura dos seus sacrifícios.
Em vez disso, me tem sido pesado com seus pecados
e me cansa com suas transgressões.

25 Sim, sou eu o único que risca
suas ofensas por minha causa;
não me lembrarei de seus pecados.
26 Recorde-me quando estivermos juntos no juízo —
diga sua versão, convença-me de que você está certo.
27 Seu primeiro pai pecou,
e seus representantes se rebelaram contra mim.
28 Por isso, repudiei os oficiais do santuário,
entreguei Ya'akov à maldição destruidora
e sujeitei Yisra'el à zombaria.

44 1 "Ouça agora, Ya'akov, meu servo,
Yisra'el, a quem escolhi:
2 Assim diz *Adonai*, que o criou,
formou no ventre e o ajudará:
Não tenha medo, Ya'akov, meu servo,
Yeshurun, a quem escolhi,
3 pois derramarei água em terras sedentas
e correntes de água no solo seco;
verterei meu Espírito sobre seus descendentes,
e minhas bênçãos, sobre sua prole.
4 Eles se espalharão por entre a relva
como salgueiros nas encostas.
5 Um dirá: 'Pertenço a *Adonai*'.
Outro será chamado pelo nome de Ya'akov.
E ainda outro escreverá que pertence a *Adonai*
e adotará o sobrenome Yisra'el".

6 Assim diz *Adonai*, o rei
e Redentor de Yisra'el, *Adonai-Tzva'ot*:
"Eu sou o primeiro e o último;
não há Deus além de mim.
7 Quem é como eu? Que se manifeste!
Que ele me mostre claramente o que tem acontecido
desde que estabeleci o povo eterno;
que ele prediga os sinais e os acontecimentos futuros.
8 Não tenham medo nem se atemorizem.
Já não disse isso a vocês há tempo?
Eu o predisse, e vocês são minhas testemunhas.
Existe outro Deus além de mim?
Não há outra Rocha — não conheço nenhuma".

9 Todos os fabricantes de ídolos não são nada;
suas preciosas produções não têm valor;
e suas testemunhas, para a vergonha deles,
não veem nem entendem.
10 Quem modelaria um deus ou fundiria uma imagem
que não serve para nada?
11 Todos os envolvidos seriam envergonhados;
no entanto, mais que os outros, as pessoas que os fizeram.

Que todos se reúnam, que se levantem;
que temam e sejam envergonhados em conjunto.

12 O ferreiro faz uma ferramenta sobre brasas;
com seu braço forte, a molda, usando martelos.
Mas, quando sente fome, a força falha;
caso não bebe água, extenua-se.

13 Um carpinteiro toma medidas,
bosqueja a forma com o estilete,
aplaina a madeira, verifica-a com compassos
e a entalha com a forma de um homem,
e, por ser honrada com um ser humano,
deve, evidentemente, habitar em uma casa.
14 Ele vai cortar cedros;
apanha uma sempre-verde e um carvalho;
cuida especialmente de uma árvore na floresta,
planta um pinheiro para ser nutrido pela chuva.
15 Com o tempo, quando estiver pronto para ser usado como combustível,
retira um pouco dele para se manter aquecido
e queima um pouco mais para assar pão.
Então ele cria um deus e o adora,
esculpe com ele um ídolo e se ajoelha diante dele.
16 Assim, metade da madeira ele queima no fogo;
com essa parte, ele assa a carne e come até se satisfazer;
ele se aquece, dizendo: 'É tão bom
aquecer-se enquanto se observam as chamas".
17 Dá a forma de um deus ao restante da lenha,
uma imagem esculpida, e então se prostra diante dela;
ele a adora e lhe faz orações.
"Salve-me", diz ele, "pois você é meu deus!".

18 Tais pessoas não sabem nada e nada entendem.
Seus olhos estão tapados para que não possam ver;
também o coração, para que não possam entender.
19 Ninguém pensa consigo mesmo ou possui conhecimento
ou discernimento para dizer:
"Eu queimei metade dela no fogo,
assei pães com suas brasas, assei carne e comi.
Eu devo fazer uma abominação do restante?
Devo me prostrar diante do tronco de uma árvore?".
20 Ele confia em cinzas!
O coração enganado o desviou;
portanto, ele não se salvará; mesmo assim não dirá:
"Isto em minha mão é uma fraude!".

21 "Retenha isso em mente, Ya'akov,
pois você, Yisra'el, é meu servo.
Eu o formei, você é meu servo;
Yisra'el, não se esqueça de mim.
22 Como uma nuvem espessa, eliminarei suas ofensas;
como uma nuvem, seus pecados.
Volte para mim, pois eu o redimi".

23 Cantem, ó céus, pois ADONAI os fez!
Gritem, ó abismos da terra!
Montanhas, irrompam em cânticos,
com todas as árvores das florestas!
Pois ADONAI remiu Ya'akov;
ele glorifica a si mesmo em Yisra'el.

24 Eis o que diz ADONAI, seu Redentor,
ele, que o formou no ventre:
"Eu sou ADONAI, o criador de todas as coisas,
que estirou sozinho os céus
e estendeu a terra toda por si mesmo.
25 Eu frustro os falsos profetas e seus sinais,
transformo os adivinhos em tolos,
derrubo o conhecimento dos sábios
e faço a sabedoria deles parecer loucura.
26 Confirmo as profecias dos meus servos
e faço os planos de meus mensageiros se realizarem.
Eu falo de Yerushalayim: 'Ela será habitada',
e das cidades de Y'hudah: 'Elas serão reconstruídas;
reconstruirei as ruínas'.
27 Digo ao mar profundo: 'Seque.
Farei as fontes secarem'.
28 Digo acerca de Koresh: 'Ele é meu pastor;
ele fará tudo o que desejo.
Ele dirá de Yerushalayim:
"Você será reconstruída",
e sobre o templo:
"Suas fundações serão estabelecidas" ' ".

45 1 Assim diz ADONAI a Koresh, seu ungido,
cuja mão direita ele tem segurado,
para subjugar nações diante dele
e despir os reis de suas vestes,
para que as portas se abram em frente dele,
e nenhum portão seja barreira:
2 "Irei à sua frente,
aplainando colinas,
derrubando portões de bronze,
despedaçando barras de ferro.
3 Darei a você tesouros
amontoados nas trevas,
riquezas secretas, escondidas,
para saber que eu, ADONAI,
que o chamo pelo nome,
sou o Deus de Yisra'el.
4 Por causa de Ya'akov, meu servo,
sim, por Yisra'el, meu eleito,
eu o chamo pelo nome
e dou a você um título, ainda que não me conheça.

5 Eu sou *Adonai;* não há outro;
além de mim, não há Deus.
Eu o fortaleço, ainda que não me conheça,
6 para que as pessoas do oriente e do ocidente
saibam que não há ninguém além de mim.
Eu sou *Adonai,* não há outro.
7 Eu formo a luz, crio as trevas;
promovo o bem-estar, crio a desgraça;
eu, *Adonai,* faço tudo isso.

8 "Que os altos céus gotejem justiça;
que as nuvens a derramem.
Que a terra se abra
para que brote a salvação,
e a justiça germine com ela.
Eu, *Adonai,* a criei".

9 Ai de quem contende com seu criador —
esse se assemelha a cacos espalhados pelo chão!
O barro pergunta ao oleiro: "O que está fazendo?",
ou: "O que está fazendo não tem mãos?".
10 Ai de quem pergunta a seu pai:
"Você é o pai de quem?",
ou de quem pergunta à mulher:
"Você dá à luz o quê?".

11 Assim diz *Adonai,*
o Santo de Yisra'el, seu Criador:
"Você pede sinais a respeito de meus filhos?
Dá ordens acerca do trabalho de minhas mãos?
12 Eu fiz a terra!
Criei os seres humanos nela!
Eu estendi os céus — com minhas mãos —
e dispus todo o seu número.
13 Suscito Koresh para a retidão,
aplano todas as suas veredas.
Ele reconstruirá minha cidade
e libertará meus exilados,
sem tomar resgate e sem aceitar suborno",
diz *Adonai-Tzva'ot.*

14 Eis o que *Adonai* diz:
"Os ganhos do Egito, o comércio da Etiópia,
e os homens altos de S'va
virão até você e se tornarão seus;
eles virão em correntes e o seguirão.
Eles se prostrarão diante de você;
orarão:
'Certamente Deus está com você, não há outro;
os outros deuses não são nada' ".

15 Verdadeiramente, tu és o Deus que te escondes,
ó Deus de Yisra'el, Salvador!

16 Os fabricantes de ídolos serão envergonhados,
todos eles cairão em desgraça;
serão desonrados juntos.
17 Yisra'el, no entanto, salvo por *Adonai*
com a salvação eterna,
jamais será envergonhado ou cairá em desgraça.

18 Pois assim diz *Adonai*, que criou os céus,
Deus, que modelou e criou a terra,
que a estabeleceu e criou para não ser caótica,
mas a formou para ser habitada:
"Eu sou *Adonai*, não há outro.
19 Não falo em segredo, em uma terra de trevas.
Não digo aos descendentes de Ya'akov:
Vocês me procuram em vão'.
Eu, *Adonai*, falo com retidão; digo a verdade.
20 Reúnam-se, venham e se ajuntem,
refugiados das nações!
Os que carregam ídolos de madeira são ignorantes,
oram a um deus que não pode salvar.
21 Que eles se levantem e apresentem seu caso.
Que tomem conselho em conjunto.
Quem o predisse há muito
e o anunciou no passado distante?
Não fui eu, *Adonai*?
Não há outro Deus além de mim,
o Deus justo e Salvador;
não há ninguém além de mim.
22 Olhem para mim, e sejam salvos,
todos os confins da terra!
Pois eu sou Deus;
não há outro.
23 Jurei pelo meu nome,
acabei de pronunciar
uma palavra que não voltará atrás —
todo joelho se dobrará diante de mim,
e toda língua jurará
24 a meu respeito
que apenas em *Adonai*
estão a justiça e a força".

Todos que se iram contra ele
voltarão a ele envergonhados,
25 mas todos os descendentes de Yisra'el
encontrarão justiça e glória em *Adonai*.

46 1 Bel se ajoelha, e N'vo se prostra;
seus ídolos são carregados por animais, animais de carga.
As cargas que vocês estavam transportando
sobrecarregam agora animais cansados.

2 Eles se encurvam e se prostram juntos;
são incapazes de salvar a carga.
Eles mesmos, porém, dirigem-se ao cativeiro.

3 "Ouça-me, casa de Ya'akov,
todos os remanescentes da casa de Yisra'el:
eu os sustento desde o nascimento,
cuido de vocês desde o ventre.
4 Até sua idade avançada, serei o mesmo —
eu os carregarei até seus cabelos embranquecerem.
Eu os criei e os sustentarei;
sim, eu os carregarei e salvarei.
5 A quem vocês me assemelharão ou igualarão?
Com quem vocês me compararão, como se fôssemos semelhantes?

6 Eles desperdiçam o ouro de suas bolsas
e pesam a prata na balança;
contratam um ourives para fabricar um deus,
diante do qual se ajoelham e adoram!
7 Ele é colocado sobre os ombros e carregado,
postado em seu lugar e ali permanece.
Não se move de seu lugar.
Se alguém clama a ele, não pode responder
nem salvar ninguém de suas dificuldades.
8 Lembrem-se disso, e fiquem firmes,
guardem isso em mente, rebeldes.

9 "Lembrem-se do que aconteceu
no princípio, tempos atrás —
eu sou Deus, não há outro;
eu sou Deus, e não há ninguém como eu.
10 No princípio, anuncio o fim,
proclamo de antemão coisas que ainda não se realizaram;
e digo que meu plano será mantido,
farei tudo que me agrada.
11 Chamo uma ave de rapina do oeste,
um homem que planejei, de um país distante.
Eu falei e farei acontecer;
fiz um plano e o cumprirei.
12 Ouça-me, povo teimoso,
distanciado da justiça:
13 Estou trazendo minha justiça para perto;
ela não está longe;
minha salvação não demorará.
Estabelecerei minha salvação em Tziyon
para Yisra'el, minha glória.

47 1 "Venha e sente-se no pó,
filha virgem de Bavel!
Sente-se no solo, não no trono,
filha dos kasdim!

Você não mais será chamada
graciosa e delicada.
2 Pegue as pedras de moer e moa a farinha;
retire seu véu, tire a saia,
descubra as pernas, caminhe sobre os riachos.
3 Suas partes íntimas serão expostas;
sim, sua vergonha será vista.
Eu trarei vingança,
e ninguém permanecerá no meu caminho".

4 Nosso Redentor! ADONAI-*Tzva'ot* é seu nome,
o Santo de Yisra'el!

5 "Sente-se ali, quieta, vá para a escuridão,
filha dos kasdim!
Você não mais será chamada
a senhora dos reinos.
6 Estive irado com meu povo,
profanei meu próprio bem
e o entreguei a você.
No entanto, você não demonstrou misericórdia;
tornou-lhes o jugo muito pesado,
até mesmo dos idosos.
7 Você disse: 'Serei a senhora para sempre'.
Por isso, você não considerou estas coisas
nem pensou nas consequências.
8 Ouça, agora, amante das riquezas,
que se refestela e diz a si mesma:
'Apenas eu sou importante, ninguém mais!
Jamais serei viúva
ou saberei o que é perder filhos'.
9 Todavia, ambas as coisas sobrevirão a você em um instante,
em um único dia: a perda dos filhos e a viuvez;
isso sobrevirá a você,
apesar de suas práticas ocultistas
e encantamentos poderosos para se livrar disso".

10 Você estava tranquila em sua impiedade,
pensando: "Ninguém me vê".
Sua "sabedoria" e "conhecimento" a perverteram,
enquanto pensava sobre si mesma:
"Apenas eu sou importante, ninguém mais".
11 No entanto, o infortúnio sobrevirá a você,
e não saberá como evitá-lo com seus encantamentos;
a calamidade a sobrepujará
de forma repentina, antes que perceba.
12 Por enquanto, continue com seus encantamentos poderosos
e suas diversas práticas ocultistas;
desde a infância, você se tem aprimorado nelas.
Talvez elas façam a você algum bem,
talvez você inspire terror!

13 Você está esgotada com todas essas consultas —
que astrólogos e observadores de estrelas,
horoscopistas com previsões mensais,
apresentem-se e a salvem.
14 Olhe: eles serão como a palha.
O fogo os consumirá.
Eles não salvarão nem a si mesmos
do poder das chamas.
Não haverá brasas para aquecer ninguém,
nem um fogareiro ao lado do qual se sentar.
15 Isso acontecerá com seus [magos],
com quem você colaborou a vida toda!
Cada um vagueia em uma direção própria,
e ninguém a salvará.

48 1 Ouça isto, casa de Ya'akov,
chamada pelo nome de Yisra'el,
procedente da linhagem de Y'hudah,
que jura pelo nome de *Adonai*
e invoca o Deus de Yisra'el! —
não é com sinceridade ou justificabilidade
2 que eles se designam povo da cidade santa
ou confiam no auxílio do Deus de Yisra'el —
Adonai-Tzva'ot é seu nome.

3 "Anunciei as coisas que aconteceriam no início, tempos atrás;
elas procederam da minha boca, eu as anunciei.
Então, repentinamente, agi, e elas ocorreram,
4 pois eu sabia que você era teimoso —
seu pescoço é como um tendão de ferro, e sua testa, como bronze —,
5 eu o anunciei há muito;
antes que ocorresse, eu o anunciei a você,
para que não possa dizer: 'Meu ídolo o fez;
minha imagem esculpida, minha estátua, ordenou que isso acontecesse'.
6 Você ouviu e viu tudo isso;
então por que não o admite?

"Agora anuncio-lhe coisas novas,
coisas secretas que você não conhece,
7 criadas agora, há pouco;
antes de hoje, você não as ouviu
para que não possa dizer: 'Já sabia disso'.
8 Não, você não ouviu e não sabia;
estas coisas não chegaram a seus ouvidos antes.
Pois eu sabia quão traiçoeiro você é —
você é chamado rebelde desde o ventre.
9 Contudo, por causa da minha reputação,
protelo minha ira;
por causa de meu louvor, sou paciente com você,
para não eliminá-lo.

10 "Veja, eu o refinei,
mas não [tão severamente] como a prata;
[em vez disso], o testei
na fornalha de aflição.
11 Por minha causa, eu o farei,
por minha causa.
Não deixarei [minha reputação] ser maculada;
não dividirei minha glória com ninguém.
12 "Ouça-me, Ya'akov,
Yisra'el, a quem chamei:
Eu sou o primeiro
e também o último.
13 Minhas mãos assentaram a fundação da terra,
minha mão direita estendeu os céus;
quando os chamo,
eles se apresentam de pronto.

14 "Todos vocês, juntem-se e ouçam:
quem de vocês predisse o que virá?
O amigo de *Adonai* cumprirá seu desejo contra Bavel,
usando seu braço contra os kasdim.
15 Fui eu que disse,
eu o chamei,
e o trouxe.
Ele será bem-sucedido.

16 "Venham para perto de mim e ouçam isto:
desde o princípio, não falei nada em segredo,
desde o momento em que tudo começou, eu estive lá;
e agora *Adonai Elohim* enviou a mim e a seu Espírito".

17 Assim diz *Adonai*, seu Redentor,
o Santo de Israel:
"Eu sou *Adonai*, seu Deus,
que lhe ensina para o seu bem,
que o guia à vereda que você deve seguir.
18 Tão somente preste atenção às minhas *mitzvot*!
Então sua paz fluirá como um rio,
e sua retidão, como as ondas do mar.
19 Seus descendentes serão tão numerosos quanto a areia,
e sua prole, tão incontável quanto os grãos.
Seus nomes jamais serão eliminados
ou destruídos da minha presença".

20 Saiam de Bavel! Fujam dos kasdim!
Anunciem isso com gritos de alegria, proclamem-no!
Enviem as notícias aos confins da terra!
Digam: "*Adonai* redimiu seu servo Ya'akov".
21 Não sentiram sede quando ele os conduziu pelos desertos,
fez água fluir da rocha para eles —
ele fendeu a rocha, e a água jorrou.
22 Contudo, não há paz para os ímpios, diz *Adonai*.

49 1 Regiões costeiras, ouçam-me;
ouçam, povos longínquos:
Adonai chamou-me desde o ventre;
antes de eu nascer, ele pronunciou meu nome.
2 Ele fez minha boca como uma espada afiada
enquanto me esconde à sombra de sua mão;
ele me fez como uma flecha pontiaguda
enquanto me protege em sua aljava.
3 Ele me disse: "Yisra'el, você é meu servo,
por meio de quem mostrarei minha glória".

4 Contudo, eu disse: "Tenho me afadigado em vão,
gasto minhas forças por nada, com futilidades".
No entanto, minha causa está com *Adonai*,
minha recompensa está com meu Deus.
5 Então *Adonai* diz —
ele me formou no ventre para ser seu servo,
para trazer-lhe Ya'akov de volta,
para colocar Yisra'el perto dele,
para que eu seja honrado à vista de *Adonai*,
meu Deus é a minha força.
6 Ele disse: "Não basta
que você seja apenas meu servo
para levantar as tribos de Ya'akov
e restaurar a prole de Yisra'el.
Eu também farei de você luz para as nações,
para que minha salvação se espalhe até os confins da terra".

7 Eis o que diz *Adonai*,
o Redentor de Israel,
seu Santo, ao que foi desprezado,
detestado pelas nações, o servo dos tiranos:
"Quando os reis o virem, eles se levantarão;
os príncipes também se prostrarão,
por causa de *Adonai*, que é fiel,
o Santo de Yisra'el que o escolheu".

8 Eis o que diz *Adonai*:
"No tempo em que eu decidir, responderei a você;
no dia da salvação, o ajudarei.
Eu o preservei e o escolhi
para ser a aliança do povo,
restaurar a terra e distribuir outra vez
as heranças arruinadas a seus donos,
9 para dizer aos prisioneiros: 'Saiam', e
aos que estão em trevas: 'Apareçam'.
Eles se alimentarão ao longo da vereda,
e todas as colinas lhes servirão de pastagens.
10 Jamais terão fome ou sede;
nem o vento escaldante nem o sol os abaterá;
pois ele, que se compadece deles, os conduzirá
e os guiará às fontes de água.

11 Transformarei todas as minhas montanhas em uma estrada,
meus caminhos serão estabelecidos.
12 Chegarão ali alguns de bem longe,
alguns do norte, alguns do oeste,
e alguns da terra de Sinim".

13 Cante, céu! Alegre-se, terra!
Irrompam em canções, ó montanhas!
Pois *Adonai* consola seu povo,
tem misericórdia dos sofredores.

14 "No entanto, Tziyon diz: '*Adonai* me abandonou,
Adonai esqueceu-se de mim'.
15 Poderá uma mulher esquecer-se da criança junto ao peito
e não demonstrar compaixão pelo filho do seu ventre?
Ainda que se esquecesse,
eu não me esquecerei de você.
16 Eu a gravei na palma das minhas mãos,
seus muros estão sempre diante de mim".

17 Seus filhos vêm com rapidez,
seus destruidores e saqueadores a abandonam e vão embora.
18 Levante seus olhos e olhe em volta:
todos se reúnem e voltam para você.
Adonai jura: "Como eu vivo,
você os usará como joias,
você se adornará com eles como a noiva".
19 Pois seus lugares desolados, ruínas
e a terra devastada
serão muito limitados para quem morará nela;
seus devoradores estarão longe.
20 Virá o dia em que as crianças nascidas
nos dias de luto dirão a você:
"Este lugar é muito apertado para mim.
Dê-me mais espaço para viver!".
21 Então você perguntará a si mesma:
"Quem gerou estes para mim?
Lamentei por meus filhos, totalmente só,
como no exílio, vagando para lá e para cá;
portanto, quem os criou?
Fui deixada sozinha, então de onde vieram estes?".

22 *Adonai Elohim* responde:
"Aceno para as nações,
levanto minha bandeira para os povos.
Eles trarão os filhos nos braços
e carregarão as filhas nos ombros.
23 Os reis serão seus pais adotivos,
suas princesas serão amas.
Eles se prostrarão diante de você, com o rosto em terra,
e lamberão o pó dos seus pés.

Então você saberá que eu sou *Adonai* —
os que esperam em mim não se arrependerão".

24 Pode-se, no entanto, saquear um guerreiro?
Os prisioneiros do vencedor podem ser libertados?

25 Eis a resposta de *Adonai*:
"Mesmo os prisioneiros de um guerreiro serão levados,
e o saque dos tiranos será libertado.
Lutarei contra quem luta com você
e salvarei seus filhos.
26 Alimentarei quem a oprime com a própria carne;
eles ficarão bêbados com o próprio sangue, como se fosse vinho.
Então todos saberão que eu, *Adonai*, sou seu Salvador
e Redentor, o Poderoso de Ya'akov".

50

1 *Adonai* diz:
"Onde está a certidão de divórcio de sua mãe,
que lhe dei quando me divorciei dela?
Ou: para qual de meus credores
eu os vendi?
Vocês foram vendidos por seus pecados;
por causa de suas transgressões, sua mãe se divorciou.
2 Por que não havia ninguém aqui quando cheguei?
Por que, quando chamei, ninguém respondeu?
Meu braço é tão curto para redimir?
Tenho tão pouco poder para salvar?
Com minha repreensão, seco o mar;
transformo rios em deserto,
os peixes apodrecem por falta de água
e morrem de sede.
3 Eu visto o céu de preto para lamentar
e faço sua coberta de panos de saco".

4 *Adonai Elohim* deu-me
a capacidade de falar como um homem bem-educado,
para que eu, com minhas palavras,
saiba sustentar o fraco.
Todas as manhãs, ele desperta meus ouvidos
para ouvir como os eruditos.
5 *Adonai Elohim* abriu meus ouvidos,
e eu não me rebelei, não lhe dei as costas.
6 Ofereci minhas costas para quem me ataca,
e minha face, a quem arranca minha barba;
não escondi meu rosto
do insulto e dos cuspes.
7 Pois *Adonai Elohim* socorrerá.
Por isso, nenhum insulto pode me ferir.
Por isso, estabeleci minha face como uma rocha,
sabendo que não me envergonharia.

8 Meu vindicador está próximo;
quem se atrever a me acusar,
que vá comigo à corte!
9 Vejam: se *Adonai Elohim* me ajuda,
quem se atreverá a me condenar?
Eis que eles estão se desfazendo
como roupas velhas, comidas pelas traças.

10 Quem entre vocês teme *Adonai*?
Quem obedece ao que seu servo diz?
Ainda que ele ande em trevas,
sem nenhuma luz,
confiará na reputação de *Adonai*
e se apoiará em seu Deus.
11 Contudo, todos vocês que acendem fogos
e se armam com tochas,
vão, caminhem pelas chamas do seu fogo,
em meio às tochas que vocês acenderam.
De minhas mãos, esta [sina] espera por vocês:
vocês se deitarão em tormento.

51 1 "Ouçam-me, vocês que buscam a justiça,
que procuram por *Adonai*:
considerem a rocha da qual foram cortados,
a pedreira de onde foram cavados —
2 considerem Avraham, seu pai,
e Sarah, que deu à luz vocês;
quando o chamei, ele era apenas uma pessoa;
então o abençoei e fiz dele muitos.
3 Pois *Adonai* consolará Tziyon,
confortará todos os seus lugares em ruínas,
fará seus desertos como o 'Eden,
e 'Aravah, como o jardim de *Adonai*.
Haverá ali alegria e contentamento,
ações de graças e o som da música.
4 "Dê atenção a mim, meu povo!
Minha nação, escute-me.
Pois a *Torah* procederá de mim;
eu os acalmarei com minha justiça
como uma luz para os povos.
5 Minha retidão está próxima,
minha salvação se espalha,
meus braços julgarão os povos.
As regiões costeiras põem sua esperança em mim,
confiam no meu braço.

6 "Levantem os olhos para os céus,
olhem para baixo, na terra.
Os céus desaparecerão como fumaça,
a terra se desfará como a roupa.

Os que moram ali morrerão como moscas;
no entanto, minha salvação será para sempre,
e minha justiça jamais acabará.

7 "Ouçam-me, vocês que conhecem a justiça,
povo que possui minha *Torah* no coração:
não temam a censura dos povos,
não se entristeçam com seus insultos.
8 Pois a traça os devorará como roupas,
e as lagartas os comerão como lã;
contudo, minha justiça será para sempre,
e minha salvação, por todas as gerações".

9 Acorda! Acorda, braço de *Adonai*.
Veste-te de força.
Acorda, como nos dias antigos,
como nas gerações passadas.
Tu não fizeste Rahav em pedaços,
não perfuraste o monstro do mar?*

10 Tu não secaste o mar,
as águas do abismo profundo?
Não fizeste do fundo do mar uma estrada
para o redentor passar?
11 Os resgatados por *Adonai* retornarão
e virão com cânticos a Tziyon;
sobre a cabeça deles, haverá alegria eterna.
Eles obterão contentamento e alegria —
fugirão dali a tristeza e o pesar.
12 "Sim, eu sou o único que a consola.
Por que você teme o homem, que deve morrer;
o ser humano, que perecerá como a relva?
13 Você se esqueceu de *Adonai*, seu criador,
que estendeu os céus
e lançou os fundamentos da terra.
Em vez disso, vive em medo constante o dia todo
por causa da ira do opressor,
enquanto ele se prepara para destruir.
Todavia, onde está a ira do opressor?
14 Os cativos serão libertados em breve,
eles não morrerão nem descerão ao *sh'ol*;
seu suprimento estará seguro.
15 Pois eu sou *Adonai*, o seu Deus,
que agita o mar, que faz as ondas rugirem —
Adonai-Tzva'ot é meu nome.
16 Pus minhas palavras em sua boca
e o cobri com a sombra da minha mão,
a fim de estabelecer os céus [novamente]
e dizer a Tziyon: 'Você é o meu povo'".

* Rahav simboliza o Egito; o monstro do mar simboliza o faraó.

17 Acorde! Acorde, Yerushalayim!
Das mãos de *Adonai*, você bebe o cálice de sua fúria;
você sorveu por inteiro
o cálice da embriaguez.
18 Não há ninguém para guiá-la
entre todos os filhos que ela carregou.
Nenhum dos filhos que ela criou
a conduz pela mão.
19 Estas duas calamidades sobrevieram a você —
contudo, quem lamentará com você? —
despojo e destruição, fome e espada;
por meio de quem eu a consolarei?
20 Seus filhos jazem desamparados nas esquinas,
como o antílope capturado na rede;
eles estão cheios da ira de *Adonai*
e da repreensão de seu Deus.
21 Por isso, por favor, ouça isto em sua aflição,
você que está bêbada, mas não de vinho;
22 eis o que o Senhor *Adonai* diz,
o seu Deus, o defensor do seu povo:
"Eis que retirei de sua mão
o copo da embriaguez,
o cálice de minha ira.
Você jamais beberá dele outra vez.
23 Eu o porei nas mãos de seus atormentadores,
que disseram a você: 'Prostre-se para pisarmos sobre você',
e você deitou as costas sobre o solo
como uma estrada para que eles passassem por cima".

52 1 Acorde! Acorde, Tziyon!
Vista-se com sua força.
Vista suas roupas esplêndidas,
Yerushalayim, cidade santa!
Pois os incircuncisos e impuros
jamais a invadirão outra vez.
2 Sacuda a poeira! Levante-se!
Seja entronizada, Yerushalayim!
Solte as correntes de seu pescoço,
filha prisioneira de Tziyon!
3 Pois assim diz *Adonai*:
"Você foi vendida por nada,
4 e será redimida sem pagamento".
Pois assim diz *Adonai Elohim*:
"Há muito tempo, meu povo desceu ao Egito
para viver ali como estrangeiro,
e Ashur o oprimiu sem razão.
5 Portanto, o que devo fazer aqui", pergunta *Adonai*,
"já que meu povo foi levado por nada?
Seus opressores estão uivando", diz *Adonai*,
"e meu nome é insultado diariamente.

6 Por isso, meu povo conhecerá meu nome;
assim, naquele dia eles saberão
que eu, o que falo, estou aqui!".

7 Quão belos nas montanhas
são os pés dos que trazem boas-novas,
anunciam *shalom*, trazendo boas notícias
a respeito de coisas boas, proclamando salvação
e dizendo a Tziyon: "Seu Deus é Rei!".
8 Ouçam! Seus vigias levantam a voz,
gritam de alegria em conjunto.
Pois eles verão, com os próprios olhos,
Adonai retornar a Tziyon.

9 Irrompam em alegria! Cantem juntas,
ruínas de Yerushalayim!
Pois *Adonai* consolou seu povo,
redimiu Yerushalayim!
10 *Adonai* conteve seu braço santo
à vista de todas as nações,
e todos os confins da terra verão
a salvação de nosso Deus.
11 Vão! Vão! Saiam daqui!
Não toquem em nada impuro.
Saiam do meio de tudo isso, e fiquem puros,
vocês que carregam os utensílios do templo de *Adonai*.
12 Vocês não precisam partir com pressa,
não precisam fugir;
pois *Adonai* irá à frente de vocês,
e o Deus de Yisra'el também estará atrás de vocês.

13 "Vejam como meu servo terá sucesso.
Ele será engrandecido, exaltado e honrado grandemente!
14 Como muitos ficaram pasmos diante dele,
por estar tão desfigurado
que nem parecia humano,
não se parecia com um homem;
15 agora, porém, ele atemorizará muitas nações;
por causa dele, muitos reis ficarão sem palavras.
Pois eles verão o que nunca viram antes,
ponderarão sobre coisas que jamais ouviram".

53 1 Quem crê no nosso relato?
A quem o braço de *Adonai* foi revelado?
2 Pois, diante dele, ele cresceu como um broto novo,
como uma raiz retirada de uma terra seca.
Ele não estava bem formado nem era especialmente bonito;
nós o vimos, mas sua aparência não nos atraiu.
3 O povo o desprezou e evitou,
um homem de dores, que conhece bem a enfermidade.

Como alguém de quem as pessoas viram o rosto,
ele foi desprezado; não o tivemos em alta conta.

4 Na verdade, ele carregou nossas doenças,
e nossas dores, ele sofreu;
contudo, nós o consideramos culpado,
castigado e afligido por Deus.
5 Mas ele foi ferido por nossas transgressões;
esmagado por nossos pecados;
a disciplina que nos corrige recaiu sobre ele,
e por suas feridas* somos curados.

6 Todos, como ovelhas, nos desviamos;
cada um tomou o próprio caminho;
mesmo assim, *Adonai* pôs sobre ele
a culpa de todos nós.

7 Ainda que maltratado, foi submisso —
ele não abriu a boca.
Como um cordeiro levado à morte,
como uma ovelha silenciosa diante de seus tosquiadores,
ele não abriu a boca.
8 Depois da prisão e do sentenciamento forçados,
ele foi levado;
ninguém de sua geração protestou por ele ter sido
eliminado da terra dos viventes
por causa das transgressões do meu povo,
que mereceria o castigo.
9 Foi-lhe dada uma sepultura entre os ímpios;
em sua morte, ele estava com o rico.

Apesar de ele não ter agido com violência
nem dito nada enganoso,
10 ainda assim foi do agrado de *Adonai* esmagá-lo com a enfermidade,
para ver se ele se apresentará como oferta pela culpa.
Se ele o fizer, verá sua descendência
e prolongará seus dias;
em sua mão, o desejo de *Adonai*
será realizado.
11 Depois da provação, ele ficará satisfeito.
"Por seu conhecimento [dor e sacrifício],
meu servo justo tornará muitas pessoas justas;
ele sofre pelos pecados delas.
12 Portanto, eu lhe darei uma porção com os grandes,
e ele dividirá os despojos com os poderosos,
por ter exposto a si mesmo à morte
e ter sido contado com os pecadores,
apesar de, na verdade, carregar o pecado de muitos
e interceder pelos ofensores".

* Ou: e em sua companhia.

54 1 "Cante, mulher estéril que nunca teve um filho!
Irrompa em canções, grite de alegria,
você que nunca esteve em trabalho de parto.
Pois a esposa abandonada terá mais filhos
que a mulher que vive com o marido", diz *ADONAI*.
2 Amplie o espaço de sua tenda,
estenda as cortinas de sua morada;
não o impeça, alargue as amarras,
prenda com firmeza as estacas da tenda.
3 Pois você se espalhará para a direita e para a esquerda,
e seus descendentes possuirão as nações
e habitarão nas cidades desoladas.
4 Não tema, pois você não terá vergonha;
não se desencoraje, pois você não será desgraçada.
Você esquecerá da vergonha da juventude,
não se lembrará mais da desonra de ser viúva.
5 Pois seu marido é o seu Criador,
ADONAI-Tzva'ot é seu nome.
O Santo de Yisra'el é seu Redentor.
Ele será chamado o Deus de toda a terra.
6 Pois *ADONAI* a chamou de volta,
como uma esposa abandonada e afligida pela tristeza;
"uma esposa casada em sua juventude
não pode ser rejeitada", diz seu Deus.
7 "Eu a abandonei por um pouco,
mas a recebo de volta com grande compaixão.
8 Estive irado por um momento
e escondi minha face de você;
mas pela graça eterna
terei compaixão de você",
diz *ADONAI*, seu Redentor.
9 "Para mim, isso é como o dilúvio de Noach.
Jurei que nenhum dilúvio como o de Noach
jamais cobriria a terra outra vez,
então juro agora que nunca
ficarei irado com você outra vez nem voltarei a repreender você.
10 Pois as montanhas podem mudar, e as colinas podem ser removidas;
no entanto, minha graça jamais a abandonará,
e minha aliança de paz não será removida",
diz *ADONAI*, que se compadece de você.

11 "Ó [cidade] assolada pela tempestade, desconsolada,
eu estabelecerei suas pedras da melhor maneira,
lançarei seus fundamentos com safiras,
12 farei suas janelas brilhar com rubis,
seus portões, com granadas, seus muros, com pedras preciosas.
13 Todos os seus filhos serão ensinados por *ADONAI*;
seus filhos terão grande paz.
14 Em retidão, você será estabelecida,
longe da opressão, sem nada a temer;
longe da ruína, pois isso não se aproximará de você.

15 Qualquer aliança formada contra você
não será minha obra;
quem tentar formar tal aliança,
cairá por sua causa.
16 Eu criei o artífice
que sopra as brasas e forja armas
para cumprir seu propósito.
Também criei o destruidor para operar a destruição.
17 Nenhuma arma forjada prevalecerá contra você.
Na corte, você refutará toda acusação.
Os servos de *Adonai* herdarão tudo isso;
a recompensa de sua retidão procederá de mim",
diz *Adonai*.

55 1 "Venham para a água, todos vocês que estão sedentos.
Vocês, desprovidos de dinheiro, venham, comprem e comam.
Sim, venham! Comprem vinho e leite
sem dinheiro — é de graça!
2 Por que gastar dinheiro com o que não é comida,
e seu salário com o que não satisfaz?
Ouçam-me com cuidado, e vocês comerão bem,
desfrutarão da gordura da terra.
3 Abram os ouvidos, e venham a mim;
ouçam bem, e viverão —
farei uma aliança eterna com vocês,
a graça que assegurei a David.
4 Eu o estabeleci como testemunha para os povos,
um líder e um legislador para os povos.
5 Você chamará uma nação desconhecida,
e uma nação que não o conhece correrá até você,
por causa de *Adonai*, seu Deus,
o Santo de Yisra'el, que o glorificará".

6 Procurem por *Adonai* enquanto ele está disponível,
clame a ele enquanto está próximo.
7 Que o ímpio abandone seu caminho,
e a pessoa má, seus pensamentos;
retorne para *Adonai*,
que terá misericórdia dele;
retorne para nosso Deus,
pois ele perdoa de fato.

8 "Pois meus pensamentos não são os pensamentos de vocês,
e meus caminhos não são os seus", diz *Adonai*.
9 "Como o céu está acima da terra,
assim meus caminhos são mais altos que os seus,
e meus pensamentos, mais altos que os seus.
10 Como a chuva e a neve caem do céu
e não retornam para lá antes de regar a terra,
fazendo-a germinar e produzir,
dando semente ao semeador e pão a quem o come,

11 assim é a palavra que sai da minha boca —
não voltará para mim incompleta;
ela realizará meu intento,
e realizará o motivo de seu envio".
12 Sim, vocês sairão com alegria,
serão guiados em paz.
Ao chegar, as montanhas e as colinas
irromperão em cântico,
e todas as árvores do campo
baterão palmas.
13 Ciprestes crescerão no lugar de espinhos,
murtas crescerão no lugar de sarças.
Isso trará fama para *Adonai*
como um sinal eterno e imperecível".

56 1 Eis o que diz *Adonai*:
"Observem a justiça, façam o que é certo,
pois minha salvação está próxima,
minha retidão será revelada".
2 Feliz a pessoa que age dessa maneira,
quem permanece firme nisso,
que guarda o *shabbat* e não o profana,
e se mantém longe da prática do mal.

3 Um estrangeiro que se une a *Adonai* não deve dizer:
"*Adonai* me separará do seu povo";
também o eunuco não deve dizer:
"Sou apenas uma árvore seca".

4 Pois eis o que diz *Adonai*:
"Quanto aos eunucos que guardam meus *shabbatot*,
que escolhem o que me agrada
e se apegam à minha aliança,
5 em minha casa, nos meus muros,
lhes darei poder e um nome
maior que o de filhos e filhas;
eu lhes darei um nome eterno
que jamais será eliminado.

6 "E os estrangeiros que se unem a *Adonai*
a fim de lhe servir, e amam o nome de *Adonai*,
e são seus servos,
todos os que guardam o *shabbat* e não o profanam,
e se apegam à minha aliança,
7 eu os trarei ao meu santo monte
e os farei alegres na minha casa de oração;
suas ofertas queimadas e sacrifícios
serão aceitos em meu altar;
pois minha casa será chamada
casa de oração para todos os povos".

8 *Adonai* Elohim diz,
ele que une os exilados de Yisra'el:
"Ainda há outros para eu reunir
além dos que já foram reunidos".

9 Todos vocês, animais selvagens, venham e devorem;
sim, todos vocês animais da floresta!
10 Os vigias [de Yisra'el] estão, todos, cegos;
não sabem nada.
São como cães mudos, incapazes de latir,
deitados ali, sonhando; amam dormir.
11 Cachorros avarentos, nunca se satisfazem —
tais são os pastores, incapazes de entender;
todos seguem pelo próprio caminho;
cada um visa ao próprio lucro:
12 "Venham, pegarei um pouco de vinho.
Tomemos licor forte e bom.
Amanhã será como hoje;
na verdade, será ainda melhor".

57 1 A pessoa correta perece,
e ninguém liga para isso.
Os piedosos são exterminados,
e ninguém entende
que a pessoa correta é levada
do mal que está por vir.
2 Sim, quem vive de forma correta
terá paz quando descansar na cama.

3 "Mas vocês, filhos de feiticeiras, venham aqui,
filhos de adúlteras e prostitutas!
4 De quem vocês estão zombando?
De quem vocês estão rindo e a quem mostram a língua?
Não são vocês filhos rebeldes,
descendentes de mentirosos?
5 Vocês se excitam sob os carvalhos,
sob toda árvore frondosa.
Sacrificam os filhos nos vales
nas frestas dos penhascos.
6 Seu lugar é entre as pedras lisas do *vádi*;
isso é o que você merece.
Pois derrama ofertas de bebidas para eles,
apresenta ofertas de grãos para eles.
Poderia eu ignorar calmamente essas coisas?
7 Você prepara a cama em uma montanha alta e soberba;
além disso, subiu ali para oferecer sacrifícios.
8 Atrás da porta e do batente,
você colocou seu monumento [libertino];
então, longe de mim, você descobriu a cama,
subiu nela e a abriu por completo;
fez um acordo com alguns deles,
pois lhes amou a cama assim que percebeu mãos acenando.

9 Você foi ao rei com óleo aromático,
adicionando-lhe seus perfumes.
Enviou seus embaixadores para longe,
até mesmo ao *sh'ol*.
10 Ainda que cansada de tanto viajar,
você não disse: 'Toda a esperança acabou';
em vez disso, encontra força renovada,
pois nunca se cansa.
11 De quem você está com tanto medo,
tão amedrontada que mentiu?
No entanto, você não se lembra de mim,
nem se dá ao trabalho.
Mantive minha paz por tanto tempo
que você nem me teme mais.
12 Exporei sua [falsa] 'retidão';
todos os seus atos não a ajudarão.
13 Quando clamar, os [ídolos] que você juntou a salvarão?
O vento levará todos para longe,
um sopro lhes dará fim.
No entanto, quem se refugiar em mim tomará posse
da terra e herdará meu santo monte".

14 Então ele dirá:

"Continuem construindo! Continuem edificando! Abram caminho!
Removam o que impede a vereda do meu povo!".
15 Pois assim diz o Altíssimo, o Exaltado,
o que vive para sempre, cujo nome é Santo:
"Vivo em um lugar alto e santo,
mas também com o contrito e humilde,
a fim de avivar o espírito do humilde
e o coração do contrito.
16 Pois não lutarei contra eles para sempre,
nem alimentarei minha ira constantemente;
de outra forma, o espírito deles desfaleceria diante de mim,
as criaturas que eu mesmo fiz.
17 Isso ocorreu por causa de sua avareza flagrante,
irei-me e os abati;
escondi-me e permaneci irado,
mas eles permaneceram no caminho rebelde.
18 Vi-lhes os caminhos e os curarei;
eu os guiarei e consolarei
— a eles e aos que choram por eles.
19 Criarei as palavras certas:
'*Shalom*, *shalom* para quem está longe
e para quem está perto!', diz *Adonai*.
'Eu os curarei!' ".

20 Contudo, o ímpio é como o mar incansável —
incapaz de aquietar-se,
de suas águas procedem lixo e sujeira.
21 Não há *shalom*, diz meu Deus,
para o ímpio.

58 1 Grite! Não se contenha!
Levante a voz como um *shofar*!
Proclame a meu povo quanto são rebeldes,
e à casa de Ya'akov, seus pecados.

2 "Oh, sim! Eles me buscam dia após dia
e [afirmam que] se deliciam em conhecer meus caminhos.
Como se fossem um povo justo
que não abandonou os ditames de seu Deus,
eles me pedem governos justos,
e [alegam que] têm prazer na proximidade de Deus
3 [perguntando]: 'Por que devemos jejuar, se tu não vês?
Por que nos humilhar, se tu não fazes caso?'.

"Eis aqui minha resposta: quando jejuam,
fazem apenas o que agrada a vocês,
enquanto mantêm os trabalhadores em duras jornadas.
4 Seus jejuns acabam em discussões e brigas,
com surras e golpes violentos.
Em um dia como hoje, jejuar como vocês
não fará sua voz ser ouvida nas alturas.

5 "É esse o tipo de jejum que desejo,
um dia apenas para a pessoa se humilhar?
Deve a pessoa pendurar a cabeça como um junco
e se esparramar sobre panos de saco e jogar cinzas sobre si?
É isso que vocês chamam de jejum,
o dia para agradar a *Adonai*?

6 "Eis o tipo de jejum que desejo —
liberte os aprisionados injustamente,
desprenda as correias dos presos,
deixe os oprimidos seguirem livres,
quebre todo jugo,
7 partilhe sua comida com o faminto,
leve o pobre desabrigado para sua casa,
vista o nu quando você o vir,
cumpra o dever para com seus parentes".

8 Então sua luz se irradiará como a manhã,
uma nova pele crescerá rapidamente sobre suas feridas;
sua retidão o precederá,
e a glória de *Adonai* o seguirá.
9 Então você clamará, e *Adonai* responderá;
você clamará, e ele dirá: 'Estou aqui'.
Se você remover o jugo de seu meio,
parar com as falsas acusações e a calúnia,
10 oferecer comida ao faminto com generosidade
e suprir as necessidades das pessoas com problemas,
então sua luz vai raiar na escuridão,
e a escuridão será como o meio-dia.
11 *Adonai* sempre o guiará;
ele satisfará suas necessidades no deserto e

renovará a força dos seus membros,
para que você seja como um jardim regado,
como um manancial, cujas águas nunca faltam.
12 Você reconstruirá as ruínas antigas,
reerguerá as fundações do passado,
e será chamado "o reparador dos muros rompidos,
o restaurador das ruas em que se vive".

13 "Se você contiver seu pé no *shabbat*
e não procurar os próprios interesses no meu dia santo;
se você chamar o *shabbat* de delícia,
o dia santo de *Adonai*, digno de honra;
e então o honrar, não cuidando dos afazeres comuns
nem procurando os seus interesses ou falando a respeito deles;
14 se você o fizer, terá prazer em *Adonai*.
Eu o farei cavalgar nos altos da terra
e o alimentarei com a herança de Ya'akov, seu ancestral,
pois a boca de *Adonai* falou".

59 1 O braço de *Adonai* não é curto demais para salvar,
nem seus ouvidos tão surdos para ouvir.
2 Todavia, são as suas transgressões
que os separam de seu Deus;
seus pecados escondem-lhe o rosto de vocês,
para que ele não ouça.
3 Pois as mãos de vocês estão sujas de sangue,
e seus dedos, com transgressão;
seus lábios falam mentiras,
e sua língua profere coisas malignas.
4 Ninguém pleiteia uma causa justa,
ninguém debate com honestidade no tribunal.
Eles acreditam em palavras vazias
e falam coisas sem valor;
criam problemas
e dão à luz o mal.
5 Eles chocam ovos de víbora
e fazem teias de aranha.
Quem comer seus ovos, morre,
e do ovo rompido sai uma cobra.
6 Suas teias são inúteis como roupas,
e seus atos são inúteis para vestir.
Seus atos são o produto da maldade,
e suas mãos produzem violência.
7 Seus pés correm para o mal,
apressam-se para derramar sangue inocente.
Seus pensamentos são maldosos,
e suas veredas os conduzem à destruição e ruína.
8 Desconhecem o caminho de *shalom*,
e suas vagueações desconhecem a lei,
pois fazem veredas tortuosas para si.
Nenhum que anda com eles conhecerá *shalom*.

9 Por isso, a justiça está longe de nós,
e a retidão não nos alcança;
procuramos pela luz, mas vemos apenas as trevas,
queremos a claridade, mas andamos na escuridão;
10 Tateamos como cegos à procura do muro,
como pessoas sem olhos, caminhamos pelo instinto;
tropeçamos ao meio-dia como se fosse escuro,
encontramo-nos em lugares sombrios como os mortos.
11 Bramimos, todos nós, como ursos
e lamentamos como pombos;
procuramos pela justiça, mas ela não existe;
pela salvação, mas ela está longe de nós.

12 Pois nossas transgressões multiplicam-se diante de ti,
nossos pecados testificam contra nós;
pois nossas transgressões estão presentes conosco;
e nossos pecados, nós os conhecemos bem:
13 rebelião e rejeição contra *Adonai*,
afastamento do nosso Deus,
conversas sobre opressão e revolta,
proferição das mentiras geradas pelo nosso coração.

14 Desse modo, a justiça é repelida,
e a retidão mantém-se ausente, a distância;
pois a verdade tropeça na corte pública,
e a retidão não consegue entrar.
15 Falta honestidade,
e quem abandona o mal torna-se um alvo.

Adonai viu-o, e ficou indignado,
por não haver justiça.
16 Ele viu que não há ninguém,
pasmo pela ausência de intercessão.
Portanto, seu próprio braço trouxe-lhe salvação,
e sua própria retidão o sustentou.
17 Ele vestiu a retidão como peitoral,
e a salvação, como um elmo sobre a cabeça;
ele vestiu roupas de vingança
e envolveu-se em um manto de zelo.
18 Ele recompensa de acordo com os atos deles —
fúria aos adversários, retaliação contra os inimigos;
pagará às regiões costeiras o que é devido;
19 no ocidente, temerão o nome de *Adonai*,
e também, no oriente, sua glória.

Pois ele virá como um fluxo retido,
impelido pelo Espírito de *Adonai*.
20 "Então o Redentor virá a Tziyon,
àqueles em Ya'akov que abandonam a rebelião",
assim diz *Adonai*.
21 "Quanto a mim", diz *Adonai*,
"esta é a minha aliança com eles:

meu Espírito, que repousa sobre você,
e minhas palavras, postas em sua boca,
não se afastarão de seus lábios,
ou dos lábios de seus filhos,
ou dos lábios dos filhos de seus filhos,
para sempre", diz *Adonai*.

60

1 "Levante-se, brilhe [Yerushalayim],
pois sua luz chegou,
e a glória de *Adonai*
levantou-se sobre você.
2 Pois, apesar de as trevas cobrirem a terra,
e a escuridão espessa, os povos,
Adonai se levantará sobre você;
sua glória será vista sobre você.
3 As nações seguirão na direção de sua luz,
e reis caminharão na direção de seu esplendor.
4 Levante os olhos e olhe em volta;
todos estão reunidos e vêm em sua direção;
seus filhos vêm de longe,
e suas filhas são carregadas nas ancas de suas aias.
5 Então você verá e ficará radiante,
e seu coração pulsará forte;
pois as riquezas dos mares serão trazidas a você,
e as fortunas das nações chegarão até você.
6 Caravanas de camelos cobrirão sua terra,
camelos jovens de Midyan e 'Eifah,
todos provenientes de Sh'va,
trazendo ouro e incenso,
e proclamando os louvores de *Adonai*.
7 Todos os rebanhos de Kedar serão reunidos para você,
e os carneiros de N'vayot estarão a seu serviço;
eles subirão, e serão recebidos em meu altar,
enquanto glorifico minha casa ilustre.

8 "Quem são estes, que voam como nuvens,
como pombos em direção ao pombal?
9 As regiões costeiras depositam sua esperança em mim,
com os navios de 'Tarshish' na liderança,
para trazer seus filhos de longe,
e, com eles, sua prata e seu ouro
pela causa de *Adonai*, seu Deus,
o Santo de Israel, que a glorifica.
10 Os estrangeiros reconstruirão seus muros,
e os reis deles estarão a seu serviço;
pois em minha ira eu a atingi,
mas em minha misericórdia tive compaixão de você.
11 Seus portões estarão sempre abertos,
não serão fechados nem de dia nem de noite,

para que o povo traga a você a riqueza das nações,
e seus reis sigam à frente em procissão.
12 Pois a nação ou o reino que não servir a você perecerá;
sim, tais nações serão completamente destruídas.

13 "A glória do L'vanon virá a você,
ciprestes com olmos e lárices,
para adornar meu santuário —
glorificarei o local em que permaneço.
14 Os filhos de seus opressores virão
e se ajoelharão diante de você,
todos os que a desprezam cairão a seus pés,
chamando-a cidade de *Adonai*,
Tziyon do Santo de Yisra'el.

15 "No passado, você foi abandonada e odiada,
de modo que ninguém sequer a atravessava;
no entanto, farei de você agora o orgulho das eras,
uma alegria para muitas gerações.
16 Você beberá o leite das nações,
será nutrida com os seios reais
e saberá que eu, *Adonai*, sou seu Salvador,
seu Redentor, o Poderoso de Ya'akov.

17 "Em vez de bronze, trarei a você ouro;
em vez de ferro, trarei prata,
e bronze no lugar da madeira,
e ferro no lugar de pedras.
Farei *shalom* a seu governante,
e retidão, a seu superintendente.
18 Não se ouvirá mais sobre violência em sua terra,
nem sobre desolação ou destruição em suas fronteiras;
em seu lugar, você dará o nome de Salvação a seus muros,
e de Louvor, a seus portões.

19 "O sol não será mais sua luz no dia,
nem a luz da lua brilhará sobre você;
em seu lugar, *Adonai* será sua luz para sempre,
e seu Deus será a glória.
20 O sol não se porá mais,
e a lua não minguará,
pois *Adonai* será sua luz para sempre;
seus dias de pranto terminarão.
21 Todos os membros do seu povo serão *tzaddikim*;
eles herdarão a terra para sempre;
serão o ramo que plantei,
obra das minhas mãos, da qual me orgulho.
22 O menor deles se multiplicará em mil,
e o mais fraco se tornará uma nação poderosa.
Quando o momento certo chegar, eu, *Adonai*,
realizarei tudo isso com rapidez".

61

1 O Espírito de *Adonai* Elohim está sobre mim,
pois Adonai ungiu-me
para anunciar boas-novas aos pobres.
Enviou-me para curar os quebrantados de coração;
para proclamar liberdade aos cativos,
para dar luz aos presos nas trevas;
2 para proclamar o ano do favor de Adonai
e o dia da vingança do nosso Deus;
para consolar todos os pranteadores
e o dia da vingança de nosso Deus;
para confortar todos os que choram,
3 sim, para servir aos pranteadores de Tziyon,
dando-lhes grinaldas no lugar de cinzas,
óleo de alegria no lugar de pranto,
um manto de louvor no lugar de um espírito pesado,
para que sejam chamados carvalhos da retidão,
plantados por Adonai, dos quais se orgulhará.
4 Eles reconstruirão as ruínas antigas,
restaurarão lugares destruídos há muito;
renovarão as cidades arruinadas,
destruídas muitas gerações atrás.
5 Estrangeiros se firmarão e alimentarão seus rebanhos,
forasteiros cultivarão sua terra e cuidarão de suas vinhas;
6 e vocês serão chamados *kohanim* de Adonai,
reconhecidos como ministros de nosso Deus.
As riquezas das nações os alimentarão,
e vocês serão sustentados com as riquezas delas.
7 Por causa de sua vergonha, em dobro,
e pelo fato de terem gritado: "Eles merecem desgraça",
assim, na terra deles, o que conseguirem será duplicado,
e a alegria para sempre pertencerá a vocês.
8 "Pois eu, Adonai, amo a justiça;
odeio a apresentação do roubo como ofertas queimadas.
Portanto, eu serei fiel em lhes retribuir
e estabelecer uma aliança eterna com eles.
9 Seus descendentes serão conhecidos entre as nações,
e sua prole, entre os povos;
quem os vir, reconhecerá
que eles são a semente abençoada por Adonai.

10 Eu estou tão contente em Adonai!
Minha alma se regozija em meu Deus,
pois ele me vestiu com salvação,
pôs sobre mim um manto de triunfo,
como o noivo que usa um turbante festivo,
como a noiva adornada com suas joias.
11 Pois, como a terra faz brotar plantas,
ou o jardim faz suas plantas desabrocharem,
assim Adonai, Deus, fará vitória e glória
desabrocharem diante de todas as nações.

62

1 Por causa de Tziyon, eu não me silenciarei;
por causa de Yerushalayim, não descansarei,
até que sua vindicação reluza
e sua salvação seja como uma tocha ardente.
2 As nações verão sua vindicação,
e todos os reis, sua glória.
Então você será chamada por um novo nome
que o próprio *Adonai* pronunciará.
3 Você será uma coroa gloriosa na mão de *Adonai*,
uma diadema real mantido por seu Deus.
4 Você não mais será chamada 'Azuvah [Abandonada]
nem sua terra será chamada Sh'mamah [Desolada];
em vez disso, você será chamada Heftzi-Vah [Meu deleite está nela],
e sua terra, Be'ulah [Casada].
Pois *Adonai* se deleita em você,
e sua terra será casada —
5 como o jovem desposa a moça,
seus filhos a desposarão;
como o noivo se regozija com a noiva,
seu Deus se regozijará com você.

6 Coloquei sentinelas
em seus muros, Yerushalayim;
elas jamais ficarão silentes,
nem de dia nem de noite.
Vocês que clamam por *Adonai*,
que não se dão nenhum descanso;
7 nem lhe dão nenhum descanso até ele restaurar Yerushalayim
e fazer dela um louvor na terra.
8 *Adonai* jurou pela mão direita
e por seu braço poderoso:
"Jamais darei seus grãos outra vez
como alimento aos inimigos;
tampouco os estrangeiros beberão seu vinho,
pelo qual você trabalhou tanto;
9 no entanto, os colhedores dos grãos os comerão
com louvores a *Adonai*;
os produtores do vinho o beberão
nos pátios do meu santuário".

10 Entrem, entrem pelos portões,
abram o caminho para o povo!
Preparem o caminho, preparem!
Retirem as pedras!
Ergam uma bandeira para os povos!
11 *Adonai* proclamou aos confins da terra:
"Digam à filha de Tziyon:
'Eis que sua Salvação está chegando!
Sua recompensa está com ele,
e seu prêmio está diante dele' ".

12 Eles os chamarão Povo Santo,
os Redimidos por *Adonai*.
Você será chamada D'rushah [Procurada] e
'Ir Lo Ne'ezavah [Cidade não mais abandonada].

63 1 Quem é este, proveniente de Edom,
de Botzrah, com roupas manchadas de carmesim,

vestido de forma tão magnificente,
tão firme em seu grande poder?

"Sou eu, que falo de forma vitoriosa,
eu, capaz de salvar."

2 Por que sua roupa é vermelha,
e suas vestes, como as de quem pisa uvas no lagar?

3 "Pisei no lagar sozinho;
dos povos, nenhum esteve comigo.
Assim, eu as pisei em minha ira,
esmaguei-as com minha fúria,
de modo que sua seiva espirrava em minhas vestes,
e manchei toda a minha roupa;
4 pois o dia da vingança que estava em meu coração
e o meu ano da redenção chegaram.
5 Olhei, mas não havia ninguém para ajudar,
e assombrei-me por ninguém me apoiar.
Portanto, meu próprio braço trouxe-me salvação,
e minha fúria sustentou-me.
6 Em minha ira, pisoteei os povos,
fiz deles bêbados em minha fúria,
e derramei-lhes a seiva sobre a terra."
7 Chamarei à memória a graça de *Adonai*
e os louvores de *Adonai*,
por causa de tudo que *Adonai* nos concedeu
e de sua grande bondade para com a casa de Yisra'el,
vertida sobre eles, condizente com sua misericórdia,
consoante a grandeza de sua graça.
8 Pois ele disse: "Eles são de fato meu povo,
filhos que não são desleais".
Então ele se tornou o Salvador deles.
9 Em todas as dificuldades deles, ele foi atribulado;
então o Anjo de sua Presença os salvou;
em seu amor e compaixão, ele os redimiu.

Ele os levantou e os conduziu
por entre os dias do passado.
10 Entretanto, eles se rebelaram,
entristeceram seu Santo Espírito,
tornando-se assim seus inimigos;
ele mesmo os combateu.

11 Então seu povo se lembrou
dos dias do passado, dos dias de Mosheh:
"Onde está aquele que os trouxe do mar
com os pastores de seu rebanho?
Onde está aquele que colocou seu Santo Espírito
no meio deles,
12 que fez seu glorioso braço seguir
com a mão direita de Mosheh?
Ele dividiu a água adiante deles,
para fazer para si mesmo um nome eterno;
13 ele os conduziu por entre as profundezas
como um cavalo firme no meio do deserto;
14 como o rebanho que desce ao vale,
o Espírito de *Adonai* deu-lhes descanso.
Assim conduziste teu povo,
para fazer a ti mesmo um nome glorioso".

15 Olha do céu e vê
de tua habitação santa e gloriosa.
Onde estão teu zelo e teu ato poderosos,
tua preocupação íntima e compaixão?
Não os retenhas,
16 pois tu és nosso pai.
Ainda que Avraham nos ignorasse,
e Yisra'el não nos reconhecesse,
tu, *Adonai*, és nosso pai,
Nosso Redentor do Passado é teu nome.

17 *Adonai*, por que nos deixaste andar longe de teus caminhos
e endureceste nosso coração para não te temermos?
Volta, por causa de teus servos,
das tribos, tua possessão.
18 Teu povo santo manteve teu santuário por pouco tempo,
antes de nossos adversários o destruírem.
19 Por muito tempo, agimos como quem tu nunca comandaste,
como quem não foi chamado pelo teu nome!

(64.1) Gostaríamos que rasgasses o céu e descesses;
então as montanhas se sacudiriam em tua presença!

64

1(2) Isso seria como o fogo que acende os gravetos,
e o fogo que faz a água ferver.
Então teus inimigos conheceriam teu nome,
e as nações tremeriam diante de ti!
2(3) Quando fizeste coisas tremendas
que nós nem esperávamos,
queríamos que descesses,
para que as montanhas se sacudissem em tua presença!
3(4) Ninguém jamais ouviu,
nem ouvido algum percebeu, nenhum olho viu,
outro Deus além de ti.
Tu trabalhas para quem espera em ti.

4(5) Favoreceste os que ficaram felizes em praticar a justiça,
os que se lembraram de ti em seus caminhos.
Quando estavas irado, continuamos pecando;
mas, se mantivermos teus caminhos antigos, seremos salvos.
5(6) Todos nós somos como o impuro,
todos os nossos atos de justiça [são] como trapos de menstruação;
murchamos, todos nós, como folhas;
e nossos erros levam-nos embora como o vento.
6(7) Ninguém invoca teu nome
nem se anima a se apegar a ti,
pois escondeste tua face de nós
e fizeste nossos erros destruir-nos.

7(8) Mas agora, *Adonai,* tu és nosso pai;
somos como o barro, e tu és nosso oleiro;
e somos todos obra de tuas mãos.
8(9) Não te ires tanto, *Adonai!*
Não te lembres da transgressão para sempre.
Vê, por favor, somos todos teu povo.
9(10) Tua cidade santa tornou-se um deserto.
Tziyon é um deserto, e Yerushalayim está uma ruína.
10(11) Nossa casa, santa e linda,
usada por nossos ancestrais para te louvar,
foi queimada até o solo;
tudo que estimávamos foi arruinado.
11(12) *Adonai,* após tudo isso,
ainda te esconderás?
Continuarás silente
e nos punirás além do que suportamos?

65 1 "Eu me tornei acessível
a quem não perguntava por mim.
Deixei-me ser descoberto
por quem não me procurava.
Eu disse: 'Estou aqui! Estou aqui!'
a uma nação que não me invocava.
2 Estendi minhas mãos o dia todo
a um povo rebelde
que vive de uma maneira que não é boa,
que segue suas inclinações;
3 um povo que me provoca o tempo todo
e faz sacrifícios nos jardins, queimando incenso em tijolos.
4 Eles sentam-se entre as sepulturas
e passam a noite em cavernas;
comem carne de porco,
e suas vasilhas contêm sopa feita de coisas nojentas.
5 Eles dizem: Mantém distância, não te aproximes de mim,
pois sou mais santo que tu'.
Esses são fumaça em meu nariz,
um fogo que queima o dia todo!

6 Vejam, isso está escrito diante de mim;
não ficarei em silêncio até lhes retribuir.
Eu lhes pagarei completamente
7 pelas transgressões deles e também por seus ancestrais",

diz *ADONAI*.

"Eles oferecem incenso nas montanhas
e me insultam nas colinas.
Em primeiro lugar, aferirei seu salário
e então lhes pagarei por tudo."

8 Eis o que diz *ADONAI*:
"Como o suco é encontrado no cacho de uvas,
e as pessoas dizem: 'Não o destruas,
ainda há algo bom nele',
assim farei por causa dos meus servos
e não destruirei todos eles.
9 Produzirei descendentes para Ya'akov,
herdeiros das minhas montanhas, em Y'hudah;
meus escolhidos as possuirão
e meus servos morarão ali.
10 Sharon será um pasto para os rebanhos,
e o vale de Akhor, um local de descanso para o gado,
para meu povo que me procura.

11 "Mas, quanto a vocês, que abandonaram *ADONAI*,
que se esqueceram do meu santo monte,
que prepararam a mesa para Gad, um deus da sorte,
e encheram tigelas de vinho misturado para Meni, um deus do destino,
12 eu os destinarei à espada,
todos se prostrarão para serem mortos.
Pois, quando chamei, vocês não responderam;
quando falei, não ouviram,
mas fizeram o que era mau aos meus olhos
e escolheram o que não me agrada".

13 Portanto, isto é o que *Adonai ELOHIM* diz:

"Meus servos comerão, e vocês passarão fome;
meus servos beberão, e vocês terão sede.
Meus servos se regozijarão,
e vocês serão envergonhados.
14 Sim, meus servos cantarão de alegria no coração,
mas vocês chorarão de dor no coração
e se lamentarão com o espírito angustiado.
15 Meu escolhidos usarão seu nome como maldição —
'Que *Adonai ELOHIM* fira vocês até a morte!'.
No entanto, para seus servos ele dará outro nome.
16 Assim, quem na terra se abençoar,
abençoará a si mesmo pelo Deus da verdade;
e quem na terra fizer algum voto,
jurará pelo Deus da verdade.

Pois os problemas do passado serão esquecidos,
escondidos de meus olhos.

17 "Por isso, vejam! Crio novos céus
e nova terra;
as coisas passadas não serão lembradas,
elas não mais virão à mente.
18 Então fiquem felizes e alegrem-se para sempre
com o que crio.
Vejam! Faço de Yerushalayim uma alegria,
e de seu povo, um deleite.
19 Eu me alegrarei em Yerushalayim
e ficarei feliz com meu povo.
Não se ouvirá mais nenhum lamento ali,
nem o som de choro.
20 Bebês não morrerão mais em tenra idade,
nem o idoso morrerá sem completar seus dias —
quem morrer com 100 anos será considerado novo;
e quem morrer antes de 100 anos será considerado amaldiçoado.
21 Eles construirão casas e morarão nelas;
plantarão vinhas e comerão seus frutos.
22 Não construirão mais para outros morarem ali,
não mais plantarão para outros comerem,
pois os dias do meu povo
serão como os dias de uma árvore,
e meus escolhidos se alegrarão
com a fruição de seu trabalho.
23 Eles não labutarão em vão
nem criarão filhos para serem destruídos,
pois constituirão a semente abençoada por *Adonai*;
e seus descendentes, com eles.
24 Antes de chamarem, eu responderei;
enquanto falarem, eu ouvirei.
25 O lobo e o cordeiro se alimentarão juntos,
e o leão comerá palha como o boi
(mas a serpente, sua comida será pó).
Eles não serão feridos nem destruídos
no meu santo monte",

diz *Adonai*.

66 1 "O céu é meu trono", diz *Adonai*,
"e a terra, o estrado dos meus pés.
Que tipo de casa vocês construiriam para mim?
Que tipo de lugar fariam para meu descanso?
2 Não fiz eu mesmo todas essas coisas?
Assim todas elas vieram a ser",

diz *Adonai*.

"O tipo de pessoa que olho com favor
é o que tem espírito pobre e humilde,
que treme diante de minha palavra.

3 Os outros também podem matar pessoas como um boi,
ou quebrar o pescoço de um cão como se sacrificasse um cordeiro,
apresentar sangue de porco como oferta de cereais,
adorar um ídolo enquanto queima incenso.
Como eles escolheram seus caminhos
e sentem prazer em suas práticas nojentas,
4 da mesma forma terei prazer em fazer deles tolos
e trazer sobre eles exatamente o que temem.
Pois, quando chamei, ninguém respondeu;
quando falei, eles não ouviram.
Em vez disso, fizeram o que era mau aos meus olhos
e escolheram o que não me agrada".

5 Ouçam a palavra de *Adonai*,
vocês que estremecem diante de sua palavra:
"Seus irmãos, que os odeiam e rejeitam
por causa de meu nome, disseram:
'Que *Adonai* seja glorificado,
para podermos ver a alegria de vocês'.
Mas eles serão envergonhados".
6 Esse alvoroço na cidade,
esse som que vem do templo,
é o som de *Adonai* pagando
a seus inimigos o que merecem.

7 Antes de entrar em trabalho de parto, ela deu à luz;
antes de virem as dores, ela deu à luz um menino.
8 Quem já ouviu algo parecido?
Quem já viu coisa semelhante?
Pode um país nascer em um dia?
Uma nação aparecer em um instante?
Tão logo Tziyon entrou em trabalho de parto,
deu à luz seus filhos.
9 "Deixaria eu o bebê aparecer,
mas não chegar a nascer?", pergunta *Adonai*.
"Eu, o causador do nascimento,
fecharia seu ventre?", pergunta seu Deus.

10 Alegre-se com Yerushalayim!
Fiquem felizes com ela, todos os que a amam!
Regozijem-se, alegrem-se com ela,
todos os que choraram por ela;
11 para que mamem e se satisfaçam
em seu peito reconfortante,
e bebam à vontade e se deleitem
no transbordar de sua glória.

12 Pois *Adonai* diz: "Espalharei *shalom*
sobre ela como um rio,
e a riqueza das nações,
como uma enchente destruidora;
vocês serão amamentados e carregados nos braços dela
e aconchegados em seu colo.

13 Como alguém confortado pela mãe,
eu os confortarei;
em Yerushalayim,
vocês serão confortados".

14 Seu coração se alegrará com a visão,
e seu corpo florescerá como relva nova.
Será divulgado que a mão de *Adonai*
está com seus servos, mas sua fúria, com os inimigos.

15 Vejam! *Adonai* virá em fogo,
e seus carros serão como o redemoinho,
para tornar sua ira furiosa,
e sua repreensão, com chamas de fogo.
16 Pois *Adonai* julgará toda a humanidade
com fogo e com espada,
e os mortos por *Adonai* serão muitos.

17 "Quem se consagra e purifica
para entrar nos jardins,
segue quem já esteve lá,
e come carne de porco, répteis e ratos,
será completamente destruído", diz *Adonai*.
18 "Pois eu [conheço] suas obras e seus pensamentos.

"Vem [o tempo] em que reunirei todas as nações e línguas. Elas virão e verão minha
glória, 19 e lhes darei um sinal. Enviarei alguns de seus sobreviventes às nações de
Tarshish, Pul, Lud (esses são arqueiros), Tuval, Grécia e às costas mais distantes,
onde não tenham ouvido falar da minha fama, nem visto minha glória. Eles anun-
ciarão a minha glória nessas nações 20 e trarão todos os seus parentes de todas as
nações como uma oferta para *Adonai* — em cavalos, carros, vagões, mulas, camelos
— para meu santo monte, Yerushalayim", diz *Adonai*. "Como o povo de Yisra'el, eles
trarão suas ofertas em vasos limpos à casa de *Adonai*. 21 Também tomarei *kohanim* e
l'vi'im dentre eles", diz *Adonai*.
22 "Como os novos céus e nova terra que estou fazendo continuarão na minha
presença", diz *Adonai*, "assim perdurarão seus descendentes e seu nome.

23 "A cada mês, em *Rosh-Hodesh*,
e toda semana, no *shabbat*,
todos os seres vivos
virão adorar na minha presença", diz *Adonai*.
24 "Quando eles saírem, olharão para os corpos
das pessoas que se rebelaram contra mim.
Pois seu verme nunca morrerá,
e seu fogo nunca será apagado;
eles permanecerão abomináveis
a toda a humanidade".

[23 "A cada mês, em *Rosh-Hodesh*,
e toda semana, no *shabbat*,
todos os seres vivos
virão adorar na minha presença", diz *Adonai*.]

יִרְמְיָהוּ

Yirmeyahu

[Jeremias]

1 [1] Estas são as palavras de Yirmeyahu, o filho de Hilkiyahu, um dos *kohanim*,
morador de 'Anatot, no território de Binyamin. [2] A palavra de *Adonai* veio a ele
nos dias de Yoshiyahu, o filho de Amon, rei de Y'hudah, no décimo terceiro ano de
seu reinado. [3] Ela veio também nos dias de Y'hoyakim, o filho de Yoshiyahu, rei de
Y'hudah, e continuou no décimo primeiro ano de Tzidkiyahu, o filho de Yoshiyahu,
rei de Y'hudah, até Yerushalayim ser levada cativa no quinto mês.

[4] Eis a palavra de *Adonai* que veio a mim:

5 "Antes de formá-lo no ventre, eu o conhecia;
antes de você nascer, eu o separei para mim.
Eu o escolhi para ser profeta entre as nações".

[6] Eu disse: "*Adonai Elohim*, nem sequer sei falar. Sou apenas uma criança!". [7] No en-
tanto, *Adonai* me disse: "Não diga: 'Sou apenas uma criança'.

"Pois você irá aonde quer que eu o envie
e falará o que eu ordenar.
8 Não tenha medo deles,
pois eu estou com você, diz *Adonai*,
para o proteger".

[9] Então *Adonai* estendeu a mão e tocou minha boca, e *Adonai* me disse:

"Pus minhas palavras em sua boca.
10 Hoje eu o coloquei sobre nações e reinos
para desarraigar e derrubar,
para destruir e demolir,
para reconstruir e plantar".

[11] A palavra de *Adonai* veio a mim, perguntando: "Yirmeyahu, o que você vê?". Res-
pondi: "Vejo um ramo de amendoeira [hebr. *shaked*]. [12] Então *Adonai* me disse: "Você
enxergou direito, pois cuido [hebr. *shoked*] de cumprir minha palavra".

[13] A palavra de *Adonai* veio a mim, pela segunda vez, perguntando: "O que você
vê?". Respondi: "Vejo um caldeirão fervendo, vindo do norte sobre um fogo espa-
lhado pelo vento" [14] Então *Adonai* me disse: "Do norte, ferve a calamidade sobre
todos os moradores desta terra, [15] pois eu chamarei todas as famílias dos reinos do
norte", diz *Adonai*,

"e elas virão e se sentarão, cada uma em seu trono,
à entrada dos portões de Yerushalayim,
em frente a seus muros, por todo o caminho,
defronte a todas as cidades de Y'hudah.
16 Pronunciarei meu juízo contra eles
por toda a impiedade de meu abandono,

pelo oferecimento de incenso a outros deuses
e a adoração da obra de suas mãos.

17 "No entanto, vista-se para a ação; levante-se e diga-lhes
tudo que eu o mandar dizer.
Quando você os confrontar, não se desespere,
ou eu o farei sucumbir diante deles!
18 Pois hoje, como você vê, eu o coloquei
como uma cidade fortificada, um pilar de ferro,
uma parede de bronze contra toda a terra —
contra os reis de Y'hudah, contra seus príncipes,
contra seus *kohanim* e todo o povo da terra.
19 Eles lutarão contra você,
mas não o vencerão,
pois eu estou com você, diz *Adonai*,
para o salvar".

2 1 A palavra de *Adonai* veio a mim: 2 "Vá e grite aos ouvidos de Yerushalayim que
Adonai diz isto:

'Lembro-me de sua devoção quando era jovem;
como, à semelhança de uma noiva, você me amava;
como você me seguiu pelo deserto,
através de uma terra não semeada.

3 "Yisra'el foi separado para *Adonai*,
as primícias de sua colheita;
todos os que o devorarem incorrerão em culpa;
o mal lhes sobrevirá", diz *Adonai*.

4 Ouça a palavra de *Adonai*, casa de Ya'akov,
e todas as famílias da casa de Yisra'el;
5 eis o que diz *Adonai*:

"O que seus antepassados viram de errado em mim
que causou tanto afastamento de mim,
fazendo-os andar atrás do nada
e eles mesmos se tornarem nada?
6 Eles não perguntaram: 'Onde está *Adonai*,
que nos trouxe da terra do Egito,
que nos conduziu através do deserto,
por entre ermos e ravinas,
por uma terra de aridez e sombras da morte,
pela terra em que ninguém viaja
e onde ninguém jamais viveu?'.
7 Eu os trouxe a uma terra fértil
para usufruírem seus frutos e todas as suas coisas boas;
no entanto, quando vocês entraram [nela], macularam minha terra
e fizeram de minha herança algo repugnante.
8 Os *kohanim* não perguntaram: "Onde está *Adonai*?".
Os que lidam com a *Torah* não me conhecem,

os pastores do povo rebelaram-se contra mim;
os profetas profetizam por Ba'al
e vão atrás de coisas sem valor.
9 "Então faço outra vez minha queixa contra vocês", diz *Adonai*,
"e faço-a contra seus netos também.
10 Atravessem o litoral de Kitti'im e observem;
enviem [pessoas] a Kedar e olhem com atenção;
vejam se algo semelhante a isso já ocorreu antes:
11 alguma nação já trocou seus deuses
(e os deuses delas nem são deuses de fato)?
Entretanto, meu povo trocou sua Glória
por algo destituído de valor.
12 Horrorizem-se com isso, ó céus,
pasmem de absoluto horror", diz *Adonai*.
13 "Pois meu povo cometeu dois males:
eles me abandonaram,
a fonte de água viva,
e cavaram para si cisternas, cisternas perfuradas,
incapazes de reter água!

14 "Yisra'el é um escravo nascido em sujeição?
Se não, por que foi aprisionado?
15 Leões jovens rugem contra ele —
como estão rugindo com força!
Eles lhe desolam o campo,
demolem e desabitam suas cidades.
16 Os povos de Nof e Tachpanches
alimentam-se da coroa de sua cabeça.

17 "Não foi você mesmo que o ocasionou
ao abandonar *Adonai*, seu Deus,
enquanto ele o conduzia pelo caminho?
18 Se for ao Egito, o que haverá ali para você?
Beberá água do Nilo?
Se for a Ashur, o que haverá ali para você?
Beberá a água do rio [Eufrates]?
19 Sua impiedade o corrigirá.
sua reincidência o convencerá;
você saberá e verá quão mau e amargo
foi abandonar *Adonai*, seu Deus,
e como inexiste o temor de mim em você",
diz *Adonai Elohim-Tzva'ot*.

20 "Há muito, quebrei seu jugo;
quando despedacei suas correntes, você disse: 'Não pecarei'.
Entretanto, em cada colina, sob cada árvore verdejante,
você se deitou e se prostituiu.
21 Contudo, eu a plantei como uma vinha escolhida
de uma semente testada e aprovada.
Por que você se degenerou
em uma vinha selvagem para mim?

22 Mesmo que você se esfregasse
com soda e bastante sabão,
a mancha de sua culpa ainda estaria diante de mim",
diz *Adonai* ELOHIM.

23 "Como você pode dizer: 'Não estou maculada,
não tenho seguido os *ba'alim*'?
Olhe para sua conduta no vale,
perceba o que você fez.
Você é como uma camela indócil,
que corre aqui e ali,
24 selvagem, acostumada ao deserto,
farejando o vento em seu desejo —
quem a pode controlar quando está no cio?
Os machos que a procuram nem se cansam,
pois na época do acasalamento a encontrarão.

25 "Pare antes que seus sapatos se acabem,
e sua garganta fique seca de sede!
No entanto, você diz: 'Não, é inútil!
Eu amo os estrangeiros e os seguirei'.
26 Como o ladrão se envergonha quando preso,
assim está envergonhada a casa de Yisra'el —
eles, seus reis, seus líderes,
seus *kohanim* e seus profetas,
27 dizem à madeira cortada: 'Você é meu pai',
e à pedra: 'Você me deu a vida'.
Pois eles voltam as costas para mim,
em lugar de mostrarem a face.
Quando, porém, os problemas surgirem, eles suplicarão:
'Desperta e salva-nos!'.
28 Onde estão os deuses que vocês fizeram para si?
Que eles se levantem,
caso os possam salvar quando os problemas surgirem.
Y'hudah, você possui tantos deuses
quantas são suas cidades!
29 Por que discutem comigo? Todos vocês
rebelaram-se contra mim", diz ADONAI.

30 "Golpeei seu povo em vão.
Eles não recebem a correção.
Suas próprias espadas devoraram os profetas
como um leão saqueador.
31 Vocês, desta geração,
atentem para a palavra de ADONAI:
"Eu tenho sido um deserto para Yisra'el,
ou uma terra de escuridão opressora?
Por que meu povo diz: 'Estamos livres para vaguear
e não voltaremos mais para ti"?
32 A menina se esquece das joias,
ou a noiva do buquê?

Mesmo assim, meu povo se esqueceu de mim
há tanto tempo que não se pode contar.
33 Você é tão talentosa à procura do amor
que mesmo a pior mulher pode aprender com você!
34 Bem ali, em suas roupas,
está o sangue de pobres inocentes,
ainda que você não os tenha flagrado arrombando ou invadindo.
E, ao considerar todas essas coisas,
35 você diz: 'Sou inocente';
com certeza, ninguém está irado comigo'.
Eis que eu anuncio a você minha sentença,
pois diz: 'Não fiz nada errado'.
36 Você se humilha
por mudar de curso a todo instante —
o Egito a desapontará também,
como aconteceu com Ashur.
37 Sim, você o deixará,
com as mãos sobre a cabeça [com vergonha],
pois *Adonai* rejeita as pessoas em quem você confia;
pois você não ganhará nada com elas".

3 1 [*Adonai*] diz:

"Se um homem se divorciar de sua mulher,
e ela o deixar e se casar com outro homem,
e, então o primeiro casar-se com ela outra vez,
essa terra será completamente desgastada.
No entanto, você se prostituiu com vários amantes
e agora deseja voltar para mim?", diz *Adonai*.
2 "Levante os olhos para os montes e observe:
em que lugar você ainda não praticou sexo?
Você se sentou à beira da estrada, esperando por eles,
como uma nômade no deserto.
Você maculou a terra
com sua prostituição e impiedade.
3 Por essa razão, os aguaceiros foram retidos,
não há mais chuva na primavera;
você ainda mantém o olhar desavergonhado de prostituta
e se recusa a sentir vergonha.
4 E não venha clamar a mim agora:
'Meu pai, tu és meu amigo desde a juventude',
5 [imaginando:] 'ele não permanecerá rancoroso para sempre, não é?
Ele não ficará assim até o fim'.
Você diz isso, mas continua praticando a impiedade,
fazendo apenas o que deseja".

6 Nos dias de Yoshiyahu, o rei, *Adonai* perguntou-me: "Você viu as coisas que Yisra'el
faz? Ela vai sobre toda colina vazia e põe-se sob toda árvore verdejante e se prosti-
tui ali. 7 Eu disse que, depois de ter feito todas essas coisas, ela poderia voltar para
mim, mas não o fez. Enquanto isso, sua irmã infiel, Y'hudah, tem assistido a tudo.

[8] Reparei: ainda que a Yisra'el desviada tenha cometido adultério, para que eu a mandasse
embora e lhe desse um documento de divórcio, a Y'hudah infiel, sua irmã, não temeu —
ao contrário, ela também se prostituiu. [9] A facilidade com que Yisra'el se prostituiu con-
taminou a terra, pois ela cometeu adultério com pedras e madeira. [10] Entretanto, apesar
de tudo isso, sua irmã infiel, Y'hudah, não se voltou para mim de todo o coração; ela fez
apenas uma encenação", disse *Adonai*.

[11] Então *Adonai* me disse: "A Yisra'el desviada se mostra mais correta que a Y'hudah
infiel. [12] Vá e anuncie estas palavras na direção do norte:

" 'Volte, Yisra'el desviada", diz *Adonai*.
"Não olharei com reprovação para você, pois sou misericordioso", diz *Adonai*.
"Não sustentarei a mágoa para sempre.
13 Apenas reconheça a culpa,
por ter cometido transgressões
contra *Adonai*, seu Deus,
[reconheça] sua promiscuidade com estranhos,
sob cada árvore verdejante,
e o fato de não ter prestado atenção
à minha voz", diz *Adonai*.
14 "Voltem, filhos desviados", diz *Adonai*,
"pois, sou seu amo".
Pegarei um da cidade,
dois de uma família, e os levarei a Tziyon;
15 darei a vocês pastores
segundo o meu coração,
e eles os alimentarão
com conhecimento e entendimento.

16 " 'E', diz *Adonai*, 'naqueles dias, quando o número de vocês crescer na terra, o
povo não mais falará sobre a arca da aliança de *Adonai* — não pensarão nela, não
sentirão falta dela nem farão outra. [17] Quando esse dia chegar, eles chamarão
Yerushalayim de trono de *Adonai*. Todas as nações se reunirão em Yerushalayim no nome
de *Adonai*, e eles não viverão mais de acordo com sua teimosia. [18] Naqueles dias, a casa de
Y'hudah viverá com a casa de Yisra'el; elas virão juntas desde as terras do norte até a terra
que dei a seus antepassados como herança.

[19] " 'Pensei que teria prazer em colocar vocês entre os filhos [com direito a he-
rança] e dar a vocês uma terra agradável, a melhor herança entre todas as nações.
Pensei que vocês me chamariam "meu pai" e nunca deixariam de me seguir. [20] Todavia,
como a mulher infiel, que trai o marido, você tem me traído, casa de Yisra'el', diz
Adonai".

21 Ouve-se um som nos montes,
a casa de Yisra'el suplica por misericórdia,
pois ela se perverteu
e esqueceu-se de *Adonai*, seu Deus.
22 "Voltem, filhos desviados,
e curarei seu desvio".
"Aqui estamos, voltamos para ti,
pois tu és *Adonai*, nosso Deus.
23 De fato, as montanhas são uma desilusão;
da mesma forma, as orgias nas montanhas.

Em verdade, a salvação de Yisra'el
está em ADONAI, nosso Deus.
24 No entanto, desde nossa juventude, a vergonha [idolatria]
tem devorado o fruto do trabalho de nossos antepassados;
seus rebanhos e seu gado, seus filhos e filhas.
25 Deitemos em nossa vergonha,
que nossa desgraça nos cubra,
pois temos pecado contra ADONAI, nosso Deus,
tanto nós quanto nossos antepassados,
desde a juventude até hoje;
não demos ouvidos à voz de ADONAI, nosso Deus".

4 1 "Yisra'el, se você retornar", diz ADONAI,
"sim, voltar para mim; e se banir
suas abominações de minha presença
sem se desviar outra vez;
2 e se você jurar: 'Como vive ADONAI,
em verdade, justiça e retidão,
então as nações serão abençoadas por seu intermédio,
e em Yisra'el elas se gloriarão".

3 Eis, pois, o que ADONAI diz
ao povo de Y'hudah e Yerushalayim:
"Lavrem os campos que não foram arados
e não semeiem entre espinhos".

4 "Povo de Y'hudah e habitantes de Yerushalayim,
circuncidem-se para ADONAI,
removam o prepúcio do coração de vocês.
De outra forma, minha fúria açoitará como fogo,
tornando-se tão quente que ninguém poderia apagar,
por serem más suas ações.

5 "Anunciem em Y'hudah, proclamem em Yerushalayim;
digam: 'Soem o *shofar* na terra!".
Gritem a mensagem: 'Reúnam-se!
Dirijamo-nos às cidades fortificadas!".
6 Preparem um sinal em direção a Tziyon,
protejam-se sem demora.
Pois eu trarei a desgraça do norte,
sim, destruição horrenda.
7 Um leão sai da toca,
um destruidor de nações está a caminho,
deixando sua morada para destruir sua terra,
para demolir e devastar as cidades de vocês".

8 Então envolvam-se em panos de sacos,
lamentem e pranteiem, pois a ira feroz de ADONAI
não foi retirada de nós.

9 "Quando esse dia chegar", diz ADONAI,
"o coração do rei ficará temeroso,

da mesma forma que os príncipes;
os *kohanim* ficarão apavorados,
e os profetas, horrorizados".

10 Então eu disse: "*Adonai* ELOHIM! É claro que tu tens tristemente enganado este
povo e Yerushalayim, dizendo: 'Vocês terão paz', quando a espada está em nossa
garganta!".

11 "Naquele dia, será dito
deste povo e de Yerushalayim:
'Um vento escaldante dos morros do deserto
devasta meu povo'.
Ele não vem para refrescar ou limpar;
12 este meu vento é muito forte para isso.
Agora darei a vocês minha sentença".

13 Eis que vem, como nuvens;
sua carruagem é como um furacão,
e seus cavalos são mais rápidos que a águia.
Ai de nós, estamos perdidos!
14 Lave o mal de seu coração, Yerushalayim,
e assim você ainda poderá ser salva.
Quanto tempo ainda acolherá
pensamentos malignos?
15 Pois uma voz conta as notícias de Dan,
anuncia a desgraça desde as colinas de Efrayim:

16 "Anunciem-no às nações,
proclamem a Yerushalayim:
'[Inimigos] vêm de um local distante,
observando e dando um grito de guerra
contra as cidades de Y'hudah'.
17 Como guardas no campo, eles a cercam,
pois ela se rebelou contra mim", diz ADONAI.
18 "Seus próprios caminhos e suas ações
causaram tudo isso para vocês mesmos.
Este é seu castigo, tão amargo!
Alcançou o fundo de seu coração".

19 Minhas entranhas! Minhas entranhas! Contorço-me de dor!
Meu coração bate disparado! Não consigo ficar parado,
pois ouvi o som do *shofar*;
é o chamado para a guerra.
20 As notícias são uma desgraça após outra!
Toda a terra está arruinada!
Minhas tendas foram destruídas repentinamente,
e meus abrigos, em um instante.
21 Por quanto tempo precisarei ver o sinal
e ouvir o som do *shofar*?

22 "Pelo fato de meu povo ser tão tolo —
eles não me conhecem, são filhos estúpidos,

sem entendimento — sábios quando praticam o mal —,
mas não sabem praticar o bem".
23 Olhei para a terra — ela estava informe e vazia —
e para o céu — ele não possuía luz.
24 Olhei para as montanhas, e elas tremiam —
todas as colinas moviam-se para a frente e para trás.
25 Olhei, e não havia nenhum ser humano;
todos os pássaros haviam fugido.
26 Olhei, e os campos férteis estavam desertos,
todas as cidades da terra estavam devastadas
na presença de *Adonai*,
antes de sua ira ardente.

27 Pois eis o que *Adonai* diz:

"Toda a terra será desolada
(ainda que eu não a destrua por completo).
28 Por essa razão, a terra planteará
e o céu escurecerá;
pois eu declarei, decidi,
não mudarei de ideia, não voltarei atrás".

29 Ao som de cavaleiros e arqueiros,
toda a cidade fugirá —
alguns correrão para a mata; outros subirão em rochas;
todas as cidades estão desertas, ninguém mora mais ali.
30 E você, condenada ao saque,
o que quer dizer, vestindo-se de vermelho,
enfeitando-se com joias e ouro,
pintando os olhos com maquiagem?
Você se embeleza em vão —
seus amantes a desprezam, eles procuram sua vida!
31 Pois eu ouvi um som como o de uma mulher no parto,
em angústia para dar à luz o primeiro filho.
Esse é o som da filha de Tziyon
esforçando-se para respirar enquanto estende as mãos:
"Ai de mim! Tudo em mim
enfraquece diante dos assassinos".

5 1 "Percorram as ruas de Yerushalayim,
olhem em volta, observem e perguntem nas praças,
caso consigam encontrar alguém (se houver alguém)
que age com justiça e busca a verdade;
eu a perdoaria.
2 E ainda que digam: 'Como vive *Adonai*',
o fato é que juram com falsidade".

3 *Adonai*, teus olhos procuram a verdade.
Tu os atingiste, mas eles não foram afetados;
tu [quase] os destruíste,
mas eles rejeitam a correção.

Eles tornaram seu rosto mais duro que a rocha,
recusando o arrependimento.

4 Minha reação foi: "Estes são os pobres,
os tolos, os que não conhecem os caminhos de *Adonai*
nem as leis de seu Deus.
5 Irei aos homens nobres
e lhes falarei,
pois devem conhecer o caminho de *Adonai*
e as leis de seu Deus".
Mas estes quebraram completamente o jugo
e desataram as amarras.
6 Por isso, o leão da floresta os mata,
o lobo do deserto os ataca,
o leopardo guarda as cidades —
todos os que a abandonam são feitos em pedaços —,
pois suas transgressões são muitas,
seu desvio aumenta.

7 "Por que eu perdoaria você?
Seu povo me abandona
e jura pelos não deuses.
Quando os alimento até se saciarem,
eles cometem adultério,
frequentando prostíbulos.
8 Eles se tornaram como cavalos bem alimentados;
como garanhões libidinosos, relincham
para a mulher do vizinho.
9 Não devo punir por esse motivo?", pergunta *Adonai*.
"Não preciso vingar-me de uma nação como essa?".

10 Vão por entre as fileiras [de vinhas] e destruam-nas
(mas não as destruam por completo):
cortem seus ramos,
pois não pertencem a *Adonai*.
11 "A casa de Yisra'el
e a casa de Y'hudah
traíram-me de forma rematada", diz *Adonai*.
12 Eles negam *Adonai*
e dizem: "Ele não fará nada,
a calamidade jamais nos abaterá,
não passaremos pela espada nem pela fome.

13 Os profetas são apenas vento,
não têm a palavra;
o que predizem
acontecerá apenas para eles".

14 Portanto, *Adonai Elohei-Tzva'ot* diz:

"Pelo fato de você falar dessa maneira,
tornarei minhas palavras como fogo em sua boca, [Yirmeyahu,]
e este povo, como madeira,
para que ele os consuma.

15 Trarei sobre você, casa de Yisra'el,
uma nação distante", diz *Adonai*,
"uma nação resistente, uma nação antiga,
uma nação cuja língua você não conhece —
você não entenderá o que eles dizem.
16 Sua aljava é como uma cova aberta;
todos são guerreiros poderosos.
17 Devorarão sua colheita e seu pão,
engolirão seus filhos e suas filhas,
comerão seus rebanhos e seu gado,
assolarão suas vinhas e suas figueiras;
com as espadas destruirão
as cidades fortificadas em que você acredita.
18 No entanto, mesmo naqueles dias", diz *Adonai*,
"eu não os destruirei por completo.
19 E quando seu povo perguntar: 'Por que *Adonai*,
nosso Deus, fez todas essas coisas conosco?',
vocês devem dar-lhes esta resposta:
'Como vocês me abandonaram
e serviram a deuses estranhos em sua terra,
da mesma forma servirão aos estrangeiros
em uma terra que não pertence a vocês'.
20 Anunciem isso na casa de Ya'akov,
proclamem isso em Y'hudah; digam:
21 'Ouça isto, povo estúpido e sem cérebro,
que possui olhos mas não vê,
que tem ouvidos mas não ouve.
22 Vocês não temem a mim? — diz *Adonai*.
Vocês não tremem em minha presença?
Eu fiz a praia como limite do mar;
ele não o pode ultrapassar por decreto eterno.
Suas ondas podem se agitar, mas sem utilidade;
ainda que façam barulho, não podem ir além.
23 Mas este povo tem o coração rebelde;
eles se rebelaram e foram.
24 Eles não dizem a si mesmos:
"Temamos a *Adonai*, nosso Deus,
que dá as chuvas de outono e de primavera no tempo certo,
que nos reserva a colheita na semana certa".
25 Suas transgressões têm arruinado as regras da natureza,
seus pecados mantêm esses bens longe de vocês".
26 "Pois entre meu povo há homens ímpios que,
como caçadores, ficam à espreita, preparando armadilhas
para surpreender os próprios companheiros.
27 Suas casas estão tão cheias de engano
quanto a gaiola cheia de pássaros.
Eles crescem em riqueza e em poder,
28 estão gordos e bem alimentados;
excedem-se em atos de maldade,
e nada fazem a favor do órfão,

pois lutam apenas em causa própria,
sem julgar a favor do pobre.

29 “Não deveria eu punir tudo isso?”, pergunta *Adonai*.
“Não deveria eu me vingar de uma nação como esta?
30 Algo chocante e terrível
tem acontecido na terra:
31 os profetas anunciam mentiras,
os *kohanim* obedecem aos profetas
e meu povo gosta de tudo isso.
Mas o que vocês farão ao final de tudo isso?

6 1 “Proteja-se, povo de Binyamin, fuja de Yerushalayim!
Toque o *shofar* em T’koa,
acenda o sinal em Beit-Hakerem.
Pois a desgraça ameaça desde o norte,
com grande destruição.
2 Ainda que ela seja bela e delicada,
estou eliminando a filha de Tziyon”.

3 Pastores avançam na direção dela com seus rebanhos,
e em sua volta eles se acampam,
buscando cada um seu pedaço de pasto.
4 “Preparem a guerra contra ela!
Levantem-se, e ataquemos ao meio-dia”.
Ai de nós! O dia está acabando,
e as sombras da noite estão chegando.
5 “Levantem-se! Ataquemos à noite,
destruamos seus palácios!”.

6 “Pois *Adonai-Tzva’ot* diz assim:

“Cortem suas árvores, e levantem um cerco
contra Yerushalayim!
Esta é a cidade que será punida;
não há nada nela senão opressão.
7 Como uma cisterna mantém a água fresca,
assim ela mantém fresca sua maldade!
Ouve-se dela violência e destruição;
sempre diante de mim estão suas doenças e feridas.
8 Aceite a correção, Yerushalayim,
ou eu serei como um estranho para você
e farei de você uma desolação total,
uma terra sem habitante”.

9 Assim diz *Adonai-Tzva’ot*:

“Eles vão escolher o remanescente de Yisra’el”
como se faz com a vinha —
um por vez, como o viticultor,
quando passa a mão pelas vinhas”.

10 A quem devo falar? A quem devo advertir?
Quem me daria ouvidos?

Os ouvidos deles estão entupidos, e eles não prestam atenção.
A palavra de *Adonai* tornou-se para eles
algo sem atração, um objeto de zombaria.
11 Por isso, estou cheio da fúria de *Adonai*;
estou cansado de me controlar.

"Verta-a sobre as crianças nas ruas
e sobre os grupos de jovens reunidos;
pois maridos e as mulheres serão levados juntos,
os adultos também, e também os idosos.
12 Suas casas serão dadas a outros,
com os seus campos e as suas mulheres.
Estenderei minha mão contra os que
vivem na terra", diz *Adonai*.
13 "Pois desde o menor até o maior deles,
todos estão desejosos de lucro;
mesmo os profetas e os *kohanim*,
todos praticam fraudes —
14 eles tratam a ferida de meu povo
apenas de maneira superficial,
dizendo: 'Há *shalom* perfeita',
quando não há *shalom*.

15 Eles deveriam se envergonhar
de seus feitos detestáveis,
mas não estão envergonhados;
não sabem nem corar.
Portanto, quando outros caírem,
também eles cairão;
quando eu os punir,
eles tropeçarão", diz *Adonai*.

16 Eis o que *Adonai* diz:

"Parem nas encruzilhadas e observem;
perguntem acerca dos caminhos antigos:
'Qual é o bom caminho?'.
Sigam-no, e vocês acharão descanso para a alma.
Mas eles dizem: 'Nós não iremos por ele'.
17 Estabeleci sentinelas para guiá-los:
'Ouçam o som do *shofar*'.
Mas eles dizem: 'Nós não ouviremos'.
18 Então ouçam vocês, nações; saiba, você, assembleia,
o que existe ali contra eles.
19 Ouça, ó terra! Eu trarei
desgraças sobre este povo
como consequência
de sua maneira de pensar,
por não prestarem atenção às minhas palavras,
pois rejeitam minha *Torah*.
20 O que me importa o incenso de Sh'va
ou a planta aromática vinda de uma terra distante?

Suas ofertas queimadas são inaceitáveis,
e seus sacrifícios não me agradam".

21 Portanto, assim diz *Adonai*:

"Colocarei obstáculos no caminho deste povo
para que ele tropece —
pais e filhos, vizinhos e amigos,
todos perecerão juntos".

22 Eis o que *Adonai* diz:

"Um povo vem da terra do norte,
uma grande nação será levantada dos confins da terra.
23 Eles prepararão o arco e a lança;
são cruéis e não têm misericórdia:
seu barulho, enquanto montam em seus cavalos,
é como o rugir do mar;
e eles estão equipados para a batalha
contra você, filha de Tziyon.
24 'Ouvimos as notícias,
e nossas mãos estão vacilantes;
a angústia tomou conta de nós,
dor como a de uma mãe em trabalho de parto' ".

25 Não vá ao campo,
nem ande na estrada;
pois a espada do inimigo espalha
terror por todas as direções.
26 Filha de meu povo,
vista-se de panos de saco, revolva-se nas cinzas;
lamente-se com se fosse pelo filho único,
chore da forma mais amarga,
pois em breve o destruidor
virá sobre nós.

27 "Eu o estabeleci como refinador e testador de meu povo,
para conhecê-los e testar seu comportamento.
28 Todos eles são totalmente rebeldes —
espalham calúnias;
são como ferro e bronze [metais inferiores],
todos corruptos.
29 O fole sopra com toda a força;
e, ainda que o chumbo seja consumido pelo fogo,
o processo de refinamento prossegue em vão,
pois a impiedade não é separada.
30 Eles são chamados 'prata rejeitada',
pois *Adonai* os rejeitou".

7 [1] Esta palavra veio a Yirmeyahu de *Adonai*: [2] "Ponha-se junto ao portão da
casa de *Adonai* e anuncie esta palavra: 'Ouçam a plalavra de *Adonai*, todos
vocês de Y'hudah que passam por estes portões para adorar *Adonai*. [3] Eis o que

Adonai-*Tzva'ot*, o Deus de Yisra'el, diz: "Melhorem seus caminhos e suas atitudes,
e assim eu os deixarei ficar neste lugar. 4 Não confiem na expressão enganosa:
'O templo de Adonai, o templo de Adonai — estas [construções] são o templo de
Adonai'. 5 Não. Contudo, se vocês realmente mudarem seus caminhos e suas ações;
se realmente ministrarem a justiça entre as pessoas; 6 se pararem de oprimir es-
trangeiros, órfãos e viúvas; se pararem de derramar sangue inocente neste local;
e se deixarem de seguir outros deuses, para a própria desgraça, 7 então perma-
necerei neste lugar, na terra que dei a seus antepassados para sempre. 8 Vocês
se apoiam em palavras enganadoras que não fazem nenhum bem. 9 Inicialmente,
vocês roubam, matam, cometem adultério, juram falsamente, fazem oferendas
a Ba'al e servem outros deuses desconhecidos. 10 Em seguida, vocês se prostram
diante de mim nesta casa, que leva meu nome, e dizem: 'Estamos salvos', como se
pudessem vir e fazer todas essas abominações. 11 Vocês consideram esta casa, que
leva meu nome, uma caverna de bandidos! Vejo com meus olhos o que está acon-
tecendo", diz Adonai. 12 "Dirijam-se para o local em Shiloh, que era meu, que leva-
va meu nome, e vejam o que fiz ali por causa da impiedade do povo de Yisra'el.
13 Eu falei a vocês vez após vez, mas não me deram ouvidos. Eu os chamei,
mas não me ouviram. Agora", diz Adonai, "por terem feito todas estas coisas,
14 farei à casa que leva meu nome, em que vocês depositam tanta confiança — o
lugar que dei a vocês e a seus antepassados —, o mesmo que fiz com Shiloh; 15 e
os expulsarei de minha presença, como expulsei seus parentes, todos os descen-
dentes de Efrayim".

16 "Por isso, [Yirmeyahu,] não ore por este povo. Não chore nem interceda a fa-
vor deles; pois não o ouvirei. 17 Você não percebe o que eles fazem nas cidades de
Y'hudah e nas ruas de Yerushalayim? 18 As crianças colhem a lenha, os pais acendem
o fogo e as mulheres misturam a farinha para fazer bolos para a rainha do céu; para
me provocar, apresentam ofertas de bebidas a outros deuses. 19 Mas eles estão de fato
provocando a mim", pergunta Adonai, "ou estão provocando a própria ruína?".

20 Portanto, eis o que *Adonai* Elohim diz: "Minha ira e fúria serão derramadas
neste lugar, sobre homens, animais, árvores do campo e frutos da terra; eles quei-
marão sem apagar".

21 Assim diz Adonai-*Tzva'ot*, o Deus de Yisra'el: "Vocês podem muito bem co-
mer a carne de suas ofertas queimadas com as de seus sacrifícios. 22 Pois eu nada
disse a seus antepassados nem dei ordens concernentes às ofertas queimadas ou
aos sacrifícios quando os tirei da terra do Egito. 23 Em vez disso, ordenei-lhes o se-
guinte: 'Prestem atenção ao que digo. Então eu serei seu Deus, e vocês serão meu
povo. Em tudo, vivam de acordo com o que ordeno, e vocês serão meu povo, para
que tudo vá bem a vocês'. 24 No entanto, eles não ouviram nem prestaram atenção;
viveram conforme seus planos, na teimosia de seu coração mau, de modo que
caminharam para trás, não para a frente. 25 Vocês têm feito isso desde o dia em
que seus antepassados saíram do Egito até hoje. Ainda que lhes tenha enviado
todos os meus servos, os profetas, mandando-os dia após dia, 26 eles não me ou-
viram nem prestaram atenção; antes, endureceram o pescoço. Eles fizeram algo
pior que seus antepassados. 27 Diga-lhes, então tudo isto, mas eles não o ouvirão;
chame-os, também, mas eles não responderão a você. 28 Portanto, diga-lhes:

> 'Esta é a nação que não ouviu
> a voz de Adonai, seu Deus.
> Eles não desejarão a correção; a fidelidade se deteriorou,
> desapareceu da boca de todos eles.

29 Cortem o cabelo e o joguem fora,
faça um lamento no cume dos montes,
pois Adonai rejeitou e abandonou
a geração que lhe suscitou a ira'.

30 "Pois o povo de Y'hudah fez o que é mau a meus olhos", diz Adonai. "Eles prepa-
raram suas coisas detestáveis na casa que leva meu nome, profanando-a. 31 Construí-
ram os lugares altos de Tofet no vale de Ben-Hinnom, para a queima de seus filhos
e filhas no fogo, algo que nunca ordenei; na verdade, isso nunca me passou pela ca-
beça! 32 Portanto, está chegando o dia", diz Adonai, "em que este lugar não será mais
chamado Tofet ou vale de Ben-Hinnom, e sim vale da Matança — eles colocarão os
mortos em Tofet, pois não haverá mais espaço [em outro lugar]. 33 Os corpos deste
povo serão o alimento dos pássaros do céu e dos animais selvagens; ninguém os
afugentará. 34 Então nas cidades de Y'hudah e nas ruas de Yerushalayim, silenciarei
os sons de alegria e felicidade, e as vozes do noivo e da noiva, pois a terra será
reduzida a ruínas.

8 1 "Naquele tempo", diz Adonai", [os inimigos] removerão os ossos dos reis de
Y'hudah, os ossos dos príncipes, os ossos dos *kohanim*, os ossos dos profetas e
os ossos dos habitantes de Yerushalayim das covas. 2 Eles os espalharão, expondo-os
ao sol, à lua e a todo o exército celeste, a quem eles amam, servem, seguem, buscam e
adoram. Os ossos não serão recolhidos ou enterrados; serão deixados no chão como
estrume. 3 Todos os sobreviventes dessa família maligna preferirão a morte à vida,
aonde quer que eu os leve", diz Adonai-*Tzva'ot*. 4 Fale a eles o que Adonai diz:

'Se uma pessoa cai, ela não se levanta novamente?
Se alguém se desvia, não volta ao caminho?
5 Por que essas pessoas continuam se desviando?
Por que são tão persistentes nesse desvio?
Apegam-se ao engano e se recusam a voltar.
6 Ouvi com atenção, mas não disseram nada certo.
Ninguém se arrepende de sua impiedade,
dizendo: "O que eu fiz!".
Cada um corre em uma direção
como o cavalo que se lança à frente de batalha.
7 As cegonhas no céu conhecem as estações,
e as pombas, as andorinhas e os grous sabem o tempo de migrar,
mas meu povo não conhece
as regras de Adonai.

8 " 'Como vocês podem dizer: "Somos sábios;
a *Torah* de Adonai está conosco"
quando, de fato, a pena mentirosa dos escribas
tornou-a falsidade?
9 O sábio é envergonhado,
agita-se, e cai em uma armadilha.
Eles rejeitaram a palavra de Adonai,
por isso, que sabedoria têm?

10 " 'Portanto, darei suas mulheres a outros,
e seus campos, a quem os derrotar;

do menor ao maior,
todos são gananciosos;
também profetas e *kohanim*,
todos praticam fraudes —
11 tratam a ferida da filha de meu povo,
mas apenas de forma superficial,
dizendo: "Há *shalom* perfeita",
quando não há *shalom*.
12 Eles deveriam se envergonhar
de seus feitos detestáveis,
mas não sentem vergonha,
não sabem corar.
Portanto, quando os outros caírem, também eles cairão;
quando eu os punir, eles tropeçarão',
diz *Adonai*.

13 " 'Darei fim a eles", diz *Adonai*.
'Não há uvas na videira,
e nenhum figo na figueira;
a folha está seca; e o que lhes tenho dado
deixará de ser deles' ".

14 "Por que estamos aqui sentados? Juntem-se!
Entremos nas cidades fortificadas
e encontremos ali nossa condenação!
Pois *Adonai*, nosso Deus, condenou-nos;
ele nos deu água amarga para bebermos,
pois pecamos contra *Adonai*.
15 Quando procurarmos pela paz, nada de bom virá;
quando buscarmos um tempo de cura, encontraremos terror em seu lugar".

16 Ouve-se de Dan o bufo de seus cavalos;
quando seus garanhões relincham, toda a terra treme.
Pois eles vêm devorando a terra e tudo que há nela,
a cidade e seus habitantes.
17 "Sim, agora envio serpentes entre vocês,
víboras que ninguém pode encantar,
e elas não os picarão", diz *Adonai*.

18 Minha tristeza não tem cura, e meu coração está doente.
19 Ouçam os gritos de tristeza de meu povo
desde uma terra distante:
"*Adonai* não está mais em Tziyon?
O rei não está mais ali?".

"Por que eles me provocam com seus ídolos
e os deuses estrangeiros inúteis?"

20 "A colheita passou, o verão acabou,
e ainda não estamos salvos."

21 A filha de meu povo está em pedaços,
e isso me deixa em estilhaços;

tudo me parece tão obscuro,
e o pavor se apodera de mim.
22 O bálsamo de Gil'ad está exaurido?
Não há médico ali?
Caso exista, por que a filha de meu povo
demora tanto para recuperar a saúde?

23(9.1) Gostaria que minha cabeça fosse feita de água
e meus olhos fossem fontes de lágrimas,
para eu poder chorar dia e noite
pela morte da filha de meu povo!

9

1(2) Preferiria morar no deserto,
no alojamento de algum viajante —
então eu poderia ficar longe de meu povo
e distanciar-me dele.

"Na verdade, todos eles são adúlteros,
um bando de traidores.
2(3) Eles curvam a língua, seu arco de falsidade,
e fazem agitação na terra, mas não com a verdade.
Pois eles vão de um mal a outro
e não me conhecem",

diz *Adonai*:

3(4) Todos prestem atenção em seu vizinho,
não confiem nem no irmão,
pois o irmão estará pronto para enganá-lo,
e o vizinho anda à volta com calúnias.
4(5) Todos enganam o vizinho,
ninguém fala a verdade;
treinam a língua para mentir,
são consumidos pelo pecado.

5(6) "Você habita em um mundo de engano,
e enganosamente se recusam a me conhecer",

diz *Adonai*.

6(7) "Portanto", diz *Adonai-Tzva'ot*,
"eu os refinarei e testarei.
O que mais poderia fazer com a filha de meu povo?
7(8) Sua língua é como flecha afiada;
mente com a boca —
dizem palavras agradáveis aos vizinhos,
enquanto, no íntimo, conspiram contra eles.
8(9) Não deveria eu puni-los por essas coisas?", pergunta *Adonai*.
"Não deveria vingar-me dessa nação?".

9(10) Eu choro e lastimo nas montanhas,
lamento pelos pastos desérticos,
pois foram queimados;

ninguém passa por ali;
eles não ouvem mais o som de rebanho;
os pássaros e os animais selvagens foram-se, fugiram.

10(11) "Farei de Yerushalayim um amontoado de ruínas,
eu a tornarei uma toca de chacais
e desolarei as cidades de Y'hudah
desabitadas".

11(12) Quem é sábio o bastante para entender isso?
Com quem a boca de *Adonai* falou,
para que a possa anunciar?
Por que a terra pereceu
e foi desgastada como um deserto,
para que ninguém passe por ela?

12(13) *Adonai* responde:

"Por terem abandonado minha *Torah*,
que coloquei diante deles,
e por não terem ouvido o que eu disse
nem vivido de acordo com ela.
13(14) Viveram, porém, segundo a teimosia de seu coração
e de acordo com os *ba'alim*, como seus antepassados lhes ensinaram.
14(15) Portanto", diz *Adonai-Tzva'ot*, o Deus de Yisra'el,
"alimentarei este povo com amargura extrema
e lhes darei água envenenada para beber.
15(16) Eu os espalharei entre as nações
de um modo que nem eles nem seus antepassados imaginaram.
Enviarei a espada atrás deles
até eliminá-los por completo".

16(17) Assim diz *Adonai-Tzva'ot*:

"Escrevam isto: juntem mulheres pranteadoras,
para que venham;
mandem chamar as melhores [em prantear],
e elas virão.
17(18) 'Tragam-nas rapidamente, e que prateiem por nós,
e nossos olhos ficarão ensopados com o choro'.
De nossas pálpebras jorrarão lágrimas.
18(19) Ouve-se o pranto de Tziyon:
'Nós estamos em completa ruína,
totalmente envergonhados,
pois deixamos a terra,
e nossas casas foram estraçalhadas!' ".
19(20) Mulheres, ouçam a palavra de *Adonai!*
Que seus ouvidos recebam as palavras de sua boca.
Ensinem suas filhas a chorar,
e que cada uma ensine a amiga a lamentar:
20(21) "A morte vem através da janela;
ela entrou em nossos palácios,

eliminou as crianças nas ruas
e os jovens nas praças públicas".
21(22) Fale: "Eis o que diz *Adonai*:
'Os corpos das pessoas estão espalhados
como esterco em campo aberto,
como o trigo deixado pelo ceifeiro
sem ninguém para juntá-lo' ".

22(23) Eis o que diz *Adonai*:

"O sábio não deve gloriar-se de sua sabedoria,
o poderoso não deve gloriar-se de seu poder,
o rico não deve gloriar-se de sua riqueza;
23(24) em vez disso, quem se gloria, glorie-se nisto:
que ele me comprende e conhece —
que eu sou *Adonai*, que uso de graça,
justiça e retidão na terra,
pois me agrado dessas coisas", diz *Adonai*.

24(25) "Estão chegando os dias", diz *Adonai*, "em que punirei todos os circuncidados
em sua incircuncisão — 25(26) Egito, Y'hudah, Edom, o povo de 'Amon e Mo'av, e to-
dos os habitantes do deserto que cortam a ponta [da barba]:

"Pois, ainda que todos os *goyim* sejam incircuncisos,
toda a casa de Yisra'el possui o coração incircunciso".

10 1 Ouçam a palavra que *Adonai* diz a vocês,
casa de Yisra'el!
2 Eis o que *Adonai* diz:
"Não aprendam o caminho dos *goyim*,
nem temam os sinais astrológicos,
mesmo que os *goyim* tenham medo deles;
3 pois os costumes das nações não são nada.
Eles cortam uma árvore na floresta,
e um artesão a trabalha com seu machado;
4 eles a enfeitam com prata e ouro.
Prendem-na com martelo e pregos,
para não se mexer.
5 Como o espantalho da plantação de pepinos,
ela não consegue falar.
Ela terá de ser carregada,
pois não pode andar.
Não a temam —
ela é incapaz de fazer o mal,
além de não conseguir
fazer qualquer coisa boa".

6 Não há ninguém semelhante a ti, *Adonai*!
Tu és grande, e teu nome é grande e poderoso.
7 Quem não te temeria, rei das nações?
Pois este temor te é devido! —
Desde todos os sábios das nações

e entre toda a sua realeza,
não há ninguém semelhante a ti.
8 São todos insensatos e estúpidos;
seus ensinamentos não passam de um pedaço de madeira!
9 A prata é modelada em pratos
e é trazida de Tarshish.
O ouro de Ufaz é trabalhado pelo artesão,
moldado pelas mãos do ourives.
Eles são vestidos de azul e púrpura,
a obra de homens talentosos.
10 No entanto, *Adonai*, Deus, é o verdadeiro Deus,
o Deus vivo, o Rei eterno.
Em sua ira, a terra treme;
as nações não podem suportar sua fúria.

11 “Isto é o que você deve lhes dizer:
‘Os deuses que não fizeram o céu nem a terra
perecerão na terra e abaixo do céu’ ”.

12 Deus fez a terra por seu poder,
estabelecendo o mundo por sua sabedoria,
estendeu o céu por seu entendimento.
13 Quando os trovões e as águas caem do céu,
ele levanta nuvens dos confins da terra,
faz cair o raio na chuva
e traz o vento de seus depósitos.
14 Diante disso, todos são estúpidos, ignorantes;
todo ourives é envergonhado pelo ídolo!
As figuras que eles inventam são uma fraude;
não há fôlego nelas;
15 elas não são nada, apenas objetos ridículos;
quando o dia de sua punição chegar, perecerão.

16 Esta não é a porção de Ya‘akov,
pois ele formou todas as coisas.
Yisra’el é a tribo que ele reivindica como herança;
Adonai-Tzva’ot é seu nome.

17 Você, que vive sob o cerco,
reúna seus pertences da terra,
18 pois eis o que *Adonai* diz:
“Desta vez lançarei para longe
os habitantes da terra;
eu os afligirei
para que o sintam”.

19 Ai de mim por causa de minha ferida!
Meu ferimento é incurável.
Eu costumava dizer: “é apenas uma doença,
posso suportá-la”.
20 Mas agora minha tenda está arruinada,
todas as suas amarras estão prejudicadas,
meus filhos me abandonaram e não mais estão comigo;

não há ninguém para consertar minha tenda novamente;
ninguém para levantar suas cortinas.
21 Os pastores tornaram-se estúpidos,
não consultaram *Adonai*.
Por isso, não prosperaram,
e todos os seus rebanhos foram espalhados.
22 Ouçam! Um som! Está chegando mais perto,
um grande rugido da terra do norte,
para desolar as cidades de Y'hudah,
e torná-las um lugar para os chacais viverem.
23 *Adonai*, sei que o caminho dos seres humanos
não se encontra sob o controle deles;
os humanos não são capazes
de dirigir os próprios passos enquanto caminham.
24 *Adonai*, corrige-me, mas com moderação,
não em tua ira, ou me reduzirás a nada.
25 Derrama tua ira sobre as nações
que não te reconhecem,
também sobre as famílias
que não invocam teu nome.
'Pois elas consumiram Ya'akov —
consumiram-no e lhe deram fim,
e assolaram-lhe a casa.

11 1 Eis a palavra que veio a Yirmeyahu, da parte de *Adonai*: 2 "Ouçam as palavras des-
sa aliança; então falem ao povo de Y'hudah e aos habitantes de Yerushalayim;
3 digam-lhes o que *Adonai*, o Deus de Yisra'el, diz: 'Uma maldição sobre quem não
der atenção às palavras desta aliança, 4 que ordenei a seus antepassados no mo-
mento em que os tirei da terra do Egito, daquela fornalha de ferro. Eu disse:

"Ouçam minha voz,
e cumpram todas as minhas ordens;
então vocês serão meu povo,
e eu serei seu Deus;
5 para que eu cumpra o juramento,
feito a seus antepassados,
de dar-lhes a terra que mana leite e mel,
assim como é hoje" ' ".

Então eu respondi: "*Amen*, *Adonai*".
6 *Adonai* disse-me: "Proclame todas estas palavras nas cidades de Y'hudah e nas
ruas de Yerushalayim: 'Ouçam as palavras desta aliança e obedeçam-nas. 7 Pois eu,
solenemente, adverti seus antepassados, no momento em que os tirei da terra do
Egito; e até hoje os tenho advertido com frequência: "Ouçam minha voz!". 8 Mas eles
não me ouviram nem prestaram atenção; em vez disso, cada um vive de acordo com
a dureza do próprio coração maligno. Por essa razão, eu trouxe sobre eles todas as
palavras desta aliança, cuja obediência eu lhes ordenei, mas eles não obedeceram' ".
9 Então *Adonai* me disse: "Os homens de Y'hudah e o povo de Yerushalayim fi-
zeram uma conspiração. 10 Eles voltaram aos pecados de seus antepassados, que se
recusaram a ouvir minhas palavras, e seguiram outros deuses para servi-los. A casa

de Yisra'el e a casa de Y'hudah romperam minha aliança, feita com seus antepas-
sados". 11 Por isso, *Adonai* diz: "Trarei sobre eles uma desgraça da qual não poderão
escapar; e, ainda que clamem a mim, não os ouvirei. 12 Então as cidades de Y'hudah
e o povo que mora em Yerushalayim clamarão aos deuses a quem fazem ofertas;
mas eles não os salvarão no momento da tribulação. 13 Pois vocês têm tantos deu-
ses, Y'hudah, quanto cidades; e erigiram tantos altares para sacrificarem àquela
coisa vergonhosa, Ba'al, quantas são as ruas de Yerushalayim.

14 "Então você, [Yirmeyahu,] não ore por este povo! Não clame nem ore a favor
deles, pois não os ouvirei quando clamarem a mim por causa de suas dificuldades.
15 Que direito tem minha amada de estar em minha casa, quando ela se comportou
de forma tão desavergonhada com tantos homens? A apresentação de carne consa-
grada não poderá ajudar, pois você é feliz quando pratica o mal".

16 *Adonai* uma vez a chamou de oliveira,
bonita, repleta de folhas e bons frutos,
Agora, com o soar de uma tempestade
violenta, ele a colocou no fogo,
e seus galhos serão consumidos.

17 Pois *Adonai-Tzva'ot*, que a plantou,
decretou o mal sobre você.

"Isso ocorrerá por causa do mal que a casa de Yisra'el e a casa de Y'hudah fizeram a si mesmas, provocando-o com a oferta de incensos a Ba'al".

18 *Adonai* me fez saber disso, e então soube —
tu me mostraste o que eles faziam.
19 No entanto, eu era como um cordeiro manso,
conduzido à morte;
não sabia que eles planejavam
esquemas contra mim —
"Vamos destruir a árvore e seu fruto,
e cortá-lo da terra do viventes,
para que seu nome seja esquecido".

20 *Adonai-Tzva'ot*, juiz reto,
prova os motivos e os pensamentos:
entreguei-te minha causa;
permite-me, assim, ver tua vingança sobre eles.

21 Portanto, eis o que *Adonai* diz acerca dos homens de 'Anatot, que buscam tirar
sua vida e dizem: "Pare de profetizar em nome de *Adonai*, ou nós o mataremos".
22 Isto é o que diz *Adonai-Tzva'ot*: "Eu os castigarei. Seus jovens morrerão à espada,
e seus filhos e filhas morrerão de fome. 23 Nenhum deles permanecerá, pois trarei
uma desgraça sobre os homens de 'Anatot quando chegar o ano do castigo deles".

12 1 *Adonai*, ainda que tenhas o direito,
se eu diputasse contigo,
desejaria debater contigo
alguns pontos da justiça:
Por que os ímpios prosperam?
Por que os traidores têm sucesso?

2 Tu os plantaste, e eles criaram raízes;
crescem e dão frutos.
Tu estás perto dos lábios deles,
mas longe de seu coração.
3 Contudo, *Adonai*, tu me conheces e me vês;
provas minha devoção a ti;
leva-os para longe como ovelhas para o matadouro
e separa-os para o dia da matança.
4 Por quanto tempo a terra chorará
e a relva do campo ficará ressequida?
Os animais selvagens e os pássaros são consumidos
pela impiedade dos que vivem ali,
pois eles dizem: "Ele não verá como terminaremos".
5 Se os que correm a pé o cansaram,
como competirá com cavalos?
Você pode se sentir seguro em uma terra de paz,
mas o que fará na mata fechada do Yarden?
6 Pois até seus irmãos
e a família de seus pais o traem;
eles gritam a plenos pulmões atrás de você.
A despeito de todas as suas palavras dóceis, não creia neles.

7 "Abandonei minha casa,
rejeitei minha herança,
entreguei a amada de meu coração
a seus inimigos.
8 Para mim, minha herança tornou-se
como um leão na floresta —
ela rugiu contra mim;
agora eu a odeio.
9 Para mim, minha herança é como uma ave de rapina salpicada —
outras aves de rapina a cercam e atacam.
Vão, reúnam todos os animais selvagens
e tragam-nos para devorá-la.
10 Muitos pastores destruíram minha videira,
pisaram meu pedaço de terra,
transformaram minha propriedade desejável
em um deserto devastado.
11 Sim, eles a arruinaram;
assolada, lamenta para mim;
a terra toda está desolada,
pois ninguém se importa de verdade."

12 A todas as colinas vazias do deserto,
chegaram saqueadores;
sim, a espada de *Adonai* devora a terra
de um lado ao outro;
nada vivo está a salvo.
13 Semearam trigo e colheram espinhos,
cansaram-se e não ganharam nada.
Então envergonhe-se de sua colheita [pequena],
o resultado da ira ardente de *Adonai*.

14 Eis o que *Adonai* diz: "Como todos os meus vizinhos maus invadem a herança cuja posse dei a Yisra'el, meu povo, eu os eliminarei de suas terras, e erradicarei Y'hudah dentre eles. 15 Então depois de os ter arrancado pela raiz, terei pena deles outra vez e os trarei de volta, cada um para sua herança, cada um na própria terra. 16 Então se eles aprenderem com cuidado os caminhos de meu povo, jurando por meu nome — 'Como vive *Adonai*'—, da mesma forma que ensinaram meu povo a jurar por Ba'al, eles serão edificados entre meu povo. 17 No entanto, caso se recusem a ouvir, então eu desarraigarei essa nação, eu a erradicarei e destruirei", diz *Adonai*.

13 1 *Adonai* disse-me: "Vá, compre um cinto de linho, coloque-o em volta da cintura, mas não o amacie na água". 2 Então comprei um cinto, como disse *Adonai*, e o coloquei.

3 Então a palavra de *Adonai* veio a mim pela segunda vez: 4 "Pegue o cinto de linho que você comprou e está usando, levante-se, vá a Parah e esconda-o ali, em um buraco na rocha". 5 Fui e o escondi em Parah, como *Adonai* ordenou-me.

6 Muito tempo depois, *Adonai* me disse: "Levante-se e vá a Parah, pegue de volta o cinto que ordenei a você esconder ali". 7 Então fui a Parah, cavei e peguei o cinto de linho; entretanto, ao retirá-lo do lugar em que o escondi, percebi que ele estava todo estragado, inutilizado. 8 Então veio a mim a palavra de *Adonai*: 9 "Eis o que diz *Adonai*: 'Desse modo arruinarei quem tornou Y'hudah muito orgulhoso, e quem fez de Yerushalayim excessivamente orgulhosa. 10 Causarei a ruína deste povo maligno que se recusa a ouvir minhas palavras e vive de acordo com suas inclinações obstinadas, e segue outros deuses para os servir e adorar. Ele será como este cinto, totalmente inútil. 11 Como o cinto se ajusta ao corpo do homem, assim fiz toda a casa de Yisra'el e toda a casa de Y'hudah se ajustarem a mim', diz *Adonai*, 'para que eles se tornassem meu povo, dando-me renome e se tornando minha fonte de louvor e honra. Contudo, eles não me ouviram. 12 Portanto, diga-lhes: "Eis o que *Adonai*, o Deus de Yisra'el, diz: 'Toda garrafa está cheia de vinho' ". Então quando lhe perguntarem: "Já não sabemos que toda garrafa está cheia de vinho?", 13 você lhes deve responder: 'Eis o que *Adonai* diz: Encherei de embriaguez todos os habitantes desta terra — incluindo os reis assentados no trono de Davi, os *kohanim*, os profetas e os habitantes de Yerushalayim. 14 Então jogarei uns contra os outros, mesmo pais contra filhos', diz *Adonai*. 'Não demonstrarei pena nem compaixão; eu os destruirei sem cessar' " ' ".

15 Ouçam e prestem atenção; não sejam orgulhosos,
pois *Adonai* falou.
16 Deem glória a *Adonai*, seu Deus,
antes que a escuridão caia,
antes que seus pés tropecem
sobre as montanhas, no crepúsculo,
e, enquanto vocês procuram pela luz
ele os transforme em sombras de morte
e tudo escureça por completo.
17 Todavia, se vocês não ouvirem esta advertência,
chorarei em segredo por causa de seu orgulho;
meus olhos chorarão com amargura, enchendo-se de lágrimas,
pois o rebanho de *Adonai* foi levado cativo.
18 Fale ao rei e à rainha-mãe:
"Desçam dos tronos,

pois as coroas magnificentes
caem de sua cabeça".
19 As cidades do Negev estão cercadas,
e ninguém poderá ajudá-las;
toda a Y'hudah foi levada para o exílio,
varrida por completo para o exílio.
20 Ergam os olhos, e vocês os verão
vindo do norte.
Onde está o rebanho que confiei a você.
as ovelhas que eram seu orgulho?
21 Quando ele colocar sobre você
as pessoas treinadas para serem suas aliadas,
o que você dirá? Não o tomarão dores
como as da mulher em trabalho de parto?
22 E se você perguntar a si mesmo:
"Por que essas coisas aconteceram comigo?".
Por causa de seus muitos pecados,
suas saias foram arrancadas e você foi violentada.
23 Pode o etíope mudar sua pele
ou o leopardo suas manchas?
Se eles puderem, então vocês poderão fazer o bem,
mesmo estando acostumados a praticar o mal.

24 "Por isso, eu os espalharei como a palha
que voa impulsionada pelo vento do deserto.
25 Isto é que você obtém", diz *Adonai*,
"a porção que reservei para você,
pois se esqueceu de mim
e confiou na mentira.
26 Eu mesmo levantarei suas saias acima de seu rosto,
e suas partes íntimas serão expostas.
27 Vi suas abominações
nas colinas e nos campos —
seus adultérios, seus relinchos sensuais,
sua prostituição desavergonhada.
Ai de você, Yerushalayim!
Você recusa ser purificada,
e nunca permitirá [sua purificação]?".

14 1 A palavra de *Adonai* que veio a Yirmeyahu a respeito da seca:
2 "Y'hudah lamenta, seus portões estão abatidos;
eles se sentam no chão com melancolia.
Yerushalayim grita de angústia.
3 Sua nobreza envia os servos para buscar água;
eles vão às cisternas, mas nada encontram,
e retornam com os jarros vazios.
Envergonhados e confusos, cobrem a cabeça.
4 Por causa do solo rachado,
por não chover na terra,

os fazendeiros estão envergonhados;
eles cobrem a cabeça.
5 A corça, no campo, dá à luz
e abandona sua cria pela falta de pasto.
6 Os burros selvagens, que ficam no alto,
sorvem o ar como chacais;
seus olhos escurecem ao tentar achar
qualquer vegetação".

7 Apesar de nossas transgressões testemunharem contra nós,
age, *Adonai*, por causa de teu nome;
pois nossos desvios são muitos;
pecamos contra ti.
Tu, esperança de Yisra'el,
8 seu salvador no tempo de tribulação,
por que serias como um estranho na terra,
como o viajante que parte após uma noite?
9 Por que deverias ser como o homem em choque
como o campeão incapaz de salvar?
Tu, *Adonai*, estás bem aqui, conosco;
portamos teu nome — não nos abandones!

10 Eis o que *Adonai* diz a seu povo:
"Eles gostam de vagar,
não refreiam os pés;
portanto, *Adonai* não os deseja.
Agora ele se lembrará das transgressões deles,
os punirá por seus pecados".

11 Então *Adonai* me disse: "Não ore por este povo nem por seu bem-estar. 12 Quando
jejuar, não lhe ouvirei o clamor; quando apresentar ofertas queimadas e ofertas de
grãos, não as aceitarei. E ainda o destruirei com guerra, fome e doença". 13 Então eu
disse: "*Adonai*, Deus! Os profetas lhes dizem: 'Vocês não verão a guerra e não sen-
tirão fome; eu darei para vocês paz e segurança neste lugar". 14 *Adonai* respondeu:
"Os profetas profetizam mentiras em meu nome. Eu não os enviei, não lhes mandei
falar. Eles profetizam visões falsas para vocês, adivinhações inúteis, devaneios da
própria mente. 15 Portanto", diz *Adonai*, "os profetas que profetizam em meu nome,
sem eu os ter enviado, ainda afirmam: 'Não haverá guerra nem fome nesta terra',
Entretanto, haverá guerra e fome que destruirão esses profetas. 16 E as pessoas para
quem profetizam serão lançadas nas ruas de Yerushalayim, por causa da fome e da
guerra, e ninguém as sepultará — nem os profetas, nem suas mulheres, filhos ou
filhas — pois verterei sobre eles sua impiedade. 17 Dê-lhes esta mensagem:

'Que meus olhos vertam lágrimas
dia e noite, sem cessar,
pois a filha virgem de meu povo
foi ferida de forma severa;
ela tem tratado de um ferida dolorosa.
18 Caso eu saia ao campo,
verei os mortos à espada.
Se entro na cidade,
vejo as vítimas da fome.

Enquanto isso, profetas e *kohanim*
cuidam dos negócios, sem saber de nada' ".

19 Tu rejeitaste Y'hudah de todo?
Tziyon é insuportável para ti?
Por que nos atingiste de forma irreparável?
Buscamos a paz, mas nada adiantou;
esperamos pelo tempo da cura, mas, em seu lugar, encontramos terror!
20 *Adonai*, confessamos nossa rebelião,
e também as transgressões de nossos antepassados;
sim, pecamos contra ti.
21 Por causa de teu nome, não nos desprezes;
não desonres teu glorioso trono.
Lembra-te de tua aliança conosco;
não a descumpras.
22 Dentre os ídolos das nações,
pode algum deles fazer chover?
Pode o céu, por si mesmo,
enviar água?
Não és tu o único,
Adonai, nosso Deus?
Não procuramos por ti?
Pois tu fazes todas essas coisas.

15 1 Então *Adonai* me disse: "Ainda que Mosheh e Sh'mu'el estivessem diante de
mim, meu coração não se inclinaria na direção deste povo! Leve-os de minha
presença, tire-os daqui. 2 E, quando perguntarem a você aonde devem ir, diga-lhes
que *Adonai* diz isto:

'Os destinados à morte — à morte!
Os destinados à espada — à espada!
Os destinados à fome — à fome!
Os destinados ao cativeiro — ao cativeiro!'

3 "Eu lhes enviarei quatro tipos [de flagelos]", diz *Adonai*, "a espada para matar, os
cães para arrastar, os pássaros do céu e os animais selvagens para devorar e des-
truir. 4 Farei deles um objeto de horror para todos os reinos da terra por causa de
M'nasheh, o filho de Y'hudah, e de seus atos em Yerushalayim.

5 "Quem terá pena de você, Yerushalayim?
Quem se afligirá por sua causa?
Quem se desviará
e perguntará por seu bem-estar?
6 Você me rejeitou", diz *Adonai*.
"Você está voltando atrás.
Por isso, estendo minha mão contra você;
cansei de poupá-la, eu a destruirei.
7 Com uma pá, os espalharei
ao vento junto aos portões da terra;
eu os assolarei, destruirei meu povo,
pois eles não voltarão de seus caminhos.

8 Suas viúvas crescem em número
maior que o da areia do mar.
Ao meio-dia, trarei o destruidor
para as mães dos jovens,
fazendo a angústia e o terror
caírem de repente sobre ela.
9 A mãe de sete filhos desmaiou,
arfando com desespero;
para ela, o sol se pôs enquanto era dia;
ela se encontra à mercê da desgraça e desnorteada.
Os demais, darei à espada
de seus inimigos", diz *Adonai*.

10 Ai de mim, mãe, pois você me deu à luz,
um homem sujeito ao conflito
e à controvérsia em toda a terra!
Não empresto nem peço emprestado;
mesmo assim, todos eles me amaldiçoam.

11 *Adonai* diz: "Prometi a você o bem e fazer seus inimigos apelarem a você quando
a calamidade e a tribulação sobreviessem.
12 "Pode o ferro quebrar o ferro e o bronze do norte? 13 Entregarei sua riqueza
como despojo, e você não receberá deles, por causa de todos os seus pecados cometi-
dos em toda a terra; 14 e o farei partir com seus inimigos para uma terra que você não
conhece. Pois minha ira tornou-se um fogo consumidor, e ele arderá contra vocês".

15 *Adonai*, tu sabes. Lembra-te de mim, pensa em mim
e vinga-te de mim em meus perseguidores.
Por seres tão paciente, não me expulses;
sabe que sofro insultos por tua causa.
16 Quando encontrei tuas palavras, eu as devorei;
tuas palavras deram-me alegria, tornaram-me contente,
pois, *Adonai-Tzva'ot*,
fizeste-me portar teu nome.
17 Jamais estive em companhia dos farristas;
eu não conseguiria festejar;
com tua mão sobre mim, eu me assento só,
pois tu me encheste de indignação.

18 Por que minha dor não tem fim,
minha ferida é incurável, recusando-se a ser sarada?
Tu te tornarás como um riacho enganoso,
que se enche de água apenas de vez em quando?

19 Esta é a resposta de *Adonai*:

"Se você retornar, se eu o trouxer de volta,
você ficará diante de mim.
Caso separe o precioso do comum,
você será meu porta-voz.
Então eles o virão procurar
— você não irá a eles.

20 Farei de você
uma muralha protetora de bronze;
eles lutarão contra você, mas não prevalecerão,
pois estou com você para o salvar
e resgatar", diz Adonai.
21 "Eu o livrarei das garras dos ímpios
e o redimirei do poder dos cruéis".

16 1 Esta palavra de Adonai veio a mim 2 "Você não deve se casar nem ter filhos
e filhas neste lugar. 3 Pois isto é o que Adonai diz a respeito dos filhos e das
filhas nascidos aqui, bem como de suas mães, que lhes deram à luz, e de seus pais,
que os geraram nesta terra. 4 'Eles morrerão de maneira terrível, sem serem lamen-
tados ou sepultados; serão abandonados no chão como esterco. Morrerão à espada
e de fome, e seus corpos servirão de comida para as aves e os animais selvagens'.
5 "Por eis o que Adonai diz: 'Não entre em nenhuma casa em que haja choro por
eles, não lamente nem se entristeça por eles, pois retirei minha *shalom* deste povo,
e também minha graça e compaixão', diz Adonai. 6 'Grandes e pequenos, de igual
forma, morrerão nesta terra; não serão sepultados, e o povo não os lamentará;
tampouco cortarão suas carnes ou rasparão a cabeça por eles. 7 Ninguém preparará
comida para os que pranteiam, a fim de confortá-los pelos mortos; e ninguém lhes
dará nada para beber, para consolá-los pelo pai ou pela mãe. 8 E você não entrará
em nenhuma casa em que haja celebração, nem se sentará com eles para comer e
beber. 9 Pois eis o que Adonai-*Tzva'ot*, o Deus de Yisra'el, diz: 'Neste lugar, enquanto
vocês ainda estiverem vivos, diante de seus olhos, darei fim aos sons de alegria e
felicidade e às vozes do noivo e da noiva'.
10 "Quando você disser a este povo tudo que disse, e eles perguntarem a você:
'Por que Adonai decretou toda esta desgraça terrível contra nós? Qual é nossa ini-
quidade, qual é nosso pecado, o que fizemos contra Adonai, nosso Deus?', 11 então
você lhes dirá: 'Pelo fato de seus antepassados me abandonarem, diz Adonai, e
seguirem outros deuses, para lhes servir e adorar, abandonando a mim e deixando
de guardar minha *Torah*. 12 E vocês fizeram pior do que seus antepassados, pois —
vejam! — cada um de vocês vive de acordo com a teimosia do próprio coração ma-
ligno e não me ouve. 13 Portanto, eu os lançarei para fora desta terra, em uma terra
que vocês não conhecem, nem vocês nem seus antepassados, e ali servirão outros
deuses dia e noite, pois não mostrarei meu favor'.
14 " 'Portanto', diz Adonai, 'virá o dia em que as pessoas não mais jurarão: "Como
vive Adonai, que tirou o povo de Yisra'el da terra do Egito", 15 mas: "Como vive Adonai,
que tirou o povo de Yisra'el da terra do norte e de todos os países para os quais os
expulsou", pois eu os trarei de volta à própria terra, que dei a seus antepassados.
16 " 'Vejam', diz Adonai, ' enviarei muitos pescadores, e eles os pescarão. Depois
disso, enviarei muitos caçadores e eles os caçarão em todas as montanhas, colinas
e cavernas das rochas. 17 Pois vejo os caminhos deles; eles não se podem esconder
de mim; suas transgressões não estão ocultas de meus olhos. 18 Em primeiro lugar,
eu lhes pagarei em dobro pelas transgressões e pecados, pois profanaram a terra
que me pertence; lotaram minha herança com os corpos de seus horrores e suas
abominações' ".

19 Adonai, minha força e fortaleza,
meu refúgio no momento de tribulação,
as nações virão a ti

desde os confins da terra, dizendo:
"Nossos antepassados herdaram apenas mentiras,
ídolos inúteis, sem nenhuma valia".
20 Poderia alguém fazer deuses para si?
(Na verdade, eles não são deuses.)
21 "Portanto, eu os farei conhecer,
de uma vez por todas, eu os farei conhecer
minha força e meu poder.
Então eles saberão que meu nome é *Adonai*.

17 1 "Os pecados de Y'hudah estão escritos com um estilete de ferro,
gravados com uma ponta de diamante
na tábua do coração deles
e nos chifres de seus altares.
2 Como eles se lembram de seus filhos,
também se lembram de seus altares
e de seus postes sagrados perto de árvores verdejantes
nas colinas altas.
3 Minha montanha no campo, sua riqueza
e todos os seus tesouros serão saqueados;
por causa do pecado em seus lugares altos,
por todo o seu território.
4 Você abdicou da posse
da herança que dei a você.
Eu o farei servir seus inimigos
em uma terra que você não conhece.
Pois você acendeu minha ira ardente,
e ela queimará para sempre".

5 Eis o que *Adonai* diz:

"Uma maldição sobre a pessoa que confiar nos seres humanos,
que confiar em forças apenas humanas,
cujo coração se desviar de *Adonai*.
6 Será como um arbusto em 'Aravah —
quando o alívio chegar, não sentirá,
pois mora em um deserto escaldante,
em terra salobra e seca.
7 Abençoado é o homem que confia em *Adonai*;
Adonai será sua segurança.
8 Ele será como árvore plantada perto da água,
que esparrama suas raízes junto ao rio;
não percebe quando chega o calor;
e sua folhagem é frondosa;
não fica ansioso no ano da seca;
antes, continua dando fruto.

9 "O coração é mais enganoso que qualquer outra coisa,
e sua doença é mortal. Quem o pode compreender?
10 Eu, *Adonai*, vasculho o coração;
testo as motivações interiores

a fim de dar a cada um
o que suas ações e conduta merecem".

11 O perdiz choca ovos que não botou;
assim são os que enriquecem de forma injusta—
no apogeu da vida, sua riqueza os abandonará;
por fim, eles se mostrarão tolos.

12 Trono de Glória,
exaltado desde o princípio!
Nosso Santuário Sagrado,
13 *Adonai*, a Esperança de Yisra'el!
Todos os que te abandonam serão envergonhados,
os que te deixam serão inscritos no pó,
pois abandonaram *Adonai*,
a fonte de água viva.
14 Cura-me, *Adonai*, e serei curado;
salva-me, e serei salvo,
pois tu és meu louvor.

15 Eles me perguntam sem parar:
"Onde está a palavra de *Adonai*?
Que ela venha agora".
16 Quanto a mim, não fugi [da responsabilidade]
de ser um pastor que te segue;
tu sabes que eu não desejava esse dia fatal;
é claro para ti o que saiu de meus lábios.
17 Então meu refúgio, não sejas
minha ruína no dia do desastre.
18 Que meus perseguidores sejam envergonhados, não eu;
que sejam aterrorrizados, não eu.
Traze sobre eles o dia do desastre,
destrói-os com dupla destruição.

19 "Então *Adonai* disse-me: 'Vá, e pare junto ao portão do Povo, onde os reis de
Y'hudah entram e saem, e junto a todos os portões de Yerushalayim; 20 e diga-
-lhes: 'Reis de Y'hudah, toda a Y'hudah e todos os moradores de Yerushalayim
que entram por esses portões, ouçam a palavra de *Adonai*! 21 Eis o que
Adonai diz: "Se vocês valorizam sua vida, não carreguem nada no *shabbat*,
nem façam passar qualquer coisa pelos portões de Yerushalayim; 22 não carre-
guem nada de suas casas no *shabbat*; e não realizem nenhum trabalho. Em vez
disso, tornem o *shabbat* um dia sagrado. Eu ordenei a seus antepassados para
fazer isso, 23 mas eles não me deram ouvidos nem prestaram atenção; ao con-
trário, endureceram-se, para que não tivessem de ouvir nem receber instruções.
24 No entanto, se vocês prestarem atenção ao que digo", diz *Adonai*, "e não carrega-
rem nada pelos portões desta cidade no *shabbat* e, além disso, fizerem do *shabbat*
um dia sagrado sem realizar nele nenhum trabalho, 25 então reis e príncipes ocupan-
tes do trono de David entrarão pelos portões da cidade, em carruagens e cavalos.
Eles, seus príncipes, o povo de Y'hudah e os habitantes de Yerushalayim entrarão;
e esta cidade será habitada para sempre. 26 Eles virão das cidades de Y'hudah, dos
lugares à volta de Yerushalayim, da terra de Binyamin, da Sh'felah, das colinas e do

Negev, trazendo ofertas queimadas, sacrifícios, ofertas de grãos, incenso e sacrifí-
cios de ações de graças à casa de ADONAI. 27 Contudo, se vocês não me obedecerem
e não fizerem do *shabbat* o dia sagrado e não pararem de transportar cargas pelos
portões de Yerushalayim no *shabbat*, então incendiarei seus portões; queimarei os
palácios de Yerushalayim, e não se apagarão" ' ".

18 1 Esta palavra veio de ADONAI a Yirmeyahu: 2 "Levante-se e desça à casa do
oleiro, e ali eu direi mais a você". 3 Então desci à casa do oleiro; ele estava
lá, trabalhando com a roda. 4 Toda vez que o vaso feito por ele ficava imperfeito, o
oleiro pegava o barro e fazia outro vaso com ele, dando-lhe a forma que desejasse.
5 Então a palavra de ADONAI veio a mim: 6 "Casa de Yisra'el, não posso eu lidar
com vocês como o oleiro lida com seu barro? — diz ADONAI. Veja! Você, casa de
Yisra'el, é o mesmo nas minhas mãos que o barro nas mãos do oleiro. 7 Em certo
momento, posso falar sobre arrancar pela raiz, despedaçar e destruir uma nação ou
um reino; 8 porém, se essa nação der as costas ao mal, motivo pelo qual pronunciei-
-me contra ela, então deixarei de aplicar o desastre com o qual planejei afligi-la.
9 De forma similar, em outro momento, posso falar a respeito de construir e plan-
tar uma nação ou um reino; 10 contudo, se ela se comportar de modo ímpio a meus
olhos e não ouvir o que digo, então mudarei minha mente e não farei o bem que
prometi fazer para ajudá-la.
11 "Portanto, diga agora ao povo de Y'hudah e aos habitantes de Yerushalayim
que ADONAI diz assim:

'Estou planejando um desastre contra vocês,
preparando meus planos contra vocês.
Voltem-se, cada um de vocês, de seus maus caminhos;
melhorem sua conduta e suas ações'.

12 "Mas eles responderão: 'Não há mais esperança!
Nós nos apegaremos a nossos planos;
cada um de nós seguirá os próprios
desejos pecaminosos com teimosia!'.

13 "Portanto, ADONAI diz isto:
Perguntem às nações se alguém,
já ouviu algo assim.
A virgem de Yisra'el fez
a coisa mais terrível.
14 Poderia a neve do L'vanon
desaparecer das montanhas rochosas?
As águas frescas de terras distantes
já se secaram antes?
15 Não, mas meu povo se esqueceu de mim
e oferece incenso ao nada.
Isso os fará tropeçar,
enquanto andam pela veredas antigas;
eles abandonam o caminho bom
para andar por atalhos.
16 Assim, fazem de sua terra um objeto de horror
e se portam de forma ridícula.

Todos os transeuntes balançam a cabeça,
tomados de pavor.
17 Como o forte vento oriental, eu os dispersarei
diante do inimigo.
Verei as costas deles, não o rosto
no dia do desastre deles".

18 Então eles disseram: "Vamos fazer um plano para tratar com Yirmeyahu. A *Torah*
não será perdida pelos *kohanim,* nem o conselho do sábio, nem as palavras dos
profetas. Portanto, venham, vamos destruí-lo com calúnias; enquanto isso, não da-
remos mais atenção a nada do que ele disser".

19 Dá-me atenção, *Adonai!*
Ouve o que meus inimigos dizem.
20 O bem deve ser recompensado com o mal?
Pois eles estão cavando uma cova [armadilha] para mim.
Lembra-te de como permaneci diante de ti
e falei bem deles,
a fim de desviar tua ira
para longe deles?
21 Por isso, entrega seus filhos à fome,
lança-os sob o poder da espada;
que suas mulheres sem tornem sem filhos e viúvas,
que seus maridos sejam devastados pela doença,
que os jovens sejam mortos à espada na batalha,
22 que gritos sejam ouvidos de suas casas
quando trouxeres os invasores contra eles sem aviso.
Eles cavaram uma cova para me pegar
e colocaram serpentes sob meus pés.
23 Contudo, *Adonai,* tu conheces
todos os planos deles contra mim, para me calar.
Não lhes perdoes as transgressões,
nem lhes apagues os pecados de diante de tua vista;
deixa que tropecem diante ti,
lida com eles quando estiveres irado.

19 1 *Adonai* então disse: "Vá e compre o jarro de um oleiro. Pegue alguns dos líderes
do povo e alguns dos principais *kohanim* 2 e saia na direção do vale de Ben-
-Hinnom, à entrada, no portão dos Cacos. Ali você deve proclamar as palavras que
falarei a você. 3 Diga: 'Ouçam a palavra de *Adonai,* reis de Y'hudah e habitantes de
Yerushalayim! Isto é o que *Adonai-Tzva'ot,* o Deus de Yisra'el diz: "Eu trarei um desastre
sobre este lugar que fará tinir os ouvidos de quem ouvir. 4 Isso porque eles abandona-
ram este local e o alienaram. Fazem oferendas a deuses que nem eles nem seus ante-
passados conheceram, nem os reis de Y'hudah. Enchem este lugar com o sangue de
pessoas inocentes. 5 Construíram os altares de Ba'al, para queimar seus filhos no fogo
a Ba'al — coisa que nunca lhes ordenei ou disse. Isso sequer passou por minha mente.
6 " ' "Por isso, está chegando o dia", diz *Adonai,* "em que este local não será mais
chamado Tofet, ou vale de Ben-Hinnom, e sim vale da Matança. 7 Cancelarei os planos de
Y'hudah e de Yerushalayim a respeito deste lugar. Eu os derrubarei à espada diante
de seus inimigos e os entregarei nas mãos de quem lhes quer tirar a vida, e darei

seus corpos como comida para os pássaros do céu e para os animais selvagens. 8
Farei desta cidade um objeto de horror e ridículo para quem passar. Todos os que
passarem ficarão horrorizados e os ridicularizarão por todas as suas feridas. 9 Eu
os farei comer a carne dos próprios filhos e filhas; todos comerão a carne dos ami-
gos durante o cerco, por causa da escassez imposta a eles pelos inimigos e pelas
pessoas designadas para matá-los" '.

10 "Então você quebrará o jarro diante de todas as pessoas que o acompanharam
11 e dirá: '*Adonai-Tzva'ot* diz que quebrará este povo e esta cidade deste modo, da
maneira que se quebra um vaso de oleiro, sem nenhuma possibilidade de reparo.
Os mortos serão enterrados em Tofet, pois não haverá espaço suficiente para o en-
terro [em nenhum outro lugar]. 12 É isso que farei com este lugar', diz *Adonai,* 'e com
seus habitantes; agirei como fiz em Tofet. 13 As casas de Yerushalayim e as dos reis
de Y'hudah serão maculadas como este lugar — Tofet —; sim, todas as casas, nas
quais ofereceram sacrifícios a todos os astros do céu e verteram ofertas de bebidas
para outros deuses' ".

14 Então Yirmeyahu retornou de Tofet, onde *Adonai* o enviou para profetizar, e
parou no pátio da casa de *Adonai* e disse para todo o povo: 15 "Isto é o que *Adonai-*
-Tzva'ot, o Deus de Yisra'el, diz: 'Estou trazendo sobre esta cidade e sobre todas
as vilas ao redor o desastre que pronunciei contra elas, pois obstinaram-se e se
recusaram a prestar atenção às minhas palavras' ".

20 1 Quando Pash'chur, o *kohen*, o filho de Immer, o principal oficiante da casa
de *Adonai,* ouviu Yirmeyahu profetizando essas coisas, 2 ele o mandou açoi-
tar e o prendeu em um cepo junto ao portão Superior de Binyamin, na casa de
Adonai. 3 Na manhã seguinte, quando Pash'chur retirou Yermeyahu do cepo,
Yermeyahu disse-lhe: "*Adonai* não mais o chamará Pash'chur, mas Magor-Missaviv
[Terror por todos os lados]. 4 Pois é isto o que *Adonai* diz: 'Farei de você um terror
para si mesmo e para todos os seus amigos. Eles cairão à espada de seus inimigos,
enquanto você assiste. Entregarei toda a Y'hudah ao rei de Bavel, e ele os levará
cativos para Bavel e os matará à espada. 5 Além disso, entregarei tudo que estiver
estocado nesta cidade, todos os seus bens, tesouros e, de fato, toda a riqueza dos
reis de Y'hudah a seus inimigos, que os saquearão, aprisionarão e os levarão a
Bavel. 6 E você, Pash'chur, junto com toda a sua casa, será levado ao cativeiro; você
irá a Bavel, onde morrerá e será sepultado — você e todos os seus amigos, para os
quais tem profetizado mentiras' ".

7 Tu me enganaste *Adonai;* eu fui enganado.
Tu me sobrepujaste e prevaleceste.
O dia todo, sou ridicularizado;
todos fazem chacotas de mim.
8 Sempre que falo, tenho de gritar;
eu grito: "Violência!" e "Destruição!".
Assim, a palavra de *Adonai* torna-se para mim
causa da reprovação e insulto o dia todo!
9 No entanto, caso eu diga: "Não pensarei nele,
não mencionarei mais seu nome",
parece que um fogo
queima em meu coração,
aprisionado em meus ossos;

eu me canso
tentando retê-lo,
mas não consigo.
10 Ouço muitos sussurrando suas tramas:
" 'Terror por todos os lados?'.
Denunciem-no! Vamos denunciá-lo!' ".
Mesmo meus amigos íntimos
esperam para me ver tropeçar —
"Talvez ele seja enganado;
assim, tomaremos o melhor que ele tiver
e nos vingaremos dele".

11 Contudo, *Adonai* está comigo como um guerreiro temido.
Portanto, meus perseguidores tropeçarão, derrotados,
muito envergonhados por causa da falha;
sua desgraça perene não será esquecida.
12 *Adonai-Tzva'ot*, tu provas os justos
e vês o coração e o pensamento das pessoas.
Deixa-me ver tu te vingares deles,
pois entreguei minha causa a ti.

13 Cantem a *Adonai!* Louvem *Adonai!*
Pois ele resgata os necessitados
das garras dos praticantes do mal.

14 Maldito seja o dia em que nasci,
o dia em que minha mãe me deu à luz —
que ele não seja abençoado!
15 Maldito o homem que anunciou
a meu pai: "Você é pai de um menino!" —
tornando-o muito feliz.
16 Que esse homem seja como as cidades
destruídas por *Adonai* sem misericórdia!
Deixe-o ouvir os gritos de alarme pela manhã
e o som da batalha ao meio-dia,
17 pois Deus não me fez morrer no ventre,
permitindo que minha mãe se tornasse minha sepultura,
e que seu ventre fosse tomado por mim para sempre.
18 Por que tive de sair do ventre,
apenas para ver lutas e tristeza,
e terminar meus dias em vergonha?

21 1 Esta é a palavra que veio a Yiermeyahu, da parte de *Adonai*, quando o
rei Tzidkiyahu lhe enviou Pash'chur, o filho de Malkiyah, e Tz'fanyah, o
filho de Ma'aseiyah, com esta mensagem: 2 "Por favor, consulte *Adonai* por nós, pois
N'vukhadretzar, rei de Bavel, está guerreando contra nós. Talvez *Adonai* realize um
milagre por nós e o faça retirar-se".

3 Yiermeyahu respondeu-lhes: "Eis o que você deve falar a Tzidkiyahu: 4 'Isto
é o que *Adonai*, o Deus de Yisra'el, diz: "Farei as armas de guerra que vocês têm
em mãos ineficazes quando combaterem o rei de Bavel e os kasdim, que estão do

lado de fora do muro, sitiando-os. Eu os reunirei do lado de dentro da cidade; 5 e eu
mesmo lutarei contra vocês com minha mão estendida e com braço forte, em ira,
em indignação e grande fúria. 6 Abaterei os habitantes desta cidade, seres humanos
e animais, e eles morrerão com pragas terríveis. 7 Após tudo isso", diz *Adonai*, "en-
tregarei Tzidkiyahu, rei de Y'hudah, seus servos, o povo e quem permanecer vivo
nesta cidade, após a praga, a guerra e a fome, a N'vukhadretzar, rei de Bavel, e a
seus inimigos, a quem lhes procurar tirar a vida; e ele os matará à espada. Ele não
os poupará; não terá misericórdia nem compaixão' ".

8 "Eis o que você deve falar a este povo: '*Adonai* diz: "Vejam: eu apresento a
vocês o caminho da vida e o caminho da morte. 9 Quem permanecer nesta cidade,
morrerá pela espada, pela fome e pela praga. Mas quem a deixar e se render aos
kasdim, que a cercam, sobreviverá; sua vida será o único 'despojo da guerra'. 10 Por
isso, determinei de forma absoluta que esta cidade receberá o mal, não o bem", diz
Adonai. "Eu a entregarei ao rei de Bavel, e ele a queimará até o chão" '.

11 "Ele fala à casa real de Y'hudah: 'Ouça a palavra de *Adonai*; 12 casa de Davi, isto é
o que *Adonai* diz:

"Julguem com justiça a cada manhã,
salvem quem foi enganado dos opressores;
ou minha fúria recairá como fogo,
queimando tão intensamente que ninguém será capaz de apagá-la,
pelo fato de suas ações serem extremamente malignas".
13 *Adonai* diz: "Estou contra você, [Yerushalayim,]
situada no vale como uma rocha na planície.
Você que diz: 'Quem pode descer contra nós?
Quem pode entrar em nossas moradas?' —
14 eu a punirei", diz *Adonai*,
"de acordo com os méritos de seus atos.
Incendiarei suas florestas,
e o fogo devorará tudo à sua volta" ' ".

22 1 *Adonai* disse: "Desça à casa do rei de Y'hudah e diga ali esta palavra: 2 'Rei
de Y'hudah, que ocupa o trono de David, ouça a palavra de *Adonai* — você,
seus servos e seu povo que entra por estes portões. 3 Isto é o que *Adonai* diz:

"Façam o que é correto e justo;
livrem o explorado de seus opressores;
não façam nada errado ou violento
ao estrangeiro, ao órfão ou à viúva;
não derramem sangue inocente neste lugar.

4 " ' "Se vocês tomarem cuidado de fazer essas coisas, então os futuros reis que
ocuparão o trono de David entrarão pelas portas deste palácio, conduzindo car-
ruagens e cavalos — eles, seus servos e seu povo. 5 Mas, se vocês não prestarem
atenção a estas palavras, então juro por mim mesmo", diz *Adonai*, "que este lugar
se transformará em uma ruína" '.

6 "Pois eis o que *Adonai* diz a respeito do palácio do rei de Y'hudah:

'Você é como Gil'ad para mim,
como o cume do L'vanon;

mas, eu o transformarei num deserto,
semelhante a cidades inabitadas.
7 Eu nomearei homens para que o destruam,
cada um deles com suas armas;
eles derrubarão seus cedros escolhidos
e os lançarão ao fogo'.

8 "Muitas nações passarão por esta cidade e dirão umas às outras: 'Por que *Adonai*
fez isso a esta grande cidade?'. 9 A resposta será: 'Porque eles abandonaram a alian-
ça de *Adonai,* seu Deus, e adoraram outros deuses, servindo-os' ".

10 Não lamentem pelo [rei] morto,
nem guardem luto por ele [Yoshiyahu].
Lamentem, sim, por quem parte [para o Egito],
pois nunca voltará
nem verá sua terra natal outra vez.

11 Pois isto é o que *Adonai* diz sobre Shalum, o filho de Yoshiyahu, rei de Y'hudah,
sucessor de Yoshiyahu, seu pai, como rei: "Ele partiu deste lugar, para nunca mais
retornar; 12 contudo, ele morrerá no lugar para onde o levaram cativo, sem voltar a
ver esta terra.

13 "Ai de quem constrói seu palácio de forma desonesta,
e seus aposentos superiores, pela injustiça;
que faz o vizinho trabalhar de graça
e não lhe dá o salário;
14 o que diz: 'Construirei um palácio espaçoso para mim
com quartos superiores arejados',
e então faz janelas e painéis de cedro
pintados com vermelhão!
15 Seu cedro pode ser excelente,
mas não faz de você um rei melhor.
Na verdade, seu pai comeu e bebeu,
mas fez também o que era correto e justo,
e assim as coisas lhe foram bem.
16 Ele apoiou a causa do pobre e do fraco,
e, assim, tudo correu bem.
Não é isso o que significa
conhecer-me?", diz *Adonai.*
17 "Quanto a você, no entanto, seus olhos e seu coração
são inteiramente controlados pela ganância,
pelo desejo de derramar sangue inocente,
oprimir e extorquir".

18 Portanto, eis o que *Adonai* diz a respeito de Y'hoyakim, o filho de Yoshiyahu, rei
de Y'hudah:

"Não haverá ninguém para lamentar por ele:
'Oh, meu irmão!', ou 'Oh, minha irmã!'.
Não haverá ninguém para lamentar por ele:
'Oh, meu senhor!', ou 'Oh, sua glória!'.
19 Ele receberá o 'enterro' de um jumento —
arrastado para fora dos portões de Yerushalayim
e lançado fora [para apodrecer].

20 Suba o L'vanon e chore,
levante a voz em Bashan,
clame desde 'Avarim,
pois todos os seus amantes foram castigados.
21 Eu falei a você nos tempos da prosperidade,
mas você disse: 'Eu não ouvirei'.
Tem sido este seu padrão desde que era jovem —
você não presta atenção ao que digo.
22 O vento conduzirá seus pastores para fora,
e seus amantes seguirão para o cativeiro.
Então você será envergonhada e desgraçada
por todos os seus atos ímpios.
23 Você que vive no L'vanon,
aninhando-se nos cedros,
como será graciosa
quando as dores sobrevierem a você como as de uma mulher no parto?

24 "Como eu vivo", diz *Adonai*, "mesmo que Koniyahu, o filho de Y'hoyakim, rei de
Y'hudah, fosse o anel de selar em minha mão direita, eu o arrancaria 25 e o entregaria
a quem procura sua vida, a quem ele teme, N'vukhadretzar, rei de Bavel, e os kasdim.
26 Eu lançarei você e a mãe que deu à luz você em um país diferente de onde você
nasceu, e você morrerá ali. 27 Eles não retornarão ao país ao qual desejam voltar".

28 É este homem Koniyahu,
o desprezado, o vaso quebrado,
o instrumento que ninguém quer?
Por que eles são lançados fora?
Por que ele e seus descendentes são lançados fora,
a um país que não conhecem?
29 Ó terra, terra, terra!
Ouça a palavra de *Adonai*.
30 Isto é o que *Adonai* diz:
"Registre este homem como um homem sem filhos;
ele é um fracasso total —
nenhum de seus descendentes será bem-sucedido,
nenhum deles se sentará no trono de David
ou governará Y'hudah outra vez".

23 1 "Oh não! Os pastores estão destruindo e espalhando as ovelhas em meu
pasto!", diz *Adonai*. 2 Portanto, isto é o que *Adonai*, o Deus de Yisra'el, diz
contra os pastores que pastoreiam meu povo: "Vocês espalharam meu rebanho,
conduziram-no para fora e não cuidaram dele. Portanto, 'cuidarei' de vocês por
causa de seus maus procedimentos", diz *Adonai*. 3 "Eu mesmo juntarei o que resta
de meu rebanho de todos os lugares para onde os tenho levado e o trarei de volta
à sua casa, e ele será frutífero, e aumentará em número. 4 Estabelecerei pastores
sobre ele que o pastorearão; ele, Então não mais ficará com medo nem cairá em
desgraça, e nenhuma das ovelhas faltará", diz *Adonai*.

5 "Está chegando o dia", diz *Adonai*
em que suscitarei um Ramo justo para David.

Ele reinará como rei e será bem-sucedido,
fará o que é justo e correto na terra.
6 Nesse dia, Y'hudah será salvo,
Yisra'el viverá em segurança,
e o nome dado a ele será
ADONAI Tzidkenu [ADONAI é nossa justiça].

7 "Portanto", diz *ADONAI*, "chegará o dia em que o povo não mais jurará: 'Como vive
ADONAI, que trouxe o povo de Yisra'el da terra do Egito', 8 mas: 'Como vive *ADONAI*,
que trouxe os descendentes da casa de Yisra'el da terra do norte', e de todos os
lugares para onde os levei. Então eles viverão na própria terra".

9 A respeito dos profetas:

Meu coração, dentro de mim, rompeu-se,
todos os meus ossos tremem;
sou como o bêbado,
como o homem dominado pelo vinho,
por causa de *ADONAI*,
por causa de suas santas palavras.
10 Pois a terra está repleta de adúlteros;
por causa da maldição, a terra está de luto —
os pastos do deserto secaram.
O caminho deles é mau, e seu poder é usado de forma errada.
11 "Tanto o profeta quanto o *kohen* são ímpios;
em minha casa, encontro a impiedade deles", diz *ADONAI*.
12 "Portanto, o caminho lhes será escorregadio;
serão conduzidos às trevas e cairão ali.
Pois trarei o desastre sobre eles,
o ano de sua punição", diz *ADONAI*.
13 "Vi conduta imprópria
nos profetas de Shomron —
eles profetizaram por Ba'al
e desencaminharam Yisra'el, meu povo.
14 Contudo, nos profetas de Yerushalayim
vi algo terrível —
eles cometem adultério, vivem em mentiras,
encorajando desse modo os malfeitores a
nunca se voltarem de seus pecados.
Para mim, todos eles se tornaram como S'dom,
e seus habitantes, como 'Amorah".

15 Portanto, isto é o que *ADONAI-Tzva'ot* diz a respeito dos profetas:

"Eu os alimentarei com absinto
e farei que bebam águas venenosas,
pois a impiedade se espalhou por toda a terra
a partir dos profetas de Yerushalayim".

16 *ADONAI-Tzva'ot* diz:

"Não ouçam as palavras dos profetas
que profetizam para vocês.

Eles os fazem agir de forma tola,
contando a vocês visões de sua mente,
e não da boca de *Adonai*.
17 Eles dão segurança a quem me despreza:
'*Adonai* diz que vocês estarão a salvo e seguros',
e dizem a todos os que vivem com o coração obstinado:
'Nada de mal acontecerá a vocês'.
18 No entanto, qual deles esteve presente ao concílio
de *Adonai* para ver e ouvir essa palavra?
Quem prestou atenção
à palavra dele o suficiente para ouvi-la?".

19 Olhem! A tempestade de *Adonai*
irrompe em fúria,
uma tempestade de vento, uma ventania que cai
sobre os ímpios!
20 A ira de *Adonai* não será aplacada
até realizar por completo o propósito de seu coração.
No *acharit-hayamim*,
vocês entenderão todas as coisas.

21 "Eu não enviei esses profetas, mas eles correram.
Não lhes falei, mas eles profetizaram.
22 Se eles tivessem estado presentes em meu concílio,
levariam meu povo para ouvir minhas palavras,
e ele voltaria de seu caminho ímpio
e da maldade de suas ações.
23 "Sou Deus apenas quando estou perto", pergunta *Adonai*,
"e não quando estou longe?
24 Alguém pode se esconder em um lugar tão secreto
que eu não o veja?", pergunta *Adonai*.
Adonai diz: "Não preencho o céu e a terra?

25 "Tenho ouvido o que esses profetas que profetizam em meu nome estão dizendo:
'Tive um sonho! Tive um sonho!'. 26 Por quanto tempo mais isso continuará assim?
Está [minha palavra] no coração dos profetas que profetizam mentiras, que profe-
tizam o engano de sua própria mente? 27 Com seus sonhos, que eles continuam a
contar uns aos outros, esperam provocar meu povo a se esquecer de meu nome,
como seus antepassados se esqueceram de meu nome quando adoraram Ba'al.

28 "Se um profeta sonhar,
que ele o conte como sonho.
Quem, no entanto, tiver minha palavra,
fale-a com fidelidade.
O que a palha e o trigo
têm em comum?", pergunta *Adonai*.
29 "Não é minha palavra como o fogo", pergunta *Adonai*,
"como o martelo que despedaça rochas?
30 Portanto, sou contra os profetas", diz *Adonai*,
"que roubam minhas palavras uns dos outros.
31 Sim, sou contra os profetas", diz *Adonai*,
"que falam suas palavras e acrescentam: 'ele diz'.

32 "Sou contra os que forjam profecias mediante sonhos falsos", diz Adonai. "Eles
falam ao povo e, por suas mentiras e arrogância, desencaminham meu povo. Eu
não os enviei, não os comissionei, e eles não fazem nenhum bem a este povo",
diz Adonai.
33 "Quando [alguém] deste povo, um profeta ou um *kohen* perguntar: 'Qual é o peso
de Adonai?' você lhe responderá: 'Que peso? Estou jogando vocês para fora', diz Adonai.
34 Tanto ao profeta quanto ao *kohen*, como [a qualquer indivíduo dentre] este povo que
mencionar o 'peso de Adonai', diga que eu os castigarei, a eles e à sua casa".
35 Então quando você falar com seu vizinho ou com seu irmão, pergunte: "Que
resposta deu Adonai?" ou "O que disse Adonai?". 36 Nunca mais usem a expressão
"peso de Adonai", pois a palavra de cada pessoa será seu peso. Acaso vocês devem
distorcer as palavras do Deus vivo, de Adonai-*Tzva'ot*, nosso Deus? 37 Então quando
conversarem com um profeta, perguntem: "Que resposta Adonai deu a você?", ou
"O que Adonai diz?". 38 Contudo, se vocês falarem sobre o "peso de Adonai", então
eis o que Adonai diz: "Pelo fato de vocês usarem a expressão 'o peso de Adonai',
depois de eu já ter dado a ordem para não dizerem 'o peso de Adonai', 39 eu os le-
vantarei, a [todos] vocês, que são o peso, e os lançarei fora, para longe de minha
presença — vocês e a cidade que dei a vocês e a seus antepassados. 40 Então eu os
sujeitarei à desgraça perpétua — eterna e inesquecível vergonha".

24 1 Depois de N'vukhadretzar, rei de Bavel, levar Y'khanyahu, o filho de
Y'hoyakim, rei de Y'hudah, com os líderes de Y'hudah, os artesãos e os tra-
balhadores habilidosos para o exílio, de Yerushalayim a Bavel, Adonai deu-me uma
visão. Ali, em frente ao templo de Adonai, foram colocados dois cestos de figos.
2 Um dos cestos continha figos muito bons, como os colhidos em primeiro lugar; na
outra cesta, estavam figos muito ruins, tão ruins que não eram comestíveis. 3 Então
Adonai perguntou-me: "Yirmeyahu, o que você vê?". Respondi: "Figos — os figos
bons são excelentes; mas os maus são muito ruins, tão ruins que não se podem
comer". 4 A palavra de Adonai veio a mim: 5 "Eis o que Adonai, o Deus de Yisra'el, diz:
'Eu considero os exilados de Y'hudah, aos quais enviei deste lugar para a terra dos
kasdim, bons, como esses bons figos.

6 " 'Cuidarei deles, de seu bem,
e os trarei de volta a esta terra;
eu os edificarei e não os cortarei,
plantarei e não os arrancarei.
7 Eu lhes darei um coração para que me conheçam,
para saberem que eu sou Adonai.
Eles serão meu povo,
e eu lhes serei Deus;
pois eles voltarão para mim
com todo o coração'.

8 "Contudo, a respeito dos figos maus, que são tão ruins que não se podem comer,
Adonai diz: 'Farei Tzidkiyahu, o rei de Y'hudah, e seus líderes semelhantes a eles, como
farei com o restante desta terra e com os habitantes da terra do Egito. 9 A todos os
lugares para onde eu os conduzir, farei deles objeto de horror, repulsivos a todos os
reinos da terra, uma desgraça, um provérbio, um escárnio e uma maldição; 10 e enviarei
a espada, a fome e a praga entre eles até desaparecerem da terra que dei a eles e a
seus antepassados' ".

25 1 Esta é a palavra que veio a Yirmeyahu acerca de todas as pessoas de
Y'hudah no quarto ano de Y'hoyakim, o filho de Yoshiahu, rei de Y'hudah;
este foi também o primeiro ano de N'vukhadretzar, rei de Bavel. 2 Yirmeyahu, o pro-
feta, a anunciou diante de todas as pessoas de Y'hudah e de todos os habitantes de
Yerushalayim: 3 "Por vinte e três anos, desde o trigésimo ano de Yoshiyahu, o filho
de Amon, rei de Y'hudah, até os dias de hoje, a palavra de *Adonai* veio a mim, e eu
a anunciei a vocês em várias ocasiões; mas vocês não ouviram. 4 Além disso, *Adonai*
enviou a vocês todos os seus servos e profetas — e outra vez, em diversas ocasiões
—, mas vocês não ouviram nem deram atenção. 5 A mensagem foi sempre a seguin-
te: 'Cada um de vocês deve abandonar seus maus caminhos, suas atitudes ímpias.
Assim, vocês morarão na terra que *Adonai* deu a seus antepassados para todo o
sempre. 6 Não sigam outros deuses, servindo-os e adorando-os. Não provoquem
minha ira com coisas feitas pelas mãos de vocês; assim, não farei mal nenhum a
vocês. 7 No entanto, vocês não me ouvem', diz *Adonai*, 'e assim me provocam com
os produtos de suas mãos, para sua destruição'.

8 "Portanto, eis o que diz *Adonai-Tzva'ot*: 'Pelo fato de vocês não terem dado
atenção ao que tenho dito, 9 convoco todas as famílias do norte', diz *Adonai*, 'e meu
servo N'vukhadretzar, o rei de Bavel, e os enviarei contra esta terra, contra seus
habitantes e contra todas as nações vizinhas. Eu os destruirei por completo, farei
deles objeto de horror; vou ridicularizá-los, deixando-os em ruína perpétua. 10 Além
disso, silenciarei no meio deles os sons de alegria e felicidade; a voz do noivo e da
noiva, o som da moinho e a luz das lâmpadas. 11 Toda esta terra será arruinada, e
ficará perdida; e essas nações servirão ao rei de Bavel por setenta anos. 12 No entan-
to, quando os setenta anos se encerrarem, punirei o rei de Bavel e essa nação por
seus pecados', diz *Adonai*, 'e transformarei a terra dos kasdim em uma ruína eterna.
13 Infligirei a essa terra todas as palavras que decretei contra ela, tudo o que está
escrito neste livro, em que Yirmeyahu profetizou contra todas as nações. 14 Pois
eles também se tornarão escravos de muitas nações e de reis poderosos; eu lhes
retribuirei de acordo com seus feitos e a obra de suas mãos'.

15 "Pois aqui está o que *Adonai*, o Deus de Yisra'el, me disse: 'Pegue esta taça de
vinho da fúria de minhas mãos e faça todas as nações, aonde eu o estou enviando,
beberem. 16 Elas beberão, cambalearão e se portarão como loucas por causa da es-
pada que enviarei entre elas' ".

17 Então eu peguei a taça das mãos de *Adonai* e fiz que todas as nações bebessem,
aonde *Adonai* me havia enviado — 18 Yerushalayim e as cidades de Y'hudah, ao lado
de seus reis e líderes, fazendo deles ruína e objeto de horror, ridicularizando-os e
amaldiçoando-os, como fazem hoje; 19 o faraó, o rei do Egito, com seus servos e líde-
res e todas as pessoas, as nativas como 20 as de fora; todos os reis da terra de 'Utz;
todos os reis da terra dos p'lishtim: Ashkelon, 'Azah, 'Ekron e o remanescente de
Ashdod; 21 Edom, Mo'av e o povo de 'Amon; 22 todos os reis de Tzor, de Tzidon e das
regiões costeiras de além-mar; 23 D'dan, Teima, Buz e todos os que aparam a barba
de forma quadrada; 24 todos os reis da Arábia e os povos misturados que vivem no
deserto; 25 todos os reis de Zimri, de 'Eilam e os medos; 26 todos os reis do norte, os
próximos e os distantes, um por um — na verdade, todos os reis do mundo que estão
na face da terra. E o rei de Sheshakh também o beberá, em último lugar.

27 "Você deverá dizer-lhes: 'Aqui está o que diz *Adonai-Tzva'ot*, o rei de Yisra'el:
Bebam até que fiquem tão bêbados que não aguentem mais, caiam, e nunca mais
se levantem, por causa da espada que envio entre vocês!'. 28 Se eles se recusarem a
pegar o cálice de sua mão e beber dele, 'Aqui está o que *Adonai-Tzva'ot* diz: Vocês

devem beber! [29] Pois, vejam: se estou trazendo o desastre até sobre a cidade que
leva meu nome, vocês esperam sair impunes? Sim! Convocarei a espada para todos
os moradores da terra', diz *Adonai*.

[30] "Quanto a você [Yirmeyahu], profetize todas estas coisas contra eles; diga-lhes:

'*Adonai* ruge das alturas,
levanta a voz de sua santa morada,
ruge com poder contra a própria habitação,
grita alto, como quem pisoteia uvas,
contra todos os moradores da terra.
31 O som chega até os confins da terra,
pois *Adonai* acusa as nações,
está prestes a efetuar seu juízo sobre toda a humanidade;
ele entregará os ímpios à espada',

diz *Adonai*". [32] Assim diz *Adonai-Tzva'ot*:

"O desastre se espalha de nação em nação,
uma grande tempestade está se formando
desde os confins da terra".

33 Nesse dia, os mortos por *Adonai* serão esparramados
de um confim da terra ao outro;
eles não serão pranteados, nem reunidos, nem sepultados;
jazerão sobre o solo como esterco.

34 "Chorem, pastores! Gritem!
Envolvam-se no pó, senhores de rebanhos!
Pois os dias do assassinato de vocês chegaram.
Eu os quebrarei em pedaços,
e, como um vaso quebrado, vocês cairão".

35 Os pastores não têm para onde fugir,
e os senhores de rebanhos não têm para onde escapar.
36 Ouçam o grito dos pastores,
e o lamento dos senhores de rebanhos!
Pois *Adonai* destrói as pastagens,
37 os pastos tranquilos estão silenciados,
por causa da ira ardente de *Adonai*.
38 Como o leão, ele abandonou a toca,
pois sua terra se tornou desolada
por causa da espada afiada do opressor
e da ira ardente de *Adonai*.

26 [1] No início do reinado de Y'hoyakim, o filho de Yoshiyahu, rei de Y'hudah,
esta palavra veio da parte de *Adonai*: [2] "*Adonai* diz: 'Posicione-se no pátio da
casa de *Adonai* e fale ao povo de todas as cidades de Y'hudah que vem para adorar
na casa de *Adonai*; fale tudo o que ordeno que lhes fale e não omita uma só palavra.
[3] Talvez eles ouçam, e cada um deles se volte do mau caminho; então desistirei do de-
sastre que pretendo trazer sobre eles por causa da impiedade de seus atos. [4] Assim,
diga-lhes que isto é o que diz *Adonai*: "Se não derem atenção a mim, nem viverem
de acordo com minha *Torah*, que dei a vocês [5] nem ouvirem o que meus servos, os

profetas, enviados a vocês por mim, dizem, 6 então tornarei esta casa semelhante a
Shiloh e farei desta cidade um objeto de maldição para todas as nações da terra" ' ".
7 Os *kohanim,* os profetas e todo o povo ouviram Yirmeyahu falando essas pa-
lavras na casa de *Adonai.* 8 Quando Yirmeyahu terminou de falar tudo o que *Adonai*
lhe ordenou dizer a todo o povo, os *kohanim,* os profetas e todas as pessoas que
estavam junto deles gritaram: "Você morrerá por isso! 9 Por que você profetizou
em nome de *Adonai:* 'Esta casa se tornará como Shiloh' e 'Esta cidade se tornará em
ruínas desabitadas?' ". O povo se juntou à volta de Yirmeyahu na casa de *Adonai.*
10 Quando os oficiais de Y'hudah ouviram sobre isso, foram do palácio do rei à
casa de *Adonai* e se assentaram à entrada do portão novo da casa de *Adonai.* 11 Os
kohanim e os profetas disseram aos oficiais e a todo o povo: "Este homem merece a
sentença de morte porque profetizou contra esta cidade; vocês o ouviram com seus
ouvidos". 12 Então Yirmeyahu disse aos oficiais e a todo o povo: "*Adonai* me enviou
para profetizar contra esta casa e contra esta cidade com todas as palavras que
vocês ouviram. 13 Agora, portanto, melhorem seus caminhos e o procedimento de
vocês, e ouçam a voz de *Adonai,* seu Deus; então *Adonai* desistirá do desastre que,
decretou contra vocês. 14 Quanto a mim, porém, eis que estou em suas mãos; façam
comigo o que parecer bom ou correto a vocês. 15 Saibam, porém, com certeza, que,
se vocês me matarem, trarão sangue inocente sobre si mesmos, sobre esta cidade e
sobre seus habitantes; pois o fato é que *Adonai* me enviou a vocês para falar todas
essas palavras, de modo que vocês as pudessem ouvir".
16 Os oficiais e todo o povo disseram aos *kohanim* e aos profetas: "Este homem
não merece a pena de morte, pois ele nos falou em nome de *Adonai,* nosso Deus".
17 Nesse momento, alguns dos líderes da terra ficaram em pé e se dirigiram a todo
o povo reunido: 18 "No passado, no tempo de Hizkiyahu, rei de Y'hudah, Mikhah de
Moreshet foi um profeta. Ele disse a todo o povo de Y'hudah, '*Adonai-Tzva'ot* diz:

> "*Tziyon* será arada como um campo.
> Yerushalayim se tornará um montão de ruínas,
> e o monte da casa, como o alto da floresta' ".

19 "Hizkiyahu, rei de Y'hudah, e toda a Y'hudah o levaram à morte? De modo ne-
nhum. Antes, ele temeu a *Adonai* e orou pelo favor de *Adonai;* e *Adonai* desistiu do
desastre pronunciado contra eles. Então, [se levarmos Yirmeyahu à morte,] podere-
mos trazer grande desastre sobre nós mesmos".
20 Houve também um homem que profetizou em nome de *Adonai,* Uriyahu, o fi-
lho de Sh'ma'yahu, de Kiryat-Ye'arim, que profetizou contra esta cidade e contra
esta terra exatamente como Yirmeyahu está profetizando. 21 Quando Y'hoyakim, o
rei, todos os seus soldados e outros oficiais ouviram o que ele estava dizendo, o rei
procurou matá-lo. Ao saber disso, Uriyahu ficou com medo, fugiu e foi para o Egito.
22 Y'hoyakim, o rei, enviou homens para Egito — Elnatan, o filho de 'Akhbor, e alguns
outros. 23 Eles trouxeram Uriyahu de volta do Egito e o levaram a Y'hoyakim, o rei, que
o matou à espada e atirou seu cadáver no local de sepultamento do povo comum.
24 Contudo, neste caso, referente a Yirmeyahu, Achikam, o filho de Shafan,
usou sua influência para ajudá-lo, de modo que ele não foi entregue ao povo para
ser morto.

27 1 No início do reinado de Y'hoyakim, o filho de Yoshiyahu, rei de Y'hudah,
esta palavra veio a Yirmeyahu da parte de *Adonai:* 2 "*Adonai* disse-me o se-
guinte: 'Faça para si um jugo de correias e traves e coloque-o no pescoço. 3 Envie

[jugos similares] aos reis de Edom, de Mo'av, do povo de 'Amon, de Tzor e de Tzidon por meio dos mensageiros que eles enviaram a Yerushalayim e a Tzidkiyahu, rei de Y'hudah. 4 Dê-lhes esta mensagem para seus senhores, dizendo aos enviados que *Adonai-Tzva'ot*, o Deus de Yisra'el, lhes diz para que falem a seus senhores:

5 " ' "Eu fiz a terra, os homens e os animais que estão sobre a terra com meu grande poder e meu braço estendido; e eu os dei a quem me parece justo. 6 Agora, pois, dei todas essas terras a meu servo N'vukhadnetzar, o rei de Bavel; também lhe dei os animais selvagens, para que o sirvam. 7 Todas as nações servirão a ele, a seu filho e a seu neto, até que sua nação chegue ao fim — no tempo em que muitas nações e grandes reis farão dele seu escravo. 8 A nação e o reino que se recusarem a servir a este N'vukhadnetzar, rei de Bavel, que não colocarem o pescoço sob o jugo do rei de Bavel, eu os castigarei", diz *Adonai*, "com espada, fome e praga, até que eu lhes tenha dado cabo por intermédio dele.

9 " ' "Portanto, não ouçam seus profetas, adivinhos, sonhadores, mágicos e feiticeiros, quando eles falarem que não serão sujeitos ao rei de Bavel; 10 porque profetizarão mentiras, resultando em sua remoção para longe da terra sob minha condução, para que pereçam. 11 No entanto, a nação que colocar o pescoço sob o jugo do rei de Bavel e lhe servir, a essa nação eu permitirei que permaneça no próprio solo", diz *Adonai*. "Eles irão cultivá-la e viver nela" ' ".

12 Então falei a Tzidkiyahu, rei de Y'hudah, da mesma maneira: "Coloque o pescoço sob o jugo do rei de Bavel, sirva a ele e a seu povo, e você viverá. 13 Por que você desejaria morrer — você e seu povo — pela espada, fome e praga — pois isto é o que *Adonai* decretou para as nações que não servirem ao rei de Bavel? 14 Não ouçam as palavras dos profetas que dizem: 'Vocês não servirão ao rei de Bavel', pois eles profetizam mentiras. 15 'Pois eu não os enviei', diz *Adonai*, 'e eles estão profetizando falsamente em meu nome, por isso os expulsarei, e vocês perecerão — vocês e os profetas que profetizam' ".

16 Também falei aos *kohanim* e a todo o povo; disse: "Isto é o que *Adonai* diz: 'Não ouçam as palavras dos profetas que profetizam para vocês que os objetos da casa de *Adonai* logo retornarão de Bavel, pois eles profetizam mentiras. 17 Não os ouçam. Sirvam ao rei de Bavel, e permaneçam vivos; por que razão esta cidade se tornaria uma ruína?". 18 Mas, se eles, de fato, são profetas, e se a palavra de *Adonai* está com eles, então que intercedam junto a *Adonai-Tzva'ot* para que os utensílios restantes na casa de *Adonai* e no palácio do rei de Y'hudah não sejam levados para Bavel. 19 Pois isto é o que *Adonai-Tzva'ot* diz a respeito das colunas, do Mar, das bases e do restante dos utensílios que ainda permanecem nesta cidade, 20 os quais N'vukhadnetzar, rei de Bavel, não confiscou quando levou cativo Y'khanyahu, o filho de Y'hoyakim, o rei de Y'hudah, de Yerushalayim a Bavel, com todos os líderes de Y'hudah e de Yerushalayim — 21 sim, isto é o que *Adonai Shaddai*, o Deus de Yisra'el, diz sobre os utensílios que ainda permanecem na casa de *Adonai*, no palácio do rei de Y'hudah e em Yerushalayim: 22 'Eles serão levados a Bavel; e ali ficarão até o dia em que eu me lembrar deles, os trouxer de volta e restaurá-los a este lugar', diz *Adonai*".

28 1 Naquele mesmo ano, no início do reinado de Tzidkiyahu, rei de Y'hudah, no quinto mês do quarto ano, Hananyah, o filho de 'Azur, o profeta, natural de Giv'on, falou-me na casa de *Adonai*, em frente aos *kohanim* e a todo o povo, dizendo: 2 "Isto é o que *Adonai-Tzva'ot*, o Deus de Yisra'el, diz: 'Quebrei o jugo do rei de Bavel. 3 Dentro de dois anos, devolverei a este lugar todos os utensílios da casa de *Adonai* que N'vukhadnetzar, rei de Bavel, removeu deste lugar e levou para Bavel. 4 Também trarei de volta para cá Y'khanyah, o filho de Y'hoyakim, rei de Y'hudah, com todos

os habitantes de Y'hudah que foram levados ao cativeiro em Bavel', diz *Adonai*, 'pois
eu quebrarei o jugo do rei de Bavel' ".
5 Então o profeta Yirmeyahu disse ao profeta Hananyah na frente dos *kohanim*
e de todo o povo que estava na casa de *Adonai* — 6 o profeta Yirmeyahu disse: "*Amen*!
Que *Adonai* o faça! Que *Adonai* cumpra as palavras que você profetizou e traga de
Bavel a este lugar todos os utensílios da casa de *Adonai* e todo o povo que foi levado
em cativeiro! 7 Entretanto, ouça agora esta palavra que falo a você e ouça-a também
todo o povo. 8 Os profetas que estavam aqui antes de mim e antes de você profetiza-
ram, nos tempos passados, contra muitos países e grandes reinos, profecias sobre
guerras, desastres e pragas. 9 Quanto ao profeta que profetiza paz, quando a palavra
do profeta se cumprir, será esta a evidência, a respeito de tal profeta, de que *Adonai*
verdadeiramente o enviou".
10 Neste momento, Hananyah, o profeta, tomou o jugo do pescoço do profeta
Yirmeyahu e o quebrou. 11 Então Hananyah, na frente de todo o povo, disse: "Assim
diz *Adonai*: 'Desta mesma maneira, quebrarei o jugo de N'vukhadnetzar, rei de Bavel,
do pescoço de todas as nações dentro de dois anos' ".
O profeta Yirmeyahu se retirou; 12 no entanto, esta palavra de *Adonai* veio a
Yirmeyahu, depois que Hananyah, o profeta, tinha quebrado o jugo do pescoço do
profeta Yirmeyahu: 13 "Vá e diga a Hananyah que *Adonai* diz: 'Você quebrou traves
de madeira, mas eu farei, no lugar delas, traves de ferro. 14 Pois eis o que *Adonai*-
-*Tzva'ot*, o Deus de Yisra'el, diz: "Coloquei um jugo de ferro no pescoço de todas as
nações para que sirvam N'vukhadnetzar, rei de Bavel; e elas o servirão; e também
lhe dei os animais selvagens" ' ".
15 Então o profeta Yirmeyahu disse a Hananyah, o profeta: "Ouça aqui, Hananyah!
Adonai não o enviou. Você está fazendo este povo confiar em uma mentira. 16 Portan-
to, eis o que *Adonai* diz: 'Estou perto de o mandar para fora da face da terra — neste
ano, você morrerá, pois incitou a rebelião contra *Adonai*' ". 17 Hananyah, o profeta,
morreu naquele mesmo ano, no sétimo mês.

29 1 A seguir, o texto da carta que Yirmeyahu, o profeta, enviou de Yerushalayim
aos líderes que estavam no exílio, bem como aos *kohanim*, aos profetas e a
todo o povo que N'vukhadnetzar tinha levado ao cativeiro, de Yerushalayim a Bavel.
2 Isso aconteceu depois que Y'khanyah, o rei, a rainha-mãe, os oficiais, os líderes
de Y'hudah e de Yerushalayim, os artesãos e todos os artífices tinham partido de
Yerushalayim. 3 A carta foi confiada a El'asah, o filho de Shafan, e a G'maryah, o filho
de Hilkiyah; Tzidkiyah, rei de Y'hudah, os tinha enviado a Bavel, a N'vukhadnetzar,
rei de Bavel. A carta dizia:
4 "Eis o que *Adonai-Tzva'ot*, o Deus de Yisra'el, diz a todos os que estão no exí-
lio, a quem fiz levar ao cativeiro, de Yerushalayim a Bavel: 5 'Construam casas para
vocês e vivam nelas. Plantem jardins e comam o que eles produzirem. 6 Escolham
mulheres para se casar e tenham filhos e filhas. Escolham esposas para seus filhos
e deem suas filhas em casamento, de modo que elas possam ter filhos e filhas —
aumentem em número e não diminuam. 7 Procurem o bem-estar da cidade para a
qual fiz que os levassem em exílio e orem a *Adonai* a favor dela; pois o bem-estar
de vocês está ligado ao bem-estar dela'. 8 Pois isto é o que *Adonai-Tzva'ot*, o Deus de
Yisra'el, diz: 'Não deixem que os profetas que vivem entre vocês e seus adivinhos
os enganem e não deem atenção aos sonhos que vocês os encorajam a sonhar.
9 Pois eles profetizam falsamente em meu nome; eu não os enviei', diz *Adonai*.
10 "Eis, portanto, o que *Adonai* diz: 'Depois do fim dos setenta anos em Bavel,
eu me lembrarei de vocês e cumprirei minha boa promessa que fiz, trazendo-os

de volta a este lugar. [11] Pois sei quais planos tenho em minha mente para vocês',
diz *Adonai*, 'planos de bem-estar e não de coisas ruins; de modo que possam ter
esperança e futuro. [12] Quando vocês clamarem a mim e orarem a mim, eu os ouvirei.
[13] Quando me procurarem, me encontrarão, contanto que me procurem de todo o
coração; [14] e deixarei que me encontrem", diz *Adonai*. 'Então reverterei seu exílio. Eu
os ajuntarei de todas as nações e lugares para para onde os levei', diz *Adonai*, e os
trarei de volta ao lugar de onde os exilei'.

[15] "Vocês dizem que *Adonai* suscitou para vocês profetas em Bavel. [16] Mas eis o
que *Adonai* diz sobre o rei que ocupa o trono de David e sobre todo o povo que vive
nesta cidade, seus irmãos que não foram para o exílio com vocês — [17] assim diz
Adonai-Tzva'ot: 'Eu os atingirei com a espada, a fome e a praga; farei a eles o que se
faz com figos maus, tão ruins que não se podem comer. [18] Eu os perseguirei com a
espada, a fome e a praga e farei deles um objeto de horror para todos os reinos da
terra; e eles trarão sobre si mesmos a maldição, o assombro, o ridículo e a repro-
vação de todas as nações para onde os levei, [19] pois não deram atenção às minhas
palavras', diz *Adonai*, 'que enviei a vocês por meio de meus servos, os profetas. Eu
os enviei muitas vezes, mas vocês se recusaram a ouvir', diz *Adonai*.

[20] "Agora prestem atenção à palavra de *Adonai*, todos vocês que estão no exílio,
a quem levei de Yerushalayim a Bavel. [21] Eis o que *Adonai-Tzva'ot*, o Deus de Yisra'el,
diz sobre Ach'av, o filho de Kolayah, e Tzidkiyahu, o filho de Ma'aseiyah, que
profetizaram mentiras em meu nome: 'Eu os entregarei a N'vukhadretzar, rei de
Bavel, e ele os matará diante de seus olhos. [22] De fato, todos os exilados de Y'hudah
que estão em Bavel usarão esta fórmula como maldição: "Que *Adonai* faça a você
como a Tzidkiyahu e Ach'av, aos quais o rei de Bavel assou no fogo!". [23] Pois eles
fizeram coisas vis em Yisra'el, cometendo adultério com a esposa de seus vizinhos,
e falaram falsamente palavras em meu nome, o que não ordenei dizerem. Pois sou
eu quem sabe; sou a testemuha disso', diz *Adonai*.

[24] "A Sh'ma'yah, o nechelami, você deve comunicar a seguinte mensagem:
[25] 'Esta é a palavra de *Adonai-Tzva'ot*, o Deus de Yisra'el, por causa das cartas que
você enviou em seu nome a todo o povo de Yerushalayim, incluindo Tz'fanyah,
o filho de Ma'aseiyah, o *kohen*, e todos os *kohanim*. [26] Sua carta dizia: "*Adonai* fez
de você *kohen* no lugar de Y'hoyada, o *kohen*, de forma que haja oficiais na casa
de *Adonai* para deter qualquer louco que se fizer profeta, prendendo-o no tronco
e nas correntes. [27] Então por que você não repreendeu Yirmeyahu de 'Anatot, que
se apresenta a você como profeta? [28] Ele até nos enviou a palavra em Bavel, dizen-
do que o exílio durará muito tempo, para construirmos casas e vivermos nelas,
plantarmos jardins e comermos seu produto". [29] Tz'fanyah, o *kohen*, leu esta carta
para Yirmeyahu, o profeta, e, depois disso, [30] a palavra de *Adonai* veio a Yirmeyahu,
[31] instruindo-o a enviar a todos os exilados esta mensagem: "Eis o que *Adonai* diz
sobre Sh'ma'yah, o nechelami: 'Este Sh'ma'yah profetizou a vocês, embora eu não
o tenha enviado, e os levou a confiar em uma mentira. [32] Por causa disso', *Adonai*
diz, 'castigarei Sh'ma'yah, o nechelami, e sua descendência. Nenhum homem desse
povo sobreviverá nem verá o bem que planejo fazer a meu povo', diz *Adonai*, 'pois
ele pregou rebelião contra *Adonai*' " ' ".

30 [1] Esta palavra veio a Yirmeyahu da parte de *Adonai*. [2] "Isto é o que *Adonai*,
o Deus de Yisra'el, diz: 'Escreva todas as palavras que falei a você em um
rolo. [3] Pois está chegando o dia', diz *Adonai*, 'em que reverterei o exílio de meu povo
Yisra'el e Y'hudah', diz *Adonai*. Eu os farei voltar à terra que dei a seus antepassa-
dos, e eles tomarão posse dela' ".

[4] Essas são as palavras que *Adonai* falou a respeito de Yisra'el e de Y'hudah: [5] Eis
o que *Adonai* diz:

"Ouvimos um choro de terror;
de medo e não de paz.
6 Pergunte agora e veja:
podem homens dar à luz filhos?
Pois vejo todos os homens
com a mão no ventre como mulheres no trabalho de parto,
com a face empalidecida?
7 Que terrível será aquele dia! —
jamais haverá outro como ele:
um tempo de tribulação para Ya'akov,
mas, depois disso, ele será salvo.

8 "Naquele dia", diz *Adonai-Tzva'ot*,
"quebrarei o jugo de seu pescoço,
romperei suas correntes.
Os estrangeiros não mais o escravizarão.

9 Em vez disso, servirão *Adonai*, o Deus deles
e David será seu rei, a quem eu levantarei para eles.

10 "Então não tenha medo, Ya'akov, meu servo",
diz *Adonai*, "nem se alarme, Yisra'el,
pois os devolverei desde o lugar distante,
e sua descendência, do país de exílio.
Ya'akov estará quieto outra vez, descansado,
e ninguém o amedrontará.

11 "Pois estou com você para o salvar", diz *Adonai*;
"destruirei todas as nações
entre as quais os dispersei.
Contudo, não destruirei vocês,
mas os disciplinarei como merecerem;
não os destruirei completamente".

[12] Pois eis o que *Adonai* diz:

"Sua ferida não pode ser curada,
seu ferimento é muito grave.
13 Ninguém acredita que sua ferida possa ser tratada;
você não possui remédios para curar-se.
14 Todos os seus amigos esqueceram-se de você,
não o procuram mais.
Eu o derrubei como um inimigo o faria,
e o castiguei como o faria o homem cruel
por causa da sua grande impiedade,
por causa de seus muitos pecados.
15 Por que chorar por sua ferida e pela dor, que são incuráveis?
Eu fiz essas coisas a você
por causa de sua grande impiedade,
por causa de seus muitos pecados.

16 “Contudo, todos os que devoram serão devorados;
todos os seus inimigos seguirão para o exílio.
Quem os saqueia, será saqueado;
quem os pilha, será pilhado.
17 Restaurarei sua saúde,
curarei suas feridas”, diz *Adonai*,
“pois eles a chamaram de desterrada,
Tziyon, com a qual ninguém se importa”.

18 Assim diz *Adonai*:

“Devolverei os cativos de Ya‘akov às suas tendas;
Terei piedade de suas habitações.
As cidades serão reconstruídas sobre as próprias ruínas,
com os palácios onde deveriam se encontrar.
19 Deles, virão ações de graças
e o som do povo em festa.
Eu os aumentarei; eles não serão diminuídos.
Eu os honrarei; eles não serão desprezados.
20 Seus filhos serão como costumavam ser,
e sua comunidade será estabelecida em minha presença;
e eu castigarei todos os que os oprimiram.
21 Seu líder será alguém dentre eles mesmos,
e seu governante procederá dentre eles.
Farei que ele se aproxime
e o levarei para próximo de mim;
pois, de outra forma, quem garantiria que seu coração
e se aproximaria o suficiente de mim?”, diz *Adonai*.
22 “Vocês serão meu povo,
e eu serei seu Deus”.

23 Vejam a tempestade de *Adonai*!
Ela irrompe em fúria!
Uma tempestade impetuosa gira
sobre a cabeça do ímpio!
24 A ira ardente de *Adonai* não se aplacará
até realizar o propósito que está no coração dele.
No *acharit-hayamim*,
vocês compreenderão.

25(31:1) “Quando esse dia chegar”, diz *Adonai*,
“serei o Deus de todos os clãs de Yisra’el,
e eles serão meu povo”.

31

1(2) Eis o que *Adonai* diz:

“O povo que escapou da espada
encontrou favor no deserto —
eu trouxe Yisra’el a seu descanso”.
2(3) *Adonai* apareceu para mim de longe, [dizendo]:
“Amo você com amor perpétuo;
é por isso que, em minha graça, eu a atraí a mim.

3(4) Uma vez mais, a edificarei; você será reconstruída,
virgem de Yisra'el.
Uma vez mais, equipada com seus tamborins,
sairá e dançará com os festeiros.
4(5) Uma vez mais, você plantará vinhas nas colinas de Shomron,
e aqueles que as plantaram desfrutarão de seus frutos.
5(6) Porque chegará o dia em que o vigia
no monte Efrayim gritará:
'Venham, vamos a Tziyon,
a *Adonai,* nosso Deus' ".

6(7) Pois aqui está o que *Adonai* diz:
"Cantem com alegria por Ya'akov!
Gritem pelo líder das nações!
Proclamem seu louvor e digam:
'*Adonai!* Tu salvaste teu povo,
o remanescente de Yisra'el!'.
7(8) Vejam! Eu os estou trazendo de uma terra do norte,
congregando-os das longínquas extremidades da terra;
entre eles, estão cegos e coxos,
mulheres com filhos, mulheres em trabalho de parto,
todos juntos, uma grande multidão
retornando para cá.
8(9) Eles virão, lamentando e orando,
enquanto eu os trago de volta.
Eu os guiarei pelos ribeiros de água,
por um caminho plano para que não tropecem.
Porque eu sou um pai para Yisra'el,
e Efrayim é meu primogênito.

9(10) Nações, ouçam a palavra de *Adonai!*
Proclamem-no nas ilhas distantes. Digam:
"Aquele que espalhou Yisra'el os está congregando,
guardando-os como um pastor guarda seu rebanho".
10(11) Porque *Adonai* resgatou Ya'akov,
livrou-o de mãos fortes demais para ele.
11(12) Eles virão e cantarão nos altos de Tziyon,
correndo para a bondade de *Adonai,*
para o grão, o vinho, o óleo de oliva,
para os jovens do rebanho e para a manada.
Eles mesmos serão como um jardim bem regado,
nunca mais adoecerão.
12(13) "Então a virgem dançará de alegria,
juntamente com os jovens e os velhos;
porque transformarei seu luto em alegria,
os confortarei e alegrarei depois de sua tristeza.
13(14) Darei aos *kohanim* sua fartura de boa comida,
e meu povo ficará satisfeito com minha generosidade", diz *Adonai.*

14(15) Isto é o que *Adonai* diz:
"Uma voz é ouvida em Ramah,

lamento e choro amargo.
É Rachel chorando por seus filhos,
recusando ser confortada,
porque seus filhos não vivem mais".
15(16) Isto é o que *Adonai* diz:
"Cessem seu lamento e sequem seus olhos,
porque seu trabalho será recompensado", diz *Adonai*.
"Eles retornarão da terra dos inimigos,
16(17) de modo que há esperança para seu futuro", diz *Adonai*.
"Seus filhos retornarão
a seu próprio território.

17(18) "Ouço Efrayim lamentando-se:
'Tu me disciplinaste, e tomei tua disciplina
como o boi jovem que não usou o jugo.
Faze-me retornar, e retornarei,
pois tu és *Adonai*, meu Deus.
18(19) Sim, eu me desviei,
mas depois me arrependi.
Quando fui levado a compreender,
bati em minha coxa com vergonha e remorso,
levando o peso da desgraça
que adquiri quando era jovem'.

19(20) "Não é Efrayim meu filho querido,
um filho que tanto me agrada?
Falo dele todo o tempo.
Não posso ajudar, mas me recordo dele.
Em resumo, anseio profundamente por ele;
certamente lhe mostrarei favor", diz *Adonai*.

20(21) Coloque sinais na estrada, levante postes-guias,
preste atenção à estrada,
ao caminho no qual você passará.
Volte, virgem de Yisra'el, volte de suas cidades!
21(22) Quanto tempo ainda você hesitará,
filha teimosa?
Porque *Adonai* criou algo novo na terra:
uma mulher com a força de um homem.

22(23) Eis o que *Adonai-Tzva'ot*,
o Deus de Yisra'el, diz:
"Esta expressão será usada novamente
na terra de Y'hudah e em suas cidades
depois que eu devolver seus exilados:
'Que *Adonai* te abençoe,
casa de justiça, montanha santa!'.
23(24) Nele viverão juntos
Y'hudah e todas as suas cidades,
o fazendeiro e os que guiam os rebanhos.
24(25) Porque saciei o cansado
e satisfiz as necessidades de todos os que estão em aflição".

25(26) Nesse momento, acordei e olhei em redor, mas meu sono tinha sido agradável.
26(27) "Eis que estão chegando os dias", diz *Adonai*, "quando semearei a casa de
Yisra'el e a casa de Y'hudah com a semente dos homens e com a semente dos ani-
mais. 27(28) Nesse tempo, assim como vigiei sobre eles com a intenção de arrancar,
derrubar, subverter, destruir e prejudicar, vigiarei sobre eles para edificar e plan-
tar", diz *Adonai*. 28(29) "Quando chegarem esses dias, não mais se dirá:

'Os pais comeram uvas azedas,
e os dentes dos filhos estão embotados'.
29(30) Antes, cada um morrerá por seu próprio pecado;
a cada um que come uvas azedas,
seu próprio dente ficará embotado.

30(31) "Eis que estão chegando os dias", diz *Adonai*, "quando eu farei uma nova aliança
com a casa de Yisra'el e com a casa de Y'hudah. 31(32) Ela não será como a aliança que
fiz com seus pais no dia em que os tomei pela mão e os tirei da terra do Egito; porque
eles violaram minha aliança, ainda que eu, de minha parte, tenha sido como um ma-
rido para eles", diz *Adonai*. 32(33) "Pois esta é a aliança que farei com a casa de Yisra'el
depois daqueles dias", diz *Adonai*; "porei minha *Torah* dentro deles e a escreverei
em seu coração; serei o Deus deles, e eles serão meu povo. 33(34) Nunca mais nenhum
deles ensinará a seu companheiro, membro de sua comunidade, ou a seu irmão:
'Conheça *Adonai*'; porque todos me conhecerão, desde o menor deles até o maior,
porque perdoarei os pecados deles e nunca mais me lembrarei de seus pecados".

34(35) Isto é o que *Adonai* diz,
aquele que dá o sol como luz para o dia,
que ordena as leis para a lua e as estrelas
a fim de prover luz para a noite,
que agita o mar até que suas águas rujam —
Adonai-Tzva'ot é seu nome:
35(36) "Se estas leis desaparecerem de minha presença", diz *Adonai*,
"então a descendência de Yisra'el deixará de ser
uma nação em minha presença para sempre".
36(37) Isto é o que *Adonai* diz:
"Se o céu acima puder ser medido,
e os fundamentos da terra puderem ser sondados,
então eu rejeitarei toda a descendência de Yisra'el
por tudo o que eles fizeram", diz *Adonai*.

37(38) "Vejam, estão chegando os dias", diz *Adonai*, "quando a cidade será reconstruí-
-da por *Adonai*, desde a torre de Hanan'el até o portão da Esquina. 38(39) A linha de
medir será estendida até a colina de Garev e, dali, para Go'ah. 39(40) Todo o vale dos
cadáveres e cinzas, incluindo todos os campos tão distantes quanto o *vádi* Kidron,
e dali para a esquina do Portão do Cavalo até o leste, será separado para *Adonai*;
nunca mais será arrancado ou destruído novamente".

32 1 Esta é a palavra que veio a Yirmeyahu da parte de *Adonai* no décimo ano de
Tzidkiyahu, rei de Y'hudah, que foi o décimo oitavo ano de N'vukhadretzar.
2 Naquele tempo, o exército do rei de Bavel sitiava Yerushalayim; e Yirmeyahu, o
profeta, estava aprisionado no quartel dos guardas, anexo ao palácio do rei de
Y'hudah, 3 onde Tzidkiyahu, rei de Y'hudah, o tinha aprisionado depois de acusá-lo:

"Como você ousa profetizar que *Adonai* diz: 'Entregarei esta cidade ao rei de Bavel, e ele a capturará; 4 Tzidkiyahu, o rei de Y'hudah, não escapará dos kasdim, mas certamente será entregue ao rei de Bavel, o qual se dirigirá a ele face a face, olho no olho, 5 e levará Tzidkiyahu a Bavel, onde ele ficará até que me lembre dele', diz *Adonai*, 'e mesmo que você combater os kasdim, fracassará'?".

6 Yirmeyahu disse: "Esta palavra de *Adonai* veio a mim: 7 'Hanam'el, o filho de seu tio Shalum, se aproximará de você e dirá: "Compre meu campo em 'Anatot; você tem o direito do parente mais próximo de redimi-lo; Então compre-o" ' ". 8 Como *Adonai* tinha dito, meu primo Hanam'el veio a mim no quartel dos guardas e disse: "Por favor, compre meu campo em 'Anatot, no território de Binyamin; porque você o herdará e tem o direito do parente mais próximo de redimi-lo, então compre-o para si". Então tive certeza de que esta era a palavra de *Adonai*.

9 Assim comprei o campo em 'Anatot que pertenceu a meu primo Hanam'el e pesei o dinheiro para ele, 17 peças de prata. 10 Assinei o contrato de compra, selei-o, chamei testemunhas e pesei o dinheiro para ele em uma balança. 11 Tomei o contrato de compra, tanto a cópia selada, com os termos e condições, quanto a cópia não selada 12 e dei o contrato de compra a Barukh, o filho de Neriyah, o filho de Machseyah, na presença de meu primo Hanam'el, das testemunhas que tinham assinado o contrato de compra e do povo de Y'hudah que estava sentado próximo ao quartel dos guardas. 13 Na presença deles, instruí Barukh como segue: 14 "Eis o que *Adonai-Tzva'ot*, o Deus de Yisra'el, diz: 'Tome esses contratos, tanto a cópia selada quanto a não selada, e ponha-os em um jarro de barro, de modo que eles fiquem preservados por um longo tempo'. 15 Porque *Adonai-Tzva'ot*, o Deus de Yisra'el, diz que, um dia, campos e vinhas serão novamente comprados nesta terra".

16 Depois de dar o contrato de compra a Barukh, filho de Neriyah, orei a *Adonai*: 17 "*Adonai*, ó Deus! Tu fizeste o céu e a terra com seu grande poder e braço estendido; nada é difícil demais para ti. 18 Demonstras tua graça a milhares, mas também lanças a culpa dos pais no colo de seus filhos, os quais os seguem. Grande, poderoso Deus, cujo nome é *Adonai-Tzva'ot*, 19 grande em conselho, poderoso em obras! Teus olhos estão abertos a todos os caminhos dos seres humanos a fim de recompensar cada um segundo seus caminhos, segundo as consequências daquilo que faz. 20 Na terra do Egito, deste sinais e operaste milagres que continuam até o dia de hoje, não somente em Yisra'el, mas também entre outros povos; assim, fizeste para ti mesmo a fama que tens hoje. 21 Trouxeste teu povo de Yisra'el da terra do Egito com sinais e milagres, com mão forte e braço estendido, causando grande terror. 22 Então deste a eles esta terra, que tinhas jurado a seus antepassados, uma terra onde jorra o leite e o mel. 23 Eles entraram e tomaram posse; mas não deram atenção à tua voz, não viveram de acordo com tua *Torah* e nada fizeram de tudo o que ordenaste que fizessem. Portanto, tu causaste este completo desastre — 24 as obras do cerco já estão lá; eles chegaram à cidade para capturá-la; e a cidade, por intermédio da espada, da fome e da praga está sendo entregue aos kasdim que batalham contra ela. O que predisseste está sendo cumprido; eis aqui, tu vês, tu mesmo. 25 Agora tu, *Adonai*, Deus, disseste a mim: 'Compre o campo por dinheiro e chame testemunhas, mesmo estando a cidade sendo entregue aos kasdim!' ".

26 Então esta palavra de *Adonai* veio a Yirmeyahu: 27 "Olhe, eu sou *Adonai*, o Deus de todas as criaturas viventes; há alguma coisa difícil para mim? 28 Portanto, eis o que *Adonai* diz: 'Entregarei esta cidade aos kasdim e a N'vukhadretzar, rei de Bavel, e ele a capturará. 29 Os kasdim que estão lutando contra esta cidade entrarão e atearão fogo; eles a queimarão, incluindo as casas em cujos telhados eles fizeram ofertas a Ba'al e derramaram ofertas de bebidas a outros deuses, de forma que me provocaram a ira.

30 Porque, desde sua juventude, o povo de Yisra'el e o povo de Y'hudah fizeram o mal;
o povo de Yisra'el não fez nada, exceto provocar-me com o que suas mãos fizeram',
diz *Adonai*. 31 Esta cidade tanto provocou minha ira e minha fúria, desde o dia em que
eles edificaram essas coisas nesta cidade, que devo removê-la de minha presença,
32 por causa de todo o mal que o povo de Yisra'el e o povo de Y'hudah tem praticado,
a ponto de me deixarem irado — eles, seus reis, seus líderes, seus *kohanim*, seus
profetas, os homens de Y'hudah e os habitantes de Yerushalayim. 33 Eles viraram
as costas para mim, não a face; e, embora eu falasse com eles frequentemente, não
ouviam como se estivessem recebendo uma instrução. 34 Em vez disso, colocaram
seus ídolos detestáveis na casa que leva meu nome para desonrá-la; 35 e construíram
lugares altos para Ba'al, os quais estão no vale de Ben-Hinnom, para queimarem
vivos seus filhos e filhas a Molekh — coisa que não ordenei que fizessem e que nunca
sequer imaginei — e, deste modo, eles provocaram Y'hudah a pecar'.

36 "Portanto, assim diz *Adonai*, o Deus de Yisra'el, a respeito desta cidade, a qual
você diz que será entregue ao rei de Bavel pela espada, pela fome e pela praga: 37 'Eu
os congregarei de todos os lugares para onde os enviei em minha ira, fúria e gran-
de cólera; e os trarei de volta a este lugar e os farei viver aqui, em segurança. 38 Eles
serão meu povo, e eu serei seu Deus. 39 Eu lhes darei singularidade de coração e sin-
gularidade de propósito, de modo que me temerão para sempre — isto será para o
próprio bem deles e para o bem de seus filhos depois deles. 40 Firmarei com eles uma
aliança perpétua, não para me afastar deles, mas para lhes fazer o bem; porei temor
de mim em seu coração, de modo que eles não me abandonarão. 41 Eu me alegrarei
neles, por fazer-lhes o bem. Eu os plantarei firmemente nesta terra com todo o meu
coração e com todo o meu ser'. 42 Pois eis o que *Adonai* diz: 'Assim como trouxe este
completo desastre sobre este povo, desta mesma forma trarei sobre eles todo o bem
que lhes prometi. 43 Campos serão comprados nesta terra, mesmo que você diga que ela
está desolada, destituída de seres humanos e de animais, e que foi dada aos kasdim.
44 Sim, o povo comprará campos por dinheiro, assinará contratos de compra e os
selará, e chamará testemunhas no território de Binyamin, nas áreas em volta de
Yerushalayim, nas cidades de Y'hudah, nas cidades da região montanhosa, nas cidades
da Sh'felah e nas cidades do Negev. Porque eu farei retornar os exilados, diz *Adonai*".

33 1 A palavra de *Adonai* veio a Yirmeyahu uma segunda vez enquanto ele ainda
estava aprisionado no quartel dos guardas:

2 "Assim diz *Adonai*, o criador
Adonai, que formou [o Universo]
e o mantém sob sua direção —
Adonai é seu nome:
3 'Clame a mim,
e eu responderei —
contarei a você grandes coisas,
coisas escondidas das quais você não foi informado' ".

4 Pois eis o que *Adonai*, o Deus de Yisra'el, diz a respeito das casas desta cidade e
dos palácios dos reis de Y'hudah que estão prestes a serem destruídos e usados
como baluartes e rampas, 5 no lugar onde eles virão para lutar contra os kasdim:
"Esses lugares serão cheios com os cadáveres do povo a quem estou ferindo em
minha ira e fúria, todos aqueles cuja impiedade me levou a esconder o rosto des-
ta cidade. 6 Contudo, trarei saúde e cura para ela; eu a curarei e lhe revelarei paz e

verdade em abundância. [7]Farei retornar os cativos de Y'hudah e os cativos de Yisra'el;
eu os edificarei como o fiz da primeira vez. [8]Eu os limparei de todos os pecados com
os quais me ofenderam e perdoarei todos os pecados com os quais se rebelaram con-
tra mim. [9]Então o nome desta cidade me trará alegria, louvor e glória diante de todas
as nações da terra que ouvirem a respeito do bem que farei; elas ficarão tomadas de
temor e tremor por todo o bem e por toda a paz que lhe concedo".

[10]Eis o que *Adonai* diz: "Vocês dizem que este lugar é uma desolação, sem pes-
soas e sem animais nas cidades de Y'hudah, e que as ruas de Yerushalayim estão
desoladas, sem pessoas ou animais — sem habitantes. Agora, novamente se ou-
virão aqui [11] os sons de alegria e de felicidade e as vozes do noivo e da noiva, as
vozes daqueles que cantam: 'Deem graças a *Adonai-Tzva'ot*, porque *Adonai* é bom,
porque sua graça dura para sempre', enquanto trazem ofertas de ações de graças
para a casa de *Adonai*. Porque farei retornar todos os capturados desta terra, como
antigamente", diz *Adonai*.

[12] *Adonai-Tzva'ot* diz: "Neste lugar, que é uma desolação, sem pessoas ou ani-
mais, e em todas as suas cidades, haverá uma vez mais pastos onde os pastores
poderão deixar suas ovelhas descansar. [13] Nas cidades da região montanhosa, nas
cidades da Sh'felah, nas cidades do Negev, no território de Binyamin, nas áreas em
volta de Yerushalayim e nas cidades de Y'hudah, os rebanhos passarão novamente
sob as mãos daqueles que os enumeram", diz *Adonai*.

[14] "Está chegando o dia", diz *Adonai*, "quando cumprirei esta boa promessa que
proclamei para a casa de Yisra'el e para a casa de Y'hudah.

15 Quando aqueles dias chegarem, naquele tempo,
farei descender de David
um Ramo de Justiça.
Ele fará o que é justo e reto na terra.
16 Quando chegarem aqueles dias, Y'hudah será salvo,
Yerushalayim viverá em segurança,
e o nome dado a ela será
Adonai Tzidkenu [*Adonai*, nossa Justiça]".

[17] Pois é isto o que *Adonai* diz: "Jamais faltará de David um homem que ocupe
o trono da casa de Yisra'el. [18]Também não faltará dos *kohanim* alguém que seja
l'vi'im, um homem que esteja diante de mim para oferecer oferta queimada, oferta
de grãos queimados e ofertas de sacrifícios todos os dias".

[19] Esta palavra de *Adonai* veio a Yirmeyahu: [20]"Eis o que *Adonai* diz:

'Se você puder quebrar minha aliança com o dia
e minha aliança com a noite,
de modo que o dia e a noite não cheguem mais
no tempo em que se pensa que devam chegar,
21 então minha aliança com meu servo David
também será quebrada,
de modo que ele não terá um descendente
que reine de seu trono
ou um *l'vi'im* que seja *kohanim*
para ministrar a mim.
22 A um número como o dos exércitos do céu, que são incontáveis,
e das areias do mar, que são imensuráveis,
aumentarei os descendentes de meu servo David
e os *l'vi'im* que ministram a mim' ".

23 Esta palavra de *Adonai* veio a Yirmeyahu: 24 "Você não notou que estes povos estão
dizendo: '*Adonai* rejeitou as duas famílias que ele escolheu?'. Consequentemente,
eles desprezam meu povo e não olham mais para ele como uma nação. 25 Eis o que
Adonai diz: 'Se eu não tivesse estabelecido minha aliança com o dia e com a noite
e fixado as leis para o céu e para a terra, 26 então eu também rejeitaria os descen-
dentes de Ya'akov e de meu servo David, não escolhendo de seus descendentes
pessoas que governassem sobre os descendentes de Avraham, Yis'chak e Ya'akov.
Porque farei retornar seus cativos e lhes mostrarei compaixão' ".

34 1 Esta palavra veio a Yirmeyahu da parte de *Adonai* quando N'vukhadretzar,
rei de Bavel, todo o seu exército, todos os seus reinos vassalos e todos os
povos lutavam contra Yerushalayim e todas as suas cidades: 2 "*Adonai*, o Deus de
Yisra'el, diz para ir e falar a Tzidkiyahu, rei de Y'hudah. Diga-lhe que *Adonai* diz:
'Entregarei esta cidade ao rei de Bavel, e ele a queimará até o chão. 3 Você não es-
capará, mas certamente será capturado e entregue a ele; seus olhos verão os olhos
do rei de Bavel, ele falará com você face a face, e você irá a Bavel'. 4 Entretanto,
Tzidkiyahu, rei de Y'hudah, ouça a palavra de *Adonai*. *Adonai* diz o seguinte sobre
você: 'Você não passará pela espada, 5 mas morrerá pacificamente; e assim como
se queimou incenso para seus antepassados, os antigos reis que o precederam, da
mesma forma se queimará incenso por você e se lamentará por você: "Oh, Senhor!"
Pois eu falei a palavra', diz *Adonai*". 6 Yirmeyahu, o profeta, disse todas essas pala-
vras a Tzidkiyahu, rei de Y'hudah, em Yerushalayim, 7 no tempo em que o rei dos
exércitos de Bavel batalhava contra Yerushalayim e contra todas as cidades que
restavam em Y'hudah — isto é, contra Lakhish e 'Azekah, já que, das cidades forti-
ficadas de Y'hudah, apenas estas restavam.

8 Esta palavra veio a Yirmeyahu da parte de *Adonai* depois que o rei Tzidkiyahu
fez uma aliança com todos os povos que estavam em Yerushalayim para emancipá-
-los. 9 Todos os que tinham escravos hebreus, homens ou mulheres, deveriam dei-
xá-los ir livremente; ninguém deveria manter escravo um compatriota judeu. 10 Todos
os líderes e todo o povo ouviram aqueles que tinham entrado na aliança, segundo a
qual todos deveriam libertar seus escravos, homem ou mulher, e não mais mantê-los
em escravidão. Eles ouviram e os deixaram ir livremente". 11 Contudo, depois disso,
eles mudaram de ideia; fizeram retornar os homens e as mulheres de escravos, aos
quais tinham libertado, e os trouxeram de volta à sujeição como escravos. 12 Portanto,
esta palavra de *Adonai* veio a Yirmeyahu da parte de *Adonai*: 13 "Eis o que *Adonai*, o
Deus de Yisra'el, diz: 'Quando tirei os antepassados de vocês da terra do Egito, onde
eles viviam como escravos, fiz uma aliança com eles: 14 "Ao fim de sete anos, cada
um deve libertar seu irmão hebreu que foi vendido e que os serviu a vocês por seis
anos. Vocês devem libertá-lo". Contudo, os antepassados de vocês não me ouviram,
nem me deram atenção. 15 Agora, porém, vocês se arrependeram, vocês, que fizeram
o que era certo em meu ponto de vista quando cada um proclamou libertação a seu
compatriota; e vocês fizeram uma aliança diante de mim na casa que leva meu nome.
16 Mas, então, mudaram de ideia. Vocês profanaram meu nome quando cada um tomou
de volta seu escravo, homem ou mulher, que vocês tinham libertado para que vivesse
como bem quisesse, e o trouxeram de volta à sujeição como escravo'. 17 Portanto,
eis o que *Adonai* diz: 'Vocês não me atenderam e proclamaram libertação cada um a
seu próximo; então agora, eu proclamo libertação a vocês', diz *Adonai*, 'pela espada,
pela praga e pela fome. Farei de vocês um objeto de horror a todos os reinos da terra.
18 Quanto aos homens que violaram minha aliança, não vivendo segundo as condições

da aliança que fizeram em minha presença quando cortaram o bezerro em dois e
passaram entre suas partes — 19 os líderes de Y'hudah, os líderes de Yerushalayim, os
oficiais, os *kohanim* e todo o povo da terra que passou entre as partes do bezerro—,
20 eu os entregarei a seus inimigos e àqueles que procuram sua vida; e seus cadáveres
se tornarão comida para os pássaros do céu e os animais selvagens. 21 Tzidkiyahu, rei
de Y'hudah, e seus oficiais, entregarei a seus inimigos, àqueles que procuram tirar-
-lhes a vida, e a todo o exército do rei de Bavel, que se retirou. 22 Eu darei a ordem', diz
Adonai, 'e os farei retornar a esta cidade. Eles a atacarão, a capturarão e a queimarão
até o chão; e eu tornarei as cidades de Y'hudah desoladas e desabitadas' ".

35 1 Esta palavra veio a Yirmeyahu da parte de Adonai durante o tempo de
Y'hoyakim, o filho de Yoshiyahu, rei de Y'hudah: 2 "Vá aos rekhavim, fale com
eles, traga-os a um dos aposentos da casa de Adonai e dê a eles vinho para que be-
bam". 3 Então tomei Ya'azanyah, o filho de Yirmeyahu, o filho de Havatzinyah, e a
seus irmãos, todos os seus filhos e todos os rekhavim, 4 e os levei à casa de Adonai,
ao aposento dos filhos de Hanan, o filho de Yigdalyahu, homem de Deus. Esse apo-
sento fica próximo do quarto dos oficiais, que fica debaixo do quarto de Ma'aseiyah,
o filho de Shalum, guarda da porta. 5 Coloquei ali, em frente aos membros do clã
dos rekhavim, cântaros cheios de vinho, e copos, e lhes disse: "Bebam vinho". 6 Mas
eles disseram: "Não beberemos vinho, porque Yonadav, o filho de Rekhav, nosso
ancestral, deu-nos esta ordem: 'Vocês não beberão vinho, nem vocês nem seus des-
cendentes, para sempre. 7 Também não construirão casas, nem semearão a terra,
nem plantarão vinhas para si mesmos. Pelo contrário, deverão viver em tendas; deste
modo, poderão viver por um longo tempo na terra da qual não são cidadãos'. 8 Aten-
demos às palavras de Yonadav, o filho de Rekhav, nosso ancestral, em tudo o que
ele nos instruiu: não beber vinho durante todo o tempo de nossa vida — nós, nossas
esposas, nossos filhos e nossas filhas; 9 não construir casas para nós mesmos, para
vivermos nelas; e não ter vinhas, campos ou sementes. 10 Vivemos em tendas e temos
atendido a Yonadav, nosso ancestral, e feito todas as coisas que ele nos ordenou que
fizéssemos. 11 Contudo, quando N'vukhadretzar, rei de Bavel, veio para atacar a terra,
dissemos: 'Venham, vamos a Yerushalayim', porque ficamos com medo do exército
dos kasdim e do exército de Aram; assim, estamos morando em Yerushalayim".
12 Então a palavra de Adonai veio a Yirmeyahu: 13 "*Adonai-Tzva'ot*, o Deus de
Yisra'el, ordena que vá aos homens de Y'hudah e aos habitantes de Yerushalayim
e diga: 'Vocês não aprenderão a ouvir as minhas palavras?', diz Adonai. 14 As pala-
vras de Yonadav, o filho de Rekhav, as quais ele ordenou à sua descendência, de
não beber vinho, foram obedecidas, de forma que até hoje eles não bebem vinho,
porque atenderam à ordem de seu ancestral. Eu, porém, falei a vocês, falei frequen-
temente, e vocês não me ouviram. 15 Também enviei a vocês todos os meus servos,
os profetas, enviei-os frequentemente, com a mensagem: "Cada um de vocês deve
desviar-se agora de seu mau caminho, melhorar suas ações e não seguir outros
deuses para servi-los. Então viverão na terra que dei a vocês e a seus antepassados.
Mas vocês não deram atenção, nem me ouviram; 16 E, porque os descendentes de
Yonadav, o filho de Rekhav, obedeceram à ordem de seu ancestral, que ele lhes
ordenou, embora este povo não me tenha dado ouvidos, 17 portanto" — eis o que
Adonai *Elohei-Tzva'ot*, o Deus de Yisra'el, diz: "trarei sobre Y'hudah e sobre todos os
habitantes de Yerushalayim todo o desastre que decretei contra eles; porque lhes
falei, mas não me ouviram; e os chamei, mas não me responderam" ' ".

18 Então Yirmeyahu disse ao clã dos rekhavim: "Eis o que *Adonai-Tzva'ot*, o Deus
de Yisra'el, diz: 'Porque vocês atenderam à ordem de Yonadav, o ancestral de vocês,
observaram todos os seus mandamentos e fizeram o que ele ordenou, 19 portanto,
Adonai-Tzva'ot, o Deus de Yisra'el, diz o seguinte: "A Yonadav, o filho de Rekhav,
nunca faltará um descendente que esteja diante de mim" ' ".

36 1 No quarto ano de Y'hoyakim, o filho de Yoshiyahu, rei de Y'hudah, esta
palavra veio a Yirmeyahu da parte de *Adonai*: 2 "Pegue um rolo e escreva nele
todas as palavras que falei a você contra Yisra'el, Y'hudah e todas as outras nações,
desde o dia em que comecei a falar, no tempo de Yoshiyahu, até hoje. 3 Talvez a
casa de Y'hudah ouça todo o desastre que pretendo trazer sobre ela e se desvie,
cada pessoa, de seu mau caminho; então perdoarei a impiedade e o pecado deles".
4 Assim, Yirmeyahu convocou Barukh, o filho de Neriyah; e Barukh escreveu
no rolo, enquanto Yirmeyahu ditava, todas as palavras que *Adonai* tinha dito a ele.
5 Então Yirmeyahu deu esta ordem a Barukh: "Não estou autorizado a entrar na casa
de *Adonai*. 6 Portanto, pegue você o rolo no qual escreveu enquanto eu ditava, vá a
casa de *Adonai* no dia do jejum e leia nele todas as palavras de *Adonai* aos ouvidos de
todo o povo; leia também para todo o Y'hudah enquanto eles saem de suas cidades.
7 Talvez eles se voltem para *Adonai* com orações e se desviem, cada um, de seu mau
caminho. Porque a ira e a fúria que *Adonai* decretou contra este povo é grande".
8 Barukh, o filho de Neriyah, obedeceu a tudo o que Yirmeyahu, o profeta, orde-
nou que ele fizesse, lendo as palavras de *Adonai* no rolo, na casa de *Adonai*. 9 Foi pro-
clamado um jejum no nono mês do quinto ano de Y'hoyakim, o filho de Yoshiyahu,
rei de Y'hudah, para todo o povo de Yerushalayim e para todo o povo que veio das
cidades de Y'hudah a Yerushalayim. 10 Foi nessa ocasião que Barukh leu no rolo as
palavras de Yirmeyahu na casa de *Adonai*, na câmara de G'maryahu, o filho de Shafan,
o secretário, no pátio superior, na entrada para o portão novo da casa de *Adonai*, para
todo o povo ouvir. 11 Quando Mikhay'hu, o filho de G'maryahu, filho de Shafan, ouviu
todas as palavras de *Adonai* escritas no rolo, 12 desceu ao palácio do rei, à sala do se-
cretário. Todos os oficiais estavam ali — Elishama, o secretário; D'layahu, o filho de
Sh'ma'yahu; Elnatan, o filho de 'Akhbor; G'maryahu, o filho de Shafan; Tzidkiyahu,
o filho de Hananyahu; e todos os [outros] oficiais. 13 Mikhay'hu contou a eles todas
as palavras que tinha ouvido quando Barukh, leu o rolo aos ouvidos de todo o povo;
14 depois disso, todos os oficiais enviaram Y'hudi, o filho de N'tanyahu, filho de
Shelemyahu, filho de Kushi, a Barukh com a mensagem: "Tome o rolo que você leu
aos ouvidos do povo em suas mãos e venha". Então Barukh, o filho de Neriyah, to-
mou o rolo em suas mãos e foi a eles. 15 Eles lhe disseram: "Sente-se, por favor, e leia-o
para nós". Barukh leu-o para eles. 16 Depois que ouviram todas as palavras, eles se
voltaram uns para os outros, amedrontados, e disseram a Barukh: "Nós certamente
contaremos ao rei sobre todas essas palavras". 17 Então perguntaram a Barukh: "Di-
ga--nos, agora, como você escreveu todas essas palavras? Quem as ditou?". 18 Barukh
respondeu: "Ele disse todas essas palavras a mim com sua boca, e eu as escrevi com
tinta no rolo". 19 Diante disso, os oficiais disseram a Barukh: "Vá e esconda-se", você
e Yirmeyahu; não deixe que ninguém saiba onde vocês estão". 20 Depois deixaram o
rolo na sala de Elishama, o secretário, foram ao pátio e contaram tudo ao rei.
21 O rei enviou Y'hudi para trazer o rolo, e ele o tomou das mãos do aposento
de Elishama, o secretário. Y'hudi leu-o para o rei e para todos os oficiais que esta-
vam próximos ao rei. 22 O rei estava sentado em sua casa de inverno; e, como era o
nono mês, havia uma chama de fogo no braseiro à sua frente. 23 Depois que Y'hudi

leu três ou quatro colunas do rolo, ele foi cortando aquela porção com uma faca e
atirando-a no fogo que ardia no braseiro, até que todo o rolo foi consumido pelo
fogo no braseiro. 24 Contudo, ainda que eles tivessem ouvido todas essas palavras,
nem o rei nem seus servos temeram ou rasgaram suas roupas. 25 Elnatan, D'layah e
G'maryahu tinham implorado ao rei que não queimasse o rolo; mas ele não os ou-
viu. 26 Então o rei ordenou a Yerachme'el, o filho do rei, S'rayahu, o filho de 'Azri'el,
e Shelemyahu, o filho de 'Avde'el, que prendessem Barukh, o escriba, e Yirmeyahu,
o profeta; mas *Adonai* os tinha escondido.

27 Então veio esta palavra a Yirmeyahu da parte de *Adonai* depois que o rei
queimou o rolo com as palavras que Barukh tinha escrito enquanto Yirmeyahu
ditava: 28 "Tome outro rolo e escreva nele todas as palavras que estavam escritas
no primeiro rolo, o qual Y'hoyakim, o rei de Y'hudah, queimou. 29 E, até onde
Y'hoyakim, rei de Y'hudah, estiver interessado, você deve dizer que *Adonai* diz:
'Você queimou este rolo e perguntou: "Por que você escreveu nele que o rei de Ba-
vel certamente virá e destruirá esta terra e a deixará sem ninguém, quer homens,
quer animais?". 30 Portanto, *Adonai* diz o seguinte acerca de Y'hoyakim, rei de
Y'hudah: "Ele não terá ninguém para ocupar o trono de David, e seu corpo morto
será atirado para ficar ao calor do dia e ao frio da noite. 31 Além disso, eu o casti-
garei, a seus descendentes e a seus oficiais por sua impiedade; e trarei sobre eles,
os habitantes de Yerushalayim e o povo de Y'hudah todo o desastre que decretei
contra eles, visto que não deram atenção" ' ".

32 Então Yirmeyahu tomou outro rolo e o deu a Barukh, o escriba, o filho de
Neriyah. Enquanto Yirmeyahu ditava, ele escrevia todas as palavras do rolo que
Y'hoyakim, rei de Y'hudah, tinha queimado no fogo, e ainda muitas outras palavras
similares que ele acrescentou.

37 1 Tzidkiyahu, o filho de Yoshiyahu, tornou-se rei, sucedendo a Koniyahu, o
filho de Y'hoyakim, que N'vukhadretzar, rei de Bavel, tinha feito rei sobre a
terra de Y'hudah. 2 Contudo, nem ele, nem seus servos, nem o povo da terra deram
atenção às palavras de *Adonai*, que ele falou por intermédio do profeta Yirmeyahu.

3 Tzidkiyahu, o rei, enviou Y'hukhal, o filho de Shelemyahu, e Tz'fanyahu, o
filho de Ma'aseiyah, o *kohen*, ao profeta Yirmeyahu, com a seguinte mensagem:
"Por favor, ore a *Adonai*, nosso Deus, por nós". 4 Naquele tempo, Yirmeyahu circu-
lava livremente entre o povo, porque eles ainda não o tinham posto na prisão. 5 Ao
mesmo tempo, o exército do faraó marchou do Egito; e, quando os kasdim, sitiando
Yerushalayim, ouviram sobre eles, levantaram o cerco de Yerushalayim.

6 Então esta palavra de *Adonai* veio ao profeta Yirmeyahu: 7 "*Adonai*, o Deus de
Yisra'el, diz para falar ao rei de Y'hudah, que os enviou para me consultar: 'O exérci-
to do faraó marchou para ajudar vocês; mas ele voltará ao Egito, a seu próprio país.
8 Os kasdim retornarão, atacarão esta cidade, a capturarão e a queimarão até o chão'.
9 Eis o que *Adonai* diz: 'Não se engane pensando que os kasdim devem ter-se retirado,
porque não o fizeram. 10 Mesmo que você ferisse o exército inteiro dos kasdim que
está lutando contra você, de modo que só sobrassem feridos, ainda assim eles se
levantariam, cada homem de sua tenda, e queimariam esta cidade até o chão' ".

11 Então no tempo em que o exército dos kasdim levantou o cerco de Yerushalayim
com medo do exército do faraó, 12 Yirmeyahu deixou Yerushalayim para ir ao ter-
ritório de Binyamin a fim de receber sua parte em uma herança ali. Ele estava
passando pelas multidões 13 e já chegava ao portão em seu caminho para Binyamin
quando um dos chefes dos guardas que ali estava, chamado Yir'iyah, o filho

de Shelemyah, filho de Hananyah, agarrou Yirmeyahu, o profeta, gritando:
"Você está desertando para os kasdim!" 14 Yirmeyahu respondeu: "Isso é menti-
ra! Não estou desertando para os kasdim"; porém Yir'iyah não lhe deu ouvidos.
Então ele prendeu Yirmeyahu e o levou aos oficiais. 15 Os oficiais, furiosos com
Yirmeyahu, espancaram-no e prenderam-no na casa de Y'honatan, o secretário, a qual
se tinha convertido em prisão. 16 A cisterna fora transformada em um calabouço, e
Yirmeyahu foi posto em uma de suas celas; ali permaneceu por muito tempo.

17 Então Tzidkiyahu, o rei, deu ordens para que o trouxessem à sua presença e
lhe perguntou secretamente, em seu palácio: "Há alguma palavra de *Adonai*?". "Há",
disse Yirmeyahu. "Você será entregue ao rei de Bavel". 18 Yirmeyahu perguntou ao
rei Tzidkiyahu: "Em que pequei contra você, ou contra seus oficiais, ou contra este
povo, para que vocês me colocassem na prisão? 19 Onde estão os profetas agora,
aqueles que profetizaram a você que o rei de Bavel não atacaria esta terra? 20 Então
agora, por favor, ouça, meu senhor, o rei! Imploro que aceite meu pedido — não
me faça retornar à casa de Y'honatan, o secretário, ou lá morrerei". 21 Diante disso,
Tzidkiyahu, o rei, deu ordens para que Yirmeyahu fosse confinado ao quartel dos
guardas e recebesse uma porção de pão da Rua dos Padeiros, enquanto houvesse
pão na cidade. Assim, Yirmeyahu ficou no quartel dos guardas.

38 1 Contudo, Sh'fatyah, o filho de Mattan, G'dalyahu, o filho de Pash'chur,
Yukhal, o filho de Shelemyahu, e Pash'chur, o filho de Malkiyah, ouviram
essas palavras que Yirmeyahu dissera a todo o povo: 2 "Eis o que *Adonai* diz: qual-
quer um que ficar nesta cidade morrerá pela espada, pela fome e pela praga; mas
qualquer um que partir e se render aos kasdim permanecerá vivo; a própria vida
será seu único 'espólio de guerra', mas ele ficará vivo. 3 *Adonai* diz que esta cida-
de certamente será entregue ao exército do rei de Bavel, e ele a capturará". 4 Os
líderes disseram ao rei: "Por favor, que este homem seja levado à morte; porque,
falando tais palavras aos soldados que restam nesta cidade e a todo o povo, ele os
desmoraliza. Este homem não está procurando o benefício deste povo, mas sua
ruína". 5 Tzidkiyahu, o rei, disse: "Tudo bem, ele está em suas mãos; pois o rei não
os pode impedir de fazer como for de agrado de vocês".

6 Então eles pegaram Yirmeyahu e o lançaram na cisterna de Malkiyahu, o filho
do rei, que ficava no quartel dos guardas; desceram Yirmeyahu nela com cordas. No
poço, não havia água, mas lama, e Yirmeyahu se atolou na lama. 7 'Eved-Melekh, o
etíope, um oficial na casa do rei, ouviu que eles haviam posto Yirmeyahu na cister-
na. Quando o rei estava sentado no portão que dava para Binyamin, 8 'Eved-Melekh
deixou o palácio e disse ao rei: 9 "Meu senhor, ó rei! Esses homens agiram mal com
Yirmeyahu, o profeta. Eles o atiraram na cisterna, e ele provavelmente morrerá ali,
por causa da fome, porque não há mais comida". 10 Então o rei ordenou a 'Eved-
-Melekh, o etíope: "Tome 30 homens daqui com você e tire Yirmeyahu, o profeta, da
cisterna antes que ele morra". 11 Então 'Eved-Melekh tomou os homens e entrou em
uma sala embaixo da tesouraria, no palácio do rei, de onde pegou algumas roupas
velhas e trapos. Depois fez os homens descer com cordas até Yirmeyahu na cisterna.
12 Então 'Eved-Melekh, o etíope, disse a Yirmeyahu: "Use essas roupas e esses trapos
como almofadas entre suas axilas e as cordas". Depois que Yirmeyahu fez isso,
13 eles o puxaram para cima com as cordas e o tiraram da cisterna. Yirmeyahu ficou
no quartel dos guardas.

14 Tzidkiyahu deu ordens para que Yirmeyahu fosse levado à sua presença na
terceira entrada da casa de *Adonai*. Então o rei disse a Yirmeyahu: "Quero pergun-
tar a você uma coisa; não esconda nada de mim". 15 Yirmeyahu disse a Tzidkiyahu:

"Se eu disser, você não me levará à morte? E, se eu der um conselho a você, não me ouvirá". 16 Então Tzidkiyahu jurou secretamente a Yirmeyahu: "Como vive *Adonai* que nos deu a vida, não o levarei à morte; nem você será entregue àqueles homens que o querem matar".

17 Então Yirmeyahu disse a Tzidkiyahu: "Eis o que *Adonai-Tzva'ot*, o Deus de Yisra'el, diz: 'Se você sair e se render aos oficiais do rei de Bavel, viverá — esta cidade não será queimada, e você e sua família viverão. 18 Mas, se você não sair ao encontro dos oficiais do rei de Bavel, esta cidade será entregue aos kasdim; eles a queimarão até o chão, e você não escapará deles' ". 19 Tzidkiyahu, o rei, disse a Yirmeyahu: "Tenho medo dos judeus que desertaram para os kasdim. Os kasdim pode entregar-me a eles, que me maltratariam". 20 Yirmeyahu respondeu: "Eles não o entregarão. Eu imploro a você que ouça a voz de *Adonai* a respeito do que estou falando; então tudo correrá bem, e você viverá. 21 Mas, se você recusar a se render, esta é a palavra que *Adonai* me mostrou: 22 todas as mulheres que restam no palácio do rei de Y'hudah serão levadas para os oficiais do rei de Bavel, e essas mulheres insultarão você:

'Seus próprios amigos íntimos o enganaram
e tiraram vantagem de você.
Agora que seus pés estão atolados na lama,
eles o abandonaram'.

23 Eles levarão todas as suas mulheres e filhos para os kasdim, e você não escapará. Em vez disso, será capturado pelo rei de Bavel, e fará esta cidade ser queimada até o chão".

24 Tzidkiyahu disse a Yirmeyahu: "Não repita a ninguém o que você acaba de dizer, ou morrerá. 25 Se os oficiais souberem que falei com você, e se eles vierem a você e disserem: 'Diga-nos agora o que você disse ao rei e o que o rei disse a você; não o esconda de nós, ou nós o levaremos à morte', 26 então lhes diga: 'Apresentei ao rei um pedido para que ele me fizesse voltar à casa de Y'honatan, para ali morrer". 27 Todos os oficiais vieram a Yirmeyahu e o questionaram, e ele lhes falou tudo o que o rei lhe tinha ordenado. Então pararam de falar com ele, já que ninguém tinha ouvido a conversa com o rei.

28 Yirmeyahu ficou no quartel dos guardas até o dia em que Yerushalayim foi capturada; ele estava lá quando Yerushalayim foi capturada.

39 1 No nono ano de Tzidkiyahu, rei de Y'hudah, no décimo mês, N'vukhadretzar, rei de Bavel, marchou contra Yerushalayim com todo o seu exército e começou a estabelecer o cerco contra ela. 2 No nono dia do quarto mês do décimo primeiro ano de Tzidkiyahu, eles irromperam para dentro da cidade. 3 Todos os oficiais do rei de Bavel entraram e se assentaram no portão do Meio — Nergal-Sar'etzer, Samgar-N'vo, Sars'khim, o Rav-Saris, Nergal-Sar'etzer, o Rav-Mag, e todos os outros oficiais do rei de Bavel. 4 Quando Tzidkiyahu, o rei de Y'hudah, e todos os soldados os viram, fugiram, deixando a cidade de noite, através do jardim do rei, saindo do jardim entre os dois muros e continuando pelo caminho até o 'Aravah.

5 Contudo, o exército dos kasdim saiu em perseguição a eles e alcançou Tzidkiyahu nas planícies próximas a Yericho. Após capturá-lo, levaram-no a N'vukhadretzar, rei de Bavel, em Rivlah, na terra de Hamat, onde ele foi sentenciado. 6 O rei de Bavel matou os filhos de Tzidkiyahu diante de seus olhos em Rivlah; o rei de Bavel também matou todos os líderes de Y'hudah. 7 Então ele arrancou os

olhos de Tzidkiyahu e o amarrou em cadeias para ser levado a Bavel. 8 Os kasdim
queimaram o palácio real e as casas do povo, e derrubaram os muros de Yerusha-
layim. 9 Então N'vuzar'adan, comandante da guarda, deportou para Bavel a popula-
ção remanescente da cidade, os desertores que para lá tinham fugido e o restante
do povo. 10 N'vuzar'adan, o comandante da guarda, porém, deixou para trás, no ter-
ritório de Y'hudah, alguns dos pobres, aqueles que não tinham nada e, ao mesmo
tempo, deu-lhes vinhas e campos.

11 Com relação a Yirmeyahu, N'vukhadretzar, rei de Bavel, deu a N'vuzar'adan,
o comandante da guarda, esta ordem: 12 "Tome-o, olhe para ele com bondade e não
lhe faça nenhum mal, mas trate-o como ele disser que você deve tratá-lo". 13 Então
N'vuzar'adan, o comandante da guarda, N'vushazban, o Rav-Saris, Nergal-Sar'etzer,
o Rav-Mag, e todos os oficiais do rei de Bavel 14 deram ordens para que Yirmeyahu
fosse tirado do quartel dos guardas; eles o confiaram aos cuidados de G'dalyahu, o
filho de Achikam, o filho de Shafan, para que fosse levado para casa. Ali ele viveu
no meio do povo.

15 Esta palavra de *Adonai* veio a Yirmeyahu enquanto ele estava aprisionado no
quartel dos guardas: 16 "Vá e diga a 'Eved-Melekh, o etíope, que *Adonai-Tzva'ot*, o
Deus de Yisra'el, diz: "Eu estou prestes a cumprir minhas palavras a respeito desta
cidade, palavras de desastre, não de bem; quando o dia chegar, essas coisas se tor-
narão realidade diante de seus olhos. 17 Nesse tempo, porém, eu o resgatarei', diz
Adonai, 'e não o entregarei aos homens a quem você teme. 18 Sim, eu o manterei a
salvo; você não cairá pela espada, mas escapará vivo, porque você pôs sua confian-
ça em mim', diz *Adonai*' ".

40 1 Esta palavra veio a Yirmeyahu de *Adonai* depois que N'vuzar'adan, coman-
dante da guarda, permitiu que ele deixasse Ramah, depois de tê-lo tirado,
acorrentado, dentre todos os cativos de Yerushalayim e Y'hudah que foram leva-
dos a Bavel. 2 O comandante da guarda tomou Yirmeyahu e disse-lhe: "*Adonai*, seu
Deus, decretou desastre para este lugar, 3 e *Adonai* o cumpriu; ele fez o que disse
que iria fazer, porque vocês pecaram contra *Adonai* e não ouviram o que ele disse;
é por esse motivo que isso aconteceu com vocês. 4 Agora, eu o liberto das correntes
que prendem sua mão. Se achar melhor vir comigo para Bavel, venha, e cuidarei
bem de você. Mas, se não achar melhor vir comigo para Bavel, então não venha —
toda a terra está diante de você: onde parecer a você melhor e certo ir, vá para lá".
5 Antes que Yirmeyahu pudesse responder, [N'vuzar'adan disse-lhe]: "Então volte
a G'dalyahu, filho de Achikam, filho de Shafan, a quem o rei de Bavel nomeou
governador sobre as cidades de Y'hudah, e viva com ele no meio do povo; ou vá
para onde parecer certo a você". O comandante da guarda deu-lhe sustento e um
presente, e deixou-o ir. 6 Então Yirmeyahu foi para G'dalyahu, filho de Achikam, em
Mitzpah, e morou com o povo que foi deixado na terra.

7 Agora, quando todos os comandantes do exército que estavam no campo
e seus homens ouviram que o rei de Bavel havia nomeado G'dalyahu, filho de
Achikam, governador da terra, e que o havia encarregado dos homens, mulheres,
crianças e de algumas das pessoas mais pobres da terra, que não haviam sido
levadas cativas para Bavel, 8 foram falar com G'dalyahu em Mitzpah — em particu-
lar, Yishma'el, filho de N'tanyahu; Yochanan e Yonatan, filhos de Kareach; S'rayah,
filho de Tanchumet; os filhos de 'Efai, o N'tofati; e Y'zanyahu, filho de Ma'akhati,
juntamente com seus homens. 9 G'dalyahu, filho de Achikam, filho de Shafan, jurou
a eles e a seus homens: "Não tenham medo de servir aos kasdim. Vivam na terra,

sirvam ao rei de Bavel, e tudo irá bem a vocês. 10 Quanto a mim, viverei em Mitzpah
e estarei às ordens dos kasdim que vierem a nós. Mas, vocês, colham as uvas para o
vinho, as frutas de verão e as azeitonas para o azeite; coloquem-nas em seus jarros
e vivam nas cidades que ocuparam".

11 Do mesmo modo, quando todos os judeus que estavam em Mo'av, em Edom,
no meio do povo de 'Amon, e em todas as outras terras ouviram que o rei de Bavel
deixou um remanescente em Y'hudah e nomeou G'dalyahu, filho de Achikam, filho
de Shafan, para governá-los, 12 retornaram de todos os lugares para onde haviam
sido levados e foram à terra de Y'hudah, para G'dalyahu em Mitzpah, e colheram
uvas para o vinho e frutas de verão em grande abundância.

13 Yochanan, filho de Kareach, e todos os comandantes do exército, que estavam
no campo, vieram a G'dalyahu em Mitzpah 14 e lhe disseram: "Você sabe que Ba'alis,
rei do povo de 'Amon, enviou Yishma'el, filho de N'tanyahu, para tirar sua vida?".
Mas G'dalyahu, filho de Achikam, não acreditou neles. 15 Então Yochanan, filho de
Kareach, falou em particular com G'dalyahu em Mitzpah: "Por favor, deixe-me ir,
e matarei Yishma'el, filho de N'tanyahu; ninguém saberá. Por que deixá-lo tirar
sua vida? Além disso, se ele o fizer, todos os judeus, reunidos a seu redor, se dis-
persarão, e o remanescente de Judá perecerá". 16 Mas G'dalyahu, filho de Achikam,
disse a Yochanan, filho de Kareach: "Não faça isso. O que você está dizendo sobre
Yishma'el não é verdade".

41 1 No sétimo mês, Yishma'el, filho de N'tanyahu, filho de Elishama, de san-
gue real, e um dos oficiais do rei, vieram com dez homens a G'dalyahu
em Mitzpah. Enquanto comiam juntos em Mitzpah, 2 Yishma'el e os dez homens
levantaram-se e atacaram G'dalyahu, filho de Achikam, filho de Shafan, e o feriram
à espada, assassinando o homem a quem o rei de Bavel havia nomeado governador
da terra. 3 Yishma'el também matou todos os judeus que estavam com G'dalyahu
em Mitzpah, bem como os soldados kasdim que encontraram ali.

4 No dia seguinte, antes que soubessem do assassinato de G'dalyahu, 5 80 ho-
mens de Sh'khem, Shiloh e Shomron vieram com barba raspada, roupas rasgadas
e cortes no corpo; traziam ofertas de cereal e incenso para oferecer na casa de
Adonai. 6 Yishma'el, filho de N'tanyahu, saiu de Mitzpah para encontrá-los, chorando
no caminho; ao encontrá-los, disse-lhes: "Venham a G'dalyahu, filho de Achikam".
7 Mas, quando entraram na cidade, Yishma'el, filho de N'tanyahu, e os homens que
estavam com ele, os mataram e os jogaram dentro de uma cisterna. 8 Dez deles,
porém, disseram a Yishma'el: "Não nos mate; temos armazéns de trigo, cevada,
azeite e mel escondidos no campo". Então eles os deixaram ir e não os mataram
com os demais. 9 A cisterna em que Yishma'el jogou os cadáveres dos homens que
havia assassinado juntamente com G'dalyahu era a mesma que o rei Asa havia
cavado em temor a Ba'asha, rei de Yisra'el; foi essa cisterna que Yishma'el, filho
de N'tanyahu, encheu com os corpos dos homens assassinados. 10 Então Yishma'el
levou cativo o restante do povo que estava em Mitzpah — as filhas do rei e todo
o povo deixado em Mitzpah, a quem N'vuzar'adan, comandante da guarda, havia
encarregado G'dalyahu, filho de Achikam. Yishma'el, filho de N'tanyahu, levou-os
cativos e partiu para atravessar o povo de 'Amon.

11 Quando Yochanan, filho de Kareach, e todos os comandantes do exército que
o acompanhavam souberam de todas as transgressões cometidas por Yishma'el,
filho de N'tanyahu, 12 convocou todos os homens e atacou Yishma'el, filho de
N'tanyahu. Eles o encontraram próximo ao grande açude em Giv'on. 13 Quando os

cativos de Yishma'el viram Yochanan, filho de Kareach, e todos os comandantes do
exército, que estavam com ele, alegraram-se. 14 Então todo o povo que Yishma'el ha-
via levado cativo de Mitzpah voltou e juntou-se à Yochanan, filho de Kareach. 15 Mas
Yishma'el, filho de N'tanyahu, escapou de Yochanan com oito homens e foi para o
povo de 'Amon. 16 Então Yochanan, filho de Kareach, e os comandantes do exército,
que estavam com ele, levaram todo o restante do povo que ele havia resgatado de
Yishma'el, filho de N'tanyahu, aqueles que Yishma'el havia levado de Mitzpah de-
pois de ter assassinado G'dalyahu, filho de Achikam — os guerreiros, os soldados,
as mulheres, as crianças e os oficiais que ele havia trazido de volta de Giv'on — 17
e partiram para ficar em Kimham, perto de Beit-Lechem, com a intenção de seguir
para o Egito 18 e, assim, escapar dos kasdim. Eles os temiam, porque Yishma'el, filho
de N'tanyahu, havia assassinado G'dalyahu, filho de Achikam, a quem o rei de Bavel
nomeara governador da terra.

42 1 Então todos os comandantes do exército, Yochanan, filho de Kareach,
Y'zanyah, filho de Hosha'yah, e todo o povo, do menor ao maior, aproxima-
ram-se de Yirmeyahu, o profeta, 2 e disseram-lhe: "Imploramos que aceite nossa sú-
plica: ore por nós a *Adonai*, seu Deus, por todos estes remanescentes. Pois éramos
numerosos, e restaram poucos de nós, como você pode ver. 3 Ore para que *Adonai*,
seu Deus, nos diga qual direção devemos tomar e o que devemos fazer".

4 Yirmeyahu, o profeta, disse-lhes: "Ouvi o que disseram. Muito bem, orarei
a *Adonai*, seu Deus, como pediram. E o que *Adonai* responder, direi a vocês e não
esconderei nada". 5 Eles disseram a Yirmeyahu: "Que *Adonai* seja uma testemunha
verdadeira e fiel contra nós se não fizermos tudo o que *Adonai*, seu Deus, nos disser
por você. 6 Seja bom, seja mau, ouviremos o que *Adonai*, nosso Deus, disser. Nós o
enviamos a ele para que tudo nos vá bem, ao obedecer àquilo que *Adonai*, nosso
Deus, disser".

7 Dez dias depois, a palavra de *Adonai* veio a Yirmeyahu. 8 Então ele chamou
Yochanan, filho de Kareach, todos os comandantes do exército e todo o povo, do
menor ao maior, 9 e disse-lhes: "Vocês me enviaram para apresentar sua súplica a
Adonai, Deus de Yisra'el. Eis o que ele disse: 10 'Se vocês permanecerem nesta terra,
eu os edificarei e não os destruirei; eu os plantarei e não os arrancarei; pois estou
arrependido da calamidade que trouxe sobre vocês. 11 Não tenham medo do rei de
Bavel. Não tenham medo dele', diz *Adonai*, 'pois estou com vocês para salvá-los e
resgatá-los de seu poder. 12 Terei compaixão de vocês, para que ele tenha compai-
xão de vocês e os faça retornar à sua própria terra'.

13 "Mas se vocês disserem: 'Não ficaremos nesta terra', e assim desobedecerem
ao que *Adonai*, seu Deus, está dizendo, 14 e, em vez disso, disserem: 'Não, iremos
à terra do Egito, porque lá não veremos guerra, nem ouviremos o som do *shofar*,
nem passaremos fome de modo que ficaremos lá, 15 ouçam o que *Adonai* diz, re-
manescente de Y'hudah. Assim diz *Adonai-Tzva'ot*, o Deus de Yisra'el: 'Se vocês
estiverem determinados a ir para o Egito e permanecer lá, 16 a espada, da qual estão
com medo, os alcançará na terra do Egito; e a fome, da qual vocês estão com medo,
os perseguirá de perto no Egito; e lá vocês morrerão. 17 Assim acontecerá a todas as
pessoas determinadas a ir para o Egito e lá permanecer — morrerão pela espada,
pela fome e pela praga; nenhuma restará nem escapará do desastre que trarei so-
bre elas'. 18 Pois eis o que diz *Adonai-Tzva'ot*, o Deus de Yisra'el: 'Como minha ira e
minha fúria foram derramadas sobre os habitantes de Yerushalayim, assim minha
fúria será derramada sobre vocês se forem para o Egito; vocês se tornarão objeto
de condenação, pavor, maldição e afronta; e não verão mais este lugar'.

19 "*Adonai* falou sobre vocês, remanescentes de Y'hudah! Não vão para o Egito!
Estejam certos disto: Hoje os adverti. 20 Pois vocês se enganaram, contra seus pró-
prios interesses. Vocês me enviaram a *Adonai,* nosso Deus, dizendo: 'Ore por nós a
Adonai, nosso Deus; diga-nos tudo o que *Adonai,* nosso Deus, disser, e o faremos'.
21 Hoje eu disse a vocês, mas vocês não obedeceram a nada do que *Adonai,* seu Deus,
disse. 22 Portanto, estejam certos de que morrerão pela espada, pela fome e pela
praga, no lugar para onde vocês querem ir e morar".

43 1 Quando Yirmeyahu terminou de dizer ao povo tudo o que *Adonai,* seu Deus,
dissera, que *Adonai,* seu Deus, o enviara para lhes dizer todas essas palavras,
2 então 'Azaryah, filho de Hosha'yah, Yochanan, filho de Kareach, e todos os homens
arrogantes que estavam com eles, disseram a Yirmeyahu: "Você está mentindo! *Ado-
nai,* nosso Deus, não o enviou para nos dizer: 'Não vão para o Egito para viver lá'! 3 Mas
Barukh, filho de Neriyah, o está incitando contra nós, a fim de que sejamos entregues
nas mãos dos kasdim para sermos mortos ou levados cativos para Bavel".

4 Então Yochanan, filho de Kareach, todos os comandantes do exército e todo
o povo não obedeceram à ordem de *Adonai,* para morar na terra de Y'hudah. 5 Em
vez disso, Yochanan, filho de Kareach, e todos os comandantes do exército toma-
ram todo o remanescente de Y'hudah, que retornara de todas as nações para onde
havia sido levado, para morar na terra de Y'hudah — 6 os homens, as mulheres, as
crianças, as filhas do rei, todos os que N'vuzar'adan, comandante da guarda, havia
encarregado a G'dalyahu, filho de Achikam, filho de Shafan, e Yirmeyahu, o profeta
e Barukh, filho de Neriyah —, 7 e foram para a terra do Egito, desobedecendo ao que
Adonai havia dito, e chegaram a Tachpanches.

8 Então veio esta palavra de *Adonai* a Yirmeyahu em Tachpanches: 9 "Diante dos
homens de Y'hudah, pegue algumas pedras grandes e enterre-as com barro no
pavimento à entrada do palácio do faraó em Tachpanches. 10 Diga-lhes: 'Assim diz
Adonai-Tzva'ot, o Deus de Yisra'el: "Mandarei chamar N'vukhadretzar, rei de Bavel,
meu servo, o tomarei e colocarei seu trono sobre essas pedras que enterrei aqui; ele
virá e estenderá sua tenda real sobre elas. 11 Ele virá e atacará a terra do Egito.

Aqueles destinados à morte, morrerão!
Os destinados ao cativeiro, serão levados cativos!
Os destinados à espada, morrerão à espada!

12 Incendiarei os templos dos deuses do Egito, e eles queimarão [esses deuses] ou
os levarei cativos. Ele dobrará a terra do Egito como um pastor dobra seu manto, e
sairá dali vitorioso. 13 Ele também despedaçará as colunas do templo do sol na terra
do Egito e queimará os templos dos deuses do Egito" ' ".

44 1 Esta palavra veio a Yirmeyahu sobre todo o povo de Y'hudah, que estava
morando na terra do Egito — em Migdol, Tachpanches, Nof e na terra de
Patros: 2 "Assim diz *Adonai*-Tzva'ot, o Deus de Yisra'el: 'Vocês viram toda a desgraça
que eu trouxe sobre Yerushalayim e todas as cidades de Y'hudah; hoje elas lá estão,
em ruínas e desabitadas. 3 Isso sobreveio por causa da maldade que fizeram para
provocar minha ira — sacrificando e servindo a outros deuses, que nem eles, nem
vocês, nem seus antepassados conheceram. 4 Dia após dia, enviei a vocês todos os
meus servos, os profetas, com a mensagem: "Não façam tal coisa abominável que
eu odeio!". 5 Mas eles não ouviram nem obedeceram, não se converteram de sua
maldade, nem deixaram de queimar incenso a outros deuses. 6 Por isso, minha fúria

e minha ira foram derramadas e queimaram as cidades de Y'hudah e as ruas de
Yerushalayim; e tornaram-se nas ruínas e na desolação que são hoje'.
7 "Portanto, agora, *Adonai*-Tzva'ot, o Deus de Yisra'el, diz: 'Por que vocês es-
tão cometendo este grande pecado contra si mesmos? Como resultado, vocês só
poderão ser eliminados de Y'hudah— homens, mulheres, crianças e bebês — até
que não reste ninguém. 8 Porque vocês continuam provocando-me com as obras
de suas mãos, sacrificando a outros deuses na terra do Egito, onde foram viver
como estrangeiros. Isso os levará à destruição, e vocês se tornarão um objeto de
maldição e de afronta entre todas as nações da terra. 9 Vocês esqueceram a mal-
dade de seus antepassados, as maldades dos reis de Y'hudah, as maldades das
esposas deles, suas próprias maldades e as de suas esposas, cometidas na terra
de Y'hudah e nas ruas de Yerushalayim? 10 Até o dia de hoje, não se humilharam,
nem temeram, nem viveram de acordo com minha *Torah* e meus decretos que
apresentei a vocês e a seus antepassados'.
11 "Portanto, assim diz *Adonai-Tzva'ot*, o Deus de Yisra'el: 'Decretarei desgraça
para vocês e destruirei todo o Y'hudah. 12 Tomarei o remanescente de Y'hudah,
que está determinado a ir para o Egito e viver lá como estrangeiro, e todos mor-
rerão — na terra do Egito, eles cairão e morrerão pela espada e pela fome. Todos
morrerão, do menor ao maior, pela espada e pela fome, e se tornarão um objeto
de condenação, pavor, maldição e afronta. 13 Sim, castigarei aqueles que vivem na
terra do Egito, como castiguei Yerushalayim, pela espada, pela fome e pela praga,
14 a fim de que nenhum dos remanescentes de Y'hudah que foram à terra do
Egito para viver como estrangeiro escape ou sobreviva para retornar à terra de
Y'hudah. Eles anseiam voltar e viver lá, mas ninguém retornará, exceto uns pou-
cos refugiados' ".
15 Então todos os homens que sabiam que suas esposas queimavam incenso a
outros deuses, juntamente com outras mulheres que estavam presentes, em gran-
de número, todo o povo que estava morando em Patros na terra do Egito, res-
ponderam a Yirmeyahu: 16 "Quanto à palavra que você acabou de nos anunciar em
nome de *Adonai*, não obedeceremos. 17 Em vez disso, certamente continuaremos
a cumprir cada palavra que saiu de nossa boca: oferecemos incenso à rainha dos
céus e derramaremos ofertas de bebidas para ela, como temos feito, nós e nossos
antepassados, nossos reis e nossos líderes, nas cidades de Y'hudah e nas ruas de
Yerushalayim. Naquela época, tínhamos fartura de comida; tudo nos ia bem e não
experimentávamos nenhum mal. 18 Mas, desde que paramos de queimar incenso
à rainha dos céus e de derramar ofertas de bebidas para ela, falta-nos tudo, e te-
mos sido destruídos pela espada e pela fome". 19 [Então as esposas acrescentaram:]
"Fomos nós que queimamos incenso à rainha dos céus? Derramamos ofertas de
bebidas para ela? E fizemos bolos na forma de sua imagem e derramamos ofertas
de bebidas para ela sem o consentimento de nossos maridos?".
20 Então Yirmeyahu disse a todo o povo — aos homens, às mulheres e a todo
o povo que lhe dera essa resposta: 21 "O incenso que queimaram nas cidades de
Y'hudah e nas ruas de Yerushalayim — vocês, seus antepassados, seus reis, seus
líderes e o povo da terra —, *Adonai* lembrou-se continuamente disso e considerou
este [insulto], 22 até que não pôde mais suportar, de tão más e detestáveis que
eram suas obras. Por isso, sua terra transformou-se em ruínas, objeto de pavor,
maldição, desabitada como está hoje. 23 Foi porque vocês queimaram incenso, pe-
cando contra *Adonai*, e não ouviram aquilo que *Adonai* disse, nem viveram de
acordo com sua *Torah*, seus decretos e instruções, que este desastre caiu sobre
vocês, como se vê no dia de hoje".

24 Além disso, Yirmeyahu disse a todo o povo, mas especialmente às mulheres: "Ouçam a palavra de *Adonai*, todo o Y'hudah que está na terra do Egito; 25 assim diz *Adonai-Tzva'ot*, o Deus de Yisra'el: 'Vocês e suas esposas declararam suas intenções com sua boca e cumpriram-nas com suas mãos — vocês disseram: "Certamente cumpriremos os votos que fizemos de queimar incenso à rainha dos céus e derramar ofertas de bebidas a ela". Certamente, vocês cumprirão seus votos. 26 Contudo, todo o Y'hudah, que vive na terra do Egito, ouça a palavra de *Adonai*: 'Juro por meu grande nome', diz *Adonai*, 'que nenhum homem de Y'hudah pronunciará meu nome novamente na terra do Egito, dizendo: "Tão certo como vive *Adonai*, Deus". 27 Eu os estou vigiando para o mal, não para o bem. Todos os homens de Y'hudah na terra do Egito serão destruídos pela espada e pela fome, até que todos sejam destruídos. 28 Os poucos que escaparem da espada retornarão da terra do Egito para a terra de Y'hudah; e todos os remanescentes de Y'hudah que foram para a terra do Egito saberão qual palavra permanecerá — a minha ou a deles! 29 Além disso, será um sinal para vocês', diz *Adonai*, 'de que punirei este lugar, de modo que saberão que minhas ameaças de destruição contra vocês se cumprirão'. 30 *Adonai* diz: 'Entregarei o faraó Hofra, rei do Egito, nas mãos de seus inimigos, àqueles que querem tirar-lhe a vida — da mesma maneira que entreguei Tzidkiyahu, rei de Y'hudah, nas mãos de N'vukhadretzar, rei de Bavel, seu inimigo, que procurava sua morte' ".

45 1 Eis o que Yirmeyahu disse a Barukh, filho de Neriyah, quando escreveu essas palavras em um livro, ditadas por Yirmeyahu, no quarto ano de Y'hoyakim, filho de Yoshiyahu, rei de Y'hudah: 2 "Assim diz *Adonai*, o Deus de Yisra'el, sobre você, Barukh. Você disse:

3 'Ai de mim agora!
Adonai acrescentou tristeza à minha dor,
estou exausto de tanto gemer
e não consigo encontrar descanso!'.

4 "Diga-lhe que *Adonai* diz:

'Destruirei aquilo que construí
e arrancarei aquilo que plantei
em toda esta terra.

5 Você procura grandes coisas para você? Não faça isso! Porque estou trazendo desgraça sobre toda a humanidade', diz *Adonai*. 'Mas, aonde quer que você vá, eu o deixarei escapar com vida' ".

46 1 Esta é a palavra que veio de *Adonai* a Yirmeyahu, o profeta, sobre as nações. 2 Sobre o Egito, contra o exército do faraó N'kho, rei do Egito, que foi atacado junto ao rio Eufrates em Kark'mish, por N'vukhadretzar, rei de Bavel, no quarto ano de Y'hoyakim, filho de Yoshiyahu, rei de Y'hudah:

3 "Preparem seus escudos, os grandes e os pequenos.
Avancem para a batalha!
4 Selem os cavalos! Montem, cavaleiros!
[Tropas,] tomem posição! Coloquem o capacete!
Limpem as lanças! Vistam a armadura!

5 "Por que os vejo retirando-se em pânico,
seus guerreiros, derrotados, fugindo às pressas,
sem olhar para trás, e terror por toda parte?",

diz *Adonai*.

6 "O ágil não consegue fugir, nem os guerreiros escapar.
No norte, perto do rio Eufrates,
tropeçaram e caíram".
7 Quem é este que se levanta como o Nilo,
como rios de águas agitadas?
8 É o Egito, levantando-se como o Nilo,
como rios de águas agitadas,
dizendo: "Eu me levantarei e cobrirei a terra,
destruirei a cidade juntamente com seu povo".
9 Ao ataque, cavalos! Avancem, carros de guerra!
Que os guerreiros ataquem! —
Kush e Put, carregando seus escudos,
e Ludim, empunham o arco.
10 Porque, naquele dia, *Adonai* E*LOHEI*-*Tzva'ot*
terá um dia de vingança
para vingar-se de seus inimigos.
A espada devorará até saciar-se
e se embriagará com o sangue deles.
Sim, *Adonai* E*LOHEI*-*Tzva'ot*
decreta sacrifício na terra do norte,
perto do rio Eufrates.
11 Suba a Gil'ad em busca de seu bálsamo,
ó virgem, filha do Egito.
Você prova muitos remédios, todos em vão,
pois não há cura para você.
12 As nações ouviram sobre sua desgraça;
seus gritos encheram a terra,
como um guerreiro tropeça em outro guerreiro,
e ambos caem juntos.

13 Esta palavra, *ADONAI* falou a Yirmeyahu, o profeta, sobre como N'vukhadretzar, rei
de Bavel, viria e atacaria a terra do Egito:

14 "Proclame no Egito e anuncie em Migdot;
anuncie em Nof e Tachpanches.
Diga: 'Posicionem-se! Preparem-se!
Pois a espada está destruindo todos a seu redor.
15 Por que seu guerreiro foi derrotado?
Ele não se levantou porque *ADONAI* o derrubou.
16 Fez que muitos tropeçassem;
sim, eles caíram uns sobre os outros' ".

Então disseram: "Vamos levantar
e retornar a nosso próprio povo,
de volta à terra onde nascemos,
longe da espada que destrói".
17 Ali eles clamaram: "O faraó, rei do Egito, só faz barulho,
mas deixa a oportunidade [para reagir] passar".

18 "Tão certo como vivo", diz o Rei,
cujo nome é *Adonai-Tzva'ot*,
"quando ele vier, será [tão poderoso]
quanto Tavor entre as montanhas,
quanto Karmel junto ao mar.

19 "Ó filha, que mora no Egito,
prepare-se para o exílio,
pois Nof será arrasada,
ficará desolada e desabitada.
20 O Egito é uma linda bezerra,
mas uma mutuca veio do norte para atacá-la.
21 Seus mercenários também, que estavam com ela,
eram como bezerros gordos no estábulo;
mas também viraram as costas
e fugiram juntos sem defender sua posição.
Porque veio sobre eles o dia da destruição,
o tempo de serem castigados.
22 O Egito silva como uma serpente,
quando o exército inimigo avança,
atacando-a com machados,
como homens que cortam árvores.
23 Eles derrubarão sua floresta", diz *Adonai*,
"pois não podem ser contados.
Sim, são mais que os gafanhotos;
não podem ser contados.
24 A filha do Egito foi envergonhada,
entregue nas mãos do povo do norte".

25 Assim declara *Adonai-Tzva'ot*, o Deus de Yisra'el: "Castigarei Amon de No, o faraó,
e o Egito com seus deuses e reis — ou seja, o faraó e todos os que nele confiam; 26 eu
os entregarei nas mãos daqueles que procuram tirar-lhes a vida, a N'vukhadretzar,
rei de Bavel, e a seus servos. Mas, depois disso, o Egito ficará habitado, como no
passado", diz *Adonai*.

27 "Contudo, não tenha medo, Ya'akov, meu servo;
não fique assustado, Yisra'el.
Porque o salvarei de lugares distantes,
e à sua descendência, das terras para onde foram levados cativos.
Ya'akov voltará e ficará em paz,
e não haverá ninguém que o atemorize.
28 Não tenha medo, Ya'akov, meu servo",
declara *Adonai*, "pois estou com você.
Destruirei completamente todas as nações
entre as quais o dispersei.
Mas não destruirei você completamente;
eu o disciplinarei como você merece,
mas não o destruirei completamente".

47 1 Esta palavra de *Adonai* veio a Yirmeyahu, o profeta, sobre os p'lishtim
antes do faraó atacar 'Azah: 2 "Asssim declara *Adonai*:

'Água está subindo do norte;
ela se tornará uma corrente transbordante,
inundando a terra e tudo o que nela há,
a cidade e seus habitantes.
O povo está clamando,
todos na terra estão chorando
3 ao estrondo dos cascos de seus fortes cavalos galopando,
ao barulho das rodas de seus carros de guerra.
Os pais não conseguem voltar para ajudar seus filhos,
por causa da fraqueza de suas mãos.
4 Porque chegou o dia
da destruição de todos os p'lishtim,
para cortar de Tzor e Tzidon
seus últimos estrangeiros;
pois *Adonai* está destruindo os p'lishtim,
o remanescente da ilha de Kaftor.
5 Os habitantes de 'Azah raparam a cabeça,
e Ashkelon se calou.
Vocês, que ficaram no vale
até quando farão cortes em seu próprio corpo?' ".

6 Oh, espada de *Adonai*,
quando descansará?
Volte à bainha!
Pare! Repouse!
7 Mas como pode descansar?
Pois *Adonai* deu ordens a você,
quando determinou que ataque Ashkelon e o litoral.

48 1 Isto é o que diz *Adonai-Tzva'ot*, o Deus de Yisra'el, acerca de Mo'av:
"Ai de N'vo, pois ficou em ruínas;
Kiryatayim foi destruída e capturada.
Misgav foi envergonhada, tomada.

2 "Nada se louva em Mo'av.
Em Heshbon, tramam sua ruína:
'Venham, vamos dar fim àquela nação'.
Você também, Madmein, será silenciada;
a espada a persegue.
3 Ouçam o choro agoniado de Horonayim,
ruína e terrível devastação!
4 Mo'av foi destruída;
ouve-se o clamor de seus jovens,
5 ao subir para Luchit,
chorando amargamente.
Ouvem-se gritos angustiados
na estrada que desce para Horonayim".

6 Fujam! Salvem-se!
Sejam fortes como um arbusto no deserto.

7 Porque você confia em suas obras e em sua riqueza,
será capturada.
Juntamente com seus sacerdotes e líderes,
K'mosh irá para o exílio.
8 Um destruidor virá contra todas as cidades,
e nenhuma cidade escapará.
O vale se transformará em ruínas,
e o planalto será destruído,
porque *Adonai* o disse.

9 Dê asas a Mo'av
para que possa voar e fugir.
Suas cidades se transformarão em ruínas,
sem nenhum habitante.
10 Maldito o que faz com negligência
a obra de *Adonai!*
Maldito o que retém
sua espada do sangue!

11 Mo'av vive tranquila desde sua juventude;
ela é [como o vinho] deixada com seus resíduos;
não foi mudada de vasilha em vasilha —
nem foi para o exílio.
Por isso, seu sabor [ruim] permanece o mesmo,
e seu cheiro não mudou.

12 "Portanto, eis que vêm dias", diz *Adonai,* "quando enviarei decantadores para
decantá-la, esvaziando suas vasilhas e despedaçando-as. 13 Então Mo'av se decep-
cionará com K'mosh, da mesma forma que a casa de Yisra'el se decepcionou com
Beit-El, um deus em quem haviam posto sua confiança.

14 "Como vocês podem dizer: 'Somos guerreiros,
homens fortes para a batalha'?
15 Eles estão destruindo Mo'av, atacando suas cidades,
e seus melhores jovens descem para a matança",
diz o rei, cujo nome é *Adonai-Tzva'ot.*

16 A ruína de Mo'av está próxima;
sua desgraça vem rapidamente.
17 Lamentem por ela,
todos os que estão ao redor,
todos vocês que a conhecem.
Digam: "Como se quebrou o cajado poderoso,
o cetro glorioso!".
18 Desça de sua glória e sente-se na terra seca,
ó filha, moradora de Divon,
pois o destruidor de Mo'av sobe contra você;
ele destruiu suas fortalezas!
19 Fiquem junto à estrada e vigiem,
habitantes de Aro'er;
Perguntem ao homem que foge e à mulher que escapa:
"O que está acontecendo?".

20 A desgraça caiu sobre Mo'av, pois está destruída.
Gritem! Clamem!
Proclamem em Arnon.
que Mo'av foi destruída.

21 O julgamento chegou ao planalto — a Holon, Yachtzah, Mefa'at, 22 Divon, N'vo,
Beit-Diblatayim, 23 Kiryatayim, Beit-Gamul, Beit-M'on, 24 K'riot, Botzrah e todas as
cidades na terra de Mo'av, próximas e distantes.

25 "A força de Mo'av foi eliminada;
seu braço está quebrado", diz *Adonai*.

26 Porque Mo'av se engrandeceu contra *Adonai*, embriaguem-na até que ela se revol-
va em seu próprio vômito e se torne um objeto de ridículo. 27 Afinal, Yisra'el foi um
objeto de ridículo para você. Ele não se associou a ladrões; contudo, sempre que
você falou a respeito, sacudiu sua cabeça.

28 Vocês, que moram em Mo'av,
abandonem as cidades e vivam entre as rochas;
sejam como a pomba que faz seu ninho
em um buraco na rocha à entrada de uma caverna.
29 Ouvimos sobre o orgulho de Mo'av:
como ela é orgulhosa! —
presunçosa, vaidosa, altiva;
tão orgulhosa em seu coração!

30 "Conheço sua arrogância", diz *Adonai*.
"Seu orgulho é vazio,
e nada conquistou".

31 Por isso, lamentarei por Mo'av;
chorarei por toda a Mo'av;
pelo povo de Kir-Heres, lamento.
32 Chorarei por você, videira de Sivmah,
mais que chorei por Ya'zer.
Seus ramos se estendem até o mar
e chegam até o mar de Ya'zer.
O destruidor caiu sobre suas frutas de verão
e sobre suas uvas.
33 A alegria e a satisfação foram tiradas
dos campos férteis e da terra de Mo'av.
"Interrompi a produção de vinho nos lagares,
e os gritos de alegria daqueles que pisam as uvas foram silenciados".

34 Os gritos de Heshbon a El'aleh
são ouvidos até em Yachatz;
os gritos de Tzo'ar a Horonayim
são ouvidos em 'Eglat-Shlishiyah;
pois até as águas de Nimrim secaram.

35 "Além disso", diz *Adonai*,
"em Mo'av darei um fim
a quem sacrifique nos altares idólatras
e queime incenso a seus deuses".

36 Por isso meu coração lamenta
por Mo'av como flautas em um funeral,
e meu coração lamenta pelos homens
de Kir-Heres como flautas em um funeral;
pois desapareceu a riqueza que eles produziram.
37 Todas as cabeças foram rapadas,
e todas as barbas foram cortadas;
todas as mãos sofreram incisões,
e todas as cinturas foram cobertas com vestes de lamento.

38 Em todos os telhados de Mo'av e
em suas praças —
há lamentação em todos os lugares!

"Pois despedacei Mo'av como um vaso
que ninguém quer", diz *Adonai*.

39 Lamentem: "Como Mo'av está destruída!
Como dá as costas, envergonhada!".
Assim Mo'av se tornará um objeto
de ridículo e de pavor para todos os seus vizinhos.

40 Pois assim diz *Adonai*:
"Vejam! Ele está planando como uma águia,
estendendo suas asas contra Mo'av —
41 as cidades serão capturadas, e as fortalezas serão tomadas.
Naquele dia, o coração dos guerreiros de Mo'av
será como o coração de uma mulher em trabalho de parto.
42 Mo'av será destruída como nação,
porque se engrandeceu contra *Adonai*.
43 Terror, cova e laço estão sobre você,
povo de Mo'av", diz *Adonai*.
44 "Quem fugir do terror,
cairá na cova;
e quem sair da cova,
será apanhado no laço.
Pois trarei sobre ela, sobre Mo'av,
o ano de seu castigo", declara *Adonai*.

45 "Na sombra de Heshbon,
os fugitivos param, exaustos.
Pois fogo sai de Heshbon,
e uma chama, do meio de Sichon,
consumindo a testa e o crânio
dos homens turbulentos de Mo'av.
46 Ai de você, Mo'av!
O povo de K'mosh está destruído!
Pois seus filhos foram levados cativos,
e suas filhas foram feitas cativas.
47 Contudo, acabarei com o exílio de Mo'av
no *acharit-hayamim*", diz *Adonai*.

Este é o julgamento de Mo'av.

49

1 Eis o que diz *Adonai* sobre o povo de 'Amon:

"Yisra'el não gerou filhos?
Ele não possui herdeiros?
Então por que Malkam herdou Gad,
com seu povo estabelecido em suas cidades?
2 Portanto", diz *Adonai*, "eis que vêm dias
em que farei soar o grito de guerra
contra Rabbah e o povo de 'Amon;
ela se tornará um *tel* de ruínas,
e seus povoados serão completamente queimados.
Então Yisra'el herdará deles,
que o deserdaram", declara *Adonai*.
3 "Lamente, Heshbon, pois 'Ai está em ruínas!
Gritem, filhas de Rabbah!
Vistam roupas de lamento e chorem.
Corram para cá e para lá entre os currais das ovelhas.
Pois Malkam será exilado,
com seus sacerdotes e oficiais.
4 Por que se orgulha tanto dos vales,
dos vales bem irrigados, filha rebelde?
Você confiou nas riquezas
e pensou: 'Quem me pode atacar?'.
5 Estou trazendo terror sobre você",
diz *Adonai Elohei-Tzva'ot*, "de todos os lados.
Todos serão dispersos,
sem ninguém para reunir os fugitivos.
6 Mas, depois disso, farei retornar
os exilados de 'Amon", diz *Adonai*.

7 Eis o que diz *Adonai-Tzva'ot* sobre Edom:

"Não há mais sabedoria alguma em Teman?
Seus sábios se esqueceram de como dar conselhos?
Sua sabedoria desapareceu?
8 Fujam! Voltem-se e fujam! Escondam-se bem,
moradores de D'dan,
pois estou trazendo calamidade a 'Esav,
quando chegar o tempo em que o castigarei.
9 Se os que colhem uvas viessem até você,
não deixariam nenhuma uva sem ser colhida.
Se ladrões viessem à noite.
destruiriam quanto quisessem.
10 Então quanto a mim, despi 'Esav,
destruí seus esconderijos;
ele não será capaz de se esconder.
Ele está destruído — seus filhos, irmãos e povos vizinhos —
para deixar de existir.
11 Deixe seus órfãos;
eu os manterei vivos.
Deixe suas viúvas confiarem em mim".

12 Pois isto é o que diz *Adonai:* "Quem não merece beber deste copo, beberá assim
mesmo. Você ficaria impune? Não, você não ficará impune; com certeza, beberá
dele. 13 Pois jurei por mim mesmo", diz *Adonai,* "que Botzrah ficará em ruínas e se
tornará um objeto de pavor, de afronta e de maldição; todas essas cidades ficarão
em ruínas para sempre".

14 Ouvi a mensagem de *Adonai:*
"Um mensageiro foi enviado às nações, dizendo:
'Juntem-se e marchem contra ela!
Preparem-se para a batalha!'.
15 Eu a farei a menor entre as nações,
o povo mais desprezível.
16 Sua capacidade de causar terror
a enganou e a tornou arrogante.
Você faz sua morada das fendas das rochas
e vive no cume da montanha.
No entanto, mesmo que faça seu ninho no alto como o das águias,
eu a derrubarei de lá", diz *Adonai.*
17 Edom se tornará um objeto de horror;
todos os que passarem por ele assobiarão,
assombrados com todas as desgraças.
18 Será como a destruição de S'dom,
de 'Amorah e dos povos vizinhos", diz *Adonai.*
"Ninguém mais se estabelecerá lá,
nenhum ser humano morará ali outra vez.
19 Será como um leão subindo das matas
do Yarden contra uma forte morada:
em um instante, o farei correr dali
e porei sobre ela quem eu escolher.
Pois quem é como eu? Quem pode me desafiar?
Que pastor pode resistir a mim?".
20 Ouçam então o que *Adonai*
planejou contra Edom
e o que ele preparou
contra quem vive em Teman:
o menor do rebanho os arrastará para fora;
seu pasto ficará em choque por causa deles.
21 A terra estremece ao som de sua queda;
seu choro pode ser ouvido no mar de Suf.
22 Ele subirá como um abutre, planará
e abrirá suas asas contra Botzrah.
Naquele dia, o coração dos guerreiros de Edom
será como o coração de uma mulher em trabalho de parto.
23 A respeito de Dammesek:
"Hamat e Arpad estão confusas
ao ouvir más notícias; entraram em pânico.
Estão perturbadas como o mar agitado,
que não pode acalmar-se.
24 Dammesek, enfraquecida,
volta-se para fugir;

o tremor a tomou.
Angústia e dor se apoderaram dela,
como as dores de uma mulher em trabalho de parto.
25 Como pode uma cidade tão famosa estar abandonada,
uma cidade que me deu tanta alegria?
26 Por isso, seus jovens cairão nas ruas,
e todos os seus guerreiros se calarão naquele dia",
diz *Adonai-Tzva'ot*.
27 "Porei fogo nos muros de Dammesek
que consumirá os palácios de Ben-Hadad".

28 *Adonai* diz acerca de Kedar e dos reinos de Hatzor, derrotados por N'vukhadretzar,
rei de Bavel:

"Preparem-se! Marchem contra Kedar!
Saqueiem o povo do oriente!'.
29 Eles tomarão suas tendas e seus rebanhos,
as cortinas de suas tendas e todos os seus utensílios.
Eles também tomarão seus camelos
e gritarão contra eles: 'Terror por toda parte!'.
30 Fujam! Deixem suas casas! Escondam-se bem,
habitantes de Hatzor", diz *Adonai*,
"pois N'vukhadretzar, rei de Bavel,
estabeleceu um plano contra vocês;
criou uma estratégia.
31 Levantem-se! Marchem contra uma nação tranquila,
que vive em segurança", diz *Adonai*.
"Eles não têm portas nem trancas;
vivem isolados.
32 Seus camelos se tornarão despojo,
e seu muito gado, espólio.
Espalharei aos ventos
os que rapam a lateral da cabeça;
trarei destruição por todos os lados
sobre eles", diz *Adonai*.
33 "Hatzor será morada de chacais,
desolada para sempre;
ninguém mais viverá lá,
nenhum outro ser humano morará ali".

34 Esta é a palavra de *Adonai*, que veio a Yirmeyahu, o profeta, acerca de 'Eilam no
início do reinado de Tzidkiyahu, rei de Y'hudah: 35 "*Adonai-Tzva'ot* diz:

'Quebrarei o arco de 'Eilam,
a base de seu poder.
36 Trarei contra 'Eilam os quatro ventos
dos quatro cantos do céu
e os espalharei aos quatro ventos.
Não haverá nenhuma nação para onde
os exilados de 'Eilam não irão.

37 Quebrarei ‘Eilam diante dos inimigos,
diante de quem busca lhes tirar a vida;
trarei destruição sobre eles,
minha ira ardente”, diz *Adonai*.
“Enviarei a espada para persegui-los,
até exterminá-los.
38 Colocarei meu trono em ‘Eilam
e destruirei o reino e os líderes deles”, diz *Adonai*.
39 “Mas, no *acharit-hayamim*,
farei voltar os exilados de ‘Eilam”, diz *Adonai*.

50 1 Esta é palavra que *Adonai* falou sobre Bavel, acerca da terra dos kasdim,
mediante Yirmeyahu, o profeta:

2 “Declarem entre as nações, anunciem!
Ergam um estandarte e proclamem; não escondam!
Digam: ‘Bavel foi conquistada.
Bel está envergonhado, e M’rodakh, apavorado;
suas imagens estão envergonhadas, e seus ídolos apavorados’.
3 Pois uma nação marcha contra ela do norte,
que desolará sua terra.
Ninguém habitará nela —
homens e animais fugiram dela, foram-se.
4 Naqueles dias, naquele tempo”, declara *Adonai*,
“o povo de Yisra’el virá,
com o povo de Y’hudah.
Eles chorarão enquanto caminham juntos,
procurando por *Adonai*, seu Deus.
5 Eles perguntarão pelo caminho de Tziyon
e, voltando o rosto na direção dela, dirão:
‘Venham, unam-se a *Adonai*,
por uma aliança eterna que nunca será esquecida’.
6 Meu povo é como ovelhas perdidas.
Meus pastores fizeram que elas se desviassem,
perambulando pelos montes.
Enquanto vagavam da montanha para a colina,
elas se perderam; não sabem mais onde está sua casa.
7 Todos os que as encontraram, devoraram-nas.
Seus inimigos disseram: ‘Não temos culpa;
elas pecaram contra *Adonai*,
o refúgio da justiça;
sim, contra *Adonai*, a esperança dos antepassados.
8 Fujam de Bavel! Deixem a terra dos kasdim!
Sejam como os bodes que lideram o rebanho,
9 pois eu suscitarei e levarei contra Bavel
uma aliança de grandes nações do norte.
Elas tomarão posição de combate;
de lá, ela será conquistada.

Suas flechas são como as de um guerreiro bem treinado;
nenhuma delas voltará em vão.
10 A terra dos kasdim será saqueada;
todos os que a saquearem se fartarão", diz *Adonai*.

11 "Por estarem alegres, por exultarem,
saqueadores de minha herança;
por engordarem como novilha no pasto
e relincharem como garanhões,
12 sua mãe ficará profundamente envergonhada,
quem deu você à luz ficará constrangida.
Aqui está ela! — a última entre as nações,
um deserto, uma terra seca e árida.
13 Por causa da ira de *Adonai*,
ninguém mais morará lá;
tudo será destruído.
Todos que passarem por Bavel assobiarão,
chocados com todas as suas pragas.

14 "Posicionem-se ao redor de Bavel,
todos vocês que empunham o arco;
disparem contra ela, não poupem flechas,
pois ela pecou contra *Adonai*.
Deem, de todos os lados, um brado de guerra contra ela!
15 Agora ela se rende!
Suas torres caem, suas muralhas são derrubadas,
pois esta é a vingança de *Adonai*.
Vinguem-se dela!
Como ela fez, façam a ela!,
16 Eliminem o semeador de Bavel
e o ceifeiro com sua foice na colheita.
Por temor à espada destruidora,
todos retornam a seus povos,
todos fogem para a própria terra.

17 "Yisra'el é um cordeiro desviado,
afugentado por leões.
O primeiro a devorá-lo foi o rei de Ashur;
e o último a quebrar seus ossos
é este N'vukhadretzar, rei de Bavel".

18 Portanto, *Adonai-Tzva'ot*,
Deus de Yisra'el, diz:
"Punirei o rei de Bavel e esta terra
como puni o rei de Ashur.
19 Trarei Yisra'el de volta a seu pasto,
para pastar no Karmel e em Bashan,
nas colinas de Efrayim e em Gil'ad,
até que se satisfaça.
20 Naqueles dias, naquele tempo", diz *Adonai*,
"procurarão a culpa de Yisra'el,
mas não encontrarão nada,

e os pecados de Y'hudah,
mas eles não serão encontrados,
pois eu perdoarei o remanescente que deixar.

21 "Ataquem a terra de Meratayim;
ataquem-na e também os habitantes de P'kod.
Assolem-nos até destruí-los por completo;
façam tudo que ordenei a vocês", diz *Adonai*.
22 "O som da batalha é ouvido na terra
com grande destruição!
23 Como o martelo de toda a terra
jaz quebrado e cortado!
Que objeto de horror entre as nações
Bavel se tornou!
24 Preparei uma armadilha para você,
Bavel, e antes que o soubesse.
Você foi achada e capturada
por ter desafiado *Adonai*.
25 *Adonai* abriu o arsenal
e retirou as armas de sua ira;
pois *Adonai Elohei-Tzva'ot* tem trabalho
a fazer na terra dos kasdim.
26 Ataquem-na de todas as direções!
Abram seus celeiros!
Empilhem-na como feixes de cereal;
destruam completamente. Não deixem nada!
27 Matem todos os seus bois!
Que eles desçam para serem mortos!
Ai deles, pois seu dia chegou,
o momento de sua punição.

28 "Ouçam o som dos fugitivos,
dos que escapam de Bavel,
vindo para proclamar em Tziyon
a vingança de *Adonai*, nosso Deus,
a vingança pelo templo.

29 "Convoquem os arqueiros contra Bavel,
todos que empunham o arco.
Cerquem-na de todos os lados,
que ninguém escape.
Retribuam a ela conforme seus feitos;
como ela fez a vocês, façam a ela.
Pois ela insultou *Adonai*,
o Santo de Yisra'el.
30 Por isso, seus jovens cairão
em espaços abertos;
por isso, todos os seus guerreiros serão silenciados
naquele dia", diz *Adonai*.
31 "Oponho-me a você, [nação] arrogante",
declara *Adonai Elohei-Tzva'ot*.

"Pois seu dia chegou,
o tempo de ser punida.
32 A [nação] arrogante tropeçará e cairá,
e ninguém a levantará outra vez.
Incendiarei suas cidades,
e o fogo consumirá tudo ao redor".

33 Assim diz *Adonai-Tzva'ot*:

"O povo de Yisra'el foi oprimido,
e também o povo de Y'hudah.
Quem os levou cativos prendeu-os à força;
eles se recusam a deixá-los ir.
34 No entanto, seu redentor é forte;
Adonai-Tzva'ot é seu nome.
Ele lhes defenderá a causa,
para trazer descanso à terra,
mas inquietação para os que vivem em Bavel".

35 *Adonai* diz:

"Uma espada paira sobre os kasdim,
sobre quem vive em Bavel,
e sobre seus líderes e sábios.
36 Uma espada paira sobre os adivinhos mentirosos;
eles se tornarão tolos.
Uma espada paira sobre seus guerreiros;
eles serão envergonhados.
37 Uma espada paira sobre seus cavalos,
e também sobre suas carruagens,
e sobre os estrangeiros que vivem no meio dela;
eles se tornarão como mulheres.
Uma espada paira sobre seus tesouros;
eles serão roubados.
38 A seca paira sobre suas águas;
elas secarão.
Pois esta é uma terra de ídolos;
eles enlouquecem por causa de seus ídolos horríveis.

39 "Portanto, animais selvagens e chacais habitarão ali,
e avestruzes se estabelecerão lá.
Ela nunca mais será povoada,
era após era ficará desabitada,
40 à semelhança de quando Deus destruiu S'dom,
'Amorah e as cidades vizinhas", diz *Adonai*.
"Ninguém mais se estabelecerá lá,
nenhum ser humano viverá ali outra vez.

41 "Vejam! Um povo vem do norte;
uma grande nação e muitos reis
são instigados desde os confins da terra.

42 Estão armados com arco e lança;
são cruéis, desprovidos de compaixão.
Seu barulho é como o bramido do mar,
enquanto avançam sobre os cavalos.
Seus homens se posicionam para a batalha
contra você, filha de Bavel.
43 O rei de Bavel ouviu relatos sobre eles;
suas mãos amoleceram, perdidas.
A angústia e a dor tomam conta dele
como uma mulher em trabalho de parto.

44 Será como um leão subindo das matas
de Yarden contra uma forte morada:
em um instante, eu o expulsarei dali
e colocarei sobre ela o que eu quiser.
Pois quem é como eu? Quem pode me chamar para eu lhe prestar contas?
Qual pastor pode resistir a mim?".

45 Então ouçam o que *Adonai*
planejou contra Bavel,
e os objetivos que ele preparou
contra a terra dos kasdim:
o menor do rebanho os arrastará para fora;
o próprio pasto ficará em choque por causa deles.
46 A terra estremece ao som da conquista de Bavel;
seu choro pode ser ouvido por todas as nações.

51

1 *Adonai* diz isto:

"Contra Bavel e os que vivem em Lev-Kamai,
suscitarei um vento destruidor.
2 Enviarei estrangeiros contra Bavel
para peneirá-la e deixá-la vazia.
Eles a cercarão por todos os lados
no dia da destruição.
3 Que o arqueiro arme o arco,
e exiba sua cota de malha;
não lhes poupem os jovens,
destruam completamente todo o seu exército.
4 Na terra dos kasdim, os mortos cairão
[à espada] nas ruas.
5 Yisra'el e Y'hudah não foram abandonadas, como viúvas,
por seu Deus, *Adonai-Tzva'ot*;
mas a terra [dos kasdim] está cheia de culpa,
diante do Santo de Yisra'el".

6 Fujam de Bavel; cada um salve a própria vida!
Não pereçam pela iniquidade dela.
Pois chegou o tempo da vingança de *Adonai*;
ele retribuirá o que ela merece.

7 Bavel era um cálice de ouro nas mãos de *Adonai;*
ela embriagou a terra toda.
As nações beberam de seu vinho;
por isso, perderam o bom senso.
8 Bavel caiu de repente e está arruinada
Lamentem por ela!
Tragam bálsamo para suas feridas;
talvez ela possa ser curada.
9 "Tentamos curar Bavel,
mas ela não pode ser curada.
Então deixem-na em paz, e cada um de nós
volte para sua terra".
Pois o julgamento contra ela chegou aos céus
e alcança até as nuvens.
10 *Adonai* trouxe nossa vitória.
Venham, anunciemos em Tziyon
a obra de *Adonai,* nosso Deus!

11 Afiem as flechas! Encham as aljavas!
Adonai suscitou o espírito dos reis dos medos,
pois ele planeja destruir Bavel.
Esta é a vingança de *Adonai,*
a vingança pelo templo.
12 Ergam um estandarte contra as muralhas de Bavel!
Reforcem a guarda! Posicionem as sentinelas!
Preparem emboscadas! Pois *Adonai*
planejou e cumpriu
o que prometeu fazer com os habitantes de Bavel.
13 Você que vive junto às muitas águas,
tão rico em tesouros — seu fim chegou,
o tempo de ser eliminado!
14 *Adonai-Tzva'ot* jurou por si mesmo:
"Eu os encherei com homens tão numerosos quanto gafanhotos;
eles darão um grito de triunfo sobre você".

15 Ele fez a terra com seu poder,
estabeleceu o mundo com sua sabedoria,
estendeu os céus com seu entendimento.
16 Quando ele troveja, as águas do céu estrondam.
Faz as nuvens se levantarem desde os confins da terra,
e o raio cair durante a chuva,
e o vento sair de seus depósitos.
17 Nisso, todos mostram-se estúpidos, ignorantes;
todo ourives é envergonhado pelo ídolo!
As imagens esculpidas são uma fraude,
não há fôlego nelas.
18 Elas não são nada, apenas objetos ridículos;
quando chegar o dia de seu castigo, perecerão!
19 A porção de Ya'akov não é como essas,
pois ele formou todas as coisas,

incluindo a tribo que ele reivindica por herança.
ADONAI-*Tzva'ot* é seu nome.

20 "[Bavel] você é meu martelo e minha arma de guerra —
com você, esmago nações;
com você, despedaço reinos;
21 com você, destruo cavalos e cavaleiros;
com você, parto carroças e cocheiros;
22 com você, estilhaço maridos e mulheres;
com você, esmigalho idosos e jovens;
com você, dilacero rapazes e virgens;
23 com você, assolo pastores e rebanhos;
com você, aniquilo lavrador e bois;
com você, elimino governadores e oficiais.

24 "E retribuirei a Bavel e a todos os moradores
da terra dos kasdim todo o mal
que fizeram em Tziyon", diz *ADONAI*,
"diante de seus olhos [Y'hudah]".

25 "Estou contra você, montanha destruidora,
que abala toda a terra", diz *ADONAI*.
"Estenderei minha mão contra você,
para fazê-la rolar dos penhascos
e transformá-la numa montanha calcinada.
26 Ninguém mais fará pedras angulares
ou pedras fundamentais de você;
em vez disso, permanecerá desolada
para sempre", diz *ADONAI*.

27 Levantem um estandarte na terra,
toquem o *shofar* entre as nações.
Preparem as nações para guerrear contra ela.
Convoquem reinos contra ela —
Ararat, Minni e Ashkenaz.
Nomeiem um comandante contra ela;
tragam cavalos como um enxame de gafanhotos.
28 Preparem as nações contra ela,
os reis dos medos, seus governantes e oficiais,
e todas as terras que ele controla.

29 A terra treme e se contorce,
quando se cumprem os desígnios de *ADONAI* contra Bavel,
para transformar a terra de Bavel em ruínas,
sem nenhum habitante.
30 Os guerreiros de Bavel desistiram de lutar;
eles permanecem nas fortalezas.
Sua coragem acabou; tornaram-se como mulheres.
Incendiaram suas casas e quebraram as trancas das portas.
31 Um emissário corre para encontrar outro,
e um mensageiro, para encontrar outro mensageiro,
a fim de relatarem ao rei de Bavel
que cada parte desta cidade foi tomada,

32 os vaus dos rios foram ocupados,
a vegetação dos pântanos foi incendiada,
enquanto os guerreiros entraram em pânico.
33 Pois eis o que *Adonai-Tzva'ot*,
o Deus de Yisra'el, diz:
"A filha de Bavel é como
uma eira na época da colheita.
Somente mais um pouco,
e o tempo da colheita chegará".

34 N'vukhadretzar, rei de Bavel,
devorou-me e me esmagou.
Deixou-me como um jarro vazio.
Como um monstro, engoliu-me por inteiro.
Ele encheu a barriga com meus petiscos
e, em seguida, colocou-me para fora.
35 Entretanto, o que vive em Tziyon dirá:
"Que minha carne rasgada seja vingada sobre Bavel";
e Yerushalayim dirá:
"Que meu sangue seja vingado sobre os kasdim".
36 Por isso, eis o que *Adonai* diz:
"Defenderei sua causa.
Eu me vingarei por você.
Secarei o rio dela
e farei suas fontes evaporarem.
37 Bavel se tornará um monte de ruínas,
uma morada de chacais,
um objeto de horror e de zombaria,
totalmente desabitada.
38 Eles rugem juntos como leõzinhos,
urram como filhotes de leão.
39 Mas, quando estiverem excitados,
prepararei uma bebida para eles.
E os deixarei tão bêbados
que terão convulsões;
dormirão para sempre e nunca mais acordarão",
diz *Adonai*.
40 "Eu os levarei como cordeiros para o matadouro,
como carneiros e bodes".

41 Sheshakh foi capturada,
o orgulho de toda a terra foi tomado!
Bavel se tornou um objeto de horror
em todas as nações!
42 O mar inundou Bavel;
suas ondas agitadas a cobriram.
43 Suas cidades foram destruídas —
uma terra seca e deserta,
uma terra habitada por ninguém,
pela qual niguém passa.

44 "Eu castigarei Bel em Bavel
e o farei vomitar o que engoliu.
As nações não correrão mais a ele.
O muro de Bavel cairá.
45 Saia dela, meu povo!
Cada um salve sua vida
da ira ardente de *Adonai!*
46 Não desanime, não tenha medo
dos rumores que se espalham na terra.
Em um ano, surge um rumor,
e no ano seguinte, outro;
rumores de violência na terra
e de governantes combatendo governantes.
47 Portanto, ouçam! Eis que vêm dias
em que castigarei os ídolos de Bavel.
Toda a sua terra será envergonhada,
e todos os seus mortos jazerão nela.
48 Então o céu e a terra e tudo o que neles há
cantarão de alegria por causa de Bavel,
pois os saqueadores do norte
estão chegando", diz *Adonai.*

49 Como Bavel fez cair mortos
os de Yisra'el,
assim cairão os de Bavel
e de toda a terra.
50 Vocês que escaparam da espada,
vão! Não fiquem parados!
Lembrem-se de *Adonai* na terra distante,
que Yerushalayim ocupe a mente de vocês.
51 "Os insultos que ouvimos nos envergonharam,
e a desgraça cobre-nos o rosto,
pois estrangeiros entraram
nos santuários da casa de *Adonai*".

52 "Por isso", diz *Adonai,* "eis que vêm dias
em que castigarei seus ídolos,
e os feridos gemerão por toda a sua terra.
53 Mesmo que Bavel suba aos céus
ou fortifique sua fortaleza imponente,
saqueadores enviados por mim
a alcançarão", diz *Adonai.*
54 Ouve-se um choro de agonia em Bavel!
Grande destruição na terra dos kasdim!
55 Pois *Adonai* saqueia Bavel
e silencia seus gritos —
suas ondas rugem como o oceano em fúria,
e seu clamor soa e ressoa.
56 Sim, o saqueador lançou-se sobre ela,
lançou-se sobre Bavel.

Seus guerreiros foram capturados, e seus arcos estão quebrados.
Pois *Adonai* é um Deus de retribuição;
ele, com certeza, retribui.

57 "Embebedarei seus líderes e sábios,
seus governantes, embaixadores e guerreiros.
Eles dormirão para sempre e nunca acordarão",
diz o rei, cujo nome é *Adonai-Tzva'ot*.

58 Assim diz *Adonai-Tzva'ot*:
"Os grandes muros de Bavel serão destruídos até o pó,
seus portões imponentes serão queimados.
Os povos se afadigam por nada,
o trabalho das nações se consome no fogo,
e todos estão exaustos".

59 Esta é a ordem que Yirmeyahu, o profeta, deu a S'rayah, o filho de Neriyah, filho
de Machseyah, quando foi a Bavel com Tzidkiyahu, o rei de Y'hudah, no quarto
ano de seu reinado. S'rayah era um oficial intendente. 60 Yirmeyahu escreveu todas
as palavras registradas anteriormente em um rolo separado, narrando a desgraça
que se abateria sobre Bavel. 61 Yirmeyahu disse a S'rayah: "Cuide de ler todas estas
palavras em voz alta ao chegar a Bavel. Então diga: 62 '*Adonai*, tu prometeste destruir
este lugar e que ninguém morará aqui, nem humano nem animal; ele permanecerá
desolado para sempre'. 63 Quando terminar de ler este rolo, amarre-lhe uma pedra,
lance-o no meio do Eufrates 64 e diga: 'Como este, Bavel afundará, para nunca mais
se levantar, por causa da desgraça que trarei sobre ela, e eles se cansarão'.
(Até aqui, estas foram as palavras de Yirmeyahu.)

52

1 Tzidkiyahu tinha 21 anos quando começou a reinar, e reinou onze anos em
Yerushalayim. O nome de sua mãe era Hamutal, a filha de Yirmeyahu, de
Livnah. 2 Ele fez o que era mau aos olhos de *Adonai*, seguindo o exemplo de todos os
atos de Y'hoyakim. 3 E todas essas coisas aconteceram a Yerushalayim e a Y'hudah
por causa da ira de *Adonai*, até que ele os tivesse retirado de sua presença.
Tzidkiyahu rebelou-se contra o rei de Bavel; 4 então no nono ano de seu reina-
do, no décimo mês, no décimo dia do mês, N'vukhadretzar, rei de Bavel, marchou
contra Yerushalayim com todo o seu exército. Montou o acampamento contra ela
e levantou torres do cerco contra ela por todos os lados. 5 A cidade permaneceu
cercada até o décimo primeiro ano do rei Tzidkiyahu.
6 No nono dia do quarto mês, quando a fome na cidade era tão severa que não
havia comida para o povo da terra, 7 eles invadiram a cidade. Todos os soldados
fugiram e abandonaram a cidade durante a noite pela porta que fica entre os dois
muros, perto do jardim do rei. Pelo fato de os kasdim cercarem a cidade, seguiram
pela rota de 'Aravah. 8 No entanto, o exército dos kasdim partiu em perseguição ao
rei e alcançou Tzidkiyahu nas planícies próximas a Yericho; todos os seus soldados
o abandonaram. 9 Então o rei foi pego e levado ao rei de Bavel, em Rivlah, na terra
de Hamat, onde foi julgado. 10 O rei de Bavel matou seus filhos diante de seus olhos;
também matou todos os líderes de Y'hudah em Rivlah. 11 Então o rei de Bavel arran-
cou os olhos de Tzidkiyahu, prendeu-o com correntes, levou-o a Bavel e o manteve
na prisão até o dia de sua morte.
12 No quinto mês, no décimo dia do mês, que era também o décimo nono ano
do rei N'vukhadretzar, rei de Bavel, N'vuzar'adan, o comandante da guarda e servo

pessoal do rei de Bavel, entrou em Yerushalayim. 13 Ele queimou a casa de *Adonai*,
o palácio real e todas as casas de Yerushalayim — todas as casas das pessoas no-
bres foram queimadas por completo. 14 Todo o exército dos kasdim, que estava com
o comandante da guarda, rompeu os muros de Yerushalayim por todos os lados.
15 Então N'vuzar'adan, o comandante da guarda, deportou alguns do povo pobre, a
população remanescente da cidade, os desertores que haviam passado para o rei de
Bavel e o restante do povo comum. 16 Contudo, N'vuzar'adan, o comandante da guar-
da, deixou para trás alguns dentre o povo pobre da terra para trabalharem nas vinhas
e serem fazendeiros. 17 Os kasdim esmagaram as colunas de bronze da casa de *Adonai*,
e também os estrados e o Mar de bronze que estavam na casa de *Adonai*, e levaram o
bronze para Bavel. 18 Também tomaram as vasilhas, as pás, os apagadores, as bacias,
as tigelas e todos os utensílios de bronze usados na adoração. 19 O comandante da
guarda levou as taças, os incensários, as bacias de aspersão, vasilhas, *menorot*, pane-
las e bacias — tudo o que era feito de ouro e de prata. 20 O bronze das duas colunas,
do Mar e dos 12 touros de bronze sob as bases, tudo o que Shlomoh tinha feito para
a casa de *Adonai*, era uma quantidade muito grande para ser pesada. 21 Quanto às co-
lunas, a altura de uma era de 9,5 metros e cerca de 6,5 metros de circunferência; sua
espessura era de quatro dedos — ela era oca. 22 Sobre ela, estava o capitel de bronze
de 2,65 metros de altura, com uma rede e romãs em toda a circunferência do capitel,
tudo de bronze; a segunda coluna era similar, incluindo-se as romãs. 23 Havia 96
romãs do lado de fora; o número total de romãs na rede era de cem.

24 O comandante da guarda levou [preso] S'rayah, o *kohen* principal, Tz'fanyah,
o segundo *kohen* da hierarquia, e três guardas das portas. 25 Da cidade, levou o
oficial a cargo dos soldados, sete servos pessoais do rei, encontrados na cidade,
o secretário do comandante do exército encarregado do alistamento militar e 60
indivíduos do povo comum encontrados na cidade.

26 N'vuzar'adan, o comandante da guarda, pegou-os e os levou ao rei de Bavel
em Rivlah. 27 Ali, em Rivlah, na terra de Hamat, o rei de Bavel os matou. Assim,
Y'hudah foi levado em cativeiro para fora de sua terra.

28 O número dos deportados por N'vukhadretzar é o que segue: no sétimo ano,
3.023 pessoas de Y'hudah; 29 no décimo oitavo ano de N'vukhadretzar, 832 pessoas
de Yerushalayim; 30 e no vigésimo terceiro ano de N'vukhadretzar, N'vuzar'adan, o
comandante da guarda, deportou 745 pessoas de Y'hudah; no total: 4.600 pessoas.

31 No trigésimo sétimo ano do cativeiro de Y'hoyakhin, rei de Y'hudah, no dé-
cimo segundo mês, no vigésimo quinto dia do mês, Evil-M'rodakh começou seu
reinado como rei de Bavel; e, no primeiro ano, mudou a sentença de Y'hoyakhin,
rei de Y'hudah, e libertou-o da prisão. 32 Tratou-o com bondade e lhe deu um tro-
no mais elevado que o dos outros reis que estavam com ele em Bavel. 33 Por isso,
Y'hoyakhin não mais precisou usar as roupas da prisão; além disso, foi provido de
alimento enquanto viveu, 34 e lhe foi concedida uma pensão diária pelo rei de Bavel
para suprir as outras necessidades enquanto viveu, até o dia de sua morte.

יחזקאל
Yechezk'el
[Ezequiel]

1 1 No trigésimo ano, no quinto dia do quarto mês, quando eu estava entre os exi-
lados próximo ao rio K'var, os céus se abriram, e tive visões de Deus. 2 No quinto
dia do mês, que foi durante o quinto ano do rei Y'hoyakhim no exílio, 3 a palavra de
Adonai veio ao *kohen* Yechezk'el, filho de Buzi, na terra dos kasdim, perto do rio
K'var; ali a mão de *Adonai* estava sobre ele.

4 Olhei e vi um vento tempestuoso aproximando-se do norte e uma grande nuvem
em chamas, cercada por imenso brilho resplandecente com a cor parecida com a do
âmbar, que vinha de dentro do fogo. 5 Dentro dessa nuvem, havia quatro vultos seme-
lhantes a seres vivos; 6 mas cada um tinha quatro rostos e quatro asas. 7 Suas asas esta-
vam estendidas, suas pernas eram retas, e os pés eram como cascos de bezerros. Eles
brilhavam como bronze polido. 8 Embaixo de suas asas, eles tinham mãos humanas em
seus quatro lados. Os quatro tinham rostos e asas assim: 9 as asas tocavam umas nas
outras; quando se moviam, eles não se viravam, mas cada um se movia para a frente.
10 A aparência de seus rostos era como de um rosto humano [na frente], e cada um dos
quatro tinha um rosto de leão do lado direito, cada um dos quatro tinha um rosto de
boi do lado esquerdo, e cada um dos quatro seres tinha um rosto de águia [às costas]
— 11 esta era a aparência de cada um deles. Quanto às suas asas, cada um tinha duas
abertas para cima, que tocavam a de seus companheiros, e duas outras que cobriam seu
corpo. 12 Cada um [dos seres viventes] movia-se para qualquer direção de seu rosto; para
onde o espírito desejasse, eles iam, sem que se virassem conforme se moviam — 13 esta
era a aparência dos seres viventes.

Com eles, estava alguma coisa parecida com um carvão aceso, queimando
como se fosse uma tocha, com o fogo soltando faíscas por todos os cantos em
meio aos seres viventes; o fogo tinha um brilho, e tudo em volta ficou ofuscante.
14 Os seres viventes mantiveram-se em rápidos movimentos por todos os lados,
como se fossem relâmpagos.

15 Quando olhei para os seres viventes, vi rodas no chão, uma para cada um
dos quatro rostos dos seres viventes. 16 Todas as quatro rodas se pareciam: o
lado de dentro de cada uma delas reluzia como o berilo, e sua estrutura era
semelhante a uma roda dentro de outra roda. 17 Quando eles se movimentavam,
podiam ir em qualquer das quatro direções sem girar. 18 Suas bordas eram largas
e impressionantes, pois as bordas das quatro rodas tinham vários olhos em todo
o redor. 19 Quando os seres viventes se moviam, as rodas moviam-se juntamente
com eles; e, quando os seres saíam do solo, as rodas saíam junto com eles. 20 Para
onde o espírito quisesse ir, os seres viventes iam, na direção em que o espírito os
impelia. As rodas elevavam-se juntamente com eles, porque o espírito dos seres
viventes estava nas rodas. 21 Quando [os seres viventes] se moviam, [as rodas]
também se moviam; quando aqueles paravam, estas também paravam; e, quando
os seres subiam do chão, as rodas eram levantadas junto com eles, pois o espírito
dos seres viventes estava nas rodas.

22 Sobre a cabeça dos seres viventes, estava o que parecia ser uma abóbada
resplandecente como o gelo; era impressionante, estendida sobre a cabeça deles.
23 Abaixo da abóbada, cada ser vivente tinha um par de asas abertas, uma para a
direção da outra, e cada um tinha um par que cobria seu corpo. 24 Ouvi o som de
suas asas quando elas se moviam; e era como o som de águas correntes, como a
voz de *Shaddai,* como o barulho de uma multidão ou de um exército. Quando eles
paravam, abaixavam suas asas. 25 Quando se ouvia um som de cima da abóbada
sobre sua cabeça, eles paravam e fechavam suas asas.

26 Acima da abóbada que estava sobre sua cabeça, havia algo semelhante a um
trono com a aparência de uma safira. Nele, sobre ele, estava algo semelhante a
uma pessoa. 27 Vi o que parecia ser um brilho, cor de âmbar radiante como o fogo,
de algo que parecia ser a parte de cima de sua cintura. Na parte de baixo do que
parecia ser sua cintura, vi algo parecido com o fogo, e uma luz brilhante em volta
dele todo. 28 Esse brilho em volta dele parecia um arco-íris em uma nuvem de um
dia chuvoso. Essa era a aparência da glória de *Adonai*. Quando vi isto, prostrei-me
com o rosto em terra e ouvi a voz de alguém falando.

2 1 Ele me disse: “Ser humano! Levante-se! Eu quero falar com você!”. 2 Conforme
ele falou comigo, o Espírito entrou em mim e me pôs sobre meus pés, e eu o
ouvi, ele que falava comigo. 3 Ele disse: “Ser humano! Eu o estou enviando ao povo
de Yisra'el, aquela nação de rebeldes que se rebelou contra mim — eles e seus ante-
passados têm sido transgressores contra mim até os dias de hoje. 4 Pelo fato de eles
serem obstinados, e filhos de coração endurecido, eu estou enviando você; e você
deve falar a eles: ‘Eis o que *Adonai Elohim* diz’. 5 Quer eles ouçam quer não, esta casa
rebelde saberá que um profeta tem estado entre eles.

6 “Quanto a você, ser humano, não tenha medo deles ou de suas palavras, ainda
que espinheiras e espinhos o envolvam, e você esteja entre escorpiões. Não se aflija
com as palavras deles nem esteja entristecido por suas aparências, pois são uma
casa rebelde. 7 Você deve falar minhas palavras para eles, quer ouçam quer não,
pois eles são muito rebeldes. 8 Quanto a você, porém, ser humano, ouça o que estou
dizendo a você: não seja rebelde como esta casa rebelde. Abra sua boca e coma o
que estou prestes a dar a você”.

9 Quando olhei, havia uma mão estendida para mim, segurando um rolo. 10 Ele o
abriu diante de mim, e estava coberto com escritos de ambos os lados. Os escritos
eram de lamentos, prantos e ais.

3 1 Ele me disse: “Ser humano, coma o que vê diante de você; coma este rolo. Então
vá e fale à casa de Yisra'el”. 2 Então eu abri minha boca, e ele me deu o rolo para
comer 3 e me disse: “Ser humano, coma este rolo que estou dando a você e encha
seu estômago com ele”. Quando o comi, ele tinha um gosto doce como o mel.

4 “Ser humano”, disse ele, “vá à casa de Yisra'el e fale a ela minhas palavras.
5 Pois você não está sendo enviado a um povo de língua difícil e fala obscura, mas
sim à casa de Yisra'el — 6 não a um povo de linguagem difícil e de fala obscura,
cujas palavras não possa entender quando os ouve. Sem dúvida, se eu o estou
enviando, eles deverão ouvir você. 7 Mas a casa de Yisra'el não vai querer ouvi-lo,
porque não quer ouvir a mim, uma vez que toda a casa de Yisra'el é obstinada e
dura de coração. 8 Entretanto, eu o estou tornando tão corajoso e obstinado quanto
eles. 9 Sim, eu estou tornando sua personalidade mais dura que a pedra e tão dura
quanto o diamante. Portanto, não se aflija por eles, nem se deprima pela forma que
vão olhar para você, porque eles são uma casa rebelde”.

10 Então ele me disse: "Ser humano, receba em seu coração e ouça com seus ouvidos todas as palavras que eu disse a você. 11 Então vá aos exilados, a seus compatriotas, e fale a eles. Diga-lhes: 'Eis aqui o que *Adonai Elohim* diz', quer eles ouçam quer não".

12 Um espírito me conduziu para cima, e ouvi atrás de mim um som bem alto — abençoada seja a glória de *Adonai* que sai de sua morada! 13 Era o som das asas dos seres viventes ao baterem umas nas outras, e o som das rodas próximas a elas, um som muito alto. 14 Então um espírito me levantou e me levou embora. Eu fui em amargura e com uma chama em meu espírito, com a pesada mão de *Adonai* sobre mim.

15 Eu fui aos exilados que estavam morando em Tel-Aviv, próximo ao rio K'var, e permaneci com eles ali, atônito, por sete dias. 16 Depois dos sete dias, veio a mim a palavra de *Adonai*: 17 "Ser humano, eu o tenho designado para ser atalaia para a casa de Yisra'el. Quando ouvir uma palavra de minha boca, você deve adverti-los por mim. 18 Se eu disser a um ímpio 'Você certamente morrerá', e você falhar em adverti-lo, em falar e avisar ao ímpio que ele abandone seu mau caminho e salve sua vida, então aquele ímpio morrerá culpado, e eu responsabilizarei você por sua morte. 19 Por outro lado, se você advertir o ímpio, e ele não sair de seu caminho de maldade ou de sua perversidade, ele morrerá culpado, mas você terá salvado sua vida. 20 Da mesma forma, quando um justo se desviar de sua retidão e cometer perversidade, eu porei uma pedra de tropeço diante dele — ele morrerá; porque você falhou em avisá-lo, ele morrerá em seu pecado. Os atos de retidão que ele praticou não serão lembrados, e eu responsabilizarei você por sua morte. 21 No entanto, se você avisar ao justo que ele não deveria pecar, e ele não pecar, você também terá salvado sua vida".

22 A mão de *Adonai* veio sobre mim ali, e ele me disse: "Levante-se e vá para o vale, e ali falarei com você". 23 Eu me levantei e fui para o vale. A glória de *Adonai* estava ali, semelhante à glória que eu tinha visto no rio K'var, e me prostrei com o rosto em terra. 24 Um espírito entrou em mim e me pôs em pé. Então ele falou comigo e me disse: "Vá e tranque-se dentro de sua casa. 25 Ser humano, você deverá ser amarrado com cordas, ficando incapaz de ir para o meio do povo. 26 Farei sua língua prender-se ao céu de sua boca, de maneira que você ficará mudo, incapaz de reprová-los, pois eles são uma casa rebelde. 27 Contudo, quando eu falar com você, abrirei sua boca, e você lhes dirá: 'Isto é o que *Adonai Elohim* diz'. Qualquer que tiver inclinação para ouvir; ouvirá, e qualquer que tiver inclinação para recusar recusará; pois eles são uma casa rebelde.

4 1 "Quanto a você, ser humano, tome um tijolo, ponha-o diante de você, e desenhe nele a cidade de Yerushalayim. 2 Faça um cerco ao redor dela — construa torres contra ela, levante rampas contra ela, coloque acampamentos contra ela, e cerque-a com aríetes. 3 Então pegue uma assadeira de ferro e coloque-a no lugar, como uma parede de ferro entre você e a cidade, e olhe fixamente para ela — a cidade está sob cerco, e você é quem a está cercando. Este será o sinal para a casa de Yisra'el.

4 "Depois disso, você deve se deitar apenas de seu lado esquerdo, e deixar que ele sustente a culpa da casa de Yisra'el — conforme o número de dias que você se mantiver deitado desse lado, levará sobre você a iniquidade deles. 5 Pois eu estou pondo em você um dia para cada ano de castigo deles; portanto, você deverá sustentar a iniquidade da casa de Yisra'el por trezentos e noventa dias. 6 Assim, quando você tiver terminado de fazer isso, deverá se deitar de seu lado direito e sustentar o pecado da casa de Y'hudah por quarenta dias; cada dia corresponderá a um ano, isto é o que eu ordeno a você. 7 Você deve fixar seu olhar no cerco de Yerushalayim e, com o braço exposto, profetizar contra ela. 8 Eu o amarrarei com cordas, e você não deve se virar de um lado para o outro até que tenha completado os dias do cerco.

[9] "Tome trigo, cevada, ervilhas, lentilhas, trigo miúdo e trigo mouro; ponha-os
junto em uma tigela e faça um pão de tudo isso. Pois durante o tempo em que você
se deitar de lado, trezentos e noventa dias, isso é o que deverá comer. [10] Cada dia, a
comida que você comer deverá pesar apenas 240 gramas; você deverá comer isso de
tempo em tempo [durante o dia]. [11] Você também deverá beber um tanto limitado de
água, meio litro; beba de tempo em tempo [durante o dia]. [12] O que você deve comer
[o pão] deve ser assado como se fosse bolo de cevada; você deve assá-lo diante de
seus olhos, usando fezes humanas como combustível". [13] *Adonai* disse: "É assim que o
povo de Yisra'el comerá sua comida — impura — na nação para onde eu o conduzir".
[14] Eu contestei: "Não, *Adonai Elohim*! Eu nunca me contaminei — em minha boca, até
hoje, nunca comi nada que morresse por si ou que tivesse sido morto por animais
selvagens; nenhuma comida impura jamais entrou em minha boca". [15] Ele respondeu:
"Tudo bem, darei esterco de vaca a você para que use em vez de fezes humanas, e
você preparará seu pão sobre isso". [16] Então ele me disse: "Ser humano, eu estou cor-
tando o suprimento de pão de Yerushalayim, de maneira que eles ficarão ansiosos,
pesando o pão para comer, e horrorizados, racionando água para beber. [17] Finalmen-
te, em virtude da falta de pão e de água, eles ficarão estarrecidos uns com os outros,
e definharão por causa do pecado deles".

5 [1] "Agora você, ser humano, tome uma espada bem afiada e use-a como lâmina
para fazer sua barba e cortar seu cabelo. Então pese o cabelo em uma balança
e divida-o em partes. [2] Um terço dele você deverá queimar na cidade quando os
dias do cerco terminarem. Tome outra terça parte e pique-a com sua espada, ao
redor de toda a cidade. Espalhe a outra terça parte ao vento, e eu os perseguirei
com minha espada desembainhada. [3] Tome também alguns poucos fios de cabelo e
amarre-os na orla de suas vestes. [4] Outra vez, tome alguns destes, jogue-os no fogo
e queime-os; dali, um fogo se formará contra toda a casa de Yisra'el.

[5] "Eis o que *Adonai Elohim* diz:

'Esta é Yerushalayim!
Eu a tenho posto no meio das nações;
países se formaram em torno dela.
6 Entretanto, ela se rebelou contra meus mandamentos
e cometeu maldades piores do que as outras nações;
contra minhas leis, piores do que os países em volta dela.
Porque ela rejeitou meus mandamentos
e não viveu de acordo com minhas leis'.

[7] "Todavia, aqui está o que *Adonai Elohim* diz: 'Porque você tem ultrapassado as
nações que estão a seu redor e não tem vivido de acordo com meus mandamentos
nem seguido minhas leis, em vez disso, tem seguido os costumes das nações que
estão em sua volta, [8] eis o que diz *Adonai Elohim*: 'Eu também estou contra você, sim,
eu; e executarei meus julgamentos entre vocês enquanto todas as nações assistem.
[9] Além disso, por causa de todas as suas práticas odiosas, eu farei coisas a você que
nunca fiz antes; e, depois disso, jamais farei coisas parecidas. [10] Os pais no meio de
vocês comerão seus filhos, e os filhos comerão seus pais! Eu executarei julgamento
entre vocês e dispersarei por entre todos os ventos aqueles que sobrarem. [11] Porque
como eu vivo', diz *Adonai Elohim*, ' e porque vocês abominaram meu santuário com
todas as coisas detestáveis e odiosas que praticam, juro que exterminarei todos

vocês — meus olhos não descansarão, e eu não terei pena. 12 Um terço de vocês mor-
rerá com praga ou será consumido pela fome dentro [Yerushalayim]; um terço cairá
pela espada por todos os lados [Yerushalayim]; e um terço dispersarei por todos os
ventos e perseguirei com a espada'. 13 Dessa maneira, minha ira se satisfará, minha
fúria contra eles se esgotará, e eu ficarei satisfeito. Então quando minha fúria con-
tra eles houver acabado, saberão que eu, *Adonai*, tenho falado por meu zelo. 14 'Eu
farei de vocês uma ruína e um objeto de reprovação em meio às nações vizinhas,
aos olhos de todos quantos estiverem passando. 15 Quando eu executar julgamen-
tos de fúria e de punição entre vocês, em ira e fúria, [Yerushalayim] será objeto de
reprovação, escárnio e horror, e uma lição para advertir as nações à volta dela. Eu,
Adonai, o tenho anunciado. 16 Eu enviarei sobre eles as flechas mortais e destrutivas
da fome, as quais enviarei para puni-los. Farei a fome ainda pior para vocês cortan-
do todo suprimento de comida. 17 Sim, eu enviarei a fome e feras selvagens sobre
vocês, para deixá-los sem filhos; a praga e o derramamento de sangue os varrerão,
e trarei a espada contra vocês. Eu, *Adonai*, tenho falado isto' ".

6 1 A palavra de *Adonai* veio a mim: 2 "Ser humano, volte sua face na direção das
montanhas de Yisra'el e profetize contra eles: 3 'Montanhas de Yisra'el, ouçam
a palavra de *Adonai Elohim*. Eis o que *Adonai Elohim* diz sobre as montanhas, coli-
nas, desfiladeiros e vales: "Eu mesmo trarei uma espada contra vocês e destruirei
seus altares. 4 Seus altares serão destruídos, e seus pilares de adoração ao sol serão
derrubados. Determinarei sua morte diante de seus ídolos. 5 Porei os cadáveres do
povo de Yisra'el diante de seus ídolos e espalharei seus ossos por todos os seus
altares. 6 Em todos os lugares em que vocês vivem, as cidades serão destruídas, e os
altares serão devastados. Desse modo, seus altares podem ser destruídos e retira-
dos, seus ídolos, quebrados e abolidos; seus pilares de adoração ao sol, derrubados,
e as coisas que vocês fizeram, varridas. 7 Os mortos cairão entre vocês; assim sabe-
rão que eu sou *Adonai*.

8 " ' "Todavia, deixarei um remanescente, alguns que escaparão da espada entre
as nações, quando vocês tiverem sido dispersos em meio aos países. 9 Aqueles de
vocês que escaparem se lembrarão de mim entre as nações onde tiverem sido exi-
lados. Ali se lembrarão de quão quebrantado fiquei por causa de seu coração infiel,
por me terem abandonado, e por causa de seus olhos que se desviaram, indo atrás
de seus ídolos! Eles odiarão a si mesmos por todo o mal que cometeram em suas
práticas odiosas. 10 Assim, eles saberão que eu sou *Adonai* e que não foi por acaso
que eu disse que traria esta calamidade sobre eles' "

11 "Aqui está o que *Adonai Elohim* diz: 'Esfregue suas mãos e bata seus pés, e
lamente todas as práticas odiosas da casa de Yisra'el. Pois eles cairão à espada,
pela fome e pela praga. 12 Aqueles que estão longe morrerão pela praga, aqueles
que estão perto cairão à espada, e qualquer um que sobrar será cercado e morrerá
pela fome. Eis a maneira com que eu alimentarei minha fúria contra eles. 13 Vocês
saberão que eu sou *Adonai* quando seus homens estiverem estirados mortos entre
seus ídolos em todos os altares, em todos os seus montes de adoração, sobre todos
os picos das montanhas, debaixo de todas as árvores verdejantes, debaixo de todas
as árvores de pistache, e em todos os lugares em que eles ofereçam sacrifícios de
cheiro suave para apascentar seus ídolos. 14 Eu estenderei minha mão sobre eles e
transformarei a terra onde eles moram em desolação pior que o deserto de Divlah.
Então eles saberão que eu sou *Adonai*' ".

7 1 A palavra de *Adonai* veio a mim: 2 "Quanto a você, ser humano, aqui está o que
diz *Adonai* acerca da terra de Yisra'el:

'O fim! O fim está próximo
nos quatro cantos da terra!
3 Agora o fim está sobre vocês!
Eu enviarei minha ira sobre vocês.
Eu os julgarei de acordo com seus caminhos.
Trarei sobre vocês todas as suas práticas odiosas.
4 Meu olho não terá misericórdia de vocês, não terei pena,
mas trarei seus caminhos sobre vocês,
e suas práticas repulsivas se voltarão contra vocês.
Assim, vocês saberão que eu sou *Adonai*!'.

5 "Eis o que *Adonai Elohim* diz:

'Desastre, apenas desastre — eis o que está por vir!
6 O fim está chegando! O fim está chegando!
Ele se insurgiu contra vocês — eis aqui!
7 A desgraça alcançou vocês,
vocês que habitam na terra!
O tempo é chegado, o tempo está próximo;
em tumulto, não em alegria, gritem nas montanhas.
8 Agora, em breve, derramarei minha fúria sobre vocês,
alimentarei minha ira sobre vocês;
eu os julgarei de acordo com seus caminhos
e trarei sobre vocês todas as suas práticas odiosas.
9 Meu olho não terá misericórdia de vocês, não terei pena;
antes, trarei sobre vocês o que merecem por suas obras;
e suas práticas repulsivas estarão entre vocês.
Assim, vocês saberão que sou eu, *Adonai*, quem os abate.

10 " 'Eis o dia! Eis que ele vem!
A condenação se espalha, a vara brotou,
a arrogância floresceu.
11 A violência transformou-se
em uma vara de maldade.
Nada restará deles,
nada de suas coroas,
nada de suas riquezas —
não há nada de importante neles.
12 O tempo está vindo, o dia chegou;
que o comprador não se alegre, nem o vendedor se entristeça,
pois a ira está chegando para todos.
13 O vendedor não terá de volta o que vendeu,
ainda que esteja vivo;
pois, ainda que esta visão caia sobre todos,
ninguém se arrependerá.
Cada um continuará vivendo sua vida pecaminosa;
eles não são fortes o bastante [para se arrepender].
14 O *shofar* está soando, tudo está preparado,
mas ninguém vai para a batalha,
pois minha ira está chegando para todos os povos.

15 " 'Lá fora está a espada; aqui dentro, a praga e a fome.
O povo do campo morrerá à espada.
E o mesmo acontecerá com o da cidade;
a praga e a fome vão engolir todos eles.
16 Se, porém, alguns deles tentarem escapar,
fugirão para as montanhas
como pombos vindo dos vales,
todos eles pranteando, cada um por seu pecado.
17 Todas as mãos se enfraquecerão, e todos os joelhos se dobrarão como água.
18 Eles se vestirão de panos de saco;
o horror os cobrirá.
Toda face será envergonhada,
e toda cabeça será raspada.
19 Eles jogarão sua prata no meio das ruas;
seu ouro será como algo impuro.
No dia da ira de *Adonai*, sua prata e seu ouro
não serão suficientes para salvá-los.
Essas coisas não satisfarão a fome deles,
não encherão seu estômago,
porque foram essas coisas que os levaram a pecar.
20 De suas lindas joias,
das quais eles tanto se gloriavam,
fizeram seus ídolos abomináveis
e outras tantas coisas detestáveis.
Portanto, tenho feito que isso
seja para eles algo impuro.
21 Eu entregarei tudo isso nas mãos dos estrangeiros como saque.
Aos ímpios da terra, será como despojo,
e eles profanarão tudo isso.
22 Desviarei deles meu rosto;
então [Bavel] profanará meu lugar secreto,
os salteadores entrarão e o profanarão.

23 " 'Você deve forjar uma corrente,
pois a terra está cheia de crimes hediondos,
e a cidade, cheia de violência.
24 Por isso, trarei os piores dentre as nações
para tomarem suas casas.
Acabarei com a arrogância dos fortes,
e seus lugares sagrados serão profanados.
25 Quando o horror chegar, eles buscarão paz,
mas ela não existirá.
26 A calamidade será seguida de calamidade,
e o rumor será seguido de rumor.
Eles buscarão uma visão do profeta,
mas a *Torah* será perdida pelo *kohen*,
e o conselho dos líderes, rejeitado.
27 O rei entrará em angústia,
o príncipe será revestido de temor,
e as mãos do povo da terra
tremerão de terror.

Eu os tratarei de acordo com seu merecimento
e os julgarei como eles julgam os outros.
Então eles saberão
Que eu sou *Adonai* ' ".

8 1 No quinto dia do sexto mês do ano septuagésimo, enquanto eu estava sen-
tado em minha casa, e os líderes de Y'hudah estavam sentados comigo, a mão
de *Adonai Elohim* pousou sobre mim. 2 Olhei e vi o que parecia ser um homem feito
de fogo. Do que parecia ser sua cintura para baixo, era de fogo; e, de sua cintura
para cima, parecia que brilhava como o âmbar colorido e polido. 3 Alguma coisa
como se fosse uma mão apareceu, a qual tocou-me em meu cabelo; e um espírito
conduziu-me para o alto entre a terra e o céu e trouxe-me, nesta visão de Deus,
até Yerushalayim, até o lado de dentro [pátio] da entrada do portão que dá para
o lado norte. Ali havia um ídolo que [enfrentava Deus] e provocava o ciúme, o
zelo [dele] e a indignação. 4 Ali, diante de mim, estava a glória do Deus de Yisra'el,
assim como na visão que eu havia tido no vale.

5 Então ele me disse: "Ser humano, levante seus olhos em direção ao norte".
Eu levantei meus olhos em direção ao norte e vi o portão norte do altar, e aquela
imagem do ciúme que [provocava Deus] logo à entrada. 6 Ele me perguntou: "Ser hu-
mano, você vê o que eles estão fazendo, as práticas horríveis e odiosas que a casa
de Yisra'el está cometendo aqui, de maneira que eu preciso me distanciar de meu
santuário? Você, porém, verá abominação ainda pior".

7 Ele me levou à entrada do pátio; e, quando olhei, vi um buraco no muro. 8 Ele
me disse: "Ser humano, escave o muro". Depois de escavar o muro, vi uma porta.
9 "Entre", disse ele, "e veja as práticas abomináveis que eles estão fazendo aqui".
10 Então entrei e vi, e ali, com o muro cheio de buracos por todos os lados, havia
todo tipo de répteis e animais repulsivos, juntamente com todos os ídolos da casa
de Yisra'el. 11 E, parados diante deles, estavam 70 líderes da casa de Yisra'el — no
centro, estava Ya'azanyahu, o filho de Shafan. Cada homem tinha incenso em
suas mãos, e subia uma densa nuvem de incenso. 12 Então ele me disse: "Ser hu-
mano, você vê o que os líderes da casa de Yisra'el estão fazendo às ocultas, cada
um na sala de sua imagem de adoração, pois eles dizem: '*Adonai* não nos pode ver;
Adonai abandonou a terra'?". 13 Ele também me disse: "Você verá que eles estão
fazendo abominações piores ainda".

14 Ele me levou até a entrada do portão norte da casa de *Adonai;* e ali, diante de
mim, estavam mulheres lastimando por Tammuz. 15 "Ser humano", ele me pergun-
tou, "você já viu coisa parecida? Você verá práticas mais repugantes que estas".
16 Ele então me levou para o interior do pátio da casa de *Adonai;* e ali, na entrada
do templo de *Adonai,* entre o altar e o pórtico, estavam cerca de 25 homens com
suas costas voltadas para o templo de *Adonai,* e o rosto voltado para o leste; e eles
estavam adorando o sol em direção ao leste. 17 Ele me perguntou: "Ser humano, você
já viu coisa parecida? Será que a casa de Y'hudah considera que isso que comete
aqui é uma prática sem importância? Então eles enchem a terra com violência, pro-
vocando-me ainda mais? Veja! Eles põem ramos em seu nariz. 18 Por isso, mostrarei
minha fúria, meus olhos não terão consideração, eu não terei pena. Ainda que eles
chorem em gritos bem perto de meus ouvidos, não os ouvirei".

9 1 Então eu o ouvi dizer, em voz alta, próximo a meu ouvido: "Reúnam os co-
mandantes da cidade, cada um segurando sua arma de destruição". 2 De uma

só vez, seis homens se aproximaram no meio do portão norte, cada homem se-
gurando uma arma de destruição. Entre eles, estava um homem vestido de linho,
tendo em sua cintura equipamentos que os escribas usam para escrever. Eles en-
traram e ficaram próximo ao altar de bronze. 3 Então a glória do Deus de Yisra'el
começou a se levantar sobre o *keruv*, desde onde ele estava até a entrada da casa.
Ele chamou o homem vestido com roupas de linho, o qual tinha equipamento de
escribas em sua cintura. 4 *Adonai* lhe disse: "Vá por toda a cidade, através de toda
a Yerushalayim, e ponha uma marca em sua testa como a de um homem que está
suspirando e chorando por todas as práticas odiosas que estão sendo cometidas
ali". 5 Aos outros, eu o ouvi dizer: "Vão através da cidade, após ele, e a castiguem.
Não tenham piedade, nem tenham pena. 6 Matem os mais velhos, os mais jovens,
as moças, as crianças e as mulheres — exterminem todos eles. Contudo, não che-
guem perto de ninguém que tenha a marca. Comecem por meu santuário". Eles
começaram com os líderes que estavam defronte a casa. 7 Então ele lhes disse:
"Contaminem a casa! Encham o pátio com corpos! Vão em frente!". Então eles
continuraram, espalhando a morte na cidade.

8 Enquanto a matança estava prosseguindo, fiquei sozinho. Eu caí sobre meu
rosto, chorei e disse: "Ah, *Adonai Elohim*! Ao derramares tua fúria sobre
Yerushalayim destruirás todo que sobrar em Yisra'el?". 9 Então ele me disse: "A
maldade da casa de Yisra'el e da casa de Y'hudah é enorme, a terra está cheia de
sangue e a cidade está cheia de injustiça; pois eles dizem: '*Adonai* abandonou a
terra, *Adonai* não está vendo'. 10 No entanto, pelo que me toca, meus olhos não terão
compaixão, e eu não terei nenhuma pena, mas trarei [as consequências] de seus
caminhos sobre a cabeça deles".

11 Nesse momento, o homem vestido de linho com equipamentos de escrita em sua
cintura retornou e declarou: "Tenho feito tudo quanto tu ordenaste que eu fizesse".

10 1 Então olhei e, de repente, na abóbada sobre a cabeça dos *k'ruvim*, apare-
ceu algo parecido com safira que tomava a forma semelhante a um trono.
2 Ele falou ao homem vestido de linho, dizendo: "Vá entre as rodas abaixo dos
k'ruvim, encha suas duas mãos com as brasas que estão no meio dos *k'ruvim*, e
arremesse-as sobre a cidade". Enquanto eu assistia, ele foi. 3 Agora, os *k'ruvim* esta-
vam parados no lado direito da casa quando o homem entrou, e a nuvem encheu o
pátio interno. 4 A glória de *Adonai* elevou-se desde o *keruv* até a entrada do templo,
deixando a casa tomada pela nuvem, e o pátio cheio do brilho da glória de *Adonai*. 5
O som das asas dos *k'ruvim* podia ser ouvido até no lado de fora do pátio, soando
como a voz de Deus, *Shaddai*, quando fala.

6 Quando ele ordenou ao homem vestido de linho que apanhasse o fogo de
entre as rodas, no meio dos *k'ruvim*, ele foi e ficou próximo à roda; 7 e um *keruv*
pôs a mão no meio dos *k'ruvim*, dentro do fogo que havia entre os *k'ruvim*, tomou
algumas brasas e as pôs nas mãos do homem vestido de linho, que as pegou e se
foi.

8 Então apareceu no meio dos *k'ruvim*, sob suas asas, alguma coisa como se fos-
se a mão de um homem. 9 Olhei e vi quatro rodas próximas aos *k'ruvim*, uma roda
próxima a um *keruv*, e outra roda próxima a outro *keruv*: as rodas tinham a cor do
berilo. 10 Sua forma era a mesma para todas as quatro; eram como uma roda dentro
de uma roda. 11 Quando elas se moviam, podiam ir para qualquer direção sem que
rodassem para se mover; em vez disso, para onde a cabeça dos *k'ruvim* olhava, elas
se movimentavam sem rodar. 12 O corpo inteiro deles, incluindo suas costas, mãos

e asas, e também as rodas, eram cheios de olhos por todos os lados — até as rodas dos quatro *k'ruvim.* [13] Quanto às rodas, ouvi serem chamadas de "rodas giratórias". [14] Cada um [dos *k'ruvim*] tinha quatro rostos: o primeiro era o rosto de um *keruv*, o segundo era o rosto de um homem, o terceiro era o rosto de um leão, e o quarto era o rosto de uma águia.

[15] Então os *k'ruvim* se elevaram. Eles eram os seres viventes que eu tinha visto próximo ao rio K'var. [16] Quando os *k'ruvim* se moviam, as rodas iam com eles; e, quando os *k'ruvim* erguiam suas asas para sair do chão, as rodas não se separavam deles. [17] Quando [os *k'ruvim*] paravam, [as rodas] ficavam paradas; e, quando eles se elevavam, elas se elevavam com eles; pois o espírito dos seres viventes estava nelas.

[18] Então a glória de *Adonai* deixou a entrada da casa e parou diante dos *k'ruvim.* [19] Os *k'ruvim* levantaram suas asas e se elevaram da terra — eu estava assistindo a tudo quando eles se foram com as rodas ao lado deles. Eles pararam à entrada leste do portão da casa de *Adonai,* com a glória do Deus de Yisra'el sobre eles, desde cima.

[20] Esses eram os seres viventes que eu tinha visto com a permissão do Deus de Yisra'el sob o rio K'var; então eu soube que eles eram *k'ruvim.* [21] Cada um deles tinha quatro rostos e cada um tinha quatro asas, e o que era parecido com uma mão humana estava debaixo de suas asas. [22] Então me lembrei de que seus rostos pareciam os rostos que eu tinha visto próximo ao rio K'var, idênticos em aparência. Cada um se movia para a frente.

11 [1] Então um espírito me elevou e me transportou para o portão leste da casa de *Adonai,* o portão que fica para o lado leste. Na entrada do portão, vi 25 homens, e entre eles estava Ya'azanyah, o filho de 'Azur, e P'latyahu, o filho de B'nayahu, líderes do povo. [2] Ele me disse: "Ser humano, estes são os homens que fazem planos maldosos e dão conselhos ímpios nesta cidade. [3] Eles dizem: 'Não é hora de construir casas. Esta cidade é como uma panela, e nós somos a carne!'. [4] Por isso, profetize contra eles, ser humano, profetize!". [5] O Espírito de *Adonai* pousou sobre mim e me disse: "Diga: 'Aqui está o que diz *Adonai:* "O que vocês estão dizendo está certo, ó casa de Yisra'el; pois eu sei como a mente de vocês trabalha. [6] Vocês têm matado muitos nesta cidade, têm enchido estas ruas de cadáveres. [7] Todavia, *Adonai Elohim* diz o seguinte: 'Aqueles que vocês mataram e jogaram por aí, eles são a carne; e esta cidade de fato é a panela; mas vocês serão removidos dela. [8] Vocês temem a espada; mas é a espada que eu trarei sobre vocês', diz *Adonai Elohim.* [9] "Eu os expulsarei daí e os entregarei aos estrangeiros e executarei sentenças contra vocês. [10] Vocês morrerão pela espada; eu julgarei vocês até as fronteiras de Yisra'el, e vocês saberão que eu sou *Adonai.* [11] Esta cidade não será a panela de vocês; antes, vocês serão a carne dentro dela — eu os julgarei até as fronteiras de Yisra'el, [12] e vocês saberão que eu sou *Adonai.* Pois vocês não viveram segundo minhas leis nem obedeceram a meus mandamentos, mas têm agido de acordo com os costumes das nações vizinhas" ' ".

[13] Enquanto eu profetizava, P'latyahu, o filho de B'nayah, morreu. Eu caí sobre o meu rosto e comecei a gritar: "Ah, *Adonai Elohim,* tu destruirás completamente aqueles em Yisra'el que ficarem para trás?". [14] Então a palavra de *Adonai* veio a mim: [15] "Ser humano, é a seus compatriotas — seus irmãos, seus parentes e toda a casa de Yisra'el — que o povo que habita em Yerushalayim está falando o seguinte: 'Abandonem *Adonai!* Esta terra nos foi dada para que a possuamos!'. [16] Por isso, diga-lhes que *Adonai Elohim* diz o seguinte: 'É verdade! Eu os levei para longe dentre as nações e os espalhei entre os países; todavia, tenho sido um pequeno santuário

para eles nos países para onde estão sendo levados'. 17 Assim, diga que *Adonai Elohim*
falou: "Eu os ajuntarei dos povos e trarei vocês das nações para onde foram levados,
e darei a terra de Yisra'el a vocês". 18 Então eles voltarão para lá e removerão todas as
imagens repugnantes e cessarão todas as práticas odiosas, 19 e eu lhes darei unidade
de coração. "Porei um novo espírito entre vocês". Retirarei de seu corpo o coração
de pedra e lhes darei um coração de carne, 20 de maneira que eles viverão segundo
minhas ordenanças, obedecendo a meus mandamentos e agindo segundo minhas
leis. Então eles serão meu povo, e eu serei seu Deus. 21 Todavia, quanto àqueles de
quem o coração é segundo as coisas abomináveis e práticas desprezíveis, trarei [as
consequências] sobre sua cabeça', diz *Adonai Elohim*".

22 Os *k'ruvim* ergueram suas asas, e as rodas estavam próximas a eles, com a
glória de Yisra'el sobre eles, acima deles. 23 Então a glória de *Adonai* levantou-se de
dentro da cidade e pairou sobre a montanha que fica a leste da cidade. 24 Um espíri-
to me elevou e me trouxe, na visão, pelo Espírito de Deus, aos exilados na terra dos
kasdim; depois disso, a visão que eu estava tendo me deixou. 25 Então eu disse aos
exilados todas as coisas que *Adonai* me havia mostrado.

12 1 A palavra de *Adonai* veio a mim: 2 "Ser humano, você está vivendo no meio
de um povo rebelde. Eles têm olhos para ver, mas não veem; e têm ouvidos
para ouvir, mas não ouvem, pois são um povo rebelde. 3 Quanto a você, ser humano,
prepare suprimentos para o exílio; e, durante o dia, diante de todos eles, vá embo-
ra, como se estivesse indo para o exílio — saia de seu lugar e vá para qualquer outro
local que eles possam ver. Talvez eles notem, mesmo sendo uma casa rebelde. 4
Enquanto eles assistem, traga seus pertences durante o dia, como suprimento para
o exílio; e você mesmo, enquanto eles observam, deve partir como o povo que sai
para o exílio. 5 Faça um buraco no muro enquanto eles observam, tome [seus perten-
ces] e passe-os através dele. 6 Enquanto eles estiverem observando, você deve pôr
nos ombros sua bagagem e levá-la no meio da noite, com o rosto coberto, de ma-
neira que não possa ver o chão, pois estou dando um sinal para a casa de Yisra'el".

7 Então eu fiz como havia sido ordenado — trouxe para fora meus pertences
durante o dia como suprimento para o exílio e, à noite, fiz um buraco no muro
com minhas mãos; então carreguei minha bagagem em meus ombros, no escuro,
enquanto eles observavam.

8 Pela manhã, a palavra de *Adonai* veio a mim: 9 "Ser humano, a casa de Yisra'el,
aquela casa rebelde, tem perguntado o que você está fazendo. 10 Diga-lhes que *Ado-
nai Elohim* entrega esta profecia acerca do príncipe de Yerushalayim e toda a casa
de Yisra'el. 11 Diga-lhes: 'Eu sou um sinal para vocês. Como eu fiz, assim será feito a
vocês' — eles irão para o exílio, em cativeiro. 12 O príncipe que está com eles porá sua
bagagem nos ombros e fugirá escondido. Eles vão abrir buracos nos muros para car-
regar para fora seus suprimentos. Ele vai cobrir o rosto, de maneira que não poderá
ver o solo com seus olhos. 13 Vou estender minha rede sobre ele, e ele será aprisiona-
do em meu laço. Então o trarei a Bavel, à terra dos kasdim. Ele, porém, não verá, e ali
morrerá. 14 Eu os dispersarei por todos os ventos todo aquele que intentar ajudá-lo,
juntamente com toda a sua tropa, e os perseguirei com a espada. 15 Eles saberão que
eu sou *Adonai* quando os dispersar entre as nações e os dispersar entre os povos. 16
Contudo, pouparei alguns deles da espada, da fome e das pragas, de maneira que
poderão falar sobre todos os seus atos abomináveis em meio às nações para onde
forem. Assim, também eles saberão que eu sou *Adonai*".

17 A palavra de *ADONAI* veio a mim: 18 "Ser humano, trema enquanto come sua co-
mida; fique arrepiado enquanto bebe sua água. 19 Diga ao povo da terra: 'Aqui está o
que *Adonai ELOHIM* diz a respeito daqueles que vivem em Yerushalayim, na terra de
Yisra'el: "Eles vão comer o pão deles em ansiedade e beber a água deles em horror,
porque a terra estará desolada com tudo quanto a preenche, por causa da violência
daqueles que habitam ali. 20 As cidades habitadas ficarão arrasadas e a terra será
desolada, e vocês saberão que eu sou *ADONAI*" ' ".

21 A palavra de *ADONAI* veio a mim: 22 "Ser humano, vocês não têm um provérbio
na terra de Yisra'el que diz: 'O tempo passa, e nenhuma das visões se cumpre?'.
23 Todavia, diga-lhes que *Adonai ELOHIM* é quem diz: 'Darei fim a este provérbio; e eles
nunca mais o usarão como provérbio em Yisra'el'. Diga-lhes: 'O tempo chegou para
o cumprimento de todas as visões. 24 Não haverá mais visões vazias ou adivinhações
otimistas e falsas na casa de Yisra'el, 25 pois eu sou *ADONAI*. Eu falarei; e, seja lá qual
for a afirmação que eu fizer, ela será cumprida. Ela não mais demorará, pois nos dias
de vocês, casa rebelde, falarei uma palavra e a cumprirei', diz *Adonai ELOHIM*".

26 Outra vez, a palavra de *ADONAI* veio a mim: 27 "Ser humano, veja! O povo da casa
de Yisra'el está dizendo: 'A visão que ele está tendo é concernente ao futuro distan-
te; ele está profetizando acerca de um tempo muito distante'. 28 Todavia, diga-lhes
o que *Adonai ELOHIM* diz: 'Nenhuma de minhas palavras vai demorar mais; antes, a
palavra que eu disser será cumprida', diz *Adonai ELOHIM*".

13 1 A palavra de *ADONAI* veio a mim: 2 "Ser humano, profetize contra os profetas
de Yisra'el que estão profetizando. Diga-lhes que eles estão profetizando
coisas da própria mente. 'Ouçam o que *ADONAI* diz! 3 *Adonai ELOHIM* diz: "Ai dos
vis profetas, os quais seguem o próprio espírito e coisas que eles nunca viram!
4 Yisra'el, seus profetas são como chacais entre ruínas. 5 Vocês [profetas] não foram
para as barricadas a fim de reparar a casa de Yisra'el, de maneira que ela pudesse
aguentar na batalha no dia de *ADONAI*. 6 Suas visões são fúteis, e suas sensações,
falsas. Eles dizem: '*ADONAI* diz', quando *ADONAI* não os enviou; ainda assim, eles
esperam que a palavra seja cumprida. 7 Vocês não tiveram uma visão fútil e não re-
velaram falsas adivinhações quando disseram: '*ADONAI* disse', e eu não tenho dito?
8 Todavia, aqui está o que *Adonai ELOHIM*, de fato, diz: 'Porque vocês têm dito futili-
dades e têm visto falsidades, eu estou contra vocês', diz *Adonai ELOHIM*.

9 " ' "Minha mão será contra os profetas que têm visões fúteis e produzem
adivinhações mentirosas; eles não mais ficarão como conselheiros de meu povo,
e nem serão escritos nos registros da casa de Yisra'el, nem entrarão na terra de
Yisra'el. Assim, vocês saberão que eu sou *Adonai ELOHIM*. 10 Eles merecem isso, pois
têm conduzido meu povo a desvios, dizendo que há paz quando na verdade não
há paz nenhuma. Se alguém constrói um muro sem cimento, usa cal [para fazê-lo
parecer firme]. 11 Diga a esses 'construtores' que uma nuvem de destruição está
por vir, com uma grande saraiva de pedras e ventos impetuosos; 12 e esse muro
virá abaixo. Então o povo perguntará a você: 'Onde está a cal que vocês usaram
para "cimentar" isto?' ". 13 Por isso, *Adonai ELOHIM* diz: "Em minha ira, trarei ven-
tos e tempestades, e em minha indignação enviarei chuva torrencial, com grande
quantidade de granizo, para destruir tudo em fúria. 14 É assim que eu vou arrasar
esse muro que vocês cobriram com cal — vou pô-lo abaixo, de maneira que sua
fundação será posta à mostra. O muro cairá, e vocês serão consumidos com ele.
Assim, vocês saberão que eu sou *ADONAI*. 15 Dessa forma, esgotarei minha fúria
contra o muro e contra aqueles que o cobrem com cal; e lhes direi: 'O muro se foi,

e da mesma forma irão aqueles que o "edificaram", 16 isto é, os profetas de Yisra'el
que profetizaram acerca de Yerushalayim e têm visões de paz para ela quando não
há paz', diz *Adonai Elohim*".
17 "Você, ser humano, volte seu rosto contra as filhas de seu povo que profe-
tizam coisas de sua própria mente. Profetize contra elas; 18 diga-lhes que *Adonai*
Elohim diz: 'Ai das mulheres que atam fitas de feitiços em seus pulsos e põem véus
de vários tamanhos sobre as pessoas, a fim de amarrar vidas humanas! Vocês con-
seguirão caçar vidas de meu povo enquanto tentarem manter a própria vida em
segurança? 19 Vocês me desonram diante de meu povo por um pouco de cevada e
migalhas de pão, matando pessoas que não deveriam morrer e poupando aqueles
que não deveriam viver, com suas mentiras a meu povo, que adora ouvir mentiras'.
20 Por isso, aqui está o que *Adonai Elohim* diz: 'Eu estou contra suas fitas, com as
quais vocês caçam vidas humanas como pássaros; eu as arrancarei de seus braços
e deixarei que as vidas sejam libertas, sim, as vidas humanas que vocês caçaram
como pássaros. 21 Também rasgarei seus véus e libertarei meu povo de suas garras,
de maneira que eles não mais estarão em seu poder de caça. Assim, vocês saberão
que eu sou *Adonai*. 22 Pois vocês têm desalentado os retos com suas mentiras quan-
do eu não lhes estou causando dor e têm encorajado os perversos a não retornarem
de seus caminhos de perversidade a fim de que sejam salvos. 23 Todavia, vocês não
terão mais visões fúteis e não vão produzir mais adivinhações. Eu salvarei meu
povo de suas garras, e vocês saberão que eu sou *Adonai*' ".

14 1 Assim, alguns dos líderes de Yisra'el vieram a mim; e, enquanto eles
estavam sentados comigo, 2 a palavra de *Adonai* veio a mim: 3 "Ser humano,
estes homens puseram seus ídolos dentro de seu coração e, assim, estabeleceram
diante deles uma parede firme que os conduz ao pecado. Dessa forma, eu poderia
permitir que eles me consultassem? 4 Por isso, fale com eles e diga-lhes que *Adonai*
Elohim diz: 'Qualquer um da casa de Yisra'el que trouxer seus ídolos para dentro
de seu coração, pondo-os como tropeço diante de si para levá-lo a pecar, e depois
consultar o profeta, eu mesmo, *Adonai*, lhe responderei de maneira digna de seus
vários ídolos, 5 a fim de reconquistar o coração de toda a casa de Yisra'el, uma vez
que, por causa de seus ídolos, eles todos se desviaram de mim'.
6 "Por isso, diga à casa de Yisra'el que *Adonai Elohim* diz: 'Arrependam-se! Afas-
tem-se dos caminhos desses ídolos, voltem seu rosto para longe de todas essas prá-
ticas odiosas! 7 Por isso, todos, quer da casa de Yisra'el quer estrangeiros que vivem
em Yisra'el, quem se separar de mim, trouxer seus ídolos para dentro de seu coração,
pondo-os como um tropeço que o leve ao pecado diante de si mesmo, e então vier
até o profeta, pedindo-lhe que me consulte para si, eu mesmo, *Adonai*, responderei a
ele. 8 Lançarei meu rosto contra essa pessoa, farei dele um exemplo de advertência, e
o cortarei de meu povo. Assim, vocês saberão que eu sou *Adonai*.
9 " 'Também, se um profeta for enganado e levado a falar uma palavra, terei sido
eu, *Adonai*, quem enganou esse profeta. Estenderei minha mão sobre ele e o excluirei
dentre meu povo, Yisra'el. 10 Os profetas levarão a culpa por seus pecados — o peca-
do do profeta será o mesmo de quem o consultar — 11 desse modo, a casa de Yisra'el
não mais caminhará longe de minha presença nem se desviará com todos os seus
crimes; em vez disso, eles serão meu povo, e eu serei seu Deus', diz *Adonai Elohim*".
12 A palavra de *Adonai* veio a mim: 13 "Ser humano, quando uma terra pecar con-
tra mim, fazendo rebelião contra mim, estenderei minha mão contra ela e cor-
tarei seu suprimento de alimento, enviando a eles a fome e eliminando tanto os

homens quanto os animais. 14 Ainda que estes três homens habitassem nela —
Noach, Dani'el e Iyov —, eles conseguiriam apenas, pela retidão deles, salvar a si
mesmos", diz *Adonai Elohim*.

15 "Se eu soltar animais selvagens na terra, e eles matarem as crianças e deixa-
rem a terra desolada, de maneira que ninguém possa passar por ela em razão dos
animais, 16 ainda que aqueles três homens estivessem ali, assim como eu vivo", diz
Adonai Elohim, "eles não conseguiriam salvar nem os filhos nem as filhas; poderiam
salvar apenas a si mesmos, e a terra permaneceria árida".

17 "Ou, ainda, se eu trouxer a espada sobre aquela terra, dizendo: 'Deixe que
a espada passe por entre esta terra', de maneira que eu elimine tanto os homens
quanto os animais, 18 ainda que aqueles três homens estivessem nela, assim como
eu vivo", diz *Adonai Elohim*, "eles não salvariam nem filhos nem filhas, mas apenas
a si mesmos".

19 "Ou, se eu trouxer a praga naquela terra e derramar sobre ela minha fúria,
causando derramamento de sangue, de maneira que eu elimine tanto os homens
quanto os animais, 20 ainda que Noach, Dani'el e Iyov estivessem ali, assim como eu
vivo", diz *Adonai Elohim*, "eles não poderiam salvar nem um filho nem uma filha;
eles salvariam apenas a si mesmos, pela retidão deles".

21 Por isso, eis o que diz *Adonai Elohim*: "Ainda que eu lance minhas quatro
sentenças sobre Yerushalayim — a espada, a fome, animais selvagens e pragas
— para eliminar tanto seus homens quanto seus animais, 22 ainda haverá um re-
manescente para ser retirado dela, incluindo filhos e filhas. Quando eles vierem
até vocês, e vocês virem sua conduta e suas ações, então vocês serão consolados
por causa da calamidade que eu trouxe sobre Yerushalayim, sobre tudo quanto
fiz ali. 23 Sim, eles hão de consolar vocês quando vocês virem sua conduta e suas
ações; e vocês entenderão que não foi sem uma boa razão que eu fiz o que fiz em
[Yerushalayim]", diz *Adonai Elohim*.

15 1 Veio a mim a palavra de *Adonai*:

2 "Ser humano, acaso a madeira de uma parreira é melhor
que qualquer outro tipo de madeira,
ou qualquer outro galho que alguém descubra
entre as árvores da floresta?
3 Essa madeira não pode ser usada para fazer nada,
nem mesmo um suporte para pendurar uma vasilha.
4 Portanto, ela deve ser atirada no fogo como lenha;
e, quando o fogo queimar suas pontas,
e o meio estiver carbonizado,
ela terá alguma utilidade?
5 Quando ela estava perfeita, não servia para nada;
muito menos agora, quando o fogo
a consumiu, e ela está toda queimada,
qual seria a utilidade dessa madeira?
6 "Portanto, *Adonai Elohim* diz isto:
'Como a madeira da videira entre as árvores da floresta,
a qual eu deposito no fogo como lenha,
assim tratarei todos os habitantes de Yerushalayim.

7 Lançarei meu rosto contra eles —
eles podem ter escapado do fogo,
mas o fogo ainda os consumirá.
Quando eu lançar meu rosto contra eles,
vocês saberão que eu sou *Adonai*.
8 Eu tornarei a terra desolada
pois eles têm agido com muita infidelidade',
diz *Adonai Elohim*".

16 1 Veio a mim palavra de *Adonai*: 2 "Ser humano, leve Yerushalayim a perceber
quão odiosas têm sido suas ações. 3 Diga que *Adonai Elohim* está dizendo a
Yerushalayim: 'Por origem e nascimento, você pertence à terra do kena'ani — seu
pai pertencia ao emori, e sua mãe era uma hitti. 4 Assim se deu seu nascimento:
no dia em que você nasceu, ninguém cortou seu cordão umbilical, nem a lavou na
água para a purificar, nem passou sal em você ou a enrolou em panos. 5 Ninguém
que olhou para você teve pena o suficiente para realizar alguma dessas coisas —
ninguém teve nenhuma compaixão de você. Em vez disso, você foi jogada em um
campo aberto no dia em que nasceu.
6 " 'Eu passei por perto e vi você ali esperneando no próprio sangue; e, como
você estava sobre seu sangue, eu disse a você: "Viva!". Sim, eu disse a você, como
você estava sobre o próprio sangue: "Viva!". 7 Eu farei crescer seu número assim
como as plantas crescem no campo". E você de fato cresceu. Você se desenvolveu,
alcançou a puberdade, seus seios apareceram, e seus cabelos ficaram longos; mas
você ficou nua e exposta.
8 " 'Outra vez, passei próximo a você, olhei para você e vi que seu tempo havia
chegado, o tempo para o amor. Então pus minha capa sobre você para cobrir sua
nudez e fiz uma aliança com você', diz *Adonai Elohim*, 'e se tornou minha. 9 Então
a banhei na água, lavei o sangue que estava em você e a ungi com óleo. 10 Também
a vesti com um vestido bordado, dei a você sandálias de pelica para calçar, pus
um linho fino sobre sua cabeça e a cobri com seda. 11 Dei a você joias para usar:
braceletes para seus braços e uma gargantilha para seu pescoço, 12 uma argola para
seu nariz, brincos para suas orelhas e uma linda coroa para sua cabeça. 13 Então
você ficou enfeitada com ouro e prata; suas vestes eram de linho fino, seda e caros
tecidos bordados; você comia fina farinha, mel e azeite. Você cresceu e se tornou
linda — ficou com a aparência de uma rainha. 14 Sua fama espalhou-se por entre as
nações por causa de sua beleza, pois era perfeita; carregava sobre si meu resplen-
dor, diz *Adonai Elohim*.
15 " 'No entanto, você depositou sua crença na própria beleza e começou a se
prostituir por causa de sua fama, chamando todos os que passavam por perto e
aceitando todos os que chegavam. 16 Você tomou suas vestes e usou-as como or-
namento nos altares que você mesma havia construído e ali continuou a se pros-
tituir. Tais coisas jamais deveriam acontecer e no futuro não acontecerão mesmo.
17 Também tomou suas belas joias feitas com meu ouro e minha prata, as quais eu
tinha dado a você, e fez para si ídolos masculinos, com os quais continuou a se
prostituir. 18 Você tomou suas vestes bordadas e os cobriu com elas; usou meu óleo
e meu incenso com eles; 19 e tomou minha comida, a que eu tinha dado a você — mi-
nha farinha de primeira qualidade, meu azeite e mel, que eu tinha dado para você
comer — e preparou tudo isso diante deles para espalhar um aroma agradável. Foi
assim que isso aconteceu', diz *Adonai Elohim*.

20 " 'Além disso, seus filhos e filhas, que você havia dedicado a mim, os sa-
crificou como devoção a eles. Acaso estas suas fornicações foram acidentais? —
21 matando minhas crianças, passando-as adiante ou separando-as [para esses
ídolos]? 22 Em todas essas suas práticas odiosas e fornicações, você nunca se lem-
brou da condição em que estava quando era jovem — nua, exposta e esperneando
no próprio sangue.

23 " 'Portanto, depois de toda essa maldade, ai, ai de você!', diz *Adonai* ELOHIM.
24 'Você construiu altares e fez santuários elevados em todos os locais abertos.
25 Construiu um altar em cada esquina, tornando sua beleza em uma abominação,
oferecendo seu corpo a cada transeunte e multiplicando seus atos de fornicação.
26 Você praticou sexo com seus vizinhos egípcios e se engajou em fornicação cada
vez pior, apenas para me provocar. 27 Portanto, agora estendi minha mão contra
você, diminuindo sua medida de comida e deixando-a à mercê daqueles que a
odeiam, as filhas dos p'lishtim, as quais consideraram seu comportamento lascivo
revoltante.

28 " 'Ainda não satisfeia, você também agiu como uma prostituta com o povo de
Ashur; sim, praticou fornicação com eles e não se satisfez. 29 Você multiplicou seus
atos de fornicação com os comerciantes da terra, os kasdim, e ainda assim não se
satisfez.

30 " 'Você é tão fraca para controlar seus desejos!', diz *Adonai* ELOHIM. 'Faz todas
essas coisas, comportando-se como uma prostituta sem-vergonha, 31 construindo
seus altares em cada esquina, fazendo seus santuários em todo espaço aberto.
Você ainda é pior que uma prostituta, pois rejeita o pagamento. 32 Eis aqui uma
esposa que comete adultério, que vai para a cama com estranhos, em vez de ir com
seu marido; 33 mas também, em vez de receber agrados como qualquer outra pros-
tituta, você é quem dá presentes a todos os seus amantes. Você os compra para vir
de todos os cantos e fazer sexo com você! 34 Você é diferente das outras mulheres
— você solicita a fornicação, em vez de ser solicitada; e você paga a eles — você é
o oposto!

35 " 'Tudo bem, sua prostituta, ouça a palavra de ADONAI!'. 36 *Adonai* ELOHIM diz:
'Porque sua riqueza foi desperdiçada e sua intimidade foi exposta, por seus atos
de fornicação com seus amantes, por causa de todos os ídolos de suas práticas
odiosas, e por causa do sangue de seus filhos, o qual você ofertou a seus ídolos,
37 por isso, veja! Vou reunir todos os seus amantes, para quem você tem sido tão
amável, tanto aqueles a quem você odeia quanto aqueles a quem você ama — vou
reunir todos eles contra você e expor sua nudez, de modo que eles a verão com-
pletamente nua. 38 Eu pronunciarei para você a sentença que se aplica às mulheres
que cometem adultério e assassinato; trarei sobre você a morte [sentença] de meu
ciúme e fúria. 39 Sim, entregarei você a eles; e eles vão tornar seus altares em ruínas,
destruir seus santuários, despir você de suas roupas, levar suas joias e deixar você
nua e exposta. 40 Eles também trarão uma multidão contra você, que a apedrejará
até a morte e a despedaçará com suas espadas. 41 Eles queimarão suas casas até as
cinzas e executarão julgamentos contra você na presença de muitas mulheres. Eu a
farei parar de fornicar, e você jamais pagará novamente por um amante.

42 " 'Sim, farei abrandar minha ira contra você. No entanto, depois disso, não
terei mais ciúme de você. Ficarei tranquilo e não terei mais ira.

43 " 'Por você não se ter lembrado da condição em que estava quando era crian-
ça, e ter me enraivecido com todas essas coisas, trarei [as consequências de] seus
caminhos sobre sua cabeça', diz *Adonai* ELOHIM.

" 'Você cometeu essas obcenidades como consequência de todas as suas outras
práticas desprezíveis. 44 Todos os que citam provérbios vão citar este provérbio
contra você: "Tal mãe, tal filha". 45 Sim, você é filha de sua mãe, a qual desprezou o
marido e os filhos; você é irmã de suas irmãs, que desprezaram seu marido e filhos;
sua mãe era uma hitti, e seu pai, um emori. 46 Além disso, sua irmã mais velha é
Shomron, que vive à sua esquerda, ela e suas filhas; e sua irmã mais nova, vivendo
à sua direita, é S'dom, com suas filhas. 47 Você não apenas viveu à maneira delas e
agiu de acordo com suas práticas odiosas, mas em bem pouco tempo agiu de modo
mais corrompido do que elas todas em seus caminhos".

48 " 'Assim como eu vivo', diz *Adonai Elohim*, 'sua irmã S'dom nunca agiu, nem
ela nem suas filhas, [por mais maldade] como você tem agido, você e suas filhas.
49 Os crimes de sua irmã S'dom foram o orgulho e a glutonaria; ela e suas filhas
foram descuidadas e complacentes, de maneira que não faziam nada para ajudar o
pobre e o necessitado. 50 Tornaram-se arrogantes e cometeram ações desprezíveis
diante de mim; assim, quando atentei para isso, as removi para diante. 51 Shomron
não cometeu sequer metade dos pecados que você cometeu. Você cometeu atos
muito mais odiosos do que suas irmãs; de fato, comparando com todos os atos
repulsivos que você tem cometido, elas podem ser consideradas inocentes! 52 Você,
entretanto, também precisa suportar sua desgraça; em vista de você, suas irmãs
seriam inocentes, pois você tem cometido pecados piores que os delas; elas se
apresentam mais justas do que você. Portanto, tenha vergonha, e suporte a desgra-
ça que você merece, por fazer suas irmãs [culpadas] parecerem inocentes.

53 "Eu porei fim ao exílio deles — ao exílio de S'dom e de suas irmãs, ao exílio
de Shomron e de suas filhas, e ao exílio dos cativos ali no meio deles, 54 de maneira
que você possa suportar a própria vergonha e experimentar a desgraça que merece
por tudo o que tem feito, a ponto de servir de escudo para elas não sentirem a própria
culpa. 55 Suas irmãs, S'dom, com suas filhas, e Shomron, com suas filhas, retornarão à
sua condição de antigamente; e você e suas filhas retornarão à sua antiga condição.
56 Quando você era muito orgulhosa, falava com desprezo de sua irmã S'dom,
57 antes que sua maldade fosse exposta. Agora, porém, as filhas de Aram é que zom-
bam de você, e o mesmo fazem seus vizinhos; e as filhas dos p'lishtim e todos os
que vivem a seu redor a desprezam. 58 Você tem trazido tudo isso sobre si mesma
com suas depravações e práticas repugnantes', diz *Adonai*.

59 "Por isso, aqui está o que *Adonai Elohim* diz: 'Farei com você o mesmo que tem
feito — você trata os juramentos com zombaria, quebrando a aliança. 60 Todavia,
eu me lembrarei da aliança feita com você quando era uma menina, e estabelecerei
uma aliança eterna com você. 61 Assim, você se lembrará de seu comportamento e
se envergonhará dele quando receber sua irmã mais velha e sua irmã mais nova, e
fizer delas suas filhas, ainda que a aliança com você não cubra esse compromisso;
62 e restabelecerei minha aliança com você. Assim, você saberá que eu sou *Adonai*
63 e então se lembrará e ficará tão envergonhada que jamais abrirá sua boca nova-
mente. Você ficará muito envergonhada quando eu a perdoar por tudo o que fez',
diz *Adonai Elohim*' ".

17 1 Veio a mim a palavra de *Adonai*: 2 "Ser humano, proponha este enigma,
apresente à casa de Yisra'el esta alegoria, 3 diga-lhe que *Adonai Elohim* é
quem está falando o seguinte: 'Uma grande águia, com asas enormes e penas
longas e multicoloridas, veio do L'vanom e se apoderou do topo de um cedro.
4 Ela arrancou seu broto mais alto, o levou à terra dos comerciantes e o plantou

em uma cidade de mercadores. 5 Ela também tomou algumas sementes da terra e as plantou em solo fértil, semeando-as próximo a água abundante, como se fosse um salgueiro. 6 Elas frutificaram, tornando-se uma videira que brotava do chão; seus ramos voltavam-se para a águia, e suas raízes se fixaram embaixo dela — assim, a semente tornou-se uma vinha, com ramos vistosos e raízes firmes.

7 " 'Havia outra grande águia com asas enormes e coberta de penas; e a vinha se inclinou até as raízes e desviou seus galhos para a direção dessa águia, de maneira que esta lhe dava água mais do que recebia na direção em que estava plantada. 8 Ela havia sido plantada em boa terra, próximo a água abundante, de modo que produziria muitos galhos, teria frutos e viria a se tornar uma videira nobre'.

9 "Diga que é *Adonai Elohim* quem pergunta: 'Essa videira vingará? A águia não a cortará desde a raiz e arrancará seus frutos, levando-a a murchar e todas as suas folhas viçosas a secarem? Não haverá nenhum poder, e poucos assistirão quando ela for arrancada por suas raízes. 10 Será que ela vingará só porque está plantada? Não murchará toda quando o vento oriental chegar a ela? Sim, ela murchará mesmo ali, na encosta onde cresceu' ".

11 Veio a mim a palavra de *Adonai*: 12 "Diga à casa rebelde: 'Você sabe o que isso significa?'. Diga-lhes: 'Eis que o rei de Bavel veio a Yerushalayim, levou seu rei e seus príncipes e os trouxe consigo a Bavel. 13 Então ele tomou um membro da família real e fez uma aliança com ele, pondo-o sob juramento. Ele retirou os líderes poderosos da terra, 14 para que esse reino deles se tornasse fraco e não se desenvolvesse por si mesmo, mas, em vez disso, obedecesse a seu governo e vivesse de acordo com sua vontade. 15 Esse homem, porém, rebelou-se e enviou representantes ao Egito, a fim de obter cavalos e armamento à altura. Poderia ele ter sucesso? Poderia alguém que faz tal coisa escapar do castigo? Poderia ele quebrar a aliança e ainda escapar do castigo?

16 " 'Assim como eu vivo', diz *Adonai Elohim*, 'no lugar em que habita o rei que lhe concedeu o trono, a quem ele desprezou e com quem ele quebrou o juramento, ali, com ele, em Bavel, juro que ele morrerá. 17 O faraó, com todo o seu poderoso exército e toda a sua tropa numerosa, não dará a ele nenhuma ajuda na guerra, quando forem levantados cercos e construídas torres fortificadas para destruir muitas pessoas, 18 pois ele desprezou o juramento, quebrando a aliança à qual ele havia jurado lealdade; tendo feito todas essas coisas, ele não escapará impune'. 19 Por isso, *Adonai Elohim* diz: 'Assim como eu vivo, juro que foi meu juramento que ele desprezou e minha aliança que ele quebrou, e trarei tudo isso sobre sua cabeça. 20 Lançarei minha rede sobre ele, e ele será aprisionado em meu laço; eu o trarei para Bavel e a julgamento ali por trair minha boa-fé. 21 As tropas de elite de seu exército morrerão à espada, e aqueles que sobreviverem serão espalhados como o vento. Assim, vocês saberão que eu, *Adonai*, disse isso'.

22 "*Adonai Elohim* diz: 'No topo desse grande cedro, de seu galho mais alto, tomarei uma muda e eu mesmo a plantarei em uma montanha alta e proeminente. 23 Eu a plantarei na montanha mais alta de Yisra'el, onde ela lançará ramos, produzirá frutos e se tornará um cedro majestoso. Sob ele, viverão todos os tipos de pássaros; criaturas de asas de várias formas habitarão ali, à sombra de seus ramos. 24 Assim, todas as árvores do campo saberão que eu, *Adonai*, derrubo grandes árvores e faço florescer árvores pequenas, faço secar árvores verdes e que árvores secas produzam frutos. Eu, *Adonai*, falei, e farei isso' ".

18 1 Veio a mim a palavra de *Adonai*: 2 "O que significa este provérbio que vo-
cês repetem em Yisra'el:

'Os pais comem uvas verdes,
e os dentes dos filhos se embotam'?.

3 "Assim como eu vivo", diz *Adonai Elohim*, "juro que você nunca mais citará este
provérbio outra vez em Yisra'el. 4 Veja, toda vida me pertence — tanto a vida dos
pais quanto a vida dos filhos são igualmente minhas. Portanto, a pessoa que pecar,
essa é que morrerá.

5 "Considere alguém que seja justo, que atente para o que é lícito e reto. 6 Ele
não come nos montes nem levanta seus olhos em direção aos ídolos da casa de
Yisra'el; não contamina a mulher de seu próximo nem toca numa mulher durante
seu período de impureza menstrual; 7 não corrompe ninguém; faz retornar ao deve-
dor tudo o que lhe foi penhorado por empréstimo; não toma nada por roubo, antes
reparte sua comida com o faminto e sua roupa com o necessitado; 8 não empresta,
visando a lucro ou juros; mantém-se afastado do mal; e julga honestamente entre
uma pessoa e outra. 9 Em suma, ele vive de acordo com minhas leis e observa meus
mandamentos, de maneira que age com fidelidade. Uma pessoa assim é justa e
certamente viverá", diz *Adonai Elohim*.

10 "Agora, suponha que esse homem seja o pai de um filho que é ladrão, as-
sassino, ou que faz tudo isso a um irmão — 11 ainda que seu pai não tenha feito
nenhuma dessas coisas. Ele come nos montes, contamina a mulher do próximo,
12 engana o pobre e o necessitado, rouba, não devolve a propriedade que tomou
em penhor, volta seus olhos para os ídolos, age com práticas odiosas, 13 dá e rece-
be por interesse. Deveria esse homem viver? Ele não viverá, pois se tem engajado
em todas as práticas repugnantes — ele deve ser levado à morte; seu sangue tem
de cair sobre sua cabeça.

14 "Agora, porém, suponha que ele tenha um filho que observa todos os pecados
que seu pai cometeu, reflete sobre eles e se comporta de maneira diferente. 15 Ele
não come nos montes; não volta seus olhos para os ídolos da casa de Yisra'el, não
contamina a mulher do próximo; 16 não corrompe outros; não toma a propriedade
penhorada não rouba, antes reparte sua comida com o faminto e sua vestimenta com
o necessitado; 17 não oprime o pobre; não dá nem recebe por interesse. Ele obedece
a meus mandamentos e vive de acordo com minhas leis. Por isso, não morrerá pelos
pecados de seu pai, mas certamente viverá. 18 Portanto, é seu pai que, por ter oprimi-
do cruelmente, cometido roubo contra seu irmão e nunca ter feito nada de bom no
meio do povo, quem morrerá — ele é quem morrerá por seus pecados.

19 "Você pergunta: 'Por que o filho não leva a culpa de seu pai?'. Quando o filho
fizer o que for lícito e reto, mantendo e obedecendo a todos os meus mandamen-
tos, certamente viverá. 20 Aquele que pecar é que morrerá — um filho não levará o
pecado de seu pai, nem o pai levará com ele o pecado de seu filho; antes, a retidão
dos justos será com eles, e a maldade dos ímpios será com eles.

21 "Entretanto, se o ímpio se arrepender de todos os seus pecados, guardar mi-
nhas leis e praticar o que é certo e justo, então certamente ele viverá, não morrerá.
22 Nenhuma das transgressões que ele tenha cometido será lembrada contra ele;
pois, pelas coisas justas que ele estiver fazendo, viverá. 23 Acaso eu tenho algum
prazer em ver um ímpio morrer?", pergunta *Adonai Elohim*. "Eu não preferiria que
ele retornasse de seus caminhos e vivesse?

24 "Por outro lado, quando um justo se desviar de sua justiça e cometer mal-
dade, agindo de acordo com todos os atos odiosos que os ímpios praticam, acaso

ele viverá? Nenhum de seus atos de justiça que ele praticou será lembrado; e, pela
transgressão e pecados que ele cometeu, morrerá.
25 "Portanto, agora você diz: 'O caminho de *Adonai* não é justo'. Ouça, casa de
Yisra'el! É meu caminho que é injusto? Ou injustos são seus caminhos? 26 Quando o
justo se desviar de sua justiça e cometer pecado, ele morrerá por isso — por causa de
seu pecado, morrerá. 27 E, quando o ímpio se desviar da maldade que cometeu e fizer
o que é reto e justo, ele salvará sua vida. 28 Porque ele considera todas as transgres-
sões que cometeu e delas se arrepende, certamente viverá, não morrerá. 29 Contudo,
a casa de Yisra'el diz: 'O caminho de *Adonai* não é justo'. Casa de Yisra'el, não é justo
meu caminho, ou são os caminhos de vocês que não são justos? 30 Todavia, casa de
Yisra'el, eu julgarei cada um de vocês de acordo com seus caminhos", diz *Adonai
Elohim*. "Arrependam-se e voltem de suas transgressões, de maneira que elas não
sejam um impedimento que traga a culpa sobre vocês. 31 Lancem para longe de vocês
suas transgressões e busquem um novo coração e um novo espírito; pois por que vo-
cês deveriam morrer, casa de Yisra'el? 32 "Eu não tenho prazer na morte de ninguém",
diz *Adonai Elohim*; "portanto, arrependam-se e vivam!".

19 1 "Além disso, levante um lamento pelos líderes de Yisra'el; 2 dizendo:

'Que grande mãe você tem —
uma leoa entre os leões!
Ela se deitava entre seus leõezinhos
e criava seus filhotes.
3 Um de seus filhotes
tornou-se um leão jovem,
aprendeu como caçar sua presa
e se tornou um devorador de homens.
4 As nações se alarmaram por causa dele,
e ele foi aprisionado em uma emboscada.
Com ganchos, eles o levaram
para a terra do Egito.
5 Quando ela viu que teve seus planos frustrados,
e que sua esperança estava perdida,
tomou outro filhote de leão e fez dele um leão forte.
6 Ele vagueou entre os leões,
cresceu até ser um leão forte,
aprendendo a caçar sua presa,
e se tornou um devorador de homens.
7 Ele estuprou suas viúvas
e destruiu suas cidades;
a terra e tudo quanto nela havia se aterrorizaram
com o som de seu rugido.
8 As nações armaram uma armadilha para ele
desde as províncias em todo o redor.
Elas armaram uma rede para ele,
e ele foi aprisionado na armadilha.
9 Com ganchos, elas o puseram em uma jaula
e o levaram ao rei de Bavel
para aprisioná-lo em uma fortaleza,
de maneira que seu rugido não fosse mais ouvido
nas montanhas de Yisra'el.

10 " 'Sua mãe era como uma forte videira*
plantada próximo à água.
Era frutífera e exuberante
por causa da água abundante.
11 Ela tinha ramos fortes
usados como cetro para os reis;
além de ter folhagens grossas,
tornava-se cada vez mais alta,
até que seu topo começou a ser visto,
com seus vários ramos.
12 No entanto, ela foi desarraigada com fúria
e lançada ao solo.
Um vento oriental fez que seus frutos murchassem,
e seus fortes galhos foram quebrados.
Eles morreram, e o fogo os consumiu.
13 Ela foi transplantada no deserto,
em uma terra seca e árida.
14 O fogo se espalhou por seus ramos,
queimando todos os seus frutos,
de maneira que agora ela não tem mais ramos fortes
que possam ser cetro de soberanos' ".

Esta lamentação se tornou bem conhecida.

20 1 No décimo dia do quinto mês, no ano sétimo, alguns dos líderes de Yisra'el
vieram consultar *Adonai* e se assentaram comigo; 2 e veio a mim a palavra
de *Adonai*: 3 "Ser humano, fale aos líderes de Yisra'el; diga-lhes o que *Adonai Elohim*
pergunta: 'Vocês vieram me consultar? Pois assim como eu vivo, diz *Adonai Elohim*,
juro que não deixarei que vocês me consultem' ".

4 "Você é quem irá julgá-los? Ser humano, é você quem vai julgá-los? Então faça-
-os perceber quanto as ações de seus pais foram odiosas. 5 Diga a eles que *Adonai*
Elohim diz: 'Voltem ao dia em que escolhi Yisra'el, quando levantei minha mão para
os descendentes da casa de Ya'akov. Eu me revelei a eles na terra do Egito quando
levantei minha mão para eles e disse: "Eu sou *Adonai*, seu Deus". 6 No dia em que
levantei minha mão para eles, prometendo tirá-los da terra do Egito para uma terra
que eu havia separado para eles, uma terra fluindo leite e mel, a mais linda de todas
as terras, 7 eu lhes disse: "Cada um de vocês deve lançar fora as coisas detestáveis
que têm posto em seus olhos. Não se corrompam a si mesmos com os ídolos do
Egito. Eu sou *Adonai*, seu Deus".

8 " 'No entanto, eles se rebelaram contra mim e não me ouviram; nenhum deles
lançou fora as coisas detestáveis que haviam posto em seus olhos, nem abando-
naram os ídolos do Egito. Então eu disse que derramaria minha fúria sobre eles e
alimentaria minha ira sobre eles, ali, na terra do Egito. 9 Entretanto, por causa de
meu nome, não deixei que isso ocorresse aos olhos das nações, entre as quais eles
estavam vivendo, à vista de quem eu havia feito a mim mesmo conhecido a todos

* Há aqui um jogo de palavras no hebraico, que remete à cor do sangue nas veias e à uva da videira. [N. do T.]

eles, a fim de trazê-los da terra do Egito. [10] Então eu os retirei da terra do Egito e os
trouxe para o deserto. [11] Entreguei-lhes minhas leis e lhes mostrei meus estatutos;
se alguém os obedecer, terá vida por meio deles. [12] Entreguei-lhes meus *shabbatot*
como um sinal entre mim e eles, de maneira que eles soubessem que eu, *Adonai*,
sou o único que os santifica.

[13] " 'A casa de Yisra'el, porém, rebelou-se contra mim no deserto. Eles não vive-
ram segundo minhas leis; rejeitaram meus estatutos, os quais, se forem seguidos,
trarão vida por intermédio deles; além disso, eles profanaram meus *shabbatot*. En-
tão eu disse que derramaria minha fúria sobre eles no deserto, a fim de destruí-los.
[14] Todavia, por amor de meu nome evitei que meu nome fosse profanado aos olhos
das nações, as quais viram quando eu os trouxe do Egito. [15] Contudo, eu também
levantei minha mão e prometi a eles no deserto que não permitiria que entrassem
na terra que eu lhes dera, uma terra que fluía leite e mel, a mais linda de todas as
terras; [16] por eles terem rejeitado meus estatutos, não viverem segundo minhas leis,
e terem profanado meus *shabbatot*; uma vez que seu coração fora atrás de seus
ídolos. [17] Ainda assim, eu os poupei da destruição completa e não os exterminei
totalmente no deserto.

[18] " 'Eu disse a seus filhos no deserto: "Não vivam segundo as leis de seus
pais, nem observem seus estatutos, nem se corrompam com seus ídolos. [19] Eu sou
Adonai, seu Deus; vivam segundo minhas leis, observem meus estatutos e obede-
çam a eles, [20] e guardem meu santo *shabbat*; pois eles serão um sinal entre mim e
vocês, de maneira que vocês saberão que eu sou *Adonai*, seu Deus".

[21] " 'Entretanto, os filhos também se rebelaram contra mim. Eles não vive-
ram segundo minhas leis nem observaram meus estatutos, obedecendo a eles, os
quais, caso alguém o faça, terá vida por intermédio deles; mas eles profanaram
meus *shabbatot*. Então eu disse que derramaria minha fúria sobre eles e alimen-
taria minha ira sobre eles no deserto. [22] Todavia, eu retirei minha mão e me retraí
por amor a meu nome, para que ele não fosse profanado aos olhos das nações, as
quais viram quando eu os trouxe do Egito.

[23] " 'Eu também levantei minha mão e jurei a eles no deserto que os espa-
lharia por entre as nações e os dispersaria entre os povos; [24] porque eles não
obedeceram a meus estatutos, rejeitaram minhas leis e profanaram meus
shabbatot, e seus olhos se voltaram para os ídolos de seus pais. [25] Eu também
lhes entreguei leis sem valor e estatutos que não produziram vida; [26] e deixei
que se corrompessem em seus desejos, e eles ofereciam seus primogênitos,
de maneira que os enchi de pavor, até que eles [finalmente] percebessem que eu
sou *Adonai*'.

[27] "Por isso, ser humano, diga à casa de Yisra'el; fale a eles que *Adonai*
Elohim diz o seguinte: 'Além de tudo, seus antepassados blasfemaram contra
mim, quebrando a aliança de fé que tinham comigo e seguindo por outro cami-
nho; [28] pois, depois de tê-los trazido para a terra, na qual eu levantei minha mão
como garantia de dar a eles, eles viram todos os seus montes e árvores verdes
e ali ofereceram seus sacrifícios; ali eles fizeram oferendas que provocaram
minha ira, ali puseram incensos doces e aromáticos, e ali derramaram suas
bebidas de oferendas. [29] Quando lhes perguntei: "O que significa este altar para
onde vocês estão indo?", eles deram o nome de Bamah,[*] o qual se mantém até
os dias de hoje'.

[*] A palavra hebraica *bamah* significa "altar"; a etimologia do termo hebraico sugere o seguinte: *ba* (ir) e *mah* (o quê).

30 " 'Por isso, diga à casa de Yisra'el que *Adonai Elohim* diz o seguinte: 'Vocês
estão se corrompendo da mesma forma que seus antepassados, seguindo sua abo-
minação e fornicando com eles; 31 e, quando fazem suas oferendas, vocês oferecem
seus filhos no fogo e corrompem a si mesmos com todos os seus ídolos — até os
dias de hoje. Por isso tudo, devo eu permitir que me consultem, casa de Yisra'el?
Assim como eu vivo', diz *Adonai Elohim*, 'juro que não vou permitir que me consul-
tem, 32 pois o que vocês têm em mente quando dizem: "Seremos como os *goyim*,
assim como as famílias dos outros países, servindo à madeira e à pedra", mas isso
certamente não acontecerá. 33 Assim como eu vivo', diz *Adonai Elohim*, 'juro que,
certamente, com mão poderosa, com braço estendido e com o derramar de minha
fúria, eu mesmo serei rei sobre vocês. 34 Eu os trarei dentre os povos e os ajuntarei
dentre as nações em que foram espalhados, sim, com mão poderosa, com braço
estendido e derramamento de fúria; 35 então os trarei para o deserto dos povos e os
julgarei face a face. 36 Assim como julguei seus antepassados no deserto da terra
do Egito, julgarei vocês', diz *Adonai Elohim*. 37 'Eu os farei passar sob meu cajado e
farei que vocês obedeçam às obrigações da aliança. 38 Eu os retirarei de perto dos
rebeldes que estão em revolta contra mim — eu os trarei para fora da terra onde
eles estão vivendo, mas eles não entrarão na terra de Yisra'el; assim, vocês saberão
que eu sou *Adonai*'.

39 "Quanto a você, casa de Yisra'el, eis o que *Adonai Elohim* diz: 'Vão servir a seus
ídolos, cada um de vocês! Todavia, depois disso [eu juro a vocês] vocês ouvirão a
mim e não mais profanarão meu santo nome com suas oferendas e com seus ídolos.
40 Pois em meu monte, o alto monte de Yisra'el', diz *Adonai Elohim*, 'toda a casa
de Yisra'el, todos eles, me servirão na terra. Eu os receberei ali, e ali vou requerer
suas contribuições, o melhor de suas ofertas e todas as suas coisas consagradas.
41 Eu os aceitarei com seus incensos aromáticos quando os trouxer dentre os povos
e os ajuntar dentre as nações para onde vocês foram espalhados; e por meio de
vocês manifestarei minha santidade aos olhos das nações.

42 " 'Vocês saberão que eu sou *Adonai* quando os trouxer para a terra de Yisra'el,
para dentro do país que jurei, com a mão levantada, dar a seus antepassados.
43 Assim, vocês se lembrarão de seu comportamento e de todas as coisas que fize-
ram com as quais se corromperam e passarão a odiar a si mesmos por todos os
males que cometeram. 44 Vocês saberão que eu sou *Adonai* quando lidar com vocês
de forma que preserve meu nome, e não segundo seus maus caminhos e ações
corruptas, casa de Yisra'el', diz *Adonai Elohim*".

21 1(20.45) Veio a mim a palavra de *Adonai*: 2(20.46) "Ser humano, volte seu rosto
para o sul, pregue para o sul e profetize contra a terra do Negev; 3(20.47) diga
à floresta do Negev o seguinte: 'Ouça a palavra de *Adonai*. *Adonai Elohim* diz: "Eu
acenderei um fogo em você; ele vai devorar todas as suas árvores, tanto as verdes
quanto as secas; uma chama forte que ninguém pode apagar, a qual incendiará
todos os rostos do Negev até o norte. 4(20.48) Todos verão que eu, *Adonai*, o acendi,
e ele não será apagado" ' ". 5(20.49) Eu disse: "Ah, *Adonai Elohim*! Eles reclamam que
eu falo apenas em parábolas".

6(1) Veio a mim a palavra de *Adonai*: 7(2) "Ser humano, volte seu rosto em dire-
ção a Yerushalayim, pregue ao santuário e profetize à terra de Yisra'el; 8(3) diga
à terra de Yisra'el que *Adonai Elohim* diz o seguinte: 'Eu estou contra você. Vou
desembainhar minha espada e eliminarei de seu meio o justo e o ímpio. 9(4) Uma vez
que vou banir de seu meio os que cometem maldade e os que cometem bondade,

minha espada também sairá da bainha contra todos, desde o Negev até o norte.
10(5) Todos os que vivem saberão que eu, *Adonai*, desembainhei minha espada; ela
não será guardada novamente.

11(6) "Todavia, ser humano, suspire! Solte gemidos amargos, como se seu coração
estivesse despedaçando, conforme eles assistem. 12(7) Então quando eles pergunta-
rem 'Por que você está gemendo?', você responderá: 'Por causa das novas. Quando
elas chegarem, todos os corações se derreterão, todas as mãos se tornarão frouxas,
todo espírito desmaiará e todos os joelhos se tornarão em água; aqui, está chegan-
do, está prestes a acontecer', diz *Adonai Elohim*".

13(8) Veio a mim a palavra de *Adonai*: 14(9) "Ser humano, profetize. Diga que *Adonai*
Elohim diz o seguinte:

'Uma espada, uma espada foi polida e afiada,
15(10) afiada a fim de matar e matar,
polida para brilhar como um relâmpago.
Contudo, como podemos celebrar isso?
Meu filho rejeita o castigo
e toda e qualquer vara.
16(11) A espada foi dada para ser polida,
de maneira que ela pudesse ser empunhada;
ela foi afiada e polida
para ser posta nas mãos do matador'.

17(12) "Grite e lamente, ser humano, porque isso tudo virá sobre meu povo, sobre os
líderes de Yisra'el — eles serão vítimas de uma espada juntamente com meu povo.
Bata em sua coxa de remorso! 18(13) Pois uma provação está por vir, e o que aconte-
cerá se ele rejeitar a correção? Ele deixará de existir", diz *Adonai Elohim*.

19(14) "Por isso, ser humano, enquanto estiver profetizando, bata palmas. Assim,
a espada golpeará duas vezes, três vezes, a espada que vindima; a espada da gran-
de matança, indo por todas as direções. 20(15) Assim, seu coração se derreterá, e mui-
tos cairão e desfalecerão; eu preparei a espada para todos diante de seus portões.
Veja como ela brilha, brilha para a matança!

21(16) "Ó espada!
Golpeie para a direita; destrua para a esquerda,
seja lá para onde sua lâmina apontar!
22(17) Eu também baterei palmas
e porei termo à minha fúria.

Eu, *Adonai* falei".

23(18) Veio a mim a palavra de *Adonai*: 24(19) "Agora, ser humano, designe dois ca-
minhos para que a espada do rei de Bavel siga, ambos partindo do mesmo país.
Coloque um sinal no início da estrada que leva à cidade. 25(20) Faça uma estrada, de
maneira que a espada possa ir até Rabbah, do povo de 'Amon, e outra para Y'hudah,
na fortificada Yerushalayim. 26(21) Pois o rei de Bavel ficará parado na bifurcação da
estrada, onde elas se separam, usando de adivinhações — ele está preparando as
flechas, consultando deuses de sua terra, examinando o fígado. 27(22) Em sua mão
direita, está a flecha de Yerushalayim, a que estabelecerá a partida, dando ordens
para a matança, liberando o grito, preparando máquinas para derrubar os portões,
construindo rampas de cercos e erigindo torres de vigília. 28(23) Os habitantes acre-
ditarão que isso é uma adivinhação falsa por causa dos votos e mais votos que

fizeram [que seus falsos profetas fizeram, dizendo o contrário]. No entanto, isso vai fazer que [Deus] se lembre da culpa deles e assim se assegure de que ele será capturado.
29(24) "Por isso, aqui está o que *Adonai Elohim* diz: 'Porque vocês têm feito que sua culpa volte à lembrança, com seus pecados descobertos, e o pecado à vista em tudo quanto vocês fazem — porque têm sido lembrados, serão levados prisioneiros. 30(25)
Quanto a você, ímpio príncipe de Yisra'el, precisa ser morto, e seu dia está chegando, no tempo do castigo final. 31(26) Aqui está o que *Adonai* diz:

'Removam o turbante, retirem a coroa!
Tudo está mudando.
O humilde será exaltado,
e o exaltado será humilhado.
32(27) Ruína! Ruína!
Eu deixarei tudo isso em ruínas
como nunca esteve,
e ficará assim
até que um justo governante venha,
e eu entregue tudo a ele'.

33(28) "Você, ser humano, profetize! Diga que *Adonai Elohim* diz o seguinte sobre o povo de 'Amon e seus insultos:

'Uma espada, uma espada está desembainhada para a matança,
tão polida, que brilha como o relâmpago.
34(29) Enquanto eles [seus profetas] criam falsas visões para vocês,
enquanto fazem adivinhações mentirosas para vocês,
ela será posta no pescoço
dos ímpios que devem morrer,
cujo dia está chegando,
no tempo do castigo final.
35(30) Faça-a retornar à sua bainha!
Eu os julgarei no lugar
onde vocês foram criados
na terra de sua origem.
36(31) Eu derramarei minha fúria sobre vocês,
soprarei sobre vocês com o fogo de minha ira,
e os entregarei nas mãos de homens bárbaros
com muita prática de destruição.
37(32) Vocês serão combustível para o fogo
seu sangue fluirá pela terra
e vocês não serão mais lembrados;
pois eu, *Adonai*, é que estou falando' ".

22 1 Veio a mim a palavra de *Adonai*: 2 "Agora, ser humano, você está preparado
para julgar? Está preparado para julgar esta cidade ensopada de sangue?
Então faça-a perceber quão odiosas são suas práticas! 3 Diga-lhe que *Adonai Elohim*
é quem está falando: 'Ó cidade que derrama sangue dentro de si mesma, e dessa
forma adianta a própria desgraça, e que faz ídolos e corrompe a si mesma! 4 Você
é culpada por causa do sangue que tem derramado. Você se corrompeu com os
ídolos que tem feito. Você encurtou seus dias, completou seus anos. Assim, tenho

feito de você um objeto de escárnio para as nações e motivo de riso para todos os
povos. 5 Tanto os que estão próximos quanto os que estão distantes zombarão de
você, cuja fama está tão corrompida e em tão grande confusão.
6 "Os líderes de Yisra'el usam seu poder a fim de derramar sangue. 7 Em seu meio,
eles desprezam pai e mãe, oprimem os estrangeiros e maltratam órfãos e viúvas. 8
Você trata de minhas coisas santas com contendas e profana meus *shabbatot*. 9 Em
seu meio, o povo fica tramando até conseguir incitar o derramamento de sangue; em
seu meio estão aqueles que vão fazer oferendas nas montanhas; em seu meio, eles
cometem atos libertinos; 10 em seu meio, eles cometem incesto; em seu meio, eles in-
sistem em ter relação sexual com as mulheres durante sua impureza menstrual. 11 Em
seu meio, há quem cometa abominação com a mulher de seu vizinho; outro comete
atos de perversidade, corrompendo sua nora; e ainda outro corrompe sua irmã, a
própria filha de seu pai. 12 Em seu meio, pessoas aceitam propina para derramar san-
gue; você aceita ou faz empréstimos interesseiros; com ganância, você lucra de seus
vizinhos, extorquindo-os; e você se esqueceu de mim', diz *Adonai Elohim*.
13 "Por isso, estou batendo palmas por causa de seu lucro vil e o derramamento
de sangue em você. 14 Pode sua coragem durar muito, e sua força continuar durante
dias quando eu lidar com você? Eu, *Adonai*, é que estou falando tudo isso; e isso
eu farei. 15 Eu a espalharei entre os *goyim* e a dispersarei por entre as nações; por
isso, darei fim à sua perversidade, 16 e você causará a própria profanação à vista dos
goyim. Assim, você saberá que eu sou *Adonai*.
17 Veio a mim a palavra de *Adonai*: 18 "Ser humano, a casa de Yisra'el tornou-se
como restolho para mim; eles são como cobre, estanho, ferro e chumbo mistura-
dos na fornalha, os restolhos deixados pela prata. 19 Por isso, *Adonai Elohim* diz o
seguinte: 'Pelo fato de todos vocês se terem tornado em restolho, ajuntarei todos
vocês dentro de Yerushalayim. 20 Então assim como eles recolhem a prata, o cobre,
o ferro, o chumbo e o estanho em uma fornalha e ateiam fogo nela para derreter
tudo, da mesma forma ajuntarei todos vocês em minha fúria, atirarei vocês ali e
derreterei todos. 21 Sim, eu os ajuntarei e acenderei o fogo de minha ira, e vocês se-
rão exterminados. 22 Assim como a prata é derretida em uma fornalha, vocês serão
exterminados ali [em Yerushalayim]. Assim, saberão que sou eu, *Adonai*, que tenho
despejado minha fúria sobre vocês' ".
23 Veio a mim a palavra de *Adonai*: 24 "Ser humano, diga isto a esta terra: 'Você
é uma terra que não se purifica e sobre quem não cai a chuva no dia da ira. 25 Há
uma conspiração de profetas nela, como um leão rugindo quando estraçalha sua
presa. Eles devoraram o povo, tomaram as riquezas e os pertences e fizeram mui-
tas viúvas. 26 Seus *kohanim* violentaram minha *Torah*, profanaram minhas coisas
sagradas e não fizeram diferença entre o santo e o comum, não distinguindo entre
o impuro e o puro, escondendo seus olhos de meus *shabbatot*, e me profanando
no meio deles. 27 Seus líderes são como lobos comendo a presa, derramando seu
sangue e destruindo o povo, a fim de se beneficiar de forma injusta. 28 Seus profetas
emplastaram-se com cal, tendo falsas visões e adivinhando mentiras para eles, di-
zendo: "Eis o que diz *Adonai Elohim*", quando *Adonai* não tem falado nada. 29 O povo
da terra tem extorquido, roubado, enganado os pobres e necessitados e oprimido
os estrangeiros injustamente.
30 "Eu procurei entre eles por um homem que pudesse construir uma barricada
ou que se pusesse na brecha para se pôr diante de mim a favor desta terra, de ma-
neira que eu não a destruísse; mas não encontrei ninguém. 31 Por isso, derramarei
minha fúria sobre eles, consumindo-os com o fogo de minha ira, trazendo seus
caminhos sobre sua cabeça', diz *Adonai Elohim*".

23 1 Veio a mim a palavra de Adonai: 2 “Ser humano! Havia duas mulheres,
filhas da mesma mãe, 3 as quais eram prostitutas no Egito — ainda que bem
jovens, já eram prostitutas. Lá elas deixavam que seus seios fossem acariciados e
que os virgens bicos de seus seios fossem afagados. 4 Seus nomes eram Oholah, a
mais velha, e Oholivah, sua irmã. Elas me pertenciam, e deram à luz filhos e filhas.
Correspondente a seus nomes, Shomron é Oholah, e Yerushalayim é Oholivah.
5 “Ainda quando elas me pertenciam, Oholah prostituiu-se; ela se encheu de co-
biça por seus amantes em Ashur — guerreiros 6 se vestiram de azul, governadores,
reis, todos eles, jovens vistosos cavalgando em seus cavalos. 7 Ela se entregou como
uma prostituta a eles, a todos eles, a elite de Ashur, e se desvirtuou com todos os
ídolos daquele com quem se envolveu. 8 Ela não parou de se prostituir desde que
havia começado no Egito, onde os homens fizeram sexo com ela, acariciando seus
seios virgens e se encharcando em fornicação.
9 “Então eu a entreguei nas mãos de seus amantes, os homens de Ashur que
ela havia cobiçado. 10 Eles expuseram suas partes íntimas, capturaram seus filhos
e filhas e a levaram para ser morta à espada; de maneira que ela se tornou famosa
entre as mulheres pela sentença que foi executada sobre ela.
11 “Sua irmã, Oholivah, viu isso; todavia, ela era pior que a irmã em cobiça e se-
melhante a ela em prostituição. 12 Ela cobiçou os homens de Ashur, governadores e
reis, guerreiros vestidos em perfeição, cavaleiros qualificados, todos eles vistosos
e jovens. 13 Vi que ela se contaminou; as duas irmãs se rebaixaram da mesma forma.
14 Ela se prostituiu mais do que antes; porque ela viu figuras de homens em ver-
melho desenhadas nos muros, representando os kasdim, 15 com faixas envolvendo
sua cintura e turbantes esvoaçantes em sua cabeça, todos eles parecendo homens
de exército, uma imagem clara dos homens de Bavel, nascidos na terra do kasdim.
16 No momento em que ela os viu, cobiçou-os e enviou mensageiros a eles na terra
dos kasdim; 17 e os homens de Bavel subiram sobre ela na “cama do amor” e a conta-
minaram com sua lascívia. Ela foi contaminada por eles, e então sentiu repulsa por
eles. 18 Assim, ela expôs sua fornicação e suas partes íntimas. Quando isso aconte-
ceu, senti repulsa por ela, da mesma forma que havia sentido repulsa por sua irmã.
19 “Ainda assim, ela se manteve praticando prostituição, relembrando os dias em
que era jovem, quando fornicava na terra do Egito. 20 Sim, ela cobiçou seus amantes
em prostituição, cujos membros são como os dos jumentos e ejaculam como os
garanhões. 21 Você ansiou pela lascívia em sua juventude, quando os egípcios apal-
pavam os bicos de seus seios e os acariciavam.
22 “Por isso, Oholivah, aqui está o que *Adonai Elohim* diz: ‘Lançarei seus amantes
contra você, aqueles que fizeram que você sentisse repulsa, e os trarei contra você
de todos os lados — 23 os homens de Bavel e todos os kasdim, P'kod, Shoa e Koa,
e com eles todos os homens de Ashur, jovens vistosos, todos os governadores e
legisladores, comandantes e oficiais, todos a cavalo. 24 Eles vão avançar contra você
com charretes, carruagens e com um exército formado por muitos; vão investir
contra você por todos os lados com suas armaduras, escudos e capacetes. Eu darei
a eles a autoridade para julgar, e eles a julgarão como bem entenderem. 25 Vou dire-
cionar meu ciúme contra você, de maneira que eles vão lidar com você em fúria —
eles cortarão seu nariz e suas orelhas, e o que restar de você será morto à espada;
eles definharão seus filhos e filhas, e aqueles que sobrarem serão consumidos pelo
fogo. 26 Eles vão retirar suas roupas e levar suas joias valiosas. 27 Desse modo, porei
fim à sua lascívia e à sua fornicação trazidas da terra do Egito, de modo que você
não mais levantará seus olhos em direção a eles nem se lembrará mais do Egito’.

28 Pois isto é o que *Adonai Elohim* diz: Estou prestes a entregá-la àqueles a quem
você odeia, àqueles por quem sente repulsa. 29 Eles vão lidar com você em ódio,
levar tudo quanto conquistou com trabalho e deixar você exposta e nua — a com-
pleta vergonha de sua prostituição, lascívia e fornicação será exposta. 30 Essas coi-
sas serão feitas a você por causa de sua fornicação com os *goyim*, e porque se
corrompeu com seus ídolos. 31 Você foi mais baixa do que sua irmã; portanto, porei
o cálice dela em suas mãos'.

32 *Adonai Elohim* diz:
'Você beberá do cálice de sua irmã,
um cálice tão fundo e largo,
cheio até a borda
com desdém e menosprezo.
33 Eu a encherei com bebedeira e tristeza,
uma taça de horror e devastação —
a taça de sua irmã Shomron.
34 Você beberá e se afogará nele;
então beberá até a última gota
e rasgará os próprios seios!
Pois eu tenho falado isso',

diz *Adonai Elohim*.

35 "Por isso, eis o que *Adonai Elohim* diz: 'Porque você me esqueceu e virou as costas
para mim, você vai sentir o peso da culpa de sua lascívia e prostituição' ".

36 Então *Adonai* me disse: "Ser humano, você está pronto para julgar Oholah e
Oholivah? Então confronte-as com suas práticas odiosas. 37 Pois elas cometeram
adultério, e suas mãos estão manchadas de sangue. Elas cometeram adultério com
seus ídolos, e ofereceram seus filhos, os quais me haviam dado, a esses ídolos, para
serem comidos. 38 Além disso, elas têm feito isto para mim: contaminaram meu san-
tuário no mesmo dia e profanaram meus *shabbatot*. 39 Pois, depois de terem matado
seus filhos para seus ídolos, vieram no mesmo dia a meu santuário para profaná-lo;
isso foi o que elas fizeram em minha casa.

40 "Pior que isso, você enviou mensageiros para convidar homens para virem de
longe, e eles vieram. E para eles se lavou, pintou seus olhos, enfeitou-se com joias
41 e deitou em uma cama suntuosa, com uma mesa preparada diante dela, na qual
pôs meu incenso e meu óleo de oliva. 42 O barulho de uma multidão despreocupada
podia ser ouvido; muitos deles foram trazidos bêbados do deserto. Eles colocaram
braceletes em seus braços e coroas magníficas em sua cabeça. 43 Eu pensei: 'Aquela
mulher! Ela está envelhecida por tantos adultérios, mas eles continuam a fornicar
com ela! 44 Pois todos vêm a ela; como um homem vai a uma prostituta, assim eles
vão a Oholah e Oholivah, aquelas mulheres depravadas. 45 Todavia, há homens cor-
retos que as julgarão como adúlteras e assassinas; porque elas são adúlteras, e o
sangue está gotejando por suas mãos. 46 Pois aqui está o que *Adonai Elohim* diz:

'Façam uma assembleia para puni-las;
entreguem-nas ao terror e ao saque.
47 Deixem que a multidão as apedreje até a morte,
despachem-nas com suas espadas,
matem seus filhos e filhas
e queimem suas casas até as cinzas.

48 " 'Assim darei fim à perversão na terra, de maneira que toda mulher poderá ser ensinada a não imitar sua lascívia. 49 Vocês receberão o castigo que sua perversão merece, e pagarão a pena por suas idolatrias. Então saberão que eu sou *Adonai Elohim*' ".

24 1 Veio a mim palavra de *Adonai* no décimo dia do décimo mês, no ano nono: 2 "Ser humano, escreva a data de hoje, pois neste exato dia o rei de Bavel iniciou seu ataque a Yerushalayim. 3 E apresente esta alegoria a estes rebeldes; diga-lhes que *Adonai Elohim* é quem está falando:

'Coloque uma panela no fogo;
coloque-a ali e deite-lhe água.
4 Coloque nela pedaços de carne,
todos os melhores pedaços — o pernil, a espádua.
Encha-a com as partes escolhidas cortadas,
5 retiradas de pedaços do rebanho,
e empilhe os ossos debaixo dela.
Leve tudo isso para cozinhar,
até que esteja tudo cozido, até os ossos'.

6 "Por isso, *Adonai Elohim* diz:

'Ai da cidade encharcada de sangue,
pela panela na qual está uma crosta
e que não será removida.
Esvazie-a pedaço por pedaço,
sem que se escolha nenhum.
7 Pois seu sangue ainda está nela;
ela o derramou em uma rocha nua.
Ela não o derramou no chão,
para cobri-lo com o pó.
8 Assim, a fim de despejar minha fúria
e expor minha vingança,
pus seu sangue ali na rocha nua,
onde ele não será coberto'.

9 "Por isso, *Adonai Elohim* diz o seguinte:

'Ai da cidade encharcada com sangue;
eu mesmo farei uma pilha de lenha.
10 Empilhe a lenha e acenda o fogo,
cozinhe a carne e adicione tempero —
os ossos deverão apenas ser queimados.
11 Ponha a panela vazia sobre as brasas,
até seu fundo de cobre reluzir,
até que sua impureza se derreta dentro dela,
e sua crosta seja toda queimada.
12 Contudo, os esforços serão em vão;
suas camadas de sujeira não a deixarão;
nem mesmo no fogo, com sua crosta!
13 Por causa de sua sujeira lasciva,
e por você se recusar a ser purificada,

quando eu a quis purificar,
agora, pois, não será purificada de sua sujeira
até que eu tenha posto termo à minha fúria contra você.

14 " 'Eu, *Adonai*, falei isso, e isso acontecerá. Eu farei isso, não tornarei atrás; não
terei misericórdia nem piedade. Eles julgarão vocês conforme o merecimento de
seus caminhos e obras', diz *Adonai Elohim*".
15 Veio a mim a palavra de *Adonai*: 16 "Ser humano, com um simples sopro estou
prestes a privar você do privilégio de seus olhos. Todavia, não lamente, nem chore,
nem deixe suas lágrimas correrem em seu rosto. 17 Sofra em silêncio, não pranteie
pelos mortos, aperte seu turbante em sua cabeça, ponha as sandálias em seus pés,
não cubra seu rosto e não coma a comida que o povo prepara para as pranteadoras".
18 Falei ao povo na manhã, e naquela tarde minha esposa faleceu. Assim, na manhã
seguinte, fiz o que me foi ordenado. 19 O povo me perguntou: "Você não vai nos
falar sobre o que esses atos significam para nós?". 20 Eu lhes respondi: "Veio a mim
a palavra de *Adonai*, dizendo 21 que fale à casa de Yisra'el e diga que isto é o que
Adonai Elohim diz: "Estou prestes a profanar meu santuário, o orgulho da força de
vocês, o deleite de seus olhos e o desejo de seu coração. Seus filhos e filhas a quem
vocês abandonaram morrerão à espada. 22 No entanto, vocês farão como eu tenho
feito — não cobrirão seu rosto nem comerão a comida que o povo prepara para
as pranteadoras. 23 Ponham seu turbante na cabeça e suas sandálias nos pés; não
respeitem os dias de luto nem pranteiem. Em vez disso, por causa de seus crimes,
vocês se consumirão e gemerão uns diante dos outros. 24 Assim, Yechezk'el será um
sinal para vocês; vocês farão como ele fez. Quando isso acontecer, vocês saberão
que eu sou *Adonai Elohim*".
25 "Assim como você, ser humano, no dia em que eu retirar deles sua força, sua
alegria, o brilho de seus olhos e o desejo de seu coração, seus filhos e filhas —
26 no dia em que um fugitivo vier e lhe trouxer notícias, 27 naquele dia, sua boca será
aberta para que você fale ao sobrevivente e não mais se silencie. Dessa forma, você
será um sinal para eles, e eles saberão que eu sou *Adonai*" ' ".

25 1 Veio a mim a palavra de *Adonai*: 2 "Ser humano, volte seu rosto para o povo
de 'Amon e profetize contra ele; 3 diga ao povo de 'Amon: 'Ouçam a palavra
de *Adonai Elohim*. *Adonai Elohim* diz: "Porque vocês se regozijaram quando meu
santuário foi profanado, quando a terra de Yisra'el ficou desolada, e quando a
casa de Y'hudah foi para o exílio, 4 deixarei que o povo do leste tome posse de vo-
cês. Eles acamparão e construirão suas casas entre vocês; eles comerão os frutos
de vocês e beberão seu leite. 5 Eu transformarei Rabbah em um pasto de camelos,
e 'Amon, em um pátio de ovelhas. Então vocês saberão que eu sou *Adonai*". 6 Por-
que eis o que *Adonai Elohim* diz: "Já que vocês bateram palmas e bateram os pés,
cheios de maliciosa alegria por causa da terra de Yisra'el, 7 estenderei minha mão
contra vocês e os entregarei como despojo às nações; farei que vocês deixem de
ser um povo e uma nação; eu os destruirei. Então saberão que eu sou *Adonai*' ".
8 "*Adonai Elohim* diz: 'Porque Mo'av e Se'ir disseram: "A casa de Y'hudah é como
as outras nações", 9 eu deixarei exposto o flanco de Mo'av com todas as suas cida-
des — ou seja, as cidades em suas fronteiras, a glória da terra, Beit-Yeshimot, Ba'al-
-M'on e Kiryatayim — 10 junto com o povo de 'Amon, para o povo do leste, a quem
eu deixo que tome posse deles. Assim, o povo de 'Amon não será mais lembrado

como uma nação entre as nações, 11 e executarei julgamentos em Mo'av. Então eles
saberão que eu sou *Adonai*!'.

12 "*Adonai Elohim* diz: 'Porque Edom tomou severa vingança contra a casa
de Y'hudah, incorrendo em muita culpa por seus atos de vingança contra eles',
13 *Adonai Elohim* diz: 'Estenderei minha mão contra Edom e eliminarei tanto seus
homens como seus animais. Farei dele uma ruína; de Teman a D'an, eles morrerão
pela espada. 14 Além disso, me vingarei de Edom por meu povo, Yisra'el; eles tratarão
Edom de acordo com minha ira e minha fúria; e eles conhecerão minha vingança',
diz *Adonai Elohim*.

15 "*Adonai Elohim* diz: 'Porque os p'lishtim agiram com vingança, tomando vin-
gança e destruindo com malícia de coração por causa de seu perpétuo ódio',
16 *Adonai Elohim* diz: 'Estenderei minha mão contra os p'lishtim, eliminarei o k'reti
e destruirei o restante dos povos da costa. 17 Executarei grande vingança contra
eles com furiosos castigos; e eles saberão que eu sou *Adonai* quando me vingar
deles' ".

26 1 No primeiro dia do mês, no décimo primeiro ano, veio a mim a palavra
de *Adonai*: 2 "Ser humano, já que Tzor falou contra Yerushalayim:

'Ah! Ela está quebrada,
a porta dos povos.
Agora que ela está arruinada,
suas riquezas serão minhas',

3 *Adonai Elohim* diz:

'Olhe, Tzor! Eu sou contra você.
Assim como o mar agita suas ondas,
agitarei muitas nações contra você.
4 Elas destruirão os muros de Tzor
e demolirão suas torres.
Eu rasparei seu solo
e a reduzirei a uma rocha nua.
5 Tendo o mar em torno dela, ela será
um lugar para secar redes
e um despojo para as nações.
Eu falei', diz *Adonai Elohim*.
6 'Suas filhas que estão no continente
serão levadas à morte pela espada;
então saberão
que eu sou *Adonai*'.

7 "Eis o que *Adonai Elohim* diz: 'Trarei contra Tzor, do norte, N'vukhadretzar, rei
de Bavel, rei dos reis, com cavalos, carruagens, cavalaria e um grande e poderoso
exército.

8 " 'Suas filhas, no continente,
ele as levará à morte pela espada.
Ele construirá torres de cerco contra você,
construirá uma rampa contra você
e levantará uma parede de escudos contra você.

9 Ele atingirá seus muros com seus aríetes
e derrubará suas torres com seus machados.
10 Seus cavalos são tantos que o pó deles a cobrirá.
O trovão da cavalaria, os vagões e as carruagens
farão tremer seus muros, enquanto ele entra em seus portões,
como homens que atacam violentamente uma cidade pela brecha.
11 Com o casco de seus cavalos, ele pisará suas ruas.
Ele passará seu povo pela espada
e lançará ao chão suas resistentes colunas.
12 Eles confiscarão suas riquezas, saquearão suas mercadorias,
quebrarão seus muros, destruirão suas finas casas;
e então jogarão suas pedras e suas madeiras,
e até mesmo seu pó, no mar.
13 Darei fim a seus cânticos,
e o som de suas liras não mais será ouvido.
14 Eu a reduzirei a uma rocha nua,
e você será um lugar para secar redes.
Você nunca mais será reconstruída,
porque eu, *ADONAI*, falei', diz *Adonai ELOHIM*".

15 A Tzor, *Adonai ELOHIM* diz:

"Como será abalada a região costeira
ao som de sua queda,
quando os feridos gemerem,
quando o matador estiver em você!
16 Então todos os príncipes do mar
sairão de seus tronos;
eles deixarão de lado seus mantos
e se despirão de suas vestes bordadas.
Eles se vestirão de tremor;
sentarão no chão,
tremendo todo o tempo,
apavorados por sua condição.
17 Então eles levantarão este lamento por você:
" 'Como você foi destruída,
você que foi povoada com homens dos mares,
cidade de tanto renome, que era tão forte no mar;
você e seus habitantes, que costumavam espalhar terror
sobre todos os habitantes [do continente]!
18 Agora as regiões costeiras tremem
no dia de sua queda,
e as ilhas do mar
estão atônitas com seu fim'.

19 "Pois eis o que *Adonai ELOHIM* diz:

'Quando eu fizer de você uma cidade arruinada,
como outras cidades inabitadas;
quando eu trouxer o mar profundo sobre você,
e suas águas poderosas a cobrirem,

20 então farei você descer
com aqueles que descem à cova,
para o povo de antigamente,
e farei que você viva nos lugares do submundo
como aqueles que caíram há muito tempo,
com aqueles que descem à cova,
de modo que você ficará desabitada
quando eu der a glória à terra dos viventes.
21 Eu a tornarei horrenda,
e você deixará de existir.
As pessoas procurarão você, mas nunca mais a encontrarão',
diz *Adonai Elohim*".

27 1 Veio a mim a palavra de *Adonai:* 2 "Você, ser humano, levante um lamento
por Tzor; 3 diga a Tzor, localizada nos portões do mar, comércio para os
povos de muitas regiões costeiras, que *Adonai Elohim* diz:

'Tzor, você disse:
"Minha beleza é perfeita".
4 Suas fronteiras estão no coração do mar,
seus construtores aperfeiçoaram sua beleza.
5 Eles usaram troncos de cipreste de S'nir
para formar todas as suas pranchas.
Eles tomaram cedros do L'vanon
para fazer mastros para você.
6 Dos carvalhos de Bashan,
eles fizeram seus remos.
Seu assoalho, eles fizeram de marfim
revestido de mármore das costas de Kittim.
7 Linho do Egito ricamente tecido
foi usado para fazer sua vela, que também foi sua bandeira.
Azul e púrpura das costas de Elishah
foram usados para cobrir seus toldos.
8 O povo de Tzidon e de Arvad
serviram como seus remadores.
Seus especialistas, Tzor,
estavam ali como seus pilotos.
9 Os líderes e os artesãos de G'val
calafetaram as fendas entre suas tábuas.

" 'Todos os navios marítimos e sua tripulação
vinham a você para negociar suas mercadorias.
10 Homens de Paras, Lud e Put
estavam [como mercenários] em seu exército;
pendurando escudos e capacetes em você,
eles demonstravam seu esplendor.
11 Homens de Arvad e seu exército
estavam posicionados em volta de seus muros.
Os gamadim estavam em suas torres;
eles penduravam todos os seus escudos em torno de seus muros,
tornando perfeita sua beleza.

12 " 'Tarshish negociava com você por causa da quantidade e variedade de seus
recursos; eles trocavam prata, ferro, estanho e chumbo por seus bens. 13 A Grécia,
Tuval e Meshekh negociavam com você, trocando escravos e artigos de bronze por
suas mercadorias. 14 O povo de Togarmah negociava por suas mercadorias com
cavalos, cavaleiros e mulas. 15 Os homens de D'dan negociavam com você. Muitas
regiões costeiras eram seus clientes, dando a você dentes de marfim e ébano em
pagamento. 16 Aram negociava com você, porque você era tão rica; por seus bens,
eles trocavam turquesas, tecidos de púrpura, bordados, linho fino, corais e rubis.
17 Y'hudah e a terra de Yisra'el também negociavam com você, trocando por seus
bens, trigo de Minnit, confeitos, mel, óleo de oliva e resina para cura. 18 Porque você
estava tão rica, com tão grande variedade de mercadorias preciosas, Dammesek
negociava vinho de Helbon e lã branca com você. 19 V'dan e Yavan de Uzal negocia-
vam ferro ornamental, cássia e canas aromáticas em troca de seus bens. 20 D'dan
negociava com você por selas. 21 A Arábia e todos os príncipes de K'dar eram seus
clientes; por seus bens, eles negociavam cordeiros, carneiros e cabras. 22 Os nego-
ciantes de Sh'va e de Ra'mah trocavam temperos da melhor qualidade, todos os
tipos de pedras preciosas e ouro por seus bens. 23 Os mercadores de Haran, Kaneh
e 'Eden, que negociavam também com Sh'va, Ashur e Kilmad, 24 traziam para você,
em troca de seus bens, ricos vestidos, mantos feitos de material azul e bordados, e
caixas forradas de cedro cheias de roupas multicoloridas e amarradas com cordas.
25 Os navios de "Tarshish" transportavam suas importações e exportações.

" 'Assim, você estava cheia, carregada,
cercada pelo mar.
26 Seus remadores levavam você
por grandes mares.
O vento leste, porém, quebrará você,
cercada pelo mar.
27 Suas riquezas, seus bens, suas mercadorias,
sua tripulação, seus pilotos, seus calafetadores,
seus negociantes, todos os seus guerreiros que estão a bordo,
e todos os outros que estão no navio com você,
afundarão, rodeados pelo mar
no dia da destruição de seu navio.
28 Quando ouvirem os lamentos de seus pilotos,
as regiões costeiras dos continentes tremerão.
29 Os remadores, a tripulação e os pilotos
desembarcarão e ficarão na costa,
30 lamentando em alta voz seu destino,
chorando amargamente,
jogando terra em sua cabeça,
rolando nas cinzas,
31 raspando sua cabeça por você,
vestindo-se em panos de saco,
chorando por você com sincera amargura,
em amarga lamentação.
32 Gemendo, eles levantarão um lamento por você;
este será o lamento deles por você:

" ' "Quem, em qualquer lugar do mar,
já foi silenciado como Tzor?

33 Quando suas mercadorias saíam dos mares,
você satisfazia muitos povos;
com sua vasta riqueza e variedade de bens,
você enriquecia os reis da terra.
34 Agora, porém, você foi quebrada pelas ondas,
afundada nas profundezas das águas;
suas mercadorias e todo o seu povo
desceram com você.
35 Todos os que vivem ao longo da costa
estão espantados com você.
Seus reis estão terrivelmente amedrontados;
eles têm seu rosto desfigurado.
36 Os comerciantes entre os povos
estão ofegantes com seu destino.
Você é um objeto de terror,
e deixará de existir" ' ".

28 1 Veio a mim a palavra de *Adonai:* 2 "Ser humano, diga ao príncipe de Tzor
que *Adonai Elohim* diz:

'Porque você é tão arrogante
e porque disse: "Eu sou um deus;
eu me assento no trono de Deus,
cercado pelo mar";
todavia, você é um homem, não Deus,
ainda que pense que é como Deus.
3 De fato, você é mais sábio que Dani'el!
Nenhum segredo pode ser escondido de você!
4 Por sua sabedoria e discernimento,
você adquiriu riquezas
e acumulou ouro e prata
a seus tesouros.
5 Por sua grande perícia em negociar,
você aumentou suas riquezas,
e, por causa de sua riqueza,
você se tornou tão arrogante.

6 "Portanto, *Adonai Elohim* diz:
'Porque você pensa que é como Deus,
7 trarei estrangeiros contra você,
os mais bárbaros das nações,
para desembainharem suas espadas contra sua bela sabedoria
e corromper seu esplendor.
8 Eles o irão rebaixar até a cova, morto
com morte violenta, cercado pelo mar.
9 Será que você ainda dirá: "Eu sou Deus"
àqueles que estão prestes a matá-lo?
Você é um homem, não é Deus,
nas mãos daqueles que o violam.
10 Você morrerá a morte dos incircuncisos

nas mãos de estrangeiros.
Pois eu falei',
diz *Adonai Elohim*".

11 Veio a mim a palavra de *Adonai:* 12 "Ser humano, levante um lamento pelo rei de
Tzor e diga a ele que *Adonai Elohim* diz:

'Você pôs o selo sobre a perfeição;
era cheio de sabedoria e perfeito em beleza.
13 Estava no 'Eden, o jardim de Deus,
coberto com todos os tipos de pedras preciosas —
sárdio, topázio, diamante,
berilo, ônix, jaspe,
safira, carbúnculo, esmeralda;
seus pendentes e joias eram feitos de ouro,
preparados no dia em que você foi criado.
14 Você era um *keruv*, que protegia uma grande região;
coloquei-o no santo monte de Deus.
Você ia e vinha
entre pedras de fogo.
15 Era perfeito em seus caminhos
desde o dia em que foi criado
até que a injustiça
foi encontrada em você.

16 " 'Quando seu comércio cresceu,
você se tornou cheio de violência,
e, dessa forma, pecou.
Portanto, eu o lancei para fora, desonrado,
da montanha de Deus.
Eu o destruí, *keruv* protetor,
dentre as pedras de fogo.
17 Seu coração ficou orgulhoso por causa de sua beleza,
e você corrompeu sua sabedoria por causa de seu esplendor.
Contudo, eu o lancei ao chão;
fiz de você um espetáculo diante dos reis.
18 Por causa de seus muitos crimes no comércio desonesto,
você profanou seus santuários.
Portanto, fiz sair de você um fogo
que o devorou;
eu o reduzi a cinzas no chão
à vista de todos os que o podiam ver.
19 Todos os que o conhecem entre os povos
ficarão espantados com você.
Você é um objeto de terror
e não existirá mais' ".

20 Veio a mim a palavra de *Adonai:* 21 "Ser humano, volte seu rosto para Tzidon e
profetize contra ela. 22 Diga que *Adonai Elohim* diz:

'Sou contra você, Tzidon;
mas serei glorificado em você.
Eles saberão que eu sou *Adonai*,

quando executar julgamentos
e demonstrar minha santidade nela.
23 Porque a ela enviarei pragas,
e o sangue fluirá de suas ruas.
Ela será atacada de todos os lados pela espada,
e os feridos cairão.
Então saberão que eu sou *Adonai*.

24 " 'A casa de Yisra'el não mais terá uma roseira brava espetando-a, nunca mais ne-
nhum de seus vizinhos, que a desprezam, será um espinho que a apunhale. Então
saberão que eu sou *Adonai Elohim*'.
25 "*Adonai Elohim* diz: 'Uma vez que eu tenha congregado a casa de Yisra'el dos
povos entre os quais eles estão espalhados, uma vez que eu tenha mostrado minha
santidade neles como o verão os *goyim*, eles viverão em sua própria terra, que dei
a meu servo Ya'akov. 26 Eles terão segurança quando viverem ali, edificando casas
e plantando vinhas; sim, viverão em segurança, uma vez que eu tenha executado
julgamentos contra todos os seus vizinhos que os desprezam. Então saberão que
eu sou *Adonai*, seu Deus' ".

29 1 No décimo segundo dia do décimo mês do décimo segundo ano, veio a mim
a palavra de *Adonai*: 2 "Ser humano, volte seu rosto contra o faraó, rei do Egito.
Profetize contra ele e todo o Egito. 3 Fale e diga que *Adonai Elohim* diz:

'Eu sou contra você,
faraó, rei do Egito,
o grande crocodilo
deitado nos ribeiros do Nilo!
Você diz: "O Nilo é meu;
eu o fiz para mim mesmo".
4 Contudo, porei ganchos em seu queixo
e farei os peixes do Nilo aderirem às suas escamas.
Sim, eu o puxarei para fora de seu Nilo,
com todos os peixes de seu Nilo grudados em suas escamas,
5 e o deixarei no deserto,
você e todos os peixes de seu Nilo.
Você cairá em campo aberto
e não será recolhido nem sepultado,
mas o darei como alimento
aos animais selvagens e às aves.
6 Então todos os que vivem no Egito
saberão que eu sou *Adonai*,
pois eles têm sido um suporte feito de palha
para a casa de Yisra'el.
7 Quando eles o pegaram na mão, você rachou,
e eles forçaram seus ombros para fora da juntura;
quando eles se apoiaram em você, você quebrou
e fez que todos quebrassem suas costas'.

8 "Portanto, *Adonai Elohim* diz: 'Trarei a espada contra você e eliminarei tanto seu
povo quanto seus animais. 9 A terra do Egito se tornará um lugar desolado, e eles sa-
berão que eu sou *Adonai*; porque ele disse: "O Nilo é meu; eu o fiz". 10 Portanto, sou

contra você e seu Nilo e farei da terra do Egito uma desolação total, desde Migdol
até S'venah, por todo o caminho até a fronteira com a Etiópia. 11 Nenhum pé huma-
no passará por ele, e nenhum pé animal passará por ele; ele ficará desabitado por
quarenta anos. 12 Sim, farei a terra do Egito ficar desolada, mesmo quando compa-
rada a outros países desolados, da mesma forma que suas cidades em comparação
a outras cidades arruinadas; elas ficarão desoladas por quarenta anos. Espalharei
os egípcios entre as nações e os dispersarei pelas nações'.
13 "Pois eis o que *Adonai Elohim* diz: 'Ao final de quarenta anos, reunirei os egíp-
cios dos povos onde eles estão espalhados — 14 restaurarei a sorte do Egito e os
farei retornar à terra de sua origem, Patros. Eles, porém, eles serão ali um reino
humilde, 15 o mais humilde dos reinos. Nunca mais dominarão outras nações; eu os
reduzirei, de modo que nunca mais governarão outras nações. 16 Além disso, não
mais serão uma fonte de confiança para Yisra'el, de forma que Yisra'el se volte para
eles; antes, somente trarão na mente sua culpa por ter feito Yisra'el voltar-se para
eles no passado. Então saberão que eu sou *Adonai Elohim*' ".
17 No primeiro dia do primeiro mês do vigésimo sétimo ano, veio a mim a pa-
lavra de *Adonai*: 18 "Ser humano, N'vukhadretzar, rei de Bavel, levou seu exército
para uma dura expedição contra Tzor; [a carga de sujeira que eles carregaram] fez
cada cabeça calva e cada ombro esfolado; todavia, nem ele nem seu exército tive-
ram qualquer benefício de Tzor e de sua expedição contra ela. 19 Portanto, *Adonai
Elohim* diz: 'Darei a terra do Egito a N'vukhadretzar, rei de Bavel. Ele carregará suas
riquezas, tomará seu espólio e sua pilhagem; e este será o salário para seu exército.
20 Dou a ele a terra do Egito como seu salário, pelo qual ele trabalhou, porque eles
trabalharam para mim', diz *Adonai Elohim*. 21 'Quando aquele dia chegar, farei o
poder voltar à casa de Yisra'el e habilitarei você [Yechezk'el] a abrir sua boca entre
eles. Então saberão que eu sou *Adonai*' ".

30 1 Veio a mim a palavra de *Adonai*: 2 "Ser humano, profetize; diga que *Adonai
Elohim* diz:

'Clamem: "Oh, não! É hoje!"
3 Pois o dia está próximo,
o dia de *Adonai*, um dia de nuvens,
o tempo dos *goyim*.
4 A espada virá contra o Egito,
e a Etiópia ficará angustiada,
quando os mortos caírem no Egito,
quando levarem suas riquezas,
e seus alicerces forem quebrados.
5 Etiópia, Put e Lud,
todo o povo misto e Kuv,
e o povo das terras aliadas
morrerão pela espada com o Egito'.

6 "*Adonai* diz o seguinte:

'Os que apoiam o Egito cairão.
Seu poder arrogante será quebrado;
desde Migdol até S'venah, morrerão pela espada',
diz *Adonai Elohim*.

7 "Ficarão desolados, mesmo quando comparados a outras nações desoladas, da
mesma forma que suas cidades em comparação a outras cidades arruinadas. 8 Sabe-
rão que eu sou *Adonai* quando eu atear fogo Egito, e forem destruídos aqueles que o
apoiam. 9 Quando aquele dia chegar, enviarei mensageiros em navios para apavorar
os etíopes que se sentem seguros; e a angústia os cobrirá no dia do Egito. Sim, eis
que esse dia vem!
10 "*Adonai Elohim* diz:

'Destruirei as hordas do Egito
por intermédio de N'vukhadretzar, rei de Bavel.
11 Ele e seu povo, os mais bárbaros das nações,
serão levados para devastar a terra.
Desembainharão suas espadas contra o Egito
e encherão a terra de cadáveres.
12 Secarei os ribeiros no Nilo
e venderei a terra aos ímpios.
Pelo poder dos estrangeiros, desolarei a terra
e tudo o que há nela.
Eu, *Adonai*, falei'.

13 "Eis o que *Adonai Elohim* diz:

'Destruirei os ídolos
e farei que os falsos deuses de Nof deixem de existir.
Não mais haverá príncipe que venha da terra do Egito;
espalharei medo na terra do Egito,
14 desolarei Patros, atearei fogo em Tzo'an,
executarei julgamentos em No,
15 derramarei minha fúria em Seen, a fortaleza do Egito,
e destruirei as hordas de No.
16 Sim, atearei fogo ao Egito.
Seen se contorcerá em angústia;
ninguém será deixado de lado.
Os inimigos atacarão Nof em pleno dia.
17 Os jovens de On e Pi-Veset
morrerão pela espada,
enquanto as próprias cidades
irão para o cativeiro.
18 Em T'chafn'ches, o dia escurecerá
quando eu quebrar os jugos do Egito ali,
e o orgulho que ela tem de seu poder acabará.
Uma nuvem irá cobri-la,
e as filhas dela irão para o cativeiro.
19 Assim executarei julgamentos no Egito.
Então saberão que eu sou *Adonai*' ".

20 No sétimo dia do primeiro mês do décimo primeiro ano, veio a mim a palavra de
Adonai: 21 "Ser humano, quebrei o braço do faraó, rei do Egito, e ele não foi ligado
com ataduras e bandagens, de forma que pudesse ser curado e voltar a ser forte o
suficiente para brandir a espada novamente. 22 Portanto, *Adonai Elohim* diz o seguin-
te: 'Eu sou contra o faraó, rei do Egito. Quebrarei seus braços, tanto o sadio quanto

o que já foi quebrado, e farei cair de sua mão a espada. 23 Espalharei os egípcios
entre as nações e os dispersarei por todos os países. 24 Fortalecerei os braços do rei
de Bavel e porei minha espada em sua mão, mas quebrarei os braços do faraó; ele
gemerá como um homem mortalmente ferido. 25 Sim, segurarei os braços do rei de
Bavel, mas os braços do faraó desfalecerão. Eles saberão que eu sou *Adonai* quando
puser minha espada na mão do rei de Bavel e ele a estender sobre a terra do Egito.
26 Sim, espalharei os egípcios entre as nações e os dispersarei por todos os países;
e saberão que eu sou *Adonai*' ".

31 1 No primeiro dia do terceiro mês do décimo primeiro ano, veio a mim a pa-
lavra de *Adonai*: 2 "Ser humano, diga ao faraó, rei do Egito, e às suas hordas:

'Quem é como você em grandeza?
3 Como Ashur, um cedro do L'vanon.
Ela tinha belos ramos, densa folhagem
e alta coroa, cercada por ramos copados.
4 A água a nutria, as profundezas a fizeram crescer,
enviando seus rios ao lugar onde ela fora plantada,
enviando seus ribeiros a todas as árvores dos campos.
5 Assim, ela ficou mais alta que as outras árvores,
seus ramos cresceram em número e se espalharam pela amplidão,
porque havia abundância de água para fazê-la crescer.
6 Em seus galhos, todas as aves do céu faziam ninhos;
sob seus ramos, todos os animais selvagens davam à luz suas crias;
e todas as grandes nações viviam à sua sombra.
7 Ela era bela em sua grandeza na largura de seus ramos,
porque suas raízes desciam até a abundância de água.
8 Nenhum cedro do jardim de Deus era como ela,
nenhum cipreste podia comparar-se a seus galhos,
nenhuma castanheira podia rivalizar com seus ramos,
nenhuma árvore do jardim de Deus podia competir com sua beleza.
9 Eu a fiz belíssima, com seus muitos ramos;
todas as árvores do 'Eden, o jardim de Deus, a invejavam'.

10 "Portanto, eis o que *Adonai Elohim* diz: 'Porque você é tão alto, porque elevou sua
coroa acima dos galhos copados, porque ficou tão orgulhoso de sua altura, 11 eu
o entrego às mais poderosas entre as nações, as quais, certamente, o tratarão de
acordo com o que merece sua impiedade; eu o rejeitei. 12 Os estrangeiros, os mais
bárbaros das nações, o destruirão e o deixarão caído no lugar onde ele está. Seus
ramos cairão nas montanhas e nos vales, seus galhos serão quebrados em todos
os rios da terra, e todos os povos da terra se retirarão de sua sombra e o abando-
narão. 13 Todos os pássaros se instalarão em seu tronco caído, e todos os animais
selvagens ficarão em seus galhos. 14 Este será o aviso a todas as árvores que crescem
próximas à água, para que não cresçam tanto, nem elevem sua coroa acima dos
galhos copados, e a todas as que absorvem água, que não alcancem sua altura.

Porque todas elas foram entregues à morte,
às profundezas do abismo,
juntamente com os seres humanos,
com aqueles que descem à cova'.

15 "Eis o que *Adonai Elohim* diz:

'No dia em que ele desceu ao *sh'ol,*
fiz o abismo lamentar
e cobrir-se por ele;
contive seus rios,
de modo que as águas profundas ficaram paradas.
Fiz o L'vanon lamentar por ele,
e todas as árvores do campo murcharem por causa dele.
16 Ao som de sua queda,
fiz as nações agitar-se,
quando o lancei no *sh'ol*
com aqueles que descem à cova.
Todas as árvores do 'Eden,
as mais escolhidas do L'vanon,
tudo o que absorve água,
foi consolado no submundo.
17 Desceram com ele ao *sh'ol*
para aqueles que morreram pela espada,
para aqueles que eram seu braço de luta,
aqueles entre as nações que viviam à sua sombra.
18 A qual das árvores do 'Eden
você se comparava em glória e tamanho?
Todavia, será derrubado até o abismo,
juntamente com as árvores do 'Eden.
Você ficará ali, entre os incircuncisos,
com aqueles que foram mortos pela espada.
Este é o faraó e suas hordas',

diz *Adonai Elohim*".

32 1 No primeiro dia do décimo segundo mês do décimo segundo ano, veio a
mim a palavra de *Adonai:* 2 "Ser humano, levante um lamento por faraó, rei
do Egito; diga a ele:

'Você se compara a um leão entre as nações;
de fato, é mais como um crocodilo nos lagos.
Estrondeia seus ribeiros,
agita as águas com seus pés e
suja seus ribeiros'.

3 "Então eis o que *Adonai Elohim* diz:

'Com muitas nações reunidas,
lançarei minha rede sobre você,
e elas o arrastarão em minha rede.
4 Então o lançarei na costa,
jogarei você em campo aberto,
farei todas as aves do céu abrigar-se em você
e deixarei que os animais de toda a terra comam de você o alimento.
5 Deixarei sua carne nas montanhas
e encherei os vales com sua carcaça apodrecida.

6 Encharcarei a terra na qual você nada
com seu sangue, até as montanhas;
as vias fluviais ficarão cheias de sua carne.
7 Quando eu o extinguir, cobrirei o céu
e farei negras suas estrelas;
cobrirei o sol com uma nuvem,
e a lua não dará sua luz.
8 Todas as luzes brilhantes do céu,
escurecerei sobre você;
espalharei a escuridão sobre sua terra,
diz *Adonai Elohim*.

9 " 'Enfurecerei muitos povos
quando levar seus destruídos
que estão entre as nações,
aos territórios que você não conheceu.
10 Farei muitos povos ficarem espantados com você;
seus reis estremecerão de horror por você
quando eu brandir minha espada diante deles.
No dia de sua queda,
eles tremerão sem parar,
cada homem temendo por sua vida'.

11 "Porque *Adonai Elohim* diz isto:

'A espada do rei de Bavel
virá contra você.
12 Com as espadas dos guerreiros,
farei que suas hordas caiam.
eles são os mais bárbaros das nações
e despedaçarão a glória do Egito —
todas as suas hordas serão destruídas.
13 Destruirei todo o seu gado
ao lado de suas águas abundantes.
Nenhum pé humano as agitará novamente,
nem o casco de algum animal.
14 Então tornarei suas águas claras
e farei seus ribeiros fluir como óleo', diz *Adonai Elohim*.
15 'Quando eu tornar a terra do Egito uma ruína devastada,
uma terra subtraída de tudo o que a preenchia;
quando eu quebrar todos aqueles que vivem nela,
saberão que eu sou *Adonai*.
16 Este é o lamento que eles levantarão;
as filhas das nações o usarão para lamentar;
elas o cantarão para o Egito e todas as suas hordas',
diz *Adonai Elohim*".

17 No décimo quinto dia do mês, no décimo segundo ano, veio a mim a palavra de
Adonai:

18 "Ser humano, lamente pelas hordas do Egito;
mande-as, juntamente com as filhas das nações poderosas

ao submundo,
junto com aqueles que descem à cova.
19 Será que você é mais belo que os outros?
Desça, deite-se com os incircuncisos mortos!
20 Eles cairão entre os que morreram pela espada;
serão entregues à espada; leve-a com suas hordas.
21 Das profundezas do *sh'ol,* os mais poderosos guerreiros
falarão dela com aqueles que os ajudavam.
Eles desceram, estão deitados,
os incircuncisos, mortos pela espada.

22 "Ashur está lá com suas hordas;
suas sepulturas estão ao redor deles,
todos eles mortos, mortos pela espada.
23 Suas sepulturas estão nas partes mais profundas da cova,
suas hordas estão em sua sepultura,
todos eles mortos, mortos pela espada,
aqueles que aterrorizavam a terra dos viventes.
24 "'Eilam está lá, com suas hordas ao redor de sua sepultura,
todos eles mortos, mortos pela espada.
Desceram incircuncisos ao submundo
aqueles que aterrorizavam a terra dos viventes;
eles levam sua vergonha junto com os
que desceram à cova.
25 A ela e às suas hordas, foi dada uma cama entre os mortos;
suas sepulturas estão ao redor deles,
todos incircuncisos, mortos pela espada,
porque aterrorizaram a terra dos viventes;
eles levam sua vergonha com aqueles que desceram à cova;
são postos entre aqueles que foram levados à morte.

26 "Meshekh e Tuval com suas hordas estão lá;
suas sepulturas estão ao redor deles,
todos eles incircuncisos, mortos pela espada,
porque aterrorizavam a terra dos viventes.
27 Não jazem com os guerreiros caídos
os incircuncisos que desceram ao *sh'ol*
com suas armas de guerra;
suas espadas estão sob sua cabeça,
e seus crimes, em seus ossos;
porque esses guerreiros aterrorizaram a terra dos viventes.
28 Mas você ficará quebrado entre os incircuncisos,
com aqueles que foram mortos pela espada.

29 "Lá está Edom, seus reis e todos os seus príncipes,
os quais, a despeito de todo o seu poder, jazem com aqueles
que foram mortos pela espada, com os incircuncisos,
com aqueles que desceram à cova.
30 "Lá estão todos os príncipes do norte, todos eles,
e os tzidonim, que desceram com os mortos,
envergonhados por todo o terror que causaram por seu poder;

jazem incircuncisos com aqueles que morreram pela espada,
levando sua vergonha com aqueles que desceram à cova.
31 "A todos estes, o faraó verá,
e será consolado quanto às suas hordas,
o faraó e todo o seu exército, mortos pela espada",
diz *Adonai Elohim*.
32 "Porque espalhei meu terror na terra dos viventes,
e ele jazerá entre os incircuncisos,
com aqueles que morreram pela espada,
o faraó e todas as suas hordas",

diz *Adonai Elohim*".

33 [1] Veio a mim a palavra de *Adonai*: [2] "Ser humano, fale a seu povo; diga a eles:
'Suponham que eu traga a espada a uma nação e que o povo dessa nação
tome um de seus homens e o escolha como vigia. [3] Agora se, ao ver a espada vindo
contra aquela nação, ele soprar o *shofar* e alertar o povo; [4] e se, então, a espada vier
e levar alguém que ouviu o som do *shofar*, mas não deu atenção a ele, a responsa-
bilidade pela morte daquela pessoa será dela própria — [5] ela ouviu o *shofar*, porém
não deu atenção. Assim, a responsabilidade por sua morte é sua própria, uma vez
que, se tivesse dado atenção, teria salvado sua vida. [6] No entanto, se o vigia vir a
espada chegando e não soprar o *shofar*, de modo que o povo não seja alertado e,
então, se a espada vier e levar algum deles, tal homem é, na verdade, levado em sua
culpa, porém requererei do vigia a responsabilidade por sua morte'.

[7] "Da mesma forma, você, ser humano — eu o escolhi como vigia para a casa
de Yisra'el. Portanto, quando ouvir a palavra de minha boca, alerte-os por mim.
[8] Quando eu disser ao ímpio: 'Você certamente morrerá', e você falhar em falar e de
deixar seu caminho, então aquele ímpio morrerá culpado; e eu considerarei você
responsável pela morte dele. [9] Por outro lado, se você alertar o ímpio de abandonar
seu caminho, e ele não o fizer, então ele ainda morrerá culpado; você, porém, terá
salvado sua própria vida.

[10] "Portanto, você, ser humano, diga à casa de Yisra'el: 'Vocês dizem: "Nossos
crimes e pecados pesam sobre nós; choramos por causa deles. Como poderemos
permanecer vivos?' " [11] Diga a eles: 'Como eu vivo', jura *Adonai Elohim*, 'não tenho
prazer em fazer morrer o ímpio, mas em fazê-lo afastar-se de seu caminho e viver.
Então arrependam-se! Afastem-se de seus caminhos maus! Pois por que vocês mor-
reriam, casa de Yisra'el?'

[12] "Em seguida, você, ser humano, diga a seu povo: 'A justiça do justo não o
salvará se ele começar a cometer crimes; e, da mesma forma, a impiedade do
ímpio não o levará à queda se ele se afastar de sua impiedade. Não, o justo não
poderá viver pela virtude [de sua justiça anterior] se começar a pecar. [13] Então se,
depois que eu disser ao justo que ele certamente viverá, ele começar a confiar em
sua própria justiça [anterior] e começar a cometer crimes, nenhuma de suas ações
justas [anteriores] será lembrada; pelo contrário, ele morrerá pelos atos maus
que cometeu. [14] Do mesmo modo, se, depois que eu disser ao ímpio: "Você deve
morrer", ele se afastar de seu pecado e fizer o que é legal e justo, [15] se o ímpio
devolver a propriedade penhorada e retornar o que roubou, de modo que viva
pelas leis que dão vida e não cometa atos maus, então ele viverá, não morrerá.
[16] Nenhum dos pecados que cometeu será lembrado contra ele. Ele fez o que é
legal e correto; certamente viverá'.

17 "Agora seu povo diz: 'O caminho de *Adonai* não é justo!'. No entanto, é o caminho deles que não é justo! 18 Quando o justo se afasta de sua injustiça e comete impiedades, morrerá por causa delas. 19 E, quando o ímpio se afastar de sua impiedade e fizer o que é justo e correto, viverá por causa dessas coisas. 20 Entretanto, vocês dizem: 'O caminho de *Adonai* não é justo!'. Casa de Yisra'el, julgarei cada um de vocês de acordo com seu caminho".

21 No décimo segundo ano de nosso exílio, no quinto dia do décimo mês, veio a mim um fugitivo de Yerushalayim com a notícia: "A cidade foi derrotada". 22 Ora, a mão de *Adonai* tinha estado sobre mim naquela tarde, antes que o fugitivo chegasse — ele tinha aberto minha boca antes de sua chegada a mim, pela manhã; assim, minha boca foi aberta, e não fiquei mais mudo. 23 Então veio a mim a palavra de *Adonai*: 24 "Ser humano, aqueles que vivem nas partes desoladas da terra de Yisra'el estão dizendo: 'Avraham era um só e herdou a terra. Nós, porém, somos muitos, assim [tanto mais] é a terra dada em herança a nós!'. 25 Portanto, diga-lhes que *Adonai Elohim* diz: 'Vocês comem [carne] com sangue, vocês erguem os olhos aos ídolos e derramam sangue — e ainda esperam possuir a terra? 26 Vocês dependem de suas espadas, cometem práticas odiosas e cada um de vocês desonra a esposa de seu vizinho — e ainda esperam possuir a terra?' 27 Diga-lhes que *Adonai Elohim* jura: 'Como eu vivo, aqueles que vivem nas ruínas cairão pela espada, aqueles que estão no campo darei como alimento aos animais selvagens e aqueles que estão nas fortalezas e nas cavernas morrerão pela praga. 28 Além disso, desolarei completamente a terra; ela deixará de ter orgulho em seu poder; e as montanhas de Yisra'el ficarão tão desoladas que ninguém passará por elas'. 29 Então saberão que eu sou *Adonai*, quando eu tiver tornado a terra uma completa desolação, por causa de todas as práticas odiosas ali cometidas.

30 "Quanto a você, ser humano, seu povo se congrega e fala de você próximo aos muros e nas entradas das portas das casas. Eles falam cada um a seu irmão: 'Venham, ouçamos a última palavra vinda de *Adonai*'. 31 Então eles vêm a você, como faz o povo, sentam-se à sua frente como se fossem meu povo e ouvem suas palavras, porém não agem de acordo com elas. Pois com os lábios eles o lisonjeiam, mas o coração deles está concentrado em seu próprio autointeresse; 32 assim, para eles, você é como uma canção de amor, cantada por alguém com uma voz agradável e que pode tocar bem um instrumento — eles ouvem suas palavras, mas não agem de acordo com elas. 33 Assim, quando tudo isso se cumprir, então, pelo menos, compreenderão que um profeta esteve ali com eles".

34 1 Veio a mim a palavra de *Adonai*: 2 "Ser humano, profetize contra os pastores de Yisra'el. Profetize! Diga aos pastores que *Adonai Elohim* diz o seguinte: 'Ai dos pastores de Yisra'el, que alimentam a si mesmos! Não deveriam os pastores alimentar as ovelhas? 3 Vocês comem a carne escolhida, vestem-se com a lã e matam os melhores animais do rebanho; mas vocês não alimentam as ovelhas! 4 Vocês não fortalecem a fraca, não curam a doente, não ligam a quebrada, não trazem de volta a desviada nem procuram a perdida; pelo contrário, vocês as tiranizam com força destruidora. 5 Assim, elas ficaram dispersas, sem um pastor, e tornaram-se alimento para os animais selvagens. 6 Minhas ovelhas ficam vagando à toa pelas montanhas e colinas; sim, minhas ovelhas foram dispersas por toda a terra, sem que ninguém as procurasse ou delas cuidasse.

7 " 'Portanto, pastores, ouçam a palavra de *Adonai*: 8 "Como eu vivo", jura *Adonai Elohim*, "porque minhas ovelhas tornaram-se presas, tornaram-se alimento para

todos os animais selvagens, uma vez que não há pastor e que meus pastores não cuidam de minhas ovelhas, não as alimentam, mas alimentam a si mesmos, 9 portanto, pastores, ouçam a palavra de Adonai! 10 *Adonai* Elohim diz: "Eu sou contra os pastores. Exijo que eles entreguem minhas ovelhas de volta a mim. Não permitirei que alimentem as ovelhas nem que alimentem a si mesmos. Livrarei minhas ovelhas de sua boca; nunca mais serão alimentados por elas".

11 " 'Pois eis o que *Adonai* Elohim diz: "Estou assumindo o controle! Procurarei por minhas ovelhas e eu mesmo cuidarei delas. 12 Assim como um pastor cuida de seu rebanho quando se encontra entre suas ovelhas dispersas, também cuidarei de minhas ovelhas. Eu as resgatarei de todos os lugares para onde elas foram dispersas quando estava nebuloso e escuro. 13 Eu as trarei de volta daqueles povos, as congregarei daquelas nações e as trarei de volta à sua própria terra. Então deixarei que se alimentem nas montanhas de Yisra'el, próximo aos ribeiros e em todos os lugares habitáveis da terra. 14 Deixarei que se alimentem em bons pastos; seu solo de pasto serão as altas montanhas de Yisra'el. Elas descansarão em bons pastos e se alimentarão nas abundantes pastagens das montanhas de Yisra'el. 15 Sim, apascentarei minhas ovelhas; eu as levarei ao descanso", diz *Adonai* Elohim. 16 "Procurarei a perdida, trarei a desviada, ligarei a quebrada e fortalecerei a fraca. Mas a gorda e a forte destruirei — eu as alimentarei com juízos".

17 " 'Quanto a você, meu rebanho', *Adonai* Elohim diz o seguinte: 'Eu julgarei entre uma ovelha e outra ovelha, entre carneiros e bodes. 18 Não foi suficiente para vocês se alimentarem do melhor pasto e beber da água mais clara? Vocês tinham de pisotear o restante da pastagem e sujar as águas com seus pés? 19 Então agora, minhas ovelhas comerão o que vocês pisaram com seus pés e beberão a água turvada por seus pés'. 20 Portanto, eis o que *Adonai* Elohim diz a elas: 'Eu julgarei entre a ovelha gorda e a ovelha magra. 21 Porque vocês as empurraram com seus flancos e ombros e empurraram todas as fracas com seus chifres, até dispersá-las em todas as direções; 22 portanto, salvarei meu rebanho; elas não mais serão presa; e julgarei entre uma ovelha e outra ovelha.

23 " 'Levantarei um pastor que esteja a cargo delas, e ele as alimentará — meu servo, David. Ele as apascentará e será o pastor delas. 24 Eu, Adonai, serei o Deus delas; e meu servo, David, será príncipe entre elas. Eu, Adonai, falei. 25 Farei uma aliança de paz com elas; livrarei a terra dos animais selvagens; e elas viverão em segurança no deserto e dormirão nas florestas. 26 Farei delas e dos lugares em volta de minha colina uma bênção e que a chuva caia no tempo certo — serão chuvas de bênçãos. 27 As árvores do campo darão seu fruto, e o solo, seu produto, e elas estarão seguras em sua terra. Então saberão que eu sou Adonai, quando eu quebrar as traves de seu jugo e libertá-las do poder daqueles que as fizeram escravos. 28 Não mais serão presa para os *goyim*, nem os animais selvagens as devorarão novamente; mas viverão em segurança, sem que ninguém lhes cause medo. 29 Farei famosa a produtividade de suas colheitas, e elas não mais serão consumidas pela fome na terra, nem carregarão a vergonha dos *goyim* nunca mais. 30 Saberão que eu, Adonai, seu Deus, estou com elas; e que elas, a casa de Yisra'el, são meu povo', diz *Adonai* Elohim. 31 'Vocês, minhas ovelhas, ovelhas de meu pasto, são os seres humanos, e eu sou seu Deus", diz *Adonai* Elohim".

35 1 Veio a mim a palavra de Adonai: 2 "Ser humano, volte seu rosto contra o monte Se'ir; profetize contra ele 3 e diga que *Adonai* Elohim diz: 'Eu sou contra você, monte Se'ir. Estenderei minha mão contra você e farei de você uma

completa desolação. 4 Arruinarei suas cidades e farei de você completa desolação,
e você saberá que eu sou Adonai. 5 Por causa de seu antigo ódio, você levou a es-
pada ao povo de Yisra'el no tempo de sua calamidade, no tempo da iniquidade
final. 6 Portanto, como eu vivo', jura *Adonai* Elohim, 'prepararei você para o sangue.
O sangue o perseguirá. Você odiou intensamente seu próprio sangue [seus paren-
tes]; portanto, o sangue o perseguirá. 7 Sim, desolarei completamente o monte Se'ir,
eliminarei os que através dele vêm e vão. 8 Encherei suas montanhas com os mortos;
em suas colinas e vales, e em todas as ravinas, cairão aqueles que morreram pela
espada. 9 Eu o transformarei em perpétua ruína; suas cidades não serão reconstruí-
das; e você saberá que eu sou Adonai.

10 " 'Porque você diz: "Essas duas nações, esses dois países serão meus; tomarei
posse deles", embora Adonai esteja ali; 11 portanto, como eu vivo', jura Adonai Elohim,
tratarei com você segundo sua ira e sua inveja, e segundo o que seu ódio merece,
e me farei conhecido entre eles quando julgar você. 12 Você saberá que eu, Adonai,
ouvi todas as suas conversas blasfemas contra as montanhas de Yisra'el, tais como:
"Eles estão desolados, foram entregues a nós para que os devoremos".

13 Além disso, você se ostentou contra mim com sua boca, falando mais e mais
contra mim — eu o ouvi'. 14 Eis o que *Adonai* Elohim diz: 'Para a alegria de toda a
terra, desolarei você. 15 Já que você se regozijou sobre a herança da casa de Yisra'el,
porque ela estava desolada, eis o que farei a você — você ficará desolado, monte
Se'ir, e todo o Edom, todo ele. Então saberão que eu sou Adonai'.

36 1 "Quanto a você, ser humano, profetize para as montanhas de Yisra'el. Diga:
'Montanhas de Yisra'el, ouçam a mensagem de Adonai. 2 *Adonai* Elohim diz:
"O inimigo se ostenta sobre vocês: 'Ah! Mesmo antigos lugares altos são nossos
agora!' " ' 3 Portanto, profetize e diga que *Adonai* Elohim diz: 'Porque eles os devas-
taram e os tragaram por todos os lados, de modo que as outras nações pudessem
tomar posse de vocês, e porque agora o povo está fofocando e caluniando você;
4 portanto, montanhas de Yisra'el, ouçam a mensagem de *Adonai* Elohim — eis o que
Adonai Elohim diz às montanhas e colinas, aos ribeiros e vales, às cidades devasta-
das e abandonadas, atualmente saqueadas e zombadas pelas outras nações que as
cercam — 5 portanto, isto é o que *Adonai* Elohim diz: "No calor de meu ciúme, falei
contra as outras nações e contra todo o Edom, uma vez que, regozijando com todo
o seu coração, eles se arrogaram o direito de tomar minha terra como possessão e
com completo desdém a repartiram como uma presa" '.

6 "Portanto, profetize sobre a terra de Yisra'el e diga para as montanhas,
colinas, ribeiros e vales que *Adonai* Elohim diz o seguinte: 'Falo em meu ciúme e
em minha fúria, porque vocês suportaram ser envergonhados pelas nações. 7 Por-
tanto, assim diz *Adonai* Elohim: "Levantei minha mão e juro que as nações que os
cercam carregarão a vergonha delas. 8 Vocês, porém, montanhas de Yisra'el, esten-
derão seus ramos e darão seus frutos para meu povo, Yisra'el, o qual logo retornará.
9 Estou aqui por vocês e me voltarei para vocês; então vocês serão cultivadas e semeadas;
10 e multiplicarei sua população, toda a casa de Yisra'el, todos eles. As cidades serão
habitadas, e as ruínas reconstruídas. 11 Multiplicarei tanto a população dos seres
humanos quanto a dos animais; eles crescerão em número e serão produtivos; e
farei que vocês sejam habitadas, como foram antes. Na verdade, farei que vocês
sejam melhores que antes; e vocês saberão que eu sou Adonai. 12 Farei o povo cami-
nhar sobre vocês, meu povo, Yisra'el; eles possuirão vocês, e vocês serão a herança
deles; vocês nunca mais os deixarão sem filhos". 13 *Adonai* Elohim diz: "Porque eles

disseram a vocês: 'Terra, você devora o povo e faz que sua nação fique sem filhos',
14 portanto não mais devorarão o povo, nunca mais deixará sua nação sem filhos",
diz *Adonai* ELOHIM. 15 "Nunca mais permitirei que as nações envergonhem vocês, ou
que os povos os repreendam; e vocês nunca mais farão que a nação de vocês tro-
pece", diz *Adonai* ELOHIM' ".

16 Veio a mim a palavra de ADONAI: 17 "Ser humano, quando a casa de Yisra'el vivia
em sua própria terra, eles a corromperam com sua maneira de viver e suas ações; o
caminho deles diante de mim era como a impureza da *niddah*. 18 Portanto, derramei
minha fúria sobre eles, por causa do sangue que eles derramaram na terra e porque
a corromperam com seus ídolos. 19 Eu os espalhei entre as nações e os dispersei
pelos países; julguei-os de acordo com sua maneira de viver e de acordo com suas
ações. 20 Quando eles chegaram às nações para onde foram, profanaram meu santo
nome; de forma que as nações disseram deles: 'Este é o povo de ADONAI que foi exi-
lado de sua terra'. 21 Mas estou preocupado com meu santo nome, o qual a casa de
Yisra'el está profanando entre as nações para onde foi.

22 "Portanto, diga à casa de Yisra'el que *Adonai* ELOHIM diz o seguinte: 'Não farei
isto por causa de vocês, casa de Yisra'el, mas por causa de meu santo nome, que vo-
cês profanaram entre as nações para onde foram. 23 Santificarei meu grande nome
para que seja considerado como santo, já que ele foi profanado nas nações — vocês
o profanaram entre elas. As nações saberão que eu sou ADONAI', diz *Adonai* ELOHIM,
'quando, diante dos olhos delas, eu me santificar por meio de vocês, para que seja
considerado santo.

24 Pois tirarei vocês dentre as nações,
congregarei vocês de todos os países
e os devolverei a seu próprio solo.
25 Então aspergirei água limpa sobre vocês,
e vocês ficarão limpos;
limparei vocês de todas as suas impurezas
e de todos os seus ídolos.
26 Darei a vocês um novo coração
e porei um novo espírito dentro de vocês;
Tirarei o coração de pedra da carne de vocês
e darei a vocês um coração de carne.
27 Porei meu Espírito dentro de vocês
e os farei viver por minhas leis,
respeitar meus regulamentos e obedecer-lhes.
28 Vocês viverão na terra que dei a seus antepassados.
Vocês serão meu povo,
e eu serei seu Deus.
29 Salvarei vocês de todas as suas impurezas.
Convocarei os grãos e os aumentarei,
e não enviarei a fome contra vocês.
30 Multiplicarei o rendimento do fruto das árvores
e aumentarei a produção nos campos,
de modo que vocês nunca mais sofram a reprovação
da fome entre as nações.
31 Então vocês lembrarão seus maus caminhos
e suas ações que não foram boas;
e, quando olharem para si mesmos, se detestarão
por causa de sua culpa e de suas práticas odiosas.

32 Entendam', diz *Adonai* Elohim,
'que não estou fazendo isso por causa de vocês.
Pelo contrário, fiquem envergonhados e desanimados por causa de seus
caminhos, casa de Yisra'el'.

33 "*Adonai* Elohim diz: 'Quando chegar o dia em que limparei vocês de toda a sua cul-
pa, farei que as cidades sejam habitadas e as ruínas sejam reconstruídas. 34 A terra
que estava devastada será cultivada, considerando que antes estava devastada para
todos os que passavam e a viam. 35 Então eles dirão: "A terra que estava devastada
se tornou como o Gan-'Eden, e as cidades antes arruinadas, abandonadas e devasta-
das foram fortificadas e estão habitadas!" 36 Então as nações ao redor de vocês, que
ainda restam, saberão que eu, Adonai, reconstruí as ruínas e replantei o que fora
abandonado. Eu, Adonai, falei; eu o farei'.

37 "*Adonai* Elohim diz: 'Além disso, deixarei que a casa de Yisra'el ore a mim para
que eu faça isto por ela: que eu aumente seu número como ovelhas — 38 como re-
banhos de ovelhas para os sacrifícios, como rebanhos de ovelhas em Yerushalayim
em seu tempo designado; desse modo, as cidades arruinadas ficarão repletas com
rebanhos de pessoas. Então saberão que eu sou Adonai' ".

37 1 Com sua mão sobre mim, Adonai me carregou por seu Espírito e me pôs
no meio do vale, um vale que estava cheio de ossos. 2 Ele me fez circular
por todos os ossos — havia muitíssimos no vale, e eles estavam muito secos!
3 Ele me perguntou: "Ser humano, podem esses ossos viver?". Respondi: "*Adonai*
Elohim, somente o Senhor o sabe!". 4 Então ele me disse: "Profetize a respeito des-
ses ossos! Diga-lhes: 'Ossos secos! Ouçam o que Adonai tem a dizer! 5 A esses
ossos, *Adonai* Elohim diz: "Porei fôlego entre vocês, e viverão. 6 Juntarei seus liga-
mentos, farei crescer carne em vocês, os cobrirei com pele e darei a vocês fôlego.
Vocês viverão e saberão que eu sou Adonai" ' ".

7 Então profetizei como me fora ordenado; e, enquanto eu profetizava, houve um
barulho, um som de chocalho; eram os ossos se ajuntando, cada um em seu próprio
lugar. 8 Enquanto eu olhava, ligamentos cresceram neles, apareceu a carne e a pele a
cobriu; mas não havia fôlego neles. 9 Em seguida, ele me disse: "Profetize ao fôlego!
Profetize, ser humano! Diga ao fôlego que esta é a palavra de *Adonai* Elohim: 'Venha
dos quatro ventos, fôlego, e sopre sobre esses mortos, para que possam viver' ".

10 Então profetizei como me fora ordenado, e o fôlego veio a eles, e aqueles
ossos viveram! Puseram-se em pé, um exército imenso! 11 Então ele me disse: "Ser
humano! Esses ossos são toda a casa de Yisra'el; eles andam dizendo: 'Nossos
ossos se secaram, foi-se a nossa esperança e estamos completamente extermina-
dos'. 12 Portanto, profetize; diga-lhes que *Adonai* Elohim diz: 'Meu povo! Abrirei suas
sepulturas e os farei levantar-se delas, e os levarei à terra de Yisra'el. 13 Então vocês
saberão que eu sou Adonai — quando eu tiver aberto suas sepulturas e feito que
vocês delas se levantem, povo meu! 14 Porei em vocês o meu Espírito, e vocês viverão.
Então os levarei à sua própria terra; e vocês saberão que eu, Adonai, falei, e que eu
o fiz', diz Adonai".

15 Veio a mim a palavra de Adonai: 16 "Você, ser humano, tome um pedaço de ma-
deira e escreva: 'Por Y'hudah e por aqueles que se juntaram a ele [em meio ao] o povo
de Yisra'el'. Em seguida, pegue outro pedaço de madeira e escreva: 'Por Yosef, a vara
de Efrayim, e por toda a casa de Yisra'el que a ele se juntou. 17 Finalmente, faça-os
juntar-se em um só pedaço de madeira, de modo que se tornem um só em sua mão.

18 Quando seu povo perguntar a você o que tudo isso significa, 19 diga-lhes que
Adonai Elohim diz o seguinte: 'Eu tomarei a vara de Yosef, que está na mão de
Efrayim, junto com as tribos de Yisra'el que a ele estão agregadas, e a porei junto
com a vara de Y'hudah e farei deles uma única vara, de forma que se transformem
em um só em minha mão'. 20 Os pedaços de madeira nos quais você escreveu devem
estar em sua mão enquanto eles observam. 21 Então diga-lhes que *Adonai Elohim* diz:
'Eu tirarei o povo de Yisra'el dentre as nações para onde eles foram, e os congre-
garei de todos os lados, e os trarei de volta à sua própria terra. 22 Farei deles uma
só nação na terra, sobre as montanhas de Yisra'el; e um só rei será o rei de todos
eles. Eles não mais serão duas nações e nunca mais serão divididos em dois reinos.
23 " 'Nunca mais se corromperão com seus ídolos, com suas coisas detestáveis
ou com alguma de suas transgressões, mas os salvarei de todos os lugares onde
eles viveram e nos quais pecaram; e os limparei, para que sejam meu povo, e eu
seja o Deus deles. 24 Meu servo David será o rei sobre eles, e todos eles terão um só
pastor; viverão de acordo com meus mandamentos e os cumprirão, e observarão
meus regulamentos. 25 Viverão na terra que eu dei a Ya'akov, meu servo, onde vive-
ram seus antepassados; viverão nela — eles, seus filhos e seus netos, para sempre;
e David, meu servo, será o líder deles para sempre. 26 Firmarei com eles uma aliança
de paz, uma aliança perpétua. Farei que aumentem em número e entre eles porei
meu santuário para sempre. 27 Minha casa estará com eles; eu serei seu Deus, e eles
serão meu povo. 28 As nações saberão que eu sou *Adonai*, que separa Yisra'el para o
santificar, quando meu santuário estiver com eles para sempre' ".

38 1 Veio a mim a palavra de *Adonai*: 2 "Ser humano, volte seu rosto para a direção
de Gog (da terra de Magog), príncipe maior de Meshekh e Tuval, e profetize
contra ele. 3 Diga que *Adonai Elohim* diz: Eu sou contra você, Gog, príncipe maior de
Meshekh e Tuval. 4 Farei você girar, porei ganchos em seu queixo e o farei sair, com
todo o seu exército, seus cavalos e cavaleiros, todos completamente equipados, e
uma grande horda com couraças e escudos, todos brandindo as espadas. 5 Paras,
Etiópia e Put estão com eles, todos com couraças e capacetes; 6 Gomer, com todas as
suas tropas; a casa de Togarmah no extremo norte, com todas as suas tropas — mui-
tos povos estão com você. 7 Prepare-se, esteja pronto, você e toda a multidão que se
ajunta a seu redor; assuma o comando. 8 Passados muitos dias, você será convocado
para o serviço; em anos posteriores, você invadirá a terra que foi trazida de volta
da espada, congregada dentre muitos povos, as montanhas de Yisra'el. Ficaram em
ruínas por um longo tempo, mas agora, Yisra'el foi retirado dos povos, e todos eles
estão vivendo ali, em segurança. 9 Você virá como uma tempestade, será como um
nuvem que cobre a terra — você e todas as suas tropas, e muitos povos com você'.
10 "*Adonai Elohim* diz: 'Quando esse dia chegar, pensamentos subirão à sua mente,
e você inventará um plano sinistro. 11 'Você dirá: "Invadirei esta terra de vilas sem mu-
ros; pegarei de surpresa esse povo que está em paz, vivendo de forma segura, todos
em lugares sem muros, barreiras ou portões. 12 Tomarei o espólio e pegarei o saque".
Você atacará as antigas ruínas, que agora estão habitadas, e virá contra o povo que se
juntou das nações, o qual adquiriu gado e outras riquezas, e vive nas partes centrais
da terra. 13 Sh'va, D'dan e todos os principais mercadores de Tarshish perguntarão a
você: "Você veio pegar o espólio? Reuniu suas hordas para pilhar; para levar prata,
ouro, gado e outras riquezas; para tomar muito despojo?' ".
14 "Portanto, ser humano, profetize! Diga a Gog que *Adonai Elohim* diz: 'Não estará
você atento ao fato de que meu povo, Yisra'el, vive em segurança? 15 Você escolherá

exatamente esse tempo para vir de seu lugar, nas extremidades do norte, você e muitos povos com você, todos eles a cavalo, uma horda imensa, um exército poderoso; 16 e invadirá meu povo, Yisra'el, como uma nuvem cobrindo a terra. Isso acontecerá no *acharit-hayamim*; e trarei você contra minha terra para que os *goyim* me conheçam quando, diante de seus olhos, eu me santificar por meio de você, Gog'.

17 "*Adonai* Elohim diz: 'Eu falei de você muito tempo atrás por intermédio de meus servos, os profetas de Yisra'el. Naquela época, eles profetizaram por vários anos que eu faria você invadir a terra. 18 Quando esse dia chegar, quando Gog invadir a terra de Yisra'el', diz *Adonai* Elohim, 'minha furiosa ira ferverá. 19 Em meu ciúme, em minha fúria raivosa, falei: Quando esse dia chegar, haverá grande terremoto na terra de Yisra'el; 20 de modo que os peixes que estão no mar, as aves do céu, as feras selvagens, todos os répteis que rastejam sobre o chão e todos os seres humanos da terra tremerão diante de mim. As montanhas cairão, os precipícios serão esmigalhados e todos os muros virão ao chão. 21 Convocarei a espada contra ele em todas as minhas montanhas', diz *Adonai* Elohim; 'cada homem brandirá sua espada contra seu irmão. 22 Eu o julgarei com praga e com sangue. Farei que caia sobre ele uma chuva torrencial, bem como sobre suas tropas e sobre os muitos povos que estão com ele, juntamente com imensos granizos, fogo e enxofre. 23 Mostrarei minha grandeza e minha santidade e me farei conhecido à vista de muitas nações; então saberão que eu sou Adonai'.

39 1 "Quanto a você, ser humano, profetize contra Gog; diga que *Adonai* Elohim diz: "Eu sou contra você, Gog, príncipe maior de Meshekh e Tuval. 2 Eu o farei girar e o levarei, e o trarei das extremidades do norte contra as montanhas de Yisra'el. 3 Então derrubarei o arco de sua mão esquerda e farei cair suas flechas de sua mão direita. 4 Você terminará nas montanhas de Yisra'el, você, suas tropas e todo o povo que está com você. Darei a você como alimento todos os tipos de aves de rapina e animais selvagens. 5 Você cairá em campo aberto porque eu falei', diz *Adonai* Elohim.

6 " 'Também enviarei fogo contra Magog e aqueles que vivem em segurança na região costeira; então eles saberão que eu sou Adonai. 7 Tornarei meu santo nome conhecido entre meu povo, Yisra'el; nunca mais permitirei que meu santo nome seja profanado. Então os *goyim* saberão que eu sou Adonai, o Santo de Yisra'el. 8 Sim, essas coisas estão próximas e serão cumpridas', diz *Adonai* Elohim; 'este é o dia a respeito do qual falei'.

9 " 'Aqueles que vivem nas cidades de Yisra'el sairão e atearão fogo às armas, usando-as como combustível — os escudos, as couraças, os arcos, as flechas, os bastões e as lanças; eles os usarão como combustível para o fogo por sete anos, 10 de forma que não precisarão juntar lenha dos campos nem cortar madeira das florestas, porque usarão as armas como combustível. Assim, saquearão aqueles que os saquearam e roubarão aqueles que os roubaram', diz *Adonai* Elohim.

11 " 'Quando esse dia chegar, darei um lugar por sepultura a Gog em Yisra'el, o vale dos Viajantes, a leste do mar; e ele bloqueará a passagem dos viajantes. Ali eles enterrarão Gog e todas as suas hordas e mudarão o nome do lugar para vale de Hamon-Gog [Horda de Gog]. 12 A casa de Yisra'el levará sete meses para enterrá-los e purificar a terra. 13 Sim, o povo da terra os enterrará; eles se tornarão famosos por terem feito isto. Nesse dia, serei glorificado', diz *Adonai* Elohim. 14 'Então eles escolherão homens para o dever contínuo de ir pela terra e sepultar os cadáveres que ainda estiverem no chão, a fim de limpá-la; começarão sua procura após os

sete meses. 15 À medida que caminharem pela terra, se alguém vir um osso humano,
porá um marco próximo a ele, até que os coveiros o tenham enterrado no vale de
Hamon-Gog. 16 Além disso, "Hamonah" [Sua horda] será o nome da cidade. Assim,
eles limparão a terra'.

17 "Quanto a você, humano, *Adonai Elohim* diz que você deve dizer o seguinte a
todos os tipos de aves e a todos os animais: 'Congreguem-se e venham, juntem-se
de todos os lugares ao redor para o sacrifício que estou preparando para vocês,
um grande sacrifício nas montanhas de Yisra'el, onde poderão comer carne e be-
ber sangue! 18 Vocês comerão a carne de heróis e beberão o sangue dos príncipes
da terra — de carneiros, cordeiros, cabritos e búfalos, cevados em Bashan, todos
eles. 19 Vocês comerão gordura até se encher e beberão sangue até se embriagar no
sacrifício que preparei para vocês. 20 Em minha mesa, vocês se saciarão de cavalos,
cavaleiros, heróis e todos os tipos de guerreiros', diz *Adonai Elohim*.

21 "Assim, mostrarei minha glória entre as nações, para que todas elas vejam
meu julgamento quando eu o executar e vejam minha mão estendida sobre eles.
22 Daquele dia em diante, a casa de Yisra'el saberá que eu sou *Adonai*, seu Deus;
23 os *goyim*, por seu lado, saberão que a casa de Yisra'el foi para o exílio por causa
de sua culpa, porque eles romperam sua fé em mim, de modo que escondi meu
rosto deles e os entreguei a seus adversários; e eles cairão pela espada, todos eles.
24 Sim, eu os tratei de acordo com o que sua impureza e seus crimes mereceram e
escondi deles meu rosto'.

25 "Portanto, *Adonai Elohim* diz: 'Agora eu restaurarei a sorte de Ya'akov e te-
rei compaixão da casa de Yisra'el inteira, e serei zeloso por meu santo nome.
26 Eles carregarão sua vergonha e sua [culpa pela] quebra de fé em mim, uma vez
que estejam vivendo em segurança em sua terra, sem que ninguém os amedronte.
27 Isso acontecerá depois que eu os tiver trazido de volta dos povos e os tiver juntado
das terras inimigas, sendo eu, assim, consagrado por eles à vista de muitas nações.
28 Então saberão que eu sou *Adonai*, o Deus deles, uma vez que fui eu quem os levou
para o exílio entre as nações, e fui eu quem os reuniu em sua própria terra. Nunca
mais deixarei nenhum deles naquelas nações, 29 e nunca mais esconderei deles meu
rosto, porque derramarei meu Espírito sobre a casa de Yisra'el', diz *Adonai Elohim*".

40 1 No vigésimo quinto ano do nosso exílio, no início do ano, no décimo dia do
mês — este foi o décimo quarto ano depois que a cidade [de Yerushalayim]
foi destruída —, nesse mesmo dia a mão de *Adonai* esteve sobre mim e me levou
para lá. 2 Em visões, Deus me levou à terra de Yisra'el e me pôs em uma monta-
nha muito alta; sobre ela, olhando para o sul, parecia que a cidade estava sendo
construída. 3 Ele me levou para lá, e ali, à minha frente, havia um homem cuja
aparência era como o bronze. Ele tinha uma corda de linho e uma vara de medir
em sua mão e estava parado na porta. 4 O homem disse: "Ser humano, olhe com
seus olhos, ouça com seus ouvidos e preste atenção a todas as coisas que estou
mostrando a você; pois a razão pela qual foi trazido até aqui é a de que eu possa
mostrá-las a você. Fale à casa de Yisra'el todas as coisas que você vir".

5 Havia um muro cercando a casa. O homem tinha em sua mão uma vara de
medir de seis medidas longas, sendo a medida normal, cada uma, de 0,5 metro.
Ele mediu a largura do muro, que tinha 3 metros, e sua altura, que era de 3 metros.
6 Foi até a porta leste, subiu os degraus e mediu um dos batentes da porta, que ti-
nha 3 metros de extensão, a mesma medida do outro batente. 7 Havia salas para os
guardas, cada uma com 3 metros de comprimento e 3 metros de largura; a distância

entre as salas dos guardas era de 2,5 metros. A soleira da porta anexa ao pórtico que ficava em frente à casa media 3 metros. [8] Ele mediu o pórtico que ficava em frente à casa, o qual tinha 3 metros. [9] Então mediu o pórtico propriamente dito, que tinha 4 metros, e seus batentes, 1 metro; o pórtico ficava em frente à casa. [10] Havia três salas de guardas em cada lado da porta leste, todas com o mesmo tamanho; e, em cada lado, os batentes [entre as salas dos guardas] também tinham o mesmo tamanho. [11] Ele mediu o comprimento da abertura do portão, que era de 5 metros, e a medida da passagem pela porta era de 6,5 metros. [12] Havia uma partição em frente às casas dos guardas [de um lado] de 0,5 metro de altura e uma partição do outro lado de 0,5 metro de altura, e as casas dos guardas propriamente ditas eram quadradas, com 3 metros de cada lado. [13] Ele mediu a parte interna da porta, desde as costas da parede de uma das salas dos guardas até as costas da parede da outra, e o resultado foram 12,5 metros, com as aberturas [das salas dos guardas] opostas umas às outras. [14] Ele mediu os postes, que tinham 30 metros, e esta era a medida dos outros postes das outras portas ao redor do pátio. [15] A distância da passagem, desde a abertura interior da porta até a extremidade do pórtico no limite interior da entrada, era de 25 metros. [16] Havia janelas estreitas nas salas dos guardas com parapeitos na parte interna em toda a extensão da porta; os vestíbulos também tinham janelas em toda a volta, viradas para a parte interior. Em cada parapeito, havia [entalhe de] palmeiras.

[17] Então ele me levou à parte externa do pátio. Ali vi salas e um pavimento construído para servir de pátio, revestido de mosaicos em toda a volta de seu perímetro, e 30 aposentos que davam para o pavimento. [18] O pavimento ficava junto às portas e correspondia ao comprimento das portas [desde a parte de fora até a parte de dentro] e era o pavimento inferior. [19] Media 50 metros, que era a distância desde a parte interna desta porta inferior que dava para o leste até a parte de fora do pátio interior, e essa também era a distância do lado da porta que dava para o norte.

[20] Em seguida, ele mediu o comprimento e a largura da porta do pátio externo que dava para o norte. [21] Ali havia três salas dos guardas de cada lado, e seus suportes e seu vestíbulo eram do mesmo tamanho que os da primeira porta; seu comprimento era de 25 metros de comprimento e 12,5 metros de largura. [22] Suas janelas, vestíbulos e palmeiras eram do mesmo tamanho que os da porta leste. Sete degraus levavam a ele [desde o lado de fora], enquanto seu vestíbulo estava virado para a parte de dentro.

[23] Havia portas para o pátio interno que davam para o norte e para o leste; ele mediu 50 metros desde a porta externa até sua porta interna correspondente.

[24] Ele me levou para o sul, e ali vi uma porta que dava para o sul. Mediu seus batentes e o vestíbulo; eles tinham o mesmo tamanho que os outros. [25] Em toda a volta do vestíbulo havia janelas que eram como as outras janelas; o comprimento era de 25 metros de comprimento e 12,5 metros de largura. [26] Sete degraus levavam a ele [desde o lado de fora], enquanto seu vestíbulo estava virado para a parte interna. Havia palmeiras em seus batentes, uma de cada lado. [27] O pátio interior tinha uma porta no lado sul; ele media desde a porta até a porta no lado sul 50 metros.

[28] Ele me levou ao pátio interior através da porta sul. Mediu a porta sul, que era do mesmo tamanho; [29] as salas dos guardas, os batentes e o vestíbulo eram do mesmo tamanho; havia janelas e um vestíbulo ao redor dele; ele tinha 25 metros de comprimento e 12,5 metros de largura. [30] O vestíbulo que o rodeava tinha 12,5 metros de largura e 2,5 metros de comprimento; [31] este vestíbulo dava para o pátio externo, com palmeiras em seus suportes, e oito degraus levavam a ele.

32 Ele me levou ao pátio interior, foi para a direção leste e mediu a porta, que tinha o mesmo tamanho; 33 as salas dos guardas, os suportes e o vestíbulo eram do mesmo tamanho; havia janelas e um vestíbulo que o cercava; seu comprimento era de 25 metros, e sua largura, de 12,5 metros. 34 Seu vestíbulo dava para o pátio exterior e havia palmeiras em seus suportes, tanto de um lado quanto do outro. Oito degraus levavam a ele.

35 Ele me levou a porta norte e a mediu; ela tinha o mesmo tamanho; 36 havia salas de guardas, batentes e um vestíbulo em toda a volta; a medida do pátio era de 25 metros de comprimento e 12,5 metros de largura. 37 Seus batentes davam para o pátio externo; havia palmeiras em seus batentes, tanto de um lado como do outro; e oito degraus levavam a ele.

38 Havia uma sala que tinha sua entrada através dos batentes das portas onde as ofertas queimadas eram lavadas. 39 No caminho de entrada até a porta, havia duas mesas de um lado e duas mesas do outro, nas quais eram sacrificadas as ofertas queimadas, as ofertas pelo pecado e as ofertas pela culpa. 40 No lado de fora de quem sobe pela entrada da porta norte, havia duas mesas; e, no outro lado do caminho da entrada para a porta, havia duas mesas. 41 Desse modo, havia quatro mesas de um lado e quatro mesas do outro, próximas a porta — oito mesas nas quais eram degolados os sacrifícios. 42 Havia quatro mesas de pedra lavrada para a oferta queimada, com 75 centímetros de largura e 75 centímetros de altura, nas quais eram colocados os instrumentos para o abate as ofertas queimadas e dos outros sacrifícios. 43 Ganchos do tamanho de quatro dedos estavam atados ao redor na parte interna do aposento; a carne para as ofertas deveria ser posta nas mesas.

44 Fora da porta interna, no pátio interno, havia salas para os cantores, uma ao lado da porta norte de frente para o sul e outra ao lado da porta leste de frente para o norte. 45 Ele me disse: "Este aposento que está de frente para o sul é para os *kohanim* encarregados da casa; 46 enquanto o aposento que está de frente para o norte é para os *kohanim* encarregados do altar; eles são os descendentes de Tzadok, que foi o descendente de Levi, designado a se aproximar de Adonai e servi-lo".

47 Então ele mediu o pátio, que tinha 50 metros de comprimento e 50 metros de largura — era quadrado. O altar ficava em frente à casa.

48 Ele me levou ao vestíbulo da casa e o mediu: 2,5 metros de largura desde o muro em ambos os lados de sua entrada. Em cada lado, esses muros mediam 1,5 metro desde os muros laterais do vestíbulo. 49 O comprimento do vestíbulo era de 10 metros, e a largura de 6 metros; degraus levavam a ele. De cada lado da entrada, havia colunas.

41 1 Ele me levou ao santuário e o mediu: 3 metros de largura desde os muros em ambos os lados de sua entrada, a qual era [também] a largura da [ou dos muros que cercavam a] "tenda" [ou seja, o santuário juntamente com o Lugar Especialmente Sagrado]. 2 A largura da entrada era de 5 metros. Os lados da entrada tinham 2 metros de largura de um lado e a mesma medida do outro lado. Ele mediu o comprimento do santuário, que era de 20 metros de comprimento e 10 metros de largura.

3 Depois, ele seguiu adiante [até o caminho da entrada que leva ao Lugar Especialmente Sagrado] e mediu os batentes da entrada, que tinham 1 metro [de largura] cada um. Ele mediu em 3 metros a largura total das paredes em cada lado da entrada; e mediu em 3,5 metros a largura da entrada. 4 [Continuando na direção do aposento interior,] ele me disse: "Este é o Lugar Especialmente Sagrado". Mediu seu

comprimento em 10 metros e sua largura em 10 metros junto à parede mais próxima do santuário.

5 [Em seu caminho para fora,] mediu a espessura da parede da casa, e ela tinha 3 metros [no nível do chão], e a largura de todos os quartos laterais que cercavam a casa era de 2 metros [no nível do solo]. 6 Os quartos laterais estavam dispostos em três pisos, 30 em cada piso; e um terraço acompanhava a parede ao redor da casa, de modo que as salas laterais se apoiavam no terraço, não na parede [ou nas partes verticais da parede]. 7 As salas laterais superiores que cercavam a casa eram mais largas que as inferiores, e, da mesma forma, também o eram os caminhos de passagem próximos às salas laterais em cada andar; desse modo, a largura das salas laterais somada à largura dos caminhos de passagem aumentava à medida que se subia de um andar para o outro. A subida do andar mais baixo até o mais alto era feita [por uma rampa] através do andar intermediário.

8 Vi que a casa tinha um pavimento erguido em toda a sua volta que se estendia para fora com a medida exata de uma vara 3,2 metros, desde o ponto em que os alicerces das salas laterais se juntavam a ele.

9 A parede externa das salas laterais tinha 2,5 metros de espessura [no nível do solo], a mesma medida do espaço vazio que ficava na [entre a] estrutura que continha as salas laterais [e a casa, propriamente dita, também media 2,5 metros de largura]. 10 Em todos os lados, ao redor da casa, havia um espaço de 10 metros de largura, entre ela e [o bloco das] as salas [dos *kohanim*]. 11 As portas das salas laterais abriam para um espaço vazio, uma porta abrindo para o norte a outra para o sul; o espaço vazio tinha 2,5 metros [de largura] em toda a volta.

12 O edifício a oeste, que ficava em frente ao pátio, tinha a largura [interior] de 35 metros e o comprimento de 45 metros; e a parede exterior tinha 2,5 metros de espessura em toda a volta.

13 Ele mediu o comprimento da casa em 50 metros; assim, a distância, que incluía [a largura do] o pátio, [a largura interior do] o edifício e [a espessura de] suas paredes [exteriores frontais e traseiras], era de 50 metros. 14 A distância, juntamente com a fachada da casa a leste, através dos pátios [norte e sul], era de 50 metros. 15 Ele mediu o comprimento do edifício que ficava em frente ao pátio que estava atrás [da casa], juntamente com suas galerias de ambos os lados, o qual era de 50 metros.

O santuário, o lugar interno e os vestíbulos [que iam da casa] até o pátio, 16 bem como as soleiras, as pequenas janelas e as galerias ao redor desses três, eram revestidos de madeira a seu redor até as soleiras, desde o chão até as janelas, e também as janelas estavam revestidas. 17 Desde a área acima da entrada até o interior da casa, bem como a parte de fora e a parede em todo o redor, tanto do lado de fora quanto do lado de dentro, havia um padrão 18 que consistia em *k'ruvim* e palmeiras, ficando uma palmeira sempre entre três *k'ruvim*. Cada *keruv* tinha duas faces; 19 de forma que o rosto de homem ficava virado para a palmeira de um lado, e o rosto de leão jovem ficava virado para a palmeira do outro lado — este era o padrão ao redor de toda a casa. 20 Os *k'ruvim* e as palmeiras iam do chão até acima das portas e, da mesma forma, na parede do santuário. 21 Quanto ao santuário, os batentes de suas portas eram retangulares, e a aparência do Lugar [Especialmente] Sagrado era como a aparição [que eu tinha visto no rio K'var]. 22 O altar era de madeira, com 1,5 metro de altura e 1 metro em cada lado; seu comprimento e suas paredes também eram de madeira. Ele me disse: "Esta é a mesa que está na presença de *Adonai*".

23 O santuário tinha duas portas e o Lugar [Especialmente] Sagrado 24 tinha duas portas. Cada porta tinha folhas articuladas — duas folhas para uma porta e duas

folhas para a outra. 25 Nelas, ou seja, nas portas do santuário, havia *k'ruvim* e palmeiras entalhados como aqueles que estavam nas paredes; e, na fachada exterior da entrada externa, havia grossas vigas de madeira. 26 Havia pequenas janelas ladeadas por palmeiras de ambos os lados da entrada; as salas laterais da casa e as vigas também [tinham palmeiras].

42 1 Então ele me levou ao pátio externo — pelo caminho que vai para o norte — e conduziu-me para [o bloco das] as salas opostas ao pátio e opostas ao edifício ao norte. 2 O comprimento da frente era de 50 metros no lado norte, onde estava a porta; a largura era de 25 metros. 3 Estava localizado entre o pátio interior, que tinha 10 metros de largura, e o piso do pátio exterior. Havia galerias, uma sobre a outra, em três andares. 4 Em frente às salas, havia uma passagem de 5 metros de largura e 50 metros de comprimento; suas portas ficavam de frente para o norte.

5 As salas superiores eram mais estreitas, pois as galerias tomavam algum espaço delas, mais que o espaço tomado pelas [salas] inferiores e [salas] médias do edifício. 6 Pois as salas estavam dispostas em três andares e não tinham colunas como as dos pátios; portanto, o espaço era tirado das [salas] inferiores das [salas] do andar intermediário em comparação ao chão. 7 O comprimento da parede externa, próxima às salas, na direção do pátio externo em frente às salas, era de 25 metros. 8 O comprimento das salas na direção do pátio externo era de 25 metros, enquanto o [comprimento] do lado que ficava em frente ao santuário era de 50 metros. 9 Embaixo dessas salas, ficava a entrada para o lado leste, no sentido de quem vem do pátio exterior.

10 Na largura da parede do pátio a leste, de frente para o pátio e para o edifício, havia salas, 11 com uma passagem em frente a elas similar à das salas ao norte. Eram do mesmo comprimento e da mesma largura e, da mesma forma, tinham saídas e entradas.

12 Próximo às entradas das salas ao sul, havia uma entrada no final da passagem, a passagem que seguia paralela à parede para as entradas a leste.

13 Então ele me disse: "As salas ao norte e ao sul em frente do pátio são as salas santas onde os *kohanim* que se aproximam de *Adonai* comerão as coisas santíssimas. Nessas salas, eles porão as coisas santíssimas — as ofertas de grãos, as ofertas pelo pecado e as ofertas pela culpa; porque o lugar é sagrado. 14 Quando os *kohanim* vierem, não sairão do Lugar [Especialmente] Sagrado para o pátio exterior; pelo contrário, deixarão [nestas salas] as roupas que usam quando estão ministrando, porque eles são santos. Vestirão outras roupas e somente então se aproximarão das áreas permitidas ao povo".

15 Depois que terminou de medir o interior da casa, ele me levou pelo caminho do portão que se abre para leste e mediu a área toda. 16 Mediu o lado leste com o cordão de medir; o resultado foram 250 metros. 17 Mediu o lado norte: 250 metros. 18 Mediu o lado sul: 250 metros. 19 Voltou-se para o lado oeste e o mediu, e ele tinha 250 metros. 20 Mediu os quatro lados da área que tinha um muro ao redor, com 250 metros de comprimento e 250 metros de largura. Assim, foi feita a divisão entre o que era santo e o que era comum.

43 1 Depois disso, ele me levou a porta que fica de frente para o leste. 2 Ali vi a glória do Deus de Yisra'el aproximando-se pelo leste. Sua voz era como o som de águas turbulentas, e a terra se iluminou com sua glória. 3 A visão parecia com aquela que tive quando vim para destruir a cidade; as visões também eram

como a visão que tive próximo ao rio K'var; então caí sobre meu rosto. 4 A glória de
Adonai entrou na casa através da porta leste.
5 Em seguida, o espírito me tocou e me levou para o pátio interior, e vi a glória de
Adonai enchendo a casa. 6 Ouvi alguém falando comigo de dentro da casa, e um homem
estava próximo a mim. 7 Ele disse: "Ser humano, este é o lugar de meu trono, o lugar
para a sola de meus pés, onde viverei com o povo de Yisra'el para sempre. A casa de
Yisra'el, tanto eles quanto seus reis, nunca mais desonrará meu santo nome com sua
prostituição, com [o sepultamento dos] os cadáveres de seus reis em seus lugares altos,
8 ou colocando suas soleiras próximas às minhas soleiras e seus batentes próximos a
meus batentes, tendo apenas uma simples parede entre mim e eles. Sim, eles desonraram meu santo nome com as práticas odiosas que cometeram; foi por esse motivo que
os destruí em minha ira. 9 Então agora, que afastem sua prostituição e os cadáveres de
seus reis para longe de mim; então viverei entre eles para sempre.
10 "Você, ser humano, descreva esta casa à casa de Yisra'el, para que eles fiquem
envergonhados de seus crimes. E que eles a meçam com cuidado. 11 Se ficarem envergonhados com tudo o que fizeram, mostre-lhes a elevação e o plano da casa, suas saídas
e entradas, todos os seus detalhes e decorações e todas as suas especificações, seu
desenho e sua *Torah*. Desenhe-a para que eles a vejam, para que possam observar o
desenho inteiro com suas especificações, e sigam suas estipulações. 12 Esta é a *Torah*
para a casa: toda a área que a cerca no alto da montanha será santíssima. Esta é a *Torah*
para a casa".
13 Estas são as medidas do altar pela medida longa (isto é, a de 0,5 metro): a base,
0,5 metro de profundidade e 0,5 metro de largura; em volta dele, há uma moldura em
sua aba de cerca de um palmo de largura. A altura do altar é a seguinte: 14 da base, no
chão, até a borda inferior, 1 metro de altura e 1 metro de largura; da borda inferior até
a borda superior, 2 metros de altura e 0,5 metro de largura. 15 A fornalha mede 2 metros
[de altura], com quatro chifres no alto. 16 A fornalha é quadrada, com 6 metros em cada
um dos lados. 17 A borda é quadrada e mede 7 metros em seus quatro lados; a moldura
em torno do altar mede 25 centímetros; e sua base, 0,5 metro [mais larga que o restante]
ao redor. Suas escadas estão de frente para o leste.
18 Ele me disse: "Ser humano, *Adonai Elohim* diz: 'Estes são os regulamentos para
o altar quando chegar o tempo de construí-lo, de oferecer ofertas queimadas nele e
e aspergir o sangue sobre ele; 19 você dará aos *kohanim*, os quais são *l'vi'im* e descendentes de Tzadok, que se aproximam para me servir', diz *Adonai Elohim*, 'um novilho
como oferta pelo pecado. 20 Você tomará seu sangue e o aspergirá sobre os quatro
chifres do altar, sobre quatro chifres da aba e sobre a moldura que está em toda a
volta; será dessa forma que você o purificará e fará expiação por ele. 21 Você também
deverá tomar o novilho que é a oferta pelo pecado e queimá-lo no lugar designado
[sobre o chão] da casa, fora do santuário. 22 No segundo dia, você oferecer um cabrito
sem defeito como oferta pelo pecado, e eles purificarão o altar da mesma forma que
o purificaram com o novilho. 23 Quando você tiver terminado de purificá-lo, deverá
oferecer um novilho sem defeito e um carneiro do rebanho sem defeito. 24 Você os
apresentará diante de *Adonai*, e os *kohanim* jogarão sal neles e os oferecerão como
oferta queimada a *Adonai*. 25 A cada dia, por sete dias, você preparará um cabrito
como oferta pelo pecado; eles também prepararão um novilho e um carneiro sem
defeito do rebanho. 26 Por sete dias, farão expiação pelo altar e o purificarão; desse
modo, o consagrarão. 27 Quando esses dias terminarem, Então no oitavo dia e daí
em diante, os *kohanim* apresentarão suas ofertas queimadas sobre o altar e suas
ofertas pacíficas; e eu os aceitarei, diz *Adonai Elohim*".

44 1 Então ele me levou de volta pelo caminho da porta externa do santu-
ário, aquela que fica de frente para o leste; e ela estava fechada. 2 *Adonai*
me disse: "Esta porta permanecerá fechada; não será aberta, e ninguém passará
por ela; porque *Adonai*, o Deus de Yisra'el, passou por aqui. Portanto, ela deve ser
mantida fechada. 3 Somente o príncipe, uma vez que é o príncipe, deve sentar-se
ali e comer sua refeição diante de *Adonai*; ele entrará pelo vestíbulo da porta e
sairá pelo mesmo caminho".
4 Então ele me levou à porta norte, em frente à casa. Olhei, vi que a glória de
Adonai enchia a casa de *Adonai* e me prostei sobre meu rosto. 5 *Adonai* me disse: "Ser
humano, preste atenção; veja com seus olhos e ouça com seus ouvidos todas as
coisas que falo a você sobre os regulamentos da casa de *Adonai* e sobre toda a sua
Torah; preste atenção acerca daquele que pode entrar na casa e daquele que deve
ser excluído do santuário. 6 Você dirá aos rebeldes, à casa de Yisra'el, que é isto o
que *Adonai Elohim* diz: 'Casa de Yisra'el, bastam todas as suas práticas odiosas!
7 Vocês trouxeram estrangeiros e incircuncisos, tanto no coração quanto na carne,
para dentro de meu santuário, profanando-o — sim, minha casa —, enquanto vo-
cês ofereciam minha comida, a gordura e o sangue; assim, em adição a todas as
suas práticas odiosas, eles quebraram minha aliança. 8 Em vez de vocês mesmos
tomarem cuidado com minhas coisas santas, encarregaram esses povos de meu
santuário. 9 Eis o que *Adonai Elohim* diz: 'Nenhum estrangeiro, incircunciso tanto
no coração quanto na carne, entrará em meu santuário — nenhum estrangeiro que
vive no meio do povo de Yisra'el.
10 " 'Antes, os *l'vi'im*, que se desviaram de mim quando Yisra'el se desencami-
nhou, desviando-se após seus ídolos — eles carregarão as consequências de sua
culpa, 11 porém servirão em meu santuário. Ficarão no encargo das portas da casa
e do serviço da casa; abaterão a oferta queimada e farão os abates para o povo; e
eles o assistirão e o servirão. 12 Porque o serviram na presença de seus ídolos e se
tornaram ocasião de pecado para a casa de Yisra'el, levanto minha mão contra eles',
diz *Adonai Elohim*, 'e eles carregarão as consequências de sua culpa. 13 Não se apro-
ximarão de mim na função de *kohen* nem se aproximarão de nenhuma das coisas
santas, nem das coisas santíssimas, mas carregarão sua vergonha pelas práticas
odiosas que cometeram. 14 No entanto, eu os porei no encargo da casa e de toda a
sua manutenção e de tudo o que deve ser feito nela.
15 " 'Os *kohanim*, porém, que são *l'vi'im* e descendem de Tzadok, que tomaram
cuidado com meu santuário quando o povo de Yisra'el se afastou de mim, serão
os que se aproximarão de mim e me servirão; serão eles que me assistirão e me
oferecerão gordura e sangue', diz *Adonai Elohim*. 16 'Eles entrarão em meu santuário
e se aproximarão de minha mesa para ministrar e oferecer-me sacrifícios.
17 " 'Uma vez que entrem pela porta do pátio interior, deverão usar roupas de
linho; não deverão usar roupas de lã enquanto servem nas portas do pátio interior
nem dentro dele. 18 Usarão turbante de linho sobre a cabeça, roupas de baixo feitas
de linho sobre o corpo, e não usarão nada que os faça suar. 19 Antes de sair ao povo
no pátio exterior, removerão as roupas com as quais ministraram, as deixarão nas
salas sagradas e vestirão outras roupas; desse modo, não transmitirão santidade ao
povo por meio de suas roupas. 20 Não raparão a cabeça nem deixarão o cabelo mui-
to comprido, mas deverão manter o cabelo cuidadosamente aparado. 21 Nenhum
kohen beberá vinho quando entrar no pátio interior. 22 Eles não se casarão com a
viúva ou com a divorciada, mas deverão casar-se com virgens que descendam da
casa de Yisra'el, ou com a viúva cujo marido morto tenha sido um *kohen*.

23 “ ‘Ensinarão a meu povo a diferença entre o santo e o comum e o capacitarão a distinguir entre o limpo e o impuro. 24 Serão juízes em controvérsias e tomarão decisões de acordo com meus regulamentos. Em todos os meus festivais designados obedecerão a minhas leis e minhas ordenanças, e manterão santos meus *shabbatot*. 25 Eles não se achegarão a nenhuma pessoa morta, porque isso poderia torná-los impuros; porém, pelo pai, mãe, filho, filha, irmão ou irmã que não tenha tido marido poderão fazer-se impuros. 26 Depois que o *kohen* tiver sido purificado, ele deverá esperar sete dias. 27 Então no dia em que entrar no santuário, quando for ao pátio interior para ministrar no santuário, ele oferecerá sua oferta pela culpa’, diz *Adonai Elohim*.

28 “ ‘A herança deles será a seguinte: eu mesmo sou sua herança. Vocês não lhes concederão nenhuma possessão em Yisra'el — eu mesmo sou a possessão deles. 29 Deverão comer as ofertas de grãos, as ofertas pelo pecado e as ofertas pela culpa; e tudo o que, em Yisra'el, é consagrado [a Deus] será deles. 30 As primeiras de todas as primícias de todas as coisas e toda contribuição voluntária de todas as coisas, de todas as ofertas, serão para os *kohanim*. Vocês também darão ao *kohen* as primícias de sua massa, para que a bênção repouse sobre suas casas. 31 Os *kohanim* não comerão nada, ave ou animal, que tenha morrido naturalmente ou que tenha sido despedaçado.

45 1 “ ‘Quando vocês dividirem a terra em lotes por herança, separarão uma oferta para *Adonai*, uma porção santa da terra. Seu cumprimento será de 12,5 quilômetros, e sua largura, de 10 quilômetros; essa região inteira será santa. 2 Dessa porção, será reservado para o Lugar Sagrado uma área de 250 metros quadrados, com 25 metros para terreno aberto ao redor. 3 Junto a essa região, vocês medirão 12,5 quilômetros de comprimento e 5 quilômetros de largura; nessa área estará o santuário, que será santíssimo. 4 Esta é a porção santa da terra; ela será para os *kohanim* que servirão no santuário, que se aproximarão para ministrar a *Adonai*; será o lugar para suas casas e o lugar separado para o santuário. 5 Uma porção de 12,5 quilômetros de comprimento por 5 quilômetros de largura será a propriedade dos *l'vi'im* que servem na casa; ela também terá 20 aposentos [para os guardadores dos portões]. 6 Vocês deverão dar à cidade a possessão da área adjacente à porção santa na medida de 2,5 quilômetros de largura e 12,5 quilômetros de comprimento; essa área será para toda a casa de Yisra'el.

7 “ ‘O príncipe terá seu território em ambos os lados da oferta santa e da propriedade da cidade; essa área se estenderá para o oeste até a fronteira oeste da terra, e para o leste, até sua fronteira leste; e o comprimento [desde o lado mais distante de uma parte] de suas duas partes [até o lado mais distante da outra parte] será o mesmo comprimento das porções [tribais]. 8 Sua possessão em Yisra'el será limitada a essa e, daqui em diante, meus príncipes não mais enganarão meu povo, mas darão a terra à casa de Yisra'el de acordo com suas tribos’. 9 *Adonai Elohim* diz: ‘Príncipes de Yisra'el, isso deve ser suficiente para vocês! Livrem-se da violência e da opressão, façam o que é correto e justo, e parem de desapropriar meu povo de sua terra!’, diz *Adonai Elohim*.

10 “ ‘Vocês terão balanças honestas, 1 honesto *eifah* [a medida de 1 alqueire secos] e um *bat* honesto [a medida de 1 alqueire para líquidos]. 11 O *eifah* e o *bat* devem conter o mesmo volume — o *bat* deve conter um décimo de 1 *‘omer*; o *‘omer* deve ser a medida padrão. 12 Também o *shekel* deve ser 20 *gerot*; seu *maneh* será a soma de 20 peças de *shekel*, mais 25 peças de *shekel*, mais 15 peças de *shekel*.

13 “ ‘Esta é a oferta que vocês farão: um sexto de 1 alqueire de cada 10 alqueires de trigo, e um sexto de 1 alqueire de cada 10 alqueires de cevada. 14 A lei para o óleo

de oliva será a metade de 1 galão de cada 50 galões, que é o mesmo que 10 *bats* ou 1 *'omer*, já que 10 *batim* é igual a 1 *'omer*. [15] Do rebanho, vocês tomarão uma ovelha de cada 200 que estão sendo apascentadas em Yisra'el; [tudo isto será utilizado] para ofertas de grãos, ofertas queimadas e ofertas pacíficas, para fazer expiação por eles', diz *Adonai Elohim*. [16] 'Todo o povo da terra apresentará as ofertas ao príncipe em Yisra'el. [17] A obrigação do príncipe será apresentar as ofertas queimadas, as ofertas de grãos e as ofertas de líquidos nas festas, no *Rosh-Hodesh*, e no *shabbat* — em todas as épocas designadas para a casa de Yisra'el. Ele preparará as ofertas pelo pecado, as ofertas de grãos, as ofertas queimadas e as ofertas pacíficas para fazer expiação pela casa de Yisra'el'.

[18] "*Adonai Elohim* diz isto: 'No primeiro dia do primeiro mês você tomará um novilho sem defeito e purificará o santuário. [19] O *kohen* tomará um pouco do sangue da oferta pelo pecado e o aspergirá sobre os batentes da porta da casa, nos quatro chifres da aba do altar e sobre os suportes da porta do pátio interior. [20] Você também fará isso para todos aqueles que pecarem inadvertidamente ou por ignorância no sétimo dia do mês. Assim, você fará expiação pela casa.

[21] " 'No décimo quarto dia do primeiro mês, vocês farão *Pesach*, a festa de sete dias de duração; será comido *matzah*. [22] Nesse dia, o príncipe providenciará para si mesmo e para todo o povo da terra um novilho como oferta pelo pecado. [23] Nos sete dias da festa, ele providenciará a oferta queimada para *Adonai*, sete novilhos e sete cordeiros sem defeito, diariamente, por sete dias, e um cabrito macho diariamente como oferta pelo pecado. [24] Ele providenciará, como oferta pelo grão, 1 alqueire [de grãos] por um novilho e 1 alqueire por um cordeiro; e, a cada alqueire [de grãos], 1 galão de óleo de oliva.

[25] " 'No décimo quinto dia do sétimo mês, durante a festa [do Sukkot] ele fará as mesmas coisas que fez naqueles sete dias em relação às ofertas pelo pecado, às ofertas queimadas, às ofertas de grãos e ao óleo de oliva'.

46 [1] "Isto é o que *Adonai Elohim* diz: 'A porta leste do pátio interior deverá permanecer fechada nos seis dias de trabalho, mas no *shabbat* será aberta, e no *Rosh-Hodesh* também será aberta. [2] O príncipe entrará pelo caminho do vestíbulo exterior da porta e ficará próximo ao batente. Os *kohanim* deverão preparar sua oferta queimada e suas ofertas pacíficas. Então ele se prostrará em adoração na soleira da porta e depois disso se retirará; porém, a porta não será fechada até a noite. [3] O povo da terra também se prostrará em adoração diante de *Adonai* na entrada daquela porta no *shabbat* e no *Rosh-Hodesh*.

[4] " 'A oferta queimada que o príncipe deverá oferecer a *Adonai* no shabbat consistirá em seis cordeiros sem defeito e um carneiro sem defeito. [5] A oferta de grãos consistirá em um alqueire por carneiro, ao passo que a oferta de cordeiros poderá ser tanta quanta ele quiser dar, com 1 galão de óleo de oliva por *eifah*. [6] No *Rosh-Hodesh* consistirá em um novilho, seis cordeiros e um carneiro, todos sem defeito. [7] Ele deverá preparar a oferta de grãos que consistirá em um alqueire por novilho, um alqueire por carneiro e para os cordeiros ela será como seus recursos lhe permitirem; para cada alqueire será oferecido 1 galão de óleo de oliva.

[8] " 'Quando o príncipe entrar, ele o fará pelo caminho do vestíbulo da porta, e se retirará pelo mesmo caminho. [9] Contudo, quando o povo da terra comparecer diante de *Adonai* nas épocas designadas, quem quer que entre para adorar pelo caminho da porta norte deverá sair pelo caminho da porta sul, e quem quer que entre pelo caminho da porta sul deverá sair pelo cominho da porta norte; eles não voltarão pelo portão por meio do qual entraram, mas sairão pelo caminho à sua frente.

10 [Nessas ocasiões,] o príncipe deverá estar entre eles quando entrarem; e, quando
saírem, sairão juntos.
11 " 'Nas festas e nos tempos determinados, a oferta de grãos será de 1 alqueire
por novilho e 1 alqueire por carneiro, enquanto para os cordeiros poderá ser tanta
quanta ele quiser dar, com 1 galão de óleo de oliva por alqueire.
12 " 'Quando o príncipe providenciar a oferta voluntária, se for oferta queimada ou
oferta pacífica que ele oferece voluntariamente a *Adonai*, alguém deverá abrir a porta
leste para ele; e ele providenciará sua oferta queimada ou oferta pacífica como o faz
no *shabbat*. Então ele se retirará; e, depois que se retirar, a porta será fechada.
13 " 'Vocês providenciarão um cordeiro de 1 ano, que não tenha defeito, por dia,
como oferta queimada a *Adonai*; façam isso a cada manhã. 14 A cada manhã, tam-
bém providenciem a oferta de grãos, um sexto de alqueire e um terço de galão de
óleo de oliva para umedecer a farinha fina; esta é a oferta contínua de grãos feita a
Adonai, por regulamento permanente. 15 Assim, eles oferecerão um cordeiro, a ofer-
ta de grãos e o óleo a cada manhã como oferta queimada contínua'.
16 "*Adonai Elohim* diz o seguinte: 'Se o príncipe desviar parte de sua propriedade
hereditária para algum de seus filhos, essa será sua herança; ela pertencerá a seus
filhos; essa é sua possessão por herança. 17 Contudo, se ele der parte de sua pro-
priedade hereditária a algum de seus escravos, será dele até o ano da liberdade, quando
voltará ao príncipe para que a herança do príncipe vá para seus filhos. 18 O príncipe não
tomará nenhuma parte da herança do povo, desapropriando-o assim, de forma injusta,
de sua propriedade; deverá dar a seus filhos uma herança de sua própria propriedade,
para que ninguém de meu povo seja afastado de sua propriedade' ".
19 Em seguida, ele me levou através da entrada ao lado da porta às salas santas
que estão de frente para o norte, as quais são para uso dos *kohanim*. Na extremi-
dade oeste delas, vi um lugar 20 sobre o qual ele me disse: "Este é o lugar onde os
kohanim cozerão as ofertas pela culpa e as ofertas pelo pecado, e assarão as ofertas de
grãos. Dessa maneira, não as levarão ao pátio exterior, nem se arriscarão a transmitir
santidade ao povo". 21 Ele me levou ao pátio exterior e me fez passar pelos quatro cantos
do pátio, e ali, em cada canto do pátio, havia outro pátio — 22 os quatro cantos do pátio
tinham 20 metros de comprimento e 15 metros de largura; os quatro pátios nos cantos
eram do mesmo tamanho. 23 Havia uma parede em volta de cada um dos quatro cantos,
com fogões em toda a volta da base das paredes. 24 Ele me disse: "Esses são os fogões
onde os que servem na casa cozinharão os sacrifícios do povo".

47 1 Então ele me levou de volta à entrada da casa, e vi água fluindo para o leste
de debaixo da soleira do altar, pois a casa estava virada para o leste. A água
fluía de debaixo do lado esquerdo da casa, ao sul do altar. 2 Em seguida, ele me
levou para fora pela porta norte e me fez dar a volta por fora até a porta externa,
pelo caminho da porta leste, onde vi água escorrendo do lado sul. 3 Com uma li-
nha em sua mão, o homem saiu pelo leste e mediu 500 metros e me fez caminhar
pelo ribeiro; a água vinha até meus tornozelos. 4 Ele mediu outros 500 metros e
me fez andar pela água, que chegava a meus joelhos. Mediu outros 500 metros e me
fez andar pela água, que subia até minha cintura. 5 Finalmente, mediu 500 metros,
e já era um rio que eu não podia atravessar a pé, porque a água era tão profunda
que seria necessário nadar para cruzá-la; era um rio no qual não se podia caminhar.
6 Ele me perguntou: "Ser humano, você viu isso?". Então guiando-me, conduziu-me
de volta à margem do rio. 7 Depois de ter voltado, vi grande número de árvores
nas margens do rio, de um lado e do outro. 8 Ele me disse: "Estas águas fluem para
a região leste e continuam até o 'Aravah. Quando elas entrarem no mar, o mar
de águas estagnadas, [o mar Morto,] suas águas ficarão saneadas. 9 Quando isso

acontecer, populações de todos os tipos de criaturas vivas poderão habitar nele,
onde quer que as águas fluam, de modo que haverá grande número de peixes; pois
esta água está fluindo ali, de modo que, onde quer que o rio vá, todas as coisas se-
rão restauradas e viverão. 10 Então os pescadores ficarão em suas costas e lançarão
redes em todo o caminho, desde 'Ein-Gedi até 'Ein-'Eglayim. Nele haverá tantos pei-
xes quanto no Grande Mar [o Mediterrâneo], enorme variedade. 11 No entanto, seus
charcos e pântanos não serão saneados, mas permanecerão salgados. 12 Em ambas
as margens, crescerão todos os tipos de árvores frutíferas; suas folhas não secarão,
nem falhará seu fruto. Será uma espécie diferente de fruto a cada mês, porque a
água flui do santuário, de modo que esse fruto será comestível, e até mesmo as
folhas terão propriedades curativas".

13 "*Adonai Elohim* diz o seguinte: 'Estas são as fronteiras da terra que vocês dis-
tribuirão por herança entre as 12 tribos de Yisra'el, devendo Yosef receber duas
porções. 14 Vocês terão, por herança, partes iguais. Jurei a seus antepassados que eu
daria esta terra a eles, e, agora, cabe a vocês herdá-la.

15 " 'As fronteiras da terra serão como segue: ao norte, desde o Grande Mar, pas-
sando por Hetlon até a entrada de Tz'dad, 16 Hamat, Berotah, Sibrayim (que fica entre
a fronteira de Dammesek e a fronteira de Hamat), indo até Hatzer-Hatikhon (que
está na direção da fronteira de Havran). 17 A fronteira do mar será Hatzar-'Einon (na
fronteira de Dammesek); a fronteira norte se estende até Hamat. Este é o lado norte.

18 " 'No lado leste, a fronteira segue entre Havran e Dammesek, entre Gil'ad e a
terra de Yisra'el pelo Yarden, desde a fronteira até o mar oriental. Este é o lado leste.

19 " 'No lado do Negev, na direção do sul, ela irá de Tamar até tão distante quan-
to as águas de M'rivot-Kadesh, e então para o *vádi* [do Egito] e daí para o Grande
Mar. Este é o lado sul, na direção do Negev.

20 "No lado oeste, será o Grande Mar, até tão distante quanto a entrada para
Hamat. Este é o lado leste.

21 " 'Este é o território que vocês deverão dividir entre as tribos de Yisra'el. 22 Vocês
o dividirão por lotes, como uma herança, tanto para vocês quanto para os estrangeiros
que vivem entre vocês, que dão à luz filhos que vivem entre vocês; para vocês, eles
não devem ser diferentes do nativo nascido no meio do povo de Yisra'el — eles terão
herança com vocês entre as tribos de Yisra'el. 23 Vocês darão ao estrangeiro a herança
no território da tribo com a qual ele esteja vivendo', diz *Adonai Elohim*.

48 1 " 'Em seguida, a lista das tribos:
" 'Este é o território de Dan: desde o extremo norte, passando por Hetlon, até
a entrada de Hamat, Hatzar-'Einan (na fronteira de Dammesek), ao norte, próximo a
Hamat; e eles terão seus lados leste e oeste.

2 " 'O território de Asher margeará o território de Dan desde o leste até o oeste.

3 " 'O território de Naftali margeará o território de Asher desde o leste até o oeste.

4 " 'O território de M'nasheh margeará o território de Naftali desde o leste até o
oeste.

5 " 'O território de Efrayim margeará o território de M'nasheh desde o leste até o
oeste.

6 " 'O território de Re'uven margeará o território de Efrayim desde o leste até o
oeste.

7 " 'O território de Y'hudah margeará o território de Re'uven desde o leste até o
oeste.

8 " 'Margeando o território de Y'hudah, desde o leste até o oeste, estará a oferta
que vocês separarão de 12,5 quilômetros de largura e de comprimento igual à dis-
tância entre as fronteiras leste e oeste de cada uma das porções, com o santuário

dentro desse lote. 9 A oferta que vocês separarem para Adonai deverá ter 12,5 quilômetros de comprimento e 5 quilômetros de largura. 10 Essa oferta santa será para os *kohanim*; ela terá 12,5 quilômetros de comprimento de norte a sul e 5 quilômetros de largura de oeste a leste; o santuário de Adonai ficará dentro desta porção. 11 A porção santificada será para os *kohanim*, os descendentes de Tzadok que permaneceram fiéis à minha comissão e não se desviaram quando o povo de Yisra'el e os *l'vi'im* se desviaram. 12 Essa deve ser uma porção santíssima, separada para eles e tomada da oferta de terra separada, próxima à fronteira com os *l'vi'im*.

13 " 'Margeando o território dos *kohanim*, os *l'vi'im* deverão ter uma porção de 12,5 quilômetros de comprimento e 5 quilômetros de largura — seu cumprimento total será de 12,5 quilômetros, e sua largura, de 5 quilômetros. 14 Eles não poderão vendê-la ou trocá-la, nem alienar parte alguma dessa terra separada; porque ela é santa para Adonai.

15 " 'Os 12,5 quilômetros de largura e 12,5 quilômetros de comprimento que restam deverão ser para o uso comum da cidade, para moradia e para campos abertos. A cidade ficará dentro deles 16 e medirá 2.250 metros em cada um de seus lados — norte, sul, leste e oeste. 17 A cidade terá uma borda de terra no lado de fora dela de 125 metros de comprimento em cada lado — norte, sul, leste e oeste. 18 Restará uma faixa próxima à oferta santa que se estenderá por 5 quilômetros até o leste e por 5 quilômetros até o oeste. Essa área próxima à oferta santa deverá ser usada para o cultivo do alimento para aqueles que servem à cidade. 19 O povo de todas as tribos de Yisra'el que servem na cidade irão cultivá-la. 20 A oferta inteira será de 12,5 quilômetros de cada lado, incluindo a seção dedicada à cidade.

21 " 'O que restar será para o príncipe — a terra nos dois lados da oferta sagrada e a seção dedicada à cidade, ou seja, a porção que se estende a leste, desde os 12,5 quilômetros da fronteira oriental da oferta até a fronteira leste da terra, e a porção que se estende para o oeste desde os 12,5 quilômetros da fronteira ocidental da oferta até a fronteira oeste da terra — esta terra adjacente às porções [tribais] será para o príncipe, com a oferta santa e o santuário da casa dentro dela. 22 Assim, a terra que pertence aos *l'vi'im* e a seção dedicada à cidade ficarão dentro daquela que pertence ao príncipe.

" 'O território que pertence ao príncipe ficará entre o território de Y'hudah e o território de Binyamin — 23 o que nos leva ao restante das tribos:

" 'O território de Binyamin se estenderá de leste a oeste.

24 " 'O território de Shim'on se estenderá adjacente ao território de Binyamin de leste a oeste.

25 " 'O território de Yissakhar se estenderá adjacente ao território de Shim'on de leste a oeste.

26 " 'O território de Z'vulun se estenderá adjacente ao território de Yissakhar de leste a oeste.

27 " 'O território de Gad se estenderá adjacente ao território de Z'vulun de leste a oeste.

28 " 'Adjacente ao território de Gad, desde o Negev ao sul, a fronteira se estenderá desde Tamar até as águas em M'rivat-Kadesh, e dali para o *vádi* [do Egito], e então para o Grande Mar. 29 Essa é a terra que vocês distribuirão por lotes às tribos de Yisra'el como herança, e essas são suas porções', diz *Adonai* Elohim.

30-34 " 'Essas são as saídas da cidade; elas receberão os nomes das tribos de Yisra'el, três portas em cada um dos quatro lados; os quatro lados medirão, cada um, 2.250 metros: ao norte, portas chamadas de Re'uven, Y'hudah e Levi; a leste, portas chamadas de Yosef, Binyamin e Dan; ao sul, portas chamadas de Shim'on, Yissakhar e Z'vulun; e a oeste, portas chamadas de Gad, Asher e Naftali.

35 "O perímetro da cidade será de 9 quilômetros. E, daquele dia em diante, o nome da cidade será Adonai *Shammah* [Adonai está ali]' ".

הושע
Hoshe'a
[Oseias]

1 1 Esta é a palavra de *Adonai* que veio a Hoshe'a, o filho de Be'eri, durante os reinados de 'Uziyah, Yotam, Achaz e Y'chizkiyah, reis de Y'hudah, e durante o reinado de Yarov'am, o filho de Yo'ash, rei de Yisra'el. 2 As primeiras palavras de *Adonai,* ao falar a Hoshe'a, foram para a instrução de Hoshe'a:

> "Vá, case-se com uma prostituta
> e tenha filhos com essa prostituta;
> pois a terra lançou-se em prostituição flagrante,
> desviando-se de *Adonai*".

3 Ele foi e casou-se com Gomer, a filha de Divlayim, e ela engravidou e deu à luz um filho. 4 *Adonai* disse a Hoshe'a: "Chame-o Yizre'el, pois em pouco tempo punirei a casa de Yehu por ter vertido sangue em Yizre'el; darei fim ao reinado da casa de Yisra'el. 5 Quando esse dia chegar, quebrarei o arco de Yisra'el no vale de Yizre'el".

6 Ela engravidou outra vez e deu à luz uma filha. *Adonai* disse a Hoshe'a: "Chame-a Lo-Ruchamah [Sem compaixão], pois eu não terei mais piedade da casa de Yisra'el. De modo nenhum, os perdoarei. 7 No entanto, terei piedade da casa de Y'hudah; eu não os salvarei por meio do arco, da espada, da batalha, de cavalos ou de cavaleiros, mas por *Adonai,* seu Deus".

8 Depois do desmame de Lo-Ruchamah, Gomer concebeu e deu à luz um filho. 9 *Adonai* disse: "Chame-o Lo-'Ammi [Não meu povo], pois vocês não são meu povo, e eu não serei seu [Deus]".

2 1(1.10) "Mesmo assim, o povo de Yisra'el será tão numeroso quanto os grãos de areia do mar, que não podem ser medidos ou contados; portanto, chegará o tempo em que, em lugar de lhes dizer: 'Vocês não são meu povo', lhes será dito: 'Vocês são os filhos do Deus vivo'. 2(1.11) Então o povo de Y'hudah e o povo de Yisra'el serão reunidos; eles apontarão para si um líder; e se levantarão da terra; pois esse será um grande dia, [o dia] de Yizre'el.

3(1) "Digam a seus irmãos: '*Ammi*'! [Meu povo],
e a suas irmãs, '*Ruchamah*'! [Compadecida]
4(2) Repreendam sua mãe, repreendam-na;
pois ela não é minha mulher, e eu não sou seu marido.
Ela deve retirar sua prostituição de seu rosto,
e seus adultérios dos seus seios.
5(3) De outro modo, eu a deixarei nua
e a deixarei como no dia de seu nascimento,
farei dela um deserto, eu a tornarei como a terra seca
e a matarei de sede.
6(4) Não terei piedade de seus filhos,
pois eles são filhos de prostituição.

7(5) A mãe deles se prostituiu,
a que engravidou deles comportou-se sem nenhuma vergonha;
ela disse: 'Seguirei meus amantes,
que me deram comida e água,
lã, linho, azeite de oliva e vinho'.
8(6) Portanto, bloquearei seu caminho com espinhos
e levantarei uma cerca para que ela não encontre suas sendas.
9(7) Ela seguirá atrás de seus amantes, mas não os alcançará.
Ela os procurará, mas não os encontrará.
Ela dirá: 'Irei
e voltarei a meu primeiro marido;
pois, naquele tempo, as coisas eram melhores para mim do que são agora'.
10(8) Pois ela não sabe que eu lhe dei
os grãos, o vinho e o azeite;
eu fiz aumentar sua prata e ouro,
que eles usaram para Ba'al.
11(9) Por isso, tomarei de volta meus grãos na época da colheita
e meu vinho em sua estação;
eu retirarei minha lã e linho,
usados para cobrir seu corpo nu.
12(10) E descobrirei sua vergonha,
enquanto seus amantes observam;
e nenhum deles a salvará de mim.
13(11) Darei fim à sua felicidade,
suas festas, *Rosh-Hodesh*, e *shabbatot*,
e a todos os seus tempos designados.
14(12) Devastarei suas vinhas e figueiras,
das quais ela diz: 'Estas são meu pagamento,
dado por meus amantes'.
No entanto, eu as transformarei em uma floresta,
e animais selvagens a devorarão.
15(13) Eu a punirei por oferecer incenso
nos dias de festa dos *ba'alim*,
quando ela se enfeitou com seus brincos e joias,
seguindo seus amantes e se esquecendo de mim", diz *Adonai*.
16(14) "No entanto, eu a persuadirei —
eu a levarei ao deserto
e falarei ao seu coração.
17(15) Eu lhe darei suas vinhas dali
e o vale de Akhor como uma porta para a esperança.
Ali, ela responderá como o fez quando era jovem,
como no tempo em que saiu do Egito.

18(16) "Naquele dia", diz *Adonai*
"você me chamará *Ishi* [Meu Marido];
E não mais *Ba'ali* [Meu Senhor].
19(17) Pois retirarei os nomes
dos *ba'alim* de sua boca;
eles nunca mais serão nominados.
Quando esse dia chegar, farei
a aliança por eles

com os animais selvagens, as aves do ar
e os seres rastejantes da terra.
Quebrarei arco e espada,
eliminarei a batalha da terra,
e os farei repousar com segurança.
20(18) Eu me casarei com você para sempre;
sim, eu me casarei com você
em justiça, em retidão,
em graça e compaixão;
21(19) Eu me casarei com você em fidelidade,
e você conhecerá *Adonai*.
22(20) Quando esse dia chegar,
eu responderei",
diz *Adonai*,
"eu responderei ao céu,
e eles responderão à terra;
23(21) a terra responderá ao trigo, vinho e azeite,
e eles responderão a Yizre'el [Deus semeará].
24(22) Semearei para mim na terra.
Terei piedade de Lo-Ruchamah [Sem compaixão];
direi a Lo-'Ammi [Não meu povo]: 'Você é meu povo';
e eles dirão: 'Tu és meu Deus' ".

3 [1] *Adonai* me disse: "Vá mais uma vez e demonstre amor a [essa] mulher [que é
sua], amada por outro amor, a essa adúltera — do mesmo modo que *Adonai* ama
o povo de Yisra'el, ainda que eles tenham se voltado para outros deuses e amem os
bolos de passas [oferecidos a eles]".
[2] Assim, eu a trouxe de volta para mim com 15 peças de prata e 282 litros de
cevada. [3] Eu disse a ela: "Você deve permanecer reclusa por um longo tempo e ser
minha. Não seja uma prostituta e não fique com nenhum outro homem; e eu tam-
bém não manterei relações sexuais com você". [4] Pois o povo de Yisra'el permane-
cerá recluso por um longo tempo sem rei, príncipe, sacrifício, coluna, roupa ritual
ou deuses domésticos. [5] Mais tarde, o povo de Yisra'el se arrependerá e buscará
Adonai, seu Deus, e David, seu rei; eles virão tremendo até *Adonai* e sua bondade no
acharit-hayamim.

4 [1] Ouça a palavra de *Adonai*,
povo de Yisra'el!
Pois *Adonai* possui uma acusação contra os habitantes da terra:
não há verdade, amor fiel
ou conhecimento de Deus na terra;
2 apenas xingamentos e mentiras, assassinatos,
roubos e adultérios!
Eles ultrapassam todos os limites,
com um crime de sangue
seguindo-se a outro.
3 Por isso, a terra lamenta,
e toda a vida ali se abate,
também os animais selvagens e pássaros do céu;
até o peixe do mar é removido.

4 No entanto, ninguém deve discutir ou repreender,
pois seu povo discute com o *kohen.*
5 Por isso, você tropeçará durante o dia,
e o profeta tropeçará com você à noite.

"Eu destruirei sua mãe.
6 Meu povo é destruído por falta de conhecimento.
Por ter rejeitado o conhecimento,
eu também o rejeitarei como meu *kohen.*
Por você se ter esquecido da *Torah* de seu Deus,
também eu me esquecerei de seus filhos.
7 Quanto mais eles aumentaram em número,
mais pecaram contra mim. Transformarei sua glória em vergonha.
8 Eles se alimentam do pecado do meu povo
e são ávidos por suas transgressões.
9 No entanto, o *kohen* não passará
melhor que o povo;
eu o punirei por seus caminhos
e o recompensarei por seus atos.
10 Eles comerão, mas não se saciarão,
e se relacionarão com prostitutas sem gerar filhos,
pois pararam de dar ouvidos a ADONAI.
11 Prostituição e vinho
sobrepujam o bom senso do meu povo —
tanto dos idosos quanto dos jovens.
12 Meu povo consulta seu pedaço de madeira,
o bastão do adivinho fala com eles,
pois o espírito de prostituição os faz errar,
eles se dirigem à prostituição, abandonam seu Deus.
13 Sacrificam sobre cumes de montanhas
e oferecem incenso sobre as colinas
debaixo de carvalhos, álamos e pistaches,
pois dão boa sombra.
Por isso, suas filhas comportam-se como prostitutas,
e suas noras adulteram.
14 Não punirei suas filhas quando agirem como prostitutas,
ou suas noras quando cometerem adultério,
pois os homens saem atrás de prostitutas
e fazem sacrifícios com prostitutas.
Sim, um povo sem entendimento
será arruinado".

15 Se você, Yisra'el, prostituir-se,
Y'hudah não necessitará incorrer nessa culpa.
Não vá a Gilgal nem suba a Beit-Aven,
e não jure: "Como vive ADONAI".
16 Pois Yisra'el é teimoso como uma vaca teimosa;
ADONAI os alimentará agora como um cordeiro em um grande pasto?
17 Efrayim uniu-se aos ídolos;
deixe-o só!
18 Quando terminarem de se embebedar, iniciarão a prostituição;
seus governantes amam muito a desonra.

19 O vento os levará embora em suas asas,
e seus sacrifícios não geram nada além de vergonha.

5 1 "Ouçam isso, *kohanim*!
Preste atenção, casa de Yisra'el!
Ouça, casa do rei!
Pois o juízo vem em direção a vocês.
Vocês se tornaram uma armadilha para Mitzpah
e uma rede espalhada sobre Tavor.
2 Os rebeldes incrementaram a matança,
e eu sou rejeitado por todos eles.

3 "Conheço Efrayim;
Yisra'el não está oculto de mim,
pois agora, Efrayim, você é uma prostituta;
Yisra'el é profanado".

4 Seus atos não lhes permitirão
voltar para seu Deus,
pois o espírito de prostituição está neles,
e eles não conhecem *Adonai*.
5 A arrogância de Yisra'el testemunhará em sua face;
Yisra'el e Efrayim tropeçarão em suas transgressões;
Y'hudah também tropeçará com eles.
6 Com seus rebanhos,
irão à procura de *Adonai*.
No entanto, não o encontrarão;
ele se retirou deles.
7 Traíram *Adonai*, ao gerarem filhos estrangeiros.
Agora, dentro do mês, os invasores
devorarão suas terras.

8 "Toquem o *shofar* em Giv'ah,
uma trombeta em Ramah;
façam soar o alarme em Beit-Aven:
'Atrás de vocês, Binyamin!'.
9 Efrayim será arrasado
quando o dia da punição chegar;
eu anuncio às tribos de Yisra'el
o que com certeza ocorrerá.
10 Os líderes de Y'hudah são como homens
que movem pedras de demarcação;
derramarei minha fúria
sobre eles como água.
11 Efrayim será oprimido, esmagado pelo juízo,
pois de forma deliberada procurou pela futilidade.
12 Por isso, sou como uma traça para Efrayim
e como podridão para a casa de Y'hudah.
13 Quando Efrayim viu sua doença,
e Y'hudah, sua ferida,

Efrayim foi a Ashur
e enviou mensageiros a um rei rival;
mas ele não o pode curar
ou sarar sua ferida.
14 Pois serei como um leão para Efrayim,
e como um leão jovem para a casa de Y'hudah —
eu os despedaçarei e irei embora;
eu os arrancarei, e ninguém os salvará.
15 Irei e voltarei para meu lugar,
até que admitam sua culpa e procurem por mim,
buscando-me com avidez em sua aflição".

6

1 Venham, voltemos para *Adonai*,
pois ele nos despedaçou e nos curará;
ele nos feriu e cuidará de nossas feridas.
2 Depois de dois dias, ele nos fará reviver;
no terceiro dia, ele nos levantará;
e nós viveremos em sua presença.
3 Que nós conheçamos, que nos esforcemos para conhecer *Adonai*.
Que ele virá, é certo como a manhã;
ele virá para nós como a chuva,
como as chuvas da primavera que regam a terra.
4 "Efrayim, que farei com você?
Y'hudah, que farei com você?
Pois seu 'amor fiel' é como a névoa da manhã,
como o orvalho que desaparece rapidamente.
5 Este é o motivo de eu tê-los feito em pedaços por meio dos profetas,
de tê-los matado com as palavras da minha boca —
o juízo sobre vocês brilha feito a luz.
6 Pois desejo misericórdia, não sacrifícios,
o conhecimento de Deus mais que ofertas queimadas".

7 "No entanto, eles, como os outros homens, romperam a aliança,
foram infiéis ao lidar comigo.
8 Gil'ad é uma cidade de criminosos,
coberta com pegadas de sangue;
9 como bandos de ladrões esperam para emboscar alguém,
assim procede uma gangue de *kohanim*.
Eles assassinam na estrada para Sh'khem!
Sua conduta é um ultraje!
10 Vi algo terrível
na casa de Yisra'el;
encontra-se prostituição em Efrayim,
Yisra'el está profanado.
11 Também para você, Y'hudah,
a colheita virá!".

7

“Quando eu restauro a sorte de meu povo,
1 quando estou pronto para curar Yisra'el,
as transgressões de Efrayim me confrontam,
com a impiedade de Shomron.
Pois eles continuam enganando;
ladrões arrombam, bandos de ladrões atacam do lado de fora.
2 Eles nunca dizem a si mesmos
que eu me lembrarei de todo o seu mal.
Agora os seus atos os cercam;
estão bem diante de mim.
3 Eles fazem o rei feliz com a impiedade deles,
e os líderes, com suas mentiras.
4 Todos eles são adúlteros,
como um forno aceso pelo padeiro,
que não atiça o fogo
em momento nenhum
desde quando começa a preparar a massa até que ela fique pronta”.

5 “No dia especial para seu rei,
os líderes o inflamam com vinho,
e ele se une aos zombadores,
6 que se preparam como um forno
enquanto esperam por sua chance.
O padeiro dorme a noite toda;
então, de manhã, ele se enfurece.
7 Eles estão todos quentes como um forno
e devoram seus juízes.
Todos os seus reis caíram;
nenhum deles me invoca”.

8 “Efrayim mistura-se com os povos,
Efrayim tornou-se um bolo assado parcialmente.
9 Estrangeiros devoraram sua força,
mas ele não o sabe;
sim, aparecem nele, aqui e ali, cabelos grisalhos,
mas ele não o sabe.
10 O orgulho de Yisra'el testemunha contra ele mesmo,
mas, a despeito de tudo isso, eles não se voltaram
para *Adonai*, o Deus deles, nem o buscaram.
11 Efrayim comporta-se como uma pomba tola, boba —
à procura de ajuda no Egito, depois em Ashur.
12 Mesmo que estejam a caminho,
abrirei minha rede sobre eles;
eu os arrastarei como aves do céu;
e os disciplinarei, como sua assembleia foi avisada.
13 Ai deles! Pois se desviaram de mim.
A destruição espera por eles, pois eles me têm enganado.
Deveria eu resgatá-los
quando falam mentiras contra mim?
14 Eles não clamaram a mim de coração,
ainda que tenham chorado em seu leito.

Eles se reúnem para o trigo e o vinho,
mas se afastam de mim.
15 Fui eu que os treinei e lhes fortaleci os braços,
contudo, conspiram o mal contra mim.
16 Eles se voltam, mas não para cima;
são como o arco em que não se confia.
Seus líderes morrerão à espada
por causa de sua conversa feroz.
Eles se tornarão um objeto de riso
na terra do Egito.

8 1 "Ponha o *shofar* em seus lábios!
Como um abutre [ele ataca de surpresa] sobre a casa de *Adonai,*
pois violaram minha aliança
e pecaram intencionalmente contra minha *Torah*.
2 Eles clamarão a mim:
'Nós somos Yisra'el, Deus, nós te conhecemos'?
3 Yisra'el jogou fora o que é bom;
o inimigo o perseguirá.
4 Eles constituem reis, mas sem minha autoridade;
eles apontam líderes,
mas sem meu conhecimento.
Com sua prata e ouro, fazem ídolos para si,
mas esses podem guiá-los apenas à destruição.
5 Seu bezerro, Shomron, foi jogado fora;
minha fúria arde contra eles.
Quanto tempo levará até serem capazes
de se purificar?
6 Eis o que Yisra'el produz:
um artífice cria algo — trata-se de um não deus;
o bezerro de Shomron será quebrado em pedaços.
7 Eles semeiam vento,
por isso colherão redemoinho.
Os grãos que sobrarem não possuirão espigas,
por isso não produzirão farinha;
e, caso produzam alguma quantidade,
estrangeiros a devorarão.
8 Yisra'el é devorado;
agora, eles estão entre os *goyim*
como um utensílio que ninguém deseja.
9 Pois eles subiram a Ashur;
como um jumento selvagem, naturalmente solitário,
Efrayim ajustou seu preço com os amantes.
10 No entanto, ainda que fechem negócios entre os *goyim*,
eu os surrarei.
Em breve, eles começarão a sentir o peso
desses reis e líderes.
11 Pois Efrayim continua erigindo altares para o pecado;
sim, altares pecaminosos para ele.

12 Eu escrevi tantas coisas para ele na minha *Torah*,
contudo ele as considera estranhas.
13 Eles me oferecem sacrifícios de carne e os comem,
mas *Adonai* não os aceita.
Agora ele se recordará das transgressões deles e lhes punirá os pecados —
eles voltarão para o Egito.
14 Pois Yisra'el esqueceu-se de seu criador e construiu palácios;
e Y'hudah fez mais cidades fortificadas;
mas eu enviarei fogo sobre suas cidades,
e ele consumirá suas fortalezas".

9 1 Não se alegre, Yisra'el!
Não fique feliz como os outros povos;
pois você se desviou de seu Deus, prostituindo-se;
você gosta da contratação para prostituir-se em qualquer eira de grãos.
2 A eira e a prensa do lagar não os alimentarão,
e o vinho novo será seu desapontamento.
3 Eles não permanecerão na terra de *Adonai*;
em vez disso, Efrayim voltará ao Egito,
e eles comerão alimentos impuros em Ashur.
4 Eles não verterão ofertas de vinho para *Adonai*;
não serão agradáveis a ele.
Seus sacrifícios serão para eles semelhantes à comida dos pranteadores —
todos os que comerem dela serão contaminados.
Pois sua comida será apenas para a satisfação do apetite;
ela não entrará na casa de *Adonai*.
5 O que vocês farão no tempo designado,
no dia da festa de *Adonai*?
6 Pois suponham que eles escapem da destruição —
o Egito os surrará,
Mênfis os sepultará.
E seus preciosos tesouros de prata?
Urtigas tomarão posse deles,
haverá espinhos em suas tendas.
7 Chegaram os dias de punição,
os dias de retribuição estão aqui,
e Yisra'el sabe disso.
[Contudo eles clamam:] "O profeta é um tolo,
o homem do espírito enlouqueceu!".
Pela grandeza de sua iniquidade,
a hostilidade [contra você] é grande.
8 A sentinela de Efrayim está com meu Deus,
mas o profeta está com a armadilha do caçador de pássaros preparada
em todos os seus caminhos,
e há hostilidade até na casa de seu Deus.
9 Eles mesmos se corromperam de forma profunda,
como nos dias de Giv'ah.
Ele se lembrará da culpa deles
e lhes punirá os pecados.

10 "Encontrei Yisra'el, como se encontram
uvas no deserto;
quando vi seus ancestrais, era como observar
os primeiros frutos da figueira, na primeira estação.
No entanto, assim que chegaram a Ba'al-P'or,
eles se dedicaram a algo vergonhoso;
tornaram-se tão repugnantes
quanto o objeto do seu amor.
11 A glória de Efrayim voará para longe como um pássaro —
sem nascimento, sem gravidez, sem concepção.
12 Mesmo que criem seus filhos,
eu os destruirei até nenhum deles sobrar —
e ai deles quando eu também os deixar!".

13 Efrayim, como o vejo, assemelha-se a Tzor,
plantado em um lugar agradável;
mas Efrayim levará seus filhos
ao matador.
14 *Adonai,* dê-lhes — o que tu darás?
Dê-lhes ventres que abortem e peitos secos!
15 "Toda a sua impiedade já se encontrava em Gilgal;
foi ali que passei a odiá-los.
Por causa da impiedade de seus atos,
eu os expulsarei de minha casa,
não os amarei mais;
todos os seus líderes são rebeldes.
16 Efrayim foi ferido,
sua raiz secou,
eles não darão fruto.
Ainda que deem à luz,
matarei sua prole acalentada".

17 Meu Deus os rejeitará,
pois eles não lhe ouvem,
e eles se tornarão nômades
entre os *goyim.*

10 1 Yisra'el era um vinha exuberante,
que frutificava livremente.
Como seus frutos aumentaram,
também os altares se multiplicaram;
à medida que a terra ficava melhor,
ele melhorava as colunas que edificou.
2 Seu coração está dividido;
agora eles aguentarão as consequências da culpa.
Ele quebrará os altares deles
e destruirá suas colunas.
3 Pois agora eles dirão:
"Não temos rei,
pois não temíamos *Adonai* —
aliás, o que poderia um rei fazer por nós?".

4 Eles pronunciam palavras,
juram em falso, fazem acordos.
Assim o juízo se espalha como plantas venenosas
nos sulcos do campo.

5 Os habitantes de Shomron têm medo
dos deuses em forma de bezerros de Beit-Aven.
Seu povo lamenta;
seus sacerdotes tremem por causa disso,
pela glória, que a abandonou.
6 Os bezerros serão levados a Ashur
como presente ao rei rival.
Efrayim será exposto à vergonha,
e Yisra'el se envergonhará de seu conselho.
7 O rei de Shomron perecerá
como espuma na superfície da água.
8 Destruição sobrevirá aos lugares altos de Aven,
isto é, ao pecado de Yisra'el.
Espinhos e cardos crescerão sobre seus altares;
e eles dirão às montanhas: "Cubram-nos!",
e às colinas: "Caiam sobre nós!".

9 "Desde os dias de Giv'ah, você tem pecado, Yisra'el.
Ali foi tomado seu lugar.
Por causa do povo arrogante de Giv'ah,
a guerra foi uma punição insuficiente.
10 Quando desejar, eu os disciplinarei;
e os povos se reunirão contra eles
para discipliná-los por suas duas transgressões".
11 Efrayim é uma novilha bem ensinada —
ela gosta de trilhar o grão,
e poupei o encanto de seu pescoço.
No entanto, colocarei Efrayim em arreios,
Y'hudah terá de arar,
Ya'akov aplanará a própria terra.
12 Se vocês semearem justiça,
colherão de acordo com a graça.
Lavrem o solo desusado para si mesmos,
pois é tempo de buscar por *Adonai*,
até que ele faça a justiça chover sobre vocês.
13 Vocês semearam a impiedade,
colheram a iniquidade
e comeram o fruto de mentiras.
Pelo fato de terem confiado na sua atuação,
no grande número de seus guerreiros,
14 entre sua gente surgirá um tumulto,
e todas as suas fortalezas serão destruídas;
como Shalman destruiu Beit-Arbel
no dia de batalha,
em que mães foram feitas em pedaços
com seus filhos.

15 Assim lhe será feito, Beit-El, por causa de sua grande impiedade;
ao amanhecer, o rei de Yisra'el
será eliminado de forma definitiva.

11

1 "Quando Yisra'el era um menino, eu o amei;
e do Egito chamei meu filho.
2 Quanto mais [os profetas] os chamam,
mais se afastam deles.
Eles sacrificaram aos *ba'alim*
e ofereceram incenso aos ídolos".
3 "Contudo, eu ensinei Efrayim a andar;
eu o segurei pelos braços.
No entanto, eles não reconheceram que eu,
eu os curei,
4 que eu os estava guiando por meios humanos
com rédeas feitas de amor.
Com eles eu me assemelhei a quem remove
o peso do jugo
e me inclinei para alimentá-los.
5 Ele não voltará à terra do Egito,
mas Ashur será o seu rei,
pois se recusou a se arrepender.
6 A espada cairá sobre suas cidades,
destruindo as trancas de seus portões,
pois eles seguem os próprios conselhos.
7 Meu povo se mantém em suspense
quanto a voltar para mim;
e, apesar de serem chamados para cima,
ninguém se move.
8 Efrayim, como eu poderia desistir de você,
ou abrir mão de você, Yisra'el?
Como eu poderia tratá-lo como Admah
ou torná-lo semelhante a Tzvoyim?
Meu coração rechaça essa ideia,
à medida que a compaixão efervesce em mim.
9 Não darei vazão à violência de minha ira,
não voltarei a destruir Efrayim,
pois eu sou Deus, não um ser humano,
o Santo entre vocês;
por isso, não virei com fúria.
10 Eles seguirão *Adonai*,
que rugirá como um leão,
para ele rugirá, e os filhos virão
tremendo do oeste.
11 Eles tremerão como um pássaro quando vierem do Egito,
como um pombo quando vierem da terra de Ashur;
e eu os restabelecerei em suas casas",

diz *Adonai*.

12 1(11.12) Efrayim cerca-me com mentiras,
e a casa de Yisra'el, com engano.
Y'hudah ainda rege com Deus
e é fiel para com os santos.
2(1) Efrayim caça o vento,
persegue o vento do oriente.
O dia todo, ele cumula mentiras e desolação —
eles fazem uma aliança com Ashur,
enquanto enviam azeite de oliva para o Egito.

3(2) *Adonai* também tem uma acusação contra Y'hudah;
ele punirá Ya'akov de acordo com seus caminhos
e lhe pagará por seus atos equivocados.
4(3) No ventre, segurou o irmão pelo calcanhar;
na força de sua masculinidade, ele lutou com Deus.
5(4) Sim, lutou com um anjo e venceu;
ele chorou e implorou-lhe.
Então, em Beit-El, ele o encontrou
e ali pôde falar-nos [posteriormente] —
6(5) *Adonai Elohei-Tzva'ot*;
Adonai é seu nome!
7(6) Por isso, voltem-se para seu Deus;
apeguem-se à graça e à justiça;
e sempre depositem a esperança em seu Deus.

8(7) "Um vendedor ambulante usa falsas balanças
e ele gosta de enganar.
9(8) Efrayim diz: 'Enriqueci tanto!
Fiz uma fortuna!
E ninguém encontrará nada de errado ou pecaminoso
em todos os meus lucros'.

10(9) No entanto, eu sou *Adonai*, o seu Deus,
desde a terra do Egito.
Outra vez os farei viver em tendas,
como nos dias estabelecidos para a festa.
11(10) Eu falei aos profetas;
concedi visão após visão;
por meio dos profetas, dei exemplos
que lhes mostravam como seria a realidade.
12(11) Gil'ad dedica-se à iniquidade?
Sim, eles se tornaram sem valor.
Em Gilgal, sacrificam os novilhos;
por isso, seus altares são como pilhas de pedras
em um campo arado".

13(12) Ya'akov fugiu para a terra de Aram.
Ali, Yisra'el se fez escravo para receber uma mulher;
por uma mulher, ele cuidou de ovelhas.
14(13) Por meio de um profeta, *Adonai* trouxe Yisra'el do Egito,
e mediante um profeta ele foi protegido.

15(14) Efrayim provocou com amargura,
por isso a penalidade pelo derramamento de sangue lhe sobrevirá,
e seu Senhor o recompensará pelo insulto.

13 1 "Quando Efrayim falou, houve um tremor;
ele era um poder em Yisra'el.
No entanto, quando incorreu em culpa por meio de Ba'al,
ele morreu.
2 Por isso, agora, eles continuam acrescendo pecado a pecado,
criando imagens com sua prata;
inventam ídolos para si mesmos,
todos eles, obra de artífices.
'Sacrifiquem-lhes', eles dizem.
Os homens beijam bezerros!
3 Por isso, eles serão como a névoa da manhã,
como o orvalho que desaparece bem cedo,
como o refugo soprado pelo vento desde a eira,
ou como a fumaça que sai pela janela.
4 Ainda assim, eu sou *Adonai*, seu Deus, desde a terra do Egito;
e você não conhece outro Deus além de mim
ou qualquer outro Salvador além de mim.
5 Eu o conheci no deserto,
na terra de secura terrível.
6 Quando foram alimentados, sentiram-se saciados;
quando se satisfizeram, tornaram-se orgulhosos.
Por isso, eles se esqueceram de mim.
7 Por isso, agora, tornei-me como um leão para eles;
como um leopardo, eu os espreitarei junto à estrada;
8 eu os encontrarei como uma ursa
que teve os filhotes roubados.
Arrancarei o coração de cada um deles do corpo.
Eu os devorarei como um leão;
como um animal selvagem, eu os despedaçarei.
9 Esta será sua destruição, Yisra'el;
contudo, seu socorro está em mim.
10 Portanto, agora, onde está seu rei,
para salvá-lo em todas as suas cidades?
Onde estão seus juízes, de quem você disse:
'Dê-me um rei e líderes'?
11 Eu dei a você um rei em minha ira;
e, em minha fúria, o retirei

12 "A culpa de Efrayim foi embrulhada,
seu pecado está reservado.
13 A dor de dar à luz lhe sobrevirá;
mas ele é um filho tolo.
O momento chegou; não se atrasará,
está ali à saída do ventre.
14 Deveria eu redimi-los do poder do *sh'ol*?
Deveria eu redimi-los da morte?

15 Onde estão suas pragas, ó morte;
onde está sua destruição, ó *sh'ol?*
Meus olhos estão fechados para a compaixão.
Pois, ainda que ele floresça entre os juncos, um vento oriental virá,
um vento da parte de *Adonai,*
soprando do deserto.
Sua fonte de água secará,
então sua fonte falhará —
seu tesouro será roubado,
todos os seus bens preciosos serão removidos".

14 1(13.16) Shomron suportará sua culpa,
pois rebelou-se contra seu Deus.
Eles cairão à espada,
seus filhos pequenos serão despedaçados,
e suas mulheres grávidas, abertas ao meio.
2(1) Volte, ó Yisra'el, para *Adonai,* seu Deus,
pois sua culpa o fez tropeçar.
3(2) Tragam consigo palavras e voltem para *Adonai;*
digam a ele: "Perdoa toda a culpa
e aceita o que for bom;
nós pagaremos, no lugar de novilhos [as ofertas de] nossos lábios.
4(3) Ashur não nos salvará,
nós não montaremos sobre cavalos
nem invocaremos mais
os deuses que fizemos com nossas mãos.
Pois somente em ti
o órfão pode encontrar misericórdia".

5(4) "Eu curarei sua infidelidade e
os amarei livremente,
pois minha ira desviou-se deles.
6(5) Serei como o orvalho para Yisra'el;
ele florescerá como o lírio
e lançará raízes como o L'vanon.
7(6) Seus ramos se espalharão,
sua beleza será como a da oliveira
e sua fragrância como o L'vanon.
8(7) Eles viverão outra vez à sombra dele e produzirão trigo;
crescerão como a vinha,
e seu aroma se assemelhará ao do vinho do L'vanon.
9(8) Efrayim [dirá]: 'O que eu
poderia desejar de meus ídolos?'
E eu, eu respondo e lhe afirmo:
sou como o cipreste novo e verde;
sua frutificação procede de mim".
10(9) Que o sábio entenda estas coisas,
e que o discernidor as compreenda.
Pois os caminhos de *Adonai* são retos,
e os justos andarão por eles,
mas os pecadores tropeçam neles.

יואל
Yo'el
[Joel]

1 [1] A palavra de *Adonai* que veio a Yo'el, o filho de P'tu'el:

2 "Ouçam isto, líderes!
Ouçam todos os que vivem na terra!
Já ocorreu algo semelhante a isto em seus dias,
ou nos dias dos seus antepassados?
3 Contem a seus filhos a respeito dele,
e que eles contem aos filhos deles,
e que estes contem à geração seguinte.
4 O que foi deixado pelos gafanhotos cortadores,
será comido pelos gafanhotos voadores;
o que os gafanhotos voadores deixaram,
será comido pelos gafanhotos devoradores;
o que os gafanhotos devoradores deixaram,
será comido pelos gafanhotos destruidores.
5 Despertem, bêbados, e chorem!
Lamentem, todos vocês que bebem vinho,
pois o suco da uva será tirado de sua boca.
6 Porque uma nação poderosa e inumerável
invadiu minha terra.
Seus dentes são como os dentes do leão;
suas presas são como as de uma leoa.
7 Ele reduziu minhas vinhas a nada,
minhas figueiras foram despedaçadas —
ele as desguarneceu, tirou-lhes a casca
e deixou seus galhos brancos".

8 Lamente como a virgem veste o pano de saco
pelo marido de sua juventude!
9 A oferta de grãos e de bebidas foi eliminada
da casa de *Adonai*.
Os *kohanim* lamentam —
os que servem a *Adonai*.
10 Os campos estão arruinados, o solo lamenta;
pois os grãos foram destruídos, o vinho novo secou,
e o azeite de oliva é insignificante.
11 Desesperem-se, agricultores; lamentem, produtores de vinho,
sobre o trigo e a cevada —
a colheita dos campos está perdida.
12 As vinhas secaram, as figueiras murcharam,
também as romãs, tamareiras e macieiras —
todas as árvores dos campos secaram, e o povo perdeu a alegria.

13 *Kohanim*, vistam pano de saco e chorem!
Lamentem vocês, servidores do altar!
Venham, deitem-se em pano de saco durante toda a noite,
vocês que servem a meu Deus!
Pois a oferta de grãos e de bebidas foi retirada
da casa do seu Deus.
14 Proclamem um jejum sagrado,
convoquem uma assembleia solene,
reúnam os líderes e todos os que vivem na terra
na casa de ADONAI, o Deus de vocês,
e clamem a ADONAI:

15 "Oh, não! O dia! O dia de ADONAI está sobre nós!
A destruição da parte de *Shaddai*
está a caminho!
16 A comida é cortada de diante dos nossos olhos,
também o são a alegria e a felicidade da casa de nosso Deus.
17 O grão da semente está podre nos sulcos;
os celeiros estão vazios, os galpões, em ruínas,
pois os grãos murcharam.
18 Como os animais sofrem!
Os rebanhos de gado estão perplexos,
pois não há pasto para eles.
Os rebanhos de ovelhas também sofrem a punição.
19 ADONAI, clamo a ti,
pois o fogo consumiu os pastos no deserto,
e a chama incendiou todas as árvores dos campos.
20 Mesmo os animais selvagens
aproximam-se de ti, ofegantes,
pois as correntes secaram,
e o fogo consumiu os pastos no deserto".

2 1 "Toquem o *shofar* em Tziyon!
Soem um alarme sobre minha montanha sagrada!".
Que todos os que vivem na terra tremam,
pois o dia de ADONAI está chegando! Ele está sobre nós! —
2 um dia de escuridão e desalento,
um dia de nuvens e névoa espessa;
uma horda grande e poderosa espalha-se
como a escuridão sobre as montanhas.
Jamais houve algo parecido com isso,
tampouco haverá outra vez,
nem após os anos de muitas gerações.
3 À frente deles, um fogo devorador,
atrás deles, uma chama destruidora;
adiante a terra é como o *Gan-'Eden*,
atrás deles, um deserto.
Nada escapa deles.
4 Eles se parecem com cavalos
e atacam como cavaleiros.

5 Com o ruído semelhante ao de carruagens,
eles saltam sobre o topo das montanhas,
como chamas crepitantes, devoradoras de restolho,
como uma horda poderosa em ordem de batalha.
6 Na presença deles, os povos se contorcem de angústia,
toda face perde a cor.
7 Eles atacam como guerreiros,
escalam o muro como soldados.
Cada um permanece em seu curso,
sem invadir o espaço alheio.
8 Eles não se acotovelam,
permanecem em suas trilhas;
passam desarmados pelas linhas de defesa,
sem desmanchar a fila.
9 Apressam-se para a cidade,
correm ao longo do muro,
sobem em direção às casas,
entram pelas janelas como ladrões.
10 Ao seu avanço, a terra treme,
e os céus se abalam,
o sol e a lua escurecem,
e as estrelas deixam de brilhar.
11 *Adonai* grita ordens para seus exércitos —
seu exército é imenso, poderoso,
e realiza o que ele diz.
Pois grande é o dia de *Adonai,* temível,
aterrador! Quem o poderá suportar?

12 "Contudo, mesmo agora", diz *Adonai,*
"voltem-se para mim de todo o seu coração,
com jejum, choro e lamento".
13 Rasguem o coração, não suas roupas;
e voltem-se para *Adonai,* o Deus de vocês,
pois ele é misericordioso e compassivo,
vagaroso para se irar, rico em graça,
e desejoso de mudar sua ideia a respeito do desastre.
14 Quem sabe? Ele pode mudar de ideia
e deixar a bênção atrás dele,
[suficiente para] a apresentação de ofertas
de grãos e de bebidas
para *Adonai,* o Deus de vocês.

15 "Toquem o *shofar* em Tziyon!
Anunciem um jejum sagrado,
reúnam uma assembleia solene".

16 Juntem o povo; consagrem a congregação;
reúnam os líderes; congreguem os filhos,
até as crianças que mamam no peito;
que o noivo deixe seu quarto,
e a noiva, o aposento nupcial.

17 Que os *kohanim*, que servem a ADONAI,
permaneçam chorando entre o vestíbulo e o altar.
Que eles digam: "Poupa teu povo, ADONAI!
Não exponhas tua herança à zombaria,
nem faças dele um objeto de desprezo entre os *goyim*.
Por que os povos diriam: 'Onde está seu Deus?' ".

18 Então ADONAI se tornará zeloso de sua terra
e terá piedade de seu povo.
19 Eis como ADONAI responderá a seu povo:
"Eu lhes enviarei trigo, vinho e azeite de oliva
suficientes para satisfazê-los;
não farei mais de vocês uma zombaria entre os *goyim*.
20 Não, pegarei o caminho em direção ao norte,
para bem longe de vocês,
e os levarei à terra desgastada e estéril;
sua vanguarda seguirá em direção ao mar oriental,
e a retaguarda, em direção ao deserto ocidental,
seu mau cheiro e sua podridão serão sentidos.
Ele tem feito grandes coisas".

21 Não tema, ó solo: alegre-se, regozije-se!
Pois ADONAI fez grandes coisas.
22 Não temam, animais selvagens,
pois as pastagens do deserto estão verdes,
as árvores frutificam,
a figueira e a vinha produzem muito fruto.
23 Alegre-se, povo de Tziyon!
Regozije-se em ADONAI, seu Deus!
Pois ele dá
a quantidade certa de chuva no outono
e faz a chuva descer até vocês,
as chuvas do outono e da primavera —
isso é o que ele faz em primeiro lugar.
24 Então o chão se encherá de grãos,
e nos tanques sobejarão vinho e azeite de oliva.

25 "Restaurarei para vocês os anos devorados pelos gafanhotos —
pelos gafanhotos voadores, devoradores e cortadores —
meu grande exército que enviei contra vocês.
26 Vocês comerão até se satisfazerem
e louvarão o nome de ADONAI, o Deus de vocês,
que fez essas maravilhas.
Então meu povo nunca mais será envergonhado.
27 Vocês saberão que estou com Yisra'el
e que sou ADONAI, o Deus de vocês,
e que não há outro.
Então meu povo nunca mais será envergonhado.

3 1(2.28) "Depois disso, derramarei
meu Espírito sobre toda a humanidade.
Seus filhos e filhas profetizarão,
os idosos terão sonhos, os rapazes terão visões;
2(2.29) e também derramarei meu Espírito
sobre escravos e escravas.
3(2.30) Mostrarei maravilhas no céu e sobre a terra —
sangue, fogo e colunas de fumaça.
4(2.31) O sol se transformará em escuridão,
e a lua, em sangue,
antes da chegada do grande
e terrível dia de *Adonai*."

5(2.32) Nesse tempo, quem chamar
pelo nome de *Adonai* será salvo.
Pois no monte Tziyon e Yerushalayim
haverá quem fuja,
como *Adonai* prometeu;
entre os sobreviventes, estarão
os chamados por *Adonai*.

4 **(3)** 1 "Pois aí, nesse tempo, quando eu restaurar
a sorte de Y'hudah e Yerushalayim,
2 reunirei todas as nações e as farei descer
ao vale de Y'hoshafat [*Adonai* julga].
Entrarei em juízo ali
por meu povo, minha herança, Yisra'el,
a quem espalharam por entre as nações;
então eles dividiram minha terra.
3 Lançaram sortes sobre meu povo,
trocaram meninos por prostitutas,
trocaram meninas por vinho, para se embebedar.

4 "Além disso, o que vocês têm contra mim,
Tzor, Tzidon e todas as partes de P'leshet?
Vocês se vingarão de mim por algo que fiz?
Caso vocês se vinguem de mim por algo que fiz,
muito fácil e rapidamente
eu também retribuirei a vocês.
5 Vocês pegaram minha prata e meu ouro.
Levaram meus bons tesouros a seus templos.
6 O povo de Y'hudah e Yerushalayim
foi vendido por vocês aos gregos, para afastá-los
de suas terras para longe.
7 Eu os tirarei do lugar onde vocês os venderam
e lhes retribuirei;
8 venderei seus filhos e suas filhas
ao povo de Y'hudah;
e eles os venderão aos homens de Sh'va,
uma nação distante, pois *Adonai* o disse.

9 "Anunciem isto entre as nações:
'Preparem-se para a guerra! Chamem os guerreiros!
Que todos os combatentes se aproximem e ataquem'.
10 Forjem espadas com suas lâminas de arado
e lanças com suas podadeiras.
Que o fraco diga: 'Sou forte'.
11 Venham rápido, nações vizinhas,
reúnam-se!".
Faze teus guerreiros descer, *ADONAI*!

12 "Que as nações sejam incitadas e subam
ao vale de Y'hoshafat [*ADONAI* julga].
Pois ali eu me sentarei para julgar
todas as nações vizinhas."

13 Empunhem a foice, pois a colheita está madura;
venham e pisem, pois a prensa do lagar está cheia.
Os tanques transbordam,
pois sua impiedade é grande.

14 Uma multidão tão grande
no vale da Decisão!
Pois o dia de *ADONAI* está sobre nós
no vale da Decisão!
15 O sol e a lua terão escurecido,
e as estrelas terão deixado de brilhar.
16 *ADONAI* rugirá de Tziyon,
trovejará de Yerushalayim,
o céu e a terra tremerão.
No entanto, *ADONAI* será um refúgio para seu povo,
uma fortaleza para o povo de Yisra'el.

17 "Vocês saberão que eu sou *ADONAI*, o Deus de vocês,
que vive em Tziyon, minha montanha sagrada."

Então Yerushalayim será santa,
e os estrangeiros não passarão mais através dela.
18 Quando esse tempo chegar,
as montanhas gotejarão vinho doce,
leite fluirá das colinas,
todas as correntes de Y'hudah correrão com água,
e uma fonte fluirá da casa de *ADONAI*
até a água do vale de Shitim.

19 No entanto, o Egito será desolado
e Edom se transformará em um deserto,
por causa da violência feita ao povo de Y'hudah,
pois eles derramaram sangue inocente em sua terra.

20 Y'hudah será habitada para sempre,
Yerushalayim, por todas as gerações.
21 "Eu os limparei da culpa de sangue
que ainda não limpei",
pois *ADONAI* está vivo em Tziyon.

עמוס

‘Amos

[Amós]

1 [1] As palavras de ‘Amos, um dos donos de ovelhas de T’koa, sobre sua visão a
respeito de Yisra’el, nos dias de ‘Uziyah, rei de Y’hudah, e Yarov‘am, o filho de
Yo’ash, rei de Yisra’el, dois anos antes do terremoto; [2] ele disse:

“*Adonai* ruge de Tziyon,
troveja de Yerushalayim;
os pastos dos pastores lamentarão,
e o topo do monte Karmel murchará”.

3 Eis o que diz *Adonai*:

“Por três crimes de Dammesek,
não, por quatro, não o reverterei,
por terem trilhado Gil‘ad
com um trilho de ponta de ferro;
4 enviarei fogo à casa de Haza’el,
e ele consumirá os palácios de Ben-Hadad.
5 Quebrarei as trancas dos portões de Dammesek.
Eliminarei os habitantes de Bik‘at-Aven
e o que sustém o cetro de Beit-‘Eden.
Então o povo de Aram será exilado
em Kir”, diz *Adonai*.

6 Eis o que diz *Adonai*:

“Por três crimes de ‘Azah,
não, por quatro, não o reverterei,
por terem exilado toda a população
e por tê-la entregado a Edom;
7 enviarei fogo ao muro de ‘Azah
e ele consumirá seus palácios.
8 Eliminarei os habitantes de Ashdod
e o que sustém o cetro de Ashkelon.
Virarei minha mão contra ‘Ekron,
e o restante dos p’lishtim perecerá”,
diz *Adonai*, Deus.

9 Eis o que diz *Adonai*:

“Por três crimes de Tzor,
não, por quatro, não o reverterei,
por terem exilado toda a população para Edom
e não se lembrarem da aliança com seus parentes;
10 enviarei fogo ao muro de Tzor,
e ele consumirá os seus palácios”.

11 Eis o que diz *Adonai*:

"Por três crimes de Edom,
não, por quatro, não o reverterei,
por perseguirem seus parentes à espada
e não demonstrarem piedade,
alimentando constantemente a sua ira,
fomentando para sempre sua fúria;
12 enviarei fogo a Teman,
e ele consumirá os palácios de Botzrah".

13 Eis o que diz *Adonai*:

"Por três crimes do povo de 'Amon,
não, por quatro, não o reverterei,
por terem dilacerado mulheres grávidas
apenas para expandir seu território;
14 eu enviarei fogo ao muro de Rabbah,
e ele consumirá os seus palácios
em meio aos gritos no dia de batalha,
em meio à tempestade no dia do redemoinho.
15 Seu rei será exilado,
ele e também seus príncipes", diz *Adonai*.

2 1 Eis o que diz *Adonai*:

"Por três crimes de Mo'av,
não, por quatro, não o reverterei,
pela queima dos ossos do rei de Edom,
transformando-os em cinzas;
2 enviarei fogo a Mo'av,
e ele consumirá os palácios de K'riot.
Mo'av morrerá em meio a tumulto e gritos
e ao som do *shofar*.
3 Eliminarei o juiz dentre eles
e matarei todos os príncipes com ele", diz *Adonai*.

4 Eis o que diz *Adonai*:

"Por três crimes de Y'hudah,
não, por quatro, não o reverterei,
pela rejeição da *Torah* de *Adonai*
e de não lhe guardarem as leis,
e por suas mentiras terem causado sua queda no erro
e por viverem como seus antepassados viviam;
5 enviarei fogo a Y'hudah,
e ele consumirá os palácios de Yerushalayim".

6 Eis o que diz *Adonai*:

"Por três crimes de Yisra'el,
não, por quatro, não o reverterei,
por terem vendido o justo por prata
e o pobre por um par de sapatos,

7 por esmagarem a cabeça do pobre no pó e
empurrarem os humildes para fora do caminho;
pai e filho dormem com a mesma mulher,
profanando meu santo nome;
8 deitam-se junto a qualquer altar
com roupas tomadas como garantia de empréstimo;
bebem vinho na casa de seu Deus
comprado com multas que eles impuseram.

9 "Destruí o emori diante deles;
apesar de ser tão alto quanto os cedros e forte como os carvalhos,
destruí seu fruto acima
e sua raiz abaixo.
10 Mais que isso, eu os tirei do Egito,
guiei-os por quarenta anos no deserto,
para que se apossassem da terra do emori.
11 Levantei alguns de seus filhos para serem profetas,
outros rapazes para serem n'zirim.
Povo de Yisra'el!
Isso não é verdade?", pergunta *Adonai*.
12 "No entanto, vocês deram vinho aos n'zirim
e ordenaram aos profetas: 'Não profetizem!'.
13 "Basta! Farei tudo isso esmagá-los,
como uma carroça sobrecarregada com grãos
esmaga quem se encontra por baixo dela.
14 Até o ágil não conseguirá escapar;
o forte não poderá usar sua força,
nem os guerreiros salvarão a si mesmos.
15 Os arqueiros não conseguirão ficar em pé,
os corredores mais velozes não se salvarão,
e os montadores de cavalos não salvarão a própria vida.
16 Naquele dia, até os guerreiros mais destemidos
lançarão fora suas armas e fugirão", diz *Adonai*.

3 1 "Ouçam esta palavra que *Adonai* pronunciou contra vocês, povo de Yisra'el,
contra toda a família que eu tirei da terra do Egito:

2 "Vocês são as únicas famílias,
de todas as existentes sobre a terra,
que conheci intimamente.
Este é o motivo de eu punir vocês
por todos os seus crimes".
3 Duas pessoas viajam juntas
sem ter combinado fazer isso?
4 O leão ruge na floresta
quando não há presa?
O leão jovem rosna na toca
sem ter capturado alguma coisa?
5 Pega-se um pássaro com uma armadilha
que não está preparada?

Surge uma armadilha do solo
quando ela não pega nada?
6 Quando o *shofar* é tocado na cidade,
o povo não treme?
Pode o desastre recair sobre a cidade
sem que *Adonai* o tenha enviado?
7 *Adonai*, Deus, não faz nada
sem revelar seu plano a seus servos, os profetas.
8 O leão rugiu. Quem não temerá?
Adonai, Deus, falou. Quem não profetizará?

9 "Anunciem nos palácios de Ashdod
e nos palácios da terra do Egito; digam:
'Reúnam-se nas colinas de Shomron!
Vejam o grande tumulto que se forma ali,
quanta opressão se realiza lá'.
10 Pois eles não sabem fazer o que é certo", diz *Adonai*.
"Eles acumulam violência e roubo em seus palácios".

11 Portanto, eis o que *Adonai Elohim* diz:

"Um inimigo cercará a terra.
Ele os despojará de sua força
e saqueará seus palácios".

12 Isto é o que *Adonai* diz:

13 "Como o pastor resgata da boca do leão
dois fêmures ou um pedaço de orelha,
assim o povo de Yisra'el em Shomron será resgatado,
preso sob almofadas nos cantos de sua cama.

"Ouçam e testemunhem contra a casa de Ya'akov",
diz *Adonai Elohim Elohei-Tzva'ot*.
14 "Quando eu punir os crimes de Yisra'el,
também punirei os altares de Beit-El.
Os chifres do altar serão cortados,
e cairão ao chão.

15 Derrubarei casas de inverno
e de verão;
serão destruídas casas adornadas com marfim;
não haverá mais mansões", diz *Adonai*.

4 1 "Ouçam, vocês, vacas [amáveis] de Bashan,
que vivem sobre o monte de Shomron,
que oprimem o pobre e afligem o necessitado,
que dizem a seu marido: 'Traga algo para bebermos':
2 *Adonai Elohim* jurou por sua santidade
que o tempo de vocês, chegará com certeza.

"Vocês serão arrastadas com ganchos,
as últimas de vocês, com anzóis.

3 Vocês sairão por entre brechas no muro,
cada mulher bem atrás da seguinte,
e serão enviadas a Harmonah", diz *Adonai*.

4 "Vão a Beit-El e cometam crimes;
a Gilgal, e cometam mais crimes!
Tragam seus sacrifícios de manhã
e suas décimas partes após três dias;
5 queimem pães fermentados como oferta de agradecimento;
gabem-se em público a respeito de suas ofertas voluntárias,
pois isso é o que você gosta de fazer, Yisra'el!", diz Adonai *Elohim*.

6 "Deixei seus dentes limpos em todas as suas cidades,
em todos os seus povoados não há nada para comer;
mesmo assim, vocês não se voltaram para mim", diz *Adonai*.

7 "Retive a chuva de vocês
por três meses antes da colheita.
Fiz chover em uma cidade
e em outra, não —
um campo recebeu chuva,
enquanto em outro a chuva sumiu;
8 de duas ou três cidades, cambaleavam à procura
de água para beber, mas não havia o suficiente;
mesmo assim, vocês não se voltaram para mim", diz *Adonai*.

9 "Castiguei suas colheitas, seus muitos jardins
e vinhas com ventos escaldantes e doenças;
os gafanhotos devoraram suas figueiras e oliveiras;
ainda assim, vocês não se voltaram para mim", diz *Adonai*.

10 "Enviei contra vocês uma praga semelhante à do Egito,
matei seus rapazes à espada;
permiti a captura de seus cavalos;
e enchi suas narinas com o fedor de seus acampamentos;
entretanto, vocês não se voltaram para mim", diz *Adonai*.

11 "Destruí alguns de vocês,
do modo que Deus destruiu S'dom e 'Amora;
vocês eram como um graveto em brasa retirado do fogo;
contudo, vocês não se voltaram para mim", diz *Adonai*.

12 "Este é o motivo de eu lidar com vocês desse modo, Yisra'el;
e é por isso que eu os trato dessa maneira,
prepare-se para encontrar-se com o seu Deus, Yisra'el —
13 com aquele que forma montanhas e cria o vento,
que declara à humanidade seus pensamentos,
que transforma a manhã em escuridão
e galga as alturas da terra —
Adonai Elohei-Tzva'ot é seu nome".

5 1 Ouça esta palavra que apresento contra você
em lamento, casa de Yisra'el:

2 A virgem de Yisra’el caiu;
ela não se erguerá outra vez.
Jaz abandonada sobre o solo
sem ninguém para levantá-la.

3 Pois assim diz *Adonai* Elohim:
“Na cidade em que marchavam mil pessoas,
restarão cem, e na que marchavam cem pessoas,
restarão apenas dez
da casa de Yisra’el”.

4 Pois eis o que *Adonai* diz
à casa de Yisra’el:
“Se vocês me procurarem, sobreviverão;
5 mas não procurem por Beit-El, não entrem em Gilgal
nem prossigam até Be’er-Sheva;
pois certamente Gilgal será exilada,
e Beit-El virá a ser nada”.

6 Se vocês procurarem *Adonai*, sobreviverão.
De outro modo, ele virá contra
a casa de Yosef, como fogo,
devorará Beit-El,
e ninguém apagará as chamas.

7 Vocês que transformaram a retidão em uma experiência amarga
e lançaram a justiça ao chão!
8 O criador das Plêiades e de Órion,
que traz a morte como sombras sobre a manhã,
escurece o dia e faz dele noite,
chama a água do mar
e com ela inunda a terra —
Adonai é o seu nome;
9 ele traz súbita destruição sobre o forte,
por isso a destruição sobrepuja a fortaleza.

10 Eles odeiam todos os promotores da justiça
junto ao portão da cidade,
detestam quem fala a verdade.
11 Portanto, vocês pisaram sobre os pobres e
extorquiram deles a arrecadação de grãos,
construindo para si casas de pedra talhada;
por isso, vocês não viverão nelas;
e, ainda que tenham plantado vinhas desejáveis,
vocês não beberão de seu vinho.

12 Pois eu sei quão numerosas são suas transgressões
e ultrajantes seus pecados —
afligem os inocentes, exigindo resgates
empurram os pobres para a lateral do portão.
13 Em momentos como este, o prudente silencia,
pois se trata de um tempo maligno.

14 Procurem o bem e não o mal, para que sobrevivam.
Então *Adonai Elohei-Tzva'ot* será com vocês,
como dizem que ele está.
15 Odeiem o mal, amem o bem, e mantenham a justiça junto ao portão.
Talvez *Adonai Elohei-Tzva'ot*
sinta pena dos sobreviventes de Yosef.

16 Por isso *Adonai Elohei-Tzva'ot, Adonai* diz assim:

"Haverá lamento em todas as praças públicas,
em todas as ruas clamarão: 'Oh, não!'.
Eles chamarão agricultores para lamentar
e pranteadores profissionais para chorar.
17 Haverá lamento em toda vinha,
pois eu passarei por entre vocês", diz *Adonai*.

18 Ai de vocês que desejam o dia de *Adonai*!
Por que o desejam, esse dia de *Adonai*?
Ele é escuridão, não luz;
19 é como se alguém fugisse de um leão,
para ser encontrado por um urso;
se entrar em casa e colocar a mão à parede,
será picado por uma cobra.
20 Não será o dia de *Adonai* de escuridão, não de luz,
escuridão absoluta, sem nenhuma luminosidade?
21 "Eu odeio, abomino completamente, suas festas;
não sinto prazer em suas assembleias solenes.
22 Se vocês me apresentarem ofertas queimadas
e ofertas de grãos, não as aceitarei;
tampouco considerarei as ofertas de paz
do gado criado em confinamento.
23 Poupem-me do barulho de seus cânticos!
Não quero ouvir o toque de seus alaúdes!
24 Em vez disso, que a justiça corra como água,
e a retidão, como uma corrente ininterrupta.
25 Vocês trouxeram-me sacrifícios e ofertas
no deserto por quarenta anos, casa de Yisra'el?
26 Não, mas agora vocês suportarão Sikkut como seu rei
e Kiyun, suas imagens,
a estrela de seu deus,
que fizeram para si;
27 enquanto eu os envio para o exílio, para além de Dammesek",
diz *Adonai Elohei-Tzva'ot* —
esse é seu nome.

6 1 Ai dos que vivem bem em Tziyon
e dos que se sentem seguros nas colinas de Shomron,
homens renomados das principais nações,
a quem se chegou o restante de Yisra'el.
2 Dirijam-se a Kalneh e vejam;
de lá, sigam a Hamat, a grande;
então desçam a Gat dos p'lishtim.

Vocês são melhores que esses reinos?
O território deles é maior que o de vocês?
3 Vocês adiam todo o pensamento acerca do dia do mal,
mas apressam o reinado de violência.
4 Deitam-se em camas de marfim
e estendem-se sobre seus leitos,
alimentam-se com carne do rebanho
e de bezerros engordados em estábulos.
5 Criam cânticos selvagens em suas festas,
tocam alaúde e inventam outros instrumentos —
[pois se imaginam] como David!
6 Bebem vinho à vontade
e se ungem com os óleos mais finos,
mas não se entristecem pela ruína de Yosef.
7 Por isso, eles serão, agora, os primeiros
a seguir para o exílio com os exilados,
e a festança de quem se divertia,
de forma escarrapachada, terá fim.
8 "*Adonai Elohim* jura por si mesmo",
diz *Adonai Elohei-Tzva'ot:*
"Odeio o grande orgulho de Ya'akov
e detesto seus palácios.
Entregarei a cidade
com tudo o que há nela".

9 Quando esse dia chegar, se dez homens permanecerem em uma casa, morrerão.
10 E se o tio de um homem [morto], vindo retirar o cadáver da casa e o queimar,
encontrar um sobrevivente escondido nos recessos da casa e perguntar: "Há mais
alguém com você ali?", ao receber um "Não" como resposta, dirá: "Não diga mais
nada, pois não devemos mencionar o nome de *Adonai*".

11 Quando *Adonai* der a ordem,
casas grandes serão esmagadas,
e casas pequenas, reduzidas a escombros.
12 Cavalos correm sobre rochas?
Alguém lavra ali com bois?
Contudo, vocês transformaram justiça em veneno,
e o fruto de retidão, em uma experiência amarga.
13 Vocês sentem prazer em coisas sem valor.
Pensam que o poder que detêm procede da própria força.

14 "No entanto, levantarei uma nação contra vocês, casa de Yisra'el", diz *Adonai*
Elohei-Tzva'ot, "e ela o oprimirá desde a entrada de Hamat ao *vádi* de 'Aravah".

7 1 Eis o que *Adonai Elohim* mostrou-me: ele estava formando um enxame de gafa-
nhotos quando a colheita tardia estava começando a sair, depois de a colheita
tardia, subsequente à folhagem, ter sido cortada para pagar o tributo do rei. 2 En-
quanto eles terminavam de comer toda a vegetação da terra, eu disse:

"*Adonai Elohim*, perdoa-nos, por favor!
Quanto mais sobreviverá este pequeno Ya'akov?".

3 Por isso, *Adonai* mudou sua mente a respeito da questão. "Isso não ocorrerá",
Adonai disse.
4 A seguir, *Adonai Elohim* mostrou-me isto: *Adonai Elohim* chamou um fogo ar-
dente para consumir o grande abismo, e ele também devoraria a terra. 5 No entanto,
eu disse:

"*Adonai Elohim*, pare, por favor!
Quanto mais sobreviverá este pequeno Ya'akov?".

6 *Adonai* mudou sua mente a respeito da questão. "Isso não ocorrerá", disse *Adonai
Elohim*.
7 Então ele me mostrou o seguinte: *Adonai* estava junto de um muro feito com
um prumo, e estava com o prumo na mão. 8 *Adonai* me perguntou: "Amos, o que
você vê?". Eu respondi: "Um prumo". Então Adonai disse:

"Usarei um prumo
em Yisra'el, meu povo;
nunca mais desconsiderarei suas transgressões.
9 Os lugares altos de Yitz'chak serão desolados,
os santuários de Yisra'el serão destruídos,
e atacarei a casa
de Yarov'am com a espada".

10 Então Amatzyah, o sacerdote de Beit-El, enviou esta mensagem a Yarov'am, rei de
Yisra'el: "Amos conspira contra ti em meio ao povo de Yisra'el, e a terra não supor-
tará o que ele diz. 11 Pois 'Amos declara: 'Yarov'am morrerá à espada, e Yisra'el será
levado de suas terras ao exílio' ". 12 Amatzyah também disse a 'Amos: "Vá embora,
vidente! Volte para a terra de Y'hudah! Ganhe a vida ali e profetize lá; 13 não profe-
tize mais em Beit-El, pois esse é o santuário do rei, um templo real".
14 'Amos deu a seguinte resposta a Amatzyah: "Não sou profeta de carreira e não
pertenço ao grupo dos profetas — crio ovelhas e planto figos. 15 No entanto, *Adonai*
afastou-me do rebanho e me disse: 'Vá, profetize para Yisra'el, meu povo'. 16 Por
isso, agora, ouça o que *Adonai* diz: 'Vocês dizem: "Não profetize contra Yisra'el, fale
ao povo de Yitz'chak" '. 17 Por isso, *Adonai* diz isto:

'Sua mulher se tornará uma prostituta na cidade,
seus filhos e filhas morrerão à espada,
sua terra será loteada com a linha de medida,
você morrerá em uma terra impura,
e Yisra'el, com certeza, será exilado de sua terra' ".

8 1 Eis o que *Adonai Elohim* mostrou-me: lá, à minha frente, havia uma cesta de
frutos de verão. 2 Ele perguntou: "Amos, o que você vê?". Respondi: "Uma cesta
de frutos de verão [heb. *kayitz*]". Então *Adonai* me disse:

"Chegou o fim [heb. *ketz*] do meu povo,
nunca mais desconsiderarei suas ofensas.
3 Quando o tempo chegar, os cânticos do templo
se transformarão em lamentos", diz *Adonai Elohim*.
"Haverá muitos cadáveres;
o silêncio reinará em todo lugar".

4 Ouçam, vocês que devoram os necessitados
e destroem os pobres da terra!
5 *Vocês dizem: "Quando o* Rosh-Hodesh tiver passado,
poderemos comercializar nossos grãos?
E, ao passar o *shabbat,* poderemos vender farinha?".
Vocês pesam os grãos com 1 *eifah* pequeno,
mas a prata, com *shekalim* pesados,
ajeitando as balanças, para trapacear,
6 comprando os necessitados com dinheiro
e os pobres por um par de sapatos,
e varrendo o refugo do trigo para vender!".

7 ADONAI jura pelo orgulho de Ya'akov:
"Não me esquecerei de nenhum de seus atos, nunca.
8 A terra não tremerá por isso,
não lamentarão todos os que vivem na terra?
Todos se levantarão, como o Nilo,
ficarão agitados e baixarão, como o Nilo no Egito.

9 "Quando o tempo chegar", diz *Adonai* ELOHIM,
"farei o sol se pôr ao meio-dia
e escurecer a terra em plena luz do sol.
10 Transformarei suas festas em choro
e todos os seus cânticos em lamento;
farei vocês vestirem pano de saco ao redor da cintura
e rasparem a cabeça em sinal de tristeza.
Eu o farei semelhante ao luto pelo filho único,
e seu fim, como o dia amargo.

11 "Está chegado o tempo", diz *Adonai* ELOHIM,
"quando enviarei fome à terra,
não a fome de pão ou a sede de água,
mas de ouvir as palavras de ADONAI.
12 As pessoas vagarão de mar a mar
e de norte a leste, indo e voltando,
procurando pela palavra de ADONAI;
mas não a encontrarão.
13 Quando esse tempo chegar, as moças e
os jovens desmaiarão de sede.
14 Quem jurar pelo pecado de Shomron
e disser: 'Como vive o seu deus, ó Dan',
e: 'Como vive o caminho de Be'er-Sheva',
cairá e jamais se levantará de novo".

9 1 Vi *Adonai* em pé ao lado do altar, e ele disse:

"Bata nos topos das colunas até que os umbrais tremam!
Faça-as em pedaços sobre a cabeça de todo o povo!
Matarei à espada quem restar;
nenhum deles conseguirá fugir,
nenhum deles escapará.

2 Se eles cavarem até o *sh'ol,*
minha mão os arrancará dali;
se subirem ao céu,
eu os farei descer.
3 Caso se escondam no cume do Karmel,
eu os procurarei e os capturarei ali.
Se eles se esconderem de mim no fundo do mar,
ordenarei à serpente que os pique ali.
4 Caso seus inimigos os levem ao exílio,
ordenarei à espada que os mate lá.
Fixarei neles meu olhar
para feri-los, não para lhes fazer o bem".

5 Pois *Adonai* ELOHIM-*Tzva'ot*
é quem derrete a terra com seu toque
e faz todos os viventes lamentarem.
Ela toda se levanta, como o Nilo,
e então afunda, como o Nilo no Egito.
6 Ele constrói suas câmaras mais recônditas no céu
e estabelece sua abóbada celeste sobre a terra.
Ele chama as águas do mar
e as derrama sobre a terra.
ADONAI é seu nome.

7 ADONAI pergunta: "Povo de Yisra'el,
você é diferente dos etíopes para mim?".
"Na verdade, tirei Yisra'el do Egito,
mas também tirei os p'lishtim de Kaftor,
e Aram, de Kir.
8 Vejam: os olhos de *Adonai* ELOHIM
estão sobre o reino pecador.
Eu o eliminarei da face da terra;
contudo, não destruirei por completo
a casa de Ya'akov", diz ADONAI.

9 "Quando eu der a ordem,
sacudirei a casa de Yisra'el,
lá entre todos os *goyim,*
como se sacode a peneira,
sem deixar nenhum grão cair no chão.
10 Todos os pecadores dentre meu povo que dizem:
'O desastre nunca nos sobrevirá nem nos acometerá'
morrerão à espada.

11 "Quando esse dia chegar, reerguerei
a *sukkah* arruinada de David.
Fecharei seus furos, a tirarei da ruína
e a reconstruirei como era,
12 para que Yisra'el possua
o que restou de Edom
e de todas as nações que portam meu nome",
diz ADONAI, o realizador dessas coisas.

13 "Virão dias", diz *Adonai*,
"em que o lavrador alcançará o colhedor
e o que pisa as uvas alcançará o semeador.
Vinho doce gotejará das montanhas e fluirá de todas as colinas.
14 Restaurarei a sorte de Yisra'el, meu povo;
eles reconstruirão as cidades arruinadas e habitarão nelas;
plantarão vinhas e beberão seu vinho,
cultivarão jardins e comerão seu fruto.
15 Eu os plantarei em seu solo
para que não sejam mais desarraigados
da terra que lhes dei",
diz *Adonai*, o Deus de vocês.

עובדיה
‘Ovadyah
[Obadias]

1 Esta é a visão de ‘Ovadyah. Eis o que *Adonai Elohim* diz a respeito de Edom. Como
um mensageiro foi enviado entre as nações, dizendo: “Venham, vamos atacá-lo”,
nós ouvimos a mensagem de *Adonai*:

2 “Eu o torno a menor de todas as nações,
você será muito desprezado.
3 Seu coração orgulhoso o enganou,
você, cujo lar é na caverna do penhasco,
que vive na altura e diz a si mesmo:
‘Quem me conseguirá derrubar?’.
4 Se você fizer seu ninho tão alto quanto o da águia,
ainda que o coloque entre as estrelas,
eu o derrubarei dali”, diz *Adonai*.

5 Se ladrões viessem contra você,
ou se ladrões atacassem à noite
(Oh, como você ficará destruído!),
eles não parariam enquanto não roubassem o suficiente?
Se os colhedores de uva viessem a você,
não deixariam algumas para a respiga?
6 No entanto, veja como ‘Esav foi saqueado,
seus tesouros secretos, descobertos!
7 Seus aliados seguiram com você apenas até a fronteira;
os que se encontravam em paz com você o enganaram e o derrotaram;
os que comiam sua comida armaram uma cilada para você,
e você não percebeu.
8 “Quando esse Dia chegar”, diz *Adonai*,
“não destruirei todos os sábios de Edom
e não deixarei discernimento no monte de ‘Esav?
9 Seus guerreiros, Teman, estarão tão confusos
que todos os que se encontram no monte de ‘Esav serão mortos.
10 Pela violência feita a seu parente, Ya‘akov,
vergonha o cobrirá;
e você será eliminado para sempre.
11 Naquele dia, você parou de lado,
enquanto estrangeiros carregaram seu tesouro,
e estrangeiros entraram por seus portões
para lançar sortes por Yerushalayim —
você não era diferente deles.
12 Você não deveria ter tripudiado sobre seu parente

no dia do desastre
nem se regozijado pela destruição
do povo de Y'hudah.
Você não deveria ter falado com arrogância
no dia da dificuldade

13 nem entrado pelo portão do meu povo
no dia da calamidade —
não, você não deveria ter tripudiado sobre o sofrimento deles
no dia da calamidade
nem tocado no tesouro deles
no dia da calamidade.
14 Você não deveria ter ficado na encruzilhada
para eliminar os fugitivos
ou entregar os sobreviventes
no dia da dificuldade."
15 Pois o dia de *Adonai* está próximo para todas as nações;
como você fez, assim farão a você;
seus atos repercutirão sobre você.
16 Como você bebeu na minha montanha sagrada,
assim todas as nações beberão em troca;
sim, elas beberão e engolirão
e será como se nunca tivessem existido.

17 No entanto, no monte Tziyon haverá
um remanescente sagrado que fugirá,
e a casa de Ya'akov retomará a posse
da herança que lhe pertence por direito.
18 A casa de Ya'akov será um fogo,
e a casa de Yosef, uma chama,
inflamando e consumindo
o restolho — a casa de 'Esav.
Não restará ninguém da casa de 'Esav,
porque *Adonai* o declarou.
19 Os que estão no Negev retomarão a posse
da montanha de 'Esav,
e os que estão na Sh'felah,
a terra dos p'lishtim;
eles retomarão a posse do campo de Efrayim
e do campo de Shomron,
e Binyamin ocupará Gil'ad.
20 Os membros do exército do povo de Yisra'el,
exilados entre os kena'anim, chegarão tão longe quanto Tzarfat,
e os exilados de Yerushalayim em S'farad
retomarão a posse das cidades do Negev.
21 Então o vitorioso subirá ao monte Tziyon
para reinar sobre o monte de 'Esav,
mas o reinado pertencerá a *Adonai*.

יונה

Yonah

[Jonas]

1 1 A palavra de *Adonai* veio a Yonah, o filho de Amitai: 2 "Prepare-se e vá à grande cidade de Ninveh, e anuncie a ela que sua impiedade chamou minha atenção".

3 No entanto, Yonah, a fim de sair [da presença] de *Adonai*, preparou-se para fugir para Tarshish. Ele desceu até Yafo, encontrou um navio de partida para Tarshish, pagou a passagem e entrou a bordo, desejando viajar com eles a Tarshish e fugir [da presença] de *Adonai*. 4 Contudo, *Adonai* enviou ao mar um vento violento, criando uma condição tão tempestuosa que ameaçava fazer o navio em pedaços. 5 Os marinheiros estavam com medo, e cada um clamava a seu deus. Eles jogaram a carga do navio ao mar para facilitar seu controle.

Enquanto isso, Yonah desceu ao porão, onde ele se deitou e adormeceu com rapidez. 6 O capitão do navio o encontrou e lhe disse: "Por que você está dormindo? Levante-se! Invoque seu deus! Talvez ele se lembre de nós para não morrermos".

7 Então eles disseram entre si: "Venham, vamos lançar sortes para descobrir quem é o culpado por esta calamidade". Eles lançaram sortes, e Yonah foi o escolhido. 8 Eles lhe disseram: "Diga-nos, agora, por que esta calamidade nos sobreveio? O que você faz? De onde vem? Qual é seu país? E seu povo?". 9 Ele lhes respondeu: "Sou hebreu e temo a *Adonai*, o Deus do céu, que criou o mar e a terra seca". 10 Nesse momento, os homens ficaram muito temerosos e lhe disseram: "O que foi que você fez?". Pois os homens sabiam que ele tentava fugir [da presença] de *Adonai*, pois ele lhes dissera isso. 11 Eles lhe perguntaram: "O que devemos fazer com você, para que o mar se acalme?" — pois o mar estava cada vez mais bravio. 12 "Peguem-me", ele lhes disse, "e me lancem ao mar. Então o mar se acalmará, pois sei que esta tempestade terrível lhes sobreveio por minha culpa".

13 Mesmo assim, os homens remaram com mais força, tentando alcançar a costa. No entanto, eles não conseguiram, pois o mar continuava violento. 14 Por fim, eles clamaram a *Adonai*: "Por favor, *Adonai*, por favor! Não nos permitas perecer por causar a morte deste homem e não nos culpes pelo derramamento de sangue inocente, pois tu, *Adonai*, fizeste o que achaste justo". 15 Então eles pegaram Yonah e o lançaram ao mar, e a fúria do mar cessou. 16 Tomados por um grande temor de *Adonai*, eles ofereceram um sacrifício a *Adonai* e fizeram votos.

2 1(1.17) *Adonai* preparou um grande peixe para engolir Yonah; e Yonah esteve no ventre do peixe por três dias e três noites. 2(1) Do ventre do peixe, Yonah orou a *Adonai*, seu Deus; 3(2) ele disse:

"Da minha aflição clamei a *Adonai*,
e ele me respondeu;
do ventre do *sh'ol* eu gritei,
e tu ouviste a minha voz.
4(3) Pois tu me lançaste nas profundezas,
no coração dos mares;

e o dilúvio envolveu-me;
todas as tuas ondas bravias passaram sobre mim.
5(4) Eu pensei: 'Fui banido de tua vista'.
No entanto, olhei mais uma vez para teu santo templo.
6(5) As águas cercaram-me, ameaçaram minha vida;
as profundezas se aproximaram de mim,
algas marinhas enroscaram-se na minha cabeça.
7(6) Eu desci às profundezas das montanhas,
até a terra, cujas trancas me poderiam ter encerrado para sempre;
mas tu me trouxeste vivo do abismo,
Adonai, meu Deus!
8(7) Enquanto minha vida se esvaía,
eu me lembrei de *Adonai*;
e minha oração chegou a ti,
em teu santo templo.

9(8) "Quem adora ídolos vãos
desiste de sua fonte de misericórdia;
10(9) mas eu expressei minha gratidão com alta voz:
sacrificarei a ti;
pagarei meus votos.
A salvação vem de *Adonai*!".

11(10) Então *Adonai* ordenou ao peixe, e ele vomitou Yonah na terra seca.

3 1 A palavra de *Adonai* veio a Yonah pela segunda vez: 2 "Vá à grande cidade de
Ninveh, e anuncie a ela a mensagem que eu der a você". 3 Assim, Yonah partiu
e foi a Ninveh, como *Adonai* havia dito. Ninveh era uma cidade tão grande que para
atravessá-la eram necessários três dias. 4 Yonah deu início à travessia da cidade
e findou o primeiro dia, anunciando: "Ninveh será arruinada em quarenta dias",
5 e o povo de Ninveh creu em Deus. Eles estabeleceram um jejum e vestiram-se
com pano de saco — do maior ao menor. 6 Quando as notícias chegaram ao rei de
Ninveh, ele se levantou do trono, tirou o manto, vestiu o pano de saco e se sentou
sobre cinzas. 7 Ele mandou fazer o seguinte anúncio por toda a Ninveh: "Por decre-
to do rei e de seus nobres, nenhuma pessoa ou animal, nem bois ou ovelhas, deverá
pôr nada na boca; não comam nada nem bebam água. 8 Cubram-se com pano de
saco — pessoas e animais; e clamem a Deus com toda a força — que cada um se vol-
te de seu caminho mau e da prática da violência. 9 Quem sabe? Talvez Deus mude
de ideia, compadeça-se e não use sua ira ardente, assim, nós não pereceremos".
10 Quando Deus viu que os atos deles demonstravam que se haviam voltado de
seus caminhos maus, ele se compadeceu e não trouxe sobre eles a punição com
que os ameaçou.

4 1 No entanto, Yonah ficou muito desgostoso com isso e ficou irado. 2 Ele orou
a *Adonai*: "*Adonai*, eu não te disse que isto ocorreria, quando ainda estava em
minha terra? Esse é o motivo de eu ter tentado fugir para Tarshish! Eu sabia que tu
és um Deus misericordioso e compassivo, vagaroso para irar-se e rico em graça, e
que te compadeces e não aplicas a punição. 3 Portanto, *Adonai*, por favor, tira minha
vida; é melhor eu morrer que permanecer vivo!". 4 *Adonai* perguntou: "É justo que
você se ire tanto?".

[5] Yonah saiu da cidade e encontrou um lugar a oeste, onde preparou um abrigo e sentou-se à sua sombra, para ver o que aconteceria com a cidade. [6] *Adonai,* Deus, preparou uma mamoneira e a fez crescer sobre Yonah, para lhe fazer sombra para a cabeça e diminuir seu desconforto. Por isso, Yonah ficou contente com a mamoneira. [7] No entanto, ao amanhecer do dia seguinte, Deus preparou uma lagarta, que atacou a mamoneira, e ela secou. [8] Então, quando o sol nasceu, Deus preparou um vento oriental escaldante; e o sol bateu na cabeça de Yonah com tanta força que ele quase desmaiou e desejou morrer, dizendo: "Seria melhor eu morrer que continuar vivo".

[9] Deus perguntou a Yonah: "É justo que você se ire tanto por causa da mamoneira?". Ele respondeu: "Sim, é justo que eu me ire a ponto de desejar morrer!". [10] *Adonai* disse: "Você se preocupa com a mamoneira, que não lhe custou nada; você não a fez crescer; ela surgiu em uma noite e pereceu em uma noite. [11] Não deveria eu me preocupar com a grande cidade de Ninveh, em que vivem mais de 120 mil pessoas que não sabem discernir a mão direita da esquerda — sem contar todos os animais?".

מיכה

Mikhah

[Miqueias]

1 [1] Esta é a palavra de *Adonai* que veio a Mikhah, o morashti, nos dias de Yotam,
Achaz e Y'chizkiyah, reis de Y'hudah — sua visão a respeito de Shomron e
Yerushalayim:

2 Ouçam, todos vocês!
Preste atenção, terra, e tudo o que há nela!
Adonai Elohim testemunhará contra vocês,
Adonai, desde seu santo templo.
3 Pois vejam: *Adonai* está saindo de seu lugar,
desce para pisar os lugares altos da terra.
4 Debaixo dele, as montanhas derreterão,
os vales derreterão como cera diante do fogo,
como água derramada sobre a ladeira íngreme.
5 Tudo isso por causa da transgressão de Ya'akov
e dos pecados da casa de Yisra'el.
Qual é a transgressão de Ya'akov?
Não é ela Shomron?
E quais são os lugares altos de Y'hudah?
Não são eles Yerushalayim?

6 "Por isso, farei de Shomron uma pilha na região rural,
um lugar para a plantação de vinhas;
lançarei suas pedras no vale,
descobrirei suas fundações.
7 Todas as suas imagens esculpidas serão despedaçadas,
todas serão consumidas pelo fogo;
e reduzirei seus ídolos a entulho.
Ela os juntou com o pagamento de uma prostituta,
e como o pagamento de uma prostituta eles serão gastos outra vez."

8 Este é o motivo de eu gemer e lamentar,
o motivo de andar descalço e sem roupa,
a razão de eu uivar como os chacais
e prantear como os avestruzes.
9 Pois sua ferida não pode ser curada,
e agora ela está vindo a Y'hudah;
alcançando até o portão de meu povo,
a própria Yerushalayim.
10 Não contem sobre isso em Gat,
não vertam lágrimas.
Rolem no pó
em Beit-L'afrah [casa de pó].

11 Habitantes de Shafir, passem por seu caminho
nus e envergonhados.
Os habitantes de Tza'anan
ainda não partiram.
O lamento de Beit-Ha'etzel
retirará de vocês seu apoio.
12 Os habitantes de Marot
não esperam nada de bom,
pois *Adonai* enviou uma desgraça
até o portão de Yerushalayim.
13 Prendam as carruagens aos cavalos mais velozes,
habitantes de Lakhish;
ela foi o início do pecado
da filha de Tziyon,
pois as transgressões de Yisra'el
começaram por você.
14 Por isso, vocês devem dar presentes de despedida
a Moreshet-Gat.
As casas de Akhziv desapontarão
os reis de Yisra'el.
15 Habitantes de Mareshah,
eu ainda trarei
quem [as invadirá e] tomará posse de vocês.
A glória de Yisra'el virá a 'Adulam.

16 Raspem o cabelo de sua cabeça enquanto vocês pranteiam
pelos filhos que eram seu deleite;
tornem-se calvos como abutres,
pois eles os deixaram e foram exilados.

2 1 Ai de quem pensa o mal
e planeja a impiedade quando jaz na cama.
Quando chega a manhã, ele o realiza,
pois detém o poder para isso.
2 Eles cobiçam campos e os tomam;
apoderam-se também de casas,
usando de violência com o proprietário e a propriedade,
com as pessoas e a terra herdada.

3 Portanto, isto é o que diz *Adonai*:

"Planejo o mal contra esta família,
do qual vocês não livrarão o pescoço;
tampouco andarão com a cabeça erguida,
pois será um tempo mau".
4 Naquele dia, eles entoarão um canto fúnebre para vocês;
lamentarão com tristeza e dirão:
'Estamos completamente arruinados!
A terra de nosso povo mudou de mãos.
Nossos campos nos foram tomados;
em lugar de restaurá-los a nós, ele os divide' ".

5 Portanto, vocês não terão ninguém
na assembleia de *Adonai*
para esticar o instrumento de medida e devolver
a terra consignada por sorteio.
6 "Não preguem!" — assim eles dizem!
"Eles não devem pregar a respeito dessas coisas.
A vergonha não nos alcançará" —
7 é isso o que diz a casa de Ya'akov?
Adonai se impacientou,
e esse não é o modo de ele agir.

"Ao contrário, minhas palavras realizam apenas o bem
para quem vive de forma correta.
8 No entanto, ultimamente, meu povo comporta-se como um inimigo,
arrancando capas e túnicas dos viajantes que pensavam estar seguros,
para que eles se assemelhem a refugiados de guerra.
9 Vocês lançam as mulheres de meu povo
fora de seus lares amados.
Privam os filhos delas
de minha glória para sempre.
10 Levantem-se e vão! Vocês não podem ficar aqui,
pois [a terra] está agora impura,
ela os destruirá com crueldade".

11 Se o homem que anda no vento e na falsidade
disser esta mentira: "Pregarei para você
sobre [quão bom é beber] vinho e bebida forte",
este povo o aceitará como pregador!

12 Reunirei todos vocês, Ya'akov;
juntarei o remanescente de Yisra'el,
eu os colocarei juntos como ovelhas em um cercado,
como o rebanho no pasto —
estrondarão com os sons do povo".

13 Quem abre o caminho subiu antes deles;
eles atravessaram o portão, passaram por ele e saíram.
Seu rei seguiu adiante deles;
Adonai os conduzia.

3 1 "Eu disse: 'Ouçam, por favor, líderes de Ya'akov,
chefes da casa de Yisra'el:
Vocês não deveriam saber o que é justiça?
2 Contudo, odeiam o bem e amam o mal.
Vocês lhes arrancam a pele
e a carne dos ossos,
3 comem a carne de meu povo,
arrancam-lhes a pele enquanto estão vivos,
quebram-lhes os ossos;
sim, eles os cortam em pedaços,
como carne em um caldeirão, como cortes de carne em uma panela' ".

4 Então eles invocarão *Adonai*,
mas ele não lhes responderá;
quando esse tempo chegar, ele esconderá a face deles,
pois seus atos foram muito impiedosos.

5 Eis o que *Adonai* diz em relação aos profetas que fazem meu povo desviar-se, que
gritam "paz" assim que recebem comida para se alimentar, mas guerreiam contra
qualquer um que não lhes ponha nada na boca:

6 "Por isso, a noite virá sobre vocês, não uma visão,
a escuridão, não uma adivinhação;
o sol descerá sobre os profetas,
acima deles o dia escurecerá".

7 Os videntes serão envergonhados,
os adivinhos ficarão confusos.
Eles terão de cobrir a boca,
pois não haverá resposta de Deus.
8 No entanto, estou cheio de poder
pelo Espírito de *Adonai*,
cheio de justiça e de força,
para declarar a Ya'akov sua transgressão,
a Yisra'el, seu pecado.
9 Ouçam isto, por favor, líderes da casa de Ya'akov,
chefes da casa de Yisra'el,
que odeiam o justo e pervertem o correto,
10 que edificam Tziyon com sangue
e Yerushalayim, com impiedade.
11 Seus líderes vendem sentenças mediante suborno,
seus *kohanim* cobram para ensinar,
seus profetas adivinham por dinheiro —
contudo, eles afirmam confiar em *Adonai*!
"*Adonai* não está aqui conosco?", eles dizem.
"Nenhum mal nos sobrevirá".
12 Portanto, por causa de vocês,
Tziyon será arada como um campo,
Yerushalayim se tornará um feixe de ruínas,
e a montanha da casa será como uma elevação coberta de mato.

4 1 No entanto, no *acharit-hayamim* acontecerá
que a montanha da casa de *Adonai*
será estabelecida como o a montanha mais importante.
Ela será considerada mais elevada que as outras colinas,
e povos surgirão dali.
2 Muitos gentios irão e dirão:
"Venham, subamos à montanha de *Adonai*,
à casa do Deus de Ya'akov!
Ele nos ensinará seus caminhos,
e nós andaremos em seus passos".
Pois de Tziyon sairá a *Torah*,
a Palavra de *Adonai*, de Yerushalayim.

3 Ele julgará entre muitos povos
e arbitrará por muitas nações distantes.
Então eles forjarão suas espadas em lâminas de arado,
e suas lanças, em podadeiras;
nações não mais levantarão espadas contra outras
e não aprenderão mais a guerrear.
4 Em vez disso, cada pessoa se sentará embaixo de sua vinha
e figueira, sem que ninguém a incomode,
pois a boca de *Adonai-Tzva'ot*
assim declarou.
5 Pois todos os povos andarão,
cada um no nome do seu deus,
mas nós andaremos no nome de *Adonai*,
nosso Deus, para todo o sempre.

6 "Quando esse dia chegar", diz *Adonai*,
"reunirei os aleijados
e juntarei os dispersos
com aqueles que eu afligi.
7 Farei dos aleijados o remanescente,
e dos dispersos, a nação forte".

Adonai reinará sobre eles no monte Tziyon
desse momento em diante, para sempre.
8 Você, torre do rebanho,
colina da filha de Tziyon,
sua antiga soberania será restaurada a você,
o poder régio da filha de Yerushalayim.
9 Por que você está chorando agora?
Não tem um rei?
Seu conselheiro foi destruído,
para você sentir dor semelhante à da mulher em trabalho de parto?
10 Sinta a dor! Sofra para dar à luz
como a mulher em trabalho de parto, filha de Tziyon!
Pois agora você sairá da cidade
e viverá nos desertos até chegar a Bavel.
Ali você será libertada;
ali *Adonai* a redimirá
do poder de seus inimigos.
11 Agora, muitas nações se reuniram contra você;
elas dizem: "Que ela seja profanada;
tripudiemos sobre Tziyon".
12 No entanto, elas não sabem os pensamentos de *Adonai*,
não lhe entendem o plano,
pois ele as reuniu
como feixes na eira.
13 Levante-se! Comece a debulhar, filha de Tziyon!
"Pois farei seus chifres como o ferro
e seus cascos, como o bronze".
Você esmagará muitos povos
e oferecerá a pilhagem deles a *Adonai*,
sua riqueza, ao Senhor de toda a terra.

14(5.1) Agora, reúna suas tropas,
você que está acostumada a estar com tropas;
elas fizeram um cerco contra nós,
e ferem o juiz de Yisra'el
na face com uma vara.

5

1(2) No entanto, você, Beit-Lechem, próxima de Efrat,
tão pequena entre os clãs de Y'hudah,
de você sairá para mim
o futuro governante de Yisra'el,
cujas origens estão no passado distante,
nos tempos antigos.
2(3) Por isso, ele desistirá [de Yisra'el]
até que a mulher em trabalho de parto dê à luz.
Então o restante de seus parentes
voltará ao povo de Yisra'el.
3(4) Ele permanecerá e alimentará seu rebanho
com a força de *Adonai*,
com a majestade do nome
de *Adonai*, seu Deus;
e eles permanecerão juntos, pois ele crescerá
até os confins da terra;
4(5) e este será a paz.
Se Ashur invadir nossa terra,
se ele sobrepujar nossas fortalezas,
levantaremos sete pastores contra ele,
oito líderes de homens.
5(6) Eles pastorearão a terra de Ashur com a espada,
a terra de Nimrod, junto a seus portões;
e ele nos resgatará de Ashur
quando invadir nossa terra,
quando passar por cima de nossas fronteiras.
6(7) Então o remanescente de Ya'akov,
cercado por muitos povos,
será como o orvalho de *Adonai*,
como aguaceiros sobre a relva,
que nada espera do homem
nem mantém nenhuma expectativa dos mortais.
7(8) O remanescente de Ya'akov entre as nações,
cercado por muitos povos,
será como um leão entre os animais da floresta,
como um leão jovem entre rebanhos de ovelhas —
caso ele passe por ali, pisará e fará em pedaços;
não há ninguém para livrá-los.
8(9) Sua mão se levantará sobre seus inimigos;
todos os seus adversários serão destruídos.

9(10) "Quando esse dia chegar", diz *Adonai*,
"eliminarei os cavalos de seu meio
e destruirei suas carruagens.
10(11) Eliminarei as cidades de sua terra
e derrubarei por completo suas fortalezas.

11(12) Acabarei com as feitiçarias de sua terra;
você não terá mais adivinhos.
12(13) Darei fim às suas imagens esculpidas
e às colunas de seu meio;
você não adorará mais
o que suas mãos fizeram.
13(14) Arrancarei do meio de vocês seus postes sagrados
e destruirei seus inimigos.
14(15) Eu me vingarei com ira e fúria
dessas nações, pois elas não me ouviram".

6 1 Por isso, ouçam agora o que *Adonai* diz:
"Levante-se e apresente seu caso às montanhas,
que as colinas ouçam o que você tem a dizer".
2 Ouçam, montanhas, o caso de *Adonai*;
também vocês, pedras resistentes, que sustentam a terra!
Adonai tem um caso contra seu povo;
ele deseja debatê-lo com Yisra'el:
3 "Meu povo, o que eu fiz a você?
Em que o entristeci? Responda-me!
4 Eu o tirei da terra do Egito.
Resgatei-o da vida de escravidão.
Enviei Mosheh, Aharon e Miryam para guiá-lo.
5 Meu povo, lembre-se apenas do que Balak,
o rei de Mo'av, planejou,
do que Bil'am, o filho de B'or, respondeu
[e do que aconteceu] entre Shitim e Gilgal —
para que você entenda
os atos de salvação realizados por *Adonai*".
6 "Com que posso aparecer diante de *Adonai*
para me prostrar diante de Deus nas alturas?
Posso me apresentar diante dele com ofertas queimadas,
com bezerros de 1 ano?
7 *Adonai* se agradaria com milhares de carneiros,
com 10 mil rios de azeite de oliva?
Poderia eu dar meu primogênito como pagamento por minhas transgressões,
o fruto de meu corpo pelo pecado de minha alma?".

8 Ser humano, você já foi informado
do que é bom, do que *Adonai* exige de você —
apenas que aja com justiça, que ame a graça
e que ande em pureza para com seu Deus.

9 A voz de *Adonai*! Ele clama à cidade;
e é sábio temer-lhe o nome,
"Ouça a vara e quem a comissionou.
10 Ainda há ganhos desonestos na casa do ímpio?
Subsistem as detestáveis medidas falsificadas de *eifah*?
11 Deveria eu declarar inocentes as balanças dos ímpios
e um saco de pesos fraudulentos?
12 Os homens ricos estão cheios de violência,
os habitantes contam mentiras
com a língua repleta de engano na boca.

13 “Portanto, eu começarei a ferir vocês,
a destruí-los por seus pecados.
14 Vocês comerão, mas não se satisfarão;
a fome os consumirá.
Vocês conceberão, mas não darão à luz;
se o fizerem, eu o darei à espada.
15 Semearão, mas não colherão,
espremerão azeitonas, mas não se ungirão com azeite;
do mesmo modo, vocês prensarão uvas, mas não beberão o vinho.
16 Pois vocês têm obedecido aos decretos de ‘Omri
e todas as práticas da casa de Ach’av,
comportando-se de acordo com os conselhos dele.
Por isso, farei de vocês um objeto de horror,
e dos habitantes desta cidade, uma causa de desprezo;
vocês sofrerão os insultos lançados contra meu povo.”

7 1 Ai de mim! Pois eu me tornei
como as sobras dos frutos do verão,
como as respigas quando a vindima está terminada —
não há nenhum cacho que eu possa comer,
nenhum figo recém-colhido que me apeteça.
2 Os piedosos foram eliminados da terra,
não há um justo entre a humanidade.
Todos eles jazem à espera de sangue,
cada um caça seu irmão com uma rede.
3 Suas mãos realizam o mal.
O príncipe faz seu pedido,
o juiz o concede por um preço,
e o homem poderoso expressa seus desejos maus —
assim eles tramam em conjunto.
4 O melhor deles é uma urze,
o mais correto é pior que uma cerca de espinhos.
O tempo de suas sentinelas — de sua punição — chegou;
agora eles serão confundidos.
5 Não confiem no vizinho;
não depositem a confiança em um amigo íntimo;
fechem os portões da boca até mesmo para [sua mulher]
que se deita com vocês na cama.
6 Pois o filho insulta o pai,
a filha se levanta contra a mãe,
a nora contra a sogra —
os inimigos das pessoas serão os membros da própria casa.

7 No entanto, quanto a mim, eu olharei para *ADONAI*,
esperarei pelo Deus da minha salvação;
meu Deus me ouvirá.
8 Inimigos meus, não tripudiem sobre mim!
Contudo, mesmo tendo caído, eu me levantarei;
ainda que viva nas trevas, *ADONAI* é minha luz.

9 Suportarei a ira de *Adonai*,
pois pequei contra ele;
até que ele atenda à minha causa
e julgue a meu favor.
Então ele me levará para a luz,
e verei sua justiça.
10 Meus inimigos também a verão,
e serão cobertos de vergonha
os que me disseram: "Onde está *Adonai*, seu Deus?".
Eu tripudiarei sobre eles,
quando eles forem pisados
como o barro nas ruas.

11 Esse será o dia da reconstrução dos muros,
o dia da expansão do território,
12 o dia em que [seu] povo virá [de volta] para você
de Ashur e das cidades do Egito,
do Egito e de tão longe quanto o rio Eufrates,
e de mar a mar, e de montanha a montanha.
13 A terra será desolada para os que vivem nela,
como resultado de seus atos.
14 Pastoreie seu povo com a vara,
o rebanho que pertence a você,
que vive sozinho, como uma floresta
no meio de um pasto fértil.
Que eles se alimentem em Bashan e Gil'ad,
como o fizeram nos dias antigos.
15 "Como nos dias em que você saiu do Egito,
eu mostrarei maravilhas."
16 As nações verão e serão envergonhadas,
a despeito de todo o seu poder.
Eles cobrirão a boca com a mão,
e seus ouvidos ficarão surdos.
17 Lamberão o pó como serpentes;
emergirão de suas fortalezas, tremendo
como os répteis que rastejam sobre a terra;
eles virão com medo de *Adonai*, nosso Deus,
medo por tua causa.

18 Quem é Deus como tu,
que perdoas o pecado e desconsideras as transgressões
do remanescente da tua herança?
Ele não retém a ira para sempre, pois se alegra com a graça.
19 Ele terá compaixão de nós outra vez,
vencerá nossas iniquidades.
Tu lançarás todos os pecados deles
nas profundezas do mar.
20 Tu demonstrarás a verdade a Ya'akov
e a graça a Avraham,
como juraste a nossos antepassados
desde os dias antigos.

נחום
Nachum
[Naum]

1 [1] Esta é uma profecia a respeito de Ninveh, o livro da visão de Nachum, o elkoshi:

2 *Adonai* é um Deus zeloso e vingador.
Adonai se vinga; ele sabe irar-se.
Adonai se vinga dos seus adversários
e guarda ira contra seus inimigos.
3 *Adonai* é vagaroso para irar-se, mas grande em poder;
e ele não deixa o culpado impune.
O caminho de *Adonai* está no redemoinho e na tempestade,
e as nuvens são o pó de seus pés.
4 Ele repreende o mar e o torna seco,
ele seca todos os rios.
Bashan e o Karmel definham;
a flor do L'vanon murcha.
5 As montanhas tremem diante dele,
e as colinas se dissolvem;
a terra se desfaz em sua presença,
o mundo e toda a vida que há nele.
6 Quem pode suportar sua fúria?
Quem aguenta sua ira ardente?
Sua ira é derramada como fogo,
as rochas se quebram em pedaços diante dele.

7 *Adonai* é bom,
uma fortaleza no tempo da dificuldade;
ele cuida de quem
se refugia nele.
8 No entanto, com uma enchente devastadora,
ele dará fim ao lugar [de Ninveh],
e a escuridão perseguirá seus inimigos.

9 O que vocês planejam contra *Adonai*?
Ele dará fim [a isso];
a dificuldade não surgirá pela segunda vez.
10 Pois, à semelhança de homens bêbados,
eles se queimarão como espinhos emaranhados,
como palha totalmente seca.
11 De você, [Ninveh], ele saiu,
aquele que planeja o mal contra *Adonai*,
que aconselha de forma ímpia.

12 Eis o que diz *Adonai*:
"Ainda que sejam muitos e fortes,
serão eliminados, morrerão;
e mesmo que eu o tenha feito sofrer,
não permitirei mais que você sofra.
13 Agora, quebrarei o jugo de seu pescoço
e arrebentarei as correntes que o prendem.

14 *Adonai* decretou isto a seu respeito:
você não terá descendentes para portarem seu nome;
eliminarei a imagem esculpida da casa de seu deus
e jogarei fora a imagem de metal;
prepararei seu túmulo,
pois você não tem valor".

2 1(1.15) Veja: Nas montanhas estão os pés
de quem traz boas notícias, anunciando *shalom*.
Guarde suas festas, Y'hudah, cumpra seus votos,
pois B'liya'al nunca passará por você outra vez;
ele foi destruído por completo.
2(1) Um destruidor levantou-se diante de sua face;
guarde as fortificações, vigie a estrada,
prepare-se, ponha em posição toda a sua força.
3(2) Pois *Adonai* restaura o orgulho de Ya'akov
juntamente com o orgulho de Yisra'el,
pois os saqueadores os pilharam
e devastaram suas vinhas.

4(3) Os escudos dos guerreiros [de Ninveh] são vermelhos;
os soldados vestem-se de escarlate.
O metal das carruagens reluz como fogo
quando se prepara para a batalha.
[As lanças] de cipreste estão envenenadas.
5(4) As carruagens seguem em alta velocidade pelas ruas,
acotovelando-se umas às outras nos lugares abertos;
sua aparência é como tochas,
correm aqui e ali como raios.

6(5) [O rei de Ninveh] designa seus oficiais;
eles tropeçam ao marchar;
apressam-se em direção ao muro e preparam os escudos
para proteger o aríete.
7(6) Os portões dos rios estão abertos,
e o palácio desmorona.
8(7) Sua amante é despida e levada embora;
as criadas dela lamentam, soam como pombas
quando batem no peito.

9(8) Ninveh é como um tanque cuja água vaza.
"Parem, parem!", gritam. No entanto, ninguém retorna.
10(9) Pilhem a prata! Pilhem o ouro!
O tesouro não tem fim;
ele contém objetos preciosos.

11(10) Ela está vazia, deserta; tornou-se nua.
Tremem corações, batem joelhos;
todo estômago se revira,
todo rosto perde a cor.
12(11) O que aconteceu com a toca do leão,
a caverna em que os leõezinhos se alimentavam,
em que o leão e a leoa caminhavam com seus filhotes,
e ninguém os amedrontava?
13(12) O leão arrancava pedaços de comida para seus filhotes
e estrangulava a presa para suas leoas;
ele enchia suas cavernas com presas,
e seus covis, com carne despedaçada.

14(13) "Eu estou contra vocês", diz *Adonai-Tzva'ot*.
"Queimarei suas carruagens,
a espada consumirá os filhotes de seus leões,
eliminarei sua presa da terra,
e não se ouvirá mais a voz de seus mensageiros".

3 1 Ai da cidade de sangue, repleta de mentiras,
cheia de presa, apinhada de pilhagem!
2 O estalo do chicote! O barulho de rodas!
O galope de cavalos, o balanço de carruagens,
3 o ataque da cavalaria, o reluzir de espadas,
a cintilação de lanças —
e multidões de mortos, montes de corpos;
cadáveres sem fim;
eles tropeçam nos cadáveres.

4 "Por causa da prostituição ininterrupta dessa prostituta,
essa amante que atrai por meio da feitiçaria,
vendedora de nações com sua prostituição
e de famílias com sua feitiçaria;
5 estou contra você", diz *Adonai-Tzva'ot*.
"Levantarei suas saias até seu rosto;
mostrarei às nações suas partes íntimas,
e sua vergonha, aos reinos.
6 Jogarei sobre você sujeira repugnante,
eu a desgraçarei e a transformarei em um espetáculo.
7 Então todos os que a virem fugirão de você
e dirão: 'Ninveh está destruída!'.
Quem manteará por ela?
Onde encontrarei pessoas para consolá-la?".

8 Você não é melhor que No-Amon,
localizada entre as correntes do Nilo,
com água à sua volta,
e a enchente por muro de defesa?
9 Etiópia e Egito deram-lhe força ilimitada,
Put e Luvim estavam lá para auxiliá-la.

10 Mesmo assim, ela foi levada cativa ao exílio,
suas crianças foram feitas em pedaços em cada esquina.
Sortes foram lançadas pelos nobres,
e todos os grandes homens foram presos em correntes.

11 Também você, [Ninveh], ficará embriagada;
seus sentidos serão sobrepujados por completo.
Você também procurará refúgio
do inimigo.
12 Todas as suas fortificações serão
como figueiras com frutos maduros;
no momento em que forem sacudidos,
eles cairão na boca de quem os desejar comer.

13 Olhe para suas tropas! Elas se comportam como mulheres!
Os portões de sua terra estão completamente abertos
para os seus adversários;
o fogo consumirá suas trancas.
14 Tire água para o cerco!
Reforce suas fortificações!
Desça ao barro, pise a argamassa,
pegue a forma dos tijolos!
15 Ali o fogo a queimará;
e a espada a cortará;
ele a devorará como gafanhotos.

Torne-se grande número como os gafanhotos,
multiplique-se como os gafanhotos!
16 Você possuía mais mercadores que estrelas no céu.
O gafanhoto muda a sua pele e voa para longe.
17 Seus guardas são como gafanhotos,
seus oficiais, como enxames de gafanhotos
que pousam sobre os muros em dias frios,
mas, quando se levanta o sol, voam para longe;
eles somem, e ninguém sabe para onde seguem.

18 Seus pastores cochilam, rei de Ashur.
Seus líderes dormem.
Seu povo está espalhado pelas montanhas,
e ninguém os junta.
19 Sua ferida não pode ser curada.
Seu ferimento é fatal.
Todos os que ouvem as notícias a seu respeito
batem palmas de alegria por sua causa.
Pois quem não foi completamente dominado
por sua crueldade implacável?

חבקוק
Havakuk
[Habacuque]

1 [1] Esta é a profecia vista por Havakuk, o profeta:

2 *Adonai,* quanto mais terei de gritar
sem que tu ouças?
“Violência!”, grito a ti,
mas tu não salvas.
3 Por que me fazes ver o erro,
por que permites a opressão?
A pilhagem e a crueldade me afrontam,
de modo que a contenda e a discórdia prevalecem.
4 Por isso, a *Torah* não é seguida;
a justiça nunca é executada,
pois o ímpio cerca o justo.
Esse é o motivo da perversão da justiça.

5 “Olhem entre as nações!
O que veem os pasmará por completo!
Pois não crerão no que acontecerá em seus dias,
mesmo quando for contado a vocês.
6 Estou suscitando os kasdim,
a nação cáustica e impetuosa,
que marcha pela terra ampla
para se apoderar de casas que não lhe pertencem.
7 Eles são terríveis e temíveis;
suas regras e força provêm deles mesmos.
8 Seus cavalos são mais rápidos que leopardos,
mais ferozes que lobos à noite.
Seus cavaleiros galopam de longe,
voam como abutres sobre o alimento.
9 Todos eles vêm para fazer violência,
seus rostos se lançam adiante com avidez,
juntando prisioneiros como areia.
10 Eles zombam dos reis;
caçoam de príncipes.
Riem-se de qualquer fortaleza;
empilham terra e a tomam.
11 Então irrompem como o vento,
mas se tornam culpados,
pois fazem de sua força um deus”.

12 *Adonai,* tu não existes eternamente?
Meu Deus, meu santo, nós não morreremos.

Adonai, tu os designaste para a execução do juízo.
Rocha, tu os comissionaste para nos corrigir.
13 Teus olhos são puros demais para verem o mal,
tu não podes suportar a opressão.
Então por que suportas os traidores?
Por que silencias quando os maus
engolem os mais justos que eles?
14 Tu assemelhas as pessoas aos peixes do mar,
aos répteis sem governantes.

15 Os maus os arrastam com seus ganchos,
prendem-nos com a rede,
ou os capturam com a rede de arrastão.
Então eles se alegram e festejam,
16 oferecendo sacrifícios à rede
e queimando incenso à sua rede de arrastão,
pois por meio delas vivem com luxo,
com plenitude de comida para se alimentar.

17 Devem eles, portanto, esvaziar as redes?
Devem eles continuar exterminando as nações sem piedade?

2 1 Ficarei em meu posto de guarda;
eu me posicionarei na fortificação.
Olharei para ver o que [Deus] dirá por meu intermédio
e o que responderei quando for reprovado.

2 Então *Adonai* respondeu-me; ele disse:

"Escreva claramente a visão em tábuas,
para que mesmo um corredor possa lê-la.
3 Pois a visão objetiva um tempo específico;
ela fala do fim e não mente.
Pode demorar um pouco, mas espere por ela;
com certeza, ela virá, não se atrasará.

4 "Olhem o orgulhoso: ele não é interiormente justo;
mas o justo obterá a vida por meio da fidelidade confiante.
5 Em verdade, o vinho é traiçoeiro;
o arrogante não viverá em paz;
continuará a expandir seus desejos como o *sh'ol*;
à semelhança da morte, jamais se satisfará;
ele continua juntando todas as nações para si mesmo,
reunindo para si todos os povos.
6 Todos eles não o escarnecerão
e dirão acerca dele, por meio de charadas zombadoras:
'Ai de quem coleciona a riqueza de outros povos! —
Quanto tempo mais isso continuará? —
E ai de quem acresce a si mesmo o peso
de bens tomados em penhor!
7 Seus credores não se levantarão de repente,
não o despertarão os que o fazem tremer?
Você mesmo se tornará o despojo deles.

8 Por ter pilhado muitas nações,
todo o restante dos povos o pilhará;
por causa do derramamento de sangue e da violência feita
à terra, à cidade e a todos os que vivem ali.

9 “ ‘Ai de quem procura o ganho injusto para sua casa,
colocando seu ninho nas alturas,
a fim de escapar do alcance do mal.
10 Ao planejar a destruição de muitos povos,
você trouxe vergonha à sua casa
e teve a própria vida confiscada.
11 Pois as próprias pedras clamarão do muro,
e uma viga da armação lhes responderá.

12 “ ‘Ai de quem constrói a cidade com sangue
e funda a cidade sobre a injustiça,
13 para que o povo labute pelo que será queimado,
e nações se exaurem por nenhum propósito.
Tudo isso não procede de *Adonai-Tzva'ot*?
14 Pois a terra ficará tão repleta
do conhecimento da glória de *Adonai*
quanto as águas cobrem o mar.

15 “ ‘Ai de quem faz o próximo beber,
adicionando seu veneno e embebedando-o,
a fim de vê-lo nu.
16 Você ficará cheio de vergonha, não de glória.
Beba você também e cambaleie!
O cálice da mão direita de *Adonai*
será derramado contra você;
sua vergonha excederá sua glória.
17 Pois a violência feita ao L'vanon
o alcançará,
e a destruição dos animais selvagens
o aterrorizará,
por causa do derramamento de sangue e da violência feitas
à terra, à cidade e a todos os que vivem ali ’ ”.

18 Que bem há em um ídolo recém-modelado por seu criador,
uma imagem de metal fundido e um mestre de mentiras,
para que seu criador deposite a confiança nele,
e prossiga criando não deuses, incapazes de falar?
19 Ai de quem diz ao pedaço de madeira: “Acorde”,
ou à pedra muda: “Desperte”.
Esse objeto é capaz de ensinar? Ele está coberto de ouro e prata,
sem o menor sinal de respiração nele!
20 Mas *Adonai* está em seu santo templo;
toda a terra se cale diante dele.

3 1 Esta é a oração de Havakuk, o profeta, pelos próprios erros (ao som do instrumento musical chamado *shigyonot*):

2 *Adonai*, ouvi o relato sobre ti.
Adonai, estou aterrorizado com teus atos.
Traze tua obra à vida em nossa era,
torna-a conhecida em nosso tempo;
mas, em ira, recorda da compaixão.
3 Deus vem de Teman;
o Santo, do monte Pa'ran. (*Selah*)
Seu esplendor cobre o céu,
e seu louvor enche a terra.
4 Seu resplendor é como o sol,
raios procedem de sua mão —
é aí que seu poder se oculta.
5 Diante dele, vai a peste, e a praga o segue de perto.
6 Quando se levanta, a terra se abala;
quando olha, as nações tremem,
as montanhas eternas são feitas em pedaços,
as colinas antigas se escondem;
as sendas antigas são dele.
7 Vi problemas nas tendas de Kushan,
e as cortinas das tendas tremiam na terra de Midyan.

8 *Adonai*, por acaso é contra os rios,
contra os rios, que tua ira está acesa?
Tua fúria dirige-se ao mar?
Isso ocorre porque tu montas teus cavalos
e diriges tuas carruagens à vitória?
9 Brandes teu arco nu e
ordenas que seja cheio de flechas. (*Selah*)
Divides a terra com rios.
10 As montanhas te veem e tremem;
a torrente de água flui;
a profundeza troveja
criando enormes ondas.
11 O sol e lua pararam no céu
à luz da passagem de tuas flechas,
ao vislumbre de tua lança cintilante.
12 Transpuseste a terra em fúria,
com ira pisas as nações.
13 Saíste para salvar teu povo,
para salvar teu ungido;
esmagas o cabeça da casa do ímpio,
descobrindo suas fundações até o pescoço.
14 Com os cajados deles, rompes a cabeça dos guerreiros
que vêm como um redemoinho para nos espalhar,
que se regozijam pela perspectiva
de devorar os pobres em segredo.
15 Pisaste o mar com teus cavalos,
agitando as águas poderosas.

16 Quando ouvi, meu corpo todo tremeu,
meus lábios estremecem com o som;

a fraqueza tomou conta de meus membros,
minhas pernas vacilaram.
No entanto, espero com calma pelo dia da dificuldade,
quando ele sobrevier a quem nos ataca.
17 Pois mesmo que a figueira não floresça
e não haja fruto nas vinhas,
ainda que a oliveira não consiga produzir
e os campos não forneçam comida para todos,
e a ovelha desapareça do cercado,
e não existam vacas nos estábulos;
18 mesmo assim, eu me alegrarei em *Adonai*,
tirarei meu júbilo do Deus da minha salvação.
19 *Elohim Adonai* é minha força!
Ele me faz veloz e confiante como o cervo
e me torna capaz de transpor os lugares altos.

Para o líder. Com meus instrumentos de corda.

צפניה

Tz'fanyah

[Sofonias]

1 [1] Esta é a palavra de *Adonai* que veio a Tz'fanyah, o filho de Kushi, o filho
de G'dalyah, o filho de Amaryah, o filho de Hizkiyah, durante o reinado de
Yoshiyahu, o filho de Amon, rei de Y'hudah:

2 "Eliminarei por completo todas as coisas
da face da terra", diz *Adonai*.
3 "Eliminarei seres humanos e animais,
os pássaros do céu e os peixes do mar,
também os ímpios e o que os faz tropeçar;
retirarei a humanidade da terra", diz *Adonai*.
4 "Estenderei minha mão sobre Y'hudah
e sobre todos os que vivem em Yerushalayim.
Retirarei todo o remanescente de Ba'al deste lugar,
os sacerdotes que servem a ídolos e até mesmo o nome deles,
5 dos adoradores do exército do céu sobre os telhados,
também aqueles que adoram *Adonai* e juram por ele,
mas juram também por Malkam,
6 e que se desviaram de seguir o caminho de *Adonai*,
e que não procuram por *Adonai* nem o consultam".

7 Permaneçam em silêncio diante de *Adonai Elohim*,
pois o dia de *Adonai* está próximo.
Adonai preparou o sacrifício;
ele separou os convidados.

8 Quando chegar o tempo do sacrifício de *Adonai* —
"punirei os líderes
e os filhos do rei,
e todos os que vestem roupas estrangeiras.
9 No mesmo dia, eu também punirei
todos os que pulam sobre a eira
para encher a casa de seu senhor
com violência e engano.
10 Também naquele dia", diz *Adonai*,
"um grito será ouvido do portão do Peixe,
lamentos no segundo quarteirão da cidade
e um grande estrondo nas colinas.
11 Lamentem, vocês que vivem na cova,
pois todos os mercadores foram destruídos,
todos os mercadores de prata estão arruinados.
12 Quando esse tempo chegar, vasculharei
Yerushalayim com lâmpadas
e punirei aquele que foi [complacente e denso,

como vinho] deixado também com seus resíduos,
que diz a si mesmo: '*Adonai* não fará nada —
nem bem nem mal'.
13 Por isso, sua riqueza será saqueada,
e suas casas serão destruídas.
Sim, eles construirão casas, mas não viverão nelas;
plantarão vinhas, mas não beberão seu vinho".
14 O grande dia de *Adonai* está próximo,
próximo e vem com muita rapidez;
ouçam o som do dia de *Adonai*!
Quando chegar, até o guerreiro chorará de forma amarga.
15 Esse dia é o dia de fúria,
o dia de dificuldade e aflição,
o dia de ruína e desolação,
o dia de escuridão e desalento,
o dia de nuvens e névoa espessa,
16 o dia do *shofar* e do brado de guerra
contra as cidades fortificadas
e contra as torres altas [sobre os muros da cidade].

17 "Trarei tamanha aflição sobre o povo
que eles tropeçarão no caminho como cegos,
pois pecaram contra *Adonai*.
Seu sangue será derramado como o pó,
e suas entranhas, como esterco.
18 Nem sua prata nem seu ouro
serão capazes de salvá-los.
No dia da fúria de *Adonai*,
a terra toda será destruída
no fogo de seu zelo.
Pois ele dará fim, um fim horrível,
a todos os habitantes da terra".

2 1 Reúna-se, junte-se,
nação desprovida de vergonha;
2 antes que se cumpra o decreto,
e o dia passe como refugo;
antes que a ira ardente de *Adonai*
sobrevenha a você,
antes que o dia da ira de *Adonai*
a você sobrevenha.
3 Procurem por *Adonai*, todos vocês, humildes da terra,
que exercitam sua justiça;
procurem a justiça, procurem a humildade —
talvez vocês sejam ocultados
no dia da ira de *Adonai*.

4 Pois 'Azah será abandonada,
Ashkelon será desolada,
Ashdod será evacuada ao meio-dia,
e 'Ekron será arrancada pelas raízes.

5 Ai dos habitantes da costa marítima,
a nação do k'reti!
A palavra de *Adonai* é contra você,
Kena'an, terra dos p'lishtim:
"Eu os destruirei; ninguém será deixado".
6 A costa marítima será reduzida a pastos,
prados para pastores, currais para ovelhas;
7 e a costa pertencerá ao remanescente
da casa de Y'hudah.
Eles pastorearão seus rebanhos ali
e à tarde repousarão
nas casas de Ashkelon.
Pois *Adonai*, seu Deus, se lembrará deles
e lhes restaurará a sorte.

8 "Ouvi os insultos de Mo'av
e os escárnios do povo de 'Amon,
como eles insultaram meu povo
e se vangloriaram com a expansão de seu território.
9 Portanto, como eu vivo", diz *Adonai-Tzva'ot*,
o Deus de Yisra'el,
"Mo'av se tornará como S'dom
e o povo de 'Amon, como 'Amorah,
uma terra coberta com urtigas e minas de sal,
desolada para sempre.
O remanescente do meu povo os saqueará,
os sobreviventes da minha nação os herdarão".
10 Isso é o que merecem por seu orgulho,
por terem insultado o povo de *Adonai-Tzva'ot*
e dele se vangloriado.
11 *Adonai* será terrível contra eles,
pois destruirá os deuses de toda a terra.
Então todas as costas e ilhas das nações
o adorarão, cada uma em seu lugar.

12 "Vocês também, etíopes,
serão mortos por minha espada".
13 Ele estenderá a mão contra o Norte;
destruirá Ashur;
tornará Ninveh desolada,
como o deserto seco.
14 Rebanhos repousarão nela,
e todos os tipos de animais selvagens também —
gralhas e corujas se empoleirarão sobre suas colunas,
vozes gritarão nas janelas,
haverá desolação nas portas,
pois o trabalho feito em cedro foi exposto.
15 Esta é a cidade, antes tão alegre,
com o povo que se sentia seguro,
que costumava dizer a si mesmo:
"Eu sou [o maior]! Não tenho rival".

Que ruína ela se tornou —
um lugar para repouso de animais selvagens!
Todos os que passam por ela
assobiam e sacodem o pulso!

3 1 Ai dela, que é suja, profana;
ai da cidade tirana!
2 Ela não ouve a voz,
não recebe correção;
não confia em Adonai,
não se aproximou de seu Deus.
3 Os líderes que se encontram ali com ela rugem como leões,
seus juízes são lobos do deserto,
que não deixam o osso para amanhã.
4 Seus profetas são homens descuidados, traiçoeiros;
seus *kohanim* profanam o santo
e fazem violência à *Torah*.
5 Adonai, o justo, está no meio dela;
ele nunca faz nada errado.
Toda manhã, ele manifesta seu juízo,
toda manhã, sem falta;
contudo, o injusto não se envergonha.

6 "Exterminei nações,
suas ameias estão destruídas;
arruinei suas ruas,
ninguém anda por elas.
Suas cidades estão arrasadas,
abandonadas, desertas.
7 Eu disse: 'Com certeza, você me temerá agora,
receberá a correção';
para que sua casa não seja eliminada
por todas as punições que trarei sobre ela.
No entanto, ocorreu o contrário;
eles se tornaram mais desejosos
de se corromper com todo o mal que praticam.
8 Portanto, esperem por mim", diz Adonai,
"pelo dia em que eu me levantar para testemunhar contra vocês,
quando eu decidir reunir nações,
juntar reinos,
para derramar sobre eles minha indignação,
toda a fúria da minha ira;
pois toda a terra será consumida
pelo fogo da minha emoção.
9 Pois transformarei os povos,
para que eles recebam lábios puros
para invocar o nome de Adonai, todos eles,
e para que o sirvam de comum acordo.
10 Até de além dos rios da Etiópia
eles trarão quem me faz súplicas,
a filha dos meus dispersos, como oferta.
11 Quando esse dia chegar, você não se envergonhará

por tudo o que fez,
cometendo equívocos contra mim;
então removerei de seu meio
os que se alegram com a arrogância;
você não se encherá mais de orgulho
na minha montanha sagrada.
12 Deixarei em seu meio
um povo pobre e aflito,
que encontrará refúgio
no nome de *Adonai*".

13 O remanescente de Yisra'el não realizará o mal,
tampouco falará mentiras,
nem se encontrará em sua boca
a língua dada ao engano;
pois eles serão capazes de se alimentar e repousar,
sem que ninguém os incomode.
14 Cante, filha de Tziyon!
Grite, Yisra'el!
Alegre-se e regozije-se de todo o coração,
filha de Yerushalayim!
15 *Adonai* removeu os juízos contra você,
ele expulsou seu inimigo;
o rei de Yisra'el, *Adonai*,
está ali com você.
Você não precisa mais temer
que algo ruim aconteça.
16 Naquele dia, se dirá
a Yerushalayim:
"Não tema, Tziyon!
Não deixe suas mãos desfalecerem.
17 *Adonai*, seu Deus, está bem ali com você,
como um poderoso salvador.
Ele se regozijará com você e se alegrará;
em seu amor, ele manterá o silêncio
e gritará de alegria por sua causa".
18 "Reunirei os que de vocês
lastimam pelas festas designadas
e portam o peso da reprovação
[por não poderem suportá-lo].
19 Quando esse tempo chegar, agirei
contra todos os que os oprimiram.
Eu salvarei o coxo,
reunirei o desviado,
e farei daqueles cuja vergonha se espalhou sobre a terra
objeto de louvor e renome.
20 Quando esse tempo chegar, eu os trarei;
quando esse tempo chegar, os reunirei
e farei de vocês um objeto de fama e louvor
entre todos os povos da terra —
quando eu restaurar sua sorte
diante de seus olhos", diz *Adonai*.

חגי

Hagai

[Ageu]

1 [1] No segundo ano de Daryavesh, o rei, no primeiro dia do sexto mês, a seguinte
palavra de *Adonai* veio por intermédio de Hagai, o profeta, a Z'rubavel, o filho
de Sh'alti'el, governador de Y'hudah, e a Y'hoshua, o filho de Y'hotzadak, o *kohen
hagadol*: [2] "Eis o que diz *Adonai-Tzva'ot*: 'Este povo está dizendo que agora não é o
tempo — ainda não chegou o tempo para a casa de *Adonai* ser reconstruída' ".
[3] Então esta palavra de *Adonai* veio por intermédio de Hagai, o profeta: [4] "Este é
o tempo de vocês viverem em casas bem adornadas, de sua propriedade, enquanto
esta casa jaz em ruínas? [5] Por isso, eis o que diz *Adonai-Tzva'ot*:

'Pensem sobre sua vida!
6 Vocês semearam muito, mas receberam pouco;
comeram, mas não se satisfizeram;
beberam, mas não o suficiente;
agasalharam-se bem, mas ninguém se aqueceu;
e o que trabalha para viver deposita o salário em uma bolsa furada' ".

[7] "Eis o que diz *Adonai-Tzva'ot*: 'Pensem sobre sua vida! [8] Subam até as colinas,
cortem madeira, e reconstruam a casa. Eu me alegrarei com isso, e então serei glo-
rificado', diz *Adonai*. [9] 'Vocês esperavam muito, mas veio pouco; e, quando o trou-
xeram para casa, eu o dissipei com um sopro. Por quê?', pergunta *Adonai-Tzva'ot*.
'Porque minha casa jaz em ruínas, enquanto cada um de vocês corre para cuidar
da própria casa. [10] Este é o motivo de o céu, acima de vocês, ter retido o orvalho,
para que não haja nada, e a terra retenha seu produto. [11] Na verdade, ordenei uma
seca sobre a terra, as colinas, o trigo, o vinho e o azeite de oliva, e sobre tudo o que
o solo produz, sobre homens, animais e sobre todos os produtos feitos à mão' ".
[12] Em seguida, Z'rubavel, o filho de Sh'alti'el, e Y'hoshua, o filho de Y'hotzadak,
o *kohen hagadol*, com todo o restante do povo, prestaram atenção ao que *Adonai*,
seu Deus, disse e também às palavras de Hagai, o profeta; pois *Adonai*, seu Deus,
o enviou; e o povo estava tomado de medo na presença de *Adonai*. [13] Hagai, o men-
sageiro de *Adonai*, apresentou esta mensagem de *Adonai* ao povo: " 'Eu estou com
vocês', diz *Adonai*".
[14] *Adonai* suscitou o espírito de Z'rubavel, o filho de Sh'alti'el, governante de
Y'hudah, e o espírito de Y'hoshua, o filho de Y'hotzadak, o *kohen hagadol*, e o espí-
rito de todo o restante do povo, para que fossem e começassem a trabalhar na casa
de *Adonai-Tzva'ot*, seu Deus. [15] Isso ocorreu no vigésimo quarto dia do sexto mês
do segundo ano de Daryavesh, o rei.

2 [1] No vigésimo quinto dia do sétimo mês, veio esta palavra de *Adonai*, por in-
termédio de Hagai, o profeta: [2] "Fale agora a Z'rubavel, o filho de Sh'alti'el, go-
vernador de Y'hudah, e a Y'hoshua, o filho de Y'hotzadak, o *kohen hagadol*, e ao
restante do povo; diga-lhes isto: [3] 'Quem de vocês, dos que restaram, viu esta casa

com a antiga glória? E como parece agora a vocês? Parece nada a vocês, não é?
4 Mesmo assim, Z'rubavel, tome coragem agora', diz *Adonai*; 'e tome coragem,
Y'hoshua, o filho de Y'hotzadak, o *kohen hagadol*; e tomem coragem, todos vocês,
povos da terra', diz *Adonai*; 'e trabalhem! Eu estou com vocês', diz *Adonai-Tzva'ot*.
5 'Isso é para cumprir a palavra prometida na aliança com vocês quando saíram
do Egito, e meu Espírito permanece com vocês; por isso, não temam!' ". 6 Pois isto
é o que diz *Adonai-Tzva'ot*: "Isso não acontecerá muito depois de eu abalar mais
uma vez os céus e a terra, o mar e a terra seca; 7 e sacudirei todas as nações, para
que surjam os tesouros de todas as nações; e encherei esta casa com glória", diz
Adonai-Tzva'ot. 8 "A prata é minha, e o ouro é meu", diz *Adonai-Tzva'ot*. 9 "A glória
desta nova casa ultrapassará a da antiga", diz *Adonai-Tzva'ot*, "e neste lugar eu
concederei *shalom*", diz *Adonai-Tzva'ot*.

10 No vigésimo quarto dia, no nono mês no segundo ano de Daryavesh, veio
esta palavra de *Adonai*, por intermédio de Hagai, o profeta: 11 "Eis o que diz
Adonai-Tzva'ot: 'Perguntem aos *kohanim* o que a *Torah* diz a respeito disto: 12 Se
alguém levar carne consagrada na aba de seu casaco, e essa pessoa permitir que
o casaco toque em pão, em cozido, em vinho, em azeite de oliva ou em qualquer
outra comida, essa comida também se torna consagrada?' ". Os *kohanim* respon-
deram: "Não". 13 Hagai continuou a perguntar: "Se uma pessoa estiver impura
pelo contato com um cadáver e tocar em qualquer um desses [produtos alimentí-
cios], ele se tornará impuro?". Os *kohanim* responderam: "Ele se tornará impuro".
14 Assim, Hagai declarou: " 'Este é o estado deste povo, este é o estado desta na-
ção diante de mim', diz *Adonai*, 'e esta é a condição de todos os produtos de suas
mãos; tudo o que ofereceram ali é impuro. 15 Agora, por favor, deste dia em dian-
te, guardem isto na mente: antes de vocês começarem a acertar as pedras para a
reconstrução do templo de *Adonai*, 16 durante todo esse tempo, quando alguém
chegava para buscar uma pilha de 20 medidas [de trigo], encontrava apenas 10;
e quando vinha à prensa do lagar para tirar 50 medidas, encontrava apenas 20.
17 Eu os atingi com ventos fustigantes, doenças e granizo — todo o produto de
suas mãos; mas vocês ainda não voltaram para mim', diz *Adonai*. 18 'Por isso, por
favor, retenham em mente: deste dia em diante, a partir do vigésimo quarto dia
no nono mês, do dia do assentamento da fundação do templo de *Adonai*, consi-
derem isto: 19 Não há mais nenhuma semente no galpão, há? E a vinha, figueira,
romãzeira e oliveira não produziram nada ainda, não é? Entretanto, deste dia em
diante eu abençoarei vocês' ".

20 A palavra de *Adonai* veio pela segunda vez a Hagai, no vigésimo quarto dia
do mês, como se segue: 21 "Diga a Z'rubavel, governador de Y'hudah: 'Eu abalarei
os céus e a terra, 22 derrubarei tronos de reinos, destruirei a força dos reinos das
nações, e sacudirei as carruagens e os que se encontram nelas; os cavalos e os ca-
valeiros cairão, cada um pela espada de seu irmão. 23 Quando esse dia chegar', diz
Adonai-Tzva'ot, 'eu o pegarei, Z'rubavel, meu servo, o filho de Sh'alti'el', diz *Adonai*,
'e farei de você um anel de selar, pois eu o escolhi', diz *Adonai-Tzva'ot*".

זכריה
Z'kharyah
[Zacarias]

1 ¹ No oitavo mês do segundo ano de Daryavesh, a seguinte mensagem da parte
de *Adonai* chegou a Z'kharyah, o filho de Berekhyah, o filho de 'Iddo, o profe-
ta: ² "*Adonai* ficou muito irado com seus antepassados. ³ Portanto, conte-lhes que
Adonai-Tzva'ot diz isto: 'Voltem para mim', diz *Adonai-Tzva'ot*, 'e eu voltarei para
vocês', diz *Adonai-Tzva'ot*. ⁴ "Não sejam como seus antepassados. Os primeiros
profetas lhes anunciaram: '*Adonai-Tzva'ot* ordena que vocês se voltem agora de
seus caminhos e atos maus'; mas eles não prestaram atenção em mim", diz *Adonai*.
⁵ "Seus antepassados, onde eles estão? E os profetas, eles vivem para sempre? ⁶ No
entanto, minhas palavras e minhas leis, que ordenei a meus servos, os profetas,
alcançaram seus antepassados, não foi? Então eles se voltaram e disseram: '*Adonai*
lidou conosco de acordo com nossos caminhos e atos, como ele decidiu fazer' ".
⁷ No vigésimo quarto dia do décimo primeiro mês, o mês de *sh'vat*, no se-
gundo ano de Daryavesh, esta mensagem de *Adonai* chegou a Z'kharyah, o filho
de Berekhyah, o filho de 'Iddo, o profeta: ⁸ Era noite, e vi ali, diante de mim, um
homem montando um cavalo avermelhado. Ele parou entre as murtas no vale; e
atrás dele havia outros cavalos, avermelhados, castanhos e brancos. ⁹ Perguntei:
"O que são estes, meu Senhor?". O anjo que falava comigo me disse: "Eu mostrarei
a você o que são". ¹⁰ O homem parado entre as murtas disse: "Estes são os envia-
dos por *Adonai* para vaguear pela terra". ¹¹ Então eles mesmos responderam ao
anjo de *Adonai*, dentre as murtas: "Estamos vagando por toda a terra, e o mundo
todo está silencioso e em paz". ¹² O anjo de *Adonai* disse: "*Adonai-Tzva'ot*, até
quando deixarás de ter misericórdia de Yerushalayim e das cidades de Y'hudah?
Tu tens permanecido irado contra elas há setenta anos!". ¹³ *Adonai* respondeu
com palavras agradáveis e reconfortantes ao anjo que falava comigo. ¹⁴ O anjo
que falava comigo disse-me, então: "Eis o que *Adonai-Tzva'ot* diz: 'Eu sou muito
zeloso de Yerushalayim e Tziyon; ¹⁵ e [com a mesma intensidade] estou muito
irado com as nações satisfeitas com elas mesmas, pois eu estava um pouco irado
[com Yerushalayim e Tziyon], mas elas tornaram pior o sofrimento'. ¹⁶ Por isso,
Adonai diz: 'Voltarei a Yerushalayim com atos misericordiosos. Minha casa será
reconstruída ali', diz *Adonai-Tzva'ot*; 'sim, a linha de medição será esticada sobre
Yerushalayim'. ¹⁷ Além disso, anuncio que *Adonai-Tzva'ot* diz: 'Minhas cidades
sobejarão outra vez com prosperidade'. *Adonai* confortará Tziyon novamente e
fará de Yerushalayim a cidade de sua escolha".

2 1(1.18) Então levantei os olhos e vi quatro chifres. 2(1.19) Perguntei ao anjo que falava
comigo: "O que são estes?". Ele respondeu: "Esses são os chifres que dispersa-
ram Y'hudah, Yisra'el e Yerushalayim".
3(1.20) Em seguida, *Adonai* mostrou-me quatro artesãos. 4(1.21) Perguntei: "O que
eles farão?". Ele respondeu: "Esses chifres dispersaram Y'hudah tão completa-
mente que ninguém pode sequer levantar a cabeça — bem, os homens vêm para

aterrorizá-los, para subverter as nações que levantaram os chifres contra a terra de
Y'hudah para dispersá-la".
5(1) Levantei os olhos e vi um homem com uma linha de medição na mão. 6(2) Per-
guntei: "Aonde você vai?". Ele me respondeu: "Medir Yerushalayim, para determi-
nar sua largura e comprimento".
7(3) O anjo que falava comigo seguiu adiante, e outro anjo saiu, encontrou-o 8(4) e
lhe disse: "Corra e diga a esse rapaz: 'Yerushalayim será habitada sem muros, pois
haverá ali muitas pessoas e animais. 9(5) "Pois", diz *Adonai*, "eu serei um muro de
fogo à volta dela; e serei a glória dentro dela. 10(6) Subam!", diz *Adonai*, "Mexam-se!
Fujam para a terra do norte! Pois eu os espalharei pelos quatro ventos do céu", diz
Adonai. 11(7) "Mexa-se, Tziyon! Você que vive com a filha de Bavel, fuja!". 12(8) Pois
Adonai-Tzva'ot enviou-me em uma missão gloriosa às nações que a saquearam, e
isto é o que ele diz: "Quem a ferir, fere a pupila dos meus olhos. 13(9) No entanto,
levantarei minha mão sobre eles, e eles serão saqueados por seus ex-escravos".
Assim, vocês saberão que *Adonai-Tzva'ot* enviou-me. 14(10) "Cante, filha de Tziyon;
alegre-se! Eis que estou a caminho; e viverei entre vocês", diz *Adonai*. 15(11) Quando
esse tempo chegar, muitas nações se unirão a *Adonai*. "Elas serão meu povo, e vive-
rei entre vocês". Então saberão que *Adonai-Tzva'ot* enviou-me a vocês. 16(12) *Adonai*
tomará posse de Y'hudah como sua porção na terra sagrada, e ele fará outra vez de
Yerushalayim sua escolhida. 17(13) Cale-se toda a humanidade diante de *Adonai*, pois
ele se levantou de sua santa morada' ".

3 1 Ele me mostrou Y'hoshua, o *kohen hagadol*, em pé diante do anjo de
Adonai, com o Acusador [heb. *Satan*] à direita dele para acusá-lo. 2 *Adonai* disse
ao Acusador: "Que *Adonai* o repreenda, Acusador! Sim, que *Adonai*, aquele que es-
colheu Yerushalayim, o repreenda! Não é este homem um tição tirado do fogo?".
3 Y'hoshua estava vestido com roupas cobertas de esterco; e estava em pé dian-
te do anjo, 4 que disse aos que estavam à frente dele: "Tirem dele essas roupas
sujas". Então ele lhe disse: "Veja, estou retirando sua culpa. Eu vestirei você com
roupas finas". 5 Eu disse: "Coloquem um turbante limpo na cabeça dele". Então eles
puseram um turbante limpo na cabeça dele e lhe deram roupas finas para vestir,
enquanto o anjo de *Adonai* parou ao lado dele. 6 E o anjo de *Adonai* deu a Y'hoshua
este aviso: 7 "*Adonai-Tzva'ot* diz isto: 'Se você andar em meus caminhos, obedecer
à minha ordem, julgar minha casa e guardar meus pátios, darei a você livre acesso
entre os que se encontram aqui. 8 Ouça, Y'hoshua, *kohen gadol*: você e seus colegas
sentados aqui, diante de você, pois esses homens são um sinal de que trarei meu
servo Tzemach [Renovo]. 9 Pois vejam a pedra que coloquei diante de Y'hoshua: há
sete olhos na pedra; eu gravarei o que deve ser escrito nela', diz *Adonai-Tzva'ot*; 'e
removerei a culpa desta terra em um único dia. 10 Quando esse tempo chegar', diz
Adonai-Tzva'ot, 'todos vocês se convidarão reciprocamente para se unirem debaixo
de suas vinhas e figueiras' ".

4 1 Então o anjo que falou comigo voltou e despertou-me, como se ele estivesse
chamando alguém que dormia, 2 e me perguntou: "O que você vê?". Eu res-
pondi: "Vejo uma *menorah* toda de ouro, com uma vasilha no ponto mais alto,
sete lâmpadas, e sete tubos que levam às lâmpadas do ponto mais alto. 3 Junto
delas, estão duas oliveiras, uma à direita da vasilha e a outra à esquerda". 4 Per-
guntei, então, ao anjo que falava comigo: "Que são essas coisas, meu Senhor?".
O anjo que falava comigo indagou: 5 "Você não sabe o que são?". Eu disse: "Não,

meu Senhor”. 6 Ele me respondeu: “Esta é a palavra de *Adonai* a Z’rubavel: ‘Não
pela força nem pelo poder, mas pelo meu Espírito’, diz *Adonai-Tzva’ot*. 7 ‘Que é
você, grande montanha? Você se tornará uma planície diante de Z’rubavel; e ele
colocará a pedra angular no lugar, enquanto todos clamam: “Que maravilhoso,
maravilhoso!” ’. 8 Esta mensagem de *Adonai* veio a mim: 9 ‘As mãos de Z’rubavel
lançaram o fundamento desta casa, e suas mãos também a concluirão’. Assim,
saberão que *Adonai-Tzva’ot* enviou-me a vocês. 10 Pois ainda que alguém não tenha
em alta conta o dia da ocorrência dos acontecimentos menores, com certeza se
alegrará ao ver o prumo na mão de Z’rubavel. E esses sete são os olhos de *Adonai*
que percorrem toda a terra”.

11 Repliquei, ao lhe perguntar: “O que significam as duas oliveiras à direita e à
esquerda da *menorah*?”. 12 Depois, fiz a pergunta outra vez: “Que significam os dois
galhos de oliveira que vertem azeite dourado por meio de dois tubos de ouro?”. 13
E ele indagou: “Você não sabe o que são?”. Respondi: “Não, meu Senhor”. 14 Ele me
disse: “Esse são os dois ungidos com azeite; eles estão com o Senhor de toda a terra”.

5 1 Levantei os olhos outra vez e vi diante de mim um pergaminho voador. 2 Ele me
disse: “O que você vê?”. Eu respondi: “Vejo um pergaminho voador com [cerca
de] 9 metros de comprimento e 4,5 metros de largura. 3 Então ele me disse: “Essa é
uma maldição que sobrevirá à face de toda a terra, pois, [de acordo com o que está
escrito] em um lado, todo ladrão será removido; e, [de acordo com o que está escrito]
do outro lado, todo que jura será removido. 4 ‘Eu o soltarei’, diz *Adonai-Tzva’ot*,
‘e ele entrará na casa do ladrão e na casa de quem jura com falsidade em meu
nome; ele permanecerá no interior da casa e a consumirá por completo, mesmo
suas vigas e pedras’ ”.

5 Depois disso, o anjo que falava comigo seguiu adiante e me disse: “Levante
agora os olhos e veja o que está passando”. 6 Perguntei: “O que é isso?”. Ele disse:
“O que está passando é a medida do *eifah* [35 litros de medida de capacidade para
secos]”. E ele acrescentou: “Esse é o olho deles em toda a terra”. 7 Em seguida, vi
um disco de chumbo levantando-se para revelar uma mulher sentada no *eifah*. 8 Ele
disse: “Este é o Mal”. Ele a lançou ao *eifah* e pressionou o peso de chumbo sobre a
abertura. 9 Levantei os olhos e vi duas mulheres vindo com o vento em suas asas,
pois elas possuíam asas como as da cegonha. Elas ergueram o *eifah* entre a terra
e o céu. 10 Perguntei ao anjo que falava comigo: “Para onde elas estão levando o
eifah?”. 11 E ele me respondeu: “Para construir um santuário na terra de Shin‘ar.
Quando estiver pronto, [o *eifah*] será colocado em sua base”.

6 1 Levantei meus olhos outra vez e vi diante de mim quatro carruagens saindo de
duas montanhas, e as montanhas eram de bronze. 2 A primeira carruagem pos-
suía cavalos vermelhos; a segunda carruagem, cavalos pretos; 3 a terceira carruagem,
cavalos brancos; e a quarta carruagem, cavalos pintados de cinza. 4 Perguntei ao anjo
que falava comigo: “O que são estes, meu Senhor?”. 5 O anjo respondeu-me: “Estes
são os quatro ventos do céu que saem, após sua apresentação diante do Senhor de
toda a terra. 6 A [carruagem] com cavalos pretos vai à terra do norte, os [cavalos]
brancos os seguiram, e os pintados seguiram para a terra do sul”. 7 Os pintados de
cinza saíram e procuravam seguir e percorrer a terra toda, quando ele disse: “Per-
corram a terra toda”; e eles percorreram a terra toda. 8 A seguir, ele me chamou e
disse: “Veja: Os que seguiram para a terra do norte fizeram meu Espírito repousar
naquela região”.

9 Esta mensagem de *Adonai* veio a mim: 10 "Receba [presentes] de Heldai, Toviyah
e Y'da'yah, os exilados que chegaram a Bavel; a seguir, vá à casa de Yoshiyah, o
filho de Tz'fanyah. 11 Tome prata e ouro; faça coroas; coloque uma sobre a cabeça
de Y'hoshua, o filho de Y'hotzadak, o *kohen hagadol*, 12 e lhe diga: '*Adonai-Tzva'ot*
diz: "Há um homem chamado Tzemach [Renovo]. Ele surgirá de seu lugar e recons-
truirá o templo de *Adonai*. 13 Sim, ele reconstruirá o templo de *Adonai*; e se reves-
tirá com o esplendor régio, assentando-se e governando de seu trono. Haverá um
kohen diante de seu trono; e eles aceitarão os conselhos um do outro, em completa
harmonia. 14 As outras coroas são para Helem, Toviyah, Y'da'yah e Hen, o filho de
Tz'fanyah; [elas devem ser mantidas] como um memorial no templo de *Adonai*.
15 Quem se encontra distante agora virá e ajudará a reconstruir o templo de
Adonai". Assim, eles saberão que *Adonai-Tzva'ot* enviou-me a vocês. E tudo isso
ocorrerá, contanto que obedeçam com cuidado ao que *Adonai*, seu Deus, diz' ".

7 1 No quarto ano do rei Daryavesh, no quarto dia do nono mês, kislev, veio uma
mensagem de *Adonai* a Z'kharyah. 2 Ele enviou Sar'etzer e Regem-Melekh com
seus homens a Beit-El, a fim de pedir o favor de *Adonai*, 3 e para perguntar aos
kohanim da casa de *Adonai-Tzva'ot* e aos profetas: "Devemos lamentar e nos abster
de prazeres no quinto mês, como temos feito todos esses anos?". 4 Foi, então, que
esta mensagem veio a mim da parte de *Adonai-Tzva'ot*: 5 "Fale a todo o povo da terra
e aos *kohanim*. Diga-lhes: 'Quando vocês jejuaram e lamentaram no quinto e no sé-
timo meses de todos os setenta anos, realmente jejuaram para mim? Isso foi feito
para mim? 6 Em vez disso, quando comiam e bebiam, não era só para vocês mes-
mos, era? 7 Não é exatamente isso o que *Adonai* anunciou por meio dos primeiros
profetas, quando Yerushalayim era habitada e próspera, como o eram as cidades à
volta dela, e o Negev e a Sh'felah eram habitados?' ".

8 Então esta mensagem de *Adonai* chegou a Z'kharyah: 9 "*Adonai-Tzva'ot* disse no
passado: 'Administrem a verdadeira justiça. Que todos demonstrem misericórdia e
compaixão pelo irmão. 10 Não oprimam as viúvas, os órfãos, os estrangeiros ou os
pobres. Não planejem o mal entre si'. 11 No entanto, eles não ouviram; viraram as
costas de forma obstinada e fecharam os ouvidos, para não ter de escutar. 12 Sim,
eles tornaram o coração duro como o diamante, para não ouvir a *Torah* e as men-
sagens enviadas por *Adonai-Tzva'ot* mediante seu Espírito atuante nos primeiros
profetas. Este é o motivo de a grande ira vir de *Adonai-Tzva'ot*; 13 e, por não o terem
ouvido quando chamou, *Adonai-Tzva'ot* disse: 'Eu não ouvirei quando chamarem,
14 mas com o poder de um redemoinho os dispersarei entre todas as nações que
eles não conhecem'. Assim, a terra ficou desolada, para que ninguém entrasse ou
saísse. Eles transformaram uma terra agradável em um deserto".

8 1 Veio a mensagem de *Adonai-Tzva'ot*: 2 "*Adonai-Tzva'ot* diz: 'Sou muito zeloso
de Tziyon e tenho zelo dela com grande fúria'. 3 *Adonai* diz: 'Estou voltando
a Tziyon e viverei em Yerushalayim. E Yerushalayim será chamada a Cidade da
Verdade, a montanha de *Adonai-Tzva'ot*, a montanha do Santo. 4 *Adonai-Tzva'ot*
diz: 'Idosos e idosas se sentarão outra vez nos lugares abertos de Yerushalayim,
cada um com seu bastão na mão, por causa da idade avançada. 5 Os lugares
abertos da cidade também estarão cheios de meninos e meninas brincando'.
6 *Adonai-Tzva'ot* diz: 'Isto pode parecer maravilhoso para os sobreviventes da-
queles dias, mas também parecerá maravilhoso para mim?', diz *Adonai-Tzva'ot*.
7 *Adonai*-Tzva'ot diz: 'Salvarei meu povo das terras do leste e do oeste; 8 eu os

trarei de volta, e eles viverão em Yerushalayim. Serão meu povo, e eu lhes serei
Deus com fidelidade e justiça'.
9 "*Adonai-Tzva'ot* diz: 'Encorajem-se, vocês que ouvem só agora, nesses dias, as
palavras proferidas pelos profetas quando foi lançado o fundamento para recons-
truir o templo, a casa de *Adonai-Tzva'ot*. 10 Pois antes desse tempo, não havia salário
para as pessoas nem para os animais. Além disso, não era seguro alguém sair ou
entrar, por causa do inimigo, pois eu pus todos os povos uns contra os outros. 11 No
entanto, de agora em diante, não tratarei o remanescente deste povo como antes',
diz *Adonai-Tzva'ot*. 12 'Agora eles semearão em paz, a vinha dará seu fruto, o solo
produzirá seu fruto, o céu dará o orvalho, e eu farei o remanescente deste povo
possuir todas estas coisas. 13 Casa de Y'hudah e casa de Yisra'el, da mesma forma
que antes vocês foram uma maldição entre nações, agora eu as salvarei, e vocês
serão uma bênção. Não temam, tomem coragem!'.
14 "Pois *Adonai-Tzva'ot* diz: 'Do mesmo modo que resolvi castigá-las quando seus
antepassados me provocam', *Adonai-Tzva'o*t diz, 'e não me compadeci; 15 também ago-
ra, decidi fazer o bem a Yerushalayim e à casa de Y'hudah. Não temam! 16 Isto é o que
vocês devem fazer: falem a verdade entre si; em seus tribunais, administrem a justiça
verdadeira e conducente à paz; 17 não conspirem uns contra os outros e não se deem ao
juramento falso, pois eu odeio todas essas coisas', diz *Adonai*".
18 Esta palavra de *Adonai-Tzva'ot* veio a mim: 19 "*Adonai-Tzva'ot* diz: 'Os dias de jejum
do quarto, quinto, sétimo e décimo meses se transformarão em tempos de alegria, feli-
cidade e satisfação para a casa de Y'hudah. Amem, portanto, a verdade e a paz'.
20 "*Adonai-Tzva'ot* diz: 'No futuro, povos e habitantes de muitas cidades virão;
21 os habitantes de uma cidade se dirigirão a outro lugar: "Precisamos pedir o favor
de *Adonai* e consultar *Adonai-Tzva'ot*. Eu também irei". 22 Sim, muitos povos e na-
ções poderosas virão consultar *Adonai*-Tzva'ot em Yerushalayim e pedir o favor de
Adonai'. 23 *Adonai-Tzva'ot* diz: 'Quando esse tempo chegar, dez homens — falantes
de todas as línguas das nações — agarrarão o manto de um judeu e dirão: "Deseja-
mos ir com você, pois ouvimos que Deus está com vocês" ' ".

9 1 Uma profecia, a palavra de *Adonai*:

[Deus] irá descansar
na terra de Hadrakh e Dammesek,
pois os olhos da humanidade dirigem-se para *Adonai*,
bem como os de todas as tribos de Yisra'el,
2 também Hamat à sua fronteira,
Tzor e Tzidon, pois ela é muito sábia.

3 Tzor construiu para si uma torre fortificada,
acumulando prata como pó
e ouro fino como lama na ruas.
4 No entanto, Adonai a despojará
e romperá seu poder no mar,
enquanto a própria cidade
for destruída pelo fogo.
5 Ao ver isso, Ashkelon ficará aterrorizada;
'Azah também se contorcerá de dor;
do mesmo modo 'Ekron, quando suas esperanças forem destruídas.

"O rei desaparecerá de 'Azah,
Ashkelon ficará despovoada,
6 e um povo misturado viverá em Ashdod,
enquanto destruo o orgulho dos p'lishtim.
7 Darei fim ao seu consumo de carne com sangue,
tirando o que é repugnante dentre seus dentes".
No entanto, o remanescente pertencerá ao nosso Deus;
será como um clã em Y'hudah;
e 'Ekron será como o y'vusi.

8 "Então defenderei minha casa contra exércitos,
para que nenhum a atravesse ou volte.
Nenhum opressor as pisará outra vez,
pois agora eu observo com os meus olhos.
9 Alegre-se com todo o seu coração, filha de Tziyon!
Grite, filha de Yerushalayim!
Veja: seu rei vem até vocês.
Ele é justo e vitorioso.
Contudo, é humilde — ele está montado em um jumento,
sim, em uma cria de jumento.
10 Banirei as carruagens de Efrayim
e os cavalos de guerra de Yerushalayim".
O arco do guerreiro será eliminado,
e ele anunciará a paz às nações.
Ele reinará de mar a mar,
e do rio [Eufrates] aos confins da terra.

11 "Também libertarei seus presos da [masmorra e da]
cisterna sem água,
por causa do sangue de sua aliança.
12 Voltem à fortaleza,
prisioneiros da esperança!
Neste dia, declaro
que farei a vocês a reparação em dobro.
13 Pois curvei Y'hudah como meu arco
e fiz de Efrayim a flecha.
Despertarei seus filhos, Tziyon,
e os tornarei como a espada de um guerreiro
contra seus filhos, Grécia".

14 *Adonai* aparecerá sobre eles,
e sua flecha será veloz como o relâmpago.
Adonai Elohim tocará o *shofar*
e sairá nos redemoinhos do sul.
15 *Adonai-Tzva'ot* os defenderá;
eles devorarão e pisarão as pedras de atiradeiras.
Beberão e farão barulho
como se estivessem embriagados com vinho;
eles estarão cheios como bacias
e como os cantos do altar.

16 Naquele dia, *Adonai*, seu Deus,
os salvará como o rebanho de seu povo,
pois eles serão como as gemas de uma coroa,
brilhando sobre sua região.
17 Que riqueza é a deles, que beleza!
O trigo fará os rapazes vicejarem,
e o vinho novo, às jovens.

10 1 Peçam a *Adonai* a chuva na primavera,
Adonai que faz as nuvens de chuva;
e ele dará a vocês aguaceiros de chuva,
relva no campo a cada um.
2 Pois os deuses domésticos falam coisas sem sentido,
os adivinhos veem a mentira;
seus sonhos são ilusões,
e o conforto oferecido por eles é vão.
Por isso, eles seguem seu caminho como ovelhas
aflitas pela falta do pastor.

3 "Minha ira arde contra os pastores,
e darei vazão a ela sobre os líderes do rebanho".
Pois *Adonai-Tzva'ot* cuidará de seu rebanho,
o povo de Y'hudah;
fará dele seu régio cavalo de guerra.
4 Dele procede a pedra angular e a estaca da tenda,
o arco para a batalha,
e todos os chefes.
5 Eles serão como guerreiros pisando a lama das ruas em batalha.
Lutarão, pois *Adonai* está com eles;
afugentarão até quem estiver montado em cavalo.

6 "Fortalecerei a casa de Y'hudah
e salvarei a casa de Yosef.
Eu os trarei de volta em minha compaixão por eles;
serão como se eu não os tivesse expulsado,
pois eu sou *Adonai*, o Deus deles,
e lhes responderei.
7 Os homens de Efrayim serão como os guerreiros;
seu coração será satisfeito como que do vinho.
Seus filhos verão isso e se alegrarão,
seu coração estará feliz em *Adonai*.

8 "Assobiarei para eles e os reunirei,
pois os redimi;
serão tão numerosos
quanto antes;
9 e os semearei entre os povos.
Eles se lembrarão de mim em terras distantes;
criarão os filhos e então voltarão.

10 Eu os trarei de volta da terra do Egito
e os reunirei desde Ashur.
Eu os trarei a Gil'ad e ao L'vanon,
até não haver mais espaço para eles.
11 "A aflição passará sobre o mar,
e ele será agitado;
todas as profundezas do Nilo serão secas,
o orgulho de Ashur será abatido,
e o cetro do Egito se retirará.
12 No entanto, fortalecerei [Yisra'el] em *Adonai*;
seguirão daqui para ali no nome dele",
diz *Adonai*.

11 1 Abra as portas, L'vanon,
para que o fogo consuma seus cedros.
2 Lamente, cipreste, pois o cedro caiu,
aquelas árvores esplêndidas estão arruinadas.
Lamentem, carvalhos de Bashan,
pois a floresta fechada foi abatida.
3 Ouça o lamento dos pastores,
pois sua glória foi roubada.
Ouça o rugido dos jovens leões,
pois as matas do Yarden foram saqueadas.

4 *Adonai*, meu Deus, diz isto: "Pastoreie o rebanho para ser morto. 5 Seus compra-
dores os matarão e sairão impunes; enquanto quem os vende diz: '*Barukh Adonai!*
Fiquei rico!'. Mesmo os seus pastores não terão piedade. 6 Não terei mais dó dos
habitantes da terra", diz *Adonai*. "Não, eu os entregarei cada um ao poder do outro
e ao poder de seu rei; eles pisarão a terra, e não os resgatarei do poder deles".

7 Assim, eu pastoreei o rebanho para a matança, sim, as ovelhas mais miserá-
veis; e tomei duas varas para mim. Chamei uma delas No'am [Agradável], à outra
chamei Hovalim [Unidos], e pastoreei o rebanho. 8 "Em um único mês, dei cabo de
três pastores, pois perdi a paciência com eles; além disso, eles me detestavam. 9 Eu
lhes disse: 'Não os pastorearei. Quem tiver de morrer, morra; quem for destruído,
que seja destruído; e os demais podem se devorar' ".

10 Tomei No'am, minha vara, e a parti em duas, "a fim de quebrar a aliança que
fiz com todos os povos". 11 Naquele dia, quando a vara foi quebrada, as mais mi-
seráveis das ovelhas que prestaram atenção em mim sabiam que essa era de fato
uma mensagem de *Adonai*. 12 Eu lhes disse: "Se parecer bem a vocês, deem-me meu
salário; caso contrário, não o façam". Assim, pesaram meu salário, 30 *shekalim* de
prata [ou seja, cerca de 340 gramas]. 13 A respeito dessa "soma principesca" com a
qual me avaliaram, *Adonai* disse: "Jogue-a na tesouraria!". Tomei os 30 *shekalim* de
prata e os joguei na tesouraria da casa de *Adonai*.

14 Depois disso, quebrei minha outra vara, Hovalim, em dois pedaços, a fim de
romper a irmandade entre Y'hudah e Yisra'el. 15 *Adonai* me disse: "Desta vez, tome
o equipamento do pastor inútil, 16 pois levantarei um pastor na terra que não se im-
portará com as [ovelhas] que foram destruídas, não procurará as jovens, não curará
as feridas e não alimentará as que ainda estão em pé; em vez disso, ele comerá a
carne das gordas e fará seus cascos em pedaços.

17 "Ai do pastor inútil
que abandona as ovelhas!
Que a espada fira seu braço e seu olho direito.
Que seu braço seque por completo,
e seu olho direito fique totalmente cego".

12 1 Uma profecia, a palavra de *Adonai* concernente a Yisra'el — eis a mensagem
de *Adonai,* que estendeu céus, lançou o fundamento da terra e formou o es-
pírito dentro dos seres humanos:

2 "Farei de Yerushalayim um copo
que tirará o equilíbrio dos povos vizinhos.
Mesmo Y'hudah será capturada
no cerco contra Yerushalayim.
3 Quando esse dia chegar,
farei de Yerushalayim
uma pedra pesada para todos os povos.
Quem tentar erguê-la se ferirá,
e todas as nações da terra se unirão contra ela.
4 Quando esse dia chegar", diz *Adonai,*
"farei todos os cavalos entrarem em pânico,
e seus montadores, atingidos com loucura;
montarei guarda sobre Y'hudah,
mas tornarei cegos todos os cavalos dos povos.
5 Os líderes de Y'hudah dirão entre si:
'Os habitantes de Yerushalayim são a minha força
por intermédio de *Adonai-Tzva'ot,* seu Deus'.
6 Quando esse dia chegar,
farei dos líderes de Y'hudah
uma vasilha de fogo ardente em uma pilha de madeira,
como uma tocha acesa entre feixes de cereais;
todos os povos vizinhos serão devorados,
à direita e à esquerda.
Yerushalayim permanecerá habitada em seu lugar.
7 *Adonai* salvará em primeiro lugar as tendas de Y'hudah,
para que a glória da casa de David
e a glória dos habitantes de Yerushalayim
não pareçam maiores que a de Y'hudah.
8 Quando esse dia chegar, *Adonai* defenderá
os que vivem em Yerushalayim.
Naquele dia, mesmo quem tropeçar
será como David;
e a casa de David será como Deus,
como o anjo de *Adonai* diante dele.

9 "Quando esse dia chegar, procurarei destruir
todas as nações que atacaram Yerushalayim;
10 e derramarei sobre a casa de David
e sobre os residentes de Yerushalayim
um espírito de graça e oração;

e eles olharão para mim, a quem traspassaram".
Prantearão por ele
como se lamenta pelo filho único;
sentirão amargura por causa dele
como a amargura pelo filho primogênito.
11 Quando esse dia chegar, haverá
grande lamento em Yerushalayim,
semelhante ao de Hadad-Rimmon
no vale de Megiddo.
12 Então a terra pranteará,
cada família por si —
a família da casa de David por si mesma,
e suas mulheres por si mesmas;
a família da casa de Natan por si mesma,
e suas mulheres por si mesmas;
13 a família da casa de Levi por si mesma,
e suas mulheres por si mesmas;
a família de Shim'i por si mesma,
e suas mulheres por si mesmas;
14 todas as famílias remanescentes chorarão por si mesmas,
e suas mulheres por si mesmas.

13 1 Quando esse dia chegar, uma fonte será aberta para a casa de David e o
povo que vive em Yerushalayim, para que sejam limpos do pecado e da im-
pureza. 2 "Quando esse dia chegar", diz *Adonai-Tzva'ot*, "eliminarei os nomes dos
ídolos da terra, para que ninguém mais se lembre deles, nunca mais. Também ex-
pulsarei os [falsos] profetas e o espírito de impureza da terra; 3 para que, se alguém
continuar a profetizar, seu pai e sua mãe, que o trouxeram ao mundo lhe digam:
'Você não pode mais viver, pois fala mentiras em nome de *Adonai*'. Então, seu pai
e sua mãe, que o trouxeram ao mundo, o esfaquearão até a morte. 4 Quando esse
dia chegar, cada um dos profetas será envergonhado pela própria visão, quando
profetizar. Ele deixará de usar um manto de pelos para enganar as pessoas; 5 e, em
vez disso, dirá: 'Não sou profeta, apenas lavro o solo; desde a mocidade, desejei
ser apenas um homem comum'. 6 Se alguém lhe perguntar: 'Então o que são esses
cortes entre seus ombros?', ele responderá: 'Fui ferido na casa de meus amigos'.

7 "Desperte, espada, contra meu pastor,
contra o homem que está perto de mim",
diz *Adonai-Tzva'ot.*
"Fira o pastor, e as ovelhas serão espalhadas;
eu virarei minha mão contra os jovens.
8 Nesse tempo, em toda essa terra", diz *Adonai,*
"dois terços dos que estão nela serão destruídos —
eles morrerão, mas um terço permanecerá.

9 Farei passar essa terça parte pelo fogo;
eu os refinarei como se refina a prata,
e os testarei como se faz com o ouro.
Eles chamarão meu nome,
e eu lhes responderei.

Direi: 'Este é meu povo',
e eles dirão: '*Adonai* é meu Deus' ".

14 1 Vejam: vem o dia de *Adonai*
em que sua pilhagem, [Yerushalayim], será dividida
de modo correto em seu interior.
2 "Pois reunirei todas as nações
contra Yerushalayim para a guerra.
A cidade será tomada,
as casas serão saqueadas,
as mulheres, violentadas,
e metade da cidade irá para o exílio;
mas o restante do povo
não será eliminado da cidade".
3 Então *Adonai* sairá
e lutará contra essas nações,
combatendo como no dia da batalha.
4 Naquele dia, seus pés permanecerão
sobre o monte das Oliveiras,
a leste de Yerushalayim;
e o monte das Oliveiras será dividido ao meio,
do leste para o oeste, formando um grande vale.
Metade da montanha se moverá para o norte,
e metade dela, para o sul.
5 Vocês fugirão para o vale nas montanhas,
pois o vale nas montanhas chegará a Atzel.
Vocês fugirão, como fugiram por causa do terremoto
nos dias de 'Uziyah, rei de Y'hudah.
Então *Adonai*, meu Deus, virá
a vocês com todos os seus santos.
6 Naquele dia, não haverá
luz brilhante nem escuridão espessa;
7 e no dia, conhecido de *Adonai*,
não haverá dia nem noite;
contudo, à tarde haverá luz.
8 Naquele dia, fluirá água corrente
de Yerushalayim,
metade para o mar oriental
e metade para o mar ocidental,
no verão e no inverno.
9 E *Adonai* reinará
sobre o mundo todo.
Naquele dia, *Adonai* será o único,
e seu nome será o único nome.

10 Toda a terra se tornará como o 'Aravah, de Geva a Rimmon, no Negev. Yerushalayim será levantada e habitada onde se encontra, desde o portão de Binyamin ao lugar onde estava o antigo portão, e de lá até o portão da Esquina, e da torre de Hanan'el às prensas do lagar do rei. 11 Pessoas viverão ali, a maldição será quebrada, e Yerushalayim viverá em segurança.

12 *Adonai* ferirá todos os povos que fizeram guerra contra Yerushalayim com
uma praga que lhes fará a carne apodrecer enquanto estão em pé; seus olhos sal-
tarão das órbitas, e a língua apodrecerá dentro da boca. 13 Quando esse dia chegar,
haverá entre eles um grande pânico, enviado por *Adonai*, para que todos estendam
as mãos contra o vizinho, que retribuirá o ataque. 14 Y'hudah também lutará contra
Yerushalayim; e a riqueza de todas as nações será reunida — ouro, prata e roupas
em grande quantidade. 15 Uma praga semelhante a essa também afetará os cavalos,
as mulas, os camelos, os jumentos e todos os outros animais do campo.

16 Por fim, os remanescentes de todas as nações que atacaram Yerushalayim
subirão todo ano para adorar o rei, *Adonai-Tzva'ot*, e para guardar a festa de
Sukkot. 17 Se uma das famílias da terra não subir a Yerushalayim para adorar o
rei, *Adonai-Tzva'ot*, nenhuma chuva cairá sobre eles. 18 Se a família do Egito não
subir, se ela se recusar a vir, não ocorrerá a enchente [anual do Nilo]; além disso,
virá a praga com que *Adonai* ferirá as nações que não subirem para guardar a festa
de *Sukkot*. 19 Esta será a punição do Egito e a punição de todas as nações que não
guardarem a festa de *Sukkot*.

20 Quando esse dia chegar, isto estará escrito nos sinos usados pelos cavalos:
"Consagrado a *Adonai*"; e as panelas da casa de *Adonai* serão [tão sagradas] quanto as
bacias de aspersão diante do altar. 21 Sim, toda panela de cozinha de Yerushalayim e
Y'hudah será consagrada a *Adonai-Tzva'ot*. Todos os que oferecerem sacrifícios virão,
tomarão essas panelas e as usarão para cozinhar a carne. Quando esse dia chegar,
não haverá mais mercadores na casa de *Adonai-Tzva'ot*.

מלאכי

Mal'akhi

[Malaquias]

1 1 Uma profecia, a palavra de *Adonai* para Yisra'el por intermédio de Mal'akhi:

2 "Eu os amei", diz *Adonai*.
No entanto, vocês perguntam: "Como nos mostras teu amor?".
Adonai responde: "Esav era irmão de Ya'akov.
Contudo, amei Ya'akov 3 e odiei 'Esav.
Tornei as montanhas desoladas
e dei seu território aos chacais do deserto".
4 Edom diz: "Agora fomos derrotados,
mas voltaremos e reconstruiremos as ruínas".
Adonai-Tzva'ot responde: "Eles podem construir,
mas eu demolirei.
Eles serão chamados terra de impiedade,
o povo com quem *Adonai* está permanentemente irado.
5 Vocês verão isso e dirão: '*Adonai* é grande,
mesmo além das fronteiras de Yisra'el' ".

6 "O filho honra o pai, e o servo, seu senhor. No entanto, se eu sou pai, onde está a honra devida a mim? E, se sou senhor, onde está o respeito devido a mim? — diz *Adonai-Tzva'ot* a vocês, *kohanim*, que desprezam meu nome. Vocês perguntam: 'Como desprezamos teu nome?'. 7 Ao apresentarem comida impura no meu altar! Agora vocês perguntam: 'Como nós te tornamos impuro?'. Ao dizer que a mesa de *Adonai* não merece respeito; 8 de modo que não veem nada errado com a oferta de um animal cego para o sacrifício, e nada errado com a oferta de um animal aleijado ou doente. Tentem oferecer um animal nessas condições a seu governante e vejam se ele se agradará de vocês! Será que ele os receberia?", pergunta *Adonai-Tzva'ot*.
9 Por isso, se vocês oram agora para que Deus nos mostre seu favor, o que suas ações significam? — é a pergunta de *Adonai-Tzva'ot*: "Ele receberá algum de vocês?
10 Por que nenhum de vocês fecha as portas e impede o acendimento inútil de fogos sobre meu altar? Não tenho prazer em vocês", diz *Adonai-Tzva'ot*, "e não receberei nenhuma oferta sua. 11 Desde o extremo oriente e do extremo ocidente meu nome é grande entre as nações. Apresentam-se ofertas a meu nome em todos os lugares, ofertas puras, pois meu nome é grande entre as nações", diz *Adonai-Tzva'ot*. 12 "No entanto, vocês o profanam dizendo que a mesa de *Adonai* está suja, para que o fruto e a comida oferecidos sejam desprezados. 13 Vocês também dizem: 'Como é cansativo!' e desdenham de tudo", diz *Adonai-Tzva'ot*. "Então trazem animais que sofreram violência, são defeituosos ou doentes. Esse é o tipo de oferta que apresentam. Devo aceitar isso de vocês?", pergunta *Adonai*. 14 "Além disso, maldito seja o enganador que possui um animal macho com defeito em seu rebanho, mas faz um voto e o sacrifica a *Adonai*, de qualquer modo. Pois sou um grande rei", diz *Adonai-Tzva'ot*, "e meu nome é respeitado entre as nações".

2 1 "Agora, *kohanim*, esta ordem é para vocês.
2 Se não ouvirem, se não prestarem atenção
à honra do meu nome",
diz *Adonai-Tzva'ot*,
"enviarei uma maldição sobre vocês;
transformarei suas bênçãos em maldições.
Sim, eu os amaldiçoarei,
pois vocês não dão atenção.
3 Rejeitarei sua semente;
lançarei esterco em sua face,
o esterco de suas ofertas festivas;
e vocês serão arrastados para fora com ele.
4 Assim, saberão que enviei esta ordem
para confirmar minha aliança com Levi",
diz *Adonai-Tzva'ot*.
5 "Minha aliança com ele era de vida e paz,
e eu lhe dei estas coisas.
Era também de temor, e ele me temeu;
ele esteve maravilhado com meu nome.
6 A verdadeira *Torah* estava em sua boca,
e nenhuma desonestidade foi encontrada em seus lábios;
ele andou comigo em paz e justiça
e desviou muitos do pecado.
7 Os lábios de um *kohen* devem salvaguardar o conhecimento,
e o povo deve buscar a *Torah* em sua boca,
pois ele é o mensageiro
de *Adonai-Tzva'ot*.
8 No entanto, vocês se desviaram do caminho,
fizeram muitas pessoas falhar em relação à *Torah*;
corromperam a aliança de Levi",
diz *Adonai-Tzva'ot*.
9 "Por isso, eu os tornei
desprezíveis e vis diante de todo o povo,
pois vocês não guardaram os meus caminhos
e foram parciais na aplicação da *Torah*".

10 Não temos todos o mesmo pai?
Deus não nos criou a todos?
Por que somos infiéis uns aos outros,
profanando a aliança de nossos antepassados?
11 Y'hudah é infiel;
uma abominação foi cometida
em Yisra'el e em Yerushalayim.
Pois Y'hudah profanou o santuário
de *Adonai*, que ele ama,
casando-se com a filha de um deus estrangeiro.
12 Se um homem fizer isso e apresentar uma oferta
a *Adonai-Tzva'ot*, que *Adonai* o elimine
das tendas de Ya'akov,
seja iniciador ou seguidor.

13 Eis algo mais que vocês fazem:
cobrem o altar de *Adonai* com lágrimas,
lamentos e suspiros,
pois ele não olha mais para a oferta
nem a recebe com favor.
14 Mesmo assim, vocês perguntam: "Por quê?".
Porque *Adonai* é testemunha
entre você e a mulher de sua juventude
de que você lhe foi infiel,
apesar de ela ser sua companhia, sua mulher pela aliança.
15 E ele não [os] fez uma [carne]
a fim de terem parentes de sangue espirituais?
Pois o que uma [carne] procura
é a semente de Deus.
Portanto, cuidem do espírito
e não sejam infiéis com a mulher de sua juventude.
16 "Pois eu odeio o divórcio",
diz *Adonai*, o Deus de Yisra'el,
"e de quem cobre sua roupa com violência",
diz *Adonai-Tzva'ot*.
Por isso, cuidem do espírito
e não sejam infiéis.

17 Vocês têm cansado *Adonai* com suas palavras.
Contudo, perguntam: "Como nós o temos cansado?".
Dizendo que quem faz o mal
é bom aos olhos de *Adonai*,
e que ele se agrada deles,
ou quando perguntam: "Onde está o Deus da justiça?".

3 1 "Vejam: Envio meu mensageiro
para abrir o caminho diante de mim;
e o Senhor, a quem procuram,
chegará de modo repentino a seu templo.
Sim, o mensageiro da aliança,
de quem vocês se agradam —
observem: Eis que ele vem",
diz *Adonai-Tzva'ot*.
2 Mas quem poderá suportar o dia em que ele vier?
Quem poderá ficar em pé quando ele aparecer?
Pois ele será como um fogo refinador,
como o fogo da refinação.
3 Ele se sentará, testando e purificando a prata;
ele purificará os filhos de Levi,
refinando-os como ouro e prata,
para que possam trazer ofertas a *Adonai* de forma correta.
4 Assim, a oferta de Y'hudah e Yerushalayim
será agradável a *Adonai*,
como nos dias antigos,
nos tempos passados.

5 "Então eu me aproximarei de vocês para executar o juízo;
e serei rápido para testemunhar
contra feiticeiros, adúlteros e pessoas que juram em falso;
contra quem tira vantagem
do assalariado, de viúvas e órfãos;
contra quem rouba os direitos do estrangeiro
e não me teme",
diz *Adonai-Tzva'ot*.

6 "No entanto, pelo fato de eu, *Adonai*, não mudar,
vocês, filhos de Ya'akov, não serão destruídos.
7 Desde os dias de seus antepassados,
vocês deram as costas às minhas leis e não as guardaram.
Voltem para mim, e eu voltarei para vocês",
diz *Adonai-Tzva'ot*.
"No entanto, vocês perguntam: 'Em que ponto
precisamos voltar?'.
8 Pode uma pessoa roubar Deus?
Contudo, vocês me roubam.
No entanto, perguntam: 'Como te roubamos?'
Nas décimas partes e nas contribuições voluntárias.
9 Uma maldição está sobre vocês, sobre toda a sua nação,
pois vocês me roubam.
10 Levem todas as décimas partes ao depósito,
para que haja comida em minha casa,
e façam um teste comigo",
diz *Adonai-Tzva'ot*.
"Vejam se não abro
os portões do céu
e derramo sobre vocês uma bênção
que ultrapassa suas necessidades.
11 Por causa de vocês proibirei o devorador
de destruir o produto do seu solo;
e sua vinha não perderá o fruto
antes da época da colheita",
diz *Adonai-Tzva'ot*.
12 "Todas as nações os chamarão felizes,
para vocês será uma terra de deleites",
diz *Adonai-Tzva'ot*.

13 "Vocês têm usado termos fortes contra mim", diz *Adonai*.
"No entanto, indagam: 'De que modo falamos contra ti?'.
14 Ao dizerem: 'Não há sentido em servir a Deus.
Que bem há em obedecer às suas ordens
ou em perambular como pranteadores
diante de *Adonai-Tzva'ot*?
15 Nós consideramos a pessoa arrogante feliz;
também os malfeitores prosperam;
eles testam Deus e,
no entanto, escapam' ".

16 Então os que temiam *Adonai* falaram em conjunto,
e *Adonai* escutou e ouviu.
Um livro de registro foi escrito na presença dele
para os que temiam *Adonai*
e respeitavam-lhe o nome.
17 "Eles serão meus", diz *Adonai-Tzva'ot*,
"no dia em que arrumar meu tesouro especial.
Eu os pouparei como o homem que poupa
o próprio filho que lhe serve.
18 Então, outra vez mais, vocês verão a diferença
entre o justo e o ímpio,
entre a pessoa que serve a Deus
e a que não lhe serve.
19(4.1) Pois o dia está vindo, queimando como uma fornalha,
quando todos os orgulhosos e os malfeitores serão como palha,
o dia que está vindo ateará fogo neles",
diz *Adonai-Tzva'ot*,
"e não deixará raiz nem galho.
20(4.2) Mas, para vocês que temem meu nome,
o sol da justiça se levantará
com cura em suas asas.
E vocês sairão e saltarão
como bezerros soltos do curral.
21(4.3) Depois esmagarão os ímpios,
que serão como cinzas sob a sola dos seus pés,
no dia em que eu agir",
diz *Adonai-Tzva'ot*.
22(4.4) "Lembrem-se da *Torah* de Mosheh, meu servo,
quando lhe ordenei, no Horev,
leis e regras para todo o Yisra'el.
23(4.5) Vejam: eu enviarei a vocês
Eliyahu, o profeta,
antes da vinda do grande
e terrível dia de *Adonai*.
24(4.6) Ele fará o coração dos pais se voltar para os filhos,
e o coração dos filhos, para seus pais;
do contrário, virei e castigarei a terra
com destruição completa".

[Vejam: eu enviarei a vocês
Eliyahu, o profeta,
antes da vinda do grande
e terrível dia de *Adonai*.]

תהלים

Tehillim

[Salmos]

Livro I: Salmos 1–41

1 1 Abençoados são
os que rejeitam o conselho dos ímpios,
não ficam no caminho dos pecadores
nem se sentam com os escarnecedores!
2 Sua alegria está na *Torah* de *Adonai*;
em sua *Torah* meditam
dia e noite.
3 Eles são como árvores plantadas junto aos ribeiros —
que frutificam a seu tempo,
suas folhas nunca murcham,
tudo o que fazem é bem-sucedido.

4 Os ímpios não são assim;
são como joio espalhado pelo vento.
5 Por isso, os ímpios
não resistirão ao julgamento,
nem os pecadores,
na congregação dos justos.
6 *Adonai* vela
pelo caminho dos justos,
mas o caminho dos ímpios
é a condenação.

2 1 Por que as nações se tumultuam
e o povo se lamenta em vão?
2 Os reis da terra estão posicionando-se,
os líderes conspiram juntos,
contra *Adonai*
e seu ungido.
3 Eles gritam: "Rompamos com seus grilhões!
Joguemos fora suas correntes!".
4 O que se assenta no céu ri;
Adonai os olha com escárnio.
5 Pois em sua ira zombará deles,
aterrorizando-os com sua fúria.
6 "Eu mesmo ungi meu rei
em Tziyon, meu santo monte."

7 "Proclamarei o decreto:
Adonai me disse:
'Tu és meu filho;
hoje me tornei seu pai.
8 Pede-me, e farei
das nações tua herança;
o mundo inteiro
te pertencerá.
9 Tu irás quebrá-los com uma vara de ferro
e despedaçá-los como um vaso de barro' ".

10 Portanto, reis, sejam sábios;
recebam a advertência, juízes da terra.
11 Sirvam a *Adonai* com temor;
alegrem-se, mas com temor.
12 Beijem o filho*, para que não se ire,
e vocês pereçam pelo caminho,
quando repentinamente sua ira se acender.
Abençoados são aqueles que nele se refugiam.

3 1(0) Salmo de David, quando fugiu de Avshalom, seu filho:

2(1) *Adonai*, quantos inimigos tenho!
Incontáveis são aqueles que me atacam;
3(2) incontáveis são os que falam de mim:
"Não há salvação para eles em Deus". (*Selah*)

4(3) Mas tu, *Adonai*, és um escudo para mim;
tu és minha glória, tu elevaste minha cabeça.
5(4) Com minha voz clamo a *Adonai*,
e ele me responde de seu santo monte. (*Selah*)

6(5) Deito e durmo, e de novo desperto,
porque *Adonai* me sustenta.
7(6) Não temo as dezenas de milhares
que se puseram contra mim por todos os lados.

8(7) Levanta-te, *Adonai*!
Salva-me, meu Deus!
Meus inimigos foram por ti estapeados no rosto,
tu esmagaste os dentes dos ímpios.
9(8) A vitória vem de *Adonai*;
que tua bênção esteja sobre teu povo. (*Selah*)

4 1(0) Para o regente. Com instrumentos de corda. Salmo de David:

2(1) Ó Deus, meu defensor!
Responde-me quando clamo!
Quando eu estava angustiado, tu me libertaste;
agora tem misericórdia de mim e ouve minha oração.

*Ou simplesmente "Beijem".

3(2) Homens de valor, por quanto tempo irão envergonhar minha honra,
amar a vaidade e buscar mentiras? (*Selah*)
4(3) Entendam que *Adonai* separou
para si o piedoso;
Adonai ouvirá quando eu clamar a ele.
5(4) Irem-se, mas não pequem!
Pensem nisso quando se deitarem em suas camas
e acalmem-se. (*Selah*)
6(5) Ofereçam seus sacrifícios corretamente
e confiem em *Adonai*.

7(6) Muitos perguntam: "Quem nos mostrará o bem?".
Adonai, levanta a luz de teu rosto sobre nós!
8(7) Tu puseste em meu coração mais alegria
que no tempo do trigo e do vinho novo.
9(8) Deitarei e dormirei em paz;
porque, *Adonai*, só tu me fazes viver em segurança.

5 1(0) Para o regente. Para instrumentos de sopro. Salmo de David:

2(1) Dá ouvidos às minhas palavras, *Adonai*,
considera meus pensamentos mais íntimos.
3(2) Ouve meu clamor por ajuda,
meu rei e meu Deus, oro a ti.
4(3) *Adonai*, de manhã ouvirás minha voz,
de manhã apresentarei minhas necessidades diante de ti
e aguardarei com esperança.

5(4) Porque tu não és um Deus
que se deleita em iniquidade;
o mal não habitará contigo.
6(5) Os arrogantes não poderão ficar em tua presença.
Tu odeias todos os que praticam o mal e
7(6) destróis aqueles que falam mentiras.
Adonai detesta os homens de sangue e os enganadores.

8(7) Eu, porém, posso entrar em tua casa
por causa de tua grande graça e amor;
eu me curvarei diante de teu santo templo
em reverência a ti.
9(8) Guia-me, *Adonai*, em tua retidão
por causa daqueles que me esperam em emboscadas;
faze teus caminhos retos diante de mim.
10(9) Pois na boca deles não há nada de sincero;
dentro delas só há calamidade.
A garganta deles é túmulo aberto;
eles enganam com a língua.
11(10) Deus, declara-os culpados!
Deixa-os cair em suas próprias intrigas.
Porque suas iniquidades são muitas, atira-os no abismo;
já que eles se rebelaram contra ti.

12(11) Mas faze que todos os que se refugiam em ti se alegrem,
deixa-os gritar de alegria para sempre!
Abriga-os; e eles ficarão felizes,
aqueles que amam teu nome.
13(12) Pois tu, *Adonai*, abençoas os retos;
tu os envolves como um escudo protetor.

6

1(0) Para o regente, com instrumentos de cordas. No *sh'minit* [música de tom baixo?]. Salmo de David:

2(1) *Adonai*, não me repreendas em tua fúria,
não me disciplines no furor de tua ira.
3(2) Dá tua graça a mim, *Adonai*,
porque estou debilitado;
cura-me, *Adonai*, porque meus ossos estão tremendo.
4(3) Estou completamente aterrorizado;
e tu, *Adonai* — por quanto tempo?
5(4) Volta, *Adonai*, e resgata-me.
Salva-me por tua graça;
6(5) pois na morte ninguém se lembrará de ti;
no *sh'ol*, quem te louvará?

7(6) Estou esgotado em gemidos;
por toda a noite, ensopo minha cama em lágrimas,
inundo meu leito até este ficar transbordante.
8(7) Minha visão é aterrorizada pela ira;
ela está enfraquecendo por causa de meus inimigos.
9(8) Afastem-se de mim, todos vocês, trabalhadores do mal!
Pois *Adonai* ouviu o som de meu clamor,
10(9) *Adonai* ouviu minha petição,
Adonai aceitará minhas orações.
11(10) Todos os meus inimigos serão confundidos,
completamente amedrontados;
eles retornarão,
e serão envergonhados repentinamente.

7

1(0) *Shiggayon* de David, que ele cantou para *Adonai* por causa de Kush, o ben-y'mini:

2(1) *Adonai*, meu Deus, em ti me refugio.
Salva-me de todos os meus perseguidores e resgata-me;
3(2) de outra maneira, eles vão me maltratar como um leão
e me estraçalhar, sem ninguém presente que me salve.

4(3) *Adonai*, meu Deus, se eu tiver causado isso,
se há culpa em minhas mãos,
5(4) se paguei com o mal ao que estava em paz comigo,
ou se poupei inimigos que se opuseram a mim sem razão,
6(5) então permite que meu adversário me abata
até que me derrube
e jogue minha vida adiante na terra;
sim, deixa que ele atire minha honra ao pó. (*Selah*)

7(6) Levanta-te, *Adonai*, em tua ira!
Ergue-te contra o furor de meus adversários.
Desperta-te e ordena justiça.
8(7) Que a assembleia dos povos se forme em torno de ti;
que do alto tu possas retornar como regente deles.
9(8) *Adonai*, que dispensas julgamento aos povos,
julga-me segundo tua retidão
e conforme minha integridade merece.
10(9) Que a maldade do ímpio encontre um fim,
e que o reto se estabeleça;
já que tu, Deus de retidão,
testas corações e mentes.
11(10) Meu escudo é Deus,
que salva o reto de coração.

12(11) Deus é um juiz reto,
um Deus cuja ira está presente todos os dias.
13(12) Se uma pessoa não se arrepende,
ele afia sua espada.
Preparou seu arco, deixando-o pronto;
14(13) também preparou para eles
armas de morte, suas flechas,
as quais fez de material flamejante.

15(14) Note como o ímpio está prenhe do mal;
ele concebe turbulência e dá à luz mentiras.
16(15) Faz uma cova, cava-a profundamente,
e cai no buraco que fez.
17(16) Sua sagacidade se voltará contra ele;
sua violência retrocederá sobre sua própria cabeça.

18(17) Agradeço a *Adonai* por sua retidão
e canto louvores ao nome de *Adonai 'Elyon.*

8 1(0) Para o regente. No *gittit*. Salmo de David:

2(1) *Adonai*, nosso Senhor! Quão glorioso
é teu nome em toda a terra!
A reputação de tua majestade
Espalha-se até mesmo acima dos céus!

3(2) Da boca dos bebês e recém-nascidos,
estabeleceste força entre teus adversários
para que tu silencies
o inimigo e o vingador.

4(3) Quando olho para o firmamento, obra de teus dedos,
a lua e as estrelas que ali colocaste,
5(4) que é o reles mortal para que te preocupes com ele;
e o ser humano, para que por ele zeles com tanto cuidado?

6(5) Tu o fizeste um pouco abaixo dos anjos
e o coroaste com glória e honra,

7(6) tu o fizeste dominar o que tuas mãos criaram
e puseste tudo sob seus pés —
8(7) ovelhas e bois, todos eles,
e mesmo os animais selvagens,
9(8) os pássaros no céu, os peixes no mar,
tudo o que passa pelas veredas dos mares.

10(9) *Adonai*, nosso Senhor! Quão glorioso
é teu nome sobre a terra!

9 1(0) Para o regente. Na morte de Labben. Salmo de David:

2(1) Agradeço a *Adonai* de todo o meu coração.
Falarei sobre todas as tuas maravilhosas proezas.
3(2) Eu me alegrarei e exultarei em ti.
Cantarei louvores a teu nome, *'Elyon.*

4(3) Quando meus inimigos voltaram,
eles tropeçaram e pereceram diante de ti.
5(4) Porque tu confirmaste minha causa como justa,
sentando no trono como um juiz justo.

6(5) Tu repreendeste as nações, destruíste os ímpios,
apagaste seus nomes para todo o sempre.
7(6) O inimigo está acabado, arruinado para sempre;
tu destruíste as cidades deles; todas as suas lembranças se perderam.

8(7) *Adonai*, porém, reina para sempre;
já criou seu trono para julgamento.
9(8) Julgará o mundo com retidão;
julgará os povos de forma justa.

10(9) *Adonai* é uma fortaleza para o oprimido,
uma torre de força em momentos de angústia.
11(10) Aqueles que conhecem teu nome confiam em ti,
pois tu não abandonas aqueles que te procuram, *Adonai*.

12(11) Cantem louvores a *Adonai*, moradores de Tziyon;
proclamem suas façanhas entre os povos.
13(12) O que se vinga do sangue se lembra deles
e não ignora o choro dos aflitos:

14(13) "Tem misericórdia de mim, *Adonai*!
Vê quanto sofro por causa dos que me odeiam;
tu me levantas dos portões da morte,
15(14) então posso proclamar louvor a ti
no portão da filha de Tziyon
e alegrar-me com tua libertação".

16(15) Os povos caíram no buraco que eles mesmos cavaram,
pegos pelo pé na rede que ocultaram.
17(16) *Adonai* se fez conhecido por sua justiça;
os ímpios estão enredados na obra de suas próprias mãos. (*Higgayon; Selah*)

18(17) Os ímpios voltarão para o *sh'ol*,
todas as nações que se esqueceram de Deus.

19(18) Pois o pobre não será para sempre esquecido,
nem a esperança do necessitado durará eternamente.

20(19) Levanta, ADONAI! Não deixes que os mortais prevaleçam.
21(20) Abate-os com terror, ADONAI!
Deixa que as nações saibam que são apenas humanos. (*Selah*)

10

1 Por que estás distante, ADONAI?
Por que te escondes em tempos de tribulação?
2 Os ímpios em sua arrogância subjugam o pobre,
que é aprisionado nos esquemas que eles maquinam.

3 Pois o ímpio se vangloria de sua lascívia;
abençoa o avarento e despreza ADONAI.
4 Todo pensamento do ímpio em sua arrogância [diz]:
"Não há Deus, [por isso] nada me sobrevirá".
5 Seus caminhos prosperam o tempo todo.
Seus julgamentos sempre prevalecem,
então ele não se preocupa.
Seus adversários? Ele zomba de todos.
6 Em seu coração, pensa: "Jamais serei abalado.
Não enfrentarei tribulação, nem agora nem nunca".
7 Sua boca é cheia de maldições, engano e opressão;
embaixo de sua língua, há esperteza e injustiça.
8 Ele espera próximo às moradias em ciladas
e mata homens inocentes em segredo;
seus olhos caçam os mais fracos.
9 Esperando em emboscada como um leão na caverna,
ele fica à espreita para atacar o pobre,
então agarra-o e arrasta-o em sua rede.
10 Sim, ele para, rasteja vagarosamente;
e os mais fracos caem em seu poder.
11 Diz em seu coração: "Deus esqueceu,
escondeu sua face e jamais verá".

12 Levanta, ADONAI! Ergue tua mão, ó Deus!
Não te esqueças do humilde.
13 Por que o ímpio despreza a Deus
e diz em seu coração: "Não serei auxiliado!"?
14 Tu, porém, estás atento, pois enxergas o sofrimento e a dor,
de maneira que podes tomar tal problema em tuas mãos.
O desamparado se entrega a ti;
tu auxilias o órfão.
15 Quebra os braços do ímpio!
E também do homem mau,
esquadrinha suas maldades
até que não reste nenhuma.

16 ADONAI é rei para sempre e eternamente!
As nações se esvanecem em suas mãos.

17 *Adonai*, tu tens ouvido do que os humildes necesssitam;
tu os encorajas e os ouve,
18 para fazer justiça ao órfão e ao oprimido,
de maneira que ninguém na terra espalhe o terror novamente.

11

1(0) Para o regente. Por David:

(1) Em *Adonai* encontro refúgio.
Assim, como vocês podem dizer-me:
"Fuja como um pássaro para a montanha.
2 Veja como os ímpios aprontam seus arcos
e preparam suas flechas na corda,
para atirar às escondidas nos homens honestos.
3 Se as fundações estão destruídas,
o que os retos podem fazer?".

4 *Adonai* está em seu santo templo.
Adonai, seu trono está no céu.
Seus olhos veem e testam a humanidade.
5 *Adonai* prova o reto,
mas odeia o ímpio e o amante da violência.
6 Fará chover brasas quentes sobre os ímpios;
fogo, enxofre e vento abrasador
é o que eles terão para beber.
7 Pois *Adonai* é reto;
ele ama a retidão.
Os retos verão sua face.

12

1(0) Para o regente. Com *sh'minit* [música de tom baixo?]. Salmo de David:

2(1) Socorro, *Adonai*! Pois não sobrou ninguém com bondade;
os fiéis desapareceram da humanidade.
3(2) Todos falam mentiras uns para os outros,
bajulam com os lábios, mas seu coração é interesseiro.
4(3) Que *Adonai* destrua todos os lábios bajuladores
e a língua que fala tão orgulhosamente
5(4) daqueles que dizem: "Por nossa língua, vamos prevalecer;
nossos lábios estão conosco. Quem nos pode ensinar?".
6(5) "Pelo fato de os pobres serem oprimidos,
e de os necessitados estarem gemendo,
agora me mostrarei", diz *Adonai*,
"e garantirei a segurança daqueles a quem desprezam".
7(6) As palavras de *Adonai* são puras,
como prata em um molde preparado na terra,
refinada e purificada sete vezes.

8(7) Tu, *Adonai*, protege-nos;
guarda-nos para sempre dessa geração —
9(8) o ímpio caminha arrogantemente
quando a maldade é exaltada em toda parte.

13

1(0) Para o regente. Salmo de David:

2(1) Por quanto tempo, *Adonai*?
Esquecerás de mim para sempre?
Por quanto tempo esconderás de mim tua face?
3(2) Por quanto tempo precisarei perguntar o que fazer,
com angústia em meu coração todos os dias?
Por quanto tempo meu inimigo me dominará?

4(3) Olha, e responde-me, *Adonai*, meu Deus!
Dá luz a meus olhos, ou dormirei o sono dos mortos.
5(4) Então meu inimigo me dirá: "Eu estava prestes a abatê-lo";
e meus adversários se alegrarão com minha queda.

6(5) Mas eu creio em tua graça,
meu coração se regozija em tua proteção.
(6) Cantarei a *Adonai*, pois ele me dá
até mais do que necessito.

14

1(0) Para o regente. Por David:

(1) Os tolos falam em seu coração:
"Não há Deus".
Agem de forma corruptível, seus feitos são vis,
ninguém pratica o que é correto.

2 Do céu, *Adonai* observa a humanidade
para ver se alguém tem entendimento,
se alguém busca a Deus.
3 Mas todos se desviaram, todos são igualmente corruptos;
ninguém faz o que é certo,
nem mesmo uma única pessoa.
4 Será que nunca aprendem,
todos aqueles praticantes do mal,
que devoram meu povo como se estivessem comendo pão
e nunca clamam por *Adonai*?
5 Ali estão eles, amargamente aterrorizados;
pois Deus está ao lado dos que são corretos.
6 Vocês podem tecer planos para os humildes,
mas o refúgio deles é *Adonai*.

7 Como eu gostaria que a salvação de Yisra'el
viesse de Tziyon!
Quando *Adonai* restaurar a sorte de seu povo,
Ya'akov se regozijará, Yisra'el ficará contente.

15

1(0) Salmo de David:

(1) *Adonai*, quem pode descansar em tua tenda?
Quem pode morar em teu santo monte?

2 Aqueles que vivem uma vida sem culpa,
que andam em retidão,
que falam a verdade em seu coração
3 e mantêm a língua longe da calúnia;
os que nunca fazem maldade a outros
ou buscam denegrir o próximo;
4 os que olham com desprezo para os ímpios,
mas honram aqueles que temem *Adonai*;
os que cumprem seus votos, não importa quanto custe;
5 os que se recusam à usura quando emprestam dinheiro
e não aceitam suborno para prejudicar o inocente.

Aqueles que fazem essas coisas
nunca serão abalados.

16

1(0) *Mikhtam*. Por David:

(1) Protege-me, Deus,
pois tu és meu refúgio.
2 Eu disse a *Adonai*: "Tu és meu Senhor;
não tenho nada de valor senão a ti".
3 Os santos que há na terra são os escolhidos,
merecedores de toda a honra; meu prazer está neles.

4 Aqueles que buscam outros deuses
multiplicam suas desgraças;
para tais deuses, não farei
ofertas de bebidas de sangue
nem tomarei seus nomes em meus lábios.

5 *Adonai*, minha porção, meu cálice:
tu guardas meu futuro.
6 Lugares aprazíveis foram reservados para mim;
estou contente com minha herança.

7 Louvo *Adonai*, meu conselheiro;
na escura noite, meu coração me direciona.
8 Sempre terei *Adonai* diante de mim;
com ele à minha direita, nunca serei destituído.
9 Assim, meu coração está alegre, minha alma regozija-se,
e meu corpo também descansa em segurança.
10 Pois tu não me abandonarás no *sh'ol*,
não deixarás que teu fiel veja o Abismo.
11 Tu me fazes saber o caminho da vida;
em tua presença há completa alegria,
e em tua mão direita, prazer eterno.

17

1(0) Oração de David:

(1) Ouve uma causa justa, *Adonai*, atenta para meu clamor;
ouve minha oração de lábios honestos.

2 Que minha defesa venha de ti,
que teus olhos vejam o que é certo.

3 Provaste meu coração,
Visitaste-me durante a noite,
e me esquadrinhaste sem encontrar maus pensamentos,
nem transgressão em meus lábios.
4 Quanto aos outros, pelas palavras de teus lábios,
tenho-me mantido longe dos caminhos de violência;
5 meus passos se mantêm firmes em teus caminhos,
meus pés não escorregam.

6 Agora espero em ti, Deus, pois tu me respondes.
Torna teus ouvidos para mim, ouve minhas palavras.
7 Mostra quão maravilhosa é tua graça,
salvador de todos aqueles que buscam em tua mão direita
refúgio de suas ameaças.
8 Protege-me como a menina de teus olhos,
esconde-me na sombra de tuas asas
9 dos ímpios, que conspiram contra mim,
de meus inimigos de morte, que estão a meu redor.
10 Eles fecham o coração para a misericórdia;
falam de forma arrogante;
11 eles me cercam e me rodeiam,
esperando uma chance para me derrubar.
12 São como leões ávidos para pegar sua presa,
como leões robustos esperando em emboscada.

13 Levanta, ADONAI! Confronta-os! Faze-os cair!
Com tua espada, livra-me do ímpio,
14 e com tua mão, ADONAI, dos homens mortais,
dos povos cuja porção é este mundo.
Que tu enchas seu estômago com tesouros,
seus filhos sejam também satisfeitos
e deixem suas riquezas para seus pequeninos.

15 Mas minha oração, em retidão, é para ver tua face;
ao despertar, ficarei satisfeito com tua presença.

18 1(0) Para o regente. Por David, servo de ADONAI, que oferece as palavras deste salmo a ADONAI no dia em que ADONAI o livrou do poder de todos os seus inimigos e do poder de Sha'ul. 2 Ele disse:

(1) "Eu te amo, ADONAI, minha força!

3(2) "ADONAI é minha Rocha, minha fortaleza e libertação,
meu Deus, minha Rocha, em quem encontro abrigo,
meu escudo, o poder que me salva,
minha força.
4(3) Clamo a ADONAI, que é digno de louvor;
e sou salvo de meus inimigos.

5(4) "Pois os laços da morte me cercavam,
as torrentes de B'liya'al me aterrorizavam,

6(5) as cordas do *sh'ol* me enredavam,
a cilada da morte fora preparada para mim.
7(6) Em minha tristeza, clamei a *Adonai;*
gritei por meu Deus.
Fora de seu templo, ele ouviu minha voz;
minha súplica alcançou seus ouvidos.

8(7) "Então a terra chacoalhou e tremeu,
as fundações das montanhas se abalaram.
Foram sacudidas porque ele estava irado.
9(8) Fumaça subiu até suas narinas;
de sua boca, veio um fogo devorador,
flamejando e reluzindo diante dele.
10(9) "Ele abriu os céus e desceu
com densas trevas sob seus pés.
11(10) Montou em um *keruv* e voou,
deslizando sobre as asas do vento.
12(11) Fez das trevas seu esconderijo,
sua densa proteção de negras nuvens, cheias de água.
13(12) Com seu brilho,
as nuvens se desfizeram em granizos e raios.

14(13) "*Adonai* também troveja no céu,
Ha'Elyon solta sua voz —
granizos e raios.
15(14) Lançou flechas e dispersou os inimigos,
lançou relâmpagos e os derrotou.
16(15) Os canais de água apareceram,
as fundações do mundo foram expostas
à tua repreensão, *Adonai,*
pelo sopro de tuas narinas.

17(16) "Ele enviou socorro do alto, me sustentou
e me retirou das águas profundas;
18(17) ele me resgatou de inimigos poderosos,
daqueles que me odeiam,
pois eram mais fortes do que eu.
19(18) Vieram contra mim no dia do desastre,
mas *Adonai* foi meu suporte.
20(19) Ele me levou para um lugar aberto;
ele me resgatou, porque se agradou de mim.
21(20) *Adonai* retribuiu minha retidão;
ele me recompensou porque minhas mãos estavam limpas.

22(21) "Pois guardei os caminhos de *Adonai*
e não cometi o mal deixando meu Deus;
23(22) pois suas leis estavam diante de mim,
e delas não me distanciei.
24(23) Fui puro de coração para com ele
e me mantive longe do pecado.

25(24) "*Adonai* me recompensou por minha fidelidade,
de acordo com minhas mãos puras diante de seus olhos.

26(25) Com os misericordiosos, tu és misericordioso;
com os homens sinceros, és sincero;
27(26) com os puros, és puro;
mas, com os perversos, és perspicaz.
28(27) Ao aflito, tu salvas;
mas ao arrogante, tu humilhas.
29(28) "Pois tu, ADONAI, acendes minha lâmpada;
ADONAI, meu Deus, é quem ilumina minhas trevas.
30(29) Contigo posso combater uma tropa inteira,
com meu Deus posso transpor muralhas.

31(30) "Pois para Deus, seus caminhos são perfeitos.
A palavra de ADONAI tem sido testada pelo fogo.
Ele protege todos os que nele buscam refúgio.

32(31) "Pois quem é Deus senão ADONAI,
quem é uma Rocha senão nosso Deus?

33(32) "Foi Deus quem me revestiu de forças;
ele torna meu caminho reto.
34(33) Ele me faz ligeiro, com pés ágeis como os da corça,
e me capacita a estar nos lugares mais altos.
35(34) Treina minhas mãos para a batalha
até que meus braços possam sustentar um arco de bronze.

36(35) "Tu me dás teu escudo, que é a salvação,
tua mão direita me sustenta,
tua humildade me torna grande.
37(36) Tu deixaste livre meu caminho
para que meus tornozelos não se torçam.

38(37) "Persegui meus inimigos e os derrotei,
sem retroceder até que todos fossem destruídos.
39(38) Eu os esmaguei, de maneira que não puderam levantar-se;
caíram sob meus pés.

40(39) "Pois tu me deste força para o combate
e derrubaste meus adversários diante de mim.
41(40) Tu fizeste meus inimigos virar as costas em fuga,
e eu destruí aqueles que me odiavam.

42(41) "Eles gritaram, mas não havia ninguém para ajudar;
gritaram até para ADONAI, mas ele não respondeu.
43(42) Eu os pulverizei como pó ao vento,
pisei neles como se fossem lama nas ruas.

44(43) "Também me livraste da contenda de meu povo.
Tu me fizeste cabeça das nações;
um povo que não conheci agora me serve —
45(44) no momento em que ouvem, me obedecem,
os estrangeiros a mim se submetem.
46(45) Os estrangeiros perderam a coragem,
e, tremendo, saem de suas fortalezas.

47(46) "*Adonai* está vivo! Abençoada seja minha Rocha!
Exaltado seja o Deus de minha salvação,
48(47) o Deus que me vinga
e subjuga os povos a mim.
49(48) Ele me livra de meus inimigos
Tu me levantas mais alto que meus inimigos
e me resgatas dos homens violentos.

50(49) "Por isso, te louvo, *Adonai*, entre as nações;
canto louvores a teu nome.
51(50) Grande salvação ele dá a seu rei;
dispensa graça a seu ungido,
a David e seus descendentes, para todo o sempre".

19

1(0) Para o regente. Salmo de David:

2(1) Os céus declaram a glória de Deus,
e o firmamento fala da obra de suas mãos.
3(2) Cada dia expressa sua glória,
e cada noite revela esse conhecimento.
4(3) Sem discurso, sem palavra,
sem que sua voz seja ouvida,
5(4) sua mensagem ecoa ao redor de toda a terra,
e suas palavras chegam até o fim do mundo.

Neles Deus estende o sol,
6(5) que aparece como um noivo saindo da câmara nupcial,
com o deleite de um atleta correndo sua trajetória.
7(6) Levanta de um lado do céu,
circula até o outro lado,
e nada escapa de seu calor.

8(7) A *Torah* de *Adonai* é perfeita,
restaura a alma.
A instrução de *Adonai* é clara,
faz sábio o tolo.
9(8) Os preceitos de *Adonai* são retos,
alegram o coração.
A *mitzvah* de *Adonai* é pura,
ilumina os olhos.
10(9) O temor de *Adonai* é claro,
dura para sempre.
As leis de *Adonai* são verdadeiras,
são todas elas retas,
11(10) mais desejáveis que o ouro,
muito mais que o fino ouro,
também mais doces que o mel
e o destilar dos favos.
12(11) Por meio delas, seu servo é corrigido;
em obedecer a elas, há grande recompensa.

13(12) Quem pode discernir os pecados inconscientes?
Limpa-me dos pecados obscuros.
14(13) Também guarda teu servo dos pecados da presunção,
de maneira que eles não me controlem.
Assim, serei isentado de culpa
e libertado de grande ofensa.

15(14) Que as palavras de minha boca
e os pensamentos de meu coração
sejam aceitáveis em tua presença,
ADONAI, minha Rocha e meu Redentor.

20

1(0) Para o regente. Salmo de David:

2(1) Que ADONAI possa responder em sua tristeza,
que o nome do Deus de Ya'akov o proteja.
3(2) Que ele possa enviar o socorro do santuário
e dar a você auxílio de Tziyon.
4(3) Que ele possa ser honrado por suas ofertas de cereais
e aceite a gordura de suas ofertas queimadas. (*Selah*)
5(4) Que garanta a você os desejos de seu coração
e torne bem-sucedidos seus planos.

6(5) Então gritaremos de alegria por sua vitória
e balançaremos nossas bandeiras no nome de nosso Deus.
Que ADONAI possa responder a nossas petições.

7(6) Agora sei que ADONAI
dá a vitória a seu ungido escolhido —
ele responderá de seu lugar celestial sagrado
com poderosa vitória por sua mão.

8(7) Alguns confiam em carruagens, e outros, em cavalos,
mas nós louvamos o nome de ADONAI, nosso Deus.
9(8) Eles cairão e se curvarão,
mas nós nos levantaremos e nos manteremos em pé.

10(9) Dá a vitória, ADONAI!
Permite que o Rei nos responda no dia em que clamarmos.

21

1(0) Para o regente. Salmo de David:

2(1) ADONAI, o rei se alegra em teu poder;
grande regozijo ele tem em tua vitória.
3(2) Realizas o desejo de seu coração
e não recusas a oração de seus lábios. (*Selah*)

4(3) Pois vens visitá-lo com as melhores bênçãos,
colocas uma coroa de ouro fino em sua cabeça.
5(4) Ele te pede vida; e tu a concedes
anos e anos para sempre e eternamente.

6(5) Tua vitória lhe dá grande glória;
tu operas nele esplendor e honra.
7(6) Pois lhe concedes bênçãos eternas;
tu o fazes feliz com a alegria de tua presença.
8(7) Pois o rei põe sua confiança em *Adonai*,
na graça de *'Elyon*; e não a perderá.

9(8) Tua mão alcançará todos os teus inimigos;
tua mão direita destruirá aqueles que te odeiam.
10(9) Quando te manifestares,
farás deles uma fumaça esvanecedora.
Adonai os consumirá em ira;
o fogo devorará todos.
11(10) Tu destruirás da terra todos os seus descendentes,
exterminarás sua posteridade,
12(11) pois eles intentaram o mal contra ti;
contudo, apesar de suas conspirações, eles não terão sucesso.
13(12) Pois tu os farás retornar
mirando para eles tua flecha.

14(13) Levanta, *Adonai*, em tua magnitude;
e nós cantaremos e louvaremos teu poder.

22

1(0) Para o regente. Feito para o nascer do sol. Salmo de David:

2(1) Meu Deus! Meu Deus!
Por que me abandonaste?
Por que estás tão longe de socorrer-me,
tão distante de meus gritos?

3(2) Meu Deus, durante o dia clamo a ti,
mas não respondes;
da mesma forma de noite,
mas não consigo alívio.

4(3) Todavia, tu és santo,
entronizado entre os louvores de Yisra'el.
5(4) Em ti, nossos antepassados confiaram;
eles confiaram, e tu os resgataste.
6(5) Eles clamaram a ti e se safaram;
confiaram em ti e não foram desapontados.

7(6) Mas eu sou verme, não homem,
escarnecido por todos, desprezado pelo povo.
8(7) Todos os que me veem zombam de mim;
olham com desdém e balançam a cabeça:
9(8) "Entregou-se a *Adonai*,
então que ele o salve".
Que *Adonai* o livre,
se lhe quer tão bem!".

10(9) Mas tu mesmo me retiraste do ventre.
Tu me fizeste confiar quando eu ainda estava no seio de minha mãe.

11(10) Desde meu nascimento, fui entregue a ti;
tu és meu Deus desde o ventre de minha mãe.
12(11) Não te ausentes de mim, pois a tribulação está próxima;
e não há ninguém que me socorra.
13(12) Muitos bois me cercam,
bois selvagens de Bashan se aproximam de mim.
14(13) Abrem a boca contra mim,
como devoradores, como leões rosnando.
15(14) Estou sendo derramado como água;
todos os meus ossos estão desconjuntados;
meu coração se tornou como cera —
derrete por dentro;
16(15) minha boca está seca como um pedaço de telha,
minha língua cola no palato;
tu me deitas no pó dos mortos.
17(16) Os cachorros estão à minha volta,
um monte de vilões se aproxima
como um leão [perto] de minhas mãos e de meus pés.*

18(17) Posso contar todos os meus ossos,
enquanto eles me encaram com desprezo.
19(18) Dividem minhas vestes;
por minhas roupas, jogam sortes.

20(19) Mas tu, *Adonai*, não permaneças distante.
Minha força, vem rápido socorrer-me.
21(20) Resgata-me da espada,
livra minha vida do poder dos cachorros.
22(21) Salva-me da boca do leão!

Tu me respondes dos chifres dos bois selvagens.

23(22) Proclamarei teu nome a meus irmãos;
na assembleia, te louvarei:
24(23) "Tu, que temes *Adonai*, louva-o!
Todos os descendentes de Ya'akov, glorifiquem-no!
Todos os descendentes de Yisra'el, prostrem-se com temor diante dele.
25(24) Pois ele não desprezou nem abominou
a pobreza do humilde;
não escondeu dele seu rosto,
mas atentou para seu clamor".

26(25) Por tua causa,
dei glória na grande assembleia;
cumprirei meus votos
aos olhos daqueles que te temem.
27(26) O pobre comerá e ficará satisfeito;
aqueles que buscam *Adonai* o louvarão;
seu coração se alegrará com a vida para sempre.

* Ou: "Eles furam minhas mãos e pés". V. introdução: seção 8, parágrafo 6, e seção 14, nota de rodapé 70.

28(27) Todos os confins da terra
se lembrarão e se voltarão para *Adonai*;
todas as famílias das nações
adorarão em tua presença.
29(28) Pois o reino pertence a *Adonai*,
e ele governa as nações.

30(29) Todos os que prosperam na terra
se fartarão e o adorarão;
todos os que descem ao pó
se ajoelharão diante dele,
incluindo aqueles que não conseguem manter-se vivos.
31(30) Um descendente o servirá;
a geração vindoura será ensinada sobre *Adonai*.
32(31) Eles virão e proclamarão
sua retidão
a um povo ainda por vir,
pois ele é o escolhido que agiu poderosamente.

23

1(0) Salmo de David:

(1) *Adonai* é meu pastor; não preciso de nada.
2 Ele me faz deitar em pastagens verdejantes,
leva-me para águas tranquilas,
3 restaura-me a alma.
Ele me guia em caminhos retos
por causa de seu nome.
4 Ainda que eu atravesse vales de escuridão mortal,
não temerei desastre algum, pois tu estás comigo;
tua vara e cajado me protegem.

5 Preparas uma mesa para mim,
à vista de meus inimigos;
unges minha cabeça com óleo
de um cálice transbordante.

6 Bondade e graça me acompanharão
todos os dias de minha vida;
e viverei na casa de *Adonai*
por anos e anos vindouros.

24

1(0) Por David. Salmo:

(1) A terra é de *Adonai*, com tudo o que há nela,
o mundo e os que ali vivem;
2 pois ele estabeleceu suas fundações sobre o mar
e firmou-a sobre os rios.

3 Quem poderá subir no monte de *Adonai*?
Quem poderá entrar em seu santo lugar?

4 Aqueles com mãos limpas e coração puro,
que não tornam vãos os propósitos de sua vida
nem juram votos apenas para engano.
5 Eles receberão uma bênção de *Adonai*
e a justiça de Deus, que os salva.
6 Assim é o caráter dos que o buscam,
de Ya'akov, dos que buscam tua face. (*Selah*)

7 Levantem a cabeça, ó portões!
Levantem-se, portas eternas,
e assim o glorioso rei poderá entrar!
8 Quem é ele, este glorioso rei?
Adonai, forte e poderoso;
Adonai, poderoso na batalha.

9 Levantem a cabeça, ó portões!
Levantem-se, portas eternas,
e assim o glorioso rei poderá entrar.
10 Quem é ele, este glorioso rei?
Adonai-Tzva'ot —
ele é o glorioso rei. (*Selah*)

25

1(0) Por David:

(1) Elevo minha alma a ti, *Adonai*;
2 confio em ti, meu Deus.
Não me deixes ser humilhado,
não permitas que meus inimigos triunfem sobre mim.
3 Ninguém que espera em ti será humilhado;
a humilhação espera por aqueles que, sem motivo, abandonam a fé.

4 Faze-me conhecer teus caminhos, *Adonai*,
ensina-me tuas veredas.
5 Guia-me em tua verdade e me ensina;
pois tu és o Deus que me salva,
minha esperança está em ti durante todo o dia.
6 Lembra-te de tua compaixão e graça, *Adonai*,
pois assim foi no passado.
7 Não relembres meus pecados ou transgressões da juventude,
mas lembra-te de mim de acordo com tua graça,
por causa de tua bondade, *Adonai*.

8 *Adonai* é bom, ele é justo;
por isso, ensina aos pecadores o caminho [da vida],
9 leva o humilde a fazer o que é correto
e o ensina [a viver] no caminho.
10 Todos os caminhos de *Adonai* são graça e verdade
àqueles que guardam sua aliança e seus ensinamentos.
11 Por causa de teu nome, *Adonai*,
perdoa minha maldade, que é tão grande.
12 Quem é a pessoa que teme a *Adonai*?
Ele lhe ensinará o caminho a seguir.

13 Ela permanecerá próspera,
e sua descendência herdará a terra.
14 *Adonai* se relaciona intimamente com aqueles que o temem;
ele os faz conhecer sua aliança.

15 Meus olhos estão sempre direcionados para *Adonai*,
pois ele livrará meus pés do laço.
16 Volta-te para mim e mostra-me teu favor,
pois estou sozinho e oprimido.
17 A turbulência de meu coração se multiplica;
liberta-me dessa angústia.
18 Olha para minha aflição e meu sofrimento,
e retira todos os meus pecados.

19 Considera meus inimigos. Quantos há ali
e quão cruelmente eles me odeiam!
20 Protege-me e resgata-me;
não me deixes ser humilhado,
pois em ti me refugio.
21 Deixa que a integridade e a retidão me preservem,
pois minha esperança está em ti.

22 Deus! Redime Yisra'el
de todas as suas tribulações!

26

1(0) Por David:

(1) Faze-me justiça *Adonai*,
pois tenho vivido com integridade,
confiando em *Adonai* sem vacilar.
2 Examina-me, *Adonai*, testa-me,
examina minha mente e coração.
3 Pois tua graça está ali, diante de meus olhos,
e guia minha vida por tua verdade.
4 Não tenho sentado com pessoas falsas,
nem conviverei com hipócritas;
5 odeio a companhia dos praticantes do mal
e não assentarei com os ímpios.

6 Lavarei minhas mãos em inocência
e andarei em torno de teu altar, *Adonai*,
7 erguerei minha voz em ações de graças
e proclamarei todas as tuas maravilhas.
8 *Adonai*, amo a casa onde habitas,
o local onde tua glória permanece.

9 Não me incluas entre os pecadores
nem me ponhas com os sedentos por sangue.
10 Em tuas mãos, estão os que maquinam o mal;
a mão direita deles está cheia de subornos.
11 Quanto a mim, viverei sem culpa.
Liberta-me e mostra-me teu favor.

12 Meus pés estão plantados na retidão;
nas assembleias, louvarei a *Adonai*.

27 1(0) Por David:

(1) *Adonai* é minha luz e salvação;
a quem temerei?
Adonai é a fortaleza de minha vida;
de quem terei medo?

2 Quando os malfeitores se levantaram contra mim,
para devorar minha carne,
meus adversários e inimigos
falharam e tropeçaram.
3 Se um exército se acampar contra mim,
meu coração não temerá;
se uma guerra vier contra mim,
ainda assim me manterei confiante.

4 Apenas uma coisa pedi a *Adonai*;
apenas isto buscarei:
morar na casa de *Adonai*
todos os dias de minha vida
e visitá-lo em seu templo.
5 Pois ele me esconderá em seu abrigo
no dia da tribulação;
ele me guardará na congregação dos fiéis
e me colocará em uma rocha.
6 Assim, minha cabeça triunfará
sobre os inimigos que me cercam,
e farei ofertas em sua tenda,
sacrifícios com gritos de alegria;
cantarei e louvarei a *Adonai*.

7 *Adonai*, ouve minha voz quando clamo;
tem misericórdia de mim e responde-me.
8 "Meu coração disse acerca de ti: 'Busque minha face' ".
Tua face *Adonai*, buscarei.
9 Não escondas de mim tua face,
não me expulses de tua presença em ira.
Tu és meu socorro; não me abandones,
não me deixes, Deus, meu Salvador.
10 Ainda que meu pai e minha mãe me abandonem,
Adonai tomará conta de mim.
11 Ensina-me teus caminhos, *Adonai*;
guia-me no caminho da retidão
por causa de meus inimigos —
12 não me entregues aos caprichos de meus adversários;
pois falsas testemunhas se levantaram contra mim,
e também aqueles que respiram a violência.

13 Se eu não tivesse crido, não veria
a bondade de *Adonai* na terra dos viventes...
14 Ponha sua esperança em *Adonai*, seja forte
e que seu coração tenha coragem!
Sim, ponha sua esperança em *Adonai*!

28

1(0) Por David:

(1) *Adonai*, clamo a ti;
minha Rocha, não sejas surdo a meu clamor.
Pois, se me respondes com o silêncio,
serei como aqueles que descem à cova.
2 Ouve o som de minhas orações
quando clamo a ti,
quando levanto minhas mãos
em direção a teu lugar santo.

3 Não me abandones com os ímpios,
com aqueles cujos feitos são maldosos;
eles dizem palavras de paz a seus companheiros,
mas o mal está em seu coração.
4 Paga-lhes de acordo com suas obras,
como merecem suas más ações;
retribui-lhes o que têm feito,
dá-lhes o que merecem.
5 Pois não entendem os feitos de *Adonai*
nem o que ele tem feito.
Ele irá quebrantá-los;
e não mais os levantará.

6 Bendito seja *Adonai*,
pois ouviu minha voz quando orei por misericórdia.
7 *Adonai* é minha força e meu escudo;
nele meu coração confiou, e fui socorrido.
A ele cantarei louvores.

8 *Adonai* é força [para seu povo],
fortaleza de salvação para seu ungido.
9 Salva teu povo! Abençoa tua herança!
Cuida deles como seu pastor e conduze-os para sempre!

29

1(0) Salmo de David:

(1) Tributem a *Adonai* o que lhe é devido, vocês, seres celestiais;
tributem a *Adonai* o que lhe é devido em glória e força;
2 tributem a *Adonai* a glória devida a seu nome;
louvem a *Adonai* com esplendor.

3 A voz de *Adonai* está acima das águas;
o Deus da glória troveja,
a voz de *Adonai* é mais alta que as águas tempestuosas,
4 a voz de *Adonai* é poderosa,
a voz de *Adonai* é cheia de esplendor.

5 A voz de *Adonai* quebra os cedros;
Adonai quebra os cedros do L'vanon
6 e faz que o L'vanon se despedace como um bezerro,
e Siryon, como um novilho.

7 A voz de *Adonai* relampeja raios ofuscantes;
8 a voz de *Adonai* faz tremer o deserto,
Adonai abala o deserto de Kadesh.
9 A voz de *Adonai* faz a corça dar à luz
e despe as florestas —
enquanto em seu templo todos gritam: "Glória!".
10 *Adonai* se assenta em seu trono acima do Dilúvio.
Adonai se assenta entronizado como rei para sempre.
11 Que *Adonai* dê força a seu povo!
que *Adonai* abençoe seu povo com paz!

30

1(0) Salmo. Canção para a dedicação da casa. Por David:

2(1) Eu te exaltarei, *Adonai*, pois me puseste em pé;
não deixaste que meus inimigos se regozijassem à minha custa.
3(2) *Adonai*, meu Deus, clamo a ti,
e tu providencias cura para mim.
4(3) *Adonai*, tu me levantaste do *sh'ol*;
e me deixaste vivo quando afundei na cova.

5(4) Cantem louvores a *Adonai*, vocês que lhe são fiéis;
e deem graças reconhecendo sua santidade.
6(5) Pois sua ira é momentânea,
mas seu auxílio dura por toda a vida.
As lágrimas podem demorar a noite inteira,
mas com a alvorada vêm os gritos de regozijo.

7(6) Uma vez fui próspero e costumava dizer
que nada poderia abalar-me —
8(7) quando tu me demonstraste auxílio, *Adonai*,
fui firme como uma grande montanha.
Mas, quando escondeste tua face,
fui quebrantado com terror.

9(8) Clamo a ti, *Adonai*;
e a *Adonai* suplico por misericórdia:
10(9) "Que vantagem há em minha morte,
em minha descida à cova?
Poderia o pó te louvar?
Poderia proclamar tua verdade?
11(10) Ouve-me, *Adonai*, e mostra-me teu auxílio.
Adonai, sê meu ajudador.

12(11) Tu tornaste minha angústia em dança.
Retiraste minhas vestes de saco e me vestiste de regozijo,
13(12) assim meu ser pode adorar-te e não se calar;
Adonai, meu Deus, eu te agradecerei para sempre!

31

1(0) Para o regente. Salmo de David:

2(1) Em ti, *Adonai*, me refugio;
nunca me deixes ser envergonhado;
em tua justiça, salva-me!
3(2) Volta teus ouvidos para mim,
vem rápido resgatar-me,
sê para mim uma rocha de proteção,
uma fortaleza que me mantenha seguro.
4(3) E, minha rocha e fortaleza,
conduze-me e guarda-me por causa de teu nome.
5(4) Liberta-me da rede que armaram para me prender,
pois tu és minha força.
6(5) Em tuas mãos, entrego meu espírito;
resgata-me, *Adonai*, Deus da verdade.

7(6) Odeio os que servem a ídolos inúteis;
quanto a mim, creio em *Adonai*.
8(7) Eu me regozijarei e exultarei em tua presença,
pois vês minha aflição,
sabes quão angustiado estou.
9(8) Não me entregaste nas mãos de meus inimigos;
colocaste meus pés onde eu possa andar livremente.

10(9) Mostra-me tua ajuda, *Adonai*, pois estou atribulado.
Meus olhos se escurecem de raiva,
assim como minha alma e meu corpo.
11(10) Pois minha vida está acabada em tristeza,
e meus anos, em gemidos;
minha força se esgota sob minha culpa,
e meus ossos estão desgastados.

12(11) Sou motivo de escárnio para todos os meus adversários,
e até para meus vizinhos;
até para os mais próximos,
sou objeto de medo —
quando me veem na rua,
eles se desviam de mim.
13(12) Como se estivesse morto, sou esquecido por eles;
tornei-me como um vaso quebrado.
14(13) Tudo o que ouço são cochichos,
o terror está à minha volta;
conspiram juntos contra mim,
maquinando tirar-me a vida.

15(14) Eu, contudo, creio em ti, *Adonai*;
digo: "Tu és meu Deus".
16(15) Meus dias estão em tuas mãos;
livra-me do poder de meus inimigos,
daqueles que me perseguem.

17(16) Faze que tua face brilhe sobre teu servo;
em tua graça, salva-me.

18(17) *Adonai*, não permitas que eu seja envergonhado,
pois tenho clamado a ti;
que o ímpio seja exposto à vergonha,
que seja silenciado no *sh'ol*.
19(18) Emudeçam os lábios mentirosos,
que falam de forma insolente contra os retos
com tamanho orgulho e contenda.

20(19) Mas grande é tua bondade,
que guardaste para os que te temem,
que dás àqueles que se refugiam em ti,
diante dos olhos de todos!
21(20) No refúgio de tua presença,
tu os proteges das conspirações humanas,
tu os escondes em teu abrigo,
seguros de línguas contenciosas.

22(21) Louvado seja *Adonai*!
Pois demonstrou sua graça maravilhosa
quando eu estava em uma cidade cercada.
23(22) Quanto a mim, alarmado eu disse:
"Fui cortado de tua presença!".
Todavia, tu ouviste minhas súplicas
quando clamei a ti.

24(23) Amem *Adonai*, todos vocês, seus fiéis.
Adonai preserva o leal,
mas ao orgulhoso dá a paga que merece.
25(24) Sejam fortes e preencham seu coração com coragem,
todos os que esperam em *Adonai*.

32

1(0) Por David. *Maskil*:

(1) Abençoado é aquele cujas ofensas são perdoadas,
cujos pecados são cobertos!
2 Abençoados são aqueles a quem *Adonai* não imputa culpa,
em cujo espírito não há engano.

3 Quando me calei, meus ossos envelheceram
por causa de meu gemido durante todo o dia;
4 dia e noite, tuas mãos pesavam sobre mim;
meu vigor esgotou-se como uma seca no verão. (*Selah*)

5 Quando confessei meu pecado a ti,
quando parei de esconder minha culpa,
e disse: "Confessarei minhas ofensas a *Adonai*",
então, tu perdoaste a culpa de meu pecado. (*Selah*)

6 Por isso, todo fiel deveria orar
no tempo em que podes ser achado.
Então, quando as enchentes chegarem,
não o alcançarão.

7 Tu és um lugar oculto para mim;
me manterás longe da angústia;
tu me protegerás
com canções de libertação. (*Selah*)

8 “Eu te instruirei e te ensinarei
neste caminho em que estás;
eu te darei conselhos;
meus olhos estarão sobre você.”

9 Não seja como o cavalo, ou a mula,
que não tem entendimento,
que deve ser direcionado com cabresto e estribo,
ou então não obedece.

10 Muitas são as tormentas do ímpio,
mas a graça envolve aqueles que confiam em *Adonai*.
11 Sejam felizes em *Adonai*; regozijem-se, ó justos!
Gritem de alegria, todos vocês, retos de coração!

33 1 Regozijem-se em *Adonai*, ó justos!
O louvor cai bem aos fiéis.
2 Deem graças a *Adonai* com a lira,
cantem louvores a ele com a harpa de dez cordas.

3 Cantem a ele uma nova canção,
façam músicas com habilidade e regozijo.
4 Pois a palavra de *Adonai* é verdadeira,
e toda sua obra, fidedigna.
5 Ele ama a retidão e a justiça;
a terra está cheia de sua graça.

6 Pela palavra de *Adonai*, os céus foram formados,
e todo seu exército celestial, pelo sopro de sua boca.
7 Ajuntou as águas do mar em um só lugar;
e formou das profundezas reservatórios.

8 Que toda a terra tema a *Adonai*!
Que todo ser vivente se apresente diante dele com temor.
9 Pois ele falou, e assim se fez;
ele ordenou, e assim se cumpriu.

10 *Adonai* desfaz os planos das nações,
frustra os planos dos povos.
11 Mas o conselho de *Adonai* dura para sempre,
e seus planos são para todas as gerações.
12 Abençoada é a nação cujo Deus é *Adonai*,
o povo que ele escolheu como sua herança!

13 *Adonai* olha do céu;
vê todo ser humano;
14 do lugar de onde mora,
assiste a todo vivente na terra,

15 ele, que moldou o coração de todos
e entende tudo o que fazem.

16 Um rei não é salvo pelo tamanho de seu exército,
e um homem forte nada consegue por sua força.
17 O cavalo não garante vitória,
nem mesmo sua força é refúgio seguro.

18 Mas os olhos de *Adonai* assistem aqueles que o temem,
aqueles que esperam por sua graça,
19 para resgatá-los da morte
e mantê-los vivos em época de fome.

20 Nós esperamos em *Adonai*;
ele é nosso socorro e escudo.
21 Nele nosso coração se regozija,
pois confiamos em seu santo nome.
22 Que tua misericórdia, *Adonai*, esteja sobre nós,
porque confiamos em ti.

34 1(0) Por David, quando fingia estar louco diante de Avimelekh, que o mandou embora; e ele se foi:

2(1) Bendirei *Adonai* o tempo todo;
Seu louvor estará sempre em meus lábios.
3(2) Quando me gloriar, será em *Adonai*:
os humildes ouvirão e se alegrarão.

4(3) Proclamem comigo a grandeza de *Adonai*;
exaltemos juntos seu nome.
5(4) Busco *Adonai*, e ele me responde;
resgata-me de todos os meus medos.

6(5) Olham para ele e ficam radiantes;
o rosto deles jamais se envergonhará.
7(6) Este pobre homem clamou; *Adonai* ouviu
e o salvou de todas as suas tribulações.
8(7) O anjo de *Adonai*, que acampa
ao redor daqueles que o temem, livra todos.

9(8) Experimente, e veja que *Adonai* é bom.
Abençoados são os que nele se refugiam!
10(9) Temam *Adonai* vocês, separados dele,
pois aos que o temem nada lhes falta.
11(10) Leões robustos podem padecer necessidades, podem ter fome,
mas nada falta aos que buscam *Adonai*.

12(11) Venham, crianças, atentem para mim;
eu as ensinarei a temer *Adonai*.
13(12) Quem de vocês tem prazer em viver?
Quem deseja uma vida longa para ver coisas boas?
14(13) [Se assim for,] mantenham sua língua afastada do mal,
e seus lábios, de conversas enganadoras.

15(14) Desviem-se do mal e façam o bem;
busquem a paz e sigam-na!

16(15) Os olhos de *Adonai* assistem os justos,
e seus ouvidos estão abertos a seu clamor.
17(16) Mas o rosto de *Adonai* se opõe aos que praticam o mal,
para exterminar-lhes a memória da face da terra.

18(17) [Os justos] clamam, e *Adonai* os ouve,
e os salva de suas tribulações.
19(18) *Adonai* está próximo dos que têm o coração quebrantado
e salva aqueles cujo espírito está abatido.
20(19) O justo sofre muitos males,
mas *Adonai* o resgata de todos eles.
21(20) Protege todos os seus ossos;
nenhum deles se quebrará.

22(21) A maldade matará o ímpio,
e aqueles que odeiam a retidão serão condenados.
23(22) Mas *Adonai* redime seus servos;
ninguém que nele se refugia será condenado.

35

1(0) Por David:

(1) *Adonai* se opõe aos que me acusam;
luta contra aqueles que me enfrentam.
2 Segura seu escudo, veste sua armadura
e marcha para minha defesa.
3 Empunha sua lança e o machado de batalha
contra meus perseguidores;
diz à minha alma:
"Eu sou sua salvação".

4 Que aqueles que me perseguem
sejam desgraçados e desprezados;
que aqueles que conspiram o mal contra mim
sejam consumidos e envergonhados.
5 Sejam como palha ao vento,
quando o anjo de *Adonai* os expulsar.
6 Seus caminhos sejam escuros e tenebrosos,
quando o anjo de *Adonai* os perseguir.
7 Já que sem motivo prepararam contra mim
uma armadilha oculta.
8 Que a destruição venha sobre eles repentinamente.
Que a rede que prepararam caia sobre eles;
caiam nela, e sejam destruídos.

9 Então me alegrarei em *Adonai*,
eu me regozijarei em sua salvação.
10 Todos os meus ossos dirão:
"Quem é como tu?

Quem pode resgatar o fraco
dos mais fortes que eles,
o pobre e o necessitado
daqueles que os exploram?".

11 Testemunhas maliciosas aparecem diante de mim,
perguntando coisas que desconheço.
12 Pagam o bem com o mal;
isso me desola como se eu estivesse de luto.

13 Mas usei vestes de lamento quando estavam doentes;
recolhi-me e jejuei;
quero orar para que tudo quanto orei por eles
aconteça comigo.
14 Comportei-me como se fossem meus amigos ou meus irmãos;
ajoelhei-me como se estivesse suplicando por minha mãe.

15 Mas, quando caí, eles comemoraram;
juntaram-se contra mim e me abateram repentinamente;
agrediram-me sem cessar.
16 Com os ímpios caçoando e zombando,
rosnavam e mostravam os dentes para mim.
17 *Adonai*, por quanto tempo ficarás olhando?
Resgata-me de suas investidas,
livra minha vida dos leões.

18 Eu te darei graças na grande assembleia,
entre a grande multidão te louvarei.
19 Não deixes meus inimigos
alegrarem-se à minha custa;
nem permitas que me provoquem os que me odeiam —
não os deixes sorrir com falsidades para mim.

20 Pois não falam palavras de paz;
antes, planejam formas de acabar com
a paz da terra.
21 Gritam para me acusar: "Olhem, olhem!
Nós o vimos com nossos olhos!".
22 Tu os viste *Adonai*; não fiques em silêncio.
Adonai, não te distancies de mim.

23 Acorda! Acorda, meu Deus, meu Senhor!
Defende minha causa!
24 Faze-me justiça, *Adonai*, meu Deus,
como manda tua retidão.

Não os deixes zombar de mim.
25 Não os deixes dizer a si mesmos:
"Ah! Conseguimos o que queríamos"
ou: "Acabamos com eles!".
26 Que os que zombam de minha angústia
sejam desgraçados e humilhados.
Que os que se divertem à custa de meus sofrimentos
sejam cobertos de vergonha e confusão.

27 Mas aqueles que se alegram em minha retidão
cantem de regozijo e sejam felizes!
Que digam sempre: "Como *Adonai* é grande
e se delicia em paz com seus servos!".
28 Assim, minha língua falará de tua retidão
e te louvará por todo o dia.

36

1(0) Para o regente. Por David, servo de *Adonai*.

2(1) A iniquidade fala pelo ímpio.
Percebo isso em meu coração;
diante de seus olhos, não há temor
de Deus.
3(2) Porque ele se julga importante,
a iniquidade torna sua vida fácil —
e, até que seus erros sejam descobertos,
ele é odiado.
4(3) Suas palavras são erradas e enganosas;
ele deixou de ser sábio e fazer o bem.
5(4) Planeja o mal até em sua cama;
da maneira que está engajado em seus maus caminhos,
nem odeia mais o mal.

6(5) *Adonai*, no céu está tua graça;
tua fidelidade alcança as nuvens.
7(6) Tua retidão é como as altas montanhas,
e teus julgamentos, como os grandes abismos.
Tu salvas tanto o homem como os animais, *Adonai*.
8(7) Preciosa, ó Deus, é tua graça!
O povo se refugia à sombra de tuas asas,
9(8) eles se banqueteiam na parte nobre de tua casa,
e tu lhes dás de beber das torrentes de tuas delícias.
10(9) Pois contigo está a fonte da vida;
em tua luz, vemos o resplendor.
11(10) Estende tua graça àqueles que te conhecem,
e tua retidão, aos retos de coração.
12(11) Não deixes que os pés dos orgulhosos me pisoteiem
nem que as mãos dos ímpios me façam desviar.
13(12) Eis ali, caídos, aqueles malfeitores,
lançados no chão e incapazes de levantar-se.

37

1(0) Por David:

(1) Não se aborreça por causa dos malfeitores
nem tenha inveja daqueles que erram,
2 pois em breve eles secarão como a erva
e murcharão como a relva verde nos campos.
3 Confie em *Adonai* e faça o bem;
habite na terra e desfrute sua fidelidade.

4 Então você se deleitará em *Adonai*,
e ele atenderá aos desejos de seu coração.

5 Entregue seu caminho a *Adonai*;
confie nele, e ele agirá.
6 Tornará sua justiça alva como a luz,
e a justiça de sua causa, como o sol do meio-dia.

7 Permaneça em *Adonai*;
espere pacientemente até que ele venha.
Não se aborreça por causa dos que prosperam
em razão de seus planos maus.
8 Evite a ira, abandone a fúria
e não se abale — isso só leva ao mal.

9 Porque os ímpios serão eliminados,
mas os que esperam em *Adonai* herdarão a terra.
10 Logo os maus não existirão;
você os procurará e não os achará.
11 Mas os humildes herdarão a terra
e se deleitarão em paz abundante.

12 Os maus conspiram contra os justos
e rosnam contra eles;
13 mas *Adonai* ri dos maus,
por saber que o dia deles chegará.
14 Os maus desembainham as espadas,
preparam os arcos
para derrubar os pobres e necessitados,
e matar aqueles cujo caminho é reto.
15 Mas suas espadas atravessarão seu próprio coração,
e seus arcos serão quebrados.

16 Melhor o pouco do justo
que a riqueza dos ímpios.
17 Pois os braços dos maus serão quebrados,
mas *Adonai* sustenta o justo.
18 *Adonai* conhece o coração dos sofredores,
e sua herança permanecerá para sempre.
19 Em tempos difíceis, eles não se decepcionarão;
quando a fome vier, serão fartos.

20 Pois o ímpio perecerá;
os inimigos de *Adonai* serão como ovelhas gordas,
desvanecendo como fumaça, consumados.
21 Os maus tomam emprestado e não devolvem,
mas o justo dá com generosidade.
22 Porque os abençoados [por *Adonai*] herdarão a terra,
mas os que ele amaldiçoa serão exterminados.

23 *Adonai* direciona os passos de um homem,
e ele se delicia em seu caminho.
24 Ele pode tropeçar, mas não cairá,
porque *Adonai* o segura pela mão.

25 Fui jovem; agora sou velho;
e nunca vi o justo abandonado
nem seus descendentes mendigarem o pão.
26 É sempre generoso e empresta,
e seus descendentes são abençoados.

27 Se você se desviar do mal e fizer o bem,
viverá seguro para sempre.
28 Pois *Adonai* ama a justiça
e não abandonará seus fiéis;
eles serão preservados para sempre.
Mas os descendentes dos maus serão exterminados.

29 Os justos herdarão a terra
e habitarão nela para sempre.
30 A boca do justo profere sabedoria,
sua língua fala conforme a justiça.
31 A *Torah* de Deus está em seu coração;
ele nunca pisará em falso.

32 Os maus espionam os justos,
procurando uma chance de matá-los.
33 Mas *Adonai* não os deixará em poder dos maus
nem que sejam condenados quando julgados.
34 Confie em *Adonai*,
mantenha-se em seus caminhos,
e ele o exaltará, dando a você a terra por herança.

Quando os maus forem exterminados, você o verá.
35 Vi um homem mau exercendo grande poder,
florescendo como uma árvore em solo nativo.
36 Mas logo não mais o achei ali;
o procurei e não encontrei.

37 Observe o íntegro, considere o puro;
pois o pacífico prosperará.
38 Os transgressores, porém, serão destruídos;
a prosperidade dos maus será exterminada.
39 *Adonai* é o único que salva os justos;
é sua força em tempos de tribulação.
40 *Adonai* os ajuda e os livra,
os livra dos maus e os salva;
pois nele encontram refúgio.

38

1(0) Salmo de David, servindo como recordação:

2(1) *Adonai*, não me repreendas em tua ira
nem me disciplines quando estiveres enfurecido,
3(2) pois tuas flechas penetram-me profundamente,
e tuas mãos me atingem.

4(3) Todo o meu corpo está doente
por causa de tua ira;

5(4) meus pecados sobem à minha cabeça
como um fardo muito pesado para mim.

6(5) Meus ferimentos cheiram mal e supuram
por causa de minha insensatez.
7(6) Estou completamente encurvado e prostrado;
durante todo o dia, saio vagando em prantos.

8(7) Minha alma arde em febre,
e todo o meu corpo está doente.
9(8) Estou fraco e totalmente esmagado;
meu coração geme de angústia.

10(9) *Adonai*, todos os meus anseios te são conhecidos;
meus suspiros não te estão ocultos.
11(10) Meu coração palpita, minhas forças me faltam,
e a luz de meus olhos se foi.

12(11) Meus amigos e companheiros me evitam por causa de minha doença;
até os mais próximos se afastam de mim.
13(12) Aqueles que tentam matar-me preparam armadilhas,
aqueles que querem prejudicar-me falam de desgraça
e passam o dia todo preparando trapaças.

14(13) Tal como o surdo, não ouço nada;
e, como o mudo, não digo palavra.
15(14) Sim, tornei-me como quem não ouve
e em cuja boca não há defesa.

16(15) *Adonai*, em ti espero.
Tu responderás, *Adonai*, meu Deus.
17(16) Eu disse: "Não deixes que eles se divirtam à minha custa
ou se vangloriem quando eu tropeçar".

18(17) Pois estou a ponto de cair,
e minha dor está sempre comigo.
19(18) Confesso minha culpa,
e estou angustiado por causa de meu pecado.

20(19) Mas meus inimigos estão cheios de vida;
em grande número, são os que me odeiam sem motivo;
21(20) e, como retribuem o bem com o mal,
opuseram-se a mim porque procuro o bem.

22(21) Não me abandones, *Adonai*!
Meu Deus, não te afastes de mim!
23(22) Vem ajudar-me rápido,
Adonai, minha salvação!

39

1(0) Para o regente. Ao estilo de Y'dutun. Salmo de David:

2(1) Eu disse: "Vigiarei meu comportamento,
para que não peque com minha língua;

porei uma mordaça em minha boca
sempre que os maus me confrontarem".

3(2) Permaneci em silêncio, não disse nada, resignado;
mas minha angústia aumentou.
4(3) Meu coração ardia no peito;
sempre que eu meditava, o fogo aumentava.
Então, [por fim,] comecei a falar:

5(4) "Mostra-me, *Adonai*, o fim de minha vida
e quantos dias me resta,
para que eu saiba quão frágil criatura sou.
6(5) Deste a meus dias o comprimento de um palmo;
para ti, a duração de minha vida é nada".

Sim, o homem, não importa quão firme esteja,
é apenas como um sopro. (*Selah*)
7(6) O homem circula como sombras;
sua agitação é nada.
Acumula riqueza, sem saber
se desfrutará de seus benefícios.

8(7) Agora, *Adonai*, o que esperarei?
Tu és minha única esperança.
9(8) Livra-me de todas as minhas transgressões;
não faças de mim objeto de zombaria dos tolos.
10(9) Estou calado, não abro minha boca,
porque tu mesmo fizeste isso.

11(10) Afasta de mim tua fúria;
o golpe de tua mão me venceu.
12(11) Tu repreendes e disciplinas as pessoas por causa do pecado;
como a traça que destrói o que mais lhes atrai;
sim, todos são simplesmente como um sopro. (*Selah*)

13(12) Ouve minha oração, *Adonai*, ouve meu pranto,
escuta meu lamento;
pois para ti sou como um estrangeiro
como foram meus antepassados.
14(13) Desvia de mim teus olhos, para que eu possa sorrir novamente
antes que me vá e não exista mais.

40

1(0) Para o regente. Salmo de David:

2(1) Esperei pacientemente por *Adonai*,
até que ele se inclinou para mim e ouviu meu pranto.
3(2) Ele me tirou do poço de destruição,
do lamaçal,
pôs meus pés sobre uma rocha
e firmou-me em local seguro.
4(3) Pôs uma nova canção em minha boca,
uma canção de louvor a nosso Deus.

Muitos verão isso com temor
e confiarão em *Adonai*.

5(4) O homem que confia em *Adonai* é abençoado
e não segue os arrogantes
nem aquele que confia em coisas falsas.

6(5) Quanto tu tens feito, *Adonai*, meu Deus!
Tuas maravilhas e teus pensamentos me sobrevêm —
ninguém pode comparar-se a ti!
Proclamarei tuas obras, falarei sobre tuas maravilhas;
mas há muito para falar.

7(6) Sacrifícios e ofertas de grãos, tu não queres;
de ofertas queimadas e ofertas pecaminosas, não precisas.
Em vez disso, tu me deste ouvidos abertos;
8(7) então eu disse: "Aqui estou, *Adonai*! Aqui me achego!
Nos rolos de um livro, está escrito a meu respeito.
9(8) Cumprir teu desejo, meu Deus, é minha alegria;
tua *Torah* está no fundo de meu coração.
10(9) Tenho proclamado o que é correto na grande assembleia;
não contenho meus lábios, *Adonai*, como tu sabes.
11(10) Não escondi tua retidão em meu coração,
mas declarei tua fidelidade e salvação;
não escondi tua graça e verdade
da grande assembleia".

12(11) *Adonai*, não retires tua misericórdia de mim.
Deixa tua graça e tua verdade preservar-me sempre.
13(12) Pois incontáveis males me envolvem;
minhas iniquidades me afogam — não consigo nem enxergar;
há mais delas que cabelos em minha cabeça,
de forma que me falta coragem.
14(13) Agrada-te, *Adonai*, em me salvar.
Apressa-te, *Adonai*, em socorrer-me.
15(14) Que aqueles que buscam acabar comigo
sejam desgraçados e humilhados.
Que aqueles que têm prazer em me fazer o mal
sejam expulsos e confundidos.
16(15) Que aqueles que zombam de mim: "Aha! Aha!"
sejam rebaixados de vergonha.

17(16) Mas todos os que te buscam
sejam felizes e regozijem em ti.
Aqueles que amam tua salvação possam sempre dizer:
"*Adonai* é grande e glorioso".

18(17) Eu, porém, sou pobre e necessitado;
que *Adonai* possa lembrar-se de mim.
Tu és meu ajudador e Salvador;
meu Deus, não te demores!

41

1(0) Para o regente. Salmo de David:

2(1) Abençoados são os que cuidam dos pobres.
Quando a calamidade chegar, ADONAI os salvará.
3(2) ADONAI preservará todos, os manterá vivos
e os fará felizes na terra.
Tu não os entregarás nas mãos
de seus inimigos.
4(3) ADONAI os sustenta no leito de enfermidade;
quando caem doentes, tu os restauras.
5(4) Eu disse: "ADONAI, tem piedade de mim!
Cura-me, pois pequei contra ti!".
6(5) Meus inimigos falam as piores coisas sobre mim:
"Quando ele morrerá e seu nome desaparecerá?".
7(6) Quando me visitam, falam com falsidade,
o coração deles guarda falsidades;
então retornam e espalham más notícias.
8(7) Todos os que me odeiam cochicham contra mim,
imaginando o pior.
9(8) "Ele está com uma doença fatal;
agora que está de cama, jamais se levantará."
10(9) Até meu melhor amigo, em quem eu confiava,
com quem compartilhava a mesa, voltou-se contra mim.

11(10) Mas tu, ADONAI, tem pena de mim,
põe-me em pé, então poderei dar-lhes o troco.
12(11) Saberei que te agradas de mim
se meus inimigos não triunfarem.
13(12) Tu me mantiveste em pé por causa de minha inocência;
puseste-me em tua presença para todo o sempre.
14(13) Louvado seja ADONAI, o Deus de Yisra'el
de eternidade a eternidade.

Amen. Amen.

Livro II: Salmos 42–72

42

1(0) Para o regente. *Maskil* dos descendentes de Korach:

2(1) Assim como uma corça anseia por águas correntes,
anseio por ti, ó Deus.
3(2) Estou sedento por Deus, pelo Deus vivo!
Quando me apresentarei diante dele?

4(3) Minhas lágrimas são meu alimento, dia e noite,
enquanto, o tempo todo, me perguntam:
"Onde está seu Deus?".

5(4) Clamo angustiado, quando me lembro dessas coisas,
como eu ia com a multidão à casa de Deus,
com sons de alegria e adoração
na passagem das festas.

6(5) Minha alma, por que está abatida?
Por que se contorce dentro de mim?
Espere em Deus, e adorarei a ele novamente,
pois a salvação vem de sua presença.

7(6) Meu Deus, quando me sinto abatido,
lembro-me de ti,
da terra do Yarden, dos montes de Hermon,
do monte de Mizar.
8(7) Abismo chama abismo
ao som de suas cachoeiras;
todas as tuas ondas e vagalhões
se abatem sobre mim.
9(8) De dia, *Adonai* comanda sua graça,
e, à noite, sua canção é comigo
como uma oração ao Deus de minha vida.
10(9) Digo a Deus, Rocha minha:
"Por que te esqueceste de mim?
Por que devo sair vagueando,
oprimido pelo inimigo?
11(10) Meus adversários zombam de mim
como se meus ossos fossem quebrados,
perguntando a mim o tempo todo:
'Onde está seu Deus?' ".

12(11) Por que está tão triste, minha alma?
por que geme em meu interior?
Espere em Deus, e o louvarei novamente;
ele é meu Salvador e Deus.

43

1 Julga-me, ó Deus, e aceita minha petição
contra as nações incrédulas.
Resgata-me daqueles que enganam
e dos que são injustos.
2 Pois tu és o Deus de minha força;
por que me lançaste fora?
Por que caí em tal angústia,
sob pressão do inimigo?
3 Envia tua luz e tua verdade,
para que sejam meu guia;
deixa que me guiem a teu santo monte,
aos lugares onde habitas.
4 Então irei ao altar de Deus,
a Deus, meu regozijo e deleite;
eu te louvarei com a lira,
Deus, meu Deus.

5 Minha alma, por que está tão abatida?
Por que geme em meu interior?
Espere em Deus, e o louvarei novamente;
ele é meu Salvador e Deus.

44

1(0) Para o regente. Pelos descendentes de Korach. *Maskil:*

2(1) Deus, escutamos com nossos ouvidos;
nossos pais nos contaram sobre isso —
os feitos que realizaste em seus dias,
voltando aos tempos antigos.
3(2) Com tua mão, guiaste as nações
para firmá-las [na terra],
esmagaste os povos
e os abrigaste.

4(3) Não foi pela espada
que eles conquistaram a terra,
nem seus próprios braços
deram-lhes vitória;
antes, tua mão direita,
teu braço e a luz de teu rosto;
porque tu os favoreceste.
5(4) Deus, tu és meu rei;
ordena vitória completa para Ya'akov.
6(5) Por meio de ti, afastamos nossos inimigos.
Por meio de teu nome, pisamos em nossos assaltantes.
7(6) Não confio em meu arco,
nem minha espada pode dar-me vitória.
8(7) Não, tu nos salvaste de nossos adversários;
envergonhaste os que nos odeiam.
9(8) Nós nos alegraremos em Deus todos os dias
e louvaremos teu nome para sempre. *(Selah)*

10(9) Por ti fomos confundidos e desgraçados;
tu não marchaste com nossos exércitos.
11(10) Tu nos fizeste recuar diante do adversário,
e os que nos odeiam nos pilharam à vontade.
12(11) Tu nos entregaste como ovelhas para serem comidas
e nos espalhaste entre as nações.
13(12) Vendeste teu povo por ninharia,
nem mesmo lucraste com a venda.
14(13) Tu nos tornaste objeto de zombaria,
alvo de escárnio e desprezo entre os que nos rodeiam.
15(14) Tu nos fizeste provérbio entre as nações;
os povos balançam a cabeça quando nos veem.

16(15) O dia todo, minha desgraça está na minha mente,
e a vergonha cobriu meu rosto
17(16) ao som dos que me ultrajam e me insultam
à vista do inimigo empenhado em vingar-se.

18(17) Com tudo isso que nos sobreveio, não te esquecemos;
não traímos tua aliança;
19(18) nosso coração não voltou atrás;
e nossos passos não se desviaram de teu caminho.
20(19) Todavia, tu nos empurraste para um covil de chacais
e nos cobriste com densas trevas.
21(20) Se tivéssemos esquecido o nome de nosso Deus —
ou oferecido nossas mãos a um deus estranho,
22(21) Deus não teria descoberto?
Pois ele conhece os segredos do coração!
23(22) Por tua causa, contudo, enfrentamos a morte todos os dias;
somos considerados ovelhas para o abate.

24(23) Desperta, *Adonai*, por que estás adormecido?
Ergue-te! Não te afastes de nós para sempre.
25(24) Por que viras teu rosto,
esquecendo nossa dor e miséria?
26(25) Fomos humilhados até o pó;
nosso corpo se agarra ao chão.
27(26) Levanta-te e vem socorrer-nos.
Por tua graça, vem redimir-nos!

45

1(0) Para o regente. Conjunto para "lírios". Pelos descendentes de Korach. *Maskil*. Cântico de amor:

2(1) Meu coração vibra por um tema nobre;
direciono meus versos ao rei;
minha língua é a pena de um habilidoso escritor.

3(2) Tu és o mais belo entre os homens;
graciosas palavras fluem de teus lábios.
Que Deus te abençoe para sempre.
4(3) Guerreiro, aperta tua espada junto à coxa,
[atada ao] teu esplendor e majestade.
5(4) Em tua majestade, cavalgas vitoriosamente pela
verdade, mansidão e justiça.
Que tua mão direita te ensine coisas impressionantes.
6(5) Tuas flechas são afiadas. As pessoas caem sob teus pés,
quando as lanças penetram o coração dos inimigos do rei.
7(6) Teu trono, ó Deus, durará para todo o sempre.
Dominas teu reino com o cetro da equidade.
8(7) Amas a retidão e odeias a iniquidade.
Assim, Deus, teu Deus, te escolheu
com o óleo do júbilo em lugar de teus companheiros.
9(8) Todas as tuas vestes são perfumadas com mirra, aloés e cássia;
de palácios de marfim, instrumentos de cordas te trazem alegria.
10(9) Filhas de reis estão entre tuas favoritas;
à tua direita, está a rainha vestida em ouro de Ofir.

11(10) Ouçam, filhas! Pensem, prestem atenção!
Esqueçam seu próprio povo e a casa de seu pai,

12(11) e o rei desejará sua beleza;
ele é seu senhor, por isso o honrem.
13(12) Então, a filha de Tzor, o mais rico dos povos,
te cortejará com presentes.

14(13) Dentro [do palácio], a filha do rei surgirá esplêndida,
com suas roupas bordadas a ouro.
15(14) Em brocados, será levada até o rei,
até ti, com as virgens em seu séquito.
16(15) Elas serão conduzidas com alegria e regozijo
e entrarão no palácio do rei.
17(16) Terás filhos que sucederão teus ancestrais;
farás deles príncipes em todas as terras.
18(17) Tornarei teu nome conhecido por todas as gerações;
assim, os povos te louvarão para todo o sempre.

46 1(0) Para o regente. Pelos descendentes de Korach. No *'alamot* (instrumento musical de som agudo?). Música:

2(1) Deus é nosso refúgio e fortaleza,
socorro imediato na aflição.
3(2) Por isso, não tememos,
mesmo que a terra se abale,
mesmo que as montanhas afundem
nas profundezas do mar,
4(3) mesmo que as águas furiosas espumem,
e as montanhas tremam por sua turbulência. *(Selah)*

5(4) Há um rio cujos afluentes
alegram a cidade de Deus,
o lar santo de *'Elyon* —
6(5) Deus está na cidade.
Jamais será abalada —
ao amanhecer, Deus a ajudará.
7(6) Nações se tumultuaram,
reinos foram abalados;
ele ergue sua voz como a de um trovão,
e a terra se derrete.

8(7) Adonai-*Tzva'ot* está conosco,
nossa fortaleza, o Deus de Ya'akov. *(Selah)*
9(8) Venham e vejam as obras de *Adonai*,
seus feitos estarrecedores na terra.
10(9) Até os confins da terra ele faz cessar as guerras;
quebra o arco e despedaça a lança;
com fogo destrói os escudos.
11(10) "Desistam, e aprendam que eu sou Deus,
exaltado entre as nações,
exaltado na terra."

12(11) Adonai-*Tzva'ot* está conosco;
o Deus de Ya'akov é a nossa fortaleza. *(Selah)*

47

1(0) Para o regente. Salmo dos descendentes de Korach:

2(1) Batam palmas, todos os povos!
Celebrem a Deus com gritos de alegria!
3(2) Pois *Adonai 'Elyon* é maravilhoso,
um grande rei sobre toda a terra.
4(3) Subjuga os povos a nosso poder,
põe as nações sob nossos pés.
5(4) Escolhe nossa herança,
o orgulho de Ya'akov, a quem ele ama. *(Selah)*
6(5) Deus recebe os gritos de aclamação,
ao som do *shofar.*
7(6) Cantem louvores a Deus, cantem louvores!
Cantem louvores a nosso rei, cantem louvores!
8(7) Pois Deus é rei sobre toda a terra;
cantem louvores de *maskil.*
9(8) Deus rege as nações;
Deus senta em seu santo trono.
10(9) Os líderes dos povos se reúnem,
o povo do Deus de Avraham;
pois os governantes da terra pertencem a Deus,
que é exaltado nas alturas.

48

1(0) Canção. Salmo dos descendentes de Korach:

2(1) Grande é *Adonai*
e digno de ser louvado,
na cidade de nosso Deus;
seu santo monte,
3(2) maravilhoso em sua grandeza,
é alegria de toda a terra;
o monte Tziyon, no extremo norte,
é a cidade do grande rei.
4(3) Em sua cidadela, Deus
se revela como forte defesa.
5(4) Pois os reis fizeram acordos
e juntos avançaram.
6(5) Viram e foram tomados de vergonha;
aterrorizados, fugiram.
7(6) O tremor tomou conta deles,
contorceram-se como uma mulher em trabalho de parto,
8(7) assim como o vento vindo do oriente
naufraga os navios de "Tarshish".
9(8) Tínhamos ouvido isso, mas agora vemos pessoalmente
na cidade de *Adonai-Tzva'ot,*
na cidade de nosso Deus.
Que Deus se estabeleça para sempre. (*Selah*)

10(9) Deus, dentro de teu templo,
meditamos em tua graça.

11(10) Deus, tua adoração, como teu nome,
estende-se até os confins da terra.
Tua mão direita é cheia de retidão.
12(11) Que o monte Tziyon se regozije,
que as filhas de Y'hudah se alegrem,
por causa de teu julgamento [sobre o inimigo].

13(12) Percorram Tziyon, contornem todos os lugares;
contem quantas torres existem ali.
14(13) Anotem suas muralhas, passem sobre suas cidadelas,
e assim poderão falar às gerações vindouras
15(14) que este Deus é nosso Deus para todo o sempre;
ele nos guiará eternamente.

49

1(0) Para o regente. Salmo dos descendentes de Korach:

2(1) Escutem isso, todos os povos!
Ouçam, todos os seres vivos na terra,
3(2) não importa se é homem importante ou comum,
rico ou pobre!
4(3) Minha boca falará com sabedoria;
os pensamentos mais profundos de meu coração trarão entendimento.
5(4) Inclinarei meus ouvidos a parábola [de Deus],
apresentarei meu enigma à música da lira.

6(5) Por que eu temeria quando os dias trazem problemas,
quando a maldade de meus perseguidores me envolve,
7(6) o mal daqueles que confiam em suas riquezas
e se gabam de quão ricos são?
8(7) Ninguém pode redimir nem mesmo um irmão
ou dar por ele resgate a Deus,
9(8) pois o preço é muito alto
(abandone esta ideia!)
10(9) para que viva para sempre
e nunca veja a sepultura.
11(10) Pois todos sabem que os homens sábios morrerão
e perecerão da mesma forma que os brutos e os tolos
e deixarão suas riquezas para outros.
12(11) Eles pensam que suas casas durarão para sempre,
suas moradias serão por todas as gerações;
dão o próprio nome a suas terras.
13(12) Mas as pessoas, mesmo os ricos, vivem uma vida rápida;
e então, como os animais, morrerão.
14(13) Este é o destino dos tolos
e daqueles que os seguem, aprovando suas palavras. (*Selah*)
15(14) Como ovelhas, estão destinados ao *sh'ol*;
a morte será seu pastor.
Os retos reinarão sobre eles pela manhã;
e sua aparência se deteriorará no *sh'ol*,
até que não precisem mais de mansões.

16(15) Mas Deus me redimirá do controle do *sh'ol*
e me receberá. (*Selah*)

17(16) Não se aflija quando alguém fica rico,
quando a riqueza de sua família cresce.
18(17) Pois, quando ele morrer, não levará nada consigo,
sua riqueza não descerá à sepultura com ele.
19(18) Enquanto viveu, ele se imaginou feliz de verdade —
todos o elogiam enquanto tudo vai bem —,
20(19) mas descerá à sepultura como seus antepassados
e nunca verá a luz novamente.
21(20) As pessoas, mesmo os ricos, podem ser aprisionadas;
semelhantemente aos animais, morrerão.

50

1(0) Salmo de Asaf:

(1) O Altíssimo, Deus, Adonai, fala,
convoca toda a terra, do oriente ao ocidente.
2 Desde Tziyon, perfeita em beleza,
Deus resplandece.
3 Nosso Deus está chegando e não ficará calado.
À sua frente, vem um fogo devorador
e, ao seu redor, uma violenta tempestade;
4 ele chama os céus e a terra,
a fim de julgar seu povo:
5 "Reúnam-se, meus fiéis,
que fizeram aliança comigo por meio de sacrifícios".

6 Os céus proclamam sua justiça,
pois o próprio Deus é o juiz. (*Selah*)

7 "Ouça, meu povo, pois falarei;
testemunharei contra você,
eu, Deus, seu Deus.
8 Não o repreendo por seus sacrifícios,
nem pelos holocaustos que você continuamente me oferece.
9 Não preciso de nenhum novilho de seus rebanhos,
nem dos bodes de seus currais,
10 pois todos os animais da floresta são meus,
como são os milhares de cabeças de gado nas montanhas.
11 Conheço todas as aves dos montes
e cuido de tudo o que se move no campo.
12 Se eu tivesse fome, não diria a você,
pois o mundo me pertence, e tudo o que nele existe.
13 Acaso como carne de touros
ou bebo sangue de cabritos?
14 Ofereça a Deus sacrifício de ação de graças,
cumpra seus votos para com o Altíssimo,
15 e clame a mim no dia da angústia;
eu o livrarei, e você me honrará."

16 Mas, ao ímpio, Deus diz:
"Com que direito você repete minhas leis
ou toma em seus lábios minha aliança,
17 quando odeia minha instrução
e dá as costas às minhas palavras?
18 Quando vê um ladrão, você logo se torna cúmplice,
e com adúlteros se associa;
19 sua boca está cheia de maldade,
e sua língua trama enganos;
20 você se senta e fala contra seu parente
e calunia o filho de sua própria mãe.
21 Devo ficar calado diante de tudo o que tem feito?
Você, talvez, imagine que sou como você;
mas o repreenderei, sem omitir erro algum.
22 Considerem isto, vocês, que se esquecem de Deus;
ou os despedaçarei, sem que ninguém os livre.

23 Quem me dá graças
como sacrifício me honra,
e ao que anda em meus caminhos
mostrarei a salvação de Deus".

51

1(0) Para o regente. Salmo de David, 2 quando Natan, o profeta, veio a ele após seu adultério com Bat-Sheva:

3(1) Deus, em tua graça, tem misericórdia de mim;
em tua grande compaixão, apaga minhas iniquidades.
4(2) Lava-me completamente de minha culpa
e limpa-me de meu pecado.
5(3) Pois conheço minhas iniquidades,
meu pecado me confronta o tempo todo.

6(4) Contra ti, apenas contra ti, pequei
e fiz o que era mal perante teus olhos;
de maneira que estás certo em me acusar
e justificado em me condenar.
7(5) Na verdade, nasci culpado,
sou pecador desde o momento em que minha mãe me concebeu.
8(6) De fato, tu desejas a verdade no íntimo;
então me ensina a sabedoria no fundo de meu coração.

9(7) Purifica-me com o hissopo, e ficarei puro;
lava-me, e ficarei mais branco que a neve.
10(8) Deixa-me ouvir o som de regozijo e alegria,
de maneira que exultem os ossos que quebraste.
11(9) Desvia tua face de meus pecados
e apaga todas as minhas iniquidades.

12(10) Cria em mim um coração puro, ó Deus;
renova-me com um espírito determinado.
13(11) Não me afastes de tua presença,
não me retires teu *Ruach Kodesh*.

14(12) Devolve-me a alegria de tua salvação
e dá-me um espírito pronto a obedecer.
15(13) Então ensinarei aos ímpios teus caminhos,
e os pecadores se voltarão a ti.

16(14) Resgata-me da culpa dos crimes de sangue,
ó Deus, Deus de minha salvação.
Então minha língua cantará
sobre tua retidão —
17(15) *Adonai*, abre meus lábios;
então minha boca te louvará.

18(16) Porque tu não queres sacrifícios, ou eu os daria;
não tens prazer em ofertas queimadas.
19(17) Meu sacrifício a Deus é um espírito quebrantado;
tu não desprezas um coração humilde e contrito.
20(18) Em teu grande prazer, faze Tziyon prosperar;
reconstrói os muros de Yerushalayim.
21(19) Então te deleitarás com os sacrifícios de retidão,
com as ofertas queimadas e os holocaustos;
e serão oferecidos novilhos em teu altar.

52

1(0) Para o regente. *Maskil* de David, 2 quando Do'eg de Edom veio e avisou
Sha'ul: "David está na casa de Achimelekh".

3(1) Por que você se orgulha do mal, seu tirano,
quando a misericórdia de Deus está presente todos os dias?
4(2) Sua língua, tão afiada quanto uma navalha,
planta a destruição e traz decepção.

5(3) Você ama o mal mais que o bem,
mente em vez de falar a verdade. (*Selah*)
6(4) Você ama todas as palavras que consomem as pessoas,
ó língua enganadora!

7(5) Por isso, Deus o abaterá,
aprisionará e arrancará você de sua tenda,
expulsando-o da terra dos viventes. (*Selah*)

8(6) O reto verá e ficará espantado;
dele zombarão, dizendo:
9(7) "Este sujeito não fez de Deus seu refúgio,
mas confiou em sua própria riqueza,
confiou em sua sagacidade".

10(8) Eu, porém, sou como uma folha de oliveira
na casa de Deus;
confio na graça de Deus
para sempre e eternamente.

11(9) Louvar-te-ei eternamente pelo que tens feito
e porei minha esperança em teu nome;
pois isso é bom
na presença de tua fidelidade.

53

1(0) Para o regente. Acompanhar com *machalat*. *Maskil* de David:

2(1) Um tolo bruto diz a si mesmo:
"Não existe nenhum Deus".
Tais pessoas são depravadas, todos os seus feitos são vis,
nenhum deles faz o que é bom.
3(2) Deus olha dos céus
para a raça humana,
para ver se ao menos um busca a Deus.
4(3) Todos são impuros,
todos são corruptos;
nenhum deles faz o que é bom,
nem um sequer.

5(4) Será que esses praticantes do mal nunca aprenderão?
Eles devoram meu povo
como se estivessem comendo pão
e nunca clamam a Deus!
6(5) Eles se sentirão miseráveis e com medo,
ainda que agora não sintam medo;
pois Deus espalhará os ossos
dos que o cercam.
Você irá envergonhá-los,
porque Deus os rejeitou.

7(6) Se tão somente a salvação de Yisra'el
viesse de Tziyon!
Quando Deus restaurou a fortuna de seu povo,
que grande regozijo foi para Ya'akov! Que alegria para Yisra'el!

54

1(0) Para o regente. Com instrumento de cordas. *Maskil* de David, 2 quando os zifim avisaram a Sha'ul: "David está escondido conosco".

3(1) Deus, liberta-me por teu nome;
em teu poder, defende-me.
4(2) Deus, ouve minha oração;
atenta para as palavras de minha boca.
5(3) Pois os estrangeiros se levantam contra mim,
homens violentos buscam minha vida;
eles não se importam com Deus. (*Selah*)

6(4) Mas Deus é meu auxílio;
Adonai é minha ajuda.
7(5) Que ele possa dar a paga
àqueles que estão de tocaia, à minha espera.
Em tua fidelidade, acaba com eles!
8(6) Então sacrificarei a ti generosamente;
adorarei teu nome, *Adonai*,
porque isso é bom,
9(7) porque ele me resgatou da tribulação,
e meus olhos olharam com triunfo para meus inimigos.

55

1(0) Para o regente. Com instrumentos de corda. *Maskil* de David:

2(1) Ouve, Deus à minha oração!
Não te escondas de minha petição!
3(2) Dá atenção a mim e responde-me!

Estou atacado de pânico ao fazer minha petição,
Estremeço 4(3) com os gritos de meus inimigos
e com a opressão dos ímpios,
pois eles se mantêm amontoando tribulações sobre mim
e furiosamente me atormentam.
5(4) Meu coração se desfaz em angústia;
os terrores da morte me pressionam para o abismo.
6(5) Temor e tremor me sobrepujam,
e horrores me cobrem.

7(6) Eu disse: "Gostaria de ter asas como a pomba!
Então poderia voar e achar repouso.
8(7) Sim, fugiria para um lugar distante
e ficaria no deserto. (*Selah*)
9(8) Rapidamente encontraria repouso
do vento impetuoso e da tempestade".

10(9) Confunde-os, ADONAI, confunde as palavras deles,
pois vejo a violência e as lutas pela cidade.
11(10) Dia e noite, eles ficam em seus muros,
onde há malícia e sagacidade.
12(11) A ruína ali impera;
opressão e fraude nunca deixam suas ruas.

13(12) Pois não foi um inimigo que me insultou;
tivesse sido, eu teria suportado.
Não foi meu adversário que me tratou com zombaria;
tivesse sido, eu me teria defendido.
14(13) Mas foi você, um de meus próprios homens,
meu companheiro, a quem eu bem conhecia.

15(14) Compartilhávamos nosso coração um com o outro;
na casa de Deus, andávamos entre a multidão.

16(15) Que a morte os apanhe;
que eles desçam ao *sh'ol*;
pois o mal habita em suas casas
e também em seu coração.

17(16) Eu, porém, clamarei a Deus,
e ADONAI me salvará.
18(17) À tarde, à noite e ao meio-dia, reclamo
e choro, e ele ouve minha voz.
19(18) Ele me redime e me dá paz,
de maneira que ninguém pode aproximar-se;
pois há muitos que me combatem.
20(19) Deus me ouvirá e os castigará,
sim, ele que reina desde a eternidade. (*Selah*)

Porque eles jamais mudam
e não temem Deus.

21(20) [Meu companheiro] atacou aqueles
que eram seus aliados,
ele violou seu acordo.
22(21) Sua fala é mais macia que a manteiga,
porém há guerra em seu coração.
Suas palavras são mais suaves que o óleo,
porém são afiadas como punhais.

23(22) Entregue suas preocupações a ADONAI,
e ele o sustentará;
jamais permitirá que o justo seja abalado.

24(23) Tu, porém, ó Deus, os farás descer
à cova da destruição.
Aqueles assassinos e traidores
não viverão a metade de seus dias.

Quanto a mim, porém, [ADONAI,]
confio em ti.

56

1(0) Para o regente. Feito para "A pomba silenciosa na distância". Salmo de David; *mikhtam*, quando os p'lishtim o capturaram em Gat:

2(1) Tem misericórdia de mim, ó Deus,
pois as pessoas me oprimem —
todos os dias me atacam e me pressionam.
3(2) Aqueles que me perseguem
me oprimiriam o dia inteiro.
Pois muitos são os que estão contra mim.

Ó Altíssimo, 4(3) quando temo,
confio em ti.
5(4) Em Deus — cuja palavra louvo —,
em Deus confio; não tenho medo.
Que podem os seres humanos fazer contra mim?
6(5) Eles distorcem minha palavra o dia inteiro;
em seus pensamentos, só pensam em prejudicar-me.
7(6) Eles se ajuntam e se escondem;
vigiam meus passos, na esperança de matar-me.
8(7) Por causa do mal que cometeram, não podem escapar;
em ira, ó Deus, derruba os povos.
9(8) Tu conheces todos os meus pensamentos;
recolhe minhas lágrimas em teu odre —
elas já não estão registradas em teu livro?
10(9) Então meus inimigos retrocederão
quando a ti eu clamar;
disto sei: que Deus é por mim.

11(10) Em Deus — cuja palavra louvo —,
em *Adonai* — cuja palavra louvo —,
12(11) em Deus confio; não tenho medo.
Que podem os seres humanos fazer contra mim?

13(12) Ó Deus, cumprirei os votos que te fiz
com ofertas de gratidão.
14(13) Porque me resgataste da morte
e livraste meus pés de tropeçar,
para que eu possa andar em tua presença,
na luz da vida.

57 1(0) Para o regente. Feito para "Não destruas". Salmo de David; *mikhtam*,
quando ele fugiu de Sha'ul para a caverna:

2(1) Tem misericórdia de mim, ó Deus, tem misericórdia de mim,
pois em ti me refugio.
Sim, à sombra de suas asas encontrarei refúgio
até que as tempestades tenham passado.
3(2) Clamo a Deus, o Altíssimo,
a Deus, que cumpre seu propósito para comigo.

4(3) Ele estenderá suas mãos dos céus e me salvará
quando meus opressores me desprezarem. (*Selah*)
Deus enviará sua graça e sua verdade.

5(4) Estou cercado por leões,
estou entre homens ávidos para devorar,
cujos dentes são lanças e flechas,
cuja língua é espada afiada.

6(5) Sê exaltado, ó Deus, acima dos céus!
Que tua glória esteja sobre toda a terra!
7(6) Eles prepararam uma armadilha para meus pés,
mas eu me inclino [para evitá-la].
Cavaram uma cova para mim,
mas foram eles que nela caíram. (*Selah*)

8(7) Meu coração está firme, ó Deus.
Cantarei ao som de instrumentos.
9(8) Acorde, minha alma!
Acordem, harpa e lira!
Acordarei a alvorada.

10(9) Eu te louvarei, ó *Adonai*, entre os povos;
a ti cantarei louvores entre os povos.
11(10) Pois tua graça é enorme e alcança os céus,
e tua verdade vai até as nuvens.

12(11) Sê exaltado, ó Deus, acima dos céus!
Que tua glória esteja sobre toda a terra!

58 1(0) Para o regente. Feito para "Não destruas". Salmo de David; *mikhtam:*

2(1) [Líderes,] seus decretos são realmente justos?
Vocês julgam as pessoas com justiça?
3(2) [Não!] No coração, vocês tramam a injustiça,
e suas mãos espalham violência na terra.

4(3) Desde o ventre, desviam-se os maus;
os mentirosos andam por caminhos errados desde o nascimento.
5(4) Seu veneno é como veneno de serpente;
são como cobras que se fazem de surdas
6(5) para não ouvir a voz dos encantadores,
que fazem encantamentos com tanta habilidade.

7(6) Ó Deus, quebra os dentes deles!
Arranca as presas desses leões, *Adonai*!
8(7) Que eles desapareçam como a água que escorre.
Que suas flechas caiam sem força quando empunharem o arco.
9(8) Que sejam como a lesma, que se derrete enquanto se movimenta,
como um feto abortado que nunca verá o sol.
10(9) Antes, que suas panelas sintam o calor dos espinhos,
que sejam varridos, estejam verdes ou secos.

11(10) Os justos se alegrarão quando forem vingados,
banharão os pés no sangue do ímpio;
12(11) e as pessoas dirão: "Sim, os justos têm sua recompensa;
de fato, existe um Deus que julga a terra".

59 1(0) Para o regente. Feito para "Não destruas". Salmo de David; *mikhtam*, quando Sha'ul enviou homens para vigiarem a casa de David a fim de matá-lo:

2(1) Meu Deus, salva-me de meus inimigos!
Tira-me do alcance de meus agressores!
3(2) Livra-me dos que praticam o mal,
salva-me dos homens sanguinários.
4(3) Pois ficam à minha espreita para matar-me.
Abertamente, eles se unem contra mim,
sem que eu tenha cometido crime algum,
nem pecado, ó *Adonai*.
5(4) Mesmo que eu não tenha culpa de nada,
eles correm e se preparam para atacar-me.
Desperta para ajudar-me e vê!
6(5) Pois tu, ó *Adonai*, *Elohei-Tzva'ot*,
Deus de Yisra'el,
levanta-te para punir todas as nações.
Não tenhas misericórdia dos traidores perversos. (*Selah*)

7(6) Eles voltam ao cair da tarde,
rosnando como cães
e rondando a cidade.
8(7) Vê que ameaças saem de sua boca,
e seus lábios são como espada,

[como eles dizem para si mesmos:]
"Ninguém nos ouve mesmo".
9(8) Mas tu, ó *Adonai*, deles rirás,
caçoarás de todas as nações.

10(9) Tu és minha força, por ti aguardarei,
porque tu, ó Deus, és minha fortaleza.
11(10) Deus, que me dá graça, virá a meu encontro;
Deus permitirá que eu triunfe sobre meus inimigos.

12(11) Não os mates, ou meu povo esquecerá;
em vez disso, por teu poder, faze-os vaguear;
mas abate-os, ó *Adonai*, nosso escudo.
13(12) Pelos pecados de sua boca,
pelas palavras de seus lábios,
enredados na própria soberba.
Que sejam apanhados em seu orgulho
pelas maldições e mentiras que pronunciam.
14(13) Consome-os em tua ira,
consome-os até que não existam mais,
e saibam até os confins da terra
que Deus governa em Ya'akov. (*Selah*)

15(14) Eles voltam ao cair da tarde, rosnando como cães
e rondando a cidade.
16(15) Perambulam à procura de comida
e uivam a noite inteira, se não ficam satisfeitos.
17(16) Quanto a mim, cantarei louvores à tua força;
de manhã, louvarei tua graça.
Pois tu és minha fortaleza,
meu refúgio nos tempos difíceis.
18(17) Minha Força, cantarei louvores a ti,
pois Deus é minha fortaleza, Deus, que me dá graça.

60

1(0) Para o regente. Feito para "O Lírio da Aliança". *Mikhtam* de David para contar sobre 2 quando ele lutou com Aram-Naharayim e Aram-Tzovah, e Yo'av retornou e matou 12 mil de Edom no vale do Sal:

3(1) Ó Deus, tu nos rejeitaste e nos dispersaste;
tu derramaste tua ira; mas agora nos restaura.
4(2) Sacudiste a terra e abriste-lhe fendas;
agora repara as brechas, pois está em colapso.
5(3) Fizeste teu povo passar por tempos difíceis,
fizeste-nos beber um vinho que nos deixou cambaleantes.

6(4) Deste um sinal àqueles que te temem por causa da verdade,
para que fugissem das flechas, (*Selah*)
7(5) para que aqueles que te amam fossem resgatados;
então salva-nos com tua mão direita e responde-nos!

8(6) Em sua santidade, Deus falou,
e me regozijarei [em sua promessa]:

"Dividirei Sh'khem
e repartirei o vale de Sukkot.
9(7) Gil'ad é minha, e M'nasheh também.
Efrayim é meu capacete, e Y'hudah, meu cetro.
10(8) Mo'av é a pia em que me lavo.
Em Edom, atiro meu sapato.
Sobre P'leshet, dou meu brado de vitória!".

11(9) Quem me levará à cidade fortificada?
Quem me guiará a Edom?
12(10) Ó Deus, tu nos rejeitaste?
Tu não acompanhas nossos exércitos, Deus.
13(11) Ajuda-nos contra nossos inimigos,
pois a ajuda humana é inútil.
14(12) Com a ajuda de Deus, conquistaremos a vitória,
pois ele pisoteará nossos inimigos.

61

1(0) Para o regente. Com instrumentos de cordas. Salmo de David:

2(1) Ouve, ó Deus, meu clamor;
atenta para minha oração.
3(2) Dos confins da terra, com o coração abatido,
clamo a ti.
Põe-me a salvo sobre uma rocha
muito acima de onde estou agora.

4(3) Pois tens sido um refúgio para mim,
uma torre forte contra o inimigo.
5(4) Habitarei em tua tenda para sempre
e encontrarei refúgio no abrigo de tuas asas. (*Selah*)
6(5) Pois tu, ó Deus, ouviste meus votos;
deste-me a herança dos que temem teu nome.

7(6) Prolonga os dias do rei!
Que seus anos de vida se estendam por muitas gerações.
8(7) Que seu trono esteja na presença de Deus para sempre!
Concede-lhe graça e verdade para preservá-lo!
9(8) Então cantarei louvores a teu nome para sempre
e, dia a dia, cumprirei meus votos.

62

1(0) Para o regente. Ao estilo de Y'dutun. Salmo de David:

2(1) Somente em Deus minha alma espera em silêncio;
dele vem minha salvação.
3(2) Somente ele é minha rocha e salvação,
minha fortaleza; jamais serei abalado.

4(3) Até quando atacarão uma pessoa
a fim de matá-la,
como se ela fosse um muro inclinado
ou uma cerca prestes a cair?

5(4) Eles só querem derrubá-la de sua posição elevada,
deleitam-se em mentir —
com a boca abençoam,
mas no íntimo amaldiçoam. (*Selah*)

6(5) Somente em Deus espera minha alma em silêncio,
porque dele vem minha esperança.
7(6) Somente ele é minha rocha e salvação,
minha fortaleza; jamais serei abalado.

8(7) Minha segurança e minha honra dependem de Deus.
A rocha de minha fortaleza e meu refúgio estão em Deus.
9(8) Confie nele em todos os tempos, ó povo,
derrame diante dele seu coração;
Deus é nosso refúgio. (*Selah*)
10(9) Pessoas comuns não passam de sopro,
e pessoas importantes não passam de mentira;
se pesadas na balança,
juntas são mais leves que a vaidade.
11(10) Não confiem em extorsão,
nem ponham a esperança em bens roubados;
mesmo que suas riquezas aumentem,
não ponham nelas o coração.

12(11) Deus falou uma vez, duas vezes eu ouvi:
o poder pertence a Deus.
13(12) Também a ti, ó *Adonai*, pertence a graça,
pois retribuirás a cada um conforme seu procedimento.

63

1(0) Salmo de David, quando ele estava no deserto de Y'hudah:

2(1) Ó Deus, tu és meu Deus,
eu te busco intensamente.
Meu coração tem sede de ti;
meu sangue por ti anseia
em uma terra seca e exausta,
onde não há água.
3(2) Eu te contemplava no santuário,
via seu poder e glória;
4(3) pois tua graça é melhor que a vida.
Meus lábios te louvarão.

5(4) Sim, eu te bendirei enquanto viver;
em teu nome, levantarei minhas mãos.
6(5) Como em um rico banquete, minha alma se fartará;
com alegria nos lábios, minha boca te louva,
7(6) quando me lembro de ti em meu leito
e medito em ti nas vigílias da noite.
8(7) Pois tu tens sido minha ajuda;
à sombra de tuas asas, me regozijo;
9(8) meu coração apega-se a ti;
tua destra me sustenta.

10(9) Mas aqueles que procuram destruir minha vida,
que desçam às profundezas da terra.
11(10) Sejam entregues à espada
e se tornem presa para os chacais.

12(11) O rei, porém, se regozijará em Deus.
Todos os que juram por seu nome o louvarão,
mas a boca dos mentirosos será silenciada.

64

1(0) Para o regente. Salmo de David:

2(1) Ouve minha voz, ó Deus, quando faço minha queixa.
Preserva minha vida do temor do inimigo.
3(2) Esconde-me das intrigas secretas dos malfeitores
e da ruidosa multidão dos que praticam a iniquidade.
4(3) Eles afiam sua língua como espada
e apontam, como flechas, palavras envenenadas,
5(4) a fim de atirar de lugar oculto ao que é íntegro;
disparam sobre ele repentinamente e não temem.
6(5) Firmam-se em planos malignos,
combinam como ocultar suas armadilhas
e perguntam: "Quem as verá?".
7(6) Procuram maneiras de cometer crimes
e cumprem seus planos feitos
no mais íntimo da mente e do coração
de cada um deles.

8(7) Mas, repentinamente, Deus os atinge com sua flecha,
deixando-os feridos;
9(8) suas próprias palavras os fazem tropeçar.
Todos os que os veem meneiam a cabeça.
10(9) Todos temem —
reconhecem as obras de Deus
e entendem o que ele fez.
11(10) Os justos se regozijarão em *Adonai*;
nele buscarão refúgio.
Exultem todos os retos de coração!

65

1(0) Para o regente. Salmo de David. Cântico:

2(1) O louvor é apropriado a ti, ó Deus, em Tziyon;
e os votos feitos a ti devem ser cumpridos.
3(2) Tu, que ouves a oração,
a ti virá toda a carne.
4(3) Quando as iniquidades prevalecerem contra mim,
tu limparás minhas transgressões.

5(4) Como são felizes aqueles a quem escolhes e trazes a ti,
para que possam viver em teus átrios!

Transbordaremos com as bênçãos de tua casa,
teu santo templo.
6(5) Em justiça, tu nos responde com feitos maravilhosos,
ó Deus de nossa salvação.
Todos confiam em ti,
até os confins da terra e os mais distantes mares.
7(6) Por tua força, firmaste as montanhas,
cingido de poder.
8(7) Tu acalmas o bramido dos mares,
o bramido das ondas e o tumulto dos povos.
9(8) Por isso, os habitantes dos confins da terra
temem diante de tuas maravilhas.
Do oriente ao ocidente,
despertas canções de alegria.

10(9) Cuidas da terra e a regas,
a enriqueces fartamente;
com o rio de Deus, que está cheio de água,
tu não permites que lhe falte o trigo e preparas o solo.
11(10) Enches de água seus sulcos e aplainas seus torrões.
Tu a amoleces com chuvas e abençoas suas colheitas.
12(11) Coroas o ano com tua bondade
e, por onde passas, fartura emana.
13(12) Os pastos do deserto destilam água,
as colinas se vestem de alegria,
14(13) os campos estão cobertos de rebanhos
e os vales, repletos de trigo,
por isso exultam e cantam de alegria.

66

1(0) Para o regente. Cântico. Salmo:

(1) Louve a Deus, toda a terra!
2 Cantem louvores à glória de seu nome,
louvem-no gloriosamente.
3 Digam a Deus: “Temíveis são teus feitos!
Tão grande é teu poder
que teus inimigos rastejam diante de ti.
4 Toda a terra se prostra diante de ti,
canta louvores a ti,
canta louvores a teu nome”. *(Selah)*

5 Venham e vejam o que Deus fez;
suas obras em favor dos homens são tremendas.
6 Ele transformou o mar em terra seca.
Eles atravessaram o rio a pé,
e ali nos alegramos nele.
7 Com seu poder, ele governa para sempre;
seus olhos vigiam as nações.
Que os rebeldes não se levantem para desafiá-lo. *(Selah)*

8 Bendigam nosso Deus, ó povos!
Que o som de seu louvor seja ouvido!
9 Ele preserva nossa vida
e nos impede de tropeçar.
10 Pois tu, ó Deus, nos puseste à prova,
nos refinaste como a prata.
11 Fizeste-nos cair numa armadilha
e sobre nossas costas puseste fardos.
12 Deixaste que homens cavalgassem sobre nossa cabeça;
passamos pelo fogo e pela água.
Mas nos levaste
a um lugar de fartura.

13 Irei à tua casa com sacrifícios totalmente queimados,
cumprirei meus votos para contigo,
14 aqueles que meus lábios pronunciaram e minha boca declarou
quando eu estava em dificuldade.
15 A ti oferecerei animais gordos em sacrifício,
com o aroma de carneiros;
oferecerei também novilhos e cabritos. *(Selah)*

16 Venham e ouçam todos, todos os que temem Deus,
e contarei a vocês o que ele fez por mim.
17 Clamei a ele com minha boca,
seu louvor estava em minha língua.
18 Se eu acalentasse maldade em meu coração,
Adonai não me ouviria.
19 Mas, de fato, Deus me ouviu;
deu atenção à minha oração.
20 Bendito seja Deus, que não rejeitou minha oração
nem afastou de mim sua graça.

67

1(0) Para o regente. Com instrumentos de cordas. Salmo. Cântico:

2(1) Deus, tem misericórdia de nós e abençoa-nos.
Faze resplandecer teu rosto sobre nós, (*Selah*)
3(2) para que teus caminhos sejam conhecidos na terra,
e tua salvação, entre todas as nações.

4(3) Que os povos agradeçam a ti, ó Deus.
Que todos os povos venham e te louvem.
5(4) Que as nações se alegrem e exultem de alegria,
pois tu julgarás os povos com justiça
e guiarás as nações na terra. (*Selah*)

6(5) Que os povos agradeçam a ti, ó Deus.
Que todos os povos venham e te louvem.
7(6) Que a terra dê sua colheita;
que Deus, nosso Deus, nos abençoe.
8(7) Que Deus continue a nos abençoar,
para que o temam todos os confins da terra.

68

1(0) Para o regente. Salmo de David. Cântico:

2(1) Que Deus se levante, que seus inimigos sejam espalhados;
que aqueles que o odeiam fujam de sua presença.
3(2) Dissipa-os como a fumaça é levada pelo vento.
Como a cera se derrete na presença do fogo,
que os ímpios pereçam na presença de Deus.
4(3) Mas que os justos se regozijem e se alegrem na presença de Deus;
sim, exultem e se regozijem.

5(4) Cantem a Deus, cantem louvores a seu nome;
exaltem aquele que cavalga sobre as nuvens
por seu nome, *Yah;*
e alegrem-se em sua presença.

6(5) Deus em sua santa habitação
é um pai para os órfãos e um defensor das viúvas.
7(6) Deus dá um lar aos solitários
e liberta os presos para a prosperidade.
Mas os rebeldes devem viver em terra árida.

8(7) Ó Deus, quando saíste à frente de teu povo,
quando marchaste pelo ermo, *(Selah)*
9(8) a terra tremeu e o céu derramou chuva,
na presença de Deus.
Até mesmo o Sinai [tremeu] na presença de Deus,
o Deus de Yisra'el.
10(9) Deste chuvas generosas, ó Deus;
quando tua herança estava exausta, tu a restauraste.
11(10) Teu rebanho nela se instalou;
em tua bondade, ó Deus, supriste o pobre.

12(11) *Adonai* dá a palavra de comando;
as mulheres com as boas-novas formam um exército poderoso.
13(12) Reis e exércitos fogem,
enquanto as mulheres, em casa, dividem os espólios.
14(13) Mesmo quando vocês dormem entre os alforjes,
as asas de uma pomba estão recobertas de prata,
e suas penas, de ouro reluzente.
15(14) Quando *Shaddai* espalha os reis ali,
cai neve em Tzalmon.

16(15) Você é um monte poderoso, ó monte Bashan!
É um monte escarpado, ó monte Bashan!
17(16) Ó montanha escarpada, por que olha com inveja
para a montanha que Deus escolheu para sua habitação?
Verdadeiramente, *Adonai* habitará ali para sempre.
18(17) Os carros de Deus são incontáveis, são milhares de milhares;
Adonai está entre eles como em Sinai, em santidade.
19(18) Depois que subiste às alturas,
levaste cativos muitos prisioneiros,
recebeste homens como dádivas,

sim, até mesmo dentre os rebeldes,
para que *Yah,* Deus, pudesse ali habitar.

20(19) Bendito seja *Adonai!*
Todos os dias, ele suporta nossas cargas,
nosso Deus, nossa salvação. (*Selah*)
21(20) Nosso Deus é um Deus que salva;
Adonai nos livra da morte.
22(21) Certamente Deus esmagará a cabeça de seus inimigos,
o crânio cabeludo dos que persistem em seus pecados.
23(22) *Adonai* disse: "E os farei voltar de Bashan.
Tirarei [aqueles rebeldes] das profundezas do mar,
24(23) para que você encharque os pés no sangue dos inimigos,
sangue do qual a língua dos cães terá sua porção.

25(24) Já se vê tua marcha triunfal, ó Deus,
a marcha de meu Deus, meu Rei, em santidade.
26(25) À frente, estão os cantores, depois os músicos;
com eles, vão as jovens, tocando tamborins.
27(26) "Na grande congregação, bendigam a Deus, *Adonai,*
ó descendentes de Yisra'el."
28(27) Ali está Binyamin, a menor tribo, que domina sobre eles;
os príncipes de Y'hudah, acompanhados de suas tropas;
os príncipes de Z'vulun; os príncipes de Naftali.

29(28) Manifesta tua força, ó Deus!
Usa tua força, ó Deus, como fizeste por nós no passado,
30(29) de teu templo em Jerusalém,
onde os reis te levarão presentes.
31(30) Repreende a fera entre os juncos,
a manada de touros com os bezerros, os povos,
que se submetem com barras de prata;
espalha os povos que têm prazer na guerra.
32(31) Que os embaixadores venham do Egito,
que a Etiópia estenda suas mãos para Deus.

33(32) Cantem a Deus, reinos da terra!
Cantem louvores a *Adonai,*
34(33) àquele que cavalga os céus, os mais antigos céus.
Ouçam, ele troveja com voz poderosa!
35(34) Reconheçam que o poder pertence a Deus,
com sua majestade sobre Yisra'el e seu poder nos céus.
36(35) Tu és temível, ó Deus,
em teu santuário,
o Deus de Yisra'el, que dá força
e poder ao povo.
Bendito seja Deus!

69 1(0) Para o regente. Feito para "Lírios". Salmo de David:

2(1) Salva-me, ó Deus!
Pois as águas subiram até meu pescoço
e ameaçam minha vida.

3(2) Estou afundando na lama
e não tenho onde firmar os pés.
Entrei em águas profundas;
as correntes me arrastam.
4(3) Estou cansado de chorar;
minha garganta está seca e dolorida.
Meus olhos estão exaustos
de procurar por meu Deus.

5(4) Aqueles que me odeiam sem razão
são mais que os fios de cabelo de minha cabeça.
Os que me perseguem são poderosos,
meus inimigos me acusam falsamente.
Sou obrigado a devolver
aquilo que não roubei?

6(5) Ó Deus, sabes como sou tolo;
minha culpa não te é encoberta.
7(6) Não permitas que sejam envergonhados,
ó *Adonai Elohim-Tzva'ot,*
aqueles cuja esperança está em ti;
não permitas
que aqueles que te buscam,
ó Deus de Yisra'el,
se frustrem por minha causa.

8(7) Por amor a ti, sofro insultos;
a vergonha cobre-me o rosto.
9(8) Sou um estrangeiro para meus irmãos,
um estranho para os filhos de minha mãe,
10(9) pois o zelo por tua casa me consome,
e os insultos daqueles que te insultam
caem sobre mim.
11(10) Choro amargamente e jejuo,
mas até isso por vezes me insulta.
12(11) Quando ponho vestes de lamento,
sou objeto de chacota.
13(12) Os que se ajuntam no portão da cidade falam de mim,
e sou a canção dos bêbados.

14(13) Quanto a mim, *Adonai,* elevo a ti minha oração,
no tempo oportuno.
Em tua grande graça, ó Deus, responde-me
com tua salvação infalível.
15(14) Não permitas que eu me afunde na lama!
Liberta-me daqueles que me odeiam
e das águas profundas.
16(15) Não permitas que as correntes me arrastem,
nem que as profundezas me engulam,
nem que a cova feche sobre mim sua boca.

17(16) Responde-me, Adonai, pela bondade de tua graça;
por tua grande misericórdia, volta-te para mim.

18(17) Não escondas de teu servo tua face,
responde-me depressa, pois estou em perigo.
19(18) Aproxima-te e resgata-me;
livra-me por causa de meus inimigos.

20(19) Sabes como sou insultado,
envergonhado e desgraçado;
conheces todos os meus inimigos.
21(20) Os insultos partiram-me o coração,
e estou em desespero.
Esperei que alguém fosse compassivo para comigo,
mas ninguém o foi;
e que houvesse consoladores,
mas não encontrei ninguém.
22(21) Envenenaram minha comida;
quando tive sede, deram-me vinagre para beber.
23(22) Que a mesa deles
se transforme em laço;
quando estiverem em paz,
que lhes sobrevenha uma armadilha;
24(23) que seus olhos se escureçam
para que não possam mais ver,
e seus corpos
tremam sem parar.
25(24) Despeja sobre eles tua ira,
que teu furor ardente os alcance.
26(25) Fique deserto o lugar deles,
não haja ninguém que habite suas tendas,
27(26) pois perseguem aqueles que tu feres
e acrescentam dor àqueles a quem castigas.
28(27) Acrescente-lhes iniquidade sobre iniquidade;
não permitas que alcancem tua justiça.
29(28) Tira-os do livro da vida,
e não sejam incluídos no rol dos justos.

30(29) Enquanto isso, grande é minha aflição e minha dor.
Ó Deus, que teu poder salvador venha levantar-me.
31(30) Louvarei o nome de Deus com uma canção
e proclamarei sua grandeza com ações de graças.

32(31) Isso agradará a *Adonai* mais do que bois,
com seus chifres e cascos.
33(32) Os necessitados o verão e se alegrarão;
a vocês, que buscam a Deus, que seu coração reviva.
34(33) Pois *Adonai* ouve o pobre
e não despreza seu povo aprisionado.

35(34) Louvem-no os céus e a terra,
os mares e tudo o que neles se move.
36(35) Pois Deus salvará Tziyon,
reconstruirá as cidades de Y'hudah.
[Seu povo] viverá e tomará posse da terra.

37(36) Os descendentes de seus servos a herdarão,
e aqueles que amam seu nome nela habitarão.

70

1(0) Para o regente. Por David. Petição:

2(1) Ó Deus, livra-me!
Adonai, apressa-te a ajudar-me!

3(2) Que aqueles que procuram tirar-me a vida
sejam humilhados e frustrados.
Que aqueles que desejam minha ruína
retrocedam confundidos.
4(3) Que aqueles que zombam de mim: "Aha! Aha"
retrocedam envergonhados.

5(4) Aqueles que te buscam, porém,
regozijem-se e alegrem-se em ti.
Digam sempre os que amam tua salvação:
"Deus é grande e glorioso!".

6(5) Eu, contudo, sou pobre e necessitado;
ó Deus, apressa-te.
Tu és meu socorro e libertador;
Adonai, não te demores!

71

1 Em ti, *Adonai*, busquei refúgio;
nunca permitas que eu seja envergonhado.
2 Por tua justiça, resgata-me,
e ajuda-me a fugir.
Inclina para mim teu ouvido
e salva-me.

3 Peço-te que sejas minha rocha de refúgio
para onde eu sempre possa ir.
Deste uma ordem para que me libertassem,
pois és minha rocha e minha fortaleza.

4 Meu Deus, ajuda-me a fugir das mãos dos ímpios,
das garras dos injustos e cruéis.
5 Pois tu és minha esperança, *Adonai Elohim*,
em quem confio desde minha juventude.
6 Desde o ventre materno, dependo de ti;
tu me tiraste das entranhas de minha mãe.

7 Para muitos, tornei-me um exemplo;
mas tu és meu refúgio seguro.
8 De teu louvor, transborda minha boca,
que, o dia inteiro, proclama teu esplendor.

9 Não me rejeites em minha velhice;
quando minhas forças se forem, não me abandones.
10 Pois meus inimigos me caluniam,
os que estão à espreita planejam matar-me.

11 Eles dizem: "Deus o abandonou;
persigam-no e prendam-no,
porque ninguém o salvará".
12 Ó Deus, não te afastes de mim!
Meu Deus, apressa-te em ajudar-me!
13 Que aqueles que se opõem a mim
sejam humilhados e arruinados;
aqueles que querem prejudicar-me
sejam cobertos de zombaria e vergonha.

14 Quanto a mim, sempre terei esperança
e te louvarei cada vez mais.
15 Todos os dias, minha boca falará
de tua salvação e de teus feitos justos,
embora sejam tantos que já não sei calcular.
16 Ficarei diante do poder de *Adonai* Elohim
e me lembrarei de tua justiça.
17 Ó Deus, tens me ensinado desde minha juventude,
e até hoje anuncio tuas maravilhas.
18 Agora que estou velho e meus cabelos ficaram brancos,
não me abandones, ó Deus, até que eu tenha proclamado
tua força à próxima geração,
e teu poder, a todos os que virão.
19 Tua justiça chega às alturas, ó Deus.
Ó Deus, tens feito grandes coisas;
quem é como tu?
20 Tu me fizeste ver muitas tribulações e dificuldades,
mas me restaurarás novamente
e me livrarás das profundezas da terra.
21 Tu me farás mais honrado
e mais uma vez me consolarás.

22 Quanto a mim, cantarei louvores a ti com uma lira,
por tua fidelidade, ó meu Deus.
Cantarei louvores a ti com uma harpa,
ó Santo de Yisra'el.
23 Meus lábios gritarão de alegria;
cantarei teus louvores,
pois me redimiste.
24 Todos os dias, minha língua falará de tua justiça.
Pois aqueles que tentam prejudicar-me
serão envergonhados e humilhados.

72

1(0) De Shlomoh:

(1) Ó Deus, reveste de tua justiça o rei,
e o filho dos reis, de tua retidão,
2 para que ele julgue seu povo com retidão
e seu pobre com justiça.
3 Que as montanhas e os montes tragam para seu povo
paz por meio da justiça.
4 Que ele defenda o oprimido no meio do povo,
salve o necessitado e esmague o opressor.

5 Que eles o temam tanto quanto perdura o sol
e tanto quanto perdura a lua, por todas as gerações.
6 Que ele seja como a chuva sobre uma lavoura ceifada,
como aguaceiros que regam a terra.
7 Em seus dias, floresçam os justos,
e haja paz, enquanto durar a lua.
8 Que seu império se estenda de mar a mar,
do rio [Eufrates] até os confins da terra.
9 Que os habitantes do deserto inclinem-se diante dele;
e seus inimigos lambam o pó.
10 Que os reis de Tarshish e das regiões litorâneas lhe tragam tributo;
os reis de Sh'va e S'va lhe ofereçam presentes.
11 Sim, todos os reis se inclinarão diante dele,
e todas as nações o servirão.

12 Pois ele resgatará os necessitados quando clamarem
e aqueles que não têm quem os ajude.
13 Ele se compadecerá dos fracos e dos necessitados,
e os salvará da morte.
14 Ele os resgata da opressão e da violência;
o sangue deles será precioso à sua vista.

15 Que [o rei] tenha vida longa!
Que eles lhe deem ouro da terra de Sh'va!
Que orem por ele continuamente;
sim, que se invoque bênção sobre ele o dia todo.
16 Que haja fartura de trigo por toda a terra,
ondulando no alto dos montes.
Que suas plantações cresçam como as do L'vanon.
Que seu povo floresça na cidade como grama nos campos.
17 Que seu nome dure para sempre.
Que seu nome, Yinnon, dure tanto quanto o sol.*
Que o povo seja abençoado por meio dele,
que todas as nações o chamem bendito.

18 Bendito seja *Adonai*, ó Deus,
o Deus de Yisra'el,
que realiza feitos maravilhosos.
19 Bendito seja seu glorioso nome para sempre,
e que toda a terra seja cheia com sua glória.
Amen. Amen.
20 Encerram-se aqui as orações de David, filho de Yishai.

Livro III: Salmos 73–89

73

1(0) Salmo de Asaf:

(1) Como Deus é bom para Yisra'el,
para aqueles que são puros de coração.

* Ou: "Possa seu nome florescer/propagar-se tão longe quanto o sol". A tradição judaica considera Yinnon um nome para o Messias.

2 Quanto a mim, perdi meu equilíbrio;
meus pés quase tropeçaram,
3 ao crescer a inveja dos arrogantes
e ver a prosperidade dos ímpios.
4 Quando a morte se aproxima, eles não passam por sofrimento
e até lá têm o corpo saudável e forte.
5 Estão livres dos fardos de todos
os outros homens.

6 Por isso, o orgulho lhes serve de colar,
e eles se vestem de violência.
7 De seus olhos, brota maldade;
de sua mente, transbordam maquinações.
8 Zombam e falam com más intenções;
em sua arrogância, ameaçam com opressão.
9 Eles arrogam os céus para si;
com a língua, apossam-se da terra.

10 Por isso, seu povo aqui retorna
e [até saciar-se] bebe o copo de água.
11 Então perguntam: "Como Deus sabe?
O Altíssimo realmente tem conhecimento?".

12 Sim, assim são os ímpios;
sempre tranquilos, aumentam suas riquezas.
13 Foi inútil manter meu coração puro
e minhas mãos lavadas na inocência,
14 pois o dia inteiro sou afligido;
meu castigo vem todas as manhãs.

15 Se eu tivesse dito: "Falarei como eles",
teria traído uma geração de teus filhos.
16 Quando tentei entender tudo isso,
achei muito difícil para mim —
17 até que entrei nos santuários de Deus
e compreendi qual seria o destino dos ímpios.
18 Certamente, tu os pões em terreno escorregadio
e os fazes cair em ruína.

19 De repente, eles são destruídos,
completamente tomados de pavor!
20 São como um sonho que se vai quando acordamos;
ó *Adonai,* quando levantares,
tu os farás desaparecer.

21 Quando eu estava amargurado
e no íntimo sentia inveja,
22 agi como um ignorante;
como um animal irracional,
que nada pode compreender.
23 Contudo, sempre estou contigo;
tomas minha mão direita e me susténs.

24 Tu me guiarás com teu conselho
e depois me receberás com honras.

25 A quem tenho nos céus, senão a ti?
E, contigo, nada mais desejo na terra.
26 Minha mente e meu corpo podem fraquejar,
mas Deus é a força de meu coração
e minha porção para sempre.

27 Os que estão longe de ti perecerão;
tu destróis todos os infiéis.
28 Quanto a mim, bom é estar perto de Deus;
fiz de *Adonai* ELOHIM meu refúgio,
para que eu possa proclamar todos os teus feitos.

74

1(0) *Maskil* de Asaf:

(1) Por que nos rejeitas para sempre, ó Deus,
e acendes tua ira contra as ovelhas de tua pastagem?
2 Lembra-te de tua comunidade, que adquiriste em tempos passados,
da tribo que resgataste para ser somente tua.
Lembra-te do monte Tziyon, onde vieste habitar.
3 Apressa-te para essas ruínas intermináveis,
para o santuário devastado pelo inimigo.

4 Os gritos triunfantes de teus adversários encheram o local onde te encontravas conosco;
eles hastearam suas bandeiras como sinal de conquista.
5 O lugar parecia um bosque cerrado
quando homens armados o invadem com seus machados.
6 Com machados e machadinhas,
esmigalharam todos os revestimentos de madeira esculpida.
7 Atearam fogo a teu santuário,
derrubaram e profanaram o lugar da habitação de teu nome.
8 Disseram no coração: “Vamos oprimi-los completamente”.
Queimaram todos os santuários de Deus na terra.

9 Não vemos sinais miraculosos, não há mais profetas;
nenhum de nós sabe até quando isso continuará.
10 Até quando, ó Deus, o inimigo zombará de nós?
O inimigo blasfemará teu nome para sempre?
11 Por que reténs tua mão?
Não fiques de braços cruzados! Destrói-os!

12 Deus é meu rei desde a antiguidade;
ele traz a salvação sobre toda a terra.
13 Por tua força, dividiste o mar;
na água, esmagaste a cabeça dos monstros do mar,
14 destruíste a cabeça do Livyatan
e o deste por comida às criaturas do deserto.
15 Abriste canais para fontes e regatos,
secaste rios perenes.

16 O dia é teu, e tua é a noite;
estabeleceste a luz e o sol.
17 Determinaste todos os limites da terra,
fizeste o verão e o inverno.

18 Lembra-te de como o inimigo zomba de *Adonai*,
de como os insensatos blasfemam teu nome.
19 Não entregues a alma de tua pomba aos animais selvagens.
Não te esqueças para sempre da vida de teu povo indefeso.

20 Dá atenção à aliança que firmaste, pois os lugares tenebrosos da terra
estão cheios de violência assombrosa.
21 Não deixes que o oprimido se retire em humilhação;
faze o pobre e o necessitado louvarem teu nome.

22 Levanta-te, ó Deus, e defende tua causa;
lembra-te de como os homens insensatos zombam de ti o dia inteiro.
23 Não ignores o que teus inimigos estão dizendo,
o crescente tumulto de teus adversários.

75

1(0) Para o regente. Feito para "Não destruas!". Salmo de Asaf. Cântico:

2(1) Damos-te graças, ó Deus, damos-te graças;
perto está teu nome. Todos falam de teus feitos maravilhosos.

3(2) "No tempo em que eu determinar,
julgarei com justiça.
4(3) Quando a terra treme com todos os seus habitantes,
sou eu que mantenho firmes suas colunas." (*Selah*)

5(4) Aos arrogantes, digo: "Não se vangloriem!"
e aos ímpios: "Não alardeiem sua força!
6(5) Não alardeiem sua força com tanto orgulho.
Não falem com arrogância, com o nariz empinado!
7(6) Pois não serão exaltados
por aqueles que são do oriente, nem pelos que são do ocidente,
nem pelos que são do deserto;
8(7) pois Deus é o juiz; e é ele
quem humilha um e exalta outro.
9(8) Na mão de *Adonai*, há um cálice cheio de vinho,
espumante e misturado;
quando ele o derrama, todos os ímpios da terra
o bebem até a última gota".
10(9) Eu, contudo, sempre anunciarei essas coisas,
cantarei louvores ao Deus de Ya'akov.
11(10) Destruirei a força dos ímpios,
mas a força dos justos aumentará.

76

1(0) Para o regente. Para instrumentos de cordas. Salmo de Asaf. Cântico:

2(1) Em Y'hudah, Deus é conhecido;
seu nome é grande em Yisra'el.

3(2) Sua tenda está em Shalem;
o lugar de sua habitação está em Tziyon.
4(3) Ali ele quebrou as flechas reluzentes,
o escudo, a espada e as armas de guerra. (*Selah*)

5(4) És mais glorioso e majestoso
que os montes cheios de despojos.
6(5) Os homens mais corajosos jazem saqueados
e agora dormem o sono final;
nenhum desses valentes
encontra forças para erguer as mãos.
7(6) Diante de tua repreensão, ó Deus de Ya'akov,
os cavaleiros e os cavalos ficaram como mortos.

8(7) Tu és temível! Pois, quando estás irado,
quem pode permanecer em tua presença?
9(8) Dos céus, pronuncias juízo;
com temor a terra emudece,
10(9) quando Deus levanta-se para julgar,
para salvar todos os oprimidos da terra. (*Selah*)

11(10) A ira dos homens serve apenas para louvar-te;
o que resta dessa ira, tu a vestes como um ornamento.
12(11) Façam votos a *Adonai*, seu Deus, e não deixem de cumpri-los;
todos os que o rodeiam tragam presentes àquele que deve ser temido.
13(12) Ele tira o ânimo dos governantes,
e é temido pelos reis da terra.

77

1(0) Para o regente. Para Y'dutun. Salmo de Asaf:

2(1) Clamo a Deus,
clamo a Deus, e ele me escuta.
3(2) No dia de minha angústia, busco *Adonai*.
Minhas mãos estão erguidas;
minhas lágrimas escorrem a noite inteira sem cessar;
meu coração está inconsolável.
4(3) Quando me lembro de Deus, suspiro;
quando começo a meditar, desfaleço. (*Selah*)

5(4) Segura minhas pálpebras [e não permitas que eu durma];
estou tão inquieto que não consigo falar.
6(5) Fico a pensar nos dias que se foram,
nos anos há muito passados.
7(6) De noite, recordo minhas canções.
Medito, e meu espírito pergunta:
8(7) "*Adonai* nos rejeitará para sempre?
Jamais tornará a mostrar-nos seu favor?
9(8) Sua graça desapareceu permanentemente?
Acabou-se sua promessa para todas as gerações?
10(9) Deus se esqueceu de ser misericordioso?
Em sua ira, refreou sua compaixão?". (*Selah*)

11(10) Então pensei: "Esta é minha fraqueza —
[supostamente] a mão direita do Altíssimo poderia mudar".

12(11) Recordarei os feitos de *Yah*;
sim, recordarei teus antigos milagres.
13(12) Meditarei em todas as tuas obras
e considerarei tudo o que tens feito.

14(13) Ó Deus, teus caminhos são santos.
Que deus é tão grande como Deus?

15(14) Tu és o Deus que realiza milagres;
mostraste tua força aos povos.
16(15) Com teu braço, redimiste teu povo,
os descendentes de Ya'akov e Yosef. (*Selah*)

17(16) As águas te viram, ó Deus;
as águas te viram e se contorceram em angústia;
até os abismos estremeceram.
18(17) As nuvens despejaram chuvas, os céus trovejaram,
e tuas flechas reluziram em todas as direções.
19(18) O som de teu trovão ressoa no céu,
teus relâmpagos reluzem em todo o mundo;
a terra tremeu e sacudiu.
20(19) Tua vereda passou pelo mar,
e teu caminho, pelas águas turbulentas,
mas tuas pegadas ninguém as viu.
21(20) Guiaste teu povo como a um rebanho
sob os cuidados de Moshe e Aharon.

78

1(0) *Maskil* de Asaf:

(1) Escute, meu povo, meu ensino.
Incline seus ouvidos para as palavras de minha boca.
2 A vocês, falarei em parábolas
e explicarei os mistérios do passado.

3 O que ouvimos e aprendemos,
o que nossos pais nos contaram,
4 não esconderemos de nossos descendentes;
contaremos às gerações futuras
os louvores de *Adonai* e sua força,
seus feitos maravilhosos.

5 Ele decretou estatutos para Ya'akov
e estabeleceu uma *Torah* em Yisra'el.
Ordenou a nossos antepassados
que a ensinassem a seus filhos,
6 para que a geração seguinte a conhecesse,
e os filhos ainda não nascidos,
7 e que eles, por sua vez, também se levantassem
e contassem a seus próprios filhos,

que poderiam, então, confiar em Deus,
não esquecendo os feitos de Deus,
mas obedecendo a suas *mitzvot*.
8 Então não seriam como seus antepassados,
uma geração teimosa e rebelde,
uma geração com coração despreparado,
com um espírito infiel a Deus.

9 O povo de Efrayim, apesar de armado com arcos e flechas,
voltou suas costas no dia da batalha.
10 Eles não guardaram a aliança de Deus
e se recusaram a viver de acordo com sua *Torah*.
11 Esqueceram o que ele tinha feito,
as maravilhas que lhes havia mostrado.

12 Ele fez milagres
na presença de seus antepassados
na terra do Egito,
na região de Tzo'an.
13 Dividiu o mar para que pudessem passar.
Fez as águas erguerem-se como um muro.
14 Também os guiou durante o dia com uma nuvem
e por toda a noite com a luz do fogo.
15 Fendeu as rochas no deserto
e lhes deu tanta água como a que flui das profundezas;
16 sim, ele fez brotar água da rocha,
fazendo a água fluir como rios.

17 Contudo, eles pecaram ainda mais,
rebelando-se no deserto contra o Altíssimo;
18 no coração, testavam Deus
exigindo comida para sua própria satisfação.
19 Sim, eles falaram contra Deus, questionando:
"Poderia Deus pôr uma mesa no deserto?
20 Sim, ele tocou na rocha, e a água jorrou,
até que os *vádis* transbordaram.
Mas e pão? Ele é capaz de nos dar de comer?
Ele poderia prover carne para seu povo?".

21 Por isso, quando *Adonai* ouviu, ele se enfureceu;
o fogo se levantou contra Ya'akov,
e sua ira cresceu contra Yisra'el,
22 porque eles não tiveram fé em Deus,
não confiaram em seu poder de salvar.

23 Assim, ele comandou as nuvens
e abriu as portas do céu.
24 Fez chover *man* para que eles comessem;
deu-lhes o cereal do céu —
25 os mortais comeram o pão dos anjos;
providenciou-lhes comida à vontade.

26 Enviou o vento oriental do céu,
fez avançar o vento por seu poder,
27 e fez chover sobre eles comida como poeira,
aves em bando como a areia do mar.
28 Deixou-os cair no meio do acampamento,
em volta de suas tendas.
29 Então eles comeram até ficarem satisfeitos;
ele lhes deu o que desejavam.
30 Ainda estavam satisfazendo seus desejos,
a comida estava ainda em sua boca,
31 quando a ira de Deus se levantou contra eles
e matou seus homens mais fortes,
derrubando os jovens de Yisra'el.

32 Ainda assim, eles continuaram pecando
e não creram em seus prodígios.
33 Por isso, ele encerrou seus dias em futilidade,
e seus anos, em terror.
34 Quando os castigou com a morte, eles o buscaram;
arrependeram-se e buscaram a Deus desesperadamente,
35 lembrando que Deus era sua Rocha,
El 'Elyon, seu Redentor.

36 Mas tentaram enganá-lo com suas palavras,
mentiram com a língua,
37 pois seu coração não era sincero,
e eles foram infiéis à sua aliança.
38 Ainda assim, ele é cheio de compaixão;
perdoou-lhes o pecado e não os destruiu.
O tempo todo, reteve sua ira
e não ocupou toda a sua fúria.
39 Então lembrou que eles não eram nada, senão carne,
um vento que passa e não retorna.

40 Quantas vezes se rebelaram contra ele no deserto
e lamentaram por ele nas terras secas!
41 Repetidamente enfrentaram Deus
e irritaram o Santo de Yisra'el.
42 Não lembraram como ele usou sua mão
no dia em que os redimiu de seus inimigos,
43 como apresentou seus sinais no Egito,
e suas maravilhas, na região de Tzo'an.

44 Ele transformou seus rios em sangue,
de maneira que não puderam beber de suas fontes.
45 Enviou um enxame de moscas que os devoraram,
e rãs que os devastaram.
46 Deu suas plantações a larvas,
e o fruto de seu trabalho, a gafanhotos.
47 Destruiu suas vinhas com saraivas,
e suas figueiras, com geada.

48 Até o gado, ele destruiu com as saraivas,
e o rebanho, com os raios.

49 Lançou sobre eles sua ira acirrada,
fúria, indignação e angústia,
com uma milícia de anjos destruidores
50 para abrir caminho para sua ira.
Não os poupou da morte,
mas entregou todos à praga,
51 abatendo todos os primogênitos do Egito,
as primícias de sua força nas tendas de Ham.

52 Mas seu próprio povo ele conduziu como ovelhas,
guiando-o como rebanho no deserto.
53 Ele os guiou seguramente, e eles não temeram,
ainda quando o mar ultrapassou seus inimigos.
54 Ele os levou para uma terra santa,
aos montes conquistados por sua mão direita.
55 Expulsou as nações que ali estavam.
Deu-lhes a porção como herança
e fez as tribos de Yisra'el viverem em suas tendas.

56 Ainda assim, eles testaram *El 'Elyon*
e se rebelaram contra ele,
recusando-se a obedecer suas instruções.
57 Foram desleais e incrédulos, como seus pais;
indignos de confiança, como um arco defeituoso.
58 Provocaram a ira dele com seus santuários
e lhe despertaram ciúmes com seus ídolos.

59 Deus ouviu e estava irado;
passou a odiar Yisra'el completamente.
60 Abandonou o tabernáculo de Shiloh,
a tenda que ele fez para habitar no meio do povo.
61 Ofereceu sua força no exílio,
e seu orgulho, ao poder dos inimigos.
62 Entregou seu povo à espada
e encheu-se de ira contra seus próprios herdeiros.
63 O fogo consumiu seus jovens,
suas virgens não tiveram canções de núpcias,
64 seus *kohanim* caíram à espada,
e suas viúvas não podiam chorar.

65 Então *Adonai* despertou do sono,
como um guerreiro excitado pelo vinho.
66 Ele abateu seus inimigos, fazendo-os retroceder
em vergonha perpétua.

67 Rejeitando as tendas de Yosef
e ignorando as tribos de Efrayim,
68 ele escolheu a tribo de Y'hudah,
o monte Tziyon, que ele amava.

69 Construiu o santuário como os morros;
como a terra, fez isso para durar para sempre.

70 Escolheu David para ser seu servo,
tomando-o dos campos de ovelhas;
71 do pastoreio, ele o trouxe,
para pastorear Ya'akov, seu povo,
e Yisra'el, sua herança.
72 Com coração reto, ele os pastoreou
e os guiou com mãos experientes.

79

1(0) Salmo de Asaf:

(1) Deus, os incrédulos invadiram tua herança.
Corromperam teu santo templo
e transformaram Yerushalayim em ruínas.
2 Deram os corpos de teus servos
por alimento aos pássaros do céu;
sim, a carne dos fiéis a ti,
para os animais selvagens da terra.
3 Por todo o redor de Yerushalayim,
derramaram o sangue deles como água,
e ninguém restou para enterrá-los.
4 Nós sofremos zombarias de nossos vizinhos;
somos desprezados e escarnecidos por aqueles que nos cercam.

5 Por quanto tempo, *Adonai*?
Continuarás irado para sempre?
Por quanto tempo teu ciúme queimará como o fogo?

6 Derrama tua ira sobre as nações que não te conhecem,
sobre os reinos que não clamam por teu nome,
7 pois eles devoraram Ya'akov
e deixaram sua casa uma destruição.

8 Não lances as iniquidades do passado sobre nós;
antes, deixa que tua compaixão venha rapidamente a nosso encontro,
pois estamos totalmente desanimados.
9 Ajuda-nos, Deus de nossa salvação,
por causa da glória de teu nome.
Liberta-nos, perdoa nossos pecados,
por causa de teu nome.
10 Por que as nações deveriam perguntar:
"Onde está seu Deus?".

Que a vingança pelo sangue derramado de teus servos
seja conhecida entre as nações diante de nossos olhos.
11 Que o clamor dos cativos chegue a ti;
por meio de tua força, salva aqueles condenados à morte.

12 Retribui a nossos vizinhos sete vezes mais, de maneira que sintam
os insultos que eles direcionaram a ti, *Adonai*.

13 Então teu povo e o rebanho de teus pastos
darão graças a ti para todo o sempre.
De geração a geração,
proclamaremos teu louvor.

80

1(0) Para o regente. Feito para a melodia "Lírios". Testemunho. Salmo de Asaf:

2(1) Pastor de Yisra'el, ouve-nos!
Tu, que conduziste Yosef como um rebanho,
Tu, que tens o trono sobre os *k'ruvim,*
brilha!
3(2) Diante de Efrayim, Binyamin e M'nasheh,
demonstra teu poder e vem salvar-nos.
4(3) Deus, restaura-nos!
Faze brilhar tua face, e seremos salvos.

5(4) ADONAI, Deus dos exércitos, por quanto tempo
permanecerás irado com as orações de teu povo?
6(5) Tens dado a eles lágrimas como pão
e os fizeste beber lágrimas em abundância.
7(6) Fizeste nossos vizinhos levantarem-se contra nós
e nossos inimigos caçoarem de nós.
8(7) Deus das armas, restaura-nos!
Faze brilhar tua face, e seremos salvos.

9(8) Trouxeste uma videira do Egito,
expulsaste as nações e ali a plantaste;
10(9) limpaste o terreno para isso.
Então ela se firmou e preencheu a terra.
11(10) As montanhas foram cobertas com sua sombra,
e os cedros poderosos, com seus ramos —
12(11) ela lançou ramos que chegaram até o mar,
e brotos, até o rio [Eufrates].

13(12) Por que quebraste a muralha [da videira],
de maneira que todo aquele que passa pode colher [seus frutos]?
14(13) Os javalis da floresta a derrubram;
criaturas selvagens dos campos ali se alimentam.

15(14) Deus dos exércitos, volta, por favor!
Olha do céu, vê e cuida desta videira!
16(15) Protege o que tua mão direita plantou,
o filho que para ti fortaleceste.
17(16) Ela está queimando no fogo, está cortada;
é consumida por teu olhar de reprovação.
18(17) Auxilia o homem que colocaste à tua direita,
o filho do homem que para ti fortaleceste.

19(18) Então não nos desviaremos de ti —
se tu nos reavivares, clamaremos por teu nome.
20(19) ADONAI, Deus dos exércitos, restaura-nos!
Faze brilhar tua face, e seremos salvos.

81

1(0) Para o regente. Para a *gittit*. Por Asaf:

2(1) Cantem com alegria a Deus, nossa força!
Gritem ao Deus de Ya'akov!
3(2) Comecem a música! Toquem os tambores!
Toquem a doce flauta e os instrumentos de corda.
4(3) Soem o *shofar* em *Rosh-Hodesh*
e na lua cheia na festa das peregrinações,
5(4) pois essa é uma lei em Yisra'el,
uma ordem do Deus de Ya'akov.
6(5) Estabeleceu isso como testemunho em Y'hosef
quando saiu contra a terra do Egito.

Ouço uma voz estranha dizer:
7(6) "Tirei o peso de seus ombros;
suas mãos foram liberadas dos [trabalhos dos] cestos.
8(7) Vocês clamaram quando estavam em tribulação,
e eu os livrei.
Respondi a vocês do meio do trovão,
provei-os nas águas de M'rivah [dizendo:] *(Selah)*

9(8) " 'Ouça, meu povo, minhas advertências!
Yisra'el, se você ao menos atentasse para mim!
10(9) Não tenha nenhum deus estrangeiro em seu meio,
não adore deuses estranhos.
11(10) Eu sou *Adonai*, seu Deus,
que o trouxe da terra do Egito.
Abra a boca, e eu o alimentarei'.

12(11) "Mas meu povo não atentou para minha voz;
Yisra'el em nada me ouviu.
13(12) Então lhes entreguei a seu coração teimoso,
para viverem de acordo com seus próprios planos.
14(13) Como eu gostaria que meu povo me ouvisse,
que Yisra'el vivesse em meus caminhos!
15(14) Eu rapidamente acabaria com seus inimigos
e poria minhas mãos sobre seus adversários.
16(15) Aqueles que odeiam *Adonai* se curvariam diante dele
enquanto o tempo [de Yisra'el] duraria para sempre.
17(16) Eles seriam alimentados com o mais fino trigo,
e eu satisfaria você com mel das rochas".

82

1(0) Salmo de Asaf:

(1) *Elohim* [Deus] preside a assembleia divina;
ali, com os *elohim* [juízes], ele julga:
2 "Por quanto tempo vocês julgarão injustamente,
favorecendo os perversos? (*Selah*)
3 Façam justiça aos fracos e aos órfãos!
Assegurem seus direitos!

4 Socorram os oprimidos e necessitados;
libertem-nos dos poderes dos ímpios!”.

5 Eles não conhecem, não entendem,
vagueiam em trevas; enquanto isso, todos os fundamentos da terra estão sendo abalados.

6 “Meu decreto é: ‘Vocês são *elohim* [deuses, juízes],
filhos do Altíssimo, todos vocês.
7 Todavia, morrerão como mortais;
como qualquer príncipe, cairão’ ”.

8 Levanta, *Elohim,* e julga a terra,
pois todas as nações te pertencem.

83

1(0) Canção. Salmo de Asaf:

2(1) Deus, não fiques em silêncio.
Não te cales, Deus, nem te emudeças,
3(2) pois aqui estão teus inimigos, causando agitação;
aqueles que te odeiam levantam a cabeça
4(3) astutamente, conspirando contra teu povo,
tramando contra aqueles que são teu tesouro.

5(4) Eles dizem: “Venham, vamos destruí-los como nação,
para que o nome de Yisra’el não seja lembrado mais!”.
6(5) Com um só propósito, eles tramam esquemas;
a aliança que fizeram é contra o ti —
7(6) as tendas de Edom e os yishma’elim,
Mo’av e os hagrim,
8(7) G’val, ‘Amon e ‘Amalek,
P’leshet e aqueles que moram em Tzor; *(Selah)*
9(8) também aliada com eles está Ashur,
para reforçar os descendentes de Lot.

10(9) Faze a eles como fizeste a Midyan,
a Sisra e Yavin em *vádi* Kishon —
11(10) eles foram destruídos em ‘Ein-Dor
e se tornaram adubo para o solo.
12(11) Faze de seus líderes como fizeste a ‘Orev e Ze’ev,
e de todos os seus príncipes, como fizeste a Zevach e Tzalmuna,
13(12) que disseram: “Tomemos posse
das campinas de Deus para nós”.

14(13) Deus meu, faze deles como um redemoinho de poeira,
um traste levado pelo vento.
15(14) Como um fogo consumindo uma floresta,
como um corisco que abrasa as montanhas,
16(15) afasta-os com tua tormenta,
atemoriza-os com tua tempestade.
17(16) Enche seu rosto de vergonha,
de maneira que eles busquem teu nome, ADONAI.

18(17) Torna-os envergonhados e temerosos para sempre;
sim, faze-os perecer em desgraça.
19(18) Faze-os saber que tu és o único
cujo nome é *Adonai*.
És o Altíssimo sobre toda a terra.

84

1(0) Para o regente. Para a *gittit*. Salmo dos filhos de Korach:

2(1) Amáveis são os lugares onde moras,
Adonai-Tzva'ot!
3(2) Minha alma suspira; sim, desfalece toda
pelos pátios de *Adonai*.
Meu coração e meu corpo clamam por regozijo
pelo Deus vivo.

4(3) Assim como o pardal descobre uma morada para si,
e a andorinha, um ninho onde deixa seu filhote,
[assim é meu lugar de descanso] em teus altares,
Adonai-Tzva'ot, meu rei e meu Deus.

5(4) Felizes são os que vivem em tua casa;
eles nunca cessam de adorar o Senhor! (*Selah*)
6(5) Feliz é o homem cuja força está em ti
e cujo coração anseia [peregrinar] pelo caminho.

7(6) Passando pelo [deserto do] vale de Baka,
fazem dali uma fonte de águas,
e a chuva da manhã o reveste de bênçãos.
8(7) Eles vão de força em força
e aparecem diante de Deus em Tziyon.

9(8) *Adonai*, Deus dos exércitos, escuta minha oração;
ouve, Deus de Ya'akov. *(Selah)*
10(9) Deus, assiste nosso escudo [o rei];
olha para a face de teu ungido.
11(10) Melhor é um dia em teus pátios
que mil [dias em qualquer outro lugar].
Melhor é apenas estar à porta da casa de meu Deus
que morar nas tendas da maldade.

12(11) Pois *Adonai* é sol e escudo;
Adonai concede favor e honra;
ele não negará nada de bom
àqueles cuja vida é pura.

13(12) *Adonai-Tzva'ot*,
feliz é aquele que confia em ti!

85

1(0) Para o regente. Salmo dos filhos de Korach:

2(1) *Adonai*, tu tens mostrado favor à tua terra;
tens restaurado a riqueza de Ya'akov,

3(2) retirado a culpa de teu povo,
perdoado todos os seus pecados, (*Selah*)
4(3) retirado toda a tua ira,
abandonado tua fúria.

5(4) Restaura-nos, Deus de nossa salvação;
esquece teus desprazeres conosco.
6(5) Ficarás irado conosco para sempre?
Tua fúria atravessará todas as gerações?

7(6) Acaso não nos renovarás,
para que teu povo se regozije em ti?
8(7) Mostra-nos tua graça, *Adonai*;
confirma-nos tua salvação.

9(8) Estou ouvindo. O que *Adonai*, Deus, dirá?
Pois ele confirmará paz a seu povo,
a seus santos —
mas apenas se eles não recaírem na insensatez.
10(9) Sua salvação está próxima daqueles que o temem,
assim sua glória estará em nossa terra.
11(10) A graça e a verdade se encontram para sempre;
a justiça e a paz se beijam.
12(11) A verdade brota da terra,
e a justiça olha do céu.
13(12) *Adonai* também garantirá a prosperidade;
nossa terra produzirá colheitas.
14(13) A justiça andará diante dele
e fará de suas pegadas um caminho.

86

1(0) Oração de David:

(1) Ouve, *Adonai*, e responde-me,
pois sou pobre e necessitado.
2 Preserva minha vida, pois sou fiel.
Salva teu servo,
que põe sua confiança em ti,
pois tu és meu Deus.
3 Tem pena de mim, *Adonai*,
clamo a ti o dia todo.

4 Preenche o coração de teu servo com regozijo,
pois a ti, *Adonai*, levanto meu coração.
5 *Adonai*, tu és bondoso e perdoador,
cheio de graça para com todos que clamam a ti.
6 Ouve, *Adonai*, minha oração;
dá atenção à minha incessante petição.
7 No dia de minha tribulação, clamo a ti,
pois tu me responderás.

8 Não há ninguém como tu entre os deuses, *Adonai*;
nenhum feito é comparado aos teus.

9 Todas as nações que fizeste
virão e se prostrarão diante de ti, ADONAI;
elas honrarão o teu nome.
10 Pois tu és grande e fazes maravilhas;
tu somente és Deus.

11 *ADONAI*, ensina-me teu caminho,
e assim poderei viver por tua verdade;
dá-me um coração constante,
de maneira que eu tema teu nome.
12 Eu te darei graças, *ADONAI*, meu Deus,
com todo o meu coração,
e glorificarei teu nome para sempre.
13 Pois tua graça me é dispensada de forma grandiosa!
Tu me resgataste da parte mais profunda do *sh'ol*.

14 Deus, homens arrogantes se levantam contra mim,
uma gangue brutal busca por minha vida,
e a ti eles nem dão atenção.
15 Mas tu, *ADONAI*,
és misericordioso, Deus compassivo,
tardio em irar-se
e rico em graça e verdade.
16 Volta-te para mim e mostra-me teu favor;
fortalece teu servo, salva o filho de tua serva.
17 Dá-me um sinal de teu favor,
e assim aqueles que me odeiam
verão isso e ficarão envergonhados,
pois tu, *ADONAI*,
me ajudas e me confortas.

87

1(0) Salmo dos filhos de Korach. Canção:

(1) No santo monte, está a fundação da cidade.
2 *ADONAI* ama os portões de Tziyon
mais que todas as moradias de Ya'akov.
3 Gloriosas coisas são ditas sobre ti,
cidade de Deus. (*Selah*)

4 Tenho Rahav e Bavel
entre aqueles que me conhecem.
De P'leshet, Tzor e Etiópia [eles dirão]:
"Este nasceu por ali".
5 De Tziyon, contudo, será dito:
"Este e aquele nasceram ali,
pois foi o Altíssimo quem o estabeleceu".
6 Ao registrar os povos, *ADONAI* deixará gravado:
"Este aqui nasceu ali". (*Selah*)

7 Cantores e dançarinos igualmente dizem:
"Para mim, tu és a fonte de tudo".

88

1(0) Canção. Salmo dos filhos de Korach. Para o regente. Feito para "Doenças que causam sofrimentos". *Maskil* de Heiman, o ezrachi:

2(1) *Adonai*, Deus de minha salvação,
quando clamo a ti durante a noite,
3(2) deixa que minha oração chegue diante de ti,
volta teu ouvido para minha súplica.
4(3) Pois estou cheio de tribulações,
as quais me conduziram à beira do *sh'ol*.
5(4) Sou contado entre os que descem à cova,
como alguém que não se pode mais ajudar,
6(5) abandonado entre os mortos,
como cadáveres que jazem na sepultura —
tu não mais te lembras deles;
eles são cortados de seus cuidados.

7(6) Tu me lançaste em profunda cova,
em lugares tenebrosos, nas profundezas.
8(7) Tua ira pesa sobre mim;
com todas as tuas ondas me afligiste. (*Selah*)
9(8) Afastaste de mim meus melhores amigos
e para eles me tornaste repugnante.
Sou como um preso que não pode escapar;
10(9) meus olhos estão fracos de tanto sofrer.

A ti, *Adonai*, clamo todos os dias;
a ti ergo as mãos em oração.
11(10) Acaso mostras tuas maravilhas aos mortos?
Acaso os mortos se levantam e te louvam? (*Selah*)
12(11) Tua graça será anunciada no túmulo,
e tua fidelidade, no Abaddon?
13(12) Acaso tuas maravilhas são conhecidas nas trevas,
e tua justiça, na terra do esquecimento?

14(13) Eu, *Adonai*, clamo a ti por socorro;
minha oração chega à tua presença pela manhã.
15(14) Por que, *Adonai*, me rejeitas?
Por que escondes de mim teu rosto?

16(15) Desde minha mocidade, ando aflito e prestes a expirar;
teus terrores me levaram ao desespero.
17(16) Sobre mim, abateu-se tua ira;
teus ataques terríveis me destruíram.
18(17) Cercam-me o dia todo como uma inundação;
de todos os lados, me envolvem.
19(18) Afastaste de mim meus amigos e meus companheiros;
meus conhecidos me estão ocultos.

89

1(0) Poema de Eitan, o ezrachi:

2(1) Para sempre cantarei o amor de *Adonai*;
com minha boca, anunciarei tua fidelidade por todas as gerações.

3(2) Por isso, declarei: "Tua graça dura para sempre;
nos próprios céus, firmaste tua fidelidade".

4(3) Tu disseste: "Fiz uma aliança com meu escolhido,
jurei a meu servo David:
5(4) Estabelecerei sua linhagem para sempre
e firmarei seu trono por todas as gerações". (*Selah*)

6(5) Os céus louvam tuas maravilhas, *Adonai*,
e tua fidelidade, na assembleia dos anjos.
7(6) Pois quem nos céus pode comparar-se a *Adonai*?
Qual dos seres celestiais se assemelha a *Adonai*?
8(7) Um Deus terrível na grande assembleia dos santos
e temido por todos a seu redor?

9(8) *Adonai Elohei-Tzva'ot*!
Quem é poderoso como tu, *Yah?*
Tua fidelidade te cerca.
10(9) Tu controlas a fúria do mar;
quando as ondas se levantam, tu as acalmas.
11(10) Tu esmagaste Rahav como a uma carcaça;
com teu forte braço, dispersaste teus inimigos.
12(11) Os céus são teus, e a terra é tua;
tu fundaste o mundo e tudo o que nele há.
13(12) Criaste o norte e o sul;
o Tavor e o Hermon se alegram em teu nome.

14(13) Teu braço é poderoso, tua mão é forte;
tua mão direita é exaltada.
15(14) Retidão e justiça são os fundamentos de teu trono;
graça e verdade estão diante de ti.

16(15) Feliz é o povo que conhece o grito de alegria!
Eles caminham na luz de tua presença, *Adonai*.
17(16) Regozijam-se em teu nome todo dia
e são exaltados por tua retidão,
18(17) porque tu mesmo és a força na qual eles se gloriam.
Nosso poder cresce quando te agradamos,
19(18) pois nosso escudo vem de *Adonai* —
nosso rei vem do Santo de Yisra'el.

20(19) Houve um tempo em que tu falavas em visão;
declaravas a teus leais [profetas]:
"Socorri o guerreiro,
exaltei alguém escolhido dentre o povo.
21(20) Encontrei David, meu servo,
e o ungi com meu óleo santo.
22(21) Minha mão estará sempre com ele,
e meu braço lhe dará força.
23(22) Nenhum inimigo o enganará;
nenhum ímpio o derrotará.
24(23) Esmagarei seus inimigos diante dele
e ferirei todos os que o odeiam.

25(24) Minha fidelidade e minha graça estarão sempre com ele;
seu poder crescerá pelo meu nome.
26(25) Sua mão dominará até o mar,
e sua mão direita, até os rios.
27(26) Ele clamará a mim: 'Tu és meu pai,
meu Deus, a Rocha de minha salvação'.
28(27) Eu lhe darei a posição de primogênito,
o mais alto dos reis da terra.
29(28) Guardarei meu amor por ele para sempre,
e minha aliança com ele jamais se quebrará.
30(29) Estabelecerei sua dinastia para sempre,
e seu trono, enquanto durarem os céus.

31(30) "Se seus descendentes abandonarem minha *Torah*
e falharem em viver segundo meus mandamentos,
32(31) se profanarem minhas ordenanças
e não obedecerem a minhas *mitzvot*,
33(32) punirei sua desobediência com a vara,
e sua culpa, com açoites.
34(33) Mas não retirarei minha graça dele
nem desistirei de minha fidelidade.
35(34) Não profanarei minha aliança
nem mudarei o que meus lábios falaram.
36(35) Jurei por minha santidade de uma vez por todas;
não mentirei a David —
37(36) sua dinastia durará para sempre,
e seu trono será como o sol diante de mim.
38(37) Será estabelecido para sempre, como a lua,
que permanece no céu como fiel testemunha". *(Selah)*

39(38) Tu, porém, rejeitaste teu ungido,
rejeitaste e lançaste tua ira sobre ele.
40(39) Renunciaste à aliança com teu servo
e sujaste sua coroa no pó.
41(40) Quebraste todas as suas defesas
e deixaste suas fortalezas em ruínas.
42(41) Todos os que passam por ele o saqueiam;
ele é objeto de zombaria para seus vizinhos.
43(42) Tu exaltaste a mão direita de seus inimigos
e fizeste todos os seus inimigos regozijarem-se.
44(43) Enfraqueceste sua espada desembainhada
e não lhe deste suporte na batalha.
45(44) Deste fim a seu esplendor
e lançaste seu trono ao chão.
46(45) Encurtaste os dias de sua juventude
e o cobriste de vergonha. *(Selah)*

47(46) Quanto tempo, Adonai? Tu te esconderás para sempre?
Quanto tempo queimará tua fúria como fogo?
48(47) Lembra-te de quão pouco tempo tenho!
Terias criado a humanidade sem propósito?

49(48) Quem pode viver e não ver a morte?
Quem pode salvar-se do poder da cova? *(Selah)*
50(49) Onde, *Adonai*, estão os atos de graça
que, em tua fidelidade, juraste a David?
51(50) Lembra-te, *Adonai*, da zombaria lançada a teus servos
que carrego em meu coração [de] tantos povos!
52(51) Teus inimigos, *Adonai*, lançaram sua zombaria,
afrontando cada passo de teu ungido.

53(52) Bendito seja *Adonai* para sempre.
Amen. Amen.

Livro IV: Salmos 90–106

90 1(0) Oração de Moshe, o homem de Deus:

(1) *Adonai*, tu tens sido nosso lugar de habitação
em cada geração.
2 Antes que os montes nascessem,
antes que tivesses formado a terra e o mundo,
de eternidade a eternidade tu és Deus.

3 Fazes frágeis os mortais até o ponto de estarem esmagados
e então dizes: "Arrependam-se, seres humanos!".
4 Pois, para ti, mil anos
são somente como o dia de ontem ou como a vigília da noite.
5 Quando os alcanças, eles se tornam como um sono.
De manhã, são como a relva que cresce;
6 cresce e floresce de manhã, mas à noite é cortada e seca.

7 Pois somos destruídos por tua fúria
e subjugados por tua ira.
8 Puseste nossas culpas diante de ti,
nossos segredos escondidos, na plena luz de tua presença.

9 Todos os nossos dias escoam sob tua ira;
nossos anos passam como um suspiro.
10 A duração de nossa vida é de setenta anos,
ou, se formos fortes, oitenta;
contudo, o melhor dela é labuta e tristeza;
um momento, e então nos vamos.

11 Quem compreende o poder de tua fúria e, de tua ira,
a medida do temor que tu deves inspirar?
12 Então ensina-nos a contar nossos dias,
para que nos tornemos sábios.

13 Volta, *Adonai*! Por quanto tempo será assim?
Tem piedade de teus servos!
14 Enche-nos de manhã com teu amor,
para que cantemos de alegria enquanto vivermos.

15 Que nossa alegria dure tanto tempo quanto nos fizeste sofrer,
por tantos anos quantos experimentamos a tribulação.

16 Mostra teus feitos a teus servos,
e tua glória, a teus filhos.
17 Que o favor de *Adonai*, nosso Deus, esteja sobre nós
e faça prosperar todo o trabalho que fazemos —
sim, faça prosperar a obra de nossas mãos.

91

1 Aquele que habita no abrigo de *'Elyon*,
que passa suas noites à sombra de *Shaddai*,
2 que diz a *Adonai*: "Meu refúgio! Minha fortaleza!
Meu Deus, em quem confio!" —
3 ele o resgatará da armadilha do caçador
e do veneno das calamidades;
4 ele o cobrirá com suas penas,
e debaixo de suas asas você encontrará refúgio;
sua verdade é escudo e proteção.

5 Você não temerá os terrores da noite,
nem a flecha que voa de dia,
6 nem a praga que ronda a escuridão,
nem o açoite que traz destruição ao meio-dia.
7 Mil podem cair a seu lado,
10 mil, à sua direita;
mas nada o atingirá.
8 Apenas mantenha os olhos abertos
e verá como os ímpios são punidos.

9 Porque você fez de *Adonai*, o Altíssimo,
que é meu refúgio, seu lugar de habitação.
10 Nenhum desastre o alcançará,
nenhuma calamidade chegará à sua tenda;
11 pois ele ordenará a seus anjos que cuidem de você
e o guardará, aonde quer que você vá.
12 Eles o segurarão em suas mãos,
para que você não tropece em nenhuma pedra.
13 Você pisará em leões e serpentes,
calcará leões jovens e serpentes.
14 "Porque ele me ama, eu o resgatarei;
porque conhece meu nome, eu o protegerei.
15 Ele clamará a mim, e eu lhe responderei.
Estarei com ele na aflição.
Eu o livrarei e lhe trarei honras.
16 Eu o satisfarei com uma vida longa
e lhe mostrarei minha salvação."

92

1(0) Salmo. Canção para o *shabbat*:

2(1) É bom dar graças a *Adonai*
e cantar louvores a teu nome, *'Elyon*,

3(2) falar de tua graça pela manhã
e, à noite, de tua fidelidade,
4(3) na música de [uma harpa de] dez cordas e do alaúde,
com a melodia soando na lira.

5(4) Pois me alegro com o que tu fazes, *Adonai*;
sinto júbilo nas obras de tuas mãos.
6(5) Grandes são teus feitos, *Adonai*!
Profundos são teus pensamentos!

7(6) Os insensatos não podem conhecer,
e os tolos não entendem
8(7) que, quando o ímpio brota como grama,
e todos os que fazem o mal prosperam,
isso é para que eles sejam destruídos eternamente,
9(8) enquanto tu, *Adonai*, és exaltado para sempre.

10(9) Pois teus inimigos, *Adonai*,
teus inimigos perecerão;
todos os malfeitores serão dispersos.
11(10) Tu, porém, me deste
a força de um touro selvagem;
tu me ungiste com óleo de oliva fresco.
12(11) Meus olhos contemplaram com prazer a ruína de meus inimigos;
meus ouvidos se deliciaram com a queda de meus adversários.

13(12) Os justos florescerão como a palmeira,
crescerão como o cedro no L'vanon.
14(13) Plantados na casa de *Adonai*,
florescerão nos pátios de nosso Deus.
15(14) Mesmo em idade avançada, serão vigorosos,
cheios de seiva, ainda darão frutos,
16(15) e proclamarão que *Adonai* é justo,
minha Rocha, em quem não há injustiça.

93

1 *Adonai* é rei, vestido em majestade.
Adonai vestiu seu manto, cingiu-se de força.
O mundo está bem firmado;
não será abalado.
2 Teu trono foi estabelecido muito tempo atrás;
tu existes para sempre.
3 *Adonai*, o abismo se levantou,
o abismo levantou sua voz,
o abismo levantou suas ondas turbulentas.
4 Mais que o som das águas turbulentas
e das poderosas ondas do mar,
Adonai é poderoso nas alturas.
5 Tuas instruções são muito corretas;
santidade convém à tua casa,
Adonai, perpetuamente.

94

1 Deus da vingança, *Adonai*!
Deus da vingança, aparece!
2 Confirma-te como juiz da terra!
Retribui ao soberbo como ele merece!

3 Quanto tempo irão os ímpios, *Adonai*,
quanto tempo irão os ímpios triunfar?
4 Eles derramam palavras insolentes,
todos esses malfeitores se vangloriam.

5 Esmagam teu povo, *Adonai*,
oprimem tua herança.
6 Matam viúvas e estrangeiros
e assassinam o órfão.

7 Dizem: "*Yah* não está vendo;
o Deus de Ya'akov não percebe".
8 Prestem atenção, vocês, que são rudes em meio ao povo!
Vocês, tolos, quando entenderão?
9 Não ouvirá aquele que fez o ouvido?
Não verá aquele que formou o olho?
10 Não corrigirá as nações aquele que as disciplina?
Não saberá o mestre da humanidade?
11 *Adonai* conhece os pensamentos do povo
e sabe que são apenas uma lufada de vento.

12 Feliz é o homem a quem tu corriges, *Yah*,
a quem ensinas tua *Torah*,
13 dando-lhe o repouso dos dias de tribulação,
até que a cova seja aberta para o ímpio!

14 Porque *Adonai* não desamparará seu povo,
não abandonará sua herança.
15 A justiça será, uma vez mais, justa,
e todos os retos de coração a seguirão.

16 Quem pleiteará minha causa contra o ímpio?
Quem se levantará por mim contra os malfeitores?

17 Se *Adonai* não me tivesse ajudado,
eu logo estaria habitando na terra do silêncio.
18 Quando eu disse: "Meu pé está escorregando!",
tua graça, *Adonai*, me amparou.
19 Quando minhas preocupações são muitas dentro de mim,
teu conforto me encoraja.

20 Podem ser teus aliados os juízes injustos,
aqueles que fazem o mal em nome da lei?
21 Eles se unem contra o justo
e condenam o inocente à morte.

22 Mas *Adonai* se tornou minha fortaleza,
meu Deus é minha rocha de refúgio.

23 Ele, porém, lhes retribui como sua culpa merece;
ele os destruirá com seu próprio mal.
Adonai, nosso Deus, os destruirá.

95

1 Venham, cantemos a *Adonai*!
Gritemos de alegria à Rocha de nossa salvação!
2 Vamos à sua presença com ações de graças;
celebremos a ele com canções de louvor.

3 Porque *Adonai* é um grande Deus,
um grande rei, maior que todos os deuses.
4 Toma as profundezas da terra nas mãos;
os cumes dos montes também lhe pertencem.
5 O mar é dele — ele o fez —,
e suas mãos moldaram a terra seca.

6 Venham, curvemo-nos e adoremos;
ajoelhemos diante de *Adonai* que nos criou.
7 Porque ele é nosso Deus, e nós somos seu povo;
em seu pasto, ovelhas sob seu cuidado.

Se tão somente hoje vocês ouvissem sua voz:
8 "Não endureçam o coração, como fizeram em M'rivah,
como fizeram naquele dia em Massah, no deserto,
9 quando seus pais me puseram à prova;
eles me desafiaram, ainda que tivessem visto minha obra.
10 Por quarenta anos, eu me aborreci daquela geração;
eu disse: 'Este é um povo cujo coração se desvia,
que não entende meu modo de agir'.
11 Portanto, jurei em minha ira
que eles não entrariam em meu repouso".

96

1 Cantem a *Adonai* uma nova canção!
Cante a *Adonai*, toda a terra!
2 Cantem a *Adonai*, bendigam seu nome!
Proclamem sua vitória dia após dia!
3 Declarem sua glória entre as nações e
suas maravilhas entre todos os povos!

4 Porque *Adonai* é grande e digno de ser louvado;
deve ser mais temido que todos os deuses.
5 Porque todos os deuses dos povos são ídolos,
mas *Adonai* fez os céus.
6 Em sua presença, estão honra e majestade;
em seu santuário, força e esplendor.

7 Deem a *Adonai* o que lhe é devido, vocês, famílias dos povos;
deem a *Adonai* a glória e a força que lhe são devidas;
8 deem a *Adonai* a glória devida a seu nome;
tragam uma oferta e entrem em seus pátios.
9 Adorem *Adonai* em seu esplendor;
trema diante dele toda a terra!

10 Digam entre as nações: "*Adonai* é rei!".
A terra está firmemente estabelecida, não se move.
Ele julgará os povos imparcialmente.

11 Regozijem-se os céus e alegre-se a terra.
Ruja o mar e tudo o que nele há.
12 Exultem os campos e tudo o que neles existe.
Então todas as árvores da floresta cantarão
13 diante de *Adonai*, porque ele veio,
ele veio para julgar a terra;
julgará o mundo com justiça,
e os povos, com sua fidelidade.

97

1 *Adonai* é rei, regozije-se a terra,
alegrem-se as muitas costas e ilhas.
2 As nuvens e as densas trevas o cercam;
retidão e justiça são o alicerce de seu trono.
3 Fogo vai adiante dele,
queimando seus inimigos por todos os lados.
4 A luz de seus relâmpagos ilumina o mundo;
a terra os vê e treme.
5 As montanhas se derretem como cera na presença de *Adonai*,
na presença do Senhor de toda a terra.
6 Os céus declaram sua justiça,
e todos os povos veem sua glória.

7 Todos os que adoram imagens serão envergonhados,
aqueles que se vangloriam em ídolos vãos.
Curvem-se diante dele, todos vocês, deuses!
8 Tziyon ouve e se alegra, *Adonai*;
as filhas de Y'hudah se regozijam com teus mandamentos.
9 Porque tu, *Adonai*, o mais elevado sobre toda a terra,
és exaltado muito acima dos deuses.

10 Vocês, que amam *Adonai*, odeiem o mal!
Ele guarda em segurança seu servo fiel.
Ele o resgata do poder do ímpio.
11 A luz é semeada para o justo,
e a alegria, para o reto de coração.
12 Regozijem-se em *Adonai*, vocês, justos,
e deem graças ao lembrar sua santidade.

98

1(0) Salmo:

(1) Cantem uma nova canção a *Adonai*,
porque ele fez maravilhas.
Sua mão direita e seu braço santo
conquistaram-lhe a vitória.
2 *Adonai* fez conhecida sua vitória;
revelou sua justiça à vista das nações,

3 lembrou-se de sua graça e de sua fidelidade
para com a casa de Yisra'el.
Todas as extremidades da terra testemunharam
a vitória de nosso Deus.

4 Gritem de alegria a *Adonai*, todos os habitantes da terra!
Irrompam, cantem de alegria, cantem louvores!
5 Cantem louvores a *Adonai* com a lira,
com a lira e músicas melodiosas!
6 Com trombetas e o som do *shofar*,
gritem de alegria diante do rei, *Adonai*!
7 Ruja o mar e tudo o que há nele,
o mundo e aqueles que nele vivem.
8 Batam palmas as correntezas.
Cantem de alegria, em conjunto, as montanhas
9 diante de *Adonai*, porque ele veio julgar a terra;
julgará o mundo com justiça, e os povos, com imparcialidade.

99

1 *Adonai* é rei; tremam todos os povos.
Está entronizado sobre os *k'ruvim*; abale-se a terra!
2 *Adonai* é grande em Tziyon;
é exaltado acima de todos os povos.

3 Louvem seu grande e temido nome (ele é santo):
4 "Poderoso rei que ama a justiça, tu estabeleceste
a imparcialidade, a justiça e a retidão em Ya'akov".

5 Exaltem *Adonai*, nosso Deus!
Prostrem-se a seus pés (ele é santo).

6 Moshe e Aharon entre seus *kohanim*,
e Sh'mu'el entre aqueles que clamam por seu nome,
clamaram a *Adonai*, e ele lhes respondeu.
7 Falou com eles na coluna de nuvem;
eles guardaram suas instruções e a lei que lhes foi dada.
8 *Adonai*, nosso Deus, tu respondeste a eles.
Foste para eles um Deus perdoador,
ainda que tomaste vingança contra seus maus procedimentos.

9 Exaltem *Adonai*, nosso Deus,
curvem-se para seu santo monte,
porque *Adonai*, nosso Deus, é santo!

100

1(0) Salmo de ações de graças:

(1) Gritem de alegria a *Adonai*, todos os habitantes da terra!
2 Sirvam a *Adonai* com alegria.
Entrem em sua presença com alegres cânticos.

3 Estejam cientes de que *Adonai* é Deus;
foi ele quem nos fez; e nós somos dele,
seu povo, o rebanho de seu pasto.

4 Entrem por suas portas com ações de graças,
entrem em seus pátios com louvor;
deem graças a ele e bendigam seu nome.
5 Porque *Adonai* é bom, sua graça dura para sempre,
e sua fidelidade permanece por todas as gerações.

101

1(0) Salmo de David:

(1) Cantarei a graça e a justiça;
cantarei a ti, *Adonai*.
2 Seguirei o caminho da integridade;
quando virás a mim?
Viverei minha vida com coração sincero
dentro de minha própria casa.
3 Não permitirei que haja diante de meus olhos
nenhuma coisa vergonhosa.
Odeio aqueles que agem de forma desonesta;
o que eles fazem não me atrai.
4 O erro se apartará de mim;
não tolerarei o mal.
5 Se alguém caluniar o outro em segredo,
eu o farei calar.
Olhos arrogantes e coração soberbo,
não posso suportar.

6 Procuro os fiéis da terra,
para que possam ser meus companheiros;
os que vivem de modo íntegro serão meus servos.
7 Nenhum enganador habitará em minha casa;
nenhum mentiroso será meu conselheiro.
8 A cada manhã, destruirei
todos os ímpios da terra,
exterminarei da cidade de *Adonai*
todos os malfeitores.

102

1(0) Oração de um sofredor que, tomado pelo desânimo, derrama sua queixa perante *Adonai*:

2(1) *Adonai*, ouve minha oração!
Que meu clamor por socorro chegue a ti!
3(2) Não escondas tua face de mim
enquanto estou nesta angústia!
Volta teus ouvidos para mim;
quando eu chamar, sê rápido em responder!

4(3) Pois meus dias desaparecem como fumaça,
e meus ossos ardem como um forno.
5(4) Estou quebrado e murcho como a relva;
esqueço até de comer.
6(5) Por causa de meus altos gemidos,
estou reduzido apenas a pele e ossos.

7(6) Sou como a grande coruja do deserto
e me tornei como a coruja das ruínas.
8(7) Fico acordado e assim me torno
como um pássaro solitário no telhado.

9(8) Meus inimigos escarnecem de mim todo o dia;
loucos de raiva, fazem de meu nome uma maldição.
10(9) Tenho comido cinzas como pão
e misturado lágrimas ao que bebo
11(10) por causa de tua furiosa ira,
pois tu me escolheste para ser lançado fora.
12(11) Meus dias declinam como a sombra da noite;
vou secando como a grama.

13(12) Mas tu, *Adonai*, estás entronizado para sempre;
tua fama durará por todas as gerações.
14(13) Tu te levantarás e terás piedade de Tziyon,
pois chegou o tempo de teres misericórdia dela;
chegou o tempo determinado.
15(14) Porque teus servos amam suas muitas pedras;
têm piedade até mesmo de seu pó.

16(15) As nações temerão o nome de *Adonai*,
e todos os reis da terra, tua glória,
17(16) quando *Adonai* tiver reconstruído Tziyon
e se mostrado em sua glória;
18(17) quando tiver cuidado da casa do pobre
e não desprezar a oração dele.
19(18) Que isso seja posto como registro para as futuras gerações;
e que um povo que está para ser criado louve *Adonai*.

20(19) Porque ele olhou do alto de seu santuário;
do céu, *Adonai* examina a terra
21(20) para ouvir o suspiro do prisioneiro,
para libertar aqueles que estão sentenciados à morte,
22(21) para proclamar o nome de *Adonai* em Tziyon
e seu louvor em Yerushalayim
23(22) quando os povos e os reinos tiverem sido congregados
para servir a *Adonai*.

24(23) Ele quebrou minha força no meio de minha vida,
encurtou meus dias.
25(24) Eu me queixei: "Deus, teus anos duram por todas as gerações;
então não me leves enquanto minha vida ainda está no meio!

26(25) No princípio, tu lançaste os fundamentos da terra;
o céu é obra de tuas mãos.
27(26) Eles passarão, mas tu permanecerás;
como as vestimentas, eles envelhecerão;
sim, tu os trocarás como roupas,
e eles passarão.
28(27) Mas tu permaneces o mesmo,
e teus anos nunca acabarão.

29(28) Os filhos de teus servos viverão em segurança,
e seus descendentes serão estabelecidos em tua presença".

103

1(10) De David:

(1) Bendiga *Adonai*, minha alma!
Tudo em mim, bendiga seu santo nome!
2 Bendiga *Adonai*, minha alma,
e não se esqueça de nenhum de seus benefícios!

3 Ele perdoa todas as suas ofensas,
cura todas as suas enfermidades,
4 livra sua vida da cova,
o cerca com graça e compaixão
5 e o enche de bens em toda a sua vida,
de modo que sua juventude se renova como a da águia.

6 *Adonai* traz vindicação e justiça
a todos os que estão oprimidos.
7 Fez conhecidos seus caminhos a Moshe,
e seus poderosos feitos, ao povo de Yisra'el.
8 *Adonai* é misericordioso e compassivo,
tardio em se irar e rico em graça.
9 Não acusará perpetuamente,
não manterá sua ira para sempre.
10 Não nos tratará como nossos pecados merecem,
nem nos retribuirá por nossas ofensas,
11 porque sua misericórdia para com aqueles que o temem
é tão elevada, sobre a terra, como o céu.
12 Removeu de nós o pecado
para tão longe quanto dista o leste do oeste.

13 Assim como o pai tem compaixão de seus filhos,
Adonai tem compaixão daqueles que o temem.
14 Pois ele sabe como somos feitos,
lembra que somos pó.
15 Sim, os dias do ser humano são como a relva;
ele germina como a flor do campo —
16 mas, quando o vento sopra, se vai,
e não se conhece mais seu lugar.
17 A misericórdia de *Adonai* sobre aqueles que o temem, porém,
é de eternidade a eternidade,
e sua justiça se estende
aos filhos dos filhos,
18 desde que eles cumpram sua aliança
e se lembrem de seguir seus preceitos.

19 *Adonai* estabeleceu seu trono no céu;
seu poder real governa tudo.
20 Bendigam *Adonai*, vocês, seus anjos,
vocês, poderosos guerreiros que obedecem à sua palavra,
que cumprem suas ordens!

21 Bendigam *Adonai*, todos os seus exércitos,
que o servem e que fazem o que ele quer!
22 Bendigam *Adonai*, todas as suas obras,
em todos os lugares onde ele governa!
Bendiga *Adonai*, minha alma!

104

1 Bendiga *Adonai*, minha alma!
Adonai, meu Deus, tu és grandioso;
estás vestido de glória e de majestade,
2 envolto de luz como de um manto.
Tu estendes os céus como cortina,
3 pões as vigas de teu palácio sobre a água.
Fazes das nuvens tua carruagem e
cavalgas sobre as asas do vento.
4 Fazes dos ventos teus mensageiros,
e das chamas ardentes, teus servos.

5 Fixaste a terra sobre seus fundamentos;
ela nunca será removida.
6 Tu a cobriste com a profundeza como com um manto;
as águas ficaram sobre as montanhas.
7 À tua repreensão, elas fugiram;
ao som de teu trovão, apressaram-se,
8 correndo sobre as colinas, derramando-se nos vales,
descendo ao lugar que fixaste para elas.
9 Tu determinaste uma fronteira que elas não poderão cruzar;
elas não cobrirão a terra novamente.

10 Tu fazes fontes jorrarem dos *vádis*;
elas fluem dentre as colinas,
11 suprindo com água todos os animais selvagens;
os jumentos selvagens matam sua sede.
12 Em suas praias, as aves do céu constroem ninhos;
entre os galhos, elas cantam.
13 Tu regas as montanhas de teu palácio;
a terra fica satisfeita com tua provisão —
14 fazes a grama crescer para o gado;
e para o povo fazes crescer as plantas de que eles necessitam
a fim de trazer da terra o pão,
15 o vinho que alegra o coração humano,
o óleo que faz brilhar o rosto,
e o alimento que sustenta sua força.

16 As árvores de *Adonai* estão satisfeitas —
os cedros do L'vanon, que ele plantou.
17 Neles os pardais constroem ninhos,
enquanto as cegonhas vivem em árvores abertas.
18 Para os cabritos selvagens, há altas montanhas,
enquanto os coelhos encontram refúgio nas rochas.

19 Tu fizeste a lua para marcar as estações,
e o sol sabe quando se pôr.

20 Trazes as trevas, e é noite,
a hora em que todos os animais da floresta vagueiam.
21 Os jovens leões rugem após sua presa
e esperam, da parte de Deus, seu alimento.
22 O sol se levanta, e eles se esquivam
e se deitam para descansar em suas guaritas,
23 enquanto o povo sai para seu trabalho,
labutando até o anoitecer.

24 Que variedade há em tuas obras, *Adonai*.
Quantas [delas há]! Tu as fizeste com sabedoria;
a terra está cheia de tuas criaturas.

25 Vejam o mar, tão grande, tão amplo!
Cheio de incontáveis criaturas,
seres viventes, tanto grandes quanto pequenos.
26 Os navios estão lá, passando por ele,
e o Livyatan, que tu criaste para brincar nele.

27 Todos eles esperam em ti,
para que lhes dês comida quando precisam dela.
28 Tu lhes dás, e eles a recolhem;
quando abres a mão, ficam satisfeitos.
29 Se escondes teu rosto, eles desaparecem;
se retiras deles o fôlego, perecem
e voltam ao pó.
30 Se lhes envia teu fôlego, eles são criados,
e tu renovas a face da terra.
31 Que a glória de *Adonai* dure para sempre!
Que *Adonai* se regozije em suas obras!
32 Quando ele olha para a terra, ela treme;
quando ele toca as montanhas, elas derramam fumaça.
33 Cantarei a *Adonai* enquanto viver,
cantarei louvores a meu Deus toda a minha vida.
34 Que minha meditação seja agradável a ele;
eu me regozijarei em *Adonai*.
35 Que os pecadores desapareçam da terra,
e os ímpios não existam mais!
Bendiga *Adonai*, minha alma!

Halleluyah!

105 1 Deem graças a *Adonai*, proclamem seu nome!
Tornem seus atos conhecidos entre os povos.
2 Cantem a ele, cantem louvores a ele,
falem sobre todas as suas maravilhas.
3 Gloriem-se em seu santo nome;
que aqueles que procuram *Adonai* tenham coração alegre.
4 Busquem *Adonai* e sua força;
busquem sempre sua presença.
5 Lembrem-se das maravilhas que ele tem feito,
de seus sinais e de seus mandamentos.

6 Vocês, descendência de Avraham, seu servo,
vocês, descendência de Ya'akov, seu escolhido,
7 ele é *Adonai*, nosso Deus!
Seus mandamentos estão em todos os lugares da terra.
8 Ele se lembra de sua aliança para sempre,
da palavra que ordenou a mil gerações,
9 da aliança que fez com Avraham,
do voto que jurou a Yitz'chak.
10 Ele a estabeleceu como lei para Ya'akov
e, para Yisra'el, como aliança perpétua:
11 "A vocês dou a terra de Kena'an;
como sua herança repartida".

12 Quando eram apenas poucos em número,
e não apenas poucos, mas também peregrinos,
13 vagando de nação em nação,
deste reino até aquele povo,
14 ele não deixou que ninguém os oprimisse.
Sim, por causa deles repreendeu até mesmo os reis:
15 "Não toquem em meus ungidos,
nem façam mal a meus profetas!".
16 Ele chamou a fome sobre a terra,
destruiu todos os seus suprimentos,
17 mas enviou um homem depois deles —
Yosef, o qual foi vendido como escravo.
18 Algemaram seus pés com cadeias
e o prenderam com ferros;
19 até o tempo em que sua predição provou ser verdadeira,
a palavra de Deus o provou.
20 O rei deu ordens e o soltou,
o governador dos povos o libertou;
21 ele o fez senhor sobre sua casa
e o encarregou de toda a sua propriedade,
22 para corrigir seus oficiais como achasse melhor
e ensinar a seus conselheiros a sabedoria.

23 Então Yisra'el também foi ao Egito,
Ya'akov viveu como peregrino na terra de Ham.
24 Ali Deus fez seu povo muito frutífero,
e numeroso demais para seus inimigos,
25 cujo coração ele transtornou para que odiassem seu povo
e tratassem seus servos injustamente.

26 Ele enviou seu servo Moshe,
e Aharon, a quem tinha escolhido.
27 Eles operaram sinais no meio deles,
e suas maravilhas, na terra de Ham.

28 Ele enviou trevas, e a terra escureceu;
eles não se rebelaram contra sua palavra.

29 Transformou sua água em sangue
e fez morrer seus peixes.

30 A terra deles fervilhou com rãs,
até mesmo nos aposentos reais.

31 Ele falou, e houve um enxame de insetos
e piolhos em todo o seu território.

32 Ele lhes deu granizo em vez de chuva,
com faíscas [flamejantes] em toda a sua terra.
33 Derrubou suas vinhas e figueiras,
despedaçou as árvores em toda a nação.

34 Ordenou, e vieram as locustas,
e também gafanhotos sem número;
35 comeram tudo o que era verde na terra deles,
devoraram o fruto de seu solo.
36 Ele feriu todos os primogênitos da terra,
os principais frutos de toda a sua força.

37 Então fez seu povo sair,
equipado de prata e ouro;
ninguém, dentre suas tribos, tropeçou.
38 O Egito se alegrou por fazê-los partir,
porque estava tomado pelo medo [de Yisra'el].

39 Ele estendeu uma nuvem para escondê-los
e fogo para lhes dar luz à noite.
40 Quando pediam, ele lhes enviava codornizes
e os satisfazia com a comida do céu.

41 Fendeu a rocha, e água jorrou,
fluindo como um rio sobre o solo seco,
42 porque se lembrou de sua santa promessa
feita a seu servo Avraham.

43 Conduziu seu povo com alegria,
e seus escolhidos, com canções.
44 Então lhes deu as terras das nações,
e eles possuíram o que os povos tinham labutado para produzir,
45 para que obedecessem a suas leis
e seguissem seus ensinos.

Halleluyah!

106

1 *Halleluyah*!

Deem graças a *Adonai*, porque ele é bom,
porque sua graça dura para sempre.
2 Quem pode expressar os feitos poderosos de *Adonai*
ou proclamar por completo seu louvor?
3 Felizes são aqueles que agem justamente,
que sempre fazem o que é correto!

4 Lembra de mim, *Adonai*, quando mostrares favor a teu povo;
considera-me quando o salvares,

5 para que eu possa ver quão bem irá
aquele que escolheste;
para que me regozije na alegria de tua nação
e me glorie em tua herança.

6 Juntamente com nossos ancestrais, pecamos;
fizemos coisas erradas, agimos impiamente.
7 Nossos ancestrais no Egito falharam em compreender
o significado de tuas maravilhas.
Não consideraram teus grandes feitos de graça,
mas se rebelaram no mar, no mar de Suf.
8 Contudo, ele os salvou por causa de seu próprio nome,
para tornar conhecido seu grande poder.
9 Repreendeu o mar de Suf e o secou;
conduziu-os por suas profundezas como por um deserto.
10 Salvou-os das mãos hostis,
libertou-os do poder do inimigo.
11 As águas se fecharam sobre seus adversários;
nenhum deles restou.

12 Então creram em suas palavras
e cantaram seus louvores.
13 Mas logo esqueceram seus atos
e não esperaram seu conselho.

14 No deserto, deram lugar a uma ganância insaciável;
em terras desoladas, puseram Deus à prova.
15 Ele lhes deu o que queriam,
mas enviou escassez para sua alma.

16 No arraial, eles ficaram com ciúmes de Moshe
e de Aharon, os escolhidos de *Adonai*.
17 A terra se abriu e tragou Datan,
e cobriu os aliados de Aviram.
18 O fogo se acendeu contra aquele grupo,
e as chamas consumiram os ímpios.

19 Em Horev, fizeram um bezerro,
adoraram uma imagem de metal fundido.
20 Assim, trocaram sua Glória
pela imagem de um boi que come grama!
21 Esqueceram Deus, que os tinha salvado,
que tinha feito grandes coisas no Egito,
22 maravilhas na terra de Ham
e feitos assombrosos junto ao mar de Suf.
23 Portanto, ele disse que os destruiria;
[e ele o faria] não tivesse Moshe, seu escolhido,
intercedido, na fenda,
para fazer retroceder sua fúria destruidora.

24 Em seguida, eles rejeitaram a bela terra,
não confiaram em sua promessa;

25 queixaram-se nas tendas
e não obedeceram a *Adonai*.
26 Portanto, levantando sua mão, ele jurou
que os feriria no deserto
27 e dispersaria seus descendentes entre as nações,
espalhando-os em terras estrangeiras.

28 Então eles se juntaram a Ba'al-P'or
e comeram carne sacrificada a ídolos mortos.
29 Assim, o provocaram à ira com seus atos,
de forma que a praga irrompeu entre eles.
30 Então Pinchas se levantou e executou julgamentos;
e a praga foi interrompida.
31 Isso lhe foi creditado como justiça,
por todas as gerações, para sempre.

32 Eles o enfureceram na fonte de M'rivah,
e Moshe sofreu por causa deles;
33 pois, quando amargaram seu espírito,
[Moshe] falou sem pensar.

34 Eles falharam em destruir os povos,
como *Adonai* ordenara que fizessem,
35 porém se misturaram com as nações
e aprenderam a seguir seus caminhos.
36 Serviram seus ídolos,
o que se lhes tornou armadilha.
37 Até mesmo sacrificaram seus filhos
e suas filhas aos demônios.
38 Sim, derramaram sangue inocente,
o sangue de seus próprios filhos e filhas,
a quem sacrificaram aos deuses falsos de Kena'an,
poluindo a terra com sangue.
39 Assim, corromperam-se com seus atos;
prostituíram-se com suas ações.

40 Por isso, a fúria de *Adonai* se acendeu contra seu povo,
e ele desprezou sua herança.
41 Entregou-os ao poder das nações,
e aqueles que os odiavam governaram sobre eles.
42 Seus inimigos os oprimiram
e os subjugaram com seu poder.
43 Muitas vezes, [Deus] os resgatou,
mas eles continuaram a fazer planos de se rebelar.
Assim, foram afundados
por seus próprios maus atos.

44 Mas ele teve piedade de sua angústia,
quando ouviu seu clamor.
45 Por causa deles, lembrou-se de sua aliança
e em sua graça ilimitada se acalmou,

46 fazendo-os ser tratados com compaixão
por todos os que os tomavam cativos.

47 Salva-nos *Adonai*, nosso Deus!
Congrega-nos dentre as nações,
para que possamos dar graças a teu santo nome
e dar glórias a ti em louvor.

48 Bendito seja *Adonai*, o Deus de Yisra'el,
de eternidade a eternidade.
Agora, que todo o povo diga:
"*Amen*! *Halleluyah*!".

Livro V: Salmos 107–150

107 1 Deem graças a *Adonai*, porque ele é bom,
porque sua graça dura para sempre.
2 Que aqueles que foram libertados por *Adonai* o digam,
aqueles que ele redimiu do poder do inimigo.
3 Ele os juntou desde as terras,
desde o leste e desde o oeste,
desde o norte e desde o mar.

4 Eles vagaram em um deserto, em caminhos que passam por
lugares devastados,
sem encontrar nenhuma cidade habitada.
5 Tiveram fome e sede,
e sua vida se extinguia.

6 Em suas aflições, clamaram a *Adonai*,
que os libertou de suas angústias.
7 Conduziu-os por um caminho direito
a uma cidade onde eles podiam viver.

8 Que eles deem graças a *Adonai* por sua graça,
por suas maravilhas em favor da humanidade!
9 Porque ele satisfez o sedento
e fartou plenamente o faminto.

10 Alguns deles viviam nas trevas, na escura treva mortal,
presos em misérias e cadeias de ferro,
11 porque tinham desprezado a palavra de Deus
e desdenhado do conselho do Altíssimo.
12 Assim, ele lhes abateu o coração por meio de trabalho duro;
quando eles tropeçaram, ninguém veio em sua ajuda.

13 Em sua aflição, clamaram a *Adonai*,
que os resgatou de suas angústias.
14 Tirou-os das trevas, das escuras trevas da morte,
despedaçando suas cadeias.

15 Deem graças a *Adonai* por sua graça,
por suas maravilhas em favor da humanidade!
16 Porque ele despedaçou as portas de bronze
e rompeu as barras de ferro.

17 Havia um povo tolo que sofria de aflição
por causa de suas iniquidades e de seus pecados.
18 Não podiam sentar-se para comer coisa alguma;
estavam próximos dos portões da morte.

19 Em suas aflições, clamaram a *Adonai*,
que os libertou de suas angústias.
20 Enviou sua palavra e os curou,
libertando-os da destruição.

21 Deem graças a *Adonai* por seu amor
e por suas maravilhas em favor da humanidade!
22 Ofereçam sacrifícios de ações de graças
e proclamem seus grandes feitos com canções de alegria.

23 Aqueles que descem ao mar em navios,
exercendo seu comércio no grande oceano,
24 viram as obras de *Adonai*,
suas maravilhas no abismo.

25 Pois, com sua palavra, a tempestade de vento se levantou,
erguendo violentas ondas.
26 Os marinheiros foram elevados até os céus
e então mergulharam nos abismos.
Diante do perigo, faltou-lhes coragem,
27 rodopiaram e cambalearam como bêbados,
e toda a sua perícia foi tragada.

28 Em suas aflições, clamaram a *Adonai*,
que os libertou de suas angústias.
29 Ele silenciou a tempestade e acalmou suas águas,
30 e eles se regozijaram enquanto o mar se acalmava.
Então ele os levou a salvo
a seu porto desejado.

31 Deem graças a *Adonai* por sua graça,
por suas maravilhas em favor da humanidade!
32 Exaltem-no na assembleia dos povos
e louvem-no no conselho dos líderes.

33 Ele transforma os rios em deserto;
fontes abundantes, em solo sedento;
34 terra produtiva, em campos de sal;
porque o povo que vive ali é ímpio.

35 Contudo, ele também transforma o deserto em poços de água,
e a terra seca, em fontes abundantes.

36 Ali ele dá um lar aos famintos,
que constroem uma cidade onde viver;
37 ali semeiam campos e plantam vinhas,
que rendem abundantes colheitas.

38 Ele os abençoa, e seu número aumenta;
e ele não permite que seu gado diminua.
39 Quando o número deles é reduzido, e eles enfraquecem
por causa da opressão, do desastre e da tristeza,
40 ele derrama desprezo sobre os príncipes
e os leva para vaguear em ermos desolados.

41 Ao necessitado, porém, ele levanta de sua angústia
e faz sua família crescer como ovelhas.
42 Quando os justos veem isso, regozijam-se;
ao passo que os ímpios são reduzidos ao silêncio.
43 Quem é sábio, observe essas coisas
e considere os amorosos feitos de *Adonai*.

108

1(0) Canção. Salmo de David:

2(1) Meu coração é firme, ó Deus.
Cantarei e farei música com minha glória.
3(2) Despertem, alaúde e lira!
Despertarei a madrugada.
4(3) Eu te agradecerei, *Adonai*, entre os povos;
farei músicas para ti entre as nações.
5(4) Pois tua graça é grande, acima dos céus,
e tua verdade se estende até os céus.

6(5) Sê exaltado, Deus, acima do céu!
Que tua glória esteja sobre toda a terra,
7(6) de forma que aqueles que tu amas sejam libertados;
salva-nos com tua mão direita e responde-nos!
8(7) Deus, em sua santidade, falou,
e tive alegria [em sua promessa]:
"Eu dividirei Sh'khem
e determinarei as porções no vale de Sukkot.
9(8) Gil'ad é meu, e M'nasheh é meu.
Efrayim é meu capacete, e Y'hudah meu cetro.
10(9) Mo'av é minha pia de lavar, e sobre Edom lanço meu calçado.
Sobre P'leshet, grito em triunfo".

11(10) Quem me guiará à cidade fortificada?
Quem me levará a Edom?
12(11) Deus, tu nos rejeitaste?
Deixaste de sair com nossos exércitos, ó Deus.
13(12) Ajuda-nos contra nosso inimigo,
pois o socorro humano não tem valor.
14(13) Com a ajuda de Deus, lutaremos com valentia,
pois ele pisará nossos inimigos.

109

1(0) Para o regente. Salmo de David:

(1) Deus, a quem louvo, não permaneças em silêncio!
2 Pois o homem ímpio e enganoso
abriu seus lábios contra mim,
falou contra mim com língua mentirosa,
3 cercou-me com palavras odiosas
e me atacou sem causa.

4 Em troca de meu amor, eles me acusam,
embora eu ore por eles.
5 Pagaram-me o bem com o mal,
e meu amor, com o ódio.

6 [Eles dizem:] "Escolham um ímpio contra ele;
à direita esteja um acusador.
7 Quando ele for examinado, que seja encontrado culpado,
e mesmo sua causa seja contada como pecado.
8 Que seus dias sejam poucos,
e alguém tome sua posição.
9 Que seus filhos fiquem sem pai,
e sua esposa fique viúva.
10 Que seus filhos vagueiem como mendigos,
procurando comida longe de suas casas arruinadas.
11 Que os credores confisquem todas as suas propriedades,
e os estrangeiros façam o mesmo com seus lucros.
12 Que ninguém o trate com bondade,
e ninguém tenha piedade de seus filhos órfãos.
13 Que sua posteridade desapareça,
e seu nome seja apagado em uma geração.
14 Que os erros de seus ancestrais sejam lembrados por *Adonai*,
e o pecado de sua mãe não seja apagado;
15 que eles estejam sempre diante de *Adonai*,
para que ele possa cortar da terra toda a memória deles.
16 Porque ele não se lembrou de mostrar bondade,
mas perseguiu o abatido, o pobre
e o de coração quebrantado até a morte.
17 Gostava de amaldiçoar; que a maldição volte para ele!
Não gostava de abençoar; que a bênção fique longe dele!
18 Ele se vestiu de maldição
tão rotineiramente como vestia seu casaco;
que ela entre tão facilmente como água,
tão facilmente como óleo em seus ossos.
19 Que se lhe apegue como o casaco que ele veste,
como o cinto que o envolve".

20 Isso é o que meus adversários querem que *Adonai* faça,
aqueles que falam mal contra mim.
21 Mas tu, ó Deus, *Adonai*,
trata-me como exige teu nome;
livra-me, porque tua graça é boa.

22 Pois sou pobre e necessitado,
e minha alma está ferida.
23 Definho como a sombra noturna;
estou agitado como o gafanhoto.
24 Meus joelhos estão fracos pela falta de alimento,
e minha carne se enfraquece pela falta de nutrição.
25 Tornei-me para eles objeto de escárnio;
quando me veem, eles meneiam a cabeça.

26 Ajuda-me, ADONAI, meu Deus!
Salva-me, segundo tua graça,
27 para que eles saibam que isso vem de tua mão,
que tu, ADONAI, o tens feito.
28 Eles podem amaldiçoar,
mas tu me abençoas!
Quando atacarem, que sejam envergonhados,
mas que teu servo se regozije.
29 Que meus adversários sejam cobertos de humilhação,
que vistam, como um manto, sua própria vergonha.

30 Darei graças ansiosamente a ADONAI com minha boca;
eu o louvarei bem ali, no meio da multidão,
31 porque ele está junto ao necessitado
para defendê-lo de seus injustos acusadores.

110

1(0) Salmo de David:

(1) ADONAI diz a meu Senhor:
“Senta-te à minha mão direita,
até que eu faça de teus inimigos
um estrado para teus pés”.

2 ADONAI enviará teu poderoso cetro
desde Tziyon,
para que governes sobre
os inimigos a teu redor.
3 Ao mobilizares tuas tropas,
teu povo se oferecerá voluntariamente
em santo esplendor desde o romper da alvorada;
o orvalho de teus jovens é teu.

4 ADONAI jurou
e não se retratará —
“Tu és um *Kohen* para sempre,
a ser comparado com Malki-Tzedek”.

5 ADONAI à tua mão direita
despedaçará os reis no dia de sua ira.
6 Julgará as nações,
enchendo-as com corpos mortos;
despedaçará cabeças
por todo um extenso território.
7 Beberá de um ribeiro enquanto segue seu caminho;
então manterá sua cabeça erguida.

111

1 *Halleluyah*!
Darei graças a *Adonai* com todo o meu coração
no concílio dos justos e na assembleia.
2 Os feitos de *Adonai* são grandes,
intensamente desejados por todos os que se alegram neles.
3 Sua obra é cheia de majestade e esplendor,
e sua justiça dura para sempre.
4 Adquiriu fama por suas maravilhas.
Adonai é misericordioso e compassivo.
5 Dá alimento aos que o temem.
Lembra-se de sua aliança para sempre.
6 Mostra a seu povo quão poderosamente opera,
dando-lhe, como herança, as nações.
7 As obras de suas mãos são verdade e justiça;
pode-se confiar em todos os seus preceitos.
8 Eles foram estabelecidos para todo o sempre,
para serem verdadeira e honestamente cumpridos.
9 Ele enviou redenção a seu povo
e decretou que sua aliança duraria para sempre.
Seu nome é santo e temido —
10 a sabedoria é, em primeiro lugar, o temor de *Adonai*;
todos os que vivem por ela adquirirão bom senso.
Seu louvor permanece para sempre.

112

1 *Halleluyah*!
Feliz é aquele que teme *Adonai*
e grandemente se deleita em suas *mitzvot*.
2 Sua descendência será poderosa sobre a terra,
uma geração abençoada de pessoas justas.
3 Abundância e riquezas estão em sua casa,
e sua justiça permanece para sempre.

4 Para os justos, ele brilha como a luz na escuridão,
misericordioso, compassivo e justo.
5 Feliz é o misericordioso e emprestador,
que conduz seus afazeres com retidão,
6 porque nunca será abalado.
O justo será lembrado para sempre.

7 Não temerá as más notícias;
permanece firme, confiando em *Adonai*.
8 Seu coração está firme, ele não temerá,
até que finalmente olhe, em triunfo, para seus inimigos.
9 Ele distribui generosamente, dá ao pobre;
sua justiça permanece para sempre.

Seu poder crescerá em honra.
10 O ímpio ficará irado quando vir isso;
rangerá os dentes, desolado.
Os desejos do ímpio se frustrarão.

113

1 *Halleluyah*!
Servos de *Adonai*, deem louvor!
Deem louvor ao nome de *Adonai*!
2 Bendito seja o nome de *Adonai*
desde agora e para sempre!
3 Do nascente até o poente,
o nome de *Adonai* será louvado.

4 *Adonai* está elevado sobre todas as nações;
sua glória está acima dos céus.
5 Quem é como *Adonai*, nosso Deus,
sentado nas alturas,
6 encurvando-se para olhar
o céu e a terra?

7 Ele ergue do pó o pobre,
levanta o necessitado do amontoado de lixo,
8 de forma a dar-lhe lugar entre os príncipes,
entre os príncipes de seu povo.

9 Faz a mulher sem filhos
viver feliz em um lar, como mãe de filhos.

Halleluyah!

114

1 Quando Yisra'el saiu do Egito,
e a casa de Ya'akov deixou um povo de língua estrangeira,
2 Y'hudah se tornou o santuário [de Deus],
e Yisra'el, seu domínio.

3 O mar viu isso e fugiu,
o Yarden retrocedeu,
4 as montanhas saltaram como carneiros,
e os outeiros, como cordeiros.

5 Por que, mar, você foge?
Por que, Yarden, você retrocede?
6 Por que, montanhas, vocês saltam como carneiros;
e vocês, colinas, como cordeiros?

7 Trema, terra, na presença do Senhor,
na presença do Deus de Ya'akov,
8 que transformou a rocha em um poço de águas,
e a pederneira, em uma fonte a jorrar.

115

1 Não a nós, *Adonai*, não a nós,
mas a teu nome seja a glória,
por causa de tua graça e de tua verdade.

2 Por que as nações perguntam:
"Onde está o Deus deles?".
3 Nosso Deus está no céu;
faz o que lhe agrada.

4 Os ídolos deles são apenas prata e ouro,
feitos por mãos humanas.
5 Têm boca, mas não podem falar;
têm olhos, mas não podem ver;
6 têm ouvidos, mas não podem ouvir;
têm nariz, mas não podem cheirar;
7 têm mãos, mas não podem sentir;
têm pés, mas não podem andar;
com sua garganta, não podem emitir som.
8 Os povos que os fazem se tornarão como eles,
juntamente com todos aqueles que neles confiam.

9 Yisra'el, confie em *Adonai*!
Ele é seu auxílio e escudo.
10 Casa de Aharon, confie em *Adonai*!
Ele é seu auxílio e escudo.
11 Vocês, que temem *Adonai*, confiem em *Adonai*.
Ele é seu auxílio e escudo.
12 *Adonai* se lembra de nós
e nos abençoará.
Abençoará a casa de Yisra'el;
abençoará a casa de Aharon;
13 abençoará todos os que temem *Adonai*,
tanto grandes quanto pequenos.

14 Que *Adonai* aumente o seu número,
tanto de vocês quanto de seus filhos.
15 Que vocês sejam abençoados por *Adonai*,
o criador do céu e da terra.
16 O céu pertence a *Adonai*,
mas a terra ele deu à humanidade.

17 Os mortos não podem louvar *Adonai*,
nem aqueles que descem ao silêncio.
18 Mas nós bendiremos *Adonai*
desde agora e para sempre.

Halleluyah!

116

1 Amo *Adonai*, porque ele ouviu
minha voz quando orei;
2 porque voltou seus ouvidos para mim,
clamarei por ele enquanto eu viver.

3 As cordas da morte estavam todas à minha volta,
e os apertos do *sh'ol* vieram sobre mim;
encontrei apenas aflição e angústia.
4 Mas clamei pelo nome de *Adonai*:
"Por favor, *Adonai*, salva-me!".

5 *Adonai* é misericordioso e justo;
sim, nosso Deus é compassivo.

6 *Adonai* preserva os simples;
quando eu estava sem forças, ele me salvou.
7 Minha alma, volte a seu descanso!
Porque *Adonai* foi generoso com você.
8 Sim, tu me resgataste da morte;
meus olhos, das lágrimas; e meus pés, de cair.
9 Seguirei caminhando na presença de *Adonai*
na terra dos viventes.
10 Continuarei a confiar, mesmo quando eu disser:
"Sou completamente miserável",
11 mesmo quando em meu pânico eu declarar:
"Tudo o que é humano é enganoso".

12 Como posso retribuir a *Adonai*
toda a sua bondade para comigo?
13 Erguerei o cálice da salvação
e invocarei o nome de *Adonai*.
14 Pagarei meus votos a *Adonai*
na presença de todo o seu povo.

15 Aos olhos de *Adonai*,
a morte daqueles que são fiéis lhe é cara.
16 Ó *Adonai*, sou teu servo;
sou teu servo, filho de tua serva.
Tu retiraste minhas correntes.
17 Oferecerei um sacrifício de gratidão a ti
e invocarei o nome de *Adonai*.
18 Pagarei meus votos a *Adonai*
na presença de todo o seu povo,
19 nos pátios da casa de *Adonai*,
que está em seu próprio coração, Yerushalayim.

Halleluyah!

117 1 Louvem *Adonai*, todas as nações!
Adorem-no, todos os povos!
2 Porque sua graça está sobre nós
e a verdade de *Adonai* dura para sempre.

Halleluyah!

118 1 Deem graças a *Adonai*; porque ele é bom,
porque sua graça dura para sempre.
2 Que Yisra'el o diga:
"Sua graça dura para sempre".
3 Que a casa de Aharon o diga:
"Sua graça dura para sempre".
4 Que aqueles que temem *Adonai* o digam:
"Sua graça dura para sempre".

5 De minha angústia, clamei a *Yah*;
ele me respondeu e me deu ampla liberdade.

6 Com *Adonai* a meu lado, não tenho medo de nada —
o que me podem fazer os homens?
7 Com *Adonai* a meu lado como meu auxílio,
olharei com triunfo para aqueles que me odeiam.

8 É melhor buscar refúgio em *Adonai*
que confiar em seres humanos;
9 é melhor buscar refúgio em *Adonai*
que pôr a confiança em príncipes.

10 Todas as nações me cercaram;
em nome de *Adonai*, eu as exterminei.
11 Cercaram-me por todos os lados,
mas em nome de *Adonai* eu as exterminei.
12 Cercaram-me como abelhas,
mas foram exterminadas [tão rapidamente] como fogo nos espinhos;
em nome de *Adonai*, eu as exterminei.

13 Empurraram-me violentamente para me fazer cair,
mas *Adonai* me socorreu.
14 *Yah* é minha força e minha canção,
e se tornou minha salvação.

15 O som do regozijo e da vitória
é ouvido nas tendas dos justos:
"A mão direita de *Adonai* golpeou poderosamente!
16 A mão direita de *Adonai* se levantou em triunfo!
A mão direita de *Adonai* golpeou poderosamente!".

17 Não morrerei, mas viverei
e proclamarei os grandes feitos de *Yah*!
18 *Yah* disciplinou-me severamente,
mas não me entregou à morte.

19 Abram as portas da justiça para mim;
entrarei por elas e darei graças a *Yah*.
20 Esta é a porta de *Adonai*;
o justo por ela pode entrar.
21 Eu te agradeço porque me respondeste;
tu te tornaste minha salvação.

22 A mesma pedra que os edificadores rejeitaram
se tornou a pedra de canto!
23 Isso veio de *Adonai*,
e nossos olhos estão maravilhados.
24 Este é o dia que *Adonai* fez,
um dia para nosso regozijo e alegria.

25 Por favor, *Adonai*, salva-nos!
Por favor, *Adonai*, liberta-nos!
26 Bendito é aquele que vem em nome de *Adonai*.
Nós abençoamos vocês desde a casa de *Adonai*.

27 Adonai é Deus, e ele nos dá luz.
Juntem-se à peregrinação festiva com ramos
por todo o caminho até os chifres do altar.

28 Tu és meu Deus, e eu te agradeço.
Tu és meu Deus; eu te exalto.
29 Deem graças a Adonai, porque ele é bom,
porque sua graça dura para sempre.

119

א (*Alef*)

1 Felizes são aqueles cujo caminho da vida é irrepreensível,
que vivem pela *Torah* de Adonai!
2 Felizes são aqueles que observam sua instrução,
que a procuram de todo o coração!
3 Não fazem nenhum mal,
mas vivem por seus caminhos.
4 Tu nos deste teus preceitos
para que os observássemos cuidadosamente.
5 Que meus caminhos sejam seguros
enquanto observo tuas leis.
6 Então não serei envergonhado,
pois fixei meu olhar em todas as tuas *mitzvot*.
7 Dou-te graças com o coração sincero
enquanto aprendo teus justos mandamentos.
8 Observarei tuas leis;
não me abandones completamente!

ב (*Bet*)

9 Como pode o jovem manter puro seu caminho?
Guardando-o de acordo com tua palavra.
10 Eu te procuro de todo o meu coração;
não me deixes desviar de tuas *mitzvot*.
11 Entesouro tua palavra em meu coração,
para não pecar contra ti.
12 Bendito és tu, Adonai!
Ensina-me tuas leis.
13 Proclamo com minha boca
todos os mandamentos que tu promulgaste.
14 Regozijo-me no caminho de tua instrução
mais que em qualquer tipo de riqueza.
15 Meditarei em teus preceitos
e conservarei meus olhos em teus caminhos.
16 Encontrarei meu prazer em tuas leis.
Não me esquecerei de tua palavra.

ג (*Gimel*)

17 Trata generosamente teu servo;
então viverei e observarei tua palavra.

18 Abre meus olhos, para que eu veja
as maravilhas de tua *Torah.*
19 Ainda que eu seja apenas um peregrino na terra,
não escondas de mim tuas *mitzvot.*
20 Sou continuamente consumido
de desejos por teus mandamentos.
21 Tu repreendes o arrogante,
o maldito, aquele que se desvia de tuas *mitzvot.*
22 Retira de mim o desprezo e o desdém,
porque observo tua instrução.
23 Mesmo quando os príncipes se assentam e maquinam contra mim,
teu servo medita em tuas leis.
24 Tuas instruções são meu deleite;
elas são meus conselheiros.

ד *(Dalet)*

25 Estou prostrado no pó;
reanima-me, em cumprimento de tua palavra.
26 Contei a ti meus caminhos, e tu me respondeste;
ensina-me tuas leis.
27 Faze-me compreender o caminho de teus preceitos,
e meditarei em tuas maravilhas.
28 Eu me desmancho de ansiedade e aflição;
renova minha força, em cumprimento de tua palavra.
29 Mantém os caminhos enganosos longe de mim
e me favorece com tua *Torah.*
30 Escolho o caminho da confiança;
mantenho tuas ordenanças [diante de mim].
31 Eu me apego às tuas instruções.
Adonai, não me deixes ser envergonhado!
32 Corro pelo caminho de tuas *mitzvot*,
pois tu tens aumentado meu entendimento.

ה *(Heh)*

33 Ensina-me, *Adonai,* o caminho de tuas leis;
guardá-las será tua recompensa para mim.
34 Dá-me entendimento; então cumprirei tua *Torah.*
Eu a observarei com todo o meu coração.
35 Guia-me no caminho de tuas *mitzvot*,
pois nele tenho prazer.
36 Inclina meu coração para tuas instruções,
não para meu próprio proveito.
37 Desvia meus olhos das coisas inúteis;
com teus caminhos, dá-me vida.
38 Cumpre tua promessa, que fizeste a teu servo,
que fizeste àqueles que te temem.
39 Afasta a desgraça que eu temo,
pois teus mandamentos são bons.
40 Vê como desejo teus preceitos;
em tua justiça, dá-me vida!

ו *(Vav)*

41 Venha a mim tua graça, ADONAI,
e tua salvação, como prometeste;
42 então terei uma resposta para aqueles que me insultam,
pois confio em tua palavra.
43 Não retires completamente meu poder de falar a verdade,
porque minha esperança está em teus mandamentos.
44 Guardarei tua *Torah* para sempre,
para todo o sempre.
45 Irei a qualquer lugar que eu queira,
porque tenho buscado teus preceitos.
46 Falarei de tuas instruções até mesmo aos reis,
sem ficar envergonhado.
47 Eu me deleitarei em tuas *mitzvot*,
as quais tenho amado.
48 Levantarei minhas mãos para tuas *mitzvot*, que eu amo,
e meditarei em tuas leis.

ז *(Zayin)*

49 Lembra-te de tua promessa a teu servo,
pela qual me deste esperança.
50 Eis meu conforto em minha angústia:
que tua promessa me dá vida.
51 Embora o arrogante me despreze completamente,
não me desviei de tua *Torah*.
52 ADONAI, guardo na mente teus antigos mandamentos,
nos quais encontro conforto.
53 A raiva se apega a mim quando penso nos ímpios,
porque eles desprezam tua *Torah*.
54 Tuas leis se tornaram minhas canções
onde quer que eu faça minha casa.
55 Lembro-me de teu nome, ADONAI, à noite,
e observo tua *Torah*.
56 Este [conforto] veio a mim,
porque observo teus preceitos.

ח *(Het)*

57 ADONAI, digo que minha obrigação
é observar tuas palavras.
58 Imploro teu favor com todo o meu coração;
mostra piedade a mim, em cumprimento à tua promessa.
59 Considero meus caminhos
e volto meus pés para tua instrução.
60 Eu me apresso, não me demoro,
em observar tuas *mitzvot*.
61 Mesmo quando as cordas do ímpio estão a meu redor,
não me esqueço de tua *Torah*.
62 À meia-noite, levanto-me para te render graças
por causa de teus justos mandamentos.

63 Sou amigo de todos os que te temem,
daqueles que observam teus preceitos.
64 A terra, *Adonai*, está cheia de tua graça;
ensina-me tuas leis.

ט (*Tet*)

65 Tu tens tratado bem teu servo,
Adonai, em cumprimento à tua palavra.
66 Ensina-me o bom juízo e o conhecimento,
porque confio em tuas *mitzvot*.
67 Antes de ser humilhado, eu costumava desviar-me,
mas agora observo tua palavra.
68 Tu és bom e fazes o bem;
ensina-me tuas leis.
69 Os arrogantes me caluniam,
mas eu guardo teus preceitos de todo o coração.
70 O coração deles é grosso e gordo,
mas eu me deleito em tua *Torah*.
71 Foi bom para mim ter sido humilhado,
para que aprendesse tuas leis.
72 A *Torah* que decretaste significa mais para mim
que uma fortuna em ouro e prata.

י (*Yud*)

73 Tuas mãos me fizeram e me formaram;
dá-me entendimento, para que eu possa aprender tuas *mitzvot*.
74 Aqueles que te temem regozijam-se ao me ver,
porque ponho minha esperança em tua palavra.
75 Eu sei, *Adonai*, que teus mandamentos são justos,
que, mesmo quando me humilhas, tu és fiel.
76 Que tua graça me conforte,
em cumprimento à tua promessa, feita a teu servo.
77 Mostra-me piedade, e viverei,
pois tua *Torah* é meu deleite.
78 Que os arrogantes sejam envergonhados, porque me prejudicaram
com mentiras;
quanto a mim, meditarei em teus preceitos.
79 Que aqueles que te temem se voltem para mim,
juntamente com os que conhecem tua instrução.
80 Que meu coração seja puro em tuas leis,
para que eu não seja envergonhado.

כ (*Kaf*)

81 Desfaleço aguardando tua salvação;
minha esperança está em tua palavra.
82 Meus olhos escurecem de esperar tua promessa,
e pergunto: "Quando tu me confortarás?".
83 Porque sequei como jarro em uma sala enfumaçada;
no entanto, não me esqueci de tuas leis.

84 Quanto tempo poderá teu servo sobreviver?
Quando trarás o julgamento sobre meus perseguidores?
85 O arrogante cava sepulturas para que eu caia nelas;
isso não está de acordo com tua *Torah*!
86 Todas as tuas *mitzvot* [mostram tua] fidelidade.
Estou sendo perseguido com mentiras; ajuda-me!
87 Eles estão prestes a acabar com minha vida na terra,
mas não abandonei teus preceitos.
88 Em cumprimento à tua graça, faze-me viver;
e eu observarei as instruções que ordenaste.

ל *(Lamed)*

89 Tua palavra dura para sempre, *Adonai*,
está firmada nos céus para sempre.
90 Tua fidelidade se estende por todas as gerações.
Tu estabeleceste a terra, e ela está firme.
91 Sim, está firme hoje, em cumprimento a teus mandamentos,
pois todas as coisas te servem.
92 Se tua *Torah* não tivesse sido meu deleite,
eu teria perecido em minha angústia.
93 Jamais esquecerei teus preceitos,
pelos quais tu me tens feito viver.
94 Sou teu, salva-me,
porque busco teus preceitos.
95 O ímpio espera destruir-me,
mas eu me concentro em tuas instruções.
96 Vejo limites a toda perfeição,
mas tua *mitzvah* não tem limites.

מ *(Mem)*

97 Como amo tua *Torah*!
Medito nela todo o dia.
98 Sou mais sábio que meus inimigos,
porque tuas *mitzvot* são minhas para sempre.
99 Tenho mais entendimento que todos os meus mestres,
porque medito em tuas instruções.
100 Compreendo mais que os anciãos,
porque guardo teus preceitos.
101 Guardo meus pés de todo caminho mau,
para observar tua palavra.
102 Não me desviarei de teus mandamentos,
porque tu me instruíste.
103 Doce à minha língua é tua promessa;
na verdade, é mais doce que o mel!
104 De teus preceitos, adquiro entendimento;
é por isso que odeio todos os caminhos da falsidade.

נ *(Nun)*

105 Tua palavra é uma lâmpada para meus pés
e uma luz em meu caminho.

106 Fiz um voto, e o confirmei,
de que observarei teus justos mandamentos.
107 Estou muito angustiado.
Adonai, dá-me vida, em cumprimento à tua palavra.
108 Por favor, aceita as ofertas voluntárias de meus lábios, *Adonai*,
e ensina-me teus mandamentos.
109 Continuamente tomo minha vida em minhas mãos,
contudo não me esqueci de tua *Torah*.
110 O ímpio montou uma armadilha para mim,
mas não me desviei de teus preceitos.
111 Tomo tua instrução como herança permanente,
porque ela é a alegria de meu coração.
112 Decidi obedecer a tuas leis
para sempre, em cada passo.

ס *(Samekh)*

113 Odeio pessoas inconstantes,
mas amo tua *Torah*.
114 Tu és meu esconderijo e meu escudo;
pus minha esperança em tua palavra.
115 Deixem-me a sós, malfeitores,
para que eu possa guardar as *mitzvot* de meu Deus.
116 Mantém-me, como prometeste, e viverei.
Não me frustres em minha esperança.
117 Apoia-me, e serei salvo,
dirigindo sempre minha atenção em tuas leis.
118 Tu rejeitas todos os que se desviam de tuas leis,
pois seus planos enganosos são falsos.
119 Descartas o ímpio da terra como escória;
é por isso que amo tua instrução.
120 Meu corpo estremece diante de ti;
teus mandamentos me enchem de temor.

ע *('Ayin)*

121 Fiz o que é justo e reto;
não me abandones a meus opressores.
122 Garante o bem-estar de teu servo
e não permitas que o arrogante me oprima.
123 Meus olhos escurecem de tanto esperar tua salvação
e [o cumprimento de] tua justa promessa.
124 Trata teu servo conforme tua graça
e ensina-me tuas leis.
125 Sou teu servo; dá-me entendimento,
para que eu possa conhecer tua instrução.
126 Chegou o tempo de *Adonai* agir,
porque eles estão quebrando tua *Torah*.
127 Amo tuas *mitzvot*
mais que o ouro, mais do que o fino ouro.
128 Assim, dirijo meus passos pelos [teus] preceitos
e odeio todo caminho falso.

פ *(Peh)*

129 Tua instrução é maravilhosa,
por isso a sigo.
130 Tuas palavras são uma porta que leva à luz,
dando entendimento aos simples.
131 Minha boca é uma ampla abertura, enquanto suspiro
de desejos por tuas *mitzvot*.
132 Volta-te para mim e mostra-me teu favor,
em cumprimento a teu julgamento por aqueles que amam teu nome.
133 Guia meus passos por tua palavra.
Não permitas que nenhum tipo de pecado me governe.
134 Liberta-me da opressão humana,
e observarei teus preceitos.
135 Faze teu rosto brilhar sobre teu servo
e ensina-me tuas leis.
136 Rios de lágrimas fluem de meus olhos,
porque eles não observam tua *Torah*.

צ *(Tzadeh)*

137 Tu és justo, ADONAI,
e teus mandamentos são retos.
138 Ordenaste tuas instruções
em justiça e grande fidelidade.
139 Meu zelo me destrói,
porque meus inimigos se esqueceram de tuas palavras.
140 Tua palavra é refinada até a pureza completa,
e teu servo a ama.
141 Posso ser pequeno e desprezado,
mas não me esqueço de teus preceitos.
142 Tua justiça é uma justiça eterna,
e tua *Torah* é verdadeira.
143 Aflição e angústia me cobriram,
mas tuas *mitzvot* são meu deleite.
144 Tua instrução é justa para sempre;
dá-me entendimento, e viverei.

ק *(Kuf)*

145 De todo o meu coração, clamo a ti.
Responde-me, ADONAI; guardarei tuas leis.
146 Clamo a ti; salva-me,
e observarei tua instrução.
147 Levanto-me antes do amanhecer e clamo por socorro;
ponho minha esperança em tua palavra.
148 Meus olhos estão abertos nas vigílias da noite,
para que eu possa meditar em tua promessa.
149 Em tua graça, ouve minha voz.
ADONAI, em cumprimento à tua justiça, faze-me viver.
150 Meus perseguidores se aproximam,
mas se distanciam de tua *Torah*.

151 Tu estás perto, *Adonai*,
e todas as tuas *mitzvot* são verdade.
152 Há muito tempo, aprendi acerca de tua instrução
que tu estabeleceste para sempre.

ר *(Resh)*

153 Vê minha angústia e resgata-me,
pois não me esqueço de tua *Torah*.
154 Pleiteia minha causa e liberta-me;
em cumprimento à tua promessa, faze-me viver.
155 A salvação está distante dos ímpios,
porque eles não procuram tuas leis.
156 Grande é tua compaixão, *Adonai*;
em cumprimento a teus mandamentos, faze-me viver.
157 Embora sejam muitos meus perseguidores e meus inimigos,
não me desviei de tua instrução.
158 Olho para os traidores com desgosto,
porque eles não guardam tua palavra.
159 Vê quanto amo teus preceitos, *Adonai*;
em cumprimento à tua graça, faze-me viver.
160 A principal coisa sobre tua palavra é que ela é a verdade;
e todos os teus justos mandamentos duram para sempre.

ש *(Shin)*

161 Os príncipes me perseguem sem razão,
mas meu coração reverencia tuas palavras.
162 Tenho alegria em tua promessa,
como alguém que encontra um grande prêmio.
163 Odeio a falsidade, eu a detesto,
mas amo tua *Torah*.
164 Louvo-te sete vezes por dia
por causa de teus justos mandamentos.
165 Aqueles que amam tua *Torah* têm grande paz;
nada os faz tropeçar.
166 Espero tua libertação, *Adonai*;
obedeço a tuas *mitzvot*.
167 Minha alma observa tua instrução,
eu a amo muito!
168 Observo teus preceitos e tua instrução,
pois todos os meus caminhos estão abertos diante de ti.

ת *(Tav)*

169 Que meu clamor chegue a ti, *Adonai*;
em cumprimento à tua palavra, dá-me entendimento.
170 Que minha oração chegue a ti;
em cumprimento à tua promessa, liberta-me.
171 Que meus lábios proclamem o teu louvor,
pois tu me ensinas tuas leis.
172 Que minha língua cante tua promessa,
porque todas as tuas *mitzvot* são justas.

173 Que tua mão esteja pronta para me ajudar,
porque escolho teus preceitos.
174 Desejo tua libertação, *Adonai*,
e tua *Torah* é meu deleite.
175 Deixa-me viver, e louvarei a ti;
que teus mandamentos me socorram.
176 Desviei-me como ovelha perdida; procura teu servo,
pois não me esqueci de tuas *mitzvot*.

120

1(0) Canção da subida:

(1) Clamei a *Adonai* em minha angústia,
e ele me respondeu.
2 Resgata-me, *Adonai*, dos lábios que falam mentiras,
da língua cheia de enganos.

3 O que ele tem reservado para você, língua enganosa?
O que mais fará a você?
4 Castigará com pontiagudas flechas do guerreiro,
com brasas vivas de sândalo.

5 Miserável sou, peregrino em Meshekh,
que preciso viver entre as tendas de Keidar!
6 Há muito, tenho sido obrigado a viver
com aqueles que odeiam a paz.
7 Sou, inteiramente, pela paz,
mas, ainda que eu fale de paz, eles são pela guerra.

121

1(0) Canção da subida:

(1) Se eu levantasse meus olhos para as colinas,
de onde viria meu socorro?
2 Meu socorro vem de *Adonai*,
o criador do céu e da terra.

3 Ele não deixará que seu pé escorregue —
seu guarda não dorme.
4 Não, o guarda de Yisra'el
nunca descansa nem dorme.

5 *Adonai* é seu guarda; à sua mão direita,
Adonai o protege com a sombra —
6 o sol não o ferirá durante o dia,
nem a lua, durante a noite.

7 *Adonai* guardará você de todo o mal;
ele guardará sua vida.
8 *Adonai* guardará a sua vinda e a sua ida
desde agora e para sempre.

122

1(0) Canção da subida. De David:

(1) Fiquei alegre quando me disseram:
“Vamos à casa de *Adonai*!”.
2 Nossos pés já estavam
em seus portões, Yerushalayim.

3 Yerushalayim, edificada como cidade,
encorajando amizade e união.

4 A ela, sobem as tribos de *Adonai*,
em testemunho para Yisra’el,
para dar graças ao nome de *Adonai*.
5 Pois ali os tronos da justiça foram estabelecidos,
os tronos da casa de David.

6 Orem por *shalom* em Yerushalayim;
que prosperem aqueles que a amam.
7 Que *shalom* esteja dentro de seus muros,
e a prosperidade, dentro de seus palácios.

8 Por causa de minha família e amigos, digo:
“*Shalom* esteja dentro de você!”.
9 Por causa da casa de *Adonai*, nosso Deus,
procurarei seu bem.

123

1(0) Canção da subida:

(1) Levanto os olhos para ti,
cujo trono está no céu.
2 Como o servo olha para a mão de seu senhor,
ou a escrava, para a mão de sua senhora,
assim nossos olhos se voltam para *Adonai*, nosso Deus,
até que ele tenha misericórdia de nós.

3 Tem misericórdia de nós, *Adonai*, tem misericórdia;
pois estamos fartos do desprezo
4 e mais que fartos do desdém do orgulhoso
e do desprezo do arrogante.

124

1(0) Canção da subida. De David:

(1) Se *Adonai* não tivesse sido por nós —
que Yisra’el o repita —,
2 se *Adonai* não tivesse sido por nós
quando os povos se ergueram para nos atacar,
3 então, quando sua ira se acendeu contra nós,
eles nos teriam tragado vivos!
4 Então as águas nos teriam submergido,
e a torrente nos teria varrido.

5 Sim, as águas correntes
teriam passado exatamente sobre nós.

6 Bendito seja *Adonai*, que não nos deixou
ser uma presa para seus dentes!
7 Escapamos como um pássaro da armadilha do caçador;
a armadilha se quebrou, e nós escapamos.

8 Nosso socorro está no nome de *Adonai*,
o criador do céu e da terra.

125

1(0) Canção da subida:

(1) Os que confiam em *Adonai*
são como o monte Tziyon,
que não pode ser movido,
mas permanece para sempre.

2 Yerushalayim!
Montanhas ao redor dela!
Deste modo está *Adonai* em volta de seu povo
desde agora e para sempre.

3 Porque o cetro da impiedade
não governará sobre a herança dos justos,
para que os próprios justos
não desviem suas mãos para o mal.
4 Faze o bem, *Adonai*, faze o bem
àqueles que são retos de coração.
5 Mas aqueles que se desviam para o lado,
para seus próprios caminhos tortuosos,
que *Adonai* os expulse,
juntamente com aqueles que praticam o mal.

Shalom sobre Yisra'el!

126

1(0) Canção da subida:

(1) Quando *Adonai* restaurou a sorte de Tziyon,
pensávamos estar sonhando.
2 Nossa boca ficou cheia de riso,
e nossa língua gritou de alegria.

Entre as nações, dizia-se o seguinte:
"*Adonai* tem feito grandes coisas por eles!".
3 *Adonai* fez grandes coisas por nós,
e estamos felizes.

4 Faze nosso povo retornar do exílio, *Adonai*,
como os ribeiros que enchem os *vádis* no Negev.

5 Aqueles que semeiam com lágrimas
colherão com gritos de alegria.

6 Aquele que lamenta
enquanto leva seu saco de sementes
voltará para casa com gritos de alegria,
levando seus feixes de grãos.

127

1(0) Canção da subida. De Shlomoh:

(1) A não ser que *Adonai* edifique a casa,
seus trabalhadores constroem em vão.
A não ser que *Adonai* guarde a cidade,
em vão permanecem os guardas em vigia.

2 Em vão você se levanta cedo
e tarde vai para a cama,
trabalhando duro para ganhar o alimento;
pois ele dá provisão a seus amados,
mesmo enquanto dormem.
3 Os filhos também são um dom de *Adonai*,
e o fruto do ventre é uma recompensa.
4 Os filhos nascidos quando se é jovem
são como flechas na mão do guerreiro.
5 Abençoado é o homem
que encheu sua aljava com eles;
não ficará embaraçado
quando contender com os inimigos na porta da cidade.

128

1(0) Canção da subida:

(1) Feliz aquele que teme *Adonai*,
que vive por seus caminhos.

2 Você comerá o que suas mãos tiverem produzido;
será feliz e próspero.
3 Sua esposa será como uma videira frutífera
na parte interna de sua casa.
Seus filhos, ao redor da mesa, serão
como brotos de oliveira.

4 Este é o tipo de bênção que repousará
sobre aquele que teme *Adonai*.

5 Que *Adonai* o abençoe desde Tziyon!
Que você veja Yerushalayim prosperar
todos os dias de sua vida
6 e que viva para ver os filhos de seus filhos!

Shalom sobre Yisra'el.

129

1(0) Canção da subida:

(1) Desde minha juventude, eles frequentemente me atacaram —
que Yisra'el o repita —

2 desde minha juventude, eles frequentemente me atacaram,
mas não me superaram.

3 Os lavradores araram em minhas costas,
ferindo-me com longos sulcos.
4 Mas *Adonai* é justo;
ele me tirou do jugo do ímpio.

5 Que todos os que odeiam Tziyon
sejam lançados em confusão.

6 Sejam como a relva no telhado
que seca antes de crescer
7 e nunca enche as mãos do ceifeiro,
nem os braços daquele que amarra os feixes,
8 de modo que ninguém que passa por perto diz:
"A bênção de *Adonai* sobre você!
Nós o abençoamos em nome de *Adonai*!".

130

1(0) Canção da subida. De David:

(1) *Adonai*, clamo a ti das profundezas;
2 ouve meu clamor, *Adonai*!
Que teus ouvidos prestem atenção
ao som de minha queixa.

3 *Yah*, se tu conservasses o registro dos pecados,
quem, *Adonai*, subsistiria?
4 Mas contigo está o perdoar,
para que tu sejas temido.

5 Espero ansiosamente *Adonai*;
ponho minha esperança em sua palavra.
6 Tudo em mim espera *Adonai*
mais que os guardas em vigia esperam pela manhã,
mais que os guardas em vigia esperam pela manhã.

7 Yisra'el, ponha sua esperança em *Adonai*!
Porque a graça é encontrada em *Adonai*,
e com ele está a redenção sem limites.
8 Ele redimirá Yisra'el
de todos os seus maus procedimentos.

131

1(0) Canção da subida. De David:

(1) *Adonai*, meu coração não é orgulhoso;
não tenho olhar altivo,
não me ocupo de grandes afazeres,
nem de coisas que estão além de mim.
2 Não, eu me mantenho calmo e quieto,
como uma criança no colo de sua mãe —
eu me mantenho como uma criança pequena.

3 Yisra'el, ponha sua esperança em *Adonai*,
desde agora e para sempre!

132

1(0) Canção da subida:

(1) *Adonai*, lembra-te, em favor de David,
de todo o sofrimento que ele suportou;
2 como ele jurou a *Adonai*
e fez votos ao Poderoso de Ya'akov:

3 "Não entrarei na casa onde moro,
nem deitarei em minha cama;
4 não me permitirei dormir,
nem mesmo fecharei meus olhos,
5 até que encontre um lugar para *Adonai*,
uma habitação para o Poderoso de Ya'akov".

6 Nós ouvimos sobre ela em Efrat,
a encontramos nos campos de Ya'ar.
7 Vamos para sua habitação
e nos prostremos diante do estrado de seus pés.

8 Sobe, *Adonai*, a teu lugar de repouso,
tu e a arca onde está tua força.
9 Que teus *kohanim* se vistam de justiça,
e aqueles que são leais a ti gritem de alegria.
10 Por causa de teu servo, David,
não desvies teu rosto de teu ungido.

11 *Adonai* fez um juramento a David,
um voto que ele não quebrará:
"Um de seus descendentes
se assentará em seu trono.
12 Se seus filhos guardarem minha aliança
e as instruções que ensinarei a eles,
e os descendentes deles também,
para sempre sentarão em seu trono".

13 Porque *Adonai* escolheu Tziyon,
ele o procurou como sua casa.
14 "Este é meu lugar de repouso para sempre;
viverei aqui porque é isso o que eu tanto desejo.
15 Eu o abençoarei com abundância de comida,
darei a seus pobres sua porção de alimento.
16 A seus *kohanim*, darei vestes de salvação,
e seus fiéis gritarão de alegria.
17 Farei que ali brote um rei da linhagem de David
e prepararei uma lâmpada para meu ungido.
18 A seus inimigos, vestirei de vergonha,
mas sobre ele serei uma coroa brilhante."

133

1(0) Canção da subida. De David:

(1) Oh, quão bom, quão prazeroso é
para os irmãos viverem juntos em harmonia!

2 É como o óleo perfumado sobre a cabeça
que escorre sobre a barba,
sobre a barba de Aharon,
e flui para o colarinho de seu manto.

3 É como o orvalho do Hermon
que está sobre as montanhas de Tziyon.
Porque é ali que *Adonai* ordena a bênção da perpétua vida.

134

1(0) Canção da subida:

(1) Venham, abençoem *Adonai*, todos vocês, servos de *Adonai*,
que servem a cada noite na casa de *Adonai*.
2 Levantem as mãos para o santuário
e bendigam *Adonai*.
3 Que *Adonai*, o criador do céu e da terra,
os abençoe desde Tziyon.

135

1 *Halleluyah*!

(1) Deem louvores ao nome de *Adonai*!
Servos de *Adonai*, deem louvores!
2 Aquele que está na casa de *Adonai*,
nos pátios da casa de nosso Deus,
3 louve *Yah*, porque *Adonai* é bom;
cantem a seu nome, porque isso é prazeroso.

4 Pois *Yah* escolheu Ya'akov para si mesmo,
e Yisra'el, como seu tesouro pessoal.
5 Sei que *Adonai* é grande,
que nosso Senhor está acima de todos os deuses.
6 *Adonai* faz tudo o que lhe agrada,
no céu, na terra, nos mares e em todos os abismos.
7 Cria as nuvens desde os fins da terra,
faz o relâmpago brilhante na chuva
e traz o vento de seu armazém.

8 Ele feriu os primogênitos do Egito,
tanto humanos quanto animais.
9 Enviou sinais e maravilhas entre vocês, egípcios,
contra o faraó e todos os seus súditos.
10 Feriu muitas nações
e matou poderosos reis —
11 ao rei Sichon do emori,
'Og, rei de Bashan,
e a todos os reinos de Kena'an.

12 Então deu a terra deles como herança,
para ser possuída por Yisra'el, seu povo.

13 *Adonai*, teu nome dura para sempre,
e tua fama, *Adonai*, através das gerações.
14 Porque *Adonai* justificará seu povo;
ele terá piedade de seus servos.

15 Os ídolos das nações são apenas prata e ouro,
feitos por mãos humanas.
16 Têm boca, mas não podem falar;
têm olhos, mas não podem ver;
17 têm ouvidos, mas não podem ouvir;
e não têm fôlego em sua boca.
18 Os povos que os fazem se tornarão como eles,
juntamente com todos os que neles confiam.

19 Casa de Yisra'el, bendiga *Adonai*!
Casa de Aharon, bendiga *Adonai*!
20 Casa de Levi, bendiga *Adonai*!
Vocês que temem *Adonai*, bendigam *Adonai*!
21 Bendito seja *Adonai*, desde Tziyon,
aquele que habita em Yerushalayim!

Halleluyah!

136

1 Deem graças a *Adonai*, porque ele é bom,
porque sua graça dura para sempre.
2 Deem graças ao Deus dos deuses,
porque sua graça dura para sempre.
3 Deem graças ao Senhor dos senhores,
porque sua graça dura para sempre;

4 ao único que fez grandes maravilhas,
porque sua graça dura para sempre;
5 àquele que, com habilidade, fez os céus,
porque sua graça dura para sempre;
6 àquele que estendeu a terra sobre a água,
porque sua graça dura para sempre;
7 àquele que fez as grandes luzes,
porque sua graça dura para sempre;
8 o sol para governar o dia,
porque sua graça dura para sempre;
9 a lua e as estrelas para governarem a noite,
porque sua graça dura para sempre;

10 àquele que feriu os primogênitos do Egito,
porque sua graça dura para sempre;
11 e trouxe a Yisra'el dentre eles,
porque sua graça dura para sempre;
12 com poderosa mão e braço estendido,
porque sua graça dura para sempre;

13 àquele que dividiu o mar de Suf,
porque sua graça dura para sempre;
14 e fez Yisra'el passar por ele,
porque sua graça dura para sempre;
15 mas varreu o faraó e seu exército no mar de Suf,
porque sua graça dura para sempre;

16 àquele que conduziu seu povo através do deserto,
porque sua graça dura para sempre;
17 àquele que feriu grandes reis,
porque sua graça dura para sempre;
18 sim, ele matou poderosos reis,
porque sua graça dura para sempre;
19 Sichon, rei do emori,
porque sua graça dura para sempre;
20 e 'Og, rei de Bashan,
porque sua graça dura para sempre;

21 então deu a terra deles como herança,
porque sua graça dura para sempre;
22 para que fosse possuída por Yisra'el, seu servo,
porque sua graça dura para sempre;

23 àquele que se lembra de nós quando somos humilhados,
porque sua graça dura para sempre;
24 e nos livra de nossos inimigos,
porque sua graça dura para sempre;

25 àquele que provê alimento para todas as criaturas vivas,
porque sua graça dura para sempre.

26 Deem graças ao Deus do céu,
porque sua graça dura para sempre.

137

1 Junto aos rios de Bavel, nós nos sentávamos e lamentávamos
enquanto nos lembrávamos de Tziyon.
2 Tínhamos pendurado nossas liras
nos salgueiros que ali haviam,
3 quando aqueles que nos tinham levado cativos
pediram-nos que cantássemos uma canção para eles;
nossos torturadores exigiam alegria de nossa parte —
"Cante-nos uma das canções de Tziyon!"

4 Como podemos cantar uma canção sobre *Adonai*
aqui, em solo estrangeiro?
5 Se eu me esquecer de você, Yerushalayim,
que minha mão direita murche!
6 Que minha língua se apegue ao céu de minha boca
se eu deixar de me lembrar de ti,
se eu deixar de considerar Yerushalayim,
a maior de todas as minhas alegrias.

7 Lembra-te, *Adonai*, contra o povo de Edom
do dia da queda de Yerushalayim,
como eles gritaram: "Derrubem-na! Derrubem-na!
Arrasem-na até o chão!".

8 Filha de Bavel, você será destruída!
Bênção sobre todo aquele que retribui a você
pela maneira que você nos tratou!
9 Bênção sobre todo aquele que agarrar seus bebês
e esmagá-los contra a pedra!

138

1(0) De David:

(1) Eu te darei graças com todo o meu coração.
Não aos ídolos, mas a ti cantarei louvor.
2 Inclino-me para teu santo templo
e dou graças a teu nome por tua graça e verdade,
pois tu tens feito tua palavra [ainda] maior
que toda a tua fama.
3 Quando clamei, tu me respondeste,
fizeste-me corajoso e forte.

4 Todos os reis da terra te darão graças, *Adonai*,
quando ouvirem as palavras que falaste.
5 Cantarão sobre os caminhos de *Adonai*:
"Grande é a glória de *Adonai*!".
6 Pois ainda que *Adonai* seja elevado, cuida do humilde,
enquanto, ao orgulhoso, ele vê de longe.

7 Quando estou cercado pelo perigo, tu me manténs vivo;
tu estendes tua mão quando meus inimigos se enfurecem;
com tua mão direita, me salvas.
8 *Adonai* cumprirá seu propósito para mim.
Tua graça, *Adonai*, dura para sempre.
Não abandones a obra de tuas mãos!

139

1(0) Para o regente. Salmo de David:

(1) *Adonai*, tu me provaste e me conheces.
2 Sabes quando me assento e quando me levanto,
de longe discernes minhas inclinações,
3 examinas minhas atividades diárias.
Estás tão familiarizado com todos os meus caminhos
4 que, antes que eu fale uma só palavra, *Adonai*,
tu já sabes tudo sobre ela.
5 Tu me tens guarnecido tanto por trás quanto pela frente
e estendes tua mão sobre mim.
6 Conhecimento tão maravilhoso está além de mim,
é elevado demais para que eu o alcance.

7 Para onde escaparei de teu Espírito?
Para onde fugirei de tua presença?
8 Se subo ao céu, tu lá estás.
Se me deito no *sh'ol*, também lá estás.
9 Se eu voo com as asas da alvorada
e pouso além do mar,
10 mesmo lá tua mão me guiaria,
e tua mão direita rapidamente me seguraria.
11 Se eu disser: "Que as trevas me cerquem,
que a luz à minha volta seja noite",
12 ainda assim, trevas como essas
não são tão escuras para ti;
pelo contrário, a noite é tão clara quanto o dia;
as trevas e a luz são a mesma coisa.

13 Pois formaste o mais íntimo de meu ser,
tu me teceste no ventre de minha mãe.
14 Graças te dou porque, de modo assombroso, fui feito,
maravilhosamente; tuas obras são maravilhosas —
eu o sei muito bem.
15 Meus ossos não estavam escondidos de ti
quando eu era formado em segredo,
tecido nas profundezas da terra.
16 Teus olhos podiam ver-me como um embrião,
mas, em teu livro, todos os meus dias já estavam escritos;
meus dias foram moldados
antes que qualquer deles existisse.

17 Deus, como estimo teus pensamentos!
Em que quantidade eles existem!
18 Se eu os contar, eles são mais que os grãos de areia;
se termino de contar, ainda estou contigo.

19 Deus, se tão somente destruísses o ímpio!
Homens de sangue, afastem-se de mim!
20 Eles invocam teu nome para seus planos astutos;
sim, teus inimigos usam mal teu nome.
21 ADONAI, como odeio aqueles que te odeiam!
Tenho desgosto daqueles que te desafiam!
22 Eu os odeio com ódio sem limites!
Eles se tornaram também meus inimigos.

23 Examina-me, Deus, e conhece meu coração;
testa-me, e conhece meus pensamentos.
24 Vê se há em mim algum caminho danoso
e guia-me pelo caminho eterno.

140

1(0) Para o regente. Salmo de David:

2(1) Livra-me, ADONAI, do povo mau,
protege-me do povo violento.

3(2) Eles planejam coisas más no coração —
fomentam continuamente amargas contendas.
4(3) Fizeram sua língua tão rápida quanto a da cobra;
veneno de víbora está sob seus lábios. (*Selah*)

5(4) Guarda-me, *Adonai*, das mãos do ímpio,
protege-me do povo violento
que tenta atraiçoar-me.
6(5) Os arrogantes escondem armadilhas para mim;
estendem redes junto às margens das estradas,
esperando que eu caia. (*Selah*)

7(6) Eu disse a *Adonai*: "Tu és meu Deus;
ouve, *Adonai*, meu pedido de misericórdia".
8(7) *Adonai*, *Adonai*, minha força salvadora,
tu me proteges a cabeça na batalha.
9(8) *Adonai*, não concedas aos ímpios o que eles desejam;
faze que o plano deles falhe, então não se orgulharão. (*Selah*)
10(9) Que a cabeça daqueles que me cercam
seja engolida pelo mal que eles mesmos falaram.
11(10) Que chovam carvões incandescentes sobre eles,
que sejam lançados no fogo,
lançados em profundas covas,
e nunca mais se levantem.

12(11) Que os caluniadores não encontrem lugar na terra;
que o violento e o mau sejam perseguidos implacavelmente.

13(12) Sei que *Adonai* faz justiça ao pobre
e confirma os direitos do necessitado.
14(13) Os justos certamente darão graças a teu nome;
os retos viverão em tua presença.

141

1(0) Salmo de David:

(1) *Adonai*, clamo a ti; vem a mim rapidamente!
Ouve minha queixa quando clamo.
2 Que minha oração seja como incenso diante de ti,
e minhas mãos levantadas, como o sacrifício da noite.

3 Estabelece guarda, *Adonai*, sobre minha boca;
fica de vigia na porta de meus lábios.
4 Não deixes que meu coração se volte para alguma coisa má,
nem me permitas agir impiamente
com homens que são malfeitores;
guarda-me de comer suas delícias.

5 Que o justo me fira, que ele me corrija;
pois isso será um ato de amor.
Que minha cabeça não rejeite tal óleo escolhido,
porque continuarei a orar contra a impiedade.

6 Quando seus governadores são lançados do precipício,
[os ímpios] ouvirão minhas palavras com apreço.
7 Assim como quando se ara e se parte o chão em pedaços,
nossos ossos estão espalhados na boca do *sh'ol*.

8 Porque meus olhos, *Adonai, Adonai*, estão sobre ti;
em ti tenho refúgio; não derrames minha vida.
9 Guarda-me da armadilha que eles prepararam para mim,
das ciladas dos malfeitores.
10 Que os ímpios caiam em suas próprias redes,
enquanto eu passo por elas em segurança.

142

1(0) *Maskil* de David, quando ele estava na caverna. Oração:

2(1) Com minha voz, suplico a *Adonai*;
com minha voz, clamo a *Adonai* por misericórdia.
3(2) Diante dele, derramo minha reclamação;
diante dele, conto minha aflição.
4(3) Quando meu espírito desfalece dentro de mim,
tu vigias meus passos.
Pela estrada na qual estou andando,
eles esconderam uma armadilha para mim.
5(4) Olho para minha direita e vejo
que ninguém me reconhece.
Não tenho rota de fuga;
ninguém se preocupa comigo.

6(5) Clamei a ti, *Adonai*;
eu disse: "Tu és meu refúgio,
minha porção na terra dos viventes".
7(6) Ouve meu clamor,
porque estou muito abatido.

Livra-me de meus perseguidores,
porque eles são mais fortes do que eu.
8(7) Liberta-me da prisão,
para que eu possa dar graças a teu nome.
Os justos se reunirão à minha volta,
porque tu me tens tratado com generosidade.

143

1(0) Salmo de David:

(1) *Adonai*, ouve minha oração;
ouve meus pedidos de misericórdia.
Em tua fidelidade, responde-me,
e em tua justiça.
2 Não leves teu servo a julgamento,
já que à tua vista nenhum vivente
seria considerado justo.

3 Pois um inimigo me persegue;
ele esmagou minha vida no chão
e me fez viver em trevas,
como aqueles que já morreram há muito.
4 Meu espírito desfalece;
meu coração está perturbado.

5 Lembro-me dos dias passados,
refletindo em todos os teus atos,
pensando nas obras de tuas mãos.
6 Estendo minhas mãos a ti,
desejo-te como uma terra sedenta.

7 Responde-me depressa, *Adonai*,
porque meu espírito está desfalecido.
Não escondas tua face de mim,
ou serei como aqueles que descem à cova.
8 Faze-me ouvir de teu amor na manhã,
porque confio em ti.
Faze-me conhecer o caminho em que devo andar,
porque confio em ti.
9 *Adonai*, livra-me de meus inimigos;
eu me escondi em ti.
10 Ensina-me a fazer tua vontade,
porque tu és meu Deus.
Que teu bom Espírito me guie
em solo plano.
11 Por amor de teu nome, *Adonai*, preserva minha vida;
em tua justiça, tira-me da angústia.
12 Em tua graça, extermina meus inimigos
e destrói todos aqueles que me molestaram,
porque sou teu servo.

144

1(0) De David:

(1) Bendito seja *Adonai*, minha rocha,
que treina minhas mãos para a guerra
e meus dedos para a batalha.
2 Ele me mostra graça; ele é minha fortaleza,
meu lugar seguro, em quem encontro abrigo,
meu escudo, em quem me refugio,
quem subjuga meu povo a mim.

3 *Adonai*, o que são os meros mortais,
para que tu repares neles,
e os humanos, para que penses neles?
4 O homem é como um sopro de vento;
seus dias são como a sombra passageira.

5 *Adonai*, abaixa os céus e desce;
toca as montanhas, faze-as expelir fumaça.

6 Dispara relâmpagos e espalha meus inimigos;
envia tuas flechas e derrota-os.
7 Estende tuas mãos das alturas;
liberta-me; salva-me das águas profundas
e do poder dos estrangeiros,
8 daqueles cuja boca fala palavras vaidosas
e cuja mão direita jura falsamente.

9 Deus, cantarei uma nova canção para ti;
cantarei louvores com uma harpa de dez cordas.
10 Tu dás aos reis a vitória;
salvas teu servo David da espada cruel.

11 Livra-me, salva-me do poder dos estrangeiros,
cuja boca fala palavras vaidosas
e cuja mão direita jura falsamente.

12 Nossos filhos em sua juventude serão
como rebentos amadurecidos,
e nossas filhas serão como colunas esculpidas
para ornar na esquina do palácio.
13 Nossos celeiros estarão cheios das mais variadas colheitas.
As ovelhas em nossos campos serão milhares, dezenas de milhares.
14 Nossos bois serão bem alimentados.
Os muros de nossas cidades não terão brechas.
Nosso povo não será levado em cativeiro,
e não haverá lágrimas de protesto nas ruas de nossas cidades.
15 Feliz é o povo que vive em tais condições!
Feliz é o povo cujo Deus é *Adonai*!

145

1(0) Louvor. De David:

(1) Eu te louvarei até as alturas, meu Deus, o rei;
bendirei teu nome para sempre.
2 Todos os dias, te bendirei;
louvarei teu nome para sempre.
3 Grande é *Adonai* e muito louvado;
sua grandeza não tem limites.
4 Cada geração louvará tuas obras para a geração seguinte
e proclamará teus poderosos feitos.
5 Meditarei no glorioso esplendor
de tua majestade e na história de tuas maravilhas.
6 Os povos falarão de teu poder temível,
e anunciarei teus grandes feitos.
7 Espalharão a fama de tua imensa bondade
e cantarão tua justiça.
8 *Adonai* é misericordioso e compassivo,
tardio em irar-se e grande em graça.
9 *Adonai* é bom para com todos;
sua compaixão repousa sobre todas as criaturas.

10 Todas as tuas criaturas te darão graças, *Adonai*,
e teus servos fiéis te bendirão.
11 Anunciarão a glória de tua grandeza
e contarão sobre teu poder,
12 para que todos conheçam teus atos de poder
e a gloriosa majestade de tua grandeza.
13 Tua grandeza é uma grandeza eterna,
e teu reino dura por todas as gerações.
14 *Adonai* ampara todos os que caem
e levanta todos o que estão curvados.
15 Todos os olhos estão voltados para ti;
tu lhes dás seu alimento no tempo certo.
16 Abre tua mão
e satisfaze o desejo de todos os seres vivos.
17 *Adonai* é justo em todos os seus caminhos,
cheio de graça em tudo o que faz.
18 *Adonai* está perto de todos os que o invocam,
de todos os que o invocam com sinceridade.
19 Cumpre o desejo daqueles que o temem;
ouve seu clamor e os salva.
20 *Adonai* protege todos os que o amam,
mas os ímpios, ele destrói.
21 Minha boca proclamará o louvor de *Adonai*;
todo o povo bendirá seu santo nome para sempre.

146

1 *Halleluyah*!

Louve *Adonai*, minha alma!
2 Louvarei *Adonai* enquanto eu viver.
Cantarei louvor a meu Deus toda a minha vida.

3 Não ponha sua confiança em príncipes
ou em mortais, que não podem socorrer.
4 Quando dão seu último sopro, voltam ao pó,
e naquele mesmo dia todos os seus planos se vão.

5 Feliz é aquele cujo socorro é o Deus de Ya'akov,
cuja esperança está em *Adonai*, seu Deus.
6 Ele fez o céu e a terra,
o mar e todas as coisas nele,
e mantém sua fidelidade para sempre.

7 Assegura a justiça para o oprimido
e dá alimento ao faminto.
Adonai liberta os prisioneiros.
8 *Adonai* abre os olhos dos cegos.
Adonai levanta os que estão desfalecidos.
Adonai ama o justo.
9 *Adonai* protege os estrangeiros
e sustenta o órfão e a viúva,
mas o caminho do ímpio, ele transtorna.

10 *Adonai* reinará para sempre;
seu Deus, Tziyon, por todas as gerações.

Halleluyah!

147

1 *Halleluyah*!

Como é bom cantar louvores a nosso Deus!
Como é doce, como é adequado louvá-lo!
2 *Adonai* está reconstruindo Yerushalayim,
juntando os dispersos de Yisra'el.
3 Cura o quebrantado de coração
e cuida de suas feridas.
4 Determina quantas estrelas existem
e chama-as pelo nome.

5 Nosso Deus é grande, e seu poder é vasto;
sua sabedoria, além de todo o falar.
6 *Adonai* sustenta o humilde,
mas derruba o ímpio até o chão.

7 Cantem a *Adonai* com gratidão;
ao som da lira, cantem louvores a nosso Deus.
8 Ele esconde o céu com nuvens;
dá provisão à terra com chuvas;
faz a relva crescer nos outeiros;
9 dá alimento aos animais,
até mesmo aos filhotes de corvos quando gritam de fome.

10 Não se deleita na força do cavalo,
nem tem prazer em corredores velozes.
11 *Adonai* se agrada daqueles que o temem,
daqueles que esperam por sua graça.

12 Glorifique *Adonai*, Yerushalayim!
Louve seu Deus, Tziyon!
13 Porque ele fortalece as traves de suas portas,
abençoa seus filhos dentro de ti,
14 leva a paz para dentro de suas fronteiras,
provê abundância do mais fino trigo.

15 Envia sua palavra sobre a terra,
e seu comando avança rapidamente.
16 Assim, ele dá a neve como lã,
espalha a geada como cinza,
17 envia cristais de gelo como migalhas de pão —
quem pode resistir a tamanho frio?
18 Então ele envia sua palavra e os derrete;
faz o vento soprar e a água fluir.

19 Revela suas palavras a Ya'akov,
suas leis e mandamentos a Yisra'el.

20 Não fez isso por outras nações;
elas não conhecem seus mandamentos.

Halleluyah!

148

1 *Halleluyah*!

Louvem Adonai desde os céus!
Louvem-no nas alturas!
2 Louvem-no, todos os anjos!
Louvem-no, todos os seus exércitos!

3 Louvem-no, o sol e a lua!
Louvem-no, todas as estrelas brilhantes!
4 Louvem-no, o mais alto céu,
e as águas acima dos céus!

5 Louvem o nome de Adonai,
porque ele mandou, e eles foram criados.
6 Estabeleceu-os para sempre;
deu uma lei à qual eles precisam conformar-se.

7 Louvem Adonai desde a terra,
o mar, monstros e abismos de água,
8 fogo e granizo, neve e vapor,
ventos tempestuosos que obedecem à sua palavra,
9 montanhas e todos os outeiros,
árvores frutíferas e todos os cedros,
10 animais selvagens e todo o gado,
répteis rastejantes, pássaros voadores,
11 reis da terra e todos os povos,
príncipes e todos os governadores da terra,
12 jovens e também moças,
velhos e crianças.

13 Louvem o nome de Adonai,
porque somente seu nome é exaltado;
sua glória está acima tanto da terra quanto do céu.

14 Fez crescer o poder de seu povo,
concedeu louvor a todos os seus fiéis,
aos descendentes de Yisra'el,
um povo que está próximo a ele.

Halleluyah!

149

1 *Halleluyah*!

Cantem a Adonai uma nova canção,
e seu louvor, na assembleia dos fiéis.
2 Regozije-se, Yisra'el, em seu criador,
e os filhos de Tziyon se alegrem em seu rei.

3 Louvem seu nome com danças,
façam melodias para ele com tamborins e liras;
4 porque *Adonai* tem prazer em seu povo,
ele coroa o humilde com a salvação.
5 Que os fiéis exultem gloriosamente
e cantem de alegria em suas camas.

6 Que os altos louvores de Deus estejam em sua garganta,
e uma espada de dois gumes esteja em suas mãos
7 para levar vingança às nações
e castigo aos povos,
8 para amarrar seus reis com cadeias
e colocar seus nobres em ferros,
9 para executar os julgamentos decretados para eles;
porque isso glorificará seus fiéis.

Halleluyah!

150

1 *Halleluyah*!

Louvem a Deus em seu lugar santo!
Louvem-no na cúpula celestial de seu poder!
2 Louvem-no por seus feitos poderosos!
Louvem-no por sua imensa grandeza!

3 Louvem-o com o estrépito do *shofar*!
Louvem-no com o alaúde e a lira!
4 Louvem-no com tamborins e danças!
Louvem-no com flautas e instrumentos de corda!
5 Louvem-no com címbalos sonoros!
Louvem-no com címbalos ressoantes!
6 Tudo o que tem fôlego, louve *Adonai*.

Halleluyah!

משלי
Mishlei
[Provérbios]

1 1 Os provérbios de Shlomoh, filho de David,
rei de Yisra'el,
2 ajudarão a aprender sobre sabedoria e disciplina;
palavras para expressar compreensão e conhecimento profundos;
3 para alcançar uma vida sabiamente disciplinada,
fazendo o que é certo, justo e equânime;
4 para dotar de prudência aqueles que não pensam,
e os jovens, de conhecimento e discrição.
5 Alguém que já é sensato
ouvirá e aprenderá ainda mais;
alguém que já entende
desenvolverá a habilidade de aconselhar bem;
6 entenderá os provérbios, as expressões obscuras,
as palavras e os enigmas dos sábios.

7 O temor a *Adonai* é o princípio do conhecimento,
mas os insensatos desprezam a sabedoria e a disciplina.

8 Meu filho, preste atenção à instrução de seu pai
e não abandone os ensinamentos de sua mãe;
9 eles serão uma grinalda de graça em sua cabeça,
uma medalha de honra em seu pescoço.

10 Meu filho, se os pecadores o seduzirem,
não vá com eles.
11 Suponha que digam: "Venha conosco:
vamos emboscar alguém e matá-lo,
vamos atacar de surpresa alguma alma inocente, só por diversão;
12 vamos engoli-lo vivo, como o *sh'ol*,
inteiro, como os que descem à cova;
13 vamos descobrir tudo o que ele tem de valor,
vamos encher nossas casas com os despojos.
14 Jogue seu quinhão conosco;
vamos compartilhar a mesma carteira" —
15 meu filho, não se junte a eles,
não ponha os pés nesse caminho;
16 os pés deles correm para o mal.
Eles se apressam em derramar sangue.
17 Em vão é a armadilha
se o pásaro pode enxergá-la;
18 por isso, fazem emboscadas contra si mesmos,
derramando seu próprio sangue, tocaiando a si mesmos.

19 Assim são os caminhos de todos os ávidos por lucro —
quem assim procede, destrói a própria vida.

20 A sabedoria clama em alta voz nas ruas
e levanta sua voz nos locais públicos;
21 chama nas esquinas das ruas
e eleva a voz nos portões de entrada da cidade:
22 "Por quanto tempo, vocês, cuja vida não tem propósito,
amarão essa vida impensada?
Por quanto tempo os escarnecedores terão prazer na zombaria?
Por quanto tempo os tolos odiarão o conhecimento?
23 Arrependam-se quando eu reprovar —
derramarei sobre vocês meu espírito
e tornarei minhas palavras conhecidas.
24 Porque vocês não aceitaram quando chamei,
e ninguém prestou atenção quando estendi minha mão,
25 mas, em vez disso, negligenciaram meus conselhos
e não aceitaram minha repreensão,
26 eu, por minha vez, rirei de sua aflição,
e zombarei quando o terror vier sobre vocês —
27 sim, quando o terror assolá-los como uma tempestade
e o desastre abordá-los como um turbilhão,
quando a angústia e a aflição atacá-los.
28 Então eles me chamarão, mas não responderei;
irão buscar-me sinceramente, mas não me acharão.
29 Visto que odiaram o conhecimento
e não escolheram o temor a *Adonai*,
30 recusaram meu conselho
e desprezaram minha reprovação.
31 Então suportarão as consequências de seus próprios caminhos
e serão sobrecarregados por seus próprios planos.
32 A errância impensada irá matá-los,
e o excesso de confiança presunçosa dos insensatos os destruirá;
33 mas aqueles que prestam atenção em mim viverão em segurança,
imperturbáveis, sem temer nenhum mal".

2 1 Meu filho, se você receber minhas palavras
e guardar minhas recomendações,
2 prestando atenção à sabedoria,
inclinando sua mente para a compreensão —
3 sim, se você pedir conhecimento
e elevar sua voz por discernimento,
4 se buscar isso como se buscasse prata
e procurar isso como se fosse um tesouro escondido —,
5 então entenderá o temor a *Adonai*
e achará o conhecimento de Deus.

6 Pois *Adonai* concede sabedoria;
de sua boca, vêm conhecimento e entendimento.
7 Ele reserva a sensatez para os retos,
é um escudo para aqueles cuja conduta é irrepreensível,

8 a fim de proteger a vereda da justiça
e preservar o caminho daqueles que lhe são fiéis.
9 Então você entenderá a retidão, a justiça,
a equidade e os caminhos do bem.
10 A sabedoria entrará em seu coração,
o conhecimento será prazeroso a você,
11 a prudência cuidará de você,
e o discernimento o protegerá.

12 Eles o salvarão do caminho do mal
e daqueles que falam enganosamente,
13 daqueles que deixam as veredas da honestidade
para andar na trilha da escuridão,
14 daqueles que se deleitam em fazer o mal
e têm prazer em ser teimosamente enganosos,
15 daqueles cujos rumos são tortos
e cujos caminhos são perversos.

16 Eles o salvarão da mulher desconhecida,
da prostituta com fala suave,
17 que abandona o companheiro de sua juventude
e esquece a aliança com seu Deus.
18 Sua casa está afundando rumo à morte,
e seus caminhos levam aos mortos.
19 Nenhum dos que a seguem volta;
nunca retornam à vereda da vida.
20 Portanto, você andará na trilha das pessoas de bem
e se manterá no caminho dos justos.
21 Os justos viverão na terra,
os puros de coração lá permanecerão;
22 mas os ímpios serão exterminados,
os infiéis serão expulsos.

3 1 Meu filho, não se esqueça de meus ensinamentos,
mantenha minhas ordens em seu coração;
2 e serão adicionados a você muitos dias,
anos de vida e paz.

3 Não deixe que a graça e a verdade o deixem —
amarre-os ao redor do pescoço; escreva-os na tábua de seu coração.
4 Então você ganhará favor e estima
aos olhos de Deus e do povo.

5 Confie em *Adonai* de todo o seu coração,
não dependa de seu próprio entendimento.
6 Em todos os seus caminhos, reconheça-o,
e eles os corrigirá.

7 Não seja vaidoso com sua própria sabedoria;
mas tema *Adonai* e se afaste do mal.
8 Isso trará saúde para seu corpo
e força para seus ossos.

9 Honre *Adonai* com sua riqueza
e com as primícias de todo o seu rendimento.
10 Então seus celeiros ficarão cheios,
e seus jarros transbordarão com vinho novo.

11 Meu filho, não despreze a disciplina de *Adonai*
nem se ressinta de sua reprovação;
12 pois *Adonai* corrige aqueles que ama
como um pai se deleita em seu filho.

13 Feliz é a pessoa que encontra a sabedoria,
a pessoa que adquire entendimento;
14 sua riqueza excede a prata,
ganhá-la é melhor que ouro,
15 ela é mais preciosa que pérolas —
nada que você queira pode comparar-se a ela.
16 Vida longa está em sua mão direita,
riqueza e honra, na esquerda.
17 Seus caminhos são agradáveis,
e todas as suas veredas são de paz.
18 Ela é a árvore da vida para aqueles que a alcançarem;
quem se apegar a ela, encontrará a felicidade.

19 *Adonai* pela sabedoria fundou a terra,
por sua compreensão estabeleceu o firmamento,
20 por seu conhecimento profundo
condensa o orvalho do céu.
21 Meu filho, não afaste essas coisas de sua vista;
preserve o senso comum e a discrição;
22 eles serão vida para sua alma
e adorno para seu pescoço.
23 Então você trilhará seu caminho com segurança,
sem machucar os pés.
24 Quando se deitar, não terá medo;
seu sono será doce.

25 Não tema o terror repentino ou a destruição
causada pelos perversos;
26 descanse em *Adonai*;
ele evitará que seus pés sejam presos em uma armadilha.

27 Não deixe de fazer o bem a quem precisa
quando tiver em mãos o poder de fazê-lo.
28 Não diga a seu vizinho: “Vá embora! Volte mais tarde;
darei isso a você amanhã”, se você puder ajudar no momento.
29 Não planeje lesar seu vizinho
que vive a seu lado fielmente.
30 Não discuta com seu vizinho sem razão,
se ele não o prejudicou.
31 Não inveje o homem violento,
não escolha nenhum de seus caminhos.
32 A perversidade é abominação aos olhos de *Adonai*,
mas ele compartilha seu segredo com o justo.

33 A maldição de *Adonai* está na casa do ímpio,
mas ele abençoa a casa dos justos.
34 Dos desdenhosos, ele desdenha,
mas dá graça ao humilde.
35 O sábio herda a honra,
mas os tolos recebem a vergonha.

4 1 Atentem, filhos, para o conselho do pai;
prestem atenção, para obter conhecimento.
2 Estou dando a vocês uma boa recomendação,
portanto não abandonem meus ensinamentos.
3 Também fui uma criança para meu pai;
e minha mãe pensou em mim como seu querido especial.
4 Ele também me ensinou; disse-me:
"Guarde em seu coração o tesouro de minhas palavras;
conserve minhas recomendações, e viva;
5 alcance sabedoria e sensatez;
não esqueça nem abandone as palavras que digo a você.
6 Não deixe de lado a prudência, pois ela o preservará;
ame-a, e ela o protegerá.
7 O princípio da sabedoria é: busque sabedoria!
E, quando a obtiver, busque discernimento!
8 Cuide dela, e ela o exaltará;
abrace-a, e ela trará honra a você;
9 ela dará a você a guirlanda da graça
e concederá a você a coroa da glória".

10 Ouça, meu filho, retenha o que digo,
e os anos de sua vida serão muitos.
11 Estou direcionando-o pelo caminho da equidade,
guiando-o pelas veredas da justiça;
12 quando andar, seu passo não será dificultado;
e, se correr, você não tropeçará.
13 Apegue-se à disciplina, não a deixe fugir;
guarde-a bem, pois dela depende sua vida.

14 Não siga o caminho dos ímpios
nem ande na vereda dos malfeitores.
15 Evite-a, não passe por ela,
afaste-se e prossiga.
16 Eles não dormem se não tiverem feito o mal
e não têm sono, a menos que tenham feito alguém cair.
17 Comem o pão da iniquidade
e bebem o vinho da violência.
18 Mas o caminho da retidão é como a luz da aurora,
reluzindo cada vez mais até o amanhecer completo.
19 O caminho dos ímpios é como a escuridão;
eles nem mesmo sabem o que os fazem tropeçar.

20 Meu filho, atente para o que estou dizendo;
incline seus ouvidos às minhas palavras.

21 Não as perca de vista,
guarde-as no fundo de seu coração;
22 pois são vida para aqueles que as encontram
e saúde para todo o seu ser.

23 Acima de todas outras coisas, guarde seu coração;
ele é a fonte da vida.
24 Mantenha longe de sua boca o discurso tortuoso,
afaste o engano de seus lábios.
25 Olhe sempre adiante,
fixe seu olhar no que está à sua frente.
26 Pondere a vereda para seus pés,
deixe que todos os seus caminhos sejam bem preparados.
27 Não se desvie nem para a esquerda nem para a direita
e mantenha seus pés longe do mal.

5 1 Meu filho, preste atenção à minha sabedoria,
incline seus ouvidos para meu discernimento;
2 assim, você preservará a equidade,
e seus lábios manterão o conhecimento.

3 Os lábios da mulher desconhecida vertem mel,
sua boca é mais macia que o óleo;
4 mas, no fim, ela é mais amarga que absinto,
afiada como uma espada de dois gumes.
5 Seus pés descem à morte;
seus passos levam diretamente ao *sh'ol*.
6 Ela não anda pelos caminhos da vida —
seus caminhos são errantes, mas ela não sabe disso.
7 Então agora, filhos, ouçam-me;
não se desviem do que estou dizendo:
8 afastem-se do caminho dessa mulher,
fiquem longe da porta da casa dela.
9 Então vocês não darão seu vigor a outros,
e seus anos, a alguém cruel;
10 desconhecidos não serão alimentados com sua força,
e o fruto de seu trabalho não irá para uma casa desconhecida.
11 Então, quando sua carne e seus ossos encolherem,
no fim de sua vida, você gemeria:
12 "Quanto odiei a disciplina!
Toda a minha existência, desprezei a repreensão,
13 ignorei o que meus mestres disseram
e não escutei quem me ensinava.
14 Fiz parte de quase todo tipo de maldade,
e todos souberam".

15 Beba água de sua própria cisterna,
água fresca de seu próprio poço.
16 Não deixe que suas fontes sejam desperdiçadas,
córregos de água fluindo pelas ruas;

17 antes, que sejam somente para você,
e não repartidas com estranhos.
18 Faça seu manancial, a esposa de sua juventude,
ser abençoada; tenha alegria com ela —
19 gazela encantadora, corça graciosa;
que seus seios o satisfaçam por todo o tempo,
e você seja sempre envolvido pelo amor dela.
20 Meu filho, por que se apaixonar por uma mulher desconhecida?
Por que se deitar com uma prostituta?
21 Pois *Adonai* vigia o caminho dos homens;
julga todas as suas veredas.
22 Os próprios crimes do ímpio lhe serão armadilha.
Ele rapidamente será envolvido pelas cordas de seu pecado.
23 Morrerá pela falta de disciplina;
a magnitude de sua tolice o fará cambalear e cair.

6 1 Meu filho, se você se tornou fiador de seu amigo,
se você se comprometeu no lugar de outro,
2 foi traído pelas palavras de sua própria boca,
prisioneiro de sua própria boca.
3 Faça isso agora, meu filho, liberte a si mesmo,
já que caiu em poder de seu amigo:
vá, humilhe-se e incomode-o;
4 não dê sono a seus olhos,
não dê descanso às suas pálpebras;
5 livre-se, como a gazela da armadilha [do caçador],
como um pássaro preso pelo laço.

6 Vá ter com a formiga, seu preguiçoso!
Considere seus caminhos e seja sábio.
7 Ela não tem chefe, fiscal nem regente,
8 contudo provê comida no verão
e ajunta seus suprimentos no tempo da colheita.
9 Preguiçoso! Quanto tempo ficará aí na cama?
Quando você se levantará de seu sono?
10 "Vou deitar um pouquinho aqui, descansar um pouquinho ali,
cruzarei os braços para dormir um pouco mais",
11 e a pobreza vem marchando sobre você,
e a escassez o abate como um soldado invasor.

12 Um perverso, um homem cruel
vive por discursos tortos,
13 piscando os olhos, arrastando os pés
e apontando com os dedos.
14 Com engano em seu coração,
está sempre conspirando o mal e semeando a discórdia.
15 Todavia, o desastre repentino vem sobre ele,
que é inesperadamente quebrado sem reparo.

16 Há seis coisas que *Adonai* odeia,
sete que ele detesta:

17 olhar altivo, língua mentirosa,
mãos que derramam sangue inocente,
18 coração que planeja a maldade,
pés que se apressam em fazer o mal,
19 falsa testemunha que mente com todo o fôlego
e quem semeia a discórdia entre os irmãos.

20 Meu filho, obedeça às ordens de seu pai
e não abandone os ensinamentos de sua mãe.
21 Prenda-os sempre em seu coração,
amarre-os em volta de seu pescoço.
22 Quando você andar, eles o conduzirão,
quando você se deitar, eles o protegerão,
e, quando você despertar, falarão com você.
23 Pois a *mitzvah* é lâmpada, a *Torah* é luz,
e as advertências da disciplina, caminhos para a vida.

24 Elas preservam você da mulher maligna.
e da língua sedutora da mulher fácil.
25 Não deixe seu coração envaidecer-se atrás de sua beleza,
nem permita que seus olhares o aprisionem.
26 O preço da prostituta é um pedaço de pão,
mas a adúltera está à caça de uma vida preciosa.
27 Poderia um homem carregar fogo dentro de sua veste
sem queimar suas roupas?
28 Poderia um homem andar sobre as brasas
sem queimar seus pés?
29 Assim, aquele que mantiver relações sexuais com a mulher de seu próximo,
qualquer que tocá-la, será punido.
30 Um ladrão não é desprezado quando rouba
apenas para satisfazer o apetite quando tem fome,
31 mas até ele, quando pego, deve pagar sete vezes mais;
talvez tenha de entregar tudo o que possui.
32 O que comete adultério perde a razão;
o que faz isso destrói a si mesmo.
33 Ele não terá nada, senão feridas e tribulação,
e sua desgraça jamais será apagada.
34 Pois o ciúme leva um homem à fúria;
ele não terá misericórdia quando se vingar.
35 Não aceitará compensação;
recusará qualquer paga, sem se importar pela quantia.

7 1 Meu filho, conserve minhas palavras,
guarde meus mandamentos.
2 Obedeça a meus mandamentos e viva;
guarde meus ensinamentos como a menina de seus olhos.
3 Amarre-os a seus dedos;
escreva-os na tábua de seu coração.
4 Diga à sabedoria: “Tu és minha irmã”
e nomeie a compreensão como parente,

5 de maneira que elas o possam preservar da mulher estranha,
da mulher fácil e suas palavras de sedução.

6 Pois eu estava na janela de minha casa,
sondando através da grade,
7 quando vi entre jovens ali,
em meio àqueles que não pensam por si mesmos,
um rapaz carente de todo senso.
8 Ele caminhava pela rua
e continuou em direção à casa dela.
9 A tarde se tornou crespúsculo,
e finalmente noite, negra e escura.
10 Então uma mulher se aproximou dele,
vestida como uma prostituta, com o coração astuto.
11 Ela é do tipo espalhafatoso, impulsiva,
cujos pés não param em casa;
12 em vez disso, ela sonda nas ruas e praças,
espreitando em cada esquina.

13 Ela o puxou e lhe deu um beijo,
e, com o rosto enrubescido, disse:
14 "Preciso oferecer sacrifícios pacíficos
e cumprirei meus votos hoje".
15 Por isso, saí para encontrar você;
vim à sua procura e agora o descobri.
16 Estendi colchas sobre meu leito
e uma coberta de linho egípcio colorido.
17 Perfumei minha cama
com mirra, aloés e canela.
18 Venha, façamos amor até a manhã;
nós nos alegraremos fazendo amor.
19 Meu marido não está em casa,
está fora em uma longa viagem.
20 Levou uma sacola de dinheiro
e não voltará até que a lua fique cheia".

21 Com toda sua fala dócil, ela o convenceu,
atraindo-o com suas palavras sedutoras.
22 Então ele a segue
como um boi a caminho do matadouro;
como um tolo a ser punido no tronco;
23 ou como um pássaro que se apressa para a armadilha,
sem saber que sua vida está por um fio,
até que uma flecha perfura seu fígado.

24 Então, agora, ouça-me;
atente para o que estou dizendo.
25 Não deixe seu coração inclinar-se aos caminhos dessa mulher;
não siga seus caminhos.
26 Pois muitos são os que ela abateu à morte,
numerosos os que ela destruiu.
27 Sua casa é o caminho para o *sh'ol*
e leva aos átrios da morte.

8 1 A sabedoria está chamando!
O entendimento levanta sua voz!
2 Nos morros, à beira da estrada,
onde os caminhos se cruzam, está à espera;
3 nos portões que dão para a cidade,
nas entradas, grita em alto som:

4 "Estou chamando vocês,
levanto minha voz a toda a humanidade.
5 Vocês, que não disciplinam sua vida, entendam a prudência;
e o mesmo vocês, tolos,
obtenham um pouco de bom senso!

6 "Ouçam! Direi coisas importantes;
quando falo, minhas palavras são certas.
7 Minha boca diz o que é verdade,
pois meus lábios detestam o mal.
8 Todas as palavras de meus lábios são retas;
nada falso ou torto nelas há.
9 Elas são bem claras para os que têm entendimento,
e retas para os que têm conhecimento.
10 Receber minha instrução é melhor que a prata;
o conhecimento, melhor que o fino ouro.
11 A sabedoria é melhor que pérolas;
nada que vocês quiserem se compara a ela.

12 "Eu, a sabedoria, moro junto com a prudência
e retenho o conhecimento e a discrição.
13 O temor a *Adonai* é odiar o mal.
Odeio o orgulho e a arrogância,
os caminhos do mal e o discurso duplicado.
14 Bom é meu conselho;
eu sou o entendimento, e meu é o poder.
15 Por mim, o rei impera,
e os príncipes fazem leis justas.
16 Por mim, os príncipes governam,
e também os nobres e todos os legisladores da terra.
17 Amo aqueles que me amam;
e aqueles que me buscam me acharão.
18 Riquezas e honra a mim pertencem,
duradoura prosperidade e retidão.
19 Meu fruto é melhor que o ouro,
e o ouro que ofereço é melhor que a fina prata.
20 Sigo o curso da retidão
ao lado dos caminhos de justiça,
21 concedendo riquezas aos que me amam
e enchendo seus tesouros.
22 "*Adonai* me criou como início de seu caminho,
o primeiro de suas obras mais antigas.
23 Fui apresentado ao mundo,
antes do começo, diante do início da terra.

24 Quando nasci, não havia abismo no oceano,
nem riachos fluindo com água.
25 Nasci antes de os montes existirem,
antes de as montanhas se estabelecerem;
26 ele ainda nem tinha feito a terra, os campos,
nem os primeiros grãos de poeira da terra.
27 Quando ele estabeleceu os céus, eu estava ali.
Quando traçou o horizonte no abismo,
28 quando estabeleceu os céus acima no firmamento,
quando as fontes do abismo foram feitas,
29 quando ele determinou as fronteiras do oceano,
de maneira que a água não transgredisse seu comando,
quando ele estabeleceu as fundações da terra,
30 eu estava com ele como aquele em quem ele podia confiar.
Quanto a mim, a cada dia era puro deleite,
pois me alegrava em sua presença o tempo todo.
31 Eu me deleitava em todo canto da terra
e me alegrava por estar com a humanidade.

32 "Portanto, filhos, atentem para mim:
felizes são os que guardam meus caminhos.
33 Escutem a instrução e cresçam em sabedoria;
não recusem isso.
34 Feliz é a pessoa que me ouve,
que fica em meus portões diariamente
e aguarda na frente de minhas portas.
35 Pois aquele que me encontra, encontra a vida
e obtém o favor de *Adonai*.
36 Mas aquele que me perde, desgraça a si mesmo;
todos os que me odeiam amam a morte."

9 1 A sabedoria construiu sua casa;
esculpiu sete colunas para si.
2 Preparou seu alimento, temperou seu vinho
e pôs sua mesa.
3 Enviou suas servas [com convites];
ela clama dos montes da cidade:
4 "Quem for inseguro, venha aqui".
Àqueles que não têm bom senso, ela diz:
5 "Venham e comam de minha comida!
Bebam o vinho que preparei.
6 Não fiquem inseguros, antes vivam!
Andem no caminho do entendimento!".
7 "O que corrije o zombador traz sobre si insulto;
quem repreende o ímpio se torna culpado.
8 Se você reprova um escarnecedor, ele o odiará;
se reprova um sábio, ele o amará.
9 Dê ao sábio, e ele ficará ainda mais sábio;
ensine ao reto, e ele aprenderá ainda mais.

10 O temor de *Adonai* é o princípio da sabedoria,
e o conhecimento dos santos é o entendimento.
11 Pois comigo seus dias aumentarão,
e anos serão acrescentados à sua vida.
12 Se você é sábio, sua sabedoria o ajuda;
mas, se você é um escarnecedor, sofrerá as consequências sozinho".

13 A mulher tola é pura exibição;
ela não pensa e não sabe nada.
14 Assenta-se à porta de sua casa
ou nos morros da cidade,
15 chamando aqueles que passam,
aqueles que seguem adiante seus caminhos:
16 "Todos os inexperientes venham aqui".
Ao inseguro, ela diz:
17 "As águas roubadas são doces;
o que é comido às escondidas dá prazer".
18 Mas ele não percebe
que a morte está ali;
e aqueles que aceitam seu convite
estão nas profundezas do *sh'ol*.

10 1 Provérbios de Shlomoh:

O filho sábio é a alegria de seu pai,
mas o filho tolo é uma tristeza para sua mãe.

2 Nenhum bem há na riqueza desonesta,
mas a retidão livra da morte.
3 *Adonai* deixa que o reto fique faminto,
mas frustra a ambição do ímpio.

4 As mãos do preguiçoso trazem pobreza,
mas as mãos diligentes produzem riqueza.
5 A pessoa sensata ajunta no verão,
mas o que dorme durante a colheita é uma vergonha.

6 As bênçãos coroam a cabeça dos retos,
mas as palavras do ímpio abrigam a violência.
7 A memória dos retos servirá de bênção,
mas a reputação dos ímpios apodrecerá.

8 Pessoas de coração sábio obedecem a ordens,
mas um tagarela terá problemas.

9 Aquele que caminha em pureza, caminha seguro,
mas o que caminha tortuosamente será descoberto.

10 Quem pisca maliciosamente [em vez de repreender], provoca dor,
e a boca tagarela lhe trará problemas.

11 As palavras do reto são fonte de vida,
mas as palavras do ímpio abrigam a violência.

12 O ódio provoca disputas,
mas o amor cobre todo tipo de transgressão.

13 Nos lábios do inteligente, encontra-se sabedoria,
mas a vara está sempre nas costas do tolo.
14 As pessoas sábias escondem seu conhecimento,
mas, quando um tolo fala, a ruína é iminente.

15 A riqueza do rico é uma fortaleza,
mas a ruína do pobre é sua pobreza.

16 A obra do reto lhe traz vida;
o rendimento do ímpio lhe traz castigo.

17 Aquele que observa a disciplina está no caminho para a vida,
mas o que ignora a correção está cometendo um erro.

18 O que encobre a ira tem lábios que mentem,
e todo que assassina é um insensato.
19 Quando as palavras são muitas, não falta pecado,
mas quem controla suas palavras é sábio.
20 A língua do reto é como a pura prata,
mas a mente do perverso tem pouco valor.
21 Os lábios do reto alimentam muitos,
mas os tolos morrem por falta de senso.

22 As bênçãos de *Adonai* tornam o povo rico,
e ele não mistura a tristeza com isso.

23 Para um tolo, a maldade é como um jogo,
assim como a sabedoria é para quem tem discernimento.

24 O que o ímpio teme, virá sobre ele,
mas ao reto será dado o que deseja.
25 Quando a tempestade passar, o ímpio desaparecerá,
mas o reto permanecerá firme para sempre.
26 Como vinagre para os dentes e fumaça para os olhos,
assim é o preguiçoso para seu patrão.

27 O temor a *Adonai* acrescenta o tempo de vida,
mas os anos dos ímpios serão encurtados.
28 Aquilo que os retos anseiam terminará em regozijo;
o que o tolo espera acabará em nada.
29 O caminho de *Adonai* é força para os retos,
mas é a ruína daqueles que praticam o mal.
30 O reto jamais será extirpado,
mas o ímpio não permanecerá na terra.

31 A boca do reto expõe sabedoria,
mas a língua do perverso será destruída.
32 Os lábios do reto sabem o que é desejável,
mas a boca do tolo [conhece] o engano.

11 1 A balança falsa é uma abominação para Adonai,
mas o peso correto o agrada.

2 Primeiro vem o orgulho, depois a desgraça,
mas com o humilde está a sabedoria.

3 A integridade do reto o guia,
mas a duplicidade do perverso o destrói.

4 No dia da ira, a riqueza não salva,
mas a retidão salva da morte.

5 A retidão do inocente aplana-lhe o caminho,
mas a maldade do ímpio o faz cair.
6 A justiça dos retos os salvará,
mas os traiçoeiros serão aprisionados por suas próprias intrigas.
7 Quando um homem ímpio morre, sua esperança perece;
tudo o que ele esperava do mal não resulta em nada.
8 O reto é libertado de tribulações,
e o ímpio fica em seu lugar.
9 Com a boca, o hipócrita pode arruinar seu vizinho,
mas o conhecimento do reto é libertação.
10 Quando o reto prospera, a cidade regozija;
e, quando o ímpio perece, há alegria.
11 Pela bênção do reto, a cidade é levantada,
mas as palavras do ímpio a destroem.

12 Aquele que diminui o outro perde o bom senso,
enquanto uma pessoa de discernimento se mantém em silêncio.

13 Um mexerico cresce em torno de segredos revelados,
mas alguém confiável guarda a confidência.

14 Sem táticas inteligentes, um exército é abatido,
e a vitória vem do muito planejar.

15 Aquele que se torna fiador do estranho sofrerá,
mas quem se nega a fazê-lo está seguro.

16 A mulher graciosa recebe honra;
homens agressivos conseguem riquezas.

17 O homem dócil traz bem a si mesmo,
mas o cruel causa a própria desgraça.

18 O lucro do ímpio é ilusório,
mas aqueles que plantam retidão ganham verdadeira recompensa.
19 A retidão genuína conduz à vida,
mas o que persegue o mal caminha para a morte.
20 O coração tortuoso é abominação para Adonai,
mas os sinceros em seus caminhos são seu deleite.
21 Esteja certo de que o ímpio não ficará impune,
mas a linhagem do reto escapará.

22 Como um anel de ouro no focinho do porco,
assim é a mulher bonita a quem falta bom senso.

23 O reto deseja apenas o bem,
mas o anseio do ímpio traz a desgraça.
24 Alguns dão deliberadamente e ainda enriquecem,
enquanto outros são mesquinhos e ficam cada vez mais pobres.
25 A pessoas que abençoam os outros prosperarão;
aquele que satisfaz os outros satisfará a si mesmo.
26 O povo amaldiçoará aquele que retém a colheita,
mas o que a vende, bênçãos cobrirão sua cabeça.
27 Aqueles que anseiam pelo bem alcançam favor,
mas o que busca pelo mal, este lhe sobrevirá!
28 Os que acreditam nas riquezas cairão,
mas o reto florescerá como folhas verdejantes.
29 Aqueles que causam tormentas à família herdarão o vento,
e o tolo se tornará escravo do sábio.
30 O fruto da retidão é a árvore da vida,
e o que é sábio ganha almas.
31 Se os retos são pagos segundo o que merecem na terra,
quanto mais o ímpio e o pecador!

12 1 O que ama a sabedoria ama a disciplina,
mas o que odeia a correção é rude.
2 O homem bom obtém favor de *Adonai*,
mas o maledicente recebe condenação.
3 Quem pratica a maldade, nunca está seguro,
mas as raízes da retidão jamais serão movidas.
4 A esposa capaz é uma coroa para seu marido,
mas a vergonhosa é como podridão em seus ossos.
5 Os planos dos justos são corretos,
mas as manipulações dos ímpios são traiçoeiras.
6 As palavras dos ímpios são emboscadas mortais,
mas o discurso dos honestos os resgata.
7 Uma vez que o ímpio tenha sido derrubado, é seu fim;
mas a casa do justo perdura.
8 Uma pessoa é reconhecida segundo seu bom senso,
mas a de mente pervertida é tratada com desprezo.
9 É melhor ser desprezado e ter um servo
que se vangloriar e não ter o que comer.
10 O homem honrado cuida de seus animais,
mas até a compaixão do ímpio é cruel.
11 O que cultiva sua terra será farto de alimento,
mas o que segue futilidades não tem juízo.

12 O ímpio cobiça o despojo do homem mal,
mas a raiz do justo floresce.
13 O ímpio é preso por seu próprio discurso pecaminoso,
mas o honesto não cai nessa armadilha.
14 Uma pessoa pode ser recompensada por suas palavras
e beneficiada pelo fruto de seu trabalho.

15 Os tolos supõem que seu caminho é correto,
mas os sábios prestam atenção aos conselhos.
16 A raiva do tolo é logo conhecida,
mas uma pessoa cuidadosa não revela seus sentimentos.

17 Aquele que diz a verdade promove a justiça,
mas as falsas testemunhas provocam o engano.

18 Falácias podem perfurar como uma espada,
mas a língua do sábio pode curar.
19 As palavras verdadeiras permanecerão,
mas a fala mentirosa durará apenas um momento.

20 O engano está no coração dos que maquinam o mal,
mas há alegria para os que recomendam a paz.
21 Nenhum dano atingirá os retos,
mas os ímpios estão cobertos de calamidade.

22 Lábios mentirosos são abominação para *Adonai*,
mas aqueles que agem fielmente são seu deleite.
23 O prudente esconde conhecimento,
mas o coração do tolo deixa escapar insensatez.

24 O diligente dominará,
enquanto o preguiçoso será posto sob trabalho forçado.

25 A ansiedade no coração o faz pesar,
mas uma palavra amável o anima.

26 O justo guia seu amigo corretamente,
mas o caminho do ímpio o desvirtuará.

27 O preguiçoso não assa o que caçou;
mas, quando um homem é diligente, sua fartura é preciosa.

28 Na vereda da justiça, está a vida;
a morte não está em seu caminho.

13 1 O filho que presta atenção à disciplina de seu pai é sábio,
mas o escarnecedor não escuta a repreensão.

2 O [bom] homem aprecia o bem que resulta de suas palavras,
mas a essência da traição é a violência.

3 O que vigia a boca preserva a vida,
mas o que fala demais acaba arruinado.

4 O preguiçoso deseja, mas não possui;
o diligente tem seus desejos realizados.

5 A pessoa correta odeia mentiras,
mas os ímpios são vis e vergonhosos.

6 A retidão protege aqueles cujo caminho é honesto,
mas a maldade leva ao pecado.

7 Há os que não têm nada e fingem ser ricos,
e aqueles que possuem grande fortuna e fingem ser pobres.
8 O rico pode ter de pagar resgate por sua vida,
mas o pobre não recebe ameaças.

9 A luz da retidão brilha alegremente,
mas a lâmpada dos ímpios se extinguirá.

10 A insolência só gera contendas,
mas a sabedoria está com os que ouvem conselhos.

11 A riqueza obtida de forma inútil mingua,
mas o que a acumula com trabalho duro a faz aumentar.

12 A esperança adiada torna o coração doente,
mas o desejo alcançado é a árvore da vida.

13 O que despreza uma palavra sofrerá por isso,
mas o que respeita uma ordem será recompensado.

14 O ensinamento do sábio é fonte de vida
e permite evitar armadilhas mortais.

15 O bom senso produz graça,
mas o caminho do traiçoeiro é acidentado.

16 A pessoa cuidadosa age com sabedoria,
mas o tolo alardeia sua loucura.

17 O mensageiro ímpio cai em dificuldade,
mas o emissário fiel traz cura.

18 Pobreza e vergonha são para aquele que não foi ensinado,
mas quem acolhe a repreensão será honrado.

19 O desejo satisfeito é doce para a alma,
mas desviar-se do mal é abominável para os tolos.
20 O que anda com os sábios se tornará sábio,
mas sofrerá na companhia dos tolos.

21 O mal persegue os pecadores,
mas a prosperidade irá recompensar o justo.
22 O bom homem deixa uma herança para seus netos,
mas a riqueza do pecador está reservada para os honestos.

23 Os campos do pobre podem render muito alimento,
mas alguns são varridos por causa da injustiça.

24 O que falha em usar a vara odeia seu filho,
mas o que o ama é cuidadoso em discipliná-lo.

25 A pessoa honesta come e se satisfaz,
mas a barriga do ímpio está vazia.

14 1 A mulher sábia edifica seu lar,
mas a tola o despedaça com as próprias mãos.

2 A pessoa correta direciona seus temores a ADONAI,
mas o errante o despreza.

3 Da boca dos tolos, brota o orgulho,
mas os lábios do sábio o protegem.

4 Onde não há bois, as baias são limpas,
mas muito mais é produzido pela força do boi.

5 A testemunha honesta não mentirá,
mas a falsa testemunha mente em cada suspiro.

6 O escarnecedor busca em vão a sabedoria,
mas a equidade vem facilmente para aquele que possui discernimento.

7 Mantenha-se afastado do tolo,
pois você não ouvirá nenhuma palavra sensata dele.
8 A sabedoria dos cautelosos os faz saber aonde estão indo,
mas a insensatez dos tolos os engana.
9 Ofertas de culpa fazem a zombaria dos tolos,
mas entre os justos há boa vontade.

10 O coração conhece sua própria amargura,
e nenhum estranho pode compartilhar sua alegria.

11 A casa do ímpio será destruída,
mas a tenda do justo florescerá.

12 Um caminho pode parecer certo a uma pessoa,
mas seu fim são caminhos da morte.

13 Mesmo no riso, o coração pode estar triste,
e a felicidade pode terminar em tristeza.

14 O desviado está ocupado com seus próprios caminhos,
mas o homem bom será recompensado.

15 O simples acredita em toda palavra,
mas o prudente vê bem onde pisa.

16 O prudente teme e se desvia do mal,
mas o tolo é imprudente e confiante.

17 O temperamental faz coisas estúpidas,
e o que pratica torpezas é odiado.

18 Os desajuizados herdam tolice,
mas os cautelosos são coroados com conhecimento.

19 O mal se curva diante do bem,
e os ímpios, às portas da equidade.

20 Os pobres são desprezados até por seus pares,
mas os ricos têm muitos amigos.

21 Aquele que despreza o amigo peca,
mas o que demonstra compaixão aos humildes é feliz.

22 Não perecerão aqueles que tramam o mal?
Mas graça e verdade são para os que planejam o bem.

23 Em todo trabalho, há lucro,
mas mera conversa resulta apenas em pobreza.
24 A coroa dos sensatos é sua riqueza,
mas a tolice dos tolos é só isso — tolice.

25 A testemunha confiável salva vidas,
mas o mentiroso é enganador.

26 No temor a *Adonai*, está a segurança;
haverá um local de refúgio para suas crianças.
27 O temor a *Adonai* é fonte da vida
e ajuda a evitar armadilhas mortais.

28 A glória do rei está em ter muitos súditos,
mas na falta de povo está sua ruína.

29 Ser tardio em irar é prova de grande entendimento,
mas ser irritadiço revela insensatez.

30 A mente tranquila dá saúde ao corpo,
mas a inveja apodrece os ossos.

31 Oprimir o pobre é ultrajar o Criador,
mas tratar com bondade o necessitado é honrar a Deus.

32 Quando vem a calamidade, os ímpios são derrubados,
mas os justos encontram refúgio mesmo diante da morte.

33 A sabedoria está no coração dos que têm discernimento,
e mesmo entre os tolos ela se faz conhecer.

34 A justiça engrandece a nação,
mas o pecado é uma vergonha para qualquer povo.

35 O servo sábio agrada ao rei,
mas o que procede vergonhosamente incorre em sua ira.

15 1 A resposta gentil desvia a fúria,
mas a palavra ríspida provoca a ira.
2 A língua dos sábios torna atraente o conhecimento,
mas a boca dos insensatos derrama insensatez.

3 Os olhos de *Adonai* estão em todo lugar,
contemplando atentamente tanto os maus quanto os bons.

4 A língua amável é árvore de vida,
mas o falar enganoso destrói o espírito.

5 O insensato despreza a disciplina de seu pai,
mas quem aceita a repreensão demonstra prudência.

6 Na casa do justo, há grande tesouro,
mas a renda dos ímpios lhes traz perturbação.

7 As palavras dos sábios espalham conhecimento,
mas o coração dos tolos não procede assim.

8 O sacrifício dos ímpios é abominável a ADONAI,
mas a oração dos justos é seu contentamento.
9 O caminho dos ímpios é detestável a ADONAI,
mas ele ama quem busca a justiça.

10 Quem abandona seu caminho, será severamente repreendido;
quem despreza a correção, morrerá.

11 O *sh'ol* e o Abbadon estão abertos diante de ADONAI;
quanto mais o coração dos homens!

12 O escarnecedor não gosta de quem o repreende,
nem procura a ajuda do sábio.

13 A alegria do coração transparece no rosto,
mas a tristeza angustia o espírito.

14 O coração sábio busca o conhecimento,
mas a boca dos tolos alimenta-se de insensatez.

15 Todos os dias do oprimido são infelizes,
mas o coração bem-disposto está sempre em festa.
16 É melhor ter pouco com o temor de ADONAI
que grande riqueza onde há inquietação.
17 É melhor um prato de verduras na refeição onde há amor
que um boi gordo acompanhado de ódio.
18 O homem de gênio ruim provoca contendas,
mas quem é paciente apazigua a discussão.

19 O caminho do preguiçoso é cercado de espinhos,
mas a vereda do justo é uma estrada plana.

20 O filho sábio alegra seu pai,
mas o tolo despreza sua mãe.

21 A insensatez é alegria para quem não tem bom senso,
mas o homem sábio procede com retidão.

22 Os planos fracassam por falta de conselho,
mas com muitos conselheiros há êxito.

23 O homem se alegra em dar a resposta apropriada;
e como é bom um conselho dado na hora certa!

24 O caminho da vida conduz o insensato para cima,
para que ele não desça à sepultura.

25 ADONAI derruba a casa do orgulhoso,
mas mantém intacta a herança da viúva.

26 ADONAI detesta os pensamentos dos maus,
mas se agrada de palavras bondosas.

27 O avarento põe sua família em apuros,
mas quem recusa o suborno viverá.

28 O justo pensa bem antes de dar uma resposta,
mas da boca dos ímpios transborda o mal.

29 *Adonai* permanece distante do ímpio,
mas ouve a oração do reto.

30 Um olhar animador dá alegria ao coração,
e notícias boas revigoram os ossos.

31 Aquele que ouve a repreensão
terá a companhia permanente dos sábios
32 Aquele que menospreza a disciplina detesta a si mesmo,
mas o que atenta para a correção aumenta em entendimento.
33 A disciplina sábia é o temor a *Adonai*;
portanto, antes de ser honrado, é preciso ser humilde.

16 1 Uma pessoa é responsável pelos planos do coração,
mas de *Adonai* vem a resposta.
2 Todos os caminhos do homem são puros a seus olhos,
mas é *Adonai* quem avalia o espírito.

3 Consagre a *Adonai* tudo o que você faz,
e seus planos serão bem-sucedidos.

4 *Adonai* faz tudo segundo seu propósito,
até o ímpio para o dia do desastre.

5 *Adonai* detesta os orgulhosos de coração;
esteja certo de que eles não ficarão impunes.

6 Graça e verdade encobrem a iniquidade,
e o povo se desvia do mal por temer a *Adonai*.

7 Quando os caminhos do homem satisfazem *Adonai*,
este reconcilia com eles seus inimigos.

8 Melhor é o pouco com retidão
que grandes rendimentos com injustiça.

9 Uma pessoa pode planejar seus caminhos,
mas é *Adonai* quem dirige seus passos.

10 A inspiração divina está nos lábios do rei,
portanto sua boca não pode transgredir quando ele julga.
11 A balança e os pesos da justiça pertencem a *Adonai*;
todos foram feitos por ele.
12 É abominação para o rei praticar o mal,
pois com retidão se estabelece o trono.

13 O rei se deleita com lábios de justiça
e ama aquele que fala o que é correto.
14 A ira do rei é um mensageiro de morte,
mas o sábio a acalmará.

15 Quando a face do rei brilha, isso significa vida;
seu favor é como as nuvens que trazem a chuva da primavera.

16 Melhor que o ouro é ganhar a sabedoria!
Sim, melhor que a prata é ganhar o entendimento.

17 Evitar o mal é o caminho para a retidão;
aquele que cuida dos próprios passos preserva a vida.

18 O orgulho vem antes da destruição,
e a arrogância, antes da queda.

19 Melhor é ser humilde entre os pobres
que compartilhar despojos com os orgulhosos.

20 O que atenta para o ensino alcançará sucesso;
aquele que confia em *Adonai* será feliz.

21 O sábio de coração é conhecido por seu discernimento,
e a doçura das palavras acrescenta o aprendizado.

22 O senso comum é fonte de vida para aqueles que o têm,
enquanto os insensatos são punidos por sua própria insensatez.

23 O coração do homem sábio educa sua boca
e a seus lábios adiciona a instrução.

24 Palavras agradáveis são como o favo de mel,
doce para a alma e cura para o corpo.

25 Pode existir caminho que parece certo à pessoa,
mas no final é caminho de morte.

26 O apetite do trabalhador o faz trabalhar,
pois sua fome o impulsiona.

27 Uma pessoa sem valor cava a maldade [fofoca] —
é como um fogo devorador em seus lábios.

28 O fraudulento causa dissensão,
e o caluniador pode separar até os amigos mais chegados.

29 O violento pode impor-se ao próximo
e conduzi-lo ao caminho do mal.

30 Aquele que pisca intencionalmente está planejando o engano;
o que franze os lábios já praticou o mal.

31 Os cabelos brancos são uma coroa de honra
obtida através do justo viver.

32 O que controla seu temperamento é melhor que o herói de guerra;
o que governa seu espírito é melhor que o conquistador de cidades.

33 Pode-se lançar a sorte no colo,
mas a decisão vem de *Adonai*.

17 1 É melhor um pedaço de pão seco com tranquilidade
que uma casa cheia de comida, mas também cheia de discussão.

2 O escravo inteligente governará sobre o filho vergonhoso
e partilhará a herança com os irmãos.

3 O crisol [prova] a prata, e o forno [prova] o ouro,
mas quem prova os corações é *Adonai.*

4 O malfeitor dá atenção aos lábios ímpios;
o mentiroso dá ouvidos à conversa destruidora.

5 Quem escarnece do pobre, insulta seu criador;
e quem se regozija com a calamidade, não ficará impune.

6 Os netos são a coroa dos idosos,
enquanto a glória dos filhos são seus ancestrais.

7 O belo discurso é indecoroso ao insensato,
ainda mais são os lábios mentirosos ao governante.

8 O suborno age como um encanto à vista daquele que o dá —
para onde quer que se vire, terá sucesso.

9 Aquele que esconde a ofensa promove o amor,
mas o que traz o assunto à baila separa até mesmo amigos íntimos.

10 Mais fundo cala a repreensão no prudente
que mil bofetadas em um tolo.

11 A pessoa má procura somente a rebelião,
mas um mensageiro cruel será enviado contra ela.

12 Antes encontrar uma ursa da qual roubaram os filhotes
que encontrar um tolo em sua tolice.

13 O mal não se apartará da casa
daquele que retribui o bem com o mal.

14 Começar uma discussão é como deixar a água fluir [através de um dique] —
é melhor resolver a questão antes que surja a contenda.

15 O que justifica o ímpio e o que condena o justo
são ambos abominação para *Adonai.*

16 Por que o tolo desejaria pagar pela sabedoria
se não quer obtê-la?

17 O amigo mostra sua amizade todo o tempo —
e é na adversidade que nasce um irmão.

18 Àquele que com um aperto de mãos garante um empréstimo
para seu vizinho, falta bom senso.

19 Quem ama as discussões, ama as ofensas;
quem constrói altas portas, está cortejando desastres.

20 A pessoa de coração desonesto não encontrará nada bom,
e a de língua perversa acabará na calamidade.

21 O filho tolo só dá tristeza,
e o pai do insensato não terá alegria.

22 O coração feliz é um bom remédio,
mas o espírito abatido suga a força.

23 O homem mau tira o suborno de debaixo do manto
para perverter o caminho da justiça.

24 O homem de discernimento mantém a sabedoria diante dele,
mas os olhos do tolo vagueiam pelas extremidades da terra.

25 O filho tolo é tristeza para seu pai
e amargura para aquela que lhe deu à luz.

26 Castigar o inocente não é correto,
nem açoitar o nobre por sua retidão.

27 O instruído controla sua língua,
e aquele que tem discernimento controla seu temperamento.

28 Mesmo um tolo, se permanece em silêncio, é reputado por sábio;
aquele que mantém fechada sua boca pode passar por inteligente.

18 1 Quem se isola, busca interesses egoístas
e revela desprezo por qualquer sensatez.

2 O tolo não tem prazer no entendimento;
quer somente expressar sua própria opinião.

3 Com a impiedade vem o desprezo,
e com o desdém vem a provocação.

4 As palavras do homem são águas profundas,
e a fonte da sabedoria é um rio a correr.

5 Não é bom ser parcial para com o culpado
e, deste modo, privar o inocente da justiça.

6 As palavras do tolo lhe geram contendas;
sim, sua boca clama por golpes.

7 A boca do tolo é sua ruína;
suas palavras são armadilhas para sua alma.

8 As palavras do caluniador são bocados saborosos;
deslizam diretamente para o ventre.

9 Quem é preguiçoso ao fazer seu trabalho,
é irmão do destruidor.

10 O nome de *Adonai* é uma torre forte;
o justo corre para ela e é elevado [acima do perigo].

11 A riqueza do rico é sua cidade fortificada
e, segundo ele imagina, uma alta muralha.

12 Antes de ser arruinado, o coração do homem é soberbo;
antes de ser honrada, a pessoa deve ser humilde.

13 Responder antes de ouvir
não é apenas estúpido; é vergonhoso.

14 O espírito pode sustentar uma pessoa quando ela estiver doente,
mas o espírito abatido, quem o suportará?

15 A mente de alguém com discernimento adquire conhecimento,
e os ouvidos do sábio estão prontos a aprender.

16 Os presentes de uma pessoa abrem o caminho para ela
e lhe dão acesso aos poderosos.

17 O primeiro a expor seu caso parece o certo,
até que outro venha e o interrogue.

18 Lançar sortes põe fim à contenda
e separa desafiantes poderosos.

19 É mais difícil conquistar um irmão ofendido que uma cidade fortificada;
as rixas dele são como as traves de uma fortaleza.

20 O coração se farta do fruto da boca;
do que produzem os lábios, ele se satisfaz.
21 A língua tem poder sobre a vida e a morte;
aquele que bem a utiliza comerá de seu fruto.

22 Quem encontra uma esposa, encontra a felicidade;
conquistou o favor de *Adonai*.

23 O pobre suplica por misericórdia,
mas a resposta do rico é áspera.

24 Algumas amizades são puro fingimento,
mas um verdadeiro amigo é mais apegado que o irmão.

19 1 É melhor ser pobre e viver uma vida correta
que se comprometer com um discurso desonesto, pois tal coisa é tolice.

2 Agir sem pensar não é bom;
quem é precipitado, perderá o objetivo.

3 A tolice de uma pessoa arruína seu caminho,
mas em seu coração ela se enfurece contra *Adonai*.

4 A riqueza traz muitos amigos,
mas o pobre perde o único amigo que tem.

5 A falsa testemunha não ficará impune;
e quem profere mentiras, não escapará.

6 Ao generoso, muitos pedem favores —
do doador de presentes, todos são amigos.

7 Os parentes do pobre o odeiam;
até mesmo seus amigos dele se afastam.
Embora os procure com pedidos,
eles não serão encontrados.

8 Adquirir bom senso é amar a si mesmo;
entesourar discernimento é prosperar.

9 A falsa testemunha não ficará impune;
e quem profere mentiras, perecerá.

10 Não é apropriado a um tolo viver na luxúria,
e muito menos ao escravo governar sobre os príncipes.

11 Pessoas de bom senso são tardias em irar-se,
e é glória para elas negligenciar uma ofensa.

12 A ira do rei é como o rugido do leão,
mas seu favor é como orvalho sobre a relva.

13 O filho tolo é a ruína de seu pai,
e a esposa briguenta é como uma goteira pingando.

14 Casa e riqueza são herança dos ancestrais,
mas a esposa prudente vem de *Adonai*.

15 A preguiça leva ao sono profundo,
e o preguiçoso passará fome.

16 Quem guarda a *mitzvah*, mantém-se seguro,
mas quem despreza seus caminhos, morrerá.

17 Quem é bondoso para com o pobre, empresta a *Adonai*;
e ele lhe retribuirá por sua boa obra.

18 Discipline seu filho enquanto há esperança,
mas não fique tão irado a ponto de matá-lo!

19 Uma pessoa de temperamento violento será punida;
se tentar salvá-la do castigo, terá de fazê-lo várias vezes.

20 Ouça o conselho e aceite a disciplina,
e você acabará sendo sábio.

21 Podem-se inventar muitos planos na mente,
mas o plano de *Adonai* prevalecerá.

22 A cobiça do homem é sua vergonha,
e o pobre é melhor que o mentiroso.

23 O temor de *Adonai* conduz à vida;
quem o tem, fica satisfeito e não é tocado pelo mal.

24 O preguiçoso enterra sua mão no prato,
mas nem mesmo se preocupa em levá-la à boca.

25 Se você ferir o zombador,
o simples aprenderá a agir com sabedoria;
se você reprovar o inteligente,
ele crescerá em conhecimento.

26 Quem destrata seu pai e expulsa sua mãe,
é um filho que traz vergonha e desgraça.

27 Meu filho, se deixar de atender à disciplina,
você se desviará dos princípios do conhecimento.

28 A testemunha inútil escarnece da justiça,
e a boca do ímpio devora as más ações.

29 Juízos estão reservados para os escarnecedores,
e socos, para as costas dos tolos.

20 1 O vinho é zombador, e a bebida forte, desordeira;
quem se deixa desviar por eles, não é sábio.

2 O medo do rei é semelhante ao rugido do leão;
quem o deixa irado, peca, atentando contra a própria vida.

3 Evitar contendas dá honra à pessoa,
porque qualquer tolo pode explodir em ira.

4 O preguiçoso não semeia no inverno;
assim, no tempo da colheita, quando ele procurar, nada encontrará.

5 As verdadeiras intenções do coração são como águas profundas,
mas a pessoa com discernimento as drenará.

6 A maioria das pessoas anuncia sua própria bondade,
mas quem encontrará alguém fiel [o suficiente para praticá-la]?

7 O justo vive uma vida de integridade;
felizes são seus filhos depois dele.

8 O rei, assentado em seu trono de julgamento,
pode discernir o mal com um único olhar.

9 Quem pode dizer: "Purifiquei meu coração,
estou limpo de meu pecado"?

10 Pesos falsos e medidas falsas —
a ambos *Adonai* odeia.

11 Até o caráter da criança é conhecido por suas ações,
se seu procedimento é puro e correto.

12 O ouvido que ouve e o olho que vê —
Adonai fez a ambos.

13 Se amar o sono, você ficará pobre;
mantenha os olhos abertos, e você terá abundância de comida.

14 "É realmente um material muito ruim", diz o comprador [ao vendedor];
mas, quando se vai, gaba-se [de sua barganha].

15 Uma pessoa pode ter ouro e riquezas em pérolas,
mas os lábios informados pelo conhecimento são uma joia preciosa.

16 Tomem-se as roupas de quem serve de fiador ao estrangeiro!
Sirvam elas de garantia pela mulher leviana.

17 A comida obtida com fraude pode ter um gosto bom,
mas depois a boca se enche de cascalho.

18 Depois dos conselhos, os planos são bem-sucedidos;
então procure o sábio conselho quando guerrear.

19 O fofoqueiro perambula, revelando segredos;
portanto não se envolva com quem muito fala.

20 A quem amaldiçoa seu pai ou sua mãe,
sua lâmpada se tornará escuridão total.

21 Possessões que, no início, são adquiridas rapidamente
não serão abençoadas no final.

22 Não diga: "Retribuirei o mal com o mal";
espere por *Adonai*, pois ele o salvará.

23 *Adonai* odeia pesos alterados,
e balanças falsas não lhe agradam.

24 Os passos do homem são ordenados por *Adonai*;
assim, como pode alguém entender seu próprio caminho?

25 É uma armadilha consagrar apressadamente uma dádiva a Deus
e refletir nos votos somente depois de fazê-los.

26 O rei sábio separa o ímpio [do justo]
e o esmaga no debulhador.

27 O espírito humano é a lâmpada de *Adonai*
e vasculha o mais íntimo do ser.

28 A graça e a verdade preservam o rei;
com graça, ele mantém seu trono.

29 O orgulho do jovem é sua força;
a dignidade do ancião são seus cabelos brancos.

30 Golpes e ferimentos eliminam o mal;
sim, a surra [limpa] o mais íntimo do ser.

21 1 O coração do rei é como os ribeiros de água nas mãos de *Adonai* —
ele o dirige para onde lhe apraz.

2 Todos os caminhos de uma pessoa lhe parecem justos a seus
próprios olhos, porém *Adonai* pesa o coração.

3 Fazer o que é correto e justo
é mais prazeroso a *Adonai* que o sacrifício.

4 Olhar arrogante, coração soberbo —
o que o ímpio planta é pecado.

5 Os planos do diligente o conduzem à abundância,
mas os apressados sempre acabam na miséria.

6 A fortuna adquirida com língua mentirosa
é vapor disperso pelos caçadores da morte.

7 A violência do ímpio o varrerá,
porque ele se recusa a agir com justiça.

8 A conduta do culpado é tortuosa,
mas a obra do puro é justa.

9 É melhor viver em um canto do telhado
que partilhar a casa com uma mulher briguenta.

10 O ímpio está fixo no mal;
não tem piedade nem de seu próximo.

11 Quando o escarnecedor é punido, o simples se torna sábio;
e, quando o sábio é instruído, ele adquire conhecimento.

12 O Justo observa a casa do ímpio;
ele arrasta o ímpio à sua ruína.

13 Quem fecha seus ouvidos ao clamor do pobre,
clamará, ele mesmo, mas não será atendido.

14 O presente dado em segredo acalma a ira,
e o suborno feito em sigilo desperta forte indignação.

15 O proceder correto é alegria para os justos,
mas aterroriza os malfeitores.

16 A pessoa que se desvia do caminho do bom senso
repousará na companhia dos mortos.

17 O amante dos prazeres sofrerá privações;
aquele que ama o vinho e o óleo não enriquecerá.

18 O ímpio serve de resgate para o justo,
e, do mesmo modo, o infiel sofre no lugar do homem íntegro.

19 É melhor viver no deserto
que com uma esposa queixosa e irritadiça.

20 Na casa do sábio, há finos tesouros e óleos,
mas o tolo rapidamente os devora.

21 Quem persegue a justiça e a bondade,
encontra a vida, a prosperidade e a honra.

22 O sábio pode ir a uma cidade de guerreiros
e minar a fortaleza na qual eles confiam.

23 Quem guarda sua boca e sua língua,
guarda a si mesmo da tribulação.

24 “Zombador” é como se chama o soberbo, o insolente,
aquele que age com extremo orgulho.

25 O desejo do preguiçoso o matará,
porque suas mãos se recusam a trabalhar —
26 ele deseja mais e mais o dia inteiro;
mas o justo dá sem exigir retorno.

27 O sacrifício do ímpio é abominação,
e ainda pior quando feito com intenções vis.

28 A falsa testemunha será condenada,
mas aquele que ouviu [o que foi dito] testemunhará com sucesso.

29 O ímpio mostra no rosto sua audácia,
enquanto o justo prepara seus caminhos.

30 Não há sabedoria, discernimento ou conselho
que possa ter sucesso contra *Adonai*.

31 O cavalo pode ser preparado para o dia da batalha,
mas a vitória vem de *Adonai*.

22 1 Mais que as riquezas, prefira uma boa reputação;
mais que a prata e o ouro, a boa estima.

2 O rico e o pobre têm isto em comum —
Adonai fez a ambos.

3 O sábio percebe o perigo e se esconde;
o simples segue em frente e paga a multa.

4 A recompensa da humildade é o temor de *Adonai*,
juntamente com a riqueza, a honra e a vida.

5 Espinhos e armadilhas cercam o caminho do teimoso;
quem dá valor à sua vida, dele guarda distância.

6 Ensine a criança no caminho em que ela deve seguir;
e, mesmo quando ficar velha, não se desviará dele.

7 O rico governa sobre o pobre,
e o que toma emprestado é escravo daquele que empresta.

8 Quem semeia injustiça, colhe tribulação,
e o castigo de sua ira será completo.

9 Quem é generoso, será abençoado,
porque partilha sua comida com o pobre.

10 Mande embora o escarnecedor, e a contenda irá com ele;
cessarão as discussões e os insultos.

11 Quem ama a pureza de coração e é gracioso no falar,
terá o rei como seu amigo.

12 Os olhos de *Adonai* protegem o [homem com] conhecimento,
mas ele derruba os planos do traidor.

13 O preguiçoso diz: "Há um leão lá fora!
Serei morto se sair à rua!".

14 A boca da mulher adúltera é cova profunda;
o homem contra quem *Adonai* se ira, nela cairá.

15 A insensatez está firmemente ligada ao coração da criança,
mas a vara da disciplina a afastará dela.

16 Quem oprime o pobre para enriquecer
ou dá ao rico, certamente empobrecerá.

17 Preste atenção aos ditos dos sábios
e aplique seu coração a meu conhecimento;
18 pois é prazeroso guardá-los no íntimo
e tê-los à disposição em seus lábios.
19 Quero que sua confiança esteja em *Adonai*;
por isso, dou hoje a você instrução.
20 Escrevi para você coisas úteis,
cheias de bons conselhos e de conhecimento,
21 para que saiba que essas declarações são verdadeiras,
e possa responder claramente àquele que o enviou.

22 Não explore os desamparados por estarem desamparados,
nem esmague o pobre no tribunal,
23 porque *Adonai* pleiteará a causa deles
e despojará aqueles que os despojarem.

24 Não se associe com o homem irado,
nem faça do impetuoso sua companhia;
25 do contrário, você acabará aprendendo esses caminhos
e cairá em uma armadilha mortal.

26 Não seja como aqueles que dão penhores,
garantindo os empréstimos feitos a outros;
27 porque, se você não tiver com o que pagar,
eles tomarão a cama em que você dorme.

28 Não mova marcos antigos
colocados por seus ancestrais.

29 Vê um homem perito em seu trabalho?
Ele servirá aos reis, não a pessoas obscuras.

23 1 Quando se sentar para comer com o governador,
observe cuidadosamente quem está diante de você.
2 Se você tem grande apetite,
encoste uma faca em sua garganta!
3 Não seja ávido por suas delícias,
porque são alimento enganoso.

4 Não se esgote, perseguindo riquezas;
seja inteligente o bastante para desistir.
5 Se você fizer seus olhos correr atrás delas,
elas já não estarão mais ali!
Porque a riqueza certamente criará asas,
como uma águia, voando pelo céu.

6 Não coma a refeição do avarento,
nem deseje suas iguarias.
7 Porque ele é como alguém que faz as contas —
"Coma! Beba!", ele diz,
mas não fala com sinceridade.
8 O pouco que comer, você vomitará,
e seus elogios terão sido em vão.

9 Não fale aos ouvidos do tolo,
porque ele despreza o bom senso de suas palavras.

10 Não remova marcos antigos
nem invada a terra dos órfãos,
11 porque quem os defende é poderoso;
ele lutará contra você para protegê-los.

12 Aplique sua mente à disciplina,
e seus ouvidos, às palavras do conhecimento.

13 Não negue a disciplina à criança —
se você bater nela com uma vara, ela não morrerá!
14 Castigue-a com uma vara,
E você a salvará do *sh'ol*.

15 Meu filho, se seu coração for sábio,
meu coração também se alegrará;
16 o mais íntimo de meu ser regozijará
quando seus lábios falarem o que é correto.

17 Não tenha inveja dos pecadores, mas siga o exemplo
daqueles que sempre temem a Deus,
18 pois assim você terá um futuro,
e sua esperança não será frustrada.

19 Ouça, meu filho; seja sábio
e guie seu coração pelo caminho certo.

20 Não esteja entre os que se enchem de vinho
nem entre os que comem carne em excesso,
21 pois ambos, ébrios e glutões, ficarão pobres —
a sonolência os vestirá de trapos.

22 Ouça a seu pai, que deu a você vida,
e não despreze sua mãe quando ela envelhecer.

23 Compre a verdade e não abra mão dela,
e também a sabedoria, a disciplina e o discernimento.

24 O pai do justo se encherá de alegria;
sim, aquele cujo filho é sábio nele regozijará.
25 Então, que seu pai e sua mãe se alegrem;
que aquela que o deu à luz exulte.

26 Meu filho, dê-me seu coração;
que seus olhos observem meus caminhos.

27 A prostituta é um fosso profundo,
e a mulher perdida, um poço estreito.
28 Fica à espreita para arrebatar sua presa
e aumentar o número dos infiéis.

29 Quem tem miséria? Quem tem remorso?
Quem briga e reclama o tempo todo?

Quem se machuca sem uma boa razão?
Quem tem olhos avermelhados?
30 Aqueles que gastam seu tempo no vinho,
aqueles que sempre provam bebidas misturadas.
31 Não olhe para o vinho vermelho
como se ele desse sua cor ao copo.
Ele pode deslizar suavemente agora,
32 mas no fim amarga como serpente —
sim, ele golpeia como serpentes venenosas.
33 Seus olhos verão coisas estranhas,
e sua mente imaginará coisas sem sentido.
34 Você se sentirá como se estivesse sobre as ondas do mar
ou espreguiçando-se no topo de um mastro —
35 "Espancaram-me, mas eu não senti!
Bateram em mim, e eu nem percebi!
Quando despertarei?...
Sairei em busca de outra bebida".

24 1 Não tenha inveja dos maus,
nem deseje estar com eles.
2 Porque seus pensamentos estão ocupados com a violência,
e seus lábios só falam de destruição.

3 Pela sabedoria, a casa é edificada;
pelo entendimento, ela se firma;
4 e, pelo conhecimento, seus aposentos se enchem
de todos os tipos de coisas caras e prazerosas.

5 O sábio é forte;
sim, o homem de conhecimento cresce em poder.
6 Pois, com a estratégia inteligente, você faz a guerra,
e com muitos conselheiros vem a vitória.

7 A sabedoria é elevada demais para o tolo;
ele não sabe o que dizer as portas da cidade.

8 Àquele que planeja fazer o mal,
as pessoas chamam de criador de intrigas.

9 Os maus projetos do tolo são pecado,
e o povo odeia o escarnecedor.

10 Se você vacila no dia da angústia,
sua força é, na verdade, muito pequena.
11 Sim, liberte os que estão sendo arrastados para a morte —
você não salvaria os que estão prestes a morrer?
12 Se você diz: "Não sabemos nada sobre isso",
não o perceberá aquele que pesa os corações?
Sim, aquele que preserva sua vida o saberá
e retribuirá a cada um segundo seu procedimento.

13 Meu filho, coma mel, porque é bom;
o favo é doce a seu paladar.

14 Saiba que assim é a sabedoria para sua alma;
se você a encontrar, terá um futuro,
e sua esperança não será frustrada.

15 Não espreite como um bandido a casa do justo,
não destrua o lugar onde ele vive.
16 Porque, ainda que caia sete vezes, ele se levantará;
e o ímpio é que cairá na angústia.

17 Não se regozije quando seu inimigo cair;
não alegre seu coração quando ele for humilhado.
18 Porque *Adonai* poderia vê-lo e desagradar-se,
desviando dele sua ira.

19 Não se entristeça por causa dos malfeitores,
nem tenha inveja do ímpio.
20 Porque os maus não têm futuro —
a lâmpada dos ímpios se apagará.

21 Meu filho, não se envolva com revolucionários,
mas tema a *Adonai* e ao rei.
22 Pois o desastre deles aparecerá repentinamente,
e quem sabe que ruína *Adonai* e o rei podem causar?

23 Estas também são palavras do sábio:

Mostrar parcialidade no julgamento não é bom.
24 Aquele que diz ao culpado: "Você é inocente",
será amaldiçoado pelos povos, insultado pelas nações;
25 porém, para os que condenam o culpado, as coisas irão bem,
e grandes bênçãos os alcançarão.

26 Dar uma resposta honesta
é como dar um beijo.

27 Faça primeiro o trabalho externo
e arrume as coisas para si mesmo na terra;
depois disso, construa sua casa.

28 Não seja testemunha contra seu vizinho sem razão;
por que você usaria seus lábios para enganá-lo?

29 Não diga: "Farei a ele o que ele fez a mim,
retribuirei conforme merecem seus atos".

30 Passei pelo campo do preguiçoso
e pela vinha do insensato.
31 Havia vegetação e cardos por toda parte;
o solo estava coberto de urtigas,
e seu muro de pedra estava quebrado.
32 Olhei e meditei naquilo;
vi e aprendi esta lição:
33 "Eu me deitarei um instante aqui, descansarei um pouco mais ali,
cruzarei os braços para dormir um pouco mais" —
34 a pobreza virá marchando,
e a escassez o abaterá como um soldado invasor.

25 1 Estes também são provérbios de Shlomoh; os homens de Hizkiyah, rei de
Y'hudah, os compilaram:

2 Deus obtém glória ao ocultar as coisas;
os reis obtêm glória ao investigá-las.
3 Como o céu é elevado, e a terra é profunda,
o coração dos reis é insondável.
4 Remova as impurezas da prata,
e o ourives terá material para fazer um vaso.
5 Remova o ímpio da presença do rei,
e seu trono repousará firmemente na justiça.
6 Não se engrandeça na presença do rei;
não reivindique lugar entre os grandes.
7 Pois é melhor que seja dito: "Suba aqui"
que ser humilhado na presença do nobre.

O que seus olhos viram,
8 não se apresse a apresentar em uma disputa.
Pois o que você fará depois
se seu próximo o envergonhar?
9 Discuta sua demanda com seu vizinho,
mas não revele os segredos de outras pessoas.
10 Se você o fizer, e elas ouvirem, o envergonharão,
e você jamais perderá sua má reputação.

11 Como maçãs de ouro em molduras de prata
é a palavra dita de forma apropriada.
12 Como um brinco de ouro e um colar de ouro fino
é a reprovação do sábio ao ouvido receptivo.
13 Como a frieza da neve no calor da colheita
é o mensageiro fiel para com aquele que o envia;
ele refrigera o espírito de seu senhor.
14 Como nuvens e ventos que não trazem chuva
é aquele que se gaba de presentes que nunca dá.

15 Com paciência, um governador pode ser vencido,
e a língua gentil pode quebrar ossos.

16 Se você encontrar mel, coma apenas o que basta a você;
porque, se comer demais, poderá vomitá-lo.
17 Então, não visite demais seu próximo,
ou ele poderá cansar-se e vir a odiá-lo.

18 Como um pedaço de pau, uma espada ou uma flecha veloz
é a pessoa que dá falso testemunho contra seu próximo.

19 Confiar em alguém indigno de confiança em tempos de dificuldade
é como [confiar em] um dente quebrado ou em uma perna deslocada.

20 Como tirar as roupas em um dia frio ou como vinagre no refresco
é alguém que canta canções para um coração entristecido.

21 Se alguém que o odeia está com fome, dê-lhe de comer;
e, se está com sede, dê-lhe de beber.

22 Porque você amontoará brasas [de vergonha] sobre a cabeça dele,
e ADONAI retribuirá.

23 O vento norte traz chuva,
e a língua caluniadora, olhar irado.

24 É melhor viver em um canto do telhado
que compartilhar a casa com uma esposa irritadiça.

25 Como água fria para uma pessoa que está morrendo de sede
são as boas notícias de uma terra distante.

26 Como fonte enlameada ou poço poluído
é o justo que fraqueja diante do ímpio.

27 Não é bom comer muito mel,
nem procurar honra após honra.

28 Como uma cidade violada, sem muros,
é a pessoa a quem falta autocontrole.

26 1 Como neve no verão ou chuva no tempo da colheita,
assim a honra é imprópria para o tolo.

2 Como o pardal que voa e a andorinha que esvoaça,
uma maldição imerecida voltará à sua casa para se abrigar.

3 O chicote é para o cavalo; a rédea, para o jumento;
e a vara, para as costas dos tolos.
4 Não responda ao tolo com igual sensatez,
ou você se igualará a ele;
5 mas responda ao tolo como merece sua tolice,
para que ele não pense que é sábio.
6 Enviar uma mensagem pelas mãos do tolo
é como cortar o próprio pé e beber o veneno.
7 As pernas do coxo estão penduradas e sem utilidade;
assim é o provérbio na boca do tolo.
8 Como alguém que amarra a pedra na funda
é aquele que dá honra a um tolo.
9 Como o ramo de espinhos na mão do bêbado
é o provérbio na boca do tolo.
10 Um senhor pode fazer qualquer coisa,
mas contratar um tolo é como contratar alguém que está passando.
11 Como o cão que volta a seu vômito,
um tolo repete sua tolice.
12 Você conhece alguém que se acha sábio?
Há mais esperança para um tolo que para ele!
13 O preguiçoso diz: "Há um leão nas ruas!
Um leão perambula livremente lá fora!".
14 A porta gira em suas dobradiças,
e o preguiçoso, em sua cama.
15 O preguiçoso enterra sua mão no prato,
mas está muito cansado para levá-la à boca.

16 O preguiçoso é mais sábio a seus próprios olhos
que sete homens que podem responder com bom senso.

17 Como alguém que agarra um cão pelas orelhas,
assim é o passante que se mete em briga alheia.

18 Como um louco atirando flechas mortais e brasas
19 é aquele que engana outro e diz: "Eu só estava brincando".

20 Se não há madeira, o fogo se apaga;
se ninguém fofoca, a contenda para.
21 Como o carvão é para as brasas e a madeira é para o fogo,
assim é o briguento para acender a discussão.

22 As palavras caluniadoras são bocados saborosos;
deslizam diretamente para o ventre.

23 Como a escória da prata que reveste o jarro de barro
são os lábios que encobrem [com a amizade] o coração odioso.
24 Quem odeia, pode escondê-lo com suas declarações,
mas por dentro abriga falsidades.
25 Embora fale agradavelmente, não confie nele,
porque em seu coração há sete abominações.
26 Seu ódio pode ser dissimulado pela falsidade,
mas sua impiedade será revelada na assembleia.

27 Quem abre uma cova, cairá nela,
e uma pedra voltará para aquele que a rolou.
28 A língua mentirosa odeia suas vítimas,
e a boca lisonjeira causa ruína.

27 1 Não se gabe do amanhã,
porque você não sabe o que ele trará à luz.

2 Que outro o louve, não sua própria boca;
um estranho, não seus próprios lábios.

3 A pedra é pesada, e a areia é um peso mortal,
mas a provocação do tolo excede ambos.

4 A fúria é cruel, e a ira é destruidora,
mas quem pode suportar a inveja?

5 Melhor é a reprovação aberta
que o amor escondido.

6 As feridas do amigo são recebidas como bem-intencionadas,
mas os beijos do inimigo não são sinceros.

7 Quem está satisfeito, abomina o favo de mel;
mas, para o que está com fome, qualquer coisa amarga é doce.

8 Como um pássaro que se perdeu de seu ninho,
tal é o homem que se desvia de sua casa.

9 O perfume e o incenso alegram o coração,
[assim como] a doce amizade nasce do conselho sincero.

10 Não abandone o amigo
que também é amigo de seu pai.

Não entre na casa de seu irmão no dia da calamidade —
é melhor o vizinho próximo que o irmão distante.

11 Meu filho, torne-se sábio e alegre meu coração,
para que eu possa responder a meus críticos.

12 O sábio percebe o perigo e se esconde;
o simples segue em frente e paga a multa.

13 Tomem-se as roupas de quem serve de fiador ao estrangeiro!
Sirvam elas de garantia pela mulher leviana.

14 Quem cumprimenta seu vizinho em voz alta de manhã,
pode também tê-lo amaldiçoado.

15 Uma goteira que continua pingando em dia chuvoso
e os resmungos da esposa são a mesma coisa —
16 quem puder contê-la, poderá conter o vento
ou fazer-se conhecido por apanhar perfume com a mão.

17 Assim como o ferro afia o ferro,
uma pessoa afia o caráter de seu amigo.

18 Quem cuida da figueira, comerá de seu fruto,
e quem trata bem seu senhor, será honrado.

19 Como a água reflete o rosto,
assim um coração reflete o outro.

20 O *sh'ol* e o Abaddon nunca se satisfazem,
e os olhos humanos nunca estão satisfeitos.

21 O crisol [testa] a prata, e o forno [testa] o ouro,
mas a pessoa [é testada] pelo [seu comportamento diante do] elogio.

22 Você pode esmagar o insensato no pilão
juntamente com o grão que está sendo esmagado;
contudo, sua insensatez não o deixará.

23 Procure conhecer a condição de seus rebanhos
e dê atenção às suas ovelhas.
24 Porque a riqueza não dura para sempre,
nem a coroa, por todas as gerações.
25 Quando o feno for retirado e a grama nova aparecer,
e o verde das montanhas for colhido;
26 os cordeiros proverão roupas,
os cabritos vendidos renderão um campo,
27 e haverá leite de cabra suficiente
para alimentar você e sua casa
e para sustentar suas servas.

28 1 O ímpio foge sem que ninguém o persiga,
mas os justos, como leões, sentem-se seguros.

2 A terra que transgride terá [como castigo] muitos governadores,
mas a estabilidade é prolongada com o homem sábio e sensato.

3 O pobre que oprime o necessitado
é como o aguaceiro que varre toda a comida.

4 Quem abandona a *Torah*, louva os ímpios,
mas quem guarda a *Torah*, luta contra eles.

5 O povo mau não entende a justiça,
mas os que procuram *Adonai* entendem tudo.

6 Melhor é ser pobre e viver uma vida honesta
que ser desonesto e rico.

7 O filho sábio observa a *Torah*,
mas o amigo de libertinos envergonha seu pai.

8 Quem aumenta sua riqueza, cobrando juros exorbitantes,
acumula-a para alguém que a dará ao pobre.

9 Se uma pessoa não ouve a *Torah*,
até mesmo sua oração é uma abominação.

10 Quem fizer o honesto buscar maus caminhos,
cairá por si mesmo em sua própria cova,
mas os puros de coração herdarão o bem.

11 O rico é sábio a seus próprios olhos,
mas o pobre que tem discernimento o conhece a fundo.

12 Quando o justo triunfa, há grande regozijo,
mas, quando o ímpio se levanta, o povo se esconde.

13 Quem esconde seus pecados, não será bem-sucedido;
quem os confessa e abandona, obterá misericórdia.

14 Feliz é a pessoa a quem nunca falta o temor,
mas aquele que endurece o coração cairá em desgraça.

15 Como leão que ruge ou o urso em busca de comida
é o governador ímpio sobre o povo pobre.

16 O príncipe sem discernimento é um cruel opressor,
mas o que odeia a ganância prolongará sua vida.

17 Que o homem atormentado por causa do sangue de alguém fuja
até a cova;
que ninguém lhe preste ajuda.

18 Quem vive com integridade, será salvo,
mas aquele cujos caminhos são desonestos cairá de repente
[em um desses caminhos].

19 Quem cultiva sua terra, terá abundância de alimento,
mas o que segue futilidades se fartará de miséria.

20 A pessoa confiável receberá muitas bênçãos,
mas quem se apressa em enriquecer, não ficará impune.

21 Agir com parcialidade não é bom,
pois uma pessoa pode fazer o mal por uma casca de pão.

22 Quem é ganancioso, apressa-se após os ricos,
não sabendo que a privação o alcançará.

23 Quem repreende outra pessoa,
no final terá mais agradecimentos que o adulador.

24 Quem rouba sua mãe ou seu pai e diz: "Isto não é crime!",
é companheiro do destruidor.

25 A atitude gananciosa move a discussão,
mas quem confia em *Adonai* prosperará.

26 Quem confia em si mesmo, é tolo,
mas quem vive pela sabedoria, escapará.

27 Quem dá ao pobre, não passará necessidade,
mas aquele que esconde seus olhos alcançará maldições em abundância.

28 Quando o ímpio se levanta, o povo se esconde,
mas, quando ele perece, o justo floresce.

29 1 Quem insiste no erro após muita reprovação,
será repentina e incuravelmente quebrado.

2 Quando o justo floresce, o povo se regozija,
mas, quando o ímpio está no poder, o povo geme.

3 Quem ama a sabedoria, dá alegria a seu pai,
mas quem anda com prostitutas desperdiçará sua riqueza.

4 Pela justiça, o rei dá estabilidade ao país,
mas aquele que o sobrecarrega de impostos o leva à ruína.

5 A pessoa que lisonjeia seu vizinho
estende uma rede para seus próprios passos.

6 No crime dos maus, há armadilha,
mas os justos cantam e se regozijam.

7 Os justos entendem a causa do pobre,
mas os ímpios são desinteressados.

8 Zombadores podem inflamar uma cidade,
mas os sábios podem acalmar a fúria.

9 Quando o sábio argumenta com o tolo,
encontra ira e desprezo sem descanso.

10 Os homens de sangue odeiam aqueles que são puros
e procuram matar o íntegro.

11 O tolo dá vazão a todos os seus sentimentos,
mas o sábio, pensando no depois, os aquieta.

12 Se um governador está disposto a ouvir mentiras,
todos os seus oficiais serão ímpios.

13 O pobre e o opressor têm isto em comum:
ADONAI dá luz aos olhos de ambos.

14 Se o rei, continuamente, fizer justiça ao pobre,
seu trono estará seguro para sempre.

15 A vara e a repreensão dão sabedoria,
mas a criança entregue a si mesma envergonha sua mãe.

16 Quando o ímpio floresce, florescem as más ações,
mas o justo testemunhará sua queda.

17 Discipline seu filho, e ele dará descanso a você;
sim, ele será seu deleite.

18 Sem a visão profética, o povo fica sem controle,
mas aquele que busca a *Torah* é feliz.

19 O escravo não pode ser disciplinado com palavras;
ele talvez entenda, mas não poderá responder.

20 Você vê alguém que se precipita em falar?
Há mais esperança para um tolo que para ele.

21 O escravo mimado desde a juventude
no final será ingrato.

22 Pessoas iradas provocam brigas;
pessoas impetuosas provocam muitas brigas.

23 O soberbo será humilhado,
mas o humilde será honrado.

24 O cúmplice de ladrões odeia a si mesmo;
ele se põe sob juramento, mas não revela nada.

25 Temer o ser humano é uma armadilha;
mas quem confia em ADONAI será exaltado [sobre o perigo].

26 Muitos buscam o favor do governador,
mas é de ADONAI, que procede a justiça.

27 O injusto é abominação para o justo,
mas aquele que vive retamente é abominação para o ímpio.

30 1 Palavras de Agur, filho de Yakeh, a profecia. O homem disse a Iti'el, a Iti'el
e a Ukhal:

2 Sou o mais rude dos homens,
falta-me o discernimento humano;
3 não aprendi a sabedoria o suficiente
para conhecer o Santo.

4 Quem subiu ao céu e de lá desceu?
Quem juntou o vento nas palmas de suas mãos?
Quem envolveu as águas em seu manto?
Quem estabeleceu todas as extremidades da terra?
Qual é o nome dele, qual é o nome de seu filho?
Vocês certamente o sabem!

5 Cada palavra de Deus é pura;
ele protege aqueles que nele se refugiam.
6 Não acrescentem nada às suas palavras,
ou ele os repreenderá, e vocês serão tidos por mentirosos.

7 [Deus,] pedi duas coisas a ti;
não as negue enquanto eu viver —
8 Afasta de mim a falsidade e a futilidade,
e não me dá nem a pobreza, nem a riqueza.
Sim, dá-me apenas o alimento que preciso para hoje,
9 porque, se eu tiver muito, posso negar-te
e dizer: "Quem é *Adonai*?".
E, se eu for pobre, posso furtar
e assim profanar o nome de meu Deus.

10 Nunca desacredite um escravo a seu senhor,
ou ele o amaldiçoará, e você merecerá isso.

11 Há um tipo de pessoa que amaldiçoa seu pai
e não abençoa sua mãe.
12 Há um tipo de pessoa que é pura a seus próprios olhos,
mas não se limpou de sua impureza.
13 Há um tipo de pessoa — como é altivo seu olhar —
completamente arrogante!
14 Há um tipo de pessoa cujos dentes são como espadas,
sim, suas mandíbulas são facas;
elas devoram o pobre da terra,
os necessitados da humanidade.

15 A sanguessuga tem duas filhas;
elas clamam: "Dá! Dá!".
Três coisas nunca estão satisfeitas;
quatro nunca dizem: "Chega!" —
16 o *sh'ol* e o útero estéril;
a terra, que nunca se satisfaz com a água;
e o fogo, que nunca diz: "Basta!".

17 Os olhos de quem zomba de seu pai
e despreza a obediência à sua mãe
serão arrancados pelos corvos no vale
e devorados pelos urubus.
18 Três coisas são maravilhosas demais para mim;
quatro estão além de meu entendimento —
19 o caminho de uma águia no céu,
o caminho de uma cobra na pedra,
o caminho de um navio no mar aberto
e o caminho de um homem com uma moça.

20 É assim que a esposa infiel se comporta:
ela come, limpa a boca e diz: "Não fiz nada errado".

21 Três coisas fazem a terra tremer,
quatro coisas ela não pode suportar —
22 o escravo que se torna rei,
o bruto farto de comida,
23 a [esposa] repudiada quando seu marido a toma [de volta]
e a jovem escrava que herda de sua senhora.

24 Quatro coisas na terra são pequenas;
entretanto, são muito sábias —
25 as formigas, criaturas que não são fortes,
contudo armazenam sua comida no verão;
26 os coelhos, criaturas de pouco poder,
no entanto fazem suas casas nas rochas;
27 os gafanhotos, que não têm rei,
no entanto marcham em fileiras;
28 e as aranhas, que podem ser apanhadas com a mão,
no entanto estão nos palácios do rei.

29 Três coisas são imponentes em seu passo;
quatro são imponentes em seu andar —
30 o leão, a mais forte das feras,
que não se desvia por nada;
31 o galo, o bode
e o rei, quando seu exército está com ele.

32 Se você foi grosseiro, exaltando-se a si mesmo,
ou se foi um conspirador,
tape a boca com a mão.
33 Porque, de bater o leite, produz-se manteiga;
e, de pressionar o nariz, produz-se sangue;
assim também, de pressionar a ira, produz-se contenda.

31 1 Palavras do rei L'mu'el, a profecia com a qual sua mãe o disciplinou:

2 Não, meu filho! Não, filho de meu ventre!
Não, filho de meus votos!
3 Não dê sua força às mulheres
nem seus caminhos àquelas que destroem reis.
4 Não é para os reis, L'mu'el,
não é para os reis beberem vinho;
não é para os governadores perguntarem:
"Onde posso encontrar bebida forte?".
5 Pois eles podem beber e, então, esquecer o que foi decretado
e perverter a justiça devida ao pobre.
6 Dê bebida forte ao que está perecendo,
e vinho ao que está profundamente deprimido;
7 que ele beba e esqueça sua indigência
e não mais lembre suas aflições.
8 Fale por aqueles que não podem falar por si mesmos,
pelos direitos de todos os que necessitam de um advogado.

9 Fale, julgue com justiça,
defenda a causa do pobre e do necessitado.

א 10 Quem pode encontrar uma esposa exemplar?
Seu valor excede o das pérolas.
ב 11 Seu marido confia nela de coração,
e ela trará muitos recursos para ele.
ג 12 Ela trabalha para lhe fazer o bem, não o mal,
todos os dias de sua vida.

ד 13 Procura suprimentos de lã e de linho
e trabalha com mãos dispostas.
ה 14 É como aqueles navios mercantes,
que trazem de longe sua alimentação.
ו 15 Ainda está escuro quando ela se levanta para dar comida à sua casa
e ordens às jovens que a servem.

ז 16 Ela analisa um campo, então o compra,
e com seu lucro planta uma vinha.
ח 17 Reúne suas forças
e se lança ao trabalho.
ט 18 Vê que seus negócios vão bem;
a lâmpada dela fica acesa de noite.

י 19 Leva suas mãos ao fuso com o linho;
seus dedos seguram a roca.
כ 20 Acolhe o pobre
e abre seus braços para o necessitado.

ל 21 Quando neva, não teme por sua família,
já que todos estão duplamente agasalhados.
מ 22 Faz suas próprias colchas;
veste-se de linho fino e de púrpura.

נ 23 Seu marido é conhecido nas portas da cidade
quando se assenta com os líderes da terra.
ס 24 Ela faz vestes de linho e as vende;
supre os mercadores com cintos.

ע 25 Vestida de força e dignidade,
pode rir dos dias que estão por vir.
פ 26 Quando abre sua boca, fala sabiamente;
em sua língua, há instrução amorosa.
צ 27 Observa os negócios de sua casa
e não come o pão da indolência.

ק 28 Seus filhos se levantam e a elogiam,
assim como seu marido, que a louva:
ר 29 "Muitas mulheres têm feito coisas maravilhosas,
mas você ultrapassa todas!".

ש 30 O encanto é enganoso, e a beleza pode desaparecer,
mas a mulher que teme *Adonai* será louvada.
ת 31 Que ela receba a recompensa merecida,
que suas obras sejam elogiadas às portas da cidade.

איוב

Iyov

[Jó]

1 [1] Havia um homem na terra de 'Utz cujo nome era Iyov. Esse homem era irrepreensível e reto; ele temia a Deus e se afastava do mal. [2] Sete filhos e três filhas nasceram a ele. [3] Ele possuía 7 mil ovelhas, 3 mil camelos, 500 parelhas de bois, 500 jumentos e também um grande número de servos; de maneira que ele era o homem mais rico do oriente.

[4] Seus filhos costumavam dar banquetes, a cada um dos sete dias, em uma das casas, e convidavam suas três irmãs para comer e beber com eles. [5] Depois de um ciclo de banquetes, Iyov os chamava para serem consagrados; então ele acordava cedo e apresentava ofertas queimadas para cada um deles, pois Iyov dizia: "Meus filhos podem ter pecado e blasfemado contra Deus em seus pensamentos". Isso era o que Iyov fazia o tempo todo.

[6] Aconteceu que um dia, quando os filhos de Deus vieram servir a *Adonai*, no meio deles veio o Adversário [do hebraico: *Satan*]. [7] *Adonai* perguntou ao Adversário: "De onde você está vindo?". O Adversário respondeu a *Adonai*: "De rodear a terra, vagueando aqui e ali". [8] *Adonai* perguntou ao Adversário: "Você reparou em meu servo Iyov, pois não há ninguém como ele na terra, um homem irrepreensível e reto, que teme a Deus e se afasta do mal?". [9] O Adversário respondeu a *Adonai*: "É por nada que Iyov teme a Deus? [10] Tu colocaste um cerco protetor em torno dele, de sua casa e de todas as coisas que ele tem. Fazes prosperar o trabalho dele, e seu rebanho multiplica-se ao longo de toda a terra. [11] Se tu, porém, estenderes a mão e tocares em tudo o que ele possui, sem dúvida ele te amaldiçoará em tua face!". [12] *Adonai* disse ao Adversário: "Eis aqui! Tudo quanto ele tem está em suas mãos, mas você não deve encostar um dedo nele". O Adversário se foi da presença de *Adonai*.

[13] Certo dia, quando os filhos e as filhas de Iyov estavam comendo e bebendo na casa do seu irmão mais velho, [14] um mensageiro veio a ele e disse: "Os bois estavam arando, com os jumentos pastando próximo a eles, [15] quando um bando de Sh'va veio e os levou embora; eles também mataram os servos à espada, e eu fui o único que escapou para contar a você".

[16] Enquanto ele ainda estava falando, outro veio e disse: "Fogo de Deus caiu do céu e queimou o rebanho e os servos; destruiu-os completamente, e eu fui o único que escapou para contar a você".

[17] Enquanto ele ainda estava falando, veio outro e disse: "Os kasdim, três bandos deles, atacaram os camelos e os levaram; eles também mataram os servos à espada, e eu fui o único que escapou para contar a você".

[18] Enquanto ele ainda estava falando, outro veio e disse: "Seus filhos e filhas estavam comendo e bebendo vinho na casa do seu irmão mais velho, [19] quando, de repente, um forte vento soprou do deserto. Ele abateu os quatro cantos da casa, de maneira que ela caiu sobre os jovens; eles estão mortos, e eu sou único que escapou para contar a você".

20 Iyov levantou-se, rasgou sua veste, raspou sua cabeça, prostrou-se com o ros-
to em terra e adorou; 21 ele disse:

> “Nu eu vim do ventre de minha mãe
> e nu voltarei para lá.
> *Adonai* deu, *Adonai* tomou;
> louvado seja o nome de *Adonai*”.

22 Em tudo isso, Iyov não cometeu pecado, nem pôs a culpa em Deus.

2 1 Veio outro dia, quando os filhos de Deus vieram servir a *Adonai*, e entre eles
veio o Adversário para servir a *Adonai*. 2 *Adonai* perguntou ao Adversário: “De
onde você está vindo?”. O Adversário respondeu a *Adonai*: “De rodear a terra, va-
gueando aqui e ali”. 3 *Adonai* perguntou ao Adversário: “Você viu meu servo Iyov,
pois não há ninguém como ele na terra, homem irrepreensível e reto, que teme a
Deus e se afasta do mal, e que persevera em sua integridade, ainda que você me
tenha provocado contra ele, para destruí-lo, sem nenhuma razão?”. 4 O Adversário
respondeu a *Adonai*: “Pele por pele! Um homem dará tudo o que tem para salvar
sua vida. 5 Se, porém, estenderes a mão e tocares a sua carne e os seus ossos, sem
dúvida ele te amaldiçoará em tua face!”. 6 *Adonai* disse ao Adversário: “Que seja! Ele
está em suas mãos, apenas deve poupar-lhe a vida”.
7 Então o Adversário saiu da presença de *Adonai* e atacou Iyov com horríveis
feridas desde a sola dos pés até o alto da cabeça. 8 Este pegou um pedaço de telha
para se raspar e sentou-se em um monte de cinzas. 9 Sua esposa lhe dizia: “Por que
você ainda persevera em sua integridade? Amaldiçoe Deus, e morra!”. 10 Ele, porém.
lhe respondeu: “Você está falando como uma mulher insensata! Aceitaremos só o
bem das mãos de Deus, mas rejeitaremos o mal?”. Em tudo isso, Iyov não disse uma
palavra pecaminosa.
11 Quando três amigos de Iyov ouviram de todas as calamidades que sobrevie-
ram a ele, eles vieram. Cada um veio da própria casa — Elifaz, de Teiman, Bildad,
de Shuach, e Tzofar, de Na'amah. Eles tinham combinado de se reunir a fim de
vir e oferecer a ele compaixão e conforto. 12 Quando o viram a distância, nem o
reconheceram. Eles choraram alto, rasgaram suas vestes e jogaram pó sobre a
cabeça em direção ao céu. 13 Então sentaram-se com ele no chão. Por sete dias e
sete noites, ninguém falou nenhuma palavra com ele, pois viram quanto estava
sofrendo. 14(3.1) Depois disso, Iyov quebrou o silêncio e amaldiçoou o dia de seu
nascimento.

3 1(2) Iyov disse:

2(3) “Pereça o dia em que eu nasci
e a noite em que se disse: ‘Um homem foi concebido’.
3(4) Que esse dia seja trevas,
que Deus, do alto, não se lembre dele,
que nenhuma luz brilhe sobre ele,
4(5) que a negra escuridão possa manchá-lo,
que as nuvens se estabeleçam sobre ele,
que ele possa ser atemorizado pelo próprio negrume.

5(6) “Bem como aquela noite, que a densa escuridão a arrebate,
que ela não seja contada nos dias do ano,
que não seja somada entre os meses;

6(7) que aquela noite seja desolada,
que um grito de alegria não seja ouvido nela;
7(8) que aqueles que amaldiçoam os dias, a amaldiçoem,
aqueles que [amaldiçoam] possam levantar o Livyatan;
8(9) que as estrelas da madrugada tornem-se foscas,
que ela procure a luz mas não a encontre,
que ela não veja o vislumbre da alva —
9(10) pois não fechou as portas do ventre em que eu estava
nem preservou meus olhos da tribulação.

10(11) “Se eu fosse um aborto,
se eu tivesse morrido no nascimento,
11(12) se não houvesse joelhos para me receberem
ou seios para me amamentarem.
12(13) Então eu estaria deitado e em paz,
eu estaria dormindo e descansando,
13(14) ao lado de reis e conselheiros terrestres,
que reconstruíram ruínas para eles mesmos,
14(15) ou com príncipes que tiveram [bastante] ouro,
os quais enchiam sua casa com prata.
15(16) Ou eu poderia ser como um feto escondido,
uma criança que nunca viu a luz.

16(17) “Ali o ímpio cessa a sua cólera,
ali o cansado descansa,
17(18) prisioneiros vivem juntos em paz,
sem ouvir os gritos do feitor.
18(19) Os grandes e os pequenos estão ali igualmente,
e o escravo está livre de seu senhor.

19(20) “Portanto, por que a luz é dada ao miserável,
e a vida, aos amargurados em espírito?
20(21) Eles anseiam pela morte, mas ela nunca vem;
buscam por ela mais do que por tesouros enterrados;
21(22) e quando finalmente vão à sepultura,
ficam tão felizes que gritam de alegria.
22(23) [Por que dar luz] a um homem que vagueia cegamente,
a quem Deus prendeu de todos os lados?

23(24) “Minha ansiedade serve de lugar à minha comida,
e meus gemidos derramam-se em torrentes,
24(25) pois o que eu temia me sobreveio,
o que eu receava aconteceu comigo.
25(26) Eu não tenho paz, nem sossego, nem descanso;
e a angústia não termina”.

4 1 Então Elifaz, o teimani, falou:

2 “Se alguém tentar falar com você, você fará objeção?
Contudo, quem poderia refrear as palavras?
3 Você tem dado instruções morais a muitos,
você firmou mãos enfraquecidas,

4 suas palavras têm sustentado aqueles que estavam tropeçando,
você tem fortalecido os joelhos vacilantes.

5 "Agora, porém, que o mal vem a você, você está impaciente;
quando é você o atingido, você fica em choque.
6 O temor a Deus não é a sua segurança,
e a integridade de seus caminhos, a sua esperança?

7 "Pense: quando foi que um inocente pereceu?
Desde quando o reto é destruído?
8 O que vejo é aquele que lavra o pecado
e semeia tribulações colhe apenas isso.
9 Por um sopro de Deus, eles perecem;
na explosão de sua ira, são consumidos.
10 O leão pode rosnar, o rei leão pode rugir,
mas os dentes velhos do leão estão quebrados;
11 assim, o leão sucumbe por falta de presa,
e as crias do leão são espalhadas.

12 "Pois uma palavra foi dita a mim em segredo,
meus ouvidos escutaram apenas um sussurro dela.
13 Em meio a pensamentos de visões noturnas,
quando o sono profundo cai sobre os homens,
14 um tremor de horror veio até mim
e fez todos os meus ossos estremecerem.
15 Então o espírito passou diante de meu rosto;
os pelos do meu corpo se arrepiaram.
16 E ali parou,
mas eu não pude ver sua aparência;
mesmo estando a forma ali, diante dos meus olhos.
Então eu ouvi uma voz suave:
17 'Poderia um homem ser visto como reto diante de Deus?
Poderia um mortal ser puro diante de seu Criador?
18 [Deus] não confia em seus servos,
ele vê faltas até nos seus anjos;
19 quanto mais naqueles que vivem em casa de barro,
suas fundações estão em terreno arenoso.
Eles são esmagados mais facilmente que um verme;
20 estilhaçados entre a manhã e a noite;
eles perecem para sempre, e ninguém percebe.
21 As cordas de suas tendas são desamarradas;
então eles morrem, sem ao menos ter ganhado sabedoria'.

5 1 "Clame, se quiser, mas alguém por acaso responderá?
Para qual dos seres celestes você se voltará?
2 Pois a ira mata o insensato,
e a inveja mata o tolo.
3 Eu vejo como um tolo cria raízes,
mas amaldiçoo seu lar com repentina [destruição] —
4 seus filhos estão longe de ser socorridos,
são humilhados publicamente, sem que ninguém os livre.

5 O faminto come de sua colheita,
tomando dela, mesmo que protegida por espinhos,
enquanto o sedento está na espreita,
de olho para engolir sua riqueza.
6 Pois a miséria não provém do pó
nem a tribulação nasce do solo.
7 Não, as pessoas nascem para os problemas
tão certo como as fagulhas voam para cima.

8 “Se eu fosse você, buscaria a Deus;
eu apelaria a ele.
9 Pois Deus opera feitos insondáveis,
maravilhas acima do que se pode avaliar.
10 Ele dá a chuva para a terra,
derrama água sobre os campos.
11 Ele exalta o humilde
e põe os que panteiam num lugar seguro.
12 Ele frustra os planos do astuto,
de maneira que este não atinge o sucesso;
13 prende os espertos em suas astúcias
e frustra rapidamente os planos do falso.
14 Eles encontram trevas em pleno dia,
tateando ao meio-dia como se fosse noite.
15 Mas ele salva o pobre da espada, de sua boca,
e das garras dos poderosos;
16 então o pobre pode ter esperança,
e a injustiça fecha sua boca.

17 “Como é feliz aquele a quem Deus corrige!
Pois este não despreza a disciplina de *Shaddai*.
18 Pois ele fere, mas trata a ferida;
suas mãos podem atacar, mas elas também curam.
19 Ele o resgatará de seis desastres;
sim, no sétimo, nenhum mal lhe sobrevirá.
20 Durante a fome, ele o livrará da morte,
e na guerra, do poder da espada.
21 Você será protegido do ataque da língua
e não terá de temer a destruição quando ela chegar —
22 você poderá sorrir para a destruição e para a fome.
Também não terá de temer os animais selvagens,
23 pois fará aliança até com as pedras do campo,
e os animais selvagens terão paz com você.
24 Você saberá que sua tenda está protegida;
olhará ao redor da sua casa, e nada faltará.
25 Você saberá que seus descendentes são muitos,
sua prole será como a relva [crescendo] nos campos.
26 Você irá para a sepultura em idade avançada,
como uma quantidade de cereais que chega no tempo certo.

27 “Nós analisamos tudo isso, e assim é;
ouça, e entenda que isso é para o seu bem”.

6 [1] Iyov respondeu:

2 "Eu gostaria que minhas frustrações pudessem ser pesadas,
todas as minhas calamidades postas na balança.
3 Elas ultrapassariam a areia do mar!
Não se admirem, portanto, se minhas palavras vierem de maneira impetuosa!
4 Pois as flechas de *Shaddai* encontram em mim seu alvo,
e meu espírito está bebendo de seu veneno;
o terror de Deus está vindo contra mim.

5 "O jumento selvagem zurra quando tem capim?
Um boi muge quando tem pastagem?
6 Poderia o alimento ser comido sem sal e sem sabor?
A clara do ovo tem algum sabor?
7 Eu me recuso a tocar neles;
essas comidas me repugnam.

8 "Se tão somente eu pudesse ter meu desejo realizado,
e Deus me desse o que eu suplico —
9 então Deus decidiria esmagar-me,
ele deixaria suas mãos sobre mim para me eliminar.
10 Assim, eu me sentiria consolado;
de maneira que, diante de uma dor sem fim,
eu ainda poderia me alegrar;
pois não tenho negado as palavras do Santo.

11 "Tenho eu força suficiente para continuar esperando?
Que fim posso aguardar e permanecer paciente?
12 Minha força é a força da pedra?
Minha carne é feita de bronze?
13 Certamente, não há socorro para mim;
o senso comum foi retirado de mim.

14 "Um amigo deveria ser dócil com um homem entristecido,
ainda que este tenha abandonado *Shaddai*.
15 Mas meus irmãos são tão decepcionantes quanto os *vádis*,
como os riachos nos *vádis* que repentinamentem secam;
16 eles podem se tornar fosco com o gelo
e são escondidos com o degelo;
17 quando o tempo esquenta, eles somem;
quando faz calor, desaparecem.
18 Seus cursos voltam-se para aqui e para ali;
eles seguem em um caminho confuso e perdido.
19 As caravanas de Tema procuram por eles,
os viajantes de Sh'va esperam descobri-los;
20 mas eles são desapontados, pois eram confiáveis;
ao chegarem ali, eles são frustrados.

21 "Por enquanto, vocês têm sido como eles —
apenas vendo minhas calamidades, enchem-se de espanto.
22 Eu disse a vocês: 'Deem-me alguma coisa',
ou 'De sua riqueza, paguem um resgate por mim',

23 ou 'Salvem-me das garras de meu inimigo',
ou 'Redimam-me das garras dos opressores'?

24 "Ensinem-me, e eu ficarei em silêncio.
Façam-me entender quanto estou em falta.
25 As palavras honestas de fato doem,
mas em que ajudam os argumentos de vocês?
26 Vocês acham que as [suas] palavras constituem um argumento,
enquanto as palavras de um homem desesperado são meramente vento?
27 Suponho que vocês até leiloariam um órfão
ou venderiam um amigo por bagatela!

28 "Então, agora eu suplico a vocês, olhem para mim!
Eu mentiria na frente de vocês?
29 Pensem nisso, por favor; não deixem que o errado prevaleça.
Pensem nisso outra vez: minha causa é justa.
30 Estou dizendo algo errado?
Não poderia eu reconhecer o mal quando o provo?

7 1 "A vida humana na terra é como servir no exército,
sim, nós trabalhamos sem pausa em nossos dias como um assalariado,
2 como um escravo desejoso de uma sombra,
como um trabalhador pensando apenas em seu salário.
3 Assim sou eu, com meses de ilusão;
e noites de tribulação, eis minha sorte.
4 Quando me deito, pergunto:
'Quando poderei me levantar?'.
Mas a noite é longa e eu fico inquieto
revolvendo-me na cama até o raiar do dia.
5 Minha carne está coberta de verme e sujeira,
minha pele está rachada e verte pus.
6 Meus dias são mais corridos que a lançadeira de um tecelão
e terminam sem esperança.

7 "Lembra-te, ó Deus, de que minha vida não passa de um sopro;
meus olhos nunca mais verão dias bons.
8 Os olhos que agora me veem não me verão nunca mais;
enquanto teus olhos estiverem sobre mim, eu terei passado.
9 Como uma nuvem dissolvendo-se e desaparecendo,
pois aquele que desce ao *sh'ol* não voltará mais.
10 Ele não mais retornará à sua casa,
e sua casa não mais o conhecerá.

11 "Todavia, não reprimirei minha boca,
mas falarei em minha angústia de espírito
e reclamarei em minha amargura de alma.
12 Eu sou o mar, ou um monstro do mar,
para que coloques um guarda sobre mim?
13 Quando penso que minha cama me confortará,
que meu leito aliviará minhas queixas,
14 então tu me atemorizas com sonhos
e me afliges com visões.

15 Eu preferiria ser estrangulado;
a morte me seria melhor do que estes meus ossos.
16 Eu odeio isso! Não, viverei para sempre,
portanto, deixa-me em paz, pois minha vida nada significa.

17 "Que são os meros mortais, para que faças tanto deles?
Por que os manténs em tua mente?
18 Por que os examinas todas as manhãs
e os testas a todo momento?
19 Jamais tirarás teus olhos de mim,
pelo menos o tempo suficiente para engolir meu espírito?

20 "Suponhamos que eu tenha pecado — em que eu te prejudiquei,
ó escrutinador da humanidade?
Por que me fizeste de alvo,
de maneira que sou uma carga para ti?
21 Por que não perdoas minha ofensa
e levas embora minha culpa?
Pois em breve me deitarei no pó;
tu me procurarás, mas eu já terei partido".

8 1 Bildad, o shuchi, falou depois disso:

2 "Até quando você continuará falando assim?
O que está dizendo é como o vento enfurecido!
3 Deus erra em seus julgamentos?
Shaddai perverte a justiça?
4 Se seus filhos pecarem contra ele,
ele deixará que sejam vítimas da própria ofensa.

5 "Se você busca Deus ansiosamente
e clama pelo favor de *Shaddai*,
6 se é puro e reto,
então ele se porá a seu favor
e satisfará as suas necessidades.
7 Assim, ainda que seu princípio tenha sido pequeno,
seu futuro será de fato grandioso.

8 "Pergunte à geração mais antiga
e considere o que seus antepassados descobriram,
9 pois o que nasceu ontem não sabe nada,
nossos dias na terra são como uma sombra.
10 Eles ensinarão a você, falarão a você,
dirão o que está em seu coração:
11 'Pode o papiro crescer em outro lugar, a não ser no pântano?
Pode a grama do brejo florescer sem água?
12 Enquanto verde, antes de ser aparada,
ela seca mais rápido que qualquer outra planta.
13 Assim são os caminhos de todo que se esquece de Deus;
a esperança do hipócrita perecerá —
14 sua confiança está por um mero fio,
e sua fé é como a teia da aranha.

15 Ele pode se apoiar em sua casa, mas ela não resistirá;
pode se agarrar a ela, mas ela não subsistirá;
16 [pois a destruição virá] como uma planta que cresce debaixo do sol,
seus ramos podem se espalhar além do jardim,
17 mas enquanto isso suas raízes causam a queda da casa de pedra,
e também se agarram às rochas;
18 alguém que as arranca de seu lugar
negará até que as tenha visto ali.
19 Sim, este é o "fim" da celebração [dos deuses],
e, do solo, brotarão outros [como ele]'.

20 "Olhe, Deus não rejeitará um homem irrepreensível;
nem fortalecerá os que fazem o mal.
21 Ele ainda encherá sua boca com risos,
e seus lábios, com gritos de alegria.
22 Aqueles que o odeiam serão cobertos de vergonha,
e a tenda do ímpio não subsistirá".

9 1 Então Iyov respondeu:

2 "De fato, eu sei que é assim;
mas como pode um humano ganhar uma causa contra Deus?
3 Quem desejasse argumentar com ele
seria incapaz de lhe responder uma [questão] em mil.
4 Seu coração é sábio demais, sua força tão grande —
quem lhe pode resistir e se sair bem?

5 "Ele move as montanhas, ainda que elas não o saibam,
quando ele as põe de cabeça para baixo em sua ira.
6 Ele abala a terra de seu firmamento;
suas colunas tremem.
7 Ele comanda o sol, e este falha com o brilho;
ele esconde a luz das estrelas com seu selo.
8 Ele sozinho estende os céus
e anda sobre as ondas do mar.
9 Ele fez a Ursa Maior, o Órion, as Plêiades
e esconde as constelações do sul.
10 Ele faz coisas grandes e inalcançáveis,
maravilhas que não se podem contar.
11 Ele pode passar do meu lado, e eu não o vejo;
ele passa por mim sem que eu o perceba.
12 Se ele mata [os povos], quem questionará o porquê?
Quem lhe dirá: 'O que estás fazendo?'.
13 Deus não retirará a sua ira —
até que os ajudadores de Rahav se submetam a ele.

14 "Quanto menos eu poderia questioná-lo
e escolher meus argumentos contra ele!
15 Ainda que eu estivesse certo, não perguntaria;
poderia apenas pedir por misericórdia em meu julgamento.

16 Se eu o chamasse, e ele me respondesse,
ainda não acreditaria que ele ouviria minha petição.
17 Ele poderia acabar comigo com uma tempestade;
poderia multiplicar minhas feridas sem razão,
18 a ponto de eu não poder respirar —
com tamanha amargura, ele poderia me preencher!
19 Se é uma questão de força, note quão poderoso ele é;
se de justiça, quem o poderia convocar ao tribunal?
20 Ainda que eu estivesse certo, minha boca me condenaria;
se eu sou inocente, ela me pronunciaria culpado.
21 "Eu sou inocente. Não conheço a mim mesmo?
Mas já tenho tido o bastante desta minha vida!
22 Por isso, digo que é tudo a mesma coisa —
ele destrói tanto o inocente quanto o ímpio.
23 Quando o desastre traz uma morte inesperada,
ele zomba do desespero do inocente.
24 A terra foi entregue ao poder dos ímpios;
ele cobre o rosto de seus juízes —
se não é ele, quem é, então?
25 Meus dias se passam mais rapidamente que um corredor;
eles voam sem que vejam nada de bom.
26 Passam como uma jangada de cana,
como uma águia que se lança sobre sua presa.

27 "Se eu disser: 'Esquecerei a minha queixa,
deixarei meu rosto triste e me tornarei mais alegre';
28 ainda assim, estaria aflito por minha dor,
e sei que tu não me terás por inocente.
29 Eu serei condenado,
portanto por que perder meu esforço?
30 Ainda que eu me lavasse em água de neve derretida
e limpasse minhas mãos com soda,
31 tu me atirarias em uma cova de lama,
até que minhas roupas me detestassem.

32 "Pois ele não é meramente humano, como eu;
não há resposta que eu pudesse dar a ele
se tivéssemos de ficar frente a frente no tribunal.
33 Não há árbitro entre nós
que pudesse deitar suas mãos sobre nós dois.
34 Se ele retirasse seu castigo de mim
e não deixasse que o terror me afligisse,
35 então eu falaria sem que o temesse;
pois, quando estou sozinho, não tenho medo.

10 1 "Estou simplesmente sendo consumido.

"Pela minha vida [eu juro],
nunca abandonarei minha queixa;
falarei pela amargura de minha alma.
2 Direi a Deus: 'Não me condenes!
Dize-me por que estás contendendo comigo.

3 Ganhas alguma coisa por oprimires,
por rejeitares o que tuas mãos criaram,
por sorrires para os planos dos ímpios?
4 Tens olhos de carne?
Vês como veem os humanos?
5 São os teus dias como os dias dos mortais?
São os teus anos como os anos dos humanos,
6 a ponto de investigares minha culpa
e vasculhares o meu pecado?
7 Tu sabes que eu não serei condenado,
no entanto ninguém pode me salvar de teu poder.
8 Tuas mãos me deram forma, elas me formaram;
então por que te voltas e me destróis?
9 Por favor, lembra-te de que me fizeste, como o barro,
e me farás retornar ao pó?
10 Tu não me verteste como leite?
Então me deixa coalhar como o queijo.
11 Tu me vestiste com pele e carne,
fizeste-me com ossos e nervos.
12 Tu me garantiste vida e graça;
tua atenção cuidadosa preservou meu espírito.

13 "E tu escondeste coisas em teu coração;
eu sei qual era o teu propósito secreto —
14 sondar até que eu pecasse
e, então, não me absolver de minha culpa.
15 Se eu sou ímpio, ai de mim! —
mas, se sou reto, ainda assim não me atrevo a levantar minha cabeça,
porque sou cheio de vergonha,
estou encharcado na minha miséria.
16 Tu te levantaste para me caçar como a um leão
e tu me tratas de uma forma toda peculiar.
17 Tu produzes testemunhas novas contra mim,
tua ira contra mim continua crescente,
tuas tropas me atacam, uma onda após outra.

18 "Por que me trouxeste para fora do ventre?
Eu preferia ter morrido e que nenhum olho me pudesse ter visto.
19 Teria sido como se nunca tivesse existido,
levado do ventre para a sepultura.
20 Não serão poucos os meus dias? Então acaba com eles!
Deixa-me em paz, e assim poderei confortar-me um pouco
21 antes que eu vá para o lugar sem retorno,
para a terra da escuridão e das densas trevas,
22 uma terra tenebrosa como a própria escuridão,
de densas trevas e caos absoluto,
onde até mesmo a luz é negra".

11

1 Depois Tzofar, o na'amati, falou:

2 "Toda esta torrente de palavras não terá resposta?
Falar muito faz a pessoa ter razão?
3 Você almeja silenciar os outros com sua tagarelice?
Enquanto você zomba, ninguém o fará sentir-se envergonhado?

4 "Você reivindica que seu ensinamento é puro;
você diz a [Deus], 'estou puro aos teus olhos'.
5 Eu queria que Deus falasse a vocês,
que abrisse sua boca para responder a você,
6 ele diria os segredos da sabedoria,
os quais são duplamente mais sábios que o senso comum.
Entenda que Deus está dando a você
menos do que sua culpa merece.

7 "Você poderia penetrar nas profundezas de Deus?
Pode descobrir os limites de *Shaddai*?
8 Eles são tão altos quanto o céu; o que você pode fazer?
Eles são mais profundos que o *sh'ol*; o que você pode saber?
9 Seu comprimento é tão longo quanto a terra
e mais largo que o mar.
10 Se ele julga, põe em prisão
e se reúne [para julgamento], quem poderá se opor a ele?
11 Pois ele sabe quando as pessoas não têm valor;
então, caso ele comtemple a iniquidade, não a perceberá?

12 "Um homem tolo pode ganhar entendimento,
ainda que tenha nascido como um jumento selvagem.
13 Assim, se você deixar o coração reto,
se estender as mãos na direção dele,
14 se lançar sua iniquidade para longe
e não permitir que a impiedade permaneça em suas tendas,
15 então, quando levantar seu rosto, não haverá nenhuma culpa;
você estará firme e livre do medo.

16 "Pois você esquecerá sua miséria;
você se lembrará disso como uma enchente que passou há um
longo tempo;
17 sua vida será mais brilhante que a lua;
até sua escuridão será como a manhã.
18 Você estará confiante, pois há esperança;
olhará ao redor e dormirá seguro;
19 você descansará, e ninguém trará medo a você.
Muitos buscarão o seu favor;
20 mas os olhos dos ímpios desfalecerão [para achar segurança].
Eles não acharão saída,
e a esperança deles se tornará em completo desapontamento".

12

1 Iyov respondeu:

2 "Sem dúvida, vocês são [as únicas] pessoas [que se importam],
e, quando morrerem, a sabedoria morrerá com vocês.

3 Mas eu também tenho cérebro, tanto quanto vocês.
Em nada sou inferior a vocês.
Além disso, quem não sabe coisas como essas?

4 "Qualquer um que clame por Deus,
e ele lhe responde,
torna-se um motivo de riso para seus amigos —
eles fazem zombaria de um homem inocente, sem culpa.
5 Os boas-vidas ficam contentes com a desgraça alheia,
pelo sopro que atinge alguém que já está abalado.
6 As tendas dos ladrões prosperam,
[os lares] daqueles que provocam a ira de Deus estão seguros,
aqueles que carregam seus deuses com as mãos.

7 "Mas pergunte aos animais — eles ensinarão você —
e os pássaros no céu — eles dirão;
8 ou fale à terra — ela ensinará você —
e os peixes do mar informarão:
9 todos eles sabem
que a mão de *Adonai* fez isso.
10 Em suas mãos, está a vida de todo ser vivente
e o espírito de cada ser humano.
11 Não devem os ouvidos testar as palavras,
assim como o paladar prova a comida?
12 Está a sabedoria [apenas] com os homens de idade avançada?
E o discernimento [só] com a longevidade?

13 "Com Deus estão a sabedoria e o poder;
ele tem [bons] conselhos e entendimento.
14 Quando ele quebra algo, isso não pode ser reconstruído;
quando aprisiona alguém, este não pode ser liberto.
15 Quando segura a água, há seca;
quando a envia, ela retorna à terra.
16 Com ele estão a força e o senso comum;
tanto o enganado quanto o enganador pertencem a ele.
17 Ele leva conselheiros para o cativeiro,
transforma juízes em tolos.
18 Ele retira a autoridade de reis,
então os prende [como prisioneiros].
19 Ele leva *kohanim* para o cativeiro
e arruína aqueles que estão há tempos no poder.
20 Ele denigre o discurso dos confiantes
e elimina o discernimento dos idosos.
21 Ele derrama desprezo sobre os príncipes
e alarga o cinto dos fortes.
22 Ele revela os lugares mais obscuros das profundezas
e torna a luz em sombras negras como a morte.
23 Ele torna grandes as nações e as destrói;
estende nações e, então, as dispersa.
24 Ele extingue o entendimento de líderes de um país
e os faz vaguear em desertos sem rumo.
25 Eles tateiam em trevas;
ele os faz cambalear como bêbados.

13

1 "Tudo isso tenho visto com os meus olhos;
com os meus ouvidos, tenho ouvido e entendido tudo isso.
2 Sejá lá o que vocês souberem, eu também sei;
não sou inferior a vocês.
3 Entretanto, é com *Shaddai* que eu quero falar;
quero apresentar meu caso a Deus.
4 Mas, vocês, o que estão fazendo é me cobrir de mentiras;
são todos médicos enganadores.
5 Eu gostaria que vocês simplesmente ficassem em silêncio;
para vocês, isso seria sabedoria!

6 "Agora ouçam minha colocação,
prestem atenção à minha réplica.
7 É para ajudar a Deus que vocês falam com tanta maldade?
É por ele que falam enganosamente?
8 Vocês precisam tomar as dores dele
e pleitear a causa de Deus por ele?
9 Se ele os examinar, estará tudo bem?
Poderiam vocês enganá-lo, como um homem engana outro homem?
10 Se estiverem adulando [a ele] secretamente,
ele certamente vai advertir vocês.
11 A Majestade de Deus não os atemoriza?
Vocês não desfaleceriam por medo dele?
12 Suas máximas são provérbios de lixo.
Suas respostas esmigalham-se como barro.

13 "Portanto, calem-se! Deixem-me! Eu vou falar,
aconteça o que acontecer!
14 Por que estou cortando minha carne com meus dentes,
tomando minha vida em minhas mãos?
15 Olhem, ele vai me matar — eu não espero mais que isso,
mas assim defenderei os meus caminhos diante dele.
16 E é isso que me salvará —
pois um hipócrita não pode aparecer diante dele.

17 "Ouçam bem de perto, pois, às minhas palavras;
atentem para o que estou dizendo.
18 Eis aqui, tenho preparado meu caso;
eu sei que estou certo.
19 Se alguém puder contender comigo,
ficarei quieto e morrerei
20 "Apenas garante-me duas coisas, ó Deus;
assim eu não me esconderei da tua face —
21 retira de mim as tuas mãos
e não deixes que o medo de ti me atemorize.
22 Assim, se tu chamares, eu responderei.
Ou deixa-me falar, e tu me respondas.
23 Quantos crimes e pecados tenho eu cometido?
Faze-me conhecer a minha transgressão e o meu pecado.
24 Por que escondes teu rosto
e me consideras como teu inimigo?

25 Queres atormentar uma folha levada pelo vento?
Queres perseguir uma palha seca?
26 É por isso que tu enviaste cargas de amargura contra mim,
punindo-me pelas faltas de minha boca?
27 Prendeste meus pés nos troncos
e assistes de perto por onde quer que eu vá,
sondas cada uma de minhas pegadas —
28 ainda que [meu corpo] me consuma como algo apodrecido
ou como roupa comida pela traça.

14 1 "Um ser humano, nascido de mulher,
vive uma vida curta e cheia de problemas.
2 Ele brota como uma flor e seca,
vai-se como a sombra, não permanece.
3 Tu fixas os olhos em uma criatura como essa?
Tu o levas ao tribunal contigo?
4 Quem pode retirar o que é puro de algo impuro?
Ninguém!
5 Uma vez que seus dias são predeterminados,
o número de seus meses é conhecido por ti,
e tu fixaste os limites que ele não pode ultrapassar,
6 retira dele o teu olhar e entrega-o à sua sorte,
como um trabalhador contratado,
de maneira que ele possa terminar seu dia em paz.

7 "Para uma árvore, há esperança,
pois, se ela for cortada, florescerá outra vez,
e seus ramos continuarão a crescer.
8 Ainda que suas raízes envelheçam no solo,
e seu tronco morra no chão,
9 ainda assim com o aroma da água brotará
e lançará ramos como uma planta jovem.
10 Quando, porém, um ser humano cresce e morre,
ele expira; e, então, onde está?
11 Como água em um lago, ele desaparece;
como um rio, encolhe e seca.
12 Assim, uma pessoa se deita e não se levanta —
até que o céu não mais exista,
ela não mais acordará,
não mais se levantará de seu sono.

13 "Quisera que tu tivesses me escondido no *sh'ol*,
que me ocultasses até que tua ira tivesse passado,
e então, depois de um tempo, te lembrasses de mim!
14 Se um homem morre, poderia ele viver novamente?
Eu esperarei todos os dias de minha vida
para que minha sorte mude.
15 Tu chamarás, e eu responderei;
terás prazer em ver o que recriaste.
16 Ainda que agora sondes cada passo que dou,
não permanecerás a vigiar meu pecado.

17 Tu selarás meus crimes em um saco
e cobrirás minha iniquidade.
18 Assim como uma montanha sofre erosão e desmorona,
e suas rochas mudam de lugar,
19 a água leva embora suas pedras,
e a torrente arrasta todo o solo,
assim tu destróis a esperança do homem.
20 Tu o subjugas, e ele se vai;
mudas sua aparência e o envias adiante.
21 Seus filhos ganham honra, mas ele não sabe disso;
ou eles são castigados, mas ele não vê.
22 Ele sente dor apenas por sua carne
e lamenta apenas por si mesmo".

15 1 Então Elifaz, o teimani, falou:

2 "Deveria um homem sábio responder com argumentos vãos?
Deveria ele encher o estômago com o vento?
3 Deveria ele debater com conversações fúteis
ou fazer discursos que não lhe fariam bem algum?

4 "Por que você está deixando de temer a Deus
e diminuindo a devoção a ele?
5 Sua iniquidade o está ensinando a falar,
e o engano é a linguagem escolhida por você.
6 Sua boca o condena, não eu;
seus lábios testificam contra você.

7 "É você o primogênito nascido da raça humana,
trazido diante dos montes?
8 Você ouve os segredos de Deus?
Você limita a sabedoria a si mesmo?
9 O que você sabe que nós não sabemos?
Que discernimento você tem que nós não temos?
10 Conosco temos homens grisalhos, homens idosos,
homens bem mais velhos que seu pai.
11 Os confortos de Deus não são suficientes para você,
ou uma palavra que o trate docilmente?
12 Por que seu coração o está arrebatando
e por que seus olhos refletem ira,
13 de maneira que você torna seu espírito contra Deus
e deixa que essas palavras escapem de sua boca?

14 "O que é o ser humano, para que seja inocente,
alguém nascido de mulher, para que possa ser reto?
15 Deus não confia nem em seus santos;
não, nem os céus são inocentes diante de seus olhos.
16 Quanto menos o repugnante e corrupto,
um ser humano, que bebe iniquidade como água.

17 “Eu direi a você: ouça-me!
Vou narrar o que tenho visto;
18 foram os sábios que disseram isso,
e não foi ocultado de seus pais,
19 os únicos a quem a terra foi dada —
nenhum estrangeiro passou entre eles.

20 “O ímpio vive em tormentos durante toda a sua vida,
por todos os dias os reparte com o tirano.
21 Sons terríveis estão em seus ouvidos;
na prosperidade, os ladrões lhe sobrevêm.
22 Ele se desespera por não escapar das trevas —
está destinado ao fio da espada.
23 Ele vagueia e busca por um alimento que não está ali.
Sabe que o dia das trevas está pronto, à mão.
24 A tristeza e a angústia o destroem,
atacando-o como um rei no momento de entrar na batalha.

25 “Ele levanta suas mãos contra Deus
e audaciosamente desafia *Shaddai*,
26 enfrentado-o com arrogância,
com um escudo densamente aumentado.

27 “Ele deixa seu rosto grande e espesso,
e o resto dele se intumesce em gordura;
28 ele vive em cidades abandonadas,
em casas que ninguem habitaria,
casas que se estão tornando em ruínas.
29 Ele não se manterá rico;
sua riqueza não durará,
e os seus bens [os estoques de cereais]
não se propagarão na terra.
30 “Ele não escapará das trevas.
A chama secará seus ramos.
Por um fôlego da boca de [Deus],
ele passará.
31 Não deixe que ele se apoie em práticas fúteis,
enganando-se, assim, a si mesmo,
pois o que ele receberá de troco
será só futilidade.
32 Isso será consumado antes de seus dias,
e seus ramos não florescerão e não se tornarão verdes.
33 Ele será como a vinha que perde suas uvas verdes,
como uma oliveira que derruba suas flores.

34 “Pois a comunidade dos ímpios é estéril;
o fogo consome as tendas da corrupção.
35 Eles concebem problemas e dão à luz o mal;
seu ventre prepara o engano”.

16 1 Em resposta a isso, Iyov disse:

2 “Eu tenho ouvido isso tão frequentemente!
Quão pobres confortadores são todos vocês!
3 Não há fim nas palavras de vento?
O que os faz responder dessa maneira?

4 “Se eu estivesse no lugar de vocês,
falaria do mesmo jeito —
eu poderia lançar palavras contra vocês
e balançaria minha cabeça para vocês.
5 Eu os ‘fortaleceria’ com minha boca,
e com meus lábios poderia ‘abrandar a sua dor’.
6 Se eu falar, minha dor não será suavizada;
e, se eu não falar, ela também não se vai.

7 “Mas agora, ó Deus, ela está me desgastando;
tu tens devastado toda a minha família.
8 Além disso, me tens tornado ressequido,
e isso serve de testemunha contra mim.
A minha magreza se levanta contra mim
e me acusa na minha frente.
9 Deus me rasga em pedaços em sua ira;
ele tem ressentimentos contra mim,
ruge os dentes por minha causa.
“Meus inimigos fitam-me com olhar de ira.
10 De boca aberta, eles bocejam para mim
com desdém, esbofeteiam-me;
eles se reúnem contra mim.

11 “Deus me entrega ao perverso,
atira-me nas mãos do ímpio.
12 Eu estava em paz, e ele me estraçalhou.
Sim, ele me agarrou pelo pesoço e me esmagou em pedaços.
Ele me pôs como seu alvo —
13 seus arqueiros me rodearam.
Ele cortou minhas entranhas e não mostrou misericórdia,
derramou o meu fel no solo.
14 Ele me quebrou uma, duas e três vezes,
atacando-me como um guerreiro.

15 “Eu costurei panos de saco para cobrir minha pele
e prostrei-me com o rosto em terra;
16 meu rosto está vermelho de tanto chorar,
e em minhas pálpebras há uma sombra escura de morte.
17 No entanto, minhas mãos estão livres da violência,
e minha oração é pura.

18 “Terra, não cubra o meu sangue;
não deixe que meu lamento descanse [sem que seja respondido].
19 Até agora, meu testemunho está no céu;
meu advogado está lá no alto.

20 Com amigos como estes como intercessores,
meus olhos derramam lágrimas diante de Deus,
21 pois ele poderia arbitrar entre um homem e Deus,
assim como alguns fazem por seus amigos mortais.
22 Pois eu tenho apenas alguns anos restantes
antes de partir para a estrada sem retorno.

17 1 "Meu espírito está consumido, meus dias são diminuídos.
Estou marcado pela sepultura.
2 Os zombadores estão todos em volta de mim;
meus olhos encontram apenas suas hostilidades.
3 Sê tu, [ó Deus,] a minha garantia.
Quem mais me daria garantia?
4 Pois tu tens fechado a mente deles ao senso comum;
por isso, não os deixarás triunfar.
5 Alguém deveria compartilhar com os amigos
quando os próprios filhos estão tão tristes?

6 "Ele me tem tornado um provérbio entre os povos,
uma criatura na qual cospem no rosto.
7 Eu estou prestes a me tornar cego de tristeza,
e meus membros, reduzidos à sombra.
8 Os retos ficam perplexos com tudo isso,
e o inocente se levantou contra os hipócritas.
9 Assim, os retos se asseguram em seus caminhos,
e aqueles que têm mãos limpas tornam-se cada vez mais fortalecidos.

10 "Mas, vocês todos, voltem-se! Retornem! —
não acharei um sábio entre vocês.
11 Meus dias se acabam, meus planos se frustraram,
os quais tanto tenho guardado no coração;
12 mas eles [tentam] tornar a noite em dia,
[dizendo] 'A luz está próxima!' — na frente das trevas.

13 "Se espero pelo *sh'ol* para ser minha habitação;
se estendo meu leito na escuridão;
14 se digo à sepultura: 'Você é meu pai',
e aos vermes: 'Vocês são minha mãe e minha irmã',
15 então onde está minha esperança?
E minha esperança, quem a verá?
16 Apenas aqueles que vão comigo
às portas do *sh'ol*,
quando descansarmos juntos no pó".

18 1 Bildad, o shuchi, disse:
2 "Quando você porá fim a essas palavras?
Pense nisso, e então falaremos!
3 Por que somos considerados como animais,
estúpidos segundo o seu ponto de vista?

4 Você pode se rasgar em pedaços em sua ira,
mas a terra não será abandonada apenas por sua causa;
nem mesmo uma rocha será removida de seu lugar.

5 "A luz do ímpio enfraquecerá e morrerá,
nem uma fagulha de seu fogo brilhará;
6 a luz em sua tenda é escura,
e a lâmpada sobre ele se apagará.
7 O seu vigoroso passo é encurtado,
e seus planos o fazem tropeçar e cair.
8 Porque seus pés o prendem numa rede,
ele se emaranha em sua malha.
9 Uma armadilha o prende pelo calcanhar;
um laço o aprisiona.
10 Um nó está escondido para ele no solo;
uma armadilha está em seu caminho.
11 O terror o abate por todos os lados
e se esparrama por seus pés.

12 "A tribulação está sedenta por ele,
e a calamidade, pronta para sua queda;
13 a doença está comendo sua pele;
os primeiros indícios de morte o devoram gradualmente.
14 O apoio de sua tenda será destruído,
e ele marchará à frente do rei a quem tanto teme.

15 "Estranhos morarão em sua tenda;
enxofre será jogado em sua habitação.
16 Suas raízes secam-se embaixo;
acima dele, seu galho murchará.

17 Sua memória desaparecerá da terra,
enquanto entre as nações seu nome será esquecido.
18 Ele será levado da luz para as trevas
e retirado do mundo.

19 "Sem filho ou neto entre seu povo,
ninguém restará de sua morada.
20 Aqueles que vierem depois ficarão estarrecidos com sua sorte,
assim como os que antes estavam ali, perplexos com horror.

21 "Assim serão as coisas nas casas dos ímpios,
e essa será a situação de quem não conhece Deus".

19

1 Então Iyov respondeu:

2 "Por quanto tempo vocês vão continuar a me atormentar
e a me esmagar com palavras?
3 Vocês já me insultaram dez vezes;
não têm vergonha de me tratar tão mal?
4 Ainda se fosse verdade que eu tivesse pecado,
meu erro permaneceria comigo.

5 “Vocês poderiam tomar uma atitude mais nobre comigo
e mencionar minha desgraça como prova contra mim;
6 mas saibam que foi Deus quem me imputou o erro
e lançou sua rede em torno de mim.
7 Se eu grito: ‘Violência!’, ninguém me ouve;
grito alto, no entanto, não existe justiça.

8 “Ele fendeu meu caminho ao meio, de maneira que não posso passar;
cobriu meu caminho com escuridão.
9 Ele me despiu de minha glória
e retirou a coroa da minha cabeça.
10 Ele rasgou cada uma de minhas partes — e eu estou enfraquecido;
cortou minhas raízes como de uma árvore.

11 “Inflamou-se com ira contra mim
e me contou como um de seus adversários.
12 Suas tropas avançam em conjunto;
elas fazem sua marcha contra mim
e acampam em torno da minha tenda.

13 “Ele tem feito meus irmãos se distanciarem;
quem me conhece está como um completo estranho,
14 meus parentes me abandonaram,
e meus amigos mais próximos me esqueceram.
15 Aqueles que vivem na minha casa me consideram um estranho;
minhas escravas também me olham como a um estrangeiro.
16 Eu chamo meu servo, e ele não responde,
nem que eu lhe suplique um favor!

17 “Minha esposa não suporta meu hálito;
sou repugnante até para minha família.
18 Até as criancinhas me desprezam —
se eu me levanto, elas caçoam de mim.
19 Todos os meus amigos íntimos me evitam,
e aqueles que eu amava voltaram-se contra mim.
20 Meus ossos colaram-se à minha pele e carne;
eu sobrevivo apenas com a pele dos meus dentes.

21 “Tenham pena de mim, meus amigos, tenham pena de mim!
Pois a mão de Deus me tem derrubado.
22 Muitos de vocês me perseguem do mesmo jeito que Deus.
Nunca estão satisfeitos com a minha carne?
23 Gostaria que minhas palavras fossem registradas,
como aquelas que foram escritas em rolos,
24 aquelas gravadas no ferro e preenchidas com chumbo,
que elas fossem gravadas na rocha para sempre!

25 “Mas eu sei que o meu Redentor vive
e que no fim se levantará sobre a terra;
26 então, depois que a minha pele tiver sido assim destruída,
mesmo sem minha carne, verei Deus.
27 Eu o verei pessoalmente;
meus olhos, não os de outra pessoa, o contemplarão.
Meu coração desfalece dentro de mim!

28 “Se vocês dizem: ‘Como o perseguiremos?’,
é como se a raiz do problema estivesse em mim.
29 Melhor seria que vocês temessem a espada,
pois a ira traz o castigo da espada,
de maneira que vocês saberão que há julgamento!”.

20 1 Tzofar, o na‘amati, respondeu:

2 “Meus pensamentos me pressionam para responder;
eu sinto uma perturbação para falar!
3 Tenho ouvido ultrajes que me reprovam,
mas um espírito passou em meu entendimento e me deu a réplica.

4 “Você não sabe que desde quando os tempos começaram,
desde que os humanos foram colocados sobre a terra,
5 o triunfo do ímpio é sempre uma vida curta,
e a alegria do incrédulo é momentânea?
6 Seu orgulho pode chegar aos céus,
sua cabeça pode tocar as nuvens;
7 mas ele vai se esvanecer por completo, como suas fezes —
aqueles que o virem perguntarão: ‘Onde está ele?’.
8 Como um sonho, ele foge, e não é visto outra vez;
como uma visão na noite, ele desaparece.
9 O olho que o viu não mais o verá,
nem seu lugar o tornará a ver.
10 Seus filhos terão de pagar taxas aos pobres;
suas mãos restaurarão a fortuna deles.
11 Seus ossos podem ser preenchidos com [o vigor da] sua juventude,
mas se juntarão a ele quando se deitar no pó.

12 “A maldade poderá parecer doce em sua boca,
ele a provará e a esconderá sob a língua,
13 poderá até retê-la na boca e não a deixar partir.

14 Mas em seu estômago ela vai lhe cair mal,
e o resultado nele será como veneno de cobra;
15 a riqueza que ele engole, vomitará de volta;
Deus o fará regurgitá-la.
16 Ele sugará o veneno de áspides,
e as presas da víbora o matarão.
17 Ele não se regozijará nos rios,
nem nos riachos que emanam creme e mel.
18 Terá de devolver o fruto do seu labor;
não sentirá o gosto disso —
de tudo que adquiriu de riquezas,
não terá prazer nenhum.
19 “Pois ele esmagou e abandonou o pobre,
ajuntando casas que não construiu,
20 pois sua cobiça não o deixava descansar,
e, em sua ganância, ele não deixava nada escapar;

21 nada sobrava que ele não devorasse.
Todavia, seu bem-estar não vai durar.
22 Com todas as necessidades satisfeitas, ele estará em angústia;
a completa força da miséria virá sobre ele.

23 "É isto que preencherá sua barriga! —
[Deus] fará sobrevir a ele toda a sua ira flamejante
e fará chover sobre ele, até do lado de dentro.
24 Se ele fugir da arma de ferro,
o arco de bronze o acertará no meio —
25 se ele retirar a flecha de suas costas,
verá a ponta reluzente saindo de suas entranhas;
o terror virá sobre ele.

26 "A escuridão total está posta contra os seus tesouros,
um fogo soprado por ninguém o consumirá,
e a calamidade esperará para pegar o que sobrar de sua tenda.
27 Os céus revelarão sua culpa,
e a terra se levantará contra ele.
28 Os pertences de sua casa serão levados;
seus bens desaparecerão no dia de sua ira.
29 Esta é a recompensa de Deus para o ímpio,
a herança de Deus designada para ele".

21

1 Então Iyov respondeu:

2 "Ouçam com cuidado as minhas palavras;
e que esse seja o conforto que vocês estão me dando.
3 Suportem-me enquanto eu falo;
então, após eu ter falado, vocês podem continuar zombando.

4 "Quanto a mim, estou eu reclamando de outras pessoas?
Não tenho razão de estar com a paciência curta?
5 Olhem para mim, e se espantem;
tapem sua boca com as mãos!
6 Sempre que eu me vejo, fico chocado,
e todo o meu corpo treme.

7 "Por que o ímpio continua vivo,
envelhece e seu poder continua a aumentar?
8 Eles veem seus filhos estabelecidos com eles,
sua posteridade assegurada.
9 Suas casas são seguras, livres do medo;
a vara de Deus não está sobre eles.
10 Seus touros são férteis e não falham,
e suas vacas ficam prenhes e não abortam.
11 Eles têm filhos como rebanhos,
e suas crianças dançam felizes.
12 Eles cantam com tamborins e liras
e regozijam ao som da flauta.

13 Eles gastam seus dias em prosperidade
e vão para a sepultura em paz.

14 "Contudo, para Deus eles dizem: 'Deixa-nos em paz!
Nós não queremos conhecer os teus caminhos.
15 Quem é *Shaddai*, para que o sirvamos?
O que ganharemos se orarmos a ele?'.
16 As riquezas deles já não lhes pertencem?
Os planos dos ímpios estão longe de mim.

17 "Por quanto tempo durará a lâmpada do ímpio?
Quanto tempo ainda suas calamidades virão sobre eles?
Por quanto tempo mais [Deus] vai segurar a sua ira,
18 para fazer deles como palha ao vento,
como entulho carregado por uma tempestade?
19 Deus estende a seus filhos
a [punição de sua] iniquidade.
Ele deveria exercer o mesmo sobre [os ímpios],
de maneira que pudessem sentir!
20 Que seus olhos vejam a própria destruição
e que bebam da cólera de *Shaddai*.
21 Que alegria poderiam ter em sua família depois de partirem,
pois que seu tempo chegou?

22 "Poderia alguém ensinar o conhecimento a Deus?
Pois, afinal, ele julga até os mais importantes.
23 Uma pessoa morre em seu vigor,
quando estava completa e tranquila,
24 sua face toda leitosa,
e seus ossos cheios de tutano.
25 Outro morre com amargura de coração,
não tendo nunca saboreado a felicidade.
26 Eles dormem igualmente no pó,
e o verme cobrirá ambos.

27 "Olhem, eu sei o que estão pensando,
e seus planos para me fazerem o mal.
28 Vocês perguntam: 'Onde está a casa do grande homem?
Onde está a tenda em que o ímpio morava?'.
29 Vocês nunca prosearam com os viajantes?
Nunca aceitaram seu testemunho
30 de que o homem mau é salvo no dia da tragédia,
resgatado no dia da ira?
31 Assim, quem o confrontará em seu caminho?
Quem lhe dará o troco pelo que tem feito?
32 Pois ele é levado à sepultura,
e pessoas vigiam o seu túmulo.
33 O solo daquele terreno é agradável para ele;
então outros seguem o seu exemplo,
pois diante dele estão inúmeros outros.

34 "Por que me oferecer consolo tão absurdo?
Deem suas respostas. Apenas o falso interesse é o que resta".

22 1 Depois Elifaz, o teimani, respondeu:

2 "Pode um homem ter vantagem sobre Deus?
Pode ele se beneficiar, ainda que seja o mais sábio?
3 *Shaddai* ganharia alguma coisa se você fosse reto?
Ele lucraria se você agisse sem nenhuma falta?

4 "Ele o está advertindo a fim de que você o tema?
É por isso que ele estaria entrando em julgamento contra você?
5 Não é porque a sua maldade é grande?
Não são infindas as suas iniquidades?

6 "Pois, você exigia bens de seus irmãos sem razão,
explorou o pobre com a roupa que ele tinha,
7 não deu água ao fraco para beber
e negou comida ao faminto.
8 Como um homem rico, dono de terras,
e sendo homem honrado, que se firma nisso,
9 você despediu viúvas de mãos vazias
e deixou braços de órfãos quebrados.

10 "Não se admire de haver armadilhas em sua volta,
e de sobrevir a você o terror repentino,
11 ou a escuridão, de maneira que não possa ver,
e uma torrente de água o cubra.

12 "Não está Deus nos altos céus,
olhando [para baixo, até mesmo] da mais alta estrela?
13 No entanto, você ainda diz: "O que sabe Deus?
Pode ele ver entre as densas trevas para julgar?
14 As nuvens o cobrem, de maneira que ele não pode ver;
ele apenas vagueia ao redor do céu'.

15 "Você vai andar pelo caminho antigo
por onde os ímpios têm andado,
16 os que foram levados antes da hora,
de quem os alicerces a inundação arrastou?
17 Eles diziam a Deus: 'Deixa-nos em paz!
O que *Shaddai* pode fazer por nós?'.
18 Contudo, é ele quem tem provido seus lares com boas coisas!
(Mas o conselho dos ímpios está distante de mim.)
19 O justo viu isso e se regozijou;
o inocente riu, zombando deles —
20 'Na verdade, nossas posses não foram destruídas,
mas o fogo consumiu a riqueza deles'.

21 "Aprenda a estar em paz [com Deus];
e, desse modo, o bem voltará a você.
22 Por favor! Receba a instrução da sua boca
e tome suas palavras no coração.
23 Se você se voltar para *Shaddai*, será recuperado.
Se você lançar a impiedade para longe das suas tendas,

24 se lançar ao pó o seu tesouro
e o ouro de Ofir entre as pedras dos *vádis*,
25 e deixar que *Shaddai* seja o seu tesouro
e a sua prata brilhante,
26 então *Shaddai* será o seu deleite,
e você levantará o seu rosto para Deus.
27 Você suplicará a ele, e ele o ouvirá,
e você pagará o que votou;
28 no que você decidir fazer, será bem-sucedido,
e a luz brilhará em seu caminho;
29 quando alguém for derrubado, você dirá: 'Foi o orgulho,
porque [Deus] salva o humilde'.

30 "Ele liberta até mesmo o impuro;
desde que suas mãos estejam limpas, você será salvo".

23 1 Então Iyov respondeu:

2 "Hoje também a minha queixa é amarga;
minha mão está pesada por causa do meu gemido.
3 Eu queria saber onde encontrá-lo;
então iria para onde ele está.
4 Eu explicaria o meu caso diante dele
e encheria minha boca de argumentos.
5 Eu saberia a sua resposta
e compreenderia o que ele me dissesse.
6 Será que ele me intimidaria com seu grande poder?
Não, ele me daria atenção.
7 Ali, o reto poderia arrazoar com ele;
desse modo, eu poderia ser inocentado para sempre pelo meu juiz.

8 "Se eu me dirijo para o leste, ele não está lá;
se me dirijo para o oeste, eu não o percebo;
9 se me volto para o norte, eu não o descubro;
no sul, ele está velado, e ainda não o vejo.
10 Contudo, ele conhece o meu caminho;
quando ele me provar, eu me tornarei como o ouro.
11 Os meus pés se mantiveram nos seus passos;
guardei o seu caminho sem me desviar dele.
12 Não me afastei das ordens dos seus lábios;
entesourei suas palavras, mais do que o meu alimento diário.

13 "Mas ele não tem igual; então, quem pode mudá-lo?
O que ele deseja, faz.
14 Ele realizará o que decretou para mim,
e tem muitos planos como este.
15 É por isso que estou aterrorizado com ele;
quanto mais penso nele, tanto mais tenho medo dele —
16 Deus debilitou minha coragem;
Shaddai me amedrontou.

17 Contudo, não estou derrotado pelas trevas;
ele me protegeu da escuridão mais profunda.

24 1 "Por que os prazos não são cumpridos por *Shaddai*?
Por que aqueles que o conhecem não veem seus dias?
2 Há quem remova marcos,
roube rebanhos e os apascente;
3 eles levam embora os jumentos dos órfãos;
ao mesmo tempo, arrebatam o boi da viúva.
4 Eles empurram o necessitado para fora do caminho —
o pobre da terra é forçado a se esconder;
5 como jumentos selvagens nas florestas,
eles precisam sair para caçar comida,
[esperando que] o deserto
dê comida para seus filhos.
6 Eles precisam ceifar em campos que não são seus
e recolher uvas tardias nas vinhas do ímpio.
7 Passam a noite sem roupa, despidos,
descobertos no frio,
8 molhados com a chuva da montanha,
aconchegando-se na pedra por falta de abrigo.

9 "Há quem arranque os órfãos do seio
e [quem] tome [as roupas] do pobre em penhor,
10 de modo que eles se vão, quase desnudos, despidos;
vão com fome, enquanto carregam feixes [de grãos];
11 entre as fileiras [de olivas] desses homens, eles fazem o óleo;
pisando seu lagar, sofrem com sede.
12 Os homens gemem na cidade,
os mortalmente feridos estão clamando por ajuda;
contudo, Deus não vê nada errado!

13 "Há quem se rebele contra a luz —
que não conheça seu caminho, nem permaneça em seus passos.
14 O assassino se levanta com a luz
para matar o pobre e o necessitado;
enquanto, à noite, ele é como um ladrão.
15 O olho do adúltero espera ansiosamente pelo crepúsculo;
ele pensa: 'Nenhum olho me verá';
contudo, [para garantir], ele cobre seu rosto.
16 Quando está escuro, ele invade as casas;
durante o dia, permanece fora de vista.
[Nenhum deles] conhece a luz.
17 Porque para todos eles as profundas trevas são como a manhã,
pois os terrores das profundas trevas são familiares para eles.

18 "Que eles sejam espuma sobre a superfície das águas,
que a parte deles na terra seja amaldiçoada,
que ninguém ande pelos caminhos das suas vinhas,
19 que o estio e o calor arrebatem sua água da neve,
e o *sh'ol*, àqueles que pecaram.

20 Que o ventre os esqueça,
que os vermes os achem doces,
e eles não mais sejam lembrados —
que a iniquidade seja quebrada como uma vara.
21 Eles devoram a mulher sem filhos
e não prestam auxílio às viúvas.

22 "Contudo, Deus continua puxando os poderosos —
eles se levantam, mesmo quando não confiam em sua vida.
23 Entretanto, mesmo que Deus os permitisse repousar em segurança,
seus olhos estariam em seus caminhos.
24 Eles são exaltados por pouco tempo,
e, então, se vão;
são derrubados, recolhidos, como todos os outros,
murchos como espigas de grãos.

25 "Mesmo que agora não seja assim,
contudo, ninguém pode provar que eu estou mentindo
e mostrar que minhas palavras são inúteis".

25 1 Bildad, o shuchi, disse:

2 "O domínio e o temor pertencem a ele;
ele executa a paz em seus lugares altos.
3 Podem os seus exércitos ser numerados?
Sobre quem não brilha a sua luz?
4 Como, então, podem os homens ser justos para com Deus?
Como podem aqueles que nascem da mulher ser limpos?
5 Porque, diante dele, mesmo à lua falta brilho,
e as próprias estrelas não são puras.
Quanto menos um homem, que é somente uma larva,
um mortal, que é somente um verme?!".

26 1 Então Iyov respondeu:

2 "Que grande ajuda você traz para o impotente!
Que libertação, para os braços sem força!
3 Que conselho maravilhoso, para um homem a quem falta sabedoria!
Muito bom senso você expressou!
4 Quem o ajudou a dizer essas palavras?
De que espírito elas são, vindo diretamente de você?

5 "Os espíritos dos mortos se agitam
sob a água, com suas criaturas.
6 O *sh'ol* está nu diante dele;
o Abaddon jaz descoberto.
7 Ele estende o norte sobre o caos
e suspende a terra sobre o nada.
8 Ele junta as águas em suas nuvens espessas;
contudo, nenhuma nuvem se derrama, fragmentada por elas.

9 Ele esconde a visão de seu trono
estendendo sua nuvem sobre ele.
10 Ele fixou um círculo sobre a superfície das águas,
definindo a fronteira entre a luz e as trevas.
11 Os pilares do céu se abalam,
aterrorizados com a sua repreensão.
12 Ele agita o mar com seu poder,
e pela sua destreza derruba Rahav.
13 Com o seu Espírito, estende os céus;
sua mão transpassa a serpente voadora.
14 E essas são somente as franjas dos seus caminhos;
quão débil é o eco que ouvimos dele!
Mas quem é apto para compreender o significado
do seu tremendo poder?".

27 1 Iyov continuou seu discurso:

2 "Eu juro pelo Deus vivo,
que me está negando justiça,
e por *Shaddai*,
que me trata tão amargamente,
3 que, por todo o tempo em que minha vida permanecer em mim
e o fôlego de Deus estiver em minhas narinas,
4 meus lábios não falarão de forma iníqua
nem minha língua de modo completamente enganoso.
5 Longe de mim dizer que vocês estão certos;
manterei minha integridade até o dia em que morrer.
6 Eu me apegarei à minha justiça; não a deixarei ir;
meu coração não me envergonhará em todo o tempo em que eu viver.

7 "Que meu inimigo conheça a condenação do ímpio;
e meu adversário, o destino do injusto.
8 Pois que esperança tem o ímpio de seu ganho
quando Deus retirar sua vida?
9 Ouvirá Deus o seu clamor
quando a tribulação vier sobre ele?
10 Terá ele deleite em *Shaddai*
e sempre clamará a Deus?

11 "Eu estou ensinando a vocês como Deus usa o seu poder
e não escondo o que *Shaddai* está fazendo.
12 Olhem, todos vocês podem ver por si mesmos;
então, por que estão falando tais coisas vazias e sem sentido?

13 "Esta é a recompensa de Deus para o ímpio,
a herança que os opressores recebem de *Shaddai*:
14 se seus filhos se tornarem muitos, eles irão para a espada;
e seus filhos nunca terão o suficiente para comer.
15 Os que sobrarem deles serão sepultados pela praga,
e suas viúvas não os lamentarão.
16 Mesmo que ele acumule prata como poeira
e armazene roupas [em montes] como barro —

17 ele pode juntá-las, mas o justo é que as usará,
e o reto dividirá a prata.
18 A casa que ele edifica é frágil como teia de aranha,
tão frágil como a choupana dos vigias.
19 Ele pode se deitar rico, mas sua riqueza não rende nada;
quando abrir os olhos, ela não estará lá.
20 Terrores os engolem como inundação;
à noite, o vento leva-os embora.
21 O vento leste leva-os, e eles se vão;
ele os varre para longe de seu lugar.
22 Sim, ele se atira contra eles, nada poupando;
ele faz todos eles fugirem do seu poder.
23 [Povos,] batam palmas com desprezo
e assobiem para eles, tirando-os de suas casas.

28 1 "Há minas para a prata
e lugares onde o ouro é refinado;
2 o ferro é extraído da terra,
e o cobre é fundido do minério.
3 Os mineiros conquistam a escuridão
e cavam tanto quanto podem,
até o minério na escuridão e nas densas trevas.
4 Ali onde ninguém habita, eles cavam um poço,
uma passagem para os pés deles sobre o esquecimento;
longe do povo, suspensos no espaço,
eles balançam para a frente e para trás.

5 "Enquanto a terra está [pacificamente] produzindo o pão,
por baixo, ela está sendo agitada como que pelo fogo;
6 suas pedras têm veias de safira,
e há partículas de ouro.
7 As aves de rapina não conhecem esse caminho,
nem o viu o olho do falcão;
8 as feras orgulhosas jamais pisaram nele,
nem o leão passou por ele.

9 "[Os mineiros] golpeiam a pederneira,
derrubando montanhas até suas raízes
10 e escavando galerias nas rochas,
o tempo todo procurando por algo de valor.
11 Eles represam os ribeiros de modo que não fluam
e trazem o que estava escondido à luz.

12 "Mas onde pode a sabedoria ser encontrada?
Onde está a fonte do conhecimento?
13 Ninguém conhece o seu preço,
e ela não pode ser encontrada na terra dos viventes.
14 O abismo diz: "Ela não está em mim',
e o mar diz: 'Ela não está comigo'.
15 Ela não pode ser obtida com ouro,
nem pode a prata ser pesada para comprá-la.

16 Ela não pode ser adquirida com o ouro escolhido de Ofir,
nem com ônix precioso ou safiras.
17 Nem o ouro nem o vidro podem ser comparados a ela;
nem pode ser ela trocada por um vaso de ouro fino,
18 esqueçam o coral ou o cristal;
de fato, o preço da sabedoria está acima do preço das pérolas.
19 Ela não pode ser comparada com o topázio da Etiópia,
nem pode ser avaliada com o ouro puro.

20 "Então de onde vem a sabedoria?
Onde está a fonte do conhecimento,
21 visto que ela está escondida dos olhos de todos os viventes
e é mantida em segredo dos pássaros que voam pelo céu?
22 A destruição e a morte dizem:
'Nós ouvimos com nossos ouvidos um rumor a respeito dela'.

23 "Deus entende o caminho dela
e conhece o seu lugar.
24 Porque ele pode ver as extremidades da terra
e contemplar tudo debaixo do céu.
25 Quando ele determinou a força do vento
e parcelou as águas por medidas,
26 quando criou a lei para a chuva
e desobstruiu o caminho para o trovão,
27 então a viu [a sabedoria] e a declarou,
sim, ele a confirmou e a examinou.
28 E aos seres humanos, ele diz:
'Olhem! O temor de *Adonai* é a sabedoria!
Afastar-se do mal é conhecimento!' ".

29 1 Iyov continuou falando:

2 "Quisera ser como nos dias passados,
nos tempos quando Deus cuidava de mim;
3 quando sua lâmpada brilhava sobre a minha cabeça,
e eu caminhava pelas trevas guiado pela sua luz;
4 como no tempo em que eu era jovem,
e o conselho de Deus agraciava a minha tenda.
5 Nesse tempo, *Shaddai* ainda estava comigo,
meus filhos estavam ao meu redor;
6 meus passos flutuavam na manteiga,
e as rochas derramavam ribeiros de azeite para mim.
7 Eu ia ao portão da cidade
e tomava meu assento no espaço aberto;
8 quando os jovens me viam, eles se escondiam,
enquanto os anciãos se levantavam;
9 os líderes se abstinham de falar —
eles punham as mãos na boca;
10 as vozes dos nobres eram silenciadas;
sua língua colava no céu da boca.

11 Qualquer ouvido que me ouvisse me abençoava,
e qualquer olho que me visse dava testemunho de mim,
12 porque eu libertava o pobre quando ele clamava por socorro
e também o órfão que não tinha quem o ajudasse.
13 Aqueles que estavam a ponto de morrer me abençoavam,
e eu fazia as viúvas cantarem com alegria em seu coração.
14 Eu me vestia com justiça, e ela se vestia de mim;
minha justiça era como um manto e uma coroa.
15 Eu era os olhos do cego
e os pés para o aleijado.
16 Eu era um pai para o necessitado
e investigava os problemas daqueles que eu não conhecia.
17 Quebrava o queixo dos ímpios
e arrebatava a presa dos dentes deles.
18 "Eu dizia: 'Morrerei com o meu ninho
e viverei tanto quanto uma fênix;
19 minhas raízes se estenderão até alcançar as águas,
e o orvalho permanecerá toda a noite nos meus ramos;
20 minha glória sempre será renovada,
e meu arco, sempre novo em minha mão'.

21 "O povo me ouvia;
eles esperavam e ficavam em silêncio quando eu dava o meu conselho.
22 Depois que eu falava, eles não retrucavam;
minhas palavras eram como gotas [de orvalho] sobre eles.
23 Eles esperavam por mim como que pela chuva,
como que pela chuva de verão, com sua boca aberta.
24 Quando eu gracejava com eles, não podiam acreditar,
e jamais escureciam a luz do meu rosto.
25 Eu escolhia o caminho deles [para eles], sentado como chefe;
vivia como um rei entre seu exército,
como alguém que conforta os enlutados.

30 1 "Agora, porém, aqueles que são mais jovens do que eu
têm desprezo por mim,
homens cujos pais eu não teria colocado nem mesmo
entre os cães que guardavam os meus rebanhos.
2 O que seria para mim a força nas suas mãos?
Todo o vigor deles os tinha abandonado.
3 Esgotados pela privação e pela fome,
eles roíam o solo seco na escuridão
da devastação e da desolação.
4 Eles arrancavam o mato rasteiro e folhas amargas;
isso, com raízes de giesta, era a comida deles.
5 Foram expulsos da sociedade,
com os homens gritando atrás deles como atrás de ladrões,
6 e foram viver nos regos e nos *vádis*,
em buracos no chão e cavernas nas rochas.
7 Eles uivavam como bestas entre os arbustos
e se amontoavam entre as urtigas,

8 pessoas sem nome,
expulsas da terra.

9 "Agora eu me tornei a canção deles;
sim, eu sou um provérbio para eles.
10 Eles me detestam e ficam distantes de mim;
não hesitam em me cuspir o rosto!
11 Porque Deus soltou a corda do meu arco e me humilhou,
eles não têm freios em minha presença.
12 À minha direita, os moleques de rua atacam,
empurrando-me de um lugar para o outro,
cercando-me com seus caminhos de destruição,
13 destruindo o meu caminho,
aumentando a minha calamidade —
até mesmo aqueles a quem ninguém ajudou.
14 Eles se movem como através de uma passagem larga;
no meio da ruína, deslizam em ondas.
15 Terrores saltam sobre mim,
afugentando minha honra como o vento;
minha [esperança de] salvação passa como uma nuvem.

16 "Agora, então, minha vida se esvazia,
os dias de aflição me apanharam.
17 À noite, as dores me transpassam os ossos,
de modo que eu nunca descanso.
18 Minhas roupas estão desfiguradas pela força [da minha doença];
elas me estrangulam como o colar do meu casaco.
19 [Deus] me lançou à lama;
tornei-me como poeira e cinzas.

20 "Eu clamo a ti [Deus], mas tu não me respondes;
levanto-me para me queixar, mas tu somente olhas para mim.
21 Tu te voltaste contra mim de forma cruel;
com tua poderosa mão, continuas me perseguindo.
22 Tu me arrebatas no vento e me fazes cavalgá-lo;
sacodes de cá para lá na tempestade.
23 Pois eu sei que me levarás à morte,
a casa reservada para todos os viventes.

24 "Certamente [Deus] não abateria na desgraça,
se alguém na calamidade clamasse a ele por socorro.
25 Não chorei eu por aqueles que estavam em aflição?
Não me angustiei pelo necessitado?
26 Contudo, quando eu esperava pelo bem, o que veio foi o mal;
quando eu esperava a luz, o que veio foi a escuridão.
27 Minhas entranhas estão em tumulto, não encontram descanso;
os dias da miséria me confrontaram.
28 Eu vagueio em uma escuridão sem sol;
levanto-me na assembleia e clamo por socorro.
29 Eu me tornei um irmão para os chacais
e uma companhia para os avestruzes.

30 Minha pele está negra e se descola de mim,
meus ossos estão queimando de calor.
31 Assim, minha lira está envolvida pelo luto;
minha flauta, pela voz daqueles que lamentam.

31 1 "Fiz uma aliança com os meus olhos
para não deixá-los cobiçar nenhuma moça.

2 "Que porção Deus dá lá do alto?
Qual é a herança de *Shaddai* nas alturas?
3 Não é a calamidade para o ímpio?
O desastre para todo o que faz o mal?
4 Não vê ele os meus caminhos
e não conta ele todos os meus passos?

5 "Se eu me conduzi com falsidade,
se meus pés se apressaram para o engano,
6 então que eu seja pesado em uma balança honesta,
e, assim, Deus conhecerá a minha integridade.

7 "Se meus passos se desviaram do caminho,
se o meu coração seguiu os meus olhos,
se ao menos a imundície está presa às minhas mãos,
8 então que eu semeie e outro desfrute,
que o que cresce nos meus campos seja arrancado.

9 "Se o meu coração foi seduzido por alguma mulher,
e eu menti quando esperava na porta do meu próximo,
10 então que a minha esposa moa para outro homem,
e que outros se ajoelhem sobre ela.
11 Pois isso seria um ato abominável,
uma ofensa criminosa,
12 um fogo que acenderia até as profundezas do Abaddon,
desarraigando tudo o que eu produzi.

13 "Se eu já rejeitei a causa do meu escravo ou da minha escrava,
quando eles trouxeram uma ação legal contra mim,
14 então o que eu faria se Deus se levantasse?
Onde ele interviria e que resposta eu deveria dar?
15 O que me formou no ventre não os formou também?
Não foi a minha forma antes de nascer a mesma que a deles?

16 "Se eu neguei alguma coisa que o pobre necessitava
ou se turvei os olhos da viúva [com lágrimas],
17 ou se comi a minha porção de comida por mim mesmo,
sem permitir que o órfão comesse algo dela —
18 Não! Desde a minha juventude ele cresceu
comigo, como com um pai,
e eu fui o seu guia
desde o ventre da minha mãe! —
19 ou se vi um viajante precisando de roupas,
alguém em necessidade que não tinha coberta,

20 que não me abençoasse desde seu coração
por ser aquecido com a lã da minha ovelha;
21 ou, se eu levantei a mão contra um órfão,
sabendo que ninguém se atreveria a me desafiar no tribunal,
22 então que meu braço caia de sua articulação
e que meu antebraço seja quebrado no cotovelo!
23 Pois a calamidade de Deus sempre me aterrorizou;
diante de Sua Majestade, eu jamais faria tais coisas.

24 "Se eu fiz do ouro a minha esperança,
se eu disse ao ouro fino: 'Você é minha segurança',
25 se me alegrei em minha grande riqueza,
em ter adquirido tanto;
26 ou se, ao ver o sol brilhante
ou a lua cheia enquanto se moviam pelo céu,
27 meu coração foi secretamente seduzido,
de modo que eu lhes enviasse um beijo com a minha mão,
28 então isso também seria uma ofensa criminosa,
porque eu estaria mentindo ao Deus do céu.

29 "Eu me regozijei com a destruição daquele que me odiava?
Estava eu cheio de alegria quando o desastre o alcançou?
30 Não, eu não permiti que a minha boca pecasse,
pedindo maldição para a vida deles.

31 "Havia alguém na minha tenda que não dissesse:
'Ninguém pode encontrar uma só pessoa
a quem ele não tenha suprido com a sua carne'?
32 Nenhum estrangeiro tinha de dormir na rua;
eu mantinha a minha porta aberta para o viajante.

33 "Se eu ocultei meus pecados como o faz a maioria das pessoas,
escondendo más ações em meu coração,
34 por medo do falatório geral,
ou se temi o desprezo de qualquer família,
guardando silêncio e não saindo de casa —
35 quem dera alguém pudesse me escutar!
Eis a minha assinatura; que *Shaddai* me responda!
Quem dera eu tivesse a acusação que o meu adversário escreveu!
36 Eu a levaria sobre os meus ombros;
a ligaria a mim como uma coroa.
37 Eu declararia a ele cada um dos meus passos
e me aproximaria dele como um príncipe.

38 "Se a minha terra clamou contra mim,
se seus sulcos juntos choraram,
39 se eu comi os seus produtos sem pagar
ou deixei os seus proprietários desesperados;
40 então que espinhos cresçam, em vez de trigo,
e ervas venenosas, em vez de cevada!

"Aqui terminaram as palavras de Iyov".

32 [1] Então esses três homens pararam de tentar responder a Iyov, porque ele per-
manecia convencido da própria justiça.
[2] Contudo, a ira de Elihu, o filho de Barakh'el, o buzi, da família de Ram, acendeu-
-se contra Iyov porque ele pensava que estava certo e que Deus estava errado. [3] Sua ira
também se acendeu contra seus três amigos, porque eles não encontravam resposta
para Iyov, mas, de qualquer modo, o condenavam. [4] Elihu tinha esperado para falar a
Iyov porque eles eram mais velhos do que ele; [5] mas, quando Elihu viu que esses três não
tinham resposta, sua ira se acendeu. [6] Elihu, o filho de Barakh'el, o buzi, disse:

"Eu sou jovem, e vocês são velhos,
então me abstive de dar a minha opinião.
7 Eu disse: 'A idade deve falar;
a abundância de anos deve ensinar a sabedoria'.
8 Contudo, é o espírito na pessoa, o fôlego de *Shaddai*,
que dá a ela entendimento —
9 não é [somente] o grande que é sábio
nem o avançado em idade que sabe como julgar.
10 Portanto, digo: 'Ouçam-me;
eu também expressarei a minha opinião'.

11 "Esperei pelas palavras de vocês,
ouvi as suas razões,
enquanto procuravam o que dizer.
12 Prestei atenção a vocês,
mas nenhum de vocês convenceu Iyov
ou, sequer, refutou seus argumentos.
13 Então não digam: 'Nós encontramos o caminho da sabedoria —
que Deus o derrote, não o ser humano'.
14 Porque ele não dirigiu suas palavras contra mim,
e eu não responderei a ele com os argumentos de vocês.

15 "Eles estão confusos, não respondem;
faltam-lhes as palavras.
16 Mas devo eu esperar, somente porque vocês não falam,
somente porque ficam ali, esperando por uma resposta?
17 Não, darei agora minha resposta;
eu também expressarei minha opinião.
18 Porque eu estou cheio de palavras;
o espírito me compele dentro de mim.
19 Sim, minhas entranhas se sentem como o vinho novo sob a pressão,
como novos odres de vinho prontos para se romper.
20 Eu preciso falar para encontrar alívio;
abrirei meus lábios e responderei.
21 Não mostrarei favor a ninguém
e não bajularei ninguém;
22 não sei como bajular;
se o fizesse, minhas ações seriam o meu fim.

33 [1] "Então Iyov, por favor, ouça o meu discurso;
ouça todas as minhas palavras.

2 Veja, eu estou abrindo minha boca;
as palavras estão na ponta da minha língua.
3 Direi exatamente o que está na minha mente;
o que meus lábios conhecem, eles falarão com sinceridade.
4 Foi o Espírito de Deus quem me fez,
e o sopro de *Shaddai* que me dá vida.
5 Então refute-me, se puder;
organize suas palavras, tome posição!
6 Veja, diante de Deus, sou igual a você;
eu também sou formado do barro.
7 Você não precisa ficar com medo de mim;
minha pressão sobre você não será pesada.

8 "Você falou ao alcance do meu ouvido,
e eu escutei o que você disse —
9 'Eu estou limpo, sem transgressão;
sou inocente, não culpado.
10 Contudo, [Deus] procura um pretexto para me acusar;
ele me considera seu inimigo.
11 Ele põe meus pés nos troncos
e me vigia aonde quer que eu vá'.

12 "Nisto, porém, você está errado; eu responderei a você:
Deus é maior do que qualquer mortal.
13 Por que você contende com ele?
Ele não justificará as suas palavras —
14 Deus fala uma vez, até mesmo duas,
e, ainda assim, o ouvinte perde o assunto.

15 "Em um sonho, em uma visão à noite,
quando o sono cai sobre o povo,
enquanto eles dormem em suas camas,
16 ele abre os ouvidos do povo
e sela o assunto com um aviso,
17 para afastar a pessoa de sua ação
e proteger o homem do orgulho,
18 de modo que ele se manterá longe da cova
e de perecer pela espada.

19 "Quando na cama, ele também é advertido pela dor,
quando todos os seus ossos estão quebrados;
20 de forma que ele detesta o pão,
assim como as mais ricas comidas.
21 Sua carne se consome, até não se poder vê-la mais;
seus ossos apodrecem e se tornam visíveis.
22 Sua alma se aproxima da cova,
e sua vida, daqueles que trazem a morte.

23 "Se há para ele um anjo,
um mediador, um entre mil,
que possa testemunhar da retidão do homem;
24 então [Deus] é gracioso para com ele e diz:
'Liberte-o de descer à cova;
eu encontrei um resgate'.

25 Sua carne torna-se mais renovada do que a de uma criança,
e ele retorna aos dias de sua juventude.
26 Ele ora a Deus, e é aceito por ele,
de modo que ele vê a face [de Deus] com alegria,
e [Deus] retribui ao homem por sua justiça.
27 Ele declara diante de todos: 'Eu pequei;
perverti o que era justo
e nada ganhei com isso.
28 [Deus] me redimiu de ir para a cova,
e agora minha vida vê a luz'.
29 Deus realizará todas essas coisas
duas vezes, até mesmo três vezes, para com um homem,
30 para trazê-lo de volta da cova,
de modo que ele possa desfrutar a luz da vida.

31 "Preste atenção, Iyov, ouça-me;
fique quieto, e eu continuarei falando.
32 Se você tiver algo para dizer, responda-me;
fale, porque eu quero mostrar que você está certo.
33 Se não, então ouça-me;
fique quieto, e eu ensinarei a você a sabedoria".

34

1 Elihu continuou falando:

2 "Ouçam as minhas palavras, vocês, sábios!
Ouçam-me, vocês que sabem demais!
3 Porque o ouvido testa as palavras,
assim como o paladar testa a comida.
4 Escolhamos para nós mesmos o que é justo;
decidamos entre nós o que é bom.
5 Porque Iyov diz: 'Eu estou no direito,
mas Deus está me negando a justiça.
6 Contra a justiça, eu sou considerado um mentiroso;
minha ferida é mortal, embora eu não tenha cometido nenhum crime'.

7 "Há homem como Iyov,
que bebe a zombaria como água,
8 que permanece em companhia dos malfeitores
e segue os homens ímpios,
9 já que ele pensa: 'De nada aproveita a uma pessoa
estar em acordo com Deus'?

10 "Então ouça-me, você, homem de bom senso!
Longe esteja de Deus fazer alguma coisa ímpia!
11 Pois ele retribui às pessoas o que elas fazem
e vê que cada um obtém o que sua conduta merece.
12 É certo que Deus não faz nada de maneira ímpia;
Shaddai não perverterá a justiça.
13 Alguém mais lhe entregou o governo da terra?
Quem mais estabeleceu o mundo inteiro?

14 Se ele fosse tomar de volta para si mesmo o coração do homem,
se juntasse para si o seu espírito e o seu fôlego,
15 toda carne pereceria instantaneamente,
e todos voltariam ao pó.

16 "Se você tem um pouco de bom senso, [Iyov,] ouça isto:
ouça o que eu estou dizendo.
17-18 Poderia alguém que odeia a justiça estar no controle?
Se você não diz nem a um rei: 'Você é um patife!',
ou aos nobres: 'Vocês são ímpios!',
então não condenaria o Justo e Poderoso,
19 que não é parcial nem para com os príncipes
nem favorece o rico sobre o pobre,
já que todos eles são trabalho de suas mãos.
20 Eles podem morrer em um momento, no meio da noite —
o povo fica agitado e passa,
e o poderoso é removido sem mãos humanas.
21 Porque ele vigia os caminhos das pessoas;
ele vê cada passo delas.
22 Não há trevas, nem escuridão como a da morte,
onde os malfeitores possam se esconder;
23 porque ele não avisa o povo
quando eles devem comparecer diante de Deus em julgamento.
24 Ele destrói o poderoso sem necessidade de investigação
e põe outros no lugar deles.
25 Portanto, atento ao que estão fazendo,
ele os transtorna de noite, e eles são esmagados.
26 Ele os fere como se fossem criminosos comuns
à vista dos outros,
27 porque se desviaram de segui-lo
e não deram atenção a nenhum de seus caminhos,
28 trazendo para diante dele os lamentos do pobre;
e ele ouve o choro dos oprimidos.

29 "No entanto, se Deus está em silêncio, quem o pode acusar?
Se ele esconde sua face, quem o pode ver?
Ele pode fazer isso tanto a nações quanto a pessoas,
30 de forma que os ímpios não se tornarão reis,
e o povo não será apanhado em armadilhas.

31 "Pois disse alguém a Deus:
'Eu fui castigado sem haver ofendido;
32 ensina-me o que me faltou ver;
e, se fiz algo errado, não o farei mais'?
33 Deve a sua recompensa encontrar a sua aprovação?
Bem, você é o único que não faz como eles,
então você, não eu, deveria escolher a alternativa;
vamos, diga o que pensa!
34 Pessoas inteligentes me dirão,
todos os sábios que me ouvirem dirão
35 'Iyov está falando sem pensar;
falta discernimento às suas palavras'.

36 "Eu gostaria que Iyov fosse mantido em julgamento para sempre,
porque ele responde como um ímpio.
37 Por isso, agora, ele adicionou aos seus pecados a rebelião;
ele [de forma escarnecedora] bate palmas entre nós
e continua multiplicando suas palavras contra Deus".

35

1 Elihu continuou a falar:

2 "Você está tão convencido de que é justo,
a ponto de dizer: 'Sou mais justo que Deus'?
3 Pois você pergunta que vantagem tem,
'O que eu ganho por não pecar?'.

4 "Eis a minha resposta para você,
para você e para os seus amigos:
5 Olhe para os céus e veja;
observe os céus, acima de você.
6 Se você pecar, como o ferirão?
Se os seus crimes forem muitos, como o afetarão?
7 Se você for justo, o que se dará a você?
Que benefício ele obterá de você?
8 Sua impiedade pode afetar somente outros como você,
e a sua justiça, somente a outros seres humanos.
9 Pessoas choram sob muitas opressões;
elas choram por socorro sob o punho do poderoso.
10 Ninguém, porém, pergunta: 'Onde está Deus, o meu Criador,
que dá canções de alegria para serem tocadas à noite,
11 que nos ensina mais do que ensina aos animais selvagens
e nos faz mais sábios do que as aves do céu?'.
12 Eles podem chorar, mas ninguém responde,
por causa do orgulho do homem mau.
13 Porque Deus não ouvirá lamentos vazios;
Shaddai não dá atenção a eles.
14 Menos ainda, quando você diz que não o vê!
Apenas seja paciente; ele está considerando o assunto.
15 Mas agora, só porque ele não se ira e castiga,
isso significa que ele não sabe o que é a arrogância?
16 Então Iyov está sendo fútil quando abre sua boca;
está empilhando palavras sem conhecimento".

36

1 Elihu acrescentou:

2 "Seja um pouco mais paciente comigo, e eu mostrarei a você
que há mais a dizer em defesa de Deus.
3 Posso procurar em todo o redor por argumentos,
mas atribuirei a justiça a Deus, o meu Criador.
4 Pois o fato é que minhas palavras são verdade;
você tem com você um homem cujas visões são puras.

5 "Veja, Deus é poderoso e a ninguém despreza,
poderoso em sua capacidade de entendimento.

6 Ele não preserva a vida do ímpio,
mas faz justiça ao pobre.
7 Não retira seus olhos do justo,
mas, quando ele coloca reis em seus tronos para sempre,
eles se tornam orgulhosos;
8 se, então, eles são amarrados com cadeias,
agarrados em cordas de opressão,
9 ele mostra-lhes os resultados de seus atos,
os crimes causados por sua soberba.
10 Ele faz soar um aviso aos ouvidos deles
e ordena que se arrependam do mal.

11 “Se eles prestam atenção e lhe obedecem,
passam seus dias na prosperidade;
seus anos passam prazerosamente.
12 Se, no entanto, não prestam atenção,
perecem pela espada
e morrem sem aprender sua lição.
13 Os ímpios de coração apreciam a própria ira,
e não o clamar por socorro quando ele os amarra.
14 A alma deles perece em sua juventude,
e a vida deles se torna depravada.

15 “Deus, com a aflição deles,
liberta o aflito;
e obtém a sua atenção
pela pressão imposta sobre eles.
16 Na verdade, [Iyov], ele está atraindo você
para fora da angústia,
para um lugar sem tribulações,
com rica comida sobre sua mesa.
17 O julgamento sobre os ímpios, porém,
aplica-se totalmente a você,
o julgamento e a condenação [deles]
o alcançaram.
18 Cuidado com a ira
quando a abundância o seduzir;
não permita que um grande suborno o desvie.
19 Sua grande riqueza o ajudará?
Ou todos os seus esforços, não importa quão fortes eles sejam?
20 Não deseje a noite,
quando as pessoas, de repente, morrem.
21 Tenha cuidado; desvie-se das más ações;
pois, por causa delas, você foi provado pela aflição.

22 “Veja, Deus é exaltado em sua força;
quem é mestre como ele?
23 Quem já prescreveu seu caminho para ele?
Quem já disse: ‘O que estás fazendo é errado’?
24 Lembre-se, antes, de louvar suas obras,
das quais muitos têm cantado.

25 Todos viram isto,
[mas] os humanos o veem [somente] a distância.
26 Veja, Deus é grande, além do que nós podemos conhecer;
o número dos seus anos é incontável.

27 “Ele faz as gotas de água,
que se condensam em chuva em sua névoa.
28 As nuvens as derramam
em abundância sobre a humanidade.
29 Pode alguém sondar a extensão das nuvens,
ou os estrondos que vêm de sua abóbada?
30 Veja como ele espalha sua luz sobre elas
e cobre os fundamentos do mar.
31 Por essas coisas, ele julga os povos
e também dá alimento em abundância.
32 Ele junta o relâmpago em suas mãos
e lhe dá ordens para atingir o alvo.
33 Seu estrondo anuncia a sua presença
e avisa o gado acerca do que está chegando.

37 1 “Diante disso, meu coração treme
e salta de seu lugar.
2 Apenas ouça o estrondo de sua voz,
do trovão que vem da sua boca!
3 Ele o envia para baixo de toda a extensão do céu,
e seu relâmpago, até as extremidades da terra.
4 A ele, segue um som, um rugido —
ele está trovejando com sua voz majestosa
e continua disparando [os relâmpagos]
mesmo enquanto sua voz está sendo ouvida.

5 “Deus troveja maravilhosamente com sua voz;
ele faz grandes coisas, além do nosso entendimento.
6 Ele diz à neve: ‘Caia sobre a terra!’ —
e, da mesma forma, à chuva, e também ao aguaceiro.
7 Faz parar toda a atividade humana,
para que todos os que ele fez possam conhecê-lo.
8 Então os animais vão para os seus covis
e hibernam em suas tocas.

9 “Saindo de sua câmara, vem a tempestade,
com o frio que vem do norte.
10 Pelo sopro de Deus, aparece o gelo,
e as extensas águas se congelam.
11 Ele carrega as nuvens com umidade,
e elas brilham, emitindo seus raios.
12 De acordo com os seus planos, ele as faz dar meia-volta,
e elas fazem o que ele ordena em qualquer lugar da terra;
13 ele as leva adiante sobre a terra
às vezes para castigar, às vezes para expressar sua graça.

14 "Ouça isto, Iyov!
Pare e considere as maravilhas de Deus.
15 Você sabe como Deus as coloca no lugar,
como ele faz o relâmpago brilhar de dentro da sua nuvem?
16 Você sabe como ele deixa suspensas as nuvens?
Essas são as maravilhas daquele que tudo sabe!

17 "Você, abafado em sua roupa
enquanto a terra está sob o sufocante vento sul,
18 pode você, juntamente com ele, estender os céus,
que são duros como espelho de metal fundido?
19 Ensina-nos o que nós deveríamos dizer a ele,
pois as trevas nos impedem de organizar nosso tema.
20 Deve ser dito a ele que eu falarei?
Pode o homem falar quando ele já devorou?
21 Entretanto, as pessoas não veem a luz,
que está brilhando no céu;
mas então o vento sopra
e as afasta [às nuvens].
22 Do norte, vem o brilho dourado,
espantosa Majestade que circunda Deus.
23 *Shaddai*, a quem não podemos encontrar,
de quem é imenso o poder,
e em sua grande retidão
não perverte a justiça.
24 É por isso que os povos o temem;
ele não dá atenção àqueles
que se acham sábios".

38 1 Então *Adonai* respondeu a Iyov do meio de uma tempestade:

2 "Quem é este que escurece meus planos
com suas palavras ignorantes?
3 Levante-se como homem e cinja-se.
Eu farei perguntas, e você me dará as respostas!

4 "Onde você estava quando eu lançava os fundamentos da terra?
Diga-me, se você conhece tanto.
5 Você sabe quem determinou suas dimensões
ou quem estendeu a linha de medir ao redor dela?
6 Sobre o que estão apoiadas as suas bases,
ou quem colocou sua pedra de canto,
7 quando as estrelas da manhã cantavam juntas,
e todos os filhos de Deus gritavam de alegria?

8 "Quem represou o mar por trás das portas fechadas
quando ele se derramou do ventre,
9 quando fiz das nuvens a coberta dela
e do denso nevoeiro suas fraldas,
10 quando fiz dos limites suas fronteiras
e coloquei seus portões e traves,

11 e disse: 'Você pode vir até certo ponto, mas não pode ir além disso;
aqui, suas ondas orgulhosas devem parar'?

12 "Alguma vez em sua vida você já chamou a alvorada
e fez a manhã conhecer o seu lugar,
13 de modo que ela pudesse tomar os cantos da terra
e sacudisse os ímpios dela?
14 Então a terra é transformada como barro sob o sinete,
até suas cores são fixadas como as de uma peça de roupa.
15 A luz, porém, é negada ao ímpio,
e o braço levantado [para lutar] é quebrado.

16 "Você desceu às fontes do mar
ou explorou os limites do abismo?
17 Foram as portas da morte reveladas a você,
as portas das trevas como da morte?
18 Você examinou a extensão completa da terra?
Diga, então, se você conhece tudo!

19 "Que caminho leva ao lugar onde a luz tem sua casa?
E as trevas, onde elas habitam?
20 Se você soubesse, poderia levar cada uma para o seu lugar
e pô-las no caminho de sua casa.
21 Você sabe, é claro, porque já era nascido;
e agora você deve ser muito velho!

22 "Você já foi aos depósitos da neve
ou viu os armazéns de granizo,
23 que eu guardo para os tempos de tormenta,
para os dias de batalha e guerra?

24 "Por que caminho é a luz difundida,
ou o vento leste é derramado sobre a terra?
25 Quem abriu o canal para o aguaceiro,
ou o caminho para o relâmpago e o trovão,
26 fazendo chover onde ninguém vive,
em um deserto sem ninguém,
27 encharcando o deserto e o desolado [solo],
até que a tenra grama brote?
28 A chuva tem pai?
Quem é o pai das gotas de orvalho?
29 De que ventre vem o frio?
Quem faz nascer a geada do céu,
30 quando a água se torna tão dura quanto pedra,
e a superfície do abismo se congela?

31 "Você pode amarrar as cordas das Plêiades
ou afrouxar o cinto do Órion?
32 Pode conduzir as constelações do zodíaco em suas estações
ou guiar a Grande Ursa com suas crias?
33 Você conhece as leis do céu?
Pode determinar o modo em que elas afetam a terra?

34 Você pode levantar a sua voz para as nuvens
e fazer que elas o cubram com uma inundação de chuva?
35 Você pode enviar relâmpagos em seus caminhos?
Dirão eles a você: 'Aqui estamos nós'?

36 "Quem pôs a sabedoria no interior do homem?
Quem deu entendimento à mente?
37 Quem, pela sabedoria, pode numerar as nuvens?
Quem pode despejar os cântaros de água do céu
38 de forma que o pó se torna massa [de barro],
e seu torrão se compacta?

39 "Você pode caçar uma presa para a leoa
ou satisfazer o apetite dos leões jovens
40 quando eles se agacham em seus covis
ou ficam de emboscada em suas tocas?
41 Quem provê comida para o corvo
quando seu filhote clama a Deus
e vagueia por falta de comida?

39 1 "Você sabe quando as cabras-montesas dão à luz?
Viu a corça em trabalho de parto?
2 Pode contar por quantos meses elas carregam seus filhotes?
Sabe quando elas dão à luz,
3 quando se agacham e têm seus filhotes,
quando libertam seus corços novos?
4 Os filhotes delas se tornam fortes, crescendo em campo aberto;
eles partem e nunca mais retornam.

5 "Quem deixa o jumento selvagem perambular livremente?
Quem liberta o jumento selvagem de suas cadeias?
6 Eu fiz do 'Aravah a casa deles,
e do deserto salgado o seu lugar de viver.
7 Ele zomba do barulho da cidade
e não ouve os gritos dos condutores.
8 Eles pastam sobre as colinas,
procurando alguma coisa verde.

9 "Poderia um boi selvagem estar disposto a servir você?
Ele ficaria perto do seu estábulo?
10 Você amarraria uma corda no pescoço deles
e o faria arar a terra para você?
11 Você confiaria que sua grande força é suficiente
para deixá-lo fazer seu trabalho pesado,
12 ou confiaria nele para trazer para casa sua semente
e juntar o grão de sua eira?

13 "As asas da avestruz batem de forma selvagem,
ainda que aos cotos de suas asas faltem plumagem.
14 Ela deixa seus ovos no chão
e os deixa ser aquecidos pela areia,

15 esquecendo que um pé pode esmagá-los
ou um animal selvagem pisar neles.
16 Ela trata cruelmente de seus filhotes,
como se eles não fossem seus;
mesmo que o trabalho dela seja inútil,
não se importa;
17 porque Deus a privou de sabedoria
e não partilhou com ela o entendimento.
18 Quando chega o tempo, ela bate suas asas,
zombando tanto do cavalo quanto do cavaleiro.

19 "Você deu ao cavalo sua força?
Vestiu o pescoço dele com a crina?
20 Você o fez apto para saltar como o gafanhoto?
Seu resfôlego majestoso é assustador!
21 Ele cavalga com força e exulta com vigor,
então investe para a batalha;
22 zombando do temor, destemido,
ele não recua da espada.
23 As aljavas [dos cavaleiros] balançam sobre ele,
[suas] lanças flamejantes e seus dardos.
24 Frenético e impetuoso, ele devora o chão,
mal acreditando que o *shofar* foi soprado.
25 Ao som do *shofar*, ele relincha;
enquanto de longe ele fareja a batalha,
os rugidos dos chefes e os gritos.

26 "É a sua sabedoria que coloca o falcão em um lugar elevado
estendendo suas asas para o sul?
27 A águia voa quando você diz que ela faça isso,
para construir seu ninho nas alturas?
28 Ela vive nos despenhadeiros e ali passa a noite;
a escarpa rochosa é a sua fortaleza.
29 Dali ela localiza sua presa,
seus olhos a veem longe.
30 Seus filhotes sugam o sangue;
onde quer que haja mortos, ali ela está".

40 1 Continuando a se dirigir a Iyov, *Adonai* disse:

2 "O crítico quer ainda disputar com *Shaddai*?
Dê uma resposta àquele que quer corrigir Deus!".

3 Então Iyov respondeu a *Adonai*:

4 "Eu estou muito envergonhado; não tenho nada para dizer.
Ponho minha mão sobre a boca.
5 Sim, eu falei uma vez, mas não responderei mais;
tudo bem, duas vezes, mas não prosseguirei".

6 *Adonai* respondeu a Iyov da tempestade:

7 “Levante-se como um homem e cinja-se.
Eu farei perguntas, e você me dará as respostas!

8 “Você está impugnando minha justiça?
Atribuindo-me erro para provar-se justo?
9 Você tem um braço como o de Deus?
Pode trovejar com uma voz como a dele?
10 Vamos lá, adorne-se com Majestade e com dignidade,
cubra-se de glória e de esplendor.
11 Solte sua ira furiosa,
olhe para todo orgulhoso e humilhe-o.
12 Olhe para todos os que são soberbos e derrube-os;
esmague com os pés os ímpios no lugar onde estão.
13 Sepulte-os juntos no solo,
junte seus rostos no mundo escondido.
14 Se fizer isso, eu confessarei a você
que o seu poder o pode salvar.

15 “Agora considere Behemot, a quem eu fiz junto com você.
Ele come grama como um boi.
16 Que força tem em seus lombos!
Que poder, nos músculos de seu ventre!
17 Ele pode fazer sua cauda ser dura como um cedro,
os músculos em suas coxas são como cordas,
18 seus ossos são como canos de bronze,
e seus membros, como traves de ferro.

19 “Ele é classificado como primeiro entre as obras de Deus.
Somente seu criador pode se aproximar dele com sua espada.
20 As montanhas produzem alimento para ele,
ali, onde todos os animais selvagens brincam.
21 Ele se deita sob os arbustos espinhentos do loto
e fica escondido pelos juncos no pântano;
22 os arbustos de loto o cobrem com sua sombra,
e os salgueiros próximos aos ribeiros o cercam.
23 Se o rio transborda, ele não se preocupa;
ele é confiante, mesmo que o Yarden se levante até a sua boca.
24 Pode alguém pegá-lo pelos seus olhos
ou transpassar seu nariz com um gancho?
25(41.1) “E o Levyatan! Você pode pegá-lo com um anzol
ou prender sua língua com uma corda?
26(41.2) Pode pôr um anel em seu nariz
ou transpassar o seu queixo com uma ponta?
27(41.3) Ele, finalmente, suplicará a você?
Falará suavemente com você?
28(41.4) Fará um acordo com você
a fim de ser seu escravo para sempre?
29(41.5) Você brincará com ele como faria com um pássaro,
ou o manteria na coleira para divertir suas filhinhas?
30(41.6) Um grupo de pescadores o transformaria em um banquete?
Eles o dividiriam entre os mercadores?

31(41.7) Pode você encher a pele dele com dardos
ou sua cabeça com lanças de pesca?
32(41.8) Se puser sua mão nele,
você nunca mais esquecerá a luta e jamais o fará novamente!

41

1(9) "Olhe, qualquer esperança [de capturá-lo] é fútil —
somente por vê-lo pode-se cair prostrado.
2(10) Ninguém é impetuoso o suficiente para despertá-lo,
então quem pode se levantar contra mim?
3(11) Quem me deu qualquer coisa
e me obrigou a retribuí-la?
Tudo pertence a mim
debaixo do céu.

4(12) "Eu tenho mais a dizer sobre seus membros,
seu falar poderoso e sua força incomparável.
5(13) Quem pode tirar seu manto [de escamas]?
Quem se pode introduzir em seus queixos?
6(14) Quem pode abrir as portas do seu rosto,
tão fechadas com seus terríveis dentes?

7(15) "Seu orgulho são as suas fileiras de escamas,
firmemente seladas, juntas —
8(16) uma está tão próxima da outra
que nem o ar pode passar por entre elas;
9(17) estão presas umas nas outras,
travadas e impenetráveis.

10(18) "Quando ele espirra, a luz relampeja;
seus olhos são como o vislumbre da alvorada.
11(19) De sua boca, saem tochas de fogo
e fagulhas voadoras.
12(20) Suas narinas emitem vapor
como uma caldeira fervendo no fogo.
13(21) Seu sopro acende o carvão,
e chamas se derramam de sua boca.

14(22) "A força reside em seu pescoço,
e desalenta as danças à frente dele [enquanto ele avança].
15(23) As camadas de sua carne se juntam;
elas estão firmes nele, irremovíveis.
16(24) O seu coração é tão duro quanto uma pedra;
sim, duro como a pedra inferior do moinho.
17(25) Quando ele se levanta, os deuses ficam com medo,
ficam fora de si de tanto desespero.

18(26) "Se a espada o tocar, ela não o perfurará;
nem a lança, ou o dardo, ou o arpão.
19(27) Para ele, o ferro é como palha,
e o bronze, como madeira apodrecida.
20(28) Uma flecha não pode fazê-lo fugir;
para ele, as pedras das fundas são como moinha.
21(29) O bastão conta como feno,
e ele ri dos dardos da aljava.

22(30) Seu ventre é tão cortante quanto fragmentos de vaso,
de modo que ele se move pela lama como um debulhador.

23(31) “Ele faz o abismo ferver como uma panela
e faz o mar [ferver] como o caldeirão de perfume.
24(32) Deixa um rastro cintilante atrás dele,
fazendo o abismo parecer que tem cabelos brancos.

25(33) Na terra, não há nada como ele,
uma criatura sem medo.
26(34) Ele olha diretamente para todas as coisas altas.
É rei sobre todas as feras soberbas”.

42 1 Então, [pelo menos,] Iyov deu esta resposta a *Adonai*:

2 “Eu sei que tu podes fazer todas as coisas,
que nenhum dos teus propósitos pode ser frustrado.

3 “[Tu perguntaste:] ‘Quem é este que esconde o conselho
sem ter entendimento?’.
Sim, eu falei sem entendimento,
de maravilhas muito além de mim, que eu não conhecia.

4 “[Tu disseste:] ‘Por favor, ouça, e eu falarei.
Farei as perguntas e você me dará as respostas’ —
5 Eu tinha ouvido falar de ti com meus ouvidos,
mas agora os meus olhos te veem;
6 portanto, detesto [a mim mesmo]
e me arrependo no pó e na cinza”.

7 Depois que *Adonai* disse essas palavras a Iyov, *Adonai* disse a Elifaz, o teimani:
“Minha ira está acesa contra você e seus dois amigos, porque, diferente do meu
servo Iyov, vocês não falaram corretamente sobre mim. 8 Agora, então, tomem para
si mesmos sete novilhos e sete carneiros, vão ao meu servo Iyov e ofereçam-nos
por si mesmos como oferta queimada. Meu servo Iyov orará por vocês — pois a ele
eu aceitarei — para que eu não castigue vocês como merece sua grosseria; porque
vocês não falaram retamente sobre mim, como o fez o meu servo Iyov”. 9 Então
Elifaz, o teimani, Bildad, o shuchi, e Tzofar, o na‘amati, foram e fizeram o que
Adonai lhes tinha ordenado, e *Adonai* aceitou [a oração] de Iyov.

10 Quando Iyov orou por seus amigos, *Adonai* restaurou sua sorte; *Adonai* deu a
Iyov duas vezes mais o que ele possuía antes. 11 Então todos os seus irmãos e irmãs
vieram a ele, bem como todos os que o tinham conhecido antes, e eles comeram
carne com ele em sua casa. Eles o consolaram e o confortaram por todos os males
que *Adonai* tinha infligido sobre ele. Cada um deles lhe deu uma peça de prata e um
anel de ouro. 12 *Adonai* abençoou o último estado de Iyov ainda mais do que o pri-
meiro — ele teve 14 mil ovelhas, 6 mil camelos, mil parelhas de bois e mil jumentas.

13 Ele também teve sete filhos e três filhas. 14 À primeira, ele chamou Y’mimah;
à segunda, K’tzi‘ah; e à terceira, Keren-Hapukh. 15 Em parte nenhuma da terra, po-
diam ser encontradas mulheres tão belas quanto as filhas de Iyov; e o pai delas lhes
deu heranças junto com seus irmãos.

16 Depois disso, Iyov viveu cento e quarenta anos, tempo suficiente para ver
seus filhos e netos, quatro gerações. 17 Então, velho e farto de dias, Iyov morreu.

שיר השירים
Shir-HaShirim
[Cântico dos Cânticos]

1 [1] O cântico sublime de Shlomoh:

[Ela] 2 Que ele me cubra com os beijos de sua boca,
pois seu amor é melhor que o vinho.
3 Seus óleos de unção exalam uma fragrância maravilhosa;
seu nome é como óleo de unção derramado.
Este é o motivo de as jovens o amarem —
4 “Leve-me. Correremos atrás de você”.
O rei levou-me a seus quartos.

[Coro] Nós ficaremos alegres e felizes por vocês.
Louvaremos seu amor mais do que o vinho.
Quanto é justo que elas o amem!

[Ela] 5 Meu bronzeado é forte, mas sou bonita,
ó filhas de Yerushalayim,
como as tendas de Kedar,
como as cortinas de Shlomoh.
6 Não me fiquem olhando por estar escura;
foi o sol que me queimou.
Os filhos de minha mãe se iraram comigo
e me fizeram cuidar das vinhas.
No entanto, não cuidei da minha vinha.

7 Diga-me, meu amor, onde você pastoreou seu rebanho,
onde o fez descansar ao meio-dia?
Por que motivo eu deveria me cobrir com o véu [como uma prostituta]
junto aos rebanhos de seus amigos?

[Coro] 8 Se você não sabe,
ó mais linda das mulheres,
siga, então, as pegadas do rebanho
e deixe os filhotes pastarem junto às tendas dos pastores.

[Ele] 9 Meu amor, eu a comparo com minha égua,
que puxa uma das carruagens do faraó —
10 suas faces são lindas com ornamentos,
seu pescoço, com colares de contas;
11 nós faremos para você ornamentos
de ouro, incrustados com prata.

[Ela] 12 Quando o rei se reclina à mesa,
meu nardo exala seu perfume:

13 o homem que amo é para mim uma bolsinha de mirra
colocada entre meus seios;
14 o homem que amo é para mim como um ramalhete de flores de
hena nas vinhas de 'Ein-Gedi.

[Ele] 15 Olhe para você, meu amor!
Como é bonita!
Seus olhos são pombas.

[Ela] 16 Olhe para você!
Tão lindo, tão agradável, meu querido!
Nossa cama é verdejante;
17 de cedro são as vigas de nossas casas,
e os esteios, de cipreste.

2

1 Sou apenas uma rosa de Sharon,
só um lírio dos vales.

[Ele] 2 Minha querida é entre as outras mulheres
como um lírio entre espinhos.

[Ela] 3 Meu querido é entre os outros homens
como uma macieira entres as outras árvores da floresta.
Gosto de me sentar à sua sombra;
seu fruto é doce ao meu paladar.
4 Ele me leva à sala de banquetes;
seu estandarte sobre mim é o amor.
5 Sustentem-me com passas, refresquem-me com maçãs,
pois estou doente de amor.
6 [Queria que] seu braço esquerdo [estivesse] sob minha cabeça,
e seu braço direito, à minha volta.

7 Eu as advirto, filhas de Yerushalayim,
pelas gazelas e pelo cervo na selva,
não despertem nem suscitem o amor
até que ele deseje surgir!

8 A voz do homem que amo! Eis que ele vem,
saltando sobre as montanhas, pulando sobre as colinas!
9 Meu querido é como uma gazela ou cervo novo.
Ali está, em pé, fora de nosso muro,
observando pelas janelas,
espiando pelas grades.
10 Meu querido fala; ele me diz:
"Levante-se, meu amor! Minha bela! Venha!
11 Veja que o inverno passou,
a chuva acabou e se foi,
12 as flores aparecem no campo,
chegou o momento do canto [dos pássaros],
e ouve-se na terra o arrulhar de pombos.
13 As figueiras formam seus figos,
e as vinhas florescentes exalam seu perfume.

Levante-se, meu amor! Minha bela!
Venha!".

[Ele] 14 Minha pomba, escondida em buracos na rocha,
nos recessos secretos da fenda,
deixe-me ver sua face e ouvir sua voz;
pois sua voz é doce, e sua face é adorável.

[Ela] 15 "Peguem as raposas para nós;
sim, as raposinhas!
Elas correm pelas vinhas quando
nossas vinhas florescem!".

16 Meu querido é meu, e eu sou dele,
enquanto pastoreia seu rebanho entre os lírios.
17 Antes que surja a brisa do dia
e as sombras fujam,
volte, meu amor,
como o cervo ou a gazela sobre as colinas de Beter.

3

1 Noite após noite, procurei
pelo homem que amo em minha cama.
Procurei por ele, mas não o encontrei.
2 "Eu me levantarei agora e percorrerei a cidade,
procurarei pelo homem que amo nas ruas e nos lugares abertos".
Procurei por ele, mas não o encontrei.
3 Os guardas que percorriam a cidade me encontraram.
"Vocês viram o homem que amo?".
4 Mal os havia deixado
quando encontrei o homem que amo.
Segurei-o e não o deixei sair até levá-lo à casa de minha mãe,
ao quarto da mulher que me concebeu.
5 Eu as advirto, filhas de Yerushalayim,
pelas gazelas e pelo cervo na selva,
não despertem nem suscitem o amor
até que ele deseje surgir!

6 Quem é que sobe do deserto
como uma coluna de fumaça,
perfumado com mirra e incenso,
as especiarias moídas, preferidas dos mercadores?
7 É a liteira de Shlomoh,
escoltada por 60 homens valentes,
escolhidos entre os melhores de Yisra'el;
8 todos eles armados com espadas,
lutadores experientes;
cada um com a espada pronta
para combater os terrores da noite.
9 O rei Shlomoh fez pra si uma liteira real
de madeira do L'vanon.
10 Ele fez suas colunas de prata;
o teto, de ouro; o assento, de tecido púrpura.

O interior foi preparado com amor
pelas filhas de Yerushalayim.

11 Filhas de Tziyon, saiam
e olhem para o rei Shlomoh,
que usa a coroa com que sua mãe o coroou
no dia do seu casamento, seu dia de alegria!

4

[Ele] 1 Como você é linda, meu amor!
Como é bela!
Seus olhos são pombas por trás do véu.
Seu cabelo é como um rebanho de cabras
descendo do monte Gil'ad.
2 Seus dentes são como um rebanho de ovelhas tosquiadas
que acabaram de ser lavadas;
cada uma delas tem seu par,
e nenhuma se perdeu.
3 Seus lábios são como um fio escarlate,
e sua boca é amável.
Suas faces são como uma romã
partida ao meio por trás do véu.
4 Seu pescoço é como a torre de David,
construída de forma magnífica,
da qual pendem mil escudos,
a defesa de cada um dos bravos guerreiros.
5 Seus dois seios são como dois filhotes gêmeos
de uma gazela que pasta entre os lírios.
6 Quando subir a brisa do dia
e as sombras se alongarem,
eu mesmo irei à montanha de mirra,
à colina de incenso.
7 Tudo em você é lindo, meu amor;
você não possui nenhum defeito.

8 Venha do L'vanon comigo, minha noiva,
venha do L'vanon comigo.
Desça do alto de Amanah,
do alto de S'nir e Hermon,
dos covis dos leões
e das colinas dos leopardos.
9 Minha irmã, minha noiva,
você levou embora meu coração!
Com apenas um olhar, com uma conta do seu colar,
você levou embora meu coração.
10 Minha irmã, minha noiva,
quão doce é o seu amor!
Seu amor é muito melhor que o vinho,
mais fragrante que seus perfumes de qualquer especiaria!
11 Seus lábios, minha noiva, gotejam mel;
mel e leite jazem sob sua língua;

e o cheiro de suas roupas é como
o cheiro do L'vanon.

12 Minha irmã, minha noiva, é um jardim trancado,
um tanque coberto, uma fonte selada.

13 Você é um pomar que produz romãs
e outros frutos preciosos, hena e nardo —
14 nardo, açafrão e cana aromática,
canela e todos os tipos de árvores aromáticas,
mirra, aloés, todas as melhores especiarias.
15 Você é uma fonte de jardim,
uma nascente de água corrente,
descendo do L'vanon.

[Ela] 16 Desperte, vento do norte!
Venha, vento do sul!
Soprem no meu jardim para espalhar sua fragrância.
Que meu querido entre em seu jardim
e coma seu fruto mais fino.

5 [Ele] 1 Minha irmã, minha noiva, entrei no meu jardim;
colho minha mirra e minhas especiarias;
como meu favo de mel com mel;
bebo meu vinho e também leite.

[Coro] Comam, amigos, e bebam
até se embriagarem de amor!

[Ela] 2 Estou dormindo, mas meu coração está desperto.
Ouçam! Ouço meu querido batendo!

[Ele] Abra para mim, minha irmã, meu amor,
minha pomba, minha [mulher] perfeita!
Pois minha cabeça está molhada de orvalho,
e meu cabelo, da umidade da noite.

[Ela] 3 Tirei minha túnica; devo vesti-la de novo?
Lavei os pés; terei de sujá-los outra vez?

4 O homem que amo pôs a mão pela abertura da tranca,
e meu coração começou a palpitar ao pensar nele.
5 Levantei-me para abrir a porta para o homem que amo.
Minhas mãos destilavam mirra —
mirra pura corria de meus dedos
sobre a maçaneta da fechadura.
6 Abri para meu querido,
mas meu querido voltou e foi embora.
Meu coração palpitou quando ele falou —
procurei por ele, mas não o encontrei;
eu o chamei, mas ele não respondeu.
7 As sentinelas que percorriam a cidade me encontraram;
elas me bateram e me feriram;

tiraram meu manto,
aqueles guardas dos muros!

8 Eu as incumbo, filhas de Yerushalayim:
caso encontrem o homem que amo,
que dirão a ele?
Digam que estou doente de amor.

[Coro] 9 Em que difere o homem que você ama de qualquer outro,
ó mais linda dentre as mulheres?
Em que difere o homem que você ama de qualquer outro,
para que nos dê essa incumbência?

[Ela] 10 O homem que amo é radiante e corado;
ele se destaca entre 10 mil.
11 Sua cabeça é como o ouro mais fino;
seus cachos são ondulados e pretos como o corvo.
12 Seus olhos são como pombos junto a fontes corredeiras,
banhados em leite e bem ajustados.
13 Suas faces são como canteiros de especiarias,
como uma torre de ervas aromáticas.
Seus lábios são como lírios que gotejam mirra doce.
14 Seus braços são hastes de ouro engastadas com berilo,
e seu corpo, marfim polido adornado com safiras.
15 Suas pernas são como colunas de mármore
montadas sobre bases de ouro puro.
Sua aparência é como o L'vanon,
tão imponente quanto os cedros.
16 Suas palavras são a própria doçura;
ele é totalmente desejável.
Este é meu querido, e este é meu amigo,
ó filhas de Yerushalayim.

6 [Coro] 1 Para onde foi seu amado,
ó mais linda das mulheres?
Por que caminho seu amado enveredou,
para que a ajudemos a encontrá-lo?

[Ela] 2 Meu amado desceu ao seu jardim,
aos canteiros de especiarias,
para pastorear seu rebanho nos jardins
e colher lírios.
3 Pertenço ao homem que amo, e ele pertence a mim;
ele pastoreia seu rebanho entre os lírios.

[Ele] 4 Você é tão linda quanto Tirtzah, meu amor,
tão amável quanto Yerushalayim,
e admirável como um exército
marchando sob seus estandartes.
5 Desvie seus olhos para longe de mim,
pois eles me dominam completamente!

Seu cabelo é como um rebanho de cabras
descendo de Gil'ad.
6 Seus dentes são como um rebanho de ovelhas
que acabaram de ser lavadas;
cada uma delas tem seu par,
e nenhuma se perdeu.
7 Suas faces são como uma romã
dividida por trás do véu.

8 Há 60 rainhas e 80 concubinas,
bem como jovens sem número;
9 mas minha pomba, minha [mulher] perfeita, é única,
a filha única de sua mãe,
a querida de quem a gerou.
As filhas a veem e a chamam feliz;
as rainhas e concubinas a elogiam.
10 "Quem é esta, brilhante como o nascer do sol,
bela como a lua,
radiante como o sol" —
e admirável como um exército marchando sob seus estandartes?

[Ela] 11 Desci às nogueiras
para ver o verde do vale,
para ver se a vinha tinha brotado,
ou se as romãzeiras estavam florescendo.
12 Antes de sabê-lo,
encontrei-me
na carruagem, e comigo estava um príncipe.

7 [Coro] 1(16.13) Volte, volte, menina de Shulam!
Volte, volte para onde nós a possamos ver!
Por que vocês estão olhando para a menina de Shulam
como se ela dançasse para dois acampamentos do exército?

[Ele] 2(1) Como são lindos seus pés [calçados] nas sandálias,
ó filha de príncipes!
As curvas de suas coxas são como um colar
feito por um artífice experiente.
3(2) Seu umbigo é como uma taça redonda
em que nunca falta vinho aromático.
Seu ventre é um monte de trigo
cercado de lírios.
4(3) Seus dois seios são como dois gamos,
gêmeos de uma gazela.
5(4) Seu pescoço é como uma torre de marfim.
Seus olhos, como os tanques em Heshbon
junto ao portão de Bat-Rabbim.
Seu nariz é como uma torre do L'vanon
voltada para Dammesek.

6(5) Você ergue a cabeça como o Karmel,
e os cabelos de sua cabeça são como o tecido púrpura —
o rei é prisioneiro de suas tranças.

7(6) Como você é linda, meu amor,
como é encantadora, como é agradável!
8(7) Sua aparência é como a da palmeira,
e seus seios, como cachos de frutos.
9(8) Eu disse: "Subirei a palmeira,
pegarei de seus galhos".
Que seus seios sejam como cachos de uvas,
seu hálito, tão perfumado quanto maçãs,
10(9) e sua boca, como o vinho mais fino.

[Ela] Que o vinho siga de imediato para o homem que amo
e com delicadeza mexa os lábios de quem dorme.
11(10) Eu pertenço ao meu amado,
e ele me deseja.

12(11) Venha, meu querido, dirijamo-nos ao campo
e passemos as noites nos povoados.
13(12) Nós nos levantaremos cedo e iremos às vinhas
para ver se elas brotaram,
para ver se suas flores se abriram,
ou se as romãzeiras estão floridas.
Ali darei a você meu amor.
14(13) As mandrágoras exalam sua fragrância,
todos os tipos de frutos finos estão à nossa porta,
frutos novos e velhos, meu amado,
que guardei para você.

8

1 Queria que você fosse meu irmão,
amamentado pelos seios de minha mãe;
então, se eu o encontrasse fora de casa, poderia beijar você,
e ninguém me desprezaria.
2 Eu o conduziria e o levaria à casa de minha mãe,
e ela me instruiria.
Daria a você vinho aromático como bebida,
o suco fresco de minhas romãs.

3 Seu braço esquerdo estaria sob minha cabeça,
e seu braço direito, à minha volta.

4 Eu as advirto, filhas de Yerushalayim,
não despertem nem suscitem o amor
até que ele deseje surgir!

[Coro] 5 Quem é esta, subindo do deserto,
apoiada em seu amado?

[Ele] Eu a despertei debaixo da macieira.
Foi ali que sua mãe deu à luz você;
ali você nasceu daquela que a pariu.

[Ela] 6 Ponha-me como um selo sobre o seu coração,
Ponha-me como um selo sobre o seu braço;
pois o amor é tão forte quanto a morte,
e a paixão, tão cruel quanto o *sh'ol*;
suas chamas são chamas de fogo,
[tão destruidoras quanto] as chamas de *Yah*.
7 Nenhuma quantidade de água pode apagar o amor,
torrentes não o podem afogar.
Se alguém desse toda a riqueza de sua casa pelo amor,
receberia apenas o desprezo absoluto.

[Coro] 8 Temos uma irmãzinha;
seus seios não estão formados.
O que faremos com nossa irmã
quando ela for pedida em casamento?
9 Se ela for um muro,
construiremos sobre ela um palácio de prata;
e se for uma porta,
nós a fecharemos com tábuas de cedro.

[Ela] 10 Sou um muro, e meus seios são como torres;
assim, para ele, sou alguém que traz paz.

11 Shlomoh possuía uma vinha em Ba'al-Hamon
e a entregou a pessoas para cuidarem dela;
cada um deles pagaria mil moedas de prata
por seus frutos.
12 Minha vinha é minha; eu cuidei dela, eu mesmo.
Você pode ficar com as mil [moedas], Shlomoh,
e os guardas, 200 [moedas]!

[Ele] 13 Você, que vive no jardim:
os amigos desejam ouvir sua voz.
Deixe-me ouvi-la!

[Ela] 14 Fuja, meu querido!
Seja como a gazela ou como o cervo novo
sobre as montanhas de especiarias!

רות

Rut

[Rute]

1 1 Quando os juízes ainda julgavam, nos dias em que houve uma fome na terra,
certo homem de Beit-Lechem foi viver no território de Mo'av — ele, sua mu-
lher e seus dois filhos. 2 O nome do homem era Elimelekh, o nome de sua mulher
era Na'omi, e seus dois filhos se chamavam Machlon e Kilyon; eles eram efratim
de Beit-Lechem, Y'hudah. Chegaram à planície de Mo'av e estabeleceram-se ali.
3 Elimelekh, o marido de Na'omi, morreu; e ela foi deixada, ela e seus dois filhos.
4 Eles arranjaram esposas dentre as mulheres de Mo'av; o nome de uma era 'Orpah,
e o nome da outra era Rut. Eles viveram ali durante cerca de dez anos. 5 Então
Machlon e Kilyon morreram; e a mulher ficou sem os dois filhos e sem o marido.

6 Então ela se preparou para voltar da planície de Mo'av com suas noras, pois
na planície de Mo'av ouviu dizer que *Adonai* dera atenção a seu povo ao lhe dar co-
mida. 7 Deixou o lugar onde estava com suas duas noras e tomou a estrada de volta
a Y'hudah.

8 Na'omi disse às duas noras: "Cada uma de vocês deve voltar para a casa de
sua mãe. Que *Adonai* mostre a vocês sua graça, como fizeram para com os mortos e
para comigo. 9 Que *Adonai* conceda a vocês segurança na casa de um novo marido".
Ela as beijou, mas as duas começaram a chorar em alta voz. 10 Elas lhe disseram:
"Não; queremos retornar com você para seu povo". 11 Na'omi disse: "Voltem, minhas
filhas. Por que desejam ir comigo? Ainda tenho filhos no útero que poderiam vir a
ser maridos de vocês? 12 Voltem, minhas filhas; sigam seu caminho, pois sou velha
para arranjar um marido. Mesmo que dissesse a vocês 'ainda tenho esperança'; ain-
da que eu me casasse esta noite e desse à luz filhos, 13 vocês esperariam por eles até
que crescessem? Vocês se recusariam a casar [com outros homens], só por causa
deles? Não, minhas filhas. Eu me sinto muito amargurada por causa de vocês, pois
a mão de *Adonai* está contra mim". 14 Elas choraram em alta voz outra vez. 'Orpah,
então, deu um beijo de despedida na sogra. No entanto, Rut ficou com ela. 15 Ela
disse: "Veja, sua cunhada voltou a seu povo e a seu deus; volte, siga sua cunhada".

16 Todavia, Rut disse:

"Não insista para que a deixe
e pare de seguir você;
pois aonde você for, irei;
e onde você ficar, ficarei.
Seu povo será meu povo,
e seu Deus, o meu Deus.

17 Onde você morrer, morrerei,
e ali serei sepultada.
Que *Adonai* traga sobre mim uma terrível maldição,
e também piores,
se algo além da morte
me separar de você".

18 Quando Na'omi viu que Rut estava determinada a ir com ela, não lhe disse
mais nada.

19 Assim, as duas prosseguiram até alcançar Beit-Lechem. Quando chegaram a
Beit-Lechem, a cidade inteira foi tomada pelo alvoroço causado por elas. As mu-
lheres perguntaram: "Será esta Na'omi?". 20 "Não me chamem Na'omi [Agradável]",
ela lhes respondeu; "chamem-me Marah [Amarga], pois *Shaddai* tornou minha
vida muito amarga. 21 Eu saí completa, e *ADONAI* trouxe-me de volta vazia. Por que
chamar-me Na'omi? *ADONAI* testemunhou contra mim, *Shaddai* afligiu-me". 22 E foi
desse modo que Na'omi voltou, com Rut, a mulher de Mo'av, sua nora, acompa-
nhando-a desde a planície de Mo'av. Elas chegaram a Beit-Lechem no princípio da
colheita da cevada.

2 1 Na'omi possuía um parente por parte do marido, um membro proeminente e
rico do clã de Elimelekh, cujo nome era Bo'az. 2 Rut, a mulher de Mo'av, disse
a Na'omi: "Deixe-me ir ao campo recolher espigas de grãos de quem me permitir".
Ela lhe respondeu: "Vá, minha filha". 3 Assim, ela saiu, chegou ao campo e recolheu
[espigas] atrás dos ceifeiros.

Aconteceu de ela estar na parte do campo pertencente a Bo'az, do clã de
Elimelekh, 4 quando Bo'az chegou de Beit-Lechem. Ele disse aos ceifeiros: "*ADONAI*
seja com vocês"; e eles lhe responderam: "*ADONAI* o abençoe". 5 Em seguida, Bo'az
pediu a seu servo que supervisionasse os ceifeiros: "De quem é essa moça?".
6 O servo que supervisionava os ceifeiros respondeu: "Ela é a moça de Mo'av que
voltou com Na'omi da planície de Mo'av. 7 Ela disse: 'Por favor, permita-me reco-
lher e juntar o que cair dos feixes atrás dos ceifeiros'. Então ela foi e permaneceu
lá da manhã até agora, com exceção de um curto período de descanso no abrigo".

8 Bo'az disse a Rut: "Você ouviu isto, minha filha? Não vá recolher em outro
campo; não deixe este lugar. Fique aqui com as jovens que trabalham para mim.
9 Mantenha os olhos no campo em que os ceifeiros trabalharem e siga as jovens.
Ordenei aos rapazes que não a incomodem. Quando tiver sede, vá e beba das jarras
de água cheias pelos rapazes".

10 Ela caiu sobre seu rosto, prostrando-se, e lhe disse: "Por que demonstra
tanto favor por mim? Por que me dá atenção? Afinal, sou apenas uma estrangeira".
11 Bo'az lhe respondeu: "Ouvi a história inteira, tudo o que você fez por sua sogra
desde a morte de seu marido, incluindo o fato de ter deixado seu pai e sua mãe,
e a terra onde nasceu, para dirigir-se a um povo de quem antes nada sabia. 12 Que
ADONAI a recompense pelo que fez; que você seja recompensada de forma plena
por *ADONAI*, o Deus de Yisra'el, sob cujas asas você se refugiou". 13 Ela disse: "Meu
senhor, espero continuar agradando-o. O senhor me confortou e encorajou, mesmo
não sendo eu um de seus servos".

14 Quando chegou o momento da refeição, Bo'az lhe disse: "Venha aqui, coma
alguma coisa, e molhe seu pedaço de pão no [azeite de oliva e no] vinagre". Ela se
sentou junto aos ceifeiros, e eles passaram para ela grãos tostados. Ela comeu até
ficar satisfeita e deixou algumas sobras.

15 Quando ela se levantou para recolher [espigas], Bo'az ordenou aos rapazes:
"Deixem-na recolher mesmo entre os feixes, sem que ela se sinta envergonhada.
16 De fato, deixem cair, de propósito, algumas espigas de grãos dos feixes. Deixem
que ela as recolha e não a repreendam". 17 Assim, ela recolheu [espigas] no campo
até a tarde. Ao debulhar o que recolheu, havia cerca de 35 litros de cevada.

18 Ela a recolheu e voltou à cidade. Sua sogra viu o que ela havia recolhido, e Rut trouxe e lhe deu o que sobrara da refeição. 19 A sogra lhe perguntou: "Onde você recolheu hoje? Onde estava trabalhando? Bendito seja quem tomou conta tão bem de você!". Ela contou à sogra com quem esteve trabalhando; e disse: "O nome do homem com quem eu estava trabalhando hoje é Bo'az". 20 Na'omi disse à nora: "Que ele seja abençoado por *Adonai*, que nunca para de mostrar sua graça com os vivos e com os mortos". Na'omi também lhe disse: "O homem tem parentesco com a gente; ele é um dos nossos parentes resgatadores". 21 Rut, a mulher de Mo'av, disse: "Além disso, ele até me disse: 'Fique perto dos meus rapazes até terem terminado minha colheita' ". 22 Na'omi disse a Rut, sua nora: "Será bom, minha filha, que você continue saindo com as jovens, para que vocês não encontrem hostilidade em algum outro campo". 23 Assim, ela permaneceu perto das jovens de Bo'az para recolher [espigas], até o fim das colheitas de cevada e trigo; e ela vivia com sua sogra.

3 1 Na'omi, sua sogra, lhe disse: "Minha filha, devo procurar segurança para você; assim, as coisas correrão bem para você. 2 Bo'az, nosso parente — você esteve com suas jovens —, limpará a cevada na eira, esta noite. 3 Por isso, banhe-se, unja-se, vista boas roupas e desça à eira; mas não revele sua presença ao homem até que ele tenha terminado de comer e beber. 4 Quando ele se deitar, repare onde ele se encontra; mais tarde, entre, descubra-lhe os pés e deite. Ele dirá a você o que fazer". 5 Ela respondeu: "Farei tudo o que me diz".

6 Ela desceu à eira e fez tudo o que sua sogra lhe tinha dito para fazer. 7 Depois de Bo'az ter comido e bebido, sentiu-se bem e foi deitar-se junto ao monte de grãos. Ela se aproximou de forma sorrateira, descobriu-lhe os pés e deitou-se. 8 No meio da noite, o homem acordou repentinamente e se virou, e ali estava uma mulher deitada a seus pés! 9 Ele perguntou: "Quem é você?". E ela respondeu: "Sou Rut, sua criada. Estenda seu manto sobre sua criada, pois o senhor é um parente resgatador". 10 Ele disse: "Que *Adonai* a abençoe, minha filha. Sua última gentileza é maior que a primeira, pois você não foi atrás dos rapazes, nem dos ricos, tampouco dos pobres. 11 E agora, minha filha, não tema. Eu farei para você tudo o que disser, pois todos os líderes da cidade dentre meu povo sabem que você é uma mulher de bom caráter. 12 Agora, é verdade que sou um parente resgatador; no entanto, existe um resgatador mais próximo que eu. 13 Fique esta noite. Se, de manhã, ele a redimir, ótimo! Que ele a redima. No entanto, se ele não desejar redimir você, então, como *Adonai* vive, eu a redimirei. Agora, repouse até manhã".

14 Ela se deitou a seus pés até de manhã; então, antes de [haver luz suficiente para] as pessoas poderem se reconhecer, levantou-se, pois ele disse: "Ninguém deve saber que uma mulher veio à eira". 15 E acrescentou: "Traga o xale que você está usando e segure-o". Ela o segurou enquanto ele pôs seis medidas de cevada nele; a seguir, foi à cidade.

16 Quando ela se aproximou da sogra, esta lhe perguntou: "Quem é você? Minha filha?". Ela lhe contou tudo que o homem havia feito a seu favor. 17 E acrescentou: "Ele me deu estas seis medidas de cevada, pois me disse: 'Você não deve voltar para sua sogra sem nada' ". 18 Na'omi disse: "Minha filha, fique onde você está, até saber o que vai acontecer, pois o homem não descansará, a menos que resolva hoje a questão".

4 1 Enquanto isso, Bo'az dirigiu-se ao portão e assentou-se ali, quando o resgatador de quem ele falou estava passando. Ele lhe disse: "Venha, sente-se"; então ele foi e se sentou. 2 Ele levou dez líderes da cidade e disse: "Sentem-se aqui"; e eles se sentaram. 3 Então Bo'az disse ao parente resgatador: "O pedaço de terra que pertencia a nosso parente Elimelekh está à venda por Na'omi, que voltou da planície de Mo'av. 4 Considerei que deveria falar a você sobre isso e dizer: 'Compre-o na presença do povo, sentado aqui e na presença dos líderes do meu povo. Se você quiser redimi-la, faça-o. No entanto, se não a redimir, diga-me, para que eu saiba, pois não há ninguém mais na linhagem para redimi-la, e eu estou logo depois de você". Ele disse: "Eu quero redimi-la". 5 Então Bo'az disse: "No mesmo dia em que você comprar o campo de Na'omi, compre também Rut, a mulher de Mo'av, a mulher do [filho] morto, a fim de suscitar no nome do morto um herdeiro para a sua propriedade". 6 O resgatador disse: "Eu não poderei resgatá-la para mim, pois poderia pôr em risco a minha herança. Fique você com meu direito de resgatador, pois não poderei resgatá-la".

7 No passado, procedia-se deste modo em Yisra'el, para validar todas as transações envolvendo resgate e transferência: um homem tirava o sapato e o dava à outra parte; esta era a forma de atestar em Yisra'el. 8 Assim, o resgatador disse a Bo'az: "Compre para você", e tirou o sapato. 9 Bo'az dirigiu-se aos líderes e a todo o povo: "Hoje vocês são testemunhas de que estou adquirindo de Na'omi tudo o que pertencia a Elimelekh e todas as posses de Kilyon e Machlon. 10 Também estou recebendo por mulher Rut, a mulher de Mo'av, a mulher de Machlon, a fim de suscitar no nome do morto um herdeiro para sua propriedade; para que o nome do morto não seja eliminado dentre seus parentes e do portão de seu lugar. Vocês são testemunhas hoje". 11 Todo o povo que se encontrava junto ao portão e os líderes disseram: "Nós somos testemunhas. Que *Adonai* torne a mulher que entrou em sua casa como Rachel e Le'ah, as edificadoras da casa de Yisra'el. Que realize atos dignos em Efrat; torne-se renomado em Beit-Lechem. 12 Que sua casa, por causa da semente que *Adonai* lhe dará desta jovem, torne-se como a casa de Peretz, que Tamar gerou para Y'hudah".

13 Então Bo'az levou Rut, e ela se tornou mulher dele. Ele se relacionou sexualmente com ela, *Adonai* capacitou-a a conceber, e ela deu à luz um filho. 14 As mulheres disseram a Na'omi: "Bendito seja *Adonai*, que hoje proveu a você um resgatador! Que seu nome seja conhecido em Yisra'el. 15 Que ele restaure sua vida e proveja para você na velhice, pois sua nora o deu à luz (ela a ama e é melhor que sete filhos)". 16 Na'omi pegou o menino, levou-o ao colo e tornou-se sua ama. 17 As mulheres da vizinhança lhe deram o nome; elas disseram: "Um filho nasceu a Na'omi", e chamaram-no 'Oved. Ele foi o pai de Yishai, o pai de David.

18 Eis a genealogia de Peretz. Peretz foi o pai de Hetzron, 19 Hetzron foi o pai de Ram, Ram foi o pai de 'Amminadav, 20 'Amminadav foi o pai de Nachshon, Nachshon foi o pai de Salmon, 21 Salmon foi o pai de Bo'az, Bo'az foi o pai de 'Oved, 22 'Oved foi o pai de Yishai, e Yishai foi o pai de David.

איכה
Eikhah
[Lamentações]

1 1 Como está deserta a cidade
que uma vez foi repleta de pessoas!
Anteriormente grande entre as nações,
agora é como uma viúva!
Uma vez princesa entre as províncias,
tornou-se uma vassala.

2 Ela chora à noite de forma amarga,
lágrimas rolam por seu rosto.
Nenhum de todos os seus amantes
está ali para consolá-la.
Seus amigos, todos, a traíram;
tornaram-se seus inimigos.

3 Y'hudah correu para o exílio
em fuga da opressão e da escravidão sem fim.
Ela vive entre as nações,
mas não encontra descanso ali.
Seus perseguidores a lançaram
em meio à sua aflição.

4 As estradas para Tziyon lamentam,
pois ninguém vem para as festas.
Seus portões estão desertos,
seus *kohanim* gemem,
as jovens estão tristes —
como isso é amargo para ela!

5 Seus adversários tornaram-se a cabeça,
os inimigos descansam,
pois *Adonai* a fez sofrer
por seus muitos pecados.
Seus filhos foram levados
cativos diante do adversário.

6 Todo o esplendor saiu
da filha de Tziyon.
Seus príncipes tornaram-se como o cervo
incapaz de encontrar pastagem,
correndo, exauridos,
fugindo do caçador.

7 Nos dias de sua aflição e angústia,
Yerushalayim se lembra de

todos os tesouros que lhe pertencem,
desde os tempos antigos.
Agora seu povo cai no poder do adversário,
e ela não tem ninguém para ajudá-la;
seus inimigos zombam dela,
por causa de sua desolação.

8 Yerushalayim pecou de modo grave,
por isso ela se tornou impura.
Todos os que a honravam desprezam-na agora,
pois a viram nua.
Ela mesma geme
e vira o rosto para o lado.

9 Sua impureza estava em suas saias;
ela não pensou em como isso acabaria.
Desde sua queda surpreendente,
ninguém veio consolá-la.
"Vê, *Adonai,* como sofro,
pois o adversário triunfou!"

10 Inimigos estenderam as mãos
para pegarem todos os tesouros.
Ela viu os *goyim* se aproximando
e entrando em seu santuário,
os que tu proibiste
até de entrar em tua assembleia.

11 Todo o seu povo geme,
enquanto procura algo para comer.
Eles trocam seus tesouros por comida
a fim de se manterem vivos.
"Vê, *Adonai*! Vê
quão desprezada eu sou.

12 "Que isso não aconteça com vocês,
com todos os que passam por aqui!
Vejam apenas, olhem se há qualquer dor
como a dor infligida a mim,
a dor que *Adonai* me fez sofrer
no dia de sua ira ardente.

13 "Das alturas, ele enviou fogo
a meus ossos;
ele armou a rede para capturar meus pés;
fez-me retornar;
deixou-me desolada
e em miséria o dia todo.

14 "Meus pecados foram presos a um jugo,
amarrado à sua mão.
Ele pesa sobre meu pescoço
e mina minha força.

Adonai entregou-me nas mãos
de quem eu não suporto.

15 "Todos os homens fortes em meus muros
foram rejeitados por *Adonai*.
Ele estabeleceu um tempo específico
para destruir meus jovens.
Adonai pisou a virgem, filha de Y'hudah,
como as uvas na prensa de lagar.

16 "Choro por causa dessas coisas;
meus olhos, sim, meus olhos, vertem lágrimas,
porque todos os que me poderiam consolar
e restaurar minha coragem encontram-se distantes.
Meus filhos encontram-se em estado de choque,
pois o inimigo prevaleceu".

17 Tziyon estende as mãos,
mas ninguém há para consolá-la.
Adonai ordenou acerca de Ya'akov
que seus vizinhos sejam adversários dele;
Yerushalayim tornou-se por eles
algo impuro e sujo.

18 "*Adonai* está certo,
pois me rebelei contra sua palavra.
Ouçam, por favor, todos os povos,
e vejam como estou sentindo dor!
Minhas jovens e meus rapazes
foram levados ao cativeiro.

19 "Chamei meus amantes,
mas eles me abandonaram.
Meus *kohanim* e líderes
pereceram na cidade,
enquanto procuravam comida
para manter-se vivos.

20 "Vê, *Adonai*, como estou angustiada!
Tudo em mim se agita!
Meu coração convulsiona-se do lado de dentro,
pois fui tão rebelde.
Do lado de fora, a espada traz privação;
do lado de dentro, é como morte.

21 "As pessoas ouvem quanto gemo,
sem ninguém para me consolar.
Todos os meus adversários ouviram sobre minha angústia;
eles se alegram pelo fato de teres feito isso.
Traze o dia que prometeste,
para que eles sofram como eu!

22 "Que toda a sua impiedade surja diante de ti.
Então faze com eles

o que fizeste comigo
por causa de todas as minhas transgressões.
Pois meus gemidos são muitos,
e meu coração está doente".

2 1 Quanto envolveste em escuridão, *Adonai*, em tua ira,
a filha de Tziyon!
Ele lançou do céu à terra
o esplendor de Yisra'el,
esqueceu-se do estrado de seus pés [o santuário]
no dia de sua ira.

2 Sem piedade, *Adonai* devorou
todas as habitações de Ya'akov.
Em sua ira, destruiu as fortalezas
da filha de Y'hudah,
derrubando-as ao solo,
profanando, assim, o reino e seus líderes.

3 Em sua ira ardente, eliminou
todo o poder de Yisra'el,
retirou sua mão direita protetora
à aproximação do inimigo,
e irrompeu em Ya'akov como um fogo flamejante
que consome tudo à sua volta.

4 Esticou seu arco como um inimigo;
com a mão direita, preparou-se como um adversário.
Matou todos os de aparência agradável.
Na tenda da filha de Tziyon,
ele verteu sua fúria como fogo.

5 *Adonai* tornou-se como um inimigo;
devorou Yisra'el,
devorou todos os seus palácios
e destruiu todas as suas fortalezas.
Pois multiplicou o lamento
e o gemido da filha de Y'hudah.

6 Ele destroçou o tabernáculo tão facilmente quanto um jardim,
destruiu o lugar da assembleia.
Adonai fez Yisra'el esquecer-se
dos tempos designados e dos *shabbatot*.
No calor de sua ira,
rejeitou o rei e o *kohen*.

7 *Adonai* rejeitou seu altar,
renegou seu santuário
e entregou os muros de seu palácio
ao poder do adversário;
ele deu gritos na casa de *Adonai*
que soavam como um dia de festa.

8 Adonai decidiu destruir
o muro da filha de Tziyon.
Ele o mediu com sua linha e não reteve a mão
até a ruína completa.
Trouxe aflição à fortificação e ao muro;
juntos, eles jazem abatidos.

9 Seus portões caíram por terra;
ele destruiu e quebrou as trancas.
Seu rei e seus líderes estão entre os *goyim*,
não há mais *Torah*,
e seus profetas não recebem
visões de Adonai.

10 Os líderes da filha de Tziyon
sentam-se no chão em silêncio.
Eles lançam pó sobre a cabeça;
vestem pano de saco.
As moças de Yerushalayim
curvam a cabeça até o chão.

11 Meus olhos estão consumidos de choro,
tudo se revolve em mim;
estou perturbado
pelas feridas do meu povo,
pois crianças e bebês desmaiam
pelas ruas da cidade.

12 Eles clamam à sua mãe:
"Onde há algo para eu comer ou beber?",
enquanto desmaiam
pelas ruas da cidade,
dando o último suspiro
junto ao peito de sua mãe.

13 Que posso dizer a você? O que pode ser comparado a você,
filha de Yerushalayim?
Que exemplo posso oferecer para a consolar,
filha virgem de Tziyon?
Pois sua queda é tão vasta quanto o mar;
quem a pode curar?

14 As visões de seus profetas
a seu respeito eram fúteis, apenas uma demão de cal.
Eles não expuseram sua culpa,
para reverter sua sorte —
não, as visões que contaram a você
eram encantadoras, mas fúteis.

15 Todos os que passam por sua estrada
batem palmas quando a veem,
assobiam e balançam a cabeça
pela filha de Yerushalayim:

"Esta cidade foi chamada 'perfeição de beleza'?
'a alegria de toda a terra'?".

16 Todos os seus adversários
abrem a boca para zombar de você.
Eles assobiam, rangem os dentes;
dizem: "Nós a devoramos!
Este é o dia pelo qual esperávamos,
e agora vivemos para vê-lo!".

17 *Adonai* fez o que planejou,
cumpriu sua promessa,
decretada em tempos antigos.
Ele destruiu sem piedade,
deixou o inimigo tripudiar sobre você
e encheu seus adversários de orgulho.

18 Seu coração clama a *Adonai*.
"Muro da filha de Tziyon!
Que suas lágrimas caiam
como uma torrente, dia e noite!
Não se dê pausa,
nem descanso a seus olhos!

19 "Levante-se! Grite no meio da noite,
no princípio de cada vigília!
Derrame seu coração como água
diante da face de *Adonai*!
Erga as mãos para ele,
pela vida de seus bebês,
que desmaiam de fome
em toda esquina".

20 *Adonai*, olha e vê
a quem atormentaste assim!
Deverão as mulheres comer o fruto de seu ventre,
os filhos que seguraram em suas mãos?
Deverão ser mortos os *kohanim* e os profetas
no santuário de *Adonai*?

21 Jovens e idosos jazem
no chão das ruas,
e minhas moças e rapazes
caíram feridos pela espada.
Tu os mataste no dia de tua ira,
mataste-os sem piedade.

22 Tu chamaste meus terrores de todas as direções,
como em um dia de festa.
No dia da ira de *Adonai*,
nenhum escapou;
nenhum sobreviveu —
os filhos que segurei em meus braços,
e criei, o inimigo destruiu.

3

1 Sou o homem que viu a aflição
sob a vara de sua fúria.
2 Ele me levou e me fez andar
na escuridão, não na luz.
3 Apenas contra mim ele move a mão
repetidamente, o dia todo.

4 Ele desgastou minha pele e carne,
quebrou meus ossos.
5 Sitiou-me e cercou-me
com amargura e privação.
6 Fez-me viver na escuridão,
como os que há muito jazem mortos.

7 Cercou-me com um muro, para eu não escapar;
prendeu-me com correntes.
8 Mesmo quando eu clamo, implorando por ajuda,
ele retém minha oração.
9 Barrou-me o caminho com blocos de pedra,
tornou minha senda um caminho tortuoso.

10 Ele espera por mim como um urso,
como um leão escondido.
11 Desviou-me e me fez em pedaços,
deixando-me aturdido.
12 Armou seu arco e usou-me
como alvo de suas flechas.

13 Ele perfurou meus órgãos vitais
com dardos de sua aljava.
14 Sou objeto de riso para todo o meu povo,
o alvo de seus insultos o dia todo.
15 Ele me encheu de amargura,
fartou-me com absinto.

16 Quebrou-me os dentes com cascalho
e prensou-me contra as cinzas.
17 Fui tão privado de paz
que me esqueci da felicidade,
18 a ponto de pensar: "Minha força se foi,
e também minha esperança em *Adonai*".

19 Lembra-te da minha miséria absoluta,
do absinto e do fel.
20 Eles sempre estão em minha mente;
esse é o motivo de eu estar deprimido.

21 No entanto, em minha mente continuo voltando a algo,
algo que me dá esperança:
22 a graça de *Adonai* não se dissipou,
sua compaixão não tem fim.
23 [Não, ao contrário,] elas se renovam a cada manhã!
Como é grande a sua fidelidade!

24 Eu digo: "Adonai é tudo que tenho,
por isso porei minha esperança nele.

25 Adonai é bom para quem espera nele,
para quem o procura.
26 É bom esperar com paciência
pelo socorro de Adonai.

27 É bom para o homem
carregar o jugo desde a sua juventude.
28 Que ele se assente sozinho, em silêncio,
enquanto ele o mantiver sobre o homem.
29 Que ele se submeta de forma completa;
ainda pode haver esperança.
30 Que ele ofereça sua face a quem bate nele,
e receba sua cota de insultos.

31 Pois a rejeição de *Adonai*
não dura para sempre.
32 Ele pode causar aflição, mas terá piedade,
segundo a grandeza de sua graça.
33 Pois não atormenta nem pune
os seres humanos de forma arbitrária.

34 Quando alguém pisoteia
um dos prisioneiros da terra,
35 quando alguém priva uma pessoa de justiça,
desafiando o Altíssimo,
36 quando alguém não recebe a justiça de um tribunal —
Adonai não atenta para essas coisas?

37 Quem pode dizer alguma coisa e fazer acontecer
sem que *Adonai* a tenha ordenado?
38 Tanto as coisas más quanto as boas não procedem
da boca do Altíssimo?
39 Por que o ser vivo reclamaria,
mesmo o homem forte, da punição por seus pecados?

40 Examinemos e testemos nossos caminhos
e voltemos para Adonai.
41 Elevemos o coração e nossas mãos
a Deus no céu e digamos:
42 "De nossa parte, transgredimos e nos rebelamos;
tu, de tua parte, não nos perdoaste.

43 "Tu nos cobriste com ira,
perseguiste-nos e nos mataste sem piedade.
44 Tu te cobriste com uma nuvem tão espessa
que nenhuma oração pode atravessá-la.
45 Tu nos reduziste
a lixo e sujeira entre os povos.

46 "Todos os nossos adversários
abriram a boca para zombar de nós.

47 Pânico e cilada nos sobrevieram,
desolação e destruição.
48 Meus olhos vertem rios de água
pela destruição da filha de meu povo".

49 Meus olhos choram sem cessar;
não há descanso,
50 até que *Adonai* olhe para baixo
e veja desde o céu.
51 Meus olhos me entristecem
pelo destino das mulheres da minha cidade.

52 Meus inimigos me caçaram, sem motivo,
caçaram-me como um pássaro.
53 Jogaram-me vivo em um fosso
e lançaram pedras sobre mim.
54 A água cobriu minha cabeça;
eu pensei: "Estou acabado".

55 Invoquei teu nome, *Adonai,*
do fundo do fosso.
56 Tu me ouviste a voz; não fechaste os ouvidos
a meus suspiros, a meus gritos.
57 Tu te aproximaste quando te chamei;
disseste: "Não tema".

58 *Adonai,* defendeste minha causa;
redimiste minha vida.
59 *Adonai,* viste quanto fui enganado;
julga a meu favor!
60 Viste toda a índole vingativa
e todas as tramas deles contra mim.

61 Ouviste os insultos, *Adonai,*
e toda as tramas contra mim,
62 os murmúrios sussurrados pelos meus adversários
contra mim o dia inteiro.
63 Vê como, quando eles se sentam ou se levantam,
eu sou o alvo dos insultos.

64 Recompensa-os, *Adonai,*
de acordo com o merecimento de seus atos.
65 Dá-lhes a dureza de coração
como tua maldição sobre eles.
66 Persegue-os com ira!
Destrói-os de sob os teus céus!

4 1 Como o ouro perdeu o lustre!
Como o ouro fino mudou!
Como as pedras do santuário
jazem espalhadas em cada esquina!

2 Os preciosos filhos de Tziyon,
tão preciosos quanto o ouro fino —
não possuem agora mais valor
que jarros de barro feitos pelo oleiro!

3 Mesmo os chacais mostram os peitos
a fim de amamentar os filhotes,
mas as filhas de meu povo tornaram-se cruéis
como os avestruzes no deserto.

4 A língua do bebê no peito,
de sede, gruda no céu da boca;
as crianças imploram pelo pão,
mas ninguém as atende.

5 Pessoas que comiam apenas do melhor
jazem mortas nas ruas;
quem se levantava vestindo púrpura
revira montes de lixo.

6 Pois a transgressão da filha de meu povo
é maior que o pecado de S'dom,
que foi derrubada em um instante,
sem receber auxílio de ninguém.

7 Seus príncipes eram mais puros que a neve,
mais brancos que o leite;
seu corpo, mais corado que pérolas rosadas,
tão lindo quanto safiras.

8 Agora seu rosto está mais preto que o carvão;
eles seguem irreconhecíveis pelas ruas.
Sua pele enruga-se sobre seus ossos
e se torna seca como um galho.

9 Os mortos pela espada estão melhor
que os mortos de fome,
pois estes foram assolados como se tivessem sido perfurados,
pela falta de comida nos campos.

10 Com suas mãos compassivas, as mulheres
cozinharam os próprios filhos;
os filhos se tornaram seu alimento
quando a filha de meu povo foi destruída.

11 *Adonai* deu cabo de sua fúria,
derramou sua ira ardente;
acendeu o fogo em Tziyon
que lhe consumiu as fundações.

12 Os reis da terra não podiam crer,
nem qualquer pessoa do mundo,
que o inimigo ou o adversário entrassem
pelos portões de Yerushalayim.

13 Isso aconteceu por causa dos pecados de seus profetas
e das transgressões de seus *kohanim*,
que, dentro de seus muros,
derramaram o sangue dos justos.

14 Eles vagam pelas ruas como cegos;
encontram-se tão sujos de sangue
que ninguém consegue
tocar em suas roupas.

15 “Fiquem longe, impuros!”, gritam-lhes as pessoas.
“Fiquem longe! Fora! Não nos toquem!”.
Eles fogem para vagar por aqui e por ali,
mas nenhuma nação lhes permite ficar.

16 O próprio *Adonai* os espalhou;
não mais cuidará deles.
Não tiveram respeito pelos *kohanim*
e não mostraram bondade para com os líderes.

17 Quanto a nós, nossos olhos estão cansados
de olhar em vão pelo socorro.
Nós continuamos observando e esperando
por uma nação que não nos podia salvar.

18 Eles continuaram seguindo nossos passos,
para que não saíssemos pelas ruas.
Nosso fim está próximo, o tempo está esgotado;
sim, nosso fim chegou.

19 Quem nos perseguiu era mais veloz
que as águias no céu.
Eles nos caçaram sobre as montanhas
e nos prepararam ciladas no deserto.

20 O ungido de *Adonai*, nosso fôlego de vida,
foi preso nos fossos deles;
apesar de dizermos dele: “Sob sua proteção,
poderemos viver entre as nações”.

21 Alegre-se, fique feliz, filha de Edom,
que vive na terra de ‘Utz.
O cálice também passará por você;
você se embriagará e tirará a roupa até ficar nua!

22 Suas transgressões, filha de Tziyon, foram expiadas;
ele não a manterá muito mais no exílio.
Ele punirá suas transgressões, filha de Edom;
exporá seus pecados.

5 1 Lembra-te, *Adonai*, do que nos aconteceu;
olha, e vê nossa desgraça.
2 A terra que possuíamos foi entregue a estrangeiros,
e nossos lares, a forasteiros.

3 Tornamo-nos órfãos,
nossas mães são agora viúvas.
4 Temos de pagar para beber a nossa água;
temos de comprar a nossa madeira.
5 O jugo está sobre nosso pescoço; somos perseguidos.
Labutamos à exaustão, mas não nos dão descanso.
6 Fizemos pactos com o Egito e Ashur
para termos comida suficiente.
7 Nossos antepassados pecaram e não mais existem;
nós suportamos o peso de sua culpa.
8 Somos governados por escravos,
e não há quem nos salve do poder deles.
9 Obtemos nosso alimento, arriscando a vida
por causa da espada no deserto.
10 Nossa pele está preta como a fornalha
por causa dos golpes que nos cauterizaram de fome.
11 Eles violentaram as mulheres de Tziyon,
as virgens das cidades de Y'hudah.
12 Os príncipes são presos pelas mãos;
os líderes não são respeitados.
13 Os jovens são forçados a trabalhar no moinho;
os meninos cambaleiam sob o peso da madeira.
14 Os idosos abandonaram o portão da cidade;
os rapazes desistiram de sua música.
15 A alegria desapareceu do nosso coração;
nossa dança foi transformada em lamento.
16 A coroa caiu de nossa cabeça.
Ai de nós porque pecamos!
17 Esta é a causa da doença de nosso coração;
este é o motivo do escurecimento de nossos olhos —
18 por causa do monte Tziyon,
tão assolado que os chacais o invadiram.
19 Tu, *Adonai*, reinas para sempre;
teu trono dura por todas as gerações.
20 Por que nunca te lembras de nós?
Por que nos abandonaste por tanto tempo?
21 *Adonai*, volta-nos para ti, e voltaremos.
Renova nossos dias, como foram no passado —
22 a menos que nos tenhas rejeitado por completo
na fúria que não tem limites.

[*Adonai*, volta-nos para ti, e voltaremos.
Renova nossos dias, como foram no passado.]

קהלת

Kohelet

[Eclesiastes]

1 [1] As palavras de Kohelet, o filho de David, rei em Yerushalayim:

2 Inútil! Inútil! — diz Kohelet —
Completamente sem significado! Nada importa!
3 O que uma pessoa ganha de todo o seu trabalho
executado debaixo do sol?

4 Gerações vêm, gerações vão,
mas a terra permanece para sempre.
5 O sol nasce, o sol se põe;
então ele se apressa até voltar ao lugar e ali ele surge.
6 O vento sopra para o sul,
então volta para o norte;
o vento sopra por todo lugar
e regressa ao ciclo.
7 Todos os rios fluem para o mar;
contudo, o mar não se enche;
o lugar para onde fluem os rios,
para lá eles fluem de modo contínuo.

8 Tudo é tedioso,
mais do que se pode expressar;
o olho não se sacia de ver,
o ouvido não se cansa de ouvir.
9 O que já existiu é o que haverá,
o que se fez também será feito,
e não há nada novo debaixo do sol.
10 Existe algo do que se diga:
"Veja, isto é novo"?
Isso já existia nas eras antes de nós.
11 Ninguém se lembra dos povos antigos;
e os que virão também não serão lembrados
por quem os suceder.

[12] Eu, Kohelet, fui rei de Yisra'el, em Yerushalayim. [13] Dediquei-me a procurar e a
pesquisar tudo o que é feito debaixo do céu. Que tarefa enfadonha Deus ordenou à
humanidade para nos manter ocupados! [14] Observei todas as atividades realizadas
debaixo do sol, e tudo isso é inútil, é sustentar-se de vento.

15 Não se pode endireitar o que é torto;
não se pode contar o que não existe.

16 Eu disse a mim mesmo: "Adquiri muita sabedoria, mais que todos os reis de
Yerushalayim que foram antes de mim". Sim, obtive muita sabedoria e conheci-
mento; 17 no entanto, quando me dediquei a compreender a sabedoria e o co-
nhecimento, bem como a estupidez e a insensatez, percebi que isso também era
apenas sustentar-se de vento.

18 Pois existe muito sofrimento na muita sabedoria;
quanto mais conhecimento, tanto mais sofrimento.

2 1 Eu disse a mim mesmo: "Venha agora, testarei a mim mesmo com o prazer e o
fruir de coisas boas"; mas isso também foi inútil. 2 Sobre o riso, eu disse: "Isso é
estúpido"; e sobre o prazer, exclamei: "Para que serve?".

3 Indaguei de minha mente por quanto tempo eu satisfaria meu corpo com vi-
nho e, com minha mente ainda me guiando com sabedoria, como procurar a insen-
satez; eu queria descobrir o que era melhor que as pessoas realizassem durante o
curto período de que dispõem para viver debaixo do céu. 4 Trabalhei nisso em gran-
de escala: construí para mim palácios, plantei vinhas, 5 formei jardins e parques;
plantei neles todos os tipos de árvores frutíferas. 6 Construí tanques para irrigar as
árvores que nasciam na floresta. 7 Comprei escravos e escravas, e tive também es-
cravos nascidos em minha casa. Além disso, cuidei de rebanhos de bois e ovelhas,
em maior quantidade que todos os meus antecessores em Yerushalayim. 8 Juntei
prata e ouro, a riqueza de reis e províncias. Contratei cantores e cantoras, provi-me
do que satisfaz o deleite sensual e de muitas concubinas. 9 Assim, engrandeci-me e
superei todos os meus predecessores em Yerushalayim; minha sabedoria, também,
permaneceu comigo. 10 Não neguei a meus olhos nenhum desejo. Mantive-me no
prazer, pois senti satisfação por todo o meu trabalho, e essa foi minha recompensa
por tudo. 11 Então olhei para a realização das minhas mãos e para o trabalho que
executei; e vi que ele era totalmente desprovido de sentido — sustentar-me de ven-
to — e que não havia obtido nada debaixo do sol.

12 Assim, decidi olhar com mais cuidado para a sabedoria, a estupidez e a tolice;
o que pode fazer o homem que sucede ao rei, a não ser o que já foi realizado? 13 Vi
que a sabedoria é mais útil que a tolice, como a luz é mais útil que a escuridão.

14 O homem sábio possui olhos na cabeça,
mas o tolo anda na escuridão.
Contudo, o mesmo destino espera por eles.

15 Portanto, eu disse a mim mesmo: "Se a mesma coisa acontece ao tolo e a mim,
então o que eu ganho por ser sábio?". E pensei: "Isso também é inútil. 16 Pois o ho-
mem sábio, como o tolo, não será lembrado por muito tempo, visto que, no futuro,
tudo o que tiver passado há muito cairá no esquecimento. O homem sábio, como
o tolo, deve morrer".

17 Passei, então, a odiar a vida, pois as atividades realizadas debaixo do sol me
eram detestáveis, porque tudo é desprovido de sentido e [equivale a] sustentar-se
de vento. 18 Odiei todas as coisas pelas quais trabalhei debaixo do sol, pois vi que
teria de deixá-las para meu sucessor. 19 Quem sabe se ele será sábio ou tolo? Contu-
do, ele terá controle sobre todas as coisas pelas quais trabalhei e que demonstra-
ram quanto sou sábio debaixo do sol. Isso também é inútil. 20 Assim, cheguei a me
desesperar por todas as coisas em que trabalhei debaixo do sol. 21 Eis um homem
cujo trabalho é feito com sabedoria, conhecimento e habilidade; entretanto, ele

deve deixá-lo para alguém que será incumbido de lhe dar continuidade. Isso não
só é inútil, mas é também um grande mal. 22 Pois o que uma pessoa obtém de todos
os esforços e ambições que permeiam o trabalho que ela realiza debaixo do sol?
23 Toda a sua vida é uma dor, e seu trabalho é cheio de desgaste; mesmo à noite, sua
mente não descansa. Isso também é inútil. 24 Portanto, não há nada melhor para o
homem fazer que comer, beber e se permitir aproveitar as vantagens resultantes de
seu trabalho. Também percebi que isso provém da mão de Deus. 25 Pois quem have-
rá de comer e aproveitar, a não ser eu? 26 Pois ao homem bom, segundo [o] ponto de
vista [de Deus], ele concede sabedoria, conhecimento e alegria; mas, ao pecador, ele
dá a tarefa de colecionar e acumular bens e deixá-los para quem é bom de acordo
com a opinião de Deus. Isso também é inútil e [equivale a] sustentar-se de vento.

3 1 Há tempo para tudo,
o momento certo para toda intenção debaixo do céu —
2 tempo de nascer e tempo de morrer,
tempo de plantar e tempo de arrancar,
3 tempo de matar e tempo de curar,
tempo de derrubar e tempo de construir,
4 tempo de chorar e tempo de rir,
tempo de prantear e tempo de dançar,
5 tempo de jogar pedras e tempo de recolher pedras,
tempo de abraçar e tempo de afastar,
6 tempo de procurar e tempo de desistir,
tempo de guardar e tempo de descartar,
7 tempo de rasgar e tempo de costurar,
tempo de silenciar e tempo de falar,
8 tempo de amar e tempo de odiar,
tempo para a guerra e tempo para a paz.

9 O que o trabalhador obtém de seus esforços? 10 Vi a tarefa concedida por Deus à
humanidade para nos manter ocupados. 11 Ele fez tudo apropriado para o momen-
to certo. Deu também aos seres humanos a consciência da eternidade, mas de tal
modo que eles não podem compreender plenamente, do começo ao fim, o que Deus
faz. 12 Sei que não há nada melhor para eles que ser felizes e se alegrar enquanto
vivem. 13 Mesmo assim, o fato de todos poderem comer, beber e aproveitar as van-
tagens resultantes de todo o seu trabalho é uma dádiva de Deus. 14 Sei que

tudo o que Deus faz durará para sempre;
não há nada para se acrescentar ou diminuir;
e Deus o fez para que as pessoas o temam.

15 O que existia já está aqui;
e o que será já existiu,
mas Deus pedirá contas do que as pessoas procuram.

16 Outra coisa que observei debaixo do sol:

Ali estava a impiedade, no lugar da justiça;
ali, no lugar da retidão, estava a impiedade.

17 Eu disse a mim mesmo: "Deus julgará o justo e o ímpio, pois há o momento certo
para toda intenção e para toda ação".

18 Eu disse a mim mesmo a respeito das pessoas: “Deus as está testando para
verem por si mesmas que são como os animais. 19 Afinal, a mesma coisa acontece
com as pessoas e com os animais, o mesmo — como um morre, o outro também
morre. Sim, seu fôlego é o mesmo, de maneira que os seres humanos não são me-
lhores que os animais; de toda forma, nada tem importância. 20 Todos eles vão para
o mesmo lugar; todos procedem do pó e voltarão ao pó. 21 Quem sabe se o espírito
do ser humano sobe e o espírito do animal desce à terra?”. 22 Por isso, concluí que
não há nada melhor para uma pessoa fazer do que alegrar-se com suas atividades
— sua porção designada; pois quem poderá fazê-lo ver o que ocorre depois [da
morte] dele?

4 1 No entanto, eu me voltei e pensei sobre todos os tipos de opressão existentes
debaixo do sol.

> Vi as lágrimas dos oprimidos,
> e não havia ninguém para consolá-los.
> O poder estava do lado dos opressores,
> e não havia ninguém para consolá-los.

2 Desse modo, considerei os mortos mais felizes, por já terem morrido, que os
vivos, por ainda existirem; 3 entretanto, mais felizes que eles são os não nascidos,
pois ainda não viram os males realizados debaixo do sol.

4 Depois, percebi que todos os esforços e conquistas provêm da inveja que as
pessoas sentem umas das outras. Isso também é futilidade e sustentar-se de vento.

> 5 Os tolos cruzam os braços
> e devoram a própria carne.
>
> 6 Melhor é a braçada com tranquilidade
> que duas braçadas repletas de empenhos e de sustentar-se de vento.

7 Então voltei minha atenção para mais alguma coisa inútil debaixo do sol: 8 a si-
tuação do indivíduo solitário, sem companhia, sem filhos ou irmãos, que trabalha
de maneira incessante, mas nunca alcança riquezas suficientes. “Pois para quem”
[ele deveria perguntar] “estou trabalhando tanto e negando-me os prazeres?”. Isso
também é inútil, um negócio infeliz.

9 Melhor é serem dois do que um, pois seus esforços de cooperação geram essa
vantagem: 10 se um deles cair, o outro ajudará o companheiro a se levantar — ai
de quem estiver só quando cair e não houver ninguém para ajudá-lo a se levantar!
11 E ainda, se duas pessoas dormirem juntas, poderão manter-se aquecidas; todavia,
como pode uma pessoa manter-se aquecida sozinha? 12 Além disso, o atacante pode
derrotar uma pessoa sozinha, mas duas podem resistir a ele; e a corda de três cor-
dões não se rompe com facilidade.

> 13 Melhor é o jovem pobre e sábio
> que o rei idoso e tolo,
> sem o desejo de ouvir conselhos.
> 14 Na verdade, ele saiu da prisão para ser o rei;
> contudo, enquanto reinava, empobreceu.

15 Observei que todos os que viviam e andavam debaixo do sol se posicionavam
a favor do jovem mencionado em primeiro lugar, que governaria no lugar do rei,

16 e que não havia limite para o número de seus súditos. Mesmo assim, os que
vierem depois não o terão em tão alta conta. Isso também, com certeza, é inútil e
sustentar-se de vento.

17(5.1) Guarde seus passos quando for à casa de Deus. Oferecer-se para ouvir é
melhor que a oferta de sacrifício dos tolos, pois eles não discernem se praticam ou
não o mal.

5 1(2) Não fale de modo impulsivo — não se apresse
em dar voz às suas palavras diante de Deus.
Pois Deus está no céu, e você, na terra;
por isso, sejam poucas suas palavras.
2(3) Pois os pesadelos também decorrem da preocupação excessiva;
e o tolo, quando conversa, fala em demasia.

3(4) Se você fizer um voto a Deus, não demore em cumpri-lo. Pois Deus não se alegra
dos tolos; assim, cumpra seu voto! 4(5) É melhor não fazer um voto que fazê-lo e não
o cumprir. 5(6) Não permita que suas palavras o tornem culpado e não diga ao ofi-
cial do templo que você fez o voto por engano. Por que motivo se iraria Deus com
o que você diz e destruiria ele aquilo que você fez? 6(7) Pois [isso é o que acontece
quando também há] muitos sonhos, atividades e palavras sem serventia. Em vez
disso, tema a Deus!

7(8) Se você vir o pobre oprimido, os direitos violados e justiça pervertida em
uma província, não se surpreenda, pois todo oficial de alto escalão conta com outro
de nível mais alto que o observa, e existem outros acima deles. 8(9) No entanto, o
maior benefício para o país ocorre quando o rei se torna servo da terra.

9(10) Quem ama o dinheiro, nunca possuirá dinheiro suficiente;
o amante do luxo jamais terá renda suficiente.

Isso também é inútil.

10(11) Quando aumenta a quantidade de bens,
também cresce o número de parasitas que os consomem;
portanto, a única vantagem do proprietário é
que ele consegue observar o que eles fazem.

11(12) O sono do trabalhador é doce,
coma ele pouco ou muito;
mas a fartura do rico
não o deixa dormir.

12(13) Eis um grande mal que vi debaixo do sol: o dono de riqueza guarda-a trancada
para o próprio prejuízo.

13(14) Por causa do infortúnio,
perdeu-se a riqueza;
então, se lhe nascer um filho,
nada possuirá para deixar-lhe.

14(15) Como saiu do ventre de sua mãe,
também nu voltará,
e por seus esforços não levará nada
em suas mãos.

15(16) Isso também é um grande mal, em toda situação: como ele veio, assim irá; por-
tanto, que proveito ele tem depois de labutar para alcançar o vento? 16(17) Por toda
a vida, ele come na escuridão, frustrado, doente e irado.

17(18) Isto é o que vi de bom: é apropriado que a pessoa coma, beba e aproveite o
bem resultante de todo o seu trabalho realizado debaixo do sol todos os dias da
vida que Deus lhe tem dado, pois essa é a porção que lhe foi concedida. 18(19) É uma
dádiva de Deus que todas as pessoas às quais ele concedeu riquezas e prosperi-
dade, com a capacidade de usufruí-las, recebam a porção que lhes foi concedida e
encontrem prazer no trabalho. 19(20) Pois essas pessoas não meditam no fato de que
a vida é breve, pois Deus as mantém ocupadas com o que lhes traz alegria.

6 1 Vi outro mal debaixo do sol, e ele pesa bastante sobre as pessoas: 2 o caso em
que Deus dá a alguém riquezas, prosperidade e honra, não lhe faltando nada do
que deseja; no entanto, Deus não lhe concede a possibilidade de usufruí-las, e um
estranho tira proveito delas — isso é desprovido de sentido, mal e doentio.
3 Suponha que um homem se torne pai de cem filhos e viva muitos anos sem
ter prazer na vida; então, mesmo que ele [viva para sempre e por isso] nunca seja
sepultado, afirmarei que lhe seria melhor ter nascido morto. 4 Pois a chegada do
natimorto é algo vão, e sua partida ocorre na escuridão; seu nome é [esquecido],
coberto pela escuridão. 5 E, apesar de nunca ter visto ou conhecido o sol, ele está
mais contente que o pai de cem filhos, 6 que nunca se divertiu, ainda que vivesse mil
anos duas vezes. Acaso não vão todos para o mesmo lugar?

7 O propósito de toda a labuta é satisfazer a boca,
mesmo que o apetite nunca se sacie.
8 Que vantagem tem o sábio sobre o tolo,
ou a pessoa experiente, caso seja pobre?
9 É melhor o que os olhos podem ver
que o desejo sinuoso.
Contudo, isso também é inútil e
[equivale a] sustentar-se de vento.

10 Tudo o que existe recebeu nome tempos atrás,
e já se sabe que ele é apenas um ser humano;
além disso, não pode derrotar
o que é mais forte que ele [a morte].
11 Existem muitas coisas que apenas aumentam a futilidade;
como os seres humanos se beneficiariam delas?
12 Pois quem sabe o que é bom para alguém nesta vida,
nos dias de sua vida inútil, gasta como uma sombra?
Quem pode dizer o que acontecerá debaixo do sol
depois que a pessoa se for?

7 1 O bom nome é melhor que óleos aromáticos,
e o dia da morte, melhor que o do nascimento.
2 É melhor ir à casa enlutada
que à casa em festa,
pois todos estão destinados à morte;
os vivos devem atentar para isso no coração.

3 A aflição é melhor que o riso,
pois a tristeza pode tornar uma pessoa melhor.
4 Os pensamentos do sábio estão na casa enlutada,
mas os pensamentos do tolo estão na casa de prazer.
5 É melhor ouvir a repreensão do sábio
que os cânticos dos tolos.
6 Pois o riso dos tolos é como o crepitar de espinhos
queimando sob a panela; isso também é inútil.
7 No entanto, a opressão pode tornar o sábio em estúpido,
e um presente pode destruir o entendimento.

8 O fim de algo é melhor que o começo;
assim, o paciente é melhor que o orgulhoso.
9 Não se ire rapidamente,
pois [apenas] os tolos nutrem a ira.

10 Não pergunte por que os dias antigos foram melhores que os de agora,
pois é uma questão tola.
11 A sabedoria é boa, como os bens,
uma vantagem para todos os que veem o sol.
12 Pois, como o dinheiro,
a sabedoria é uma defesa,
mas a vantagem do conhecimento é
que a sabedoria mantém vivo quem a possui.

13 Considere a obra de Deus:
quem pode endireitar o que ele fez torto?
14 Quando as coisas forem bem, divirta-se;
mas, quando forem mal, considere
que Deus fez uma coisa e outra,
para que as pessoas não saibam nada sobre seu futuro.
15 Em minha vida inútil, vi de tudo —
o justo perecer em sua retidão,
e o ímpio que vive uma vida longa
e continua agindo mal.
16 Por isso, não seja excessivamente justo nem sábio;
por que frustrar a si mesmo?
17 No entanto, não seja demasiadamente ímpio e não seja tolo;
por que morrer antes da hora?
18 Não retenha apenas uma dessas regras;
tome posse das duas;
pois quem teme a Deus
viverá por ambas.
19 Para o sábio, a sabedoria é melhor proteção
que dez líderes na cidade.
20 Pois não há um justo sobre a terra
que faça [apenas] o bem e nunca peque.

21 Não leve a sério também toda palavra falada,
como no caso em que ouve seu servo falar mal de você,
22 pois, muitas vezes, como você mesmo sabe,
você falou mal de outras pessoas.

23 Usei tudo isso para testar a sabedoria;
eu disse: "Conquistarei sabedoria";
mas a sabedoria permaneceu longe de mim.
24 O que existe está distante
e é secreto, secreto demais para ser descoberto.

25 Por isso, voltei-me para mim mesmo e para os meus pensamentos a fim de co-
nhecer, pesquisar e procurar a sabedoria e a razão de ser das coisas, e também para
entender a tolice da impiedade e a estupidez de agir como tolo.

26 Descobri que a mulher que serve de laço
é mais amarga que a morte;
seu coração é uma armadilha,
e suas mãos são como correntes.
O homem que agrada a Deus escapará dela,
mas o pecador será apanhado por ela.
27 Encontrei isso — diz Kohelet —
somando uma coisa à outra para chegar a uma conclusão,
28 pesquisei por muito tempo para encontrar:
encontrei um homem em mil,
mas não encontrei nenhuma mulher.
29 É isto a única coisa que encontrei:
Deus fez os seres humanos justos,
mas eles inventaram muitas intrigas.

8 1 Quem se pode comparar ao sábio?
Quem mais sabe o significado das coisas?
A sabedoria ilumina a face
e suaviza a aparência austera.

2 Obedeça à ordem do rei
por causa do juramento diante de Deus.
3 Não seja rápido para sair de sua presença
e não persista em fazer o que é errado,
pois ele faz tudo o que lhe agrada.
4 Pois sua palavra é final.
Quem lhe pode desafiar: "Por que fazes isso?".
5 Quem obedece à sua ordem,
nunca será ferido,
e o sábio compreenderá
o momento certo e o juízo.
6 Para tudo existe
o momento certo e o juízo,
pois as pessoas se preocupam muito
7 com as incertezas do futuro;
mesmo quando o fato acontece,
quem lhes falará a respeito disso?
8 Como ninguém possui o poder
de evitar o sopro do vento,
assim ninguém detém poder

sobre o dia da morte.
Se alguém é convocado à luta na guerra,
não se pode enviar um substituto;
do mesmo modo, o ímpio não escapará da morte
por sua impiedade.

9 Vi tudo isso, quando dediquei minha mente a tudo o que se faz debaixo do sol
quando uma pessoa tiraniza outra. 10 Assim, vi o sepultamento dos ímpios; eles
vêm até do Lugar Sagrado. No entanto, os que agiram com retidão foram esqueci-
dos na cidade. Isso também é uma coisa fútil, 11 pois a punição decretada por causa
do ato maligno não é executada de imediato. Por isso, quem planeja realizar o mal
tem as intenções fortalecidas. 12 O pecador pode realizar o mal uma centena de
vezes e, ainda assim, viver uma vida longa; contudo, eu sei que, no fim, as coisas
irão bem para quem teme a Deus, pois eles o temem. 13 No entanto, as coisas não
irão bem para os ímpios; e, como uma sombra, seus dias não serão prolongados,
pois não temem a Deus.
14 Existe algo frustrante que ocorre sobre a terra: ocorrem fatos com os justos
como se eles praticassem atos ímpios; e também há ímpios com os quais sucedem
coisas como se eles realizassem atos justos. Eu disse que isso também é inútil.
15 Portanto, recomendei que se aproveite a vida — ninguém pode fazer nada me-
lhor debaixo do sol que comer, beber e alegrar-se; isso é o que acompanha a pessoa
que realiza seu trabalho enquanto Deus lhe der vida debaixo do sol.
16 Quando eu me dediquei a obter sabedoria e a observar como as pessoas se
ocupam sobre a terra — os olhos das pessoas não descansam nem de dia nem
de noite —, 17 então, ao observar toda a obra de Deus, percebi a impossibilidade de
observar todas as atividades que ocorrem debaixo do sol; mesmo que uma pessoa
trabalhe de forma árdua na pesquisa, não conseguirá alcançar tudo; mesmo que
o sábio pense conhecê-la, não será capaz de alcançá-la.

9 1 Eu me dediquei a tudo isso, examinei com cuidado e concluí que o justo e o
sábio, bem como seus atos, estão nas mãos de Deus — não se pode saber se
essas pessoas e seus atos serão recompensados com amor ou com ódio; tudo pode
acontecer. 2 Qualquer coisa pode acontecer a qualquer pessoa; o mesmo sucede
ao justo e ao ímpio, ao bom e puro e ao impuro, a quem apresenta o sacrifício e a
quem não o faz; a mesma coisa ocorre à pessoa boa e ao pecador, a alguém que faz
um voto impensado e a alguém que receia fazer um voto. 3 Esse é outro mal entre
todos os realizados debaixo do sol, que os mesmos acontecimentos sobrevêm a
todos. Na verdade, a mente humana está repleta de males; e, enquanto as pessoas
vivem, a insensatez está em seu coração; depois disso, eles seguem para estar com
os mortos. 4 Porque, enquanto a pessoa está ligada aos vivos, existe esperança —
melhor é um cão vivo que um leão morto! 5 Pois os vivos sabem que morrerão, mas
os mortos não sabem nada; não há mais nenhuma recompensa para eles, pois toda
a lembrança deles está perdida. 6 Seu amor, ódio e inveja desapareceram há muito,
e eles não têm mais parte no que ocorre debaixo do sol.

7 Portanto, vá, coma seu pão com alegria
e beba seu vinho com o coração feliz,
pois Deus já aceitou suas ações.
8 Que suas roupas sejam sempre brancas,
e nunca falte perfume sobre sua cabeça.

9 Aproveite a vida com a mulher que você ama, por toda a existência desprovida
de sentido que ele dá a você debaixo do sol, todos os dias de sua futilidade,
pois essa é a porção que foi dada a você na vida e no trabalho que executa debaixo
do sol. 10 Todas as tarefas que forem confiadas a você, realize-as com toda a sua
força, pois no *sh'ol*, para onde irá, não há trabalho, planejamento, conhecimento
nem sabedoria.

11 Contudo, outra coisa observei debaixo do sol: as corridas não são vencidas
pelos velozes nem as batalhas são ganhas pelos fortes; a comida nem sempre chega
aos sábios, a riqueza nem sempre alcança os inteligentes ou o favor recompensa os
experientes; em lugar disso, o tempo e o acaso regem a todos. 12 Pois as pessoas não
sabem quando seu tempo chegará, da mesma forma que o peixe é capturado pela
rede fatal ou os pássaros presos na armadilha; de forma semelhante, as pessoas
são enlaçadas em um momento desfavorável, que, de repente, lhes sobrevém.

13 Aqui está algo mais que vi como sabedoria debaixo do sol e que me pareceu
importante: 14 havia uma pequena cidade com poucas pessoas, e um grande rei veio
atacá-la. Ele a cercou e construiu grandes instrumentos de cerco contra ela. 15 E nela
havia um homem pobre, mas sábio, e com sua sabedoria ele salvou a cidade. Entre-
tanto, tempos depois, ninguém mais se lembrava desse pobre homem. 16 Portanto,
apesar de considerar a sabedoria melhor que a força, a sabedoria do pobre homem
é desprezada; ninguém presta atenção ao que ele diz.

17 O sábio que fala com calma é mais digno de atenção
que os gritos do governante que comanda tolos.
18 A sabedoria é melhor que armas de guerra,
mas a pessoa que comete um erro pode destruir muitas coisas boas.

10 1 Como moscas mortas fazem óleos aromáticos cheirar mal,
também um pouco de insensatez prevalece sobre a sabedoria e a honra.

2 O coração do sábio o guia para o bem,
mas o coração do tolo o faz desviar;
3 e, quando o tolo viaja, não possui bom senso,
mostrando, assim, a todos que é tolo.

4 Se o governante se irar contra você,
permaneça em seu posto,
pois a calma suaviza grandes transgressões.

5 Vi outros males debaixo do sol,
o tipo de engano cometido pelos líderes:
6 tolos são promovidos a altos postos,
enquanto os ricos ocupam lugares humildes.
7 Vi servos montando cavalos,
enquanto príncipes andam a pé como escravos.

8 Quem cava o fosso, pode cair nele;
quem derruba o muro, pode ser picado por uma cobra.
9 Quem extrai pedras, pode se ferir com elas.
Quem corta madeira, põe-se em perigo.
10 Se a lâmina [da machadinha] estiver sem fio,
e [quem a usar] não a afiar,

terá de aplicar mais força,
mas o experiente possui a vantagem de sua habilidade.
11 Se uma cobra picar antes de ser encantada,
o encantador de cobras não terá vantagem.
12 As palavras proferidas pelo sábio lhe são favoráveis,
mas os lábios do tolo o destroem.
13 O que ele diz começa pela tolice
e termina com a insanidade do ímpio.
14 Um tolo fala sem parar,
contudo ninguém sabe o que o futuro trará —
alguém pode dizer a qualquer pessoa
o que acontecerá depois de sua partida?
15 Os esforços do tolo o cansam;
ele nem mesmo sabe o caminho para a cidade!

16 Ai de você, terra, quando seu rei for uma criança,
e seus líderes iniciarem as festas pela manhã!
17 Feliz é você, terra, quando seu rei é bem-nascido,
e seus príncipes comem no tempo devido,
a fim de permanecerem fortes e não se embriagarem!
18 Quando o dono é preguiçoso, o telhado enverga;
quando as mãos estão desocupadas, a casa tem goteiras.
19 As festas existem para divertir,
o vinho dá ânimo à vida,
e o dinheiro possui respostas para tudo.
20 Não insulte o rei, nem em seus pensamentos;
e não ofenda os ricos, nem no seu quarto;
pois um pássaro pode levar as notícias,
uma criatura com asas pode repetir o que você disse.

11 1 Lance seus recursos aos mares;
um dia, você os colherá de volta.
2 Divida sua mercadoria em sete ou oito partes,
porque você não sabe que desastres podem atingir a terra.
3 Se as nuvens estiverem cheias de chuva,
elas serão esvaziadas sobre a terra.
Quer a árvore caia para o norte quer para o sul,
o lugar em que a árvore cair é onde ela ficará.
4 Quem cuida do vento, nunca semeará;
quem observa as nuvens, jamais colherá.
5 Como você não sabe o caminho do vento,
ou como os ossos se formam no ventre da mulher grávida,
você desconhece a obra de Deus,
o Criador de tudo.
6 Durante a manhã, lance sua semente
e não descanse até o entardecer,
pois você não sabe que semente germinará —
se esta, se aquela ou se ambas crescerão.
7 Então a luz será agradável,
e será um prazer ver o sol.

8 Pois, se uma pessoa viver muitos anos,
que ela se alegre neles todos;
que ela se lembre, entretanto, de que haverá muitos dias de escuridão
e de que tudo que vier é fútil.

9 Jovem, se você gastar sua juventude apenas com diversão,
se usar seu tempo apenas para se alegrar,
se seguir seu coração enquanto viver,
e deixar seus olhos servirem de guia,
entenda que por todas essas coisas
Deus o levará a juízo.
10 Portanto, retire a ira do seu coração
e evite ferir seu corpo
pois nenhum adolescente nem jovem
possui valores duradouros.

12 1 Portanto, lembre-se de seu Criador enquanto você é jovem,
antes que venham os dias maus,
e aproximem-se os anos dos quais você dirá:
“Eles não me dão mais prazer”;
2 antes de o sol e a luz se escurecerem,
bem como a lua e as estrelas;
antes de as nuvens voltarem após a chuva;
3 no dia em que os guardas da casa tremerem,
e os homens corajosos estiverem curvados;
quando as mulheres pararem de moer os grãos,
por serem poucas;
quando as mulheres às janelas
não puderem mais ver longe;
4 quando as portas da rua forem fechadas;
quando o barulho da mó do moinho enfraquecer;
quando se assustar com o gorjeio do pássaro,
ainda que seja difícil ouvi-lo cantar;
5 quando você tiver medo de subir a colina,
e os terrores espreitarem pelo caminho,
ainda que a amendoeira esteja em flor;
quando for difícil mover um gafanhoto,
e a alcaparra não surtir efeito [afrodisíaco] —
pois a pessoa está concentrada no lar eterno,
e os pranteadores já se estão reunindo
na praça do mercado —
6 antes de o cordão de prata arrebentar-se,
a taça de ouro se quebrar,
o cântaro espatifar-se junto à fonte,
a roldana quebrar na cisterna,
7 o pó voltar à terra, como era,
e o espírito voltar a Deus, que o deu!
8 Inútil! Desprovido de sentido! — diz Kohelet.
Nada possui importância!

9 Além de Kohelet ser sábio, também ensinava ao povo o que sabia; ele avaliou, pes-
quisou e corrigiu muitos ditados éticos. 10 Kohelet procurou desenvolver um estilo
de escrita atraente, em que expressava a verdade de forma direta. 11 Os ditados dos
sábios são afiados como ferrões, e as palavras proferidas pelos líderes das assem-
bleias são como pregos bem fixados; [nesse caso], eles são apresentados pelo único
pastor. 12 Além disso, meu filho, preste atenção: muitos livros podem ser escritos
— não há limite para isso; e estudar muito cansa a carne.

13 Eis a conclusão, agora que se ouviu tudo: tema a Deus e guarde suas *mitzvot*;
para isso, os seres humanos foram feitos. 14 Pois Deus levará a juízo tudo que faze-
mos, incluindo cada segredo, seja ele bom, seja mau.

[Eis a conclusão, agora que se ouviu tudo: tema a Deus, e guarde suas *mitzvot*; para isso os seres humanos foram feitos.]

אסתר

Ester

[Ester]

1 1 Esses acontecimentos ocorreram no tempo de Achashverosh, o Achashverosh que governou sobre 127 províncias da Índia à Etiópia. 2 Naqueles dias, o rei Achashverosh sentou-se no trono real em Shushan, a capital, 3 no terceiro ano de seu reino, e ofereceu um banquete a todos os seus oficiais e membros da corte. O exército da Pérsia e da Média, os nobres e os oficiais das províncias esperavam por ele. 4 Ele exibiu a riqueza deslumbrante de seu reino e seu grande esplendor por um longo período — cento e oitenta dias. 5 No fim desse período, o rei deu um banquete de sete dias no jardim do pátio do palácio real para todo o povo, os de grande e os de pequena importância, em Shushan, a capital. 6 Havia cortinas brancas de algodão e ornamentos azuis presos a varas de prata, com cordas de linho fino e púrpura; as colunas eram de mármore; os divãs [para se reclinarem à mesa] eram de ouro e prata sobre um piso de mosaico de malaquita, mármore, madrepérola e ônix. 7 Bebidas foram servidas em taças de ouro, e cada taça era diferente das demais. Havia vinho real à vontade, como convém à liberalidade real. 8 Não havia regra fixa para o consumo de bebidas, pois o rei ordenou aos mordomos que servissem aos homens o que estes desejassem. 9 Também Vashti, a rainha, deu um banquete para as mulheres na casa real pertencente ao rei Achashverosh.

10 No sétimo dia, quando o rei estava alegre por causa do vinho, ele ordenou a Mehuman, Bizta, Harvona, Bigta, Avagta, Zetar e Karkas, os sete oficiais que lhe serviam, 11 que trouxessem a rainha Vashti à presença do rei, com a coroa real, a fim de mostrar ao povo e aos oficiais a beleza dela, pois ela era de fato uma mulher de excelente aparência. 12 No entanto, a rainha Vashti recusou-se a vir segundo a ordem do rei que lhe fora enviada por intermédio dos oficiais. Isso enfureceu o rei — sua ira acendeu-se dentro dele.

13 De acordo com o costume do rei, ele consultou sábios bem versados em questões de lei e justiça. 14 Com ele, estavam Karshna, Shetar, Admata, Tarshish, Meres, Marsna e Memukhan, os sete vice-regentes da Pérsia e da Média, parte do círculo íntimo do rei, os oficiais mais importantes no reino. 15 [O rei perguntou aos sábios:] "De acordo com a lei, o que se pode fazer à rainha Vashti, por ela não ter obedecido à ordem do rei Achashverosh transmitida pelos oficiais?".

16 Memukhan apresentou ao rei e aos vice-regentes esta resposta: "Vashti, a rainha, não ofendeu só o rei, mas também todos os oficiais e povos de todas as províncias do rei Achashverosh. 17 Esse ato da rainha será conhecido por todas as mulheres, que passarão a desrespeitar o marido. Elas dirão: 'O rei Achashverosh ordenou à rainha Vashti seu comparecimento diante dele, mas ela não o fez'. 18 Além disso, as mulheres da nobreza da Pérsia e da Média, ouvindo sobre a conduta da rainha, acabarão falando assim com todos os oficiais do rei, gerando desrespeito e discórdia sem fim. 19 Se for do agrado de Sua Majestade, promulgue-se um decreto real — e seja registrado como uma das leis irrevogáveis dos persas e medos — Vashti nunca mais será admitida à presença do rei Achashverosh, e que o rei dê sua

posição real a alguém melhor que ela. 20 Quando o decreto do rei for anunciado em todo o comprimento e largura do reino, então todas as mulheres voltarão a honrar os maridos, o de grande e o de pequena importância".

21 Esse conselho agradou ao rei e aos oficiais; assim, o rei fez o que Memukhan lhe sugeriu — 22 enviou cartas a todas as províncias reais, a cada província em seu alfabeto e a cada povo em sua língua, para que todo homem fosse senhor de sua casa e falasse a língua do seu povo.

2 1 Pouco depois, quando a ira do rei Achashverosh cedeu, ele se lembrou de Vashti, do que ela fez e do decreto contra ela. 2 Os servos do rei lhe disseram: "Que se procurem virgens jovens e de boa aparência. 3 Que o rei nomeie oficiais em todas as províncias do reino para reunir virgens jovens e de boa aparência para o harém da casa de Shushan, a capital. Sejam deixadas sob o cuidado de Hegai, o oficial do rei encarregado das mulheres, e ele lhes dará os cosméticos necessários. 4 Então a menina que mais agradar ao rei será a rainha no lugar de Vashti". Essa proposta agradou ao rei, e ele agiu desse modo.

5 Havia em Shushan, a capital, um judeu chamado Mordekhai, o filho de Ya'ir, o filho de Shim'i, o filho de Kish, um binyamini. 6 Ele foi exilado de Yerushalayim com os prisioneiros expulsos com Y'khanyah, rei de Y'hudah, a quem N'vukhadnetzar, rei de Bavel, levou preso. 7 Ele havia criado Hadassah, isto é, Ester, filha de seu tio, pois ela não tinha pai nem mãe. A menina era simétrica e de boa aparência; depois da morte de seus pais, Mordekhai a adotou como filha.

8 Quando a ordem e o decreto do rei foram anunciados, e muitas meninas foram reunidas em Shushan, a capital, sob o cuidado de Hegai, Ester também foi trazida à casa do rei e posta sob o cuidado de Hegai, o encarregado das mulheres. 9 A menina lhe agradou e conquistou o seu favor, de modo que em pouco tempo ela recebeu cosméticos, porções [de comidas especiais], e sete meninas do palácio do rei a serviam; ele também a levou, juntamente com as meninas que a serviam, ao melhor lugar das instalações do harém. 10 Ester não disse nada a respeito de seu povo ou de seus laços de família, pois Mordekhai a instruiu a não dizê-lo a ninguém. 11 Mordekhai andava todos os dias à volta e à frente do pátio da casa do harém a fim de saber como Ester estava passando e o que lhe acontecia.

12 Cada menina tinha a oportunidade de comparecer diante do rei Achashverosh depois de ter passado pelo período de preparação de doze meses prescritos para as mulheres — consistindo em seis meses de tratamento com óleo de mirra e seis meses com perfumes e outros cosméticos femininos. 13 Então quando a menina comparecia diante do rei, recebia tudo o que desejasse levar da casa do harém para o palácio do rei. 14 À tarde, ela ia para lá e voltava na manhã seguinte para a outra parte da casa do harém, sob o cuidado de Sha'ashgaz, o oficial do rei encarregado das concubinas. Ela não ia outra vez até o rei, a menos que ele se agradasse dela de modo especial e a chamasse pelo nome.

15 Quando chegou a vez de Ester, a filha de Avichayil, adotada por Mordekhai como sua filha, comparecer diante do rei, ela não pediu nada além do que Hegai, o oficial do rei encarregado do harém, lhe aconselhou. Contudo, Ester causou admiração em todos os que a viram. 16 Ela foi levada ao rei Achashverosh, no palácio real, no décimo mês, *tevet*, durante o sétimo ano de seu reinado. 17 O rei gostou mais de Ester que de qualquer outra de suas mulheres; nenhuma outra virgem obteve tamanho favor e aprovação dele. Por isso, ele pôs a coroa real na cabeça dela e a constituiu rainha no lugar de Vashti.

18 O rei então ofereceu um grande banquete em honra de Ester para todos os
seus oficiais e servos, decretou um feriado para as províncias e distribuiu presen-
tes dignos da liberalidade real.
19 Quando as meninas foram reunidas em outras ocasiões, Mordekhai sentava-se
junto ao portão do rei. 20 Ester ainda não havia revelado seus laços de família nem seu
povo, como Mordekhai lhe ordenara; Ester continuava obedecendo ao que Mordekhai
mandava fazer — do mesmo modo que ele cuidou dela. 21 Em uma dessas ocasiões,
quando Mordekhai estava sentado junto ao portão do rei, dois dos oficiais do rei,
Bigtan e Teresh, do grupo encarregado das entradas particulares, ficaram irados e
conspiraram para assassinar o rei Achashverosh. 22 No entanto, Mordekhai ficou sa-
bendo [disso] e contou à rainha Ester. Ela contou [a notícia] ao rei, dando o crédito a
Mordekhai. 23 O assunto foi investigado, e mostrou-se verdadeiro, e os dois [homens]
foram pendurados em postes. Tudo isso foi registrado no diário mantido com o rei.

3 1 Algum tempo depois, o rei Achashverosh começou a reparar em Haman, o filho
de Hamdata, o agagi, para promovê-lo; um dia, ele lhe deu precedência sobre
todos os oficiais. 2 Todos os servos do rei ajoelhavam-se e curvavam-se diante de
Haman, junto ao portão do rei, pois o rei assim ordenara. No entanto, Mordekhai não
se ajoelhava nem se curvava diante dele. 3 Os servos do rei perguntaram a Mordekhai
junto ao portão do rei: "Por que você não obedece à ordem do rei?". 4 No entanto,
depois de o terem confrontado algumas vezes sem que ele lhes desse atenção, eles
contaram o fato a Haman, a fim de descobrir se o fato de Mordekhai ser judeu seria
uma explicação boa o suficiente para justificar seu comportamento. 5 Haman ficou
furioso quando soube que Mordekhai não se ajoelhava nem se curvava diante dele.
6 Entretanto, ao descobrir a que povo Mordekhai pertencia, pareceu-lhe um desperdí-
cio colocar as mãos apenas sobre Mordekhai. Em vez disso, ele decidiu destruir todo
o povo de Mordekhai — os judeus —, em todo o reino de Achashverosh.
7 No primeiro mês, o mês de *nisan*, no décimo segundo ano de Achashverosh,
eles começaram a lançar *pur* (isto é, jogar a sorte) diante de Haman todos os dias
e todos os meses até o décimo segundo mês, o mês de *adar*. 8 Então Haman disse
a Achashverosh: "Existe um povo peculiar espalhado e disperso entre os povos de
todas as províncias de teu reino. Suas leis são diferentes das de todos os outros
povos. Além disso, eles não observam as leis do rei. Não convém ao rei tolerá-los.
9 Se for do agrado do rei, promulgue-se um decreto para a destruição deles; e eu
entregarei 330 toneladas de prata ao depósito do tesouro real, para os oficiais en-
carregados dos assuntos do rei".
10 O rei tomou o anel de selar de sua mão e o deu a Haman, o filho de Hamdata, o
agagi, o inimigo dos judeus. 11 O rei disse a Haman: "O dinheiro pode ficar com você;
e, com o povo, faça o que parecer bom a você". 12 Os secretários do rei foram cha-
mados no décimo terceiro dia do primeiro mês. Eles registraram todas as ordens de
Haman aos comandantes do exército do rei, governadores de todas as províncias
e oficiais de todos os povos, a cada província em seu alfabeto e a cada povo em
sua língua; tudo foi escrito no nome de rei Achashverosh e selado com o anel de
selar do rei. 13 Cartas foram enviadas por mensageiros a todas as províncias reais:
"Destruam, matem e exterminem todos os judeus, desde jovens a idosos, incluindo
crianças e mulheres, em um dia específico, o décimo terceiro dia do décimo segun-
do mês, o mês de *adar*, e saqueiem os bens deles". 14 Uma cópia do documento foi
promulgada como decreto em cada província e deveria ser anunciada em público
entre todos os povos, para que eles se preparassem para o dia. 15 Por ordem do rei,

os mensageiros saíram rapidamente, e o decreto foi promulgado em Shushan, a ca-
pital. Então o rei e Haman sentaram-se para beber juntos, mas a cidade de Shushan
estava em confusão.

4 1 Quando Mordekhai soube tudo o que foi feito, rasgou as roupas, vestiu um
pano de saco, [cobriu-se de] cinzas e saiu pela cidade, lamentando e chorando
amargamente. 2 Ele parou antes de entrar pelo portão do rei, pois não era permitido
que ninguém vestido de pano de saco entrasse pelo portão do rei. 3 Em cada provín-
cia alcançada pela ordem e decreto do rei, havia grande lamento entre os judeus,
com jejum, choro e pranto, e muitos se deitavam sobre panos de saco e cinzas.

4 Quando as meninas e os oficiais que serviam Ester vieram e lhe informaram
sobre isso, a rainha ficou muito angustiada. Ela enviou roupas para serem vestidas
por Mordekhai em lugar de seu pano de saco, mas ele não as aceitou. 5 Então Ester
chamou Hatakh, um dos oficiais do rei que lhe serviam, e o instruiu a dirigir-se a
Mordekhai e descobrir o que estava acontecendo e por quê. 6 Hatakh foi ao encontro
de Mordekhai no espaço aberto em frente ao portão do rei, 7 e Mordekhai lhe disse
tudo o que aconteceu e a quantia exata de prata que Haman tinha prometido depo-
sitar no tesouro real para a destruição dos judeus. 8 Ele lhe deu também uma cópia
do decreto promulgado em Shushan sobre a destruição deles; ele deveria mostrá-lo
a Ester, explicá-lo e, em seguida, instruí-la a se aproximar do rei, interceder a ele
e lhe implorar o favor em prol de seu povo. 9 Hatakh voltou e contou a Ester o que
Mordekhai lhe dissera.

10 Então Ester falou com Hatakh e lhe deu esta mensagem para Mordekhai:
11 "Todos os oficiais do rei, bem como o povo das províncias reais, sabem da exis-
tência de uma lei que impede a aproximação de qualquer pessoa, homem ou mu-
lher, do pátio interno do rei sem ser chamado; quem fizer isso será morto, a menos
que o rei lhe estenda o cetro de ouro a fim de continuar vivo; e eu não fui chamada
pelo rei nos últimos trinta dias".

12 Depois de ser informado a respeito do que Ester dissera, Mordekhai 13 pediu
que esta resposta fosse dada a Ester: "Não suponha que, pelo fato de estar no palá-
cio real, você terá mais chance de escapar que os outros judeus. 14 Pois, se você se
calar agora, os judeus receberão socorro e libertação de uma direção diferente, mas
você e a família de seu pai perecerão. Quem sabe se você chegou a essa posição real
precisamente para um tempo como este".

15 Ester mandou esta resposta a Mordekhai: 16 "Vá, reúna todos os judeus que
encontrar em Shushan e faça-os jejuar por mim, sem comer e beber por três dias
completos; também eu e as meninas que me servem jejuaremos do mesmo modo.
Então irei ao rei — o que é contra a lei; e se eu perecer, pereci". 17 Então Mordekhai
voltou e fez tudo o que Ester lhe ordenou fazer.

5 1 No terceiro dia, Ester vestiu suas roupas reais e foi ao pátio interno do palácio
do rei, em frente ao salão do rei. O rei estava sentado no trono real, no salão do
rei, de frente para a entrada do salão. 2 Quando o rei viu Ester, a rainha, no pátio, ela
obteve seu favor; por isso, o rei estendeu o cetro de ouro de sua mão na direção dela.
Ester aproximou-se e tocou na ponta do cetro. 3 "O que você deseja, rainha Ester?", o
rei perguntou-lhe. "Tudo o que me pedir lhe darei, até metade do reino". 4 "Se parecer
bem ao rei", respondeu Ester, "que o rei e Haman venham hoje ao banquete que lhe
preparei". 5 O rei disse: "Tragam Haman rapidamente, para que se atenda ao pedido
de Ester". (6) Assim, o rei e Haman foram ao banquete preparado por Ester.

6(7) No banquete de vinho, o rei disse outra vez a Ester: "Darei a você tudo o que
pedir; tudo o que quiser, até metade do reino, e será feito". 7(8) Então Ester respon-
deu: "Meu pedido, meu desejo, é este: 8 se eu obtive o favor do rei, se agradar ao rei
conceder meu pedido e fazer o que desejo, o rei e Haman venham ao banquete que
prepararei para eles e amanhã farei como o rei disse".

9 Nesse dia, Haman saiu feliz e bem animado. No entanto, quando Haman avis-
tou Mordekhai junto ao portão do rei, e viu que ele não se levantou nem se moveu
na direção dele, Haman enfureceu-se com Mordekhai. 10 Mesmo assim, Haman con-
teve-se e foi para casa. Chamou seus amigos e Zeresh, sua mulher. 11 Haman van-
gloriou-se de sua vasta riqueza, de seus muitos filhos, e de tudo ligado à promoção
dada pelo rei e à precedência sobre os outros oficiais e servos do rei. 12 "Na verda-
de", Haman acrescentou, "Ester, a rainha, convidou apenas a mim para o banquete
preparado para o rei; e amanhã também serei convidado dela, com o rei. 13 Contudo,
nada disso me fará nenhum bem enquanto eu continuar vendo Mordekhai, o judeu,
permanecer sentado junto ao portão do rei". 14 Nesse momento, Zeresh, sua mulher,
e todos os seus amigos lhe disseram: "Mande construir uma forca com 23 metros
de altura e fale amanhã com o rei sobre o enforcamento de Mordekhai. Então vá, e
alegre-se com o rei no banquete". Haman gostou da ideia e mandou fazer a forca.

6 1 Naquela noite, o rei não conseguia dormir; por isso, ordenou que os registros
do diário lhe fossem trazidos e lidos. 2 Encontrou-se o registro do que Mordekhai
disse a respeito de Bigtana e Teresh, dois dos oficiais do rei, do grupo encarregado
das entradas particulares, que conspiraram para assassinar o rei Achashverosh.
3 O rei perguntou: "Que honra ou distinção foi conferida a Mordekhai por isto?". Os
servos do rei responderam: "Nada foi feito para ele". 4 Então o rei perguntou: "Quem
é aquele no pátio?". Pois Haman viera ao pátio externo do palácio do rei para falar-
-lhe sobre o enforcamento de Mordekhai, na forca que ele lhe havia preparado. 5 Os
servos do rei lhe disseram: "É Haman que está no pátio". O rei ordenou: "Mandem-
-no entrar". 6 Haman entrou. O rei lhe perguntou: "O que se deve fazer com um
homem que o rei deseja honrar?". Haman pensou que se tratasse dele: "A quem o
rei desejaria honrar mais que a mim?". 7 Por isso, Haman respondeu ao rei: "Que ao
homem que o rei deseja honrar 8 sejam dadas roupas reais, vestidas pelo próprio
rei, e o cavalo do rei, com a coroa real na cabeça. 9 As roupas e o cavalo devem ser
entregues aos mais respeitados oficiais do rei, e eles devem vestir as roupas no
homem que o rei deseja honrar e guiá-lo sobre o cavalo por toda a cidade, procla-
mando diante dele: 'Isto é o que se faz com o homem que o rei deseja honrar.' "
10 O rei disse a Haman: "Apresse-se, tome as roupas e o cavalo, como você disse, e
faça isso com Mordekhai, o judeu, que se senta junto ao portão do rei. Não deixe de
fazer nada do que você mencionou".

11 Haman tomou as roupas e o cavalo, vestiu Mordekhai e o conduziu montado
pelas ruas da cidade, enquanto anunciava diante dele: "Isto é o que se faz com o
homem que o rei deseja honrar". 12 Então Mordekhai voltou ao portão do rei, mas
Haman correu para casa com a cabeça coberta, em sinal de lamentação.

13 Depois de Haman ter contado a Zeresh, sua mulher, e a todos os seus amigos
tudo o que lhe aconteceu, seus conselheiros e sua mulher, Zeresh, lhe disseram: "Se
Mordekhai, diante de quem você começou a cair, é judeu, não será possível vencê-
-lo; ao contrário, sua derrota diante dele é inevitável".

14 Enquanto eles estavam falando, os oficiais do rei vieram e se apressaram em
levar Haman ao banquete preparado por Ester.

7 1 O rei e Haman foram ao banquete da rainha Ester; 2 e o rei disse outra vez a
Ester, no banquete de vinho: "Tudo o que pedir, rainha Ester, darei a você; tudo
o que desejar, até metade do reino, e será feito". 3 Ester, a rainha, respondeu: "Se
eu obtive seu favor, rei, e se for do seu agrado, então o que pedirei é que me seja
concedida minha vida e a vida de meu povo. 4 Pois nós fomos vendidos, eu e meu
povo, à destruição, assassinados, exterminados. Se tivéssemos sido apenas vendi-
dos como escravos ou escravas, eu teria permanecido quieta, pois [nossa] dificul-
dade não justificaria trazer essa perturbação ao rei [a fim de alterar a situação]".
5 O rei Achashverosh perguntou a Ester, a rainha: "Quem é ele? Onde está o homem
que ousou fazer tal coisa?". 6 Ester respondeu: "Um inimigo impiedoso — é Ha-
man, o ímpio!". Haman levantou-se horrorizado, perplexo, diante do rei e da rainha.
7 Furioso, o rei levantou-se do banquete de vinho e saiu ao jardim do palácio. No en-
tanto, Haman permaneceu, implorando a Ester, a rainha, que lhe poupasse a vida,
pois ele percebeu que o rei decidira condená-lo. 8 Quando o rei voltou do jardim do
palácio para o banquete de vinho, viu Haman caído sobre o divã em que Ester se
encontrava. Então o rei gritou: "Agora ele está para violentar a rainha aqui, no meu
palácio, diante dos meus olhos?". No momento em que essas palavras saíram de
sua boca, seus oficiais cobriram o rosto de Haman. 9 Harvonah, um dos servos do
rei, disse: "Vejam! Há uma forca de 23 metros de altura que Haman mandou fazer
para enforcar Mordekhai, aquele que só expressou o bem para o rei, junto à casa de
Haman". O rei disse: "Enforquem-no nela". 10 Assim, Haman foi enforcado no lugar
preparado para Mordekhai. Então a ira do rei aplacou-se.

8 1 Nesse mesmo dia, o rei Achashverosh entregou a casa de Haman, o inimigo
dos judeus, a Ester, a rainha. Mordekhai também compareceu diante do rei,
pois Ester revelou seu parentesco com ele. 2 O rei retirou o anel de selar, tomado de
Haman, e o deu a Mordekhai. A seguir, Ester nomeou Mordekhai como encarregado
da casa de Haman. 3 Outra vez Ester falou ao rei; ela caiu a seus pés e lhe implorou
com lágrimas que desse fim à ofensa causada por Haman, o agagi, com o plano que
ele tinha elaborado contra os judeus. 4 O rei estendeu o cetro de ouro para Ester. Por
isso, Ester levantou-se e ficou diante do rei. 5 Ela lhe disse: "Se for do agrado do rei,
se obtive o seu favor, e a questão parecer justa ao rei e eu tiver sua aprovação, en-
tão que se escreva uma ordem rescindindo as cartas idealizadas por Haman, o filho
de Hamdata, o agagi, escritas para destruir os judeus em todas as províncias reais.
6 Pois como eu poderia suportar esse desastre que sobreviria a meu povo? Como eu
suportaria ver o extermínio de meus parentes?". 7 O rei Achashverosh disse a Ester,
a rainha, e a Mordekhai, o judeu: "Ouçam! Dei a Ester a casa de Haman, e ele foi
enforcado por ameaçar a vida dos judeus. 8 Vocês devem escrever um decreto em
nome do rei e inserir tudo o que desejarem a respeito dos judeus; selem-no com o
anel de selar do rei, pois um decreto escrito em nome do rei e selado com o anel do
rei não pode ser rescindido por ninguém".

9 Os secretários do rei foram chamados nesse momento, no vigésimo terceiro dia
do terceiro mês, *sivan*; e o decreto foi escrito de acordo com tudo o que Mordekhai
disse sobre os judeus aos comandantes do exército, governadores e oficiais das pro-
víncias desde a Índia até a Etiópia, 127 províncias, a cada província no próprio alfa-
beto e em sua língua, e também no alfabeto e na língua dos judeus. 10 Eles escreveram
em nome do rei Achashverosh e o selaram com o anel de selar do rei; enviaram
as cartas por mensageiros montados em cavalos velozes, usados a serviço do rei e
criados na estrebaria real. 11 As cartas afirmavam que o rei concedera aos judeus, em

cada cidade, o direito de “reunião e defesa de sua vida, mediante a destruição, morte
e extermínio das forças de qualquer povo ou província que os atacasse, bem como a
seus filhos, mulheres ou a quem tentasse confiscar seus bens 12 no dia designado em
qualquer província do rei Achashverosh, ou seja, o décimo terceiro dia do décimo
segundo mês, o mês de *adar*”. 13 Uma cópia do decreto deveria ser publicada como lei
em todas as províncias e anunciada a todos os povos, e os judeus deveriam preparar-
-se nesse dia para a vingança contra seus inimigos. 14 Mensageiros, montando cavalos
velozes usados no serviço do rei, partiram rapidamente, com pressa por causa da
ordem do rei; e o decreto foi promulgado em Shushan, a capital.

15 Enquanto isso, Mordekhai saiu da presença do rei, vestindo um traje real azul
e branco, com uma grande coroa de ouro e um manto de linho fino e púrpura; e a
cidade de Shushan gritou de alegria. 16 Para os judeus, tudo era luz, felicidade, alegria
e honra. 17 Em cada província e cidade onde a ordem e o decreto do rei chegaram, os
judeus sentiram felicidade e alegria; foi uma festa e um feriado. Muitas pessoas den-
tre os povos da terra tornaram-se judeus, pois o temor dos judeus lhes sobreveio.

9 1 Chegou o tempo do cumprimento da ordem e do decreto do rei, o dia em que
os inimigos dos judeus esperavam sobrepujá-los. No entanto, ocorreu o oposto:
os judeus sobrepujaram quem os odiava. Assim, no décimo terceiro dia do décimo
segundo mês, o mês de *adar*, 2 os judeus se reuniram em suas cidades espalhadas
por todas as províncias do rei Achashverosh para atacar quem tentasse feri-los;
e ninguém lhes pôde resistir, pois todos os povos os temiam. 3 Todos os oficiais
das províncias, os comandantes do exército, os governadores e quem se ocupava
dos assuntos do rei auxiliaram os judeus porque temiam Mordekhai. 4 Mordekhai
tornara-se uma pessoa poderosa no palácio do rei, e sua fama espalhou-se por
todas as províncias; Mordekhai tornou-se cada vez mais poderoso.

5 Os judeus mataram todos os seus inimigos à espada; houve uma grande
matança e destruição, e eles fizeram o que desejaram com quem os odiava; 6 em
Shushan, a capital, os judeus mataram 500 homens. 7-10 Eles mataram os dez fi-
lhos de Haman, o filho de Hamdata, o inimigo dos judeus — Parshandata, Dalfon,
Aspata, Porata, Adalya, Aridata, Parmashta, Arisai, Aridai e Vaizata. No entanto,
não tocaram no espólio.

11 No mesmo dia, depois de o rei ter sido informado sobre o número de mortos
em Shushan, a capital, 12 ele disse a Ester, a rainha: “Se os judeus mataram 500
homens em Shushan, a capital, e os dez filhos de Haman, o que não terão feito no
restante das províncias reais! E, o que você pedir será concedido; o que mais você
desejar será feito”. 13 Ester respondeu: “Se for do agrado do rei, que os judeus de
Shushan se comportem amanhã de acordo com o decreto de hoje, e também que
os filhos de Haman sejam enforcados”. 14 O rei ordenou que isso fosse feito — o
decreto foi promulgado em Shushan, e os dez filhos de Haman foram enforcados.
15 Por isso, os judeus de Shushan reuniram-se também no décimo quarto dia do mês
de *adar* e mataram 300 homens em Shushan, mas não tocaram no espólio.

16 Os outros judeus, nas províncias reais, reuniram-se, defenderam a própria
vida e conseguiram descanso de seus inimigos, matando 75 mil de quem os odiava,
sem, no entanto, tocar no espólio, 17 no décimo terceiro dia do mês de *adar*. Desse
modo, no décimo quarto dia de *adar*, eles descansaram e fizeram dele um feria-
do para celebração e alegria. 18 Entretanto, os judeus de Shushan reuniram-se no
décimo terceiro e no décimo quarto dias de *adar*, descansando, assim, no décimo
quinto dia e fazendo dele um feriado de celebração e alegria. 19 Este é o motivo de os

judeus das vilas, que vivem em cidades não muradas, fazerem do décimo quarto
dia do mês de *adar* um dia para celebração e alegria, um feriado e um momento
para enviarem porções [de comida] entre si.
20 Mordekhai registrou esses acontecimentos e enviou cartas a todos os judeus
em todas as províncias do rei Achashverosh, próximas e distantes, 21 instruindo-os
a observar o décimo quarto e o décimo quinto dias do mês de *adar* todos os anos,
22 [para comemorar] os dias em que os judeus obtiveram descanso de seus inimigos
e o mês em que sua tristeza foi transformada em alegria, e o lamento, em um fe-
riado; deveriam celebrar esses dias com alegria, enviando porções [de comida] uns
aos outros e dando presentes aos pobres.
23 Então os judeus resolveram dar continuidade ao que haviam começado a fa-
zer, quando Mordekhai lhes escreveu, 24 pois Haman, o filho de Hamdata, o agagi,
o inimigo dos judeus, conspirara contra os judeus para destruí-los lançando *pur*
(isto é, "sorte") para esmagá-los e destruí-los; 25 quando Ester apresentou-se ao rei,
e ele ordenou por meio de cartas que o esquema ímpio [de Haman], que visava aos
judeus, recaísse sobre a cabeça dele, e que ele e seus filhos fossem enforcados.
26 Esta é a razão de esses dias terem sido chamados *Purim*, vocábulo derivado de
pur. Assim, por causa de tudo o que se encontra escrito nessa carta, do que eles
viram a respeito desse assunto, e do que lhes aconteceu, 27 os judeus resolveram
que eles mesmos e seus descendentes observariam, sem falhar, esses dois dias, de
acordo com o que está escrito [nessa carta] no tempo certo, todos os anos; 28 e esses
dias seriam recordados e observados em todas as gerações, famílias, províncias e
cidades, e os dias de *Purim* jamais cessariam entre os judeus, e suas lembranças
jamais seriam perdidas por seus descendentes.
29 Depois disso, Ester, a rainha, a filha de Avichayil, e Mordekhai, o judeu, apre-
sentaram um relato oficial completo para confirmar a segunda carta a respeito de
Purim. 30 Ele enviou cópias dela a todos os judeus, às 127 províncias do reino de
Achashverosh, assegurando-lhes paz e segurança, 31 e requerendo deles a celebra-
ção desses dias de *Purim*, no tempo designado, como Mordekhai, o judeu, e Ester,
a rainha, lhes haviam ordenado, e como eles estabeleceram questões relativas ao
jejum e à lamentação. 32 Por ordem de Ester, essas questões de *Purim* foram confir-
madas e registradas no livro.

10 1 O rei Achashverosh impôs tributos sobre a terra, sobre as regiões costeiras
e sobre as ilhas. 2 Todos os atos de seu poder e força, bem como o relato
completo da grande honra atribuída a Mordekhai pelo rei, estão escritos nas crôni-
cas dos reis da Média e da Pérsia. 3 Pois Mordekhai, o judeu, era o segundo, depois
do rei Achashverosh; ele foi um grande homem entre os judeus; era popular entre
todos os seus conterrâneos. Ele procurou o bem de seu povo e intercedeu pelo
bem-estar de todos os seus descendentes.

דניאל

Dani'el

[Daniel]

1 1 No terceiro ano do reinado de Y'hoyakim, rei de Y'hudah, N'vukhadnetzar, rei
de Bavel, chegou a Yerushalayim e a cercou, 2 e *Adonai* entregou-lhe Y'hoyakim,
rei de Y'hudah, bem como alguns utensílios da casa de Deus. Ele os levou à terra de
Shin'ar, à casa do seu deus, e colocou os utensílios no depósito do seu deus.

3 O rei ordenou a Ashp'naz, o eunuco, que lhe servia como chefe dos oficiais,
que trouxesse ao palácio um descendente dos reis ou da nobreza do povo de
Yisra'el. 4 Deveriam ser jovens sem defeito físico, de boa aparência, versados em
todos os tipos de sabedoria, que aprendessem rápido, perspicazes e capazes de
servir no palácio do rei; ele lhes deveria ensinar a língua e a literatura dos kasdim.
5 O rei designou-lhes todos os dias uma porção de sua comida e do vinho que ele
bebia, e eles receberam esses cuidados por três anos. Ao fim desse período, eles se
tornavam atendentes do rei.

6 Entre esses, encontravam-se Dani'el, Hananyah, Misha'el e 'Azaryah, do povo
de Y'hudah. 7 O chefe dos oficiais lhes deu outros nomes — a Dani'el, deu o nome de
Belt'shatzar; a Hananyah, Shadrakh; a Misha'el, Meishakh; e a 'Azaryah, 'Aved-N'go.

8 No entanto, Dani'el decidiu que não se contaminaria com a comida ou com o
vinho do rei; assim, ele pediu ao chefe dos oficiais que o eximisse de contaminar a
si mesmo. 9 Deus fez que o chefe dos oficiais se mostrasse gentil e simpático para
com Dani'el. 10 Entretanto, o chefe dos oficiais lhe disse: "Tenho medo do rei, meu
senhor. Afinal, ele deu a vocês uma pensão de comida e bebida; e se ele, vendo-os,
os considerar de aparência pior que a dos outros de sua idade, vocês porão minha
cabeça em perigo diante do rei".

11 Então Dani'el disse ao guarda a cargo de quem o chefe dos oficiais tinha co-
locado Dani'el, Hananyah, Misha'el e 'Azaryah: 12 "Por favor! Faça uma experiência
com seus servos: por dez dias, deixe-nos comer apenas vegetais e beber só água.
13 Então veja nossa aparência, e compare-nos com os meninos que se alimentam
com a comida do rei; e trate seus servos de acordo com o que vir". 14 Ele concordou
com o que lhe pediram e permitiu-lhes dez dias de teste. 15 No fim dos dez dias, eles
pareciam melhores e mais robustos que todos os meninos que se tinham alimen-
tado com a comida do rei. 16 O guarda tirava a comida e o vinho que supostamente
eles deveriam ingerir e lhes dava vegetais.

17 Deus concedeu conhecimento e habilidades em todos os tipos de aprendiza-
do e sabedoria a esses quatro meninos; além disso, Dani'el podia entender todos os
tipos de visões e sonhos.

18 Quando chegou o momento de se apresentarem ao rei, o chefe dos oficiais
trouxe-os a N'vukhadnetzar; 19 e, quando o rei falou com eles, nenhum deles se
comparava a Dani'el, Hananyah, Misha'el e 'Azaryah. Por isso, eles passaram a ser-
vir ao rei; 20 e, em todas as questões que requeriam sabedoria e entendimento, sem-
pre que o rei os consultava, encontrava-os dez vezes melhores que todos os magos
e exorcistas de todo o seu reino.

21 Assim, Dani'el permaneceu ali até o primeiro ano do rei Koresh.

2 1 No segundo ano do reinado de N'vukhadnetzar, N'vukhadnetzar ficou pertur-
bado por uma série de sonhos que tivera e não conseguia dormir. 2 Por isso, o rei
mandou chamar os magos, exorcistas, feiticeiros e astrólogos para interpretarem os
sonhos do rei. Eles vieram e se puseram na presença dele. 3 O rei lhes disse: "Tive um
sonho que continuará perturbando meu espírito até eu saber seu significado".
4 Os astrólogos falaram ao rei, em aramaico: "Que o rei viva para sempre! Conta
o sonho a teus servos, e nós o interpretaremos". 5 O rei respondeu aos astrólogos:
"Eis o que decidi: se vocês não me contarem o sonho e sua interpretação, eu os farei
em pedaços, e suas casas serão reduzidas a escombros. 6 No entanto, se me conta-
rem o sonho e sua interpretação, darei a vocês presentes, recompensas e grande
honra. Apenas contem-me o sonho e sua interpretação". 7 Eles disseram pela segun-
da vez: "Que Sua Majestade conte a seus servos o sonho, e nós o interpretaremos".
8 O rei respondeu: "Vejo que vocês estão tentando ganhar tempo, pois sabem da
minha decisão: 9 se não me contarem o sonho, haverá condenação para todos vocês.
Pois vocês conspiraram para me desencaminhar com mentiras, na esperança de que
o tempo mude a situação. Agora, contem-me o sonho! Isso me convencerá de sua
capacidade de me apresentar a interpretação correta". 10 Os astrólogos responde-
ram ao rei: "Sua Majestade, ninguém no mundo pode fazer isso! Nunca um rei, não
importa quão grande e poderoso, pediu algo parecido de nenhum mago, exorcista
ou astrólogo. 11 O rei está pedindo algo difícil; apenas os deuses podem contar
isso a Sua Majestade, e eles não vivem com meros mortais". 12 Nesse momento, o
rei se encheu de ira e ordenou que todos os sábios de Bavel fossem executados.
13 Quando o decreto da morte dos sábios foi publicado, Dani'el e seus companhei-
ros também foram procurados para ser executados.

14 Então, escolhendo suas palavras com cuidado, Dani'el consultou Aryokh,
capitão da guarda real, que já estava de saída para matar os sábios de Bavel. 15 Ele
disse a Aryokh: "Por ser o oficial do rei, deixe-me perguntar: por que o rei pro-
mulgou um decreto tão severo?". Aryokh explicou a situação para Dani'el. 16 Então
Dani'el foi pedir ao rei que lhe desse algum tempo até que ele pudesse narrar ao
rei a interpretação.

17 Dani'el foi para casa e tornou o assunto conhecido de Hananyah, Misha'el e
'Azaryah, seus companheiros, 18 para que eles pedissem ao Deus do céu misericór-
dia concernente a esse segredo e assim salvasse Dani'el e seus companheiros da
morte, bem como os outros sábios de Bavel. 19 Então o segredo foi revelado a Dani'el
em uma visão noturna, e Dani'el abençoou o Deus do céu 20 com estas palavras:

"Bendito seja o nome de Deus
desde a eternidade passada à eternidade futura!
Pois a sabedoria e o poder lhe pertencem de forma exclusiva;
21 ele traz mudanças de estações e tempos;
instala reis e os depõe;
ele dá sabedoria aos sábios
e conhecimento àqueles que têm discernimento.
22 Ele revela coisas profundas e secretas;
conhece o que jaz na escuridão;
e a luz habita com ele.
23 Eu te agradeço e louvo, Deus de meus antepassados,
por me dares sabedoria e poder,
e revelares o que te pedimos,
para darmos a resposta ao rei".

24 Assim, Dani'el foi ver Aryokh, a quem o rei incumbiu de destruir os sábios de
Bavel, e lhe disse: "Não destrua os sábios de Bavel! Leve-me à presença do rei, e eu
darei ao rei a interpretação". 25 Aryokh levou Dani'el rapidamente à presença do rei
e lhe disse: "Encontrei um dos exilados de Y'hudah que revelará a interpretação a
Sua Majestade". 26 O rei disse a Dani'el (que tinha recebido o nome de Belt'shatzar):
"Você é capaz de dizer-me o que sonhei e dar o significado do meu sonho?".
27 Dani'el respondeu ao rei: "Nenhum sábio, exorcista, mago ou astrólogo pode di-
zer a Sua Majestade o segredo sobre o qual lhe foi perguntado. 28 No entanto, existe
um Deus no céu que desvenda mistérios, e ele revelou ao rei N'vukhadnetzar o que
acontecerá no *acharit-hayamim.* Eis o sonho e as visões ocorridas em sua mente
quando Sua Majestade estava na cama.

29 "Quando Sua Majestade estava na cama, começou a pensar sobre o que
ocorrerá no futuro; e aquele que revela segredos revelou ao rei o que acontecerá.
30 Contudo, esse segredo não me foi revelado porque sou mais sábio que os demais
seres humanos, mas para que o significado pudesse ser revelado a Sua Majestade,
e então Sua Majestade pudesse entender os pensamentos de sua mente.

31 "Sua Majestade teve a visão de uma estátua, muito grande e extremamente
brilhante; ela estava à sua frente, e a aparência dela era aterradora. 32 A cabeça da
estátua era de ouro fino, o peito e os braços eram de prata, o tronco e as coxas
eram de bronze; 33 as pernas eram de ferro, e os pés eram parcialmente de ferro e
parcialmente de barro. 34 Enquanto Sua Majestade observava, uma pedra se soltou,
sem nenhuma mão humana, atingiu os pés feitos de ferro e barro da estátua e os
fez em pedaços. 35 Em seguida, o ferro, o barro, o bronze, a prata e o ouro foram
despedaçados e se tornaram como o refugo sobre uma eira no verão; o vento os le-
vou embora sem deixar nenhum vestígio. No entanto, a pedra que atingiu a estátua
cresceu até se transformar em uma grande montanha que encheu a terra toda.

36 "Esse foi o sonho de Sua Majestade, e agora nós daremos ao rei a interpreta-
ção. 37 Ó Majestade, rei de reis, a quem o Deus do céu concedeu o reino, o poder, a
força e a glória; 38 de modo que ele entregou a ti todos os povos, os animais selva-
gens e os pássaros que vivem no ar para que reines sobre eles — Sua Majestade é
a cabeça de ouro. 39 No entanto, depois de Sua Majestade, outro reino, inferior, se
levantará; na sequência, o terceiro reino, de bronze, reinará sobre o mundo todo.
40 O quarto reino será forte como o ferro. O ferro é capaz de fazer qualquer coisa
em pedaços, pulverizá-la e esmagá-la. Assim, como o ferro pode esmagar qualquer
coisa, esse reino fará os outros reinos em pedaços e os esmagará. 41 Por fim, Sua
Majestade viu os pés e dedos feitos parcialmente de barro e parcialmente de ferro;
isso significa um reino dividido; contudo, ele terá um pouco da firmeza do ferro,
pois Sua Majestade viu o ferro misturado com o barro do solo. 42 Como os dedos
dos pés eram parte de ferro e parte de barro, esse reino será parcialmente forte e
parcialmente frágil. 43 Sua Majestade viu ferro misturado com barro; isso significa
que eles solidificarão suas alianças por meio de casamentos mistos; mas eles não
permanecerão juntos, não mais que o ferro misturado com o barro.

44 "Nos dias desses reis, o Deus do céu estabelecerá um reino que nunca será
destruído, e esse reino não passará às mãos de outro povo. Ele fará em pedaços e
consumirá todos esses reinos; no entanto, ele mesmo permanecerá para sempre —
45 como a pedra vista por Sua Majestade, separada da montanha sem o auxílio de
mãos humanas, que fez em pedaços o ferro, o bronze, o barro, a prata e o ouro.
O grande Deus revelou ao rei o que acontecerá no futuro. O sonho é verdadeiro, e
sua interpretação é fidedigna".

46 Então o rei N'vukhadnetzar prostou-se com o rosto em terra e prestou honra
a Dani'el; ordenou que uma oferta de grãos e incenso fosse apresentada a ele.
47 O rei disse a Dani'el: "Seu Deus é de fato o Deus dos deuses, o Senhor de reis e o
revelador de segredos, pois você foi capaz de revelar este segredo". 48 O rei pro-
moveu Dani'el a uma posição elevada, dando-lhe muitos presentes caros, e fez
dele governante de toda a província de Bavel e cabeça de todos os sábios de Bavel.
49 A pedido de Dani'el, o rei pôs a cargo de Shadrakh, Meishakh e 'Aved-N'go os
negócios da província de Bavel, enquanto Dani'el permanecia atendendo o rei.

3 1 N'vukhadnetzar, o rei, fez uma estátua de ouro com 27,5 metros de altura
e 2,75 metros de largura, e a colocou na planície de Dura, na província de Bavel.
2 A seguir, N'vukhadnetzar, o rei, chamou os vice-reis, prefeitos, governadores, juí-
zes, tesoureiros, conselheiros, delegados e todos os oficiais das províncias para se
reunirem e assistir à dedicação da estátua que N'vukhadnetzar, o rei, mandara cons-
truir. 3 Os vice-reis, prefeitos, governadores, juízes, tesoureiros, conselheiros, dele-
gados e todos os oficiais das províncias se reuniram para a dedicação da estátua
que N'vukhadnetzar, o rei, mandara erigir. Eles ficaram em pé diante da estátua que
N'vukhadnetzar mandara fazer; 4 e o arauto anunciou: "Povos, nações, línguas! Vocês
devem, 5 ao ouvir o som do chifre, da flauta, da harpa, da cítara, do alaúde, da gaita de
fole e do restante dos instrumentos musicais, prostrar-se e adorar a estátua de ouro
que N'vukhadnetzar, o rei, mandou fazer. 6 Quem não se prostrar e adorar a estátua,
será lançado de imediato em uma fornalha ardente". 7 Assim, quando ouviram o som
do chifre, da flauta, da harpa, da cítara, do alaúde e do restante dos instrumentos
musicais, todos os povos, nações e línguas prostraram-se e adoraram a estátua de
ouro que N'vukhadnetzar, o rei, mandara fazer.

8 No entanto, alguns dentre os kasdim aproximaram-se e começaram a denun-
ciar os judeus. 9 Eles disseram a N'vukhadnetzar, o rei: "Que o rei viva para sempre!
10 Sua Majestade ordenou que todos os que ouvissem o som do chifre, da flauta, da
harpa, da cítara, do alaúde, da gaita de fole e do restante dos instrumentos musi-
cais se prostrassem e adorassem a estátua de ouro, 11 e que quem não se prostrasse
e a adorasse deveria ser lançado em uma fornalha ardente. 12 Alguns judeus, nomea-
dos por Sua Majestade para tratar dos assuntos da província de Bavel — Shadrakh,
Meishakh e 'Aved-N'go —, não deram atenção ao rei. Eles não servem a nossos
deuses, nem adoraram a estátua de ouro que Sua Majestade fez".

13 Em um ataque de fúria, N'vukhadnetzar ordenou que Shadrakh, Meishakh
e 'Aved-N'go lhe fossem trazidos. Quando os homens os puseram diante do rei,
14 N'vukhadnetzar lhes disse: "Shadrakh, Meishakh e 'Aved-N'go. É verdade que
vocês não servem a meus deuses nem adoram a estátua de ouro que fiz? 15 Então,
se vocês estão preparados, quando ouvirem o som do chifre, da flauta, da harpa,
da cítara, do alaúde, da gaita de fole e do restante dos instrumentos musicais,
prostrem-se e adorem a estátua de ouro, e tudo ficará muito bem. No entanto,
se não a adorarem, serão lançados de pronto em uma fornalha ardente — e que
deus, então, os salvará de meu poder?". 16 Shadrakh, Meishakh e 'Aved-N'go res-
ponderam ao rei: "Sua pergunta não exige de nós uma resposta. 17 Majestade, se
nosso Deus, a quem servimos, for capaz de nos salvar, ele nos salvará da fornalha
ardente e de seu poder. 18 No entanto, mesmo que ele não faça isso, queremos que
Sua Majestade saiba que nós não serviremos a seus deuses nem adoraremos a
estátua de ouro que Sua Majestade fez".

19 N'vukhadnetzar ficou tão furioso que sua face alterou-se por causa da ira con-
tra Shadrakh, Meishakh e 'Aved-N'go. Ele ordenou que a fornalha fosse aquecida
sete vezes mais que o costume. 20 Em seguida, ordenou que alguns dos homens
mais fortes de seu exército amarrassem Shadrakh, Meishakh e 'Aved-N'go e os
lançassem na fornalha ardente. 21 Assim, esses homens foram amarrados com
seus mantos, suas túnicas, capas e outras peças de roupa, e lançados na fornalha
ardente. 22 A ordem do rei era tão urgente e a fornalha estava tão superaquecida que
os homens que acompanhavam Shadrakh, Meishakh e 'Aved-N'go foram queima-
dos pelas chamas. 23 Esses três homens, Shadrakh, Meishakh e 'Aved-N'go, caíram,
amarrados, na fornalha ardente.

24 De repente, N'vukhadnetzar se pôs na ponta dos pés. Alarmado, perguntou
a seus conselheiros: "Nós não lançamos três homens amarrados às chamas?". Eles
responderam ao rei: "Sim, isso mesmo, Majestade". 25 Contudo, ele exclamou: "Eu
vejo quatro homens desamarrados, sem ferimentos, andando por entre as chamas;
e os quatro assemelham-se aos deuses!". 26 N'vukhadnetzar aproximou-se da aber-
tura da fornalha ardente e disse: "Shadrakh, Meishakh, 'Aved-N'go! Vocês, servos
de *El 'Elyon*, saiam, venham para cá!". Shadrakh, Meishakh e 'Aved-N'go saíram das
chamas. 27 Os vice-reis, prefeitos, governadores e conselheiros reais presentes ali vi-
ram que o fogo não tinha tido poder sobre o corpo desses homens — nem mesmo o
seu cabelo tinha sido chamuscado, suas roupas pareciam intactas e não cheiravam
a fumaça.

28 N'vukhadnetzar disse: "Bendito seja o Deus de Shadrakh, Meishakh e 'Aved-
-N'go! Ele enviou seu anjo para libertar os servos que confiam nele. Eles desafiaram
a ordem real a ponto de se disporem a entregar o corpo, a fim de não servir nem
adorar outro deus além do seu Deus. 29 Por isso, eu decreto que qualquer pessoa,
sem importar o povo, a nação ou a língua, que disser algo para insultar o Deus de
Shadrakh, Meishakh e 'Aved-N'go deverá ter o corpo despedaçado, e sua casa será
reduzida a escombros, pois não há outro deus capaz de salvar como este".

30 Então o rei concedeu a Shadrakh, Meishakh e 'Aved-N'go uma alta posição
hierárquica na província de Bavel.

31(4.1) [A carta seguinte foi enviada:]

"De: N'vukhadnetzar, o rei,
"Para: Todos os povos, nações e línguas que vivem em toda a terra:
"*Shalom rav*! [Muita paz!]

32(4.2) "Estou contente por poder contar os sinais e as maravilhas que o Deus Altís-
simo fez por mim.

33(4.3) "Quão grandes são seus sinais!
Quão poderosas são suas maravilhas!
Seu reino dura para sempre,
e ele reina por todas as gerações.

4

1(4) "Eu, N'vukhadnetzar, estava feliz em minha casa, usufruindo o luxo do meu
palácio; 2(5) mas, ao me deitar na cama, sonhei com algo que me amedrontou,
seguindo-se fantasias e visões em minha cabeça que me deixaram com mais
medo ainda. 3(6) Por isso ordenei aos sábios de Bavel que se apresentassem
a mim, para me contarem a interpretação do sonho. 4(7) Quando os magos,
exorcistas, astrólogos e adivinhos vieram, eu lhes contei o sonho, mas eles

não o puderam interpretar para mim. 5(8) Entretanto, por fim, Dani'el (chama-
do Belt'shatzar, de acordo com o nome de meu deus), em quem está o espíri-
to dos santos deuses, veio até mim e eu lhe contei o sonho: 6(9) 'Belt'shatzar,
chefe dos magos! Por saber que o espírito dos santos deuses está em você,
e que nenhum mistério é difícil demais para você, diga-me o significado das
visões que vi em meu sonho. 7(10) Eis as visões que recebi em minha cabeça,
enquanto permanecia deitado em minha cama: olhei, e ali havia diante de
mim uma árvore no centro da terra; ela era muito alta. 8(11) A árvore cresceu
e tornou-se forte até sua copa alcançar o céu; ela podia ser vista de qual-
quer lugar da terra. 9(12) Sua folhagem era bonita, e seu fruto sobejava; ela
produzia alimentos suficientes para todos. Os animais selvagens usufruíam
de sua sombra, as aves do ar viviam em seus galhos, e ela fornecia comida
a todas as criaturas vivas. 10(13) Olhei, nas visões de minha cabeça, enquanto
permanecia deitado na cama, e apareceu uma sentinela sagrada descendo
do céu. 11(14) Ela gritou:

" ' "Cortem a árvore e seus galhos,
arranquem as folhas, espalhem o fruto!
Que os animais selvagens fujam de seu abrigo!
Que os pássaros abandonem seus galhos!
12(15) No entanto, deixem o toco com as raízes no solo,
com uma cobertura de ferro e bronze,
na relva viçosa do campo;
seja molhado pelo orvalho do céu
e partilhe a sorte dos animais no pasto;
13(16) que seu coração e sua mente deixem de ser humanos
e tornem-se os de um animal;
e que sete estações passem sobre ele.

14(17) " ' "Esta ordem foi emitida pelas sentinelas,
a sentença foi anunciada pelos santos,
para o conhecimento de todos os viventes
de que o Altíssimo rege os reinos humanos,
ele os dá a quem quiser
e faz ascender a eles o mais inferior dos mortais".

15(18) " 'Este é o sonho que eu, rei N'vukhadnetzar, vi. Agora, Belt'shatzar, diga-me a
interpretação. Nenhum dos sábios de meu reino conseguiu dar-me a interpreta-
ção, mas você pode fazê-lo, pois o espírito dos santos deuses está em você'.

16(19) "Dani'el, cujo nome era Belt'shatzar, permaneceu perplexo por um momento,
temeroso por seus pensamentos. O rei disse: 'Belt'shatzar, não deixe que o
sonho ou a interpretação o amedrontem'. Belt'shatzar respondeu: 'Ah, meu se-
nhor, quem dera que o sonho dissesse respeito a quem o odeia, e a interpreta-
ção recaísse sobre seus inimigos! 17(20) A árvore que Sua Majestade viu crescer,
vicejar até a copa e alcançar o céu, podendo ser vista de toda a terra, 18(21) com
linda folhagem e fruto que sobejava para alimentar a todos, sob a qual viviam
os animais selvagens, e em seus galhos as aves construíam ninhos — 19(22) é Sua
Majestade! Sua Majestade cresceu e tornou-se forte — sua grandeza aumentou
e alcançou o céu, e seu reino estende-se aos confins da terra.

20(23) " 'E o rei viu uma sentinela sagrada descendo do céu e dizendo:

" ' "Cortem a árvore e a destruam,
mas deixem o toco com as raízes no solo,
com uma cobertura de ferro e bronze,
na relva viçosa do campo;
seja molhado pelo orvalho do céu
e partilhe a sorte dos animais no pasto,
até que sete estações passem sobre ele".

21(24) " 'Esta é a interpretação, Majestade; e este é o decreto do Altíssimo imposto a
meu senhor, o rei:

22(25) " 'Sua Majestade será expulso da sociedade humana
para viver com os animais selvagens.
Comerá relva como o boi
e se molhará com o orvalho do céu,
as sete estações passarão sobre Sua Majestade;
até aprender que o Altíssimo
rege os reinos humanos
e os dá a quem desejar.

23(26) " 'No entanto, por se ter ordenado deixar o toco da árvore com as raízes, seu
reino será preservado até que Sua Majestade aprenda que o Céu rege todas as
coisas. 24(27) Portanto, Sua Majestade, por favor, aceite meu conselho: rompa
com seus pecados, substituindo-os por atos de caridade, e rompa com suas
transgressões, demonstrando misericórdia para com os pobres; isto talvez
estenda seu tempo de prosperidade'.

25(28) "Tudo isso aconteceu com o rei N'vukhadnetzar. 26(29) Doze meses depois, en-
quanto ele andava no terraço do palácio real de Bavel, 27(30) o rei disse: 'Bavel,
a grande! Eu a construí para ser a residência real com meu poder e força, a
fim de destacar a glória da minha Majestade!'. 28(31) Tão logo o rei disse essas
palavras, uma voz desceu do céu: 'Rei N'vukhadnetzar! Estas são palavras que
dizem respeito a você:

" ' "O reino foi tirado de você.
29(32) Você será expulso da sociedade humana
para viver com os animais selvagens.
Seu alimento será a relva, como o alimento do boi,
e será molhado com o orvalho do céu;
sete estações passarão sobre você
até aprender que o Altíssimo
rege os reinos humanos
e os dá a quem desejar" '.

30(33) "A palavra cumpriu-se naquele momento. N'vukhadnetzar foi expulso da so-
ciedade humana, passou a comer relva como o boi, seu corpo ficava molhado
com o orvalho do céu, seus cabelos cresceram como penas de águias, e suas
unhas assemelharam-se a garras de pássaros.

31(34) "Quando esse período chegou ao fim, eu, N'vukhadnetzar, elevei meus olhos
ao céu, e meu entendimento voltou. Abençoei o Altíssimo, louvei-o e dei honra
ao que vive para sempre.

" 'Pois seu reinado é eterno,
seu reino dura por todas as gerações.
32(35) Todos os que vivem sobre a terra são contados como nada.
Ele faz o que deseja com o exército do céu
e com os que vivem sobre a terra.
Ninguém lhe pode deter a mão
ou lhe perguntar: "Que fazes?" '.

33(36) "Naquele momento, meu entendimento voltou para mim; e, por causa da gló-
ria do meu reino, minha Majestade e esplendor também voltaram. Meus conse-
lheiros e senhores me procuraram, e fui restabelecido em meu reino, e recebi
mais que minha grandeza anterior. 34(37) Agora eu, N'vukhadnetzar, louvo, exal-
to e honro o rei de céu:

" 'Pois todas as suas obras são verdade,
e seus caminhos são justos;
e ele pode humilhar quem anda com orgulho' ".

5 1 Belshatzar, o rei, deu um grande banquete para mil de seus senhores, e na pre-
sença dos mil ele bebia vinho. 2 Enquanto provava o vinho, Belshatzar ordenou
que os utensílios de ouro e prata, removidos por seu pai, N'vukhadnetzar, do tem-
plo de Yerushalayim fossem trazidos para que o rei, seus senhores, suas mulheres
e concubinas bebessem neles. 3 Então os utensílios de ouro removidos do santuário
da casa de Deus em Yerushalayim foram trazidos; e o rei, seus senhores, suas mu-
lheres e concubinas beberam neles. 4 Beberam vinho e louvaram seus deuses feitos
de ouro, prata, bronze, ferro, madeira e pedra.

5 De repente, os dedos de uma mão humana apareceram e começaram a escre-
ver no reboco do muro do palácio, junto a uma luminária. Quando o rei viu a palma
de uma mão escrevendo, 6 a face do rei mudou de aparência. Pensamentos ame-
drontadores tomaram conta dele, a articulação de seu quadril cedeu, e seus joelhos
começaram a tremer. 7 O rei gritou para que trouxessem os exorcistas, astrólogos e
adivinhos. O rei disse aos sábios de Bavel: "Quem for capaz de ler essa inscrição e
me disser seu significado, será vestido de púrpura real, usará uma corrente de ouro
em volta do pescoço e será um dos três homens governantes do reino". 8 Todos os
sábios do rei vieram, mas não foram capazes de ler a inscrição nem de dizer ao rei
o seu significado. 9 Então o rei Belshatzar ficou aterrorizado; sua face empalideceu,
e seus senhores estavam confusos.

10 Nesse momento, a rainha-mãe, por causa do que diziam o rei e seus senho-
res, entrou na sala de banquetes. A rainha-mãe disse: "Que o rei viva para sempre!
Não se amedronte com seus pensamentos nem empalideça. 11 Em seu reino, há um
homem em quem está o espírito dos deuses sagrados. Nos dias de seu pai, encon-
trou-se nele luz, discernimento e sabedoria como a sabedoria dos deuses. O rei
N'vukhadnetzar, seu pai — o rei, seu pai — fez dele o chefe dos magos, exorcistas,
astrólogos e adivinhos, 12 pois nele se encontrava um espírito extraordinário, conhe-
cimento, discernimento e a habilidade de interpretar sonhos, desvendar mistérios
e resolver questões complicadas. Ele se chama Dani'el, mas o rei lhe deu o nome de
Belt'shatzar. Agora, chame Dani'el, e dirá a ti o que isso significa".

13 Dani'el foi levado à presença do rei. O rei disse a Dani'el: "Você é Dani'el, um
dos exilados de Y'hudah, a quem meu pai, o rei, trouxe de Y'hudah? 14 Ouvi a seu
respeito que o espírito dos deuses encontra-se em seu interior e que você possui

luz, discernimento e sabedoria extraordinária. 15 Os sábios e exorcistas foram trazidos até mim para poderem ler essa inscrição e me dizer seu significado, mas não foram capazes de interpretá-la para mim. 16 Contudo, ouvi dizer que você é capaz de apresentar interpretações e resolver problemas complicados. Agora, se puder ler a inscrição e me dizer o que significa, você será vestido com púrpura real, usará uma corrente de ouro em volta do pescoço e será um dos três homens que governam o reino".

17 Dani'el respondeu ao rei: "Guarde suas dádivas e dê suas recompensas a outra pessoa. Entretanto, eu lerei a inscrição para o rei e direi o significado. 18 Majestade, o Altíssimo Deus concedeu o reino a N'vukhadnetzar, seu pai, bem como grandeza, glória e majestade. 19 Por causa da grandeza concedida, todos os povos, nações e línguas tremeram de medo diante dele. Ele mandava matar quem desejasse e deixava viver quem ele quisesse; pessoas eram promovidas e humilhadas de acordo com o desejo dele. 20 No entanto, quando ele se tornou orgulhoso, e seu espírito, endurecido, passou a tratar as pessoas de modo arrogante; foi deposto do trono real, e sua glória foi tirada dele. 21 Ele foi expulso da sociedade humana, seu coração assemelhou-se ao de um animal, passou a viver com os jumentos selvagens, alimentava-se da relva como o boi, e seu corpo ficou encharcado com o orvalho do céu, até que ele aprendesse que o Altíssimo Deus rege os reinos humanos e os dá a quem desejar. 22 No entanto, Sua Majestade, Belshatzar, filho dele, não se humilhou em seu coração, mesmo sendo conhecedor de tudo isso. 23 Em vez disso, exaltou-se acima do Senhor do céu ao trazer para si os utensílios de sua casa; e Sua Majestade e seus senhores, suas mulheres e concubinas beberam vinho neles; a seguir, ofereceram louvor a seus deuses de prata, ouro, bronze, ferro, madeira e pedra, incapazes de enxergar, ouvir ou conhecer qualquer coisa. Enquanto isso, Deus, que mantém seu fôlego nas mãos dele, e a quem pertencem todas as suas ações, não foi glorificado. 24 Este é o motivo de ele enviar a mão para fazer essa inscrição; 25 e a inscrição diz: *'M'ne! M'ne! T'kel ufarsin'.** 26 Este é o significado: 'M'ne!' — Deus contou seu reino e dará fim a ele. 27 'T'kel' — Sua Majestade foi pesada em uma balança e achada em falta. 28 'P'res' — seu reino foi dividido e dado aos medos e persas".

29 Então Belshatzar deu a ordem; eles vestiram Dani'el com púrpura real, puseram uma corrente de ouro à volta de seu pescoço e anunciaram que ele seria um dos três homens que governariam o reino.

30 Naquela mesma noite, Belshatzar, o rei dos kasdim, foi morto.

6 1(5.31) O reino foi passado a Daryavesh, o medo, quando ele contava 62 anos de idade. 2(1) Daryavesh decidiu estabelecer sobre o reino 120 vice-reis para governarem sobre todo o reino, 3(2) com três chefes acima deles, entre os quais Dani'el se encontrava, para que esses vice-reis se responsabilizassem por eles e para que os interesses do rei fossem salvaguardados. 4(3) No entanto, por causa do espírito extraordinário que estava em Dani'el, ele se destacou dos outros chefes e dos vice-reis que o rei havia considerado encarregar de todo o reino. 5(4) Os outros chefes e os vice-reis tentaram encontrar um motivo para reclamar de Dani'el sobre o desempenho de suas obrigações; mas eles não encontraram nada para reclamar,

* *M'ne* — o *maneh* era uma moeda; a palavra aramaica *mena* significa "contar". *T'kel* é a versão aramaica de *shekel*, uma unidade de peso; a expressão aramaica *tekilta* significa "você foi pesado". *P'res* (substantivo aramaico de plural *parsin*) é metade de um *maneh*; *p'ris* significa "cortar, dividir"; *Paras* é Pérsia.

nenhuma falta; ao contrário, ele era tão fiel que nem um caso de negligência ou má administração pôde ser encontrado.

6(5) Então os homens disseram: "Nós não encontraremos nenhum motivo de reclamação contra Dani'el, a menos que encontremos algo contra ele em relação à lei de seu deus". 7(6) Por isso, os chefes e vice-reis desceram ao encontro do rei e lhe disseram: "Rei Daryavesh, viva para sempre! 8(7) Todos os chefes do reino, bem como os prefeitos, vice-reis, conselheiros e governadores, encontraram-se e chegaram ao acordo de que o rei deveria promulgar um decreto fazendo vigorar a seguinte lei: 'Quem fizer um pedido a qualquer deus ou homem durante os próximos trinta dias, com exceção da oração dirigida à Sua Majestade, deverá ser lançado na cova dos leões'. 9(8) Agora, Majestade, promulgue o decreto com sua assinatura, para que não possa ser revogado, como exige a lei dos medos e persas, sendo ela mesma irrevogável". 10(9) Assim, o rei Daryavesh assinou o documento, e o decreto tornou-se lei.

11(10) Ao descobrir que o documento tinha sido assinado, Dani'el foi para casa. As janelas de seu quarto, no andar superior, estavam abertas em direção a Yerushalayim; e ali ele se ajoelhava três vezes ao dia e orava, agradecendo a seu Deus, como sempre fizera. 12(11) Então aqueles homens dirigiram-se a Dani'el e o encontraram fazendo pedidos e súplicas diante de seu Deus. 13(12) Em seguida, foram lembrar ao rei o decreto que ele assinara: "Sua Majestade não assinou uma lei com a proibição de se fazerem pedidos a qualquer deus ou homem em trinta dias, com exceção de Sua Majestade, sob pena de ser a pessoa lançada na cova dos leões?". O rei respondeu: "Sim, é verdade; como requer a lei dos medos e persas, que é irrevogável". 14(13) Eles responderam ao rei: "Dani'el, um dos exilados de Y'hudah, não respeita Sua Majestade nem o decreto assinado; em vez disso, continua orando três vezes ao dia". 15(14) Quando o rei ouviu esse relato, ficou muito aborrecido. Ele resolveu salvar Dani'el e trabalhou até o pôr do sol para encontrar uma forma de poupá-lo. 16(15) No entanto, os homens dirigiram-se ao rei e lhe disseram: "Lembre--se, Majestade, de que a lei dos medos e persas preconiza que nenhum decreto ou lei pode ser revogado depois de promulgado".

17(16) Assim, o rei ordenou, e eles trouxeram Dani'el e o lançaram na cova dos leões. O rei disse a Dani'el: "Seu Deus, a quem você sempre serviu, o salvará". 18(17) Uma pedra foi levada para fechar a abertura do fosso, e o rei a selou com a marca de seu anel e com as marcas dos anéis de seus senhores, para que nada concernente a[o caso de] Dani'el fosse alterado.

19(18) Depois disso, o rei voltou ao palácio. Ele passou a noite em jejum e se recusou a ser entretido, enquanto o sono fugia dele. 20(19) De manhã cedo, o rei se levantou e foi à cova dos leões. 21(20) Ao se aproximar da cova em que Dani'el estava, o rei gritou com uma voz aflita a Dani'el: "Dani'el, servo do Deus vivo! Seu Deus, a quem você sempre serve, foi capaz de o salvar dos leões?". 22(21) Então Dani'el respondeu ao rei: "Que o rei viva para sempre! 23(22) Meu Deus enviou seu anjo para fechar a boca dos leões, de modo que eles não me feriram. Porque diante dele fui considerado inocente; e também não fiz nada para ofender Sua Majestade". 24(23) O rei estava muito alegre e ordenou a retirada de Dani'el da cova. Dani'el foi tirado da cova, e ele não estava ferido, pois confiou em seu Deus. 25(24) Em seguida, o rei ordenou, e os homens que acusaram Dani'el foram lançados na cova dos leões — eles, seus filhos, suas mulheres — e, antes mesmo de chegarem ao fundo da cova, os leões já se apoderaram deles e lhes despedaçaram todos os ossos.

26(25) O rei Daryavesh escreveu a todos os povos, nações e línguas que viviam em todas as partes da terra:

"*Shalom* rav! [Muita paz!].

27(26) "De agora em diante, decreto que, em todas as partes do meu reino, as pessoas temam e reverenciem o Deus de Dani'el.

"Pois ele é o Deus vivo;
ele dura para sempre.
Seu reino nunca será destruído;
seu governo durará até o fim.
28(27) Ele salva, livra, realiza sinais e maravilhas
no céu e sobre a terra.
Ele libertou Dani'el
do poder dos leões".

29(28) Assim Dani'el prosperou durante o reinado de Daryavesh e também durante o reinado de Koresh, o persa.

7 1 No primeiro ano de Belshatzar, rei de Bavel, Dani'el teve sonhos e visões
enquanto dormia em sua cama. Ele registrou o sonho, e este é o seu relato:
2 "Tive uma visão à noite; vi diante de mim os quatro ventos do céu agitando
o grande mar, 3 e quatro animais enormes saíram do mar, cada qual diferente dos
outros. 4 O primeiro era como um leão, mas possuía asas de águia. Enquanto eu o
observava, suas asas foram arrancadas, e ele foi erguido da terra e posto sobre duas
patas, à semelhança do homem, e lhe foi dado um coração humano. 5 Surgiu, então,
outro animal, o segundo, semelhante a um urso. Ele foi erguido por um dos lados, e
havia três costelas entre seus dentes, na sua boca. Foi-lhe dito: 'Levante-se e devore
carne!'. 6 Depois disso, olhei, e havia outro animal, como um leopardo com quatro
asas de pássaros nos seus lados. O animal também possuía quatro cabeças, e lhe
foi dado poder para governar. 7 Em seguida, olhei em minhas visões noturnas; e ali,
diante de mim, estava o quarto animal, temível, horrível, extremamente forte, e com
grandes dentes de ferro. Ele devorou, esmagou e pisou com os pés o que havia sobrado. Era diferente de todos os animais que o antecederam e possuía dez chifres.

8 "Enquanto estava olhando os chifres, outro chifre surgiu entre eles, um pequeno chifre, diante do qual três dos primeiros chifres foram arrancados pelas raízes. Nesse chifre, havia olhos semelhantes aos olhos humanos, e sua boca falava com arrogância.

9 "Enquanto eu olhava, tronos foram colocados em seus lugares,
e o Ancião tomou seu lugar.
Suas roupas eram brancas como a neve,
e o cabelo de sua cabeça era como a lã pura.
Seu trono era de chamas flamejantes,
com rodas de fogo.
10 Uma riacho de fogo fluía de sua presença;
milhares e milhares ministravam a ele,
milhões e milhões estavam diante dele.
A seguir, o tribunal teve início, e os livros foram abertos.

11 "Continuei olhando. E, por causa das palavras arrogantes faladas pelo chifre, observei quando o animal foi morto; seu corpo foi destruído e entregue para ser

queimado por completo. 12 Quanto aos outros animais, sua autoridade para gover-
nar foi tirada, mas sua vida foi prolongada por mais um tempo e uma estação.

13 "Continuei recebendo visões noturnas,
quando vi, vindo com as nuvens do céu,
alguém como um filho de homem.
Ele se aproximou do Ancião,
e foi conduzido à sua presença.
14 Foram-lhe entregues o governo,
a glória e o reino,
para que todos os povos, nações e línguas
lhe sirvam.
Seu governo é um governo eterno,
não passará;
e seu reino
jamais será destruído.

15 "Quanto a mim, Dani'el, meu espírito ficou agitado em meu interior; as visões
em minha cabeça me amedrontavam. 16 Aproximei-me de um dos que estavam ali
e perguntei-lhe o real significado de todas essas coisas. Ele disse que me faria en-
tender como interpretá-las. 17 'Os quatro animais enormes são quatro reinos que
surgirão sobre a terra. 18 No entanto, os santos do Altíssimo receberão o reino e o
possuirão para sempre; sim, para todo o sempre'.

19 "Então desejei saber o significado do quarto animal, o que era diferente dos
demais, tão terrível, com dentes de ferro e unhas de bronze, que devorou, esmagou
e pisou o que foi deixado; 20 e o significado dos dez chifres em sua cabeça; e o outro
chifre que surgiu antes de os três caírem — o chifre com olhos e uma boca que
falava com arrogância e parecia maior que os outros. 21 Eu vi, e o chifre guerreou
contra os santos e estava vencendo, 22 até que o Ancião veio, e o juízo foi dado a
favor dos santos do Altíssimo, e chegou o tempo de os santos tomarem o reino.
23 Eis o que ele disse: 'O quarto animal será o quarto reino sobre a terra. Ele será
diferente dos outros reinos; ele devorará a terra toda, irá pisá-la e a esmagará.
24 Quanto aos dez chifres, dez reis surgirão deste reino; e surgirá outro depois
deles. E ele será diferente dos primeiros e derrubará três reis. 25 Ele falará palavras
contra o Altíssimo e tentará oprimir os santos do Altíssimo. Tentará alterar as
estações e a lei; e [os santos] lhe serão entregues por um tempo, tempos e metade
de um tempo. 26 No entanto, quando o tribunal der sequência à sessão, ele será
destituído de seu domínio, que será consumido e destruído por completo. 27 Então
o reino, o domínio e a grandeza dos reinos debaixo de todo o céu serão dados ao
povo santo do Altíssimo. Seu reino é um reino eterno, e todos os líderes servirão a
ele e lhe obedecerão' ".

28 Este é o fim do relato. Quanto a mim, Dani'el, meus pensamentos me ame-
drontaram tanto que empalideci; no entanto, mantive o assunto comigo mesmo.

8 1 Depois dessa primeira visão, apareceu a mim, Dani'el, outra visão, no tercei-
ro ano do reinado do rei Belshatzar. 2 Olhei para a visão; e, enquanto olhava,
encontrei-me em Shushan, a capital, na província de 'Eilam. Olhei para a visão, e
eu estava junto ao canal de Ulai. 3 Levantei os olhos; e, enquanto olhava, lá adiante
do riacho estava um carneiro com dois chifres. Os chifres eram compridos, e um
era mais comprido que o outro, e o mais comprido subiu depois [do outro]. 4 Vi o

carneiro movendo-se para o oeste, o norte e o sul, e nenhum animal podia se levan-
tar contra ele. Tampouco havia alguém que pudesse salvá-los do poder dele. Assim,
ele agiu como quis e tornou-se muito forte.

5 Eu estava começando a entender, quando um bode veio do oeste, passando
por sobre a terra toda sem tocar no solo. O bode possuía um chifre proeminen-
te entre os olhos. 6 Ele se aproximou do carneiro com os dois chifres, que eu vi
em pé diante do rio, e o atacou com força selvagem. 7 Eu o vi avançar contra o
carneiro, cheio de raiva contra ele, e atingir o carneiro, quebrando-lhe os dois
chifres. O carneiro ficou sem poder para resistir. Ele lançou o carneiro ao solo e
pisou sobre ele, e não houve quem o pudesse resgatar do poder do bode. 8 Então
o bode tornou-se muito forte; mas, ao tornar-se forte, o chifre maior quebrou-
-se; e, em seu lugar, surgiu o que se parecia com quatro chifres na direção dos
quatro ventos do céu. 9 De um deles, saiu um pequeno chifre que cresceu muito
em direção ao sul e ao leste, e em direção à glória. 10 Tornou-se tão grande que al-
cançou o exército do céu; ele atirou com violência parte do exército e das estrelas
ao solo e pisou neles. 11 Sim, ele se considerava tão grande quanto o príncipe do
exército; a oferta queimada regular apresentada a ele foi interrompida, e o lugar
de seu santuário foi jogado ao solo. 12 Por causa do pecado, o exército foi posto
sob seu poder, bem como a oferta queimada regular. Ele atirou a verdade ao solo,
enquanto agia e prosperava.

13 Depois disso, ouvi um santo falar, e outro santo disse ao que falava: "Quan-
to tempo durarão os acontecimentos da visão, dessa visão concernente à oferta
regular e à transgressão tão terrível, que deixará o santuário e o exército serem
pisados?". 14 O primeiro disse-me: "Duas mil e trezentas tardes e manhãs; depois
disso, o santuário será restaurado ao estado original".

15 Depois de eu, Dani'el, ter observado a visão e tentado entendê-la, de modo
repentino surgiu diante de mim alguém com a aparência de um homem. 16 Ouvi
uma voz humana chamando dentre as margens do Ulai: "Gavri'el, faça esse homem
entender a visão!". 17 Ele veio até onde eu estava, e sua aproximação me aterrorizou
tanto que caí sobre meu rosto. No entanto, ele me disse: "Ser humano! Entenda que
a visão refere-se ao tempo do fim". 18 Enquanto ele estava falando comigo, dormi
um sono profundo, com meu rosto no solo; mas ele me tocou, pôs-me em pé,
19 e disse: "Eu explicarei o que acontecerá no fim do período da fúria, pois [a visão]
diz respeito ao tempo do fim. 20 Você viu um carneiro com dois chifres que são os
reis da Média e da Pérsia. 21 O bode peludo é o rei de Grécia, e o chifre proeminente
entre os olhos é o primeiro rei. 22 Quanto ao chifre quebrado e aos quatro surgidos
em seu lugar, quatro reinos surgirão dessa nação, mas não com o poder do primei-
ro rei. 23 No último período de seu reino, quando os ímpios tiverem realizado todo
o mal possível, surgirá um rei arrogante e hábil para fazer intrigas. 24 Seu poder
será grande, mas não como o poder do primeiro rei. Ele será surpreendentemente
destrutivo, bem-sucedido em tudo o que fizer e destruirá os poderosos e os santos.
25 Conseguirá, por meio da astúcia e do engano, encher-se de orgulho e destruirá
muitos povos quando eles se sentirem mais seguros. Ele desafiará até mesmo o
príncipe dos príncipes, mas, sem intervenção humana, será quebrado. 26 A visão da
tarde e das manhãs é verdadeira; no entanto, mantenha a visão em segredo, pois
ela diz respeito a dias distantes, no futuro".

27 Eu, Dani'el, fiquei fraco e adoeci por alguns dias. Então me levantei e cuidei
dos assuntos do rei; mas eu estava com medo da visão e ainda não conseguia
entendê-la.

9 1 No primeiro ano de Daryavesh, o filho de Achashverosh, um medo de nascimento,
feito rei sobre os kasdim — 2 no primeiro ano de seu reino, eu, Dani'el, estava lendo
as Escrituras e pensando sobre o número de anos que ADONAI disse a Yirmeyah, o pro-
feta, como o período da desolação de Yerushalayim — setenta anos. 3 Eu me voltei para
Adonai, Deus, a fim de encontrar a resposta, implorando a ele com oração, jejum, pano
de saco e cinzas. 4 Orei a ADONAI, meu Deus, e fiz esta confissão:
"Por favor, *Adonai*, Deus grande e terrível, que guardas tua aliança e estendes
graça a quem te ama e observa tuas *mitzvot*! 5 Nós pecamos, cometemos erros, agi-
mos com impiedade, rebelamo-nos e nos desviamos de tuas *mitzvot* e regras. 6 Não
ouvimos teus servos, os profetas, que falavam em teu nome a nossos reis, líderes,
antepassados e a todo o povo da terra.
7 "A ti, *Adonai*, pertence a justiça, mas a nós pertence hoje a vergonha — a
nós, homens de Y'hudah, habitantes de Yerushalayim e a todo o Yisra'el, incluindo
os que estão próximos e distantes, em todos os países pelos quais nos espalhas-
te, pois fomos infiéis para contigo. 8 Sim, ADONAI, que a vergonha caia sobre nós,
nossos reis, líderes e antepassados, pois pecamos contra ti. 9 *Adonai*, nosso Deus,
ainda tem compaixão de nós e nos perdoa, pois nos rebelamos contra ele. 10 Não
ouvimos a voz de ADONAI, nosso Deus, para vivermos de acordo com suas leis, que
nos foram apresentadas por intermédio de seus servos, os profetas. 11 Sim, todo o
Yisra'el transgrediu tua *Torah* e se desviou, sem disposição para ouvir a tua voz.
Por isso, a maldição e o juramento escritos na *Torah* de Mosheh, o servo de Deus,
foram derramados sobre nós, pois pecamos contra ele. 12 Ele cumpriu as ameaças
feitas contra nós e nossos juízes, que nos julgaram, ao nos trazer um desastre
tão grande que debaixo do céu jamais aconteceu algo semelhante ao que se fez a
Yerushalayim. 13 Como está escrito na *Torah* de Mosheh, todo esse desastre nos so-
breveio. Contudo, não aplacamos ADONAI, nosso Deus, pela renúncia do nosso erro
nem discernindo sua verdade. 14 Assim, ADONAI esperou pelo momento certo para
trazer esse desastre sobre nós, pois ADONAI, nosso Deus, foi justo em tudo o que
fez; ainda assim, nós não o ouvimos quando ele fala.
15 "Agora, *Adonai*, nosso Deus, que tiraste teu povo da terra do Egito com mão
forte, tomando assim honra para ti mesmo, como acontece hoje — nós pecamos,
agimos com impiedade. 16 *Adonai*, conforme toda a tua justiça, por favor, permite
que tua ira e fúria sejam desviadas de tua cidade Yerushalayim, tua montanha
sagrada, pois nossos pecados e os erros de nossos antepassados são a causa de
Yerushalayim e de seu povo se terem tornado objeto de zombaria por todos os que
nos cercam. 17 Portanto, nosso Deus, ouve a oração e as súplicas de teu servo, e faze
tua face brilhar sobre teu santuário desolado, por tua causa. 18 Meu Deus, inclina o
teu ouvido e ouve; abre teus olhos e vê quão desolados estamos, bem como está de-
solada a cidade que leva o teu nome. Pois nós te imploramos não por nossa justiça,
mas por causa da tua compaixão. 19 *Adonai*, ouve! *Adonai*, perdoa! *Adonai*, presta
atenção e faze tardar a tua ação — por tua causa, meu Deus, pois tua cidade e teu
povo portam o teu nome!".
20 Enquanto eu falava, orava, confessava meu pecado e o pecado do meu povo,
Yisra'el, e implorava diante de ADONAI, meu Deus, a favor da montanha sagrada de
meu Deus — 21 sim, enquanto eu estava em oração, Gavri'el, o homem a quem vi em
uma visão no princípio, desceu sobre mim quando estava em pleno voo, por volta
do tempo do sacrifício da tarde, 22 e me explicou algumas coisas. Ele disse: "Eu vim
agora, Dani'el, para fazer você entender essa visão de forma clara. 23 No princípio de
suas orações, foi-lhe dada uma resposta, e eu fui incumbido de dizer qual é, pois
você é muito amado. Por isso, preste atenção à resposta e entenda a visão.

24 “Setenta semanas foram decretadas para seu povo e para sua cidade sagrada,
para dar fim à transgressão, dar cabo do pecado, perdoar a iniquidade, trazer a jus-
tiça eterna, selar a visão e o profeta, e ungir o Lugar Especialmente Sagrado. 25 Saiba,
portanto, e entenda que sete semanas [de anos] transcorrerão entre a promulgação
do decreto para restaurar e reconstruir Yerushalayim até a vinda do príncipe ungido.
Ele permanecerá em seu lugar por sessenta e duas semanas [de anos], com espaços
abertos e fossos; mas esses serão tempos de dificuldades. 26 Então, depois das ses-
senta e duas semanas, o *Mashiach* será eliminado e não terá nada. O povo de um
príncipe ainda por vir destruirá a cidade e o santuário, mas seu fim virá com uma
inundação, e desolações estão decretadas até a guerra acabar. 27 Ele fará uma aliança
firme com os líderes por uma semana [de anos]. Na metade da semana, dará fim ao
sacrifício e à oferta de grãos. Sob a ocorrência de coisas detestáveis, o desolador virá
e continuará a agir até que a destruição já decretada seja vertida sobre ele”.

10 1 No terceiro ano de Koresh, rei da Pérsia, uma palavra foi revelada a Dani’el,
também chamado Belt’shatzar. A palavra estava correta: uma grande guerra.
Ele compreendeu a palavra, obtendo entendimento pela visão.
2 Naquele tempo, eu, Dani’el, havia lamentado por três semanas completas. 3 Não
comi nada que me satisfizesse — tampouco carne e vinho entraram em minha boca,
e não me ungi com óleo uma vez sequer, até se passarem três semanas completas.
4 No vigésimo quarto dia do primeiro mês, eu estava em uma das margens
do grande rio, o Tigre, 5 quando levantei os olhos, e ali, diante de mim, estava um
homem vestido de linho com um cinto feito do ouro fino de Ufaz. 6 Seu corpo era
como o berilo, seu rosto se parecia com um relâmpago, e seus olhos eram tochas
acesas; seus braços e pés eram da cor do bronze avermelhado; e, quando ele falou,
o som era semelhante ao de uma multidão. 7 Apenas eu, Dani’el, tive a visão; os
homens que estavam comigo não a viram; entretanto, um grande tremor se abateu
sobre eles, e eles correram e se esconderam. 8 Assim, fiquei sozinho; e, quando tive
essa grande visão, não havia força em mim — meu rosto, normalmente de boa apa-
rência, desfigurou-se, e eu não tinha forças.
9 Ouvi sua voz falar; e, quando eu o ouvi falar, caí como se estivesse desmaiado,
com o rosto em terra. 10 A seguir, uma mão tocou-me e me levantou; minhas mãos
e meus joelhos cambaleavam. 11 Ele me disse: “Dani’el, você é um homem muito
amado. Preste atenção às palavras que digo e levante-se, pois fui enviado agora
a você”. Depois de me dizer isso, fiquei em pé, tremendo. 12 Então ele me disse:
“Não tema, Dani’el, pois desde o primeiro dia em que você decidiu compreender e
humilhar-se diante do seu Deus, suas palavras foram ouvidas; e eu vim por causa
do que você disse. 13 O príncipe do reino da Pérsia impediu-me de vir por vinte e um
dias, mas Mikha’el, um dos príncipes notáveis, veio para me ajudar, para que eu
não fosse mais necessário ali entre os reis da Pérsia. 14 Desse modo, vim para fazer
você entender o que acontecerá com seu povo no *acharit-hayamim*, pois há ainda
outra visão relacionada com aqueles dias”.
15 Depois de me dizer essas coisas, olhei para o chão e não conseguia falar.
16 Então alguém semelhante a um ser humano tocou em meus lábios; em seguida,
abri minha boca e disse a quem estava à minha frente: “Meu senhor, estou sendo
tomado de tanta angústia por causa da visão; não tenho forças. 17 Pois como pode
este servo do meu senhor falar com o meu senhor, se minha força e meu fôlego me
faltam?”. 18 Outra vez, alguém semelhante a um ser humano tocou-me, e eu revivi.
19 Ele disse: “Homem muito amado, não tema. *Shalom* a você; seja forte, sim, forte

de verdade". Suas palavras dirigidas a mim me fortaleceram, e eu disse: "Meu se-
nhor, continue falando, pois suas palavras me dão força". 20 A seguir, ele perguntou:
"Você sabe a razão de eu ter vindo ao seu encontro? Contudo, agora preciso regres-
sar e lutar contra o príncipe da Pérsia; e, quando eu for embora, virá o príncipe da
Grécia; 21 no entanto, eu direi a você o que está escrito no livro da Verdade. Não há
ninguém comigo contra eles, exceto Mikha'el, o príncipe de vocês.

11 1 Entretanto, eu já estava em pé para servir e auxiliar Daryavesh, o medo, no
primeiro ano de seu reinado. 2 O que vou dizer a vocês agora é verdadeiro.
"Surgirão três reis na Pérsia, seguidos do quarto, que será mais próspero que os
demais; e, quando ele estiver forte por meio de sua riqueza, instigará todos contra
o reino da Grécia.
3 "Então um rei poderoso aparecerá, governará um vasto reino e fará tudo o que
lhe agrada. 4 No entanto, assim que ele aparecer, seu reino será desfeito e dividido
entre os quatro ventos do céu. Ele não será herdado por seus descendentes e não
será regido com o poder que detinha, pois será desarraigado e passado a outros
(que não os seus descendentes).
5 "O rei do sul será forte, e um de seus príncipes tomará seu poder e o do-
minará; seu domínio será grande. 6 Depois de alguns anos, eles formarão uma
aliança. A filha do rei do sul contatará o rei do norte para fazer um acordo, mas
ela não reterá seu poder; e ele e seu poder também não perdurarão. Em vez disso,
ela será entregue, bem como seus atendentes, seu pai e quem a apoiar naqueles
dias. 7 No entanto, outro galho da mesma raiz dela aparecerá no lugar de seu pai.
Ele atacará o exército do rei do norte, entrará em sua fortaleza e terá sucesso na
conquista deles. 8 Ele também levará, como presa ao Egito, os deuses, as imagens
de metal e seus utensílios valiosos de ouro e prata. E, por alguns anos, ele se re-
freará de atacar o rei do norte.
9 "Mais tarde, o rei do norte invadirá o reino do sul, mas ele se retirará para a
sua terra. 10 Seus filhos se prepararão e convocarão um exército grande e poderoso,
que avançará sobre eles como uma inundação. Em outra campanha, ele marchará
sobre a fortaleza do inimigo. 11 O rei do sul, enfurecido, sairá à batalha com o rei do
norte, que, por sua vez, reunirá um grande exército; mas esse exército será derro-
tado pelo inimigo 12 e levado. O conquistador ficará orgulhoso da morte de dezenas
de milhares; contudo, não prevalecerá. 13 Ao contrário, o rei do norte reunirá outra
vez um exército, maior que o primeiro, no fim desse período, depois de alguns
anos; será um exército enorme, bem suprido. 14 Esses serão tempos em que muitos
resistirão ao rei do sul; e os mais violentos estarão entre o seu povo, que se rebelará
a fim de cumprir esta visão; mas eles falharão.
15 "Depois disso, o rei do norte virá, levantará um cerco e capturará a cidade
fortificada; as forças do sul serão insuficientes para defendê-la. Até suas tropas
de elite não serão fortes o suficiente para resistir. 16 O invasor fará o que quiser;
ninguém lhe conseguirá resistir. Assim, ele se estabelecerá na terra de Glória e terá
o poder de destruí-la. 17 Ele avançará com determinação, com a força plena de seu
reino, mas fará um acordo com o rei do sul e lhe dará a filha em casamento. Seu
objetivo será destruí-lo, mas o acordo não durará ou vigorará a seu favor. 18 Em se-
guida, ele porá sua atenção na costa e nas ilhas, e capturará muitas delas, mas um
comandante do exército dará fim a seus ultrajes e fará seus ultrajes recaírem sobre
ele. 19 Depois disso, ele dará atenção às fortalezas de sua terra, mas tropeçará, cairá
e não será visto outra vez.

20 "Em seu lugar, surgirá o que enviará um cobrador de impostos pelo Reino
Glorioso; mas em poucos dias ele será destruído, ainda que isso ocorra sem ira e
sem batalha.

21 "Surgirá em seu lugar um homem desprezível, indigno de herdar a Majesta-
de do reino, mas ele virá sem aviso e se apossará do reino pela intriga. 22 Grandes
exércitos serão derrotados e removidos de diante dele, bem como o príncipe da
aliança. 23 Alianças serão estabelecidas com ele, mas ele as enfraquecerá por meio
do engano. E, ainda que possua poucos seguidores, ele surgirá e se fortalecerá.
24 Atacará sem aviso os homens mais poderosos de cada província e fará coisas
nunca realizadas por seus predecessores, tanto os do passado mais recente quanto
os mais distantes; ele os recompensará com a pilhagem, o espólio e a riqueza, en-
quanto planeja complôs contra suas fortalezas, mas apenas por um tempo.

25 "Ele juntará seu poder e sua coragem com um grande exército contra o rei do
sul, e o rei do sul revidará com um exército muito grande e poderoso; mas não será
bem-sucedido, por causa dos complôs feitos contra ele. 26 Sim, quem participava de
sua refeição o destruirá; seu exército será arrasado, e muitos cairão na matança.
27 Esses dois reis, inclinados ao mal, se sentarão à mesma mesa, proferindo men-
tiras um contra o outro, mas nenhum deles será bem-sucedido, pois o fim deter-
minado ainda não terá chegado. 28 Então o rei do norte voltará à sua terra com
grande riqueza; com o coração contrário à aliança sagrada, ele agirá e então voltará
para casa.

29 "No tempo designado, ele voltará ao sul. No entanto, dessa vez, as coisas
acontecerão de forma diferente da anterior, 30 pois navios de Kittim virão contra ele,
tirando-lhe a coragem. Então, em retirada, agirá de modo violento contra a aliança
sagrada, demonstrando favor outra vez por quem abandonar a aliança sagrada.
31 Forças armadas virão à sua ordem e profanarão o santuário e a fortaleza. Elas
abolirão a oferta queimada diária e estabelecerão a abominação que causa desola-
ção. 32 Corromperá com suas lisonjas quem agir com impiedade contra a aliança,
mas o povo que conhece seu Deus permanecerá firme e prevalecerá. 33 Quem dentre
o povo tiver discernimento fará o restante do povo entender os acontecimentos;
no entanto, por um momento, eles cairão vitimados pela espada, pelo fogo, pelo
exílio e pela pilhagem. 34 Quando eles tropeçarem, quase não receberão ajuda; con-
tudo, muitos dos que se unirem a eles serão insinceros. 35 Mesmo algumas pessoas
providas de discernimento tropeçarão, para que algumas delas sejam refinadas,
purificadas e limpas, pois o fim virá no tempo designado.

36 "O rei fará como lhe aprouver. Ele se exaltará, considerando-se maior que
qualquer deus, e proferirá blasfêmias monstruosas contra o Deus dos deuses. Pros-
perará até o fim do período da ira, pois o que foi determinado deverá acontecer.
37 Ele não mostrará respeito pelos deuses adorados por seus antepassados, ou
pelos deuses reverenciados por suas mulheres — ele não respeitará nenhum deus,
pois se considerará maior que todos eles. 38 No entanto, honrará o deus das forta-
lezas; com ouro, prata, pedras preciosas e outros objetos de valor, ele honrará um
deus desconhecido de seus antepassados. 39 Ele atacará as fortalezas mais resisten-
tes com o auxílio de um deus estrangeiro. Conferirá honra aos que ele reconhecer,
fazendo-os governar a muitos e distribuindo terras como recompensa.

40 "Quando o tempo do fim chegar, o rei do sul se lançará contra ele, enquanto
o rei do norte o atacará como um redemoinho, com carruagens, cavaleiros e uma
grande armada. Ele invadirá países, os arrasará e seguirá adiante. 41 Entrará também
na terra da Glória, e muitos [países] serão afligidos, mas Edom, Mo'av e o povo

de 'Amon serão salvos do poder dele. 42 Ele estenderá sua mão para alcançar
outros países. A terra do Egito não escapará — 43 ele controlará os tesouros de
ouro e prata, bem como todas as outras coisas de valor do Egito. Put e Etiópia
serão sujeitos a ele. 44 Entretanto, notícias do leste e do norte o amedrontarão, de
modo que ele sairá com grande fúria para arruinar muitos por completo. 45 Por
fim, quando ele armar as tendas de seu palácio entre os mares e a montanha da
Glória santa, chegará seu fim, e ninguém poderá ajudá-lo.

12 1 "Quando esse tempo chegar, Mikha'el, o grande príncipe, defensor do seu
povo, se levantará; e esse será um tempo de aflição sem paralelo entre o
momento em que eles se tornarem uma nação e esse momento. Nesse tempo, seu
povo será libertado, todos os que tiverem o nome escrito no livro. 2 Muitos dos que
dormem no pó da terra serão despertados, alguns para a vida eterna e outros para
a vergonha e o desdém eternos. 3 No entanto, aqueles que tiverem entendimento
brilharão como o resplendor da abóbada do céu; e quem conduzir muitos à justiça
[reluzirá] como as estrelas para todo o sempre.

4 "No entanto, você, Dani'el, guarde estas palavras em segredo e sele o livro até o
tempo do fim. Muitos correrão para cá e para lá quando o conhecimento aumentar".

5 Então eu, Dani'el, olhei; e vi diante de mim dois outros, um deste lado do rio,
e o outro, do outro lado. 6 Um deles perguntou ao homem vestido de linho, que es-
tava acima da água do rio: "Quanto tempo durarão essas maravilhas?". 7 O homem
vestido de linho, que estava acima da água do rio, levantou a mão direita e a mão
esquerda para o céu e jurou por aquele que vive para sempre que elas durariam um
tempo, tempos e meio [tempo], e ocorrerão quando o poder do povo sagrado não
for mais danificado — todas essas coisas terminarão.

8 Ouvi, mas não pude entender o significado; por isso, perguntei: "Senhor,
qual será o resultado disso?". 9 No entanto, ele disse: "Siga seu caminho, Dani'el,
pois estas palavras devem permanecer em segredo e seladas até o tempo do fim.
10 Muitos serão purificados, limpos e refinados, mas os ímpios continuarão a agir
com impiedade, e nenhum dos ímpios entenderá. No entanto, os que têm discerni-
mento compreenderão. 11 Desde o tempo da retirada da oferta queimada regular até
a colocação da abominação que causa desolação haverá 1.290 dias. 12 Abençoado
será aquele que esperar e alcançar os 1.335 dias. 13 No entanto, vá, siga seu caminho
até chegar o fim. Então você descansará e se levantará para receber sua recompen-
sa, no fim dos dias".

עזרא
'Ezra
[Esdras]

1 1 No primeiro ano de Koresh, rei da Pérsia, a fim de cumprir a palavra de
Adonai profetizada por Yirmeyahu, *Adonai* suscitou o espírito de Koresh, rei da
Pérsia, para fazer um anúncio em todo o seu reino, o qual também fez escrever,
como se segue:
2 "Eis o que Koresh, rei da Pérsia, diz: *Adonai*, o Deus do céu, deu-me todos os
reinos da terra e me incumbiu de lhe construir uma casa em Yerushalayim, em
Y'hudah. 3 Quem entre vocês for do seu povo — que seu Deus seja com ele! —,
poderá subir a Yerushalayim, em Y'hudah, e construir a casa de *Adonai*, o Deus de
Yisra'el, o Deus que está em Yerushalayim. 4 Que todo sobrevivente, não importa
onde viva, seja ajudado por seus vizinhos com prata, ouro, bens e animais, além de
uma oferta voluntária para a casa de Deus, em Yerushalayim".
5 Os cabeças dos clãs paternos de Y'hudah e Binyamin, com os *kohanim*, os
l'vi'im e todos os que tiveram o espírito suscitado por Deus, prepararam-se para ir
e reconstruir a casa de *Adonai*, em Yerushalayim. 6 Todos os seus vizinhos os apoia-
ram, dando-lhes utensílios de prata, ouro, bens, animais e objetos de valor, além de
todas as ofertas voluntárias.
7 Além disso, Koresh, o rei, trouxe os utensílios da casa de *Adonai*, que
N'vukhadnetzar tirou de Yerushalayim e colocou na casa de seu deus. 8 Koresh,
rei da Pérsia, fez Mitr'dat, o tesoureiro, trazê-los e fazer o registro deles para
Sheshbatzar, o príncipe de Y'hudah. 9 Na lista, estavam inscritos:

	bacias de ouro	30
	bacias de prata	1.000
	facas	29
10	tigelas de ouro	30
	tigelas de prata de um tipo diferente	410
	outros utensílios	1.000

11 Ao todo, havia 5.400 utensílios de ouro e prata. Sheshbatzar trouxe todos eles
quando os exilados foram levados de Bavel a Yerushalayim.

2 1 Eis a lista do povo das províncias, exilados, levados a Bavel por N'vukhadnetzar,
rei de Bavel, mas que voltaram mais tarde do exílio e subiram a Yerushalayim e
Y'hudah, cada um à sua cidade. 2 Eles subiram com Z'rubavel, Yeshua, Nechemyah,
S'rayah, Re'elyah, Mordekhai, Bilshan, Mispar, Bigvai, Rechum e Ba'anah.

Número de homens do povo de Yisra'el:

3	os descendentes de Par'osh	2.172
4	os descendentes de Sh'fatyah	372
5	os descendentes de Arach	775

6	os descendentes de Pachat-Mo'av, dos descendentes de Yeshua e Yo'av	2.812
7	os descendentes de 'Eilam	1.254
8	os descendentes de Zatu	945
9	os descendentes de Zakkai	760
10	os descendentes de Bani	642
11	os descendentes de B'vai	623
12	os descendentes de 'Azgad	1.222
13	os descendentes de Adonikam	666
14	os descendentes de Bigvai	2.056
15	os descendentes de 'Adin	454
16	os descendentes de Ater, de Y'chizkiyah	98
17	os descendentes de Betzai	323
18	os descendentes de Yorah	112
19	os descendentes de Hashum	223
20	os descendentes de Gibbar	95
21	os descendentes de Beit-Lechem	123
22	os de N'tofah	56
23	os de 'Anatot	128
24	os descendentes de 'Azmavet	42
25	os descendentes de Kiryat-'Arim, K'firah e Be'erot	743
26	os descendentes de Ramah e Geva	621
27	os de Mikhmas	122
28	os de Beit-El e 'Ai	223
29	os descendentes de N'vo	52
30	os descendentes de Magbish	156
31	os descendentes da outra 'Eilam	1.254
32	os descendentes de Harim	320
33	os descendentes de Lod, Hadid e Ono	725
34	os descendentes de Yericho	345
35	os descendentes de S'na'ah	3.630

36 Os *kohanim*:

	os descendentes de Y'da'yah, da casa de Yeshua	973
37	os descendentes de Immer	1.052
38	os descendentes de Pash'chur	1.247
39	os descendentes de Harim	1.017

40 Os *l'vi'im*:

os descendentes de Yeshua e Kadmi'el, dos descendentes de Hodavyah	74

41 Os cantores:

os descendentes de Asaf	128

42 Os descendentes dos porteiros:

os descendentes de Shalum,
os descendentes de Ater,
os descendentes de Talmon,
os descendentes de 'Akuv,

os descendentes de Hatita e
os descendentes de Shovai —
ao todo 139

43 Os servos do templo:

os descendentes de Tzicha,
os descendentes de Hasufa,
os descendentes de Taba'ot,
44 os descendentes de Keros,
os descendentes de Sia'ha,
os descendentes de Padon,
45 os descendentes de L'vanah,
os descendentes de Hagavah,
os descendentes de 'Akuv,
46 os descendentes de Hagav,
os descendentes de Salmai,
os descendentes de Hanan,
47 os descendentes de Giddel,
os descendentes de Gachar,
os descendentes de Re'ayah,
48 os descendentes de Retzin,
os descendentes de N'koda,
os descendentes de Gazam,
49 os descendentes de 'Uza,
os descendentes de Paseach,
os descendentes de Besai,
50 os descendentes de Asnah,
os descendentes de Me'unim,
os descendentes de N'fusim,
51 os descendentes de Bakbuk,
os descendentes de Hakufa,
os descendentes de Harhur,
52 os descendentes de Batzlut,
os descendentes de M'chida,
os descendentes de Harsha,
53 os descendentes de Barkos,
os descendentes de Sisra,
os descendentes de Temach,
54 os descendentes de N'tziach e
os descendentes de Hatifa.

55 Os descendentes dos servos de Shlomoh:

os descendentes de Sotai,
os descendentes de Hasoferet,
os descendentes de P'ruda,
56 os descendentes de Ya'alah,
os descendentes de Darkon,
os descendentes de Giddel,
57 os descendentes de Sh'fatyah,
os descendentes de Hatil,

os descendentes de Pokheret-Hatzvayim e
os descendentes de Ami.

58 Todos os servos do templo e os
descendentes dos servos de Shlomoh somavam 392

59 Os seguintes subiram de Tel-Melach, Tel-Harsha, K'ruv, Adan e Immer; mas
não puderam declarar a que clã paterno eles ou seus filhos pertenciam, [por isso não
ficou claro] se eles eram de Yisra'el:

60 os descendentes de D'layah,
os descendentes de Toviyah e
os descendentes de N'koda 652

61 e dos descendentes dos *kohanim*:

os descendentes de Havayah,
os descendentes de Hakotz e
os descendentes de Barzillai, que se casou com uma mulher
das filhas de Barzillai, o gil'adi, e recebeu o nome deles.

62 Estes tentaram localizar seus registros genealógicos, mas eles não foram encon-
trados. Por isso, foram considerados impuros e não lhes foi permitido servir como
kohanim. 63 O tirshata disse-lhes para não comerem nada, especialmente da comida
sagrada, até que um *kohen* aparecesse e pudesse consultar o *urim* e *tumim*.

64 Toda a assembleia somava 42.360 pessoas — 65 sem a inclusão de escravos e
escravas — 7.337 pessoas. Eles também possuíam 200 cantores e cantoras.

66 Seus cavalos eram 736; suas mulas, 245; 67 seus camelos, 435; e seus jumen-
tos, 6.720.

68 Alguns dos cabeças dos clãs paternos, ao chegarem à casa de *Adonai*, em
Yerushalayim, fizeram ofertas voluntárias para reconstruir a casa de Deus no seu
lugar. 69 De acordo com seus meios, eles deram ao tesouro 61 mil *darkmonim* [cerca
de 650 quilos] de ouro, 5 mil *manim* [mais de 3 toneladas] de prata para o trabalho,
e 100 túnicas para os *kohanim*.

70 Assim, os *kohanim*, os *l'vi'im*, algumas pessoas do povo, os cantores, os por-
teiros e os servos do templo viveram em suas cidades, e todo o Yisra'el voltou às
suas cidades.

3 1 Quando chegou o sétimo mês, depois do reassentamento do povo de Yisra'el
nas cidades, o povo se reuniu de comum acordo em Yerushalayim. 2 Então
Yeshua, o filho de Yotzadak, com os *kohanim*, e Z'rubavel, o filho de Sh'alti'el, com
seus parentes, organizaram a reconstrução do altar do Deus de Yisra'el, para po-
derem apresentar ofertas queimadas nele, como está escrito na *Torah* de Mosheh,
o homem de Deus. 3 Eles colocaram o altar em sua base anterior. A despeito de se
sentirem ameaçados pelos povos dos países [vizinhos], apresentaram nele ofertas
queimadas a *Adonai*, as ofertas queimadas da manhã e da tarde.

4 Observaram a festa de *Sukkot*, como está escrito, apresentando diariamente
o número de ofertas queimadas prescritas para cada dia, 5 e em seguida a oferta
queimada regular, as ofertas de *Rosh-Hodesh* e as de todos os tempos designadas
para *Adonai*, bem como as ofertas voluntárias a *Adonai*, de todos os que desejaram
apresentá-las. 6 Desde o primeiro dia do sétimo mês, eles começaram a apresentar

ofertas queimadas a *Adonai,* ainda que o fundamento da casa de *Adonai* não tivesse
sido lançado. 7 Também deram dinheiro para os pedreiros e carpinteiros, bem como
comida, bebida e azeite de oliva para o povo de Tzidon e Tzor trazerem toras de
cedro do L'vanon pelo mar até Yafo, de acordo com a autorização concedida por
Koresh, rei da Pérsia.

8 No segundo ano após sua chegada à casa de Deus em Yerushalayim, no se-
gundo mês, Z'rubavel, o filho de Sh'alti'el, Yeshua, o filho de Yotzadak, o restante
dos parentes deles, os *kohanim,* os *l'vi'im* e todos os que regressaram do exílio
a Yerushalayim começaram o projeto. Eles nomearam os *l'vi'im* com mais de 20
anos para dirigir o trabalho na casa de *Adonai.* 9 Yeshua e seus filhos e irmãos,
Kadmi'el e seus filhos e os filhos de Y'hudah coordenavam os trabalhadores na
casa de Deus; também os filhos de Henadad, com seus filhos e os parentes deles
— os *l'vi'im.*

10 Quando os construtores lançaram o fundamento da casa de *Adonai,* os
kohanim, com suas roupas e suas trombetas, e os *l'vi'im,* os filhos de Asaf, com
címbalos, tomaram seus lugares para louvar *Adonai,* como David, rei de Yisra'el, os
instruiu. 11 Eles cantaram de forma responsiva, louvando e dando graças: "Deem
graças a *Adonai,* pois ele é bom, porque sua graça dura para sempre" para com
Yisra'el. Todo o povo deu um grande grito de louvor a *Adonai,* pois o fundamento
da casa de *Adonai* foi lançado. 12 No entanto, muitos *kohanim, l'vi'im* e cabeças de
clãs paternos, os homens idosos, que viram a primeira casa na íntegra sobre sua
fundação, choraram bem alto ao verem esta casa, enquanto outros gritavam de
alegria. 13 Assim, o povo não conseguia distinguir o barulho dos gritos de alegria
do barulho do lamento do povo, mas o povo estava chorando tão alto que o baru-
lho poderia ser ouvido a grande distância.

4 1 Quando os inimigos de Y'hudah e Binyamin ouviram que os exilados estavam
construindo um templo para *Adonai,* o Deus de Yisra'el, 2 eles se aproximaram
de Z'rubavel e dos cabeças dos clãs paternos e lhes disseram: "Deixem-nos cons-
truir com vocês, pois buscamos seu Deus, como vocês fazem; e nós lhe temos
sacrificado desde o tempo de Esar-Hadon, rei de Ashur, que nos trouxe aqui". 3 No
entanto, Z'rubavel, Yeshua e o restante dos cabeças dos clãs paternos de Yisra'el
responderam-lhes: "Vocês e nós nada temos em comum para que se unam a nós
na construção de uma casa para o nosso Deus. Nós a construiremos sozinhos para
Adonai, o Deus de Yisra'el, como Koresh, rei da Pérsia, nos ordenou fazer".

4 Então o povo da terra começou a desencorajar o povo de Y'hudah, para deixá-
-los com medo de seguir na construção. 5 Eles também subornaram oficiais para
frustrar-lhes os planos durante a vida de Koresh, rei da Pérsia, até o reinado de
Daryavesh, rei da Pérsia. 6 Durante o reinado de Achashverosh, no princípio de seu
reino, foi apresentada por escrito uma acusação contra os habitantes de Y'hudah e
Yerushalayim. 7 Então, no tempo de Artach'shashta, Bishlam, Mitr'dat, Tav'el e seus
outros colegas escreveram a Artach'shashta; a carta foi escrita em aramaico, usan-
do o alfabeto aramaico. 8 Rechum, o governante do distrito, e Shimshai, o secretário,
escreveram a carta contra Yerushalayim a Artach'shashta, o rei, como se segue:

9 "De Rechum, o governante do distrito, Shimshai, o secretário, seus outros co-
legas, os juízes, os oficiais, os dina'im, os afarsat'khim, os tarp'lim, os afarsim, os
ark'vim, os bavlim, os shushan'kayim, os dehayim, os 'elma'im, 10 as outras nações
às quais o grande e nobre Asnapar deportou e estabeleceu em Shomron, e os outros
que permanecem no país além do rio [Eufrates]".

11 (Este é o texto da carta que eles lhe enviaram.)

“A Artach’shashta, o rei de seus servos, o povo além do rio:

12 “Saiba o rei que os habitantes de Y’hudah, recém-chegados a Yerushalayim por
sua permissão, estão construindo essa cidade rebelde e ímpia. Já terminaram
os muros e agora estão cavando as fundações. 13 Assim, saiba o rei que, se essa
cidade for reconstruída, e os muros terminados, eles se recusarão a pagar
o tributo, as taxas e o pedágio, e isso reduzirá a renda do rei. 14 Agora, pois,
comemos o sal do rei, e não nos é justo ver o rei desonrado; por isso, estamos
enviando esta mensagem ao rei, 15 para que se faça uma busca nos arquivos de
seus antepassados; nesses arquivos, serão encontradas informações de que
essa cidade é de fato rebelde, a desgraça de reis e províncias, e que a sedição
foi fomentada ali desde os tempos antigos — motivo da destruição dessa ci-
dade. 16 Informamos ao rei que, se essa cidade for reconstruída e os muros ter-
minados, em breve será perdida a posse de todos os territórios além do rio”.

17 O rei enviou esta resposta:

“A Rechum, o governante do distrito, Shimshai, o secretário, seus colegas, habitantes de Shomron, e os demais de além do rio:

“*Shalom*!

18 “A carta que vocês enviaram foi traduzida para mim. 19 Ordenei a busca, e
encontrou-se que essa cidade possui um longo histórico de revolta contra os
reis, que rebelião e sedição foram fomentadas ali; 20 que também houve reis
poderosos em Yerushalayim que governaram todos os territórios além do rio;
e tributos, taxas e pedágios lhes foram pagos.

21 “Portanto, ordenem agora que esses homens parem de trabalhar e que essa
cidade não seja reconstruída até que eu ordene. 22 Não negligenciem sua obri-
gação; de outro modo, o dano pode aumentar, ameaçando o rei”.

23 Quando o texto da carta do rei Artach’shashta foi lido na presença de Rechum,
de Shimshai, o secretário, e de seus colegas, eles foram depressa a Yerushalayim,
ao encontro dos habitantes de Y’hudah, e impediram o trabalho por meio da força.
24 Assim, o trabalho na casa de Deus em Yerushalayim cessou e permaneceu parado
até o segundo ano do reinado de Daryavesh, rei da Pérsia.

5 1 Os profetas Hagai e Z’kharyah, o filho de ‘Iddo, profetizaram aos habitantes
de Y’hudah que estavam em Yerushalayim e Y’hudah; profetizaram para eles
no nome do Deus de Yisra’el. 2 Então Z’rubavel, o filho de Sh’alti’el, e Yeshua, o filho
de Yotzadak, começaram a reconstruir a casa de Deus em Yerushalayim; com eles,
estavam os profetas de Deus, ajudando-os.

3 Tão logo eles começaram, Tatnai, o governante do território de além do rio
[Eufrates], Sh’tar-Boznai e seus colegas vieram para lhes perguntar: “Quem deu per-
missão a vocês para reconstruir esta casa e terminar o muro? 4 Como se chamam os
homens que estão empreendendo a construção?”. 5 No entanto, os olhos do seu Deus
estavam sobre os líderes dos habitantes de Y’hudah, e eles não pararam a constru-
ção até a questão chegar a Daryavesh e uma resposta por escrito ser recebida.

6 Eis o texto da carta que Tatnai, o governante do território além do rio, Sh'tar-
-Boznai e seus colegas oficiais, de além do rio, enviaram a Daryavesh, o rei; [7] envia-
ram-lhe a carta em que estava escrito:

"A Daryavesh, o rei,

"*Shalom* plena!".

8 "Saiba o rei que fomos à província de Y'hudah, à casa do grande Deus. Ela está
sendo reconstruída com grandes pedras, e madeira é colocada nos muros.
Esse trabalho está sendo feito com diligência, e progride com rapidez, sob a
direção [9] de seus líderes. Nós lhes perguntamos: 'Quem deu permissão a vocês
para reconstruir esta casa e terminar o muro?'. [10] Também lhes perguntamos
os nomes, para informar-te sobre os homens que os lideram.

11 "Eles nos deram esta resposta: 'Somos servos do Deus do céu e da terra. Esta-
mos reconstruindo a casa que foi edificada muitos anos atrás, construída e
finalizada por um grande rei de Yisra'el. [12] No entanto, pelo fato de nossos an-
tepassados terem provocado o Deus do céu, ele os entregou a N'vukhadnetzar,
rei de Bavel, o kasdi; ele destruiu essa casa e levou o povo para Bavel. [13] No
entanto, no primeiro ano de Koresh, rei de Bavel, Koresh, o rei, autorizou
a reconstrução desta casa de Deus. [14] Além disso, os utensílios de ouro e de
prata pertencentes à casa de Deus, removidos do templo em Yerushalayim
por N'vukhadnetzar e levados ao templo de Bavel, foram retirados por Koresh,
o rei, do templo em Bavel; eles foram devolvidos a um homem chamado
Sheshbatzar, a quem ele nomeou governante. [15] Disse-lhe: "Pegue esses uten-
sílios, coloque-os no templo em Yerushalayim, e que a casa de Deus seja re-
construída no local original". [16] Assim, esse mesmo Sheshbatzar veio e lançou
as fundações da casa de Deus em Yerushalayim; e, desde esse momento, ela
se encontra em reconstrução e ainda não está finalizada.

17 " 'Agora, portanto, se parecer bem ao rei, que se faça uma busca no tesouro
real em Bavel para determinar se um decreto foi promulgado por Koresh, o rei,
para a reconstrução dessa casa de Deus, em Yerushalayim; e que o rei envie
sua decisão concernente ao assunto' ".

6 [1] Daryavesh, o rei, ordenou, e uma busca foi feita nos arquivos, onde eram guar-
dados os tesouros de Bavel; [2] e em Achm'ta, no palácio da província de Média,
foi encontrado um pergaminho em que estava escrito:

"Memorando:

3 "No primeiro ano de Koresh, o rei, ele, promulgou este decreto: 'Concernente à
casa de Deus em Yerushalayim, que ela seja reconstruída, o lugar da apresen-
tação de sacrifícios, e que suas fundações sejam estabelecidas com firmeza.
Ela deve ter 27 metros de altura e 27 metros de largura, [4] com três fileiras de pe-
dras grandes e uma fileira de madeira nova. As despesas devem ser pagas pelo
tesouro do rei. [5] Além disso, que os utensílios de ouro e de prata pertencentes
à casa de Deus, removidos por N'vukhadnetzar do templo em Yerushalayim e
levados a Bavel, sejam devolvidos ao templo em Yerushalayim, cada item no
devido lugar; coloquem-nos na casa de Deus'.

6 "Portanto, Tatnai, o governante do território além do rio, Sh'tar-Boznai e seus
colegas oficiais além do rio, devem se afastar desse lugar! 7 Que o trabalho dessa
casa de Deus continue. Que o governante dos habitantes de Y'hudah e os líderes
dos habitantes de Y'hudah reconstruam essa casa de Deus no devido lugar.

8 "Além disso, promulgo, deste momento em diante, uma ordem concernente ao
auxílio que vocês devem prestar a esses líderes dos habitantes de Y'hudah para
a reconstrução dessa casa de Deus: os gastos com esses homens devem ser
pagos de imediato pelos fundos reais, das taxas cobradas além do rio, para que
o trabalho continue. 9 Tudo que necessitarem — novilhos, carneiros e cordeiros
— para as ofertas queimadas apresentadas ao Deus do céu, farinha, sal, vinho
e azeite de oliva, de acordo com o que os *kohanim* de Yerushalayim disserem,
deverá ser dado a eles diariamente, sem falhas, 10 para que ofereçam sacrifícios
com aroma fragrante ao Deus do céu e orem pela vida do rei e de seus filhos.

11 "Ordeno também que, se alguém desconsiderar esta ordem, que se arranque
uma viga de sua casa, e essa pessoa seja nela levantada e empalada. Sua casa
deverá ser reduzida a escombros. 12 E o Deus que fez seu nome estar ali der-
rube qualquer rei ou povo que tente resistir e destrua essa casa de Deus em
Yerushalayim.

"Eu, Daryavesh, promulguei esta ordem. Que seja cumprida à risca".

13 Então Tatnai, o governante do território além do rio [Eufrates], Sh'tar-Boznai e seus
colegas obedeceram à risca, pois Daryavesh, o rei, ordenou que assim se fizesse.
14 Os líderes dos habitantes de Y'hudah progrediram bastante na reconstrução,
graças ao ofício profético de Hagai, o profeta, e Z'kharyah, o filho de 'Iddo. Eles de-
ram continuidade até a finalização, guardando o mandamento do Deus de Yisra'el,
e de acordo com a ordem de Koresh, Daryavesh e Artach'shashta, rei da Pérsia.
15 A casa foi finalizada no terceiro dia do mês de *adar*, no sexto ano de Daryavesh, o
rei. 16 O povo de Yisra'el, os *kohanim*, os *l'vi'im* e as outras pessoas exiladas dedica-
ram essa casa de Deus com alegria. 17 Na dedicação dessa casa de Deus, apresenta-
ram 100 novilhos, 200 carneiros, 400 cordeiros, e, como oferta pelo pecado de todo
o Yisra'el, 12 bodes, correspondendo ao número das tribos de Yisra'el.
18 Então constituíram os *kohanim*, em suas divisões, e os *l'vi'im*, em suas ordens,
para o serviço de Deus em Yerushalayim, como está escrito no livro de Mosheh.
19 Os exilados guardaram *Pesach* no décimo quarto dia do primeiro mês, 20 pois
os *kohanim* e os *l'vi'im* se haviam purificado em conjunto; todos estavam puros.
Por isso, mataram o cordeiro de *Pesach* por todos os exilados e pelos parentes de-
les, os *kohanim*, e por si mesmos. 21 O povo de Yisra'el que havia voltado do exílio e
todos os que haviam renunciado às práticas imorais das nações que viviam na terra
a fim de procurar *Adonai*, o Deus de Yisra'el, comeram [o cordeiro de *Pesach*] 22 e
guardaram com alegria a festa da *matzah* por sete dias, pois *Adonai* lhes concedeu
muita alegria ao tornar o coração do rei de Ashur favorável a eles, para que os as-
sistissem no trabalho da casa de Deus, o Deus de Yisra'el.

7 1 Depois desses acontecimentos, no reinado de Artach'shashta, rei da Pérsia,
'Ezra, o filho de S'rayah, o filho de 'Azaryah, o filho de Hilkiyah, 2 o filho de Shalum,
o filho de Tzadok, o filho de Achituv, 3 o filho de Amaryah, o filho de 'Azaryah, o
filho de M'rayot, 4 o filho de Z'rachyah, o filho de 'Uzi, o filho de Buki, 5 o filho de
Avishua, o filho de Pinchas, o filho de Eli'ezer, o filho de Aharon, o *kohen hagadol*,
— 6 'Ezra subiu de Bavel. Ele era um escriba, um especialista na *Torah* de Mosheh,

outorgada por *Adonai*, o Deus de Yisra'el; e o rei lhe deu tudo o que pediu, pois a
mão de *Adonai*, seu Deus, estava sobre ele.

7 No sétimo ano de Artach'shashta, o rei, algumas pessoas de Yisra'el, e alguns
dos *kohanim*, *l'vi'im*, cantores, porteiros e servos do templo subiram a Yerushalayim.
8 ['Ezra] chegou a Yerushalayim no quinto mês do sétimo ano do rei. 9 Ele iniciou a
subida a Yerushalayim, desde Bavel, no primeiro dia do primeiro mês e chegou no
primeiro dia do quinto mês, pois a boa mão de seu Deus estava sobre ele. 10 Pois
'Ezra dedicava o coração ao estudo e à prática da *Torah* de *Adonai* e ao ensino a
Yisra'el de suas leis e regras.

11 Eis a carta que o rei Artach'shashta enviou a 'Ezra, o *kohen* e mestre da *Torah*, o
estudante das questões relacionadas às *mitzvot* de *Adonai* e às suas leis para Yisra'el:

12 "De: Artach'shashta, rei de reis

"Para: 'Ezra, o *kohen*, escriba da lei do Deus do céu etc.:

"De agora em diante, 13 decreto que todos os meus súditos pertencentes ao
povo de Yisra'el, incluindo seus *kohanim* e *l'vi'im*, que, de espontânea vontade,
escolherem partir com você para Yerushalayim, poderão fazê-lo. 14 Você está
sendo enviado pelo rei e seus sete conselheiros para pesquisar a respeito da
aplicação da lei do seu Deus, da qual você possui conhecimento especializado,
em Y'hudah e Yerushalayim. 15 Leve também com você a prata e o ouro que o
rei e seus conselheiros ofereceram de forma voluntária ao Deus de Yisra'el,
cuja habitação se encontra em Yerushalayim, 16 com toda a prata e o ouro que
receber da província de Bavel e das ofertas voluntárias do povo e dos *kohanim*,
oferecidas voluntariamente para a casa de seu Deus, em Yerushalayim.

17 "Gaste esse dinheiro com cuidado em novilhos, carneiros e cordeiros, com ofertas de grãos e de bebidas, e apresente-os sobre o altar da casa de seu Deus, em
Yerushalayim. 18 Tudo o que parecer bem a você, e a seus parentes, realizar com
o restante da prata e do ouro, faça de acordo com a vontade de seu Deus.

19 "Os utensílios dados a você para o serviço da casa de seu Deus, entregue-os ao Deus de Yerushalayim.

20 "Tudo o mais que for necessário para a casa de seu Deus, que você tiver de suprir, use o tesouro real.

21 "Eu, Artach'shashta, o rei, ordeno, de agora em diante, que todos os tesoureiros do território além do rio [Eufrates] façam com cuidado tudo o que 'Ezra,
o *kohen*, escriba da lei do Deus do céu, lhes pedir, 22 até alcançar a soma de
3.300 quilos de prata, 17.620 litros de farinha, 1.900 litros de vinho, 1.900 litros
de azeite de oliva e a quantidade de sal necessária. 23 Tudo o que for ordenado
pelo Deus do céu deve ser realizado com exatidão para a casa do Deus do céu;
por que ele se iraria contra o rei e seus filhos? 24 Além disso, declaramos que,
de agora em diante, será ilegal cobrar tributos, taxas ou pedágios dos *kohanim*,
l'vi'im, cantores, porteiros, servos ou trabalhadores dessa casa de Deus.

25 "E você, 'Ezra, use a sabedoria recebida de seu Deus, para nomear magistrados e juízes que julgem todo o povo no território além do rio, isto é, todos
os conhecedores das leis do seu Deus; e ensine-a a quem não a conhecer.
26 Quem se recusar a obedecer à lei de seu Deus, e à lei do rei, terá o juízo

prontamente executado contra ele, quer pela morte, quer pelo banimento, quer pelo confisco dos bens, quer pela prisão".

27 Bendito seja *Adonai*, o Deus de nossos antepassados, que pôs no coração do rei
o desejo de restaurar a beleza da casa de *Adonai* em Yerushalayim, 28 e que teve
misericórdia de mim na presença do rei e de seus conselheiros, e diante de todos os oficiais mais poderosos do rei.

Assim, eu me enchi de coragem, pois a mão de *Adonai*, meu Deus, estava sobre mim, e reuni todos os líderes de Yisra'el para subir comigo.

8 1 Estes são os cabeças dos clãs paternos, e esta é a genealogia de quem subiu comigo de Bavel durante o reinado de Artach'shashta, o rei:

2 dos descendentes de Pinchas: Gershom;
dos descendentes de Itamar: Dani'el;
dos descendentes de David: Hatush;
3 dos descendentes de Sh'khanyah:
dos descendentes de Par'osh: Z'kharyah,
e com ele 150 homens oficialmente registrados;
4 dos descendentes de Pachat-Mo'av: Ely'ho'einai, o filho de Z'rachyah,
e com ele 200 homens;
5 dos descendentes de Sh'khanyah, o filho de Yachazi'el,
e com ele 300 homens;
6 dos descendentes de 'Adin: 'Eved, o filho de Yonatan,
e com ele 50 homens;
7 dos descendentes de 'Eilam: Yesha'yah, o filho de 'Atalyah,
e com ele 70 homens;
8 dos descendentes de Sh'fatyah: Z'vadyah, o filho de Mikha'el,
e com ele 80 homens;
9 dos descendentes de Yo'av: 'Ovadyah, o filho de Yechi'el,
e com ele 218 homens;
10 dos descendentes de Shlomit: o filho de Yosifyah,
e com ele 160 homens;
11 dos descendentes de Bevai: Z'kharyah, o filho de Bevai,
e com ele 28 homens;
12 dos descendentes de 'Azgad: Yochanan, o filho de HaKatan,
e com ele 110 homens;
13 dos descendentes de Adonikam: os mais novos chamavam-se Elifelet, Ye'i'el e Sh'ma'yah,
e com eles 60 homens; e
14 dos descendentes de Bigvai: 'Utai e Zakur,
e com eles 70 homens.

15 Eu os reuni junto ao rio que corre para Ahava, e acampamos ali por três dias.
Passei em revista o povo e os *kohanim*, mas não encontrei ali *l'vi'im*. 16 Por isso,
mandei buscar Eli'ezer, Ari'el, Sh'ma'yah, Elnatan, Yariv, Elnatan, Natan, Z'kharyah e Meshulam, os líderes, e também Yoyariv e Elnatan, homens de discernimento.
17 Dei-lhes instruções concernentes a Iddo, o líder de um lugar chamado Kasifya, e avisei-os para dizerem a Iddo e a seu irmão, encarregados de Kasifya, que trouxessem os homens para a ministração na casa de nosso Deus. 18 Pelo fato de a boa
mão do nosso Deus estar sobre nós, trouxeram Ish-Sekhel, dos descendentes de

Machli, o filho de Levi, o filho de Yisra'el; Sherevyah, com dezoito de seus filhos
e parentes; 19 Hashavyah, com Yesha'yah, dos descendentes de M'rari, e 20 de seus
parentes e seus filhos; 20 e dos servos do templo, encarregados por David e pelos
príncipes para servir aos *l'vi'im*, 200 servos do templo, todos registrados por nome.
21 Então, junto ao rio Ahava, anunciei um jejum para nos humilharmos na pre-
sença de nosso Deus e lhe pedirmos uma viagem segura para nós, nossos filhos
e nossos bens. 22 Pois me senti envergonhado de pedir ao rei um destacamento de
soldados e cavaleiros para nos proteger dos inimigos na estrada, já que dissemos
ao rei: "A mão de nosso Deus está sobre todos os que o procuram para o bem, mas
seu poder e fúria são contra todos os que o abandonam". 23 Então jejuamos e pedi-
mos a nosso Deus por isso, e ele nos respondeu à oração.
24 Então separei 12 dos principais *kohanim*, bem como Sherevyah, Hashavyah e
dez dos parentes deles. 25 Pesei para eles a prata, o ouro e os utensílios da casa do
nosso Deus recebidos como contribuição do rei, de seus conselheiros, príncipes
e todo o Yisra'el. 26 Pesei e lhes entreguei 21.500 quilos de prata, 3.300 quilos de
utensílios de prata, 3.300 quilos de ouro, 27 20 tigelas de ouro pesando 9,5 quilos, e
dois utensílios de bronze fino polido, precioso como o ouro. 28 Então eu lhes disse:
"Vocês estão consagrados a *Adonai*, os utensílios são sagrados, e a prata e o ouro
são uma oferta voluntária a *Adonai*, o Deus de seus antepassados. 29 Guardem-nos
com cuidado, até que os pesem diante dos principais *kohanim* e *l'vi'im* e dos líde-
res dos clãs paternos em Yerushalayim, nas salas da casa de *Adonai*". 30 Assim, os
kohanim e os *l'vi'im* receberam a remessa de prata, ouro e utensílios para levá-los
a Yerushalayim, à casa do nosso Deus.
31 No décimo segundo dia do primeiro mês, partimos do rio Ahava, em direção
a Yerushalayim. A mão de nosso Deus estava sobre nós, e ele nos protegeu de
nossos inimigos e ataques ao longo da estrada. 32 Chegamos a Yerushalayim, onde
permanecemos por três dias. 33 No quarto dia, a prata, o ouro e os utensílios foram
pesados na casa de nosso Deus e entregues a M'remot, o filho de Uriyah, o *kohen*;
com ele estava El'azar, o filho de Pinchas; e, com eles, estavam Yozavad, o filho de
Yeshua, e No'adyah, o filho de Binui, que eram *l'vi'im*. 34 A remessa toda foi nume-
rada e pesada e, ao mesmo tempo, o peso total foi registrado.
35 Os exilados que voltaram do cativeiro apresentaram ofertas queimadas ao
Deus de Yisra'el — 12 novilhos por todo o Yisra'el, 96 carneiros, 77 cordeiros, e 12
bodes como oferta pelo pecado; tudo isso foi apresentado como oferta queimada
para *Adonai*.
36 Eles também entregaram as ordens do rei aos vice-reis e governadores de
além do rio [Eufrates]; e esses deram apoio ao povo e à casa de Deus.

9 1 Depois de feitas todas essas coisas, os líderes aproximaram-se de mim
e disseram: "O povo de Yisra'el, os *kohanim* e os *l'vi'im* não se separaram
dos povos da terra — o kena'ani, o hitti, o p'rizi, o y'vusi, o 'amoni, o mo'avi, os
egípcios e o emori — e de suas práticas repugnantes. 2 Eles se casaram com algumas
mulheres dessas nações, casaram seus filhos com essas mulheres, para que a se-
mente sagrada fosse assimilada pelos povos da terra; além disso, os oficiais e líde-
res são os principais culpados dessa infidelidade". 3 Quando ouvi isso, rasguei meu
manto e minha túnica, desarrumei o cabelo da minha cabeça e da barba, e sentei-me
estarrecido. 4 Todos os que temiam as palavras do Deus de Yisra'el reuniram-se à
minha volta quando confrontei a infidelidade desses exilados; e eu me sentei estar-
recido até a hora da oferta da tarde.

5 Na hora da oferta da tarde, com meu manto e minha túnica rasgados, levantei-
-me depois de afligir a mim mesmo, caí sobre meus joelhos, estendi minhas mãos
a *Adonai*, meu Deus, 6 e disse: "Meu Deus, estou envergonhado. Coro ao levantar o
rosto diante de ti, meu Deus! Pois nossos pecados ultrapassam nossa cabeça; nos-
sa culpa alcança o céu. 7 Desde os tempos de nossos antepassados, temos sido
profundamente culpados; e por causa de nossos pecados, nós, nossos reis e nossos
kohanim têm sido entregues aos reis da terra, à espada, ao exílio, à pilhagem e à
desgraça, como acontece hoje. 8 Agora, por um breve momento, *Adonai*, nosso Deus,
mostrou-nos favor ao permitir a escapada do remanescente e ao nos dar um ponto
seguro em seu lugar sagrado; desse modo, Deus torna as coisas mais brilhantes e
nos alivia um pouco de nossa escravidão. 9 Pois somos escravos. Contudo, nosso
Deus não nos abandonou em nossa escravidão e tornou os reis de Pérsia graciosos
para conosco, fazendo-nos reviver para podermos reconstruir a casa de nosso Deus,
levantar as ruínas e estabelecer um muro de defesa em Y'hudah e Yerushalayim.
10 "Agora, nosso Deus, que diremos depois disso? Abandonamos suas *mitzvot*,
11 dadas por intermédio de teus servos, os profetas, quando disseram: 'A terra de
que vocês tomarão posse é uma terra profanada pela impureza dos povos da terra,
por causa de suas práticas repugnantes; por meio delas, eles encheram a terra de
sujeira, de uma extremidade à outra. 12 Portanto, vocês não devem dar suas filhas
aos filhos deles, nem aceitar as filhas deles para seus filhos; jamais promovam a
paz ou a prosperidade deles. Apenas desse modo, vocês crescerão fortes, usufrui-
rão as coisas boas da terra e deixarão uma herança permanente para seus filhos'.
13 Por fim, isso nos aconteceu por causa de nossos atos malignos e nossa culpa
profunda — e, mesmo assim, tu, nosso Deus, nos puniste menos que o nosso me-
recimento por nossos pecados e deixaste o remanescente sobreviver; 14 devemos
transgredir tuas *mitzvot* outra vez ao realizar casamentos com os povos que reali-
zam essas práticas repugnantes? Tu não te iras conosco a ponto de nos destruíres
por completo, para que não haja remanescente e ninguém escape? 15 *Adonai*, Deus
de Yisra'el! Tu és justo; mesmo assim, foi-nos deixado um remanescente, como
acontece hoje. Vê, estamos diante de ti em nossa culpa; por causa dela, ninguém
pode permanecer em tua presença".

10 1 Enquanto 'Ezra orava, confessava, chorava e estava prostrado diante da casa
de Deus, uma grande multidão de homens, mulheres e crianças de Yisra'el
reuniu-se à sua volta, e o povo chorava amargamente. 2 Sh'khanyah, o filho de Yechi'el,
um dos descendentes de 'Eilam, dirigiu-se a 'Ezra e lhe disse: "Temos agido de forma
desleal em relação ao nosso Deus por nos casarmos com mulheres estrangeiras dos
povos da terra. No entanto, a despeito disso, ainda há esperança para Yisra'el. 3 Fa-
remos uma aliança com nosso Deus e mandaremos embora todas essas mulheres,
bem como seus filhos, em obediência ao conselho de *Adonai* e daqueles que tremem
diante da *mitzvah* de nosso Deus; agiremos de acordo com a *Torah*. 4 Levante-se e
cumpra sua obrigação, pois estamos com você; tome coragem e faça isso!".
5 'Ezra levantou-se e fez os principais *kohanim*, os *l'vi'im* e todo o Yisra'el ju-
rarem que agiriam de acordo com o que foi dito, e eles juraram. 6 'Ezra, então,
deixou o seu lugar diante da casa de Deus e foi para a sala de Y'hochanan, o filho
de Elyashiv. Depois de entrar ali, ele não comeu comida nem bebeu água, pois la-
mentava por causa da infidelidade dos exilados.
7 Anunciou-se por Y'hudah e Yerushalayim que todos os exilados deveriam se
reunir em Yerushalayim; 8 e que as pessoas ausentes três dias após a convocação

dos oficiais e líderes teriam todos os bens confiscados e seriam banidas da comunidade dos exilados. 9 Todos os homens de Y'hudah e Binyamin reuniram-se em Yerushalayim, no período de três dias. No vigésimo dia do nono mês, todo o povo sentou-se em um lugar aberto diante da casa de Deus e tremia por causa da questão e de uma forte chuva. 10 'Ezra, o *kohen*, ficou em pé e dirigiu-se a eles: "Vocês agiram de modo infiel ao se casarem com mulheres estrangeiras e, desse modo, aumentaram a culpa de Yisra'el. 11 Agora, portanto, confessem a *Adonai*, o Deus de seus antepassados, e façam o que lhe agrada, separando-se dos povos da terra e das mulheres estrangeiras". 12 Em resposta, toda a assembleia gritou: "Sim, nossa obrigação é fazer o que você disse. 13 No entanto, há muita gente, e começou a estação chuvosa — não podemos permanecer aqui neste lugar descoberto. Além disso, esse não é um trabalho que se possa fazer em um dia ou dois; muitos de nós cometeram essa transgressão. 14 Que nossos líderes representem toda a comunidade; e que todos os habitantes de nossas cidades que se casaram com mulheres estrangeiras compareçam em horários predeterminados, acompanhados dos anciãos e juízes de cada cidade, até que a ira ardente de nosso Deus tenha se desviado de sobre nós". 15 Apenas Yonatan, o filho de 'Asah'el, e Yachz'yah, o filho de Tikvah, apoiados por Meshulam e Shabtai, o *levi*, opuseram-se a isso.

16 Os exilados fizeram como combinado. 'Ezra, o *kohen*, escolheu os cabeças dos clãs paternos por nome, e eles começaram suas sessões para resolver a questão no primeiro dia do décimo mês. 17 Terminaram de lidar com todos os homens casados com mulheres estrangeiras no primeiro dia do primeiro mês.

18 Entre os *kohanim*, foram encontrados alguns que haviam se casado com mulheres estrangeiras: dos filhos de Yeshua, o filho de Yotzadak e seus irmãos: Ma'aseiyah, Eli'ezer, Yariv e G'dalyah. 19 Eles prometeram mandar as mulheres embora; e, por serem culpados, ofereceram um carneiro do rebanho pela culpa. 20 Dos filhos de Immer: Hanani e Z'vadyah; 21 dos filhos de Harim: Ma'aseiyah, Eliyah, Sh'ma'yah, Yechi'el e 'Uziyah; 22 dos filhos de Pash'chur: Elyo'einai, Ma'aseiyah, Yishma'el, N'tan'el, Yozavad e El'asah.

23 Dos *l'vi'im*: Yozavad, Shim'i, K'layah (também conhecido por K'lita), P'tachyah, Y'hudah e Eli'ezer.

24 Dos cantores: Elyashiv.

Dos porteiros: Shalum, Telem e Uri.

25 De Yisra'el: dos descendentes de Par'osh: Ramyah, Yizziyah, Malkiyah, Miyamin, El'azar, Malkiyah e B'nayah; 26 dos descendentes de 'Eilam: Mattanyah, Z'kharyah, Yechi'el, 'Avdi, Yeremot e Eliyah; 27 dos descendentes de Zatu: Elyo'einai, Elyashiv, Mattanyah, Yeremot, Zavad e 'Aziza; 28 dos descendentes de B'vai: Y'hochanan, Hananyah, Zabai e 'Atlai; 29 dos descendentes de Bani: Meshulam, Malukh, 'Adayah, Yashuv, Sh'al e Ramot; 30 dos descendentes de Pachat-Mo'av: 'Adna, K'lal, B'nayah, Ma'aseiyah, Mattanyah, B'tzal'el, Binui e M'nasheh; 31 dos descendentes de Harim: Eli'ezer, Yishiyah, Malkiyah, Sh'ma'yah, Shim'on, 32 Binyamin, Malukh e Sh'maryah; 33 dos descendentes de Hashum: Matnai, Matatah, Zavad, Elifelet, Yeremai, M'nasheh e Shim'i; 34 dos descendentes de Bani: Ma'adai, 'Amram, U'el, 35 B'nayah, Bedyah, K'luhu, 36 Vanyah, M'remot, Elyashiv, 37 Mattanyah, Matnai, Ya'asai, 38 Bani, Binui, Shim'i, 39 Shelemyah, Natan, 'Adayah, 40 Makhnavdai, Shashai, Sharai, 41 'Azar'el, Shelemyah, Sh'maryah, 42 Shalum, Amaryah e Yosef; e 43 dos descendentes de N'vo: Ye'i'el, Mattityah, Zavad, Z'vina, Yadai, Yo'el e B'nayah.

44 Todos esses se casaram com mulheres estrangeiras, e alguns deles tiveram filhos dessas mulheres.

נחמיה

Nechemyah

[Neemias]

1 1 Palavras de Nechemyah, o filho de Hakhalyah:
"No mês de *kislev*, no vigésimo ano, enquanto eu estava em Shushan, a ca-
pital, 2 Hanani, um de meus parentes, veio de Y'hudah com alguns homens; e eu
lhes perguntei acerca dos remanescentes de Y'hudah que haviam sobrevivido ao
exílio e a respeito de Yerushalayim. 3 Eles me responderam: "Os remanescentes
do exílio foram deixados na província, estão passando por grande aflição e são
tratados com desprezo; o muro de Yerushalayim está em ruínas, e seus portões
foram queimados por completo".
4 Ao ouvir essa resposta, sentei-me e chorei; lamentei por vários dias, jejuando
e orando diante do Deus do céu. 5 Eu disse: "Por favor, *Adonai*, Deus do céu! Tu és
o grande e terrível Deus, que guardas a aliança e estendes graça a quem te ama
e guarda tuas *mitzvot*! 6 Que teus ouvidos estejam atentos, e teus olhos, abertos,
para que ouças a oração de teu servo, que tenho feito, nestes dias diante de ti, dia
e noite, pelos teus servos, o povo de Yisra'el — ainda que confesse os pecados do
povo de Yisra'el, cometidos por nós contra ti. Sim, eu e a casa de meu pai pecamos.
7 Ofendemos-te profundamente. Não guardamos tuas *mitzvot*, leis, regras que or-
denaste a teu servo Mosheh. 8 Lembra-te, por favor, da palavra dada por intermédio
de teu servo Mosheh: 'Se vocês forem infiéis, eu os espalharei entre os povos, 9 mas,
se voltarem para mim, guardarem as minhas *mitzvot* e obedecerem a elas, então,
ainda que estejam espalhados nas partes mais distantes do céu, eu os reunirei e
os trarei ao lugar que escolhi para portar meu nome'. 10 Esses são teus servos, teu
povo, a quem redimiste por teu grande poder e mão forte. 11 *Adonai*, por favor, que
teus ouvidos estejam atentos à oração de teu servo e à oração de teus servos que se
alegram em temer-te o nome; por favor, que teu servo alcance sucesso e conquiste a
compaixão desse homem" — pois eu era o criado pessoal do rei.

2 1 No mês de *nisan*, no vigésimo ano de Artach'shashta, o rei, eu estava servindo
o vinho e o levei ao rei. Antes disso, eu nunca havia aparecido triste na presen-
ça dele. 2 O rei perguntou: "Por que você parece tão triste? Não está doente, então
deve ser uma tristeza pessoal profunda". Nesse momento, fiquei com muito medo 3
e disse ao rei: "Que o rei viva para sempre! Por que eu não estaria triste, quando a
cidade, o lugar, onde jazem os túmulos de meus antepassados, está em ruínas e
seus portões foram queimados por completo?". 4 O rei perguntou-me: "O que você
deseja?". Eu orei ao Deus do céu 5 e, em seguida, disse ao rei: "Se for do teu agrado,
ó rei, caso teu servo tenha alcançado o teu favor, envia-me a Y'hudah, à cidade dos
túmulos de meus ancestrais, para que eu possa reconstruí-la". 6 Com a rainha sen-
tada perto dele, o rei me perguntou: "Quanto tempo durará a viagem? Quando você
vai voltar?". Assim, agradou ao rei enviar-me, e marquei com ele o prazo.
7 Eu disse ao rei: "Se for do agrado do rei, dá-me cartas endereçadas aos gover-
nantes dos territórios além do rio [Eufrates], para que me deixem passar até chegar

a Y'hudah, 8 e também uma carta para Asaf, o supervisor das florestas do rei, para
que ele me dê madeira para fazer vigas para os portões da fortaleza pertencente à
casa, para o muro da cidade e para a casa que ocuparei". O rei me deu as cartas, de
acordo com a boa mão do meu Deus sobre mim.

9 Dirigi-me aos governantes do território além do rio e lhes dei as cartas do rei.
O rei enviou comigo uma escolta do exército com capitães e cavaleiros. 10 Quando
Sanvalat, o horoni, e Toviyah, o servo 'amoni, ouviram a esse respeito, mostraram-se
muito descontentes por alguém ter vindo promover o bem-estar do povo de Yisra'el.

11 Então cheguei a Yerushalayim. Após estar lá por três dias, 12 levantei-me
durante a noite, eu e poucos homens comigo. Eu não contei a ninguém o que meu
Deus havia posto em meu coração para eu fazer por Yerushalayim e não levei
nenhum animal comigo, exceto o animal em que eu montava. 13 Saí à noite pelo
portão do Vale até a fonte do Dragão e o portão do Esterco, e inspecionei os pon-
tos derrubados dos muros de Yerushalayim e onde os portões foram queimados.
14 A seguir, fui ao portão da Fonte e ao tanque do Rei, mas não havia espaço para
meu animal passar. 15 Subi o vale no escuro e continuei a inspeção do muro; voltei,
entrei pelo portão do Vale, 16 e os oficiais do rei não sabiam aonde eu havia ido ou
o que estava fazendo. Até aquele momento, eu não havia dito nada a respeito dis-
so aos habitantes de Y'hudah, aos *kohanim*, aos nobres, aos oficiais ou a alguém
responsável pelo trabalho.

17 Mais tarde, eu lhes disse: "Vejam em que triste estado nos encontramos, como
Yerushalayim jaz em ruínas, com os portões queimados. Venham, reconstruamos o
muro de Yerushalayim para não continuarmos nessa situação desonrosa". 18 Disse-
-lhes também acerca da graciosa mão de meu Deus que esteve comigo e também
sobre o que o rei me disse. Eles falaram: "Vamos recomeçar a construção agora" e
se puseram a realizar essa boa obra com energia.

19 Quando Sanvalat, o horoni, Toviyah, o servo 'amoni, e Geshem, o árabe, ou-
viram a respeito disso, começaram a zombar de nós e a nos ridicularizar: "O que
estão fazendo? Vocês estão se rebelando contra o rei?". 20 No entanto, eu lhes res-
pondi: "O Deus do céu nos capacitará para sermos bem-sucedidos. Por isso, nós,
seus servos, começaremos a reconstrução. No entanto, vocês não têm parte, direito
nem história para celebrar em Yerushalayim".

3 1 Então Elyashiv, o *kohen hagadol*, preparou-se com outros *kohanim*, e recons-
truíram o portão das Ovelhas. Eles o consagraram e colocaram as portas; consa-
graram o muro até a torre dos Cem e a torre de Hanan'el. 2 Em seguida, os homens
de Yericho também construíram. Depois deles, Zakur, o filho de Imri, construiu.

3 Os filhos de Hasna'ah reconstruíram o portão do Peixe; eles repuseram a arma-
ção de madeira e colocaram as portas, com seus ferrolhos e trancas. 4 Depois deles,
M'remot, o filho de Uriyah, o filho de Hakotz, fez reparos. Em seguida, Meshulam,
o filho de Berekhyah, o filho de Mesheizav'el, fez consertos. Na sequência, Tzadok,
o filho de Ba'ana fez reparos. 5 Os homens de T'koa, por sua vez, efetuaram ajustes,
mas os nobres não puseram os ombros a serviço de seu Senhor.

6 Yoyada, o filho de Paseach, e Meshulam, o filho de B'sodyah, fizeram reparos
no portão da Cidade Antiga; eles colocaram a armação de madeira e as portas, com
seus ferrolhos e trancas. 7 Depois deles, M'latyah, o giv'oni, Yadon, o meronoti, e os
homens de Giv'on e Mitzpah fizeram reparos; eles trabalharam para o povo unido
ao governante do território além do rio [Eufrates]. 8 Em seguida, 'Uzi'el, o filho de
Harhayah, o ourives, fez consertos.

Depois dele, Hananyah, um dos perfumistas, fez reparos; eles renovaram
Yerushalayim até chegar ao muro Largo. 9 Em seguida, Refayah, o filho de Hur, lí-
der de metade do distrito de Yerushalayim, fez reparos. 10 Logo depois, Y'dayah, o
filho de Harumaf, fez reparos em frente à sua casa. Depois dele, Hatush, o filho de
Hashavn'yah, fez reparos. 11 Malkiyah, o filho de Harim, e Hashuv, o filho de Pachat-
-Mo'av, fizeram reparos na outra seção e na torre dos Fornos. 12 Na sequência,
Shalum, o filho de HaLochesh, líder de metade do distrito de Yerushalayim, fez
reparos com [a ajuda de] suas filhas.

13 Hanun e os habitantes de Zanoach consertaram o portão do Vale; eles o re-
construíram e colocaram as portas, bem como seus ferrolhos e trancas; e recons-
truíram cerca de 450 metros do muro, chegando ao portão do Esterco.

14 Malkiyah, o filho de Rechav, líder do distrito de Beit-Hakerem, reparou o portão
do Esterco; ele o reconstruiu e colocou as portas, bem como seus ferrolhos e trancas.

15 Shalun, o filho de Kol-Hozeh, líder do distrito de Mitzpah, reparou o portão
da Fonte; ele o reconstruiu, cobriu e colocou suas portas, bem como seus ferro-
lhos e trancas; também reconstruiu o muro do tanque de Shelach, junto ao jardim
real, até as escadas que descem da Cidade de David. 16 Depois dele, Nechemyah,
o filho de Azbuk, líder de metade do distrito de Beit-Tzur, fez reparos do local
em frente ao túmulo de David até o tanque artificial e as barracas dos soldados.
17 A seguir, os *l'vi'im* fizeram reparos: Rechum, o filho de Bani; depois dele, Hashavyah,
líder de metade do distrito de Ke'ilah, fez reparos em seu distrito. 18 Na sequência,
seus colegas, [guiados por] Bavai, o filho de Henadad, líder de metade do distri-
to de Ke'ilah, fizeram reparos. 19 Depois dele, 'Ezer, o filho de Yeshua, líder de
Mitzpah, fez reparos na outra seção, em frente à subida para o depósito de armas
junto ao Ângulo. 20 Depois, Barukh, o filho de Zakkai, trabalhou com diligência nos
reparos de outra seção, do Ângulo à porta da casa de Elyashiv, o *kohen hagadol*.
21 Logo após, M'remot, o filho de Uriyah, fez reparos na outra seção, da porta ao
fim da casa de Elyashiv. 22 Depois dele, os *kohanim* da planície fizeram reparos.
23 Binyamin e Hashuv fizeram reparos em frente à sua casa. Logo após, 'Azaryah, o
filho de Ma'aseiyah, o filho de 'Ananyah, fez reparos perto de sua casa. 24 Binui,
o filho de Henadad, reparou outra seção, da casa de 'Azaryah até o Ângulo e a
Esquina. 25 Palal, o filho de Uzai, fez reparos em frente ao Ângulo e a torre que se
projeta da parte superior do palácio real, próximo do palácio da guarda.

Depois dele, P'dayah, o filho de Par'osh, fez reparos 26 (pois os servos do templo
viviam em 'Ofel) até em frente ao portão da Água, para o leste, e a torre que se
projeta dali. 27 Na sequência, os homens de T'koa repararam outra seção, em frente
à grande torre que se projeta até o muro de 'Ofel.

28 Os *kohanim* fizeram reparos para cima do portão do Cavalo, cada um em
frente à sua casa. 29 Depois, Tzadok, o filho de Immer, fez reparos em frente à sua
casa. Depois dele, Sh'ma'yah, o filho de Sh'khanyah, o guarda do portão leste, fez
reparos. 30 A seguir, Hananyah, o filho de Shelemyah, e Hanun, o sexto filho de
Tzalaf, fizeram reparos na outra seção. Meshulam, o filho de Berekhyah, fez repa-
ros em frente à sua casa.

31 Depois dele, Malkiyah, um dos ourives, fez reparos até a casa dos servos do
templo e dos mercadores, em frente ao portão da Inspeção, até o posto de vigia
na Esquina. 32 Por fim, entre o posto de vigia na Esquina e o portão das Ovelhas, os
ourives e mercadores fizeram reparos.

33(4.1) No entanto, quando Sanvalat ouviu que estávamos reconstruindo o muro,
ficou furioso. Muito irado, ele ridicularizou os habitantes de Y'hudah; 34(4.2) diante de

seus parentes e do exército de Shomron, ele afirmou: "O que esses moradores patéti-
cos de Y'hudah estão fazendo? Vão reconstruir algo que desejam? Oferecerão sacri-
fícios? Acabarão tudo hoje? Vão recuperar as pedras úteis dos montes de escombros,
queimados ali?". 35(4.3) Toviyah, o 'amoni, estava com ele, e disse: "Tudo que eles estão
reconstruindo pode ser derrubado por apenas uma raposa, caso ela suba ao muro!".
36(4.4) Nosso Deus, ouve! Somos tratados com desprezo. Volta-lhes a zombaria
contra a cabeça deles; dá-lhes que sejam levados à terra do exílio. 37(4.5) Não lhes
cubras a culpa, não permitas que o pecado seja eliminado de diante de ti, pois eles
insultaram os construtores na tua face.
38(4.6) Continuamos assim a construir o muro, que em pouco tempo foi unido, e com-
pletamos metade da altura em toda a extensão, pois o povo trabalhava com vontade.

4 1(7) No entanto, quando Sanvalat, Toviyah, os árabes, os 'amonim e os ashdodim
ouviram que os reparos nos muros de Yerushalayim estavam progredindo,
e as frestas foram fechadas, eles ficaram muito irados. 2(8) Todos eles tramaram ir e
lutar contra Yerushalayim, e assim lançar-nos em confusão. 3(9) Entretanto, oramos
ao nosso Deus e, por causa deles, montamos guarda dia e noite. 4(10) Y'hudah dizia:
"A força do povo que carrega as cargas está começando a falhar e ainda há muitos
escombros; por isso, não conseguiremos construir o muro". 5(11) Nossos inimigos
diziam: "Eles não saberão nem verão nada até nos infiltrarmos entre eles e come-
çarmos a matá-los, fazendo cessar o trabalho". 6(12) Até mesmo os habitantes de
Y'hudah que viviam perto deles vieram e nos disseram umas dez vezes: "De todos
os lugares onde vivem, eles se voltarão contra nós".
7(13) Assim, nas partes mais baixas do espaço atrás do muro, pus os homens de
acordo com sua família, levando consigo suas espadas, lanças e arcos. 8(14) Depois
de inspecioná-los, parei e me dirigi aos nobres, líderes e ao restante do povo: "Não
os temam! Lembrem-se de *Adonai,* que é grande e temível, e lutem por seus irmãos,
seus filhos, suas filhas, mulheres e casas". 9(15) Quando nossos inimigos ouviram que
sabíamos do complô, e que Deus lhes frustrou os planos, todos nós voltamos para o
muro, todos ao trabalho. 10(16) A partir desse momento, metade de meus homens tra-
balhava; a outra metade portava lanças, escudos, arcos e couraça. Os líderes apoia-
vam toda a casa de Y'hudah, 11(17) enquanto eles construíam o muro. Quem carregava
cargas, segurava o peso com uma mão e portava a arma na outra. 12(18) Quanto aos
construtores, cada um possuía uma espada embainhada a seu lado; foi dessa forma
que eles fizeram a construção. O homem que soava o alarme por meio do *shofar* per-
manecia comigo. 13(19) Eu disse aos nobres, aos líderes e ao restante do povo: "Esta é
uma obra grande e extensa; estamos separados no muro, um longe do outro. 14(20) No
entanto, onde quer que vocês estejam, quando ouvirem o som do *shofar,* dirijam-se
àquele lugar, venham até nós. Nosso Deus lutará por nós!".
15(21) Assim, demos continuidade ao trabalho. Metade dos homens portava lan-
ças durante o dia até o aparecimento das estrelas. 16(22) Naquele tempo, também eu
disse ao povo: "Quem contar com um servo, permaneça à noite em Yerushalayim,
para que eles possam nos guardar, como trabalham durante o dia". 17(23) Eu, meus
parentes, servos e guarda-costas nunca tiramos nossas roupas, e quem ia buscar
água permanecia com a arma em punho.

5 1 Então surgiu um grande clamor do povo comum e de suas mulheres contra seus
irmãos, os habitantes de Y'hudah [os mais ricos]. 2 Alguns deles disseram: "Con-
tem nossos filhos e filhas, somos muitos! Deixem-nos conseguir trigo para eles, para

que comamos e permaneçamos vivos". 3 Havia também alguns que disseram: "Demos
como garantia nossos campos, nossas vinhas e casas, a fim de comprar trigo, por
causa da fome". 4 Ainda outros disseram: "Tomamos dinheiro emprestado para o pa-
gamento das taxas reais sobre nossos campos e vinhas. 5 Nossa carne não é diferente
da carne de nossos parentes, e nossos filhos são iguais aos filhos deles; entretanto,
estamos trazendo nossos filhos e filhas para a escravidão. Algumas de nossas filhas
já se tornaram escravas, e está além do nosso poder fazer qualquer coisa a respeito
disso, pois outros homens possuem nossos campos e vinhas".

6 Quando lhes ouvi o clamor e os motivos, fiquei muito irado. 7 Pensei sobre a
questão e, a seguir, levei o assunto aos nobres e chefes. Desafiei-os: "Vocês estão
fazendo empréstimos em troca de juros a todos os seus irmãos"; e convoquei a
grande assembleia para lidar com eles. 8 Eu lhes disse: "Até o limite de nossa ca-
pacidade, nós resgatamos nossos irmãos, os habitantes de Y'hudah, que se vende-
ram aos pagãos. Agora, vocês vendem os seus irmãos, e teremos de comprá-los de
volta!". Eles ficaram em silêncio; não conseguiram pensar em nada para dizer. 9 Eu
também disse: "O que vocês estão fazendo não é bom! Vivam no temor de nosso
Deus, para que nossos inimigos pagãos não tenham motivos para nos ridiculari-
zar. 10 Além disso, meus irmãos e servos, eu também emprestei dinheiro e trigo. Por
favor, parem de tornar a situação mais penosa, ao lhes impor dívidas. 11 Por favor,
devolvam hoje os campos, as vinhas, os olivais e as casas; também as 100 peças
de prata e o trigo, o vinho e o azeite de oliva que vocês lhes emprestaram a juros".

12 Eles responderam: "Nós devolveremos. Não lhes exigiremos nada. Sim, fare-
mos como você nos disse". Então chamei os *kohanim* e lhes fiz jurar que agiriam
de acordo com a promessa. 13 Sacudindo a dobra da minha roupa, disse: "Que Deus
sacuda dessa maneira todo homem de sua casa e de seu trabalho que não cumprir
esta promessa — que seja sacudido desse modo e esvaziado". Toda a assembleia
disse: "*Amen*!" e louvou a *Adonai*; e o povo fez como prometeu.

14 Além disso, do tempo em que fui nomeado governante na terra de Y'hudah,
do vigésimo ano até o trigésimo segundo ano de Artach'shashta, o rei — isto é, por
doze anos —, nem eu nem meus colegas nos servimos do auxílio concedido aos
governantes. 15 Os governadores anteriores, que foram antes de mim, sobrecarrega-
ram o povo, taxando-o em bem mais de 680 gramas de *shekalim* de prata pela comi-
da e pelo vinho; e mesmo os servos deles se assenhoreavam do povo. No entanto,
eu não o fiz, pois temia a Deus. 16 Além disso, dediquei toda a minha energia ao
trabalho no muro. Não compramos nenhuma terra, e todos os meus servos foram
reunidos ali para o trabalho.

17 Havia 150 líderes e outros habitantes de Y'hudah que comiam à minha mesa,
além dos que se achegaram a nós vindos das nações vizinhas. 18 A cada dia, um boi,
seis das melhores ovelhas e aves domésticas eram preparados para mim, e, de dez
em dez dias, chegava um suprimento de todos os tipos de vinho. A despeito de
tudo isso, nunca pedi o auxílio concedido ao governante, pois o povo já carregava
o fardo pesado de seu trabalho. 19 Meu Deus, lembra-te de modo favorável de tudo
o que fiz por este povo!

6 1 Quando contaram a Sanvalat, a Toviyah, a Geshem, o árabe, e ao restante
de nossos inimigos que eu reconstruí o muro e que nem mesmo uma brecha
ficou aberta — embora, nesse tempo, eu ainda não tivesse colocado os portões em
seu lugar —, 2 Sanvalat e Geshem enviaram-me uma mensagem, que dizia: "Venha,
encontremo-nos em um dos povoados do vale de Ono". No entanto, eles estavam

planejando ferir-me; 3 por isso, enviei-lhes mensageiros com este recado: "Também estou ocupado com um trabalho importante que precisa de conclusão. Por que o trabalho deve parar enquanto desço ao encontro de vocês?". 4 Eles continuaram me enviando mensagens com esse mesmo teor — por quatro vezes —, e eu lhes respondi da mesma forma.

5 Na quinta vez, com o mesmo propósito, Sanvalat enviou-me seu servo com uma carta aberta nas mãos, 6 em que se lia: "Está havendo um comentário entre as nações, e Geshem também o diz, que você e os habitantes de Y'hudah estão planejando uma revolta, e que esse é o motivo de você estar reconstruindo o muro, além de tentar tornar-se rei", e coisas similares; 7 "além disso, você também nomeou profetas para anunciarem a seu respeito em Yerushalayim: 'Há um rei em Y'hudah!'. Um relato contendo o mesmo conteúdo segue agora para o rei. Portanto, venha e discutamos o assunto". 8 Enviei-lhe esta resposta: "Nada disso que você diz está acontecendo. É tudo invenção de sua cabeça". 9 Eles estavam tentando nos amedrontar, pensando: "Isso os enfraquecerá e impedirá que trabalhem". No entanto, agora, [Deus], aumenta minha força!

10 Um dia, quando fui à casa de Sh'ma'yah, o filho de D'layah, o filho de M'heitav'el, onde ele estava confinado, disse-me: "Encontremo-nos na casa de Deus, dentro do templo, e fechemos suas portas. Pois eles virão e tentarão assassiná-lo; sim, eles virão à noite para matar você". 11 Respondi: "Um homem como eu deve fugir? Um homem como eu pode ir ao templo a fim de salvar a própria vida? Recuso-me a fazer isso". 12 Então percebi que Deus não o enviara e que ele estava profetizando contra mim porque Toviyah e Sanvalat o tinham subornado para dizer essas palavras. 13 Ele foi contratado para me amedrontar, a fim de que eu seguisse sua sugestão e pecasse, dando-lhes motivo para um relato desfavorável a meu respeito e para que com isso me insultassem. 14 Meu Deus, lembra-te de Toviyah e Sanvalat, de acordo com seus atos, e também da profetisa No'adyah e dos outros profetas que me tentaram intimidar.

15 Desse modo, o muro foi concluído no vigésimo quinto dia do mês de *elul*, em cinquenta e dois dias. 16 Quando todos os nossos inimigos ouviram a respeito disso e as nações vizinhas ficaram com medo, a autoestima de nossos inimigos enfraqueceu fortemente, pois eles perceberam que essa obra tinha sido realizada pelo nosso Deus.

17 Nesse mesmo período, os nobres de Y'hudah enviaram muitas cartas a Toviyah, e Toviyah enviava as respostas. 18 Pois havia muitos em Y'hudah que lhe juraram fidelidade, pois ele era genro de Sh'khanyah, o filho de Arach, e seu filho, Y'hochanan, tinha tomado por mulher a filha de Meshulam, o filho de Berekhyah. 19 Eles até mesmo o elogiavam por suas boas ações na minha presença e lhe contavam o que eu dizia a respeito dele. E Toviyah continuou enviando cartas para me intimidar.

7 1 Depois da reconstrução do muro, eu consertei os portões, e foram nomeados os porteiros, cantores e *l'vi'im*. 2 Encarreguei Hanani, meu parente, de governar Yerushalayim, e, com ele, nomeei Hananyah como comandante da fortaleza, pois era um homem fiel e temia a Deus mais que a maioria dos homens. 3 Eu lhes disse: "Os portões de Yerushalayim não devem ser abertos até o sol estar quente; enquanto os porteiros estiverem a postos, as portas permanecerão fechadas e trancadas. Nomeiem sentinelas dentre os que vivem em Yerushalayim; atribuam a cada um deles o período de guarda, e que cada um sirva perto de sua casa".

4 A cidade era grande e ampla, mas nela havia pouca gente, e as casas ainda não haviam sido construídas. 5 Meu Deus pôs no meu coração o desejo de reunir os

nobres, os líderes e o povo, para que eles pudessem ser registrados de acordo com sua genealogia. Eu localizei o registro das genealogias de quem chegou primeiro e nele encontrei escrito o seguinte:

6 "Eis a lista do povo da província que foi exilado, levado a Bavel por
N'vukhadnetzar, rei de Bavel, e que voltou mais tarde do exílio e subiu a Yerusha-
layim e Y'hudah, cada um para a própria cidade; 7 eles foram com Z'rubavel, Yeshua,
Nechemyah, 'Azaryah, Ra'amyah, Nachmani, Mordekhai, Bilshan, Misperet, Bigvai,
N'chum e Ba'anah.

"O número de homens do povo de Yisra'el era:

8	os descendentes de Par'osh	2.172
9	os descendentes de Sh'fatyah	372
10	os descendentes de Arach	652
11	os descendentes de Pachat-Mo'av, dos descendentes de Yeshua e Yo'av	2.818
12	os descendentes de 'Eilam	1.254
13	os descendentes de Zatu	845
14	os descendentes de Zakkai	760
15	os descendentes de Binui	648
16	os descendentes de B'vai	628
17	os descendentes de 'Azgad	2.322
18	os descendentes de Adonikam	667
19	os descendentes de Bigvai	2.067
20	os descendentes de 'Adin	655
21	os descendentes de Ater, de Y'chizkiyah	98
22	os descendentes de Hashum	328
23	os descendentes de Betzai	324
24	os descendentes de Harif	112
25	os descendentes de Giv'on	95
26	os de Beit-Lechem e N'tofah	188
27	os de 'Anatot	128
28	os de Beit-'Azmavet	42
29	os de Kiryat-Ye'arim, K'firah e Be'erot	743
30	os de Ramah e Geva	621
31	os de Mikhmas	122
32	os de Beit-El e 'Ai	123
33	os da outra N'vo	52
34	os da outra 'Eilam	1.254
35	os descendentes de Harim	320
36	os descendentes de Yericho	345
37	os descendentes de Lod, Hadid e Ono	721
38	os descendentes de S'na'ah	3.930

39 "Os *kohanim*:

	os descendentes de Y'da'yah, da casa de Yeshua	973
40	os descendentes de Immer	1.052
41	os descendentes de Pash'chur	1.247
42	os descendentes de Harim	1.017

43 "Os *l'vi'im*:

os descendentes de Yeshua, de Kadmi'el,
dos descendentes de Hodvah 74

44 "Os cantores:

os descendentes de Asaf 148

45 "Os porteiros:

os descendentes de Shalum,
os descendentes de Ater,
os descendentes de Talmon,
os descendentes de 'Akuv,
os descendentes de Hatita e
os descendentes de Shovai 138

46 "Os servidores do templo:

os descendentes de Tzicha,
os descendentes de Hasufa,
os descendentes de Taba'ot,
47 os descendentes de Keros,
os descendentes de Si'a,
os descendentes de Padon,
48 os descendentes de L'vanah,
os descendentes de Hagava,
os descendentes de Salmai,
49 os descendentes de Hanan,
os descendentes de Giddel,
os descendentes de Gachar,
50 os descendentes de Re'ayah,
os descendentes de Retzin,
os descendentes de N'koda,
51 os descendentes de Gazam,
os descendentes de 'Uza,
os descendentes de Paseach,
52 os descendentes de Besai,
os descendentes de Me'unim,
os descendentes de N'fish'sim,
53 os descendentes de Bakbuk,
os descendentes de Hakufa,
os descendentes de Harhur,
54 os descendentes de Batzlit,
os descendentes de M'chida,
os descendentes de Harsha,
55 os descendentes de Barkos,
os descendentes de Sisra,
os descendentes de Temach,
56 os descendentes de N'tziach e
os descendentes de Hatifa.

57 "Os descendentes dos servos de Shlomoh:
os descendentes de Sotai,
os descendentes de Soferet,
os descendentes de P'rida,
58 os descendentes de Ya'lah,
os descendentes de Darkon,
os descendentes de Giddel,
59 os descendentes de Sh'fatyah,
os descendentes de Hatil,
os descendentes de Pokheret-Hatzvayim e
os descendentes de Amon.

60 "Todos os servidores do templo e
os descendentes dos servos de Shlomoh somavam 392

61 "Os seguintes subiram de Tel-Melach, Tel-Harsha, K'ruv, Adon e Immer; mas não
puderam declarar a que clã paterno eles e seus filhos pertenciam, [por isso não
ficou claro] se eles eram de Yisra'el:
62 os descendentes de D'layah,
os descendentes de Toviyah e
os descendentes de N'koda 642

63 e dos *kohanim*:
os descendentes de Havayah,
os descendentes de Hakotz, e
os descendentes de Barzillai, que se casou com uma mulher das
filhas de Barzillai, o gil'adi, e recebeu o nome deles.

64 "Estes tentaram localizar seus registros genealógicos, mas eles não foram encon-
trados. Por isso, foram considerados impuros e não lhes foi permitido servir como
kohanim. 65 O *tirshata* lhes disse para não comerem o alimento especialmente con-
sagrado até o aparecimento de um *kohen* que consultasse o *urim* e *tumim.*
66 "Toda a assembleia somava 42.360 pessoas, 67 sem incluir os escravos e as es-
cravas, com o total de 7.337 pessoas. Havia também 245 cantores e cantoras. 68 Seus
cavalos eram 736; suas mulas, 245; *69 seus camelos, 435; e seus jumentos, 6.720.
70 "Alguns dentre os cabeças de clãs paternos fizeram contribuições para a obra.
O *tirshata* contribuiu para o tesouro com mil *darkmonim* de ouro [9,5 quilos], 50 ba-
cias e 530 túnicas para os *kohanim.* 71 Alguns dos cabeças dos clãs paternos deram
ao tesouro 20 mil *darkmonim* de ouro [190 quilos] para o trabalho e 2.200 *manim*
de prata [1.300 quilos]. 72 O restante do povo deu 20 mil *darkmonim* de ouro, 2 mil
manim de prata [1.250 quilos] e 67 túnicas para os *kohanim.*
73 "Assim, os *kohanim,* os *l'vi'im,* os porteiros, os cantores, alguns do povo, os
servos do templo e todo o Yisra'el viveram em suas cidades".
(8.1) Quando chegou o sétimo mês, depois do estabelecimento do povo de Yisra'el
em suas cidades,

8 1 todo o povo se reuniu de comum acordo no espaço aberto diante do portão
da Água e pediu a 'Ezra, o mestre da *Torah,* para trazer o pergaminho da *Torah*

* O versículo 68 não aparece em algumas versões; ele corresponde a *'Ezra* [Esdras] 2.66.

de Mosheh, que *Adonai* entregara a Yisra'el. 2 'Ezra, o *kohen*, levou a *Torah* diante
da assembleia, que consistia em homens, mulheres e todas as crianças com idade
suficiente para entender. Era o primeiro dia do sétimo mês. 3 De frente para o es-
paço aberto diante do portão da Água, ele leu para os homens, as mulheres e as
crianças capazes de entender desde a manhã até o meio-dia; e todo o povo prestou
atenção [à leitura] do pergaminho da *Torah*. 4 'Ezra, o mestre da *Torah*, estava em
uma plataforma de madeira, feita com esse propósito; ao lado direito dele, estavam
Mattityah, Shema, 'Anayah, Uriyah, Hilkiyah e Ma'aseiyah; e à sua esquerda, P'dayah,
Misha'el, Malkiyah, Hashum, Hashbadanah, Z'kharyah e Meshulam. 5 'Ezra abriu o
pergaminho onde todo o povo pudesse vê-lo, pois ele estava em um nível mais alto
que todo o povo; quando ele o abriu, todo o povo se pôs em pé. 6 'Ezra bendisse
Adonai, o grande Deus, e todo o povo respondeu: "*Amen, Amen*!", enquanto eles
levantavam as mãos, abaixavam a cabeça e se prostravam diante de *Adonai*, com o
rosto em terra. 7 Os *l'vi'im* Yeshua, Bani, Sherevyah, Yamin, 'Akuv, Shabtai, Hodiyah,
Ma'aseiyah, K'lita, 'Azaryah, Yozavad, Hanan e P'layah explicavam a *Torah* ao povo,
enquanto o povo permanecia em seu lugar. 8 Eles leram com clareza o pergaminho,
a *Torah* de Deus, traduziram-na e fizeram o povo entender o que era lido.

9 Nechemyah, o *tirshata*, 'Ezra, o *kohen* e mestre da *Torah*, e os *l'vi'im* que en-
sinavam o povo disseram: "Consagrem-se hoje a *Adonai*, seu Deus; não lamentem
nem chorem". Pois todo o povo chorou quando ouviu as palavras da *Torah*. 10 Então
ele lhes disse: "Vão, alimentem-se bem, tomem bebidas doces e enviem porções de
comida a quem não tiver provisão, pois hoje é um dia consagrado ao nosso Senhor.
Não fiquem tristes, pois a alegria de *Adonai* é a sua força". 11 Desse modo, os *l'vi'im*
acalmaram o povo, pois disseram: "Estejam calmos, pois hoje é um dia sagrado;
não fiquem tristes". 12 Em seguida, o povo partiu para comer, beber, enviar porções
e celebrar, pois haviam entendido as palavras que lhes tinham sido comunicadas.

13 No segundo dia, os cabeças dos clãs paternos de todo o povo reuniram-se com
os *kohanim* e *l'vi'im* diante de 'Ezra, o mestre da *Torah*, para estudar as palavras da
Torah. 14 Eles encontraram registrado na *Torah* que *Adonai* ordenara por intermédio
de Mosheh que o povo de Yisra'el vivesse em *sukkot* na festa do sétimo mês, 15 e que
deveriam anunciar e repassar a palavra em todas as suas cidades e em Yerushalayim:
"Saiam às montanhas e recolham galhos de oliveiras, oliveiras selvagens, murtas,
palmeiras e outras árvores frondosas para construir *sukkot*, como foi prescrito".
16 Assim, o povo saiu, trouxe os ramos e construiu *sukkot*, cada um sobre o terraço de
sua casa, também nos pátios, nos pátios da casa de Deus, no espaço aberto junto ao
portão da Água e no espaço aberto junto ao portão de Efrayim. 17 Toda a comunidade
que havia regressado do exílio construiu *sukkot* e permaneceu nelas, pois o povo de
Yisra'el não havia procedido desse modo desde os dias de Yeshua, o filho de Nun.
Houve, assim, alegria muito grande. 18 Eles leram o pergaminho da *Torah* de Deus
todos os dias, do primeiro ao último dia. Observaram a festa por sete dias; então, no
oitavo dia, houve uma assembleia solene, de acordo com o ritual.

9 1 No vigésimo quarto dia deste mês, o povo de Yisra'el, vestindo pano de saco
e tendo lançado pó sobre si, reuniu-se para o jejum. 2 Os descendentes de
Yisra'el se separaram de todos os estrangeiros; a seguir, puseram-se em pé e con-
fessaram seus pecados e as iniquidades de seus antepassados. 3 Permanecendo
onde estavam, leram o pergaminho da *Torah* de *Adonai*, seu Deus, durante seis
horas. Eles confessaram e prostraram-se diante de *Adonai*, seu Deus, por outras
seis horas. 4 Na plataforma dos *l'vi'im*, estavam Yeshua, Bani, Kadmi'el, Sh'vanyah,
Buni, Sherevyah, Bani e K'nani; eles clamavam em alta voz a *Adonai*, seu Deus.

5 Então os *l'vi'im* Yeshua, Kadmi'el, Bani, Hashavn'yah, Sherevyah, Hodiyah,
Sh'vanyah e P'tachyah disseram: "Levantem-se e bendigam *Adonai*, seu Deus, de
eternidade a eternidade, e digam:

" 'Bendito seja teu glorioso nome,
exaltado acima de toda bênção e louvor!

6 " 'Tu és *Adonai*, tu somente.
Fizeste o céu,
o céu dos céus, e todo o seu exército,
a terra e tudo o que nela há,
os mares e tudo o que neles existe,
e tudo preservaste.
O exército do céu te adora.

7 " 'Tu és *Adonai*, o Deus que escolheu Avram,
tirando-o de Ur-Kasdim,
e lhe deu o nome de Avraham.
8 Tu o consideraste fiel a ti,
fizeste uma aliança com ele
para lhe dar a terra do kena'ani,
do hitti, do emori, do p'rizi,
do y'vusi e do girgashi,
concedendo-a a seus descendentes;
e tu fizeste o que prometeste,
pois és justo.

9 " 'Tu viste a aflição de nossos antepassados no Egito
e ouviste seu choro junto ao mar de Suf.
10 Realizaste sinais e maravilhas contra o faraó,
contra todos os seus servos e o povo da terra,
pois sabes como eles os tratam de forma arrogante;
e adquiriste para ti o renome que perdura até este dia.
11 Dividiste o mar diante deles,
para que pudessem passar através dele sobre terra seca;
então lançaste os perseguidores deles nas profundezas,
como uma pedra em águas turbulentas.

12 " 'Em uma coluna de nuvem, tu os guiaste de dia,
e de noite, em uma coluna de fogo,
para que tivessem luz à sua frente
no caminho que deveriam seguir.

13 " 'Desceste sobre o monte Sinai
e falaste com eles desde o céu.
Deste a eles regulamentos justos e ensinos verdadeiros,
leis e *mitzvot* boas.
14 Revelaste a eles teu *shabbat* sagrado
e lhes deste *mitzvot*, leis e a *Torah*,
por meio de Mosheh, teu servo.

15 " 'Pois lhes deste pão do céu quando tiveram fome
e tiraste água da rocha por causa da sede deles.
Ordenaste a eles a entrada e a posse da terra
que juraste dar-lhes com tua mão.

16 " 'No entanto, eles e nossos antepassados foram arrogantes.
Endureceram o pescoço e ignoraram tuas *mitzvot*;
17 recusaram-se a ouvi-las e dar atenção
às maravilhas que fizeste entre eles.
Não, eles endureceram o pescoço e, em sua rebelião,
nomearam um líder para fazê-los voltar à escravidão.
No entanto, por seres o Deus perdoador,
misericordioso, cheio de compaixão,
tardio em irar-se e cheio de graça,
tu não os abandonaste.
18 Mesmo quando eles fizeram para si um bezerro de metal,
dizendo dele: "Este é o deus de vocês
que os tirou do Egito",
e cometeram outras provocações grosseiras,
19 mesmo assim, em tua grande compaixão,
não os abandonaste no deserto.
A coluna de nuvem não os deixou de dia;
ela continuou guiando pelo caminho.
À noite, a coluna de fogo
concedia luz e apontava o caminho a seguir.
20 Também deste teu bom Espírito para ensiná-los,
não negaste o *man* à sua boca
e os proveste de água para lhes aplacar a sede.
21 Sim, tu os sustentaste no deserto por quarenta anos;
nada lhes faltou —
suas roupas não se desgastaram;
e seus pés não incharam.

22 " 'Tu lhes deste reinos e povos,
até mesmo uma terra extra,
e eles se apropriaram da terra de Sichon,
e também da terra do rei de Heshbon,
e da terra de 'Og, rei de Bashan.
23 Fizeste os filhos deles tão numerosos
quanto são incontáveis as estrelas do céu.

" 'Então os levaste à terra
acerca da qual disseste aos seus pais
que entrariam nela e tomariam posse dela.
24 Por isso, os filhos foram e tomaram posse,
pois subjugaste de antemão
o kena'ani que vivia na terra
e o entregaste a eles,
bem como os reis e os povos da terra,
para que fizessem com eles o que desejassem.
25 Eles tomaram cidades fortificadas e terra fértil,
apossaram-se de casas repletas de todos os tipos de coisas boas,
cisternas cavadas, vinhas, olivais,
árvores frutíferas em profusão;
eles alimentaram os filhos e ficaram fortes,
regalando-se com tua imensa bondade.

26 “ ‘Contudo, eles desobedeceram e se rebelaram contra ti,
lançando fora tua *Torah.*
Mataram teus profetas porque eles os admoestaram
de que deveriam voltar para ti
e cometeram outras provocações grosseiras.
27 Por isso, tu os entregaste ao poder
dos adversários deles, que os oprimiram.
Contudo, no tempo da angústia,
quando clamaram a ti,
tu os ouviste do céu e, de acordo
com tua grande compaixão,
deste a eles salvadores para livrá-los
do poder de seus adversários.
28 No entanto, assim que obtiveram algum alívio,
eles voltaram a praticar o mal diante de ti.
Por isso, os deixaste sob o poder dos inimigos,
que lhes sobrevieram com violência.
No entanto, quando voltaram e clamaram a ti,
ouviste desde o céu muitas vezes
e os salvaste, de acordo com tua compaixão.
29 Advertiste-os, a fim de trazê-los de volta
à tua *Torah*; contudo, foram arrogantes.
Não deram atenção às tuas *mitzvot*
e pecaram contra os teus mandamentos,
por meio dos quais uma pessoa
teria vida se os seguisse.
Entretanto, deram de ombros de forma obstinada,
endureceram o pescoço e se recusaram a ouvir.
30 Durante muitos anos, concedeste tua misericórdia
e os advertiste por teu Espírito mediante teus profetas;
entretanto, eles não ouviram.
Por isso, tu os entregaste
aos povos das terras.
31 Mesmo assim, em tua grande compaixão,
não os destruíste por completo;
tampouco os abandonaste,
pois tu és o Deus compassivo e misericordioso.

32 “ ‘Agora, pois, nosso Deus,
Deus grande, poderoso e terrível,
que guardas a aliança e a graça:
não permitas que todo esse sofrimento que sobreveio a nós,
a nossos reis e líderes, a nossos *kohanim*,
a nossos profetas, a nossos ancestrais e a todo o teu povo,
desde os tempos dos reis de Ashur
até o dia de hoje,
não permitas que todo esse sofrimento te pareça pequeno.
33 Não há dúvida de que és justo
em tudo o que nos sobreveio;
tu nos trataste de forma correta.
Nós agimos com impiedade.

34 Nossos reis, líderes, *kohanim* e antepassados
não guardaram a tua *Torah*,
não deram atenção às tuas *mitzvot*
e não acataram os avisos que lhes deste.
35 Mesmo quando governaram o próprio reino,
mesmo quando fizeste que prosperassem muito
na terra rica e grande que lhes deste,
eles não te serviram;
tampouco se voltaram de seus atos ímpios.

36 " 'Por isso, estamos aqui hoje, escravos.
Sim, na terra que deste a nossos antepassados,
para que comessem sua produção
e usufruíssem seu bem —
aqui estamos, escravos!
37 A riqueza que ela produz agora é entregue a reis
que estabeleceste sobre nós por causa de nossos pecados;
eles têm poder sobre nosso corpo,
podem fazer o que quiserem com nosso gado,
e estamos em grande aflição!

10 1(9.38) " 'Em vista de tudo isso, estabelecemos uma aliança, registrando-a por
escrito, selada por nossos líderes, nossos *l'vi'im* e nossos *kohanim*' ".
2(1) No documento selado, estavam os nomes de Nechemyah, o *tirshata*, o filho
de Hakhalyah, Tzedekyah, 3(2) S'rayah, 'Azaryah, Yirmeyah, 4(3) Pash'chur, Amaryah,
Malkiyah, 5(4) Hatush, Sh'vanyah, Malukh, 6(5) Harim, M'remot, 'Ovadyah, 7(6) Dani'el,
Ginton, Barukh, 8(7) Meshulam, Aviyah, Miyamin, 9(8) Ma'azyah, Bilgai e Sh'ma'yah.
Estes eram os *kohanim*.
10(9) Os *l'vi'im* eram: Yeshua, o filho de 'Azanyah, Binui, um descendente de
Henadad, Kadmi'el, 11(10) e os parentes deles: Sh'vanyah, Hodiyah, K'lita, P'layah,
Hanan, 12(11) Mikha, Rechov, Hashavyah, 13(12) Zakur, Sherevyah, Sh'vanyah, 14(13) Hodiyah,
Bani e B'ninu.
15(14) Os líderes do povo: Par'osh, Pachat-Mo'av, 'Eilam, Zatu, Bani, 16(15) Buni,
'Azgad, B'vai, 17(16) Adoniyah, Bigvai, 'Adin, 18(17) Ater, Hizkiyah, 'Azur, 19(18) Hodiyah,
Hashum, Betzai, 20(19) Harif, 'Anatot, Neivai, 21(20) Magpi'ash, Meshulam, Hezir,
22(21) Mesheizav'el, Tzadok, Yadua, 23(22) P'latyah, Hanan, 'Anayah, 24(23) Hoshe'a,
Hananyah, Hashuv, 25(24) HaLochesh, Pilcha, Shovek, 26(25) Rechum, Hashavnah,
Ma'aseiyah, 27(26) Achiyah, Hanan, 'Anan, 28(27) Malukh, Harim e Ba'anah.
29(28) O restante do povo, os *kohanim*, os *l'vi'im*, os porteiros, cantores, os servidores do templo e todos os que se separaram dos povos da terra para a *Torah* de
Deus, com suas mulheres, seus filhos e filhas, todos os capazes de compreender
e entender, 30(29) uniram-se aos parentes deles e a seus líderes em um juramento,
acompanhado de maldição [em caso de ser descumprido], nos seguintes termos:

"Nós viveremos de acordo com a *Torah* de Deus, dada por Mosheh, o servo de Deus, e cumpriremos e obedeceremos a todas as *mitzvot*, regras e leis de *Adonai*, nosso Senhor.

31(30) "Não daremos nossas filhas por mulheres aos povos da terra nem tomaremos
as filhas deles como mulheres para nossos filhos.

32(31) "Se os povos da terra trouxerem mercadorias ou comida para serem vendidas
no *shabbat*, não as compraremos deles no *shabbat* ou em um dia sagrado.

"Renunciaremos [ao plantio e à colheita dos campos] no sétimo ano e não co-
braremos dívidas nele.

33(32) "Imporemos sobre nós uma taxa anual de um terço de *shekel* [4 gramas de pra-
ta] para o serviço da casa de nosso Deus, 34(33) para o pão da proposição, para a
oferta regular de grãos, para a apresentação regular da oferta queimada, para
[as ofertas] do *shabbat*, de *Rosh-Hodesh*, nos tempos designados e em outros
tempos sagrados, para a oferta pelos pecados para fazer expiação por Yisra'el,
e por todo o trabalho relacionado à casa de nosso Deus.

35(34) "Nós, os *kohanim*, os *l'vi'im* e o povo, lançaremos sortes a respeito da oferta de
madeira, para que ela seja trazida à casa de nosso Deus, de acordo com nossos
clãs paternos, no tempo próprio, ano a ano, e então ser queimada no altar de
Adonai, nosso Deus, como prescreve a *Torah*.

36(35) "Todo ano, traremos as primícias da nossa terra e as primícias de todo fruto de
todos os tipos de árvores à casa de Adonai. 37(36) Traremos também o primogêni-
to de nossos filhos e de nosso gado, como prescreve a *Torah*, e o primogênito
de nossos pastos e rebanhos, à casa de nosso Deus, aos *kohanim*, ministradores
na casa de nosso Deus.

38(37) "Traremos as primícias da massa, nossas contribuições, o fruto de todo tipo
de árvore, vinho e azeite de oliva aos *kohanim* nos depósitos da casa de nos-
so Deus, com os décimos da nossa terra para os *l'vi'im*; pois eles, os *l'vi'im*,
recebem os décimos de todas as cidades onde nós cultivamos 39(38) O *kohen*, o
descendente de Aharon, deve estar com os *l'vi'im* quando os *l'vi'im* receberem
os décimos. Os *l'vi'im* trarão o décimo do décimo à casa de nosso Deus, aos
depósitos de suprimentos. 40(39) Pois o povo de Yisra'el e os descendentes de
Levi devem trazer a oferta de trigo, vinho e azeite de oliva aos quartos onde se
encontram o equipamento do santuário, os *kohanim* ministrantes, os portei-
ros e os cantores. Nós não abandonaremos a casa de nosso Deus".

11 1 Os líderes do povo estabeleceram-se em Yerushalayim; enquanto isso,
o restante do povo lançou sortes para trazer um décimo deles para viver
em Yerushalayim, a cidade sagrada, e os outros nove décimos nas outras cidades.
2 O povo abençoou todos os voluntários que quiseram viver em Yerushalayim.
3 Nas cidades de Y'hudah, cada um vivia em sua propriedade — o povo de
Yisra'el, os *kohanim*, os *l'vi'im*, os servos do templo e os descendentes dos ser-
vos de Shlomoh. No entanto, os líderes da província viviam em Yerushalayim.
4 Alguns dos habitantes de Yerushalayim pertenciam a Y'hudah, e outros vieram de
Binyamin. Os do povo de Y'hudah eram: 'Atayah, o filho de 'Uziyah, o filho de
Z'kharyah, o filho de Amaryah, o filho de Sh'fatyah, o filho de Mahalal'el, dos des-
cendentes de Peretz; 5 e Ma'aseiyah, o filho de Barukh, o filho de Kol-Hozeh, o filho
de Hazayah, o filho de 'Adayah, o filho de Yoyariv, o filho de Z'kharyah, que per-
tencia à família de Shelah. 6 O número total dos descendentes de Peretz que vivam
em Yerushalayim era de 468 homens corajosos.

7 Este era o povo de Binyamin: Salu, o filho de Meshulam, o filho de Yo'ed, o
filho de P'dayah, o filho de Kolayah, o filho de Ma'aseiyah, o filho de Iti'el, o filho

de Yesha'yah. 8 Depois dele: Gabai, Salai; 928, ao todo. 9 Yo'el, o filho de Zikhri, era o supervisor, e Y'hudah, o filho de Hasnu'ah, era o segundo encarregado da cidade.

10 Dos *kohanim*: Y'da'yah, o filho de Yoyariv, Yakhin, 11 S'rayah, o filho de Hilkiyah, o filho de Meshulam, o filho de Tzadok, o filho de M'rayot, o filho de Achituv, o supervisor da casa de Deus, 12 e os parentes deles que realizavam o trabalho da casa; ao todo, 822 homens; e 'Adayah, o filho de Yerocham, o filho de P'lalyah, o filho de Amtzi, o filho de Z'kharyah, o filho de Pash'chur, o filho de Malkiyah; 13 com seus parentes, cabeças de clãs paternos, 242 pessoas; e 'Amash'sai, o filho de 'Azar'el, o filho de Achzai, o filho de Meshillemot, o filho de Immer; 14 com seus parentes, homens corajosos, 128 indivíduos; seu supervisor era Zavdi'el, o filho de HaG'dolim.

15 Dos *l'vi'im*: Sh'ma'yah, o filho de Hashuv, o filho de 'Azrikam, o filho de Hashavyah, o filho de Buni, 16 e Shabtai e Yozavad, dos líderes dos *l'vi'im*, que estavam encarregados dos assuntos externos da casa de Deus; 17 e Matanyah, o filho de Mikha, o filho de Zavdi, o filho de Asaf, o líder que começou a oração de agradecimento; e Bakbukyah, o segundo entre seus parentes; e 'Avda, o filho de Shamua, o filho de Galal, o filho de Y'dutun. 18 Todos os *l'vi'im* da cidade sagrada somavam 284 indivíduos.

19 Os porteiros: 'Akuv, Talmon e os parentes deles, que mantinham guarda junto aos portões, somavam 172 pessoas.

20 O restante de Yisra'el, [o resto] dos *kohanim* e [o resto] dos *l'vi'im*, encontravam-se em todas as cidades de Y'hudah, cada um em sua propriedade.

21 Os servidores do templo viviam em 'Ofel; Tzicha e Gishpa estavam encarregados deles.

22 O supervisor dos *l'vi'im* em Yerushalayim era 'Uzi, o filho de Bani, o filho de Hashavyah, o filho de Matanyah, o filho de Mikha, dos descendentes dos cantores de Asaf; [ele estava] encarregado da obra da casa de Deus. 23 Pois eles estavam sujeitos às ordens do rei; e havia uma escala fixa dos cantores, consignando-lhes as obrigações diárias. 24 P'tachyah, o filho de Mesheizav'el, dos descendentes de Zerach, o filho de Y'hudah, era o representante do rei em todos os assuntos concernentes ao povo.

25 Quanto às aldeias e seus campos adjacentes: alguns indivíduos do povo de Y'hudah viviam em Kiryat-Arba e suas aldeias, em Divon e suas aldeias, em Y'kabze'el e suas aldeias, 26 em Yeshua, em Moladah, em Beit-Pelet, 27 em Hatzar-Shu'al e suas aldeias, em Be'er-Sheva e suas aldeias, 28 em Ziklag, em M'khonah e suas aldeias, 29 em 'Ein-Rimmon, em Tzor'ah, em Yarmut, em 30 Zanoach, em Adulam e suas aldeias, em Lakhish e nos campos adjacentes, e em 'Azekah e suas aldeias. Assim, eles ocuparam o território de Be'er-Sheva alcançando até o vale de Hinnom.

31 O povo de Binyamin vivia em Geva, Mikhmas e 'Ayah, Beit-El e suas aldeias, 32 e em 'Anatot, Nov, 'Ananyah, 33 Hatzor, Ramah, Gittayim, 34 Hadid, Tzvo'im, N'valat, 35 Lud, Ono e Gei-Harashim.

36 Dos *l'vi'im*, algumas divisões de Y'hudah estabeleceram-se em Binyamin.

12 1 Estes são os *kohanim* e *l'vi'im* que subiram com Z'rubavel, o filho de Sh'alti'el, e Yeshua: S'rayah, Yirmeyah, 'Ezra, 2 Amaryah, Malukh, Hatush, 3 Sh'khanyah, Rechum, M'remot, 4 'Iddo, Ginton, Achiyah, 5 Miyamin, Ma'adiyah, Bilgah, 6 Sh'ma'yah, Yoyariv, Y'da'yah, 7 Salu, 'Amok, Hilkiyah e Y'da'yah. Estes foram os líderes dos *kohanim* e os parentes deles no tempo de Yeshua.

8 Os *l'vi'im*: Yeshua, Binui, Kadmi'el, Sherevyah, Y'hudah e Mattanyah, que era o encarregado dos cânticos de agradecimento — ele e seus parentes, 9 com Bakbukyah e 'Uni — os parentes deles —, cantando em antífonas com eles durante o serviço.

10 Yeshua foi o pai de Yoyakim, Yoyakim foi o pai de Elyashiv, Elyashiv foi o pai de Yoyada, 11 Yoyada foi o pai de Yonatan, e Yonatan foi o pai de Yadua.

12 Nos dias de Yoyakim, estes foram os *kohanim* que lideravam os clãs de seus pais: de S'rayah, M'rayah; de Yirmeyah, Hananyah; 13 de 'Ezra, Meshulam; de Amaryah, Y'hochanan; 14 de M'likhu, Yonatan; de Sh'vanyah, Yosef; 15 de Harim, 'Adna; de M'rayot, Helkai; 16 de 'Iddo, Z'kharyah; de Ginton, Meshulam; 17 de Achiyah, Zikhri; de Minyamin e de Mo'adyah, Piltai; 18 de Bilgai, Shamua; de Sh'ma'yah, Y'honatan; 19 de Yoyariv, Matnai; de Y'da'yah, 'Uzi; 20 de Salai, Kallai; de 'Amok, 'Ever; 21 de Hilkiyah, Hashavyah; e de Y'da'yah, N'tan'el.

22 Quanto aos *l'vi'im*, os líderes dos clãs paternos nos dias de Elyashiv, Yoyada, Yochanan e Yadua foram registrados; também os *kohanim*, até o reinado de Daryavesh, o persa. 23 Os descendentes de Levi que lideravam os clãs paternos foram registrados nos livros até os dias de Yochanan, o filho [neto] de Elyashiv. 24 Os chefes dos *l'vi'im* eram Hashavyah, Sherevyah e Yeshua, o filho de Kadmi'el, com os parentes deles em um coro de antífonas, para louvar e dar graças, de acordo com a ordem de David, o homem de Deus, coro contra coro.

25 Mattanyah, Bakbukyah, 'Ovadyah, Meshulam, Talmon e 'Akuv eram os porteiros que guardavam os suprimentos mantidos junto aos portões. 26 Isso aconteceu nos dias de Yoyakim, o filho de Yeshua, o filho de Yotzadak, e nos dias de Nechemyah, o governante, e de 'Ezra, o *kohen* e mestre da *Torah*.

27 Na dedicação do muro de Yerushalayim, eles procuraram pelos *l'vi'im*, onde eles se tinham estabelecido, para trazê-los a Yerushalayim, a fim de celebrarem a dedicação com hinos de ações de graças e com cânticos acompanhados por címbalos, alaúdes e liras. 28 Os cantores treinados foram reunidos em uma área à volta de Yerushalayim, nos povoados do n'tofati, 29 Beit-Gilgal e a região de Geva e 'Azmavet; pois os cantores haviam construído povoados para si em toda a volta de Yerushalayim.

30 Os *kohanim* e os *l'vi'im* purificaram-se a si mesmos em primeiro lugar; a seguir, purificaram o povo, os portões e o muro; 31 depois disso, eu levei os líderes de Y'hudah ao muro e designei dois grandes coros para dar graças e andar em procissão. Um seguiu pela direita do muro em direção ao portão do Esterco. 32 Atrás deles, seguiu Hosha'yah e metade dos líderes de Y'hudah, 33 com 'Azaryah, 'Ezra, Meshulam, 34 Y'hudah, Binyamin, Sh'ma'yah e Yirmeyah. 35 Estavam com eles alguns dos filhos dos *kohanim* carregando trombetas — Z'kharyah, o filho de Yonatan, o filho de Sh'ma'yah, o filho de Mattanyah, o filho de Mikhayah, o filho de Zakur, o filho de Asaf, 36 e seus parentes, Sh'ma'yah, 'Azar'el, Milalai, Gilalai, Ma'ai, N'tan'el, Y'hudah e Hanani, que estavam com os instrumentos musicais de David, o homem de Deus. 'Ezra, o mestre da *Torah*, conduziu-os. 37 Junto ao portão da Fonte, eles seguiram em linha reta até os degraus da Cidade de David, onde o muro sobe, passa por sobre a casa de David e segue até o portão da Água, a leste.

38 O outro coro de ação de graças, consistindo em metade do povo, andou sobre o muro para encontrá-los, e eu mesmo os seguia. Eles passaram pela torre das Fornalhas até o muro largo, 39 atravessando o portão de Efrayim, o portão da cidade antiga, o portão do Peixe, a torre de Hanan'el e a torre dos Cem, até o portão das Ovelhas, e pararam junto ao portão da Prisão.

40 Assim, os dois coros dos que agradeciam pararam na casa de Deus, e comigo estava metade dos líderes. 41 Entre os *kohanim,* encontravam-se Elyakim, Ma'aseiyah, Minyamin, Mikhayah, Elyo'einai, Z'kharyah e Hananyah, carregando trombetas; 42 também Ma'aseiyah, Sh'ma'yah, El'azar, 'Uzi, Y'hochanan, Malkiyah,

'Eilam e 'Ezer. Os cantores cantaram bem alto, dirigidos por Yizrachyah. 43 Eles
ofereceram grande quantidade de sacrifícios nesse dia, com alegria, pois Deus os
fizera celebrar com grande alegria. As mulheres e os filhos também se alegraram,
de modo que essa celebração em Yerushalayim pôde ser ouvida a distância.

44 Nesse tempo, homens foram designados como encarregados dos depósitos
de suprimentos, contribuições, primícias e décimas partes, e para reunir neles, dos
campos pertencentes às cidades, as porções prescritas pela *Torah* para os *kohanim*
e *l'vi'im*. Pois Y'hudah regozijou-se pelo fato de os *kohanim* e *l'vi'im* terem retoma-
do sua posição, 45 desempenhando as obrigações para com seu Deus e as obrigações
relativas à purificação, como também o fizeram os cantores e porteiros, de acordo
com a ordem de David e de Shlomoh, seu filho. 46 Pois já nos dias de David e Asaf,
havia líderes dos cantores dos cânticos de louvor e agradecimento a Deus. 47 Assim,
nos dias de Z'rubavel e nos dias de Nechemyah, todo o Yisra'el deu porções aos
cantores e porteiros segundo a necessidade diária. Eles separavam a porção dos
l'vi'im, que, por sua vez, punham de lado a porção dos descendentes de Aharon.

13 1 Também nesse tempo, quando eles estavam lendo o pergaminho de
Mosheh, encontrou-se a passagem escrita, dizendo que nenhum 'amoni ou
mo'avi poderia entrar na assembleia de Deus, 2 pois eles não tinham suprido o povo
de Yisra'el com comida e água; antes, haviam contratado Bil'am contra eles para os
amaldiçoar. Contudo, nosso Deus transformou a maldição em bênção. 3 Ao ouvirem
a *Torah*, eles separaram de Yisra'el todos os de ascendência mista.

4 Antes disso, Elyashiv, o *kohen*, que fora designado como encarregado dos
depósitos da casa de nosso Deus — relacionado pelo casamento a Toviyah —,
5 preparou para Toviyah uma sala ampla onde anteriormente eles guardavam as
ofertas de grãos, o equipamento do incenso e as décimas partes do trigo, vinho e
azeite de oliva para serem dados aos *l'vi'im*, cantores e porteiros, e as contribui-
ções para os *kohanim*.

6 Nesse tempo, eu estive ausente de Yerushalayim, pois no trigésimo segundo
ano de Artach'shashta, rei de Bavel, fui ver o rei; então, após a passagem de algum
tempo, pedi permissão ao rei 7 e voltei a Yerushalayim, onde descobri algo terrível
que Elyashiv tinha feito a Toviyah, ao preparar-lhe uma sala nos pátios da casa de
nosso Deus. 8 Fiquei tão furioso que lancei fora da sala todos os bens da casa de
Toviyah. 9 Então, segundo minha ordem, eles limparam as salas, e eu trouxe de volta
os utensílios da casa de Deus, as ofertas de grãos e o incenso.

10 Fiquei sabendo também que as porções dos *l'vi'im* não lhes haviam sido entre-
gues, de forma que os *l'vi'im* e os cantores que deveriam realizar o trabalho tinham
partido, cada um para sua fazenda. 11 Discuti com os líderes, inquirindo: "Por que a
casa de Deus está abandonada?". Reuni os *l'vi'im* e restaurei-lhes os postos; 12 e então
todo o Y'hudah trouxe aos depósitos o décimo do trigo, do vinho e do azeite de oliva.
13 Indiquei Shelemyah, o *kohen*, Tzadok, o mestre da *Torah* e, dos *l'vi'im*, P'dayah,
para a supervisão dos depósitos; assistindo-os, estava Hanan, o filho de Zakur, o fi-
lho de Mattanyah, pois esses foram considerados confiáveis. Sua obrigação era fazer
a distribuição aos seus parentes. 14 Meu Deus, lembra-te de mim por isso; não apa-
gues as minhas boas ações feitas pela casa do meu Deus e a seu serviço!

15 Nesse tempo, vi em Y'hudah algumas pessoas que estavam usando pren-
sas de lagar no *shabbat*, e também traziam feixes de grãos e carregavam burros
com elas, e também vinho, uvas, figos e todos os tipos de cargas; e traziam-nas a
Yerushalayim no dia do *shabbat*. No dia em que planejavam vender a comida,

disse-lhes que não fizessem aquilo. 16 Havia também pessoas de Tzor que traziam peixe e todos os tipos de mercadorias, e vendiam-nas no *shabbat* ao povo de Y'hudah e até em Yerushalayim. 17 Discuti com os nobres de Y'hudah, inquirindo--lhes: "Que coisa terrível vocês estão fazendo, profanando o dia do *shabbat*? 18 Seus antepassados não fizeram isso, e nosso Deus não lhes fez sobrevir todo esse desastre sobre nós e sobre esta cidade? Contudo, vocês estão trazendo mais fúria contra Yisra'el pela profanação do *shabbat*!". 19 Então, quando os portões de Yerushalayim começaram a escurecer antes do *shabbat*, ordenei que as portas fossem fechadas; e ordenei que fossem reabertas só depois do *shabbat*. Coloquei alguns dos meus servos encarregados dos portões, para ter certeza de que cargas não seriam descarregadas no *shabbat*. 20 Os mercadores e vendedores de todos os tipos de mercadorias passaram a noite fora de Yerushalayim uma ou duas vezes, 21 até que eu os adverti: "Por que estão passando a noite junto ao muro? Façam isso outra vez, e usarei de força contra vocês!". A partir desse momento, eles deixaram de vir durante o *shabbat*. 22 Depois, ordenei aos *l'vi'im* que se purificassem, viessem e guardassem os portões, a fim de manter santo o dia do *shabbat*. Meu Deus, lembra-te também disto a meu favor e tem misericórdia de mim, sustentando--me com a grandeza da tua graça!

23 Nesse tempo, também vi os habitantes de Y'hudah que se haviam casado com mulheres de Ashdod, 'Amon e Mo'av 24 e seus filhos, que falavam parcialmente a língua de Ashdod e não eram capazes de falar a língua dos habitantes de Y'hudah, falando apenas a língua de cada povo. 25 Discuti com eles e os amaldiçoei, e bati em alguns deles e lhes arranquei o cabelo. Então os fiz jurar por Deus: "Vocês não darão suas filhas como mulheres aos filhos deles nem tomarão as filhas deles como mulheres para os filhos de vocês ou para si mesmos. 26 Não foi pela prática dessas coisas que Shlomoh, o rei de Yisra'el, pecou? Não houve rei como ele entre muitas nações, e seu Deus o amou, e Deus fez dele rei sobre todo o Yisra'el; no entanto, as mulheres estrangeiras o fizeram pecar. 27 Temos de nos dar por vencidos e permitir a vocês continuar nesse grande mal, desobedecendo ao nosso Deus, ao se casarem com mulheres estrangeiras?".

28 Um dos filhos de Yoyada, o filho de Elyashiv, o *kohen hagadol*, tornou-se genro de Sanvalat, o horoni; por isso, eu o expulsei de minha presença. 29 Meu Deus, lembra--te deles, pois eles profanaram o ofício de *kohen* e a aliança dos *kohanim* e *l'vi'im*.

30 Assim, eu os purifiquei de tudo o que era estrangeiro, e fiz os *kohanim* e os *l'vi'im* reassumirem suas obrigações, cada um na tarefa que lhe tinha sido determinada. 31 Fiz também provisão para a entrega de madeira nos tempos designados e das primícias. Meu Deus, lembra-te de mim com favor!

דברי הימים א'

Divrei-HaYamim Alef

[1 CRÔNICAS]

1 1 Adam, Shet, Enosh, 2 Keinan, Mahalal'el, Yered, 3 Hanokh, Metushelach, Lemekh,
4 Noach; Shem, Ham e Yefet.
5 Os filhos de Yefet: Gomer, Magog, Madai, Yavan, Tuval, Meshekh e Tiras.
6 Os filhos de Gomer: Ashkenaz, Difat e Togarmah. 7 Os filhos de Yavan: Elishah,
Tarshishah, Kittim e Rodanim.
8 Os filhos de Ham: Kush, Mitzrayim, Put e Kena'an. 9 Os filhos de Kush: S'va,
Havilah, Savta, Ra'ma e Savt'kha. Os filhos de Ra'ma: Sh'va e D'dan. 10 Kush gerou
Nimrod, que foi o primeiro rei poderoso na terra. 11 Mitzrayim gerou Ludim,
'Anamim, L'havim, Naftuchim, 12 Patrusim, Kasluchim (de quem descendem os
p'lishtim) e Kaftorim. 13 Kena'an foi o pai de Tzidon, seu primogênito, e também
de Het, 14 do y'vusi, do emori, do girgashi, 15 do hivi, do arki, do sini, 16 do arvadi,
do tz'mari e do hamati.
17 Os filhos de Shem: 'Elam, Ashur, Arpakhshad, Lud, Aram, 'Utz, Hul, Geter e
Meshekh. 18 Arpakhshad gerou Shelach, Shelach gerou 'Ever, 19 e de 'Ever nasceram
dois filhos: o nome de um era Peleg [Divisão], porque foi durante os seus dias que
a terra foi dividida; e o nome de seu irmão era Yoktan.
20 Yoktan gerou Almodad, Shelef, Hatzar-Mavet, Yerach, 21 Hadoram, Uzal,
Diklah, 22 'Eival, Avima'el, Sh'va, 23 Ofir, Havilah e Yovav; estes foram todos os
filhos de Yoktan.
24 Shem, Arpakhshad, Shelach, 25 'Ever, Peleg, Re'u, 26 S'rug, Nachor, Terach,
27 Avram (também chamado Avraham).
28 Os filhos de Avraham: Yitz'chak e Yishma'el. 29 São estes os seus descendentes:
o primogênito de Yishma'el foi N'vayot; e então Kedar, Adbe'el, Mivsam, 30 Mishma,
Dumah, Masa, Hadad, Teima, 31 Y'tur, Nafish e Kedem. Estes foram os filhos de
Yishma'el.
32 Os filhos de K'turah, concubina de Avraham: ela deu à luz Zimran, Yokshan,
Medan, Midyan, Yishbak e Shuach. Os filhos de Yokshan: Sh'va e D'dan. 33 Os filhos
de Midyan: 'Eifah, 'Efer, Hanokh, Avida e Elda'ah. Estes foram todos os descendentes
de K'turah.
34 Avraham gerou Yitz'chak. Os filhos de Yitz'chak: 'Esav e Yisra'el. 35 Os filhos
de 'Esav: Elifaz, Re'u'el, Ye'ush, Ya'lam e Korach. 36 Os filhos de Elifaz: Teman,
Omar, Tzefi, Ga'tam, K'naz, Timna e 'Amalek. 37 Os filhos de Re'u'el: Nachat, Zerach,
Shamah e Mizah.
38 Os filhos de Se'ir: Lotan, Shoval, Tziv'on, 'Anah, Dishon, Etzer e Dishan. 39 Os
filhos de Lotan: Hori e Homam; a irmã de Lotan era Timna. 40 Os filhos de Shoval:
'Alyan, Manachat, 'Eival, Sh'fi e Onam. Os filhos de Tziv'on: Ayah e 'Anah. 41 O filho
de 'Anah: Dishon. Os filhos de Dishon: Hamran, Eshban, Yitran e K'ran. 42 Os filhos
de Etzer: Bilhan, Za'avan e Ya'akan. Os filhos de Dishan: 'Utz e Aran.

43 Estes são os reis que governaram na terra de Edom antes que qualquer rei governasse sobre o povo de Yisra'el: Bela, o filho de B'or; o nome de sua cidade era Dinhavah. 44 Depois de Bela ter morrido, Yovav, o filho de Zerach, de Botzrah, tomou seu lugar como rei. 45 Depois de Yovav ter morrido, Husham, da terra do temani, tomou seu lugar como rei. 46 Depois de Husham ter morrido, Hadad, o filho de B'dad, que atacou Midyan nas planícies de Mo'av, tomou seu lugar como rei; o nome de sua cidade era 'Avit. 47 Depois de Hadad ter morrido, Samlah, de Masrekah, tomou seu lugar como rei. 48 Depois de Samlah ter morrido, Sha'ul, de Rechovot, junto ao rio [Eufrates], tomou seu lugar como rei. 49 Depois de Sha'ul ter morrido, Ba'al-Hanan, o filho de 'Akhbor, tomou seu lugar como rei. 50 Depois de Ba'al-Hanan ter morrido, Hadad tomou seu lugar como rei; o nome de sua cidade era Pa'i; o nome de sua esposa era M'heitav'el, a filha de Matred, a filha de Mei-Zahav. 51 Então Hadad morreu.

Os chefes de Edom foram: os chefes de Timnah, 'Alvah, Y'tet,

52 Oholivamah, Elah, Pinon, 53 Kenaz, Teman, Mivtzar, 54 Magdi'el e 'Iram. Estes foram os chefes de Edom.

2 1 São estes os filhos de Yisra'el: Re'uven, Shim'on, Levi, Y'hudah, Yissakhar, Z'vulun, 2 Dan, Yosef, Binyamin, Naftali, Gad e Asher.

3 Os filhos de Y'hudah: 'Er, Onan e Shelah; a mãe destes três foi Bat-Shua, a kena'anit. 'Er, o primogênito de Y'hudah, foi mau aos olhos de *Adonai*, então ele o matou. 4 Tamar, sua nora, deu a ele Peretz e Zerach; assim, Y'hudah teve cinco filhos, ao todo.

5 Os filhos de Peretz: Hetzron e Hamul. 6 Os filhos de Zerach: Zimri, Eitan, Heiman, Kalkol e Dara — cinco deles, ao todo. 7 Os filhos de Karmi: 'Akhar [Desgraça], que causou desgraça a Yisra'el por violar as leis concernentes aos despojos a serem destruídos. 8 O filho de Eitan: 'Azaryah.

9 Os filhos de Hetzron: Yerachme'el, Ram e K'luvai. 10 Ram gerou 'Amminadav; 'Amminadav gerou Nachshon, príncipe dos descendentes de Y'hudah; 11 Nachshon gerou Salma; Salma gerou Bo'az; 12 Bo'az gerou 'Oved; 'Oved gerou Yishai; 13 e Yishai gerou Eli'av, seu primogênito, Avinadav, o segundo, Shim'a, o terceiro, 14 N'tan'el, o quarto, Radai, o quinto, 15 Otzem, o sexto, David, o sétimo, 16 e suas irmãs, Tz'ruyah e Avigayil. Os três filhos de Tz'ruyah foram: Avshai, Yo'av e 'Asah'el. 17 Avigayil foi a mãe de 'Amasa; o pai de 'Amasa foi Yeter, o yishma'eli.

18 Kalev, o filho de Hetzron, gerou filhos com 'Azuvah, sua esposa (e com Yeri'ot); estes foram os filhos dela: Yesher, Shovav e Ardon. 19 Depois de 'Azuvah ter morrido, Kalev casou-se com Efrat, que lhe deu Hur. 20 Hur gerou Uri, e Uri gerou B'tzal'el. 21 Depois disso, Hetzron teve relações sexuais com a filha de Machir, o pai de Gil'ad; ele se casou com ela quando tinha 60 anos, e ela deu à luz S'guv. 22 S'guv gerou Ya'ir, que tinha 23 cidades na terra de Gil'ad. 23 (G'shur e Aram, porém, expulsaram Havot-Ya'ir, juntamente com K'nat e suas aldeias — 60 cidades.) Todos estes foram os descendentes de Machir, o pai de Gil'ad.

24 Depois de Hetzron ter morrido em Kalev-Efratah, a esposa de Aviyah Hetzron deu a ele um filho, Ash'chur, o pai de T'koa.

25 Os filhos de Yerachme'el, primogênito de Hetzron, foram: Ram, o primogênito, Bunah, Oren, Otzem e Achiyah. 26 Yerachme'el teve outra mulher, chamada 'Atarah; ela era a mãe de Onam. 27 Os filhos de Ram, primogênito de Yerachme'el: Ma'atz, Yamin e 'Eker. 28 Os filhos de Onam: Shamai e Yada. Os filhos de Shamai: Nadav e Avishur. 29 A esposa de Avishur chamava-se Avichayil, e ela deu a ele Achban e

Molid. 30 Os filhos de Nadav: Seled e Apayim. Seled morreu sem ter tido filhos. 31 O filho
de Apayim: Yish'i. O filho de Yish'i: Sheshan. O filho de Sheshan: Achlai. 32 Os
filhos de Yada, irmão de Shamai: Yeter e Yonatan. Yeter morreu sem ter tido filhos.
33 Os filhos de Yonatan: Pelet e Zaza. Estes foram os descendentes de Yerachme'el.
34 Sheshan não teve filhos, mas filhas. Sheshan teve um servo egípcio, cujo
nome era Yarcha; 35 Sheshan deu sua filha em casamento a Yarcha, seu servo, e ela
lhe deu um filho chamado 'Atai. 36 'Atai gerou Natan, Natan gerou Zavad, 37 Zavad
gerou Eflal, Eflal gerou 'Oved, 38 'Oved gerou Yehu, Yehu gerou 'Azaryah, 39 'Azaryah
gerou Heletz, Heletz gerou El'asah, 40 El'asah gerou Sismai, Sismai gerou Shalum, 41
Shalum gerou Y'kamyah e Y'kamyah gerou Elishama.

42 Os filhos de Kalev, o irmão de Yerachme'el, foram: Mesha, seu primogênito,
que era o pai de Zif; e seu filho, Mareshah, o pai de Hevron. 43 Os filhos de Hevron
foram: Korach, Tapuach, Rekem e Shema. 44 Shema gerou Racham, o pai de Yorke'am,
e Rekem gerou Shamai. 45 O filho de Shamai foi Ma'on, e Ma'on foi o pai de Beit-
-Tzur. 46 'Eifah, a concubina de Kalev, deu à luz Haran, Motza e Gazez; e Haran
gerou Gazez. 47 Os filhos de Yahdai: Regem, Yotam, Geshan, Pelet, 'Eifah e Sha'af.
48 Ma'akhah, a concubina de Kalev, deu à luz Shever e Tirchanah. 49 [A concubina de]
Sha'af, o pai de Madmanah, deu à luz Sh'va, o pai de Machbenah e o pai de Giv'a.
A filha de Kalev era 'Akhsah. 50 Estes foram os descendentes de Kalev.

Os filhos de Hur, o primogênito de Efratah: Shoval, o pai de Kiryat-Ye'arim,
51 Salma, o pai de Beit-Lechem, e Haref, o pai de Beit-Gader. 52 Shoval, o pai de Kiryat-
-Ye'arim, tinha dois filhos: HaRo'eh e metade dos [habitanates de] M'nuchot. 53 As
famílias de Kiryat-Ye'arim: o yitri, o puti, o shumati e o mishra'i; deles vieram o
tzor'ati e o eshta'uli. 54 Os descendentes de Salma: Beit-Lechem, o n'tofati, 'Atrot-Beit-
-Yo'av, metade do manachati, o tzor'i, 55 as famílias de escribas que viveram em
Ya'betz, os tir'atim, os shim'atim e os sukhatim. Estes são os kinim, que vieram de
Hamat, pai da casa de Rekhav.

3 1 Estes foram os filhos nascidos a David, em Hevron: o primogênito foi Amnon,
cuja mãe era Achino'am, de Yizre'el; o segundo, Dani'el, cuja mãe era Avigayil,
de Karmel; 2 o terceiro, Avshalom, filho de Ma'akhah, filha de Talmai, rei de G'shur;
o quarto, Adoniyah, filho de Haggit; 3 o quinto, Sh'fatyah, cuja mãe era Avital; e o
sexto, Yitre'am, cuja mãe era sua esposa, 'Eglah. 4 Seis filhos nasceram a David em
Hevron. Ele governou ali durante sete anos e seis meses; então foi para Yerushalayim
e ali reinou trinta e três anos.

5 Estes foram os que nasceram a ele em Yerushalayim: Shim'a, Shovav, Natan,
Shlomoh, quatro, cuja mãe era Bat-Shua, a filha de 'Ammi'el; 6 e nove outros —
Yivchar, Elishama, Elifelet, 7 Nogah, Nefeg, Yafia, 8 Elishama, Elyada e Elifelet.
9 Todos estes eram filhos de David, sem contar os filhos das concubinas; Tamar
era irmã deles.

10 Os filhos de Shlomoh foram Rechav'am, seu filho Aviyah, seu filho Asa,
seu filho Y'hoshafat, 11 seu filho Yoram, seu filho Achazyah, seu filho Yo'ash,
12 seu filho Amatzyah, seu filho 'Azaryah, seu filho Yotam, 13 seu filho Achaz,
seu filho Hizkiyahu, seu filho M'nasheh, 14 seu filho Amon, e seu filho Yoshiyahu.
15 Os filhos de Yoshiyahu: Yochanan, o primogênito, Y'hoyakim, o segundo,
Tzedekyah, o terceiro, e Shalum, o quarto. 16 Os filhos de Y'hoyakim: Y'khonyah,
seu filho, e Tzedekyah, seu filho. 17 Os filhos de Y'khonyah, também chamado
Asir: Sh'alti'el, seu filho; 18 também Malkiram, P'dayah, Shen'atzar, Y'kamyah,
Hoshama e N'davyah. 19 Os filhos de P'dayah: Z'rubavel e Shim'i. Os filhos de

Z'rubavel: Meshulam, Hananyah e Shlomit, irmã deles; 20 também Hashuvah, Ohel, Berekhyah, Hasadyah e Yushav-Hesed — cinco. 21 Os filhos de Hananyah: P'latyah e Yesha'yah. Seu filho era Refayah. Seu filho era Arnan. Seu filho era 'Ovadyah. E seu filho era Sh'khanyah. 22 O filho de Sh'khanyah: Sh'ma'yah; e os filhos de Sh'ma'yah: Hatush, Yig'al, Bariach, Ne'aryah e Shafat — seis. 23 Os filhos de Ne'aryah: Elyo'einai, Hizkiyah e 'Azrikam — três. 24 Os filhos de Elyo'einai: Hodavyahu, Elyashiv, P'layah, 'Akuv, Yochanan, D'layah e 'Anani — sete.

4 1 Os descendentes de Y'hudah: Peretz, Hetzron, Karmi, Hur e Shoval. 2 Re'ayah, o filho de Shoval, gerou Yachat; Yachat gerou Achumai e Lahad. Estas são as famílias do tzor'ati. 3 Estes são [os filhos] do pai de 'Eitam: Yizre'el, Yishma e Yidbash; o nome de sua irmã era Hatzlelponi. 4 P'nu'el gerou Geder, e 'Ezer gerou Hushah. Estes foram os filhos de Hur, o primogênito de Efratah, pai de Beit-Lechem.

5 Ashur, pai de T'koa, tinha duas esposas: Hel'ah e Na'arah. 6 Na'arah lhe deu Achuzam, Hefer, Teimni e Achashtari; estes foram os filhos de Na'arah. 7 Os filhos de Hel'ah foram Tzeret, Tzochar e Etnan. 8 Kotz gerou 'Anuv, Tzovevah e as famílias de Acharchel, o filho de Harum. 9 Ya'betz foi mais respeitado que seus irmãos; sua mãe o chamou de Ya'betz e explicou: "porque eu o dei à luz com dores [hebraico: *'otzev*]". 10 Ya'betz clamou ao Deus de Yisra'el: "Por favor, abençoa-me, alargando as minhas terras. Que tua mão esteja comigo! Livra-me do mal. Assim, este momento não me causará dor [hebraico: *'atzbi*]". Deus atendeu ao seu pedido.

11 K'luv, o irmão de Shuchah, gerou M'chir, que gerou Eshton. 12 Eshton gerou Beit-Rafa, Paseach e T'chinah, o pai de 'Ir-Nachash. Estes foram os homens de Rekhah.

13 Os filhos de K'naz: 'Otni'el e S'rayah. O filho de 'Otni'el: Hatat. 14 M'onotai gerou 'Ofrah, e S'rayah gerou Yo'av, o pai de Gei-Harashim; pois eles eram artesãos [hebraico: *harashim*].

15 Os filhos de Kalev, filho de Y'funeh: 'Iru, Elah e Na'am. O filho de Elah: K'naz. 16 Os filhos de Yehallel'el: Zif, Zifah, Tirya e Asar'el. 17-18 Os filhos de 'Ezrah: Yeter, Mered, 'Efer e Yalon. Estes foram os filhos de Bityah, a filha do faraó, que Mered tomou como sua esposa: ela concebeu Miryam, Shamai e Yishbach, o pai de Esht'moa; sua esposa judia deu à luz Yered, o pai de G'dor, Hever, o pai de Sokho, e Y'kuti'el, o pai de Zanoach.

19 Os filhos da esposa de Hodiyah, irmã de Nacham, foram: o pai de Ke'ilah, o garmi, e Esht'moa, o ma'akhati. 20 Os filhos de Shimon: Amnon, Rinah, Ben-Hanan e Tilon. Os filhos de Yish'i: Zochet e Ben-Zochet.

21 Os filhos de Shelah, o filho de Y'hudah: 'Er, o pai de Lekha, La'adah, o pai de Mareshah, e os clãs dos trabalhadores em linho fino em Beit-Ashbea, 22 Yokim, o homem de Kozeva, Saraf, o governador em Mo'av, e Yashuvi-Lechem (os registros são bem antigos). 23 Estes eram oleiros e habitavam em N'ta'im e G'derah; eles viviam ali e se ocupavam dos trabalhos do rei.

24 Os filhos de Shim'on: N'mu'el, Yamin, Yariv, Zerach e Sha'ul. 25 Seu filho era Shalum, seu filho era Mivsam, e seu filho era Mishma. 26 Os descendentes de Mishma: seu filho Hamu'el, seu filho Zakur, seu filho Shim'i. 27 Shim'i teve 16 filhos e seis filhas, mas seus irmãos não tiveram muitos filhos, por isso seus clãs não cresceram como os de Y'hudah. 28 Eles viviam em Be'er-Sheva, Moladah, Hatzar-Shu'al, 29 Bilhah, 'Etzem, Tolad, 30 B'tu'el, Hormah, Ziklag, 31 Beit-Markavot, Hatzar-Susim, Beit-Bir'i e Sha'arayim. Estas foram suas cidades até o reinado de David. 32 Suas aldeias eram: 'Eitam, 'Ayin, Rimmon, Tokhen e 'Ashan, cinco cidades, 33 com todas as aldeias ao

redor dessas cidades, até Ba'al. Estes foram os lugares onde eles viveram, e eles
tinham sua genealogia oficial. 34 Meshovav, Yamlekh, Yoshah, o filho de Amatzyah,
35 Yo'el, Yehu, o filho de Yoshivyah, o filho de S'rayah, o filho de 'Asi'el, 36 Elyo'einai,
Ya'akovah, Y'shochayah, 'Asayah, 'Adi'el, Y'simi'el, B'nayah, 37 Ziza, o filho de Shif'i,
o filho de Alon, o filho de Y'da'yah, o filho de Shimri, o filho de Sh'ma'yah —
38 estes mencionados pelo nome eram príncipes em seus clãs, e as casas de seus
pais cresceram grandemente. 39 Buscando pastagens para seus rebanhos, eles
foram para a entrada de Geder, até a parte leste do vale. 40 Eles descobriram ricos
pastos de boa qualidade; e a terra era espaçosa, tranquila e pacífica. Aqueles que
haviam morado ali anteriormente pertenciam a Ham. 41 Aqueles cujos nomes estão
escritos anteriormente vieram durante o tempo de Hizkiyahu, rei de Y'hudah; eles
atacaram suas tendas e os me'unim, que estavam ali naquela época, destruindo-os
completamente, e têm vivido ali no lugar deles até os dias de hoje; pois ali havia
pastagens para seus rebanhos. 42 Cerca de 500 deles, descendentes de Shim'on, foram
para o monte Se'ir, sob a liderança de P'latyah, Ne'aryah, Refayah e Uzi'el, os filhos de
Yish'i. 43 Eles atacaram o restante dos 'amalekim que haviam escapado e têm vivido
ali até os dias de hoje.

5 1 Os filhos de Re'uven, o primogênito de Yisra'el — ele foi o primogênito, mas,
porque desonrou o leito de seu pai, seu direito de primogenitura foi dado aos
filhos de Yosef, o filho de Yisra'el; assim, ele não foi alistado na genealogia como
primogênito. 2 E Y'hudah tornou-se maior que seus irmãos, de maneira que o governo
veio dele; apesar disso, o direito de primogenitura foi para Yosef. 3 Assim, estes são
os filhos de Re'uven, o primogênito de Yisra'el: Hanokh, Pallu, Hetzron e Karmi.

4 Os descendentes de Yo'el: seu filho Sh'ma'yah, seu filho Gog, seu filho Shim'i,
5 seu filho Mikhah, seu filho Re'ayah, seu filho Ba'al, 6 e seu filho Be'erah. Tilgat-
-Piln'eser, rei de Ashur, levou-o preso para o cativeiro; ele era líder do re'uveni.
7 Seus irmãos, segundo seus clãs, conforme listados em seus documentos genealógicos,
foram: Ye'i'el, o líder; Z'kharyah 8 e Bela, o filho de 'Azaz, o filho de Sh'ma, o filho de
Yo'el. Ele viveu em 'Aro'er, em um território que se estendia até o N'vo e o Ba'al-M'on;
9 e na parte leste ele ocupou o território que se estendia até o início do deserto, como
quem vem do rio Eufrates; pois seu rebanho multiplicou-se na terra de Gil'ad. 10 No
tempo de Sha'ul, eles guerrearam com os hagri'im; depois de derrotá-los, ocuparam
suas tendas em meio a todo o território na parte leste de Gil'ad.

11 Os descendentes de Gad viveram ao lado deles, no território de Bashan até
Salkhah: 12 Yo'el era o líder, Shafam, o segundo, e então Yanai e Shafat, em Bashan.
13 As casas dos irmãos de seus pais eram: Mikha'el, Meshulam, Sheva, Yorai, Ya'kan,
Zia e 'Ever — sete, ao todo. 14 Estes são os filhos de Avichayil, o filho de Huri, o
filho de Yaroach, o filho de Gil'ad, o filho de Mikha'el, o filho de Yeshishai, o filho
de Yachdo, o filho de Buz; 15 Achi, o filho de 'Avdi'el, o filho de Guni, era o líder da
casa de seu pai. 16 Eles viviam em Gil'ad, em Bashan, em suas cidades e em todas as
pastagens que iam até as fronteiras. 17 Todos eles foram listados na genealogia nos
tempos de Yotam, rei de Y'hudah, e Yarov'am, rei de Yisra'el.

18 Os descendentes de Re'uven, o gadi, e metade da tribo de M'nasheh contavam
44.760 homens bravos, os quais estavam preparados para a batalha, aptos para
empunhar o escudo e a espada, lançar flechas ou exercer outras práticas de guerra.
19 Estes lutaram contra os hagri'im, contra Y'tur, Nafish e Nodav. 20 Receberam ajuda
contra eles, de maneira que os hagri'im e todos quantos estavam com eles sofreram
derrota por suas mãos; pois clamavam a Deus enquanto estavam lutando, e ele fez

conforme eles pediam, pois puseram sua confiança nele. 21 Levaram do rebanho deles: 50 mil camelos, 250 mil ovelhas e 2 mil jumentos; eles também tomaram cativas 100 mil pessoas. 22 Muitos foram mortos, pois a batalha era de Deus, e eles viveram no seu território até o cativeiro.

23 Os descendentes da metade da tribo de M'nasheh viveram e se multiplicaram no território desde Bashan até Ba'al-Hermon, S'nir e monte Hermon. 24 Os líderes das casas de seus pais eram: 'Efer, Yish'i, Eli'el, 'Azri'el, Yirmeyah, Hodavyah e Yachdi'el, homens fortes, corajosos e famosos, líderes das casas de seus pais. 25 Eles, porém, violaram a fé no Deus de seus antepassados e se prostituíram, seguindo os deuses dos povos da terra, a quem Deus tinha destruído diante deles. 26 Assim, o Deus de Yisra'el suscitou o espírito de Pul, rei de Ashur, e o espírito de Tilgat-Piln'eser, rei de Ashur, e eles os levaram como prisioneiros — o re'uveni, o gadi e metade da tribo de M'nasheh — e os levaram a Halach, Havor, Hara e ao rio Gozan, onde estão até os dias de hoje.

27(6.1) Os filhos de Levi: Gershon, K'hat e M'rari. 28(6.2) Os filhos de K'hat: 'Amram, Yitz'har, Hevron e 'Uzi'el. 29(6.3) Os filhos de 'Amram: Aharon, Mosheh e Miryam. Os filhos de Aharon: Nadav, Avihu, El'azar e Itamar. 30(6.4) El'azar gerou Pinchas, Pinchas gerou Avishua, 31(6.5) Avishua gerou Buki, Buki gerou 'Uzi, 32(6.6) 'Uzi gerou Z'rachyah, Z'rachyah gerou M'rayot, 33(6.7) M'rayot gerou Amaryah, Amaryah gerou Achituv, 34(6.8) Achituv gerou Tzadok, Tzadok gerou Achima'atz, 35(6.9) Achima'atz gerou 'Azaryah, 'Azaryah gerou Yochanan, 36(6.10) e Yochanan gerou 'Azaryah. Ele trabalhou como *kohen* na casa de ADONAI que Shlomoh havia construído em Yerushalayim. 37(6.11) 'Azaryah gerou Amaryah, Amaryah gerou Achituv, 38(6.12) Achituv gerou Tzadok, Tzadok gerou Shalum, 39(6.13) Shalum gerou Hilkiyah, Hilkiyah gerou 'Azaryah, 40(6.14) 'Azaryah gerou S'rayah, S'rayah gerou Y'hotzadak, 41(6.15) e Y'hotzadak foi levado cativo quando ADONAI entregou Y'hudah e Yerushalayim nas mãos de N'vukhadnetzar.

6 1(16) Os filhos de Levi: Gershom, K'hat e M'rari. 2(17) Estes são os nomes dos filhos de Gershom: Livni e Shim'i. 3(18) Os filhos de K'hat: 'Amram, Yitz'har, Hevron e 'Uzi'el. 4(19) Os filho de M'rari: Machli e Mushi.

Estes são os descendentes dos *l'vi'im*, de acordo com as famílias de seus pais: 5(20) [Os descendentes] de Gershom: seu filho Livni, seu filho Yachat, seu filho Zimah, 6(21) seu filho Yo'ach, seu filho Iddo, seu filho Zerach, seu filho Ye'atrai.

7(22) Os descendentes de K'hat: seu filho 'Amminadav, seu filho Korach, seu filho Asir, 8(23) seu filho Elkanah, seu filho Evyasaf, seu filho Asir, 9(24) seu filho Tachat, seu filho Uri'el, seu filho 'Uziyah e seu filho Sha'ul. 10(25) Os filhos de Elkanah: 'Amasai e Achimot. 11(26) Quanto a Elkanah, os filhos de Elkanah: seu filho Tzofai, seu filho Nachat, 12(27) seu filho Eli'av, seu filho Yerocham e seu filho Elkanah. 13(28) Os filhos de Sh'mu'el: Vashni, o primogênito, e então Aviyah.

14(29) Os descendentes de M'rari: Machli, seu filho Livni, seu filho Shim'i, seu filho 'Uzah, 15(30) seu filho Shim'a, seu filho Hagiyah e seu filho 'Asayah. 16(31) David nomeou-os encarregados do serviço da música na casa de ADONAI depois de a arca ter sido colocada em um local permanente. 17(32) Eles serviram como cantores diante do tabernáculo na tenda do encontro, até que Shlomoh construísse a casa de ADONAI em Yerushalayim; e eles realizavam suas tarefas na ordem prescrita.

18(33) Aqueles que realizavam essas tarefas e seus descendentes foram — começando pelos descendentes de K'hati — Heman, o cantor, filho de Yo'el, o filho de Sh'mu'el, 19(34) o filho de Elkanah, o filho de Yerocham, o filho de Eli'el, o filho de

Toach, 20(35) o filho de Tzuf, o filho de Elkanah, o filho de Machat, o filho de 'Amasai, 21(36) o filho de Elkanah, o filho de Yo'el, o filho de 'Azaryah, o filho de Tz'fanyah, 22(37) o filho de Tachat, o filho de Asir, o filho de Evyasaf, o filho de Korach, 23(38) o filho de Yitz'har, o filho de K'hat, o filho de Levi, o filho de Yisra'el.

24(39) Seu irmão Asaf, que ficava à sua direita, era Asaf, o filho de Berekhyah, o filho de Shim'a, 25(40) o filho de Mikha'el, o filho de Ba'aseyah, o filho de Malkiyah, 26(41) o filho de Etni, o filho de Zerach, o filho de 'Adayah, 27(42) o filho de Eitan, o filho de Zimah, o filho de Shim'i, 28(43) o filho de Yachat, o filho de Gershom, o filho de Levi.

29(44) À esquerda, estavam seus irmãos, os descendentes de M'rari: Eitan, o filho de Kishi, o filho de 'Avdi, o filho de Malukh, 30(45) o filho de Hashavyah, o filho de Amatzyah, o filho de Hilkiyah, 31(46) o filho de Amtzi, o filho de Bani, o filho de Shemer, 32(47) o filho de Machli, o filho de Mushi, o filho de M'rari, o filho de Levi.

33(48) Seus irmãos, os *l'vi'im*, foram encarregados de todos os serviços do tabernáculo na casa de Adonai.

34(49) No entanto, Aharon e seus filhos eram os únicos que faziam sacrifícios sobre o altar de ofertas queimadas e sobre o altar de incenso, todos os serviços no Lugar Especialmente Sagrado, para fazer expiação por Yisra'el, em cumprimento a tudo quanto Mosheh, o servo de Deus, tinha ordenado que fosse feito. 35(50) Estes são os descendentes de Aharon: seu filho El'azar, seu filho Pinchas, seu filho Avishua, 36(51) seu filho Buki, seu filho 'Uzi, seu filho Z'rachyah, 37(52) seu filho M'rayot, seu filho Amaryah, seu filho Achituv, 38(53) seu filho Tzadok e seu filho Achima'atz.

39(54) Estas foram as cidades dos descendentes de Aharon, segundo as terras que lhes foram dadas: aos descendentes de Aharon, dos clãs dos K'hati — pois o primeiro lote foi sorteado para eles — 40(55) eles deram Hevron, na terra de Y'hudah, com suas pastagens ao redor, 41(56) mas os campos e as aldeias agregadas à cidade foram dados a Kalev, o filho de Y'funeh. 42(57) Aos descendentes de Aharon, eles deram a cidade de refúgio de Hevron e também Livnah, com suas pastagens ao redor, Yatir, Esht'moa, com suas pastagens ao redor, 43(58) Hilen, com suas pastagens ao redor, D'vir, com suas pastagens ao redor, 44(59) 'Ashan, com suas pastagens ao redor, Beit-Shemesh, com suas pastagens ao redor; 45(60) e da tribo de Binyamin: Geva, com suas pastagens ao redor, 'Alemet, com suas pastagens ao redor, e 'Anatot, com suas pastagens ao redor. Todas as cidades, todos os seus clãs somaram 13 cidades.

46(61) O restante dos descendentes de K'hat foram contemplados por sorteios, clã por clã, dez cidades da metade da tribo de M'nasheh. 47(62) Para os descendentes de Gershom, clã por clã, foram sorteadas 13 cidades das tribos de Yissakhar, Asher, Naftali e M'nasheh, em Bashan. 48(63) Para os descendentes de M'rari, clã por clã, foram sorteadas 12 cidades das tribos de Re'uven, Gad e Z'vulun. 49(64) Então o povo de Yisra'el deu aos *l'vi'im* essas cidades, com suas pastagens ao redor. 50(65) Das tribos dos descendentes de Y'hudah, Shim'on e Binyamin, eles sortearam essas cidades mencionadas pelo nome.

51(66) Alguns dos clãs dos descendentes de K'hat receberam cidades no território da tribo de Efrayim. 52(67) Eles deram a eles a cidade de refúgio de Sh'khem, nas montanhas de Efrayim, com suas pastagens ao redor, e também Gezer, com suas pastagens ao redor, 53(68) Yokme'am, com suas pastagens ao redor, Beit-Horon, com suas pastagens ao redor, 54(69) Ayalon, com suas pastagens ao redor, e Gat-Rimmon, com suas pastagens ao redor; 55(70) e para metade da tribo de M'nasheh: 'Aner, com suas pastagens ao redor, e Bil'am, com suas pastagens ao redor, que foram para o restante dos clãs dos descendentes de K'hat.

56(71) Para os descendentes de Gershom, foram dadas, do clã da metade da
tribo de M'nasheh: Golan, em Bashan, com suas pastagens ao redor, e 'Ashtarot,
com suas pastagens ao redor; 57(72) e da metade da tribo de Yissakhar: Kedesh, com
suas pastagens ao redor, Davrat, com suas pastagens ao redor, 58(73) Ramot, com suas
pastagens ao redor, e 'Anem, com suas pastagens ao redor; 59(74) e da tribo de
Asher: Mashal, com suas pastagens ao redor, 'Avdon, com suas pastagens ao redor,
60(75) Hukok, com suas pastagens ao redor, e Rechov, com suas pastagens ao redor;
61(76) e da tribo de Naftali: Kedesh, na Galil, com suas pastagens ao redor, Hamon,
com suas pastagens ao redor, e Kiryatayim, com suas pastagens ao redor.

62(77) Para o restante [dos *l'vi'im*], os descendentes de M'rari, foram dadas, da
tribo de Z'vulun: Rimmono, com suas pastagens ao redor, e Tavor, com suas
pastagens ao redor; 63(78) e além do Yarden, em Yericho, na parte leste do Yarden,
eles receberam, da tribo de Re'uven: Betzer, no deserto, com suas pastagens ao
redor, Yahatz, com suas pastagens ao redor, 64(79) K'demot, com suas pastagens ao
redor, e Mefa'at, com suas pastagens ao redor; 65(80) e da tribo de Gad: Ramot, em
Gil'ad, com suas pastagens ao redor, Machanayim, com suas pastagens ao redor,
66(81) Heshbon, com suas pastagens ao redor, e Ya'zer, com suas pastagens ao redor.

7 1 Os filhos de Yissakhar foram: Tola, Pu'ah, Yashuv e Shimron — quatro.
2 Os filhos de Tola foram: 'Uzi, Refayah, Yeri'el, Yachmai, Yivsam e Sh'mu'el.
Eram cabeças nos clãs de seus pais, descendentes de Tola; eram homens fortes e
valentes em suas gerações. No tempo de David, eles somavam 22.600.

3 O filho de 'Uzi era Yizrachyah, e os filhos de Yizrachyah eram: Mikha'el,
'Ovadyah, Yo'el e Yishiyah — cinco, todos eles líderes. 4 Com eles, em suas gerações,
nos clãs de seus pais, foram organizadas as tropas de guerra, 36 mil deles, pois eles
tinham muitas mulheres e crianças. 5 Seus irmãos, entre todos os clãs de Yissakhar,
homens fortes e corajosos, somavam 87 mil, relacionados nos documentos
genealógicos.

6 [Os filhos de] Binyamin foram: Bela, Bekher e Y'dia'el — três.

7 Os filhos de Bela foram: Etzbon, 'Uzi, 'Uzi'el, Yerimot e 'Iri — cinco; eles
eram líderes nos clãs de seus pais, homens fortes e corajosos. Somavam 22.034,
relacionados nos documentos genealógicos.

8 Os filhos de Bekher foram: Z'mirah, Yo'ash, Eli'ezer, Elyo'enai, 'Omri, Yeremot,
Aviyah, 'Anatot e 'Alemet; todos estes eram filhos de Bekher. 9 Relacionados nos
documentos genealógicos, segundo as suas gerações, chefes dos clãs de seus pais,
eram homens fortes e corajosos, e somavam 20.200.

10 O filho de Y'dia'el foi Bilhan. Os filhos de Bilhan foram: Ye'ush, Binyamin,
Ehud, Kena'anah, Zeitan, Tarshish e Achishachar. 11 Todos estes eram descendentes
de Y'dia'el, líderes dos clãs de seus pais, homens fortes e corajosos; eles somavam
17.200, todos preparados para combater com o exército.

12 [Outros descendentes de Binyamin:] Shupim, Hupim, os filhos de 'Ir. Hushim,
o filho do outro [dos filhos de Yisra'el, chamado Dan].

13 Os filhos de Naftali foram: Yachtzi'el, Guni, Yetzer, Shalum, os filhos de Bilhah.

14 Os descendentes de M'nasheh: sua concubina, a mulher de Aram, deu à luz
Makhir, o pai de Gil'ad; Asri'el [o filho de Gil'ad] era descendente dela. 15 A esposa
de Makhir era das famílias de Hupim e Shupim, e o nome de sua irmã era Ma'akhah.
O segundo filho de M'nasheh foi Tz'lof'chad, e Tz'lof'chad tinha filhas. 16 Ma'akhah,
a esposa de Makhir, deu à luz um filho, a quem chamou Peresh, o nome de seu
irmão era Sheresh, e seus filhos foram Ulam e Rekem. 17 O filho de Ulam foi B'dan.

Estes foram os descendentes de Gil'ad, o filho de Makhir, o filho de M'nasheh.
18 Sua irmã Hammolekhet [a governadora] deu à luz Ish-Hod, Avi'ezer e Machlah. 19
Os filhos de Sh'mida foram Achyan, Sh'khem, Lik'chi e Ani'am.

20 Os descendentes de Efrayim foram: Shutelach, seu filho Bered, seu filho
Tachat, seu filho El'adah, seu filho Tachat, 21 seu filho Zavad e seu filho Shutelach;
também 'Ezer e El'ad, a quem os homens de Gat, nascidos na terra, mataram
quando eles vieram cuidar do rebanho. 22 Efrayim, o pai deles, chorou por um
longo tempo, e seus irmãos vieram para confortá-lo. 23 Então ele teve relação sexual
com sua esposa, ela concebeu e deu à luz um filho, a quem ele chamou B'ri'ah
[Na calamidade], pois sua família tinha sofrido uma calamidade. 24 Sua filha foi
She'erah, que construiu nas partes mais altas e nas mais baixas de Beit-Horon e
Uzen-She'erah. 25 Refach e Reshef foram seus filhos, seguidos de Telach, seu filho
Tachan, 26 seu filho La'dan, seu filho 'Ammihud, seu filho Elishama, 27 seu filho Nun
e seu filho Y'hoshua.

28 Suas porções de terra e acampamentos foram Beit-El, com suas cidades;
Na'aran, ao leste; e Gezer, a oeste, com suas cidades; também Sh'khem, com suas
cidades, indo até 'Ayah e suas cidades; 29 e, próximo ao território dos descendentes
de M'nasheh, Beit-Sh'an, com suas cidades, Ta 'nakh, com suas cidades, Megiddo,
com suas cidades, e Dor, com suas cidades. Nesses lugares, viviam os descendentes
de Yosef, o filho de Yisra'el.

30 Os filhos de Asher foram: Yimnah, Yishvah, Yishvi, B'ri'ah e sua irmã Serach.
31 Os filhos de B'ri'ah foram: Hever e Malki'el, que gerou Birzayit. 32 Hever gerou
Yaflet, Shomer, Hotam e sua irmã Shua. 33 Os filhos de Yaflet foram: Pasakh,
Bimhal e 'Ashvat; estes foram os filhos de Yaflet. 34 Os filhos de Shemer foram:
Achi, Rohgah, Hubah e Aram. 35 Os filhos de seu irmão Helem foram: Zofach,
Yimnah, Shelesh e 'Amal. 36 Os filhos de Zofach foram: Suach, Harnefer, Shu'al, Beri,
Yimrah, 37 Betzer, Hod, Shama, Shilshah, Yitran e Be'era. 38 Os filhos de Yeter foram:
Y'funeh, Pispah e Ara. 39 Os filhos de 'Ula foram: Arach, Hani'el e Ritzya. 40 Todos
estes foram descendentes de Asher, líderes dos clãs de seus pais, homens de elite,
fortes e corajosos, os mais importantes dos príncipes. Os treinados para a guerra,
registrados nos documentos genealógicos, somavam 26 mil homens.

8 1 Binyamin gerou Bela, seu primogênito; seu segundo, Ashbel; seu terceiro,
Achrach; 2 seu quarto, Nochah; e seu quinto, Rafa. 3 Bela teve filhos: Adar, Gera,
Avihud, 4 Avishua, Na'aman, Achoach, 5 Gera, Sh'fufan e Huram. 6 Estes são os fi-
lhos de Ehud, os cabeças dos clãs de seus pais entre os habitantes de Geva (eles
foram levados como prisioneiros até Manachat; 7 aqueles que os levaram foram
Na'aman, Achiyah e Gera): ele gerou 'Uzah e Achichud. 8 Shacharayim gerou filhos
nas planícies de Mo'av; depois de mandar embora suas esposas, Hushim e Ba'ara,
9 foi por meio de sua esposa Hodesh que ele gerou: Yovav, Tzivya, Mesha, Malkam,
10 Ye'utz, Sokhya e Mirmah. Estes foram os seus filhos, cabeças de clãs. 11 Por meio
de Hushim, ele gerou Avituv e Elpa'al. 12 Os filhos de Elpa'al: 'Ever, Mish'am, Shemed
— ele construiu Ono e Lod, com suas cidades — 13 e B'ri'ah e Shema — eles foram
cabeças nos clãs de seus pais entre os habitantes de Ayalon, que haviam expulsado
o povo que vivia em Gat.

14 Achyo, Shashak, Yeremot, 15 Z'vadyah, 'Arad, 'Eder, 16 Mikha'el, Yishpah e Yocha
foram os filhos de B'ri'ah. 17 Z'vadyah, Meshulam, Hizki, Hever, 18 Yishm'rai, Yizli'ah
e Yovav foram os filhos de Elpa'al. 19 Yakim, Zikhri, Zavdi, 20 Eli'einai, Tziltai, Eli'el
21 'Adayah, B'rayah e Shimrat foram filhos de Shim'i. 22 Yishpan, 'Eved, Eli'el, 23 'Avdon,

Zikhri, Hanan, 24 Hananyah, 'Eilam, 'Anatotyah, 25 Yifdeyah e P'nu'el foram os filhos
de Shashak. 26 Shamsh'rai, Sh'charyah, 'Atalyah, 27 Ya'areshyah, Eliyah e Zikhri foram
os filhos de Yerocham. 28 Estes eram líderes nas casas de seus pais durante todas as
suas gerações, homens de liderança que moraram em Yerushalayim.

29 Em Giv'on, habitou o pai de Giv'on, o qual tinha uma esposa chamada
Ma'akhah; 30 e seu primogênito foi 'Avdon, e teve ainda Tzur, Kish, Ba'al, Nadav,
31 G'dor, Achyo e Zekher. 32 Miklot gerou Shim'ah. Como alguns de seus irmãos, ele
e suas famílias viveram em Yerushalayim.

33 Ner gerou Kish; Kish gerou Sha'ul; e Sha'ul gerou Y'honatan, Malkishua,
Avinadav e Eshba'al. 34 O filho de Y'honatan foi M'riv-Ba'al, e M'riv-Ba'al gerou
Mikhah. 35 Os filhos de Mikhah: Piton, Melekh, Ta'rea e Achaz. 36 Achaz gerou
Y'ho'adah; Y'ho'adah gerou 'Alemet, 'Azmavet e Zimri; Zimri gerou Motza; 37 e
Motza gerou Bin'a. Seu filho foi Rafah, seu filho foi El'asah e seu filho foi Atzel.
38 Atzel teve seis filhos, os quais tinham os seguintes nomes: 'Azrikam, Bokhru,
Yishma'el, Sh'aryah, 'Ovadyah e Hanan; todos estes eram filhos de Atzel. 39 Os filhos
de seu irmão 'Eshek: Ulam, seu primogênito, Ye'ush, o segundo, e Elifelet, o terceiro.
40 Os filhos de Ulam eram fortes, homens corajosos, arqueiros; eles tiveram muitos
filhos e netos, 150. Todos estes foram descendentes de Binyamin.

9 1 Assim, todo o Yisra'el foi registrado por genealogias, e estas foram documen-
tadas no livro dos reis de Yisra'el. Então Y'hudah foi levado como prisioneiro
para Bavel, por causa da sua infidelidade. 2 Os primeiros a retornar às suas posses-
sões nas cidades foram os yisra'elim, os *kohanim*, os *l'vi'im* e os servos do templo.
3 Em Yerushalayim, viviam alguns descendentes de Y'hudah, alguns descenden-
tes de Binyamin e alguns descendentes de Efrayim e M'nasheh: 4 'Utai, o filho de
'Ammihud, o filho de 'Omri, o filho de Imri, o filho de Bani, dos descendentes de
Peretz, o filho de Y'hudah. 5 Do shiloni: 'Asayah, o primeiro, e seus filhos. 6 Dos des-
cendentes de Zerach: Ye'u'el e seus irmãos, 690. 7 Dos descendentes de Binyamin:
Salu, o filho de Meshulam, o filho de Hodavyah, o filho de Hasnu'ah, 8 Yivneyah,
o filho de Yerocham; Elah, o filho de 'Uzi, o filho de Mikhri, Meshulam, o filho de
Sh'fatyah, o filho de Re'u'el, o filho de Yivneyah, 9 e seus irmãos, segundo as suas
gerações — ao todo, 956. Todos estes homens eram líderes nos clãs de seus pais.

10 Dos *kohanim:* Y'da'yah, Y'hoyariv, Yakhin, 11 'Azaryah, o filho de Hilkiyah, o
filho de Meshulam, o filho de Tzadok, o filho de M'rayot, o filho de Achituv, o líder
na casa de Deus, 12 'Adayah, o filho de Yerocham, o filho de Pash'chur, o filho de
Malkiyah, Ma'asai, o filho de 'Adi'el, o filho de Yachzerah, o filho de Meshulam, o
filho de Meshilmit, o filho de Immer, 13 e seus irmãos, líderes dos clãs de seus pais,
1.760 homens muito competentes, disponíveis para servir na casa de Deus.

14 Dos *l'vi'im:* Sh'ma'yah, o filho de Hashuv, o filho de 'Azrikam, o filho de
Hashavyah, dos descendentes de M'rari; 15 Bakbakar; Heresh; Galal; Matanyah, o
filho de Mikha, o filho de Zikhri, o filho de Asaf; 16 'Ovadyah, o filho de Sh'ma'yah,
o filho de Galal, o filho de Y'dutun; e Berekhyah, o filho de Asa, o filho de Elkanah,
que vivia nas cidades do n'tofati.

17 Os porteiros: Shalum, 'Akuv, Talmon, Achiman e seus irmãos; Shalum era
o chefe. 18 Anteriormente, eles guardavam o portão do rei que ficava a leste; eles
eram guardadores nos campos dos descendentes de Levi. 19 Shalum, o filho de
Kore, o filho de Evyasaf, o filho de Korach e seus irmãos dos clãs de seus pais,
os korchim, eram encarregados do serviço do culto, mantenedores dos portões
da tenda. Seus antepassados tinham sido os encarregados do acampamento de

ADONAI, mantenedores das entradas. [20] Anteriormente, Pinchas, o filho de El'azar,
tinha sido líder sobre eles; ADONAI era com ele. [21] Z'kharyah, o filho de Meshelemyah,
guardava a entrada para a tenda do encontro. [22] Todos estes escolhidos para serem
os porteiros somavam 212. Suas genealogias foram registradas em suas cidades;
eles foram apontados para sua posição por David e Sh'mu'el, o profeta. [23] Eles e
seus descendentes supervisionavam os portões da casa de ADONAI, ou seja, a casa
da tenda, por períodos de turnos. [24] Os porteiros serviam nos quatro lados, leste,
oeste, norte e sul. [25] De tempos em tempos, seus irmãos tinham de vir de suas
cidades para ajudá-los durante sete dias.

[26] Os quatro porteiros-chefes ficavam em cobertura permanente; eles eram
os *l'vi'im* encarregados de acomodações e suprimentos para a casa de Deus.
[27] Eles passavam suas noites nas vizinhanças da casa de Deus, porque estavam
encarregados e eram responsáveis por abrir os portões todas as manhãs.

[28] Alguns [dos *l'vi'im*] eram encarregados das vestes usadas para os cultos; eles
tinham de memorizar quando trazê-las e quando guardá-las. [29] Outros estavam
encarregados dos equipamentos, os utensílios santos, a farinha fina, o vinho, o óleo
de oliva, o incenso e as especiarias. [30] Alguns dos filhos dos *kohanim* misturavam os
ingredientes para os perfumes. [31] Mattityah, um dos *l'vi'im,* que era o primogênito
de Shalum, o korchi, era permanentemente encarregado de assar os pães. [32] Alguns
de seus irmãos, dos descendentes do k'hati, estavam encarregados de preparar os
pães da proposição em todo *shabbat.* [33] Havia também os cantores, cabeças dos clãs
entre os *l'vi'im.* Eles viviam nas acomodações e eram isentos de outras formas de
serviço, pois tinham sido empregados para esse serviço, dia e noite. [34] Estes eram
cabeças entre os clãs de seus pais, entre os *l'vi'im,* segundo a geração deles, e eram
líderes; eles viviam em Yerushalayim.

[35] Em Giv'on, vivia o pai de Giv'on, Ye'i'el, cuja esposa chamava-se Ma'akhah;
[36] e seu primogênito foi 'Avdon, e mais Tzur, Kish, Ba'al, Ner, Nadav, [37] G'dor, Achyo,
Z'kharyah e Miklot. [38] Miklot gerou Shim'am. Como alguns de seus irmãos, eles e
suas famílias viviam em Yerushalayim.

[39] Ner gerou Kish; Kish gerou Sha'ul; e Sha'ul gerou Y'honatan, Malkishua,
Avinadav e Eshba'al. [40] O filho de Y'honatan foi M'riv-Ba'al, e M'riv-Ba'al gerou
Mikhah. [41] Os filhos de Mikhah foram: Piton, Melekh e Ta'rea. [42] Achaz gerou Ya'ra;
Ya'ra gerou 'Alemet, 'Azmavet e Zimri; Zimri gerou Motza; [43] e Motza gerou Bin'a.
Seu filho foi Rafah, seu filho El'asah, e seu filho Atzel. [44] Atzel teve seis filhos, cujos
nomes foram: 'Azrikam, Bokhru, Yishma'el, Sh'aryah, 'Ovadyah e Hanan; todos
estes eram filhos de Atzel.

10 [1] Então os p'lishtim forçaram o ataque sobre Yisra'el; e os homens de Yisra'el
fugiram diante dos p'lishtim, abandonando seus mortos no monte Gilboa.
[2] Os p'lishtim perseguiram Sha'ul; atacaram-no e a seus filhos; e os p'lishtim mataram Y'honatan, Avinadav e Malkishua, os filhos de Sha'ul. [3] A luta foi dura contra
Sha'ul; então os arqueiros o prenderam e o feriram, de maneira que ele ficou em
agonia. [4] Sha'ul disse a seu escudeiro: "Retire sua espada e atravesse-me com ela.
Pois, se não o fizer, esses homens incircuncisos virão e escarnecerão de mim". Seu
escudeiro, porém, recusou-se pois estava muito aterrorizado. Então Sha'ul tomou
sua espada e caiu sobre ela. [5] Quando seu escudeiro viu que Sha'ul estava morto, ele
também caiu sobre sua espada e morreu. [6] Assim, Sha'ul e seus três filhos e toda a
sua casa morreram juntos.

7 Quando todos os homens de Yisra'el que estavam no vale os viram fugindo e
souberam que Sha'ul e seus filhos estavam mortos, abandonaram suas cidades e
fugiram; então os p'lishtim vieram e habitaram nelas.
8 No dia seguinte, quando os p'lishtim vieram para despir os mortos,
encontraram Sha'ul e seus filhos mortos no monte Gilboa. 9 Eles os despiram e
levaram sua cabeça e sua armadura, apresentando-as ao longo de todo o território
dos p'lishtim, levando a notícia a seus ídolos e a seu povo. 10 Eles colocaram sua
armadura no templo do seu deus e expuseram sua cabeça no templo de Dagon.
11 Quando todos em Yavesh-Gil'ad ouviram o que os p'lishtim haviam feito com
Sha'ul, 12 todos os seus guerreiros prepararam-se, tomaram o corpo de Sha'ul e o
corpo de seus filhos, os trouxeram a Yavesh e jejuaram durante sete dias.
13 Assim, Sha'ul morreu pela transgressão que havia cometido contra *Adonai*,
por causa da palavra de *Adonai*, de que ele não escaparia, e porque ele buscou o
conselho de um espírito, 14 em vez de consultar *Adonai*. Por isso, *Adonai* o entregou
à morte e fez de David, o filho de Yishai, governante.

11 1 Todo o Yisra'el reuniu-se com David em Hevron e disse: "Eis aqui, somos
tua carne e teus ossos. 2 No passado, quando Sha'ul ainda era rei, eras tu
que lideravas as campanhas militares de Yisra'el; e *Adonai*, teu Deus, te disse: 'Você
pastoreará meu povo, Yisra'el, e será o chefe sobre meu povo, Yisra'el' ". 3 Assim,
todos os líderes de Yisra'el vieram ao rei em Hevron, na presença de *Adonai*. Então
ungiram David como rei sobre Yisra'el, conforme *Adonai* havia dito por intermédio
de Sh'mu'el.
4 David e todo o Yisra'el foram a Yerushalayim, também conhecida como Y'vus; e
o y'vusi, habitante daquela região, estava ali. 5 Os habitantes de Y'vus escarneceram
de David, dizendo: "Você não vai entrar aqui". Todavia, David capturou a cidade
mais poderosa de Tziyon, também conhecida agora como Cidade de David. 6 David
disse: "Quem atacar o y'vusi primeiro será o comandante-chefe". Yo'av, o filho de
Tz'ruyah, foi o primeiro a atacá-lo, e foi feito comandante.
7 David passou a morar na fortaleza; todavia, eles a chamaram de Cidade de
David. 8 David construiu uma cidade em volta dela, começando no Millo [uma rampa
de terra] e indo em toda a volta, enquanto Yo'av reparava o restante da cidade.
9 David cresceu e cresceu, pois *Adonai-Tzva'ot* estava com ele.
10 Estes são os chefes do exército de David, os quais, sob seu governo, uniram
forças com ele e com todo o Yisra'el, tornando-o rei, como *Adonai* havia dito com
referência a Yisra'el; 11 aqui está a lista dos heróis de guerra de David:
Yashov'am, filho de um hakhmoni, oficial-chefe; ele foi um dos que levantou
sua lança contra 300 homens e os matou em um único combate.
12 Depois dele, El'azar, o filho de Dodo, o achochi, um dos três guerreiros. 13 Ele
estava com David em Pas-Damim, onde os p'lishtim se reuniram para a batalha.
Havia um pedaço de terra cheio de cevada; e quando o povo fugiu dos p'lishtim,
14 eles se puseram no meio do campo e o defenderam, e *Adonai* os salvou, dando-
-lhes uma grande vitória.
15 Três dos 30 líderes desceram à rocha e foram até David durante o tempo da
colheita, na caverna de 'Adulam, quando o exército dos p'lishtim se havia acampado
no vale de Refa'im. 16 Naquele tempo, David estava na fortaleza, quando a guarnição
dos p'lishtim estava em Beit-Lechem. 17 David teve um forte desejo e disse: "Quem
me dera alguém me pudesse dar de beber da água do poço próximo ao portão de
Beit-Lechem!". 18 Os três penetraram pelo exército dos p'lishtim, tiraram água do

poço próximo ao portão de Beit-Lechem, trouxeram-na e a entregaram a David.
David, porém, não bebeu dela; em vez disso, ele a derramou por Adonai 19 e disse:
“Meu Deus, não aconteça que eu faça tal coisa! Eu beberia o sangue desses homens
que foram e puseram sua vida em risco? Eles arriscaram sua vida para me trazer
isto” — e ele não bebeu a água. Estes são os atos que os três heróis de guerra
realizaram.

20 Avishsi, o irmão de Yo’av, era o chefe destes três. Ele levantou sua espada
contra 300 homens e matou todos eles; assim, tornou-se famoso até mesmo entre
os três. 21 Dos três, era considerado o segundo mais honrado, e foi feito o líder
deles; contudo, ele não conseguiu a fama dos três primeiros.

22 B’nayah, o filho de Y’hoyada, o filho de um homem valente de Kavtze’el, era
um homem de muitas investidas. Ele combateu entre dois guerreiros de Mo’av que
pareciam ter coração de leão. Um dia, quando estava nevando, ele foi para um
campo e matou um leão. 23 Eis como ele matou um egípcio, um homem que era
muito alto, 2,25 metros: em sua mão, o egípcio tinha uma lança do tamanho de uma
lançadeira de tecelão, e B’nayah foi até ele, portando apenas um cajado, retirou a
lança das mãos do egípcio e o matou com a própria lança. 24 Estes são os feitos que
B’nayah, o filho de Y’hoyada, realizou e que lhe concederam um nome entre os três
heróis de guerra. 25 Ele tinha a maior honra dentre os 30, mas não atingiu a fama
dos três primeiros. David o designou comandante de sua guarda pessoal.

26 Havia também estes outros heróis de guerra:

‘Asah’el, irmão de Yo’av;
Elchanan, o filho de Dodo, de Beit-Lechem;
27 Shammah, o harori;
Heletz, o p’loni;
28 ‘Ira, filho de ‘Ikesh, de T’koa;
Avi‘ezer, de ‘Anatot;
29 Sibkhai,o hushati;
‘Ilai, o achochi;
30 Mahrai, o n’tofati;
Heled, o filho de Ba‘anah, o n’tofati;
31 Ittai, o filho de Rivai, de Giv‘ah, dos descendentes de Binyamin;
B’nayahu, de Pir‘aton;
32 Hurai, do *vádi* de Ga‘ash;
Avi’el, o ‘arvati;
33 ‘Azmavet, o bacharumi;
Elyachba, o sha‘alvoni;
34 os filhos de Hashem, o gizoni;
Y’honatan, o filho de Shageh, o harari;
35 Achi’am, o filho de Sakhar, o harari;
Elifal, o filho de Ur;
36 Hefer, o m’kherati;
Achiyah, o p’loni;
37 Hetzro, o karmeli;
Na‘arai, o filho de Ezbai;
38 Yo’el, o irmão de Natan;
Mivchar, o filho de Hagri;
39 Tzelek, o ‘amoni;
Nachrai, o be’eroti, escudeiro de Yo’av, o filho de Tz’ruyah;

40 'Ira, o yitri;
Garev, o yitri;
41 Uriyah, o hitti;
Zavad, o filho de Achlai;
42 'Adina, o filho de Shiza, o re'uveni, um líder entre o re'uveni,
e com ele, 30;
43 Hanan, o filho de Ma'akhah;
Yoshafat, o mitni;
44 'Uziyah, o 'asht'rati;
Shama e Ye'i'el, filho de Hotam, o 'aro'eri;
45 Y'dia'el, o filho de Shimri;
Yocha, seu irmão, o titzi;
46 Eli'el, de Machavim;
Yerivai e Yoshavyah, os filhos de Elna'am;
Yitmah, o mo'avi;
47 Eli'el,
'Oved,
e Ya'asi'el, de M'tzovayah.

12 1 São os seguintes os homens que se juntaram a David em Ziklag enquanto
ele ainda fugia de Sha'ul, filho de Kish; eles estavam entre os guerreiros
que o ajudaram a lutar em suas batalhas. 2 Eram arqueiros que podiam usar uma
ou outra mão, tanto para lançar pedras com a funda quanto para lançar flechas
com o arco; eles eram irmãos de Sha'ul, da tribo de Binyamin. 3 O líder deles era
Achi'ezer, depois Yo'ash, os filhos de Sh'ma'ah, o giv'ati; Y'zi'el, Pelet, os filhos
de 'Azmavet; B'rakhah, Yehu, de 'Anatot, 4 Yishma'yah, o giv'oni, um dos mais for-
tes dos 30 e comandante dos 30; 5(4b) Yirmeyah, Yachzi'el, Yochanan, Yozavad, de
G'derah; 6(5) El'uzai, Yerimot, B'alyah, Sh'maryah, Sh'fatyah, o harufi; 7(6) Elkanah,
Yishiyahu, 'Azar'el, Yo'ezer, Yashov'am, o korchi; 8(7) e Yo'elah e Z'vadyah, os filhos
de Yerocham, de G'dor.

9(8) De Gadi, um número de homens fortes e corajosos, homens treinados para a
luta, defendiam David na fortaleza no deserto. Eles podiam manejar o escudo e a lan-
ça, eram tão bravios quanto os leões, e eram tão rápidos quanto os veados monteses:
10(9) 'Ezer era o líder, 'Ovadyah era o segundo, Eli'av, o terceiro, 11(10) Mishmanah, o
quarto, Yirmeyah, o quinto, 12(11) 'Atai, o sexto, Eli'el, o sétimo, 13(12) Yochanan, o oitavo,
Elzavad, o nono, 14(13) Yirmeyah, o décimo, e Makhbanai, o décimo primeiro. 15(14) Estes
descendentes de Gad eram comandantes do exército; o último deles era encarregado de
cem, e o maior era encarregado de mil. 16(15) Estes são os homens que cruzaram o Yarden
durante o primeiro mês, quando ele transbordava por todas as suas margens, e puseram
em fuga todos os que habitavam nos vales, tanto do lado leste quanto do lado oeste.

17(16) Dos descendentes de Binyamin e Y'hudah, veio um número a David na
fortaleza. 18(17) Quando David foi para se encontrar com eles, ele disse: "Se vocês
estão vindo a mim em paz para me ajudar, meu coração estará atrelado ao de vocês.
Se, porém, vocês estão vindo para me trair, entregando-me aos meus inimigos, então,
uma vez que não fiz nada de errado, que o Deus de nossos pais veja isso e nos
julgue". 19(18) Então o Espírito cobriu 'Amasai, o comandante-chefe, e ele disse:

"Nós somos teus, David;
estamos do teu lado, filho de Yishai!

Paz, paz seja contigo,
e paz com todos os teus auxiliares;
pois teu Deus te auxilia".

David lhes deu as boas-vindas e os fez oficiais principais.
20(19) De M'nasheh, alguns vieram para defender David quando ele estava prestes
a ir com os p'lishtim lutar contra Sha'ul; mas eles acabaram não os ajudando, pois
os chefes dos p'lishtim, depois de se aconselharem, despediram David, dizendo:
"Ele defenderá seu senhor, Sha'ul, à custa de nossa cabeça". 21(20) Enquanto ele estava
no caminho para Ziklag, aqueles que vieram para defendê-lo de M'nasheh incluíram
'Adnach, Yozavad, Y'dia'el, Mikha'el, Yozavad, Elihu e Tziltai, comandantes de
milhares de M'nasheh. 22(21) Eles ajudaram David a enfrentar aquela tropa, pois
todos eles eram homens fortes e corajosos, comandantes do exército.
23(22) De fato, reforços para auxiliar David vinham até ele todos os dias, até que
ele formou um grande exército, como o exército de Deus. 24(23) São estes os números
daqueles que vieram armados para se juntar a David em Hevron, a fim de transferir
para ele o reino de Sha'ul, de acordo com o que *Adonai* havia dito.
25(24) Os descendentes de Y'hudah, portando escudos e lanças, somaram 6.800,
armados para a guerra.
26(25) Dos descendentes de Shim'on, homens fortes e corajosos para a guerra,
havia 7.100.
27(26) Dos descendentes de Levi, havia 4.600. 28(27) Y'hoyada era o líder da casa de
Aharon, e com ele estavam 3.700; 29(28) também Tzadok, um homem jovem, corajoso
e forte, com 22 comandantes da família de seu pai.
30(29) Dos descendentes de Binyamin, os irmãos de Sha'ul, havia 3 mil; pois, até
então, a maioria deles tinha permanecido leal à casa de Sha'ul.
31(30) Dos descendentes de Efrayim, havia 20.800 homens fortes e corajosos, bem
conhecidos nas famílias de seus pais.
32(31) Da metade da tribo de M'nasheh, 18 mil foram designados pelo nome para
fazerem de David rei.
33(32) Dos descendentes de Yissakhar, homens que entendiam os tempos e sabiam
o que Yisra'el deveria fazer, havia 200 líderes, e todos os seus companheiros
estavam sob seu comando.
34(33) De Z'vulun, 50 mil homens estavam prontos para o serviço militar,
experientes na guerra e hábeis para usar todos os tipos de armas; eles eram
corajosos, e nenhum deles era indeciso.
35(34) De Naftali, havia mil oficiais, e com eles 37 mil em tropas com escudos e
lanças.
36(35) De Dan, 28.600 eram experientes na guerra.
37(36) De Asher, 40 mil homens preparados para o serviço militar e experientes
na guerra.
38(37) Do outro lado do Yarden, do re'uveni, do gadi e da metade da tribo de
M'nasheh, havia 120 mil com todos os tipos de armas para a batalha.
39(38) Todos esses soldados eram experientes na guerra e vieram a Hevron com o
coração inclinado a fazer de David rei sobre Yisra'el, e todo o restante de Yisra'el
estava com um só coração para fazer de David rei. 40(39) Eles permaneceram ali com
David por três dias, comendo e bebendo, pois seus irmãos haviam preparado para
eles. 41(40) Além disso, aqueles que estavam perto deles — e até mesmo aqueles que
estavam mais distantes, em Yissakhar, Z'vulun e Naftali — trouxeram comida nos

jumentos, camelos, mulas e bois: provisões de farinha, bolos de figos, cachos de passas, vinho, azeite e ovelhas em abundância; pois havia regozijo em Yisra'el.

13 1 David consultou os comandantes de milhares e de centenas — cada líder. 2 Então David disse a toda a congregação de Yisra'el: "Se bem parece a vocês, e se esse é o desejo de *Adonai,* nosso Deus, enviemos mensageiros ao restante de nossos irmãos na terra de Yisra'el, e também aos *kohanim* e *l'vi'im*, em suas cidades com suas pastagens ao redor, chamando-os para que se juntem a nós; 3 e tragamos de volta a arca do nosso Deus, já que não fomos buscá-la quando Sha'ul era o rei". 4 Toda a congregação concordou em fazer isso, pois aos olhos de todo o povo isso parecia justo.

5 Então David reuniu todo o Yisra'el para que juntos, desde Shichor, no Egito, e ao longo de todo o caminho até a entrada de Hamat, trouxessem a arca de Deus de Kiryat-Ye'arim. 6 David foi junto com todo o Yisra'el até Ba'alah, isto é, Kiryat-Ye'arim, que pertencia a Y'hudah, para trazer dali a arca de Deus, *Adonai,* que está entronizado acima dos *k'ruvim,* cuidando do seu nome. 7 Eles colocaram a arca de Deus em um carro novo da casa de Avinadav, com 'Uza e Achyo, os filhos de Avinadav, conduzindo o carro. 8 David e todo o Yisra'el celebraram na presença de Deus com toda a sua força, com canções, liras, alaúdes, pandeiros, címbalos e trombetas.

9 Quando eles chegaram ao eirado de Kidon, um boi cambaleou, e 'Uza colocou a mão para segurar a arca. 10 Entretanto, a ira de *Adonai* acendeu-se contra 'Uza, e ele o golpeou, pois Uza havia posto a mão, tocando a arca, de maneira que ele morreu ali diante de Deus. 11 Isso entristeceu David, pois *Adonai* se havia posto contra 'Uza; aquele lugar chamou-se Peretz-'Uza [Destruição de 'Uza] desde então. 12 Naquele dia, Deus amedrontou David; ele perguntou: "Como posso trazer a arca de Deus para mim?". 13 Então David não trouxe a arca para dentro da Cidade de David; em vez disso, David levou-a para dentro da casa de 'Oved-Edom, o gitti. 14 A arca de Deus ficou com a família de 'Oved-Edom, o gitti, em sua casa, por três meses; e *Adonai* abençoou a família de 'Oved-Edom e tudo o que ele tinha.

14 1 Huram, rei de Tzor, enviou mensageiros a David com madeiras de cedro, e com eles pedreiros e carpinteiros, para construir um palácio. 2 David, então, sabia que *Adonai* o tinha separado para ser rei sobre Yisra'el; pois, por causa de seu povo, Yisra'el, seu poder real se tinha tornado muito grande.

3 David tomou mais concubinas e esposas em Yerushalayim e tornou-se o pai de mais filhos e filhas. 4 Aqui estão os nomes dos filhos nascidos em Yerushalayim: Shamua, Shovav, Natan, Shlomoh, 5 Yivchar, Elishua, Elpelet, 6 Nogah, Nefeg, Yafia, 7 Elishama, Be'elyada e Elifelet.

8 Quando os p'lishtim ouviram que David tinha sido ungido rei sobre Yisra'el, todos eles foram procurar David. Ao ouvir isso, David atacou-os. 9 Então os p'lishtim espalharam-se pelo vale de Refa'im. 10 David consultou Deus, perguntando: "Devo atacar os p'lishtim? Tu os darás em minhas mãos?". *Adonai* respondeu a David: "Ataque-os; eu os entregarei em suas mãos". 11 Então eles foram até Ba'al-P'ratzim, e David os derrotou ali. David disse: "Deus tem destruído completamente meus inimigos pelo meu poder, como um rio rompe suas margens". Por isso, eles chamaram aquele local de Ba'al-P'ratzim [O Senhor destrói completamente]. 12 Os p'lishtim deixaram ali os seus deuses, então David deu ordem para que eles fossem totalmente queimados.

13 Os p'lishtim vieram outra vez e tomaram o vale. 14 David consultou Deus
novamente, mas Deus lhe disse: "Não os ataque! Rodeie-os e aproxime-se deles
defronte das árvores de bálsamo. 15 Quando seu coração ouvir o som da marcha no
topo das árvores de bálsamo, mova-se e ataque, pois Deus irá adiante de você para
derrotar o exército dos p'lishtim". 16 David fez como Deus havia ordenado que ele
fizesse e perseguiu e atacou o exército dos p'lishtim, desde Giv'om até Gezer.

17 Assim, a fama de David espalhou-se por todos os países e Adonai fez que
todas as nações o temessem.

15 1 David construiu edifícios para si mesmo na Cidade de David, preparou
um local para a arca de Deus, e instalou uma tenda para isso. 2 Então David
disse: "Ninguém, a não ser os *l'vi'im,* deve carregar a arca de Deus, pois Adonai os
escolheu para carregar a arca de Adonai e servi-lo para sempre".

3 David reuniu todo o Yisra'el em Yerushalayim para trazer a arca de Adonai
ao seu lugar, que lhe havia preparado para isso. 4 David reuniu os descendentes
de Aharon e os *l'vi'im:* 5 dos descendentes de K'hat: Uri'el, o chefe, e 120 de seus
irmãos; 6 dos descendentes de M'rari: 'Asayah, o chefe, e 220 de seus irmãos; 7 dos
descendentes de Gershom: Yo'el, o chefe, e 130 de seus irmãos; 8 dos descendentes
de Elitzafan: Sh'ma'yah, o chefe, e 200 de seus irmãos; 9 dos descendentes de Hevron:
Eli'el, o chefe, e 80 de seus irmãos; 10 e dos descendentes de 'Uzi'el: 'Amminadav, o
chefe, e 112 de seus irmãos.

11 David chamou Tzadok e Evyatar, os *kohanim,* e os *l'vi'im* — Uri'el, 'Asayah,
Yo'el, Sh'ma'yah, Eli'el e 'Amminadav — 12 e lhes disse: "Vocês são os líderes do
clã dos *l'vi'im.* Consagrem-se, tanto vocês quanto seus irmãos, para trazer a arca
de Adonai, o Deus de Yisra'el, para o local que eu tenho preparado para ela. 13 Foi
porque vocês não estavam lá na primeira vez que Adonai, nosso Deus, irrompeu
contra nós. Nós não o buscamos segundo os estatutos. 14 Assim, os *kohanim* e os
l'vi'im consagraram-se para trazer a arca de Adonai, o Deus de Yisra'el; 15 e os *l'vi'im*
carregaram a arca de Deus em seus ombros apoiada pelas varas, conforme Mosheh
tinha ordenado, de acordo com o que Adonai havia dito.

16 Disse David ao chefe dos *l'vi'im* que constituíssem seus irmãos para serem
cantores e fazerem uso de instrumentos musicais — alaúdes, liras e címbalos
— para tocarem alto e levantarem sons de alegria. 17 Assim, os *l'vi'im* apontaram
Heman, o filho de Yo'el; de seus irmãos, Asaf, o filho de Berekhyahu; dos
descendentes de M'rari, seus irmãos, Eitan, o filho de Kushayahu; 18 e com eles seus
irmãos de segundo escalão: Z'kharyahu, Ben, Ya'azi'el, Sh'miramot, Yechi'el, 'Uni,
Eli'av, B'nayahu, Ma'aseiyahu, Mattityahu, Elif'lehu, Mikneyahu, com 'Oved-Edom
e Ye'i'el, o porteiro. 19 Os cantores, Heman, Asaf e Eitan, foram apontados para
fazer soar os címbalos de bronze. 20 Z'kharyahu, 'Azi'el, Sh'miramot, Yechi'el, 'Uni,
Eli'av, Ma'aseiyahu e B'nayahu deveriam tocar a flauta para *'alamot* [instrumentos
musicais de som agudo]. 21 Mattityahu, Elif'lehu, Mikneyahu, 'Oved-Edom, Ye'i'el
e 'Azazyahu deveriam tocar liras para liderar o *sh'minit* [música de tom baixo].
22 K'nanyahu, chefe dos *l'vi'im,* era encarregado de cantar; ele foi encarregado de
cantar porque era talentoso nisso. 23 Berekhyahu e Elkanah eram porteiros para a
arca. 24 Sh'vanyahu, Yoshafat, N'tan'el, 'Amasai, Z'kharyahu, B'nayahu e Eli'ezer, o
kohanim, tocavam as trombetas perante a arca de Deus. 'Oved-Edom e Yechiyah
eram os porteiros para a arca.

25 Assim, David, os líderes de Yisra'el e os comandantes sobre milhares foram
para trazer a arca da aliança de Adonai da casa de 'Oved-Edom com regozijo.

26 Como Deus estava ajudando os *l'vi'im* que carregavam a arca da aliança de *Adonai*, eles sacrificaram sete novilhos e sete carneiros. 27 David e todos os *l'vi'im* sustentavam a arca, e os cantores e K'nanyah, o músico-líder dos cantores, estavam todos vestidos com mantos de linho; e David também estava usando uma vestimenta especial de linho. 28 Assim, todo o Yisra'el trouxe a arca da aliança de *Adonai* com gritos, tocando *shofarot* e trombetas, e címbalos soando com alaúdes e liras. 29 Assim, a arca da aliança de *Adonai* entrou na Cidade de David; Mikhal, a filha de Sha'ul, assistindo da janela, viu o rei David dançando e celebrando; e ela se encheu de desprezo por ele.

16 1 Eles trouxeram a arca de Deus e a colocaram na tenda que David havia preparado para ela; e fizeram sacrifícios de ofertas queimadas e ofertas de paz diante de Deus. 2 Quando David acabou de trazer as ofertas queimadas e as ofertas de paz, ele abençoou o povo no nome de *Adonai*. 3 Então ele entregou a todos em Yisra'el, tanto a homens quanto a mulheres, um pão, uma porção de carne e um bolo de uvas-passas.

4 Ele designou determinados *l'vi'im* para servirem diante da arca de *Adonai*, para celebrarem e para agradecerem e louvarem a *Adonai*, o Deus de Yisra'el: 5 Asaf, o líder; assistindo-o, Z'kharyah; a seguir, Ye'i'el, Sh'miramot, Yechi'el, Mattityahu, Eli'av, B'nayahu, 'Oved-Edom e Ye'i'el tocando alaúdes e liras, enquanto Asaf tocava címbalos. 6 B'nayah e Yachzi'el, os *kohanim*, tocavam as trombetas continuamente diante da arca da aliança de Deus. 7 Foi no mesmo dia em que David ordenou, pela primeira vez, que fossem dadas graças a *Adonai* por intermédio de Asaf e seus irmãos:

8 Deem graças a *Adonai*! Clamem pelo seu nome!
Façam seus feitos conhecidos entre os povos.
9 Cantem a ele, cantem louvores a ele!
Falem de todas as suas maravilhas.
10 Glória em seu santo nome;
que os que buscam *Adonai* tenham um coração jubiloso.
11 Busquem *Adonai* e sua força;
busquem sempre a sua presença.
12 Lembrem-se das maravilhas que ele tem feito,
seus sinais e seus julgamentos proferidos.

13 Vocês, descendentes de Yisra'el, seus servos,
rebentos de Ya'akov, seus escolhidos:
14 ele é *Adonai*, nosso Deus.
Seus juízos estão em toda a terra.
15 Ele se lembra de sua aliança para sempre,
da palavra ordenada a milhares de gerações;
16 aliança feita com Avraham
e do juramento proferido a Yitz'chak;
17 o qual estabeleceu como lei para Ya'akov,
e para Yisra'el, como aliança perpétua:
18 "Darei a vocês a terra de Kena'an
como herança".
19 Quando vocês eram poucos em número —
não apenas poucos, mas estrangeiros ali também —,

20 vagueando de nação em nação,
de seu reino àquele povo,
21 ele não permitiu que ninguém os oprimisse.
Sim, por causa deles ele até repreendeu reis:
22 "Não toquem em meu ungido
nem façam mal nenhum aos profetas!".

23 Cante a *Adonai* toda a terra!
Proclamem sua vitória dia após dia!
24 Declarem sua glória entre as nações,
e suas maravilhas, entre os povos!
25 Pois *Adonai* é grande, e grande para ser louvado;
ele deve ser temido mais que todos os deuses.
26 Pois todos os deuses dos povos nada são,
mas *Adonai* fez os céus.
27 Em sua presença, estão honra e majestade;
em seu lugar, força e regozijo.
28 Deem a *Adonai* o que lhe é devido, vocês, famílias dos povos;
deem a *Adonai* sua devida glória e força.
29 Deem a *Adonai* a glória devida a seu nome.
Tragam uma oferta e entrem na sua presença.
Adorem *Adonai* em esplendor e trajes santos.

30 Trema diante dele toda a terra!
O mundo está estabelecido com firmeza, imóvel.
31 Que os céus se regozijem; que a terra esteja exultante;
que se diga entre as nações: "*Adonai* é rei!".
32 Que ruja o mar e tudo o que nele há;
que os campos exultem e tudo o que neles há.
33 Então as árvores na floresta cantarão diante de *Adonai*,
pois ele veio para julgar a terra.

34 Deem graças a *Adonai*, pois ele é bom;
sua graça continua para sempre.
35 Digam: "Salva-nos, ó Deus, tu que nos podes salvar!
Ajunta-nos e resgata-nos dentre as nações.
Assim, poderemos render graças ao teu santo nome
e nos gloriar em te louvar.
36 Louvado seja *Adonai*, o Deus de Yisra'el,
da eternidade passada à eternidade futura!".

E todo o povo disse: "Amén!" e louvou *Adonai*.

37 Assim, ali, diante da arca da aliança de *Adonai*, David deixou Asaf e seus
irmãos para executarem o serviço regularmente diante da arca, de acordo com o
trabalho requerido para cada dia; 38 também 'Oved-Edom com seus irmãos, 68 deles
— 'Oved-Edom, o filho de Y'dutun, e Hosah eram os porteiros.

39 Ele deixou Tzadok, o *kohen*, com seus irmãos diante do tabernáculo de *Adonai*,
no lugar alto em Giv'on 40 para trazerem ofertas queimadas a *Adonai*, toda manhã e
tarde, no altar de ofertas queimadas, conforme tudo quanto está escrito na *Torah*
de *Adonai*, a qual ele deu a Yisra'el. 41 Com eles, estavam Heman e Y'dutun e o

restante dos que tinham sido escolhidos e designados pelo nome para dar graças a
Adonai, pois sua graça continua para sempre. 42 Com eles, estavam Heman e Y'dutun
para tocar as trombetas e címbalos, também instrumentos para as canções sobre
Deus, enquanto os filhos de Y'dutun eram designados para o portão.

43 Então todo o povo saiu para suas casas, e David retornou para abençoar sua
família.

17 1 Depois de David viver em seu palácio por algum tempo, ele disse a Natan,
o profeta: "Veja, eu moro em um palácio de cedro, mas a arca da aliança de
Adonai é mantida sob uma tenda!". 2 Natan disse a David: "Vai e faze tudo o que está
em teu coração, pois Deus é contigo".

3 Naquela mesma noite, porém, a palavra de Deus veio a Natan: 4 "Vá e diga a
David, meu servo, que isto é o que *Adonai* diz: 'Você não me construirá uma casa para
morar, 5 pois, do dia em que eu trouxe Yisra'el até hoje, nunca morei em uma casa;
em vez disso, tenho ido de tenda em tenda e de um tabernáculo a outro. 6 Em todo
lugar a que fui com todo o Yisra'el, já disse alguma palavra a qualquer dos juízes de
Yisra'el, a quem ordenei que pastoreasse o meu povo, Yisra'el, perguntando: 'Por que
vocês não me têm construído uma casa de madeira de cedro?' ".

7 " 'Portanto, diga a meu servo David que isto é o que *Adonai-Tzva'ot* diz: 'Eu
o busquei nos campos dos rebanhos, cuidando das ovelhas, para fazer de você
chefe sobre meu povo, Yisra'el. 8 Tenho sido com você por onde quer que você vá;
tenho destruído todos os seus inimigos; e tenho tornado sua fama como a fama
dos maiores povos da terra. 9 Prepararei um lugar para o meu povo, Yisra'el; eu os
plantarei ali, de maneira que poderão viver em seu lugar sem que sejam novamente
perturbados. Os ímpios não mais os devastarão, como fizeram no começo, 10 e
como fizeram no tempo em que ordenei que os juízes governassem meu povo em
Yisra'el; em vez disso, subjugarei todos os seus inimigos' ".

" 'Além disso, afirmo que *Adonai* fará de você uma casa. 11 Quando seus dias
chegarem ao fim e você partir para estar com seus antepassados, estabelecerei
um de seus descendentes para suceder a você, um de seus filhos, e estabelecerei o
seu governo. 12 Ele me construirá uma casa, e eu estabelecerei seu trono para
sempre. 13 Eu serei um pai para ele, e ele será um filho para mim; não retirarei
dele a minha misericórdia, como retirei daquele que foi seu predecessor. 14 Em
vez disso, o manterei em minha casa e em meu reino para sempre, e seu trono
será estabelecido para sempre' ". 15 Natan disse a David todas essas palavras e
descreveu sua visão inteira.

16 Depois disso, David foi e se assentou diante de *Adonai* e disse: "Quem sou
eu, *Adonai*, meu Deus, e o que é a minha família para me trazeres tão longe?
17 Pois aos teus olhos, Deus, até isso é algo tão pequeno; e então disseste que a
dinastia deste teu servo continuará até um futuro distante. Tu me tens protegido,
Adonai, Deus, como um homem em alta posição. 18 O que mais te poderá dizer
David, em vista de tamanha honra que tens concedido ao teu servo? Pois tu
conheces teu servo intimamente. 19 *Adonai*, é por causa do teu servo e de acordo
com teu coração que tens feito todas essas grandezas e revelado todas essas
grandes coisas. 20 *Adonai*, não há outro igual a ti, e não há nenhum Deus além de
ti — tudo que temos ouvido confirma isso. 21 Quem pode ser comparado com teu
povo, Yisra'el? Que outra nação da terra Deus tomou para redenção e fez dela
um povo para si mesmo? Deste a ti mesmo a fama por operar coisas grandes e
extraordinárias, como quando expulsaste as nações de diante do teu povo, a quem

redimiste do Egito. 22 Pois tu fizeste do teu povo, Yisra'el, teu povo para sempre;
e tu, *Adonai*, te tornaste o seu Deus. 23 Portanto, agora, *Adonai*, deixa que a palavra
que falaste acerca de teu servo e de sua casa seja confirmada para sempre; faze
o que prometeste. 24 Que teu nome seja confirmado e exaltado para sempre. Assim,
será dito: '*Adonai-Tzva'ot* é o Deus de Yisra'el, e a dinastia de David, seu servo,
será estabelecida para sempre em sua presença'. 25 Pois tu, meu Deus, revelaste
ao seu servo que lhe edificarás uma casa. E isso é o que teu servo corajosamente
roga a ti. 26 Agora, *Adonai*, tu és Deus e tens feito essa maravilhosa promessa ao
teu servo. 27 Agora sê propício a abençoar a família do teu servo e, por causa disso,
continue ela para sempre em tua presença. Pois tu, *Adonai*, a tens abençoado, e ela
será abençoada para sempre".

18 1 Algum tempo depois, David atacou os p'lishtim e os subjugou; David to-
mou Gat e suas aldeias das mãos dos p'lishtim. 2 Ele abateu também Mo'av,
de maneira que o povo de Mo'av tornou-se sujeito a David e lhe pagava tributo.
3 David, em sua tentativa de estabelecer domínio até o rio Eufrates, derrotou
também Hadar'ezer, rei de Tzovah, próximo a Hamat. 4 David capturou mil
carruagens, 7 mil cavaleiros e 20 mil soldados de infantaria. Ele fez reservas de
cavalos, o bastante para cem carruagens e dispensou o resto. 5 Quando o povo de
Aram de Dammesek veio para socorrer Hadar'ezer, rei de Tzovah, David matou 22
mil homens de Aram. 6 Então David colocou [guarnições] no meio do povo de Aram,
em Dammesek; Aram tornou-se sujeita a David e lhe pagava tributo. *Adonai* dava a
vitória a David aonde quer que ele fosse.
7 David tomou os escudos de ouro que os servos de Hadar'ezer empunhavam
e os trouxe para Yerushalayim. 8 Desde Tivchat e Kun, cidades de Hadar'ezer, o rei,
David tomou grande quantidade de bronze, o que o rei Shlomoh usou para fazer o
"Mar" de bronze, as colunas e os vários artigos de bronze.
9 Quando To'u, rei de Hamat, ouviu que David havia derrotado o exército
inteiro de Hadar'ezer, rei de Tzovah, 10 ele enviou Hadoram, seu filho, ao rei David
para saudá-lo e congratular-se com ele por ter lutado e derrotado Hada'ezer —
pois Hada'ezer tinha estado em guerra contra To'u — e [ele enviou] vários tipos
de artigos feitos em prata, ouro e bronze, 11 os quais o rei David dedicou a *Adonai*,
juntamente com a prata e o ouro que ele havia tomado de todas as nações — de
Edom, Mo'av, do povo de 'Amon, dos p'lishtim e de 'Amalek. 12 Além disso, Avishai,
o filho de Tz'ruyah, matou 18 mil homens de Edom no vale do Sal. 13 David colocou
guarnições em Edom, e todo o povo de Edom tornou-se submisso a ele. *Adonai* dava
vitória a David aonde quer que ele fosse.
14 David reinou sobre Yisra'el; ele administrou leis e justiça para todo o seu
povo. 15 Yo'av, o filho de Tz'ruyah, era comandante do exército; Y'hoshafat, o filho
de Achilud, era o arquivista-chefe; 16 Tzadok, o filho de Achituv, e Avimelekh, o
filho de Evyatar, eram os *kohanim*; Shavsha era o secretário; 17 B'nayahu, o filho de
Y'hoyada, era o encarregado do k'reti e do p'leti [servindo como chefe dos guarda-
-costas]; e os filhos de David eram os chefes dos arquivistas pessoais.

19 1 Algum tempo mais tarde, quando Nachash, o rei do povo de 'Amon, mor-
reu, seu filho tornou-se rei em seu lugar. 2 David disse: "Serei bondoso com
Hanun, o filho de Nachash, pois seu pai mostrou graça para comigo". Então David
enviou mensageiros para confortá-lo sobre seu pai.

Os servos de David entraram no território do povo de ‘Amon para ir até Hanun
e confortá-lo; 3 mas os líderes do povo de ‘Amon disseram a Hanun: “Pensas mesmo
que David está honrando teu pai, enviando pessoas para te confortar? Será que
esses servos não vieram a ti com o encargo de inspecionar a cidade de um lado
a outro, para destruí-la e reconhecer a terra?”. 4 Então Hanun prendeu os servos
de David, rapou-lhes a barba, cortou a metade de suas roupas até o quadril e os
mandou embora. 5 Algumas pessoas contaram a David como os homens tinham
sido tratados. Ele enviou uma delegação para se encontrar com eles, pois os
homens tinham sido profundamente humilhados. O rei lhes disse: “Permaneçam
em Yericho até que a barba de vocês cresça novamente e, então, retornem”.

6 Vendo que haviam feito tamanha injúria a David, Hanun e o povo de ‘Amon
enviaram 33 toneladas de prata para que comprassem carruagens e cavaleiros de
Aram-Naharayim, Aram-Ma‘akhah e Tzovah. 7 Eles alugaram 32 mil carruagens, bem
como o rei de Ma‘akhah com seu povo, que vieram e armaram seu acampamento
diante de Meidva. Então o povo de ‘Amon foi convocado de suas cidades e foi para
a batalha. 8 Quando David ouviu isso, ele enviou Yo’av com todo o seu exército de
soldados treinados.

9 O exército de ‘Amon veio e se pôs em formação de batalha diante do portão
da cidade, enquanto os reis que vieram ficaram aguardando no campo. 10 Quando
Yo’av viu que teria de lutar em duas frentes, na dianteira e na retaguarda, escolheu a
melhor tropa de Yisra’el para lutar contra Aram, 11 enquanto pôs o resto do exército
sob o comando de Avishai, seu irmão, para lutar contra o exército de ‘Amon. 12 Ele
disse: “Se Aram for muito forte para mim, você me auxiliará; mas, se o exército de
‘Amon for muito forte para você, então eu o ajudarei. 13 Tenha coragem, e vamos
ser fortes por causa do nosso povo e das cidades de nosso Deus. Que *Adonai* faça o
que parecer bom para ele”.

14 Assim, Yo’av e o povo com ele foi para combater Aram na batalha, e fugiram
de diante dele. 15 Quando o povo de ‘Amon viu que Aram tinha fugido, ele também
fugiu de diante de Avishai, seu irmão, e voltou para dentro da cidade. Então Yo’av
foi para Yerushalayim.

16 Quando Aram viu que Yisra’el tinha acabado com os melhores deles, ele
enviou mensageiros para trazer de volta o povo de Aram que habitava além do rio
[Eufrates], tendo Shofakh, o comandante do exército de Hadar‘ezer, à frente deles.
17 Isso foi informado a David; então ele reuniu todo o Yisra’el e cruzou o Yarden para
se juntar a eles. David reuniu suas forças para a batalha contra Aram; e, depois de
ter feito isso, lutou contra eles. 18 Contudo, Aram fugiu de Yisra’el. David matou 7
mil condutores de carruagens e 40 mil soldados de infantaria pertencentes a Aram; e
matou Shofakh, o comandante do exército. 19 Quando todos os servos de Hadar‘ezer
viram que eles haviam sido derrotados por Yisra’el, fizeram a paz com David e
tornaram-se seus servos; e Aram não ajudou mais o povo de ‘Amon.

20 1 Na primavera, na época em que os reis saem para a guerra, Yo’av liderou o
exército em campanha e comandou a destruição da terra do povo de ‘Amon;
então ele veio e cercou Rabbah. David, porém, ficou em Yerushalayim, enquanto
Yo’av atacou Rabbah e a destruiu. 2 David tomou a coroa da cabeça de Malkam e
viu que pesava 35 quilos, com o ouro e suas pedras preciosas; e ela foi posta na
cabeça de David. Ele levou uma grande quantidade de despojo da cidade. 3 Além
disso, trouxe o povo que habitava nela e o pôs para trabalhar nos serviços de

serras, picaretas de ferro e machados. Foi isso que ele fez com todas as cidades do
povo de ‘Amon. Então David e todo o povo retornaram a Yerushalayim.
4 Depois disso, houve guerra em Gezer com os p’lishtim. Sibkhai, o hushati,
matou Sipai, um dos gigantes, e eles foram derrotados. 5 Houve mais guerra com os
p’lishtim; e Elchanan, o filho de Ya’ir, matou Luchmi, o irmão de Golyat, o gitti, que
tinha uma lança cuja haste parecia uma lançadeira de tecelão. 6 Houve novamente
uma batalha em Gat, onde havia um homem muito alto cujos dedos dos pés e das
mãos somavam 24, seis [dedos em cada mão] e seis [dedos em cada pé]; e
ele também era filho de um gigante. 7 Quando ele zombou de Yisra’el, Y’honatan,
o filho de Shim‘a, irmão de David, o matou. 8 Eles eram filhos do gigante de Gat;
caíram nas mãos de David e seus servos.

21 1 O Adversário [hebraico: *Satan*] levantou-se contra Yisra’el e incitou David
a fazer um recenseamento de Yisra’el. 2 David disse a Yo’av e aos líderes do
povo: “Vão e façam um recenseamento de Yisra’el, desde Be’er-Sheva até Dan. Depois
vocês me apresentarão um relatório; assim, poderei saber quantos deles existem ali”.
3 Yo’av disse: “Que *Adonai* faça de seu povo uma centena de vezes maior do que é
agora! Entretanto, meu senhor e rei, não são eles servos de meu senhor, de qualquer
forma? Por que meu senhor, o rei, precisa disso? Por que traria culpa sobre Yisra’el?”.
4 Todavia, a palavra do rei prevaleceu contra Yo’av. Assim, Yo’av saiu e foi de uma
parte a outra de todo o Yisra’el e, depois disso, retornou a Yerushalayim.
5 Yo’av apresentou os resultados do recenseamento a David: em Yisra’el, havia
1,1 milhão de homens que podiam manejar a espada, enquanto em Y’hudah
havia 470 mil homens que podiam manejar a espada. 6 Ele, porém, não contou a
tribo de Levi e Binyamin entre eles, porque a ordem do rei pareceu absurda aos
olhos de Yo’av.
7 Deus ficou descontente com isso e, então, puniu Yisra’el. 8 David disse a Deus:
“Tenho pecado grandemente, fazendo isso. Agora, porém, por favor! Perdoa o pecado
de teu servo, porque tenho cometido uma loucura”. 9 *Adonai* falou a Gad, o profeta
de David: 10 “Vá e diga a David que *Adonai* diz: ‘Eu ofereço a você a escolha de três
punições: escolha uma delas, e eu a executarei contra você’ ”. 11 Gad veio a David e
lhe disse: “Escolhe: 12 três anos de fome; ou que por três meses sejas consumido por
teus inimigos, enquanto a espada de teus inimigos te derrota; ou que por três dias a
espada de *Adonai*, isto é, a praga na terra, e o anjo de *Adonai* causem destruição em
todo o território de Yisra’el. Agora, pensa sobre que resposta eu devo dar àquele
que me enviou a ti”.
13 David disse a Gad: “É muito difícil para mim. Deixe-me cair nas mãos de
Adonai, pois as suas misericórdias são grandiosas, em vez de cair nas mãos do
homem”. 14 Então *Adonai* enviou uma praga sobre Yisra’el; 70 mil do povo de Yisra’el
morreram.
15 Deus também enviou um anjo para destruir Yerushalayim, mas, quando ele
estava prestes a destruí-la, *Adonai* olhou-a e mudou sua mente acerca de desgraça
tão grande; então ele disse ao anjo destruidor: “Basta! Agora retire a sua mão”. O
anjo de *Adonai* estava na eira de Ornan, o y’vusi. 16 David levantou seus olhos e viu
o anjo de *Adonai* parado entre a terra e o céu, e em sua mão estava uma espada
desembainhada e estendida contra Yerushalayim. Então David e os líderes, vestindo
panos de saco, prostraram-se com o rosto em terra. 17 David disse a Deus: “Não fui
eu que ordenei o recenseamento do povo? Sim. Eu sou o único que pequei e fiz
algo tão pecaminoso. Entretanto, estas ovelhas, o que fizeram? Por favor! Deixa que

tua mão seja contra mim e contra a família de meu pai, mas não contra teu povo,
destruindo-o com esta praga!".
18 Então o anjo de *Adonai* ordenou a Gad que dissesse a David que ele fosse
e preparasse um altar para *Adonai* na eira de Ornan, o y'vusi. 19 David subiu
conforme a palavra de Gad, falada em nome de *Adonai*. 20 Ornan virou-se e viu o
anjo, e seus quatro filhos que estavam com ele esconderam-se. Como Ornan
estivesse debulhando o trigo, 21 David aproximou-se de Ornan. Quando Ornan olhou
e viu David, ele saiu da eira e prostrou-se diante de David, com o rosto em terra.
22 Então David disse a Ornan: "Deixe que eu tenha uma parte desta eira. Assim,
poderei construir aqui um altar para *Adonai* — eu pagarei a vocês o preço total —
de maneira que a praga será retirada do povo". 23 Ornan disse a David: "Toma tu
mesmo, e que meu senhor, o rei, faça o que bem parecer a ele. Eu te darei os bois
para as ofertas queimadas, os debulhadores para servir de lenha e o trigo para a
oferta de grãos — eu darei tudo isso". 24 David, no entanto, disse a Ornan: "Não, eu
insisto em comprar isto de você pelo preço real. Recuso-me a tomar o que é seu
para *Adonai* ou oferecer uma oferta queimada que não me custe nada". 25 Então
David comprou o local de Ornan por 7,2 quilos de ouro. 26 E ali, David construiu
um altar a *Adonai*, e ofereceu ofertas queimadas e ofertas de paz. Ele clamou a
Adonai, que respondeu do céu com fogo sobre o altar para as ofertas queimadas.
27 *Adonai* deu ordem ao anjo, e ele pôs sua espada de volta na bainha. 28 Quando
David viu que *Adonai* lhe tinha respondido na eira de Ornan, o y'vusi, sacrificou
ali. 29 Pois naquele tempo o tabernáculo de *Adonai*, o que Mosheh havia feito no
deserto, juntamente com o altar para as ofertas queimadas, estava no lugar alto
de Giv'on. 30 David, porém, não pôde comparecer ali para consultar Deus, pois a
espada do anjo de *Adonai* o havia atingido com temor.

22 1 Então disse David: "Esta é a casa de *Adonai*, Deus; e este é o altar de
Yisra'el, usado para ofertas queimadas". 2 David ordenou que os estran-
geiros na terra de Yisra'el se reunissem e designou trabalhadores das pedreiras
para esculpir pedras para a construção da casa de Deus. 3 David preparou grande
estoque de ferro, do qual ele fez pregos e dobradiças para as portas e uma quanti-
dade de bronze tão grande que não se podia pesar, 4 e cedro além do que podia ser
contado — porque os tzidonim e o povo de Tzor trouxeram a madeira de cedro
em abundância para David.
5 Dizia David: "Shlomoh, meu filho, é jovem e inexperiente, enquanto a casa
que deve ser construída para *Adonai* deve ser magnificente e esplêndida, de
maneira que sua fama e glória sejam conhecidas em todos os países; então eu
deixarei tudo preparado para ele". Assim, David preparou todas as coisas antes
de sua morte. 6 Então ele chamou Shlomoh, seu filho, e o encarregou de construir
a casa de *Adonai*, o Deus de Yisra'el. 7 "Meu filho", disse David a Shlomoh, "meu
coração foi posto na construção dessa casa para o nome de *Adonai*, meu Deus.
8 Todavia, a mensagem de *Adonai* veio a mim: 'Você derramou muito sangue e
empreendeu muitas guerras. Você não vai construir a casa para o meu nome,
porque derramou muito sangue na terra, diante de mim. 9 Contudo, você terá
um filho, que será um homem de paz. Eu darei a ele descanso de todos os seus
inimigos que estejam ao redor dele; pois seu nome deve ser Shlomoh, e durante
seu reinado eu darei paz [hebraico: *shalom*] e quietude a Yisra'el. 10 Será ele que
construirá uma casa para meu nome. Ele será meu filho e eu serei seu pai, e
estabelecerei o trono de seu reinado sobre Yisra'el para sempre'.

11 "Agora, meu filho, que *Adonai* seja com você e dê sucesso a você enquanto
constrói a casa de *Adonai*, seu Deus, conforme o que ele falou sobre você. 12 Que
Adonai dê a você bom senso e entendimento, e possa dar a você suas ordens
concernentes a Yisra'el; assim, você observará a *Torah* de *Adonai*, seu Deus.
13 Então você terá sucesso, se tomar cuidado de obedecer às leis e regras que *Adonai*
ordenou a Mosheh concernentes a Yisra'el. Seja forte, seja firme; não esteja aflito
nem perca a coragem!

14 "Agora veja: apesar de minhas dificuldades, tenho preparado para a casa de
Adonai 3,3 toneladas de ouro, 33 mil toneladas de prata, e tanto bronze e ferro
que não podem ser pesados. Preparei também madeira e pedra, e você ainda
pode aumentar a quantidade desse material. 15 Além disso, você tem um número
suficiente de trabalhadores — cortadores de pedra, pedreiros e carpinteiros, e
todos os tipos de artesãos qualificados para fazer qualquer coisa que precisar ser
feita de 16 ouro, prata, bronze e ferro — eles são incontáveis. Então levante-se e
comece a trabalhar! E que *Adonai* seja com você".

17 David também ordenou a todos os líderes de Yisra'el que ajudassem a
Shlomoh, seu filho: 18 "*Adonai*, seu Deus, não está com vocês? Ele não tem dado
a vocês paz de todos os lados? Pois ele pôs os habitantes da terra sob meu poder
— a terra tinha sido subjugada a *Adonai* e ao seu povo. 19 Agora preparem o seu
coração e continuem buscando *Adonai*, seu Deus. Levantem-se e construam um
santuário para *Adonai*, Deus. Assim, vocês poderão trazer a arca da aliança de
Adonai e os utensílios sagrados de Deus para dentro da casa que será construída
para o nome de *Adonai*".

23 1 David estava agora bastante velho; tinha vivido muitos anos. Então fez
Shlomoh, seu filho, rei sobre Yisra'el.

2 Ele reuniu todos os líderes de Yisra'el, com os *kohanim e os l'vi'im.* 3 Foi feito um
recenseamento dos *l'vi'im* de 30 anos ou mais, e o número foi de 38 mil. 4 Destes, 24
mil foram vistoriar o serviço da casa de *Adonai*, enquanto 6 mil ficaram como oficiais e
juízes, 5 4 mil eram porteiros, e 4 mil cantavam louvores a *Adonai* "com os instrumentos
que eu fiz com o propósito de entoar louvores".

6 David organizou-os em grupos segundo os filhos de Levi — Gershon, K'hat e
M'rari.

7 O geshuni: La'dan e Shim'i. 8 Os filhos de La'dan: Yechi'el, o chefe, Zetam e Yo'el
— três. 9 Os filhos de Shim'i: Shlomit, Hazi'el e Haran — três. Estes foram os chefes dos
clãs de La'dan. 10 Os filhos de Shim'i: Yachat, Zina, Ye'ush e B'ri'ah. Estes quatros eram
os filhos de Shim'i. 11 Yachat era o chefe, e Zizah, o segundo; então Ye'ush e B'ri'ah, que
não tinham muitos descendentes e, contudo, foram contados como um clã.

12 Os filhos de K'hat: 'Amram, Yitz'har, Hevron e 'Uzi'el — quatro. 13 Os filhos
de 'Amram: Aharon e Mosheh. Aharon foi separado para ser consagrado como
especialmente santo, ele e seus filhos, para sempre; assim, eles podiam trazer ofertas
diante de *Adonai*, ministrar cultos para ele e abençoar em seu nome para sempre.
14 Todavia, quanto a Mosheh, o homem de Deus, seus filhos estão incluídos com a tribo
de Levi. 15 Os filhos de Mosheh: Gershom e Eli'ezer. 16 Os filhos de Gershom: Sh'vu'el, o
chefe. 17 Os filhos de Eli'ezer eram: Rechavyah, o chefe. Eli'ezer não teve outros filhos,
mas os filhos de Rechavyah eram numerosos.

18 Os filhos de Yitz'har: Shlomit, o chefe. 19 Os filhos de Hevron: Yeriyahu, o chefe,
Amaryah, o segundo, Yachzi'el, o terceiro, e Y'kam'am, o quarto. 20 Os filhos de 'Uzi'el:
Mikhah, o chefe, e Yishiyah, o segundo.

21 Os filhos de M'rari: Machli e Mushi. Os filhos de Machli: El'azar e Kish. 22 El'azar morreu sem ter filhos, só filhas; seus primos, os filhos de Kish, casaram-se com elas. 23 Mushi teve três filhos — Machli, 'Eder e Yeremot.

24 Estes são os descendentes de Levi, de acordo com suas famílias, os líderes das famílias, conforme foram alistados nos registros; eles eram encarregados dos cultos na casa de *Adonai*, os que tinham 20 anos ou mais. 25 Por isso, David disse: "*Adonai*, o Deus de Yisra'el, tem dado paz ao seu povo e ele habita em Yerushalayim para sempre. 26 Os *l'vi'im* não terão mais de levar o tabernáculo e todo o equipamento que deve ir junto com ele para o culto". 27 Por isso, de acordo com as últimas instruções de David, os descendentes de Levi, de 20 anos em diante, deveriam ser contados. 28 A tarefa deles era a de auxiliar os descendentes de Aharon no culto da casa de *Adonai*, tanto no pátio como nas alas interiores, na purificação de todas as coisas sagradas — em outras palavras, com a ajuda necessária ao ministro na casa de Deus. 29 Eles deveriam auxiliar com o preparo do pão consagrado, da farinha para as ofertas de grãos, sem se preocupar com a *matzah*, a peça de assar o pão da proposição ou misturar o azeite, não importando, assim, a forma e o tamanho. 30 Eles deveriam estar presentes todas as manhãs para render graças e cantar louvores a *Adonai*, assim como todas as tardes. 31 Eles deveriam se apresentar regularmente diante de *Adonai*, para qualquer ofertório de ofertas queimadas oferecidos a *Adonai* no *shabbat*, no *Rosh-Hodesh*, e para outro tempo designado, nos números requeridos pelas regras para sacrifícios. 32 Finalmente, para o culto na casa de *Adonai* eles deveriam exercer suas tarefas relativas à tenda do encontro, o Lugar Sagrado, e seus irmãos, os descendentes de Aharon.

24 1 Os grupos dos descendentes de Aharon foram os seguintes: Os filhos de Aharon: Nadav, Avihu, El'azar e Itamar. 2 Contudo, Nadav e Avihu morreram antes de seu pai e não tiveram filhos; todavia, El'azar e Itamar serviam como *kohanim*. 3 David, junto com Tzadok, dos descendentes de El'azar, e Achimelekh, dos descendentes de Itamar, os dividiu em grupos para o culto. 4 Havia mais homens que eram chefes entre os descendentes de El'azar do que entre os descendentes de Itamar; havia 16 grupos dos descendentes de El'azar, encabeçados pelos líderes dos clãs, e oito grupos dos descendentes de Itamar, de acordo com seus clãs. 5 Eles foram divididos [períodos de culto] por sorteio; cada grupo era semelhante ao outro, já que tanto entre os descendentes de El'azar quanto entre os descendentes de Itamar havia oficiais do santuário e oficiais de Deus. 6 Sh'ma'yah, o filho de N'tan'el, o secretário, um dos *l'vi'im*, registrou-os na presença do rei, dos oficiais, de Tzadok, o *kohen*, de Achimelekh, o filho de Evyatar, e dos líderes do clã dos *kohanim* e dos *l'vi'im* — com duas divisões de clãs retiradas de El'azar, para cada uma de Itamar.

7 A primeira sorte caiu para Y'hoyariv,
a segunda, para Y'da'yah,
8 a terceira, para Harim,
a quarta, para S'orim,
9 a quinta, para Malkiyah,
a sexta, para Miyamin,
10 a sétima, para Hakotz,
a oitava, para Aviyah,
11 a nona, para Yeshua,
a décima, para Sh'khanyahu,

12 a décima primeira, para Elyashiv,
a décima segunda, para Yakim,
13 a décima terceira, para Hupah,
a décima quarta, para Yeshev'av,
14 a décima quinta, para Bilgah,
a décima sexta, para Immer,
15 a décima sétima, para Hezir,
a décima oitava, para HaPitzetz,
16 a décima nona, para P'tachyah,
a vigésima, para Yechezk'el,
17 a vigésima primeira, para Yakhin,
a vigésima segunda, para Gamul,
18 a vigésima terceira, para D'layahu, e
a vigésima quarta, para Ma'azyahu.

19 Estas são as divisões e a sequência em que eles serviram na casa de *Adonai,* de
acordo com as regras que lhes foram dadas por meio de Aharon, seu antepassado,
conforme *Adonai,* Deus de Yisra'el, lhe tinha ordenado.
20 O restante dos descendentes de Levi: dos descendentes de 'Amram, Shuva'el;
dos descendentes de Shuva'el, Yechd'yah. 21 De Rechavyahu: dos descendentes
de Rechavyahu, Yishiyah, o chefe. 22 Dos descendentes de Yitz'hari, Shlomot; dos
descendentes de Shlomot, Yachat. 23 Dos filhos [de Hevron]: Yeriyahu, Amaryahu, o
segundo, Yachzi'el, o terceiro, e Y'kam'am, o quarto. 24 Dos descendentes de 'Uzi'el,
Mikhah; dos descendentes de Mikah, Shamir. 25 O irmão de Mikhah: Yishiyah; dos
descendentes de Yishiyah, Z'kharyahu.
26 Os filhos de M'rari: Machli e Mushi. Os descendentes de seu filho, Ya'aziyahu,
27 ou seja, os descendentes de M'rari, por meio de seu descendente, Ya'aziyahu:
Shoham, Zakur e 'Ivri. 28 De Machli: El'azar, que não teve filhos. 29 De Kish: os
descendentes de Kish, Yerachme'el. 30 E os filhos de Mushi: Machli, 'Eder e Yerimot.
Estes foram os descendentes dos *l'vi'im,* segundo seus clãs. 31 De forma
semelhante, eles lançaram sortes, tendo seus irmãos, os descendentes de Aharon,
na presença de David, o rei, de Tzadok, de Achimelekh e dos líderes do clã dos
kohanim e dos *l'vi'im;* com a parte dos mais velhos e a dos mais jovens sendo
sorteadas por igual.

25 1 Para o culto, David e os comandantes do exército selecionaram alguns dos
descendentes de Asaf, de Heman e de Y'dutun, para profetizarem com liras,
alaúdes e címbalos. A lista daqueles que desenvolviam essa tarefa, de acordo com
o tipo de trabalho em questão, era:
2 Dos descendentes de Asaf: Zakur, Yosef, N'tanyah e Asar'elah; os filhos
de Asaf ficavam com Asaf, que profetizava de acordo com a direção do rei. 3 De
Y'dutun, os descendentes de Y'dutun: G'dalyahu, Tzeri, Yesha'yahu, Hashavyahu,
Mattityahu — seis, contando com o pai deles, Y'dutun, que, acompanhado pela lira,
profetizava em ação de graças e louvores a *Adonai.* 4 De Heman, os filhos de Heman:
Bukiyahu, Mattanyahu, 'Uzi'el, Sh'vu'el, Yerimot, Hananyah, Hanani, Eli'atah,
Gidalti, Romamti-'ezer, Yoshb'kashah, Maloti, Hotir e Machzi'ot; 5 todos estes de
Heman, o profeta do rei nos assuntos que diziam respeito a Deus, estavam ali para
exaltar [Deus]. Deus deu a Heman 14 filhos e três filhas. 6 Eles ficavam todos com
os pais: Asaf, Y'dutun e Heman, para cantar com címbalos, alaúdes e liras na casa
de *Adonai,* servindo na casa de Deus, sob a direção do rei. 7 Seu número, juntamente

com seus irmãos que tinham sido instruídos para cantar a *Adonai*, era de 288, todos bem treinados. [8] Grande ou pequeno, professor ou *talmid*, cada um deles recebia por sorteio o seu termo de responsabilidade.

9 A primeira sorte tocou aos de Asaf e caiu para Yosef;
a segunda, para G'dalyah; ele, seu irmão e seus filhos somavam 12;
10 a terceira, para Zakur, seus filhos e irmãos, 12, no total;
11 a quarta, para Izri, seus filhos e irmãos, 12;
12 a quinta, para N'tanyahu, seus filhos e irmãos, 12;
13 a sexta, para Bukiyahu, seus filhos e irmãos, 12;
14 a sétima, para Y'sar'elah, seus filhos e irmãos, 12;
15 a oitava, para Yesha'yahu, seus filhos e irmãos, 12;
16 a nona, para Mattanyahu, seus filhos e irmãos, 12;
17 a décima, para Shim'i, seus filhos e irmãos, 12;
18 a décima primeira, para 'Azar'el, seus filhos e irmãos, 12;
19 a décima segunda, para Hashavyah, seus filhos e irmãos, 12;
20 a décima terceira, para Shuva'el, seus filhos e irmãos, 12;
21 a décima quarta, para Mattityahu, seus filhos e irmãos, 12;
22 a décima quinta, para Yeremot, seus filhos e irmãos, 12;
23 a décima sexta, para Hananyahu, seus filhos e irmãos, 12;
24 a décima sétima, para Yoshb'kashah, seus filhos e irmãos, 12;
25 a décima oitava, para Hanani, seus filhos e irmãos, 12;
26 a décima nona, para Maloti, seus filhos e irmãos, 12;
27 a vigésima, para Eli'atah, seus filhos e irmãos, 12;
28 a vigésima primeira, para Hotir, seus filhos e irmãos, 12;
29 a vigésima segunda, para Gidalti, seus filhos e irmãos, 12;
30 a vigésima terceira, para Machzi'ot, seus filhos e irmãos, 12; e
31 a vigésima quarta, para Romamti-'ezer, seus filhos e irmãos, 12.

26 [1] A lista dos porteiros:
Dos korchim: Meshelemyahu, o filho de Kore, dos descendentes de Asaf.
[2] Meshelemyahu teve filhos: Z'kharyahu, o primogênito, Y'dia'el, o segundo, Z'vadyahu, o
terceiro, Yatni'el, o quarto, [3] 'Eilam, o quinto, Y'hochanan, o sexto, e Ely'ho'einai, o sétimo.

4 'Oved-Edom teve filhos: Sh'ma'yah, o primogênito, Y'hozavad, o segundo filho,
Yo'ach, o terceiro, Sakhar, o quarto, N'tan'el, o quinto, [5] 'Ammi'el, o sexto, Yissakhar,
o sétimo, e Pe'ultai, o oitavo; pois Deus o abençoou. [6] A seu filho Sh'ma'yah, nasceram
filhos que lideraram o clã de seu pai, pois eles eram homens fortes e corajosos. [7] Os
filhos de Sh'ma'yah: 'Otni, Refa'el e seus irmãos 'Oved e Elzavad, homens valentes;
também Elihu e S'makhyahu. [8] Estes eram todos os filhos de 'Oved-Edom, eles e seus
filhos e irmãos, homens de habilidade e força para o serviço; de 'Oved-Edom, eram 62.

9 Meshelemyahu teve filhos e irmãos, homens valentes, 18. [10] Hosah, dos descendentes
de M'rari, teve filhos: Shimri, o chefe, ainda que não fosse o primogênito, seus pais
fizeram dele o chefe; [11] Hilkiyahu, o segundo, T'valyahu, o terceiro, e Z'kharyahu, o
quarto; todos os filhos e irmãos de Hosah somavam 13.

[12] Esta era a lista dos porteiros, feita pelos chefes; eles tinham responsabilidades,
assim como seus irmãos, servindo na casa de *Adonai*. [13] Grandes ou pequenos, eles
lançaram sortes de acordo com o seu clã, para cada portão. [14] A sorte para o portão
leste caiu para Shelemyahu. Então eles tiraram sortes para o filho dele, Z'kharyahu,
um sábio conselheiro, e ele foi contemplado com o portão norte. [15] 'Oved-Edom foi

contemplado com o portão sul, e seus filhos, com a casa do depósito. 16 Shupim e Hosah foram contemplados com o portão oeste, e o portão de Shallekhet, na estrada que subia, com guardas correspondentes. 17 Para o leste, havia seis *l'vi'im*; para o norte, quatro por dia; para o sul, quatro por dia; para a casa do depósito, dois e dois; 18 enquanto para o pátio da parte oeste havia quatro de frente para a estrada e dois no próprio pátio. 19 Estas eram as divisões dos porteiros; consistindo nos descendentes do korchim e nos descendentes do m'rari.

20 Dos *l'vi'im,* Achiyah era responsável pelo despósito na casa de Deus e pelo suprimento dos artigos santos. 21 Os filhos de La'dan, os descendentes do gershuni pertencentes a La'dan, os líderes dos clãs pertencentes a La'dan, o gershuni: Yechi'eli; 22 e os filhos de Yechi'eli: Zetam e Yo'el, seu irmão, responsáveis pelo suprimento na casa de *Adonai.* 23 Do 'amrami, do yitz'hari, do hevroni, do 'uzi'eli, 24 Sh'vu'el e os descendentes de Gershom, o filho de Mosheh, ficaram encarregados dos estoques.

25 Seus irmãos: de Eli'ezer: Rechavyahu, seu filho, Yesha'yahu, seu filho, Yoram, seu filho, Zikhri, seu filho, e Shlomit, seu filho. 26 Este Shlomit e seus irmãos eram encarregados de todos os depósitos dos materiais consagrados que o rei David, os líderes dos clãs, os capitães de milhares e de centenas e os comandantes do exército tinham dedicado. 27 Dos despojos ganhos nas guerras, eles tinham dedicado tudo para reparar a casa de *Adonai.* 28 Incluíram também tudo o que Sh'mu'el, o profeta, Sha'ul, o filho de Kish, Avner, o filho de Ner, e Yo'av, o filho de Tz'ruyah, haviam dedicado. Em suma, se alguém dedicava alguma coisa, Shlomit e seus irmãos ficavam encarregados disso.

29 Do yitz'hari: K'nanyahu e seus filhos foram postos sobre Yisra'el no que se referia a negócios externos, como oficiais e juízes. 30 Do hevroni: Hashavyah e seus irmãos, 1.700 homens valentes, tinham o controle sobre a parte ocidental do Yarden, em Yisra'el, responsáveis por todos os negócios de *Adonai* e o serviço do rei. 31 Yeriyah era o chefe do hevroni segundo suas gerações e clãs. No quadragésimo ano do reinado de David, foi feita investigação do hevroni, tendo sido descobertos no meio deles homens fortes e corajosos em Ya'zer de Gil'ad. 32 O rei David designou 2.700 dessa tribo, homens valentes e líderes de clãs sobre o re'uveni, o gadi e a metade da tribo de M'nashi, para todos os assuntos que diziam respeito a Deus e ao rei.

27

1 O povo de Israel, registrado de acordo com seus líderes de clãs, foi recrutado para o exército sob capitães de milhares e centenas, e oficiais servindo ao rei, em divisões de 24 mil cada, que estavam de serviço a cada mês do ano.

2 O encarregado da primeira divisão, para o primeiro mês, foi Yashov'am, o filho de Zavdi'el; havia ao todo 24 mil nessa divisão. 3 Ele era dos descendentes de Peretz e teve o cargo de chefe de todos os capitães do exército durante o primeiro mês.

4 O encarregado da divisão para o segundo mês foi Dodai, o achochi; Miklot era o chefe oficial dessa divisão; havia ao todo 24 mil nessa divisão.

5 O terceiro comandante, para o terceiro mês, foi B'nayah, o filho de Y'hoyada, o chefe *kohen*; havia ao todo 24 mil nessa divisão. 6 Este é o mesmo B'nayah que foi um dos 30 heróis e chefe do batalhão dos Trinta; seu filho 'Ammizavad estava nessa divisão.

7 O quarto comandante, para o quarto mês, foi 'Asah'el, o irmão de Yo'av, com Z'vadyah, seu filho, depois dele; havia 24 mil nessa divisão.

8 O quinto comandante, para o quinto mês, foi Shamhut, de Yizrach; havia ao todo 24 mil nessa divisão.

9 O sexto comandante, para o sexto mês, foi ‘Ira, o filho de ‘Ikesh, de T’koa; havia 24 mil nessa divisão.

10 O sétimo comandante, para o sétimo mês, foi Heletz, o p’loni, dos descendentes de Efrayim; havia ao todo 24 mil nessa divisão.

11 O oitavo comandante, para o oitavo mês, foi Sibkhai, o hushati, da família de Zarchi; havia ao todo 24 mil nessa divisão.

12 O nono comandante, para o nono mês, foi Avi‘ezer, de ‘Anatot, da tribo de Ben-Y’mini; havia ao todo 24 mil nessa divisão.

13 O décimo comandante, para o décimo mês, foi Mahrai, o n’tofati, da família de Zarchi; havia ao todo 24 mil nessa divisão.

14 O décimo primeiro comandante, para o décimo primeiro mês, foi B’nayah, de Pir‘aton, dos descendentes de Efrayim; havia ao todo 24 mil nessa divisão.

15 O décimo segundo comandante, para o décimo segundo mês, foi Heldai, o n’tofati, da família de ‘Otni’el; havia ao todo 24 mil nessa divisão.

16 Líderes das tribos de Yisra’el:

líder de Re’uveni: Eli‘ezer, o filho de Zikhri;
de Shim‘oni: Sh’fatyah, o filho de Ma‘akhah;
17 de Levi: Hashavyah, o filho de K’mu’el;
de Aharon: Tzadok;
18 de Y’hudah: Elihu, um dos irmãos de David;
de Yissakhar: ‘Omri, o filho de Mikha’el;
19 de Z’vulun: Yishma‘yahu, o filho de ‘Ovadyah;
de Naftali: Yerimot, o filho de ‘Azri’el;
20 dos descendentes de Efrayim: Hoshea, o filho de ‘Azazyahu;
da meia tribo de M’nasheh: Yo’el, o filho de P’dayah;
21 da meia tribo de M’nasheh em Gil‘ad: Yiddo, o filho de Z’kharyahu;
de Binyamin: Ya‘asi’el, o filho de Avner;
22 de Dan: ‘Azar’el, o filho de Yerocham.

Estes foram os comandantes das tribos de Yisra’el.

23 Contudo, David não incluiu nos registros os de idade de 12 anos para baixo, pois *Adonai* tinha dito que aumentaria o número de Yisra’el como as estrelas do céu. 24 Yo’av, o filho de Tz’ruyah, começou a fazer um recenseamento deles, mas não terminou, e o castigo veio sobre Yisra’el por causa disso; além do mais, o número não foi posto nos anais do rei David.

25 O encarregado dos utensílios do rei era ‘Azmavet, o filho de ‘Adi’el. O encarregado dos utensílios no interior do país, nas cidades, nas aldeias e nas fortalezas era Y’honatan, o filho de ‘Uziyahu. 26 O encarregado dos agricultores que trabalhavam a terra era ‘Ezri, o filho de K’luv. 27 O encarregado das vinhas era Shim‘i, o ramati, enquanto Zavdi, o shifmi, era o responsável pela produção das vinhas para as adegas de vinho. 28 O encarregado das oliveiras e das figueiras na Sh’felah era Ba‘al-Hanan, de G’derah, enquanto Yo’ash foi posto sobre o suprimento de azeite. 29 O encarregado do rebanho e das ovelhas que pastavam em Sharon era Shirtai, de Sharon, enquanto Shafat, o filho de Adlai, foi encarregado dos rebanhos, nos vales. 30 Ovil, o yishma‘eli, foi encarregado dos camelos, Yechd’yahu, o meronoti,

foi encarregado dos jumentos, 31 e Yaziz, o hagri, foi encarregado do rebanho [de
ovelhas e bodes]. Todos estes eram responsáveis pelas propriedades do rei David.
32 Y'honatan, tio de David, era um conselheiro, um homem de entendimento e
seu secretário. Yechi'el, o filho de Hachmoni, cuidava dos filhos do rei. 33 Achitofel
era um conselheiro do rei. Hushai, o archi, era o confidente do rei, 34 e depois de
Achitofel estavam Y'hoyada, o filho de B'nayah, e Evyatar. Yo'av era o comandante
do exército do rei.

28 1 David reuniu todos os líderes de Yisra'el em Yerushalayim — os líderes
das tribos, os comandantes das divisões que serviam ao rei, os capitães de
milhares e de centenas, e os supervisores sobre as propriedades e o rebanho do
rei, juntamente com seus filhos, os oficiais, os heróis de guerra, e qualquer um
que fosse líder. 2 Então o rei David pôs-se em pé e disse: "Meus irmãos e meu povo!
Ouçam-me. Eu pus em meu coração o propósito de construir uma casa onde a arca
da aliança de *Adonai* pudesse estar permanentemente. Ela seria o estrado para os
pés de Deus, e eu fiz o preparo para a sua construção. 3 No entanto, Deus me disse:
'Você não vai construir a casa para o meu nome, porque é um homem de guerra,
você tem derramado sangue. 4 Todavia, *Adonai*, o Deus de Yisra'el, me escolheu
dentre todos os da casa de meu pai para ser rei em Yisra'el para sempre; pois ele
escolheu Y'hudah para ser o líder; e na casa de Y'hudah, na casa de meu pai, e entre
os filhos de meu pai, ele se agradou de fazer de mim rei sobre todo o Yisra'el; 5 e de
todos os meus filhos — pois *Adonai* me deu muitos filhos —, ele escolheu Shlomoh,
meu filho, para se assentar no trono do reino de *Adonai* sobre Yisra'el.

6 "Além disso, ele me disse: 'Shlomoh, seu filho, construirá minha casa e o pátio,
pois eu o escolhi para ser um filho para mim e serei um pai para ele. 7 Estabelecerei
seu reinado para sempre, se ele usar sua força para obedecer às minhas *mitzvot*
e às minhas leis, [como ele tem feito] correntemente'. 8 Agora, portanto, aos olhos
de todo o Yisra'el, a assembleia de *Adonai*, e diante dos ouvidos de nosso Deus,
observem e busquem todas as *mitzvot* de *Adonai*, seu Deus, de maneira que vocês
possam continuar a possuir esta bela terra e deixá-la como herança para os seus
descendentes para sempre.

9 "Quanto a você, Shlomoh, meu filho, conheça o Deus de seu pai. Sirva-o de
todo o seu coração e com o desejo em seu ser; pois *Adonai* busca todos os corações
e conhece todas as intenções dos pensamentos do povo. Se você o buscar, ele se
deixará ser achado; mas, se você o abandonar, ele o rejeitará para sempre. 10 Veja,
agora, que *Adonai* tem escolhido você para construir uma casa como santuário; seja
forte e faça isso!".

11 Então David deu a Shlomoh, seu filho, os projetos para o pórtico [do templo],
sua construção, seus depósitos, as salas superiores, as salas internas e o lugar para
manter a arca; 12 também, o projeto para tudo isso foi dado a ele pelo Espírito — para os
pátios da casa de *Adonai*, todas as salas em volta dela, os depósitos na casa de Deus,
os depósitos dos utensílios santos, 13 e a área preparada do lado de fora para que os
kohanim e os *l'vi'im* [pusessem em ordem] o trabalho necessário ao culto da casa de
Adonai e todos os utensílios necessários ao culto da casa de *Adonai*; 14 [pôs em uma
lista] o peso do ouro necessário para os artigos de ouro a serem usados nos vários
propósitos, e o peso da prata necessária para os utensílios de prata a serem usados
nos vários propósitos — 15 o peso do ouro necessário para as *menorot* de ouro,
o peso necessário a cada *menorah* e suas lâmpadas; e para as *menorot* de prata, o
peso da prata necessária a cada *menorah* e suas lâmpadas, de acordo com a forma
com que cada *menorah* deveria ser usada; 16 também o peso do ouro para as mesas

dos pães da proposição, para cada uma das mesas; e a prata para as mesas feitas de
prata; 17 o ouro para os garfos de ouro puro, as bacias e as jarras, e as tigelas de ouro,
segundo o peso de cada tigela; e também para as tigelas de prata, o peso para cada
tigela; 18 e para o altar de incenso, o peso do ouro refinado; e o ouro para o projeto
de carruagem e os *k'ruvim* com suas asas abertas para cobrir a arca da aliança de
Adonai. 19 "Tudo isso ficou documentado, conforme *Adonai,* com sua mão sobre mim,
me deu talento para fazer esses projetos detalhados."

20 Disse David a Shlomoh, seu filho: "Seja forte, e faça isso! Não tenha medo
nem se torne desencorajado! Pois *Adonai,* Deus, o meu Deus, está com você. Ele
não falhará nem o abandonará até que todo o trabalho para o culto na casa de
Adonai esteja finalizado. 21 Veja, há divisões dos *kohanim* e dos *l'vi'im* para todos
os serviços na casa de Deus. Para cada tipo de trabalho, terá com você homens que
são dispostos e capacitados, para cada tipo de serviço. Os capitães e todo o povo
também estarão completamente à sua disposição".

29 1 Disse David, o rei, a toda a congregação: "Shlomoh, meu filho, é o único que
Deus tem escolhido. Ele, porém, ainda é jovem e inexperiente, uma vez que o
trabalho a ser feito é grande, pois o palácio não é para humanos, mas para *Adonai,*
Deus. 2 Por isso, eu tenho usado toda a minha força no preparo da casa do meu Deus:
o ouro necessário para os utensílios de ouro, a prata para os utensílios de prata, o
bronze para os utensílios de bronze, o ferro para os artigos de ferro, a madeira para
os artigos de madeira, as pedras de ônix, as pedras preciosas, as pedras brilhantes de
várias cores, todos os tipos de pedras preciosas, como também bastante mármore.
3 Além disso, por causa do meu desejo de estar na casa do meu Deus, uma vez que
tenho dado do próprio suprimento de ouro e prata, entregando-os para a casa do
meu Deus — além de tudo quanto já preparei para o santuário — 4 99 toneladas de
ouro, do ouro de Ofir, e 231 toneladas de prata refinada a ser usada para revestir as
paredes da casa. 5 O ouro é para tudo o que deve ser feito de ouro, e a prata, tudo o
que deve ser feito de prata; e eles podem ser usados para qualquer coisa feita pelos
artesãos. Por isso, quem está disposto a se consagrar hoje a *Adonai*?".

6 Então os líderes dos clãs, os líderes das tribos de Yisra'el, os capitães de
milhares e de centenas, juntamente com os supervisores dos trabalhos do rei,
ofertaram espontaneamente. 7 Eles deram para o serviço da casa de Deus 165
toneladas de ouro, 330 toneladas de prata, 594 toneladas de bronze e 3.300
toneladas de ferro. 8 Aqueles que tinham pedras preciosas, as ofertaram para o
depósito da casa de *Adonai,* supervisionado por Yechi'el, o gershuni.

9 O povo ficou cheio de alegria, porque havia ofertado espontaneamente — de
todo o coração, ele tinha dado voluntariamente a *Adonai;* e o rei David também
ficou repleto de alegria, 10 e assim ele louvou *Adonai* diante de toda a congregação:
"Louvado sejas tu, *Adonai,* o Deus de Yisra'el, nosso pai, para sempre e eternamente.
11 Tua, *Adonai,* é a grandeza, o poder, a glória, a vitória e a majestade, porque tudo
quanto há nos céus e na terra é teu. Teu é o reino, *Adonai;* e tu és exaltado acima de
tudo. 12 Riquezas e honra vêm de ti, e tu comandas todas as coisas; em tuas mãos,
está o poder e a força, tu tens a capacidade de engrandecer e de dar força a todos.
13 Por isso, nosso Deus, nós te agradecemos e louvamos o teu glorioso nome.

14 "No entanto, quem sou eu, e quem é meu povo, para que pudéssemos ofertar
de forma tão espontânea? Pois todas as coisas vêm ti, de maneira que entregamos a
ti o que já é teu. 15 Pois em tua presença somos forasteiros, apenas a caminho, assim
como o foram nossos antepassados — nossos dias na terra são como uma sombra,

sem esperança. [16] *Adonai,* nosso Deus, todo esse suprimento que temos preparado
com a finalidade de construir uma casa para ti, para o teu santo nome, vem da
tua mão, tudo isso já é teu. [17] Eu sei também, meu Deus, que tu sondas o coração e
te alegras com a integridade. Assim, voluntariamente tenho dado todas as coisas,
na integridade do meu coração; e agora, com alegria, tenho visto o teu povo, que
está presente, ofertar espontaneamente a ti. [18] *Adonai,* Deus de Avraham, Yitz'chak e
Yisra'el, nossos antepassados, conserva para sempre esses desejos no coração do teu
povo; inclina o seu coração a ti; [19] e dá a Shlomoh, meu filho, o desejo de obedecer de
todo o seu coração às tuas *mitzvot,* tuas instruções e regras, para realizar todas essas
coisas e para construir o palácio para o qual tenho feito provisão".

[20] Então David disse a toda a congregação: "Agora, louvem *Adonai,* seu Deus".
E toda a congregação louvou *Adonai,* o Deus de seus antepassados, inclinando a
cabeça e prostrando-se diante de *Adonai* e diante do rei. [21] No dia seguinte, eles
fizeram sacrifícios a *Adonai* e apresentaram ofertas queimadas a *Adonai* — mil
bois, mil carneiros e mil cordeiros, com suas ofertas de bebidas — e sacrifícios em
abundância por todo o Yisra'el. [22] Eles comeram e beberam diante de *Adonai* naquele
dia com grande regozijo.

Então, pela segunda vez, eles fizeram de Shlomoh, o filho de David, rei, ungindo-o
diante de *Adonai* como soberano, e Tzadok, como *kohen.* [23] Shlomoh assentou-se no
trono de *Adonai* como rei, no lugar de David, seu pai, e prosperou, e todo o Yisra'el
obedeceu a ele. [24] Todos os líderes, os heróis de guerra, bem como os filhos do rei
David se submeteram a Shlomoh, o rei. [25] *Adonai* deu a Shlomoh um poder excelente
e grandioso, sob a vista de todo o Yisra'el, e conferiu sobre ele majestade real
tamanha que jamais tinha sido vista sobre um rei antes dele em Yisra'el.

[26] Assim, David, o filho de Yishai, reinou sobre Yisra'el. [27] A duração de seu
reinado sobre Yisra'el foi de quarenta anos; ele reinou sete anos em Hevron e reinou
trinta e três anos em Yerushalayim. [28] Então ele morreu, em idade bem avançada,
cheio de anos, riquezas e honra; e Shlomoh, seu filho, reinou em seu lugar. [29] Os
atos do rei David, desde o primeiro até o último, estão escritos nos registros de
Sh'mu'el, o profeta, de Natan, o profeta, e de Gad, o profeta, [30] com todo o seu
reinado e poder, e também os eventos que ele, Yisra'el e os reinos de outros países
experimentaram.

דברי הימים ב'

Divrei-HaYamim Bet

[2Crônicas]

1 1 Shlomoh, o filho de David, fortaleceu-se em seu governo; *Adonai,* seu Deus, era
com ele, fazendo-o cada vez maior.
2 Shlomoh falou a todo o Yisra'el — aos capitães de mil e de cem, aos juízes
e a todos os líderes de todo o Yisra'el, os chefes dos clãs. 3 Shlomoh e toda a
congregação com ele foram ao lugar alto em Giv'on, porque naquele lugar estava
a tenda do encontro que Mosheh, o servo de *Adonai,* tinha feito no deserto.
4 Entretanto, a arca do Deus de David tinha sido trazida de Kiryat-Ye'arim para o
lugar que ele tinha preparado para ela — ele tinha estabelecido uma tenda para ela
em Yerushalayim. 5 O altar de bronze feito por B'tzal'el, o filho de Uri, o filho de Hur,
tinha sido colocado diante do tabernáculo de *Adonai;* e ali Shlomoh e a congregação
consultaram *Adonai.* 6 No altar de bronze, na tenda do encontro, Shlomoh ofereceu
mil ofertas queimadas diante de *Adonai.*

7 Naquela noite, Deus apareceu a Shlomoh e lhe disse: "Diga-me o que eu
poderia dar a você". 8 Shlomoh respondeu a Deus: "Tens mostrado muita graça ao
teu servo David, meu pai, e feito de mim rei em seu lugar. 9 Agora, *Adonai,* Deus,
tu tens sido fiel à tua promessa feita a David, meu pai; tu me tens feito rei sobre
um povo tão numeroso quanto os grãos de pó da terra. 10 Agora, então, dá-me
sabedoria e conhecimento; desse modo, estarei apto para liderar este povo. Pois
quem poderia julgar este teu grande povo?".

11 Disse Deus a Shlomoh: "Já que você pôs o seu coração nisso — porque, em
vez de pedir riquezas, bens, honra, a morte daqueles que o odeiam ou vida longa,
pediu sabedoria e conhecimento, para que possa estar apto a julgar o meu povo,
sobre o qual eu o fiz rei —, 12 estão sendo dados a você não apenas a sabedoria e o
conhecimento, mas também riquezas, bens e honra, tais como não os teve nenhum
rei antes de você, e tais como nenhum rei depois de você os terá". 13 Assim, Shlomoh
saiu do lugar alto em Giv'on, de diante da tenda do encontro, para Yerushalayim; e
ele reinou sobre Yisra'el.

14 Shlomoh ajuntou carruagens e cavaleiros. Ele tinha 1.400 carruagens e 12 mil
cavaleiros; e os posicionou nas cidades das carruagens e também em Yerushalayim,
juntamente com o rei. 15 O rei fez que a prata e o ouro em Yerushalayim fossem tão
comuns quanto pedras, e tornou os cedros tão abundantes como os sicômoros na
Sh'felah. 16 Os cavalos de Shlomoh tinham sido trazidos do Egito e de Keve, pelos
agentes do rei, que os compravam dos comerciantes de Keve. 17 Uma carruagem
comprada no Egito custava 7,2 quilos de prata, e um cavalo, 1,8 quilo; todos os
reis dos hittim e os reis de Aram os compravam por esses preços por meio dos
agentes de Shlomoh.

18(2.1) Então Shlomoh decidiu construir uma casa para o nome de *Adonai* e um
palácio real para ele mesmo.

2 1(2) Shlomoh recrutou 70 mil homens para carregar cargas, 80 mil homens para ser-
vir como cortadores de pedra nas colinas, e 3.600 homens para supervisioná-los.

2(3) Então Shlomoh enviou esta mensagem a Huram, rei de Tzor: "[Procede comigo]
como procedeste com David, meu pai, quando lhe enviaste troncos de cedro para
que ele construísse seu palácio, para nele viver. 3(4) Agora, eu estou perto de cons-
truir uma casa para o nome de *Adonai*, o meu Deus, para dedicá-la a ele, e também
para queimar diante dele o incenso feito de doces especiarias; a casa será, também,
para a contínua apresentação do pão da proposição e para as ofertas queimadas
apresentadas em cada manhã e tarde, nos *shabbatot*, em cada *Rosh-Hodesh*, e nos
tempos designados por *Adonai*, nosso Deus. Esse é o regulamento perpétuo para
Yisra'el. 4(5) A casa que eu construirei será grande, porque o nosso Deus é maior do
que todos os deuses. 5(6) Todavia, quem é capaz de construir uma casa para ele?
Pois o próprio céu e até mesmo o céu dos céus não o podem conter; então, quem
sou eu para lhe construir uma casa, a não ser para oferecer sacrifícios diante dele?
6(7) "Agora, portanto, envia-me um homem perito no trabalho com ouro, prata,
bronze e ferro; que trabalhe com púrpura, carmesim e materiais tingidos de azul;
e que seja capacitado para fazer todo tipo de gravura. Ele ficará com os hábeis
artesãos que tenho comigo em Y'hudah e em Yerushalayim, que foram preparados
por David, meu pai. 7(8) Envia-me também troncos de cedro, cipreste e sândalo do
L'vanon; pois eu sei que os teus servos são peritos em cortar madeira no L'vanon.
Farei que meus servos trabalhem junto com os teus servos 8(9) para preparar-me um
suprimento abundante de madeira, pois a casa que estou perto de construir deverá
ser grandiosa e esplêndida. 9(10) Eu darei aos teus servos, os lenhadores que cortam
a madeira, 20 mil tonéis de trigo, 20 mil tonéis de cevada, 2 mil barris de vinho e 2
mil barris de azeite".
10(11) Huram, rei de Tzor, escreveu esta resposta e a enviou a Shlomoh: "Porque
o Senhor ama o seu povo, te fez rei sobre ele". 11(12) Huram continuou: "Bendito seja
Adonai, o Deus de Yisra'el, que fez o céu e a terra, que deu a David um filho sábio,
entendido e que tem discernimento para construir uma casa para *Adonai* e um
palácio real para ele mesmo. 12(13) Agora eu estou enviando um homem de perícia e
entendimento, meu artesão-chefe, Huram, 13(14) o filho de uma mulher que foi uma
das filhas de Dan, enquanto seu pai foi um homem de Tzor. Ele é perito no trabalho
com ouro, prata, bronze, ferro, pedra e madeira, bem como púrpura e materiais
tingidos de azul, linho fino e carmesim. Pode fazer qualquer tipo de gravura, bem
como todo equipamento necessário para realizar qualquer tarefa designada para
ele, com a ajuda dos teus artesãos e dos artesãos do meu senhor, David, teu pai.
14(15) Portanto, que meu senhor envie aos teus servos os bens, a cevada, o óleo e o
vinho dos quais falou, 15(16) e nós cortaremos madeira do L'vanon, tanta quanta for
necessária; nós a levaremos a ti, fazendo-a flutuar pelo mar como jangadas até
Yafo, e tu a levarás a Yerushalayim".
16(17) Shlomoh fez o recenseamento de todos os estrangeiros da terra de Yisra'el,
seguindo o padrão do recenseamento feito por David, seu pai; eles foram contados
em número de 153.600. 17(18) Ele designou 70 mil deles para carregar cargas, 80 mil
para cortar pedras nas colinas e 3.600 para servir como supervisores na atribuição
de trabalho ao povo.

3 1 Então Shlomoh começou a construir a casa de *Adonai* em Yerushalayim, no
monte Moriyah, onde *Adonai* tinha aparecido a David, seu pai. Foram tomadas
providências para a construção no lugar que David escolhera: a eira de Ornan, o
y'vusi. 2 Ele começou a construção no quarto ano do seu reinado, no segundo dia
do segundo mês.

3 Estes são os alicerces que Shlomoh fez para a construção da casa de Deus:
27 metros de comprimento e 9 metros de largura, pela medida antiga. 4 O
comprimento do pórtico diante da casa era o mesmo que a largura da casa, 9 metros
de largura e 9 metros de altura; e ele o revestiu de ouro puro.

5 O átrio principal, ele o cobriu com madeira de cipreste, que revestiu de ouro
fino e ornamentou com relevos de palmeiras e correntes. 6 Ele também decorou o
edifício com pedras preciosas e ouro de Parvayim, 7 cobrindo a casa e suas vigas,
batentes, paredes e portas com ouro e entalhando *k'ruvim* nas paredes.

8 Então ele fez o Lugar Especialmente Sagrado; seu comprimento era igual à
largura da casa: 9 metros de comprimento e 9 metros de largura. Ele o cobriu com
20 toneladas de ouro fino. 9 O peso dos pregos era de 600 gramas de ouro, e ele
revestiu os aposentos superiores com ouro.

10 Dentro do Lugar Especialmente Sagrado, ele fez dois *k'ruvim* de metal fundido
e os revestiu de ouro. 11 As asas dos *k'ruvim* tinham 9 metros de comprimento — a
asa de um *keruv* tinha 2,25 metros e tocava a parede da casa; a outra asa também
tinha 2,25 metros, de modo que tocava na asa do outro *keruv*. 12 A asa do outro
keruv tinha 2,25 metros, tocando a parede da casa; e a outra asa também tinha 2,25
metros e tocava na asa do primeiro *keruv*. 13 As asas desses *k'ruvim* estendiam-se
por 9 metros. Eles ficavam sobre seus pés com a face voltada para a parte interna.

14 Ele fez a cortina de material azul, púrpura e carmesim e de linho fino, com o
desenho de *k'ruvim* trabalhado nela.

15 Defronte a casa, ele fez duas colunas de 16 metros, com um capitel de 2,25
metros no topo de cada uma. 16 Ele fez correntes no santuário e as colocou no topo
das colunas, e fez cem romãs, ligando-as às correntes. 17 Ele erigiu as colunas diante
do templo, uma à direita e outra à esquerda; à da direita, ele chamou Yakhin, e à da
esquerda, Bo'az.

4 1 Ele fez um altar de bronze de 9 metros de comprimento, 9 metros de largura e
4,5 metros de altura.

2 Ele fez o "Mar" circular de metal fundido com 4,5 metros de diâmetro e 2,25
metros de altura. 3 Abaixo da borda, um anel com figuras de touros, de 5 em 5
centímetros o circundava em toda a volta do Mar. Os touros estavam dispostos em
duas fileiras; eles foram fundidos quando foi fundido o Mar. 4 Ele repousava sobre
12 touros: três olhando para o norte; três, para o oeste; três, para o sul; e três, para
o leste; todos com suas partes posteriores voltadas para o centro. O Mar estava
posicionado no alto deles. 5 Ele tinha a espessura de quatro dedos, e sua borda era
feita como a borda de uma taça, como a flor do lírio; sua capacidade era de 60 mil
litros. 6 Ele fez também dez tanques para lavagem e colocou cinco à direita e cinco,
à esquerda. Os utensílios necessários às ofertas queimadas poderiam ser lavados
neles; porém, o Mar era para a lavagem dos *kohanim*.

7 Ele fez as dez *menorot* de ouro, de acordo com suas especificações, e as colocou
no templo, cinco do lado direito e cinco do lado esquerdo. 8 Fez também dez mesas
e as colocou no templo, cinco à direita e cinco à esquerda. Fez mil bacias de ouro.

9 Ele fez o pátio para os *kohanim* e o grande pátio, e também as portas do pátio,
as quais cobriu com bronze.

10 Colocou o Mar no lado direito [da casa], na direção sudeste.

11 Huram fez os cinzeiros, as pás e as bacias para aspersão. Com isso, Huram
completou o trabalho que ele deveria fazer para o rei Shlomoh na casa de Deus —
12 as duas colunas, as duas molduras, os dois capitéis no alto das colunas, os dois

conjuntos de correntes que cobriam as duas molduras dos capitéis no alto das
colunas, 13 e as 400 romãs para os dois conjuntos de correntes, duas fileiras de
romãs para casa conjunto, para cobrir as duas molduras dos capitéis no alto das
colunas. 14 Fez também os troles, as bacias sobre os troles, 15 o Mar, os 12 touros
sobre ele, 16 os cinzeiros, as pás, os garfos e todos os outros equipamentos para
ele. Todos esses utensílios que Huram, o artesão-mestre, fez para o rei Shlomoh na
casa de Adonai eram de bronze brilhante. 17 O rei os fundiu na planície do Yarden,
no solo de barro entre Sukkot e Tz'redah. 18 Shlomoh fez tantos desses objetos que
o peso total do bronze não pôde ser determinado.

19 Shlomoh fez todos os objetos que estavam dentro da casa de Deus: o altar
de ouro; a mesa na qual era colocado o pão da proposição; 20 as *menorot* com
suas lâmpadas para permanecerem acesas em frente ao santuário, como fora
especificado, de ouro puro; 21 as flores, lâmpadas e línguas de ouro, de ouro sólido;
22 e os cortadores de pavio, as bacias, as tigelas e os incensários, de ouro puro.
Tanto a entrada da casa, as portas interiores para o Lugar Especialmente Sagrado
quanto as portas da casa (isto é, do templo) eram feitas de ouro.

5 1 Assim, todo o trabalho que Shlomoh fez para a casa de Adonai foi concluído.
Então Shlomoh trouxe os presentes que David, seu pai, havia consagrado — a
prata, o ouro e todos os utensílios — e os colocou nos tesouros da casa de Deus.

2 Shlomoh reuniu em Yerushalayim todos os líderes de Yisra'el e todos os
cabeças das tribos e os chefes dos clãs das famílias do povo de Yisra'el, para
levarem a arca da aliança de Adonai para a Cidade de David, também conhecida
como Tziyon. 3 Todo o povo de Yisra'el reuniu-se diante do rei na festa do sétimo
mês. 4 Todos os líderes de Yisra'el vieram. Os *l'vi'im* tomaram a arca 5 e a levaram,
com a tenda do encontro e todos os utensílios sagrados que estavam na tenda; isto
foi o que os *kohanim* e os *l'vi'im* levaram. 6 O rei Shlomoh e toda a congregação
de Yisra'el que se tinha reunido em sua presença permaneceram diante da
arca, sacrificando ovelhas e bois em número maior do que pode ser contado ou
registrado. 7 Os *kohanim* levaram a arca da aliança de Adonai para o seu lugar,
dentro do santuário da casa, para o Lugar Especialmente Sagrado, debaixo das asas
dos *k'ruvim*. 8 Pois os *k'ruvim* estendiam suas asas sobre o lugar da arca, cobrindo
a arca e suas varas. 9 As varas eram tão longas que suas extremidades podiam ser
vistas [estendendo-se] da arca até o santuário, mas elas não podiam ser vistas do
lado de fora; elas estão ali até o dia de hoje. 10 Não havia nada na arca, exceto as
duas tábuas que Mosheh colocou nela em Horev, quando Adonai fez a aliança com
o povo de Yisra'el, na época de sua saída do Egito.

11 Quando os *kohanim* saíram do Lugar Sagrado (pois todos os *kohanim* que
estavam presentes se tinham consagrado; eles não preservaram suas divisões;
12 também os *l'vi'im* que eram cantores, todos eles — Asaf, Heman, Y'dutun, bem
como seus filhos e parentes — vestidos de linho fino, com címbalos, alaúdes
e liras, estavam no lado leste do altar; e com eles 120 *kohanim* que tocavam
trombetas), 13 então, quando os que tocavam trombetas e os cantores tocavam
em uníssono, para serem ouvidos louvando harmoniosamente e dando graças
a Adonai, e levantavam suas vozes juntamente com as trombetas, címbalos e os
outros instrumentos musicais para louvar a Adonai: "[...] porque ele é bom, porque
sua graça dura para sempre" — então, a casa, a casa de Adonai, foi completamente
tomada por uma nuvem; 14 de tal forma que, por causa da nuvem, os *kohanim* não

podiam ficar em pé para fazer o seu serviço, pois a glória de *Adonai* encheu a casa de Deus.

6 1 E Shlomoh disse: "*Adonai,* declaraste que habitarias em densa escuridão. 2 Todavia, tenho construído para ti uma casa magnífica, um lugar onde podes viver para sempre".

3 Então o rei voltou-se e abençoou toda a congregação de Yisra'el. Toda a congregação de Yisra'el se levantou 4 quando ele disse: "Bendito seja *Adonai,* o Deus de Yisra'el, que falou a meu pai, David, com sua boca e cumpriu sua promessa com sua mão. Ele disse: 5 'Desde o dia em que eu trouxe meu povo do Egito, não escolhi nenhuma cidade de nenhuma das tribos de Yisra'el para construir uma casa, para que meu nome estivesse ali; nem escolhi ninguém para ser o líder do meu povo, Yisra'el. 6 Agora, porém, escolhi Yerushalayim, para que meu nome esteja ali; e escolhi David para estar sobre o meu povo, Yisra'el'. 7 Estava no coração de David, meu pai, construir uma casa para o nome de *Adonai,* o Deus de Yisra'el; 8 mas, *Adonai* disse a meu pai, David: 'Embora esteja no seu coração construir uma casa para o meu nome e faça bem em ter isso em seu coração, 9 você não construirá a casa. Antes, será o pai de um filho, e ele é que construirá a casa para o meu nome'. 10 Agora *Adonai* cumpriu sua palavra falada, porque eu sucedi a meu pai e me assentei no trono de Yisra'el, como *Adonai* prometeu; e construí a casa para o nome de *Adonai,* o Deus de Yisra'el. 11 Nela depositei a arca que contém a aliança de *Adonai,* que ele fez com o povo de Yisra'el".

12 Então ele se pôs diante do altar de *Adonai* na presença de toda a congregação de Yisra'el, estendeu as mãos — 13 pois Shlomoh tinha feito uma plataforma de bronze de 2,25 metros de comprimento, 2,25 metros de largura e 1,35 metro de altura e a tinha colocado no meio do pátio. Ele ficou sobre ela e, então, ajoelhou-se diante de toda a congregação, estendeu as mãos para o céu 14 e disse: "*Adonai,* Deus de Yisra'el, não há Deus como tu, no céu e na terra. Tu guardas a aliança feita com teus servos e mostras graça para com eles, que vivem na tua presença com todo o seu coração. 15 Tu tens mantido a promessa que fizeste ao teu servo David, meu pai; tu falaste com a tua boca e a cumpriste com a tua mão estendida; assim é no dia de hoje. 16 Agora, portanto, *Adonai,* Deus de Yisra'el, mantém o que prometeste ao teu servo David, meu pai, quando disseste: 'Você nunca terá falta de um homem na minha presença, que se assente no trono de Yisra'el, se, tão somente, seus filhos tiverem cuidado em tudo o que fizerem, para que vivam por minha *Torah,* assim como você viveu em minha presença'. 17 Agora, portanto, *Adonai,* Deus de Yisra'el, por favor, que a tua palavra, que falaste ao teu servo David, meu pai, seja confirmada.

18 "Na verdade, porém, pode Deus viver com seres humanos na terra? Porque, se o próprio céu e a própria terra não te podem conter, menos ainda te poderá conter esta casa que eu construí! 19 Ainda assim, *Adonai,* meu Deus, dá atenção à oração e à súplica do teu servo, ouve o clamor e a oração que o teu servo derrama diante de ti, 20 e que os teus olhos estejam abertos para esta casa dia e noite — para o lugar onde tu disseste que porias o teu nome — para ouvir a oração que o teu servo fará voltado para este lugar. 21 Sim, ouve as súplicas do teu servo e também do teu povo, Yisra'el, quando eles orarem voltados para este lugar. Ouve de onde vives, do céu; e, quando ouvires, perdoa!

22 "Se alguém pecar contra seu companheiro, membro da congregação, e o fizer prometer sob juramento, e ele vier e jurar diante do teu altar nesta casa,

23 então ouve do céu, age e julga os teus servos, retribui ao ímpio de tal modo que
seu caminho de vida recaia sobre sua cabeça, e justifica aquele que está certo,
retribuindo-lhe segundo a sua justiça.
24 "Se o teu povo, Yisra'el, pecar contra ti e, em consequência, for derrotado por
um inimigo, então, se ele se voltar para ti, reconhecendo o teu nome, orar e suplicar
a ti nesta casa, 25 ouve do céu, perdoa o pecado do teu povo, Yisra'el, e traze-o de
volta à terra que tu deste a eles e aos seus antepassados.
26 "Quando eles pecarem contra ti, e em consequência o céu se fechar, de forma
que não chova, então, se eles orarem voltados para este lugar, confessando o teu
nome, e se desviarem de seu pecado quando tu os tiveres humilhado; 27 ouve no
céu, perdoa o pecado dos teus servos e do teu povo, Yisra'el — já que tu continuas
ensinando a eles o bom caminho pelo qual devem viver — e envia a chuva sobre a
tua terra, a qual tu tens dado ao teu povo como herança.
28 "Se houver fome na terra, ou ferrugem, tempestade de vento, mofo, gafanhotos
ou vermes devastadores; ou se seus inimigos os cercarem em qualquer uma de suas
cidades — não importa o tipo de praga ou doença que seja, 29 então, independentemente
da oração ou do pedido que qualquer um dentre todo o teu povo, Yisra'el, fizer —
pois cada indivíduo conhecerá a própria praga e a própria dor — e a pessoa estender
suas mãos para esta casa, 30 então ouve do céu onde tu vives e perdoa; também, já
que tu conheces o que está no coração de cada um, dá a cada pessoa aquilo a que sua
conduta faz jus (porque tu, e somente tu, conheces o coração do homem), 31 para que
eles temam a ti e assim vivam de acordo com os teus caminhos por todo o tempo
que viverem na terra que tu deste aos nossos antepassados.
32 "Também ao estrangeiro que não pertence ao teu povo, Yisra'el — quando ele
vier de um país distante por causa de tua grande fama, de tua poderosa mão e de
teu braço estendido, quando ele vier e orar voltado para esta casa, 33 então ouve do
céu, onde tu vives, e age de acordo com tudo aquilo pelo que o estrangeiro estiver
clamando a ti, para que todos os povos da terra conheçam o teu nome e temam a
ti, como faz o teu povo, Yisra'el, e assim eles saibam que esta casa que eu construí
traz o teu nome.
34 "Se o teu povo sair para lutar contra seus inimigos, não importa por que
caminho tu os envies, e eles orarem a ti voltados para a cidade que tu escolheste e
para a casa que eu construí para o teu nome, 35 então, do céu, ouve a sua oração e a
sua súplica, e defende a sua causa.
36 "Se eles pecarem contra ti — porque não há ninguém que não peque — e tu te
irares contra eles e os entregares aos seus inimigos, de forma que estes os levem
cativos para uma terra distante ou próxima, 37 então, se eles caírem em si na terra
para onde tiverem sido levados em cativeiro, se arrependerem e suplicarem a ti na
terra onde estão sendo mantidos em cativeiro, dizendo: 'Nós pecamos, agimos de
forma errada, nos comportamos impiamente'; 38 e se, na terra para onde tiverem
sido levados e onde são mantidos em cativeiro, eles se voltarem para ti com todo
o seu coração e com todo o seu ser, e orarem a ti voltados para a sua terra, que tu
deste aos seus antepassados, e se voltarem para a cidade que tu escolheste, e para
a casa que eu construí para o teu nome, 39 então, do céu, onde tu vives, ouve a sua
oração e as suas súplicas, defende a causa deles e perdoa o teu povo que pecou
contra ti.
40 "Agora, meu Deus, por favor, que os teus olhos estejam abertos e que os teus
ouvidos prestem atenção à oração feita neste lugar.

41 "Sobe agora, *Adonai*, Deus, ao teu lugar de repouso,
tu e a arca por meio da qual tu dás força.

"Que os teus *kohanim*, *Adonai*, Deus, estejam vestidos de salvação;
que aqueles que são leais a ti se alegrem no bem.

42 "*Adonai*, Deus, não desvies o rosto do teu ungido;
lembra-te das misericórdias concedidas ao teu servo, David".

7 1 Quando Shlomoh acabou de orar, desceu fogo do céu e consumiu a oferta
queimada e os sacrifícios, e a glória de *Adonai* encheu a casa, 2 de forma que os
kohanim não podiam entrar na casa de *Adonai*; porque a glória de *Adonai* encheu
a casa de *Adonai*. 3 Todo o povo de Yisra'el viu quando o fogo desceu e a glória de
Adonai estava sobre a casa; eles se prostraram com o rosto em terra, no solo; e,
prostrando-se, deram graças a *Adonai*, "porque ele é bom, porque a sua misericór-
dia dura para sempre".
4 Então o rei e todo o povo ofereceram sacrifícios diante de *Adonai*. 5 O rei
Shlomoh ofereceu um sacrifício de 22 mil bois e 120 mil ovelhas. Assim, o rei e
todo o povo fizeram a dedicação da casa de Deus. 6 Os *kohanim* assumiram os seus
postos designados enquanto os *l'vi'im* tocavam os instrumentos que David, o rei,
tinha providenciado para executar músicas a *Adonai*, para "dar graças a *Adonai*,
porque sua misericórdia dura para sempre", por meio dos louvores que David
tinha composto. Defronte deles, os *kohanim* tocavam trombetas; e todo o Yisra'el
se levantou. 7 Shlomoh também consagrou o centro do pátio em frente à casa de
Adonai; porque ele tinha de oferecer as ofertas queimadas e a gordura das ofertas
pacíficas ali. Pois o altar de bronze que Shlomoh tinha feito não podia receber a
oferta queimada, nem a oferta de grãos, nem a gordura. 8 Assim, naqueles dias,
Shlomoh celebrou a festa por sete dias, juntamente com todo o Yisra'el, uma grande
multidão; [eles tinham vindo de todos os caminhos] desde a entrada de Hamat até
o *vádi* [do Egito]. 9 No oitavo dia, eles organizaram uma assembleia solene, tendo
observado a dedicação do altar por sete dias e a festa por sete dias. 10 Então, no
vigésimo terceiro dia do sétimo mês, ele despediu o povo para suas tendas, cheios
de regozijo e júbilo no coração por toda a bondade que *Adonai* tinha mostrado a
David, a Shlomoh e a todo o Yisra'el, seu povo.
11 Assim, Shlomoh terminou a casa de *Adonai* e o palácio real. Tudo o que
Shlomoh tinha posto em seu coração para fazer na casa de *Adonai* e em seu palácio,
ele realizou com sucesso.
12 *Adonai* apareceu a Shlomoh durante a noite e lhe disse: "Eu ouvi a sua oração e
escolhi este lugar para mim, como casa de sacrifício. 13 Se eu fechar o céu, de modo
que não haja chuva; ou se eu ordenar aos gafanhotos que devorem a terra; ou se eu
enviar uma epidemia de doenças entre meu povo; 14 e então, se meu povo, que leva
o meu nome, se humilhar, orar e buscar o meu rosto e se converter dos seus maus
caminhos, eu ouvirei do céu, perdoarei o seu pecado e sararei a sua terra. 15 Agora
os meus olhos estarão abertos, e meus ouvidos estarão atentos à oração feita neste
lugar. 16 Pois agora escolhi e consagrei esta casa, de forma que meu nome possa
estar nela para sempre; meus olhos e meu coração estarão sempre nela. 17 Quanto a
você, se viver na minha presença, como fez David, seu pai, fazendo tudo o que eu
ordenei que você fizesse e guardando minhas leis e meus mandamentos, 18 então
estabelecerei o trono do seu governo, como prometi em minha aliança com David,
seu pai, quando disse: 'Você nunca terá falta de um homem que seja governador em
Yisra'el'. 19 Se, no entanto, vocês se desviarem e abandonarem minhas leis e minhas
mitzvot, que pus diante de vocês, e forem e servirem a outros deuses adorando-os,

20 então os arrancarei pela raiz da terra que dei a vocês. Esta casa, que eu consagrei
ao meu nome, lançarei longe da minha vista; e farei dela um exemplo de rejeição e
um objeto de zombaria entre os povos. 21 Esta casa, agora tão exaltada — todos os
que passarem por ela ficarão chocados à vista dela e perguntarão: 'Por que *Adonai*
fez isto a esta terra e a esta casa?'. 22 Entretanto, a resposta será: 'É porque eles
abandonaram *Adonai*, o Deus de seus antepassados, que os tirou da terra do Egito,
e tomaram outros deuses, adorando-os e servindo-os; é por isso que [*Adonai*] trouxe
todas essas calamidades sobre eles' ".

8 1 Ao final dos vinte anos durante os quais Shlomoh construiu a casa de *Adonai*
e seu palácio, 2 Shlomoh edificou as cidades que Huram tinha dado a Shlomoh e
fez que o povo de Yisra'el vivesse nelas.

3 Então Shlomoh atacou Hamat-Tzovah e a derrotou. 4 Ele construiu Tadmor no
deserto e todas as cidades para servirem de armazém que ele construiu em Hamat.
5 Ele também construiu Beit-Horon Superior e Beit-Horon Inferior, fortificou as
cidades com muros, portas e ferrolhos; 6 Ba'alat, e todas as cidades que Shlomoh
tinha como armazém, todas as cidades para suas carruagens, as cidades dos
cavaleiros e todas as outras construções que Shlomoh quis fazer em Yerushalayim,
no L'vanon e em toda a extensão da terra que ele governou.

7 Quanto a todos os povos que ainda restavam do hitti, do emori, do p'rizi, do
hivi, e do y'vusi, que não tinham parte em Yisra'el, 8 descendentes desses povos
que ainda restavam na terra, os quais o povo de Yisra'el não exterminara — deles,
Shlomoh recrutou [para trabalhos forçados], até o dia de hoje. 9 No entanto, Shlomoh
não recrutou nenhum de seus escravos dentre o povo de Yisra'el; antes, eles
eram seus soldados, seus comandantes, chefes e os oficiais encarregados de suas
carruagens e cavaleiros. 10 O rei Shlomoh tinha 250 oficiais-chefes encarregados do
povo.

11 Shlomoh trouxe a filha do faraó da Cidade de David para a casa que ele tinha
construído para ela; porque ele disse: "Nenhuma esposa minha viverá na casa de
David, rei de Yisra'el, já que [o edifício] onde a arca de *Adonai* tem estado é santo".

12 Então Shlomoh ofereceu ofertas queimadas a *Adonai* sobre o altar de *Adonai*
que ele havia construído em frente ao vestíbulo, 13 como era requerido a cada dia,
oferecendo de acordo com a *mitzvah* de Mosheh nos *shabbatot*, no *Rosh-Hodesh* e
nos tempos designados, três vezes ao ano — as festas de *Matzah*, *Shavu'ot* e *Sukkot*.
14 Como David, seu pai, tinha ordenado, ele designou as divisões dos *kohanim* para
o seu serviço e dos *l'vi'im* para suas tarefas — para louvar e executar o seu serviço
na presença dos *kohanim*, de acordo com as exigências de cada dia. Ele também
designou os guardas das portas pelas suas divisões, para estarem em cada porta,
pois David, o homem de Deus, assim tinha ordenado. 15 Eles não se desviaram das
ordens do rei para os *kohanim*, e para os *l'vi'im* em qualquer assunto, nem com
respeito aos suprimentos. 16 Todo o trabalho de Shlomoh foi organizado deste
modo, desde o dia em que o solo foi aberto para a casa de *Adonai* até que tudo
tivesse sido concluído, e a casa de *Adonai* tivesse sido terminada.

17 Shlomoh foi a 'Etzyon-Gever e Elot, na costa marítima, na terra de Edom. 18 Huram
enviou alguns de seus servos com navios e outros servos que eram marinheiros
experientes que entendiam do mar; eles foram com os servos de Shlomoh a Ofir e
tomaram de lá 15.750 quilos de ouro, que trouxeram para o rei Shlomoh.

9 1 Quando a rainha de Sh'va ouviu o que estava sendo dito sobre Shlomoh, ela
veio a Yerushalayim para testá-lo com perguntas difíceis, acompanhada de uma
grande comitiva, que incluía camelos carregados de especiarias, ouro em abundân-
cia e também pedras preciosas. Quando compareceu diante de Shlomoh, ela falou
com ele sobre todas as coisas que estavam em seu coração, 2 e Shlomoh respondeu a
todas as suas perguntas; nada era obscuro para o rei de modo que ele não pudesse
explicar a ela. 3 Depois que a rainha de Sh'va viu a sabedoria de Shlomoh, o palácio
que ele tinha construído, 4 a comida de sua mesa, o modo de sentar de seus oficiais,
a maneira com que seus servos o serviam e com que eles se vestiam, seus servos
pessoais e como eles se vestiam, e o modo pelo qual ele subia à casa de *Adonai*, ela
ficou sem fôlego. 5 Ela disse ao rei: "O que ouvi em meu país sobre os teus feitos e a
tua sabedoria é verdadeiro, 6 mas eu não acreditava nisso até que vim e vi por mim
mesma. Na verdade, eles não me contaram nem a metade de como é grande a tua
sabedoria. De fato, tu ultrapassas a fama de que eu ouvi. 7 Como deve ser feliz o teu
povo! Como devem ser felizes esses teus servos que estão sempre aqui te assistin-
do e que podem ouvir a tua sabedoria! 8 Bendito seja *Adonai*, o teu Deus, que teve
prazer em ti para pôr-te no seu trono, para que tu pudesses ser rei por *Adonai*, o teu
Deus. Por causa do amor do teu Deus por Yisra'el, para estabelecer-te para sempre
é que ele te fez rei sobre eles, para administrar a lei e o julgamento". 9 Então ela deu
ao rei 4.200 quilos de ouro, grande quantidade de especiarias e pedras preciosas;
nunca houve especiarias como aquelas que a rainha de Sh'va deu ao rei Shlomoh.

10 Os servos de Huram e os servos de Shlomoh, que tinham trazido o ouro de
Ofir, traziam agora madeira de sândalo e pedras preciosas. 11 O rei usou a madeira
de sândalo para fazer passagens para a casa de *Adonai* e para o palácio real, e
também liras e alaúdes para os cantores. Nada igual a isso tinha sido visto antes na
terra de Y'hudah.

12 O rei Shlomoh deu à rainha de Sh'va tudo o que ela quis, todas as coisas que
ela pediu, mais do que o que ela trouxe para o rei. Depois disso, ela retornou e
voltou para o seu país, ela e os seus servos.

13 O peso do ouro que Shlomoh recebia anualmente chegava a 23.300 quilos,
14 sem contar o que vinha dos impostos e das taxas de vendas; além disso, todos
os reis árabes e governadores regionais traziam ouro e prata para Shlomoh. 15 O rei
Shlomoh fez 200 escudos grandes de ouro batido, com 3,6 quilos de ouro em cada
escudo. 16 Ele fez mais 300 escudos de ouro batido com 1,8 quilo de ouro em cada
escudo; o rei os colocou na Casa da Floresta do L'vanon.

17 O rei também fez um grande trono de marfim e revestiu-o de ouro puro.
18 O trono tinha seis degraus e um estrado de ouro; esse estrado estava ligado
ao trono. Havia braços em cada lado do assento e dois leões estavam diante dos
braços 19 e mais 12 leões ficavam em cada lado dos seis degraus. Nada igual a isso
já tinha sido feito em nenhum reino.

20 Todos os recipientes nos quais o rei Shlomoh bebia eram de ouro; e todos os
utensílios da Casa da Floresta do L'vanon eram de ouro puro; porque, no tempo de
Shlomoh, a prata era considerada de pouco valor. 21 O rei tinha navios que podiam ir
a Tarshish com os servos de Huram; uma vez a cada três anos, os navios chegavam
de Tarshish trazendo ouro, prata, marfim, macacos e pavões.

22 Assim, o rei Shlomoh ultrapassou todos os reis da terra, tanto em riqueza
como em sabedoria. 23 Todos os reis da terra buscavam ter uma audiência com
Shlomoh, para ouvir sua sabedoria, a qual tinha sido posta em seu coração por

Deus. [24] Cada um deles trazia seus presentes — artigos de prata, artigos de ouro,
roupas, armas, especiarias, cavalos e mulas; e isso continuou ano após ano.
[25] Shlomoh também tinha 4 mil estábulos para cavalos, para suas carruagens e
para seus 12 mil cavaleiros; ele os designava para as cidades das carruagens e para
estarem junto com o rei em Yerushalayim. [26] Ele governou sobre todos os reinos
desde o rio [Eufrates], passando pela terra dos p'lishtim, até a fronteira do Egito.
[27] O rei fez que a prata em Yerushalayim fosse tão comum como as pedras e
fez que os cedros fossem tão abundantes quanto os sicômoros são na Sh'felah.
[28] Trouxeram cavalos para Shlomoh do Egito e de todos os países.
[29] Outros atos de Shlomoh, desde o início até o fim, estão registrados nos
relatos de Natan, o profeta, na profecia de Achiyah, de Shiloh, e nas visões de
Ye'do, o vidente, concernentes a Yarov'am, o filho de N'vat. [30] Shlomoh reinou em
Yerushalayim sobre todo o Yisra'el quarenta anos. [31] Então Shlomoh dormiu com
seus antepassados, e foi sepultado na Cidade de David, seu pai, e Rechav'am, seu
filho, tornou-se rei em seu lugar.

10 [1] Rechav'am foi a Sh'khem, para onde tinha ido todo o Yisra'el para pro-
clamá-lo rei. [2] Quando Yarov'am, o filho de N'vat, ouviu isso, retornou do
Egito, para onde tinha fugido de Shlomoh. [3] Eles deram ordens para que ele fosse
convocado, e, então, Yarov'am e todo o Yisra'el vieram e disseram a Rechav'am:
[4] "Teu pai colocou um severo jugo sobre nós. Entretanto, se aliviares o duro serviço
que tínhamos de prestar a teu pai e diminuíres o pesado jugo que ele impôs sobre
nós, te serviremos". [5] Ele lhes respondeu: "Voltem a mim depois de três dias". Então
o povo partiu.
[6] O rei Rechav'am consultou os anciãos que tinham sido assistentes de Shlomoh,
seu pai, durante seu tempo de vida, e perguntou: "Que conselho vocês me dariam
a respeito de como responder a este povo?". [7] Eles lhe disseram: "Se tratares este
povo com bondade, agradando-o e dando-lhe resposta favorável, eles te servirão
para sempre". [8] No entanto, ele não seguiu o conselho que os anciãos lhe deram; em
vez disso, consultou os jovens que tinham crescido com ele, que agora eram os seus
assistentes. [9] Ele disse a eles: "Que conselho vocês me dariam para que eu possa dar
uma resposta a este povo, que me disse: 'Alivia o jugo que teu pai impôs sobre nós'?".
[10] Os jovens com os quais ele cresceu lhe disseram: "Ao povo que te disse: 'Teu pai
fez pesado o nosso jugo, mas, torna-o mais leve para nós' — eis a resposta que deves
dar a eles: 'Meu dedo mínimo é mais grosso que a cintura de meu pai! [11] Sim, meu pai
impôs a vocês um pesado fardo, mas eu o farei ainda mais pesado! Meu pai controlou
vocês com o chicote, mas eu [controlarei vocês] com escorpiões!' ".
[12] Assim, Yarov'am e todo o povo, vieram a Rechav'am ao terceiro dia, como
o rei lhes tinha solicitado, dizendo: "Venham a mim novamente ao terceiro dia";
[13] e o rei respondeu a eles duramente. Abandonando o conselho dos anciãos, o rei
Rechav'am [14] dirigiu-se a eles de acordo com o conselho dos jovens e disse: "Eu farei
que o jugo de vocês seja pesado e ainda aumentarei o seu peso! Meu pai os controlou
com chicotes, mas eu os controlarei com escorpiões!". [15] Assim, o rei não ouviu o
povo; e isso era algo que Deus trazia, para que *Adonai* pudesse cumprir sua palavra,
que ele falou por meio de Achiyah, de Shiloh, a Yarov'am, o filho de N'vat.
[16] Quando todo o Yisra'el [viu] que o rei não os ouvia, o povo respondeu ao rei:

"Por acaso, temos alguma parte com David?
Não temos nenhuma herança no filho de Yishai!

Vá para suas tendas, Yisra'el!
Cuide de sua casa, David!".
Assim, Yisra'el partiu para suas tendas.
17 Entretanto, quanto ao povo de Yisra'el que vivia nas cidades de Y'hudah,
Rechav'am reinou sobre eles. 18 O rei Rechav'am, então, enviou Hadoram, que tinha
a seu encargo o trabalho forçado; mas o povo de Yisra'el o apedrejou até a morte.
O rei Rechav'am conseguiu subir em sua carruagem e fugir para Yerushalayim.
19 Yisra'el se tem mantido em rebelião contra a dinastia de David até o dia de hoje.

11 1 Quando Rechav'am chegou a Yerushalayim, ele reuniu a casa de Y'hudah
e a de Binyamin, 180 mil soldados escolhidos, para lutar contra Yisra'el e
trazer de volta o reinado a Rechav'am. 2 Entretanto, veio da parte de *Adonai* esta
palavra a Sh'ma'yah, o homem de Deus: 3 "Fale a Rechav'am, o filho de Shlomoh,
rei de Y'hudah, e a todo o Yisra'el que está em Y'hudah e Binyamin; diga a eles
4 que isto é o que *Adonai* diz: 'Vocês não subirão nem lutarão com seus irmãos! Cada
homem deve voltar para sua casa, pois eu é que fiz isso' ". Eles prestaram atenção
às palavras de *Adonai* e desistiram de atacar Yarov'am.
5 Rechav'am viveu em Yerushalayim e construiu cidades de defesa em Y'hudah
— 6 ele construiu Beit-Lechem, 'Eitam, T'koa, 7 Beit-Tzur, Sokho, Adulam, 8 Gat,
Mareshah, Zif, 9 Adorayim, Lakhish, 'Azekah, 10 Tzor'ah, Ayalon e Hevron; essas
são as cidades fortificadas em Y'hudah e Binyamin. 11 Ele fortificou as fortalezas,
designou capitães para o encargo delas e supriu-as com comida, óleo de oliva e
vinho. 12 Em cada cidade, ele colocou escudos e lanças, tornando-as muito fortes.
Y'hudah e Binyamin apegaram-se a ele.
13 Os *kohanim* e os *l'vi'im* de todos os lugares em que viviam em todo o Yisra'el
puseram-se à disposição de Rechav'am. 14 Os *l'vi'im* deixaram suas terras de
pastagem e suas propriedades e vieram a Y'hudah e a Yerushalayim; isso porque
Yarov'am e seus filhos os tinham lançado fora, não lhes permitindo assumir
funções como *kohanim* para *Adonai*, 15 e designando para si mesmo *kohanim* para
os lugares altos e para as imagens de demônios-cabritos e bezerros que ele tinha
feito. 16 De todas as tribos de Yisra'el, aqueles que tinham proposto em seu coração
buscar a *Adonai*, o Deus de Yisra'el, seguiram os *kohanim* até Yerushalayim para
sacrificar a *Adonai*, o Deus de seus pais. 17 Por três anos, eles fortaleceram o reino
de Y'hudah e fortaleceram Rechav'am, o filho de Shlomoh, porque, por três anos,
eles andaram nos caminhos de David e Shlomoh.
18 Rechav'am casou-se com Machalat, a filha de Yerimot, o filho de David, e
Avichayil, a filha de Eli'av, o filho de Yishai; 19 e ela se tornou a mãe de seus filhos
Ye'ush, Sh'maryah e Zaham. 20 Depois dela, ele se casou com Ma'akhah, a filha
de Avshalom; ela se tornou a mãe de Aviyah, 'Atai, Ziza e Shlomit. 21 Rechav'am
amou Ma'akhah mais do que todas as outras esposas e concubinas — pois ele
tinha 18 esposas e 60 concubinas, e era o pai de 28 filhos e 60 filhas. 22 Rechav'am
designou Aviyah, o filho de Ma'akhah, como chefe e líder de seus irmãos, porque
ele tinha a intenção de fazê-lo rei. 23 Ele era sábio em seu tratamento com seus
filhos, enviando-os, todos eles, pelo território de Y'hudah e de Binyamin, a todas
as cidades fortificadas, provendo-as com abundância de suprimentos e procurando
muitas esposas para eles.

12 1 No entanto, depois de Rechav'am consolidar seu reinado e tornar-se forte,
ele, e com ele todo o Yisra'el, abandonou a *Torah* de Adonai. 2 No quinto ano
do rei Rechav'am, Shishak, rei do Egito, atacou Yerushalayim, porque eles tinham
sido infiéis a Adonai. 3 Ele veio do Egito com 1.200 carruagens, 60 mil cavaleiros e um
exército inumerável, incluindo os luvim, os suki'im e os etíopes. 4 Ele capturou as
cidades fortificadas de Y'hudah e, então, foi para Yerushalayim.

5 Então Sh'ma'yah, o profeta, veio a Rechav'am e aos líderes de Y'hudah que
se tinham congregado em Yerushalayim por causa de Shishak e lhes disse: "Eis o
que Adonai diz: 'Porque vocês me têm abandonado, eu entregarei vocês nas mãos
de Shishak' ". 6 Em resposta, os líderes de Yisra'el e o rei humilharam-se; eles
disseram: "Adonai está certo". 7 Quando Adonai viu que eles se tinham humilhado,
esta palavra veio a Sh'ma'yah da parte de Adonai: "Porque eles se têm humilhado, eu
não os destruirei, mas lhes concederei certa medida de livramento. Minha ira não
será derramada sobre Yerushalayim por meio de Shishak. 8 Entretanto, eles se
tornarão seus escravos, de modo que vejam a diferença entre me servir e servir
aos reinos da terra".

9 Então, Shishak, rei do Egito, atacou Yerushalayim. Ele tomou os tesouros da
casa de Adonai e os tesouros do palácio real — tomou tudo, incluindo os escudos
de ouro que Shlomoh tinha feito. 10 Para substituí-los, o rei Rechav'am fez escudos de
bronze, os quais ele confiou aos comandantes do contingente que guardava as
portas do palácio real. 11 Sempre que o rei ia à casa de Adonai, os guardas vinham
e empunhavam os escudos; depois eles os colocavam de volta na sala da guarda.
12 Depois que ele se humilhou, a ira de Adonai afastou-se dele para não destruí-lo
completamente; além disso, algumas coisas boas ainda podiam ser encontradas em
Y'hudah. 13 Assim, o rei Rechav'am consolidou o seu reino em Yerushalayim.

Rechav'am tinha 41 anos de idade quando começou a reinar. Ele reinou
dezessete anos em Yerushalayim, a cidade que Adonai tinha escolhido dentre todas
as tribos de Yisra'el para levar o seu nome. O nome da sua mãe era Na'amah,
a 'amonit. 14 Ele fez o que era mau, porque não tinha disposto o seu coração a
buscar Adonai. 15 Os atos de Rechav'am, desde o início até o fim, estão registrados
nas histórias genealogicamente organizadas de Sh'ma'yah, o profeta, e de 'Iddo, o
vidente. Contudo, houve guerra contínua entre Rechav'am e Yarov'am. 16 Rechav'am
dormiu com seus antepassados, e foi sepultado na Cidade de David. Então Aviyah,
seu filho, tornou-se rei em seu lugar.

13 1 Foi no décimo oitavo ano do rei Yarov'am que Aviyah começou a reinar
sobre Y'hudah. 2 Ele reinou três anos em Yerushalayim. O nome de sua mãe
era Mikhayahu, a filha de Uri'el, de Giv'ah.

Havia guerra entre Aviyah e Yarov'am. 3 Aviyah entrou na batalha com um
exército de soldados valentes, uma tropa de 400 mil homens escolhidos; Yarov'am,
por outro lado, entrou no campo contra ele com uma tropa de 800 mil homens
escolhidos, homens valentes e fortes.

4 Tomando posição no monte Z'marayim, nas colinas de Efrayim, Aviyah gritou:
"Yarov'am e todo o Yisra'el! Ouçam-me! 5 Vocês não sabem que Adonai, o Deus de
Yisra'el, entregou o governo sobre Yisra'el a David para sempre, a ele e aos seus
descendentes, por uma aliança de sal [a qual é inquebrável]? 6 Contudo, Yarov'am, o
filho de N'vat, servindo a Shlomoh, o filho de David, levantou-se em rebelião contra
seu senhor. 7 Ele juntou em torno de si homens vadios e imprestáveis, os quais eram
fortes demais para que Rechav'am, o filho de Shlomoh, lhes resistisse, quando ele

ainda era jovem e inexperiente. 8 Agora vocês esperam resistir ao reino de Adonai
que está nas mãos dos descendentes de David. Sim, há um número grande de
vocês, e têm com vocês os bezerros de ouro que Yarov'am fez como deuses para
vocês. 9 Sim, vocês expulsaram os *kohanim* de Adonai, os descendentes de Aharon,
e os *l'vi'im*, e fizeram para si sacerdotes como o fazem os povos de outros países,
de modo que qualquer que venha a se consagrar com um novilho e sete carneiros
pode tornar-se um sacerdote desses não deuses.

10 "Nós, porém, somos diferentes. Adonai é nosso Deus, e nós não o abandonamos.
Nós temos *kohanim* que fazem o serviço de Adonai, os descendentes de Aharon.
Com os *l'vi'im* que fazem o seu trabalho, 11 eles queimam a Adonai, a cada manhã
e a cada noite, as ofertas queimadas e os doces incensos; eles organizam o pão da
proposição sobre a mesa pura e preparam a *menorah* de ouro com suas lâmpadas
que devem arder todas as noites. Pois nós observamos a ordem de Adonai, o nosso
Deus. Vocês, porém, o têm abandonado.

12 "Então vejam! Deus está conosco, liderando-nos, e seus *kohanim* estão com as
trombetas da batalha, para soar o alarme contra vocês. Povo de Yisra'el! Não lutem
contra Adonai, o Deus de seus antepassados, porque vocês não terão sucesso".

13 Yarov'am, porém, preparou para atacá-los por trás, de forma que o corpo
principal estava adiante de Y'hudah, enquanto a emboscada estava atrás deles.
14 Assim, quando Y'hudah olhou para trás, a batalha tinha de ser travada diante
deles e atrás deles.

Eles clamaram a Adonai, e os *kohanim* fizeram soar as trombetas. 15 Então os
homens de Y'hudah deram o grito, e, enquanto os homens de Y'hudah gritavam,
Deus feriu Yarov'am e todo o Yisra'el diante de Aviyah e de Y'hudah. 16 O povo de
Yisra'el fugiu de diante de Y'hudah, e Deus os entregou nas mãos deles. 17 Aviyah
e seu exército infligiram uma grande matança sobre eles — 500 mil dos soldados
escolhidos de Yisra'el caíram mortos. 18 Assim, o povo de Yisra'el foi subjugado
naquele dia, e o povo de Y'hudah conquistou a vitória, porque eles confiaram em
Adonai, o Deus de seus antepassados. 19 Aviyah perseguiu Yarov'am, tomando dele
as cidades de Beit-El com suas aldeias, Y'shanah com suas aldeias e 'Efrayin com
suas aldeias. 20 Yarov'am não recobrou sua força durante o tempo de Aviyahu.
Finalmente, Adonai o feriu, e ele morreu. 21 Aviyahu, porém, fortaleceu-se ele casou
com 14 esposas e tornou-se o pai de 22 filhos e 16 filhas.

22 Outros atos de Aviyah, como também o que ele fez e o que ele disse, estão
registrados no comentário do profeta 'Iddo. 23(14.1) Aviyah dormiu com seus
antepassados, e o sepultaram na Cidade de David. Então Asa, seu filho, tornou-se
rei em seu lugar; durante o seu reinado, a terra esteve em paz por dez anos.

14 1(2) Asa fez o que era bom e correto aos olhos de Adonai, seu Deus, 2(3) porque
ele removeu os altares estrangeiros e os lugares altos, esmagando as colu-
nas sagradas e derrubando os postes sagrados. 3(4) Ele ordenou a Y'hudah que bus-
casse Adonai, o Deus de seus antepassados, e que obedecesse à *Torah* e à *mitzvah*.
4(5) Ele removeu, de todas as cidades de Y'hudah, os lugares altos e as colunas para
o culto ao sol, e, sob seu governo, o reino esteve em paz.

5(6) Porque a terra estava em paz, e porque não houve guerra contra ele durante
aqueles anos, já que Adonai lhe tinha dado descanso, ele construiu cidades
fortificadas em Y'hudah. 6(7) "Construamos essas cidades", ele disse a Y'hudah; "nós
as cercaremos com muros, torres, portas e ferrolhos. A terra está aí para que nós a

usemos, porque temos buscado *Adonai*, nosso Deus; nós o temos buscado, e ele nos
deu paz por todos os lados". Então ele fez as edificações e prosperou.
7(8) Asa tinha um exército de 300 mil homens de Y'hudah, equipados com
escudos e lanças, e outros 280 mil de Binyamin, com escudos e arcos; todos eram
bravos, homens fortes. 8(9) Zerach, o etíope, veio para atacá-los com um exército
de 1 milhão de homens e 300 carruagens. Quando ele chegou a Mareshah, 9(10) Asa
saiu para lutar contra ele, e as tropas foram organizadas para a batalha no vale de
Tz'fat, em Mareshah.
10(11) Asa clamou a *Adonai*, seu Deus: "*Adonai*, não há ninguém que se compare a
ti, forte ou fraco, que possa socorrer. Ajuda-nos, *Adonai*, nosso Deus, porque nós
confiamos em ti e estamos avançando contra essa grande multidão em teu nome.
Tu és *Adonai*, o nosso Deus; não permitas que seres humanos te detenham!".
11(12) Assim, *Adonai* feriu os etíopes diante de Asa e de Y'hudah, e os etíopes fugiram.
12(13) Asa e o exército que estava com ele os perseguiram até G'rar, e os etíopes
foram derrotados sem que houvesse como se recobrar; eles foram dispersos
diante de *Adonai* e de seu exército, que levou deles espólio em grande quantidade.
13(14) Então eles atacaram todas as cidades na vizinhança de G'rar, porque o terror
de *Adonai* tinha passado sobre eles. Eles saquearam todas as cidades, porque elas
estavam cheias de espólio. 14(15) Eles também atacaram as tendas daqueles que
cuidavam do gado e levaram ovelhas e camelos em abundância. Então retornaram
a Yerushalayim.

15 1 O Espírito de Deus veio sobre 'Azaryah, o filho de 'Oded; 2 ele foi ao encon-
tro de Asa e lhe disse: "Ouça-me, Asa, e ouça-me todo o povo de Y'hudah
e Binyamin! *Adonai* está com vocês, enquanto vocês estão com ele; se o buscarem,
o encontrarão; mas, se o abandonarem, ele os abandonará! 3 Por um longo tempo,
Yisra'el esteve sem o verdadeiro Deus, sem um *kohen* que pudesse ensinar e sem
a *Torah*. 4 No entanto, quando, em sua angústia, eles se voltaram para *Adonai*, o
Deus de Yisra'el, e o buscaram, eles o encontraram. 5 Naqueles dias, o povo que saía
atrás de seus negócios andava inseguro, e grandes perturbações afligiam todos os
habitantes das terras; 6 de forma que eles ficaram dispersos, em pedaços, nação
contra nação e cidade contra cidade, enquanto Deus os perturbava com todo tipo
de angústia. 7 Vocês, porém, sejam fortes e não sejam negligentes; porque o seu
trabalho será recompensado".
8 Quando Asa ouviu essas palavras profetizadas por 'Oded, o profeta, elas lhe
deram coragem para lançar fora todas as coisas repugnantes de toda a terra de
Y'hudah e Binyamin e de todas as cidades que ele tinha capturado nas montanhas
de Efrayim; ele também renovou o altar de *Adonai* que estava em frente ao pórtico do
templo de *Adonai*. 9 Então ele reuniu todo o povo de Y'hudah e Binyamin, juntamente
com todos os de Efrayim, M'nasheh e Shim'on que estavam com ele (porque muitos
tinham desertado para ele, em grande número, ao verem que *Adonai*, seu Deus, estava
com ele). 10 Eles se reuniram em Yerushalayim no terceiro mês do décimo quinto ano
do reinado de Asa. 11 Naquele dia, sacrificaram *Adonai* 700 bois e 7 mil ovelhas do
espólio que tinham trazido; 12 e entraram em aliança para buscar *Adonai*, o Deus de
seus antepassados, com todo o seu coração e com todo o seu ser. 13 [Eles também
concordaram] em que qualquer que se recusasse a buscar *Adonai*, o Deus de Yisra'el,
deveria morrer, pequeno ou grande, homem ou mulher. 14 Eles juraram isto a *Adonai*
em voz alta, com gritos e som de trombetas e *shofarot*. 15 Todo o povo de Y'hudah
estava cheio de alegria com esse juramento, porque eles tinham jurado com todo

o seu coração e o tinham buscado com toda a sua vontade; e eles o encontraram, e
Adonai lhes deu paz em todas as suas fronteiras.
16 Asa, o rei, também depôs Ma'akhah, sua avó, de sua posição de rainha-mãe,
porque ela havia feito uma imagem repugnante para uma *asherah*. Asa derrubou
a imagem dela, cortou-a em pequenos pedaços e a queimou no *vádi* Kidron.
17 Entretanto, os lugares altos não foram removidos de Yisra'el. Apesar disso, o
coração de Asa foi totalmente dedicado em toda a sua vida. 18 Ele trouxe para a casa
de Deus todos os artigos que seu pai tinha consagrado e também todas as coisas
que ele mesmo consagrou — prata, ouro e utensílios.
19 Não houve mais guerra até o trigésimo quinto ano do reinado de Asa.

16 1 No trigésimo sexto ano do reinado de Asa, Ba'asha, rei de Yisra'el, ata-
cou Y'hudah e fortificou Ramah para prevenir que qualquer pessoa saísse
ou entrasse no território de Asa, rei de Y'hudah. 2 Então Asa removeu a prata e o
ouro dos tesouros da casa de *Adonai* e do palácio real; e enviou esta mensagem a
Ben-Hadad, rei de Aram, que vivia em Dammesek: 3 "Façamos uma aliança entre
mim e ti, como havia entre meu pai e teu pai. Eis que eu envio prata e ouro; vai e
quebra a tua aliança com Ba'asha, rei de Yisra'el, para que ele me deixe em paz".
4 Ben-Hadad fez como o rei Asa lhe tinha pedido — ele enviou os comandantes de
seu exército contra as cidades de Yisra'el, atacando Iyon, Dan, Avel-Mayim e todas
as cidades-armazéns de Naftali. 5 Assim que Ba'asha ouviu sobre isso, ele parou
de construir Ramah e abandonou seu trabalho. 6 Asa, o rei, tomou todo Y'hudah e
levou as pedras e a madeira que Ba'asha tinha usado para fortificar Ramah. Com
elas, ele fortificou Geva e Mitzpah.
7 Foi por volta desse tempo que Hanani, o vidente, veio a Asa, rei de Y'hudah,
e lhe disse: "Porque você confiou no rei de Aram e não confiou em *Adonai*, o seu
Deus, o rei dos exércitos de Aram escapou do seu poder. 8 Os exércitos dos etíopes
e dos luvim eram imensos, não eram? Quantas carruagens e cavaleiros eles tinham?
Contudo, porque você confiou em *Adonai*, ele os entregou a você. 9 Pois os olhos
de *Adonai* movem-se para cá e para lá, por toda a terra, para se mostrar forte no
interesse daqueles que são retos de coração para com ele. Você agiu tolamente a
respeito disso; pois, de agora em diante, você enfrentará guerra". 10 Asa, porém,
irritou-se com o vidente; de fato, por causa de sua ira para com ele a respeito dessa
questão, ele lançou o vidente na prisão. Além disso, ao mesmo tempo, ele destratou
alguns dentre o povo.
11 Os atos de Asa, desde o início até o final, estão registrados nos anais dos reis
de Y'hudah e de Yisra'el.
12 No trigésimo nono ano de seu reinado, Asa foi acometido de uma doença em
suas pernas. Foi uma doença muito grave. Contudo, mesmo com essa doença, ele não
buscou *Adonai*, mas se voltou para os médicos. 13 Asa dormiu com seus antepassados,
morrendo no quadragésimo primeiro ano do seu reinado. 14 Ele foi sepultado na
própria sepultura, que tinha ordenado cavar para si mesmo na Cidade de David.
Eles o deitaram em uma cama cheia de especiarias de várias espécies, habilmente
misturadas, e um fogo muito grande foi aceso em sua homenagem.

17 1 Então Y'hoshafat, seu filho, tornou-se rei em seu lugar. Ele fortaleceu sua
condição contra Yisra'el 2 posicionando tropas em todas as cidades fortifi-
cadas de Y'hudah e distribuindo guarnições no território de Y'hudah e nas cidades
de Efrayim que Asa, seu pai, tinha capturado. 3 *Adonai* esteve com Y'hoshafat, porque

ele viveu de acordo com os primeiros caminhos de seu antepassado, David, não
buscando os *ba'alim*, 4 mas buscando o Deus de seu pai e vivendo pelas suas
mitzvot, não por aquilo que Yisra'el fazia. 5 Portanto, *Adonai* consolidou seu reinado;
todo o povo de Y'hudah trouxe presentes a Y'hoshafat, de forma que ele teve rique-
zas e honra em abundância. 6 Em seu coração, ele manteve alta consideração pelos
caminhos de *Adonai;* além disso, removeu os lugares altos e as colunas sagradas
de Y'hudah.

7 No terceiro ano do seu reinado, ele enviou seus líderes, Ben-Chayil, 'Ovadyah,
Z'kharyah, N'tan'el e Mikhayahu para ensinarem nas cidades de Y'hudah; 8 com
eles estavam os *l'vi'im* Sh'ma'yahu, N'tanyahu, Z'vadyahu, 'Asah'el, Sh'miramot,
Y'honatan, Adoniyahu, Tuviyahu e Tov-Adoniyah, os *l'vi'im*; e, com eles, Elishama e
Y'horam, os *kohanim*. 9 Eles ensinaram em Y'hudah, tendo com eles um rolo da *Torah*
de *Adonai;* circularam por todas as cidades de Y'hudah, ensinando o povo.

10 O temor de *Adonai* tomou todos os reinos nas terras que circundavam
Y'hudah, de modo que eles não fizeram guerra contra Y'hoshafat. 11 Alguns dos
p'lishtim trouxeram presentes a Y'hoshafat e prata como tributo; os árabes também
trouxeram seus rebanhos — 7.700 carneiros e 7.700 cabritos.

12 Assim, Y'hoshafat tornou-se cada vez mais poderoso. Em Y'hudah, ele
construiu fortalezas e cidades-armazéns. 13 Ele tinha muitos projetos nas cidades
de Y'hudah; e, em Yerushalayim, tinha guerreiros, homens fortes e valentes. 14 Aqui
está uma lista deles, por clãs: de Y'hudah, os capitães de mil: 'Adnah, o líder, e
com ele 300 mil homens fortes e valentes; 15 em seguida, Y'hochanan, o líder, e com
ele 280 mil; 16 depois dele, 'Amasyah, o filho de Zikhri, que servia voluntariamente
a *Adonai*, e com ele 200 mil homens fortes e valentes. 17 De Binyamin: Elyada, um
homem forte e valente, e com ele 200 mil homens equipados com arcos e escudos;
18 depois dele, Y'hozavad, e com ele 180 mil homens preparados para a guerra.
19 Todos estes serviam ao rei, além daqueles que o rei designou para as cidades
fortificadas em todo o Y'hudah.

18 1 Y'hoshafat teve riquezas e honra em abundância e, por meio do casamen-
to, ele se aliou a Ach'av. 2 Depois de alguns anos, ele foi visitar Ach'av em
Shomron. Ach'av matou ovelhas e bois em abundância para ele e para o povo que
estava com ele, e o persuadiu a ir para Ramot-Gil'ad. 3 Ach'av, rei de Yisra'el, per-
guntou a Y'hoshafat, rei de Y'hudah: "Tu virás comigo a Ramot-Gil'ad?". Ele res-
pondeu: "Eu irei contigo por todo o caminho; considera tuas as minhas tropas; nós
nos ajuntaremos a ti nesta guerra". 4 Entretanto, Y'hoshafat disse ao rei de Yisra'el:
"Primeiro, eu devo buscar a palavra de *Adonai*".

5 Assim, o rei de Yisra'el reuniu os profetas, 400 homens. "Devemos atacar
Ramot-Gil'ad?", ele perguntou a eles, "ou devo desistir de fazer isso?". Eles
responderam: "Deves atacá-la. Deus a entregará ao rei". 6 Y'hoshafat, porém, falou:
"Além destes, não há aqui um profeta de *Adonai* que eu possa consultar?". 7 O rei
de Yisra'el disse a Y'hoshafat: "Sim, ainda há um homem por intermédio de quem
podemos consultar *Adonai;* mas eu o odeio porque ele nunca profetiza nada de bom
para mim, somente o mal! Trata-se de Mikhay'hu, o filho de Yimlah". Y'hoshafat
replicou: "O rei não deveria dizer tal coisa".

8 Então o rei chamou um oficial e lhe disse: "Depressa! Traga Mikhay'hu, o
filho de Yimlah". 9 Ora, o rei de Yisra'el e Y'hoshafat, o rei de Y'hudah, estavam assen-
tados, cada um em seu trono, vestidos com o manto real; eles estavam assentados
em uma eira na porta de entrada de Shomron; e todos os profetas estavam ali,

profetizando na presença deles. 10 Tzidkiyah, o filho de Kena'anah, tinha feito para
si alguns chifres de ferro e disse: "Isto é o que *Adonai* diz: 'Com esses chifres, vocês
escornearão Aram até que eles sejam destruídos". 11 Todos os profetas profetizavam
a mesma coisa: "Sobe e ataca Ramot-Gil'ad. Tu alcançarás sucesso porque *Adonai* a
entregará nas mãos do rei".

12 O mensageiro que tinha ido chamar Mikhay'hu lhe disse: "Eis que os profetas
estão predizendo de forma unânime o sucesso para o rei. Por favor, que a sua
palavra seja como a deles — diga algo bom". 13 No entanto, Mikhay'hu respondeu:
"Como vive *Adonai*, o que meu Deus disser é o que falarei".

14 Quando ele chegou à presença do rei, o rei lhe perguntou: "Mikhay'hu, devemos
atacar Ramot-Gil'ad, ou desistir de fazer isso?". Ele respondeu: "Sobe, tu serás bem-
-sucedido; eles serão entregues em tuas mãos". 15 O rei lhe disse: "Quantas vezes
preciso adverti-lo de que não me deve dizer nada que não seja a verdade em nome de
Adonai?". 16 Então ele respondeu: "Eu vi todo o Yisra'el disperso sobre as colinas como
ovelhas sem pastor; e *Adonai* disse: 'Esses homens não têm líder; que todos vão para
suas casas em paz' ". 17 O rei de Yisra'el disse a Y'hoshafat: "Não te disse que ele não
profetizaria coisas boas sobre mim, mas ruins?".

18 Mikhay'hu continuou: "Portanto, ouçam a palavra de *Adonai*. Eu vi *Adonai*
assentado em seu trono com todo o exército do céu posicionado à sua direita e à
sua esquerda. 19 *Adonai* perguntou: 'Quem atrairá Ach'av, rei de Yisra'el, para subir
para a sua morte em Ramot-Gil'ad?'. Um deles respondeu: 'Faça desta forma', e
outro: 'Faça daquela forma'. 20 Então um espírito se aproximou, parou em frente
de *Adonai* e disse: 'Eu o atrairei'. *Adonai* perguntou: 'Como?'. 21 Ele respondeu: 'Eu
irei e serei um espírito de engano na boca de todos os seus profetas'. *Adonai* disse:
'Você será bem-sucedido em enganá-lo. Vá e faça isso'. 22 Então, agora, *Adonai* pôs
um espírito de engano na boca desses seus profetas; entretanto, *Adonai* ordenou o
desastre para você".

23 Então Tzidkiyah, o filho de Kena'anah, subiu, bateu na face de Mikhay'hu e
perguntou: "E como o Espírito de *Adonai* me deixou falar com você?". 24 Mikhay'hu
respondeu: "Você descobrirá no dia em que for para dentro de um quarto, tentando
se esconder".

25 O rei de Yisra'el ordenou: "Agarrem Mikhay'hu e levem-no de volta para
Amon, o governador da cidade, e para Yo'ash, o filho do rei. 26 Digam: 'O rei diz
para lançar esse homem na prisão; alimentem-no apenas com pão e água, mas não
muito, até que eu volte em paz' ". 27 Mikhay'hu disse: "Se de fato você retornar em
paz, *Adonai* não terá falado por meu intermédio!". Então ele acrescentou: "Vocês me
ouviram, vocês, povo, todos vocês?".

28 Então o rei de Yisra'el e Y'hoshafat, o rei de Y'hudah, subiram a Ramot-Gil'ad.
29 O rei de Yisra'el disse a Y'hoshafat: "Eu me disfarçarei e irei para a batalha;
tu, porém, veste teu manto real". Então o rei de Yisra'el disfarçou-se e foi para a
batalha. 30 Ora, o rei de Aram tinha ordenado aos comandantes de suas carruagens:
"Não ataquem ninguém, quer de alta hierarquia, quer de baixa, mas tão somente o
rei de Yisra'el". 31 Então, quando os comandantes das carruagens viram Y'hoshafat,
eles disseram: "Este é o rei de Yisra'el", e se voltaram para atacá-lo. Y'hoshafat,
porém, clamou, e *Adonai* veio em seu auxílio — Deus os afastou para deixá-lo em
paz; 32 pois, quando os comandantes das carruagens viram que ele não era o rei
de Yisra'el, pararam de persegui-lo. 33 Entretanto, um soldado atirou uma flecha a
esmo e feriu o rei de Yisra'el entre sua armadura inferior e o peitoral. O rei disse
ao condutor de sua carruagem: "Ponha em posição contrária as rédeas e tire-me da
batalha; estou desfalecendo com meus ferimentos".

34 A luta, porém, tornou-se feroz naquele dia; e, embora o rei de Yisra'el
enfrentasse Aram em pé, apoiado em sua carruagem até o anoitecer, ele morreu ao
pôr do sol.

19 1 Então Y'hoshafat, o rei de Y'hudah, retornou em paz para sua casa em
Yerushalayim. 2 Yehu, o filho de Hanani, o vidente, foi encontrar-se com ele
e disse ao rei Y'hoshafat: "Deveria você ajudar o ímpio e ser amigo daqueles que
odeiam *Adonai*? Por causa disso, a ira de *Adonai* está sobre você. 3 Entretanto, ainda
há algo de bom em você, porque removeu as colunas sagradas da terra e dispôs o
seu coração para buscar Deus".

4 Então Y'hoshafat viveu em Yerushalayim e novamente circulou com o povo de
Be'er-Sheva até as colinas de Efrayim, conduzindo-os de volta a *Adonai*, o Deus de
seus antepassados.

5 Ele designou juízes em toda a terra, em todas as cidades fortificadas de Y'hudah,
cidade por cidade, 6 e instruiu os juízes: "Pensem bem no que estão fazendo; vocês
não estão simplesmente dispensando justiça por padrões meramente humanos,
mas como representantes de *Adonai*; ele estará com vocês quando entregarem um
veredicto. 7 Portanto, que o temor de *Adonai* esteja sobre vocês; tenham cuidado
com o que fazem; porque *Adonai*, nosso Deus, não permitirá a desonestidade, a
parcialidade ou o suborno".

8 Em Yerushalayim, Y'hoshafat designou alguns dos *l'vi'im*, dos *kohanim* e dos
líderes dos clãs de Yisra'el para julgarem em assuntos concernentes a *Adonai* e em
casos civis. Depois que eles retornaram a Yerushalayim, 9 ele ordenou: "É isto que
vocês devem fazer fielmente e com todo o coração, no temor de *Adonai*. 10 Quando
um assunto chegar diante de vocês da parte de seus irmãos que vivem em suas
cidades, se for um caso envolvendo derramamento de sangue ou uma questão
como ensina a *mitzvah*, a lei ou as aplicações dos mandamentos, vocês devem
alertá-los de não incorrerem em culpa para com *Adonai* e, deste modo, trazerem ira
tanto sobre vocês quanto sobre seus parentes. Façam isso, e vocês não incorrerão
em culpa. 11 Amaryahu, o *kohen gadol*, está sobre vocês em todos os assuntos
concernentes a *Adonai*, e Z'vadyahu, o filho de Yishma'el, chefe da casa de Y'hudah,
em todos os assuntos do rei. Os oficiais dos *l'vi'im* estão a serviço de vocês. Sejam
fortes e ajam, e que *Adonai* esteja com os bons".

20 1 Algum tempo depois, o povo de Mo'av e o povo de 'Amon com outros
'amonim vieram para lutar contra Y'hoshafat. 2 Foi dito a Y'hoshafat: "Um
imenso exército de além do mar [Morto], de Aram, está no caminho para lutar
contra ti; exatamente agora eles estão em Hatzatzon-Tamar" (ou seja, 'Ein-Gedi). 3
Y'hoshafat ficou com medo e, então, determinou buscar *Adonai*. Ele proclamou um
jejum em todo o Y'hudah, 4 e Y'hudah reuniu-se para buscar socorro da parte de
Adonai; eles vieram de todas as cidades de Y'hudah para buscar *Adonai*.

5 Levantando-se diante do pátio novo da casa de *Adonai*, entre aqueles que
se reuniram de Y'hudah e de Yerushalayim, 6 ele disse: "*Adonai*, Deus de nossos
antepassados, somente tu és Deus no céu. Tu governas todos os reinos das nações.
Em tua mão, está o poder e a força, de forma que ninguém pode resistir a ti. 7 Tu,
nosso Deus, expulsaste aqueles que viviam na terra diante do teu povo, Yisra'el, e
a deste para sempre aos descendentes de Avraham, teu amigo. 8 Eles viveram nela,
construíram nela um santuário para ti, para o teu nome, e disseram: 9 'Se a calamidade
nos atingir, tal como a guerra, o juízo, a doença ou a fome, nós permaneceremos

diante desta casa — ou seja, diante de ti, já que o teu nome está nessa casa — e
clamaremos a ti em nossa angústia; e tu nos ouvirás e nos resgatarás'.
10 "Então, agora, veja: o povo de 'Amon, Mo'av e do Monte Se'ir, a quem tu não
deixaste que Yisra'el invadisse quando chegaram da terra do Egito, de forma que
eles se afastaram deles e não os destruíram, 11 estão agora nos retribuindo [mal];
eles vieram para nos lançar fora da tua possessão, que tu nos deste como herança.
12 Nosso Deus! Não executarás julgamento contra eles? Porque nós não temos força
suficiente para derrotar essa imensa horda que vem contra nós, e nós não sabemos
o que fazer, mas nossos olhos estão em ti".

13 Todo o povo de Y'hudah permaneceu diante de *Adonai*, com seus bebês,
suas esposas e seus filhos. 14 Então, no meio da congregação, o Espírito de *Adonai*
veio sobre Yachzi'el, o filho de Z'kharyahu, o filho de B'nayah, o filho de Ye'i'el,
o filho de Matanyah, o *levi*, dos descendentes de Asaf. 15 Ele disse: "Ouça, todo o
povo de Y'hudah, vocês que vivem em Yerushalayim e o rei Y'hoshafat, eis o que
Adonai está dizendo a vocês: 'Não tenham medo nem se angustiem por causa dessa
grande horda; porque a batalha não é de vocês, mas de Deus. 16 Amanhã, desçam
contra eles. Eles virão pela subida de Tzitz, e vocês os encontrarão no final do *vádi*,
diante do deserto de Yeru'el. 17 Vocês não precisarão nem mesmo lutar essa batalha!
Apenas tomem suas posições, Y'hudah e Yerushalayim, permaneçam imóveis, e
vejam como *Adonai* os libertará! Não tenham medo, nem se angustiem; amanhã,
saiam contra eles porque *Adonai* está com vocês' ".

18 Y'hoshafat abaixou sua cabeça, prostrando-se com o rosto em terra;
enquanto isso, todo o povo de Y'hudah e os habitantes de Yerushalayim caíram
diante de *Adonai*, adorando *Adonai*; 19 e os *l'vi'im*, dos descendentes do k'hati e dos
descendentes do korchi, levantaram-se e louvaram *Adonai*, o Deus de Yisra'el, até o
limite de suas vozes.

20 Na manhã seguinte, eles se levantaram cedo e foram ao deserto de T'koa.
Enquanto partiam, Y'hoshafat pôs-se de pé e lhes disse: "Ouçam-me, Y'hudah e
vocês, habitantes de Yerushalayim!

"Confiem em *Adonai*, seu Deus,
e vocês serão salvos.
Confiem em seus profetas,
e vocês serão bem-sucedidos".

21 Depois de consultar o povo, ele designou alguns para cantar a *Adonai* e louvar
o esplendor da sua santidade, enquanto eles iam à frente do exército, dizendo:
"Deem graças a *Adonai*, porque a sua misericórdia dura para sempre". 22 Então, du-
rante o tempo em que eles estavam cantando e louvando, *Adonai* trouxe um ataque
surpresa contra o povo de 'Amon, Mo'av e do monte Se'ir, os quais tinham vindo
para lutar contra Y'hudah; e eles foram derrotados. 23 O que aconteceu foi que o
povo de 'Amon e Mo'av começou a atacar o povo que vivia próximo ao monte
Se'ir, para matá-lo e destruí-lo completamente; e, quando eles exterminaram o povo
de Se'ir, começaram a matar uns aos outros. 24 Então, quando Y'hudah alcançou a
torre de vigia da qual podia ser avistado o deserto, eles olharam para a horda; e
ali, diante deles, estavam os cadáveres caídos ao chão; ninguém tinha escapado.
25 Y'hoshafat e seu exército vieram tomar o espólio deles e encontraram entre eles
propriedades pessoais em abundância e cadáveres com joias preciosas, as quais
eles iam tirando para si até que não pudessem mais carregar. Eles levaram três dias
para recolher o espólio, pois havia grande quantidade dele. 26 No quarto dia, eles se

reuniram no vale de B'rakhah [Bênção], onde bendisseram *Adonai;* por isso aquele lugar é chamado de vale de B'rakhah até o dia de hoje.

27 Então todos os de Y'hudah e Yerushalayim retornaram alegremente para Yerushalayim, sob a liderança de Y'hoshafat; pois *Adonai* tinha dado a eles grande alegria no triunfo sobre seus inimigos. 28 Eles vieram a Yerushalayim com liras, alaúdes e trombetas, e foram à casa de *Adonai.* 29 O temor de Deus veio sobre todos os reinos das nações, quando eles ouviram dizer que *Adonai* tinha lutado contra os inimigos de Yisra'el. 30 Assim, o reino de Y'hoshafat teve paz, porque o seu Deus lhe concedeu paz em todas as suas fronteiras.

31 Y'hoshafat reinou sobre Y'hudah; ele tinha 35 anos quando começou a reinar e reinou durante vinte e cinco anos em Yerushalayim. O nome da sua mãe era 'Azuvah, a filha de Shilchi. 32 Ele viveu como Asa, seu pai, e não se desviou do caminho dele, fazendo o que era reto aos olhos de *Adonai,* 33 embora os lugares altos não tivessem sido removidos e o povo ainda não tivesse disposto o seu coração para o Deus de seus antepassados. 34 Outros atos de Y'hoshafat, desde o início até o fim, estão registrados nos relatos de Yehu, o filho de Hanani, os quais foram inseridos nos anais dos reis de Yisra'el.

35 Foi depois dessas coisas que Y'hoshafat aliou-se a Achazyah, rei de Yisra'el, que vivia muito impiamente. 36 Ele se aliou a Achazyah para construir grandes navios, capazes de ir a Tarshish; eles construíam os navios em 'Etzyon-Gever. 37 Então Eli'ezer, o filho de Dodavahu, de Mareshah, profetizou contra Y'hoshafat: "Porque você se aliou a Achazyah, *Adonai* está despedaçando o seu projeto". E os navios se quebraram, de forma que eles não puderam ir a Tarshish.

21 1 Y'hoshafat dormiu com seus antepassados, e foi sepultado com seus antepassados na Cidade de David, e Y'horam, seu filho, tornou-se rei em seu lugar. 2 Ele tinha irmãos que eram filhos de Y'hoshafat — 'Azaryah, Yechi'el, Z'kharyahu, 'Azaryahu, Mikha'el e Sh'fatyahu; todos esses eram filhos de Y'hoshafat, rei de Yisra'el. 3 Seu pai lhes tinha dado presentes generosos de prata, ouro e outros objetos de valor, bem como cidades fortificadas em Y'hudah; o reino, porém, ele o deu a Y'horam, porque ele era o primogênito. 4 No entanto, quando Y'horam tinha tomado o controle do reino de seu pai e consolidado o seu governo, ele matou à espada todos os seus irmãos e certo número de líderes em Yisra'el.

5 Ele tinha 32 anos quando começou a reinar e reinou oito anos em Yerushalayim. 6 Ele viveu de acordo com o exemplo dos reis de Yisra'el, como o fez a casa de Ach'av; isso porque se casou com a filha de Ach'av; ele fez o que era mau aos olhos de *Adonai.* 7 *Adonai,* porém, não estava disposto a destruir a casa de David, por causa da aliança que tinha feito com David, visto que ele tinha prometido dar a ele e aos seus filhos uma lâmpada que queimaria para sempre.

8 Durante seu reinado, Edom revoltou-se contra Y'hudah e estabeleceu o próprio rei. 9 Então Y'horam avançou com seus comandantes e todas as suas carruagens. Sob o manto da noite, ele e seus comandantes das carruagens atacaram e derrotaram Edom, que o tinha cercado. 10 Contudo, desde aquele dia, Edom permaneceu livre do domínio de Y'hudah. Ao mesmo tempo, Livnah rebelou-se contra ele porque ele tinha abandonado *Adonai,* o Deus de seus antepassados. 11 Além disso, ele construiu lugares altos nas colinas de Y'hudah, levou o povo que vivia em Yerushalayim a se prostituir e fez que Y'hudah se desviasse.

12 Uma carta chegou até ele de Eliyahu, o profeta, que dizia: "Eis o que *Adonai,* o Deus de David, seu antepassado, diz: 'Você não tem vivido de acordo com os

exemplos de Y'hoshafat, seu pai, nem de Asa, rei de Y'hudah. 13 Em vez disso, você tem vivido de acordo com o exemplo dos reis de Yisra'el e tem levado Y'hudah e o povo que vive em Yerushalayim a se prostituir, assim como a casa de Ach'av levou [Yisra'el] a se prostituir. Além disso, você matou seus irmãos, da casa de seu pai, homens melhores que você. 14 Por causa de todas essas coisas, *Adonai* ferirá o seu povo com uma terrível doença, e também os seus filhos, suas esposas e tudo o que você possui. 15 Você ficará muito doente dos intestinos, até que seus intestinos apodreçam, dia após dia, por causa dos efeitos dessa doença' ".

16 Então *Adonai* levantou contra Y'horam o espírito dos p'lishtim e dos árabes que moravam próximo aos etíopes; 17 e eles vieram para atacar Y'hudah. Eles invadiram e levaram toda a propriedade pessoal de Y'horam que puderam encontrar no palácio real, bem como seus filhos e esposas; assim, nenhum filho restou para ele, com exceção de Y'ho'achaz, seu filho mais moço.

18 Depois de todas essas coisas, *Adonai* o feriu nos intestinos com uma doença incurável. 19 Algum tempo depois, ao final de dois anos, seus intestinos apodreceram por causa dessa doença, e ele teve uma morte extremamente dolorosa. Seu povo não acendeu nenhum fogo para ele, como tinha sido feito em relação aos seus antepassados. 20 Ele tinha 32 anos quando começou a reinar e reinou em Yerushalayim por oito anos; e partiu sem alegria. Foi sepultado na Cidade de David, mas não nas tumbas dos reis.

22 1 O povo que vivia em Yerushalayim fez de Achazyah, seu filho mais moço, rei em seu lugar, já que as tropas invasoras que tinham invadido o acampamento junto com os árabes tinham matado todos os mais velhos. Assim, Achazyah, o filho de Y'horam, rei de Y'hudah, reinou. 2 Achazyah tinha 42 anos quando começou a reinar e reinou um ano em Yerushalayim. O nome de sua mãe era 'Atalyahu, a filha de 'Omri. 3 Ele também viveu segundo o exemplo da casa de Ach'av, porque sua mãe o aconselhava a agir impiamente. 4 Assim, ele fez o que era mau aos olhos de *Adonai,* como tinha feito a casa de Ach'av; porque, para sua destruição, eles foram seus conselheiros depois que seu pai morreu; 5 e ele viveu de acordo com o conselho deles.

Juntamente com Y'horam, o filho de Ach'av, rei de Yisra'el, ele foi para a guerra contra Haza'el, rei de Aram, em Ramot-Gil'ad, onde os aramim feriram Y'horam. 6 Ele voltou para Yizre'el, para ser tratado dos ferimentos que o tinham infligido em Ramah enquanto lutava com Haza'el, rei de Aram. Achazyah, o filho de Y'horam, rei de Y'hudah, foi visitar Y'horam, filho de Ach'av, em Yizre'el, porque ele não estava se sentindo bem.

7 Por meio da visita de Achazyah a Y'horam, Deus trouxe a sua ruína. Depois que ele chegou, acompanhou Y'horam contra Yehu, o filho de Nimshi, a quem *Adonai* havia ungido para destruir a casa de Ach'av. 8 Aconteceu, porém, que, quando Yehu estava executando juízos sobre a casa de Ach'av, ele encontrou os líderes de Y'hudah e os sobrinhos de Achazyah que estavam dando assistência a Achazyah e os matou. 9 Então ele saiu à procura de Achazyah; eles o acharam no lugar para o qual ele tinha fugido em Shomron, trouxeram-no a Yehu e o mataram. No entanto, [seus servos] o sepultaram, porque diziam: "Ele era o neto de Y'hoshafat, que buscou *Adonai* com todo o coração".

A essa altura, na casa de Achaziah não havia mais ninguém que fosse suficientemente forte para que pudesse reinar. 10 Quando 'Atalyah, a mãe de Achazyah, viu que seu filho estava morto, ela se dispôs a destruir toda a família

real da casa de Y'hudah. 11 Contudo, Y'hoshav'at, a filha do rei, tomou Yo'ash, o
filho de Achazyah, retirou-o dentre os príncipes que estavam sendo mortos e o
escondeu dentre e à sua ama em um quarto. Assim, Y'hoshav'at, a filha do rei
Y'horam, esposa de Y'hoyada, o *kohen,* e irmã de Achazyah, escondeu-o de 'Atalyah,
de modo que ele não foi morto. 12 Ele permaneceu escondido com eles na casa de
Deus por seis anos; durante esse tempo, 'Atalyah reinou sobre a terra.

23 1 No sétimo ano, Y'hoyada tomou coragem e armou uma conspiração com
alguns capitães de tropas de cem homens — 'Azaryah, o filho de Yerocham,
Yishma'el, o filho de Y'hochanan, 'Azaryah, o filho de 'Oved, Ma'aseiyahu, o filho de
'Adayahu, e Elishafat, o filho de Zikhri. 2 Eles percorreram Y'hudah e congregaram
os *l'vi'im* de todas as cidades de Y'hudah, juntamente com os chefes dos clãs de
Yisra'el, e vieram a Yerushalayim. 3 Toda a congregação fez um acordo com o rei
na casa de Deus. [Y'hoyada] dirigiu-se a eles: "Eis aqui! O filho do rei reinará, como
disse *Adonai* a respeito dos descendentes de David! 4 Eis o que vocês devem fazer:
dos *kohanim* e dos *l'vi'im* que vierem para o dever do *shabbat,* uma terça parte
guardará as portas, 5 a outra terça parte, o palácio real, e a outra terça parte, a porta
do Alicerce; o restante do povo deverá permanecer no pátio da casa de *Adonai.* 6 Nin-
guém deve entrar na casa de *Adonai,* com exceção dos *kohanim* e alguns dos *l'vi'im*
que são responsáveis pelo serviço. Esses devem entrar, porque são santos; mas
todo o povo observará a ordem de *Adonai.* 7 Os *l'vi'im* cercarão o rei, cada homem
com sua arma na mão. Qualquer que entrar na casa será morto. Permaneçam com
o rei todas as vezes que ele entrar ou sair".

8 Os *l'vi'im* e todo o povo de Y'hudah fizeram exatamente como Y'hoyada, o
kohen, ordenara. Cada um tomou seus homens, aqueles que vinham para o dever
do *shabbat* e aqueles que estavam saindo do dever do *shabbat* (porque Y'hoyada, o
kohen, não dispensou as divisões). 9 Y'hoyada, o *kohen,* distribuiu entre os capitães
de cem as lanças, os escudos grandes e os escudos pequenos que tinham sido de
David e estavam guardados na casa de Deus. 10 Então ele posicionou todo o povo,
11 cada homem com sua arma na mão, desde o lado direito da casa até o esquerdo,
ao longo do altar, ao longo da [parte exterior da] casa e em volta do rei. Então
eles trouxeram o filho do rei para fora, coroaram-no, deram-lhe [uma cópia do]
testemunho, e assim o fizeram rei. Y'hoyada e seus filhos o ungiram e gritaram:
"Longa vida ao rei!".

12 Quando 'Atalyah ouviu o som do povo, correndo e aclamando o rei, ela
entrou na casa de *Adonai* onde estava o povo, 13 olhou e viu o rei que estava ali, na
plataforma da entrada, com os líderes e os trombeteiros próximos ao rei. Todo o
povo da terra estava celebrando e tocando as trombetas, enquanto os cantores,
com seus instrumentos musicais, dirigiam as canções de louvor. Diante disso,
'Atalyah rasgou suas roupas e gritou: "Traição! Traição!". 14 Y'hoyada, o *kohen,*
levou para fora os capitães de cem, que estavam encarregados do exército, e lhes
disse: "Acompanhem-na, passando pelas fileiras [dos guardas]; mas, qualquer que
a seguir, que seja morto à espada". Pois o *kohen* tinha dito: "Não a matem na casa
de *Adonai*". 15 Então eles a tomaram à força e a levaram para um local próximo à
entrada dos cavalos para o palácio do rei, e ali a mataram.

16 Y'hoyada fez uma aliança entre ele, todo o povo e o rei, para serem o povo de
Adonai. 17 Então todo o povo foi à casa de Ba'al e a quebrou; eles esmagaram seus
altares e imagens e mataram Mattan, o sacerdote de Ba'al, diante dos altares.

18 Y’hoyada designou oficiais para a casa de *Adonai* sob a supervisão dos
kohanim e dos *l’vi’im*, os quais David tinha distribuído em turnos de deveres na
casa de *Adonai*, para oferecerem as ofertas queimadas de *Adonai*, como está escrito
na *Torah* de Mosheh, com regozijo e com músicas, em cumprimento às ordens de
David. 19 Ele posicionou guardas nas portas da casa de *Adonai*, para que ninguém
que estivesse impuro em qualquer sentido pudesse entrar. 20 Ele tomou os capitães
de cem, os homens das fileiras, os chefes do povo e todo o povo da terra; e eles
trouxeram o rei da casa de *Adonai*, passando pela porta superior até o palácio real,
e sentaram o rei no trono real. 21 Todo o povo da terra celebrou, e, pelo menos, a
cidade estava em paz. Foi dessa forma que eles mataram ‘Atalyah com a espada.

24 1 Yo’ash tinha 7 anos quando começou a reinar e reinou quarenta anos em
Yerushalayim. O nome de sua mãe era Tzivyah, de Be’er-Sheva. 2 Yo’ash fez
o que era reto aos olhos de *Adonai* em todo o tempo que viveu Y’hoyada, o *kohen*.
3 Y’hoyada escolheu duas esposas para ele, e ele se tornou pai de filhos e filhas.

4 Algum tempo depois, Yo’ash decidiu restaurar a casa de *Adonai*. 5 Ele juntou
os *kohanim* e os *l’vi’im* e lhes disse: “Vão às cidades de Y’hudah e coletem dinheiro,
cada ano, de todo o Yisra’el, para reparar a casa do Deus de vocês. Cuidem para
que vocês façam isso prontamente”. Quando, porém, os *l’vi’im* se delongaram,
6 o rei convocou Y’hoyada, o chefe, e lhe inquiriu: “Por que você não exigiu que os
l’vi’im trouxessem de Y’hudah e de Yerushalayim a taxa prescrita por Mosheh, o
servo de *Adonai*, e pela comunidade de Yisra’el, para a tenda do testemunho?”. 7 Pois
os filhos daquela ímpia ‘Atalyahu tinham quebrado a casa de Deus e ofertado aos
ba‘alim todos os objetos consagrados que pertenciam à casa de *Adonai*.

8 Então, diante da ordem do rei, eles fizeram uma caixa e a colocaram do lado
de fora da entrada da casa de *Adonai*. 9 Eles proclamaram entre todo o povo de
Y’hudah e Yerushalayim que a taxa que Mosheh, o servo de Deus, tinha imposto
sobre Yisra’el no deserto deveria ser trazida a *Adonai*. 10 Todos os líderes e todo o
povo se alegraram por trazer suas contribuições e colocá-las na caixa, até que a
caixa ficou cheia. 11 Quando a caixa era trazida aos oficiais do rei pelos *l’vi’im*, e
quando eles viam quanto dinheiro havia nela, o secretário do rei e o oficial do *kohen
gadol* vinham e esvaziavam a caixa; então eles a tomavam e a levavam de novo ao
seu lugar. Eles faziam isso diariamente e coletavam dinheiro em abundância.

12 O rei e Y’hoyada deram o dinheiro para aqueles que estavam encarregados
de cuidar da casa de *Adonai*. Estes, por outro lado, contrataram cortadores de
pedra e carpinteiros para restaurar a casa de *Adonai*, e também trabalhadores em
ferro e bronze para restaurar a casa de *Adonai*. 13 Os trabalhadores levaram adiante
suas tarefas, de forma que a restauração progrediu bem, até que eles tivessem
restaurado a casa de Deus à sua condição anterior, e eles a reforçaram. 14 Quando
terminaram o trabalho, eles trouxeram o restante do dinheiro para o rei e para
Y’hoyada, e este foi usado para fazer os utensílios da casa de *Adonai* — artigos
usados na ministração, tigelas, panelas para o fogo e os utensílios de ouro e prata.
Assim, eles ofereceram ofertas queimadas na casa de *Adonai* regularmente, durante
todo o tempo de vida de Y’hoyada.

15 Todavia, Y’hoyada envelheceu; e, quando ele estava cheio de dias, morreu. Ele
tinha 130 anos quando morreu. 16 Eles o sepultaram na Cidade de David, entre os
reis, porque tinha servido bem a Yisra’el, a Deus e à sua casa.

17 Depois que Y’hoyada morreu, os líderes de Y’hudah vieram e se prostraram
diante do rei. Então o rei os ouviu; 18 e eles abandonaram a casa de *Adonai*, o Deus de

seus antepassados, e serviram às colunas sagradas e aos ídolos. Em consequência
de sua culpa, a ira [de Deus] caiu sobre Y'hudah e Yerushalayim. 19 A despeito disso,
ele lhes enviou profetas para trazê-los de volta a *Adonai;* estes os alertaram, mas
eles não lhes deram atenção. 20 O Espírito de Deus cobriu Z'kharyah, o filho de
Y'hoyada, o *kohen*; ele se pôs diante do povo e se dirigiu a ele: "Assim diz Deus:
'Por que vocês estão transgredindo as *mitzvot* de *Adonai* e cortejando o desastre? E,
já que vocês abandonaram *Adonai,* ele os abandonou". 21 Eles, porém, conspiraram
contra ele e o apedrejaram até a morte, sob a ordem do rei, no pátio da casa de
Adonai. 22 Assim, Yo'ash, o rei, não se lembrou da bondade que Y'hoyada, o pai [de
Z'kharyah], tinha feito para com ele, mas levou seu filho à morte. Enquanto morria,
ele disse: "Que *Adonai* veja isto e tome vingança!".

23 Na primavera seguinte, o exército de Aram veio contra ele. Eles atacaram
Y'hudah e Yerushalayim, mataram todos os líderes do povo e enviaram o espólio
deles ao rei de Dammesek. 24 Embora o exército de Aram tivesse atacado com apenas
uma pequena companhia de homens, *Adonai* entregou um exército muito grande a
eles, porque tinham abandonado *Adonai,* o Deus de seus antepassados. Assim, eles
executaram juízo contra Yo'ash.

25 Depois que os arameus o deixaram — e eles o feriram gravemente —, seus
servos conspiraram contra ele porque ele tinha derramado o sangue dos filhos de
Y'hoyada, o *kohen*; e eles o mataram em sua cama. Depois que ele morreu, eles o
sepultaram na Cidade de David, mas ele não foi sepultado nas tumbas dos reis.
26 Os que conspiraram contra ele foram Zavad, o filho de Shim'at, a 'amonit, e
Y'hozavad, o filho de Shimrit, a mo'avit.

27 Quanto aos seus filhos, o pesado tributo imposto a ele e a restauração da
casa de Deus, tudo isso está registrado no comentário dos anais dos reis. Então
Amatzyahu, seu filho, tomou seu lugar como rei.

25 1 Amatzyahu tinha 25 anos quando começou a reinar e reinou vinte e nove
anos em Yerushalayim. O nome de sua mãe era Y'ho'adan, de Yerushalayim.
2 Ele fez o que era reto aos olhos de *Adonai,* mas não com todo o seu coração.

3 Assim que sentiu que o reino estava firmemente sob seu controle, ele levou à
morte os seus servos que tinham assassinado seu pai. 4 No entanto, ele não matou
os filhos deles; antes, agiu de acordo com o que está escrito na *Torah*, no rolo de
Mosheh, como *Adonai* ordenou, quando disse: "Os pais não morrerão pelos filhos,
nem os filhos morrerão pelos pais; cada pessoa morrerá pelo próprio pecado".

5 Amatzyahu congregou Y'hudah e o pôs em ordem por clãs, sob capitães de
mil e capitães de cem — todo o povo de Y'hudah e Binyamin. Ele registrou todos os
que tinham mais de 20 anos e descobriu que havia 300 mil homens selecionados,
habilitados para ir à guerra, capazes de usar lanças e escudos. 6 Ele também
contratou 100 mil homens fortes e valentes de Yisra'el, por 3,5 toneladas de prata.
7 Entretanto, um homem de Deus veio a ele e lhe disse: "Ó rei, não permita que o
exército de Yisra'el marche com você; porque *Adonai* não está com Yisra'el nem
com nenhum dos povos de Efrayim. 8 E, se você for, então não importa quanto
lute ferozmente, Deus fará que você caia diante dos seus inimigos. Porque Deus
tem o poder de socorrer e de causar a derrota". 9 Amatzyahu disse ao homem de
Deus: "Então o que devo fazer acerca das 3,5 toneladas [de prata] que eu paguei
ao exército de Yisra'el?". O homem de Deus respondeu: "*Adonai* pode dar a você
muito mais do que isso!". 10 Então Amatzyahu separou o batalhão que tinha vindo
a ele de Efrayim e lhe disse que voltassem para casa — o que fez que a ira deles se
acendesse contra Y'hudah, e eles voltaram irados para casa.

11 Amatzyahu tomou coragem, levou seu povo ao vale do Sal, onde ele matou 10
mil do povo de Se'ir. 12 O povo de Y'hudah deixou vivos outros 10 mil, levando-os ao
alto da Rocha e lançando-os do alto da Rocha, de modo que todos eles foram feitos
em pedaços.

13 Enquanto isso, os homens do exército que Amatzyahu tinha enviado de volta
e não permitido que se juntassem a ele na batalha atacaram as cidades de Y'hudah,
em todo o caminho desde Shomron até Beit-Horon, mataram 3 mil deles e tomaram
muito espólio.

14 Depois que Amatzyahu retornou da matança do povo de Edom, ele trouxe os
deuses do povo de Se'ir e os estabeleceu como seus deuses, prostrando-se diante
deles e lhes oferecendo incenso. 15 Como resultado, a ira de *Adonai* se acendeu contra
Amatzyahu, e ele enviou um profeta, que disse a ele: "Por que você buscou os deuses
desse povo, quando eles não puderam nem mesmo libertar de você o próprio povo?".
16 Entretanto, enquanto [o profeta] estava falando com ele, ele o interrompeu: "Onde
você foi constituído conselheiro do rei? É melhor você parar antes que seja morto!".
Então o profeta parou, mas acrescentou: "Eu sei que Deus está planejando destruir
você por ter feito isso e por ter recusado ouvir o meu conselho".

17 Então, depois de tomar aconselho, Amatzyahu, rei de Y'hudah, enviou um
desafio a Yo'ash, o filho de Y'ho'achaz, o filho de Yehu, rei de Yisra'el: "Venha, vamos
nos confrontar". 18 Yo'ash, o rei de Yisra'el, enviou esta resposta a Amatzyahu, rei
de Y'hudah: "Certa vez, no L'vanon, o cardo enviou uma mensagem ao cedro: 'Dê
sua filha a meu filho em casamento'. Contudo, um animal selvagem passou pelo
cardo e o despedaçou. 19 Você diz que derrotou Edom, o que é verdade; por isso,
você se vê instigado e sente comichão por mais glória. Desta vez, porém, fique
em casa! Por que provocar a calamidade para a própria ruína, a sua e também
a de Y'hudah?". 20 Amatzyahu, porém, não ouviu. E isso era da parte de Deus,
para que ele pudesse entregá-los [aos seus inimigos], porque tinham buscado os
deuses de Edom. 21 Assim, Yo'ash, rei de Yisra'el, partiu; e ele e Amatzyahu, rei de
Y'hudah, confrontaram-se em Beit-Shemesh, que pertence a Y'hudah. 22 Y'hudah
foi derrotado por Yisra'el, e cada homem fugiu para a sua tenda. 23 Yo'ash, rei de
Yisra'el, tomou Amatzyahu, rei de Y'hudah, o filho de Yo'ash, o filho de Y'ho'achaz,
como prisioneiro em Beit-Shemesh. Então ele o trouxe a Yerushalayim e demoliu
o muro de Yerushalayim entre o portão de Efrayim e o portão da Esquina, um
espaço de 180 metros. 24 [Ele levou] todo o ouro e toda a prata, todos os artigos que
pôde encontrar na casa de Deus, e também os que estavam com 'Oved-Edom e nos
tesouros do palácio real, juntamente com reféns; então voltou para Shomron.

25 Amatzyahu, o filho de Yo'ash, rei de Y'hudah, viveu outros quinze anos
depois da morte de Yo'ash, filho de Y'ho'achaz, rei de Yisra'el. 26 Outros atos de
Amatzyahu, desde o início até o final, estão registrados nos anais dos reis de
Y'hudah e de Yisra'el.

27 Desde o tempo em que Amatzyahu se desviou de seguir a *Adonai*, foi formada
uma conspiração contra ele em Yerushalayim. Por isso, ele fugiu para Lakhish; os
conspiradores, porém, o seguiram até Lakhish e ali o mataram. 28 Eles trouxeram
seu corpo de volta, em cavalos, e o sepultaram com seus antepassados na cidade
de Y'hudah.

26 1 Enquanto isso, todo o povo de Y'hudah tinha tomado 'Uziyahu na idade
de 16 anos e o haviam feito rei no lugar de seu pai, Amatzyahu. 2 Ele recon-
quistou Eilot para Y'hudah e a reconstruiu; foi depois disso que o rei [Amatzyahu]
dormiu com seus antepassados.

3 'Uziyahu tinha 16 anos quando começou a reinar e reinou cinquenta e dois
anos em Yerushalayim. O nome de sua mãe era Y'kholyahu, de Yerushalayim. 4 Ele
fez o que era reto perante os olhos de *Adonai*, seguindo o exemplo de tudo quanto
seu pai, Amatzyahu, tinha feito. 5 Ele consultou Deus durante o tempo de vida de
Z'kharyahu, que entendia as visões de Deus; e, por todo o tempo que ele consultou
Adonai, Deus o fez prosperar.

6 Ele foi à guerra contra os p'lishtim, pondo abaixo as muralhas de Gat, Yavneh
e Ashdod, e construiu cidades nas cercanias de Ashdod e entre os p'lishtim. 7 Deus
o auxiliou contra os p'lishtim, contra os árabes que viviam em Gur-Ba'al, e contra
os me'unim. 8 Os 'amonim prestaram tributo a 'Uziyahu, e sua fama espalhou-
se além das fronteiras, chegando até o Egito, pois ele continuou crescendo e se
fortalecendo.

9 'Uziyahu construiu torres em Yerushalayim, no portão da Esquina, no portão
do Vale e no canto do muro, e as fortificou. 10 Ele construiu torres no deserto e
cavou várias cisternas, pois tinha muito rebanho, tanto na Sh'felah como nas
planícies costeiras. Ele tinha fazendeiros e trabalhadores na vinha, nas montanhas
e nas terras férteis, pois gostava da agricultura.

11 'Uziyahu teve um exército preparado de soldados treinados, divididos
em unidades, segundo o recenseamento feito pelo secretário Ye'i'el e o oficial
Ma'aseiyah, sob a direção de Hananyah, um dos oficiais do rei. 12 O número total
de chefes dos clãs desses homens corajosos e fortes era 2.600. 13 Eles dirigiam
um exército armado de 307.500 homens de guerra, uma armada poderosa que
auxiliava o rei na guerra contra o inimigo. 14 'Uziyahu os equipou, todo o exército,
com escudos, lanças, capacetes, armaduras, arcos e fundas.

15 Em Yerushalayim, ele construiu máquinas projetadas por peritos para
as torres e os cantos dos muros, as quais lançavam flechas e grandes pedaços
de pedra. Sua fama espalhou-se amplamente, pois ele foi auxiliado de maneira
miraculosa, até que se tornou poderoso.

16 No entanto, quando estava forte, ele se tornou arrogante, o que o fez tornar-se
corrupto, de maneira que pecou contra *Adonai*, seu Deus, indo ao templo de *Adonai*
e queimando incenso no altar de incenso. 17 'Azaryahu, o *kohen*, entrou depois dele,
e com ele foram 80 dos *kohanim* de *Adonai*, homens corajosos. 18 Eles se puseram
diante de 'Uziyahu, o rei; então eles disseram: "Este não é o seu serviço, 'Uziyahu,
queimar incenso a *Adonai*! Queimar incenso é tarefa dos *kohanim*, descendentes
de Aharon, os quais têm sido consagrados. Saia do santuário! Você foi além do
que deveria, e *Adonai*, Deus, não o honrará por isso". 19 Isso deixou 'Uziyahu irado,
enquanto estava ali com o incensário na mão, pronto para queimar incenso; e sua
fúria para com os *kohanim* fez que, imediatamente, surgisse *tizara'at* em sua testa,
diante dos *kohanim*, na casa de *Adonai*, ao lado do altar de incenso. 20 'Azaryahu,
o *kohen gadol*, e todos os *kohanim* ficaram admirados diante dele, pois ele estava
com *tzara'at* em sua testa! Rapidamente eles o expulsaram dali; e, na verdade, ele
mesmo se apressou a sair dali, pois *Adonai* o havia abatido. 21 'Uziyahu, o rei, teve
tzara'at até o dia de sua morte; ele morou em uma casa separada por ter *tzara'at*
e não poder mais entrar na casa de *Adonai*. Enquanto isso, Yotam, o filho do rei,
reinou sobre a família do rei e foi regente sobre o povo da terra.

22 Outros atos de 'Uziyahu, desde o início até o fim, foram registrados pelo profeta
Yesha'yahu, filho de Amotz. 23 Então 'Uziyahu dormiu com seus antepassados, e
eles o sepultaram com seus antepassados na sepultura que pertencia aos reis, pois
disseram: "Ele tinha *tizara'at*". Então, Yotam, seu filho, tomou seu lugar como rei.

27 1 Yotam tinha 25 anos quando começou a reinar e reinou dezesseis anos em
Yerushalayim. O nome de sua mãe era Yerushah, a filha de Tzadok. 2 Ele fez
o que era reto aos olhos de *Adonai*, seguindo o exemplo de tudo quanto seu pai,
'Uziyahu, tinha feito, exceto que ele não entrou no templo de *Adonai*. Todavia, o
povo agia de forma corrupta.

3 Ele construiu a porta superior da casa de *Adonai* e fez amplas reformas no
muro, em 'Ofel. 4 Ele construiu cidades nos montes de Y'hudah, e, nas áreas verdes,
construiu fortes e torres.

5 Ele guerreou contra o rei do povo de 'Amon e o derrotou. Naquele ano, o
povo de 'Amon pagou a ele tributo de 3,5 toneladas de prata, 10 mil barris de trigo
e 10 mil [barris] de cevada. O povo de 'Amon pagou a ele a mesma quantidade no
segundo e no terceiro anos. 6 Então Yotam tornou-se forte, porque ele tomou como
norma de vida [realizar seus feitos] diante de *Adonai*, seu Deus.

7 Outros atos de Yotam, todos os seus feitos [como fazia as coisas] estão
registrados nos anais dos reis de Yisra'el e de Y'hudah. 8 Ele tinha 25 anos quando
começou a reinar e reinou dezesseis anos em Yerushalayim. 9 Yotam dormiu com
seus antepassados, e eles o sepultaram na Cidade de David. Então Achaz, seu filho,
tomou o seu lugar como rei.

28 1 Achaz tinha 20 anos quando começou a reinar e reinou dezesseis anos em
Yerushalayim. Ele, porém, não fez o que era reto aos olhos de *Adonai*, assim
como David, seu antepassado, tinha feito. 2 Em vez disso, ele viveu à maneira dos
reis de Yisra'el e fez imagens de metal para os *ba'alim*. 3 Além disso, fez oferendas
no vale de Ben-Hinnom e chegou a queimar os próprios filhos como sacrifícios,
mantendo essas práticas horríveis dos pagãos, a quem *Adonai* havia expulsado do
meio do povo de Yisra'el. 4 Ele também sacrificou e ofereceu nos altos, nos montes
e embaixo de toda árvore frondosa.

5 Por isso, *Adonai*, seu Deus, o entregou nas mãos do rei de Aram; eles o atacaram
e levaram dentre o seu povo um grande número de prisioneiros, trazendo-os para
Dammesek.

Além disso, ele foi derrotado pelo rei de Yisra'el, que o abateu com um grande
massacre. 6 Pekach, o filho de Remalyah, matou em Y'hudah 120 mil homens em um
dia, todos eles homens corajosos, por terem abandonado *Adonai*, o Deus de seus
antepassados. 7 E Zikhri, um guerreiro de Efrayim, matou Ma'aseiyah, o filho do rei,
'Azrikam, o administrador encarregado do palácio, e Elkanah, que era o segundo
depois do rei. 8 O povo de Yisra'el tomou cativos de seus irmãos 200 mil esposas,
filhos e filhas; eles também capturaram deles muitos despojos, os quais trouxeram
a Shomron.

9 Entretanto, um profeta de *Adonai*, chamado 'Oded, estava ali; ele foi ao
encontro do exército, vindo a Shomron, e falou a eles: "Vejam, porque *Adonai*, o
Deus de seus pais, estava irado com Y'hudah, ele o entregou nas mãos de vocês, e
vocês os devastaram em fúria que subiu aos céus. 10 Agora vocês pretendem forçar
o povo de Y'hudah e Yerushalayim em sujeição, como se fossem seus escravos; mas
vocês não têm pecados de culpa por feitos que vocês mesmos tenham cometido
contra *Adonai*, seu Deus? 11 Portanto, atentem para mim agora e enviem os cativos
de volta, este povo que vocês tomaram como escravos de seus irmãos, pois a ira
acirrada de *Adonai* está sobre vocês".

12 Naquele momento, alguns dos líderes do povo de Efrayim — 'Azaryahu, o
filho de Y'hochanan, Berekhyahu, o filho de Meshilemot, Y'chizkiyah, o filho de

Shalum, e 'Amasa, o filho de Haldai — protestaram contra aqueles que estavam
voltando da guerra, 13 dizendo-lhes: "Não tragam os cativos para cá, porque vocês
estão querendo fazer algo que nos trará culpa perante *Adonai*. Isso apenas vai
aumentar nossos pecados e nossa culpa, pois nossa culpa é grande, e há uma fúria
direcionada contra Yisra'el".

14 Assim os soldados armados deixaram os prisioneiros e os despojos ali, com
os líderes e com toda a comunidade; 15 enquanto isso, os homens designados
nominalmente tomaram a responsabilidade dos prisioneiros e das vestimentas dos
despojos, vestiram aqueles entre eles que não estavam adequadamente vestidos,
dando-lhes vestes e sapatos, provendo-lhes comida e bebida, e ungindo-os com
óleo. Depois de colocar sobre jumentos todos os enfraquecidos que havia no meio
deles, eles os levaram para Yericho, a Cidade das Palmeiras, a seus irmãos; e só
então retornaram a Shomron.

16 Foi por essa época que o rei Achaz enviou pedido para que os reis de Ashur
o ajudassem. 17 Pois novamente o povo de Edom tinha vindo atacar Y'hudah e
levado com eles prisioneiros. 18 Os p'lishtim também haviam invadido as cidades
na Sh'felah e no Negev de Y'hudah. Eles haviam capturado Beit-Shemesh, Ayalon,
G'derot e Sokho, com suas aldeias; Timnah, com suas aldeias; e Gimzo, com suas
aldeias, estabelecendo-se ali. 19 Assim, *Adonai* rebaixou Y'hudah por causa de Achaz,
rei de Yisra'el, já que ele havia causado distúrbios em Y'hudah e atuado de forma
bem traiçoeira contra *Adonai*.

20 Tilgat-Piln'eser, rei de Ashur, atacou e cercou Achaz, em vez de fortalecê-lo
— 21 embora Achaz tivesse tomado bens da casa de *Adonai* e dos palácios dos reis e
dos príncipes e tivesse dado o saque ao rei de Ashur, isso não o auxiliou em nada.

22 Durante seu tempo de angústia, esse mesmo rei Achaz aumentou sua traição
a *Adonai*, 23 sacrificando aos deuses de Dammesek, que o havia atacado, arrazoando
o seguinte: "Os deuses dos reis de Aram os ajudaram, então lhes oferecerei
sacrifícios, e eles me ajudarão". No entanto, eles se tornaram a ruína dele e de
todo o Yisra'el. 24 Achaz tomou utensílios da casa de Deus, quebrou em pedaços
os utensílios da casa de Deus e fechou as portas da casa de *Adonai*; então ele fez
para si altares em cada canto de Yerushalayim. 25 Em cada cidade de Y'hudah, ele
construiu altares para fazer oferendas a outros deuses, provocando, assim, *Adonai*,
o Deus de seus antepassados.

26 Outros atos de Achaz e sua maneira [de fazer as coisas], desde o começo até o
fim, estão registrados nos anais dos reis de Y'hudah e de Yisra'el. 27 Achaz dormiu
com seus antepassados, e foi sepultado na cidade, em Yerushalayim; porque eles
não o trouxeram ao túmulo dos reis de Yisra'el. Então Hizkiyahu, seu filho, tomou
o seu lugar como rei.

29 1 Hizkiyahu tinha 25 anos quando começou a reinar e reinou vinte e cinco
anos em Yerushalayim. O nome de sua mãe era Aviyah, a filha de Z'kharyah.
2 Ele fez o que era reto aos olhos de *Adonai*, seguindo o exemplo de tudo quanto
David, seu antepassado, havia feito.

3 No primeiro mês do primeiro ano de seu reinado, ele reabriu as portas da
casa de *Adonai* e as reparou. 4 Então ele trouxe *kohanim* e *l'vi'im*, reuniu todos em
um espaço aberto a leste, 5 e lhes disse: "Ouçam-me, *l'vi'im*: consagrem-se agora,
consagrem a casa de *Adonai*, o Deus de seus antepassados, e removam a sujeira do
Lugar Sagrado. 6 Pois nossos antepassados atuaram traiçoeiramente; eles fizeram
o que era mau aos olhos de *Adonai*, nosso Deus, o abandonaram, viraram o rosto

de onde ADONAI vive e viraram costas para ele. [7] Também fecharam as portas do
pórtico, apagaram as lâmpadas e pararam de queimar incenso e de oferecer ofertas
queimadas no Lugar Sagrado ao Deus de Yisra'el.
[8] "Por causa disso, a ira de ADONAI se estabeleceu sobre Y'hudah e Yerushalayim;
e ele fez deles um objeto de horror, de pasmo e de zombaria — como vocês podem
ver com os próprios olhos. [9] Pois nossos antepassados caíram à espada, e por isso
nossos filhos, filhas e esposas foram levados cativos.
[10] "Agora sinto meu coração inclinado a fazer uma aliança com ADONAI, o Deus
de Yisra'el, de maneira que sua ira furiosa se retire de nós. [11] Meus filhos, agora não
é hora de serem negligentes, pois vocês são aqueles que ADONAI escolheu para estar
diante dele e servi-lo como seus ministros, oferecendo a ele incenso".
[12] Assim, os *l'vi'im* cumpriram a tarefa — Machat, o filho de 'Amasai, e Yo'el, o
filho de 'Azaryahu, dos descendentes do k'hati; dos filhos de M'rari, Kish, o filho
de 'Avdi, e 'Azaryahu, o filho de Yehallel'el; do gershuni, Yo'ach, o filho de Zimah,
e 'Eden, o filho de Yo'ach; [13] dos descendentes de Elitzafan, Shimri e Ye'i'el; dos
descendentes de Asaf, Z'kharyahu e Matanyahu; [14] dos descendentes de Heman,
Yechi'el e Shim'i; e, dos descendentes de Y'dutun, Sh'ma'yah e 'Uzi'el.
[15] Eles reuniram seus irmãos, consagraram a si mesmos e, mantendo a ordem
do rei e as palavras de ADONAI, foram purificar a casa de ADONAI. [16] Os *kohanim*
foram purificar a parte interior da casa de ADONAI; todas as coisas impuras que
eles descobriram no santuário de ADONAI trouxeram para o pátio da casa de ADONAI,
de onde os *l'vi'im* tomaram tudo e levaram para o *vádi* Kidron. [17] Eles começaram
a consagrar no primeiro dia do mês e, no oitavo dia do mês, chegaram ao pórtico
de ADONAI. Então eles consagraram a casa de ADONAI em mais oito dias, de maneira
que, no décimo sexto dia do primeiro mês, chegaram ao fim. [18] Então eles foram
a Hizkiyahu, o rei [no palácio], e disseram: "Temos purificado toda a casa de
ADONAI, incluindo o altar de ofertas queimadas, e todos os utensílios, e a mesa
para a colocação dos pães da proposição e todos os seus utensílios. [19] Além disso,
consertamos e consagramos todos os artigos que o rei Achaz havia abandonado
durante seu reinado, quando estava pecando, e agora estão lá, diante do altar de
ADONAI".
[20] Na manhã seguinte, Hizkiyahu, o rei, acordou cedo, reuniu homens de
liderança da cidade e foi para a casa de ADONAI. [21] Eles trouxeram sete bois, sete
carneiros, sete cordeiros e sete bodes como oferta para o reino, para o santuário
e para Y'hudah; e ele ordenou aos *kohanim* que se dedicassem como ofertas diante
do altar de ADONAI. [22] Depois do sacrifício dos bois, os *kohanim* tomaram o sangue e o
espargiram no altar. Depois, eles sacrificaram os carneiros e espargiram o sangue
no altar; e também sacrificaram os cordeiros e espargiram o sangue no altar.
[23] Depois de trazerem os bodes para oferta pelo pecado próximo ao rei e diante de
toda a congregação, e de pôr a mãos sobre eles, [24] os *kohanim* sacrificaram todos
eles e fizeram ofertas pelo pecado com o sangue espargido no altar para fazer
expiação por todo o Yisra'el; pois o rei tinha ordenado que a oferta queimada e a
oferta pelo pecado fossem feitas por todo o Yisra'el.
[25] Ele estabeleceu os *l'vi'im* na casa de ADONAI com címbalos, liras e alaúdes,
observando a ordem de David, Gad, o profeta do rei, e Natan, o profeta, pois a
mitzvah veio de ADONAI por intemédio de seus profetas. [26] Os *l'vi'im* ficaram com os
instrumentos de David, e os *kohanim*, com as trombetas. [27] Hizkiyahu ordenou que
as ofertas queimadas fossem feitas no altar. O momento das ofertas queimadas
começou, e a canção de ADONAI também começou, acompanhada pelas trombetas e

pelos instrumentos de David, rei de Yisra'el. 28 Toda a congregação prostrou-se, os
cantores cantaram e as trombetas soaram; tudo isso continuou até que as ofertas
queimadas terminassem.
29 Quando as ofertas haviam terminado, o rei e todos os presentes com ele se
ajoelharam e se prostraram. 30 Então Hizkiyahu, o rei, e os líderes ordenaram aos
l'vi'im que cantassem louvores a *Adonai*, usando as letras de David e do profeta
Asaf. Eles cantaram louvores até que ficassem cheios de regozijo; depois eles
curvaram a cabeça e se prostraram.
31 Hizkiyahu respondeu, dizendo: "Agora que vocês consagraram a si mesmos a
Adonai, aproximem-se e tragam sacrifícios e ofertas de ação de graças para dentro
da casa de *Adonai*". Então toda a congregação trouxe sacrifícios e ofertas de ação
de graças e, conforme o desejo de alguns, trouxeram voluntariamente ofertas
queimadas. 32 Ao todo, as ofertas queimadas trazidas pela congregação somaram
70 bois, 100 carneiros e 200 cordeiros; todos eles foram oferecidos como ofertas
queimadas a *Adonai*. 33 Os presentes consagrados somaram 600 bois e 3 mil ovelhas.
34 Simplesmente não havia número suficiente de *kohanim* para tirar a pele e
retalhar toda a oferta queimada, então seus colegas, os *l'vi'im*, os ajudaram até que
o serviço tivesse acabado e os *kohanim* se consagrado (pois os *l'vi'im* haviam sido
mais diligentes que os *kohanim*, consagrando a si mesmos). 35 Além da abundância
das ofertas queimadas, havia a gordura das ofertas de paz e as ofertas de bebidas
para cada oferta queimada.
Assim, o culto da casa de *Adonai* foi restaurado. 36 Hizkiyahu e todo o povo de
Yisra'el regozijaram-se por tudo o que Deus havia preparado para o povo, uma vez
que tudo isso aconteceu tão repentinamente.

30 1 Então Hizkiyahu despediu todo o Yisra'el e Y'hudah, e escreveu cartas tam-
bém a Efrayim e a M'nasheh, ajuntando-os na casa de *Adonai* em Yerushalayim,
para celebrar *Pesach* para *Adonai*, o Deus de Yisra'el. 2 Pois o rei, seus oficiais e toda a
comunidade de Yerushalayim tinham concordado em manter *Pesach* no segundo mês.
3 Eles não puderam fazer no tempo devido porque os *kohanim* não haviam se consa-
grado em número suficiente; também o povo não havia se reunido em Yerushalayim.
4 A ideia pareceu boa ao rei e a toda a comunidade; 5 então eles lançaram um decreto
que deveria ser proclamado em todo o Yisra'el, desde de Be'er-Sheva até Dan, que
eles deveriam guardar *Pesach* de *Adonai*, Deus de Yisra'el, em Yerushalayim; pois
apenas alguns a haviam guardado como estava prescrito.
6 Assim, os corredores foram com as cartas do rei e seus oficiais por todo o
Yisra'el e Y'hudah. Eles levaram a ordem do rei: "Povo de Yisra'el! Voltem-se para
Adonai, o Deus de Avraham, Yitz'chak e Ya'akov! Então ele se voltará para aqueles
que restaram, os que escaparam da captura do rei de Ashur. 7 Não sejam como seus
antepassados, ou como seus irmãos que pecaram contra *Adonai*, o Deus de seus
antepassados, pois o resultado foi que ele os transformou em objeto de horror,
como vocês podem ver. 8 Não sejam obstinados, como foram os seus antepassados.
Em vez disso, tornem-se para *Adonai*, entrem no seu santuário, o qual ele fez santo
para sempre, e sirvam a *Adonai*, seu Deus, de maneira que a sua ira seja retirada
de vocês. 9 Pois, se vocês se voltarem para *Adonai*, seus irmãos e filhos verão que
aqueles que levaram como escravos terão compaixão deles, e eles retornarão a esta
terra. *Adonai*, seu Deus, é compassivo e misericordioso; ele não retirará seu rosto
de vocês, se retornarem para ele".

10 Assim, os corredores iam de cidade em cidade em meio ao território de
Efrayim e M'nasheh, até Z'vulun; mas o povo zombava deles e fazia pouco deles.
11 Todavia, alguns de Asher, M'nasheh e Z'vulun foram humildes o bastante para
virem a Yerushalayim. 12 Também em Y'hudah a mão de Deus estava operando,
unindo seus corações para fazer o que o rei e os líderes haviam ordenado de acordo
com a palavra de *Adonai*.

13 Então muitos se reuniram em Yerushalayim para manter a festa de *Matzot*
no segundo mês, uma grande multidão. 14 Primeiro eles decidiram retirar todos os
altares que estavam em Yerushalayim. Eles removeram todos os altares de incenso
e os lançaram no *vádi* Kidron. 15 Então eles sacrificaram o cordeiro de *Pesach* no
décimo quarto dia do segundo mês. Envergonhados de si mesmos, os *kohanim*
e os *l'vi'im* se tinham consagrado e trouxeram ofertas queimadas para a casa de
Adonai. 16 Então ficaram em seus postos, conforme descrito na *Torah* de Mosheh, o
homem de Deus; os *kohanim* espargiram o sangue que lhes foi dado pelos *l'vi'im*.
17 Havia muitos na congregação que não se tinham consagrado; todavia, os *l'vi'im*
eram os responsáveis pelo sacrifício dos cordeiros de *Pesach* e consagraram todos
eles a *Adonai* no lugar de todos os que não tinham sido purificados. 18 Um grande
número do povo, especialmente Efrayim, M'nasheh, Yissakhar e Z'vulun, não se
havia purificado e, mesmo assim, comeu o cordeiro de *Pesach*, apesar da ordem
que estava escrita. Por isso, Hizkiyahu tinha orado por eles: "Que *Adonai*, que é
bom, perdoe 19 todo aquele que tem o coração inclinado a buscar Deus, *Adonai*, o
Deus de seus antepassados, ainda que não tenha passado pela purificação prescrita
em concordância com as coisas santas". 20 *Adonai* ouviu a oração de Hizkiyahu e
curou o povo.

21 O povo de Yisra'el, ali em Yerushalayim, observou a festa de *Matzot* por sete
dias, com grande regozijo, enquanto todos os dias os *l'vi'im* e os *kohanim* louvavam
Adonai, cantando a ele com acompanhamento de instrumentos sonoros. 22 Hizkiyahu
falou, encorajando todos os *l'vi'im*, os quais eram bem experientes nos cultos de
Adonai. Assim, eles comeram em meio a toda a festa, durante sete dias, oferecendo
sacrifícios de paz e dando graças a *Adonai*, o Deus de seus antepassados.

23 Então toda a congregação decidiu celebrar ainda durante outros sete dias e
observou aqueles sete dias com regozijo. 24 Pois Hizkiyahu, rei de Y'hudah, deu
mil bois para a congregação e 7 mil ovelhas para as ofertas, enquanto os líderes
deram à congregação mil bois e 10 mil ovelhas; e um grande número de *kohanim*
consagrou-se. 25 Todo o povo de Y'hudah que se havia reunido se regozijou; o
mesmo fizeram os *kohanim* e os *l'vi'im*, os que haviam se reunido vindo de Yisra'el,
e os estrangeiros que tinham vindo do território de Yisra'el ou os que viviam em
Y'hudah. 26 Assim, houve grande regozijo em Yerushalayim; pois, desde os tempos
de Shlomoh, o filho de David, rei de Yisra'el, não tinha havido nada parecido em
Yerushalayim. 27 Então os *kohanim*, que eram *l'vi'im*, permaneceram em seus postos
e abençoaram o povo; [*Adonai*] ouviu suas vozes, e suas orações alcançaram o lugar
santo onde ele vive, os céus.

31 1 Depois de tudo isso ter acabado, todos os de Yisra'el, que estavam ali,
foram para as cidades de Y'hudah e quebraram as pedras sagradas, der-
rubaram os postes sagrados e quebraram os lugares altos e os altares por todo
o Y'hudah, Binyamin, Efrayim e M'nasheh, até que tivessem destruído todos eles.
Então todo o povo de Yisra'el retornou às próprias cidades, cada um para a sua
propriedade.

2 Hizkiyahu restabeleceu as divisões dos *kohanim* e dos *l'vi'im* de acordo com
a forma em que tinham sido distribuídos anteriormente, cada homem tendo ao seu
encargo uma tarefa específica; tanto os *kohanim* como os *l'vi'im* eram encarregados
das ofertas queimadas e das ofertas pacíficas, de ministrar, dar graças e prestar
adoração nos portões dos campos de *Adonai*. 3 Ele determinou que uma parte dos
bens pertencentes ao rei fosse dada como oferta queimada, ou seja, as ofertas
queimadas oferecidas pela manhã e à tarde nos *shabbatot, Rosh-Hodesh* e nas festas
fixas, conforme está escrito na *Torah de Adonai*. 4 Ele também ordenou ao povo
morador de Yerushalayim que contribuísse com a parte destinada aos *kohanim* e
aos *l'vi'im*, de maneira que se pudessem dedicar à *Torah* de *Adonai*. 5 Assim que a
ordem foi divulgada, o povo de Yisra'el deu uma grande quantidade das primeiras
colheitas de grãos, vinho, azeite de oliva, mel e outros produtos agrícolas; eles
trouxeram o dízimo requerido e mais do que isso. 6 O povo de Yisra'el e de Y'hudah
que habitavam nas cidades de Y'hudah também trouxeram o dízimo requerido dos
bois e das ovelhas e o dízimo requerido das ofertas consagradas que haviam sido
dedicadas a *Adonai*, seu Deus, e os ajuntou aos montes. 7 Eles começaram a empilhar
essas ofertas no terceiro mês e, no sétimo mês, acabaram. 8 Quando Hizkiyahu e
os líderes vieram e viram as pilhas, eles louvaram *Adonai* e abençoaram seu povo,
Yisra'el. 9 Quando Hizkiyahu perguntou aos *kohanim* e aos *l'vi'im* a respeito das
pilhas, 10 'Azaryahu, o *kohen gadol*, da casa de Tzadok, respondeu-lhe: "Desde que o
povo começou a trazer ofertas para a casa de *Adonai*, temos o suficiente para comer
e muito que está sobrando; pois *Adonai* tem abençoado seu povo, e por isso está
sobrando essa grande quantidade de provisão".

11 Então Hizkiyahu ordenou que se preparassem depósitos na casa de *Adonai*.
Depois de tê-los preparado, 12 eles trouxeram fielmente as ofertas, as provenientes
dos dízimos e as coisas consagradas. Konanyahu, o *levi*, foi encarregado dessa
parte, com Shim'i, seu irmão, como seu assistente. 13 Hizkiyahu, o rei, e 'Azaryahu,
o encarregado da casa de Deus, designaram Yechi'el, 'Azazyahu, Nachat, 'Asah'el,
Yerimot, Yozavad, Eli'el, Yismachyah, Machat e B'nayahu como supervisores para
servir sob o comando de Konanyahu e Shim'i, seu irmão. 14 Kore, o filho de Yimnah,
o *levi*, porteiro do portão leste, era o responsável pelas ofertas voluntárias dadas
a Deus; ele tinha de distribuir as ofertas feitas a *Adonai* e as ofertas especialmente
sagradas. 15 Sob seu comando, estavam 'Eden, Minyamin, Yeshua, Sh'ma'yahu,
Amaryahu e Sh'khanyahu, nas cidades dos *kohanim*, fazendo fielmente a
distribuição a seus irmãos segundo as divisões, para os grandes e pequenos de
forma igual. 16 Cada um do sexo masculino, acima de 3 anos e registrado que entrasse
na casa de *Adonai*, recebia sua participação diária na execução de suas tarefas, de
acordo com suas escalas, sem considerar a forma com que tinha sido registrado
nas genealogias. 17 De igual modo, os que tinham sido registrados nas genealogias
dos *kohanim*, segundo os clãs, recebiam uma participação, bem como os *l'vi'im*
de 20 em diante, os quais exerciam suas tarefas segundo suas divisões. 18 Quando
sua participação era estabelecida, todas as crianças, esposas, filhos e filhas eram
também registrados nas genealogias, em meio a toda a comunidade; por causa da
fidelidade com que desempenharam sua tarefa, eles se consagraram a si mesmos.
19 Finalmente, as participações foram estabelecidas para os descendentes de Aharon,
os *kohanim*, que viviam nas pastagens próximas às suas cidades — em cada cidade,
eles eram mencionados pelo nome. Então as participações foram distribuídas a
todos os de sexo masculino entre os *kohanim* e a todos cuja genealogia mostrasse
que pertenciam aos *l'vi'im*.

[20] Isso foi o que Hizkiyahu fez em meio a todo o Y'hudah. Ele realizou coisas boas, corretas e fidedignas diante de *Adonai,* seu Deus. [21] Toda a obra que ele empreendeu a fim de buscar seu Deus, quer no culto na casa de Deus quer no cumprimento da *Torah* e das *mitzvot,* ele fez com todo o seu coração; então ele foi bem-sucedido.

32 [1] Depois dessas coisas e dessa fidelidade de [Hizkiyahu], Sancheriv, rei de Ashur, veio e invadiu Y'hudah e cercou as cidades fortificadas, pensando que poderia entrar [e capturá-las]. [2] Quando Hizkiyahu viu que Sancheriv tinha vindo e intencionava atacar Yerushalayim, [3] tendo consultado seus líderes e conselheiros militares, resolveu que se estancasse a água das fontes fora da cidade. Depois de receber seu apoio, [4] uma grande multidão se ajuntou para bloquear todas as fontes e ribeiros e correntes no interior do país. Eles concluíram: "Por que deixar que os reis de Ashur venham e encontrem todo esse grande suprimento de água?". [5] Então, com muito empenho, ele reconstruiu todas as partes destruídas dos muros, ergueu torres neles, construiu outro muro por fora deste, reforçou Millo na Cidade de David, e fez uma grande quantidade de lanças e escudos. [6] Ele nomeou comandantes militares sobre o povo e os reuniu diante dele em um campo aberto próximo ao portão da cidade, animando-os com estas palavras: [7] "Sejam fortes! Tenham coragem! Não tenham medo nem esmoreçam diante do rei de Ashur ou de todo o exército que trouxer com ele. Pois aquele que está conosco é maior do que o que está com eles — [8] ele tem força humana, mas nós temos *Adonai,* nosso Deus, para nos auxiliar em nossas batalhas!". O povo pôs o coração nestas palavras de Hizkiyahu, rei de Y'hudah.

[9] Depois disso, enquanto Sancheriv e todo o exército cercavam Lakhish, ele enviou oficiais a Yerushalayim, a Hizkiyahu, rei de Y'hudah, e a todos os de Y'hudah que estavam ali em Yerushalayim, com esta mensagem: [10] "Eis o que Sancheriv, rei de Ashur, diz: 'O que dá a vocês a confiança de que podem resistir a um cerco contra Yerushalayim? [11] Não estaria Hizkiyahu os iludindo? Não estaria ele os condenando à morte pela fome e sede, quando diz: "*Adonai,* nosso Deus, nos salvará do rei de Ashur?". [12] Não é esse o mesmo Hizkiyahu que retirou [de seu Deus] os santuários e altares e ordenou que Y'hudah e Yerushalayim adorassem diante de um só altar e oferecessem sacrifícios apenas nele? [13] Vocês não percebem o que eu e meus antepassados fizemos a todos os povos de outros países? Por acaso os deuses dessas nações puderam fazer alguma coisa para livrar seus países de mim? [14] Quais dos deuses daquelas nações que meus antepassados destruíram completamente foram capazes de proteger seu povo de mim? Como então seu Deus os poderia proteger de mim? [15] Não deixem que Hizkiyahu os conduza de maneira errada ou os iluda dessa forma; não acreditem nele. Pois nenhum deus de nenhuma nação ou reino jamais foi capaz de salvar seu povo de mim ou de meus antepassados; quanto menos poderá o seu Deus os salvar de mim!' ".

[16] Seus oficiais continuaram falando contra *Adonai,* Deus, e contra seu servo Hizkiyahu. [17] Ele também escreveu uma carta insultando *Adonai,* o Deus de Yisra'el, e falando contra ele; ela dizia: "Assim como os deuses das nações de outros países não puderam salvar seus povos de mim, de igual forma o Deus de Hizkiyahu não livrará seu povo de mim".

[18] Eles clamavam em alta voz, na língua dos judeus, a todo o povo de Yerushalayim que estava no muro a fim de atemorizá-lo, de maneira que pudessem capturar a cidade. [19] Eles falaram acerca do Deus de Yerushalayim do mesmo modo que falavam dos deuses dos outros povos da terra, os quais eram meramente artifícios humanos. [20] Por causa disso, Hizkiyahu, o rei, e Yesha'yahu, o profeta, filho de Amotz, oraram e clamaram aos céus. [21] Então *Adonai* enviou seu anjo, que derrotou os valentes soldados,

os líderes e os oficiais no acampamento do rei de Ashur, de maneira que ele teve de voltar envergonhado a seu país. Quando ele entrou na casa de seu deus, seus filhos, a quem ele mesmo havia criado, ali o mataram à espada.

22 Desse modo, *Adonai* livrou Hizkiyahu e aqueles que viviam em Yerushalayim de Sancheriv, o rei de Ashur, e de todos os outros, cuidando deles de todas as formas. 23 Muitos trouxeram ofertas a *Adonai* em Yerushalayim e coisas de valor a Hizkiyahu, rei de Y'hudah, de maneira que, dali em diante, ele foi grandemente respeitado por todas as nações.

24 Por volta dessa época, Hizkiyahu ficou doente, a ponto de morrer. Ele, porém, orou a *Adonai,* que lhe respondeu, dando-lhe até mesmo um sinal. 25 Contudo, Hizkiyahu não correspondeu, de maneira que se pudesse medir, ao benefício que lhe foi feito, pois ele se havia tornado orgulhoso; assim, ele trouxe a ira sobre si e também sobre Y'hudah e Yerushalayim. 26 Hizkiyahu, porém, humilhou-se e deixou seu orgulho, tanto ele quanto o povo que vivia em Yerushalayim, de maneira que a ira de *Adonai* não os alcançou durante todo o tempo de vida de Hizkiyahu.

27 Hizkiyahu tinha vasta riqueza e grande honra. Ele se abasteceu com um estoque de prata, ouro, pedras preciosas, especiarias, escudos e todos os tipos de artigos de valor; 28 também fez depósitos para guardar cereais, vinho e azeite de oliva; fez estábulos para todos os tipos de rebanhos, e pastagens para as ovelhas. 29 Ele proveu algumas cidades para si e comprou rebanhos e manadas em abundância, pois Deus o havia tornado extremamente rico.

30 Foi nessa época que Hizkiyahu bloqueou a passagem da banda de cima da fonte de Gichon e dividiu a água que descia para a parte oeste da Cidade de David.

Hizkiyahu teve sucesso em tudo o que fez. 31 Entretanto, no que diz respeito aos embaixadores que os príncipes de Bavel haviam enviado a ele, a fim de ouvirem sobre o milagre que havia ocorrido na terra, Deus o deixou à vontade, a fim de testá-lo, de maneira que ele soubesse tudo o que estava em seu coração.

32 Outros atos de Hizkiyahu e suas boas realizações foram registrados nas visões de Yesha'yahu, o profeta, o filho de Amotz, e nos anais dos reis de Y'hudah e Yisra'el. Então Hizkiyahu dormiu com seus antepassados, e eles o sepultaram no terreno onde ficam os túmulos dos descendentes de David. Todo o Y'hudah e o povo que vivia em Yerushalayim o honraram quando ele morreu. Depois disso, M'nasheh, seu filho, tomou seu lugar como rei.

33 1 M'nasheh tinha 12 anos quando começou a reinar e reinou cinquenta e cinco anos em Yerushalayim. 2 Ele fez o que era mau aos olhos de *Adonai,* seguindo práticas abomináveis das nações, a quem *Adonai* havia expulsado do povo de Yisra'el. 3 Pois ele reconstruiu os santuários nos montes, os quais Hizkiyahu, seu pai, havia derrubado, erigiu altares para os *ba'alim,* fez postes sagrados e adorou todo o exército celeste e o serviu. 4 Ele erigiu altares na casa de *Adonai,* dos quais *Adonai* havia dito: "Meu nome estará em Yerushalayim para sempre". 5 Ele erigiu altares para todo o exército celeste nos dois pátios da casa de *Adonai.* 6 Fez que seus filhos passassem pelo fogo [como sacrifício] no vale de Ben-Hinnom. Praticou feitiçarias, adivinhações e magia, e estabeleceu médiuns e pessoas que usavam de guias do espiritismo. Ele fez muito do que era mau aos olhos de *Adonai,* provocando assim a sua ira. 7 Colocou, na casa de Deus, imagens de ídolos que ele havia feito, acerca dos quais Deus havia falado a David e a Shlomoh, seu filho: "Nesta casa e em Yerushalayim, que eu escolhi de todas as tribos de Yisra'el, porei o meu nome para sempre. 8 Também não retirarei os pés de Yisra'el, da terra que dei a seus antepassados, se eles tão simplesmente atentarem para obedecer a toda ordem que lhes tenho dado, isto é, toda a *Torah,* as leis e regras que vieram por meio

de Mosheh". 9 M'nasheh fez que Y'hudah e o povo de Yerushalayim se desviassem, de
tal maneira que eles fizeram coisas ainda piores do que as nações que ADONAI havia
destruído diante do povo de Yisra'el.

10 ADONAI falou a M'nasheh e a seu povo, mas eles não deram atenção. 11 Por isso,
ADONAI trouxe contra eles os comandantes do exército do rei de Ashur. Eles aprisionaram
M'nasheh com ganchos, prenderam-no com correntes e o levaram para Bavel. 12 Então,
quando ele estava desolado, começou a abrandar a ira de ADONAI, começou a se humilhar
diante do Deus de seus antepassados. 13 Ele orou a Deus, e Deus se deixou mover por
sua petição, deu atenção à sua súplica e o trouxe de volta para Yerushalayim, a seu
reino oficial. Então M'nasheh entendeu que ADONAI realmente era Deus.

14 Depois disso, ele construiu outro muro para a Cidade de David, a oeste de Gichon,
no vale, ampliando-o até a entrada do portão do Peixe, em torno de 'Ofel, e tornando-o
bem alto. Ele estabeleceu chefes de exército em todas as cidades fortificadas de Y'hudah.
15 Ele removeu os deuses estrangeiros e os ídolos da casa de ADONAI e todos os altares
que tinha construído no monte da casa de ADONAI, em Yerushalayim, e lançou tudo
para fora da cidade. 16 Ele reparou o altar de ADONAI e ali ofereceu sacrifícios pacíficos
e de ação de graças, e ordenou a Y'hudah que servisse a ADONAI, o Deus de Yisra'el.
17 Contudo, o povo continuou a sacrificar nos altares idólatras, ainda que apenas para
ADONAI, seu Deus.

18 Outros atos de M'nasheh, sua oração a seu Deus e as palavras dos profetas que
falaram a ele no nome de ADONAI, o Deus de Yisra'el, estão documentados nos anais
dos reis de Yisra'el. 19 Também a sua oração e como Deus ouviu sua súplica, todo seu
pecado e deslealdade, e os locais em que ele construiu os altares idólatras, os postes e
as imagens esculpidas antes de se humilhar, estão escritos nos registros históricos dos
profetas.

20 Então M'nasheh dormiu com seus antepassados, e foi sepultado em sua casa, e
Amon, seu filho, tomou seu lugar como rei.

21 Amon tinha 22 anos quando começou a reinar e reinou dois anos em Yerushalayim.
22 Ele fez o que era mau aos olhos de ADONAI, assim como M'nasheh, seu pai. Amon
sacrificou a todas as imagens esculpidas que M'nasheh, seu pai, havia feito e as serviu.
23 Ele não se humilhou diante de ADONAI, como seu pai, M'nasheh, tinha feito; em vez
disso, Amon aumentou sua culpa.

24 Seus servos conspiraram contra ele e o mataram em seu palácio. 25 Entretanto, o
povo da terra condenou à morte todos aqueles que tinham feito parte da conspiração
contra o rei Amon. Então o povo da terra fez Yoshiyahu, seu filho, rei em seu lugar.

34 1 Yoshiyahu tinha 8 anos quando começou o a reinar e reinou trinta e um anos
em Yerushalayim. 2 Ele fez o que era reto aos olhos de ADONAI, vivendo comple-
tamente da maneira que David, seu antepassado viveu, não se desviando nem para a
direita nem para a esquerda.

3 No oitavo ano de seu reinado, quando ainda era jovem, ele começou a buscar
o Deus de David, seu pai; e, no décimo segundo ano, começou a purificar Y'hudah
e Yerushalayim de seus lugares altos, dos postes sagrados e dos ídolos esculpidos e
de metal. 4 Em sua presença, eles quebraram os altares dos *ba'alim*, e ele cortou os
pilares de adoração ao sol, colocados sobre eles. Ele destruiu os postes sagrados e as
imagens esculpidas e de metal, triturando-os até o pó, que ele jogou sobre as sepulturas
daqueles que tinham sacrificado a eles. 5 Ele queimou os ossos dos sacerdotes sobre
seus altares e, então, purificou Y'hudah e Yerushalayim. 6 Ele fez o mesmo nas
cidades de M'nasheh, Efrayim, Shim'on e chegou até Naftali, ao redor de suas ruínas.

7 Ele quebrou os altares, os postes sagrados e as imagens esculpidas até que virassem pó e cortou os pilares de adoração ao sol, em meio à toda a terra de Yisra'el. Depois disso, retornou a Yerushalayim.

8 No décimo oitavo ano de seu reinado, depois de ter purificado a terra e a casa, ele enviou Shafan, o filho de Atzalyahu, Ma'aseiyah, o governador da cidade, e Yo'ach, o filho de Yo'achaz, o arquivista, para reparar a casa de *Adonai*, seu Deus. 9 Eles foram a Hilkiyahu, o *kohen gadol*, e entregaram a ele o dinheiro que havia sido depositado na casa de Deus, o qual os *l'vi'im* que guardavam as portas haviam recolhido de M'nasheh, Efrayim, o resto de Yisra'el e todo o povo de Y'hudah e Binyamin. Então retornaram a Yerushalayim. 10 Eles o deram aos supervisores da obra que estava sendo feita na casa de *Adonai*; e aqueles que faziam a obra na casa de *Adonai* o usaram para reparar e restaurar a casa — 11 ou seja, eles deram o dinheiro aos carpinteiros e construtores a fim de que comprassem pedras trabalhadas e madeira para as vigas e os rufos a serem usados nas casas que os reis de Y'hudah haviam destruído. 12 Os homens fizeram o trabalho com toda a fidelidade. Seus supervisores foram Yachat e 'Ovadyahu, *l'vi'im*, os descendentes de M'rari; e Z'kharyah e Meshulam, descendentes dos k'hatim, para darem direção; e outros *l'vi'im*, todos os que sabiam cantar e tocar instrumentos musicais. 13 Eles supervisionavam aqueles que carregavam as cargas e todos os que faziam qualquer outro tipo de serviço; e havia também *l'vi'im* que eram secretários, oficiais e porteiros.

14 Quando recolhiam o dinheiro que era trazido à casa de *Adonai*, Hilkiyahu, o *kohen*, encontrou o rolo da *Torah* de *Adonai* dado por Mosheh. 15 Hilkiyahu disse a Shafan, o secretário: "Eu encontrei o rolo da *Torah* na casa de *Adonai*". Hilkiyahu deu o rolo a Shafan. 16 Shafan, o secretário, trouxe o rolo para o rei.

Tornando ao rei, ele informou: "Teus servos estão fazendo tudo o que ordenaste que fosse feito. 17 Eles contaram o dinheiro encontrado na casa de *Adonai* e o puseram nas mãos dos supervisores e trabalhadores". 18 Então Shafan, o secretário, disse ao rei: "Hilkiyahu, o *kohen gadol*, deu-me um rolo". Shafan o leu em alta voz diante do rei.
19 Depois de o rei ter ouvido o que estava escrito na *Torah*, ele rasgou suas vestes.
20 Então o rei enviou esta ordem a Hilkiyahu, a Achikam, o filho de Shafan, a 'Avdon, o filho de Mikah, a Shafan, o secretário, e a 'Asayah, o servo do rei: 21 "Vão e consultem *Adonai* por mim e pelo povo remanescente em Yisra'el e Y'hudah, com referência ao que está escrito neste rolo que foi descoberto. Pois *Adonai* deve estar furioso conosco, já que nossos antepassados não observaram a palavra de *Adonai* e não fizeram tudo quanto está escrito neste rolo". 22 Assim, Hilkiyahu e aqueles a quem o rei havia ordenado foram até Huldah, a profetisa, a esposa de Shalum, o filho de Tok'hat, o filho de Hasrat, responsável pelo guarda-roupa — ela vivia no segundo quarteirão de Yerushalayim — e falaram com ela sobre isso. 23 Ela lhes disse: "*Adonai*, o Deus de Yisra'el, mandou dizer ao homem que os enviou a mim 24 que *Adonai* diz o seguinte: "Estou trazendo calamidade sobre este lugar e sobre seus habitantes, todas as pragas escritas nesse rolo que eles leram diante do rei de Y'hudah; 25 porque eles me abandonaram e fizeram ofertas para outros deuses, com o fim de me provocar com tudo o que fazem. Assim, minha ira será derramada sobre este lugar e não será estancada'.

26 "Então vocês devem falar ao rei de Y'hudah, que os enviou para consultar *Adonai*, que *Adonai*, o Deus de Yisra'el, também diz o seguinte: 'Com relação às palavras que você ouviu, 27 por causa do seu coração estar sereno, e você se ter humilhado diante de Deus quando ouviu as suas palavras contra este lugar e seus habitantes — você se humilhou diante de mim, rasgou suas vestes e pranteou diante de mim —, eu também o ouvi', diz *Adonai*. 28 'Portanto, eu o reunirei com seus antepassados; você irá para a sua

sepultura em paz. Seus olhos não verão nenhuma calamidade que estou para trazer a este lugar e seus habitantes' ". Assim, eles trouxeram essas palavras ao rei.

29 Depois disso, o rei reuniu e ajuntou todos os líderes de Y'hudah e Yerushalayim. 30 O rei foi à casa de Adonai com todos os homens de Y'hudah, os que viviam em Yerushalayim, os *kohanim*, os *l'vi'im* e todo o povo, tanto os grandes como os pequenos; e ele leu em seus ouvidos tudo quanto estava escrito no rolo da aliança que havia sido descoberto na casa de Adonai. 31 O rei permaneceu em seu lugar e fez um pacto na presença de Adonai, de viver seguindo Adonai, observando, de todo o seu coração e com todo o seu ser, as suas *mitzvot*, instruções e leis, a fim de cumprir as palavras da aliança escrita nesse rolo. 32 Então, depois, ele fez que todo o povo em Yerushalayim e Binyamin confirmasse isso; os habitantes de Yerushalayim passaram a observar a aliança de Deus, o Deus de seus antepassados.

33 Yoshiyahu removeu toda a abominação de todo o território pertencente ao povo de Yisra'el e fez todos em Yisra'el servirem a Adonai, seu Deus. Durante toda a sua vida, eles não cessaram de seguir Adonai, o Deus de seus antepassados.

35 1 Yoshiyahu estabeleceu *Pesach* para Adonai em Yerushalayim. Eles sacrificaram o cordeiro de *Pesach* no décimo quarto dia do primeiro mês. 2 Ele designou os *kohanim* para seus postos e encorajou-os a servirem na casa de Adonai. 3 Aos *l'vi'im* que estavam ensinando a todo o Yisra'el e eram santos para Adonai, ele disse: "Coloquem a arca santa na casa em que Shlomoh, o filho de David, rei de Yisra'el, construiu; depois disso, vocês não terão de carregá-la outra vez. Agora sirvam a Adonai, seu Deus, e a seu povo, Yisra'el. 4 Organizem-se por clãs e por tarefas divididas de acordo com as formas descritas por David, rei de Yisra'el, e por Shlomoh, seu filho. 5 Permaneçam no Lugar Sagrado, de acordo com as divisões dos clãs de seus irmãos, as pessoas comuns, com parte de um clã dos *l'vi'im* servindo a cada clã [de Yisra'el]. 6 Então sacrifiquem o cordeiro de *Pesach*, consagrem-se, preparem o que seus irmãos necessitam, ajam de acordo com a palavra que Adonai deu por intermédio de Mosheh".

7 Yoshiyahu deu ao povo comum, a todos quantos estavam presentes, 30 mil cordeiros e novilhos do rebanho, todos eles para ofertas em *Pesach*, e 3 mil bois. Estes foram da propriedade pessoal do rei. 8 Seus líderes também deram voluntariamente ao povo, aos *kohanim* e aos *l'vi'im*. Hilkiyah, Z'kharyahu e Yechi'el, os legisladores da casa de Deus, deram aos *kohanim* 2.600 [cordeiros e novilhos] e 300 bois, como ofertas de *Pesach*. 9 Konanyah, seus irmãos Sh'ma'yah e N'tan'el, e Hashavyah, Ye'i'el e Yozavad, os principais *l'vi'im*, deram aos *l'vi'im* 5 mil [cordeiros e novilhos] e 500 bois, como oferta para *Pesach*.

10 Assim, o serviço estava preparado; os *kohanim* ficaram em seus postos, e os *l'vi'im* trabalharam em suas tarefas, obedecendo às ordens do rei. 11 Eles sacrificaram os cordeiros de *Pesach*, e os *kohanim* espargiram [o sangue que eles haviam recebido dos *l'vi'im*], e os *l'vi'im* retiraram a pele e retalharam os cordeiros. 12 Eles retiraram as porções a serem queimadas, a fim de lhes entregar as divisões dos clãs do povo comum para apresentar a Adonai, como estava escrito no rolo de Mosheh. Eles fizeram o mesmo com os bois. 13 Eles assaram o cordeiro de *Pesach* sobre o fogo, de acordo com as regras; enquanto cozinhavam a oferta santa em panelas, vasilhas e caldeirões, eles os levavam rapidamente para todo o povo comum.

14 Depois disso, prepararam comida para eles e os *kohanim*; pois os *kohanim*, descendentes de Aharon, estavam atarefados até o cair da noite, ofertando a porção de gordura que deveria ser queimada; por isso, os *l'vi'im* prepararam a comida, tanto para eles como para os *kohanim*, descendentes de Aharon.

15 Os cantores, filhos de Asaf, estavam em seus postos, como tinha sido ordenado
por David — Asaf, Heman e Y'dutun, o profeta do rei. Os porteiros estavam em todos
os portões e não precisavam largar seus postos, pois seus irmãos, os *l'vi'im*, levavam
comida para eles.

16 Assim, todo o serviço de *Adonai* foi preparado no mesmo dia para a celebração
de *Pesach* e das ofertas queimadas no altar de *Adonai*, de acordo com a ordem do
rei Yoshiyahu. 17 O povo de Yisra'el que estava presente observou e *Pesach* por
ocasião da festa de *Matzot*, por sete dias. 18 Em Yisra'el, não era celebrada *Pesach*
como aquela desde os dias do profeta Sh'mu'el, e nenhum rei de Yisra'el celebrou
Pesach como Yoshiyahu a celebrou, com os *kohanim*, os *l'vi'im*, todo o povo de
Y'hudah, os que estavam presentes de Yisra'el e os habitantes de Yerushalayim.
19 Essa *Pesach* foi celebrada no décimo oitavo ano de Yoshiyahu.

20 Depois de tudo isso, e depois de Yoshiyahu ter restaurado a casa, N'kho, o rei do
Egito, atacou Kark'mish, junto ao rio Eufrates. O rei Yoshiyahu saiu de encontro dele;
21 mas N'kho enviou oficiais ao rei com esta mensagem: "Tenho tido algum conflito
contigo, rei de Y'hudah? Não, hoje eu não vim para te atacar, mas sim para atacar
a dinastia com a qual tenho estado em guerra. Deus ordenou que eu me apresse;
então não te intrometas com Deus, que está comigo; pois ele não deseja te destruir".
22 Todavia, Yoshiyahu estava determinado a lutar com ele. Ele se disfarçou, a fim de
lutar contra ele, e não atentou para o que N'kho disse ser proveniente da boca de
Deus. Então ele foi para lutar no vale de Megiddo. 23 Ali os arqueiros acertaram o rei
Yoshiyahu. O rei disse a seus servos: "Levem-me de volta, pois fui ferido mortalmente".
24 Assim, seus servos o retiraram da carruagem, o transferiram para uma segunda
carruagem e o trouxeram para Yerushalayim. Entretanto, ele morreu, e foi sepultado
no túmulo de seus antepassados. Todo o povo de Y'hudah e de Yerushalayim pranteou
Yoshiyahu. 25 Yirmeyahu compôs uma lamentação para Yoshiyahu; e todos os cantores
e cantoras cantam de Yoshiyahu nas suas lamentações até os dias de hoje. Eles fizeram
das canções uma lei em Yisra'el, e elas estão registradas nas Lamentações.

26 Outros atos de Yoshiyahu e todos os seus grandes feitos ao manter o que foi
escrito na *Torah* de *Adonai*, 27 e também as suas realizações, do início ao fim, estão
registrados nos anais dos reis de Yisra'el e de Y'hudah.

36 1 Então o povo da terra tomou Y'ho'achaz, o filho de Yoshiyahu, e fez dele
rei no lugar de seu pai, em Yerushalayim.

2 Y'ho'achaz tinha 23 anos quando começou a reinar e reinou três meses em
Yerushalayim. 3 Entretanto, o rei do Egito o destituiu em Yerushalayim e impôs uma
penalidade na terra de 3,5 toneladas de prata e 35 quilos de ouro. 4 Então o rei do
Egito fez Elyakim, seu irmão, rei sobre Y'hudah e Yerushalayim, trocando seu nome
para Y'hoyakim; N'kho tomou Yo'achaz, seu irmão, e o levou para o Egito.

5 Y'hoyakim tinha 25 anos quando começou a reinar e reinou onze anos
em Yerushalayim. Ele fez o que era mau aos olhos de *Adonai*, seu Deus.
6 N'vukhadnetzar, rei de Bavel, o atacou e o prendeu com correntes para levá-lo a
Bavel. 7 N'vukhadnetzar também levou artigos da casa de *Adonai* para Bavel e os
colocou em seu templo em Bavel. 8 Outros atos de Y'hoyakim, incluindo todas as
abominações que ele fez publicamente e aquelas que foram descobertas depois,
estão gravados nos anais dos reis de Yisra'el e de Y'hudah. Então Y'hoyakhin, seu
filho, tomou seu lugar como rei.

9 Y'hoyakhin tinha 8 anos de idade quando começou a reinar e reinou em
Yerushalayim três meses e dez dias. Ele fez o que era mau aos olhos de *Adonai*.
10 Na primavera, o rei N'vukhadnetzar mandou levá-lo para Bavel, junto com

utensílios da casa de *Adonai,* e fez Tzedekyah, seu irmão, rei sobre Y'hudah e
Yerushalayim.

11 Tzedekyah tinha 21 anos quando começou a reinar e reinou onze anos em
Yerushalayim. 12 Ele fez o que era mau aos olhos de *Adonai,* seu Deus. Não foi
humilde diante de Yirmeyahu, o profeta, que falava como representante de *Adonai.*

13 Ele também se rebelou contra o rei N'vukhadnetzar, a quem tinha jurado
lealdade em nome de Deus. Em vez de lhe ser leal, ele se tornou arrogante, de
coração duro, rejeitando *Adonai,* o Deus de Yisra'el. 14 Além disso, o chefe dos
kohanim e o povo aumentaram mais e mais a sua infidelidade, seguindo todas as
práticas abomináveis das outras nações; e eles contaminaram a casa de *Adonai,* que
ele havia consagrado em Yerushalayim. 15 De tempos em tempos, e frequentemente,
Adonai, Deus dos seus antepassados, lhes enviava palavras por meio de seus
mensageiros, pois ele tinha compaixão de seu povo e do lugar que era sua habitação.
16 Eles, porém, zombavam dos mensageiros de Deus, tratando as suas palavras com
desdém e ridicularizando seus profetas, até que a ira de *Adonai* se levantou contra
o seu povo, a tal ponto que não haveria mais remédio.

17 Assim, ele trouxe sobre eles o rei dos kasdim, que mandou matar seus jovens
à espada em seu santuário. Eles não tiveram compaixão nem dos rapazes nem das
moças, nem dos adultos nem dos idosos; Deus entregou todos eles em suas mãos.
18 Todos os artigos da casa de Deus, grandes e pequenos, os utensílios da casa de
Adonai e os utensílios do rei e de seus líderes — todos estes ele trouxe a Bavel. 19 Então
eles queimaram a casa de Deus, destruíram os muros de Yerushalayim, puseram
em chamas todos os seus palácios e destruíram tudo o que havia de valor ali. 20
Aqueles que escaparam da espada, ele levou a Bavel, e eles se tornaram escravos
dele e de seus filhos, até que se levantou o reino da Pérsia. 21 Assim, foi cumprida
a palavra de *Adonai,* falada por Yirmeyahu: "até que a terra tenha cumprido seus
shabbatot" — pois, durante o tempo em que ficou desolada, ela manteve o *shabbat,*
até que se passassem setenta anos.

22 Então, no primeiro ano de Koresh, rei da Pérsia, cumprindo a palavra de *Adonai,*
conforme havia sido falada por Yirmeyahu, *Adonai* despertou o espírito de Koresh, rei
da Pérsia, para proclamar, em meio a todo o seu reino, e mandar que se escrevesse:
23 "Eis aqui o que Koresh, rei da Pérsia, diz: *Adonai,* o Deus dos céus, me tem dado todos
os reinos da terra e me incumbiu de construir para ele uma casa em Yerushalayim,
em Y'hudah. Quem quer que esteja entre vocês, que for do seu povo, que *Adonai,* seu
Deus, seja com ele! Que suba...".

הבשורה על־פי מתתיהו

As boas-novas sobre Yeshua, o Messias, contadas por

Mattityahu

[Mateus]

1 [1] Esta é a genealogia de Yeshua, o Messias, filho de David, filho de Avraham:

2 Avraham foi o pai de Yitz'chak,
Yitz'chak foi o pai de Ya'akov,
Ya'akov foi o pai de Y'hudah e seus irmãos,
3 Y'hudah foi o pai de Peretz e Zerach (cuja mãe foi Tamar),
Peretz foi o pai de Hetzron,
Hetzron foi o pai de Ram,
4 Ram foi o pai de 'Amminadav,
'Amminadav foi o pai de Nachshon,
Nachshon foi o pai de Salmon,
5 Salmon foi o pai de Bo'az (cuja mãe foi Rachav),
Bo'az foi o pai de 'Oved (cuja mãe foi Rut),
'Oved foi o pai de Yishai,
6 e Yishai foi o pai do rei David.

David foi o pai de Sh'lomoh (cuja mãe tinha sido mulher de Uriyah),
7 Sh'lomoh foi o pai de Rechav'am,
Rechav'am foi o pai de Aviyah,
Aviyah foi o pai de Asa,
8 Asa foi o pai de Y'hoshafat,
Y'hoshafat foi o pai de Yoram,
Yoram foi o pai de Uziyahu,
9 Uziyahu foi o pai de Yotam,
Yotam foi o pai de Achaz,
Achaz foi o pai de Hizkiyahu,
10 Hizkiyahu foi o pai de M'nasheh,
M'nasheh foi o pai de Amon,
Amon foi o pai de Yoshiyahu,
11 Yoshiyahu foi o pai de Y'khanyahu e seus irmãos
no tempo do exílio em Bavel.
12 Depois do exílio babilônico, Y'khanyahu foi o pai de Sh'altiel,
Sh'altiel foi o pai de Z'rubavel,
13 Z'rubavel foi o pai de Avihud,
Avihud foi o pai de Elyakim,
Elyakim foi o pai de 'Azur,

14 ‘Azur foi o pai de Tzadok,
Tzadok foi o pai de Yakhin,
Yakhin foi o pai de El’ichud,
15 El’ichud foi o pai de El‘azar,
El‘azar foi o pai de Mattan,
Mattan foi o pai de Ya‘akov,
16 e Ya‘akov foi o pai de Yosef, marido de Miryam,
da qual nasceu Yeshua, chamado o Messias.

17 Dessa forma, houve catorze gerações de Avraham a David,
catorze gerações de David até o exílio babilônico
e catorze gerações do exílio babilônico até o Messias.

18 O nascimento de Yeshua, o Messias, foi assim: quando sua mãe, Miryam, estava
comprometida com Yosef, antes que se casassem, ela se encontrou grávida pelo
Ruach HaKodesh. 19 Yosef, seu futuro marido, era um homem que agia de forma
correta; portanto ele planejou desfazer o noivado discretamente, em vez de expô-
-la à vergonha pública. 20 Mas, enquanto pensava sobre isso, um anjo de *Adonai* lhe
apareceu em um sonho e disse: “Yosef, filho de David, não tenha medo de receber
Miryam em sua casa como mulher, pois o que foi gerado nela procede do *Ruach
HaKodesh.* 21 Ela dará à luz um filho, e você lhe chamará Yeshua [que significa
‘*Adonai* salva’], porque ele salvará seu povo dos pecados dele”.
22 Tudo isso aconteceu para cumprir o que *Adonai* disse por meio do profeta:

23 **“A virgem conceberá e dará à luz um filho,**
e eles **o chamarão ‘Immanu El”.**[a]

(O nome significa: “Deus está conosco”.)
24 Quando Yosef despertou, fez o que o anjo de *Adonai* lhe dissera — levou
Miryam para sua casa como sua mulher, 25 mas não teve relações sexuais com ela
até o nascimento do filho, e o chamou Yeshua.

2 1 Depois de Yeshua ter nascido em Beit-Lechem, na terra de Y’hudah, durante
o reinado de Herodes, magos vindos do oriente chegaram a Yerushalayim 2 e
perguntaram: “Onde está o recém-nascido rei dos judeus? Vimos sua estrela no
oriente e viemos adorá-lo”.
3 Quando o rei Herodes ouviu isso, ficou perturbado, como os demais habitantes
de Yerushalayim. 4 Ele reuniu todos os principais *kohanim* e os mestres da *Torah*
e lhes perguntou: “Onde o Messias nascerá?”. 5 “Em Beit-Lechem de Y’hudah”, res-
ponderam, “porque o profeta escreveu:

6 **‘E você, Beit-Lechem, da terra de Y’hudah,**
de forma alguma é a menor entre as principais de Y’hudah;
porque de você procederá o Líder
que pastoreará Yisra’el, meu povo’ ”.[b]

7 Herodes chamou os magos para se encontrarem com ele em particular e lhes
perguntou com exatidão sobre o aparecimento da estrela. 8 Então ele os enviou a
Beit-Lechem com estas instruções: “Procurem cuidadosamente pelo menino. Quan-
do o encontrarem, avisem-me, para que eu também vá adorá-lo”.

---

a *Yesha‘yahu* [Is] 7.14 b *Mikhah* [Mq] 5.1(2)

9 Depois de ouvirem o rei, eles foram embora; e a estrela que tinham visto no
oriente foi adiante deles, até parar sobre o lugar onde estava o menino. 10 Quan-
do observaram a estrela, encheram-se de alegria. 11 Ao entrar na casa, viram o
menino com Miryam, sua mãe, prostraram-se e o adoraram. Então abriram sua
bagagem e o presentearam com ouro, incenso e mirra. 12 Mas foram advertidos
em um sonho para não voltarem a Herodes; por isso, retornaram à sua terra por
outro caminho.

13 Depois que partiram, um anjo de *Adonai* apareceu a Yosef em um sonho e lhe
disse: "Levante-se, pegue o menino e sua mãe, e fuja para o Egito. Fique lá até que
eu lhe diga para partir. Herodes procura pelo menino para matá-lo". 14 Então ele
se levantou, pegou o menino e sua mãe, e partiu durante a noite para o Egito, 15
onde permaneceu até Herodes morrer. Isso aconteceu para cumprir o que *Adonai*
disse por meio do profeta:

"Do Egito, chamei meu filho".[c]

16 Enquanto isso, quando Herodes percebeu que os magos o haviam engana-
do, ficou furioso e ordenou a morte de todos os meninos de Beit-Lechem e das
cidades vizinhas com dois anos ou menos, segundo a contagem do tempo feita
pelos magos. 17 Dessa forma, cumpriram-se as palavras ditas por meio do profeta
Yirmeyahu:

18 **"Uma voz foi ouvida em Ramah,**
soluço e lamento intensos.
Era Rachel soluçando por seus filhos
e recusando-se a ser consolada,
porque eles não estão mais vivos".[d]

19 Depois da morte de Herodes, um anjo de *Adonai* apareceu em um sonho a Yosef,
no Egito, 20 e disse: "Levante-se, pegue o menino e sua mãe, e vá para *Eretz-Yisra'el*,
pois os que procuravam matar o menino estão mortos". 21 Então ele se levantou,
pegou o menino e sua mãe, e foi para *Eretz-Yisra'el*. 22 Entretanto, ao ouvir que
Arquelau tinha sucedido seu pai, Herodes, como rei de Y'hudah, temeu ir para lá.
Avisado em um sonho, dirigiu-se para a região da Galil 23 e se estabeleceu em uma
cidade chamada Natzeret, para cumprir o que foi dito pelos profetas: ele será cha-
mado *Natzrati*.

3 1 Durante aqueles dias Yochanan, o Imersor, chegou ao deserto de Y'hudah e
começou a proclamar a mensagem: 2 "Abandonem seus pecados e voltem para
Deus, porque o Reino do Céu está próximo!". 3 Este é o homem mencionado por
Yesha'yahu, quando disse:

"A voz de alguém clama:
'No deserto, preparem o caminho de *Adonai*!
Endireitem as veredas para ele!' ".[e]

4 Yochanan se vestia com roupas feitas de pelos de camelo e um cinto de cou-
ro na cintura, e se alimentava com gafanhotos e mel silvestre. 5 Vinham pessoas
ao encontro dele desde Yerushalayim, de Y'hudah e de toda a região ao redor do
Yarden.

---

[c] *Hoshe'a* [Os] 11.1 [d] *Yirmeyahu* [Jr] 31.14(15) [e] *Yesha'yahu* [Is] 40.3

6 Confessando seus pecados, eram imersas por ele no rio Yarden.
7 Quando Yochanan viu que muitos dos *p'rushim* e *tz'dukim* vinham para ser
imersos por ele, disse-lhes: "Víboras! Quem lhes deu a ideia de fugir da punição vin-
doura? 8 Se vocês realmente tiverem abandonado seus pecados e voltado para Deus,
produzam fruto para comprovar! 9 Não suponham poder consolar a si mesmos,
dizendo: 'Avraham é nosso pai!'. Porque eu lhes digo que Deus pode fazer surgir
filhos a Avraham destas pedras! 10 O machado já está junto da raiz das árvores,
pronto para cortar; toda árvore que não produz bom fruto será cortada e lançada
ao fogo! 11 É verdade que realizo a imersão de vocês em água para que abandonem
seus pecados e voltem para Deus; mas aquele que vem depois de mim é mais po-
deroso que eu — não sou digno nem de carregar suas sandálias. Ele os imergirá no
Ruach HaKodesh e no fogo. 12 Ele tem consigo uma pá e limpará sua eira, juntando
seu trigo no celeiro e queimando a palha com fogo inextinguível!".

13 Então Yeshua veio da Galil a o Yarden para receber a imersão de Yochanan.
14 Yochanan, porém, tentou impedi-lo: "Você vem até mim? Eu preciso ser imerso
por você!". 15 Entretanto, Yeshua lhe disse: "Deixe assim por enquanto, porque de-
vemos realizar tudo o que a justiça exige". Então Yochanan concordou. 16 Assim
que Yeshua foi imerso, saiu da água. Naquele momento, o céu se abriu, e ele viu o
Espírito de Deus descendo sobre si como uma pomba, 17 e uma voz do céu disse:
"Este é meu Filho, a quem amo; tenho muito prazer nele".

4 1 Então o Espírito levou Yeshua ao deserto para ser tentado pelo Adversário.
2 Depois de Yeshua ter jejuado durante quarenta dias e quarenta noites, sentiu
fome. 3 O Tentador se aproximou e lhe disse: "Se você é o Filho de Deus, ordene que
estas pedras se transformem em pães". 4 Mas ele respondeu: "O *Tanakh* diz:

> **'O homem não vive somente de pão,**
> **mas de toda palavra que procede da boca de *Adonai*' ".**[f]

5 Então o Adversário o levou à cidade santa e o colocou no ponto mais alto do
templo. 6 "Se você é o Filho de Deus", disse, "pule! Porque o *Tanakh* diz:

> **'Ele ordenará aos anjos que se responsabilizem por você. ...**
> **Eles o sustentarão com suas mãos,**
> **para que você não fira os pés nas pedras' ".**[g]

7 Yeshua lhe respondeu: "Mas ele também diz: **'Não ponha *Adonai*, seu Deus, à
prova' ".**[h]

8 Mais uma vez, o Adversário o levou ao cume de uma montanha extremamente
alta, mostrou-lhe todos os reinos do mundo em toda a sua glória, 9 e lhe disse: "Se
você se ajoelhar e me adorar, eu lhe darei tudo isto".

10 Yeshua lhe disse: "Retire-se, Satan! Porque o *Tanakh* diz:

> **'Adore *Adonai*, seu Deus, e sirva somente a ele' ".**[i]

11 Então o Adversário o deixou, e anjos vieram e o serviram.

12 Quando Yeshua ouviu que Yochanan tinha sido preso, voltou para a Galil.
13 Ele deixou Natzeret e foi morar em K'far-*Nachum*, uma cidade à beira do lago, na
região fronteiriça entre Z'vulun e Naftali. 14 Isso aconteceu para cumprir o que disse
Yesha'yahu, o profeta:

---

[f] *D'varim* [Dt] 8.3 [g] *Tehillim* [Sl] 91.11,12 [h] *D'varim* [Dt] 6.16 [i] *D'varim* [Dt] 6.13

15 **"Terra de Z'vulun e terra de Naftali,**
caminho do lago, além do Yarden, Galil-dos-*Goyim* —
16 **o povo que vivia nas trevas**
viu uma grande luz;
sobre os que viviam naquela região, na sombra da morte,
raiou a luz".[j]

17 Daí em diante, Yeshua começou a proclamar: "Abandonem seus pecados e voltem
para Deus, pois o Reino do Céu está próximo!".
18 Quando Yeshua estava andando à beira do lago Kinneret, viu dois irmãos
pescadores — Shim'on, conhecido por Kefa, e seu irmão André — lançando suas
redes no lago. 19 Yeshua lhes disse: "Sigam-me, e eu farei de vocês pescadores de
homens!". 20 No mesmo instante, eles deixaram suas redes e o seguiram.
21 Seguindo em frente, viu outros dois irmãos — Ya'akov Ben-Zavdai e Yochanan,
seu irmão — no barco com seu pai, Zavdai, consertando redes; e ele os chamou.
22 Imediatamente eles deixaram o barco e seu pai e partiram com Yeshua.
23 Yeshua foi por toda a Galil, ensinando nas sinagogas, proclamando as boas-
-novas do Reino e curando pessoas de todos os tipos de doenças e enfermidades
24 Notícias sobre ele se espalharam por toda a Síria, e as pessoas lhe traziam
todos os doentes, gente sofrendo de vários males e dores, pessoas mantidas sob
o poder de demônios, epilépticos e paralíticos; e ele os curava. 25 Grandes multi-
dões o seguiam, vindas da Galil, das Dez Cidades, de Yerushalayim, Y'hudah e de
'Ever-HaYarden.

5 1 Vendo as multidões, Yeshua subiu ao monte. Depois de se assentar, os *talmidim*
se aproximaram dele, 2 e ele começou a falar. Isto é o que lhes ensinou:

3 "Quão abençoados são os pobres em espírito!
Porque o Reino do Céu é deles.

4 "Quão abençoados são os que pranteiam!
Porque serão confortados.

5 "Quão abençoados são **os pacíficos!**
Porque **herdarão a Terra!**[k]

6 "Quão abençoados os que têm fome e sede de justiça!
Porque serão satisfeitos.

7 "Quão abençoados os que demonstram misericórdia!
Porque lhes será demonstrada misericórdia.

8 "Quão abençoados os puros de coração!
Porque verão a Deus.

9 "Quão abençoados os que promovem a paz!
Porque serão chamados filhos de Deus.

10 "Quão abençoados são os perseguidos
pela procura da justiça!
Porque deles é o Reino do Céu.

[j] *Yesha'yahu* [Is] 8.23—9.1(9.1,2) [k] *Tehillim* [Sl] 37.11

11 “Quão abençoados são vocês quando as pessoas os insultarem, perseguirem e
inventarem todo tipo de calúnia contra vocês pelo fato de me seguirem! 12 Alegrem-
-se, fiquem felizes, porque grande é sua recompensa no céu — eles perseguiram da
mesma forma os profetas que vieram antes de vocês.

13 “Vocês são o sal da terra. Mas, se o sal perder o gosto, como torná-lo salgado
novamente? Ele não tem mais utilidade: será jogado fora e pisado pelas pessoas.

14 “Vocês são a luz do mundo. A cidade construída sobre o monte não pode ser
escondida. 15 Da mesma forma, quando alguém acende uma candeia, não a cobre
com uma vasilha, mas a coloca no suporte para iluminar a todos os que estão na
casa. 16 Assim, que sua luz brilhe diante das pessoas, para que elas também possam
ver as boas coisas que fazem e louvem ao Pai celestial de vocês.

17 “Não pensem que vim abolir a *Torah* ou os Profetas. Não vim abolir, mas com-
pletar. 18 Sim, é verdade! Digo a vocês: até que os céus e a terra passem, nem mesmo
um *yud* ou um traço da *Torah* passará — não até que todas as coisas que precisam
acontecer tenham ocorrido. 19 Portanto, quem desobedecer à menor dessas *mitzvot*
e ensinar outras pessoas a agirem da mesma forma será chamado ‘menor’ no Reino
do Céu. Mas quem obedecer a elas e ensinar dessa forma será chamado ‘maior’ no
Reino do Céu. 20 Pois eu lhes digo: a menos que sua justiça seja muito maior que a
dos mestres da *Torah* e dos *p’rushim*, vocês não entrarão no Reino do Céu!

21 “Vocês ouviram o que foi dito aos nossos pais: **‘Não assassine’**,[l] e quem cometer
assassinato estará sujeito a julgamento. 22 Mas eu lhes digo: quem demonstrar ira
contra seu irmão estará sujeito a julgamento. Quem chamar seu irmão de ‘impres-
tável’ será trazido perante o *Sanhedrin*; e quem disser ‘tolo’ incorre na penalidade
de queimar no fogo do Gei-Hinnom! 23 Portanto, se você apresentar uma oferta no
altar do templo e ali se lembrar de que seu irmão tem algo contra você, 24 deixe sua
oferta junto do altar e faça as pazes com seu irmão. Então, volte e apresente sua
oferta. 25 Se alguém processar você, chegue rapidamente a um acordo com ele, en-
quanto ambos estão a caminho do tribunal; caso contrário, ele poderá entregá-lo ao
juiz, e o juiz, ao oficial do tribunal, e você será lançado na cadeia! 26 Sim, é verdade!
Digo-lhe que você certamente não sairá até pagar o último centavo.

27 “Vocês ouviram o que foi dito aos nossos pais: **‘Não adultere’**.[m] 28 Mas eu lhes
digo: o homem que até mesmo olhar para uma mulher desejando-a ardentemente
já cometeu adultério com ela no coração. 29 Se seu olho direito fizer você pecar,
arranque-o e jogue-o fora! É melhor você perder uma parte do corpo que ser lan-
çado inteiro no Gei-Hinnom. 30 E se sua mão direita fizer você pecar, corte-a e
jogue-a fora! É melhor você perder uma parte do corpo que ser lançado inteiro no
Gei-Hinnom.

31 “Foi dito: **‘Quem se divorciar da mulher deve dar a ela um *get*’**.[n] 32 Mas eu
lhes digo: Quem se divorciar da mulher, exceto por causa de fornicação, transfor-
ma-a em adúltera; e quem se casar com a divorciada comete adultério.

33 “E, ainda, vocês ouviram o que foi dito aos nossos pais: **‘Não descumpra um
juramento’**, e **‘Cumpra todos os votos feitos a *Adonai*’**.[o] 34 Mas eu lhes digo que não
jurem de jeito nenhum — nem ‘pelo **céu**’, porque **é** o **trono** de Deus; 35 nem ‘pela
terra’, porque **é** o **apoio dos pés** dele;[p] nem ‘por Yerushalayim’, por ser a **cidade do
grande rei**.[q] 36 E não jurem pela cabeça de vocês, porque não podem tornar branco

---

[l] *Sh’mot* [Êx] 20.13; *D’varim* [Dt] 5.17
[m] *Sh’mot* [Êx] 20.13(14); *D’varim* [Dt] 5.18
[n] *D’varim* [Dt] 24.1
[o] *Vayikra* [Lv] 19.12; *B’midbar* [Nm] 30.3(2))
[p] *Yesha‘yahu* (Is) 66.1
[q] *Tehillim* [Sl] 48.2

ou preto um único fio de cabelo. 37 Mas que o 'sim' de vocês signifique apenas 'sim', e o 'não' seja 'não'; qualquer coisa além disso tem origem no Maligno.

38 "Vocês ouviram o que foi dito aos nossos pais: **'Olho por olho e dente por dente'**.[r] 39 Mas eu lhes digo: não se oponham a quem age errado contra vocês. Ao contrário, se alguém bater na face direita do seu rosto, permita-lhe bater também na esquerda! 40 Se alguém quiser processá-lo e tirar-lhe a camisa, deixe-lhe também o casaco! 41 E se um soldado forçar você a carregar sua carga por um quilômetro e meio, carregue-a por três quilômetros! 42 Quando alguém lhe pedir alguma coisa, dê o que for pedido; quando alguém quiser pedir algo emprestado a você, empreste.

43 "Vocês ouviram o que foi dito aos nossos pais: '**Ame seu próximo**[s] — e odeie seu inimigo'. 44 Mas eu lhes digo: amem seus inimigos; orem por quem os persegue! 45 Então vocês se tornarão filhos do Pai celestial. Porque ele faz seu sol brilhar, da mesma forma, sobre pessoas boas e más e envia chuva, igualmente, para justos e injustos. 46 Que recompensa obterão se amarem só quem ama vocês? Por que a teriam, se até os coletores de impostos agem assim? 47 E se vocês forem amáveis só com seus amigos, o que há de extraordinário? Até os *goyim* fazem isso! 48 Portanto, sejam perfeitos, como o Pai celestial de vocês é perfeito.

6 1 "Tenham o cuidado de não praticar seus atos de *tzedakah* diante das pessoas para serem vistos por elas. Se fizerem isso, não terão nenhuma recompensa do Pai celestial. 2 Portanto, quando você fizer *tzedakah*, não o anuncie com trombetas, para obter o louvor das pessoas, como os hipócritas nas sinagogas e nas ruas. Sim, eu lhes garanto que já receberam sua recompensa! 3 Mas, quando você fizer *tzedakah*, não permita que sua mão esquerda saiba o que faz a direita. 4 Então sua *tzedakah* estará em sigilo, e seu Pai, que vê o que você faz quando está sozinho, o recompensará.

5 "E quando orarem, não sejam como os hipócritas. Eles gostam de orar em pé nas sinagogas e nas esquinas, com o propósito de serem vistos pelas pessoas. Sim, eu lhes asseguro que já receberam sua recompensa! 6 Mas você, quando orar, vá para seu quarto, feche a porta e ore a seu Pai, que está em secreto. Então seu Pai, que vê o que você faz quando está sozinho, o recompensará.

7 "E quando orarem, não fiquem sempre repetindo a mesma coisa, como os pagãos: eles pensam que Deus lhes ouve porque falam bastante. 8 Não sejam iguais a eles, porque seu Pai sabe do que precisam, antes mesmo de lhe pedirem. 9 Vocês, portanto, orem assim:

'Pai nosso no céu!
    Teu nome seja mantido santo.
10 Venha teu Reino;
    tua vontade seja feita na terra como no céu.

11 Dá-nos o alimento necessário para hoje.
12 Perdoa-nos pelo que fizemos errado,
    como perdoamos a quem nos fez coisas erradas.
13 E não nos conduzas à provação severa,
    e mantém-nos a salvo do Maligno.
    [t] Porque o Reino, o poder e a glória são teus para sempre.
Amen'.

---

[r] *Sh'mot* [Êx] 21.24; *Vayikra* [Lv] 24.20; *D'varim* [Dt] 19.21 [s] *Vayikra* [Lv] 19.18

[t] A parte final do v. 13 não é encontrada nos manuscritos mais antigos.

14 Pois se vocês perdoarem os outros pelas ofensas cometidas por eles, seu Pai celestial também os perdoará; 15 mas se vocês não perdoarem os outros pelas ofensas cometidas, seu Pai celestial não perdoará as ofensas de vocês.

16 "Quando jejuarem, não se apresentem com uma aparência abatida, como os hipócritas. Eles fazem expressões de tristeza para os outros verem que estão jejuando. Eu lhes digo que já receberam sua recompensa! 17 Entretanto, você, ao jejuar, arrume-se e lave o rosto, 18 para que ninguém saiba do jejum — com exceção de seu Pai, que está com você em secreto. E seu Pai, que vê o que é feito em segredo, dará à você a recompensa.

19 "Não juntem riquezas para vocês na terra, onde traças e ferrugem destroem, e onde os ladrões abrem à força e roubam. 20 Em vez disso, juntem riquezas para vocês no céu, onde nem a traça nem a ferrugem destroem, e onde os ladrões não entram nem roubam. 21 Pois onde estiver sua riqueza, ali também estará seu coração. 22 'O olho é a lâmpada do corpo.' Portanto, se você tiver um 'olho bom' [isto é, se for generoso], todo o seu corpo estará repleto de luz; 23 mas, se você tiver um 'olho mau' [se for avarento], todo o seu corpo estará repleto de escuridão. Se a luz que estiver em você for escuridão, quão terrível será essa escuridão! 24 Ninguém pode ser escravo de dois senhores; pois odiará o primeiro e amará o segundo, ou desprezará o segundo e será leal ao primeiro. Vocês não podem ser escravos de Deus e do dinheiro.

25 "Portanto eu lhes digo que não se preocupem com a própria vida — o que vão comer ou beber; nem com seu corpo — o que vestirão. Não é a vida mais que o alimento, e o corpo, mais que a roupa? 26 Olhem para os pássaros. Eles não plantam nem colhem nem armazenam em celeiros; entretanto, seu Pai celestial os alimenta. Vocês não possuem mais valor que eles? 27 Pode alguém de vocês, por mais que se preocupe, acrescentar uma única hora à própria vida?

28 "E por que ficam ansiosos pelo que vestir? Pensem nos campos de írises silvestres, e em como crescem. Elas não trabalham nem tecem fios, 29 contudo eu lhes digo que nem mesmo Sh'lomoh em toda a sua glória vestiu-se de maneira tão bela quanto uma delas. 30 Se Deus veste assim a erva do campo — que hoje existe e amanhã se vai, lançada em um forno —, não vestirá muito mais a vocês? Quão pouca confiança vocês têm!

31 Portanto, não fiquem ansiosos, perguntando: 'O que comeremos?', 'O que beberemos?' ou 'Como nos vestiremos?'. 32 Porque os pagãos colocam o coração em todas essas coisas. Seu Pai celestial sabe que vocês precisam de todas elas. 33 Entretanto, busquem em primeiro lugar seu Reino e sua justiça, e todas estas coisas também lhes serão dadas. 34 Não se preocupem com o amanhã — o amanhã se preocupará consigo mesmo! O dia de hoje já possui *tzarot* suficientes!

7 1 "Não julguem, para que vocês não sejam julgados. 2 Porque, da mesma forma que julgarem, serão julgados — a medida com a qual medirem, também será usada para medi-los. 3 Por que você vê o cisco que está no olho do seu irmão e não repara na viga que está no seu olho? 4 Como você pode dizer ao seu irmão: 'Deixe-me tirar o cisco do seu olho', quando há uma viga no seu? 5 Hipócrita! Em primeiro lugar, tire a viga do seu olho; então verá claramente para poder remover o cisco do olho do seu irmão!

6 "Não deem o que é sagrado aos cães, nem atirem suas pérolas aos porcos. Se vocês o fizerem, eles as pisarão e, então, voltarão e atacarão vocês.

7 “Peçam continuamente, e lhes será dado; continuem procurando, e vocês acharão; continuem batendo, e a porta lhes será aberta. 8 Pois quem pede, recebe; quem procura, acha; e àquele que bate, a porta será aberta. 9 Há alguém aqui que, se seu filho pedir pão, lhe dará uma pedra? 10 Ou, se pedir peixe, lhe dará uma cobra? 11 Se vocês, apesar de serem maus, sabem dar bons presentes a seus filhos, quanto mais o Pai de vocês, que está no céu, continuará dando bons presentes a quem lhe pedir!

12 “Sempre tratem os outros como vocês gostariam de ser tratados; pois isso resume o ensino da *Torah* e dos Profetas.

13 “Entrem pelo portão estreito; porque o portão que conduz à destruição é largo, e o caminho, amplo, e muitos transitam por ele; 14 entretanto, é estreito o portão, e difícil o caminho que conduz à vida, e apenas uns poucos o encontram.

15 “Cuidado com os falsos profetas! Eles vêm a vocês vestidos de peles de ovelhas, mas por dentro são lobos famintos! 16 Vocês os reconhecerão pelo fruto. Pode alguém colher uvas de espinheiros ou figos de plantas espinhosas? 17 Semelhantemente, toda árvore saudável produz bom fruto, mas a árvore doente produz fruto mau. 18 A árvore saudável não pode dar fruto mau, nem a árvore doente produzir fruto bom. 19 Toda árvore que não produz bom fruto é cortada e lançada ao fogo! 20 Assim, vocês os reconhecerão pelo fruto.

21 “Nem todo aquele que me diz: ‘Senhor, Senhor!’ entrará no Reino do Céu, mas apenas quem faz o que meu Pai celestial deseja. 22 Naquele dia, muitos me dirão: ‘Senhor, Senhor! Não profetizamos em seu nome? Em seu nome não expulsamos demônios? Não realizamos muitos milagres em seu nome?’. 23 Então eu lhes direi na cara: ‘Nunca os conheci! **Afastem-se de mim, praticantes do que é contra a lei**!’.[u]

24 “Portanto, quem ouve estas minhas palavras e age baseado nelas será como o homem sensato que construiu sua casa sobre a rocha firme. 25 Choveu, os rios transbordaram, sopraram ventos contra a casa, mas ela não caiu, porque sua fundação estava na rocha. 26 Mas quem ouve estas minhas palavras e não age baseado nelas será como o insensato que construiu sua casa sobre a areia. 27 Choveu, os rios transbordaram, o vento soprou contra a casa, e ela caiu — e sua queda foi terrível!”.

28 Quando Yeshua acabou de dizer essas coisas, as multidões estavam maravilhadas da forma em que ele ensinava, 29 porque ele não as ensinava como os mestres da *Torah*, mas como quem possuía autoridade própria.

8 1 Depois de Yeshua ter descido do monte, grandes multidões o seguiram. 2 Então um homem afligido com *tzara'at*, aproximando-se, ajoelhou-se na frente dele e disse: “Senhor, se você quiser, pode me purificar”. 3 Yeshua estendeu a mão, tocou-o e disse: “Quero! Fique limpo!”. Imediatamente ele foi limpo de sua *tzara'at*. 4 Em seguida, Yeshua lhe disse: “Olhe, não conte isso a ninguém; mas, como testemunho ao povo, vá, deixe o *kohen* examinar você e ofereça o sacrifício ordenado por Mosheh”.

5 Assim que Yeshua entrou em K'far-*Nachum*, um oficial do exército romano aproximou-se e implorou ajuda. 6 “Senhor, meu ordenança está deitado em casa, paralisado e sofrendo terrivelmente!”. 7 Yeshua disse: “Irei e o curarei”. 8 O oficial respondeu: “Senhor, eu não sou digno de que entre em minha casa. Ao contrário, se apenas ordenar, meu ordenança se recuperará. 9 Porque eu também sou um homem sujeito à autoridade. Tenho soldados às minhas ordens, e digo a este: ‘Vá!’, e ele vai; e a outro: ‘Venha!’, e ele vem; a meu escravo: ‘Faça isto!’, e ele o faz”. 10 Ao

[u] *Tehillim* [Sl] 6.9(8)

ouvir isso, Yeshua se admirou e disse às pessoas que o seguiam: "Sim! Eu lhes digo
que não encontrei ninguém em Yisra'el com tanta confiança! 11 Além disso, eu lhes
digo que muitos virão do oriente e do ocidente e tomarão seus lugares na festa,
no Reino do Céu, com Avraham, Yitz'chak e Ya'akov. 12 Mas os nascidos no reino
serão lançados para fora, na escuridão, onde as pessoas lamentarão e rangerão os
dentes!". 13 Então Yeshua disse ao oficial: "Vá; seja feito segundo a sua confiança".
E seu ordenança foi curado naquele momento.

14 Yeshua foi à casa de Kefa e lá viu a sogra de Kefa doente, acamada e com
febre. 15 Ele tocou sua mão, a febre a deixou, e ela se levantou e começou a servi-lo.

16 Ao anoitecer, muitas pessoas mantidas sob o poder de demônios lhe foram
trazidas. Ele expulsou os espíritos com uma palavra e curou todos os doentes.
17 Isso aconteceu para cumprir o que disse o profeta Yesha'yahu:

"Ele tomou sobre si nossas fraquezas
e carregou nossas doenças".[v]

18 Quando Yeshua viu a multidão a seu redor, deu ordens para atravessar o lago.
19 Um mestre da *Torah* se aproximou e lhe disse: "*Rabbi*, eu o seguirei aonde você
for". 20 Yeshua lhe respondeu: "As raposas têm tocas e as aves do céu têm ninhos,
mas o Filho do Homem não tem um lar". 21 Outro *talmid* lhe disse: "Senhor, permita-
-me ir primeiro sepultar meu pai". 22 Mas Yeshua respondeu: "Siga-me, e deixe que
os mortos sepultem seus mortos".

23 Ele entrou no barco, e seus *talmidim* o seguiram. 24 De repente, uma violenta
tempestade levantou-se no lago, de forma que as ondas passavam impetuosamen-
te sobre o barco. No entanto, Yeshua estava dormindo. 25 Então foram acordá-lo,
dizendo: "Senhor! Socorro! Vamos morrer!". 26 Ele lhes disse: "Por que vocês estão
com medo? Que pouca confiança vocês têm!". Então ele se levantou e repreendeu
os ventos e as ondas, e houve uma calmaria repentina. 27 Os homens ficaram per-
plexos. Eles perguntaram: "Que tipo de homem é este que até os ventos e o mar lhe
obedecem?".

28 Quando Yeshua chegou ao outro lado do lago, no território dos gadarenos,
saíram das cavernas usadas como sepulturas dois homens controlados por demô-
nios, tão violentos que ninguém ousava viajar por aquela estrada. 29 Eles gritaram:
"O que você quer de nós, Filho de Deus? Veio aqui para nos torturar antes do tem-
po devido?". 30 A certa distância deles, uma grande quantidade de porcos estava
pastando. 31 Os demônios lhe imploraram: "Se você nos expulsar, mande-nos para
a manada de porcos". 32 Ele lhes disse: "Podem ir!". Então eles saíram e entraram
nos porcos, e toda a manada se atirou no lago e se afogou. 33 Os que cuidavam dos
porcos fugiram, foram à cidade e contaram a história toda, incluindo o que acon-
teceu aos homens demonizados. 34 Por causa disso, toda a cidade saiu ao encontro
de Yeshua. Quando o viram, imploraram-lhe que deixasse seu distrito.

9 1 Então ele entrou em um barco, atravessou novamente o lago e voltou para a
sua cidade. 2 Algumas pessoas lhe trouxeram um homem paralisado, deitado
em um colchão. Quando Yeshua viu a confiança deles, disse ao homem paralisado:
"Coragem, filho! Seus pecados estão perdoados". 3 Ao ver isso, alguns mestres da
Torah disseram entre si mesmos: "Este homem está blasfemando!". 4 Yeshua, sa-
bendo o que eles pensavam, disse: "Por que vocês alimentam pensamentos maus

[v] *Yesha'yahu* [Is] 53.4

no coração? 5 Digam-me: o que é mais fácil falar — 'Seus pecados estão perdoados'
ou 'Levante-se e ande'? 6 Vejam: eu provarei a vocês que o Filho do Homem possui
autoridade na terra para perdoar pecados". Ele, então, disse ao homem paralisado:
"Levante-se, pegue seu colchão e vá para casa!". 7 O homem se levantou e foi para
casa. 8 Quando a multidão viu isso, ficou apavorada, e as pessoas disseram uma
b'rakhah ao Deus doador de tamanha autoridade a seres humanos.

9 Assim que Yeshua saiu de lá, viu um coletor de impostos, chamado Mattityahu,
sentado na coletoria. E lhe disse: "Siga-me!"; ele se levantou e o seguiu.

10 Enquanto Yeshua estava comendo em uma casa, muitos coletores de impos-
tos e pecadores vieram e se juntaram a ele e a seus *talmidim* durante a refeição.
11 Quando os *p'rushim* viram isso, disseram aos *talmidim*: "Por que o *rabbi* de
vocês come com coletores de impostos e pecadores?". 12 Yeshua ouviu a pergunta
e respondeu: "Quem precisa de médico não são os que têm saúde, mas os doentes.
13 Entretanto, vocês deveriam aprender o que isto significa: **'Prefiro compaixão a
sacrifícios de animais'**.[w] Pois eu não vim chamar 'justos', mas pecadores!".

14 A seguir, os *talmidim* de Yochanan vieram a ele e perguntaram: "Por que nós
e os *p'rushim* jejuamos com frequência, mas seus *talmidim* não jejuam?". 15 Yeshua
lhes disse: "Podem os convidados para o casamento lamentar enquanto o noivo
ainda está com eles? Mas virá o tempo em que o noivo será levado para longe deles;
então eles jejuarão. 16 Ninguém põe remendo de pano novo em um casaco velho,
porque o remendo forçará o casaco e deixará o buraco maior. 17 Nem se põe vinho
novo em vasilha de couro velha; se o fizer, a vasilha rebentará, o vinho se derra-
mará e a vasilha se estragará. Não, põe-se vinho novo em vasilha de couro nova; e
ambos se conservam".

18 Enquanto ele estava falando, um oficial se aproximou, ajoelhou-se diante dele
e disse: "Minha filha acaba de morrer. Mas se você vier e puser sua mão sobre ela,
ela viverá". 19 Yeshua, com seus *talmidim*, levantou-se e o seguiu.

20 Uma mulher que sofria de hemorragia havia doze anos chegou por trás dele
e tocou a *tzitzit* do seu manto. 21 Porque ela disse a si mesma: "Se eu tão-somente
tocar o manto dele, serei curada". 22 Yeshua virou-se, viu-a e disse: "Coragem, filha!
Sua confiança a curou". E ela foi curada imediatamente.

23 Quando Yeshua chegou à casa do oficial e viu os flautistas e a multidão agitada,
24 disse: "Todos para fora! A garota não morreu; está apenas dormindo!". As pessoas
riram dele. 25 Depois de pô-las para fora, ele entrou e segurou a mão da menina, e ela
se levantou. 26 A notícia desse acontecimento se espalhou por toda a região.

27 Assim que Yeshua saiu dali, dois homens cegos começaram a segui-lo, gritan-
do: "Filho de David! Tenha dó de nós!". 28 Quando ele entrou em uma casa, os cegos
se aproximaram, e Yeshua lhes disse: "Vocês acreditam que eu tenha poder para
fazer isso?". Eles responderam: "Sim, senhor". 29 Então tocou-lhes os olhos e disse:
"Que lhes seja feito de acordo com sua confiança"; 30 e a visão deles foi restaurada.
Yeshua os advertiu severamente: "Cuidem para que ninguém saiba disso". 31 Eles,
entretanto, saíram e falaram sobre ele por todo o distrito.

32 Enquanto eles iam embora, um homem controlado por um demônio e incapaz
de falar foi levado a Yeshua. 33 Depois da expulsão do demônio, o homem que esti-
vera mudo falou, e a multidão ficou admirada. As pessoas disseram: "Nunca se viu
em Yisra'el nada parecido". 34 Mas os *p'rushim* disseram: "É por intermédio do líder
dos demônios que ele expulsa demônios".

---

[w] *Hoshe'a* [Os] 6.6

35 Yeshua ia passando por todas as cidades e povoados, ensinando nas sina-
gogas, proclamando as boas-novas do Reino, e curando todo tipo de doenças e
fraquezas. 36 Ao ver as multidões, teve compaixão delas, porque estavam aflitas e
desamparadas, como ovelhas sem pastor. 37 Então disse aos *talmidim*: "A colheita
é farta, mas os trabalhadores são poucos. 38 Orem para que o Senhor da colheita
envie trabalhadores para a colheita".

10 1 Yeshua chamou seus doze *talmidim* e lhes deu autoridade para expulsar
espíritos imundos e curar todo tipo de doenças e fraquezas. 2 Estes são os
nomes dos doze emissários:

Em primeiro lugar, Shim'on, chamado Kefa, e André, seu irmão;
Ya'akov Ben-Zavdai e Yochanan, seu irmão;
3 Filipe e Bar-Talmai;
T'oma e Mattityahu, o coletor de impostos;
Ya'akov Bar-Halfai e Taddai;
4 Shim'on, o zelote, e Y'hudah de K'riot, que o traiu.

5 Yeshua enviou os doze com as seguintes instruções: "Não entrem no território
dos *goyim*, nem entrem em qualquer cidade de Shomron; 6 em vez disso, vão às
ovelhas perdidas da casa de Yisra'el. 7 Por onde forem, proclamem esta mensagem:
'O Reino do Céu está próximo', 8 curem enfermos, ressuscitem mortos, purifiquem
afligidos por *tzara'at*, expulsem demônios. Vocês receberam de graça, portanto
deem sem pedir pagamento. 9 Não levem dinheiro nos cintos, nem ouro, prata ou
cobre; 10 não levem nenhum saco de viagem, nenhuma roupa extra, nem sandálias,
nem bordão — deve-se dar ao trabalhador o que ele necessitar.

11 "Quando vocês chegarem a uma cidade ou a um povoado, procurem alguém
digno e fiquem com ele até partir. 12 Ao entrarem na casa de alguém, digam: '*Shalom
aleikhem*!'. 13 Se a casa for digna, que a *shalom* de vocês permaneça sobre ela; se não
for, que a *shalom* retorne para vocês. 14 Mas, se as pessoas de uma casa ou de uma
cidade não lhes derem boas-vindas ou não ouvirem vocês, deixem o lugar e sacu-
dam o pó de seus pés! 15 Eu lhes afirmo que no Dia do Juízo haverá mais tolerância
para os habitantes de S'dom e 'Amorah que para aquela cidade!

16 "Prestem atenção! Eu os estou enviando como ovelhas entre lobos; portanto,
sejam prudentes como cobras e inofensivos como pombas. 17 Tenham cuidado, por-
que pessoas os entregarão ao *Sanhedrin* local e os açoitarão nas sinagogas. 18 Por
minha causa, vocês serão levados à presença de governadores e reis como testemu-
nhas a eles e aos *goyim*. 19 Mas, quando os levarem a juízo, não se preocupem com
o que dizer, ou como dizê-lo; quando a hora chegar, lhes será dado o que devem
dizer. 20 Porque não serão vocês que falarão, mas o Espírito de seu Pai celestial
falará por intermédio de vocês.

21 "Um irmão entregará o outro à morte, e um pai, seu filho; filhos se rebelarão
contra seus pais e os matarão. 22 Todos odiarão vocês por minha causa, mas quem
suportar até o fim será preservado do mal. 23 Quando vocês forem perseguidos em
uma cidade, fujam para outra. Eu lhes garanto que não terão percorrido todas as
cidades de Yisra'el antes que venha o Filho do Homem.

24 "Um *talmid* não é maior que seu *rabbi*, um escravo não é maior que seu dono.
25 É suficiente para o *talmid* ser como seu *rabbi*, e o escravo, como seu dono. Se o
chefe da casa foi chamado Ba'al-Zibbul, quanto mais os membros da sua família!
26 Portanto, não tenham medo deles; porque não há nada oculto que não venha a ser

descoberto, ou escondido, que não se torne conhecido. 27 O que eu lhes digo na escuridão, falem à luz; o que é sussurrado em seus ouvidos, proclamem dos telhados.

28 "Não tenham medo dos que matam o corpo, mas são incapazes de matar a alma. Antes, temam quem pode destruir tanto a alma como o corpo no Gei-Hinnom. 29 Não se vendem pardais por quase nada: dois por um *assárion*? Contudo, nenhum deles cai no chão sem o consentimento do Pai de vocês. 30 Todo o cabelo da cabeça de vocês foi contado. 31 Portanto, não tenham medo; vocês valem mais que muitos pardais.

32 "Quem me confessar na presença de outras pessoas, também será confessado por mim na presença do meu Pai celestial. 33 Mas quem me negar na presença de outras pessoas, também será negado por mim na presença do meu Pai celestial.

34 "Não suponham que vim trazer paz à Terra. Não vim trazer paz, mas espada! 35 Pois eu vim para fazer que

36 **o homem fique contra seu pai,**
a filha contra sua mãe,
a nora contra sua sogra;
os inimigos do homem serão os membros da própria família.[x]

37 Quem quer que ame seu pai ou sua mãe mais do que ama a mim não é digno de mim; quem ama seu filho ou sua filha mais do que a mim não é digno de mim. 38 E quem não toma sua estaca de execução e não me segue, não é digno de mim. 39 Quem achar sua vida a perderá, mas a pessoa que perder sua vida por minha causa a achará.

40 "Quem recebe vocês, recebe a mim; e quem me recebe, recebe aquele que me enviou. 41 Quem recebe um profeta, porque ele é profeta, receberá a recompensa que o profeta recebe, e quem recebe um *tzaddik*, porque ele é *tzaddik*, receberá a recompensa que o *tzaddik* recebe. 42 E se alguém der até mesmo um copo de água fria a um destes pequeninos, porque ele é meu *talmid* — eu lhes asseguro —, não perderá sua recompensa!".

11 1 Depois de Yeshua ter terminado de instruir os doze *talmidim*, saiu para ensinar e pregar nas cidades vizinhas.

2 Nesse ínterim, Yochanan, o Imersor, que tinha sido posto na prisão, ouviu o que o Messias estava fazendo. Então, mandou-lhe uma mensagem por meio de seus *talmidim*, perguntando: 3 "Você é o que haveria de vir ou devemos esperar algum outro?". 4 Yeshua respondeu: "Vão e digam a Yochanan o que vocês ouvem e veem: 5 **os cegos veem, os mancos andam**, pessoas afligidas por *tzara'at* são limpas, **os surdos ouvem**,[y] os mortos são ressuscitados,[z] e **as boas-novas são anunciadas aos pobres**;[a] 6 e feliz é aquele que não se ofende por minha causa!".

7 Enquanto eles saíam, Yeshua começou a falar sobre Yochanan à multidão: "O que vocês foram ver no deserto? Caniços agitados pela brisa? 8 Não? Então o que foram ver? Alguém bem-vestido? Pessoas bem-vestidas habitam em palácios reais. 9 Afinal, o que foram ver? Um profeta! Sim! E eu lhes digo que ele é mais que um profeta. 10 A respeito dele o *Tanakh* diz:

'Veja, envio meu mensageiro à sua frente;
ele preparará o caminho diante de você'.[b]

[x] *Mikhah* [Mq] 7.6 [y] *Yesha'yahu* [Is] 35.5,6 [z] *Yesha'yahu* [Is] 26.14 [a] *Yesha'yahu* [Is] 61.1 [b] *Mal'akhi* [Ml] 3.1

[11] Sim! Eu lhes digo que entre os nascidos de mulher não surgiu ninguém maior que
Yochanan, o Imersor! Entretanto, o menor no Reino do Céu é maior que ele! [12] Desde
os dias de Yochanan, o Imersor, até agora, o Reino do Céu tem sofrido violência!
Os violentos tentam apoderar-se dele. [13] Porque todos os Profetas e a *Torah* profe-
tizaram até Yochanan. [14] E, se vocês quiserem aceitar, ele é Eliyahu, cuja vinda fora
predita. [15] Se vocês têm ouvidos, ouçam!
[16] "A que posso comparar esta geração? São como crianças que ficam sentadas
nas praças dos mercados e gritam umas às outras:

[17] **'Tocamos músicas alegres,**
mas vocês não dançaram!
Cantamos músicas tristes,
mas vocês não choraram!'.

[18] Pois veio Yochanan, que jejua e não bebe vinho, e dizem: 'Ele tem demônio'.
[19] Veio o Filho do Homem comendo e bebendo vinho, e dizem: 'Aí está um comilão
e beberrão! Amigo de coletores de impostos e pecadores'. Entretanto, a prova da
sabedoria são as ações que ela produz".
[20] Então Yeshua começou a denunciar as cidades em que havia sido realizada
a maioria dos seus milagres, porque as pessoas não abandonaram seus pecados e
voltaram para Deus. [21] "Ai de você, Korazin! Ai de você, Beit-Tzaidah! Porque se os
milagres realizados entre vocês tivessem ocorrido em Tzor e Tzidon, elas teriam
se coberto de pano e cinzas como evidência da mudança de seus caminhos. [22] Mas
eu lhes afirmo que no Dia do Juízo será mais suportável para Tzor e Tzidon que
para vocês! [23] E você, K'far-*Nachum*, será **exaltada ao céu? Não, você descerá até o**
sh'ol![c] Se os milagres que em você foram realizados tivessem sido feitos em S'dom,
ela ainda existiria hoje. [24] Mas eu lhe afirmo que no Dia do Juízo será mais suportá-
vel para a terra de S'dom que para você!".
[25] Naquela ocasião, Yeshua disse: "Eu te louvo, Pai, Senhor do céu e da terra, por-
que escondeste estas coisas dos sofisticados e educados e as revelaste às pessoas
comuns. [26] Sim, Pai, eu te agradeço por teres desejado agir assim.
[27] "Meu Pai entregou todas as coisas a mim. De fato, ninguém conhece plena-
mente o Filho, a não ser o Pai, e ninguém conhece plenamente o Pai, a não ser o
Filho e aqueles a quem o Filho desejar revelá-lo.
[28] "Venham a mim, todos os que passam por lutas e estão sobrecarregados, e eu
lhes darei descanso. [29] Tomem sobre vocês meu jugo e aprendam de mim, porque
sou manso e humilde de coração, **e vocês encontrarão descanso para a alma.**[d]
[30] Pois meu jugo é suave e minha carga é leve".

12 [1] Certo *shabbat*, Yeshua estava andando por entre alguns trigais. Seus *talmi-*
dim estavam com fome e começaram a colher alguns grãos e a comê-los. [2] Os
p'rushim, vendo aquilo, disseram: "Olhe, seus *talmidim* estão violando o *shabbat*!".
[3] Entretanto, ele lhes disse: "Vocês nunca leram o que David e seus companheiros
fizeram quando estavam com fome? [4] Ele entrou na casa de Deus e comeu o pão da
proposição, que lhe era proibido, bem como a seus companheiros — ele é permitido
apenas aos *kohanim*. [5] Ou vocês não leram na *Torah* que no *shabbat* os *kohanim*
profanam o *shabbat*, mas ficam sem culpa? [6] Eu lhes digo: aqui, neste lugar, há
alguém maior do que o templo! [7] Se vocês soubessem o que significa **'Prefiro**

[c] *Yesha'yahu* [Is] 14.13,15 [d] *Yirmeyahu* [Jr] 6.16

compaixão a sacrifícios de animais',[e] não teriam condenado inocentes. 8 Porque o
Filho do Homem é Senhor do *shabbat*!".
9 Saindo daquele lugar, dirigiu-se à sinagoga deles, 10 e estava ali um homem
com uma das mãos atrofiada. Procurando um motivo para acusá-lo de algo, eles
lhe perguntaram: "É permitido curar no *shabbat*?". 11 Entretanto, ele respondeu: "Se
tiverem uma ovelha que cair em um buraco no *shabbat*, qual de vocês não a pegará
e tirará de lá? 12 Quanto mais vale um homem que uma ovelha! Portanto, é permiti-
do fazer o bem no *shabbat*". 13 Então ele disse ao homem: "Estenda sua mão". Ele a
estendeu, e ela foi restaurada, e ficou boa como a outra. 14 Então os *p'rushim* saíram
e começaram a conspirar sobre como poderiam eliminar Yeshua. 15 Sabendo disso,
ele se retirou daquele lugar.
Muitas pessoas o seguiram; e ele curou todas, 16 mas advertiu-as de que não
dissessem quem ele era. 17 Isso aconteceu para cumprir o que disse o profeta
Yesha'yahu:

18 **"Aqui está meu servo, a quem escolhi,**
meu amado, em quem me agrado;
porei meu Espírito sobre ele,
e anunciará justiça aos gentios.
19 **Ele não discutirá nem gritará,**
ninguém ouvirá sua voz nas ruas;
20 **ele não quebrará o caniço rachado,**
não apagará o pavio fumegante,
até que leve a justiça à vitória.
21 **Em seu nome os gentios porão sua esperança".**[f]

22 Então algumas pessoas levaram até ele um homem cego e mudo (controlado
por demônios). Yeshua o curou, de modo que ele pôde falar e ver. 23 A multidão
ficou assustada e perguntou: "Não poderia este ser o Filho de David?". 24 Entretanto,
quando os *p'rushim* ouviram isso, disseram: "É somente por Ba'al-Zibbul, o chefe
dos demônios, que ele expulsa demônios".
25 Contudo, conhecendo o que eles pensavam, Yeshua lhes disse: "Todo reino di-
vidido contra si mesmo será arruinado, e toda cidade ou casa dividida contra si mes-
ma não subsistirá. 26 Se Satan expulsa Satan, ele está dividido contra si mesmo.
Como, então, subsistirá seu reino? 27 Além disso, se eu expulso demônios por
Ba'al-Zibbul, por quem os expulsam seus representantes? Portanto, eles mesmos
serão juízes de vocês! 28 Mas, se eu expulso demônios pelo Espírito de Deus, então
o Reino de Deus chegou a vocês!
29 "Ou, como alguém pode entrar na casa do homem forte e levar dali seus bens,
sem antes amarrá-lo? Só então poderá saquear a casa dele.
30 "Quem não está comigo é contra mim; e quem comigo não reúne, espalha.
31 Por esse motivo, eu lhes digo que as pessoas terão pecados e blasfêmias perdo-
ados, mas blasfemar contra o *Ruach HaKodesh* não será perdoado. 32 Quem disser
algo contra o Filho do Homem será perdoado; mas quem falar contra o *Ruach
HaKodesh* não será perdoado, nem no *'olam hazeh* nem no *'olam haba*.
33 "A árvore boa dá fruto bom, e a árvore ruim dá fruto ruim, pois a árvore é co-
nhecida pelo fruto. 34 Cobras! Como podem vocês, que são maus, dizer coisas boas?
Porque a boca fala do que sobeja no coração. 35 O homem bom do seu bom tesouro
tira coisas boas; entretanto, o homem mau do seu mau tesouro tira coisas más.

[e] *Hoshe'a* [Os] 6.6 [f] *Yesha'yahu* [Is] 42.1-4

36 Além disso, eu lhes digo: no Dia do Juízo, os homens darão conta de toda palavra
impensada que tiverem falado; 37 porque por suas palavras vocês serão absolvidos,
e por suas palavras, serão condenados".
38 Nesse momento, alguns mestres da *Torah* disseram: "*Rabbi*, queremos ver
um sinal miraculoso feito por você". 39 Ele respondeu: "Uma geração perversa e
adúltera pede um sinal? Não! Nenhum sinal lhe será dado, exceto o sinal do profeta
Yonah. 40 Porque, da mesma forma que Yonah **esteve três dias e três noites no
ventre de um monstro marinho**,[g] assim o Filho do Homem ficará três dias e três
noites nas profundezas da terra. 41 Os homens de Ninveh se levantarão no juízo
com esta geração e a condenarão, porque abandonaram seus pecados e voltaram-se
para Deus quando Yonah pregou, mas quem está aqui é maior que Yonah. 42 A rai-
nha do Sul se levantará no juízo com esta geração e a condenará, porque veio dos
confins da terra para ouvir a sabedoria de Sh'lomoh, mas quem está aqui é maior
que Sh'lomoh.
43 "Quando um espírito imundo sai de uma pessoa, passa por lugares áridos
procurando descanso e não o encontra. 44 Então diz a si mesmo: 'Voltarei para a
casa de onde saí'. Chegando, encontra a casa desocupada, varrida e em ordem.
45 Então vai e traz consigo outros sete espíritos piores que ele, e eles entram, pas-
sando a viver ali — de forma que, no final, a pessoa se encontra pior que antes. Isso
é o que acontecerá com esta geração perversa".
46 Ele ainda estava falando à multidão quando sua mãe e seus irmãos aparece-
ram do lado de fora, pedindo para falar com ele. 47[h] 48 Mas ele respondeu a quem
lhe havia informado: "Quem é minha mãe? Quem são meus irmãos?". 49 Apontando
para *os talmidim*, disse: "Vejam: aqui estão minha mãe e meus irmãos! 50 Quem faz
o que meu Pai celestial deseja é meu irmão, minha irmã e minha mãe".

13 1 Naquele mesmo dia, Yeshua saiu de casa e se sentou junto ao lago; 2 mas
uma multidão tão grande se reuniu em torno dele que, por isso, ele entrou
em um barco e assentou-se, ao passo que a multidão estava em pé junto à margem.
3 Ele lhes disse muitas coisas em parábolas:
"Um fazendeiro foi semear. 4 Enquanto lançava a semente, parte dela caiu à
beira do caminho, e pássaros vieram e a comeram. 5 Parte dela caiu em terreno
pedregoso, onde não havia muita terra. Ela brotou logo, porque a terra não era pro-
funda. 6 Mas, quando saiu o sol, as plantas se queimaram e, pelo fato de suas raízes
não serem profundas, secaram. 7 Outra parte caiu entre espinhos que cresceram e
sufocaram as plantas. 8 Outra ainda caiu em boa terra, deu boa colheita, a cem, ses-
senta ou trinta vezes mais que a quantidade semeada. 9 Quem tem ouvidos, ouça!".
10 Então os *talmidim* se aproximaram e perguntaram a Yeshua: "Por que você
fala ao povo em parábolas?". 11 Ele respondeu: "Porque foi dado a vocês conhecer
os segredos do Reino do Céu, mas isso não lhes foi dado. 12 Pois quem possuir algo,
mais lhe será dado, para que possua em abundância; mas quem não tem, mesmo o
que tiver lhe será tirado. 13 Essa é a razão de eu lhes falar em parábolas: Eles olham
sem ver e escutam sem ouvir ou entender. 14 Isto é, neles se cumpre a profecia de
Yesha'yahu, que diz:

> **"Vocês sempre ouvirão, mas nunca entenderão,**
> **ainda que vejam, jamais perceberão,**

---

[g] *Yonah* [Jn] 1.17 [h] Alguns manuscritos apresentam o versículo 47: "Alguém lhe disse: 'Sua mãe e seus irmãos estão lá fora, pedindo para falar com você' ".

15 **porque o coração deste povo tornou-se insensível —**
com seus ouvidos, quase não ouvem,
e seus olhos estão fechados,
para que não vejam com os olhos,
ouçam com os ouvidos,
entendam com o coração,
e façam *t'shuvah*,
para que eu os cure".[i]

16 "Mas vocês, quão abençoados são seus olhos, porque veem, e seus ouvidos, por-
que ouvem. 17 Sim, de fato! Eu lhes digo que muitos profetas e *tzaddikim* desejaram
ver o que vocês estão vendo, mas não viram, e ouvir as coisas que vocês estão
ouvindo, mas não ouviram.
18 "Portanto, ouçam o que significa a parábola do semeador. 19 Quando alguém
ouve a mensagem do Reino e não a entende, assemelha-se à semente que caiu à
beira do caminho — o Maligno vem e lhe arranca o que foi semeado no coração. 20 A
semente plantada em terreno pedregoso é semelhante à pessoa que ouve a men-
sagem e logo a aceita com alegria, 21 mas não possui raiz em si mesma. Portanto,
permanece pouco tempo; tão logo surge algum problema ou perseguição por causa
da mensagem, imediatamente a abandona. 22 Quanto ao que foi semeado entre os
espinhos, este é quem ouve a mensagem, mas a preocupação desta vida e o fascínio
enganoso das riquezas o sufocam, tornando-o infrutífero. 23 Entretanto, o que foi
semeado em boa terra é quem ouve a mensagem e a entende; essa pessoa certa-
mente frutificará cem, sessenta ou trinta vezes mais que a quantidade semeada".
24 Yeshua lhes contou outra parábola: "O Reino do Céu é como um homem que
semeou boa semente em seu campo; 25 porém, enquanto as pessoas dormiam, seu
inimigo veio e semeou ervas daninhas no meio do trigo e foi embora. 26 Quando o
trigo brotou e formou espigas, as ervas daninhas também apareceram. 27 Os servos
do dono do campo se dirigiram a ele e disseram: 'O senhor não semeou boa semen-
te em seu campo? Então, de onde vieram as ervas daninhas?'. 28 Ele respondeu: 'Um
inimigo fez isso'. Os servos lhe perguntaram: 'O senhor quer que as arranquemos?'.
29 Ele respondeu: 'Não, porque, ao arrancar as ervas daninhas, vocês poderão tirar
um pouco do trigo com elas. 30 Deixem que cresçam juntos até a colheita. Então
direi aos encarregados da colheita que juntem primeiro as ervas daninhas e as
amarrem em feixes para serem queimadas; depois juntem o trigo e o guardem no
meu celeiro' ".
31 Yeshua contou-lhes outra parábola: "O Reino do Céu é como um grão de mos-
tarda que um homem plantou em seu campo. 32 Ele é a menor de todas as sementes,
mas, quando cresce, torna-se a maior das hortaliças e transforma-se em uma árvore,
de modo que as aves do céu vêm fazer seus ninhos nos ramos".
33 E contou-lhes ainda outra parábola: "O Reino do Céu é como o fermento que
uma mulher tomou e misturou com uma grande quantidade de farinha e esperou
até toda a massa ficar fermentada".
34 Yeshua falou todas essas coisas à multidão em parábolas; de fato, ele não lhes
falava nada sem usar alguma parábola. 35 Isso aconteceu para cumprir o que disse
o profeta:

"Abrirei minha boca em parábolas,
direi o que estava oculto desde a criação do Universo".[j]

---
[i] *Yesha'yahu* [Is] 6.9,10 [j] *Tehillim* [Sl] 78.2

36 Então ele deixou a multidão e foi para casa. Seus *talmidim* se aproximaram
dele e disseram: “Explique-nos a parábola das ervas daninhas no campo”. 37 Ele res-
pondeu: “O Filho do Homem é quem semeou a boa semente; 38 o campo é o mundo.
A boa semente são as pessoas que pertencem ao Reino; as ervas daninhas são as
pessoas que pertencem ao Maligno. 39 O inimigo que as semeia é o Adversário. A
colheita é o fim desta era, e os encarregados da colheita são os anjos. 40 Como as
ervas daninhas são colhidas e queimadas no fogo, assim também acontecerá no fim
desta era. 41 O Filho do Homem enviará seus anjos, e eles tirarão do seu Reino tudo
o que faz pecar e todas as pessoas distanciadas da *Torah*. 42 Eles as lançarão na
fornalha ardente, onde haverá choro e ranger de dentes. 43 Então os justos brilharão
como o sol no Reino de seu Pai. Quem tem ouvidos, ouça!

44 “O Reino do Céu é como um tesouro escondido em um campo. Um homem o
encontrou e o escondeu de novo; então, cheio de alegria, foi e vendeu tudo o que
possuía e comprou aquele campo.

45 “O Reino do Céu também é como um negociante que procura pérolas preciosas.
46 Ao encontrar uma pérola de grande valor, foi, vendeu tudo o que possuía e a
comprou.

47 “O Reino do Céu é ainda como uma rede lançada no lago, que apanha todo
tipo de peixes. 48 Quando está cheia, os pescadores a puxam para a margem,
sentam-se e juntam os peixes bons em cestos, mas jogam fora os ruins. 49 Assim
acontecerá no fim desta era — os anjos virão, separarão os perversos dos justos 50 e
os lançarão na fornalha ardente, onde haverá choro e ranger de dentes.

51 “Vocês entenderam todas essas coisas?”. “Sim”, eles responderam. 52 Ele lhes
disse: “Por isso, todo mestre da *Torah* que se tornou *talmid* por causa do Reino
do céu é como o dono de uma casa que tira do seu tesouro coisas novas e coisas
velhas”.

53 Quando Yeshua terminou de contar essas parábolas, saiu dali 54 e foi para sua
cidade natal. Ali ele ensinou o povo na sinagoga de tal forma que todos ficaram
admirados e perguntavam: “De onde lhe vêm esta sabedoria e estes poderes mira-
culosos? 55 Não é ele o filho do carpinteiro? O nome de sua mãe não é Miryam, e não
são seus irmãos Ya‘akov, Yosef, Shim‘on e Y’hudah? 56 Não estão conosco todas as
suas irmãs? De onde, pois, ele obteve todas essas coisas?”. 57 E se sentiram ofen-
didos por causa dele. Mas Yeshua lhes disse: “Só na própria terra e em sua casa o
profeta não tem honra”. 58 E ele realizou poucos milagres ali, por causa da falta de
confiança deles.

14 1 Por aquele tempo, Herodes, o governador regional, ouviu sobre a fama de
Yeshua 2 e disse a quem o servia: “Este deve ser Yochanan, o Imersor. Ele
ressuscitou dos mortos, por isso estão operando nele poderes miraculosos”.

3 Pois Herodes havia prendido Yochanan, acorrentando-o, e o lançou na prisão
por causa de Herodias, mulher de Filipe, seu irmão, 4 pelo fato de Yochanan ter dito
a Herodes: “É uma violação da *Torah* tê-la por esposa”. 5 Herodes queria matá-lo,
mas tinha medo do povo, aos olhos de quem Yochanan era um profeta. 6 Entretanto,
na celebração do aniversário de Herodes, a filha de Herodias dançou diante dos con-
vidados e agradou tanto a Herodes 7 que ele prometeu sob juramento dar o que ela
pedisse. 8 Influenciada por sua mãe, ela disse: “Dê-me, sobre um prato, a cabeça de
Yochanan, o Imersor”. 9 O rei ficou profundamente transtornado, mas, por causa do
juramento efetuado diante dos convidados para o jantar, ordenou que o desejo dela
fosse realizado 10 e mandou decapitar Yochanan na prisão. 11 A cabeça foi levada em

um prato à jovem, e ela o entregou à sua mãe. 12 Os *talmidim* de Yochanan vieram, levaram seu corpo e o sepultaram. Depois foram contar o acontecido a Yeshua.

13 Ao ouvir sobre isso, Yeshua se retirou de barco, para ficar sozinho no deserto. Mas multidões, ao ouvirem falar disso, saíram das cidades e o seguiram a pé. 14 Quando Yeshua saiu do barco e viu uma multidão muito grande, teve compaixão e curou as pessoas entre eles que estavam doentes.

15 Ao cair da tarde, os *talmidim* se aproximaram dele e disseram: “Este é um lugar afastado e já está ficando tarde. Mande embora a multidão para que possam ir comprar comida nos povoados”. 16 Mas Yeshua respondeu: “Eles não precisam ir. Deem vocês algo para eles comerem!”. 17 “Tudo o que temos conosco”, eles disseram, “são cinco pães e dois peixes”. 18 Ele disse: “Tragam-nos aqui para mim”. 19 Depois de instruir a multidão para se sentar na grama, ele pegou os cinco pães e os dois peixes e, olhando para cima, em direção ao céu, disse uma *b'rakhah*. A seguir, partiu os pães e os deu aos *talmidim*, e estes, à multidão. 20 Todos comeram tanto quanto quiseram, e eles recolheram doze cestos cheios de sobras. 21 Cerca de cinco mil homens, sem contar mulheres e crianças, foram alimentados.

22 Logo em seguida, Yeshua insistiu com os *talmidim* para que entrassem no barco e fossem adiante dele para o outro lado, enquanto ele despedia a multidão. 23 Após ter despedido a multidão, subiu desacompanhado a um monte para orar. Anoiteceu, e ele estava ali sozinho. 24 Mas, por volta dessa hora, o barco já estava a muitos quilômetros de distância da terra, fustigado pelas ondas, porque o vento soprava contra ele. 25 Por volta das quatro da madrugada, Yeshua se dirigiu a eles, andando sobre o lago! 26 Quando os *talmidim* o viram andando sobre o lago, ficaram aterrorizados. “É um fantasma!”, disseram. E gritaram de medo. 27 Mas Yeshua lhes disse imediatamente: “Coragem! Sou eu. Parem de sentir medo!”. 28 Então Kefa o chamou: “Senhor, se for você mesmo, diga-me para eu o encontrar sobre as águas”. 29 “Venha!”, ele disse. Então Kefa saiu do barco, andou sobre as águas e foi na direção de Yeshua. 30 Mas, quando sentiu o vento, ficou com medo; e, assim que começou a afundar, gritou: “Senhor, salve-me!”. 31 Yeshua estendeu a mão, imediatamente, segurou-o e lhe disse: “Quão pouca confiança! Por que você duvidou?”. 32 Quando entraram no barco, o vento cessou. 33 Então os que estavam no barco se prostraram diante dele, dizendo: “Você é realmente o Filho de Deus!”.

34 Depois de terem feito a travessia, aportaram em Ginosar. 35 Quando as pessoas daquele lugar o reconheceram, espalharam a notícia em toda a região e lhe trouxeram todos os doentes. 36 Suplicavam-lhe que os doentes apenas pudessem tocar na *tzitzit* do seu manto; e todos os que tocaram nela foram curados.

15 1 Então alguns *p'rushim* e mestres da *Torah* de Yerushalayim foram a Yeshua e lhe perguntaram: 2 “Por que seus *talmidim* transgridem a tradição dos anciãos? Eles não realizam a *n'tilat-yadayim* antes de comer!”. 3 Ele respondeu: “E por que vocês transgridem a ordem de Deus por causa da sua tradição? 4 Porque Deus disse: **‘Honre seu pai e sua mãe’**[k] e **‘Quem amaldiçoar seu pai ou sua mãe terá de ser executado’**[l]. 5 Mas vocês afirmam: ‘Se alguém disser a seu pai ou a sua mãe: “Prometi dar a Deus o que poderia ter usado para ajudar vocês”, 6 ele não está mais obrigado a honrar seu pai ou sua mãe. Dessa forma, por causa da sua tradição, vocês anulam e tornam sem sentido a palavra de Deus! 7 Hipócritas! Yesha'yahu estava certo ao profetizar sobre vocês:

[k] *Sh'mot* [Êx] 20.12; D'varim [Dt] 5.16 [l] *Sh'mot* [Êx] 21.17; *Vayikra* [Lv] 20.9

8 **'Essas pessoas me honram com seus lábios,**
mas seu coração está muito longe de mim.
9 **O fato de me adorarem é inútil;**
porque ensinam regras inventadas por homens como se fossem minhas' ".[m]

10 Então ele chamou a multidão para junto de si e disse: "Ouçam e entendam isto.
11 O que torna a pessoa impura não é o que entra por sua boca; mas o que sai da
boca é o que a torna impura!".

12 Os *talmidim* se aproximaram dele e disseram: "Você sabe que os *p'rushim*
ficaram ofendidos pelo que você disse?". 13 Ele respondeu: "Toda planta que meu
Pai celestial não plantou será arrancada pelas raízes. 14 Deixem-nos. Eles são guias
cegos. Se um cego conduzir outro cego, ambos cairão em um buraco".

15 Kefa lhe disse: "Explique-nos a parábola". 16 Então ele exclamou: "Será que
vocês não entenderam nem agora? 17 Não percebem que tudo o que entra pela boca
vai para o estômago e mais tarde é expelido na latrina? 18 Mas o que sai da boca pro-
cede do coração, e são essas coisas que tornam o homem impuro. 19 Pois do coração
procedem maus pensamentos, assassinato, adultério e outros tipos de imoralida-
de sexual, roubo, mentira e calúnia. 20 Essas coisas tornam a pessoa impura; mas
comer sem realizar a *n'tilat-yadayim* não torna ninguém impuro".

21 Yeshua saiu daquele lugar e se retirou para a região de Tzor e de Tzidon.
22 Uma mulher de Kena'an, que morava ali, veio a ele, gritando: "Senhor, tenha mi-
sericórdia de mim, Filho de David! Minha filha é mantida sob poder de demônios
e está sofrendo muito!". 23 Mas Yeshua não lhe disse nenhuma palavra. Então seus
talmidim se aproximaram dele e pediram: "Mande-a embora, porque ela está nos
seguindo, e seus gritos são insuportáveis". 24 Ele respondeu: "Eu fui enviado apenas
às ovelhas perdidas da casa de Yisra'el". 25 A mulher veio, caiu a seus pés e disse:
"Senhor, ajude-me!". 26 Ele respondeu: "Não é certo tirar o pão dos filhos e jogá-lo
aos cães de estimação". 27 Disse ela: "Isso é verdade, senhor, mas até os cães comem
as sobras que caem da mesa dos donos". 28 Então Yeshua lhe respondeu: "A senhora
é uma mulher que possui muita confiança! Que seu desejo seja atendido". E naque-
le mesmo instante sua filha foi curada.

29 Yeshua saiu dali e foi para a beira do lago Kinneret. Ele subiu a um monte e se
assentou. 30 Uma grande multidão se dirigiu a ele, trazendo-lhe mancos, aleijados,
cegos, mudos e muitos outros. Eles os colocaram a seus pés, e Yeshua os curou.
31 O povo ficou admirado quando viu os mudos falando, os aleijados curados, os
mancos andando e os cegos vendo. E disseram uma *b'rakhah* ao Deus de Yisra'el.

32 Yeshua chamou seus *talmidim* e disse: "Tenho compaixão desta multidão,
porque eles estão comigo há três dias e não têm nada para comer. Não quero
mandá-los embora com fome, porque podem desmaiar a caminho de casa". 33 Os
talmidim lhe disseram: "Onde poderíamos encontrar, neste lugar remoto, pães su-
ficientes para alimentar essa multidão?". 34 Yeshua lhes perguntou: "Quantos pães
vocês têm?". Eles responderam: "Sete e alguns peixes". 35 Depois de dizer à mul-
tidão que se assentasse no chão, 36 ele pegou os sete pães e os peixes, disse uma
b'rakhah, partiu os pães e os entregou aos *talmidim*, que os deram à multidão.
37 Todos comeram até se fartar. E juntaram sete cestos cheios de sobras. 38 Cerca de
quatro mil homens, sem contar mulheres e crianças, foram alimentados. 39 Depois
de ter despedido a multidão, ele entrou no barco e foi para a região de Magadan.

---

[m] *Yesha'yahu* [Is] 29.13

16 1 Então alguns *p'rushim* e *tz'dukim* vieram com o objetivo de pôr Yeshua à prova, pedindo-lhe que lhes mostrasse um sinal do céu. 2 Entretanto, sua resposta foi: "Quando entardece, vocês dizem: 'Vai fazer bom tempo, porque o céu está vermelho', 3 e de manhã: 'Hoje acontecerá uma tempestade, porque o céu está vermelho e nublado'. Vocês sabem ler a aparência do céu, mas são incapazes de ler os sinais dos tempos! 4 Uma geração perversa e adúltera pede um sinal? Com certeza, nenhum sinal lhe será dado, a não ser o sinal de Yonah!". Tendo dito isso, ele os deixou e foi embora.

5 Os *talmidim,* ao atravessar o lago, esqueceram-se de levar pão. 6 Por isso, quando Yeshua lhes disse: "Cuidado! Guardem-se do *hametz* dos *p'rushim* e dos *tz'dukim*", 7 eles pensaram que ele lhes dissera isso por não terem trazido pão. 8 Todavia, Yeshua, percebendo-o, disse: "Como a confiança de vocês é pouca! Por que vocês estão discutindo sobre não terem pão? 9 Ainda não entendem? Não se lembram dos cinco pães para os cinco mil e de quantos cestos vocês encheram? 10 Ou dos sete pães para os quatro mil e de quantos cestos vocês encheram com as sobras? 11 Como poderiam pensar que eu estivesse falando sobre pães? Guardem-se do *hametz* dos *p'rushim* e dos *tz'dukim*!".

12 Então eles entenderam — eles não deveriam ter cuidado com o fermento de pão, mas dos ensinamentos dos *p'rushim* e dos *tz'dukim.*

13 Quando Yeshua entrou no território de Cesareia de Filipe, perguntou aos *talmidim*: "Quem as pessoas dizem que o Filho do Homem é?". 14 Eles disseram: "Alguns dizem que é Yochanan, o Imersor; outros, Eliyahu; e, ainda outros, Yirmeyahu ou um dos profetas". 15 "E vocês", ele lhes perguntou, "quem dizem que eu sou?". 16 Shim'on Kefa respondeu: "Você é o *Mashiach*, o Filho do Deus vivo". 17 "Shim'on Bar-Yochanan", Yeshua lhe disse, "quão abençoado você é! Porque nenhum ser humano lhe revelou isto, de forma nenhuma, mas, sim, meu Pai no céu. 18 Eu também lhe digo isto: Você é Kefa [que significa 'pedra'], e sobre esta pedra edificarei minha comunidade, e as portas do *sh'ol* não a poderão vencer. 19 Eu lhe darei as chaves do Reino do Céu; o que você proibir na terra será proibido no céu, e o que você permitir na terra será permitido no céu". 20 Então ele advertiu os *talmidim* de que não contassem a ninguém que ele era o Messias.

21 Daquele momento em diante, Yeshua começou a explicar aos *talmidim* que ele deveria ir a Yerushalayim e sofrer muito nas mãos dos anciãos, dos principais *kohanim* e dos mestres da *Torah*; e que deveria ser condenado à morte, mas que, no terceiro dia, seria trazido à vida. 22 Então Kefa, chamando-o à parte, começou a repreendê-lo, dizendo: "Deus não permita, Senhor! Isso não vai acontecer de jeito nenhum!". 23 Mas Yeshua deu as costas a Kefa e disse: "Para trás de mim, Satan! Você é um obstáculo no meu caminho, porque seu pensamento reflete a perspectiva humana, não a de Deus!".

24 Então Yeshua disse aos *talmidim*: "Se alguém quiser me seguir, deve dizer 'não' a si mesmo, tomar sua estaca de execução e vir atrás de mim. 25 Porque quem quiser salvar a própria vida, a destruirá, mas quem destruir sua vida por minha causa, a encontrará. 26 Que bem fará a uma pessoa se ela ganhar o mundo inteiro, mas perder a vida? Ou, o que uma pessoa dará em troca de sua vida? 27 Porque o Filho do Homem virá na glória de seu Pai, com seus anjos, e então recompensará cada um de acordo com sua conduta. 28 Sim, eu lhes afirmo que alguns dos que aqui se encontram não experimentarão a morte até que vejam o Filho do Homem vindo em seu Reino!".

17 1 Seis dias depois, Yeshua tomou Kefa, Ya'akov e seu irmão Yochanan e os
levou, em particular, a um alto monte. 2 Enquanto olhavam, ele começou a
mudar de forma — sua face brilhava como o sol, e suas roupas se tornaram brancas
como a luz. 3 Então eles olharam e viram Mosheh e Eliyahu conversando com ele.
4 Kefa disse a Yeshua: "É bom estarmos aqui, Senhor. Se quiser, armarei três barra-
cas — uma para você, uma para Mosheh e outra para Eliyahu". 4 Enquanto ele ainda
estava falando, uma nuvem brilhante os envolveu, e uma voz, de dentro da nuvem,
dizia: "Este é meu Filho, a quem amo, em quem tenho prazer. Ouçam-no!". 6 Ao ou-
vir isso, os *talmidim* ficaram tão amedrontados que se prostraram com o rosto em
terra. 7 Mas Yeshua se aproximou e tocou-os: "Levantem-se!", ele disse: "Não tenham
medo!". 8 Então eles abriram os olhos, olharam para cima e viram apenas Yeshua.

9 Enquanto desciam do monte, Yeshua lhes ordenou: "Não contem a ninguém o
que vocês viram, até que o Filho do Homem tenha sido ressuscitado dos mortos".
10 Os *talmidim* lhe perguntaram: "Então, por que os mestres da *Torah* dizem que
é necessário que Eliyahu venha primeiro?". 11 Ele respondeu: "Eliyahu vem e res-
taurará todas as coisas, mas 12 eu lhes digo que Eliyahu já veio, e as pessoas não o
reconheceram, e fizeram com ele tudo o que quiseram. Da mesma forma, o Filho
do Homem deverá sofrer nas mãos deles". 13 Então os *talmidim* entenderam que ele
estava falando sobre Yochanan, o Imersor.

14 Quando chegaram onde estava a multidão, um homem se aproximou de
Yeshua, ajoelhou-se diante dele e disse: 14 "Senhor, tenha misericórdia do meu filho
porque ele é epiléptico e sofre de ataques tão terríveis que, não raro, cai no fogo ou
na água. 16 Eu o trouxe aos *talmidim*, mas eles não o puderam curar". 17 Yeshua res-
pondeu: "Povo perverso, sem nenhuma confiança. Quanto tempo mais ficarei com
vocês? Até quando terei de suportá-los? Tragam-no a mim". 18 Yeshua repreendeu
o demônio; este saiu do menino, que, por isso, daquele momento em diante, ficou
curado.

19 Então os *talmidim* se aproximaram de Yeshua em particular e disseram: "Por
que não conseguimos expulsá-lo?". 20 Ele lhes disse: "Porque vocês têm pouquíssi-
ma confiança! Eu lhes asseguro que, se tiverem confiança tão diminuta quanto uma
semente de mostarda, poderão dizer a esta montanha: 'Saia daqui e vá para lá!', e
ela sairá; de fato, nada lhes será impossível. 21[n]

22 Enquanto estavam a caminho da reunião na Galil, Yeshua lhes disse: "O Filho
do Homem está para ser entregue nas mãos de pessoas 23 que o matarão, mas no
terceiro dia ele será ressuscitado". E eles ficaram cheios de tristeza.

24 Ao chegarem a K'far-*Nachum*, os co-letores do imposto de meio *shekel* vieram
a Kefa e disseram: "O *rabbi* de vocês não paga o imposto do templo?". 25 "Claro
que sim", disse Kefa. Quando ele entrou na casa, Yeshua foi o primeiro a falar:
"Shim'on, qual é sua opinião? Os reis da terra cobram tributos e impostos de quem:
dos próprios filhos ou de outras pessoas?". 26 "De outras pessoas", respondeu. "En-
tão", disse Yeshua, "os filhos estão isentos. 27 Mas, para evitar ofendê-los, vá ao lago
e jogue o anzol. Tire o primeiro peixe que pegar, abra-lhe a boca, e você encontrará
um *shekel*. Pegue-o e lhes dê por mim e por você".

18 1 Naquele momento, os *talmidim* chegaram a Yeshua e perguntaram: "Quem
é o maior no Reino do Céu?". 2 Ele chamou uma criança, colocou-a no meio
deles, 3 e disse: "Eu lhes digo: a não ser que se transformem e se tornem como

[n] Alguns manuscritos incluem o v. 21: "Mas esta espécie só sai mediante oração e jejum".

crianças, não entrarão no Reino do Céu! 4 Portanto, o maior no Reino do Céu é quem
se faz humilde como esta criança. 5 Quem quer que receba uma destas crianças
em meu nome, me recebe; 6 mas quem preparar uma armadilha contra um destes
pequeninos que confiam em mim, seria melhor que amarrasse uma pedra de moi-
nho no pescoço e fosse afogado em mar aberto. 7 Ai do mundo, por causa dos en-
ganadores! Isso deve acontecer, mas ai das pessoas enganosas!

8 Por isso, se sua mão ou seu pé se tornarem uma armadilha contra você, corte-os
e os lance fora! É melhor que você se torne aleijado ou mutilado e receba a vida
eterna que manter as duas mãos ou os dois pés e ser lançado no fogo eterno! 9 Se
seu olho lhe for uma armadilha, arranque-o e o arremesse para longe! É melhor
que você tenha um só olho e receba a vida eterna que manter os dois olhos e ser
lançado no fogo do Gei-Hinnom. 10 Cuidado para não desprezar um só destes pe-
queninos! Pois eu lhes digo que os anjos deles no céu veem sempre a face de meu
Pai celeste. 11[o]

12 "Qual é a opinião de vocês? O que fará alguém que possui cem ovelhas e uma
delas se perder? Não deixará as noventa e nove nos montes e irá procurar a perdi-
da? 13 E se conseguir encontrá-la? Sim, eu lhes digo que ele ficará mais contente por
causa daquela que por causa das noventa e nove que não se perderam! 14 Da mesma
forma, o Pai de vocês, no céu, não quer que nenhum destes pequeninos se perca.

15 "Além disso, se seu irmão cometer um pecado contra você, vá e lhe mostre o
erro em particular, só vocês dois. Se ele o ouvir, você terá ganho seu irmão. 16 Mas,
se ele não o ouvir, leve mais um ou dois outros com você, de modo que **qualquer
acusação seja confirmada pelo depoimento de duas ou três testemunhas**.[p] 17 Se
ele se recusar a ouvi-los, conte à congregação; e, se ele se recusar a ouvir até mes-
mo a congregação, trate-o como você faria com um pagão ou coletor de impostos.
18 "Sim, eu lhes digo: tudo o que vocês proibirem na terra será proibido no céu, e
tudo o que vocês permitirem na terra será permitido no céu. 19 "Repito: digo-lhes
que, se dois de vocês estiverem de acordo, na terra, sobre qualquer coisa que lhe
pedirem, isso lhes será feito por meu Pai no céu. 20 Porque sempre que dois ou três
estiverem reunidos em meu nome, ali eu estou com eles".

21 Então Kefa aproximou-se e lhe disse: "*Rabbi*, quantas vezes poderá meu
irmão pecar contra mim e eu terei de perdoá-lo? Umas sete vezes?". 22 "Não; não
até umas sete vezes", Yeshua respondeu, "mas setenta vezes sete! 23 Por causa dis-
so, o Reino do Céu pode ser comparado a um rei que desejava acertar contas com
seus representantes. 24 Imediatamente trouxeram à frente um homem que lhe devia
muitos milhões, 25 e, pelo fato de não poder pagar, o patrão ordenou que ele, sua
mulher, seus filhos e todas as suas posses fossem vendidos para pagar a dívida.
26 Entretanto, o servo se prostrou diante dele: 'Seja paciente comigo', ele implo-
rou, 'e eu lhe pagarei tudo'. 27 Por causa da compaixão por ele, o senhor o deixou
ir e lhe perdoou a dívida.

28 "Mas, assim que o servo saiu, encontrou um de seus companheiros, que lhe
devia uma soma irrisória. Agarrou-o e começou a sufocá-lo, gritando: 'Devolva-me
o que me deve!'. 29 Seu companheiro caiu de joelhos e implorou: 'Tenha paciência
comigo, e eu lhe pagarei'. 30 Mas ele se recusou e, em vez disso, saiu e mandou lan-
çá-lo na prisão, até que pagasse a dívida. 31 Quando os outros servos, companheiros
dele, viram o que havia acontecido, ficaram muito tristes e foram contar ao senhor

[o] Alguns manuscritos incluem o v. 11: "O Filho do Homem veio para salvar o que se havia perdido".

[p] *D'varim* [Dt] 19.15

tudo o que havia acontecido. [32] Então o senhor convocou o servo e disse: 'Servo perverso! Perdoei toda a sua dívida porque você me implorou que o fizesse. [33] Você não deveria ter misericórdia do seu companheiro como eu tive misericórdia de você?' [34] E, irado, seu senhor o entregou aos carcereiros para ser punido até devolver tudo o que devia. [35] Desta forma meu Pai celestial tratará vocês, a menos que perdoem de coração a seu irmão".

19 [1] Quando Yeshua acabou de dizer essas coisas, deixou a Galil e foi para o leste do rio Yarden, até ultrapassar a fronteira de Y'hudah. [2] Grandes multidões o seguiam, e ele as curou ali.

[3] Alguns *p'rushim* se aproximaram dele e tentaram armar uma armadilha, perguntando: "É permitido ao homem divorciar-se de sua mulher por qualquer motivo?". [4] Ele respondeu: "Vocês não leram que, no princípio, o Criador **os fez homem e mulher**[q] [5] e disse: **'Por esta razão, o homem deverá deixar pai e mãe e se unirá à sua mulher, e os dois se tornarão uma só carne'**?[r] [6] Portanto, eles já não são dois, mas um só. Dessa forma, ninguém deve separar o que Deus uniu".

[7] Eles lhe disseram: "Então, por que Mosheh ordenou que o homem deve **entregar um *get* à sua mulher** e divorciar-se dela?".[s] [8] Ele respondeu: "Mosheh permitiu que vocês se divorciassem de suas mulheres porque seu coração é muito duro. Mas não foi assim desde o princípio. [9] Digo-lhes, entretanto, que quem se divorciar de sua mulher, a não ser por causa de imoralidade sexual, e se casar com outra mulher, cometerá adultério!".

[10] Os *talmidim* lhe disseram: "Se as coisas são desse jeito entre marido e mulher, é melhor não se casar!". [11] Ele lhes disse: "Nem todos aceitam esta palavra; só a quem ela é concedida. [12] Porque existem diferentes razões pelas quais os homens não se casam: alguns nasceram sem este desejo; outros, por terem sido castrados; e outros renunciaram ao casamento por causa do Reino do Céu. Quem puder aceitá-la, que o faça".

[13] Crianças lhe foram trazidas para que lhes impusesse as mãos e orasse por elas, mas os *talmidim* repreendiam as pessoas que as traziam. [14] Entretanto, Yeshua disse: "Deixem as crianças chegar até mim e não as impeçam, porque o Reino do Céu pertence a quem é como elas". [15] Depois de lhes impor as mãos, seguiu seu caminho.

[16] Um homem se aproximou de Yeshua e disse: "*Rabbi*, que boa ação deverei fazer para ter a vida eterna?". [17] Yeshua lhe disse: "Por que você me pergunta sobre o que é bom? Há somente um que é bom. Se você quer obter a vida eterna, obedeça às *mitzvot*". [18] O homem perguntou: "Quais?", e Yeshua disse: "**Não mate, não adultere, não furte, não dê falso testemunho,**[t] [19] **honre seu pai e sua mãe**[u] e **ame seu próximo como a si mesmo**".[v] [20] O jovem lhe disse: "Tudo isso tenho guardado. O que me falta ainda?". [21] Yeshua lhe disse: "Se você for sério e quiser alcançar seu objetivo, vá, venda seus bens e dê o dinheiro aos pobres, e terá riquezas no céu. Então venha e me siga". [22] Quando o jovem ouviu isso, afastou-se triste porque era rico.

[23] Então Yeshua disse aos *talmidim*: "Sim, eu lhes digo que é muito difícil um rico entrar no Reino do Céu. [24] Além disso, eu lhes digo que é mais fácil um camelo passar pelo fundo de uma agulha que um rico entrar no Reino de Deus". [25] Quando

[q] *B'reshit* [Gn] 1.27; 5.2 [r] *B'reshit* [Gn] 2.24 [s] *D'varim* [Dt] 24.1,3 [t] *Sh'mot* [Êx] 20.13(13-16); *D'varim* [Dt] 5.17-20 [u] *Sh'mot* [Êx] 20.12; *D'varim* [Dt] 5.16 [v] *Vayikra* [Lv] 19.18

os *talmidim* ouviram isso, ficaram extremamente perplexos. “Então quem”, eles
perguntaram, “pode ser salvo?”. 26 Yeshua olhou para eles e disse: “Humanamente
é impossível, mas para Deus todas as coisas são possíveis”. 27 Kefa respondeu:
“Veja, nós deixamos tudo para seguir você! Então o que teremos?”. 28 Yeshua lhes
disse: “Sim, eu lhes afirmo que no mundo regenerado, quando o Filho do Homem
se assentar em seu trono glorioso, vocês que me seguiram também se assentarão
em doze tronos e julgarão as doze tribos de Yisra’el. 29 Quem tiver deixado casas,
irmãos, irmãs, pai, mãe, filhos ou campos, por minha causa, receberá cem vezes
mais e herdará a vida eterna. 30 Contudo, muitos dos primeiros serão os últimos, e
muitos dos últimos serão os primeiros.

20 1 “O Reino do Céu é como um fazendeiro que saiu ao nascer do sol para
contratar trabalhadores para sua vinha. 2 Ele combinou o pagamento de um
denário [o valor normal de um dia de trabalho] e os mandou para sua vinha. 3 Por
volta das nove horas da manhã, ele saiu e viu outros homens que não faziam nada
na praça, 4 e lhes disse: ‘Vão vocês também para a vinha, e eu lhes pagarei o que for
justo’. E eles foram. 5 Por volta do meio-dia e, outra vez, às três horas da tarde, ele
fez a mesma coisa. 6 Cerca de uma hora antes do pôr-do-sol, ele saiu e encontrou
ainda outros que estavam desocupados e lhes perguntou: ‘Por que vocês estiveram
aqui sem fazer nada o dia todo?’. 7 Eles lhe disseram: ‘Porque ninguém nos contra-
tou’. ‘Vocês também’, ele lhes disse, ‘trabalhem na vinha’.

8 “Quando anoiteceu, o dono da vinha disse ao capataz: ‘Chame os trabalha-
dores e lhes pague o salário: comece pelos últimos contratados e termine pelos
primeiros’. 9 Os trabalhadores que vieram cerca de uma hora antes do pôr-do-sol
receberam, cada um, um denário, 10 por isso os trabalhadores que vieram antes
esperavam receber mais; entretanto, cada um deles recebeu apenas um denário.
11 Quando receberam o pagamento, começaram a se queixar do fazendeiro: 12 ‘Os
que vieram por último trabalharam apenas por uma hora, ao passo que nós su-
portamos o trabalho pesado sob o sol quente. Entretanto, o senhor os colocou
no mesmo nível que nós!’. 13 Mas ele respondeu a um deles: ‘Ei, amigo, não estou
sendo injusto com você. Você não concordou em trabalhar hoje por um denário?
14 Agora, receba seu pagamento e vá! Eu escolhi dar aos que vieram por último a
mesma quantia que lhe dou. 15 Não tenho o direito de fazer o que quiser com o que
me pertence? Ou você está com inveja da minha generosidade?’. 16 Dessa forma, os
últimos serão os primeiros, e os primeiros serão os últimos”.

17 Enquanto Yeshua estava subindo para Yerushalayim, ele chamou os doze *tal-
midim* à parte e lhes disse: 18 “Estamos agora subindo para Yerushalayim: lá o Filho
do Homem será entregue aos principais *kohanim* e aos mestres da *Torah*. Eles o
sentenciarão à morte 19 e o entregarão aos *goyim*, que zombarão dele, baterão nele
e o executarão em uma estaca como um criminoso. Mas no terceiro dia ele será
ressuscitado”.

20 Então os filhos de Zavdai se aproximaram de Yeshua com sua mãe. Ela se
prostrou, fazendo-lhe um pedido. 21 Ele disse à mulher: “O que você quer?”. Ela
respondeu: “Prometa que, quando você se tornar rei, estes meus dois filhos se
assentarão um à sua direita e o outro à sua esquerda”. 22 Entretanto, Yeshua res-
pondeu: “Vocês não sabem o que estão pedindo. Acaso podem beber do cálice
que eu vou beber?”. Eles lhe disseram: “Podemos”. 23 Ele lhes disse: “Sim, vocês
beberão do meu cálice. Todavia, assentar-se à minha direita ou à minha esquerda

não cabe a mim conceder. Esses lugares foram preparados para pertencer a quem meu Pai designou".

24 Quando os outros dez ouviram isso, ficaram chocados com os dois irmãos. 25 Mas Yeshua os chamou e disse: "Vocês sabem que, entre os *goyim*, seus governantes se transformam em tiranos, e seus superiores em ditadores. 26 Mas entre vocês não deve ser dessa forma. Ao contrário, quem quiser se tornar líder deverá servir, 27 e quem quiser ser o primeiro deve ser escravo! 28 Porque o Filho do Homem não veio para ser servido, mas para servir e dar sua vida em resgate por muitos".

29 Ao saírem de Jericó, uma grande multidão seguiu Yeshua. 30 Dois cegos, sentados à beira do caminho, ouviram que ele estava passando por ali e gritaram: "Filho de David, tenha misericórdia de nós!". 31 A multidão os censurou e lhes disse que ficassem quietos, mas eles gritavam com mais força: "Senhor, Filho de David, tenha misericórdia de nós!". 32 Yeshua parou, chamou-os e lhes disse: "O que vocês querem que eu faça?". 33 Eles responderam: "Senhor, abra nossos olhos". 34 Com muita compaixão, Yeshua tocou nos olhos deles; instantaneamente eles recuperaram a visão e o seguiram.

21 1 Ao se aproximarem de Yerushalayim, chegaram a Beit-Pagei, no monte das Oliveiras. Yeshua enviou dois *talmidim*, 2 com as seguintes instruções: "Vão à aldeia que está adiante e logo encontrarão uma jumenta amarrada, com seu filhote. Desamarrem-nos e tragam-nos a mim. 3 Se alguém lhes perguntar algo, digam-lhe: 'O Senhor precisa deles', e ele os enviará de volta". 4 Isso aconteceu para cumprir o que disse o profeta:

5 **"Digam à filha de Tziyon:**
'Olhem! Seu rei está vindo até você,
montado humildemente em um jumento,
e em um jumentinho, a cria de um animal de carga!'".[w]

6 Então os *talmidim* foram e fizeram como Yeshua ordenou. 7 Trouxeram a jumenta e o jumentinho, puseram seus mantos sobre eles, e Yeshua se sentou sobre eles. 8 Multidões forraram o caminho com seus mantos, enquanto outros cortavam galhos de árvores e os espalhavam pela via. 9 As multidões que iam adiante e atrás dele gritavam:

"Por favor, liberta-nos!"

ao Filho de David;

"Bendito é o que vem em nome de ADONAI!"

Tu que estás nos altos céus, **por favor, liberta-nos!".**[x]

10 Quando Yeshua entrou em Yerushalayim, toda a cidade ficou agitada. "Quem é este?", perguntavam. 11 A multidão respondia: "Este é Yeshua, o profeta de Natzeret da Galil".

12 Yeshua entrou na área do templo e expulsou todos os que realizavam negócios ali, tanto os mercadores quanto seus fregueses. Derrubou as mesas dos cambistas e as cadeiras dos que vendiam pombas 13 e lhes disse: "Está escrito: **'Minha**

[w] *Z'kharyah* [Zc] 9.9 [x] *Tehillim* [Sl] 118.25,26

casa será chamada casa de oração'.[y] Entretanto, vocês fazem dela um **antro de ladrões".**[z]

14 Cegos e aleijados aproximaram-se dele no templo, e ele os curou. 15 No entanto, quando os principais *kohanim* e os mestres da *Torah* viram as coisas maravilhosas que Yeshua fazia e as crianças gritando no templo: **"Por favor, liberta-nos!"**[a] ao Filho de David, ficaram furiosos. 16 Eles lhe disseram: "Você está ouvindo o que elas dizem?". Yeshua respondeu: "Claro! Será que vocês nunca leram:

> **'Da boca das crianças e dos bebezinhos**
> **preparaste para ti mesmo louvor'**?".[b]

17 E, com isso, ele os deixou e saiu da cidade para Beit-Anyah, onde passou a noite.

18 Na manhã seguinte, no caminho de volta para a cidade, ele sentiu fome. 19 Vendo uma figueira à beira do caminho, aproximou-se dela, mas encontrou apenas folhas. Então lhe disse: "Nunca mais dê frutos!", e imediatamente a figueira secou. 20 Os *talmidim* viram isso e ficaram espantados. Perguntaram: "Como a figueira secou tão depressa?". 21 Yeshua respondeu: "Sim, eu lhes digo que, se vocês tiverem confiança e não duvidarem, poderão fazer não somente o que foi feito à figueira; mesmo que vocês digam a esta montanha: 'Levante-se e atire-se no mar!', será feito. 22 Em outras palavras, vocês receberão tudo o que pedirem em oração, não importa o que seja, contanto que tenham confiança".

23 Ele entrou na área do templo, e, enquanto ensinava, os principais *kohanim* e os anciãos do povo se aproximaram dele e perguntaram: "Que *s'mikhah* você tem que lhe autoriza a fazer estas coisas? E quem lhe deu tal *s'mikhah*". 24 Yeshua respondeu: "Eu também lhes farei uma pergunta. Se vocês a responderem, eu lhes direi com que *s'mikhah* faço estas coisas. 25 A imersão de Yochanan — de onde ela veio? Do céu ou dos homens?". Eles discutiam entre si: "Se dissermos: 'Do céu', ele perguntará: 'Então por que vocês não creram nele?'. 26 Mas se dissermos: 'Dos homens', temos medo do povo, pois todos consideram Yochanan profeta". 27 Eles responderam a Yeshua: "Não sabemos". E ele lhes disse: "Então eu não lhes direi com que *s'mikhah* faço estas coisas.

28 "Entretanto, deem-me sua opinião: Havia um homem que tinha dois filhos. Indo ao primeiro, disse: 'Filho, vá e trabalhe hoje na vinha'. 29 Ele respondeu: 'Não quero!'. Mas depois mudou de idéia e foi. 30 O pai foi até o outro filho e disse a mesma coisa. Este respondeu: 'Eu irei, senhor!'. Mas não foi. 31 Qual dos dois fez a vontade do pai?". "O primeiro", responderam eles. Yeshua lhes disse: "Está certo! E eu lhes digo que coletores de impostos e prostitutas estão entrando no Reino de Deus antes de vocês! 32 Porque Yochanan veio para lhes mostrar o caminho da justiça, e vocês não confiaram nele, mas os coletores de impostos e as prostitutas, sim; todavia, vocês, mesmo depois de verem isso, não mudaram de idéia nem confiaram nele.

33 "Ouçam outra parábola: Havia um fazendeiro que plantou uma vinha. Colocou uma cerca ao redor dela, cavou um tanque para prensar as uvas e construiu uma torre. Depois arrendou a vinha e foi embora. 34 Quando chegou a época da colheita, enviou seus servos aos arrendatários para receber sua parte da colheita. 35 Mas os arrendatários prenderam seus servos — um foi espancado, outro foi morto, e apedrejaram o terceiro. 36 Então ele enviou outros servos, em maior número que o grupo anterior, e os arrendatários fizeram o mesmo com eles. 37 Por último,

---

[y] *Yesha'yahu* [Is] 56.7 [z] *Yirmeyahu* [Jr] 7.11 [a] *Tehillim* [Sl] 118.25 [b] *Tehillim* [Sl] 8.3(2)

ele lhes enviou seu filho, dizendo: 'A meu filho respeitarão'. 38 Mas, quando os
arrendatários viram o filho, disseram uns aos outros: 'Este é o herdeiro. Venham,
vamos matá-lo e tomar sua herança!'. 39 Portanto, eles o agarraram, lançaram-no
para fora da vinha e o mataram. 40 Entretanto, quando o dono da vinha vier, o
que fará àqueles arrendatários?". 41 Eles responderam: "Ele destruirá com violência
esses perversos e arrendará a vinha a outras pessoas, que lhe darão sua parte no
tempo da colheita". 42 Yeshua lhes disse: "Vocês nunca leram no *Tanakh*,

> **'A própria pedra que os construtores rejeitaram**
> **tornou-se a pedra angular.**
> **Isto veio de ADONAI,**
> **e a nossos olhos é maravilhoso'**?.[c]

43 "Portanto, eu lhes digo que o Reino de Deus será tirado de vocês e dado ao povo
que produzirá seu fruto!".44[d]

45 Quando os principais *kohanim* e os *p'rushim* ouviram as histórias de Yeshua,
perceberam que falava a respeito deles. 46 Mas, quando conseguiram um meio de
prendê-lo, ficaram com medo das multidões, pois elas o consideravam profeta.

22 1 Yeshua usou novamente parábolas ao lhes falar: 2 "O Reino do Céu é como
um rei que preparou um banquete de casamento para seu filho. 3 Enviou
seus escravos para chamar os convidados para o casamento, mas eles se recusaram
a vir. 4 Então ele enviou mais alguns escravos, instruindo-os a dizer aos convidados:
'Preparei meu banquete. Matei meus bois e meu rebanho gordo, e tudo está pronto.
Venham para o casamento!'. 5 Mas eles não estavam interessados e foram embora,
um para sua fazenda, outro para seus negócios; 6 os outros agarraram os escravos
dele, maltrataram-nos e os mataram. 7 O rei ficou furioso e enviou seus soldados,
que mataram os assassinos e lhes queimaram a cidade.

8 "Então ele disse a seus escravos: 'O banquete de casamento está pronto, mas
os convidados não eram dignos. 9 Vão às esquinas e convidem para o banquete to-
dos os que vocês encontrarem'. 10 Os escravos saíram para as ruas, reuniram todas
as pessoas que puderam encontrar, gente má e gente boa, e a sala do banquete de
casamento ficou cheia de convidados.

11 "Mas, quando o rei entrou para ver os convidados, observou ali um homem
que não estava vestido para o casamento. E, por isso, perguntou-lhe: 12 'Amigo,
como você entrou aqui sem a roupa apropriada para o casamento?'. O homem emu-
deceu. 13 Então o rei disse aos servos: 'Amarrem-lhe as mãos e os pés e o joguem
para fora, no escuro!'. Nesse lugar, as pessoas lamentarão e rangerão os dentes,
14 porque muitos são convidados, mas poucos são escolhidos".

15 Então os *p'rushim* saíram e começaram a planejar um meio de usar as pa-
lavras de Yeshua contra ele mesmo. 16 Eles lhe enviaram seus *talmidim* e alguns
partidários de Herodes. Eles disseram: "*Rabbi*, sabemos que você diz a verdade
e que realmente ensina o caminho de Deus. Não está preocupado com o que as
pessoas pensam sobre você, porque não dá atenção ao *status* pessoal. 17 Portanto,
diga-nos sua opinião: a *Torah* permite o pagamento de impostos ao imperador
romano ou não?". 18 Yeshua, porém, sabendo da má intenção deles, disse: "Hipó-
critas! Por que vocês estão tentando me enganar? 19 Mostrem-me a moeda usada

---

[c] *Tehillim* [Sl] 118.22,23 [d]Alguns manuscritos incluem o v. 44: "Quem quer que caia sobre esta pedra será despedaçado; mas sobre quem ela cair será reduzido a pó".

para pagar o imposto". Eles lhe mostraram um denário, 20 e ele lhes perguntou: "De
quem é esta imagem e este nome?". 21 "Do imperador", eles responderam. Yeshua
lhes disse: "Então deem ao imperador o que pertence ao imperador; e deem a Deus
o que pertence a Deus". 22 Ao ouvirem isso, eles ficaram admirados; deixaram-no e
foram embora.

23 Naquele mesmo dia, alguns *tz'dukim* vieram até ele. (Eles são os que dizem
não haver ressurreição.) Então lhe propuseram uma *she'ilah*: 24 "*Rabbi*, Mosheh dis-
se: **'Se um homem morrer sem deixar filhos, seu irmão deve se casar com a
viúva para preservar sua linhagem familiar'**.[e] 25 Havia sete irmãos. O primeiro se
casou e morreu. Por não ter deixado filhos, a viúva se casou com o irmão dele. 26 A
mesma coisa aconteceu com o segundo irmão, com o terceiro, e finalmente com
todos os sete. 27 Depois de tudo isso, a mulher morreu. 28 Portanto, quando os sete
ressuscitarem, ela será esposa de quem? Porque todos foram casados com ela".

29 Yeshua lhes respondeu: "Vocês estão enganados porque desconhecem o
Tanakh e o poder de Deus! 30 Pois, na ressurreição, nem homens nem mulheres
se casarão; em vez disso, eles serão como os anjos no céu. 31 E, se os mortos se-
rão ressuscitados, vocês não leram o que Deus lhes disse: 32 **'Eu sou o Deus de
Avraham, o Deus de Yitz'chak e o Deus de Ya'akov'**?[f] Ele não é Deus dos mortos,
mas dos vivos!".

33 Quando a multidão ouviu como ele ensinava, ficou admirada. 34 Mas, quando
os *p'rushim* perceberam que ele silenciara os *tz'dukim*, reuniram-se, 35 e um deles,
especialista na *Torah*, lhe propôs uma *sh'eilah* para enredá-lo: 36 "*Rabbi*, qual das
mitzvot da *Torah* é a mais importante?". 37 Ele lhe disse: "**'Você deve amar Adonai,
seu Deus, de todo o coração, de toda a alma e com toda a força'**.[g] 38 Esta é a maior
mitzvah e a mais importante. 39 E a segunda é semelhante a ela: **'Você deve amar o
próximo como a si mesmo'**.[h] 40 Toda a *Torah* e os Profetas são dependentes destas
duas *mitzvot*".

41 Então, dirigindo-se ao grupo de *p'rushim*, Yeshua lhes propôs uma *sh'eilah*:
42 "Digam-me seu conceito acerca do Messias: de quem ele é filho?". Eles lhe disse-
ram: "De David". 43 Ele lhes disse: "Então, como é que David, inspirado pelo Espírito,
o chama 'Senhor', ao dizer:

44 **'Adonai disse a meu Senhor:**
Sente-se a meu lado direito,
até que eu ponha seus inimigos debaixo de seus pés'?[i]

45 Se David o chama 'Senhor', como ele pode ser seu filho?". 46 Ninguém conseguia
pensar em nada para lhe responder. Daquele dia em diante, ninguém mais se atre-
veu a lhe propor nenhuma *sh'eilah*.

23 1 Então Yeshua disse à multidão e aos *talmidim*: 2 "Os mestres da *Torah* e os
p'rushim se assentam na cadeira de Mosheh. 3 Portanto, tenham o cuidado de
fazer tudo o que eles lhes dizem. Mas não façam o que eles fazem, pois eles falam e
não fazem! 4 Eles amarram cargas pesadas nos ombros das pessoas, mas não levan-
tam um só dedo para ajudar a carregá-las. 5 Tudo o que fazem é para serem vistos
pelos outros. Eles fazem *t'fillin* bem largos e *tzitziyot* compridas, 6 gostam dos luga-
res de honra nos banquetes e dos melhores lugares nas sinagogas, 7 e sentem prazer
em receber cumprimentos especiais nas praças e em serem chamados '*rabbi*'.

[e] *D'varim* [Dt] 25.5,6 [f] *Sh'mot* [Êx] 3.6 [g] *D'varim* [Dt] 6.5 [h] *Vayikra* [Lv] 19.18
[i] *Tehillim* [Sl] 110.1

8 "Mas vocês não devem permitir que alguém do seu grupo seja chamado '*rabbi*'; porque existe apenas um *Rabbi* e vocês são irmãos uns dos outros. 9 E não chamem ninguém na terra 'Pai', porque vocês só têm um Pai, e ele está no céu. 10 Tampouco devem ser chamados 'líderes', porque vocês têm um só Líder, o Messias! 11 O maior de vocês deverá ser servo, 12 porque quem elevar a si mesmo será humilhado, e o que humilhar a si mesmo será elevado.

13 "Mas ai de vocês, mestres da *Torah* e *p'rushim*, hipócritas! Fecham o Reino do Céu na cara das pessoas, vocês mesmos não entram, nem permitem entrar os que desejariam fazê-lo. 14 [j]

15 "Ai de vocês, mestres da *Torah* e *p'rushim*, hipócritas! Percorrem terra e mar para fazer um prosélito e, quando conseguem, o tornam duas vezes mais apto ao Gei-Hinnom que vocês!

16 "Ai de vocês, guias cegos! Pois dizem: 'Se alguém jurar pelo templo, não está preso pelo juramento, mas, se alguém jurar pelo ouro do templo, está obrigado pelo juramento'. 17 Cegos tolos! Que é mais importante: o ouro ou o templo que torna santo o ouro? 18 Vocês também dizem: 'Se alguém jurar pelo altar, não está preso pelo juramento, mas, se alguém jurar pela oferta que está sobre o altar, está obrigado pelo juramento'. 19 Cegos! Que é mais importante: o sacrifício ou o altar que torna santo o sacrifício? 20 Portanto, quem jurar pelo altar, jura por ele e por tudo o que está sobre ele. 21 E quem jurar pelo templo, jura por ele e por quem nele habita. 22 E quem jura pelo céu, jura pelo trono de Deus e por quem nele se assenta.

23 "Ai de vocês, mestres da *Torah* e *p'rushim*, hipócritas! Dão o dízimo da hortelã, do endro e do cominho, mas têm negligenciado as questões mais importantes da *Torah*: justiça, misericórdia e fidelidade. Estas são as coisas para as quais vocês devem dar atenção, sem negligenciar as outras! 24 Guias cegos! Coam um mosquito enquanto engolem um camelo!

25 "Ai de vocês, mestres da *Torah* e *p'rushim*, hipócritas! Limpam o exterior do copo e do prato, mas no interior estão cheios de roubo e comodismo. 26 *Parush* cego! Limpe primeiro o interior do copo e do prato para que o exterior também fique limpo.

27 "Ai de vocês, mestres da *Torah* e *p'rushim*, hipócritas! Pois são como túmulos caiados, que parecem bonitos por fora, mas por dentro estão cheios de ossos e de todo tipo de podridão. 28 Da mesma forma, para as pessoas vocês parecem exteriormente bons e honestos, mas interiormente estão cheios de hipocrisia e afastados da *Torah*.

29 "Ai de vocês, mestres da *Torah* e *p'rushim*, hipócritas! Edificam os túmulos dos profetas, adornam os monumentos dos *tzaddikim* 30 e dizem: 'Se tivéssemos vivido no tempo dos nossos pais, jamais teríamos participado da morte dos profetas'. 31 Dessa forma, testemunham contra si mesmos que são descendentes dos assassinos dos profetas. 32 Continuem, então, terminem o que seus pais começaram!

33 "Cobras! Filhotes de cobras! Como vocês escaparão da condenação ao Gei-Hinnom? 34 Por isso, eu lhes envio profetas, sábios e mestres da *Torah* — vocês matarão alguns deles; de fato, vocês os executarão em estacas como criminosos; a outros, açoitarão nas suas sinagogas e os perseguirão de cidade em cidade. 35 E, assim, sobre vocês recairá todo o sangue justo derramado na terra, desde o sangue do inocente Hevel, até o sangue de Z'Kharyah Ben-Berekhyah, a quem vocês

---

[j] Alguns manuscritos incluem o v. 14: "Ai de vocês, mestres da Torah e p'rushim, hipócritas! Vocês devoram as casas das viúvas e, para disfarçar, fazem longas orações. Por isso, a punição de vocês será a mais severa!".

assassinaram entre o templo e o altar. 36 Sim! Eu lhes digo que tudo isso sobrevirá
a esta geração!
37 "Yerushalayim, Yerushalayim! Você que mata os profetas, que apedreja os
que lhe são enviados! Quantas vezes eu quis reunir seus filhos, como a galinha
reúne os pintinhos debaixo das suas asas, mas vocês se recusaram! 38 Vejam: **Deus
está abandonando a casa, deixando-a deserta.**[k] 39 Pois eu lhes digo que vocês não
me verão mais, até que digam: **'Bendito é o que vem em nome de *Adonai*'**".[l]

24 1 Assim que Yeshua saiu do templo e seguia adiante, os *talmidim* se apro-
ximaram dele e chamaram sua atenção para os edifícios do templo. 2 Mas
ele lhes respondeu: "Vocês veem tudo isto? Eu lhes digo que eles serão totalmente
destruídos — nem uma pedra ficará em pé!".
3 Quando ele estava assentado no monte das Oliveiras, os *talmidim* se dirigiram
a ele: "Diga-nos", perguntaram, "quando acontecerão essas coisas? E qual será o
sinal da sua vinda e de que o *'olam hazeh* está terminando?".
4 Yeshua respondeu: "Cuidado! Não deixem ninguém os enganar! 5 Porque mui-
tos virão em meu nome, dizendo: 'Sou o Messias!' e desviarão a muitos. 6 Vocês
ouvirão rumores de guerras por perto e notícias de guerras distantes; cuidado para
não se amedrontarem. Tais coisas devem acontecer, mas o fim ainda está por vir.
7 Porque povos lutarão uns contra os outros, nações lutarão umas contra as outras,
haverá fomes e terremotos em várias partes do mundo; 8 tudo isso, entretanto,
é o princípio das 'dores de parto'. 9 Nesse tempo, vocês serão presos, punidos e
condenados à morte, e todos os povos os odiarão por minha causa. 10 Nesse tempo,
muitos serão enlaçados pela traição e odiarão uns aos outros, 11 aparecerão vários
falsos profetas e enganarão muitas pessoas; 12 e o amor de muitos esfriará por
causa do crescente distanciamento da *Torah*. 13 Mas quem suportar até o fim será
libertado. 14 E estas boas-novas a respeito do Reino serão anunciadas em todo o
mundo como testemunho a todos os *goyim*. E então virá o fim.
15 "Então, quando virem a **abominação devastadora** predita pelo profeta Dani'el
no Lugar Sagrado"[m] (que o leitor entenda a alusão), 16 "será o tempo para quem es-
tiver em Y'hudah fugir para os montes. 17 Se alguém estiver no telhado, não deve
descer para juntar os pertences da casa; 18 se alguém estiver no campo, não volte
para pegar o casaco. 19 Que tempo terrível será para as grávidas e as lactantes!
20 Orem para que a fuga de vocês não aconteça no inverno nem no *shabbat*. 21 Por-
que haverá dificuldades enormes como nunca houve desde o princípio do mundo
até agora, e nunca mais acontecerá algo parecido com isso![n] 22 De fato, se a duração
desse período não tivesse sido limitada, ninguém sobreviveria; mas, por causa dos
escolhidos, sua duração será limitada.
23 "Nesse tempo, se alguém lhes disser: 'Vejam! Aqui está o Messias!' ou: 'Ali está
ele!', não creiam. 24 Porque aparecerão falsos messias e falsos profetas realizando
grandes milagres — coisas extraordinárias — para enganar até mesmo os eleitos,
se fosse possível. 25 Eu os avisei antecipadamente! 26 Então, se pessoas lhes disse-
rem: 'Ouçam! Ele está no deserto!', não vão; ou: 'Vejam! Ele está escondido em uma
sala secreta!', não acreditem. 27 Pois quando o Filho do Homem vier será como um
relâmpago que sai do leste e se estende até o horizonte a oeste. 28 Onde houver um
cadáver, aí se encontrarão os abutres.
29 "Imediatamente após as dificuldades daqueles tempos,

---

[k] *Yirmeyahu* [Jr] 22.5 [l] *Tehillim* [Sl] 118.26 [m] Dani'el [Dn] 9.27; 11.31; 12.11
[n] *Yo'el* [Jl] 2.2; *Dani'el*[Dn] 12.1

o sol escurecerá,
a lua não mais brilhará,[o]
as estrelas cairão do céu,
e os poderes celestes serão abalados.[p]

30 "Então o sinal do Filho do Homem aparecerá no céu, **todas as tribos da Terra se lamentarão**[q] e verão **o Filho do Homem vindo nas nuvens** do céu com grande poder e glória.[r] 31 Ele enviará seus anjos **com grande som de *shofar***,[s] e eles reunirão o povo eleito dos quatro ventos, de uma extremidade do céu à outra.

32 "Que a figueira lhes ensine uma lição: quando os ramos brotam e as folhas aparecem, vocês sabem que o verão está próximo. 33 Da mesma forma, quando virem todas estas coisas, saberão que o tempo está próximo, às portas. 34 Eu lhes digo que este povo não passará antes que todas estas coisas aconteçam. 35 O céu e a terra passarão, mas as minhas palavras jamais passarão.

36 "Quanto ao dia e à hora, ninguém sabe, nem os anjos do céu, nem o Filho, apenas o Pai. 37 Porque a vinda do Filho do Homem será como ocorreu nos dias de Noach. 38 Nos dias antes do Dilúvio, o povo vivia comendo e bebendo, casando-se e se dando em casamento, até o dia em que Noach entrou na arca; 39 e eles não perceberam nada, até que veio o Dilúvio e arrastou a todos. Será exatamente dessa forma quando o Filho do Homem vier. 40 Dois homens estarão no campo — um será levado, e o outro, deixado. 41 Duas mulheres estarão moendo trigo — uma será levada, e a outra, deixada. 42 Portanto, fiquem alertas, porque não sabem o dia em que seu Senhor virá. 43 Mas entendam isto: se o dono da casa soubesse a que hora da noite o ladrão viria, ele ficaria acordado e não deixaria sua casa ser arrombada. 44 Portanto, vocês também precisam estar sempre prontos, porque o Filho do Homem virá em uma hora em que não o esperam.

45 "Quem é o escravo fiel e sensato, a quem seu senhor encarrega dos de sua casa para lhes dar alimento no tempo apropriado? 46 Tudo irá bem para o escravo se ele for encontrado fazendo seu trabalho quando o senhor vier. 47 Sim, garanto-lhes que ele o encarregará de tudo que possui. 48 Mas se o escravo for mau e disser a si mesmo: 'Meu senhor está demorando', 49 e começar a bater nos conservos e gastar o tempo comendo e bebendo com bêbados, 50 então seu senhor virá em um dia em que o escravo não o espera e em uma hora que não sabe; 51 ele o cortará em dois e lhe dará lugar com os hipócritas, onde as pessoas lamentarão e rangerão os dentes.

25 1 "Naquele tempo, o Reino do Céu será como dez damas de honra que pegaram candeias e saíram para o encontro com o noivo. 2 Cinco delas eram imprudentes, e cinco eram sensatas. 3 As imprudentes pegaram as candeias, mas não levaram óleo, 4 ao passo que as outras levaram óleo em vasilhas, com as candeias. 5 O noivo se atrasou, e todas adormeceram. 6 No meio da noite, ouviu-se um grito: 'O noivo está aqui! Saiam ao encontro dele!'. 7 As jovens acordaram e prepararam suas candeias. 8 As imprudentes disseram às sensatas: 'Deem-nos um pouco do seu óleo, porque nossas candeias estão se apagando'. 9 'Não', elas responderam, 'talvez não haja o suficiente para vocês e para nós. Comprem óleo para vocês'. 10 Entretanto, assim que elas saíram para comprar óleo, o noivo chegou. As que estavam prontas foram com ele à festa de casamento, e a porta foi fechada. 11 Mais tarde, as outras damas de honra chegaram. 'Senhor, Senhor!', elas gritaram, 'deixe-nos entrar'.

---

o *Yesha'yahu* [Is] 13.10; *Yechezk'el* [Ez] 32.7; *Yo'el* [Jl] 2.10; 3.4(2.31); 4.15(3.15)
p *Yesha'yahu* [Is] 34.4; *Hagai* [Ag] 2.6,21
q *Z'kharyah* [Zc] 12.10,14
r *Dani'el* [Dn] 7.13,14
s *Yesha'yahu* [Is] 27.13

12 Mas ele respondeu: 'A verdade é que não as conheço!'. 13 Portanto, fiquem alertas, porque vocês não sabem o dia nem a hora.

14 "Porque ele também será como um homem que deixa sua casa por um pouco de tempo e confia suas posses aos servos. 15 A um, deu cinco talentos [o equivalente ao salário de cem anos]; a outro, dois; e a outro, um — a cada um de acordo com sua capacidade. E, então, partiu. 16 O que havia recebido cinco talentos imediatamente saiu, investiu-os, e obteve outros cinco. 17 Também o que recebera dois talentos ganhou mais dois. 18 Mas o que tinha recebido um talento saiu, cavou um buraco no chão e escondeu o dinheiro do senhor.

19 "Depois de um longo tempo, o senhor dos escravos voltou e acertou contas com eles. 20 O que tinha recebido cinco talentos se aproximou trazendo os outros cinco e disse: 'O senhor me confiou cinco talentos; veja, obtive outros cinco'. 21 Seu senhor lhe disse: 'Excelente! Você é um servo bom e confiável! Foi fiel em relação a uma quantia pequena, portanto porei sob seus cuidados uma grande quantia. Venha e participe da alegria do seu senhor!'. 22 Também o que recebeu dois talentos se aproximou e disse: 'O senhor me confiou dois talentos; veja, ganhei mais dois'. 23 Seu senhor lhe disse: 'Excelente! Você é um servo bom e confiável! Foi fiel em relação a uma quantia pequena, portanto porei sob seus cuidados uma grande quantia. Venha e participe da alegria do seu senhor!'.

24 "Entretanto, o que tinha recebido um talento se aproximou e disse: 'Eu sabia que o senhor é um homem severo, que colhe onde não plantou e junta onde não semeou. 25 Tive medo, saí e fui esconder seu talento no chão. Veja, tome o que lhe pertence'. 26 "O senhor respondeu: 'Servo perverso e preguiçoso! Você sabia que eu colho onde não plantei e junto onde não semeei? 27 Então deveria ter deixado meu dinheiro com os banqueiros, para que, quando voltasse, pelo menos o recebesse de volta com juros. 28 'Tirem dele o talento e deem-no ao que tem dez. 29 Pois quem possui algo, mais lhe será dado, e terá mais que o suficiente; mas quem não tem nada, até o que tem lhe será tirado. 30 E lancem nas trevas esse servo inútil, onde as pessoas lamentarão e rangerão os dentes'.

31 "Quando o Filho do Homem vier em sua glória, acompanhado de todos os anjos, ele se assentará no trono glorioso. 32 Todas as nações serão reunidas diante dele, e ele separará umas das outras como o pastor separa as ovelhas dos bodes. 33 E colocará as 'ovelhas' à sua direita, e os 'bodes', à esquerda.

34 "Então o Rei dirá aos que estiverem à direita: 'Venham, benditos de meu Pai, recebam sua herança, o Reino preparado para vocês desde a criação do mundo! 35 Porque tive fome, e vocês me deram comida; tive sede, e me deram algo para beber; fui estrangeiro, e me trataram como alguém convidado; 36 necessitei de roupas, e vocês as providenciaram; estive doente, e cuidaram de mim; estive preso, e me visitaram'. 37 Então as pessoas que realizaram a vontade de Deus responderão: 'Senhor, quando o vimos com fome e o alimentamos, ou com sede e lhe demos algo para beber? 38 Quando o vimos como estrangeiro e o recebemos, ou necessitado de roupas e lhe demos o que vestir? 39 Quando o vimos doente ou preso e fomos visitá-lo?'. 40 O Rei lhes responderá: 'Eu lhes digo que todas as vezes que vocês fizeram essas coisas a algum destes meus irmãos menos destacados, o fizeram a mim'.

41 "Então ele também dirá aos que estiverem à esquerda: 'Afastem-se de mim, malditos! Vão para o fogo preparado para o Adversário e seus anjos! 42 Porque tive fome, e vocês não me deram comida; tive sede, e não me deram nada para beber; 43 fui estrangeiro, e vocês não me receberam; necessitei de roupas, e não me deram nenhuma; estive doente e preso, e não me visitaram'. 44 Então eles também responderão:

'Senhor, quando o vimos com fome, sede, estrangeiro ou necessitado de roupas, doente ou preso, e não o ajudamos?'. 45 Ele responderá: 'Digo-lhes a verdade: todas as vezes que vocês se recusaram a fazê-lo a estas pessoas menos destacadas, também se recusaram a fazê-lo por mim'. 46 Eles irão para o castigo eterno, mas os que fizeram o que Deus deseja irão para a vida eterna".

26 1 Quando Yeshua acabou de falar, disse aos *talmidim*: 2 "Como vocês sabem, *Pesach* terá início daqui a dois dias, e o Filho do Homem será entregue e pregado em uma estaca de execução".

3 Os principais *kohanim* e os anciãos do povo se reuniram no palácio de Kayafa, o *kohen hagadol*. 4 Eles fizeram planos para prender Yeshua por meios ilícitos e matá-lo. 5 Mas diziam: "Não durante a festa, para que não haja uma revolta".

6 Yeshua estava em Beit-Anyah, na casa de Shim'on, o que tivera *tzara'at*. 7 Uma mulher, com um frasco de alabastro que continha um perfume muito caro, se aproximou dele e começou a derramar o perfume sobre a cabeça de Yeshua. 8 Quando os *talmidim* viram isso, ficaram muito indignados. "Por que este desperdício?", perguntaram. 9 "O perfume poderia ter sido vendido por um preço bem alto, e o dinheiro dado aos pobres". 10 Mas Yeshua, percebendo o que se passava, lhes disse: "Por que vocês estão incomodando essa mulher? Ela fez algo maravilhoso por mim. 11 Os pobres sempre vocês terão consigo, mas a mim nem sempre terão. 12 Ela derramou o perfume sobre mim para preparar meu corpo para o sepultamento. 13 Digo-lhes que, em todo lugar onde estas boas-novas forem proclamadas, o que ela fez também será contado, em sua memória".

14 Então um dos Doze, chamado Y'hudah de K'riot, dirigiu-se aos principais *kohanim* 15 e lhes perguntou: "O que vocês estarão dispostos a me dar se eu lhes entregar Yeshua?". **Eles contaram trinta moedas de prata e as deram** a Y'hudah.[t] 16 Desse momento em diante, Y'hudah passou a procurar uma oportunidade para trair Yeshua.

17 No primeiro dia da festa das *matzot*, os *talmidim* vieram a Yeshua e lhe perguntaram: "Onde quer que lhe preparemos o *seder*?". 18 "Vão à cidade, procurem certo homem", ele respondeu, "e lhe digam que o *Rabbi* afirmou: 'Meu tempo está próximo; os *talmidim* e eu celebraremos *Pesach* em sua casa' ". 19 Os *talmidim* fizeram como Yeshua lhes ordenara e prepararam o *seder*.

20 Quando anoiteceu, Yeshua estava reclinado à mesa com os doze *talmidim*. 21 Enquanto estavam comendo, ele disse: "Digo-lhes que um de vocês me trairá". 22 Eles ficaram muito abalados e começaram a lhe perguntar, um após o outro: "Senhor, você não quis dizer que sou eu, quis?". 23 Ele respondeu: "Quem mergulha a *matzah* no prato, comigo, é o que me trairá. 24 O Filho do Homem morrerá, como prediz o *Tanakh*, mas ai do homem por quem o Filho do Homem for traído! Seria melhor que ele não tivesse nascido!". 25 Y'hudah, que o estava traindo, perguntou: "*Rabbi*, com certeza você não quis dizer que sou eu, quis?". Ele respondeu: "As palavras são suas".

26 Enquanto comiam, Yeshua pegou a *matzah*, disse a *b'rakhah*, partiu-a, e a deu aos *talmidim*, dizendo: "Peguem e comam; isto é o meu corpo!". 27 Ele também pegou um cálice de vinho, disse a *b'rakhah*, e o deu a eles, dizendo: "Bebam dele todos vocês! 28 Porque este é o meu sangue, que confirma a Nova Aliança, meu sangue derramado a favor de muitos, para que tenham os pecados perdoados. 29 Eu lhes

[t] *Z'kharyah* [Zc] 11.12

digo que não beberei deste 'fruto da videira' novamente até o dia em que beberei o vinho novo com vocês no Reino de meu Pai".

30 Depois de terem cantado o *Hallel*, saíram para o monte das Oliveiras. 31 Então Yeshua lhes disse: "Esta noite, todos vocês perderão a fé em mim, como diz o *Tanakh*: **'Ferirei o pastor de morte, e as ovelhas do rebanho serão dispersas'**.[u] 32 Mas, depois de ter sido ressuscitado, irei adiante de vocês para a Galil". 33 "Jamais perderei a fé em você", Kefa respondeu, "ainda que todos o façam". 34 Yeshua lhe disse: "Digo que esta noite, antes que o galo cante, você me negará três vezes!". 35 "Ainda que eu morra com você", Kefa replicou, "jamais o negarei!". E todos os *talmidim* disseram a mesma coisa.

36 Então Yeshua foi com os *talmidim* para o lugar chamado Gat-Sh'manim e lhes disse: "Sentem-se aqui enquanto vou ali orar". 37 Ele levou consigo Kefa e os dois filhos de Zavdai. Tomado de tristeza e angústia, 38 disse-lhes: "Meu coração está tão tomado de tristeza que eu poderia morrer! Permaneçam aqui, acordados, comigo". 39 Indo um pouco mais adiante, prostrou-se com o rosto em terra e orou: "Meu Pai, se for possível, afasta de mim este cálice! Entretanto, não aconteça o que eu quero, mas o que tu queres!". 40 Ele voltou aos *talmidim* e os encontrou dormindo. Disse a Kefa: "Vocês são tão fracos que não puderam ficar acordados comigo nem por uma hora? 41 Despertem e orem para que não sejam testados — o espírito, de fato, está preparado, mas a natureza humana é fraca".

42 Saiu para orar pela segunda vez: "Meu Pai, se não for possível afastar de mim este cálice sem que eu o beba, que a tua vontade seja feita". 43 Voltou novamente e os encontrou dormindo, porque seus olhos estavam pesados.

44 Deixando-os, foi orar pela terceira vez, pronunciando as mesmas palavras. 45 Então voltou aos *talmidim* e disse: "Por enquanto, continuem dormindo, descansem... Vejam! Chegou a hora de o Filho do Homem ser entregue nas mãos de pecadores. 46 Levantem-se! Vamos! Aí vem o traidor!".

47 Enquanto Yeshua estava falando, Y'hudah (um dos Doze) chegou, e com ele uma grande multidão carregando espadas e varas, enviada pelos principais *kohanim* e anciãos do povo. 48 O traidor havia combinado um sinal com eles: "O homem que eu beijar é o que vocês querem — prendam-no!". 49 Ele foi diretamente a Yeshua e disse: "*Shalom, Rabbi*!", e o beijou. 50 Yeshua lhe disse: "Amigo, faça logo o que veio fazer". Então os homens se aproximaram, agarraram Yeshua e o prenderam.

51 Nesse momento, um dos homens que estavam com Yeshua alcançou sua espada, desembainhou-a e feriu o servo do *kohen hagadol*, decepando-lhe a orelha. 52 Yeshua lhe disse: "Guarde a espada, porque todos os que a usam morrerão por meio dela. 53 Você não sabe que posso pedir a meu Pai, e ele instantaneamente proverá mais do que uma dúzia de exércitos de anjos para me ajudar? 54 Mas, se eu fizesse isso, como poderiam se cumprir as passagens do *Tanakh* que dizem que isso tem de acontecer desta forma?".

55 Então Yeshua disse à multidão: "Vocês vieram me prender com espadas e varas do mesmo jeito que fariam com o líder de uma rebelião? Todos os dias, eu estive sentado na área do templo, ensinando, e vocês não me detiveram. 56 Mas tudo isso aconteceu para que se cumprisse o que foi escrito pelos profetas". Então todos os *talmidim* o abandonaram e fugiram.

57 Os que prenderam Yeshua o levaram a Kayafa, o *kohen hagadol*, com quem os mestres da *Torah* e os anciãos estavam reunidos. 58 Kefa o seguiu de longe até

---

[u] *Z'kharyah* [Zc] 13.7

o pátio do *kohen hagadol*; então entrou e se sentou com os guardas para ver o que
aconteceria.

59 Os principais *kohanim* e todo o *Sanhedrin* estavam procurando um depoi-
mento falso contra Yeshua, para que pudessem condená-lo à morte. 60 Mas não
encontraram nada, embora muitos mentirosos viessem à frente para testemunhar.
Por fim, duas pessoas se apresentaram e disseram: 61 "Este homem afirmou: 'Sou
capaz de derrubar o templo de Deus e reconstruí-lo em três dias' ". 62 O *kohen
hagadol* se levantou e disse: "Você não tem nada a dizer a respeito da acusação
que estes homens lhe fazem?". 63 Yeshua permaneceu calado. O *kohen hagadol* lhe
disse: "Exijo que você jure: pelo Deus vivo, diga-nos se você é o *Mashiach*, o Filho
de Deus!". 64 Yeshua lhe disse: "As palavras são suas. Mas eu lhes digo que um dia
verão **o Filho do Homem assentado ao lado direito de** *HaG'vurah* e **vindo sobre as
nuvens do céu**",[v] 65 Então o *kohen hagadol* rasgou suas roupas: "Blasfêmia!", disse.
"Por que precisamos de mais testemunhas? Vocês acabaram de ouvi-lo blasfemar.
66 Qual é o veredicto de vocês?". "Culpado", responderam. "Ele merece morrer!".
67 Então eles lhe cuspiram no rosto e lhe deram socos; aqueles que lhe batiam 68 dis-
seram: "Agora, Messias, profetize para nós: quem foi que lhe bateu?".

69 Kefa estava sentado no pátio quando uma serviçal, aproximando-se dele, dis-
se: "Você também estava com Yeshua da Galil". 70 Mas ele o negou diante de todos,
dizendo: "Não sei do que você está falando!". 71 Depois, saiu em direção à porta,
onde outra criada o viu e disse às pessoas que estavam ali: "Este homem estava
com Yeshua de Natzeret". 72 Novamente ele negou, jurando: "Não conheço esse
homem!". 73 Pouco tempo depois, os que estavam por ali chegaram a Kefa e disse-
ram: "Com certeza você é um deles! Seu sotaque não nega". 74 Desta vez, ao jurar,
ele invocou uma maldição sobre si: "Não conheço o homem!" — e imediatamente
um galo cantou. 75 Então Kefa se lembrou do que Yeshua dissera: "Antes que o galo
cante, você me negará três vezes!". E, saindo dali, chorou amargamente.

27 1 De manhã cedo, todos os principais *kohanim* e anciãos se encontraram
para planejar como Yeshua morreria. 2 Então eles o prenderam com corren-
tes e o entregaram a Pilatos, o governador.

3 Quando Y'hudah, que o traiu, viu que Yeshua fora condenado, sentiu remorso
e devolveu as trinta moedas de prata aos principais *kohanim* e aos anciãos, 4 di-
zendo: "Pequei ao condenar um homem inocente à morte". "Que temos com isso?",
responderam. "O problema é seu". 5 Tendo jogado as moedas de prata no santuário,
ele saiu e foi enforcar-se.

6 Os principais *kohanim* juntaram as moedas de prata e disseram: "É proibido
depositar este dinheiro no tesouro do templo, porque é dinheiro de sangue". 7 En-
tão decidiram usá-lo para comprar o campo do oleiro e fazer dele o cemitério de
estrangeiros. 8 Esta é a razão pela qual ele se chama Campo de Sangue até hoje.
9 Então se cumpriu o que disse Yirmeyahu, o profeta: **"Pegaram as trinta moedas
de prata, preço que o povo de Yisra'el concordou pagar por ele,** 10 **e as usaram
para comprar o campo do Oleiro, como o Senhor me ordenara"**.[w]

11 Enquanto isso, Yeshua foi levado ao governador, que lhe perguntou: "Você é
o rei dos judeus?". Respondeu-lhe Yeshua: "As palavras são suas". 12 Mas, ao ser
acusado pelos principais *kohanim* e pelos anciãos, ele não respondeu nada. 13 En-
tão Pilatos lhe disse: "Você não ouve todas as acusações que lhe estão fazendo?".

---

v *Dani'el* [Dn] 7.13; *Tehillim* [Sl] 110.1 w *Z'kharyah* [Zc] 11.12,13

14 Entretanto, o governador ficou muito admirado porque Yeshua não disse nenhu-
ma palavra para rebater as acusações.

15 Era costume do governador, por ocasião da festa, soltar um prisioneiro esco-
lhido pela multidão. 16 Naqueles dias, estava ali um prisioneiro muito conhecido,
chamado Yeshua Bar-Abba. 17 Portanto, quando a multidão se reuniu ali, Pilatos
lhes disse: "Qual destes vocês querem que lhes solte: Bar-Abba ou Yeshua, chama-
do 'o Messias'?". 18 Porque sabia que o haviam entregado por inveja. 19 Enquanto
Pilatos estava sentado no tribunal, sua mulher lhe enviou uma mensagem: "Deixe
em paz esse homem inocente. Hoje, sofri muito em um sonho por causa dele".
20 Mas os principais *kohanim* e os anciãos convenceram a multidão a pedir a
libertação de Bar-Abba e a execução de Yeshua em uma estaca. 21 "Qual dos dois
vocês querem que eu lhes solte?", perguntou o governador. "Bar-Abba!", respon-
deram eles. 22 Pilatos lhes disse: "Que devo fazer então com Yeshua, chamado 'o
Messias'?". Todos eles disseram: "Execute-o em uma estaca! Execute-o em uma esta-
ca!". 23 Quando ele perguntou: "Por quê? Que crime ele cometeu?", eles começaram
a gritar mais: "Execute-o em uma estaca!". 24 Quando Pilatos percebeu que não obte-
ria nenhum resultado, ao contrário, estava se iniciando um tumulto, mandou trazer
água e lavou as mãos diante da multidão, dizendo: "Minhas mãos estão limpas
do sangue deste homem; a responsabilidade é de vocês". 25 Todo o grupo respon-
deu: "O sangue dele está sobre nós e sobre nossos filhos!". 26 Então Pilatos soltou
Bar-Abba, como haviam pedido; entretanto, mandou açoitar Yeshua e o entregou
para ser executado em uma estaca.

27 Os soldados do governador levaram Yeshua ao edifício do quartel-general, e o
batalhão todo se reuniu ao redor dele. 28 Arrancaram-lhe as roupas e o cobriram com
um manto vermelho. 29 Fizeram uma coroa de espinhos e a colocaram em sua cabeça;
puseram uma vara em sua mão direita. Então ajoelharam-se diante dele e zombaram:
"Viva o rei dos judeus!". 30 Cuspiam nele e usavam a vara para bater-lhe na cabeça.
31 Quando terminaram de ridicularizá-lo, tiraram-lhe o manto e puseram de volta as
roupas dele. Então o levaram para ser pregado em uma estaca de execução.

32 Quando estavam saindo, encontraram um homem de Cirene, chamado
Shim'on, e o obrigaram a carregar a estaca de execução de Yeshua. 33 Ao chegarem
ao lugar chamado Gulgolta (que significa "o lugar da Caveira"), 34 eles lhe deram
para beber vinho misturado com fel; mas, depois de prová-lo, ele se recusou a
beber. 35 Depois de o terem pregado na estaca, dividiram as roupas dele entre si,
jogando dados. 36 Então eles se sentaram para observá-lo. 37 Acima de sua cabeça,
colocaram um escrito com a acusação feita contra ele:

ESTE É YESHUA,
O REI DOS JUDEUS.

38 Então dois ladrões foram pregados em estacas de execução com ele, um à
direita e outro à esquerda. 39 As pessoas que passavam por ali gritavam insultos,
balançando a cabeça[x] 40 e dizendo: "Então você pode destruir o templo e reconstruí-
-lo em três dias? Salve a si mesmo, se você é o Filho de Deus. Desça da estaca!". 41 Da
mesma forma, os principais *kohanim*, os mestres da *Torah* e os anciãos escarne-
ciam dele: 42 "Ele salvou os outros, mas não é capaz de salvar a si mesmo!". "Então
ele é o Rei de Yisra'el, não é? Se ele descer agora da estaca, acreditaremos nele".

---

[x] *Tehillim* [Sl] 22.8(7) [w] *Tehillim* [Sl] 22.9(8)

43 **"Ele confiou em Deus? Que ele o salve agora, se de fato lhe quer bem!**[y] Afi-
nal, ele não disse: 'Sou o Filho de Deus?' ". 44 Até mesmo os ladrões que estavam
pregados nas estacas o insultavam.

45 Desde o meio-dia até as três horas da tarde, toda a Terra esteve envolta em
escuridão. 46 Por volta das três horas, Yeshua gritou: **"Eli, Eli! L'ma sh'vaktani?"
(Meu Deus! meu Deus! Por que me abandonaste?)"**.[z] 47 Ao ouvir isso, alguns dos
que estavam ali disseram: "Ele está chamando Eliyahu". 48 Imediatamente um deles
correu e pegou uma esponja, embebeu-a em **vinagre**, colocou-a na ponta de uma
vara e a **deu para** Yeshua **beber**.[a] 49 Os outros disseram: "Espere! Vamos ver se
Eliyahu vem salvá-lo". 50 Entretanto, Yeshua, depois de gritar novamente, entregou
o espírito.

51 Naquele momento, a *parokhet* do templo foi rasgada em duas partes, de alto
a baixo; houve um terremoto, e rochas se partiram. 52 Sepulcros foram abertos, e
os corpos de muitos santos que tinham morrido foram ressuscitados. 53 Depois
da ressurreição de Yeshua, eles saíram dos sepulcros, entraram na cidade santa,
onde muitas pessoas os viram. 54 Quando o oficial romano e os que estavam com
ele, vigiando Yeshua, viram o terremoto e tudo o que estava acontecendo, ficaram
aterrorizados e disseram: "Ele realmente era um filho de Deus!".

55 Muitas mulheres estavam ali, olhando de longe; elas haviam seguido Yeshua
desde a Galil, auxiliando-o. 56 Entre elas, estavam Miryam de Magdalah; Miryam,
mãe de Ya'akov e de Yosef; e a mãe dos filhos de Zavdai.

57 Ao cair da tarde, chegou um homem rico, de Ramatayim, chamado Yosef,
um *talmid* de Yeshua. 58 Ele se dirigiu a Pilatos e pediu o corpo de Yeshua. Pilatos
ordenou que lhe fosse entregue. 59 Yosef pegou o corpo, envolveu-o em um lençol
de linho limpo 60 e o colocou em seu sepulcro novo, que havia mandado cavar na
rocha. E, depois de fazer rolar uma grande pedra sobre a entrada do sepulcro, foi
embora. 61 Miryam de Magdalah e a outra Miryam estavam assentadas ali, em frente
do sepulcro.

62 No dia seguinte, após a preparação, os principais *kohanim* e os *p'rushim* di-
rigiram-se a Pilatos 63 e disseram: "Senhor, lembramos que o enganador, enquanto
estava vivo, disse: 'Depois de três dias, serei ressuscitado'. 64 Por isso, ordene que
o sepulcro dele seja guardado até o terceiro dia; caso contrário, seus *talmidim* po-
derão roubar-lhe o corpo e dizer ao povo: 'Ele foi ressuscitado dentre os mortos'.
Este último engano será pior que o primeiro". 65 Pilatos lhes disse: "Vocês podem
levar um grupamento. Vão e mantenham o sepulcro em segurança". 66 Eles foram e
tornaram o sepulcro seguro: selaram-no e montaram guarda para cuidar dele.

28

1 Depois do *shabbat*, ao raiar do domingo, Miryam de Magdalah e a outra
Miryam foram ver o sepulcro. 2 Repentinamente aconteceu um forte terre-
moto, porque um anjo de *Adonai* desceu do céu, rolou a pedra e se assentou sobre
ela. 3 Sua aparência era como um raio, e suas roupas eram brancas como a neve.
4 Os guardas ficaram tão horrorizados por causa dele que tremiam e ficaram como
mortos. 5 Mas o anjo disse às mulheres: "Não tenham medo. Sei que vocês estão
procurando Yeshua, executado na estaca. 6 Ele não está aqui porque foi ressusci-
tado — como tinha dito! Venham e vejam o lugar onde ele jazia. 7 Vão depressa e
digam aos *talmidim*: 'Ele foi ressuscitado dentre os mortos, e vai à Galil à frente de
vocês. Lá vocês o verão'. Agora eu já lhes disse".

---

[z] *Tehillim* [Sl] 22.2(1) [a] *Tehillim* [Sl] 69.22(21)

[8] Elas saíram rapidamente do túmulo, amedrontadas e cheias de alegria. Correram para dar a notícia aos *talmidim*. [9] De repente, Yeshua as encontrou e disse: "*Shalom*!". As mulheres se aproximaram dele, abraçaram-lhe os pés e se prostraram diante dele. [10] Então Yeshua lhes disse: "Não tenham medo! Vão e digam a meus irmãos para ir à Galil, e eles me verão ali".

[11] Enquanto elas estavam a caminho, alguns guardas foram à cidade e contaram aos principais *kohanim* tudo o que havia acontecido. [12] Eles se encontraram com os anciãos. Depois de discutir o assunto, deram aos soldados uma considerável soma de dinheiro [13] e lhes disseram: "Digam às pessoas: 'Os *talmidim* dele vieram durante a noite e levaram o corpo, enquanto estávamos dormindo'. [14] Se o governador ouvir sobre o acontecido, nós lhe daremos explicações e livraremos vocês de qualquer problema". [15] Os soldados pegaram o dinheiro e fizeram como lhes fora ordenado, e esse boato foi espalhado entre os habitantes de Y'hudah até o dia de hoje.

[16] Então os onze *talmidim* foram para o monte na Galil indicado por Yeshua. [17] Quando eles o viram, prostraram-se diante dele; mas alguns hesitaram. [18] Yeshua se aproximou deles e falou-lhes, dizendo: "Toda a autoridade no céu e na terra foi dada a mim. [19] Portanto, vão e façam *talmidim* entre pessoas de todas as nações, imergindo-os na realidade do Pai, do Filho e do *Ruach HaKodesh*, [20] ensinando-os a obedecer a tudo o que lhes ordenei. E lembrem-se: estarei sempre com vocês, até o fim da era".

הבשורה על-פי מרקוס

As boas-novas sobre Yeshua, o Messias, contadas por

Marcos

1 [1] O princípio das boas-novas sobre Yeshua, o Messias, o Filho de Deus. [2] Está
escrito no profeta Yesha'yahu:

"Veja, envio meu mensageiro **à sua frente;**
ele preparará o caminho antes de você".[a]
3 **"A voz de alguém que grita:**
'Preparem no deserto o caminho para *Adonai*!
Façam caminhos retos para ele!'".[b]

[4] Foi por isso que Yochanan, o Imersor, apareceu no deserto, proclamando a
imersão que envolvia o retorno para Deus e o abandono do pecado para que fossem
perdoados. [5] Pessoas iam ao encontro dele de toda a região de Y'hudah, bem como
os habitantes de Yerushalayim. Confessando os pecados, eram imersos por ele no
rio Yarden. [6] Yochanan vestia roupas feitas de pelos de camelo e um cinto de couro
em volta da cintura, comia gafanhotos e mel silvestre. [7] Ele proclamava: "Depois
de mim, vem alguém mais poderoso que eu — Não sou digno nem mesmo de me
curvar e desamarrar as correias das sandálias dele. [8] Eu os imerjo em água, mas ele
os imergirá no *Ruach HaKodesh*". [9] Pouco tempo depois, Yeshua veio de Natzeret da
Galil e foi imerso no Yarden por Yochanan. [10] Assim que saiu da água, Yeshua viu o
céu aberto e o Espírito descendo sobre ele como uma pomba. [11] Então uma voz veio
do céu: "Você é meu Filho, a quem amo; eu me alegro com você".

[12] Logo em seguida, o Espírito o impeliu para o deserto, [13] onde permaneceu
durante quarenta dias sendo tentado pelo Adversário. Ele estava com os animais
selvagens, e os anjos cuidavam dele.

[14] Depois da prisão de Yochanan, Yeshua foi para a Galil, proclamando as boas-
-novas de Deus:

15 "O tempo chegou,
o Reino de Deus está perto!
Abandonem seus pecados,
voltem-se para Deus
e creiam nas boas-novas!".

[16] Enquanto andava à beira do lago Kinneret, ele viu Shim'on e seu irmão André
lançando uma rede ao lago, porque eram pescadores. [17] Yeshua lhes disse: "Ve-
nham, sigam-me, e farei de vocês pescadores de homens!". [18] No mesmo instante,
eles deixaram as redes e o seguiram.

---

[a] *Mal'akhi* [Ml] 3.1   [b] *Yesha'yahu* [Is] 40.3

19 Indo um pouco mais adiante, ele viu Ya'akov Ben-Zavdai e Yochanan, seu irmão, no barco, preparando as redes. 20 Ele os chamou, e deixando Zavdai, seu pai, com os empregados no barco, eles o seguiram.

21 Foram a K'far-*Nachum*, e, no *shabbat*, Yeshua entrou na sinagoga e começou a ensinar. 22 Todos ficaram maravilhados com seu modo de ensinar, porque não lhes instruía como os mestres da *Torah*, mas como quem possui autoridade própria.

23 Na sinagoga deles, naquele momento, estava um homem com um espírito impuro, que gritou: 24 "O que você quer de nós, Yeshua de Natzeret? Você veio para nos destruir? Sei quem você é — o Santo de Deus!". 25 Mas Yeshua repreendeu o espírito impuro: "Cale-se e saia dele!". 26 O espírito impuro sacudiu o homem violentamente e saiu dando um grito bem alto. 27 Todas as pessoas ficaram tão admiradas que começaram a perguntar umas às outras: "O que é isto? Um novo ensino apoiado com autoridade! E dá ordens até aos espíritos impuros, e eles lhe obedecem!". 28 As notícias a seu respeito se espalharam rapidamente por aquela região da Galil.

29 Assim que saíram da sinagoga, foram com Ya'akov e Yochanan à casa de Shim'on e André. 30 A sogra de Shim'on estava deitada, com febre, e falaram a respeito dela a Yeshua. 31 Então ele se aproximou dela, tomou sua mão e a ajudou a se levantar. A febre a deixou, e ela começou a servi-los.

32 Naquela noite, depois do pôr-do-sol, levaram a Yeshua todos os doentes e as pessoas mantidas sob o poder de demônios, 33 e toda a cidade se reuniu à porta da casa. 34 Ele curou muitas pessoas que sofriam de várias doenças e expulsou numerosos demônios; mas não lhes permitiu que falassem, porque sabiam quem ele era.

35 De madrugada, ainda escuro, Yeshua se levantou, saiu sozinho e foi a um lugar deserto, onde ficou orando. 36 Shim'on e seus acompanhantes foram procurá-lo. 37 Quando o encontraram, disseram: "Todos o estão procurando!". 38 Ele respondeu: "Vamos a outro lugar, a outras vilas próximas, preciso proclamar a mensagem ali também — de fato, este é o motivo pelo qual vim". 39 Então percorreu toda a Galil, pregando nas sinagogas deles e expulsando demônios.

40 Um homem afligido com *tzara'at* se aproximou de Yeshua e lhe suplicou de joelhos: "Se você desejar, pode me purificar!". 41 Tocado pela compaixão, Yeshua estendeu a mão, tocou nele e disse: "Eu quero: seja purificado!". 42 Instantaneamente a *tzara'at* o deixou, e ele foi purificado. 43 Yeshua o mandou embora com esta advertência severa: 44 "Não conte a ninguém; em vez disso, como testemunho para as pessoas, vá e deixe o *kohen* examinar você e ofereça pela sua purificação os sacrifícios ordenados por Mosheh". 45 Ele, porém, saiu e começou a espalhar a notícia, falando abertamente sobre o acontecido. Por causa disso, Yeshua não podia mais entrar em nenhuma cidade, mas ficava fora, nas vizinhanças, onde pessoas de todas as partes iam vê-lo continuamente.

2 1 Um pouco depois, Yeshua voltou a K'far-*Nachum*. Espalhou-se o boato de que ele estava de volta, 2 e tanta gente se reuniu à volta da casa que já não havia lugar nem junto à porta. Enquanto ele lhes pregava a palavra, 3 quatro homens vieram carregando uma pessoa paralisada. 4 Eles não puderam chegar perto de Yeshua por causa da multidão, por isso removeram o teto do lugar onde ele estava, fizeram uma abertura e baixaram a maca com o homem paralisado. 5 Vendo a confiança deles, Yeshua disse ao homem paralisado: "Filho, seus pecados estão perdoados". 6 Alguns mestres da *Torah* sentados por ali pensaram consigo mesmos: 7 "Como esse homem pode dizer uma coisa dessas? Ele está blasfemando! Quem pode perdoar pecados senão Deus?". 8 Todavia, Yeshua percebeu de imediato, em seu espírito, o que eles estavam pensando e lhes disse: "Por que vocês estão pensando nisso? 9 O que é mais fácil dizer ao homem paralisado: 'Seus pecados estão perdoados', ou: 'Levante-se, pegue sua maca e ande'? 10 Vejam: provarei a vocês que o Filho do Homem possui autoridade na terra para perdoar pecados". Então ele disse ao paralítico: 11 "Eu lhe digo: levante-se, pegue sua maca e vá para casa". 12 Diante de todos, o homem se levantou, pegou a maca e foi embora. Todos ficaram muito espantados e louvavam a Deus, dizendo: "Nunca vimos nada parecido com isso!".

13 Yeshua saiu outra vez para a beira do lago. Toda a multidão se aproximou dele, e ele começou a ensiná-los. 14 Passando por ali, viu Levi Ben-Halfai, sentado na coletoria, e lhe disse: "Siga-me!". Ele se levantou e o seguiu.

15 Enquanto Yeshua estava comendo na casa de Levi, vários coletores de impostos e pecadores estavam sentados com ele e com os *talmidim*, porque havia vários deles entre seus seguidores. 16 Quando os mestres da *Torah* e os *p'rushim* viram que ele comia com pecadores e coletores de impostos, disseram a seus *talmidim*: "Por que ele come com coletores de impostos e pecadores?". 17 Mas, ouvindo a pergunta, Yeshua lhes respondeu: "Não são os que têm saúde que precisam de médico, mas, sim, os doentes. Não vim chamar os 'justos', mas os pecadores!".

18 Também os *talmidim* de Yochanan e os *p'rushim* estavam jejuando. Eles se aproximaram e perguntaram a Yeshua: "Por que os *talmidim* de Yochanan e os *talmidim* dos *p'rushim* jejuam, mas seus *talmidim* não jejuam?". 19 Yeshua lhes respondeu: "Podem os convidados para o casamento jejuar enquanto o noivo permanece com eles? Enquanto o noivo estiver com eles, o jejum está fora de questão. 20 Mas virá o tempo em que o noivo será tirado deles; e, quando esses dias chegarem, eles jejuarão. 21 Ninguém costura um pedaço de tecido não lavado em um casaco velho; se o fizer, o remendo novo abrirá o pano velho e deixará um rasgo maior. 22 E ninguém põe vinho novo em vasilhas de couro velhas; se o fizer, o vinho arrebentará a pele, e tanto o vinho quanto a vasilha de couro se estragarão. Em vez disso, coloca-se vinho novo em vasilhas de couro novas".

23 Certo *shabbat*, Yeshua estava passando por campos de trigo. Enquanto caminhavam, seus *talmidim* começaram a colher espigas. 24 Os *p'rushim* lhe perguntaram: "Veja! Por que eles estão violando o *shabbat*?". 25 Ele lhes disse: "Vocês nunca leram o que fez David quando ele e seus companheiros estavam com fome? 26 Ele entrou na casa de Deus quando Evyatar era *kohen gadol* e comeu o pão da oposição, que é permitido apenas aos *kohanim*, e o deu também a seus companheiros". 27 Então ele lhes disse: "O *shabbat* foi feito para o ser humano, mas não o ser humano para o *shabbat*; 28 portanto, o Filho do Homem é Senhor até mesmo do *shabbat*".

3 1 Yeshua foi outra vez a uma sinagoga, e estava ali um homem com uma das mãos atrofiada. 2 Procurando um motivo para acusá-lo, certas pessoas o observavam cuidadosamente, para ver se faria a cura no *shabbat*. 3 Yeshua disse ao homem da mão atrofiada: "Venha para onde eu possa ver você!". 4 Então Yeshua lhes disse: "O que é permitido fazer no *shabbat*: o bem ou o mal? Salvar a vida ou matar?". Mas eles não responderam nada. 5 Então, olhando ao redor e sentindo ira por uns e compaixão por outros, por causa da dureza do coração deles, ele disse ao homem: "Estenda a mão". Assim que ele a estendeu, a mão foi restaurada. 6 Então os *p'rushim* saíram e começaram imediatamente a conspirar com alguns membros do partido de Herodes sobre como poderiam matá-lo.

7 Yeshua saiu com os *talmidim* para o lago, e uma grande multidão vinda da Galil o seguiu. 8 Quando ouviram o que ele fazia, muitas pessoas de Y'hudah,

Yerushalayim, Iduméia, do território além do Yarden e dos arredores de Tzor e de
Tzidon foram atrás dele. 9 Ele disse aos *talmidim* que lhe preparassem um barco,
para escapar do acotovelamento da multidão, se necessário, 10 porque ele curara
muitas pessoas, e todos os doentes queriam chegar adiante e ser tocados por ele.
11 Sempre que os espíritos impuros o viam, prostravam-se diante dele e gritavam:
"Você é o Filho de Deus!". 12 Mas ele os advertia com veemência para que não o con-
tassem a ninguém.

13 Então ele subiu à região montanhosa e chamou a si aqueles que ele quis, os
quais vieram para junto dele. 14 Ele designou doze para estarem com ele, serem en-
viados para pregar 15 e terem autoridade para expulsar demônios.

16 Shim'on, a quem ele deu outro nome, "Kefa";

17 Ya'akov Ben-Zavdai e Yochanan, irmão de Ya'akov — aos quais ele designou
"B'nei-Regesh" (isto é, os "Trovejantes");

18 André, Filipe, Bar-Talmai, Mattityahu, T'oma, Ya'akov Ben-Halfai, Taddai,
Shim'on, o zelote;

19 e Y'hudah de K'riot, que o traiu.

Então ele entrou em uma casa; 20 e, outra vez, uma multidão tão grande se reu-
niu que ele nem podia comer. 21 Quando sua família ouviu falar disso, saíram para
trazê-lo à força, pois diziam: "Ele está fora de si!".

22 E os mestres da *Torah* que desceram de Yerushalayim disseram: "Ele está
com Ba'al-Zibbul dentro de si" e "É pelo poder do chefe dos demônios que ele
expulsa demônios". 23 Então Yeshua os chamou e lhes falou por parábolas: "Como
pode Satan expulsar Satan? 24 Se um reino estiver dividido contra si mesmo, não
poderá sobreviver; 25 e se uma casa estiver dividida contra si mesma, também não
poderá subsistir. 26 Então, se Satan se rebelar contra si mesmo e estiver dividido,
tampouco poderá subsistir; chegou seu fim. 27 Além disso, ninguém pode invadir
a casa de um homem forte e levar seus bens, a menos que primeiro amarre o ho-
mem forte. Depois disso, poderá saquear a casa. 28 Sim, eu lhes digo que as pessoas
terão todos os pecados e todas as blasfêmias perdoados; 29 entretanto, quem blas-
femar contra o *Ruach HaKodesh* jamais terá perdão e será culpado de um pecado
eterno". 30 Porque eles diziam: "Ele tem um espírito impuro dentro de si".

31 Então sua mãe e seus irmãos chegaram. Esperando do lado de fora, enviaram
uma mensagem para chamá-lo. 32 Uma multidão estava sentada à volta dele, e lhe dis-
seram: "Sua mãe e seus irmãos estão lá fora, procurando por você". 33 Ele respondeu:
"Quem é minha mãe, e quem são meus irmãos?". 34 Olhando para os que estavam
sentados em um círculo à sua volta, disse: "Vejam: aqui estão minha mãe e meus
irmãos! 35 Quem faz o que Deus deseja é meu irmão, minha irmã e minha mãe!".

4 1 Novamente Yeshua começou a ensinar à beira do lago, mas a multidão reunida
ao redor dele era tão grande que ele teve de entrar em um barco, no lago, e se
sentar nele, ao passo que a multidão permanecia à beira do lago. 2 Ele lhes ensinou
muitas coisas por parábolas. No decurso de seu ensino, disse-lhes: 3 "Ouçam! Um
fazendeiro foi plantar sua semente. 4 Enquanto semeava, uma semente caiu ao lado
do caminho; e os pássaros vieram e a comeram. 5 Outra semente caiu em uma área
pedregosa, onde não havia muita terra. Ela brotou rapidamente, porque a terra não
era profunda; 6 mas, quando o sol saiu, a planta tenra foi queimada, e pelo fato de
suas raízes não serem profundas, secou. 7 Outra semente caiu entre espinhos, que
cresceram e a sufocaram; de forma que ela não deu fruto. 8 Mas outra semente caiu
em boa terra: germinou, cresceu e deu boa colheita — trinta, sessenta e até mesmo

cem vezes mais do que a quantidade plantada". 9 E ele concluiu: "Quem tiver ouvi-
dos para ouvir, ouça!".
10 Quando Yeshua ficou sozinho, as pessoas à volta dele e os Doze lhe fizeram
perguntas sobre as parábolas. 11 Ele lhes respondeu: "A vocês foi dado o segredo do
Reino de Deus; mas, aos de fora, tudo é mediante parábolas, 12 para que,

> **eles sempre vejam, mas não percebam;**
> **sempre ouçam, mas nunca entendam.**
> **De outra forma, eles poderiam voltar para Deus e serem perdoados!".**[c]

13 Então Yeshua lhes disse: "Vocês não entendem esta parábola? Como serão
capazes de entender qualquer outra parábola? 14 O semeador semeia a mensagem.
15 Aqueles ao lado do caminho onde a mensagem é semeada são as pessoas às quais
o Adversário vem depressa e retira a mensagem semeada nelas. 16 Da mesma forma,
os que recebem a semente em solo pedregoso são os ouvintes da mensagem que a
aceitam de imediato, com alegria. 17 Todavia, não têm raiz em si mesmos, por isso
permanecem apenas por pouco tempo. Quando surge alguma dificuldade ou per-
seguição por causa da mensagem, eles a abandonam prontamente. 18 Outros ainda,
como a semente lançada entre espinhos, ouvem a palavra, 19 mas as preocupações
desta vida, o encanto enganoso do dinheiro e todos os outros tipos de desejos se
interpõem e sufocam a mensagem, de forma que ela não produz nada. 20 Mas as
semeadas em solo rico são aqueles que ouvem a mensagem, aceitam-na e dão fru-
tos — trinta, sessenta e cem vezes a quantidade plantada".
21 Ele lhes disse: "Não se traz uma candeia para ser colocada debaixo de uma
vasilha ou de uma cama, não é mesmo? Você não a colocaria no lugar apropriado?
22 Não há nada oculto, senão para ser revelado, e nada escondido que não seja tra-
zido à luz. 23 Quem tem ouvidos para ouvir, ouça!".
24 Ele também lhes disse: "Considerem atentamente o que vocês estão ouvindo!
A medida com que medirem será usada para medir vocês, e ainda mais lhe darão.
25 A quem tiver, mais lhe será dado; de quem não tiver, até o que possui lhe será
tirado".
26 Ele disse: "O Reino de Deus é semelhante a um homem que lança a semente
sobre a terra. 27 Ele dorme durante a noite e fica acordado durante o dia; enquanto
isso, a semente germina e cresce — embora ele não saiba como. 28 Por si próprio, o
solo produz o grão: primeiro o talo, depois a espiga e, então, o grão cheio na espiga.
29 Assim que o grão amadurece, o homem vem com a foice, porque é a estação da
colheita".
30 Yeshua também disse: "Com que compararemos o Reino de Deus? Que ilus-
tração usaremos para descrevê-lo? 31 Ele é como o grão de mostarda, a menor se-
mente do campo; 32 mas, depois de ter sido plantado, cresce, tornando-se a maior
de todas as plantas, com galhos tão grandes que as aves do céu podem construir
ninhos à sua sombra".
33 Com muitas parábolas semelhantes, ele lhes anunciou a mensagem, na me-
dida em que eram capazes de ouvi-la. 34 Não lhes dizia nada sem usar parábolas;
quando, porém, estava a sós com os *talmidim*, explicava-lhes tudo.
35 Naquele dia, ao anoitecer, Yeshua lhes disse: "Vamos para o outro lado".
36 Então, deixando a multidão, eles o levaram no barco, assim como estava; havia
outros barcos com ele. 37 Ocorreu um forte vendaval, e ondas se arremessavam
contra o barco, a ponto de quase submergir. 38 Yeshua estava na popa dormindo

[c] *Yesha'yahu* [Is] 6.9,10

sobre um travesseiro. Os *talmidim* o acordaram e disseram: "*Rabbi*, não se importa que sejamos mortos?". 39 Ele se levantou, repreendeu o vento e disse às ondas: "Aquietem-se! Acalmem-se!". O vento se aquietou, e houve uma calmaria total. 40 Ele lhes disse: "Por que vocês estão com medo? Nem mesmo agora têm confiança?". 41 Entretanto, eles estavam apavorados e perguntavam uns aos outros: "Quem pode ser este que até o vento e as ondas lhe obedecem?".

5 1 Yeshua e os *talmidim* chegaram à outra margem do lago e foram ao território dos gerasenos. 2 Assim que desembarcou, um homem com um espírito impuro saiu das grutas que serviam de sepulcros ao seu encontro. 3 Esse homem vivia naquele lugar, e ninguém conseguia prendê-lo, nem mesmo com correntes. 4 Muitas vezes lhe haviam sido acorrentados pés e mãos, mas ele rompia as correntes e quebrava os ferros dos pés, e não havia ninguém suficientemente forte para controlá-lo. 5 Noite e dia andava entre os sepulcros e nas colinas berrando e se ferindo com pedras.

6 Ao ver Yeshua de longe, correu, prostrou-se diante dele 7 e gritou o mais alto que pôde: "Que quer de mim, Yeshua, Filho do Deus *Ha'Elyon*? Imploro em nome de Deus! Não me torture!". 8 Porque Yeshua lhe dissera: "Espírito impuro, saia deste homem!". 9 Então Yeshua lhe perguntou: "Como você se chama?". "Meu nome é Legião", respondeu ele, "porque há muitos de nós". 10 E continuou implorando a Yeshua que não lhes mandasse sair daquela região.

11 Uma grande quantidade de porcos estava se alimentando em uma colina próxima, 12 e os espíritos impuros imploraram a Yeshua: "Mande-nos para os porcos, a fim de podermos entrar neles". 13 Yeshua lhes deu permissão. Eles saíram do homem e entraram nos porcos; cerca de dois mil porcos se atiraram colina abaixo, em direção ao lago, e nele se afogaram. 14 Os que cuidavam dos porcos fugiram e contaram o fato na cidade e nos campos, e o povo foi ver o que havia acontecido. 15 Eles se aproximaram de Yeshua e viram ali o homem habitado por uma legião de demônios, assentado, vestido e em perfeito juízo; e ficaram atemorizados. 16 As pessoas que viram o fato contaram o que acontecera ao homem controlado por demônios e aos porcos; 17 as pessoas começaram a suplicar a Yeshua que saísse de lá.

18 Quando Yeshua estava entrando no barco, o homem que estivera endemoninhado implorou que o deixasse ir também. 19 Mas Yeshua não permitiu. Em vez disso, disse: "Vá até sua família e lhes diga quanto Adonai, em sua misericórdia, fez por você". 20 Ele foi embora e começou a proclamar nas Dez Cidades quanto Yeshua tinha feito por ele, e todos ficaram admirados.

21 Yeshua voltou de barco para a outra margem do lago, e uma grande multidão se reuniu ao redor dele. 22 Então chegou ali um oficial da sinagoga, chamado Ya'ir, que se prostrou a seus pés 23 e lhe implorou desesperadamente: "Minha filhinha está quase morrendo! Venha, por favor, e imponha as mãos sobre ela, para que fique boa e viva".

24 Yeshua foi com ele. Uma grande multidão o seguia e apertava. 25 Entre eles, estava uma mulher padecendo de hemorragia havia doze anos. 26 Ela sofrera muito sob o cuidado de vários médicos. Gastou todas as economias, mas, em vez de melhorar, piorava. 27 Ela ouviu falar de Yeshua. Então se aproximou por trás dele, no meio da multidão, e tocou em seu manto, 28 porque pensava: "Se eu tocar em seu manto, serei curada". 29 A hemorragia cessou instantaneamente, e ela sentiu em seu corpo que havia sido curada da doença. 30 No mesmo instante, Yeshua percebeu que havia saído poder dele e, virando para a multidão, perguntou: "Quem tocou em

minha roupa?”. 31 Os *talmidim* responderam: Você está vendo a multidão aglomera-
da à sua volta e ainda pergunta: ‘Quem tocou em mim?’ ”. 32 Mas Yeshua continuou
olhando para ver quem fizera aquilo. 33 A mulher, tremendo de medo, por saber o
que lhe tinha acontecido, aproximou-se, prostrou-se aos pés dele e lhe contou toda
a verdade. 34 “Filha”, ele lhe disse, “sua confiança a curou! Vá em paz e seja curada
da doença”.

35 Enquanto ele ainda estava falando, chegaram algumas pessoas da casa do
dirigente da sinagoga, dizendo: “Sua filha morreu. Não incomode mais o *rabbi*!”.
36 Ignorando o que eles disseram, Yeshua falou ao dirigente da sinagoga: “Não tenha
medo; apenas mantenha a confiança”. 37 Com exceção de Kefa, Ya‘akov e Yochanan,
irmão de Ya‘akov, não deixou ninguém segui-lo. 38 Quando chegaram à casa do
dirigente da sinagoga, Yeshua encontrou uma grande comoção, gente chorando e
gritando bem alto. 39 Ao entrar, disse-lhes: “Por que todo este desespero e choro?
A criança não morreu, está apenas dormindo”. 40 E as pessoas começaram a rir
dele. Yeshua, entretanto, colocou todos para fora, levou consigo o pai e a mãe da
menina e os *talmidim* que estavam com ele, e entrou no lugar onde estava a me-
nina. 41 Pegou-a pela mão e lhe disse: “*Talita, kumi*” (que significa: “Menina”, eu lhe
ordeno, “levante-se!”). 42 Imediatamente a menina se levantou e começou a andar:
ela contava doze anos de idade. Todos ficaram profundamente admirados. 43 Ele
ordenou expressamente que não contassem nada sobre isso a ninguém e disse que
dessem a ela alguma coisa para comer.

6 1 Então Yeshua partiu dali e foi para sua cidade, e os *talmidim* o seguiram. 2 No
shabbat, ele começou a ensinar na sinagoga, e muitas pessoas que o ouviam
ficaram admiradas. Elas perguntavam: “De onde ele tirou tudo isso?”. “Que sabedo-
ria é esta que lhe foi dada? E estes milagres que ele faz? 3 Não é ele apenas o car-
pinteiro, filho de Miryam e irmão de Ya‘akov, Yosi, Y’hudah e Shim‘on? Suas irmãs
não estão aqui conosco?”. E elas se sentiram ofendidas por causa dele. 4 Yeshua,
porém, lhes disse: “O único lugar em que as pessoas não respeitam um profeta é
na cidade dele, entre seus parentes, na própria casa”. Por isso, ele 5 não realizou
ali milagres; apenas impôs as mãos sobre algumas pessoas doentes e as curou. 6 E
ficou admirado com a falta de confiança deles.

Yeshua passou a percorrer os povoados circunvizinhos, ensinando.

7 Chamando os Doze, começou a enviá-los de dois em dois, dando-lhes auto-
ridade sobre os espíritos impuros. 8 E lhes disse: “Não levem nada para a viagem,
a não ser um bordão. Nada de pão, saco de viagem, dinheiro no cinto; 9 calcem
sandálias, mas não levem uma camisa extra. 10 Sempre que entrarem em uma casa,
fiquem ali até partir; 11 e, se as pessoas de algum lugar não os receberem e se recu-
sarem a ouvir vocês, então, quando saírem de lá, sacudam a poeira dos pés, como
advertência contra elas”.

12 Eles saíram e pregaram ao povo que abandonassem o pecado e voltassem
para Deus, 13 expulsaram muitos demônios, ungiram diversos doentes com óleo e
os curaram.

14 Enquanto isso, o rei Herodes ouviu falar dessas coisas, porque a reputação
de Yeshua havia se tornado bem conhecida. Algumas pessoas diziam: “Yochanan,
o Imersor, ressuscitou dos mortos; por isso, operam nele poderes miraculosos”.
15 Outros diziam: “Ele é Eliyahu”. E ainda outros afirmavam: “Ele é um profeta,
como os antigos profetas”. 16 Mas quando Herodes ouviu essas coisas, disse:
“Yochanan, a quem decapitei, ressuscitou!”.

[17] O próprio Herodes ordenou a prisão de Yochanan, que o amarrassem e co-
locassem na prisão, por causa de Herodias, mulher de Filipe, seu irmão. Herodes
havia se casado com ela, [18] mas Yochanan lhe dissera: "É uma violação da *Torah*
você se casar com a mulher de seu irmão". [19] Por isso, Herodias o odiava e queria
matá-lo. Mas não podia fazê-lo, [20] porque Herodes tinha medo de Yochanan e o
protegia, por saber que ele era um *tzaddik*, um homem santo. Sempre que o ouvia,
ficava profundamente abalado; mesmo assim, gostava de ouvi-lo.

[21] Finalmente a oportunidade chegou. Herodes ofereceu um banquete aos no-
bres, oficiais e homens importantes da Galil no seu aniversário. [22] Quando a filha
de Herodias entrou e dançou, agradou a Herodes e aos convidados. O rei disse à
jovem: "Peça o que quiser, e lhe darei". [23] E prometeu a ela: "Seja o que for que me
pedir, eu lhe darei: até a metade do meu reino". [24] Ela saiu e perguntou à mãe: "Que
pedirei?". Ela respondeu: "A cabeça de Yochanan, o Imersor". [25] A jovem voltou
imediatamente ao rei com o pedido: "Desejo receber neste mesmo instante, em
uma bandeja, a cabeça de Yochanan, o Imersor". [26] O rei ficou estarrecido, mas,
por causa da promessa feita perante os convidados, não quis descumprir a palavra
dada à jovem. [27] O rei enviou imediatamente um soldado de sua guarda pessoal
com ordens para trazer a cabeça de Yochanan. O soldado foi, decapitou Yochanan
na prisão, [28] trouxe sua cabeça em uma bandeja e entregou à jovem, e esta a deu à
sua mãe. [29] Quando os *talmidim* de Yochanan ouviram isso, vieram, levaram o corpo
e o colocaram em um túmulo.

[30] Os que haviam sido enviados se reuniram com Yeshua e lhe contaram tudo o
que tinham feito e ensinado. [31] Havia muitas pessoas indo e vindo, a ponto de eles
não terem tempo para comer. Então Yeshua lhes disse: "Venham comigo para um
lugar onde poderemos ficar sozinhos. Lá vocês descansarão um pouco". [32] Então
eles se afastaram para um lugar à parte. [33] Entretanto, muitas das pessoas que os
viram sair, reconheceram-nos, correram a pé de todas as cidades e chegaram ao
lugar antes deles. [34] Quando Yeshua saiu do barco e viu a grande multidão, come-
çou a lhes ensinar muitas coisas, cheio de compaixão por eles, porque eram como
ovelhas sem pastor.

[35] Já era tarde. Os *talmidim* se aproximaram dele e disseram: "Este é um lugar
afastado, e está ficando tarde. [36] Mande o povo embora para irem aos campos
e povoados da vizinhança comprar algo para comer". [37] Mas ele lhes respondeu:
"Vocês mesmos devem dar a eles algo para comer!". Eles disseram: "Devemos ir e
gastar muito dinheiro com pão e dá-lo para ser comido?". [38] Yeshua lhes perguntou:
"Quantos pães vocês têm? Vão e verifiquem". Quando descobriram, disseram: "Cin-
co pães e dois peixes". [39] Ele ordenou a todos que se sentassem em grupos sobre a
grama verde. [40] Eles se sentaram em grupos de cinqüenta e de cem. [41] Yeshua pegou
os cinco pães e os dois peixes e, olhando em direção ao céu, disse uma *b'rakhah*. A
seguir, partiu os pães e começou a dá-los aos *talmidim* para serem distribuídos. Ele
também dividiu os dois peixes entre todos. [42] Todos comeram tanto quanto quise-
ram, [43] e os *talmidim* recolheram doze cestos cheios com pedaços de pães e peixes.
[44] O número de homens que comeram os pães era de cinco mil.

[45] Yeshua fez os *talmidim* entrarem imediatamente no barco e irem adiante dele
para a outra margem do lago, em direção a Beit-Tzaidah, enquanto ele despedia
as multidões. [46] Depois disso, ele subiu às montanhas para orar. [47] Quando caiu a
noite, o barco estava bem distante, e ele estava sozinho na margem. [48] Viu que es-
tavam com dificuldade para remar, porque o vento era contrário. Então, por volta
das quatro horas da manhã, ele foi na direção deles andando sobre o lago. Queria

chegar até eles; 49 mas, quando o viram andando sobre o lago, pensaram tratar-se
de um fantasma e começaram a gritar; 50 pois todos eles o haviam visto e ficaram
aterrorizados. Entretanto, ele lhes disse: "Coragem, sou eu. Parem de ter medo!".
51 Ele entrou no barco, e o vento cessou. Eles estavam completamente pasmos,
52 porque não haviam entendido o que acontecera em relação aos pães; ao contrário,
o coração deles foi endurecido.

53 Depois da travessia do lago, pararam em Ginosar e ancoraram. 54 Tão logo
saíram do barco, as pessoas reconheceram Yeshua 55 e começaram a percorrer toda
a região levando pessoas doentes em macas a qualquer lugar onde dissessem que
ele estava. 56 Aonde quer que ele fosse, em aldeias, cidades ou no campo, levavam
os doentes ao mercado. Imploravam-lhe que deixassem-nos tocar mesmo na *tzitzit*
de sua roupa, e todos os que tocavam nelas eram curados.

7 1 Os *p'rushim* e alguns mestres da *Torah* provenientes de Yerushalayim se reu-
niram com Yeshua 2 e viram que alguns de seus *talmidim* comiam tendo as mãos
ritualmente impuras, isto é, sem realizar a *n'tilat-yadayim.* 3 (Porque os *p'rushim* e,
de fato, todos os habitantes de Y'hudah mantinham a tradição dos anciãos: não co-
mer, a menos que tivessem realizado a lavagem ritual das mãos. 4 Também ao virem
do mercado não comiam até terem lavado as mãos à altura do pulso; e eles mantêm
muitas outras tradições, como a lavagem de copos, potes e recipientes de bronze.)
5 Os *p'rushim* e mestres da *Torah* lhe perguntaram: "Por que seus *talmidim* não
vivem de acordo com a tradição dos anciãos, mas, em vez disso, comem com as
mãos ritualmente impuras?". 6 Yeshua lhes respondeu: "Yesha'yahu estava certo ao
profetizar a respeito de vocês, hipócritas, como está escrito:

'Estas pessoas me honram com os lábios,
mas o coração está muito longe de mim.
7 **Sua tentativa de me adorar é inútil,**
porque ensinam regras inventadas por homens como se fossem doutrinas'.[d]

8 "Na verdade, vocês se afastam do mandamento divino e se apegam à tradição
humana". 9 Ele lhes disse: "Vocês se tornaram especialistas em fugir do manda-
mento de Deus a fim de manterem suas tradições! 10 Mosheh disse: **'Honre seu pai
e sua mãe'**[e] e **'todo o que amaldiçoar seu pai ou sua mãe deverá ser executado'**.
[f] 11 Entretanto, vocês dizem: 'Se alguém disser ao pai ou à mãe: "Prometi como
korban (isto é, uma oferta para Deus) o que poderia ter usado para lhe ajudar",
12 essa pessoa fica desobrigada de realizar qualquer coisa em prol do pai ou da
mãe'. 13 Portanto, mediante a tradição perpetuada por vocês, anula-se a Palavra de
Deus! E vocês fazem outras coisas semelhantes a esta".
14 Então Yeshua chamou novamente as pessoas e lhes disse: "Prestem atenção,
todos vocês, e entendam isto! 15 Não existe nada no exterior de uma pessoa que,
entrando nela, a torna impura. Ao contrário, as coisas que procedem da pessoa é
que a tornam impura!". 16[g]
17 Ao deixar as pessoas e entrar na casa, os *talmidim* lhe fizeram perguntas acer-
ca da parábola. 18 Ele respondeu: "Então vocês também não entendem? Não perce-
bem que nada que entra na pessoa pode torná-la impura? 19 Porque isso não atinge

---

[d] *Yesha'yahu* [Is] 29.13 [e] *Sh'mot* [Êx] 20.12; *D'varim* [Dt] 5.16 [f] *Sh'mot* [Êx] 21.17; *Vayikra* [Lv] 20.9
[g] Alguns manuscritos incluem o versículo 16: "Todos os que têm ouvidos para ouvir, ouçam!".

o coração, apenas o estômago, e de lá vai para a latrina". (Dessa forma, ele declarou
todos os alimentos ritualmente puros.) 20 "O que sai da pessoa", ele continuou, "é
o que a torna impura. 21 Porque de dentro, do coração da pessoa, procedem maus
pensamentos, imoralidade sexual, roubo, assassinato, adultério, 22 cobiça, rancor,
engano, indecência, inveja, calúnia, arrogância e insensatez. 23 Todas essas coisas
perversas procedem de dentro da pessoa e a tornam impura".

24 A seguir, Yeshua saiu daquele distrito e se dirigiu à circunvizinhança de Tzor
e Tzidon. Lá ele encontrou uma casa para ficar e desejava permanecer no anoni-
mato, mas isso foi impossível. 25 Aproximou-se dele uma mulher cuja filhinha tinha
um espírito impuro, e ela se prostrou a seus pés. 26 A mulher era grega, siro-fenícia
de nascimento, e lhe implorou que expulsasse o demônio de sua filha. 27 Yeshua
disse: "Em primeiro lugar, alimentam-se os filhos; não é certo tirar a comida das
crianças e lançá-la aos cachorrinhos de estimação". 28 Ela respondeu: "Isso é verda-
de, senhor; contudo, mesmo os cachorrinhos debaixo da mesa comem as sobras
das crianças". 29 Então Yeshua lhe disse: "Por causa dessa resposta, você pode ir
para casa; o demônio já deixou sua filha". 30 Ela voltou para casa e encontrou a filha
deitada na cama, livre do demônio.

31 Depois disso, ele deixou o distrito de Tzor e, atravessando Tzidon e o lago
Kinneret, chegou à região das Dez Cidades. 32 Trouxeram-lhe um homem surdo e
que não conseguia falar, e pediram a Yeshua que lhe impusesse as mãos. 33 Levan-
do-o consigo para longe da multidão, Yeshua pôs os dedos nos ouvidos do ho-
mem, cuspiu e tocou em sua língua; 34 então, olhando em direção ao céu, suspirou
fortemente e lhe disse: "*Hippatach*!" (isto é, "abra-se"). 35 Os ouvidos do homem
foram abertos, sua língua se moveu livremente, e ele começou a falar com clareza.
36 Yeshua ordenou às pessoas que não dissessem nada a ninguém; quanto mais ele
insistia, mais zelosamente elas espalhavam as notícias. 37 As pessoas foram toma-
das de espanto e diziam: "Tudo o que ele executa, faz muito bem". "Faz até mesmo
o surdo ouvir e o mudo falar!".

8 1 Durante aqueles dias, outra grande multidão se reuniu, e as pessoas não ti-
nham nada para comer. Yeshua reuniu os *talmidim* e lhes disse: 2 "Sinto pena
dessas pessoas porque elas têm estado comigo há três dias, e agora não possuem
nada para comer. 3 Se eu as mandar de volta para casa com fome, cairão durante
o trajeto de volta; algumas delas percorreram uma longa distância". 4 Os *talmidim*
lhe disseram: "Como é possível encontrar pães suficientes para saciar a fome das
pessoas em um lugar afastado como este?". 5 "Quantos pães vocês têm?", ele per-
guntou. A resposta foi: "Sete". 6 Yeshua, então, disse à multidão que se assentasse,
pegou os sete pães, disse uma *b'rakhah*, partiu-os e os deu aos *talmidim* para servir
ao povo. 7 Também possuíam alguns peixes; dizendo outra *b'rakhah* por estes, tam-
bém ordenou que fossem servidos. 8 As pessoas comeram até ficar satisfeitas; os
talmidim recolheram as sobras — sete cestos cheios. 9 Cerca de quatro mil pessoas
estiveram ali. 10 Depois de despedi-las, Yeshua entrou no barco com os *talmidim* e
partiu para o distrito de Dammesek.

11 Os *p'rushim* vieram e começaram a discutir com ele: queriam que lhes des-
se um sinal do céu, por desejarem pô-lo à prova. 12 Suspirando profundamente,
Yeshua respondeu: "Por que esta geração deseja um sinal? Sim! Eu lhes digo: ne-
nhum sinal lhe será dado!". 13 Logo após, ele os deixou, entrou novamente no barco
e partiu para a outra margem do lago.

14 Os *talmidim* esqueceram de trazer pães consigo, e no barco havia apenas um pão. 15 Então Yeshua lhes disse: “Cuidado! Evitem o *hametz* dos *p'rushim* e o *hametz* de Herodes”. 16 Eles pensaram que Yeshua lhes dissera isso por não terem pães. 17 Sabendo, porém, o que pensavam, disse-lhes: “Por que vocês estão falando entre si que não têm pães? Ainda não percebem nem compreendem? O coração de vocês está empedernido? 18 Têm olhos, mas não veem? Têm ouvidos, mas não ouvem? Vocês não se lembram? 19 Quando reparti os cinco pães para os cinco mil, quantos cestos cheios de sobras vocês recolheram?”. “Doze”, eles responderam. 20 “E quando reparti os sete pães para os quatro mil, vocês recolheram quantos cestos cheios de sobras?”. “Sete”, responderam. 21 Yeshua lhes disse: “E vocês ainda não compreendem?”.

22 Eles chegaram a Beit-Tzaidah. Algumas pessoas lhe trouxeram um cego e imploraram que Yeshua tocasse nele. 23 Tomando o cego pela mão, ele o levou para fora da cidade. Cuspiu em seus olhos, pôs as mãos sobre o homem e lhe perguntou: “Você vê algo?”. 24 O homem olhou para cima e disse: “Vejo pessoas, mas elas se parecem com árvores em movimento”. 25 Então Yeshua colocou as mãos sobre os olhos do homem outra vez. Ele fixou os olhos, e sua visão foi restaurada, podendo enxergar tudo com nitidez. 26 Yeshua o mandou para casa com as seguintes palavras: “Não vá à cidade”.

27 Yeshua e os *talmidim* continuaram percorrendo as cidades de Cesareia de Filipe. No caminho, ele perguntou aos *talmidim*: “Quem as pessoas dizem que eu sou?”. 28 “Alguns dizem que você é Yochanan, o Imersor”, eles lhe disseram, “outros, que é Eliyahu, e há quem afirme: ‘um dos profetas’ ”. 29 “E vocês”, ele perguntou, “quem dizem que eu sou?”. Kefa respondeu: “Você é o *Mashiach*”. 30 Então Yeshua os advertiu de que não dissessem nada, a ninguém, a seu respeito. 31 Ele começou a lhes ensinar que o Filho do Homem deveria suportar muitos sofrimentos, ser rejeitado pelos anciãos, principais *kohanim* e mestres da *Torah*. Após isso, seria morto, mas, depois de três dias, ressuscitaria. 32 Ele lhes falou claramente sobre o assunto. Kefa o levou para o lado e começou a repreendê-lo. 33 Entretanto, Yeshua se virou e, olhando para os *talmidim*, repreendeu Kefa: “Afaste-se de mim, Satan! Seu raciocínio procede de uma perspectiva humana, não do ponto de vista de Deus!”.

34 A seguir, Yeshua chamou para junto de si a multidão e os *talmidim* e lhes disse: “Se alguém quiser me acompanhar, deverá dizer não a si mesmo, pegar sua estaca de execução e me seguir. 35 Quem desejar salvar a própria vida a destruirá, mas quem a destruir por minha causa e por causa das boas-novas a salvará. 36 De fato, que benefício obterá alguém em ganhar o mundo todo, esquecendo-se, porém, da própria vida? 37 O que uma pessoa daria em troca de sua vida? 38 Se alguém se envergonhar de mim e do que digo nesta geração adúltera e pecaminosa, o Filho do Homem também se envergonhará dessa pessoa quando vier na glória do Pai com os santos anjos”.

9 1 “Sim!”, ele continuou, “digo-lhes que há aqui algumas pessoas que não experimentarão a morte antes de verem o Reino de Deus vindo de maneira poderosa!”.

2 Seis dias depois, Yeshua levou consigo Kefa, Ya‘akov e Yochanan até um alto monte. Enquanto observavam, Yeshua começou a mudar de forma, 3 e suas roupas se tornaram ofuscantes de tão brancas, mais brancas que qualquer pessoa neste mundo as poderia tornar. 4 Então eles viram Eliyahu e Mosheh conversando com Yeshua. 5 Kefa disse a Yeshua: “*Rabbi*, como é bom estarmos aqui! Façamos três

cabanas — uma para você, uma para Mosheh e uma para Eliyahu". 6 (Ele não sabia o que estava falando, de tão amedrontado.) 7 A seguir, uma nuvem os envolveu, e de lá partiu uma voz: "Este é o meu Filho, a quem amo. Ouçam-no!". 8 De repente, eles olharam à volta e não viram ninguém mais, com exceção de Yeshua.

9 Enquanto desciam a montanha, Yeshua os avisou de que não contassem a ninguém o que haviam visto até que o Filho do Homem ressuscitasse dos mortos. 10 Por isso, eles mantiveram o assunto sob sigilo, mas continuaram perguntando entre si: "O que é 'ressuscitar dos mortos'?". Também lhe perguntaram: "Por que os mestres da *Torah* dizem que Eliyahu deve vir primeiro?". 12 "Eliyahu já veio", ele respondeu, "e ele restaurará todas as coisas. Entretanto, por que está escrito no *Tanakh* que o Filho do Homem deve sofrer e ser rejeitado? 13 E há mais: digo-lhes que Eliyahu já veio, e os homens fizeram com ele o que lhes agradou, como o *Tanakh* diz a seu respeito".

14 Quando voltaram aos *talmidim*, viram uma grande multidão à sua volta, e alguns mestres da *Torah* discutiam com eles. 15 Tão logo as pessoas viram Yeshua, ficaram surpresas e correram para cumprimentá-lo. 16 Ele lhes perguntou: "Sobre o que vocês discutiam?". 17 Uma delas lhe respondeu: "*Rabbi*, trouxe-lhe meu filho porque ele tem um espírito maligno que não o deixa andar. 18 Toda vez que ele o toma, arremessa-o contra o chão — ele começa a babar, range os dentes e fica paralisado. Pedi a seus *talmidim* que tirassem o espírito dele, mas eles não foram capazes de fazê-lo". 19 "Pessoas sem confiança!", ele respondeu. "Quanto tempo ficarei com vocês? Por quanto tempo terei de suportá-los? Tragam-no até mim!". 20 Trouxeram-lhe o menino. Assim que o espírito o viu, fez o menino ter uma convulsão. 21 Yeshua perguntou ao pai do menino: "Há quanto tempo isso acontece com ele?". "Desde a infância", disse. 22 "E sempre tenta matá-lo jogando-o no fogo ou na água. Contudo, se você puder fazer alguma coisa, tenha piedade de nós e nos ajude!". 23 Yeshua lhe disse: "O que você quer dizer com 'se eu puder'? Tudo é possível àquele que confia!". 24 No mesmo instante, o pai do menino exclamou: "Eu confio — ajude-me em relação à minha falta de confiança!". 25 Quando Yeshua viu que uma multidão estava se aglomerando em torno deles, censurou o espírito impuro, dizendo-lhe: "Espírito surdo e mudo! Eu lhe ordeno: Saia do menino e jamais volte a entrar nele!". 26 Ele saiu gritando e agitou violentamente o menino, que permaneceu largado como um corpo sem vida, de forma tal que a maioria das pessoas disse que ele havia morrido. 27 Entretanto, Yeshua o tomou pela mão e o levantou, e ele ficou em pé.

28 Depois de Yeshua ter entrado na casa, os *talmidim* lhe perguntaram em particular: "Por que não conseguimos expulsá-lo?". 29 Ele respondeu: "Esse é o tipo de espírito que só pode ser expulso pela oração".

30 Depois de deixarem aquele lugar, atravessaram a Galil. Yeshua não queria que ninguém soubesse, 31 porque estava ensinando os *talmidim*. E lhes disse: "O Filho do Homem será entregue nas mãos de homens que o matarão; e três dias depois de ter sido morto, ele ressuscitará". 32 Mas eles não entenderam o que quis dizer e tinham receio de lhe perguntar.

33 Chegaram a K'far-*Nachum*. Quando Yeshua estava em casa, perguntou-lhes: "O que vocês estavam discutindo durante a viagem?". 34 Mas eles ficaram calados, porque no caminho haviam discutido entre si sobre quem era o maior. 35 Ele se assentou, chamou os Doze e lhes disse: "Se alguém quiser ser o primeiro, deve se tornar o último e o servo de todos". 36 E pegou uma criança e a pôs no meio deles. A seguir, colocou os braços em volta dela e lhes disse: 37 "Quem recebe uma criança

como esta em meu nome, recebe a mim, e quem me recebe, não está apenas me recebendo, mas àquele que me enviou".

38 Yochanan lhe disse: "*Rabbi*, vimos um homem expulsando demônios em seu nome e, pelo fato de ele não ser um de nós, dissemos-lhe que parasse". 39 Yeshua, porém, respondeu: "Não o impeçam, pois ninguém que realize um milagre em meu nome pode falar mal de mim em seguida. 40 Quem não é contrário a nós está a nosso favor. 41 Com efeito, quem lhes der até mesmo um copo de água para beber porque vocês vêm em nome do Messias, com toda a certeza não perderá sua recompensa.

42 "Seria melhor para quem armar uma cilada contra um destes pequeninos que confiam em mim, ter uma pedra de moinho presa ao pescoço e se lançar no mar. 43 Se a mão fizer você pecar, corte-a! É melhor ser mutilado, e alcançar a vida eterna, que manter as duas mãos e ir para o Gei-Hinnom, para o fogo inextinguível! 44[h] 45 E, se o pé fizer você pecar, corte-o! É melhor ficar aleijado, mas alcançar a vida eterna, que manter os dois pés e ser lançado no Gei-Hinnom! 46[h] 47 E se o olho fizer você pecar, arranque-o! É melhor ter apenas um olho, e entrar no Reino de Deus, que manter os dois olhos e ser lançado no Gei-Hinnom,

48 **onde o verme não morre,**
e o fogo não é apagado.[i]

49 Na verdade, todos serão salgados com fogo. 50 O sal é excelente, mas, se perder sua característica, como poderá ser utilizado? Por isso, tenham sal em si mesmos — isto é, fiquem em paz uns com os outros".

10 1 Então Yeshua saiu dali e foi à região de Y'hudah e ao outro lado do Yarden. Novamente uma multidão se reuniu em volta dele, e, como de costume, ele a ensinava. 2 Alguns *p'rushim* se aproximaram dele e tentaram pegá-lo em uma armadilha, perguntando-lhe: "A *Torah* permite que um homem se divorcie de sua mulher?". 3 Ele respondeu: "O que Mosheh lhes ordenou?". 4 Eles disseram: "Mosheh permitiu que o homem **entregue um *get* à sua mulher** e se divorcie dela".[j] 5 Mas Yeshua lhes disse: "Ele escreveu esse mandamento para vocês por causa da dureza de seu coração. 6 Entretanto, no princípio da criação, Deus **os fez homem e mulher**.[k] 7 **Por esta razão, o homem deixará pai e mãe e se unirá à sua mulher,** 8 **e os dois se tornarão uma só carne.**[l] Assim, eles já não são dois, mas apenas um. 9 Portanto, ninguém deve separar o que Deus uniu". 10 Quando estava em casa novamente, os *talmidim* lhe fizeram perguntas sobre isso. 11 Ele lhes disse: "Quem se divorciar de sua mulher e se casar com outra, comete adultério contra ela; 12 e se uma mulher se divorciar de seu marido e se casar com outro homem, ela também comete adultério".

13 Algumas pessoas trouxeram crianças a Yeshua para que ele tocasse nelas, mas os *talmidim* as repreendiam. 14 Quando Yeshua viu isso, ficou indignado e lhes disse: "Deixem as crianças vir a mim, não as impeçam; porque o Reino de Deus pertence aos que são semelhantes a elas. 15 Sim, eu lhes digo: quem não receber o Reino de Deus como uma criança, nunca entrará nele!". 16 E ele as tomou nos braços, impôs as mãos sobre elas e disse uma *b'rakhah* por elas.

[h] Alguns manuscritos incluem versículos idênticos em 9.44,46: "Onde o seu verme não morre, e o fogo não é apagado" (*Yesha'yahu* [Is] 66.24). [i] *Yesha'yahu* [Is] 66.24 [j] *D'varim* [Dt] 24.1,3
[k] *B'reshit* [Gn] 1.27; 5.2 [l] *B'reshit* [Gn] 2.24

17 Quando Yeshua ia saindo, um homem correu em sua direção, ajoelhou-se
diante dele e lhe perguntou: "Bom *rabbi*, que devo fazer para obter a vida eterna?".
18 Yeshua lhe respondeu: "Por que você me chama bom? Ninguém é bom, exceto
Deus. 19 Você conhece as *mitzvot*: **'Não mate, não cometa adultério, não roube, não
dê falso testemunho,**[m] não engane, **honre seu pai e sua mãe** [...]'".[n] 20 "*Rabbi*", ele
declarou, "tenho guardado todos esses mandamentos desde quando era menino".
21 Yeshua olhou para o homem, sentiu amor por ele e lhe disse: "Falta a você apenas
uma coisa: vá, venda tudo o que possui e dê o dinheiro aos pobres, e terá riquezas
no céu. Então venha e me siga". 22 Chocado com essas palavras, afastou-se, triste,
porque era muito rico.

23 Yeshua olhou à volta e disse aos *talmidim*: "Como será difícil às pessoas que
têm riquezas entrar no Reino de Deus!". 24 Os *talmidim* ficaram admirados com
essas palavras, mas Yeshua lhes disse novamente: "Meus amigos, como é difícil
entrar no Reino de Deus! 25 É mais fácil passar um camelo pelo fundo de uma agulha
que um rico entrar no Reino de Deus". 26 Eles ficaram perplexos e lhe disseram: "En-
tão quem pode ser salvo?". 27 Yeshua olhou para eles e disse: "Humanamente isso
é impossível, mas não para Deus; para ele, todas as coisas são possíveis". 28 Kefa
começou a dizer-lhe: "Nós deixamos tudo para segui-lo". 29 Yeshua falou: "Sim! Eu
lhes digo que ninguém que tenha deixado casa, irmãos, irmãs, mãe, pai, filhos, ou
campos, por minha causa e por causa das boas-novas, 30 deixará de receber cem
vezes mais, agora, no *'olam hazeh*, casas, irmãos, irmãs, mães, filhos e terras com
perseguições; e, no *'olam haba*, a vida eterna. 31 No entanto, muitos dos primeiros
serão os últimos, e muitos dos últimos serão os primeiros!".

32 Eles estavam a caminho, subindo a Yerushalayim. Yeshua andava à frente
deles, e eles estavam admirados — e os que seguiam estavam amedrontados. En-
tão, novamente, ele tomou consigo os Doze e começou a lhes dizer o que deveria
acontecer: 33 "Agora estamos subindo a Yerushalayim, onde o Filho do Homem será
entregue aos principais *kohanim* e aos mestres da *Torah*. Eles o sentenciarão à
morte e o entregarão de novo aos *goyim*, 34 que zombarão dele, cuspirão e baterão
nele, o açoitarão e matarão; mas três dias depois ele se levantará".

35 Ya'akov e Yochanan, filhos de Zavdai, aproximaram-se dele e disseram: "*Rabbi*,
gostaríamos que nos fizesse um favor". 36 Ele lhes disse: "O que querem que eu faça
por vocês?". 37 Eles responderam: "Quando estiver em sua glória, deixe-nos sentar
com você, um à sua direita e o outro à sua esquerda". 38 Yeshua, porém, disse: "Não
sabem o que estão pedindo! Vocês podem beber do copo que estou bebendo? Ou
ser imersos na imersão pela qual devo passar?". 39 Eles lhe disseram: "Podemos".
Yeshua respondeu: "O copo do que estou bebendo, vocês beberão; e a imersão na
qual estou sendo imerso, vocês também passarão por ela. 40 Entretanto, sentar à mi-
nha direita ou à minha esquerda não pertence a mim conceder. Na verdade, esses
lugares já foram preparados".

41 Quando os outros dez ouviram falar sobre isso, ficaram indignados com
Ya'akov e Yochanan. 42 Mas Yeshua os chamou e disse: "Vocês sabem que entre
os *goyim* as pessoas que devem governar se tornam tiranas, e seus superiores se
transformam em ditadores. 43 Mas entre vocês isso não pode acontecer! Ao contrá-
rio, quem quiser ser líder deve servir vocês; 44 e quem quiser ser o primeiro de vocês
deverá se tornar escravo de todos! 45 Porque o Filho do Homem não veio para ser
servido, mas para servir e dar a vida como resgate por muitos".

[m] *Sh'mot* [Êx] 20.13(13-16); *D'varim* [Dt] 5.17-20 [n] *Sh'mot* [Êx] 20.12; *D'varim* [Dt] 5.16

46 Eles chegaram a Jericó. Quando Yeshua e os *talmidim*, com uma grande multidão, estavam saindo da cidade, um pedinte cego, Bar-Timai (filho de Timai), estava sentado à beira do caminho. 47 Ao ouvir que era Yeshua de Natzeret, ele começou a gritar: "Yeshua, Filho de David! Tenha misericórdia de mim!". 48 Muitos o repreendiam para ficar quieto, mas ele gritava mais: "Filho de David! Tenha misericórdia de mim!". 49 Yeshua parou e disse: "Chamem-no!". E chamaram o cego: "Coragem! Levante-se! Ele o está chamando". 50 Lançando sua manta para o lado, ele se pôs em pé com um salto e foi até Yeshua. 51 "O que você quer que eu lhe faça?", perguntou Yeshua. O cego respondeu: "*Rabbi*, faça-me ver outra vez". 52 Yeshua lhe disse: "Vá! Sua confiança o curou". Imediatamente ele recuperou a visão e seguiu Yeshua pelo caminho.

11 1 Quando se aproximaram de Yerushalayim e chegaram a Beit-Pagei e Beit-Anyah, perto do monte das Oliveiras, Yeshua enviou dois *talmidim*, 2 dizendo-lhes: "Vão ao povoado que está à frente de vocês; logo que entrarem nele, encontrarão um jumentinho amarrado, no qual ninguém jamais montou. Desamarrem-no e o tragam aqui. 3 Se alguém lhes perguntar: 'Por que vocês estão fazendo isso?', digam-lhe: 'O Senhor precisa dele e logo o devolverá' ".

4 Eles foram e encontraram um jumentinho na rua, amarrado a um portão, e o desamarraram. 5 Algumas pessoas que ali estavam lhes perguntaram: "O que vocês querem, desamarrando esse jumentinho?". 6 Eles responderam como Yeshua lhes tinha dito, e as pessoas os deixaram ir. 7 Trouxeram o jumentinho a Yeshua, puseram sobre ele seus mantos, e Yeshua montou nele.

8 Muitas pessoas estenderam os mantos pelo caminho, outras espalharam ramos verdes que haviam cortado nos campos. 9 Os que iam adiante dele e os que o seguiam gritavam:

> **"Por favor, liberte-nos!!".**[o]
>
> **"Bendito é o que vem em nome de ADONAI!".**[p]

10 "Bendito é o Reino vindouro de nosso pai David!"

e

> "Tu que estás nos altos céus, **por favor, liberta-nos!".**[q]

11 Yeshua entrou em Yerushalayim e se dirigiu ao pátio do templo; deu uma boa olhada em tudo à sua volta e, como já era tarde, foi para Beit-Anyah com os Doze.

12 No dia seguinte, quando voltavam de Beit-Anyah, Yeshua teve fome. 13 Vendo a distância uma figueira com folhas, foi ver se encontraria algo nela. Aproximando-se, encontrou apenas folhas, porque não era tempo de figos. 14 Então lhe disse: "Ninguém mais coma de seu fruto!". E os *talmidim* o ouviram dizer isso.

15 Chegando a Yerushalayim, Yeshua entrou no pátio do templo e começou a expulsar quem estava fazendo negócios ali: vendedores e clientes. Derrubou as mesas dos cambistas e as cadeiras dos que vendiam pombas 16 e não deixava ninguém carregar mercadorias pelo pátio do templo. 17 Então, quando ele os ensinou, disse: "Não está escrito no *Tanakh*: **'Minha casa será chamada casa de oração para todos os *goyim*'**?[r] Mas vocês fizeram dela um **'covil de ladrões' ".**[s] 18 Os principais

[o] *Tehillim* [Sl] 118.25 [p] *Tehillim* [Sl] 118.26 [q] *Tehillim* [Sl] 118.25
[r] *Yesha'yahu* [Is] 56.7 [s] *Yirmeyahu* [Jr] 7.11

kohanim e os mestres da *Torah* ouviram o que ele disse e começaram a procurar
uma forma de matá-lo, porque temiam: toda a multidão estava maravilhada com
seu ensino. 19 Ao cair da tarde, eles saíram da cidade.
20 De manhã, quando os *talmidim* passaram, viram a figueira seca desde as ra-
ízes. 21 Kefa se lembrou e disse a Yeshua: "*Rabbi*, veja! A figueira que você amaldi-
çoou está seca!". 22 Yeshua respondeu: "Tenham o tipo de confiança que procede
de Deus! 23 Sim, eu lhes digo que, se alguém não duvidar no coração, mas crer que
acontecerá o que diz, e disser a este monte: 'Atire-se no mar', assim lhe será feito.
24 Portanto, eu lhes digo: tudo o que pedirem em oração, confiem que já o recebe-
ram, e assim lhes sucederá. 25 E, quando estiverem orando, se tiverem alguma coisa
contra alguém, perdoem-no, para que também o Pai celestial perdoe os pecados de
vocês. 26[t]
27 Voltaram novamente a Yerushalayim, e, quando Yeshua estava passando pelo
pátio do templo, aproximaram-se dele os principais *kohanim*, os mestres da *Torah*
e os anciãos 28 e lhe perguntaram: "Quem lhe deu a *s'mikhah* que o autoriza a fazer
estas coisas? Quem lhe deu *s'mikhah* para fazê-las?". 29 Yeshua lhes disse: "Eu lhes
farei uma pergunta. Respondam-me, e eu lhes direi com que *s'mikhah* faço estas
coisas. 30 A imersão de Yochanan provinha do céu ou dos homens? Respondam-
-me!". 31 Eles discutiram entre si: "Se dissermos: 'Do céu', ele perguntará: 'Então por
que vocês não creram nele?'. 32 Mas se dissermos: 'Dos homens...' " — eles temiam
o povo, pois todos consideravam Yochanan um profeta genuíno. 33 Então respon-
deram a Yeshua: "Não sabemos". Daí, disse Yeshua: "Eu não lhes direi com que
s'mikhah faço estas coisas".

12 1 Yeshua começou a lhes falar em parábolas: "Um homem plantou uma
vinha. Colocou uma cerca ao redor dela, cavou um tanque para prensar as
uvas e construiu uma torre. Depois arrendou a vinha a alguns lavradores e foi em-
bora. 2 Quando chegou a época da colheita, enviou um servo aos lavradores, para
receber deles sua parte do fruto da vinha. 3 Mas eles o agarraram, bateram nele e o
mandaram embora de mãos vazias. 4 Então ele enviou outro servo; bateram em sua
cabeça e o humilharam. 5 Ele enviou ainda outro, o qual mataram. Enviou muitos
outros; bateram em alguns e mataram outros. 6 Faltava-lhe ainda um para enviar:
seu filho amado. Por fim, o enviou, dizendo: 'Respeitarão meu filho'. 7 Mas os la-
vradores disseram uns aos outros: 'Este é o herdeiro. Venham, vamos matá-lo, e a
herança será nossa!'. 8 Assim, eles o agarraram, mataram e lançaram para fora da
vinha. 9 O que fará então o dono da vinha? Virá e matará aqueles lavradores e dará
a vinha a outros. 10 Vocês nunca leram a passagem do *Tanakh* que diz:

" 'A pedra que os construtores rejeitaram
se tornou a pedra angular.
11 **Isso vem de *Adonai*,**
e a nossos olhos é algo maravilhoso'? ".[u]

12 Eles começaram a procurar um meio de prendê-lo, porque perceberam que
havia contado a parábola contra eles. Mas tinham medo da multidão; por isso, o
deixaram e foram embora.
13 Depois enviaram a Yeshua alguns *p'rushim* e membros do partido de Herodes
para o apanharem em uma *she'elah*. 14 Aproximaram-se dele e disseram: "*Rabbi*,

[t] Alguns manuscritos incluem o v. 26: "Mas se vocês não perdoarem, seu Pai no céu não perdoará seus pecados"
[u] *Tehillim* [Sl] 118.22,23

sabemos que você fala a verdade e que não se preocupa com o que as pessoas pensam, porque você não se prende ao *status* dos homens; seu ensino é realmente o caminho de Deus. A *Torah* afirma ser correto pagar impostos ao imperador romano ou não? 15 Mas ele, percebendo a hipocrisia deles, disse: “Por que vocês estão tentando me enganar? Tragam-me um denário para que eu o veja”. 16 Eles lhe trouxeram um, e ele lhes perguntou: “De quem é este nome e esta imagem?”. “Do imperador”, eles responderam. 17 Yeshua disse: “Deem ao imperador o que pertence ao imperador. E deem a Deus o que pertence a Deus!”. E ficaram admirados com ele.

18 Então alguns *tz'dukim* foram até ele. Eles são os que dizem não haver ressurreição, de modo que lhe propuseram uma *she'elah*: 19 “*Rabbi*, Mosheh escreveu para nós que **se o irmão de um homem morrer e deixar sua mulher sem filhos, seu irmão deverá tomar essa mulher e ter filhos para preservar a linhagem familiar do homem.**[v] 20 Havia sete irmãos. O primeiro se casou com uma mulher e morreu sem deixar filhos. 21 O segundo se casou com ela, mas também morreu sem deixar filhos. O mesmo aconteceu com o terceiro. 22 Nenhum dos sete deixou filhos. Por fim, morreu também a mulher. 23 Na ressurreição, de quem ela será mulher, visto que os sete foram casados com ela?”.

24 Yeshua respondeu: “Não é esta a razão de seu engano? Vocês desconhecem as Escrituras e o poder de Deus! 25 Porque, ao ressuscitar dos mortos, nem homens nem mulheres se casam, são como os anjos no céu. 26 Quanto à ressurreição dos mortos, vocês não leram no livro de Mosheh, no relato da sarça, como Deus lhe disse: **‘Eu sou o Deus de Avraham, o Deus de Yitz'chak e o Deus de Ya‘akov’?**[w] 27 Ele não é Deus de mortos, mas de vivos. Vocês estão muito enganados!”.

28 Um dos mestres da *Torah* se aproximou e ouviu o debate. Notando que Yeshua lhes dera uma boa resposta, perguntou-lhe: “Qual é a *mitzvah* mais importante?”. 29 Yeshua respondeu: “A mais importante é:

‘*Sh'ma Yisra'el*, *Adonai Eloheinu*, *Adonai echad* [Ouve, ó Yisra'el, o Senhor, nosso Deus, o Senhor é um], 30 **e você deve amar *Adonai*, seu Deus, de todo o coração, de toda a alma,** de todo o entendimento **e com toda a força’.**[x]

31 A segunda é esta:

‘Ame o próximo como a si mesmo’.[y]

Não existe *mitzvah* maior que estas”. 32 O mestre da *Torah* lhe disse: “Muito bem respondido, *Rabbi*. Você falou a verdade quando disse que Deus é único, que não existe outro além dele 33 e que amá-lo de todo o coração, de todo o entendimento e com toda a força, e amar o próximo como a si mesmo, é mais importante que todas as ofertas queimadas e sacrifícios”. 34 Ao ver Yeshua que ele havia respondido com perspicácia, disse-lhe: “Você não está longe do Reino de Deus”. Depois disso, ninguém mais ousou lhe propor outra *she'ilah*.

35 Quando Yeshua estava ensinando no pátio do templo, perguntou: “Como podem os mestres da *Torah* dizer que o Messias é o Filho de David? 36 O próprio David, inspirado pelo *Ruach HaKodesh*, disse:

‘*Adonai* disse a meu Senhor:
“Sente-se à minha direita
até que eu ponha seus inimigos debaixo de seus pés’.[z]

37 O próprio David o chama ‘Senhor’; portanto, como ele pode ser seu filho?”.

---

[v] *D'varim* [Dt] 25.5,6 [w] *Sh'mot* [Êx] 3.6 [x] *D'varim* [Dt] 6.4,5 [y] *Vayikra* [Lv] 19.18
[z] *Tehillim* [Sl] 110.1

A grande multidão o ouvia com entusiasmo. 38 Ao ensinar, Yeshua dizia: "Cuidado com os mestres da *Torah,* que gostam de andar com mantos e de ser tratados com deferência nas praças dos mercados; 39 eles gostam de ter os melhores lugares nas sinagogas e de receber os lugares de honra nos banquetes, 40 de espoliar as casas das viúvas e, para disfarçar, fazem longas orações. A punição deles será a pior!".

41 Então Yeshua se sentou em frente ao tesouro do templo e observou a multidão que depositava dinheiro nas caixas de ofertas. Muitas pessoas ricas depositavam grandes quantias, 42 mas uma viúva pobre se aproximou e colocou duas moedas de pequeno valor. 43 Ele chamou os *talmidim* e lhes disse: "Afirmo-lhes que esta viúva pobre colocou na caixa de ofertas mais que a doação de todos os outros. 44 Pois todos eles, de suas posses, contribuíram com uma quantia que puderam poupar facilmente; mas ela, de sua pobreza, deu tudo o que tinha para viver".

13 1 Quando Yeshua saiu do templo, um dos *talmidim* lhe disse: "Veja, *rabbi*: Que pedras enormes! Que construções magníficas!". 2 "Você vê todas estas grandes construções?", Yeshua lhe disse. "Elas serão totalmente destruídas — nenhuma de suas pedras ficará em pé!".

3 Enquanto ele se assentava no monte das Oliveiras, do lado oposto, Kefa, Ya'akov, Yochanan e André lhe perguntaram em particular: 4 "Diga-nos: quando essas coisas acontecerão? E que sinal haverá de que essas coisas estão para ocorrer?".

5 Yeshua começou a dizer-lhes: "Cuidado! Não deixem que ninguém os engane! 6 Muitos virão em meu nome, dizendo: 'Sou eu!' e enganarão muitas pessoas. 7 Quando vocês ouvirem o barulho de guerras por perto e notícias de guerras em lugares distantes, não fiquem com medo. Essas coisas têm de acontecer, mas o fim ainda está por vir. 8 Povos lutarão entre si, e nações guerrearão umas contra as outras, haverá terremotos em diversos lugares e fome; entretanto, isso é só o começo das dores de parto.

9 "Quanto a vocês, cuidem de si mesmos! Eles os entregarão aos *Sanhedrins* locais, vocês serão espancados nas sinagogas, e por minha causa serão levados diante de governadores e reis como testemunhas para eles. 10 Com efeito, as boas-novas devem ser anunciadas a todos os *goyim.* 11 Quando, porém, eles os prenderem e levarem a juízo, não se preocupem antecipadamente com o que dizer. Em vez disso, digam tudo o que lhes for dado quando o tempo vier, porque não serão vocês falando, mas o *Ruach HaKodesh.* 12 Um irmão entregará o outro à morte, e o pai, a seu filho; filhos se voltarão contra os pais e os entregarão à morte; 13 todos odiarão vocês por minha causa. Mas quem suportar até o fim será libertado.

14 "Quando virem **a abominação devastadora**[a] em pé onde não deveria estar" (que o leitor entenda a alusão), "será o tempo de quem se encontrar em Y'hudah fugir para as montanhas. 15 Se alguém estiver no telhado, não deverá descer e entrar em casa para pegar seus pertences; 16 se alguém estiver no campo, não deverá voltar para buscar seu casaco. 17 Que tempo terrível será para as grávidas e as lactantes! 18 Orem para que ele não aconteça no inverno. 19 Esse **tempo** será **pior que** todas **as eras desde o princípio**, quando Deus criou o Universo, **até agora; e nunca mais haverá nada semelhante a ele.**[b] 20 Se Deus não tivesse limitado sua duração, ninguém sobreviveria; mas, por causa dos eleitos, aqueles a quem ele escolheu, ele lhe impôs limite.

[a] *Dani'el* [Dn] 9.27; 11.31; 12.11 [b] *Yo'el* [Jl] 2.2; *Dani'el* [Dn] 12.1

21 “Naquele tempo, se alguém lhes disser: ‘Vejam, aqui está o Messias!’ ou: ‘Ve-
jam, ele está ali!’ — não creiam nessa pessoa! 22 Surgirão falsos messias e falsos
profetas realizando sinais e maravilhas com o propósito de, se possível, desenca-
minhar os eleitos. 23 Entretanto, vocês devem vigiar! Já lhes disse tudo de antemão!
24 Naqueles dias, depois do aperto,

o sol escurecerá,
a lua cessará de brilhar,
25 **as estrelas** cairão do céu
e os poderes celestiais serão abalados.[c]

26 Então eles verão o **Filho do Homem vindo nas nuvens**[d] com grande poder e
glória. 27 Ele enviará seus anjos e reunirá seu povo eleito dos quatro ventos, dos
confins da terra aos confins do céu.

28 “Que a figueira nos ensine sua lição: quando os ramos começam a brotar e
surgem folhas, vocês sabem que o verão está próximo. 29 Do mesmo modo, quando
virem todas estas coisas acontecendo, saibam que o tempo está próximo, à porta.
30 Sim, digo-lhes que estas pessoas com certeza não morrerão antes de todas essas
coisas acontecerem. 31 Céu e terra passarão, mas minhas palavras certamente não
passarão. 32 Entretanto, ninguém sabe quando esse dia e essa hora chegarão, nem
os anjos no céu, nem o Filho, apenas o Pai. 33 Fiquem alertas! Mantenham a guarda
porque vocês não sabem quando o dia virá.

34 “Ele é como um homem que viaja para longe de casa, distribui responsabili-
dades entre seus servos e diz ao porteiro para permanecer alerta. 35 Fiquem aler-
tas! Vocês não sabem quando o dono da casa voltará, 36 quer ao anoitecer, quer à
meia-noite, ao cantar do galo ou ao amanhecer — vocês não querem que ele venha
repentinamente e os encontre dormindo! 37 O que falo a vocês, digo a todos: fiquem
alertas!”.

14 1 Dois dias antes de *Pesach* (isto é, a festa da *matzah*), os principais *kohanim*
e os mestres da *Torah* tentavam encontrar uma forma escusa de prender
Yeshua e matá-lo, 2 porque disseram: “Não durante a festa, para que as pessoas não
se amotinem”.

3 Enquanto Yeshua estava comendo em Beit-Anyah, na casa de Shim‘on (um
homem que tivera *tzara‘at*), uma mulher se aproximou com um frasco de perfu-
me de alabastro, óleo puro de nardo, muito caro, rompeu o frasco e derramou o
perfume sobre sua cabeça. 4 Porém, alguns dos presentes disseram entre si com
raiva: “Por que este desperdício de perfume? 5 Ele poderia ser vendido pelo valor
do salário de um ano e dado aos pobres!”. E a repreenderam. 6 Yeshua, porém, lhes
disse: “Deixem-na. Por que vocês se incomodam com ela? Ela fez algo maravilhoso
por mim. 7 Os pobres, vocês sempre os terão consigo e, sempre que o desejarem,
poderão ajudá-los. Mas, a mim, vocês nem sempre terão. 8 O que ela podia fazer,
fez. Derramou perfume sobre meu corpo, preparando-o antecipadamente para o
sepultamento. 9 Eu lhes digo que todas as vezes que estas boas-novas forem anun-
ciadas, no mundo todo, o que ela fez será contado em sua memória”.

10 Então Y’hudah de K’riot, um dos Doze, foi aos principais *kohanim* a fim de
lhes entregar Yeshua. 11 Eles ficaram contentes ao ouvir isso e prometeram lhe dar
dinheiro. Ele começou a procurar uma boa oportunidade para trair Yeshua.

---

[c] *Yesha‘yahu* [Is] 13.10; 34.4; *Yechezk’el* [Ez] 32.7; *Yo’el* [Jl] 2.10; 3.4(2.31); 4.15(3.15); *Hagai* [Ag] 2.6,21 [d] *Dani’el* [Dn] 7.13,14

12 No primeiro dia de *matzah*, quando o cordeiro de *Pesach* era sacrificado, os
talmidim de Yeshua lhe perguntaram: "Aonde você quer que vamos e preparemos
o *seder*?". 13 Ele enviou dois *talmidim* com as seguintes instruções: "Vão à cidade, e
um homem carregando um pote de água virá ao encontro de vocês. Sigam-no, 14 e
na casa em que ele entrar digam que o *rabbi* pergunta: 'Onde é a sala de hóspedes,
preparada para mim, onde posso comer a refeição de *Pesach* com meus *talmidim*?'.
15 Ele lhes mostrará um grande quarto no andar superior da casa, mobiliado e pron-
to. Façam os preparativos ali". 16 Os *talmidim* saíram, chegaram à cidade e encon-
traram tudo como ele lhes dissera; e prepararam o *seder*.

17 Quando anoiteceu, Yeshua chegou com os Doze. 18 Enquanto estavam recli-
nados, comendo, Yeshua disse: "Eu lhes digo que um de vocês me trairá". 19 Eles
ficaram muito abalados e começaram a lhe perguntar, um após o outro: "Você não
acha que sou eu, acha?". 20 "É um dos Doze", ele lhes disse, "alguém que mergulha
a *matzah* no prato comigo. 21 Pois o Filho do Homem morrerá como o *Tanakh* diz
que vai acontecer; mas ai do homem por quem o Filho do Homem será traído! Seria
melhor para ele nunca ter nascido!".

22 Enquanto estavam comendo, Yeshua pegou um pedaço de *matzah*, disse a
b'rakhah, partiu-a, deu a eles e disse: "Peguem. Este é o meu corpo". 23 Ele também
pegou um copo de vinho, disse a *b'rakhah* e o deu a eles; e todos eles beberam.
24 E lhes disse: "Este é o meu sangue que confirma a Nova Aliança, meu sangue der-
ramado a favor de muitas pessoas. 25 Eu lhes digo que não beberei deste 'fruto da
videira' novamente até o dia em que tomarei o vinho novo no Reino de Deus".

26 Depois de cantar o *Hallel*, partiram em direção ao monte das Oliveiras.
27 Yeshua lhes disse: "Todos vocês perderão a fé em mim, porque o *Tanakh* diz:

> **'Ferirei mortalmente o pastor,**
> **e as ovelhas serão dispersadas'.**[e]

28 Mas, depois de eu ter sido ressuscitado, irei à frente de vocês para a Galil". 29 Kefa
lhe disse: "Ainda que todos os outros percam a fé em você, eu não o farei". 30 Yeshua
respondeu: "Eu lhe digo que nesta mesma noite, antes que o galo cante duas vezes,
você me negará três vezes!". 31 Kefa, porém, continuou insistindo: "Ainda que eu
tenha de morrer com você, nunca o negarei!". E todos eles disseram o mesmo.

32 Eles foram para o lugar chamado Gat Sh'manim, e Yeshua disse aos *talmidim*:
"Sentem-se aqui enquanto oro". 33 Ele levou consigo Kefa, Ya'akov e Yochanan. Gran-
de tristeza e angústia caíram sobre ele, 34 e lhes disse: "Meu coração está tão cheio
de tristeza que poderia morrer! Fiquem aqui e permaneçam acordados". 35 Indo um
pouco adiante, ele caiu ao chão e orou para que, se possível, a hora fosse afastada
dele: 36 "*Abba*!" (isto é, "querido Pai") "Todas as coisas são possíveis para ti. Afasta
de mim este cálice! Contudo, não seja o que eu quero, mas o que tu desejas". 37 Ele
chegou e os encontrou dormindo; e disse a Kefa: "Shim'on, você está com sono?
Não pôde ficar acordado nem por uma hora? 38 Acorde e ore para que você não seja
testado — o espírito, de fato, está animado, mas a natureza humana é fraca".

39 Outra vez, ele foi e orou, dizendo as mesmas palavras. 40 Novamente chegou
e os encontrou dormindo, porque seus olhos estavam muito pesados. Eles não sa-
biam o que lhe responder.

41 Na terceira vez, ele chegou e lhes disse: "Agora, continuem dormindo, des-
cansem... É suficiente! A hora chegou! Vejam: o Filho do Homem será entregue nas
mãos de pecadores! 42 Levantem-se, vamos! Aí vem meu traidor!".

[e] *Z'kharyah* [Zc] 13.7

43 Enquanto Yeshua estava falando, Y'hudah (um dos Doze) se aproximou, e com ele estava uma multidão portando espadas e varas, da parte dos principais *kohanim*, dos mestres da *Torah* e dos anciãos. 44 O traidor combinou com eles um sinal: "O homem a quem eu beijar é quem vocês querem. Agarrem-no e o levem sob guarda". 45 Ao chegar, dirigiu-se de imediato a Yeshua, dizendo: "*Rabbi*!", e o beijou. 46 Então eles agarraram Yeshua e o prenderam; 47 mas uma das pessoas que estava por perto puxou a espada e feriu o escravo do *kohen hagadol*, decepando sua orelha.

48 Yeshua disse a eles: "Então vocês vieram me buscar com espadas e varas, do jeito que fazem com o líder de uma rebelião? 49 Todos os dias, estive com vocês no pátio do templo, ensinando, e não me prenderam! Mas que o *Tanakh* seja cumprido!". 50 E todos os *talmidim* o abandonaram e fugiram. 51 Havia um jovem que o queria seguir, mas ele vestia apenas um camisão de dormir. Quando tentaram prendê-lo, 52 ele se desvencilhou do camisão de dormir e fugiu nu.

53 Eles levaram Yeshua ao *kohen hagadol*, com ele estavam reunidos todos os principais *kohanim*, anciãos e mestres da *Torah*. 54 Kefa o seguiu, a distância, até o pátio do *kohen hagadol*, onde ele se sentou com os guardas e se aqueceu junto ao fogo.

55 Os principais *kohanim* e todo o *Sanhedrin* tentavam encontrar alguma evidência contra Yeshua, para que pudessem condená-lo à morte, mas não encontravam nada. 56 Pois muitas pessoas deram falso testemunho contra ele, mas os testemunhos eram incoerentes. 57 Alguns se levantaram e deram este falso testemunho: 58 "Nós o ouvimos dizer: 'Destruirei este templo feito por mãos humanas e, em três dias, construirei outro, não feito por mãos de homens' ". 59 Mesmo assim, o testemunho deles era incoerente.

60 O *kohen hagadol* se levantou diante deles e perguntou a Yeshua: "Você não tem nada a dizer a respeito das acusações feitas por estes homens?". 61 Mas Yeshua permaneceu calado e nada respondeu. Outra vez, o *kohen hagadol* lhe perguntou: "Você é o *Mashiach, Ben-HaM'vorakh*?". 62 "Eu sou", respondeu Yeshua. "Além disso, vocês verão **o Filho do Homem sentado à direita de** *HaG'vurah* e **vindo com as nuvens do céu**".[f] 63 Com isso, o *kohen hagadol* rasgou suas roupas e disse: "Por que precisamos de mais testemunhas? 64 Vocês o ouviram blasfemar! Qual é sua decisão?". E todos eles o declararam culpado e réu e merecedor da pena de morte.

65 Então alguns começaram a cuspir nele. Depois de vendar-lhe os olhos, começaram a golpeá-lo com os punhos e a dizer: "Vamos ver se você profetiza!". Assim que os guardas o levaram, também o espancaram.

66 Enquanto isso, Kefa estava no pátio, abaixo. Uma das empregadas do *kohen hagadol* 67 viu Kefa tentando se aquecer, olhou para ele e disse: "Você estava com o homem de Natzeret, Yeshua!". 68 Mas ele negou, dizendo: "Não tenho a menor idéia do que você está falando!". Ele saiu para a parte da frente da casa, e o galo cantou. 69 A moça o viu lá e começou a dizer aos que estavam por perto: "Esse aí é um deles". 70 Ele negou outra vez. Um pouco depois, as pessoas que estavam por ali disseram a Kefa: "Você deve ser um deles, porque é da Galil". 71 Ele começou a lançar uma maldição sobre si ao jurar: "Não conheço esse homem de quem vocês estão me falando!" — 72 E imediatamente o galo cantou pela segunda vez. Então Kefa se lembrou do que Yeshua lhe dissera: "Antes que o galo cante duas vezes, você me negará três vezes". E lançando-se ao chão, chorou.

[f] *Dani'el* [Dn] 7.13; *Tehillim* [Sl] 110.1

15 1 De manhã bem cedo, os principais *kohanim* se reuniram com os anciãos, os mestres da *Torah* e todo o *Sanhedrin*. Eles acorrentaram Yeshua, levaram-no e o entregaram a Pilatos. 2 Pilatos lhe fez a seguinte pergunta: "Você é o rei dos judeus?". Yeshua lhe respondeu: "As palavras são suas". 3 Os principais *kohanim* começaram a fazer acusações contra ele, 4 e Pilatos lhe perguntou outra vez: "Você não vai responder? Veja quantas acusações eles estão fazendo contra você!". 5 Mas Yeshua não respondeu mais nada, para o espanto de Pilatos.

6 Durante a festa, Pilatos costumava libertar um dos presos, a pedido da multidão. 7 Havia um homem chamado Bar-Abba, preso com os rebeldes que haviam cometido assassinato durante uma rebelião. 8 Quando a multidão chegou e começou a pedir a Pilatos que fizesse o que era de costume, 9 ele lhes perguntou: "Quem vocês querem que eu solte: 'o rei dos judeus'?". 10 Era evidente para ele que os principais *kohanim* lhe haviam entregado Yeshua por inveja. 11 Mas os principais *kohanim* incitaram a multidão para pedir a libertação de Bar-Abba no lugar de Yeshua. 12 Pilatos lhes disse outra vez: "Então o que devo fazer com o homem que vocês chamam rei dos judeus?". 13 Eles gritaram em resposta: "Execute-o em uma estaca!". 14 Ele perguntou: "Por quê? Que crime ele cometeu?". Mas eles gritavam: "Execute-o em uma estaca!". 15 Pilatos, desejando agradar a multidão, libertou Bar-Abba, mandou açoitar Yeshua e o entregou para ser executado em uma estaca.

16 Os soldados o levaram para dentro do palácio (isto é, as dependências do quartel-general) e chamaram todo o batalhão. 17 Eles o vestiram de púrpura e fizeram uma coroa de espinhos, que colocaram nele. 18 E começaram a saudá-lo: "Viva o rei dos judeus!". 19 Batiam na cabeça dele com uma vara, cuspiam nele e se ajoelhavam diante dele como se o adorassem. 20 Quando acabaram de ridicularizá-lo, tiraram dele a capa púrpura, vestiram-no com suas roupas e o levaram embora para ser pregado na estaca de execução.

21 Certo homem de Cirene, Shim'on, pai de Alexandre e Rufo, passava por ali, chegando do campo; ele foi obrigado a carregar a estaca. 22 Levaram Yeshua ao lugar chamado Gulgolta (que significa "lugar da caveira") 23 e lhe deram vinho misturado com mirra, mas ele não aceitou. 24 Então o pregaram na estaca de execução; e dividiram as roupas de Yeshua entre si, jogando dados para determinar com o que cada homem ficaria. 25 Eram nove horas da manhã quando o pregaram na estaca. 26 Acima de sua cabeça, estava escrito o registro da acusação feita contra ele, onde se lia:

O REI DOS JUDEUS

27 Executaram com ele dois ladrões, um à sua direita e outro à sua esquerda. 28[g] 29 Pessoas que passavam por ali lançavam insultos, balançando a cabeça e dizendo: "Então você é capaz de destruir o templo e reconstruí-lo em três dias? 30 Salve-se e desça dessa estaca!". 31 Da mesma forma, os principais *kohanim* e os mestres da *Torah* zombavam dele, dizendo uns ao outros: "Ele salvou outras pessoas, mas não é capaz de salvar a si mesmo!", 32 e: "Ele é o Messias, não é? O rei de Yisra'el? Que ele desça da estaca! Se nós o virmos fazer isso, creremos nele!". Até os homens que estavam sendo executados com ele também o insultavam.

33 Ao meio-dia, trevas cobriram toda a Terra até as três horas da tarde. 34 Por volta dessa hora, Yeshua gritou: ***"Elohi! Elohi! L'mah sh'vaktani?"*** (que significa: **"Meu Deus! Meu Deus! Por que me abandonaste?"**).[h] 35 Quando algumas pessoas que estavam por ali ouviram isso, disseram: "Vejam! Ele está chamando Eliyahu!".

---

[g] Alguns manuscritos incluem o versículo 28: "E cumpriu-se a passagem do Tanakh que diz: 'Ele foi contado com os transgressores' " (Yesha'yahu [Is] 53.12). [h] *Tehillim* [Sl] 22.2(1)

36 Alguém correu, mergulhou uma esponja em **vinagre**, colocou-a em uma vara e **a
deu** a Yeshua **para beber**.[i] "Espere!", ele disse, "vejamos se Eliyahu vem tirá-lo daí".
37 Mas Yeshua gritou fortemente e entregou o espírito. 38 E a *parokhet* do templo foi
rasgada em duas partes, de cima a baixo. 39 Quando o oficial romano, que estava
olhando para Yeshua, percebeu que ele entregou o espírito, disse: "Este homem era
mesmo um filho de Deus!".

40 Algumas mulheres estavam observando de longe; entre elas, estavam Miryam
de Magdalah, Miryam, mãe do Ya'akov mais jovem, Yosi e Shlomit. 41 Essas mulhe-
res haviam seguido Yeshua e o ajudaram enquanto estava na Galil. Estavam ali
muitas outras mulheres que haviam subido com ele a Yerushalayim.

42 Pelo fato de ser o dia da preparação (isto é, o dia anterior ao *shabbat*), e o
pôr-do-sol se aproximava, 43 Yosef de Ramatayim, um membro proeminente do
Sanhedrin, que também esperava o Reino de Deus, dirigiu-se corajosamente a
Pilatos e pediu o corpo de Yeshua. 44 Pilatos ficou surpreso ao ouvir que ele já tinha
morrido, chamou o oficial e lhe perguntou se Yeshua estava morto fazia algum
tempo. 45 Depois de ter recebido a confirmação de seu oficial de que Yeshua estava
morto, entregou o corpo a Yosef. 46 Yosef comprou um lençol de linho e, depois de
descer o corpo de Yeshua, envolveu-o no lençol, colocou-o em um túmulo cavado
na rocha, e fez rolar uma pedra sobre a entrada do túmulo. 47 Miryam de Magdalah
e Miryam, mãe de Yosi, viram onde ele foi colocado.

16 1 Quando terminou o *shabbat*, Miryam de Magdalah, Miryam, mãe de
Ya'akov, e Shlomit compraram especiarias para ungir Yeshua. 2 No domingo
bem cedo, depois que o sol nasceu, elas foram ao túmulo, 3 perguntando umas às
outras: "Quem tirará para nós a pedra da entrada do túmulo?". 4 Então elas olharam
e viram que a pedra, apesar de ser muito grande, já havia sido removida. 5 Entrando
no túmulo, viram um jovem vestido de roupas brancas assentado à direita, e fica-
ram amedrontadas. 6 Mas disse ele: "Não fiquem tão surpresas! Vocês estão procu-
rando por Yeshua de Natzeret, que foi executado em uma estaca. Ele ressuscitou;
não está aqui! Vejam o lugar onde o haviam posto. 7 Vão e digam aos *talmidim*,
especialmente a Kefa, que ele vai para a Galil antes deles. Lá vocês o verão, como
ele lhes disse". 8 Tremendo, assustadas, elas saíram e fugiram do túmulo. E não
disseram nada a ninguém, porque estavam com medo.

[j] 9 Quando Yeshua ressuscitou, na madrugada do domingo, apareceu em primei-
ro lugar a Miryam de Magdalah, de quem expulsou sete demônios. 10 Ela foi contar
aos que tinham estado com ele, porque estavam chorando e lamentando. 11 No
entanto, quando ouviram que Yeshua estava vivo e que ela o vira, não conseguiram
acreditar.

12 Depois disso, Yeshua apareceu em outra forma a dois deles, enquanto cami-
nhavam em direção ao campo. 13 Eles foram e contaram aos outros, que também
não acreditaram neles.

14 Mais tarde, Yeshua apareceu aos Onze enquanto estavam comendo, e os re-
preendeu pela falta de confiança e de sensibilidade espiritual, por não terem crido
em quem lhes disse tê-lo visto depois de ressurrecto. 15 E disse: "Vão pelo mundo
todo, anunciem as boas-novas a toda a criação. 16 Quem confiar e for imerso será
salvo, mas quem não confiar será condenado. 17 E estes sinais acompanharão os que

[i] *Tehillim* [Sl] 69.22(21) [j] Os versículos 9-20 são encontrados em muitos manuscritos gregos
antigos, mas não nos dois mais velhos.

confiarem: em meu nome expulsarão demônios, falarão novas línguas, [18] não serão
afetados se pegarem em serpentes ou beberem veneno, e curarão doentes impondo
as mãos sobre eles".

[19] Depois de lhes ter falado, o Senhor Yeshua foi elevado ao céu e **se sentou à
direita de** Deus.[k] [20] E eles partiram e anunciaram as boas-novas em todos os lugares,
e o Senhor cooperava com eles, confirmando a mensagem com os sinais que a
acompanhavam.

[k] *Tehillim* [Sl] 110.1

הבשורה על-פי לוקס

As boas-novas sobre Yeshua, o Messias, contadas por

Lucas

1 1 Querido Teófilo:
Muitos já se dedicaram a elaborar relatos dos fatos que se cumpriram entre
nós, 2 com base no que lhes foi transmitido por aqueles que desde o início foram tes-
temunhas oculares e proclamadores da mensagem. 3 Portanto, Excelência, eu mesmo
investiguei cuidadosamente todas essas coisas, desde o começo, e me pareceu bem
que lhe escrevesse uma narrativa acurada e ordenada, 4 para que possa saber quão
bem fundamentadas são as coisas que lhe foram ensinadas.

5 Nos dias de Herodes, rei de Y'hudah, havia um *kohen* chamado Z'kharyah, que
pertencia à divisão de Aviyah. Sua mulher descendia de Aharon, e seu nome era
Elisheva. 6 Os dois eram justos aos olhos de Deus, observando todas as *mitzvot* e
ordenanças de *Adonai* de modo irrepreensível. 7 Mas eles não tinham filhos, porque
Elisheva era estéril; e os dois contavam já certa idade.

8 Uma vez, quando Z'kharyah cumpria seus deveres de *kohen*, no período de
serviço de sua divisão perante Deus, 9 ele foi escolhido por sorteio (de acordo com o
costume dos *kohanim*) para entrar no templo e queimar o incenso. 10 Todos estavam
do lado de fora, orando, na hora de queimar o incenso, 11 quando lhe apareceu um
anjo de *Adonai* em pé, à direita do altar do incenso. 12 Z'kharyah ficou assustado e
aterrorizado com a visão. 13 Mas o anjo lhe disse: "Não tenha medo, Z'kharyah, porque
sua oração foi ouvida. Elisheva, sua mulher, engravidará, e você lhe dará o nome de
Yochanan. 14 Ele será sua alegria e prazer, e muitas pessoas se alegrarão quando ele
nascer, 15 porque será grande aos olhos de *Adonai*. Nunca tomará vinho nem bebida
embriagante, e será cheio do *Ruach HaKodesh* desde o ventre de sua mãe. 16 Fará
retornar muitos do povo de Yisra'el a *Adonai*, o Deus deles. 17 E irá à frente de *Adonai*,
no espírito e no poder de Eliyahu, para **fazer voltar o coração dos pais aos filhos,**[a] e
os desobedientes, à sabedoria dos justos, para preparar um povo para *Adonai*".

18 Z'kharyah disse ao anjo: "Como posso ter certeza disso? Estou velho, e minha
mulher já tem certa idade". 19 "Sou Gavri'el", o anjo lhe respondeu. "Fico sempre na
presença de Deus. Fui enviado para lhe falar e para dar estas boas-novas. 20 Agora, por
não ter crido no que eu disse sobre todas essas coisas que acontecerão quando o tem-
po chegar, você ficará mudo, incapaz de falar até que todas essas coisas ocorram".

21 Enquanto isso, o povo esperava por Z'kharyah; eles ficaram surpresos com sua
demora no templo. 22 Mas, por ele não conseguir conversar com as pessoas, elas
perceberam que tivera uma visão no templo; mudo, ele se comunicava por meio de
sinais.

23 Quando terminou o período de serviço no templo, ele voltou para casa. 24 De-
pois disso, Elisheva, sua mulher, engravidou e ficou cinco meses sem sair de casa,

---

[a] *Mal'akhi* [Ml] 3.23,24(4.5,6)

dizendo: 25 "*Adonai* fez isto para mim; ele me mostrou seu favor desta vez, para
remover minha desgraça pública".

26 No sexto mês, o anjo Gavri'el foi enviado por Deus a uma cidade da Galil
chamada Natzeret, 27 a uma virgem, noiva de um homem chamado Yosef, da casa
de David. O nome da virgem era Miryam. 28 Aproximando-se dela, o anjo disse:
"*Shalom*, favorecida! *Adonai* está com você!". 29 Ela ficou profundamente perturbada
com as palavras dele e pensou sobre o significado dessa saudação. 30 O anjo lhe
disse: "Não tenha medo, Miryam; você foi favorecida por Deus! 31 Veja: você en-
gravidará e dará à luz um filho, e lhe porá o nome de Yeshua. 32 Ele será grande, e
será chamado Filho de *Ha'Elyon*. *Adonai*, Deus, lhe dará o trono de seu antepassado
David, 33 e ele reinará para sempre sobre a casa de Ya'akov — seu Reino não terá
fim". 34 "Como isso pode acontecer se sou virgem?", Miryam perguntou ao anjo.
35 O anjo respondeu:

"O *Ruach HaKodesh* virá sobre você,
e o poder de *Ha'Elyon* a cobrirá.
Por isso, a criança santa nascida de você
será chamada Filho de Deus.

36 "Você tem uma parenta, Elisheva, com idade avançada; todos dizem que é estéril.
Mas ela concebeu um menino e está no sexto mês de gravidez! 37 Para Deus nada
é impossível". 38 Miryam disse: "Sou serva de *Adonai*; aconteça comigo o que você
disse".

39 Miryam se preparou e partiu para a cidade da região montanhosa de Y'hudah,
40 onde Z'kharyah morava, entrou na casa e cumprimentou Elisheva. 41 Quando
Elisheva ouviu o cumprimento de Miryam, o bebê em seu ventre ficou agitado. Ela
ficou cheia do *Ruach HaKodesh* 42 e disse em alta voz:

"Quão abençoada é você entre as mulheres!
E quão abençoado é o filho em seu ventre!

43 "Mas quem sou eu, para que a mãe do meu Senhor venha me ver? 44 Tão logo o
som de suas palavras chegou a meus ouvidos, o bebê saltou de alegria em meu
ventre! 45 De fato, você é abençoada por ter confiado no cumprimento da promessa
que *Adonai* lhe fez".

46 Então Miryam disse:

"Minha alma engrandece a *Adonai*;
47 e meu espírito **se alegra em Deus, meu Salvador,**
48 que **reparou na humilde posição de** sua **serva**.[b]
Pois, imaginem, de agora em diante,
todas as gerações me chamarão abençoada.
49 "O Poderoso fez grandes coisas por mim!

Seu nome é realmente **santo**; 50 e em cada geração
ele tem **misericórdia daqueles que o temem**.[c]

51 "Ele realizou atos poderosos com seu braço;
expulsou os que são orgulhosos no íntimo,
52 derrubou governantes dos tronos,
exaltou os humildes.

---

[b] *Sh'mu'el Alef* [1Sm] 2.1; 1.11 [c] *Tehillim* [Sl] 111.9; 103.17

53 Encheu os famintos de coisas boas,
mas mandou embora os ricos sem nada.

54 "Tomou a parte de seu servo Yisra'el,
lembrando-se da misericórdia
55 que prometeu a nossos pais,
a Avraham e a sua descendência para sempre".

56 Miryam ficou com Elisheva cerca de três meses e então voltou para casa.
57 Quando se cumpriram os dias de Elisheva, ela deu à luz um filho. 58 Seus vizinhos
e parentes ouviram sobre quão bom *Adonai* lhe havia sido e se alegraram com ela.
59 No oitavo dia, era a realização da *b'rit-milah* do menino. Queriam lhe dar o
nome de Z'kharyah, como o pai, 60 mas sua mãe tomou a palavra e disse: "Não,
ele será chamado Yochanan". 61 Disseram-lhe: "Nenhum de seus parentes tem esse
nome", 62 e fizeram sinais ao pai do menino para descobrir como ele desejava que
o menino fosse chamado. 63 Ele gesticulou pedindo uma tabuinha e, para surpresa
de todos, escreveu: "O nome dele é Yochanan". 64 Naquele momento, a capacidade
para falar retornou, e suas primeiras palavras foram uma *b'rakhah* dirigida a Deus.
65 Todos os vizinhos ficaram impressionados; e por toda a região montanhosa de
Y'hudah as pessoas falavam sobre essas coisas. 66 Todos os que ouviam isso se per-
guntavam: "O que vai ser desse menino?", pois claramente a mão de *Adonai* estava
com ele.
67 Seu pai, Z'kharyah, foi cheio do *Ruach HaKodesh* e disse esta profecia:

68 "**Louvado seja *Adonai*, o Deus de Yisra'el,**[d]
porque visitou e redimiu seu povo para libertá-lo
69 ao suscitar para nós um poderoso Libertador,
descendente de seu servo David.
70 Exatamente como disse
pela boca dos profetas, desde o começo:
71 que seríamos libertados de nossos inimigos
e do poder de todos os que nos odeiam.

72 Isso aconteceu para que ele pudesse mostrar
a misericórdia prometida a nossos pais —
ele se lembraria de sua santa aliança,
73 do juramento feito a Avraham *avinu*
74 de conceder que nós, libertos de nossos inimigos,
pudéssemos servi-lo sem medo,
75 em santidade e justiça
diante dele todos os nossos dias.

76 Você, menino, será chamado profeta de *Ha'Elyon*;
irá à frente do Senhor para lhe preparar o caminho,[e]
77 ao disseminar o conhecimento no meio do povo
de que a libertação procede do perdão dos pecados,
78 mediante as mais ternas misericórdias do nosso Deus,
que causará a visita do sol nascente desde o céu,
79 para **brilhar sobre os que estão nas trevas, vivendo à sombra da morte,**[f]
e guiar nossos pés nos caminhos da paz".

[d] *Tehillim* [Sl] 41.14(13); 72.18; 106.48 [e] *Mal'akhi* [Ml] 3.1; *Yesha'yahu* [Is] 40.3
[f] *Yesha'yahu* [Is] 9.1(2)

80 O menino cresceu e se tornou forte em espírito; e viveu no deserto até chegar o
tempo de aparecer publicamente a Yisra'el.

2 1 Por volta daquele tempo, o imperador Augusto publicou a ordem de recensear
todo o império. 2 Este recenseamento, o primeiro de seu tipo, foi feito quando
Quirino era governador da Síria. 3 Todos tinham de ser registrados, cada um em
sua terra natal. 4 Por isso, Yosef, por ser descendente de David, partiu da cidade
de Natzeret, na Galil, para a Cidade de David, chamada Beit-Lechem, em Y'hudah,
5 para ser registrado, com Miryam, de quem estava noivo — ela estava grávida. 6 En-
quanto estavam lá, chegou o tempo de nascer o bebê, 7 e ela deu à luz o primeiro
filho. Envolveu-o em panos e o colocou em um cocho, porque não havia lugar para
eles nas estalagens.

8 No campo, ali perto, pastores passavam a noite guardando os rebanhos,
9 quando um anjo de Adonai lhes apareceu, e a *Sh'khinah* de Adonai resplandeceu
ao redor deles. Eles ficaram aterrorizados; 10 mas o anjo lhes disse: "Não tenham
medo: estou aqui para lhes anunciar boas notícias que darão grande alegria a todo o
povo. 11 Neste mesmo dia, na Cidade de David, nasceu o Libertador, que é o Messias,
o Senhor. 12 Vocês o reconhecerão desta forma: encontrarão um bebê envolto em
panos e deitado em um cocho". 13 De repente, com o anjo, surgiu uma grande mul-
tidão do exército celestial louvando a Deus:

14 "Nos mais altos céus, glória a Deus!
E, na terra, paz entre as pessoas de boa vontade!".

15 Assim que os anjos os deixaram e voltaram para o céu, os pastores disseram
uns aos outros: "Vamos a Beit-Lechem e vejamos o acontecido, mencionado por
Adonai". 16 Então correram para lá e encontraram Miryam, Yosef e o bebê deitado
no cocho. 17 Vendo-o, divulgaram o que lhes fora dito a respeito dessa criança; 18 e
todos os que ouviram ficaram admirados com o que os pastores diziam. 19 Miryam
guardava todas essas coisas no coração e refletia sobre elas. 20 Enquanto isso, os
pastores voltaram, glorificando e louvando a Deus por tudo o que ouviram e viram;
todas as coisas ocorreram como lhes fora dito.

21 No oitavo dia, data da realização da *b'rit-milah*, foi-lhe dado o nome Yeshua,
usado pelo anjo para chamá-lo antes de sua concepção.

22 Ao chegar o tempo da purificação deles, de acordo com a *Torah* de Mosheh,
Yosef e Miryam o levaram a Yerushalayim para apresentá-lo a Adonai 23 (como está
escrito na *Torah* de Adonai: **"Todo primogênito do sexo masculino deve ser con-
sagrado a Adonai"**)[g] 24 e também para oferecer o sacrifício de **um par de rolinhas ou
dois pombinhos**,[h] de acordo com a *Torah* de Adonai".

25 Havia em Yerushalayim um homem chamado Shim'on. Ele era um *tzaddik* pie-
doso, que esperava ansiosamente pela consolação de Yisra'el; e o *Ruach HaKodesh*
estava sobre ele. 26 Fora-lhe revelado pelo *Ruach HaKodesh* que não morreria antes
de ver o Messias de Adonai. 27 Movido pelo Espírito, foi ao pátio do templo. Quan-
do os pais trouxeram o menino Yeshua para lhe fazerem o que requeria a *Torah*,
28 Shim'on o tomou nos braços e disse uma *b'rakhah* a Deus, dizendo:

29 "Agora, Adonai, de acordo com tua palavra,
teu servo pode partir em paz;

[g] *Sh'mot* [Êx] 13.2,12,15 [h] *Vayikra* [Lv] 12.8

30 porque vi com meus olhos tua *yeshu'ah*,
31 que preparaste na presença de todos os povos —
32 uma luz que levará para revelação aos *goyim*
e glória a teu povo Yisra'el".

33 O pai e a mãe de Yeshua estavam maravilhados com as coisas que Shim'on dizia
a respeito dele. 34 Shim'on os abençoou e disse à mãe da criança, Miryam:
"Esta criança causará a queda e o soerguimento de muitos em Yisra'el,
ela se tornará um sinal contra o qual as pessoas falarão;
35 além disso, uma espada perfurará seu coração.
Tudo isso acontecerá para revelar os pensamentos mais íntimos de
muitas pessoas".

36 Também estava ali uma profetisa chamada Hannah, Bat-P'nu'el, da tribo de Asher.
Ela era uma mulher muito idosa — vivera com o marido apenas sete anos 37 e per-
maneceu viúva; contava agora oitenta e quatro anos. Nunca deixou o templo e
adorava a Deus dia e noite jejuando e orando. 38 Tendo chegado ali naquele exato
momento, começou a agradecer a Deus e a falar a respeito da criança a todos os
que esperavam pela libertação de Yerushalayim.

39 Quando Yosef e Miryam terminaram de fazer tudo que a *Torah* de ADONAI
exigia, voltaram para a Galil, para Natzeret, sua cidade.

40 A criança cresceu, ficou forte e cheia de sabedoria — o favor de Deus estava
sobre ela.

41 Todo ano, os pais de Yeshua iam a Yerushalayim para a festa de *Pesach*.
42 Quando ele contava doze anos de idade, eles subiram à festa, conforme o cos-
tume. 43 Depois de terminada a festa, quando seus pais voltavam para casa, Yeshua
permaneceu em Yerushalayim, e eles não perceberam. 44 Supunham que ele estava
em algum lugar da caravana e passaram um dia todo a caminho de casa antes
de começarem a procurar por ele entre parentes e amigos. 45 Não o encontrando,
voltaram a Yerushalayim para procurá-lo. 46 No terceiro dia, o encontraram — ele
estava sentado no pátio do templo entre os *rabbis*, não apenas ouvindo, mas fazen-
do perguntas a respeito do que diziam; 47 e quem o ouvia ficava maravilhado com
a perspicácia de suas respostas. 48 Quando seus pais o viram, ficaram perplexos; e
sua mãe lhe disse: "Filho, por que você fez isso com a gente? Seu pai e eu estávamos
muito preocupados procurando por você!". 49 Ele lhes disse: "Por que vocês estavam
me procurando? Não sabiam que eu devo me preocupar com os assuntos de meu
Pai?". 50 Mas não entenderam o que ele quis dizer.

51 Então foi com eles para Natzeret, e lhes obedecia. Sua mãe, entretanto, guar-
dava todas essas coisas no coração.

52 E Yeshua crescia em sabedoria e estatura, obtendo o favor das pessoas e de
Deus.

3 1 No décimo quinto ano do imperador Tibério, quando Pôncio Pilatos era gover-
nador de Y'hudah; Herodes, governante da Galil; seu irmão Filipe, da Ituréia e
Traconites; Lisânias governava Abilene; 2 'Anan e Kayafa eram os *kohanim g'dolim*,
a palavra de Deus veio a Yochanan Ben-Z'kharyah, no deserto. 3 Ele percorreu toda
a região do Yarden, anunciando a imersão que envolvia o abandono do pecado e a
volta a Deus a fim de receber perdão. 4 Isso aconteceu exatamente como está escrito
no livro dos dizeres do profeta Yesha'yahu:

"A voz de alguém que clama:
'No deserto preparem o caminho para ***Adonai*****!**
Endireitem as veredas para ele!
5 **Todo vale será aterrado,**
e toda montanha e colina niveladas;
as estradas sinuosas serão endireitadas,
e os caminhos acidentados aplanados.
6 **Então toda a humanidade verá a libertação provida por Deus' ".**[i]

7 Portanto, Yochanan dizia às multidões que vinham para ser imersas por ele: "Co-
bras! Quem lhes deu a idéia de fugir do castigo vindouro? 8 Se vocês se arrepen-
deram verdadeiramente de seus pecados, produzam frutos que comprovem isso!
E não comecem a dizer a si mesmos: 'Avraham é nosso pai', pois eu lhes digo que
Deus pode, destas pedras, fazer filhos para Avraham! 9 O machado já está posto à
raiz das árvores, pronto para cortar; toda árvore que não produz bom fruto será
derrubada e lançada ao fogo!".

10 As multidões perguntaram a Yochanan: "Se é assim, o que devemos fazer?".
11 Ele respondeu: "Quem tiver dois casacos deve partilhar um com quem não tem
nada, e quem tiver comida deve fazer o mesmo". 12 Coletores de impostos também
vieram para ser imersos; e lhe perguntaram: "*Rabbi*, o que devemos fazer?". 13 "Não
cobrem mais que o governo exige", ele lhes disse. 14 Alguns soldados lhe pergunta-
ram: "E nós, o que devemos fazer?". Ele respondeu: "Não intimidem ninguém, não
acusem falsamente as pessoas e contentem-se com seu salário".

15 O povo estava em grande expectativa, e todos pensavam que talvez o próprio
Yochanan fosse o Messias. 16 Então Yochanan disse a todos: "Eu realizo a imersão
de vocês em água, mas aquele que está chegando é mais poderoso que eu — não
sou digno de desamarrar suas sandálias! Ele os imergirá no *Ruach HaKodesh* e no
fogo. 17 Ele tem consigo uma pá para limpar sua eira e juntar o trigo no celeiro, mas
queimará a palha com fogo inextinguível!".

18 E com muitas outras advertências, além destas, anunciou as boas-novas ao
povo.

19 Entretanto, Yochanan também denunciou Herodes, o governante regional, por
tomar Herodias como esposa, a mulher do próprio irmão, e por todas as outras
coisas más que ele fizera. 20 Então Herodes resolveu acrescentar mais uma maldade
à lista: colocar Yochanan na prisão.

21 Quando todo o povo estava sendo imerso, também Yeshua o foi. Enquanto ele
orava, o céu se abriu; 22 o *Ruach HaKodesh* desceu sobre ele em forma física, como
uma pomba; e uma voz veio do céu: "Você é meu Filho, a quem amo; eu me agrado
de você".

23 Yeshua tinha cerca de trinta anos de idade quando começou seu ministério
público. Ele era, como se pensava, filho de Yosef, que era filho de Eli,
24 de Mattat, de Levi, de Malki, de Yannai, de Yosef,
25 de Mattityahu, de Amotz, de *Nachum*, de Hesli, de Naggai,
26 de Machat, de Mattityahu, de Shim'i, de Yosef, de Yodah,
27 de Yochanan, de Reisha, de Z'rubavel, de Sh'alti'el, de Neri,
28 de Malki, de Addi, de Kosam, de Elmadan, de Er,
29 de Yeshua, de Eli'ezer, de Yoram, de Mattat, de Levi,
30 de Shim'on, de Y'hudah, de Yosef, de Yonam, de Elyakim,

[i] *Yesha'yahu* [Is] 40.3-5

31 de Mal'ah, de Manah, de Mattatah, de Natan, de David,
32 de Yishai, de 'Oved, de Bo'az, de Salmon, de Nachshon,
33 de 'Amminadav, de Admin, de Hetsron, de Peretz, de Y'hudah,
34 de Ya'akov, de Yitz'chak, de Avraham, de Terach, de Nachor,
35 de S'rug, de Re'u, de Peleg, de 'Ever, de Shelah,
36 de Keinan, de Arpakhshad, de Shem, de Noach, de Lemekh,
37 de Metushelach, de Hanokh, de Yered, de Mahalal'el, de Keinan,
38 de Enosh, de Shet, de Adam e de Deus.

4 1 Então Yeshua, cheio do *Ruach HaKodesh*, voltou do Yarden, e foi levado pelo
Espírito ao deserto, 2 e por quarenta dias foi provado pelo Adversário. Nesses
dias não comeu nada e, depois, sentiu fome. 3 O Adversário lhe disse: "Se você é o
Filho de Deus, ordene que esta pedra se transforme em pão". 4 Yeshua lhe respon-
deu: "O *Tanakh* diz: **'O homem não vive só de pão'** ".[j]
5 O Adversário o levou a um lugar alto, mostrou-lhe em um instante todos os
reinos do mundo 6 e lhe disse: "Eu lhe darei todo o poder e toda a glória. Eles foram
entregues a mim, e posso dá-los a quem escolher. 7 Portanto, se você me adorar,
eles serão seus". 8 Yeshua lhe disse: "O *Tanakh* diz: **'Adore Adonai, seu Deus, e
sirva** somente **a ele'** ".[k]
9 Então o Adversário o levou a Yerushalayim, colocou-o no ponto mais alto do
templo e lhe disse: "Se você é o Filho de Deus, pule daqui! 10 Porque o *Tanakh* diz:

'Ele ordenará a seus anjos
que se responsabilizem por você e o protejam.
11 **Eles o sustentarão com suas mãos,**
para que você não machuque os pés nas pedras' ".[l]

12 Yeshua lhe respondeu: "Ele também diz: **'Não tente Adonai, seu Deus'** ".[m] 13 Quan-
do o Adversário acabou de testá-lo, deixou-o sozinho até um momento oportuno.
14 Yeshua voltou para a Galil no poder do Espírito, e relatos a respeito dele fo-
ram espalhados por toda a região. 15 Ele ensinava nas sinagogas deles, e todas as
pessoas o respeitavam.
16 Foi a Natzeret, onde havia sido criado, e no *shabbat* se dirigiu à sinagoga, como
de costume. Levantou-se para ler, 17 e lhe foi dado o rolo do profeta Yesha'yahu.
Abriu o rolo e encontrou o lugar onde está escrito:

18 **"O Espírito de Adonai está sobre mim;**
portanto ele me ungiu para anunciar
boas-novas aos pobres;
enviou-me para proclamar
liberdade aos presos
e recuperar a vista dos cegos,
para libertar os oprimidos
19 **e proclamar o ano do favor de Adonai".**[n]

20 Depois de fechar o rolo e devolvê-lo ao *shammash*, ele se sentou; os olhos de to-
dos os presentes na sinagoga estavam fixos nele. 21 Ele começou a falar-lhes: "Hoje,
como vocês ouviram a leitura, esta passagem do *Tanakh* foi cumprida!". 22 Todos

[j] *D'varim* [Dt] 8.3 [k] *D'varim* [Dt] 6.13,14 [l] *Tehillim* [Sl] 91.11,12 [m] *D'varim* [Dt] 6.16 [n] *Yesha'yahu* [Is] 61.1,2; 58.6

falavam bem dele e estavam admirados com as palavras empolgantes que saíam de sua boca. Até se perguntavam: "Este pode ser o filho de Yosef?".

23 Então Yeshua lhes disse: "Sem dúvida, vocês me dirão este provérbio: 'Doutor, cure a si mesmo!'. Ouvimos a respeito de todas as coisas que você fez em K'far-*Nachum*; faça o mesmo aqui, em sua cidade". 24 Ele disse: "Nenhum profeta é aceito em sua cidade. 25 É verdade. Quando Eliyahu estava em Yisra'el, e o céu foi fechado por três anos e meio, para que a Terra sofresse uma fome severa, havia muitas viúvas. 26 Contudo, Eliyahu não foi enviado a nenhuma delas, senão a apenas uma viúva em Tzarfat, na terra de Tzidon. 27 Também havia muitas pessoas com *tzara'at* em Yisra'el no tempo do profeta Elisha; mas nenhuma delas foi curada, senão Na'aman, o sírio".

28 Ao ouvir isso, todos os que estavam na sinagoga se encheram de ira. 29 Eles se levantaram, levaram-no para fora da cidade e o arrastaram até o cume do penhasco sobre a qual a cidade está construída, com a intenção de atirá-lo dali. 30 Mas Yeshua passou por meio da multidão e foi embora.

31 Ele desceu a K'far-*Nachum*, uma cidade da Galil, e ensinou o povo no *shabbat*. 32 Eles ficaram admirados com a forma de ele ensinar, porque sua palavra tinha autoridade.

33 Na sinagoga, havia um homem possesso por um espírito demoníaco impuro, que gritou muito fortemente: 34 "Ah, o que você quer de nós, Yeshua de Natzeret? Veio para nos destruir? Eu sei quem você é — o Santo de Deus!". 35 Mas Yeshua o repreendeu: "Cale-se e saia dele!". O espírito demoníaco jogou o homem no chão, no meio da multidão, e saiu dele sem feri-lo. 36 Todos ficaram admirados e diziam uns aos outros: "Que tipo de ensino é este? Ele dá ordens com poder e autoridade aos espíritos impuros, e eles saem!". 37 E histórias a respeito dele percorriam todos os distritos circunvizinhos.

38 Saindo da sinagoga, Yeshua foi à casa de Shim'on. A sogra de Shim'on sofria com febre alta, e lhe pediram que fizesse algo por ela. 39 Portanto, estando perto dela, ele repreendeu a febre, que a deixou. A mulher se levantou imediatamente e começou a servi-los.

40 Depois do pôr-do-sol, o povo trouxe a Yeshua pessoas com vários tipos de doenças, e ele pôs as mãos sobre cada uma delas e as curou; 41 também demônios saíram de várias delas, gritando: "Você é o Filho de Deus!". Mas, repreendendo-os, não lhes permitia dizer que sabiam ser ele o Messias.

42 Quando o sol raiou, Yeshua os deixou e foi para um lugar onde podia ficar sozinho. As pessoas procuraram por ele, chegaram onde estava e não queriam que as deixasse. 43 Mas ele lhes disse: "Preciso proclamar as boas-novas do Reino de Deus também em outras cidades — para isso fui enviado". 44 Passou algum tempo pregando também nas sinagogas de Y'hudah.

5 1 Certo dia, Yeshua estava à beira do lago Kinneret, e pessoas o comprimiam de todos os lados para ouvir a palavra de Deus. 2 Ele viu dois barcos à margem, deixados ali por pescadores que estavam lavando as redes. 3 Entrou em um dos barcos, o que pertencia a Shim'on, e lhe pediu que o afastasse um pouco da margem. Então se sentou e, do barco, ensinou o povo.

4 Quando acabou de falar, disse a Shim'on: "Vá para águas mais profundas e lance as redes para a pesca". 5 Shim'on respondeu: "Trabalhamos muito a noite toda, *rabbi*, e não pegamos nada! Mas, se você diz assim, lançarei as redes". 6 Ao fazê-lo, tantos peixes foram pegos que as redes começaram a se rasgar. 7 Então

fizeram sinais aos companheiros no outro barco para ajudá-los; eles vieram e en-
cheram os dois barcos a ponto de quase afundar. 8 Quando viu isso, Shim'on Kefa
prostrou-se aos pés de Yeshua e disse: "Afaste-se de mim, senhor, porque sou pe-
cador!". 9 Pois ele e todos os outros foram tomados de espanto pela quantidade de
pesca que haviam recolhido 10 — também Ya'akov e Yochanan, sócios de Shim'on.
"Não tenha medo", Yeshua disse a Shim'on, "de agora em diante você será pescador
de homens vivos!". 11 Assim que chegaram com os barcos à beira do lago, deixaram
tudo para trás e o seguiram.

12 Certa vez, quando Yeshua estava em uma das cidades, aproximou-se um ho-
mem completamente coberto de *tzara'at*. Ao ver Yeshua, prostrou-se com o rosto
em terra, e lhe implorou: "O senhor, se quiser, pode me purificar". 13 Yeshua es-
tendeu a mão e tocou nele, dizendo: "Quero. Seja purificado!". Imediatamente a
tzara'at o deixou. 14 Então Yeshua lhe ordenou que não contasse nada a ninguém:
"Em vez disso, como testemunho para o povo, vá diretamente ao *kohen* e ofereça
um sacrifício por sua purificação, como Mosheh ordenou". 15 Contudo, as notícias a
respeito de Yeshua se espalharam ainda mais rápido; por isso, grandes multidões
se reuniam para ouvi-lo e serem curadas de suas doenças. 16 Entretanto, era seu
costume retirar-se para lugares remotos a fim de orar.

17 Certo dia, Yeshua estava ensinando, e estavam presentes ali *p'rushim* e mes-
tres da *Torah* provenientes de vários povoados da Galil, de Y'hudah e também de
Yerushalayim; e o poder de ADONAI estava com ele para curar os doentes. 18 Algumas
pessoas estavam carregando um homem paralisado em uma cama. Eles queriam
levá-lo para dentro de uma casa e colocá-lo diante de Yeshua, 19 mas não puderam
encontrar um modo de levá-lo até lá por causa da multidão. Por isso, eles o levaram
até o teto e o baixaram em seu colchão por entre as telhas, no meio da multidão, na
frente de Yeshua. 20 Quando Yeshua percebeu a confiança deles, disse ao homem
paralisado: "Amigo, seus pecados estão perdoados". 21 Os mestres da *Torah* e os
p'rushim começaram a pensar: "Quem é esse homem que fala tantas blasfêmias?
Quem pode perdoar o pecado, a não ser Deus?". 22 Yeshua, porém, sabendo o que
estavam pensando, respondeu: "Por que vocês estão pensando essas coisas em seu
coração? 23 O que é mais fácil dizer: 'Seus pecados estão perdoados' ou 'Levante-se
e ande'? 24 Vejam: provarei a vocês que o Filho do Homem possui autoridade na
terra para perdoar pecados". Ele se virou na direção do homem paralisado: "Eu lhe
digo: levante-se, pegue seu colchão e vá para casa!". 25 Ele se pôs de pé imediata-
mente, na frente de todos, pegou o colchão no qual estava deitado e foi para casa
louvando a Deus. 26 Todos ficaram assombrados, disseram uma *b'rakhah* a Deus e
falavam espantados entre si: "Hoje vimos coisas extraordinárias!".

27 Mais tarde, Yeshua saiu e viu um coletor de impostos chamado Levi, sentado
na coletoria, e lhe disse: "Siga-me!". 28 Ele se levantou, deixou tudo e o seguiu.

29 Levi deu um grande banquete em sua casa em honra de Yeshua, e havia um
grande grupo de coletores de impostos e de outras pessoas à mesa com ele. 30 Os
p'rushim e os mestres da *Torah* protestaram veementemente junto a seus *talmidim*,
dizendo: "Por que vocês comem e bebem com coletores de impostos e pecado-
res?". 31 Mas Yeshua lhes respondeu: "Os que precisam de médico não são os sau-
dáveis, mas os doentes. 32 Não vim chamar os 'justos', mas os pecadores, para
abandonarem o pecado e voltarem para Deus". 33 A seguir, disseram-lhe: "Os
talmidim de Yochanan estão sempre jejuando e fazendo orações, e o mesmo fazem
os *talmidim* dos *p'rushim*; mas os seus comem e bebem". 34 Yeshua lhes disse: "Os
convidados do casamento podem jejuar enquanto o noivo está com eles? 35 Virá o

tempo em que o noivo será tirado deles; quando esse momento chegar, eles jejuarão". 36 Então lhes propôs uma ilustração: "Ninguém corta uma tira de um casaco novo e a costura em um velho; se o fizer, não apenas o novo continuará a rasgar, como também a tira cortada do novo não servirá no velho. 37 Além disso, ninguém põe vinho novo em vasilha de couro velha; se o fizer, o vinho novo arrebentará a vasilha e será derramado, e também a vasilha estragará. 38 Ao contrário, vinho novo deve ser colocado em vasilha recém-preparada. 39 E, depois de beber o vinho velho, as pessoas não desejarão o novo, porque dirão: 'O velho é bom o suficiente!' ".

6 1 Certo *shabbat*, Yeshua estava passando por alguns campos de trigo, e seus *talmidim* começaram a colher e a debulhar as espigas com as mãos, comendo os grãos. 2 Alguns *p'rushim* disseram: "Por que vocês estão violando o *shabbat*?". 3 Yeshua lhes respondeu: "Vocês nunca leram o que fez David quando ele e seus companheiros estavam com fome? 4 Ele entrou na casa de Deus e pegou e comeu o pão da proposição, que a ninguém é permitido comer, apenas aos *kohanim*. 5 O Filho do Homem", ele concluiu, "é Senhor do *shabbat*".

6 Em outro *shabbat*, quando Yeshua entrou na sinagoga e estava ensinando, havia ali um homem com uma das mãos atrofiada. 7 Os mestres da *Torah* e os *p'rushim* observavam Yeshua com atenção para ver se ele curaria no *shabbat*, para que pudessem acusá-lo de alguma coisa. 8 Mas ele sabia o que esses homens estavam pensando e disse àquele que tinha a mão atrofiada: "Levante-se e fique em pé onde todos possam ver você!". Ele se levantou. 9 Então Yeshua lhes disse: "Agora eu lhes pergunto: O que é permitido no *shabbat*? Fazer o bem ou o mal? Salvar uma vida ou destruí-la?". 10 A seguir, depois de olhar para todos os que se encontravam à sua volta, ele disse ao homem: "Estenda a mão". Assim que ele a estendeu, sua mão foi restaurada. 11 Os outros, porém, se encheram de fúria e começaram a discutir entre si o que poderiam fazer contra Yeshua.

12 Por volta desse tempo, Yeshua saiu para o monte a fim de orar e passou a noite em oração contínua a Deus. 13 Quando amanheceu, chamou os *talmidim* e escolheu dentre eles doze que seriam conhecidos por emissários:

14 Shim'on, a quem chamou Kefa; André, seu irmão; Ya'akov; Yochanan; Filipe; Bar-Talmai;

15 Mattityahu; T'oma; Ya'akov Ben-Halfai;

16 Shim'on, chamado o zelote; Y'hudah Ben-Ya'akov e Y'hudah de K'riot, que se mostrou o traidor.

17 Então Yeshua desceu com eles e parou em um lugar plano. Uma grande multidão de *talmidim* estava ali com um imenso número de pessoas provenientes de toda a região de Y'hudah, de Yerushalayim e da costa ao redor de Tzor e Tzidon; as pessoas estavam ali para ouvi-lo e serem curadas de suas doenças. 18 Os que eram perturbados por espíritos impuros foram curados, 19 e toda a multidão tentava tocar nele, porque dele saía poder, curando todos. 20 Ele olhou para os *talmidim* e disse:

"Quão abençoados são vocês, pobres,
porque o Reino de Deus é de vocês.

21 "Quão abençoados são vocês que têm fome,
porque serão saciados.

Quão abençoados são vocês que agora choram,
porque vocês rirão.

22 "Quão abençoados são vocês, sempre que as pessoas os odiarem, expulsarem, insultarem e os denunciarem como criminosos por causa do Filho do Homem.
23 Alegrem-se quando isso acontecer; sim, dancem de alegria, porque no céu sua recompensa é grande. Foi exatamente desse jeito que os pais deles trataram os profetas.

24 "Mas ai de vocês que são ricos,
porque já receberam todo o consolo que terão!

25 "Ai de vocês que agora estão fartos,
porque sentirão fome!

"Ai de vocês que riem agora,
porque lamentarão e chorarão!

26 "Ai de vocês quando as pessoas falarem bem de vocês, porque foi exatamente desse jeito que os pais deles trataram os falsos profetas!

27 Apesar disso, a vocês que ouvem, digo isto:

"Amem seus inimigos!
Façam o bem a quem odeia vocês,
28 abençoem a quem os amaldiçoa,
orem por quem os maltrata.

29 "Se alguém lhe bater em uma face,
ofereça a outra também;
se alguém lhe tirar o casaco,
deixe levar também a camisa.

30 "Se alguém lhe pedir algo,
dê;
se alguém tirar o que lhe pertence,
não exija devolução.

31 "Tratem as outras pessoas do jeito que vocês gostariam que elas os tratassem.
32 Que crédito vocês terão se amarem apenas a quem os ama? Mesmo os pecadores amam a quem os ama. 33 E que crédito vocês terão se fizerem o bem apenas
a quem lhes faz o bem? Até os pecadores fazem isso. 34 Que crédito vocês terão
se emprestarem apenas a quem vocês esperam que devolva? Mesmo os pecadores fazem empréstimos entre si esperando receber a devolução integral. 35 Amem
seus inimigos, façam o bem e emprestem sem esperar nada em troca! A recompensa de vocês será grande, e serão chamados filhos de *Ha'Elyon*; porque ele é
bondoso para com os ingratos e ímpios. 36 Demonstrem compaixão, como o Pai
de vocês é compassivo.

37 "Não julguem,
e vocês não serão julgados.
Não condenem,
e vocês não serão condenados.

Perdoem,
e vocês serão perdoados.
38 Deem,
e vocês receberão dádivas —

uma plena medida, compactada, sacudida e transbordante será colocada no colo de vocês. Pois a medida que usarem para medir também será usada para medir vocês!”.

[39] Ele também lhes contou uma parábola: “Pode um cego guiar outro cego? Não cairão os dois no buraco? [40] Um *talmid* não está acima do *rabbi*; mas cada um, quando bem treinado, será como o *rabbi*. [41] Portanto, por que você vê o cisco no olho do seu irmão, mas não repara na viga que está no seu olho? [42] Como você pode dizer a seu irmão: ‘Irmão, deixe-me tirar o cisco do seu olho’, quando você mesmo não consegue ver a viga que está em seu olho? Hipócrita! Em primeiro lugar, tire a viga do seu olho; então você enxergará de forma clara para poder tirar o cisco do olho do seu irmão!

[43] “Nenhuma árvore boa produz fruto mau, tampouco uma árvore má produz fruto bom. [44] Cada árvore é reconhecida pelo próprio fruto — não se colhem figos de espinheiros, nem uvas de um canteiro de ervas daninhas. [45] A pessoa boa produz coisas boas no bom depósito do seu coração, ao passo que a pessoa má produz coisas más no mau depósito do seu coração. Pois sua boca fala do que transborda o coração.

[46] “Por que vocês me chamam ‘Senhor, Senhor’ e não fazem o que digo? [47] Todo o que vem a mim, ouve minhas palavras e age com base nelas — eu lhes mostrarei ao que ele se assemelha: [48] é como alguém que, construindo uma casa, cavou fundo e deitou os alicerces na rocha. Quando veio a inundação, a torrente deu contra aquela casa, mas não a conseguiu abalar, porque estava bem construída. [49] E todo o que ouve minhas palavras e não age de acordo com elas é como alguém que construiu uma casa sobre o solo, sem qualquer tipo de fundamento. Assim que a torrente bateu contra ela, a casa caiu e se transformou em ruínas horríveis”.

7 [1] Assim que Yeshua terminou de falar ao povo, voltou a K’far-*Nachum*. [2] Um oficial romano era dono de um servo por quem tinha alta estima; ele estava doente, à beira da morte. [3] Ouvindo a respeito de Yeshua, o oficial enviou alguns anciãos judeus até ele com o pedido de que viesse e curasse seu servo. [4] Eles chegaram a Yeshua e solicitaram dele com sinceridade: “Ele de fato merece que você lhe faça isso, [5] porque ele ama nosso povo. Na verdade, ele construiu nossa sinagoga!”. [6] Então Yeshua foi com eles. Ele não se havia afastado da casa, quando o oficial lhe enviou amigos para lhe dizer: “Senhor, não se preocupe comigo. Não sou digno de que fique sob meu teto. [7] Esta é a razão pela qual não ousei me aproximar de você. Em vez disso, apenas ordene, e meu servo se recuperará. [8] Porque eu também sou um homem sujeito a autoridade. Tenho soldados sob meu comando. Digo a este: ‘Vá!’, e ele vai; e a outro: ‘Venha!’, e ele vem, e a meu escravo: ‘Faça isto!’, e ele faz”. [9] Yeshua ficou impressionado com ele ao ouvir isso. Virou-se e disse à multidão que o seguia: “Digo-lhes que nem mesmo em Yisra’el achei confiança semelhante!”. [10] Quando os mensageiros voltaram à casa do oficial, encontraram o servo com boa saúde.

[11] No dia seguinte, Yeshua, acompanhado pelos *talmidim* e por uma grande multidão, foi à cidade chamada Na‘im. [12] Ao se aproximarem do portão da cidade, uma pessoa morta estava sendo levada para o sepultamento. Sua mãe era uma viúva, e ele, o filho único. Um grupo considerável de pessoas estava com ela. [13] Quando o Senhor a viu, sentiu compaixão dela e lhe disse: “Não chore”. [14] A seguir, aproximou-se do caixão, e os carregadores pararam. Ele disse: “Jovem, eu lhe digo: levante-se!”. [15] O morto se sentou e começou a falar, e Yeshua **o entregou à sua mãe.**[o] [16] Todos ficaram tomados de espanto e deram glória a Deus, dizendo: “Um grande profeta

[o] *M’lakhim Alef* [1Rs] 17.23

apareceu entre nós" e "Deus veio em auxílio de seu povo". 17 Esse relato a respeito
de Yeshua se espalhou por toda a região de Y'hudah e pelas terras circunvizinhas.
18 Os *talmidim* de Yochanan lhe informaram de todas essas coisas. Então
Yochanan chamou dois dos *talmidim,* 19 e os enviou para perguntarem ao Senhor:
"Você é aquele que deveria vir? Ou devemos esperar por mais alguém?" 20 Quando
os homens chegaram até Yeshua, disseram-lhe: "Yochanan, o Imersor, enviou-nos
para lhe perguntar: "Você é aquele que deveria vir? Ou devemos esperar por mais
alguém?". 21 Naquele momento, ele estava curando muitas pessoas de doenças, do-
res e espíritos maus, e fazendo vários cegos enxergarem. 22 Então lhes respondeu,
dizendo: "Vão, digam a Yochanan o que vocês têm visto e ouvido: **os cegos veem
outra vez, os aleijados** andam, as pessoas com *tzara'at* estão sendo limpas, **os
surdos estão ouvindo**, mortos são ressuscitados, **as boas-novas são pregadas aos
pobres,**[p] 23 e quão abençoados são os que não se ofendem por minha causa!".
24 Assim que os mensageiros de Yochanan partiram, Yeshua começou a falar
à multidão a respeito de Yochanan: "O que vocês foram ver no deserto? Juncos
balançando à brisa? 25 Não? Então o que foram ver? Alguém bem vestido? As pes-
soas que se vestem com beleza e vivem com luxo se encontram nos palácios reais.
26 Então o que vocês foram ver? Um profeta! Sim, e eu lhes digo que ele é muito mais
que um profeta. 27 Ele é a pessoa a respeito de quem o *Tanakh* diz:

'Vejam, envio meu mensageiro à sua frente;
ele preparará o caminho de vocês à sua frente'.[q]

28 Eu lhes digo que entre os nascidos de mulher não surgiu ninguém maior
que Yochanan, o Imersor! Entretanto, o menor no Reino do Céu é maior que ele!".
29 Todos os que ouviam, mesmo os coletores de impostos, ao passar pela imer-
são de Yochanan, reconheciam que Deus era justo; 30 mas os *p'rushim* e os mestres
da *Torah,* por não se terem permitido imergir por ele, invalidaram o plano de Deus
para si mesmos.
31 "Por isso", diz o Senhor, "Como posso descrever as pessoas desta geração?
Com o que se parecem? 32 São parecidas com crianças sentadas nas praças dos
mercados, falando entre si:

'Tocamos uma música alegre, mas vocês não dançaram!
Tocamos uma música triste, e vocês não choraram!'.

33 Yochanan não come pão nem bebe vinho, e vocês dizem: 'Ele tem demônio!'. 34 O
Filho do Homem come e bebe, e vocês dizem: 'Aí está um glutão e beberrão! Amigo
de coletores de impostos e pecadores!'. 35 Bem, a prova da sabedoria consiste em
todos os tipos de pessoas produzidos por ela".
36 Um dos *p'rushim* convidou Yeshua para comer com ele; ele foi à casa do
p'rush, e tomou seu lugar à mesa. 37 Uma mulher que vivia naquela cidade, uma
pecadora, sabendo que Yeshua estava comendo na casa do *p'rush,* levou um per-
fume muito caro em um frasco de alabastro, 38 pôs-se atrás dele, junto a seus pés,
e chorou até suas lágrimas começarem a lhe molhar os pés. Então ela os enxugou
com o próprio cabelo, beijou-os e derramou o perfume sobre eles.
39 Quando o *p'rush* que convidou Yeshua percebeu o que estava acontecendo,
disse a si mesmo: "Se este homem fosse realmente um profeta, saberia quem está
tocando nele, e que tipo de mulher ela é — uma pecadora". 40 Yeshua respondeu:

---

[p] Yesha'yahu [Is] 35.5,6; 26.14; 61.1 [q] *Mal'akhi* [Ml] 3.1

"Shim'on, tenho algo a lhe dizer". "Diga, *rabbi*", ele respondeu. 41 "Certo credor
tinha negócios com dois devedores; um lhe devia dez vezes mais que o outro. 42 Os
dois devedores eram incapazes de pagar a dívida; então o credor resolveu cancelá-
-la. Por isso, qual deles o amará mais?". 43 Shim'on respondeu: "O que tinha o débito
maior". Yeshua lhe disse: "Sua análise está correta".

44 Em seguida, virando-se para a mulher, disse a Shim'on: "Vê esta mulher? En-
trei em sua casa, e você não me deu água para os pés; mas esta mulher lavou meus
pés com suas lágrimas e os enxugou com seu cabelo! 45 Você não me beijou; mas,
desde que cheguei, esta mulher não parou de beijar meus pés! 46 Você não derra-
mou óleo sobre minha cabeça, mas esta mulher derramou perfume nos meus pés!
47 Por isso, eu lhe digo que os pecados dela — e são muitos! — lhe foram perdoados;
pois ela amou muito. Mas aquele a quem pouco foi perdoado, ama só um pouco".
48 Então Yeshua disse a ela: "Seus pecados foram perdoados". 49 Nesse momento, os
outros que comiam com eles começaram a dizer entre si: "Quem é este que ousa
perdoar pecados?". 50 Yeshua disse à mulher: "Sua confiança a salvou; vá em paz".

8 1 Depois disso, Yeshua viajou de cidade em cidade e de vila em vila proclaman-
do as boas-novas do Reino de Deus. Com ele estavam os Doze 2 e também algu-
mas mulheres que haviam sido curadas de espíritos malignos e doenças — Miryam
(chamada Magdalit), de quem haviam saído sete demônios; 3 Yochanah, mulher do
ministro das finanças de Herodes, Kuza; Shoshanah e muitas outras. Essas mulhe-
res ajudavam a sustentá-lo com seus bens.

4 Reunindo-se uma grande multidão, e vindo gente de várias cidades a Yeshua,
ele contou esta parábola: 5 "Um fazendeiro saiu para semear. Enquanto lançava a
semente, parte dela caiu à beira do caminho; foi pisada, e os pássaros a comeram.
6 Parte caiu sobre pedras e, quando brotou, as plantas secaram por falta de umida-
de. 7 Outra parte caiu entre espinhos, que cresceram com ela e a sufocaram. 8 Outra
ainda caiu em um solo rico; cresceu e deu cem vezes mais do que a quantidade
semeada". Depois de dizer isso, exclamou: "Quem tem ouvidos para ouvir, ouça!".

9 Os *talmidim* lhe perguntaram o que a parábola poderia significar. 10 Ele dis-
se: "A vocês foi dado conhecer os segredos do Reino de Deus; mas os outros são
ensinados por parábolas, para que **olhem, mas não vejam; e ouçam, mas não
entendam.**[r]

11 "A parábola significa isto: a semente é a mensagem de Deus. 12 As que caíram
à beira do caminho são os que ouvem, e então vem o Adversário e tira a mensagem
do seu coração, para impedi-los de serem salvos por não crerem nela. 13 As que
caíram sobre as pedras são os que ouvem a palavra, aceitam-na com alegria, mas
não têm raiz — eles creem durante algum tempo, mas, quando vem o tempo da
provação, apostatam. 14 Quanto às que caíram entre espinhos, são os que ouvem,
mas, ao seguir seu caminho, são sufocados pelas preocupações, riquezas e pelos
prazeres da vida, por isso seu fruto nunca amadurece. 15 Mas as que caíram no solo
rico são os que, quando ouvem a mensagem, a retêm e dão fruto, com coração bom,
generoso, e com perseverança.

16 "Ninguém acende uma candeia e a esconde em um jarro ou a coloca debaixo
de uma cama; não, coloca-a no lugar apropriado, para que quem entra possa ver a
luz. 17 Porque não há nada escondido que não venha a ser descoberto, e nada escon-
dido que não seja conhecido e trazido à luz. 18 Prestem atenção, portanto, a como

[r] *Yesha'yahu* [Is] 6.9

vocês ouvem! Quem tiver algo, mais lhe será dado; de quem nada tiver, até o que pensa ter lhe será tirado".

19 Então a mãe e os irmãos de Yeshua foram vê-lo, mas não conseguiam se aproximar dele por causa da multidão. 20 Alguém lhe disse: "Sua mãe e seus irmãos estão lá fora e querem vê-lo". 21 Mas ele lhe deu esta resposta: "Minha mãe e meus irmãos são os que ouvem a mensagem de Deus e agem de acordo com ela".

22 Certo dia, Yeshua entrou em um barco com os *talmidim* e lhes disse: "Vamos para o outro lado do lago". Eles partiram; 23 e enquanto navegavam, ele adormeceu. Uma forte ventania caiu sobre o lago, de modo que o barco começou a encher d'água, colocando-os em grande perigo. 24 Eles foram e o acordaram, dizendo: "*Rabbi, rabbi*! Vamos morrer!". Ele se levantou e repreendeu o vento e a violência das águas; tudo se acalmou e ficou tranquilo. 25 Então disse aos *talmidim*: "Onde está sua confiança?". Apavorados, eles se maravilharam, perguntando uns aos outros: "Quem pode ser este que dá ordens até ao vento e à água, e eles lhe obedecem?".

26 Eles navegaram e pararam na região dos gerasenos, que fica do lado oposto à Galil. 27 Quando Yeshua pisou em terra, um homem daquela cidade que tinha demônios foi ao encontro dele. Fazia muito tempo que ele não usava roupas; não vivia em uma casa, mas nos sepulcros. 28 Quando viu Yeshua, gritou, caiu a seus pés e disse em alta voz: "Yeshua, Filho do Deus *Ha'Elyon*! O que você quer comigo? Peço que não me torture!". 29 Porque Yeshua havia ordenado que o espírito impuro saísse do homem. Muitas vezes o espírito tinha se apoderado dele — ele era mantido sob os cuidados de guardas, com os pés e as mãos acorrentados, mas quebrava as correntes, e era levado pelo demônio ao deserto. 30 Yeshua lhe perguntou: "Qual é seu nome?". "Legião", disse ele; porque muitos demônios haviam entrado nele. 31 Eles imploraram a Yeshua que não os mandasse para o Abismo.

32 Uma grande quantidade de porcos estava se alimentando naquela colina. Os demônios imploraram que lhes permitisse entrar neles, e Yeshua consentiu. 33 Os demônios saíram do homem, entraram nos porcos, e todos os porcos atiraram-se, precipício abaixo, no lago e se afogaram.

34 Quando os responsáveis pelos porcos viram o que aconteceu, fugiram e contaram esses fatos na cidade e nos campos, 35 e o povo foi ver o que havia acontecido. Eles se aproximaram de Yeshua, viram o homem de quem haviam saído os demônios assentado aos pés de Yeshua, vestido e em perfeito juízo, e ficaram com muito medo. 36 Os que o tinham visto contaram ao povo como o homem antes endemoninhado fora libertado.

37 Então todo o povo da região dos gerasenos pediu a Yeshua que fosse embora, porque estavam dominados pelo pavor. Ele entrou no barco e voltou. 38 O homem de quem haviam saído os demônios lhe implorou que o deixasse ir junto, mas Yeshua o enviou, dizendo: 39 "Volte para casa e conte o que Deus fez por você". Ele foi e anunciou por toda a cidade o que Yeshua tinha feito por ele.

40 Quando Yeshua voltou, a multidão o recebeu com alegria, pois todos o esperavam. 41 Então um homem chamado Ya'ir, líder da sinagoga, prostrou-se aos pés de Yeshua e implorou que fosse à sua casa 42 porque tinha uma única filha, de cerca de doze anos, que estava à morte. Estando Yeshua a caminho, a multidão o comprimia. 43 Estava ali certa mulher que havia doze anos vinha sofrendo de hemorragia, e ninguém a conseguira curar. 44 Ela chegou por trás dele, tocou na *tzitzit* de seu manto, e imediatamente a hemorragia estancou. 45 "Quem tocou em mim?", perguntou Yeshua. Quando todos negaram, Kefa disse: "*Rabbi*, a multidão o cerca e empurra". 46 Mas Yeshua disse: "Alguém tocou em mim, porque senti sair o poder".

47 Percebendo que não conseguiria passar despercebida, a mulher veio tremendo de medo e se prostrou aos pés dele. Na presença de todos, contou por que tocara nele e como fora instantaneamente curada. 48 Ele lhe disse: "Filha, sua confiança a salvou; vá em paz".

49 Enquanto Yeshua ainda estava falando, chegou um homem da casa do líder da sinagoga: "Sua filha morreu", ele disse, "não incomode mais o *rabbi*". 50 Ouvindo isso, Yeshua disse a Ya'ir: "Não tenha medo! Mantenha a confiança, e ela será curada". 51 Quando chegou à casa, não deixou ninguém entrar com ele, exceto Kefa, Yochanan, Ya'akov e os pais da criança. 52 Enquanto isso, todo o povo lamentava e chorava por ela, mas ele disse: "Não chorem. Ela não morreu; está dormindo". 53 Todos zombaram dele, pois sabiam que ela estava morta. 54 Mas ele a pegou pela mão e disse: "Menininha, levante-se!", 55 e seu espírito voltou. Ela se levantou imediatamente, e ele lhes ordenou que lhe dessem de comer. 56 Os pais da menina ficaram maravilhados, mas ele lhes ordenou não contar a ninguém o que tinha acontecido.

9 1 Reunindo os Doze, Yeshua lhes deu poder e autoridade para expulsar todos os demônios e curar doenças, 2 e os enviou a proclamar o Reino de Deus e a curar. 3 E disse-lhes: "Não levem nada pelo caminho: nem bordão, nem saco de viagem, nem pão, nem dinheiro, nem duas camisas. 4 Na casa em que vocês entrarem, fiquem ali até partirem. 5 Se não os receberem, sacudam a poeira dos pés quando saírem daquela cidade, como um aviso contra eles". 6 Eles saíram e foram pelos povoados, curando e anunciando as boas-novas por toda parte.

7 Herodes, o governador, ouviu falar de tudo o que estava acontecendo e ficou perplexo, porque algumas pessoas estavam dizendo que Yochanan ressuscitou dos mortos; 8 outros, que Eliyahu apareceu; e, ainda outros, que um dos profetas do passado voltou à vida. 9 Herodes disse: "Eu decapitei Yochanan! Então quem é este de quem ouço essas coisas?". E procurava vê-lo.

10 Na volta, os emissários detalharam a Yeshua o que fizeram. Então ele os tomou consigo, e se retiraram para uma cidade chamada Beit-Tzaidah; 11 mas as multidões descobriram e o seguiram. Ele as acolheu, e lhes falava continuamente acerca do Reino de Deus, e curava os que precisavam ser curados.

12 Perto do fim do dia, os Doze se aproximaram dele e disseram: "Mande embora a multidão para que eles possam ir às cidades e fazendas encontrar alojamento e comida, porque estamos em um lugar afastado". 13 Ele, porém, respondeu: "Vocês devem lhes dar algo para comer". Eles disseram: "Não temos mais que cinco pães e dois peixes — a menos que compremos alimento para toda essa gente". 14 (Estavam ali cerca de cinco mil homens.) Ele disse aos *talmidim*: "Façam com que se sentem em grupos de cinqüenta". 15 Eles fizeram o que ele lhes dissera, e todos se assentaram. 16 Então ele pegou os cinco pães e os dois peixes e, olhando para o céu, pronunciou uma *b'rakhah*, partiu os pães e os entregou aos *talmidim* para que os distribuíssem ao povo. 17 Todos comeram quanto quiseram; e eles recolheram os pedaços que sobraram: doze cestos cheios.

18 Certa vez, Yeshua estava orando em particular, e os *talmidim* estavam com ele. Ele lhes perguntou: "Quem as multidões dizem que eu sou?". 19 Eles responderam: "Yochanan, o Imersor; mas outros, Eliyahu; e, ainda outros, um dos profetas do passado que ressuscitou". 20 "E vocês", perguntou, "quem dizem que eu sou?". Kefa respondeu: "O *Mashiach* de Deus!". 21 Ele, porém, os advertiu de que não contassem isso a ninguém, 22 adicionando: "O Filho do Homem tem de suportar muito

sofrimento e ser rejeitado pelos anciãos, pelos principais *kohanim* e pelos mestres
da *Torah*; deve ser morto; mas ressuscitará no terceiro dia".

23 Então disse a todos: "Se alguém quiser me seguir, terá de dizer não a si mes-
mo, tomar diariamente sua estaca de execução e continuar a me seguir. 24 Pois
quem tentar salvar a vida, a destruirá; mas quem perder a vida por minha causa, a
salvará. 25 Qual é o benefício de ganhar o mundo inteiro, mas destruir ou perder a
si mesmo? 26 Se alguém se envergonhar de mim e do que digo, o Filho do Homem se
envergonhará dele, quando vier em sua glória e na glória do Pai e dos santos anjos.
27 Digo-lhes a verdade: aqui se acham alguns que de modo nenhum experimentarão
a morte antes de verem o Reino de Deus".

28 Cerca de uma semana depois de Yeshua ter dito essas coisas, levou Kefa,
Yochanan e Ya'akov consigo e subiu a um monte para orar. 29 Enquanto orava, a
aparência de sua face mudou, e suas roupas ficaram de um branco resplandecente.
30 De repente, havia dois homens conversando com ele — Mosheh e Eliyahu. 31 Eles
apareceram em um esplendor glorioso e falavam sobre seu êxodo, que deveria ser
cumprido brevemente em Yerushalayim. 32 Kefa e os que estavam com ele foram
dominados pelo sono. Acordando subitamente, eles viram sua glória e os dois ho-
mens em pé ao lado dele. 33 Quando os homens iam deixar Yeshua, Kefa disse-lhes,
sem saber o que falava: "É bom estarmos aqui, *rabbi*! Vamos construir três cabanas
— uma para você, uma para Mosheh e outra para Eliyahu". 34 Enquanto falava, uma
nuvem os envolveu. Eles ficaram com muito medo ao entrar na nuvem; 35 e veio
uma voz dela, dizendo: "Este é meu Filho, a quem escolhi. Ouçam-no!". 36 Quando a
voz falou, Yeshua estava outra vez sozinho. Eles mantiveram o silêncio — naqueles
dias não contaram a ninguém sobre o que tinham visto.

37 No dia seguinte, enquanto desciam da região montanhosa, uma grande
multidão foi ao encontro de Yeshua. 38 De repente, alguém na multidão gritou:
"*Rabbi*, tenha dó de meu filho, eu imploro, porque é meu único filho! 39 Isto é o
que acontece: um espírito se apodera dele, e ele começa a gritar de forma muito
aguda, passa a ter convulsões e lhe sai espuma da boca. Apenas a muito custo
ele o abandona. Ele está destruindo meu filho! 40 Pedi a seus *talmidim* que expul-
sassem o espírito, mas eles não foram capazes". 41 "Povo perverso, sem qualquer
confiança!", Yeshua respondeu. "Quanto tempo mais terei de ficar com vocês
e suportá-los? Traga seu filho aqui". 42 Assim que o menino se pôs a caminho,
o demônio o jogou contra o chão em convulsão. Yeshua, porém, repreendeu o
espírito impuro, curou o menino e o devolveu a seu pai. 43 Todos ficaram bo-
quiabertos com a grandeza de Deus. Enquanto estavam maravilhados com o que
Yeshua estava fazendo, ele disse aos *talmidim*: 44 "Prestem muita atenção ao que vou
dizer: o Filho do Homem será traído e entregue nas mãos de homens". 45 Mas
eles não entenderam o que ele queria dizer com isso. Eles entraram em um
acordo para não querer saber o significado dessas palavras e temiam perguntar
a Yeshua a respeito delas.

46 Surgiu uma discussão entre os *talmidim* a respeito de qual deles seria o maior.
47 Yeshua, porém, conhecendo os pensamentos do coração deles, pegou uma crian-
ça, colocou-a ao lado dele 48 e lhes disse: "Quem receber esta criança em meu nome,
recebe a mim, e quem me recebe, recebe quem me enviou. Em outras palavras, o
menor entre vocês todos, esse é o maior". 49 Yochanan respondeu: "*Rabbi*, vimos
alguém expulsar demônios em seu nome e o impedimos porque ele não o segue co-
nosco". 50 Yeshua lhe disse: "Não impeça essas pessoas, porque quem não é contra
vocês é a seu favor".

51 À medida que se aproximava o tempo de ser ele levado ao céu, decidiu partir
para Yerushalayim. 52 Ele enviou alguns mensageiros à frente que entraram em uma
vila de Shomron, a fim de preparar todo o necessário. 53 Entretanto, os moradores
de lá não lhes permitiram a estada porque seu destino era Yerushalayim. 54 Quando
os *talmidim* Ya'akov e Yochanan viram isso, disseram: "O senhor quer que peçamos
o derramamento **de fogo do céu para destruir** essa gente?".[s] 55 Mas ele se voltou e
os repreendeu.[t] 56 E foram para outra vila.

57 Enquanto estavam viajando pelo caminho, um homem lhe disse: "Eu o segui-
rei aonde você for". 58 Yeshua respondeu: "As raposas têm tocas e as aves que voam
pelos céus têm ninhos, mas o Filho do Homem não possui lugar próprio". 59 A outro
disse: "Siga-me!", mas o homem respondeu: "Senhor, deixe-me enterrar meu pai".
60 Yeshua disse: "Que os mortos enterrem seus mortos; você deve ir e anunciar o
Reino de Deus!". 61 Ainda outro disse: "Eu o seguirei, senhor, mas deixe que eu me
despeça da minha família". 62 Ao que Yeshua respondeu: "Ninguém que põe a mão
no arado e olha para trás está capacitado para servir ao Reino de Deus".

10 1 Depois disso, o Senhor designou outros setenta *talmidim* e os enviou em
duplas, adiante dele, a todas as cidades e lugares aonde deveriam ir. 2 Ele
lhes disse: "Tenham certeza de que a colheita é abundante, mas há poucos traba-
lhadores. Portanto, peçam ao Senhor da colheita que apresse o envio de trabalha-
dores para fazer a colheita. 3 Vão, mas prestem atenção! Eu os envio como cordeiros
entre lobos. 4 Não levem bolsa, nem saco de viagem, nem sandálias; e não parem
para conversas inúteis com as pessoas pelo caminho.

5 "Quando entrarem em uma casa, digam primeiro: '*Shalom*' a esta casa. 6 Se
houver ali alguém à procura de *shalom*, a *shalom* de vocês repousará sobre essa
pessoa; se não, ela voltará para vocês. 7 Permaneçam na mesma casa, comendo e be-
bendo o que lhes oferecerem, porque o trabalhador merece seu salário. Não fiquem
mudando de casa em casa.

8 "Quando entrarem em uma cidade na qual forem bem recebidos, comam o
que for posto diante de vocês. 9 Curem os doentes do local e lhes digam: 'O Reino
de Deus está perto de vocês'. 10 Mas ao entrarem em uma cidade e não forem bem
recebidos, saiam por suas ruas e digam: 11 'Até o pó de sua cidade, que grudou aos
nossos pés, sacudimos como sinal de advertência contra vocês! Entendam que o
Reino de Deus está próximo!'. 12 Eu lhes digo que haverá mais tolerância no Dia do
Juízo para S'dom do que para aquela cidade.

13 "Ai de você, Korazin! Ai de você, Beit-Tzaidah! Porque se os milagres reali-
zados em vocês fossem feitos em Tzor e Tzidon, elas teriam vestido, há muito,
roupas de saco e usado cinzas para se cobrir, como evidência da mudança de seus
caminhos. 14 Mas no juízo haverá mais tolerância para Tzor e Tzidon que para
vocês!

15 "E você, K'far-*Nachum*: será **exaltada até o céu? Não; você será baixada até o**
***sh'ol*!**[u]

16 "Quem ouve vocês, ouve a mim, mas quem os rejeita, rejeita a mim, e quem
me rejeita, rejeita aquele que me enviou".

---

[s] *M'lakhim Bet* [2Rs] 1.9-16 [t] Alguns manuscritos contêm os versículos 55b-56a: "[...] dizen-
do: 'Vocês não sabem de que Espírito são, 56 pois o Filho do Homem não veio para destruir a vida
das pessoas, mas para salvá-las' ". [u] *Yesha'yahu* [Is] 14.13,15

17 Os setenta voltaram alegres. “Senhor”, disseram, “com seu poder, até os demônios se submetem a nós”. 18 Yeshua lhes disse: “Eu vi Satan caindo do céu como relâmpago. 19 Lembrem-se de que lhes dei autoridade para pisar sobre cobras e escorpiões, sim, sobre todas as forças do Inimigo; nada lhes fará mal. 20 Contudo, não se alegrem porque os espíritos se submetem a vocês; alegrem-se porque seus nomes estão escritos no céu”.

21 Naquele momento, Yeshua transbordou de alegria no *Ruach HaKodesh* e disse: “Pai, Senhor do céu e da terra, eu te agradeço porque escondeste estas coisas das pessoas sábias e cultas e as revelaste às pessoas comuns. Sim, Pai, agradeço por ter sido esta a tua vontade.

22 “Meu Pai me entregou todas as coisas. Ninguém sabe plenamente quem é o Filho, a não ser o Pai; e ninguém sabe quem é o Pai, a não ser o Filho e aqueles a quem o Filho desejar revelá-lo”. 23 Então ele se voltou para os *talmidim* e lhes disse em particular: “Quão abençoados são os olhos que veem o que vocês estão vendo. 24 Eu lhes digo, na verdade, que muitos profetas e reis desejaram ver o que vocês estão vendo, mas não viram; e ouvir o que vocês estão ouvindo, mas não ouviram”.

25 Um especialista na *Torah* se levantou para pôr Yeshua à prova, perguntando-lhe: “*Rabbi*, o que preciso fazer para obter a vida eterna?”. 26 Yeshua disse: “O que está escrito na *Torah*? Como você a lê?”. 27 Ele respondeu: “**Você deve amar Adonai, seu Deus, de todo o coração, de toda a alma, com todas as forças** e de todo o entendimento e **ame o próximo como a si mesmo**”.[v] 28 “Esta é a resposta correta”, Yeshua disse. “Faça isso, e você viverá”.

29 Mas ele, querendo se justificar, disse a Yeshua: “E quem é meu ‘**próximo**’?”. 30 Em resposta, disse Yeshua: “Um homem descia de Yerushalayim para Yericho, quando foi atacado por assaltantes. Estes lhe tiraram a roupa, espancaram-no e foram embora, deixando-o quase morto. 31 Coincidentemente um *kohen* estava descendo pela mesma estrada; quando viu o homem, passou pelo outro lado. 32 E assim também um *levi*; quando chegou ao lugar e o viu, passou pelo outro lado.

33 Mas um homem de Shomron, estando de viagem, chegou onde se encontrava o homem e, quando o viu, encheu-se de compaixão. 34 Aproximou-se dele, pôs óleo e vinho nas feridas do homem e as enfaixou. A seguir, colocou-o sobre seu animal, levou-o a uma hospedaria e cuidou dele. 35 No dia seguinte, deu o dinheiro equivalente a dois dias de trabalho ao dono da hospedaria e lhe disse: ‘Cuide dele; se você gastar mais do que isso, eu o ressarcirei quando regressar’. 36 Qual destes três você acha que foi o ‘**próximo**’ do homem que caiu nas mãos dos assaltantes?”. 37 Ele respondeu: “Aquele que demonstrou misericórdia para com ele”. Yeshua lhe disse: “Vá e faça o que ele fez”.

38 No caminho, Yeshua e os *talmidim* chegaram a uma vila, onde certa mulher chamada Marta o recebeu em casa. 39 Sua irmã, Miryam, ficou sentada aos pés do Senhor e ouvia o que ele tinha a dizer. 40 Marta, porém, estava ocupada com os afazeres; e, aproximando-se dele, disse: “Senhor, não se importa que minha irmã tenha me deixado sozinha com o trabalho?”. 41 Entretanto, o Senhor lhe respondeu: “Marta, Marta, você está preocupada e inquieta com muitas coisas! 42 Contudo, apenas uma é essencial. Miryam escolheu a coisa certa, e esta não lhe será tirada”.

11 1 Um dia, Yeshua estava orando em certo lugar. Ao terminar, um dos *talmidim* lhe disse: “Senhor, ensine-nos a orar, como Yochanan ensinou aos *talmidim* dele”. 2 Ele lhes disse: “Quando orarem, digam:

[v] *D'varim* [Dt] 6.4; *Vayikra* [Lv] 19.18

'Pai,
que teu nome seja mantido santo.
Que teu Reino venha.
3 Dá-nos todo dia o alimento necessário.
4 Perdoa-nos os pecados, porque também perdoamos a todos os que
agiram mal contra nós.
E não nos conduzas ao teste difícil' ".
5 Também lhes disse: "Suponham que um de vocês tenha um amigo e que ele vá até
você no meio da noite e diga: 'Amigo, empreste-me três pães, 6 porque um amigo
meu chegou de viagem, está em casa e não tenho nada para lhe dar de comer'. 7 E
o que estiver dentro responda: 'Não me incomode! A porta já está fechada, meus
filhos estão deitados comigo. Não posso me levantar para lhe dar nada'. 8 Eu lhes
digo: Ainda que ele não se levante porque o homem é seu amigo, por causa da
hutzpah se levantará e lhe dará tudo o que precisar.
9 "Por isso, eu lhes digo: peçam continuamente, e lhes será dado; procurem, e
encontrarão; continuem batendo, e a porta lhes será aberta. 10 Pois todo que pede
sempre, recebe; o que procura continuamente, encontra; e àquele que não para de
bater, a porta será aberta.
11 "Há algum pai aqui que, se o filho lhe pedir um peixe, em lugar dele lhe dará
uma cobra? 12 Ou se pedir um ovo, lhe dará um escorpião? 13 Portanto, se vocês,
apesar de serem maus, sabem dar bons presentes a seus filhos, quanto mais o Pai
dará o *Ruach HaKodesh*, do céu, a quem continuar a pedir!".
14 Yeshua estava expulsando um demônio mudo. Quando o demônio saiu, o
mudo falou, e a multidão ficou admirada. 15 Mas alguns deles disseram: "É por
Ba'al-Zibbul, o chefe dos demônios, que ele expulsa demônios". 16 Outros tentavam
po-lo à prova, pedindo-lhe que fizesse um sinal do céu. 17 Mas ele, sabendo o que
pensavam, disse-lhes: "Todo reino divi-dido contra si mesmo será arruinado, com
uma casa caindo sobre a outra. 18 Portanto, se o Adversário estiver dividido contra
si mesmo, como seu reino pode sobreviver? Pergunto isso porque vocês dizem que
expulso demônios por Ba'al-Zibbul. 19 Se eu expulso demônios por Ba'al-Zibbul, por
quem os expulsam sua gente? Por isso, eles serão os juízes de vocês. 20 Mas se é
pelo **dedo de Deus**[w] que expulso demônios, então chegou a vocês o Reino de Deus.
21 "Quando um homem forte, bem equipado para a batalha, guarda sua casa,
seus bens estão seguros. 22 Mas quando alguém mais forte o ataca e vence, tira-lhe
a armadura e as armas nas quais ele confiava e divide os despojos. 23 Quem não está
comigo é contra mim, e quem comigo não ajunta, espalha.
24 "Quando um espírito impuro sai de uma pessoa, passa por lugares áridos
procurando descanso. Caso não o encontre, diz: 'Voltarei para a casa de onde saí'.
25 Quando chega, encontra a casa varrida e em ordem. 26 Então vai e traz outros sete
espíritos piores que ele, e, entrando, passam a viver ali. E o estado final daquela
pessoa é pior que o anterior".
27 Enquanto Yeshua dizia essas coisas, uma mulher da multidão exclamou:
"Quão abençoada é a mulher que deu à luz e amamentou você". 28 Mas ele disse:
"Muito mais abençoados são os que ouvem a palavra de Deus e lhe obedecem!".
29 As pessoas se aproximavam, e Yeshua começou a dizer: "Esta é uma geração
ímpia! Ela pede um sinal, mas nenhum sinal lhe será dado, exceto o sinal de Yonah.

[w] *Sh'mot* [Êx] 31.18

30 Pois da mesma forma que Yonah foi um sinal para as pessoas de Ninveh, o Filho do Homem o será para esta geração. 31 A rainha do Sul se levantará no juízo contra as pessoas desta geração e as condenará, pois ela veio dos confins da terra para ouvir a sabedoria de Sh'lomoh, e agora está aqui quem é maior que Sh'lomoh. 32 As pessoas de Ninveh se levantarão no juízo com esta geração e a condenarão; pois elas abandonaram o pecado e voltaram para Deus quando Yonah pregou, e agora está aqui quem é maior que Yonah.

33 "Ninguém que acendeu uma candeia a esconde ou a coloca debaixo de uma vasilha; ao contrário, coloca-a no lugar certo, para que todos os que entram possam ver a luz. 34 A lâmpada do seu corpo é o olho. Se você tem um 'olho bom' [isto é, se você é generoso], todo o corpo está repleto de luz; mas se você tem um 'olho mau' [se você é mesquinho], seu corpo está repleto de escuridão. 35 Por isso, tome cuidado para que a luz em você não seja escuridão! 36 Então, se seu corpo estiver repleto de luz, sem nenhuma parte na escuridão, ele será completamente iluminado, como acontece quando a luz de uma lâmpada brilha sobre você".

37 Quando Yeshua terminou de falar, um *parush* lhe pediu que jantasse com ele; por isso, ele foi e tomou seu lugar à mesa. 38 Mas o *parush* ficou surpreso pelo fato de Yeshua não ter realizado a *n'tilat yadayim* antes da refeição. 39 Entretanto, o Senhor lhe disse: "Vocês, *p'rushim*, limpam o exterior do copo e do prato, mas interiormente estão cheios de roubo e impiedade. 40 Tolos! Quem fez o exterior não fez também o interior? 41 Deem, porém, como esmola o que está dentro do prato e verão que tudo lhes ficará limpo!

42 "Mas ai de vocês, *p'rushim*! Vocês pagam dízimos da menta, da arruda e de todo tipo de ervas da horta, mas desprezam a justiça e o amor de Deus! Vocês têm a obrigação de fazer estas coisas, mas sem desprezar as outras!

43 "Ai de vocês, *p'rushim*, porque amam os melhores lugares nas sinagogas e gostam de ser cumprimentados com estima nas praças dos mercados!

44 "Ai de vocês, porque são como túmulos sem sinalização, sobre os quais os homens andam sem saber".

45 Um dos especialistas na *Torah* lhe respondeu: "*Rabbi*, ao dizer essas coisas, você insulta também a nós". 46 Yeshua disse: "Ai de vocês também, especialistas na *Torah*! Sobrecarregam os homens com pesos que carregam com muita dificuldade e vocês mesmos não levantam um dedo para ajudá-los!

47 "Ai de vocês! Constroem túmulos em memória dos profetas, mas foram seus pais os assassinos deles! 48 Dessa forma, vocês testemunham a aprovação total dos atos deles: eles mataram os profetas, e vocês constroem túmulos! 49 Por isso, a Sabedoria de Deus disse: 'Eu lhes mandarei profetas e emissários; eles matarão alguns e perseguirão os outros'; 50 de modo que sobre esta geração recaia a responsabilidade pelo sangue de todos os profetas, derramado desde o estabelecimento do mundo: 51 desde o sangue de Hevel até o sangue de Z'kharyah, morto entre o altar e o Lugar Sagrado. Sim, eu lhes digo, a responsabilidade por isso cairá sobre esta geração!

52 "Ai de vocês, especialistas na *Torah*! Porque vocês se apoderaram da chave do conhecimento! Vocês não apenas deixaram de entrar, como também barraram o caminho aos que tentavam entrar!".

53 Assim que Yeshua saiu dali, os *p'rushim* e os mestres da *Torah* começaram a se opor fortemente a ele e a provocá-lo para que expressasse seus conceitos sobre diversos assuntos, 54 preparando armadilhas para pegá-lo no que pudesse dizer.

12 1 Enquanto isso, juntou-se uma multidão de milhares de pessoas, a ponto
de pisotearem umas às outras. Yeshua começou a falar primeiramente aos
talmidim, dizendo: "Cuidado com o *hametz* dos *p'rushim* — refiro-me à hipocrisia
deles. 2 Não há nada coberto que não venha a ser descoberto, ou escondido que não
se torne conhecido. 3 O que vocês disseram nas trevas será ouvido à luz, e o que
sussurraram por trás de portas fechadas será proclamado dos telhados.

4 "Meus amigos, eu lhes digo: não temam os que matam o corpo e depois nada
mais podem fazer. 5 Mostrarei a quem vocês devem temer: temam aquele que, de-
pois de matá-los, tem autoridade para lançá-los no Gei-Hinnom! Sim, eu lhes digo,
temam a ele! 6 Não são os pardais vendidos por quase nada, cinco por dois *assá-
rions*? E nenhum deles foi esquecido por Deus. 7 Todos os cabelos de sua cabeça
estão contados! Não tenham medo; vocês valem mais que muitos pardais!

8 "Além disso, eu lhes digo: quem me reconhecer diante dos outros, o Filho do
Homem o reconhecerá na presença dos anjos de Deus. 9 Mas quem me renegar dian-
te dos outros será renegado diante dos anjos de Deus. 10 Além disso, quem disser
algo contra o Filho do Homem receberá perdão; porém quem blasfemar contra o
Ruach HaKodesh não será perdoado.

11 "Quando vocês forem levados às sinagogas, aos governantes e às autoridades,
não se preocupem sobre como se defenderão ou sobre o que dirão, 12 porque, ao
chegar o momento, o *Ruach HaKodesh* lhes ensinará o que precisarão dizer".

13 Alguém da multidão lhe disse: "*Rabbi*, diga a meu irmão que divida comigo
a propriedade que herdamos". 14 Yeshua, porém, respondeu-lhe: "Amigo, quem me
designou juiz ou árbitro entre vocês?". 15 Então disse às pessoas: "Cuidem-se e
guardem-se contra todas as formas de ganância; mesmo que alguém seja rico, sua
vida não consiste no que possui". 16 E lhes deu esta ilustração: "Havia um homem
cuja terra era muito produtiva. 17 Ele discutia consigo mesmo: 'O que devo fazer?
Não tenho espaço suficiente para minha colheita'. 18 Então ele disse: 'Isto é o que
farei: derrubarei meus celeiros, construirei outros maiores e estocarei todo o trigo
e meus outros bens ali. 19 Então direi a mim mesmo: que homem de sorte você é!
Tem uma grande quantidade de bens guardados para durar muitos anos. Comece a
descansar! Coma, beba e divirta-se!'. 20 Mas Deus lhe dirá: 'Tolo, nesta mesma noite
você morrerá! E as coisas que você preparou — de quem elas serão?'. 21 É isso o que
acontece com quem guarda riquezas para si mesmo, sem ser rico para com Deus".

22 Aos *talmidim*, Yeshua afirmou: "Por causa disso, eu lhes digo: Não se preocu-
pem com sua vida — o que comerão ou beberão; ou com o corpo — o que vestirão.
23 Porque a vida é mais que a comida, e o corpo é mais que a roupa. 24 Pensem nos
corvos! Eles não plantam nem colhem, tampouco possuem armazéns ou celeiros,
entretanto Deus os alimenta. Vocês valem muito mais que os pássaros! 25 Algum de
vocês pode, pelo excesso de preocupação, adicionar uma hora à sua vida? 26 Se não
são capazes de fazer uma coisa tão pequena quanto essa, por que se preocupam
com o resto? 27 Pensem nas írises silvestres e como elas crescem. Elas não traba-
lham nem tecem fios; entretanto, eu lhes digo que nem Sh'lomoh, em toda a sua
glória, foi vestido de maneira tão bela quanto uma delas. 28 Se é desse modo que
Deus veste a erva, que hoje existe no campo e amanhã é lançada ao forno, quanto
mais ele os vestirá! Quão pouca confiança vocês têm!

29 "Em outras palavras, não se esforcem exageradamente pelo que comerão ou
beberão; não fiquem ansiosos. 30 Pois as nações pagãs do mundo colocam o cora-
ção nessas coisas; seu Pai sabe que também vocês precisam disso. 31 Em vez delas,
busquem seu Reino, e todas essas coisas também lhes serão dadas. 32 Não tenham

medo, pequeno rebanho, pois o Pai decidiu lhes dar o Reino. 33 Vendam o que pos-
suem e façam *tzedakah*. Confeccionem para vocês bolsas que não se desgastam,
riquezas no céu que não se acabem, onde nenhum ladrão se aproxima e nenhuma
traça destrói. 34 Pois onde estiver sua riqueza, ali também estará seu coração.

35 "Estejam prontos para agir e mantenham acesas suas candeias, 36 como as
pessoas que esperam pela volta do dono da casa depois de uma festa de casa-
mento; para que, quando ele chegar e bater, elas lhe abram a porta sem demora.
37 Felizes os escravos a quem o senhor encontrar alertas quando vier! Sim, eu lhes
afirmo que ele vestirá suas roupas para servir, os fará sentar à mesa, e virá servi-
-los! 38 Mesmo que ele chegue tarde da noite ou de manhã cedo, se ele os encontra
desse modo, esses escravos serão felizes.

39 "Mas prestem atenção a isto: ninguém que possua uma casa a deixaria ser
arrombada se soubesse que o ladrão estava a caminho. 40 Estejam vocês também
prontos! Porque o Filho do Homem virá quando não estiverem esperando por ele".

41 Kefa disse: "Senhor, você está contando esta parábola apenas para nosso be-
nefício ou para o bem de todos?". 42 O Senhor respondeu: "Quem é, pois, o admi-
nistrador fiel e sensato, a quem seu senhor delega o cuidado dos escravos da casa,
para lhes dar a porção de alimento no tempo certo? 43 Irá bem o servo que for
encontrado realizando seu trabalho quando o dono da casa chegar. 44 Sim, eu lhes
digo que ele o encarregará de tudo o que possui. 45 Mas se o servo disser a si mes-
mo: 'Meu senhor se demora a voltar', e então começar a bater nos servos e nas ser-
vas, a comer, a beber e a embriagar-se, 46 então seu senhor virá em um dia em que
o servo não esperava por ele, em uma hora que ele não sabe; seu senhor o partirá
ao meio e o colocará com os infiéis. 47 O servo que sabia a vontade do senhor, mas
nada fez, nem agiu de acordo com ela, será açoitado com muitas chibatadas; 48 en-
tretanto, aquele que merece o castigo, mas não o sabia, receberá menos chibatadas.
Daquele a quem muito foi dado, muito será exigido; e a quem muito foi confiado,
muito mais será pedido.

49 "Vim trazer fogo à terra! E como gostaria que já estivesse aceso! 50 Mas tenho
de passar por uma imersão — e quão pressionado sinto-me até que ela acabe!
51 Vocês pensam que vim trazer paz à Terra? Não vim trazer paz, eu lhes digo, mas
divisão! 52 De agora em diante, uma casa com cinco pessoas estará dividida: três
contra duas, duas contra três.

53 Pai estará dividido contra filho,
e **filho, contra pai**;
mãe, contra filha;
e **filha, contra mãe**;
sogra, contra nora;
e **nora, contra sogra**".[x]

54 Então Yeshua disse à multidão: "Quando vocês veem uma nuvem se levantando no
oeste, de imediato dizem que uma tempestade está a caminho; 55 e quando o vento
vem do sul, dizem que virá uma onda de calor, e ela vem. 56 Hipócritas! Sabem inter-
pretar o aspecto da terra e do céu: como não sabem interpretar o tempo presente?
57 Por que vocês não decidem por si mesmos qual é o curso certo a seguir? 58 Se al-
guém processar você, chegue rapidamente a um acordo com ele; caso contrário, ele
poderá levar a queixa ao tribunal, e o juiz entregará você ao oficial do tribunal, e ele
o lançará na cadeia. 59 Eu lhe digo que não sairá dali até ter pago o último centavo.

[x] *Mikhah* [Mq] 7.6

13 1 Naquele momento, algumas pessoas vieram contar a Yeshua sobre os ho-
mens da Galil, mortos por Pilatos da mesma maneira que abatendo animais
para o sacrifício. 2 A resposta a eles foi: "Vocês pensam que pelo fato de terem mor-
rido dessa forma terrível essas pessoas da Galil eram mais pecadoras que as outras
daquela região? 3 Não, eu lhes digo. A menos que vocês abandonem seus pecados e
voltem para Deus, todos vocês, como aquelas pessoas, morrerão!
4 "Ou o que dizer sobre os dezoito mortos, quando a torre de Shiloach caiu
sobre eles? Vocês pensam que eram mais culpados que todos os outros habitantes
de Yerushalayim? 5 Não, eu lhes digo. A menos que vocês abandonem seus pecados,
morrerão da mesma forma".
6 Então Yeshua lhes contou esta ilustração: "Certo homem tinha uma figueira
plantada em sua vinha. Foi procurar por fruto nela, mas não achou nenhum. 7 En-
tão ele disse a quem cuidava da vinha: 'Venho procurando por fruto nesta figueira
há três anos sem encontrar nada. Corte-a! Por que deixá-la esgotar o solo?'. 8 Mas
o homem respondeu: 'Senhor, deixe-a por mais um ano. Cavarei ao redor dela e a
adubarei. 9 Se der fruto no ano que vem, muito bem; se não, o senhor a cortará' ".
10 Yeshua estava ensinando em uma das sinagogas no *shabbat*, 11 e se encon-
trava ali uma mulher com um espírito que a mantinha doente havia dezoito anos;
ela andava encurvada e de forma alguma podia se endireitar. 12 Ao vê-la, Yeshua a
chamou à frente e lhe disse: "A senhora foi libertada de sua fraqueza!". 13 Colocou
as mãos sobre ela, e de imediato ela ficou em pé e começou a glorificar a Deus.
14 Entretanto, o dirigente da sinagoga, indignado pelo fato de Yeshua ter curado
no *shabbat*, disse à congregação: "Há seis dias da semana para o trabalho; portan-
to, venham durante esses dias para serem curados, não no *shabbat*!". 15 O Senhor,
porém, lhe respondeu: "Hipócritas! Cada um de vocês não desamarra no *shabbat*
o boi ou jumento do estábulo e o leva dali para lhe dar de beber? 16 Esta mulher é
uma filha de Avraham, e o Adversário a manteve presa por dezoito anos. Não de-
veria ser ela liberta dessa escravidão no *shabbat*?". 17 Com essas palavras, Yeshua
envergonhou todos os seus oponentes; mas o restante da multidão estava feliz por
causa das coisas maravilhosas que aconteciam por seu intermédio.
18 Então ele continuou, dizendo: "Com que se parece o Reino de Deus? Com
que o compararemos? 19 Ele é como um grão de mostarda que um homem pegou e
plantou no próprio jardim, e cresceu e se tornou uma árvore, e as aves que voavam
por perto fizeram ninhos em seus ramos".
20 E disse outra vez: "Com que compararei o Reino de Deus? 21 Ele é como o fer-
mento que uma mulher pegou e misturou com uma medida de farinha, e esperou
até toda a massa fermentar".
22 Yeshua continuou a viajar de cidade em cidade, e de aldeia em aldeia, ensi-
nando e se dirigindo a Yerushalayim. 23 Alguém lhe perguntou: "Apenas uns pou-
cos serão salvos?". 24 Ele respondeu: "Esforcem-se para entrar pela porta estreita,
porque eu lhes digo que muitos tentarão entrar, mas não serão capazes, 25 uma vez
que o dono da casa tiver se levantado e fechado a porta. Vocês ficarão do lado de
fora, batendo na porta e dizendo: 'Senhor, abre-nos a porta!'. Ele, porém, respon-
derá: 'Não os conheço, nem sei de onde são vocês!'. 26 Então vocês dirão: 'Comemos
e bebemos contigo, ensinaste em nossas ruas!'. 27 E ele lhes dirá: 'Não sei de onde
são. Afastem-se de mim, todos vocês, que praticam a impiedade!'. 28 Vocês chorarão
e rangerão os dentes quando virem Avraham, Yitz'chak e Ya'akov, e todos os pro-
fetas no Reino de Deus, mas vocês mesmos lançados fora. 29 Além disso, pessoas
virão do oriente e do ocidente, do norte e do sul, para se sentarem à mesa no Reino

de Deus. 30 E reparem que alguns dos últimos serão os primeiros, e alguns dos primeiros serão os últimos".

31 Naquele momento, alguns *p'rushim* apareceram e disseram a Yeshua: "Saia e vá embora daqui, pois Herodes quer matá-lo!". 32 Ele lhes disse: "Vão, digam àquela raposa: 'Preste atenção: hoje e amanhã expulsarei demônios e curarei pessoas, e no terceiro dia alcançarei meu objetivo'. 33 Entretanto, preciso continuar a viagem hoje, amanhã e depois de amanhã, pois é inconcebível que um profeta morra em outro lugar que não seja Yerushalayim.

34 "Yerushalayim, Yerushalayim! Você, que mata os profetas! Você, que apedreja os que lhe são enviados! Quantas vezes eu desejei juntar seus filhos, como a galinha junta os pintinhos sob suas asas, mas vocês não quiseram! 35 Vejam: Deus está abandonando a casa aos cuidados de vocês! Eu lhes digo que não me verão novamente até que digam: **'Bendito é o que vem em nome de *Adonai*!'** ".[y]

14

1 Certo *shabbat*, Yeshua foi comer na casa de um dos principais *p'rushim*, e era atentamente observado. 2 À frente dele, estava um homem doente, com o corpo inchado de fluidos. 3 Yeshua abriu a boca e perguntou aos especialistas na *Torah* e aos *p'rushim*: "A *Torah* permite a cura no *shabbat* ou não?". 4 Mas eles não disseram nada. Assim, tomando o homem pela mão, Yeshua o curou e o mandou embora. 5 E disse a eles: "Qual de vocês, se um filho ou um boi cair em um poço, hesitará em tirá-lo de lá no *shabbat*?". 6 E a essas coisas não puderam responder.

7 Quando Yeshua notou como os convidados escolhiam os melhores lugares à mesa, contou-lhes esta parábola: 8 "Quando for convidado por alguém para uma festa de casamento, não se sente no melhor lugar; pois, se alguém mais importante que você tiver sido convidado, 9 a pessoa que convidou os dois pode se aproximar de você e dizer: 'Dê o lugar a este homem'. Então você será humilhado enquanto toma o lugar de menor importância. 10 Em vez disso, quando for convidado, vá e se sente no lugar de menor importância; de forma que, quando vier aquele que o convidou, diga a você: 'Passe para um lugar melhor'. Então você será honrado na presença de todos os que se sentam à sua volta. 11 Pois quem se exalta será humilhado, e quem se humilha será exaltado".

12 Yeshua também disse à pessoa que o convidou: "Quando você der um almoço ou um jantar, não convide amigos, irmãos, parentes, nem seus vizinhos ricos; se o fizer, eles também poderão, por sua vez, convidá-lo, e você será recompensado dessa forma. 13 Em vez disso, quando der uma festa, convide os pobres, os desfigurados, os aleijados e os cegos! 14 Quão abençoado você será pelo fato de eles não terem nada com que retribuir! Sua retribuição virá na ressurreição dos justos".

15 Ao ouvir isso, uma das pessoas que estavam à mesa com Yeshua lhe disse: "Quão abençoado serão os que comerem pão no Reino de Deus!". 16 Mas ele respondeu: "Certa vez, um homem ofereceu um banquete e convidou várias pessoas. 17 Quando chegou a hora, enviou seu escravo para dizer aos convidados: 'Venham, tudo está pronto!'. 18 Mas eles responderam com uma série de desculpas. O primeiro lhe disse: 'Acabei de comprar um campo; preciso vê-lo. Por favor, aceite minhas desculpas'. 19 "Outro disse: 'Acabei de comprar cinco juntas de bois e vou testá-las. Por favor, desculpe-me'. 20 "Ainda outro disse: 'Acabei de me casar, por isso não posso ir'. 21 O escravo voltou e relatou tudo ao senhor.

[y] *Tehillim* [Sl] 118.26

Então o dono da casa ficou irado e ordenou ao escravo: 'Rápido, saia às ruas e
becos da cidade e traga os pobres, os desfigurados, os cegos e os aleijados!'. [22] "O
escravo disse: 'O que o senhor ordenou foi feito, e ainda há lugar'. [23] O senhor disse
ao escravo: 'Vá pelos caminhos e estradas e pelas fronteiras e persuada as pessoas
a entrar, para que minha casa fique repleta. [24] Eu lhes digo: nenhum dos que foram
convidados provará o gosto do meu banquete!' ".

[25] Grandes multidões estavam viajando com Yeshua. Voltando-se, ele lhes disse:
[26] "Se alguém vier a mim e não odiar pai, mãe, mulher, filhos, irmãos e irmãs, sim,
e até a própria vida, não poderá ser meu *talmid.* [27] E quem não carregar sua estaca
de execução e não me seguir não pode ser meu *talmid.*

[28] "Suponham que um de vocês queira construir uma torre. Não se sentará e
avaliará o custo, para ver se tem capital suficiente para completá-la? [29] Se não o
fizer, quando tiver lançado o alicerce e não for capaz de terminá-la, todos os que a
virem caçoarão de você, [30] dizendo: 'Este é o homem que começou a construir, mas
não pôde terminar!'.

[31] "Ou, suponham que um rei pretenda declarar guerra contra outro rei. Por
acaso ele não se assentará primeiro e considerará que se com dez mil homens terá
poder para enfrentar quem vem contra ele com vinte mil? [32] Se não for capaz, en-
quanto o outro estiver longe, enviará uma delegação e pedirá um acordo de paz.

[33] "Portanto, quem não renunciar a tudo o que possui não pode ser meu *talmid.*
[34] O sal é excelente, mas se ele se tornar sem sabor, o que pode ser usado para lhe
dar sabor? [35] Não serve para o solo nem para adubo; as pessoas o jogarão fora.
Quem tem ouvidos para ouvir, ouça!".

15 [1] Os coletores de impostos e "pecadores" estavam se reunindo para ouvir
Yeshua. [2] Mas os *p'rushim* e mestres da *Torah* o criticavam: "Este homem",
disseram, "recebe pecadores e até come com eles!". [3] Então Yeshua lhes contou esta
parábola: [4] "Se um de vocês tiver cem ovelhas e perder uma delas, não deixará as
outras noventa e nove no deserto e irá atrás da que se perdeu até encontrá-la? [5] E,
quando a encontra, coloca-a alegremente nos ombros. [6] Quando chega à casa, cha-
ma os amigos e vizinhos e diz: 'Venham, festejem comigo, porque encontrei minha
ovelha perdida'. [7] Eu lhes digo da mesma forma: haverá mais alegria no céu por
um pecador que abandona seus pecados e volta para Deus que por noventa e nove
pessoas justas que não precisam de arrependimento.

[8] "Outro exemplo: qual é a mulher que, se tiver dez dracmas e perder uma
dessas moedas valiosas, não acenderá uma luz, varrerá a casa e a procurará até
encontrá-la? [9] E, quando a encontrar, chamará amigas e vizinhas e dirá: 'Venham,
celebrem comigo, porque encontrei a dracma perdida'. [10] Do mesmo modo, eu lhes
digo que há alegria entre os anjos de Deus quando um pecador se arrepende".

[11] Yeshua contou outra: "Um homem tinha dois filhos. [12] O mais novo disse ao
pai: 'Pai, dê-me a parte da herança que será minha'. Assim, ele repartiu sua proprie-
dade entre eles. [13] Quando pôde, o filho mais novo vendeu sua parte da herança,
saiu de casa e foi para um país distante, onde desperdiçou seu dinheiro com um
estilo de vida imprudente. [14] Mas, depois de ter gastado todo o dinheiro, uma fome
severa aconteceu naquele país, e ele começou a passar necessidade.

[15] "Por isso, foi se empregar com um dos cidadãos daquele país, que o mandou
a seus campos para alimentar porcos. [16] Ele desejava encher o estômago com as
vagens de alfarrobeira que os porcos comiam, mas ninguém lhe dava nada.

[17] "Caindo em si, disse: 'Qualquer um dos trabalhadores contratados por meu
pai tem comida de sobra; e estou aqui, morrendo de fome! [18] Eu me porei a caminho

e voltarei para meu pai, e lhe direi: Pai, pequei contra o céu e contra você. 19 Não sou
mais digno de ser chamado seu filho; trate-me como um dos seus empregados'. 20 A
seguir, levantou-se e partiu ao encontro do pai.
"Estando ainda longe, seu pai o viu e se encheu de compaixão. Correu até seu
filho, abraçou-o e o beijou. 21 O filho lhe disse: 'Pai, pequei contra o céu e contra
você. Não sou mais digno de ser chamado seu filho'. 22 Mas o pai disse aos escravos:
'Depressa! Tragam uma roupa, a melhor, e vistam nele. Coloquem um anel em seu
dedo e sapatos nos pés; 23 tragam o novilho gordo e o matem; comamos e celebre-
mos! 24 Porque este meu filho estava morto e voltou à vida, estava perdido, mas foi
encontrado!'. E começaram a festejar.
25 "O filho mais velho estava no campo. Quando se aproximou da casa, ouviu a
música e a dança. 26 Então chamou um dos servos e perguntou: 'O que está acon-
tecendo?'. 27 O servo lhe disse: 'Seu irmão voltou, e seu pai matou o novilho gordo,
porque o recebeu de volta são e salvo'. 28 Mas o filho mais velho se encheu de ira e
se recusou a entrar.
"Então o pai saiu e insistiu com ele. 29 Mas ele respondeu: 'Olhe! Tenho trabalha-
do para você todos esses anos e nunca desobedeci às suas ordens. Mas você nunca
me deu nem um cabrito para eu festejar com os meus amigos. 30 Entretanto, esse
seu filho que esbanjou sua propriedade com prostitutas volta, e você mata o novi-
lho gordo para ele!'. 31 'Filho, você sempre está comigo', disse o pai, 'e tudo o que
tenho é seu. 32 Precisávamos celebrar e nos alegrar, porque seu irmão estava morto
e voltou à vida, estava perdido, e foi achado' ".

16 1 Falando aos *talmidim*, Yeshua disse: "Havia um homem rico que empregou
um administrador. Chegaram até ele acusações de que seu administrador
estava desperdiçando seus recursos. 2 Então ele o convocou e lhe perguntou: 'Que é
isso que estou ouvindo a seu respeito? Preste contas de seus atos, porque você não
será mais o administrador'.
3 " 'O que devo fazer?', disse o administrador a si mesmo. 'Meu patrão está me
despedindo, e eu não sou forte o suficiente para cavar fossos e tenho vergonha de
mendigar. 4 Ah, já sei o que vou fazer — algo que fará as pessoas me receberem
bem em suas casas quando tiver perdido o emprego aqui!'.
5 "Então chamou cada um dos devedores do seu chefe e disse ao primeiro:
'Quanto você deve a meu chefe?'. 6 'Três mil litros de azeite', respondeu ele. 'Tome
de volta sua nota', ele lhe disse. 'Rápido! Sente-se e escreva mil e quinhentos litros!'.
7 Ao seguinte, disse: 'E você, quanto deve?'. 'Vinte e cinco mil quilos de trigo', res-
pondeu ele. 'Pegue sua nota e escreva vinte mil quilos'.
8 "E o chefe do administrador desonesto o aplaudiu por agir de modo tão astu-
to! Porque os mundanos possuem mais *sekhel* que quem recebeu a luz ao lidar com
o mesmo tipo de pessoas!
9 "Por isso, eu lhes digo: Usem a riqueza deste mundo para fazer amigos, de
forma que, quando ela acabar, vocês possam ser recebidos no lar eterno. 10 Quem é
fiel nas coisas pequenas, também é fiel nas grandes, e quem é desonesto nas coisas
pequenas, também é desonesto nas grandes. 11 Assim, se vocês não forem dignos
de confiança em lidar com as riquezas deste mundo, quem lhes confiará o que é
verdadeiro? 12 E, se vocês não forem confiáveis em relação ao que pertence aos
outros, quem lhes dará o que lhes pertence? 13 Nenhum servo pode ser escravo de
dois senhores, pois odiará o primeiro e amará o segundo, ou desprezará o segundo
e será leal ao primeiro. Vocês não podem ser escravos de Deus e do dinheiro".

14 Os *p'rushim* ouviram tudo isso, e, pelo fato de amarem o dinheiro, ridicularizaram-no. 15 Ele lhes disse: "Vocês são os que se justificam a si mesmos aos olhos dos homens, mas Deus conhece o coração de vocês; o que as pessoas têm em alta estima é abominação aos olhos de Deus! 16 Até o tempo de Yochanan, havia a *Torah* e os Profetas. Desde então, foram proclamadas as boas-novas do Reino de Deus, e todos tentam forçar sua entrada nele. 17 É mais fácil o céu e a terra desaparecerem que se tornar vazio um traço de uma letra da *Torah.* 18 Quem se divorciar de sua mulher e se casar com outra mulher comete adultério, e o homem que se casar com a mulher divorciada por seu marido comete adultério.

19 "Havia um homem rico que se vestia com roupas muito caras e passava o dia desfrutando de seu luxo. 20 Junto a seu portão, fora deixado um mendigo chamado El'azar, coberto de feridas. 21 Ele teria ficado feliz por comer as migalhas que caíam da mesa do rico; mas, em vez disso, vinham os cães lamber suas feridas. 22 No dia em que o mendigo morreu, ele foi levado por anjos para junto de Avraham; o rico também morreu, e foi sepultado.

23 "No *sh'ol,* onde estava em tormento, o rico olhou para cima e viu Avraham de longe, com El'azar a seu lado. 24 Ele clamou: 'Pai Avraham, tenha misericórdia de mim e mande El'azar molhar a ponta de seu dedo na água para refrescar minha língua, porque estou agonizando neste fogo!'. 25 Entretanto, Avraham disse: 'Filho, lembre-se de que, quando estava vivo, você recebeu coisas boas, e ele, as más; agora, porém, ele está sendo consolado aqui, ao passo que você está sofrendo. 26 Entretanto, isso não é tudo: entre você e nós há um grande abismo, de forma que quem deseja passar daqui para vocês, não o pode fazer, tampouco pode alguém passar daí para nós'.

27 "Ele respondeu: 'Então, pai, imploro, que o envie à casa de meu pai, 28 pois tenho cinco irmãos para advertir: que sejam poupados de vir também para este lugar de tormento'. 29 "Mas Avraham disse: 'Eles têm Mosheh e os Profetas; devem ouvi-los'. 30 Entretanto, ele disse: 'Não, pai Avraham, eles precisam de mais. Se alguém dentre os mortos for até lá, eles se arrependerão!'. 31 Mas Avraham respondeu: 'Se não ouvem Mosheh e os Profetas, tampouco se deixarão convencer, ainda que ressuscite alguém dos mortos!' ".

17 1 Yeshua disse aos *talmidim*: "É impossível que não sejam preparadas armadilhas. Mas ai da pessoa que as prepara! 2 Seria vantajoso que ela fosse lançada no mar com uma pedra de moinho amarrada ao pescoço que enlaçar um desses pequeninos. 3 Cuidem de si mesmos! Se seu irmão pecar, repreenda-o; se ele se arrepender, perdoe-o. 4 Além disso, se ele pecar contra você sete vezes no dia e sete vezes voltar a você e disser: 'Estou arrependido', você deverá perdoá-lo". 5 Os emissários disseram ao Senhor: "Aumente nossa confiança". 6 Ele respondeu: "Se vocês tiverem uma confiança tão pequenina quanto uma semente de mostarda, serão capazes de dizer a esta figueira: 'Arranque-se e se fixe no mar!', e ela lhes obedecerá. 7 Se um de vocês tiver um escravo que esteja arando ou cuidando das ovelhas, lhe dirá quando regressar do campo: 'Venha agora e sente-se para comer?'. 8 Não, você dirá: 'Prepare o meu jantar, vista-se para o trabalho e me sirva enquanto como e bebo; depois disso, você pode comer e beber'. 9 Ele agradecerá ao escravo por ter feito o que deveria fazer? Não! 10 O mesmo acontece com vocês: quando tiverem feito tudo o que lhes for ordenado fazer, digam: 'Somos simples escravos; cumprimos apenas nosso dever' ".

11 A caminho de Yerushalayim, Yeshua passou pela fronteira entre Shomron e Galil. 12 Ao entrar em uma aldeia, dez homens afligidos com *tzara'at* o encontraram. Eles permaneceram a distância 13 e gritaram: "Yeshua, *rabbi*, tenha piedade de nós!". 14 Ao vê-los, disse: "Vão e deixem os *kohanim* examiná-los!". Enquanto iam, foram purificados. 15 Um deles, ao perceber que fora curado, voltou, louvando a Deus em alta voz, 16 e se prostrou aos pés de Yeshua para lhe agradecer. Este era de Shomron. 17 Yeshua disse: "Não eram dez os purificados? Onde estão os outros nove? 18 Não se achou nenhum que voltasse e desse glória a Deus, a não ser este estrangeiro?". 19 E ao homem de Shomron disse: "Levante-se e vá; sua confiança o salvou".

20 Os *p'rushim* perguntaram a Yeshua quando viria o Reino de Deus. "O Reino de Deus", ele respondeu, "não vem com sinais visíveis, 21 nem se dirá: 'Vejam, ele está aqui!', ou 'Lá está!'. Porque o Reino de Deus está entre vocês". 22 Então disse aos *talmidim*: "Chegará o tempo em que vocês desejarão ver um dos dias do Filho do Homem, mas não verão. 23 As pessoas dirão a vocês: 'Vejam, aqui está ele!', ou 'Ele está ali!'. Não corram atrás deles, não os sigam, 24 porque o Filho do Homem no seu dia será como o relâmpago cujo brilho vai de uma extremidade à outra do horizonte. 25 Mas antes é necessário que ele suporte um sofrimento terrível e seja rejeitado por esta geração.

26 "Da mesma forma, no tempo do Filho do Homem, as coisas serão semelhantes aos dias de Noach. 27 As pessoas comiam e bebiam, homens e mulheres se casavam, até o dia em que Noach entrou na arca; então veio o dilúvio e destruiu todos. 28 Da mesma forma aconteceu no tempo de Lot: as pessoas comiam e bebiam, compravam e vendiam, plantavam e construíam; 29 mas, no dia em que Lot deixou S'dom, choveu fogo e enxofre do céu e destruiu todos. 30 Acontecerá exatamente assim no dia em que o Filho do Homem for revelado. 31 Naquele dia, se alguém estiver no telhado de casa, não deverá descer para apanhar os bens dentro de casa. Semelhantemente, quem estiver no campo, não deverá voltar. 32 Lembrem-se da mulher de Lot! 33 Quem tentar preservar a própria vida a perderá, e quem perder a vida a preservará. 34 Eu lhes digo: naquela noite, duas pessoas estarão em uma cama; uma será tirada, e a outra, deixada. 35 Duas mulheres estarão moendo trigo juntas; uma será tirada, e a outra, deixada. 36[z]

37 Eles lhe perguntaram: "Onde, Senhor?". Ele respondeu: "Onde houver um cadáver, ali se ajuntarão os abutres".

18 1 Então Yeshua contou aos *talmidim* uma parábola, para lhes mostrar que deviam orar sempre e nunca desanimar. 2 "Em certa cidade, havia um juiz que não temia a Deus nem respeitava as pessoas. 3 E havia naquela cidade uma viúva que se dirigia continuamente a ele, dizendo: 'Faça justiça contra o homem que está tentando me arruinar'. 4 Por muito tempo, ele se recusou; porém, finalmente, disse a si mesmo: 'Não temo a Deus nem respeito as pessoas; 5 mas, pelo fato de essa viúva ser tão inoportuna, farei que ela receba justiça — de outro modo, ela continuará vindo e me importunando até me esgotar!' ".

6 Então o Senhor comentou: "Reparem no que diz esse juiz corrupto. 7 Deus não fará justiça ao povo escolhido que clama a ele dia e noite? Ele continuará à espera? 8 Eu digo que ele lhe fará justiça, e depressa! Contudo, quando o Filho do Homem vier, encontrará confiança na terra?".

[z] Alguns manuscritos apresentam o versículo 36: "Dois homens estarão no campo; um será levado, e o outro, deixado".

9 Também, a alguns que confiavam na própria justiça e desprezavam os demais, contou esta parábola: 10 “Dois homens subiram ao templo para orar; um era *parush*, e o outro, coletor de impostos. 11 O *parush*, em pé, orava no íntimo: ‘Ó Deus, eu te agradeço porque não sou como o resto da humanidade — gananciosos, desonestos, imorais — ou como este coletor de impostos. 12 Jejuo duas vezes por semana e dou o dízimo do que ganho’. 13 Mas o coletor de impostos ficou a distância. Ele nem ousava olhar para o céu, mas, batendo no peito, dizia: ‘Deus, tem misericórdia de mim, pois sou pecador!’. 14 Eu lhes digo que este homem foi para casa justificado diante de Deus, e não o outro. Pois quem se exalta será humilhado, mas quem se humilha será exaltado”.

15 As pessoas lhe traziam criancinhas para que tocasse nelas; quando, porém, os *talmidim* viram o que as pessoas estavam fazendo, repreenderam-nas. 16 Entretanto, Yeshua chamou a si as crianças e disse: “Deixem vir a mim as crianças e não as impeçam; porque o Reino de Deus pertence a quem é como elas. 17 Sim, eu lhes digo que quem não receber o Reino de Deus como uma criança, não entrará nele!”.

18 Um dos líderes lhe perguntou: “Bom *rabbi*, que farei para obter a vida eterna?”. 19 Yeshua lhe disse: “Por que você está me chamando bom? Ninguém é bom, a não ser Deus! 20 Você conhece as *mitzvot*: **‘Não cometa adultério, não assassine, não roube, não dê falso testemunho, honre pai e mãe’** ”.[a] 21 Ele respondeu: “Tenho guardado tudo isso desde a infância”. 22 Ao ouvir isso, Yeshua lhe disse: “Falta-lhe ainda uma coisa. Venda tudo o que tem, distribua o dinheiro entre os pobres, e você terá riquezas no céu. Então venha e me siga!”. 23 Mas, quando o homem ouviu isso, ficou bastante triste, porque era muito rico.

24 Yeshua olhou para ele e disse: “Como é difícil aos ricos entrar no Reino de Deus! 25 É mais fácil para um camelo passar pelo fundo de uma agulha que um rico entrar no Reino de Deus!”. 26 Os que ouviram isso perguntaram: “Então quem pode ser salvo?”. 27 Ele disse: “O que é humanamente impossível é possível com Deus”.

28 Kefa disse: “Veja, nós deixamos nossas casas e o seguimos”. 29 Respondeu Yeshua: “Sim, eu lhes digo que quem deixou casa, mulher, irmãos, pais ou filhos por causa do Reino de Deus 30 os receberá muitas vezes mais, no *‘olam hazeh*, e, no *‘olam haba*, a vida eterna”.

31 Yeshua, tomando consigo os Doze, disse: “Estamos subindo para Yerushalayim, onde tudo o que foi escrito pelos profetas acerca do Filho do Homem se cumprirá. 32 Ele será entregue aos *goyim* e ridicularizado, insultado e cuspirão nele. Depois de o açoitarem, eles o matarão. 33 Mas no terceiro dia ele ressuscitará”. 34 Entretanto, eles não entenderam nada disso; o significado lhes fora ocultado, e não tinham idéia do que ele estava falando.

35 Enquanto Yeshua se aproximava de Yericho, um homem cego estava sentado à beira do caminho pedindo esmola. 36 Quando ouviu a multidão passando, perguntou do que se tratava, 37 e lhe disseram: “Yeshua de Natzeret está passando”. 38 Ele começou a clamar: “Yeshua, Filho de David, tem misericórdia de mim!”. 39 Os que iam adiante o repreendiam para que se calasse, mas ele gritava mais: “Filho de David, tem misericórdia de mim!”. 40 Yeshua parou e ordenou que o homem fosse levado até ele. Quando chegou, Yeshua lhe perguntou: 41 “O que você quer que eu lhe faça?”. O cego respondeu: “Senhor, eu quero ver”. 42 Yeshua lhe disse: “Enxergue novamente! A confiança que você tem o curou”. 43 Imediatamente ele recebeu a visão, e começou a seguir Yeshua, glorificando a Deus. Quando todas as pessoas viram isso, também louvaram a Deus.

a *Sh’mot* [Êx] 20.12,13(12-16); *D’varim* [Dt] 5.16-20

19 1 Yeshua entrou em Yericho e atravessava a cidade, 2 quando um homem
chamado Zakkai apareceu; ele era chefe dos coletores de impostos, um ho-
mem muito rico. 3 Tentava ver quem era Yeshua, mas, por ser de pequena estatura,
não conseguia, por causa da multidão. 4 Por isso, correu e subiu em uma figueira
para vê-lo, porque Yeshua ia passar por aquele caminho. 5 Quando Yeshua chegou
àquele lugar, olhou para cima e lhe disse: "Zakkai, rápido! Desça, porque quero fi-
car em sua casa hoje!". 6 Então ele desceu tão rápido quanto pôde e recebeu Yeshua
com alegria. 7 Todos os que viram isso começaram a se queixar: "Ele se hospedou
na casa de um pecador". 8 Mas Zakkai se levantou e disse ao Senhor: "Olhe, Senhor!
Dou a metade do que possuo aos pobres; e, se enganei alguém, devolverei pagando
quatro vezes mais". 9 Yeshua lhe disse: "Hoje salvação chegou a esta casa; este ho-
mem também é filho de Avraham. 10 O Filho do Homem veio buscar e salvar o que
estava perdido".

11 Enquanto eles ouviam isso, Yeshua lhes contou uma parábola, porque esta-
vam perto de Yerushalayim, e as pessoas supunham que o Reino de Deus estava
para aparecer naquele momento. 12 Portanto, ele disse: "Um nobre saiu de seu país
para ser coroado rei e, então, retornou. 13 Chamando dez dos seus servos, deu-
-lhes dez *manim* [o *maneh* equivale ao salário de três meses] e disse: 'Negociem
com essa quantia enquanto eu estiver fora'. Mas seus conterrâneos o odiavam e
enviaram uma delegação atrás dele, dizendo: 'Não queremos que este homem nos
governe'.

15 "Não obstante, ele voltou, tendo sido feito rei, e procurou pelos servos aos
quais dera o dinheiro, a fim de saber o que cada um obtivera mediante os negócios.
16 O primeiro se aproximou e disse: 'Senhor, seu *maneh* rendeu dez outros *manim*'.
17 'Excelente!', ele lhe disse. 'Você é um bom servo. Pelo fato de ter sido digno de
confiança no pouco, eu o colocarei como responsável por dez cidades'. 18 O segun-
do se aproximou e disse: 'Senhor, seu *maneh* rendeu cinco outros *manim*'. 19 E a
este, ele disse: 'Você será o responsável por cinco cidades'.

20 "Então outro se aproximou e disse: 'Senhor, aqui está seu *maneh*. Eu o man-
tive escondido em uma peça de roupa, 21 porque tive medo de você: porque você
tira o que não colocou e colhe onde não plantou. 22 A ele, o mestre disse: 'Servo
perverso! Eu o julgarei por suas palavras! Então você sabia que eu era um homem
severo, que tiro o que não coloquei e colho o que não semeei? 23 Então por que não
depositou meu dinheiro em um banco? Quando eu voltasse, pelo menos teria de
volta os juros. 24 Ele disse aos que estavam à sua volta: 'Tirem o *maneh* desse ho-
mem e deem ao que tem dez *manim*'. 25 Eles lhe disseram: 'Senhor, o homem já está
com dez *manim*!'. 26 Mas o senhor respondeu: 'Eu lhes digo: quem possui algo, mais
lhe será dado; mas daquele que não tem nada, até o que tem lhe será tirado. 27 En-
tretanto, a respeito desses meus inimigos que não me desejam por rei, tragam--nos
aqui e os executem na minha presença!' ".

28 Depois de dizer isso, Yeshua continuou a trilhar seu caminho, subindo a
Yerushalayim. 29 Quando se aproximaram de Beit-Pagei e de Beit-Anyah, perto do
monte das Oliveiras, ele enviou dois *talmidim*, 30 com as seguintes instruções: "Vão
à aldeia que está adiante e, ao entrarem nela, encontrarão um jumento amarrado,
que nunca foi montado. Desamarrem-no e o tragam aqui. 31 Se alguém lhes pergun-
tar por que o estão desamarrando, digam-lhe: 'O Senhor precisa dele' ". 32 Os que
foram enviados encontraram tudo como ele lhes dissera. 33 Enquanto desamarra-
vam o jumento, seus donos lhes disseram: "Por que vocês estão desamarrando
o jumento?", e eles disseram: "Porque o Senhor precisa dele". 35 Eles o levaram a

Yeshua; e, colocando suas capas sobre o jumento, Yeshua montou nele. 36 À medida
que passava, as pessoas iam atapetando o caminho com as roupas; 37 e, assim que
ele se aproximou de Yerushalayim, onde as ruas descem do monte das Oliveiras,
todo o grupo de *talmidim* começou a cantar e a louvar a Deus a plenos pulmões por
todas as obras poderosas que haviam visto:

38 **"Bendito é** o Rei **que vem em nome de** ***Adonai*****!"**,[b]
"*Shalom* no céu!"

e

"Glória nas alturas!".

39 Alguns dos *p'rushim* que estavam entre a multidão lhe disseram: "*Rabbi*, repre-
enda seus *talmidim*!". 40 Mas ele lhes respondeu: "Digo-lhes que, se eles se calarem,
as pedras clamarão!".

41 Quando Yeshua chegou mais perto e pôde ver a cidade, chorou por causa
dela, 42 dizendo: "Hoje, se você apenas soubesse o que é necessário para a *sha-
lom*! Mas agora isso lhe foi ocultado. 43 Virão dias em que seus inimigos cons-
truirão barricadas contra você, a rodearão e a cercarão de todos os lados. 44 E a
lançarão por terra, com você e seus filhos dentro dos muros, sem deixar pedra
sobre pedra, e tudo porque você não reconheceu a oportunidade que Deus lhe
concedeu!".

45 Então Yeshua entrou na área do templo e começou a expulsar os que realiza-
vam negócios ali, 46 dizendo-lhes: "O *Tanakh* diz: **'Minha casa deve ser uma casa
de oração'**,[c] mas vocês a transformaram em um **covil de ladrões**!".[d]

47 Todos os dias, ele ensinava no templo. Os principais *kohanim*, os mestres
da *Torah* e os líderes do povo tentavam encontrar uma forma de lhe tirar a vida;
48 mas não foram capazes de encontrar um meio de fazê-lo, porque todo o povo se
apegava às suas palavras.

20 1 Certo dia, quando Yeshua estava ensinando o povo no templo, tornando
conhecidas as boas-novas, os principais *kohanim* e os mestres da *Torah*,
aliados aos anciãos, aproximaram-se dele 2 e disseram: "Diga-nos: que *s'mikhah*
você tem que lhe autoriza a fazer estas coisas? Quem lhe deu essa *s'mikhah*?".
3 Ele respondeu: "Eu também lhes farei uma pergunta. Digam-me: 4 a imersão de
Yochanan era do céu ou dos homens?". 5 Eles discutiam entre si, dizendo: "Se
dissermos 'do céu', ele perguntará: 'Então por que vocês não creram nele?'. 6 Mas
se dissermos 'dos homens', todo o povo nos apedrejará, porque estão conven-
cidos de que Yochanan era um profeta". 7 Então responderam: "Não sabemos de
onde ela era". 8 Yeshua lhes disse: "Então não lhes direi com que *s'mikhah* faço
estas coisas".

9 A seguir, Yeshua contou às pessoas esta parábola: "Um homem plantou uma
vinha, arrendou-a a umas pessoas e foi embora durante um longo tempo. 10 Quan-
do chegou o momento, enviou seu servo aos arrendatários para receber a parte
da colheita da vinha; mas os arrendatários bateram nele e o mandaram embora de
mãos vazias. 11 Ele enviou outro servo; bateram também nele, insultaram-no e o
mandaram embora de mãos vazias. 12 Ele enviou o terceiro servo; a este, feriram e
lançaram fora.

[b] *Tehillim* [Sl] 118.26 [c] *Yesha'yahu* [Is] 56.7 [d] *Yirmeyahu* [Jr] 7.11

[13]"Então o dono da vinha disse: 'O que devo fazer? Enviarei meu filho, a quem amo; talvez eles o respeitem'. [14]Mas, quando os arrendatários o viram, discutiram entre si e disseram: 'Este é o herdeiro; vamos matá-lo, para que a herança seja nossa!'. [15]E eles o lançaram fora da vinha e o mataram. "O que o dono da vinha fará àquelas pessoas?. [16]Ele virá e dará cabo desses arrendatários e dará a vinha a outro!". Quando as pessoas ouviram isso, disseram: "Deus não permita!". [17]Yeshua, entretanto, olhando para cada um deles, disse: "Então por que está escrito no *Tanakh*:

> **'A pedra que os construtores rejeitaram**
> **se tornou a pedra angular?'.**[e]

[18] Quem cair sobre essa pedra será partido em pedaços; mas, se ela cair sobre alguém, essa pessoa será reduzida a pó!".

[19]Os mestres da *Torah* e os principais *kohanim* gostariam de tê-lo agarrado naquele mesmo momento, porque sabiam ser o objeto dessa parábola, mas tiveram medo do povo.

[20]Então eles começaram a observá-lo de perto. Enviaram espiões que de forma hipócrita se passavam por justos, para que pudessem apanhar Yeshua em alguma coisa que dissesse, como desculpa para entregá-lo à jurisdição e autoridade do governador. [21]Eles lhe formularam a seguinte *sh'eilah*: "*Rabbi*, sabemos que você fala e ensina o que é correto, sem demonstrar parcialidade, mas ensina de fato o caminho de Deus. [22]A *Torah* permite o pagamento de impostos ao imperador romano ou não?". [23]Mas ele, percebendo a astúcia, disse-lhes: [24]"Mostrem-me um denário! O nome e a figura de quem estão gravados nele?". Eles responderam: "Do imperador". [25]"Então", ele lhes disse: "deem ao imperador o que pertence ao imperador. E deem a Deus o que pertence a Deus!". [26]Eles foram incapazes de apanhá-lo em algo dito em público; na verdade, ficaram admirados com sua resposta e permaneceram em silêncio.

[27]Alguns *tz'dukim*, que dizem não haver ressurreição, foram até Yeshua [28]e lhe propuseram uma *she'ilah*: "*Rabbi*, Mosheh escreveu-nos que, **se um homem morrer deixando a mulher sem filhos, seu irmão deve se casar com a viúva e ter filhos para preservar a linhagem familiar'**.[f] [29]Havia sete irmãos. O primeiro se casou e morreu sem deixar filhos; [30]o mesmo aconteceu com o segundo. [31]O terceiro se casou com ela e, por fim, todos os sete. [32]Depois de tudo isso, a mulher também morreu. [33]Na ressurreição, ela será esposa de quem? Porque todos os sete se casaram com ela".

[34]Yeshua lhes disse: "Nesta era, homens e mulheres se casam, [35]mas os que forem considerados dignos da era por vir, e da ressurreição dos mortos, não se casarão, [36]porque não podem mais morrer. Sendo filhos da ressurreição, são semelhantes aos anjos; com efeito, são filhos de Deus.

[37]"Até mesmo Mosheh demonstrou que os mortos são ressuscitados. Na passagem a respeito da sarça, ele chama ADONAI **'o Deus de Avraham, o Deus de Yitz'chak e o Deus de Ya'akov'**.[g] [38]Ele não é Deus dos mortos, mas dos vivos — para ele, todos estão vivos!".

[39]Alguns dos mestres da *Torah* responderam: "Boa resposta, *rabbi*!". [40]E ninguém mais ousava lhe propor uma *she'ilah*. [41]Então ele lhes disse: "Como as pessoas

[e] *Tehillim* [Sl] 118.22 [f] *D'varim* [Dt] 25.5,6 [g] *Sh'mot* [Êx] 3.6

podem dizer que o Messias é filho de David? 42 Porque o próprio David diz no livro
de Salmos:

43 **“ ‘Adonai disse a meu Senhor:**
Sente-se à minha direita
até que eu ponha os inimigos como estrado para seus pés’.[h]

44 David, portanto, o chama ‘Senhor’. Então como é que ele pode ser filho de David?”.
45 Quando todo o povo o ouvia, Yeshua disse aos *talmidim*: 46 “Cuidado com
o tipo de mestre da *Torah* que gosta de andar com roupas especiais e receber
cumprimentos diferenciados nas praças de mercado e ter lugares especiais nas
sinagogas e de honra nos banquetes, 47 gente do tipo que devora a casa das viúvas
enquanto faz longas preces. A punição dessa gente será a mais rigorosa!”.

21 1 Então Yeshua olhou e prestou atenção às pessoas ricas que depositavam
dinheiro nas caixas de oferta do templo. 2 Viu também uma viúva pobre
colocando duas moedas de pequeno valor. 3 Ele disse: “Eu lhes digo a verdade: esta
viúva pobre colocou na caixa mais que todos os outros. 4 Porque todos eles, de suas
posses, contribuíram com uma quantia que puderam poupar facilmente; mas ela,
de sua pobreza, deu tudo o que tinha para sobreviver”.
5 Algumas pessoas estavam comentando como o templo era adornado com lin-
das pedras e dádivas dedicadas a Deus; mas ele disse: 6 “Está vindo o tempo em que
tudo o que vocês veem aqui será totalmente destruído — nem uma pedra ficará
no lugar!”. 7 Eles lhe perguntaram: “*Rabbi*, se é assim, quando acontecerão essas
coisas? E qual sinal nos mostrará que elas estão para acontecer?”. 8 Ele respondeu:
“Cuidado, não sejam enganados! Porque muitos virão em meu nome, dizendo: ‘Sou
eu!’ e ‘O tempo está próximo!’. Não os sigam. 9 E quando vocês ouvirem falar de
guerras e revoluções, não tenham medo. Essas coisas precisam acontecer primeiro,
mas o fim não virá imediatamente”.
10 Então lhes disse: “Povos lutarão uns contra os outros, nações lutarão entre si,
11 haverá grandes terremotos, epidemias e fomes em vários lugares, e aconteciment-
tos terríveis e grandes sinais provenientes do céu. 12 Mas, antes de tudo isso, eles
prenderão e perseguirão vocês, entregando-os às sinagogas e prisões, e vocês serão
levados à presença de reis e governantes por minha causa. 13 Isso lhes dará a opor-
tunidade de testemunhar. 14 Mas convençam-se de uma vez de que não devem se
preocupar com o que dirão para sua defesa; 15 pois eu mesmo lhes darei eloquência
e sabedoria que nenhum adversário será capaz de resistir ou refutar. 16 Vocês serão
traídos até por pais, irmãos, parentes e amigos; alguns de vocês serão mortos; 17 to-
dos odiarão vocês por minha causa. 18 Contudo, nenhum fio de cabelo da cabeça de
vocês se perderá. 19 Vocês salvarão a própria vida permanecendo firmes.
20 “Quando virem, porém, Yerushalayim rodeada de exércitos, saberão que ela
está para ser destruída. 21 Quem estiver em Y’hudah deve fugir para os montes,
quem estiver na cidade deve sair, e quem estiver no campo não entre na cidade.
22 Pois esses são os dias da vingança, quando tudo o que foi escrito no *Tanakh*
deve se cumprir. 23 Que tempo terrível será para as grávidas e as lactantes! Haverá
grande aflição na Terra e juízo contra este povo. 24 Alguns cairão ao fio da espada,
outros serão levados a todas as nações dos *goyim*, e Yerushalayim será pisada pe-
los *goyim*, até que a era deles chegue ao fim.

h *Tehillim* [Sl] 110.1

25 “Aparecerão sinais no sol, na lua e nas estrelas. Na terra, as nações ficarão angustiadas e atordoadas por causa do som e das ondas do mar. 26 As pessoas desmaiarão de medo pela expectativa do que acontecerá com o mundo; porque **os poderes no céu serão abalados.**[i] 27 E então eles verão **o Filho do Homem vindo em uma nuvem** com tremendo poder e glória.[j] 28 Quando essas coisas começarem a acontecer, levantem-se e ergam a cabeça, porque vocês estarão próximos da libertação!”.

29 Então ele lhes contou uma parábola: “Observem a figueira e todas as árvores. 30 Assim que surgem os brotos, vocês podem ver por si mesmos que o verão está próximo. 31 Da mesma forma, quando virem estas coisas acontecendo, saibam que o Reino de Deus está próximo! 32 Sim, eu lhes digo que este povo certamente não passará antes de tudo isso acontecer. 33 Céu e terra passarão, mas as minhas palavras com certeza não passarão.

34 “Cuidem de si mesmos, ou o coração de vocês se sobrecarregará com libertinagem, bebedeira e com as preocupações da vida cotidiana, e aquele dia virá sobre vocês inesperadamente, como uma armadilha! 35 Porque ele virá sobre todos os que vivem na face de toda a terra, não importa onde vivam, em todo o mundo. 36 Fiquem alertas e orem sempre para que tenham a força e escapem de todas as coisas que acontecerão, e fiquem em pé na presença do Filho do Homem”.

37 Yeshua passava seus dias no templo, ensinando; e, à noite, ele saía e ficava no lugar chamado monte das Oliveiras. 38 Todo o povo ia de manhã cedo ouvi-lo no pátio do templo.

22 1 Aproximava-se a festa da *matzah*, conhecida por *Pesach*, 2 e os principais *kohanim* e os mestres da *Torah* procuravam um meio de se livrar de Yeshua, porque temiam o povo.

3 A essa altura, o Adversário entrou em Y’hudah de K’riot, um dos Doze. 4 Ele se aproximou dos principais *kohanim* e da guarda do templo e tratou com eles sobre como lhes poderia entregar Yeshua. 5 Eles ficaram contentes, e lhe ofereceram dinheiro. 6 Ele consentiu e começou a procurar uma boa oportunidade para entregar Yeshua sem o conhecimento do povo.

7 Então chegou o dia da *matzah*, em que o cordeiro pascal tinha de ser morto. 8 Yeshua enviou Kefa e Yochanan, instruindo-os: “Vão e preparem nosso *seder*, para que o comamos”. 9 Eles lhe perguntaram: “Onde você quer que o preparemos?”. 10 Ele lhes disse: “Ao entrarem na cidade, vocês encontrarão um homem carregando um pote de água. Sigam-no até a casa em que ele entrar 11 e digam ao proprietário: ‘O *Rabbi* lhe diz: Onde é o salão de hóspedes no qual comerei a refeição de *Pesach* com meus *talmidim*?’. 12 Ele lhes mostrará uma ampla sala no andar superior, toda mobiliada; façam os preparativos ali”. 13 Eles foram, e encontraram tudo como Yeshua lhes tinha dito, e prepararam o *seder*.

14 Quando chegou a hora, Yeshua e os emissários se reclinaram à mesa, 15 e ele lhes disse: “Desejei muito celebrar este *seder* com vocês antes da minha morte! 16 Pois lhes digo: eu não a celebrarei outra vez até que ela receba o significado pleno no Reino de Deus”.

17 Então, pegando um cálice de vinho, disse uma *b’rakhah* e falou: “Peguem isto e partilhem entre si. 18 Porque eu lhes digo que de agora em diante não beberei o ‘fruto da videira’ até que venha o Reino de Deus”. 19 Também, pegando um pedaço

[i] *Hagai* [Ag] 2.6,21 [j] *Dani’el* [Dn] 7.13,14

de *matzah*, disse a *b'rakhah*, partiu-a e, dando a eles, disse: "Isto é meu corpo, dado por vocês; façam isto em memória de mim". 20 Ele fez o mesmo com o cálice após a refeição, dizendo: "Este cálice é a Nova Aliança, confirmada pelo meu sangue, derramado por vocês.

21 "Mas vejam! A pessoa que me trai está aqui, à mesa, comigo! 22 O Filho do Homem morrerá, de acordo com o plano de Deus, mas ai do homem por quem ele está sendo traído!". 23 Eles começaram a perguntar entre si qual deles faria aquilo.

24 Surgiu também uma discussão entre eles, acerca de qual deles era considerado o maior. 25 Mas Yeshua lhes disse: "Os reis dos *goyim* são os senhores deles; e os que detêm autoridade sobre eles recebem o título de 'benfeitor'. 26 Mas não será assim com vocês! Ao contrário, que o maior entre vocês se torne como o mais jovem, e o que governa seja igual a quem serve. 27 Pois quem é maior: o que está reclinado à mesa ou o que serve? É aquele que está reclinado à mesa, não é? Entretanto, eu mesmo estou entre vocês como quem serve.

28 "Vocês permaneceram a meu lado durante minhas provações. 29 Da mesma forma que o Pai me deu o direito de governar, eu lhes dou uma ordem, 30 isto é, que comam e bebam à minha mesa no Reino e que se sentem em tronos para julgar as doze tribos de Yisra'el.

31 "Shim'on, Shim'on, ouça! O Adversário pediu vocês para si, para peneirá-los como trigo! 32 Mas eu orei por você, Shim'on, para que sua confiança não falhe. E você, assim que tiver voltado para Deus, arrependido, fortaleça seus irmãos!". 33 Shim'on lhe disse: "Senhor, estou pronto para ir com você para a prisão e para a morte!". 34 Yeshua respondeu: "Eu lhe digo, Kefa, o galo não cantará hoje até que você tenha negado que me conhece três vezes".

35 Yeshua lhes disse: "Quando eu os enviei sem bolsa, saco de viagem ou sapatos, vocês sentiram falta de alguma coisa?". "De nada", responderam eles. 36 "Mas agora", ele disse, "se vocês têm bolsa, levem-na, e também o saco de viagem; e se não têm espada, vendam a capa e comprem uma. 37 Porque eu lhes digo isto: a passagem do *Tanakh* em que está escrito: **'Ele foi contado com os transgressores'**[k] tem de se cumprir em mim; pois o que está acontecendo comigo tem um propósito". 38 Eles disseram: "Veja, Senhor, há duas espadas aqui!". "É o suficiente!", respondeu ele.

39 Saindo dali, Yeshua foi como de costume para o monte das Oliveiras; e os *talmidim* o seguiram. 40 Chegando ao lugar, ele lhes disse: "Orem para que vocês não sejam provados". 41 Afastou-se deles à distância equivalente ao arremesso de uma pedra, ajoelhou-se e orou: 42 "Pai, se queres, afasta de mim este cálice; contudo, não seja feita a minha vontade, mas a tua". 43 Apareceu-lhe então um anjo do céu para fortalecê-lo, 44 e com muita angústia ele orou intensamente, de forma que seu suor era como gotas de sangue que caíam ao chão. 45 Levantando-se da oração e indo aos *talmidim*, encontrou-os dormindo por causa da tristeza. 46 Ele lhes disse: "Por que estão dormindo? Levantem-se e orem para que não sejam provados!".

47 Enquanto ele ainda falava, apareceu uma multidão conduzida por Y'hudah, um dos Doze. Este se aproximou de Yeshua para beijá-lo, 48 mas Yeshua lhe disse: "Y'hudah, você está traindo o Filho do Homem com um beijo?". 49 Quando seus seguidores viram o que ia acontecer, disseram: "Senhor, devemos usar nossas espadas?". 50 Um deles golpeou o escravo do *kohen hagadol*, decepando-lhe a orelha direita. 51 Yeshua, porém, respondeu: "Basta!". E, tocando na orelha do homem, o curou.

---

[k] *Yesha'yahu* [Is] 53.12

52 Então Yeshua disse aos principais *kohanim*, aos oficiais da guarda do templo
e aos anciãos que tinham vindo procurá-lo: “Vocês vieram me prender com espadas
e varas do mesmo jeito que fariam com o líder de uma rebelião? 53 Todos os dias
estive com vocês no pátio do templo, contudo não me prenderam. Mas esta é a hora
de vocês, a hora em que as trevas reinam”.

54 Então o prenderam e levaram à casa do *kohen hagadol*. Kefa os seguia a dis-
tância; 55 mas, quando acenderam um fogo no meio do pátio e se sentaram ao
redor dele, Kefa se uniu a eles. 56 Uma criada o viu sentado ali à luz do fogo. Olhou
fixamente para ele e disse: “Este homem também estava com ele”. 57 Mas ele negou:
“Senhora, jamais o conheci”. 58 Um pouco depois, um homem o viu e disse: “Você
também é um deles”; mas Kefa disse: “Homem, não sou!”. 59 Cerca de uma hora
depois, outro homem afirmou enfaticamente: “Não há dúvida de que este homem
estava com ele, pois também é da Galil!”. 60 Mas Kefa respondeu: “Homem, não sei
do que você está falando!”. Nesse mesmo instante, enquanto falava, um galo can-
tou. 61 O Senhor se voltou e olhou diretamente para Kefa; e Kefa se lembrou do que
o Senhor dissera: “Antes que o galo cante hoje, você me negará três vezes”. 62 E ele
saiu dali e chorou amargamente.

63 Enquanto isso, os homens que detinham Yeshua começaram a zombar dele.
Batiam nele, 64 cobriam seus olhos e perguntavam: “ ‘Profetize’ agora! Quem lhe
bateu desta vez?”. 65 E lhe dirigiam muitas outras palavras de insulto.

66 Ao amanhecer, reuniu-se o concílio dos anciãos, incluindo os principais *kohanim*
e os mestres da *Torah*, e Yeshua foi levado ao *Sanhedrin*, onde disseram: 67 “Se você
é o *Mashiach*, diga-nos”. Ele respondeu: “Se eu lhes disser, vocês não acreditarão
em mim; 68 e se eu lhes perguntar, vocês não responderão. 69 Mas de agora em diante
o Filho do Homem estará **assentado à direita de** ***HaG'vurah***”.[1] 70 Todos eles disse-
ram: “Então isso significa que você é o Filho de Deus?”. E ele lhes respondeu: “Vocês
dizem que eu sou”. 71 Eles afirmaram: “Por que precisamos de mais testemunhas?
Acabamos de ouvir isso de sua boca!”.

23 1 Com isso, todo o *Sanhedrin* se levantou e levou Yeshua até Pilatos, 2 onde
começaram a acusá-lo: “Encontramos este homem subvertendo nossa na-
ção, proibindo-nos de pagar impostos ao imperador e alegando ser o Messias, um
rei!”. 3 Pilatos lhe perguntou: “Você é o rei dos judeus?”. E ele respondeu: “As pala-
vras são suas”. 4 Pilatos disse aos principais *kohanim* e à multidão: “Não encontro
motivo para acusar este homem”. 5 Mas eles insistiam: “Ele incita o povo com seu
ensino por toda a Y'hudah: começou na Galil e agora está aqui!”. 6 Ouvindo isso,
Pilatos perguntou se o homem era da Galil; 7 e, quando ficou sabendo que era da
jurisdição de Herodes, enviou-o a Herodes, que também estava em Yerushalayim
naqueles dias.

8 Herodes se deleitou ao ver Yeshua, porque ouvira a seu respeito e deseja-
va encontrá-lo havia muito; na verdade, esperava vê-lo realizar algum milagre.
9 Interrogou-o com muitas perguntas, mas Yeshua nada respondeu. 10 Contudo,
os principais *kohanim* e os mestres da *Torah* estavam ali, acusando-o com vee-
mência. 11 Herodes e seus soldados trataram Yeshua com desdém e zombaram
dele. A seguir, vestiram-no com uma capa elegante e o enviaram de volta a Pilatos.
12 Naquele dia, Herodes e Pilatos se tornaram amigos. Eles haviam sido anterior-
mente inimigos.

1 *Tehillim* [Sl] 110.1

13 Pilatos convocou os principais *kohanim*, os líderes e o povo, 14 e lhes disse: "Vocês trouxeram este homem até mim com a acusação de que ele subverte o povo. Eu o examinei na presença de vocês e não o achei culpado do crime do qual o acusaram. 15 Tampouco Herodes, porque ele o enviou de volta para nós. Tornou-se claro que ele não fez nada merecedor de morte. 16 Portanto, mandarei açoitá-lo e o liberarei". 17[m] 18 A uma só voz, porém, eles gritaram: "Acabe com ele! Queremos Bar--Abba!". 19 (Ele fora lançado na prisão por ter causado uma rebelião na cidade e por assassinato.) 20 Pilatos tentou interceder outra vez, porque desejava soltar Yeshua. 21 Mas eles gritaram: "Execute-o em uma estaca! Execute-o em uma estaca!". 22 Pela terceira vez, ele lhes perguntou: "Mas o que este homem fez de errado? Não encontrei nenhuma razão para condená-lo à morte. Vou mandar açoitá-lo e depois o soltarei". 23 Mas eles continuaram gritando insistentemente, pedindo que ele fosse executado em uma estaca; e a gritaria prevaleceu. 24 Pilatos decidiu conceder-lhes o pedido. 25 Libertou o homem que havia sido lançado na prisão por rebelião e assassinato, aquele a quem pediram; e Yeshua foi entregue à vontade deles.

26 Quando os soldados romanos levavam Yeshua, agarraram um homem de Cirene chamado Shim'on, que estava a caminho do campo. Colocaram a estaca de execução nas costas dele e o fizeram carregá-la atrás de Yeshua. 27 Um grande número de pessoas o seguia, incluindo mulheres que choravam e lamentavam por ele. 28 Yeshua se voltou e disse-lhes: "Filhas de Yerushalayim, não chorem por mim; chorem por si mesmas e por seus filhos! 29 Porque chegará o tempo em que as pessoas dirão: 'Felizes as estéreis, os ventres que nunca geraram e os seios que nunca amamentaram!'. 30 Então

> **eles dirão às montanhas: 'Caiam sobre nós!'**
> **e às colinas: 'Cubram-nos!'.**[n]

31 Porque, se eles fazem essas coisas quando a madeira está verde, o que acontecerá quando ela estiver seca?".

32 Dois outros homens, ambos criminosos, também foram levados para a execução com ele. 33 Quando chegaram ao lugar chamado Caveira, ali o pregaram na estaca, com os criminosos, um à direita e o outro à esquerda. 34 Yeshua disse: "Pai, perdoa-lhes; eles não entendem o que estão fazendo".

Eles dividiram suas roupas lançando sortes.[o] 35 O povo ficou **observando**, e as autoridades **zombavam** dele.[p] "Salvou os outros", diziam; "salve-se a si mesmo, se é o Messias, o Eleito de Deus". 36 Os soldados, aproximando-se, também zombavam dele; aproximaram-se, ofereceram **vinagre**[q] 37 e disseram: "Se você é o rei dos judeus, salve a si mesmo!". 38 Havia uma inscrição acima dele, que dizia:

ESTE É
O REI DOS JUDEUS.

39 Um dos criminosos que estava dependurado lançava-lhe insultos: "Você não é o Messias? Salve-se a si mesmo e a nós!". 40 Mas o outro o repreendeu, dizendo: "Você não teme a Deus? Você está sendo punido da mesma forma que ele. 41 No nosso caso, a punição é justa; estamos recebendo o que merecemos por nossos atos. Mas este homem não fez nada de errado". 42 Então exclamou: "Yeshua, lembre-se

[m] Alguns manuscritos apresentam o versículo 17: "Era-lhe solicitado que soltasse um homem durante a festa". [n] *Hoshe'a* [Os] 10.8 8 [o] *Tehillim* [Sl] 22.19(18) [p] *Tehillim* [Sl] 22.8(7) [q] *Tehillim* [Sl] 69.22(21)

de mim quando vier como Rei". 43 Yeshua lhe disse: "Sim, eu lhe prometo que você estará hoje comigo no Gan-'Eden".

44 Já era quase meio-dia, e trevas cobriram toda a Terra até as três horas da tarde; 45 o sol não brilhou. Também a *parokhet* do templo se rasgou ao meio. 46 Gritando, Yeshua disse: **"Pai, nas tuas mãos entrego meu espírito"**.[r] Com essas palavras, rendeu o espírito.

47 Quando o oficial romano viu o que acontecera, começou a louvar a Deus, dizendo: "Certamente este homem era inocente!". 48 E todo o povo que se havia juntado para assistir ao espetáculo, ao ver isso começou a bater no peito e a se afastar. 49 Todos os seus amigos, incluindo as mulheres que o acompanharam desde a Galil, ficaram a distância; todos observaram essas coisas.

50 Havia um homem chamado Yosef, membro do *Sanhedrin*. Ele era um bom homem, um *tzaddik*; 51 e não concordara com a motivação do *Sanhedrin* ou com sua ação. Veio da cidade de Ramatayim, em Y'hudah, e esperava pelo Reino de Deus.

52 Esse homem se aproximou de Pilatos e pediu o corpo de Yeshua. 53 Tirou-o da estaca, envolveu-o em um lençol de linho e o colocou em um sepulcro cavado na rocha, que nunca fora usado.

54 Era o dia da preparação, e o *shabbat* estava para começar. 55 As mulheres que vieram com Yeshua desde a Galil o seguiram; elas viram o túmulo e como o corpo fora colocado nele. 56 Então voltaram para casa a fim de preparar fragrâncias e unguentos. No *shabbat*, as mulheres descansaram, em obediência ao mandamento.

24 1 No primeiro dia da semana, de manhã bem cedo, as mulheres levaram ao sepulcro as fragrâncias e os unguentos que haviam preparado 2 e encontraram a pedra do sepulcro removida! 3 Quando entraram, descobriram que o corpo do Senhor Yeshua havia sumido. 4 Estavam paradas ali, sem saber o que pensar, quando, repentinamente, dois homens com roupas extremamente brilhantes apareceram ao lado delas. 5 Tomadas de terror, prostraram-se com o rosto em terra. Os dois homens lhes disseram: "Por que vocês estão procurando pelo vivo entre os mortos? 6 Ele não está aqui; ressuscitou. Lembrem-se do que lhes disse quando ainda estava com vocês na Galil: 7 'O Filho do Homem deve ser entregue nas mãos de homens pecadores e ser executado em uma estaca como um criminoso; então no terceiro dia ressurgirá' ". 8 Então elas se lembraram das palavras dele; 9 e, voltando do sepulcro, contaram tudo aos Onze e aos demais. 10 As mulheres que contaram essas coisas aos emissários foram Miryam de Magdalah, Yochanah e Miryam, mãe de Ya'akov, e as outras que estavam com elas.

11 Mas os emissários não acreditaram; na verdade, pensaram que todas as palavras delas eram completamente absurdas. 12 Kefa, todavia, levantou-se e correu ao sepulcro. Abaixando-se, viu apenas as faixas de linho e foi para casa pensando no que acontecera.

13 No mesmo dia, dois deles estavam indo a uma aldeia, à distância de quase onze quilômetros de Yerushalayim, chamada Amma'us, 14 E estavam conver-sando a respeito de tudo o que havia acontecido. 15 Enquanto conversavam e discutiam, o próprio Yeshua se aproximou e começou a caminhar com eles, 16 mas algo os impediu de o reconhecerem. 17 Ele lhes perguntou: "Sobre o que vocês estão discutindo enquanto caminham?". Eles pararam, com o rosto entristecido; 18 um deles, chamado Cleopas, perguntou-lhe: "Você é a única pessoa em Yerushalayim que não sabe o que aconteceu nos últimos dias?". 19 "O quê?", perguntou ele. Eles lhe disseram:

[r] *Tehillim* [Sl] 31.6(5)

"Os fatos relativos a Yeshua de Natzeret. Ele era um profeta e o provou por meio das coisas que realizou e disse perante Deus e à vista de todo o povo. 20 Nossos principais *kohanim* e nossas autoridades o entregaram para ser condenado à morte e executado em uma estaca como um criminoso. 21 E nós esperávamos que ele fosse o libertador de Yisra'el! Além disso, hoje é o terceiro dia desde que tudo isso aconteceu; 22 e hoje de manhã, algumas mulheres nos assustaram. Foram bem cedo ao sepulcro 23 e não acharam o corpo dele, por isso voltaram. Mas elas também relataram uma visão de anjos que lhes disseram que ele está vivo! 24 Alguns dos nossos amigos foram ao sepulcro e encontraram tudo exatamente como as mulheres tinham dito, mas não o viram".

25 Ele lhes disse: "Pessoas tolas! Tão desprovidas do desejo de depositar sua confiança em tudo o que os profetas falaram! 26 O Messias não tinha de morrer antes de entrar na glória?". 27 Então, começando por Mosheh e por todos os profetas, explicou-lhes as coisas que podem ser encontradas em todo o *Tanakh* a respeito dele.

28 Eles se aproximaram da aldeia à qual se dirigiam. Ele fez como quem ia mais adiante. 29 Mas eles insistiram muito, dizendo: "Fique conosco, porque já é quase noite, está escurecendo". Então entrou para ficar com eles. 30 Ao reclinar à mesa com eles, pegou a *matzah*, disse a *b'rakhah*, partiu-a e a deu a eles. 31 Então os olhos deles foram abertos, e o reconheceram. Mas ele se tornou invisível. 32 Eles disseram um ao outro: "Nosso coração não queimava enquanto ele nos falou no caminho expondo-nos o *Tanakh*?".

33 Levantaram-se, voltaram a Yerushalayim e encontraram os Onze reunidos com seus amigos, 34 dizendo: "É verdade! O Senhor ressuscitou! Shim'on o viu!". 35 Então os dois contaram o que tinha acontecido no caminho e como Yeshua fora reconhecido por eles quando partiu a *matzah*.

36 Enquanto falavam sobre isso, o próprio Yeshua apareceu entre eles! 37 Assustados e com medo, pensavam ver um fantasma. 38 Mas ele lhes disse: "Por que vocês estão perturbados? Por que essas dúvidas estão no interior de vocês? 39 Vejam minhas mãos e meus pés, sou eu mesmo! Toquem-me e vejam: um fantasma não tem carne nem ossos, como vocês percebem que eu tenho". 40 Tendo dito isso, mostrou-lhes as mãos e os pés. 41 E por não crerem ainda, tão cheios estavam de alegria e de espanto, ele lhes disse: "Vocês têm aqui algo para comer?". 42 Eles lhe deram um pedaço de peixe assado, 43 e ele o comeu na presença deles.

44 Yeshua lhes disse: "Por isso eu lhes falei enquanto ainda estava com vocês: Tudo o que estava escrito a meu respeito na *Torah* de Mosheh, nos Profetas e nos Salmos tinha de ser cumprido". 45 Então lhes abriu o entendimento, para que pudessem entender o *Tanakh*. 46 E lhes disse: "Eis o que ele diz: o Messias deve sofrer e ressuscitar dos mortos no terceiro dia; 47 em seu nome seria anunciado o perdão de pecados aos povos de todas as nações, começando por Yerushalayim. 48 Vocês são testemunhas destas coisas. 49 Agora eu lhes envio a promessa de meu Pai; portanto, fiquem aqui na cidade até serem equipados com o poder do alto".

50 Ele os levou na direção de Beit-Anyah. Então ergueu as mãos, disse uma *b'rakah* a favor deles, 51 e, enquanto os abençoava, foi retirado dentre eles e levado ao céu. 52 Eles se curvaram em sinal de adoração e voltaram para Yerushalayim com grande alegria. 53 E permaneciam constantemente na área do templo, louvando a Deus.

הבשורה על־פי יוחנן

As boas-novas sobre Yeshua, o Messias, contadas por

Yochanan

[João]

1 1 No princípio era a Palavra,
e a Palavra estava com Deus,
e a Palavra era Deus.
2 Ele estava com Deus no princípio.
3 Todas as coisas vieram à existência por meio dele,
e sem ele, nada do que foi feito veio a existir.

4 Nele estava a vida,
e a vida era a luz da humanidade.
5 A luz brilha nas trevas,
e as trevas não a suprimiram.

6 Houve um homem enviado por Deus, chamado Yochanan. 7 Ele veio para ser tes-
temunha, para testificar acerca da luz; para que, por meio dele, todos pudessem
depositar confiança em Deus e lhe serem fiéis. 8 Ele próprio não era a luz; não, ele
veio como para dar testemunho a respeito da luz.

9 Esta era a luz verdadeira,
que ilumina todos os homens que entram no mundo.
10 Ele estava no mundo — o mundo foi feito por meio dele —,
entretanto o mundo não o conheceu.
11 Ele veio para sua terra natal;
mas seu povo não o recebeu.

12 No entanto, a todos que o receberam, aos que depositaram confiança na pessoa e
no poder dele, ele lhes deu o direito de se tornarem filhos de Deus, 13 não por causa
de linhagem, impulso físico, nem por vontade humana, mas por causa de Deus.

14 A Palavra se tornou um ser humano e viveu entre nós,
e vimos sua *Sh'khinah*,
a *Sh'khinah* do Filho único do Pai,
repleto de graça e verdade.

15 Yochanan testemunhou a respeito dele, ao exclamar: "Este é o homem de quem
falei, ao dizer: 'Aquele que vem depois de mim tem de tomar posição à minha fren-
te, porque existia antes de mim' ".

16 Todos nós recebemos de sua plenitude,
graça sobre graça.

17 Porque a *Torah* foi dada por intermédio de Mosheh;
a graça e a verdade vieram por intermédio de Yeshua, o Messias.

18 Ninguém jamais viu Deus; mas seu Filho único, que é idêntico a Deus e está ao
lado do Pai, ele o tornou conhecido.
19 Eis o testemunho de Yochanan: quando os habitantes de Y'hudah enviaram
kohanim e *l'vi'im*, de Yerushalayim, para lhe perguntarem "Quem é você?", 20 ele
foi muito sincero e declarou abertamente: "Eu não sou o Messias". 21 "Então quem
é você?", eles lhe perguntaram. "Você é Eliyahu?". "Não, não sou", ele disse. "Você
é 'o profeta', aquele por quem esperamos?". "Não", ele respondeu. 22 Então eles lhe
disseram: "Quem é você? — para que possamos dar uma resposta às pessoas que
nos enviaram. Que diz você a respeito de si mesmo?". 23 Ele respondeu com as pa-
lavras de Yesha'yahu, o profeta: "Eu sou

A voz de alguém clamando:
'No deserto, façam o caminho reto para *Adonai*' ".[a]

24 Algumas das pessoas enviadas eram *p'rushim*. 25 Eles lhe perguntaram: "Se você
não é o Messias, nem Eliyahu, nem 'o profeta', então por que você realiza a imersão
de pessoas?". 26 Respondeu-lhes Yochanan: "Eu realizo a imersão de pessoas em
água, mas entre vocês está alguém a quem não conhecem. 27 Ele é o que vem depois
de mim — não sou bom o suficiente nem para desamarrar sua sandália!". 28 Tudo
isso aconteceu em Beit-Anyah, a leste do Yarden, onde Yochanan estava imergindo.
29 No dia seguinte, Yochanan viu Yeshua vindo em sua direção e disse: "Vejam!
O Cordeiro de Deus! Aquele que tira o pecado do mundo! 30 Este é o homem a res-
peito de quem eu falava, ao dizer: 'Depois de mim, vem alguém que precisa passar
à minha frente, porque já existia antes de mim'. 31 Eu mesmo não sabia quem ele
era, mas a razão para eu ter realizado as imersões em água é para que ele pudes-
se ser conhecido em Yisra'el". 32 Então Yochanan deu este testemunho: "Eu vi o
Espírito descendo do céu como uma pomba e permanecer sobre ele. 33 Eu mesmo
não sabia quem ele era, mas aquele que me enviou para imergir em água me disse:
'Aquele sobre quem você vir o Espírito descer e permanecer, esse é o que imerge no
Ruach HaKodesh'. 34 Eu vi e testifico que este é o Filho de Deus".
35 No dia seguinte, Yochanan estava novamente com dois *talmidim*. 36 Ao ver
Yeshua passando, disse: "Vejam! É o Cordeiro de Deus!". 37 Os dois *talmidim* ouvi-
ram o que ele disse e seguiram Yeshua. 38 Yeshua virou-se e viu que os dois o se-
guiam, e lhes perguntou: "O que vocês estão procurando?". Eles disseram: "*Rabbi*"
(que significa "mestre"), "onde você está hospedado?". 39 Ele lhes disse: "Venham e
vejam". Então foram e viram onde ele estava, e permaneceram com ele o resto do
dia — isso aconteceu por volta das quatro horas da tarde. 40 Um deles, que ouviu
Yochanan e seguiu Yeshua era André, irmão de Shim'on Kefa.
41 A primeira coisa que ele fez foi encontrar seu irmão Shim'on e lhe dizer:
"Achamos o *Mashiach*!". (Essa palavra significa "o ungido".) 42 Ele o levou a Yeshua.
Olhando para ele, Yeshua disse: "Você é Shim'on Bar-Yochanan, e será conhecido
por Kefa". (Esse nome significa "pedra".)

a *Yesha'yahu* [Is] 40.3

43 No dia seguinte, Yeshua decidiu partir para a Galil. Encontrou Filipe e lhe disse: "Siga-me!". 44 Filipe era de Beit-Tzaidah, a cidade onde André e Kefa moravam. 45 Filipe encontrou Natan'el e lhe disse: "Achamos aquele sobre quem Mosheh escreveu na *Torah*, e também os Profetas: Yeshua Ben-Yosef, de Natzeret!". 46 Natan'el perguntou: "Natzeret? Pode vir alguma coisa boa de lá?". "Venha e veja", disse-lhe Filipe. 47 Yeshua viu Natan'el vindo em sua direção e fez um comentário a respeito dele: "Aí está um verdadeiro filho de Yisra'el — não há falsidade nele". 48 Natan'el lhe disse: "De onde você me conhece?". Yeshua respondeu: "Antes de Filipe chamar você, quando estava debaixo da figueira, eu o vi". 49 Natan'el disse: "*Rabbi*, você é o Filho de Deus! Você é o Rei de Yisra'el!". 50 Yeshua lhe respondeu: "Você crê em tudo isso só por eu ter dito que o vi debaixo da figueira? Você verá coisas maiores que essa!". 51 Então ele lhe disse: "Sim, é verdade! Eu lhes digo que verão o **céu** aberto e **os anjos de Deus subindo e descendo**[b] sobre o Filho do Homem!".

2 1 Dois dias depois, houve um casamento em Kanah da Galil; a mãe de Yeshua estava ali. 2 Yeshua e os *talmidim* também haviam sido convidados para o casamento. 3 O vinho acabou, e a mãe de Yeshua lhe disse: "Eles não têm mais vinho". 4 Yeshua respondeu: "Mãe, por que eu deveria me preocupar com isso? Ou você? Minha hora ainda não chegou". 5 Sua mãe disse aos servos: "Façam tudo o que ele lhes disser". 6 Havia seis potes de pedra para as purificações cerimoniais judaicas; cada pote continha 75 a 114 litros. 7 Yeshua lhes disse: "Encham os potes com água"; e eles os encheram até a borda. 8 Ele disse: "Agora, tirem um pouco e levem ao homem encarregado da festa"; e eles o levaram. 9 O encarregado da festa provou a água; ela havia sido transformada em vinho! Ele não sabia de onde esse viera, embora os servos que haviam tirado a água o soubessem. Então chamou o noivo 10 e lhe disse: "Todas as outras pessoas servem o melhor vinho em primeiro lugar, e o vinho de qualidade inferior só é servido depois de as pessoas terem bebido à vontade; mas você guardou o melhor vinho até agora!". 11 Este, o primeiro dos sinais miraculosos de Yeshua, foi realizado em Kanah da Galil; ele revelou sua glória, e os *talmidim* passaram a confiar nele. 12 Depois disso, ele, sua mãe, seus irmãos e seus *talmidim* se dirigiram a K'far-*Nachum* e permaneceram ali alguns dias.

13 Já era quase o tempo da festa de *Pesach* em Y'hudah; portanto, Yeshua subiu a Yerushalayim. 14 Na área do templo, encontrou alguns vendedores de bois, ovelhas e pombas, e outras pessoas assentadas diante de mesas, trocando dinheiro. 15 Ele fez um chicote de cordas e expulsou todos da área do templo, bem como as ovelhas e os bois. Virou as mesas dos cambistas, espalhando as moedas, 16 e disse aos que vendiam pombas: "Tirem essas coisas daqui! Como vocês ousam transformar a casa de meu Pai em um mercado?". 17 (Os *talmidim* se lembraram mais tarde do que o *Tanakh* diz: **"O zelo pela tua casa me devora"**.)[c] 18 Então os habitantes de Y'hudah o confrontaram, perguntando: "Que sinal miraculoso você pode nos mostrar para provar o direito de fazer tudo isso?". 19 Yeshua lhes respondeu: "Destruam este templo, e em três dias eu o levantarei". 20 Os habitantes de Y'hudah disseram: "Foram necessários quarenta e seis anos para construir este templo, e você vai levantá-lo em três dias?". 21 Mas o "templo" do qual ele falava era seu corpo. 22 Por isso, quando ressuscitou dos mortos, os *talmidim* se lembraram de que ele havia dito isso e confiaram no *Tanakh* e no que Yeshua dissera.

---

[b] *B'reshit* [Gn] 28.12 [c] *Tehillim* [Sl] 69.10(9)

[23] Enquanto estava em Yerushalayim, na festa de *Pesach*, havia muitas pessoas
que "creram no nome dele" ao ver os milagres que realizava. [24] Mas Yeshua não con-
fiava nelas, pois ele sabia como as pessoas eram — [25] isto é, ele não precisava que
ninguém lhe informasse a respeito de qualquer pessoa, pois ele sabia o que havia
no coração dela.

3 [1] Havia um homem entre os *p'rushim* chamado Nakdimon — um dos líderes dos
habitantes de Y'hudah. [2] Esse homem foi até Yeshua à noite e lhe disse: "*Rabbi*,
sabemos que você vem da parte de Deus como mestre, porque ninguém é capaz de
fazer os milagres que você realiza a menos que Deus esteja com ele". [3] "Isso é ver-
dade", Yeshua lhe respondeu. "Digo-lhe que a menos que uma pessoa nasça outra
vez, do alto, não pode ver o Reino de Deus".

[4] Nakdimon lhe disse: "Como pode uma pessoa adulta 'nascer'? Ela precisa vol-
tar ao ventre materno e nascer pela segunda vez?". [5] Yeshua respondeu: "Eu lhe
digo que a menos que a pessoa nasça da água e do Espírito, não pode entrar no
reino de Deus. [6] O que nasce da carne é carne, e o que nasce do Espírito é espírito.
[7] Pare de se admirar por eu lhe ter dito que vocês devem nascer outra vez — do alto!
[8] O vento sopra onde quer, e vocês ouvem o som, mas não sabem de onde vem nem
aonde vai. Assim é com quem nasceu do Espírito".

[9] Nakdimon perguntou: "Como isso pode acontecer?". [10] Yeshua lhe respondeu:
"Você tem o cargo de mestre em Yisra'el e não sabe disso? [11] Digo-lhe: falamos
do que conhecemos e damos testemunho do que vimos, mas vocês não aceitam
nosso testemunho! [12] Se vocês não acreditam em mim quando lhes digo das coisas
do mundo, como crerão quando lhes contar sobre as coisas do céu? [13] Ninguém
subiu ao céu; só uma pessoa desceu do céu: o Filho do Homem. [14] Do mesmo modo
que Mosheh levantou a serpente no deserto, assim deve ser levantado o Filho do
Homem; [15] para que todo que nele confia possa ter vida eterna.

[16] "Porque Deus amou tanto o mundo que deu seu Filho único, para que todo
que nele confia possa ter vida eterna, em vez de ser completamente destruído.
[17] Porque Deus não enviou seu Filho ao mundo para julgar o mundo; mas para que
por meio dele o mundo possa ser salvo. [18] Os que confiam nele não são julgados;
quem não confia já foi julgado, por não ter confiado naquele que é o Filho único
de Deus.

[19] Este é o juízo: A luz veio ao mundo, mas as pessoas amaram as trevas, em vez
da luz. Por quê? Porque suas ações eram ímpias. [20] Quem realiza coisas más odeia
a luz e a evita, para que suas ações não sejam expostas. [21] Mas quem realiza o que
é verdadeiro se aproxima da luz, para que todos possam ver que suas ações são
realizadas por meio de Deus".

[22] Depois disso, Yeshua e os *talmidim* se dirigiram à região de Y'hudah, onde
permaneceram por algum tempo e imergiam pessoas. [23] Yochanan também estava
imergindo em Einayim, perto de Shalem, porque havia muita água naquele lugar; e
as pessoas continuavam vindo para serem imersas. [24] (Isso foi antes do aprisiona-
mento de Yochanan.)

[25] Surgiu uma discussão entre os *talmidim* de Yochanan e os habitantes locais a
respeito da lavagem cerimonial, [26] e eles foram até Yochanan e lhe disseram: "*Rabbi*,
o homem que estava com você do outro lado do Yarden, a respeito de quem você
falou, está aqui, imergindo, e todos estão indo até ele!". [27] Yochanan respondeu:
"Ninguém pode receber nada, a não ser que lhe tenha sido dado do céu. [28] Vocês
mesmos podem confirmar que eu afirmei não ser o Messias, mas, sim, que fui

enviado à frente dele. 29 O noivo é o possuidor da noiva; porém o amigo do noivo, que o atende e ouve, enche-se de alegria ao som da voz do noivo. Portanto, minha alegria está agora completa. 30 Ele deve se tornar mais importante, e eu menos.

31 "Quem vem do alto está acima de todos. Quem é da terra pertence à terra e fala com uma conceituação terrena. Aquele que vem do céu está acima de todos. 32 Ele testifica sobre o que realmente viu e ouviu, contudo ninguém aceita o que ele diz! 33 Toda pessoa que aceita o que ele diz coloca seu selo de aprovação sobre o fato de que Deus é verdadeiro, 34 porque o enviado por Deus fala as palavras de Deus. Pois Deus não dá o Espírito em grau limitado — 35 o Pai ama o Filho e colocou todas as coisas em suas mãos. 36 Quem crê no Filho possui a vida eterna. Mas quem desobedece ao Filho não verá a vida, e permanece sujeito à ira de Deus".

4 1 Quando Yeshua ficou sabendo que os *p'rushim* ouviram falar que ele fazia mais *talmidim* que Yochanan, e os imergia 2 (embora não fosse o próprio Yeshua quem realizava a imersão, mas os *talmidim*), 3 Yeshua partiu de Y'hudah e voltou uma vez mais à Galil. 4 Isso significava que ele deveria atravessar a região de Shomron.

5 Chegou a uma cidade de Shomron, chamada Sh'khem, perto do campo que Ya'akov dera a seu filho Yosef. 6 O poço de Ya'akov ficava ali; então Yeshua, cansado da viagem, sentou-se ao lado do poço; era quase meio-dia. 7 Uma mulher de Shomron foi tirar água, e Yeshua lhe disse: "Dê-me um pouco de água". 8 (Os *talmidim* tinham ido à cidade comprar comida.) 9 A mulher de Shomron lhe disse: "Como você, judeu, pede água a mim, uma mulher de Shomron?". (Porque os judeus não se relacionam bem com o povo de Shomron.) 10 Yeshua lhe respondeu: "Se você conhecesse o dom de Deus, isto é, quem lhe está dizendo 'Dê-me um pouco de água', então teria pedido, e ele lhe teria dado água viva".

11 Ela lhe disse: "O senhor não tem balde, e o poço é fundo. Onde conseguiria essa 'água viva'? 12 Você não é maior do que nosso pai Ya'akov, é? Ele nos deu o poço e bebeu dele, e da mesma forma o fizeram seus filhos e seu gado". 13 Yeshua respondeu: "Quem beber desta água terá sede outra vez, 14 mas quem beber da água que eu lhe der nunca mais terá sede! Ao contrário, a água que eu lhe der se tornará uma fonte de água em seu interior, jorrando para a vida eterna!".

15 "Senhor, dê-me dessa água", a mulher lhe disse, "para que eu não tenha mais sede, nem precise voltar aqui para tirar água". 16 Ele lhe disse: "Vá, chame seu marido e volte". 17 Ela respondeu: "Não tenho marido". Yeshua lhe disse: "Você está certa, porque não tem marido! 18 No passado, você teve cinco maridos e não está casada com o homem com quem vive agora! Você disse a verdade!".

19 "Senhor, posso ver que é um profeta", a mulher respondeu. 20 "Nossos pais adoraram nesta montanha, mas vocês dizem que o lugar onde se deve adorar é Yerushalayim". 21 Yeshua disse: "Senhora, creia em mim, está chegando o tempo em que vocês não adorarão o Pai nem nesta montanha nem em Yerushalayim. 22 Vocês não sabem o que adoram; nós adoramos o que conhecemos, porque a salvação vem dos judeus. 23 Mas está chegando o tempo — e de fato é agora — em que os verdadeiros adoradores adorarão o Pai de forma espiritual e verdadeira, porque esse é o tipo de gente que o Pai deseja que o adore. 24 Deus é espírito; os adoradores devem adorá-lo de forma espiritual e verdadeira".

25 A mulher respondeu: "Sei que o *Mashiach* está vindo" (isto é, "o ungido"). "Quando ele vier, nos dirá tudo". 26 Yeshua disse a ela: "Eu, a pessoa que fala com você, o sou".

27 Naquele momento, os *talmidim* chegaram. Eles ficaram admirados por Yeshua
estar conversando com uma mulher, mas ninguém lhe disse: “Que você quer?”, ou
“Por que você está falando com ela?”. 28 Então a mulher deixou o jarro, voltou à cidade
e disse às pessoas de lá: 29 “Venham, vejam um homem que me disse tudo o que já fiz.
Será que ele não é o Messias?”. 30 Então saíram da cidade e partiram ao encontro dele.
31 Enquanto isso, os *talmidim* insistiam com Yeshua: “*Rabbi*, coma alguma coi-
sa”. 32 Mas ele respondeu: “Tenho um alimento para comer que vocês não conhe-
cem”. 33 Então os *talmidim* perguntaram entre si: “Será que alguém lhe trouxe
comida?”. 34 Yeshua lhes disse: “Meu alimento é fazer a vontade daquele que me
enviou e concluir sua obra. 35 Vocês não dizem: ‘Daqui a quatro meses, haverá
colheita’? Bem, o que lhes digo é: abram os olhos e olhem para os campos! Eles
estão maduros para a colheita! 36 Aquele que colhe já recebe o seu salário e colhe
fruto para a vida eterna, de forma que o colhedor e o semeador se alegram jun-
tos — 37 pois neste assunto o provérbio ‘Um semeia, e outro colhe’ é verdadeiro.
38 Eu os enviei para colherem o que não cultivaram. Outros realizaram o trabalho
árduo, e vocês se beneficiaram do trabalho deles”.
39 Muitas pessoas daquela cidade de Shomron depositaram a confiança nele por
causa do testemunho da mulher: “Ele me disse todas as coisas que fiz”. 40 Assim
que essas pessoas de Shomron se aproximaram dele, pediram-lhe que ficasse com
eles. Ele ficou durante dois dias, 41 e muitos mais passaram a confiar por causa do
que ele disse. 42 E disseram à mulher: “Não mais confiamos por causa do que você
disse, pois o ouvimos por nós mesmos. Sabemos, de fato, que este homem é real-
mente o Salvador do mundo”.
43 Depois dos dois dias, ele partiu de lá em direção à Galil. 44 O próprio Yeshua
disse: “Um profeta não é respeitado em sua própria terra”. 45 Ao chegar, porém, à
Galil, os habitantes de lá lhe deram boas-vindas porque tinham visto tudo o que ele
fizera na festa em Yerushalayim; pois também haviam estado lá.
46 Ele foi outra vez a Kanah da Galil, onde tinha transformado água em vinho.
Um oficial a serviço do rei estava ali. Seu filho adoecera em K’far-*Nachum*. 47 Esse
homem, ao ouvir que Yeshua partira de Y’hudah e estava na Galil, foi até ele e lhe
pediu a cura do filho, porque ele estava à beira da morte. 48 Yeshua respondeu: “A
menos que vocês vejam sinais e milagres, simplesmente não confiarão!”. 49 O oficial
lhe disse: “Senhor, venha antes que meu filho morra”. 50 Yeshua respondeu: “Pode
ir, seu filho está vivo”. O homem acreditou no que Yeshua disse e partiu. 51 Estando
ele ainda a caminho, seus servos o encontraram com a notícia de que seu filho es-
tava vivo. 52 Então ele lhes perguntou em que momento o filho tinha melhorado, e
eles disseram: “A febre o deixou ontem, à uma hora da tarde”. 53 O pai percebeu ter
sido nessa mesma hora que Yeshua lhe dissera: “Seu filho está vivo”; e ele e toda a
sua casa confiaram. 54 Esse foi o segundo sinal que Yeshua realizou, depois que veio
de Y’hudah para a Galil.

5 1 Depois disso, houve uma festa, e Yeshua subiu a Yerushalayim. 2 Em
Yerushalayim, perto do portão das Ovelhas, existe um tanque chamado em ara-
maico *Beit’Zata*, 3 no qual fica uma grande multidão de inválidos: cegos, mancos e
paralíticos. 4 [d] 5 Um dos que estavam ali era doente fazia trinta e oito anos. 6 Yeshua,

---

d Alguns manuscritos contêm os versículos 3b e 4: “[...] esperando pelo movimento da água; pois algumas vezes um anjo de Adonai descia até o tanque e agitava a água, e a primeira pessoa a entrar na água depois de agitada era curada de qualquer doença”.

vendo esse homem e sabendo que ele estava ali durante um longo período, disse-
-lhe: "Você quer ser curado?". 7 O doente respondeu: "Não tenho ninguém para
me colocar no tanque quando a água é agitada; e, quando tento chegar lá, alguém
me ultrapassa". 8 Yeshua lhe disse: "Levante-se, pegue sua esteira e ande!". 9 Ime-
diatamente o homem foi curado, pegou a esteira e andou. Isso aconteceu em um
shabbat; 10 por isso, os habitantes de Y'hudah disseram ao homem que havia sido
curado: "É *shabbat*! A *Torah* não permite que você carregue a esteira!". 11 Mas ele
respondeu: "O homem que me curou disse: 'Pegue sua esteira e ande' ". 12 Eles lhe
perguntaram: "Quem é o homem que lhe disse para pegar a esteira e andar?". 13 Mas
o homem curado não sabia quem ele era, porque Yeshua havia desaparecido no
meio da multidão.

14 Mais tarde, Yeshua o encontrou na área do templo e lhe disse: "Olhe, você está
bem! Entretanto, pare de pecar, ou algo pior pode lhe acontecer!". 15 O homem foi e
contou aos habitantes de Y'hudah que Yeshua o havia curado; 16 e por causa disso
os habitantes de Y'hudah começaram a importunar Yeshua, porque ele fez essas
coisas no *shabbat*.

17 Yeshua, porém, lhes respondeu: "Meu Pai tem trabalhado até agora, e eu tam-
bém estou trabalhando". 18 Essa resposta tornou os habitantes de Y'hudah mais dis-
postos a matá-lo — não apenas porque ele violava o *shabbat*, mas também porque,
ao dizer que Deus era seu Pai, alegava igualdade com Deus. 19 Portanto, Yeshua lhes
disse isto: "Eu lhes digo que o Filho não pode fazer nada por si mesmo, mas apenas
o que vê o Pai fazer; tudo o que o Pai faz, o Filho também faz. 20 Pois o Pai ama ao
Filho e lhe mostra tudo o que faz; e ele lhe mostrará coisas maiores que essas para
que vocês também fiquem admirados. 21 Da mesma forma que o Pai levanta os mor-
tos e os faz viver, também o Filho dá a vida a quem quer. 22 O Pai não julga ninguém,
mas confiou o julgamento ao Filho, 23 para que todos honrem o Filho como honram
o Pai. Quem não honra o Filho, também não honra o Pai que o enviou. 24 "Sim, de
fato eu lhes digo que quem ouvir o que digo e confiar naquele que me enviou tem
vida eterna — isto é, não será julgado, mas já passou da morte para a vida! 25 Sim!
Eu lhes digo que está chegando a hora — e, na verdade, ela já chegou — em que os
mortos ouvirão a voz do Filho de Deus, e quem a ouvir viverá. 26 Pois, da mesma
forma que o Pai tem vida em si mesmo, ele concedeu ao Filho ter vida em si mesmo.
27 E lhe deu também autoridade para executar o juízo, porque é o Filho do Homem.
28 "Não se surpreendam com isso; está chegando a hora em que todos os que estão
nos túmulos ouvirão sua voz 29 e sairão — os que tiverem feito o bem, para a res-
surreição da vida, e os que tiverem feito o mal, para a ressurreição do juízo. 30 Não
posso fazer nada por mim mesmo. Como ouço, julgo; e meu julgamento é correto,
porque não procuro meu desejo, mas o desejo daquele que me enviou.

31 "Se testifico a meu favor, meu testemunho não é válido. 32 Mas há outra pessoa
que testemunha a meu favor, e sei que seu testemunho a meu respeito é válido.
33 Vocês enviaram pessoas a Yochanan, e ele deu testemunho da verdade. 34 Não que
eu busque testemunho humano; digo essas coisas para que vocês possam ser sal-
vos. 35 Ele era uma candeia que queimava e brilhava, e por um curto período vocês
desejaram ser iluminados por essa luz.

36 "Mas eu tenho um testemunho maior que o de Yochanan. Porque as coisas
que o Pai me deu para fazer — o que realizo agora — testemunham a meu favor,
afirmando que o Pai me enviou.

37 "Além disso, o Pai que me enviou foi testemunha a meu favor. Vocês nunca
ouviram sua voz, nem viram sua forma; 38 Ademais, sua palavra não permanece em

vocês, porque não confiam em quem ele enviou. 39 Vocês continuam a examinar o *Tanakh* por pensar que nele terão vida eterna. Essas mesmas Escrituras dão testemunho a meu respeito, 40 mas vocês não querem vir a mim para ter vida!

41 "Não aceito louvor humano, 42 mas conheço vocês — sei que não têm nenhum amor por Deus! 43 Vim em nome de meu Pai, e não me aceitaram; se outra pessoa vier em seu nome, a aceitarão. 44 Como vocês podem confiar? Vocês estão ocupados, procurando aceitação mútua, em vez de procurarem unicamente o louvor devido a Deus.

45 "Não pensem que serei o acusador de vocês perante o Pai. Sabem quem os acusará? Mosheh, aquele com quem vocês contam! 46 Se vocês realmente cressem em Mosheh, creriam em mim, porque ele escreveu a meu respeito. 47 Mas se não creem no que ele escreveu, como poderão crer no que digo?".

6 1 Algum tempo depois, Yeshua foi para a margem mais distante do lago Kinneret (isto é, Tiberíades), 2 e uma grande multidão o seguiu, porque viram os milagres que realizara a favor dos doentes. 3 Yeshua subiu em um monte e se sentou ali com os *talmidim*. 4 Aproximava-se a festa de *Pesach*, realizada pelos habitantes de Y'hudah; 5 então, quando Yeshua olhou e viu uma grande multidão se aproximando, disse a Filipe: "Onde poderemos comprar pão para todas essas pessoas se alimentarem?". 6 (Yeshua disse isso para testar Filipe, porque Yeshua sabia o que estava para fazer.) 7 Filipe respondeu: "Nem metade do salário de um ano seria suficiente para comprar-lhes pão — cada pessoa daria apenas uma mordida!". 8 Um dos *talmidim*, André, irmão de Kefa, disse: 9 "Há um jovem aqui com cinco pães de cevada e dois peixes. Mas o que isso representa para tanta gente?".

10 Yeshua disse: "Façam as pessoas se sentarem". Havia muita grama ali, por isso eles se sentaram. O número de homens era de cinco mil. 11 Então Yeshua pegou os pães, e, depois de dizer a *b'rakhah*, os deu a quem estava sentado ali, e fez o mesmo com os peixes, tanto quanto era necessário. 12 Depois de terem comido até se saciarem, ele disse aos *talmidim*: "Juntem as sobras para que nada seja desperdiçado". 13 Eles juntaram as sobras e encheram doze cestos com os pedaços dos cinco pães de cevada deixados por aqueles que comeram.

14 Quando as pessoas viram o milagre que realizara, disseram: "Ele deve ser 'o Profeta' que deveria vir ao mundo". 15 Yeshua sabia que estavam a ponto de agarrá-lo e fazer dele o rei; por isso, voltou para os montes. Desta vez, foi sozinho.

16 Ao anoitecer, os *talmidim* desceram ao lago, 17 entraram em um barco e começaram a travessia em direção a K'far-*Nachum*. Estava escuro; Yeshua ainda não havia se unido a eles, 18 e as águas estavam ficando agitadas, porque soprava um vento forte. 19 Eles remaram uns cinco ou seis quilômetros e meio quando viram Yeshua se aproximando do barco, andando sobre o lago! Ficaram aterrorizados, 20 porém ele lhes disse: "Parem de temer, sou eu!". 21 Queriam que ele entrasse no barco, mas o barco chegou imediato ao lugar desejado.

22 No dia seguinte, a multidão que estivera do outro lado do lago percebeu que apenas um barco tinha estado ali e que Yeshua não entrara nele com os *talmidim*; eles estavam sozinhos ao partir. 23 Outros barcos, de Tiberíades, pararam perto do lugar onde o povo tinha comido pão depois de o Senhor ter pronunciado a *b'rakhah*. 24 Quando a multidão percebeu que nem Yeshua nem os *talmidim* estavam ali, entraram nos barcos e partiram em direção a K'far-*Nachum* à procura de Yeshua.

25 Assim que o encontraram, do outro lado do lago, perguntaram-lhe: "*Rabbi*, quando chegou aqui?". 26 Yeshua respondeu: "Sim, eu lhes digo que vocês não me estão procurando porque viram os sinais miraculosos, mas apenas porque comeram pães até ficarem satisfeitos! 27 Não trabalhem pela comida que se estraga, mas pela comida que permanece para a vida eterna, a qual o Filho do Homem lhes dará. Porque este é aquele em que Deus, o Pai, colocou o selo de aprovação".

28 Então lhe disseram: "O que precisamos fazer a fim de realizar as obras de Deus?". 29 Yeshua respondeu: "Isto é a obra de Deus: confiar em quem ele enviou!".

30 Eles disseram: "Que milagre você fará a fim de que possamos vê-lo e confiar em você? 31 Nossos pais comeram maná no deserto — como diz o *Tanakh*: **'Ele lhes deu pão do céu** para comer' ".[e] 32 Yeshua lhes disse: "Falo a verdade: não foi Mosheh quem lhes deu pão do céu. Todavia, meu Pai lhes dá o pão genuíno do céu; 33 porque o pão de Deus é quem desceu do céu e dá vida ao mundo".

34 Eles lhe disseram: "Senhor, dê-nos sempre esse pão". 35 Yeshua respondeu: "Eu sou o pão que é vida! Quem vier a mim nunca terá fome, e quem confiar em mim nunca terá sede. 36 Eu lhes disse que me viram, mas ainda não confiam. 37 Quem o Pai me dá virá a mim, e quem vier a mim com certeza não rejeitarei. 38 Porque desci do céu, não para fazer minha vontade, mas a vontade de quem me enviou. 39 E esta é a vontade de quem me enviou: que eu não perca nenhum dos que ele me deu, mas os ressuscite no último dia. 40 Sim, esta é a vontade de meu Pai: quem vir o Filho e confiar nele tem vida eterna, e eu o ressuscite no último dia".

41 Com isso, os moradores de Y'hudah começaram a se queixar contra ele, porque disse: "Eu sou o pão que desceu do céu". 42 Eles disseram: "Este não é Yeshua Ben-Yosef? Conhecemos seu pai e sua mãe. Como ele pode dizer agora: 'Desci do céu'?". 43 Respondeu Yeshua: "Parem de resmungar entre si! 44 Ninguém pode vir a mim, a menos que o Pai — que me enviou — o traga. E eu o ressuscitarei no último dia. 45 Está escrito nos Profetas: **'Todos serão ensinados por** *Adonai*'.[f] Quem ouve o Pai e aprende dele vem a mim. 46 Não que alguém tenha visto o Pai, exceto aquele que é de Deus — ele viu o Pai. 47 Sim, eu lhes digo: quem confia possui a vida eterna. 48 Eu sou o pão que é vida. 49 Seus pais comeram maná no deserto e morreram. 50 O pão que desce do céu é tamanho que uma pessoa pode comer dele e não morrer. 51 Eu sou o pão vivo que desceu do céu; se alguém comer deste pão, viverá para sempre. Além disso, o pão que dou é minha carne; e eu a darei pela vida do mundo".

52 Neste ponto, os habitantes de Y'hudah começaram a discutir entre si, dizendo: "Como pode este homem nos dar sua carne para comer?". 53 Então Yeshua lhes disse: "Sim, eu lhes digo: a menos que comam a carne do Filho do Homem e bebam seu sangue, vocês não têm vida em si mesmos. 54 Quem come minha carne e bebe meu sangue possui vida eterna — isto é, eu o ressuscitarei no último dia. 55 Porque minha carne é verdadeira comida, e meu sangue, verdadeira bebida. 56 Quem come minha carne e bebe meu sangue vive em mim, e eu vivo nele. 57 Da mesma forma que o Pai vivo me enviou, e eu vivo pelo Pai, quem se alimenta de mim viverá por mim. 58 Este é o pão que desceu do céu — ele não é semelhante ao pão que seus pais comeram: eles estão mortos, mas quem comer deste pão viverá para sempre!". 59 Ele disse essas coisas quando ensinava na sinagoga de K'far-*Nachum*.

60 Ao ouvir isso, muitos *talmidim* disseram: "Essa é uma palavra dura: quem aguenta ouvi-la?". 61 Yeshua, porém, sabendo que os *talmidim* estavam se queixando a respeito desse assunto, disse-lhes: "Isso é um laço para vocês? 62 Suponham,

[e] *Tehillim* [Sl] 78.24; *Nechemyah* [Ne] 9.15 [f] *Yesha'yahu* [Is] 54.13

então, o que aconteceria se vissem o Filho do Homem voltando para onde estava antes? 63 É o Espírito que dá vida; a carne em nada ajuda. As palavras que lhes disse são Espírito e vida; 64 contudo, alguns de vocês não confiam". (Porque Yeshua sabia desde o começo quem não confiaria nele, bem como aquele que o trairia.) 65 "Essa", ele disse, "é a razão de eu lhes ter dito que ninguém pode vir a mim, a menos que o Pai lhe tenha concedido".

66 A partir desse momento, muitos *talmidim* retrocederam e não mais andaram com ele. 67 Então Yeshua disse aos Doze: "Vocês também querem ir embora?". 68 Shim'on Kefa lhe respondeu: "Senhor, a quem iríamos? Você tem a palavra de vida eterna. 69 Nós confiamos e sabemos que você é o Santo de Deus". 70 Yeshua lhe respondeu: "Eu não escolhi vocês, os Doze? Entretanto, um de vocês é um adversário". 71 (Ele estava falando a respeito de Y'hudah Ben-Shim'on, de K'riot; porque esse homem — um dos Doze! — iria traí-lo em breve.)

7 1 Depois disso, Yeshua viajou por toda a Galil, evitando intencionalmente a região de Y'hudah, porque os habitantes dali queriam matá-lo. 2 Mas a festa de *Sukkot*, em Y'hudah, estava próxima; 3 por isso, os irmãos de Yeshua lhe disseram: "Saia daqui e vá para Y'hudah, para que os *talmidim* possam ver os milagres que você faz; 4 pois ninguém que deseja se tornar conhecido age em segredo. Se você faz estas coisas, mostre-se ao mundo!". 5 (Seus irmãos falaram desse modo porque não haviam confiado nele.) 6 Yeshua lhes disse: "Meu tempo ainda não chegou; mas para vocês qualquer tempo é certo. 7 O mundo não pode odiá-los, mas ele me odeia, porque continuo dizendo quão ímpios são seus caminhos. 8 Vão vocês à festa; quanto a mim, não subirei à festa agora, porque o tempo certo ainda não chegou para mim". 9 Tendo dito isso, permaneceu na Galil.

10 Contudo, depois que seus irmãos subiram para a festa, ele também subiu, não de forma pública, mas em segredo. 11 Durante a festa, os habitantes de Y'hudah estavam procurando por ele. "Onde ele está?", perguntaram. 12 Em meio à multidão, havia muitos boatos a respeito dele. Alguns diziam: "Ele é um bom homem"; mas outros afirmavam: "Não, ele está enganando as massas". 13 Entretanto, ninguém falava abertamente a respeito dele, por medo dos habitantes daquela região.

14 Só depois que metade da festa tinha passado, Yeshua subiu à área do templo e começou a ensinar. 15 Os moradores de Y'hudah ficaram surpresos: "Como este homem sabe tanto sem ter estudado?", eles perguntaram. 16 Então Yeshua lhes deu uma resposta: "Meu ensino não é meu; procede de quem me enviou. 17 Se alguém quer fazer a vontade dele, saberá se meu ensino procede de Deus ou se falo por mim mesmo. 18 A pessoa que fala por si mesma busca o louvor próprio, mas a pessoa que busca o louvor de quem a enviou é honesta, e não há falsidade nela. 19 Mosheh não lhes deu a *Torah*? Contudo, nenhum de vocês obedece à *Torah*! Por que vocês querem me matar?". 20 "Você tem um demônio!", a multidão respondeu. "Quem está querendo matá-lo?". 21 Yeshua lhes respondeu: "Fiz uma coisa, e, por causa dela, todos vocês estão admirados. 22 Mosheh lhes deu a *b'rit-milah* — não que ela tenha vindo de Mosheh, mas dos patriarcas —, e vocês realizam a *b'rit-milah* de qualquer menino no *shabbat*. 23 Se um menino pode ser circuncidado no *shabbat* para que a *Torah* de Mosheh não seja quebrada, por que vocês estão irados comigo por eu ter curado completamente o corpo de um homem no *shabbat*? 24 Parem de julgar pela aparência, mas julguem de forma correta!".

25 Algumas das pessoas de Yerushalayim disseram: "Não é este o homem que estão procurando matar? 26 Aqui está ele, falando abertamente; e não lhe dizem nada.

Será que as autoridades chegaram à conclusão de que ele é realmente o Messias?
27 Claro que não! — sabemos de onde este homem vem; quando o Messias vier, nin-
guém saberá de onde ele vem”. 28 Ao que Yeshua, que continuava a ensinar no pátio
do templo, clamou: “Sim, vocês me conhecem e sabem de onde sou! Eu não vim por
mim mesmo, mas aquele que me enviou é verdadeiro. Vocês não o conhecem! 29 Eu
o conheço, porque estou com ele, e ele me enviou!”.

30 Então tentaram prendê-lo, mas ninguém lhe pôs as mãos, porque sua hora
ainda não havia chegado. 31 Entretanto, muitos da multidão confiaram nele e disse-
ram: “Quando o Messias vier, fará mais milagres do que este homem fez?”.

32 Os *p'rushim* ouviram a multidão falando essas coisas a respeito de Yeshua;
por isso, os principais *kohanim* e os *p'rushim* enviaram alguns guardas do templo
para o prenderem. 33 Yeshua disse: “Estarei com vocês apenas por um pouco mais
de tempo; então voltarei para quem me enviou. 34 Vocês procurarão por mim e não
me encontrarão; na verdade, onde estou, vocês não podem ir”. 35 Os habitantes de
Y'hudah disseram entre si: “Aonde pretende ir este homem, que não o encontrare-
mos? Será que ele pretende ir à diáspora grega e ensinar os habitantes de Y'hudah
de língua grega? 36 E quando diz: ‘Vocês procurarão por mim e não me encontrarão;
na verdade, onde estou, vocês não podem ir’ — o que isso significa?”.

37 No último dia da festa, *Hoshana Rabbah*, Yeshua se levantou e disse em alta
voz: “Se alguém tem sede, venha a mim e beba! 38 Quem deposita a confiança em
mim, como dizem as Escrituras, rios de água viva fluirão de seu interior!”. 39 (Ele
estava falando sobre o Espírito, a quem os que confiaram nele haveriam de receber
mais tarde — o Espírito ainda não fora concedido porque Yeshua não tinha sido
glorificado.)

40 Ao ouvir suas palavras, algumas pessoas da multidão disseram: “Certamente
este homem é ‘o profeta’ ”; 41 outras disseram: “Este é o Messias”. Ainda outras dis-
seram: “É possível que o Messias venha da Galil? 42 O *Tanakh* não diz que o Messias
é da **semente de David**[g] e que procederá **de Beit-Lechem**,[h] a cidade onde David mo-
rou?”. 43 Assim, o povo ficou dividido por causa dele. 44 Alguns queriam prendê-lo,
mas ninguém lhe pôs as mãos.

45 Os guardas voltaram aos principais *kohanim* e aos *p'rushim*, que lhes pergun-
taram: “Por que vocês não o trouxeram?”. 46 Os guardas responderam: “Ninguém
jamais falou da maneira que esse homem fala!”. 47 “Isso significa que vocês também
foram enganados?”, os *p'rushim* retrucaram. 48 “Alguma das autoridades confiou
nele? Ou algum dos *p'rushim*? 49 Não! Na verdade, esses *'am-ha'aretz* o fazem por-
que não sabem nada a respeito da *Torah*; eles são malditos!”.

50 Nakdimon, o homem que se encontrara anteriormente com Yeshua, e que era
um deles, disse-lhes: 51 “Nossa *Torah* não condena um homem até que ele fale e que
se descubra o que ele faz”. 52 Eles responderam: “Você também é da Galil? Estude o
Tanakh e veja por si mesmo que nenhum profeta procede da Galil!”. [i] 53 Então todos
foram embora, cada um para sua casa.

8 1 Yeshua, porém, foi para o monte das Oliveiras. 2 Ao amanhecer, ele apareceu
outra vez no pátio do templo, onde as pessoas se reuniram em torno dele, e
ele se sentou para ensiná-las. 3 Os mestres da *Torah* e os *p'rushim* trouxeram uma

[g] *Sh'mu'el Bet* [2Sm] 7.12 [h] *Mikhah* [Mq] 5.1(2) [i] A maior parte dos estudiosos acredita que o texto de 7.53—8.11 não foi escrito por Yochanan. Muitos são da opinião de que se trata de uma história verdadeira a respeito de Yeshua escrita por outro de seus talmidim.

mulher pega cometendo adultério e a colocaram em pé no centro do grupo. 4 Então
disseram a Yeshua: "*Rabbi*, esta mulher foi pega cometendo adultério. 5 Na nossa
Torah, Mosheh ordenou que esse tipo de mulher seja apedrejada até a morte. Que
você nos diz a respeito disso?". 6 Eles disseram isso para pegá-lo em uma arma-
dilha, a fim de terem uma base de acusação; mas Yeshua se inclinou e começou
a escrever no chão com o dedo. 7 Eles continuaram a lhe fazer perguntas, Yeshua
endireitou o corpo e disse: "Aquele de vocês que está sem pecado deve ser o pri-
meiro a atirar pedras nela". 8 Então ele se inclinou e escreveu no chão novamente.
9 Ao ouvir isso, eles começaram a sair, um a um, começando pelos mais velhos, até
não sobrar ninguém, apenas a mulher. 10 Pondo-se em pé, Yeshua lhe disse: "Onde
estão eles? Ninguém a condenou?". 11 Ela disse: "Ninguém, senhor". Yeshua falou:
"Nem eu a condeno. Agora vá e não peque mais".

12 Yeshua disse novamente: "Eu sou a luz do mundo; quem me segue, nun-
ca andará em trevas, mas terá a luz que dá vida". 13 Então os *p'rushim* lhe disse-
ram: "Agora você está testemunhando a seu favor; seu testemunho não é válido".
14 Yeshua lhes respondeu: "Ainda que eu testemunhe a meu favor, meu testemunho
é válido, pois sei de onde vim e para onde vou; no entanto, vocês não sabem de
onde vim nem para onde vou. 15 Vocês julgam apenas segundo padrões humanos.
Quanto a mim, não julgo ninguém. 16 Ainda que eu julgasse, meu julgamento seria
válido, porque não julgo sozinho; estou com quem me enviou. 17 Mesmo na *Torah*
de vocês, está escrito que o testemunho de duas pessoas é válido. 18 Eu testemunho
a meu favor, e assim faz o Pai, que me enviou".

19 Eles lhe disseram: "Onde está seu 'pai'?". Yeshua respondeu: "Vocês não co-
nhecem nem a mim nem a meu Pai; se me conhecessem, também conheceriam
meu Pai". 20 Ele proferiu essas palavras enquanto ensinava na área da tesouraria do
templo; no entanto, ninguém o prendeu, porque sua hora ainda não chegara.

21 Mais uma vez, Yeshua lhes disse: "Vou embora, e vocês procurarão por mim,
mas morrerão em seus pecados. Para onde vou, vocês não podem ir". 22 Isso levou
os habitantes de Y'hudah a perguntar: "Ele irá cometer suicídio? Será por isso que
ele diz: 'Para onde vou, vocês não podem ir'?". 23 Yeshua lhes disse: "Vocês são de
baixo; eu sou de cima. Vocês são deste mundo; eu não sou deste mundo. 24 Por isso,
eu lhes disse que vocês morrerão em seus pecados. Se vocês não confiarem que eu
sou quem digo ser, morrerão em seus pecados".

25 A isso, eles lhe disseram: "Você? Quem é você?". Yeshua respondeu: "Exata-
mente quem lhes tenho dito desde o princípio. 26 Tenho muitas coisas para lhes
dizer a respeito de vocês e muitas coisas para julgar. No entanto, quem me enviou
é verdadeiro; portanto, digo ao mundo o que dele ouvi". 27 Eles não entenderam que
lhes estava falando a respeito do Pai. 28 Então Yeshua disse: "Quando vocês levan-
tarem o Filho do Homem, saberão que eu sou quem digo ser, e que de mim mesmo
nada faço, mas digo apenas o que o Pai me ensinou. 29 Além disso, quem me enviou
está comigo; ele não me deixou so-zinho, porque sempre faço o que lhe agrada".

30 Muitas pessoas que ouviram Yeshua dizer essas coisas confiaram nele. 31 En-
tão ele disse aos habitantes de Y'hudah que haviam confiado nele: "Se vocês obe-
decerem ao que digo, serão verdadeiramente meus *talmidim*; 32 vocês conhecerão
a verdade, e a verdade os libertará". 33 Eles responderam: "Somos a semente de
Avraham e nunca fomos escravos de ninguém; o que significa: 'vocês serão li-
vres'?". 34 Yeshua lhes respondeu: "Sim, eu lhes digo que quem pratica o pecado é
escravo do pecado. 35 O escravo não permanece na família para sempre, mas o filho
permanece nela para sempre. 36 Portanto, se o Filho os libertar, vocês realmente

serão livres! 37 Eu sei que descendem de Avraham. Contudo, querem me matar, porque minhas palavras não têm sentido para vocês. 38 Digo o que o Pai me mostrou; vocês fazem o que o pai de vocês lhes disse".

39 Responderam eles: "Avraham é nosso pai". Replicou Yeshua: "Se vocês são filhos de Avraham, façam as obras que ele fez! 40 Dessa forma, vocês estão procurando me matar, um homem que lhes falou a verdade que ouviu de Deus. Avraham não fez nada parecido com isso! 41 Vocês estão fazendo as coisas que o pai de vocês faz". "Nós não somos filhos ilegítimos", eles lhe disseram. "Temos apenas um Pai: Deus!". 42 Yeshua lhes respondeu: "Se Deus fosse seu Pai, vocês me amariam, porque vim de Deus e agora estou aqui. Eu não vim por mim mesmo; ele me enviou. 43 Por que não entendem o que digo? Porque não podem suportar minha mensagem. 44 "Vocês pertencem ao pai de vocês, Satan, e desejam realizar os desejos dele. Desde o princípio, ele foi um assassino e nunca se apegou à verdade, porque não há verdade nele. Quando mente, fala de seu caráter, porque é mentiroso e, de fato, o inventor da mentira. 45 No entanto, porque lhes digo a verdade, vocês não creem em mim! 46 Qual de vocês pode me mostrar onde estou errado? Se falo a verdade, porque não acreditam em mim? 47 Quem pertence a Deus ouve o que ele diz; o motivo pelo qual não o ouvem é que vocês não pertencem a Deus".

48 Os habitantes de Y'hudah lhe responderam: "Não estamos certos em dizer que você é de Shomron e que tem um demônio?". 49 Replicou Yeshua: "Eu? Não tenho demônio. Honro meu Pai, mas vocês me desonram. 50 Não procuro louvor para mim mesmo. Há quem o procure, e ele é o juiz. 51 Sim, eu lhes digo que quem obedece aos meus ensinos nunca verá a morte".

52 Os moradores de Y'hudah lhe disseram: "Sabemos agora, com certeza, que você tem um demônio! Avraham morreu, e também os profetas; contudo, você diz: 'Quem obedecer aos meus ensinos nunca experimentará a morte'. 53 Avraham *avinu* morreu; você não é maior do que ele, é? Os profetas também morreram. Quem você pensa que é?". 54 Yeshua respondeu: "Se louvo a mim mesmo, meu louvor nada vale. Quem me louva é meu Pai, o mesmo que vocês dizem: 'Ele é nosso Deus'. 55 Vocês não o conhecem, mas eu o conheço; de fato, se dissesse que não o conheço, seria mentiroso como vocês! Mas eu de fato o conheço e obedeço à sua palavra. 56 Avraham, pai de vocês, alegrou-se porque veria o meu dia; ele o viu e então se regozijou".

57 "Você ainda não tem cinquenta anos e viu Avraham?". Disseram-lhe os habitantes de Y'hudah. 58 Yeshua lhes disse: "Na verdade, antes de Avraham nascer, Eu Sou!". 59 Nesse momento, eles pegaram pedras para apedrejá-lo, mas Yeshua foi ocultado e saiu da área do templo.

9 1 Ao passar, Yeshua viu um cego de nascença. 2 Os *talmidim* lhe perguntaram: "*Rabbi*, quem pecou: este homem ou seus pais, para que nascesse cego?". 3 Yeshua respondeu: "A cegueira não se deve a ele nem a seus pais; ela aconteceu para que o poder de Deus pudesse ser visto operando nele. 4 Enquanto é dia, precisamos realizar a obra de quem me enviou; a noite vem, quando ninguém poderá trabalhar. 5 Enquanto estou no mundo, sou a luz do mundo".

6 Tendo dito isso, cuspiu no chão, misturou terra com saliva, colocou-a nos olhos do homem 7 e lhe disse: "Vá, lave-se no tanque de Shliloach". (Esse nome significa "enviado".) O homem foi, lavou-se e voltou enxergando.

8 Os vizinhos e quem anteriormente o vira pedindo esmolas perguntaram: "Não é este o mesmo homem que mendigava?". 9 Alguns diziam: "Sim, é ele"; enquanto

outros diziam: "Não, mas se parece com ele". Entretanto, ele mesmo disse: "Sou
eu". 10 "Como seus olhos foram abertos?", lhe perguntavam. 11 Ele respondeu: "O
homem chamado Yeshua misturou terra com saliva, colocou-a nos meus olhos e
me disse: 'Vá se lavar em Shliloach'. Então eu fui; assim que me lavei, passei a en-
xergar". 12 Eles lhe disseram: "Onde está ele?", e ele repondeu: "Não sei".

13 Levaram o homem que fora cego aos *p'rushim*. 14 O dia em que Yeshua havia
misturado terra com saliva e aberto os olhos do homem era *shabbat*. 15 Então os
p'rushim lhe perguntaram outra vez como era capaz de enxergar; e ele lhes disse:
"Ele colocou uma mistura de terra e saliva em meus olhos, a seguir eu me lavei e
agora posso ver". 16 Nesse ponto, alguns *p'rushim* disseram: "Esse homem não é
de Deus, porque não guarda o *shabbat*". Mas outros disseram: "Como pode um
pecador realizar milagres como esses?". E houve uma divisão entre eles. 17 Por isso,
falaram mais uma vez com o cego: "Pelo fato de seus olhos terem sido abertos, o
que você diz a respeito dele?". O homem respondeu: "Ele é um profeta".

18 Os moradores de Y'hudah, entretanto, não queriam acreditar que ele fora
cego e agora podia ver enquanto não chamaram os pais do homem. 19 Eles lhes per-
guntaram: "É este seu filho, o qual vocês dizem que nasceu cego? Como ele pode
enxergar agora?". 20 Seus pais responderam: "Sabemos que este é nosso filho e que
nasceu cego; 21 mas não sabemos como ele pode enxergar agora, ou quem lhe abriu
os olhos. Perguntem a ele. Ele tem idade suficiente para falar por si mesmo!". 22 Os
pais disseram isso porque tinham medo dos habitantes de Y'hudah, porque eles já
haviam decidido que, se alguém reconhecesse Yeshua como o Messias, seria expul-
so da sinagoga. 23 Foi por isso que os pais dele disseram: "Ele tem idade suficiente.
Perguntem a ele".

24 Então, pela segunda vez, chamaram o homem que fora cego e lhe disseram:
"Jure a Deus que falará a verdade! Sabemos que esse homem é pecador". 25 Ele res-
pondeu: "Se é pecador ou não, não sei. Uma coisa sei: eu era cego e agora vejo!".
26 Então lhe disseram: "O que ele lhe fez? Como ele abriu seus olhos?". 27 "Eu já
lhes disse", ele respondeu, "e vocês não me deram ouvidos. Por que querem ou-
vir outra vez? Acaso também querem se tornar *talmidim* dele?". 28 Então eles se
zangaram e disseram: "Pode ser que você seja *talmid* dele; nós somos *talmidim*
de Mosheh! 29 Sabemos que Deus falou a Mosheh, mas, quanto a esse homem,
nem sabemos de onde ele vem!". 30 "Que coisa estranha", o homem respondeu,
"vocês não saberem de onde ele é, levando-se em conta que ele me abriu os olhos!
31 Sabemos que Deus não ouve pecadores; mas, se alguém teme a Deus e pratica
sua vontade, Deus o ouve. 32 Em toda a história, ninguém, jamais, ouviu sobre a
abertura dos olhos de um cego de nascença. 33 Se esse homem não fosse de Deus,
não poderia fazer nada". 34 "Por que, seu *mamzer*, você ousa nos ensinar?", eles
responderam. E o expulsaram.

35 Yeshua ouviu que haviam expulsado o homem. Ele o encontrou e disse: "Você
confia no Filho do Homem?". 36 "Senhor", ele respondeu, "diga-me quem ele é, para
que eu possa confiar nele?". 37 Yeshua lhe disse: "Você já o viu. Na verdade, ele é
quem está falando com você agora". 38 "Senhor, eu confio!", ele disse, e se ajoelhou
diante dele.

39 Disse Yeshua: "Vim a este mundo para julgar, a fim de que os cegos possam
ver e os que veem se tornem cegos". 40 Alguns *p'rushim* que estavam por perto ou-
viram isso e lhe disseram: "Então nós também somos cegos, não é?". 41 Yeshua lhes
disse: "Se vocês fossem cegos, não seriam culpados de pecado. Mas, pelo fato de
ainda afirmarem 'Nós enxergamos', sua culpa permanece.

10 1 "Sim, eu lhes digo: quem não entra no recinto das ovelhas pela porta, mas sobe por outro lugar, é ladrão e assaltante. 2 Mas quem entra pelo portão é o pastor das ovelhas. 3 Esse é quem o porteiro admite, e as ovelhas ouvem sua voz. Ele chama as ovelhas pelo nome e as leva para fora. 4 Depois de conduzir para fora tudo o que lhe pertence, vai adiante delas; as ovelhas o seguem porque lhe conhecem a voz. 5 Mas nunca seguirão um estranho; na verdade, fugirão dele, porque a voz de estranhos não lhes é familiar".

6 Yeshua usou essa maneira indireta de lhes falar, mas eles não entenderam o que estava falando. 7 Então Yeshua lhes disse de novo: "Sim, afirmo que eu sou o portão das ovelhas. 8 Todos os que vieram antes de mim eram ladrões e assaltantes, mas as ovelhas não lhes deram ouvidos. 9 Eu sou o portão; se alguém entrar por mim, estará seguro; entrará e sairá, e encontrará pastagem. 10 O ladrão vem apenas para roubar, matar e destruir; eu vim para que possam ter vida — vida em sentido pleno.

11 "Eu sou o bom pastor. O bom pastor abre mão da sua vida pelas ovelhas. 12 O trabalhador contratado, por não ser o pastor e as ovelhas não lhe pertencerem, quando vê o lobo a caminho, abandona as ovelhas e foge. Então o lobo as ataca e as dispersa. 13 O trabalhador contratado se comporta dessa forma por ser contratado; portanto, para ele não importa o que acontece com as ovelhas. 14 Eu sou o bom pastor; conheço o que é meu, e o que é meu me conhece, 15 como o Pai me conhece, e eu conheço o Pai; e abro mão da minha vida a favor das ovelhas. 16 Tenho também outras ovelhas que não são deste recinto; preciso trazê-las, e elas ouvirão minha voz; e haverá um rebanho e um pastor.

17 "Por isso meu Pai me ama: porque abro mão da minha vida para retomá-la! 18 Ninguém a tira de mim; em vez disso, eu abro mão dela por minha espontânea vontade. Tenho o poder de abrir mão dela e de retomá-la. Isto é o que meu Pai me ordenou fazer".

19 Houve, outra vez, uma divisão entre os habitantes de Y'hudah por causa do que ele disse. 20 Muitos deles afirmaram: "Ele tem um demônio!", e "Ele está *meshugga*! Por que vocês lhe dão ouvidos?". 21 Outros diziam: "Esses não são atos de um homem endemoninhado. Como pode um demônio abrir os olhos dos cegos?".

22 Chegou o tempo de *Hanukkah*, em Yerushalayim. Era inverno, 23 e Yeshua estava andando na área do templo, caminhando pela colunata de Sh'lomoh. 24 Então os moradores de Y'hudah o cercaram e lhe disseram: "Por mais quanto tempo você nos deixará em suspense? Se é você o Messias, diga-nos publicamente!". 25 Yeshua lhes respondeu: "Eu já lhes disse, mas vocês não confiam em mim. As obras que faço em nome de meu Pai testemunham a meu favor, 26 mas o motivo de vocês não confiarem é que não estão incluídos entre minhas ovelhas. 27 Minhas ovelhas ouvem minha voz; eu as conheço, elas me seguem, 28 e lhes dou vida eterna. Elas nunca serão destruídas, e ninguém pode arrancá-las das minhas mãos. 29 Meu Pai, que as deu para mim, é maior que todos; ninguém as pode arrancar das mãos de meu Pai. 30 Eu e o Pai somos um".

31 Novamente os habitantes de Y'hudah juntaram pedras para apedrejá-lo. 32 Yeshua lhes respondeu: "Vocês me viram fazer muitas boas obras que retratam o poder do Pai: Por qual delas querem me apedrejar?". 33 "Não vamos apedrejá-lo por nenhuma boa obra, mas por blasfêmia, porque você, um simples homem, se apresenta como Deus [hebraico: *Elohim*]". 34 Yeshua lhes respondeu: "Não está escrito na sua *Torah*: **'Vocês são *Elohim*'**?[j] 35 Se ele chamou '*deuses*' a quem veio a palavra de

[j] *Tehillim* [Sl] 82.6

Elohim (e o *Tanakh* não pode ser anulado), 36 então vocês estão dizendo a quem o
Pai separou e enviou ao mundo: 'Você está cometendo blasfêmia', só porque disse:
'Sou um Filho de *Elohim*'?
37 Se eu não realizo as obras que retratam meu Pai, não confiem em mim. 38 Mas,
se as faço, então, mesmo que não confiem em mim, confiem nas obras, para que
possam entender de uma vez por todas que o Pai está unido a mim, e eu estou
unido ao Pai". 39 Outra vez tentaram prendê-lo, mas ele se livrou das mãos deles.
40 Então Yeshua atravessou novamente o Yarden e foi para o lugar onde Yochanan
imergia e permaneceu ali. 41 Muita gente foi até ele e disse: "Yochanan nunca fez
nenhum milagre, mas tudo o que ele disse a respeito deste homem era verdade".
42 E ali muitas pessoas depositaram a confiança em Yeshua.

11 1 Certo homem adoeceu. Seu nome era El'azar, de Beit-Anyah, a vila de
Miryam e Marta. 2 (Esta Miryam, irmã de El'azar, é a que derramou perfume
sobre o Senhor e lhe enxugou os pés com os cabelos.) 3 Então as irmãs enviaram
uma mensagem a Yeshua: "Senhor, o homem que você ama está doente". 4 Ao ouvir
isso, ele disse: "Essa doença não acabará em morte. Não, ela é para a glória de Deus,
para que o Filho de Deus possa receber glória por meio dela".
5 Yeshua amava Marta, a irmã dela e El'azar. 6 Portanto, ao ouvir falar que
El'azar estava doente, permaneceu mais dois dias onde estava. 7 Depois disso, disse
aos *talmidim*: "Vamos voltar para Y'hudah". 8 Os *talmidim* replicaram: "*Rabbi*, há
pouco os moradores de lá tentaram apedrejá-lo, e assim mesmo você quer voltar
para lá?". 9 Yeshua respondeu: "O dia não tem doze horas? Se alguém anda de dia
não tropeça, porque vê a luz deste mundo. 10 Mas, se alguém andar de noite, trope-
ça, porque nele não há luz".
11 Yeshua disse essas coisas, e depois falou aos *talmidim*: "Nosso amigo El'azar
foi dormir, mas vou até lá acordá-lo". 12 Os *talmidim* disseram: "Senhor, se ele foi
dormir, vai melhorar". 13 Yeshua tinha usado a expressão para falar a respeito da
morte de El'azar, mas eles pensaram que Yeshua estava falando literalmente de
sono. 14 Então Yeshua lhes disse de forma clara: "El'azar morreu. 15 E por causa de
vocês estou contente por não ter estado lá, para que vocês venham a confiar. Va-
mos até ele". 16 Então T'oma (seu nome significa "gêmeo") disse aos companheiros:
"Sim, vamos também para morrer com ele!".
17 Ao chegar, Yeshua descobriu que El'azar estava no sepulcro havia quatro dias.
18 Beit-Anyah distava pouco mais de três quilômetros de Yerushalayim, 19 e muitos
dos habitantes de Y'hudah tinham ido visitar Marta e Miryam para confortá-las pela
perda do irmão. 20 Por isso, quando Marta ouviu que Yeshua estava chegando, foi ao
encontro dele, mas Miryam ficou em casa cumprindo o período de *shiv'ah*.
21 Marta disse a Yeshua: "Senhor, se você estivesse aqui meu irmão não teria
morrido. 22 Mesmo agora, sei que tudo o que pedir a Deus, ele lhe dará". 23 Yeshua
lhe disse: "Seu irmão vai ressuscitar". 24 Marta disse: "Eu sei que ele vai se levantar
outra vez na ressurreição, no último dia". 25 Disse-lhe Yeshua: "Eu Sou a ressur-
reição e a vida! Quem deposita a confiança em mim viverá, ainda que morra; 26 e
quem vive e confia em mim, jamais morrerá. Você crê nisso?". 27 Ela lhe disse: "Sim,
Senhor, creio que você é o Messias, o Filho de Deus, o que deveria vir ao mundo".
28 Depois de dizer isso, ela foi para casa e, chamando particularmente Miryam,
disse-lhe: "O *Rabbi* está aqui e chama você". 29 Ao ouvir isso, Miryam se levantou
e foi ao encontro dele. 30 Yeshua ainda não tinha entrado na vila, mas estava no
lugar onde Marta o encontrara; 31 quando os moradores de Y'hudah que estavam

com Miryam na casa, confortando-a, notaram que ela se levantou depressa e saiu,
seguiram-na, pensando que ela ia ao sepulcro, para chorar ali.
32 Quando Miryam chegou ao lugar onde Yeshua estava e o viu, ela se prostrou
aos pés dele e lhe disse: "Senhor, se você estivesse aqui meu irmão não teria morri-
do". 33 Ao ver Yeshua que Miryam e os moradores de Y'hudah que a acompanhavam
estavam chorando, ele ficou muito comovido e também agitado. 34 E disse: "Onde o
sepultaram?". Responderam eles: "Senhor, venha e veja". 35 Yeshua chorou. 36 Então
os habitantes de Y'hudah disseram: "Vejam como ele o amava!". 37 Mas alguns deles
disseram: "Ele abriu os olhos de um cego; não poderia ter evitado que este homem
morresse?".
38 Yeshua, outra vez muito comovido, aproximou-se do sepulcro. Era uma caver-
na, e uma pedra jazia à entrada. 39 Disse Yeshua: "Tirem a pedra!". Marta, irmã do
morto, disse: "Senhor, o corpo cheira mal, pois já são quatro dias desde sua morte".
40 Yeshua lhe disse: "Eu não lhe falei que, se você mantivesse a confiança, veria a
glória de Deus?". 41 Então eles removeram a pedra. Yeshua olhou para o alto e dis-
se: "Pai, agradeço-te porque me ouves. 42 Eu mesmo sei que sempre me ouves, mas
digo isso por causa da multidão que está aqui, para que eles possam crer que tu me
enviaste". 43 Tendo dito isso, Yeshua gritou: "El'azar, saia!". 44 O homem que estava
morto saiu — suas mãos e seus pés estavam envoltos em faixas de linho, e o rosto
estava coberto com um pano. Disse-lhes Yeshua: "Tirem as faixas e deixem-no ir!".
45 Muitos dos moradores de Y'hudah que tinham vindo visitar Miryam, vendo o que
Yeshua fez, confiaram nele.
46 Mas alguns deles foram contar aos *p'rushim* o que ele tinha feito. 47 Então os
principais *kohanim* e os *p'rushim* convocaram uma reunião do *Sanhedrin* e dis-
seram: "O que faremos? Esse homem está realizando muitos milagres. 48 Se o dei-
xarmos seguir caminho, todos confiarão nele, e os romanos virão e destruirão o
templo e a nação". 49 Mas um deles, chamado Kayafa, o *kohen gadol* daquele ano,
disse-lhes: "Vocês não sabem de nada! 50 Não veem que é melhor que morra um
homem a favor do povo, para que toda a nação não seja destruída". 51 Entretanto,
ele não disse isso por iniciativa própria, mas, por ser o *kohen gadol* daquele ano,
estava profetizando que Yeshua deveria morrer a favor da nação, 52 e não apenas
por aquela nação, mas também para reunir os filhos de Deus que estão espalhados.
53 Daquele dia em diante, fizeram planos para matá-lo. 54 Por essa razão, Yeshua
não andava mais publicamente entre os moradores de Y'hudah. Em vez disso, re-
tirou-se para uma região próxima do deserto, para uma cidade chamada Efrayim,
onde ficou com os *talmidim*.
55 Ao se aproximar a festa de *Pesach* dos habitantes de Y'hudah, muitos subiram
daquela região para Yerushalayim a fim de realizar a purificação cerimonial antes
de *Pesach*. 56 Eles estavam procurando Yeshua e, enquanto estavam na área do tem-
plo, diziam uns aos outros: "O que vocês acham? Será que ele não virá à festa?".
57 Além disso, os principais *kohanim* e os *p'rushim* tinham ordenado que, se alguém
soubesse o paradeiro de Yeshua, deveria informá-los, para que o pudessem prender.

12 1 Seis dias antes de *Pesach*, Yeshua chegou a Beit-Anyah, onde El'azar vivia,
o homem a quem Yeshua ressuscitara dos mortos; 2 eles prepararam um
jantar em honra a Yeshua. Marta servia a refeição, enquanto El'azar estava à mesa
com ele. 3 Miryam pegou um quartilho de óleo de nardo puro, que é muito caro,
derramou-o sobre os pés de Yeshua e os enxugou com seus cabelos, de modo que
a casa se encheu com a fragrância do perfume. 4 Mas um dos *talmidim*, Y'hudah de

K'riot, que mais tarde iria traí-lo, disse: 5 "Este perfume vale o salário de um ano de trabalho! Por que não foi vendido, e o dinheiro dado aos pobres?". 6 Ele, porém, não falou isso pela preocupação com os pobres, mas por ser ladrão; ele era responsável pela bolsa de dinheiro e costumava roubar dela. 7 Yeshua disse: "Deixe-a em paz! Ela guardou isso para o dia do meu sepultamento. 8 Vocês sempre terão os pobres consigo, mas nem sempre terão a mim".

9 Uma grande multidão de habitantes de Y'hudah descobriu que Yeshua estava ali; as pessoas vieram, não apenas por causa de Yeshua, mas também para ver El'azar, a quem ele ressuscitou dos mortos. 10 Os principais *kohanim* fizeram então planos para se livrar também de El'azar 11 — por causa dele, muitos moradores de Y'hudah estavam deixando seus líderes e depositando a confiança em Yeshua.

12 No dia seguinte, a grande multidão que veio para a festa ouviu que Yeshua estava a caminho de Yerushalayim. 13 Pegaram ramos de palmeiras e saíram ao encontro dele, gritando:

> **"Liberte-nos!"**[k]
>
> **"Bendito é o que vem em nome de *Adonai*!**[l], o Rei de Yisra'el!".

14 Depois de encontrar um jumentinho, Yeshua montou nele, como o *Tanakh* diz:

15
> **"Filha de Tziyon, não tenha medo!**
> **Veja: seu rei está vindo,**
> **sentado em um jumentinho".**[m]

16 Os *talmidim* não entenderam isso a princípio; mas, depois que Yeshua foi glorificado, eles se lembraram do que o *Tanakh* diz a respeito dele, e de que ele fez isso por eles. 17 O grupo que estava com ele quando chamou El'azar para fora do sepulcro e o ressuscitou dos mortos continuou a falar sobre isso. 18 Também por causa disso a multidão saiu ao encontro dele — ouviram que ele realizou esse milagre. 19 Os *p'rushim* disseram entre si: "Olhem, vocês não estão chegando a lugar algum! O mundo todo vai atrás dele!".

20 Entre os que tinham ido adorar na festa, estavam alguns judeus de língua grega. 21 Eles se aproximaram de Filipe, que era de Beit-Tzaidah, na Galil, com um pedido: "Senhor", eles disseram, "queremos ver Yeshua". 22 Filipe foi e disse a André; então André e Filipe foram e disseram a Yeshua. 23 Yeshua lhes deu esta resposta: "Chegou a hora de o Filho do Homem ser glorificado. 24 Sim, eu lhes digo: a menos que o grão de trigo caia na terra e morra, permanecerá apenas um grão. Mas, se morrer, produzirá uma grande colheita. 25 Quem ama sua vida, a perde; mas quem odeia sua vida neste mundo, a manterá segura para a vida eterna! 26 Se alguém me serve deve me seguir; e, onde estou, meu servo também estará. Meu Pai honrará a quem me serve.

27 "Agora estou agitado. O que posso dizer? 'Pai, salva-me desta hora? Não; por esta razão é que vim a esta hora. Direi isto: 28 'Pai, glorifica teu nome!". Então veio uma *bat-kol* do céu: "Eu o glorifiquei antes e o glorificarei novamente!". 29 A multidão que ali estava e a ouviu disse que tinha trovejado; outros disseram: "Um anjo lhe falou". 30 Yeshua respondeu: "Esta voz veio não por minha causa, mas por causa de vocês". 31 Chegou a hora de este mundo ser julgado; agora será expulso o governante deste mundo. 32 Quanto a mim, quando for levantado da terra, atrairei todos a mim". 33 Ele disse isso para indicar o tipo de morte que sofreria.

---

[k] *Tehillim* [Sl] 118.25 [l] Tehillim [Sl] 118.26 [m] Z'kharyah [Zc] 9.9

34 A multidão respondeu: "Aprendemos da *Torah* que o Messias permanecerá
para sempre. Como você diz que o Filho do Homem precisa ser 'levantado'? Quem é
esse 'Filho do Homem'?". 35 Yeshua disse-lhes: "A luz estará com vocês por mais um
pouco de tempo. Andem enquanto têm a luz, ou as trevas os surpreenderão, pois
quem anda nas trevas não sabe aonde vai. 36 Enquanto vocês têm luz, ponham sua
confiança na luz, para que se tornem pessoas da luz". Yeshua disse essas coisas,
saiu e se ocultou deles.

37 Mesmo tendo feito Yeshua tantos milagres em sua presença, não confiaram
nele, 38 para que a palavra de Yesha'yahu, o profeta, se cumprisse:

> **"*Adonai*, quem creu em nosso relato?**
> **A quem o braço de *Adonai* foi revelado?".**[n]

39 A razão pela qual não podiam crer era — como disse Yesha'yahu em
outro lugar:

40
> **"Cegou-lhes os olhos**
> **e endureceu-lhes o coração,**
> **para que não vejam com os olhos**
> **nem entendam com o coração,**
> **nem façam *t'shuvah*,**
> **para que eu os cure".**[o]

41 (Yesha'yahu disse essas coisas porque viu a *sh'khinah* de Yeshua e falou sobre
ela.) 42 Ainda assim, muitos líderes puseram a confiança nele; mas, por causa dos
p'rushim, não o diziam abertamente, com medo de serem banidos da sinagoga;
43 pois amaram mais o louvor dos homens que o louvor da parte de Deus.

44 Yeshua declarou em público: "Quem põe a confiança em mim, não confia
apenas em mim, mas em quem me enviou. 45 Também quem me vê, vê quem me
enviou. 46 Eu vim como luz ao mundo, para quem confiar em mim não permanecer
nas trevas. 47 Se alguém ouve o que digo e não obedece, eu não o julgo; porque não
vim para julgar o mundo, mas para salvá-lo. 48 Quem me rejeita e não aceita o que
digo tem um juiz: a própria palavra que falei o julgará no último dia. 49 Porque não
falei por iniciativa própria, mas o Pai me enviou e me deu uma ordem, isto é, o que
dizer e o que falar. 50 Sei que o seu mandamento é vida eterna. Portanto, digo sim-
plesmente o que o Pai me mandou dizer".

13 1 Um pouco antes da festa de *Pesach*, Yeshua sabia que havia chegado o
tempo em que passaria deste mundo para o Pai. Tendo amado seu povo que
estava no mundo, ele os amou até o fim. 2 Eles estavam no jantar, e o Adversário
já havia colocado o desejo de trair Yeshua no coração de Y'hudah Ben-Shim'on, de
K'riot. 3 Yeshua estava ciente de que o Pai havia colocado todas as coisas debaixo do
seu poder, e que ele viera de Deus e estava voltando para Deus. 4 Então se levantou
da mesa, tirou algumas peças de roupa e amarrou uma toalha em volta da cintura.
5 A seguir, colocou água em uma bacia e começou a lavar os pés dos *talmidim*,
enxugando-os com a toalha amarrada à volta da cintura.

6 Ele se aproximou de Shim'on Kefa, que lhe disse: "Senhor, você vai lavar meus
pés?". 7 Yeshua respondeu: "Você ainda não entende o que estou lhe fazendo; po-
rém, com o tempo, entenderá". 8 "Não", Kefa disse, "você nunca lavará meus pés!".

[n] *Yesha'yahu* [Is] 53.1 [o] *Yesha'yahu* [Is] 6.10

Yeshua respondeu: "Se eu não os lavar, você não tem parte comigo". [9] "Senhor",
respondeu Shim'on Kefa, "não apenas meus pés, mas as mãos e a cabeça também!".
[10] Yeshua lhe disse: "O homem que se banhou precisa lavar apenas os pés; todo o
corpo já está limpo. Vocês estão limpos, mas nem todos". [11] (Ele sabia quem o iria
trair, e por isso disse: "Mas nem todos estão limpos".)

[12] Depois de lhes ter lavado os pés, Yeshua tornou a vestir as peças de roupa,
voltou à mesa e lhes disse: "Vocês entendem o que fiz? [13] Vocês me chamam '*Rabbi*'
e 'Senhor' e estão certos, porque eu o sou. [14] Pois bem, se eu, o Senhor e o *Rabbi* de
vocês, lavei-lhes os pés, vocês também devem lavar os pés uns dos outros. [15] Porque
lhes dei o exemplo, para que façam como fiz. [16] Sim, eu lhes digo que um escravo
não é maior que seu senhor, como também nenhum emissário é maior que quem o
enviou. [17] Se vocês sabem estas coisas, serão abençoados se as praticarem.

[18] "Não me refiro a todos vocês — conheço os que escolhi. Mas as palavras do
Tanakh devem ser cumpridas, e elas dizem: **'O que come meu pão voltou-se con-
tra mim'**.[p] [19] "Digo agora, antes que aconteça, para que, quando acontecer, creiam
que Eu Sou quem digo ser. [20] Sim, eu lhes digo que quem recebe a quem eu envio,
recebe a mim; e quem me recebe, recebe quem me enviou".

[21] Depois de dizer isso, Yeshua, em angústia profunda de espírito, declarou:
"Sim, eu lhes digo que um de vocês me trairá". [22] Os *talmidim* se entreolharam, com-
pletamente aturdidos: a quem ele se referia? [23] Um dos *talmidim*, a quem Yeshua
amava de modo especial, estava reclinado ao lado dele. [24] Shim'on Kefa lhe fez um
sinal e disse: "Pergunte sobre quem ele está falando". [25] Esse *talmid* se apoiou no
peito de Yeshua e lhe perguntou: "Senhor, quem é esse?". [26] Respondeu Yeshua: "É
aquele a quem eu der este pedaço de *matzah* molhado no prato". Então ele molhou
o pedaço de *matzah*, deu-o a Y'hudah Ben-Shim'on de K'riot. [27] Assim que Y'hudah
pegou o pedaço de *matzah*, o Adversário entrou nele. "O que você está fazendo,
faça depressa!", disse-lhe Yeshua. [28] Mas ninguém à mesa entendeu por que ele lhe
disse isso. [29] Alguns pensaram que, por ser Y'hudah o encarregado do dinheiro,
Yeshua estava lhe dizendo: "Vá e compre o necessário para a festa", ou que desse
algo aos pobres. [30] Assim que pegou o pedaço de *matzah*, Y'hudah saiu, e era noite.

[31] Depois que Y'hudah saiu, Yeshua disse: "Agora o Filho do Homem foi glorifi-
cado, e Deus foi glorificado nele. [32] Se o Filho glorificou Deus, Deus glorificará pes-
soalmente o Filho, e o fará sem demora. [33] Filhinhos, estarei com vocês só mais um
pouco. Vocês procurarão por mim e, como disse aos habitantes de Y'hudah: 'Para
onde vou, vocês não podem ir', agora o digo a vocês.

[34] "Eu lhes dou um novo mandamento: mantenham o amor uns pelos outros.
Do mesmo modo que eu os amei, vocês devem manter o amor uns pelos outros.
[35] Todos saberão que são meus *talmidim* pelo fato de amarem uns aos outros".

[36] Shim'on Kefa lhe disse: "Senhor, para onde você vai?". Yeshua respondeu:
"Vou para onde vocês não me podem seguir agora, porém me seguirão mais tarde".
[37] "Senhor", Kefa disse, "por que não posso segui-lo agora? Abrirei mão da minha
vida por você!". [38] Yeshua respondeu: "Você abrirá mão da vida por mim? Sim, na
verdade eu lhe digo que, antes de o galo cantar, você me repudiará três vezes!

14 [1] "Não se deixem perturbar. Confiem em Deus e confiem em mim. [2] Na casa
de meu Pai há muitos lugares para morar. Se não houvesse, eu lhes teria

[p] *Tehillim* [Sl] 41.10(9)

dito; porque vou até lá para lhes preparar um lugar. 3 Pelo fato de eu ir e lhes preparar um lugar, voltarei para levá-los comigo; para que, onde eu estiver, vocês estejam também. 4 Além disso, vocês sabem para onde vou; e também conhecem o caminho para lá".

5 T'oma lhe disse: "Senhor, não sabemos para onde você vai; então, como podemos saber o caminho?". 6 Yeshua disse: "Eu Sou o caminho, a verdade e a vida. Ninguém vem ao Pai, a não ser por mim. 7 Pelo fato de vocês terem me conhecido, também conhecerão meu Pai; de agora em diante, vocês o conhecem — de fato, vocês o viram".

8 Filipe disse: "Senhor, mostre-nos o Pai, e isso será o suficiente para nós". 9 Yeshua replicou: "Tenho estado com vocês há tanto tempo sem que me conheçam, Filipe? Quem me viu, viu o Pai; por isso, como você pode dizer: 'Mostre-nos o Pai'? 10 Você não acredita que estou unido ao Pai e que ele está unido a mim? O que lhes digo, não falo por iniciativa própria; o Pai, que vive em mim, realiza suas obras. 11 Confiem que estou unido ao Pai e que o Pai está unido a mim. Mas, se não puderem, ao menos confiem por causa das obras. 12 Sim, digo-lhes: quem crê em mim fará também as obras que faço! Na verdade, fará coisas ainda maiores, porque vou para o Pai. 13 De fato, o que vocês pedirem em meu nome, eu o farei, para que o Pai seja glorificado no Filho. 14 Se vocês pedirem algo em meu nome, eu o farei.

15 "Se vocês me amam, guardarão meus mandamentos; 16 e pedirei ao Pai, e ele lhes dará outro Conselheiro consolador, semelhante a mim, o Espírito da verdade, para estar com vocês para sempre. 17 O mundo não pode recebê-lo, porque não o vê nem o conhece. Vocês o conhecem, porque está com vocês e ficará unido a vocês. 18 Não os deixarei órfãos; voltarei para vocês. 19 Mais um pouco de tempo, e o mundo não me verá mais; mas vocês me verão. Porque eu vivo, vocês também viverão. 20 Quando o dia chegar, compreenderão que estou unido a meu Pai, vocês a mim, e eu a vocês. 21 Quem tem meus mandamentos e os guarda, esse me ama; e quem me ama será amado por meu Pai, e eu o amarei e me revelarei a ele".

22 Y'hudah (não de K'riot) lhe disse: "Mas por que, Senhor, você se revelará a nós, e não ao mundo?". 23 Yeshua respondeu: "Se alguém me ama, guardará minha palavra; meu Pai o amará, nós viremos a ele e faremos dele nossa casa. 24 Quem não me ama não guarda minhas palavras — a palavra que vocês estão ouvindo não é minha, mas de meu Pai que me enviou.

25 "Eu lhes disse todas essas coisas enquanto ainda estou com vocês. 26 Mas o Conselheiro, o *Ruach HaKodesh*, a quem o Pai enviará em meu nome, lhes ensinará tudo, isto é, lhes fará lembrar tudo o que eu lhes disse.

27 "O que lhes deixo é *shalom* — dou-lhes minha *shalom*. Não a dou como o mundo a dá. Não se deixem perturbar nem fiquem com medo. 28 Vocês me ouviram dizer: 'Vou, mas voltarei para vocês'. Se vocês me amassem, ficariam contentes por eu ir para o Pai; porque o Pai é maior que eu.

29 "Isso eu lhes digo agora, também, antes que aconteça, para que, quando acontecer, vocês confiem.

30 "Já não lhes falarei muito mais, porque o governante deste mundo está vindo. Ele não tem nenhum direito sobre mim; 31 isto acontece para que o mundo saiba que amo o Pai e faço como o Pai me ordenou.

"Levantem-se! Vamos embora!".

15 1 "Eu sou a videira verdadeira, e meu Pai é o jardineiro. 2 Todo ramo que é parte de mim, mas não dá fruto, ele corta; e todo ramo que dá fruto ele

limpa, para que dê mais fruto. 3 Neste momento, por causa da palavra que lhes
falei, vocês estão limpos. 4 Permaneçam unidos a mim, como eu estarei com vocês
— como o ramo não pode dar fruto por si mesmo à parte da videira, vocês também
não podem dar fruto à parte de mim.

5 "Eu sou a videira, e vocês são os ramos. Quem permanece unido a mim, e eu,
com ele, dá muito fruto; porque sem mim vocês não podem fazer nada. 6 A menos
que alguém permaneça unido a mim, será jogado fora como o ramo e secará. Esses
ramos são apanhados e lançados ao fogo, onde queimam.

7 "Se vocês permanecerem unidos a mim, e minhas palavras, a vocês, pedirão o
que quiserem, e lhes será concedido. 8 Esse é o modo pelo qual meu Pai é glorificado
— pelo fato de vocês darem muito fruto; dessa forma, provarão ser meus *talmidim*.

9 "Como o Pai me amou, eu também os amei; por isso, permaneçam no meu
amor. 10 Se vocês guardarem meus mandamentos, permanecerão no meu amor —
como eu tenho guardado os mandamentos de meu Pai e permaneço em seu amor.
11 Eu lhes disse isso para que minha alegria esteja em vocês, e a alegria de vocês seja
completa.

12 "Este é meu mandamento: mantenham o amor uns pelos outros como eu os
amei. 13 Ninguém tem maior amor que quem abre mão da própria vida pelos ami-
gos. 14 Vocês são meus amigos, se fizerem o que lhes mando. 15 Já não os chamo
escravos, porque o escravo não sabe o que seu senhor faz; mas eu os chamei amigos,
porque tudo o que ouvi de meu Pai eu lhes fiz conhecer. 16 Vocês não me escolhe-
ram, eu os escolhi e os comissionei a ir e a dar fruto, fruto que permaneça, para
que tudo o que pedirem ao Pai em meu nome ele lhes conceda. 17 Isto é o que lhes
ordeno: mantenham o amor uns pelos outros.

18 "Se o mundo os odeia, entendam que ele me odiou primeiro. 19 Se vocês per-
tencessem ao mundo, ele os amaria por serem dele. Mas pelo fato de vocês não
pertencerem ao mundo — ao contrário, eu os escolhi, tirando-os do mundo —,
o mundo os odeia. 20 Lembrem-se que lhes disse: 'O escravo não é maior que seu
senhor'. Se eles me perseguiram, também perseguirão vocês; se guardassem minha
palavra, também guardariam a de vocês. 21 Entretanto, eles agirão dessa forma com
vocês por minha causa, porque não sabem quem me enviou.

22 "Se eu não tivesse vindo e lhes falado, não seriam culpados de pecado; mas,
agora, não têm desculpa para o pecado. 23 Quem me odeia, também odeia meu Pai.
24 Se eu não tivesse realizado na presença deles obras que ninguém mais fez, não
seriam culpados de pecado; mas, agora, eles as viram e odiaram a mim e a meu
Pai. 25 Mas isto aconteceu para cumprir as palavras da *Torah* deles, onde se lê:
'Odiaram-me sem razão'.[q]

26 "Quando o Conselheiro vier, a quem eu lhes enviarei da parte do Pai — o Espíri-
to da verdade que provém do Pai e volta para ele —, o Espírito testemunhará a meu
favor. 27 E vocês também testemunharão, porque estão comigo desde o princípio.

16 1 "Eu lhes tenho dito tudo isso para que não sejam pegos de surpresa. 2 Eles
os expulsarão das sinagogas; de fato, virá o tempo em que quem os matar
pensará servir a Deus. 3 Farão isso porque não conheceram nem o Pai nem a mim.
4 Eu, porém, lhes disse isto para que, quando chegar a hora, lembrem-se de que os
avisei. Não lhes disse isso no princípio, porque estava com vocês. 5 Mas agora vou
para quem me enviou.

---
[q] *Tehillim* [Sl] 35.19; 69.5(4)

“Nenhum de vocês me pergunta: ‘Aonde você vai?’. 6 Em vez disso, porque lhes
disse estas coisas, o coração de vocês foi tomado de aflição. 7 Mas eu lhes digo a
verdade: é para o bem de vocês que vou. Se eu não for, o Conselheiro consolador
não virá até vocês. Entretanto, se eu for, eu o enviarei a vocês.

8 “Quando ele vier, mostrará que o mundo está errado a respeito do pecado,
da justiça e do juízo — 9 do pecado, porque as pessoas não confiam em mim; 10 da
justiça, porque vou para o Pai, e vocês não me verão mais; 11 e do juízo, porque o
governante deste mundo já está julgado.

12 “Tenho ainda muitas coisas para lhes dizer, mas vocês não as podem suportar
neste momento. 13 Todavia, quando o Espírito da Verdade vier, ele os guiará a toda
a verdade, porque não falará por iniciativa própria, mas dirá apenas o que ouve,
e lhes anunciará acontecimentos futuros. 14 Ele me glorificará, porque receberá do
que é meu e o anunciará a vocês. 15 Tudo o que o Pai possui é meu; esta é a razão
de eu lhes ter dito que ele receberá do que é meu e o anunciará a vocês.

16 “Mais um pouco, e vocês não me verão mais; um pouco mais, e vocês me ve-
rão”. 17 Nesse ponto, alguns *talmidim* disseram entre si: “O que significa: ‘Mais um
pouco, e vocês não me verão mais; um pouco mais, e vocês me verão’, e ‘vou para
o Pai’?”. 18 E continuaram dizendo: “Que quer dizer ‘um pouco mais’? Não entende-
mos o que ele diz”.

19 Yeshua sabia que lhe desejavam perguntar a respeito disso e, então, lhes dis-
se: “Vocês estão perguntando entre si o que quis dizer quando falei: ‘Mais um pou-
co, e vocês não me verão mais; um pouco mais, e vocês me verão? 20 Sim, é verdade.
Digo-lhes que soluçarão e se lamentarão, mas o mundo se alegrará. Vocês se afligi-
rão, mas sua aflição se transformará em alegria. 21 Quando a mulher está para dar
à luz, sente dores, porque a hora chegou. Mas, quando o bebê nasce, ela esquece
do sofrimento, pela alegria da vinda de uma criança ao mundo. 22 Vocês, agora, se
sentem tristes, mas eu os verei outra vez. Então seu coração se encherá de alegria,
e ninguém a tirará de vocês.

23 “Quando esse dia chegar, vocês não me perguntarão mais nada! Sim, eu lhes digo
que tudo o que pedirem ao Pai, ele lhes dará em meu nome. 24 Até agora, vocês não
pediram nada em meu nome. Peçam, e receberão, para que sua alegria seja completa.

25 “Eu lhes disse todas essas coisas com a ajuda de ilustrações; entretanto, vem
a hora em que não lhes direi mais nada de forma indireta; falarei abertamente a res-
peito do Pai. 26 Quando esse dia chegar, vocês pedirão em meu nome. Não digo que
pedirei ao Pai a seu favor, 27 porque o próprio Pai os ama, porquanto me amaram e
creram que vim de Deus.

28 “Eu vim do Pai e entrei no mundo; agora deixo o mundo e volto para o Pai”.

29 Os *talmidim* lhe disseram: “Agora você está falando de forma clara, não de
modo indireto. 30 Agora podemos perceber que você sabe todas as coisas e nem preci-
sa que as pessoas lhe formulem perguntas. Isso nos faz crer que você veio de Deus”.

31 Yeshua respondeu: “Agora vocês creem. Mas 32 aproxima-se a hora — e já
chegou — quando serão espalhados, e cada um cuidará de si mesmo. Vocês me
deixarão sozinho. Contudo, eu não estou sozinho, porque meu Pai está comigo.

33 “Eu lhes disse essas coisas para que, unidos a mim, vocês tenham *shalom*.
Neste mundo, vocês terão aflições. Mas sejam fortes! Eu venci o mundo!”.

17 1 Depois de Yeshua ter falado essas coisas, olhou para o céu e disse: “Pai,
chegou a hora. Glorifica teu Filho, para que teu Filho te glorifique — 2 como
lhe deste autoridade sobre todos os homens, para conceder vida eterna a todos os

que lhe deste. 3 E a vida eterna é esta: que te conheçam, o único Deus verdadeiro, e
a quem enviaste, Yeshua, o Messias.

4 "Eu te glorifiquei na terra, terminando a obra que me deste para fazer. 5 Agora,
Pai, glorifica-me junto a ti, com a mesma glória que tive contigo antes de o mundo
existir.

6 "Tornei teu nome conhecido às pessoas que me deste do mundo. Eles eram
teus; tu os deste a mim, e eles têm guardado tua palavra. 7 Agora eles sabem que
tudo o que me deste é teu. 8 Porque lhes dei as palavras que me deste, e eles as
receberam. Eles reconheceram de fato que vim de ti e confiam que tu me enviaste.

9 "Oro por eles. Não estou orando pelo mundo, mas por aqueles que me deste,
pois são teus. 10 De fato, tudo o que possuo é teu, e tudo o que possuis é meu, e ne-
les tenho sido glorificado. 11 Não ficarei mais no mundo, mas eles estão no mundo,
e eu vou para ti. Pai santo, guarda-os no poder do teu nome, que me deste, para que
eles sejam um, assim como o somos. 12 Enquanto estava com eles, guardei-os pelo
poder do teu nome, que me deste; sim, eu os guardei; e nenhum deles foi destruído
(a não ser aquele designado para a destruição, para que se cumprisse o *Tanakh*).
13 "Mas agora vou para ti, e digo estas coisas enquanto ainda estou no mundo, para
que eles possam ter em si mesmos minha alegria completa.

14 "Dei-lhes tua palavra, e o mundo os odiou, pois eles não pertencem ao mundo,
como eu mesmo não pertenço ao mundo. 15 Não te peço que os tires do mundo, mas
que os protejas do Maligno. 16 Eles não pertencem ao mundo, como eu não pertenço
ao mundo. 17 Separa-os para a santidade por meio da verdade — tua palavra é a ver-
dade. 18 Como me enviaste ao mundo, eu os enviei ao mundo. 19 A favor deles, eu me
separo para a santidade, para que também eles sejam separados para a santidade
por meio da verdade.

20 "Oro não apenas por eles, mas também por aqueles que confiarão em mim,
por causa da palavra deles, 21 para que todos sejam um, como tu, Pai, estás unido a
mim, e eu, a ti. Oro para que eles também estejam unidos a nós, para que o mundo
creia que tu me enviaste. 22 A glória que me deste, eu lhes dei, para que possam
ser um, como nós somos um — 23 eu unido a eles, e tu, a mim, para que eles sejam
apenas um, e que o mundo possa perceber então que tu me enviaste e que tu os
amaste como a mim.

24 "Pai, quero que os que me deste estejam comigo onde eu estou para que
possam ver minha glória — a glória que me deste porque me amaste antes da cria-
ção do mundo. 25 Pai justo, o mundo não te conheceu, mas eu te conheço, e estas
pessoas sabem que me enviaste. 26 Fiz o teu nome conhecido a eles e continuarei
a fazê-lo, para que o amor com que me amaste esteja neles, e eu mesmo esteja
unido a eles".

18 1 Depois de Yeshua ter dito tudo isso, saiu com os *talmidim* e atravessou a
fonte, que flui no inverno pelo vale de Kidron, até um lugar onde havia um
arvoredo; ele e os *talmidim* entraram ali. 2 Y'hudah, o traidor, também conhecia o
lugar, porque Yeshua muitas vezes se reunira ali com os *talmidim*. 3 Então Y'hudah
foi para lá, levando consigo um destacamento de soldados e alguns guardas ofere-
cidos pelos principais *kohanim* e *p'rushim*; eles levavam armas, lanternas e tochas.
4 Yeshua, sabendo tudo o que iria acontecer, saiu e lhes perguntou: "A quem vocês
procuram?". 5 "A Yeshua de Natzeret", eles responderam. Ele disse: "Sou Eu". E es-
tava com eles Y'hudah, o traidor. 6 Quando Yeshua disse: "Sou Eu", eles recuaram
e caíram no chão. 7 Ele lhes perguntou novamente: "A quem procuram?", e eles

disseram: "A Yeshua de Natzeret". 8 "Já lhes disse, Sou Eu". Respondeu Yeshua, "Se
eu sou a pessoa a quem procuram, deixem estes ir embora". 9 Isso aconteceu para
cumprir o que ele dissera: "Não perdi nenhum dos que me deste".
10 Então Shim'on Kefa, que tinha consigo uma espada, desembainhou-a e alvejou
o escravo do *kohen hagadol*, decepando-lhe a orelha direita; o nome do escravo era
Melekh. 11 Yeshua disse a Kefa: "Embainhe a espada! Este é o cálice que o Pai me
deu; não devo beber dele?".
12 Assim, o destacamento de soldados romanos e seu capitão, com os guardas do
templo e os habitantes de Y'hudah prenderam Yeshua, amarraram-no 13 e o levaram
em primeiro lugar a 'Anan, sogro de Kayafa, o *kohen gadol* daquele ano fatídico.
14 (Kayafa foi quem disse aos habitantes de Y'hudah que seria bom um homem morrer
a favor de todo o povo.) 15 Shim'on Kefa e outro *talmid* seguiram Yeshua. Por ser conhe-
cido do *kohen hagadol*, o segundo *talmid* entrou com Yeshua no pátio da casa do *kohen
hagadol*, 16 mas Kefa ficou do lado de fora do portão. Portanto, o outro *talmid*, que co-
nhecia o *kohen hagadol*, voltou e falou com a moça encarregada do portão, trazendo
Kefa para dentro. 17 A mulher junto ao portão perguntou a Kefa: "Você não é um dos
talmidim desse homem?". Ele respondeu: "Não, não sou". 18 Os escravos e os guardas
estavam ao redor de uma fogueira feita para se aquecerem porque estava frio; Kefa
se uniu a eles e estava em pé, aquecendo-se.
19 O *kohen hagadol* interrogou Yeshua a respeito dos *talmidim* e dos seus en-
sinos. 20 Respondeu-lhe Yeshua: "Eu falei abertamente a todos; sempre ensinei na
sinagoga e no templo, onde todos os habitantes de Y'hudah se reúnem. Nunca disse
qualquer coisa em segredo. 21 Então por que você me interroga? Pergunte a quem
me ouviu. Eles sabem o que eu disse". 22 Por causa dessas palavras, um dos guardas
que estava perto bateu-lhe no rosto e disse: "Isso é jeito de responder ao *kohen
hagadol*?". 23 Respondeu Yeshua: "Se eu disse algo errado, denuncie publicamente o
erro; mas, se eu estou certo, por que me bateu?". 24 Então 'Anan o enviou, de mãos
amarradas, a Kayafa, o *kohen hagadol*.
25 Enquanto isso, Shim'on Kefa estava em pé se aquecendo. E lhe disseram:
"Você não é um dos *talmidim* dele?". Ele o negou, dizendo: "Não, não sou". 26 Um
dos escravos do *kohen hagadol*, parente do homem cuja orelha Kefa cortara, in-
sistiu: "Eu não o vi com ele no arvoredo?". 27 Então Kefa negou mais uma vez, e no
mesmo instante um galo cantou.
28 Eles levaram Yeshua da casa de Kayafa para o quartel-general do governador.
Já era manhã. Eles não entraram no prédio porque não desejavam se tornar ri-
tualmente impuros, pois queriam comer a refeição de *Pesach*. 29 Então Pilatos saiu
ao encontro deles e disse: "Que acusação vocês têm contra este homem?". 30 Eles
responderam: "Se ele não tivesse feito nada errado, não o teríamos trazido". 31 Pi-
latos lhes disse: "Levem-no e o julguem conforme a lei de vocês". Os moradores
de Y'hudah replicaram: "Mas nós não temos o direito legal de executar ninguém".
32 Isso aconteceu para cumprir as palavras ditas por Yeshua, indicando a espécie de
morte que estava para sofrer.
33 Pilatos então voltou para o quartel-general, chamou Yeshua e lhe disse: "Você
é o rei dos judeus?". 34 Yeshua respondeu: "Você pergunta isso por si mesmo, ou
outras pessoas lhe falaram a meu respeito?". 35 Pilatos respondeu: "Eu sou judeu?
Sua nação e os principais *kohanim* o entregaram a mim. Que você fez?". 36 Yeshua
respondeu: "Meu reino não deriva sua autoridade da ordem de coisas deste mundo.
Se fosse, meus homens lutariam para impedir que fosse preso pelos habitantes de
Y'hudah. Mas meu reino não é daqui". 37 "Então você é rei!", disse Pilatos. Yeshua

respondeu: "Você diz que sou rei. De fato, a razão do meu nascimento e da minha
vinda ao mundo é testemunhar a verdade. Quem pertence à verdade me ouve".
38 Pilatos lhe respondeu: "Que é a verdade?".

Tendo dito isso, saiu novamente para onde estavam os moradores de Y'hudah e
disse: "Não encontro nada contra ele. 39 Entretanto, vocês têm o costume de libertar
um prisioneiro por ocasião de *Pesach*. Querem que eu solte 'o rei dos judeus'?".
40 Eles gritaram em resposta: "Não esse homem! Queremos Bar-Abba!". (Ora, Bar-
-Abba era um bandido.)

19 1 Então Pilatos mandou açoitar Yeshua. 2 Os soldados teceram uma coroa
de espinhos e a puseram na cabeça dele, vestiram-no com uma capa de
púrpura, 3 e, chegando-se a ele, diziam repetidamente: "Viva, 'rei dos judeus'!", e
lhe batiam no rosto.

4 Pilatos saiu mais uma vez e disse à multidão: "Vejam, eu o estou trazendo
a vocês, para que entendam que não acho nenhuma acusação contra ele". 5 Então
Yeshua veio para fora, usando a coroa de espinhos e a capa de púrpura. Pilatos
lhes disse: "Olhem para o homem!". 6 Quando os principais *kohanim* e os guardas
do templo o viram, gritaram: "Execute-o em uma estaca! Execute-o em uma estaca!",
mas Pilatos respondeu: "Levem-no e o condenem à morte na estaca, porque não
encontro nenhuma acusação contra ele". 7 Os habitantes de Y'hudah insistiram:
"Temos uma lei e, de acordo com essa lei, ele deve morrer, porque se declarou Filho
de Deus". 8 Ao ouvir isso, Pilatos ficou mais amedrontado.

9 Voltou ao quartel-general e perguntou a Yeshua: "De onde você é?". Yeshua
não lhe respondeu. 10 Então disse Pilatos: "Você se nega a falar comigo? Não enten-
de que tenho poder para libertá-lo e para executá-lo em uma estaca?". 11 Yeshua res-
pondeu: "Você não teria nenhum poder sobre mim, se este não lhe fosse dado do
alto; por isso, quem me entregou a você é culpado de um pecado maior". 12 Ao ouvir
isso, Pilatos procurou encontrar uma forma de libertar Yeshua, mas os habitantes
de Y'hudah gritavam: "Se você libertar esse homem, significa que não é 'amigo do
imperador'! Quem afirma ser rei se opõe ao imperador". 13 Ao ouvir o que estavam
falando, Pilatos trouxe Yeshua e se sentou na cadeira de juiz, no lugar chamado
o Pavimento (em aramaico, *Gabta*). 14 Isso aconteceu por volta do meio-dia; era o
dia da preparação de *Pesach*. Pilatos disse aos habitantes de Y'hudah: "Eis o rei de
vocês!". 15 Mas eles gritaram: "Fora, fora! Executem-no em uma estaca!". Pilatos lhes
disse: "Querem que eu execute seu rei em uma estaca?". Os principais *kohanim*
responderam: "Não temos rei além do imperador". 16 Então Pilatos entregou Yeshua
para ser executado na estaca.

Os soldados se encarregaram de Yeshua. 17 Levando a própria estaca, ele saiu
para o lugar chamado Caveira (em aramaico, *Gulgolta*). 18 Ali eles o pregaram na
estaca com outros dois homens, um de cada lado, e Yeshua no meio. 19 Pilatos man-
dou preparar uma placa que foi escrita e pregada na estaca, onde se lê:

YESHUA DE NATZERET,
O REI DOS JUDEUS.

20 Muitos dos habitantes de Y'hudah leram a placa, porque o lugar em que Yeshua
foi executado ficava próximo da cidade, e a placa estava escrita em hebraico, latim
e grego. 21 Os principais *kohanim* protestaram junto a Pilatos: "Não escreva 'O Rei
dos judeus', mas que ele disse: 'Sou rei dos judeus' ". 22 Pilatos respondeu: "O que

escrevi, escrevi". 23 Quando os soldados pregaram Yeshua na estaca, tiraram-lhe as roupas e as dividiram em quatro partes, uma para cada soldado, restando a capa. Esta, porém, era sem costura, tecida em uma única peça, de alto a baixo. 24 Disseram uns aos outros: "Não devemos rasgá-la. Vamos decidir por sorteio quem ficará com ela". Isso aconteceu para cumprir as palavras do *Tanakh*, que dizem:

> "Eles dividiram minhas roupas entre si,
> **e tiraram sortes pela minha capa**".[r]

Por essa razão, os soldados agiram assim.

25 Perto da estaca de execução de Yeshua, estavam sua mãe, a irmã dela, Miryam, mulher de K'lofah, e Miryam de Magdalah. 26 Quando Yeshua viu sua mãe ali e o *talmid* a quem ele amava, disse a ela: "Mãe, este é seu filho". 27 E disse ao *talmid*: "Esta é sua mãe". Daquela hora em diante, o *talmid* a recebeu em casa.

28 Depois disso, sabendo que todas as coisas cumpriram seu propósito, Yeshua, para observar o que o *Tanakh* afirma, disse: "Tenho sede". 29 Havia ali uma vasilha cheia de vinho azedo e barato; então eles embeberam uma esponja no vinho, revestiram-na com folhas de orégano e a ergueram até sua boca. 30 Depois de Yeshua ter provado o vinho, disse: "Está consumado!". E, encurvando a cabeça, entregou o espírito.

31 Era o dia da preparação, e os moradores de Y'hudah não desejavam que os corpos permanecessem na estaca durante o *shabbat*, pois se tratava de um *shabbat* especialmente importante. Então pediram a Pilatos que mandasse quebrar as pernas e retirar os corpos. 32 Os soldados vieram e quebraram as pernas do primeiro homem que fora colocado em uma estaca ao lado de Yeshua e, em seguida, as do outro. 33 Mas, quando chegaram a Yeshua, viram que ele já estava morto; por isso, não lhe quebraram as pernas. 34 Entretanto, um dos soldados perfurou o lado de Yeshua com uma lança, e de imediato saiu sangue e água. 35 O homem que viu isso deu testemunho, e seu testemunho é verdadeiro. Ele sabe que diz a verdade, para que vocês também confiem. 36 Porque estas coisas aconteceram para que se cumprisse a passagem do *Tanakh*:

> **"Nenhum dos seus ossos será quebrado"**.[s]

37 e, novamente diz, em outro lugar:

> **"Eles olharão para aquele a quem perfuraram"**.[t]

38 Depois disso, Yosef de Ramatayim —um *talmid* secreto de Yeshua por temer os moradores de Y'hudah — pediu a Pilatos o corpo de Yeshua. Pilatos consentiu, e Yosef veio e levou embora o corpo. 39 Também veio Nakdimon, que fora ao encontro de Yeshua à noite, com cerca de trinta e quatro quilos de especiarias. 40 Eles pegaram o corpo de Yeshua e o envolveram em faixas de linho, com as especiarias, segundo a prática de sepultamento dos moradores de Y'hudah. 41 Nas proximidades do local da execução de Yeshua, havia um jardim; e, no jardim, um sepulcro novo, onde ninguém fora colocado. 42 Então, por ser o dia da preparação dos moradores de Y'hudah, e pelo fato de o sepulcro ficar por perto, foi nele que colocaram Yeshua.

---

[r] *Tehillim* [Sl] 22.19(18) [s] *Tehillim* [Sl] 34.21(20); *Sh'mot* [Êx] 12.46; *B'midbar* [Nm] 9.12
[t] *Z'kharyah* [Zc] 12.10

20 1 No primeiro dia da semana, bem cedo, quando ainda estava escuro, Miryam
de Magdalah foi ao sepulcro e viu que a pedra tinha sido removida. 2 Então
voltou correndo ao encontro de Shim'on Kefa e do outro *talmid*, aquele a quem
Yeshua amava, e lhes disse: "Tiraram o Senhor do sepulcro, e não sabemos onde o
colocaram!".

3 Então Kefa e o outro *talmid* saíram e foram ao sepulcro. 4 Os dois correram,
mas o outro *talmid* foi mais rápido que Kefa e chegou primeiro ao sepulcro. 5 Ele
se curvou e viu as faixas de linho ali, mas não entrou. 6 A seguir, Shim'on Kefa, que
vinha atrás dele, chegou, entrou no sepulcro e viu as faixas de linho que ali jaziam,
7 bem como o lenço que estivera sobre a cabeça de Yeshua. Ele não estava dobrado
com as outras faixas de linho. 8 Depois o outro *talmid*, que chegou primeiro ao se-
pulcro, também entrou. Ele viu e confiou. 9 (Eles ainda não haviam entendido que o
Tanakh ensina que o Messias deveria ressuscitar dos mortos.)

10 Então os *talmidim* voltaram para casa, 11 mas Miryam ficou do lado de fora do
sepulcro, chorando. Enquanto chorava, ela se curvou e olhou dentro do sepulcro
12 e viu dois anjos vestidos de branco, sentados onde estivera o corpo de Yeshua,
um à cabeceira, e o outro aos pés. 13 "Por que você está chorando?", eles lhe pergun-
taram. "Levaram meu Senhor", ela lhes disse, "e não sei onde o colocaram".

14 Quando disse isso, ela se voltou e viu Yeshua ali, em pé, mas não sabia que
era ele. 15 Yeshua lhe disse: "Senhora, por que está chorando? Quem você está pro-
curando?". Pensando tratar-se do jardineiro, disse: "Se o senhor o levou embora,
diga-me onde o colocou, e eu mesma o levarei". 16 Yeshua lhe disse: "Miryam!".
Voltando-se, Miryam exclamou em hebraico: "*Rabbani*!" (isto é, "Mestre!"). 17 "Não
me detenha", Yeshua lhe disse, "porque ainda não voltei para o Pai. Vá a meus
irmãos e lhes diga que estou voltando para meu Pai e — Pai de vocês —, para meu
Deus — e Deus de vocês". 18 Miryam de Magdalah foi aos *talmidim* com a notícia de
que vira o Senhor e de que ele lhe dissera isto.

19 Ao anoitecer daquele dia, o primeiro da semana, quando os *talmidim* estavam
reunidos a portas trancadas, por medo dos habitantes de Y'hudah, Yeshua entrou,
pôs-se no meio deles e disse: "*Shalom aleikhem!*". 20 Tendo-os cumprimentado,
mostrou-lhes as mãos e o lado. Os *talmidim* ficaram tomados de alegria quando
viram o Senhor. 21 "*Shalom aleikhem!*", Yeshua repetiu. "Como o Pai me enviou, eu
também os envio". 22 Tendo dito isso, soprou sobre eles e disse: "Recebam o *Ruach
HaKodesh*! 23 Se vocês perdoarem os pecados de alguém, estarão perdoados; se os
retiverem, permanecerão retidos".

24 No entanto, T'oma (seu nome significa "gêmeo"), um dos Doze, não estava
com eles quando Yeshua apareceu. 25 Assim que os outros *talmidim* lhe disseram:
"Vimos o Senhor!", ele replicou: "Se eu não vir as marcas dos pregos nas suas mãos,
não colocar meu dedo onde estavam os pregos e não puser minha mão no seu lado,
recuso-me a crer".

26 Uma semana mais tarde, os *talmidim* estavam outra vez ali, e T'oma estava
com eles. Apesar de estarem trancadas as portas, Yeshua entrou, pôs-se no meio
deles e disse: "*Shalom aleikhem!*". 27 E então ele disse a T'oma: "Coloque seu dedo
aqui; veja minhas mãos. Estenda a mão e a coloque no meu lado. Não tenha pouca
confiança, confie!". 28 T'oma lhe respondeu: "Meu Senhor e meu Deus!". 29 Yeshua
lhe disse: "Você confiou porque me viu? Quão abençoados os que não viram, mas
confiaram mesmo assim!".

30 Yeshua realizou muitos outros milagres na presença dos *talmidim*, que não es-
tão registrados neste livro. 31 Mas estes foram escritos aqui para que vocês possam

confiar que Yeshua é o Messias, o Filho de Deus, e que, mediante essa confiança,
tenham vida por causa de quem ele é.

21 1 Depois disso, Yeshua apareceu outra vez aos *talmidim*, à margem do lago
de Tiberíades. Foi assim que aconteceu: 2 Shim'on Kefa e T'oma (seu nome
significa "gêmeo") estavam com Natan'el, de Kanah da Galil, os filhos de Zavdai,
e dois outros *talmidim*. 3 Shim'on Kefa lhes disse: "Vou pescar". E eles disseram:
"Vamos com você". Eles foram e entraram no barco, mas naquela noite não pega-
ram nada. 4 Contudo, assim que o dia amanhecia, Yeshua estava na praia, mas os
talmidim não sabiam que era ele. 5 Disse-lhes: "Vocês não têm nada para comer?".
"Não", eles responderam. 6 Ele lhes disse: "Lancem a rede a estibordo e vocês pega-
rão alguns". Então eles lançaram a rede, e havia tantos peixes que não conseguiam
puxar a rede para dentro do barco. 7 O *talmid* a quem Yeshua amava disse a Kefa:
"É o Senhor!". Shim'on Kefa, ouvindo-o dizer isso, vestiu o casaco, pois o havia
tirado para trabalhar, e se lançou ao lago. 8 Mas os outros *talmidim* seguiram no
barco, arrastando a rede cheia de peixes, pois estavam a cerca de noventa metros
da praia. 9 Quando desembarcaram, viram ali uma fogueira com brasas, um peixe
sobre ela e um pouco de pão. 10 Yeshua lhes disse: "Tragam alguns dos peixes que
vocês acabaram de pescar". 11 Shim'on Kefa entrou no barco e arrastou a rede para a
praia. Ela estava cheia: 153 peixes, e, embora fossem muitos, a rede não se rompeu.
12 Yeshua lhes disse: "Venham comer". Nenhum dos *talmidim* tinha coragem de lhe
perguntar: "Quem é você?", pois sabiam que era o Senhor. 13 Yeshua se aproximou,
pegou o pão, e o deu a eles, e fez o mesmo com o peixe. 14 Esta foi a terceira vez que
Yeshua apareceu aos *talmidim*, depois de ter ressuscitado dos mortos.

15 Depois de comerem, Yeshua perguntou a Shim'on Kefa: "Shim'on Bar-Yochanan,
você me ama mais do que estes?". Ele replicou: "Sim, Senhor, você sabe que sou seu
amigo". Disse Yeshua: "Alimente minhas ovelhas". 16 Yeshua disse pela segunda
vez: "Shim'on Bar-Yochanan, você me ama?". Ele respondeu: "Sim, Senhor, você
sabe que sou seu amigo". Disse Yeshua: "Pastoreie minhas ovelhas". 17 Pela terceira
vez, ele lhe disse: "Shim'on Bar-Yochanan, você é meu amigo?". Shim'on ficou ma-
goado por ter sido questionado pela terceira vez: "Você é meu amigo?". Então res-
pondeu: "Senhor, você sabe todas as coisas! E sabe que sou seu amigo". Yeshua lhe
disse: "Alimente minhas ovelhas. 18 Sim, eu lhe digo: quando você era mais jovem,
vestia-se e ia aonde queria. Mas, quando envelhecer, estenderá as mãos, e outra
pessoa o vestirá e o levará aonde não deseja ir". 19 Ele disse isso para indicar o tipo
de morte com a qual Kefa daria glória a Deus. E então Yeshua lhe disse: "Siga-me!".

20 Kefa se virou e viu que o *talmid* a quem Yeshua amava de modo especial os
seguia — o que estivera ao lado de Yeshua durante o jantar e perguntara: "Quem o
irá trair?". 21 Quando Kefa o viu, disse a Yeshua: "Senhor, e quanto a ele?". 22 Yeshua
disse: "Se eu quiser que ele permaneça até eu voltar, o que lhe importa? Você,
porém, siga-me!". 23 Por isso, espalhou-se o rumor entre os irmãos de que aquele
talmid não iria morrer. Entretanto, Yeshua não disse que ele não morreria; apenas
que: "Se eu quiser que ele permaneça até eu voltar, o que lhe importa?".

24 Este é o *talmid* que testifica essas coisas e que as registrou.

E sabemos que seu testemunho é verdadeiro.

25 Existem também muitas outras coisas que Yeshua fez; se todas elas fossem
registradas, penso que nem o mundo inteiro poderia conter os livros que precisa-
riam ser escritos!

מעשי השליחים

Os
Atos
dos emissários de Yeshua, o Messias

1 1 Caro Teófilo:
Em meu primeiro livro, escrevi a respeito de todas as coisas que Yeshua
começou a fazer e a ensinar, 2 até o dia em que, depois de ter dado instruções por
meio do *Ruach HaKodesh* aos emissários que escolhera, ele foi elevado ao céu.
3 Depois de sua morte, Yeshua apareceu a eles e lhes deu muitas provas con-
vincentes de que estava vivo. Eles o viram pelo período de quarenta dias, e ele lhes
falava a respeito do Reino de Deus.
4 Em um desses encontros, ele os instruiu a não deixarem Yerushalayim, mas
que esperassem pela "promessa do Pai", que vocês ouviram de mim. 5 Porque
Yochanan imergia as pessoas na água, mas dentro de poucos dias vocês serão imer-
sos no *Ruach HaKodesh*!".
6 Enquanto estavam reunidos, eles lhe perguntaram: "Senhor, é nesse tempo
que você vai restaurar a autonomia a Yisra'el?". 7 Ele respondeu: "Vocês não pre-
cisam saber as datas ou os tempos; o Pai os mantém sob sua autoridade. 8 Mas
receberão poder quando o *Ruach HaKodesh* descer sobre vocês e serão minhas tes-
temunhas em Yerushalayim, em toda a região de Y'hudah e Shomron, na verdade
até os confins da terra!".
9 Depois de dizer isso, ele foi elevado diante de seus olhos; e uma nuvem o
encobriu da vista deles. 10 Enquanto estavam observando fixamente o céu à procura
de Yeshua, viram repentinamente dois homens vestidos de branco, em pé, perto
deles. 11 Os homens disseram: "Habitantes da Galil, por que vocês estão olhando
para o espaço? Este Yeshua, que foi levado dentre vocês para o céu, voltará do mes-
mo modo que o viram subir ao céu".
12 Então eles percorreram na volta a distância permitida no *shabbat*, do mon-
te das Oliveiras até Yerushalayim. 13 Chegaram à cidade e subiram ao aposento
do andar superior onde estavam acomodados. Os nomes dos emissários eram
Kefa, Yochanan, Ya'akov, André, Filipe, T'oma, Bar-Talmai, Mattityahu, Ya'akov
Ben-Halfai, Shim'on, o zelote, e Y'hudah Ben-Ya'akov. 14 Todos eles se dedicavam
com a mesma disposição à oração, com algumas mulheres, incluindo Miryam, a
mãe de Yeshua, e com os irmãos dele.
15 Nesse período, quando o grupo de crentes era composto por cerca de 120
pessoas, Kefa pôs-se em pé e dirigiu-lhes a palavra: 16 "Irmãos, o *Ruach HaKodesh*
falou de antemão por intermédio de David a respeito de Y'hudah, e essas palavras
do *Tanakh* tinham de ser cumpridas. Ele serviu de guia para os que prenderam
Yeshua — 17 ele era um de nós e lhe fora consignada uma parte de nossa obra".
18 (Com o dinheiro que Y'hudah recebeu por seus atos ímpios, ele comprou um
campo. Ali ele caiu de cabeça e morreu. Seu corpo partiu-se ao meio, e as suas

vísceras se derramaram. 19 Isso se tornou conhecido de todos, de modo que esse campo passou a ser chamado Hakal-D'ma (que na língua deles significa "campo de sangue"). 20 "Porque", disse Kefa, "está escrito no livro de Salmos:

'Que sua propriedade fique vazia,
que ninguém habite nela';[a]

e ainda:

'Que outro ocupe seu lugar de supervisão'.[b]

21 Portanto, é necessário que escolhamos um dos homens que têm estado conosco durante todo o tempo em que o Senhor Yeshua viveu entre nós, 22 desde o tempo em que Yochanan imergia o povo até o dia em que Yeshua foi elevado dentre nós às alturas — um deles deve tornar-se conosco testemunha de sua ressurreição".

23 Então indicaram dois nomes: Yosef Bar-Sabba, cognominado Justo, e Mattityahu. 24 A seguir, eles oraram: "Senhor, tu conheces o coração de todos. Mostra-nos qual destes dois escolheste 25 para assumir esta obra e o ofício de emissário que Y'hudah abandonou, indo para o lugar ao qual pertencia". 26 Então lançaram sortes, para decidir entre os dois, e a sorte caiu sobre Mattityahu. Então ele foi acrescentado aos onze emissários.

2 1 Chegou a Festa de *Shavu'ot*, e os crentes estavam todos reunidos em um só lugar. 2 Repentinamente, veio do céu um som como de um vento muito forte e encheu toda a casa na qual estavam sentados. 3 A seguir, viram o que parecia línguas de fogo, que se separaram e pousaram sobre cada um deles. 4 Todos ficaram cheios do *Ruach HaKodesh* e começaram a falar línguas diferentes, conforme o Espírito os capacitava a falar.

5 Estavam em Yerushalayim judeus religiosos de todas as nações debaixo do céu. 6 Quando eles ouviram o som, juntou-se uma multidão; eles estavam confusos, porque cada um ouvia os crentes falar em sua língua. 7 Totalmente maravilhados, eles perguntaram: "Como isso é possível? Não são todas estas pessoas da Galil? 8 Como as ouvimos falar em nossa língua materna? 9 Somos partos, medos, elamitas, habitantes da Mesopotâmia, Y'hudah, Capadócia, Ponto, Ásia, 10 Frígia, Panfília, Egito, de partes da Líbia próximas a Cirene, visitantes de Roma; 11 judeus de nascimento e prosélitos; judeus de Creta e da Arábia! Como nós os ouvimos falar a respeito das grandes coisas que Deus fez?". 12 Atônitos e confusos, eles perguntavam entre si: "Qual é o significado disso?". 13 Outros, porém, zombavam deles e diziam: "Eles beberam vinho demais!".

14 Então Kefa levantou-se com os Onze e, em alta voz, dirigiu-se a eles: "Vocês, homens de Y'hudah, e todos que estão aqui em Yerushalayim, deixem-me dizer-lhes o que isto significa! Ouçam-me com atenção!

15 "Estas pessoas não estão bêbadas, como vocês supõem — são apenas nove horas da manhã. 16 Não, isto é o que foi predito pelo profeta Yo'el:

17 **'*Adonai* diz:**
Nos últimos dias,
derramarei do meu Espírito sobre todas as pessoas.
Seus filhos e filhas profetizarão,

[a] *Tehillim* [Sl] 69.26(25) [b] *Tehillim* [Sl] 109.8

seus jovens terão visões,
os velhos terão sonhos.
18 **Até mesmo sobre meus escravos, homens e mulheres,**
derramarei do meu Espírito naqueles dias;
e eles profetizarão.
19 **Realizarei milagres em cima, no céu,**
e sinais embaixo, na terra —
sangue, fogo e fumaça espessa.
20 **O sol escurecerá,**
e a lua se transformará em sangue
antes do grande e temível dia de *Adonai*.
21 **Então todo que invocar o nome de *Adonai* será salvo.'.**[c]

22 "Homens de Yisra'el, ouçam isto! Yeshua de Natzeret foi um homem que lhes de-
monstrou ter sido enviado da parte de Deus por meio de obras poderosas, milagres
e sinais que Deus realizou por meio dele, na presença de vocês. Vocês mesmos o
sabem. 23 Este homem foi preso de acordo com o plano predeterminado de Deus
e sua presciência; e, mediante a agência de pessoas desligadas da *Torah*, vocês o
pregaram na estaca e o mataram!
24 Contudo, Deus o ressuscitou e não permitiu que ele sofresse a morte; era
impossível que a morte pudesse detê-lo. 25 Porque David disse a respeito dele:

'Sempre vi *Adonai* diante de mim,
porque ele está à minha direita,
de modo que não serei abalado.
26 **Por esta razão, o meu coração estava alegre,**
e a minha língua exultou;
e também meu corpo viverá com a esperança infalível
27 **de que tu não me abandonarás no *sh'ol***
nem permitirás que o teu Santo
experimente decomposição.
28 **Tu me fizeste conhecer os caminhos da vida;**
tu me encherás de alegria na tua presença'.[d]

29 "Irmãos, sei que posso dizer-lhes com franqueza que o patriarca David morreu e
foi sepultado — seu túmulo está entre nós até o dia de hoje. 30 Entretanto, pelo fato
de ele ter sido um profeta e de saber que Deus lhe jurara fazer sentar um de seus
descendentes em seu trono, 31 ele falou de antemão a respeito da ressurreição do
Messias, de que ele não seria abandonado no *sh'ol* e na carne não sofreria decom-
posição. 32 Deus ressuscitou este Yeshua, e todos nós somos testemunhas disso!
33 Além disso, ele foi exaltado à **direita de Deus** e recebeu do Pai a promessa:
isto é, o *Ruach HaKodesh*, e derramou esse dom, que vocês agora veem e ouvem.
34 Porque David não subiu aos céus. Mas ele diz:

'*Adonai* disse a meu Senhor:
Sente-se à minha direita
35 **até que eu ponha seus inimigos como**
escabelo para seus pés'."[e]

36 "Portanto, que toda a casa de Yisra'el fique certa de que Deus fez dele,
Yeshua, Senhor e Messias, a quem vocês executaram na estaca!".

[c] *Yo'el* [Jl] 3.1-5(2.28-32) [d] *Tehillim* [Sl] 16.8-11 [e] *Tehillim* [Sl] 110.1

37 Quando ouviram isso, ficaram com o coração compungido e disseram a Kefa
e aos outros emissários: “Irmãos, que devemos fazer?”. 38 Kefa respondeu-lhes:
“Abandonem o pecado, voltem para Deus, e cada um de vocês seja imerso pela
autoridade de Yeshua, o Messias, para o perdão de seus pecados, e vocês receberão
o dom do *Ruach HaKodesh*! 39 Porque a promessa é para vocês, para seus filhos e
para todos os que estão longe — para todos quantos Adonai, nosso Deus, chamar!”.

40 Ele apoiou seu discurso com muitos outros argumentos e continuou a insistir
com eles: “Salvem-se desta geração perversa!”.

41 Por isso, os que aceitaram o que ele disse foram imersos e acrescentados no
grupo, naquele dia, de cerca de três mil pessoas.

42 Eles se mantiveram fiéis ao ensino dos emissários, à comunhão, ao partir
do pão e às orações. 43 Todos estavam cheios de temor, e muitos milagres e sinais
aconteceram por intermédio dos emissários. 44 Todos os que confiavam em Yeshua
permaneciam unidos e possuíam tudo em comum; 45 na verdade, eles venderam
suas propriedades e bens e distribuíram o dinheiro a cada um conforme a neces-
sidade. 46 De modo contínuo e fiel, e com singeleza de propósito, eles se reuniam
no pátio do templo todos os dias e partiam o pão em várias casas, compartilhando
seu alimento com alegria e simplicidade de coração, 47 louvando a Deus e tendo o
respeito de todas as pessoas. E dia após dia, o Senhor lhes acrescentava os que
eram salvos.

3 1 Certo dia, às três horas da tarde, a hora das orações de *minchah*, quando Kefa
e Yochanan estavam subindo ao templo, 2 um aleijado de nascença estava sendo
levado para lá. Todo dia, algumas pessoas costumavam colocá-lo junto ao portão
chamado Formosa, para que ele pudesse pedir esmolas aos que se dirigiam ao pá-
tio do templo. 3 Quando viu que Kefa e Yochanan iam entrar no templo, pediu-lhes
dinheiro. 4 Eles olharam bem para ele, e Kefa disse: “Olhe para nós!”. 5 O aleijado
olhou para eles com atenção, esperando receber alguma coisa deles. 6 Kefa disse:
“Não tenho prata nem ouro, mas o que tenho lhe dou: em nome do Messias, Yeshua
de Natzeret, ande!”. 7 Segurando-o pela mão direita, Kefa ajudou-o a levantar-se.
Instantaneamente, seus pés e tornozelos se fortaleceram; 8 ele, de um salto, pôs-se
em pé por um momento e começou a andar. A seguir, o homem entrou no templo
com eles, andando, pulando e louvando a Deus. 9 Todos o viram andando e louvan-
do a Deus. 10 Eles o reconheceram: era o mesmo homem que anteriormente mendi-
gava sentado à porta Formosa do templo, e ficaram muito admirados e perplexos
com o que lhe acontecera. 11 Enquanto o homem se agarrou a Kefa e Yochanan,
todo o povo ficou maravilhado e correu na direção deles até chegar à colunata de
Sh'lomoh.

12 Vendo isso, Kefa dirigiu a palavra ao povo: “Homens de Yisra'el! Por que vocês
estão tão surpresos com isso? Ou por que vocês estão olhando para nós como se
tivéssemos feito este homem andar mediante nosso poder ou nossa piedade? 13 **O
Deus de Avraham, Yitz'chak e Ya'akov, o Deus de nossos pais**,[f] glorificou seu servo
Yeshua — o mesmo Yeshua a quem vocês desonraram perante Pila-tos, mesmo após
ele ter decidido libertá-lo. 14 Vocês renegaram o santo e inocente, e, em vez dele, pe-
diram o perdão da pena de um assassino! 15 Vocês mataram o autor da vida!

Entretanto, Deus o ressuscitou dos mortos! Disso nós somos testemunhas. 16 E
é por meio da confiança no nome de Yeshua que foi dado poder a este homem que

[f] *Sh'mot* [Êx] 3.6,15

vocês veem e conhecem. Sim, é a confiança que vem por meio de Yeshua que deu a este homem a cura completa na presença de todos vocês.

17 "Agora, irmãos, eu sei que vocês não entenderam o significado do que faziam, nem seus líderes. 18 Mas foi assim que Deus cumpriu o que tinha anunciado de antemão ao dizer por meio de todos os profetas, isto é, que seu Messias haveria de morrer.

19 "Arrependam-se, portanto, e voltem-se para Deus, para que seus pecados sejam apagados, 20 para que venham tempos de alívio da presença do Senhor, e ele lhes mande o Messias, designado de antemão, isto é, Yeshua. 21 Ele deve permanecer no céu até a chegada do tempo para a restauração de todas as coisas, como Deus disse há muito tempo, ao falar por meio dos seus santos profetas. 22 Porque disse o próprio Mosheh: **'*Adonai* suscitará um profeta semelhante a mim dentre seus irmãos; vocês devem ouvi-lo em tudo o que ele lhes disser.** 23 **Quem não ouvir esse profeta, será eliminado do meio do povo e destruído'.**[g] 24 "De fato, todos os profetas anunciaram esses dias, começando por Shmu'el, seguido de todos os outros.

25 Vocês são filhos dos profetas, e estão incluídos na aliança que Deus fez com nossos pais, ao dizer a Avraham: **'Por meio da sua descendência, todas as famílias da terra serão abençoadas'.**[h] 26 Deus enviou seu servo ressuscitado primeiramente a vocês, para poder abençoá-los por meio do abandono pessoal dos maus caminhos".

4 1 Kefa e Yochanan ainda estavam falando ao povo quando chegaram os *kohanim*, o capitão da guarda do templo e os *tz'dukim*, 2 muito irritados porque eles estavam ensinando ao povo a doutrina da ressurreição dos mortos e apresentando Yeshua. 3 A guarda do templo os prendeu; e, como já estava anoitecendo, colocaram-nos na prisão sob custódia até o dia seguinte. 4 Muitos, porém, dos que ouviram a mensagem confiaram; e apenas o número dos homens chegava perto de cinco mil.

5 No dia seguinte, as autoridades do povo, os anciãos e os mestres da *Torah* reuniram-se em Yerushalayim 6 com 'Anan, o *kohen hagadol*, Kayafa, Yochanan, Alexandre e outros homens da família do *kohen hagadol*. 7 Mandaram trazer os emissários diante deles e lhes perguntaram: "Com que poder ou em nome de quem vocês fizeram isso?".

8 Então Kefa, cheio do *Ruach HaKodesh*, disse-lhes: "Líderes e anciãos do povo! 9 Se somos chamados hoje para prestar contas de um ato de bondade feito a favor de um deficiente, se vocês desejam saber como lhe foi restaurada a saúde, 10 saibam vocês e todo o povo de Yisra'el que por meio do nome do Messias, Yeshua de Natzeret, a quem vocês executaram em uma estaca como criminoso, mas a quem Deus ressuscitou dos mortos, este homem está aí diante dos senhores curado.

11 "Este Yeshua é **a pedra rejeitada por** vocês, construtores, que **se tornou a pedra angular**.[i] 12 Não há salvação em ninguém mais! Porque não existe outro nome, debaixo do céu, dado à humanidade pelo qual devamos ser salvos!".

13 Percebendo a ousadia de Kefa e de Yochanan, e sabendo que eles eram *'am-ha'aretz* sem instrução, ficaram admirados, e reconheceram também que eles haviam estado com Yeshua. 14 Além disso, podiam ver ali com eles o homem que fora curado; portanto, nada podiam fazer para desacreditar a cura. 15 Assim, ordenaram-lhes que se retirassem do *Sanhedrin* enquanto debatiam o assunto em

---

[g] *D'varim* [Dt] 18.15,16 [h] *B'reshit* [Gn] 22.18; 26.4 [i] *Tehillim* [Sl] 118.22

particular. 16 "Que faremos?", eles se perguntavam. "Qualquer pessoa que estava
em Yerushalayim pôde ver que um milagre inegável aconteceu por meio deles —
não podemos negá-lo. 17 Mas para evitar que o ocorrido se dissemine ainda mais
entre as pessoas, vamos adverti-las de que não usem mais esse nome".

18 Dessa forma, eles os chamaram outra vez e ordenaram-lhes que, sob nenhu-
ma hipótese, deveriam falar ou ensinar em nome de Yeshua. 19 Entretanto, Kefa e
Yochanan responderam: "Julguem entre si mesmos se é correto aos olhos de Deus
dar atenção ao que vocês dizem ou a Deus. 20 Quanto a nós, não podemos parar
de falar a respeito do que vimos e ouvimos". 21 Eles os ameaçaram durante mais
algum tempo, mas, por fim, deixaram-nos ir — eles não podiam puni-los por causa
do povo, porque todos estavam louvando a Deus pelo acontecido, 22 pelo fato de o
homem curado miraculosamente ter mais de quarenta anos de idade.

23 Depois de terem sido soltos, eles voltaram para seus amigos e contaram o que
os principais *kohanim* e os anciãos lhes tinham dito. 24 Ao ouvir isso, eles elevaram
a voz a Deus com singeleza de coração. "Senhor", eles oraram, "tu **fizeste o céu, a
terra, o mar e tudo o que neles há.**[j] 25 Por meio do *Ruach HaKodesh*, pela boca de
nosso pai David, teu servo, tu disseste:

'Por que as nações esbravejam,
e os povos concebem planos inúteis?
26 **Os reis da terra tomam posição;**
e os governantes se reúnem
contra ***Adonai***
e contra o seu Messias'.[k]

27 "Isso se tornou real nesta cidade pelo fato de Herodes e Pôncio Pilatos — *goyim*
e membros do povo de Yisra'el — estarem unidos contra teu santo servo Yeshua,
a quem constituíste Messias, 28 para realizar o que teu poder e teu plano já haviam
determinado de antemão que aconteceria.

29 "Portanto, Senhor, agora, considera as ameaças deles e capacita teus servos
para anunciarem tua mensagem com ousadia! 30 Estende tua mão para curar e rea-
lizar sinais e milagres mediante o nome do teu santo servo Yeshua!".

31 Enquanto eles estavam orando, o lugar onde se reuniam tremeu. Todos fica-
ram cheios do *Ruach HaKodesh* e anunciaram a mensagem de Deus com ousadia.

32 Todos os crentes tinham um coração e uma alma, e ninguém reivindicava suas
posses; todos, porém, partilhavam o que possuíam. 33 Com grande poder, os emis-
sários continuaram a testemunhar a ressurreição do Senhor Yeshua, e eles eram
tidos em alta conta. 34 Nenhum deles era pobre, porque os proprietários de terras
ou casas as vendiam e entregavam o valor correspondente 35 aos emissários, para
fazer a distribuição a cada um de acordo com sua necessidade. 36 Portanto, Yosef,
a quem os emissários chamavam Bar-Nabba (que significa "o exortador"), um *levi*
procedente de Chipre, 37 vendeu um campo de sua propriedade e trouxe o dinheiro
aos emissários.

5 1 Havia ali um homem chamado Hananyah, o qual, acompanhado de sua mulher,
Shappirah, vendeu uma propriedade 2 e, com o consentimento dela, reteve parte
da quantia para si mesmo, apesar de ter trazido o restante aos emissários. 3 En-
tão Kefa disse: "Por que o Adversário encheu seu coração a ponto de você mentir

[j] *Tehillim* [Sl] 146.6 [k] *Tehillim* [Sl] 2.1,2

ao *Ruach HaKodesh* e manter consigo parte do dinheiro recebido pela terra? 4 Antes de vendê-la, a propriedade era sua; e, depois de tê-la vendido, o dinheiro era seu para ser usado como lhe aprouvesse. Portanto, o que o fez decidir-se por isso? Você não mentiu a seres humanos, mas a Deus!".

5 Ao ouvir essas palavras, Hananyah caiu morto; e todos os que ouviram falar no assunto ficaram aterrorizados. 6 Jovens enrolaram o corpo dele em um lençol, carregaram-no para fora e o sepultaram.

7 Cerca de três horas depois, sua mulher se aproximou, sem saber o que tinha acontecido. 8 Kefa lhe perguntou: "Diga-me, é verdade que vocês venderam a terra por tal preço?". "Sim", ela respondeu, "isto foi quanto nos pagaram por ela". 9 Kefa, porém, retrucou-lhe: "Por que vocês conspiraram para tentar o Espírito do Senhor? Ouça! Os homens que sepultaram seu marido estão à porta. Eles a levarão também!".
10 Ela caiu morta aos pés dele instantaneamente. Os jovens entraram e a encontraram morta; eles a levaram e a sepultaram ao lado do marido. 11 Como resultado disso, um grande temor caiu sobre a comunidade messiânica e também sobre todos os que ouviram falar a esse respeito.

12 Enquanto isso, mediante os emissários eram realizados muitos sinais e milagres no meio do povo. Unidos em mente e propósito, os crentes reuniram-se na colunata de Sh'lomoh; 13 ninguém mais ousava unir-se a eles. Entretanto, o povo os mantinha em alta conta, 14 e multidões de crentes, homens e mulheres, eram acrescentados ao Senhor. 15 Eles chegaram a ponto de levar os doentes às ruas e deitá-los em colchões e macas, para que ao menos a sombra de Kefa caísse sobre alguns, enquanto ele passava. 16 Multidões também se juntavam das cidades à volta de Yerushalayim, trazendo seus doentes e os afligidos por espíritos impuros; e todos eles eram curados.

17 Entretanto, o *kohen hagadol* e seus associados, membros do partido dos *tz'dukim*, ficaram cheios de inveja. 18 Eles prenderam os emissários e os lançaram numa prisão pública. 19 Mas durante a noite um anjo de *Adonai* abriu as portas da prisão, conduziu-os para fora e 20 disse: "Vão, fiquem no pátio do templo e continuem contando ao povo tudo sobre essa nova vida!". 21 Após terem ouvido, eles entraram na área do templo, ao amanhecer, e começaram a ensinar.

Quando o *kohen hagadol* e os seus associados chegaram, eles convocaram uma reunião do *Sanhedrin* (isto é, a assembléia dos anciãos de Yisra'el) e mandaram buscar os emissários na prisão. 22 Entretanto, os guardas não os encontraram na prisão. Então eles voltaram e relataram: 23 "Encontramos a prisão trancada com toda a segurança, com os guardas em frente das portas; mas, quando as abrimos, não encontramos ninguém lá dentro!". 24 Quando o capitão da guarda do templo e os principais *kohanim* ouviram isso, ficaram perplexos, imaginando o que aconteceria a seguir.

25 Então chegou alguém e falou-lhes: "Ouçam: os homens que vocês ordenaram que fossem postos na prisão estão no pátio do templo, ensinando o povo!". 26 O capitão e seus soldados foram até lá e os trouxeram, mas sem o uso de força, porque tinham medo de serem apedrejados pelo povo. 27 Eles os conduziram ao *Sanhedrin,* onde o *kohen hagadol* perguntou-lhes: 28 "Nós lhes demos ordens expressas para não ensinarem neste nome! Mas, vejam, vocês encheram Yerushalayim com seu ensino e, além disso, estão determinados a nos tornar responsáveis pela morte desse homem!".

29 Kefa e os outros emissários responderam: "Devemos obedecer a Deus, não aos homens! 30 **O Deus de nossos pais**[l] ressuscitou Yeshua, a quem vocês mataram, **pendurando-o em uma estaca.**[m] 31 Deus exaltou esse homem, colocando-o **à sua direita**[n]

[l] *Sh'mot* [Êx] 3.15 [m] *D'varim* [Dt] 21.22,23 [n] *Tehillim* [Sl] 110.1

como Governante e Salvador, para dar a Yisra'el a capacidade de fazer *t'shuva* e ter
os pecados perdoados. 32 Nós somos testemunhas destas coisas, como também o é
o *Ruach HaKodesh*, que Deus concedeu aos que lhe obedecem".
33 Ao ouvir isso, os membros do *Sanhedrin* ficaram furiosos e queriam matar
os emissários. 34 Mas um deles, um *parush* chamado Gamli'el, mestre da *Torah*
muito respeitado por todo o povo, ordenou que os homens fossem retirados por
um momento 35 e dirigiu-se à corte: "Homens de Yisra'el, cuidado com o que vocês
pretendem fazer a essas pessoas. 36 Há algum tempo, aconteceu uma rebelião lide-
rada por Todah, alegando ser alguém especial, e certo número de homens, cerca
de quatrocentos, se juntaram a ele. Quando ele foi morto, todos os seus seguido-
res se dispersaram e acabaram em nada. 37 Depois disso, Y'hudah HaG'lili liderou
outra rebelião no tempo do registro para o pagamento do imposto aos romanos;
e algumas pessoas se juntaram a ele. Entretanto, ele foi morto, e todos os seus
seguidores foram dispersos. 38 Portanto, no caso presente, meu conselho é que
vocês não interfiram; deixem esses homens e soltem-nos. Se essa ideia ou movi-
mento tiver origem humana, fracassará. 39 Mas, caso proceda de Deus, não serão
capazes de impedi-los; vocês se acharão lutando contra Deus!".
40 Eles aceitaram o conselho. Depois de chamar os emissários e mandar açoitá-
-los, ordenaram-lhes que não falassem no nome de Yeshua, e os deixaram partir.
41 Os emissários saíram do *Sanhedrin* extremamente alegres por terem sido consi-
derados dignos de humilhação por causa de Yeshua. 42 E todos os dias, no pátio do
templo e de casa em casa, não deixavam de ensinar e anunciar as boas-novas de
que Yeshua é o Messias.

6 1 Naqueles dias, quando o número de *talmidim* estava crescendo, os judeus de
língua grega começaram a queixar-se de que os judeus de língua hebraica es-
tavam se esquecendo de suas viúvas na distribuição diária de alimento. 2 Então os
Doze convocaram uma reunião geral dos *talmidim* e disseram: "Não é apropriado
negligenciarmos a Palavra de Deus para servir às mesas. 3 Irmãos, escolham entre
vocês sete homens reconhecidamente cheios do Espírito e de sabedoria. Nós os
incumbiremos dessa tarefa importante 4 e daremos atenção total à oração e ao
ministério da Palavra".
5 O que eles disseram agradou a todo o ajuntamento. Eles escolheram Estêvão,
homem cheio de fé e do *Ruach HaKodesh*, Filipe, Prócoro, Nikanor, Timon, Párme-
nas e Nicolau, um prosélito de Antioquia. 6 Apresentaram esses homens aos emis-
sários, que oraram e impuseram as mãos sobre eles.
7 Assim, a palavra de Deus continuou sendo espalhada. O número de *talmidim*
crescia rapidamente em Yerushalayim; também um grande número de *kohanim*
tornou-se obediente à fé.
8 Estêvão, porém, homem cheio da graça e do poder, realizava grandes milagres
e sinais em meio ao povo. 9 Contudo, levantou-se oposição dos membros da sina-
goga chamada dos Escravos Libertos, composta pelos judeus de Cirene e de Ale-
xandria, da Cilícia e da província da Ásia. Eles começaram a discutir com Estêvão,
10 mas não podiam resistir à sabedoria ou ao Espírito pelo qual ele falava.
11 Então persuadiram secretamente alguns homens para afirmarem: "Nós o ou-
vimos falar de modo blasfemo contra Mosheh e contra Deus". 12 Eles instigaram o
povo, bem como os anciãos e os mestres da *Torah*. E prenderam Estêvão e o leva-
ram perante o *Sanhedrin*. 13 Ali apresentaram falsas testemunhas, que disseram:
"Este homem não para de falar contra este lugar santo e contra a *Torah*; 14 nós o

ouvimos dizer que Yeshua de Natzeret destruirá este lugar e mudará os costumes que Mosheh nos outorgou".

[15] Todos os que estavam sentados no *Sanhedrin* olharam para Estêvão e viram que seu rosto parecia o rosto de um anjo.

7 [1] O *kohen hagadol* perguntou: "Estas acusações são verdadeiras?", [2] e Estêvão disse:

"Irmãos e pais, ouçam-me! O Deus da glória apareceu a Avraham *avinu* na Mesopotâmia, antes de morar em Haran, [3] **e lhe disse: 'Deixe sua terra e sua família e vá para a terra que eu lhe mostrarei'.**[o] [4] Então ele deixou a terra dos caldeus e viveu em Haran. Depois da morte de seu pai, Deus o fez chegar a esta terra, onde vocês agora vivem. [5] Ele não lhe deu nenhuma herança aqui, **nem o espaço de um pé**;[p] contudo, lhe prometeu **dar a posse dela, e a seus descendentes depois dele**,[q] embora, naquele tempo, Avraham não tivesse filhos. [6] O que Deus lhe disse foi: **'Seus descendentes serão forasteiros em uma terra estrangeira, e eles serão escravizados e oprimidos durante quatrocentos anos.** [7] Mas eu julgarei a nação que os escravizar', Deus disse, **'e depois sairão e me adorarão neste lugar'.**[r] [8] E deu a Avraham a *b'rit-milah*. Então ele se tornou o pai de Yitz'chak e realizou sua *b'rit-milah* no oitavo dia, e Yitz'chak tornou-se pai de Ya'akov, e ele, dos doze patriarcas.

[9] "Os patriarcas, porém, **tiveram inveja de Yosef e o venderam** como escravo **para o Egito**. Mas *Adonai* estava com ele,[s] [10] e o libertou de todas as suas dificuldades, e **deu a Yosef favor e sabedoria diante do faraó, rei do Egito, que o tornou o principal administrador do Egito e de toda a sua casa.**[t] [11] **Depois houve fome em todo o Egito e em Kena'an.**[u] [12] Quando Ya'akov ouviu que havia trigo no Egito, enviou nossos pais para lá pela primeira vez. [13] Na segunda vez, Yosef **revelou sua identidade aos irmãos**,[v] e a família de Yosef tornou-se conhecida do faraó. [14] Yosef, então, mandou buscar seu pai Ya'akov e todos os seus parentes, 75 pessoas. [15] E Ya'akov desceu ao Egito; ele morreu ali, bem como nossos ancestrais. [16] Seus corpos foram removidos para Sh'khem e colocados no túmulo que Avraham comprou da família de Hamor, por certa soma de dinheiro.

[17] "Ao se aproximar o tempo em que Deus cumpriria sua promessa feita a Avraham, o número do nosso povo no Egito **cresceu muito,** [18] até **surgir outro rei, que desconhecia Yosef**,[w] e passou a governar o Egito. [19] Com habilidade cruel, esse homem forçou nossos pais a abandonar seus recém-nascidos, para que não sobrevivessem.

[20] "Foi nesse tempo que nasceu Mosheh, que era um menino lindo aos olhos de Deus. Por três meses, ele foi criado na casa de seu pai; [21] quando foi abandonado, a filha do faraó o pegou e o criou como seu filho. [22] Portanto, Mosheh foi educado em toda a sabedoria dos egípcios e veio a ser um orador poderoso e um homem de atitude.

[23] "Ao completar quarenta anos, Mosheh decidiu visitar seus irmãos do povo de Yisra'el. [24] Ao ver um deles sendo maltratado, saiu em defesa dele e o vingou, matando o egípcio. [25] Ele supunha que seus irmãos entenderiam que Deus o estava usando para salvá-los, mas eles não entenderam. [26] Quando ele apareceu no dia seguinte, dois homens estavam brigando, e Mosheh tentou estabelecer a paz entre

---

[o] *B'reshit* [Gn] 12.1 [p] *D'varim* [Dt] 2.5 [q] *B'reshit* [Gn] 12.7; 13.15; 15.4,7,18-21; 17.8; 24.7; 48.4 [r] *B'reshit* [Gn] 15.13,14,16 [s] *B'reshit* [Gn] 37.11,28; 39.1-3,21,23 [t] *B'reshit* [Gn] 41.37-44 [u] *B'reshit* [Gn] 41.54; 42.5 [v] *B'reshit* [Gn] 45.1 [w] *Sh'mot* [Êx] 1.7,8

eles, dizendo: 'Homens, vocês são irmãos! Por que querem ferir um ao outro?'. 27 O homem que maltratava o outro empurrou Mosheh e disse: **'Quem o fez líder e juiz sobre nós? 28 Você quer matar-me como fez com o egípcio ontem?'.**[x] 29 Ao ouvir isso, Mosheh fugiu do país e exilou-se na terra de Midyan, onde teve dois filhos.

30 "Após mais quarenta anos, um anjo **lhe apareceu no deserto,** perto do monte Sinai, nas **chamas de uma sarça ardente.**[y] 31 Quando Mosheh viu isso, ficou maravilhado; e, enquanto se aproximava para ver melhor, ouviu a voz de *Adonai*: 32 **'Eu sou o Deus de seus pais, o Deus de Avraham, o Deus de Yitz'chak e o Deus de Ya'akov. Mosheh, porém, tremendo de medo, não ousou olhar.** 33 *Adonai* lhe disse: **'Tire suas sandálias, porque o lugar em que você está é terra santa. 34 Tenho visto claramente como meu povo está sendo oprimido no Egito, ouvi seu choro e desci para salvá-lo. Agora eu o enviarei ao Egito'.**[z]

35 "Este Mosheh, a quem tinham rejeitado, dizendo: **'Quem o fez líder e juiz?'**, é o mesmo a quem Deus enviou para ser líder e resgatador deles, por meio do anjo que lhe apareceu na sarça ardente. 36 Esse homem os tirou de lá, realizando milagres e sinais no Egito, no mar Vermelho e no deserto por quarenta anos. 37 Este é o Mosheh que disse ao povo de Yisra'el: **'Deus levantará um profeta como eu dentre seus irmãos'.**[a] 38 Este é o homem que estava na assembleia, no deserto, acompanhado do anjo que lhe falava no monte Sinai e com nossos pais, o homem a quem foram dadas palavras vivas para nos serem transmitidas.

39 "Contudo, nossos pais se recusaram a obedecer-lhe. Ao contrário, eles o rejeitaram e, em seu coração, voltaram para o Egito, 40 dizendo a Aharon: **'Faça para nós deuses que nos liderem, pois, a respeito desse Mosheh, que nos tirou do Egito, não sabemos o que houve com ele'.**[b] 41 Nessa ocasião, fizeram um ídolo em forma de bezerro. Trouxeram-lhe um sacrifício e fizeram uma celebração em honra ao que suas mãos tinham feito. 42 Por isso, Deus os abandonou e os entregou à adoração das estrelas, como está escrito no livro dos profetas:

'Povo de Yisra'el, não foi a mim
que vocês ofereceram animais mortos
e sacrifícios durante quarenta anos no deserto!
43 **Não, vocês carregaram a tenda de Molekh**
e a estrela do seu deus Reifan,
os ídolos que vocês fizeram para adorar.
Portanto, eu os enviarei para o exílio,
para além de Bavel'.[c]

44 "Nossos pais tinham no deserto a tenda do testemunho. Ela fora feita segundo a ordem de Deus a Mosheh, de acordo com o padrão que ele viu. 45 Mais tarde, nossos pais, que a tinham recebido, levaram-na sob a liderança de Y'hoshua, quando tomaram a Terra das nações que Deus expulsou de diante deles.

"E tudo permaneceu desse modo até os dias de David. 46 Ele usufruiu da graça de Deus e pediu permissão para providenciar uma habitação para o Deus de Jacó, 47 e Sh'lomoh lhe construiu a casa. 48 Todavia, *Ha'Elyon* não habita em lugares feitos por mãos humanas. Como diz o profeta:

49 **'O céu é o meu trono', diz *Adonai*,**
e a terra é meu escabelo.
Que tipo de casa vocês edificarão para mim?

[x] *Sh'mot* [Êx] 2.14 [y] *Sh'mot* [Êx] 3.1,2 [z] *Sh'mot* [Êx] 3.6-10 [a] *D'varim* [Dt] 18.15
[b] *Sh'mot* [Êx] 32.1,23 [c] *'Amos* [Am] 5.25-27

Que tipo de lugar vocês conceberiam para meu descanso?
50 **Não fui eu mesmo que fiz todas estas coisas?'.**[d]

51 "**Povo teimoso**,[e] com **coração e ouvidos incircuncisos**![f] Vocês **se opõem** de modo
contínuo ao *Ruach Hakodesh*![g] 52 Qual dos profetas seus pais não perseguiram? Eles
mataram aqueles que disseram de antemão sobre a vinda do *Tzaddik*, de quem
agora vocês se tornaram traidores e assassinos! 53 Vocês, que receberam a *Torah*
por intermédio de anjos, mas não a guardaram".
54 Ouvindo essas coisas, eles ficaram furiosos e rangeram os dentes contra Es-
têvão. 55 Mas ele, cheio do *Ruach HaKodesh*, olhou para o céu e viu a *Sh'khinah* de
Deus, e Yeshua em pé, **à direita de Deus**. 56 "Prestem atenção!", ele disse. "Vejo o
céu aberto e o Filho do Homem em pé, **à direita de Deus**."[h]
57 Nisso, eles começaram a gritar o máximo que podiam para não ouvi-lo; e,
todos juntos, lançaram-se contra ele, 58 arrastaram-no para fora da cidade e come-
çaram a apedrejá-lo. As testemunhas deixaram seus mantos aos pés de um jovem
chamado Sha'ul.
59 Enquanto o estavam apedrejando, Estêvão invocava a Deus: "Senhor Yeshua,
receba meu espírito". 60 Então ele se ajoelhou e bradou: "Senhor, não leve em conta
este pecado contra eles!". E, tendo dito isso, morreu.

8 1 E Sha'ul aprovou o assassinato.
A partir desse dia, desencadeou-se intensa perseguição contra a comuni-
dade messiânica em Yerushalayim; com exceção dos emissários, os demais foram
dispersos pelas regiões de Y'hudah e de Shomron. 2 Alguns homens piedosos sepul-
taram Estêvão e lamentaram profundamente por ele. 3 Sha'ul, entretanto, desejava
destruir a comunidade messiânica. Indo de casa em casa, arrastava homens e mu-
lheres e os lançava na prisão. 4 No entanto, os que haviam sido dispersos anuncia-
vam as boas-novas da Palavra aonde quer que fossem.
5 Filipe estava descendo para uma cidade de Shomron e ali lhes anunciava o
Messias; 6 a multidão prestava atenção ao que Filipe dizia, enquanto viam e ouviam
os sinais miraculosos que ele realizava. 7 De muitas pessoas, eram expulsos espíri-
tos imundos, dando gritos, e muitos paralíticos e mancos foram curados; 8 por isso,
houve grande alegria naquela cidade.
9 Havia, porém, um homem chamado Shim'on que durante algum tempo vinha
praticando feitiçaria naquela cidade, impressionando todo o povo de Shomron. Ele
se dizia alguém importante. 10 Todos lhe davam ouvidos, do mais simples ao mais
rico, dizendo: "Este homem é o poder de Deus, chamado 'O Grande Poder' ". 11 Eles
o seguiam, pois ele os havia iludido com sua mágica durante muito tempo.
12 Contudo, quando eles creram, Filipe, que lhes anunciou as boas-novas a res-
peito do Reino de Deus e o nome de Yeshua, o Messias, os imergiu, tanto homens
quanto mulheres. 13 Além disso, o próprio Shim'on creu; e, depois de ter sido imer-
so, seguia Filipe por toda parte e, maravilhado, observava os sinais miraculosos e
as grandes obras de poder que eram realizados.
14 Quando os emissários, em Yerushalayim, ouviram que Shomron havia recebi-
do a Palavra de Deus, enviaram-lhes Kefa e Yochanan, 15 que chegaram e oraram por
eles para que pudessem receber o *Ruach HaKodesh*. 16 Até aquele momento, o Espí-
rito ainda não havia descido sobre nenhum deles; eles tinham apenas sido imersos

[d] *Yesha'yahu* [Is] 66.1 [e] *Sh'mot* [Êx] 32.9; 33.3,5 [f] *Vayikra* [Lv] 26.41; *Yirmeyahu* [Jr] 6.10; 9.25(26) [g] *Yesha'yahu* [Is] 63.10 [h] *Tehillim* [Sl] 110.1

no nome do Senhor Yeshua. 17 Então, enquanto Kefa e Yochanan lhes impuseram as
mãos, eles receberam o *Ruach HaKodesh*.

18 Shim'on viu que o Espírito foi dado com a imposição das mãos dos emissá-
rios e lhes ofereceu dinheiro. 19 "Deem-me também este poder", ele disse, "para
que a pessoa sobre quem eu puser as mãos receba o *Ruach HaKodesh*". 20 Mas Kefa
lhe disse: "Pereça sua prata, e você com ela, por pensar que pode comprar o dom
gratuito de Deus! 21 Você não tem parte nesse assunto; porque diante de Deus o
seu coração é desonesto. 22 Portanto, arrependa-se dessa maldade e ore ao Senhor.
Talvez ele lhe perdoe por manter esse pensamento em seu coração. 23 Vejo que você
está cheio de amargura e sob o controle do pecado!". 24 Shim'on respondeu: "Orem
ao Senhor por mim, para que nenhuma coisa do que vocês disseram me aconteça".

25 Então, após o testemunho cabal e do anúncio da Palavra do Senhor, Kefa e
Yochanan partiram de volta a Yerushalayim, anunciando as boas-novas em muitos
povoados de Shomron.

26 Um anjo de *Adonai* disse a Filipe: "Levante-se, vá para o sul, para a estrada que
desce de Yerushalayim a 'Azah, a via deserta". 27 Ele se levantou e foi. No caminho,
viu um etíope eunuco, um ministro encarregado de todo o tesouro de Kandake,
ou rainha, da Etiópia. Ele estivera em Yerushalayim para adorar 28 e, agora, vol-
tava para casa. Estava sentado em sua carruagem e lia o profeta Yesha'yahu. 29 O
Espírito disse a Filipe: "Aproxime-se dessa carruagem e fique perto dela". 30 Então
Filipe correu e ouviu o etíope lendo o profeta Yesha'yahu. "Você entende o que está
lendo?", ele perguntou. 31 "Como posso", ele respondeu, "a menos que alguém me
explique?"E ele convidou Filipe para subir e sentar-se com ele.

32 A porção do *Tanakh* que ele estava lendo era esta:

"Ele foi levado como ovelha para ser morto;
como cordeiro silente diante do tosquiador, ele não abriu a boca.
33 **Ele foi humilhado e privado de justiça.**
Quem pode falar a respeito de seus
descendentes, já que sua vida foi tirada da terra?".[i]

34 O eunuco disse a Filipe: "Esta é minha pergunta: de quem o profeta está falando?
De si mesmo ou de outra pessoa?". 35 Então Filipe começou a falar, começando por
essa passagem, e anunciou-lhe as boas-novas a respeito de Yeshua.

36 E, prosseguindo pela estrada, chegaram a um lugar onde havia água; e o eunuco
disse: "Veja, aqui há água. Existe alguma razão pela qual eu não posso ser imerso?".
37[j] 38 Ele ordenou que a carruagem parasse; então Filipe e o eunuco desceram à água,
e Filipe o imergiu. 39 Quando saíram da água, o Espírito do Senhor arrebatou Filipe.
O eunuco não o viu mais porque continuou seu caminho — cheio de alegria. 40 Fili-
pe, porém, apareceu em Ashdod e continuou a anunciar as boas-novas por todas as
cidades pelas quais passava até chegar a Cesareia.

9 1 Enquanto isso, Sha'ul ainda respirava ameaças de morte contra os *talmidim*
do Senhor. Ele foi ao *kohen hagadol* 2 e lhe pediu cartas para as sinagogas de
Dammesek, que o autorizavam a prender qualquer pessoa que encontrasse,
homens ou mulheres, que pertencessem ao "Caminho", levando-as de volta para
Yerushalayim.

---

[i] *Yesha'yahu* [Is] 53.7,8 [j] Alguns manuscritos incluem o versículo 37: "E Filipe disse: 'Se você crê de todo o coração, você pode'. O eunuco respondeu: 'Eu creio que Yeshua, o Messias, é o Filho de Deus!' ".

[3] Ele estava a caminho, e, quando se aproximava de Dammesek, brilhou a seu
redor, de repente, uma luz do céu. [4] Caindo ao chão, ouviu uma voz que lhe dizia:
"Sha'ul, Sha'ul! Por que você me persegue?". [5] "Quem é o senhor?", ele perguntou.
"Eu sou Yeshua, e você está me perseguindo. [6] Entretanto, levante-se e vá à cidade,
e lhe será dito o que deve fazer".

[7] Os homens que viajavam com ele pararam emudecidos; ouviam a voz, mas
não viam ninguém. [8] Eles ajudaram Sha'ul a levantar-se do chão; mas, quando ele
abriu os olhos, não era capaz de enxergar nada. Portanto, guiando-o pela mão eles
o levaram até Dammesek. [9] Ele permaneceu sem enxergar durante três dias e não
comeu nem bebeu.

[10] Havia um *talmid* em Dammesek chamado Hananyah; em uma visão, o Senhor
lhe disse: "Hananyah!". Ele respondeu: "Eis-me aqui, Senhor". [11] O Senhor lhe disse:
"Levante-se e vá à Rua Direita, à casa de Y'hudah, e pergunte por um homem de
Tarso chamado Sha'ul; porque ele está orando, [12] e em uma visão viu um homem
chamado Hananyah chegar e pôr as mãos sobre ele para lhe restaurar a visão".
[13] Hananyah, porém, respondeu: "Senhor, muitas pessoas me falaram a respeito
desse homem, sobre o mal que ele fez ao seu povo em Yerushalayim; [14] e aqui ele
possui uma autorização dos principais *kohanim* para prender todos os que invo-
cam seu nome". [15] Mas o Senhor disse: "Vá, porque este homem é meu instrumento
escolhido para levar meu nome aos *goyim*, e até mesmo aos reis deles, bem como
aos filhos de Yisra'el. [16] Porque eu mesmo lhe mostrarei quanto ele terá de sofrer
por causa do meu nome".

[17] Então Hananyah foi e entrou na casa. Colocando as mãos sobre ele, disse:
"Irmão Sha'ul, o Senhor — Yeshua, aquele que lhe apareceu no caminho enquanto
você vinha para cá — enviou-me para que você possa enxergar outra vez e ser cheio
com o *Ruach HaKodesh*". [18] Naquele momento, algo semelhante a escamas caiu dos
olhos de Sha'ul; e ele pôde enxergar outra vez. Ele se levantou e foi imerso; [19] então
comeu alguma coisa e recuperou sua força.

Sha'ul passou alguns dias com os *talmidim* em Dammesek [20] e, de imediato,
começou a anunciar nas sinagogas que Yeshua é o Filho de Deus. [21] Todos os que o
ouviram ficaram perplexos. Eles perguntavam: "Não é ele o homem que procurava
destruir em Yerushalayim aqueles que invocam este nome? E ele não veio aqui
para prendê-los e levá-los de volta aos principais *kohanim*?". [22] Todavia, Sha'ul se
enchia cada vez mais de poder e criou um alvoroço entre os judeus que moravam
em Dammesek, com suas provas de que Yeshua é o Messias.

[23] Algum tempo depois, os judeus não crentes reuniram-se e fizeram planos
para matá-lo; [24] no entanto, seus planos chegaram ao conhecimento de Sha'ul. Eles
vigiavam os portões da cidade dia e noite a fim de se livrarem dele; [25] mas, à noite,
seus *talmidim* o levaram e o fizeram descer a muralha da cidade, baixando-o em
uma grande cesta.

[26] Ao chegar a Yerushalayim, tentou unir-se aos *talmidim*, porém todos tinham
medo dele — eles não acreditavam que ele era um *talmid*. [27] Entretanto, Bar-Nabba
conseguiu falar com ele e o levou aos emissários. Ele lhes contou como Sha'ul vira o
Senhor enquanto viajava, que o Senhor falara com ele, e sobre como em Dammesek
Sha'ul falou ousadamente no nome de Yeshua. [28] Assim, Sha'ul permaneceu com
eles, e andava com liberdade em Yerushalayim, e continuava a falar com ousadia
no nome do Senhor. [29] Ele falou e debateu com os judeus de língua grega, mas eles
começaram a fazer planos para matá-lo. [30] Quando os irmãos souberam disso, o
levaram para Cesareia e o enviaram a Tarso.

31 Então a comunidade messiânica espalhada por Y'hudah, Galil e Shomron pas-
sou por um período de paz e foi edificada. Eles viviam no temor do Senhor, com o
conselho do *Ruach HaKodesh*; e seu número era multiplicado.
32 Kefa viajava por toda a região e foi ao encontro dos crentes de Lud. 33 Ali
ele encontrou um homem chamado Eneias, que estava acamado fazia oito anos,
por estar paralisado. 34 Kefa lhe disse: "Eneias! Yeshua, o Messias, o está curando!
Levante-se e arrume sua cama!". 35 Todos os que viviam em Lud e Sharon o viram, e
eles se voltaram para o Senhor.
Em Yafo, havia uma *talmidah* chamada Tavita 36 (que significa "gazela"); ela estava
sempre fazendo *tzedakah* e outras boas obras. 37 Aconteceu que, justo naqueles
dias, ela adoeceu e morreu. Depois de a terem lavado, colocaram-na em um quarto
no andar superior. 38 Lud fica perto de Yafo, e os *talmidim* ouviram falar que Kefa
estava lá; portanto, eles enviaram dois homens a ele, que lhe pediram: "Por favor,
venha até nós sem demora". 39 Kefa levantou-se e foi com eles.
Quando ele chegou, foi levado ao quarto no andar superior. Todas as viúvas o
rodearam, chorando e mostrando-lhe os vestidos e casacos que Tavita lhes havia
feito enquanto estava com elas. 40 Kefa, porém, colocou todas elas para fora do
quarto, ajoelhou-se e orou. Então, voltando-se para o corpo, disse: "Tavita, levante-
-se!". Ela abriu os olhos e, vendo Kefa, sentou-se. 41 Ele lhe ofereceu a mão e ajudou-
-a a pôr-se em pé; então chamou os crentes e as viúvas e apresentou-a viva. 42 Isto
tornou-se conhecido em toda a Yafo, e muitas pessoas depositaram sua confiança
no Senhor. 43 Kefa permaneceu em Yafo durante mais algum tempo com um homem
chamado Shim'on, um curtidor de couro.

10 1 Havia em Cesaréia um homem chamado Cornélio, um oficial do exército
romano do regimento chamado Italiano. 2 Ele era um homem devoto, um
"temente a Deus", bem como toda a sua casa; ele contribuía de forma generosa
para ajudar os judeus pobres e orava com regularidade a Deus. 3 Certa tarde, por
volta das três horas, ele viu nitidamente em uma visão um anjo de Deus, que se
aproximou dele e disse: "Cornélio!". 4 Cornélio olhou para o anjo, atemorizado.
"Que é isso, senhor?", ele perguntou. "Suas orações", respondeu o anjo, "e seus
atos de caridade chegaram à presença de Deus, de modo que ele o tem em mente.
5 Agora, mande alguns homens a Yafo para trazerem um homem de nome Shim'on,
também chamado Kefa. 6 Ele está na casa de Shim'on, o curtidor de couro, perto do
mar". 7 Assim que o anjo que lhe falava foi embora, Cornélio chamou dois dos seus
escravos domésticos e um soldado auxiliar, um homem piedoso; 8 ele lhes contou
tudo e os enviou a Yafo.
9 No dia seguinte, por volta do meio-dia, enquanto eles ainda estavam a cami-
nho e se aproximavam da cidade, Kefa subiu ao telhado da casa para orar. 10 Ele
sentiu fome e quis algo para comer; mas, enquanto preparavam a refeição, ele caiu
em êxtase 11 no qual viu o céu aberto, e algo parecido com um grande lençol estava
sendo baixado à terra pelos quatro cantos. 12 Nele havia todas as espécies de ani-
mais quadrúpedes, criaturas rastejantes e aves ariscas. 13 Então uma voz lhe disse:
"Levante-se, Kefa; mate e coma!". 14 Mas Kefa disse: "Não, senhor! De jeito nenhum!
Jamais comi algo impuro ou *treif*!". 15 A voz lhe falou pela segunda vez: "Pare de tra-
tar como impuro ao que Deus purificou". 16 Isso aconteceu três vezes, e em seguida
o lençol foi levado de volta ao céu.
17 Kefa ainda estava refletindo profundamente sobre o significado da visão que
tivera, quando os homens enviados por Cornélio, tendo perguntado onde era a

casa de Shim'on, pararam junto ao portão [18] e chamaram, perguntando se Shim'on, conhecido por Kefa, estava hospedado ali. [19] Enquanto a mente de Kefa ainda estava ocupada com a visão, o Espírito lhe disse: "Três homens estão procurando por você. [20] Levante-se, desça, e não receie em ir com eles, porque eu mesmo os enviei".

[21] Por isso, Kefa desceu e disse aos homens: "Vocês estavam procurando por mim? Eis-me aqui. O que os trouxe até este lugar?". [22] Eles responderam: "Cornélio. Ele é um oficial do exército romano, um homem justo e temente a Deus, alguém tido em alta conta por toda a nação judaica. Foi-lhe dito por um santo anjo que você seja levado à casa dele, para que ele ouça o que você tem a dizer". [23] Por isso, Kefa os convidou para serem seus hóspedes.

No dia seguinte, ele se levantou e partiu com eles, acompanhado por alguns dos irmãos de Yafo; [24] e chegaram a Cesaréia no outro dia. Cornélio estava esperando por eles — ele já havia chamado seus parentes e amigos íntimos. [25] Assim que Kefa entrou na casa, Cornélio foi ao encontro dele e caiu prostrado a seus pés. [26] Mas Kefa o fez levantar-se e disse: "Levante-se! Eu sou apenas um homem".

[27] Enquanto conversava com ele, Kefa entrou e encontrou muitas pessoas reunidas. [28] Ele lhes disse: "Vocês têm conhecimento de que para um judeu ter uma associação menos formal com alguém que pertence a outro povo, ou mesmo visitá-lo, é algo que não deve ser feito. Entretanto, Deus me mostrou que não devo chamar nenhuma pessoa de vulgar ou impura; [29] por isso, quando fui chamado, vim sem levantar nenhuma objeção. Diga-me, então, por que você mandou me procurar?".

[30] Cornélio respondeu: "Três dias atrás, por volta desta hora, eu estava fazendo as orações de *minchah* em minha casa, quando, de repente, um homem com roupas brilhantes parou na minha frente [31] e disse: 'Deus ouviu sua oração e lembrou-se de seus atos de caridade. [32] Mande alguém a Yafo e procure por Shim'on, conhecido por Kefa; ele está na casa de Shim'on, um curtidor de couro, perto do mar'. [33] Assim, mandei buscá-lo imediatamente, e você foi gentil o suficiente para vir. Agora todos nós estamos aqui na presença de Deus para ouvir todas as coisas que o Senhor lhe mandou nos dizer".

[34] Então Kefa se dirigiu a eles: "Agora eu entendo que verdadeiramente Deus é imparcial; [35] todos os que o temem e fazem o que é certo lhe são aceitáveis, sem importar a qual povo pertencem.

[36] "Eis a mensagem que ele enviou aos filhos de Yisra'el, proclamando *shalom* por meio de Yeshua, o Messias, Senhor de todos. [37] Vocês sabem o que aconteceu em toda a região de Y'hudah, começando pela Galil, após a imersão que Yochanan anunciou, [38] como Deus ungiu Yeshua de Natzeret com o *Ruach HaKodesh* e com poder, e como ele fazia o bem e curava todas as pessoas oprimidas pelo Adversário, porque Deus estava com ele.

[39] "Quanto a nós, somos testemunhas de tudo o que ele fez, tanto em Y'hudah quanto em Yerushalayim, quando livraram-se dele, **pendurando-o em uma estaca**;[k] [40] mas Deus o ressuscitou no terceiro dia e permitiu que ele fosse visto, [41] não por todo o povo, mas por testemunhas que Deus escolhera de forma prévia, isto é, por meio de nós que comemos e bebemos com ele depois de ter ressuscitado dentre os mortos.

[42] "Então ele nos ordenou que anunciássemos e confirmássemos ao povo judeu que esse homem foi designado por Deus para julgar os vivos e os mortos. [43] Todos os profetas dão testemunho a respeito dele, afirmando que quem deposita nele sua confiança recebe o perdão dos pecados por meio de seu nome".

[k] *D'varim* [Dt] 21.23

44 Kefa ainda estava pronunciando essas palavras quando o *Ruach HaKodesh*
caiu sobre todos os que ouviam a mensagem. 45 A totalidade dos crentes do grupo
da circuncisão que acompanhavam Kefa ficou admirada de que o dom do *Ruach*
HaKodesh também foi derramado 46 sobre os *goyim*, porque os ouviu falar em
línguas e louvar a Deus. A resposta de Kefa foi a seguinte: 47 "Alguém é capaz de
proibir estas pessoas de serem imersas na água? Além do mais, eles receberam o
Ruach HaKodesh da mesma forma que nós!". 48 E ele ordenou que fossem imersos
no nome de Yeshua, o Messias. A seguir, eles pediram a Kefa que ficasse mais
alguns dias com eles.

11 1 Os emissários e os irmãos de toda a região de Y'hudah ouviram que os
goyim haviam recebido a palavra de Deus; 2 entretanto, quando Kefa subiu a
Yerushalayim, os que eram do grupo da circuncisão o criticaram, dizendo: 3 "Você
entrou na casa de homens incircuncisos e até mesmo comeu com eles!".

4 Em resposta, Kefa começou a explicar-lhes detalhadamente o que havia acon-
tecido. 5 "Eu estava na cidade de Yafo orando; e em êxtase tive uma visão. Vi algo
parecido com um grande lençol sendo baixado do céu, preso pelos quatro cantos,
e ele desceu até o lugar onde eu estava. 6 Olhei para dentro dele e vi animais qua-
drúpedes, animais de caça, criaturas rastejantes e aves ariscas. 7 Então ouvi uma
voz me dizendo: 'Levante-se, Kefa; mate e coma!'. 8 Eu disse: 'Não, senhor! De jeito
nenhum! Jamais algo impuro ou *treif* entrou em minha boca!'. 9 Mas a voz falou do
céu outra vez: 'Pare de tratar como impuro ao que Deus tornou puro'. 10 Isso acon-
teceu três vezes, e então tudo foi recolhido ao céu.

11 "No mesmo instante, três homens, que haviam sido enviados a mim de Ce-
sareia, chegaram à casa onde eu estava; e 12 o Espírito me disse que não hesitasse
em ir com eles. Estes seis irmãos também foram comigo, e entramos na casa do
homem. 13 Ele nos contou como um anjo lhe apareceu em casa e disse: 'Mande bus-
car, em Yafo, Shim'on, conhecido por Kefa. 14 Ele tem uma mensagem para você que
tornará possível que você e os de sua casa sejam salvos'.

15 "Mal comecei a falar, quando o *Ruach HaKodesh* caiu sobre eles como sobre
nós no princípio! 16 E me lembrei do que o Senhor disse: 'Yochanan imergia as pes-
soas em água, mas vocês serão imersos no *Ruach HaKodesh*'. 17 Portanto, se Deus
lhes deu o mesmo dom que a nós quando depositamos nossa confiança no Senhor
Yeshua, o Messias, quem era eu para me opor ao caminho de Deus?".

18 Ouvindo essas coisas, eles pararam de objetar e começaram a louvar a Deus,
dizendo: "Isto significa que Deus também concedeu que os *goyim* façam *t'shuvah* e
tenham vida!".

19 Os que tinham sido dispersos por causa da perseguição originada contra Estê-
vão chegaram até a Fenícia, Chipre e Antioquia; eles falaram a palavra de Deus, mas
apenas aos judeus. 20 Todavia, alguns deles, homens de Chipre e de Cirene, quando
chegaram a Antioquia, começaram a falar também aos gregos, anunciando-lhes as
boas-novas a respeito do Senhor Yeshua. 21 A mão do Senhor estava com eles, e um
grande número de pessoas confiou e se voltou para o Senhor.

22 Notícias do acontecido chegaram aos ouvidos da comunidade messiânica
de Yerushalayim, e eles enviaram Bar-Nabba a Antioquia. 23 Quando ele chegou e
viu a graça de Deus em ação, ficou alegre e os encorajou a permanecerem fiéis
ao Senhor, de todo o coração; 24 porque ele era um bom homem, cheio do *Ruach*
HaKodesh e de confiança.

25 Então Bar-Nabba foi a Tarso procurar Sha'ul 26 e, quando o encontrou, levou-
-o a Antioquia. Eles se reuniram com a congregação local durante um ano e ensi-
-naram a um número considerável de pessoas. Foi também em Antioquia que os
talmidim foram chamados "messiânicos" pela primeira vez.
27 Naquele tempo, alguns profetas desceram de Yerushalayim a Antioquia, e
28 um deles, chamado Agav, levantou-se e pelo Espírito predisse que haveria uma
fome severa por todo o Império Romano. (Ela surgiu quando Cláudio era o impe-
rador.) 29 Por isso, os *talmidim* decidiram enviar ajuda aos irmãos que viviam em
Y'hudah, cada um de acordo com suas posses; 30 e o fizeram, enviando sua contri-
buição aos anciãos sob a supervisão de Bar-Nabba e Sha'ul.

12 1 Por volta dessa época, o rei Herodes começou a prender e a perseguir mem-
bros da comunidade messiânica; 2 e mandou matar à espada Ya'akov, irmão
de Yochanan. 3 Ao perceber que isso agradava aos habitantes de Y'hudah, pros-
seguiu, prendendo também Kefa durante os dias da *matzah*, 4 Portanto, quando
Herodes o prendeu, lançou-o na prisão, entregando-o para ser guardado por quatro
grupos de quatro soldados cada, com a intenção de levá-lo a julgamento público
depois de *Pesach*. 5 Kefa, então, foi mantido sob guarda na prisão, mas faziam-se
orações intensas a Deus a favor dele, pela comunidade messiânica.
6 Na noite anterior a Herodes submetê-lo a julgamento, Kefa estava dormindo
entre dois soldados. Ele estava preso por duas correntes; havia guardas à porta vi-
giando a prisão. 7 De repente, um anjo de *Adonai* surgiu, e uma luz brilhou na cela.
Ele tocou no lado de Kefa e o acordou. "Rápido, levante-se!", ele disse; e as corren-
tes caíram de suas mãos. 8 O anjo lhe disse: "Vista suas roupas e calce as sandálias",
e ele o fez. "Ponha a capa", ele disse, "e siga-me." 9 E, saindo, Kefa o seguiu, mas não
conseguia saber se era real o que se fazia por meio do anjo — ele pensou tratar-se
de uma visão. 10 Tendo passado a primeira e a segunda guarda, chegaram ao portão
de ferro que levava à cidade. Este se abriu sozinho, e eles saíram. Desceram ao
longo de uma rua, e, de repente, o anjo o deixou. 11 Então Kefa caiu em si e disse:
"Agora sei, com certeza, que o Senhor enviou seu anjo para me livrar do poder de
Herodes e de tudo o que o povo de Y'hudah esperava".
12 Percebendo o que aconteceu, ele se dirigiu à casa de Miryam, mãe de Yochanan
(de cognome Marcos), onde muita gente estava reunida para orar. 13 Kefa bateu à
porta da rua, e uma serva chamada Rode veio atender. 14 Ela reconheceu a voz de
Kefa e ficou tão alegre que correu de volta, sem abrir a porta, e anunciou que Kefa
estava à porta!. 15 "Você está fora de si!", eles lhe disseram. Mas ela insistia em
afirmar que era verdade. Então lhe disseram: "É o anjo dele". 16 Enquanto isso, Kefa
continuou batendo, e, quando abriram a porta e o viram, ficaram maravilhados.
17 Ele acenou para que ficassem quietos e lhes contou como o Senhor o tirou da
prisão e disse: "Contem tudo isso a Ya'akov e aos irmãos". Então ele saiu e foi para
outro lugar.
18 Quando amanheceu, não foi pequena a comoção entre os soldados quanto ao
que acontecera a Kefa. 19 Herodes mandou fazer uma busca completa, mas não o
encontraram; por isso, ele fez uma investigação entre os guardas e ordenou que
fossem mortos. A seguir, Herodes desceu de Y'hudah a Cesareia e permaneceu ali
durante algum tempo.
20 Herodes estava muito irado contra o povo de Tzor e Tzidon; por isso, eles se
reuniram e pediram uma audiência com ele. Depois de terem conseguido o apoio
de Blasto, o servo principal do rei, pediram paz, porque dependiam das terras do

rei para obter alimento. 21 Uma data foi marcada, e Herodes, vestindo seus trajes reais, sentou-se em seu trono e pronunciou um discurso. 22 A multidão começou a gritar: "Esta é a voz de um deus, não de um homem!". 23 De imediato, pelo fato de Herodes não ter dado glória a Deus, um anjo de *Adonai* o feriu. Ele foi comido por bichos e morreu.

24 Entretanto, a palavra do Senhor continuava a crescer e a multiplicar-se.

25 Bar-Nabba e Sha'ul, tendo terminado sua missão, voltaram de Yerushalayim, levando consigo Yochanan, cognominado Marcos.

13 1 Na congregação de Antioquia, havia profetas e mestres: Bar-Nabba, Shim'on (conhecido por "o Negro"), Lúcio (de Cirene), Menachem (que foi criado com Herodes, o governador), e Sha'ul. 2 Certa vez, enquanto adoravam o Senhor e jejuavam, o *Ruach HaKodesh* lhes disse: "Separem Bar-Nabba e Sha'ul para a obra a que os chamei". 3 Depois de jejuar e orar, colocaram as mãos sobre eles e os enviaram.

4 Portanto, esses dois, depois de terem sido enviados pelo *Ruach HaKodesh*, desceram a Selêucia e dali navegaram para Chipre. 5 Eles aportaram em Salamina e começaram a anunciar a palavra de Deus nas sinagogas, e Yochanan (Marcos) estava com eles como assistente; 6 e seguiram seu caminho por toda a ilha.

Chegaram a Pafos, onde encontraram um feiticeiro e falso profeta judeu chamado Bar-Yeshua. 7 Ele era assessor do governador Sérgio Paulo, um homem inteligente. O governador mandou chamar Bar-Nabba e Sha'ul e estava ansioso para ouvir a mensagem a respeito de Deus; 8 entretanto, o feiticeiro Elimas (como seu nome é traduzido) opôs-se a eles e fez o que pôde para desviar o governador da fé. 9 Então Sha'ul, também conhecido por Paulo, cheio do *Ruach HaKodesh*, olhou firmemente para ele e disse: 10 "Filho de Satan, cheio de engano e maldade! Inimigo de tudo o que é bom! Você nunca vai parar de **perverter os retos caminhos do Senhor?**[l] 11 Olhe! A mão do Senhor está sobre você, e durante algum tempo você ficará cego, incapaz de ver o sol". Imediatamente névoa e escuridão vieram sobre Elimas; e ele procurava, às apalpadelas, alguém que o guiasse pela mão. 12 Então, vendo o que aconteceu, o governador confiou, profundamente impressionado com o ensino do Senhor.

13 Zarpando de Pafos, Sha'ul e seus companheiros chegaram a Perge, na Panfília. Ali Yochanan os deixou e voltou para Yerushalayim, 14 Mas os outros prosseguiram de Perge até Antioquia da Pisídia e no *shabbat* entraram na sinagoga e se assentaram. 15 Depois da leitura da *Torah* e dos Profetas, os líderes da sinagoga lhes mandaram uma mensagem: "Irmãos, se algum de vocês tem uma mensagem de encorajamento para o povo, fale". 16 Então Sha'ul pôs-se em pé, acenou com a mão e disse:

"Amigos yisra'elim e tementes a Deus, ouçam-me! 17 O Deus do povo de Yisra'el escolheu nossos pais. Ele fez o povo crescer durante a permanência no Egito como estrangeiros e **com braço estendido os fez sair daquela terra**.[m] 18 Durante cerca de **quarenta anos**,[n] ele cuidou deles no deserto 19 e, depois de ter destruído **sete nações**[o] de K'na'an, deu a terra delas a seu povo como herança. 20 Tudo isso levou cerca de 450 anos. Depois disso, **ele lhes deu juízes**[p] até o tempo do profeta Shmu'el. 21 Então o povo pediu um rei, e Deus lhes deu Sha'ul Ben-Kish, da tribo de Binyamin. Depois de quarenta anos, 22 Deus o removeu e suscitou-lhe David como rei, dando

---

[l] *Mishlei* [Pv] 10.9 [m] *Sh'mot* [Êx] 6.6; 12.51 [n] *Sh'mot* [Êx] 16.35; *B'midbar* [Nm] 14.34
[o] D'varim [Dt] 7.1 [p] Shof'tim [Jz] 2.16 [q] Tehillim [Sl] 89.21(20); Sh'mu'el Alef [1Sm] 13.14

sua aprovação com as seguintes palavras: '**Encontrei em David** Ben-Yishai **um**
homem segundo o meu coração; ele fará tudo o que desejo'.[q]
23 "Em cumprimento de sua promessa, Deus trouxe a Yisra'el, dentre os descen-
dentes desse homem, um libertador, Yeshua. 24 Antes da vinda de Yeshua, Yochanan
proclamou a todo o povo de Yisra'el uma imersão relacionada com o voltar-se a
Deus abandonando o pecado. 25 Quando Yochanan estava terminando seu trabalho,
disse: 'Quem vocês pensam que eu sou? Bem, eu não o sou! Mas depois de mim vem
alguém cujas sandálias sou indigno de desamarrar'.
26 "Irmãos — filhos de Avraham e 'tementes a Deus' que estão entre vocês.
A nós foi enviada a mensagem desta libertação! 27 Porque o povo que vive em
Yerushalayim e seus líderes não reconheceram quem era Yeshua, nem entenderam
a mensagem dos Profetas lida a cada *shabbat*, e desse modo cumpriram essa men-
sagem ao condená-lo. 28 Eles não conseguiram encontrar nenhuma base legítima
para a sentença de morte; entretanto, pediram a Pilatos que o executasse. 29 Quando
cumpriram todas as coisas escritas a respeito dele, ele foi tirado da **estaca**[r] e colo-
cado em um sepulcro. 30 Mas Deus o ressuscitou dentre os mortos! 31 Ele apareceu
durante vários dias àqueles que tinham ido com ele da Galil para Yerushalayim; e
eles são agora testemunhas dele para o povo.
32 "Quanto a nós, que lhes trazemos as boas-novas do que Deus prometeu a
nossos pais, 33 ele cumpriu para nós, seus filhos, ressuscitando Yeshua, como está
escrito no Salmo segundo:

'Você é meu Filho;
hoje eu me tornei seu Pai'.[s]

34 E a respeito de sua ressurreição dos mortos, para nunca entrar em
decomposição, ele disse:

'Eu darei as coisas santas e
fidedignas de David a você'.[t]

35 Isto é explicado em outro lugar:

Tu não permitirás que teu Santo
sofra decomposição'.[u]

36 Porque David, de fato, serviu aos propósitos de Deus em sua geração; mas depois
disso morreu, foi sepultado com seus pais e **sofreu decomposição**. 37 Entretanto,
aquele a quem Deus ressuscitou não **sofreu decomposição**.
38 "Portanto, irmãos, quero que saibam que mediante este homem é anunciado
o perdão dos pecados! 39 Isto é, Deus purifica todo que deposita sua confiança
neste homem, até mesmo as coisas que não podiam ser purificadas pela *Torah* de
Mosheh.
40 "Cuidem então para que esta palavra encontrada nos Profetas não lhes aconteça:

41 **'Vocês, escarnecedores! Olhem, admirem-se e morram!**
Porque nos dias de vocês estou fazendo
uma obra na qual não crerão,
ainda que alguém a explicasse a vocês!' ".[v]

---

[r] *D'varim* [Dt] 21.23 [s] *Tehillim* [Sl] 2.7 [t] *Yesha'yahu* [Is] 55.3 [u] *Tehillim* [Sl] 16.10
[v] *Havakuk* [Hc] 1.5

42 Enquanto saíam, as pessoas convidaram Sha'ul e Bar-Nabba a falar-lhes mais
a respeito desses assuntos no *shabbat* seguinte. 43 Quando a reunião da sinagoga
acabou, vários dos judeus de nascimento e prosélitos devotos seguiram Sha'ul e Bar-
-Nabba, que conversaram com eles, recomendando-lhes que continuassem apegados
ao amor e à bondade de Deus.

44 No *shabbat* seguinte, quase toda a cidade se reuniu para ouvir a mensagem a
respeito do Senhor; 45 quando, porém, os judeus que não criam viram a multidão,
encheram-se de inveja e, contradizendo o que Sha'ul estava falando, o insultaram.
46 Entretanto, Sha'ul e Bar-Nabba responderam com ousadia: "Era necessário que a
palavra de Deus fosse anunciada em primeiro lugar a vocês. Mas, pelo fato de vo-
cês a rejeitarem, julgando-se indignos da vida eterna, estamos nos voltando para os
goyim! 47 Porque isto é o que ADONAI nos mandou fazer:

> **'Eu os coloquei como uma luz para os *goyim*,**
> **para que sejam para a libertação até os confins da terra' ".**[w]

48 Os não judeus ficaram muito felizes ao ouvir isso. Eles honraram a mensagem a
respeito do Senhor, e todos os que haviam sido designados para a vida eterna depo-
sitaram sua confiança nela. 49 E a mensagem a respeito do Senhor foi levada a toda
a região.

50 No entanto, os judeus incrédulos incitaram mulheres dentre "as tementes a
Deus", de alta posição social, e os principais homens da cidade, e organizaram a
perseguição contra Sha'ul e Bar-Nabba, expulsando-os de seu distrito. 51 Sha'ul,
porém, e Bar-Nabba sacudiram o pó dos seus pés contra eles e partiram para Icônio;
52 e os *talmidim* estavam cheios de alegria e do *Ruach HaKodesh.*

14 1 Em Icônio, aconteceu o mesmo: eles foram à sinagoga e falaram de tal modo
que um grande número de judeus e gregos passou a confiar. 2 Mas os judeus
que não foram persuadidos incitaram os não judeus e envenenaram a mente de-
les contra os irmãos. 3 Por isso, Sha'ul e Bar-Nabba permaneceram bastante tempo,
falando com ousadia a respeito do Senhor, que deu testemunho da mensagem de
seu amor e de sua bondade, capacitando-os a realizar sinais e milagres. 4 O povo da
cidade ficou dividido: alguns estavam a favor dos judeus incrédulos; outros, a favor
dos emissários.

5 Posteriormente, os incrédulos, tanto judeus quanto não judeus, com seus
líderes, conspiraram para maltratar os emissários e até mesmo apedrejá-los; 6 mas
eles ficaram sabendo disso e fugiram para Listra e Derbe, cidades da Licaônia, e para
a região circunvizinha, 7 onde continuaram a anunciar as boas-novas.

8 Havia em Listra um homem incapaz de mover os pés — aleijado desde o nas-
cimento, que nunca tinha andado. 9 Esse homem ouviu Sha'ul falar. Sha'ul olhou
diretamente para ele e, vendo que o homem tinha fé para ser curado, 10 disse em
alta voz: "Fique em pé!". Ele deu um salto e começou a andar. 11 Quando a multidão
viu o que Sha'ul fizera, começou a gritar em língua licaônica: "Os deuses desceram
até nós em forma humana!". 12 A Bar-Nabba, chamavam Zeus, e a Sha'ul, Hermes,
porque era ele quem falava mais; 13 e o sacerdote de Zeus, cujo templo ficava fora
da cidade, trouxe bois e grinaldas aos portões da cidade, com a intenção de ofere-
cer-lhes um sacrifício com o povo.

---

[w] *Yesha'yahu* [Is] 49.6

14 Quando os emissários Bar-Nabba e Sha'ul ouviram isso, rasgaram as roupas
e correram para o meio da multidão, gritando: 15 "Homens, por que vocês estão
fazendo isso? Nós também somos humanos como vocês. Estamos anunciando
boas-novas a vocês — voltem-se dessas coisas inúteis para o **Deus** vivo **que criou o**
céu, a terra, o mar e tudo o que neles há![x] 16 No passado, ele permitiu que todos os
povos trilhassem caminhos próprios; 17 entretanto, ele não os abandonou a si mes-
mos sem qualquer evidência a partir da natureza; porque ele realiza coisas boas,
dando-lhes chuvas do céu e colheitas nas estações, concedendo-lhes alimento e o
coração cheio de alegria!". 18 Apesar de terem dito isso, eles quase não conseguiram
impedir que a multidão lhes oferecesse o sacrifício.

19 Então alguns judeus incrédulos chegaram de Antioquia e de Icônio. Eles mu-
daram o ânimo da multidão, que apedrejou Sha'ul e o arrastou para fora da cidade,
pensando que estivesse morto. 20 Mas assim que os *talmidim* se reuniram ao redor
dele, ele se levantou e voltou à cidade. No dia seguinte, ele e Bar-Nabba partiram
para Derbe.

21 Depois de terem anunciado as boas-novas naquela cidade fazendo muitos
talmidim, voltaram para Listra, Icônio e Antioquia, 22 fortalecendo os *talmidim* e en-
corajando-os a permanecer firmes na fé, lembrando-lhes que é por meio de muitas
tribulações que devemos entrar no Reino de Deus. 23 Depois de designar-lhes anci-
ãos em cada congregação, Sha'ul e Bar-Nabba, com oração e jejum, encomendaram-
-nos ao Senhor em quem haviam confiado.

24 Passando pela Pisídia, chegaram à Panfília. 25 Tendo proclamado a mensagem
em Perge, desceram a Atália; e de lá navegaram de volta a Antioquia, 26 onde tinham
sido recomendados ao cuidado de Deus para a obra que agora haviam completado.

27 Chegando ali, reuniram a comunidade messiânica e relataram tudo o que
Deus tinha feito por meio deles e como abrira a porta da fé aos não judeus. 28 E
permaneceram ali por algum tempo com os *talmidim*.

15 1 Entretanto, alguns homens desceram de Y'hudah para Antioquia e come-
çaram a ensinar aos irmãos: "Vocês não podem ser salvos, a menos que
se submetam à *b'rit-milah* da forma prescrita por Mosheh". 2 Isso os levou a uma
grande contenda e discussão com Sha'ul e Bar-Nabba. Por isso, a congregação
designou Sha'ul, Bar-Nabba e alguns outros para propor esta *sh'eilah* aos emissá-
rios e anciãos em Yerushalayim.

3 Assim que foram enviados pela congregação, seguiram caminho atravessando
a Fenícia e Shomron, contando em detalhes como os não judeus tinham se voltado
para Deus; e essas notícias trouxeram muita alegria a todos os irmãos.

4 Chegando a Yerushalayim, foram bem recebidos pela comunidade messiâni-
ca, incluindo os emissários e os anciãos; e eles relataram tudo o que Deus tinha
feito por meio deles. 5 Alguns, porém, dos que chegaram a confiar eram do partido
dos *p'rushim*; eles se levantaram e disseram: "É necessário circuncidá-los e orientá-
-los para que guardem a *Torah* de Mosheh".

6 Os emissários e os anciãos se reuniram para analisar a questão. 7 Depois de
um longo debate, Kefa levantou-se e disse-lhes: "Irmãos, vocês sabem que há mui-
to tempo Deus me escolheu dentre vocês para ser aquele por cuja boca os *goyim*
pudessem ouvir a mensagem das boas-novas e confiar. 8 E Deus, que conhece o
coração, deu-lhes testemunho ao conceder o *Ruach HaKodesh* a eles, como fizera

[x] *Tehillim* [Sl] 146.6 [y] 'Amos [Am] 9.11,12

a nós; 9 isto é, ele não fez distinção entre nós e eles, mas purificou-lhes o coração
mediante a confiança. 10 Então, por que vocês estão tentando Deus agora, ao colo-
car um jugo sobre o pescoço dos *talmidim* que nem nossos pais nem nós tivemos
forças para carregar? 11 Não, é por meio do amor e da bondade do Senhor Yeshua
que nós confiamos e fomos libertados — e acontece o mesmo com eles".

12 A seguir, toda a assembleia ficou em silêncio, enquanto ouvia Bar-Nabba e
Sha'ul contarem que sinais e milagres Deus realizara por meio deles entre os não
judeus. 13 Ya'akov rompeu o silêncio para responder. "Irmãos", ele disse, "ouçam o
que tenho a dizer. 14 Shim'on contou-nos detalhadamente o que Deus fez ao mos-
trar seu cuidado ao tomar dentre os *goyim* um povo para levar o seu nome. 15 E as
palavras dos Profetas estão em completa harmonia com isso, porque está escrito:

16 **" 'Depois disso, voltarei**
e reconstruirei a tenda caída de David.
Reedificarei as suas ruínas,
e a restaurarei,
17 **para que o restante da humanidade possa buscar o Senhor,**
isto é, todos os *goyim* que foram chamados por meu nome",
18 **diz *Adonai*, que faz todas estas coisas'.**[y]

Tudo isso é conhecido desde os tempos antigos.

19 "Portanto, minha opinião é a de que não devemos pôr obstáculos no caminho
dos *goyim* que estão se voltando para Deus. 20 Em vez disso, devemos escrever-
-lhes uma carta para informá-los de que se devem abster das coisas contaminadas
por ídolos, da fornicação, do que foi estrangulado e do sangue. 21 Porque, desde os
tempos antigos, Mosheh é anunciado em todas as cidades, e suas palavras são lidas
nas sinagogas a cada *shabbat*".

22 Então os emissários e os anciãos, com toda a comunidade messiânica, deci-
diram escolher alguns dentre eles e enviá-los a Antioquia com Sha'ul e Bar-Nabba.
Eles enviaram Y'hudah, chamado Bar-Sabba, e Silas, dois líderes entre os irmãos,
23 com a seguinte carta:

De: Os emissários e os anciãos, seus irmãos.
Para: Os irmãos dentre os não judeus de Antioquia, Síria e Cilícia:

Saudações!

24 Ouvimos dizer que algumas pessoas saíram do nosso meio sem nossa
autorização e os perturbaram com sua conversa, transtornando a mente de vocês.
25 Assim, decidimos de forma unânime escolher alguns homens e enviá-los a vocês
com nossos queridos amigos Bar-Nabba e Sha'ul, 26 que têm dedicado a vida na
defesa do nome de nosso Senhor Yeshua, o Messias. 27 Portanto, enviamos Y'hudah
e Silas, e eles confirmarão pessoalmente o que lhes escrevemos.

28 Porque pareceu bem ao *Ruach HaKodesh* e a nós não colocar um peso
maior sobre vocês além das obrigações seguintes: 29 Abster-se do que foi sacrificado
a ídolos, do sangue, de coisas estranguladas e da fornicação. Se vocês evitarem
essas coisas, estarão fazendo o que é certo.

Shalom!

---

[z] Alguns manuscritos incluem o versículo 34: "Mas pareceu bem a Silas permanecer ali".

30 Os mensageiros foram enviados e partiram para Antioquia, onde reuniram o grupo local e entregaram a carta. 31 Depois de lê-la, as pessoas ficaram deleitadas por seu encorajamento. 32 Y'hudah e Silas, que também eram profetas, disseram muitas coisas para encorajar e fortalecer os irmãos. 33 Depois de passarem algum tempo ali, foram enviados com o cumprimento de "*shalom*" da parte dos irmãos àqueles que os enviaram. 34z 35 Sha'ul e Bar-Nabba permaneceram em Antioquia, onde, com muitos outros, ensinavam e anunciavam as boas-novas da mensagem a respeito do Senhor.

36 Algum tempo depois, Sha'ul disse a Bar-Nabba: "Voltemos para visitar os irmãos em todas as cidades onde anunciamos a mensagem a respeito do Senhor, para ver como estão indo". 37 Bar-Nabba queria levar Yochanan, também chamado Marcos. 38 Mas Sha'ul considerava imprudente levá-lo consigo, porque ele os abandonou na Panfília, não permanecendo com eles no trabalho. 39 Houve um desentendimento tão profundo sobre isso que eles se separaram; Bar-Nabba levou Marcos consigo, navegando para Chipre.

40 Sha'ul, porém, escolheu Silas e partiu, depois de os irmãos os terem encomendado ao amor e à bondade do Senhor. 41 Ele atravessou a Síria e a Cilícia fortalecendo as congregações.

16 1 Sha'ul desceu a Listra, onde vivia um *talmid* chamado Timóteo. Ele era filho de uma judia que confiava em Yeshua, e seu pai era grego. 2 Todos irmãos de Listra e Icônio falavam bem de Timóteo. 3 Sha'ul desejava que Timóteo o acompanhasse; portanto, realizou sua *b'rit-milah*, por causa dos judeus que viviam naquelas áreas, pois todos sabiam que seu pai era grego.

4 à medida que passavam pelas cidades, entregavam às pessoas as decisões dos emissários e dos anciãos de Yerushalayim para que fossem observadas. 5 Assim, as congregações eram fortalecidas na fé e cresciam em número a cada dia.

6 Eles viajaram pela região da Frígia e da Galácia, por terem sido proibidos pelo *Ruach HaKodesh* de anunciar a mensagem na província da Ásia. 7 Quando chegaram à fronteira da Mísia, tentaram entrar na Bitínia, mas o Espírito de Yeshua os impediu. 8 Então contornaram a Mísia e desceram a Trôade.

9 Durante a noite, Sha'ul teve uma visão. Um homem da Macedônia estava em pé e lhe implorava: "Venha para a Macedônia e ajude-nos!". 10 Depois que Sha'ul teve essa visão, preparamo-nos imediatamente para partir para a Macedônia, porque concluímos que Deus nos chamou para anunciar a eles as boas-novas.

11 Partindo de Trôade, navegamos diretamente para Samotrácia e, no dia seguinte, para Neápolis; 12 dali zarpamos para Filipos, na Macedônia, uma colônia romana e a principal cidade daquela parte da Macedônia. Passamos alguns dias nessa cidade; 13 então, em um *shabbat*, saímos da cidade e fomos para a beira do rio, onde sabíamos que se reunia um *minyan*. Sentamo-nos e começamos a conversar com as mulheres reunidas ali. 14 Uma das que ouviam era uma mulher da cidade de Tiatira, chamada Lídia, uma vendedora de tecido de púrpura. Ela já era uma "temente a Deus", e o Senhor abriu-lhe o coração para responder ao que Sha'ul dizia. 15 Assim que ela e os membros de sua casa foram imersos, ela lhes fez este convite: "Se vocês me consideram fiel ao Senhor, venham e fiquem em minha casa". E ela insistiu até eles irem.

16 Certo dia, enquanto íamos ao local de *minyan*, encontramos uma escrava que tinha um espírito que a capacitava a predizer o futuro. Ela ganhava muito dinheiro para os seus senhores mediante a adivinhação do futuro. 17 Essa moça seguia a Sha'ul

e a nós, gritando: "Estes homens são servos do Deus *Ha'Elyon*! Eles estão falando so-
bre como vocês podem ser salvos!". 18 Ela o fazia todos os dias, até que Sha'ul, muito
incomodado, voltou-se e disse ao espírito: "No nome de Yeshua, o Messias, eu lhe
ordeno que saia dela!". E o espírito saiu dela naquele mesmo instante.

19 Entretanto, quando os donos da escrava perceberam que sua esperança de
lucro tinha se acabado, agarraram Sha'ul e Silas e os arrastaram para a praça do
mercado, diante das autoridades. 20 Levando-os aos juízes, disseram: "Estes ho-
mens estão causando muitos problemas em nossa cidade, porque são judeus. 21 Eles
estão propagando costumes contrários à nossa lei, coisas inaceitáveis e impraticá-
veis para nós, romanos". 22 A multidão ajuntou-se no ataque contra eles, e os juízes
rasgaram-lhes as roupas e ordenaram que fossem açoitados. 23 Depois de serem
severamente castigados, eles os lançaram na prisão, incumbindo o carcereiro de
vigiá-los com cuidado. 24 Tendo recebido essa ordem, ele os lançou na cela interior
e lhes prendeu os pés entre pedaços maciços de madeira.

25 Por volta da meia-noite, Sha'ul e Silas estavam orando e cantando hinos a
Deus; os outros presos os escutavam com atenção. 26 De repente, houve um terre-
moto violento que abalou os alicerces da prisão. Todas as portas se abriram, e as
correntes de todos se soltaram. 27 O carcereiro acordou e, quando viu que as portas
estavam abertas, desembainhou a espada para se matar, por presumir que os pre-
sos tinham escapado. 28 Mas Sha'ul gritou: "Não se machuque! Estamos todos aqui!".

29 O carcereiro pediu luz, entrou correndo e, trêmulo, prostrou-se diante de
Sha'ul e Silas. 30 Então os levou para fora e perguntou: "Homens, que preciso fazer
para ser salvo?". 31 Eles disseram: "Confie no Senhor Yeshua, e será salvo — você e
os de sua casa!". 32 E em seguida anunciaram-lhe, e a todos os de sua casa, a mensa-
gem a respeito do Senhor.

33 A seguir, mesmo àquela hora avançada da noite, o carcereiro lavou os feri-
-mentos deles; e, sem demora, ele e todos os seus foram imersos. 34 Depois disso,
ele os levou para sua casa e serviu-lhes comida; ele e todos os seus festejaram o
fato de confiarem em Deus.

35 Na manhã seguinte, os juízes enviaram soldados ao carcereiro com a ordem:
"Solte estes homens". 36 O carcereiro disse a Sha'ul: "Os juízes enviaram a ordem
para que vocês dois sejam soltos. Portanto, saiam, e sigam seu caminho em paz".
37 Entretanto, Sha'ul disse aos soldados: "Depois de nos açoitarem em público sem
termos sido condenados por nenhum crime, eles nos lançaram na prisão, apesar
de sermos cidadãos romanos. Agora querem livrar-se de nós secretamente? Não!
Venham eles mesmos e nos libertem".

38 Os soldados relataram isso aos juízes, os quais ficaram atemorizados ao ou-
vir que Sha'ul e Silas eram cidadãos romanos. 39 Eles vieram, pediram desculpas a
eles e, conduzindo-os para fora da prisão, requisitaram que deixassem a cidade.
40 Ao saírem da prisão, Sha'ul e Silas foram à casa de Lídia, de onde partiram depois
de encontrar os irmãos e encorajá-los.

17 1 Depois de passar por Anfípolis e Apolônia, Sha'ul e Silas chegaram a Tes-
salônica, onde havia uma sinagoga. 2 Segundo seu costume, Sha'ul foi à si-
nagoga e por três *shabbatot* deu-lhes *drashot* com base no *Tanakh*, 3 explicando e
provando que o Messias deveria sofrer e ressuscitar dentre os mortos, e que "este
Yeshua que lhes anuncio é o Messias". 4 Alguns dos judeus foram persuadidos e
uniram seu destino ao de Sha'ul e de Silas. O mesmo fizeram muitos gregos "te-
mentes a Deus" e não poucas mulheres de alta posição.

5 Os judeus incrédulos, porém, ficaram com inveja. Por isso, reuniram alguns
homens perigosos dentre a ralé que perambulava perto da praça do mercado e
deram início a um tumulto na cidade. Atacaram a casa de Jasom, esperando encon-
trar Sha'ul e Silas e levá-los para a multidão. 6 Contudo, não os achando, arrastaram
Jasom e alguns outros irmãos até as autoridades da cidade e gritaram: "Esses
homens que têm transtornado o mundo todo chegaram aqui!. 7 E Jasom permitiu
que eles ficassem em sua casa! Todos eles estão agindo contra os decretos do
imperador, porque afirmam que existe um outro rei, Yeshua". 8 As palavras deles
agitaram a multidão e as autoridades, 9 de modo que, só depois de Jasom e os ou-
tros terem pago a fiança estipulada, eles os deixaram ir. 10 Tão logo anoiteceu, os
irmãos enviaram Sha'ul e Silas para Bereia.

Assim que chegaram, foram à sinagoga. 11 As pessoas dali eram de caráter mais
nobre do que os de Tessalônica; eles receberam a mensagem com entusiasmo, exa-
minando o *Tanakh* todos os dias para ver se o que Sha'ul dizia era verdade. 12 Mui-
tos dentre eles vieram a confiar, bem como certo número de mulheres gregas de
elevada posição e não poucos homens.

13 Quando os judeus incrédulos de Tessalônica souberam que a palavra de Deus
estava sendo anunciada por Sha'ul em Bereia, dirigiram-se também para lá com o
propósito de criar confusão e agitar a multidão. 14 Os irmãos enviaram Sha'ul de
imediato para o litoral, ao passo que Silas e Timóteo permaneceram onde estavam.
15 Os acompanhantes de Sha'ul o levaram até Atenas, partindo depois com instru-
ções para que Silas e Timóteo viessem assim que fosse possível.

16 Enquanto Sha'ul esperava por eles em Atenas, seu espírito ficou muito agita-
do ao ver que a cidade estava cheia de ídolos. 17 Por isso, ele mantinha discussões
na sinagoga com judeus e os "tementes a Deus", bem como na praça do mercado,
todos os dias, com quem se encontrasse por ali.

18 Também um grupo de filósofos epicureus e estoicos começou a se encontrar
com ele. Alguns perguntavam: "O que esse tagarela está tentando dizer?". Outros,
porque ele anunciava as boas-novas a respeito de Yeshua e da ressurreição, diziam:
"Ele fala como um propagandista de divindades estrangeiras". 19 Então o levaram ao
concílio máximo, dizendo: "Podemos saber que novo ensino é esse que você está
apresentando? 20 Algumas coisas que ouvimos de você soam estranho para nós, e
queremos saber seu significado". 21 (Todos os atenienses e estrangeiros que ali vi-
viam passavam o tempo falando ou ouvindo a respeito das últimas novidades dos
intelectuais.)

22 Sha'ul levantou-se no meio da reunião do concílio e disse: "Homens de Atenas!
Percebo quão religiosos vocês são em todos os aspectos. 23 Porque, andando pela
cidade, observei seus santuários e encontrei até um altar no qual estava inscrito:
'A um deus desconhecido'. Portanto, aquele a quem vocês adoram sem conhecer é
quem eu lhes anuncio.

24 "O Deus que criou o Universo e tudo o que nele há, que é Senhor do céu e da
terra, não habita em templos erigidos por mãos humanas; 25 tampouco é servido
por mãos de homens, como se lhe faltasse algo, porque é ele mesmo que dá a vida,
o fôlego e todas as coisas a todos.

26 "De um homem, ele fez todas as nações que vivem sobre a face da terra e fi-
xou os limites de seus territórios e os períodos nos quais surgiriam. 27 Deus fez isso
para que as pessoas procurassem por ele e talvez o alcançassem e encontrassem,
embora, na verdade, ele não esteja longe de cada um de nós, 28 'porque nele vive-
mos, nos movemos e existimos'. Como disseram alguns dos poetas dentre vocês:

'Todos nós somos na verdade seus filhos'. 29 Assim, visto que somos filhos de Deus,
não devemos supor que a essência divina seja semelhante ao ouro, à prata ou à
pedra moldados pela técnica e imaginação do homem.
30 No passado, Deus não levou em conta essa ignorância; mas agora ele ordena
a todas as pessoas, em todos os lugares, que se voltem para ele abandonando seus
pecados. 31 Porque ele estabeleceu o dia em que julgará a terra habitada, e o fará de
forma justa, por meio do homem a quem designou. E deu provas públicas disso a
todos, ressuscitando esse homem dentre os mortos".
32 À menção da ressurreição dos mortos, alguns começaram a zombar, enquanto
outros disseram: "Queremos ouvi-lo outra vez a respeito desse assunto". 33 Assim,
Sha'ul deixou a reunião. 34 Alguns homens juntaram-se a ele e passaram a confiar,
incluindo Dionísio, membro do concílio máximo, e também uma mulher chamada
Dâmaris; e outros passaram a crer com eles.

18 1 Depois disso, Sha'ul deixou Atenas e foi para Corinto, 2 onde encontrou um
judeu chamado Áquila, natural do Ponto, recém-chegado da Itália com sua
mulher, Priscila, porque Cláudio havia expedido um decreto expulsando todos os
judeus de Roma. Sha'ul foi vê-los 3 e, por terem a mesma profissão, fabricantes de
tendas, ficou morando com eles; e também trabalhavam juntos.
4 Todo *shabbat*, Sha'ul debatia na sinagoga, onde tentava convencer judeus e
gregos. 5 Depois de Silas e Timóteo terem chegado da Macedônia, Sha'ul passou a
dedicar-se exclusivamente ao anúncio da mensagem, testemunhando cabalmente
aos judeus que Yeshua é o Messias. 6 Quando, porém, eles se lançaram contra Sha'ul
e começaram a insultá-lo, ele sacudiu a roupa e lhes disse: "Que seu sangue recaia
sobre vocês! De minha parte, de agora em diante, irei para os *goyim*!".
7 Assim, ele entrou na casa de um "temente a Deus" chamado Tício Justo, que
era vizinha da sinagoga. 8 Crispo, líder da sinagoga, depositou sua confiança no
Senhor, com toda a sua casa; também diversos coríntios que ouviram confiaram, e
foram imersos.
9 Certa noite, em uma visão, o Senhor disse a Sha'ul: "Não tenha medo, mas
continue falando, não pare, 10 porque eu estou com você. Ninguém conseguirá ma-
chucá-lo porque tenho muita gente nesta cidade". 11 Portanto, Sha'ul permaneceu
ali durante um ano e meio, ensinando-lhes a palavra de Deus.
12 Quando Gálio era governador da Acaia, os judeus incrédulos fizeram um acor-
do para atacar Sha'ul e levá-lo ao tribunal, dizendo: 13 "Este homem está tentando
persuadir o povo a adorar a Deus de uma forma contrária à *Torah*". 14 Sha'ul ia
defender-se quando Gálio disse aos judeus: "Ouçam, judeus: se esse fosse o caso
de alguém ter sido ferido, ou de um delito sério, eu os ouviria com toda a paciên-
cia. 15 Esse assunto, porém, envolve questões relativas a palavras e nomes da lei de
vocês; portanto, ele deve ser tratado por vocês mesmos. Recuso-me a julgar tais
assuntos". 16 E mandou retirá-los do tribunal. 17 Eles agarraram Sóstenes, o líder da
sinagoga, e o espancaram diante do tribunal. Gálio, porém, não demonstrou nenhu-
ma preocupação.
18 Sha'ul permaneceu ali por algum tempo; depois, despediu-se dos irmãos e
navegou para a Síria, após ter cortado o cabelo em Cencreia, fazendo um voto; es-
tavam com ele Priscila e Áquila.
19 Chegaram a Éfeso, e ele os deixou ali; dirigiu-se à sinagoga e manteve o diá-
logo com os judeus. 20 Eles lhe pediram que permanecesse um pouco mais,

porém ele declinou. 21 No entanto, em sua despedida, disse: "Querendo Deus, voltarei novamente". A seguir, zarpou para Éfeso.

22 Aportando em Cesareia, subiu a Yerushalayim, cumprimentou a comunidade messiânica e desceu a Antioquia. 23 Passando algum tempo ali, atravessou a região da Galácia e da Frígia, fortalecendo os *talmidim*.

24 Enquanto isso, um judeu chamado Apolo, natural de Alexandria, chegou a Éfeso. Ele era orador eloquente com bastante conhecimento do *Tanakh*. 25 Esse homem foi instruído sobre o caminho do Senhor, e com grande fervor espiritual falava e ensinava acuradamente os fatos a respeito de Yeshua; entretanto, ele conhecia apenas a imersão de Yochanan. 26 Ele começou a falar de forma ousada na sinagoga. Quando Priscila e Áquila o ouviram, levaram-no à parte e lhe explicaram o caminho de Deus com mais detalhes. 27 Fazendo planos de seguir em direção à Acaia, os irmãos o encorajaram a escrever aos *talmidim* de lá para que o recebessem. Quando chegou ali, ajudou bastante àqueles que mediante a graça passaram a confiar, 28 porque ele refutava, em público, de forma poderosa e conclusiva, os judeus incrédulos, demonstrando pelo *Tanakh* que Yeshua é o Messias.

19 1 Enquanto Apolo estava em Corinto, Sha'ul completou sua viagem pelo interior da região e chegou a Éfeso, onde encontrou alguns *talmidim*. 2 Ele lhes perguntou: "Vocês receberam o *Ruach HaKodesh* quando passaram a confiar?". "Não", eles responderam, "jamais ouvimos falar da existência do *Ruach HaKodesh*". 3 "Nesse caso", ele disse, "que imersão vocês receberam?". "A imersão de Yochanan", eles responderam. 4 Sha'ul disse: "Yochanan realizava imersões relativas ao abandono do pecado e à volta para Deus; no entanto, ele disse que as pessoas deveriam confiar naquele que viesse depois dele, isto é, em Yeshua". 5 Ao ouvir isso, eles foram imersos no nome do Senhor Yeshua; 6 e, quando Sha'ul pôs as mãos sobre eles, o *Ruach HaKodesh* desceu, e eles começaram a falar em línguas e a profetizar. 7 Eles eram ao todo doze pessoas.

8 Sha'ul foi à sinagoga e, durante três meses, falou-lhes com ousadia, dialogando e tentando persuadir as pessoas a respeito do Reino de Deus. 9 Algumas pessoas, porém, começaram a se endurecer e recusaram-se a ouvir, passando a difamar o Caminho perante toda a sinagoga. Então Sha'ul retirou-se, levando consigo os *talmidim*, e passou a manter diálogos diários com judeus e gregos na *yeshivah* de Tirano. 10 Isso aconteceu durante dois anos para que todos, judeus e gregos, que viviam na província da Ásia ouvissem a mensagem a respeito do Senhor.

11 Deus realizou milagres extraordinários pelas mãos de Sha'ul. 12 Por exemplo: lenços e aventais tocados por ele eram levados a pessoas enfermas; elas eram curadas de suas doenças, e espíritos malignos as deixavam.

13 Então alguns judeus exorcistas que viajavam de um lugar para outro tentaram fazer uso do nome de Yeshua em relação às pessoas com espíritos malignos. Eles diziam: "Eu o exorcizo no nome de Yeshua anunciado por Sha'ul!". 14 Certa vez, sete filhos de um *kohen gadol* chamado Skeva estavam agindo dessa forma, 15 e o espírito maligno respondeu-lhes: "Conheço Yeshua; sei quem é Sha'ul. Mas e vocês, quem são?". 16 O homem com o espírito maligno caiu sobre eles, subjugou-os e os espancou tão severamente que eles correram para casa nus e sangrando.

17 Quando tudo isso se tornou conhecido dos moradores de Éfeso, sobreveio um temor a todos, judeus e gregos; e o nome do Senhor Yeshua foi tido em alta conta. 18 Muitos dos que haviam anteriormente feito profissão de fé regressaram e reconheceram em público suas práticas ímpias; 19 e um considerável número de pessoas

envolvidas com práticas ocultistas lançou seus pergaminhos em uma fogueira e
os queimou em público. Quando foi calculado o valor dos pergaminhos queima-
dos, chegou-se à quantia de cinquenta mil dracmas. 20 Desse modo, a mensagem a
respeito do Senhor continuou a crescer de forma poderosa.

21 Algum tempo depois, Sha'ul decidiu, pelo Espírito, passar pela Macedônia e
Acaia e então ir a Yerushalayim. "Depois de ir a esses lugares", ele disse, "preciso
visitar Roma". 22 Então enviou dois de seus auxiliares, Timóteo e Erasto, para a Ma-
cedônia; entretanto, ele mesmo permaneceu um pouco mais na província da Ásia.

23 Por volta dessa época, ocorreu um dos maiores tumultos por causa do Cami-
nho. 24 Havia um ourives chamado Demétrio, que fazia objetos ligados à adoração
da deusa Ártemis, empregador de um grande número de artífices. 25 Ele convocou
uma reunião com todas as pessoas ligadas a esse ramo e disse: "Homens, vocês
sabem que nosso sustento provém do ramo em que trabalhamos 26 e podem ver e
ouvir por si mesmos que não só aqui em Éfeso, mas em quase toda a província da
Ásia, esse tal de Sha'ul tem convencido e desviado um número considerável de pes-
soas, dizendo que os deuses criados por seres humanos não são deuses. 27 O perigo
não está apenas na má reputação que teremos, mas também no fato de o templo da
grande deusa Ártemis cair em descrédito. Isso poderia acabar com a própria deusa,
que é adorada por toda a província da Ásia e em todo o mundo, rebaixando sua
majestade divina!".

28 Ao ouvir isso, eles ficaram tomados de fúria e começaram a gritar: "Grande é a
Ártemis dos efésios!". 29 A cidade, de imediato, ficou tumultuada. A multidão, como
um só homem, afluiu ao teatro, arrastando consigo Gaio e Aristarco, companheiros
de viagem de Sha'ul da Macedônia. 30 Sha'ul desejava apresentar-se pessoalmente
à multidão, mas os *talmidim* não o deixaram ir. 31 Até mesmo alguns oficiais da
província, amigos dele, enviaram-lhe uma mensagem suplicando que ele não se
atrevesse a entrar no teatro. 32 Enquanto isso, uns gritavam uma coisa, e outros
gritavam outras, porque a assembleia estava em uma confusão total. A maioria das
pessoas nem sabia porque estava lá. 33 Alguns indivíduos explicaram a situação a
Alexandre, a quem os judeus haviam empurrado para a frente. Alexandre sinalizou
pedindo silêncio, esperando fazer ao povo um discurso em sua defesa. 34 Assim
que eles perceberam que Alexandre era judeu, começaram a gritar em uníssono:
"Grande é a Ártemis dos efésios!", e o fizeram durante quase duas horas.

35 Por fim, o escrivão da cidade conseguiu acalmar a multidão: "Homens de
Éfeso!", ele disse. "Existe alguém aqui que não saiba que a cidade de Éfeso é a
guardiã do templo da grande Ártemis e da pedra sagrada que caiu do céu? 36 Tudo
isso é indiscutível; portanto, é melhor que vocês se acalmem e não façam nada de
forma irrefletida. 37 Vocês trouxeram esses homens que não roubaram o templo
nem insultaram sua deusa. 38 Dessa forma, se Demétrio e seus companheiros têm
alguma reclamação contra qualquer pessoa, os tribunais estão funcionando, e os
juízes estão lá — que eles apresentem a queixa, e os outros, sua defesa. 39 Mas, se
vocês quiserem algo mais, devem decidi-lo por meio de uma assembleia legítima.
40 Corremos perigo de sermos acusados da promoção de um levante pelo ocorrido
hoje. Não há justificativa para isso, e, se formos inquiridos, seremos incapazes
de dar uma explicação razoável para esta reunião ilícita". 41 E, com essas palavras,
despediu a multidão.

20 1 Depois de passado o furor, Sha'ul dirigiu-se aos *talmidim* e os encorajou. A
seguir, partiu e continuou o caminho rumo à Macedônia. 2 Ele atravessou a

região e, depois de dizer muitas palavras de encorajamento, passou para a Grécia,
3 onde permaneceu por três meses. Enquanto se preparava para ir à Síria, descobriu
um complô contra ele por parte dos judeus incrédulos. Ele mudou os planos e
decidiu voltar à Macedônia. 4 Sópatro, de Bereia, filho de Pirro, o acompanhou, bem
como Aristarco e Secundo, de Tessalônica; Gaio, de Derbe; Timóteo, Tíquico e Tró-
fimo, da província da Ásia. 5 Esses homens seguiram caminho e esperaram por nós
em Trôade, 6 enquanto partimos de Filipos depois dos dias da *matzah*. Cinco dias
depois, encontramo-nos em Trôade, onde passamos uma semana.

7 No *motza'ei-shabbat*, quando estávamos reunidos para partir o pão, Sha'ul
dirigiu-lhes a palavra. Pelo fato de que iria viajar no dia seguinte, falou continu-
amente até a meia-noite. 8 Havia muitas lamparinas acesas no aposento do andar
superior em que nos reuníamos, e 9 um jovem chamado Êutico, que estava sen-
tado no peitoril da janela, adormeceu profundamente durante o longo *drash* de
Sha'ul. Vencido pelo sono, caiu do terceiro andar. Quando o levantaram, estava
morto. 10 Sha'ul desceu, inclinou-se sobre o rapaz e o abraçou, dizendo: "Não fi-
quem alarmados! Ele está vivo!". 11 Então subiu novamente, partiu o pão e comeu.
Depois, continuou a falar até o amanhecer e foi embora. 12 Bastante aliviados,
levaram vivo o jovem.

13 Fomos adiante até o navio e embarcamos para Assôs, onde planejávamos re-
ceber Sha'ul a bordo — ele fez os preparativos dessa forma porque preferia chegar
por terra. 14 Quando nos encontrou em Assôs, nós o recebemos a bordo e prosse-
guimos até Mitilene. 15 No dia seguinte, navegamos dali e chegamos defronte de
Quio; no outro dia, atravessamos para Samos e, um dia depois, chegamos a Mileto.
16 Sha'ul tinha decidido não parar em Éfeso, para não se demorar na província da
Ásia, pois estava com pressa de chegar a Yerushalayim, se possível a tempo de
celebrar *Shavu'ot*.

17 De Mileto, Sha'ul mandou chamar os anciãos da comunidade messiânica de
Éfeso. 18 Quando chegaram, ele lhes disse: "Vocês sabem desde o primeiro dia em
que cheguei à província da Ásia como vivi todo o tempo em que estive com vocês.
19 Servi ao Senhor com muita humildade e com lágrimas, a despeito das porções
severas que passei e pelas conspirações dos judeus incrédulos. 20 Vocês sabem que
não deixei de falar-lhes nada que fosse proveitoso e que lhes ensinei tudo publi-
camente e de casa em casa, 21 declarando com a maior seriedade, tanto a judeus
como a gregos: voltem-se dos seus pecados para Deus; depositem sua confiança em
nosso Senhor Yeshua, o Messias.

22 "E agora, compelido pelo Espírito, vou para Yerushalayim. Não sei o que me
acontecerá ali; 23 só sei que, em todas as cidades, o *Ruach HaKodesh* me avisa de
que aprisionamento e perseguição me esperam. 24 Contudo, não me importo, nem
considero a minha vida de valor algum para mim mesmo, contanto que possa ter-
minar o percurso e completar a obra que o Senhor Yeshua me confiou — testemu-
nhar as boas-novas do amor e da bondade de Deus.

25 "Agora, escutem! Sei que nenhum de vocês, entre os quais passei anunciando
o Reino, me verá novamente. 26 Portanto, testifico que de hoje em diante estou ino-
cente do sangue de todos. 27 Pois não deixei de anunciar-lhes todo o plano de Deus.

28 "Cuidem de si mesmos e de todo o rebanho sobre o qual o *Ruach HaKodesh* os
colocou como líderes, para pastorearem a comunidade messiânica de Deus, que ele
obteve com o próprio sangue. 29 Sei que, depois da minha partida, lobos cruéis sur-
girão do meio de vocês e eles não pouparão o rebanho. 30 E dentre vocês mesmos se
levantarão homens que ensinarão perversões da verdade, para atrair os *talmidim*.

31 Por isso, fiquem alertas! Lembrem-se de que durante três anos, dia e noite, jamais
deixei de adverti-los, com lágrimas nos olhos.
32 "Agora, eu os entrego ao cuidado do Senhor e à mensagem do seu amor e da
sua bondade, porque ela pode edificá-los e dar-lhes herança entre todos os que têm
sido separados por Deus.
33 Não desejei para mim mesmo a prata, nem o ouro, nem as roupas de ninguém.
34 Vocês mesmos sabem que estas minhas mãos supriram não só minhas necessi-
dades, mas também as de meus colaboradores. 35 Em tudo, dei-lhes um exemplo de
que mediante trabalho árduo devemos ajudar os fracos, lembrando as palavras do
próprio Senhor Yeshua: 'Há mais felicidade em dar do que em receber' ".
36 Ao terminar de falar, Sha'ul ajoelhou-se com todos e orou. 37 Eles choraram
muito e, abraçando-o, o beijavam para despedir-se. 38 O que mais os entristeceu foi
a observação de que eles não mais o veriam outra vez. Eles o acompanharam até
o navio.

21 1 Depois de tê-lo tirado dos anciãos de Éfeso, embarcamos e navegamos
diretamente para Cós. No dia seguinte, fomos para Rodes, e dali até Pátara.
2 Encontrando um navio que faria a travessia para a Fenícia, embarcamos nele e par-
timos. 3 Depois de avistarmos Chipre, contornamos pela esquerda, navegando para
a Síria, e desembarcamos em Tzor, porque nosso navio deveria ser descarregado.
4 Tendo procurado os *talmidim* dali, permanecemos com eles uma semana. Guia-
dos pelo Espírito, disseram a Sha'ul que não fosse a Yerushalayim; 5 mas, quando a
semana terminou, partimos e continuamos nossa jornada. Todos os *talmidim*, com
suas mulheres e filhos, nos acompanharam até fora da cidade. Ajoelhamos na praia
e oramos e 6 despedimo-nos. Embarcamos, e eles voltaram para casa.
7 Partindo de Tzor, chegamos a Ptolemaida. Ali cumprimentamos os irmãos e
pernoitamos com eles. 8 No dia seguinte, chegamos a Cesareia e nos dirigimos à
casa de Filipe, o proclamador das boas-novas, um dos sete, e ficamos com ele. 9 Ele
tinha quatro filhas solteiras com o dom de profecia.
10 Enquanto permanecíamos ali, um profeta chamado Agav desceu de Y'hudah
11 para visitar-nos. Ele pegou o cinto de Sha'ul, amarrou as próprias mãos e os
próprios pés e disse: "Isto é o que o *Ruach HaKodesh* diz: 'O dono deste cinto será
preso desta forma pelos habitantes de Y'hudah, e eles o entregarão aos *goyim*' ".
12 Quando ouvimos isso, nós e as pessoas dali rogamos a ele que não subisse a
Yerushalayim, 13 porém Sha'ul respondeu: "O que vocês querem, chorando e tentan-
do enfraquecer minha resolução? Estou preparado não apenas para ser preso, mas
até mesmo para morrer em Yerushalayim por causa do nome do Senhor Yeshua".
14 E por ele não se ter deixado convencer, nós dissemos: "Seja feita a vontade do
Senhor", e nos calamos.
15 Então, ao final de nossa estada, juntamos nossas coisas e subimos a
Yerushalayim; 16 e foram conosco alguns *talmidim* de Cesareia. Eles nos levaram
à casa do homem em que deveríamos permanecer, Mnasom de Chipre, um *talmid*
desde os primeiros dias.
17 Em Yerushalayim, os irmãos nos receberam calorosamente. 18 No dia seguinte,
Sha'ul e o resto de nós fomos ao encontro de Ya'akov, e todos os anciãos estavam
presentes. 19 Depois de cumprimentá-los, Sha'ul descreveu com detalhes todas as
coisas que Deus fizera entre os gentios por seu intermédio.
20 Ao ouvir o relato, eles louvaram a Deus, mas também lhe disseram: "Veja, ir-
mão, quantas dezenas de milhares de crentes há entre os habitantes de Y'hudah, e

eles são zelosos da *Torah*. 21 O que eles ouviram falar a seu respeito é que você está ensinando aos judeus que vivem entre os *goyim* a apostatar de Mosheh, dizendo-lhes que não mais realizem a *b'rit-milah* em seus filhos e não sigam as tradições.

22 "Então o que se deve fazer? Eles certamente saberão a respeito de sua chegada. 23 Portanto, faça o que lhe dissermos. Temos quatros homens que fizeram um voto. 24 Leve-os consigo, purifique-se com eles e pague as despesas relativas à raspagem da cabeça de vocês. Então todos saberão que não há verdade nos rumores ouvidos a seu respeito; ao contrário, saberão que você se pauta pela *Torah*.

25 "Entretanto, em relação aos *goyim* que passaram a confiar em Yeshua, nós lhes enviamos uma carta com nossa decisão unânime de que eles devem abster-se do que foi sacrificado a ídolos, de sangue, de animais sufocados e da fornicação".

26 No dia seguinte, Sha'ul levou os homens, participou do ritual de purificação com eles e entrou no templo para declarar o prazo do cumprimento dos dias da purificação e da oferta que seria feita a favor de cada um deles. 27 Os sete dias já estavam no fim, quando alguns judeus incrédulos da província da Ásia viram-no no templo, agitaram toda a multidão e o agarraram. 28 "Homens de Yisra'el, ajudem!", eles gritaram. "Este é o homem que vai a toda parte ensinando coisas contra o nosso povo, contra a *Torah* e contra este lugar! E agora ele ousou trazer alguns *goyim* ao templo e profanou este santo lugar!". 29 (Anteriormente eles viram Trófimo, de Éfeso, na cidade com ele e presumiram que Sha'ul o tinha levado ao templo.)

30 Toda a cidade ficou sobressaltada, e pessoas vieram correndo de toda parte. Eles detiveram Sha'ul e o arrastaram para fora do templo, e de imediato os portões foram fechados. 31 Mas, enquanto a multidão tentava matá-lo, a notícia de que toda a Yerushalayim estava em tumulto chegou ao comandante do batalhão romano. 32 Ele reuniu imediatamente alguns oficiais e soldados e correu para o meio da multidão. Assim que eles viram o comandante, pararam de espancar Sha'ul.

33 Então o comandante chegou, prendeu-o e ordenou que ele fosse preso com duas correntes. Ele perguntou quem era ele e o que tinha feito. 34 A multidão toda gritava coisas diferentes; portanto, por não conseguir descobrir o que tinha acontecido por causa do tumulto, ele ordenou que Sha'ul fosse levado para o quartel. 35 Quando Sha'ul chegou às escadas, precisou ser carregado pelos soldados, porque a multidão estava muito descontrolada — 36 eles o seguiam e continuavam gritando: "Matem-no!".

37 Quando Sha'ul estava a ponto de entrar no quartel, disse ao comandante: "Posso dizer-lhe algo?". O comandante disse: "Você sabe grego! 38 Diga: não é você o egípcio que tentou iniciar uma revolta há pouco tempo e liderou quatro mil terroristas armados para o deserto?". 39 Sha'ul disse: "Sou um judeu de Tarso, na Cilícia, natural de uma cidade importante; e eu lhe peço permissão para dizer algo ao povo".

40 Tendo recebido permissão, Sha'ul levantou-se na escadaria e acenou para a multidão. Finalmente, quando todos ficaram quietos, dirigiu-se a eles em hebraico:

22 1 "Irmãos e pais! Ouçam-me enquanto lhes apresento minha defesa!". 2 Quando eles ouviram que lhes falava em hebraico, acalmaram-se um pouco mais; portanto, ele continuou: 3 "Sou judeu, nascido em Tarso da Cilícia, mas fui trazido para esta cidade e instruído aos pés de Gamli'el em todos os detalhes da *Torah* de nossos antepassados. Era tão zeloso por Deus quanto qualquer de vocês hoje. 4 Persegui até a morte os seguidores deste Caminho, prendendo homens e mulheres e lançando-os na prisão. 5 O *kohen hagadol* e todo o *Sanhedrin* também podem

dar testemunho a esse respeito. Na verdade, depois de receber cartas da parte de-
les para seus colegas de Dammesek, estava a caminho de lá com o objetivo de
prendê-los também naquela cidade, a fim de trazê-los de volta a Yerushalayim para
receberem punição.
6 "Eu estava a caminho e já me aproximava de Dammesek, por volta do meio-dia,
quando subitamente uma luz intensa, vinda do céu, brilhou ao meu redor! 7 Caí no
chão e ouvi uma voz dizer-me: 'Sha'ul, Sha'ul! Por que você insiste em me perse-
guir?' 8 Eu respondi: 'Quem é o senhor?'. 'Eu sou Yeshua de Natzeret', ele me disse,
'e você está me perseguindo!'. 9 As pessoas que estavam comigo viram a luz, mas
não ouviram a voz daquele que falava comigo. 10 Eu disse: 'Que devo fazer, Senhor?'.
E o Senhor me disse: 'Levante-se, entre em Dammesek, e lá lhe será dito tudo o que
você deverá fazer'. 11 Eu fiquei cego pelo brilho da luz, e então meus companheiros
me levaram pela mão até Dammesek.
12 "Um homem chamado Hananyah, um piedoso seguidor da *Torah* e tido em alta
conta por toda a comunidade judaica daquela cidade, 13 veio ver-me, pôs-se junto a
mim e disse: 'Irmão Sha'ul, enxergue outra vez!'. Naquele mesmo instante, recuperei
a visão e o vi. 14 Ele disse: **'O Deus de nossos pais**[a] determinou de antemão que você
deveria conhecer sua vontade, ver o *Tzaddik* e ouvir sua voz; 15 porque você será
testemunha dele a todos daquilo que viu e ouviu. 16 E agora, que está esperando?
Levante-se, seja imerso e tenha seus pecados lavados ao invocar o nome dele'.
17 "Depois de ter voltado a Yerushalayim, eu estava orando no templo, caí em
êxtase e 18 vi Yeshua. 'Rápido!', ele me disse. 'Saia de Yerushalayim imediatamente,
pois não aceitarão o que você tem a lhes dizer a meu respeito'. 19 Eu disse: 'Senhor,
eles sabem que eu ia a todas as sinagogas para prender e açoitar os que confiavam
em você; 20 também quando o sangue de sua testemunha Estêvão foi derramado, eu
estava ali, de pleno acordo; e cuidava das roupas dos que iriam matá-lo!'. 21 Mas ele
disse: 'Vá! Porque eu o enviarei para bem longe — para os *goyim*!' ".
22 Eles o estavam ouvindo até este ponto; porém passaram a gritar com toda a
força: "Tirem esse homem da face da terra! Ele não merece viver!". 23 Eles gritavam,
sacudiam suas roupas e lançavam pó ao ar; 24 por isso, o comandante ordenou que
ele fosse levado ao quartel e que fosse interrogado e açoitado, para poder descobrir
por que o povo gritava daquela forma contra ele.
25 Mas, enquanto eles o estavam amarrando com tiras de couro para ser açoitado,
Sha'ul disse ao capitão que ali estava: "É legal açoitar um cidadão romano sem ser
julgado?". 26 Quando o capitão ouviu isso, foi ao comandante e lhe contou: "Você
percebe o que está fazendo? Este homem é cidadão romano!". 27 O comandante foi
até Sha'ul e lhe perguntou: "Diga-me, você é cidadão romano?". "Sim", ele disse. 28 O
comandante replicou: "Comprei a cidadania por uma grande quantia". "Mas eu nasci
com ela", Sha'ul disse. 29 De imediato, os homens que iam interrogá-lo afastaram-se
dele; e também o comandante temeu, por ter percebido que acorrentara um cidadão
romano.
30 Contudo, no dia seguinte, visto que o comandante queria saber especifica-
mente qual acusação os moradores de Y'hudah fizeram contra Sha'ul, mandou
soltá-lo e ordenou que os principais *kohanim* e todo o *Sanhedrin* se reunissem.
Então ele trouxe Sha'ul e o colocou diante deles.

23 1 Sha'ul olhou diretamente para eles e disse: "Irmãos, tenho cumprido
meu dever para com Deus com toda a boa consciência, até o dia de hoje".

[a] *Sh'mot* [Êx] 3.15

2 Contudo, o *kohen hagadol*, Hananyah, ordenou aos que estavam perto de Sha'ul
que lhe batessem na boca. 3 Então Sha'ul lhe disse: "Deus o ferirá, parede embran-
quecida! Você está aí para me julgar de acordo com a *Torah*, contudo a transgride
mandando me bater?". 4 Os que estavam perto de Sha'ul disseram: "É o *kohen*
hagadol de Deus que você está insultando!". 5 Sha'ul disse: "Irmãos, eu não sabia
que ele era o *kohen hagadol*, pois está escrito na *Torah*: **'Você não deve falar de
forma depreciativa a respeito de um líder do seu povo'** ".[b]

6 Sabendo, porém, que parte do *Sanhedrin* era composto por *tz'dukim* e os
demais *p'rushim*, Sha'ul gritou: "Irmãos, eu sou *parush*, filho de *p'rushim*; estou
sendo julgado por causa da esperança da ressurreição dos mortos!". 7 Quando
ele disse isso, surgiu uma discussão entre os *p'rushim* e os *tz'dukim*, e a mul-
tidão ficou dividida. 8 Porque os *tz'dukim* negam a ressurreição e a existência
de anjos e espíritos, ao passo que os *p'rushim* creem em todas elas. 9 Portanto,
houve uma grande agitação, e alguns dos mestres da *Torah* que estavam do lado
dos *p'rushim* puseram-se em pé e uniram-se ao coro: "Não encontramos nada de
errado neste homem; e se um espírito ou anjo falou-lhe, o que há de errado?". 10 A
discussão tornou-se tão violenta que o comandante, temendo que Sha'ul fosse
despedaçado por eles, ordenou aos soldados que descessem e o levassem à força
de volta para o quartel.

11 Na noite seguinte, o Senhor se pôs ao lado dele e disse: "Tenha coragem!
Assim como você acabou de testemunhar fielmente a meu respeito em Yerushalayim,
deverá também testemunhar em Roma".

12 No dia seguinte, alguns dos habitantes de Y'hudah tramaram uma cons-
piração. Eles fizeram um juramento, dizendo que não comeriam nem beberiam
enquanto não matassem Sha'ul; 13 mais de quarenta homens estavam envolvidos
nessa conspiração. 14 Eles foram aos principais *kohanim* e aos anciãos e disse-
ram: "Comprometemo-nos, mediante juramento, a não comer nada até matar-
mos Sha'ul. 15 Por favor, façam parecer ao comandante que o *Sanhedrin* deseja
obter informações mais acuradas a respeito do caso de Sha'ul, para que ele traga
Sha'ul até vocês; de nossa parte, estaremos prontos para matá-lo antes que ele
chegue aqui".

16 Entretanto, o sobrinho de Sha'ul, filho de sua irmã, teve conhecimento dessa
conspiração, foi ao quartel e contou a Sha'ul. 17 Sha'ul chamou um dos oficiais e
disse: "Leve este homem ao comandante; ele tem algo para lhe dizer". 18 Assim, ele
o levou ao comandante e disse: "Sha'ul, o prisioneiro, chamou-me e pediu-me que
trouxesse este jovem a você, porque ele tem algo a dizer". 19 O comandante tomou
o rapaz pela mão, levou-o à parte e perguntou: "O que você tem para me dizer?".
20 Ele disse: "Os habitantes de Y'hudah chegaram a um acordo para pedir-lhe que
leve amanhã Sha'ul ao *Sanhedrin* sob pretexto de investigar seu caso mais detida-
mente. 21 Não se deixe levar por essa conversa, porque mais de quarenta homens
estão à espera dele. Eles fizeram o juramento de não comer nem beber nada en-
quanto não o matarem; eles estão prontos neste momento, esperando apenas que
você consinta com o pedido deles".

22 O comandante deixou o rapaz partir, advertindo-o: "Não diga a ninguém que
você me contou isso". 23 Então ele chamou dois capitães e disse: "Preparem duzen-
tos soldados de infantaria a fim de irem para Cesareia esta noite, às nove horas, e
setenta cavaleiros e duzentos lanceiros; 24 providenciem também montarias para

---

[b] *Sh'mot* [Êx] 22.27(28)

substituir o cavalo de Sha'ul; e levem-no em segurança ao governador Félix". 25 E
o comandante escreveu a seguinte carta:

26 De: Cláudio Lísias
Para: Sua Excelência, o governador Félix,

Saudações!

27 Este homem foi preso pelos habitantes de Y'hudah, e estava prestes a ser
morto por eles, quando eu entrei em cena com minhas tropas e o resgatei. Depois
de saber que ele é cidadão romano, 28 desejei entender exatamente a natureza da
acusação contra ele, de modo que eu o levei ao "*Sanhedrin*" deles.

29 Descobri que ele estava sendo acusado em questões acerca da "*Torah*" deles,
mas não havia nenhuma acusação que merecesse morte ou prisão.

30 Quando fui informado de que estava sendo preparada uma cilada contra ele,
enviei-o imediatamente a você e também ordenei que seus acusadores apresentem
o que têm contra ele diante de você.

31 Por isso, os soldados, seguindo suas ordens, levaram Sha'ul durante a noite, e
chegaram a Antipátride, 32 e voltaram ao quartel depois de deixar a cavalaria pros-
seguir com ele. 33 A cavalaria o levou a Cesareia, entregou a carta ao governador e
passou Sha'ul a seu cuidado. 34 O governador leu a carta e perguntou de que pro-
víncia ele era. Ao saber que era da Cilícia, 35 disse: "Ouvirei seu caso quando seus
acusadores também tiverem chegado", e ordenou que ele fosse mantido sob custódia
no quartel-general de Herodes.

24 1 Cinco dias depois, Hananyah, o *kohen hagadol*, desceu a Cesareia com al-
guns anciãos e um advogado chamado Tértulo, e eles apresentaram seu caso
contra Sha'ul ao governador. 2 Sha'ul foi chamado, e Tértulo começou a apresentar
as acusações: "Félix, Excelência, é por sua causa que temos desfrutado de um longo
período de paz, e a sua previdência trouxe a esta nação 3 tantas reformas em tantas
áreas. É com a maior gratidão que o recebemos. 4 No entanto, para não tomar muito
de seu tempo, peço-lhe o favor de ouvir-nos apenas por um pouco.

5 "Descobrimos que este homem é uma peste. Ele é um agitador dos judeus
pelo mundo todo. É o líder da seita dos *natzratim*. 6 Tentou até profanar o templo,
mas nós o prendemos. 7[c] 8 Ao questionar este homem pessoalmente, você poderá
verificar todas as acusações que fazemos contra ele". 9 Os moradores de Y'hudah
confirmaram a acusação e garantiram que as afirmações eram verdadeiras.

10 Quando o governador fez sinal para Sha'ul falar, ele replicou: "Sei que há mui-
tos anos o senhor tem sido juiz desta nação; por isso, estou feliz por fazer minha
defesa. 11 Como o senhor pode verificar por si mesmo, há menos de doze dias subi a
Yerushalayim para adorar; 12 nem no templo, nem nas sinagogas, nem em qualquer
outro lugar da cidade, eles me encontraram debatendo com alguém ou juntando
uma multidão. 13 Tampouco podem apresentar qualquer prova das coisas de que
me acusam.

14 "Entretanto, isto eu admito: adoro o **Deus de nossos pais**[d] de acordo com o
Caminho (ao qual eles chamam seita). Continuo a crer em todas as coisas de acor-
do com a *Torah* e todos os escritos dos Profetas. 15 Mantenho minha esperança em

[c] Alguns manuscritos incluem os versículos 6b-8a: "Quisemos julgá-lo segundo nossa lei, 7 mas Lísias, o comandante, interveio. Ele o tomou à força de nossas mãos 8 e ordenou que seus acusadores se apresentassem diante de você". [d] *Sh'mot* [Êx] 3.15

Deus — o que eles também aceitam — de que haverá a ressurreição de justos e de
injustos. 16 Na verdade, é por causa dela que sempre mantenho a consciência limpa
aos olhos de Deus e dos homens.

17 "Depois de sete anos distante, fui a Yerushalayim com o objetivo de levar
uma oferta de amor à minha nação e oferecer sacrifícios. 18 Por causa disso é que
fui encontrado no templo. Eu estava cerimonialmente limpo, longe de qualquer
multidão, e não atrapalhava ninguém. 19 Mas alguns judeus da província da Ásia
também deveriam estar aqui, na sua presença, para apresentar-lhe uma queixa, se
tiverem algo contra mim! 20 Ou seja, a menos que esses mesmos homens digam que
crime eu cometi quando estive perante o *Sanhedrin*, 21 além de afirmar enquanto
me encontrava entre eles: "Estou sendo julgado perante vocês, hoje, por acreditar
na ressurreição dos mortos!' ".

22 Félix, porém, que detinha conhecimento detalhado das coisas relativas ao
Caminho, adiou a questão, dizendo: "Quando o comandante Lísias chegar, decidirei
seu caso". 23 Ele ordenou ao capitão que mantivesse Sha'ul sob custódia, mas lhe
permitiu considerável liberdade e não impediu que seus amigos cuidassem das
necessidades dele.

24 Alguns dias depois, Félix veio com sua mulher, Drusila, que era judia. Mandou chamar Sha'ul e ouviu enquanto ele falava a respeito da confiança no Messias
Yeshua. 25 Quando, porém, começou a dissertar sobre a justiça, o autocontrole e o
Juízo vindouro, Félix ficou com medo e disse: "Por ora, basta! Mandarei buscá-lo
quando tiver tempo". 26 Ao mesmo tempo, ele esperava que Sha'ul tentasse suborná-lo; por esse motivo, mandava buscá-lo com certa frequência e conversava com
ele.

27 Depois de dois anos, Félix foi sucedido por Pórcio Festo. Mas, pelo fato de
Félix desejar obter o favor dos habitantes de Y'hudah, manteve Sha'ul preso.

25 1 Três dias depois de Festo entrar na província, ele subiu de Cesareia a
Yerushalayim. 2 Lá os principais *kohanim* e os líderes de Y'hudah o in-
formaram do caso contra Sha'ul e lhe pediram 3 o favor de enviar o homem a
Yerushalayim. (Eles haviam planejado um meio de emboscá-lo e matá-lo no percurso.) 4 Festo replicou que Sha'ul estava sendo mantido sob guarda em Cesareia e que
o veria em breve. 5 "Portanto", ele disse, "que homens competentes dentre vocês
desçam comigo e apresentem suas queixas contra o homem, caso ele tenha feito
algo de errado".

6 Após ter permanecido entre eles por oito ou dez dias, Festo desceu a Cesareia; e, no dia seguinte, tomou seu lugar e ordenou que Sha'ul lhe fosse trazido.
7 Assim que ele chegou, os moradores de Y'hudah que desceram de Yerushalayim
o cercaram e fizeram acusações sérias contra ele, mas não puderam prová-las. 8 Em
resposta, Sha'ul disse: "Não cometi nenhuma ofensa contra a *Torah*, crida pelos
judeus, nem contra o templo, nem contra o imperador".

9 Festo, no entanto, desejava agradar os habitantes de Y'hudah e perguntou
a Sha'ul: "Você estaria disposto a subir até Yerushalayim e ser julgado na minha
presença pelas mesmas acusações?". 10 Sha'ul respondeu: "Estou na corte do imperador, e é aqui onde devo ser julgado. Não fiz nada de mau aos moradores de
Y'hudah, como você bem sabe. 11 Caso eu seja um transgressor, e tenha feito algo
pelo qual deva morrer, então estou pronto para morrer. Mas, se as acusações que
eles fazem contra mim não se sustentam, ninguém pode entregar-me a eles como

um favor! Apelo para o imperador!". 12 Então Festo, depois de falar com seus conse-
lheiros, respondeu: "Você apelou para o imperador, para o imperador irá!"
13 Depois de alguns dias, o rei Agripa chegou a Cesareia com Berenice, para pres-
tar homenagem a Festo. 14 Pelo fato de terem permanecido ali por algum tempo,
Festo teve a oportunidade de pôr o rei a par da situação de Sha'ul. "Há um homem
aqui", ele disse, "que foi deixado sob custódia por Félix. 15 Quando eu estava em
Yerushalayim, os principais *kohanim* e os anciãos de Y'hudah informaram-me a res-
peito dele e pediram que eu o condenasse. 16 Minha resposta a eles foi que não é cos-
tume romano entregar uma pessoa acusada apenas para conceder um favor, antes
de ela enfrentar seus acusadores face a face e ter a oportunidade de se defender das
acusações. 17 Então eles chegaram aqui comigo, não deixei o caso para depois; tomei
meu assento no tribunal no dia seguinte e ordenei que o homem me fosse trazido.
18 "Assim que os acusadores se apresentaram, em lugar de acusá-lo de algum
crime sério, como eu esperava, 19 eles discutiram com o homem acerca de alguns
pontos de sua religião, e particularmente a respeito de alguém chamado Yeshua,
que já morreu, mas a respeito de quem Sha'ul afirmava estar vivo. 20 Perdido sobre
como proceder a uma investigação a respeito dessas questões, perguntei-lhe se
estaria disposto a ir a Yerushalayim e ser julgado a respeito dessas questões ali.
21 Mas, pelo fato de Sha'ul ter apelado para permanecer sob custódia e ter seu caso
decidido por Sua Majestade Imperial, ordenei sua detenção até que eu possa enviá-
-lo ao imperador".
22 Agripa disse a Festo: "Gostaria de ouvi-lo pessoalmente". "Amanhã", ele res-
pondeu, "você o ouvirá".
23 No dia seguinte, Agripa e Berenice apresentaram-se com muita pompa; en-
traram na sala de audiência acompanhados por comandantes militares e pessoas
proeminentes da cidade. Então, por ordem de Festo, Sha'ul foi trazido. 24 Festo dis-
se: "Rei Agripa e todos os presentes, vocês veem este homem? Toda a comunidade
de Y'hudah apresentou queixas a mim contra ele tanto em Yerushalayim quanto
aqui, bradando para que lhe fosse tirada a vida. 25 Escolhi, entretanto, que ele não
fez nada merecedor da sentença de morte. Contudo, ele mesmo apelou para o im-
perador, e decidi enviá-lo. 26 No entanto, não tenho nada de específico a respeito
dele para escrever à Sua Majestade. Esta é a razão de eu tê-lo trazido à presença de
vocês todos, e especialmente de você, rei Agripa, para que, depois de tê-lo exami-
nado, eu possa ter algo para escrever. 27 Parece-me irracional enviar um prisioneiro
sem apresentar as acusações que são feitas contra ele".

26 1 Agripa disse a Sha'ul: "Concedo-lhe permissão para falar a seu favor". En-
tão Sha'ul gesticulou e deu início à sua defesa:
2 "Rei Agripa, considero-me feliz por poder defender-me no dia de hoje em
sua presença de todas as acusações feitas contra mim pelos judeus, 3 pelo fato de
você estar bem informado de todos os costumes e controvérsias judaicos. Portanto,
peço que me ouça com paciência.
4 "Todos os judeus sabem como vivi desde a juventude, tanto em minha terra
natal quanto em Yerushalayim. 5 Eles me conhecem há muito tempo e, se estives-
sem dispostos, poderiam testemunhar que eu segui estritamente o partido mais
rigoroso de nossa religião — isto é, vivi como um *parush*. 6 Que irônico eu ser jul-
gado aqui por causa da minha esperança na promessa feita a nossos pais! 7 Nossas
doze tribos esperam alcançar o cumprimento desta mesma promessa, enquanto
dão sequência a seus atos de adoração noite e dia; contudo, é em conexão com

essa esperança, Majestade, que estou sendo acusado pelos judeus! 8 Por que vocês consideram incrível Deus ressuscitar os mortos?

9 "Eu pensava que era minha obrigação fazer todo o possível para combater o nome de Yeshua de Natzeret; 10 e eu agi dessa forma em Yerushalayim. Após receber a autorização dos principais *kohanim*, eu mesmo lancei muitos do povo de Deus na prisão; quando foram condenados à morte, consenti. 11 Ia de uma sinagoga a outra, pressionando-os para ver se blasfemavam, e, muito irado contra eles, perseguia-os mesmo em cidades fora dos limites deste país.

12 "Certo dia, fui a Dammesek com poder e autoridade outorgados pelos *kohanim*. 13 Eu estava na estrada e era meio-dia, Majestade, quando vi uma luz vindo do céu, mais brilhante que o sol, envolvendo a mim e a meus companheiros de viagem. 14 Todos caímos no chão. Então ouvi a voz dizer-me em hebraico: 'Sha'ul, Sha'ul! Por que você continua a me perseguir? Será muito doloroso você chutar os aguilhões de bois!'. 15 Eu disse: 'Quem é o senhor?'. E o Senhor respondeu: 'Eu sou Yeshua, e você está me perseguindo! 16 Entretanto, levante-se! Eu apareci a você para designá-lo, para dar testemunho do que você já viu a meu respeito e do que verá futuramente. 17 Eu o libertarei do povo e dos *goyim*. Eu o envio 18 para abrir-lhes os olhos; para que possam voltar-se das trevas para a luz, do poder do Adversário para Deus e, desse modo, receberem o perdão dos pecados e um lugar entre os que foram separados para a santidade, ao depositarem sua confiança em mim'.

19 "Portanto, rei Agripa, eu não desobedeci à visão celestial! 20 Ao contrário, anunciei primeiro em Dammesek, a seguir em Yerushalayim, e por toda a região de Y'hudah, e também aos *goyim*, que eles devem se voltar dos pecados para Deus e realizarem obras coerentes com seu arrependimento. 21 Por causa dessas coisas, os judeus me prenderam no templo e tentaram matar-me. 22 Contudo, conto com o auxílio de Deus e, então, testemunho até o dia de hoje a grandes e a pequenos, dizendo apenas o que os profetas e Mosheh afirmaram que aconteceria — 23 que o Messias morreria e que ele — o primeiro a ressuscitar dentre os mortos —, anunciaria a luz ao povo e aos *goyim*".

24 Entretanto, ao chegar a este ponto da defesa, Festo gritou o máximo que pôde: "Sha'ul, você está fora de si! O muito estudar o está enlouquecendo!".

25 Sha'ul, porém, disse: "Não, não estou 'louco', Excelência! Ao contrário, pronuncio palavras verdadeiras e sãs. 26 Pelo fato de o rei entender essas coisas é que me expresso livremente, porque estou certo de que nada disso escapou dele. Além do mais, nenhuma delas aconteceu em uma viela escura. 27 Rei Agripa, o senhor acredita nos profetas? Eu sei que crê!".

28 Agripa disse a Sha'ul: "Você está querendo me convencer, neste curto intervalo, a transformar-me em messiânico?". 29 Sha'ul respondeu: "Quer o tempo seja muito, quer seja escasso, desejo que Deus não faça somente o senhor, mas todos os que nos ouvem hoje, semelhantes a mim, com exceção destas correntes!".

30 Então o rei se levantou, e com ele o governador, Berenice e os outros que estavam com eles. 31 Depois de terem saído, eles disseram entre si: "Este homem não está fazendo nada que mereça morte ou prisão". 32 Agripa disse a Festo: "Se não tivesse apelado para o imperador, ele poderia ter sido libertado".

27 1 Assim que se decidiu nossa partida para a Itália, Sha'ul foi entregue com outros prisioneiros a um oficial do regimento do imperador chamado Júlio. 2 Iniciamos a viagem em Adramítio, em um barco que partiria em direção dos portos ao longo da costa da província da Ásia, acompanhados por Aristarco, um

macedônio de Tessalônica. 3 No dia seguinte, aportamos em Tzidon. Júlio permitiu,
como um gesto de bondade, que Sha'ul visitasse seus amigos e recebesse o que
necessitava. 4 Prosseguimos viagem dali e navegamos bem próximo do lado pro-
tegido de Chipre, porque os ventos estavam contra nós; 5 então passamos para o
mar aberto ao longo das costas da Cilícia e da Panfília e chegamos a Mirra, na Lícia.
6 Ali, o oficial romano encontrou um navio alexandrino que partia para a Itá-
lia e nos colocou a bordo dele. 7 Durante alguns dias, fizemos pouco progresso e
chegamos a Cnido com dificuldade. O vento não nos permitia continuar em frente,
pela rota direta; portanto, navegamos do lado protegido de Creta, a partir do cabo
Salmona; 8 e, continuando nosso desafio, aproximamo-nos da costa até alcançar-
mos um lugar chamado Porto Agradável, próximo da cidade de Laseia.

9 Pelo fato de muito tempo ter sido perdido, e continuar a viagem seria arrisca-
do, porque já era passado o tempo do *Yom Kippur*, Sha'ul os advertiu: 10 "Homens,
percebo que nossa viagem se transformará em uma catástrofe, não apenas pela
perda da carga e do navio, mas também pela vida de todos nós". 11 Entretanto, o
oficial deu mais atenção ao piloto e ao dono do navio do que às palavras de Sha'ul.
12 Além do mais, pelo fato de o porto não estar bem equipado para o inverno, a
maioria decidiu partir dali com a esperança de chegar a Fenice, outro porto de Cre-
ta, e passar o inverno ali — um lugar protegido dos ventos do sudoeste e noroeste.

13 Assim que uma brisa suave do sul começou a soprar, eles imaginaram poder
alcançar seu objetivo; portanto, levantaram âncora e começaram a costear Creta
bem próximo da praia. 14 Pouco tempo depois, um vento do nordeste, chamado
Evrakilon, soprou a partir da terra, forte e impetuoso, atingindo-nos. 15 O navio foi
arrastado e não conseguiu resistir ao vento; portanto, desistimos de lutar e nos
deixamos levar por ele.

16 Enquanto passávamos por um lugar protegido de uma pequena ilha chama-
da Cauda, conseguimos, com esforços extenuantes, controlar o barco salva-vidas.
17 Içaram-no e reforçaram o navio com cordas. Temendo que ele encalhasse nos
bancos de areia de Sirte, baixaram as velas e deixaram o navio à deriva. 18 Mas, no
dia seguinte, pelo fato de lutarmos com uma tempestade tão forte, eles começaram
a lançar fora o que não era essencial; 19 e, no terceiro dia, lançaram ao mar o equi-
pamento de navegação com as próprias mãos. 20 Por muitos dias, não apareceram
o sol nem as estrelas, enquanto a tempestade continuava a cair sobre nós, até que
gradualmente perdemos toda a esperança de sobreviver.

21 Foi então, quando já haviam passado muito tempo sem se alimentar, que
Sha'ul levantou-se diante deles e disse: "Os senhores deviam ter ouvido meu con-
selho de não partir de Creta; se o tivessem feito, teriam evitado esta perda desas-
trosa. 22 Agora, porém, meu conselho é que tenham coragem, porque nenhum de
vocês perderá a vida; apenas o navio será perdido. 23 Pois nesta noite apareceu-me
um anjo do Deus a quem pertenço e a quem sirvo. 24 Ele disse: 'Não tenha medo,
Sha'ul! Você terá de comparecer perante o imperador. Veja: Deus lhe deu a vida
de todos os que estão navegando com você'. 25 Por isso, homens, tenham coragem!
Confio em Deus e creio que acontecerá o que me foi dito. 26 Mesmo assim, devemos
ser arrastados para alguma ilha".

27 Era a décima quarta noite, e ainda estávamos à deriva no mar Adriático, quan-
do, por volta da meia-noite, os marinheiros acharam que estávamos nos aproximan-
do de terra. 28 Então eles lançaram uma corda com um peso na ponta e encontraram
água com a profundidade de quase trinta e sete metros. Pouco tempo depois,
lançaram novamente a corda e encontraram pouco mais de vinte e sete metros.

29 Temendo que fôssemos jogados contra as pedras, lançaram quatro âncoras da
popa e faziam orações para que surgisse a luz do dia.
30 Nesse ponto, a tripulação tentou escapar do navio — eles abaixaram o barco
salva-vidas ao mar, fingindo que iriam lançar algumas âncoras da proa. 31 Sha'ul
disse ao oficial e aos soldados: "A menos que estes homens permaneçam a bordo
do navio, vocês não poderão ser salvos". 32 Então os soldados cortaram as cordas
que prendiam o barco salva-vidas e o deixaram cair.
33 Pouco antes do amanhecer, Sha'ul insistia em que todos se alimentassem, di-
zendo: "Hoje é o décimo quarto dia que vocês têm estado em expectativa an-siosa,
passado fome, sem nada comer. 34 Portanto, eu os aconselho a comerem algo; vocês
precisarão estar alimentados para a própria sobrevivência. Porque nenhum de vo-
cês perderá sequer um fio de cabelo". 35 Assim que disse isso, pegou pão, disse a
b'rakhah de agradecimento a Deus diante de todos, partiu-o e começou a comer.
36 Com o ânimo restaurado, todos eles se alimentaram. 37 Ao todo, éramos 276
pessoas a bordo. 38 Depois de terem comido quanto quiseram, aliviaram o peso do
navio, atirando todos os grãos ao mar.
39 Quando amanheceu, não reconheceram a terra; mas repararam em uma en-
seada com uma praia, para onde decidiram conduzir o navio, se fosse possível.
40 Portanto, eles cortaram as âncoras e as deixaram no mar; ao mesmo tempo,
afrouxaram as cordas que mantinham os lemes fora da água. Então içaram a vela
do mastro da frente ao vento e dirigiram-se à praia. 41 Mas eles encontraram um
lugar onde duas correntes se uniam, e o navio encalhou ali em um banco de areia.
A proa ficou presa e não se podia mover, ao passo que as pancadas da rebentação
das ondas começaram a quebrar a popa.
42 Nesse momento, o pensamento dos soldados era de matar os prisioneiros
para que nenhum deles se jogasse ao mar e fugisse nadando. 43 O oficial, porém,
desejando poupar Sha'ul, impediu-os de exe-cutar o plano. Ele ordenou aos que
sabiam nadar que se lançassem primeiro ao mar em direção à praia, 44 e os demais
deveriam usar tábuas ou pedaços do navio que pudessem encontrar. Dessa forma,
todos chegaram a salvo em terra.

28 1 Depois de nosso livramento, descobrimos que a ilha era chamada Malta.
2 Seu povo mostrou-se extraordinariamente bondoso — estava frio e come-
çara a chover; portanto, eles fizeram uma fogueira e receberam bem todos nós.
3 Sha'ul juntou vários gravetos e os estava lançando ao fogo, quando uma cobra
venenosa, fugindo do calor, prendeu-se à sua mão. 4 Os habitantes da ilha viram a
criatura pendendo da mão de Sha'ul e disseram uns aos outros: "Este homem deve
ser um assassino. Ainda que tenha escapado do mar, a justiça não lhe permite
viver". 5 Ele, porém, sacudiu a cobra ao fogo e não sofreu nenhum dano. 6 Mas os
habitantes locais esperavam que ele começasse a inchar ou que repentinamente
caísse morto; depois de esperar um longo tempo e perceberem que nada disso lhe
acontecia, mudaram de opinião e disseram que ele era um deus.
7 Próximo dali, estavam as terras pertencentes ao governador da ilha, chamado
Públio. Ele nos recebeu de modo amigável e hospedou-nos por três dias. 8 Aconteceu
que o pai de Públio ficou acamado, doente com ataques de febre e disenteria. Sha'ul
entrou para vê-lo, orou, colocou as mãos sobre ele e o curou. 9 Depois disso, todas
as pessoas da ilha que tinham doenças vieram, e foram curadas. 10 Eles nos presta-
ram muitas honras e, quando estávamos para embarcar, forneceram-nos os supri-
mentos de que necessitávamos.

11 Três meses depois, embarcamos em um navio procedente de Alexandria, chamado
"Deuses Gêmeos", que tinha passado o inverno na ilha. 12 Aportamos em Siracusa e per-
manecemos ali três dias. 13 De lá, chegamos a Régio; depois de um dia, soprou o vento
sul; portanto, chegamos a Putéoli no segundo dia. 14 Ali encontramos irmãos que nos
convidaram a passar uma semana com eles. E depois fomos para Roma.

15 Os irmãos dali tinham ouvido falar que estávamos chegando e vieram até o mer-
cado de Ápio e às Três Vendas para nos encontrar. Quando Sha'ul os viu, agradeceu a
Deus e recobrou o ânimo. 16 Quando chegamos a Roma, o oficial permitiu que Sha'ul
morasse por conta própria, sob a custódia de um soldado.

17 Três dias depois, Sha'ul convocou uma reunião com os líderes judeus locais.
Quando estes se reuniram, ele lhes disse: "Irmãos, embora eu não tenha feito nada
contra o nosso povo nem contra as tradições de nossos pais, fui feito prisioneiro em
Yerushalayim e entregue aos romanos. 18 Eles me interrogaram e queriam me soltar,
porque eu não fiz nada que justificasse a pena de morte. 19 Quando, porém, os habi-
tantes de Y'hudah objetaram, fui forçado a apelar para o imperador — não que eu
tivesse uma acusação para fazer contra meu povo. 20 Por essa razão, pedi para vê-los
e conversar com vocês, porque é pela esperança de Yisra'el que tenho estas correntes
me prendendo".

21 Eles responderam: "Não recebemos nenhuma carta de Y'hudah a seu respeito, e
nenhum dos irmãos que vieram de lá relatou ou disse qualquer coisa de mal contra
você. 22 Entretanto, achamos apropriado ouvir seus conceitos de você mesmo; porque
tudo o que sabemos a respeito desta seita é que as pessoas falam contra ela em todos
os lugares".

23 Então eles marcaram um dia com ele e chegaram em grande número. Desde a ma-
nhã até o anoitecer, ele lhes explicou o assunto, dando testemunho cabal a respeito do
Reino de Deus e usando tanto a *Torah* de Mosheh quanto os Profetas para persuadi-los
a respeito de Yeshua. 24 Alguns foram convencidos pelo que ele disse, 25 mas outros se
recusaram a crer.

Portanto, eles foram embora, discordando entre si mesmos, depois de Sha'ul ter
feito sua declaração final: "Bem disse o *Ruach HaKodesh* a seus pais, por meio de
Yesha'yahu, o profeta:

26 **'Vá a este povo e diga:**
"Vocês sempre ouvirão, mas nunca entenderão,
e vocês sempre verão, mas nunca perceberão,
27 **porque o coração deste povo se tornou insensível —**
mal ouviram com os ouvidos,
e fecharam os olhos,
por medo de que pudessem ver com os olhos,
ouvir com os ouvidos,
entender com o coração,
e fazer *t'shuvah*,
para que eu os curasse" '.[e]

28 Portanto, quero que saibam que esta salvação de Deus foi enviada aos *goyim*, e eles
a ouvirão!". 29[f]

30 Sha'ul permaneceu durante dois anos inteiros em um lugar que ele alugou para si
mesmo; e ele continuou a receber todos os que iam vê-lo, 31 anunciando o Reino de Deus
e ensinando a respeito do Senhor Yeshua, o Messias, abertamente e sem impedimento.

---

[e] *Yesha'yahu* [Is] 6.9,10 [f] Alguns manuscritos incluem o versículo 29: "Depois de ter dito isto, os judeus foram embora, debatendo entre si com veemência".

אגרת שאול אל הרומים

A carta de Sha'ul, emissário de Yeshua,
à comunidade messiânica de Roma

Romanos

1 1 De: Sha'ul, escravo do Messias Yeshua, emissário por ter sido chamado e separado para as boas-novas de Deus.

2 Deus prometeu estas boas-novas de antemão por meio de seus profetas no *Tanakh.* 3 Elas dizem respeito a seu Filho — ele é um descendente físico de David; 4 e demonstrou com poder ser o Filho de Deus em espírito, separado ao ter sido ressuscitado dentre os mortos; ele é Yeshua, o Messias, nosso Senhor. 5 Por meio dele, recebemos graça e nos foi concedida a tarefa de ser emissário a fim de promover a obediência baseada na confiança entre todos os gentios, 6 incluindo vocês que foram chamados por Yeshua, o Messias.

7 Para: Todos aqueles em Roma que são amados por Deus, chamados, separados para ele.

Graça a vocês e *shalom* da parte de Deus, nosso Pai, e do Senhor Yeshua, o Messias. 8 Inicialmente, agradeço a meu Deus, mediante Yeshua, o Messias, todos vocês, porque o relato da confiança de vocês está se espalhando por todo o mundo. 9 Porque Deus, a quem sirvo em meu espírito mediante a disseminação das boas-novas a respeito de seu Filho, é minha testemunha de que me lembro de vocês com regularidade 10 em minhas orações; e sempre oro para que de algum modo, agora ou no futuro, eu possa, segundo a vontade de Deus, ter bom êxito em visitá-los. 11 Porque eu desejo muito vê-los, para poder partilhar com vocês algum dom espiritual que os fortaleça — 12 ou, em outras palavras, para que, mediante minha estada com vocês, possamos, por meio da fé comum, encorajarmo-nos mutuamente. 13 Irmãos, saibam que, apesar de eu ter sido impedido de visitá-los até o momento, tenho feito planos para vê-los, a fim de recolher algum fruto entre vocês, da mesma forma que tenho feito com os outros gentios. 14 Tenho um débito para com os gregos civilizados e para com pessoas não civilizadas, para com pessoas cultas e ignorantes; 15 portanto, estou desejoso de anunciar as boas-novas também a vocês que vivem em Roma.

16 Porque eu não estou envergonhado das boas-novas, porque elas são o meio poderoso pelo qual Deus leva a salvação a todo que mantém a confiança, especialmente para o judeu, mas também para o gentio. 17 Porque, mediante as boas-novas, revela-se como Deus torna as pessoas justas à sua vista; e do começo ao fim isto se dá mediante a confiança. Como diz o *Tanakh*: **"Mas a pessoa que é justa viverá sua vida por meio da confiança".**[a]

18 A ira de Deus é revelada desde o céu contra toda a perversidade e impiedade de pessoas que, motivadas por sua injustiça, mantêm a supressão da verdade;

---

[a] *Havakuk* [Hc] 2.4

19 pois o que se pode conhecer a respeito de Deus lhes é claro, porque Deus as-
sim o fez. 20 Desde a criação do Universo, suas qualidades invisíveis — seu poder
eterno e sua natureza divina — são claramente vistas, pois elas podem ser enten-
didas mediante as coisas que ele criou. Portanto, eles não têm desculpa; 21 apesar
de saberem quem Deus é, não o glorificaram como Deus, nem lhe agradeceram.
Ao contrário, tornaram-se fúteis em seu pensamento; e seu coração obtuso anu-
viou-se. 22 Alegando ser sábios, tornaram-se tolos! 23 Na verdade, trocaram a glória
do Deus imortal por meras imagens, semelhantes a seres humanos mortais, pás-
saros, animais ou répteis!

24 Este é o motivo pelo qual Deus os entregou à vileza dos desejos de seu
coração, a ponto do uso vergonhoso de corpos alheios. 25 Transformaram a ver-
dade de Deus em mentira, quando adoraram e serviram a coisas criadas, em
lugar do Criador — louvado seja ele para sempre. *Amen.* 26 Esta é a razão de Deus
lhes ter dado paixões degradantes, de forma tal que suas mulheres trocaram as
relações sexuais naturais pelas não naturais; 27 e da mesma forma os homens,
desistindo das relações naturais com o sexo oposto, ardem de paixão uns pelos outros,
homens cometendo atos vergonhosos com outros homens e recebendo pessoal-
mente a penalidade apropriada à sua perversão. 28 Isto é, pelo fato de não terem
considerado Deus digno de conhecimento, o próprio Deus os entregou a linhas de
raciocínio inúteis, para que eles realizem coisas impróprias. 29 Eles estão cheios
de todo tipo de impiedade, maldade, ganância e imoralidade; cheios de inveja,
assassínio, rixa, desonestidade e malevolência; são mexeriqueiros, 30 caluniadores,
inimigos de Deus; insolentes, arrogantes e orgulhosos; planejam esquemas ma-
lignos; desobedecem aos pais; 31 são insensatos, desleais, insensíveis e cruéis.
32 Conhecem suficientemente bem o justo decreto divino de que as pessoas que
praticam tais coisas merecem morrer; entretanto, não apenas continuam a fazê-las,
como também aplaudem outras pessoas que fazem o mesmo.

2 1 Portanto, você, independentemente de quem seja, é indesculpável ao julgar
os outros; quando você julga outra pessoa, está condenando a si mesmo; por-
que você, que julga, faz as mesmas coisas que ela. 2 Sabemos que o juízo de Deus
é aplicado imparcialmente sobre os que praticam tais coisas; 3 você imagina que
um simples homem, que julga os outros por cometerem essas coisas, apesar de
ele mesmo realizá-las, escapará do juízo de Deus? 4 Ou talvez você despreze as
riquezas de sua bondade, indulgência e paciência, por não perceber que a bon-
dade de Deus tem a intenção de fazer você abandonar seus pecados. 5 Contudo,
por causa de sua teimosia e de seu coração obstinado, você está acumulando ira
contra si mesmo para o dia da ira, quando o justo juízo de Deus for revelado;
6 porque ele **retribuirá a cada um de acordo com seus atos.**[b] 7 Aos que procuram
glória, honra e imortalidade mediante a perseverança nas boas obras, ele retribui-
rá com a vida eterna. 8 Mas aos que são egoístas, que desobedecem à verdade e
seguem o mal, ele retribuirá com ira e desprazer.

9 Sim, ele retribuirá com aflição e angústia a todo ser humano que pratica o
mal: primeiro para o judeu, depois para o gentio; 10 mas glória, honra e *shalom*
para todo aquele que persiste em fazer o bem: primeiro para o judeu, depois para
o gentio. 11 Porque Deus não demonstra favoritismo. 12 Todos os que pecaram
fora da estrutura da *Torah* morrerão fora da estrutura da *Torah*, e todos os que

[b] *Tehillim [Sl] 62.13*(12); *Mishlei* [Pv] 24.12

pecaram sob a estrutura da *Torah* serão julgados pela *Torah*. 13 Porque não são os meros ouvintes da *Torah* a quem Deus considera justos; antes, são os praticantes do que a *Torah* diz considerados justos à vista de Deus. 14 Pois todas as vezes que os gentios, que não têm a *Torah*, fazem naturalmente o que a *Torah* requer, esses, apesar de não terem a *Torah*, são a *Torah* para si mesmos! 15 Por meio de sua vida, demonstram que a conduta ditada pela *Torah* está **escrita em seu coração.**[c] Sua consciência também dá testemunho disso, porque seus pensamentos conflitantes às vezes os acusam e outras vezes os defendem 16 até o dia em que Deus julgará os segredos mais íntimos das pessoas. (De acordo com as boas-novas que eu anuncio; ele o fará mediante o Messias, Yeshua.)

17 Entretanto, se você se diz judeu, apoia-se na *Torah* e orgulha-se de Deus 18 e conhece sua vontade e aprova o que é correto, porque tem sido instruído na *Torah*; 19 e está persuadido de ser um guia para os cegos, uma luz nas trevas, 20 instrutor de pessoas espiritualmente ignorantes e um mestre de crianças, porque tem na *Torah* a expressão do conhecimento e da verdade; 21 então, você, que ensina os outros, não ensina a si mesmo? Pregando: **"não roube"**,[d] rouba? 22 Dizendo: **"não adultere"**,[e] adultera? Você, que detesta ídolos, comete atos de idolatria? 23 Você, que se orgulha tanto da *Torah*, desonra a Deus, desobedecendo à *Torah*? 24 Como está escrito no *Tanakh*: **"Por causa de vocês, o nome de Deus é blasfemado entre os *goyim*"**.[f] 25 Porque a circuncisão tem valor se você fizer o que a *Torah* diz. Entretanto, se você for um transgressor da *Torah*, sua circuncisão torna-se incircuncisão! 26 Portanto, se um homem incircunciso guarda as exigências justas da *Torah*, não será sua incircuncisão considerada circuncisão? 27 Na verdade, o homem fisicamente incircunciso que obedece à *Torah* condenará você, que, apesar de ter passado pela *b'rit-milah* e ter a *Torah* escrita, transgride a *Torah*! 28 Porque o judeu de verdade não é apenas o exteriormente judeu; a circuncisão não é apenas exterior e física. 29 Ao contrário, o judeu de verdade é quem o é interiormente; e a verdadeira circuncisão é a do coração, espiritual, não literal; para que seu louvor não proceda dos homens, mas de Deus.

3 1 Então que vantagem tem o judeu? Que valor há na circuncisão? 2 Muito, em todos os sentidos! Em primeiro lugar, aos judeus foram confiadas as próprias palavras de Deus. 3 Se alguns deles foram infiéis, e daí? Sua infidelidade cancelará a fidelidade de Deus? 4 De jeito nenhum! Deus é verdadeiro, ainda que todos os homens sejam mentirosos! Como diz o *Tanakh*:

> **"para que tu, ó Deus, sejas justificado nas tuas palavras**
> **e prevaleças no veredicto quando fores julgado"**.[g]

5 Agora, se nossa injustiça destaca a justiça de Deus, que diremos? Que Deus é injusto ao aplicar-nos sua ira? (Argumento aqui da forma pela qual as pessoas normalmente fazem.) 6 Claro que não! Se fosse assim, como Deus poderia julgar o mundo? 7 "Mas", alguém dirá, "se por meio da minha mentira a verdade de Deus é destacada, e lhe dá mais glória, por que ainda sou julgado por ser um mero pecador?". 8 Na verdade, por que não dizer (como algumas pessoas nos caluniam ao afirmar que declaramos): "Façamos o mal, para que nos venha o bem"? A condenação dessas pessoas é justa!

---

[c] *Yirmeyahu* [Jr] 31.32(33) [d] *Sh'mot* [Êx] 20.13(15); *D'varim* [Dt] 5.19 [e] *Sh'mot* [Êx] 20.13(14); *D'varim* [Dt] 5.18 [f] *Yesha'yahu* [Is] 52.5; *Yechezk'el* [Ez] 36.20 [g] *Tehillim* [Sl] 51.6(4)

9 Dessa forma, nós, judeus, estamos em posição de vantagem? Não! Já demons-
trei que todas as pessoas — judeus e gentios —, indiferentemente, são controladas
pelo pecado. 10 Como declara o *Tanakh*:

"Não há nenhum justo, nem um sequer!
11 **Ninguém entende,**
ninguém busca a Deus;
12 **todos se desviaram,**
e tornaram-se simultaneamente inúteis;
não há ninguém que demonstre bondade, nem um sequer!".[h]

13 **"Suas gargantas são túmulos abertos;**
usam a língua para enganar.[i]
Veneno de serpentes está em seus lábios.[j]
14 **Suas bocas estão cheias de maldições e amargura.**[k]

15 **"Seus pés são rápidos para derramar sangue,**
16 **em seus caminhos estão ruína e desgraça,**
17 **e não conhecem o caminho de *shalom*.**[l]

18 **"Não há temor a Deus diante de seus olhos".**[m]

19 Além do mais, sabemos que tudo o que a *Torah* diz, o diz aos que vivem sob a
estrutura da *Torah*, para que toda boca se cale e todo o mundo seja considerado
merecedor do juízo adverso de Deus. 20 **Porque à sua vista nenhuma pessoa viva
será considerada justa**[n] com base na guarda legalista dos mandamentos da *Torah*,
pois o verdadeiro trabalho da *Torah* é mostrar às pessoas quão pecadoras elas são.

21 Mas agora, à parte da *Torah*, o jeito de Deus de tornar as pessoas justas à
sua vista foi esclarecido — ainda que a *Torah* e os Profetas também testemunhem
a respeito dele —: 22 trata-se da justiça que procede de Deus, mediante a fidelidade
de Yeshua, o Messias, para todos os que confiam. Não há diferença se alguém é
judeu ou gentio, 23 porque todos pecaram e não são capazes de merecer o louvor
de Deus. 24 Mediante a graça divina, sem merecê-la, todos recebem a condição de
serem considerados justos diante dele, por meio do ato que nos redime de nossa
escravização ao pecado, realizado pelo Messias Yeshua. 25 Deus ofereceu Yeshua
como *kapparah* pelo pecado, mediante sua fidelidade no tocante ao sangue da sua
morte sacrificial. Isto vindicou a justiça de Deus; porque, em sua tolerância, não
havia passado por cima [sem punir nem remir] os pecados que as pessoas comete-
ram no passado; 26 e ela vindica sua justiça na era presente ao demonstrar que ele é
justo e também aquele que torna pessoas justas por causa da fidelidade de Yeshua.

27 Portanto, que espaço é deixado para a vanglória? Nenhum! Que tipo de *Torah*
a exclui? A que diz respeito às observações legalistas de regras? Não, ao contrário,
na *Torah* que diz respeito à confiança. 28 Portanto, afirmamos o conceito de que a
pessoa deve ser considerada justa por Deus com base na confiança, que nada tem
em comum com a guarda legalista dos mandamentos da *Torah*.

29 Ou é Deus o Deus apenas dos judeus? Ele não é também o Deus dos gentios?
Sim, ele é de fato o Deus dos gentios, 30 porque, como vocês reconhecem, **Deus é
um só.**[o] Por isso, consideraremos justos os circuncisos com base na confiança e
os incircuncisos com base na mesma confiança. 31 Segue-se então que abolimos a

---

[i] *Tehillim* [Sl] 5.10*(9)* [j] *Tehillim* [Sl] 140.4(3) [k] *Tehillim* [Sl] 10.7 [l] *Yesha'yahu* [Is] 59.7,8; *Mishlei* [Pv] 1.16 [m] *Tehillim* [Sl] 36.2(1). [n] *Tehillim* [Sl] 143.2 [o] *D'varim* [Dt] 6.4

Torah por meio dessa confiança? De maneira nenhuma! Ao contrário, confirmamos
a *Torah*.

4 1 Então, que diremos: que Avraham, nosso antepassado, obteve pelo esforço
próprio? 2 Porque, se Avraham veio a ser considerado justo por Deus pela obser-
vância legalista, ele tem do que se gloriar. Mas as coisas não são dessa forma diante
de Deus! 3 Pois o que diz o *Tanakh*? **"Avraham depositou a confiança em Deus, e
isso lhe foi contado como justiça".**[p] 4 O pagamento do trabalhador não é creditado
por causa da graça, mas porque lhe é devido. 5 Todavia, no caso daquele que não
trabalha, mas confia naquele que transforma pessoas impiedosas em justas, sua
confiança lhe é creditada como justiça.

6 Da mesma forma, a bênção pronunciada por David é sobre as pessoas às
quais Deus credita justiça, à parte das observâncias legalistas:

7 **"Benditos são os que têm as transgressões perdoadas,**
cujos pecados são cobertos;
8 **Bendito é o homem a quem *Adonai***
não atribui culpa".[q]

9 Essa bênção é apenas para os circuncisos? Ou também é para os incircunci-sos?
Pois declaramos que **a confiança** de Avraham **foi creditada em sua conta como
justiça;** 10 em que estado, porém, ele se encontrava ao ser creditado — circunci-
so ou incircunciso? Ele não era circuncidado, mas um incircunciso! 11 Na verdade,
ele recebeu a circuncisão como sinal, como selo da justiça creditada com base na
confiança dele enquanto era incircunciso. Isso aconteceu para que ele pudesse se
tornar o pai de todo incircunciso que confia e, desse modo, a justiça lhe é creditada.
12 Ao mesmo tempo, ele é o pai de todos os circuncidados, que não passaram ape-
nas pela *b'rit-milah*, mas também seguem os passos da confiança que Avraham
avinu possuía ao ser circuncidado.

13 Porque a promessa feita a Avraham e à sua **semente**[r] de que ele herdaria o
mundo não ocorreu por causa do legalismo, mas mediante a justiça produzida pela
confiança. 14 Se os herdeiros são produzidos pelo legalismo, então a confiança é
inútil, e a promessa, sem valor. 15 Porque a lei traz punição. Mas onde não há lei,
também não há violação.

16 A razão de a promessa ser baseada na confiança é que ela possa vir como pre-
sente gratuito da parte de Deus, promessa que pode ser crida por toda a **semente**,
não apenas por quem vive de acordo com a *Torah*, mas também por aqueles com
o tipo da confiança de Avraham — Avraham *avinu* de todos nós. 17 Isso está de
acordo com o *Tanakh*, que diz: **"Designei você para ser pai de muitas nações"**.[s]
Avraham é nosso pai aos olhos de Deus porque ele confiou em Deus como aquele
que dá vida aos mortos e chama à existência o que não existe. 18 Porque, apesar de
ter perdido a esperança, ele confiou que se tornaria **pai de muitas nações**, segundo
o que lhe fora dito: **"Sua semente será muito grande"**.[t] 19 Sua confiança não foi aba-
lada ao considerar apenas o próprio corpo — ele já se sentia morto, pois contava
cem anos — ou quando pensou a respeito do ventre de Sarah, também morto. 20 Ele
não se posicionou contra as promessas de Deus por falta de confiança. Ao contrá-
rio, por meio dela lhe foi concedido poder à medida que dava glória a Deus, 21 por

[p] *B'reshit* [Gn] 15.6 [q] *Tehillim* [Sl] 32.1,2 [r] *B'reshit* [Gn] 15.3,5 [s] *B'reshit* [Gn] 17.5
[t] *B'reshit* [Gn] 15.5

estar plenamente convencido do cumprimento que Deus daria às promessas feitas.
[22] Por essa razão, **ela foi creditada em sua conta como justiça.**[u]

[23] Contudo, as palavras **"creditadas em sua conta"** não foram escritas apenas
para ele. [24] Elas foram escritas também para nós, que com certeza temos a conta
creditada, porque confiamos naquele que ressuscitou Yeshua, nosso Senhor, den-
tre os mortos — [25] Yeshua, que foi entregue à morte por causa de nossas ofensas e
ressuscitado à vida a fim de nos tornar justos.

5 [1] Portanto, pelo fato de sermos considerados justos diante de Deus por causa
de nossa confiança, continuamos a ter *shalom* com Deus por meio de nosso
Senhor Yeshua, o Messias. [2] Também por meio dele, e com base em nossa confiança,
obtivemos acesso à sua graça, na qual permanecemos; dessa forma, alegremo-nos
com a esperança de experimentar a glória de Deus. [3] Mas não apenas isso: alegremo-
-nos também por nossas dificuldades, porque sabemos que as dificuldades produ-
zem resistência, [4] resistência produz caráter, e caráter produz esperança; [5] e essa
esperança não nos decepciona, porque o amor de Deus por nós já foi derramado
em nosso coração, pelo *Ruach HaKodesh* que nos foi outorgado.

[6] Pois enquanto ainda estávamos sem esperança, nesse tempo exato o Messias
morreu a favor dos ímpios. [7] É raríssimo alguém entregar a vida em prol de uma
pessoa justa, ainda que seja possível que por uma pessoa boa alguém tenha cora-
gem de morrer. [8] Deus, porém, demonstra seu amor por nós no fato de o Messias
ter morrido a nosso favor enquanto ainda éramos pecadores. [9] Portanto, pelo fato
de agora sermos considerados justos mediante o sangue da morte decorrente do
sacrifício, quanto mais seremos libertados da ira do juízo de Deus, por meio dele!
[10] Pois, se fomos reconciliados com Deus por meio da morte de seu Filho, enquanto
éramos inimigos, quanto mais agora seremos libertados por sua vida, uma vez que
fomos reconciliados! [11] E não seremos libertados apenas no futuro, mas confiamos
em Deus agora, pois ele agiu por intermédio de nosso Senhor Yeshua, o Messias,
por meio de quem recebemos essa reconciliação.

[12] Tudo funciona da seguinte forma: o pecado entrou no mundo por meio de um
indivíduo, e, mediante o pecado, a morte; desse modo, a morte passou para toda a
raça humana, porque todos pecaram. [13] O pecado já estava presente no mundo an-
tes de a *Torah* ser outorgada, mas o pecado não era contado desse modo enquanto
não havia *Torah*. [14] Entretanto, a morte regeu de Adam até Mosheh, mesmo sobre
aqueles cujos pecados não eram exatamente iguais à violação do mandamento di-
reto, perpetrado por Adam. Nisso, Adam prefigurou aquele que viria.

[15] Entretanto, o presente gratuito não é semelhante à ofensa. Pois se, por meio
da ofensa de um homem, muitos morreram, então quanto mais a graça de Deus,
isto é, o presente gracioso de um homem, Yeshua, o Messias, excedeu a muitos!
[16] Não, o presente gratuito não é semelhante ao resultado do pecado de um homem;
pois de um pecador procedeu o juízo que trouxe condenação; mas o presente gra-
tuito veio após muitas ofensas e trouxe quitação. [17] Porque, se pela ofensa de um
homem, a morte reinou por meio dele, quanto mais aqueles que recebem a graça
superabundante, isto é, o presente de ser considerado justo, reinarão em vida por
meio de um único homem, Yeshua, o Messias!

[18] Em outras palavras: da mesma forma que por meio de uma ofensa todas
as pessoas incorreram na condenação, também é por meio de um ato de justiça

[u] *B'reshit* [Gn] 15.6

que todas as pessoas são consideradas justas. 19 Também se, por meio da desobe--diência de um homem, muitos foram feitos pecadores, da mesma forma, por meio da obediência de outro homem, muitos serão feitos justos. 20 E a *Torah* entrou em cena para que a ofensa fosse multiplicada; mas onde o pecado foi multiplicado, a graça o foi muito mais. 21 Tudo isso aconteceu para que, do mesmo modo que o pecado reinou por meio da morte, possa também reinar a graça por fazer as pessoas serem consideradas justas, a fim de que possam ter vida eterna, mediante Yeshua, o Messias, nosso Senhor.

6 1 Portanto, devemos dizer: "Vamos continuar pecando para que haja mais graça?". 2 De jeito nenhum! Como podemos nós, que morremos para o pecado, continuar a viver nele? 3 Vocês não sabem que aqueles de nós, que foram imersos no Messias Yeshua, foram imersos na sua morte? 4 Por meio da imersão em sua morte, fomos sepultados com ele; para que, de modo semelhante à glória do Pai pela qual o Messias foi ressuscitado dentre os mortos, também possamos viver uma nova vida. 5 Porque, se fomos unidos a ele na morte semelhante à dele, também estaremos unidos a ele na ressurreição semelhante à dele. 6 Sabemos que nosso velho ego foi morto na estaca de execução com ele, para que todo o corpo de nossas inclinações pecaminosas seja destruído e não sejamos mais escravizados pelo pecado. 7 Porque quem morreu foi libertado do pecado. 8 Desde que morremos com o Messias, confiamos que também viveremos com ele. 9 Sabemos que o Messias foi ressuscitado dentre os mortos, para nunca mais morrer; a morte não tem autoridade sobre ele. 10 Porque sua morte foi um acontecimento único que não precisa ser repetido; sua vida, porém, ele continua vivendo para Deus. 11 Da mesma forma, considerem-se mortos para o pecado, mas vivos para Deus, por sua união com o Messias Yeshua.

12 Portanto, não permitam que o pecado reine em seus corpos mortais, para que ele os torne obedientes a seus desejos; 13 e não ofereçam nenhuma parte de si mesmos como instrumentos da impiedade. Ao contrário, ofereçam-se a Deus, como pessoas vivas dentre os mortos, e os vários membros do seu corpo a Deus como instrumentos de justiça. 14 Porque o pecado não terá autoridade sobre vocês; pois vocês não jazem sob o legalismo, mas estão debaixo da graça.

15 Desse modo, a que conclusão chegamos? "Vamos pecar, porque não jazemos sob o legalismo, mas debaixo da graça?". Deus não o permita! 16 Vocês não sabem que, se apresentarem a si mesmos como escravos obedientes a alguém, então tornam-se escravos daquele a quem obedecem — quer do pecado, que conduz à morte, quer da obediência, que conduz à justificação? 17 Pela graça de Deus, vocês, que eram escravos do pecado, obedeceram de coração ao padrão de ensino que lhes foi transmitido; 18 e, depois de terem sido libertados do pecado, tornaram-se escravos da justiça. 19 (Estou usando uma linguagem popular porque sua natureza humana é muito fraca.) Da mesma forma que vocês costumavam oferecer seus vários membros como escravos à impureza e à desordem, que conduzem a mais desordem, ofereçam agora seus membros como escravos à justiça, que conduz ao processo de tornar santo, separar para Deus. 20 Quando vocês eram escravos do pecado, estavam livres da justiça; 21 mas que benefício obtiveram das coisas de que vocês se envergonham agora? O resultado final delas era a morte! 22 Contudo, agora libertados do pecado e escravizados para Deus, vocês recebem o benefício — que consiste em serem feitos santos, separados para Deus, e com o resultado final da vida eterna. 23 O que as pessoas merecem com o pecado é a morte; mas a vida eterna

é o que se recebe como presente gratuito da parte de Deus, em união com o Messias
Yeshua, nosso Senhor.

7 1 Irmãos, certamente vocês sabem — estou falando àqueles que entendem a
Torah — que a *Torah* possui autoridade sobre uma pessoa apenas enquanto ela
vive. 2 Por exemplo, a mulher casada está ligada pela *Torah* a seu marido enquanto
ele está vivo; depois de sua morte, porém, ela está livre da parte da *Torah* que diz
respeito ao marido. 3 Portanto, enquanto o marido está vivo, ela será chamada adúl-
tera caso se una a outro homem; porém, se o marido morrer, ela está livre dessa
parte da *Torah*; se ela se casar com outro homem, não será adúltera.

4 Assim, meus irmãos, vocês foram mortos em relação à *Torah* por meio do cor-
po do Messias, para que possam pertencer a outra pessoa, isto é, àquele que foi res-
suscitado dentre os mortos, a fim de podermos dar fruto para Deus. 5 Pois quando
vivíamos de acordo com nossa velha natureza, as paixões ligadas aos pecados
agiam por meio da *Torah* em nossos membros, resultando em fruto para a morte.
6 Mas agora fomos libertados desse aspecto da *Torah*, porque morremos para o
que nos dominava, de modo que agora servimos de uma nova forma provida pelo
Espírito, não do antigo jeito de seguir exteriormente a letra da lei.

7 Portanto, que devemos dizer? Que a *Torah* é pecaminosa? Deus não o permita!
Ao contrário, a função da *Torah* era que, sem ela, eu não soubesse o que é o pecado.
Por exemplo, eu nunca teria consciência do que a cobiça é, se a *Torah* não tivesse
dito: **"Não cobice"**.[y] 8 O pecado, porém, aproveitando a oportunidade oferecida pelo
mandamento, trabalhou em mim todo tipo de desejo maligno — pois à parte da
Torah o pecado está morto. 9 Anteriormente eu vivia fora da estrutura da *Torah*.
Mas, quando o mandamento me encontrou, o pecado tornou-se vivo, 10 e eu morri.
O mandamento que deveria trazer vida a mim trouxe, na verdade, morte! 11 Porque
o pecado, aproveitando a oportunidade apresentada pelo mandamento, enganou-
-me e, por meio do mandamento, me matou. 12 Portanto, a *Torah* é santa; isto é, o
mandamento é santo, justo e bom.

13 Então, algo bom se tornou em fonte de morte para mim? Deus não o permita!
Ao contrário, o pecado operou a morte em mim por meio do que era bom, para que
pudesse ser claramente exposto como pecado, de forma que o pecado, por meio
do mandamento, pudesse ser experimentado como algo sobremaneira pecaminoso.
14 Porque sabemos que a *Torah* é do Espírito; quanto a mim, estou preso à velha
natureza, vendido ao pecado como escravo. 15 Não entendo o meu comportamento
— não desejo fazer o que faço; em vez disso, faço o que odeio! 16 E, se faço o que
não desejo, estou de acordo que a *Torah* é boa. 17 Entretanto, agora, não sou mais
"eu" quem o faz, mas o pecado alojado em mim. 18 Porque sei que não existe nada
de bom alojado em mim — isto é, na minha velha natureza. Posso desejar o que é
bom, mas não sou capaz de fazê-lo! 19 Porque não faço o bem que desejo; em vez
disso, o mal que eu não desejo é o que faço! 20 Contudo, se eu faço o que o "ver-
dadeiro eu" não deseja, não é mais o "verdadeiro eu" quem o faz, mas o pecado
que está alojado em mim. 21 Desse modo, considero uma regra, um tipo de "*Torah*"
perversa, que, apesar de eu desejar fazer o que é bom, o mal está bem ali comigo! 22
Porque, no eu interior, concordo totalmente com a *Torah* de Deus, 23 mas, nos meus
membros, vejo uma "*Torah*" diferente, que batalha contra a *Torah* da minha mente,
tornando-me prisioneiro da "*Torah*" do pecado que opera em meus membros. 24

[y] *Sh'mot* [Êx] 20.14(17); *D'varim* [Dt] 5.21

Que criatura miserável eu sou! Quem me salvará deste corpo sujeito à morte? 25
Graças a Deus, ele o fará! Por intermédio de Yeshua, o Messias, nosso Senhor!
Em resumo: com minha mente, sou escravo da *Torah* de Deus; mas, em relação
à minha velha natureza, sou escravo da "*Torah*" do pecado.

8 1 Portanto, não há mais nenhuma condenação esperando por aqueles que estão
em união com o Messias Yeshua. 2 Por quê? Porque a *Torah* do Espírito, que
produz vida em união com o Messias Yeshua, me libertou da "*Torah*" do pecado e
da morte. 3 Pois aquilo que a *Torah* não poderia fazer por si mesma, por lhe faltar
poder para fazer a velha natureza cooperar, Deus o fez ao enviar o próprio Filho
como ser humano com uma natureza semelhante à nossa. Ele o fez com o objetivo
de lidar com o pecado e, ao fazê-lo, executou a punição contra o pecado na natureza
humana 4 para que a justa exigência da *Torah* fosse plenamente cumprida em nós,
que não vivemos mais de acordo com o desejo de nossa velha natureza, mas segun-
do o que o Espírito deseja. 5 Pois quem se identifica com a velha natureza mantém a
mente voltada para as coisas relativas a ela; mas quem se identifica com o Espírito
tem a mente voltada para as coisas do Espírito. 6 Ter a mente controlada pela anti-
ga natureza é morte; ter, porém, a mente controlada pelo Espírito é vida e *shalom*.
7 Porque a mente controlada pela velha natureza é hostil em relação a Deus, por não
se submeter à *Torah* de Deus — de fato, ela não o pode fazer. 8 Desse modo, quem
se identifica com a antiga natureza é incapaz de agradar a Deus.

9 Entretanto, vocês não se identificam com a antiga natureza, mas com o
Espírito — se o Espírito de Deus vive em vocês, porque quem não tem o Espírito do
Messias não pertence a ele. 10 Contudo, se o Messias está em vocês, então o corpo
está morto por causa do pecado, mas o espírito está vivo pela razão de Deus os
considerar justos. 11 E, se o Espírito que ressuscitou o Messias Yeshua dentre os
mortos habitar em vocês, então aquele que ressuscitou o Messias Yeshua dentre
os mortos também dará vida a seus corpos mortais por meio de seu Espírito, que
habita em vocês.

12 Portanto, irmãos, não devemos nada à velha natureza que requeira que viva-
mos de acordo com ela. 13 Porque, se vocês viverem segundo a antiga natureza, com
certeza morrerão; mas se, pelo Espírito, continuarem a matar as práticas do corpo,
viverão.

14 Todos os que são guiados pelo Espírito de Deus são filhos de Deus. 15 Porque
vocês não receberam um espírito de escravidão para conduzi-los novamente ao
medo; em vez disso, receberam o Espírito que nos torna filhos e por meio do qual
clamamos: "*Abba*!" (isto é, "querido Pai!"). 16 O próprio Espírito dá testemunho a
nosso espírito de que somos filhos de Deus; 17 e, se somos filhos, então, também
somos herdeiros; herdeiros de Deus e coerdeiros do Messias — se sofremos com
ele a fim de também sermos glorificados com ele.

18 Não acho que os sofrimentos pelos quais passamos agora sejam dignos de
comparação com a glória que será revelada em nós no futuro. 19 A criação aguarda,
com muita expectativa, que os filhos de Deus sejam revelados; 20 porque a criação
foi submetida à frustração — não por vontade própria, mas por causa de quem a
sujeitou. Entretanto, foi-lhe dada uma esperança segura 21 de que ela também será
libertada da escravidão à decadência e usufruirá a liberdade que acompanha a gló-
ria que os filhos de Deus terão. 22 Sabemos que, até agora, toda a criação geme,
como se sentisse dores de parto; 23 e não só isso, mas nós mesmos, que temos
os primeiros frutos do Espírito, gememos interiormente enquanto continuamos

esperando com ardor para sermos feitos filhos — isto é, termos o corpo redimido
e libertado. 24 Nessa esperança, fomos salvos. Contudo, se vemos o que espera-
mos, não se trata de esperança — afinal, quem espera por aquilo que vê? 25 Mas,
se continuamos a esperar pelo que não vemos, então, aguardamos ansiosamente
por isso, e com perseverança.

26 De forma similar, o Espírito nos ajuda em nossa fraqueza, porque não sabemos
como orar como devemos. Mas o próprio Espírito intercede por nós com gemidos mui-
to profundos para serem transmitidos por palavras. 27 E aquele que investiga os cora-
ções conhece exatamente o pensamento do Espírito, porque sua intercessão a favor do
povo de Deus está de acordo com a vontade divina. 28 Além disso, sabemos que Deus
faz todas as coisas cooperarem para o bem de quem o ama e é chamado de acordo com
o seu propósito, 29 pois aqueles a quem conheceu de antemão, também determinou
antecipadamente que se conformassem ao padrão de seu Filho, para que ele possa
ser o primogênito entre muitos irmãos; 30 e aos que determinou de antemão, também
chamou; aos que chamou, também considerou justos; e aos que foram considerados
justos, também glorificou.

31 Que, então, diremos dessas coisas? Se Deus é por nós, quem poderá ser contra
nós? 32 Aquele que não poupou o próprio Filho, mas o entregou a favor de todos nós —
será possível que, nos tendo dado seu Filho, não nos dê também todas as coisas? 33 Por-
tanto, quem acusará o povo eleito de Deus? Com certeza Deus não o fará — é ele quem
os faz serem considerados justos! É Deus quem os justifica. 34 Quem os punirá? Com
certeza não será o Messias Yeshua, que morreu e — mais do que isso — ressuscitou,
encontra-se à destra de Deus e está agora pedindo a nosso favor! 35 Quem nos separará
do amor do Messias? Tribulações? Dificuldades? Tempos difíceis? Perseguição? Fome?
Pobreza? Perigos? Guerra? 36 Como diz o *Tanakh*:

> **"Por tua causa somos condenados à morte o dia todo,**
> **somos considerados ovelhas para o abate".**[w]

37 Não, em todas estas coisas somos supervencedores, por meio daquele que nos amou.
38 Porque estou convencido de que nem morte nem vida, nem anjos nem outros gover-
nantes celestiais, nem o que existe nem o que está por vir, 39 nem poderes do alto nem
das profundezas, nem qualquer outra coisa criada será capaz de nos separar do amor
de Deus que procede mediante o Messias Yeshua, nosso Senhor.

9 1 Digo a verdade — como alguém que pertence ao Messias —, não minto; e também
minha consciência dá testemunho, governada pelo *Ruach HaKodesh*: 2 minha triste-
za é tão grande, e a dor em meu coração tão constante, 3 que eu desejaria pôr-me sob
a maldição de Deus e ser separado do Messias, se isso pudesse ajudar meus irmãos,
minha carne e meu sangue, 4 o povo de Yisra'el! Eles foram feitos filhos de Deus, a
Sh'khinah esteve com eles, as alianças lhes pertencem, da mesma forma a outorga da
Torah, a adoração no templo e as promessas; 5 deles são os patriarcas, e deles, no que
respeita à ascendência física, procedeu o Messias, que está acima de todos. Louvado
seja *Adonai* para sempre! *Amen.*

6 Entretanto, a presente condição de Yisra'el não significa que a Palavra de Deus
tenha falhado.

Porque nem todos os de Yisra'el são verdadeiramente parte de Yisra'el. 7 Na
verdade, nem todos os descendentes são a **semente de Avraham**;[x] ao contrário, **"a**

[w] *Tehillim* [Sl] 44.23(22) [x] *Divrei-HaYamim Bet* [2Cr] 20.7; *Tehillim* [Sl] 105.6

partir de Yitz'chak deve ser considerada sua 'semente'".[y] 8 Em outras palavras, os
descendentes físicos não são filhos de Deus, mas os filhos da promessa referem-
-se a quem deve ser considerado **semente** de Avraham. 9 Porque isso é o que a
promessa disse: **"No tempo devido, virei, e Sarah terá um filho"**.[z] 10 Quanto mais o
caso de Rivkah, porque seus filhos tiveram o mesmo pai: Yitz'chak, nosso pai; 11 e
antes de eles terem nascido, ou de terem feito qualquer coisa, boa ou má (para que
o plano de Deus pudesse permanecer como uma questão de sua escolha soberana,
independente das ações deles, mas dependente de Deus, aquele que chama), 12 foi
dito a ela: **"O mais velho servirá ao mais novo"**.[a] 13 Isso concorda com a passagem
em que está escrito: **"Amei Ya'akov, mas odiei Esav"**.[b]

14 Por isso, devemos dizer: "é injusto Deus fazer isso?". De jeito nenhum!
15 Porque ele diz a Mosheh: **"Terei misericórdia de quem eu tiver misericórdia,
e terei compaixão de quem eu me compadecer"**.[c] 16 Portanto, isso não depende
dos desejos ou esforços humanos, mas de Deus, que tem misericórdia. 17 Porque o
Tanakh diz ao faraó: **"Por esta mesma razão, eu o levantei, para que demonstre
meu poder em você, de modo que meu nome seja conhecido em toda a terra"**.[d]
18 Portanto, ele tem misericórdia de quem quiser, e endurece a quem quiser.

19 Entretanto, vocês me dirão: "Então, por que ele ainda nos culpa? Afinal, quem
resiste à sua vontade?". 20 Quem é você, mero ser humano, para objetar a Deus?
**O que foi formado pode dizer a quem o formou: "Por que me fizeste desse
modo?"**.[e] 21 Ou o oleiro não tem o direito de fazer da mesma massa de barro um
recipiente para uso honroso e outro para uso desonroso? 22 E se Deus, ainda que
estivesse desejoso de demonstrar sua ira e tornar conhecido seu poder, suportou
com muita paciência as pessoas merecedoras de punição, prontas para a destrui-
ção? 23 Que dizer, se ele o fez para tornar conhecidas as riquezas de sua glória aos
objetos de sua misericórdia, aos quais preparou de antemão para a glória — 24 isto
é, a nós, a quem ele chamou, não apenas dentre os judeus, mas também dentre os
gentios? 25 Como ele diz em Hoshea:

"A quem não era meu povo, chamarei 'meu povo';
a quem não era amada, chamarei 'amada';
26 **e no mesmo lugar em que lhes foi dito: 'Vocês não são meu povo',**
eles serão chamados filhos do Deus vivo!".[f]

27 Contudo, Yesha'yahu, com referência a Yisra'el, clama:

"Ainda que o número do povo de Yisra'el seja tão grande
quanto o número dos grãos da areia do mar,
apenas o remanescente será salvo.
28 **Porque *Adonai* cumprirá sua palavra na terra**
com certeza e sem demora".[g]

29 Além disso, como Yesha'yahu disse anteriormente:

"Se *Adonai-Tzva'ot* não nos tivesse
deixado uma semente,
nós nos teríamos tornado como S'dom,
estaríamos parecidos com 'Amorah".[h]

---

[y] *B'reshit* [Gn] 21.12 [z] *B'reshit* [Gn] 18.14 [a] *B'reshit* [Gn] 25.23 [b] *Mal'akhi* [Ml] 1.2,3
[c] *Sh'mot* [Êx] 33.19 [d] *Sh'mot* [Êx] 9.16 [e] *Yesha'yahu* [Is] 29.16; 45.9 [f] *Hoshea* [Os] 2.25(23);2.1(1.10) [g] *Yesha'yahu* [Is] 10.22,23 [h] *Yesha'yahu* [Is] 1.9

[30] Portanto, o que devemos dizer? Isto: os não judeus, mesmo não tendo se esforçado pela justiça, obtiveram justiça; mas esta é uma justiça baseada na confiança! [31] Entretanto, Yisra'el, mesmo mantendo a guarda da *Torah*, que oferece justiça, não alcançou o que a *Torah* oferece. [32] Por quê? Porque eles não buscaram a justiça fundamentada na confiança, mas na prática de obras legalistas. Eles se chocaram com a **pedra que faz tropeçar**.[i] [33] Como diz o *Tanakh*:

"Vejam: Ponho em Tziyon
uma pedra que fará as pessoas tropeçarem,
uma rocha que servirá de empecilho.
Mas quem depositar sua confiança nela
não será humilhado".[j]

10 [1] Irmãos, o desejo mais profundo do meu coração e minha oração a Deus acerca de Yisra'el é para a salvação deles; [2] porque posso testemunhar sobre seu zelo para com Deus. Todavia, ele não se baseia no entendimento correto, [3] pois desconhecem o modo de Deus tornar as pessoas justas e, em vez disso, procuram fazê-lo do seu jeito, não se submetendo, portanto, à forma divina de tornar as pessoas justas. [4] Porque o objetivo estabelecido pela *Torah* é o Messias, que oferece justiça a todo que deposita sua confiança. [5] Porque Mosheh escreveu sobre a justiça baseada na *Torah*: **a pessoa que pratica estas coisas obterá a vida por intermédio delas.**[k] [6] Além disso, a justiça baseada na confiança diz:

"Não diga no seu coração: 'quem subirá ao céu?' " —

isto é, para trazer o Messias — [7] ou,

"Quem descerá até o *sh'ol*?' " —

isto é, para fazer o Messias ressurgir dentre os mortos. [8] O que, então, isto quer dizer?

"A palavra está perto de você, na sua boca e no seu coração".[l] —

isto é, a palavra sobre a confiança que proclamamos: [9] se você reconhecer publicamente com sua boca que Yeshua é Senhor e confiar de coração que Deus o ressuscitou dentre os mortos, você será libertado. [10] Porque com o coração se mantém a confiança e, portanto, é mantida a via para a justiça, ao passo que com a boca continua-se a fazer o reconhecimento público para a libertação. [11] Porque a passagem citada diz que *todo* **que depositar sua confiança** nele **não será humilhado.**[m] [12] Isso significa que não há diferença entre judeus e não judeus — ADONAI é o mesmo para com todos, rico para com quem o invoca, [13] porque ***todo* que invocar o nome de ADONAI será libertado.**[n]

[14] Mas como eles poderão invocar uma pessoa em que não confiam? E como poderão confiar se não ouviram nada a respeito dele? E como poderão ouvir, se ninguém o anunciar? [15] E como as pessoas podem anunciá-lo, a menos que Deus as envie? Como diz o *Tanakh*: **"Quão belos são os pés de quem anuncia boas notícias a respeito de coisas boas!"**.[o]

[16] A questão é que eles não deram atenção às boas-novas nem lhes obedeceram. Porque Yesha'yahu diz:

---

[i] *Yesha'yahu* [Is] 8.14 [j] *Yesha'yahu* [Is] 28.16 [k] *Vayikra* [Lv] 18.5 [l] *D'varim* [Dt] 30.11-14
[m] *Yesha'yahu* [Is] 28.16 [n] *Yo'el* [Jl] 3.5(2.32) [o] *Yesha'yahu* [Is] 52.7

"*Adonai*, quem confiou no que ouviu de nós?".[p]

17 Portanto, a confiança procede do que é ouvido, e o que se ouve provém da palavra
anunciada a respeito do Messias.

18 "Contudo, eu pergunto: será que eles ouviram? Sim, eles ouviram:

'Sua voz percorreu toda a terra, e
suas palavras, até o fim do mundo'.[q]

19 "Entretanto, digo: será que Yisra'el não entendeu?

'Provocarei ciúmes de uma não nação,
mediante um povo sem entendimento eu os **deixarei irados' ".**[r]

20 Além disso, Yesha'yahu diz com ousadia:

"Fui achado por quem não me procurava,
tornei-me conhecido de quem não perguntava por mim";[s]

21 entretanto, a respeito de Yisra'el, ele diz:

"O dia todo estendi as mãos
a um povo desobediente e contestador".[t]

11

1 "Nesse caso, digo: Deus não repudiou seu povo?". De jeito nenhum! Porque eu
mesmo sou filho de Yisra'el, da **semente de Avraham**,[u] da tribo de Binyamin.
2 **Deus não repudiou seu povo**,[v] ao qual escolheu de antemão. Ou vocês não sa-
bem o que o *Tanakh* diz a respeito de Eliyahu? Ele clamou a Deus contra Yisra'el:
3 **"*Adonai*, eles mataram teus profetas e derrubaram teus altares, sou o único que
ficou, e agora querem matar-me também!".**[w] 4 No entanto, qual foi a resposta de
Deus para ele? **"Mantive para mim mesmo sete mil homens que não se ajoelha-
ram diante de Ba'al".**[x] 5 O mesmo acontece na presente era: existe o remanescente,
escolhido pela graça. 6 (Se é pela graça, ela não se baseia em obras legalistas; de
outra forma, a graça não seria mais graça.) 7 Segue-se que Yisra'el não obteve o
objetivo pelo qual se esforçava. Os escolhidos o alcançaram, mas o restante foi
endurecido como pedra, 8 como diz o *Tanakh*:

"Deus lhes deu um espírito de atordoamento —
olhos que não veem
e ouvidos que não ouvem,
até o dia de hoje".[y]

9 E David diz:

"Que a mesa deles se transforme
em laço e armadilha, cilada e castigo.
10 **Que seus olhos fiquem escuros, para que não possam ver,**
e suas costas fiquem encurvadas continuamente".[z]

11 "Nesse caso, digo: será que eles tropeçaram, resultando daí uma queda permanen-
te?". De maneira nenhuma! Ao contrário, é por meio desse tropeço que a libertação

---

[p] *Yesha'yahu* [Is] 53.1 [q] *Tehillim* [Sl] 19.5(4) [r] *D'varim* [Dt] 32.21 [s] *Yesha'yahu* [Is]65.1
[t] *Yesha'yahu* [Is] 65.2 [u] *Divrei-HaYamim Bet* [2Cr] 20.7; *Tehillim* [Sl] 105.6 [v] *Sh'mu'el Alef*[1Sm]12.22; *Tehillim* [Sl] 94.14 [w] *M'lakhim Alef* [1Rs] 19.10,14 [x] *M'lakhim Alef* [1Rs] 19.18
[y] *D'varim* [Dt] 29.4; *Yesha'yahu* [Is] 29.10 [z] *Tehillim* [Sl] 69.23,24(22,23)

chegou aos gentios, para **provocar-lhes ciúme.**[a] 12 Além disso, se o tropeção deles
enriquece o mundo — isto é, se a colocação temporária de Yisra'el em uma condi-
ção menos favorável que a dos gentios lhes traz riquezas —, quão maiores riquezas
lhes trará Yisra'el em sua plenitude!

13 Entretanto, aos gentios dentre vocês digo isto: pelo fato de eu mesmo ser
um emissário aos gentios, torno conhecida a importância do meu trabalho 14 na
esperança de poder, de alguma forma, **provocar ciúme** em algumas pessoas do
meu povo e salvar algumas delas! 15 Porque se o fato de terem rejeitado Yeshua
significa a reconciliação do mundo, o que significará quando o aceitarem? Será
vida entre os mortos!

16 Se a *hallah* oferecida como primeiros frutos é santa, toda a massa também o
é. E se a raiz é santa, também o são os ramos. 17 Entretanto, se alguns ramos foram
quebrados, e você — uma oliveira brava — foi enxertado entre eles e se tornou
coparticipante da rica raiz da oliveira, 18 então não se glorie como se fosse melhor
que os ramos! Contudo, se o fizer, lembre-se de que não é você que sustenta a raiz,
mas a raiz que o mantém. 19 Então você dirá: "Os ramos foram partidos, para que eu
pudesse ser enxertado". 20 É verdade. Mas o que isso quer dizer? Eles foram parti-
dos por lhes faltar confiança. Entretanto, você manterá seu lugar apenas por causa
da confiança. Portanto, não seja arrogante; ao contrário, tema bastante! 21 Pois, se
Deus não poupou os ramos naturais, também não poupará vocês. 22 Portanto, con-
templem bastante a bondade de Deus e sua severidade: por um lado, severidade
para com os que caíram; mas, por outro lado, bondade para com você — desde que
permaneça na bondade dele! De outra forma, você também será cortado! 23 Além
disso, os outros, se não persistirem na falta de confiança, serão enxertados, porque
Deus é capaz de enxertá-los de volta. 24 Pois, se você foi cortado de uma oliveira
brava por natureza e enxertado, de forma contrária à natureza, em uma oliveira
cultivada, quanto mais serão enxertados os ramos naturais na própria oliveira?

25 Irmãos, quero que vocês entendam essa verdade — antes oculta, mas agora
revelada —, para que não se considerem mais do que são. Essa insensibilidade, em
certo grau, sobreveio a Yisra'el, até que o mundo dos gentios alcance a plenitude;
26 e é dessa forma que todo o Yisra'el será salvo. Como diz o *Tanakh*:

"De Tziyon virá o Redentor,
ele afastará a impiedade de Ya'akov.
27 **E esta será minha aliança com eles [...]**
quando eu tirar seus pecados".[b]

28 Com respeito às boas-novas, eles são odiados por causa de vocês. Mas, quanto
à eleição, são amados por causa dos patriarcas, 29 porque os presentes gratuitos
de Deus e seu chamado são irrevogáveis. 30 Do mesmo modo que vocês eram ante-
riormente desobedientes a Deus, mas agora receberam misericórdia por causa da
desobediência de Yisra'el, 31 também Yisra'el tem sido desobediente agora, para
que vocês lhes demonstrem a mesma misericórdia recebida de Deus, a fim de que
eles a recebam. 32 Porque Deus encerrou conjuntamente toda a humanidade sob a
desobediência, a fim de demonstrar misericórdia para com todos.

33 Ó profundidade das riquezas
e da sabedoria e do conhecimento de Deus!

[a] *D'varim* [Dt] 32.*21* [b] *Yesha'yahu* [Is] 59.20,21; 27.9

Quão inescrutáveis são seus juízos!
Quão insondáveis são seus caminhos!
34 Pois **“Quem conheceu a mente do Senhor?**
Quem foi seu conselheiro?”.[c]
35 Ou **“Quem lhe deu algo**
e o fez devolver?”.[d]

36 Porque dele, por meio dele
e para ele são todas as coisas.
A ele seja a glória para sempre!
Amen.

12 1 Eu os exorto, portanto, irmãos, tendo em vista as misericórdias de Deus,
que se ofereçam em sacrifício vivo e separado para Deus. Isso irá agradá-lo,
pois é a “adoração do templo” lógica de vocês. 2 Em outras palavras, não se deixem
conformar aos padrões do *‘olam hazeh.* Em vez disso, continuem se transformando
mediante a renovação de sua mente, para que saibam o que Deus deseja, e todos
concordarão que seu desejo é bom, satisfatório e fadado ao êxito. 3 Por isso, digo a
cada um de vocês, pela graça que me foi dada, que não exagerem nas ideias sobre
a própria importância. Em vez disso, desenvolvam uma avaliação sóbria de si mes-
mos, baseada no padrão dado por Deus a cada um, isto é, a confiança. 4 Há muitos
membros que compõem o corpo, mas eles não exercem a mesma função; 5 da mes-
ma forma, somos muitos, e unidos ao Messias compreendemos um único corpo, e
cada um de nós pertence aos outros. 6 Contudo, possuímos dons diferentes e que
devem ser usados de acordo com a graça outorgada. Se seu dom for profecia, use-
-o na medida da sua confiança; 7 se for de serviço, use-o para servir; se você for
um mestre, use o dom para ensinar; 8 se você for um conselheiro, use o dom para
confortar e exortar; se for alguém que contribui financeiramente, faça-o de forma
simples e generosa; se você estiver na liderança, lidere com diligência e zelo; se for
alguém que pratica atos de misericórdia, faça-o com alegria.

9 Não amem apenas de forma exterior. Rechacem o que é mau e apeguem-se ao
bem. 10 Amem-se devotadamente, com amor fraternal; e deem exemplos, uns aos
outros, ao demonstrar respeito. 11 Não sejam preguiçosos quando é necessário o
trabalho árduo; sirvam, porém, ao Senhor com fervor espiritual. 12 Alegrem-se em
sua esperança, sejam pacientes ao passar por dificuldades e não se afastem da
oração. 13 Partilhem o que têm com o povo de Deus e sejam hospitaleiros.

14 Abençoem aqueles que os perseguem — abençoem-nos, não os amaldiçoem!
15 Alegrem-se com quem se alegra e chorem com quem chora. 16 Sejam sensíveis
para com as necessidades alheias — não se considerem melhores que os outros
—; façam, porém, das pessoas humildes seus amigos. Não sejam arrogantes. 17 Não
paguem o mal com o mal, mas tentem fazer o que todos consideram bom. 18 Se pos-
sível, e quanto depender de vocês, vivam em paz com todas as pessoas. 19 Jamais
procurem a vingança, meus amigos; em vez disso, deixem isso para a ira de Deus,
porque está escrito no *Tanakh*:

“*Adonai* diz: ‘A vingança é minha responsabilidade; eu a executarei’ ”.[e]

20 Ao contrário:

---

[c] *Yesha‘yahu* [Is] 40.*13* [d] *Iyov* [Jó] 41.3 [e] *D’varim* [Dt] 32.35

"Se seu inimigo tiver fome, alimente-o;
se tiver sede, dê-lhe algo para beber.
Porque, ao proceder dessa forma, você amontoará brasas ardentes
sobre sua cabeça".[f]

21 Não se deixem vencer pelo mal, mas vençam o mal pelo bem.

13 1 Todos devem obedecer às autoridades do governo. Não há autoridade que não proceda de Deus; as autoridades existentes foram colocadas onde estão por Deus. 2 Portanto, quem resiste à autoridade resiste ao que Deus instituiu; e os que resistem trarão juízo sobre si mesmos. 3 Pois os governantes não são um terror para a boa conduta, mas para a má. Você não quer temer quem possui autoridade? É simples: faça simplesmente o que é bom, e você obterá sua aprovação; 4 a autoridade é serva de Deus, para seu benefício. Contudo, se você fizer o que é errado, tema! Não é a toa que ela detém o poder da espada, pois é serva de Deus, como uma vingadora para punir os transgressores. 5 Outra razão para obedecer, além do temor da punição, é a questão da consciência. 6 Isso é também motivo pelo qual vocês pagam imposto; pois as autoridades são servidores públicos e sempre cumprem suas incumbências. 7 Paguem o que se deve a todos: se você deve ao coletor de impostos, pague o imposto; se você deve ao fisco, pague a dívida; se você deve respeito a alguém, respeite; se você deve honra a alguém, honre. 8 Não deva nada a ninguém, a não ser o amor recíproco, pois quem ama o ser humano cumpriu a *Torah.* 9 Pois os mandamentos: **"Não cometa adultério"**, **"Não mate"**, **"Não roube"**, **"Não cobice"**[g] e muitos outros estão resumidos nesta única regra: **"Ame seu próximo como a si mesmo"**.[h] 10 O amor não prejudica o próximo; portanto, o amor é a plenitude da *Torah.*

11 Além de tudo isso, vocês sabem em que ponto da história estamos; por isso, já é tempo de vocês serem despertados do sono; pois a libertação está mais próxima do que quando começamos a confiar. 12 A noite está acabando, e o dia já chega. Deixemos de lado os atos das trevas e armemo-nos com as armas da luz. 13 Vivamos de forma adequada, como as pessoas fazem durante o dia — não em festas e bebedeiras, nem participando de imoralidade sexual e outros excessos, discutindo e sendo ciumentos. 14 Em vez disso, revistam-se do Senhor Yeshua, o Messias; não desperdicem o tempo para pensar sobre como agradar aos desejos pecaminosos da velha natureza.

14 1Com respeito à pessoa cuja confiança é fraca, receba-a sem argumentar ou emitir opiniões. 2 Uma pessoa pensa que é permitido comer de tudo, ao passo que outra, com a confiança fraca, come apenas vegetais. 3 Quem come de tudo não deve desprezar quem se abstém de certos alimentos; e o abstinente não deve julgar quem come de tudo, porque Deus o aceitou. 4 Quem é você para julgar o servo de outra pessoa? Aos olhos de seu próprio senhor, a pessoa será aceita ou reprovada; e a verdade é que ela será aceita, porque o Senhor é capaz de fazê-lo.

5 Uma pessoa considera alguns dias mais santos que outros, ao passo que outra pessoa considera-os todos iguais. O importante é que cada pessoa esteja plenamente convencida. 6 Quem considera um dia especial, o faz para honrar a Deus. Também quem come de tudo, come para a honra de Deus, por lhe dar graças.

[f] *Mishlei* [Pv] 25.21,22 [g] *Sh'mot* [Êx] 20.13,14(13-17); *D'varim* [Dt] 5.17,18 [h] *Vayikra* [Lv] 19.18

[7] Pois nenhum de nós vive apenas para si mesmo, e nenhum de nós morre só para
si próprio; [8] porque se vivemos, vivemos para o Senhor; se morremos, morremos
para o Senhor. Então, quer vivamos, quer morramos, pertencemos ao Senhor. [9] Na
verdade, foi por essa razão que o Messias morreu e voltou à vida, para poder ser
o Senhor de mortos e vivos. [10] Então por que vocês julgam seu irmão? Ou por que
o desprezam? Todos nós estaremos diante do trono do juízo divino; [11] pois está
escrito no *Tanakh*:

> **"Como eu vivo, diz Adonai, todo joelho se dobrará perante mim,**
> **e toda língua reconhecerá publicamente a Deus".**[i]

[12] Portanto, cada um de nós prestará contas de si mesmo a Deus.
[13] Paremos, então, de julgar os outros! Em seu lugar, façam este julgamento:
não ponham uma pedra de tropeço, nem uma armadilha, no caminho de seu ir-
mão. [14] Sei — isto é, fui persuadido pelo Senhor Yeshua, o Messias —, que nada é
impuro por si mesmo. Mas, se alguém considera alguma coisa impura, então para
ele é impuro; [15] e, caso seu irmão seja perturbado pelo que você come, sua vida
não mais será marcada pelo amor. [16] Não permita que as coisas consideradas boas
por vocês sejam tidas por más, [17] porque o Reino de Deus não é comer nem beber,
mas justiça, *shalom* e alegria no *Ruach HaKodesh*. [18] Todo que serve dessa forma
ao Messias agrada a Deus e recebe a aprovação das outras pessoas.
[19] Por isso, procuremos as coisas que oferecem *shalom* e edificação mútua. [20]
Não destruam o trabalho de Deus por causa de comida. A bem da verdade, todas
as coisas são limpas, mas é errado que alguém, por causa do que come, faça al-
guém se desviar. [21] Bom é não comer carne, beber vinho nem fazer qualquer outra
coisa que faça seu irmão tropeçar. [22] O que você crê a respeito de tudo isso, guarde
entre si mesmo e Deus. Feliz a pessoa que não condena a si própria quando apro-
va algo! [23] Mas quem nutre dúvidas, condena-se se comer, porque sua ação não se
baseia na confiança. E o que não se baseia na confiança é pecado.

15 [1] Portanto, nós que somos fortes, temos o dever de suportar as fraquezas
de quem não é forte, em lugar de agradar a nós mesmos. [2] Cada um de
nós deve agradar ao próximo e agir para o bem dele, edificando-o. [3] Pois mesmo
o Messias não agradou a si mesmo; ao contrário, o *Tanakh* diz: **"Os insultos de
quem te insultava recaíram sobre mim".**[j] [4] Porque todas as coisas escritas no pas-
sado tinham o propósito de ensinar-nos, para que por meio do encorajamento do
Tanakh pudéssemos nos agarrar pacientemente à nossa esperança. [5] E que Deus,
a fonte de encorajamento e paciência, lhes dê a mesma atitude demonstrada pelo
Messias Yeshua, [6] para que, unânimes e a uma só voz, vocês possam glorificar ao
Deus e Pai de nosso Senhor Yeshua, o Messias.
[7] Portanto, acolhamos uns aos outros como o Messias os acolheu para a glória
de Deus. [8] Pois eu digo que o Messias se tornou servo do povo judeu para demons-
trar a confiabilidade de Deus ao confirmar suas promessas feitas aos patriarcas,
[9] a fim de demonstrar sua misericórdia ao fazer os gentios glorificarem a Deus.
Como está escrito no *Tanakh*:

> **"Por causa disso, eu te reconhecerei entre os gentios**
> **e cantarei louvores a teu nome".**[k]

[i] *Yesha'yahu* [Is] 45.23 [j] *Tehillim* [Sl] 69.10(9) [k] *Sh'mu'el Bet* [2Sm] 22.50; *Tehillim* [Sl] 18.50(49)

10 E diz outra vez:

> **"Gentios, regozijem-se com o povo dele".**[l]

11 E mais:

> **"Louvem *Adonai*, todos os gentios!**
> **Que todos os povos o louvem!".**[m]

12 E mais, Yesha'yahu diz:

> **"A raiz de Yishai virá,**
> **aquele que surge para governar os gentios;**
> **os gentios depositarão nele sua esperança".**[n]

13 Que Deus, a fonte da esperança, revista-os totalmente com alegria e *shalom* à
medida que continuam confiando, para que pelo poder do *Ruach HaKodesh* vocês
possam transbordar com esperança.
14 Estou pessoalmente convencido, meus irmãos, de que vocês estão repletos de
bondade, cheios de conhecimento e capacitados para aconselhar-se mutuamente.
15 Em alguns pontos, porém, eu lhes tenho escrito de forma abusada para lembrar
vocês acerca disso, por causa da graça que Deus me deu, 16 para ser servo do Messias
Yeshua para os gentios, com o dever sacerdotal de apresentar as boas-novas de
Deus, a fim de que os gentios possam ser uma oferta aceitável, santificada pelo
Ruach HaKodesh.
17 Em união com o Messias Yeshua, então, tenho motivo para orgulhar-me do
meu serviço a Deus. 18 Porque não ousarei falar a respeito de nada, com exceção
do que o Messias realizou por meu intermédio para levar os gentios à obedi-
ência mediante minhas palavras e meus atos, 19 por meio do poder de sinais e
milagres e mediante o poder do Espírito de Deus. Assim, desde Yerushalayim
até o Ilírico, por todo o caminho, proclamei plenamente as boas-novas do Mes-
sias. 20 Sempre é meu desejo anunciar as boas-novas onde o Messias ainda não é
conhecido, para que eu não edifique sobre o fundamento de outra pessoa; 21 ao
contrário, como diz o *Tanakh*:

> **"Os que não tinham ouvido falar dele o verão,**
> **e os que não tinham ouvido entenderão".**[o]

22 É por isso que fui impedido muitas vezes de visitá-los. 23 Agora, porém, por não
haver nenhum lugar nestas regiões que precise de mim, e porque desejei visitá-los
durante tantos anos, 24 espero vê-los a caminho da Espanha, e ter sua ajuda para
viajar até lá depois de ter usufruído a companhia de vocês durante algum tempo.
25 Agora, porém, parto para Yerushalayim com a ajuda para o povo de Deus
dali. 26 Porque Macedônia e Acaia acharam por bem fazer uma contribuição para
os pobres com o povo de Deus de Yerushalayim. 27 Eles acharam por bem fazê-lo,
mas a verdade é que eles lhes devem isso. Pois, se os gentios participaram com os
judeus nas questões espirituais, então os gentios têm o dever de ajudar os judeus
em questões materiais. 28 Assim, quando eu tiver terminado esta tarefa e tiver
certeza de que eles receberam este fruto, partirei para a Espanha e visitarei vocês
de passagem. 29 Sei que, quando for visitá-los, irei na plena medida das bênçãos
do Messias. 30 Exorto-os, irmãos, por nosso Senhor Yeshua, o Messias, e pelo amor
do Espírito, a que se unam à minha luta, orando a Deus a meu favor 31 para que eu

[l] *D'varim* [Dt] 32.43 [m] *Tehillim* [Sl] 117.1 [n] *Yesha'yahu* [Is] 11.10 [o] *Yesha'yahu* [Is] 52.15

seja livrado dos incrédulos de Y'hudah e que meu serviço para Yerushalayim seja
aceitável ao povo de Deus dali. 32 Então, se for da vontade de Deus, eu os visitarei
com alegria e terei tempo para permanecer entre vocês. 33 Que o Deus de *shalom*
seja com todos vocês. *Amen.*

16 1 Apresento-lhes a irmã Febe, *shammash* da congregação de Cencreia, 2 para
que a recebam no Senhor, como o deve fazer o povo de Deus, e lhe deem toda
a assistência necessária da parte de vocês; porque ela tem sido de grande ajuda para
muitas pessoas, incluindo a mim.

3 Cumprimentem Priscila e Áquila, meus colaboradores no Messias Yeshua.
4 Eles arriscaram o pescoço para salvar minha vida; não apenas eu lhes agradeço,
mas também todas as comunidades messiânicas dos gentios. 5 Cumprimentem tam-
bém a congregação que se reúne na casa deles.

Cumprimentem meu querido amigo Epêneto, que foi a primeira pessoa da província da Ásia a depositar confiança no Messias.

6 Cumprimentem Miryam, que trabalhou arduamente por vocês.

7 Saudações a Andrônico e Júnias, meus parentes que estiveram na prisão comigo. São bem conhecidos entre os emissários, e confiaram no Messias antes de mim.

8 Saudações a Amplíato, meu querido amigo no Senhor.

9 Saudações a Urbano, nosso colaborador no Messias, e a meu amado irmão Estáquis.

10 Saudações a Apeles, cuja confiança no Messias foi testada e aprovada. Cumprimentem os da casa de Aristóbulo.

11 Cumprimentem Herodião, meu parente.

12 Cumprimentem Trifena e Trifosa, mulheres que trabalham arduamente no Senhor. Cumprimentem a amada Pérside, outra que trabalhou arduamente no Senhor.

13 Cumprimentem Rufo, escolhido pelo Senhor, e sua mãe, que tem sido mãe para mim também.

14 Cumprimentem Asíncrito, Flegonte, Hermes, Pátrobas, Hermas e os irmãos que estão com eles.

15 Cumprimentem Filólogo, Júlia, Nereu e sua irmã, e Olimpas e todo o povo de Deus que está com eles.

16 Cumprimentem uns aos outros com beijo santo. Todas as congregações do Messias enviam-lhes saudações.

17 Exorto-os, irmãos, que tomem cuidado com quem causa divisões e arma laços
ao lado do ensino em que vocês foram treinados. Afastem-se dessas pessoas. 18 Pois
homens desse tipo não servem a nosso Senhor, o Messias, mas ao próprio ventre.
Mediante conversa suave e adulação, enganam os mais inocentes. 19 Porque todos
ouviram falar da sua obediência; rejubilo-me por causa de vocês. Entretanto, desejo
que sejam sábios em relação ao bem e inocentes em relação ao mal. 20 E Deus, a fonte
de *shalom*, esmagará em breve o Adversário debaixo de seus pés.

21 Timóteo, meu colaborador, envia saudações a vocês, bem como Lúcio, Jasom e Sosípatro, meus parentes.

22 Eu, Tércio, que escrevi esta carta, cumprimento vocês no Senhor.

23 Gaio, meu anfitrião, em cuja casa se reúne toda a congregação, envia saudações. Erasto, tesoureiro da cidade, e o irmão Quarto enviam saudações.[24p]

---

[p] Alguns manuscritos apresentam o versículo 24: "A graça de nosso Senhor Yeshua, o Messias, seja com todos vocês. Amen".

25 A Deus, que pode fortalecê-los, de acordo com minhas boas-novas,
em harmonia com a revelação da verdade secreta
que é o anúncio de Yeshua, o Messias,
mantida em segredo e em silêncio por eras e eras,
26 mas, manifestada agora por meio dos escritos proféticos
por ordem de Deus, o Eterno,
e comunicada a todos os gentios
para incentivá-los à obediência baseada na confiança —
27 ao único Deus sábio, por meio de Yeshua, o Messias,
seja a glória para todo o sempre!

Amen.

אגרת שאול הראשונה אל הקורינתים

A primeira carta de Sha'ul, emissário de Yeshua,
à comunidade messiânica de Corinto

1Coríntios

1 1 De: Sha'ul, chamado pela vontade de Deus para ser emissário do Messias Yeshua,
e o irmão Sóstenes

2 Para: A comunidade messiânica de Deus da cidade de Corinto, que consiste
nos que foram separados por Yeshua, o Messias, e chamados para integrar o povo
santo de Deus — com todos os que em toda parte invocam o nome de nosso Senhor
Yeshua, o Messias, Senhor deles e também nosso:

3 Graça e *shalom* a vocês, da parte de Deus, nosso Pai, e do Senhor Yeshua, o
Messias.

4 Sempre agradeço a meu Deus por vocês, por causa do amor e da bondade di-
vinos dados a vocês por meio do Messias Yeshua, 5 pelos quais vocês foram en-
riquecidos por ele de muitas formas, particularmente no poder da palavra e na
profundidade do conhecimento. 6 De fato, o testemunho acerca do Messias tornou-se
firmemente estabelecido em vocês, 7 para que não lhes falte nenhum dom espiritual
enquanto esperam ardentemente pela revelação de nosso Senhor Yeshua, o Messias.
8 Ele os capacitará a se manterem firmes até o fim, de modo que vocês serão irrepre-
ensíveis no dia de nosso Senhor Yeshua, o Messias. 9 Deus é fidedigno: foi ele quem
os chamou à comunhão com seu Filho, Yeshua, o Messias, nosso Senhor.

10 Entretanto, irmãos, peço em nome de nosso Senhor Yeshua, o Messias, que to-
dos vocês concordem no que dizem e não permitam que se dividam em facções, mas
sejam restaurados, tendo a mesma mente e o mesmo propósito. 11 Porque algumas
pessoas da parte de Cloe me informaram, irmãos, de que há discussões entre vocês.
12 Digo isso porque um de vocês afirma: "Eu sigo Sha'ul"; outro diz: "Eu sigo Apolo";
outro: "Sou seguidor de Pedro"; ou ainda: "Eu sigo o Messias!". 13 Por acaso o Messias
foi partido em pedaços? Sha'ul foi posto em uma estaca por vocês? Vocês foram
imersos em nome de Sha'ul? 14 Dou graças a Deus porque, com exceção de Crispo e
Gaio, não imergi mais nenhum de vocês — 15 de outra forma, as pessoas poderiam
dizer terem sido imersas em meu nome. 16 (Ah, sim, imergi Estéfanas e os de sua casa;
além desses, não me lembro se imergi mais alguém.)

17 Porque o Messias não me enviou para imergir, mas para anunciar as boas-novas
— e fazê-lo sem confiar na "sabedoria" que consiste em mera retórica, para não rou-
bar o poder da estaca de execução do Messias. 18 Porque a mensagem da estaca de
execução é insensatez para os que estão no processo de destruição, mas para nós,
que estamos no processo de salvação, é o poder de Deus. 19 De fato, diz o *Tanakh*:

---

[a] *Yesha'yahu* [Is] 29.14

> **"Destruirei a sabedoria dos sábios**
> **e inutilizarei a inteligência dos inteligentes".**[a]

20 Aonde isso conduz o filósofo, o mestre da *Torah*, ou qualquer dos pensadores de
hoje? Acaso Deus não tornou a sabedoria deste mundo louca? 21 Porque a sabedoria
de Deus ordenou que o mundo, ao fazer uso da própria sabedoria, não pudesse
conhecê-lo. Portanto, Deus decidiu usar a "insensatez" do que anunciamos como o
meio para salvar os que vêm a confiar nele. 22 Precisamente pelo fato de os judeus
pedirem sinais, e os gregos procurarem por sabedoria, 23 nós continuamos anun-
ciando o Messias executado na estaca como um criminoso! Para os judeus, esse
é um obstáculo, e para os gregos é insensatez; 24 mas para os que são chamados,
tanto judeus quanto gregos, esse mesmo Messias é o poder de Deus e a sabedoria
de Deus! 25 Porque a "insensatez" de Deus é mais sábia que a "sabedoria" humana.
E a "fraqueza" de Deus é mais forte que a "força" humana. 26 Apenas olhem para
si mesmos, irmãos; observem aqueles a quem Deus chamou! Não são muitos de vo-
cês sábios segundo os padrões do mundo, nem muitos de vocês detêm poder ou se
vangloriam de nobre nascimento. 27 Deus, porém, escolheu o que o mundo considera
insensato com o objetivo de envergonhar o sábio; Deus escolheu o que o mundo
considera fraco para envergonhar o forte; 28 e Deus escolheu o que o mundo despre-
za por ser comum, ou considera sem valor, a fim de reduzir a nada o que o mundo
considera importante; 29 para que ninguém se vanglorie diante de Deus. 30 É por meio
da atuação dele que vocês estão unidos ao Messias Yeshua. Ele se tornou, para nós,
sabedoria da parte de Deus, bem como justiça, santidade e redenção! 31 Portanto,
como diz o *Tanakh*: **"Quem deseja gloriar-se, que se glorie em Adonai".**[b]

2 1 Quanto a mim, irmãos, quando estive entre vocês, não foi com suprema eloqu-
ência ou sabedoria que lhes anunciei a verdade divina anteriormente ocultada;
2 pois decidi que, enquanto estava com vocês, me esqueceria de tudo que não fosse
Yeshua, o Messias, e este como alguém executado na estaca, como um criminoso. 3
Também estive com vocês como alguém fraco, nervoso e trêmulo por causa do medo;
4 nem a pregação nem o conteúdo da minha mensagem baseavam-se em palavras per-
suasivas de "sabedoria", mas na demonstração do poder do Espírito, 5 para que a con-
fiança de vocês não fosse depositada na sabedoria humana, mas no poder de Deus.
6 Entretanto, existe uma sabedoria da qual falamos aos que são suficientemen-
te maduros para ela. Não se trata, porém, da sabedoria deste mundo ou dos líderes
deste mundo, que se encontram no processo de desaparecimento. 7 Ao contrário,
comunicamos a sabedoria secreta da parte de Deus, que foi ocultada até agora; con-
tudo, antes de a história ter início, Deus decretou que nos traria glória. 8 Nenhum
dos líderes deste mundo a entendeu, pois, se eles o tivessem feito, não teriam exe-
cutado o Senhor de quem essa glória flui. 9 Todavia, como diz o *Tanakh*:

> **"Nenhum olho viu, nenhum ouvido ouviu,**
> **e o coração de ninguém imaginou**
> **todas as coisas que Deus preparou**
> **para aqueles que o amam".**[c]

10 Entretanto, Deus nos revelou estas coisas. Como? Por meio do Espírito. Porque
o Espírito sonda todas as coisas, mesmo as profundezas de Deus. 11 Pois quem co-
nhece a forma de atuação interna de uma pessoa, a não ser o espírito da pessoa que
está nela? Da mesma forma, ninguém conhece os pensamentos de Deus, a não ser o

---

[b] *Yirmeyahu* [Jr] 9.23(24) [c] *Yesha'yahu* [Is] 64.3(4); 52.15

Espírito de Deus. 12 Nós, porém, não recebemos o espírito do mundo, mas o Espírito
de Deus, para podermos entender as coisas que Deus nos deu de forma gratuita.
13 Essas são as coisas das quais falamos ao evitarmos a forma de expressão ditada
pela sabedoria humana, e, em seu lugar, usamos um modo de falar ensinado pelo
Espírito, mediante o qual explicamos as coisas do Espírito a quem tem o Espírito.
14 Todavia, o homem natural não recebe o que procede do Espírito de Deus — para
ele, é insensatez! Além disso, ele é incapaz de entender tais coisas, pois elas são
discernidas por meio do Espírito. 15 Entretanto, a pessoa que tem o Espírito é capaz
de discernir todas as coisas, ao passo que ninguém está em posição de discerni-la.

16 **Pois quem conheceu a mente de *Adonai*?**
Quem o aconselhará?[d]

Nós, porém, temos a mente do Messias!

3 1 Quanto a mim, irmãos, não lhes pude falar como a pessoas espirituais, mas
como a mundanas, como a bebês, no que tange à experiência com o Messias.
2 Eu lhes dei leite, não comida sólida, porque vocês não estavam preparados para
ela. Mesmo agora, ainda não estão preparados para ela! 3 Vocês ainda são mun-
danos! Não é aparente de toda a inveja e divisão existente entre vocês que ainda
são mundanos e que vivem segundo padrões meramente humanos? 4 Pois quando
alguém diz: "Eu sigo Sha'ul", e outro: "Eu sigo Apolo", não estão seguindo padrões
mundanos? 5 Afinal de contas, quem é Apolo? Quem é Sha'ul? Apenas servos por
meio de quem vocês vieram a confiar, por meio de um de nós ou de outro. 6 Eu plan-
tei a semente, Apolo a regou, mas foi Deus quem a fez crescer. 7 Portanto, nem o que
planta nem o que rega são alguma coisa, mas unicamente Deus, que faz crescer —
8 quem planta e quem rega são o mesmo.

No entanto, cada um será recompensado de acordo com seu trabalho. 9 Porque
nós somos colaboradores de Deus; vocês são o campo de Deus, o edifício de Deus.
10 Usando a graça que Deus me deu, lancei o alicerce, como um mestre-construtor
experiente; e outra pessoa está construindo sobre ele. Contudo, que cada um seja
cuidadoso sobre como constrói. 11 Porque ninguém pode lançar outro alicerce além
do que já está posto, que é Yeshua, o Messias. 12 Alguns usarão ouro, prata, pedras
preciosas para construir sobre o alicerce; outros usarão madeira, feno ou palha.
13 No entanto, o trabalho de cada um será avaliado pelo que é; o Dia o mostrará,
porque será revelado pelo fogo — que testará a qualidade do trabalho de cada um.
14 Se o trabalho de alguém, construído sobre o alicerce, permanecer, ele receberá
recompensa; 15 se for consumido pelas chamas, ele sofrerá a perda: escapará ainda
com sua vida, mas será como o escape através do fogo.

16 Vocês não sabem que são o templo de Deus e que o Espírito de Deus vive em
vocês? 17 Se alguém destruir o templo de Deus, Deus o destruirá. Porque o templo
de Deus é santo, e vocês mesmos são esse templo.

18 Que ninguém se engane. Se algum de vocês pensa ser sábio (segundo os
padrões do mundo), deve tornar-se "louco" para que possa ser verdadeiramente
sábio. 19 Porque a sabedoria deste mundo é insensatez no que concerne a Deus,
visto que o *Tanakh* diz: **"Ele apanha o sábio na própria perspicácia"**,[e] 20 e também:
"*Adonai* sabe que os pensamentos do sábio são inúteis".[f] 21 Portanto, que ninguém
se glorie por causa de seres humanos, porque todas as coisas são de vocês — 22 seja
Sha'ul, seja Apolo, seja Kefa, ou o mundo, a vida, a morte, o presente ou o futuro:

---

[d] *Yesha'yahu* [Is] 40.13 [e] *Iyov* [Jó] 5.13 [f] *Tehillim* [Sl] 94.11

todas elas pertencem a vocês, 23 e vocês pertencem ao Messias, e o Messias pertence a Deus.

4 1 Assim, vocês devem nos considerar servos do Messias, encarregados das verdades secretas de Deus. 2 O que se requer do encarregado é sua fidelidade. 3 Pouco me importa como sou avaliado por vocês ou por qualquer tribunal humano; na verdade, nem eu avalio a mim mesmo. 4 Não tenho consciência de nada contra mim, mas isso não me torna inocente. Aquele que me avalia é o Senhor. 5 Por isso, não julguem de forma prematura, antes de o Senhor vir, porque ele trará à luz o que está oculto em trevas; ele exporá as intenções do coração das pessoas, e, então, cada um receberá de Deus o louvor que merece.

6 Agora, irmãos, no que tenho a dizer aqui, usei a mim mesmo e a Apolo como exemplos para ensinar-lhes a não ir além do que o *Tanakh* diz, tomando orgulhosamente o partido de um líder em detrimento de outro. 7 Afinal, o que o torna tão especial? O que você tem que não recebeu como dom? E se de fato foi um dom, por que se vangloria como se não fosse? 8 Vocês já estão satisfeitos? Já são ricos? Tornaram-se reis, mesmo que não o sejamos? Na verdade, eu gostaria que vocês fossem reis, para que partilhássemos o mesmo reinado! 9 Porque eu acho que Deus nos colocou a nós, emissários, em último lugar da parada militar, como homens condenados a morrer na arena pública: tornamo-nos um espetáculo para todo o Universo, para anjos e homens. 10 Por causa do Messias, nós somos tolos, mas em união com o Messias vocês são sábios! Nós somos fracos, mas vocês, fortes; vocês são honrados, mas nós somos desonrados! 11 Até este momento, passamos fome e sede, nos vestimos com trapos, somos tratados de modo rude, vagamos de lugar em lugar, 12 exaurimo-nos, trabalhando com as próprias mãos para sobreviver. Quando somos amaldiçoados, continuamos abençoando; quando perseguidos, suportamos; 13 quando caluniados, continuamos nosso trabalho. Somos até este momento o lixo do mundo, a escória da terra!

14 Não lhes escrevo isto para fazê-los sentir vergonha, mas, como meus filhos queridos, para confrontá-los e fazê-los mudar. 15 Pois mesmo que tivessem dez mil tutores em conexão com o Messias, vocês não têm muitos pais; pois em conexão com o Messias Yeshua eu me tornei pai de vocês por meio das boas-novas. 16 Portanto, peço que sejam meus imitadores. 17 Essa é a razão de eu lhes ter enviado Timóteo, meu filho amado e fidedigno no Senhor. Ele lhes trará à lembrança o estilo de vida que vivo em união com o Messias Yeshua e ensino por toda parte, em todas as congregações.

18 Por não ter ido mais visitá-los, alguns de vocês se tornaram arrogantes. 19 Mas irei em breve ao encontro de vocês, se o Senhor quiser; e não tomarei conhecimento do discurso dessas pessoas arrogantes, mas de seu poder. 20 Porque o Reino de Deus não é uma questão de palavras, mas de poder. 21 O que preferem: devo ir ao encontro de vocês com uma vara, ou com amor e espírito de mansidão?

5 1 Chegaram informações da existência de pecado sexual entre vocês, e de um tipo condenado até mesmo pelos pagãos — um homem vive com sua madrasta! 2 E vocês continuam orgulhosos? Não deveriam, em vez disso, sentir certa tristeza e remover da comunhão de vocês o homem que praticou isso? 3 Pois eu mesmo, ainda que fisicamente ausente, estou com vocês em espírito; e já julguei o homem que fez isso como se estivesse presente. 4 Em nome do Senhor Yeshua, quando vocês estiverem reunidos, comigo espiritualmente presente, e o poder de nosso Senhor Yeshua

entre nós, 5 entreguem esse homem ao Adversário, para que sua velha natureza seja
destruída, e seu espírito seja salvo no dia do Senhor.
6 Sua vanglória não é boa. Vocês não conhecem o ditado: "é necessário apenas
uma pitada de *hametz* para fermentar toda a massa?". 7 Livrem-se do velho *hametz*,
para poderem ser uma nova massa, porque na verdade vocês estão sem fermento.
Pois nosso cordeiro de *Pesach*, o Messias, foi sacrificado. 8 Dessa forma, celebremos
o *seder* sem qualquer vestígio de *hametz*, o *hametz* da impiedade e do mal, mas
com a *matzah* da pureza e da verdade.
9 Na carta anterior, escrevi-lhes que não se associassem com pessoas que par-
ticipam de imoralidade sexual. 10 Não quis dizer com isso as pessoas sexualmente
imorais de fora da comunidade de vocês, nem os avarentos, os ladrões ou os adora-
dores de ídolos — porque, se fosse assim, vocês teriam de deixar o mundo! 11 Não,
o que lhes escrevi foi para que não se associassem com alguém que supostamente
é um irmão, mas se entrega à imoralidade sexual, é avarento, adora ídolos, calu-
nia, embebeda-se ou rouba. Com essa pessoa, vocês não devem nem comer! 12 Pois
como haveria eu de julgar os de fora? Não são os de dentro da comunidade que
vocês devem julgar? 13 Deus julgará os de fora. Apenas **expulsem esse perverso do
meio de vocês.**[g]

6 1 Como ousa um de vocês, que tem uma queixa contra outro, dirigir-se aos ju-
ízes pagãos do tribunal e não ao povo de Deus? 2 Vocês não sabem que o povo
de Deus julgará o universo? Se vocês julgarão o universo, são incompetentes para
julgar essas causas menores? 3 Vocês não sabem que julgaremos os anjos, para
não mencionar os assuntos da vida cotidiana? 4 Portanto, se vocês têm questões a
respeito da vida cotidiana, por que as colocam diante de homens que não têm lugar
na comunidade messiânica? 5 Vocês deveriam ter vergonha disso! Não há ninguém
entre vocês sábio o suficiente para resolver uma disputa entre irmãos? 6 Em vez
disso, um irmão vai ao tribunal contra outro irmão, e isso diante de incrédulos!
7 O fato de irem ao tribunal uns contra os outros é, em si mesmo, uma derrota
para vocês. Por que não preferem ser enganados? Por que não preferem sofrer o
prejuízo? 8 Em vez disso, vocês mesmos enganam e prejudicam, e o fazem contra
os próprios irmãos! 9 Vocês não sabem que os injustos não terão parte no Reino de
Deus? Não se iludam: pessoas que mantêm relações sexuais antes do casamento,
adoram ídolos, praticam sexo depois do casamento com quem não é seu cônjuge,
têm relações sexuais ativas ou passivas com homossexuais, 10 roubam, são avaren-
tas, embebedam-se, atacam pessoas com linguagem insolente, pilhadoras, nenhu-
ma delas terá parte no Reino de Deus. 11 Alguns de vocês praticavam essas coisas.
Mas vocês se limparam, foram colocados à parte por Deus, foram contados justos
pelo poder do Senhor Yeshua, o Messias, e pelo Espírito de nosso Deus.
12 Vocês dizem: "Para mim, tudo é permitido"? Pode até ser, mas nem tudo é
proveitoso. "Para mim, tudo é permitido"? Talvez, mas no que tange a mim, não me
deixarei dominar por nada. 13 "O alimento foi feito para o estômago, e o estômago,
para o alimento"? Talvez, mas Deus dará fim a ambos. De qualquer modo, o cor-
po não é para a imoralidade sexual, mas para o Senhor, e o Senhor, para o corpo.
14 Deus ressuscitou o Senhor, e ele também nos ressuscitará por seu poder.
15 Vocês não sabem que seu corpo é membro do Messias? Portanto, pegarei os
membros do Messias e os unirei a uma prostituta? Nada disso! 16 Vocês não sabem

---

[g] *D'varim* [Dt] 13.6; 17.7,12; 19.19; 21.21; 22.21,24; 24.7

que o homem que se une à prostituta se torna fisicamente um com ela? Porque o *Tanakh* diz: **"Os dois se tornarão uma carne"**;[h] [17] mas quem se une ao Senhor é um espírito com ele. [18] Fujam da imoralidade sexual! Todos os outros pecados que a pessoa comete são de fora do corpo, mas quem fornica, peca contra o próprio corpo. [19] Ou vocês não sabem que seu corpo é um templo do *Ruach HaKodesh*, que habita em vocês, e que vocês receberam da parte de Deus? A verdade é que vocês não pertencem a si mesmos, [20] mas foram comprados por um preço. Então, usem o corpo para glorificar a Deus.

7 [1] Passemos agora às perguntas sobre as quais vocês escreveram: "É bom que o homem se mantenha longe de mulher?". [2] Bem, pelo perigo da imoralidade sexual, que cada homem tenha sua própria mulher, e cada mulher, seu próprio marido. [3] O marido deve dar à sua mulher o que lhe compete no relacionamento conjugal, e a mulher deve proceder da mesma forma em relação ao marido. [4] A mulher não tem o comando do próprio corpo, e, sim, o marido; da mesma forma, o marido não tem o comando do seu corpo, mas, sim, a mulher. [5] Não se privem um do outro, a não ser por um limitado período por acordo mútuo, e apenas para ter mais tempo para orar; logo após, voltem a unir-se. De outro modo, por sua falta de autocontrole, vocês podem sucumbir à tentação do Adversário. [6] Faço-o como sugestão, não como mandamento. [7] Na verdade, eu gostaria que todos fossem como eu; entretanto, cada um recebeu seu dom da parte de Deus, um para isto, outro para aquilo.

[8] Contudo, aos solteiros e viúvas digo que está certo se permanecerem sem casar como eu. [9] Se não puderem exercer autocontrole, devem casar-se; é melhor casar que arder por causa do desejo sexual.

[10] Para todos os casados, tenho um mandamento, não de minha parte, mas do Senhor: a mulher não deve se separar do seu marido. [11] No entanto, se ela se separar, deve permanecer sozinha ou reconciliar-se com o seu marido. Também o marido não deve abandonar sua mulher.

[12] Aos outros digo eu, não o Senhor: se um irmão ficar casado com uma incrédula, e ela estiver satisfeita e desejar continuar vivendo com ele, ela não deve ser abandonada. [13] Também, se uma mulher tem marido incrédulo, e ele está satisfeito e deseja permanecer vivendo com ela, ele não deve ser abandonado. [14] Pois o marido incrédulo foi separado para Deus pela mulher, e a mulher incrédula foi separada para Deus pelo irmão — de outro modo, seus filhos seriam "impuros", mas dessa forma eles foram separados para Deus. [15] Contudo, se o cônjuge incrédulo se separar, que se separe. Em circunstâncias semelhantes a essas, o irmão, ou a irmã, não está escravizado — Deus o chamou para a vida de paz. [16] Pois como você sabe, mulher, se salvará seu marido? Ou você, marido, como sabe se salvará sua mulher?

[17] Que cada pessoa viva como lhe foi designado pelo Senhor e viva na circunstância em que Deus a chamou. Esta é a regra que estabeleço em todas as congregações. [18] Alguém era circuncidado ao ser chamado? Então não tente remover as marcas da circuncisão. Era alguém incircunciso ao ser chamado? Ele não deve se submeter à *b'rit-milah*. [19] Ser circuncidado nada significa, e ser incircunciso não significa nada; o que significa alguma coisa é guardar os mandamentos de Deus. [20] Cada pessoa deve permanecer na condição em que estava ao ser chamada.

[21] Você era escravo ao ser chamado? Não permita que isso o incomode; apesar de você poder obter a liberdade, tire proveito dessa circunstância. [22] Pois a pessoa

[h] *B'reshit* [Gn] 2.24

que era escrava ao ser chamada é liberta no Senhor; da mesma forma, a pessoa chamada quando era livre é uma escrava do Messias. 23 Vocês foram comprados por um preço; por isso, não se tornem escravos de outros seres humanos. 24 Irmãos, cada um permaneça na condição em que Deus o chamou.

25 Passo agora à pergunta sobre os solteiros: não tenho mandamento da parte do Senhor, mas apresento minha opinião como alguém que, pela graça de Deus, é digno de confiança. 26 Creio que, em um tempo de tensão como o presente, é bom que as pessoas permaneçam como estão. 27 Isto é, se o homem tem mulher, não deve procurar ficar livre dela; se ele for solteiro, não deve procurar esposa. 28 Entretanto, se vocês se casarem, não pecam; e, se uma mulher se casar, não peca. Apenas as pessoas casadas sofrerão os problemas normais da vida conjugal, e eu gostaria de poupá-los disso. 29 O que lhes estou dizendo, irmãos, é que não há muito mais tempo: de agora em diante, o homem casado deve viver como se fosse solteiro — 30 e quem está triste deve viver como se não estivesse; também quem está feliz, como se não estivesse; 31 e quem lida com os assuntos do mundo, como se não cuidasse deles — porque o presente esquema de coisas não durará muito mais. 32 Desejo que vocês se livrem de preocupações. O homem solteiro se preocupa com os assuntos do Senhor, 33 sobre como agradar ao Senhor; mas o homem casado se preocupa com os assuntos do mundo, sobre como agradar a mulher, 34 encontrando-se dividido. Da mesma forma, a mulher que não é mais casada, ou a jovem que nunca se casou, preocupa-se com os assuntos do Senhor, sobre como ser santa no corpo e no espírito; no entanto, a mulher casada se preocupa com os assuntos do mundo, sobre como agradar ao marido. 35 Digo-lhes isso para seu benefício, não para impor-lhes restrições — simplesmente estou preocupado que vocês vivam da maneira certa e sirvam ao Senhor com devoção indivisa.

36 Contudo, se um homem acha que se comporta de forma desonrosa ao tratar a noiva dessa forma, e se há forte desejo sexual, o casamento deve ocorrer; que ele faça o que quiser — não estará pecando: que se casem. 37 Entretanto, se um homem decidiu o que fazer sem ser impulsionado para isso, mas tendo controle total de sua vontade, e se ele decidiu manter sua noiva virgem, fará bem. 38 Dessa forma, o homem que casa com sua noiva faz bem, e o homem que não se casa procede de forma melhor.

39 A mulher está ligada a seu marido enquanto ele viver; mas, se o marido morrer, ela está livre para se casar com quem quiser, desde que ele seja crente no Senhor. 40 No entanto, em minha opinião, ela será mais feliz se permanecer sem se casar, e, ao dizer isso, creio ter o Espírito de Deus.

8 1 Agora, acerca dos alimentos oferecidos aos ídolos, sabemos que, como vocês dizem: "Todos nós temos conhecimento". Sim, é verdade, mas "o conhecimento" enche a pessoa de orgulho, ao passo que o amor edifica. 2 A pessoa que pensa "conhecer" algo desconhece a forma que deve conhecer. 3 Entretanto, se alguém ama a Deus, Deus o reconhece.

4 Por isso, no que tange ao comer alimentos oferecidos a ídolos, "sabemos" — como vocês dizem — que "O ídolo não tem existência real no mundo, e há apenas um Deus". 5 Ainda que existam os chamados "deuses" na terra — e de fato há "deuses" e "senhores" em abundância —, 6 contudo, para nós há um só Deus, o Pai, de quem procedem todas as coisas e para quem existimos; e um só Senhor, Yeshua, o Messias, por meio de quem foram criadas todas as coisas e de quem recebemos o ser.

7 Mas nem todos têm esse conhecimento. Além do mais, algumas pessoas ainda estão tão acostumadas com os ídolos que, quando ingerem alimentos que lhes foram sacrificados, pensam ser afetadas por eles; e sua consciência, por ser fraca, é profanada. 8 Contudo, os alimentos não melhoram nosso relacionamento com Deus — não nos tornaremos mais pobres se nos abstivermos deles nem mais ricos se os ingerirmos. 9 Entretanto, cuidem para que sua habilidade para lidar com a situação não se transforme em pedra de tropeço para os fracos. 10 Vocês possuem esse “conhecimento”, mas suponham que alguém, de consciência fraca, os veja sentados e ingerindo alimentos na refeição no templo de um ídolo. Não será ele edificado de forma equivocada ao ser induzido a ingerir alimentos sacrificados a ídolos? 11 Desse modo, por causa do seu “conhecimento” a pessoa mais fraca é destruída — esse irmão por quem o Messias morreu; 12 e assim, ao pecar contra os irmãos por ferir-lhes a consciência fraca, vocês pecam contra o Messias!

13 Em resumo, se o alimento for uma armadilha para meu irmão, nunca mais comerei carne; de outro modo, farei meu irmão pecar.

9 1 Não sou livre? Não sou emissário do Messias? Não vi Yeshua, nosso Senhor? Não são vocês mesmos o resultado do meu trabalho no Senhor? 2 Ainda que para outros eu não seja emissário, ao menos para vocês o sou; vocês são a prova viva de que sou emissário do Senhor. 3 Essa é minha defesa quando as pessoas me testam.

4 Não temos o direito de receber comida e bebida? 5 Não temos o direito de levar conosco a esposa crente, como o fazem os outros emissários, bem como os irmãos do Senhor e Kefa? 6 Ou somente eu e Bar-Nabba somos obrigados a continuar trabalhando para nossa manutenção? 7 Vocês já ouviram falar de algum soldado que paga as próprias despesas? Ou de algum fazendeiro que plantou uma vinha e não comeu de seu fruto? Quem pastoreia um rebanho sem tomar de seu leite? 8 O que digo não se baseia apenas na autoridade humana, porque a *Torah* diz a mesma coisa — 9 porque na *Torah* de Mosheh está escrito: **“Não amordace o boi enquanto ele pisa os grãos”.**[i] Se Deus se preocupa com bois, 10 tudo mais que ele o diz é por nossa causa. Sim, isso foi escrito a nosso favor e significa: “o que ara e o que debulha devem trabalhar com a esperança de participar da colheita”. 11 Se plantamos entre vocês sementes espirituais, será muito se colhermos algo material de sua parte? 12 Se outras pessoas têm direito de serem sustentadas por vocês, nosso direito não é maior?

Nós, porém, não usamos esse direito. Ao contrário, suportamos tudo para não obstruir de nenhum modo as boas-novas a respeito do Messias. 13 Vocês não sabem que quem trabalha no templo recebe o alimento do templo, e que quem serve no altar partilha dos sacrifícios oferecidos ali? 14 Da mesma forma, o Senhor ordenou a quem anuncia as boas-novas que seja sustentado por elas.

15 Mas eu não usei nenhum desses direitos. Tampouco lhes escrevo com o objetivo de assegurá-los para mim mesmo, porque prefiro morrer a permitir que alguém me prive deste meu orgulho! 16 Pois não posso me orgulhar apenas por anunciar as boas-novas — eu o faço por uma compulsão interior: ai de mim se não anunciar as boas-novas! 17 Porque, se eu o fizer espontaneamente, recebo recompensa; mas, se o fizer de má vontade, ainda o faço, apenas porque me foi confiada essa tarefa. 18 Portanto, qual é minha recompensa? Apenas esta: ao anunciar as boas-novas, eu as apresento gratuitamente, sem usar os direitos que me competem.

---

[i] *D'varim* [Dt] 25.4

19 Porque, apesar de eu ser um homem livre, fiz-me escravo de todos, para ganhar tantas pessoas quanto possível. 20 Isto é, com os judeus coloquei-me no lugar de um judeu, a fim de ganhá-los. Com as pessoas sujeitas à perversão legalista da *Torah*, coloquei-me no lugar de alguém sujeito ao legalismo, a fim de ganhar os que se encontram sob o legalismo, ainda que eu mesmo não esteja sujeito à perversão legalista da *Torah*. 21 Para os que vivem fora do contexto da *Torah*, coloquei-me no lugar de alguém alheio à *Torah* a fim de ganhar os alienados da *Torah* — apesar de eu mesmo não estar de fora do contexto da *Torah* divina, mas no contexto da *Torah* afirmada pelo Messias. 22 Com os "fracos", tornei-me "fraco", a fim de ganhá-los. Lidei de formas diferentes para com pessoas diferentes, a fim de que em todas as circunstâncias eu pudesse salvar ao menos algumas delas.

23 No entanto, tudo faço pela recompensa prometida pelas boas-novas, para poder partilhá-las com quem vier a confiar. 24 Vocês não sabem que numa corrida todos competem, mas apenas um ganha o prêmio? Portanto, corram para vencer! 25 Todo atleta em treinamento se submete a disciplina severa, e ele o faz para ganhar a coroa de louros que em breve secará. Contudo, nós o fazemos para ganhar uma coroa que durará para sempre. 26 Por isso, não corro sem objetivo, mas vou direto à linha de chegada; tampouco luto contra um oponente imaginário, mas tento fazer cada soco valer pontos. 27 Trato meu corpo com severidade e faço dele meu escravo, para que, ao anunciar as boas-novas a outros, eu mesmo não seja desqualificado.

10 1 Por isso, irmãos, não quero que vocês percam o significado do que aconteceu com nossos pais. Todos eles foram guiados pela coluna de nuvem e todos passaram através do mar, 2 e em conexão com a nuvem e com o mar todos foram imersos em Mosheh, 3 e também todos comeram do mesmo alimento da parte do Espírito 4 e beberam da mesma bebida da parte do Espírito — porque eles beberam da Rocha enviada pelo Espírito — e que os seguia —, e essa Rocha era o Messias. 5 Contudo, a maioria deles não agradou a Deus, por isso os seus corpos foram espalhados pelo deserto.

6 No entanto, todas essas coisas foram acontecimentos históricos prefigurativos, como aviso para não colocarmos o coração nas coisas más, como eles fizeram. 7 Não sejam idólatras, como alguns deles foram — porque o *Tanakh* diz: **"O povo se sentou para comer e beber, e se levantou para festejar"**.[j] 8 Não nos entreguemos à imoralidade sexual, como alguns deles fizeram, resultando na morte de vinte e três mil pessoas em um só dia. 9 E não coloquemos o Messias à prova, como alguns deles, e foram mortos por serpentes. 10 E não murmurem, como alguns deles que foram mortos pelo anjo destruidor.

11 Essas coisas aconteceram a eles como prefigurações históricas e foram escritas como advertência para nós que vivemos no *acharit-hayamim*. 12 Portanto, quem pensa estar em pé, tome cuidado para não cair! 13 Nenhuma tentação incomum, maior do que as pessoas experimentam normalmente, sobreveio a vocês; Deus não permitirá que vocês sejam tentados além do que podem suportar. Ao contrário, com a tentação ele lhes proverá o escape, para que sejam capazes de suportar.

14 Por isso, meus queridos amigos, fujam da idolatria! 15 Dirijo-me a vocês como pessoas sensatas; julguem por si mesmos o que digo. 16 O "cálice da bênção" sobre o qual pronunciamos a *b'rakhah* — não é ele a participação no sangue da morte do Messias como sacrifício? O pão que partimos não é a participação no corpo do

[j] *Sh'mot* [Êx] 32.6

Messias? 17 Por haver um só pão, nós, que somos muitos, constituímos um único
corpo, pois todos participamos de um único pão. 18 Olhem para o Yisra'el físico: os
que comem dos sacrifícios não participam do altar? 19 Portanto, que estou dizendo?
Que o alimento sacrificado aos ídolos possui algum significado em si mesmo? Ou
que o ídolo tenha alguma importância? 20 Não! Digo que o que os pagãos sacrificam,
eles não o sacrificam a Deus, mas aos demônios; eu não quero que vocês tenham
participação com os demônios! 21 Vocês não podem beber do cálice do Senhor e do
cálice de demônios; não podem participar da refeição do Senhor e da refeição de
demônios. 22 Ou vocês querem enciumar o Senhor? Não somos mais fortes que ele,
somos?

23 "Tudo é permitido", é o que vocês dizem? Talvez; mas nem tudo é útil. "Tudo
é permitido"? Pode ser, mas nem tudo edifica. 24 Ninguém deve procurar os inte-
resses próprios, mas os de seus companheiros. 25 Coma o que se vende no mer-
cado sem suscitar questões de consciência, 26 **porque a terra e tudo o que nela
há pertencem ao Senhor.**[k] 27 Se algum incrédulo o convidar para uma refeição, e
você quiser ir, coma de tudo o que for posto à sua frente sem suscitar questões
de consciência. 28 Entretanto, se alguém lhe disser: "Esta refeição foi oferecida em
sacrifício", então não coma, por consideração a quem lhe advertiu e também por
causa da consciência. 29 No entanto, não me refiro à sua consciência, mas à alheia.
Vocês perguntam: "Por que minha liberdade deve ser determinada pela consciência
de outra pessoa? 30 Se eu participar com gratidão, serei criticado por algo pelo qual
dou graças a Deus?". 31 Tudo o que vocês fizerem: comer, beber ou qualquer outra
coisa, façam para dar glória a Deus. 32 Não sejam um obstáculo para ninguém —
nem para judeus, nem para gentios, tampouco para a comunidade messiânica de
Deus. 33 Da mesma forma que eu tento agradar a todos em tudo o que faço, não
procurando meus interesses, mas os dos outros, para que possam ser salvos,

11 1 tentem imitar-me, porque tento imitar o Messias.
2 Agora eu os louvo porque vocês se lembraram de tudo que lhes disse e
guardaram as tradições da forma que transmiti. 3 Contudo, desejo que entendam o
seguinte: o cabeça de todo homem é o Messias, e o cabeça da mulher é seu marido,
e o cabeça do Messias é Deus. 4 Todo homem que ora ou profetiza com alguma
coisa sobre a cabeça envergonha a cabeça, 5 e a mulher que ora ou profetiza com
a cabeça descoberta envergonha sua cabeça — não há diferença entre ela e a mu-
lher que rapa a cabeça. 6 Se a mulher não estiver coberta, que ela tenha também o
cabelo cortado curto; mas, se for vergonhoso para a mulher ter o cabelo cortado
bem curto, ou tê-lo rapado, então que ela ponha o véu. 7 Pois o homem não deve
ter o cabelo coberto, por ser a imagem e glória de Deus, e a mulher é a glória do
homem. 8 O homem não foi feito da mulher, mas a mulher, do homem; 9 o homem
não foi criado por causa da mulher, mas a mulher, por causa do homem. 10 A razão
pela qual a mulher deve cobrir a cabeça tem ligação com o fato de ela estar sob a
autoridade dos anjos. 11 No entanto, em união com o Senhor, a mulher não é inde-
pendente do homem, nem o homem é independente da mulher; 12 pois, da mesma
forma que a mulher foi criada do homem, também o homem nasce agora da mu-
lher. No entanto, todas as coisas procedem de Deus. 13 Decidam por si mesmos: é
adequado que a mulher ore a Deus sem estar coberta? 14 Não lhes ensina a própria
natureza das coisas que o homem com o cabelo crescido degrada a si mesmo?

[k] *Tehillim* [Sl] 24.1; 50.12; 89.11

15 A mulher, porém, que mantém o cabelo comprido melhora a aparência, porque o
cabelo lhe foi dado como uma cobertura. 16 Entretanto, se alguém quiser debater a
respeito disso, permanece o fato de não termos esse costume, nem as comunidades
messiânicas de Deus.

17 Ao lhes transmitir a próxima instrução, no entanto, eu não os louvo, pois,
quando vocês se reúnem, isso faz mais mal do que bem! 18 Em primeiro lugar, ouço
que, ao se reunirem, vocês se dividem em facções, e eu creio nisso até certo ponto
19 (pelo fato da necessidade de haver divisões entre vocês para mostrar quem está
certo). 20 Portanto, quando vocês se reúnem, não é para participar da refeição do
Senhor; 21 porque, quando se alimentam, cada um come sozinho do que trouxe; uns
ficam com fome, e outros se embebedam. 22 Vocês não têm casa para comer e beber
nela? Ou estão tentando mostrar desdém para com a comunidade messiânica de
Deus e constranger os pobres? O que devo dizer-lhes? Devo louvá-los? Bem, por
isso eu não os louvarei!

23 Porque recebi do Senhor o que lhes transmiti: que o Senhor Yeshua, na noite
em que foi traído, pegou o pão; 24 e depois de dizer a *b'rakhah* o partiu e disse:
"Este é o meu corpo, que é para vocês. Façam isto como um memorial para mim";
25 da mesma forma, pegou o cálice, após a refeição, dizendo: "Este cálice é a Nova
Aliança realizada pelo meu sangue; façam isto, todas as vezes que o beberem,
como um memorial para mim". 26 Porque, todas as vezes que vocês comerem este
pão e beberem do cálice, anunciam a morte do Senhor até ele vir.

27 Portanto, quem comer o pão do Senhor ou beber do cálice do Senhor de
forma indigna será culpado de profanar o corpo e o sangue do Senhor! 28 Por isso,
que a pessoa examine a si mesma e, então, coma o pão e beba do cálice; 29 porque
a pessoa que come e bebe sem reconhecer o corpo, come e bebe juízo sobre si
mesma! 30 Essa é a razão pela qual muitos de vocês estão fracos e doentes, e al-
guns morreram! 31 Se nós nos examinássemos, não incorreríamos no juízo. 32 Mas,
quando somos julgados por Deus, somos disciplinados para não sermos conde-
nados com o mundo.

33 Então, meus irmãos, quando vocês se reunirem para comer, esperem uns pe-
los outros. 34 Se alguém sentir fome, que coma em casa, para que a reunião de vocês
não resulte em juízo.

Acerca das outras questões, eu os instruirei quando chegar.

12 1 Portanto, irmãos, não quero que permaneçam ignorantes a respeito das
coisas do Espírito. 2 Vocês sabem que, quando eram pagãos, não importava
como se sentiam, vocês eram induzidos ao erro pelos ídolos, incapazes de falar. 3
Portanto, quero deixar bem claro que ninguém falando pelo Espírito de Deus dirá:
"Yeshua é amaldiçoado!", e ninguém pode dizer: "Yeshua é Senhor", a não ser pelo
Ruach HaKodesh.

4 Existem tipos diferentes de dons, mas o mesmo Espírito os concede. 5 Há
também formas diversas de servir, mas o mesmo Senhor é servido. 6 Existem vários
modos de atuar, mas o mesmo Deus os faz ativos em todos. 7 Além disso, a cada
pessoa é concedida uma manifestação particular do Espírito para o bem comum.
8 A uma, mediante o Espírito, é dada a palavra de sabedoria; a outra, a palavra de
conhecimento, de acordo com o mesmo Espírito; 9 a outra, fé, pelo mesmo Espírito;
a outra, dons de curar, pelo único Espírito; 10 a outra, a realização de milagres; a
outra, profecia; a outra, a habilidade de julgar espíritos; a outra, a capacidade de fa-
lar em tipos diferentes de línguas; e a outra, a habilidade de interpretar as línguas.

11 O mesmo Espírito atua em todas essas coisas, distribuindo-as a cada pessoa de
acordo com sua escolha. 12 Do mesmo modo que há apenas um corpo com muitos
membros, e todos os membros do corpo, apesar de muitos, constituem um só cor-
po, também é assim com o Messias. 13 Por meio de um único Espírito, todos fomos
imersos num único corpo, judeus ou gentios, escravos ou livres; e a todos nós foi
dado beber de um único Espírito.

14 Na verdade, o corpo não é constituído de um só membro, mas de muitos. 15 Se
o pé disser: "Não sou mão, por isso não sou parte do corpo", isso não o faz parar de
ser membro do corpo. 16 E se o ouvido disser: "Não sou olho, portanto não integro o
corpo", isso não o impede de ser membro do corpo. 17 Se todo o corpo fosse apenas
um olho, como poderia ele ouvir? E se fosse apenas o ouvido, como poderia sentir
o cheiro? 18 Da forma em que se encontra, Deus arranjou os membros do corpo exa-
tamente do modo que ele deseja. 19 Se todos eles fossem apenas um membro, onde
estaria o corpo? 20 No entanto, desse modo, existem muitos membros e apenas um
corpo. 21 Por isso, o olho não pode dizer à mão: "Não preciso de você", ou a cabeça
dizer aos pés: "Não tenho necessidade de vocês". 22 Ao contrário, os membros do
corpo aparentemente menos importantes tornam-se os mais necessários, 23 às par-
tes que consideramos menos dignas damos maior dignidade, e os membros menos
atraentes são os que tornamos o mais atraentes possível, 24 ao passo que os mem-
bros atraentes não necessitam desse tratamento. Na verdade, Deus uniu o corpo
a fim de conceder mais dignidade aos membros que têm carência dela, 25 para que
não haja desentendimento no interior do corpo, mas que todos os membros se
preocupem de forma igual uns com os outros. 26 Desse modo, se um membro sofre,
todos os membros sofrem com ele; e se um membro é honrado, todos os membros
têm parte em sua felicidade.

27 Vocês formam em conjunto o corpo do Messias e, individualmente, são mem-
bros dele. 28 E Deus os colocou na comunidade messiânica: em primeiro lugar, os
emissários; em segundo lugar, os profetas; em terceiro lugar, os mestres; a seguir,
as pessoas que realizam milagres; as pessoas com dons de curar; os que têm a capa-
cidade de ajudar; os experientes em administrar; e os que falam em várias línguas.
29 Não são todos emissários, são? Nem todos são profetas, mestres, realizadores de
milagres, são? 30 Nem todos têm dons de curar, nem todos falam em línguas, nem
todos as interpretam, não é mesmo? 31 Procurem com empenho os melhores dons.

No entanto, eu lhes mostrarei agora o melhor caminho.

13 1 Posso falar as línguas dos homens, até de anjos,
mas se me faltar amor, tornei-me apenas
metal que soa ou um címbalo que retine.

2 Posso ter o dom de profecia,
posso sondar todos os mistérios, conhecer todas as coisas,
ter muita fé — o suficiente para mover montanhas;
se me faltar amor, não sou nada.

3 Posso me desfazer de todas as posses,
posso até entregar meu corpo para ser queimado;
se me faltar amor, não ganharei nada.

4 O amor é paciente e bondoso, não é ciumento nem orgulhoso,
5 não é vaidoso, rude ou egoísta, não se ira facilmente,
nem mantém um registro dos erros.

6 O amor não tripudia sobre os pecados das pessoas,
mas se deleita na verdade.
7 O amor sempre suporta, sempre confia,
sempre espera, sempre tolera.
8 O amor jamais acabará, mas as profecias passarão,
as línguas cessarão, o conhecimento passará.
9 Porque nosso conhecimento é parcial, a profecia é parcial;
10 quando, porém, vier o perfeito, o que é parcial findará.

11 Quando eu era criança, falava como criança,
pensava como criança, argumentava como criança;
agora que me tornei homem,
não procedo mais de forma infantil.

12 Porque agora enxergamos de modo obscuro por um espelho,
mas, então, veremos face a face.
Agora conheço em parte; então, conhecerei plenamente,
da mesma forma que Deus me conhece de forma completa.
13 Mas agora permanecem três coisas:
a confiança, a esperança e o amor;
e a maior delas é o amor.

14 1 Procurem o amor!
Entretanto, continuem buscando com avidez as coisas do Espírito; pro-
curem especialmente a habilidade de profetizar. 2 Porque quem fala em uma língua
não se dirige às outras pessoas, mas a Deus, porque ninguém é capaz de entendê-
-la, pois fala de mistérios pelo poder do Espírito. 3 No entanto, quem profetiza fala
às pessoas, para as edificar, encorajar e confortar. 4 Quem fala em uma língua edifi-
ca a si mesmo, mas quem profetiza edifica a congregação. 5 Desejo que todos vocês
falem em línguas; todavia, meu desejo maior é que profetizem. Quem profetiza é
maior do que quem fala em línguas, a menos que forneça a interpretação para que
a congregação seja edificada.
6 Irmãos, suponham que eu me dirija a vocês falando em línguas. Como pos-
so beneficiá-los, a menos que eu lhes leve revelação, conhecimento, profecia ou
ensino? 7 Mesmo no caso de um instrumento sem vida, como a flauta ou a harpa,
como alguém reconhecerá a melodia se uma nota não for diferente da outra? 8 Se o
toque do clarim não for distinguível, quem se preparará para a batalha? 9 O mesmo
acontece com vocês: como alguém poderá saber o que dizem, a menos que usem
a língua para produzir palavras inteligíveis? Vocês estariam falando com o ar! 10 É
verdade que existem muitos tipos de sons no mundo, e nenhum deles é totalmente
desprovido de sentido. 11 Contudo, se eu ignorar o significado do som de alguém,
serei estrangeiro para quem fala, e também quem fala será estrangeiro para mim. 12
Da mesma forma acontece com vocês: pelo fato de buscarem com avidez as coisas
do Espírito, procurem de forma especial a capacidade de edificar a congregação.
13 Por isso, quem fala em uma língua deve orar pelo poder para interpretá-la.
14 Pois, ao orar em língua, meu espírito ora, mas minha mente permanece improdu-
tiva. 15 Então, o que fazer? Orarei com o espírito, mas também orarei com a mente;

cantarei com o espírito, mas também cantarei com a mente. 16 De outro modo, se vocês agradecerem com o espírito, como alguém que ainda não recebeu muita instrução será capaz de dizer "*amen*", ao fim da oração de graças, se não entender o que foi dito? 17 Sem dúvida, vocês deram graças a Deus, mas os outros não foram edificados. 18 Agradeço a Deus por falar em línguas mais do que todos vocês, 19 mas em uma reunião congregacional prefiro dizer cinco palavras com a mente a fim de instruir outras pessoas a falar dez mil palavras em uma língua!

20 Irmãos, não sejam crianças quanto à forma de pensar. Sejam crianças em relação ao mal; mas no tocante ao pensamento, sejam adultos! 21 Está escrito na *Torah*:

> **"Por meio de outras línguas**
> **e pelos lábios de estrangeiros**
> **falarei a este povo.**
> **Mas, mesmo assim, eles não me ouvirão",**
> diz *Adonai*.[1]

22 Portanto, as línguas não são um sinal para os crentes, mas para os incrédulos, ao passo que a profecia não é para os incrédulos, mas para os crentes. 23 Por isso, se toda a congregação se reunir e todos falarem em línguas, e pessoas não instruídas ou incrédulas estiverem presentes, não dirão que vocês estão loucos? 24 No entanto, se todos vocês profetizarem, e algum incrédulo ou não instruído estiver presente, ele será convencido do pecado por todos, e será levado a juízo por todos, 25 e os segredos do seu coração serão conhecidos; por isso, ele se prostrará com o rosto em terra e adorará a Deus, dizendo: "Deus está realmente entre vocês!".

26 Que concluem, irmãos? Todas as vezes que vocês se reúnem, que todos estejam prontos com um salmo, ou um ensinamento, uma revelação, para usar o dom de línguas ou de interpretação, mas que tudo seja feito para a edificação. 27 Se o dom de línguas for exercitado, que seja feito por duas pessoas, no máximo três, uma pessoa por vez, e que alguém interprete. 28 Se não houver ninguém presente com a capacidade de interpretar, as pessoas que falam em línguas devem manter silêncio enquanto a congregação se reúne — elas podem falar consigo mesmas e com Deus. 29 Que dois ou três profetas falem, os demais devem avaliar o que foi dito. 30 Se alguma coisa for revelada ao profeta que está sentado, que o primeiro profeta fique em silêncio. 31 Todos vocês podem profetizar, um por um, para que todos aprendam e sejam encorajados. 32 Além disso, o espírito dos profetas está sob o controle dos profetas. 33 Deus não é um Deus de desordem, mas de *shalom*.

Como em todas as congregações do povo de Deus, 34 que as mulheres mantenham silêncio na reunião congregacional; não lhes é permitido falar. Ao contrário, devem manter-se em sujeição como também diz a *Torah*; 35 se quiserem saber de algo, que perguntem ao marido em casa; é vergonhoso uma mulher falar em uma reunião congregacional.

36 A palavra de Deus teve origem em vocês? Ou vocês são o único povo ao qual ela chegou? 37 Se alguém pensa ser profeta ou ter sido contemplado pelo Espírito, reconheça o que lhes escrevo como mandamento do Senhor. 38 Se alguém não o reconhecer, ele deve ser ignorado.

39 Por isso, meus irmãos, busquem com avidez o profetizar e não proíbam o falar em línguas; 40 no entanto, todas as coisas devem ser feitas de forma apropriada e ordeira.

---

[1] *Yesha'yahu* [Is] 28.11

15 1 Irmãos, agora preciso lembrá-los das boas-novas que lhes anunciei, as
quais receberam, e nas quais tomaram seu lugar, 2 e pelas quais estão sen-
do salvos — contanto que se apeguem à mensagem que lhes anunciei. Se não o
fizerem, vocês terão confiado em vão. 3 Entre as primeiras coisas que lhes ensinei,
e que vocês receberam, está a seguinte: o Messias morreu por nossos pecados, de
acordo com o que diz o *Tanakh*; 4 e ele foi sepultado, e ressuscitou ao terceiro dia,
de acordo com o que diz o *Tanakh*, 5 e foi visto por Kefa e pelos Doze; 6 mais tarde,
foi visto por mais de quinhentos irmãos, de uma só vez, cuja maioria ainda vive,
ainda que alguns tenham morrido. 7 Depois ele foi visto por Ya'akov e, a seguir,
por todos os emissários; 8 em último lugar, foi visto por mim, ainda que eu tenha
nascido no momento errado. 9 Porque eu sou o menor dos emissários, indigno de
ser chamado emissário por ter perseguido a comunidade messiânica de Deus. 10
Contudo, pela graça de Deus sou o que sou, e sua graça para comigo não é em vão;
ao contrário, tenho trabalhado mais do que todos eles; ainda que não seja eu, mas
a graça de Deus que está comigo. 11 De qualquer forma, seja eu ou sejam eles, isto
é o que anunciamos, e é nisto que vocês creram.

12 Contudo, se lhes foi anunciado que o Messias ressuscitou dentre os mortos,
como alguns de vocês podem dizer que não há ressurreição dos mortos? 13 Se não
há ressurreição dos mortos, o Messias não ressuscitou; 14 e se o Messias não ressus-
citou, o que anunciamos é vão, e também a confiança de vocês é vã; 15 além disso,
somos considerados falsas testemunhas de Deus porque testemunhamos que ele
ressuscitou o Messias — o que não aconteceu se não for verdade que os mortos
ressuscitam. 16 Se os mortos não ressuscitam, o Messias não ressuscitou; 17 se o
Messias não ressuscitou, a confiança de vocês é inútil, e vocês ainda estão nos seus
pecados. 18 Também se esse for o caso, quem morreu em união com o Messias está
perdido. 19 Se for só nesta vida que depositamos a esperança no Messias, somos
mais dignos de dó que os demais.

20 Entretanto, a verdade é que o Messias ressuscitou dos mortos, as primícias den-
tre os mortos. 21 Pois a morte procedeu de um homem, e também a ressurreição dentre
os mortos proveio de um homem. 22 Em conexão com a morte de Adam, todos mor-
rem; então, em conexão com o Messias, todos serão vivificados. 23 No entanto, cada
um em sua ordem: o Messias é as primícias; a seguir, os que pertencem ao Messias,
no tempo de sua vinda; 24 então, na culminação, quando ele entregar o Reino a
Deus Pai, depois de ter dado fim a todo governo, sim, a toda autoridade e poder.
25 Porque ele deve governar até colocar todos os seus inimigos debaixo de seus pés.
26 O último inimigo a ser vencido será a morte, 27 pois **"ele porá todas as coisas em
sujeição debaixo de seus pés"**.[m] Mas, ao dizer que **"todas as coisas"** lhe foram su-
jeitas, é óbvio que a palavra não inclui Deus, pois é ele quem sujeita todas as coisas
ao Messias. 28 Quando todas as coisas tiverem sido sujeitas ao Filho, ele mesmo se
sujeitará a Deus, que tudo lhe sujeitou, para que Deus seja tudo em todos.

29 Se fosse de outra forma, o que obteriam as pessoas imersas a favor dos mor-
tos? Se os mortos não ressuscitam, por que as pessoas se deixam imergir a favor
deles? 30 Por esse motivo, por que nós mesmos continuávamos a enfrentar perigos
hora após hora? 31 Irmãos, pelo direito de me orgulhar — dado a mim pelo Messias
Yeshua, nosso Senhor, digo-lhes solenemente que morro todos os dias. 32 Se minha
luta com as "bestas selvagens" de Éfeso se deu apenas em uma base humana, o
que ganho com ela? Se os mortos não ressuscitam, podemos viver segundo o adá-
gio: **"Vamos comer e beber, pois amanhã morreremos"**.[n] 33 Não sejam enganados.

[m] *Tehillim* [Sl] 8.7(6)

“Más companhias estragam o bom caráter”. 34 Usem o bom senso! Vivam de forma
correta e parem de pecar! Existem pessoas às quais falta o conhecimento de Deus
— e isso para vergonha de vocês.

35 Mas alguém perguntará: “De que forma os mortos ressuscitam? Que tipo de
corpo eles têm?”. 36 Estulto! Quando a semente é semeada, ela não brota até morrer.
37 Além disso, o que se semeia não é o que o corpo será, mas apenas a semente,
digamos, de trigo ou outra coisa qualquer. 38 Deus, porém, lhe concede o corpo que
quiser, a cada tipo de semente ele concede corpo próprio. 39 Nem toda matéria viva
é igual: ao contrário, há um tipo para os seres humanos; outro tipo de matéria viva
para os animais; outro, para os pássaros; e, ainda outro, para os peixes. 40 Também
existem corpos celestiais e terrenos. No entanto, a beleza dos corpos celestes é de
uma espécie, ao passo que a beleza dos corpos terrenos é totalmente diferente.
41 O sol possui um tipo de beleza, a lua outro, e o das estrelas também é diferente;
na verdade, cada estrela possui beleza particular.

42 Assim é com a ressurreição dos mortos. Quando o corpo é “semeado”, ele
sofre decomposição; ao ser ressuscitado, nunca mais poderá decompor-se. 43 Ao
ser semeado, falta-lhe dignidade; ao ressurgir, será maravilhoso. Quando semeado,
é fraco; quando ressurgir, será forte. 44 Ao ser semeado, é um corpo humano co-
mum; ao ressurgir, será um corpo controlado pelo Espírito. Se há o corpo humano
comum, também há o corpo controlado pelo Espírito. 45 De fato, o *Tanakh* afirma
nesse sentido: Adam, o primeiro homem, **tornou-se um ser humano vivo**;[o] porém
o último “Adam” se tornou um Espírito que concede vida. 46 Reparem, no entanto,
que o corpo do Espírito não veio em primeiro lugar, e sim o corpo humano comum;
o procedente do Espírito lhe é posterior. 47 O primeiro homem é da terra, feito de
barro; o segundo homem é do céu. 48 As pessoas nascidas da terra são semelhantes
ao homem da terra; e as pessoas nascidas do céu são parecidas com o homem do
céu; 49 e da mesma forma como nascemos à imagem do homem da terra, também
portaremos a imagem do homem do céu.

50 Eu lhes digo, irmãos, que carne e sangue não têm parte no Reino de Deus,
tampouco pode algo que se decompõe partilhar do que não sofre decomposição.
51 Percebam que eu lhes digo um segredo: nem todos nós morreremos! Mas todos
seremos modificados! 52 Será em um instante, em um piscar de olhos, no *shofar* fi-
nal. Porque o *shofar* soará, e os mortos serão ressuscitados para viver para sempre,
e nós também seremos transformados. 53 Porque este material, que pode se decom-
por, deve ser revestido de imperecibilidade; este que é mortal deve ser revestido
de imortalidade. 54 Quando o que perece se revestir de imperecibilidade e o que é
mortal se revestir de imortalidade, então esta passagem do *Tanakh* será cumprida:

“A morte foi consumida pela vitória”.[p]

55 **“Morte, onde está sua vitória?**
Morte, onde está seu ferrão?”.[q]

56 O ferrão da morte é o pecado, e o pecado deriva poder da *Torah*; 57 mas graças a
Deus, que nos dá a vitória por meio de nosso Senhor Yeshua, o Messias!

58 Portanto, meus queridos irmãos, permaneçam firmes e inamovíveis, sempre
realizando o trabalho do Senhor de forma tão vigorosa quanto possível, sabendo
que em união com o Senhor seus esforços não são em vão.

---

[n] *Yesha‘yahu* [Is] 22.13; 56.12 [o] *B’reshit* [Gn] 2.7 [p] *Yesha‘yahu* [Is] 25.8 [q] *Hoshe‘a* [Os] 13.14

16 1 Agora, com relação à coleta feita a favor do povo de Deus: procedam da
mesma forma que indiquei às congregações da Galácia: 2 Toda semana, após
o *motza'ei-shabbat*, cada um de vocês deve colocar algum dinheiro à parte, segun-
do suas posses, e guardá-lo; dessa forma, quando eu chegar, não terei de levantar
fundos. 3 Também quando chegar, enviarei algumas cartas de apresentação às pes-
soas aprovadas por vocês e as enviarei a Yerushalayim para levar a oferta. 4 Parece
apropriado que eu também vá; portanto, elas irão comigo.

5 Eu os visitarei após atravessar a Macedônia, porque desejo passar por ali
6 e ficar algum tempo com vocês, ou até mesmo ficar aí no inverno, para que me
possam ajudar a dar sequência às minhas viagens, aos locais aonde tenho de ir.
7 Não desejo vê-los agora, pois estou apenas de passagem; espero passar algum
tempo com vocês, se o Senhor o permitir. 8 No entanto, permanecerei em Éfeso
até *Shavu'ot*, 9 porque uma grande porta foi aberta para meu trabalho, e muitas
pessoas se opõem a mim.

10 Se Timóteo vier, cuidem para que ele nada tenha a temer enquanto estiver
com vocês; ele está realizando o trabalho do Senhor, da mesma forma que eu.
11 Que ninguém o desrespeite. Ajudem-no em seu caminho para que ele volte para
mim, porque eu e os irmãos esperamos por ele.

12 Quanto ao irmão Apolo, eu lhe pedi que visitasse vocês com outros irmãos; e,
apesar de ele não desejar fazê-lo neste momento, irá quando tiver oportunidade.

13 Fiquem alertas, permaneçam firmes na fé, comportem-se como gente do bem,
cresçam fortes. 14 Que todas as suas ações sejam realizadas com amor.

15 Irmãos, vocês sabem que os membros da casa de Estéfanas foram as primei-
ras pessoas da Acaia a pôr sua fé no Messias, e eles se dedicaram a servir ao povo
de Deus. 16 Eu os exorto à submissão a pessoas como eles, bem como a todos os que
trabalham arduamente com eles. 17 Estou contente com a presença de Estéfanas,
Fortunato e Acaico, porque eles estão aqui no lugar de vocês. 18 Eles aliviaram meu
espírito, como eu procedi em relação a vocês. Desejo que demonstrem apreço por
pessoas desse tipo.

19 As congregações da província da Ásia lhes enviam cumprimentos. Áquila e
Priscila os saúdam em união com o Senhor, como o faz a congregação que se reúne
em sua casa. 20 Todos os irmãos enviam cumprimentos. Cumprimentem-se com um
beijo santo.

21 *Eu, Sha'ul, os cumprimento de próprio punho.*

22 *Se alguém não ama o Senhor, seja amaldiçoado! Maranata!*

[Vem, nosso Senhor!]

23 *Que a graça do Senhor Yeshua seja com vocês.*

24 *Meu amor estará com vocês todos em união com o Messias Yeshua.*

אגרת שאול השניה
אל הקורינתים

A segunda carta de Sha'ul, emissário de Yeshua, à comunidade messiânica de Corinto

2 Coríntios

1 1 De: Sha'ul, emissário do Messias Yeshua pela vontade de Deus, e o irmão
Timóteo
Para: A comunidade messiânica de Corinto, com todo o povo de Deus da Acaia:
2 Graça e *shalom* a vocês da parte de Deus Pai e do Senhor Yeshua, o Messias.
3 Louvado seja Deus, Pai de nosso Senhor Yeshua, o Messias, o Pai compassivo,
Deus de todo o encorajamento e consolo, 4 que nos estimula em todas as nossas
dificuldades, para sermos capazes de encorajar outras pessoas, nas dificuldades
que estiverem enfrentando, com o estímulo recebido de Deus.
5 Da mesma forma que os sofrimentos do Messias transbordam para nós, tam-
bém por meio do Messias nosso encorajamento transborda. 6 Por isso, se passamos
por dificuldades, isso também é para o encorajamento e a libertação de vocês; se
somos encorajados, que sirva de encorajamento quando tiverem de suportar sofri-
mentos como esses pelos quais estamos passando. 7 Além disso, nossa esperança
em relação a vocês permanece inabalável, pois sabemos da sua participação no
encorajamento na medida exata de seus sofrimentos.
8 Porque, irmãos, desejamos informá-los sobre as dificuldades enfrentadas por
nós na província da Ásia. O peso posto sobre nós estava muito além de nossa ca-
pacidade de suportá-lo, de modo que perdemos a esperança de sobreviver a ele.
9 Sentimos no coração estar sob uma sentença de morte. Contudo, o propósito de
tudo era fazer-nos confiar em Deus, que ressuscita os mortos, não em nós mesmos.
10 Ele nos resgatou desse perigo mortal e nos salvará outra vez! 11 Ao que vocês
devem adicionar seu auxílio — mediante a oração a nosso favor; pois quantas mais
pessoas orarem, tantas mais darão graças quando sua oração for respondida.
12 Porque nos orgulhamos disso: nossa consciência nos assegura de que ao li-
darmos com o mundo, e especialmente com vocês, nos portamos com franqueza e
motivação pura — não com a sabedoria do mundo, mas com a graça concedida por
Deus. 13 Não há significados ocultos em nossas cartas além do que vocês podem ler
e entender; minha esperança é que vocês as entendam plenamente, 14 como já nos
entenderam em parte, para que no dia do Senhor Yeshua possam se orgulhar de
nós como nós nos orgulhamos de vocês.
15 Eu estava tão certo disso que planejei ir até aí e vê-los, para que tivessem o
benefício da segunda visita. 16 Desejei visitá-los no caminho da ida e de volta da
Macedônia, para que daí vocês me enviassem a Y'hudah.
17 Teria eu estabelecido essas palavras de maneira leviana? Faço planos como
um homem mundano, pronto para dizer "sim, sim" e "não, não" de uma só vez?

18 Tão certo quanto Deus é fidedigno, não dizemos "sim" quando queremos responder
"não". 19 Porque o Filho de Deus, o Messias Yeshua, que lhes foi anunciado por
nosso intermédio — isto é, por meio de Silas e Timóteo — não era homem de
sim-e-não; ao contrário, nele sempre houve "sim". 20 Porque as muitas promessas
feitas por Deus, todas encontravam a resposta "sim", em conexão com ele; e esta
é a razão de por meio dele pronunciarmos o "*amen*" quando damos glória a Deus.
21 Além disso, é Deus quem estabelece vocês e nós em união inquebrantável com o
Messias; ele nos ungiu, 22 colocando em nós o seu selo, dando-nos seu Espírito em
nosso coração como garantia do futuro.

23 Tomo a Deus como testemunha — ele sabe como vivo — de que a razão pela qual
me mantive ausente de Corinto procedeu da consideração por vocês! 24 Não tentamos
"ditar" o modo pelo qual devem pôr em prática a confiança no Messias, porque nele
vocês permanecem firmes. Ao contrário, trabalhamos com vocês para nossa alegria.

2 1 Portanto, estabelecerei o propósito de não lhes fazer outra visita dolorosa.
2 Se eu lhes causo dor, quem me alegrará, a não ser o povo a quem infligi dor?
3 De fato, este é o motivo de escrever como fiz — para que, ao chegar, eu não tivesse
de infligir dor a quem deveria me fazer feliz; porque eu estava muito confiante de
que todos vocês acreditavam que, se eu não estivesse contente, nenhum de vocês
também estaria. 4 Escrevi-lhes com o coração contristado e angustiado, e com mui-
tas lágrimas, não com o objetivo de lhes causar dor, mas para que percebessem
quanto os amo.

5 Entretanto, se alguém foi a causa de dor, não fui eu quem a causou, mas, em
certa medida — não desejo exagerar —, foram vocês todos. 6 Para tal pessoa, a pu-
nição já imposta pela maioria é suficiente 7 para que agora vocês façam o contrário:
perdoem-no, encorajem-no e o confortem. De outro modo, essa pessoa poderá ser
consumida pela depressão esmagadora. 8 Portanto, eu os exorto a demonstrar que o
amam de verdade. 9 O motivo pelo qual lhes escrevi era saber se passariam no teste,
saber se obedeceriam a mim de forma total. 10 A todos a quem perdoarem, também
eu perdoo. Na realidade, seja o que eu tiver perdoado, se havia algo a perdoar, o fiz
por causa de vocês, na presença do Messias, 11 para que o Adversário não tirasse
vantagem de nós — porque temos consciência de seus planos.

12 Quando me dirigia a Trôade para anunciar as boas-novas a respeito do Messias,
porque uma porta havia sido aberta para mim pelo Senhor, 13 não consegui descan-
sar por não ter encontrado meu irmão Tito. Então deixei as pessoas ali e parti para
a Macedônia.

14 Mas graças a Deus, que no Messias nos leva constantemente em uma posição
triunfal e por meio de nós espalha em todo lugar a fragrância do significado de
conhecê-lo! 15 Porque para Deus somos o aroma do Messias, entre os salvos e os
perdidos; 16 para estes, somos o cheiro de morte conducente apenas à morte; mas,
para os primeiros, somos o cheiro da vida que conduz a mais vida. Quem é apto
para essa tarefa? 17 Porque não somos semelhantes a muitas pessoas que vendem a
mensagem de Deus por um valor; ao contrário, tudo o que falamos procede de um
coração sincero, como pessoas enviadas por Deus, que permanecem na presença
dele, vivendo em união com o Messias.

3 1 Estamos nos recomendando outra vez? Ou, à semelhança de alguns, necessita-
mos de cartas de recomendação para vocês ou da sua parte? 2 Vocês mesmos são
nossa carta de recomendação, escrita em nosso coração, conhecida e lida por todos.

3 Vocês mostram ser uma carta do Messias, colocada sob nossos cuidados, não
escrita com tinta, mas pelo Espírito do Deus vivo, não em tábuas de pedra, mas em
corações humanos.
4 Tal é a confiança que temos mediante o Messias em relação a Deus. 5 Não se
trata de nossa competência, ou de pensarmos que algo proceda de nós; ao contrá-
rio, nossa competência procede de Deus. 6 Ele nos tornou aptos para o trabalho a
serviço da Nova Aliança, cuja essência não é um texto escrito, mas o Espírito. Por-
que o texto traz morte, mas o Espírito concede vida.
7 Ora, se o que trazia a morte operava por meio de um escrito gravado em
tábuas de pedra, veio com tal glória que o povo de Yisra'el não conseguiu contem-
plar a face de Mosheh por causa de seu brilho, ainda que desvanecente, 8 não será
a obra do Espírito acompanhada de glória maior? 9 Pois se havia glória no que seria
para declarar culpadas as pessoas, quão maior será a glória sobejante das obras
de inocentar pessoas! 10 De fato, em comparação com essa glória, o que antes era
glorioso não o é mais. 11 Porque, se havia glória no que passou, quanto mais glória
há no que perdura.
12 Portanto, com essa esperança, estamos visíveis — 13 diferentemente de Mosheh,
que pôs um véu sobre a face para que o povo de Yisra'el não visse o brilho desva-
necente chegar ao fim.
14 Além disso, a mente deles era semelhante à pedra, pois até o dia de hoje
o mesmo véu permanece sobre eles enquanto leem a Antiga Aliança; não lhes
foi esclarecido, pois apenas pelo Messias o véu é removido. 15 Até hoje, sempre
que Mosheh é lido, o véu permanece sobre o coração deles. 16 **"No entanto"**, diz a
Torah, **"sempre que alguém se volta para *Adonai*, o véu é removido"**.[a] 17 No texto,
"*Adonai*" significa o Espírito. E onde está o Espírito de *Adonai*, aí há liberdade.
18 Por isso, todos nós com a face descoberta vemos a glória do Senhor como em um
espelho; e estamos sendo transformados à imagem dele, de um grau de glória ao
seguinte, por *Adonai*, o Espírito.

4 1 Deus demonstrou tanta misericórdia para conosco que não perdemos a cora-
gem enquanto realizamos o trabalho que ele nos deu. 2 Na verdade, recusamo-
-nos a usar métodos vergonhosos e sorrateiros, empregando fraude ou distorção
da mensagem de Deus. Ao contrário, anunciando de forma inequívoca o que é a
verdade, recomendamo-nos à consciência de todos, diante de Deus. 3 Por isso, se
nossas boas-novas estão encobertas, elas se encontram encobertas apenas para
quem está se perdendo. 4 Essas pessoas não confiam porque o deus do *'olam hazeh*
cegou-lhes a mente para impedi-las de ver a luz brilhante das boas-novas a respei-
to da glória do Messias, que é a imagem de Deus. 5 Pois não proclamamos a nós
mesmos, mas o Messias Yeshua como Senhor, e a nós como escravos de vocês, por
causa de Yeshua. 6 Pois o Deus que disse: "Que a luz brilhe na escuridão" fez sua
luz brilhar no coração de todos nós — a luz do conhecimento da glória radiante de
Deus na face do Messias Yeshua.
7 No entanto, possuímos esse tesouro em jarros de barro, para evidenciar a
proveniência divina desse poder assoberbante; ele não procede de nós. 8 Passamos
por todos os tipos de dificuldades, mas não somos esmagados; estamos perplexos,
mas não nos desesperamos; 9 somos perseguidos, mas não estamos abandonados;
nocauteados, mas não destruídos. 10 Sempre carregamos em nosso corpo a morte

[a] *Sh'mot* [Êx] 34.34

de Yeshua, para que a vida dele também se manifeste no corpo de cada um de nós.
11 Pois nós, que estamos vivos, sempre somos entregues à morte por causa de
Yeshua, para que também sua vida possa se manifestar em nosso corpo mortal.
12 Portanto, a morte atua em nós, mas a vida, em vocês.

13 O *Tanakh* diz: **“Confiei, por isso afirmei”**.[b] Pelo fato de termos o mesmo
Espírito que nos capacita a confiar, também confiamos e, portanto, falamos; 14 pois
sabemos que quem ressuscitou o Senhor Yeshua também nos ressuscitará com
Yeshua e nos levará à sua presença. 15 Tudo isso é por causa de vocês, para que, à
medida que a graça alcança mais pessoas, ela possa causar o transbordamento em
ações de graças para a glória de Deus.

16 Essa é a razão de não nos desencorajarmos. Ainda que o “eu” exterior este-
ja destinado à decomposição, o “eu” interior é renovado todos os dias. 17 Nossas
dificuldades leves e transitórias alcançam para nós a glória eterna, e seu peso é
indescritível. 18 Não nos concentramos no que se vê, mas no que não se vê, porque
as coisas visíveis são temporárias, mas as invisíveis são eternas.

5 1 Sabemos que, quando as tendas que nos servem de morada forem desfeitas,
teremos uma edificação permanente da parte de Deus, uma construção feita
por mãos não humanas, para habitarmos no céu. 2 Porque nesta tenda, o corpo
terreno, gememos pelo desejo de ter à nossa volta o lar celestial que será nosso.
3 Com ele, não seremos achados nus. 4 Sim, enquanto estamos neste corpo, ge-
memos por nos sentirmos oprimidos: não se trata do desejo de nos livrarmos de
alguma coisa, mas de acrescentar-lhe algo, para que a morte possa ser engolida
pela vida. 5 Além do mais, o próprio Deus nos preparou para isso e, como penhor,
nos deu seu Espírito.

6 Por isso, sempre estamos confiantes — sabemos que, enquanto estivermos
neste corpo, permaneceremos longe do lar junto ao Senhor; 7 pois vivemos pela
confiança, e não pelo que vemos. 8 Então, estamos confiantes e preferimos deixar a
casa deste corpo e chegar ao nosso lar para estar com o Senhor.

9 Portanto, quer estejamos em casa, quer longe dela, tentamos agradar-lhe ao
máximo, 10 porque todos nós compareceremos perante o tribunal do julgamento do
Messias, onde cada um receberá as boas ou más consequências das ações realiza-
das enquanto estava no corpo.

11 Dessa forma, é com o temor ao Senhor diante de nós que tentamos persua-
dir as pessoas. Além disso, Deus sabe quem realmente somos; espero que vocês
também reconheçam, em sua consciência, quem somos. 12 Não nos recomendamos
outra vez a vocês, mas lhes damos um motivo para terem orgulho de nós, a fim
de que respondam a quem confia na aparência exterior de alguém em lugar de nas
qualidades internas. 13 Se somos loucos, é por causa de Deus; se somos sãos, é por
causa de vocês. 14 O amor do Messias nos une; estamos convictos de que um ho-
mem morreu a favor de toda a humanidade (a implicação é que toda a humanidade
já estava morta), 15 e que ele morreu a favor de todos, para que quem vive não o
fizesse mais para si mesmo, mas para aquele que morreu e ressuscitou a seu favor.
16 Portanto, a partir de agora, não avaliamos ninguém mais segundo os conceitos
do mundo. Mesmo que tenhamos considerado o Messias de acordo com os padrões
mundanos, não o fazemos mais. 17 Dessa forma, se alguém estiver unido ao Messias,
é uma nova criação — a antiga já passou; vejam: o que há agora é diferente e novo!

---

[b] *Tehillim* [Sl] 116.10

[18] E tudo procede de Deus, que por meio do Messias nos reconciliou consigo e nos
outorgou a obra da reconciliação — [19] Deus, no Messias, estava reconciliando a
humanidade consigo, sem lhe imputar os pecados, e nos confiando a mensagem
da reconciliação. [20] Portanto, somos embaixadores do Messias; de fato, Deus chama
à reconciliação por nosso intermédio. Nossa tarefa é dizer por ordem do Messias:
"Reconciliem-se com Deus!". [21] Deus fez desse homem sem pecado a oferta pelo
pecado — a nosso favor —, para que unidos a ele possamos participar de forma
plena da justiça de Deus.

6 [1] Como colaboradores de Deus, instamos vocês ao recebimento dessa graça e a
fazerem algo com ela. [2] Porque ele diz:

"No tempo aceitável, eu os ouvi;
no dia da salvação, eu os ajudei".[c]

[3] Esforçamo-nos para não pôr obstáculos no caminho de ninguém, para que
nenhuma pessoa ache faltoso o trabalho que realizamos. [4] Ao contrário, tentamos
recomendar a nós mesmos de todas as formas como trabalhadores de Deus, por
meio do que passamos de forma contínua: problemas, dificuldades, calamidades,
[5] espancamentos, aprisionamentos, tumultos, excesso de trabalho, falta de descanso
e de alimentos. [6] Recomendamo-nos por nossa pureza, pelo conhecimento, pela
paciência e bondade provenientes do *Ruach HaKodesh*; pelo caráter genuíno do
nosso amor [7] e a veracidade de nossas declarações; pelo poder de Deus. Recomen-
damo-nos pelo uso correto das armas da justiça, pela divulgação da nossa causa ou
de sua defesa; [8] pelo fato de sermos honrados e desrespeitados, elogiados e acusa-
dos, considerados enganadores e sinceros, [9] desconhecidos e famosos. Recomenda-
mo-nos como trabalhadores de Deus condenados à morte! Mas observem: estamos
vivos! Punidos, mas não mortos; [10] temos razão para nos entristecermos; contudo,
sempre estamos cheios de júbilo; somos pobres, mas enriquecemos a muitos; nada
possuímos, mas temos tudo!

[11] Queridos amigos de Corinto! Falamos de forma franca com vocês, abrindo o
coração. [12] Qualquer embaraço que sintam não foi imposto por nós, mas pelo "ser"
interior de vocês. [13] Por isso, para sermos "justos" (faço uso da linguagem infantil),
abram vocês também o coração.

[14] Não se coloquem no mesmo jugo com os incrédulos. Como a justiça e a ilega-
lidade podem ser sócias? Que comunhão há entre a luz e as trevas? [15] Que harmo-
nia pode existir entre o Messias e B'liya'al? O que há em comum entre o crente e o
incrédulo? [16] Que acordo pode haver entre o templo de Deus e os ídolos? Porque
somos o templo do Deus vivo — como Deus disse:

"Habitarei neles [...]
e andarei entre vocês.
Serei seu Deus,
e vocês serão meu povo".[d]

[17] Por isso, *Adonai* diz:

" 'Saiam do meio deles;
separem-se,

---

[c] *Yesha'yahu* [Is] 49.8 [d] *Vayikra* [Lv] 26.12; *Sh'mot* [Êx] 6.7; *Yirmeyahu* [Jr] 31.32(33); 32.38;
Yechezk'el [Ez] 37.27 [e] *Yesha'yahu* [Is] 52.

nem mesmo toquem no que é impuro.[e]
Então eu mesmo os receberei.[f]
18 Na verdade, **serei** seu **Pai,**
e vocês **serão meus filhos**
e minhas filhas'

diz *Adonai-Tzva'ot*".[g]

7 [1] Portanto, queridos amigos, por termos essas promessas, purifiquemo-nos de
tudo o que pode contaminar o corpo ou o espírito e esforcemo-nos para nos
tornarmos completamente santos, por reverência a Deus.
[2] Abram o coração para nós — não enganamos, corrompemos, nem exploramos
ninguém. [3] Não o digo para culpá-los, pois já lhes disse do lugar que têm em nosso
coração, quer vivamos juntos, quer morramos; [4] estou muito confiante e orgulhoso
de vocês; a despeito de todos os problemas, vocês me encheram de encorajamento,
e eu transbordo de alegria.
[5] Quando chegamos à Macedônia, não demos descanso ao corpo. Ao contrário,
enfrentamos todos os tipos de dificuldades — discussões com os de fora, apreen-
sões com os de dentro. [6] Deus, porém, o encorajador dos abatidos, nos deu ânimo
com a chegada de Tito. [7] Entretanto, não foi apenas sua chegada que nos encorajou,
mas também quão animado ele se encontrava por causa de vocês, quando contava
sobre o seu desejo de ver-me, sobre quão entristecidos vocês ficaram pela minha
situação, e sobre o zelo em defender-me — essas notícias me deixaram feliz!
[8] Se minha carta lhes causou algum desconforto, não nutro nenhum arrependi-
mento. Ainda que eu tenha lamentado antes — percebo que a carta os entristeceu
por um curto período —, [9] agora me regozijo não apenas pelo sofrimento infligido,
mas pelo fato de a dor lhes ter trazido de volta para Deus, porque vocês a supor-
taram da forma que agrada a Deus; de modo que vocês não foram feridos por
nós. [10] Suportar a dor do jeito que agrada a Deus produz o abandono do pecado
e a volta para Deus que conduz à salvação; não há remorso nisso! Mas suportar a
dor da forma do mundo produz apenas morte. [11] Olhem apenas para o produto
da forma pela qual lidaram com a dor! Que diligência, disposição para recomeçar,
indignação, medo, desejo, zelo e prontidão para acertar todas as coisas! Em todos
os pontos relativos a essa questão, vocês se mostraram irrepreensíveis. [12] Dessa
forma, ainda que lhes tenha escrito, não o fiz por causa de quem enganou ou de
quem foi enganado, mas para que, diante de Deus, vocês pudessem perceber por
si mesmos quão profunda é sua devoção para conosco. [13] Essa é a razão pela qual
fomos encorajados.
Além do nosso encorajamento, tivemos a alegria maior de ver a felicidade de
Tito, porque todos vocês lhe deram paz de espírito. [14] Eu lhe falava muito bem a
seu respeito, e vocês não me fizeram passar vergonha. Ao contrário, tudo o que lhe
disse é verdade, por isso a confiança demonstrada a Tito provou ser verdadeira.
[15] E a afeição dele por vocês é sempre maior quando se lembra da sua prontidão ao
obedecer e do modo reverente e respeitoso com que o acolheram. [16] Alegro-me por
ter confiança plena em vocês.

8 [1] Agora, irmãos, precisamos lhes contar sobre a graça concedida por Deus às
congregações da Macedônia. [2] A despeito das provações, e mesmo sendo muito

[f] *Yechezk'el* [Ez] 20.41,34 [g] *Sh'mu'el Bet* [2Sm] 7.14,8; *Yesha'yahu* [Is] 43.6

pobres, sua alegria sobejou na riqueza da generosidade. 3 Digo-lhes que eles não
contribuíram apenas de acordo com suas possibilidades; eles deliberaram contri-
buir com muito mais do que poderiam. 4 Eles nos imploravam e pediam que lhes
concedêssemos o privilégio de participar desse serviço prestado ao povo de Deus.
5 Além disso, eles não o fizeram da forma que esperávamos; dedicaram-se em pri-
meiro lugar ao Senhor, isto é, pela vontade de Deus, a nós.

6 Tudo isso nos compeliu a solicitar a Tito que trouxesse a mesma dádiva gra-
ciosa para ser completada por vocês, porque ele já lhe dera início. 7 Do mesmo
modo que vocês se destacaram em tudo — na fé, em palavras, conhecimento, na
diligência multiforme e no amor por nós —, destaquem-se também nessa dádiva.
8 Não lhes ordeno nada, apenas contrasto o caráter genuíno de seu amor com a
diligência alheia. 9 Porque vocês sabem quão generoso foi nosso Senhor Yeshua, o
Messias — por causa de vocês, ele se tornou pobre, apesar de ser rico, para que fos-
sem enriquecidos mediante sua pobreza. 10 Como disse, apenas dou minha opinião
referente ao assunto. Há um ano, vocês não foram só os primeiros a agir, mas os
primeiros a desejar fazê-lo. Agora, seria proveitoso 11 terminar o que começaram,
a fim de que sua disposição para dar início ao projeto seja equiparada pelo desejo
de completá-la, mediante a contribuição de acordo com o que têm. 12 Se a disposi-
ção de contribuir existe, a aceitação da dádiva será avaliada pelo que vocês têm,
não pelo que não têm. 13 Aliviar o sofrimento alheio não lhes deve causar nenhuma
dificuldade, mas deve existir algum tipo de reciprocidade: 14 neste momento o que
lhes sobra pode ajudar a quem passa por necessidade, para que, quando passarem
por necessidade, a plenitude alheia lhes possa ser de ajuda — desse modo, há reci-
procidade. 15 Como diz o *Tanakh*:

> **"Quem juntou muito, nada teve de extra,**
> **e quem juntou pouco, não teve necessidade de nada".**[h]

16 Agradeço a Deus tornar Tito tão dedicado a vocês quanto a nós, 17 porque ele
não só respondeu à nossa exortação, mas, por ser dedicado, se dirige a vocês por
iniciativa própria. 18 Com ele, enviamos o irmão cujo trabalho pelas boas-novas é
elogiado em todas as congregações; 19 e não é só isso: ele foi designado pelas con-
gregações para viajar conosco, a fim de podermos ministrar essa obra de caridade
que dará glória a Deus e demonstrará nossa disposição de ajudar. 20 Nosso objetivo
em tudo isso é mostrar que nossa conduta, ao lidarmos com essa grande soma, é
irrepreensível, 21 porque **nos esforçamos para fazer o que é certo** não apenas **aos
olhos de Deus**, mas **também** à vista **das outras pessoas**.[i] 22 Com esses dois irmãos,
segue outro, cuja diligência foi testada muitas vezes e de formas diversas, mas que
agora está mais aplicado pela grande confiança de vocês. 23 Com relação a Tito, ele
é meu companheiro, que trabalha comigo a favor de vocês, e os outros irmãos são
enviados das congregações e trazem glória ao Messias. 24 Dessa forma, o amor que
demonstrarem por esses homens justificará nosso orgulho por vocês e por eles e,
por meio deles, pelas congregações que os enviaram.

9 1 Não há necessidade de que eu lhes escreva sobre a oferta para o povo de Deus
— 2 sei quão desejosos estão e me orgulho disso junto aos macedônios. Digo-
-lhes: "Acaia está pronta desde o ano passado", e seu zelo foi o incentivo da maioria
deles. 3 No entanto, envio irmãos para que nosso orgulho em relação a vocês neste

---

[h] *Sh'mot* [Êx] 16.18 [i] *Mishlei* [Pv] 3.4 (LXX)

aspecto não seja vão; ao contrário, estejam prontos, como lhes disse. 4 Pois, se alguns macedônios me acompanharem e os encontrarem despreparados, seríamos humilhados por termos estado tão confiantes — isso sem mencionar como vocês se sentiriam. 5 Portanto, achei necessário dizer a uns irmãos para irem na minha frente e prepararem a dádiva prometida na plenitude do tempo; dessa forma, ela estará pronta quando eu chegar e será uma dádiva genuína, não algo arrancado sob pressão.

6 Eis o ponto: quem semear com moderação colherá com moderação. 7 Cada pessoa deve contribuir com o que decidiu no coração, não de má vontade nem sob compulsão, porque **Deus ama quem contribui com alegria**.[j] 8 Além disso, Deus é capaz de provê-los com toda dádiva graciosa em abundância, para que sempre, e de toda forma, vocês tenham as próprias necessidades supridas e sejam capazes de contribuir abundantemente para toda boa causa — 9 como diz a *Torah*:

> **"Ele deu com generosidade ao pobre;**
> **sua** tzedakah **durará para sempre"**.[k]

10 Aquele que dá a semente a quem planta e o pão como alimento suprirá e multiplicará sua semente e aumentará a colheita da *tzedakah* de vocês. 11 Vocês serão enriquecidos de toda forma, para que possam ser generosos em tudo. E, por nosso intermédio, a generosidade de vocês faça as pessoas agradecerem a Deus, 12 porque a participação nesse serviço sagrado não supre apenas as necessidades do povo de Deus, mas também gera a gratidão a Deus a ser demonstrada pelas pessoas. 13 Ao oferecerem esse serviço, vocês provam às pessoas, mediante a realização do que lhes foi requerido, que conhecem as boas-novas do Messias, isto é, a partilha generosa para com eles e para todos. 14 E, nas orações deles a favor de vocês, que eles possam sentir sua forte afeição pelo fato de Deus lhes ter sido tão gracioso. 15 Graças a Deus por seu dom indescritível!

10 1 Agora sou eu mesmo, Sha'ul, que lhes faço um pedido com a brandura e a paciência procedentes do Messias, eu, o considerado tímido quando estava face a face com vocês, mas intimidador a distância. 2 No entanto, eu lhes imploro que não me forcem a ser intimidador quando estiver com vocês, como aparentemente terei de ser para com alguns que nos consideram vivendo de forma mundana. 3 Apesar de vivermos no mundo, não guerreamos de forma mundana, 4 porque as armas que usamos para guerrear não são mundanas. Ao contrário, elas possuem o poder de Deus para destruir fortalezas. Destruímos argumentos 5 e toda arrogância que se levanta contra o conhecimento de Deus; levamos todo pensamento cativo e o tornamos obediente ao Messias. 6 E quando se tiverem tornado totalmente obedientes, então estaremos prontos para punir qualquer ato de desobediência.

7 Vocês têm olhado para a aparência das coisas. Se alguém estiver convencido de pertencer ao Messias, deve lembrar-se de que pertencemos ao Messias tanto quanto ele. 8 Ainda que eu me orgulhe pouco da autoridade que o Senhor nos deu — autoridade para edificar, e não para derrubar —, não me envergonho. 9 Meu objetivo não é amedrontá-los com estas cartas. 10 Alguém pode dizer: "Suas cartas são opressivas e poderosas, mas sua aparência pessoal é fraca, e como orador ele é insignificante". 11 Essa pessoa deve perceber que o que dizemos em nossas cartas, quando ausentes, faremos quando estivermos com vocês.

[j] *Mishlei* [Pv] 22.8 (LXX) [k] *Tehillim* [Sl] 112.9

12 Não ousamos nos comparar com as pessoas que recomendam a si mesmas.
Seríamos estúpidos se procedêssemos dessa forma. 13 Não nos orgulhamos das
mentiras alheias a respeito do trabalho concedido por Deus; ao contrário, orgu-
lhamo-nos da parte que nos foi confiada, e essa inclui vocês. 14 Não estamos indo
longe demais em nosso orgulho, o que aconteceria se não tivéssemos percorrido
o caminho todo até alcançá-los com as boas-novas do Messias. 15 Não nos imiscu-
ímos na área de atuação de outras pessoas; nossa esperança é o crescimento da
confiança de vocês; estamos contentes com nossa área de atuação para podermos
dar continuidade e fazer mais, 16 ou seja, anunciar as boas-novas em regiões mais
distantes de onde vocês se encontram. Nossa esperança é não nos orgulharmos do
trabalho já empreendido por outra pessoa.

17 Portanto, **"quem quiser orgulhar-se, orgulhe-se por causa de *Adonai*"**;[1]
18 pois quem elogia a si mesmo não é digno de aprovação, mas sim quem o Se-
nhor recomenda.

11 1 Desejo que vocês suportem um pouco da minha insensatez — por favor,
suportem-na! 2 Tenho ciúme de vocês — do tipo de ciúme de Deus — porque
prometi apresentá-los como uma virgem pura para o casamento com o marido, o
Messias; 3 e temo que de algum modo a mente de vocês tenha sido seduzida e enga-
nada da devoção pura e simples ao Messias, do mesmo modo que Havah foi enga-
nada pela serpente e sua astúcia. 4 Se alguém se aproximar de vocês e lhes contar a
respeito de um Yeshua diferente do que lhes contamos, ou se vocês receberem um
espírito diferente daquele que receberam, ou aceitarem "boas-novas" diferentes
das já aceitas, vocês o suportam com facilidade! 5 Não me considero inferior a esses
"superemissários". 6 Talvez eu não seja um orador muito eloquente, mas possuo
o conhecimento; de qualquer modo, nós lhes deixamos isso muito claro de várias
formas e em todas as circunstâncias.

7 Ou teria eu pecado ao humilhar-me para que vocês fossem exaltados, anuncian-
do-lhes as boas-novas de Deus sem cobrar nada? 8 Roubei outras congregações, ao
aceitar-lhes o sustento, a fim de servir a vocês? 9 E quando estava com vocês e pas-
sei por necessidade, nunca fui um peso para ninguém: minhas necessidades foram
supridas pelos irmãos provenientes da Macedônia. Nunca me tornei um peso para
vocês, nem o serei. 10 A verdade do Messias está em mim; portanto, esse meu orgulho
não será silenciado por ninguém da Acaia. 11 Por que nunca aceitei seu sustento? Será
por que não os amo? Deus sabe que os amo! 12 Não; faço-o — e continuarei a fazê-lo
— a fim de não dar uma chance de orgulho a quem diz realizar o trabalho que faze-
mos da forma que fazemos. 13 A verdade é que esses homens são pseudo emissários;
eles mentem a respeito de seu trabalho e se passam por emissários do Messias. 14 Não
há nada de surpreendente nisso, porque o próprio Adversário se faz passar por anjo
de luz; 15 portanto, não é grande coisa que seus colaboradores passem por servos da
justiça. Eles receberão o que suas obras merecem.

16 Repito: não deixem ninguém pensar que sou insensato. No entanto, ainda
que o permitam, pelo menos me recebam como a um insensato, para que eu possa
me orgulhar ao menos um pouco! 17 O que digo não está de acordo com o Senhor;
ao contrário, este orgulho afetado se refere ao pronunciamento de um insensato.
18 Pelo fato de muitas pessoas se orgulharem de forma tão ousada, também eu
me orgulharei dessa forma. 19 Se vocês são tão sábios, suportem com alegria os

[1] *Yirmeyahu* [Jr] 9.23(24)

insensatos! [20] Vocês suportam quem os escraviza, explora, conduz, envaidece e lhes bate na face. [21] Para minha vergonha, devo admitir nossa "fraqueza" em relação a essas coisas!

Contudo, se alguém ousar orgulhar-se de algo — falo como o insensato! —, eu ouso. [22] Eles são hebreus? Eu o sou. São filhos de Yisra'el? Eu o sou. São descendentes de Avraham? Eu o sou. [23] São servos do Messias? (Falo como louco!) Eu sou melhor! Trabalhei muito mais, fui preso mais vezes, sofri mais espancamentos, estive repetidamente perto da morte. [24] Cinco vezes, recebi dos judeus "quarenta chibatadas menos uma". [25] Fui surrado com paus três vezes, uma vez apedrejado, naufraguei três vezes, passei uma noite e um dia em mar aberto. [26] Em diversas viagens, fui exposto ao perigo de rios, de ladrões, do meu povo, dos gentios; passei por perigos na cidade, no deserto, no mar, perigos nas mãos de falsos irmãos. [27] Trabalhei arduamente e passei por dificuldades, não raro sem dormir o suficiente, com fome e sede, passando frio e estando nu. [28] Além dessas questões exteriores, há a pressão diária de minha preocupação constante com todas as congregações. [29] Quem está fraco sem que eu me sinta fraco? Quem sucumbe ao pecado sem que eu sinta meu interior queimar?

[30] Se tenho de me orgulhar, me orgulharei do que mostra quão fraco sou. [31] Deus, o Pai do Senhor Yeshua — bendito para sempre —, sabe que não minto! [32] Quando estive em Dalmanuta, o governador nomeado pelo rei Aretas tinha ordens para me prender, [33] mas fui baixado em um cesto através de uma abertura na muralha, e escapei das garras dele.

12 [1] Preciso orgulhar-me. Não ganharei nada com isso, mas passarei às visões e revelações do Senhor. [2] Conheço um homem, em união com o Messias, que há catorze anos foi transportado ao terceiro céu; se ele estava no corpo ou fora do corpo, não sei, Deus o sabe. [3] E sei que esse homem — quer no corpo, quer fora dele, não sei, Deus o sabe — [4] foi levado ao *Gan-'Eden* e ouviu coisas que não podem ser verbalizadas, coisas que ao ser humano é impossível conceber. [5] Eu me orgulharei desse homem, mas de mim mesmo não me orgulharei, a não ser de minhas fraquezas. [6] Se quiser me orgulhar, não serei insensato, porque falarei a verdade. Mas, pela grandeza extraordinária dessas revelações, refreio-me, para que ninguém pense mais de mim que minhas palavras e meus atos o permitirem. [7] Por causa disso, para evitar que eu me tornasse excessivamente orgulhoso, recebi um espinho na carne, um mensageiro do Adversário para me golpear, a fim de não me tornar vaidoso. [8] Pedi ao Senhor três vezes que o tirasse de mim, [9] mas o Senhor me disse: "Minha graça é suficiente para você, porque meu poder é aperfeiçoado na fraqueza". Portanto, estou feliz de me orgulhar das minhas fraquezas, a fim de que o poder do Messias permaneça sobre mim. [10] Sim, eu me agrado das fraquezas, dos insultos, das dificuldades, das perseguições e dos problemas suportados por causa do Messias; quando estou fraco é que sou forte.

[11] Comportei-me como um insensato, mas vocês me forçaram a fazê-lo — vocês que deveriam me recomendar. Não sou inferior aos "superemissários", ainda que eu nada seja. [12] As provas de que sou emissário — sinais, maravilhas e milagres — foram demonstradas em sua presença, a despeito do que tive de suportar. [13] De alguma forma, vocês ficaram para trás das outras congregações, a não ser pelo fato de eu não lhes ter sido um peso? Por essa injustiça, por favor, perdoem-me!

[14] Vejam, é a terceira vez que estou pronto para visitá-los; não serei um peso para vocês, pois não desejo o que possuem; quero apenas vocês! Não são os filhos que devem juntar riquezas para os pais, mas os pais, para os filhos. [15] Quanto a

mim, gastarei com felicidade tudo o que possuo e me deixarei consumir por causa
de vocês. Se eu os amo mais, devo ser menos amado?
16 Que se registre, então, que não lhes fui um peso; no entanto, por ser um
companheiro astuto, eu os apanhei com astúcia! 17 Teria sido, talvez, por meio de
alguém que enviei 18 que obtive alguma vantagem de vocês? Disse a Tito que fosse e
mandei o irmão com ele; Tito não se aproveitou de vocês, não é? Não vivemos pelo
mesmo Espírito e lhes mostramos o mesmo caminho?
19 Talvez vocês pensem que em todo esse tempo estivemos nos defendendo.
Não, falamos à vista de Deus, como devem fazer as pessoas unidas ao Messias; e,
queridos amigos, tudo isso é para sua edificação. 20 Tenho medo de chegar e não
os encontrar no caminho em que gostaria que vocês estivessem e também de não
ser encontrado no caminho em que vocês gostariam de me ver. Tenho medo de
encontrar briga e invejas, ira e rivalidade, calúnias e fofoca, arrogância e desordem.
21 Tenho medo de que, ao chegar outra vez, meu Deus possa humilhar-me na pre-
sença de vocês e que eu seja contristado por muitos que pecaram no passado e não
se arrependeram da impureza, da fornicação e da libertinagem que praticaram.

13 1 Esta será a terceira vez que irei visitá-los. **Qualquer acusação deve ser
feita pelo testemunho de duas ou três pessoas.**[m] 2 Aos que pecaram no
passado e aos demais, digo de antemão, apesar de ausente, o mesmo que lhes dis-
se quando estive com vocês pela segunda vez: se eu for ao encontro de vocês, não
os pouparei — 3 pelo fato de procurarem prova de que o Messias fala por mim. Ele
não é fraco ao lidar com vocês, mas poderoso entre vocês. 4 Pois, apesar de ter sido
executado em uma estaca, em fraqueza, ele vive agora pelo poder de Deus. E nós
também somos fracos em união com ele, mas ao tratar com vocês viveremos com
ele pelo poder de Deus.
5 Examinem-se para saber se estão vivendo a vida da confiança. Provem-se. Não
percebem que Yeshua, o Messias, está em vocês? — a menos que sejam reprovados
no teste! 6 Mas eu espero que vocês percebam que nós não fomos reprovados. 7 E
oramos a Deus para que não façam nada errado. Não estamos preocupados com
a aparência de sucesso, mas em fazer o que é certo, embora pareça que tenhamos
falhado. 8 Pois não podemos agir contra a verdade; apenas em favor dela. 9 Por isso,
alegramo-nos sempre que estamos fracos e vocês estão fortes; na verdade, oramos
para que vocês sejam aperfeiçoados. 10 Escrevo essas coisas estando longe de vocês,
para que, quando eu estiver com vocês, não precise usar minha autoridade e tratá-
-los de forma áspera, porque o Senhor a concedeu a mim para edificá-los, e não
para derrubá-los.
11 E agora, irmãos, *shalom*! Ponham a vida em ordem, deem atenção a meu con-
selho, tenham a mesma mente, vivam em *shalom* — e o Deus de amor e *shalom*
estará com vocês.
12 Cumprimentem-se com o beijo santo.
13 Todo o povo de Deus lhes envia saudações.

14 A graça do Senhor Yeshua, o Messias,
o amor de Deus
e a comunhão do *Ruach HaKodesh*
sejam com todos vocês.

[m] *D'varim* [Dt] 19.15

אגרת שאול אל הגלטים

A carta de Sha'ul, emissário de Yeshua, à comunidade messiânica da Galácia

Gálatas

1 1 De: Sha'ul, um emissário — recebi meu comissionamento não de seres humanos nem por mediação humana, mas de Yeshua, o Messias, e de Deus Pai, que o ressuscitou dos mortos — e de todos os irmãos que estão comigo

2 Para: As comunidades messiânicas da Galácia:

3 Graça e *shalom* a vocês de Deus, nosso Pai, e do Senhor Yeshua, o Messias, 4 que se entregou a si mesmo por nossos pecados, a fim de nos libertar do presente sistema mundial maligno, em obediência à vontade de Deus, nosso Pai. 5 A ele seja a glória para todo o sempre. *Amen.*

6 Estou estarrecido com o fato de vocês terem me trocado tão rapidamente, àquele que os chamou pela graça do Messias, por outras supostas "boas-novas", 7 que não são boas-novas de forma nenhuma! A realidade é que certas pessoas estão aborrecendo vocês e tentando perverter as genuínas boas-novas do Messias. 8 Mas ainda que um de nós — ou até mesmo um anjo do céu — anunciasse a vocês "boas-novas" diferentes das que já lhes anunciamos, que seja amaldiçoado para sempre! 9 Como dissemos antes, repetimos agora: se alguém lhes anuncia boas-novas diferentes das que já receberam, que seja amaldiçoado para sempre!

10 Por acaso busco agora a aprovação humana? Não. Desejo a aprovação de Deus! Ou estou tentando agradar às pessoas? Se eu ainda fizesse isso, não seria servo do Messias.

11 Além disso, irmãos, quero deixar algo bem claro: as boas-novas que proclamo não são de origem humana; 12 eu não as recebi de ninguém, nem me foram ensinadas — elas chegaram a mim como revelação direta de Yeshua, o Messias. 13 Vocês ouviram como foi minha vida anterior no judaísmo tradicional — como fiz o melhor que pude para perseguir a comunidade messiânica de Deus e destruí-la; 14 e como, pelo fato de ser mais zeloso das tradições ensinadas por meus antepassados que a maioria dos judeus de minha idade, progredi mais rapidamente que eles no judaísmo tradicional.

15 Mas, quando Deus, que me escolheu antes de ter nascido e me chamou por sua graça, determinou 16 revelar seu Filho a mim para que eu o anunciasse entre os gentios, não consultei ninguém; 17 e não subi a Yerushalayim para ver os que já eram emissários antes de mim. Em vez disso, fui imediatamente à Arábia e mais tarde voltei a Dammesek. 18 Só depois de três anos, subi a Yerushalayim para conhecer Kefa pessoalmente, e estive com ele duas semanas, 19 mas não conheci nenhum dos outros emissários, a não ser Ya'akov, irmão do Senhor. 20 (Quanto ao que lhes escrevo, declaro diante de Deus que não minto!) 21 A seguir, fui à Síria e Cilícia. 22 Mas em Y'hudah as congregações messiânicas nem sabiam como era minha aparência — 23 apenas ouviram a notícia: "Aquele que antes nos perseguia, agora prega as boas-novas da fé que anteriormente procurava destruir"; 24 e louvavam a Deus por mim.

2 [1] Depois de catorze anos, subi novamente a Yerushalayim (dessa vez com Bar-Nabba); levei Tito comigo. [2] Fui para lá por causa de uma revelação e lhes expus as boas-novas que anuncio entre os gentios — eu o fiz, porém, em particular, aos líderes reconhecidos. Procedi dessa forma por temer que o trabalho atual ou os anteriores pudessem ter sido em vão.

[3] Entretanto, eles não forçaram meu companheiro de viagem gentio, Tito, a passar pela *b'rit-milah.* [4] De fato, a questão foi levantada porque alguns homens que se fazem passar por irmãos se infiltraram em nosso meio — eles vieram às ocultas para espionar a liberdade que temos no Messias Yeshua e poderem nos escravizar. [5] Nem por um minuto, nos submetemos a eles, para que a verdade das boas-novas pudesse ser preservada entre vocês.

[6] Além do mais, aqueles que eram líderes reconhecidos — o que eram então não fez diferença para mim, Deus não julga a aparência exterior — não me acrescentaram nada. [7] Ao contrário, reconheceram que a mim haviam sido confiadas as boas-novas aos incircuncisos, assim como a Kefa, aos circuncisos; [8] pois aquele que opera por meio de Kefa, tornando-o emissário aos circuncisos, também atuou por meu intermédio, tornando-me emissário aos gentios. [9] Por isso, reconhecendo a graça que me fora concedida, Ya'akov, Kefa e Yochanan, tidos por colunas da comunidade, estenderam a mim e a Bar-Nabba a mão direita da comunhão, para que pudéssemos nos dirigir aos gentios, e eles, aos circuncisos. [10] Pediram apenas que nos lembrássemos dos pobres — do que nunca me poupei de fazer.

[11] Além disso, quando Kefa veio a Antioquia, eu me opus publicamente a ele, porque estava agindo de forma errada. [12] Antes da chegada de certas pessoas da comunidade liderada por Ya'akov, ele comia com os crentes gentios; no entanto, quando aqueles chegaram, ele se afastou e se separou, porque temia a facção que favorecia a circuncisão de gentios crentes. [13] Os outros crentes judeus se uniram a ele nessa hipocrisia, de modo que até Bar-Nabba foi levado por essa dissimulação. [14] Quando vi que não estavam andando de acordo com a verdade das boas-novas, declarei a Kefa diante de todos: "Se você, um judeu, vive como *goy,* e não como judeu, por que está forçando os *goyim* a viverem como judeus? [15] Somos judeus por nascimento, e não '*goyim* pecadores'; [16] mesmo assim, percebemos que a pessoa não é declarada justa por Deus com base na guarda legalista dos mandamentos da *Torah,* mas pela fidelidade decorrente da confiança no Messias Yeshua. Portanto, nós também devemos depositar confiança no Messias Yeshua e nos mantermos fiéis, para sermos declarados justos com base na fidelidade decorrente da confiança no Messias, e não na observância legalista dos mandamentos da *Torah.* Pois mediante a observância legalista dos mandamentos da *Torah* **ninguém será declarado justo.**[a]

[17] Se, porém, procurando ser declarados justos por Deus mediante nossa união com o Messias, descobrirmos que somos pecadores, então será o Messias auxiliar ou cúmplice do pecado? De modo algum! [18] De fato, se reconstruo a escravidão legalista que destruí, realmente me torno transgressor. [19] Ao deixar a *Torah* falar por si mesma, morri para a interpretação legalista errônea, a fim de viver em um relacionamento sincero com Deus. [20] Quando o Messias foi executado na estaca como criminoso, eu também morri; para que meu ego orgulhoso não mais viva. O Messias, porém, vive em mim, e a vida que agora vivo em meu corpo, vivo-a pela mesma fidelidade decorrente da confiança demonstrada pelo Filho de Deus, que me amou e se entregou por mim. [21] Não rejeito o dom gracioso de Deus; porque, se o caminho para a obtenção da justiça decorrer do legalismo, então a morte do Messias terá sido inútil.

[a] *Tehillim* [Sl] 143.2

3 1 Gálatas estúpidos! Quem os enfeitiçou? Diante dos seus olhos, Yeshua, o Messias,
foi claramente apresentado como criminoso condenado à morte! 2 Gostaria de
saber de vocês apenas uma coisa: acaso receberam o Espírito com base na guarda
legalista dos mandamentos da *Torah* ou pela confiança no que ouviram e ao que
eram fiéis? 3 Vocês são tão lentos de raciocínio? Tendo começado pelo poder do
Espírito, imaginam alcançar o alvo por seu próprio poder? 4 Vocês sofreram tanto
por nada? Se pensam dessa forma, seu sofrimento certamente não terá utilidade!
5 O que pensam sobre Deus, que lhes supre com o Espírito e realiza milagres entre
vocês — será que ele faz isso por causa da guarda legalista dos mandamentos da
Torah ou por que confiam no que ouviram e são fiéis a isso?

6 O mesmo aconteceu com Avraham: **"Ele confiou em Deus e lhe foi fiel, e
isso foi creditado em sua conta como justiça"**.[b] 7 Estejam certos, então, de que
os que vivem pela confiança e fidelidade são verdadeiramente filhos de Avraham.
8 Também o *Tanakh*, antevendo que Deus consideraria os gentios justos quando
vivessem mediante a confiança e a fidelidade, contou antecipadamente as boas-
-novas a Avraham, dizendo: **"Por meio de você, todos os *goyim* serão abençoados"**.[c]
9 Assim, os que se apegam à confiança e à fidelidade são abençoados com Avraham,
que confiou e foi fiel.

10 Pois todo aquele que confia na guarda legalista dos mandamentos da *Torah*
vive sob maldição, porque está escrito: **"Maldito quem não persistir em praticar
todas as coisas escritas no rolo da *Torah*"**.[d] 11 É evidente que ninguém será decla-
rado justo por Deus mediante o legalismo, porque **"a pessoa justa obterá a vida
mediante a confiança e a fidelidade"**.[e] 12 Além do mais, o legalismo não se baseia na
confiança e na fidelidade, mas no uso equivocado do texto que diz: **"Quem realizar
estas coisas obterá vida por meio delas"**.[f] 13 O Messias nos redimiu da maldição
pronunciada na *Torah* ao se tornar amaldiçoado em nosso lugar; porque o *Tanakh*
diz: **"Quem pender de uma estaca jaz sob maldição"**.[g] 14 Yeshua, o Messias, fez
isto para que, em união com ele, os gentios pudessem receber a bênção anunciada
a Avraham, a fim de que, mediante a confiança e a fidelidade, recebêssemos o que
fora prometido, isto é: o Espírito.

15 Irmãos, permitam-me fazer uma analogia extraída do cotidiano: quando uma
pessoa faz um juramento, ninguém pode invalidá-lo ou lhe fazer qualquer adição.
16 Ora, as promessas foram feitas a Avraham e a seu descendente. Elas não dizem "E
a seus descendentes", como se fossem muitos; ao contrário, falam de um único — **"e
a seu descendente"**[h] — e "esse" é o Messias. 17 Eis o que quero dizer: a parte legal da
Torah, que surgiu 430 anos mais tarde, não anula o juramento feito por Deus, com
o fim de abolir a promessa. 18 Porque, se a herança procede da parte legal da *Torah*,
ela não se relaciona mais com a promessa. Deus, porém, deu-a a Avraham mediante
promessa.

19 Então por que existe a parte legal da *Torah*? Ela foi adicionada a fim de criar
transgressões, até a vinda do **descendente** a respeito de quem a promessa foi feita.
Além disso, ela foi entregue por meio de anjos e de um mediador. 20 Contudo, o
mediador representa mais de um; Deus, porém, é um.

21 Isso significa que a parte legal da *Torah* se opõe às promessas de Deus? De ma-
neira nenhuma! Pois, se a parte legal da *Torah*, dada por Deus, tivesse em si mesma o
poder de conceder vida, então a justiça verdadeiramente procederia da obediência le-
galista dessa *Torah*. 22 Em vez disso, o *Tanakh* encerra todas as coisas sob o pecado.

[b] *B'reshit* [Gn] 15.6 [c] *B'reshit* [Gn] 12.3 [d] *D'varim* [Dt] 27.26 [e] *Havakuk* [Hc] 2.4
[f] *Vayikra* [Lv] 18.5 [g] *D'varim* [Dt] 21.22,23 [h] *B'reshit* [Gn] 12.7; 13.15; 17.7; 24.7

Dessa forma, todas as promessas serão cumpridas com base na fidelidade decorrente da confiança de Yeshua, o Messias, a todos os que se mantêm fiéis e confiantes.

23 Antes de vir o tempo dessa fidelidade decorrente da confiança, estávamos aprisionados, em sujeição ao sistema resultante da perversão da *Torah* em legalismo, mantidos sob guarda até que a fidelidade "vindoura", decorrente da confiança, fosse revelada. 24 Assim, a *Torah* serviu de tutor até a vinda do Messias, para que pudéssemos ser declarados justos com base na confiança e na fidelidade. 25 Agora, porém, tendo chegado o tempo dessa fidelidade decorrente da confiança, já não estamos mais sob o controle do tutor.

26 Porque, em união com o Messias, todos vocês são filhos de Deus por meio dessa fidelidade decorrente da confiança; 27 tantos de vocês quantos foram imersos no Messias, do Messias se revestiram. Nele 28 não há judeu nem gentio, escravo nem livre, homem nem mulher; porque, em união com o Messias Yeshua, todos vocês são um. 29 E, se vocês pertencem ao Messias, são descendentes de Avraham e herdeiros segundo a promessa.

4 1 O que estou dizendo é: enquanto o herdeiro for menor, ele não é diferente de um escravo, ainda que seja o proprietário legal de tudo; 2 ele está sujeito a guardiões e curadores até o tempo previamente determinado por seu pai. 3 Assim também é conosco — quando éramos "crianças", servimos como escravos dos espíritos elementares do Universo; 4 mas, quando o tempo determinado chegou, Deus enviou seu Filho. Ele nasceu de uma mulher, em uma cultura dominada pela perversão legalista da *Torah*, 5 para que pudesse redimir os que estavam sujeitos ao legalismo e, dessa forma, capacitar-nos para sermos feitos filhos de Deus. 6 E, por serem filhos, Deus enviou o Espírito de seu Filho ao coração de vocês, e o Espírito clama: "Abba!" (isto é, "Pai querido!"). 7 Dessa forma, por causa de Deus, vocês não são mais escravos, mas filhos, e, se vocês são filhos, também são herdeiros.

8 No passado, quando vocês não conheciam a Deus, serviram como escravos a seres que na realidade não são deuses. 9 Mas, agora, vocês conhecem a Deus, e, mais do que isso, são conhecidos por Deus. Portanto, como podem voltar novamente para aqueles espíritos elementares, fracos e miseráveis? Querem se tornar escravos deles outra vez? 10 Vocês estão observando dias especiais, meses, estações e anos! 11 Temo que meu trabalho entre vocês tenha sido inútil!

12 Irmãos, suplico-lhes: ponham-se em meu lugar, pois eu mesmo me coloquei no lugar de vocês. Não se trata de algo que vocês fizeram de errado comigo — 13 vocês sabem que, pelo fato de eu ter estado doente, anunciei-lhes as boas-novas pela primeira vez. 14 E ainda que meu estado físico pudesse incentivar vocês a tratar-me com desdém, não demonstraram nenhum sinal de desprezo ou desagrado. Não, vocês me receberam como se eu fosse um anjo de Deus, como se eu fosse o próprio Messias Yeshua! 15 Por isso, o que aconteceu com a alegria de vocês? Dou testemunho de que, se fosse possível, teriam arrancado seus olhos para dá-los a mim. 16 Tornei-me inimigo de vocês por dizer-lhes a verdade? 17 Sim, esses mestres têm zelo de vocês, porém seus motivos não são bons. Eles querem separar-nos para que vocês se tornem zelosos deles. 18 Ser zeloso é bom, desde que se tenha certeza de que a causa é boa. Quer eu esteja presente com vocês quer não, 19 meus filhos queridos, sofro as dores de parto por todos vocês novamente — e este processo continuará até que o Messias seja moldado em vocês. 20 Gostaria de estar presente com vocês neste momento e alterar o tom de minha voz. Não sei o que fazer com vocês.

21 Digam-me, vocês que desejam se sujeitar ao sistema resultante da perversão da *Torah* em legalismo: acaso não ouvem o que a própria *Torah* diz? 22 Ela afirma que

Avraham teve dois filhos, um com uma escrava e um com uma mulher livre. 23 O filho da escrava nasceu da capacidade limitada dos seres humanos, mas o filho da mulher livre nasceu do poder miraculoso de Deus, no cumprimento de sua promessa. 24 Então extraímos um *midrash* destas coisas: as duas mulheres são duas alianças. Uma é do monte Sinai e gera filhos para a escravidão — esta é Hagar. 25 Hagar é o monte Sinai na Arábia; ela corresponde à atual Yerushalayim, porque serve como escrava com seus filhos. 26 Mas a Yerushalayim do alto é livre, e ela é nossa mãe; 27 porque o *Tanakh* diz:

> **"Alegre-se a estéril!**
> **Clame e grite, você que não está em trabalho de parto!**
> **Porque a mulher abandonada terá mais filhos**
> **do que a acompanhada pelo marido.**[i]

28 Vocês, irmãos, à semelhança de Yitz'chak, são os filhos referidos na promessa divina. 29 Entretanto, como outrora, o nascido da limitada capacidade humana persegue o nascido do poder sobrenatural do Espírito. 30 Mas o que diz o *Tanakh*? **"Livre-se da escrava e de seu filho, porque de forma alguma o filho da escrava herdará com o filho da mulher livre!"**.[j] 31 Portanto, irmãos, não somos filhos da escrava, mas da livre.

5 1 O Messias nos soltou para a liberdade! Portanto, permaneçam firmes e não se deixem atar novamente a um jugo de escravidão. 2 Ouçam bem minhas palavras: eu, Sha'ul, lhes digo que, se vocês realizarem a *b'rit-milah*, o Messias não lhes servirá para nada. 3 Aviso-os outra vez: todo homem que permite a realização da *b'rit-milah* é obrigado a cumprir toda a *Torah*! 4 Vocês, que tentam ser declarados justos por meio do legalismo, estão separados do Messias! Vocês caíram da graça de Deus. 5 Mediante o poder do Espírito, que atua em nós porque confiamos e somos fiéis, aguardamos com certeza a esperança de obtermos a justiça a ser cumprida. 6 Quando nos unimos ao Messias Yeshua, nem circuncisão nem incircuncisão importam; o que realmente tem proveito é a fidelidade decorrente da confiança que se expressa pelo amor.

7 Vocês corriam bem. Quem os impediu de seguir a verdade? 8 Não importa o tipo de persuasão utilizada, ela não procede daquele que os chama. 9 "É preciso só um pouco de *hametz* para levedar toda a massa." 10 Estou confiante de que, pelo fato de vocês estarem unidos ao Senhor, não aceitarão nenhum outro ponto de vista; tenho certeza também de que o perturbador, seja quem for, será punido.

11 Quanto a mim, irmãos, se ainda prego a necessidade da circuncisão, por que sou perseguido? Se fosse esse o caso, minha pregação acerca da estaca de execução não ofenderia ninguém. 12 Gostaria que as pessoas que incomodam vocês não ficassem só nas palavras: eles poderiam castrar-se!

13 Porque, irmãos, vocês foram chamados para serem livres. Apenas não permitam que a liberdade se transforme em desculpa para darem margem à sua velha natureza. Ao contrário, sirvam uns aos outros em amor. 14 Porque a *Torah* toda é resumida em uma frase: **"Ame o próximo como a si mesmo"**.[k] 15 Mas, se vocês se mordem e arrancam pedaços uns dos outros, cuidado: vocês acabarão se destruindo!

16 Minha mensagem é: vivam pelo Espírito; então vocês não farão nada do que a velha natureza deseja. 17 Porque a velha natureza deseja o que é contrário ao Espírito; e o Espírito deseja o que é oposto à velha natureza. Eles se opõem um ao outro, de modo que vocês perceberão a incapacidade de realizar todas as suas boas intenções. 18 Mas, se vocês são guiados pelo Espírito, não se encontram em sujeição ao sistema resultante da perversão da *Torah* em legalismo.

---

[i] *Yeshayahu* [Is] 54.1 [j] B'reshit [Gn] 21.10 [k] Vayikra [Lv] 19.18

19 É evidente o que a velha natureza realiza. Ela se expressa mediante a imoralidade
sexual, impureza e indecência; 20 adoração de ídolos, o uso de drogas alucinógenas
para entrar em sintonia com o oculto; rixa, contenda, ciúme, ira; ambição egoísta,
divisionismo, intriga 21 e inveja; embriaguez, orgias e coisas semelhantes a essas.
Advirto-os agora como já fiz antes: os que praticam essas coisas não terão parte no
Reino de Deus!
22 Mas o fruto do Espírito é amor, alegria, paz, paciência, afabilidade, bondade,
fidelidade, 23 humildade, autocontrole. Não existe nada na *Torah* contra essas coisas.
24 Além disso, quem pertence ao Messias Yeshua condenou a velha natureza à
morte na estaca, com suas paixões e desejos. 25 Já que é pelo Espírito que temos vida,
que seja também pelo Espírito que ordenemos a vida diária.
26 Não nos tornemos convencidos, provocando e invejando uns aos outros.

6 1 Irmãos, suponham que alguém seja pego fazendo algo errado. Vocês que têm
o Espírito devem restaurá-lo, mas com um espírito de humildade, mantendo um
olho em si mesmos para não serem tentados. 2 Carreguem as cargas pesadas uns
dos outros — dessa forma, vocês cumprirão o verdadeiro significado da *Torah*, sus-
tentado pelo Messias. 3 Se alguém pensa ser alguma coisa, quando não é nada, essa
pessoa engana a si mesma. 4 Portanto, cada um avalie as próprias ações. Então, se
vocês encontrarem alguma coisa da qual se orgulhar, pelo menos seu orgulho terá
por base algo que realmente fizeram, e não se baseará apenas no falso juízo de
que são melhores que os outros; 5 porque cada um levará a própria carga. 6 Mas a
pessoa instruída na Palavra deve partilhar todas as coisas boas que possui com seu
instrutor. 7 Não se iludam: ninguém faz Deus de bobo! A pessoa colhe o que semeia.
8 Quem continua a semear no campo da velha natureza, a fim de cumprir suas exi-
gências, posteriormente colherá destruição; mas quem semeia no campo do Espírito
colherá do Espírito para a vida eterna. 9 Por isso, não nos cansemos de fazer o bem;
porque, se não desistirmos, no tempo certo colheremos. 10 Assim, sempre que surgir
a oportunidade, façamos o bem a todos, especialmente à família dos fiéis por meio
da confiança.

11 Vejam que letras grandes uso escrevendo-lhes de próprio punho para terminar a carta.

12 Os que desejam causar boa impressão exteriormente são os que tentam fazer vocês se circun-
cidarem. A única razão pela qual fazem isso é escapar da perseguição devida à pregação da estaca
de execução do Messias. 13 Nem mesmo os circuncidados guardam a Torah. Ao contrário, eles de-
sejam ser circuncidados para ter do que se orgulhar: eles receberam a adesão de vocês. 14 Quanto
a mim, Deus não permita que eu me orgulhe de outra coisa, a não ser da estaca de execução de
nosso Senhor Yeshua, o Messias! Por meio dele, no que se refere a mim, o mundo foi morto em uma
estaca; e por meio dele, no que se refere ao mundo, fui condenado à morte em uma estaca.

15 Não importa ser circuncidado ou não; o que importa é ser uma nova criação. 16 E a todos os
que pautam a vida por essa regra, shalom e misericórdia, e também sobre o Yisra'el de Deus!

17 De agora em diante, não quero que ninguém me cause mais problemas, porque possuo as
cicatrizes que comprovam que eu pertenço a Yeshua!

18 A graça de nosso Senhor Yeshua, o Messias, seja com o espírito de vocês, irmãos.

Amen.

אגרת שאול אל האפסים

A carta de Sha'ul, emissário de Yeshua,
à comunidade messiânica de Éfeso

Efésios

1 1 De: Sha'ul, pela vontade de Deus, emissário do Messias Yeshua
Para: O povo de Deus que vive em Éfeso, isto é, os que confiam no Messias
Yeshua:
2 Graça a vocês e *shalom* de Deus, nosso Pai, e do Senhor Yeshua, o Messias.
3 Louvado seja *Adonai*, Pai de nosso Senhor Yeshua, o Messias, que nos aben-
çoou, no Messias, com toda bênção espiritual no céu. 4 Ele nos escolheu em amor,
no Messias, antes da criação do Universo para sermos santos e sem defeito em sua
presença. 5 Ele determinou de antemão que por meio de Yeshua, o Messias, fôsse-
mos seus filhos — de acordo com seu prazer e propósito — 6 para que lhe rendês-
semos louvor proporcional à glória da graça que nos deu mediante o Amado.
7 Em união com ele, pelo derramar de seu sangue, somos libertados — nossos
pecados são perdoados; isto de acordo com a riqueza da graça 8 que dispensou
sobre nós. Com toda a sua sabedoria e entendimento, 9 ele tornou conhecido a nós
seu plano secreto, o qual mediante sua vontade designou de antemão em conexão
com o Messias 10 e o executará quando o tempo for propício — seu plano de pôr
todas as coisas no céu e na terra sob a autoridade do Messias.
11 Também em união com ele nos foi dada herança, a nós, escolhidos de ante-
mão de acordo com o propósito daquele que age em todas as coisas para manter
a decisão de sua vontade, 12 para que nós, os que anteriormente depositamos a
esperança no Messias, rendamos-lhe louvor proporcional à sua glória.
13 Além disso, vocês que ouviram a mensagem da verdade, as boas-novas que
lhes oferecem libertação, e depositaram sua confiança no Messias, foram selados
por ele com o *Ruach HaKodesh* prometido, 14 que garante nossa herança até que
tomemos posse dela e, dessa forma, lhe rendamos louvor proporcional à glória.
15 Por essa razão, desde que ouvi a respeito de sua confiança no Senhor Yeshua
e do seu amor por todo o povo de Deus, 16 não cessei de dar graças por vocês. Em
minhas orações, peço continuamente que 17 o Deus de nosso Senhor Yeshua, o Mes-
sias, o Pai glorioso, lhes dê um espírito de sabedoria e revelação, para poderem ter
pleno conhecimento dele. 18 Oro para que ele conceda luz aos olhos do coração de
vocês, para poderem compreender a esperança à qual ele os chamou e quais ricas
glórias existem na herança prometida por ele a seu povo, 19 e quão imenso é seu po-
der atuante em quem confia nele. Ele age com a mesma intensidade utilizada 20 ao
fazer o Messias ressuscitar dentre os mortos e se sentar à sua direita no céu, 21 mui-
to acima de qualquer governante, autoridade, poder, domínio ou qualquer outro
nome que possa ser invocado no *'olam hazeh* ou no *'olam haba*. 22 Além disso, ele
pôs todas as coisas debaixo de seus pés[a] e fez dele o cabeça de todas as coisas na

[a] Tehillim [Sl] 8.7(6)

comunidade messiânica, 23 que é seu corpo, a plena expressão daquele que ocupa
inteiramente toda a criação.

2 1 Vocês estavam mortos por causa de seus pecados e atos de desobediência.
2 Andavam de acordo com o *'olam hazeh* e obedeciam ao líder dos poderes do
ar, que ainda atua entre os desobedientes. 3 Na verdade, todos nós vivíamos desse
jeito — seguindo as paixões da velha natureza e obedecendo aos desejos da antiga
natureza e dos pensamentos. Em nossa condição natural, estávamos destinados à
ira de Deus, como todas as outras pessoas.

4 Contudo, Deus é tão rico em misericórdia e nos ama com um amor tão intenso
5 que, mesmo quando estávamos mortos por causa de nossos atos de desobediên-
cia, ele nos trouxe à vida com o Messias — é por meio da graça que vocês foram
libertados. 6 Isto é, Deus nos ressuscitou com o Messias Yeshua e nos fez sentar
com ele no céu, 7 com o intuito de demonstrar nas eras futuras quão infinitamente
rica é sua graça, quão grande é sua bondade para conosco — que estamos unidos
ao Messias Yeshua. 8 Porque vocês foram libertados pela graça, por meio da con-
fiança, e mesmo esta não é sua realização, mas um presente de Deus. 9 Vocês não
foram libertados por suas ações; portanto, não têm de que se gloriar. 10 Porque
somos feitos por Deus, criados em união com o Messias Yeshua para a vida de boas
ações já preparadas por Deus para serem realizadas por nós.

11 Por isso, lembrem-se de seu estado anterior; vocês, gentios por nascimento —
chamados incircuncisão por aqueles que, apenas por meio da operação da carne,
são chamados circuncisão —, 12 naquele tempo não tinham o Messias. Estavam alie-
nados da vida nacional de Yisra'el. Eram estrangeiros às alianças que incorporavam
a promessa de Deus. Estavam neste mundo sem esperança e sem Deus.

13 Agora, porém, vocês que estavam longe foram aproximados por meio do der-
ramamento do sangue do Messias. 14 Porque ele mesmo é nossa *shalom* — de nós
fez um só e derrubou a *m'chitzah* que nos dividia 15 destruindo em seu corpo a
inimizade gerada pela *Torah*, com seus mandamentos estabelecidos na forma de
ordenanças. Ele o fez a fim de criar dos dois grupos uma nova humanidade em
união consigo mesmo e, dessa forma, trazer *shalom*, 16 e reconciliá-la com Deus em
um único corpo ao ser executado na estaca como criminoso, matando, desse modo,
essa inimizade em si mesmo.

17 Também, ao vir, **anunciou as boas-novas de *shalom* a** vocês **que estavam
longe e de *shalom* aos que estavam perto,**[b] 18 notícias de que por seu intermédio
todos nós temos acesso em um Espírito ao Pai.

19 Portanto, vocês não são mais estrangeiros nem forasteiros. Ao contrário, são
concidadãos do povo de Deus e membros da família divina. 20 Vocês têm edificado
sobre o fundamento dos emissários e dos profetas, do qual a pedra principal é
Yeshua, o próprio Messias. 21 Em união com ele, toda a construção é sustentada e
está crescendo para se transformar em um templo santo em união com o Senhor.
22 Sim, em união com ele, vocês têm sido edificados em conjunto para se tornarem
um local de habitação espiritual para Deus!

3 1 Como conseqüência disso, eu, Sha'ul, sou prisioneiro do Messias Yeshua a
favor de vocês, gentios. 2 Presumo que vocês tenham ouvido a respeito da obra
que Deus, em sua graça, me ordenou realizar para seu benefício, 3 e isso aconteceu

---

[b] Yesha'yahu [Is] 57.19

por meio da revelação de seu plano secreto a mim. Já escrevi de modo sucinto a respeito disso, 4 e, se vocês lerem o que escrevi, começarão a entender esse plano secreto que diz respeito ao Messias. 5 Nas gerações passadas, ele não foi revelado à humanidade, como o Espírito agora o dá a conhecer a seus emissários e profetas, 6 que em união com o Messias e por meio das boas-novas os gentios fossem feitos herdeiros, membros do corpo e participantes com os judeus nas promessas divinas. 7 Tornei-me servo dessas boas-novas pelo presente gracioso de Deus, que me foi dado mediante a atuação de seu poder. 8 A mim, o menos importante de todo o povo santo de Deus, foi-me dado o privilégio de anunciar aos gentios as boas-novas das riquezas infindáveis do Messias 9 e a informação sobre como esse plano secreto se desenvolverá. Esse plano, ocultado por Deus, o criador de todas as coisas, durante eras, 10 tem o objetivo de ensinar os governantes e as autoridades no céu, por meio da existência da comunidade messiânica, quão multifacetada é a sabedoria divina. 11 Isso concorda com o antiquíssimo propósito de Deus, realizado no Messias Yeshua, nosso Senhor. 12 Em união com ele, mediante sua fidelidade, temos ousadia e confiança quando nos aproximamos de Deus. 13 Por isso, eu lhes peço que não se sintam desencorajados pelas dificuldades que eu enfrento a favor de vocês — tudo é para a glória de vocês.

14 Por esse motivo, dobro meus joelhos perante o Pai, 15 de quem toda a pátria no céu e na terra recebe o nome. 16 Oro para que dos tesouros de sua glória ele lhes fortaleça o interior com seu Espírito, 17 para que o Messias possa viver em seu coração por meio da confiança de vocês. Também oro para que sejam enraizados e fundamentados no amor, 18 de forma que, com todo o povo de Deus, recebam o poder para entender a largura, o comprimento, a altura e a profundidade do amor do Messias, 19 sim, conhecer esse amor, e, mesmo que ele esteja além do conhecimento, que vocês sejam cheios dele em toda a plenitude de Deus.

20 Àquele cujo poder operante em nós é capaz de fazer muito mais que qualquer coisa que peçamos ou imaginemos, 21 a ele seja a glória na comunidade messiânica, e no Messias Yeshua, de geração a geração, para todo o sempre. *Amen.*

4 1 Portanto, como prisioneiro unido ao Senhor, rogo-lhes que vivam de forma digna do chamado com o qual foram chamados.

2 Sejam sempre humildes, gentis e pacientes, suportando uns aos outros em amor, 3 e façam todos os esforços para preservar a unidade concedida pelo Espírito mediante o poder unificador de *shalom.* 4 Há um corpo e um Espírito, como há uma esperança para a qual vocês foram chamados. 5 Há um só Senhor, uma confiança, uma imersão, 6 e um Deus, Pai de todos, que rege todos, atua por meio de todos e está em todos.

7 Entretanto, cada um de nós recebeu graça conforme a medida generosa do Messias. 8 Essa é a razão pela qual se diz:

> **"Depois que** ele **subiu às alturas,**
> **levou cativo** o **cativeiro**
> e deu **presentes à humanidade"**.[c]

9 O que a expressão **"ele subiu"** pode significar senão que também havia descido inicialmente à parte inferior, à terra? 10 Aquele que desceu é o que **subiu,** muito acima do céu, a fim de encher todas as coisas. 11 Além do mais, ele concedeu algumas

[c] Tehillim [Sl] 68.19(18)

pessoas como emissários, algumas como profetas, outras como proclamadores das
boas-novas, e outras como pastores e mestres. 12 Sua tarefa é preparar o povo de
Deus para a obra de edificar o corpo do Messias, 13 até que todos cheguemos à
unidade implicada pela confiança e pelo conhecimento do Filho de Deus, e à plena
virilidade, segundo o padrão de maturidade estabelecido pela perfeição do Messias.

14 Não seremos mais crianças levadas de um lado para o outro por ondas, nem
jogados por todo vento de ensino, à mercê de pessoas astuciosas que inventam
formas de enganar. 15 Em vez disso, falando a verdade em amor, cresceremos em
todo aspecto em direção àquele que é o cabeça, o Messias. 16 Sob seu controle, o
corpo todo é ajustado e mantido junto pelo suporte de todas as juntas, cada parte
trabalhando para cumprir sua função; esta é a forma pela qual o corpo cresce e
edifica a si mesmo em amor.

17 Assim, eu lhes digo — na verdade, em união ao Senhor insisto: não vivam
mais como os pagãos, com sua forma inútil de pensar. 18 A inteligência deles foi
envolta em trevas, e foram alienados da vida de Deus por causa da ignorância que
há neles, em virtude da resistência à vontade divina. 19 Eles perderam toda a sensi-
bilidade e se entregaram à sensualidade, praticando todo tipo de impureza, sempre
prontos para mais. 20 Todavia, esta não é a lição aprendida do Messias! 21 Se vocês
realmente lhe tiverem dado ouvidos, e se foram instruídos a seu respeito, então
terão aprendido que o que está em Yeshua é verdade. 22 Por isso, no que concerne
ao antigo estilo de vida, dispam-se da velha natureza, porque ela está totalmente
apodrecida por seus desejos enganosos; 23 deixem seu espírito e mente serem reno-
vados 24 e se revistam da nova natureza, criada para a piedade, que expressa em si
mesma a justiça e a santidade procedentes da verdade.

25 Portanto, despindo-se da falsidade, **falem todos a verdade ao próximo,**[d] por-
que estamos intimamente relacionados uns aos outros como parte de um corpo.
26 **Irem-se, mas não pequem**[e] — não deixem o sol se pôr sem que vocês tenham
lidado com a causa de sua ira; 27 de outra forma, darão lugar ao Adversário.

28 O ladrão deve parar de roubar; em vez disso, deve viver honestamente, por
esforço próprio. Dessa forma, será capaz de partilhar com os necessitados.

29 Que nenhuma linguagem prejudicial saia de sua boca, apenas boas palavras
que possam auxiliar, palavras benéficas aos ouvintes. 30 Não causem tristeza ao
Ruach HaKodesh de Deus, porque ele os marcou como sua propriedade até o dia da
redenção final. 31 Livrem-se de toda amargura, rancor, ira, agressividade e calúnia,
além de toda a maldade. 32 Em vez disso, sejam bondosos uns para com os outros,
compassivos; e perdoem-se mutuamente, como Deus os perdoou no Messias.

5 1 Portanto, imitem a Deus, como filhos amados, 2 e vivam em amor, como tam-
bém o Messias nos amou; na verdade, ele se entregou a nosso favor como oferta,
como sacrifício de aroma suave oferecido a Deus. 3 Entre vocês não se deve nem
mencionar a imoralidade sexual, ou qualquer tipo de impureza, ou ganância; es-
sas coisas são totalmente impróprias para o povo santo de Deus. 4 Vocês também
devem deixar de lado a obscenidade, as conversas tolas e a linguagem obscena;
em vez disso, devem dar graças. 5 Pois estejam certos disto: nenhuma pessoa
sexualmente imoral, impura ou gananciosa — isto é, idólatra — não tem parte no
Reino do Messias e de Deus. 6 Que ninguém os engane com conversas inúteis; por
causa dessas coisas, o juízo de Deus sobrevém aos desobedientes. 7 Portanto, não
se associem com eles!

[d] Z'kharyah [Zc] 8.16 [e] Tehillim [Sl] 4.5(4)

8 Vocês também eram trevas; mas agora, unidos ao Senhor, são luz. Vivam
como filhos da luz, 9 porque o fruto da luz está em todo tipo de bondade, justiça
e verdade — 10 tentem determinar o que agradará ao Senhor. 11 Não tenham nada
em comum com os atos produzidos pelas trevas; antes, exponham-nos, 12 porque
até mesmo falar sobre o que essas pessoas fazem em segredo é vergonhoso. 13 Mas
todas as coisas expostas à luz são claramente reveladas, 14 pois todas as coisas
reveladas são luz. Por isso é que se diz:

> "Desperte, dorminhoco! Levante-se dos mortos,
> e o Messias brilhará sobre você!".

15 Por isso, deem muita atenção a como conduzem a vida — vivam de forma sábia,
e não insensata. 16 Usem bem o tempo, porque os dias são maus. 17 Não sejam tolos,
tentem entender qual é a vontade do Senhor.

18 Não se embriaguem com vinho, porque perderão o controle. Em vez disso,
continuem sendo cheios do Espírito — 19 cantem salmos, hinos e canções espiritu-
ais uns para os outros; cantem ao Senhor e lhe façam música no coração; 20 deem
sempre graças a Deus, o Pai, por todas as coisas em nome de nosso Senhor Yeshua,
o Messias.

21 Submetam-se uns aos outros no temor ao Messias. 22 As mulheres devem se
submeter ao marido como o fazem em relação ao Senhor; 23 porque o marido é o
cabeça da mulher, da mesma forma que o Messias — como cabeça da comunida-
de messiânica — mantém o corpo seguro. 24 Da mesma forma que a comunidade
messiânica se submete ao Messias, também as mulheres devem se submeter aos
maridos em tudo.

25 Com relação aos maridos: ame cada um sua mulher, como o Messias amou
a comunidade messiânica e, de fato, entregou-se a favor dela, 26 a fim de separá-la
para Deus, como que purificando-a mediante a imersão na *mikveh*, 27 com o obje-
tivo de apresentar a comunidade messiânica a si mesmo como noiva da qual se
orgulha, sem mancha, ruga ou qualquer coisa semelhante, mas santa e sem defeito.
28 É deste modo que cada marido deve amar sua mulher — como ao próprio corpo;
porque o homem que ama sua mulher ama a si mesmo. 29 Ninguém jamais odiou a
própria carne! Ao contrário, alimenta-a e cuida bem dela, do mesmo modo que o
Messias o faz com a comunidade messiânica, 30 porque somos partes de seu corpo.
31 **"Portanto, o homem deixará pai e mãe e permanecerá com sua mulher, e os
dois se tornarão um"**.[f] 32 Há uma verdade profunda oculta aqui; o que digo concer-
ne ao Messias e à comunidade messiânica. 33 Entretanto, o texto também se aplica
de modo individual a vocês: que cada homem ame sua mulher como a si mesmo, e
que a mulher respeite o marido.

6 1 Filhos, o que vocês devem fazer em união ao Senhor é obedecer a seus pais,
porque isso é correto. 2 **"Honre seu pai e sua mãe"** — este é o primeiro man-
damento que incorpora uma promessa — 3 **"para que você vá bem e possa viver
bastante na terra"**.[g]

4 Pais, não irritem seus filhos nem façam deles pessoas ressentidas; em vez
disso, eduquem-nos com o tipo de disciplina e instrução proveniente do Senhor.

5 Escravos, obedeçam a seus senhores humanos com o mesmo temor, tremor e
sinceridade de coração com que obedecem ao Messias. 6 Não obedeçam apenas para

---

[f] B'reshit [Gn] 2.24 [g] Sh'mot [Êx] 20.12; D'varim [Dt] 5.16

ganhar-lhes o favor, servindo apenas enquanto eles os observam; sirvam, porém, como escravos do Messias, fazendo de todo o coração o que Deus deseja. 7 Trabalhem espontaneamente como escravos, como pessoas que não servem apenas a seres humanos, mas ao Senhor. 8 Lembrem-se de que quem faz uma boa obra, quer escravo, quer livre, será recompensado pelo Senhor.

9 E, senhores, tratem seus escravos da mesma forma. Não os ameacem. Lembrem-se de que vocês e eles têm no céu o mesmo Senhor, e ele não tem favoritos.

10 Por fim, cresçam poderosamente em união com o Senhor, ligados a seu forte poder! 11 Usem toda a armadura e as armas providas por Deus, para que sejam capazes de resistir às táticas enganosas do Adversário. 12 Porque nós não lutamos contra seres humanos, mas contra os líderes, as autoridades e os poderes cósmicos que governam as trevas, contra as forças espirituais do mal na esfera celestial. 13 Por isso, usem todas as peças do equipamento de guerra concedido por Deus, para que, quando o dia mau vier, vocês sejam capazes de resistir a ele; e, quando a batalha for vencida, permaneçam em pé. 14 Assim, resistam! Usem o cinto da **verdade, preso em torno da cintura**;[h] **revistam-se da justiça como couraça**,[i] 15 e usem nos **pés a prontidão procedente das boas-novas de *shalom***.[j] 16 Sempre usem o escudo da confiança, com o qual poderão apagar todas as setas inflamadas do Maligno. 17 Tomem **o elmo da libertação**[k] com a espada concedida pelo Espírito, que é a Palavra de Deus, 18 enquanto oram em todas as ocasiões, com todos os tipos de oração e súplica, no Espírito, de forma vigilante e persistente, por todo o povo de Deus.

19 E orem por mim também, para que, sempre que abrir a boca, sejam-me dadas palavras para que eu torne conhecido, de forma destemida, o segredo das boas-novas, 20 do qual sou embaixador em correntes. Orem para eu falar com ousadia, da forma que devo.

21 Para que vocês fiquem informados sobre meu estado e minhas atividades, Tíquico, o irmão amado e fiel trabalhador do Senhor, lhes dirá todas as coisas. 22 Por essa razão, eu o enviei a vocês, para que saibam como estamos passando e para que ele os conforte e encoraje.

23 *Shalom* aos irmãos. Que Deus Pai e o Senhor Yeshua, o Messias, concedam a vocês amor e confiança 24 Graça seja com todos os que amam nosso Senhor Yeshua, o Messias, com amor eterno.

---

[h] Yesha'yahu [Is] 11.5 [i] Yesha'yahu [Is] 59.17 [j] Yesha'yahu [Is] 52.7 [k] Yesha'yahu [Is] 59.17

אגרת שאול אל הפיליפים

A carta de Sha'ul, emissário de Yeshua,
à comunidade messiânica de Filipos

Filipenses

1 [1] De: Sha'ul e Timóteo, escravos do Messias Yeshua
Para: Todo o povo de Deus unido ao Messias Yeshua, que vive em Filipos,
com os líderes congregacionais e *shammashim*:
[2] Graça a vocês e *shalom* da parte de Deus, nosso Pai, e do Senhor Yeshua, o
Messias.
[3] Agradeço a meu Deus sempre que penso em vocês. [4] Quando oro a favor de
vocês, faço-o com alegria [5] porque têm cooperado no anúncio das boas-novas, des-
de o primeiro dia até agora. [6] Estou certo disto: quem começou a boa obra entre
vocês a manterá em desenvolvimento até o dia do Messias Yeshua. [7] É justo que eu
pense assim a respeito de todos vocês, porque os tenho em meu coração, pois, quer
acorrentado, quer defendendo e confirmando as boas-novas, todos vocês partici-
pam comigo neste trabalho privilegiado. [8] Deus pode testemunhar quanta saudade
sinto de todos, bem como a profunda afeição no Messias Yeshua.
[9] E esta é a minha oração: que o amor de vocês transborde na plenitude do
conhecimento e na intensidade do discernimento, [10] para que sejam capazes de
determinar o que é melhor e, portanto, serem puros e irrepreensíveis para o dia
do Messias, [11] repletos do fruto da justiça que procede de Yeshua, o Messias —
para a glória e o louvor de Deus.
[12] Irmãos, agora desejo lhes contar que o que me aconteceu tem ajudado no
avanço das boas-novas. [13] Tornou-se claro a todo o palácio e aos demais que estou
acorrentado pela causa do Messias. [14] Além disso, o fato de estar na prisão deu
confiança à maioria dos irmãos no Senhor, de forma que eles se tornaram muito
mais ousados para pregar a palavra de Deus com destemor. [15] É verdade que alguns
anunciam o Messias por inveja e rivalidade, mas outros, desprovidos de ambição.
[16] Estes agem por amor, cônscios de que fui posto onde estou para defender as
boas-novas; [17] ao passo que os primeiros proclamam o Messias por ambição egoís-
ta, com motivação impura, supondo que me podem causar sofrimento na prisão.
[18] E daí? O que importa é que, de todas as maneiras, seja de forma honesta, seja de
forma falsa, o Messias está sendo anunciado; e nisso me alegro.
Sim, e continuarei a me alegrar, [19] porque sei que **isso resultará na minha
libertação**,[a] por causa das suas orações e do sustento do Espírito de Yeshua, o
Messias. [20] Tudo isso concorda com minha expectativa ardente e esperança de que
nada terei de que me envergonhar; ao contrário, agora, como sempre, o Messias
será honrado por meu corpo, quer vivo, quer morto. [21] Quanto a mim, a vida é o
Messias, e a morte é vantagem. [22] Contudo, se vivendo no corpo posso realizar um

---

[a] Iyov [Jó] 13.16

trabalho frutífero, então não sei o que escolher. 23 Encontro-me em um dilema: meu
desejo é partir e estar com o Messias — o que é muito melhor —, 24 porém, por cau-
sa de vocês, a necessidade maior é permanecer no corpo. 25 Sim, estou convencido
disto; portanto, sei que permanecerei com vocês a fim de ajudá-los a progredir na
fé e se alegrarem nela. 26 Então, por meio de minha estada com vocês outra vez,
terão razão maior para se gloriarem no Messias Yeshua.

27 Apenas conduzam a vida de forma digna das boas-novas do Messias; quer eu
vá e os veja, quer ouça a distância a respeito de vocês, permaneçam firmes, unidos
em espírito, lutando unânimes pela fé das boas-novas, 28 não amedrontados por
qualquer coisa realizada pela oposição. Isso servirá a eles de indicação de que estão
destinados à destruição, e vocês, à libertação. E isso procede de Deus, 29 porque a
vocês foi concedido, por causa do Messias, não apenas confiar nele, mas também
sofrer a seu favor, 30 lutar as mesmas batalhas nas quais me viram guerrear e agora
ouvem que ainda luto.

2 1 Portanto, se vocês têm algum encorajamento para mim, a partir de sua união
com o Messias, algum conforto procedente do amor, alguma comunhão comigo
no Espírito, alguma compaixão ou simpatia, 2 então, completem meu trabalho me-
diante o propósito e o amor comuns, sendo um no coração e na mente. 3 Não façam
nada por competição ou imodéstia; mas, com humildade, considerem os outros
melhores que vocês mesmos — 4 cuidem dos interesses das outras pessoas, e não
só dos seus.

5 Que a atitude de vocês para com os outros seja governada pela união ao Mes-
sias Yeshua:

6 Apesar de ele viver na forma de Deus,
não considerou a igualdade com Deus
algo a ser mantido pela força.
7 Ao contrário, esvaziou a si mesmo,
ao assumir a forma de um escravo,
tornando-se como os seres humanos são.
E, quando ele surgiu como um ser humano,
8 humilhou-se ainda mais,
tornando-se obediente até a morte —
morte na estaca como um criminoso!
9 Portanto Deus o elevou ao lugar mais alto
e lhe deu o nome acima de todo nome,
10 para que, em honra ao nome dado a Yeshua,
todo joelho se dobre —
no céu, na terra e debaixo da terra —
11 **e toda língua reconheça**[b]
que Yeshua, o Messias, é *Adonai* —
para a glória de Deus, o Pai.

12 Dessa forma, meus queridos amigos, como vocês sempre obedeceram quando eu
estava presente, é mais importante que obedeçam agora enquanto estou distante:
continuem desenvolvendo sua libertação **com temor e tremor**,[c] 13 porque Deus é

[b] Yesha'yahu [Is] 45.23 [c] Tehillim [Sl] 2.11 [d] D'varim [Dt] 32.5

quem lhes concede a disposição e a realização do que lhe agrada. 14 Façam tudo sem
queixas nem discussões, 15 para que sejam filhos de Deus inculpáveis e puros, sem
defeito, em meio a uma **geração desorientada e pervertida**,[d] na qual devem brilhar
como estrelas no céu, 16 à medida que se apegam à Palavra da vida. Se fizerem isso,
serei capaz de me orgulhar, quando o dia do Messias vier, de que não corri nem
trabalhei arduamente por nada. 17 Na verdade, mesmo que meu sangue seja derra-
mado como oferta de bebida sobre o sacrifício e o serviço da sua fé, ainda ficarei
alegre e me regozijarei com todos vocês. 18 Da mesma forma, vocês também devem
se alegrar e regozijar comigo.

19 Espero no Senhor Yeshua enviar-lhes Timóteo em breve, para que eu também
possa ser animado ao saber como vocês estão. 20 Não tenho ninguém que se com-
pare a ele, pois ele cuidará com muita sinceridade do bem-estar de vocês — 21 as
pessoas põem os próprios interesses à frente dos do Messias Yeshua. 22 Entretanto,
vocês conhecem o caráter dele, que, à semelhança de um filho com o pai, ele se
tornou escravo comigo para o progresso das boas-novas. 23 Portanto, espero enviá-
-lo assim que souber o que acontecerá comigo, 24 e estou confiando no Senhor que
em breve também poderei ir.

25 Também acho necessário enviar-lhes Epafrodito, meu irmão, colaborador e
companheiro de batalha, o emissário mandado por vocês para cuidar de minhas ne-
cessidades; 26 porque ele tem saudade de vocês e está angustiado porque ouviram
que ele estava doente. 27 De fato, ele ficou doente, à beira da morte; mas Deus teve
misericórdia dele, e não apenas dele, mas também de mim, pois, de outro modo,
eu teria acumulado tristeza sobre tristeza. 28 Portanto, estou ansioso para enviá-lo
logo, para que vocês se alegrem quando o virem novamente, e eu, de minha parte,
possa ficar menos triste. 29 Assim, deem-lhe uma acolhida alegre no Senhor; hon-
rem tal pessoa. 30 Pois ele arriscou a vida e quase morreu trabalhando pelo Messias,
a fim de me dar o auxílio que vocês não me podiam dar.

3 1 Para concluir, meus irmãos: alegrem-se em união ao Senhor!
Não me é difícil repetir o que já lhes escrevi antes, e para vocês será uma
garantia: 2 cuidado com os "cães", esses praticantes do mal, os mutilados! 3 Porque
nós somos os circuncisos, nós que adoramos pelo Espírito de Deus e que fazemos
do Messias Yeshua nossa confiança! Não confiamos em qualificações humanas,
4 ainda que eu tenha, com certeza, razões para pôr minha certeza nessas coisas.
Se alguém mais pensa ter motivos para confiar em qualificações humanas, meus
motivos são maiores:

5 · *b'rit-milah* no oitavo dia,
· filho de Yisra'el por nascimento,
· da tribo de Binyamin,
· falante de hebraico, de pais que falavam hebraico,
· quanto à *Torah*, *parush*,
6 · quanto ao zelo, perseguidor da comunidade messiânica,
· quanto à justiça demandada pelo legalismo, irrepreensível.

7 Entretanto, tudo o que me servia de vantagem, considero, por causa do Messias,
desvantagem. 8 Não apenas isso, considero todas as coisas inferiores em compa-
ração com o valor supremo de conhecer o Messias Yeshua como meu Senhor. Por
causa dele, abri mão de todas as coisas e as considero lixo, a fim de obter o Messias
9 e ser encontrado unido a ele, desprovido de qualquer justiça pessoal baseada no

legalismo, possuidor, porém, da justiça decorrente da fidelidade do Messias, justiça proveniente de Deus com base na confiança. 10 Sim, desisto de tudo a fim de conhecê-lo, isto é, conhecer o poder de sua ressurreição e de seus sofrimentos à medida que sou conformado à sua morte, 11 para que de alguma forma eu consiga alcançar a ressurreição dentre os mortos. 12 Não que eu já a tenha obtido ou que já tenha alcançado o alvo — não, continuo a persegui-lo, na esperança de apropriar-me do que o Messias Yeshua alcançou para mim. 13 Irmãos, eu, de minha parte, não considero que já o tenha alcançado; mas uma coisa faço: esquecendo-me do que ficou para trás de mim e me esforçando para obter o que está à minha frente, 14 continuo à procura do objetivo para ganhar o prêmio oferecido pelo chamado celestial de Deus no Messias Yeshua. 15 Portanto, todos os que são maduros devem continuar prestando atenção a isso, e, se pensarem de modo diferente a respeito de algo, Deus também o revelará a vocês. 16 Apenas que nossa conduta esteja no mesmo nível que já alcançamos.

17 Irmãos, imitem-me e prestem atenção a quem vive de acordo com o padrão que lhes demonstramos. 18 Pois muitos, já lhes disse repetidas vezes, e agora o digo novamente com lágrimas, vivem como inimigos da estaca de execução do Messias. 19 Eles foram destinados à destruição! Seu deus é o estômago; orgulham-se do que deveriam se envergonhar; porque pensam nas coisas do mundo. 20 Nós, porém, somos cidadãos do céu, de onde esperamos o Libertador, o Senhor Yeshua, o Messias. 21 Ele transformará o corpo deste estado humilde e o tornará semelhante a seu corpo glorioso, pelo poder que o capacita a pôr todas as coisas sob seu controle.

4 1 Portanto, meus irmãos, a quem amo e de quem tenho saudade, vocês que são minha alegria e coroa, meus queridos amigos, permaneçam firmes em união ao Senhor.

2 Peço a Evódia e também a Síntique que concordem entre si em união ao Senhor. 3 Também peço a você, leal Sízigo, que ajude essas mulheres, pois trabalharam muito no anúncio das boas-novas comigo, com Clemente e meus demais colaboradores. Seus nomes estão no livro da vida.

4 Alegrem-se em união ao Senhor sempre. Direi novamente: alegrem-se! 5 Que todos vejam quão amáveis e gentis vocês são. O Senhor está perto! 6 Não se preocupem com nada; ao contrário, tornem seus pedidos conhecidos a Deus pela oração e súplica, com ação de graças. 7 E a *shalom* de Deus, que ultrapassa todo o entendimento, guardará seu coração e mente em união com o Messias Yeshua. 8 Por fim, irmãos, concentrem o pensamento no que é verdadeiro, nobre, correto, puro, amável ou admirável, em alguma virtude ou em algo digno de louvor. 9 Continuem praticando o que aprenderam e receberam de mim, ou o que ouviram e me viram fazer; então, Deus, que concede *shalom,* estará com vocês.

10 Alegro-me grandemente em união com o Senhor, porque, depois de muito tempo, vocês expressaram outra vez sua preocupação por mim. De fato, vocês já se interessavam, mas não tiveram a oportunidade para expressá-lo. 11 Não estou dizendo isso para chamar-lhes a atenção para qualquer necessidade minha, pois aprendi a me contentar independentemente das circunstâncias. 12 Sei o que é passar necessidade e sei o que é ter mais que o suficiente — em tudo e de todas as formas aprendi o segredo de estar bem alimentado, com fome, ter abundância, ou passar necessidade. 13 Posso todas essas coisas naquele que me dá poder.

14 Entretanto, foi bom vocês participarem de minhas dificuldades. 15 Vocês, filipenses, sabem que nos primeiros dias de meu trabalho propagando as boas-novas,

quando deixei a Macedônia, nenhuma congregação partilhou comigo na questão de
dar e receber — apenas vocês. [16] Na verdade, em Tessalônica, quando necessitei de
ajuda, vocês a mandaram duas vezes. [17] Não estou procurando oferta; ao contrário,
procuro o que pode ser creditado na conta de vocês. [18] Ganhei mais que o suficien-
te: estou plenamente suprido, agora que recebi de Epafrodito as ofertas que vocês
enviaram — elas são um **aroma suave**,[e] um sacrifício aceitável que agrada a Deus.
[19] Além do mais, meu Deus suprirá todas as necessidades de vocês, de acordo com
sua gloriosa riqueza em união ao Messias Yeshua. [20] E a Deus, nosso Pai, seja a gló-
ria para todo o sempre. *Amen.*

[21] Cumprimentem todo o povo de Deus no Messias Yeshua. Os irmãos que estão
comigo lhes enviam cumprimentos. [22] Todo o povo de Deus lhes envia saudações,
especialmente os que estão na casa do imperador.

[23] A graça do Senhor Yeshua, o Messias, seja com seu espírito. *Amen.*

[e] B'reshit [Gn] 8.21; Sh'mot [Êx] 29.18

אגרת שאול אל הקולוסים

A carta de Sha'ul, emissário de Yeshua,
à comunidade messiânica de Colossos

Colossenses

1 1 De: Sha'ul, pela vontade de Deus emissário do Messias Yeshua, e o irmão Ti-
móteo

2 Para: O povo de Deus de Colossos, fiéis irmãos no Messias:

Graça a vocês e *shalom* da parte de Deus, nosso Pai.

3 Sempre que oramos, damos graças a Deus, o Pai de nosso Senhor Yeshua, o
Messias, por vocês. 4 Porque ouvimos falar da sua confiança no Messias Yeshua e
do amor que têm por todo o povo de Deus, 5 procedentes da esperança segura de
que vocês receberão o que lhes está reservado no céu. Vocês ouviram a respeito
disso mediante a mensagem da verdade. Estas boas-novas 6 se fizeram presentes
entre vocês, bem como **têm frutificado e se multiplicado**[a] em todo o mundo como
também ocorre entre vocês, desde o dia em que as ouviram e entenderam a graça
de Deus como ela é. 7 Vocês as aprenderam de Epafras, nosso querido coescravo e
fiel trabalhador do Messias a favor de vocês, 8 e ele nos falou do amor que o Espírito
lhes deu.

9 Portanto, desde o dia em que o ouvimos, não deixamos de orar por vocês,
pedindo a Deus que sejam cheios do conhecimento de sua vontade, com toda a
sabedoria e entendimento dado pelo Espírito, 10 para que vivam de forma digna do
Senhor e o agradem em tudo, **frutificando** em toda boa obra, **crescendo** no pleno
conhecimento de Deus. 11 Oramos para que sejam continuamente fortalecidos com
todo o poder procedente de sua força gloriosa, para que sejam capazes de perse-
verar e se manterem pacientes em qualquer situação, com alegria, 12 dando graças
ao Pai por tê-los feito dignos de participar da herança de seu povo na luz. 13 Ele nos
resgatou do domínio das trevas e nos transferiu para o Reino do seu Filho querido.

14 Por meio de seu Filho, temos a redenção — isto é, o perdão dos pecados. 15 Ele
é a imagem visível do Deus invisível. Ele é supremo sobre toda a criação, 16 porque
em conexão com ele foram criadas todas as coisas — no céu e na terra, visíveis
e invisíveis, sejam tronos, senhorios, governantes, ou autoridades; todos foram
criados por meio dele e para ele. 17 Ele existe antes de todas as coisas, e sustém
conjuntamente todas as coisas.

18 Ele também é a cabeça do corpo — a congregação messiânica — o princípio,
o primogênito dentre os mortos, para ter o primeiro lugar em tudo. 19 Pois foi do
agrado de Deus ter todo o seu ser vivo no Filho 20 e, por meio dele, reconciliar con-
sigo todas as coisas, quer na terra quer no céu, estabelecendo a paz por meio dele,
tendo o Filho derramado seu sangue ao ser executado em uma estaca.

---

[a] B'reshit [Gn] 1.28

[21] Em outras palavras, vocês estavam separados de Deus e mantinham uma atitude hostil para com ele por causa de suas ações ímpias. [22] Ele agora os reconciliou pelo corpo físico de seu Filho, mediante a morte, para apresentá-los diante de si mesmos santos, sem defeito e irrepreensíveis — [23] desde que continuem confiando, alicerçados e firmes, sem se deixarem afastar da esperança oferecida pelas boas-novas que ouviram.

Essas boas-novas têm sido anunciadas a toda a criação debaixo do céu; e eu, Sha'ul, tornei-me servo delas. [24] Alegro-me nos sofrimentos atuais por causa de vocês! Completo em minha carne o que falta às aflições do Messias, a favor de seu corpo, a comunidade messiânica. [25] Tornei-me servo das boas-novas porque Deus me concedeu este trabalho para o benefício de vocês. O trabalho é tornar plenamente conhecida a mensagem de Deus, [26] o segredo oculto por gerações e eras, mas que agora foi esclarecido a seu povo, separado para si mesmo. [27] A ele, Deus quis dar a conhecer entre os gentios a gloriosa riqueza deste segredo. Ele é o Messias em união com vocês! Nisso reside a esperança da glória! [28] Nós, de nossa parte, o proclamamos; advertimos, confrontamos e ensinamos cada um, com toda a sabedoria, para que apresentemos todos como tendo alcançado o objetivo, em união com o Messias. [29] Por isso eu trabalho, esforçando-me com toda a energia que atua em mim com poder.

2 [1] Porque desejo dar informações sobre quão duramente trabalho por vocês, pelos de Laodiceia e por todos os que não me conhecem pessoalmente. [2] Meu propósito é encorajá-los, uni-los em amor, para que tenham todas as riquezas derivadas da segurança e conheçam integralmente a verdade secreta de Deus, isto é, o Messias. [3] Todos os tesouros da sabedoria e do conhecimento estão escondidos nele.

[4] Digo isso para que ninguém os engane com argumentos plausíveis, mas ilusórios. [5] Porque, apesar de estar longe de vocês fisicamente, estou presente em espírito, alegrando-me em ver a firmeza disciplinada e resoluta de sua confiança no Messias. [6] Portanto, como vocês receberam o Messias Yeshua, o Senhor, continuem a viver unidos a ele. [7] Permaneçam profundamente enraizados nele; continuem a ser edificados nele e confirmados na confiança, como foram ensinados, para que transbordem em ações de graças.

[8] Cuidem para que ninguém os cative por meio de filosofias e enganos vãos, seguindo tradições humanas que concordam com os espíritos elementares do mundo, mas não concordam com o Messias. [9] Porque nele habita, corporalmente, a plenitude do que Deus é. [10] E, por sua união com ele, vocês foram plenificados — ele é o cabeça de todo governo e autoridade.

[11] Também em união com ele vocês foram circuncidados, não com a circuncisão feita por mãos humanas, mas com a realizada pela remoção do controle da velha natureza sobre o corpo. Nessa circuncisão feita pelo Messias, [12] vocês foram sepultados com ele por meio da imersão; e foram ressuscitados em união com ele pela fidelidade de Deus que atuou ao ressuscitar Yeshua dentre os mortos. [13] Vocês estavam mortos por causa de seus pecados, isto é, em razão do "prepúcio" — a velha natureza. Deus, porém, os fez viver com o Messias ao lhes perdoar todos os pecados. [14] Ele removeu a lista de acusações existente contra nós. Por causa das regras, ela era um testemunho desfavorável; contudo, ele a removeu ao pregá-la à estaca de execução. [15] Despojando os governantes e as autoridades de seu poder, fez deles um espetáculo público, triunfando sobre eles por causa da estaca.

16 Por isso, não permitam que ninguém os julgue em relação ao que comem e bebem, ou com relação a um festival judaico, ao *Rosh-Hodesh* ou *shabbat*. 17 Essas são sombras do que virá; o corpo, porém, é do Messias.

18 Não permitam que ninguém lhes negue o prêmio, insistindo na participação de atos de mortificação e adoração de anjos. Tais pessoas sempre contam alguma visão e se orgulham de sua aparência mundana. 19 Eles não se mantêm unidos à Cabeça, de quem o corpo todo, recebendo sustento e união pelas juntas e ligamentos, cresce como Deus concede. 20 Se, como o Messias, vocês morreram para os espíritos elementares do mundo, por que, então, deixam-se incomodar por essas regras? (Como se ainda pertencessem ao mundo?) 21 "Não toque nisto!", "Não coma isso!", "Não manuseie aquilo!" 22 Essas proibições dizem respeito a coisas que devem perecer pelo uso (não por serem evitadas!) e baseiam-se em **regras e ensinos humanos**.[b] 23 Elas têm aparência de sabedoria, com suas observâncias religiosas autoimpostas, falsa humildade e ascetismo, mas não têm valor algum para refrear as pessoas de agir de acordo com a velha natureza.

3 1 Portanto, se vocês ressuscitaram com o Messias, procurem as coisas do alto, onde o Messias está **sentado à destra de Deus**.[c] 2 Concentrem a mente nas coisas do alto, e não nas coisas da terra. 3 Porque vocês morreram, e sua vida está escondida com o Messias em Deus. 4 Quando o Messias, que é nossa vida, aparecer, então vocês também aparecerão com ele em glória!

5 Por isso, façam morrer as partes terrenas de sua natureza: imoralidade sexual, impureza, lascívia, desejos maus e ganância (uma forma de idolatria). 6 Por causa dessas coisas, a ira de Deus está vindo sobre os que lhe desobedecem. 7 É verdade que vocês praticaram essas coisas em sua vida pregressa, 8 mas, agora, livrem-se delas: ira, irritação, mesquinhez, calúnia e linguagem indecente. 9 Nunca mintam uns aos outros, porque vocês já se despiram do velho "eu", com suas formas de agir, 10 e se revestiram do novo "eu", que é continuamente renovado em conhecimento mais abrangente, cada vez mais perto da imagem do Criador. 11 O novo "eu" não dá margem para a discriminação entre gentio e judeu, circunciso e incircunciso, estrangeiro, selvagem, escravo e livre; ao contrário, o Messias é tudo em todos.

12 Portanto, como povo escolhido de Deus, santo e amado, revistam-se de sentimentos de compaixão e bondade, humildade, delicadeza e paciência. 13 Suportem--se uns aos outros; se alguém tiver uma queixa contra uma pessoa, perdoe-a. De fato, como o Senhor lhes perdoou, dessa forma vocês devem perdoar.

14 Acima de tudo isso, porém, revistam-se do amor, que une todas as coisas com perfeição, 15 e que a *shalom* procedente do Messias seja quem tome as decisões de seu coração, porque vocês foram chamados para integrar o corpo indiviso do Messias.

E sejam agradecidos! 16 Que a Palavra do Messias viva em vocês, com toda a sua riqueza, à medida que ensinam e aconselham uns aos outros com toda a sabedoria e cantam salmos, hinos e cânticos espirituais com gratidão a Deus no coração. 17 Isto é, tudo o que fizerem ou disserem, façam no nome do Senhor Yeshua, dando graças por meio dele a Deus, o Pai.

18 Mulheres, sujeite-se cada uma a seu marido, como é apropriado no Senhor.

19 Maridos, ame cada um sua mulher e não a trate com aspereza.

20 Filhos, obedeçam aos pais em tudo, pois isso agrada ao Senhor.

[b] Yesha'yahu [Is] 29.13 [c] Tehillim [Sl] 110.1

21 Pais, não irritem seus filhos nem os deixem ressentidos, para que não desani-
mem.
22 Escravos, obedeçam a seus senhores terrenos em tudo; não sirvam apenas
enquanto eles observam, para ganhar-lhes o favor, mas com sinceridade, por te-
mor ao Senhor. 23 Independentemente do trabalho que fizerem, dediquem-se a isso,
como alguém que não serve só aos homens, mas ao Senhor. 24 Lembrem-se de que
receberão como recompensa a herança do Senhor. Vocês são escravos do Senhor,
do Messias. 25 Não se perturbem: quem fizer o que é errado será pago segundo o
erro, e não haverá favoritismo.

4 1 Senhores, tratem seus escravos de forma correta e justa. Lembrem-se de que
também vocês têm um Senhor no céu.
2 Insistam na oração, permanecendo alertas e sendo agradecidos. 3 Incluam ora-
ções também por nós, para que Deus abra uma porta para o anúncio da mensagem
a respeito do segredo do Messias — por isso estou na prisão. 4 E orem para que eu
possa falar, como devo, para tornar a mensagem clara.
5 Comportem-se de forma sábia para com os de fora, aproveitando toda opor-
tunidade — 6 que suas conversas sejam sempre graciosas e interessantes, para que
saibam responder a cada um.
7 O querido irmão Tíquico, fiel colaborador e coescravo no Senhor, lhes dará
notícias a meu respeito 8 Eu o envio a vocês exatamente por esta razão: para que
saibam como estamos e ele os encoraje. 9 Eu o enviei com Onésimo, o irmão querido
e fiel, que é um de vocês; eles lhes contarão tudo o que acontece aqui.
10 Aristarco, meu companheiro de prisão, envia saudações, bem como Marcos —
primo de Bar-Nabba —, a respeito de quem vocês já receberam instruções. Se ele
for até vocês, deem-lhe boas-vindas. 11 Yeshua, chamado Justo, também os cumpri-
menta. Esses três são os únicos dentre os circuncisos; e, entre meus colaboradores
a favor do Reino de Deus, apenas eles têm sido consolo para mim.
12 Epafras envia cumprimentos; ele é um de vocês, um escravo do Messias
Yeshua que sempre luta em oração a seu favor, para que fiquem firmes, tornem-
-se maduros e plenamente confiantes, à medida que se dedicam completamente à
vontade de Deus. 13 Pois posso testemunhar que ele se esforça muito por vocês e
pelos de Laodiceia e Hierápolis.
14 O querido amigo Lucas, o médico, e Demas enviam saudações.
15 Cumprimentem todos os irmãos de Laodiceia, bem como Ninfa e a congre-
gação que se reúne em sua casa. 16 Depois que esta carta for lida para vocês, que
também a leiam na congregação dos laodicenses; e vocês, da mesma forma, leiam
a carta procedente de Laodiceia. 17 E digam a Arquipo: "Termine a tarefa que lhe foi
dada no Senhor".

18 Esta saudação, eu, Sha'ul, escrevo de próprio punho.
Lembrem-se do meu aprisionamento.

A graça seja com vocês.

אגרת שאול הראשונה אל התסלוניקים

A primeira carta de Sha'ul, emissário de Yeshua, à comunidade messiânica de Tessalônica

1Tessalonicenses

1 1 De: Sha'ul, Silas e Timóteo
Para: A comunidade messiânica dos tessalonicenses, unidos a Deus Pai e ao
Senhor Yeshua, o Messias.
Graça e *shalom* a vocês.
2 Sempre damos graça a Deus por todos vocês, mencionando-os com regula-
ridade em nossas orações, 3 trazendo à mente perante Deus, nosso Pai, o que o
Senhor Yeshua, o Messias, realizou em vocês — como sua confiança produz ação,
seu amor, trabalho árduo, e sua esperança, perseverança. 4 Sabemos, irmãos, que
Deus os amou e escolheu; 5 que as boas-novas que lhes apresentamos não se torna-
ram apenas uma questão de palavras, mas também de poder, o *Ruach HaKodesh,*
e plena convicção — como sabem que vivemos por sua causa quando estávamos
com vocês. 6 De fato, vocês se tornaram imitadores de nós e do Senhor, de modo
que, mesmo ao passar por problemas severos, receberam a Palavra procedente do
Ruach HaKodesh com alegria.
7 Desse modo, vocês se tornaram o padrão para todos os crentes da Macedônia
e da Acaia; 8 porque a mensagem do Senhor se fez ouvir de sua parte não só na
Macedônia e na Acaia, mas em todos os lugares a confiança de vocês em Deus se
tornou conhecida. O resultado é que não necessitamos dizer nada; 9 porque eles
mesmos continuam a nos dizer a respeito das boas-vindas recebidas da parte de
vocês e sobre como abandonaram os ídolos e voltaram para o único Deus verdadei-
ro e vivo, a fim de servi-lo, 10 e a respeito de como esperam por seu Filho, Yeshua, a
quem ressuscitou dentre os mortos, e pelo seu aparecimento desde o céu para nos
salvar da ira iminente do juízo de Deus.

2 1 Vocês mesmos sabem, irmãos, que a visita que lhes fizemos não foi infrutífera.
2 Ao contrário, apesar de termos sofrido e sido insultados em Filipos, como sa-
bem, tivemos a coragem, unidos a Deus, de lhes anunciar as boas-novas, em meio a
grande pressão. 3 Porque a solicitação que fazemos não procede de erro ou de moti-
vos impuros, tampouco temos a intenção de enganá-los. 4 Ao contrário, pelo fato de
Deus ter nos testado e considerado aptos, confiou-nos as boas-novas; esta é a razão
pela qual falamos: não para obter o favor das pessoas, mas o de Deus, que testa o co-
ração. 5 Pois, como sabem, jamais empregamos discursos lisonjeiros, nem nos mas-
caramos a fim de dissimular a cobiça — Deus é testemunha. 6 Tampouco procuramos
a aprovação humana — quer de vocês quer de outras pessoas. 7 Como emissários do

Messias, poderíamos nos ter imposto; em vez disso, fomos gentis quando estávamos
aí, como a mãe que alimenta e cuida dos filhos. 8 Éramos tão dedicados a vocês que
nos alegrávamos não apenas em partilhar as boas-novas, mas também nossa vida,
porque se tornaram muito queridos para nós. 9 Vocês se lembram, irmãos, de nossas
lutas e dificuldades, como trabalhamos noite e dia para não colocar um peso sobre
vocês enquanto lhes proclamávamos as boas-novas de Deus. 10 Vocês são testemu-
nhas, e também Deus o é, de quão santo, justo e irrepreensível foi nosso comporta-
mento à vista de vocês, crentes; 11 pois sabem que tratamos cada um como o pai trata
os filhos. Encorajamos e consolamos vocês 12 e pedimos que vivam de modo digno de
Deus, que os chama para seu Reino e sua glória.

13 Outro motivo pelo qual sempre agradecemos a Deus é que, ao ouvirem a Pala-
vra divina de nossa parte, vocês a receberam não apenas como palavra humana, mas
como ela verdadeiramente é, Palavra de Deus, que atua em vocês, crentes. 14 Porque,
irmãos, vocês vieram a ser imitadores das congregações de Deus em Y'hudah que
estão unidas ao Messias Yeshua — pois sofreram da parte dos seus conterrâneos as
mesmas coisas que elas sofreram da parte dos habitantes de Y'hudah, que 15 mata-
ram o Senhor Yeshua e os profetas, e também nos perseguiram. Eles desagradam a
Deus e se opõem a toda a humanidade 16 ao tentar impedir-nos de falar aos gentios,
para que possam ser libertados. Seu objetivo parece ser sempre pecar tão gravemen-
te quanto puderem! A ira de Deus, porém, os alcançará no fim.

17 Quanto a nós, irmãos, ao sermos privados da companhia de vocês por um
curto período — pessoalmente, mas não em pensamento —, sentimos sua falta
e tentamos ir vê-los. 18 Desejávamos muito ir ao encontro de vocês — eu, Sha'ul,
tentei fazê-lo mais de uma vez —, mas o Adversário nos impediu. 19 Quando nosso
Senhor Yeshua voltar, qual será nossa esperança e alegria, nossa coroa? Não serão
vocês? 20 Sim, vocês são nossa glória e nossa alegria!

3 1 Portanto, quando não pudemos mais suportar, concordamos em sermos dei-
xados sozinhos em Atenas 2 e enviamos Timóteo, nosso irmão e colaborador de
Deus, para a divulgação das boas-novas do Messias, para fortalecê-los e encorajá-
-los em sua confiança, 3 a fim de que nenhum de vocês deixasse essas perseguições
agitá-los. Pois vocês mesmos sabem que estas coisas devem sobrevir a nós; 4 quan-
do estávamos com vocês, lhes dissemos de antemão que seriam perseguidos; e, de
fato, isso aconteceu, como sabem. 5 Essa é a razão pela qual, não suportando mais,
enviei-o para saber a respeito da confiança de vocês. Temi que, de alguma forma, o
Tentador tivesse obtido sucesso, e nosso trabalho duro tivesse sido em vão.

6 Entretanto, Timóteo está conosco, depois de voltar de sua parte, trazendo
boas notícias a respeito da sua confiança e do seu amor, dizendo-nos que vocês
têm boas lembranças de nós e sempre desejam nos ver, da mesma forma que dese-
jamos vê-los. 7 Por causa disso, irmãos, a despeito de todas as nossas dificuldades e
sofrimentos, somos consolados por vocês — por causa de sua confiança; 8 de forma
que agora estamos vivos, porque vocês permanecem firmes, unidos ao Senhor.

9 De fato, como podemos agradecer a Deus de forma suficiente por vocês ou
expressar a Deus toda a alegria que sentimos por sua causa? 10 Dia e noite, ora-
mos tanto quanto podemos para sermos capazes de vê-los face a face e suprirmos
qualquer deficiência que possa haver em sua confiança. 11 Possa Deus, nosso Pai, e
nosso Senhor Yeshua dirigir-nos a vocês.

12 E, em relação a vocês, que o Senhor lhes aumente o amor e os faça transbor-
dar nele, uns para com os outros e, na verdade, para com todos, como procedemos

em relação a vocês; 13 para que ele lhes dê a capacidade interior de serem íntegros,
por sua santidade, quando estiverem diante de Deus, nosso Pai, na vinda de nosso
Senhor Yeshua com todos os seus anjos.

4 1 Portanto, irmãos, do mesmo modo que vocês aprenderam de nós como viver
a fim de agradar a Deus, e estão vivendo exatamente desta forma agora, nós
lhes pedimos — na verdade, unidos ao Senhor Yeshua, os exortamos — a que
continuem a proceder desta forma e ainda mais. 2 Porque sabem as instruções
que lhes demos pela autoridade do Senhor Yeshua. 3 Deus requer que vocês sejam
santos, que se afastem da imoralidade sexual, 4 que cada um saiba lidar com seus
impulsos sexuais de modo santo e honroso, 5 sem ceder aos desejos lascivos,
como o fazem os pagãos que não conhecem Deus. 6 Ninguém deve enganar seu
irmão e tirar proveito dele, porque o Senhor pune quem faz essas coisas — como
lhes explicamos anteriormente de forma cabal. 7 Deus não nos chamou para vi-
vermos de modo impuro, mas para nos comportarmos de modo santo. 8 Portanto,
quem rejeitar seu ensino rejeita Deus, e não o homem; aquele que, na verdade,
lhes dá seu *Ruach HaKodesh,* que lhe pertence.

9 A respeito do amor pelos irmãos, não lhes precisamos escrever, porque vocês
foram ensinados pelo próprio Deus a amar uns aos outros; 10 e vocês amam todos
os irmãos espalhados pela Macedônia. Insistimos, entretanto, que o façam com
mais intensidade.

11 Além disso, procurem viver de modo tranquilo, cuidem dos próprios afazeres
e sustentem-se pelo esforço próprio —como lhes dissemos. 12 Dessa forma, sua
vida obterá o respeito dos de fora, e não dependerão de ninguém.

13 Agora, irmãos, desejamos informar-lhes a verdade sobre os que morreram; de
outra forma, vocês se entristeceriam como os demais 14 que não têm em que pôr a
esperança. Pelo fato de crermos na ressurreição de Yeshua, também acreditamos
que Deus, por meio de Yeshua, tomará consigo os que morreram. 15 Ao dizermos
isso, baseamo-nos na própria palavra do Senhor: nós, os vivos, quando o Senhor
vier, com certeza não precederemos os mortos. 16 Porque o próprio Senhor descerá
do céu com voz forte, com o chamado de um dos anjos principais, e com o *shofar*
de Deus; os que morreram unidos ao Messias serão os primeiros a se levantar; 17 en-
tão, nós que ainda estivermos vivos seremos elevados nas nuvens para encontrar o
Senhor no ar; e assim estaremos para sempre com o Senhor. 18 Por isso, encorajem-
-se uns aos outros com estas palavras.

5 1 Vocês não precisam de que nada lhes seja escrito, irmãos, a respeito dos tem-
pos e das datas desses acontecimentos; 2 porque sabem que o dia do Senhor virá
como o ladrão que surge à noite. 3 Quando as pessoas estiverem dizendo: "Tudo
está tão pacífico e seguro", a destruição se abaterá repentinamente sobre elas, à se-
melhança das dores de parto que sobrevêm à mulher grávida; e não haverá escape.

4 Entretanto, irmãos, vocês não estão em trevas, para que o dia os tome de
surpresa como um ladrão; 5 vocês são pessoas que pertencem à luz e ao dia. Não
pertencemos nem à noite nem às trevas; 6 portanto, não se permitam adormecer,
como os demais; ao contrário, permaneçamos alertas e sóbrios. 7 Quem dorme, o
faz à noite; quem se embebeda, assim procede à noite. 8 Pelo fato de pertencermos
ao dia, permaneçamos sóbrios, **revestindo-nos** da confiança e do amor **como uma
couraça e colocando a esperança de sermos libertos como um elmo.**[a] 9 Porque

---

[a] *Yesha'yahu [Is] 59.17*

Deus não deseja que experimentemos sua ira, mas que obtenhamos a libertação
por meio de nosso Senhor Yeshua, o Messias, 10 que morreu a nosso favor, para
que, quer estejamos vivos, quer mortos, possamos viver junto dele. 11 Portanto,
encorajem-se uns aos outros e edifiquem uns aos outros — como vocês já têm feito.

12 Nós lhes pedimos, irmãos, que respeitem os que trabalham arduamente entre
vocês, que são seus guias no Senhor e que os confrontam com o objetivo de ajudá-
-los a mudar. 13 Tratem-nos com a mais alta consideração e amor por causa do
trabalho que executam. Vivam entre si em paz; 14 entretanto, nós os exortamos,
irmãos, a confrontar os preguiçosos, com o objetivo de ajudá-los a mudar, a enco-
rajar os tímidos, a auxiliar os fracos, e a ter paciência para com todos.

15 Cuidem para que ninguém pague o mal com o mal; ao contrário, sempre ten-
tem fazer o bem às outras pessoas, na verdade, a todos.

16 Alegrem-se sempre. 17 Orem com regularidade. 18 Em tudo deem graças, pois
isso é o que Deus deseja de vocês que estão unidos ao Messias Yeshua.

19 Não apaguem o Espírito, 20 não desprezem as mensagens inspiradas. 21 Testem
todas as coisas — fiquem com o que for bom, 22 mantenham-se distantes de toda
forma de mal.

23 Que o Deus de *shalom* os torne totalmente santos — que seu espírito, alma e
corpo sejam mantidos íntegros e inculpáveis para a vinda de nosso Senhor Yeshua,
o Messias. 24 Aquele que os chamou é fiel, e ele o fará.

25 Irmãos, continuem orando por nós.

26 Cumprimentem todos os irmãos com um beijo santo.

27 Eu os incumbo no Senhor de ler esta carta a todos os irmãos.

28 A graça de nosso Senhor Yeshua, o Messias, seja com vocês.

אגרת שאול השניה אל התסלוניקים

A segunda carta de Sha'ul, emissário de Yeshua,
à comunidade messiânica de Tessalônica

2Tessalonicenses

1 [1] De: Sha'ul, Silas e Timóteo
Para: A comunidade messiânica dos tessalonicenses, unida a Deus, nosso
Pai, e ao Senhor Yeshua, o Messias:
[2] Graça e *shalom* a vocês, da parte de Deus Pai e do Senhor Yeshua, o Messias.
[3] Devemos sempre dar graças a Deus por vocês, irmãos, por ser apropriado,
porque sua confiança cresce cada vez mais, e muito aumenta o amor que têm uns
pelos outros. [4] Por isso, nos gloriamos em vocês nas congregações de Deus por
sua perseverança e confiança em todas as perseguições e tribulações que estão
passando. [5] Elas são uma clara evidência da justiça do juízo de Deus; e, como resul-
tado, vocês serão considerados dignos do Reino de Deus, pelo qual também estão
sofrendo. [6] É justo Deus retribuir com problemas a quem lhes causa dificuldades [7] e
dar descanso a vocês, e a nós também — que estamos sentindo os mesmos proble-
mas que vocês —, quando o Senhor Yeshua for revelado lá do céu com seus anjos
poderosos, [8] **em uma chama flamejante. Então ele punirá os que não conhecem**
a Deus,[a] isto é, os que não dão atenção às boas-novas a respeito de nosso Senhor
Yeshua nem lhe obedecem. [9] Eles sofrerão a pena justa de destruição eterna, **longe**
da face do Senhor e da glória do seu poder.[b] [10] Nesse dia, quando ele vier para ser
glorificado por seu povo santo e admirado por todos os que confiaram nele, vocês
estarão lá, porque confiaram no testemunho que lhes demos.
[11] Considerando tudo isto, sempre oramos por vocês, para que nosso Deus os
torne dignos do chamado e realize, pelo seu poder, todo bom propósito e ação
procedente da sua confiança. [12] Desse modo, o nome de nosso Senhor Yeshua será
glorificado em vocês, e vocês, nele, segundo a graça de nosso Deus e do Senhor
Yeshua, o Messias.

2 [1] Entretanto, em relação à vinda de nosso Senhor Yeshua, o Messias, e à reunião
para o encontro com ele, nós lhes pedimos, irmãos, [2] que não se deixem abalar
em pensamento nem se tornem extremamente ansiosos por causa de um espírito,
ou uma mensagem transmitida, ou uma carta supostamente escrita por nós, com a
afirmação de que o dia do Senhor já chegou. [3] Não deixem que ninguém os engane
de nenhum modo.

[a] Yesha'yahu [Is] 66.15; Yirmeyahu [Jr] 10.25; Tehillim [Sl] 79.6 [b] Yesha'yahu [Is] 2.10,19,21
[c] Yechezk'el [Ez] 28.2

Porque o dia não virá antes da apos-tasia e de ter sido revelado o homem que
se separa da *Torah,* o destinado à perdição. 4 Ele se oporá a **tudo** o que as pessoas
chamam **deus** ou transformam em objeto de adoração; **ele se colocará acima** de
tudo, a fim de que se assente no templo **de Deus** e proclame ser ele mesmo **Deus.**[c]
5 Vocês não se lembram de que quando ainda estava com vocês costumava lhes
falar dessas coisas? 6 E agora vocês sabem o que o detém, para que ele seja reve-
lado no tempo devido. 7 Porque esta separação da *Torah* opera em segredo, mas
permanecerá oculta até que o que a detém seja tirado do caminho. 8 Então aquele
que incorpora a separação da *Torah* será revelado, aquele a quem o Senhor Yeshua
matará com o sopro de sua boca[d] e destruirá pela glória de sua vinda.
9 Quando esse homem que invalida a *Torah* vier, o Adversário lhe dará poderes
para realizar todos os tipos de falsos milagres, sinais e maravilhas. 10 Ele o capaci-
tará a enganar, de todas as formas ímpias, os que rumam à destruição porque não
receberam o amor pela verdade que poderia salvá-los. 11 Esta é a razão pela qual
Deus os faz desviar, para que creiam na mentira. 12 O resultado será que todos os
que não creram na verdade, mas tiveram prazer na impiedade, serão condenados.
13 Nós, porém, devemos continuar a agradecer a Deus sempre, irmãos amados
do Senhor, porque ele os escolheu como primeiros frutos para a libertação, dando-
-lhes a santidade originada no Espírito e na fidelidade procedente na verdade. 14 Ele
os chamou para isso por meio das nossas boas-novas, para que vocês pudessem ter
a glória de nosso Senhor Yeshua, o Messias.
15 Portanto, irmãos, permaneçam firmes; apeguem-se às tradições que lhes fo-
ram ensinadas por nós, quer tenham sido ditas por nós quer escritas em carta. 16 E
que o próprio Senhor Yeshua, o Messias, e Deus, nosso Pai — que nos amou por sua
graça e nos deu consolo eterno e uma boa esperança —, 17 confortem seu coração e
os fortaleçam em toda boa palavra e obra.

3 1 Por fim, irmãos, orem por nós, para que a mensagem do Senhor seja propa-
gada rapidamente e receba honra, do modo que aconteceu entre vocês; 2 e para
que possamos ser libertados das pessoas ímpias e más, porque nem todos confiam.
3 Mas o Senhor é digno de confiança; ele os firmará e os guardará do Maligno. 4 Sim,
unidos ao Senhor, estamos confiantes a respeito de vocês, porque fazem as coisas
que lhes ordenamos, e continuarão a fazê-las. 5 Que o Senhor direcione o coração
de vocês ao amor de Deus e à perseverança dada pelo Messias.
6 Agora, em nome de nosso Senhor Yeshua, o Messias, lhes ordenamos, irmãos,
que se afastem de qualquer irmão que vive de maneira ociosa — a vida não confor-
mada à tradição que receberam de nós. 7 Porque vocês mesmos sabem como devem
nos imitar, pois não vivemos de forma ociosa enquanto permanecemos entre vocês.
8 Não aceitamos alimentos de ninguém sem pagar por eles; ao contrário, traba-
lhamos, e o fizemos arduamente, dia e noite, para não nos tornarmos pesados a
nenhum de vocês. 9 Não pelo fato de não termos o direito de sermos mantidos, mas
para que pudéssemos nos tornar um exemplo a ser imitado. 10 Pois mesmo quando
ainda estávamos aí, nós lhes demos a seguinte ordem: se alguém não quiser tra-
balhar, também não deve comer! 11 Ouvimos que alguns de vocês estão vivendo de
forma ociosa — não trabalham, apenas se intrometem na vida alheia! 12 Ordenamos
a tais pessoas — e em união com o Senhor Yeshua, o Messias, advertimos — que

[d] Yesha'yahu [Is] 11.4; Iyov [Jó] 4.9

tomem juízo, trabalhem e sustentem a si mesmos. [13] E vocês, irmãos, que fazem o
que é bom, não relaxem! [14] Além do mais, se alguém não obedece ao que dizemos
nesta carta, tomem nota dele e não tenham nada em comum com ele, para que se
envergonhe. [15] Contudo, não o considerem inimigo; ao contrário, confrontem-no
como a um irmão e tentem ajudá-lo a mudar.

[16] Possa, agora, o próprio Senhor de *shalom* dar-lhes sempre *shalom* de todas as
formas. O Senhor seja com todos vocês.

[17] Escrevo este cumprimento de próprio punho: de Sha'ul. Esta é a marca de veracidade em todas as cartas. É desta forma que escrevo.

[18] A graça de nosso Senhor Yeshua, o Messias, seja com todos vocês.

אגרת שאול הראשונה
אל טימותיאוס

A primeira carta de Sha'ul, emissário de Yeshua, a Timóteo

1Timóteo

1 1 De: Sha'ul, emissário do Messias Yeshua, por ordem de Deus, nosso Liberta-
dor, e do Messias Yeshua, nossa esperança
2 Para: Timóteo, verdadeiro filho pela confiança:
Graça, misericórdia e *shalom* da parte de Deus Pai e do Messias Yeshua, nosso
Senhor.
3 Quando eu partia para a Macedônia, aconselhei-o a permanecer em Éfeso para
ordenar a certas pessoas que ensinavam uma doutrina diferente que deixassem de
fazê-lo. 4 Impeça-as de continuar dando atenção a mitos e genealogias intermináveis;
isso conduz a especulações em vez de se realizar a obra de Deus, que requer con-
fiança. 5 O propósito desta ordem é instigar o amor procedente do coração puro, da
boa consciência e da confiança sincera. 6 Alguns, desviando-se do alvo, perderam-se
em discussões infrutíferas. 7 Eles desejam ser mestres da *Torah*, mas não entendem
as próprias palavras nem as questões sobre as quais se pronunciam de maneira tão
enfática. 8 Sabemos que a *Torah* é boa, se alguém a usa da maneira proposta pela
Torah. 9 Temos consciência de que a *Torah* não tem por objetivo a pessoa justa, mas
quem negligencia a *Torah*: descrentes, ímpios e pecadores, quem mata pai e mãe, as-
sassinos, 10 pessoas sexualmente imorais — quer heterossexuais quer homossexuais
—, vendedores de escravos, mentirosos e perjuros, e quem age de forma contrária à
sã doutrina 11 que se harmoniza com as boas-novas do glorioso e bendito Deus.
Essas boas-novas foram confiadas a mim, 12 e agradeço àquele que me fortale-
ceu, o Messias Yeshua, nosso Senhor, por ter-me considerado digno de ingressar
no seu serviço, 13 ainda que eu tivesse sido blasfemo, perseguidor e arrogante! En-
tretanto, recebi misericórdia por ter agido pela incredulidade, sem entender que
estava errado. 14 A graça de nosso Senhor transbordou sobre mim com confiança
e amor, procedente do Messias Yeshua. 15 Por isso, eis uma declaração na qual se
pode confiar e que merece plena aceitação: o Messias veio ao mundo para salvar
os pecadores, e sou o pecador número um! 16 Mas essa é a razão pela qual recebi
misericórdia — para que em mim, o pecador número um —, Yeshua, o Messias,
demonstrasse quão paciente é, como exemplo para os que viriam a crer nele e ter a
vida eterna. 17 Assim, ao Rei — eterno, imperecível e invisível, o único Deus — sejam
honra e glória para todo o sempre! *Amen*.
18 Esta incumbência, Timóteo, lhe dou, de acordo com as profecias já proferidas
a seu respeito, para que, por meio delas, você combata o bom combate, 19 armado
de confiança e boa consciência. Ao rejeitar a consciência, alguns naufragaram na
confiança; 20 entre eles estão Himeneu e Alexandre. Eu os entreguei ao Adversário,
para que aprendam a não insultar a Deus.

2 1 Em primeiro lugar, então, aconselho que sejam feitas petições, orações, intercessões e ações de graças por todos os seres humanos, 2 incluindo-se reis e todas as pessoas em postos de proeminência, para que possamos viver de forma tranquila e pacífica, sendo piedosos e corretos em tudo. 3 Isso é o que Deus, nosso libertador, considera bom; isso tem sua aprovação.

4 Ele deseja que toda a humanidade seja libertada e chegue ao pleno conhecimento da verdade. 5 Pois **Deus é único,**[a] e há um só mediador entre Deus e a humanidade: Yeshua, o Messias, um ser humano, 6 o qual se entregou como resgate a favor de todos, provendo, desse modo, o testemunho do propósito de Deus no tempo exato. 7 Por isso, fui designado proclamador e emissário — eu lhe digo a verdade, não minto! —, mestre fidedigno e verdadeiro dos *goyim*.

8 É meu desejo, portanto, que ao orar, não importa onde, os homens levantem mãos santas — eles não devem se irar nem discutir.

9 Da mesma forma, as mulheres, ao orar, devem se vestir com modéstia, discrição e de modo respeitável, não com penteados elaborados e joias de ouro, pérolas ou roupas caras. 10 Em vez disso, elas devem se adornar com o que é adequado para mulheres que afirmam adorar a Deus, ou seja, boas obras.

11 Que a mulher aprenda em paz, plenamente submissa. 12 Não permito que a mulher ensine ao homem ou exerça autoridade sobre ele; em vez disso, ela deve permanecer em paz. 13 Porque Adam foi formado em primeiro lugar e, a seguir, Havah. 14 Além disso, Adam não foi enganado, mas sim a mulher, que, ao ser enganada, envolveu-se na transgressão. 15 Entretanto, a mulher será libertada ao dar à luz filhos, se ela continuar a confiar, amar e viver de forma santa e modesta.

3 1 Eis uma declaração na qual se pode confiar: se alguém deseja ser líder congregacional, procura uma tarefa nobre. 2 O líder congregacional deve ser irrepreensível, fiel à sua mulher, moderado, ter autocontrole, ser ordeiro, hospitaleiro e capaz para ensinar. 3 Ele não deve beber excessivamente, nem se meter em brigas; ao contrário, deve ser afável e pacífico. Não deve amar o dinheiro. 4 Deve cuidar bem da própria casa, tendo filhos obedientes que o respeitem. 5 Se o homem não consegue cuidar da própria casa, como será capaz de tomar conta da comunidade messiânica que pertence a Deus? 6 Não pode ser crente há pouco tempo, porque poderia encher-se de orgulho e, assim, incorrer na mesma condenação que o Adversário. 7 Além do mais, deve ter boa reputação perante os de fora, para que não caia em desgraça nem na armadilha do Adversário.

8 Da mesma forma, os *shammashim* devem ter bom caráter, pessoas em cuja palavra se pode confiar. Eles não devem ser dados a beber excessivamente nem ser ávidos por lucros desonestos. 9 Devem possuir a verdade da fé, anteriormente ocultada, com a consciência limpa. 10 E, em primeiro lugar, devem ser testados; então, caso se mostrem idôneos, devem ser designados *shammashim*. 11 Da mesma forma, as mulheres devem ter bom caráter, não devem ser fofoqueiras, mas equilibradas e fiéis em tudo. 12 Que o *shammash* seja fiel à sua mulher, cuide bem dos filhos e da casa. 13 Pois os que servem bem como *shammashim* obterão uma boa posição para si mesmos e muita ousadia na confiança procedente de Yeshua, o Messias.

14 Espero visitá-lo em breve; escrevo-lhe, porém, estas coisas 15 para que, se eu me demorar, você possa saber como as pessoas devem se comportar na casa de Deus, que é a comunidade messiânica do Deus vivo, coluna e fundamento da

---

[a] *D'varim* [Dt] 6.4

verdade. 16 Não há dúvida de que é grande a verdade subjacente à nossa fé, anteriormente ocultada:

> Ele foi manifestado fisicamente
> e, como ficou provado, era justo em espírito,
> visto por anjos
> e anunciado entre as nações;
> nele confiaram por todo o mundo
> e foi elevado em glória ao céu.

4 1 O Espírito diz claramente que no *acharit-hayamim* algumas pessoas apostatarão da fé por dar atenção a espíritos enganadores e a questões ensinadas por demônios. 2 Esses ensinos procedem da hipocrisia de mentirosos cuja consciência foi cauterizada, como que por meio de um ferro em brasa. 3 Eles proíbem o casamento e exigem a abstinência de alimentos criados por Deus para serem ingeridos com ações de graças por aqueles que chegaram à fé e conhecem a verdade. 4 Pois tudo o que Deus criou é bom, e nada recebido com ação de graças precisa ser rejeitado, 5 porque a palavra de Deus e a oração o tornam santo.

6 Se você apresentar tudo isso aos irmãos, estará servindo bem ao Messias Yeshua. Isso demonstrará sua nutrição com as palavras da fé e do bom ensino pelo qual seguiu. 7 Rejeite, porém, as fábulas ímpias e exercite-se na piedade. 8 Apesar de o exercício físico possuir algum proveito, a piedade é valiosa para tudo porque mantém a promessa para a vida presente e a por vir. 9 Eis uma declaração em que você pode confiar, que merece ser aceita integralmente 10 (na verdade, é por causa dela que trabalhamos e lutamos): temos a esperança depositada no Deus vivo, que é o libertador de toda a humanidade, de modo especial dos que confiam.

11 Ordene estas coisas e ensine-as a eles. 12 Não permita que ninguém o despreze por ser jovem; em vez disso, torne-se exemplo para os crentes em palavra, comportamento, amor, confiança e pureza. 13 Até que eu chegue, dê atenção à leitura pública das Escrituras. 14 Não negligencie o dom que lhe foi dado mediante uma profecia quando o corpo de anciãos lhe concedeu a *s'mikhah.* 15 Seja diligente nesta tarefa, dedique-se a ela, para que seu progresso seja evidente a todos. 16 Preste atenção em si mesmo e no ensino, permanecendo nele, porque desse modo você libertará a si mesmo e a quem o ouvir.

5 1 Não repreenda de forma áspera o homem idoso, mas converse com ele como se fosse seu pai; trate os jovens como irmãos; 2 as mulheres idosas, como mães; e as moças, como irmãs, com pureza total.

3 Demonstre respeito às viúvas que passam verdadeiramente por necessidade. 4 Contudo, se uma viúva tem filhos ou netos, que eles aprendam, em primeiro lugar, a cumprir suas obrigações religiosas para com a própria família e, desse modo, paguem o débito que têm com os antepassados, porque isso é aceitável aos olhos de Deus. 5 A viúva, porém, que realmente passa por necessidade é a que está sozinha, tendo posto a esperança em Deus, além de persistir em petições e orações noite e dia. 6 Mas a que se entrega aos prazeres já está morta, apesar de ainda viver. 7 Instrua-os a respeito disso para não serem repreendidos. 8 Além do mais, se alguém não provê às necessidades dos próprios parentes, e especialmente às da própria família, desonrou a fé e é pior que o incrédulo.

9 Que seja colocada na lista de viúvas apenas a viúva com mais de sessenta anos, que tenha sido fiel ao marido 10 e conhecida pelas boas obras — como ter criado bem os filhos, ser hospitaleira, lavar os pés do povo de Deus, ajudar os atribulados e ter se dedicado a todo tipo de boa obra.

11 Todavia, recuse-se a alistar viúvas mais jovens, porque, ao sentir as paixões naturais que as alienam do Messias, querem se casar. 12 Isso lhes traz condenação por terem preterido a confiança anteriormente demonstrada. 13 Além disso, elas aprendem a ficar ociosas, indo de casa em casa; e não só ociosas, mas também fofoqueiras e bisbilhoteiras, falando o que não devem. 14 Portanto, é melhor que as viúvas mais jovens se casem, tenham filhos, cuidem da casa, a fim de não darem aos oponentes nenhum motivo para nos caluniar. 15 Algumas já se desviaram para seguir ao Adversário.

16 Se alguma mulher crente tem parentes viúvas, deve socorrê-las — a congregação não deve ser sobrecarregada com elas, para que possa ajudar as viúvas que verdadeiramente passam por necessidade.

17 Os líderes que conduzem bem devem ser considerados dignos de dupla honra, especialmente os que trabalham arduamente no anúncio da Palavra e no ensino. 18 Porque o *Tanakh* diz: **"Você não deve amordaçar o boi enquanto trilha o cereal";**[b] em outras palavras: "O trabalhador merece o salário". 19 Jamais ouça qualquer acusação contra um líder, a menos que seja confirmada **por duas ou três testemunhas.**[c] 20 Repreenda perante toda a assembleia os líderes que permanecem no pecado, como advertência para os outros. 21 Perante Deus, o Messias Yeshua e os anjos eleitos, eu o incumbo solenemente de observar essas instruções, sem prejulgar e sem demonstrar favoritismo. 22 Não seja apressado em conceder a *s'mikhah* a ninguém e não participe dos pecados dos outros. Mantenha-se puro.

23 Pare de beber apenas água; em vez disso, tome também um pouco de vinho, para ajudar na digestão e por causa de suas frequentes doenças.

24 Os pecados de algumas pessoas são evidentes e seguem adiante delas para o julgamento, mas os pecados de outros se seguem mais tarde. 25 Da mesma forma, as boas obras são evidentes, e, ainda que não sejam, não podem permanecer ocultas.

6 1 Todos os que estão sob o jugo da escravidão devem considerar seus senhores dignos de todo o respeito, para que o nome de Deus e o ensino não sejam desacreditados. 2 E os que têm senhores crentes não devem demonstrar menos respeito por eles pelo fato de serem irmãos; ao contrário, devem servir com mais diligência, porque os beneficiários do seu serviço são crentes amados.

Ensine e exorte as pessoas a respeito dessas coisas. 3 Se alguém ensina de modo diverso, e não concorda com os sãos preceitos de nosso Senhor Yeshua, o Messias, e com a doutrina decorrente da piedade, 4 é inchado de presunção e não entende nada. Possui um interesse doentio por controvérsias e disputas a respeito de palavras, das quais procedem inveja, brigas, desavenças, insultos, suspeitas malignas 5 e disputas constantes entre pessoas de mente corrompida e que não funciona mais de forma apropriada, e que foram privadas da verdade, de modo que imaginam ser a religião uma via para a riqueza. 6 No entanto, a verdadeira religião não resulta em grande riqueza, mas apenas para os que estão contentes com o que têm. 7 Porque não trouxemos nada a este mundo e não podemos levar nada dele; 8 por isso, se tivermos comida e roupa, estaremos satisfeitos com isso. 9 Além do mais, os que

[b] *D'varim* [Dt] 25.4 [c] *D'varim* [Dt] 17.6; 19.15

pretendem ficar ricos caem em tentação; são pegos pela ambição tola e dolorosa que os lança na ruína e destruição. 10 Porque o amor ao dinheiro é a raiz de todos os males; algumas pessoas se desviaram da fé e se atormentaram com muitas dores por causa dele.

11 Você, porém, por ser homem de Deus, fuja dessas coisas; busque a justiça, a piedade, a fidelidade, o amor, a perseverança e a mansidão. 12 Combata o bom combate da confiança. Apegue-se à vida eterna para a qual foi chamado ao testemunhar cabalmente a respeito de sua fé na presença de muitas testemunhas. 13 Eu o incumbo, diante de Deus, que dá vida a tudo, e do Messias Yeshua, que no testemunho a Pôncio Pilatos também apresentou um testemunho cabal, 14 de obedecer à sua comissão de forma imaculada e irrepreensível até o aparecimento de nosso Senhor Yeshua, o Messias. 15 Sua manifestação ocorrerá no tempo devido pelo bendito e único Soberano, o Rei dos reis e o Senhor dos senhores, 16 o único imortal que habita em luz inacessível, que nenhum ser humano viu nem pode ver. A ele sejam honra e poder eternos. *Amen.*

17 Acerca dos ricos no presente mundo, que não sejam orgulhosos, nem ponham a esperança na incerteza da riqueza, mas a depositem em Deus, que nos provê de tudo ricamente, para nossa satisfação. 18 Ordene que pratiquem o bem, sejam ricos em boas obras, generosos e prontos a partilhar. 19 Dessa forma, entesourarão um bom fundamento para si mesmos, para que possam alcançar a verdadeira vida.

20 Oh, Timóteo! Guarde o que lhe foi confiado. Afaste-se das conversas ímpias e profanas da argumentação contraditória que falsamente chamam "conhecimento". 21 Muitos que prometiam esse "conhecimento" erraram o alvo no que concerne à fé. A graça seja com você.

אגרת שאול השניה
אל טימותיאוס

A segunda carta de Sha'ul, emissário de Yeshua, a Timóteo

2Timóteo

1 1 De: Sha'ul, emissário do Messias Yeshua pela vontade de Deus, que sustém a
promessa da vida mediante a união com o Messias Yeshua
2 Para: Timóteo, meu amado filho:
Graça, misericórdia e *shalom* da parte de Deus Pai e do Messias Yeshua, nosso
Senhor.
3 Dou graças a Deus, a quem, com meus antepassados, sirvo com a consciên-
cia limpa ao me lembrar constantemente de você, noite e dia, em minhas orações.
4 Lembro-me de suas lágrimas e desejo vê-lo, para poder encher-me de alegria.
5 Recordo-me da sua confiança sincera, a mesma confiança tida por sua avó, Loide,
e sua mãe, Eunice; e estou convencido de que também você possui essa confiança.
6 Por essa razão, insisto para que mantenha acesa a chama do dom de Deus,
que você recebeu mediante a *s'mikhah* da minha parte. 7 Pois Deus nos deu o Espí-
rito que não produz covardia, mas poder, amor e autodisciplina. 8 Portanto, não se
envergonhe de testemunhar do Senhor, nem de mim, prisioneiro dele. Ao contrário,
aceite comigo sua parte nos sofrimentos por causa das boas-novas. Deus lhe dará o
poder para isso, 9 porque ele nos libertou para a vida de santidade como seu povo.
Não foi por causa de nossos atos, mas por causa de seu propósito e graça que nos
foram dados, que estamos unidos ao Messias Yeshua. Ele o estabeleceu antes do
início do tempo, 10 mas o tornou público apenas agora por meio do aparecimento de
nosso Libertador, o Messias Yeshua, que aboliu a morte e, por meio das boas-novas,
revelou a vida e a imortalidade.
11 Por essas boas-novas, fui indicado anunciador, emissário e mestre dos *goyim*;
12 e essa é a razão pela qual sofro. Contudo, não me envergonho, porque sei em
quem depositei minha confiança e estou persuadido de que ele é capaz de me
guardar até o dia que me confiou. 13 Siga o padrão dos sãos ensinamentos que ouviu
de mim, com sua confiança e seu amor no Messias Yeshua. 14 Guarde com segurança o
grande tesouro que lhe foi entregue, com a ajuda do *Ruach HaKodesh* que vive em nós.
15 Você sabe que todos na província da Ásia se afastaram de mim, incluindo
Fígelo e Hermógenes. 16 Que o Senhor demonstre misericórdia para com a casa de
Onesíforo, porque sempre me foi um consolo e não se envergonhou de eu estar
na prisão. 17 Ao contrário, quando veio a Roma, procurou diligentemente por mim
e me encontrou. 18 Que o Senhor lhe conceda encontrar misericórdia da parte de
ADONAI naquele dia. Você também sabe quanto ele me ajudou em Éfeso.

2 1 Portanto, meu filho, seja capacitado pela graça procedente do Messias Yeshua.
2 E as coisas que ouviu de mim, testemunhadas por muitas pessoas, confie-as a

homens fiéis, que sejam capazes de ensiná-las a outras pessoas também. 3 Aceite
sua parte no sofrimento como bom soldado do Messias Yeshua. 4 Nenhum soldado
em serviço se envolve com assuntos civis, porque tem de agradar ao oficial em
comando. 5 Também o atleta não pode vencer a prova, a menos que compita segun-
do as regras. 6 O lavrador que trabalha arduamente deve ser o primeiro a receber
sua parte da colheita. 7 Pense no que lhe digo, porque o Senhor o capacitará para
entender todas as coisas.

8 Lembre-se de Yeshua, o Messias, descendente de David, que ressuscitou den-
tre os mortos. Essas são as boas-novas que anuncio 9 e pelas quais sofro a ponto
de me encontrar encarcerado — mas a palavra de Deus não está presa! 10 Por que
persevero em meio a tudo isso? Por causa dos eleitos, para que também eles pos-
sam obter a libertação que vem do Messias Yeshua, com glória eterna. 11 Eis uma
afirmação na qual você pode confiar:

Se morrermos com ele,
também viveremos com ele.
12 Se perseverarmos,
também reinaremos com ele.

Se o negarmos,
ele também nos negará.
13 Se formos infiéis,
ele permanece fiel,
porque não pode negar a si mesmo.

14 Sempre faça as pessoas se lembrarem disso e ordene a elas, de modo solene,
perante o Senhor, a não se engajarem em disputas acerca de palavras. Elas não
resultam em nada útil e são um desastre para os ouvintes! 15 Faça tudo o que pu-
der para se apresentar a Deus como alguém digno de aprovação, um trabalhador
que não precisa se envergonhar, porque anda retamente na Palavra da Verdade.
16 Mantenha-se, porém, distante de conversas ímpias, pois quem se dedica a elas se
tornará apenas mais ímpio, 17 e seu ensino corroerá as pessoas como a gangrena.
Himeneu e Fileto estão entre eles; 18 eles erraram o alvo, no que diz respeito à ver-
dade, e estão pervertendo a fé das pessoas. 19 No entanto, o firme fundamento de
Deus permanece, marcado pelas seguintes palavras:

"O Senhor conhece os seus",[a]

e

**"que todos os que afirmam pertencer ao Senhor
se afastem da prática do mal".**[b]

20 Em uma casa grande, existem pratos e recipientes não só de ouro e prata, mas
também de madeira e barro. Isto é, alguns são designados para o uso honroso, e
outros, para o desonroso. 21 Se alguém se mantiver livre da sujeira até o fim, será
um utensílio reservado para o uso honroso do dono da casa e pronto para todo
tipo de boa obra. 22 Por isso, fuja das paixões da juventude e, com os que invocam
o Senhor com o coração puro, siga em busca da justiça, da fidelidade, do amor e da
paz. 23 Afaste-se, porém, de controvérsias estúpidas e ignorantes — você sabe que
elas conduzem a disputas, 24 e o escravo do Senhor não deve brigar. Ao contrário,

[a] *B'midbar* [Nm] 16.5; *Nachum* [Na] 1.7 [b] *B'midbar* [Nm] 16.26

deve ser gentil para com todos, um bom mestre, e não vingativo quando maltra-
tado. 25 Ele também deve ser gentil ao corrigir os oponentes. Pois talvez Deus lhes
dê a oportunidade de abandonarem os pecados e obterem o pleno conhecimento
da verdade, 26 para que recobrem o juízo e escapem da armadilha do Adversário,
depois de terem sido capturados vivos por ele a fim de realizarem sua vontade.

3 1 Além do mais, entenda isto: no *acharit-hayamim,* surgirão tempos de prova-
ção. 2 As pessoas serão egoístas, amantes do dinheiro, orgulhosas, arrogantes,
insultantes, desobedientes aos pais, ingratas, profanas, 3 desalmadas, implacá-
veis, caluniosas, descontroladas, violentas, odiosas do bem, 4 traidoras, obstina-
das, cheias de prepotência, mais amantes dos prazeres que de Deus, 5 e, ainda que
mantenham uma forma exterior de religiosidade, negam seu poder.
Afaste-se dessas pessoas! 6 Algumas delas se insinuam pelas casas e controlam
mulheres de vontade fraca, sobrecarregadas de pecados e dominadas por diversos
impulsos, 7 que sempre aprendem, mas não são capazes de chegar ao pleno conhe-
cimento da verdade. 8 Do mesmo modo que Janes e Jambres se opuseram a Mosheh,
também essas pessoas resistem à verdade. Elas têm a mente corrompida; sua con-
fiança não passa no teste. 9 De fato, não irão longe, porque todos perceberão quão
estúpidas são, como aconteceu com aqueles dois.
10 Você, entretanto, seguiu de perto meu ensino, conduta, propósito na vida,
confiança, constância, amor e perseverança — 11 bem como as perseguições e os
sofrimentos que surgiram a caminho de Antioquia, Icônio e Listra. Quantas per-
seguições suportei! Entretanto, o Senhor me livrou de todas. 12 Na verdade, quem
deseja viver de forma piedosa em união com o Messias Yeshua será perseguido,
13 ao passo que as pessoas más e impostoras irão de mal a pior, enganando e sendo
enganadas.
14 Você, porém, permaneça no que aprendeu e nas coisas das quais está conven-
cido, lembrando-se das pessoas com as quais as aprendeu; 15 recorde-se também
de que desde a infância conhece as Sagradas Escrituras, que podem lhe dar a sa-
bedoria conducente à libertação por meio da confiança em Yeshua, o Messias. 16
Toda a Escritura é inspirada por Deus e valiosa para ensinar a verdade, convencer
do pecado, corrigir erros e treinar no viver correto; 17 dessa forma, quem pertence
a Deus pode ser plenamente equipado para toda boa obra.

4 1 Eu o incumbo de forma solene, diante de Deus e do Messias Yeshua, que jul-
gará os vivos e os mortos quando aparecer e estabelecer seu Reino: 2 Anuncie a
Palavra! Esteja pronto quer seja o tempo favorável quer não. Convença, censure e
exorte com paciência inesgotável e com o ensino.
3 Porque vem o tempo em que as pessoas não terão paciência com o ensino
sadio, mas proverão meios para satisfazer suas paixões e reunirão em torno de si
mestres que dirão tudo que lhes faz as orelhas coçar. 4 Sim, as pessoas se recusarão
a ouvir a verdade e se voltarão para os mitos.
5 Você, porém, permaneça firme em qualquer situação, suporte o sofrimento,
faça o trabalho requerido de quem anuncia as boas-novas, e faça tudo o que seu
serviço a Deus requer.
6 Quanto a mim, já estou sendo derramado sobre o altar; sim, o tempo da mi-
nha partida chegou. 7 Combati o bom combate, terminei a corrida, mantive a fé.
8 Tudo o que me espera agora é a coroa da justiça, a qual o Senhor, "o Justo Juiz",

me concederá naquele dia — e não só a mim, mas também a todos os que esperaram ansiosamente por seu aparecimento.

9 Faça o melhor que puder para vir logo a meu encontro 10 porque Demas me
abandonou e foi para Tessalônica (por ter se apaixonado pelo mundo presente).
Crescente foi para a Galácia, e Tito, para a Dalmácia — 11 apenas Lucas está comi-
go. Traga Marcos com você, porque ele é um auxiliar muito útil em meu trabalho.
12 Enviei Tíquico a Éfeso. 13 Quando você vier, traga a capa que deixei com Carpo,
em Trôade, e também os documentos, especialmente os pergaminhos. 14 Alexandre,
que trabalha com metais, fez-me um grande mal; o Senhor **lhe retribuirá segundo
seus atos.**[c] 15 Você deve tomar cuidado em relação a ele, porque se opôs fortemente
a tudo o que dissemos.

16 Na primeira vez em que tive a oportunidade de apresentar minha defesa,
ninguém esteve a meu favor; todos me abandonaram — que isso não seja contado
contra eles. 17 Mas o Senhor esteve a meu lado e me deu o poder para anunciar a
plenitude da mensagem para que todos os *goyim* a ouvissem, e **fui resgatado da
boca do leão.**[d] 18 O Senhor me libertará de todo ataque maligno e me levará com
segurança para seu Reino celestial. A ele seja a glória para todo o sempre. *Amen.*

19 Cumprimente Priscila e Áquila, e a casa de Onesíforo. 20 Erasto permaneceu
em Corinto, e deixei Trófimo doente em Mileto. 21 Faça tudo o que puder para che-
gar antes do inverno. Êubulo lhe envia cumprimentos, como o fazem Prudente,
Lino, Cláudia e todos os irmãos.

22 O Senhor seja com seu espírito. A graça seja com você.

---

[c] *Sh'mu'el Bet* [2Sm] 3.39; *Tehillim* [Sl] 28.4; 62.13(12); Mishlei [Pv] 24.12 [d] *Tehillim* [Sl] 22.22 (21); *Dani'el* [Dn] 6.21,23

אגרת שאול אל טיטוס

A carta de Sha'ul (Paulo), emissário de Yeshua, a

Tito

1 1 De: Sha'ul, escravo de Deus e emissário de Yeshua, o Messias, enviado para promover no meio do povo eleito de Deus a confiança e o conhecimento da verdade que conduz à piedade 2 baseados na esperança infalível de vida eterna. Deus, que não mente, prometeu essa vida antes do início do tempo, 3 mas tornou pública esta palavra no tempo designado mediante a proclamação da qual fui incumbido por ordem de Deus, nosso Libertador.

4 Para: Tito, um verdadeiro filho na fé partilhada:

Graça e *shalom* de Deus Pai e do Messias Yeshua, nosso Libertador.

5 A razão de tê-lo deixado em Creta foi para que você pudesse se dedicar aos assuntos ainda não resolvidos e indicar líderes congregacionais em cada cidade — essas foram minhas instruções. 6 O líder deve ser irrepreensível, casado com uma só mulher, com filhos crentes que não tenham a reputação de rebeldes nem insubmissos. 7 Por ser um supervisor, alguém encarregado dos assuntos de Deus, ele deve ser irrepreensível — não orgulhoso, não irritadiço, não deve beber excessivamente, não deve entrar em brigas, nem ser ávido por lucro desonesto. 8 Ao contrário, deve ser hospitaleiro, amigo do bem, da sensatez, da justiça, da santidade e do domínio próprio. 9 Deve sustentar com firmeza a mensagem fiel de acordo com a doutrina; para que, mediante o ensino correto, seja capaz de exortar e encorajar, e também de refutar quem se opõe a ela.

10 Porque existem muitos rebeldes, especialmente da facção da circuncisão, que iludem a mente das pessoas com suas conversas inúteis e enganadoras. 11 Eles precisam ser silenciados, porque estão transtornando famílias inteiras ao ensinar o que não lhes compete, e o fazem por ganância. 12 Um dos próprios profetas de Creta disse: "Os cretenses são sempre mentirosos, feras malignas, glutões preguiçosos" — 13 e isso é verdade! Por esse motivo, você deve ser severo ao repreender quem seguiu o falso ensino deles, para que voltem a ter confiança no que é são 14 e não deem mais atenção aos mitos judaicos ou aos mandamentos de homens que rejeitam a verdade.

15 Para as pessoas puras, tudo é puro. Mas, para os impuros e sem confiança, nada é puro — até mesmo a mente e a consciência deles foram corrompidas. 16 Eles afirmam conhecer a Deus, mas por seus atos o negam. São detestáveis e desobedientes; provaram-se incapazes de qualquer boa obra.

2 1 No entanto, você deve explicar que tipo de comportamento acompanha o ensinamento correto. 2 Diga aos homens mais velhos que sejam sérios, sensatos, controlados e sadios na confiança, no amor e na perseverança.

3 Da mesma forma, ensine as mulheres mais velhas a se comportarem de forma que conduza as pessoas à vida santa. Elas não devem ser caluniadoras nem escravas da bebida em excesso. Devem ensinar o que é bom, 4 orientando, dessa forma, as

mulheres mais jovens a amarem o marido e os filhos, 5 a serem controladas e puras, a cuidarem bem da casa e a se submeterem ao marido. Desse modo, a mensagem de Deus não cairá em desgraça.

6 Semelhantemente, encoraje os jovens a serem prudentes, 7 e em tudo isso seja você mesmo um exemplo, ao fazer o que é bom. Quando ensinar, seja íntegro e sério; 8 que todas as coisas ditas por você sejam sadias, de forma que envergonhem o oponente por não ter nada de mal para falar sobre nós.

9 Diga aos escravos que se submetam em tudo a seus senhores, que deem satisfação sem retrucar 10 e que não furtem. Ao contrário, devem sempre demonstrar fidelidade integral, para que em tudo eles tornem o ensinamento de Deus, nosso Libertador, mais atraente.

11 Porque a graça de Deus, que traz libertação, apareceu a todos os povos. 12 Ela nos ensina a renunciar à impiedade e aos prazeres mundanos e a viver de maneira controlada, justa e piedosa nesta era, 13 enquanto continuamos a esperar pelo bendito cumprimento de nossa esperança infalível: o aparecimento da *Sh'khinah* de nosso grande Deus e a aparição de nosso Libertador, Yeshua, o Messias. 14 Ele se entregou por nós a fim de nos libertar de toda violação da *Torah* e purificar para si mesmo um povo particularmente seu, desejoso de fazer o bem.

15 É isso que você deve ensinar. Encoraje-os e repreenda-os com toda a autoridade; não permita que ninguém o despreze.

3 1 Lembre as pessoas de se submeterem ao governo e às suas autoridades, de lhes obedecerem, de estarem prontas para qualquer forma honrosa de serviço. 2 Não caluniem ninguém, evitem brigas, sejam amigos e comportem-se gentilmente para com todos.

3 Porque, em certo tempo, nós também éramos tolos e desobedientes, enganados e escravizados por uma variedade de paixões e prazeres. Gastávamos nossa vida no mal e na inveja; éramos odiados, e odiávamos uns aos outros. 4 Mas, quando foram revelados a bondade e o amor de Deus, nosso Libertador, pelos homens, 5 ele nos libertou. Isso não aconteceu por causa de quaisquer atos justos por nós praticados, mas em razão de sua misericórdia. Ele o fez mediante a *mikveh* do renascimento e da renovação realizada pelo *Ruach HaKodesh*, 6 que derramou sobre nós generosamente por meio de Yeshua, o Messias, nosso Libertador. 7 Ele o fez a fim de que, por sua graça, pudéssemos ser considerados justos por Deus e nos tornarmos seus herdeiros, com a esperança infalível da vida eterna. 8 Você pode confiar no que acabei de dizer. Quero que fale com confiança a respeito dessas coisas, para que quem deposita confiança em Deus possa se dedicar à prática de boas obras. Tais coisas são boas em si mesmas e valiosas para a comunidade.

9 Evite, porém, controvérsias tolas, genealogias, discussões e contendas a respeito da *Torah*, porque essas coisas são inúteis e fúteis. 10 Advirta uma vez e uma segunda vez a pessoa que causa divisões; depois disso, rejeite-a. 11 Você pode ter certeza de que ela foi pervertida e está pecando: a condenação procede dela mesma.

12 Quando eu lhe enviar Ártemas ou Tíquico, faça o possível para vir a meu encontro em Nicópolis, pois decidi passar o inverno ali. 13 Faça o que puder para ajudar Zenas, o especialista na *Torah*, e Apolo nos preparativos para a viagem, de modo que nada lhes falte. 14 Que nosso povo aprenda a se dedicar à prática de boas obras, que suprem necessidades genuínas, e assim não fiquem improdutivos.

15 Todos os que estão comigo enviam cumprimentos. Saudações aos nossos amigos na fé.

A graça seja com todos vocês.

אגרת שאול אל פילימון

A carta de Sha'ul (Paulo), emissário de Yeshua, a

Filemom

1 De: Sha'ul, prisioneiro por causa do Messias Yeshua, e o irmão Timóteo
Para: Nosso querido cooperador Filemom, 2 com a irmã Áfia, a Arquipo, nosso
companheiro de lutas, e à congregação que se reúne em sua casa:
3 Graça e *shalom* a vocês, de Deus, nosso Pai, e do Senhor Yeshua, o Messias.
4 Agradeço a meu Deus todas as vezes que menciono você em minhas orações,
Filemom, 5 porque ouço a respeito de seu amor e compromisso para com o Senhor
Yeshua e com todo o povo de Deus. 6 Oro para que a comunhão baseada no seu
compromisso produza o pleno conhecimento de todo o bem que temos em união
com o Messias. 7 Porque seu amor me tem dado grande alegria e encorajamento.
Irmão, você tem reanimado o coração do povo de Deus.
8 Por isso, não hesitaria, em união com o Messias, em orientá-lo para o cum-
primento de seu dever. 9 Mas pelo fato de eu, Sha'ul, ser o tipo de pessoa que sou,
um velho, e, além disso, prisioneiro por causa do Messias Yeshua, prefiro apelar a
você com base no amor. 10 O pedido que tenho a lhe fazer diz respeito a meu filho,
de quem me tornei pai enquanto estava na prisão, Onésimo. 11 Seu nome significa
"útil", e, apesar de ele já lhe ter sido inútil, tornou-se agora utilíssimo — não apenas
para você, mas também para mim; 12 de forma que, ao devolvê-lo a você, estou en-
viando parte do meu coração. 13 Gostaria de mantê-lo comigo para que me ajudasse
em seu lugar enquanto estou preso por causa das boas-novas. 14 Mas não quis fazer
nada sem o seu consentimento, para que qualquer bem que você fizer por mim seja
voluntário, e não forçado.
15 Talvez a razão de ele ter sido separado de você por um breve período seja
para tê-lo de volta para sempre, 16 não mais como escravo, mas, como mais do que
um escravo, como irmão amado. E isso ele é, especialmente para mim. Contudo,
quão mais querido ele deve ser para você, como ser humano e como alguém unido
ao Senhor!
17 Assim, se você tem comunhão comigo, receba-o como receberia a mim. 18 Se
ele tiver agido mal ou caso lhe deva alguma coisa, ponha na minha conta.

19 *Eu, Sha'ul, escrevo com minha própria mão. Eu pagarei.*

(Não mencionarei, claro, que você me deve a própria vida.) 20 Por favor, faça-me esta
bondade no Senhor; reanime meu coração no Messias.
21 Confiante que você responderá de forma positiva, escrevo sabendo que fará
ainda mais do que lhe peço.
22 Mais uma coisa: por favor, prepare um quarto para mim. Espero que, median-
te as orações de vocês todos, Deus me dê a oportunidade de visitá-los.
23 Epafras, meu companheiro de prisão por causa do Messias Yeshua, envia
cumprimentos, 24 como também Marcos, Aristarco, Demas e Lucas, meus coopera-
dores.
25 A graça do Senhor Yeshua, o Messias, seja com o espírito de vocês.

אגרת אל העברים

Um grupo de

Judeus messiânicos

[HEBREUS]

1 [1] No passado, Deus falou muitas vezes e de várias maneiras aos nossos antepassados por meio dos profetas. [2] Mas agora, no *acharit-hayamim*, ele nos falou por meio do seu Filho, a quem concedeu a propriedade de todas as coisas e por meio de quem criou o Universo. [3] Este Filho é o resplendor da *Sh'khinah*, a expressão exata da essência de Deus, sustentando tudo o que existe por sua palavra poderosa. Depois de ele mesmo ter realizado a purificação dos pecados, **assentou-se à mão direita** de *HaG'dulah BaM'romim*.[a]

[4] Desse modo, ele se tornou muito melhor que os anjos, e o nome que Deus lhe deu é superior ao deles. [5] Pois a qual dos anjos Deus já disse:

> **"Você é meu Filho;**
> **hoje me tornei seu Pai"?**[b]

Deus nunca disse também a um anjo:

> **"Eu serei seu Pai,**
> **e ele será meu Filho".**[c]

[6] E novamente, ao trazer seu Primogênito ao mundo, diz:

> **"Todos os anjos de Deus o adorem".**[d]

[7] Ele diz, ao se referir aos anjos:

> **"[...] faz de seus anjos ventos e de seus**
> **servos, chamas ardentes".**[e]

[8] Mas, a respeito do Filho, diz:

> **"O teu trono, ó Deus, permanecerá para todo o sempre;**
> **governas teu Reino com cetro de equidade;**
> 9 **Amas a justiça e odeias a iniquidade.**
> **Portanto, ó Deus, teu Deus te ungiu**
> **com óleo de alegria, preferindo-te a teus companheiros";**[f]

[10] e,

> **"No princípio, Senhor, firmaste os**
> **fundamentos da terra;**
> **o céu é obra das tuas mãos.**

---

[a] *Tehillim* [Sl] 110.1 [b] *Tehillim* [Sl] 2.7 [c] *Sh'mu'el Bet* [2Sm] 7.14; *Divrei-HaYamim Alef* [1Cr] 17.13 [d] *Tehillim* [Sl] 97.7 [e] *Tehillim* [Sl] 104.4 [f] *Tehillim* [Sl] 45.7,8(6,7)

11 **Eles perecerão, mas tu permanecerás;**
eles envelhecerão como roupas;
12 **e tu os enrolarás como um manto.**
Sim, eles serão trocados como peças usadas,
mas tu permaneces o mesmo,
os teus anos jamais terão fim".[g]

13 Além disso, a qual dos anjos Deus disse:

"Sente-se à minha direita
até que eu coloque seus inimigos como um banco para seus pés"?[h]

14 Não são todos eles espíritos ministradores enviados para ajudar a quem Deus libertará?

2 1 Portanto, precisamos prestar mais atenção às coisas que temos ouvido, para
que não nos desviemos. 2 Pois, se a palavra dita por Deus por intermédio de
anjos se tornou obrigatória, de forma que toda violação e ato de desobediência
receberam plenamente a devida punição, 3 como escaparemos se ignorarmos tão
grande libertação? Esta libertação, primeiramente anunciada pelo Senhor, foi con-
firmada a nós por quem a ouviu, 4 ainda que Deus também tenha testemunhado
dela por meio de sinais, maravilhas, milagres e dons do *Ruach HaKodesh,* distri-
buídos como lhe aprouve.
5 Porque não foi a anjos que Deus sujeitou o *'olam haba* — a respeito do qual
estamos falando. 6 Existe um lugar onde alguém deu este testemunho solene:

"Que é o mero homem, para que te preocupes com ele?
Ou o filho do homem, para que zeles por ele com tanto cuidado?
7 **Tu o fizeste um pouco inferior aos anjos**
e o coroaste com glória e honra,
8 **pondo todas as coisas em sujeição debaixo dos seus pés".**[i]

Ao lhe sujeitar **todas as coisas**, não deixou nada que não lhe estivesse sujeito.
Contudo, no momento presente, não vemos todas as coisas sujeitas a ele — pelo
menos, ainda não. 9 Entretanto, vemos Yeshua — que de fato **foi feito** por um **curto**
período **inferior aos anjos** — **coroado com glória e honra** por ter sofrido a morte,
para que pela graça de Deus ele pudesse provar a morte por toda a humanidade.
10 Pois, ao levar muitos filhos à glória, convinha que Deus, o Criador e Preservador
de todas as coisas, levasse o Iniciador da libertação deles ao objetivo desejado por
meio de sofrimentos. 11 Pois tanto Yeshua, que separa seu povo para Deus, quanto
os que têm sido separados possuem a mesma origem — esta é a razão pela qual
Yeshua não se envergonha de chamá-los **irmãos**, 12 ao dizer:

"Proclamarei teu nome a meus irmãos;
na congregação, cantarei teu louvor".[j]

13 E também:

"Depositarei nele minha confiança",[k]

e diz mais:

---

[g] *Tehillim* [Sl] 102.26-28(25-27) [h] *Tehillim* [Sl] 110.1 [i] *Tehillim* [Sl] 8.5-7(4-6)
[j] *Tehillim* [Sl] 22.23(22) [k] *Yesha'yahu* [Is] 8.17 (LXX)

"Aqui estou com os filhos que Deus me deu".[l]

14 Portanto, pelo fato de os **filhos** partilharem a natureza física comum
aos seres humanos, ele se tornou como um deles e participou da mesma natureza
humana, para que, por sua morte, pudesse tornar inoperante aquele que tinha o
poder da morte (isto é, o Adversário), 15 e, dessa forma, libertasse aqueles que esti-
veram escravizados pelo medo da morte durante toda a vida.
16 De fato, é óbvio que ele não diz isso a respeito de anjos, como se os ajudasse;
ao contrário,

"Ele cuida da descendência de Avraham".[m]

17 Por essa razão, ele teve de se tornar semelhante aos irmãos em todos os
aspectos, para se tornar *kohen gadol* misericordioso e fiel a serviço de Deus, e fazer
kapparah pelos pecados do povo. 18 Pelo fato de ele mesmo ter sofrido a morte ao
ser testado, é capaz de ajudar àqueles que são testados agora.

3 1 Portanto, irmãos separados por Deus, que partilham o chamado celestial, pen-
sem com cuidado sobre Yeshua, a quem reconhecemos publicamente por emis-
sário de Deus e *kohen gadol.* 2 Ele foi **fiel** a Deus, que o havia constituído, como

"Mosheh foi fiel em toda a casa de Deus".[n]

3 Yeshua, porém, merece mais honra que Mosheh, da mesma forma que o
construtor de uma **casa** tem mais honra do que a própria **casa**. 4 Pois toda **casa** é
construída por alguém, mas Deus construiu todas as coisas.
5 **Mosheh foi fiel** *na* casa de Deus, como o **servo** dá testemunho das coisas que
Deus mais tarde tornaria públicas. 6 Entretanto, o Messias, como Filho, **foi fiel** *sobre*
a **casa de Deus**. E nós somos essa **casa** pertencente a ele, contanto que sustente-
mos com firmeza a coragem e a confiança inspiradas na esperança que temos.
7 Assim, como diz o *Ruach HaKodesh*:

"Hoje, se vocês ouvirem a voz de Deus,
8 **não endureçam o coração, como fizeram na Rebelião Amarga,**
naquele dia, no deserto, quando tentaram a Deus.
9 **Sim, seus antepassados me tentaram,**
desafiaram-me e viram minhas obras durante quarenta anos!
10 **Por isso, desgostei-me dessa geração**
e disse: 'O coração deles está sempre se desviando,
não entenderam como ajo'.
11 **Na minha ira, jurei**
que não entrarão no meu descanso".[o]

12 Cuidado, irmãos, para que nenhum de vocês tenha coração perverso e ao qual
falta confiança, que poderia ocasionar sua apostasia do Deus vivo! 13 Ao contrário,
continuem exortando uns aos outros todos os dias, durante o tempo que se cha-
ma **hoje**, de modo que nenhum de vocês seja **endurecido** pelo engano do pecado.
14 Pois nos tornamos participantes do Messias, desde que, de fato, nos apeguemos
firmemente à confiança que tivemos no princípio, até que o objetivo seja alcançado.

[l] *Yesha'yahu* [Is] 8.18 (LXX) [m] *Yesha'yahu* [Is] 41.8,9 [n] *B'midbar* [Nm] 12.7
[o] *Tehillim* [Sl] 95.7-11

15 Entretanto, onde se diz:

> **"Hoje, se vocês ouvirem a voz de Deus,**
> **não endureçam o coração, como fizeram na Rebelião Amarga",**[p]

16 quem foram as pessoas que, após terem **ouvido, se rebelaram** de forma tão
amarga? Foram todos os que Mosheh tirou do Egito. 17 Contra quem Deus esteve
irado durante quarenta anos? Contra todos os que pecaram — sim, eles caíram
mortos no **deserto**! 18 E a quem **jurou que nunca entrariam no** seu **descanso**? Aos
que foram desobedientes. 19 Dessa forma, vemos que eles foram incapazes de **en-**
trar por causa da falta de confiança.

4 1 Portanto, horrorizemo-nos com a possibilidade de que, apesar de a promessa
de **entrar no descanso** permaneça, qualquer um de vocês possa ser julgado por
não ter alcançado o objetivo; 2 porque as boas-novas também foram anunciadas a
nós, tanto quanto a eles. Mas a mensagem que eles ouviram não lhes fez nenhum
bem, pois os que a **ouviram** não a fizeram acompanhar de confiança. 3 Pois nós, os
que cremos, **entramos** no **descanso.**

Como foi dito:

> **"Na minha ira, jurei**
> **que não entrarão no meu descanso".**[q]

Ele fez esse juramento ainda que as suas **obras** existissem desde a criação do
Universo. 4 Porque há uma passagem em que se diz a respeito do sétimo dia:

> **"E Deus descansou no sétimo dia de todas as suas obras".**[r]

5 E, outra vez, nosso texto diz:

> **"Não entrarão no meu descanso".**[s]

6 Portanto, como falta a **entrada** de alguns nele, e os que receberam anteriormente
as boas-novas **não entraram**, 7 ele estabeleceu outra vez um certo dia, **"hoje"**, di-
zendo por intermédio de David, no texto já citado:

> **"Hoje, se vocês ouvirem a voz de Deus, não endureçam o coração".**[t]

8 Porque, se Y'hoshua lhes tivesse dado descanso, Deus não teria falado posterior-
mente sobre outro "dia".

9 Dessa forma, permanece uma guarda do *shabbat* para o povo de Deus; 10 pois
quem **entrou** no **descanso** de Deus também **descansou de suas obras**, como Deus
fez com as dele. 11 Portanto, façamos o melhor para **entrar** nesse **descanso**, para
que ninguém falhe por causa do mesmo tipo de desobediência.

12 Considerem que a palavra de Deus é viva! Ela está atuante e é mais afiada
que qualquer espada de dois gumes — corta até o ponto de junção da alma com
o espírito, juntas e medulas, e julga as reflexões internas e intenções do coração.
13 Nenhuma criatura está encoberta aos olhos de Deus; tudo está patente e exposto
aos olhos daquele a quem devemos prestar contas.

14 Portanto, pelo fato de termos um *kohen gadol* que entrou no mais alto céu,
Yeshua, o Filho de Deus, mantenhamos com firmeza o que reconhecemos por verdade.

---

[p] *Tehillim* [Sl] 95.7,8 [q] *Tehillim* [Sl] 95.11 [r] *B'reshit* [Gn] 2.2 [s] *Tehillim* [Sl] 95.11
[t] *Tehillim* [Sl] 95.7,8

15 Porque não temos um *kohen gadol* incapaz de se compadecer de nossas fraquezas;
ele mesmo foi tentado em todas as áreas, como nós, com a diferença de que nunca
pecou. 16 Assim, que nos aproximemos confiantes do trono a partir do qual Deus
concede sua graça, para recebermos misericórdia e encontrarmos graça no momento
de necessidade.

5 1 Todo *kohen gadol* é escolhido entre os homens designados para representar
o povo nas questões relacionadas a Deus, para apresentar ofertas e sacrifícios
pelos pecados. 2 Ele pode lidar com gentileza em relação aos ignorantes e aos que
se desviam, porque ele próprio está sujeito à fraqueza. 3 Também, por causa dela,
precisa oferecer sacrifícios pelos próprios pecados, bem como pelos pecados do
povo. 4 Ninguém toma esta honra para si mesmo, mas deve ser chamado por Deus,
como o foi Aharon.

5 Tampouco o Messias gloriou a si mesmo para se tornar *kohen gadol*; em vez
disso, foi aquele que lhe disse:

> **"Você é meu Filho;**
> **hoje eu me tornei seu Pai".**[u]

6 E também diz em outro lugar:

> **"Você é um *kohen* para sempre,**
> **comparável a Malki-Tzedek"**[v]

7 Durante a vida de Yeshua na terra, ele ofereceu orações e súplicas, clamando e
derramando lágrimas, àquele que tinha o poder de livrá-lo da morte; ele foi ouvido
por causa de sua piedade. 8 Embora fosse o Filho, aprendeu a obedecer por meio
dos sofrimentos. 9 E, depois de ter alcançado seu alvo, tornou-se a fonte da liber-
tação eterna para todos os que lhe obedecem, 10 tendo sido designado por Deus
***kohen gadol*, comparável a Malki-Tzedek**.

11 Temos muitas coisas a dizer sobre esse assunto, mas será difícil explicá-las,
porque vocês se tornaram vagarosos para aprender. 12 Embora já devessem ser
mestres, pelo tempo decorrido, necessitam, na verdade, de que alguém lhes ensine
novamente os fundamentos da Palavra de Deus! Precisam de leite, e não de alimen-
to sólido! 13 Quem bebe leite ainda é criança e não tem experiência na aplicação da
Palavra acerca da justiça. 14 Contudo, o alimento sólido é para os maduros, para
aqueles cujas habilidades foram treinadas pelo exercício constante a fim de distin-
guir o bem do mal.

6 1 Portanto, deixando as lições iniciais a respeito do Messias, prossigamos para
a maturidade, sem lançar novamente o princípio fundamental do abandono
das obras que conduzem à morte, da confiança em Deus, 2 da instrução acerca de
lavagens, *s'mikhah*, da ressurreição dos mortos e da punição eterna. 3 E, se Deus
quiser, é isto o que faremos.

4 Com relação às pessoas que foram uma vez iluminadas, provaram o dom
celestial, tornaram-se participantes do *Ruach HaKodesh*, 5 e experimentaram a bon-
dade da Palavra de Deus e os poderes do *'olam haba* — 6 e caíram —, é impossível
renová-las para que abandonem o pecado, enquanto para si mesmas continuam a
executar o Filho de Deus na estaca, desonrando-o publicamente. 7 Porque a terra

[u] *Tehillim* [Sl] 2.7 [v] *Tehillim* [Sl] 110.4

que absorve chuvas frequentemente e dá colheita proveitosa àqueles que a cultivam recebe uma bênção de Deus. 8 Mas, se **ela continuar produzindo espinhos e ervas daninhas**, falha no teste e está a ponto de ser **amaldiçoada**;[w] por fim, será queimada.

9 Ainda que falemos dessa forma, queridos amigos, estamos confiantes de que vocês têm as coisas melhores que acompanham a libertação. 10 Porque Deus não é injusto para se esquecer do trabalho e do amor que demonstraram por ele no serviço prestado a favor de seu povo — e também no serviço presente. 11 Entretanto, queremos que cada um de vocês mantenha a mesma diligência até o fim, quando sua esperança for concretizada; 12 de modo que não se tornem indolentes, mas sejam imitadores daqueles que, mediante confiança e paciência, recebem o que foi prometido.

13 Quando Deus fez sua promessa a Avraham, jurou cumprir o que prometera; e, por não ter ninguém maior que ele mesmo por quem pudesse jurar, **jurou por si mesmo**,[x] 14 e disse:

> **"Certamente abençoarei você**
> **e, com certeza, lhe darei muitos descendentes"**;[y]

15 e assim, depois de esperar pacientemente, Avraham viu a promessa cumprida. 16 Os homens juram por alguém superior a si mesmos, e a confirmação de um juramento põe fim a toda disputa. 17 Portanto, quando Deus quis demonstrar, da forma mais convincente, o caráter imutável de suas intenções relativas a quem deveria receber o que ele prometera, adicionou um juramento à promessa; 18 de modo que, mediante duas coisas imutáveis nas quais Deus não poderia mentir, nós, que abandonamos tudo para nos firmarmos na esperança apresentada, fôssemos fortemente encorajados. 19 Temos esta esperança como uma âncora certa e segura para nós mesmos, uma esperança que segue diretamente para o que estava no interior da *parokhet*, 20 onde o predecessor entrou a nosso favor, isto é, Yeshua, que se tornou **um *kohen hagadol* para sempre, comparável a Malki-Tzedek**.[z]

7 1 Esse **Malki-Tzedek, rei de Shalem e *kohen* do Deus *Ha'Elyon*, encontrou-se com Avraham, quando este voltava da matança dos reis, e o abençoou**; 2 e Avraham **lhe deu um décimo de tudo**.[a]

Em primeiro lugar, a tradução de seu nome é "rei da justiça", e também é **rei de Shalem**, que significa "rei da paz".

3 Não há registro de seu pai, mãe, antepassados, nascimento ou morte; em vez disso, semelhantemente ao Filho de Deus, permanece *kohen* para sempre.

4 Considerem quão grande ele era! Até o patriarca Avraham **lhe deu um décimo** dos melhores despojos! 5 Os descendentes de Levi, que se tornam *kohanim*, são obrigados por um mandamento da *Torah* a receber um décimo da renda do povo, isto é, dos próprios irmãos, a despeito de eles também serem descendentes de Avraham. 6 Contudo, Malki-Tzedek, apesar de não ser descendente de Levi, recebeu um décimo de Avraham.

Além disso, ele abençoou Avraham, o homem que recebeu as promessas de Deus; 7 não se discute que quem abençoa está em posição superior à de quem recebe a bênção.

---

[w] *B'reshit* [Gn] 3.17,18 [x] *B'reshit* [Gn] 22.16 [y] *B'reshit* [Gn] 22.17 [c] *Tehillim* [Sl] 110.4
[z] *B'reshit* [Gn] 14.17-20 [a] *Tehillim* [Sl] 110.4

8 Ademais, no caso dos *kohanim*, a décima parte é recebida por homens mortais; no de Malki-Tzedek, ela é recebida por alguém de quem se testifica que ainda está vivo.

9 Pode-se até dizer que Levi, que recebe dízimos, pagou a décima parte por meio de Avraham, 10 porque ele ainda estava no corpo de Avraham, seu antepassado, quando Malki-Tzedek se encontrou com ele.

11 Portanto, se fosse possível alcançar o objetivo por meio de um sistema de *kohanim* derivado de Levi (visto que em sua vigência o povo recebeu a *Torah*), por que haveria ainda a necessidade de se levantar outro *kohen*, de um tipo diferente, referido como **comparável a Malki-Tzedek**, e não a Aharon? 12 Porque, se o sistema de *kohanim* for alterado, há a necessidade de mudança de *Torah*. 13 Aquele sobre quem essas coisas foram ditas pertence a outra tribo, da qual ninguém jamais servira no altar; 14 todos sabem que nosso Senhor proveio da tribo de Y'hudah, e Mosheh nada disse sobre essa tribo ao mencionar os *kohanim*.

15 Isso fica ainda mais claro quando surge um "tipo diferente de *kohen*", comparável a Malki-Tzedek, 16 alguém que se tornou *kohen* não por causa de uma regra da *Torah* relativa à ascendência física, mas por virtude do poder de uma vida indestrutível. 17 Porquanto se afirmou:

> **"Você é *kohen* para sempre,**
> **segundo a ordem de Malki-Tzedek".**[b]

18 Portanto, por um lado, a regra anterior é abandonada por sua fraqueza e ineficácia 19 (porque a *Torah* não fez ninguém alcançar o objetivo); e, por outro lado, foi apresentada a esperança de algo superior, por meio do qual nos aproximamos de Deus.

20 E, mais que isso, Deus fez um juramento! Nenhum juramento é feito em relação aos que se tornam *kohanim* agora; 21 Yeshua, porém, tornou-se *kohen* pelo juramento pronunciado por Deus, ao dizer:

> **"*Adonai* jurou e não mudará de ideia:**
> **'Você é *kohen* para sempre' ".**[c]

22 Isso mostra também quão superior é a aliança da qual Yeshua se tornou fiador.

23 Os *kohanim* da atualidade existem em grande profusão, porque a morte os impede de continuar o ofício. 24 No entanto, pelo fato de viver para sempre, sua posição de *kohen* não é passada a nenhum outro; 25 consequentemente, ele é capaz de libertar de forma total quem se aproxima de Deus por seu intermédio, porque vive para sempre e é, portanto, capaz para sempre de interceder a favor deles.

26 Esse é o tipo de *kohen hagadol* que supre nossa necessidade — santo, sem nenhuma ligação com o mal, sem mancha, separado dos pecadores, exaltado acima dos céus. 27 Ao contrário dos outros *kohanim g'dolim*, ele não tem a necessidade diária, como os demais, de oferecer sacrifícios primeiro pelos pecados pessoais e, depois, pelos pecados do povo, porque fez um sacrifício, de uma vez por todas, quando a si mesmo se ofereceu. 28 A *Torah* constitui *kohanim g'dolim* a homens que têm fraquezas; mas o texto que fala sobre um juramento, um texto escrito na *Torah* posteriormente, aponta para o Filho, que alcançou o objetivo para sempre.

---

[b] O texto grego diz literalmente "no lombo". A expressão decorre do conceito semítico da vida, pois a existência, para os hebreus antigos, procedia da semente do pai. Daí o "ser" de um descendente jazer, de forma simbólica, no interior (no lombo, no corpo) do ancestral. [N. do T.]

[c] *Tehillim* [Sl] 110.4

8 1 Aqui está o aspecto mais importante de tudo o que dissemos: temos um
kohen hagadol como esse. E ele está **sentado à direita** de *HaG'dulah* no céu.[d]
2 Lá ele serve no Lugar Sagrado, isto é, na verdadeira Tenda do Encontro, não erigida
por mãos humanas, mas por Adonai.

3 Todo *kohen gadol* é designado para apresentar ofertas e sacrifícios; por isso,
este *kohen gadol* também deveria possuir algo que tivesse a oferecer. 4 Se ele esti-
vesse na terra, nem seria *kohen*, visto que já existem *kohanim* que apresentam as
ofertas requeridas pela *Torah*. 5 Mas eles servem no que é apenas cópia e sombra
do original que está no céu. Quando Mosheh ia começar a erigir a Tenda, Deus o ad-
vertiu: **"Tenha o cuidado de fazer tudo conforme o padrão que lhe foi mostrado
no monte"**.[e]

6 Agora, porém, a obra dada a Yeshua é muito superior à deles, assim como a
aliança por ele mediada é melhor. Porque esta aliança foi dada como *Torah* com
base em melhores promessas. 7 De fato, se a primeira aliança não tivesse dado espa-
ço para a descoberta de erros, não haveria a necessidade da segunda. 8 Pois é Deus
quem achou erro no povo, ao dizer:

" 'Vejam! Estão chegando dias', diz Adonai,
'quando estabelecerei
com a casa de Yisra'el e com a casa de Y'hudah
uma nova aliança.

9 **" 'Ela não será como a aliança**
que fiz com seus pais
no dia em que os peguei pela mão
e os levei para fora da terra do Egito;
porque eles, de sua parte,
não permaneceram fiéis à minha aliança;
dessa forma, eu, de minha parte,
parei de me importar com eles',
diz Adonai.

10 **" 'Esta é a aliança que farei**
com a casa de Yisra'el depois
daqueles dias',
diz Adonai:

'Porei minha *Torah* na sua mente
e a escreverei em seu coração;
serei o Deus deles,
e eles serão o meu povo.

11 **" 'Nenhum deles ensinará a qualquer outro**
ou a seu irmão, dizendo: "Conheça Adonai!".
Porque todos me conhecerão,
do menor ao maior,
12 **porque terei misericórdia de suas iniquidades**
e não me lembrarei de seus pecados' ".[f]

[d] *Tehillim* [Sl] 110.1 [e] *Sh'mot* [Êx] 25.40 [f] *Yirmeyahu* [Jr] 31.30-33(31-34)

13 Ao usar o termo **"nova"**, tornou a primeira aliança "antiga"; e tudo o que se torna antigo, e passa pelo processo de envelhecimento, está a caminho do desaparecimento total.

9 1 Ora, a primeira aliança possuía regras relativas à adoração e um Lugar Sagrado aqui na terra. 2 Uma tenda foi erigida, chamada Lugar Sagrado; nela estavam a *menorah*, a mesa e o pão da proposição. 3 Atrás da segunda *parokhet*, estava a tenda chamada Lugar Especialmente Sagrado, 4 onde se encontravam o altar de ouro para a queima de incenso e a Arca da Aliança, totalmente revestida de ouro. Na Arca, estavam o vaso de ouro que continha o maná, a vara de Aharon, que floresceu, e as Tábuas da Aliança, feitas de pedra; 5 acima dela, estavam os *k'ruvim* que representavam a *Sh'khinah*, lançando sua sombra sobre a tampa da Arca — agora, porém, não é tempo de falar detalhadamente sobre essas coisas.

6 Com tudo arranjado dessa forma, os *kohanim* entram na tenda exterior todo o tempo para exercer suas funções, 7 mas apenas o *kohen hagadol* entra na tenda interior. Ele o faz apenas uma vez por ano e deve sempre levar sangue, o qual oferece por si mesmo e pelos pecados que o povo cometeu por ignorância. 8 Por esse arranjo, o *Ruach HaKodesh* mostrou que, enquanto a primeira Tenda estivesse em pé, o caminho para o Lugar Sagrado permanecia fechado. 9 Isso simboliza a era presente e indica que a consciência da pessoa que desempenha o serviço não pode ser alcançada pelas ofertas e sacrifícios realizados. 10 Porque essas práticas envolviam apenas comidas, bebidas e diversos tipos de lavagens cerimoniais — regras concernentes à vida exterior, impostas até o tempo em que Deus reformulasse toda a estrutura.

11 Quando o Messias apareceu, como *kohen gadol* das coisas boas que já estão acontecendo, então, por meio da Tenda maior e perfeita, não criada pelos homens (isto é, ela não pertence ao mundo criado), 12 ele entrou no Lugar Sagrado de uma vez por todas.

Ele o fez não por meio do sangue de bodes e bezerros, mas pelo próprio sangue, libertando, dessa forma, seu povo para sempre. 13 Se a aspersão de pessoas cerimonialmente impuras com o sangue de bodes e touros, e as cinzas de uma novilha, restauravam-lhes a pureza exterior, 14 quanto mais o sangue do Messias, que, pelo Espírito eterno, se ofereceu a Deus como sacrifício imaculado, purificará nossa consciência das obras que conduzem à morte, para que possamos viver e servir ao Deus vivo!

15 Por causa dessa morte, ele é o mediador de uma **nova aliança** [ou Novo Testamento].[g] Visto que sua morte liberta as pessoas das transgressões cometidas sob a primeira aliança — os que têm sido chamados podem receber a prometida herança eterna. 16 No caso de um testamento, é necessário que se apresente evidência da morte de quem o fez, 17 porque o testamento só tem efeito no caso de morte; ele jamais vigora enquanto a pessoa que o fez está viva.

18 Esta é a razão pela qual a primeira aliança também foi inaugurada com sangue. 19 Depois de Mosheh ter anunciado cada mandamento da *Torah* a todo o povo, ele pegou sangue de bezerros, água e usou lã escarlate e hissopo para aspergir o rolo e todo o povo, dizendo: 20 **"Este é o sangue da aliança que Deus lhes ordenou"**.[h] 21 Da mesma forma, aspergiu com o sangue a Tenda e todos os utensílios de suas

[g] *Yirmeyahu* [Jr] 31.30(31)   [h] *Sh'mot* [Êx] 24.8

cerimônias. 22 Pois, segundo a *Torah*, quase todas as coisas são purificadas com sangue; de fato, sem derramamento de sangue não há perdão de pecados.

23 Portanto, essa é a razão pela qual as cópias das coisas celestiais deveriam ser purificadas, mas as próprias coisas celestiais requerem sacrifícios superiores a esses. 24 Porque o Messias entrou no Lugar Sagrado, que não foi feito por seres humanos — mera cópia do verdadeiro; ele entrou no próprio céu, para se apresentar agora a nosso favor na presença de Deus.

25 Além disso, ele não entrou no céu para oferecer a si mesmo repetidamente, como o *kohen hagadol* que entra no Lugar Sagrado ano após ano com sangue alheio; 26 se assim fosse, ele teria de sofrer a morte muitas vezes — desde a fundação do Universo. Mas, agora, ele apareceu uma vez no fim dos tempos, a fim de eliminar o pecado mediante o sacrifício de si mesmo. 27 Da mesma forma que os seres humanos devem morrer uma vez, e depois disso vem o juízo, 28 também o Messias, tendo sido oferecido uma única vez pelos **pecados de muitos,**[i] aparecerá segunda vez, não para lidar com o pecado, mas para libertar aqueles que esperam ansiosamente por ele.

10 1 A *Torah* tem em si uma sombra das coisas boas que virão, mas não a manifestação real das coisas originais. Portanto, ela nunca pôde, mediante os mesmos sacrifícios repetidos incessantemente, ano após ano, conduzir ao objetivo quem se aproximava do Lugar Sagrado para oferecê-los. 2 De outra forma, não teria cessado a oferta desses sacrifícios? Se as pessoas que realizavam o sacrifício tivessem sido purificadas de uma vez por todas, não mais teriam consciência do pecado. 3 Não, ocorre o contrário — nesses sacrifícios, há uma recordação dos pecados, ano após ano. 4 Porque é impossível que o sangue de touros e de bodes remova pecados.

5 Esta é a razão pela qual, ao entrar no mundo, ele diz:

> **"Não é tua vontade**
> **receber sacrifício animal e oferta de alimento;**
> **ao contrário, um corpo me preparaste.**
> 6 **Não, tu não te tens agradado**
> **das ofertas queimadas e dos**
> **sacrifícios pelo pecado.**
> 7 **Então eu disse: 'Vejam!**
> **No rolo está escrito a meu respeito.**
> **Vim para realizar tua vontade' ".**[j]

8 Primeiro ele disse: "**Tu** não **desejaste**, nem **te agradaste de sacrifícios animais, oferta de alimento, ofertas queimadas e dos sacrifícios pelo pecado**", os quais eram realizados de acordo com a *Torah*; 9 e então: "**Aqui estou para cumprir tua vontade**"; ele cancela o primeiro sistema para estabelecer o segundo. 10 Em conexão com sua **vontade,** fomos separados para Deus e feitos santos, de uma vez por todas, pela **oferta** do **corpo** de Yeshua, o Messias.

11 Dia após dia, todo *kohen* se apresenta e realiza seus serviços, oferecendo vez após vez os mesmos sacrifícios, que nunca podem remover pecados. 12 Mas este, quando acabou de oferecer, para sempre, um único sacrifício pelos pecados, **sentou-se à direita** de Deus e 13 passou a esperar, daí em diante, **até** que seus **inimigos**

---

[i] *Yesha'yahu* [Is] 53.12 [j] *Tehillim* [Sl] 40.7-9(6-8)

sejam colocados como **estrado dos** seus **pés.**[k] 14 Por meio de um único sacrifício, ele conduziu ao objetivo, de uma vez por todas, os que estão sendo separados por Deus para serem santos.

15 O *Ruach HaKodesh* nos dá o testemunho; porque, depois de dizer:

16 **" 'Esta é a aliança que farei**
com eles depois daqueles dias', diz *Adonai*:
'Porei minha *Torah* em seu coração
e a escreverei em sua mente' ",[l]

17 a seguir, acrescenta:

" 'Dos pecados e das iniquidades deles
não me lembrarei mais' ".[m]

18 Onde há perdão desses pecados, o sacrifício não é mais necessário.

19 Portanto, irmãos, temos confiança para usar o caminho aberto por Yeshua até o Lugar Especialmente Sagrado. 20 Ele o inaugurou para nós, o novo e vivo caminho, através da *parokhet*, mediante sua carne. 21 Temos também um grande *kohen* sobre a casa de Deus. 22 Dessa forma, aproximemo-nos do Lugar Sagrado com o coração sincero, na certeza plena que procede da confiança — com o coração limpo pela **aspersão**, para nos purificar da consciência culpada, e tendo o corpo lavado com **água pura.**[n] 23 Continuemos nos apegando, com firmeza, à esperança: aquele que fez a promessa é digno de confiança. 24 E mantenhamos a atenção dada uns aos outros para nos incentivarmos ao amor e às boas obras; 25 não negligenciemos nossas reuniões congregacionais, como fazem alguns; ao contrário, procuremos nos encorajar.

Quanto mais quando vocês percebem a aproximação do Dia. 26 Se continuarmos a pecar deliberadamente depois de recebermos o conhecimento da verdade, já não resta sacrifício pelos pecados, 27 apenas a terrível expectativa do juízo, do **fogo que consumirá os inimigos.**[o]

28 Quem desconsiderasse a *Torah* de Mosheh **era morto** sem misericórdia **pela palavra de duas ou três testemunhas.**[p] 29 Pensem agora quão mais severa será a punição merecida pela pessoa que pisar o Filho de Deus, que tratar como algo comum o **sangue da aliança**[q] que o fez santo, e insultar o Espírito, doador da graça divina!

30 Pois aquele que conhecemos é quem disse:

"A vingança é minha responsabilidade;
eu retribuirei".

e também:

"*Adonai* julgará seu povo".[r]

31 É uma coisa terrível cair nas mãos do Deus vivo!

32 Lembrem-se dos primeiros dias, quando, depois de terem recebido a luz, vocês suportaram uma luta terrível e sofrimentos. 33 Algumas vezes, foram expostos publicamente e perseguidos; em outras ocasiões, permaneceram fielmente com quem foi tratado da mesma forma. 34 Vocês partilharam os sofrimentos dos que

[k] *Tehillim* [Sl] 110.1 [l] *Yirmeyahu* [Jr] 31.32(33) [m] *Yirmeyahu* [Jr] 31.33(34)
[n] *Yechezk'el* [Ez] 36.25 [o] *Yesha'yahu* [Is] 26.11 [p] *D'varim* [Dt] 17.6; 19.15
[q] *Sh'mot* [Êx] 24.8 [r] *D'varim* [Dt] 32.35,36

foram lançados na prisão. Também quando suas posses foram confiscadas, acei-
taram o fato com alegria, por saberem que seus bens eram superiores e durariam
para sempre.
35 Por isso, não lancem fora sua coragem; ela trará consigo uma grande recom-
pensa. 36 Vocês necessitam de perseverança, de modo que, quando tiverem feito o
que Deus deseja, possam receber o que ele prometeu. 37 Porque:

> **"Há pouquíssimo tempo!**
> **Aquele que está por vir, virá,**
> **e não demorará.**
> 38 **Mas a pessoa justa**
> **viverá a vida baseada na confiança;**
> **se ela retroceder,**
> **não me agradarei dela".**[s]

39 Entretanto, nós não somos daqueles que **retrocedem** e são destruídos; em vez
disso, mantemos a **confiança** e, dessa forma, preservamos nossa vida!

11 1 A **confiança**[t] é a certeza do que esperamos, convencidos das coisas que
não vemos. 2 Foi por meio dela que a Escritura atestou o mérito dos antigos.
3 Pela **confiança**, entendemos que o Universo foi criado pela palavra pronuncia-
da por Deus, de modo que aquilo que se vê não foi criado a partir dos fenômenos
existentes.
4 Pela **confiança,** Hevel ofereceu a Deus um sacrifício maior que o de Kayin; por
isso, ele foi reconhecido como justo, ao receber de Deus esse testemunho com base
em suas ofertas. Pelo fato de ter **confiado**, ainda continua a falar, mesmo estan-
do morto.
5 Pela **confiança,** Hanokh foi tirado desta vida sem ver a morte — **"Ele não foi
encontrado, porque Deus o havia levado"** —, porque foi reconhecido, antes de ser
levado, como alguém que **agradou a Deus.**[u] 6 Sem **confiança,** é impossível **agradar
a Deus**, porque quem se aproxima dele deve confiar em sua existência e no fato de
ele se tornar recompensador de quem o procura.
7 Pela **confiança,** Noach, depois de ter recebido o aviso divino a respeito das
coisas que não vira, foi tomado de santo temor e construiu uma arca para salvar
sua casa. Por meio dessa **confiança**, condenou o mundo e recebeu a justiça proce-
dente da confiança.
8 Pela **confiança**, Avraham obedeceu, depois de ter sido convocado para se **diri-
gir** ao lugar que Deus lhe daria como posse; de fato, ele **saiu**[v] sem saber aonde esta-
va indo. 9 Pela **confiança,** residiu temporariamente na Terra Prometida, como se ela
não fosse sua, vivendo em tendas com Yitz'chak e Ya'akov, que também deveriam
receber o que lhes fora prometido, 10 porque esperava ansiosamente pela cidade
que tem fundamentos permanentes, da qual o arquiteto e construtor é Deus.
11 Pela **confiança**, Avraham recebeu a capacidade de se tornar pai, mesmo
quando sua idade era avançada, como a própria Sara; porque considerou digno de
confiança quem lhe fizera a promessa. 12 Dessa forma, esse homem, praticamente
morto, tornou-se o pai de descendentes

[s] *Havakuk* [Hc] 2.3,4 [t] *Havakuk* [Hc] 2.4 [u] *B'reshit* [Gn] 5.24

tão numerosos quanto as estrelas do céu,
e incontáveis como os grãos de areia da praia.[w]

[13] Todas essas pessoas mantiveram a **confiança** até a morte, sem terem recebido o que lhes fora prometido. Apenas a viram de longe e também a cumprimentaram a distância, enquanto reconheciam ser **estrangeiros e residentes temporários na terra.**[x] [14] As pessoas que falam dessa forma deixam claro sua procura por uma pátria. [15] Entretanto, se mantivessem a lembrança da que deixaram, teriam a oportunidade de retornar; [16] em vez disso, aspiravam a uma pátria melhor, celestial. Essa é a razão pela qual Deus não se envergonha de ser chamado o Deus *deles*, porque lhes preparou uma cidade.

[17] Pela **confiança**, Avraham, ao ser testado, ofereceu Yitz'chak como sacrifício. Sim, ofereceu o único filho, aquele que recebera as promessas, [18] ao qual fora dito: **"A sua 'semente' será contada por meio de Yitz'chak"**.[y] [19] Avraham concluiu que Deus poderia até mesmo ressuscitar pessoas dentre os mortos! E, falando de forma figurada, ele o recebeu dessa forma.

[20] Pela **confiança**, Yitz'chak, nas bênçãos sobre Ya'akov e Esav, fez referência a acontecimentos futuros.

[21] Pela **confiança**, Ya'akov, à beira da morte, abençoou cada um dos filhos de Yosef, **apoiado no cajado enquanto se curvou em oração.**[z]

[22] Pela **confiança**, Yosef, no fim da vida, lembrou-se do êxodo do povo de Yisra'el e deu instruções sobre o que fazer com seus ossos.

[23] Pela **confiança**, os pais de Mosheh **o esconderam durante três meses** depois do seu nascimento, **por terem visto que ele era uma criança bonita**,[a] e não temeram o decreto do rei.

[24] Pela **confiança**, Mosheh, **depois de ter crescido**,[b] recusou ser chamado filho da filha do faraó. [25] Preferiu ser maltratado com o povo de Deus a desfrutar os prazeres momentâneos do pecado. [26] Considerou a desonra sofrida, por amor do Messias, riqueza maior que os tesouros do Egito, por manter os olhos fixos na recompensa.

[27] Pela **confiança**, saiu do Egito, não temendo a ira do rei; perseverou como quem vê o invisível.

[28] Pela **confiança**, obedeceu às exigências para *Pesach*, incluindo a aspersão do sangue, para que o destruidor dos primogênitos não tocasse nos filhos de Yisra'el.

[29] Pela **confiança**, o povo atravessou o mar Vermelho como em terra seca; quando os egípcios tentaram fazê-lo, o mar os engoliu.

[30] Pela **confiança**, caíram os muros de Yericho — depois de o povo ter marchado em volta deles durante sete dias.

[31] Pela **confiança**, Rachav, a prostituta, recebeu os espiões e, por isso, não morreu com todos os outros que haviam sido desobedientes.

[32] Que mais direi? Não tenho tempo para falar de Gid'on, Barak, Shimshon, Yiftach, David, Shmu'el e dos profetas, [33] os quais, pela **confiança**, conquistaram reinos, praticaram a justiça, receberam o que foi prometido, **fecharam a boca de leões**,[c]
[34] apagaram o poder do fogo, escaparam do fio da espada, tiveram a fraqueza transformada em força, tornaram-se poderosos na batalha e puseram em fuga exércitos estrangeiros. [35] Mulheres receberam de volta seus mortos ressuscitados; outras

---

[v] *B'reshit* [Gn] 12.1 [w] *B'reshit* [Gn] 15.5,6; 22.17; 32.13(12); *Sh'mot* [Êx] 32.13; *D'varim* [Dt] 1.10;10.22
[x] *Divrei-HaYamim* Alef [1Cr] 29.15 [y] *B'reshit* [Gn] 21.12 [z] *B'reshit* [Gn] 47.31(LXX)
[a] *Sh'mot* [Êx] 2.2 [b] *Sh'mot* [Êx] 2.11 [c] *Dani'el* [Dn] 6.23

pessoas foram submetidas a torturas e espancadas até a morte, recusando-se a
serem resgatadas, a fim de obterem melhor ressurreição. 36 Outros enfrentaram
zombaria e açoites; outros, ainda, foram acorrentados e aprisionados. 37 Apedreja-
dos, serrados ao meio, mortos à espada; andaram errantes, vestidos de pele de ove-
lhas e de cabras, necessitados, perseguidos, maltratados, 38 errantes em desertos e
montanhas, vivendo em cavernas e buracos no chão! O mundo não era digno deles!
39 Todos eles tiveram mérito reconhecido por causa da **confiança**. Entretanto,
não receberam o que lhes fora prometido, 40 porque Deus planejou algo melhor,
que nos envolveria de forma tal que apenas conosco eles alcançariam o objetivo.

12 1 Portanto, pelo fato de estarmos cercados por uma nuvem tão grande de
testemunhas, ponhamos de lado qualquer impedimento — isto é, o pecado
que facilmente impede nosso avanço — e corramos com perseverança a corrida que
nos é proposta, 2 contemplando o autor e consumador da nossa **confiança**,[d] Yeshua
— que, em troca da obtenção da alegria que lhe foi proposta, suportou a execução
em uma estaca, como um criminoso, desprezando a vergonha, e se sentou **à direita**
do trono de Deus.[e] 3 Sim, pensem naquele que suportou tamanha hostilidade dos
pecadores contra si mesmo, para que vocês não se cansem nem **fiquem desanima-**
dos. 4 Vocês ainda não resistiram a ponto de derramar o sangue na luta contra o
pecado.
5 E também se esqueceram do conselho que lhes foi dado como filhos:

"Meu filho, não despreze a disciplina de *Adonai*
nem desanime quando ele o corrigir.
6 **Porque *Adonai* disciplina a quem ama,**
e fustiga todo aquele que aceita como filho".[f]

7 Considerem as provações como **disciplina**; Deus os trata como **filhos**. Qual filho
não é disciplinado por seu pai? 8 Todos os filhos legítimos passam por **disciplina**;
então, se não passarem por ela, provavelmente são *mamzer*, e não filhos legítimos.
9 Além disso, tivemos pais que nos disciplinaram, e nós os respeitamos; quan-
to mais devemos nos submeter ao Pai espiritual e vivermos! 10 Porque eles nos
disciplinaram por curto período, da melhor forma que podiam; Deus, porém, nos
disciplina a fim de nos oferecer benefícios genuínos e nos habilitar a participarmos
de sua santidade.
11 Qualquer **disciplina**, enquanto é aplicada, parece dolorosa e nada alegre; en-
tretanto, para os que foram treinados por ela, o fruto posterior é pacífico — a jus-
tiça. 12 Portanto,

fortaleçam os braços debilitados
e enrijeçam os joelhos cambaleantes;[g]

13 e

façam um caminho reto para seus pés,[h]

para que o manco não se desvie; antes, seja curado.
14 Esforcem-se pela manutenção da *shalom* com todos e pela santidade, sem a
qual ninguém verá o Senhor. 15 Cuidem que ninguém se perca da graça de Deus,
para que nenhuma **raiz de amargura**[i] brote, cause dificuldade e contamine muitos;

[d] *Havakuk* [Hc] 2.4 [e] *Tehillim* [Sl] 110.1 [f] *Mishlei* [Pv] 3.11,12 [g] *Yesha'yahu* [Is] 35.3
[h] *Mishlei* [Pv] 4.26

[16] que não haja ninguém sexualmente imoral ou ímpio, como Esav, que, em troca de uma única refeição, abriu mão dos direitos de filho primogênito. [17] Vocês sabem certamente que mais tarde, quando ele quis obter a bênção do pai, foi rejeitado; de fato, mesmo tendo buscado a bênção com lágrimas, a mudança de seu coração de nada valeu.

[18] Vocês não chegaram ao monte palpável, ao fogo aceso, às trevas, à escuridão, nem ao remoinho, [19] ao som do *shofar* e à voz com palavras tais que fizeram seus ouvintes implorar que nada mais lhes fosse comunicado; [20] porque não conseguiam suportar o que lhes estava sendo ordenado: **"Mesmo que um animal toque no monte, ele deve ser apedrejado até a morte"**.[j] [21] A vista era tão aterradora que Mosheh disse: **"Estou tremendo de medo!"**.[k]

[22] Em vez disso, vocês chegaram ao monte Tziyon, isto é, à cidade do Deus vivo, à Yerushalayim celestial; às miríades de anjos em assembleia festiva; [23] à comunidade dos primogênitos, cujos nomes estão registrados no céu; ao Juiz, que é Deus de todos; ao espírito dos justos que alcançaram seu objetivo; [24] ao mediador de uma nova aliança, Yeshua; e ao sangue aspergido, que fala melhor do que o sangue de Hevel.

[25] Cuidado para não rejeitarem aquele que fala! Se não escaparam aqueles que se recusaram a ouvir quem os advertia na terra da parte de Deus, o que diremos a nosso respeito, se nos desviarmos daquele que nos adverte desde o céu? [26] Mesmo naquela época, sua voz abalou a terra; agora, entretanto, ele fez esta promessa:

> **"Mais uma vez, abalarei**
> **não apenas a terra, mas também o céu!"**.[l]

[27] A expressão **"mais uma vez"** indica a remoção do que foi abalado, pelo fato de serem coisas criadas, de forma que o que não foi abalado permaneça. [28] Portanto, por termos recebido um Reino inabalável, sejamos agradecidos e ofereçamos a Deus um culto que lhe seja agradável, com reverência e temor. [29] Porque, de fato:

> "Nosso **Deus é fogo consumidor!"**.[m]

13 [1] Continuem na amizade fraterna. [2] Não se esqueçam de serem amigáveis para com os de fora, porque, procedendo dessa forma, algumas pessoas, sem o saber, receberam anjos. [3] Lembrem-se dos que estão sendo maltratados na prisão, como se vocês estivessem lá com eles e fossem pessoalmente torturados.

[4] O casamento é honorável em todos os aspectos; e, em particular, o sexo entre os cônjuges é puro. Deus, sem sombra de dúvida, punirá fornicadores e adúlteros.

[5] Mantenham sua vida livre do amor ao dinheiro; contentem-se com o que vocês têm, porque Deus mesmo disse: **"Nunca faltarei a você, nunca o abandonarei"**.[n] [6] Por esta razão, podemos dizer com confiança:

> **"Adonai é o meu auxílio; não temerei —**
> **o que pode me fazer o ser humano?"**.[o]

[7] Lembrem-se dos seus líderes, daqueles que lhes transmitiram a mensagem de Deus. Reflitam sobre o resultado do estilo de vida deles e imitem sua confiança. [8] Yeshua, o Messias, é o mesmo, ontem, hoje e para sempre.

[i] *D'varim* [Dt] 29.17 [j] *Sh'mot* [Êx] 19.12,13 [k] *D'varim* [Dt] 9.19 [l] *Hagai* [Ag] 2.6
[m] *D'varim* [Dt] 4.24; 9.3; *Yesha'yahu* [Is] 33.14 [n] *D'varim* [Dt] 31.6 [o] *Tehillim* [Sl] 118.6

9 Não se deixem levar pelos diversos ensinos estranhos; é bom para o coração ser fortalecido pela graça, e não por comida. As pessoas que fazem dessas coisas o centro de sua vida não têm se beneficiado delas.

10 Nós temos um altar do qual aqueles que servem na Tenda não têm permissão de comer. 11 Pois o *kohen hagadol* leva o sangue de animais até o Lugar Especialmente Sagrado como oferta pelo pecado, mas os corpos dos animais são **queimados fora do acampamento.**[p] 12 Da mesma forma, portanto, Yeshua também sofreu a morte fora do portão da cidade, para santificar as pessoas por meio do seu sangue. 13 Assim, saiamos ao encontro dele, **fora do acampamento**, e partilhemos de sua desonra. 14 Porque não temos aqui nenhuma cidade permanente; pelo contrário, buscamos a que há de vir. 15 Por meio dele, **ofereçamos a Deus um sacrifício de louvor**, continuamente.[q] Porque este é o fruto de lábios que confessam seu nome.

16 Não se esqueçam de fazer o bem e de partilhar com os outros, porque de tais **sacrifícios** Deus se agrada.

17 Obedeçam a seus líderes e se submetam a eles, porque eles cuidam da vida de vocês como quem deve prestar contas. Portanto, tornem sua tarefa uma alegria, e não um sofrimento; porque isso não lhes trará nenhum proveito.

18 Continuem orando por nós, porque estamos certos de ter a consciência limpa e desejamos nos conduzir da forma apropriada em tudo o que fazemos. 19 Particularmente, peço-lhes que o façam para que eu seja devolvido a vocês em breve.

20 O Deus de *shalom* trouxe de volta dentre os mortos o grande Pastor das ovelhas, nosso Senhor Yeshua, pelo sangue de uma aliança eterna. 21 Que Deus lhes conceda todo o bem necessário para realizarem sua vontade; e que ele faça de nós o que lhe agradar, mediante Yeshua, o Messias. A ele seja a glória para todo o sempre. *Amen.*

22 Peço-lhes, irmãos, que suportem minha mensagem de exortação; porque eu lhes escrevi resumidamente.

23 Saibam que nosso irmão Timóteo foi libertado. Se ele chegar logo, eu o levarei comigo quando for ver vocês.

24 Cumprimentem todos os líderes e todo o povo de Deus. Os da Itália lhes enviam saudações.

25 A graça seja com todos vocês.

---

[p] *Vayikra* [Lv] 16.27 [q] *Vayikra* [Lv] 7.12; 22.9; *Tehillim* [Sl] 50.14,23; 107.22; 116.17; *Divrei-HaYamim* Bet [2Cr] 29.31

אגרת יעקב

A carta de

Ya'akov
[Tiago]

1 1 De: Ya'akov, escravo de Deus e do Senhor Yeshua, o Messias
Para: As doze tribos na Diáspora:
Shalom!
2 Considerem motivo de alegria, meus irmãos, quando vocês enfrentam diver-
sas tentações, 3 porque sabem que o teste de sua confiança produz perseverança.
4 Deixem a perseverança completar sua tarefa, para que vocês se tornem maduros e
íntegros, faltosos de nada. 5 Entretanto, se a algum de vocês faltar sabedoria, peça-a
a Deus, que a todos concede de modo generoso e sem condenação; e ela lhe será
dada. 6 Peça-a, porém, com confiança, sem duvidar; porque o incrédulo é semelhan-
te a uma onda do mar, arremessada e guiada pelo vento. 7 Na verdade, essa pessoa
não deve pensar que receberá algo do Senhor. 8 Por ter a mente dividida, é instável
em tudo o que faz.
9 Que o irmão de condição humilde se orgulhe de sua posição elevada. 10 Mas
o irmão rico deve se orgulhar por ser humilhado, porque, à semelhança da flor do
campo, ele fenecerá. 11 Pois como o sol se levanta com o *sharav* e seca a planta, de
modo que sua flor cai e sua beleza é destruída, da mesma forma a pessoa rica em
meio aos seus afazeres murchará.
12 Quão abençoado é o homem que persevera quando tentado! Porque, depois
de ter passado no teste, será coroado com a Vida que Deus prometeu aos que o
amam. 13 Ninguém ao ser tentado diga: "Estou sendo tentado por Deus". Deus não
pode ser tentado pelo mal, e ele mesmo não tenta ninguém. 14 Em vez disso, cada
pessoa é tentada ao ser arrastada e atraída pelo engano do seu desejo. 15 Então,
tendo sido concebido, o desejo dá à luz o pecado; e, quando o pecado cresce plena-
mente, dá à luz a morte.
16 Não se iludam, meus queridos irmãos. 17 Todo bom ato de adoração e todo
presente perfeito vêm do alto, descendo do Pai que fez as luzes celestiais; com ele,
não há variação nem trevas causadas por variações. 18 Tendo feito sua decisão, ele
nos gerou mediante uma Palavra confiável, para que pudéssemos ser uma espécie
de primeiros frutos de tudo o que ele criou. 19 Portanto, meus queridos irmãos, que
cada um de vocês seja rápido para ouvir, mas vagaroso no falar e vagaroso para se
irar, 20 porque a ira do homem não realiza a justiça de Deus.
21 Assim, livrem-se de toda vulgaridade e mal evidente, e recebam com humilda-
de a Palavra implantada em vocês, a qual pode lhes salvar a vida. 22 Não enganem
a si mesmos pela mera audição do que a Palavra diz, mas pratiquem-na! 23 Quem
ouve a Palavra, mas não faz o que ela diz, é como a pessoa que olha sua face em um
espelho, 24 observa-se nele, vai embora e imediatamente esquece da sua aparência.

25 Se uma pessoa, porém, olhar bem de perto na *Torah* perfeita, que concede liber-
dade, e não se tornar um ouvinte que se esquece de tudo, mas alguém que pratica
a obra que ela requer, então será muito abençoado em tudo o que fizer.
26 Alguém que se considera observante da religião e não controla sua língua está
enganando a si mesmo, e sua observância não vale nada. 27 A observância religiosa
que Deus, o Pai, considera pura e irrepreensível é esta: cuidar dos órfãos e das viú-
vas em suas dificuldades e não se deixar contaminar pelo mundo.

2 1 Meus irmãos, pratiquem a fé de nosso Senhor Yeshua, o glorioso Messias, sem
demonstrar favoritismo. 2 Suponham que um homem entre em sua sinagoga
com anéis de ouro e roupas caras e, também, entre um pobre e esfarrapado. 3 Se
vocês demonstrarem mais respeito pelo homem vestido com roupas caras e lhe
disserem: "Sente-se aqui neste bom lugar", enquanto dizem ao pobre: "Você, fique
em pé ali atrás", ou: "Sente-se no chão, junto aos meus pés", 4 não estarão criando
distinções entre vocês mesmos, emitindo juízos com motivações malignas?
5 Ouçam, meus queridos irmãos: Deus não escolheu os pobres do mundo para
serem ricos na fé e receberem o Reino que ele prometeu aos que o amam? 6 Mas
vocês desprezam o pobre! Não são os ricos que oprimem vocês arrastando-os aos
tribunais? 7 Não são eles que insultam o bom nome daquele a quem vocês perten-
cem? 8 Se vocês de fato mantiverem o objetivo da *Torah* do Reino, em conformidade
com a passagem que diz: **"Ame o seu próximo como a si mesmo"**,[a] estarão agindo
bem. 9 Mas, se demonstrarem favoritismo, suas ações constituirão pecado e serão
condenados pela *Torah* como transgressores.
10 Porque se uma pessoa guarda toda a *Torah*, mas tropeça em um ponto, torna-
-se culpada de transgredi-la integralmente. 11 Pois aquele que disse: **"Não adultere"**,[b]
também disse: **"Não assassine"**.[c] Se você não comete adultério, mas assassina, tor-
na-se transgressor da *Torah*.
12 Continuem falando e agindo como pessoas que serão julgadas por uma *Torah*
que concede liberdade, 13 porque o juízo será sem misericórdia para quem não tiver
demonstrado misericórdia; entretanto, a misericórdia triunfa sobre o juízo!
14 De que adianta, meus irmãos, alguém dizer que tem fé, se não tiver ações
que a comprovem? Esse tipo de "fé" é capaz de salvar? 15 Suponham que um irmão
ou uma irmã não disponha de roupas e do alimento diário 16 e alguém lhe diga:
"*Shalom!* Aqueça-se e se alimente bem!", sem lhe dar nada do que necessita. Que
bem há nisso? 17 Da mesma forma, a fé por si mesma, se não for acompanhada de
ações, está morta.
18 Mas alguém dirá que você tem fé e eu tenho ações concretas. Mostre-me essa
sua fé sem atos, e eu lhe mostrarei minha fé por intermédio das minhas ações!
19 Você crê que **"Deus é um"**?[d] Que vantagem há nisso? Os demônios creem nisso
também — esse pensamento os faz tremer de medo! 20 Entretanto, insensato, quer
certificar-se de que a fé sem ações concretas é estéril?
21 Não foi Avraham *avinu* declarado justo por causa de seus atos quando ofe-
receu seu filho Yitz'chak sobre o altar? 22 Você pode ver que a fé cooperou com as
ações; mediante as ações, a fé foi completada; 23 e a passagem do *Tanakh* que diz:
"Avraham teve fé em Deus, e isso foi creditado em sua conta como justiça",[e] foi

---

[a] *Vayikra* [Lv] 19.18 [b] *Sh'mot* [Êx] 20.13(14); *D'varim* [Dt] 5.18 [c] *Sh'mot* [Êx] 20.13; *D'varim* [Dt] 5.17 [d] *D'varim* [Dt] 6.4 [e] *B'reshit* [Gn] 15.6

cumprida. Ele foi chamado até mesmo **amigo de Deus.**[f] 24 Vejam que uma pessoa é
declarada justa por causa de suas ações, e não apenas por causa da fé.

25 Da mesma forma, Rachav, a prostituta, também não foi declarada justa por
causa de suas ações, quando acolheu os mensageiros e os enviou por outro cami-
nho? 26 De fato, como o corpo sem espírito está morto, também a fé sem ações está
morta.

3 1 Não muitos de vocês deveriam se tornar mestres, meus irmãos, pelo fato de
saberem que seremos julgados com maior severidade. 2 Porque todos tropeça-
mos de muitas maneiras: se alguém não tropeça no que diz, é um homem maduro
e capaz de tomar as rédeas de todo o seu corpo. 3 Quando colocamos freios na
boca dos cavalos para que eles nos obedeçam, podemos controlar o corpo todo
do animal. 4 Pensem também em um navio: embora seja tão grande e impelido por
fortes ventos, o piloto o dirige na direção que quiser mediante um leme pequeno.
5 Da mesma forma, a língua é uma pequena parte do corpo, mas se gloria de gran-
des coisas. Vejam que um fogo pequeno é capaz de queimar uma floresta. 6 Sim,
a língua é um fogo, um mundo de iniquidade. Ela está alojada entre os membros
do nosso corpo e o contamina por inteiro, incendiando todo o curso de nossa
vida; seu fogo é alimentado pelo Gei-Hinnom. 7 Os seres humanos dominaram e
continuam domesticando todas as espécies de animais, aves, répteis e criaturas
do mar; 8 entretanto, ninguém consegue domar a língua — ela é incontrolável e
maligna, cheia de veneno mortal. 9 Com ela bendizemos *Adonai*, o Pai, e com ela
amaldiçoamos as pessoas, criadas **à imagem de Deus.**[g] 10 Da mesma boca proce-
dem bênção e maldição! Irmãos, não é correto que as coisas sejam dessa forma.
11 De uma fonte não pode sair água doce e água amarga, pode? 12 E a figueira pode
produzir azeitonas, meus irmãos? Ou a videira, figos? Tampouco uma fonte de água
salgada produzirá água doce.

13 Quem dentre vocês é sábio e tem entendimento? Que o demonstre mediante
sua boa conduta, por ações praticadas com a humildade procedente da sabedoria.
14 Contudo, se vocês abrigam no coração inveja amarga e ambição egoísta, não se
gloriem disso nem ataquem a verdade com mentiras. 15 Essa sabedoria não é do
tipo que procede do alto; ao contrário, é terrena; não espiritual, demoníaca. 16 Por-
que onde existem inveja e ambição egoísta, há discórdia e toda espécie de práticas
indecentes. 17 Mas a sabedoria do alto é, antes de tudo, pura; depois, pacífica, dócil,
racional, cheia de misericórdia e de bons frutos, imparcial e sincera. 18 Os pacifica-
dores que plantam a semente da paz juntarão uma colheita de justiça.

4 1 O que causa disputas e lutas entre vocês? Não são os desejos guerreando em
seu interior? 2 Vocês desejam coisas que não têm; matam e invejam, mas não
conseguem obtê-las. Então vocês lutam e disputam. O motivo pelo qual vocês não
têm é que não oram! 3 Ou vocês oram e não recebem, por orarem com a motivação
errada: a pretensão de saciar os próprios desejos.

4 Esposas infiéis! Vocês não sabem que amar o mundo é odiar a Deus? Quem
escolhe ser amigo do mundo transforma-se em inimigo de Deus! 5 Ou vocês supõem
que a Escritura fala em vão ao afirmar que há um espírito em nós que cobiça com
intensidade? 6 Mas a graça que ele nos concede é maior, por isso a Escritura diz:

[f] *Yesha'yahu* [Is] 41.8, *Divrei-HaYamim* Bet [2Cr] 20.7 [g] *B'reshit* [Gn] 1.26,27

"Deus se opõe aos arrogantes,
mas dá graça aos humildes".[h]

7 Portanto, submetam-se a Deus. Além disso, resistam ao Adversário, e ele fugirá de vocês. 8 Aproximem-se de Deus, e ele se aproximará de vocês! Limpem as mãos, pecadores; purifiquem o coração, vocês que têm a mente dividida! 9 Gemam, lamentem-se e solucem. Que seu riso se transforme em lamento e sua alegria, em tristeza! 10 Humilhem-se perante o Senhor, e ele os exaltará.

11 Irmãos, parem de falar mal uns dos outros! Quem fala contra um irmão ou julga seu irmão, fala contra a *Torah* e julga a *Torah*. E, se você julgar a *Torah*, não é praticante dela, mas seu juiz. 12 Há apenas um Doador da *Torah*; ele também é o Juiz, com poder para salvar e destruir. Quem você pensa que é para julgar outro ser humano?

13 Agora ouçam, vocês que dizem: "Hoje ou amanhã iremos para a cidade tal, faremos negócios e ganharemos dinheiro lá durante um ano!". 14 Vocês nem mesmo sabem se estarão vivos amanhã! Porque todos são uma neblina que aparece por um pouco e depois se dissipa. 15 Em vez disso, vocês deveriam dizer: "Se *Adonai* quiser que aconteça", viveremos para fazer isto ou aquilo. 16 Contudo, agora, vocês se gloriam de sua arrogância. E toda vanglória é maligna. 17 Portanto, qualquer um que saiba a coisa certa a se fazer e não faz, comete pecado.

5 1 A seguir, uma palavra para os ricos: chorem e lamentem por causa dos contratempos que lhes sobrevirão! 2 A riqueza de vocês apodreceu, e suas roupas foram corroídas por traças; 3 seu ouro e prata enferrujaram, e a corrosão deles testemunhará contra vocês e devorará sua carne como fogo! Estamos no *acharit-hayamim*, e vocês continuam acumulando bens! 4 Ouçam! Os salários que vocês retiveram com fraude dos trabalhadores que ceifaram seus campos clamam contra vocês; e os brados dos ceifeiros chegaram aos ouvidos de *Adonai-Tzva'ot*. 5 Vocês tiveram uma vida de luxo e autossatisfação aqui na terra — em um tempo de matança, continuaram se fartando até contentarem o coração. 6 Vocês condenaram e assassinaram o inocente; eles não resistiram a vocês.

7 Portanto, irmãos, sejam pacientes até o retorno do Senhor. Vejam como o lavrador aguarda pelo precioso "fruto da terra" — ele é paciente até receber **as chuvas do outono e da primavera.**[i] 8 Também vocês sejam pacientes; mantenham a coragem, porque a volta do Senhor está próxima. 9 Não se queixem uns contra os outros, irmãos, para que não incorram na mesma condenação. Vejam: o Juiz está às portas! 10 Como exemplo de terem sofrido maus-tratos e de terem sido pacientes, irmãos, observem os profetas que lhes falaram em nome de *Adonai*. 11 Vejam, consideramos abençoados aqueles que perseveraram. Vocês ouviram a respeito da perseverança de Iyov e sabem qual era o propósito de *Adonai*: ***Adonai* é muito compassivo e misericordioso.**[j]

12 Sobretudo, irmãos, parem de jurar — nem "pelo céu", nem pela terra, nem usando qualquer outra fórmula; em vez disso, que seu "sim" signifique "sim", e o seu "não", "não", para que não caiam em condenação.

13 Há alguém entre vocês com dificuldades? Ele deve orar. Há alguém que se sinta bem? Ele deve cantar cânticos de louvor.

---

[h] *Mishlei* [Pv] 3.34 [i] *D'varim* [Dt] 11.14; *Yirmeyahu* [Jr] 5.24; Yo'el [Jl] 2.23 [j] *Sh'mot* [Êx] 34.6; *Tehillim* [Sl] 103.8; 111.4

[14] Há alguém doente entre vocês? Ele deve chamar os anciãos da congregação.
Eles orarão por essa pessoa e esfregarão azeite de oliva sobre ela em nome do Se-
nhor. [15] A oração oferecida com confiança curará o doente — o Senhor restaurará
sua saúde; e, se essa pessoa tiver cometido pecados, ela será perdoada. [16] Portanto,
reconheçam abertamente seus pecados uns aos outros e orem uns pelos outros,
para que possam ser curados. A oração de uma pessoa justa é poderosa e eficaz.
[17] Eliyahu era apenas um ser humano como nós; contudo, ele orou fervorosamente
para que não chovesse, e não choveu sobre a Terra durante três anos e seis meses.
[18] Então, ele orou novamente, os céus deram chuva, e a Terra produziu frutos.

[19] Meus irmãos, se algum de vocês se desviar da verdade, e alguém o trouxer de
volta, [20] saibam que quem faz um pecador retornar do seu caminho errado o salvará
da morte e **cobrirá muitos pecados.**[k]

[k] *Mishlei* [Pv] 10.12

אגרת כיפא הראשונה

A primeira carta de Kefa, emissário de Yeshua

1Kefa
[1Pedro]

1 [1] De: Kefa, emissário de Yeshua, o Messias
Para: O povo eleito de Deus que vive como estrangeiro na *Diáspora* — no
Ponto, na Galácia, Capadócia, província da Ásia e Bitínia — [2] escolhidos de acordo
com o pré-conhecimento de Deus Pai, e separados pelo Espírito para a obediência
a Yeshua, o Messias, e a aspersão de seu sangue:
Graça e *shalom* sejam de vocês em plena medida.
[3] Bendito seja Deus, Pai de nosso Senhor Yeshua, o Messias, que manteve sua
grande misericórdia e nos fez, mediante a ressurreição de Yeshua, o Messias, dentre
os mortos, nascer outra vez para uma viva esperança, [4] para uma herança que não
pode deteriorar-se, estragar ou desaparecer gradualmente, mantida em segurança
no céu para vocês. [5] Enquanto isso, por meio da confiança, vocês são protegidos
pelo poder de Deus para a libertação prestes a ser revelada no último Tempo.
[6] Regozijem-se nisso, ainda que por um curto período vocês devam ser afligidos por
várias provações. [7] Até mesmo o ouro passa pelo teste de autenticidade através do
fogo. O propósito dessas provações é que o caráter genuíno da confiança de vocês,
muito mais valioso do que o ouro perecível, seja considerado digno de louvor, gló-
ria e honra, quando da revelação de Yeshua, o Messias.
[8] Sem o terem visto, vocês o amam. Sem vê-lo agora, mas confiando nele, per-
manecem cheios de júbilo com glória que ultrapassa as palavras. [9] E vocês estão
recebendo o alvo de sua confiança, isto é, sua libertação.
[10] Os profetas, que falaram a respeito dessa dádiva da libertação que havia de
alcançar vocês, ponderaram e inquiriram diligentemente a respeito dela. [11] Eles
estavam tentando descobrir o tempo e as circunstâncias a respeito das quais o
Espírito do Messias, que agia neles, fazia referência ao predizer os sofrimentos do
Messias e as coisas gloriosas que aconteceriam a seguir. [12] Foi-lhes revelado que seu
ministério, enquanto falavam a respeito desses assuntos, não era para benefício
próprio, mas para o benefício de vocês. E essas mesmas coisas lhes foram agora
anunciadas por aqueles que comunicaram as boas-novas por intermédio do *Ruach
HaKodesh* enviado do céu. Até mesmo os anjos desejam observá-las!
[13] Portanto, preparem sua mente para o trabalho, mantenham-se sob controle
e fixem sua esperança totalmente na dádiva que vocês receberão quando Yeshua,
o Messias, for revelado. [14] Como pessoas que obedecem a Deus, não se deixem
modelar pelos maus desejos de outro tempo, quando vocês eram ignorantes.
[15] Ao contrário, seguindo o Santo que os chamou, tornem-se santos em tudo o que
fazem; [16] porque o *Tanakh* diz:

"Vocês devem ser santos, porque eu sou santo".[a]

---
[a] *Vayikra* [Lv] 11.44,45; 19.2; 20.7

17 Além disso, se vocês chamam Pai àquele que julga imparcialmente segundo as
ações de cada pessoa, vivam sua estada temporária na terra com temor. 18 Vocês
devem ter consciência de que o resgate pago para libertá-los do estilo de vida inútil
passado a vocês por seus pais não consistiu em algo perecível como prata ou ouro;
19 pelo contrário, ele custou o sangue da morte sacrificial do Messias, como o de um
cordeiro sem defeito ou mancha. 20 Deus o conheceu antes da fundação do Universo,
mas o revelou no *acharit-hayamim* por causa de vocês. 21 Por meio dele, vocês con-
fiam em Deus, que o ressuscitou dentre os mortos e lhe deu glória; de modo que
sua confiança e esperança estão em Deus.

22 Agora que vocês se purificaram por meio da obediência à verdade, de forma
que têm amor sincero pelos irmãos, amem profundamente uns aos outros, de todo
o coração. 23 Vocês foram gerados outra vez, não de uma semente perecível, mas
daquela que não pode perecer, por meio da Palavra de Deus viva que dura para
sempre. 24 Porque

"toda a humanidade é como a relva,
e sua glória como a flor do campo —
a relva murcha, a flor cai;
25 **mas a Palavra de *Adonai* dura para sempre".**[b]

Além do mais, esta **"Palavra"** são as boas-novas que lhes foram anunciadas.

2 1 Portanto, livrem-se de toda maldade e de todo engano, hipocrisia, inveja e de
todas as formas de maldizer as pessoas; 2 sejam como recém-nascidos, seden-
tos do puro leite da Palavra; para que, por meio dele, cresçam para a libertação.
3 Porque vocês **provaram que *Adonai* é bom.**[b]

4 À medida que se aproximam dele, a **pedra** viva rejeitada pelas pessoas, mas
escolhida por Deus e **preciosa** para ele, 5 vocês mesmos, como **pedras** vivas, estão
sendo utilizados na edificação de uma casa espiritual para serem *kohanim* sepa-
rados para Deus a fim de oferecerem sacrifícios espirituais aceitáveis a ele por
intermédio de Yeshua, o Messias. 6 Esta é a razão de o *Tanakh* dizer:

"Vejam! Ponho em Tziyon uma pedra,
uma pedra angular escolhida e preciosa;
e todo aquele que põe sua confiança nela
com certeza não será humilhado".[c]

7 Portanto, para vocês, os que mantêm a **confiança**, esta pedra é **preciosa**. Mas, para
aqueles que não **confiam**,

"A mesma pedra que os construtores rejeitaram
tornou-se a pedra angular";[d]

8 e, também,

"pedra que faz as pessoas tropeçarem,
e rocha sobre a qual caem".[e]

Eles **tropeçam** na Palavra, desobedecem a ela — como foi planejado. 9 Vocês, porém,
são **o povo escolhido**,[f] **os *kohanim* do Rei**,[g] **a nação santa**,[h] **o povo pertencente**

[b] *Yesha'yahu* [Is] 40.6-8 [c] *Tehillim*[Sl] 34.9(8) [d] *Yesha'yahu* [Is] 28.16
[e] *Tehillim* [Sl] 118.22 [f] *Yesha'yahu* [Is] 8.14 [g] Yesha'yahu [Is] 43.20; D'varim [Dt] 7.6; 10.15
[h] *Sh'mot* [Êx] 19.6; Yesha'yahu [Is] 61.6

a Deus![i] Por quê? Para louvar Aquele que os chamou das trevas para sua maravilhosa
luz. 10 Anteriormente vocês **não eram um povo**, mas agora são **povo de Deus**; an-
tes, vocês **não haviam recebido misericórdia**, mas agora a **receberam**.[j]
11 Queridos amigos, insisto em que vocês, como **estrangeiros e residentes
temporários**,[l] não cedam aos desejos de sua velha natureza, sempre em guerra
contra vocês. 12 Vivam, porém, de forma honrosa entre os pagãos, porque ainda
que eles os acusem de praticarem o mal, como resultado da observação de suas
boas ações, posssam dar glória a Deus no Dia de sua vinda. 13 Por causa do Senhor,
submetam-se a toda autoridade humana — quer ao imperador como autoridade
suprema, 14 quer aos governantes como enviados dele para punir os que praticam
o mal e honrar os que praticam o bem. 15 É da vontade de Deus que pela prática
do bem vocês silenciem a conversa ignorante de indivíduos tolos. 16 Submetam-
-se como pessoas que são livres, mas não permitam que sua liberdade sirva de
desculpa para o mal; em vez disso, submetam-se como escravos de Deus. 17 Sejam
respeitosos para com todos — mantenham o amor pelos irmãos, temam a Deus e
honrem o imperador.
18 Servos domésticos, sujeitem-se a seus senhores, demonstrando-lhes todo o
respeito — e não apenas aos que são bons e atenciosos, mas também aos severos.
19 Porque é digno que alguém, por sua consciência para com Deus, suporte a dor da
punição imerecida. 20 Pois que crédito há em suportar o castigo merecido por ter
feito algo errado? Mas, se vocês suportarem a punição, mesmo tendo feito o que
é correto, Deus olhará para isso com favor. 21 De fato, para isso é que vocês foram
chamados; porque também o Messias sofreu a favor de vocês, deixando o exemplo
para que sigam os passos dele.

22 **"Ele não cometeu pecado,**
nem engano algum foi encontrado em seus lábios."[m]

23 Quando insultado, não retaliava com ofensas; quando sofria, não ame-
açava, mas entregava seus agressores àquele que julga com justiça. 24 **Ele** mesmo
carregou nossos pecados[n] em seu corpo sobre a **estaca**,[o] a fim de que morrêsse-
mos para os pecados e vivêssemos para a justiça — **por suas feridas, vocês foram
curados.**[p] 25 Pois vocês eram **como ovelhas desgarradas**, mas agora **voltaram para**[q]
o Pastor, que cuida de vocês.

3 1 Do mesmo modo, mulheres, sujeite-se cada uma a seu marido, a fim de que, se
ele não obedece à Palavra, seja ganho por sua conduta, sem você dizer nada, 2 à
medida que observa seu comportamento respeitoso e puro. 3 A beleza de vocês não
deve consistir em coisas externas, como penteados extravagantes, joias de ouro
ou roupas; 4 em vez disso, deixem transparecer as características internas de seu
coração, com a qualidade imperecível de um espírito gentil e sereno. Aos olhos de
Deus, isso tem grande valor. 5 Era assim que as santas mulheres do passado, que
depositavam sua esperança em Deus, costumavam adornar-se em submissão —
cada uma a seu marido —, 6 como Sarah obedeceu a Avraham e o honrou como seu
senhor. Vocês são filhas dela se fizerem o que é certo e não sucumbirem ao medo.

[i] *Sh'mot* [Êx] 19.6 [j] *Yesha'yahu* [Is] 43.21; Sh'mot [Êx] 19.5 [k] *Hoshe'a* [Os] 2.25(23)
[l] *B'reshit* [Gn] 23.4; 47.9; *Tehillim* [Sl] 39.13(12); *Divrei-HaYamim Alef* [1Cr] 29.15
[m] *Yesha'yahu* [Is] 53.9 [n] *Yesha'yahu* [Is] 53.4,12 [o] *D'varim* [Dt] 21.22,23
[p] *Yesha'yahu* [Is] 53.5 [q] *Yesha'yahu* [Is] 53.6

7 Do mesmo modo, vocês, maridos, conduzam sua vida matrimonial com entendimento. Apesar de a mulher ser fisicamente mais fraca, vocês devem respeitá-la como coerdeira do dom da Vida. Se não o fizerem, suas orações serão barradas.

8 Finalmente, todos vocês tenham uma única mente e sentimento, amem como irmãos, e sejam compassivos e humildes. 9 Não paguem mal com mal, nem insulto com insulto; ao contrário, paguem com uma bênção. Porque para isso vocês foram chamados, para que possam receber uma bênção. 10 Porque,

“quem quiser amar a vida e ver bons dias
deve guardar sua língua do mal e seus lábios do engano.
11 **Afaste-se do mal e faça o bem,**
procure a paz com insistência.
12 **Porque *Adonai* mantém seus olhos sobre os justos,**
e seus ouvidos estão abertos às suas orações;
mas o rosto de *Adonai* volta-se contra
os que praticam coisas más”.[r]

13 Quem irá machucá-los, se vocês se tornarem zelosos do que é bom? 14 Mas, ainda que sofram por serem corretos, quão abençoados são! Além disso, **não temam o que eles temem nem se agitem.** 15 **Tratem**, porém, o Messias **como santo, como Senhor** no coração de vocês,[s] enquanto permanecem preparados para dar uma resposta racional a todo que lhes pedir explicação da esperança que há em vocês — contudo, com humildade e temor, 16 mantenham a consciência limpa, de forma que, ao falarem mal de vocês, os que abusam do bom comportamento procedente de sua união com o Messias sejam envergonhados. 17 Pois, se de fato Deus desejou que vocês sofram, é melhor que sofram por fazer o bem do que por praticar o mal.

18 Porque o próprio Messias morreu pelos pecados, de uma vez por todas, o justo por pessoas injustas, para poder levá-los a Deus. Ele foi morto na carne, mas trazido à vida pelo Espírito; 19 e nessa forma ele foi e fez uma proclamação aos espíritos aprisionados, 20 aos que foram desobedientes havia muito, nos dias de Noach, quando Deus esperou pacientemente enquanto a arca era construída, na qual poucas pessoas — especificamente, oito — foram libertadas por meio da água. 21 Isto também prefigura o que nos liberta agora, a água da imersão, que não é a remoção da sujeira do corpo, mas o compromisso da manutenção da boa consciência para com Deus, por meio da ressurreição de Yeshua, o Messias. 22 Ele subiu ao céu e está **à direita de** Deus,[t] com anjos, autoridades e poderes que lhe estão sujeitos.

4 1 Portanto, uma vez que o Messias sofreu fisicamente, armem-se também do mesmo propósito. Pois todo aquele que sofreu fisicamente rompeu com o pecado, 2 com o resultado de que ele viverá o restante de sua vida terrena não mais controlado por desejos humanos, mas pela vontade de Deus. 3 Porque vocês já gastaram tempo suficiente vivendo da forma que os pagãos desejavam que vivessem — em libertinagem, lascívia, embriaguez, orgias, festas desenfreadas e na adoração de ídolos. 4 Eles acham estranho que vocês não se lancem com eles no mesmo fluxo de dissolução e, por isso, os insultam. 5 Entretanto, eles terão de prestar contas àquele que está pronto para julgar os vivos e os mortos. 6 Este é o motivo pelo qual ele foi anunciado aos que morreram, de modo que, ainda que fisicamente recebam o juízo comum a toda a humanidade, possam viver pelo Espírito da forma provida por Deus.

[r] *Tehillim* [Sl] 34.13-17(12-16) [s] *Yesha'yahu* [Is] 8.12,13 [t] *Tehillim* [Sl] 110.1

7 O cumprimento do objetivo de todas as coisas está próximo. Portanto, man-
tenham-se alertas e tenham autocontrole, para poderem orar. 8 Sobretudo, mante-
nham ativamente o amor uns pelos outros; porque **o amor cobre muitos pecados.**[u]
9 Recebam uns aos outros em suas casas sem reclamação. 10 Pelo fato de cada
um ter recebido algum dom espiritual, deve-se usá-lo para servir aos outros, como
bons administradores da graça multiforme de Deus — 11 se alguém fala, que fale as
palavras de Deus; se alguém serve, que o faça na força suprida por Deus; para que
em tudo Deus seja glorificado mediante Yeshua, o Messias — a ele sejam a glória e
o poder para todo o sempre. *Amen.*

12 Queridos amigos, não considerem es-tranha a provação abrasadora que ocor-
re entre vocês para testá-los, como se algo extraordinário lhes ocorresse. 13 Em
vez disso, alegrem-se à medida que participam dos sofrimentos do Messias, para
que vocês também exultem quando sua *Sh'khinah* for revelada. 14 Se vocês são
insultados por causa do nome do Messias, quão abençoados são! Porque o Espí-
rito da *Sh'khinah*, isto é, o Espírito de Deus, está sobre vocês! 15 Que nenhum de
vocês sofra por ser assassino, ladrão, criminoso ou alguém intrometido em assuntos
alheios. 16 Contudo, caso alguém sofra por ser messiânico, não se envergonhe, mas
dê glória a Deus pela forma com que porta este nome. 17 Porque chegou o tempo
para o início do juízo. Ele começa pela casa de Deus; e, se principia conosco, qual
será o resultado para aqueles que desobedecem às boas-novas de Deus?

18 **"Se o justo é libertado por um triz,**
qual será o fim do ímpio e pecador?".[v]

19 Portanto, deixem os que sofrem segundo a vontade de Deus confiar a si mesmos
ao Criador fiel e à continuidade da prática do que é bom.

5 1 Por esse motivo, advirto os líderes congregacionais que há entre vocês, como
líder e testemunha dos sofrimentos do Messias, bem como participante da gló-
ria a ser revelada: 2 pastoreiem o rebanho de Deus que está aos seus cuidados,
supervisionando-o não por obrigação, mas de livre vontade, como Deus quer; não
pelo desejo de lucro desonesto, mas com entusiasmo. 3 Não ajam como dominado-
res dos que estão sob seus cuidados, mas como pessoas que se tornam exemplos
para o rebanho. 4 Então, quando o Pastor chefe aparecer, vocês receberão glória
como sua coroa imperecível.
5 Da mesma forma, vocês que são menos experientes, submetam-se aos líderes.
Além disso, todos devem se revestir de humildade uns para com os outros, porque

Deus se opõe aos arrogantes,
mas aos humildes concede graça.[w]

6 Portanto, humilhem-se sob a poderosa mão de Deus, para que no tempo certo
ele os exalte. 7 Lancem sobre ele toda a sua ansiedade, porque ele tem cuidado de
vocês.
8 Mantenham-se sóbrios e alertas! O Adversário, o inimigo de vocês, aproxima-
-se sorrateiramente e, como leão que ruge, procura alguém para devorar. 9 Resis-
tam--lhe, firmes na confiança, sabendo que os irmãos que vocês têm em todo o
mundo estão passando pelos mesmos tipos de sofrimento. 10 Vocês têm de sofrer
só mais um pouco; depois disso, Deus, que é cheio de graça — aquele que os cha-

[u] *Mishlei* [Pv] 10.12 [v] *Mishlei* [Pv] 11.31 [w] *Mishlei* [Pv] 3.34

mou para a sua glória eterna em união com o Messias —, irá pessoalmente restaurar, estabelecer, fortalecer e firmar todos vocês. [11] A ele seja o poder para todo o sempre. *Amen.*

[12] Com a ajuda de Sila, a quem considero irmão fiel, eu lhes escrevi resumidamente, para encorajá-los e testemunhar-lhes que esta é a verdadeira graça de Deus. Permaneçam firmes nela!

[13] A congregação irmã de Bavel, escolhida com vocês, envia-lhes saudações, e
também Marcos, meu filho. [14] Cumprimentem uns aos outros com um beijo de
amor.

"*Shalom aleikhem*!" a todos os que pertencem ao Messias.

אגרת כיפא השניה

A segunda carta de Kefa, emissário de Yeshua

2Kefa
[2Pedro]

1 1 De: Shim'on Kefa, escravo e emissário de Yeshua, o Messias
Para: Aqueles que, mediante a justiça de nosso Deus e de nosso Libertador
Yeshua, o Messias, receberam o mesmo tipo de confiança que nós:
2 Que graça e *shalom* sejam de vocês plenamente, à medida que chegam ao
pleno conhecimento de Deus e de Yeshua, nosso Senhor.
3 O poder de Deus nos deu tudo de que necessitamos para a vida e a piedade,
por meio do conhecimento dAquele que nos chamou para sua glória e bondade.
4 Dessa maneira, ele nos deu as suas valiosas e grandes promessas, para que por
elas vocês possam participar da natureza divina e fujam da corrupção que os dese-
jos malignos trouxeram ao mundo.
5 Por essa mesma razão, empenhem-se para acrescentar bondade à fé; conheci-
mento à bondade; 6 autocontrole ao conhecimento; perseverança ao autocontrole;
piedade à perseverança; 7 afeição fraternal à piedade e amor à afeição fraternal.
8 Porque, se tiverem essas qualidades em abundância, elas impedirão que vocês
sejam estéreis e improdutivos no pleno conhecimento de nosso Senhor Yeshua, o
Messias. 9 De fato, se alguém não as possui, está cego, tem a visão tão curta a ponto
de esquecer que seus pecados anteriores foram purificados. 10 Portanto, irmãos,
tentem ao máximo transformar o chamado e a escolha de vocês em uma certeza.
Porque, se continuarem a fazê-lo, nunca tropeçarão. 11 Dessa forma, vocês serão
supridos generosamente com tudo de que necessitam para entrar no Reino eterno
de nosso Senhor e Libertador, Yeshua, o Messias.
12 Por isso, sempre terei o cuidado de lembrar-lhes estas coisas, se bem que
vocês já as sabem e estão firmemente estabelecidos na verdade que já possuem.
13 Considero correto lembrar-lhes constantemente estas coisas enquanto eu estiver
na tenda deste corpo. 14 Sei que em breve deixarei esta tenda, como o nosso Senhor
Yeshua, o Messias, já me esclareceu. 15 Darei o melhor de mim para que, depois de
meu êxodo, vocês sejam capazes de lembrar estas coisas em todo o tempo.
16 Quando lhes tornamos conhecidos o poder e a vinda de nosso Senhor Yeshua,
o Messias, não nos fiamos em mitos astuciosamente inventados. Ao contrário, vi-
mos sua majestade com os próprios olhos. 17 Porque estávamos lá quando ele re-
cebeu honra e glória de Deus Pai; e uma voz veio do céu, do poder da *Sh'khinah*,
dizendo: "Este é meu filho, a quem amo; estou muito satisfeito com ele!". 18 Ouvi-
mos essa voz vinda do céu, quando estávamos com ele no monte santo.
19 Sim, temos confirmada a Palavra profética. Vocês farão bem se lhe derem
atenção, como a uma luz que brilha no lugar escuro e sombrio, até que o Dia raie
e a Estrela da Manhã brilhe no coração de vocês. 20 Antes de tudo, entendam isto:

nenhuma profecia da Escritura deve ser interpretada por um indivíduo em particular; [21] porque nunca uma profecia procedeu como resultado da vontade humana — pelo contrário, pessoas movidas pelo *Ruach HaKodesh* anunciaram a mensagem da parte de Deus.

2 [1] Contudo, surgiram falsos profetas no meio do povo, da mesma forma como haverá falsos mestres entre vocês. Sob falsos pretextos, eles introduzirão heresias destrutivas, negando até mesmo o Mestre que os comprou, trazendo, dessa forma, sobre si mesmos repentina destruição. [2] Muitos seguirão suas devassidões, e, por causa deles, o Caminho verdadeiro será difamado. [3] Em sua cobiça, eles os explorarão com histórias inventadas.

A punição deles, decretada muito tempo atrás, não está inativa; sua destruição não jaz inerte! [4] Porque Deus não poupou os anjos que pecaram; ao contrário, colocou-os em calabouços sombrios mais baixos que o *sh'ol*, reservados até o juízo. [5] E ele não poupou o mundo antigo; pelo contrário, preservou Noach, o arauto da justiça, com sete outros, e trouxe o Dilúvio sobre o mundo de pessoas ímpias. [6] Também condenou as cidades de S'dom e 'Amorah, reduzindo-as a cinzas e ruínas, como advertência para aqueles que, no futuro, vivessem de forma ímpia; [7] mas ele resgatou Lot, homem justo, que se afligia com a libertinagem daquelas pessoas sem princípios; [8] porque os atos perversos que aquele homem justo viu e ouviu, enquanto vivia entre eles, atormentavam seu coração justo dia após dia. [9] Portanto, o Senhor sabe como resgatar os piedosos da provação e manter em castigo os ímpios até o Dia do Juízo, enquanto continua a puni-los, [10] especialmente aqueles que seguem sua antiga natureza em relação à lascívia e à obscenidade e desprezam a autoridade.

Insolentes e arrogantes, esses falsos mestres não têm medo de difamar os seres angelicais; [11] contudo, nem os anjos, embora sejam mais fortes e poderosos, levam à presença do Senhor acusações injuriosas contra eles. [12] Essas pessoas, porém, agem sem pensar, como animais irracionais, gerados para serem capturados e destruídos, difamam coisas das quais não possuem nenhum conhecimento. Quando elas forem des-truídas, sua destruição será total — [13] receberão males como castigo pelos males que causaram.

Seu conceito de prazer é entregar-se à devassidão em plena luz do dia; essas pessoas são manchas e defeitos que revelam seus enganos enquanto partilham refeições com vocês — [14] pois têm os olhos de prontidão à espera de uma mulher que cometa adultério, olhos que nunca cessam de pecar, e têm o coração exercitado na ganância; dessa forma, seduzem os instáveis. Raça maldita!

[15] Essas pessoas abandonaram o caminho reto e se desviaram, seguindo o caminho de Bil'am Ben-B'or, que amou o salário da injúria, [16] mas foi repreendido por seu pecado — um animal de carga, mudo, falou com voz humana e refreou a insanidade do profeta! [17] São fontes sem água, névoas impelidas pelo gosto do vento; para elas foram reservadas as trevas mais densas. [18] Vangloriando-se de vantagens baseadas em nada, brincam com os desejos da velha natureza, a fim de seduzirem com lascívia pessoas que acabaram de escapar do estilo de vida errôneo.

[19] Prometendo-lhes liberdade, eles mesmos são escravos da corrupção — porque as pessoas são escravas daquilo que as derrota. [20] Se, tendo escapado das contaminações do mundo por meio do conhecimento de nosso Senhor e Libertador, Yeshua, o Messias, encontram-se novamente nelas enredados e por elas dominados, sua condição posterior tornou-se pior do que a primeira. [21] Teria sido melhor que

não tivessem conhecido o Caminho da justiça do que, depois de o terem conhecido
plenamente, voltarem as costas ao santo mandamento que lhes foi transmitido. 22 O
que aconteceu com eles concorda com o provérbio verdadeiro: **"O cão retorna ao
próprio vômito".**[a] Sim, "O porco se lavou apenas para chafurdar na lama".

3 1 Queridos amigos, escrevo-lhes esta segunda carta. Em ambas, tento despertá-
-los com estas lembranças, 2 para que vocês tenham em mente as predições
dos santos profetas, o mandamento dado pelo Senhor e Libertador mediante seus
emissários.
3 Em primeiro lugar, entendam isto: nos últimos Dias, surgirão escarnecedores,
seguindo seus desejos, 4 e perguntando: "Onde está a prometida 'vinda' dele? Por-
que nossos pais morreram, e tudo segue como era desde o princípio da criação".
5 Contudo, desejando muitíssimo estarem certos disso, não notam o fato de que,
pela Palavra de Deus, há muito tempo, existem céus e terra surgida da água e exis-
tente entre as águas, 6 e que, por causa dessas coisas, o mundo daquele tempo foi
submerso e destruído. 7 Pela mesma Palavra, os céus e a terra que agora existem
estão reservados para o fogo, guardados para o Dia do Juízo, quando os ímpios
serão destruídos.
8 Além do mais, queridos amigos, não ignorem isto: para o Senhor, um dia é
como mil anos, e **mil anos, como** um **dia.**[b] 9 O Senhor não é vagaroso no cumprimen-
to da promessa, como algumas pessoas pensam; ao contrário, ele é paciente com
vocês. Não é seu propósito que ninguém seja destruído, mas que todos deem as
costas aos pecados. 10 Entretanto, o Dia do Senhor virá "como um ladrão". Naquele
Dia, os céus desaparecerão com um grande estrondo, os elementos serão derreti-
dos e desfeitos, e a terra, e tudo o que nela há, será queimada.
11 Visto que tudo será destruído dessa forma, que tipo de pessoas vocês deve-
rão ser? Vivam de maneira santa e piedosa, 12 enquanto esperam pelo Dia de Deus
e trabalham para apressar sua vinda. Aquele Dia trará a destruição dos céus pelo
fogo, e os elementos se derreterão com o calor. 13 Nós, porém, de acordo com a
sua promessa, esperamos **novos céus e nova terra,**[c] nos quais a justiça se sentirá
em casa. 14 Portanto, queridos amigos, enquanto esperam essas coisas, façam tudo
que puderem para serem encontrados por ele sem mancha ou defeito e em paz.
15 E pensem na paciência de nosso Senhor como libertação, como também nosso
querido irmão Sha'ul lhes escreveu, com a sabedoria que Deus lhe deu. 16 De fato,
ele fala sobre essas coisas em todas as suas cartas. Elas contêm pontos difíceis de
entender, coisas que os indoutos e os instáveis distorcem, para sua destruição,
como também o fazem com as outras Escrituras.
17 No entanto, vocês, queridos amigos, pelo fato de saberem essas coisas de an-
temão, guardem-se, para que não sejam levados pelos erros dos ímpios e caiam de
sua posição segura. 18 Continuem crescendo na graça e no conhecimento de nosso
Senhor e Libertador, Yeshua, o Messias. A ele seja a glória, agora e para sempre!
Amen.

---

[a] *Mishlei* [Pv] 26.11 [b] *Tehillim* [Sl] 90.4 [c] *Yesha'yahu* [Is] 65.17; 66.22

אגרת יוחנן הראשונה

A primeira carta de Yochanan,
emissário de Yeshua

1Yochanan

[1João]

1 [1] A Palavra, que dá vida,
existia desde o princípio.
Nós o ouvimos,
nós o vimos com nossos olhos,
nós o contemplamos,
e tocamos nele com nossas mãos!

2 A vida apareceu,
e nós a vimos.
Testemunhamos dela
e a anunciamos a vocês —
a vida eterna!

Ele estava com o Pai
e apareceu para nós.
3 O que vimos e ouvimos,
proclamamos a vocês;
para que também
tenham comunhão conosco.
Nossa comunhão é com o Pai
e com seu Filho, Yeshua, o Messias.
4 Escrevemos estas coisas
para que nossa alegria seja completa.

5 E esta é a mensagem que ouvimos dele e anunciamos a vocês: Deus é luz, e não
há treva nele — nenhuma!
6 Se afirmarmos que temos comunhão com ele, mas andamos nas trevas, men-
timos e não vivemos a verdade. 7 Se, porém, estivermos andando na luz, como ele
está na luz, temos, então, comunhão uns com os outros, e o sangue de seu Filho
Yeshua nos purifica de todo pecado.
8 Se afirmarmos que não temos pecado, enganamos a nós mesmos, e a verdade
não está em nós. 9 Se reconhecermos nossos pecados, então, por ser digno de con-
fiança e justo, ele nos perdoará e nos purificará de toda injustiça.
10 Se afirmarmos que não temos cometido pecado, fazemos dele um mentiroso,
e sua Palavra não está em nós.

2 1 Meus filhos, escrevo-lhes estas coisas para que vocês não pequem. Se, porém,
alguém pecar, temos Yeshua, o Messias, o *Tzaddik*, que intercede por nossa cau-
sa junto ao Pai. 2 Ele é também a *kapparah* pelos nossos pecados — e não apenas
pelos nossos, mas também pelos do mundo todo.
3 A maneira de certificarmo-nos de que o conhecemos é a obediência a seus
mandamentos. 4 Qualquer um que diga: "Eu o conheço", mas não obedece a seus
mandamentos, é mentiroso, e a verdade não está nele. 5 Mas, se alguém fizer o que
ele diz, então o amor genuíno por Deus terá alcançado seu objetivo. Desta forma
sabemos que estamos unidos com ele. 6 A pessoa que afirma permanecer em união
com ele deve conduzir sua vida da mesma forma que ele.
7 Queridos amigos, não lhes escrevo um mandamento novo. Ao contrário, trata-
-se de um mandamento antigo, que vocês têm desde o princípio: o mandamento
antigo é a mensagem que já ouviram. 8 Contudo, o que lhes escrevo é um manda-
mento novo, e sua verdade é vista tanto nele quanto em vocês, pois as trevas estão
se dissipando e a verdadeira luz já brilha. 9 Quem afirma estar na luz mas odeia seu
irmão, ainda jaz em trevas. 10 A pessoa que mantém seu amor pelo irmão perma-
nece na luz, e não há nada nele que o faça tropeçar. 11 Mas quem odeia seu irmão
está nas trevas — sim, essa pessoa anda nas trevas, e não sabe aonde vai, porque
as trevas cegaram seus olhos.

12 Filhos, eu lhes escrevo
porque seus pecados foram perdoados por causa dele.
13 Pais, eu lhes escrevo
porque vocês conhecem aquele que existe desde o princípio.
Jovens, eu lhes escrevo
porque vocês venceram o Maligno.
14 Filhos, eu lhes escrevi
porque vocês conhecem o Pai.
Pais, eu lhes escrevi
porque vocês conhecem aquele que existe desde o princípio.
Jovens, eu lhes escrevi
porque vocês são fortes —
e a Palavra de Deus permanece em vocês,
e vocês venceram o Maligno.

15 Não amem o mundo nem as coisas dele. Se alguém ama o mundo, o amor do Pai
não está nele; 16 pois todas as coisas do mundo — os desejos da velha natureza, os
desejos dos olhos e as exigências da vida — não provêm do Pai, mas do mundo. 17 E
o mundo está passando, e também seus desejos. Aquele, porém, que faz a vontade
de Deus permanece para sempre.
18 Filhos, esta é a última Hora. Vocês ouviram que o antimessias está vindo; e, de
fato, muitos antimessias têm surgido — fato pelo qual sabemos que esta é a última
Hora. 19 Eles saíram dentre nós, mas não eram parte de nós; porque se fossem dos
nossos, teriam permanecido conosco.
20 Mas vocês receberam a unção do Messias que procede do *HaKadosh*, e todos
vocês sabem disso. 21 Não lhes escrevo porque não conhecem a verdade, mas por-
que vocês a conhecem e porque nenhuma mentira tem origem na verdade. 22 Quem
é o mentiroso, senão aquele que nega que Yeshua é o Messias? Essa pessoa é um
antimessias — ele nega o Pai e o Filho. 23 Todo que nega o Filho também não tem o
Pai, mas a pessoa que confessa o Filho tem também o Pai. 24 Deixem o que ouviram

desde o princípio permanecer em vocês. Se o que ouviram desde o princípio permanecer em vocês, vocês também permanecerão em união com o Filho e com o Pai. 25 E isto é o que ele nos prometeu: vida eterna.

26 Escrevo-lhes estas coisas a respeito das pessoas que estão tentando enganá-los. 27 Quanto a vocês, a unção do Messias que receberam do Pai permanece em vocês, para que não precisem de que ninguém lhes ensine. Ao contrário, da mesma forma que a unção do Messias — genuína, não falsificada — continua a ensinar-lhes todas as coisas, assim permaneçam unidos com ele como ele lhes ensinou.

28 E agora, filhos, permaneçam unidos com ele; para que, quando ele se manifestar, tenhamos confiança e não sejamos envergonhados diante dele na sua vinda. 29 Se vocês sabem que ele é justo, devem saber também que ele é o Pai de quem pratica o que é correto.

3 1 Vejam quanto amor o Pai nos concedeu ao permitir sermos chamados filhos de Deus! Porque somos exatamente isto. A razão para o mundo não nos conhecer é que ele não o conheceu. 2 Queridos amigos, agora somos filhos de Deus, e ainda não está claro o que nos tornaremos. Sabemos que, quando ele aparecer, seremos como ele, pois o veremos como ele realmente é.

3 E todo aquele que tem esta esperança nele continua a purificar-se, porque Deus é puro. 4 Todo aquele que continua a pecar transgride a *Torah* — de fato, o pecado é a transgressão da *Torah*. 5 Vocês sabem que ele apareceu para tirar os nossos pecados, e nele não há pecado. 6 Portanto, ninguém que permanece unido com ele continua pecando; todo aquele que continua pecando não o viu nem o conheceu.

7 Filhos, não deixem que ninguém os engane — a pessoa que continua a fazer o que é certo é justa, como Deus é justo. 8 Aquele que continua pecando é do Adversário, porque o Adversário vem pecando desde o princípio. Por esta mesma razão, o Filho de Deus apareceu: para destruir as obras do Adversário. 9 Nenhuma pessoa que tem Deus por Pai permanece no pecado, porque a semente plantada por Deus está nele. Isto é, ele não pode continuar pecando, porque tem Deus por Pai. 10 Desta forma sabemos quem são os filhos de Deus e quem são os filhos do Adversário: Quem não faz o que é certo não procede de Deus.

Da mesma forma, quem não ama seu irmão não procede de Deus. 11 Esta é a mensagem que vocês ouviram desde o princípio: que nos amemos uns aos outros 12 e não sejamos como Kayin, que era do Maligno e assassinou seu irmão. E por que o matou? Porque suas ações eram más e as de seu irmão eram justas. 13 Não se admirem, irmãos, se o mundo os odeia. 14 Nós, de nossa parte, sabemos ter passado da morte para a vida porque amamos nossos irmãos. Quem não ama ainda jaz sob o poder da morte. 15 Quem odeia seu irmão é assassino, e vocês sabem que nenhum assassino tem a vida eterna em si mesmo.

16 O fato de Yeshua ter dado sua vida por nós é o modo pelo qual conhecemos o amor. Devemos dar a vida pelos irmãos! 17 Se alguém tiver recursos materiais e, vendo seu irmão em necessidade, fechar seu coração para ele, como pode amar a Deus? 18 Filhos, não amemos de palavra nem de boca, mas com ações e em verdade!

19 Assim saberemos que somos da verdade; e tranquilizaremos nosso coração diante dele: 20 se nosso coração sabe de algo contrário a nós, Deus é maior do que nosso coração e sabe todas as coisas. 21 Queridos amigos, se nosso coração não souber de nada contra nós, temos confiança para nos aproximarmos de Deus; 22 então,

tudo o que pedimos, receberemos dele, porque obedecemos aos seus mandamen-
tos e realizamos o que lhe agrada.
23 E este é o seu mandamento: Que confiemos na pessoa e no poder de seu Filho
Yeshua, o Messias, e que nos amemos uns aos outros, como ele nos ordenou. 24 Os
que obedecem aos seus mandamentos permanecem unidos com ele, e ele, com
essas pessoas.
Da seguinte forma sabemos que ele permanece unido conosco: pelo Espírito
que nos deu.

4 1 Queridos amigos, não confiem em qualquer espírito. Pelo contrário, testem
os espíritos para ver se procedem de Deus; porque muitos falsos profetas têm
saído pelo mundo. 2 Vocês podem reconhecer o Espírito de Deus deste modo: todo
espírito que reconhece que Yeshua, o Messias, veio como um ser humano procede
de Deus, 3 e todo espírito que não reconhece Yeshua não procede de Deus — de
fato, esse é o espírito do antimessias. Vocês ouviram que ele está vindo. Bem, ele
está aqui agora, já está no mundo!
4 Filhos, vocês são de Deus e venceram os falsos profetas, porque aquele que
está em vocês é maior do que aquele que está no mundo. 5 Eles vêm do mundo.
Portanto, ensinam os conceitos do mundo; e o mundo os ouve. 6 Nós somos de
Deus. Quem conhece a Deus nos ouve; mas quem não conhece a Deus não nos ouve.
Dessa forma distinguimos o Espírito da verdade do espírito do erro.
7 Amigos amados, amemos uns aos outros, porque o amor procede de Deus.
Todo aquele que ama tem Deus por Pai e conhece a Deus. 8 Quem não ama não
conhece a Deus, porque Deus é amor. 9 Desta forma Deus mostrou seu amor entre
nós: enviou seu único Filho ao mundo, para que pudéssemos viver por meio dele.
10 Nisto consiste o amor: não em que nós tenhamos amado a Deus, mas em que ele
nos amou e enviou seu Filho como *kapparah* pelos nossos pecados.
11 Amados amigos, visto que Deus assim nos amou, nós também devemos amar
uns aos outros. 12 Ninguém jamais viu a Deus; se amarmos uns aos outros, Deus
permanece unido conosco, e nosso amor por ele alcançou seu objetivo em nós.
13 Sabemos que permanecemos unidos com ele, e ele, conosco, porque ele nos deu
do seu Espírito. 14 E vimos e testemunhamos que o Pai enviou seu Filho como
Libertador do mundo. 15 Se alguém reconhece que Yeshua é o Filho de Deus, Deus
permanece unido com ele, e ele, com Deus. 16 Assim conhecemos o amor que Deus
tem por nós e confiamos nesse amor. Deus é amor. Quem permanece nesse amor
está unido com Deus, e Deus permanece unido com ele.
17 Desta forma o amor é conduzido à maturidade conosco: nós estamos no
mundo como o Messias está. Isso nos dá confiança para o Dia do Juízo. 18 Não há
medo no amor. Ao contrário, o amor que alcançou seu objetivo expulsa o medo,
porque o medo é relativo à punição; quem tem medo não alcançou a maturidade
relativa ao amor.
19 Nós amamos porque ele nos amou primeiro. 20 Se alguém afirmar: "Eu amo a
Deus", mas odiar seu irmão, é mentiroso, pois quem não ama seu irmão, a quem
vê, não pode amar a Deus, a quem não vê. 21 Sim, este é o mandamento que temos
da parte dele: quem ama a Deus ame também seu irmão.

5 1 Todo aquele que crê que Yeshua é o Messias tem Deus por Pai, e todo aquele
que ama o Pai ama também seu Filho. 2 Assim sabemos que amamos os filhos
de Deus: amando a Deus e obedecendo aos mandamentos. 3 Porque amar a Deus

significa obedecer-lhe os mandamentos. Além disso, seus mandamentos não são pesados, 4 porque todos os que têm Deus por Pai vencem o mundo. E esta é a vitória que vence o mundo: nossa confiança. 5 Quem é que vence o mundo, a não ser a pessoa que crê que Yeshua é o Filho de Deus?

6 Este é aquele que veio por meio de água e sangue, Yeshua, o Messias — não apenas com água, mas com água e sangue. E o Espírito é quem dá testemunho, porque o Espírito é a verdade. 7 Há três testemunhas — 8 o Espírito, a água e o sangue —, e os três estão de acordo. 9 Se aceitamos o testemunho humano, o testemunho de Deus é mais valioso, pois é o testemunho dado por Deus acerca de seu Filho. 10 Os que mantêm a confiança no Filho de Deus têm esse testemunho em si mesmos. Os que não mantêm a confiança em Deus fazem dele mentiroso, porque não confiaram no testemunho que Deus deu a respeito de seu Filho. 11 E este é o testemunho: Deus nos deu a vida eterna, e essa vida está em seu Filho. 12 Os que têm o Filho têm a vida; os que não têm o Filho de Deus não têm a vida. 13 Eu lhes escrevi estas coisas para que saibam que possuem a vida eterna — vocês que mantêm a confiança na pessoa e no poder do Filho de Deus.

14 Esta é a confiança que temos na presença dele: se pedirmos qualquer coisa de acordo com a vontade dele, ele nos ouve. 15 E, se sabemos que ele nos ouve — seja qual for nosso pedido —, sabemos que temos o que dele pedimos.

16 Se alguém vir seu irmão cometer pecado que não leva à morte, peça, e Deus dará vida a quem pecou. Existe pecado que conduz à morte; não estou dizendo que se deva orar por este. 17 Toda injustiça é pecado, mas há pecado que não leva à morte.

18 Sabemos que todo aquele que tem Deus por Pai não permanece no pecado; ao contrário, o Filho nascido de Deus o protege, e o Maligno não pode tocar-lhe.

19 Sabemos que somos de Deus e que o mundo todo jaz no poder do Maligno.

20 Sabemos que o Filho de Deus veio e nos deu discernimento para que possamos conhecer quem é genuíno; além disso, estamos unidos com Aquele que é genuíno, unidos com seu Filho Yeshua, o Messias. Ele é o Deus genuíno e a vida eterna.

21 Filhos, guardem-se dos falsos deuses!

אגרת יוחנן השניה

A segunda carta de Yochanan, emissário de Yeshua

2Yochanan

[2João]

1 De: O Ancião
Para: A senhora eleita e seus filhos, a quem amo na verdade — e não apenas eu,
mas também todos os que chegam a conhecer a verdade — 2 por causa da Verdade
que permanece unida conosco e estará conosco para sempre:
3 Graça, misericórdia e *shalom* estejam conosco da parte de Deus Pai e de
Yeshua, o Messias, o Filho do Pai, em verdade e amor.
4 Fiquei muito feliz ao encontrar alguns de seus filhos vivendo na verdade,
de acordo com o que o Pai nos ordenou. 5 E agora, querida senhora, peço que nos
amemos uns aos outros — não como se eu escrevesse um novo mandamento, por-
que este é o que temos desde o princípio. 6 E este é o amor: que vivamos de acordo
com seus mandamentos. Este é o mandamento que vocês ouviram desde o começo:
vivam por ele!
7 Muitos enganadores saíram pelo mundo, pessoas que não confessam que
Yeshua, o Messias, veio como ser humano. Tais pessoas são enganadoras e anti-
messias. 8 Cuidem de si mesmos, para que não percam o resultado de seu trabalho,
mas recebam a plena recompensa. 9 Quem não permanece fiel ao que o Messias
ensinou não tem Deus. Quem permanece fiel a seu ensino tem tanto o Pai quanto o
Filho.
10 Se alguém chegar a vocês e não trouxer este ensino, não o recebam em casa.
Nem mesmo lhe digam: "*Shalom!*"; 11 porque a pessoa que lhe diz "*shalom*" partici-
pa de suas obras malignas.
12 Apesar de ter muito que lhes escrever, prefiro não usar papel e tinta. Em vez
disso, espero visitá-los e falar com vocês face a face, para que a nossa alegria seja
completa.
13 Os filhos da sua irmã eleita lhe enviam cumprimentos.

אגרת יוחנן השלישית

A terceira carta de Yochanan, emissário de Yeshua

3Yochanan

[3João]

1 De: O Ancião
Para: Querido Gaio, a quem amo na verdade:
2 Querido amigo, oro para que você prospere em tudo e tenha boa saúde, como
sei que prospera espiritualmente. 3 Fiquei muito feliz quando alguns irmãos vieram
e testemunharam sobre quão fiel você é à verdade, e sobre como você continua
vivendo na verdade. 4 Nada me dá maior alegria do que ouvir que meus filhos vivem
na verdade.
5 Querido amigo, você é fiel nas obras que realiza pelos irmãos, mesmo quando
eles lhe são desconhecidos. 6 Eles testemunharam sobre o seu amor a toda a con-
gregação. Você fará bem se os enviar em seu caminho de forma agradável a Deus,
7 pois foi por causa de *HaShem* que eles saíram, sem aceitar nada dos *goyim*. 8 Por-
tanto, nós devemos apoiar nosso povo, para podermos partilhar da boa obra deles
em prol da verdade.
9 Escrevi algo à congregação, mas Diótrefes, que gosta muito de ser o líder entre
eles, não reconhece nossa autoridade. 10 Então, se eu for, chamarei a atenção dele
para o que está fazendo com suas palavras maldosas contra nós. Não satisfeito
com isso, ele se recusa a receber os irmãos, impede os que desejam recebê-los e os
expulsa da congregação.
11 Querido amigo, não imite o que é mau, mas o que é bom. Aqueles que fazem
o que é bom procedem de Deus; aqueles que fazem o mal não são de Deus.
12 Todos falam bem de Demétrio, e a própria verdade também o faz. Nós
também testemunhamos, e você sabe que o nosso testemunho é verdadeiro.
13 Tenho muito que lhe escrever, mas não desejo fazê-lo com pena e tinta; 14 en-
tretanto, espero vê-lo em breve, então conversaremos face a face.

Shalom a você. Seus amigos lhe enviam cumprimentos. Cumprimente cada um
de nossos amigos.

אגרת יהודה

A carta de

Y'hudah

[JUDAS]

1 De: Y'hudah, escravo de Yeshua, o Messias, e irmão de Ya'akov
Para: Os que foram chamados, amados por Deus Pai e guardados por Yeshua,
o Messias:
2 Que misericórdia, amor e *shalom* sejam de vocês em plena medida.
3 Queridos amigos, estava ocupado escrevendo a vocês acerca da salvação que
compartilhamos, quando senti a necessidade de escrever insistindo em que conti-
nuassem contendendo com veemência pela confiança que foi de uma vez por todas
confiada ao povo de Deus. 4 Pois certos indivíduos, que já haviam sido sentenciados
muito tempo atrás para esta condenação, infiltraram-se no meio de vocês — pesso-
as ímpias que pervertem a graça divina ao transformá-la em licença para a devassi-
dão e renegam nosso único Mestre e Senhor, Yeshua, o Messias.
5 Pelo fato de vocês já terem conhecimento de tudo isso, meu propósito é
somente lembrar-lhes que *Adonai* libertou um povo do Egito, destruindo poste-
riormente os que não confiaram. 6 E os anjos que não mantiveram sua autoridade
originária, mas abandonaram sua própria esfera, ele os mantém em trevas, presos
com correntes eternas para o Juízo do Grande Dia. 7 E S'dom, 'Amorah e as cidades
ao redor, seguindo um padrão semelhante ao deles, cometendo pecados e per-
versões sexuais, jazem expostas como advertência do fogo eterno esperando por
aqueles que devem ser punidos.
8 Da mesma forma, essas pessoas, com suas visões, contaminam a própria carne,
rejeitam a autoridade divina e insultam os seres angelicais. 9 Quando Mikha'el, um
dos principais anjos, disputou com o Adversário, acerca do corpo de Mosheh, não
ousou fazer acusação ofensiva contra ele, mas disse: "*Adonai* o repreenda!". 10 Entre-
tanto, essas pessoas ofendem tudo o que não entendem; e o que entendem natural-
mente, sem raciocinar, como animais, por essas mesmas coisas são destruídas.
11 Ai daqueles que têm andado no caminho de Kayin; eles se entregaram em
troca de dinheiro ao erro de Bil'am, e foram destruídos na rebelião de Korach. 12 Es-
ses homens são manchas de sujeira nos seus encontros festivos para fomentar o
amor; partilham as suas refeições sem escrúpulos, enquanto cuidam somente de si
mesmos. São nuvens sem água impelidas pelos ventos; árvores sem fruto mesmo
no outono, e duplamente mortas, pois foram desenraizadas; 13 são ondas bravias
do mar, apresentando seus atos vergonhosos como espuma; estrelas errantes, para
as quais estão reservadas para sempre as mais densas trevas.
14 Além disso, Hanokh, na sétima geração a partir de Adam, profetizou acer-
ca desses homens, dizendo: "Vejam: *Adonai* veio com miríades de santos 15 para
executar o juízo contra todos, isto é, condenar todos os ímpios por seus atos

iníquos, cometidos perversamente, e por todas as palavras ríspidas que esses pecadores ímpios falaram contra ele".

16 Essas pessoas vivem se queixando, descontentes com sua sorte, e seguem seus desejos impuros; são cheias de si e adulam os outros por interesse.

17 Entretanto, vocês, queridos amigos, lembrem-se das palavras ditas antecipa-
damente pelos emissários de nosso Senhor Yeshua, o Messias. 18 Eles lhes disseram:
"Durante o *acharit-hayamim,* existirão zombadores que seguirão suas paixões ím-
pias". 19 Eles são os que causam divisões, controlados por seus impulsos, pois não
possuem o Espírito.

20 Contudo, vocês, queridos amigos, edifiquem-se na sua santíssima confiança
e orem em união com o *Ruach Ha-Kodesh.* 21 Mantenham-se, portanto, no amor de
Deus, enquanto esperam por nosso Senhor Yeshua, o Messias, para que ele lhes
conceda a misericórdia que conduz à vida eterna.

22 Repreendam os que contendem; 23 salvem outros, arrancando-os do fogo; a
outros, ainda, demonstrem misericórdia com temor, odiando até mesmo as roupas
contaminadas por seus vícios.

24 Àquele que pode impedi-los de cair e apresentá-los sem defeito e cheios de
alegria na presença de sua *Sh'khinah,* 25 a Deus, somente, nosso Libertador, median-
te Yeshua, o Messias, nosso Senhor, sejam glória, majestade, poder e autoridade,
antes de todos os tempos, agora e para todo o sempre! *Amen.*

ההתגלות

A

Revelação

[Apocalipse]

de Yeshua, o Messias, a Yochanan

1 [1] Esta é a revelação que Deus deu a Yeshua, o Messias, para que ele pudesse
mostrar a seus servos o que deve acontecer em breve. Ele a comunicou ao enviar
seu anjo a Yochanan, seu servo, [2] que deu testemunho da Palavra de Deus e testi-
ficou de tudo o que viu sobre Yeshua, o Messias. [3] Abençoado é quem lê e ouve as
palavras desta profecia, conquanto obedeça ao que nela está escrito! Pois o tempo
está próximo!

[4] De: Yochanan
Para: As sete comunidades messiânicas da província da Ásia:
Graça e *shalom* a vocês da parte daquele que é, era e vem: do Espírito séptuplo
diante do seu trono; [5] e de Yeshua, o Messias, a testemunha fiel, o primogênito den-
tre os mortos e o governante dos reis da terra.
A ele, que nos ama, e nos libertou dos nossos pecados ao preço do seu sangue,
[6] que fez de nós um reino, isto é, *kohanim* para Deus, seu Pai, a ele sejam glória e
domínio para todo o sempre! *Amen.*

7 **Olhem! Ele vem com as nuvens!**[a]
Todo olho **o verá**,
incluindo os que **o traspassaram**;
e **todas as tribos da Terra chorarão por causa dele**.[b]

Sim! *Amen!*

8 "Eu sou o *alef* e o *tav*", diz Adonai,
Deus dos exércitos celestes,
o que é, era e vem.

[9] Eu, Yochanan, irmão de vocês e companheiro no sofrimento, no reino e na per-
severança decorrentes da união com Yeshua. Fui exilado na ilha chamada Patmos
por ter proclamado a mensagem de Deus e testemunhado a respeito de Yeshua.
[10] Achei-me no Espírito no Dia do Senhor; ouvi por trás de mim uma voz forte,
como uma trombeta, [11] dizendo: "Escreva o que você vê em um rolo e o envie às
sete comunidades messiânicas: Éfeso, Esmirna, Pérgamo, Tiatira, Sardes, Filadélfia
e Laodiceia!". [12] Virei-me para ver quem falava comigo; e, quando me voltei, vi sete

[a] *Dani'el [Dn]* 7.13 [b] *Z'kharyah* [Zc] 12.10,12,14

menorot de ouro; 13 e entre as *menorot* estava alguém **semelhante a um Filho do Homem,**[c] **vestido com uma roupa que chegava aos pés** e **um cinturão de ouro** ao redor do peito. 14 Sua cabeça e cabelos eram brancos como a lã da cor da neve, **seus olhos como chamas flamejantes,** 15 **seus pés como bronze** polido em uma fornalha, e **sua voz como o som de** águas em arremetida.[d] 16 Em sua mão direita havia sete estrelas, e da sua boca saía uma espada afiada de dois gumes. Sua face era como o sol quando brilha em todo o seu fulgor.

17 Quando o vi, caí a seus pés como morto. Ele colocou sua mão direita sobre mim e disse: "Não tenha medo! Eu sou o Primeiro e o Último, 18 o Vivente. Estive morto, mas veja! — Estou vivo para todo o sempre! E tenho as chaves da morte e do sh'ol. 19 Portanto, escreva o que você vê, tanto o que acontece agora como o que acontecerá em seguida. 20 Este é o significado secreto das sete estrelas que você viu em minha mão direita e das sete *menorot* de ouro: as sete estrelas são os anjos das sete comunidades messiânicas, e as sete *menorot* de ouro são as sete comunidades messiânicas.

2 1 "Ao anjo da comunidade messiânica em Éfeso, escreva: 'Eis a mensagem daquele que tem as sete estrelas em sua mão direita e anda entre as sete *menorot* de ouro. 2 "Sei o que você tem feito, quão arduamente trabalhou, quanto perseverou, e que você não pode tolerar homens ímpios; por isso, pôs à prova os que dizem ser emissários, mas não são — e descobriu que eles eram mentirosos. 3 Você é perseverante e tem sofrido por minha causa sem se abater. 4 Mas eu tenho isto contra você: você abandonou seu amor inicial. 5 Portanto, lembre-se de onde estava antes de cair, afaste-se desse pecado e faça o que praticava antes! Caso isso não aconteça, virei a você e tirarei sua *menorah* do lugar dela — se você não se voltar do seu pecado! 6 Mas você tem isto a seu favor: você odeia as práticas dos nicolaítas — e eu também as odeio. 7 Os que têm ouvidos ouçam o que o Espírito diz às comunidades messiânicas. Ao que vencer, darei o direito de comer da Árvore da Vida, que está no Gan-'Eden de Deus' ".

8 "Ao anjo da comunidade messiânica de Esmirna, escreva: 'Eis a mensagem do Primeiro e o Último, que morreu e voltou à vida. 9 Sei quanto você sofre e quão pobre é (apesar de, na realidade, ser rico!), conheço os insultos de quem se diz judeu, mas não é — ao contrário, constituem a sinagoga do Adversário. 10 Não tenha medo do que você sofrerá em breve. Preste atenção: o Adversário aprisionará alguns de vocês para testá-los; você passará por essa experiência penosa durante dez dias. Permaneça fiel até a morte, e eu lhe darei a vida como sua coroa. 11 Quem tem ouvidos ouça o que o Espírito diz às comunidades messiânicas. O vencedor não será de forma alguma afetado pela segunda morte' ".

12 "Ao anjo da comunidade messiânica em Pérgamo, escreva: 'Eis a mensagem daquele que possui a espada afiada de dois gumes. 13 Sei onde você vive — onde está o trono do Adversário. Contudo, você continua apegado ao meu nome. Você não negou sua confiança em mim mesmo quando Antipas, minha fiel testemunha, foi morto em sua cidade, o lugar onde o Adversário habita. 14 No entanto, tenho algumas coisas contra você: você tem aí pessoas apegadas aos ensinos de Bil'am, que ensinou Balak a preparar armadilhas contra o povo de Yisra'el, para que eles comessem alimentos sacrificados a ídolos e cometessem pecados sexuais. 15 Da mesma forma, você também tem pessoas apegadas aos ensinos dos nicolaítas.

---

[c] *Dani'el* [Dn]7.13 [d] *Dani'el* [Dn]10.5,6;*Yechezk'el* [Ez] 1.24; 43.2

16 Portanto, abandone seus pecados! Senão, em breve virei até você e guerrearei
contra eles com a espada da minha boca. 17 Quem tem ouvidos ouça o que o Espírito
diz às comunidades messiânicas. Ao vencedor, darei uma porção do maná escon-
dido. Também lhe darei uma pedra branca na qual está inscrito um novo nome,
conhecido apenas por quem o recebe' ".

18 "Ao anjo da comunidade messiânica em Tiatira, escreva: 'Eis a mensagem do
Filho de Deus, cujos olhos são como chama ardente e os pés como bronze polido.
19 Conheço seu procedimento, amor, confiança, serviço e perseverança, e sei que
você faz mais agora do que anteriormente. 20 Entretanto, tenho isto contra você:
você continua a tolerar Izevel, a mulher que afirma ser profetisa, mas ensina e en-
gana meus servos a cometer pecados sexuais e a comer alimentos sacrificados aos
ídolos. 21 Dei-lhe tempo para que se voltasse de seu pecado, mas ela não quer se
arrepender de sua imoralidade. 22 Portanto, vou fazê-la ficar doente e trarei grande
sofrimento a quem comete adultério com ela, a não ser que se voltem dos pecados
relacionados ao que ela pratica. 23 Matarei os filhos dessa mulher! Então todas as
comunidades messiânicas saberão que eu sou aquele que sonda a mente e o cora-
ção, e darei a cada um de vocês o que seus atos merecem. 24 Aos demais de vocês
em Tiatira, aos que não seguem esse ensino e não aprenderam, como eles dizem,
as 'coisas profundas' do Adversário, digo isto: não porei outra carga sobre vocês;
25 apenas se apeguem com firmeza ao que têm até que eu venha. 26 Ao vencedor e
praticante da minha vontade até que o alvo seja alcançado:

Eu lhe darei autoridade sobre as **nações;**
27 ele **as governará com cetro de ferro**
e as despedaçará como um vaso de barro,[e]

28 assim como eu recebi autoridade de meu Pai. Também lhe darei a estrela da ma-
nhã. 29 Quem tem ouvidos ouça o que o Espírito diz às comunidades messiânicas' ".

3 1 "Ao anjo da comunidade messiânica em Sardes, escreva: 'Eis a mensagem
daquele que tem o séptuplo Espírito de Deus e as sete estrelas: Conheço seu
procedimento — você tem a reputação de estar vivo, mas na verdade está morto!
2 Desperte e fortaleça o que resta antes que isso também morra! Pois considero o
seu procedimento incompleto aos olhos do meu Deus. 3 Portanto, lembre-se do que
você recebeu e ouviu, obedeça e abandone seu pecado! Porque, se você não desper-
tar, virei como ladrão; você não sabe em que momento virei contra você. 4 No entan-
to, você tem uns poucos aí em Sardes que não sujaram suas roupas; eles andarão
comigo, vestidos de branco, pois são dignos. 5 O vencedor, da mesma forma que
eles, será vestido com roupas brancas. Jamais riscarei seu nome do Livro da Vida,
mas o reconhecerei individualmente diante do meu Pai e dos seus anjos. 6 Quem
tem ouvidos ouça o que o Espírito diz às comunidades messiânicas.

7 "Ao anjo da comunidade messiânica de Filadélfia, escreva: 'Eis a mensagem
do *Hakadosh*, o Verdadeiro, que possui **a chave de David, o qual, se abrir algo,**
ninguém será capaz de fechar, e, se fechar alguma coisa, ninguém poderá abrir.[f]
8 Conheço as suas ações. Veja: coloquei diante de você uma porta aberta, e ninguém
poderá fechá-la. Sei que você tem pouca força, mas obedeceu à minha mensagem e
não me desonrou. 9 Veja o que farei com aqueles que são da sinagoga do Adversário
e que se dizem judeus e não são, mas mentirosos. Farei que se prostrem a seus pés

[e] *Tehillim* [Sl] 2.8,9 [f] *Yesha'yahu* [Is] 22.22

e reconheçam que eu o amei. [10] Pelo fato de você ter obedecido à minha mensagem sobre a perseverança, eu também o guardarei do tempo da provação que está por vir sobre todo o mundo, para pôr à prova os que habitam na terra. [11] Venho em breve! Retenha o que você tem, para que ninguém tire a sua coroa. [12] Farei daquele que vencer uma coluna no templo do meu Deus, e ele nunca o deixará. Também escreverei nele o nome do meu Deus e o nome da cidade do meu Deus, a nova Yerushalayim, que desce do céu da parte de Deus, e meu novo nome. [13] Aquele que tem ouvidos ouça o que o Espírito diz às comunidades messiânicas' ".

[14] "Ao anjo da comunidade messiânica em Laodiceia, escreva: 'Eis a mensagem do *Amen*, a testemunha fiel e verdadeira, o Governante da criação de Deus: [15] "Conheço seus atos; você não é frio nem quente. Como eu queria que você fosse um ou outro! [16] No entanto, pelo fato de você ser morno, nem frio nem quente, eu o vomitarei da minha boca. [17] Pois você continua dizendo: **'Estou rico, adquiri riquezas**,[g] não preciso de nada!'. Você não sabe que é desventurado, deplorável, pobre, cego e nu! [18] Meu conselho para você é: compre de mim ouro refinado no fogo, para que fique rico; e roupa branca, para que você fique vestido e não tenha de se envergonhar de sua nudez; e compre colírio para usar nos olhos e poder enxergar. [19] Quanto a mim, repreendo e disciplino a todos os que amo; por isso, preparem-se e deem as costas aos seus pecados! [20] Eis que estou à porta e bato. Se alguém ouvir a minha voz e abrir a porta, entrarei e comerei com ele, e ele, comigo. [21] Ao que alcançar a vitória, permitirei sentar-se comigo em meu trono, assim como eu também venci e sentei-me com meu Pai em seu trono. [22] Aquele que tem ouvidos ouça o que o Espírito diz às comunidades messiânicas' ".

4 [1] Depois dessas coisas, olhei, e diante de mim estava uma porta aberta no céu; e uma voz semelhante a uma trombeta, que eu ouvi falando comigo anteriormente, disse: "Suba para cá, e lhe mostrarei o que deve acontecer depois dessas coisas". [2] Imediatamente estava no Espírito, e diante de mim havia um trono no céu, e nele achava-se assentado alguém. [3] Aquele que estava assentado brilhava como diamantes e rubis, e um arco-íris, parecendo uma esmeralda, circundava o trono.

[4] Ao redor do trono, estavam outros 24 tronos, e assentados neles havia 24 anciãos vestidos com roupas brancas e usavam coroas de ouro. [5] Do trono saíam relâmpagos, vozes e trovões; e diante do trono estavam acesas sete tochas, que são o Espírito séptuplo de Deus. [6] E diante do trono havia algo parecido com um mar de vidro, claro como cristal.

No centro, ao redor do trono, havia quatro seres viventes cobertos de olhos, tanto na frente como atrás. [7] **O primeiro** ser vivente parecia **um leão, o segundo** parecia **um boi**, **o terceiro** ser vivente tinha **um rosto** que parecia **humano**, e **o quarto** parecia **uma águia** em voo.[h] [8] **Cada um** dos quatro seres viventes **tinha seis asas**[i] repletas de olhos tanto ao redor como por baixo das asas. Dia e noite, repetem sem cessar:

> **"Santo, santo, santo é *Adonai*, o Deus dos exércitos celestiais**[j]
> que era, que é e que virá!".

[9] Toda vez que os seres viventes dão glória, honra e graças àquele que está assentado no trono e que vive para todo o sempre, [10] os 24 anciãos se prostram diante

[g] *Hoshe'a* [Os] 12.9 [h] *Yechezk'el* [Ez] 1.5-10 [i] *Yesha'yahu* [Is] 6.2 [j] *Yesha'yahu* [Is] 6.3; *'Amos* [Am] 3.13; 4.13

daquele que está assentado no trono, que vive para todo o sempre, e o adoram. Eles lançam as suas coroas diante do trono e dizem:

11 "Tu és digno, ADONAI *Eloheinu*,
de receber glória, honra e poder,
porque tu criaste todas as coisas —
sim, por tua vontade elas foram criadas
e vieram a existir!".

5 1 Então vi na mão direita daquele que está assentado no trono um rolo escrito
de ambos os lados e selado com sete selos; 2 e vi um anjo poderoso proclaman-
do em alta voz: "Quem é digno de abrir o rolo e romper os selos?". 3 Mas ninguém
no céu, na terra ou debaixo da terra era capaz de abrir o rolo e olhar o que havia
nele. 4 Chorei e chorei porque ninguém foi achado digno de abrir o rolo e olhar para
ele. 5 Um dos anciãos me disse: "Não chore. Veja: o Leão da tribo de Y'hudah, a Raiz
de David, venceu para abrir o rolo e os sete selos".

6 Então eu vi um Cordeiro, que parecia ter sido morto, em pé, junto do trono
e dos quatro seres viventes, no círculo dos anciãos. Ele possuía sete chifres e sete
olhos, que são o Espírito séptuplo de Deus enviado a toda a terra. 7 Ele se aproxi-
mou e pegou o rolo da mão direita daquele que está assentado no trono. 8 Ao tomá-
-lo, os quatro seres viventes e os 24 anciãos prostraram-se diante do Cordeiro.
Cada um deles tinha uma harpa e taças de ouro cheias de incenso, que são as ora-
ções do povo de Deus; 9 e eles cantavam um novo cântico:

"Tu és digno de receber o rolo e quebrar seus selos,
pois foste morto e, com o preço do teu sangue,
compraste para Deus
pessoas de toda tribo, língua, povo e nação.
10 Tu fizeste deles um reino para ser governado por Deus,
kohanim para lhe servirem,
e eles reinarão sobre a terra".

11 Então olhei e ouvi o som de um grande número de anjos — milhares e milhares,
milhões e milhões! Todos eles estavam em volta do trono, bem como os seres vi-
ventes e os anciãos, 12 e cantavam em alta voz:

"Digno é o Cordeiro que foi morto
de receber poder, riqueza, sabedoria,
força, honra, glória e louvor!".

13 E ouvi todas as criaturas no céu, na terra, debaixo da terra e no mar — sim, tudo
o que neles há — dizerem:

"Àquele que está assentado no trono
e ao Cordeiro
pertencem o louvor, a honra, a glória e o poder,
para todo o sempre!".

14 Os quatro seres viventes disseram: "*Amen*!", e os anciãos prostraram-se e
adoraram.

6 1 A seguir, observei quando o Cordeiro rompeu o primeiro dos sete selos. Ouvi
um dos quatro seres viventes dizer com voz de trovão: “Vá!”. 2 Olhei, e diante
de mim estava um cavalo branco. Seu cavaleiro segurava um arco, e recebeu uma
coroa; e ele cavalgou como um conquistador para conquistar.
3 Quando ele quebrou o segundo selo, ouvi o segundo ser vivente dizer: “Vá!”.
4 Outro cavalo saiu, vermelho; e a seu cavaleiro foi dado poder para tirar a paz da
terra e fazer que os homens se matassem uns aos outros. E lhe foi dada uma grande
espada.
5 Quando ele quebrou o terceiro selo, ouvi o terceiro ser vivente dizer: “Vá!”.
Olhei, e diante de mim estava um cavalo preto. Seu cavaleiro tinha na mão uma
balança. 6 Então ouvi o que soava como uma voz dentre os quatro seres viventes,
dizendo: “Um quilo de trigo pelo salário de um dia! Três quilos de cevada pelo mes-
mo preço! Não estrague o azeite nem o vinho!”.
7 Quando ele rompeu o quarto selo, ouvi a voz do quarto ser vivente dizer:
“Vá!”. 8 Olhei, e diante de mim estava um cavalo descorado, aparentando estar
doente. O nome de seu cavaleiro era Morte, e o sh’ol o seguia. Foi-lhes dada au-
toridade para matar um quarto do mundo pela espada, pela fome, por pragas e
também mediante os animais selvagens da terra.
9 Quando o Cordeiro quebrou o quinto selo, vi debaixo do altar a alma dos que
haviam sido mortos por terem anunciado a Palavra de Deus, isto é, por terem dado
testemunho. 10 Eles clamavam em alta voz: “Soberano Senhor, *HaKadosh*, o Verda-
deiro, quanto tempo mais esperaremos para que julgues os povos que vivem na
terra e vingues nosso sangue?”. 11 Então cada um deles recebeu uma veste branca,
e foi-lhes dito que esperassem um pouco mais, até que o número total dos seus
companheiros seja alcançado, seus irmãos que serão mortos como eles o foram.
12 Então observei quando ele rompeu o sexto selo, e houve um grande terre-
moto: o sol ficou preto como um saco fúnebre, e a lua cheia tornou-se vermelha
como sangue. 13 As estrelas caíram do céu sobre a terra como figos verdes caem
da figueira quando sacudidos por um vento forte. 14 O céu foi se recolhendo como
se enrola um pergaminho, e todas as montanhas e ilhas foram removidas de seus
lugares. 15 Então os reis da terra, os governantes, os generais, os ricos e os pode-
rosos — de fato, todos, escravos e livres — esconderam-se em cavernas e entre as
rochas das montanhas 16 **e disseram às montanhas e rochas: “Caiam sobre nós e
escondam-nos**[k] da face daquele que está assentado no trono e da ira do Cordeiro!
17 Pois chegou o grande dia da ira deles; e quem poderá suportar?”.

7 1 Depois disso, vi quatro anjos em pé nos quatro cantos da terra, retendo os
quatro ventos, para impedir que qualquer vento soprasse na terra, no mar ou
em qualquer árvore. 2 Vi outro anjo subindo do Oriente, tendo o selo do Deus vivo.
Ele bradou aos quatro anjos a quem havia sido dado poder para danificar a terra e o
mar: 3 “Não danifiquem nem a terra, nem o mar, nem as árvores, até que tenhamos
selado os servos de nosso Deus na testa!”. 4 Ouvi quantos haviam sido selados —
144 mil de todas as tribos do povo de Yisra’el:

5 Da tribo de Y’hudah, 12 mil foram selados;
da tribo de Re’uven, 12 mil;
da tribo de Gad, 12 mil;

[k] *Hoshe‘a* [Os] 10.8

6 da tribo de Asher, 12 mil;
da tribo de Naftali, 12 mil;
da tribo de M'nasheh, 12 mil;
7 da tribo de Shim'on, 12 mil;
da tribo de Levi, 12 mil;
da tribo de Yissakhar, 12 mil;
8 da tribo de Z'vulun, 12 mil;
da tribo de Yosef, 12 mil;
da tribo de Binyamin, 12 mil.

9 Depois disso, olhei; e diante de mim estava uma multidão, grande demais para ser
contada, de toda nação, tribo, povo e língua. Eles estavam em pé, diante do trono e
do Cordeiro, com vestes brancas e segurando palmas, 10 e clamavam:

"A vitória pertence a nosso Deus,
que se assenta no trono,
e ao Cordeiro!".

11 Todos os anjos estavam em pé ao redor do trono, dos anciãos e dos quatro seres
viventes; eles se prostraram diante do trono e adoraram a Deus, dizendo:

12 "*Amen*!
"Louvor e glória, sabedoria, ação de graças,
honra, poder e força
pertencem a nosso Deus para todo o sempre!

"*Amen*!".

13 Um dos anciãos me perguntou: "Essas pessoas vestidas de branco —
quem são, e de onde vêm?". 14 "Senhor", respondi, "o senhor é quem sabe". Então
ele me disse: "Essas são as pessoas que vieram da Grande Perseguição. Elas lavaram
suas roupas e as alvejaram no sangue do Cordeiro. 15 Por isso, estão diante do trono
de Deus.

"Dia e noite, elas o servem em seu templo;
e aquele que se assenta no trono
colocará sua *Sh'khinah* sobre elas.

16 **Nunca mais terão fome,**
nunca mais terão sede,
o sol não mais as castigará,
nem qualquer calor abrasador.[l]

17 **Porque o Cordeiro que está no centro do trono**
as pastoreará, ele as guiará
às fontes de água viva,[m]
e Deus enxugará toda lágrima dos seus olhos".[n]

8 1 Quando o Cordeiro rompeu o sétimo selo, houve silêncio no céu cerca de meia
hora. 2 Vi os sete anjos em pé diante de Deus; a eles, foram dadas sete *shofarot*.

[l] *Yesha'yahu* [Is] 49.10
[m] *Yesha'yahu* [Is] 49.10; *Yirmeyahu* [Jr] 2.13; *Yechezk'el* [Ez] 34.23; *Tehillim* [Sl] 23.1,2
[n] *Yesha'yahu* [Is] 25.8

3 Outro anjo aproximou-se e se colocou em pé, com um incensário de ouro, junto ao
altar, e lhe foi dada uma grande quantidade de incenso para adicionar às orações
de todo o povo de Deus 4 sobre o altar de ouro diante do trono. A fumaça do incen-
so subiu com as orações do povo de Deus da mão do anjo diante de Deus. 5 Então
o anjo pegou o incensário, encheu-o com fogo do altar e lançou-o sobre a terra; e
seguiram-se o estrondo de trovões, vozes, relâmpagos e um terremoto.
6 Então os sete anjos, que tinham os sete *shofarot*, prepararam-se para tocá-los.
7 O primeiro tocou seu *shofar*, e granizo e fogo misturado com sangue foram
lançados sobre a terra. Foi queimado um terço da terra, um terço das árvores e toda
a relva verde.
8 O segundo anjo tocou seu *shofar*, e algo como um grande monte em chamas
foi lançado ao mar. Um terço do mar transformou-se em sangue, 9 um terço das
criaturas viventes do mar morreu e um terço dos navios foi destruído.
10 O terceiro anjo tocou seu *shofar*, e uma grande estrela, queimando como to-
cha, caiu do céu sobre um terço dos rios e das fontes de água. 11 O nome da estrela
era "Amargor", e um terço da água da terra tornou-se amarga, e muitas pessoas
morreram por causa da água ter se tornado amarga.
12 O quarto anjo tocou seu *shofar*, e um terço do sol foi ferido, também um terço
da lua e um terço das estrelas, de forma que um terço deles escureceu. O dia ficou
com um terço a menos de luz, e aconteceu o mesmo com a noite.
13 Então olhei e ouvi uma águia solitária bradar, enquanto voava pelo meio do
céu: "Ai, ai, ai das pessoas que habitam na terra, por causa dos toques que faltam
dos três anjos que ainda deverão soar seus *shofarot*!".

9 1 O quinto anjo tocou seu *shofar*, e vi uma estrela que havia caído do céu sobre
a terra, e lhe foi dada a chave do poço que leva ao Abismo. 2 Ele abriu o poço do
Abismo, e subiu dele fumaça como a de uma gigantesca fornalha. O sol foi escure-
cido, e também o céu, pela fumaça que saía do poço. 3 Então saíram gafanhotos da
fumaça, que vieram sobre a terra, e lhes foi dado poder semelhante ao que têm os
escorpiões sobre a terra. 4 Eles foram instruídos a não causar dano nem à relva da
terra, nem a qualquer planta ou árvore, mas apenas às pessoas que não tinham o
selo de Deus na testa. 5 Não se permitiu aos gafanhotos matar as pessoas, apenas
causar-lhes dor durante cinco meses; e a dor causada por eles era semelhante à
ferroada do escorpião. 6 Naqueles dias, as pessoas procurarão a morte, mas não a
encontrarão; desejarão morrer, mas a morte fugirá delas.
7 Os gafanhotos pareciam cavalos preparados para a batalha. Tinham sobre a
cabeça algo como coroas de ouro, e o rosto deles parecia rosto humano. 8 Os cabe-
los deles eram como os de mulher, e os dentes, como os de leões. 9 Tinham coura-
ças como couraças de ferro, e o som das suas asas era como o barulho de muitos
cavalos e carruagens correndo para a batalha. 10 Eles tinham caudas como as de
escorpiões, com ferrões; e nelas estava o poder de ferir as pessoas durante cinco
meses. 11 Tinham um rei sobre eles, o anjo do Abismo, cujo nome, em hebraico, é
Abaddon e, em nossa língua, *Destruidor*.
12 O primeiro ai passou; dois outros ais ainda virão.
13 O sexto anjo tocou seu *shofar*, e ouvi uma voz que vinha dos quatro chifres do
altar de ouro que está diante de Deus, 14 dizendo ao sexto anjo, que tinha o *shofar*:
"Solte os quatro anjos que estão amarrados junto ao grande rio Eufrates!". 15 E eles
foram soltos. Esses quatro anjos, que estavam preparados para aquela hora, dia,

mês e ano, foram soltos para matar um terço da humanidade; 16 e o número dos
cavaleiros era de duzentos milhões! — eu ouvi o número.
17 Os cavalos que vi na visão eram assim: os cavaleiros tinham couraças verme-
lhas como o fogo, azuis como a íris, e amarelas como o enxofre; a cabeça dos cava-
los parecia a cabeça de um leão; e da boca lançavam fogo, fumaça e enxofre. 18 Um
terço da humanidade foi morto pelas três pragas — o fogo, a fumaça e o enxofre,
que saíam da boca dos cavalos. 19 O poder dos cavalos estava na boca e na cauda;
pois as suas caudas eram como cobras com cabeças, e com elas eram capazes de
ferir.
20 O resto da humanidade — os que não foram mortos por essas pragas — nem
assim deu as costas ao que haviam feito com as próprias mãos — eles não pararam
de adorar demônios e **ídolos de ouro, prata, bronze, pedra e madeira, que não
podem ver, ouvir nem andar**.[o] 21 Tampouco se arrependeram de seus assassinatos,
do uso de drogas alucinógenas para entrar em sintonia com o oculto, de sua imo-
ralidade sexual e de seus roubos.

10 1 Então vi outro anjo poderoso descendo do céu. Ele estava envolto em uma
nuvem, e havia um arco-íris acima de sua cabeça; sua face era como o sol,
e suas pernas, como colunas de fogo. 2 Ele segurava um pequeno rolo, que estava
aberto em sua mão. Colocou o pé direito sobre o mar e o pé esquerdo sobre a terra
3 e deu um alto brado, como o rugido de um leão. Quando ele bradou, soaram sete
trovões com vozes que falavam. 4 Quando os sete trovões falaram, eu estava prestes
a escrever, mas ouvi uma voz do céu dizer:

> "Sele o que disseram os sete trovões,
> e não o escreva!".

5 Então o anjo que eu tinha visto em pé sobre o mar e sobre a terra **levantou a mão
direita para o céu** 6 e jurou por aquele que vive para todo o sempre,[p] **que criou o
céu e tudo o que nele há, a terra e tudo o que nela há, e o mar e tudo o que nele
há:**[q] "Não haverá mais demora; 7 ao contrário, nos dias em que o sétimo anjo estiver
para tocar seu *shofar*, o plano oculto de Deus será cumprido, e as boas-novas que
foram proclamadas por seus servos, os profetas".
8 A seguir, a voz que eu havia ouvido do céu falou-me novamente e disse: "Vá,
pegue o rolo aberto na mão do anjo que se encontra em pé sobre o mar e sobre a
terra!". 9 Assim, eu me aproximei do anjo e lhe pedi que me desse o pequeno rolo.
Ele me disse: "Pegue-o e coma-o. Ele será amargo em seu estômago, mas em sua
boca será doce como mel". 10 Peguei o pequeno rolo da mão do anjo e o comi. Em
minha boca, ele era doce como mel; mas, depois de tê-lo engolido, meu estômago
ficou amargo. 11 Então me foi dito: "Você deve profetizar outra vez a respeito de
muitos povos, nações, línguas e reis".

11 1 Deram-me um caniço semelhante a uma vara de medir e me disseram:
"Levante-se e meça o templo de Deus e o altar, e conte quantas pessoas es-
tarão adorando ali! 2 Exclua, porém, o pátio exterior do templo; não o meça, porque
ele foi dado aos *goyim*. Eles pisarão a cidade santa durante quarenta e dois meses.

---

[o] *Tehillim* [Sl] 115.4-7; 135.15-17; *Dani'el* [Dn] 5.23 [p] *D'varim* [Dt] 32.40; *Dani'el* [Dn] 12.7

[q] *Nechemyah* [Ne] 9.6;v. tb. *Sh'mot* [Êx] 20.11; *Tehillim* [Sl] 146.6

3 Darei poder às minhas duas testemunhas, e elas profetizarão durante 1.260
dias, vestidas de pano de saco”. 4 Estas são as duas oliveiras e as duas *menorot* que
permanecem diante do Senhor da terra. 5 Se alguém quiser causar-lhes dano, da
boca deles sairá fogo e consumirá seus inimigos. Sim, se alguém quiser causar-lhes
dano, deverá morrer dessa forma. 6 Eles têm autoridade para fechar o céu, de modo
que não chova durante o tempo em que estiverem profetizando. Eles também têm
autoridade para transformar água em sangue e ferir a terra com todo tipo de pra-
gas, quantas vezes desejarem.
7 Quando eles tiverem terminado o seu testemunho, a besta que vem do Abis-
mo vai atacá-los, vencê-los e matá-los. 8 Seus corpos ficarão expostos na rua prin-
cipal da grande cidade cujo nome, reflexo de sua condição espiritual, é “S'dom” e
“Egito”, a cidade onde seu Senhor foi executado em uma estaca. 9 Pessoas de todas
as nações, tribos, línguas e povos verão seus corpos durante três dias e meio e não
permitirão que sejam sepultados. 10 As pessoas viventes na Terra se alegrarão por
causa deles, celebrarão e trocarão presentes, porque esses dois profetas os haviam
atormentado muito.
11 Mas, depois dos três dias e meio, entrou neles um sopro de vida da parte de
Deus, e eles ficaram em pé, e um grande temor caiu sobre aqueles que os viram.
12 Então os dois ouviram uma forte voz do céu, que lhes disse: “Subam para cá!”.
E eles subiram para o céu em uma nuvem, enquanto os seus inimigos os observa-
vam. 13 Naquela hora, houve um forte terremoto, e um décimo da cidade ruiu. Sete
mil pessoas foram mortas no terremoto; os sobreviventes ficaram aterrorizados e
deram glória ao Deus do céu.
14 O segundo ai passou; o terceiro ai virá em breve.
15 O sétimo anjo tocou seu *shofar*, e houve fortes vozes no céu, dizendo:

“O reino do mundo
se tornou o Reino
de nosso Senhor e do seu Messias,
e ele reinará para todo o sempre!”.

16 Os 24 anciãos que estavam assentados em seus tronos na presença de Deus
prostraram-se com o rosto em terra e adoraram a Deus, 17 dizendo:

“Agradecemos-te, *Adonai*,
Deus dos exércitos celestiais,[r]
que és e que eras,
porque assumiste o teu grande poder
e começaste a reinar.

18 **Os *goyim* esbravejaram.**[s]
E chegou a tua ira,
o tempo de juízo dos mortos,
o tempo da recompensa dos teus
servos, os profetas,
e do teu povo santo,
daqueles que temem o teu nome,
tanto pequenos quanto grandes.
É também tempo de destruir
os que destroem a terra”.

---

[r] *'Amos* [Am] 3.13; 4.13 [s] Tehillim [Sl] 2.1

[19] Então o templo de Deus no céu foi aberto, e a arca da aliança foi vista no templo;
houve relâmpagos, vozes, trovões, um terremoto e grande quantidade de granizo.

12 [1] A seguir, foi visto um grande sinal no céu — uma mulher vestida com o sol,
com a lua debaixo dos pés e sobre sua cabeça uma coroa com doze estrelas.
[2] Ela estava grávida e a ponto de dar à luz, gritando por causa das dores do parto.
[3] Outro sinal foi visto no céu: um enorme dragão vermelho com sete cabeças e
dez chifres, tendo sobre as cabeças sete coroas reais. [4] Sua cauda arrastou consigo
um terço das estrelas do céu, lançando-as à terra. Ele parou diante da mulher que
estava para dar à luz a fim de devorar seu filho assim que nascesse.
[5] Ela deu à luz um filho, um homem, que governará **todas as nações com cetro
de ferro**.[t] Mas seu filho foi arrebatado para junto de Deus e de seu trono. [6] E ela
fugiu para o deserto, para um lugar que lhe havia sido preparado por Deus, para
que ali fosse cuidada durante 1.260 dias.
[7] A seguir, houve uma batalha no céu — Mikha'el e seus anjos lutaram contra o
dragão, e o dragão e os seus anjos revidaram. [8] Mas estes não foram suficientemente fortes, de modo que não mais havia lugar para eles no céu. [9] O grande dragão foi
expulso. Ele é a antiga serpente, também conhecido por Diabo e Satan [o Adversário], o enganador do mundo todo. Ele e os seus anjos foram lançados à terra.
[10] Então ouvi uma forte voz do céu, dizendo:

"Agora veio a vitória, o poder e o Reino do nosso Deus,
e a autoridade do seu Messias;
porque o acusador dos nossos irmãos,
que os acusa dia e noite diante de Deus,
foi lançado fora!

[11] "Eles o venceram por causa do sangue do Cordeiro
e por causa da mensagem de seu testemunho.
Mesmo diante da morte,
não se apegaram à vida.

[12] "Portanto, regozijem-se o céu e os que nele habitam!
Mas ai de vocês, terra e mar,
porque o Adversário desceu até vocês,
e ele está muito irado, por saber que seu tempo é curto!".

[13] Quando o dragão viu que tinha sido lançado à terra, começou a perseguir a
mulher que dera à luz o menino. [14] Mas a mulher recebeu o par de asas da grande
águia, para que pudesse voar ao seu lugar no deserto, onde será sustentada durante **uma estação, duas estações e meia estação**,[u] fora da presença da serpente.
[15] Então a serpente fez jorrar da sua boca água como um rio, para alcançar a mulher
e arrastá-la com a correnteza. [16] A terra, porém, veio socorrê-la — ela abriu a boca
e engoliu o rio que o dragão fizera jorrar da sua boca. [17] O dragão irou-se contra a
mulher e saiu para lutar contra o resto de seus filhos, aqueles que obedecem aos
mandamentos de Deus e dão testemunho de Yeshua.
[18] Então o dragão se pôs em pé na areia do mar.

[t] *Tehillim* [Sl] 2.9 [u] *Dani'el [Dn]* 7.25; 12.7

13 1 Vi uma besta que saía do mar, com dez chifres e sete cabeças. Sobre seus chifres, havia dez coroas reais e sobre suas cabeças nomes blasfemos. 2 A besta que vi era semelhante a um leopardo, mas tinha pés como os de urso e boca como a de leão. O dragão lhe deu seu poder, seu trono e grande autoridade. 3 Uma das cabeças da besta parecia ter sofrido um ferimento fatal, mas o ferimento fatal foi curado, e o mundo todo, maravilhado, seguiu a besta. 4 Eles adoraram o dragão, porque dera sua autoridade à besta, e adoraram a besta, dizendo:

> "Quem é como a besta?
> Quem pode guerrear contra ela?".

5 À besta, foi dada uma boca para falar blasfêmias e palavras arrogantes, e lhe foi dada autoridade para atuar durante 42 meses. 6 A seguir, ela abriu a boca para blasfemar contra Deus, insultar seu nome e sua *Sh'khinah*, e os que habitam no céu. 7 Foi-lhe dado poder para guerrear contra o povo santo de Deus e derrotá--los. Foi-lhe dada autoridade sobre toda tribo, povo, língua e nação. 8 Todos os habitantes da terra a adorarão, com exceção daqueles que têm os nomes escritos no Livro da Vida pertencente ao Cordeiro morto antes da fundação do mundo. 9 Aquele que tem ouvidos ouça!

10 **"Se alguém há de ir para o cativeiro,**
> **para o cativeiro irá!**
> **Se alguém há de ser morto à espada,**
> **morto à espada haverá de ser!".**[v]

Esse é o tempo no qual o povo santo de Deus deve perseverar e confiar!

11 Então vi outra besta subindo da terra. Ela possuía dois chifres como um cordeiro, mas falava como um dragão. 12 Exercia toda a autoridade da primeira besta, em nome dela, e fazia a terra e seus habitantes adorarem a primeira besta, cujo ferimento fatal fora curado. 13 Ela realiza grandes milagres, chegando a fazer descer fogo do céu à terra para mostrar-se aos homens. 14 Ela engana o povo que vive na terra por meio dos milagres que lhe são permitidos realizar na presença da besta e lhes diz que façam uma imagem em honra da besta que fora ferida pela espada, mas que voltou a viver. 15 Foi-lhe permitido soprar na imagem da besta para que ela pudesse falar e fazer que fossem mortos todos os que se recusassem a adorar a imagem. 16 Também obrigou todos — grandes e pequenos, ricos e pobres, livres e escravos — a receberem certa marca na mão direita ou na testa, 17 para que ninguém pudesse comprar nem vender, a não ser quem tivesse a marca, isto é, o nome da besta ou o número do seu nome. 18 Aqui a sabedoria é necessária: aquele que compreende deve calcular o número da besta, porque é o número de uma pessoa, e seu número é 666.

14 1 Então olhei, e lá estava o Cordeiro em pé sobre o monte Tziyon, e com ele estavam os 144 mil que traziam o nome dele e o do seu Pai escritos na testa. 2 Ouvi um som do céu como o de muitas águas e de um forte trovão; o som que ouvi era como o de harpistas tocando seus instrumentos. 3 Eles estavam cantando um novo cântico diante do trono, dos quatro seres viventes e dos anciãos, e ninguém podia aprender o cântico, a não ser os 144 mil que haviam sido comprados da terra. 4 Estes são os que não se contaminaram com mulheres, porque são virgens, e

---

[v] *Yirmeyahu* [Jr] 15.2; 43.11

seguem o Cordeiro por onde quer que ele vá. Foram comprados dentre a humanidade
como primícias para Deus e para o Cordeiro. 5 Em seus lábios, não se encontrou
nenhuma mentira — eles não têm defeito.
6 A seguir, vi outro anjo voando pelo céu com as boas-novas eternas para serem
proclamadas aos que vivem na terra — a cada nação, tribo, língua e povo. 7 Ele disse
em alta voz:

"Temam a Deus, deem-lhe glória,
porque chegou a hora do seu juízo!
Adorem aquele que fez os céus e a terra,
o mar e as fontes d'água".

8 Outro anjo, o segundo, seguiu-o, dizendo:

"Ela caiu! Caiu,
Bavel, a Grande![w]
Ela fez todas as nações beberem do vinho
da fúria de Deus por causa da sua prostituição!".

9 Outro anjo, o terceiro, seguiu-os e disse em alta voz: "Se alguém adorar a besta e
sua imagem e receber a sua marca na testa ou na mão, 10 também beberá do vinho
da fúria de Deus, derramado sem diluição no cálice da sua ira. Será atormentado
com fogo e enxofre diante dos santos anjos e do Cordeiro, 11 e a fumaça do tor-
mento dessas pessoas sobe para todo o sempre. Não há descanso, nem durante o
dia nem durante a noite, para todos os que adoram a besta e sua imagem, e para
os que recebem a marca com o seu nome". 12 Nesse momento, é necessária a per-
severança da parte do povo de Deus, dos que guardam seus mandamentos e são
fiéis a Yeshua.
13 A seguir, ouvi uma voz do céu, dizendo: "Escreva: 'Quão felizes são os mortos
que expiram unidos ao Senhor, de agora em diante!' ". "Sim", diz o Espírito, "agora
eles poderão descansar de suas lutas, porque suas realizações os acompanharão".
14 Então olhei, e diante de mim estava uma nuvem branca. Alguém **parecido
com um Filho de Homem**[x] estava sentado sobre a nuvem, com uma coroa de ouro
na cabeça e uma foice afiada na mão. 15 Outro anjo saiu do templo e bradou a quem
estava sentado sobre a nuvem: "Comece a usar sua foice para cortar, porque o
tempo da colheita chegou — a safra da terra está madura!". 16 O que estava sentado
sobre a nuvem usou a foice na terra, e a terra foi ceifada.
17 Outro anjo saiu do templo celestial. Ele também empunhava uma foice afiada.
18 Então saiu do altar outro anjo, encarregado do fogo. Ele bradou ao que tinha a
foice afiada: "Use sua foice afiada e junte os cachos de uva da videira da terra, por-
que suas uvas estão maduras!". 19 O anjo passou a foice pela terra, juntou as uvas
e as lançou no grande lagar da fúria de Deus. 20 O lagar foi usado fora da cidade,
e correu sangue do lagar, chegando ao nível dos freios dos cavalos, à distância de
trezentos quilômetros.

15 1 Vi, então, outro sinal no céu, grande e maravilhoso — sete anjos com as
sete últimas pragas, porque com elas a fúria de Deus será completada. 2 Vi
algo semelhante a um mar de vidro misturado com fogo. Os que tinham vencido
a besta, a sua imagem e o número do seu nome estavam em pé, junto ao mar de

[w] *Yesha'yahu* [Is] 21.9 [x] *Dani'el* [Dn] 7.13

vidro, segurando harpas que haviam sido dadas a eles por Deus. 3 Eles estavam
cantando o cântico de Mosheh, servo de Deus, e o cântico do Cordeiro:

> "Grandes e maravilhosas são as coisas que fizeste,
>   *Adonai*, **Deus dos exércitos celestiais!**[y]
> Teus caminhos são justos e verdadeiros,
>   Rei das nações!
> 4 *Adonai*, quem não temerá e não glorificará teu nome?
>   Porque só tu és santo.
> Todas as nações virão e adorarão diante de ti,
>   porque teus atos justos foram revelados".

5 Depois disso, olhei, e o santuário (isto é, a Tenda do Testemunho celestial) foi
aberto, 6 e de lá vieram os sete anjos com as sete pragas. Eles estavam vestidos de
linho puro brilhante e tinham cinturões de ouro ao redor do peito. 7 Um dos quatro
seres viventes deu aos sete anjos sete taças de ouro cheias da fúria de Deus, que
vive para todo o sempre. 8 O santuário ficou cheio da fumaça da *Sh'khinah* de Deus,
isto é, do seu poder, e ninguém poderia entrar no santuário até que as sete pragas
dos sete anjos cumprissem seu propósito.

16

1 Ouvi uma forte voz do santuário dizer aos sete anjos: "Vão e derramem
sobre a terra as sete taças da fúria de Deus!".

2 Então o primeiro anjo foi e derramou sua taça sobre a terra, e abriram-se fe-
ridas repugnantes e dolorosas em todas as pessoas que tinham a marca da besta e
adoravam sua imagem.

3 O segundo anjo derramou sua taça no mar, e ele se tornou como o sangue de
uma pessoa morta, e todas as criaturas viventes no mar morreram.

4 O terceiro anjo derramou sua taça nos rios e nas fontes, e eles se transforma-
ram em sangue. 5 Então ouvi o anjo das águas dizer:

> "Ó *HaKadosh*, o que és e eras,
> tu és justo em todos os teus juízos.
> 6 Eles derramaram o sangue do teu povo e dos teus profetas,
> portanto tu lhes fizeste beber sangue. Eles o merecem!".
>
> 7 E ouvi o altar responder:
>
> "Sim, *Adonai*, **Deus dos exércitos celestiais**,[z]
> teus juízos são verdadeiros e justos!".

8 O quarto anjo derramou sua taça no sol, e lhe foi dada permissão para queimar as
pessoas com fogo. 9 Os homens foram queimados pelo calor intenso, e eles amaldi-
çoaram o nome de Deus, que tem autoridade sobre essas pragas, em vez de darem
as costas a seus pecados e lhe darem glória.

10 O quinto anjo derramou sua taça sobre o trono da besta, cujo reino ficou em
trevas. Os homens mordiam a própria língua por causa da dor intensa. 11 Entre-
tanto, eles amaldiçoaram o Deus do céu, por causa de suas dores e feridas, mas
nenhum deles abandonou seus atos pecaminosos.

12 O sexto anjo derramou sua taça sobre o grande rio Eufrates, e sua água secou
para que fosse preparado o caminho para os reis do Oriente. 13 E eu vi três espíritos

---

[y] *'Amos* [Am] 3.13; 4.13   [z] *'Amos* [Am] 3.13; 4.13

impuros parecidos com sapos; eles saíram da boca do dragão, da boca da besta e
da boca do falso profeta. 14 São espíritos demoníacos que realizam sinais miraculo-
sos que vão aos reis de todo o mundo, a fim de reuni-los para a Guerra do Grande
Dia de *ADONAI-Tzva'ot*. 15 ("Vejam! Venho como ladrão! Feliz aquele que permanece
alerta e mantém suas roupas limpas, para que não ande nu e não passe vergonha
em público!".) 16 E eles reuniram os reis em um lugar que, em hebraico, é chamado
Har Megiddo.

17 O sétimo anjo derramou sua taça no ar, e uma forte voz saiu do templo, do
trono, dizendo: "Está feito!". 18 Houve, então, relâmpagos, vozes, trovões e um for-
te terremoto, como nunca havia ocorrido desde que a humanidade existe sobre a
terra, tamanha sua violência. 19 A grande cidade foi dividida em três partes, e as
cidades das nações ruíram, e Deus lembrou-se de Bavel, a Grande, e lhe fez beber
o vinho do cálice de sua fúria. 20 Todas as ilhas fugiram, e nenhuma montanha foi
encontrada. 21 Enormes pedras de granizo, de cerca de 35 quilos cada, vindas do
céu, caíram sobre os homens. Eles, porém, amaldiçoaram Deus por causa da praga
do granizo, porque ela foi terrível.

17 1 Então veio um dos sete anjos que tinham as sete taças e me disse: "Venha,
eu lhe mostrarei o juízo da grande prostituta que está sentada sobre muitas
águas. 2 Os reis da terra se prostituíam com ela, e os habitantes da terra se embria-
gavam com o vinho de sua prostituição". 3 Então o anjo me levou no Espírito para
um deserto. E vi uma mulher montada em uma besta vermelha, coberta de nomes
blasfemos e que tinha sete cabeças e dez chifres. 4 A mulher estava vestida de púr-
pura e escarlate e adornada de ouro, pedras preciosas e pérolas. Em sua mão, havia
um cálice de ouro, cheio de coisas repugnantes e da impureza da sua prostituição.
5 Em sua testa, estava escrito um nome com um significado oculto:

BAVEL, A GRANDE,
MÃE DAS PROSTITUTAS E
DAS OBSCENIDADES DA TERRA.

6 Vi a mulher embriagada com o sangue do povo de Deus, isto é, com o sangue das
pessoas que testemunham sobre Yeshua.

Quando a vi, fiquei muito admirado. 7 Então o anjo me disse: "Por que você
está admirado? Eu lhe direi o significado oculto da mulher e da besta com sete
cabeças e dez chifres que a carregava. 8 A besta que você viu, era e já não é. Ela
subirá do Abismo, mas está a caminho de sua destruição. Os habitantes da terra,
cujos nomes não foram escritos no Livro da Vida desde a fundação do mundo,
ficarão admirados quando virem a besta que era, agora não é, mas que está para
aparecer. 9 "Aqui se requer mente sábia: as sete cabeças são sete colinas sobre
as quais está sentada a mulher. 10 São também sete reis: cinco já caíram, um está
vivo, e o outro ainda virá. Quando ele vier, deverá permanecer por pouco tempo.
11 A besta que era, e agora não é, é o oitavo rei; ele é um dos sete e caminha para
a destruição. 12 Os dez chifres que você viu são dez reis que ainda não começa-
ram a governar, mas que receberão autoridade como reis por uma hora, com a
besta. 13 Eles têm um único propósito e darão seu poder e sua autoridade à besta.
14 Guerrearão contra o Cordeiro, mas o Cordeiro os vencerá, porque é Senhor dos
senhores e Rei dos reis, e os chamados, escolhidos e fiéis vencerão com ele".

15 Então ele me disse: "As águas que você viu, onde está sentada a prostituta,
são povos, multidões, nações e línguas. 16 Os dez chifres e a besta que você viu
odiarão a prostituta; eles a levarão à ruína, a deixarão nua, comerão a sua carne e
a consumirão com fogo. 17 Deus pôs no coração deles o desejo de realizar seu pro-
pósito, isto é, terem a mesma mentalidade e darem o reino deles à besta até que
as palavras de Deus tenham se concretizado. 18 A mulher que você viu é a grande
cidade que reina sobre os reis da terra".

18 1 Depois dessas coisas, vi outro anjo descendo do céu. Tinha grande au-
toridade, e a terra foi iluminada por seu esplendor. 2 Ele bradou com voz
poderosa:

"Ela caiu! Caiu,
Bavel, a Grande![a]
Ela se tornou um lar para os demônios,
cárcere de todo espírito impuro,
cárcere para toda ave impura e odiosa.

3 "Porque todas as nações beberam do vinho
da fúria de Deus por causa de sua prostituição —
sim, os reis da terra se prostituíram com ela,
e, de seu amor incontido pelo luxo excessivo,
os negociantes da terra enriqueceram".

4 Então ouvi outra voz do céu dizer:

"Meu povo, saia dela!
Para que vocês não participem dos
pecados dela,
para que não sejam infectados
por suas pragas,
5 porque seus pecados formam uma
massa pegajosa que alcança o céu,
e Deus se lembrou dos seus crimes.

6 "Retribuam-lhe como ela fez!
Paguem-lhe o dobro por seus atos!
Usem o cálice em que ela misturava
para misturar-lhe uma porção dupla!

7 "Façam-na sofrer tanto tormento e aflição
como a glória e o luxo que ela deu a si mesma!
Porque, em seu coração, ela diz: 'Estou sentada como rainha —
não sou viúva e jamais terei tristeza'.

8 "Por isso, suas pragas virão em um só dia —
morte, tristeza e fome;
e ela será queimada no fogo,
porque *Adonai*, Deus, seu Juiz, é poderoso".

---

[a] *Yesha'yahu* [Is] 21.9

9 Os reis da terra, que se prostituíram com ela e participaram do seu luxo, chorarão
e se lamentarão por ela quando virem a fumaça enquanto ela queima. 10 Temerosos
por causa do tormento dela, ficarão de longe e dirão:

“Oh, não! A grande cidade!
Bavel, a cidade poderosa!
Em apenas uma hora,
seu juízo chegou!”.

11 Os negociantes da terra chorarão e se lamentarão por causa dela, porque nin-
guém mais compra a sua mercadoria: 12 artigos como ouro, prata, pedras preciosas,
pérolas, linho fino, púrpura, seda, escarlate, todo tipo de madeira rara, peças de
marfim, madeira preciosa, bronze, ferro, mármore, 13 canela, cardamomo, incenso,
mirra, olíbano, vinho, azeite, farinha, grãos, bois, ovelhas, cavalos, carruagens — e
corpos — almas de seres humanos.

14 Foram-se as frutas que você tanto desejou de todo o coração!
Todo o seu luxo e fulgor foram destruídos; nunca mais serão recuperados.

15 Os negociantes dessas coisas, que enriqueceram à custa dela, ficarão de longe,
amedrontados com o tormento dela; chorarão, lamentarão 16 e dirão:

“Oh, não! A grande cidade costumava usar linho fino, púrpura e escarlate!
Ela se adornava com ouro, pedras preciosas e pérolas!
17 Tamanha riqueza —
foi arruinada em uma hora!”.

Todos os comandantes, passageiros, marinheiros e todos os que ganham a vida
no mar ficarão a distância 18 e chorarão ao ver a fumaça enquanto ela é queimada:
“Que outra cidade foi semelhante a essa grande cidade?”. 19 Lançaram pó sobre a
cabeça, choraram e lamentaram, dizendo:

“Oh, não! A grande cidade!
A abundância de sua riqueza
enriqueceu todos os donos de navios!
Em apenas uma hora, ela foi arruinada!”.

20 Alegre-se por causa dela, ó céu!
Regozije-se, povo de Deus,
seus emissários e profetas!
Porque, ao julgá-la, Deus os vindicou.

21 Então um anjo poderoso levantou uma grande pedra do tamanho de pedra de
moinho e atirou-a ao mar, dizendo:

“Com igual violência,
será Bavel, a grande cidade,
lançada por terra, para nunca mais ser encontrada!

22 “O som dos harpistas, dos músicos,
dos flautistas e dos tocadores de trombeta
nunca mais se ouvirá em seu meio.
Nenhum artífice será encontrado em seu meio,
nem mais se ouvirá o ruído das pedras de moinho em seu meio,

23 a luz da candeia
nunca mais brilhará dentro de você,
a voz do noivo e da noiva nunca mais
será ouvida ali.

Porque seus mercadores eram os mais poderosos da terra,
todas as nações foram enganadas por suas fórmulas mágicas.

24 Nela foi encontrado o sangue de profetas e do povo de Deus,
e de todos os que foram assassinados na terra!".

19 1 Depois disso, ouvi no céu algo semelhante à voz de uma grande multidão,
que exclamava:

"*Halleluyah*!
"A vitória, a glória e o poder de nosso Deus!
2 Porque seus juízos são verdadeiros e justos.
Ele julgou a grande prostituta
que corrompia a terra com sua prostituição.
Ele se vingou dela
por ter o sangue dos seus servos em suas mãos".

3 E eles disseram pela segunda vez:

"*Halleluyah*!
"A fumaça sobe dela para todo o sempre!".

4 Os 24 anciãos e os quatro seres viventes prostraram-se e adoraram a Deus, que
estava sentado no trono, e disseram:

"*Amen*!
Halleluyah!".

5 Uma voz partiu do trono:

"Louvem nosso Deus todos vocês, seus servos,
todos os que o temem, pequenos e grandes!".

6 Então ouvi algo semelhante ao som de uma grande multidão, como o estrondo
de muitas águas e fortes trovões:

"*Halleluyah*!
"**ADONAI, Deus dos exércitos celestiais**,[b]
começou a reinar!
7 Regozijemo-nos e nos alegremos!
Demos-lhe glória!
Porque chegou a hora do
casamento do Cordeiro,
e a sua noiva está preparada —
8 linho fino, brilhante e puro
foi-lhe dado para vestir".

(O "linho fino" são os atos justos do povo de Deus.)

[b] *'Amos* [Am] 3.13; 4.13

9 E o anjo me disse: “Escreva: ‘Quão felizes são os que foram convidados para a festa de casamento do Cordeiro!’ ”. E acrescentou: “Estas são palavras de Deus”. 10 Caí a seus pés para adorá-lo, mas ele me disse: “Não faça isso! Sou servo como você e seus irmãos que têm o testemunho de Yeshua. Adore a Deus! Porque o testemunho de Yeshua é o espírito de profecia”.

11 Vi os céus abertos e diante de mim um cavalo branco. Montado nele estava o que é chamado Fiel e Verdadeiro, e em sua justiça executa o juízo e segue para a batalha. 12 Seus olhos eram como chama flamejante, e em sua cabeça havia muitas coroas reais. E possui um nome que só ele conhece. 13 Está vestido com um manto tingido de sangue, e o seu nome é “A Palavra de Deus”. 14 Os exércitos do céu, vestidos de linho fino, branco e puro, o seguiam em cavalos brancos. 15 De sua boca sai uma espada afiada, com a qual ferirá as nações — “**Ele as** governará **com cetro de ferro**”.[c] É ele que pisa o lagar do qual flui o vinho da ira de *Adonai*, Deus dos exércitos celestiais. 16 Em seu manto e em sua coxa, está escrito um nome:

Rei dos reis
e
Senhor dos senhores.

17 Vi um anjo que estava em pé no sol e que clamava em alta voz a todas as aves que voavam pelo meio do céu: “Venham, reúnam-se para a grande festa que Deus está dando, 18 para comerem carne de reis, generais e homens importantes, carne de cavalos e seus cavaleiros, carne de todos os tipos de pessoas, livres e escravos, pequenos e grandes!”. 19 Vi a besta, os reis da terra e seus exércitos reunidos para guerrearem contra aquele que está montado no cavalo e contra seu exército. 20 Mas a besta foi presa, e com ela o falso profeta que, em sua presença, havia realizado milagres usados para enganar aqueles que receberam a marca da besta e adoraram sua imagem. A besta e o falso profeta foram lançados vivos no lago de fogo que arde com enxofre. 21 Os demais foram mortos pela espada que sai da boca daquele que está montado no cavalo; e todas as aves se fartaram com a carne deles.

20 1 A seguir, vi um anjo descer do céu trazendo a chave do Abismo e uma grande corrente na mão. 2 Ele prendeu o dragão, a antiga serpente, que é o Diabo e Satan [o Adversário], e o acorrentou por mil anos; 3 lançou-o no Abismo, fechou-o e pôs um selo sobre ele, para que ele não mais pudesse enganar as nações até o fim dos mil anos. Depois disso, ele deverá ser solto por um pouco de tempo.

4 Vi tronos, e aqueles sentados sobre os tronos receberam autoridade para julgar. Vi a alma dos que foram decapitados por testemunharem a respeito de Yeshua e da proclamação da Palavra de Deus; também os que não tinham adorado a besta nem sua imagem, e não tinham recebido sua marca na testa nem nas mãos. Eles voltaram à vida e reinaram com o Messias durante mil anos. 5 (O restante dos mortos não voltou a viver até que os mil anos tivessem acabado.) Essa é a primeira ressurreição. 6 Felizes e santos os que têm parte na primeira ressurreição; sobre eles a segunda morte não tem poder. Pelo contrário, eles serão *kohanim* de Deus e do Messias, e reinarão com ele durante mil anos.

7 Quando os mil anos tiverem acabado, o Adversário será libertado da prisão 8 e sairá para enganar as nações nos quatro cantos da terra, **Gog e Magog**,[d] reunindo-as

[c] *Tehillim* [Sl] 2.9 [d] *Yechezk'el* [Ez] 38.2

para a batalha. Seu número é incontável como a areia da praia. 9 Elas marcharam
por toda a extensão da Terra e cercaram o acampamento do povo de Deus e a cida-
de que ele ama. No entanto, fogo desceu do céu e consumiu todas. 10 O Adversário,
que as enganou, foi lançado no lago de fogo e enxofre, onde estavam a besta e o
falso profeta; eles serão atormentados dia e noite, para todo o sempre.

11 Depois vi um grande trono branco e aquele que nele estava assentado. A terra
e o céu fugiram de sua presença, e não se achou lugar para eles. 12 Vi também os
mortos, grandes e pequenos, em pé diante do trono. Livros foram abertos; e outro
livro foi aberto, o Livro da Vida. Os mortos foram julgados com base no que estava
escrito nos livros, segundo o que tinham feito. 13 O mar entregou os mortos que
havia nele; e a morte e o *sh'ol* entregaram os mortos que havia neles; e eles foram
julgados, cada um de acordo com o que tinha feito. 14 Então a Morte e o *sh'ol* foram
lançados no lago de fogo. Esta é a segunda morte — o lago de fogo. 15 Aquele cujo
nome não foi encontrado escrito no Livro da Vida foi lançado no lago de fogo.

21 1 Então vi **um novo céu e uma nova terra,**[e] pois o antigo céu e a antiga terra
tinham passado, e o mar já não estava mais ali. 2 Também vi a Cidade Santa,
a Nova Yerushalayim, descendo do céu, da parte de Deus, preparada como uma
noiva, lindamente vestida para seu marido. 3 Ouvi uma forte voz vinda do trono
dizer: "Vejam! A *Sh'khinah* de Deus está com a humanidade, **e ele viverá com os
homens. Eles serão seu povo, e ele próprio, Deus-com-eles, será o Deus deles.**[f]
4 Ele enxugará dos olhos deles toda lágrima. Não haverá mais morte; nem tristeza,
nem choro, nem dor; porque a antiga ordem já passou".

5 Então aquele que está sentado no trono disse: "Vejam! Estou fazendo tudo
novo!". Ele disse também: "Escreva: 'Estas palavras são verdadeiras e dignas de
confiança!' ". 6 E ele me disse: "Está feito! Eu sou o 'A' e o 'Z', o Princípio e o Fim.
A quem está sedento, eu mesmo darei água da Fonte da Vida, de graça. 7 O vence-
dor receberá todas estas coisas, eu serei seu Deus, e ele será meu filho. 8 Mas os
covardes, os indignos de confiança, os desprezíveis, os assassinos, os sexualmente
imorais, os que usam drogas alucinógenas para entrar em sintonia com o oculto, os
adoradores de ídolos e todos os mentirosos — o destino deles é o lago que queima
com fogo e enxofre, a segunda morte".

9 Um dos sete anjos com as sete taças cheias das últimas sete pragas aproxi-
mou-se de mim e disse: "Venha! Eu lhe mostrarei a Noiva, a Esposa do Cordeiro".
10 Ele me levou no Espírito ao cume de um grande e alto monte e mostrou-me a
cidade santa, Yerushalayim, descendo do céu da parte de Deus. 11 Ela possuía a
Sh'khinah de Deus, por isso seu brilho era como o de uma joia muito preciosa,
como um cristal claro. 12 Tinha um grande e alto muro com doze portões; junto aos
portões, estavam doze anjos; e inscritos nos portões estavam os nomes das doze
tribos de Yisra'el. 13 Havia três portões ao leste, três portões ao norte, três portões
ao sul e três portões ao oeste. 14 O muro da cidade foi construído sobre doze pedras
fundamentais, e sobre elas estavam os nomes dos doze emissários do Cordeiro.

15 O anjo que falava comigo tinha uma vara de ouro para medir a cidade, seus
portões e o muro. 16 A cidade era quadrada, de largura igual ao comprimento. Ele
mediu a cidade com a vara; tinha 2.200 quilômetros de comprimento, largura e
altura. 17 Ele mediu o muro; a medida do muro era de 65 metros de espessura,

---

[e] *Yesha'yahu* [Is] 65.17; 66.22 [f] *Vayikra* [Lv] 26.11,12; *Yesha'yahu* [Is] 7.14; 8.8,10; *Yirmeyahu* [Jr] 31.33(34); *Yechezk'el* [Ez] 37.27; *Divrei-HaYamim Bet* [2Cr] 6.18

segundo a medida humana usada pelo anjo. 18 O muro era feito de diamante, e a
cidade era de ouro puro, semelhante ao vidro puro. 19 Os fundamentos do muro da
cidade estavam decorados com todos os tipos de pedras preciosas — a primeira
pedra fundamental era diamante; a segunda, safira; a terceira, calcedônia; a quarta,
esmeralda; 20 a quinta, sardônio; a sexta, cornalina; a sétima, crisólito; a oitava, be-
rilo; a nona; topázio; a décima, crisópraso; a décima primeira, turquesa; e a décima
segunda, ametista. 21 Os doze portões eram doze pérolas; cada portão feito de uma
única pérola. A rua principal da cidade era de ouro puro, transparente como vidro.
22 Não vi nenhum templo na cidade, porque *Adonai*, Deus dos exércitos celes-
tiais, é seu templo, bem como o Cordeiro. 23 A cidade não necessita do sol nem da
lua para brilharem sobre ela, porque a *Sh'khinah* de Deus lhe dá luz, e o Cordeiro
é sua candeia. 24 As nações andarão em sua luz, e os reis da terra lhe trarão seu
esplendor. 25 Seus portões nunca fecharão, permanecerão abertos o dia todo por-
que lá não existirá noite, 26 e a honra e o esplendor das nações lhe serão trazidos.
27 Nada impuro poderá entrar nela, nem qualquer pessoa que pratique coisas ver-
gonhosas ou minta; mas poderão entrar apenas aqueles cujos nomes estão escritos
no Livro da Vida do Cordeiro.

22 1 Então o anjo me mostrou o rio da água da vida, brilhante como cristal,
fluindo do trono de Deus e do Cordeiro. 2 Entre a rua principal e o rio, estava
a árvore da Vida, que produz doze tipos de frutos, um tipo diferente a cada mês; e
as folhas da árvore eram para a cura das nações — 3 não haverá mais maldições. O
trono de Deus e do Cordeiro estará na cidade, e seus servos o adorarão; 4 eles verão
sua face, e seu nome estará em suas testas. 5 Não haverá mais noite. Eles não pre-
cisarão de luz de candeia, nem da luz do sol, porque *Adonai*, Deus, brilhará sobre
eles. E eles serão reis para todo o sempre.

6 Então o anjo me disse: "Estas palavras são verdadeiras e dignas de confiança:
Adonai, Deus do espírito dos profetas, enviou seu anjo para mostrar a seus servos
as coisas que devem acontecer em breve".

7 "Veja! Venho em breve. Feliz é a pessoa que obedece às palavras da profecia
escrita neste livro!".

8 Eu, Yochanan, sou aquele que ouviu e viu estas coisas; quando eu as ouvi e vi,
caí aos pés do anjo que me mostrou tudo aquilo, para adorá-lo. 9 Mas ele me disse:
"Não faça isso! Sou apenas um conservo seu e de seus irmãos, os profetas, e das
pessoas que obedecem às palavras deste livro. Adore a Deus!".

10 Então me disse: "Não **sele as palavras da profecia deste livro**,[g] porque o tem-
po de seu cumprimento está próximo.

11 Todo aquele que continua a agir impiamente, que o faça;
todo aquele que é sujo, que viva na sujeira.

"Também, todo aquele que é justo, continue a fazer a justiça;
e todo aquele que é santo, continue a santificar-se".

12 "Prestem atenção!", disse Yeshua. "Venho em breve, e minha recompensa está
comigo, para dar a cada pessoa de acordo com o que tiver feito. 13 Eu sou o 'A' e o
'Z', o Primeiro e o Último, o Princípio e o Fim".

---

[g] *Dani'el* [Dn] 12.4

[14] Quão abençoados são os que lavaram suas vestes e, assim, têm o direito de
comer da árvore da Vida e de entrar pelos portões na cidade! [15] Do lado de fora
estão os homossexuais, os que usam drogas alucinógenas para entrar em sintonia
com o oculto, os sexualmente imorais, os assassinos, os adoradores de ídolos e
todo aquele que ama e pratica a falsidade. [16] "Eu, Yeshua, enviei meu anjo para dar
a vocês este testemunho a respeito das comunidades messiânicas. Eu sou a Raiz e
o Descendente de David, a brilhante Estrela da Manhã. [17] O Espírito e a Noiva dizem:
'Vem!'. E todo aquele que ouvir diga: 'Vem!'. E todo aquele que tiver sede, venha; e
todo aquele que quiser, receba de graça a água da vida".

[18] Advirto todos os ouvintes das palavras da profecia deste livro: Se alguém
lhe acrescentar algo, Deus lhe acrescentará as pragas escritas neste livro. [19] E, se
alguém tirar alguma palavra do livro desta profecia, Deus tirará dele a parte na
árvore da Vida e na cidade santa, descritas neste livro.

[20] "Aquele que testifica todas estas coisas diz: 'Sim, venho em breve!' "

Amen! Vem, Senhor Yeshua!

[21] Que a graça do Senhor Yeshua seja com todos!

Glossário com explicações de pronúncia

Formato. Os nomes de pessoas e lugares não têm destaque; outros termos encontram-se em *itálico.* Todos os termos são hebraicos, com exceção dos assinalados [a] = aramaico e [o] = outra [origem]. As formas correntes em português aparecem entre parênteses. A definição ou explicação dos vocábulos, caso necessária, aparece em seguida. No caso dos nomes e termos da *B'rit Hadashah*, que aparecem no fim de cada entrada, dá-se o livro, capítulo e versículo do termo (v. abreviações abaixo); o "+" significa o aparecimento em pelo menos mais um lugar; "s" ou "ss" destacam a repetição no versículo ou versículos seguintes. De modo geral, os nomes e termos do *Tanakh* não são explicados, ainda que sejam apresentadas traduções quando necessário.

Pronúncia. A menos que a palavra seja acentuada, de acordo com as regras da língua portuguesa, a sílaba tônica é impressa em **negrito**. As consoantes são semelhantes às da língua portuguesa, com as seguintes exceções: pronuncia-se o "ch" ou o "kh" como no sobrenome alemão Ba*ch*, ou o nome espanhol *J*uan. (Convém lembrar que este som é mais forte que os "rr" da palavra ca*rro*.) O "g" sempre é pronunciado como em *ga*to, *gue*rra, *gui*a, *go*ta e *gu*ru. A parada gutural do *alef* é representada por um apóstrofo (') antes de uma vogal, exceto no início das palavras. P. ex.: Natan'el é pronunciado Na · tan · **'el** (e não Na · ta · **nel**). A pausa gutural mais forte *'ayin* é representada por um apóstrofo revertido (') antes ou depois de uma vogal. "Sh" é pronunciado como na palavra *ch*apéu ou *x*ícara. "Tz" deve ser pronunciado como nas palavras pizza ou *ts*unami.

A pronúncia das palavras hebraicas e aramaicas usadas neste livro corresponde à utilizada hoje no Estado de Yisra'el; a pronúncia asquenaze (dos judeus alemães e da Europa Oriental), comum nos círculos religiosos também no Brasil, tende a transformar a vogal *a* em *o*, e a modificar a acentuação das palavras, passando-as de oxítonas *shab**bat*** para paroxítonas ***sha**bos.*

A seção 16 da introdução tem mais a dizer sobre a pronuncia do hebraico.

Abreviaturas dos livros da Bíblia. Os livros do Tanakh não são abreviados no Glossário. Os livros da *B'rit Hadashah* recebem as seguintes abreviações:

At	Atos	Rm	Romanos
1Co	1Coríntios	Rv	Revelação (Apocalipse)
2Co	2Coríntios	1Ts	1Tessalonicenses
Cl	Colossenses	2Ts	2Tessalonicenses
Ef	Efésios	1Tm	1Timóteo
Gl	Gálatas	2Tm	2Timóteo
1Kf	1Kefa (1Pedro)	Tt	Tito
2Kf	2Kefa (2Pedro)	1Yn	1Yochanan (1João)
Lc	Lucas	2Yn	2Yochanan (2João)
Jm	Judeus messiânicos (Hebreus)	3Yn	3Yochanan (3João)
Mc	Marcos	Yk	Ya'akov (Tiago)
Mt	Mattityahu (Mateus)	Yd	Y'hudah (Judas)
Fm	Filemom	Yn	Yochanan (João)
Fp	Filipenses		

A · bad · **don** (Abadom). Rei e/ou anjo do abismo sem fim. Da raiz hebraica *'abd*, "perder, destruir". A tradução grega deste nome é *Apollyon*, que significa "destruidor" (Rv 9.11).

Ab · *ba*. [a] Forma afetiva para referir-se ao próprio pai, daí "papai", "paizinho", "querido pai". Apesar de ser originariamente aramaica, a palavra foi incorporada ao hebraico antigo. As crianças israelenses chamam seu pai de *aba* (Mc 14.36+).

A · char · ***chel*** (Aarel)

A · cha · ***rei Mot***. *Parashah* 29 (*Vayikra* [Lv] 16.1—18.30).

a · cha · ***rit****-ha · ya ·* ***mim***. Literalmente, "o fim dos dias". O tempo do fim ou os "últimos dias", quando o *'olam hazeh* chega ao fim e o *'olam haba* está a ponto de iniciar-se (1Co 10.11+).

A · chas · ***bai*** (Aasbai)

A · chash · **ta** · ri (Haastari)

A · chash · ve · **rosh** (Assuero)

Ach · **'av** (Acabe)

A · **chaz** (Acaz). Rei de Y'hudah, pai de Hizkiyahu (Ezequias); na genealogia do Messias (Mt 1.9).

A · chaz · **yah** (A · chaz · **ya** · hu) (Acazias)

Ach · **ban** (Abã)

A · cher (Aer)

A · **chi** (Aí)

A · chi · **'am** (Aião)

A · chi · **chud** (Aiúde)

A · chi · **'e** · zer (Aieser)

A · chi · **hud** (Aiúde)

A · chi · **kam** (Aicã)

A · chi · **lud** (Ailude)

A · chi · ma · **'atz** (Aimaás)

A · chi · **man** (Aimã)

A · chi · **me** · lekh (Aimeleque)

A · chi · **mot** (Aimote)

A · chi · na · **dav** (Ainadabe)

A · chi · no · **'am** (Ainoã)

A · chi · **ra** (Aira)

A · chi · **ram** (Airã)

A · chi · **ra** · mi (Airami)

A · chi · sa · **makh** (Aisamaque)

A · chi · **sha** · char (Aisaar)

A · chi · **shar** (Aisar)

A · chi · **to** · fel (Aitofel)

A · chi · **tuv** (Aitube)

A · chi · **yah** (Aías)

A · ch · **lai** (Alai)

Ach · **lav** (Alabe)

Ach · m' · **ta** (Acmeta)

A · **cho** · ach (Aoá)

a · cho · **chi** (aoíta)

Ach · **rach** (Aará)

Achu · **mai** (Aumai)

A · chu · **zam** (Auzão)

A · chu · **zat** (Auzate)

Ach · **yan** (Aiã)

Ach · **yo** (Aiô)

Ach · **zai** (Azai)

'Ad · 'a · **dah**

'A · **dah** (Ada)

A · dal · **ya** (Adalia)

A · **dam** (Adão). O primeiro homem; a palavra significa "ser humano"; da raiz hebraica *adm*, "vermelho", da qual também procede o vocábulo *adamah*, "terra" (Lc 3.38+).

A · da · mi-**Ne** · kev (Adaminequebe)

A · **dan** (Adã)

a · **dar**. Décimo segundo mês do calendário bíblico, sexto mês do calendário judaico moderno (fev/mar).

'A · da · **yah** ('A · da · **ya** · hu) (Adaías)

Ad · be · **'el** (Adbeel)

Ad · **di**. Na genealogia do Messias (Lc 3.28).

'A · di · **'el** (Adiel)

'A · **din** (Adim)

'A · di · **na** (Adina)

'A · di · **no** (Adino)

'A · di · **ta** · yim (Aditaim)

Ad · **lai** (Adlai)

Ad · **mah** (Admá)

Ad · ma · **ta** (Admata)

Ad · **min** (Admim). Na genealogia do Messias (Lc 3.33).

'Ad · **na**

'Ad · **nach** (Adna)

'Ad · **nah**

A · **don** (Adom)

A · do · ***nai***. Literalmente, "meu Senhor"; palavra usada na Bíblia hebraica para designar Deus. Quando usada na *BJC* com versalete e itálico (*A · DO · NAI*), representa o tetragrama, o nome hebraico de Deus, que consiste em quatro consoantes *Yud-Heh-Vav-Heh*). Em português, geralmente é transliterado em Javé, Yahweh, Jeová ou "o Senhor" (Mt 1.20+).

A · DO · NAI E · lo · ***hei****-Tz'va ·* ***'ot*** (O Senhor Deus dos Exércitos)

A · DO · NAI E · lo · ***hei*** *· nu*. O Senhor, nosso Deus (v. *elohim*) (Mc 12.29).

A · DO · NAI (O Senhor, nosso Deus)

A · do · ***nai*** *E · LO · HIM*. (O Senhor Deus)

A · do · ***nai*** *E · LO · HIM E · lo ·* ***hei****-Tz'va ·* ***'ot*** (O Senhor Deus, o Deus dos Exércitos)

A · do · ***nai*** *E · LO · HIM-Tz'va ·* ***'ot*** (O Senhor, o Deus dos Exércitos)

A · DO · NAI Nis · ***si***. O SENHOR, minha bandeira/ meu milagre

A · DO · NAI-Sha · ***lom***. O SENHOR da paz

A · DO · NAI Sham · ***mah***. O SENHOR está ali

A · DO · NAI Tzid · ***ke*** · nu (O SENHOR, nossa Justiça)

*A · do · **nai**-Tz'va · '**ot*** (Senhor dos Exércitos). Senhor dos exércitos celestiais, Senhor das hostes (Rm 9.29+).

A · DO · NAI Yir · **'eh**. O SENHOR proverá.

A · do · ni-**Be** · zek (Adoni-Bezeque)

A · do · ni · **kam** (Adonicão)

A · do · ni · **ram** (Adonirã)

A · do · ni-**Tze** · dek (Adoni-Zedeque)

A · do · ni · **yah** (A · do · ni · **yahu**) (Adonias)

A · do · **ram** (Adorão)

A · do · **ra** · yim (Adoraim)

Ad · ra · **me** · lekh (Adrameleque)

Ad · ri · **'el** (Adriel)

A · du · **lam** (Adulão)

'A · du · **lam** (Adulão)

'a · du · la · **mi** (adulamita)

a · far · sat' · **khim** (afarsaquitas)

a · far · **sim** (afarsitas)

A · **fek** (Afeque)

A · fe · **kah** (Afeca)

A · **fi** · ach (Afia)

A · **fik** (Afique)

A · **gag** (Agague)

a · ga · **gi** (agagita)

A · **gav** (Ágabo). Profeta do Novo Testamento (At 11.28; 21.10).

A · **ge** (Agé)

A · **gur** (Agur)

A · ha · **ron** (Arão). Irmão de Mosheh; tradicionalmente o primeiro *kohen gadol* (Lc 1.5+).

A · ha · **va** (Aava)

'Ai (Ai)

'A · **kan** (Acã)

'A · **khan** (Acã)

'A · **khar** (Acar)

'Akh · **bor** (Acbor)

A · **khish** (Aquis)

A · **khor** (Acor)

'Akh · **sah** (Acsa)

Akh · **shaf** (Acsafe)

Akh · **ziv** (Aczibe)

Ak · **kad** (Acade)

'Ak · **ko** (Aco)

'Ak · rab · **bim** (Acrabim)

'A · **kuv** (Acube)

A · la · **me** · lekh (Alameleque)

'a · la · **mot** (alamote). Instrumentos musicais de som agudo.

a · lef. Primeira letra do alfabeto hebraico.

'A · **le** · met (Alemete)

Al · mo · **dad** (Almodade)

'Al · **mon** (Almom)

Al · **mon**-Div · la · **ta** · yim (Almom Diblataim)

A · **lon** (Alom)

A · **lon**-Ba · **khut** (Alon-Bacute)

A · **lot** (Alote)

A · **lush** (Alus)

'Al · **vah** (Alva)

'Al · **van** (Alvã)

'Al · **yan** (Alvã)

'Am · **'ad** (Amade)

*a · **mah**.* Cúbito.

'A · **mal** (Almom)

'A · ma · **lek** (Amaleque)

'a · ma · le · **ki(m)** (amalequita[s])

A · **mam** (Amã)

A · ma · **nah** (Amana)

A · mar · **yah** (Amarias)

A · mar · **ya** · hu (Amarias)

'A · ma · **sa** (Amasa)

'A · ma · **sai** (Amasai)

'A · mash' · **sai** (Amassai)

'A · mas · **yah** (Amasias)

A · matz · **yah** (Amazias)

*a · **men*** (amém). "Isto é verdade", "que seja assim", "que isto se torne verdade". Pronunciada após uma oração ou afirmação para indicar concordância. 1. A maior parte dos tradutores verte o *amen* de Yeshua como se a expressão se referisse ao que ele estava por dizer: "Em verdade, eu lhes digo [...]". Não existe, porém, nenhum outro exemplo de *amen* sendo usado dessa forma na literatura judaica, e o contexto não exige que o termo seja entendido assim. Yeshua usa *amen* para se referir ao que foi dito, tanto de forma séria, quanto de forma irônica, por uma pessoa ou por algo que acabou de acontecer (Mt 5.18+). 2. Por vezes, o termo indica que a congregação dizia *amen* ao término de uma oração (Mt 6.13+).

'am-ha· ***'a****·retz.* Literalmente, "povo da terra", ou seja, pessoas comuns, iletradas; usado pejorativamente no primeiro século da E.C.: "ignorante". Pode ser usado como substantivo singular para descrever um indivíduo: "Ele é só um *am-ha'aretz*" (Yn 7.49; At 4.13).

A·**mi** (Ami)

A·mi·**tai** (Amitai)

Am·**ma**·'us (Emaús). Cidade de localização incerta, a cerca de 10 quilômetros de Yerushalayim (Lc 24.13).

'Am·**mi** (Ami)

'Am·mi·**'el** (Amiel)

'Am·mi·**hud** (Amiúde)

'Am·mi·na·**dav** (Aminadabe). Na genealogia do Messias (Mt 1.4; Lc 3.33).

'Am·mi·shad·**dai** (Amisadai).

'Am·mi·za·**vad** (Amizabade).

Am·**non** (Amnom)

'A·**mok** (Amoque)

A·**mon** (Amom). Na genealogia do Messias (Mt 1.10).

'A·**mon** (Amom)

'a·mo·**ni (**pl. 'a·mo·**nim)** (amonita[s])

'a·mo·**nit** (mulher amonita)

'A·mo·**rah** (Gomorra). Cidade ímpia próxima ao mar Morto, destruída por Deus nos dias de Avraham e Lot (*B'reshit* [Gn] 19), e por isso símbolo de impenitência (Mt 10.15+).

'A·**mos** (Amós)

A·**motz** (Amós). Na genealogia do Messias (Lc 3.25).

Am·ra·**fel** (Anrafel)

'Am·**ram** (Anrão)

'am·ra·**mi** (descendente de 'Am·**ram**)

Am·**tzi** (Anzi)

A·na·cha·**rat** (Anaarate)

'A·**nah** (Anás)

'A·**nak** (Anaque)

'a·na·**kim** (anaquins)

'A·na·**me**·lekh (Anameleque)

'A·na·**mim** (Anamim)

'A·**nan** (Anás). *Kohen gadol*, da juventude de Yochanan e Yeshua; mais tarde, tornou-se alguém com poder por trás das cortinas (Lc 3.2+).

'a·na·**ni** (ananins)

'A·nan·**yah** (Ananias)

'A·**nat** (Anate)

'A·na·**tot** (Anatote)

'A·na·tot·**yah** (Anatotias)

'A·**nav** (Anabe)

'A·na·**yah** (Anaías)

'A·**nem** (Anem)

'A·**ner** (Aner)

A·ni·**'am** (Anião)

'A·**nim** (Anim)

'A·**nuv** (Anube)

'An·tot·**yah** (Antotias)

A · **pa** · yim (Apaim)

'Ar (Ar)

A · **ra** (Ará)

A · **rach** (Ará)

'A · **rad** (Arade)

A · **ram.** Síria

A · **ram**-Ma · 'a · **khah** (Aram-Maacá, Síria--Maacá)

A · **ram**-Na · ha · **ra** · yim. Mesopotâmia

A · **ram**-Tzo · **vah** (Aram-Zobá). Sírios de Zobá

a · ra · **mi** (pl. a · ra · **mim**) (arameu[s]). Sírio(s).

A · **ran** (Arã)

A · ra · **rat** (Ararate)

a · ra · **ri** (ararita)

A · **rav** (Arabe)

'A · ra · **vah** (Arabá). Planície desértica ao sul do mar Morto.

A · rav · **nah** (Araúna)

Ar · **ba** (Arba)

ar · **bi** (arbita)

ar · **chi** (arquita)

Ard (Arde)

ar · **di** (ardita)

Ar · **don** (Ardom)

ar · 'e · **li** (arelita)

Ar · **gov** (Argobe)

A · ri · **dai**

A · ri · **da** · ta

A · ri · **'el** (Ariel)

a · ri · 'el. Leão de Deus, queimador do altar de Deus.

A · ri · **sai**

ar · **ki** (arquita)

'Ar · **ki** (arquita)

ark' · **vim** (arquevitas)

Ar · mo · **ni** (Armoni)

Ar · **nan** (Arnã)

Ar · **ni**. Na genealogia do Messias. Algumas versões apresentam Ram (Lc 3.33).

Ar · **non** (Arnom)

A · **rod** (Arode)

a · ro · **di** (arodita)

'A · ro · **'er** (Aroer)

'a · ro · 'e · **ri** (aroerita)

Ar · **pad** (Arpade)

Ar · pakh · **shad** (Arfaxade). Na genealogia do Messias (Lc 3.36).

Ar · tach' · **shash** · ta (Artaxerxes)

Ar · **tza** (Arza)

A · ru · **bot** (Arubote)

A · ru · **mah** (Aruma)

Ar · **vad** (Arvade)

ar · va · **di** (arvadita)

'ar · va · **ti** (arbatita)

Ar · **yeh** (Arieh)

Ar · **yokh** (Arioque)

A · **sa** (Asa). Rei de Y'hudah; na genealogia do Messias (Mt 1.7).

A · **saf** (Asafe)

'A · sah · **'el** (Asael)

A · sar · **'el** (Asarel)

A · sar · 'e · **lah** (Asarela)

'A · sa · **yah** (Asaías)

'A · **shan** (Asã)

Ash · **bel** (Asbel)

ash · be · **li** (asbelita)

Ash · **dod** (Azoto). Uma das cinco cidades da Filístia localizadas na costa mediterrânea de Yisra'el, 30 km ao sul da atual Tel-Aviv (At 8.40).

ash · do · **dim** (asdoditas)

A · **sher** (Aser). Uma das doze tribos de Yisra'el (Lc 2.36; Rv 7.6).

*a · she · **rah*** (pl. *a · she · **rim***) (Astarte, ídolo[s] de). Imagem esculpida de uma deusa pagã.

a · she · **ri** (aserita)

A · shi · **ma** (Asema)

Ash' · **chur** (Asur)

Ash · ke · **lon** (Asquelom)

Ash · ke · **naz** (Asquenaz)

Ash · **nah** (Asná)

Ash · p' · **naz** (Aspenaz)

*'ash · ta · **rot*** (astarote). Imagens de uma deusa fenícia.

'Ash · **to** · ret (Astarote). Deusa fenícia; topônimo.

'Ash · t' · ra · **ti** (asteratita)

A · **shur** (Assur). Assíria

a · shu · **ri** (pl. a · shu · **rim**). Assírio(s).

'Ash · **vat** (Asvate)

'A · si · **'el** (Asiel)

A · **sir** (Assir)

As · **nah** (Asná)

As · na · **par** (Asnapar)

As · pa · **ta** (Aspata)

As · ri · **'el** (Asriel)

as · ri · 'e · **li** (asrielita)

'As · **vat** (Ashvat)

A · **tad** (Atade)

'A · **tai** (Atai)

'A · **takh** (Ataque)

'A · tal · **yah** ('A · tal · **ya** · hu) (Atalia)

'A · ta · **rah** (Atara)

A · ta · **rim** (Atarim)

'A · ta · **rot** (Atarote)

'A · ta · **yah** (Ataia)

A · **ter**

'At · **lai** (Atlai)

'At · **rot**-A · **dar** (Atarote-Adar)

'At · **rot**-Beit-Yo · **'av** (atarote da casa de Jacó)

'At · **rot**-Sho-**fan** (Atarote-Sofã)

A · tzal · **ya** · hu (Azalias)

*'atz · **bi*** (Azbi)

A · **tzal** (Azai)

A · **tzel** (Azal)

'A · **tzem** (Azem)

*'atz · **bi**.* Minha dor.

'Atz · **mon** (Azmon)

'A · **va** (Ava)

A · **vag** · ta (Abagta)

'A · va · **rim** (Abarim)

'Av · **da** (Abda)

'Av · de · **'el** (Abdeel)

'Av · **di** (Abdi)

'Av · di · **'el** (Abdiel)

'Av · **don** (Abdon)

'Aved-N' · **go** (Abednego)

A · **vel** (Abel)

A · **vel**-Ha-Shi · **tim** (Abel-Sitim)

A · **vel**-K' · ra · **mim** (Abel-Queramim)

A · **vel**-M' · cho · **lah** (Abel-Meolá)

A · **vel**-Mitz · **ra** · yim (Abel-Mizraim)

A · **ven** (Áven)

A · **vi** (Abi)

A · vi-**'Ad** (Pai Eterno)

A · vi-'Al · **von** (Abi-Albom)

A · vi · 'a · **saf** (Abiasafe)

A · vi · cha · **yil** (Abiail)

Av · i · **chud** (Abiúde). Na genealogia do Messias (Mt 1.13).

A · vi · **da** (Abida)

A · vi · **dan** (Abidã)

A · vi · **'el** (Abiel)

A · vi · **'e** · zer (Abiezer)

a · vi · 'ez · **ri** (abiezrita)

A · vi · **gal** (Abigail)

A · vi · ga · **yil** (Abigail)

A · vi · **hu** (Abiú)

'a · **vim** (avitas)

A · vi · ma · **'el** (Abimael)

A · vi · **me** · lekh (Abimeleque)

A · vi · na · **dav** (Abinadabe)

A · vi · **ner** (Abner)

A · vi · no · **'am** (Abinoã)

*a · **vi** · nu.* Nosso pai (Lc 1.73+).

A · vi · **ram** (Abirã)

A · vi · **shag** (Abisague)

A · vi · **shai** (Abisai)

A · vi · sha · **lom** (Absalão)

A · vi · **shu** · a (Abisua)

A · vi · **shur** (Abisur)

'A · **vit** (Avite)

A · vi · **tal** (Abital)

A · vi · **tuv** (Abitube)

a · **viv** (abibe). Primeiro mês do ano bíblico, correspondente ao mês de *nisan* do calendário judaico moderno (v. entrada no glossário).

A · vi · **yah** (Abias). 1. Rei de Y'hudah e antepassado do rei David; na genealogia do Messias (Mt 1.7). 2. Uma das 24 divisões do sacerdócio (Lc 1.5).

A · vi · **yam** (Abijã)

Av · **ner** (Abner)

Av · ra · **ham** (Abraão). O primeiro dos três patriarcas do povo judeu (Mt 1.1+).

Av · ra · **ham** *a · **vi** · nu.* Abraão, nosso pai (Lc 1.73+).

Av · **ram** (Abrão)

Av · ro · **nah** (Abrona)

Av · **shai** (Abisai)

Av · sha · **lom** (Absalão)

A · **yah** (Aiá)

'A · **yah** (Aia)

A · ya · **lon** (Aijalom)

'A · **yat** (Aiate)

*'**a** · yin.* Décima sexta letra do alfabeto hebraico.

'A · **zah** (Gaza). Filipe enveredou pela "estrada que desce de Yerushalayim até Aza, a via desértica". Aza, cerca de 60 quilômetros ao sul de Tel-Aviv, era a mais meridional das cinco cidades dos filisteus. A "estrada de Aza" dos tempos atuais inicia-se no centro de Yerushalayim em direção a Gaza e ao deserto do Neguev por um quilômetro e meio antes de mudar de nome (At 8.26).

'A · **zan** (Azã)

A · zan · **yah** (Azanias)

'A · zar · **'el** (Azareel)

'A · zar · **yah**, -**ya** · hu (Azarias)

'A · **zaz** (Azaz)

'Az · 'a · **zel** (Azazel)

'A · zaz · **ya** · hu (Azazias)

Az · **buk** (Azbuque)

'A · ze · **kah** (Azeca)

'Az · **gad** (Azgade)

'A · zi · **'el** (Aziel)

'A · zi · **za** (Aziza)

'Az · **ma** · vet (Azmavete)

Az · **not**-Ta · **vor** (Aznote-Tabor)

'Az · ri · **'el** (Aziel)

'Az · ri · **kam** (Azricã)

'A · **zur** (Azor). Na genealogia do Messias (Mt 1.13).

'A · zu · **vah** (Azuba)

'az · za · **ti** (habitantes de Gaza)

Ba · 'al (Baal). A principal divindade masculina dos fenícios e cananeus. A palavra significa "senhor", "mestre", e, por extensão, "marido" (Rm 11.4).

Ba · 'al-B'**rit** (Baal-Berite)

Ba · 'al-Cha · **nan** (Baal-Hanã)

Ba · 'al-**Gad** (Baal-Gade)

Ba · 'al-Ha · **mon** (Baal-Hamom)

Ba · 'al-Ha · **nan** (Baal-Anã)

Ba · 'al-Ha · **tzor** (Baal-Hazor)

Ba · 'al-Her · **mon** (Baal-Hermom)

Ba · 'al-M · **'on** (Baal-Meom)

Ba · 'al-P · **'or** (Baal-Peor)

Ba · 'al-P'rat · **zim** (Baal-Perazim)

Ba · 'al-Sha · li · **shah** (Baal-Salisa)

Ba · 'al-Ta · **mar** (Baal-Tamar)

Ba · 'al-Tz' · **fon** (Baal-Zefom)

Ba · 'al-Zib · **bul** (Belzebu) ou **Ba** · 'al-Ze · **vuv** (Baal-Zebube); os manuscritos diferem entre si. Nomes pejorativos aplicados ao Adversário (Satan; v. Mt 4.1). O último é o nome de uma divindade dos filisteus (*M'lakhim Bet* [2Rs] 1.2) e significa "senhor das moscas". A primeira forma significa "senhor do céu", "senhor da alta moradia", daí "príncipe"; mas indica também um trocadilho com *zêvel*, "lixo, escremento" (Mt 10.25+).

Ba · 'a · **lah** (Baalá)

Ba · 'a · **lat** (Baalate)

Ba · 'a · **lat**-Be · **'er** (Baalate-Beer)

Ba · 'a · **lei**-Y'hu · **dah** (Baalei-Judá)

*ba · 'a · **li*** (Baali). Meu senhor, meu marido.

*ba · 'a · **lim*** (Baalim). Deuses pagãos.

Ba · 'a · **lis** (Baalis)

Ba · 'a · **na** (Baana)

Ba · 'a · **nah** (Baaná)

Ba · 'a · **ra** (Baara)

Ba · 'a · se · **yah** (Baaseias)

Ba · 'a · **sha** (Baasa)

ba · cha · ru · **mi** (bacamurita)

Ba · chu · **rim** (Baurim)

Ba · **kha** (Baca)

Bak · ba · **kar** (Bacbacar)

Bak · **buk** (Bacbuque)

Bak · buk · **yah** (Bacbuquias)

bakh · **ri** (bacritas)

Bal · 'a · **dan** (Baladã)

Ba · **lah** (Balá)

Ba · **lak** (Balaque). Rei de Moabe, que contratou Bil'am para amaldiçoar Yisra'el (*B'midbar* [Nm] 22—24; Rv 2.14).

*Ba · **lak**. Parashah* 40 (*B'midbar* [Nm] 22.2—25.9).

bal · **'i** (belaíta)

B · 'al · **yah** (Bealias)

Ba · **mah** (Bama)

Ba · **mot** (Bamote)

Ba · **mot-Ba** · 'al (Bamote-Baal)

Ba · **ni**

bar. [a] Filho. Antes de um nome, *bar* significa "filho de" ou "descendente de"; por extensão também pode significar "possuidor das características de". Compare com *ben* (Mt 10.3+).

Bar-**Ab** · ba (Bar-Abba). [a] Criminoso libertado por pôncio Pilatos em lugar de Yeshua, o Messias. Este nome aramaico significa "filho do pai" (Mt 27.16+).

Ba · **rak** (Baraque). General de Débora que venceu o general cananeu Sísera (*Shof'tim* [Jz] 4 e 5; Jm 11.32).

Ba · rakh · **'el** (Baraquel)

bar · chu · **mi** (barumita)

Ba · **ri** · ach (Bariá)

Bar · **kos** (Barcos)

Bar-**Nab** · ba (Barnabé). [a] *Talmid* que trabalhou com Sha'ul de Tarso. No Novo Testamento, afirma-se que este nome significa "o exortador"; ele pode estar relacionado com a palavra hebraica *navi*, "profeta" (At 4.36+).

Ba · **rukh** (Baruque)

Bar-**Sab** · ba (Barsabás). [a] Sobrenome de duas personagens. 1. Décimo segundo emissário, substituto de

Y'hudah de Keriot (At 1.23). 2. Discípulo enviado com Silas a Antioquia, como portadores de uma carta dos emissários (At 15.22). Possivelmente, este nome seja derivado de Bar-Shabat, "filho do *shabat*".

Bar-Tal · **mai** (Bartolomeu). [a] Um dos doze emissários. O nome pode significar "filho de Ptolomeu", isto é filho de um governante egípcio (Mt 10.3+).

Bar-Ti · **mai** (Bartimeu). [a] Mendigo cego curado por Yeshua (v. Timai) (Mc 10.46).

Bar-Ye · **shu** · a (Barjesus). [a] Falso profeta também chamado Elimas (At 13.6).

Bar-Yo · cha · **nan** (Barjonas, filho de João). [a] Shimon Kefa (Pedro) é identificado como Shimon, filho de Yochanan (Mt 16.17; Yn 21.15-17).

Bar · zil · **lai** (Barzilai)

Ba' · sha (Baasa)

Ba · **shan** (Basã)

Bas · **mat** (Basmate)

bat. Filha. "*Bat-*" antes de um nome significa "filha de" (Lc 2.36).

Bat-Gal · **lim** (filha de Galim)

*bat-**kol***. Voz proveniente do céu; literalmente, "filha de uma voz" (Mt 3.17; Yn 12.28).

Bat-Rab · **bim** (Bate-Rabim)

Bat-**She** · va (Bate-Seba)

Bat-**Shu** · a (Bate-Sua)

Batz · **lit** (Bazlite)

Batz · **lut** (Bazlute)

Ba · **vai**

Ba · **vel** (Babel, Babilônia)

bav · **lim** (babilônios)

*B' · chuk · ko · **tai***. *Parashah* 33 (*Vayikra* [Lv] 26.3—27.34).

B' · **dad** (Bedade)

B' · **dan** (Bedã)

Be · 'a · **lot** (Bealote)

Bed · **yah** (Bedeías)

Be · 'el · ya · **da** (Beeliada)

Be · **'er** (Beer)

Be · 'e · **ra** (Beerá)

Be · 'e · **rah** (Beerá)

Be · **'er**-E · **lim** (Beer-Elim)

Be · 'e · **ri** (Beeri)

Be · **'er** · La · **chai**-Ro · **'i** (Poço do [Deus] vivo que me vê)

Be · 'e · **rot** (Beerote)

be · 'e · ro · **ti**, (pl. be · 'e · ro · **tim**) (beerotita[s])

Be · **'er-She** · va (Beer-Seba)

Be · he · **mot** (Beemote)

Beit-'A · **nat** (Bete-Anate)

Beit-'A · **not** (Bete-Anote)

Bet-An · **yah** (Betânia). Nome que significa "casa da pobreza". 1. Vila a oeste de Yerushalayim, no monte das Oliveiras (Mt 21.17+). 2. Vila na margem oeste do rio Yarden (Yn 1.28)

Beit-'A · ra · **vah** (Bete-Arabá)

Beit-Ar · **bel** (Bete-Arbel)

Beit-Ash · **be** · a (casa de Asbea)

Beit-**A** · ven (Bete-Áven)

Beit-'Az · **ma** · vet (Bete-Azmavete)

Beit-Ba · 'al-M · **'on** (Bete-Baal-Meom)

Beit-Ba · **rah** (Bete-Bara)

Beit-Bir · **'i** (Bete-Bire)

Beit-Da · **gon** (casa de Dagom)

Beit-Dib · la · **ta** · yim(Bete-Diblataim)

Beit-**'E** · den (cada do Éden)

Beit-**El** (Betel)

Beit-**'E** · mek (Bete-Emeque)

Beit-Ga · **der** (Bete-Gader)

Beit-Ga · **mul** (Bete-Gamul)

Beit-Gil · **gal** (Bete-Gilgal)

Beit-Ha-**'E**·tzel (Bete-Ezel)

Beit-Ha-G**an** (Bete-Hagã)

Beit-Ha-K**e**·rem (Bete-Haquérem)

Beit-Ha·**ram** (Bete-Harã)

Beit-Ha·**ran** (Bete-Harã)

Beit-Ha-Ye·shi·**mot** (Bete-Jezimote)

Beit-Hog·**lah** (Bete-Hoglá)

Beit-Ho·**ron** (Bete-Horon)

Beit-**Kar** (Bete-Car)

beit-Lach·**mi** (belemita)

Beit-**Le**·chem (Belém). Cidade natal de Yeshua e do rei David; literalmente, "casa do pão" (Mt 2.1+).

Beit-L'·va·**'ot** (Bete-Lebaote)

Beit-Ma·'a·**khah** (Bete-Maacá)

Beit-Mar·ka·**vot** (Bete-Marcabote)

Beit-Mil·**lo** (casa de Milo)

Beit-M·**'on** (Bete-Meom)

Beit-Nim·**rah** (Bete-Nimrah)

Beit-Pa·**gei** (Betfagé). Vila a oeste de Yerushalayim, no monte das Oliveiras, próxima de Beit-Anyah (Mt 21.1+).

Beit-Pa·**tzetz** (Bete-Pazez)

Beit-**Pe**·let (Bete-Paleet)

Beit-P·**'or** (Bete-Peor)

Beit-Ra·**fa** (Bete-Rafa)

Beit-Re·**chov** (Bete-Reobe)

Beit-Sh·**'an** (Bete-Seã)

Beit-Shi·**tah** (Bete-Sita)

Beit-**She**·mesh (Bete-Semes)

beit-shim·**shi** (bete-semita)

Beit-Ta·**pu**·ach (Bete-Tapua)

Beit-Tzai·**dah** (Betsaida). Literalmente, "casa das redes". Cidade natal de André, Kefa, e Filipe, na margem leste do lago Kineret (Mt 11.21+).

Beit-**Tzur** (Bete-Zur)

Beit-Ye·shi·**mot** (Bete-Jesimote)

Bet-**Za**·ta (Betsata; alguns manuscritos trazem Bet-Hisda [Betesda]). [a] Localização da piscina onde Yeshua curou um homem doente havia 38 anos. Bet-Zata pode significar "casa das azeitonas"; Bet-Hisda significa "casa de misericórdia" (Yn 5.2).

Be·kher (Bequer)

Bel

Be·la

Bel·sha·**tzar** (Belsazar)

Bel·t'·sha·**tzar** (Beltessazar)

ben. Filho. "*Ben-*" antes de um nome significa "filho de", "descendente de"; por extensão, também pode significar "possuidor das qualidades de". Compare com *bar* (Mt 4.21+).

Ben-'Am·**mi** (Ben-Ami)

Ben-Cha·**yil** (Bene-Hail)

Ben-Ha·**dad** (Ben-Hadade)

*Ben-HaM'vo·**rakh**.* Filho do Bendito, isto é, Filho de Deus (Mc 14.61).

Ben-Ha·**nan** (Ben-Hanã)

Ben-Hin·**nom** (filho de Hinnom)

Ben-O·**ni** (Benoni)

ben-y'mi·**ni** (benjamita)

Ben-**Zo**·chet (Ben-Zoquete)

Be·**'on** (Beom)

Be·**ra**

Be·red (Berede)

Be·rekh·**yah** (Baraquias). Antepassado do profeta Zecharyah (Mt 23.35).

Be·**ri**

be·**rim** (beritas)

Be·ro·**tah** (Berota)

Be·ro·**tai** (Berotai)

Be·**sai** (Besai)

B'esh·t'·**rah** (Beesterá)

bet. Segunda letra do alfabeto hebraico.

Be·ten (Béten)

Be·ter (Beter)

Be · **tzai** (Bezai)

Be · tzer (Bezer)

Be · **vai** (Bebai)

Be · zek (Bezeque)

*B' · ha · 'alot · **kha**. Parashah* 36 (*B'midbar* [Nm] 8.1—12.16).

*B' · **har**. Parashah* 32 (*Vayikra* [Lv] 25.1—26.2).

Bid · **kar** (Bidcar)

Big · **ta** (Bigtá)

Big · **tan** (Bigtã)

Big · **ta** · na (Bigtana)

Big · **vai**

Bik · **'at-A** · ven (planície de Áven)

Bi · **khri** (Bicri)

Bil · **'am** Ben-B · **'or** (Balaão, filho de Beor). Profeta midianita contratado pelo rei Balak de Moav (Moabe) para amaldiçoar Yisra'el. Apesar de ele ter obedecido a Deus, e não a Balak, ao abençoar Yisra'el, desencaminhou a nação para a prática da adoração idolátrica, incluindo-se pecados sexuais e a ingestão de alimentos sacrificados a ídolos (*B'midbar* [Nm] 22—25; 31; *Tehillim* [Sl] 106; 2Kf 2.15+).

Bil · **dad** (Bildade)

Bil · **gah** (Bilgá)

Bil · **gai**

Bil · **hah** (Bilá)

Bil · **han** (Bilã)

Bil · **shan** (Bilsã)

Bil · **hal** (Bilal)

Bin · **'a** (Bineá)

Bi · **nu** · i

Bin · ya · **min** (Benjamim). Uma das doze tribos de Yisra'el. O nome significa "filho da mão direita" (At 13.21+).

bin · ya · **mi** · ni (benjamita)

Bir · **sha** (Birsá)

Bir · **za** · yit (Birzaite)

Bish · **lam** (Bislã)

Bit · **ron** (Bitrom)

Bit · **yah** (Bitia)

Biz · **ta** (Bizta)

Biz · **yot-Yah** (Biziotiá)

B' · kho · **rat** (Becorate)

B'li · **ya** · 'al (Belial). Outro nome para designar Satan, o Adversário. A palavra hebraica significa "sem proveito, inútil" (2Co 6.15).

*B' · mid · **bar**. Parashah* 34 (*B'midbar* [Nm] 1.1—4.20).

B' · na · **yah** (B' · na · **ya**hu) (Benaia)

B' · **nei-Brak** (Bene-Beraque)

B'nei-**Re** · gesh. O termo grego *Boanergēs* pode ser a transliteração dessa expressão que significa "filhos da ira, filhos do tumulto", ao passo que B'nei-**Ro** · gez significa "filhos da ira". Ambos encaixam-se na tradução apresentada pelo próprio texto: "filhos do trovão". Yeshua deu esse nome aos filhos de Zavdai, provavelmente por seu zelo ardente (Mc 9.38; Lc 9.5) (v. Mc 3.17).

B' · nei-Ya · 'a · **kan** (Bene-Jaacã)

B' · **ni** · nu (Beninu)

Bo. Parashah 15 (*Sh'mot* [Êx] 10.1—13.16).

Bo · **'az** (Boaz). Bisavô do rei David, na genealogia do Messias (Mt 1.5; Lc 3.32).

Bo · **khim** (Boquim)

Bokh · **ru** (Bocru)

B · **'or** (Beor). V. Bil'am Ben-B'or.

Bo · **tzetz** (Bozez)

Botz · **kat** (Bozcate)

Botz · **rah** (Bozra)

Boz · **kat** (Bozcate)

b'ra · ***khah*** (pl. *b'ra* · ***khot***). Bênção. A palavra tem origem em *berekh* ("joelho") e apresenta a ligação entre a adoração e o ato de ajoelhar-se. "Dizer uma *b'rakhah*" significa abençoar (Mt 9.8+).

B'ra · **khah** (Beraca)

B'ra · **yah** (Beraías)

B' · *re* · ***shit***. *Parashah* 1 (*B'reshit* [Gn] 1.1—6.8).

B'ri · **'ah** (Berias)

b'ri · **'i** (berita)

*b'**rit***. Aliança, contrato. As alianças bíblicas mais significativas foram as estabelecidas por Deus com Noach (*B'reshit* [Gn] 9), Avraham (*B'reshit* [Gn] 17), Mosheh (*Sh'mot* [Êx] 19—24), David (*Sh'um'el Bet* [2Sm] 7) e Yeshua (*Yirmeyahu* [Jr] 31; Mt 26.28+). A primeira foi estabelecida com toda a humanidade; as três seguintes relacionavam-se especificamente ao povo judeu; e a última, apesar de ter sido feita com o povo judeu, conduz toda a humanidade ao relacionamento com todas as alianças.

*B'**rit*** *Ha* · *da* · ***shah***. Nova aliança, novo testamento. O termo é usado na introdução, mas não no corpo do texto do *Novo Testamento Judaico*. (Entretanto, a nova aliança é mencionada em Mt 26.28; Mc 14.24; Lc 22.20; 1Co 11.25; Gl 4.25; e por todo o texto de Jm 7.22—10.31, bem como no *tanakh* em *Yirmeyahu* [Jr] 31.30-33(31-34).

*b'**rit**-mi* · ***lah***. Literalmente, "aliança da circuncisão" (v. *B'reshit* [Gn] 17). A expressão pode significar tanto o ato quanto a cerimônia da circuncisão pactual, normalmente realizada no oitavo dia de vida do menino judeu, e obrigatória para todo gentio que se converte ao judaísmo (Lc 1.59+).

B'ro · **dakh**-Bal · 'a · **dan** (Berodaque-Baladã)

B' · *shal* · ***lach***. *Parashah* 16 (*Sh'mot* [Êx] 13.17—17.16).

B' · sod · **yah** (Besodias)

B' · to · **nim** (Betonim)

B' · tu · **'el** (Betuel)

B' · **tul** (Betul)

B' · tzal · **'el** (Bezalel)

Bu · **ki** (Buqui)

Bu · ki · **ya** · hu (Buquias)

Bul

Bu · **nah** (Buna)

Bu · **ni** (Buni)

Buz

bu · **zi** (buzita)

B' · **vai** (Bebai)

Da · **be** · shet (Dabesete)

Da · **gon** (Dagom)

da · *let*. Quarta letra do alfabeto hebraico.

Dal · **fon** (Dalfom)

Dal · ma · **nu** · ta. Ponto de localização incerta ao longo da margem do lago Kinneret; talvez seja idêntico ou próximo de Magdalah (Mc 8.10+).

Dam · **me** · sek (Damasco). Cidade muito antiga; capital da atual Síria (At 9.2+).

Dan (Dã). Tribo de Yisra'el, descendente de um dos filhos do patriarca Ya'akov.

Da · **nah** (Daná)

Da · ni · **'el** (Daniel). Profeta do *Tanakh* (Mt 24.15).

Dan · **Ya'**an (Dã-Jaã)

Da · **ra**

Dar · **da**

Dar · **kon** (Darcom)

Dar · **ya** · vesh (Dario)

Da · **tan** (Datã)

Da · **vid** (Davi). Rei de Yisra'el e antepassado de Yeshua, o Messias (Mt 1.1+).

Dav · **rat** (Dabarate)

D' · **dan** (Dedã)

D' · da · **nim** (Dedanim)

de · ha · **yim** (deavitas)

De · ker (Dequer)

de · **ná** · ri · o. [o] Moeda romana; o pagamento da jornada do trabalhador (Mt 20.2+).

De · 'u · **'el** (Deuel)

Di · **ás** · po · ra, a. [o]. A Dispersão, isto é, a separação do povo judeu no exílio (heb. *galut*) entre as terras distantes, iniciada no período dos reis de Y'hudah, e acelerada pela conquista assíria (732 a.E.C.), pela conquista babilônica (586 a.E.C.), pela destruição do templo (70 E.C.) e pela rebelião de Bar-Kokhva (132-135 E.C.). Ela continua até os dias atuais; no entanto, houve uma reviravolta a partir do século XIX, quando os judeus começaram a retornar a Eretz-Yisra'el. Hoje, 4,5 milhões de judeus vivem em Israel e entre 9 e 13 milhões, na Diáspora (Yk 1.1+).

Di · **bon** (Dibom)

Dib · **ri**

Di · **fat** (Difate)

Dik · **lah** (Dicla)

Dil · **'an** (Dileã)

Dim · **nah** (Dimna)

Di · **mon** (Dimom)

Di · mo · **nah (Dimona)**

Di · **nah** (Diná)

Din · ha · **vah** (Dinabá)

Di · **shan** (Disã)

Di · **shon** (Disom)

Div · **lah** (Diblate)

Div · **la** · yim (Diblaim)

Di · **von** (Dibom)

Di · **von**-Gad (Dibom-Gade)

Di · za · **hav** (Di-Zaabe)

D' · la · **yah** (D' · la · **ya** · hu) (Delaías)

D'li · **lah** (Dalila)

Do · **dai**

Do · da · **nim**

Do · da · **va** · hu (Dodava)

Do · **do** (Dodô)

Dof · **kah** (Dofca)

Do · **'eg** (Doegue)

Dor

Do · **tan** (Dotã)

Dov · **rat** (Daberate)

drash (pl. *dra* · ***shot***). Homilia, sermão, ensinamento, estudo bíblico (At 17.2).

Du · **mah** (Dumá)

Du · **ra** (Dura.)

D' · *va* · ***rim***. *Parashah* 44 (*D'varim* [Dt] 1.1—3.22).

D' · **vir** (Debir)

D' · vo · **rah** (Débora)

e · ***chad***. Um.

E · **chi** (Eí)

'Ed (Ede)

'E · den (Éden)

'E · der (Éder)

E · **dom**

e · do · **mi** (edomita, idumeu)

Ed · re · **'i** (Edrei)

I · ma. [a] Mamãe.

'E · **fai** (Efai)

'E · fer (Efer)

E · fes-Da · **mim**

Ef · **lal**

E · **fod** (éfode)

Ef · **rat** (Efrate)

Ef · ra · **tah** (Efrata)

ef · ra · **ti** (pl. ef · ra · **tim**) (homem efrateu)

E · **fra** · yim (Efraim). Um dos dois filhos de Yosef, filho do patriarca Ya'akov, portanto, meia tribo (v. Menasheh); no Novo Testamento, o nome Efrayim é mencionado apenas como designação de uma cidade a nordeste de Yerushalayim (Yn 11.54).

'Ef · **ra** · yin (Efraim)

'Ef · **ron** (Efrom)

'Eg · **lah** (Eglá)

'Eg · **lat**-Shli · shi · **yah**

Eg · **la** · yim (Eglaim)

'Eg · **lon** (Eglom)

E · **hud** (Elude)

'Ei · **fah** (Efá)

'ei · ***fah*** (efá). Unidade de medida de secos.

'Ei · **lam** (Elão)

Eil · Pa' · **ran** (El-Parã)

Ei · **lat** (Elate)

Ei · **lim** (Elim)

Ei · **lon** (Elom)

Ei · **lon**-Beit-Ha · **nan** (Elom-Bete-Hanã)

Ei · **lot** (Elote)

Ei · **mim** (Emim)

Ei · **na** · yim (Enom). Lugar "perto de Shalem", onde Yochanan foi imerso; seu nome significa "fontes". Sua localização pode ter sido próxima de Beit-Sh'an ao norte, nas proximidades de Sh'khem (em Shomron), ou a nordeste de Yerushalayim (Yn 3.23).

'Ein-**Dor** (En-Dor)

'Ein-'Eg · **la** · yim (En-Eglaim)

'Ein-Ga · **nim** (En-Ganim)

'Ein-**Ge** · di (En-Gedi)

'Ein-Ha · **dah** (En-Hadá)

'Ein-Ha-Ko · **rei** (A fonte do que clama.)

'Ein-Ha · **rod** (fonte de Harode)

'Ein-Ha · **tzor** (En-Hazor)

'Ein -Mish · **pat** (En -Mispate)

'Ein-Rim · **mon** (En-Rimom)

'Ein-Ro · **gel** (En-Rogel)

'Ein-She · **mesh** (En-Semes)

'Ein-Ta · **pu** · ach (En-Tapua)

Ei · **tam** (Etam)

'Ei · **tam** (Etã)

Ei · **tan** (Etã)

'Ei · **val** (Ebal)

'E · ker (Equer)

'E · *kev. Parashah* 46 (*D'varim* [Dt] 7.12—11.25).

'E · **kron** (Ecrom)

'e · kro · **nim** (habitantes de Ecrom)

El-Beit-**El** (Deus de Betel)

El-**B'rit** (deus Berite)

El-E · lo · **hei**-Yis · ra · **'el** (Deus, o Deus de Israel)

El 'El · ***yon***. Deus altíssimo.

El Gib · **bor.** Deus poderoso.

El Ro · **'i.** O Deus que me vê.

El *Shad* · ***daí***. Deus todo-poderoso

El-To · **lad** (Tolade)

E · **la** (Elá)

El · **'ad** (Eleade)

El · 'a · **dah** (Elada)

E · **lah** (Elá)

El · 'a · **leh** (Eleale)

'E · **lam** (Elã)

El · 'a · **sah** (Eleasa)

E · la · **sar** (Elasar)

El · ‘a · ***zar*** (Lázaro). 1. Antepassado de Yeshua (Mt 1.15). 2. Mendigo que se encontrava à porta de um homem rico em uma história contada por Yeshua (Lc 16.20ss). 3. Irmão de Marta e Miryam (no 6). Yeshua o ressuscitou dentre os mortos (Yn 11.1ss).

El · cha · **nan** (El-Hanã)

El · da · **‘ah** (Elda)

El · **dad** (Eldade)

E · lef (Elefe)

E · **li** (Heli). Na genealogia do Messias; pai ou avô de Yosef (no 3), ou pai de Miryam (no 2), dependendo da interpretação (Lc 3.23).

*E · **li**! E · **li**! L'**mah** sh'vak · **ta** · ni?* [a] “Que significa: ‘Meu Deus, meu Deus! Por que me abandonaste?’ ” (Mt 27.46).

E · li · **‘am** (Eliã)

E.li · **’av** (Eliabe)

E · li · **cho** · ref (Eliorefe)

El · ’i · **chud** (Eliúde). Na genealogia do Messias (Mt 1.14,15).

E · li · **dad** (Elidade)

E · li · ‘ei · **nai** (Elienai)

E · li · **’el** (Eliel)

Eli · **‘ez** · er (Eliézer). Na genealogia do Messias (Lc 3.29).

E · li · **fal** (Elifal)

E · li · **faz** (Elifaz)

E · li · **fe** · let (Elifelete)

E · li · **f’le** · hu (Elifeleu)

E · li · **hu** (Eliú)

E · li · **ka** (Elica)

E · li · **me** · lekh (Elimeleque)

E · li · **sha** (Eliseu). Profeta e operador de milagre do *Tanakh*; discípulo de Eliyahu (Lc 4.27).

E · li · sha · **fat** (Elisafate)

E · li · **shah** (Elisá)

E · li · sha · **ma** (Elisama)

E · li · **she** · va (Isabel). Mãe de Yochanan, o Imersor (Lc 1.5+).

E · li · **shu** · a (Elisua)

E · li · tza · **fan** (Elizafã)

E · li · **tzur** (Elizur)

E · li · **ya** · hu (Elias). Profeta e operador de milagre do *Tanakh*, que não morreu, mas foi elevado ao céu. *Mal'akhi* [Ml] 3.23(4.5) diz que ele anunciará “o grande e terrível dia de *Adonai*”. Portanto, a tradição judaica o considera o precursor do Messias (Mt 11.14+).

E · li · ’a · **tah** (Eliata)

El · ka · **nah** (Elcana)

el · ko · **shi** (elcosita)

El · ma · **dan** (Elmadã). Na genealogia do Messias (Lc 3.28).

‘el · ma · **’im** (elamitas)

El · na · **‘am** (Elnaã)

El · na · **tan** (Elnatã)

*E · lo · **hi**! E · lo · **hi**! L'**mah** sh'vak · **ta** · ni?* [a] “Que significa: ‘Meu Deus, meu Deus! Por que me abandonaste?’”.

*E · lo · **hei** · nu.* Nosso Deus.

*E · lo · **him**.* Deus, deuses. Yeshua usa os dois significados em seu trocadilho de Yn 10.33-36.

*E · lo · **him**.* Deus

E · **lon** (Elom)

e · lo · **ni** (elonita)

E · **lot** (Elote)

El · pa · **‘al** (Elpaal)

El · **pe** · let (Elpalete)

El · **t’ke** (Elteque)

El · **t’keh** (Elteque)

El · **t’kon** (Eltecom)

El · tza · **fan** (Elzafã)

e · **lul**

El · 'u · **zai** (Eluzai)

El · yach · **ba** (Eliaba)

El · ya · **da** (Eliada)

El · ya · **kim** (Eliaquim). Duas pessoas têm esse nome na genealogia do Messias. O nome significa "Deus levantará" (Mt 1.13; Lc 3.30).

El · ya · **saf** (Eliasafe)

El · ya · **shiv** (Eliasibe)

El · y'ho · 'ei · **nai** (Elioenai)

El · yo · 'ei · **nai** (Elioenai)

El · yo · 'e · **nai** (Elioenai)

*'El · **yon**.* Altíssimo.

El · za · **vad** (Elzabad)

'E.mek-K' · **tzitz** (Emek · keziz)

e · **mim** (emins)

*E · **mor**. Parashah* 31 (*Vayikra* [Lv] 21.1—24.23).

e · mo · **ri** (pl. emorim) (amorreu)

'E · **nam** (Enã)

'E · **nan** (Enã)

E · **nosh** (Enos). Neto de Adam, na genealogia messiânica (Lc 3.38).

Er. Nome inscrito na genealogia do Messias (Lc 3.28).

'Er (Er)

'E · **ran** (Erã)

'e · ra · **ni** (eranita)

E · rekh (Ereque)

E** · retz-Yis · ra · **'el (a terra de Yisra'el). No Novo Testamento, esse território é designado *Eretz-Yisra'el,* Yisra'el, Kena'an (v. entrada no glossário) e, de maneira mais simples e frequente, "a Terra". V. introdução, p. 000 (Mt 2.20,21).

'E · **ri** (Erite)

E · **sar**-Ha · **don** (Esar-Hadom)

E · **sav** (Esaú). Irmão de *Ya'akov avinu* (Rm 9.13+).

Esh · **'an** (Esã)

Esh · **ba** · 'al (Esbaal)

Esh · **ban** (Esbã)

'E · shek (Eseque)

Esh · **kol** (Escol)

Esh · ta · **'ol** (Estaol)

esh · ta · 'u · **li** (habitante de Estaol)

Esh · t' · **mo** · a (Estemoa)

Esh · t' · **moh**

Esh · **ton** (Estom)

Es · **ter**

E · **tam** (Etã)

e · ta · **nim** (etanim)

Et · **ba** · 'al (Etbaal)

'E · ter (Eter)

'Et-Ka · **tzin** (Ete-Cazim)

Et · **nan** (Etnã)

Et · **ni**

Etz · **bon** (Ezbom)

'E · tzem (Azem)

E · **tzer** (Ezer)

'etz · **ni** (eznita)

'Etz · **yon-Ge** · ver (Eziom-Geber)

'E · ved (Ebede)

'E · ved-**Me** · lekh (Ebede-Meleque)

E · ven-**'E** · zer (Eben-Ézer)

E · ver (Éber). Antepassado de Avraham na genealogia do Messias (Lc 3.35).

'E · ver-Ha · Yar · **den**. Parte de *Eretz-Yisra'el,* localizada na faixa oriental do rio Jordão, hoje conhecida por Jordânia (Mt 4.25).

E · vetz (Ebez)

E · **vi**

'Ev · **ron** (Ebrom)

Ev · ya · **saf** (Ebiasafe)

Ev · **ya** · tar (Abiatar). *Kohen gadol* do tempo do rei David (Mc 2.26).

E · **vil**-M'ro · **dakh** (Evil-Merodaque)

Ez · **bai**

'E · zer (Ezer)

'Ez · ra (Esdras)

ez · ra · **chi** (ezraíta)

'Ez · **rah** (Ezrá)

'Ez · **ri** (Ezri)

Ga · **bai** (Gabai)

Gab · ta. [a] "O lugar chamado Pavimento" (Yn 19.13).

Ga · **cham** (Gaã)

Ga · **char** (Gaar)

Gad (Gade). Uma das 12 tribos de Israel (Rv 7.5).

ga · **di** (gadita)

Ga · di · **'el** (Gadiel)

Ga · 'al (Gaal)

Ga · 'ash (Gaás)

Ga' · **tam** (Gatã)

Gal · **'Ed** (Galeede)

Ga · **lal**

Ga · **lil**, a (Galileia). A Galil é a porção de *Eretz-Yisra'el* a oeste do lago Kinneret e a norte do vale de Yizre'el (Jesreel) (Mt 2.22+).

Ga · **lil** dos *go* · ***yim*** (Galileia das nações). Porção de *Eretz-Yisra'el*, a leste da Galil e do lago Kinneret, que se encontra atualmente no território da Jordânia. Seu nome descreve o fato de ter sido amplamente habitada por não-judeus (Mt 4.15).

Gal · **lim** (Galim)

ga · ma · **dim** (gamaditas)

Gam · li · **'el** (Gamaliel). Figura importantíssima do judaísmo não-messiânico; o primeiro a receber o título *rabban* ("o nosso grande"). A seu respeito, diz a *Mishnah*: "Quando *rabban* Gamli'el, o Ancião, morreu, cessou a glória da *Torah*, e a pureza e a modéstia pereceram" (*Sotah* 9.15). Gamli'el foi o mestre de Sha'ul, e advertiu o *Sanhedrin* a não agir de forma violenta contra os judeus messiânicos (At 5.34-39; 22.3).

Ga · **mul**

Gan-**'E** · den (paraíso). Literalmente, "jardim do Éden"; no judaísmo, o termo também se refere ao paraíso (Lc 23.43).

Ga · **rev** (Garebe)

gar · **mi** (garmita)

Gat (Gate)

Gat-**He** · fer (Gate-Héfer)

Gat-Rim · **mon** (Gate-Rimom)

Gat-Sh'ma · **nim** (Getsêmani). Jardim onde Yeshua orou e foi preso pela guarda do templo. O termo é estranho, significando, literalmente, "prensa de óleos". Pelo fato de estar localizado no flanco do monte das Oliveiras, presume-se que o jardim fosse um olival com uma prensa (Mt 26.36+).

Ga · vri · **'el** (Gabriel). No *Tanakh*, anjo enviado a Dani'el e, no Novo Testamento, a Z'kharyah (no 2) e a Miryam (no 2) (Lc 1.19,26).

Ga · **zam** (Gazã)

Ga · **zez** (Gazez)

G'dal · **yah**, (G'dal · **ya** · hu) (Gedalias)

G'de · **rah** (Gedera)

G'de · **rot** (Gederote)

G'de · ro · **ta** · yim (Gederotaim)

G' · **dor** (Gedor)

Ge · der

Gei · **cha** · zi (Geazi)

Gei-Ha · ra · **shim** (vale dos artífices)

Gei-Hin · **nom** (geena). Literalmente, "vale de Hinom", localizado ao sul (da velha cidade) de Yerushalayim, onde o lixo da cidade era incinerado; daí, o significado metafórico, devido aos fogos, do inferno (Mt 5.22+).

Ge · **ra**

ge · ***rah***. Vigésima parte de um *shekel*.

Ger · **shom** (Gérson)

Ger · **shon** (Gérson)

ger · shu · **ni** (gersonita)

Ge · **shan** (Gesã)

Ge · shem (Gesém)

get. Termo rabínico para designar uma "carta de divórcio", mencionada em *D'varim* [Dt] 24.1-4 (Mt 5.31+).

Ge · ter (Geter)

Ge · 'u · **'el** (Geuel)

Ge · va (Geba)

Ge · ver (Geber)

Ge · **vim** (Gebim)

Ge · zer (Gezer)

Gi · ach (Gia)

Gib · **bar** (Gibar)

Gib' · **ton** (Gibetom)

Gi · **chon** (Giom)

Gi · dal · **ti** (Gidalti)

Gid · **del** (Gidel)

Gid · **'om** (Gideão)

Gid · **'on** (Gideão). Um juiz de Yisra'el (*Shof'tim* [Jz] 6—8) (Jm 11.32).

gid · 'o · **ni** (gideonita)

Gil · **'ad** (Gileade)

gil · 'a · **di** (gileadita)

Gi · la · **lai**

Gil · **bo** · a

Gil · **gal**

Gi · **loh** (Giló)

gi · lo · **ni** (gilonita)

gi · *mel*. Terceira letra do alfabeto hebraico.

Gim · **zo** (Ginzo)

Gi · **nat** (Ginate)

Gi · no · **sar** (Genesaré). Cidade da costa noroeste do lago Kinneret (Mt 14.34+).

Gin · **to** · i (Ginetoi)

Gin · **ton** (Ginetom)

gir · ga · **shi** (girgaseu)

Gish · **pa** (Gispa)

Git · **ta** · yim (Gitaim)

git · **ti** (pl. git · **tim**) (giteu[s])

git · ***tit*** (gitite). Um instrumento musical.

Giv · **'a** (Gibeá)

Giv · **'ah** (Gibeá)

Giv · **'at**-Bin · ya · **min** (Gibeá de Benjamim)

Giv · **'at**-Ha · 'A · ra · **lot**. A colina dos prepúcios.

giv · 'a · **ti** (gibeatita)

Giv · **'at**-Mo · **reh** (a colina de Moré)

Giv · **'at**-Sha · **'ul** (Gibeá de Saul)

giv · **li** (gebalita)

Giv · **'on** (Gibeom)

giv · 'o · **ni** (pl. giv · 'o · **nim**) (gibeonita)

gi · zo · **ni** (gizonita)

Giz · **ri** (gezrita)

G'li · **lot** (Gelilote)

G'mal · **li** (Gemali)

G'mar · **yah** (G'mar · **ya** · hu) (Gemarias)

G'nu · **vat** (Genubate)

Go · **'ah** (Goa)

Gog (Gogue). O príncipe mais importante de Meshech e Tuval, da terra de Magog; liderará a batalha final contra Deus (*Yechezk'el* [Ez] 38—39) (Rv 20.8).

Go · **lan** (Golã)

Gol · **yat** (Golias)

Go · mer

Go · shen (Gósen)

Gov (Gobe)

goy (pl., *go* · ***yim***). A palavra grega *ethnos* é vertida de diversas formas no *Novo Testamento Judaico*: "gentio", "nação", "pagão", "não-judeu" e "*goy*"; outras versões traduzem-na por "pagão". Quando usada entre judeus, *goyim* significa "não-judeus", isto é, os de fora do "nosso grupo". Como acontece com todas as outras palavras empregadas desse modo, ela pode ter uma conotação positiva, neutra ou negativa, dependendo de quem a pronuncia e da circunstância em que é usada. Na *BJC*, com o objetivo de evitar a sugestão de quaisquer sobretons exclusivistas quando o texto não possui essa intenção, o vocábulo é usado com frequência inferior a todas as ocorrências de *ethnos*, e apenas quando Deus fala ou um judeu se dirige a outros judeus (Mt 5.47+).

Go · **zan** (Gozã)

G' · **rar** (Gerar)

G' · **shur** (Gesur)

g'shu · **ri** (gesurita)

Gud · **god** (Gudgodá)

Gul · **gol** · ta (Gólgota, Calvário). [a] "Significa 'lugar da caveira' ", local onde Yeshua foi executado sobre a estaca. De forma geral, os arqueólogos afirmam que o sítio tradicional do Gulgolta, na Igreja do Santo Sepulcro, na cidade antiga de Yerushalayim, é o local correto (Mt 27.33+).

Gu · **ni**

Gur

Gur-**Ba** · 'al (Gur-Baal)

G'val (Gebal)

Ha · *'a* · ***zi*** · *nu*. *Parashah* 53 (*D'varim* [Dt] 32.1-52).

Hach · mo · **ni** (Hacmoni)

Ha · **dad** (Hadade)

Ha · dad · **'e** · zer (Hadade-Ezer)

Ha · dad-Rim · **mon** (Hadade-Rimom)

Ha · **dar** (Hadar)

Ha · dar · **'e** · zer (Hadar-Ezer)

Ha · **das** · sah (Hadassa)

Ha · da · **tah** (Hadata)

Ha · **did** (Hadide)

Had · **lai**

Ha · do · **ram** (Hadorão)

Had · **rakh** (Hadraque)

Ha · *'El* · ***yon***. "O Altíssimo", isto é, Deus (Mc 5.7+).

Ha · fa · **ra** · yim (Hafaraim)

haf · *ta* · ***rah***. Leitura sinagogal dos escritos dos profetas.

Ha · **gar** (Agar). Serva de Sarah (*B'reshit* [Gn] 16; 21; Gl 4.24s).

Ha · **gav** (Hagabe)

Ha · ga · **va** (Hagaba)

Ha · ga · **vah** (Hagaba)

Ha · G'do · **lim** (Gedolim)

Ha · *G'du* · ***lah***. "A Grandeza", "a Majestade", isto é, *Yud-Heh-Vav-Heh* (Jm 8.1).

Ha · *G'du* · ***lah*** *Ba* · *M'ro* · ***mim***. "A Grandeza nas Alturas", eufemismo para designar *Yud-Heh-Vav-Heh* (Jm 1.3).

Hag · **gi** (Hagi)

hag · **git** (hagita)

Ha · gi · **yah** (Hagias)

Hag · **ri** (Hagri)

hag · ri · **'im** (hagritas)

hag · **rim** (hagarenos)

Ha · *G'vu* · ***rah***. "O Poder", eufemismo para designar *Yud-Heh-Vav-Heh* (Mt 26.64).

Ha · **kal**-D'**ma** (Acéldama). [a] "[...] que em sua língua significa 'campo de sangue' " (At 1.19).

Ha · Ka · **tan** (Hacatã)

Ha · khal · **yah** (Hacalias)

Ha · khi · **lah** (Haquilá)

Hakh · mo · **ni** (Hacmoni)

*Ha · Ka · **dosh**.* "O Santo", eufemismo para designar *Yud-Heh-Vav-Heh* (1Yn 2.20).

Ha · **kotz** (Hacoz)

Ha · ku · **fa** (Hacufa)

Ha · **lach** (Hala)

Hal · **chul** (Halul)

Hal · **fai** (Alfeu). Pai de Ya'akov (Ben-Halfai), um dos 12 *talmidim* de Yeshua (Mt 10.3+).

Ha · **li**

*hal · **lah**.* Pão ou bolo. O significado popular moderno é o pão comido no *shabbat*. Em Romanos 11.16, entretanto, o vocábulo faz referência à parte da massa posta de lado para os *kohanim*, de acordo com *B'midbar* [Nm] 15.20 (onde a palavra é usada) e no tratado da *Mishnah* chamado *Hallah*.

*Hal · **lel**.* Literalmente, "louvor". O *Hallel* do Egito consiste nos salmos 113—118; o "Grande" *Hallel* é o salmo 136. Ambas as seções são recitadas como parte do *seder* (Mt 26.30+).

*Hal · le · lu · **yah**!* (Aleluia!). Uma ordem na forma de plural: "Louvem a Yah!" (Yah é um nome de Deus; v. *Tehillim* [Sl] 68.5(4)). É vertido algumas vezes por: "Louvem ao SENHOR!" (Rv 19.1ss).

Ha-Lo · **chesh** (Haloés)

Ham (Cão, Cam)

Ha · **man** (Hamã)

Ha · **mat** (Hamate)

Ha · **mat**-Tzo · **vah** (Hammate-Zobá)

ha · ma · **ti** (hamateu)

Ham · **da** · ta (Hamedata)

*ha · **metz**.* Massa levedada, cozida ou não. O termo é usado de maneira menos técnica para designar o fermento ou outros produtos que fazem fermentar (Mt 16.6+).

Ha · Mitz · **pah** (Mizpá)

Ham · **mot**-Dor (Hamote-Dor)

Ha · **mon** (Hamom)

Ha · **mor** (Hamor).Proprietário de um campo em Sh'khem (At 7.16).

Ham · **ran** (Hanrão)

Ha · mu · **'el** (Hamuel)

Ha · **mul**

ha · mu · **li** (hamulitas)

Ha · mu · **tal**

*Ha · M'vo · **rakh**.* "O Bendito", eufemismo para designar *Yud-Heh-Vav-Heh*; (Mc 14.61).

Ha · nam · **'el** (Hanameel)

Ha · **nan** (Hanã)

Ha · na · **ni**

Ha · nan · **yah** (Hananias)

Ha · nan · **yah** (**Ha · nan · ya · hu**) (Ananias). 1. Crente que mentiu ao Espírito Santo (At 5.1+). 2. Judeu messiânico de Dammesek, que orou a favor de Sha'ul para que ele recobrasse a visão (At 9.10+). 3. *Kohen gadol* quando Sha'ul foi julgado (At 23.2+).

Ha · na · **ton** (Hanatom)

Ha · ni · **'el** (Haniel)

Han · **nah** (Ana)

Han · **nah** Bat-P'nu · **'el** (Ana, filha de Penuel). Profetisa idosa que falou a respeito de Yeshua (Lc 2.36).

Han · **nes** (Hanes)

Ha · **nokh** (Enoque). O sétimo, a partir de Adam, na linha genealógica do Messias. De acordo com *B'reshit* [Gn] 5.24: [Hanokh] "[...] andou com Deus, e então não estava mais ali, porque Deus o tomou"; isto é, ele não morreu, pelo menos não morreu da forma comum (Lc 3.37+).

ha · no · **khi** (enoquita)

*Ha · nuk · **kah**.* Festa da Dedicação, em honra da nova dedicação do templo pelos macabeus (164 a.E.C.) depois da profanação ocorrida por ordem do rei selêucida Antíoco IV. A primeira menção desse festival judaico ocorre em Yn 10.22.

Ha · **nun**

Ha · Pi · **tzetz** (Hapizes)

Ha · **ra** (Hara)

Ha · ra · **dah** (Harada)

Ha · **ran** (Harã). Cidade do Crescente Fértil (perto da fronteira atual entre a Síria e a Turquia), onde Avraham *avinu* permaneceu por alguns anos antes de continuar a viagem até Kena'an (At 7.2ss).

ha · ra · **ri** (hararita)

*ha · ra · **shim**.* Artífices.

Har · **chas** (Harás)

Ha · **ref** (Harefe)

Har · ha · **yah** (Haraías)

Har · **hur** (Harur)

Ha · **rif** (Harife)

Ha · **rim**

Har-Me · gid · **do** (Armagedom). O "monte Meggido", uma cidade antiga com mais de 20 camadas de níveis arqueológicos que cobrem o período de 6 mil anos até o século IV a.E.C. A localidade foi repetidamente escolhida como localização da cidade por causa de seu posicionamento estratégico para vigiar a transposição para a Via Maris (o "caminho do mar") que unia o Egito à Assíria e do qual se tinha uma vista panorâmica do vale de Yizre'el (Jezreel, Esdrelom), e é, aparentemente, a localização da batalha escatológica final. Entretanto, a expressão grega *armageddon* pode ser vertida por Har Migdo ("monte de sua glória"), referindo-se ao monte Tziyon, em Yerushalayim (Rv 16.9).

Har · mo · **nah** (Harmona)

Har · **ne** · fer

ha · ro · **di** (harodita)

Ha · ro · **'eh** (Haroé)

ha · ro · **ri** (harorita)

Ha · **ro** · shet-Ha-Go · **yim** (Harosete-Hagoim)

Har · **sha** (Harsa)

ha · ru · **fi** (harufita)

Ha · **rum** (Harum)

Ha · ru · **maf** (Harumafe)

Ha · **rutz** (Haruz)

Har · vo · **na** (Harbona)

Har · vo · **nah** (Harbona)

Ha · sad · **yah** (Hasadias)

Ha · shav · **nah** (Hasabná)

Ha · shav · n' · **yah** (Hasabnias)

Ha · shav · **yah**, -**ya** · hu (Hasabias)

Hash · ba · da · **nah** (Hasbadana)

Ha · **shem** (Hasem)

*Ha · **Shem**.* "O Nome", isto é, *Yud-Heh-Vav-Heh.* Trata-se, portanto, de um eufemismo para designar Deus (3Yn 7).

Ha · Shmo · **nah** (Hasmona)

Ha · **shum** (Hasum)

Ha · **shuv** (Hasube)

Ha · shu · **vah** (Hasubá)

Ha · sna · **'ah** (Hassenaá)

Ha · snu · **'ah** (Hassenua)

Ha · so · **fe** · ret ([de] Soferete)

Has · **rat** (Harás)

Ha · su · **fa** (Hasufa)

Ha · **takh** (Hatá)

Ha · **tat** (Hatate)

Ha · ti · **fa** (Hatifa)

Ha · **til** (Hatil)

Ha · ti · **ta** (Hatita)

Ha · **tush** (Hatus)

Ha · tza · **'el** (Hazael)

Ha · **tzar**-A · **dar** (Hazar-Adar)

Ha · **tzar**-'Ei · **nan** (Hazar-Enã)

Ha · **tzar**-'Ei · **non** (Hazar-Enom)

Ha · **tzar**-'E · **nan** (Hazar-Enã)

Ha · **tzar**-Ga · **dah** (Hazar-Gada)

Ha · **tzar-Ma** · vet (Hazarmavé)

Ha · **tzar**-Shu · **'al** (Hazar-Sual)

Ha · **tzar**-Su · **sah** (Hazar-Susa)

Ha · **tzar**-Su · **sim** (Hazar-Susim)

Ha · tza · **tzon**-Ta · **mar** (Hazazom-Tamar)

Ha · **tzer**-Ha · ti · **khon** (Hazar-Haticom)

Ha · tze · **rot** (Hazerote)

Hatz · lel · **po** · ni (Hazelelponi)

Ha · **tzor** (Hazor)

Ha · **vah** (Eva). A primeira mulher (2Co 11.3; 1Tm 2.13).

Ha · va · tzin · **yah** (Habazinias)

Ha · va · **yah** (Habaías)

Ha · vi · **lah** (Havilá)

Ha · **vor** (Habor)

Ha · **vot**-Ya · **'ir** (Habote-Jair)

Hav · **ran** (Haurã)

*Hay · **yei**-Sa · **rah**. Parashah* 5 (*B'reshit* [Gn] 23.1—25.18).

Ha · za · **'el** (Hazael)

Ha · za · **yah** (Hazaías)

Ha · zi · **'el** (Haziel)

Ha · **zo**

He · fer

hef · **ri** (heferita)

Hef · tzi · **bah** (Hefziba)

He · **gai**

heh. Quinta letra do alfabeto hebraico.

Hei · **lam** (Helã)

Hei · **man** (Hemã)

Hel · **'ah** (Helá)

Hel · **bah** (Helba)

Hel · **bon** (Helbom)

Hel · **dai**

He · led (Helede)

He · lef (Helefe)

He · lek (Heleque)

He · lem (Helém)

He · letz (Helez)

He · lev (Elebe)

Hel · **kai** (helcai)

Hel · **kat** (Helcate)

Hel · **kat**-Ha · tzu · **rim** (Helcate-Hazurim)

hel · **ki** (helequita)

He · **lon** (Helom)

He · **mam** (Homã)

He · **man** (Hemã)

Hem · **dan** (Hendã)

He · **na (Hena)**

He · na · **dad** (Henadade)

He · res

He · resh (Heres)

Her · **mon** (Hermom)

He · sed (Hesede)

Hesh · **bon** (Hesbom)

Hesh · **mon** (Hesmom)

Hes · **li** (Esli). Na genealogia do Messias (Lc 3.25).

het. Oitava letra do alfabeto hebraico.

Het · **lon** (Hetlom)

Hetz · **rai** (Hesrai)

Hetz · **ro** (Hezro)

Hetz · **ron** (Esrom). Antepassado de Avraham; na genealogia do Messias (Mt 1.3; Lc 3.33).

hetz · ro · **ni** (hezronita)

He · vel (Abel). O segundo filho de Adam e Havah, assassinado por Kayin (*B'reshit* [Gn]4) (Mt 23.35+).

He · ver (Héber)

hev · **ri** (heberita)

Hev · **ron** (Hebrom)

hev · ro · **ni** (hebronita)

He · **zir**

Hez · **yon** (Heziom)

Hid · **dai** (Hidai)

*Hig · ga · **yon**.* Marca (notação) musical.

Hi · **'el** (Hiel)

Hi · **len** (Hilém)

Hil · ki · **yah** (Hil · ki · **ya** · hu) (Hilquias)

Hil · **lel** (Hilel)

Hin · **nom** (Hinom)

*Hip · pa · **tach**!* (Efatá!). "[...] abra-se" (Mc 7.34).

Hi · **rah** (Hira)

Hi · **ram** (Hirão)

hit · **ti** (pl. hit · **tim**) (hitita)

hi · **vi** (heveu)

Hiz · **ki** (Hizque)

Hiz · ki · **yah** (Hiz · ki · **ya** · hu) (Ezequias). Rei de Y'hudah; na genealogia do Messias (Mt 1.9,10).

Hod (Hode)

Ho · dav · **yah** (Ho · dav · **ya** · hu) (Hodavias)

Ho · di · **yah** (Hodias)

Hod · **vah** (Hodeva)

Hof · **ni** (Hofni)

Hog · **lah** (Hogla)

Ho · **ham** (Hohão)

Ho · **lon** (holom)

Ho · **mam** (Homã)

Hor-Ha · Gid · **gad** (Hor-Hagidgade)

Ho · **ram** (Horão)

Ho · **rem** (Horém)

Ho · resh (Harosete)

Ho · **rev** (Horebe)

ho · **ri** (pl. ho · **rim**) (horeu[s])

Ho · **mah** (Homá)

Ho · ro · **na** · yim (Horonaim)

ho · ro · **ni** (horonita)

Ho · **sah** (Hosa)

Ho · sha · **ma** (Hosama)

Ho · sha · *na* *Rab* · bah. Literalmente, "grande hosana", o "grande 'salve-nos por favor'!". Esse termo refere-se ao último dia, "o grande dia" da festa de *Sukkot* (que dura uma semana), quando, nos dias do templo, trazia-se água da piscina de Shiloach para uma cerimônia magnífica. O dia ainda é mencionado no judaísmo moderno (Yn 7.37).

Ho · sha' · **yah** (Hosaías)

Ho · **she** · 'a (Oseias). Um dos 12 "profetas menores" do *Tanakh* (Rm 9.25).

Ho · **tam** (Hotão)

Ho · **tir**

Ho · **vav** (Hobabe)

Hu · **bah** (Jeubá)

Hu · **fam** (Hufã)

hu · fa · **mi** (hufamita)

Huk · kat. *Parashah* 39 (*B'midbar* [Nm] 19.1—22.1).

Hu · **kok** (Hucoque)

Hul

Hul · **dah** (Hulda)

Hum · **tah** (Hunta)

*hu · **pah***. Dossel sob o qual se realiza a cerimônia judaica de casamento.

Hu · **pim**

Hur

Hu · **rai**

Hu · **ram** (Hurão)

Hu · **ri**

Hu · **shah** (Husá)

Hu · **shai** (Husai)

Hu · **sham** (Husão)

hu · sha · **ti** (husatita)

Hu · **shim** (Husim)

*hutz · **pah***. Ousadia, audácia, insolência, coragem, atrevimento, ou a combinação de tudo isso, avaliada segundo a necessidade do momento (Lc 11.8).

Ib · **tzan** (Ibzã)

'Id · **do** (Ido)

I · **'e** · zer (Jezer)

i · 'ez · **ri** (jezerita)

'I · **kesh** (Iques)

I-Kha · **vod** (Icabode)

'I · **lai** (Ilai)

Im · **ma** · nu · **'el** (Emanuel). Nome que seria dado ao filho da *'almah* (jovem, virgem) de *Yesha'yahu* [Is] 7.14 e aplicado por Mattityahu a Yeshua. O nome significa "Deus conosco" ou "Deus está com a gente" (Mt 1.23).

Im · **mer** (Imer)

Im · **ri** (Inri)

'Ir (Ir)

'Ir-Ha · **me** · lach. Cidade do sal.

'Ir-Na · **chash** (Ir-Naás)

'Ir-S**he** · mesh (Ir-Semes)

'I · **ra** (Ira)

'I · **rad** (Irade)

'I · **ram** (Irã)

'I · **ri** (Iri)

'I · **ru** (Iru)

ish. Homem

*i · **shah***. Mulher

Ish-**Bo** · shet (Is-Bosete)

Ish-**Hod** (Is-Hode)

*I · **shi***. Meu marido, meu homem

Ish-**Se** · khel

I · ta · **mar**

I · ti · **'el** (Itiel)

It · **tai** (Itai)

'I · **vah** (Iva)

'Iv · **ri** (Ibri)

'I · **yei**-Ha'A · va · **rim** (montes de Abarim)

'I · **yim** (Iim)

'I · **yon** (Ijom)

I · **yov** (Jó). A pessoa sofredora mais conhecida em todo o mundo, que aprendeu muito a partir do sofrimento (Yk 5.11).

I · **ze** · vel (Jezebel). Mulher do rei Achav, de Yisra'el, estimuladora da idolatria (Rv 2.20).

Iz · **ri**

Ka · **bon** (Cabom)

Ka · **desh** (Cades)

Ka · **desh**-Bar · **ne** · a (Cades-Barneia)

Kad · mi · **'el** (Cadmiel)

kad · mo · **ni** (cadmoeu)

kaf. Décima primeira letra do alfabeto hebraico.

Kaf · **tor** (Caftor)

kaf · to · **rim** (caftorim)

Ka · **lev** (Calebe)

Ka · **lev**-Ef · **ra** · tah (Calebe de Efrata)

Kal · **kol** (Calcol)

Kal · **lai** (Calai)

Kal · **neh** (Calné)

Ka · **mon** (Camom)

Ka · **nah** (Caná). Cidade da Galil, onde Yeshua realizou dois milagres. Lar de Natan'el, *talmid* de Yeshua. Talvez seja idêntica à cidade árabe Kanah el-Jelil ("Jelil" é a forma árabe de Galil), cerca de 7,5 quilômetros ao norte de Tzippori (Séforis), nas proximidades de Natzeret (Yn 2.1+).

Ka · **neh** (Cane)

*kap · pa · **rah***. Satisfação, expiação, propiciação; de forma mais abrangente, absolvição, perdão (Rm 3.23; Jm 2.17; 1Yn 2.2; 3.10).

Ka · **re** · ach (Careá)

ka · **ri** (carita; capitão)

Kar · **ka** (Carca)

Kar · **kas** (Carcas)

Kar · k' · **mish** (Carquemis)

Kar · **kor** (Carcor)

Kar · **mel** (Carmel)

kar · me · **li** (carmelita)

kar · **mi** (carmita)

Kar · **shna** (Carsena)

Kar · **tah** (Cartã)

Kar · **tan** (Cartã)

kas · **di (pl.** kas · **dim)** (caldeu)

Ka · sif · **ya** (Casifia)

Kas · lu · **chim** (Casluim)

*kav la · **kav***. Linha por linha.

Kav · tze · **'el** (Cabzeel)

Ka · **vul** (Cabul)

Ka · ya · **fa** (Caifás). *Kohen gadol* do tempo de Yeshua (Mt 26.3+).

Ka · yin (Caim). Primeiro filho de Adam e Havah, que assassinou Hevel (*B'reshit* [Gn] 4) (Jm 11.4+).

K' · **dar** (Quedar)

K'de · **mot** (Quedemote)

K'dor · la · **'o** · mer (Quedorlaomer)

*K' · do · **shim***. *Parashah* 30 (*Vayikra* [Lv] 19.1—20.27).

Ke · **dar** (Quedar)

Ke · dem (Quedemá)

Ke · desh (Quedes)

Ked · **mah** (Quedemá)

Ke · **fa** (Cefas, Pedro). Nome dado por Yeshua a Shim'on Bar-Yochanan; em aramaico, significa *rocha*, como o equivalente grego *petros* (Mt 4.18+).

Kei · **dar** (Quedar)

Ke · 'i · **lah** (Queila)

Kei · **nan** (Cainã). Bisneto de Adam; também consta na genealogia do Messias (Lc 3.37).

kei · **ni** (quenita)

Ke · lach (Calá)

Ke · **na** · 'an (Canaan, Chanaan). Antigo nome da terra de Yisra'el (Mt 15.22) para identificar a origem da gentia que se aproximou de Yeshua na região de Tzor e Tzidon, usado duas vezes em contextos históricos (At 7.11; 13.19); posteriormente, Sha'ul menciona que Deus concedeu Kena'an como herança ao povo de Yisra'el. Ver também *Eretz-Yisra'el*.

Ke · na · 'a · **nah** (Quenaaná)

ke · na · **'a** · **ni** (pl. ke · na · **'a** · **nim**) (cananeu)

ke · na · **'a** · **nit** (cananeia)

Ke · **nan** (Cainã)

Ke · **naz** (Quenaz)

ke · **ni** (quenita)

Ke · ren-Ha · **pukh** (Quéren-Hapuque)

Ke · **ros** (Querós)

ke · ruv (querubim). Cf. o verbete no plural, *k'ru* · vim.

Ke · sed (Quésede)

Ke · ve (Quebe)

Ke · **veh** (Quebe)

K'**far**-Ha · 'a · mo · **nah** (Quefar-Amona)

K'far-Na · **chum** (Cafarnaum). Cidade à margem noroeste do lago Kinneret, onde Yeshua realizou grande parte de seu ministério. Esse nome significa "aldeia de Naum" (Mt 4.13+).

K' · fi · **rah** (Quefira)

K' · **hat** (Coate)

k' · ha · **ti** (pl. k' · ha · **tim**) (coatita)

K' · he · **lah** (Queelata)

Khim · **ham** (Quimã)

Ki · **don** (Quidom)

Kid · **ron** (Cedrom). Vale a oeste da Cidade Velha de Yerushalayim, que a separa do monte das Oliveiras (Yn 18.1).

Kil · **'av** (Quileabe)

Kil · **mad** (Quilmade)

Kil · **yon** (Quiliom)

Kim · **ham** (Quimã)

Ki.**nah** **(**Quiná**)**

ki · **nim** (queneus)

Kin · **ne** · ret, lago. Nome dado, no Estado de Yisra'el moderno, ao mar da Galil (Galileia). O nome, ou uma variante dele, é encontrado sete vezes no *Tanakh*, a primeira delas em *B'midbar* [Nm] 34.11, vertido para o português, na maior parte da versões, por Quinerete (Mt 4.18+).

Kin · n' · **rot** (Quinerete)

Kir (Quir)

Kir-Ha · **re** · set (Quir-Haresete)

Kir-**He** · res (Quir-Heres)

Kir · yat-Ar · **ba** (Quiriate-Arba)

Kir · yat-'A · **rim** (Quiriate-Arim)

Kir · ya · **ta** · yim (Quiriataim)

Kir · yat-**Ba** · 'al (Quiriate-Baal)

Kir · yat-Hu · **tzot** (Quiriate-Huzote)

Kir · yat-San · **na** (Quiriate-Saná)

Kir · yat-**Se** · fer (Quiriate-Sefer)

Kir yat-Ye · 'a · **rim** (Quiriate-Jearim)

Kish (Quis). Pai de Sha'ul, o primeiro rei de Yisra'el (At 13.20).

Ki · **shi** (Quisi)

Ki · **shon (**Quisiom**)**

Kish · **yon** (Kishion)

kis · **lev** (quisleu)

Kis · **lon** (Quislom)

Kis · **lot**-Ta · **vor** (Quislote-Tabor)

*Ki Ta · **vo**. Parashah* 50 (*D'varim* [Dt] 26.1—29.8).

*Ki Te · **tze**. Parashah* 49 (*D'varim* [Dt] 21.10—25.19).

*Ki Tis · **sa**. Parashah* 21 (*Sh'mot* [Êx] 30.11—34.35).

Kit · **lish** (Quitlis)

Kit · **ron (**Quitrom**)**

Kit · ti · **'im** (Quitim)

Kit · **tim** (Quitim)

Kiv · **rot**-Ha-Ta · 'a · **vah** (Quibrote-Ataavá)

Kiv · **tza** · yim (Quibzaim)

Ki · **yun** (estátua)

K' · **lal** (Quelal)

K'li · **ta** (Quelita)

Klo · **fah** (Cléopas). Tio de Yeshua (Yn 19.25).

K' · **luv** (Quelube)

K'lu · **vai** (Quelubai)

K' · **mosh** (Quemós)

K'mu · **'el** (Quemuel)

K'na · **ni** (Quenani)

K'nan · **yah** (K'nan · **ya** · hu) (Quenanias)

K' · **nat** (Quenate)

K' · **naz** (Quenaz)

k'ni · **zi** (quenezeu)

Ko · a (Coa)

*ko · **hen*** (pl. *ko · ha · **nim***). Sacerdote (do templo ou do tabernáculo) (Mt 2.4+).

*ko · **hen** ga · **dol*** (pl. *ko · ha · **nim** g'do · **lim***). Sumo sacerdote. *Ko · **hen** ha · ga · **dol*** significa "*o* sumo sacerdote" (Mt 26.3+).

Kol-Ho · **zeh** (Col-Hosé)

Ko · la · **yah** (Colaías)

Ko · nan · **yah** (Ko · nan · **ya** · hu) (Conanias)

Ko · ni · **ya** · hu (Conias)

Ko · rach (Coré). Levita que liderou a rebelião contra Mosheh no deserto. Deus puniu Korach, fazendo-o ser engolido vivo pela terra (*B'midbar* [Nm] 16; 26; Yd 11).

Ko · *rach. Parashah* 38 (*B'midbar* [Nm] 16.1—18.32).

Kor-'A · **shan** (Corasã)

Ko · ra · **zin** (Corazim). Cidade às margens do lago Kinneret, 3 quilômetros ao norte de K'far-Nachum (Mt 11.21+).

kor · ***ban*** (corbã, oferta). Sacrifício, isto é, um sacrifício animal; Marcos, porém, explica o termo dando-lhe significado de "uma oferta a Deus" (Mc 7.11).

kor · **chi** (pl. kor · **chim**) (coraíta)

Ko · **re** (Coré)

Ko · resh (Ciro)

Ko · **sam** (Cosã). Na genealogia do Messias (Lc 3.28).

Kotz (Coz)

Koz · **bi** (Cozbi)

Ko · ze · **va** (Cozeba)

K' · **ran** (Querã)

K'ri · **ot**. Cidade cerca de 30 quilômetros ao sul de Yerushalayim. Lar de Judas Iscariotes (Y'hudah de K'riot; cf. verbete) (Mt 10.4+).

k'ru · ***vim*** (querubins). Criaturas celestiais (anjos) que guardavam o caminho para a árvore da vida no Gan-Eden (*B'reshit* [Gn] 3.24), decritas por Yechezk'el (Ezequiel) como tendo quatro faces e quatro asas (10.20,21) e montadas por Deus (*Tehillim* [Sl] 18.11[10]). Compare com os "seres viventes" de Rv 4.6ss. O termo também é usado com referência às imagens de madeira cobertas de ouro, construídas por ordem divina, que jaziam sobre a arca da aliança no tabernáculo e no templo (Jm 9.5).

K' · sa · **lon** (Quesalom)

K' · **sil** (Quesil)

K'su · **lot** (Quesulote)

K'tu · **rah** (Quetura)

K'tu · ***vim***. Escritos: a terceira parte dos livros do *Tanakh* (cf. verbete), que consiste nos seguintes livros: *Tehillim* [Sl], *Mishlei* [Pv], *Iyov* [Jó], as cinco *megillot* (*Shir-HaShirim* [Ct], *Rut* [Rt], *Ester* [Et], *Eikhah* [Lm], *Kohelet* [Ec]), *Dani'el* [Dn], *'Ezra-Nechemyah* [Ed-Ne] e *Divrei-HaYamim Alef* e *Bet* [1 e 2Cr].

K'tzi · **'ah** (Quezia)

kuf. décima nona letra do alfabeto hebraico.

Kun (Cum)

Kush (Cuxe)

Ku · **shan** (Cusã)

Ku · **shan**-Rish · 'a · **ta** · yim (Cusã-Risataim)

Ku · sha · **ya** · hu (Cusaías)

ku · **shi** (cusita)

Ku · **tah** (Cuta)

Kuv (Cube)

Ku · za (Cuza) [a]. Ministro das finanças de Herodes. O nome significa "jarrinho" (Lc 8.3).

K' · **var** (Quebar)

K' · **ziv** (Quezibe)

La · 'a · **dah** (Lada)

Lab · **ben** (Labém)

Lach · **mas** (Laamás)

Lach · **mi** (Lami)

sexual proibido entre pessoas que, segundo a *Torah*, não deveriam se casar (p.ex., tio e sobrinha); mas, comumente, é traduzido por "bastardo". Esse vocábulo também é usado como insulto pessoal (Yn 9.34; Jm 12.8).

man (maná). Pão enviado por Deus ao povo de Yisra'el, durante os quarenta anos que este vagueou pelo deserto; seu nome derivou-se da pergunta feita: "*Man hu'*?" ["O que é isso?"].

Ma · **nah** (Mená). Na genealogia do Messias (Lc 3.31).

Ma · **na** · chat (Manaate)

ma · na · cha · **ti** (manaatita)

ma · ***neh*** (pl. *ma* · ***nim***). Soma de dinheiro, 100 denários (v. entrada no glossário), equivalente à diária de três meses do trabalhador comum (Lc 19.12ss).

Ma · **no** · ach (Manoá)

Ma · **'okh** (Maoque)

Ma · **'on** (Maom)

Ma · **rah** (Mara)

Mar · 'a · **lah** (Maralá)

Ma · ***ra*** · *na, **ta**!* (Maranata) [a]. "Vem, nosso SENHOR!" (1Co 16.22).

Ma · re · **shah** (Maressa)

ma · ***ror***. Ervas amargas, prescritas para a celebração do *seder* de *Pesach* (v. entradas no glossário).

Ma · **rot** (Marote)

Mars · **na** (Marsena)

Mar · **ta** (Marta). [a] Irmã de Miryam (no 6) e de El'azar. O nome significa "senhora". O masculino equivalente, *mar* ("senhor", v. *Marana, ta!*) é usado no hebraico moderno como o equivalente à forma de tratamento "senhor" (Lc 10.38+).

Ma · **sa** (Massa)

Ma · *sa* · ***'ei***. *Parashah* 43 (*B'midbar* [Nm] 33.1—36.13).

Mash (Más)

Ma · **shal** (Masal)

Ma · ***shi*** · *ach* (Messias, Cristo). Literalmente, "o ungido". Em português, é transliterado em "Messias". Equivalente ao termo grego *christos*, que também significa "ungido". No *Tanakh*, reis e *kohamim* eram ordenados ao serem ungidos com azeite (*Sh'mot* [Êx] 30.30; *Sh'mu'el Alef* [1Sm] 15.1; *Tehillim* [Sl] 133). O *Novo Testamento Judaico* usa *mashiach* para verter as ocorrências da transliteração grega *messias*, que aparecem apenas duas vezes em todo o texto no NT (Yn 1.41; 4.25), e em quatro passagens dramáticas para verter *christos* (Mt 16.16; Mc 8.29; 14.61; Lc 9.20).

mas · ***kil***. Um poema para instruir.

Mas · re · **kah** (Masreca)

Mas · **sa** (Massá)

Mas · **sah** (Massá)

Ma · tan · **yah**, -**ya** · hu (Matanias)

Ma · ta · **tah** (Matata)

Mat · **nai** (Matenai)

Mat · **red** (Matrede)

Mat · **ri**

Mat · **tan** (Matã). Na genealogia do Messias (Mt 1.15).

Mat · ta · **nah** (Mataná)

Mat · tan · **yah** (Mat · tan · **ya** · hu) (Matanias)

Mat · **tat** (Matate). Duas personagens na genealogia do Messias (Lc 3.24,29).

Mat · ta · **tah** (Matatá). Na genealogia do Messias (Lc 3.31).

Mat · tit · **ya** · hu (Mateus, Matias, Matatias) 1. Um dos doze *talmidim* de Yeshua, autor de um dos evangelhos, também conhecido por Levi (Mt 9.9+), cujo nome é comumente vertido para o português como Mateus. 2. Um dos dois candidatos à substituição de Y'hudah de K'riot como emissário de Yeshua (At 1.23,26), chamado Matias, em português. 3 e 4. Duas personagens na genealogia do Messias, chamado em português de Matatias.

Mat · ***tot***. *Parashah* 42 (*B'midbar* [Nm] 30.2(1)—32.42).

ma · ***tzah***. (pl. *ma* · ***tzot***) Pão sem fermento. O "primeiro dia da *matzah*" é o dia no qual se realiza o *seder*.

M' · chi · **da** (Meída)

M' · **chir** (Meir)

m'chi · ***tzah***. Divisor que separa o povo em dois grupos, p. ex., a partição entre homens e mulheres nas sinagogas ortodoxas. Em Ef 2.14, a referência (metafórica, pelo menos) é à cerca que separava as partes do templo nas quais apenas os judeus podiam ingressar, do Pátio do Gentios. Essa *m'chitzah*, também denominada *soreg*, era uma divisória de pedra com cerca de 1,5 metro de altura.

me · cho · la · **ti** (meolatita)

Me · chu · ya · **'el** (Meujael)

Me · **dad** (Medade)

Me · **dan** (Medã)

Me · 'a · **rah** (Meara)

Me · fa · **'at** (Mefaate)

Me · **gid** · do. V. Har Megiddo.

Me · hu · **man** (Meumã)

Mei-Za · **hav** (Me-Zaabe)

Meid · **va** (Medeba)

Mei · **shakh** (Mesaque)

Me · 'u · **nim** (Meumim)

Me · **lekh** (Malco). Escravo de Kayafa, o *kohen gadol*. Essa palavra hebraica significa "rei" (Yn 18.10).

mem. Décima terceira letra do alfabeto hebraico.

Me · mu · **khan** (Memucã)

Me · na · **chem** (Manaém). "O que foi criado com o governador Herodes". Seu nome significada "consolador".

Me · **ni**

me · *no* · ***rah***. Candelabro, lâmpada. A *menorah* do templo possuía sete braços (Jm 9.2; Rv 1.12+).

Me · ra · **ta** · yim (Merataim)

Me · **rav** (Merabe)

Me · red (Merede)

Me · res

Me · **rom**

me · ro · no · **ti** (meronotita)

Me · **roz**

Me · **sha** (Messa)

Me · shei · zav · **'el** (Mesezabeel)

Me · shekh (Mesaque)

Me · she · lem · **yah** (Me · she · lem · **ya** · hu) (Meselemias)

Me · shil · le · **mot** (Mesilemote)

Me · shil · **mit** (Mesilemite)

Me · sho · **vav** (Mesobabe)

me · *shug* · ***ga***. Louco (Yn 10.20).

me · *shug* · *ga* · ***'im***. Gente louca, maluca.

Me · shu · **lam** (Mesulão)

Me · shu · **le** · met (Meshulemete)

Me · teg-A · **mah** (Metegue-Ama)

Me · tu · sha · **'el** (Metusael)

Me · tu · **she** · lach (Matusalém). Avô de Noach; na genealogia do Messias (Lc 3.37).

Me · 'u · **nim** (Meumim)

M' · fi · **vo** · shet (Mefibohete)

M' · hei · tav · **'el** (Meetabel)

Mid · **din** (Midim)

*mi · **drash***. Interpretação alegórica ou aplicação homilética de um texto. Espera-se que o ouvinte entenda que quem profere o *midrash* não expõe o claro significado do texto; em vez disso, apresenta ideias próprias (Gl 4.24).

Mid · **yan** (Midiã). Região desértica que inclui partes da península do Sinai e do sul da atual Jordânia (At 7.29).

mid · ya · **ni** (pl. mid · ya · **nim**) (midianita[s])

Mig · **dal-'E** · der (torre de Éder)

Mig · **dal**-El

Mig · **dal-Gad** (Migdal-Gade)

Mig · **dol**

Mig · **ron** (Migrom)

Mi · **kha** (Mica)

Mi · kha · **'el** (Miguel). Um dos principais anjos ("arcanjo") descritos em Dani'el [Dn] 10.21 e 12.1 como guardião dos interesses da nação de Yisra'el, e no Novo Testamento como o comandante dos anjos que contendem com o Adversário, Satan (Yd 9; Rv 12.7).

Mi · **khah** (Mica)

Mi · **khal** (Mical)

Mi · kha · **yah** (Mi · kha · **ya** · hu) (Micaías)

Mi · khay' · **hu** (Micaías)

Mikh · **mas** (Micmás)

Mikh · m' · **tat** (Micmetá)

Mikh · **ri** (Micri)

*mikh · **tam***. Poema

*Mík · **ketz***. *Parashah* 10 (*B'reshit* [Gn] 41.1—44.17).

Mik · **lot** (Miclote)

Mik · ne · **ya** · hu (Micneias)

*mik · **veh***. Banheira ou piscina com um influxo de água, usado no judaísmo ortodoxo até o dia de hoje para rituais de purificação (Tt 3.5).

Mi · la · **lai**

Mil · **kah** (Milca)

Mil · **kom** (Milcom)

Mil · **lo** (Milo)

*min · **chah***. O sacrifício da tarde, realizado no templo e acompanhado de orações. No judaísmo de hoje, o serviço religioso vespertino é chamado *mincha*, como recordação.

Min · **ni** (Mini)

Min · **nit** (Minite)

Min · ya · **min** (Miniamim)

*min · **yan***. *Quorum* necessário para a realização de orações públicas. No judaísmo ortodoxo contam-se dez homens, ao passo que o judaísmo conservador inclui mulheres entre as dez pessoas (At 16.13).

Mir · **mah** (Mirma)

Mir · **yam** (Miriã). 1. A Miryam original era a irmã de Mosheh; entretanto, ela não figura no Novo Testamento. 2. Mãe de Yeshua, o Messias (Mt 1.16+). 3. Miryam de Magdalah (v. o verbete a seguir). 4. Mãe de Ya'akov (no 7) e Yosef (no 8) (Yosi no 2) (Mt 27.56+). 5. Mulher de Klofah (Yn 10.25). 6. Irmã de Marta e de El'azar, de Beit-'Anyah (Lc 10.39+). 7. Mãe de Yochanan Marcos (At 12.12). 8. Uma crente de Roma (Rm 16.16).

Mir · **yam** de Mag · **da** · la; Mir · **yam**, chamada Mag · da · **lit** (Maria Madalena). *Talmidah* de Yeshua proveniente da cidade de Magdalah (v. entrada no glossário) (Mt 25.56+).

Mis · **gav** (Misgabe)

Mi · sha · **'el** (Misael)

Mi · **shal** (Misal)

Mish · **'am** (Misã)

Mish · **ma** (Misma)

Mish · ma · **nah** (Mismana)

*Mish · pa · **tim**. Parashah* 18 (*Sh'mot* [Êx] 21.1—24.18).

mish · ra · **'i** (misraeu)

Mis · **par**

Mis · **pe** · ret (Misperete)

Mis · re · **fot**-Ma · yim

Mit · **kah** (Mitca)

mit · **ni** (mitatita)

Mit · r' · **dat** (Mitredate)

Mitz · **pah** (Mispá)

Mitz · **peh** (Mizpá)

Mitz · **ra** · yim (Mizraim). Egito

*mitz · **vah*** (pl. *mitz · **vot***). Literalmente, "ordem", "mandamento"; em sentido mais amplo: princípio geral para a vida; boas ações (Mt 5.19+).

Miv · **char** (Mibar)

Miv · **sam** (Mibsã)

Miv · **tzar** (Mibsar)

Mi · ya · **min** (Miamim)

Mi · **zah** (Mizá)

Mi · **zar**

m' · khe · ra · **ti** (mequeratita)

M' · kho · **nah** (Mecona)

M' · lat · **yah** (Melatias)

M' · li · **khu** (Maluqui)

M'na · **sheh** (Manassés). 1. Filho de Yosef (no 1) e neto de Ya'akov (no 1). Ele não é mencionado no Novo Testamento; ali é mencionada apenas a meia tribo que recebe seu nome (Rv 7.6). 2. Um dos reis de Y'hudah; na genealogia do Messias (Mt 1.10)

m' · na · **shi** (relativo a M'nasheh)

*M' · **ne**! M' · **ne**! T' · **kel** u · far · **sin***. V. *Dani'el* 5.25-28 e a nota de rodapé.

M' · nu · **chot** (Menuote)

Mo · 'ad · **yah** (Moadias)

Mo · **'av** (Moabe)

mo · 'a · **vi** (mo · 'a · **vim**) (moabita[s])

mo · 'a · **vit** (*fem.* moabita)

Mo · la · **dah** (Moladá)

Mo · lekh (Moloque). Falso deus adorado no antigo Oriente Médio (At 7.43).

Mo · **lid** (Molide)

M · 'o · no · **tai** (Meonotai)

mo · rash · **ti** (morastita)

Mor · de · **khai** (Mordecai, Mardoqueu)

Mo · **reh** (Moré)

Mo · **re** · shet (Moresete)

Mo · **re** · shet-**Gat** (Moresete-Gate)

Mo · ri · **yah** (Moriá)

Mo · se · **rah** (Moserá)

Mo · se · **rot** (Moserote)

Mo · **sheh** (Moisés). 1. Libertador de Yisra'el do Egito, e por meio de quem Yisra'el recebeu a *Torah* (Mt 8.4+). 2. A "cadeira de Mosheh" não era apenas uma metáfora da autoridade dos mestres da Torah, mas a cadeira sobre a qual se assentavam ao ensinar. Um exemplo dela, descoberto nas ruínas de Korazin (do século III da E.C.), encontra-se em exposição no Museu de Israel em Yerushalayim (Mt 23.2).

Mo · **tza** (Mosa)

*mo · tza · **'ei**-shab · **bat***. Literalmente, a "saída do sábado", isto é, a noite de sábado. Pelo sistema bíblico e judaico de contagem dos dias, eles têm início ao pôr-do-sol; portanto, quando o texto nos diz que os crentes se reuniram "no primeiro dia da semana", significa na noite de sábado, não no domingo (At 20.7; 1Co 16.2).

Mo · **tzah** (Moza)

M' · ra · **ri** (Merari)

M' · ra · **yah** (Meraías)

M' · ra · **yot** (Meraiote)

M' · re · **mot** (Meremote)

M' · ri · **vat**-Ka · **desh** (Meribá de Cades)

M' · riv-**Ba** · 'al (Meribe-Baal)

M' · ri · **vot**-Ka · **desh** (contenda de Cades)

M'ro · **dakh**-Bal · 'a · **dan** (Merodaque-Baladã)

*M' · tzo · **ra**. Parashah* 28 (*Vayikra* [Lv] 14.1—15.33).

M' · tzo · va · **yah** (mesobaíta)

Mu · **pim** (Mupim)

Mu · **shi** (Musi)

M' · vu · **nai** (Mebunai)

Na · 'am (Naã)

Na · 'a · **mah** (Noema)

Na · 'a · **man** (Naamã). General sírio curado por Deus de uma grave doença de pele, por meio do profeta Elishah (*M'lakhim Bet* [2Rs] 5) (Lc 4.27).

na · 'a · ma · **ti** (naamatita)

na · 'a · **mi** (naamita)

Na · 'a · **rah** (Naarate)

Na · 'a · **rai** (Naarai)

Na · 'a · **ran** (Naarã)

Na · cha · li · **'el** (Naaliel)

Na · **cham** (Naã)

Na · **chash** (Naás)

Na · chat (Naate)

Nach · **bi** (Nabi)

Nach · ma · **ni** (Naamani)

Na · **chor** (Naor). Avô de Avraham, na genealogia do Messias (Lc 3.34).

Nach · **rai** (Naari)

Nach · **shon** (Naassom). Antepassado do rei David, na genealogia do Messias (Mt 1.4; Lc 3.32).

Na · **chum** (Naum). Na genealogia do Messias (Lc 3.25).

Na · **dav** (Nadabe)

Na · **fish** (Nafis)

Naf · ta · **li**. 1. Tribo de Yisra'el descendente de um dos filhos do patriarca Ya'akov (Rv 7.6). 2. O território de *Eretz-Yisra'el* designado para essa tribo (*Y'hoshua* [Js] 19—21) (Mt 4.13ss).

Naf · tu · **chim** (Naftuim)

Nag · **gai** (Nagaí). Na genealogia do Messias (Lc 3.25).

Na · ha · **lal** (Naalal)

Na · ha · **lol** (Naalol)

Na · **'im** (Naim). Cidade da Galil, em que Yeshua ressuscitou o filho de uma viúva dentre os mortos. O nome significa "agradável" (Lc 7.11).

Nak · di · **mon** (Nicodemos). *Parush*, membro do *Sanhedrin* e "mestre em Yisra'el". Apesar de o nome Nicodemos ser de origem grega, ele foi hebraicizado e recebeu a forma Nakdimon. No primeiro século, havia Yerushalayim um homem muito conhecido, chamado Nakdimon Ben-Gurion (*Taanit* 19*b*; *B'reshit Rabbah* 42 etc.) (Yn 3.1+).

Na · **khon**

Na · 'o · **mi** (Noemi)

*Na · **so**. Parashah* 35 (*B'midbar* [Nm] 4.21—7.89).

Na · **tan** (Natã). Filho do rei David; na genealogia do Messias (Lc 3.31).

Na · tan · **'el** (Natanael). *Talmid* de Yeshua (Yn 1.45+).

Na · **tze** · ret (Nazaré). Cidade da Galil, em que Yeshua cresceu e viveu a maior parte de sua vida (Mt 2.23+).

*natz · ra · **ti*** (pl. *natz · ra · **tim***) (nazareno[s]). A despeito do que Mattityahu diz, o *Tanakh* não diz em parte nenhuma que o Messias seria designado *natzrati*, mas Yesha'yahu [Is] 11.2 refere-se a ele por *netzer* ("ramo, galho"). Pelo fato de *natzrati* significar "morador de Natzeret", o nome *natzratim* (seguidores do homem de Natzeret) foi dado aos seguidores judeus de Yeshua. Desse modo, o "cumprimento" de Mattityahu aparentemente envolve um jogo de palavras, apesar de outras explicações terem sido apresentadas. Em hebraico moderno, o vocábulo para "cristão" é *notzri*, uma variante de *natzrati* (Mt 2.23; At 24.5).

Na · **val** (Nabal)

Na · **vot** (Nabote)

*na · **zir*** (pl. *n'zi · **rim***) (nazireu)

N' · **chum** (Neum)

N' · chush · **ta** (Neusta)

N' · chush · **tan** (Neustã)

N' · dav · **yah** (Nedabias)

Ne · **'ah** (Neá)

Ne · 'ar · **yah** (Nearias)

ne · che · la · **mi** (neelamita)

Ne · chem · **yah** (Neemias)

Ne · feg (Nefegue)

Nef · **to** · ach (Neftoa)

Ne · gev. O sul, o deserto do sul de Yisra'el.

Ne · 'i · **'el** (Neiel)

Nei · **vai** (Nebai)

Ner

Ner · **gal**

Ner · **gal**-Sar · **'e** · tzer (Nergal-Sarezer)

Ne · **ri**. Na genealogia do Messias (Lc 3.27).

Ne · ri · **yah** (Nerias)

*Ne · vi · **'im***. Profetas. A segunda das três divisões do *Tanakh* (v. entrada no glossário); inclui os Profetas Early (os livros históricos): *Y'hoshua* (Josué), *Shof'tim* (Juízes), *Sh'mu'el* (Samuel) e *Melakhim* (Reis); e os Profetas Later: *Yesha'yahu* (Isaías), *Yirmeyahu* (Jeremias), *Yechezk'el* (Ezequiel) e os 12 "profetas menores".

N' · fi · **lim** (Nefilim)

N' · fish' · **sim** (Nefussim)

N' · fu · **sim** (Nefusim)

*nid · **dah***. 1. Impureza menstrual; 2. O período caracterizado por essa impureza.

Nim · **rah** (Ninra)

Nim · **rim** (Ninrim)

Nim · **rod** (Ninrode)

Nim · **shi** (Ninsi)

Nin · **veh** (Nínive). Capital da antiga Assíria, onde o profeta Yonah pregou (Mt 12.41+).

*ni · **san***. Primeiro mês do ano bíblico; o sétimo mês do calendário judaico moderno (março-abril)..

Nis · **rokh** (Nisroque)

*Ni · tza · **vim***. *Parashah* 51 (*D'varim* [Dt] 29.9—30.20).

Niv · **chaz** (Nibaz)

Niv · **shan** (Nibsã)

N' · **kho** (Neco)

N' · ko · **da** (Necoda)

N' · mu · **'el** (Nemuel)

n' · mu · 'e · **li** (nemuelita)

No (Nô)

No · ach (Noé). Construtor da arca, sobrevivente do Dilúvio e antepassado de toda a humanidade (*B'reshit* [Gn] 5—11); na genealogia do Messias (Mt 24.37+).

No · ach. Parashah 2 (*B'reshit* [Gn] 6.9—11.31).

No · 'ad · **yah** (Noadias)

No · **'ah** (Noa)

No · **'am** (Noã)

No-A · **mon** (Nô-Amom)

No · **chah** (Noá)

Nod (Node)

No · **dav** (Nodabe)

Nof (Nofe)

No · fach (Nofá)

No · **gah** (Nogá)

Nov (Nobe)

No · **vach** (Nobá)

N' · ta · **'im** (Netaim)

N' · tan · **'el** (Natanael)

N' · tan-**Me** · lekh (Natã-Meleque)

N' · tan · **yah** (N' · tan · **ya** · hu) (Netanias)

n'ti · lat-ya · da · yim. Lavagem cerimonial das mãos antes das refeições e de outras situações, com o objetivo de tornar-se ritualmente puro. Permanece até hoje a norma do judaísmo ortodoxo (Mt 15.2).

n' · ti · **nim** (netineus)

N' · to · **fah** (Netofa)

n' · to · fa · **ti** (netofatita)

N' · **tzi** · ach (Neziá)

N' · **tziv** (Nezibe)

nun. Décima quarta letra do alfabeto hebraico.

N' · va · **lat** (Nebalate)

N' · **vat** (Nebate)

N' · va · **yot** (Nebaiote)

N' · **vo** (Nebo)

N' · vu · khad · ne · **tzar** (N' · vu · khad · re · **tzar**) (Nabucodonosor)

N' · vu · shaz · **ban** (Nebusazbã)

N' · vu · za · ra · **dan** (Nebuzaradã)

*n'zi · **rim*** (nazireus)

'O · **ded** (Odede)

'O · fel (Ofel)

O · **fir**

'Of · **ni** (Ofni)

'Of · **rah** (Ofra)

'Og (Ogue)

O · **had** (Oade)

O · hel (Oel)

O · ho · **lah** (Aolá)

Oho · li · **'av** (Aoliabe)

O · ho · li · **vah** (Aolibá)

Oholi · va · **mah** (Aolibama)

Okh · **ran** (Ocrã)

*'o · **lah***. Oferta queimada, cujo cheiro sobe.

*'o · **lam** ha · **ba***. O mundo por vir, a era futura (Mt 12.32+).

*'o · **lam** ha · **zeh***. Este mundo, esta era (Mt 12.32+).

O · **mar**

*'**o** · mer*. Medida para secos.

'Om · **ri** (Onri)

On (Om)

O · **nam** (Onã)

O · **nan** (Onã)

O · **no**

O · ren (Orem)

'O · **ver** (Orebe)

Or · **nan** (Ornã)

'Or · **pah** (Orfa)

Os · **nat** (Osnate)

'Ot · ni · **'el** (Otoniel)

O · tzem (Ozem)

'o · tzev. Dor

'O · vad · **yah** ('O · vad · **ya** · hu) (Obadias)

'O · **val** (Obal)

'O · **ved** (Obede). Avô do rei David; na genealogia do Messias (Mt 1.5; Lc 3.32).

'O · **ved**-E · **dom** (Obede-Edom)

O · **vil** (Obil)

O · **vot** (Obote)

Oz · **ni**

Pa · 'a · **rai** (Paarai)

Pa · chat-Mo · **'av** (Paate-Moabe)

Pad · **dan** (Padã)

Pad · **dan**-A · **ram** (Padã-Arã)

Pa · **don** (Padom)

Pag · 'i · **'el** (Pagiel)

Pa · **'i** (Paí)

Pa · **lal**

Pal · **lu** (Palu)

pal · lu · **'i** (paluíta)

Pal · **ti**

Pal · ti · **'el** (Paltiel)

Pa · **rah** (Pará)

Pa' · **ran** (Parã)

Pa · **ras** (Pérsia)

*pa · ra · **shah***. Trecho da *Torah* lido na sinagoga no *shabbat*, em dia de festa ou jejum.

Par · **mash** · ta (Farmasta)

Par · **nakh** (Parnaque)

*pa · **ro** · khet*. Cortina. Especificamente a que dividia o Lugar Especialmente Sagrado do restante do templo ou tabernáculo. Na realidade, existiam duas *p'rokhot* (v. Jm 9.3). A primeira separava o Lugar Sagrado do pátio externo (*Sh'mot* [Êx] 26.36,37; 36.37,38); a segunda separava o Lugar Especialmente Sagrado do Lugar Sagrado (*Sh'mot* [Êx] 26.31-33; 36.35,36). A cortina que cobre a arca da *Torah* nas sinagogas de hoje é também chamada *parokhet* (Mt 27.51+).

Par · **'osh** (Parós)

Par · **par** (Farpar)

Par · shan · **da** · ta (Parsandata)

par · **tzi** (perezita)

Pa · **ru** · ach (Parua)

*pa · **rush*** (fariseu). V. *p'rushim*, entre os verbetes a seguir.

Par · **va** · yim (Parvaim)

*pa · **sach***. Ele passou por sobre; v. *Pesach*.

Pa · **sakh** (Pasaque)

Pas-Da · **mim**

Pa · **se** · ach (Pasea)

Pash' · **chur** (Pasur)

Pat · **ros**

Pat · ru · **sim** (Patrusim)

Pa · **'u** (Pau)

P' · dah · **'el** (Pedael)

P' · dah · **tzur** (Pedazur)

P' · da · **yah** (Pedaías)

peh. Décima sétima letra do alfabeto hebraico.

Pe · kach (Peca)

Pe · leg (Fáleque). Antepassado de Avraham; na genealogia do Messias (Lc 3.35).

Pe · let (Pelete)

Pe · le-Yo · **'etz** (maravilhoso Conselheiro)

Pe · resh (Perez)

Pe · retz (Perez). Neto do patriarca Ya'akov; na genealogia do Messias (Mt 1.3).

Pe · retz-'U · **za** (**Pe** · retz-'U · **zah**) (Perez--Uzá)

***Pe** · sach*. Festa da Páscoa, que celebra o êxodo da nação judaica do Egito sob a liderança de Mosheh. Ela é, além de *Shavu'ot* e *Sukkot*, umas das três festas de peregrinação quando os judeus deveriam comparecer a Yerushalayim (Mt 26.2+).

Pe · ‘ul · **tai** (Peuletai)

Pi-Ha · chi · **rot** (Pi-Hairote)

Pi · **khol** (Ficol)

Pil · **cha** (Pilha)

Pil · **dash** (Pildas)

Pil · **tai**

Pin · **chas** (Fineias)

*Pin · **chas**. Parashah* 41 (*B'midbar* [Nm] 25.10—30.1[29.40]).

Pi · **non** (Pinom)

Pir · **'am** (Pirão)

Pir · ‘a · **ton** (Piratom)

Pis · **gah** (Pisga)

Pi · **shon** (Pisom)

Pis · **pah** (Pispa)

Pi · **tom**

Pi · **ton** (Pitom)

Pi-**Ve** · set (Pi-Besete)

P' · kach · **yah** (Pecaías)

P' · **kod** (Pecode)

*P' · ku · **dei**. Parashah* 23 (*Sh'mot* [Êx] 38.21—40.38).

P' · lal · **yah** (Pelalias)

P' · lat · **yah** (P' · lat · **ya** · hu) (Pelatias)

P' · la · **yah** (Pelaías)

P' · **le** · shet (Filístia)

p' · lish · **ti** (p' · lish · **tim**) (filisteus)

P'lo · **ni** (Pelonite)

P'nei-Ha · chi · **rot** (Pi-Hairote)

P'ni-**El** (Peniel)

P'ni · **nah** (Penina)

P'nu · **'el** (Fanuel). Pai de Hanah, a viúva idosa que abençoou Yeshua no templo (Lc 2.36).

Po · **khe** · ret-Ha · tzva · **yim** (Poquerete-Hazebaim)

P · **‘or** (Peor)

Po · ra · **ta** (Porata)

Po · ti-**Fe** · ra (Potifera)

Po · ti · **far**

P' · **res** (Feres)

P'ri · **da** (Ferida)

P'ru · **da** (Peruda)

*p'ru · **shim*** (sg. *pa · **rush***) (fariseu[s]). Os *p'rushim* e os *tz'dukim* eram dois dos principais grupos que compunham a sociedade religiosa dos dias de Yeshua. Os *p'rushim* davam destaque à *Torah* e a seus requerimentos para o povo comum, em lugar dos rituais do templo. Quando o templo foi destruído, no ano 70 da e.c., os *p'rushim* estavam prontos para desenvolver a tradição que é a base para a vida judaica em todo lugar; essa tradição é o cerne do *Talmud* e do judaísmo moderno (Mt 3.7+).

P'tach · **yah** (Petaías)

P' · **tor** (Petor)

P'tu · **'el** (Petuel)

Pu · **‘ah** (Puá)

Pu · **'ah** (Pua)

Pul

pu · **ni** (puvitas)

Pu · **non** (Punom)

Pu · **rah** (Purá)

pur. Sorteio, sorte.

*Pu · **rim***. Festa decretada por Mordekhai, no livro de *Ester*, para celebrar a vitória dos judeus de Shushan sobre o plano maligno de Haman.

pu · **ti** (puteus)

Pu · ti · **'el** (Putiel)

Pu · **vah** (Puva)

Ra · ‘am · **ses** (Ramsés)

Ra · ‘am · **yah** (Raamias)

Rab · **bah** (Rabá)

*Rab · **ba** · ni*. Literalmente, “meu grande”, portanto, “mestre”. Na *Mishnah*, o título *rabban* é concedido a

Gamli'el (v. entrada no glossário) (Yn 20.16).

rab · *bi* (rabino). Literalmente, "meu grande", portanto, "mestre". No judaísmo moderno, o rabino é alguém ordenado com a capacidade para determinar a *halakhah* (lei judaica), julgar e ensinar a *Torah*. Em nossos dias, o termo *rabino* passou a significar o representante religioso judeu, isto é, o líder com responsabilidades congregacionais ou comunitárias (Mt 8.19+).

Ra · **bit** (Rabite)

Ra · **cham** (Raão)

Ra · **chav** (Raabe). A prostituta de Yericho que escondeu os espiões israelitas nos dias de Y'hoshua (*Y'hoshua* [Js] 2; 6); na genealogia do Messias (Mt 1.5+).

Ra · **chel** (Raquel). Mulher do patriarca Ya'akov, uma das quatro mães de Yisra'el (Mt 2.18).

Ra · **dai**

Ra · **fa**

Ra · **fah** (Rafa)

Ra · **fu** (Rafu)

Ra · **hav** (Raabe)

Ra · **kat** (Racate)

Ra · **khal** (Racal)

Ra · **kon** (Racom)

Ram (Arão). Antepassado do rei David; na genealogia do Messias (Mt 1.3,4; Lc 3.33).

Ra' · **ma** (Raamá)

Ra · **mah** (Ramá). Cidade próxima de Yerushalayim; a porção de terras concedidas à tribo de Binyamin (Mt 2.18).

Ra' · **mah** (Raamá)

Ra' · **mat** (Ramate)

Ra · ma · **ta** · yim (Arimateia). Cidade junto ao sopé das montanhas a nordeste de Lud e noroeste de Yerushalayim. Cidade de Yosef (no 9), que levou o corpo de Yeshua e o sepultou em sua tumba (Mt 27.57+).

Ra · ma · **ta** · yim-Tzo · **fim** (Ramataim--Zofim)

ra · ma · **ti** (ramatita)

Ra · **mat-Le** · chi (Ramate-Leí)

Ra · **mot** (Ramote)

Ra · **mot**-Gil · **'ad** (Ramote-Gileade)

Ra · **mot**-Mitz · **peh** (Ramote-Mizpá)

Ram' · **ses** (Ramsés)

Ram · **yah** (Ramias)

Rav-**Mag** (Rabe-Mague)

Rav-Sa · **ris** (Rabe-Saris)

Rav-Sha · **keh** (Rabsaqué)

Re · 'a · **yah** (Reaías)

Re · chav · **'am** (Roboão). Filho do Rei Shlomoh; na genealogia do Messias (Mt 1.7).

Re · chav · **yah** (Re · chav · **ya** · hu) (Reabias)

Re · **chov** (Reobe)

Re · cho · **vot** (Reobote)

Re · **chum** (Reum)

Re · 'eh. Parashah 47 (*D'varim* [Dt] 11.26—16.17).

Re · fach (Refa)

Re · fa · **'el** (Rafael)

Re · fa · **'im** (Refaim)

Re · fa · **yah** (Refaías)

Re · fi · **dim**

Re · gem (Regém)

Re · gem-**Me** · lekh (Régen-Meleque)

Re · **'i** (Rei)

Rei · **fan** (Renfã). Divindade babilônica chamada Keivan no *Tanakh*, correspondente a Saturno (At 7.43).

Rei · **sha** (Resá). Filho de Z'rubavel; na genealogia do Messias (Lc 3.27).

Re · kem (Requém)

Re · **khah** (Reca)

Re · **khav** (Recabe)

re · kha · **vim** (recabitas)

Re · mal · **yah** (Re · mal · **ya** · hu) (Remalias)

Re · met (Remete)

Re · sen

resh. Vigésima letra do alfabeto hebraico.

Re · shef (Resefe)

Re · tzef (Resefe)

Re · **tzin** (Rezim)

Re · **'u** (Ragaú). Antepassado de Avraham; na genealogia do Messias (Lc 3.35).

Re · **'u (**Reú**)**

Re · 'u · **'el** (Reuel)

Re · 'u · **mah** (Reumá)

Re · 'u · **ven** (Rúben). Tribo de Yisra'el que recebeu o nome do primeiro filho do patriarca Ya'akov (Rv 7.5).

re · 'u · ve · **ni** (rubenita)

Re · va (Reba)

Re · **zon** (Rezom)

Ri · **fat** (Rifate)

Rim · **mon** (Rimom)

Rim · **mon-Pe** · retz (Rimom-Perez)

Ri · **nah** (Rina)

Ris · **sah** (Rissa)

Rit · **mah** (Ritmá)

Ritz · **pah** (Rispa)

Ritz · **ya** (Rizia)

Ri · **vai** (Ribai)

Riv · **kah** (Rebeca). Mulher do patriarca Yitz'chak, uma das quatro mães de Yisra'el (Rm 9.10).

Riv · **lah** (Ribla)

Ro · da · **nim**

Rog · **lim** (Rogelim)

Ro · mam · ti-**'E** · zer (Romanti-Ezer)

Rosh (Rôs)

*Rosh-**Ho** · desh*. Festa observada até o dia de hoje pelo judaísmo, na qual se celebra o início de cada mês lunar do calendário.

***Ru** · ach-Ha · **Ko** · desh*. O Espírito Santo. Ele é assim designado quatro vezes no *Tanakh*, e muitas outras vezes como o Espírito de Deus (Mt 1.18+).

Ru · cha · **mah** (Ruama)

Ru · **mah** (Rumá)

Rut (Rute). Mulher moabita que se uniu ao povo judeu, tornou-se esposa de Bo'az; bisavó do rei David; na genealogia do Messias (Mt 1.5).

Saf (Safe)

Sa · **khar** (Sacar)

Sa · **lai** (Salai)

Sal · **khah** (Salcá)

Sal · **ma**

Sal · **mai**

Sal · **mon** (Salmom). Antepassado do rei David; na genealogia do Messias (Mt 1.4,5; Lc 1.32).

Sa · **lu**

***sa** · mekh*. Décima quinta letra do alfabeto hebraico

Sam · **gar**-N' · **vo** (Sangar-Nebo)

Sam · **lah** (Samlá)

San · che · **riv** (Senaqueribe)

*san · hed · **rin***. Tribunal religioso judaico. Os *sanhedrins* menores contavam entre três e 23 juízes; o grande *Sanhedrin* de Yerushalayim contava com 70 juízes (Mt 5.22+).

San · sa · **nah** (Sansana)

San · va · **lat** (Sambalate)

Sa · **raf** (Sarafe)

Sa · **rah** (Sara). Mulher de Avraham, a primeira das quatro mães de Yisra'el (Rm 4.19+).

Sa · **rai**

sar · **di** (seredita)

Sar · **'e** · tzer (Sarezer)

Sar · **gon** (Sargom)

Sa · **rid** (Saride)

Sar · s' · **khim** (Sarsequim)

Sa · **tan** (Satã, Satanás). Literalmente, "o Adversário", isto é, Satã, o Diabo. No *Tanakh* ele é descrito especificamente em *Iyov* [Jó] 1 e 2, e por dedução em *Yesha'yahu* [Is] 14.11-15 e *Yechezk'el* [Ez] 28 (Mt 4.10+).

Sav · **ta** (Sabta)

Sav · t' · **kha** (Sabteca)

S'**dom** (Sodoma). Cidade próxima ao mar Morto, destruída por Deus (*B'reshit* [Gn] 19) (Mt 10.15+).

se · *der.* Refeição cerimonial noturna que dá início à festa de *Pesach* nos lares judeus (Mt 26.17+).

se · *khel.* Inteligência, bom senso, "esperteza" (Lc 16.8).

S' · **guv** (Segube)

Se · **'ir** (Seir)

Se · 'i · **rah** (Seirá)

Se · **khu** (Secu)

Se · la

se · *lah.* Pausa na música que acompanha um salmo ou uma oração.

Se · la-Ha · mach · le · **kot** (rochedo das Divisões)

Se · led (Selede)

Se · **neh** (Sené)

Se · rach (Sera)

Se · red (Serede)

S' · **far** (Sefar)

S' · fa · **rad** (Sefarade)

S' · far · **va** · yim (Sefarvaim)

s' · far · **vim** (sefarvita)

Sha · 'af (Saafe)

Sha · 'a · la · **bin** (Saalabim)

Sha · 'al · **bim** (Saalbim)

Sha · 'a · **lim** (Saalim)

Sha · 'al · **vim** (Saalbim)

sha · 'al · vo · **ni** (saalbonita)

Sha · 'a · **ra** · yim (Saaraim)

Sha · 'ash · **gaz** (Saasgaz)

shab · ***bat*** (pl. *shab* · *ba* · ***tot***). Sábado (Mt 12.1+).

Shab · **tai** (Sabetai)

Sha · cha · **ra** · yim (Saaraim)

Sha · cha · **tzimah** (Saazima)

Shad · ***dai.*** O Todo-poderoso; um dos nomes de Deus.

Shad · **rakh** (Sadraque)

Sha · **fam** (Safã)

Sha · **fan** (Safã)

Sha · **fat** (Safate)

Sha · **geh** (Sage)

sha · ***ked.*** Amendoeira

Sh' · **al** (Seal)

Sha · **lem** (Salim, Salém). 1. Local próximo a Einayim (Yn 3.23). 2. Yerushalayim; v. *Tehillim* [Sl] 76.3(2) (Jm 7.1,2).

Sha · li · **shah** (Salisa)

Shal · **le** · khet (Salequete)

Shal · **man** (Salmã)

Shal · man · **'e** · ser (Salmanezer)

sha · ***lom.*** Paz, tranquilidade, segurança, bem-estar, saúde, contentamento, sucesso, conforto, plenitude e integridade. "*Shalom!*" é um cumprimento comum (Mt 10.12+).

Sha · ***lom*** *a* · *lei* · ***khem!.*** "Paz seja sobre vocês!". Um cumprimento comum (Mt 10.12+).

*Sha · **lom rav**!*. Paz em grande quantidade! (Um tipo de cumprimento.)

Sh · 'al · ti · **'el** (Salatiel). Pai de Z'rubavel; na genealogia do Messias (Mt 1.12; Lc 3.27).

Sha · **lum** (Salum)

Sha · **lun** (Salum)

sham. Ali; lá.

Sha · **ma** (Samá)

Sha · **mah** (Lá; ali)

Sha · **mai** (Samai)

Sham · **mah** (Samá)

Sham · **gar** (Sangar)

Sham · **hut** (Samute)

Sha · **mir** (Samir)

Sham · **mah** (Samá)

*sham · **mash*** (pl. *sham · ma · **shim***). Atendente, servo, zelador, diácono (Lc 4.20+).

Sham · sh' · **rai** (Sanserai)

Sha · **mu** · a (Samua)

Shap · pi · **rah** (Safira). Mulher que conspirou para mentir ao Espírito Santo (At 5.1+).

Sha · **rai** (Sarai)

Sha · **rar** (Sarar)

*sha · **rav***. Vento seco e quente que sopra sobre a terra de Yisra'el, do deserto para o leste, na primavera e no outono. No Yisra'el de hoje é também conhecido pelo nome árabe *hamsin* ("cinquenta"), referência aos cinquenta dias entre *Pesach* e *Shavu'ot*, o período mais típico desse clima (Yk 1.11).

Shar · **'e** · tzer (Sarezer)

Sh · 'a · **rim** (Saarim)

Sha · **ron**, o. Uma das quatro maiores regiões geográficas de Yisra'el, próxima ao mar Mediterrâneo. As outras três, também paralelas à costa, são: do oeste para o leste, a *sh'felah*, a região montanhosa de Y'hudah e Shomron, e a fenda entre o vale do Yarden e o mar Morto (At 9.35).

Sha · ru · **chen** (Saruém)

Sh · 'ar · **yah** (Searias)

Sh · **'ar**-Ya · **shuv** (Sear-Jasube)

Sha · **shai** (Sasai)

Sha · **shak** (Sasaque)

Sha · **'ul** (Saulo). "[...] também conhecido por Paulo" (At 13.9). Emissário de Yeshua, o Messias, ao mundo gentílico, que apresentou a fé de Yisra'el — segundo a nova aliança — em Deus e no Messias, de forma que não exigia a conversão dos gentios aos judaísmo (At 7.58+).

Sha · **'ul** Ben-**Kish**. Saul, filho de Quis, o primeiro rei de Yisra'el (At 13.21).

sha · 'u · **li** (saulita)

Sha · **veh** (Savé)

Sha · **veh**-Kir · ya · **ta** · yim (Savé-Quiriataim)

Shav · **sha** (Savsa)

*Sha · vu · **'ot***. A festa das Semanas, assim designada por acontecer sete semanas após a Páscoa; também chamada Pentecoste (do grego *pentekostos*, "cinquenta"), porque se contam cinquenta dias a partir da Páscoa. Uma das três *regalim* ("festas de peregrinação"), nas quais os judeus se apresentavam diante de Deus em Yerushalayim; as outras duas eram *Pesach* e *Sukkot* (At 2.1).

Sh' · char · **yah** (Searias)

Sh' · de · **'ur** (Sedeur)

She · 'e · **rah** (Seerá)

Shi · **tim** (Sitim)

*sh · 'ei · **lah*** (pl. *sh · 'ei · **lot***). Pergunta. No judaísmo, essa palavra pode ser um termo técnico para designar a pergunta referente à *halakhah* (lei) ou algum outro aspecto da Bíblia ou da tradição (Mt 22.23+).

she*·*kel (pl. *she*·*ka*·***lim***). Medida de peso que pode variar entre 135 e 271gramas. Nos dias de Yeshua, o meio-*shekel* raramente era cunhado, para que o povo pudesse pagar a taxa do templo (v. *Sh'mot* [Êx] 30.11ss) com uma moeda de *shekel* de prata (Mt 17.24).

She·lach (Selá)

She·**lah** (Salá). Antepassado de Avraham; na genealogia do Messias (Lc 3.35).she·la·**ni** (selanita)

She·lef (Selefe)

She·lem·**yah** (She·lem·**ya**·hu) (Selemias)

She·lesh (Seles)

Shem (Sem). Filho de Noach; na genealogia do Messias (Lc 3.36).

She·ma (Sema)

She·med (Semede)

She·mer (Sener)

Shem·**'e**·ver (Semeber)

Shen (Sem)

Shen·'a·**tzar** (Senazar)

She·resh (Seres)

She·rev·**yah** (Serebias)

She·**shai** (Sesai)

She·**shakh** (Sesaque)

She·**shan** (Sesã)

Shesh·ba·**tzar** (Sesbazar)

Shet (Sete). Filho de Adam; na genealogia do Messias (Lc 3.38).

She·**tar** (Setar)

She·va (Sebá)

She·ver (Seber)

Shev·**na** (Sebna)

Shev·**nah** (Sebna)

Sh'·**fam** (Sefã)

Sh'fat·**yah** (Sh'fat·**ya**·hu) (Sefatias)

Sh'fe·**lah** (Sefelá). Contraforte da região montanhosa de *Eretz-Yisra'el*; v. Sharon.

Sh'·**fi** (Sefi)

Sh'·**fo** (Sefô)

Sh'fu·**fam** (Sufã)

Sh'fu·**fan** (Sefufá)

shib·***bo***·*let* (chibolete)

Shi·**chor** (Sior)

Shi·**chor**-Liv·**nat** (Sior-Libnate)

Shif·**'i** (Sifi)

shif·**mi** (sifmita)

Shif·**rah** (Sifrá)

Shif·**tan** (Siftã)

shig·*ga*·***yon***. Um poema para meditação.

shikh·**mi** (siquemitas)

Shik·**ron** (Sicrom)

Shil·**chi** (Sili)

Shil·**chim** (Silim)

Shil·**lem** (Silém)

shil·le·**mi** (silemita)

Shi·**lo**·ach (Siloé). 1. Uma torre (Lc 13.4). 2. Um tanque próximo da muralha da cidade de Yerushalayim. A palavra *shiloach* significa "aqueduto" (derivada da raíz *sh-l-ch*, "enviar"); o aqueduto, cavado quando Hizkiyahu era rei de Y'hudah (século VIII a.e.c.), conduzia água da fonte de Gichon até o tanque de Shiloach. Ainda hoje é possível andar pelo túnel que fazia parte do aqueduto (Yn 9.7ss).

Shi·**loh** (Siló)

shi·lo·**ni** (silonita)

Shil·**shah** (Silsa)

Shim·**'a** (Simei)

Shim·**'ah** (Simeia)

Shim·**'ah** (Simeia)

Shim·**'am** (Simeão)

Shim·**'at** (Simeate)

shim·'a·**tim** (simeatitas)

Shim·**'i** (Simei). Na genealogia do Messias (Lc 3.26).

Shi·**mon** (Simeão)

Shim·**'on** (Simeão, Simão). 1. Tribo de Yisra'el, descendente do segundo filho de Ya'akov (Rv 7.7). 2. Homem idoso que abençoou Yeshua no templo (Lc 2.25ss). 3. Antepassado de Yeshua, o Messias (Lc 3.30). 4. Shim'on Bar-Yochanan (Simão, filho de João; Simão Barjonas) — Shim'on Kefa (v. entre os verbetes a seguir). 5. Outro dos *talmidim* de Yeshua, conhecido por Shim'on, o Zelote, isto é, membro de um partido revoltado contra os conquistadores romanos (Mt 10.4+). 6. Irmão de Yeshua (Mt 13.55; Mc 6.3). 7. Homem de Beit-Anyah que sofria de uma doença de pele (Mt 26.6+). 8. Cireneu obrigado a carregar a estaca de execução de Yeshua (Mt 27.32+). 9. *Parush* em cuja casa Yeshua comeu (Lc 7.40ss). 10. Pai de Y'hudah de K'riot (Yn 6.71+). 11. Feiticeiro de Shomron (At 8.9ss). 12. Curtidor em Yafo que acolheu Kefa (At 9.43+). 13. Seguidor de Yeshua e profeta de Antioquia, chamado "o Negro" (At 13.1).

shim·'o·**ni** (simeonita)

Shim·**'on** Ke·**fa** (Simão Pedro). Um dos 12 emissários de Yeshua (v. Kefa) (Mt 4.18+).

Shim·**rat** (Sinrate)

Shim·**ri** (Sinri)

Shim·**rit** (Sinrite)

Shim·**ron** (Sinrom)

Shim·**ron**-M'·**ron** (Sinrom-Meron)

shim·ro·**ni** (sinronita)

Shim·**shai** (Sinsai)

Shim·**shon** (Sansão). Juiz de Yisra'el (*Shof'tim* [Jz] 13—16); Jm 11.32).

shin. Vigésima primeira letra do alfabeto hebraico.

Shin·**'ar** (Sinear)

Shin·**'av** (Sinabe)

Shir·**tai** (Sitrai)

Shi·**sha** (Sisa)

Shi·**shakn** (Sisaque)

Shiv·**'ah** (Seba)

shiv·'ah. Literalmente, "sete". Após o sepultamento do pai, da mãe, dos irmãos, filhos, ou cônjuge, a pessoa enlutada permanece em casa por sete dias; o costume é chamado "sentar-se em *shiv'ah*" (Yn 11.20).

Shi·**za** (Siza)

Sh'·khan·**yah** (Sh'·khan·**ya**·hu) (Secanias)

Sh'**khem** (Siquém, Sicar). Cidade nas montanhas de Shomron, na extremidade sudoeste da atual Nablus (Neápolis) (Yn 4.5+).

*Sh'khi·**nah***. A presença divina, a manifestação da glória de Deus aos homens (Lc 2.9+).

Sh***lach** l'·**kha***. *Parashah* 37 (*B'midbar* [Nm] 13.1—15.41).

Shlo·**mi** (Selomi)

Shlo·**mit** (Salomé). *Talmidah* de Yeshua (Mc 15.40+).

Shlo·**moh** (Salomão). Rei de Yisra'el; na genealogia do Messias (Mt 1.6+).

Shlo·**mot** (Selomote)

Shlu·mi·**'el** (Selumiel)

Sh'ma *Yis · ra · 'el, A · do · **nai** E · lo · **hei** · nu, A · do · **nai** e · **chad**.* "Ouça, ó Yisra'el, o Senhor (*Yud-Heh-Vav-Heh*), seu Deus, o Senhor é único" (*D'varim* [Dt] 6.4), a afirmação central do judaísmo de todas as eras. Yeshua chamou esse texto, junto com o versículo seguinte, a *mitzvah* mais importante da *Torah* (Mc 12.29).

Sh'ma' · **yah** (Sh'ma' · **ya** · hu) (Semaías)

Sh'mar-**yah** (Semarias)

Sh'mi · **da** (Semida)

*Sh' · mi · **ni**. Parashah* 26 (*Vayikra* [Lv] 9.1—11.47).

*sh' · mi · **nit**.* Música de tom baixo?

*sh' · mit · **tah*** (liberação). Os devedores eram liberados de suas dívidas a cada sete anos (*D'varim* [Dt] 15).

Sh' · **mot** *Parashah* 13 (*Sh'mot* [Êx] 1.1—6.1).

Sh' · mu · **'el** (Samuel). Profeta dos dias dos reis Sha'ul e David (At 3.24+).

Sho · a (Soa)

Sho · **fakh** (Sofaque)

*sho · **far*** (pl. *sho · fa · **rot***). Chifre de carneiro; muitas vezes traduzido por "trombeta" (Mt 24.31+).

*Shof · **tim**. Parashah* 48 (*D'varim* [Dt] 16.18—21.9).

Sho · **ham** (Soão)

*sho · **ked**.* Observar, guardar.

Sh'**ol** (Seol, Hades, inferno). O lugar dos mortos, de acordo com o *Tanakh* (Mt 11.23+).

Sho · **mer** (Somer)

Shom · **ron** (Samaria). Região de *Eretz-Yisra'el*, na região montanhosa ao norte de Yerushalayim e ao sul da Galil. Os samaritanos, um grupo étnico miscigenado de descendentes de judeus deportados pelos assírios (no século VIII a.E.C.) e de outros povos governados pelo mesmo império, professavam uma religião que combinava elementos pagãos e judeus. Segundo o livro de *Nechemyah* [Ne], eles se juntaram aos opositores à reconstrução de Yerushalayim. Por volta do primeiro século, a maior parte dos judeus os considerava párias (Mt 10.5+).

shom · ro · **nim** (samaritanos)

Sho · sha · **nah** (Susana). Seguidora de Yeshua. O nome significa "lírio" ou "rosa" (Lc 8.3).

Sho · **vai** (Sobai)

Sho · **vakh** (Sobaque)

Sho · **val** (Sobal)

Sho · **vav** (Sobabe)

Sho · **vek** (Sobeque)

Sho · **vi** (Sobi)

Shu · a (Sua)

Shu · ach (Shuá)

Shu · **'al** (Sual)

Shu · **chah** (Suá)

Shu · **cham** (Suã)

shu · cha · **mi** (relativo a Suã)

shu · **chi** (suíta)

shu · fa · **mi** (relativo a Sufã)

Shu · **lam**, jovem de (sulamita)

shu · ma · **ti** (sumateu)

shu · na · **mit** (sunamita)

Shu · **nem** (Suném)

Shu · **ni** (Suni)

Shup · **pim** (Supim)

Shur (Sur)

Shu · **shan** (Susã)

shu · shan' · **ka** · yim (susanquitas)

shu · tal · **chi** (relativo a Sutela)

Shu · **te** · lach (Sutela)

Sh' · **va** (Sabá)

Sh'van · **yah** (Sh'van · **ya** · hu) (Sebanias)

Sh'va · **rim** (Sebarim)

sh' · **vat** (sebate). Décimo primeiro mês do ano bíblico, o quinto mês do calendário judaico moderno (janeiro/fevereiro).

Si · **'a** (Sia)

Si · a' · **ha** (Siá)

*sib · **bo** · let* (sibolete)

Sib · **khai** (Sibecai)

Sib · **mah** (Sibma)

Sib · **ra** · yim (Sibraim)

Si · **chon** (Seom)

Sid · **dim** (Sidim)

Sif · **mot** (Sifmote)

Sik · **kut** (Sicute)

Si · la (Sila). Colaborador de Sha'ul (At 15.22+).

Si · **nai**. Montanha do deserto entre o Egito e *Eretz-Yisra'el*, onde o povo de Yisra'el recebeu a *Torah*, da parte de Deus, por intermédio de Mosheh (At 7.30+).

si · **ni** (pl. si · **nim)** (sineu)

Si · **pai**

Si · **rah** (Sirá)

Sir · **yon** (Siriom)

Sis · **mai** (Sisamai)

Sis · **ra** (Sísera)

Sit · **nah** (Sitna)

Sit · **ri**

si · **van**. Terceiro mês do ano bíblico, nono mês do calendário judaico moderno (maio/junho).

Siv · **mah** (Sibma)

S'kha · **khah** (Secacá)

S'makh · **ya** · hu (Semaquias)

*s'mi · **khah***. Imposição de mãos, ordenação, outorga de autoridade (Mt 21.23+).

S'na · **'ah** (Senaá)

S' · **nir** (Senir)

So · **di**

So · **fe** · ret (Soferete)

So · **kho** (So · -**khoh**) (Socó)

Sokh · **ya** (Saquias)

So · **rek** (Soreque)

S · 'o · **rim** (Seorim)

So · **tai**

*s'ra · **fim*** (serafim). Classe de seres angelicais, como os *k'ruvim* (cf. entrada no glossário).

S'ra · **yah** (S'ra · **ya** · hu) (Seraías)

S' · **rug** (Serugue). Antepassado de Avraham; na genealogia do Messias (Lc 3.35).

S' · **tur** (Setur)

Su · ach (Sua)

Suf (Sufe)

Su · **fah** (Sufá)

su · kha · **tim** (sucatitas)

su · ki · **'im** (suquitas)

*Suk · **kot***. Festa das Cabanas (tabernáculos), que rememora os quarenta anos durante os quais o povo de Yisra'el viveu em cabanas (ou tendas) entre o Egito e *Eretz-Yisra'el*. Uma das três festas de peregrinação nas quais os judeus deveriam subir a Yerushalayim, em Y'hudah (Yn 7.2).

Suk · **kot**-B' · **not** (Sucote-Benote)

Sur

Su · **si**

S' · **va** (Seba)

S' · **vam** (Sebã)

S' · ve · **nah** (Sebna)

Ta · 'a · **nakh** (Taanaque)

Ta · 'a · **nat**-Shi · **loh** (Taanate-Siló)

Ta · ba · **'ot** (Tabaote)

Ta · **bat** (Tabate)

Ta · **chan** (Taã)

ta · cha · **ni** (relativo a Taã)

Ta · **chash** (Taás)

Ta · chat (Taate)

Tach' · k' · mo · **ni** (Taquemoni)

Tach · pan · **ches** (Tafnes)

Tach · p' · **neis** (Tafnes)

Tach · **tim**-Hod · **shi** (baixa de Hodsi)

Tad · **dai** (Tadeu). Um dos 12 emissários de Yeshua (Mt 10.3+).

Tad · **mor**

Ta · **fat** (Tafate)

talento. Unidade de medida de peso que varia entre 27 e 45 quilos. O talento de ouro valia cerca de 500 mil dólares (Mt 25.15+).

*ta · **li** · ta, **ku** · mi!* [a]. "Menina", eu lhe ordeno "levante-se!". A palavra *talita* é a forma feminina de "cordeiro" e, portanto, um diminutivo afetivo (Mc 5.41).

Tal · **mai**. Forma hebraica do egípcio Ptolomeu, nome dado aos reis egípcios por muitos séculos antes de Yeshua. No Novo Testamento, o nome é encontrado sob a forma *Bar-Talmai* (Bartolomeu) "filho de Ptolomeu" (Mt 10.3+).

*tal · **mid*** (fem. *tal · mi · **dah***; pl. *tal · mi · **dim***). Discípulo, aluno. O relacionamento entre o *talmid* e o rabino era muito próximo; o *talmid* não aprendia com o rabino apenas fatos, processos de raciocínio e como realizar práticas religiosas; deveria considerá-lo exemplo a ser imitado na conduta e no caráter (v. Mt 10.24,25; Lc 6.40; Yn 13.13-15; 1Co 11.1). O rabino, por sua vez, era considerado responsável pelos talmidim (Mt 12.2; Lc 19.39; Yn 17.12) (Mt 5.1+).

Tal · **mon**

Ta · **mar**. Mãe de Perez e Zerá; na genealogia do Messias (Mt 1.3).

Tam · **muz** (Tamuz)

Ta' · **nakh** (Taanaque)

*Ta · **nakh***. Acrônimo das letras iniciais das três partes da Bíblia hebraica: *Torah* ("Ensino", os primeiros cinco livros de Mosheh, ou Pentateuco: *B'reshit* [Gênesis], *Sh'mot* [Êxodo], *Vayikra* [Levítico], *B'midbar* [Números] e *D'varim* [Deuteronômio], Nevi'im ("Profetas", os livros históricos: *Y'hoshua* [Josué], *Shof'tim* [Juízes] *Sh'mu'el* [Samuel] *M'lakhim* [Reis], os três profetas maiores: *Yesha'yahu* [Isaías], *Yirmeyahu* [Jeremias], *Yechezk'el* [Ezequiel] e os doze profetas menores, e K'tuvim ("Escritos", *Tehillim* [Salmos], *Mishlei* [Provérbios] *Iyov* [Jó], as cinco *megillot* [rolos] — *Shir Hashirim* [Cântico dos Cânticos], *Rut* [Rute] Ester, *Eikhah* [Lamentações] *Kohelet* [Eclesiastes] —, *Dani'el* [Daniel], *'Ezra—Nechemyah* [Esdras—Neemias] e *Divrei Hayamim* [Crônicas]). Ou seja, o Antigo Testamento. Na maior parte das traduções, a expressão é traduzida por "Escritura" ou "está escrito". A razão pela qual os escritores do Novo Testamento citam o *Tanakh* com tanta frequência é o fato de considerá-la palavra divina, detentora de autoridade, para todos os homens (Mt 4.4).

Tan · chu · **met** (Tanumete)

Ta · **pu** · ach (Tapua)

Tar · 'a · **lah** (Tarala)

Ta' · **re** · a (Tareá)

tar · p' · **lim** (tarpelitas)

Tar · **shish** (Tarsis)

"Tar · **shish**", navios. Navios com a capacidade de locomoção até Tarshish, comumente identificada com a Espanha.

Tar · **shi** · shah (Tarsis)

Tar · **tak** (Tartaque)

Tar · **tan** (Tartã)

Tat · **nai** (Tatenai)

tav. Vigésima segunda (e última) letra do alfabeto hebraico.

Tav · **'el** (Tabeel)

Tav · 'e · **rah** (Taberá)

Ta · **vi** · ta (Tabita). Mulher de Yafo, a quem Kefa ressuscitou dentre os mortos (At 9.36).

Ta · **vor** (Tabor)

Tav · rim · **mon** (Tabrimom)

*Taz · **ri** · 'a. Parashah* 27 (*Vayikra* [Lv] 12.1—13.59).

T'chi · **nah** (Teina)

Tei · **ma** (Tema)

Tei · **man** (Temã)

tei · ma · **ni** (temanita)

Teim · **ni** (Temeni)

Te · lach (Tela)

tel. Montículo de restos acumulados sob uma cidade ao longo dos séculos.

Tel · 'a · **sar** (Telassar)

Tel-A · **viv** (Tel-Abibe)

Te · lem

Tel-Har · **sha** (Tel-Harsa)

Tel-**Me** · lach (Tel-Melá)

Te · mach (Tama)

Te · rach (Terá). Pai de Avraham *avinu*; na genealogia do Messias (Lc 3.34).

Te · resh (Teres)

tet. Nona letra do alfabeto hebraico.

*Te · tza · **veh**. Parashah* 20 (*Sh'mot* [Êx] 27.20—30.10).

Te · vach (Tebá)

te · **vet** (tebete). Quarto mês do ano bíblico, o décimo mês do calendário judaico moderno (dezembro/janeiro).

Te · **vetz** (Thebez)

*t'fil · **lin*** [a]. Duas caixas pretas, de couro, que contêm pequenos rolos com passagens bíblicas em seu interior (*Sh'mot* [Êx] 13.1-16; *D'varim* [Dt] 6.4-9; 11.13-21). Durante as orações na sinagoga os homens fixam essas caixinhas no braço e na testa, em obediência a *D'varim* [Dt] 68. Os *t'fillin* são chamados filactérios na maior parte das traduções. "Usar os *t'fillin*" significa colocá-los no devido lugar (Mt 23.5).

Tid · **'al** Tidal)

Tif · **sach** (Tifsa)

Tig · **lat**-Pil · **'e** · ser (Tiglate-Pilese)

Tik · **vah** (Ticvá)

Til · **gat**-Pil · n' · **e** · ser (Tilgate-Pilneser)

Ti · **lon** (Tilom)

Ti · **mai** (Timeu). Nome hebraico de origem grega, *tim*[illegible], que significa "valor" (Mc 10.46)

Tim · **na**

Tim · **nah** (Timna)

Tim · nat-**He** · res (Timnate-Heres)

Tim · nat-**Se** · rach (Timnate-Sera)

Ti · **ras**

tir · 'a · **tim** (tiratitas)

Tir · cha · **nah** (Tiraná)

Tir · **ha** · kah (Tiraca)

Tir · **sha** · ta (Tirsata)

Tir · **tzah** (Tirza)

Tir · **ya** (Tiria)

tish · **be** (tisbita)

Ti · **tzi** (tizita)

Tiv · **ni** (Tibni)

*T' · **kel***. V. M'ne.

T' · **ko** · a (Tecoa)

T' · la · **'im** (Telaim)

T' · val · **ya** · hu (Tebalias)

To · ach (Toá)

To · **chu** (Toú)

To · **dah** (Teudas). Existiu um falso profeta com esse nome que prometeu dividir as águas do rio Yarden e liderar seus seguidores por entre elas (c. 44 a.E.C.); entretanto, o Todah de Atos 5.36 foi o líder de uma rebelião contra Roma, por volta do ano 6 E.C.

To · **fel** (Tofel)

To · **fet** (Tofete)

To · gar · **mah** (Togarma)

To · **'i** (Toí)

To · k' · **hat** (Tocate)

To · **khen** (Toquém)

To · **la**

To · **lad** (Tolade)

to · la · **'i** (tolaíta)

*Tol' · **dot**. Parashah* 6 (*B'reshit* [Gn] 25.19—28.9).

T · **'o** · ma (Tomé) [a]. Um dos 12 emissários de Yeshua (Mt 10.3+).

*To · **rah***. Literalmente, "ensino", mas comumente traduzida por "Lei" porque os gregos usaram *nomos* para verter *torah*. 1. Os cinco livros de Mosheh, o Pentateuco, chamados *Torah Shebikhtav* ("*Torah* Escrita") (Mt 5.17). 2. A primeira, acrescida de *Nevi'im* [Profetas] e *K'tuvim* [Escritos], isto é, todo o *Tanakh*. 3. A segunda, com material adicional, chamada *Torah Sheb'al-peh* ("*Torah* Oral"), e considerada em diferentes níveis detentora de autoridade no judaísmo (Gl 5.3). 4.A palavra *torah* com inicial minúscula pode ser entendida de forma genérica como "lei" ou "princípio" (Rm 7.21ss).

*To · **rah***, mestre da. Essa expressão é a tradução da palavra grega *grammateus*, que corresponde ao hebraico *sofer* (pl. *sofrim*), geralmente vertida como "escriba". Aparentemente os escribas eram mestres não-ordenados da *Torah* (Mt 2.4+).

Tor · **mah** (Tormá)

To · **'u** (Toí)

Tov (Tobe)

Tov-A · do · ni · **yah** (Tobe-Adonias)

To · vi · **yah** (Tobias)

treif. Literalmente, "rasgado, despedaçado". Pelo fato de a carne de animais despedaçados ser proibida pelas leis judaicas alimentares, *treif* significa, por extensão, "não-*kasher*" (inadequada para o consumo por parte dos judeus) (At 10.14+).

*T'ru · **mah**. Parashah* 19 (*Sh'mot* [Êx] 25.l—27.10).

*t'shu · **vah***. Literalmente, "volta". Em sentido comportamental, significa "arrependimento", porque o pecador que "faz *t'shuvah*" volta-se dos pecados para Deus (At 5.31+).

*tu · **mim***. Usado com o *urim*, era um método empregado pelos *kohanim* para determinar a vontade divina em algumas circunstâncias.

Tu · **val** (Tubal)

Tu · val-Ka · yin (Tubal-Caim)

Tu · vi · **ya** · hu (Tobias)

Tu · vi · **ya** · hu (Tobias)

Tza · 'a · **nan** (Zaanã)

Tza · 'a · na · **nim** (Zaanamim)

*tzad · **dik*** (pl. *tzad · di · **kim***). Pessoa justa. Em At 7.52 e outras passagens, "o *Tzaddik*" — com o artigo definido — significa o Messias (Mt 10.41+).

*tza · **deh***. Décima oitava letra do alfabeto hebraico.

Tza · **dok** (Sadoque, Zadoque). Na genealogia do Messias (v. tb. a seguir: *tz'dukim*) (Mt 1.14).

Tzaf · **nat**-Pa' · **ne** · ach (Zafenate-Paneia)

Tza · **fon** (Zaphon)

Tza · **'ir** (Zair)

Tza · **laf** (Zalafe)

Tzal · **mon** (Zalmom)

Tzal · mo · **nah** (Zalmona)

Tzal · mu · **na** (Zalmuna)

*tza · **ra** · 'at* (lepra). Doença contagiosa e fonte de impureza ritual, evidenciada por lesões na pele; descrita em *Vayikra* [Lv] 13 e 14. Acreditava-se, de forma geral, não se tratar do mal de Hansen — significado moderno da palavra "lepra".

Tzar · **fat** (Sarepta). Cidade próxima de Tzidon (Lc 4.26).

Tzar · **tan** (Zartã)

Tzav. Parashah 25 (*Vayikra* [Lv] 6.1(8)—8.36).

tzav *la* · ***tzav*** . Preceito por preceito.

Tz' · **dad** (Zedade)

tz'du · ***kim*** (sg. *tza* · ***dok***) (saduceus). Um dos dois principais grupos da sociedade religiosa do tempo de Yeshua, o outro era os *p'rushim.* Os *tz'dukim* eram mais ricos, céticos, apegados ao mundo e dispostos a cooperar com os conquistadores romanos que os *p'rushim.* Eles davam ênfase aos rituais realizados no templo; portanto, sua destruição, no ano 70 E.C., fez com que se tornassem obsoletos (Mt 3.7+).

tze · *da* · ***kah***. Literalmente, "justiça", mas desde tempos muito antigos também é usada com o significado de "caridade" (Mt 6.1+).

Tze · dek · **yah** (Zedequias)

Tze · **fi** (Zefi)

Tze · **fo** (Zefô)

Tze · **la** (Zela)

Tze · lek (Zeleque)

Tzel · **tzah** (Zelza)

Tze · mach. Ramo, galho, renovo (um dos nomes do Messias) (Is 11.1; Jr 23.5).

Tzer (Zer)

Tze · ret (Zerete)

Tze · ret-**Sha** · char (**Zerete-Saar**)

Tze · **ri** (Zeri)

Tz' · fan · **yah** (Tz' · fan · **ya** · hu) (Sofonias)

Tz' · **fat** (Zefate)

Tz' · **fon** (Zefom)

tz' · fo · **ni** (relativo a Zefom)

Tzi · **cha** (Zia)

Tzi · **dim** (Zidim)

Tzid · ki · **yah** (Tzid · ki · **ya** · hu) (Zedequias)

Tzi · **don** (Sidom). Cidade costeira no norte de Tzor, atualmente no Líbano (Mt 11.21+).

tzi · do · **ni** (pl. tzi · do · **nim**) (sidônio[s])

Tzif · **yon** (Zifiom)

Tzi · **lah** (Zila)

Tzil · **tai** (Ziltai)

Tzin (Zim)

Tzi · **'or** (Zior)

Tzip · **por** (Zipor)

Tzip · po · **rah** (Zípora)

Tzitz (Ziz)

tzi · ***tzit*** (pl. *tzi* · *tzi* · ***yot***). Franjas feitas especialmente para serem colocadas nos quatro cantos do *tallit*, para cumprir a *mitzvah* de *B'midbar* [Nm] 15.37-41. Nos tempos antigos, incluindo-se o primeiro século, o *tallit* era uma capa, ou um manto, que fazia parte das vestimentas do dia-a-dia. Depois que as roupas pararam de ser confeccionadas com "cantos", o judaísmo criou os *tallitot* (xales de oração) modernos para que a *mitzvah* possa ser cumprida (Mt 9.20+).

Tzi · **va** (Ziba)

Tziv · **'on** (Zibeom)

Tziv · **ya** (Zibia)

Tziv · **yah** (Zibia)

Tzi · **yon** (Sião). O monte Tziyon era originariamente a cidade de David, no sul da atual "Cidade Velha" de Yerushalayim. Mais tarde, o nome Tziyon passou a ser uma referência metafórica ao monte do templo, a Yerushalayim, ao povo de Yerushalayim ou ao povo de Yisra'el. (O monte que, atualmente, é designado Tziyon recebeu esse nome no século IV a.E.C.) (Mt 21.5+).

Tz'lo · f' · **chad** (Zelofeade)

tz'ma · **ra** · yim (zemareu)

Tz'ma · **ri** (Zemarite)

Tz' · **nan** (Zenã)

Tzo · **'an** (Zoã)

Tzo · **'ar** (Zoar)

Tzo · char (Zohar)

Tzo · **fai** (Zofai)

Tzo · **far** (Zofar)

Tzo · **fim** (Zofim)

Tzor (Tiro). Cidade da costa mediterrânea do atual Líbano (Mt 11.21+).

Tzor · **'ah** (Zorá)

tzor · 'a · **ti** (zoratita)

tzor · **'i** (zorita)

Tzo · **vah** (Zobá)

Tzo · ve · **vah** (Zobeba)

Tz're · **dah** (Zereda)

Tz're · **rah** (Zererá)

Tz' · **ror** (Zeror)

Tz'ru · **'ah** (Zerua)

Tz'ru · **yah** (Zeruia)

Tzu · **'ar** (Zuar)

Tzuf (Zufe)

Tzur (Zur)

Tzu · ri · **'el** (Zuriel)

Tzu · ri · shad · **dai** (Zurisadai)

Tzva · **'ot**. Exércitos, hostes.

Tz' · vo · **yim** (Zeboim)

U · **'el** (Uel)

U · **faz**

U · **khal** (Ucal)

'U · **la** (Ula)

U · **lai**

U · **lam** (Ulã)

'U · **mah** (Umá)

U · **ni**

'U · **ni** (Uni)

Ur

U · ri

U · ri · **'el** (Uriel)

u · ***rim***. Usado pelos *kohanim* com o *tumim* para determinar a vontade de Deus em algumas situações.

U · ri · **yah** (U · ri · **ya** · hu) (Urias). Marido de Bat-Sheva (Bate-Seba), mãe do rei Shlomoh (Mt 1.6).

Ur-Kas · **dim** (Ur dos caldeus)

'U · **za** (Uzá)

'U · **zah** (Uzá)

U · **zai**

U · **zal**

U · zen-She · 'e · **rah** (Uzém-Seerá)

'U · zi (Uzi)

'U · zi · **'el** (Uziel)

'u · zi · **'e** · li (uzielita)

U · zi · **ya** · hu (Uzias). Rei de Y'hudah; na genealogia do Messias (Mt 1.8,9).

*Va · 'et · cha · **nan***. *Parashah* 45 (*D'varim* [Dt] 3.23—7.11).

Va · **hev** (Vaebe)

Vai · **za** · ta (Vaisata)

Van · **yah** (Vanias)

Vash · **ni** (Vasni)

Vash · ti (Vasti)

vav. Sexta letra o alfabeto bebraico.

Va · yak' · ***hel***. *Parashah* 22 (*Sh'mot* [Êx] 35.1—38.20).

*Va · ye · **chi***. *Parashah* 12 (*B'reshit* [Gn] 47.28—50.26).

*Va · ye · **lekh***. *Parashah* 52 (*D'varim* [Dt] 31.1-30).

*Va · **yera***. *Parashah* 4 (*B'reshit* [Gn] 18.1—22.24).

*Va · ye · **shev***. *Parashah* 9 (*B'reshit* [Gn] 37.1—40.23).

*Va · ye · **tze***. *Parashah* 7 (*B'reshit* [Gn] 28.10—32.3).

*Va · yi · **gash***. *Parashah* 11 (*B'reshit* [Gn] 44.18—47.27).

*Va · yi · **kra***. *Parashah* 24 (*Vayikra* [Lv] 1.1—5.26).

*Va · yish · **lach***. *Parashah* 8 (*B'reshit* [Gn] 32.4— 36.43).

*V' · **zot**-Ha · Bra · **khah***. *Parashah* 54 (*D'varim* [Dt] 33.1—34.12).

V' · ***dan*** (Vedã)

*V' · e · **ra***. *Parashah* 14 (*Sh'mot* [Êx] 6.2—9.35).

Vof · **si**

Ya · 'a · **kan** (Jaacã)

Ya · 'a · **kov** (Jacó, Tiago). O nome Tiago é derivado do hebraico *Ya'akov*, por meio do grego *Iakōbos* e do latim posterior *Jacomus*. 1. *Ya'akov avinu* (Jacó, nosso pai), isto é, o patriarca Jacó (Mt 1.2+). 2. Seus descendentes — a "Casa de Ya'akov" —, o povo judeu (Lc 1.33; Rm 11.26). 3. O pai de Yosef (no 3) (Mt 1.15,16). 4. Um *talmid* de Yeshua chamado Ya'akov Ben-Zavdai (Tiago, filho de Zebedeu), irmão de Yochanan (no 2) (Mt 4.18+). 5. Um *talmid* de Yeshua chamado Ya'akov Ben-Halfai (Tiago, filho de Alfeu) (Mt 10.3+). 6. Irmão de Yeshua que se tornou líder da comunidade messiânica de Yerushalayim e escreveu o livro que recebe seu nome "Ya'akov" (Mt 13.55+). 7. Filho de Miryam (no 3), chamado "Ya'akov, o Jovem" (Mt 27.56; Mc 15.40). 8. Pai de Y'hudah, *talmid* de Yeshua, designado Y'hudah Ben-Ya'akov (Judas, filho de Tiago) (Lc 6.16+).

Ya · 'a · ko · **vah** (Jaacobá)

Ya · **'a** · **lah** (Jaala)

Ya · 'a · **rei**-Or · **gim** (Jaaré-Oregim)

Ya · 'a · resh · **yah** (Jaaresias)

Ya · **'a** · **sai** (Jaasai)

Ya · 'a · si-**'el** (Jaasiel)

Ya · 'a · zan · **yah** (Ya · 'a · zan · **ya** · hu) (Jazanias)

Ya' · **betz** (Jabez)

Ya · **bok** (Jaboque)

Ya · chat (Jaate)

Ya · chatz (Jaaz)

Ya · cha · zi · **'el** (Jaaziel)

Yach · di · **'el** (Jadiel)

Yach · **do** (Jado)

Yach · le · **'el** (Jaleel)

yach · le · **'e** · li (jaleelita)

Yach · **mai** (Jamai)

Yach · **tzah** (Jaza)

Yach · tze · **'el** (Jazeel)

yach · tze · 'e · **li** (jazeelita)

Yach · tzi · **'el** (Jaziel)

Yach · ze · **rah** (Jazera)

Yach · zi · **'el** (Jaaziel)

Yach · z' · **yah** (Jaseías)

Ya · **da** (Jada)

Ya · **dai** (Jadai)

Ya · **don** (Jadom)

Ya · du · **a** (Jadua)

Ya · **'el** (Jael)

Ya · **fi** · a (Jafia)

Yaf · **let** (Jaflete)

Yaf · le · **ti** (Jafleti)

Ya · **fo** (Jafa, Jope). Cidade portuária do mar Mediterrâneo que se une, pelo sul, à Tel-Aviv atual (At 9.35+).

Ya · **gur** (Jagur)

Yah (Já). Um dos nomes de Deus.

Ya · **hatz** (Jaaz)

Yah · **dai** (Jadai)

Ya · **'ir** (Jairo). Líder da sinagoga que teve a filha ressuscitada dentre os mortos por Yeshua. Seu nome significa "Ele iluminará" (Mc 5.22; Lc 8.41).

ya · 'i · **ri** (jairita)

Ya · **'kan** (Jacã)

Ya · **keh** (Jaque)

Ya · **khin** (Aquim). Na genealogia do Messias (Mt 1.14).

ya · khi · **ni** (jaquinitas)

Ya · **kim** (Jaquim)

Ya' · **lah** (Jaalá)

Ya' · **lam** (Jalão)

Ya · **lon** (Jalom)

Ya · **min** (Jamim)

ya · mi · **ni** (jaminita)

Yam · **lekh** (Janleque)

Yan · **nai** (Janai).Na genealogia do Messias (Lc 3.24)

Ya · **no** · ach (Janoa)

Ya · no · **chah** (Janoa)

Ya · **num** (Jani)

Ya' · **ra** (Jaerá)

Yar · **cha** (Jará)

Yar · **den** (Jordão). Rio que flui desde o monte Hermon, ao norte do lago Kinneret, até o mar Morto (Mt 3.5+).

Ya · **riv** (Jaribe)

Yar · **kon**, fontes de (Me-Jarcom)

Yar · **mut** (Jarmute)

Ya · **ro** · ach (Jaroa)

Ya · rov · **'am** (Jeroboão)

Ya · **shar** (Jazar)

Ya · **shen** (Jásen)

Ya · shov · **'am** (Jasobeão)

Ya · **shuv** (Jasube)

ya · shu · **vi** (jasubita)

Ya · shu · vi-**Le** · chem (Jasubi-Leém)

Ya · **tir** (Jatir)

Yat · ni · **'el** (Jatniel)

Ya · **val** (Jabal)

Ya · **van** (Javã)

Ya · **vesh** (Jabes)

Ya · **vesh**-Gil · **'ad** (Jabes de Gileade)

Ya · **vin** (Jabim)

Yav · **neh** (Jabne)

Yav · ne · **'el** (Jabneel)

Ya' · **zer** (Jazer)

Ya · **ziz** (Jaziz)

Y' · chiz · ki · **yah** (Ezequias)

Y' · da · **yah** (Jedaías)

Y' · di a · **'el** (Jediael)

Y' · di · **dah** (Jedida)

Y' · did · **yah** (Jedididas)

Y' · du · **tun** (Jedutum)

Ye · 'a · **trai** (Jeatarai)

Yech · d' · **yah, (**Yech · d' · **ya** · hu) (Jedias)

Ye · chez · k'**el** (Ezequiel)

Ye · chi · **'el** (Jeiel)

Ye · chi · 'e · **li** (Jeieli)

Ye · chi · **yah** (Jeías)

Ye' · **do** (Ido)

Ye · fet (Jafé)

Ye · hal · lel · **'el** (Jealelel)

Ye · **hu** (Jeú)

Ye · 'i · **'el** (Jeiel)

Ye · rach (Jerá)

Ye · rach · me · **'el** (Jerameel)

ye · rach · me · 'e · **li** (jerameelita)

Ye · red (Jarede). Antepassado de Noach; na genealogia do Messias (Mc 3.37).

Ye · re · **mai** (Jeremai)

Ye · re · **mot** (Jeremote)

Ye · ri · **cho** (Jericó). Uma das cidades mais antigas do mundo (uma de suas torres data de 7000 a.E.C.), localizada no vale do rio Yarden, a oeste de Yerushalayim (Mt 20.29+).

Ye · ri · **'el** (Jeriel)

Ye · ri · **mot** (Jerimote)

Ye · ri · **ot** (Jeriote)

Ye · ri · **vai** (Jeribai)

Ye · ri · **yah (** Ye · ri · **ya** · hu) (Jerias)

Ye · ro · **cham** (Jeroão)

Ye · ru · **ba** · 'al (Jerubaal)

Ye · ru · **be** · shet (Jerubesete)

Ye · ru · **'el** (Jeruel)

Ye · ru · **sha** (Jerusa)

Ye · ru · **shah** (Jerusa)

Ye · ru · sha · **la** · yim (Jerusalém). Capital de *Eretz-Yisra'el* desde os dias do rei David. O salmo 48 a designa: "[...] a cidade do nosso Deus [...] a alegria de toda a terra" (Mt 2.1+).

Ye · sha' · **ya** · hu (Isaías). Profeta do *Tanakh* (Mt 3.3+).

Ye · sher (Jeser)

Ye · shev · **'av** (Jesebeabe)

Ye · shi · **mon** (Jesimom)

Ye · shi · **shai** (Jesisai)

*ye · shi · **vah**.* Escola religiosa judaica (At 19.9).

Ye · **shu** · a (Jesus). Variante de Y'hoshua (Josué; v. comentário a seguir). No *tanakh*, nove pessoas e uma cidade recebem o nome Yeshua, geralmente transliterado em "Jesus". Na Septuaginta e no Novo Testamento, o mesmo nome é vertido para o grego como *Iēsous*, daí a forma portuguesa "Jesus". Significa "*Yud-Heh-Vav-Heh* salva" (Mt 1.21), e também é a forma masculinha de *yeshu'ah* ("salvação"). 1. O Messias de Yisra'el, Yeshua de Natzeret. No hebraico moderno, o nome de Yeshua é escrito e pronunciado *Yeshu*, que pode ter sido a antiga pronúncia da Galil. Entretanto, ao refletir 2 mil anos de conflitos entre a igreja e a sinagoga, ele também é o acrônimo de *Yimach sh'mo v'zikhrono* ("Que seu nome e sua memória sejam apagados") (Mt 1.1+). 2. Judeu messiânico de Roma: "Yeshua, chamado Justo [...]" (Cl 4.11).

*ye · shu · **'ah**.* Salvação; usado em um trocadilho com o nome de Yeshua, em Lc 2.30.

Ye · shu · **run** (Jesurum)

Ye · **ter** (Jeter)

Ye · **tzer** (Jezer)

Ye · 'u · **'el** (Jeuel)

Ye · **'ush** (Jeús)

Ye · **'utz** (Jeuz)

Y' · fu · **neh** (Jefuné)

Y' · **gar**-Sa · ha · **du** · ta (Jegar-Saaduta)

Y'ho · 'a · **chaz** (Joacaz)

Y'ho · 'a · **dah** (Jeoada)

Y'ho · 'a · **dan** (Joadã)

Y'ho · **'ash** (Joás)

Y'ho · cha · **nan** (Joanã)

Y'ho · na · **dav** (Jonadabe)

Y'ho · na · **tan** (Jônatas)

Y'ho · **ram** (Jeorão)

Y'ho · **sef** (José)

Y'ho · sha · **fat** (Josafá). Rei de Y'hudah; na genealogia do Messias (Mt 1.8).

Y'ho · **shu** · a (Josué). Líder do povo de Yisra'el que chefiou a conquista de *Eretz-Yisra'el*, após a morte de Mosheh. Seu nome significa "*Yud-Heh--Vav-Heh* salva, *Yud-Heh-Vav-Heh* liberta". V. tb. Yeshua, entre os verbetes anteriores (At 7.45; Jm 4.8).

Y'ho · tza · **dak** (Jeozadaque)

Y'ho · ya · **da** (Jeoiada)

Y'ho · ya · **khin** (Joaquim)

Y'ho · ya · **kim** (Jeoiaquim)

Y'ho · ya · **riv** (Joiaribe)

Y'ho · za · **vad** (Jozabade)

Y'hu · **dah** (Judá, Judas). 1. O quarto filho de Ya'akov *avinu* (Mt 1.2+). 2. A tribo de Yisra'el que recebeu seu nome (Rv 5.5+). 3. O reino do Sul, liderado por vários reis (c. 926-586 a.E.C.), contrastado com o reino do Norte, Yisra'el (Jm 8.8). 4. Y'hudah de K'riot, o traidor de Yeshua (v. o verbete a seguir). 5. Outro emissário de Yeshua, talvez a mesma pessoa que Taddai (Yn 14.22). 6. Irmão de Yeshua, aceito tradicionalmente como autor do livro de Y'hudah (Judas) (Mt 13.55; Mc 6.3). 7. *Talmid* de Yeshua, filho de Ya'akov (no 5) (Lc 6.16+). 8. Y'hudah HaG'lili (v. entre os verbetes a seguir). 9. Profeta com o sobrenome Bar-Sabba (At 15.22ss). 10. Judeu messiânico de Dammesek (At 9.11).

Y'hu · **dah** (Judá, Judeia). A porção de *Eretz-Yisra'el*, concedida à tribo de Y'hudah. Yerushalayim estava à fronteira norte, e estendia-se pelo sul até passar por Hevron (Hebrom) (Mt 2.1+).

Y'hu · **dah** de K'ri · **ot** (Judas Iscariotes). O nome hebraico completo do traidor de Yeshua é *Y'hudah Ben--Shim'on Ish-K'riot* (Yn 6.71), que significa: "Judas, filho de Simão, homem de K'riot", cidade cerca de 30 quilômetros ao sul de Yerushalayim (Mt 10.4+).

Y'hu · **dah** Ha · G'li · **li** (Judas, o Galileu). Líder judeu popular que coordenou uma rebelião contra Roma em 6—7 E.C., e fundou o partido dos zelotes (sicários) (At 5.37).

y'hu · ***di*** (pl. *y'hu* · ***dim***) (judeu, habitante de Y'hudah). No Novo Testamento Judaico, o termo *y'hudi* (que significa: "o que louva") não é usado. Como regra, sempre que a palavra *ioudaios* é usada por um não-judeu, ou por um judeu de fora de *Eretz-Yisra'el*, ela é traduzida por "judeu". Quando usada por um judeu dentro das fronteiras de *Eretz-Yisra'el*, ela é traduzida por "habitante" ou "morador de Y'hudah".

Y'hu · **dit** (Judite)

Y'hu · **khal** (Jucal)

Yid · 'a · **lah** (Idala)

Yid · **bash** (Idbas)

Yid · **do** (Ido)

Yid · **laf** (Jidlafe)

Yif · de · **yah** (Ifdeias)

Yif · **tach** (Jefté). Juiz de Yisra'el (Jm 11.32).

Yif · tach · **'el** (Iftá-El)

Yig · **'al** (Igal)

Yig · dal · **ya** · hu (Jigdalias)

Yim · **lah** (Inlá)

Yim · **nah** (Imná)

Yim · **rah** (Inra)

Yin · **non** (Inom)

Yir · 'i · **yah** (Jerias)

Yir · me · **ya** · hu (Jeremias). Profeta do *Tanakh* (Mt 2.17+).

Yir · **'on** (Irom)

Yir · pe · **'el** (Irpeel)

Yis' · **chak** (Isaque)

Yi · **shai** (Jessé). Pai do rei David; na genealogia do Messias (Mt 1.5+).

Yish · **bach** (Isbá)

Yish · **bak** (Jisbaque)

Yish · bi-B' · **nov** (Isbi-Benobe)

Yish · **'i** (Isi)

Yish · i · **yah** (Yish · i · **ya** · hu) (Josias)

Yish · **ma** (Isma)

Yish · ma' · **el** (Ismael)

yish · ma · 'e · **li** (ismaelita)

Yish · ma' · **yah** (Yish · ma' · **ya** · hu) (Ismaías)

Yish · m' · **rai** (Ismerai)

Yish · **pah** (Ispa)

Yish · **pan** (Ispã)

Yish · **vah** (Isvá)

yish · **vi** (isvita)

Yis · **kah** (Iscá)

Yis · mach · **yah** (Ismaías)

Yis · ra · **'el.** 1.Os descendentes do patriarca Ya'akov, que receberam o nome pessoal de Yisra'el (*B'reshit* [Gn] 32.10), i.e., o povo judeu (Mt 2.6+). 2. A terra de Yisra'el (Mt 2.20, 21; 10.23; Lc 4.25,27). 3. Os fiéis a Deus dentre o povo Yisra'el (Rm 9.6; e talvez implícito em 1Co 10.18 e/ou Gl 6.16). 4. Todos os crentes judeus e gentios em Deus e em seu Messias, Yeshua (talvez implícito em Gl 6.16 e/ou Ef 2.12,13).

Yis · sa · **khar** (Issacar). Uma das doze tribos de Yisra'el, que recebeu o nome de um dos filhos de Ya 'akov *avinu* (Rv 7.7).

Yit · **lah** (Itla)

Yit · **mah** (Itma)

Yit · **nan** (Itnã)

Yit · **ra** (Itra)

Yit · **ran** (Itrã)

Yit · re · **'am** (Itreão)

yit · **ri** (itrita)

Yit · **ro** (Jetro)

*Yi · **tro**. Parashah* 17 (*Sh'mot* [Ex] 18.1—20.23).

Yitz · **chak** (Isaque). Segundo dos três patriarcas do povo judeu (M 1.2+).

Yitz' · **har** (Izar)

yitz' · **ha** · ri (israíta)

Yitz · **ri** (Izri)

Yiv · **char** (Ibar)

Yiv · le · **'am** (Ibleã)

Yiv · ne · **yah** (Ibneias)

Yiv · **sam** (Ibsão)

Yiz · li · **'ah** (Izlias)

Yiz · **rach, de** (Isrá)

Yiz · rach · **yah** (Izraías)

Yiz · re · **'el** (Jezreel)

yiz · re · 'e · **li** (jezreelita)

Yiz · zi · **yah** (Jezias)

Y · kab · ze · **'el** (Jecabzeel)

Y' · kam · **'am** (Jecameão)

Y' · kam · **yah** (Jecamias)

Y' · khan · **yah** (Y'khan · **ya** · hu) (Jeconias). Rei de Y'hudah, também chamado Y'hoyakhin (Joaquim); na genealogia do Messias (Mt 1.11,12).

Y' · khol · **ya** · hu (Jecolias)

Y' · khon · **yah**. O mesmo que Y'khanyah.

Y' · ku · ti · **'el** (Jecutiel)

Yo · **'ach** (Joá)

Yo · 'a · **chaz** (Joacaz)

Yo · **'ash** (Joás)

Yo · **'av** (Joabe)

Yo · **cha** (Joa)

Yo · cha · **nah.** Mulher do ministro das finanças de Herodes (Lc 8.3+).

Yo · cha · **nan** (João, Jonas). O nome português João é derivado do nome hebraico *Yochanan*, que significa "Deus concede graça". 1. Yochanan, o Imersor (v. entre os verbetes a seguir). 2. *Talmid* de Yeshua, filho de Zavdai, irmão de Ya'akov (no 4) e autor de vários livros do Novo Testamento (Mt 4.21+). 3. Pai de Kefa (Mt 16.17; Yn 21.13,15). 4. Cognominado Marcos, sobrinho de Bar-Nabba, colaborou com o tio e com Sha'ul (At 12.25+). 5. Antepassado de Yeshua (Lc 3.27). 6. Parente de Anan, *kohen hagadol* (At 4.6). 7. Autor do livro da Revelação (se não for o no 2) (Rv 1.9; 22.8).

Yo · cha · **nan** Ben-Z'kha · **yah**. V. Yochanan, o Imersor, a seguir (Lc 3.3).

Yo · cha · **nan,** o Imersor (João Batista). Seu nome completo é dado em Lucas 3.3: Yochanan Ben-Z'kharyah (João, filho de Zacarias). As palavras gregas *baptō* e *baptizō* significam "imergir, mergulhar", de forma que o objeto mergulhado absorve a característica de onde é imerso, por exemplo, o couro na solução para curtir (Mt 3.1+).

Yo · **dah** (Jodá). Na genealogia do Messias (Lc 3.26).

Yo · **'ed** (Joede)

Yo · **'el** (Joel). Profeta do *Tanakh* (At 2.16).

Yo · 'e · **lah** (Joela)

Yo · **'e** · zer (Joezer)

Yog · be · **hah** (Jogbeá)

Yog · **li** (Jogli)

Yok · de · **'am** (Jocdeão)

Yo · **khe** · ved (Joquebede)

Yo · **kim** (Joquim)

Yok · me · **'am** (Jocmeão)

Yok · ne · **'am** (Jocneão)

Yok · **shan** (Jocsã)

Yok · **tan** (Joctã)

Yok · te · **'el** (Jocteel)

*Yom-Kip · **pur***. Dia da Expiação. Os gregos dizem, literalmente, "o jejum"; porém, o dia de jejum judaico, no outono, acompanhado do artigo definido pode-se referir apenas ao *Yom-Kippur* (At 27.9).

Yo · na · **dav** (Jonadabe)

Yo · **nah** (Jonas). Profeta do *Tanakh* (Mt 12.39+).

Yo · **nam** (Jonã). Na genealogia do Messias (Lc 3.30).

Yo · na · **tan** (Jônatas)

Yo · **rah** (Jora)

Yo · **rai** (Jorai)

Yo · **ram** (Jorão). 1. Rei de Y'hudah; na genealogia do Messias (Mt 1.8). 2. Outra figura na genealogia do Messias (Lc 3.29).

Yor · ke · **'am** (Jorqueão)

Yo · **sef** (José). 1. Filho de Ya'akov *avinu* (Yn 4.5+). 2. A tribo de Yisra'el que recebeu seu nome (Rv 7.8). 3. Marido de Miryam, mãe de Yeshua (Mt 1.16+). 4-6. Três diferentes antepassados de Yeshua (Lc 3.24,26,30). 7. Irmão de Yeshua (Mt 13.55). 8. Filho de Miryam (no 4), o mesmo que Yosi (no 2) (Mt 27.56). 9. Judeu messiânico, membro do *Sanhedrin*, em cujo túmulo Yeshua foi sepultado; conhecido por Yosef de Ramatayim

(José de Arimateia) (Mt 27.57+). 10. Judeu messiânico com o sobrenome Bar-Nabba, que trabalhou com Sha'ul no estabelecimento do evangelho entre os gentios (At 4.36).

Yo · sha · **fat** (Josafá)

Yo · **shah** (Josa)

Yo · shav · **yah** (Josavias)

Yosh · b' · ka · **shah** (Josbecasa)

Yo · shev-Ba · **she** · vet (Josebe-Bassebete)

Yo · shiv · **yah** (Josibias)

Yo · shi · **ya** · hu (Josias). Rei de Y'hudah; na genealogia do Messias (Mt 1.10,11).

Yo · si (José). 1. Irmão de Yeshua (Mc 6.3). 2. Filho de Miryam (no 4) (Mc 15.40). "Yosi" é algumas vezes o diminutivo de Yosef, como "Zezinho" (ou "Zé") é de José.

Yo · sif · **yah** (Josifias)

Yo · **tam** (Jotão). Rei de Y'hudah; na genealogia do Messias (Mt 1.9).

Yot · **vah** (Jotbá)

Yot · **va** · tah (Jotbatá)

Yo · tza · **dak** (Jozadaque)

Yo · **vav** (Jobabe)

yo · ***vel*** (jubileu)

Yo · ya · **da** (Jeoiada)

Yo · ya · **kim** (Joiaquim)

Yo · ya · **riv** (Joiaribe)

Yo · za · **khar** (Jozacar)

Yo · za · **vad** (Jozabade)

Y' · sar · 'e · **lah** (Jesarela)

Y' · sha · **nah** (Jesana)

Y' · sho · cha · **yah** (Jesoaías)

Y' · si · mi · **'el** (Jesimiel)

Y' · **tur** (Jetur)

yud. A menor letra do alfabeto hebraico (Mt 5.18).

Yud-Heh-Vav-Heh. As quatro consoantes que compõem o nome de Deus. V. a entrada do glossário em *Adonai.*

Yu · **khal** (Jucal)

Yu · **shav-He** · sed (Jusabe-Hesede)

Yu · **tah** (Jutá)

Yu · **val** (Jubal)

Y' · *va* · ***rekh'*** · *kha A* · *DO* · *NAI v'* · *yish* · *me* · ***re*** · *kha. Ya* · ***'er*** *A* · *DO* · *NAI pa* · ***nav*** *e* · ***lei*** · *kha vi* · *chu* · ***nek*** · *ka. Yis* · ***sa*** *A* · *DO* · *NAI pa* · ***nav*** *e* · ***lei*** · *kha v'* · *ya* · ***sem*** *le* · ***kha*** *sha* · ***lom.*** A bênção de Aharon (v. B'midbar [Nm] 6.24-26).

Y' · ve · rekh · **ya** · hu (Jeberequias)

y' · vu · **si** (jebuseu)

Y' · zan · **yah (** Y' · zan · **ya** · hu) (Jezanias)

Za · 'a · **van** (Zaavã)

Za · **bai** (Zabai)

Za · **ham** (Zaã)

Zak · **kai** (Zaqueu). Coletor de impostos que foi salvo. Seu nome significa "inocente" (Lc 19.2ss).

Za · **kur** (Zacur)

zam · zu · **mim** (zanzumins)

Za · **no** · ach (Zanoa)

zar · chi (zeraíta)

Za · **tu** (Zatu)

Za · **vad** (Zabade)

Zav · **dai** (Zebedeu). Pai de Yochanan (no 2) e de Ya'akov (no 4) (Mt 4.21+).

Zav · **di** (Zabdi)

Zav · di · **'el** (Zabdiel)

Za · **vud** (Zabude)

za · *yin.* Sétima letra do alfabeto hebraico.

Za · **za** (Zaza)

Ze · **'ev** (Zeebe)

Zei · **tan** (Zetã)

Ze · kher (Zequer)

Ze · rach (Zerá). Filho de Y'hudah; na genealogia do Messias (Mt 1.3).

Ze · resh (Zeres)

Ze · **tam** (Zetã)

Ze · **tar** (Zetar)

Ze · vach (Zeba)

Zi · a (Zia)

Zif (Zife)

Zi · **fah** (Zifa)

zi · **fim** (zifeus)

Zif · **ron** (Zifrom)

Zikh · **ri** (Zicri)

Zik · **lag** (Ziclague)

Zil · **pah** (Zilpá)

Zi · **mah** (Zima)

Zim · **ran** (Zinrã)

Zim · **ri** (Zinri)

Zi · **na** (Zina)

Ziv (Zive)

Zi · **za** (Ziza)

Z'khar · **yah** (Zacarias). 1. Profeta do *Tanakh* (Mt 23.35; Lc 11.51). 2. Pai de Yochanan, o Imersor (Lc 1.5+).

Z'mi · **rah** (Zemira)

Zo · chet (Zoete)

Zo · **fach** (Zofa)

Z'rach · **yah** (Zeraías)

Z'ru · ba · **vel** (Zorobabel). Construtor do segundo templo (c. 520-516 a.E.C.); na genealogia do Messias (Mt 1.12,13; Lc 3.27).

zu · **zim** (zuzins)

Z'vad · **yah**, **-ya** · hu (Zebadias)

Z'vi · **na** (Zebina)

Z'vu · **dah** (Zebida)

Z'vul (Zebul)

z'vu · lo · **ni** (zebulonita)

Z'vu · **lun** (Zebulom). 1. Tribo de Yisra'el descendente de um filho do patriarca Ya'akov (Rv 7.8). 2. Território de *Eretz-Yisra'el* designado a essa tribo (*Y'hoshua* [Js] 19) (Mt 4.13,15).

Glossário invertido

Muitos nomes e termos familiares aos leitores de outras traduções do Novo Testamento não são usados no texto da *BJC*. A seguir, é dada uma lista desses nomes e termos, em ordem alfabética, para facilitar ao leitor o conhecimento do que a *BJC* usa em seu lugar.

Abel — Hevel
abençoar — dizer uma *b'rakhah*
Abias — Aviyah
Abiatar — Avyatar
Abigail — Avigayil
Abiúde — Av'ichud
Abraão — Avraham
Acabe — Ach'av
Acaz — Achaz
Acéldama — Hakal-D'ma
Ágabo — Agav
Aleluia! — *Halleluyah!*
além do Jordão —Ever-HaYarden
Alfeu — Halfai
Altíssimo, o — *HaElyon*
Amém — sim, é isso mesmo, de fato
Aminadabe — Amminadav
Amós — Amotz
Ana, filha de Penuel — Hannah Bat-P'nu'el
Ananais — Hananyah
Anás — Anan
Apoliom — o Destruidor
apóstolo — emissário
Aquim — Yakhin
Arão — Aharon
Arfaxade — Arpachshad
Arimateia — Ramatayim
Armagedom — Har-Megiddo
arrepender-se — fazer *t'shuvah*
Aser — Asher
Assíria — Ashur
Assuero — Achashverosh
atendente — *shammash*
autoridade — *s'mikhah*
Azor — Azur
Azoto — Ashdod
Baal — Ba'al
Babel — Bavel
Babilônia — Bavel
babilônios — bavlim
Balaão — Bil'am
Balaque — Balak
Baraquias — Berekhyah
Barjesus — Bar-Yeshua
Barjonas — Bar-Yochanan
Barnabé — Bar-Nabba
Barrabás — Bar-Abba
Bartimeu — Bar-Timai
Bartolomeu — Bar-Talmai
Bate-Seba — Bat-Sheva
batismo — imersão
batizar — imergir
Belém — Beit-Lehem
Belial — B'liya'al
Belzebu — Ba'al-Z'vuv
bênção — *b'rakhah*, (pl. *b'rakhot*)
Bendito, o — *HaM'vorakh*

Benjamim — Binyamin
Beor — B'or
Berseba — Be'er-Sheva
Betânia — Beit-Anyah
Betefagé — Beit-Pagei
Betel — Beit-El
Betesda — Beit-Hisda
Betezata — Beit-Zata
Betsaida — Beir-Tzaidah
Bezalel — B'tzal'el
Boanerges — B'nei-Reguesh
Boaz — Bo'az
Cafarnaum — K'far-Nachum
Caifás — Kayafa
Caim — Kayin
Cainã — Keinan
caldeu — kasdi (pl. kasdim)
Calebe — Kalev
Calvário — Gulgolta
Canaã — Kena'an
cananeu — kena'ani (pl. kena'anim)
Carmel — Karmel
Carmi — Karmi
Carquêmis — Kank'mish
carta de divórcio — *get*
Cedrom — kidron
Cefas — Kefa
ceia da Páscoa — *Seder*
circuncisão — *b'rit-milah*
Ciro — Koresh
Cléofas, Clopas, Clopas — Klofah
Coate — K'hat
coatita — k'hati
como está escrito — como diz o *Tanakh*
conselho — *sanhedrin*
Corá — Korach
Corazim — Korazin
corbã — *korban*
Coré — Korach
corte — *sanhedrin*
cortina — *parokhet*
Cosa — Kosam
Cristo — Messias, *Mashiach*
crucificar — executar mediante a estaca (como um criminoso)
cruz — estaca, estaca de execução
Cuza — Kuza
Dalila — D'lilah
Damasco — Dammesek
Daniel — Dani'el
Dario — Daryavesh
Débora — D'vorah
Deus, deuses — *Elohim*
Dia da Expiação — *Yom-Kippur*
Diabo — o Adversário, Satan, Demônio
diácono — *shammash* (pl. *shammashim*)
discípulo — *talmid* (f. *talmidah*, pl. *talmidim*)
Dispersão — Diáspora
doar para caridade — fazer *tzedakah*
documento de divórcio — *get*
Éber — Ever
Efraim — Efrayim
Eleazar — El'azar
Eli — Heli
Eliaquim — Elyakim
Elias — Eliyahu
Eliézer — Eli'ezer
Eliseu — Elisha
Eliúde — El'ichud
Elmadã, Elmodã — Elmadan
Emanuel — Immanu'el
Emaús — Amma'us
Endor — 'Ein-Dor
En-Gedi — 'Ein-Gedi
Enom — Einayim
Enoque — Hanokh

Enos — Enosh

era futura (mundo vindouro)— *'olam haba*

Esaú — Esav

escriba — mestre da *Torah*

escrito de divórcio — *get*

Escritura — *Tanakh*

Esli — Hesli

Espírito Santo — Ruach HaKodesh

está escrito — o *Tanakh* diz

este mundo — *'olam hazeh*

este mundo (esta era) — *'olam hazeh*

Eva — Havah

expiação — *kapparah*

Ezequias — Hizkiyah (Hizkiyahu), Y'chizkiyah (Y'chizkiya-hu)

Ezrom — Hetzron

Fanuel — P'nu-'el

fariseu — *parush* (pl. *p'rushim*)

fé — confiança, fidelidade

fermento — *hametz*

Festa da Dedicação — *Hanukkah*

Festa da Páscoa — *Pesach*

Festa das Cabanas — *Sukkot*

Festa das Semanas — *Shavu'ot*

Festa dos Tabernáculos — *Sukkot*

filactérios — *t'fillin*

filha de — *Bat-*

filho de — *bar-*, *ben-*

filho do Bendito — *Ben-HaM'vorakh*

filisteu — p'lishti (pl. p'lishtim)

Fineias — Pinchas

franja — *tzitzit* (pl. *tzitziyot*)

franja (das roupas) — *tzitzit* (pl. *tzitziyot*)

Gabriel — Gavri'el

Galileia — Galil

Galileia das nações — Galili-dos-*goyim*

Gamaliel — Gamli'el

Gate — Gat

Gaza — 'Azah

Geazi — Geichazi

geena — Gey-Hinnom

Genesaré — Ginosar

gente maluca — *meshugga'im*

gentio — *goy* (pl. *goyim*)

Getsêmani — Gat-Sh'manim

Gibeá — Giv'ah

Gibeom — Giv'on

Gideão — Gid'on

Gileade — Gil'ad

gileadita — gil'adi

glória de Deus — *Sh'khinah*

Gólgota — Gulgolta

Golias — Golyat

Gomorra — 'Amorah

Grande Dia (da Festa) — *Hoshanah Rabbah*

Hades — *Sh'ol*

Hamor — Hamor

Harã — Haran

Hebrom — Hevron

Hefziba — Heftzibah

heveu — hivi

hino de louvor — *Hallel*

hitita — hitti (pl. hittim)

Horebe — Horev

Icabode — I-Khavod

igreja — comunidade messiânica, congregação

impuro (alimento) — *treif*

inferno — *Gey-Hinnom, Sh'ol*

Isabel — Elisheva

Isaías — Yesha'yahu

Isaque — Yitz'chak

Iscariotes — homem de K'riot

Ismael — Yishma'el

ismaelita — yishma'eli (pl. yishma'elim)

Issacar — Yisakhar
Jaboque — Yabok
Jacó — Ya'akov
Jafa — Yafo
Jafé — Yefet
Janai — Yannai
jardim do Éden — Gan-'Eden
Jarede — Yered
Jasar — Yashar
jebuseu — y'vusi
Jeconias — Y'khanyahu
Jedidias — Y'didyah
Jefté — Yiftach
Jefuné — Y'funeh
Jejum, o — *Yom-Kippur*
Jeoaquim — Y'hoyakim
Jeremias — Yirmeyahu
Jericó — Yerikho
Jeroboão — Yarov'am
Jerubaal — Yeruba'al
Jerusalém — Yerushalayim
Jeshurum — Yeshurun
Jessé — Yishai
Jesus — Yeshua
Jetro — Yitro
Jeú — Yehu
Jezabel — Izevel
Jezreel — Yizre'el
Jó — Iyov
Joabe — Yo'av
Joana — Yochanah
Joanã — Yonam
João — Yochanan
João Batista — Yochanan, o Imersor
Joaquim — Y'hoyakhin
Joás — Yo'ash
Jodá — Yodah
Joel — Yo'el
Joiada — Y'hoyada
Jonas — Yonah, Yochanan
Jônatas —Y'honatan
Joquebede — Yokheved
Jorão — Yoram
Jordão — Yarden
Josafá — Y'hoshafat
José — Yosef, Yossi
Josias — Yoshiyahu
Josué — Y'hoshua
Jotão — Yotam
Jozadaque — Y'hotzadak
Judá — Y'hudah
Judas — Y'hudah
Judas Iscariotes — Y'hudah de K'riot
Judas, o Galileu — Y'hudah HaG'lili
Judeia — Y'hudah
judeu — morador (habitante) de Y'hudah
Justo, o — o *Tzaddik*
Lameque — Lemekh
lâmpada — *menorah*
lavagem das mãos (ritual, antes das refeições) — fazer *n'tilat-yadayim*
Lázaro — El'azar
Lei — *Torah*
lepra — doença de pele repulsiva
lepra — tzara'at
Levi — Levi
Levi, filho de Alfeu — Levi Ben-Halfai
Leviatã — Livyatan
levita — *levi* (pl. *levi'im*)
Líbano — L'vanon
Lida — Lud
Lílite — Lilit
lua nova — *Rosh-Hodesh*
Maalalel — Mahalal'el
Maate — Machat
Majestadade, a — *HaG'dulah*
Majestade nas alturas, a — *HaG'dulah BaM'romim*

Malaquias —Mal'akhi
Malco — Melekh
maluco — *meshugga*
maná — *man*
Manaém — Mehachem
Manassés — Menasheh
mandamento — *mitzvah* (pl. *mitzvot*)
Manoá — Manoach
mar da Galileia — lago Kinneret
Maranata — *Marana, ta!*
Mardoqueu — Mordekhai
Maria — Miryam
Maria Madalena — Miryam de Magdala; Miryam, chamada Magdalit
Marta — Marta
Mata — Matan
Matate — Mattatah
Matatias — Mattityahu
Matias — Mattityahu
Matusalém — Metushelach
Meetabel — M'heitav'el
Mefibosete — M'fivoshet
Meleá — Mal'ah
Melqui — Malki
Melquisedeque — Malki-Tzedek
Mená — Manah
Merari — M'rari
Messias — *Mashiach*
mestre — *rabbi*
Mica — Mikhah
Micaías — Mikhayah (Mikhayahu)
Mical — Mikhal
Midiã — Midyan
Miguel — Mikha'el
Miriã — Miryam
Moabe — Mo'av
moabita — mo'avi (pl. mo'avim)
moeda — *shekel*, denário
Moisés — Mosheh
Moloque — Molekh
Mordecai — Mordekhai
mundo vindouro, o — o *'olam haba*
Naamã — Na'aman
Naassom — Nakhshon
Nabal — Naval
Nabucodonosor — N'vukhadnetzar
nação — *goy* (pl. *goyim*)
Nadabe — Nadav
Naftali — Naftali
Nagaí — Naggai
Naim — Na'im
Naor — Nachor
Natã — Natan
Natanael — Natan'el
Naum — Nachum
Nazaré — Natzeret
nazareno, nazireu — *natzrati* (pl. *natzratim*)
nazireu — nazir (pl. n'zirim)
Nebo — N'vo
Nebuchadrezzar — N'-vu-khad-re-tzar
Neco — N'kho
Neemias — Nechemyah
Nicodemos — Nakdimon
Nínive — Nineveh
Noé — Noach
nome, o — *HaShem*
Obadias — 'Ovadyah ('Ovadyahu)
Obede — Oved
oferta queimada — *'olah*
Oseias — Hoshe'a
Otoniel — 'Otni'el
pagão — *goy* (pl. *goyim*)
Palestina — P'leshet
pão (porção de) — *hallah*
pão sem fermento — *matzah* (pl. *matzot*)
paraíso — Gan-Eden
parede de divisão — *m'chitzah*

parte sul de Israel — Negev
Páscoa — *Pesach*
Paulo — Sha'ul
paz — *shalom*
Paz seja com vocês! — *Shalom aleikhem*!
Paz! — *Shalom*!
Pedro — Kefa
Pelegue — Peleg
Peniel — P'ni-El
Peniel — P'nu'el
Pentecoste — *Shavu'ot*
Perez — Peretz
Pérsia — Paras
pessoa justa — *tzaddik*
planície costeira — Sharon
poder, o — *HaG'vurah*
presença divina — *Sh'khinah*
primeiro dia da semana, o — *motza'ei-shabbat*
propiciação — *kapparah*
Quebar — K'var
Quedorlaomer — K'dorla'omer
Quemós — K'mosh
quenita — keni
querubim — *k'ruv* (pl. *k'ruvim*)
questão — *sh'eilah* (pl. *sh'eilot*)
Quiriate-Arba — Kiryat-Arba
Quiriate-Jearim — Kiryat-Ye'arim
Raaabe — Rachav
Raboni — *Rabbani*
Ramsés—Ram'ses
Rebeca — Rivkah
recabitas — rekhavim
Refã, Renfã — Reifan
Refaim — Refa'im
Reoboão, Roboão — Rechav'am
Reobote — Rechovot
Resa — Reisha
Reú — Re'u
Rubem — Re'uven
Rute — Rut
sábado — *shabbat* (pl. *shabbaot*)
Sabá—Sh'va
sacerdote (judeu) — *cohen* (pl. *cohanim*)
sacrifício da tarde — *minchah*
saduceu — *tzadok* (pl. *tz'dukim*)
Safira — Shappirah
Salatiel — Sh'alti'el
Salim — Shalem
Salomão — Shlomoh
Salomé — Shlomit
salvação — *yeshu'ah*
Samaria — Shomron
samaritanos — shomronim
Sambalate — Sanvalat
Samuel — Shmu'el
Sansão — Shimshon
Santo, o — HaKadosh
Sara — Sarah
Sarepta — Tzarfat
Sarepta — Tzarfat
Sar-Jasube — Sh'ar-Yashuv
Sarom — Sharon
Satanás — o Adversário
Saul — Sha'ul
Saul, filho de Quis — Sha'ul Ben-Kish
Selá — Shelah
Sem — Shem
Senaqueribe — Sancheriv
Senhor — *Adonai*
Senhor Deus todo-poderoso — *Adonai*, Deus dos exércitos celestiais
Senhor dos Exércitos — *Adonai-Tz'vaot*
Seom — Sichon
serafim — s'rafim
Serugue — Serug
Sete — Shet
Sião — Tziyon

Sicar, Siquém — Sh'khem
Sidom — Tzidon
sidônio — tzidoni (pl. tzidonim)
Silas — Sila
Siloé — Shiloach
Simão — Shim'on
Simão Pedro — Shim'on Kefa
Simeão — Shim'on
Simei — Shim'i
Sinai — Sinai
Siquém — Sh'khem
Sísera — Sisra
Sodoma — S'dom
Sofonias — Tz'fanyah (Tz'fanyahu)
Sucote — Sukkot
sumo sacerdote — *kohen gadol* (pl. *kohanim g'dolim*)
Susana — Shoshanah
tabernáculo — *Sukkot*
Tabita — Tavita
Tabor — Tavor
Tadeu — Taddai
Tamar — Tamar
Terá — Terach
Terra de Israel — *Eretz-Yisra'el*
Teudas — Todah
Tiago — Ya'akov
til — traço
Timeu — Timai
Tiro — Tzor
Tobias — Toviyah
Todo-Poderoso, o — *Shaddai*
Tomé — T'oma
trombeta — *shofar*
Ur dos caldeus — Ur-Kasdim
Urias — Uriyah (Uriyahu)
Uzias — Uziyah (Uziyahu)
Uzias — Uziyahu
véu do Templo — *parokhet*
voz do céu — *bat-kol*
Zacarias — Z'kharyah (Z'kharyahu)
Zadoque, Sadoque — Tzadok
Zaqueu — Zakkai
Zebedeu — Zavdai
Zebulom — Z'vulum
Zebulom — Z'vu-lun
Zedequias — Tzidkiyah (Tzidkiyahu)
Zelofeade — Tz'lof'chad
Zera — Zerach
Zeruia — Tz'ruyah
Zípora — Tzipporah
Zorobabel — Z'rubavel

Índice das passagens do *Tanakh* citadas na *B'rit Hadashah*

Existem 484 passagens do *Tanakh* citadas 695 vezes na *B'rit Hadashah* da *Bíblia Judaica Completa.* Este índice apresenta os versículos da *B'rit Hadashah* em que são citados. A ordem dos livros do *Tanakh,* bem como o número dos capítulos e dos versículos são os encontrados na *Bíblia Judaica Completa.* Nos pontos em que as versões cristãs apresentam numeração diferente, esta é apresentada em seguida, entre parênteses. Usam-se aqui os nomes hebraicos e portugueses dos livros do *Tanakh.* As abreviações dos livros da *B'rit Hadashah* encontram-se no início deste *Glossário com explicações de pronúncia.* Passagens maiores aparecem em primeiro lugar, a seguir as menores, em entradas subsequentes: *D'varim* [Dt] 5.17-20; 5.17,18; 5.17; 5.18; e 5.19.

B'reshit (Gênesis)

1.26,27	Yk 3.9
1.27	Mt 19.4; Mc 10.6
1.28	Cl 1.6
2.2	Jm 4.4
2.7	1Co 15.45
2.24	Mt 19.5; Mc 10.8; 1Co 6.16; Ef 5.31
3.17,18	Jm 6.8
5.2	Mt 19.4; Mc 10.6
5.24	Jm 11.5
8.21	Fp 4.18
12.1	At 7.3; Jm 11.8
12.3	Gl 3.8
12.7	At 7.5; Gl 3.16
13.15	At 7.5; Gl 3.16
14.17-20	Jm 7.1,2
15.3	Rm 4.13
15.4	At 7.5
15.5,6	Jm 11.12
15.5	Rm 4.13, 18; 15.6
	Rm 4.3; Gl 3.6; Yk 2.23
15.7	At 7.5
15.13,14	At 7.7
15.16	At 7.7
15.18-21	At 7.5
17.5	Rm 4.17
17.7	Gl 3.16
17.8	At 7.5
18.14	Rm 9.9
21.10	Gl 4.30
21.12	Rm 9.7; Jm 11.18
22.16	Jm 6.13
22.17	Jm 6.14; 11.12
22.18	At 3.25

Sh'mot (Êxodo)

Vayikra (Levítico)

40.6-8	1Kf 1.24,25
40.13	Rm 11.34; 1Co 2.16
41.8,9	Jm 2.16
41.8	Yk 2.23
42.1-4	Mt 12.18-21
43.6	2Co 6.18
43.20	1Kf 2.9
43.21	1Kf 2.9
45.9	Rm 9.20
45.23	Rm 14.11; Fp 2.10,11
49.6	At 13.47
49.8	2Co 6.2
49.10	Rv 7.16,17
50.6	Mc 10.34
52.5	Rm 2.24
52.7	Rm 10.15; Ef 6.15
52.11	2Co 6.17
52.15	Rm 15.21; 1Co 2.9
53.1	Yn 12.38; Rm 2.16
53.4	Mt 8.17; 2Kf 2.24
53.5	2Kf 2.24
53.6	2Kf 2.25
53.7,8	At 8.32,33
53.9	2Kf 2.22
53.12	Mc 15.28; Lc 22.37; Jm 9.28; 1Kf 2.24
54.1	Gl 4.27
54.13	Yn 6.45
55.3	At 13.34
56.7	Mt 21.13; Mc 11.17; Lc 19.46
56.12	1Co 15.32
57.19	Ef 2.17
58.6	Lc 4.18,19
59.7,8	Rm 3.15-17
59.17	Ef 6.14,17; 1Ts 5.8
59.20,21	Rm 11.26,27
61.1,2	Lc 4.18,19
61.1	Mt 11.5; Lc 7.22
61.6	2Kf 2.9
63.10	At 7.51
64.3(4)	1Co 2.9
65.1	Rm 10.20
65.2	Rm 10.21
65.17	2Kf 3.13; Rv 21.1
66.1,2	At 7.49,50
66.1	Mt 5.35
66.15	2Ts 1.8
66.22	2Kf 3.13; Rv 21.1
66.24	Mc 10.44,46,48

***Yirmeyahu* (Jeremias)**

2.13	Rv 7.17
5.24	Yk 5.7
6.10	At 7.51
6.16	Mt 11.29
7.11	Mt 21.13; Mc 11.17; Lc 19.46
9.23(24)	1Co 1.31; 2Co 10.17
9.25(26)	At 7.51
10.25	2Ts 1.8
15.2	Rv 13.10
19.13	At 7.42
22.5	Mt 23.38
31.14(15)	Mt 2.18
31.30-33 (31-34)	Jm 8.8-12
31.30(31)	Jm 9.15
31.32(33)	Rm 2.15; 2Co 6.16; Jm 10.16
31.33(34)	Jm 10.17; Rv 21.3
32.38	2Co 6.16
43.11	Rv 13.10

***Yechezk'el* (Ezequiel)**

1.5-10	Rv 4.7
1.24	Rv 1.13-15
20.34	2Co 6.17
20.41	2Co 6.17

Leituras bíblicas para festas e jejuns

As leituras a seguir foram retiradas da *Torah* e dos Profetas para os feriados judaicos; são apresentadas cronologicamente, de acordo com o calendário judaico, que tem início em *Rosh HaShanah* (ano novo judeu), entre setembro e outubro. As leituras são as usadas na Diáspora, onde os feriados judaicos recebem um dia a mais além do especificado na Bíblia (e do que se observa em Israel), por causa da incerteza sobre o calendário existente nos tempos antigos. (A determinação do novo mês requeria a observação da lua crescente, a oeste de Jerusalém. Ainda que fosse observada, a comunicação do fato não chegaria de imediato a pontos distantes.) Por isso, os israelenses que usam a *Bíblia Judaica Completa* devem consultar o calendário local. As leituras da *B'rít Hadashah* são apenas sugestões, e as congregações que desejarem acrescentar outro material poderão fazê-lo em qualquer ocasião particular. As 54 leituras para os *shabbatot* ao longo do ano são apresentadas na própria *Torah*. As letras *A* e *S* referem-se respectivamente às leituras costumeiras dos asquenazes e sefardis; *M* significa "sugestão messiânica de leitura". Veja também a seção 14 da *Introdução*. As abreviações dos livros da *B'rit Hadashah* encontram-se na primeira página do *Glossário com explicações de pronúncia*.

Acontecimento	*Torah*	Profetas	*B'rit Hadashah*
Rosh HaShanah (Ano-novo: a festa bíblica dos *shofarot*)			
1º dia	*B'reshit* [Gn] 21; *B'midbar* [Nm] 29.1-6	*Sh'mu'el Alef* [1Sm] 1.1—2.10	Em qualquer momento da festa: Mt 24; Mc 13;Lc 21
2º dia	*B'reshit* [Gn] 22; *B'midbar* [Nm] 29.1-6	*Yirmeyahu* [Jr] 31.1-19(2-20)	1Ts 4.13-18; Rv 8—9 Segundo dia: Jm 11.17-19
Shabbat Shuvah (*Shabbat* do arrependimento, anterior ao *Yom Kippur*)			
	Textos para a semana	A: *Hoshe'a* [Os] 14.2-10; *Yo'el* [Jl] 2.15-17; *Mikhah* [Mq] 7.18-20 S: *Hoshe'a* [Os] 14.2-10; *Mikhah* [Mq] 7.18-20	Rm 5—6

Acontecimento	*Torah*	Profetas	*B'rit Hadashah*
Yom Kippur (Dia da Expiação)			
Manhã	*Vayikra* [Lv] 16; *B'midbar* [Nm] 29.7-11	*Yesha'yahu* [Is] 57.14—58.14; [M: *Yesha'yahu* [Is] 52.13—53.12]	Rm 3.21-26; Jm 7—8
Tarde	*Vayikra* [Lv] 18 [M: *Vayikra* [Lv] 17]	*Yonah* [Jn] 1-4 *Mikhah* [Mq] 7.18-20	Jm 9—10
Sukkot (Tabernáculos, cabanas)			
1º dia	*Vayikra* [Lv] 22.26—23.44; *B'midbar* [Nm] 29.12-16	*Z'kharyah* [Zc] 14.1-21	Em qualquer momento da festa: Yn 7
2º dia	*Vayikra* [Lv] 22.26—23.44; *B'midbar* [Nm] 29.12-16	*Melakhim Alef* [1Rs] 8.2-21	
Shabbat nos dias intermediários	Texto diário de *B'midbar* [Nm] 29	*Yechezk'el* [Ez] 38.18—39.16	
7º dia (*Hoshanah Rabbah*)			
	B'midbar [Nm] 29.32-34	(Nenhuma leitura)	Yn 7.37-39
Sh'mini Atzeret (Assembleia solene no oitavo dia de *Sukkot*)			
	D'varim [Dt] 14.22—16.17; *B'midbar* [Nm] 29.35—30.1	*Melakhim Alef* [1Rs] 8.54-66	Mc 12.28-34
Simchat Torah (Alegria na *Torah*)			
	D'varim [Dt] 33.1—34.12; *B'reshit* [Gn] 1.1—2.3; *B'midbar* [Nm] 29.35—30.1	A: *Y'hoshua* [Js] 1.1-18; S: *Y'hoshua* [Js] 1.1-9	Mt 5—7 (esp. 5.17-20); Mc 12.28-34 Rm 7—8; Rv 21.1—22.5
Hanukkah (Dedicação: oito dias)			
1º *shabbat*	A porção semanal e a de *Hanukkah*	*Z'kharyah* [Zc] 2.14—4.7	Em qualquer momento da festa: Yn 10.22-39
2º *shabbat*	A porção semanal e a de *Hanukkah*	*Melakhim Alef* [1Rs] 7.40-50	
Shabbat Sh'kalim			
	Texto semanal: *Sh'mot* [Êx] 30.11-16.	A: *Melakhim Bet* [2Rs] 12.1-17; S: *Melakhim Bet* [2Rs] 11.17—12.17	Mt 17.24-27; Mc 12.13-17
Shabbat Zakhor (Recordação)			
	Texto semanal: *D'varim* [Dt] 25.17-19	A: *Sh'mu'el Alef* [1Sm] 15.2-34 S: *Sh'mu'el Alef* [1Sm] 15.1-34.	Ef 6.10-18; Rv 18.1-24
Purim			
	Sh'mot [Êx] 17.8-16	(Nenhuma leitura)	Mt 10.16-42; At 16.11-40
Shabbat Parah (Novilha)			
	Texto semanal: *B'midbar* [Nm] 19.1-22	A: *Yechezk'el* [Ez] 36.16-38 S: *Yechezk'el* [Ez] 36.16-36	Jm 9.13,14

Acontecimento	*Torah*	Profetas	*B'rit Hadashah*
HaHodesh (Início do mês de *nisan*)			
	Texto semanal: *Sh'mot* [Êx] 12.1-20	A: *Yechezk'el* [Ez] 45.16—46.18 S: *Yechezk'el* [Ez] 45.18—46.15	Cl 2.16,17; Rv 21.1—22.5
Shabbat HaGadol (O Grande *Shabbat*, anterior a *Pesach*)			
	Texto semanal	*Mal'akhi* [Ml] 3.4-24(3.4—4.6)	Mt 16.13-28; 20.17-19
Pesach (Páscoa)			
1º dia	*Sh'mot* [Êx] 12.21-51; *B'midbar* [Nm] 28.16-25	A: *Y'hoshua* [Js] 3.5-7; 5.2—6.1,27; S: *Y'hoshua* [Js] 5.2—6.1; [M: *Yesha'yahu* [Is] 52.13—53.12]	Em qualquer momento da festa: Mt 26—28; Mc 14—16; Lc 22—24; 1Co 5.6-8
2º dia	*Vayikra* [Lv] 22.26—23.44; *B'midbar* [Nm] 28.16-25	*Melakhim Bet* Yn 13—21; [2Rs] 23.1-9,21-25	
Shabbat nos dias intermediários	*Sh'mot* [Êx] 33.12—34.26; *B'midbar* [Nm] 28.19-25	A: *Yechezk'el* [Ez] 36.37—37.14 S: *Yechezk'el* [Ez] 37.1-14	
7º dia	*Sh'mot* [Êx] 13.17—15.26; *B'midbar* [Nm] 28.19-25	*Sh'mu'el Bet* [2Sm] 22.1-51	
8º dia	*D'varim* [Dt] 15.19—16.17; *B'midbar* [Nm] 28.19-25	*Yesha'yahu* [Is] 10.32—12.6	
Shavu'ot (Semanas, Pentecoste)			
1º dia	*Sh'mot* [Êx] 19—20; *B'midbar* [Nm] 28.26-31	*Yechezk'el* [Ez] 1; 3.12	Em qualquer momento da festa: At 1—2 (esp. 2.1-13)
2º dia	*D'varim* [Dt] 15.19—16.17; *B'midbar* [Nm] 28.26-31	*Havakuk* [Hc] 3.1-19	
Tish'ah B'Av (Nono dia do mês de av, dia de jejum)			
Manhã	*D'varim* [Dt] 4.25-40	*Yirmeyahu* [Jr] 8.13—9.23	Mc 13; Lc 5.33-39
Tarde	*Sh'mot* [Êx] 32.11-14; 34.1-10	A: *Yesha'yahu* [Is] 55.6—56-8 S: *Hoshe'a* [Os] 14.2-10; *Mikhah* [Mq] 7.18-20; (M: *Z'kharyah* [Zc] 12)	
Outros dias de jejum			
	Sh'mot [Êx] 32.11-14; 34.1-10	A: *Yesha'yahu* [Is] 55.6—56-8 S: (nenhuma leitura)	Mt 17.14-21; Lc 5.33-39
Shabbat em Rosh Hodesh (Início do mês, lua nova)			
	Texto semanal: *B'midbar* [Nm] 28.9-15	*Yesha'yahu* [Is] 66.1-24	Cl 2.16,17; Rv 21.1—22.5
Shabbat antes de Rosh Hodesh			
	Texto semanal	*Sh'mu'el Alef* [1Sm] 20.18-42	Cl 2.16,17; Rv 21.1—22.5

Mapas do *Tanakh*

Índice e chave

O índice a seguir corresponde aos próximos três mapas, relacionados ao *Tanakh.* Os nomes comumente usados em português encontram-se entre parênteses. As letras e os números-chave correspondem aos nomes e aos lugares.

As letras-chave A-D referem-se ao Mapa 1, *O Êxodo* (c. sécs. XV—XIII a.E.C.).

As letras-chave E-H referem-se ao Mapa 2, *Eretz-Yisra'el* (A terra de Israel), nos dias de Y'hoshua, os juízes, Sh'mu'el e Sha'ul (c. 1400—1000 a.E.C.).

As letras-chave J-M referem-se ao Mapa 3, *Eretz-Yisra'el* (A terra de Israel), nos dias dos reis David e Shlomoh eo Reino dividido (Yisra'el e Y'hudah), (c. 1000—586 a.E.C.).

Achlav (Alabe) — G2
Achziv (Aczibe) — G2
'Ad'adah — G5
Adam — G4
'Adulam (Adulão) — F4-5
'Ai (Ai) — G4
Akhshaf (Acsafe) — G3
Akko (Acre) — G2-3
'Amon (terra dos amonitas) — H4, KL3
Arábia — M4-6
'Arad (Arade) — D1-2, G5
'Aravah (Arabá), o (deserto Jordão, fenda abertura — G3-6
Aram (Síria), terra de — L2-3
Arnon (Arnom), rio — GH5
'Aro'er (Aroer) — H5
Arvad (Arvade) — K2
Ashdod (Azoto) — D1, F4
Asher (Aser), território tribal — G2
Ashkelon (Ascalom) — F4
Ásia Menor — JK1
'Atzmon (Azmom) — C2
Ayalon (Aijalom) — FG4
'Azah (Gaza) — C1, F5, K3
'Azekah (Azeca) — D1
Ba'al-Gad (Baal-Gade)— GH2
Bavel (Babilônia) — M2
Be'er-Sheva (Beerseba) — CD1, F5
Beit-'Anah (Bete-Anate) — G2-3
Beit-Dagon (Bete-Dagom) — FG4
Beit-El (Betel) — G4, K3
Beit-Sh'an (Bete-Seã) — G3
Beit-Shemesh (Bete-Semes) — FG4
Betzer (Bezer) — H4
Binyamin (Benjamim), território tribal — G4
B'nei-Ya'akan (Bene-Jaacã) — CD2
Botzrah (Bozra) — D2

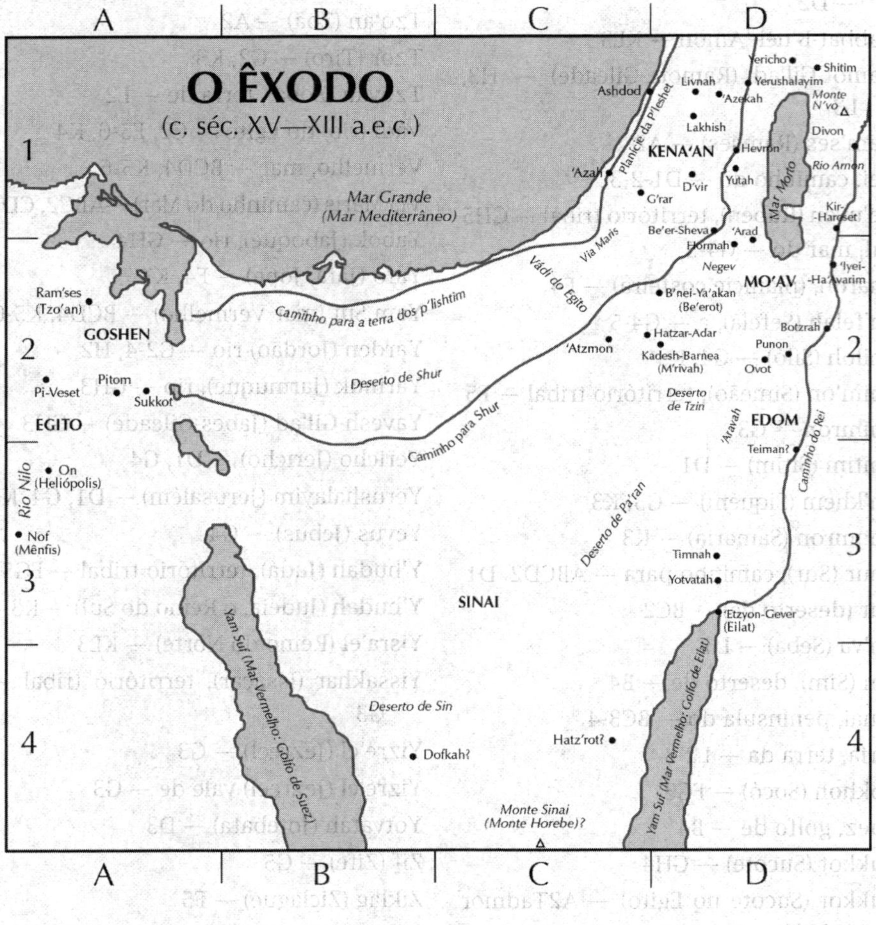
O ÊXODO
(c. séc. XV—XIII a.e.c.)
A
B
C
D
1
2
3
4
Mar Grande
(Mar Mediterrâneo)
Ram'ses
(Tzo'an)
GOSHEN
Pi-Veset
Pitom
Sukkot
EGITO
On
(Heliópolis)
Rio Nilo
Nof
(Mênfis)
Caminho para a terra dos p'lishtim
Deserto de Shur
Caminho para Shur
Vádi do Egito
Via Maris
Planície da P'leshet
Ashdod
'Azah
Livnah
'Azekah
Lakhish
KENA'AN
Yericho
Shitim
Yerushalayim
Monte
N'vo
Divon
Hevron
Yutah
D'vir
G'rar
Mar Morto
Rio Arnon
Kir-
-Haréset
Be'er-Sheva
'Arad
Hormah
Negev
MO'AV
'Iyei-
-Ha'Avarim
B'nei-Ya'akan
(Be'erot)
Botzrah
Hatzar-Adar
'Atzmon
Kadesh-Barnea
(M'rivah)
Punon
Ovot
Deserto
de Tzin
'Aravah
EDOM
Teiman?
Caminho do Rei
Deserto de Pa'ran
Timnah
Yotvatah
'Etzyon-Gever
(Eilat)
SINAI
Yam Suf (Mar Vermelho: Golfo de Suez)
Deserto de Sin
Dofkah?
Hatz'rot?
Yam Suf (Mar Vermelho: Golfo de Eilat)
Monte Sinai
(Monte Horebe)?

ERETZ-YISRA'EL
(A terra de Israel),
nos dias de Y'hoshua, os juízes,
Sh'mu'el e Sha'ul
(c. 1400—1000 a.e.c.).
■ Cidades de refúgio
E
F
G
H
1
2
3
4
5
6
Mar Grande
(Mar Mediterrâneo)
Monte L'vanon
Dammesek
Tzidon
Monte Hermon
Ba'al-Gad
Achlav
DAN
Tzor
Layish
Kedesh
Achziv
ASHER
NAFTALI
Hatzor
M'NASHEH
Akko
Beit-'Anah
Golan
Akhshaf
Lake Kinneret
Z'VULUN
Shimron
Vale de Yizre'el
Monte Tavor
Rio Yarmuk
YISSAKHAR
Monte Karmel
Yizre'el
Kamon
Dor
Megiddo
Ta'anakh
Beit-Sh'an
Ramot-Gil'ad
Monte Gilboa
O 'Aravah
M'NASHEH
Sokhoh
Monte 'Eival
Yavesh-Gil'ad
Pir'aton
Sh'khem
Rio Yarden
Monte G'rizim
Sukkot
Machanayim
Tapuach
Rio Yabok
Shiloh
O Sharon
Beit-Dagon
Adam
GAD
EFRAYIM
'AMON
Yafo
Ayalon
BINYAMIN
'Efron
Gezer
Beit-El
Ai
Giv'on
Giv'ah
Yericho
Monte Pisgah
Heshbon
Kiryat-Ye'arim
Yevus
(Yerushalayim)
Betzer
DAN
Monte N'vo
Meidva
Ashdod
Beit Shemesh
O Sh'felah
Mar Morto (Mar Salgado)
Ashkelon
Livnah
Adulam
Gat
RE'UVEN
Eglon
Hevron
'Azah
Lakhish
D'vir
'Ein-Gedi
Rio Arnon
'Aro'er
Ziklag
Zif
P'LESHET
Y'HUDAH
'Arad
Be'er-sheva
Hormah
'Ad'adah
SHIM'ON
Vádi do Egito
MO'AV
Negev
O 'Aravah
EDOM
Kadesh-Barnea

J
K
L
M
1
2
3
4
5
6
ÁSIA MENOR
Ninveh
Kark'mish
Haran
Rio Eufrates
Tifsach
Bavel
CHIPRE
Arvad
Hamat
TZOVAH
Tadmor
FENÍCIA
Mar Grande
(Mar Mediterrâneo)
Tzidon
ARAM
(SÍRIA)
Tzor
Dammesek
G'SHUR
Megiddo
YISRA'EL
Shomron
Sh'khem
Ramot-Gil'ad
Rabbat-B'nei-'Amon
Yafo
Shiloh
Beit-El
AMON
'Azah
Yerushalayim
P'LESHET
Hevron
Kir-Mo'av
Y'HUDAH
MO'AV
Vádi do Egito
EGITO
EDOM
ARÁBIA
'Etzyon-Gever
(Eilat)
ERETZ-YISRA'EL
(A terra de Israel),
nos dias dos reis David e Shlomoh
e o Reino dividido (Yisra'el e Y'hudah),
(c. 1000—586 a.e.c.).
mar Vermelho
Limites do Reino de Shlomoh
(incluindo os estados dos escravos)
Limites do Reino divino
No (Tebas)
Ofir. Sh'va

Mapas da *B'rit Hadashah*

Índice e chave

O índice dos mapas das 173 localidades inclui todos os topônimos da *B'rit Hadashah*, e dizem respeito aos dois últimos mapas. Os nomes aportuguesados, comuns a diversas versões bíblicas, encontram-se entre parênteses. As letras e os nomes referem-se aos nomes e aos lugares. O asterisco (*) indica um lugar em Yerushalayim, ou muito próximo dela, que não aparece no mapa.

As letras-chave N-Q referem-se ao Mapa 4, *Eretz-Yisra'el* (A terra de Israel) nos dias de Yeshua (séc. I E.C.).

As letras-chave R-U referem-se ao Mapa 5, O Mediterrâneo Oriental e o Oriente Próximo *no período do segunto templo* (séc. I E.C.).

N
O
P
Q
1
2
3
4
5
6
ERETZ-YISRA'EL
(A terra de Israel),
nos dias de Yeshua (séc. I e.c.).
Mar Mediterrâneo
ABILENE
Dammesek
SÍRIA
Tzidon
FENÍCIA
ITUREIA
Tzarfat
TRACONITIS
Tzor
Cesareia
NAFTALI
Z'VULUN
GALIL DOS GOYIM
Korazin
K'far-Nachum
A Galil
Ginosar
Lago Kinneret
Magdala
Beit-Tzaidah
[Atual] Haifa
Kanah
Tiberíades
Tzippori
Natzeret
Gadara
Na'im
Har Megiddo
DEZ CIDADES
Caesareia
Shalem
'Einayim
[Atual] Netanya
SHOMRON
Gerasa
Shomron
Vale do Yarden
O Sh'felah
Região montanhosa
Sh'khem
O Sharon
Antipatris
[Atual] Tel-Aviv
Ramatayim
Yafo
Efrayim
'EVER-HAYARDEN
Lud
Amma'us?
Yavneh
Yericho
Beit-'Anyah
Yerushalayim
Beit-Anyah
Ashdod
Y'HUDAH
PEREIA
Beit-Lechem
Ashkelon
Adulam
Hevron
'Azah
K'riot
S'dom
'Amorah
Be'er-Sheva
IDUMEIA

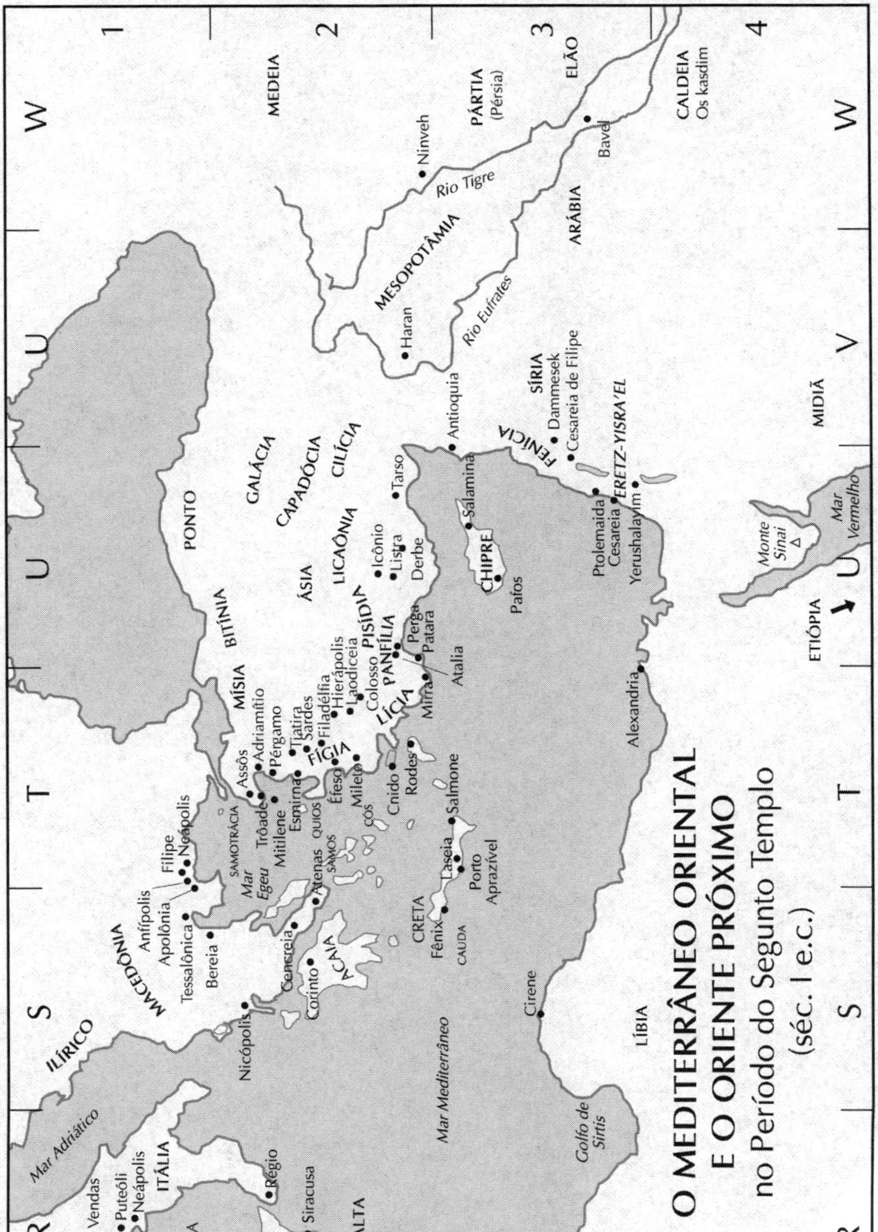

O MEDITERRÂNEO ORIENTAL E O ORIENTE PRÓXIMO

no Período do Segunto Templo (séc. I e.c.)

Sobre o autor desta versão

David H. Stern nasceu em Los Angeles (EUA) em 1935. Ele é bisneto de um casal que integrava o grupo dos primeiros 20 judeus que habitaram nessa cidade. É doutor em Economia, pela Universidade de Princeton, e foi professor da Universidade da Califórnia (UCLA); é alpinista, co-autor de um livro sobre surfe e proprietário de lojas de alimentos naturais.

Em 1972, passou a confiar em Yeshua, como o Messias. É mestre em Teologia, pelo Seminário Teológico Fuller, e prestou serviços para a University of Judaism (Universidade do Judaísmo).

Em 1976, casou-se com Martha Frankel, que também é judia messiânica, e juntos serviram durante um ano na equipe do ministério "Judeus por Jesus". O dr. Stern lecionou o primeiro curso sobre "Judaísmo e cristianismo", no Seminário Fuller; organizou conferências messiânicas e encontros para líderes e foi membro da Messianic Jewish Alliance of America (Aliança Judaico-Messiânica da América).

Em 1979, a família Stern fez *'aliyah* (imigrou para Yisra'el). Atualmente, eles moram em Yerushalayim, com seus dois filhos; são ativos na comunidade messiânica de Yisra'el.

Dr. Stern é autor do *Manifesto judeu messiânico*,[a] que delineia o destino, identidade, história, teologia e objetivos do movimento messiânico moderno. Escreveu também *Restoring the Jewishness of the Gospel:* a Message for Christians [*Restaurando o caráter judaico do evangelho:* uma mensagem para cristãos], que consiste em trechos seletos do *Manifesto* para cristãos não familiarizados com o caráter judaico do evangelho.

Seu *Jewish New Testament Commentary* [*Comentário judaico do Novo Testamento*] discute questões judaicas suscitadas pelo Novo Testamento — perguntas que os judeus fazem sobre Yeshua, o Novo Testamento e o cristianismo; perguntas que os cristãos fazem sobre o judaísmo e as raízes judaicas de sua fé; e perguntas que os judeus messiânicos fazem sobre a própria identidade e papel.

---

a Rio de Janeiro: Edições Louva-a-Deus, 1989.

Bíblia Judaica Completa Capa Dura	978-80-000-0145-6
Bíblia Judaica Completa Capa Luxo Preta	978-85-383-0138-7
Bíblia Judaica Completa Capa Marrom Claro e Escuro	978-80-000-0146-3
Bíblia Judaica Completa Capa Azul e Cinza	978-80-000-0178-4
Bíblia Judaica Completa Capa Onetone Preto	978-80-000-0378-8
Bíblia Judaica Completa Capa Onetone Marrom	978-80-000-0379-5
Bíblia Judaica Completa Capa Onetone Azul	978-80-000-0380-1
Bíblia Judaica Completa Capa Onetone Cinza	978-80-000-0381-8

Esta obra foi composta em *Lucida Bright*
e *Optima* e impressa na China, sobre
Papel-Bíblia 30 g/m² para Editora Vida.